JN181008

倉富勇三郎日記研究会編

倉富勇三郎日記

第三巻

大正一二年（一九二三）
大正一三年（一九二四）

国書刊行会

枢密院議長時代の倉富勇三郎。1926年10月の受勲時に撮影と推定される。文官大礼服を着用している。

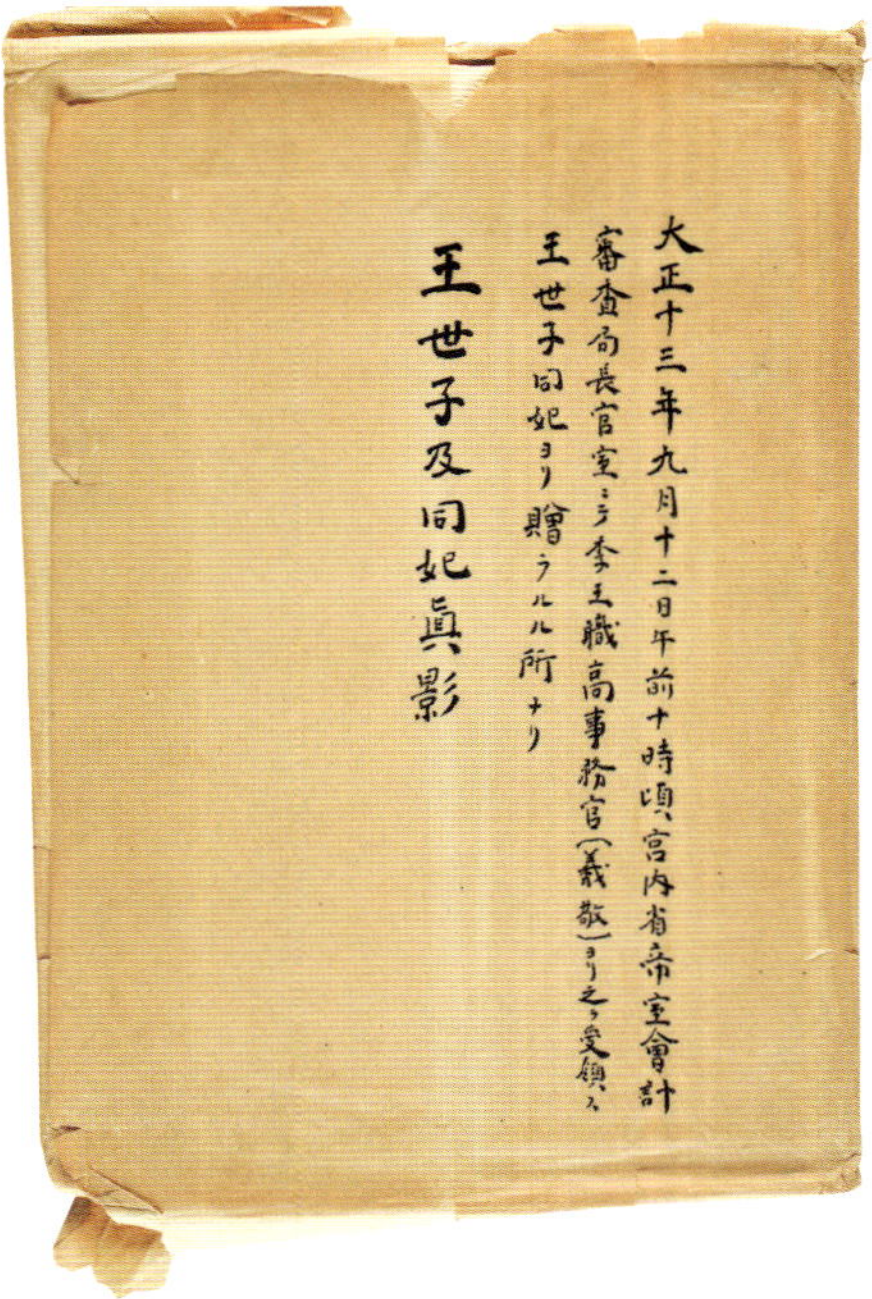

［上］李王世子および同妃の写真と、その包み紙。大正13年（1924）９月12日に高義敬から渡されたと記述されている（本書1237頁）。

［下］前ページの立位写真と同時に撮影したと思われる座位写真。右肩（向かって左肩）からかかっている飾り帯が勲一等旭日大綬章の大綬である（1926年10月９日受勲）。首に旭日大綬章の本章を、右肋にその副章を佩用している。またその下には勲一等瑞宝章（1919年10月１日受勲）の副章をつけている。左肋には大韓帝国から受けた梨花大勲章（1910年８月28日受勲）と太極章が佩用されている。

［左ページ上］郷里の福岡県浮羽郡船越村における倉富家の人々。法事の際に撮影されたものであろう。年代不明。前から２列目向かって右端倉富啓二郎、１人おいて倉富宣子、倉富強五郎、１人おいて倉富勇三郎。

［左ページ下］法律取調委員会のメンバー。1908年３月17日撮影。同委員会の委員・幹事たちが松田正久司法大臣と倉富勇三郎韓国法部次官を日本倶楽部での午餐会に招待した際の記念写真。最前列向かって左より、原田十衛、入江良之、横田五（↖）

(↘) 郎、小山温、豊島直通。２列目左より、河村譲三郎、磯部四郎、阿部泰蔵、横田国臣、倉富勇三郎、松田正久、村田保、三好退蔵、高木豊三。３列目左より志村源太郎、小河滋次郎、常松英吉、田部芳、江木衷、穂積陳重、梅謙次郎、菊地武夫、都筑馨六、富井政章、山根正次。４列目左より、谷田三郎、岡野敬次郎、斎藤十一郎、富谷鉎太郎、穂積八束、花井卓蔵、古賀廉造、谷沢龍蔵、栗塚省吾、谷野格。最後列左より、岡松参太郎、一木喜徳郎、原嘉道、岡田義人、元田肇、岸本辰雄、平沼騏一郎、高橋文之助。日記の大正13年４月４日条には、花井卓蔵が関東大震災で焼失してしまったこの写真を複写するため、倉富に借りにくるとの記述がある（本書898頁）。

［右ページ］司法省法学校出身者の集合写真。1899年５月７日に東京築地の柳花苑で撮影したもの。前から２列目は司法省法学校速成科第１期の同期生たちで、向かって右から矢野茂（長崎地方裁判所長）、三輪正一（熊谷区裁判所監督判事）、伊藤景直（和歌山地方裁判所長）、永島巌（長野地方裁判所長）、津村董（大審院判事）、倉富勇三郎（司法省民刑局長兼参与官）、藤堂融（名古屋控訴院検事長）、川目亨一（宮城控訴院検事長）、柳田直平（大審院判事）。このほか第３巻までに登場する人物では、飯田高顕（最前列左から２人目）、大沢真吉（飯田の右隣）、土井庸太郎（前から３列目右から６人目）、武田乙次郎（土井の左隣）、安井重三（最後列右から５人目）、尾立維孝（最後列左端）が確認できる。

［左ページ上］朝鮮総督府の司法官たち。1912年５月27日撮影。20日から開催されていた司法官会議のため、京城に集まった司法官たちや司法部幹部たちを、朝鮮総督寺内正毅が総督官邸での晩餐に招いた際の記念写真である。前列向かって右から中山勝之助（京城地方法院長）、中村竹蔵（京城覆審院検事長）、土井庸太郎（平壌覆審院長）、永島巌（大邱覆審法院長）、明石元二郎（警務総長・朝鮮駐箚憲兵隊司令官、陸軍少将）、倉富勇三郎（司法部長官）、寺内正毅（朝鮮総督、陸軍大将）、山県伊三郎（政務総監）、国分三亥（高等法院検事長）、岩野新平（高等法院部長、高等法院長代理）、１人とんで鳥山虎也太（釜山地方法院長）、左端は膳鉦次郎（釜山地方法院検事正）。前から２列目向かって右２人目から北村五七郎（大邱地方法院検事正）、関口半（公州地方法院検事正）、勅使河原健之助（咸興地方法院長）、岩本以明（公州地方法院長）、郷津友弥（平壌地方法院検事長）、１人おいて松寺竹雄（京城地方法院検事正）、左端は藤田鴻輔（朝鮮総督専属副官、陸軍少佐）。後列右から２人目山辺勇輔（司法部監理課長）、１人おいて草場林五郎（同刑事課長）、深沢新一郎（同民事課長）。

［左ページ下］朝鮮総督府司法部の職員たち。1913年９月29日、朝鮮総督府司法部玄関にて撮影。９月20日に内閣法制局長官に任じられ、前司法部長官となった倉富勇三郎の送別記念として撮影されたもの。前列向かって左から岩倉熊一郎（属官）、和田錬太（属官）、神野忠武（事務官）、山辺勇輔（監理課長）、倉富勇三郎、草場林五郎（刑事課長）、深沢新一郎（民事課長）、今井三四郎（属官）、小松数馬（属官）。中列左から松浦升一（属官）、八尋徳之進（属官）、弘永吾八（属官）、田村完二（属官）、横山富之助（属官）、鶴田勝太郎（属官）、春沢得一（見習）、小谷竹次郎（属官）、中村満二（属官）、森徳次郎（属官）。後列左から３人目には中橋政吉（属官）、ほかに雇員・給仕たちの姿がある。第３巻までの日記には、宮内省属官の岩倉をはじめ、神野、山辺、草場、深沢、田村、春沢などが登場する。

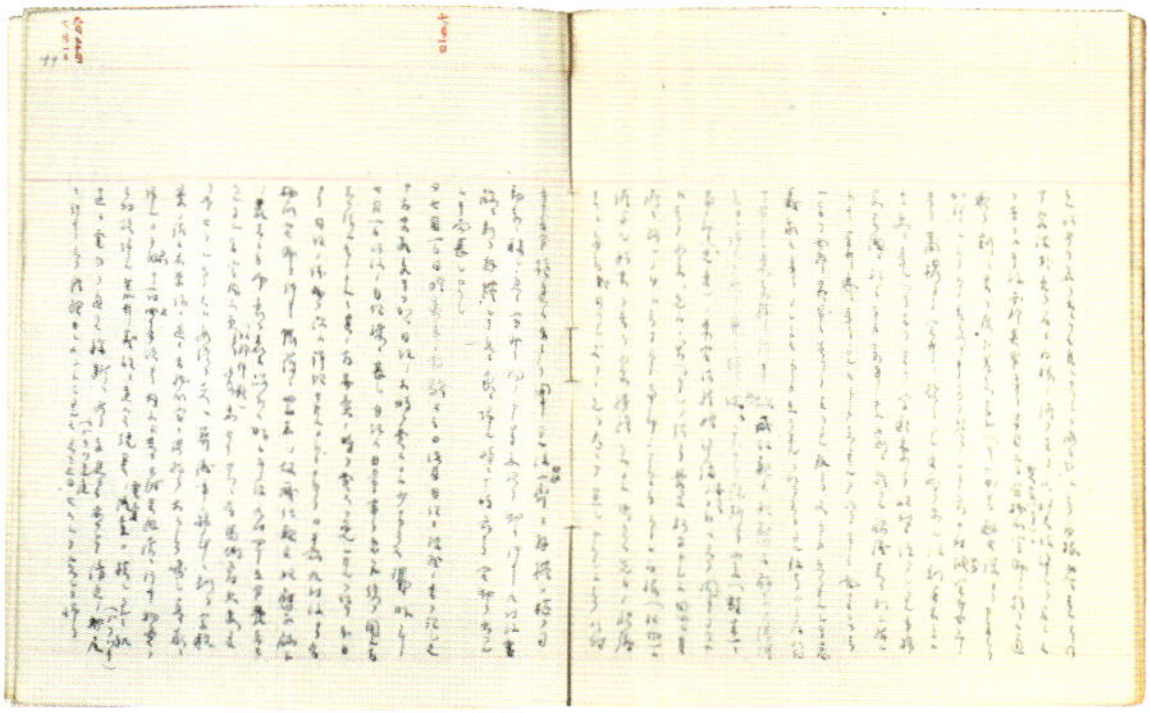

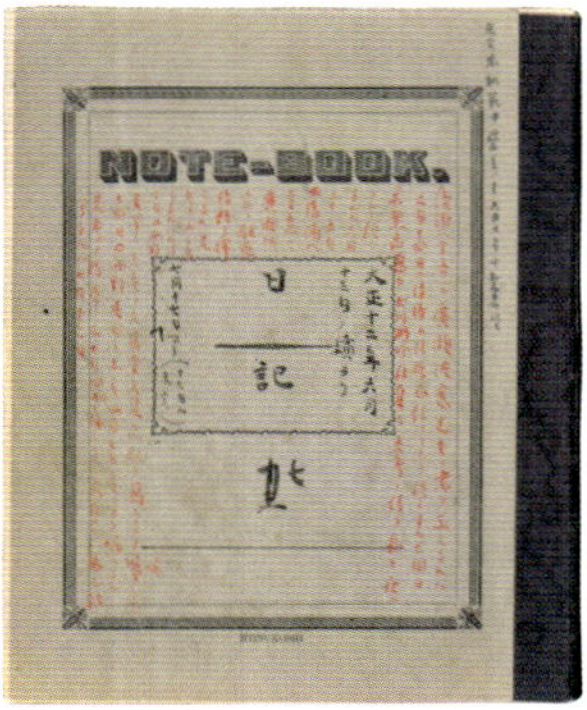

［上］大正12年（1923）日記第７冊の表紙、43葉目裏44葉目表。大正12年７月１日条。「日記は日常事を処する便を図る為、之を作るものなるに、其の為無益の時を費すを免れさるを以て、本日より日記の体裁を改め、詳記せさることゝなせり」と記されている（本書510頁）（国立国会図書館憲政資料室蔵）。
［中・下］大正12年（1923）日記第９冊の表紙、48葉目表から49葉目表。大正12年９月１日条。関東大震災の時の記事。「十一時五十八分頃地大に震ふ。予等尚談を続く。震愈々激しく、壁土落つ。予、徳川期せすして走り出て、非常口に至り、高廊を過く。歩行すへからす。強ひて走りて屋外に出つ」とある（本書648頁）（国立国会図書館憲政資料室蔵）。

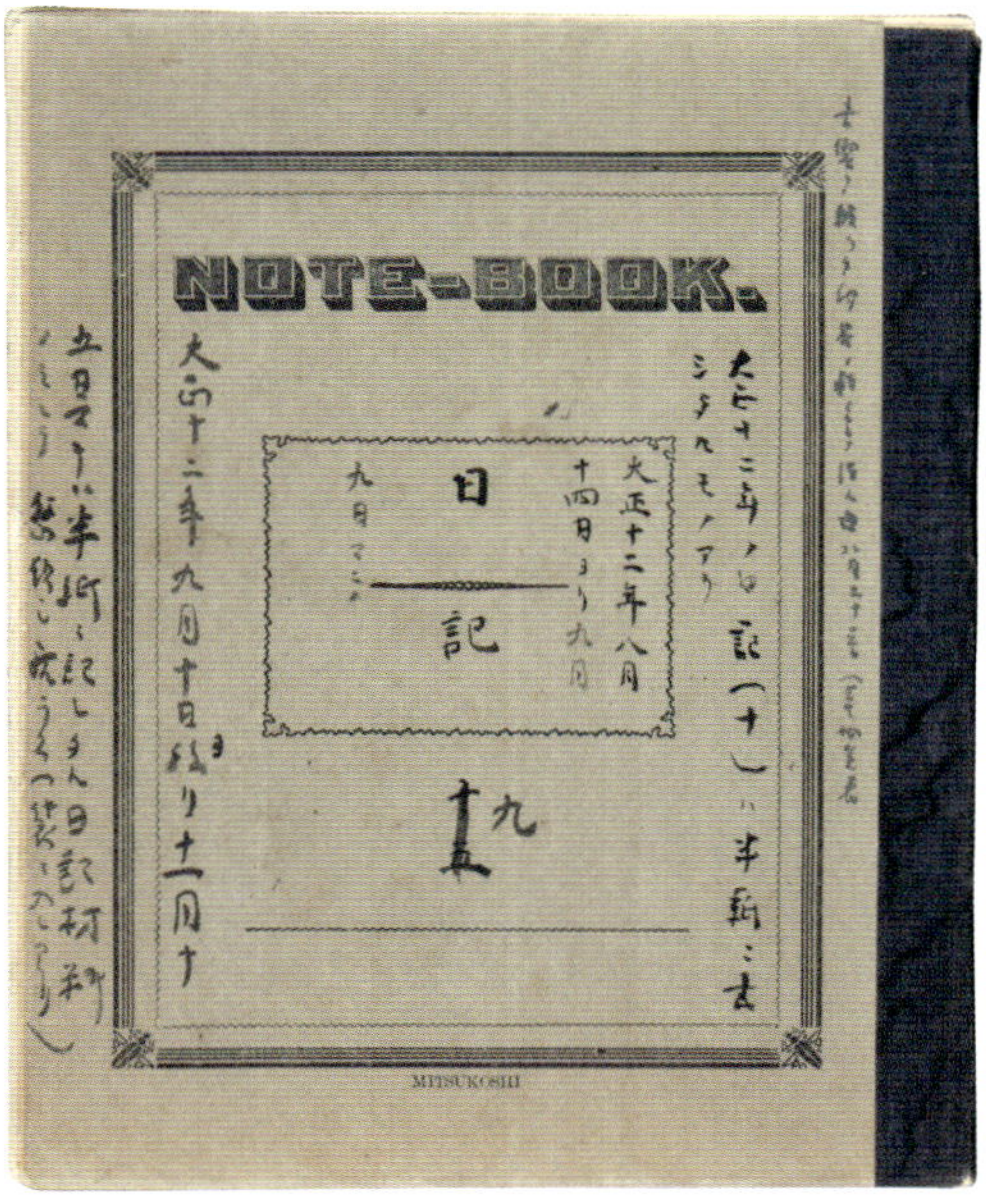

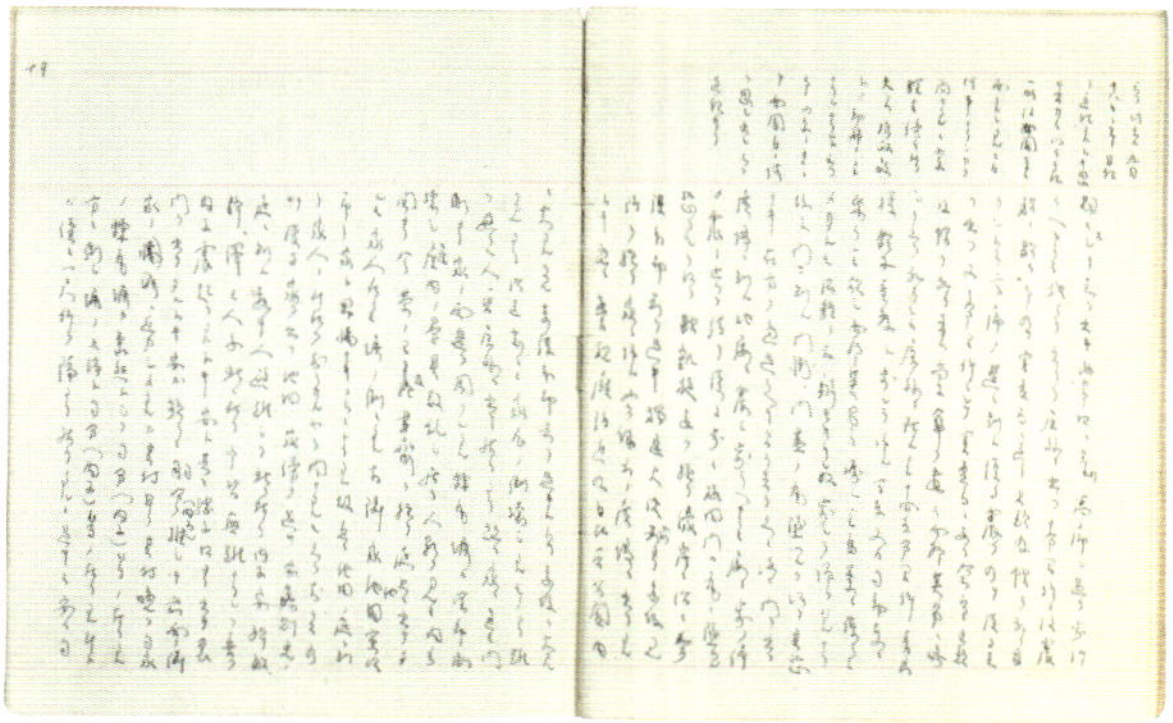

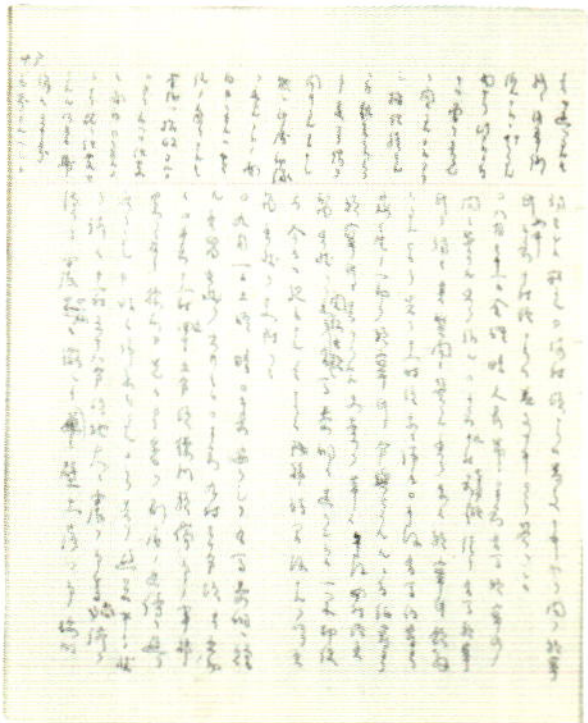

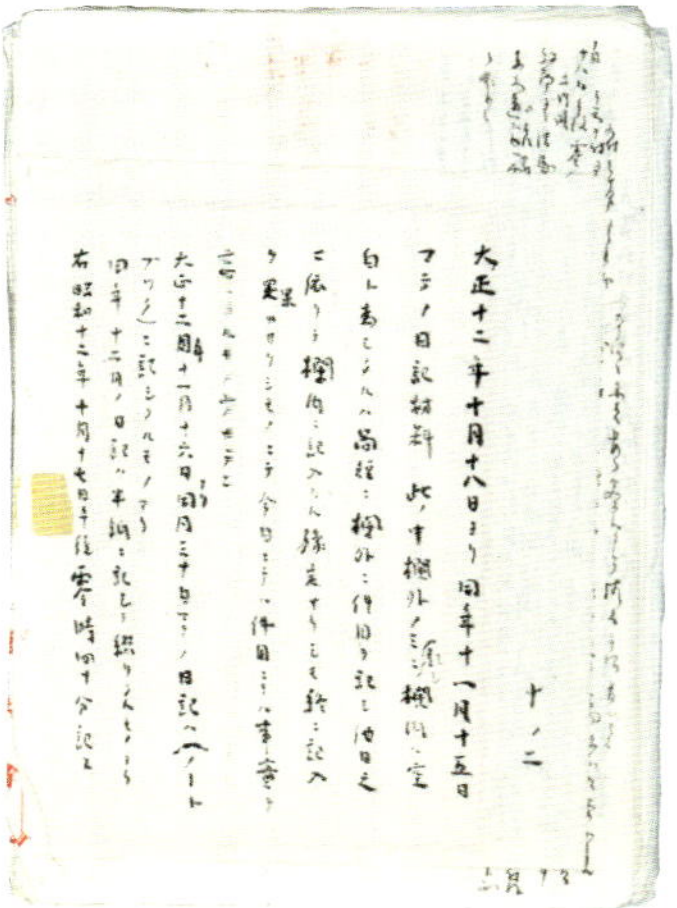

上から順に、大正12年（1923）日記第11冊の表紙、第1頁目および第2頁目。欄外にだけ記された関東大震災後の異様な記述。表紙に「欄外のみ記し、欄内は空白と為したるは、簡短に欄外に件目を記し、他日之に依りて欄内に記入する予定なりしも、終に記入を果さざりしもの」と記されている（国立国会図書館憲政資料室蔵）。

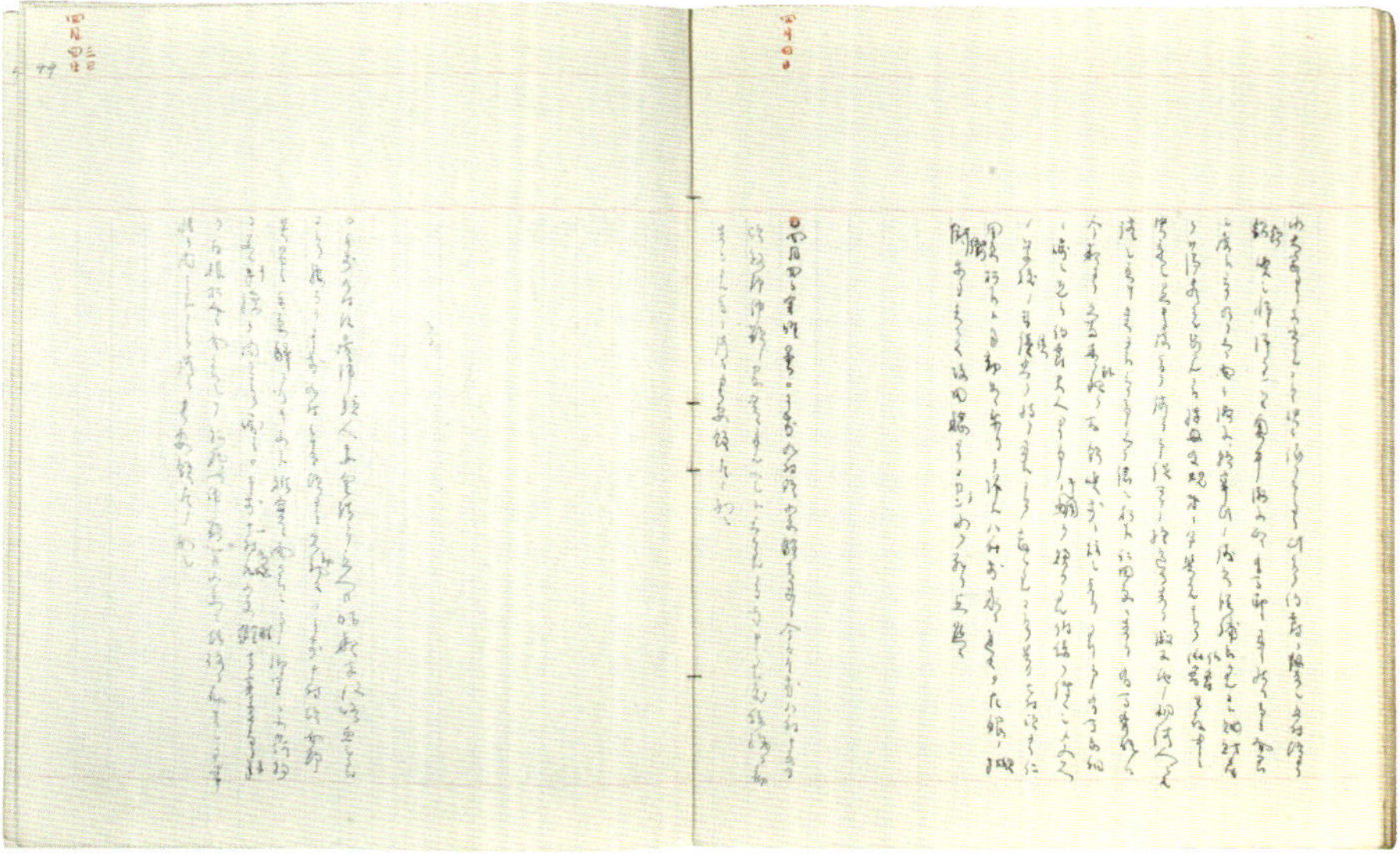

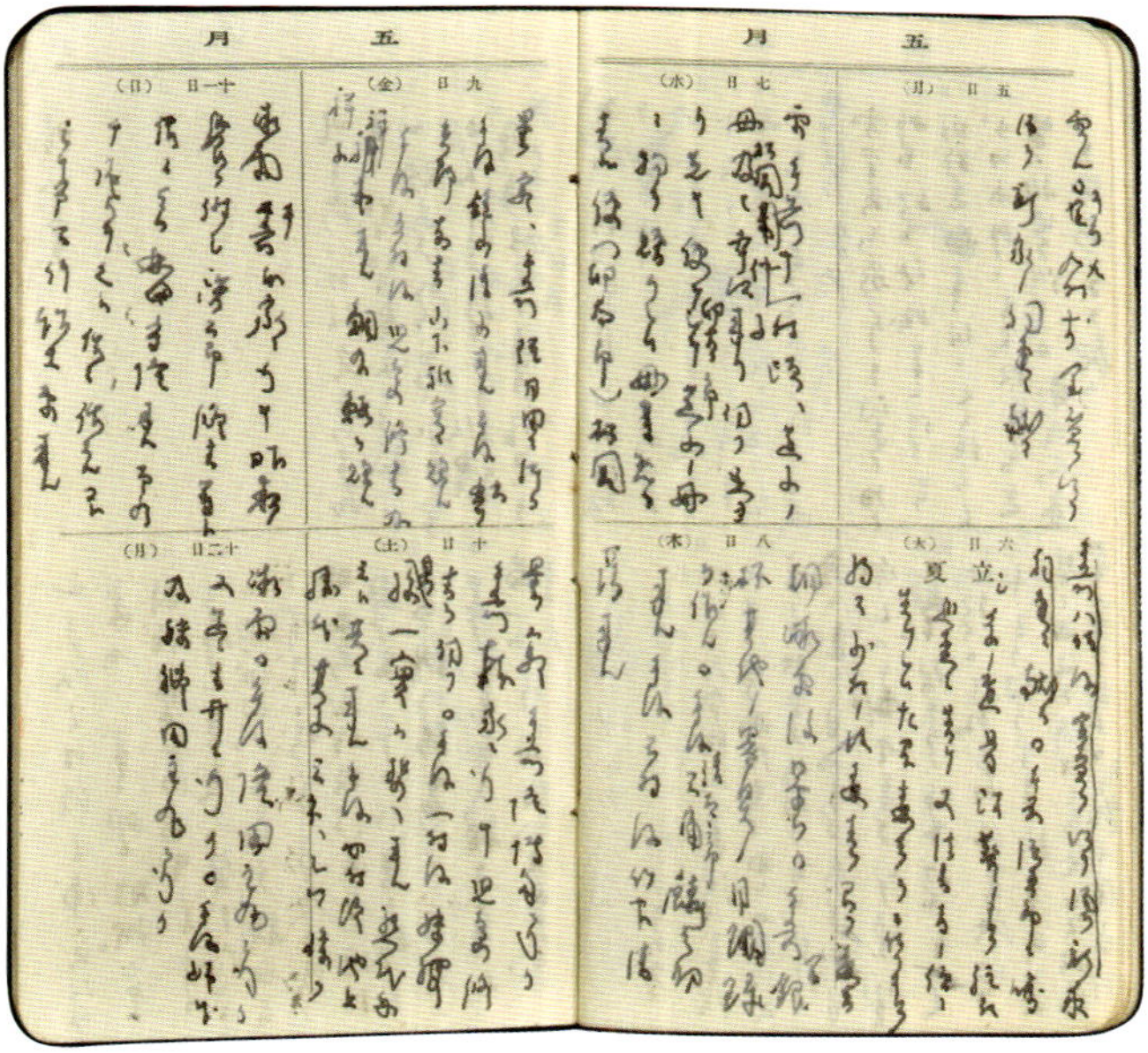

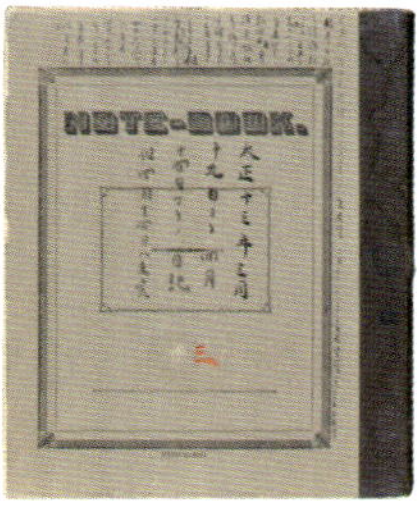

［上・中］大正13年（1924）日記第２冊の表紙、43葉目裏44葉目表。大正13年４月４日条。宮内省内匠頭小原駩吉が牧野伸顕宮内大臣から辞職を求められた時の記事。「午前九時頃小原駩吉来り、今日午前八時十五分頃牧野伸顕の官舎に来るへしと云ひたるに付、行きたる処、辞職を勧告したる旨を談す。其要領左の如し」とあるが、小原と倉富の会話は省略されている。このあたり、同様な省略が続く（本書898頁）（国立国会図書館憲政資料室蔵）。

［下］大正13年、郷里の福岡県浮羽郡船越村に帰った際に日記のかわりに付けていたメモ用の手帳の表紙、５月５日から５月12日にかけての記事（本書951～953頁）（国立国会図書館憲政資料室蔵）。

目次

大正一三年（一九二四）

凡例

一、倉富勇三郎日記の原本は国立国会図書館憲政資料室に所蔵されており、翻刻にはその写真版を使用した。日記稿本の作成にあたっては、原文に忠実な翻刻をめざしたが、明らかに誤記・脱字と思われる箇所は訂正するか、適宜補った。また、原文において訂正もしくは抹消されている箇所は、一部を除き、翻刻をおこなわなかった。

二、判読できない文字は□とした。

三、本文中（　）でくくった文章とルビは、日記原文のものである。〔　〕内は校訂者による注記及び補記である。

四、かなづかいは、原文のままとし、原文にない濁点、半濁点を補うこともしなかったが、漢字は一部を通行の字体にあらためた。ただし、著者独自の用字はそのままにするか、〔ママ〕を付した。なお、固有名詞を除く誤記および独自の用字には、初出の場合のみ〔　〕でくくってルビを付した。

五、原文はカタカナで書かれているが、読者の便宜を考え、カタカナをひらがなに書き換えた。ただし、カタカナ表記を維持したほうがのぞましい場合は、カタカナのままとしたが、カタカナ語であることを示すために原文に付されている（　）は省略した。

六、原文にはほとんど句読点がないため、読者の便宜を考え、適宜これを補った。さらに、原文の記載記事の切れ目を表す「〇」の直前で改行した。それ以外にも、適当なところで、改行をおこなった。

七、日記本文の行側や欄外に、倉富勇三郎本人が加えた注記や追記、欄外に記された小見出しは、内容上いちばん近いと思われる本文の箇所に挿入した。なお、小見出しは、ゴチック体で表示した。

八、闕字については原文の表記にしたがった。

九、主要な人名については、初出もしくは文脈上必要と思われる箇所で、氏名と役職名等を〔　〕に入れて、注記した。外国人で必要な場合は、原綴りを補った。なお、人名・役職名が誤記されている場合は、適宜訂正するか、または〔　〕で補った。

一〇、漢字で記された外国（中国、朝鮮等を除く）の地名や外国語には、初出の際に〔　〕にカタカナで読みを補った。なお現在では使われていない国名、地名、民族名などの表記も日記原文のままに残した。

一一、読者の便宜を考え、日記は一ヶ月分をひとまとまりとし、月のはじめに年月を示す見出しを入れた。さらに、その日の記事のはじまりを示すために、記事冒頭に日付を補った。ただし、日記帳原本は、必ずしも一ヶ月分で一冊とはなっておらず、そのため月の切れ目と日記帳の切れ目とは一致しない。そこで、日記帳原本の切れ目を示すために、新しい日記帳に入るたびに、その日記帳の表題と表紙に記載されている内容を注記しておいた。また、一日の日記の記述が二冊にまたがって記載されている場合には、読みやすさを考慮して、日記の文章の一部を前後に移した。なお、各年のはじまりの頁に倉富の満年齢とその時の官職（本官と重要な兼官のみ）を付記した。

一二、原文には、現在の人権感覚からみて不当もしくは不適切と思われる表現や字句が含まれている場合もないわけではない。しかし、本日記が歴史的資料であることを考慮して、原文のままの表記にとどめておいた。

一三、大正一三年の日記第一二冊には、大正一四年一月一日から一月一一日までの日記も含まれているが、その部分は第四巻に収録した。

大正一二年（一九二三）

（満六九、七〇歳
——帝室会計審査局長官兼枢密顧問官、
枢密顧問官兼帝室会計審査局長官）

大正一二年一月

大正一二年日記第一冊

〔表紙に付記〕

日記　大正十一年　七

　大正十二年　一

大正十一年十二月二十四日の続より十二月三十一日まて〔上記は第二巻所収〕

大正十二年一月一日より二十八日まて〔上記は第三巻所収〕

伊藤景直か揮毫を嘱したるは一月十四日

大谷正男、渡部信と養姉妹の忌服関係を論したるは一月十一日

内閣と枢密院との事一月二十三日五十三葉裏以下

〔大正一二年第一冊は大正一一年第一一冊と同じ冊子に記されているため、大正一二年分は第三巻に収め、大正一一年分は第二巻に収めた〕

一月一日

新年を迎ふ

○大正十二年一月一日月曜。晴。予夫妻〔倉富勇三郎夫人、宣子《シ》〕及姪啓二郎〔倉富啓二郎、倉富勇三郎の兄恒二郎の長男〕の長男龍郎〔倉富龍郎、倉富啓二郎・フミ夫妻の長男、倉富勇三郎の大甥〕は、年を東京赤坂区丹後町一番地に迎ふ。鈞〔倉富勇三郎長男、朝鮮銀行員〕夫妻〔藤子〕、孫寛子〔倉富鈞夫妻の長女〕、幹郎〔倉富鈞夫妻の長男〕、真子〔倉富鈞夫妻の二女〕、英郎〔倉富鈞夫妻の二男〕は、朝鮮元山泉町朝鮮銀行舎宅に在り。隆〔倉富勇三郎三男〕夫妻〔道子〕、孫朗子〔倉富隆夫妻の長女〕は、神奈川県鎌倉大町字西町九百六十一番地に在り。皆恙なし。賀すへし。

祠堂に拝す

午前六時頃褥を出て盥漱して祠堂に拝し、内子〔倉富勇三郎夫人、宣子のこと。「内子」は古代中国で卿大夫の嫡妻を意味し、転じて自分の妻の称として用いられる〕及龍郎と共に屠蘇を飲み、餅を食ふ。

自動車時刻を誤る

○午前九時十分頃上野季三郎〔大膳頭〕より電話にて、主馬寮より自動車を遣はしたるやを問ふ。予、未た来らさる旨を答へしむ。十二月二十八日に、今日九時前に主馬寮より自動車を上野の家に遣はし、上野を載せて九時までに予か家に来り迎ふへき旨を約し置きたり。然るに、九時を過きるも自動車来らさるを以て、上野は或は誤て先つ予が家に来りたるには非さるやと意ひ、電話にて予か家に問ひたるなり。九時後に至るも上野の家に自動車を遣はさゝることを知りたる故、予は主馬寮に電話して之を問はし〔む〕。主馬寮員、上野より電話を受けたる故、既に自動車を上野に廻はし置きたり。間もなく貴家（予か家）

に行くならんと云ひたる由なり。十時前に至り、上野始めて来る。

判任官の賀を受く

乃ち上野と同乗して直に宮内省に到り、予は先つ帝室会計審査局に到り、審査局判任官の賀辞を受け、西野英男〔帝室会計審査局属官〕をして其旨を告くる書を宮内大臣〔牧野伸顕、子爵、大久保利通二男〕に致さしめ、

天皇、皇后両陛下、摂政殿下に新年を拝賀す

東車寄に到り、三個の帳簿に帝室会計審査局長官の官名及氏名を書して、天皇〔大正天皇、嘉仁〕皇后〔貞明皇后、節子〕両陛下、摂政〔皇太子、裕仁親王〕殿下に新年を奉賀し、

李王、李堈公、李鍝公に賀年の電信を発す

又西野英男に嘱し、宗秩寮に行き、予か名を以て李王〔李坧、前韓国皇帝、純宗〕、李堈公〔朝鮮王公族、高宗の庶子〕、李鍝公〔朝鮮王公族、李堈公の息子〕に賀年の意を致すことを伝ふる為、李王職長官〔李載克〔子爵〕〕、李堈公附事務官〔末松多美彦〕、李鍝公附事務官〔仁木義家〕に電信を発することを寮員に依頼せしめ、

各皇族及王世子邸に候し、新年を拝賀す

十時後より上野と自動車に同乗して賀陽宮、山階宮、伏見宮、閑院宮、有栖川宮、東久邇宮、王世子邸、華頂宮、北白川宮、竹田宮、朝香宮、久邇宮、梨本宮、澄宮御殿、秩父宮、高松宮に候し、新年を奉賀したり。各宮にて祝酒を勧めたれとも、東久邇宮、王世子邸の外は皆之を辞し、東久邇宮にては、予、祝儀とし〔て〕金五円を贈られたり。上野は同乗して予を送り、丹後町に来りて別し去れり。時に午後零時後なり。

有馬伯邸に行き、年を賀す

○午後一時後より電車に乗り浅草の有馬伯爵邸に到り、新年の名刺交換会に会し、伯爵〔有馬頼万、旧久留米藩主有馬家当主〕夫妻〔豊子、伯爵戸田忠友長女〕及嗣子頼寧〔旧久留米藩主有馬伯爵家継嗣〕氏に面して年を賀し、屠蘇一杯を飲み、話すること四、五分間許にして辞し去るに臨み、

有馬泰明に有馬誉子の婚姻に付祝品を贈ることの可否を問ひ合せ、他の人か之を贈るならは予の分も加へ置くことを嘱す

有馬泰明〔有馬伯爵家家職〕に対し、本月十二日に有馬誉子〔有馬男爵家当主正頼の妹〕か三井某〔高弘、三井財閥南家前当主、男爵、故人〕の子某〔新井高善〕に嫁することに決したる由。仁田原〔重行〕〔有馬伯爵家家事監督、予備役陸軍大将〕は其媒妁を為すとのことに付、仁田原に問ひ合せ、予等より祝品を贈ることか宜しけれは予も之に加はることに取計ひ置き呉度。結婚のとき予等か招待せらるるや否は分らされとも、其事に関せす、祝品のことは仁田原に相談し呉よと云ふ。泰明、或は招待せられさるならん。成るへく内端にて済ます様の話ありたりと云ふ。

坂田稔、安藤則光の家に過きり、年を賀す

帰途、亦電車に乗り、四時頃家に達す。途、坂田稔〔内科医〕及安藤則光〔倉富家の大家、資産家〕の家に過きり、名刺を投して年を賀す。

一月二日

○一月二日火曜。晴。

祠堂に拝し、内子及龍郎と共に屠蘇を飲み、餅を食ふ

○早朝祠堂に拝し、内子及龍郎と共に屠蘇を飲み、餅を食ふ。

詩を写し賀年書を作り且之を作ることを助く

○児鈞及弟〔倉富強五郎、倉富勇三郎弟、船越村長〕、姪等に贈る賀年書を作り、昨年作りたる詩数首を草稿に写し、内子か予に代りて賀年書を作るを助けたる外、為す所なし。

隆来る

○午後二時頃、隆鎌倉より来り、年を賀す。隆は午前に東京に来り、村山小次郎〔農商務省特許局意匠課長兼商標課長、倉富隆の妻道子の母方の叔父〕の家、荒井賢太郎〔農商務大臣、元朝鮮総督府度支部長官、倉富鈞の妻藤子の実父〕の官舎に過きりたる為、後れたりと云ふ。四時後、隆辞し去る。

一月三日

○一月三日水曜。晴。

元始祭に参拝し、高松宮殿下の誕辰を奉賀す

○午前九時より賢所前の参集所に行き、十時頃より元始祭に参す。十時五十分頃家に帰り、〔大〕礼服を脱き通常服を著け、皇子御殿に行き、高松宮殿下〔宣仁親王、大正天皇三男、海軍兵学校在学中〕に謁し其誕辰を奉賀し、祝酒を受く。来り賀したる宮内官三十人許なりしならん。

参殿時刻に後る

予は初十一時三十分に御殿に行けは宜しと思ひ、賢所より帰りたる後、一たひ人力車夫を返し、十一時二十分頃に復た来るへき旨を命したる処、皇子傅育官長（松浦寅三郎）の案内書を閲したるに、十一時に参宮すへき旨を記載しあるに付、急に車夫を召ひて行き、十一時二十五分頃に達したり。然れとも、関屋貞三郎〔宮内次官〕も予に後れて来り、予のみ後れたるには非さりしなり。午後零時後、宴散す。

徳川頼倫の家に行き、年を賀す

帳簿に署名して賜宴を報謝し、直に退出し、途を枉けて徳川頼倫〔旧紀州徳川家当主、宗秩寮総裁、貴族院議員・研究会、侯爵〕の家に到り、名刺を投して年を賀し、昨日徳川か来り賀したるに答ふ。

小原駩吉か漬物を贈りたるを謝し、小原と徳川頼倫か来りて年を賀したるを詰る

皇子御殿にて小原駩吉〔内匠頭、男爵〕に遇ひ、小原か昨日来り賀したること、昨年十二月三十日に漬物を贈りたることを謝し、且つ小原か約に違ひ来り賀したることを詰る。又徳川頼倫に対し、宮内省員は賀年の為往来せさる例なるを以て予は年を賀せさるに、徳川か来り賀したるは例に違ひたる旨を語る。徳川は、今年は自分（徳川）か官に就きたる第一の新年なるを以て、特に往て賀したりと云ふ。

賀年書を姪等に贈る

○午後、姪村山咸一郎〔倉富勇三郎の姉村山美佐遠とその夫村山左衛

太の長男、福岡県糸島実科高等女学校校長）及其子元（村山咸一郎長男）、倉富九一郎（倉富勇三郎の甥、倉富辰実・礼以子夫妻三男）等に贈る賀年書を作る。

祠堂に拝し、屠蘇を飲み、餅を食ふ

○今日も早朝祠堂に拝し、内子及龍郎と共に屠蘇を飲み、餅を食ふ。

一月四日

○一月四日木曜。晴。

寒甚し

近日中にて特に寒し。摂氏の零度下七度なりしと云ふ（午前六時）。

御用始

○今日、御用始なるを以て、午前九時三十分より宮内省に出勤し、審査局員の挨拶を受く。他部局員の来りて挨拶したるもの七、八名ありたり。十一時三十分頃、退出して家に帰る。

日記を追記す

○午後、去月二十四日より二十八日までの日記を追記す。

高義敬、滄浪閣修繕のことを謀る

○午前十一時頃高義敬（李王世子附事務官、宗秩寮御用掛、伯爵）審査局に来り、本月十日までに王世子邸の予算を李王職に出さゝるへからす。滄浪閣の改築は当分之を見合せ、修繕することの予算を出し置く積りなり。洋家と日本家との修繕を一年に為すことは多額費用を要するに付、各別に予算を立て、いつれを先き（に）するかは李王職に任かすことにすへし。此ことは上林敬次郎（李王職次官）とも協議せりと云ふ。予夫れにて宜しからんと云ふ。

一月五日

○一月五日金曜。晴。

新年御宴なし

○新年宴会の日なるも　天皇皇后両陛下東京に在まさす、摂政殿下御不例なるを以て、宴を開きたまはす。

永島巌来る

○午前十一時後、永島巌（元朝鮮総督府大邱覆審法院長）来りて年を賀し、新年の詩を告け挨拶し、話すこと五、六分間許にして去る。

岩野正治来る

○午後零時後、岩野正治（陸軍砲兵少佐、陸軍工科学校教官）来りて年を賀す。話すこと三十分間許。予及内子将に出てんとす。

森安連吉の父の告別式に会す

岩野か去りたるときは既に一時後なりしを以て、予は直に牛込上宮比町十九番地、森安連吉（元朝鮮総督府医院内科長）の家に行き、其の父信平の告別式に会し、賻三円を贈り、三時十分頃家に帰る。

内子三越呉服店に行く　上林敬次郎、河村金五郎に鰹節を贈る

内子は三越呉服店に行き、上林敬次郎及河村金五郎（元宮内次官、元枢密院書記官長）に鰹節を送ることを命し、午後三時四十分頃家に帰る。鰹節を贈るは、本月八日上林の子〔一枝、大蔵省見付地方専売局副参事兼事業課長〕、河村の女〔叙子〕と結婚し、両家より予を招き居るを以てなり。

日記を追記す

○午前午後、去月二十九日より本月三日までの日記を追記し、又今日の日記を記す。

中山勝之助来り、其女音羽の結婚に招待す

○午後五時頃中山勝之助〔朝鮮総督府大邱覆審法院長〕来り、其第三女音羽か本月十三日、海軍々人某〔山澄貞次郎、海軍大尉、海軍大学校航海学生〕と結婚し、築地水交社にて祝宴を開くに付、予夫妻の来会を請ふ。之を諾す。

上林敬次郎電話す

○午前上林敬次郎より電話にて、本月八日其子の結婚披露に予等か出席するや否を問ふ。予、予は出席するも、内子は出席せさる旨を答へしむ。

〔欄外に付記〕

一月五日補遺

○一月五日補遺。

家政相談人の嘱託

○午前九時頃、伯爵有馬家より家政相談人を嘱託する旨の書を送り来る。

一月六日

○一月六日土曜。晴。

胃及肺の痛を覚ゆ

○午前胃及右肺痛を覚ふ。寒気の為なるへし。

袱紛失す

○昨夜書類を包む袱紛失す。

○午前九時三十五分頃より出勤す。

青山操より李王職の候補者あることを語る

○午前十時後青山操〔帝室会計審査局審査官補〕より、先頃李王職にて属官の候補者を求め居るとの談ありたるか、一昨年まて宮内省の嘱託となり居り、官制改革のとき殿部となりて、武庫離宮詰となさんとの議あり。本人は之を喜はす、会計検査院に転任し今尚ほ同院に勤務し居る者あり。其人か李王職属たることを望むに付、之を推薦し呉度。本人は敏活の人には非さるも、正直なることは間違なし。年齢は三十四、五歳なるへく、現俸は一ヶ月七十円位なるへしと云ふ。

採用の必要あるや否を問ひ合はすへき旨を答ふ

予、李鍝公か朝鮮に行き居らるる故、急に採用する必要なきやも計り難し。然し公は再ひ上京せらるる筈に付、絶対に人を要せさる訳には非さるならん。尚ほ問ひ合せ見ることにすへしと云ふ。

西野英男に嘱し、長崎、神戸、熊本の市長に答ふる書を作り、之を出す

○午前十時後西野英男に、長崎市長〔錦織幹〕、神戸市長〔石橋為之助〕、熊本市長〔高橋守雄〕よりの就任挨拶に対する返書を作ることを嘱す。

李鍝公の着京

○午前十時後宗秩寮属佐々木栄作〔或は木村宗吉〕〔宗秩寮属官〕来り、今日午後零時四十分李鍝公、京城より上京せらるることを報す。

東京以外の皇族及李王、李堈公に対する寒中伺のことを嘱す

佐々木〔或は木村〕、又今日より寒に入りたるに付、皇族にて東京に在られさる方、即ち有栖川宮大妃〔有栖川宮熾仁親王妃董子〈旧新発田藩主伯爵溝口直溥三女〉、及び同威仁親王妃慰子〈旧金沢藩主侯爵前田慶寧四女〉〕、北白川宮大妃〔北白川宮能久親王妃富子、公爵島津久光養女〕、多嘉王〔久邇宮朝彦親王五男、神宮祭主〕及朝鮮の李王、李堈公に寒中機嫌伺の書を発する例なる故、貴官〔予〕の分も同時に発することに取計ひ置くへし。博義王〔伏見宮博恭王長男、海軍中尉〕は今日より出発して呉に帰任せらるる趣なるか、寒中の機嫌伺は入寒後第二日までに発する例なる故、博義王の分は任地宛に出し置くことゝすへし。貴官〔予〕、在東京の皇族邸に機嫌伺に行かるるときに、東京に在られさる皇族あるやも計り難きに付、其時は更に在否を通知することにすへしと云ふ。

在京皇族に対する寒中伺は急を要せす

予、万事宜しく取計ひ呉度。在京の皇族邸に伺候するは日を限るには及はさる様なるに付、来週位に行きたらは宜しからんと云ふ。佐々木〔或は木村〕夫れにて宜しかるへしと云ふ。

酒巻芳男来り、李鍝公の著京を報し竹内某の女の縁談のことを談す

○午前十一時頃酒巻芳男〔宗秩寮事務官・庶務課長兼爵位課長〕来り、李鍝公、今日午後零時四十分東京駅に著せらるること。竹内某〔惟治、国学者、貴族院議員・研究会、子爵、故人〕の女〔千代子〕を長谷川某〔治郎兵衛、三重県松坂の資産家〕の二男某〔久四郎〕に嫁せしめんとする件は、昨年末次官〔関屋貞三郎〕より長谷川に関する調査書類を纏めて、之を大臣〔牧野伸顕〕に提出し、委細の談は大臣の病気全快に至るまて申延はし置きたること。華族の現況調査は大概原案は出来居ること。

学習院寄宿舎廃止、月謝徴収のこと

去月廿一日頃大臣官邸にて学習院評議員に会したるは、学習院の寄宿舎を廃する評議にて、同時に月謝金徴収の議ありしも、松浦某〔厚、貴族院議員・研究会、伯爵〕及某等は反対意見を有し、大臣も当日の議題と為さゝりしこと。

東久邇宮殿下滞仏費用のこと

東久邇宮殿下〔稔彦王、陸軍少佐、フランス留学中〕の滞仏費用に付ては、去月廿八、九日頃松平慶民〔宗秩寮事務官・宗親課長、東宮職御用掛、旧福井藩主松平家分家当主、子爵、松平慶永三男〕よりの返電達し、一ヶ年十五万円となすことは十分殿下の御領解を得たるものにて、殿下も滞仏年限永くなる故、十分節約する旨を告けられたること。妃殿下〔東久邇宮稔彦王妃聡子内親王、明治天皇九女〕の洋行のことは、近々王殿下に協議すへき旨を申来り、其電報は目下大臣の閲覧に供し居ること等の談を為し、

李鍝公附の属官候補者のこと

予より、李鍝公附属官の候補者あり。予は其人を知らさるも、

聞く所にては云々なりとて、青山操より聞きたる所を告け、酒巻は、目下上林敬次郎上京中なるも、其事に付ては未た何等の話を為さす。上林と協議したる上のことにすへしと云ふ。

西村時彦来り話す

○予か酒巻と談し居るとき（十一時後）、西村時彦〔漢学者、元大阪朝日新聞主筆、文学博士、号は天囚〕来りて年を賀す。之と御講書始、御歌会初のことを談す。西村先つ去り、酒巻次て去る。西村は今年の御講書始に漢書進講の予備員と為り居るものなり。

金井四郎来り談す　東久邇宮附武官より滞仏費送金詰問に関する電報

○午後一時後金井四郎〔東久邇宮附事務官〕来り、稔彦王殿下附武官蒲某〔穆、陸軍騎兵大佐〕より、去月二十九日に仏国に送りたる五万円は如何なる性質の金なるや、又何故に送金手続等に付、殿下の指揮を受けすして送金したるやと申し来りたる旨を告く。予、殿下の滞仏費用は一ヶ年十五万円にて宜しく、此ことは殿下の御諒解あり。十二年度初期の費用として至急に五万円を送るへき旨、松平慶民より申来りたる趣に付、此節送りたる五万円は、実は大奥よりの賜金なるへきも、殿下に対しては十二年度の経費の中の送金なりとし、松平に電信を発して、同人より殿下に説明せしめたらは宜しからんと云ふ。

送金に関する意見

此時酒巻芳男来る。予、金井に告けたる趣旨を酒巻に告く。酒巻、夫れにて宜しからん。十一年度の送金は十四万三千五百円となり居るにつき、其額を十五万円に充たす為め、更に六千五百円を送金し、五万円は十二年度初期の分と為したらは宜しからんと云ひ、

尹徳栄排斥に関する朝鮮人の書翰

酒巻は、昨年末朝鮮四百数十人より宮内大臣に尹徳栄〔元李王職賛侍、子爵、尹沢栄兄〕のことを弾劾したる書類を予に示す為、之を持来り、之を見置き呉よと云ふて去る。

東久邇宮妃の御用取扱のこと

金井は、妃殿下渡欧のとき、御用取扱は現在の諫早某〔サク〕をして随行せしめ、外国語に通する者を侍女として随行せしめたらは宜しかるへく、其人選は誰にも話したることはなけれとも、先年罷めたる侍女内田（確かならす）の女子〔不詳〕にして、久しく米国に留学、只今女子学習院の教員と為り居るものは、容貌は宜しからさるも、宜しくはなきやと思ひ居る。先日賀年の為御殿に来りたるに付、仏独語を能くするやを問ひたる処、書籍は読み得るも、談話は出来すと云ひ居りたり。然し英語を能くすれは用は弁すへしと云ふ。

金井四郎、牧野伸顕帰京の期を問ふ

金井、大臣（牧野伸顕）は何日頃帰京すへきやと云ふ。予、明日頃帰るとのことにて修善寺に行きたるも、病気は少しく癒へ兼居る趣なりと云ふ。金井、辞職する様のことはなきや。稔彦王殿下のことの決定する前に辞職する様のことはなきやと云ふ。予絶対に其様のことなしと云ふ。金井既に去る。

尹徳栄排斥に関する朝鮮人の書を閲みす

予朝鮮人四百数十名より牧野伸顕に贈りたる書の訳文を閲み

す。

尹徳栄排斥に関する朝鮮人の書の誤訳

訳者は、渙発は煥発の誤なる旨を附記し、又（在臣僚対揚佳命之道云々、細人ノ讒ヲ信シ云々、自得セサラシメンヤ）とある処に、在の下廷を脱するならんと云ひ、自得云々は解し難しと記し居れり。予酒巻の室に到り、渙は誤に非す。在臣云々は臣僚佳命を対揚する道に在りて云々と読むへく、（自得セサラシメンヤ）は李堈公をして鬱憂して自得せさらしむる様のことは宜しからすの意にて、解し難きことなし。是は誰か訳したるものなりやと云ふ。

訳者は西村時彦

酒巻、西村時彦なりと云ふ。

東久邇宮附武官蒲某の電信

酒巻、金井より予に話したる蒲某の電信を示す。

金井四郎非難の投書　宮内大臣、次官とも金井四郎の専横を信す

予将に去らんとす。酒巻又東久邇宮附表奥一同より金井四郎を誹謗したる文書にて、関屋貞三郎に贈りたるものを示し、此文書は既に関屋は一覧し、白根松介〔宮内大臣官房秘書課長、男爵〕の談にては、関屋は余程此事実を信し居る模様ありとのことなり。

無責任なる無名の投書にて金井四郎を処分するは不可

自分（酒巻）は白根には、此の如きことにて殿下の御不在中事務官を更迭せしむることは絶対に為し難しと云ひ置けりと云ふ。予、此ことは予は疾く聞き居れり。大臣も金井の専横なることを信し居る様にて、其元は竹田宮大妃〔故竹田宮恒久王妃昌子内親王、明治天皇六女〕より大臣に話されたりとか云ふことなり。大妃自ら之を知らるる筈なし。誰か之を告けたるものならん。明かなる事実あれは、殿下の不在中にても之を罷むるは当然なれとも、予は此の如き事実あるへしとは思はす。無責任なる無名投書等にて更迭せしむることは宜しからすと云ふ。

金井四郎、萩原淳を疑ひ、酒巻芳男、祖式某を疑ふ

酒巻、金井に関する投書は既に先頃も来りたるに付、其節は金井に大概の趣意を告け、何か心当りはなきやと云ひたるに、金井は萩原淳〔東久邇宮御用取扱〕か怨み居る故、或は同人の所為には非さるやと云ひ居りたり。然し、自分（酒巻）は萩原とは思はす。昨年罷免したる祖式某〔武次、元東久邇宮附属官〕抔には非さるやと思ふと云ふ。予、祖式には非さるへしと思ふと云ふ。

三浦栄五郎の葬に会す

○午後二時四十分より青山斎場に行き、三時三十分、三浦栄五郎〔元東京地方裁判所検事正〕の葬に会す。

中川孝太郎等に遇ふ

休所にて、中川孝太郎〔弁護士、元東京帝国大学法科大学教授〕、乾孚志〔長崎地方裁判所長〕、松本重敏〔弁護士、明治大学教授〕、馬場愿治〔大審院判事〕、野口謹造〔元東京監獄典獄〕、柏原与次郎〔元司法省民事局長〕等に遇ひ、斎場内にて、富谷鉎太郎〔明治大学総長、貴族院議員・研究会、元大審院長〕、横田秀雄〔大審院長〕、河村善益〔竹田宮宮務監督、元東京控訴院検事長〕等に遇ふ。中川孝太

郎に対し、先頃は迷惑のことを依頼せりと云ひたる処、中川より必至〔ママ〕と都合よく行かさりしと云へり。

入江貫一来り訪ふ　予在らす

四時後、家に帰る。予か不在中（四時頃）、入江貫一〔内閣恩給局長兼枢密院書記官〕来り、復た来るへき旨を告けて去りたる由なり。

有馬泰明より電話にて、有馬誉子の結婚に付祝品を贈ることを報す

午後有馬泰明より電話にて、有馬誉子の結婚に付、有馬男爵家の相談人三名は各金十円を贈る趣なり。貴家の主人よりも何か贈らるるならは、其取計は自分（泰明）等に於て為すへしと云ひ、予か在らさるを以て、帰宅の上何分の答を為すへき旨を告け置きたりとのことなり。

有馬泰明の報知は予か問合せたる趣旨に合はす

泰明より電話したるは、本月一日、予より泰明に依頼し置きたる為なるへきも、予は有馬伯爵家相談人の振合を問ひ合せたるものにて、男爵家相談人の振合を問ふたる訳には非さりしなり。

一月七日

○一月七日日曜。晴。

行く所なし

○行く所なし。

内子三越及菊屋に行き、物を買ふ

○午前十時頃より、内子三越呉服店に行き、中山音羽に贈る反物を買ひ、又菊屋に行き、小原駩吉、五味均平〔宮内省図書寮庶務課長兼図書課長兼内閣法制局参事官〕に贈る甘鯛の干物及魚蔬の瓶詰を買ふ。午後零時後帰る。

葉書を鈎に贈り、小包を出したることを報す

○午後、葉書を鈎に贈り、小包郵便にて菓子及浅草海苔を送りたることを報す。

有馬泰明に電話し、有馬誉子に贈る祝品のことを嘱す

○午後零時後有馬泰明に電話す。有馬正に自家に行き居るも、直に之を召ひ来らんとのことなりしを以て之を依頼し、有馬か昨日電話したることを謝し、有馬誉子に贈る祝品のことを問ふ。

有馬、此節は極めて質素に婚儀を挙くる積りに付、祝品は一切之を断はる積りなる趣の処、菅虎雄〔第一高等学校教授、久留米出身〕、元田作之進〔立教大学校長、久留米出身〕の両人は結婚のことを聞知して、之を祝せさるは不気済〔ママ〕みなりとて、右の二人は各十円を贈ることゝ為し、既に昨日、元田か有馬邸に行きて之を届け、橋爪慎吾〔元有馬伯爵家家令〕には書状にて其旨を通知したりとのことなりと云ふ。予、予は有馬男爵家の顧問なるも、同家に対する祝は有馬秀雄〔衆議院議員・政友会、有馬伯爵家家政相談人〕、境豊吉〔弁護士、有馬伯爵家政相談人及顧問弁護士〕等と同様にし度。同人等は如何致すへきやと云ふ。有馬、同人等のことは今日まては聞く所なしと云ふ。

予、有馬男爵家の相談人は今年より変更する予定なる様に聞き居りたるか、既に変更したりやと云ふ。有馬、自分（有馬）も一寸聞きたることあるも、未た決し居らさる様なりと云ふ。

予、祝品のことは、今後有馬秀雄、境豊吉等に於て何か贈る様ならは、予も之に加へ置き呉度。何事も同人等と同様に致し置呉よと云ふ。有馬之を諾す。

書を花井卓蔵、江木衷に贈る

○午後、書を花井卓蔵〔弁護士、臨時法制審議会委員〕に贈り、其詩を添削し、又書を江木衷〔弁護士、臨時法制審議会委員〕に贈り、江木の歌に次したる暁山雲及新年口号の詩を送る。

一月八日

○一月八日月曜。曇。

隆に書を贈る

○午前、書を隆に贈り、道子分娩前後、内子が隆の家に行くことを得さる旨を報し、隆か朗子の世話を為すへき人を雇ふ工夫を為すへきことを申遣はす。

寒中に付、天皇皇后両陛下、摂政殿下の天機御機嫌を奉伺す

○午前九時四十分頃より出勤し、東車寄に行き、三個の帳簿に本官名（帝室会計審査局長官）及ひ氏名を書し、天皇、皇后両陛〔下〕及摂政殿下の天機并に御機嫌を奉伺す。一昨日より寒に入りたるを以てなり。

審査官、属官の担当事件を定む

○午前十時後より審査官会議を開き、審査官及属官の担当事件を定む。十二時頃決定す。

李堈公賀年書を致す

○午前十一時頃高羲敬来り、李堈公か予に対して新年を賀する為送りたる名刺を致す。名刺は李鍝公上京のとき随行者に托し、高宛の封筒に入れて高をして之を予に致さしめたるものなり。

賞勲局の書類に捺印を求む

○午前十一時後、賞勲局より勲章不褫奪の書類（三名に対するもの）を致して、予の捺印を求む。

牧野伸顕塩梅宜しき為帰京を延はす

○午後零時後食堂にて大谷正男〔宮内大臣官房庶務課長〕より、宮内大臣（牧野伸顕）は昨七日修善寺より帰京する筈なりしも、心配し居りたる黄疸は、横浜の十善〔全〕病院長某〔氏原均一〕か偶々修善寺に行き居り、其処方にて投薬したる処、急に快くなりたる故、今暫く滞在することになりたる趣なることを聞く。

高羲敬を召ひ、属官の候補者のことを談す

○午後零時後、給仕をして宗秩寮に行き高羲敬を召ひ来らしめ、本月六日青山操より聞きたる属官の候補者のことを告く。高、早速酒巻芳男にも仁木義家にも談し、関屋貞三郎、上林敬次郎とも協議することゝすへし。全体は速に属官を任用する必要ありと云ふ。高、仁木か面会し度と云ひ居る旨を告け宗秩寮に行きたるも、仁木か在らさりしと云ひ来れり。

仁木義家来り談す

少時の後（午後一時頃）、仁木来〔る〕。李鍝公に随ふて上京したる旨を告く。仁木、李埈公〔李埈鎔、李熹公の息子、高宗＝李太王の甥、故人〕妃〔金氏、名は不詳〕は李鍝公の住居を建つへき予定地は偏在して不便なる故、建築は之を見合はせ置くへき旨を申し聞けられたりと云ふ。予、其事は先頃李堈公上京のときも同様の話ありたり。何とかなるへしと云ふ。

李鍝公の生母の弟某のこと

仁木、李鍝公の生母〔金興仁〕の弟にて、昨年より李鍝公に随ひ東京に来り居る某〔金春基〕は、公の生母に種々なる通信を為し不都合なる故、此節は上京せしめさる方宜しからんと云ひたるも、李埈公妃は、今直に之を止むるは李堈公に対しても都合宜しからず。東京にて漢学の教師、家庭教師も出来て、某は不必要と為りたる旨ても申し来り、其上にて止むることゝしたらは都合宜しからんとの旨を話されたることを談す。

小原駩吉来り、牧野伸顕の病状を談す

○午後一時後小原駩吉来り、大臣（牧野伸顕）の病気は懸念なかるへきや。黄疸となりたりとのことなるか、自分（小原）の知る所にては、肝臓癌に罹りたる人か黄疸になる様なり。馬場某〔三郎〕（故内匠頭）の如きも其例なりと云ふ。予、大臣は先日嘔吐したるとき胆汁まて吐きたりとのことなるか、其関係にて胆汁か血液に混したる為黄疸を起したるものならは、一時のことにて済むならん。但し、食傷としては余りに激烈なり。殊に平素右の如き持病ありとのことは多少懸念すへきことの様にも思はる。急に帰京を止めたることか真実塩梅宜しき為ならは宜しきも、身体を動かし難き為に止めたる様のことならは困ることなりと云ふ。

武田某は牧野伸顕に使役せられ居るもの

小原、夫れは悪しき為には非さる様なり。牧野の家に使役せられ居りたる武田某〔不詳〕と云ふ者を内匠寮の匠生として使ひ居り、大臣か旅行するときには大概随行せしめ、此節も白根松介の相談にて修善寺に遣はし置きたるか、武田か昨夜帰りたる上の談に依れは、黄疸は一時のことにて回復し、大臣は床上に起座し、談話しても疲るる模様もなく、

横浜十善病院長の談

横浜の病院長も、此容体にて帰京を勧めては、自分（病院長）か主治医より笑はるると云ひ居りたりとの談を為せりと云ふ。

竹田宮の自動車人を傷つく

小原又竹田宮〔竹田宮恒徳王、竹田宮附属官〕の自動車か終に人に負傷せしめたるに非すやと云ふ。予、予は何も聞かすと云ふ。小原、酒巻（芳男）より君（予）には疾く告け居ることならんと思ひたり。本月三日、司法省の前にて、竹田宮の侍女を載せたる自動車か三人に負傷せしめ、一人は足を敷き、一人は刎ね飛はされて頭部を打ち、一人は擦過傷を負ひ、二人は築地の林病院に入り居り、其自動車には宮の御紋章を附け居り、

竹田宮の自動車人を傷けたることは大阪の新聞に掲載す

大阪の新聞には一寸此事を書きたるも、東京にては一切掲載を禁し居る由なり。

竹田宮の運転手は免状を有せす

而して警視庁にて取調へたる所にては、運転手は警視庁の免許を受け居らさるものなる由なり。全体此の如きことは酒巻より直に君（予）に報告して協議すへきことに非すやと云ふ。

宗秩寮と予との関係

予、予は宗秩寮より相談すれは之に応するも、自ら進んて喙を容れさることゝ為し居れり。宗秩寮にては余り予には相談せさる方なりと云ふ。

皇族妃新年参賀に関する話

小原、酒巻も皇族の事情は未た了解し居らさる故、次官（関屋貞三郎）か酒巻のみを信し居りては懸念なり。昨年末にも、賀陽宮の御用取扱〔松村菊枝、外交官故松村貞雄夫人〕より、新年には妃殿下〔賀陽宮恒憲王妃敏子、公爵九条道実五女〕は参内せらるへきやとの尋を為せり。然るに、皇族附職員会議にては、皇太子殿下に妃かあらせられさる故、皇族の妃も参内せらるるに及はさるへしと決したる趣なるも、十二月三十日まて何事も通知なき故、自分（小原）より電話して酒巻に交渉したる処、酒巻は御随意にて宜しからんとのことになり居れりと云ふ。依て自分（小原）は、皇太子殿下に妃なき為参内に及はすとならは、天皇御幼年のときは妃殿下は絶対に参内なきことゝなる訳なるか、皇室令を以て定めたる各種の儀式には、天皇襁褓に在るときにても、妃か参列せらるる規定あるに非すやと云へり。

皇族妃新年参内のときの服装のこと

自分（小原）は、兎も角参内せらるるか宜しからんと想ひたるも、服装の疑問起りたり。依て梨本宮に問ひ合せたる処、同妃殿下〔梨本宮守正王妃伊都子、故旧佐賀藩主家前当主侯爵鍋島直大二女〕は大礼服は著けすして参内せらるるとのことなりし故、是は式部職にて定めたる式に依り、正式に参内せらるるものに非すと思ひ、賀陽宮妃も其振合にて参内せらるることにせり。兎に角、御随意抔と云ふことでなく、判然決して通知せされは不都合なりとの談を為せり。話すること十分間許にして去る。

王世子邸にて雇ひ入れたる運転手は免状を有す

予、小原の談を聞き、更に高義敬を召ひ、先日王世子邸にて雇ひ入れたる自動車の運転手は、陸軍にては自動車を運転し居りたることは記憶し居るか、警視庁の免状を有ち居りたるや否と云ふ。高甲種の免状を持ち居れりと云ふ。

式部職より雉子三羽を贈る

○午後二時後西野英男来り、只今式部職より、今日貴官に雉子三羽を贈るに付、退庁のとき持ち帰られ度旨申来れりと云ふ。予今日は他に廻はる積りなりと云ふ。西野然らは使を遣はすへきやと云ふ。予人力車の前に置かれさることはなからんと云ふ。西野式部職に行き雉子三羽を持来り、新聞紙にて之を包み呉れたり。

内子に電話し、隆か来るならは明日頃か都合宜しき旨を告く

○午後三時頃内子に電話し、隆か鎌倉より来るならは、明日頃来る方都合宜し。今日鳥を頂戴せりと云ふ。内子今夕電話しても宜しと云ふ。予、電話せすとも、今葉書を出し置きたらは間に合ふことならんと思はると云ふ。内子葉書を出し置くへしと云ふ。

上林敬次郎長男の結婚祝宴に会す

○午後四時三十五分頃より築地精養軒に行き、上林敬次郎長男一枝と河村金五郎四女叙《ノブ》子との結婚披露宴に列す。富井政章〔枢密顧問官、内大臣府御用掛、臨時法制審議会委員、帝室制度審議会委

員〕、媒妁として挨拶を為し、水野錬太郎〔内務大臣〕首賓として祝辞を述へたり。九時前家に帰る。

俄雨

○夜、俄雨。

一月九日

○一月九日火曜。晴。

有馬泰明電話にて、有馬誉子結婚に付祝品を贈る共同者なきことを報す

○午前八時後有馬泰明より電話し、本月一日及六日に有馬誉子結婚に付祝品を贈らるることに付御依頼ありたるを以て、有馬秀雄に相談したる処、有馬は特別の関係あるを以て単独にて祝品を贈り度と云ひ、仁田原重行は媒妁なる故、是も他と共同し難しとのことなり。境豊吉と松下丈吉〔有馬伯爵家家政相談人〕との都合は問ひ合はせさるも、是迄何の話もなきに之を問ひ合はするは、祝品を促かす様の嫌ある故、之を問ひ合せすと云ふ。予其手数を謝し、予も単独にて取計ふことにすへしと云ふ。泰明此元にて取計ひても宜しと云ふ。予一人の為取計を依頼するも迷惑なるへきに付、予の方にて取計ふへしと云ふ。

昨日式部職より送りたる雉子二羽を多納光儀に贈る

○午前九時頃使をして、昨日式部職より送りたる雉子雌雄各一を多納光儀〔内科医、多納栄一郎の父〕に贈らしむ。書を贈りて御猟場猟獲のものなることを申遣はす。

書を向井巌に贈る

○午前、郵書を向井巌〔元朝鮮総督府平壌覆審法院検事長〕に贈り、昨年末向井か佐賀産の菓子ボーロを贈りたることに付挨拶す。

賞勲局より勲章記章褫奪に関する書類に捺印を求む　書類に誤記あり

○午前十一時前、賞勲局より勲位記章褫奪の書類を致し捺印を求む。人名罪名の摘記に、通貨を誤りて通過と記載しありたる故、附箋して誤記と認むる旨を記し、認印を捺して返戻す。

食堂にて小原駩吉、白根松介と牧野伸顕の病状を談す

○午餐後、食堂にて小原駩吉、白根松介と牧野伸顕の病状を談す。遂に西園寺八郎〔式部次長、元老西園寺公望の養嗣子〕の室に到る。山辺知春〔秩父宮別当、北白川宮附御用掛〕正に在り。小原亦次て来る。此等〔と〕雑話し、四、五分間の後、予は昨日式部職より雉子を贈りたることに付西園寺に挨拶して先つ去り、審査局に返る。

審査局新年会のこと

○午後一時二十五分頃伊夫伎準一〔帝室会計審査局審査官兼事務官〕来り、審査局の新年会を開く為、八百勘の差支なき日を取調へたる処、本月十三日か十五日か、其後ならは十七日後に非されは差支なき日なしとのことなり。貴官（予）の都合如何と云ふ。予、十三日には予約あり。十五日に致し呉よと云ふ。

大正十一年度会計審査成績書報告書の担当者

○午前十一時五十五分頃より、大正十一年度帝室会計審査成績書及報告書調製の担当者を定むる為、審査官会議を開く。担当主任として岩波武信〔帝室会計審査局審査官〕、青山操を指定す。

金井四郎、稔彦王殿下の勲記を示す

審査官会議を開き居りたるとき、金井四郎来り、仏国共和政府より稔彦王に贈りたる勲記を示す。勲記は式部職に送り来りたるものなりと云ふ。予、殿下は仏国に在らるるに付、直接殿下に渡して宜しきものゝ様に思はると云ふ。金井、如何なる訳なるや、陸軍大学校の卒業証書も仏国政府より陸軍省に送り来りたりと云ふ。

小原駩吉に入江貫一来訪のことを語る

○食堂にて小原駩吉と談したるとき、本月六日予か不在中に入江貫一か来訪したるも、用向は分らすと云ふ。

枢密院の上奏と政府との関係

小原枢密院のことに非すやと云ふ。予、新聞には宮田光雄〔内閣書記官長、臨時法制審議会委員〕と入江等か関係し居る様に記載し居れとも、予には何も関係なき筈なりと云ふ。小原彼の件は今後何事かなくしては済まさる訳なりやと云ふ。予枢密院にては勿論左様なる考へはなきことならんと云ふ。

小原駩吉、伊東巳代治と談したること

小原、本月一日自動車の運転手をして名刺を持ち伊東巳代治〔枢密顧問官、帝室制度審議会総裁、子爵〕の家に届けしめたるに、丁度伊東か大礼服を著けて参内せんとする所なりしに付、自分も車を下りて之と話したるに、昨年は度々呼ひたるも終に来らさりしに非すや。是非緩談したきことあるに付、其内に来り呉よと云ひたる旨を談す。

一月十五日午後五時より審査局新年会を開くこと

○午後一時五十分頃伊夫伎準一来り、本月十五日午後五時より赤坂八百勘にて審査局新年会を開くことに決したる旨を告く。

酒巻芳男来り、稔彦王殿下の滞仏費用に関する電信案を謀る

○午後二時三十分頃酒巻芳男来り、稔彦王殿下の滞仏費用は、松平事務官（慶民）来電の通り一ヶ年随員の費用を併せ十五万円となすこと〔に〕異議なし。昨年末送りたる五万円の内、六千五百円は昨年分、今年初期分の不足六千五百円は近日中下賜の予定なる旨の電信案を示し、捺印を求む。

電信案に付注意を与ふ

予、（昨年分）の下に（ナリ）の二字を加ふることを注意して捺印す。

再ひ電信案に付注意を与へ内蔵寮に説明することを注意す

酒巻か去りたる後、（昨年末）の下に（金井事務官ヨリ）の字を加ふる必要あることに気附きたる故、更に給仕をして酒巻を召ひ来らしめ、其旨を告く。酒巻、金井云々の字を加ふ。予又酒巻に、昨年金井より送りたる五万円は御手元金の形となり居る筈なり。然るに、之を普通の滞仏費用とするには内蔵寮にては多少の手続を要すへきに付、内蔵寮に其事由を説明し置く必要あるへきことを注意す。

諮問第四号の小委員会会議手控を整理す

○午前午後、諮問第四号の小委員会の会議手控を整理す。

内子三越呉服店に行く

○午前内子三越呉服店に行き、有馬誉子の結婚に付、鰹節の預り切手を有馬正頼〔有馬伯爵家分家当主、男爵〕の家に届くることを命したる由なり。

隆来り、雉子と抱巻を持帰る

○午前隆鎌倉より来り、午後鎌倉に帰りたる由。隆は昨日式部職より贈りたる雉子一羽と、内子か朗子の為に買ひ置たる抱巻を持ち帰りたる由なり。

向井巌来る

○午後向井巌来り訪ひ、玄関にて内子之に面接し、向井は昨年末贈りたる佐賀製菓子ボーロの達したるや否を問ひ、内子は達したり。今朝延引なから謝書を出したる旨を答へたる趣なり。

中山勝之助の代人電話し、音羽の結婚祝宴に出席するや否を問ふ

○午後中山勝之助の代人電話にて、本月十三日の音羽の結婚披露に付案内状を出す筈の処、行違ひにて案内状間に合はす。十三日には出席し呉るるや否と云ひ、内子、主人は必す出席すへし。自分（内子）も今日の処にては出席の積りなるか、臨時に病気か起れは出席出来難きやも計り難き旨を答へ、中山よりは、此方より音羽に贈りたる祝品（紋縮緬一反）を受取りたることを謝したる趣なり。

雪ふる

○午後五時四十分、雪ふる。

婢トシ外出

○婢トシ〔石崎トシ〕、午後四時頃より暇を乞ふて浅草の親族の家に行き、八時後電話にて、明日午前七時までに帰り来るへき旨を報す。

火気雲に映す

○午後六時、南西の方に火気雲に映するを見る。火災なるへし。

雷鳴

○午後八時前、雷鳴す。三十分間許にして歇む。

初雪

雨ふること一時間許、後雪となる。是を今冬の初雪とす。

一月一〇日

○一月十日水曜。晴。昨日頃よりも寒し。

下渋谷の火災

○今朝の新聞にて、昨夜下渋谷に火災あり。数百戸を焼きたることを記せり。火気雲に映したるは之か為なり。

地震

○午前七時後、震す。微震ならん。

高羲敬来り、仁木義家に李堈公に関係する事を処理したる後に帰任すへきことを説きたることを告く

○午前十時後高羲敬来り、仁木義家は明後日出発して朝鮮に帰任する旨を談したるに付、今一度宮内省に行くやと云ひたるに、行かすと云へり。依て自分（高）より、李堈公附属官任用のことも未定なり。漢学教師のことも同様なり。此等のことは丁度上林次官（敬次郎）も上京中に付、是非決定したる上にて帰任せされは不可なりと云ひたるに、仁木は、上林は多忙にて協議出来す。今日は長男（一枝）の嫁の里帰りなりとか云ひ居れりとて協議することを承知せさりしも、里帰は晩方のことなり。朝の中には面会出来くへしと云ひ、結局上林に協議すへしと云ひたり。又李堈公の住居の敷地は、関屋次官（貞三郎）か何とか工夫すへき旨、仁木に談したる趣なり。

仁木義家と上林敬次郎との間円満ならす

仁木と上林との間も円満ならさる模様にて、困りたることなり。

関屋貞三郎か李堈公、李勇吉を招待すること

関屋より、李堈公と李勇吉〔李堈公長男、李鍵〕を自家（関屋の家）に招待せんと思ふか如何と云ふに付、自分（高）は、既に此事は本人に話されたりやと云ひたるに、関屋は既に話したりと云ふに付、然らは宜しからんと云ひ置きたり。明十一日の午後に招待することに既に決定し居る趣なり。

滄浪閣修繕のこと

大磯の別邸の修繕費は、日本館の方の分は平均一坪百十円位（炊事場抔は五十円、居間は三百円位）にて、総計三万八千円許を要し、西洋館の方は四万何千円を要する趣なり。依て、今年は先つ日本館の修繕を為す見込みにて予算を要求し見る積りなり。

大磯の大工某のこと

梨本宮の別邸の増築の工事を担当したる大磯の大工某か、直接梨本宮殿下〔梨本宮守正王、陸軍中将、軍事参議官〕に世子邸の修繕を担当せしめらるる様願ひたる趣にて、梨本宮より世子〔李垠、元韓国皇太子、陸軍歩兵中尉、陸軍大学校学生〕に御話ありたる趣なり。是迄種々梨本宮よりの御話ありたるも、いつも之を引受け居らす。此節は愈々修繕することゝなりたらは、其大工に見積を為さしめ見ることにせさるを得さるへしと云ふ。修繕費の見積りか相当なるや否は予には分らす。然し其見込みにて李王職に要求し見ることは宜しかるへし。大工のことは、某か不当の費用を要求せさるならは、之を請負はせしめて宜しからんと云ふ。

蛍雪会員の寄宿舎建築費寄附のこと

高又昨日六本木の警察署長〔原二吉〕か蛍雪会員某（朝鮮人）（氏名は予之を忘る）、内地人某（氏名は予之を忘る）とを世子邸に連れ来り、蛍雪会員の為に東京に寄宿舎を建つることゝなり、既に大概出来居る処、費用か六千余円を要し、各警察署か勧誘して寄附を募り尚ほ不足なるに付、先日青年会館にて劇を興行し切符を売りて費用を集め、水野錬太郎は二百円丈切符を買ひ取りたる趣にて、自分（高）も五円の券二枚を買へり。某等より世子よりも幾分の寄附を請ふ旨申出て、其返答は警察署長に為し呉よと云ひて去りたり。

蛍雪会の方針（本月十七日の日記参看）

蛍雪会にては朝鮮人の風儀を矯正する方針にて、朝鮮婦人にて男装を為し東京にて不品行を為したるものありしか、蛍雪会にては其の不品行を責め、朝鮮に帰ることを申聞けたるも之を肯んせす。今後不品行を為さゝることを誓ふとて、其婦人は自ら指を截りたるも、之を承知せす之を逐ひ帰したる趣なりと云ふ。予、警察署にて蛍雪会の世話を為すは、いつれ其会は警察の方針に違はさる為ならんと云ふ。高然らんと云ふ。

寄附金額（本月十七日の日記参看）

予、水野か二百円を出したらは、世子邸にては幾分か増さゝるを得さるへし。此ことは予の関係すへき範囲に非す。殊に世子邸の家計の状況にも依ることならんと云ふ。高、三百円か五百円位ならんと云ふ。予、五百円ならは十分なるへきか、之を出せは、他よりも要求あるときのことも考へ置かさるへからす。蛍雪会は警察の同情ある故出金し、反対のものには出金せすと云へは、世子邸としては朝鮮人を同視する主義に違ふことゝなるへし。故に少額の方に為し置く方宜しくはなきやと云ふ。高、三百円と為し、世子の許を受けて警察署長に通知することゝすへし。

崇仁園奉審のこと

李恒九〔李王職礼式課長兼賛侍〕より、崇仁園（李晋君〔李王世子・方子妃夫妻の長男、故人〕の墓）の工事竣成したるに付、世子より奉審の為人を遣はされたらは宜しからんと云ひ来れり。如何と云ふ。予、夫れは人を遣はす方適当なるへし。世子渡鮮のときは厳柱日〔李王世子附賛侍〕か留守なりし故、此節は厳か行くことゝなりたらは宜しからんと云ふ。高其事に取計ふへしと云ふ。

王世子邸の通常経費予算額

大正十二年度の世子邸通常費は、十一年度と同様十五万円にて不足なき様なるに付、同様の要求を為す積りなりと云ふ。話する〔こと〕七、八分間許にして去る。

西園寺八郎来り談す

○午後零時後西園寺八郎来り、昨日式部職に来られたるは何か用事ありたる訳には非らさりしやと云ふ。予、否。単に雉子を贈られたる挨拶を為す為なりしなり。式部長官（井上勝之助〔式部長官兼枢密顧問官、侯爵〕）か不在に付、君（西園寺）の処に行きたるなりと云ふ。

秩父宮殿下に関すること

西園寺、先日秩父宮殿下〔雍仁親王、大正天皇二男、陸軍歩兵少尉〕に随て三、四日間スキーを為す為旅行し、始〔初〕めて殿下の性行を見聞したるか、殿下は余程難物なり。殿下は何事も一と通り出来るが、余程御高慢にて人を侮らるる風あり。彼の老人か何かと云ふ様なる御体度なり。殿下は能あるも、之を韜《ツツ》みて人に知らしめさる様になされ、夫れか自然に発露する様になれは、非常に貴き宣伝なるも、自ら衒はるる様にては決して宜しからす。殿下の行動には野鄙なることも少からす。其原因を探りたるに、年少の少尉抔と一緒に御暮らしなさる故、自然に其感化ある様なり。此ことは実に大なる問題なり。大臣か病気回復したらは、此事は是非とも協議せさるへからすと思ふ。殿下は才気はあるも、十分に研究なさるる熱心はなし。是も殿下の短所なり。殿下のことを人か誉むれは、夫れで自分（殿下）は真にゑらきものと思ひ居らるる様なる旨の話を為す。

予、殿下の御性行に付ては部分的に聞きたることはありたるも、具体的の話は聞きたることなかりしか、是は実に大問題なり。近頃新聞抔か頻りに平民主義とか何とか云ふに付、殿下方も幾分其方に流れらるる嫌あり。予は、同し皇族にても秩父宮殿下抔は決して一技一能に達せらるる必要なく、人に上たるの徳望さへ御備へなさるれは夫れにて宜しと思ふ。之に反し一般の皇族は、今日以後は生計の出来る様なる学問を為さる必要ありと思ふ。秩父宮殿下抔は、今の談に依ると、隊附となりて尋常士官の職務に服せらるることは有害なる様なり。

皇族就学令を作ることは至難なり

予は皇族就学令の起草を担当し居れとも、同し皇族にても其境遇に因り方針に大なる相違あるに付、就学令を以て一律に之を規定することは出来難しと思ひ居れり。

一木喜徳郎の輔導

只今の話の如きことは一木喜徳郎〔枢密顧問官、元内務大臣〕か主として御輔導申上くへきことなるか、一木は如何なることを致し居るへきやと云ふ。西園寺、自分（西園寺）も詳かに知らす。一週間に一度位憲法の講義を為し居るには非さるや。一木も未た詳かに御性行を知らさるならんと思ふと云ふ。予、憲法の講義は必しも必要ならす。大体の輔導か肝要なり。

王世子の美点

只今の話を聞けは、王世子は実に立派なる人と思ふ。隊附にて年少尉官の中に在りなから、其悪習にも染まさりしは感すへきことなりと云ふ。西園寺、然り。世子は謙遜にて威を失はさる丈けの体度ありと云ふ。

牧野伸顕、世子に感心す

予、宮内大臣（牧野伸顕）か初め〔て〕世子に感心したるは、英国皇太子〔エドワード、Edward, Prince of Wales、のちのエドワード八世〕来朝のとき東京駅にて非常なる混雑の中へ人を掻分けて来り、大臣に丁寧なる挨拶をなされたる事なりし趣なりと云ふ。

秩父宮殿下の御体度

西園寺、秩父宮殿下は、県庁の警察長〔平田紀一、新潟県警察部長〕か知事〔太田政弘、新潟県知事〕が態々雪中に来りても、来なくてもよきものと云ふ様なる体度を現はさるる故、甚た宜しからす。

皇太子殿下の御体度

其点に付ては、皇太子殿下は内心は御気に入らさることにても非常に御勤になり、賤きものにても、自分（皇太子殿下）の為に来りたるものとて御引見遊はさるる様のことなり。

秩父宮殿下御相手のこと　秩父宮殿下御洋行のこと

秩父宮殿下は、皇族中の年少にて品性宜しき方及華族中にて適当なる人を選みて御仲間と為〔し〕、御品性を陶冶し、成るへく早く洋行せしめ、厳格なる家庭に入れて高尚なる方になすか宜しからんと談を為せり。話すること六、七分間にして去る。

小原駩吉と話す　徳川頼倫、良子女王殿下の御洋行を主張す

○午餐後（午後一時頃）食堂にて他に人なき様になりたる後、小原駩吉、徳川頼倫は良子女王殿下〔久邇宮邦彦王長女、皇太子裕仁親王の婚約者〕御洋行のことを主張し、昨年来其ことを大臣（牧野伸顕）に説きたるも、大臣か之を承知せす。徳川は西園寺公（公望）〔元老、侯爵〕に説きたる処、夫れは宜しきことなり。出来くれは宜しとの旨を答へたる模様にて、徳川は之を以て西園寺は賛成したるものと思ひ、昨年十二月二十九日更に大

臣を訪ひ此ことを談したる処、大臣は断然反対なることを言明したる故、徳川は更に元老に交渉すへき旨を告けたるに、大臣は交渉することは差支なし。然し此ことは何人より申来るも承知せすと云ひたる趣、徳川より自分（小原）に話したり。

徳川頼倫に関すること

徳川は更に西園寺を訪ひ相談したる処、西園寺は大臣か右の如き考ならは出来難し。大臣の考を緩和する為、平田東助〔内大臣、伯爵〕に相談すへき旨を告けたりとのことなり。西園寺八郎は女王殿下の洋行問題に付ては初めより熱心ならす。此問題は、少々の障礙ならは之を排除して挙行するも宜しきも、大なる障礙あるに拘はらす之を遂行すへきものに非すと云ひ、自分（小原）は西園寺に比すれは一層冷淡なる体度を取りたる故、徳川は今日にても西園寺（八郎）に依頼する考ある様なるも、西園寺（八郎）は全く之を助ける考を有せす。平田でも此ことには決して力を添へす。結局泣き寝入りより外致方なし。万一徳川か進退を決する様なる場合にならは、其時は弥縫の致方もあるへきも、左様なる場合にもならぬものと見込み居る様なり。

二荒芳徳、酒巻芳男の行動

元来、此ことは二荒芳徳〔宮内書記官兼宮内省参事官、大臣官房庶務課勤務、東宮職御用掛、伯爵〕、酒巻芳男抔か徳川に勧込み今日の窮境に至らしめたるものにて、二荒等は今尚ほ奔走し居る様なり。

小原駩吉の考

此問題に付徳川か辞職する様なることありては面白からさるも、徳川は部下に対して〔も〕、外間の人に対しても職務を賭して計画する旨を言明し居るに付、愈々行はれさることゝなれは、其処まて行かさるを得さることゝなるへし。依て自分（小原）は二荒に対し、愈々推詰まりたらは、辞表を出すまてに自分（小原）に通知せよと申し置きたり。其節は黒田清輝〔画家、貴族院議員・研究会、東京美術学校教授、宮内省御用掛、子爵〕をして何とか手段を講せしめんと思ひ居れり。此問題の為に辞表を出すも、誉むへきことに非す。辞表を出さゝるも、愧つへきことに非すと思ふとの談を為せり。

小原駩吉と秩父宮殿下のことを談す

予、君（小原）も多分、秩父宮殿下のことに付、西園寺（八郎）の談を聞きたるならんと云ふ。小原聞きたりと云ふ。予、西園寺も此節の旅行にて特に感したる模様なりと云ふ。小原、然り。西園寺も自分（小原）も是迄殿下に随行したることありた〔る〕も、此節は殿下と共に宿泊したる様のことにて、特に感したるものならんと云ふ。

小原駩吉、王世子のことより高羲敬を評す

夫れより朝に西園寺と話したると同様のことを話す。談世子のことに及ひたるとき、小原は、夫れは畢竟世子に附属し居りたる者か宜しかりし訳なり。高羲敬に付ても彼此の評もあれとも、世子の出突のよきは高の功と云はさるへからす。世子も高を信し居らるる故、都合よく行く訳なりと云ふ。

小原駩吉、賀陽宮の体度に関することを談す

小原又皇族に対する輔導は仲々一と通りのことにては行かす。

自分（小原）は賀陽宮〔恒憲王、陸軍騎兵少尉〕の賢所等参拝の体度を直す為に、式部官に依〔頼〕し、其都度賀陽宮の体度の欠点を通知し貰ひ、直に電話にて、今日は足の蹈方か悪しかりしとか手の置き所か悪しかりしとか非難を為し、漸く先日の式部官の報告にては、其日の体度は賀陽宮か最優等なりしとのことなりとの談を為せり。

王世子と朝香宮、東久邇宮両殿下との関係

○午後零時後西園寺八郎か来り談し、秩父宮には皇族の年少なる方、華族の適当なる者を御相手と為す必要ある旨を説きたるとき、予より故伊藤公（博文）〔元内閣総理大臣、元枢密院議長、元韓国統監、公爵、故人〕か王世子を伴ひ来り、特に鳩彦王〔朝香宮鳩彦王、陸軍歩兵中佐、フランス留学中〕、稔彦王両殿下、王世子と親密になさる様に致したる趣なることを話したるに、西園寺は然ることありしか、其事は知らさりしと云へり。

小原駩吉、武彦王の飛行機に関する文を雑誌に載することに付論議したることを談す

○午後一時頃、食堂にて小原駩吉と話したるとき、小原は先日皇族附職員会議に列したるか、山階宮附事務官〔香川秀五郎〕より武彦王〔山階宮武彦王、海軍中尉〕の書かれたる飛行機に関する文を雑誌に載することを願ひ出て居るか、可否如何との問を出し、田内三吉〔閑院宮別当兼式部官兼澄宮附御養育掛長、宮中顧問官〕は直に之を不可なりとし、自分（小原）は、最早今日にては皇族にても其伎倆丈けのものにして、新聞雑誌の引札にならさるものならは、之を出されても差支なからん。但、御本人に出来さる様のものを御本人のものとして出すことは大反対なり。

澄宮殿下の御歌のこと

自分（小原）は、澄宮殿下〔崇仁親王、大正天皇四男、後の三笠宮〕の御歌として殿下御自身に出来さるものを発表したることは不同意なる故、之を直言せんと思ひたるも、之を直言することは見合せ、間接には分かる様に云ひたり。田内は、武彦王の文を出すならは、誰か相当の人か添削して不都合なき様にして出すへしと云ひ、自分（小原）は御本人の伎倆相当のものか宜し。殿下か飛行機に関し深奥なる研究をなされ居ると思ふ人はなき筈なりと云ひ、結局殿下の文としては之を出さす、殿下の談を聞きて之を記したるものとして出すこととなすへしとの議に纏まり、此ことは結了せりとの談を為せり。

澄宮殿下の御書のこと

予、先日関屋貞三郎も澄宮殿下の御書が実に立派なりとて非常に誉め居りたるか、是も御自身丈けにて御書きになりたるものには非さるならんと云ふ。

婢トシ帰ること遅し

○婢トシは午前十時頃始めて帰り来りたる由なり。

一月一一日

○一月十一日木曜。半晴寒。

○午前九時四十分頃より出勤す。

伊夫伎準一の欠勤

○午前十一時後、西野英男来り、只今伊夫伎準一より電話にて、子供病気に罹り、看護婦を傭はんとするも之を得す。混雑し居る故、今日は欠勤し度と申来りたる旨を報す。

高等学校入学者の選抜試験

○今日の官報に、高等学校入学者選抜試験科目及試験期日、場所に関する文部省の告示を載せ居れり。

勧業債券の当籤番号

○今日の官報広告に勧業債券第十四回の当籤番号を載せ居るに付、午前十時後、隆の債券番号を捜したるに、当籤し居らす。

諮問第四号小委員会開会期日の変更

○午前十一時後西野英男来り、只今司法省の高橋治俊〔司法省刑事局属官、臨時法制審議会書記、大審院書記〕より電話にて、本月十七日午後一時より諮問第四号に付小委員会を開くことゝなり居りたる処、花井委員（卓蔵）が旅行する必要を生したるに付、之を延はし度。本月二十五日午後一時よりならは差支なきか、貴官（予）の都合は如何あるへきやとのことなりと云ふ。予、十余日後のことなる故、其中に如何なる事故を生するや計り難きも、只今の処にては別に差支なしと云はしむ。高橋、然らは一応二十五日午後一時より開会することにする旨の通知書を発することにすへしと云ひたる趣なり。

諮問第四号の小委員会の議事要録を整理す

○午前午後、諮問第四号の小委員会の会議要領録を整理す。

大谷正男、渡部信来り、皇后陛下服喪のことを議す

○午後六時頃宮内省より電話にて、只今より大谷書記官（正男）、渡部参事官（信）〔宮内省参事官兼書記官、大臣官房文書課長、式部官〕か往訪せんと欲するか、差支なきやと云ふ（此電話は初、婢トシか聞きたるも、トシは解し難しと云ひ、予自ら之を聞きたり）。予差支なき旨を答ふ。

七時前二人来る。大谷、華族某〔松園尚嘉、九条尚忠二男、英照皇太后の弟、元京都御所殿掌、男爵、故人〕（氏は予之を忘る）の女にて皇后陛下の従姉妹に当る者、九条道孝〔九条尚忠長男、貞明皇后の父、公爵、故人〕（道実〔九条道実、掌典長、公爵〕の父）の養女となり宗重望〔旧対馬藩主宗家当主、伯爵〕（名確かならす）に嫁し居りたる某なる者〔尚子〕、病気危篤なり。九条の養女なる故、皇后陛下とは姉妹の形あり。某か死去すれは、皇后陛下は忌服を受けらるるものなるや否の問題あり。忌服を受けらるることとなれは、天皇陛下と同殿に在らせらるることは出来さる慣例にて、東京に還啓せらるるか又は葉山に在る澄宮御殿に移られさるへからす。いつれにしても、女官の手も不足することゝなり、実行出来難き事情なり。次官（関屋貞三郎）は皇后陛下には忌服なきものならんと云ひ居るも、参事官に議論あるに付、相談に来りたる訳なり。参事官の議論は渡部より述ふることにすへしと云ひ、渡部は皇室親族令の規定に依れは、親族は直系血族、配偶者三等親内の姻族なるに付、問題の某は固より皇后陛下と親族関係あるものと云ふへからす。尤、皇后陛下、某と従姉妹の関係はあれとも、従姉妹に付ては、皇族は皇族の家に在る者の為の外喪を服せさることは皇室服喪令の規定あるに付、是は問題に非す。

問題は、皇后陛下は某と姉妹として其喪を服せらるへきものなりや否に在り。皇室親族令には養子に関する規定なきも、民法には養子は縁組の日より養親の嫡出子たる身分を取得する旨の規定あり。皇室親族令に於ても此主義を否認したるものと見へす。殊に、姻族の為には三親等までも喪を服することゝなり居るに拘はらす、養姉妹は二親等なるに、其喪を服せすとするは不権衡なるへし。故に、皇室親族令に直系血族とあるは准血族、即ち養子も之に包含するものと解する方適当なるへく、加之、皇室服喪令の規定に於ては、親族に非さる者の為にも喪に服する旨の規定あり。

継母云々のことは誤聞あり、翌十二日の日記（二十七葉表十行目以〔下〕）食堂に於ける渡部信との談を見るへし

例へは皇族の女子に継母あり。其継母離婚となり、更に他の皇族に嫁したる場合には、皇族の女子は、其継母の為に服喪令第十条の規定に依り喪を服するものなるへしと云ふ。

予、養子は養父母に対しては嫡出子たる身分を取得すれとも、民法の規定も養子と養親との関係に止まり、兄弟姉妹までも血族と同視するものに非す。故に、女子ある者男子を養子と為せは、其養子と女子とは結婚することを得るに非すや。又養子の養家に対する忌服は、一般の忌服令に於ては大概は普通の忌服を受けることゝなり居れとも、養子か養親の相続を為す場合の外、養家の為には半減の忌服を受くることゝなり居れり。故に予は、本問の場合には皇后陛下の姉妹として喪を服せらるへきものには非すと思ふ。然し此ことに付ては予は是迄考へたることにも非す。立法理由も知らす。又予は之を決する職権もなし。成るへくは岡野敬次郎〔司法大臣〕にても問ひたらは宜しからんと云ふ。

大谷、大概其様のことにて宜しからん。其趣を次官に報告すへしと云ふ。渡部は自分（渡部）も決して固執せす。只参事官（金田才平〔宮内省参事官兼宮内書記官、大臣官房庶務課勤務〕）は総て服喪の意見なること丈は次官に告け呉よと云ふ。

渡部か継母の為には親族に非さるときと雖、喪を服すと云ひたるも、継母か離婚となりたる後は、勿論継母たる関係あるものに非す。是は確かに誤りなり。予か之を決する職権なしと云ひたるとき、渡部は宮内省御用掛として職権あり。場合に依りては大臣以上の権力ありと云へり。何の意なるやを知るへからす。二人は話すること十四、五分間許にして辞し去る。

内子郵便局に行き恩給金を取る

〇午前、内子一ツ木郵便局に行き恩給金を受取る。

一月一二日

〇一月十二日金曜。半晴。

会計審査局新年会の会費

〇午前十時頃鈴木重孝〔帝室会計審査局審査官〕来り、審査局の新年会には貴官より百五十円を出し〔呉〕度と云ふ。予之を承知す。夫れにては不足はなきやと云ふ。鈴木不足なからんと云ひ、

雇員高沢某には出席を勧めす

又雇員高沢〔秀雄、帝室会計審査局雇員〕は尚ほ未成年なり。先年未成年なる某〔不詳〕ありたるか、其時は本人より出席を辞退

し、局よりは慰労として若干の金を贈りたることあり。高沢も出席を勧めさる方か宜しからんかと云ふ。予、其方か宜しかるへし。慰労としては矢張幾許か金を贈りたらは宜しからんと云ふ。鈴木、伊夫伎準一は高沢か給仕を為し居りたるときと違ひ既に雇員と為り居る故、金を与ふるも如何あらんかと云ひ居りたりと云ふ。予、差支なからん。書籍でも遣はすとしても何か必要なるやも分らさる故、金にて遣はす方簡便ならんと云ふ。鈴木、金にしても、一人前の会費に当る丈けを遣はすには及はさらんと云ふ。予、夫れは勿論、夫れにて宜しからんと云ふ。

鈴木重孝等の会費額を問ふ（一月十五日、十七日の日記参看）

鈴木か去りたる後、予審査官の室に到り、先刻は予の負担額丈を見たるか、君（鈴木）等や矢島（正昭、帝室会計審査局審査官補）の負担か多きに過きはせさるやと云ふ。鈴木、矢島は二十円、自分（鈴木）等三人（青山操と岩波武信）は各三十円、伊夫伎準一は四十円なりと云ふ。予、予は今少し負担しても宜しと云ふ。鈴木、或は少しく不足するやも計り難きに付、其時に願ふことにすへしと云ふ。

民法に於ける養子の関係

夫れより岩波、鈴木と民法問題として養子と養家の兄弟姉妹の関係を講究せり。民法第七百二十七条の所謂同一の親族関係を生すとは、之を以て直に親族なりとして一切のことを断定することを得す。現に服忌令には、養子に付ては特別の規定あり。又民法にても、養子と養家の姉妹との間には婚姻を許し居れり。養親と養子と婚姻を為すことを許さゝるは民法第七百七十一条の規定あり。

関屋貞三郎来り、皇后陛下服喪の問題を談す

○午前十一時前、関屋貞三郎来り、昨夜は皇后陛下の服喪問題に付面倒を掛けたりと云ふ。予、反対の意見もあり、且つ幾分不明なる点もあれとも、服喪なくして宜しからんと思ふと云ふ。関屋、皇后陛下の御立場より考へても、余り喪か多くては不都合に付、貴見の通りにて宜しからんと思ふと云ふ。

関屋貞三郎より名義を附けすして東久邇宮のことを世話することを依頼す

関屋、少しく願ひ度ことあり。東久邇宮の宮務監督（村木雅美）か死したるに付後任を考へたるも、同宮には面倒なる関係もあり、且稔彦王殿下未知の人にては御承知もなかるへきに付、別段の名義を附けすして、殿下の帰朝せらるるまて実際の世話を為し呉度。河村善益をして兼任せしめんとの説もありたれとも、是も殿下御承知なき人にて都合悪し。貴官（予）のことは一応大臣（牧野伸顕）に話したる処、大臣も他には人なからんと云へり。承諾を得れは殿下の承認を求むる積りなりと云ふ。予、予も殿下滞仏期限のことに付余程感情を害し居る様なり。殊に面倒なる問題ある際に付、都合よくは行かさるへきも、名義を附けさることならは之を引受くることにすへしと云ふ。関屋、然らは殿下へ電信を発することにすへしと云ふて去る。

伊夫伎準一今日も出勤せす

○午前十時後西野英男より、伊夫伎準一は今日も出勤し難く、子供の病気は格別悪しくはなきも、子供か自分（伊夫伎）の手を離さゝる故欠勤し度旨、電話にて申来りたる旨を報す。

仁木義家来り、明日帰任することを告く

○午前十一時三十分頃仁木義家来り、明日午後出発、京城に帰るに付、暇乞に来りたりと云ふ。

浅沼某を李鍝公附の属官とすること

予属官採用のことは決したりやと云ふ。仁木、昨年末浅沼某〔禎一、元は李鍝公の家庭教師〕を属官と為すことに上申しある趣に付、宮内省にて速に取計〔ら〕はるるを望み居る所なりと云ふ。予、浅沼にては捌けすと上林敬次郎は云ひ居りたるに非すやと云ふ。仁木、浅沼にては捌けさるへきも、適当の人なし。

李鍝公の住所は関屋貞三郎か周旋すること

李鍝公の住宅を建つる地所は、関屋次官（貞三郎）か周旋して上林と一緒に見分の上、取極むることにすへしと云ひ居れりと云ふ。

李鍝公家にて買ひ入れたる土地を売ること

予、先頃買ひ入れたる地所は高価に売却することか出来れは宜しきかと云ふ。仁木、上林は買ひ入れたるとき周旋を為したる老婆に遣はしたる手数料少かりし故、之を売るには矢張老婆をして周旋せしめさるへからすと云ひ居れり。高価に売れさるも、彼の地所を其儘に為し置き、建築費を別に支出することは出来さる故、低価にても売る方か宜しからん。

李鍝公の住所建築著手の時期

建築は大正十二年（本年四月）度の初より著手する様のことにせさるを得さるへしと云ふ。

高羲敬来る

○午前十一時五十分頃高羲敬来り、今朝は上林次官（敬次郎）を訪ひたる故遅刻せり。

滄浪閣修繕のこと

滄浪閣修繕費のことを上林に協議したる処、日本館の方、三万八千円位ならは上林も精々尽力すへしと云へり。

崇仁園奉審は本年三月頃李王の誕辰と同時にすること

崇仁園奉審のことは京城にても話ありたるか、本年三月は李王五十歳の誕辰に当り盛なる宴会を開く積りに付、其節は事務官（高羲敬）か是非とも来らさるへからさるに付、其節奉審も為したらは宜しからんと云ふことに決し居ると、上林は云ひ居りたり。依て、三月ならは夫れにて宜しかるへきも、此節は自分（高）か行く訳には行か〔す〕。厳柱日を遣はさゝるへからすと云ひ置けりと云ふ。

朝鮮人より王世子に出したる陳情書

高又朝鮮人六、七名より王世子に宛たる上表を示す。世子のことは東宮殿下と書し、年月は聖上十七年何月と書し居れり。

李埈鎔の祖先の墓所のこと

其趣意は、李埈鎔の先祖南延君（李太王〔李熙、元韓国皇帝、高宗、故人〕の祖父、李王、王世子の曾祖父）の墓所を李埈鎔か典売して其儘になり居るは孝道に背くに付、李王職にも朝鮮総督〔斎藤実、海軍大将、男爵〕にも申出てたるも解せさるに付、世子か処置せらるることを請ふと云ふなり。署名者は前郡守、参奉等なり。此書面は高より上林にも示したる処、李王職にも来り居れり。

南延君の墓所は李王職にて買ひ戻す内儀あり

李埈鎔の負債を整理することは出来さるも、墓所丈は買戻し、李王家にて保管することにても為し置かんとの内儀になり居る趣を話したりと云ひ居りたり。

陳情書は李埈鎔か出さしめたるものなる由

朝鮮人か王世子に陳情書を出したるは、李埈鎔か出さしめたるものとのことなりと云ふ。高が談し居るとき十二時を報したり。

渡部信と継母の為に喪を服する場合を談す　昨夜は渡部の談を誤り聞き居りたり

○午餐のとき食堂にて渡部信に、昨夜談したる継母の為に喪を服する場合を問ふ。渡部、此に華族にして女子を有し妻を亡ひたるものあり。其継室として皇族女子を迎ふれは、其女子の為には継母なり。然るに、其女か皇族の妃となりたりとすれは、皇室服喪令第十条の規定、即ち第四条乃至第六条の規定は華族の家に在る者の為には之を適用せす。但、皇族より華族に列せられ又は華族の家に入りたる者に付ては此の限に在らすとある。依て、継母の喪は第四条に定め居るを以て、皇族の妃と為りたる人も継母の喪を服すること〔と〕なる。若し皇室親族令第一条第一号を厳格に解釈し、所謂血族とは真の血族のみとすれは、此の場合には、継母は継子とは親族関係なきことになれとも、服喪は之を為さゝるへからさることゝなる故に、皇后陛下、宗家の夫人とは仮りに親族に非すとするも、服喪はなすへきものに非すやと思ふ訳なりと云ふ。

皇后陛下服喪の論拠とはならす

継母と継子との関係は右の如しとするも、之を以て本問題の論拠となすに足らさるなり。

書斎の鼠の窟を捜かし簞笥台の後方を塞く　本月五日夜紛失した袱を見出す

○午後五時頃書斎にて時々書類等を鼠か取り去るに付、其窟を捜かしたるも見出さす。後に至り簞笥の下に在るならんと思ひ、晩食後六時後、龍郎と共に簞笥を他に移し見たるに、其下に書類、餅幷に本月五日夜紛失したる風呂敷（本月六日日記参看）も此処に咬へ込み居りたり。依て簞笥の台の後方にも板を打ち附け、鼠の出入りすること能はさる様になせり。

龍郎鎌倉に行く

○午前十時頃龍郎鎌倉に行き、隆に嘱して撮影す。高等学校の入学願書に写真を添ふる必要あるを以てなり。午後七時頃帰り来る。

一月一三日

○一月十三日土曜。晴。寒稍々軽し。

納戸にある簞笥の下を検し、簞笥の台の後方を塞く

○午前九時五十分頃より出勤す。出勤前、龍郎と共に書斎の次の間の納戸に在る簞笥を他に移し、其下を検す。此処にも鼠か巣を作ることを企て、畳を咬み破り居りたり。依て其簞笥及ひ其次に在る簞笥の台とも其後方を塞き、鼠の出入を杜きたり。

午前八時後より此事を始め、九時後に至りて之を終りたり。

枢密院事務所より穂積陳重の孫の死を報す

○午前十一時前、枢密院事務所より電話にて、穂積陳重〔枢密顧問官、臨時法制審議会総裁、東京帝国大学名誉教授、男爵〕の孫死去し、今日午後一時に告別式を行ふ趣なることを告け来る。

西野英男に嘱し、枢密院事務所に穂積陳重の孫の年齢、賻を贈るや否及告別式の時刻を問ひ、家人に電話し人力車を遣はす時刻を早くせしむ

依て西野英男をして、穂積の孫は幾歳位の人なるや、枢密院の人より何か物を贈るや、告別式は何時までなるやを問はしむ。西野来り、死者は五歳位の男子なり。穂積より、単に枢密院の事務所に報告したるまでにて、賻抔を受くる意なし。故に枢密院の方にては之を贈る手続を為さす。告別式は午後零時三十分より一時三十分までなる趣なることを報す。予、乃ち西野に嘱し、予の家に電話し午後一時に人力車を遣はすことを命せしむ。今日は午後一時三十分より往て日野西光善〔日野西資博の父、子爵〕の告別式に会する積りにて、午後一時三十分に人力車を命し置きたるか、穂積の告別式に会する為、三十分間を早くしたるなり。

穂積陳重の孫の告別式に会す

○午後一時頃より穂積陳重の孫の告別式に赴かんとし、宮内省玄関に到る。書類を包みたる袱を審査局に遺したるを以て返りて之を取り、玄関を出つるときは一時五分頃なり。穂積の家に達したるときは既に一時三十五分頃なりしも、尚告別式の間に合ひたり。玄関にて陳重に遇ひ、柩を置きたる室にて重遠〔穂積重遠、東京帝国大学法学部教授、臨時法制審議会幹事、陳重長男〕夫妻〔ナカ、児玉源太郎三女〕に遇ひ、室外にて柏原与次郎に遇ひ、穂積父子より厚く謝を述へたり。

途を枉けて日野西光善の告別式に会す

去りて日野西光善の告別式に会せんとす。告別式は二時より始むるに、穂積の家より日野西の家まては五、六分間にて達すへし。穂積の家を出てたるは一時三十七、八分頃なりしも、尚ほ早に過く。乃ち、車夫は途を枉け神楽坂の方を迂回して時を費し、二時二分頃に日野西資博〔内匠寮京都出張所長〕の家に至り、其父光善に告別し、直に帰る。穂積も日野西も共に神式を用ゐたり。家に帰りたるは二時三十分頃なり。

中山音羽の結婚祝宴に会す

○午後四時三十分頃より、内子と共に築地水交社に赴き、中山勝之助三女音羽か海軍大尉山澄貞次郎と結婚したる祝宴に会す。山下源太郎〔海軍大将、海軍軍令部長〕、有馬良橘〔予備役海軍大将、元海軍省教育本部長〕夫妻〔栄子、中山政子の妹〕、近藤基樹〔予備役海軍中将〕、布川俊雄〔不詳〕、国分三亥〔久邇宮宮務監督〕、中山勝之助夫妻〔政子〕、堀内三郎〔海軍中将、海軍軍令部次長〕夫妻〔ちよ〕、久宗米次郎〔海軍大尉、海軍水雷学校教官、中山勝之助二女金子の夫〕等に遇ふ。堀内は海軍中将にて媒妁を為し、新夫婦の経歴を披露せり。其言に依れは、山澄の家は父〔山澄太郎三、海軍少将、元水路部測量科長、故人〕も祖父〔直清、海軍中佐、故人〕も海軍に奉職し、貞次郎まて三代海軍に奉職すとのことなり。山下

源太郎は海軍大将にて軍令部長なり。来賓を代表して挨拶を為し、山澄貞次郎の兄〔邦太郎〕は陸軍に奉職し、貞次郎の弟〔忠三郎〕は海軍に奉職し居ることを説きたり。餐後、少時談話して帰る。八時三十分頃達す。

仁田原重行より電話にて有馬誉子の婚儀済みたることを報す

○午後三時頃仁田原重行より電話にて、有馬誉子の結婚は予定の通り昨十二日滞なく相済み、新夫新井某、誉子とは祝宴場東京会館より直に旅行したる旨を報したり。

受宿の婆来りて婢トシの保証人を更す

○午後、受宿の婆来り、婢トシの保証人は是迠婚家の叔父なりしも、之を更へて実父と為すことを告け、書附を引替す。

一月一四日

○一月十四日日曜。晴。昨日より寒し。

隆電話にて朗子か内子を待ち居る旨を告く

○午前八時頃隆電話し、朗子か内子の来るを待ち居る旨を告く。内子は其前より鎌倉に行かんと欲すと云ひ居りたり。

内子鎌倉に行く

隆に対して其旨を告け、九時頃より出て行きたり。

理髪す

○午前八時後、龍郎神田の学校に行く。之をして理髪者一心楼に過きて来るへき旨を告けし〔む〕。九時前来る。乃ち理髪す。

掛物を替す

○午前床の間の幅を更ふ。新年より玉堂〔川合玉堂、日本画家〕の画たる海辺の鶴を掛け置たるか、今日より翠石〔大橋翠石、日本画家〕の画たる虎を掛けたり。

中山勝之助来り謝す

○午後一時頃中山勝之助来り、予等夫妻昨夜音羽の結婚祝宴に会したるを謝し、話すること三、四分間にして去る。中山の談に、近藤基樹は山澄貞次郎の叔母〔富子〕の夫なりと云へり。中山は本月十七日出発して朝鮮に帰る旨を告く。

東京朝日新聞の代価領収証の誤

○午後二時頃、東京朝日新聞の代価を取りに来りたるも、領収証書に倉岡と記載し、且大正十二年一月三十一日に受領する旨を記し居るに付、之を詰りたる処、之を訂正せんと云ひたるも、証書は一切訂正せさる旨を附記し居るに付、代価を払ふことを拒みたり。更に新なる証書を持ち来るへしとて去れり。

英書をジヤパンタイムス社に贈り、新聞の配達を断はる

○午前十時後、麹町区内幸町一丁目五番地ジヤパンタイムス社に葉書を贈り、本月十二日分よりジヤパンタイムスを配達するも入用なきに付、配達を止むへき旨を申遣はす。本月十二日の分には内閣と枢密院と支那との郵便約定に付所見を異にしたることに付論議し居るに付、其の為特に郵送したるものと思ひたる処、昨日も今日も郵送し来りたるに付、之を断りたるなり。

英書を解するの力乏し

ジヤパンタイムスは一日分代価十銭なり。昨日と今日午前は間を偸して、ジヤパンタイムスの枢密院より支那との郵便約定のことに関し上奏したる件に関する評論を読みたるに、未知の語多く、字書を繙く為時を費したり。而かも尚ほ未た明瞭ならさる所多し。英書を解するの力乏しきなり。

地震

○午後三時前地震あり。予、正に万年筆を以て日記を記す。筆を停めて震の歇むを待つ。歇ます。終に筆を持ちて硝子〔ガラス〕戸を開かんとす。

万年筆を損す

筆尖衣襟に触し、尖之か為に齟齬し、字を書すへか〔らす〕。自ら之を修めたるも全く原形に復せす。

震度の推測

震は一分間位は継続せり。震度は弱なるへし。

伊藤景直来る　揮毫を乞ふ

○午後四時頃伊藤景直〔元大審院判事〕来る。話すこと一時間許。伊藤、予の揮毫を乞ふ。

内子帰る

○午後五時頃内子鎌倉より帰る。

夜雪

夜、微雪。

一月一五日

○一月十五日月曜。曇天微雨。寒。

○今朝の新聞に依れは、昨日の地震は強震にて三分間継続したる趣なり。

高羲敬来り、全州李氏大同規約のことに関する李載克の書状を示す

○午前十一時頃高羲敬来り、李王職長官李載克より書を贈り、全州李氏大同規約を結ひ、宗族の親睦を固ることゝなり居り、李堈公は総裁となり、昌徳宮より毎月三百円、李堈公より毎月二百円、李鍝公より毎月百円、其外李載克外数人より各毎月百円、李秉武〔陸軍中将、子爵〕は一時千円を出したり。世子殿下よりも御出金あり、且題字を下され度旨を申来りたるものなり。予、既に昌徳宮よりの出金ある以上は、世子より別に出金せらるる必要なかるへき筈なるも、是は反対は出来難きことならんと云ふ。高、自分（高）も其通りの考なり。兎も角一応上林敬次郎に話したる上のことにす〔へ〕しと云ふ。

騎兵聯隊長より世子の写真を請ふ

高又世子か先頃騎兵聯隊に行き居られたる故、聯隊長より聯隊に世子の写真一葉を下され度。其外に聯隊長個人にも一葉下され度旨、世子に直接に相談し、略々承諾せられ居る様なりと云ふ。予、是まて聯隊に行かれたる皇族、例へは賀陽宮の如き方も写真を遣はされ居るならは已むを得さるへし。其例なきならは、世子より之を始むるには及はさるならんと云ふ。

上林敬次郎招待宴のこと

高又金応善〔李王世子附武官〕か上林敬次郎の滞京中上林を招待することを思ひ立ち、上林の都合を問ひ合せたる処、本月十八日か都合宜しとのことなるか如何と云ふ。予、予も其事は金より聞き、同意し置きたり。十八日には差支なし。万事金に任せ置き呉よと云ふ。高、金は金田才平にも話し呉よと云ひ居りたるか、金田に迷惑を掛ける様にては困ると云ひ、予は、先日

金は金田も加はるならんと云ひ居りたりと云ふ。

大山柏に対する餞別品のこと

高又大山柏〔陸軍歩兵大尉、貴族院議員・無所属、公爵、大山巌二男〕か近々独逸〔ドイツ〕に行く趣の処、世子は演習中大山に世話になられたるのみならす、大山は是まて種々の物を世子に贈り居る故、大山の洋行前手釦にても贈り度旨話し居られ、是も世子は既に決し居らるる様なり。大山は軍事は嫌にて、此節も独逸にて人類学を研究する積りなる趣なりと云ふ。

王世子か年少士官の風儀に染まれさりしこと

高、騎兵聯隊長か新年に聯隊附の士官二十人許と一緒に世子邸に来り飲食したる上、玉突を士官等に勧め、如何にも無作法の行動を為したりとの談を為したるに付、予は是まては別に気附かさりしか、或る方か隊附となられたる処、年少士官の風儀に感染せられ困るとのことを聞きたり。其談を聞きたるより、世子も其境遇を経来られたるか、粗暴なる士官等の風儀に感染せられさりしは実に感すへきことなりと思ひ居ると云ふ。

王世子も全く年少士官の風儀に染まれさりし訳にあらす

高、世子も全く感染せられさりし訳に非す。其の為煙草も呑み酒も飲まれ、誰か此く致す故自分（世子）も此の事を為すと云はれたることも随分ありたるか、自分（高）は、人は左様なることを為しても世子は為されてはならすとて止めたることも数度ありたり。然し、世子に付ては其の為に困りたる程のことはなかりしと云ふ。予、世子の今日を見て、是は全く君（高）の輔導の宜しきを得たる功なりと思ひたりと云ふ。

高、然る訳にはあらす。今後学校の科程を卒り愈々隊附となられたらは、如何様なることになるへきかと云ふ。予、今後の隊附は隊に宿泊せらるる訳に非す。殊に既に御家庭も出来居ることなる故、別に懸念することはなからんと云ふ。話する〔こと〕十四、五分間許にして去る。

新年会費を鈴木重孝に交す（一月十七日の日記参看）

○午前十一時後、鈴木重孝に今日の審査局員の新年会費二百円を交す。鈴木百五十円にて宜しと云ふ。予、兎も角是丈け渡し置かんと云ふ。鈴木後に計算することにすへしと云ふ。

高沢某謝を述ふ

未成年の為新年会に加はらしめさる高沢某（雇員）に若干の金を贈りたる趣にて、高沢より謝辞を述へたり。

金井四郎来り、東久邇宮妃殿下及三王子風邪に罹られ居ることを告く

○午後一時後金井四郎来り、稔彦王殿下の妃殿下及ひ三王子（盛厚王〔東久邇宮盛厚王、東久邇宮稔彦王長男〕、彰常王〔東久邇宮彰常王、東久邇宮稔彦王三男〕、師正王〔東久邇宮師正王、東久邇宮稔彦王二男〕）とも風邪に罹られ居ることを談す。予、妃殿下の体温を問ふ。金井、三十七度五分位にて鼻に痛あり。御子様は三十九度位なりと云ふ。三王子中の何れなるかを聞き漏らせり。

稔彦王殿下滞仏費用のこと

金井、先日在仏国蒲某より、自分か送りたる五万円は如何なる金なるかを問ひ来り居るも、未た返電を発し居らすと云ふ。予、其事に付ては宗秩寮より松平慶民に電信を発したる筈なり。

是電信は、稔彦王殿下の滞仏費は随員の分を併せ一ヶ年十五万にて宜しく、此ことは殿下も御承知なる旨松平より申来り居る故、松平より君（金井）か金を送りたることに付ては何とも申来り居らさるも、君（金井）より送りたる五万円の中、六千五百円は昨年分にして、残額は今年初期分なり。不足分六千五百円は近日中更に送ることゝなるへき旨を申遣はしたる筈なりと云ふ。

金井、随員の費用を併せ一ヶ年十五万円にては北白川宮〔成久王、陸軍大佐、フランス留学中〕、朝香宮の費用に比し四万円以上少き故、殿下夫れにて宜しと云はれても、宮内当局としては一応増額を申出つへきものに非さるへきやと云ふ。予、其点に付ても宮内省にても懸念し、一応松平に問ひ合せたるも、殿下は滞留年数長き故節約する旨を申聞けられ、十五万円にて宜しとのことなる故、先つ今日は其事に致し置き、他日不足を生したらは其時補足したらは宜しからん。金額のことに付此方より申上けたらは、又々御感情を害するやも計り難しと云ふ。

金井四郎に対する無名投書のこと

予、又君（金井）のことに付無名にて宮内省に提出する者あり。此ことは君（金井）には告けさる積りなりしも、既に酒巻芳男より君（金井）に話したる趣なるか（本月六日の日記参看）、誰の所為なるや心当はなきや。予は萩原（淳）の所為にも祖式武次の所為にもあらさるならんと思ふと云ふ。

金井、別に心当なし。若し地方より来る投書ならは、或は菊枝〔佐田菊枝、東久邇宮の元侍女〕の所為なるやも計り難し。菊枝は自分（金井）のことを非常に恨み居る者なりと云ふ。予、菊枝のことは君（金井）は初は非常に誉め居りたるか、後には急に悪しく云ふ様になりたるに非すやと云ふ。金井、然り。其通りなりと云ふ。

東久邇宮妃殿下御洋行中王子方の世話を為す人のこと

予、妃殿下の御洋行中、王子方の御世話を為す人なきは困るに非すや。稔彦王の生母〔寺尾宇多子〕、妃殿下の生母〔園祥子〕とも適当ならさる様なりと云ふ。金井、孰れも適当ならす。然し誰もなきことゝなれは、王殿下の生母か来る様のことになるには非さるやと云ふ。予、表の方は片岡久太郎〔東久邇宮附属官〕を御用掛と為したらは夫れにて宜しかるへきも、奥にも適当なる人なくしては困るへしと云〔ふ〕。

片岡久太郎服装のこと

金井、片岡ならは侍女抔も其言に従ふ故宜しきか、片岡も近来物忘を為し、非常にくどくなりたり。且片岡か服装の粗末なるには困る。此ことに付ては是まて幾度か注意したることあるも、粗末なることを誇る様の風にて、何の効もなしと云ふ。

予、北白川宮の御子方〔北白川宮永久王、北白川宮美年子女王、北白川宮佐和子女王、北白川宮多恵子女王〕は誰か世話を為し居るやと云ふ。金井、御用取扱の大久保某〔サワ、子爵税所篤一の娘、大久保駿熊〈故人、大久保利通六男〉の妻〕にて、三年計り前に御用取扱となりたるものなりと云ふ。話すること三、四十分間許。

松平慶民に贈る電信遅延したること

金井と談するとき、予金井に、酒巻芳男は今日は出勤し居るやと云ふ。金井、出勤し居るか、只今松平慶民に対する電信案に内蔵頭（山崎四男六）、次官（関屋貞三郎）の印を取る為行き居れりと云ふ。予、予は彼の電信に付予に相談したるは最早余程前のことなり。予は疾く発送したることに思ひ居りたり。未た発送し居らさらんやと云ひたり。酒巻か数日間風邪にて引籠り居りたる故、遅延したるものならん。是は金井に対する最終の談には非す。

大谷正男来り、御歌会始御講書始のことを謀る

○午後二時後大谷正男来り、先日一寸意見を聞きたることありたるか、新年御歌会始の為には皇后陛下一度還啓あらせられて之を行はせらるへき模様なり。左すれは、御歌会始のみ行はせられて御講書始なきは、其間の軽重を為す様の嫌も生すへし。依て、午前と午後とに分けて双方とも行はせられんかとの議あり。儀制令案には、天皇又は摂政事故あるときは朝議を行はさることあるへしとの規定あり。今年は既に朝拝の式も行はせさりしに付、御講書始も御止となれは夫れにて宜しき訳なるか、皇后陛下のみにて之を行はせらるることは差支なかるへきや。摂政殿下は本月二十四日頃より沼津に行啓遊はさるへき御予定なる故、其前に御歌会始も御講書始も何日に行はせらるることを定め置き、其時に至り臨御なきことになりては如何と云ふ。

御講書始は皇后陛下のみにて行はせらるへきものに非さるならん

（一月十六日の日記参看）

予、御歌会始の方は御製、御歌等を御前にて披講する例なるも、此方は必しも臨御なくしても宜しからん。何となれは、是は御歌会始と云ふ式かありて夫れに臨御遊はさる訳なれは、臨御なくとも其式を行はせらるることは差支なからん。然れとも、御講書始の方は之に異なり、天皇陛下親ら治道を御講明遊はさるる為の御式なるへく、然れは、天皇陛下も摂政殿下も臨御なきに、皇后陛下のみにて之を行はせらるることは、式の性質に合はさるものと思ふ。故に、已むことを得されは、摂政殿下か沼津に御滞在遊はさるるならは、沼津にて之を行はせらるる方は尚ほ可ならんと思ふと云ふ。大谷、儀制令の案には宮中にて之を行ふと定めあり。是まて他にて行はれたる例もなきことなりと云ふ。予、儀制令は尚ほ案文にて確定したるものに非す。故に之を斟酌する余地はあるへし。然し御式を止むれは何事もなき訳なり。御歌会の方は数万人の詠進者をして失望せしむる恐ありとのことなるも、御講書始の方は其懸念もなきに非すやと云ふ。大谷、既に進講者も命せられたることに付、其人等の名誉は既に得られたり。御止になりても別段の失望もなき訳にて、進講者は来年に廻はしても差支なきことなりと云ふ（本月十六日の日記参看）。

上林敬次郎来り窺ふ

○予と大谷正男と談し居るとき、上林敬次郎来り窺ふ。予暫く待つへきことを告く。上林去る。

上林敬次郎在らす

大谷か去りたる後、給仕をして宗秩寮に行き上林を呼ひ来らしむ。上林在らす。宗秩寮の人、上林は官房に行き居るならんと云ひたるに付之を捜かしたるも、官房にも在らぬとの旨を報す。三時頃宗秩寮より、上林は次官（関屋貞三郎）の室に在る旨を報す。予、給仕をして宗秩寮に行き、上林か用事あるならは予か室に来るへきことを伝ふへき旨を告けしむ。

梅小路某の女にして観世某に嫁し離婚と為りたるものゝこと

○午後三時三十分頃、子爵梅小路某〔定行、子爵〕の女にて観世某〔元滋、能楽師、観世流二四世宗家〕に嫁し居り離婚と為りたる者〔茂子〕のことを問はんと欲し、給仕をして酒巻芳男を召はしむ。酒巻、正に関屋貞三郎の室に行き居る旨を報す。乃ち岡田重三郎〔宗秩寮属官〕を召はしめ、梅小路の女は未た婚姻届を為し居らさりし趣に付、勿論宮内省にも結婚届はなさす、今日まて華族の籍内に在りたるものならん。然れは、今般離婚となりても其届を為す必要はなき訳なるか、先きに願ひたる婚姻の認許は如何するやと云ふ。岡田、此の如き場合には婚姻の認許取消の願を為して結了することになり居れりと云ふ。岡田の談にては、観世某に嫁したる女は先年熊本の八田一精〔不詳〕の養女と為り居りたるか、離縁と為り、其後観世に嫁したるものなりと云ふ。

審査局員の新年会に赴く

○午後四時にて退省し、四時三十分頃より歩して八百勘に到り、審査局の新年宴に会す。途を誤りて八百勘より東の街路に出つ。乃ち人家の檐下の小路を経て八百勘の街路に出て始めて達す。六時頃より宴を開く。七時前より幹事鈴木重孝、西野英男の周旋にて福引を為す。七時五分頃予帰らんと〔す〕。鈴木、西野等予を留め居ること十分間許にして復た去らんとす。亦留む。八時後に至り始めて去り、人力車に乗りて帰る。

妓辰本屋鯛なる者善く飲む

妓辰本屋鯛〔芸妓〕なるものなり。筑後柳川の者にて今年二十六歳なりと云ふ。善く飲み饒舌なり。

内子三越に行く

○午前、内子三越に行き物を買ふ。

雨ふる

○晩より夜まて雨ふる。

炊婢静、其家に行く

○炊婢静、其家に行く。

中山勝之助真綿を贈る

○中山勝之助より、真綿にて餅の形を作りたるものを贈る。先日音羽に祝品を贈りたるを謝するなり。

一月一六日

○一月十六日火曜。朝曇後晴。

王世子邸より電話し、本月十八日八百勘にて上林敬次郎を招待することを告く

○午前八時後王世子邸より電話にて、本月十八日上林敬次郎を招待する宴会は八百勘にて午後五時より開く旨を報す。

鼠窟を捜す　得す

○昨夜書斎に麵麭を置き、鼠の来否を検したる処、麵麭を食ひ残片を噬み破りたるを以て、其所在を検したるも、遂に之を得す。又来るへき穴もなし。何処より来るやを知るへからす。

尚ほジヤパンタイムスを配達す

○本月十四日にジヤパンタイムス社に葉書を贈り、ジヤパンタイムスを配達することを止むへき旨申遣はしたるも、今朝も尚ほ配達し来れり。

龍郎、隆の家に行く

○午前八時後より龍郎、隆の家に行く。龍郎、本月十二日隆の家に行き、龍郎の写真を取ることを隆に嘱し置きたる故、今日往て之を取るなり。

大谷正男来り、李太王の碑を建てたることに付相談す

○午十二時前大谷正男来り、過日来問題と為り居る李太王の碑を建てたることに付、大臣（牧野伸顕）は、斎藤総督（実）か上京する様に付、其上にて協議して決したらは宜しからんとの考の様なるか、然し其前に今少しく研究し置きたらは宜しからん。文字の義に付ては西村時彦にても協議し見るも宜しかるへく、又朝鮮人の意向に付ては秋月左都夫〔前読売新聞社社長、元パリ講和会議全権顧問、元オーストリア駐在大使、元宮内省御用掛・学習院長補佐〕にても問合せ見たらは宜しからんとのことにて、秋月には既に次官（関屋貞三郎）より問ひ合せたる処、朝鮮人には別段の事なかるへしとの答なりし由。此ことは全体宗秩寮所管の事にて、酒巻より尋ぬへきことなるも、酒巻は風邪にて出勤出来す。西村も同しく風邪にて、呼出して意見を問ふこと出来す。就ては酒巻か無事ならは同人か西村の家に行きて問ふへきことなるも、前述の次第に付、自然は自分（大谷）ても行かさるを得さることならん。酒巻の談に此事の顚末は貴官（予）か十分承知せられ居るとのことなる故、之を聞き度と云ふ。

予、先日仙石政敬〔諸陵頭、子爵〕、酒巻芳男、徳川頼倫及予と次官（関屋貞三郎）の室にて此事を談し合ひたり。夫れは、今日にては朝鮮総督府ては初めより此事には少しも関係したることなしと云ひ居るか、果して然るや否、仙石か取扱ひたるときの事実を問ひ合せたる訳なり。仙石の談には、公文を以て総督府に交渉したることはなきも、先年の関係は総督、政務総監（長谷川好道〔元帥陸軍大将、前朝鮮総督、伯爵〕、山県伊三郎〔枢密顧問官、前朝鮮総督府政務総監、山県有朋の養嗣子、公爵〕）とも十分承知し居ることは疑なきも、然し現任総督、政務総監〔有吉忠一〕か引継を受け居るや否は知り難しとのことなりしなりと云ふ。

大谷、其時の談は碑のことなりしや、又は位牌のことなりしやと云ふ。予、固より碑のことなりしなりと云ふ。大谷、李太王は韓国時代には太皇帝たりし人なり。併合後には韓国と云ふ国なし。然れは、強ひて宮内省従来の主張の如く前韓国と書せさるも前韓国たることは明瞭にて、単に歴史上の名称を書したりとすれは、韓国太皇帝と書しても悪しきことはなき〔に〕非すやと云ふ。

予、歴史上の事実を云へは、太皇帝と云ふより寧ろ皇帝と云ふ方か相当なるへく、加之、明成皇后〔閔妃、高宗・李太王の前王妃、故人〕には太皇后と称したる時代なし。之を太皇后と書するは、太皇帝と釣合を取りたる丈けのことなり。而して歴史上の事実としても、其死したるは大正〔原文空白、八〕年にて、其時は李太王にて、太皇帝と書し大正初年併合後に死したるものと書するは矛盾なりと云ふ。

国府種徳来り、大谷正男との相談に加はる

予か大谷と話し居るとき、国府種徳〔漢学者、宮内省御用掛参事官附〕来る。大谷、国府君にも丁度此事に関することの相談を為し居る所なりと云ふ。国府、太皇帝と書して大正〔原文空白、八〕年に死したることゝするは矛盾なりと云ふ。大谷は尚ほ歴史論を説きたるも、少しも論理は立たす。

予、此ことは理由を附ける訳には行かす。政策上より之を黙認するより外致方なからん。到底適当なる理由を附くることは出来難しと云ふ。国府、理由なしに之を擱く訳には行かさらんと云ふ。予、理由か附けは宜しきも、理由は附くへしとも思はれす。左りとて、一たひ立てたるものを倒すは此上もなく拙きことなりと云ふ。

此時庶務課員某来り、関屋貞三郎か大谷を呼ひ居ることを告く。大谷乃ち去る。国府尚ほ留まりて談す。終に発明する所なくして去る。時に午後零時後三十分頃なり。

御講書始は止むることに決す

食堂にて午餐後（午後一時頃）、予大谷に御講書始のことは如何決したりやと云ふ。大谷、皇后陛下は御歌会始の為還啓あらせられ、御歌会始は行はせらるるも、御講書始は行はせられさることに決したり。此ことは全体、大臣（牧野伸顕）の決を取りて然る後決すへきことなるも、大臣転地中なる故、次官限りにて決定し、大臣には後日報告する積りなり（昨十五日の日記参看）。

李太王の碑を建てたることに付ては新説なし

先刻談したる李太王の碑の問題は、自分（大谷）か去りたる後何か新なる談ありたりやと云ふ。予、否。国府も理由は附け難からんと云ひ居りたりと云ふ。

会計審査成績書案及報告書案の編綴を依頼す

○午前十時後西野英男来り、大正十年度会計審査成績書案及審査報告書案を編綴すへき旨を告く。予其稿本を西野に交す。

予算書決算書を年度毎に分別す

午前十一時後、大正六年より大正十二年度までの皇室予算書及大正五年より大正十年までの皇室決算書を年次毎に分ちたる上、之を西野に交し、一ヶ年毎に各別に袋に入れて分別することを嘱す。

杉栄三郎来り、新年の挨拶を為す

○午後二時二十分頃杉栄三郎〔図書頭〕来り、新年の挨拶を為し、話すること六、七分間許にして去る。

龍郎鎌倉より帰る

○午後五時頃龍郎鎌倉より帰る。

捕鼠器を置く　獲す

○夜、書斎に捕鼠器を置く。獲す。

一月一七日

○一月十七日水曜。晴。

○午前九時三十分頃より出勤す。

高羲敬来り、皇太子殿下御床払のときの祝賀及故池田某及其母の三年祭のときの仕向を謀る

○午前十一時頃高羲敬来り、昨十六日の皇族附職員会議にて、皇太子殿下御床払のときは、秩父宮以外の各皇族より七種交魚一台（代価凡百五十円）を献し、各自参殿、祝詞を述へらるること、故池田侯〔禎政、旧岡山藩主池田家前当主、侯爵〕及其母〔安喜子、久邇宮朝彦親王三女〕の三年祭には、縁故ある皇族（久邇宮、山階宮、賀陽宮、朝香宮、東久邇宮）よりは、侯爵と母とに各三千疋つつの榊代を贈り、他の皇族よりは各二千疋つつの榊代を贈り、縁故ある皇族は、見舞として各十円位の菓子を贈らるることに決したる由。依て世子邸よりも、一年祭のとき妃殿下〔方子、梨本宮守正王長女〕より贈られたる例もあるに付、此節は二千疋つつの榊代を贈り、皇太子殿下の御床払には、矢張肴を献し、世子か参殿せらるることゝなさんと云ふ。予夫れにて宜しからんと云ふ。

李鍝公附漢学教師は置かさること

高又先日、関屋次官（貞三郎）の室にて上林敬次郎、酒巻芳男と協議し、自分（高）も其席に呼はれたる故行きたる処、李鍝公の漢学教師は別に之を置かす、厳柱日をして担当せしむることゝなす方宜しかるへき旨関屋より申聞け、自分（高）には厳をして之を担当せしむること出来るや否を問ひ、自分（高）は、厳は正直なる人にて、教師となりたる経歴もあり、一週間一、二回位ならは世子邸の方も差支なし。此ことは世子より厳に命せらるる様の手続になりたらは宜しからんと云ひ、関屋、厳か出来ふれは夫れか宜しと云へり。夫に付、上林は漢学教師の候補者と為し居る某〔林某〈朝鮮人、元郡守〉〕の処分に付非常に困り居れり。某は東京に来る準備として、其家を抵当として五百円を借り居るとのことなり。如何にすれは宜しきやと云ひ、酒巻は上林の決定か早に失したりと云ひ居りたり。

漢学教師の候補者某は李鍝公家に採用すへきこと

結局、李鍝公附として属官一人の定員を増しあるも、其属官を置かす、漢学教師の候補者某を御用掛とてもして使用し置くことにすへしと云ひ居りたり。

李鍝公の住所建築予定地を見分したること

又関屋より上林に対し、李鍝公の住所建築敷地として常盤松御料乳牛場跡を見物すへきことを約し、昨朝同行する筈の処、上林か関屋の家に行くことか遅くなりたる為、関屋は既に出勤し居りたりとて上林は世子邸に来り、いつれ見分に行かねはならぬ故、自分（高）と一緒に行かんと云ひ、共々行き見たる処、非常に広き処（三万坪とか云ふことなり）にて便利よく高燥なる所なりと云ふ。

全州李氏大同約のこと

高又全州李氏大同約のことに付上林に話したる処、上林か上京するときまては昌徳宮より毎月五百円を出し貰ひ度とのことなりしも、夫れは出来すと云ひ、三百円の談はあり居りたるも、決定は致し居らす。李堈公より毎月二百円を出すことは実際出来るものに非す。又上林も、貴見の如く（予の意見）昌徳宮より三百円を出す以上は、其外に世子より別に出金せらるる必要はなし。此ことは自分（上林）か帰任したる上、其趣旨にて話すへし。全体昌徳宮の出金も不賛成なるも、李王職長官より、自分（長官）か百円出すに付、昌徳宮よりも出金する様にあり度と云ふ様なることにて致方なし。宗族会にては、資金を集めたる上何百万円の負債を起し、之を以て殖産事業を為し、李堈公を総裁と為し、李堈公は其方より収入を得らるる目的の由。上林は、愈々金か集まれは必す金に関する不正問題か起り、永続は出来さらん。彼の会は尹徳栄に対する復讐的の企なりとのことなる趣を談し居りたり。

蛍雪会に対する世子邸よりの寄附

高又先日話したる蛍雪会（本月十日の日記参看）には金三百円を世子より寄附することゝなり、六本木警察署長に之を嘱し、署長より之を会に渡すことゝなせりと云ふ。

世子妃愛国婦人会の会及特志看護婦の会に赴かるること

高又明日は九段の偕行社にて愛国婦人会の会あり。梨本宮妃殿下か世子〔邸〕に来り、妃殿下を誘ふて共に行かるる筈なり。又何日には（予日を忘れたり）特志看護婦の会あるに付、妃殿下は之に会せらるる予定なるか、御用取扱桜井某〔柳子〕の家に麻疹患者あり。世子も妃も既に之に罹られたることあるも、兎に角伝染病なる故、遠慮する方か宜しかるへき旨小山善〔李王世子附典医〕より申出てたるに付、其日は梨本宮の御用取扱沢田某〔美代子〕を雇ふて行かるる予定なり。明日は梨本宮妃と同行せらるるに付、沢田の外には別に御用取扱を随へられす。特志看護婦会の会には梨本宮妃は行かれさる趣なりと云ふ。

世子妃仏語の稽古を始めらるること

高又世子妃は余り間多きに付、今日より一週間二回仏語の稽古を始めらるることゝなれり。教師は某（是は昨年来雇ひ居らるる教師の名にて、高は之を話したるも予か之を忘れたり）なり。

鈴木重孝審査局員新年会費の残余を返す

○午後二時後鈴木重孝来り、一昨日審査局員新年会の費用として二百円預り置きたる処、予定の通り総計三百円にて済みたる故、相談し置きたる通、貴官（予）の分は百五十円にて不足なし。依て五十円を返すと云ひて之を返す。新年会一人の料理代は八円五十銭、芸妓の玉代は大妓六人、小妓四人にて二十八円なりとのことなり。

鼠を獲す

○夜、書斎に捕鼠器を置く。獲す。

炊婢静尚ほ帰り来らす

○炊婢静は本月十五日其家に行き、翌十六日午後には帰り来ることを約したるか、今日に至るも尚ほ帰り来らす。

堤一馬の送りたるカラスミ達す

○堤一馬〔元台湾総督府調査課属官〕か送りたるカラスミ達す。

一月一八日

○一月十八日木曜。晴寒。

○午前九時三十分頃より出勤す。

大正十年九月以後の日記を閲みす

○午前には官歴を書する為、準備として大正十年の日記九月以後の分を閲みす。

酒巻芳男来り、有馬誉子の婚姻願の取扱方を謀る

○午後一時四十分頃酒巻芳男来り、有馬正頼妹誉子婚姻願の書類を持ち来り、願書には有馬伯爵、安藤子爵（信昭）〔侍従、旧平藩主安藤家当主、有馬頼寧実弟〕の連署あるに付、勿論承知のことゝは思へとも、為念一応取調見るへきやと云ふ。予、宗秩寮の立場として手続の必要あるならは、之を為す方宜しからん。大体は認可を受くるより外致方なからんと云ふ。酒巻、手続に付ては何事もなし。伯爵、子爵か承知し居らるることの真実なりや否の点を取調へ見るまてのことなりと云ふ。予、其点ならは別に取調の必要なし。確かに承知し居るに相違なしと云ふ。酒巻然らは此儘にて進行することにすへしと云ふ。

予、夫たる新井高善は三井氏にして、一たひ子爵牧野某〔康強、旧小諸藩主牧野家当主〕の養子と為り離縁と為りたるものなるか、其事に付ては両説あり。三井の方より聞く所ならは、牧野家の負債は三井より本人に分与する位の金額にて整理することを得る積りなりし処、中々多額にて際限なきに付、離縁したりと云ひ、牧野家の方には反対の説もある様なり。予は双方とも幾分の理由あり、決して一方のみ悪くして離縁になりたるものには非さるならんと思ひ居ると云ふ。酒巻、必す其通りならん。牧野の親族岡部子爵（長職）〔枢密顧問官、旧岸和田藩主岡部家当主〕抔は、全く三井か後日の累を懸念して離縁したる様に話し居りたりと云ふ。予、三井抔にては次、三男等に分配する資産は多額に非す。一定の標準ありて、新井の分家も其標準に従ひ居るとのことなりと云ふ。

李鍝公及李勇吉の住所建築場所に関すること

酒巻又最早高羲敬より話したることならんか、先日次官室にて上林敬次郎と李鍝公住所の建築地を議したるとき、上林は、李鍝公と李勇吉とは出来得へくは隔りたる処に建築する様に致し度と云ひたるか、其理由は自分（酒巻）等には理解し難し。同居にては困ると云ふことならは一と通り分かるも、敷地まても異にせさるへからすと云ふは何の必要あるへきや。上林は一ヶ所五百坪位宛にても宜しと云ひ居りたりと云ふ。

予、夫れは少しも理由なきことなり。是まて上林か計画したるときは、矢張り同一の場所に建築する積りに非さりしや。強ひて推測すれは、是迠上林か予定し居りたる場所を一部分ても使用せんと欲するには非すやと思はれさるに非す。然し是は勿論邪推ならんと云ふ。

酒巻、兎も角上林か一応常盤松御料地を一見することゝなり居れりと云ふ。予、上林は既に実地を見たるならん。先日関屋と同行することに約し置たるか、上林か行くこと遅くなりたる為、関屋の出勤後と為り、上林は高羲敬と同行して之を見たる趣なり。高は非常に広く高台にて宜しき処なり。何の辺を貸与せらるるやは分らさるも、便利にして好き場所なりと云ひ居りたり。

李勇吉中央幼年学校に入ること

然るに、李勇吉は近々中央幼年学校に入学する積りの趣に付、左すれは急に同人の住所を建築するにも及はさることゝなるやも計り難しと云ふ。酒巻、其事に付ても問題あり。先刻陸軍省より職員来り、竹田宮（恒徳王）と李勇吉と幼年学校に入らるることは如何なるやと云ふに付、竹田宮は多分入学せらるることならん。李勇吉も陸軍の希望なることは確かなるか、入学は未た決定し居る訳に非す。金応善か教育総監部の都合を問ひ合せて宮内省に報告することゝなり居る旨を告け置きたり。

李勇吉中央幼年学校に入る手続及入学後の待遇のこと

此ことに付、自分（酒巻）一己の考なるか、皇族ならは、入学は陛下の御思召にて御沙汰あれは夫れにて宜しきか、勇吉は其手続に依ることを得さるへく、又入学後の待遇も如何様のことになるへきやと云ふ。予、入学に付ては李堈公より願はるるか相当なるへし。但し其許可に付ては、普通の如く面倒なることを云はす、簡短に許可せらるへきものならん。入学後の待遇に付ては、幼年学校にても竹田宮一人の外皇族室なしとのことに付、勇吉は勿論一般学生と同一の待遇を為すか宜し。全体、皇族も夫れにて宜しと思へとも、此ことは今此に論する必要もなからんと云ふ。

李鍝公附漢学教師の候補者林某は上京せしめさること

酒巻又、李鍝公附漢学教師の候補者林某を上京せしむることは止むへき旨、次官（関屋貞三郎）より上林に談し、上林も余儀なく承諾したるも、林の処置に困り、

林某の処分

結局、林を李王職御用掛と為し、李鍝公家の事務を執らしむることに為し度と云ひ、次官略々之を諾せり。自分（酒巻）は此ことに付ては何とも云はさりしか、仁木義家との関係も懸念すへきことなる様なりと云ふ。予、此ことは元来上林か軽卒なり。李鍝公は京城に在らす。二人の妃（李熹公妃、李埈公妃）のみ居る処に林の如き人を置きて何事を為さしむるやと云ふ。酒巻、上林の談にては、林は地所の世話抔は上手なりと云ひ居れりと云ふ。予、其方に人か必要ならは、是まてに之を置きあるへき筈なり。林の処置に困りて右様のことを云ふはごまかしなりと云ふ。酒巻、上林は一旦事を定めたる上にて度々其事か実行せられさる様のことありては、自分（上林）の信用を損し困ると云ふに付、自分（酒巻）は決定したることを変更するに非す。決定せさることを決定したることの様に云ふ故、此の如きことゝなると云ひ置きたりと云ふ。

邦久王の家屋建築地のこと

酒巻、久邇宮にても邦久王（久邇宮邦久王、久邇宮邦彦王二男、陸軍士官学校在学中）の家屋建築地として常盤松御料地を見分し、異議なしとのことなる旨、宗秩寮総裁（徳川頼倫）より聞きたりと云ふ。予、異議の有無は土地評価の如何に関するならん。御料地を皇族に譲らるることに付、高価にする必要はなきも、余り低価にては建築費を多額に賜はさるへからさることゝなる故、相当の価にはする必要あり。坪数にも依ることなるか、地所として十五万円位は見積らさるへからさるへしと云ふ。

李載克及上林敬次郎の進退問題

酒巻又先日上林か次官（関屋貞三郎）室を去りたる後、自分（酒巻）より次官に対し、李王職長官、次官の更迭問題は如何なりたるやと云ふ。次官より、有吉忠一は先頃上林の私行か新聞に記載せられたるとき、直に上林を罷免すへしと云ふ意見を有し居りたるも、夫れにては新聞に動かされたる嫌ある故、暫く待つことゝなり居りたる位に付、此節は長官、次官とも同時に更迭せしむへしとの意見なるやも計り難し。左すれは有吉も云ひ居りたる如く、一時非常に不便なることも免れす。何れにしても、総督（斎藤実）か上京したる上に非されは様子分らすとのことなりしなりと云ふ。

李太王の碑を建てたることに関すること

酒巻より、李太王の碑を建てたることに付ては、先日大谷正男より聞き呉れたるならん。此ことは総督（斎藤実）上京の上にて議することなりと云ふ。予、大谷より聞きたり。大臣（牧野伸顕）は、碑に刻したる字義を研究したらは差支なきことになるやも計り難し。西村時彦にても相談すへしとの〔こと〕なりし趣に付、大谷は歴史上の事実を刻したるものと見ることを得さるやとの説を述へ、国府種徳も来りて議に加はりたるも、結局、理由を附くることは出来さりしなりとて、本月十五日大谷、国府と談したる概略を申聞く。

邦久王の成年式に関する祝品のこと

酒巻より邦久王成年式のことを談す。予、成年式のときは祝品を贈る例なりやと云ふ。酒巻、成年式のときは之を贈り、任官のときは之を贈らさる例なりと云ふ。予、然らは予の分も加へ置き呉よと云ふ。

皇族会議に於ける皇太子殿下の御資格に関すること

酒巻又、尚ほ未定のことなるも、近く皇族会議を開かるる場合あるへく、其時は皇太子殿下は皇太子たる御資格と摂政たる御資格とあり。会議の議長は皇太子として統理せらるるか宜しかるへきや、又は摂政として統理せらるるか宜しかるへきや。此ことは未た誰にも謀らす、自分（酒巻）のみにて考へ居る所なり。皇太子殿下か其頃御避寒中にてもありたりて〔ママ〕、特に議長を命せらるれは議論もなくなることなるか、左もなけれは、何れか宜しかるへきやと云ふ。予、皇太子殿下か東京に在らせらるるならは、摂政として議事を統理遊はされて宜し。若し御避寒中にてもあるならは、此節は秩父宮殿下に議長を命せらるるか宜しからんと云ふ。酒巻も夫れか相当ならんと云ふ。

邦久王臣籍降下のこと

酒巻か皇族会議のことを云々したるは、邦久王の臣籍に降下せらるることを考へて談したるものなり。

上林敬次郎来る

〇午後三時頃上林敬次郎来り、先日予か上林の子の結婚披露宴に会したること及祝品を贈りたることに付挨拶す。予、先日（本月十五日）上林か来りたるも、予か用談中にて上林に談することを得さりしと云ふ。上林、其時は再ひ来る積りなりしも、次官（関屋貞三郎）の処にて隙取りたる為、終に来らさりしと云ふ。

全州李氏宗族大同規約に関する上林敬次郎の談

上林、朝鮮にて全州李氏大同規約を作り、李堈公か総裁と為り居らるるか、此ことに付ては今後種々なる面倒を生するならん。先頃李堈公か上京せられたるときも、大同規約に基き李王家か保証を為して東京より二百万円を借り入るる目的あり。其の為に上京せられたりとの説もありたり。二百万円を借り入るれは、其内三分の一は李堈公か取られ、其余は夫々分配する様の約束もありたりとのことなり。初、李王職長官李載克より直接に李王殿下に、李王家か保証を為して二百万円を借り入るることに付王殿下の承諾を願ひたる処、殿下は此ことは重大なり。即決することを得すと云はれ、其翌日に至り之を承認せさる旨を云ひ渡されたりとのことなり。此の如く何事も長官抔より直接に申出す故、困ること多し。此二百万円借入のことも、李堈公か総裁となられ、其別邸に李載克外二、三人を集めて密議し借入のことを決し、其翌日李載克より王殿下に言上したる趣なり。元来大同規約は尹徳栄に対抗する為に発起したるものなる模様にて、今日にても幾分共同の勢力を以て事を為さんとする傾あり。今後愈々露骨とならは、益面倒となることならん。大同宗族会か総会を開く場所なきに付、昌徳宮の一部を使用し度ことも、李載克より直接王殿下に申出し、殿下は場所の工夫を為すへき旨申聞けられたるも、現に使用中の場所を其為に明〔空〕けさせることは出来さる故、長官の官舎の一部を之に充つることに為し置けりと云ふ。

王世子邸よりの出金に関すること

予、大同規約の出来たることは曾て一寸聞きたることあるも、別に関係もなきことなる故、其儘に打過き居りたる処、先日（本月十七日）高羲敬より李載克の書状を示し、世子邸よりも出金あり度旨申来りたりと云ひ、予は世子邸の通常事務には少しも関係せさる訳なるも、高か此の如きことにも予の意見を問ふに付、予の意見としては、既に昌徳宮より毎月三百円を出さるるならは、今日特〔独〕立せられ居る訳にも非さる世子邸より、其外に別に出金せらるる必要はなきことゝ思ふ旨を告け置たりと云ふ。上林、自分（上林）か上京前に、毎月五百円宛出金することの談ありたるも、夫れは過多なりと云ひたる処、然らは三百円の出金を請ふとの談ありたり。然し自分（上林）、会の目的か殖産興業等に在ることに付、其実効か顕はれたる上にて出金せられたらは宜しからんと云ひ、尚ほ未定の有様にて上京せり。自分（上林）の上京後、愈々出金することに決したるや否は知らす。いつれにしても面白からさることなる様なりと云ふ。

大同規約に対する推測

予、会に幾分ても金か出来たらは必す其の為に面倒なることか起るならんと思はる。又入会金一円、毎月の出金一人に付四十銭と云ふことになり居るか、必す負担に堪へさる人あることならんと思はると云ふ。

李王職の制度改正に関する上林敬次郎の意見

上林又李王職の事は誠に困難なり。最早制度を改正する時期に達し居るには非さるへきや。現制にては、第一次には李王職のことは朝鮮総督府か監督することゝなり居るか、此制度の為、総督府にても朝鮮統治上に影響する所なかるへきや。何事に限らす貴族抔より李王家のことに付申出つれは、総督府も何とか云はさるへからさる次第なるか、其の為の怨を総督府に帰することもあるならん。

李堈公の上京のこと

先頃李堈公上京のときも、自分（上林）等としては公か上京せらるへき必要なることもなく、又上京費用として一万円以上を要求せられたるも其都合〔付き〕兼るに付、今年（大正十二年）には皇太子殿下の御結婚もあるへく、其時まて延はされ度申したるも、其時は十分の経費も準備すへきに付、其時まて延はされ度申したるも、総督は李王職の予算の関係抔は深く考へす、公に対して上京のことを承認したるに付、公は李王職より費用を出さゝるならは強ひては之を要求せす、陸軍より出す旅費丈けにて行くと云はれたるも、陸軍の旅費は極めて少額にて到底実行出来ることに非す。結局李王職より七千円、王よりの特別金千五百円（上林は外に今一廉を挙け居りたるも之を忘れたり）を支出したる様のことにて、総督の監督は李王職としても不便なることなきに非すと云ふ。予、予も其ことは聞かさることに非す。貴族抔は総督府の監督を喜はさるもの多き様なりと云ふ。

朝鮮総督府職員、李王職を圧迫すること

上林、総督、政務総監等は勿論、大体を総へて事を処せらるる故別に何事もなきも、其以下に至りては、総督の監督権を振り廻はし李王職を圧迫する様の嫌もなきに非すと云ふ。

朝鮮総督の第一次監督を廃することの結果

予、予も其嫌あることは承知し居れり。然し総督の第一次監督を止めて、貴族抔の希望の如く宮内大臣か直接に監督することゝしても、遠隔にて、監督行き届くものに非す。夫れも、李王職長官か十分に統御することを得るならは夫れにて宜しきも、今日の如く朝鮮人長官にては到底之を望むへからす。又内地人の有力なる者を長官と為すことも、是亦行はるへきことに非す。然れは、矢張り現制より外に致方なからんと云ふ。

李王家の親族会を設くる意見

上林、李王家に対する親族よりの救助願も中々困難にて、其取捨に困るに付、年々救助金額を予算にて限定し、其割当は親族会議の如きものを組織し、其決議に依ることゝ為したらは宜しからんと思ふと云ふ。

親族会を纏むる人なからん

予、夫れは適当の考なるも、予の知る所にては、李王家の親族に適当の人を得難き様なり。李完用〔朝鮮総督府中枢院副議長、元韓国内閣総理大臣、侯爵〕は立派なる人なるも、近日は完用に対しても反対の考を有する人ある様なり。然れは、会議を起しても之を纏むる人なく、銘々勝手なることのみを主張し、致方なき有様と為る恐あるならん。李完用は、韓国時代には政権を握り居りたる故一同を統御することを得たれとも、政権なき今日にては、以前の如くなり難きは当然なるへし。然し李完用一人丈けは始終考を変へす。立派なる人なり。

李恒九の人物

李完用の子李恒九は、予は昨年始めて接したるか、見識ある人の様なるか、如何と云ふ。上林、李恒九は人物なり。但其行動に野鄙なる所ある故、人に嫌はるるなり。李恒九か掌侍司長となれは、韓昌洙〔李王職賛侍、掌侍司長〕よりも余程上等なり。

韓昌洙の性行

韓か先頃、李埈鎔救助の為親用金を支出することに反対したるは、此上も〔なき〕上出来にて、韓は全体意思の弱き人なりと云ふ。予、韓は尹徳栄と姻族関係あるに非すやと云ふ。上林、韓の娘〔裕祥〕か尹徳栄の子〔弘燮〕の妻となり居れり。其の為、親用金の使用に反対したるときも、韓に対する非難多かりしなりと云ふ。話すること三十分間許にして去る。

○午後四時より退省す。

永島巌の妻来る　珍魚、珍菜を贈る

○午前永島巌の妻〔ひち〕来り、大阪灘万（割烹店）にて製したる珍魚、珍菜の箱に入れたるものを贈りたる由なり。

上林敬次郎を招待す

○午後五時より歩して八百勘に到り、上林敬次郎を招待する会に列す。来会する者、高羲敬、金応善、小山善、厳柱日、金田才平、宋秉畯〔朝鮮総督府中枢院顧問、伯爵〕。上林、六時後に至り始めて来る。金事を幹す。妓四人、雛妓二人。妓藤丸、高妓善く飲む。九時頃上林去る。予亦次て帰る。八百勘の仲居肥満なる者、富と云ふ、予に酒を強ひ予を酔はしめんとしたれとも、之を拒みたり。

炊婢静始めて帰り来る

○炊婢静、午後五時後始めて帰り来る。

啓二郎より送りたる蜜柑達す

○午後、啓二郎より送りたる蜜柑一箱達す。

一月一九日

○一月十九日金曜。晴。

隆電話にて道子の分娩尚ほ二、三日の後なるへきことを報す

○午前九時頃隆より電話にて、道子昨日吾妻勝剛〔産婦人科医、元京都帝国大学教授〕の病院に行き診察を請ひたる処、尚ほ両三日前《ママ》は分娩せさるへしと云ひたるか、帰宅後心気昂進の模様あるに付、電話に〔て〕其趣を吾妻に通知したる処、吾妻か東京に帰るとき来診すへしと云ひ、来診して薬を投したるも、薬を服する前の心動は折合ひたるに付、服薬はせさる旨を報し、内子は明日は鎌倉に行く積りなる旨を告けたり。

○午前九時三十分頃より出勤す。

高羲敬来る

○午前十時後高羲敬来り、昨夜会飲の挨拶を為し、

斎藤実京に達す

今日午後零時四十分に斎藤実か東京駅に達するに付、往て之を迎ふる積りなる旨を談す。

牧野伸顕昨日東京に帰る

○午餐のとき食堂にて、白根松介より昨日牧野伸顕か修善寺より帰りたることを談す。予、白根に嘱し意を牧野に致さしむ。

山崎四男六在外研究員の費用に関することを語る

○午後一時前食堂より厠に行き、将に審査局に返らんとす。食堂前の廊下にて山崎四男六に遇ふ。山崎、昨日貴官（予）より

在外研究員の費用支弁のことに付照会ありたるか、彼の件は元来自分（山崎）の意見に非す。学資金を旅費より支弁すること抔は穏当ならすと思ふ。幸ひ貴官（予）よりの照会ありたるに付、大臣に伺ふて、決定したることを変更せんと欲す。之を変更するには、予め貴局（審査局）に協議し最も適当なることに為し度に付、研究し置き呉度。在外研究員に関する皇室令の発布前の予算に研究員に関する費用の科目を設くるは穏当ならさる故、大正十三年度の予算には其科目なし。依て、先日の伺達の如く学資金等を旅費より支出せすとすれは、追加予算にて科目を設くるより外に致方なからんと云ふ。予、之を諾し、如何にすれは宜しきや研究し置くことにすへしと云ひ、審査局に返り、

青山操に山崎四男六と談したる始末を告く

青山操に、予と山崎と談したる次第を告け、審査官の意見を纏むへきことを告く。

食堂にて加藤泰通と話す

○午餐後食堂にて、加藤泰通（侍従、式部官）に対し、何処に行き居りたるやを問ふ。予、是まて加藤を識らす。加藤、人に対し昨夜帰京したることを語り居るを聞き、食卓上に在る名札を見て加藤なることを知り、前の問を発したり。加藤、両陛下に供奉して葉山に行き居りたり。

皇后陛下、養妹の喪を服せらるるや否のこと

先日は皇后陛下の養妹の喪に関することに付協議せられたることありたる趣、彼の件は大分面倒なりしと云ふ。予、彼の件に関し何か陛下の御不満てもありたるやと云ふ。加藤、否。初宗伯爵の夫人病気危篤なりとの報あり。陛下は喪に服することになれは御用邸に居る訳には行かさる故、東京に還啓するか澄宮御殿に移るかにせんとの御沙汰あり。大谷正男に問ひ合せ置たる御服喪の有無に付き急に答か来らす、大分困り居りたる処、大谷より、貴官にも協議したる末、御服喪はなき旨の言上を為したる処、御安心ありて、然らは一己の心喪にせんとの御沙汰ありたりと云ふ。予、彼の件は平素少しも考へ居らさりしことなるか、突然大谷と渡部（信）と来り意見を問ひ、俄に服喪令を取調へたる様の次第なり。規定上幾分の疑はある様なるも、服喪令の明文にては、強ひて服喪なきことに押附けたる訳には非すと云ふ。

加藤泰通、安藤信昭のことを談す

加藤、安藤侍従（信昭）は大層勉強し居られ、天皇陛下も能く御使役遊はされ、侍従仲間にては、安藤氏は第一線にて働くへき人と云ひ居る次第に付、随て本人も骨の折るることならんと思ふと云ふ。予、本人は宮内省に奉職する前には何事も経験なき人に付、不慣のことも多からん、宜しく指導し呉よと云ふ。加藤、柔順なる性質に付、都合宜しと云ふ。

欠唇

加藤は欠唇の人なり。

伊夫伎準一の鴨猟

○午後二時頃伊夫伎準一来り、本月二十一日（日曜）に越ヶ谷御猟場にて鴨猟あるに付来るへき旨の通知を受けたるに付、此

節は自分（伊夫伎）か行き度と云ふ。伊夫伎は是迠埼玉県の御猟場には行きたることなしと云ふ。

○午後二時前、青山操来る。

○午後二時四十分頃金井四郎来り、東久邇宮の盛厚王、師正王、彰常王三殿下の感冒は最早御快きも、妃殿下は尚ほ解熱に至らす。昨日鈴木某〔愛之助カ、元宮内省侍医寮侍医〕か下剤を進め二度御通しありたるも、今日午時には尚ほ三十八度の御体温あり。依て鈴木一人にては不安心なる故、赤十字社病院の吉本某〔不詳、医師〕をして診察せしめんと思ひ妃殿下に申上けたるに、御承諾あり。吉本にて宜しからんやと云ふ。

予、予は吉本を知らす。吉本は宮内省に関係したることなきや又大学の医師にも非さるやと云ふ。金井、どちらにも関係なし。赤十字社病院の医師にて、久邇宮殿下〔邦彦王、陸軍中将、軍事参議官〕独逸御留学中の御知人なるへく、良子女王殿下は常に御治療申上け居る人なりと云ふ。予赤十字社病院にて内科部長ても勤め居るやと云ふ。金井夫れは知らすと云ふ。予、土屋岩保〔元侍医寮侍医〕は相当の技倆ある様なりと云ふ。金井、土屋は鈴木と善からす。加之、土屋に付ては竹田宮にて厚謝の例を聞きたる故困ると云ふ。予幾許位遣はしたりやと云ふ。金井一回二十五円位ならんと云ふ。予、其位は普通に非さるや。赤十字社病院長佐藤恒丸〔陸軍軍医総監〕も陸軍々医ではあるか、相当の技倆を有し居る様なりと云ふ。金井、吉本は佐藤の下に勤務し居るへしと云ふ。予、吉本か久邇宮に出入し、良子女王殿下の治療を為し居るならは、夫れにて宜しからん。妃殿下は先年気管肢〔支〕加太児〔カタル〕の御症状ありたり。今回は其御容体はなきやと云ふ。金井、鈴木は絶対になしと云ふも、少しく懸念あり。咳嗽多く、然かも其咳嗽か気管支に関係ある様に思はる。今日は午時か三十八度なる故、三時、四時頃には今少し進むならんと思ふと云ふ。

宮務監督となすことの上奏

金井又新聞記者某（予其氏名を忘る）か、貴官（予）を宮務監督と為すことを今日上奏することになり居るとのことなるか、事実如何と云ふに付、自分（金井）は全く話なきことには非さるも、虚実は知らすと云ひ置きたりと云ふ。予、先日次官（関屋貞三郎）より話あり。予は先年と違ひ非常に困難なることゝなり、殊に殿下の予に対する御感情も好からさるへきに付困ると云ひたるも、関屋は、種々詮議したるも、殿下の御承知なき人にては御承認もなかるへきに付、承知せよとのことにて、承諾し置たり。関屋は仏国に電信を発して、殿下の御承認を求むると云ひ居りたるか、返電来りたるへきや。新聞記者か之を探知すへき筈なきことなりと云ふ。金井、宮務監督に上奏することゝなりたりと云ひ居りたりと云ふ。

金井四郎、片岡久太郎に電話し吉本某を招くことを命す

金井、予か室にて東久邇宮邸の片岡久太郎に電話し、明日吉本を召ふことゝし、時刻等は鈴木にも打合せ置くへき旨を命したり。

宮務監督の名義を附けさること

予金井に対し、関屋は予に対し名義を附けすして東久邇宮の世話を為すことにすへしとのことを談し居り、予も名義を附けさることにて承諾し置きたるか、如何なることにて仏国へ電信を発したるへきや、夫れも承知せすと云ふ。

妃殿下は成るへく速く大磯辺へ転地せらるる必要あること

予又金井に対し、妃殿下の御容体の模様にては、熱か解けたらは成るへく早く大磯辺に御避寒成さるる方宜しき様なりと云ふ。金井、自分（金井）も其旨を妃殿下に申上け置たりと云ふ。

官歴書二、三葉を写す

○午前九時前より出勤時刻前までに、大正十年の官歴書二、三葉を書す。

一月二〇日

○一月二十日土曜。晴。寒稍々軽し。

内子鎌倉に行く

○内子、午前八時三十分頃より鎌倉に行く。

官歴書四、五葉を写す

○午前八時後より九時後まて、大正十年の官歴書四、五葉を写す。

白根松介と東久邇宮の宮務を看ることに付相談す

○午餐前（午後零時後）食堂にて白根松介に対し、先日（本月十二日）次官（関屋貞三郎）より、稔彦王殿下仏国より帰朝せらるるまて宮務監督の名義を附けすして宮務の世話を為すことを承諾せよとの談あり。予は困難の事情あるも、次官より殿下の知人にて適当の人なき故承知せよとの談ありたる故、之を引受くることに致し置きたり。然るに、昨日新聞記者より、今日宮務監督と為すことの上奏を為すことになり居るとの談を為したる趣なるか、果して然るやと云ふ。白根、否。左様のことなしと云ふ。予、次官は稔彦王殿下の承認を求むる手続を為すへしと云ひたるか、其返電は来りたりやと云ふ。白根、宗秩寮より殿下に電信を発したることは聞きたるか、其後のことは聞かすと云ふ。予如何なる趣意の電信なりやと云ふ。白根、宮務監督か欠けて困るに付、殿下御帰朝まて倉富に宮務監督の名義を附けすして其事務を取扱はしむることにし度と云ふ趣意なりし様なりと云ふ。予、宮務監督の名義は附けさるも、其事務取扱と云ふ様なることにても困る。宮内大臣の口達にしても、皇族附職員と為りて、宗秩寮総裁の監督を受くる範囲内に入りては予の職務と抵触するに付、其点は十分注意し呉よと云ふ。白根之を諾す。

徳川頼倫来り、東久邇宮の宮務を看ることを依頼す

○午後二時前徳川頼倫審査局に来り、次官（関屋貞三郎）より談したるへきか、東久邇宮の宮務監督の事務を取扱ふことを承知し呉よと云ふ。予、次官より話は聞きたり。名義を附けさるならは引受くへき旨を答へ置きたり。稔彦王の承認を求むるとのことなりしか、殿下の予に対する感情も余程悪しくなり居るへきに付、承認せらるるや否も計り難し。

宮務監督の名義を附すへからさる理由

名義を附くることに付ては、先年喧しき問題ありたるに付、此節は名義は絶対に附けさることに談し置きたりと云ふ。徳川喧しき問題とは如何なることなりやと云ふ。予は先年内大臣秘書官長心得となりたることあり。然るに、当時其職務は枢密顧問官の職務に相当せさるものなりとの論あり。其為、三日間にして秘書官長心得を罷めたり。是は主として当時の議長山県公(有朋)〔前枢密院議長、元内閣総理大臣、元老、元帥陸軍大将、公爵、故人〕の意見なりしなりと云ふ。

金井四郎に対する非難のこと

徳川、然るか。東久邇宮にては金井四郎に対する物議もある際に付、事情を知らさる人か入りても不都合ならんと思ふと云ふ。予、金井に対する非難は大臣(牧野伸顕)も次官(関屋貞三郎)も大分之を信し居る様なるか、酒巻芳男は先日秘書課長に、無責任なる投書位にて殿下の不在中に事務官を更ふる様のことありては宜しからすと云ひ置きたる旨、話し居れり。予は、殿下の不在中にても、非難せらるる事実あれは之を罷むるは当然と思へとも、金井に対する非難は専横とか威張るとか云ふ様なることにて、一も具体的の事実なし。此の如きことにて人を進退するは不都合ならん。大臣は竹田宮大妃殿下より金井に対する非難を聞きたることある様に聞きたることあるか、大妃殿下か直接に其非難を聞かるる筈なし。誰か申上けたるものならん。

稔彦王殿下は金井四郎を信用し居られたり

稔彦王殿下は余程金井を信用せられ、渡欧前には、短くも殿下帰朝のときまては宮に留まるへき旨を本人に申聞けられたる事実あり。妃殿下にしても金井に対する信用は厚き方にて、妃殿下の洋行のときは、矢張り金井か随行せされは安心出来さるならんと云ふ。

東久邇宮の妃渡欧の期に関すること

徳川、妃殿下の洋行は早きか宜しき様なりと云ふ。予、其通りなるも、王殿下の方か決せさるに付致方なし。王殿下の帰朝期か定まれは、妃殿下の渡欧期も之に依りて定まる訳なりと云ふ。徳川孰れにして〔も〕早く行かるる方か宜しくはなきやと云ふ。予、王殿下の承知なけれは行かるる訳に行かす。

北白川宮の妃の帰期に関する風説

是は真の風聞にて少しも根拠はなきも、北白川宮の妃〔成久王妃房子内親王、明治天皇七女〕は王殿下に先ちて帰らるる様になるやも計られすとの談も一寸聞きたることありと云ふ。徳川、夫れは初耳なり。若し右様のことあるならは、東久邇宮の妃は早く行かれさる方か宜し。北白川宮は王殿下も妃殿下も御睦しきに付、勿論右様のことはなからんと云ふ。予、全く一個の風聞にて、先般北白川宮王殿下一寸躁かれられたることありしよりの風聞ならんと思ふ。

東久邇宮の三王子の世話人に関すること

東久邇宮妃殿下の洋行のときは、御子方三人の世話を為す人かなき様なり。妃殿下の生母はあれとも、是は世話の出来る人には非さるへく、王殿下の生母もあれとも、是は人物か如何と思はる。此ことは余程大切なる問題なり。奥にも事務官か随行すれは確かなる人なく、奥にも適当の人なくては困る話なりと云ふ。

良子女王殿下附後閑某の件

徳川、良子女王殿下の御附後閑某〔菊野、宮内省御用掛・久邇宮附、元東京女子高等師範学校教授、良子女王の教育掛〕も宜しからさるやの評ありと云ふ。予、予は其人を見たることもなけれとも、余りに女王殿下のことを宣伝するには非さるや。近来殿下のことか新聞に出つることか余り多き様なり。

良子女王殿下干潮狩の写真

昨年中干潮狩に行かれたるとき写真抔を出したることは、皇后陛下の御意には合はさりしことならんと思はると云ふ。徳川、皇后陛下に非さるも、自分（徳川）の方の年老ひたる女抔も大分驚き居りたる様なりしなり。

東伏見宮妃を良子女王の指導者となすこと

大臣（牧野伸顕）か話し居りたる、東伏見宮の妃〔依仁親王妃周子、公爵岩倉具定長女〕か良子女王の指導をなさるることは、極めて宜しからん。東伏見宮妃は大奥のことも承知し居らるる方に付、都合宜しからん。良子女王も其辺のことには十分注意せらるる必要あるへし。

大奥の事情を知る人の輔佐を要すへし

後閑某よりも大奥のことを知り居る適当の人はなきものなるへきやと云ふ。予、大奥のことに通し居る人にては古るしとの非難あるならんと云ふ。

秩父宮殿下の輔導のこと

予又、秩父宮殿下の御輔導も余程大切なる様に聞きたることあり。殿下は御鋭敏なる丈けに、御注意申上くへき必要も少なからさる様なり。年少き士官等と御接し遊はさるる為、随分野鄙なることにも御染み遊はさるには非さるやと思はる。先日の新聞に、或る茶店にて老婆か牛乳を入れたる茶を差上けたるに、殿下は平常牛乳を御嫌ひ遊はさるるに拘はらす之を召し上りたるに付、御尋申上けたるに、老婆の深切に免して飲みたりと仰せられたりとて、新聞には大層誉めて記し居りたるか、此く迠に軽易に遊はされすとも宜しくはなきや。

皇族の教育は劃一なるへからす　皇族就学令のこと

同し皇族にても、間もなく臣籍に降下せらるる人と殿下の如き方とは万事に区別あり度ことに思ふ故に、帝室制度審議会にて皇族就学令を作ることになり居るも、一切の皇族に共通して而かも有益なる規定は到底出来難しと云ふ。徳川、就学令のことは学習院よりも其制定を希望し居るに非すやと云ふ。予、昨年一度評議したることありしか、其時は福原鐐二郎〔学習院長、貴族院議員・同成会〕も大島義脩〔女子学習院長〕も、到底就学令は作り難しとの意見を述へたりと云ふ。

東久邇宮の宮務を看ることを嘱す

徳川去るに臨み、東久邇宮の世話を為さるることになりたらは宜しく願ふと云ふ。話すること十二、三分間許。

牧野伸顕尚ほ出勤せす

○午後一時後、給仕をして牧野伸顕は出勤したるや否を問はしむ。給仕未た出勤せさる趣なることを報す。

渡部信来り、世伝御料地貸与のことを謀る

○午後二時後渡部信来り、東宮御所前の電車線路は其曲折急に過きるに付、之を緩にする為、御料地百数十坪を使用することを許され度旨、東京市より申出て居れり。然るに該処は世伝御料地なるに付、世伝御料を解除するか又は然らされは枢密院の議を経て物権を仮設すれは適当なるも、困難なる事情あり。従来の取扱振にては使用賃借として世伝御料を貸与したるもの少なからさる故、此節も簡便なる取扱方はあるましくや。先年、使用貸借として世伝御料を賃すことに付ては、枢密院にて非難あり。新宿御苑の一部を東京府の中学校敷地とし二十ヶ年の期限にて貸付するときは、枢密院の議を経居れりと云ふ。

予困難なる事情とは如何なることなりやと云ふ。渡部、先般世伝御料解除に付枢密院に諮詢せられたるとき、今後は成るへく世伝御料を処分せさる旨を言明しある為、之を憚るとのことより外に別段の事情なしと云ふ。予、夫れは頓著するに及はさるへし。先般の諮詢中には既往の失策を弥縫する様のこともありたり。例へは、東京倶楽部の敷地として世伝御料を賃与し、其処置に困りて解除を為したる様のこともありて都合悪しかりしも、此節のことは全く余儀なき次第に付、世伝御料を解除するか又は枢密院の議を経て物権を設定するか、其方か正当と思ふと云ふ。

宮務監督服喪のこと

渡部、又序に問ひ度ことあり。東伏見宮々務監督川島令次郎〔宮中顧問官、予備役海軍中将〕より、妃殿下は服喪中なるか、宮務監督は喪に服すへきものなりや否を問ひ合せ来り居れり。服喪令には皇族附属の職員喪を服すとあり。宮務監督か職員なりや否の論あるか、昨年の官制改正にて、所属の皇族を補佐し部下の職員を監督すと規定せられ、以前の如く何も職務の規定なきときとも異なり、職員の中にあるものと思ふ。之を職員として、親王も王もなく妃のみの宮にては、宮務監督は誰に附属するものと為すへきやの問題あり。有栖川宮にては大妃二人あり。席次は前の大妃か上席なるも、親王〔有栖川宮威仁親王、元帥海軍大将、故人〕在世中は親王と其妃に附属したるもの故、後の妃に附属するものとなるか当然なるへし。然れは東伏見宮にては、宮務監督は妃に附属するものと為し、妃か喪に服せらるる故、宮務監督も喪に服すへきものと思ふか如何と云ふ。

予、此ことに付ては先年来問題あり。宮務監督か皇族附職員となれは、貴族院議員の選挙に応することを得さることゝなる。予は其規定を改め、宮務監督は皇族附属の職員にても選挙に応することを得る様にする方か宜しと云ひたるも、彼の際宮内省達を改正することは政治上の意味を含む様の嫌ありとて、達は之を改正せす、宮務監督は皇族附職員に非すと解釈し、其旨を訓令せり。故に訓令の当否を別として、昨年の官制改正の為訓令か消滅したりとなさゝる以上は、矢張り訓令の通りになすへきものならん。官制を改正して宮務監督の職務を規定したれとも、其職務の性質は以前と異なることなく、官制改正前後に依りて訓令の効力を異にするものとは思はれす。貴族院の選挙議員にて宮務監督と為り居りたる山田春三〔元久邇宮宮務監督、元貴族院議員・研究会、元広島県知事、故人〕は既に死去したるも、有栖川宮の宮務監督西紳六郎〔貴族院議員・公正会、予備役海軍中将、西周養嗣子、男爵〕も議員には非さりしや。予は確かには知らされとも、西か議員ならは、今日にても宮務監督は皇族附職員に非すとなす必要は存し居る訳なり。先年、二個以上の資格を有する者は、一の資格にて喪を服するも他の資格にては喪を服せすと為したることもありたり。竹田宮の宮務監督村木雅美は、宮務監督としては喪を服するも、勲一等として喪を服せす、宮中の宴会にも御祭典にも出てたることある様に思ふと云ふ。

渡部、待遇職員は宮内職員の中に入るものと思ふか如何と云ふ。予、夫れは職員の中に含むへし。然し之を含ましむるにしても、矢張り資格を区別せされは、実際差支を生すへし。例へは山辺知春は、一面秩父宮附の別当にて一面は北白川宮の御用掛なり。御用掛の方にて喪を服する様のことありとしても、其の為別当の方の職務を欠くことゝなりては不都合ならんと云ふ。渡部、成る程只今の談を聞けは、先年宮内省達の改正案を作りたれとも終に廃案となりたることありたりと云ふ。話すること十四、五分間許。

雲畑御猟場に於ける過失致死

○今日の新聞（時事新報最詳なり）に、雲畑御猟場にて天城御猟場の監守長某〔菊池巳之吉〕か銃猟中、過失にて勢子某〔波多野源次郎〕（十九歳）を射殺したることを記載し居りたり。午餐のとき食堂にて上野季三郎、山崎四男六、徳川頼倫、関屋貞三郎等と銃猟は最早時勢に適せさることを談したり。

金井四郎電話にて東久邇宮妃殿下の病状を報す

○予か渡部信と電車線路の敷地として世伝御料地を使用することを談し居りたるとき（午後二時後）、金井四郎より電話にて、今日吉本某か東久邇宮妃殿下の御病気を拝診せり。胸部は少しも異状なく、単純なる感冒なりと云へりと云ふ。予今日の体温を問ふ。金井朝は三十七度五分、十二時は三十七度二分と云ふ。予昨日の最高を問ふ。金井午後も三十八度より進まさりしと云ふ。

内子鎌倉に宿す

○内子鎌倉に宿す。

坂田稔の家に電話す

○午後六時頃龍郎、咽喉に痛を覚へ、食物を嚥下するとき工合悪しと云ふ。体温を検したるに三十七度三分あり。坂田稔の家に電話し、坂田か家に在るや否を問ふ。在らす。誰か診察する人ありやを問ふ。一人あれとも只今在らすと云ふ。乃ち今夜は温補し居ることにす。八時後更に体温を検す。三十六度八分なり。

牧野伸顕他客と話す　面会せすして帰る

○午後三時頃給仕をして牧野伸顕か出勤したるや否を問はしむ。給仕返りて、牧野は正に他人と談話中なり。終らは之を報すへしとのことなる旨を報す。予、予は退省するに付、報知するに及はさる旨を告けしむ。

一月二一日

○一月二十一日日曜。晴後曇。

龍郎の病状

○午前六時頃龍郎体温を検す。三十七度八分なり。

小山善に電話す　通せす

七時三十分頃医小山善に電話し、之を招かんと欲す。数分間に渉るも電話接続せす。

王世子邸に電話す

依て王世子邸に電話し、小山か王世子邸に宿直し居らさるやを問ふ。林健太郎〔李王世子附属官〕宿直し居らすと云ふ。乃復た小山の家に電話す。尚ほ接続せす。交換手九段の局に取調方を通知し置くへしと云ふ。

坂田稔の家に電話す

更に坂田稔の家に電話し、診察する者は何人にして只今在るやを問ふ。家人、診察する者は只今在らす。直に通知して往診せしむへしと云ふ。予其氏を問ふ。家人山村〔医師〕と云ふ。予更に開業医なりやを問ふ。家人、然らす。平常家に在る者なりと云ふ。予平常の代診者なりやと云ふ。家人然りと云ふ。予然らは更に相談することにすへしと云ふ。

多納栄一郎に電話す

又多納栄一郎〔内科医、多納病院長〕の家に電話し、来診し呉よと云ふ。多納今日午後一時頃か一時三十分頃までに往診すへしと云ふ。龍郎の体温は午前八時後三十七度三分、九時三十分頃三十七度二分にて、咽喉の痛は軽しと云ふ。

多納栄一郎来りて龍郎の病を診す

午後一時四十分頃多納来りて龍郎を診察し、多分普通の感冒なるへきも、今か初起〔マヽ〕なる故、十分注意すへし。薬方は坂田稔の家に過きて山村に指示し置くへし。先つキニーネ丸を投し、健胃剤として水薬を投すへし。丸薬は食後に、水薬は食前に服用せられ度。咽喉は格別悪しくはなきも、硼酸水にて吸入を為し、且含嗽を為すか宜しと云ふ。多納、予が近状を問ふ。予、今日午前には体温三十五度二分にて、寒を感したりと云ふ。多納、或は発熱前の低温なるやも計り難し。売薬にもある故、矢張りキニーネ丸にても服用するか宜しからんと云ふ。予序に予の分も山村に指図し置き呉よと云ふ。多納之を諾す。

内子鎌倉より帰る

○午後五時後（二十分頃）、内子鎌倉より帰る。道子は昨夜吾妻勝剛の病院に入りたり。今夜までは分娩せさるへしとのことなりと云ふ。

龍郎をして吸入を為さしむるときタオルを見出さす

○午後、龍郎をして吸入を為さしむる為タオルを捜かしたるも、之を見出さす。終に、字を作るとき紙の下に敷く紋□と小さきタオル二枚にて間に合せ、内子か帰りたる後之を問ひたる処、洋服箪笥の中に蔵し置きたりとて之を出したり。

龍郎、鼠の出入する所を発見す

○夜龍郎、書斎に出つる鼠は承塵の間より来ることを発見せり。

風烈し

○午後十二時前より西南風烈し。

一月二二日

風歇ます

○一月二十二日月曜。晴。昨夜来の風、未た歇ます。

内子と共に戸を鎖す

午前零時後、内子と共に起き、西方及南方の戸を鎖したり。

多納栄一郎に龍郎の病状を報す

○午前八時後、多納栄一郎に電話し、龍郎の病状を報す。多納薬方は坂田稔の家に指示すへしと云ふ。

多納栄一郎、予の容体を問ふ

多納、予の容体を問ふ。予昨日午後は体温三十六度四分なりしと云ふ。多納、然らは最早服薬するに及はさるへしと云ふ。

鼠の出入する所を塞く

○午前六時後、龍郎か昨夜の書斎の承塵の後に鼠の出入する穴あることを発見したる旨を告けたるに付、午前八時後其穴を塞きたり。

吉江高行の妻の死を弔す

○午前九時より中渋谷七百七十三番地の吉江高行〔漢学者カ〕の家に行き、其の妻〔不詳〕の死を弔す。車夫、吉江の家を捜かすこと三十分間許、屢々之を路人に問ひ、終に之を得たり。吉江の妻は中西六三郎〔衆議院議員・政友会、弁護士〕の姉なる趣にて、中西より予に挨拶を為し、吉江の長男〔不詳〕、次男〔不詳〕、三男〔不詳〕に面会す。長男は陸軍々人、次男は何なるか知らす。三男は司法官なりと云ひたる趣なり。高行は妻と共に〔ママ〕大阪に行き居り、此節も帰り来らすとのことなり。予、今日午後の告別式には会し難き旨を告け、焼香して去る。十時四十分頃家に帰り、襟紐を取替へて宮内省に出勤す。

高義敬来る　王世子風邪のこと

○午前十一時頃高義敬来り、王世子は少しく風邪気なる故、陸軍大学校に於ける乗馬の科程は休み、

東宮御所に行くこと、近衛聯隊に行くことを談す

今日午後東宮御所に行き、皇太子殿下の御床払を祝せらるる筈なり。明日は近衛聯隊に明治天皇より軍旗を授けられたるより五十年に当る祝日にて、世子も聯隊に入り居られたることあり、其時の寄宿舎も尚ほ残り居るに付、妃殿下も世子殿下と共に聯隊に行き、寄宿舎も一見せられ度とのことなり。尤も五十年の祝典には世子のみ列せられ、妃は祝典の終はりたる後、余興等を見られ度希望なり。如何之あるへきやと云ふ。

近衛聯隊内に在る王世子寄宿舎のこと

予、軍旗祭には婦人、子供も招かるる例なる様に付、妃か行かれても差支な〔か〕らんか、世子の寄宿舎は既に聯隊に贈与せられたるには非さるやと云ふ。高、未た贈与せられたるに非す。時に修繕を為す必要あり。建築当時には三千円を要したりと云ふ。

牧野伸顕又嘔吐したること

○午餐のとき食堂にて、徳川頼倫より大臣（牧野伸顕）は昨日より又嘔吐を起したる趣なることを談す。

皇太子殿下の御床払を奉祝す

○食堂にて大谷正男に、皇太子殿下御床払に付両陛下に御祝詞を申上くる帳簿を出しあるやを問ふ。大谷出しある筈なりと云ふ。午後一時前、東車寄に行き三個の帳簿に署名し、天皇陛

下　皇后陛下　皇太子殿下に、　皇太子殿下の御床払の祝詞を申上けたり。

東車寄の守吏某、久徳宗昭のことを問ふ

東車寄より審査局に返るとき、車寄を守り居る某（舎人ならん）、予を追ふて車寄の後の廊下に来り、久徳宗昭〔不詳〕を知り居るやと云ふ。予、之を知り居る旨を答ふ。某、久徳より種々の書類等を預り居る処、昨年頃より音信なき様になりたる故、其書類を検し見たる処、貴官（予）の書状もあり。其外辞令書等種々のものありと云ふ。予、久徳は最早一昨年頃死去したり。其時は熊本に居る弟〔不詳〕の家に在り、其処にて死去したる旨、弟より報し来りたりと云ふ。某、成る程今日よりすれは最早一昨年となるなり。弟の処は承知なるやと云ふ。予、予は弟は之を知らす。弟か熊本に永住するや否も分らす。其頃は確かに熊本に住し居りたり。久徳は正直なる人にて、後藤（新平）〔東京市長、子爵〕、安場（保和）〔元北海道庁長官、男爵、後藤新平の舅、故人〕其他知人もあれとも、少しく時勢に合はさる人にて、窮して死去したりと云ふ。

出納官吏検査員旅費支出のことに付、審査官と意見を異にす

○午前十一時後、出納官吏検査員旅費は従来通常会計より支出し居りたるを、内蔵頭より伺ひて検査員所属庁の経費（林野管理局員か検査員となれは、林野管理局の経費より支出す）より支出することゝなりたるを不当とし、予の名を以て宮内次官（関屋貞三郎）に照会する案文に付、予は照会の要なかるへしと思ひ審査官と討議したるか、伊夫伎準一のみ予の説に賛成し、他は反対なる故、未決の儘他日に延はしたり。

岡田重三郎来り、宮務監督は皇室服喪令の宮内職員なりとの案に付意見を問ふ

○午後三時後岡田重三郎来り、参事官にて立案したる、宮務監督は皇室服喪令に所謂皇族に所属する宮内職員と解釈する旨の案に付予の意見を問ひ、酒巻芳男は今日は不参なるか、同人は此案に異見なしとのことなりと云ふ。予、先年宮務監督か貴族院議員の選挙に応することを禁するや否に関し議論を生し、予は宮内省達にて皇族家職の議員たるを禁し居る規定を改むることを主張したれとも、其当時達を改正することは政治問題に触るるの嫌ありとして之を改正せす、宮務監督は皇族家職に非すと解釈して、其旨を内訓しあり。参事官か其内訓は其儘にして此の如き案を立つるは不都合なり。山田春三は既に死去したるも、西紳六郎は尚ほ貴族院議員たるに非すや。此ことに付ては先日（一月二十日）渡部信か相談したるに付、予の意見を述へ置きたり。兎に角、予は此案には反対なり。先年の内訓は当時の調査課にて立案したるものにて、調査課の事務は参事官にて引受け居りなから、其始末を附けすして此の如き案を作るは無責任なりと云ふ。岡田其旨を総裁（徳川頼倫）に告くへしと云ふて去る。

電話料支払告知書を用度課に致さしむ

○午後四時五分前、電話料支払告知書を西野英男に交し、之を用度課に致さしむ。

○午後四時より退省す。

○午後六時十分頃体温を検す。三十六度三分なり。

枢密院より明日報告会あることを告く

○午後八時後、枢密院より使を遣はし、日本帝国及支那共和国間郵便物交換約定外三約定の件決議上奏に関し特に御沙汰の次第あるに付、明二十三日午前十時三十分議場に於て報告あるへき旨〔ママ〕、出席すへき旨の書状を致す。

式部職より鹿肉を送る

○午後九時頃、式部職より使を遣はし、雲畑御猟場にて猟獲したる鹿の肉一股を贈らしむ。

○夜雨。

一月二十三日

○一月二十三日火曜。微雨。

鹿肉を切り、一部分は味噌漬と為し大部分は永島巌に贈る

○午前八時頃、昨夜式部職より送り来りたる鹿肉を切り、一部分は之を味噌漬と為すこととし、大部分は書状を添へて之を永島巌に贈る。

多納栄一郎に電話す　多納より亦電話す

○午前八時後、多納栄一郎に電話せんとす。電話接続せす。三、四分間の後復た電話し、龍郎の病状を告く。多納、近く再診すへし。先日は感冒なりと謂ひ全体に注意せさりし故、再診のとき全体を診察すへしと云ふ。九時後に至り多納より電話し、今日往診すへきに付、薬は夫れ迄服用を見合せ置くへしと云ふ。

枢密院に於ける報告会

○午前九時三十分より出勤し、十時十五分頃より枢密院控所に行き、十時三十分後より議場に入る。議長（清浦奎吾）〔枢密院議長、子爵〕開議を宣し、且つ、昨日摂政殿下より御召を蒙りたる故、午後三時頃参所したるに直に拝謁を仰付けられ、御沙汰を蒙りたり。其沙汰は書面に非す。口頭の御沙汰にて左の如し。

御沙汰の趣意

内閣総理大臣（加藤友三郎）に対し次の如く申聞けたり。先刻内閣総理大臣に対し左の如く申聞け置きたり〔原文重複〕。今内外多事の時に当り、東西両洋の時勢に鑑み、先皇の啓き玉ひたる国運を益々発達せしめねはならぬことは勿論てある。枢密院か憂慮〔原文空白〕するのも此の為と思ふ。尤も、閣員に於ても昼夜憂慮し注意し居ることは之を信するも、尚ほ一層注意を望む。枢密院は大政諮詢の府なるに付、諮詢の手続等に付て行違なき様注意し、円満に進行せしむへきことてある。此ことは枢密院議長にも告け置く故、卿も此旨を含み、善く協議して円満に進行することを望むと云ひ置きたり。右の如く告け置きたるに付、卿も此旨を領して協議せよ。

奉答の趣意

依て次の如く奉答し置きたり。

内閣か御諮詢奏請の手続を誤りたる為終に上奏するに至りたるは、恐懼に堪へす。只今御沙汰を拝したるは感激に堪へす。御沙汰の趣は顧問官一同に伝へ申すへしと。

御沙汰の書取正確ならす

議長は、口頭の御沙汰なりしも一語も漏なく書き取り置きたるに付、之を朗読すへしとて朗読したるも、予か午後に至り之を筆記するときには忘れたる所あり、誤脱少なからす。更に之を訂正することゝすへし。

伊東巳代治の演述

議長の演述終はりたる〔後〕、伊東（巳代治）発言を求め、只今拝承したる御沙汰の趣は極めて簡短なるも、御趣旨は最も深長なる様なり。然し妄りに御趣旨を測るへきことに非す。殊に今日御沙汰のことに云々するは不都合なる故、若し何か論議すへきことありとすれは、慎重攻究したる上のことにし度し。只一言し度は、殆んと毎日の如く新聞紙に種々のことを掲載する点なり。而して、上奏後二十日以上を経過したる今日に至り、此の如き御沙汰を拝するに至りたることに付ては、聊か遺憾の点なきに〔し〕もあらす。此点に付ては、顧問官中にも本官と同様の考を有せらるる人もありと思ふ。議長の奉答も実に結構なり。今日は是にて閉会せられんことを望むと云ふ趣旨を述へたり。

此演述にも誤脱あるは勿論、伊東か遺憾としたるは、政府の体度に関することの様なりしや、言か婉曲なりし為、十分に領解することを得さりし点もありたり。十一時後閉会す。

枢密顧問官の年齢調

○午前十時後、枢密院控所にて例年の如く顧問官の年齢調書を配布せり。

南部甕男の出勤

先頃来病気にて引籠り居りたる南部（甕男）〔枢密顧問官、元大審院長、男爵〕も、今日は出勤せり。

岡部長職、牧野伸顕の病状を問ふ

○午前、枢密院控所にて岡部長職より牧野伸顕の病状を問ふに付、予は昨日徳川頼倫より聞きたる如く、一旦は余程宜しかりしも、近日又障りたる趣なることを告く。岡部、新聞には葉山に行く様に記載し居るか如何と云ひ、予は其事も止めたる様に聞く〔と〕云ひ置きたり。然るに、午餐のとき小原駩吉より聞きたる所にては、牧野は今日は東宮御所に行きたる趣にて、予か岡部に話したることは少しく相違したるも、前の日曜に嘔吐したることは事実にて、今日の外出も無理なる様なりとのことなり。

小原駩吉来り、牧野伸顕の病状を説く

○午餐後（午後一時頃）、小原駩吉予と共に審査局に来り、牧野（伸顕）の病状は懸念すへきものと思ふ。然るに牧野は二木某〔謙三、駒込病院長、東京帝国大学医学部教授〕のみを信し、他の医師の診察を受くることを肯んせす。二木は晩食のみにて朝食も昼食も廃することを勧め、牧野は其通り実行し、衰弱を増すの恐あり。西園寺（八郎）は珍田（捨巳）〔東宮大夫、伯爵〕に説き、摂政殿下の御思召に依り医師を差向けらるることにしては如何と云ひ居れとも、只今の模様にては、診察は受けても養生方を聴かされは無益なるへし。牧野にては夫婦揃ひて看護婦嫌の趣にて、自分（小原）は夫人〔峰子、三島通庸二女〕か之を嫌ふことゝ思ひ居りたるも、実際主人も大嫌にて、看護婦と云ふ丈けにても気色か悪しき位なる趣なり。牧野の養生方を易ふるには、第一夫人の考を変へされは出来難きことなるか、只今の処にては其工夫なしと云ふ。

予、夫人は三島より嫁したるものなるか、弥太郎〔三島弥太郎、元日本銀行総裁、子爵、三島通庸長男、故人〕も死去したるに付、夫人を説得する適当の人なからん。若し他に病気ありとすれは、体か衰弱すれは病勢は増進する懸念ありと云ふ。

雲畑御猟場に於ける過失致死事件

小原又雲畑御猟場に於ける過失致死事件の模様を詳述し、一時は被害者の父、叔父抔か非常に憤り加害者に暴行を加へたるも、後には折合ひたる趣なり。此節は珍らしく、大谷正男より第一番に自分（小原）の処に電話にて出来事を報知したるが、大谷は余程狼狽したるものと見へ、天城御猟場にて射殺したりと云へり。是は、天城御猟場の監守長某か云々との電信を見て即了したるものなり。西園寺（八郎）は初より、此事件の為には宮内省より五千円を出し呉れさるへからすと云ひ、次官（関屋貞三郎）は、過失の程度も分らす、左程多額に出す必要なからんと云ふ様なる考なりしも、大谷も其位は致方なからんと云ひ、結局五千円まては出すことゝなり、其外に関係人より二千円を出し（井上勝之助か千円、西園寺八郎か五百円、加害者か百五十円、其他の職員にて二千円の残額）、合計七千円にて折り合ふことゝなりたる様なり。

被害者は数年前より御猟の時に弁当を運ふ者にて、御猟場のことには熟し居り、此節も弁当箱を路上に置き、数十間を隔てたる処に棹を持ち居りて害を被りたる訳にて、本人にも過失はある趣なり。父は短気ものにて一時は怒りたるも、全体は淡白なる性質なる由。叔父は村の助役を為し居り、性質宜しからす。被害者の父か旅人宿営業を始むるに付資金を貸し居り、其金の回収のことを考へ、此節も初めより賠償のことを云々し居りたる趣なりとの談を為せり。

徳川頼倫と良子女王殿下御洋行のこととの関係

小原又徳川頼倫は今尚ほ良子女王殿下の洋行のことを思ひ切らす。自分（小原）より先日、徳川に余り深入をせさる方宜しからんと云ひたるとき、徳川は、大臣（牧野伸顕）は円満に御結婚の出来る様にとのみ考へ居り、御結婚後のことを考へ居らす。自分（徳川）は尚ほ之を断念せすと云ひ居りたり。

二荒芳徳、酒巻芳男等の行動

是は畢竟酒巻芳男、二荒芳徳等より煽動したる結果なり。其後に至りては鎌田栄吉〔文部大臣、元慶応義塾塾長〕等も賛成し居る様なるも、初は酒巻等の計画なるに相違なし。

西園寺八郎、酒巻芳男を評す

西園寺（八郎）か興津に行きたるとき、汽車中にて酒巻に遇ひたる処、酒巻より女王洋行のことに付大臣（牧野）か承知せさるに付、君（西園寺）より松方（正義）〔元老、前内大臣、元内閣総理大臣、公爵〕に説き呉よと云ひたるも、右の如きこと出来る筈なきに付、之を拒絶せり。酒巻等は宮内省の事情すらも承知せす。其以外の事は尚更分る訳なし。而かも、宮内大臣か反対の意思を言明したるに拘はらす、一個の属僚たる酒巻抔か自己の分限をも顧みす大臣の方針に反する行動を為すは、確かに懲戒を為すへき行為なりと思ふと言ひ居りたり。

徳川頼倫には輔佐人を要す

徳川は所謂御大名なり。誰か確かなる輔佐なければ適当に職務を執り難し。貴族院にて研究会の重鎮の如き有様なりしか、其時も矢張り黒田清輝か之を助け居りたる趣なり。宗秩寮にても酒巻、二荒の如き輔佐にては不安心のことなり。二荒は皇太子殿下に随て洋行もしたるに付、幾分か事情も分り居る筈なるも、随分不都合のことを為すものなりと云ふ。

松平慶民のこと

予、松平（慶民）か居りたらは、女王洋行のことは此の如きことには為さゝりしならん。

酒巻芳男等の考

酒巻等の考にては、皇太子殿下の御洋行に付ても、内端にても反対ありたるか、之を決行せられて好結果を収めたる故、此節も同様のことゝなるならんと云ふ様なる浅薄なることならん。

徳川頼倫は西園寺公望の言を誤解す

徳川は、西園寺（公望）は女王殿下御洋行のことは賛成し、平田（東助）をして牧野（伸顕）に説き、牧野を承諾せしめよと云ひたる様に思ひ居る趣なるも、西園寺は御結婚問題には強き反対の意見を有し、朝香宮殿下か御結婚問題は皇太子殿下の御決定に任せたらは宜しからんと云はれたるときも、仮令皇太子殿下か宜しと仰せられても之を遂行すへからさることなる故、御決定には任せ難しとまて云ひたるに拘はらす、当局大臣（牧野伸顕）か責任を以て遂行するならは之に任かすと云ひ居る位のことにて、此ことに付ては西園寺の体度を無責任なりと評する者ある位なり。然るにも拘はらす、大臣の仕事に干渉せさる者か、御結婚問題に比すれは御洋行問題は話にもならぬ位軽きものなり。其軽き問題に付、西園寺か大臣の反対に拘はらす之に賛成する道理なきこと、極めて明了なるに非すやと云ふ。

西園寺八郎、其父か良子女王殿下の御洋行に賛成せさることを説く

小原、西園寺（八郎）も父（公望）は決して真実賛成し居るものに非すと云ひ居りたりと云ふ。話すること三十分間許、一時四十分頃に至りて去る。

金井四郎、東久邇宮妃殿下の病快きことを報す

○午後一時五十分頃伊夫伎準一来り、先刻金井四郎来り、東久邇宮妃殿下の御容体は大層宜しくなりたりと伝へ呉よ。今日は急くことある故、面会せすと云ふて去れり。其時は貴官（予）は食堂に行かれ居りたるなりと云ふ。

多納栄一郎来りて龍郎の病を診す　龍郎の扁桃腺炎

○午後一時四十分頃多納栄一郎来りて龍郎の病を診し、扁桃腺か腫起し居れり。先日（本月二十一日）診察したるときよりも腫起の度を増したり。微熱は此の為ならん。扁桃腺の薬を塗布すへく、内服薬も転方する旨を告けたる趣なり。

広津和郎の婢モト、内子に電話す

○午後二時頃、広津和郎〔倉富宣子の甥、小説家、評論家、広津直人二男〕の婢モトより電話にて、隆の意を受け伝へ、道子は多分今夜の中に分娩するならん。今日内子か鎌倉に来らさりしは雨天なる為なりやと云ひ、内子は之に答へ、雨天なる為に非す。此方に来り居る姪の子か病に罹り看病せさるを得さる為なりと云ひたる趣なり。

加藤内蔵助を訪ひ、鹿肉を送りたることに付挨拶す

○午後三時五十分頃、加藤内蔵助〔式部官兼式部職事務官・主猟課長〕を主猟課に訪ひ、昨夜式部職より鹿肉を送りたることに付挨拶し、且予か意を井上勝之助、西園寺八郎に伝ふることを嘱す。加藤、昨夜鹿肉の始末晩くなりたる故、使の往きたること遅くなりたるならんと云ふ。予九時頃なりと云ふ。

隆電話し、道子の分娩は明日午前なるへきことを報す

○午後九時頃隆より電話にて、先刻電話にて大人（予）御病気の様に聞きたるか、委細分らす。感冒なりや、臥褥せられ居るやと云ふ。予、否。予が病みたるに非す。龍郎か扁桃腺炎にて微熱を発したるなりと云ふ。

道子の近状　電話と電信

隆、道子は別に異状はなきも、腎臓に少しの申分あり。尿に蛋白を混し、眩暈あり。且つ産期にも達し居るに付、分娩を促かす為今日注射を為し、幾分陣痛を起したれとも、間もなく収まりたり。依て今夜は休息する方宜しかるへしとのことゝなりたり。多分明日午前中には分娩するならん。分娩せは直に電話にて通知すへきも、其時刻は電話の輻輳する𪜈刻なる攷、急に電話することを得さるやも計り難し。其時は一面直に電信を以て通知することゝすへし。萱堂（内子）は明日は来らるることは出来くへきやと云ふ。

内子か鎌倉に行くことは期し難し

予、龍郎の病は軽微なるも、看病人在らさる故、或は明日往き難きやも計り難し。其元の都合にては何とか工夫すへきも、左もなけれは内子を当てにせすして工夫せよと云ふ。隆、承知せり。此元は差支なし。其積りにすへしと云ふ。

龍郎の扁桃腺に薬を塗布す

○午後四時後、龍郎の為に其扁桃腺に薬を塗布す。

夜雨

○夜雨。

〔欄外に付記〕

一月二十三日補遺　高帽を西野英男に托す

○一月二十三日補遺

今朝中折帽を頂き、其外にトールハツトを箱に入れたるものを持ち、宮内省にて之を西野英男に托し、之を保管せしむ。臨時に高帽を要することあるを以てなり。

一月二十四日

微雪

○一月二十四日水曜。曇微雪。

龍郎の扁桃腺に薬を塗布す

○午前八時後龍郎の為に扁桃腺に薬を塗布す。

龍郎の病状を多納栄一郎に報す

○午前八時後多納栄一郎に電話し、龍郎の容体を報す。多納、未た起す。取次を以て之を報し、薬方は昨日の通りにて宜しきやを問ふ。多納昨日の通りにて宜しき旨を答ふ。

多納栄一郎より電話す

九時頃多納より電話し、薬方のことに付坂田稔の家に電話せんと欲したるに通せさるを以て、貴家より薬方は昨日の通りにて宜しき旨を伝へ呉度と云ひ、内子より龍郎の体温を報したる処、微熱なるも頑固なり。一、二日の容体を見たる上、更に往診すへしと云ひたる趣なり。

○午前九時三十分頃より出勤す。

高羲敬、浅沼某来る

○午前十一時頃、高羲敬、浅沼某を伴ひ来り、浅沼は李王職属に任せられ、李鍝公附を命せられたることを報す。

李勇吉、中央幼年学校に入学すること

浅沼去りたる後、高より、昨日陸軍教育本部〔総監部〕より金応善に対し午前十時三十分に来るへき旨申来り、金は其時刻に往きたる処、教育〔総監部〕本部長〔宇垣一成、陸軍中将〕より、李勇吉公子か中央幼年学校に入学せらるることは教育本部に於て異議なく、本部〔総監〕長〔秋山好古、陸軍大将、男爵〕か台湾に行き居りたる其方に打合せたる処、是も異議なきに付、入学のことは決定せり。

李勇吉待遇問題

公子に対しては皇族同様特別の待遇を為し度と思へとも、是は教育本部限りにて決定することを得す。陸軍省、宮内省に交渉したる上に非されは決し難き旨を申聞けたる趣なり。依て公子附堀場某〔立太郎、李堈公附属官〕を召ひ、公子の入学決定したること丈けは京城に報告せよ。待遇問題に付ては決定するまては決して公子にも告くへからすと云ひたるに、

堀場某の意見

堀場は、陸軍にて特別待遇を為さんと云ふは事理を解したることなり。学習院にて之を為さゝるは間違ひ居れりと云ひ、余程説諭したれとも容易に承服せす。金応善も傍より自分（高）の説を助け、漸く承知せり。自分（高）は公子に対し特別待遇ある様なることを話し置き、是か行はされは公子は不平を生し、勉強も出来さる様のことになる旨を告けたれとも、堀場は、将来公と為るへき人に対し特別待遇を為すは常識より考へても当然なりと云ひ、一時は大分激昂したる様なり。

堀場某は上林敬次郎と善からす

堀場は上林敬次郎と仲悪し。堀場は李王職に奉職し一たひ罷め居りたるか、国分象太郎〔前李王職次官〕か次官と為りたる後、之を再任したる人なり。堀場は外国語学校にて朝鮮語を学ひたるものなりと云ふ。

王世子、同妃、近衛第二聯隊の軍旗祭に行きたること

高と李勇吉の話を為す前に、王世子夫妻は昨日近衛第二聯隊の軍旗祭に行かれ、世子か先日附き居られたる第何中隊にては特別に歓迎し、妃殿下も満足せられ、一時頃より行かれ四時頃に帰られたり。種々なる余興もありたる趣なりとの談を為せり。

鹿肉を食ふ

○午餐のとき、大膳寮にて調理したる鹿肉を食卓に上す。予一臠を食す。

小原駩吉、皇后陛下養妹の喪に服せられさりしを疑ふ

○午餐後食堂にて小原駩吉より、先頃皇后陛下の養妹に当る宗重望の妻か死去したるとき、君（予）の意見にて皇后陛下には喪なきことに決したりとのことなるか、自分（小原）は普通の服喪令の精神より考ふれは、矢張り養姉妹の喪を服せらるるか宜しからんと思ふと云ふ。

予の意見

予、此ことに付ては、渡部信も君（小原）と同様の意見を有したるも、皇室親族令の規定には養姉妹を親族とせす。服喪令にては親族の為に喪を服することを原則とし、天皇か皇太子の為にする服喪の如き場合のみ親族に非さるも喪を服する特例あるのみに付、予は親族ならさる点より喪なきものと決したる次第なりと云ふ。

心喪の期間

小原、皇后陛下は養姉妹としては心喪に服せす、従姉妹として三日間心喪に服せられたりとのことなるか、夫れも君（予）の意見なりやと云ふ。予然らすと云ふ。小原、然らは心喪に服せらるるものとすれは、養姉妹として服せらるるか当然には非さるやと云ふ。予其通りなりと云ふ。

皇族は実母の喪にも服せさることあり

小原は此ことに付服喪説を主張し居りたるに付、予は服喪令の規定に依れは、皇族は実母子にても母か華族籍に在らされは母の喪にも服せさる位なる故、養姉妹の喪を服せさる位は怪むに足らさるへしと云ふ。

入江貫一行幸啓地に御璽なきことを詰る

小原又昨日入江貫一来り、内大臣（平田東助）の書を致し、天皇（又は摂政）行幸啓の場合に御璽を御携へなく、又内大臣秘書官が供奉せさるは内大臣の職務を尽くすこと能はすとて、次官（関屋貞三郎）に抗議を申込み、次官は同意なるも、大臣（牧野伸顕）か如何云ふや、大臣に問ひたる上に〔て〕決すへしと云ふて云ひ延へたる趣なりと云ふ。

上林敬次郎先夜の招飲を謝し、李太王の碑を建てたることは朝鮮総督か宮内大臣と協議する趣なることを談す

○午後二時頃上林敬次郎来り、先夜（本月十八日夜）の招飲に付早速礼を述ふへき筈の処、足に魚目を生し両三日靴を穿くことを得さる為延引せり。李太王の碑を建てたることに付ては、本月廿日に朝鮮総督（斎藤実）か上京し、総督は其翌日より一ノ宮に行きたり。自分（上林）か面会したるとき、碑を建てたることは総督より宮内大臣（牧野伸顕）に相談して決すへき旨を告け、其後秘書官をして自分（上林）に伝言せしめ、建碑の件は宮内大臣と協議して決すへきか、次官（上林）は余り長く滞京するは宜しからさる故、帰任したらは宜しからんとのことなりしなり。今日は総督は一ノ宮より東京に帰りたる筈に付、今一度面会して出発期日を定むる積りなりと云ふ。

宮内省の若手十人

○午餐後食堂にて小原駩吉と談し、共に食堂を出てんとするとき、小原より東京毎夕新聞に宮内省の若手十人と題して記載し居るものを見たりやと云ふ。予見すと云ふ。小原、十人は二荒（芳徳）、西園寺（八郎）、東久世（秀雄）〔帝室林野管理局事務官〕、杉（琢磨）〔宮内書記官兼参事官、用度課長〕、武井（守成）〔式部官兼楽部長〕、其外某々とて、今日まで四人を書し居れり。内匠寮に切抜新聞あるに付、之を持たせて示すへしと云ふ。予か審査局に返りたるとき、切抜新聞を送り来る。今日まで書し居るは二荒、西園寺、東久世、武井の四人なり。別に珍しきこともなし。

西野英男に嘱し埴原某の出発期を問ふ

○午後三時後、西野英男に埴原某〔正直、駐米大使〕か本月二十六日に出発することは新聞に記載し居りたるか、同日の何時に出発するや、官房に就き問合はすことを嘱す。

埴原の出発期

西野返り来り、埴原は二十六日午前九時十五分に東京駅を発し、任地米国へ赴く趣なることを報す。

国分三亥来り談す

○午後三時三十分頃国分三亥来り、昨日より熱海に行き只今帰りたる所なり。松方公（正義）か熱海に行き居り、次官（関屋貞三郎）に伝言して、自分（国分）に熱海に来るへき旨を告けたるを以て行きたるなり。

良子女王殿下熱海行は止められ度こと

邦彦王及妃〔久邇宮邦彦王妃俔子〕両殿下は本月三十日頃より熱海に避寒せらるることゝなり居り、良子女王殿下は見舞の為、後には行かるることもあらんかと云ふ。後にて必す両殿下と同行せらるることに決し居る訳には非さりしも、松方公は女王殿下も御同行のことに決し居るものと考へられたるものと見へ、熱海への交通は汽車を降りたる後、自動車にて行く路か非常に危険なり。危険なる所は殿方ても御出てになりて宜しきことはなけ〔れ〕とも、就中女王殿下は最も大切なる方なる故、熱海御出は御止め成さるる様致し度とて、此ことを伝ふる為に自分（国分）を召はれたる訳なりしなり。右の次第にて、折角松方公か注意せらるること故、女王殿下は多分御止めになることならん。

良子女王殿下高松行のこと

本年四月頃には、邦彦王殿下は同仁会総裁の資格にて高松へ行かるることゝなり居り。其時は妃殿下も同行の筈にて、女王殿下も同行のご希望あり。高松には松平某〔頼寿、旧高松藩主松平家当主、貴族院議員・研究会、伯爵〕の別邸あり。皇太子殿下も其別邸に御宿り成されたる所にて、松平某も同仁会にても頻りに女王殿下の御出を希望する模様なり。

関屋貞三郎か良子女王の広島行を勧めたること

女王殿下は是迠海船に御乗りなされたることなき故、台湾通の船に乗りて馬関辺まてなりとも遣はし、内海及宮島抔も見物せしめ度とは御父宮の御考にて、次官（関屋貞三郎）は、広島まて御出ありたらは宜しからんと申上けたることもある由。然るに其ことも行はれさる故、高松行の話となりたる様なり。此事は勿論、大臣に話したる上に〔て〕決定せさるへからす。大臣限りにても決定出来さるやも計り難く、皇后陛下の思召も伺はさるを得さることならんかと云ふ。

良子女王殿下のことを新聞に出すこと

予、良子女王は成るへく御外出なされさる方宜しき様に思ふ。御外出なされは、新聞に写真を出し仰山に書き立つることゝなる。後閑（女王殿下の附属老女）抔は成るへく宣伝する積りなるやも計り難けれとも、予は成るへく宣伝せさる方か宜しき様に思ふ。然し是は勿論予丈けの考にて、他の考は反対なるやも計り難しと云ふ。

邦久王殿下は士官学校を退かれさる様になりたること

国分又先頃邦久王殿下は軍職に就くことを喜はれす、或は士官学校も退学せらるる様のことになるやも計り難き旨を談したることありしか、此事は其後種々の曲折を経て、只今の処にては士官学校を卒業し、少尉に任官せらるるまては方針を変へられさることに決定したり。任官後は、或は軍職を退かるる様のことになるならんと云ふ。予、臣籍にも降下せらるることなれは、任官後のことは夫れにて宜しからん。只今直に退学てもせられては、皇族に対する陛下の御監督と云ふ様なる問題にも触るへきに付、任官まて辛抱せらるることゝなりたるは好都合ならんと云ふ。話する〔こと〕六、七分間許にして去る。

鎌倉に電話せんとしたるも之を止めたること

○隆より道子分娩のことに付何等の報知を為さゝる故、午後七時後、内子に広津直人〔作家広津柳浪、倉富宣子の兄、広津和郎の父〕方に電話して問ひ合せ見たらは如何と云ふ。内子は、分娩したらは必す報知すへきに付、今夜は電話するには及はさるならんと云ふ。

〔欄外に付記〕

一月二十四日補遺　高帽を頂き中折を托す

○今日退省のとき、昨日西野英男に托し置きたる高帽を頂き、中折帽を西野に托す。明朝、皇太子殿下を奉送するときは高帽を要し、午後司法大臣官舎に行くときは中折を要するを以てなり。

一月二十五日

大雪

○一月二十五日木曜。雪。午後大に雪ふる。

広津直人の家に電話して、道子か分娩したるや否を問ふ

○午前八時後、内子広津直人の家に電話して、道子か分娩したる〔や〕否、知り居らさるやを問ふ。和郎の婢モト、今朝吾妻病院の看護婦に電話して之を問ひたるに、未た分娩せさる旨を答へたりと云ひたる由。

多納栄一郎電話にて龍郎の容体を問ふ

○午前八時後、多納栄一郎電話にて龍郎の容体を問ひ、今日午後更に往診すへしと云ふ。

皇太子殿下を奉送す

○午前九時二十分より東京駅に行き、皇太子殿下の沼津に行啓したまふを奉送す。十時前宮内省に出勤す。

花井卓蔵か作りたる序文の評語を写す

○午前、花井卓蔵か作りたる、林頼三郎〔司法省刑事局長、臨時法制審議会幹事〕か著はしたる刑事訴訟法要論の序を評する文を写す。此評は先日来間を偸みて作りたるものなり。

東京駅にて牧野伸顕、田内三吉と談す

○午前九時頃、東京駅にて加藤友三郎、清浦奎吾、内田康哉〔外務大臣〕、鎌田栄吉、荒井賢太郎、牧野伸顕、徳川家達〔貴族院議長、旧徳川将軍家当主、公爵〕、田内三吉、内山小二郎〔前侍従武官長、陸軍大将、男爵〕等に遇ふ。牧野に其病後始めて逢ひたる故、其挨拶を為せり。

田内三吉、予か東久邇宮の世話を為す様になる趣なることを語る

田内より、予が更に東久邇宮の世話を為すことになるに非すや。夫れは好都合なりと云ふ。予、一寸話はあるか未た決したることに非すと云ふ。一度其話は止め、田内と相隔りたるか、三、四分間の後、予、田内の処に就き、先刻のことは誰れより聞きたりやと云ふ。田内新聞紙に記載し居りたりと云ふ。予新聞の名を問ふ。田内、之を記憶せす。四、五日前の新聞なりと云ふ。

自動車を借る

○午前十一時頃西野英男に嘱し、午後一時十分前頃に司法大臣官舎に行くに付、自動車を借ることを謀らしむ。西野来りて、自動車の都合出来る旨を報す。

牧野伸顕を官房に訪ふ

○午前十時頃、牧野伸顕を其官房に訪ひ、更に病気回復の挨拶を為す。

良子女王殿下高松行のこと　良子女王殿下同仁病院に行かるることの可否

関屋貞三郎正に牧野と談し居り、談は、昨日国分三亥より予に告けたると同様なる良子女王高松行のことにて、関屋は高松の松平某か余り仰山なる準備を為し船までも準備する様にては、久邇宮にて其返報に困るへきこと、良子女王殿下か同仁病院に行かるることは、只今は公けの席に行かれさる訳に付、不相応なるへき旨を談し居り、牧野か国分に面談することを勧め居り、其日時を定むることゝなりたるとき、関屋は国分も自己のことに付多用なりと云ひ居りたりと云ふ。

良子女王殿下熱海行のこと

予之を機として、予は昨日国分に逢ひたるか、其時は熱海より帰りたる所なりと云ひ居りたりと云ふ。関屋、然り。然りとて、松方（正義）か国分に面会し度と云ひたること、其用事は良子女王殿下の熱海行を止むる様にし度ことならん趣を牧野に語りたり。

酒巻芳男、松平慶民の電信を示す　朝香宮英国行のこと

○午後零時後、食堂にて酒巻芳男より松平慶民の電報を示す。其電信は、朝香宮英国に滞在せらるる様にすることは、朝香宮に説く前に先つ附武官某〔藤岡万蔵、陸軍歩兵少佐〕に説く必要ありと思ひ、之を説きたる処、某は大反対なる故、朝香宮に説ても無益と思ひ、宮に説くことは止めたりとの趣意なり。予酒巻に、某自己の関係上、英国に変更することが不利益なる様のことならんと云ふ。酒巻或は然らんと云ふ。予其書類に捺印す。

宮務監督を皇族附属の職員と解釈することに関する附箋

酒巻更に、参事官にて立案した〔る〕宮務監督は皇族附属の宮内官と解釈する旨の書類に、不賛成の附箋を為し、其附箋を示し捺印を求む。予、捺印するに及はさるへしとて其書類を酒巻に返す（本月二十二日の日記参看）。

高帽を托し中折帽を被る

○午後零時五十分頃より、高帽は更に之を西野英男に托し、中折帽を頂き、司法大臣官舎に行き、諮問第四号の小委員会を開かんとす。誰も来り居らす。

諮問第四号小委員会

少時にして平沼騏一郎〔大審院長、臨時法制審議会委員〕来る。此時予は、昨日の日記国分三亥か来りたる所より（然るに其ことも行はれさる故）まて記し居りたるも、平沼か来りたる故、之を止めて之と話したり。二時より小委員会を開き、四時頃閉会し、次会は二月一日午後一時より開くことに申合せ、直に家に帰りたり。

多納栄一郎来りて龍郎の病を診す

○午後二時頃多納栄一郎来りて龍郎の病を診し、是迠は感冒ならんと思ひキニーネの解熱薬を投したるも、効を奏せす。病症不明なる故、暫く解熱薬を止め、様子を見ることにすへし。明日尿の検査を為すへきに付、尿を遣はし呉よと云ひたる由なり。

岩下清周刑の執行猶予のことを鈴木喜三郎に談す

○司法大臣官舎にて委員会を閉ちたる後（午後四時頃）、鈴木喜三郎〔検事総長、臨時法制審議会委員〕に対し、全体は不都合のことなるか、岩下清周〔実業家、元北浜銀行頭取、元箕面有馬電気軌道社長〕に対する刑の言渡は既に其執行を受くへきことになり居るか、痔疾ありて其治療の為執行の猶予を請ひ居るとのことなり。其後既に執行せられ居るや否は予は之を知らすと云ふ。鈴木未た執行し居らすと云ふ。予、其事に付君（鈴木）も含み置き呉度。之を依頼すと云ふ。鈴木之を聞きたるのみなり。

隆の葉書達す　道子未た分娩せす

○午後九時頃隆の葉書達し、道子は未た分娩せす。今日吾妻勝剛か来診したる処、分娩は尚二、三日の後ならんと云ひたる趣を報す。

鈞の書状達す　寛子麻疹に罹る

○午後七時前鈞の書状達し、寛子か本月十八日頃より麻疹に罹りたることを報す。

○午後、雪積むこと六、七寸。

龍郎の入学願書に関する書類を作る

○午後八時頃、龍郎の為めに福岡高等学校に入学願を為す為、必要なる書類を作る。

〔欄外に付記〕

一月二十五日補遺　花井卓蔵の序文の評を渡す

一月二十五日補遺

午後司法大臣官舎にて委員会を開く前に、予の作りたる花井卓蔵の序文の評を花井に交したり。花井此の如き意見もある筈なりと云ふ。

一月二十五日補遺　多納栄一郎プロタミラーゼを勧む　眼鏡を遣る

一月二十五日補遺

午後二時頃、多納栄一郎来診のとき、健胃薬プロタミラーゼの錠剤を持ち来り、何人にても之を試用せよと云ひたる由にて、晩食後、予二錠を用ゐたり。多納は今日其眼鏡を遺して帰りたる由。

一月二六日

○一月二十六日金曜。晴。

多納栄一郎電話にて龍郎の病を問ふ

○午前八時頃多納栄一郎より電話にて、龍郎の容体を問ふ。予昨日より今朝までの全体を告く。

埴原正直を送る　埴原来らす

○午前八時三十分より東京駅に行き、埴原正直か米国に赴任するを送らんとす。埴原来り居らす。江木翼〔貴族院議員・同成会、元内閣書記官長〕来り居るに付、埴原を送るに非さるやを問ふ。江木然りと云ふ。予埴原は尚ほ来らさるやと云ふ。江木、米国行の汽船の出港か延期したる旨彼処に掲示しあり。或は来らさるならんかと云ふて、延期の掲示を為しある柱を指示す。予就て之を見る。米国行の春洋丸は明二十七日正午出帆にて、東京駅臨時発車は同日午前九時十五分なる旨を記しあり。然れとも、江木等も出帆は延期して〔も〕埴原は一寸来ることあらんと云ふて之を待ち、幣原喜重郎〔前駐米大使、男爵〕も次て来り、其外三、四人待ち居る故、予も待ち居りたるも、九時十分頃に至るも埴原か来らさる故、幣原、江木等と共に去り、予は直に宮内省に出勤せり。

江木翼枢密院のことを談す

東京駅にて江木より、先日は枢密院にて大変六ケしき議論ありたるに非すやと云ふ。予、否。新聞の報道の如く喧ましきことに非すと云ふ。江木、否。尚ほ喧ましかりしならんと云ふ。

幣原喜重郎腎臓石のことを談す

幣原は腎臓に石を生し悩み居りたるか、先日尿管より三分角位の大なる石か出てたる為、大に快くなりたり。此の如き大なる石か尿管より抽出したるは余程珍らしきことなりとのことなり。医師は利尿の手段を講し、多量の尿を排出する為管か拡大し、其跡より石か出てたる故、格別の痛もなかりしとの談を為せり。三分角は少しく過大なる様なり。或は予の誤聞ならん。

酒巻芳男来り、参事官か更に宮務監督を皇族附属の宮内官となすことを主張することを報す

○午前十一時五十分頃酒巻芳男来り、昨日参事官にて立案したる宮務監督を皇族附属の宮内官と解釈することは、大正〔原文空白、七〕年の宮内大臣の内訓に抵触する旨の附箋を為して参事官に返したる処、参事官より更に、該内訓は昨年宮務監督の職務を定めたる省令にて消滅したるものと考ふる旨の附箋を為して返し来れりと云ふ。予、宮務監督の職務は明文を置きたると否とに因りて異なることなし。故に省令にて消滅したりと云ふは不当なり。然し其ことは姑く捨〔舎〕き、現に貴族院議員と為り居る西紳六郎は如何にするや。其処分を講せさるは不都合なりと云ふ。酒巻更に参事官に交渉することゝすへしと云ふ。

皇族附属属官定員の誤

酒巻又文書課長より皇族附属官の定員を通知し来りたる処、

伏見宮附は定員六人と為り居れり。是は七人には非さりしやと云ふ。予、夫れは予は不気附なりしか、七人なりし様なり。文書課長に交渉して修正せしめ、文書課長か承知せさるならは、次官（関屋貞三郎）に交渉して修正せしめたらは宜しからんと云ふ。

牧野伸顕より稔彦王殿下帰朝せらるるまで東久邇宮の事務を看ることを命す

○午後二時四十分頃、大臣（牧野伸顕）予を召ふ。乃ち往く。牧野、東久邇宮の宮務監督欠員中なるに付、迷惑なからも、殿下（稔彦王）の帰朝せらるるまて宮務監督の事務を執り呉よ。殿下も異議なしとのことなりと云ふ。予、此ことに付ては先日貴官（牧野）の病気引籠中、次官（関屋貞三郎）より内談あり。其時も話し置きたるか、近頃は殿下の仏国滞在期限のことより、予に対する感情も如何あらんとの懸念もあり、全体の事情も余程困難なる故、如何と思へとも、次官の話に、殿下か承知せられ居る人に非されは不可なりとのことに付、兎に角之を受くることには答へ置たる次第なりと云ふ。牧野夫れにて安心せりと云ふ。予宮務監督の名義を附くることは出来難しと云ふ。牧野名義は附けすして可なりと云ふ。

東久邇宮殿下仏国滞在期限のこと

予、殿下の滞在期限に付、波多野（敬直）〔元宮内大臣、子爵、故人〕と殿下との約束、予の保証のこと、殿下仏国より四年と申越されたるも、夫れは事実に非さること、松平慶民か行くとき、予の手控より期限のことを書抜き之を松平に渡し、必要あらは之を殿下に示すも差支なき旨を告け置たること、松平慶民に托したる伝言のこと、松平に対し、松平と殿下と親密になり雑談ても為す様になりたらは、機会を見て、予は殿下は剛胆なる方と思ひ居りたり。近来の御行動は実に意想外にて、此く小胆なる方とは思はさりしと伝言し呉よと云ひ置たりとの談を為す。

陸軍将官某か為したる稔彦王の評

牧野、自分も磊落なる方と思ひ居りたるも、仏国より帰りたる陸軍将官某（名は予か之を忘れたり）〔金谷範三、陸軍中将、第一八師団長〕の談に依れは、殿下は研究心もなく、薄ペラに軽卒の議論を為され甚た宜しからす。日本の新聞の請売を為さる様の有様にて、やれ軍閥かどーとか、老人か固陋とか、民主主義はどーとかと云ふ様なる論なる故、長時間に渉て忌憚なく極論〔し〕、殿下方の地位に在りて軽卒に右の如きことを口外なさるは言語同断なりと忠告したるに、終りには漸く、大に参考になる話を聞きたりとの挨拶を為されたるか、確かに神経衰弱に罹られ居ると云ひ居りたり。某は陸軍学校にて殿下に教授したることありとのことなりと云ふ。

溝口直亮の報告

予、殿下のことは談す人に因りて非常なる相違あり。先日、貴官（牧野）の不在中、殿下の元附武官なりし溝口直亮〔陸軍砲兵大佐、伯爵〕より次官（関屋貞三郎）、徳川（頼倫）と共に殿下に関する報告を聞きたるか、殿下は熱心に欧洲の国情民心等を研究せられ、少しも非議すへき点なしと云ひ、溝口か去りたる後、溝口の談の様ならは少しも心配すへき所はなしと談し合ひたることなりしなりと云ふ。

東久邇宮妃殿下洋行のこと

牧野、殿下か妃殿下の洋行のことを決せられさるは困りたることなり。御親族の方は頻りに御心配遊はされ居れりと云ふ。予、此ことに付ては溝口は、殿下は妃殿下を召ひても到底社交界に出して之を見習はせる様のことは出来す。故に帰朝期か定まりたる上より之を召ひ、各地を巡遊なさる丈けの考なりと申し居りたり。此ことは道理あることに思ふと云ふ。

予か東久邇宮の事務を看ることに関し宮内省よりの通知のこと

此談に移る前予より、予か東久邇宮の事務を看ることに付ては、宮内省より何とか東久邇宮に通知するや。辞令あれは之を示せは宜しきも、口達なれは何とか通知する必要あるへしと云ふ。

宗秩寮総裁の指揮は受けす

牧野、然り。宗秩寮よりなりとも何とか通知せしむへしと云ふ。予、宗秩寮よりの通知は宜しからさらん。皇族のことなる故、予も固より宗秩寮に協議するも、皇族附職員として宗秩寮の指揮監督の下に在ることゝなりては困ると云ふ。

関屋貞三郎より東久邇宮に通知すへきこと

牧野、起て自ら関屋を召ひ、関屋来る。牧野、次官（関屋）ても東久邇宮に行き、妃殿下に申上くることゝしては如何と云ふ。関屋、成る程其必要あるへし。今日にても東久邇宮に行くことゝすへし。其上にて君（予）か行かるる方か宜しからんと云ふ。牧野今日にも及はさらんと云ふ。

東久邇宮妃殿下は病中

予、東久邇宮妃殿下は先日来感冒にて尚ほ臥床中なる趣に付、次官（関屋）か行きても謁見は出来さるならんと云ふ。

東久邇宮妃殿下は温順

牧野、妃殿下は非常に大人しき方なりと云ふ。予、然り。妃殿下の御洋行の遅くるることに付ても、他にては殿下の為に心配する人ありても、妃殿下自身には少しも頓著せらるる風なし。

稔彦王殿下と妃殿下との関係

妃殿下か余り温順なる為、予か先年宮務監督と為りたる頃は、御用取扱有馬英子は、王殿下か内親王として待遇せられすと云ひて事務官有馬純文〔旧丸岡藩主有馬家当主、子爵〕と軋轢し、結局二人とも罷むることゝなれり。尤も王殿下も御結婚当初は、竹田宮等の御振合等より考へて幾分高圧的に妃殿下に対せられたる模様もありたりとのことなりと云ふ。

東久邇宮殿下か妃殿下を召ひて、社交界に出して見学せしむる様のことは出来すとの考なることを溝口直亮か話したりとのことを、予より談したるとき、牧野は夫れは其通り。陛下の御名代とか特派大使とか云ふ名義にて御洋行なさるれは先方にても十分の待遇を為せとも、御見学と云ふ丈けにては十分の世話はなさゝる故、便宜少き訳なりと云ふ。

婦人の洋行に関する談

予、溝口は妃殿下方丈てなく、誰の夫人ても夫の邪魔にならぬ人は少く、僅に誰とかの夫人位のものなりと云ひ居れりと云ふ。

井上ユキ子に関する談

関屋、溝口は井上の何夫人丈より夫の邪魔にならぬものはなしと云ひ居りたりと云ふ。牧野、井上ユキ子〔井上千代子カ、井上三郎〈井上勝之助の養子、陸軍少佐、実父は桂太郎〉の妻〕ならんと云ふ。関屋、否。井上の子の婦なり。彼の人は余程外国に慣れ居るへきやと云ふ。牧野、夫れかユキ子なり。彼は井上（勝之助）か大使たりしとき、共に行き居りしなりと云ふ。牧野、井上の夫人丈と云ふは極端なり。一と通り慣るれは出来さることに非す。

米国大使、埴原正直を評したること

今日米国大使〔チャールズ・B・ウォーレン、Charles B. Warren〕か、埴原（正直）は先年来久しく米国に居り、酒店抔にも出入し相当交際も広けれとも、単身なりし為、正式の交際は出来す。交際する人も真の政治家と云ふ様なる訳に行かす。是亦夫人同行の必要ありと云ひ居れりと云ふ。

幣原喜重郎の病快方なること

予、予は埴原の出発延引のことを知らす、今朝東京駅に行きたるか、予のみならす幣原（喜重郎）も来り居りたり。幣原の談に、同人は腎臓〔結〕石なるか、先頃尿管より大なる石か出て、其後大層塩梅か宜しくなりたり。此の如きことは千人に一人と云ふ位の比例なりと医師か云ふ趣なりと云ふ。牧野、米国大使も幣原を見舞たる処、石が出て塩梅か好くなりたりとの談を為し居りたり。真に命拾ひなりと云ふ。予、幣原か回復すれは、将来大使更迭の必要もなかりし様のものなりと云ふ。牧野左様と云ふ。

李太王の碑を建てたることの善後策

牧野、李太王の碑を建てたることを話し出す。関屋、其事に付ては、図書寮に命し杉栄三郎、浅見倫太郎〔図書寮御用掛、元朝鮮総督府判事〕をして古事を調査せしめたる処、只今其取調書を持ち来り居る所なりとて、自室に返り之を取り来る。

廃主の待遇に関する先例

其例は四、五あり。支那にて次代の主か勝国の廃主を前代の主の礼を以て葬りたる様のことなり（漢時代なりし様なり）。朝鮮の例は高麗朝なりしか、次の主か前の廃主を在位者の礼を以て葬りたる例なり。予此節のことは到底理論を以て解決することは出来難しと云ふ。牧野、兎に角前任宮内〔大〕臣（波多野敬直）か、皇帝と書する碑を立つることは之を禁したる末のことに付、何とか筋の立つ様にはなし置かさるへからす。碑を立つる処は公衆の随意に出入する所に非さる趣なり。其辺に何とか工夫なきやと云ふ。

李王職長官より建碑の願書を出さしむること

予、此ことは先年来論ありたることなるも、当時の李王職次官国分象太郎、宮内省に来り口頭を以て協議したる丈けにて、正式の文書ある訳に非す。而して、如何にしても今日に至り碑を倒すことは出来す。場所は公然たる所にも非さる故、李王職長官より宮内大臣宛に、未た碑は立ち居らさる体にして此の如き処に此の如き碑を立て度との願を為し、之を認可する様の手

続と為すより外に致方なからんと云ふ。牧野、右様のことになれは、総督（斎藤実）は異存なし。同人は右様の考なりと云ふ。関屋、上林敬次郎も少しも決する所なくして帰任するよりも、一と通り目途か立ちて帰る方都合宜しかるへきに付、同人は一日位帰任を延はしても、同人の滞京中に其書面を作らしむることにすへしと云ふ。牧野之に同意す。

稔彦王殿下極端なることを云はるること

牧野と話するとき、予より、東久邇宮殿下か時々随分極端なることを云はるることあり。殿下か英国に行くことを拒む理由として、英国皇室も最早時日の問題にて、之を研究するも格別効能なし。寧ろ露国、独国の皇室は何故に滅ひたるか、其原因ても探求する方利益ならん抔と云はれたることもあり（書状にて）と云ふ。牧野、果して右の如き考を有し居られては大変なることとなりと云ふ。

稔彦王殿下より牧野伸顕に対する返電

○予は牧野伸顕の室を出て審査局に返るとき、白根松介の室に過きり、稔彦王殿下より予が東久邇宮の宮務を看ることに付如何なる返電か来りたるやを問ふ。白根未た之を見すと云ふ。予今大臣（牧野）か殿下も異議なしとのことに付云々と云ひたりと云ふ。白根然らは宗秩寮に在るならんと云ふ。予乃ち宗秩寮の酒巻芳男の室に到る。酒巻在らす。去りて徳川頼倫を訪ひ、之を問ふ。徳川も知らすと云ふ。乃ち宗秩寮事務官室に到り、酒巻か何処に在るやを問ふ。次官（関屋貞三郎）の室に在りと云ふに付、之を追ふて秘書課に行き、酒巻を秘書課に呼ひ出し、稔彦王殿下の返電を問ふ。酒巻返電は只今次官の手に在りと云ふ。予之を取り来ることを求む。酒巻、之を暗記し居る。（倉富ノ件異議ナシ）と云ふ丈けなりと云ふ。予然るかと云ふ。予か酒巻を関屋の室より呼ひ出すとき、関屋、丁度好きときなり。室に入り呉よと云ひたるも、予は先つ酒巻と返電のことを談し、之を終はりたるに付、関屋の室に入る。

関屋貞三郎、杉栄三郎等と建碑のことを議す

関屋、正に杉栄三郎、浅見倫太郎、上林敬次郎、酒巻芳男と、李太王の碑を建てたることに付善後策を議し居る所なりしなり。予は先刻、牧野伸顕の室にて云ひたる如く、此際碑は未た建てさる体にして、李王職長官（李載克）より宮内大臣宛に云々の碑を建て度旨の願書を出す外、方法なき旨を述ふ。

李太王墓誌のこと

浅見は一寸名分論を為し、予が、李太王の墓誌には皇帝とか臣とか韓国の官名等を書き居るも、是は地中に埋めたるものにて他に示す訳に非さる故、之を看過し居る訳ならんとの旨に対し、浅見は、墓誌を埋むるは、後年之を発見することを期する為なる故、発見の時も慮りて名分は正し置かさるへからすと云ひたるも、政略に関することにて一概に正理のみを固執することを得すと云ひ、李載克より願書を出さしむることに決し、其願書は上林か滞京中之を起草して之を内議することに決す。

碑陰の文字のこと

予、碑陰に薨去の年月等を記するならは、其案文も作り見る方宜しからんと云ひたるも、碑陰の辞は上林には分り兼ぬる故、

是は上林か帰任したる上、格別不都合なき様にせは、夫れにて宜しからんと云ふことに決す。此時は既に四時に近き頃なり。

伏見宮附属官定員のこと

○午後三時後酒巻芳男来り、伏見宮附属官の人数のことを渡部信に談したる処、渡部は一度も伏見宮に六人以上の属官を附くる談を聞き居らすと云ふに付、貴官（予）の手に定員改正を議したるときの記録あらは之を調査し呉よと云ふ。予之を諾す。

宮務監督を宮内官となすや否のこと

酒巻又宮務監督を皇族附宮内官とするや否の件は渡部か自説を固執するに付、自分（酒巻）より次官（関屋貞三郎）に持ち出して詮議する旨を渡部に談し置きたりと云ふ。

○午後四時より退省す。

学習院官制改正案の審議のこと

○午後二時後、酒巻芳男学習院官制改正案を持ち来り、本月二十九日午後一時より次官（関屋貞三郎）室にて徳川頼倫、福原鐐二郎、関屋貞三郎等と協議する予定に付、出席し呉よと云ひ、少時の後復た来り、二十九日には皇后陛下葉山に行啓せらるるを奉送せさるへからさるに付、午後三時頃より会議することに変更したる旨を報す。

一月二七日

○一月二十七日土曜。晴。

埴原正直の米国行を送る

○午前八時三十分より東京駅に行き、埴原正直か米国に赴任するを送る。

入場券は其日に購買したるものに限らす

予昨日埴原を送る積りにて入場券を買ひたる処、埴原か出発を延期したる為入場せさりしに付、今朝駅員に昨日購ひたる入場〔券〕にて差支なきやを問ひたる処、差支なしと云へり。

関屋貞三郎か東久邇宮邸に行くこと

プラットホームにて関屋貞三郎予に対し、今日之より直に東久邇宮に行き、君（予）か稔彦王殿下の御帰朝まて御世話を為すことを妃殿下に言上する積りなりと云ふ。予、然らは予は今日午後に東久邇宮邸に行くへしと云ふ。九時十五分埴原出発し、十時前宮内省に出勤す。

皇后陛下を奉迎す

○午前十時前、西野英男に嘱し、今日午前十時三十分皇后陛下葉山より還啓あらせらるるに付、奉迎の為東京駅に行くとき自動車を借ること、及午後一時三十分より東久邇宮邸に行き直に自家に帰る積りに付、是亦自動車を借ることを謀らしむ。西野、二度とも自動車の都合差支なし。東京駅行のときは十時に宮内省玄関に自動〔車〕を著け、山崎四男六、上野季三郎と同乗することに致し置く趣なることを報す。十時より玄関に行く。上野既に在り。山崎来らす。玄関番をして之を促さしむるもの三回、山崎始めて来る。乃ち往く。

加藤友三郎の衛生

東京駅休所にて、加藤友三郎か腹胃養生の為食を節し、孫と共にカルルス煎餅を食し、小片も余さゝる談を聞く。十一時前宮内省に返る。

東久邇宮の事務を看ることを徳川頼倫に告く

十一時頃徳川頼倫を其室に訪ひ、予か昨日、東久邇宮殿下の御帰朝まて東久邇宮邸の世話を為すことを命せられたる旨を告く。

金井四郎のことに注意すること

徳川予て風評ある金井四郎のことに注意し呉よと云ふ。

東久邇宮の事務を看ることを酒巻芳男、山田益彦に告く

予宗秩寮事務官室に到り、酒巻及ひ山田益彦〔式部官、元梨本宮附事務官〕に、予か東久邇宮殿下の御帰朝まて同邸の世話を為すことを命せられたる旨を告け、

稔彦王殿下に電信を発す

酒巻に、在仏国稔彦王殿下に（昨日殿下御帰朝マテ宮ノ御用ヲ勤ムルコトヲ命セラル。謹テ御礼申上ク）との電信を発することを嘱す。時既に十二時を過く。予自室に返り、右の電文を筆記し、更に酒巻の室に到り之を交す。酒巻、末文は（申上ケ奉ル）の方宜しからんと云ふ。予其修正を嘱す。酒巻、貴官の東久邇宮邸に於ける職務の範囲は、一寸小書きを作り、自分（酒巻）と秘書課長（白根松介）と之に認印を捺し置きたらは夫れにて宜しからんと思ふと云ふ。

関屋貞三郎、東久邇宮邸に行きたるも妃殿下に謁せす

○午餐のとき食堂にて関屋貞三郎より、今朝東久邇宮邸に行きたる処、妃殿下は一両日中に御床払となる趣にて、其上にて更に参邸し、妃殿下に直接貴官のことを言上する積りに付、貴官は其上にて宮邸に行かるる方宜しからんと云ふ。予之を諾す。

金井四郎に今日東久邇宮邸に行くへきことを告く

○午前十一時頃徳川頼倫の室に行き徳川に面し、予が昨日東久邇宮殿下御帰朝まて宮の事務を看ることを命せられたることを告け、次て酒巻等に其事を告けたるとき、金井四郎正に其処に在り。予金井に対し、今日午後宮邸に行くへきことを告く。金井、先刻関屋が来りたるも、妃殿下は尚ほ御面会なからんことを談す。

自動車を断はる

○午後零時後西野英男に、先刻今日午後一時三十分に自動車を借ることを頼み置たるも、今日は東久邇宮に行かさることになりたる故、自動車のことは取消し呉よ。又其ことを電話し、終りたらは東久邇宮の金井四郎を電話に呼ひ呉よと。西野之を諾し、自動車を断はり、金井を呼ふ。

金井四郎に電話す

予金井に対し、先刻今日御殿に行くことを約し置きたるも、関屋貞三郎か妃殿下御床払の上殿下に拝謁し、直接予のことを言上したる上にて予か行く方宜しからんと云ふに付、今日は止むる旨を告け、妃殿下は何日頃御床払になるやを問ふ。金井今日にも御床払を願ふ積りなりと云ふ。

内子に電話す

次て西野をして予の家に電話し内子を呼はしめ、予内子に、今日東久邇宮邸に行くつもりにて人力車は迎ひに来るに及はさる旨車夫に申聞け置きたるも、宮邸に行くことを止めたる故、

午後三時に迎ひに来る様車夫に命すへき旨を告く。

多納栄一郎、龍郎の病を診す

内子、只今多納栄一郎か来りて龍郎を診察し居る所なる故、夫れか済みたる上にて車夫に命することにすへしと云ふ。予、夫れにて宜しきも、時刻の晩れさる様にすへき旨を告く。

広津潔子来る　道子未た分娩せす

内子、先刻広津潔子〔広津直人の妻〕墓参の為に来りたりとて立ち寄りたり。其談に依れは、今朝、吾妻病院に道子か分娩したるや否を問ひたるも、未た分娩せすとのことなりし由なりと云ふ。

○午後三時より退省す。

堀江季雄電話し、本月三十日午後一時三十分枢密院事務所に来るへき旨を告く

○午後八時後、枢密院書記官堀江季雄より電話にて、来る三十日午後一時三十分に枢密院事務所に来られ度旨、議長より命せられたりと云ふ。予承知の旨を答へしむ。

寛子麻疹に罹る

○書を鈞に贈る。昨夜達したる鈞の書状に、寛子か麻疹に罹りたることを報す。

〔欄外に付記〕

一月二十七日補遺　万年筆損す

一月二十七日補遺

午前八時頃、昨二十六日の日記（六十七葉裏面第四行、予牧野と話するとき云々）を追記せんとす。万年筆損して書すへからす。之を修むれとも永く復せす。

龍郎の万年筆を借る

乃ち龍郎の万年筆を借り、殿下云々以下を書し、其日は龍郎の万年筆を借りて宮内省に行く。宮内省にて一月二十六日及二十七日の日記を書す。

青山操のインキを乞ふ

七十葉裏面第五行の処にてインキ尽く。乃ち青山操のインキを乞ひ、之を補ひ第五行以下を書す。

一月二八日

○一月二十八日月曜。晴。

書を啓二郎に贈る

○午前、啓二郎より問合せ来り居る会社取締役の責任のことに関し、商法を取調ふる為書籍を捜す。一時間許の後之を得、午前書籍を閲みし、午後啓二郎に贈る書状を作る。

河野公明なるもの来る

○午前十一時頃、予正に応接室にて書籍を捜かすとき、国民教育会河野公明〔国民教育会主事〕なる者、先頃（昨年十一月〔原文空白、一九〕日）岡部子爵（長職）の紹介に因り来りたるものなるか、一寸面会を請ひ度と云ふ。予、婢敏をして先頃聞きたる事の外に用務ありやと云ふ。河野、他に用事あり。暫時にて宜しき故、面会を願ひ度と云ふ。乃ち之に面す。

河野公明、帳簿に署名することを請ふ　之を拒む

河野、仏教感化救済会なる団体あり。是は日蓮宗の信者の事業にて、資金十万円許あり。主として癩病患者の治療慰安を為し居り、全治したるものも少なからす。依て其事業を認めたる印として帳簿に署名を請ひ度。珍田伯爵（捨巳）は既に岡部子爵の紹介にて署名を得たり。是より徳川侯爵（頼倫）に署名を請ふ所なりと云ひ、帳簿を示す。予之を見たるに、之に署名すれは恰も其会員となりたる如き体裁なる故、其次第を告けて署名を拒む。河野又此ことも実は昨年来訪したるとき岡部子爵の紹介を得居りたるも、一時に数事を願ふも如何あらんと思ひ、此ことは其時は語らさりしと云ふ。

岡部長職紹介の趣旨不明

予、右の如きことにては岡部紹介の趣旨も明かならさる故、岡部に面会したるとき紹介の趣旨も聞き見るへしと云ふ。河野救済会副会長杉山辰子（大乗教教祖）の名刺を交す。杉山は子もなく、全財産を其事業に投すと云ひ居ると云ふ。

河野公明は昨年十一月に来りたることあり

河野は、昨年は御所構内にて宮城拝観者の写真を撮ることの許可を得ることの周旋を依頼し、予より内匠頭（小原騂吉）に其ことを取次きたるものなり。

多納栄一郎、龍郎の容体を問ふ

○午後八時頃多納栄一郎より電話にて、龍郎の容体を問ふ。

一月二十七日補遺

一月二十七日補遺

午後零時後、予か宗秩寮に行き、酒巻芳男を召ひ来らんとするとき、渡部信来り、

宮務監督は皇族附宮内官なりや否のこと

予に対し、宮務監督は皇族附宮内官と為すやのことに付、只今より次官（関屋貞三郎）の室にて一寸来り呉よと云ふ。

皇族附属官定員のこと　官制改正に関する書類及日記を示す

予、酒巻と共に予か室に来り呉よと云ひ、二人を伴ひ審査局に来り、予か昨日より今朝までに調査し置たる一昨年宮内省の官制改正に付、予定したる皇族附属官の定員、伏見宮、久邇宮は六、七人、其他は各六人と為したることの記載、及大正十年十一月四日の皇族附職員会議のとき、予が其旨を皇族附職員に通達し、且渡部信にも之を通知して宮内省の調査も之に抵触せさる様にすへきことを注意したる旨の日記を示す。酒巻も渡部も、自分等（酒巻、渡部）は何等の証拠も有せさる故、貴官（予）の云はるる通り決定したるものならん。然れは、先日文書課より宗秩寮に通知したる久邇宮附属官八人、伏見宮附属官六人は之を訂正せさるへからすと云ふ。

宮務監督のことを議す

夫れより酒巻、渡部と共に次官（関屋）の室に行き、宮務監督を皇族附宮内官とするや否を議す。

宮務監督は皇族家職に非す　宮務監督は皇族の喪に服せす

結局、姑息のことなから、此際は先年宮内大臣（波多野敬直）より宗秩寮に内訓したる通り、宮務監督は貴族院議員の選挙に応することに付ては、宮内省達に所謂皇族家職と認めす。随て其結果、宮務監督は皇族か喪を服するも、其の為喪を服すること〔ママ〕〻為し置き、議会でも閉会したらは宮内省達を

改正し、宮務監督は皇族附宮内官なるも、貴族院議員の選挙に応することを得ることに致すへきことを決す。

伏見宮、久邇宮附属官は各七人

又皇族附属官の定員は、伏見宮、久邇宮各七人と改むることに決す。

赤穂義士の遺物を観る

○予等か関屋貞三郎の室にて宮務監督のことを議し居りたるとき、二荒芳徳来り、今日午後一時三十分頃、京都瑞光院に蔵したる赤穂義士の遺物を参事官〔室〕に持ち来り一覧を請ふとのことに付、之を覧呉よと云ふ。其時刻に行きしも遺物を持ち来らす。二時後に至り始めて来り、瑞光院住職説明す。遽かに信偽を判し難きものある如し。三時頃覧終はる。遺物のことは大正十二年一月三十一日の国民新聞に記し居れり。

大正一二年日記第二冊

〔表紙に付記〕

日記　二

大正十二年一月二十九日より二月二十一日まて

大正十二年の一月は大正十一年の日記七の巻末に在り

赤壁の詩を嘱せられたるは一月三十日（二月八日も参看）

松永純一来りたるは二月十五日五十二葉表以下

渋沢栄一の孫と木内重四郎の女との結婚二月十六日五十三葉裏

鈎に送金したるは二月十九日六十六葉表

一月二九日

○大正十二年一月二十九日月曜。晴。

○午前九時三十分より出勤す。

自動車を借ることを謀る

○午前十時頃西野英男に嘱し、今日午後零時三十分に久邇宮邸に行かさるへからさる故、自動車を借ることを謀らしむ。西野自動車差支なき旨を報す。正午に宮内省玄関に之を備ふへしとのことなりと云ふ。正午より玄関に行く。予と同乗すへき上野季三郎既に在り、杉栄三郎次て来る。山崎四男六来らす。之を促すこと一、二回始めて来る。

久邇宮邸に行く

零時五分頃より久邇宮邸に向ふ。邸吏予を導て休所に入らしむ。

金井四郎、東久邇宮妃殿下か予か宮の事務を視ることゝなりたるを喜ひ居られたることを談す

金井四郎予に対し、東久邇宮妃殿下の感冒は大に快し。近日貴官（予）か東久邇宮の宮事を視ることゝなる旨を申したる処、殿下之を喜ひ居られたりと云ふ。

高義敬と上林敬次郎のことを談す

予高義敬に対し、上林敬次郎は未た帰任せさるならんと云ふ。

高、然り。上林は帰任を延はしたる趣なり。初は李太王建碑の問題は少しも解決せすして帰任することになり居り。上林は其の問題の為に上京し、何事も決せすして帰るは困ることにならんと思ひ居りたるか、其後其問題に李王職にて希望する通りになる様の運びもなく、其事は貴官（予）か賛成せられ、好都合なりしとのことを昨日上林か王世子邸に来りて談し居りたりと云ふ。

国分三亥予を別室に誘ふ

既にして国分三亥来り、予を誘ふて他の室に入らしむ。牧野伸顕、上原勇作〔元帥陸軍大将、参謀総長〕、珍田捨巳等在り。初より予を此処に誘ふへき筈なりしを邸吏誤りて導きたる故、国分が来り誘ひたるなり。一時頃より食堂に入る。

邦久王成年式

邦久王昨日成年式を行はれたるを以て、今日宮内官及武官を招き、祝宴を開かれたるなり。二時頃宴終わる。

署名字をなさす

皇后陛下、二時三十五分東京駅を発し、葉山を行啓あらせらるるを以て之を奉送せさるへからす。故に早卒退出し、玄関にて饗に謝する為帳簿に署名したるか、筆粗にして予か官名字多し。一行に書き難く、氏名は殆んと形を成さゝ〔る〕様になりたり。

皇后陛下を奉送す

遽しく山崎、上野、杉と共に自動車に乗り、途中運転手を促かして急行せしめて東京駅に達し、皇后陛下を奉送し、三時前宮内省に返りたり。

学習院官制改正案を議す

○午後三時後より参事官室にて学習院官制改正案を審議す。関屋貞三郎、徳川頼倫、山崎四男六、福原鐐二郎、大島義脩、渡部信、酒巻芳男、金田才平等来り会す。四時三十分頃会を閉ち直に家に帰る。

内子第一銀行に行く　万年筆を買ふ

○午後内子第一銀行に行き預金を引き出し、三越呉服店に行き、予か為に万年筆を買ひ、且其他の物を買ふ。

有馬正頼物を贈る

○午後有馬正頼、河窪敬直〔有馬男爵家家令〕をして小なる菓子皿（五枚七附）及鰹節料五円券を贈らしむ。先日予か正頼の妹誉子の結婚を賀する為物を贈りたるに酬ひたるなり。

一月三〇日

○一月三十日火曜。晴。

○午前九時三十分頃より出勤す。

審査官を会し監査員旅費のことを議す

○午前十時頃より審査官を集め、帝室林野管理局の事務を監査する為特に命せられたる監査官の旅費は、従来通常会計より支弁し居りたるか、其方法は不便なりとて内蔵頭より宮内大臣に伺ひ、監督官たる者か林野管理局の職員なれは、其旅費は林野管理局の経費より支弁することゝなし、之を審査局に通知し来りたることに付、審査局にては監査の事務は林野管理局の事務に非す、大臣の監督事務なる故、従来の如く通常より支弁するか適当なりとし、大臣が内蔵頭の伺に対し承認したる理由に付次官（関屋貞三郎）に対する照会案を主任審査官より提出し、予は照会の必要なきものと思へとも、多数の審査官か原案を主張する故、今朝之を審議すへき旨を告け、予より更に、予は根本に於て所見を異にすれとも、一応原案の如く次官に照会することは差支なし。此照会を発したる後に至り内蔵寮が伺の趣旨を固執し、林野管理局の経費より旅費を支出すれは、原案の趣旨より云へは直ちに背規の支出と為さゝるを得さることになれとも、今朝は其結論丈は暫く留保し、単に原案の照会を発することのみに同意すへしと云ひ、此ことにて決定す。

時計の硝子破る

○今日上省の途中、懐中時計の蓋か自然と開き居り、硝子盤か何物かの為に破られ、硝子の破片か時計の進行を妨け、時計か止まり居り。十一時後に至り此のことを発見したるか、時計は十時過にて止まり居りたり。依て硝子の破片を取り去り、之を暖炉中に投し焼き、時計は硝子盤なき儘進行せしむることゝなせり。

西園寺八郎来り談す　皇太子旗、皇太子妃旗のこと　摂政旗のこと

○午前十一時頃西園寺八郎審査局に来り、儀制令案に添付する附式を見るに、皇太子妃の旗と皇太子旗とは総て同一になり居り。是は都合悪しと思ふ。又海軍にては摂政旗の設なきことか非常に不便なりと云ひ居れり。其事由は、単に皇太子旗を掲くるのみにては統帥権の所在なることを表し居らす、摂政旗を掲くれは一見其事か明瞭なることゝなる故に、摂政の資格にて御乗艦なされ居るか又は皇太子の資格にて御乗艦なされ居るか区別する為、摂政旗の制定を望むと云ひ居れり。又皇族旗は皇族か天皇の御名代となられたる時に限り之を掲揚することゝなり居れとも、苟も公の資格にて出行かるるときは皇族旗を掲くるか当然なりとの意見あり。

皇后旗、皇太后旗、太皇太后旗のこと

独り皇太子旗と皇太子妃〔旗〕とか同様なるのみならす、皇太后、太皇太后旗と皇后〔旗〕とも同様なり。是も都合悪しと云ふ。

予、儀制令の本文は既に議了し、附式は少数の人に一任して調査せしむることゝなり、小原（駩吉）か主として調査することゝなり居る筈なりと云ふ。西園寺、儀制令か既に議決せられ居りては困りたるものなりと云ひ、其案を閲し居りたるか、旗のことは附式に非すして、本文に其様式まても示して決議し居れり。予、旗の様式は現行の様式を其儘採用し居るに過きすと云ふ。

宮内大臣と小原との関係　箱根離宮修繕のこと

西園寺又大臣（牧野伸顕）は小原（駩吉）のことを妙に考へ居る様なり。箱根離宮に今年夏皇太子殿下の御避暑ある様になすへきことは既に大臣より殿下に言上し居ることならん。夫れに付昨年夏以来離宮修繕のことを促し居るも、小原か少しも著手せすとて、大臣より一応君（西園寺）か箱根に行きて見分し呉よとの談ありたりと云ふ。予、予も離宮修繕のことを大臣か次官と話し居るを聞きたることあり。小原は何も故らに著手せさる訳には非さらんと云ふ。西園寺、小原に注意する必要ありと云ふ。

小原と賀陽宮のこと

予、予は特に君（西園寺）に話す積りには非さりしも、丁度小原の話か出たる故一寸話し見ることにすへし。昨年賀陽宮附事務官磯谷熊之助を罷め、其後任として池田邦助〔賀陽宮附事務官〕を入れんとするとき、大臣（牧野伸顕）は池田と工藤一記〔宮中顧問官、賀陽宮宮務監督〕は間に合はさるならんとて磯谷を罷むることを躊躇したる故、予より大臣に対し、小原は賀陽宮とは特別の関係あり。特別に宮務監督抔の名称はなくとも、小原が万事世話する故、磯谷は罷めても差支なからんと云ひ、大臣も夫れにて承知せり。

小原駩吉と工藤一記

然るに、其後小原か万事を処置し、工藤は何事も為さす、池田も常に小原の指揮を受け居る趣にて、大臣も彼の程の事を為さしむる積りには非さりしと云ひ、次官（関屋貞三郎）抔は特に小原の致方を嫌ひ居る趣にて、或人（酒巻芳男）より予に対して何とか工夫なきやと云ひたる故、予は元来直に工藤を罷むる筈なりしも、佐紀子女王〔山階宮武彦王妃佐紀子女王、賀陽宮邦憲王二女〕の結婚前なる故、其事の済むまては工藤も留任せしめんとのことになりたる訳なり。最早結婚も疾く済みたる故、予定の通り工藤を罷めたらは宜しきに非すやと云ひたるに、或は工藤を罷めて小原を宮務監督と為さゝれは、到底誰か宮務監督となりても折合はす。然るに小原を宮務監督となすことは次官か絶対に反対なる故、行はれ難しと云へり。何か工夫ありやと云ふ。

西園寺、夫れは無理なることなり。小原をして宮の事務に関係せしむれは、小原か万事切り廻はすは分り切りたることにて、小原か工藤の補助を為す様のことは出来るものに非す。若し小原に対し手を控ゆる様に注意すれは、小原を罷めて、小原と喧嘩する丈けのことなり。到底注意にて都合よくなるものに非すと云ふ。予、予も同様の考なる故、小原に注意することは引受けさりしなり。此儘に看過するより外致方なからんと云ふ。

東宮女官制度のこと　皇太子殿下、良子女王殿下輔導のこと

西園寺又東宮御所の女官制度のことも早く方針を定むる必要ありと云ふ。予此ことは大臣も奥の方の御意向に懸念し居るならんと云ふ。西園寺、其関係ある故、成るへく早く方針を定むる必要あり。皇太子殿下、良子女王殿下の御輔導の方針も必至と決定せすと云ふ。予、其ことに付ては先頃東宮御所にて一応の評議ありたるも、其後は何も進行する模様なしと云ふ。

年少皇族の教育方針

西園寺又年若皇族の教育方針に付ても何とか工夫せされは致方なし。是は皇族中にてソサエチーを作ることか必要と思ふと云ふ。

既成の制度時勢に適せす　既成の制度に準して新制度を設くるは不可なり

西園寺、儀制令其他の制度を調査し居るか、自分（西園寺）の考にては、先年発布しある諸制度か今日の事情と適せさるもの頗る多し。例へは登極令にしても、彼の如き仰山なることを為しては今日にては大礼を行ふ為の為、一億円も要することになるへし。故に自分（西園寺）は既設の諸制度を標準として今さら新制度を設くるの不可なるは云ふまでもなく、既設の分も之を改正して、簡短になす必要ありと思ふ。

帝室制度審議会を廃する好時期

帝室制度審議会は幸に岡野（敬次郎）か只今大臣と為り、得意の時代なる故、今の中に廃することは出来さるへきや。今の中廃せされは、岡野大臣ても罷むれは、伊東（巳代治）か罷めても岡野か総裁となる様の希望を起す様のことになるへしと云ふ。

既成制度を改正すること困難なり

予、既設の制度か実際に適せさることは同感なり。予は溯りて皇室典範までも改正する必要ありと思へとも、立案に関係したる人か今尚勢力ある故、中々実行出来難しと云ふ。西園寺、然り。皇族の範囲抔は是非とも改正せさるへからすと云ふ。話する〔こと〕十四、五分間許。時計硝子の破損を発見したるは西園寺か去りたる後のことなり。

宮中席次令は改正せさるを可とす

西園寺又談話中に、現行の宮中席次令は此儘にして手を著け度なし。然るに現行席次令を設くるとき、是は一時のことにて、他日儀制令を設くるときは其の中に編入することを条件として枢密院を通過し居る趣なる故困ると云ふ。予、予は席次令を改正するならは、実質に付改正する必要ありと思へとも、儀制令に編入するまてにて、実質には少しも改正を加へさることになり居る故、改正と云ふても無意味なりと云ふ。西園寺席次令は全体儀制と云ふへきものには非さるへしと云ふ。

皇室制度を簡にする必要あり

西園寺は皇室制度を簡にすること、女官制度を改むる必要あること、其他四、五件の件目を記載したるものを示し、大臣に注意を促し置く積りなりと云ひ居りたり。

日本支那郵便交換約定に関する国務大臣等の説明に対する協議

〇午後一時三十分より枢密院事務所にて日支郵便交換約定に付国務大臣（内閣総理大臣加藤友三郎、外務大臣内田康哉、司法大臣岡野敬次郎、其外に法制局長官馬場鍈一〔貴族院議員・研究会、臨時法制審議会幹事〕）か貴族院、衆議院にて為し〔たる〕説明に関し、議長（清浦奎吾）、副議長（浜尾新〔子爵〕）、前に審査委員長及委員たりし者（伊東巳代治（委員長）、金子堅太郎〔枢密顧問官、賞勲局議定官、子爵〕、安広伴一郎〔枢密顧問官〕、穂積陳重、一木喜徳郎、富井政章、平山成信〔枢密顧問官、内大臣府御用掛〕及予（委員））と協議会を開く。書記官長二上兵治、書記官村上恭一、堀江季雄出席す。予は一時十五分頃事務所に行き、先つ書記官室に到る。一木亦次て書記官室に来る。一木と共に日支郵便交換に関する約定のことに付枢密院より上奏したる末、摂政殿下より議長に賜はりたる御沙汰の書を取りて観、次て委員会室に行く。

枢密院議長の演述

定刻（一時三十分）に至り、議長より上奏したる件に付過日（二月二十二日）御沙汰を賜はりたる処、其後議会に於ける内閣総理大臣、外務大臣、司法大臣幷に法制局長官等の説明にては本院にて為したる説明とは異なり、約定の効力は御裁可に依りて発生する旨を明言し、本院の議決にも関係するを以て如何すれは宜しきやに付、各位の腹蔵なき御意見を聞き度しと思ひ、今日の参集を催ふしたる次第なり。十分に意見を述へられ度と云ふ。

議長と総理大臣との協議なし

有松（英義、枢密顧問官）より議長に対し、先日の御沙汰には議長か総理大臣と協議して円満に国務を進行すへき旨を仰せられ居るか、議長と総理大臣との協議は如何なり居るやと云ふ。

議長、霞ヶ関仮御所にては総理大臣か御沙汰を拝したる後、自分（議長）か御沙汰を拝し、同時に仮御所に落合ひたるも、総理大臣は議会に於て為すへき施政方針演述の趣旨に付御裁可を願ふ為外務大臣、大蔵大臣（市来乙彦、貴族院議員・研究会）と共に重ねて御所に伺候する都合にて、外務、大蔵両大臣も既に仮御所に来り居り、自分（議長）は総理大臣と緩話すること出来さりしより、後日に約して別れ、其後今日まて別段の協議を為したることなしと云ふ。

富井政章の意見

富井、議会に於ける大臣の説明に依れは、約定の効力は御裁可に依りて発生する旨を述へ居れり。是は調印に依り発生すると云ふと孰れか正当なるや。法理上の問題にて十分の研究を要すへきものと思ふと云ふ。

議長の反対

議長、今日に至り法理上の研究を為しては結局意見の相違に終はり、終極を得難し。故に枢密院にては既成の事実即ち先日議決したる通り、約定の効力は調印に依りて発生したるものとして協議を進むるより外に方法なかるへしと云ふ。

一木喜徳郎の意見

一木、自分（一木）は此問題は非常に困難なるものと思ふ。之か為政海に非常なる結果を引起す様のことありては相済まぬ。亦之を望みたることにも非す。自分（一木）としては殆んと工夫なきも、一応自己の考を申述へ、他の諸君の御意見をても承はりたる上にて研究することにすへしと云ひ、自分（一木）は政府か当院にて為したる説明と議会にて為したる説明とか矛盾するとて、政府か二枚舌を使ひたる抔と云ふて之を詰責する様なることは之を避け、今後政府をして枢密院の意見の如く約定の調印前に御諮詢を奏請せしむる様に約し、夫れにて解決したらは宜しからんと思ふと云ふ。

有松英義の演説

有松、政府は実に不都合なりとて、議会に於ける総理大臣の答弁を記載したる議事速記録を摘読し、明かに約定は調印にては効力を生せす、御裁可に依りて効力を生するものと云ひ居れり。今後の処置に付ては自分（有松）には意見あれとも、今は之を述へす。諸君の意見を聞きたる上にて之を述ふることに致し度と云ふ。

穂積陳重の意見

穂積、只今議会開会中にて、枢密院か此ことに付政府と交渉する様にては、政界に影響を及ほす虞あり。故に議長は今日より秘密に総理大臣と約し置き、議会閉会後に至り、相当なる解決方法を講せらるる様に致し度と云ふ。

予の意見

予、本件に関する政府の意思は極めて明瞭なり。審査委員会を開きたるとき、政府委員（山川端夫〔外務省条約局長〕）か明に約定の効力は調印に依りて発生したる旨を云ひたるのみならす、其後一人として此意見の非なるを述へたるものなく、本院に於ても亦其説明を相当なりとし、此意見に基き委員会の議を決し、此趣旨を報告書に明記して国務大臣に配付し、尚ほ議場にても其旨の報告ありたるも、是亦一人の異見なかりしなり。故に枢密院にては、政府は調印に因りて効力を生したるものと認めたるものと考ふるの外なし。然るに、此に又極めて明瞭なる政府の意見あるに至りたる故、面倒になりたるなり。議会に於ては、政府は公々然約定は御裁可に依りて効力を生する旨を述へ居れり。此二個の意見は固より明かに矛盾するものなれとも、枢密院に対しては一言も前の説明を変更せさる故、議会にての説明は蔭言とは云ひ難きも、枢密院より看れは他に対する間接のことなる故、議会の言説には重きを置かす、議長は摂政殿下の御沙汰の御趣旨を奉し、政府か枢密院に対して表示したる意思に基きて協議を進められたらは夫れにて宜しからんと思ふ。或は協議成立せさる様のことあるやも計り難〔け〕れとも、夫れは其時のことに為し、今日より其結果までを予想して、取越し苦労する必要なかるへしと云ふ。

富井政章の質問

富井、政府は枢密院にては調印にて効力を生すと云ひたるも、其後議会にては御裁可にて効力を生すと説明し、前説を変し、後説を以て前説を取消したるものに非すや。然るに枢密院のみ前説を固持するも、政府は応せさるならんと云ふ。

予の答

予、場合に依りては後説を以て前説を取消すことあるへきも、本件の場合は政府か前と異なる説を述へたるは他に対したることにて、枢密院に対しては前後二様の意見を述へたるに非す。故に枢密院は其点に懸念する必要なかるへしと云ふ。

平山成信の意見

平山、本件の解決は急を要するものとは思はす。当分此儘に致し置き、適当の機会に協議したらは夫れにて宜しからんと思ふと云ふ。

安広伴一郎の意見

安広、本件は理論を以て政府か二枚舌を使ひたりと云ふ如き議論を為せは、政府の非は到底弁解出来るものに非す。然れとも、本件より重大なる結果を生する様のことは固より望むへきことに非す。倉富君も云はれたる如く、政府か御裁可に因りて効力を生すと云ひたるは、枢密院に対して云ひたることにも非さる故、此ことには余り頓著せす、今後は調印前に御諮詢を奏請することにすへしと云ふことを約せしめたらは、夫れにて宜しからんと思ふと云ひ、且其協議の時期は成るへく早き方宜しからんと思ふと云ふ。

一木喜徳郎、安広の意見に同意す　予も同意見

一木、自分（一木）も時期は早き方宜しと思ふと云ふ（予も前に意見を述へたるとき、協議の時期は議会の閉会抔を待つ必要なしと云ひ置きたり）。

金子堅太郎の意見

金子、数々御意見あるか、自分（金子）は他のことは今日之を論せす、摂政殿下より議長に対し、総理大臣と協議して円満に進行する様にせよとの御沙汰あり居ることなれは、全体は総理大臣より議長に協議すへき筈なれとも、総理大臣か今日まて何とも申し来らさるは不都合なれとも、議長より急に協議せらるる様に致し度と云ふ。

伊東巳代治の意見

伊東、追々の御説あるか、自分（伊東）の考にては政府の処置は実に言語同断なり。此儘に致し置きては枢密院の存在を認められぬことゝなる。是は忍ふへきことに非すと云ふ。

議長の注意

議長、中言なれとも、顧問官中一人も此儘に致し置かんと云ふ人なき様なる故、行き違ひなき様に云ふ。

伊東の弁明

伊東、多数の意見は将来のことに付協議すと云ふ様なることなり。自分（伊東）としては是まてのことを此儘に付することは出来すと思ふ。枢密院の議事か秘密と云ふは普通の場合のことにて、特別の必要あるときは勅許を請ふて之を公表することは憲法制定当時より慮かりたることにて、明かに其説明を為しあり。故に議長より勅許を請ひ、本件一切の事実を公表することを希望すと云ふ。

金子堅太郎の意見

金子、御沙汰に於て議長と総理大臣と協議せよと仰せられ居るに、議長より直に公表の勅許を奏請したるとき、総理大臣と協議したるやとの勅問ありたるとき、議長は奉対する辞なかるへし。故に、先つ総理大臣と協議する必要あるへしと云ふ。

伊東巳代治の弁明

伊東、自分（伊東）か公表を奏請せんと云ふは、既往の事実なり。協議することは将来のことにて、其のことに付ては勿論自分（伊東）に於ても異論なし。金子尚一応協議の必要あることを説く。

有松英義、伊東巳代治の意見に同意す

有松、自分（有松）は本件に付一己の意見を有し居りたるが、只今伊東（巳代治）顧問官の意見を聴き、至極同感なる故、自分の意見は之を述へす、伊東顧問官の意見に賛成すと云ひ、其理由としては、貴族院速記録中加藤総理大臣（友三郎）か本件に付御沙汰を拝したるは事実なることを認め居るに拘はらす、約定の効力は御裁可を待ちて生すと説明し居れり。恰も御沙汰も其の通りになり居る様に説くものなる故、是非とも一切の事実を公表して之を明かにせさるへからすと云ふ。

議長の意見

議長、勅許を願ひて一切の事実を公表することになれは、是は余程の重大なることにて、今日協議せられたる少数の顧問官の協議にて決する訳には行かす。全体の顧問官の意見も聞かさるへからさるへしと云ふ。

伊東巳代治の意見

伊東、勅許を請ふことは会議に依るに非す。議長の職権に属することなるへしと云ふ。

議長の意見　議長より警告を為し置くへし

議長、枢密院より勅許を奏請すれは、内閣にも輔弼の責任あるを以て反対に公表せさる様上奏することになるへく、此くなれは愈々紛糾する故、此事は容易に決し難し。兎も角差向の処、自分（議長）は総理大臣に対し、厳重なる警告を発し置くことは極めて必要と考ふるに付、至急に警告を為し、其以上のことは更に協議することに致し度と云ひ、今日の協議は是にて終はることを宣し、書記官をして総理大臣に面談する日時を電話にて交渉せしむることゝなりて散会す。時に四時三十分頃なり。

伊東巳代治と予との談話

室外にて伊東に逢ひ、政府の致方は随分乱妄なりと云ひたるに、伊東は、自分（伊東）棋て云へは、此際定石丈は打ち置かさるへからすと思ふと云ふ。夫より直に家に帰る。

広津モト電話にて隆の意を伝へ内子の鎌倉に来ることを請ふ

○午後六時頃広津モトより電話にて隆の意を伝ふ。隆か咽喉カタルの為三十七度五分の熱を発し、朗子の世話を為し難きに付、内子か鎌倉に来ることは出来まじきやと云ふ。予内子をして、今日は行き難し。明日は行くことにすへき旨を告けしむ。

道子未た分娩せす

又モトより道子は病院にて昨夜より分娩室に入り居るも、未た分娩せさる趣なることを報す。

多納栄一郎来診せす

○午後、多納栄一郎より電話にて龍郎の容体を問ひ、今日往診することに約し置たるも、差支出来たる為今日は往診せす、明日午後往診すへき旨を告けたる趣なり。

国府種徳詩を作ることを嘱す

○午餐のとき食堂にて国府種徳より、先日来彼後赤壁の遊に関する詩を作ることを嘱し（韻の字は一首は裁杯来、一首は寒関看の字）置たるか、成るへく之を作り呉れよと云ふ。予未た詩を作る暇を得すと云ふ。国府よりは本月二十日頃矢張食堂にて之を嘱したるなり。昨年陰暦七月既望は東坡（蘇軾、北宋時代の政治家・詩人、東坡は号）の前赤壁より十四回の壬戌七月既望なりとて、水野錬太郎か都下の詩人を芝紅葉館に招き、赤壁の遊に擬したるを以て、同年陰暦十月之望には前に招かれたる人々か水野を紅葉館に招き、後赤壁の遊に擬し、之に酬ひたる趣なり。予は二回とも之に与からさりしも、国府より詩を作ることを嘱したるなり。

酒巻芳男、学習院官制改正案の会議日時を告く

○午後時未詳、酒巻芳男より、明日午後一時より昨日に続き学習院官制改正案を審議する積りに付、出席致し呉度。此ことは昨日の会議の後に取り極めたるか、其時は貴官（予）は既に退省せられたる後なりしなりと云ふ。

〔欄外に付記〕

一月三十日補遺　南部光臣の病気

○一月三十日補遺

午前十一時頃西園寺八郎来談したるとき、南部光臣〔宮内省参事官、梨本宮宮務監督〕の病状を問ふ。予、未た回復せす。南部か永く欠勤し居る為之を罷むる内議ある様なるか、是は致し方なからん。然し南部を罷めて、渡部信か専ら参事官の事務を執る様になりては困る。

入江貫一を参事官となすか宜し

入江貫一か参事官となる様にせされは不可なりと云ふ。西園寺、入江を参事官となす様に共力〔ママ〕しようてはないか。

関屋貞三郎、渡部信に厚し　渡部信を勅任官とすなすことに反対す

関屋貞三郎（次官）か渡部を贔屓するは極端なり。関屋はよく渡部を外賓の接待員と為し呉よと云ふ。是は外国勲章を貰ふ為なり。其の為渡部も自分（西園寺）等に対しては柔順なり。昨年末関屋より渡部を勅任式部官と為すことを相談したれとも、自分（西園寺）は一人として渡部を誉むるものなし。彼を勅任官となすは次官の為に宜しからすと云ひたる為、此のことは止むることになれりと云ふ。予、渡部を止めたる為三善焞彦〔内匠寮事務官・庶務課長〕も附合にて勅任官とならさりしとの話なりと云ふ。

一月三一日

○一月三十一日水曜。

内子鎌倉に行く

○午前八時後より内子鎌倉に行く。

○午前九時三十分頃より出勤す。

酒巻芳男来り、皇族か雑誌に寄稿せらるることに関する決定案を示し、意見を問ふ

○午前十一時頃酒巻芳男来り、皇族か雑誌等に寄稿せらるることは是迄は其例なかりしか、某雑誌（島津某〔不詳〕か主管し居る雑誌とか云ふことなり）より武彦王殿下に飛行機に関することの寄稿を願出たることより、先日の皇族附職員会議にて之を議したる故、其趣意にて決定致し置度とて、決定案を示す。予意見なき旨を告く。

李太王の碑を立つることに付上林敬次郎と李載克との交渉顛末

酒巻又李太王の碑を建ることに付李王職長官より宮内大臣への内申書を出すことに付、李王職次官（上林敬次郎）より李王職長官（李載克）に文案を送るへきことを度々申遣はしたるも、李載克より碑陰に刻すへき文案は急に間に合はさる故、表面の文字丈差向き承認を受け度と申来りたるも、上林は、是も例の慣用手段にて他日又々面倒を引起す恐れあり。此節一度に承認を受けしむる必要ありとし、更に照会致し居る趣なりとて、是迄上林か往復したる文書を持ち来り、予に示したり。

碑陰の文字は強ひて急に決定するに及はさるへし

予は、李王職にて此際は表面の文字丈承認を受け置き、碑陰の文字は他日に譲り度と云ふならは、強ひて此方より碑陰の文字を促す必要なかるへしと思ふ。此ことを次官（関屋貞三郎）に談し見よと云ふ。此時高羲敬も審査局に来り居り、碑陰の文字に付ては余程六ヶしきことあるならんと云ふ。

学習院官制改正案を議す

○午後一時後より参事官室にて学習院官制改正策を審議す。関屋貞三郎来ること遅かりしに付、暫時予が議事を整理し、関屋か来りたる後、之を関屋に譲りたり。出席者は本月二十九日の会の時に同し。

金井四郎に明日予か東久邇宮邸に行かさることを告く

開会前酒巻芳男より、金井四郎宗秩寮に来り、次官（関屋貞三郎）は明日午後東久邇宮邸に来ることになる旨を君（予）に伝へ呉よと云ひたりと云ふ。予酒巻に、金井は尚ほ宗秩寮に在るへきやと問ふ。酒巻尚ほ在るならんと云ふ。予乃ち宗秩寮に行き、金井に面し、関屋か明日妃殿下に閲し、予か宮の事務を視ることを言上するも、予は明日は差支あり、宮邸に行き難し。明後日頃行くことにすへき旨を告く。金井承知の旨を答ふ。

多納栄一郎来りて龍郎の病を診す

○午後二時頃多納栄一郎来りて、龍郎の病を診したる由。

婢トシ商人に仕払を為さす　人力車銭を払ふ

○午前八時後、内子か鎌倉に行くとき、今日は月末にて商人の来りて買物代金を請求するものあるを慮り、其支払方を龍郎に嘱し置きたるも、婢敏か龍郎に告けす、商人来りて代金を請求したるも、総て内子不在にて払ひ難き旨を告けて之を返したる趣なり。夜に入り、人力車賃丈は杉野某〔人力車屋〕来りて之を請求し、予之を払はしめたり。

井上勝之助に故山県有朋の一周年祭に供物を為したるやと問ひ又祭の時刻を問ふ

○午後零時後食堂にて、井上勝之助に明日は故山県公（有朋）の一周年祭日なる趣なるか、供物を為すやと云ふ。井上三、四日前榊料を贈り置きたりと云ふ。予祭式は何時よりなるへきやと云ふ。井上、家にては午前九時より、墓地にては午前十一時よりとのことなり。君（予）に通知したりやと云ふ。予通知なしと云ふ。井上、場所か狭き故少人数にする旨申し居りたる故、通知せさりしならんと云ふ。

枢密院事務所に電話し、故山県有朋の一周年祭に付顧問官より供物を為したりや否を問ふ

午後一時後審査局に返りたる後、枢密院事務所に電話し書記官を呼ふ。堀江季雄電話す。予、山県公の一周年祭に付各顧〔問〕官より供物を為す様のことはなかりしやと云ふ。堀江、二、三の顧問官より供物の取計を依頼せられ、之を取計ひたることはあれとも、一般の顧問官の供物はなし。君（予）には山県家より祭の案内ありたりやと云ふ。予なしと云ふ。堀江、然るか。顧問官一同よりの供物はなしと云ふ。

〔欄外に付記〕

一月三十一日補遺　山県伊三郎椿山集を贈る

一月三十一日補遺

午前十時過頃、山県伊三郎使をして其亡父有朋の遺稿椿山集一冊を贈らしむ。

大正一二年二月

二月一日

○二月一日木曜。晴。

梨本宮邸に付近火の見舞を為す

○午前九時三十分より梨本宮に行き帳簿に署名し、昨夜傍近に火ありたる故、機嫌を候す。今朝の新聞紙に、昨夜宮邸の後に火災あり。混雑したる旨の記事ありたるを以てなり。十時五十分頃宮内省に達す。

酒巻芳男来り、牧野伸顕より松平慶民宛の電信案及陸軍次官より藤岡某宛の電信案を示す

○午前十一時五十分頃酒巻芳男審査局に来り、宮内大臣（牧野伸顕）より在仏国松平慶民に対する電信案を示し、此案は昨日既に発電せりと云ふ。其案は朝香宮（鳩彦王殿下）英国に行かるることは陸軍大臣（山梨半造〔陸軍大将〕）も陸軍次官（白川〔原文空白、義則、陸軍中将〕）も同意にて、朝香宮附武官藤岡某（少佐）には陸軍省より其旨を通知する筈に付、松平も其含を以て殿下に勧説すへし。尤も此ことは殿下の諒解なけれは行はれ難きことなる故、諒解を得る見込立たさる様ならは勧説を見合はす様にせよとの趣意なり。又陸軍次官（白川某）より藤岡に対する電信案も、朝香宮渡英の件は陸軍大臣も参謀総長も賛成のことに付、実行せらるる様取計ふへしとの趣意なり。

司法大臣官舎に行く

○午後一時二十分後退省し、司法大臣官舎に行く。

隆、男を挙く　隆に電信を発す

○午後三時後、隆よりの電信達し、道子分娩男子〔逸雄、倉富隆夫妻長男〕出生、母子とも異状なき旨を報す。予家に帰りたる後（午後四時三十分頃）直に返電を作り（電見タ大慶ナリ）、婢静をして杉野の家に到り、一ツ木郵便局に行き、発信すへきことを命せしむ。

金井四郎電話にて今日関屋貞三郎か稔彦王妃殿下に謁し、予か宮の事務を視ることゝなりたることを申したる趣を告け、予か宮邸に到る日時を問ふ

○午後五時頃金井四郎電話し、今日関屋貞三郎（宮内次官）東久邇宮邸に来り、貴官（予）稔彦王殿下帰朝せらるるまて宮邸の事務を視ることゝなりたる旨を妃殿下に言上し、只今辞し去りたる所なり。貴官（予）は何日来邸せらるるやと云ふ。予明日午前に参邸すへしと云ふ。金井、午前ならは十時頃にならされは妃殿下の身仕度出来さるか、夫れにて宜しきかと云ふ。予宜しき旨を答ふ。

広津直人電話し、隆か男を挙けたることを報す

○午後四時後広津直人電話し、道子か分娩男子出生したることを報し、先刻電話せんと欲したれとも、電話か通せす、延引せりと云ふ。予分娩時刻を問ふ。広津午後一時頃なりと云ふ。予、先刻隆よりの電信も達し、予よりも返電を発し置きたりと云ふ。

赤池濃電話にて往訪せんと欲する旨を告く

○午後六時頃赤池濃（警視総監）の代人より電話し、明朝往訪せんと欲す。差支なきやと云ふ。予、明日午前は差支あり。午後宮内省に来れは差支なしと云ふ。赤池の代人午後ならは何時にても可なるやと云ふ。予午後一時三十分頃より二時頃まてならは宜しき旨を告く。

吾妻勝剛電話にて道子か男子を産みたることを報す

○午後九時後吾妻勝剛電話にて、今日鎌倉の病院に行き、只今帰りたる所なり。令息（隆）の夫人か分娩、少しく後に腎臓炎の兆候あり。蛋白の量も大分多き故、産期を早むる必要ありたるか、令息か感冒に罹られたりとかにて、夫人は其見舞に行かれ、其の為異状を生し、実は幸にて夫れより産気を催ふし、今日午後一時頃安産男子出生せられ、よく肥りたる赤子にて体重九百目余あり。分娩後母体より少しく出血ありたるも、其手当を為して直くに止みたり。腎臓炎も分娩ありたる為直くに回復するならん。本月四日には自分（吾妻）か片瀬まて行く用事ある故、産婦の都合にては鎌倉に廻はり、診察しても宜しと云ふ。予其世話を感謝す。

諮問第四号第二十七回小委員会

○午後一時三十分より司法大臣官舎にて諮問第四号に付第二十七回小委員会を開き、四時十分頃閉会し、直に家に帰る。

〔欄外に付記〕

二月一日補遺

午後零時後食堂にて国府種徳に予か詩を交す　国府之を評す詩を改作して国府に贈る

二月一日補遺

国府種徳に、先日国府より嘱したる後赤壁の詩を交す。国府、予か詩に致君尭舜坡公尚友放為詞客看は事実に違ふへしと云ふ。予之を然りとし、審査局に返りたる後、司法大臣官舎に行く前、之を坡公惓々思君国何事漫詞客看と改作して之を国府に送り、午後五時後司法大臣官舎より家に帰りたる後、更に坡公遷謫固憂国休作尋事詞客看と改め、又前詩末句（不見柔然孤顧来）とありたるを（唯待柔然孤顧来）と改め、郵便にて国府の家に送る。

山県伊三郎に書を贈り、椿山集を贈りたることを謝す

○書を山県伊三郎に贈り、椿山集を贈りたることを謝す。

二月二日

○二月二日金曜。晴。

東久邇宮邸に行き妃殿下に謁し、予、宮の事務を視ることゝなりたる旨を申す

○午前九時四十分頃より東久邇宮邸に行き、金井四郎と話し、一時頃に至り始めて妃殿下を見る。予、今般更に宮邸の事務を視ることゝなりたる旨を申す。金井傍に在り、三王子のこと、第一王子今年より通学せらるること等を談す。第一王子も其席に在りたり。妃殿下、三王子は本月五日より寒を大磯に避けらるる趣なることの談を聞きたり。宮附職員一同を引見し、又侍女一同を引見し、予か任に就きたることを告け、十二時前宮内省に出勤す。

赤池濃来り、枢密院上奏事件の状況を説き予の意見を聞く　答へす

○午後一時三十分頃赤池濃来り、枢密院対政府の問題益紛糾し来り、此の如き有様にては、終に之か為政治問題と為ることを免れさるへし。然れは、非常に憂慮すへきことなる故、何とかして速に其解決を図り度ことと考ふ。何か好工夫なきやと云ふ。予、此のことは君（赤池）の考にて予に問ふものにて、要するに君（赤池）の参考となるへきことを聞き度と云ふ訳なりやと云ふ。赤池、自分（赤池）は別に政府の依頼を受け居る訳には非す。然れとも、何か之に処する考案を聞くことを得れは、所属大臣たる内務大臣には之を報告することにする積りなりと云ふ。

予、新聞の報する所に依れは、此ことに付枢密院議長（清浦奎吾）は内閣総理大臣（加藤友三郎）に交渉せりとのことなり。然れは、予等か此ことに付云々する場合に非す。議長と総理にて適当の解決を為すことならん。先日数人にて会談したるも、是は固より内端のことにて正式の会議にはあらす。枢密院としては既に議決上奏したることにて、枢密院には只今の処何も問題なき訳なり。殊に予等の如き末輩か云々すへき問題に非すと云ふ。赤池、貴官は審査委員ともなられ、此問題に付ては有力の人と思ふ。議長か解決することに付助力を与へらるることを望むと云ふ。予尚ほ之を肯んせす。赤池、今日は分限外のことを申出し、失礼せり。悪しからす承知し呉よと云ふ。

赤池は今般の如き事の為に政変でも引起す様のことあれは非常なる悪結果を生する故、憂慮に堪へさる旨を再三繰り返して述へたり。話すること十分間許。

国民新聞社員高橋桂二なる者来り、赤池濃か来りたる用務を問ふ

○午後三時後、国民新聞社記者高橋桂二なる者来り、是まては新聞社にて編輯を担当し居りたるも、今般宮内省出張員と為りたるに付、挨拶に来りたりと云ひ、今日赤池（濃）か来訪したるは何の為なりしやと云ふ。予私用ありて来りたりと云ふ。高橋何か新聞《ニュース》の種になる様のことには非さるやと云ふ。予、予と警視総監との会見にては何も新聞種となる様のものあり得へからす。夫れとも予に犯罪の嫌疑でもあるやも計り難しと云ふ。高橋今後宜しく頼むと云ふて去る。

予より赤池濃に上奏事件の状況を問ふ

○赤池と話するとき、赤池より予に対し枢密院の状況を問ふ故、予は之を告けす。右様のことは予に聞くよりも、君（赤池）にはよく分り居るへしと云ふ。赤池、否。右様のことは自分（赤池）の方には分り難しと云ふ。

荒井カズヱ電話し、主人か往訪せんと欲する旨を告く

○午前八時頃荒井カズヱ（加寿衛、荒井賢太郎の継妻）より電話にて、主人（賢太郎）か今朝往訪致し度ことあるか差支なかるへきやと云ふ。予今日は差支ある旨を告く。カズヱ其旨を主人（賢太郎）に告く。主人自ら電話し、今朝往訪し度と云ふ。予、今朝は東久邇宮邸に行かさる〔へ〕からす。午後ならは予より農商務省に行きても宜しと云ふ。荒井宮邸には何時頃行くやと云ふ。予九時後より行く積りなりと云ふ。荒井、然らは八時後まて往訪すへしと云ふ。予、然らは差支なし。待ち居ることにすへしと云ふ。八時後荒井来る。

荒井賢太郎来り、枢密院より上奏したる事件に付内談す

予、寛子、真子の麻疹に罹りたることを談す。荒井、日支郵便交換約定のことに関し枢密院より上奏したる件は、実は議会にて双方の代表者か調印するも、御裁可を経されは其効力発生せすとのことは十分閣議を尽くしたるものに非す。岡野（敬次郎）は平素其説を取り居る趣にて、条約に批准と御裁可とを要する旨を明記せさるも、国内法にて議会の承認を経ることを要する国もあり。君主の裁可を要する国もあり。結局、国内法の規定に依りて決するの外なく、日本にては君主の御裁可を要するは当然なりとの主張にて、閣員全部か其議を尽くしたる訳に非す。早卒に議会に於て答弁したるものなり。故に政府にては其意見を持し居るも、枢密院委員会に於ける政府委員の説明は政府の意見を説明して明瞭ならしむる点に於て遺憾ありたり。故に此点に付顧問官の諒解を求め度と云ふか、今日の政府の希望なりと云ふ。

予の談　政府の弁明拙なり　政府か説明したるか宜しからす

予、顧問官各自の心中は固より知り難きも、大体より云へは、此ことに付事端を滋くすることは之を好まさる所なるに相違なし。然れとも、政府か初めより御裁可に依りて約定の効力を発生するものと考へ居りとのことは、少くも事実上にては信し難し。外務省の条約局長山川端夫か枢密院委員会場にて明に調印に依りて効力を生したる旨を言明したるは勿論、其席には国務大臣たる逓信大臣前田利定〔旧七日市藩主前田家当主、貴族院議員・研究会、子爵〕も居りて之を聞き居りたり。而して議場にては委員長は調印に依りて効力を発生したるものに付、御諮詢を奏請したることの非なる所以を継述し、委員長は之を口演したるも、政府より一言の反対意見を述へすして議場を通過せしめ置きなから、議会に於ては正反対の意見を言明したるは此上もなく拙なり。枢密院にて御裁可に依りて効力を生する趣意を以て抗弁し置けは意見の相違と云ふ余地も存するも、一言の反対もなすして、今日に至り意見の相違と云ふは不都合なり。全体此ことは外間に漏る〔る〕へき筈のものに非す。不幸にして漏れたるも、政府としては其内容に付ては一言も説明せす、効力のこと抔全く之を説明せされは宜しからんと思ふ。然るに半端に説明を為したる為、都合悪しきことゝなりたりと云ふ。

枢密院議長（清浦奎吾）の厚意

荒井、枢密院議長（清浦奎吾）は非常なる好意を以て穏当なる処にて之を解決せんと苦心し居る模様なり。議長か如何に好意を有し居るも、顧問官中議長を援助するものなけれは功を奏せさるに付、議長か解決の提案を為したらは成立する様に尽力し呉れよと云ふ。

政府の意見一点張りにては解決し難かるへし

予、政府は初めより御裁可に因り効力を生するものとの意見一点張りにては理由立たさる様なり。適当の解決方法あれは固より反対する積りに非す。又反対すへき理由もなしと云ふ。荒井は岡野敬次郎も自然は君（予）を訪ふことあるやも計り難しと云ふ。談すること二十分間許にして去る。時に九時頃なり。

道子分娩のことを荒井賢太郎に電話す

今朝荒井と電話したるとき、予より先日来度々様子を尋ね呉れたる道子は漸く昨日分娩したりと云ふ。カズヱ傍に在り。男女孰れか出生したりやと云ふ。予男子なる旨を答ふ。カズヱ之を賀す。

〔欄外に付記〕

二月二日補遺

二月二日補遺

牧野伸顕枢密院上奏事件の状況を問ふ

午後零時後食堂にて牧野伸顕より、枢密院より日支郵便交換約定のことに付上奏したることは非常に喧しくなりたりと云ふ。予、全体の事柄は格別のものに非されとも、行懸りか面倒なりと云ふ。予、食堂を出てんとするとき国府種徳に、昨日の詩は結構なりと云ふ。将に之と話せんとす。牧野予に、何か工夫なきやと云ふ。

牧野と共に其官房に行き、事件の概略を談す

予兎も角官房に行くへしとて共に行く。牧野、若し政変ても引起す様のことありては実に困る。何か工夫なきや。真実心配し居る人より頻に何とか工夫なきやと云ひ来るも、宮内大臣として手の著け様なしと云ふ。予、政府は議会にて御裁可に因り約定の効力を生する旨明言したる故、今更之を取消すことは出来さるへし。然し、枢密院にては反対に説明し居る故、此儘にては収まり難し。故に政府は枢密院に対し政府の意思を明かにせさりしことを弁し、且将来は成るへく調印前に御諮詢を奏請することにすへしとの言明を為したらは、大概夫れにて諒解するならんと思ふと云ふ。牧野、夫れにては政府か御裁可に因り効力を生すと云ふと一致せさるに非すやと云ふ。予、政府は御裁可に因り効力を生すと云ふ意見としても、調印前に御諮詢ありて悪しと云ふ理由はなきに付、矛盾はなきことなりと云ふ。牧野、然るかと云ひ、予に対して謝意を表したり。

二月三日

○二月三日土曜。晴。

○午前九時三十分より出勤す。

酒巻芳男来り、李王職長官より李太王の碑を立つることに付宮内大臣に出す文案を示す

○午前酒巻芳男来り、上林敬次郎か作りたる李王職長官李載克より宮内大臣に提出し、李太王の碑を建つることの承諾を請ふの文案を示す。

数個所修正す

予、其文案に付数個の修正意見を酒巻に告け、酒巻予の言に従ひ、修正をすへき旨を告けて宗秩寮に返る。午後、酒巻修正文案を持ち来り、此文案にて次官（関屋貞三郎）に協議すへし。

貴官（予）も共に来り呉るるやと云ふ。予、予は行くに及はさるへしと云ふ。

大臣室にて李王職長官の文案を修正す

少時の後、大臣室に来るへき旨電話にて申来りたる旨給仕より予に告く。予乃ち行く。牧野伸顕、関屋貞三郎、徳川頼倫、酒巻芳男、上林敬次郎正に先刻酒巻より示したる李載克より宮内大臣に提出すへき文案を議し居り。更に多少の修正を加へて之を決し、上林か責任を以て李載克の名義にて之を提出し、宮内大臣よりは別に指令等を与へす、上林より電報にて大臣か立碑のことを承認したる旨を李載克に通知し、一月中旬より今日まて洪陵内に立てたる大韓高宗太皇帝洪陵明成太皇后祔左と刻したる碑は幕にて蔽ひ居りたるも、宮内大臣の承認を得たる上、承認後始めて立たる体裁と為し、幕を撤することゝなるへし。

上林敬次郎滞京中の挨拶を為す

○午後（三時頃なりしならん）、上林敬次郎来り、滞京中配慮の挨拶を為し、近日出発帰任する旨を述ふ。

李太王の遺産の幾分を李堈公に頒つ必要あることを説く

予、予の職務外のことなれとも、李太王薨後李堈公の家計裕かなれは兎も角、情理上より見るも幾分贈りものあるか相当なる様に思ふと云ふ。上林、其事に付ては斎藤総督（実）も同様の考にて、先年其話ありたることあり。然るに李王職会計課長（原文空白、近藤左右一、李王職事務官）は太王には遺産もなく、李堈公には併合のとき政府より恩賜もあり居るを以て分配に及はさる等を主張し、其儘となり居れりと云ふ。予、王世子は李堈公と地位異り又李埈公の家も李堈公とは同しからす。故に、王世子と李埈公とに対しては分配の必要なきも、李堈公に対しては幾分かの分配あるか相当と思ふ。李堈公は既往に於ても不品行あり。今後に於ても濫費せらるることあるやも計り難し。然れとも公か濫費せらるることありとて、李王殿下より為すへきことを為さゝるは相当ならすと思ふと云ふ。上林も反対の考はなき模様なりしなり。

○午後三時より退省す。

広津潔子に電話し、内子か恙なきや否を問ふ　又隆の病状を問ふ

○午後四時後、広津直人の家に電話することの手続を電話交換局に申込む。五時後に至り電話始めて通す。直人の妻（潔子）電話す。予、内子か病に罹り居るに非さるやを問ふ。潔子電話聞へすと云ふ。予之を云ふこと三、四回、潔子始めて予の問を解し、内子は無事なる旨を告く。予更に隆の病状を問ふ。潔子未た快からさる旨を答へ、内子は尚ほ帰京せさることを告く。

坂田稔電話し、隆の病状を報す

○午後七時頃坂田稔電話し、今日午後五時頃鎌倉より帰りたり。今朝、令夫人自分（坂田）の旅寓海月楼に来り、隆君病気に付診察を求められたるに付、往診したる処、数日間解熱薬を用ゐあるに拘らす、未た解熱に至らす。今日自分（坂田）か往診したるとき、三十八度二、三分の熱ありたり。依て自分（坂田）は解熱薬にて解熱すへき病症に非す、寧ろ解熱薬を止めて自然に任す方か宜しからんと思ひ、自分（坂田）の見込を書して主治医に示すことゝなし置きたり。今後二、三日間は解熱に至ら

さるならん。病症は確と分からさるも、別段胸部等は故障ある様にも見へす、幾分流行性感冒の様なるものならん。令夫人は右様のことにて、尚ほ数日間は帰京せられ難しとのことなり。先刻（五時頃）貴家に電話せんとしたるも、貴家は他と電話中なりし為、電話することを得す。之か為大に延引せりと云ふ。予、先刻鎌倉に電話して、隆の病状及妻か恙なきや否を問ひたる所なりと云ふ。坂田、実は自分（坂田）か帰京して報告することを嘱せられ居りたるか、自分（坂田）の帰ることも晩くなり、電話も直くに通せさりし為延引せり。自分（坂田）は明後日は復た鎌倉に行く積りに付、其上にて更に往診することゝすへしと云ふ。

坂田稔に電話し、往訪せんと欲する旨を告く

少時の後（八時頃なりしならん）、予より坂田に電話し、坂田は既に褥に就きたるやを問ふ。将命者未た褥に就かすと云ふ。予将命者をして、予は明早朝鎌倉に行く積りなり。今夜一寸面談致し度ことあり、是より往訪せんと欲す。差支なきやを問はしむ。坂田の妻ならんと思はるる者電話に掛り、今日は疲れたる為、既に褥に入り居れり。成るへくは明朝来訪することを請ふと云ふ。予、然るか。明朝は早く鎌倉に行く積りに付、今夜面会せんと欲したる次第なり。然し其用は鎌倉に行く為のことに非す。然らは致方なしと云ふ。取次の者一寸待ち呉よと云ひ、坂田と相談したるものと見へ、御話の如き事情ならは今夜御出下され度と云ふ。

坂田稔を訪ひ、龍郎受験のことを謀る　明日坂田稔の見込を聞くことを約す

予乃ち直に行き、龍郎の病状、多納栄一郎か高等学校入学試験を受くることを止めたること等を話し、明四日一応龍郎を診察することを求め、且予は明日早朝より鎌倉に行き、晩方帰京する予定に付、其上にて電話にて通知し、坂田の見込を聞くことゝし度。多納の見込は龍郎には告け置かさる故、其ことを含み置き呉よと云ふ。坂田之を諾す。

宮内省より電話し、貞愛親王殿下御危篤なることを報す

坂田の家より帰りたる後、少時にして九時前なりしならん、宮内省大臣官房より電話にて、伏見宮大宮殿下（貞愛親王、元帥陸軍大将）銚子にて御発熱危篤にならせられたる旨を報す。婢敏其電話を聞きて之を予に報す。予自ら電話を聞く。其趣旨婢か報したる所と異なることなし。種々考へたるも、今夜は何処にも行かさることに決したり。

二月四日

〇二月四日日曜。晴。

伏見宮邸に行き、貞愛親王の御病気を候す

〇午前七時後伏見宮邸に行き、帳簿に署名し、貞愛親王殿下の病を奉伺す。

宮内省より電話す　予在らす

〇午前七時後、予が伏見宮邸に行き居るとき、宮内省より電話来りたる故、主人不在なる旨を告けたる処、宮内省の人は失敗せりと云ひて電話を截りたる旨、予か帰りたる後婢敏より之を報す。

宮内省庶務課に電話す　庶務課用事なしと云ふ

予乃ち宮内省庶務課に電話す。課員、電話したるは庶務課に非す、宗秩寮ならんと云ふ。

宮内省宗秩寮に電話す　寮員貞愛親王殿下御危篤なり、御見舞の電報は出し置きたりと云ふ

予乃ち復た宗秩寮に電話す。岡田重三郎、今朝御在宅の中に電話して、貞愛親王殿下の御容体を報告すへき筈の処、貴官（予）御外出後になりたり。殿下御危篤に付、貴官よりの御見舞電報も銚子の方に発し置きたりと云ふ。予之を謝す。

高義敬、貞愛親王殿下御見舞のことを謀る

午前八時頃将に鎌倉に行かんとす。王世子邸の高義敬より電話にて、伏見宮殿下御病気に付各宮より使を銚子に遣はし、御見舞を為さしめらるる由。梨本宮の様子を問ひ合せたる処、同宮にては両殿下とも御不在にて、今日午後御帰京なさるる筈に付、御使を遣はさるるや否は、様子分からすとのことなり。世子邸よりも使を遣はさるる方宜しかるへきやと云ふ。予之を遣はす方宜しからんと云ふ。

鎌倉に行く

○午前八時十分頃より家を出て、電車に乗りて芝口に行き、八時後の汽車に乗り、鎌倉に赴かんとす。

時計止まる　汽車の発車時刻を誤る

会々予の時計は止まりて、時刻を知るへからす。プラットホームに到りたるとき、東京駅を発したる汽車正に新橋駅を発す。予は此列車を八時四十一分新橋駅の汽車なりと謂ひ、其次に九時十分に新橋を発する汽車に乗らんと欲す。待つこと少時汽車来る。列車を見るに、国府津行、小田原行等の表示あるも、横須賀行の標札なし。車将に発せんとす。予駅員に、此列車は大船に停車するや否を問ふ。駅員停車する旨を答ふ。乃ち之に乗り、大船にて車を替へ、鎌倉に到る。予か新橋駅に行きたるとき発車したるは、八時四十一分発の車に非すして、予か乗りたるものか即ち八時四十一分発なりしなり。其次の九時十分発に乗れは、大船にて車を替ゆる必要なかりしなり。

隆の家に行く　隆の体温高し　歯齦腫脹の為の熱なるへし

鎌倉駅より人力車を賃して隆の家に到る。時に十時後なり。内子云ふ、隆昨日午後に体温三十九度九分に上る。然るに先年義歯を嵌したるもの歯齦を圧し、歯齦腫脹して痛あり。今日午前歯科医〔原文空白〕を招き診せしめたる処、義歯を抜き去る必要あり。今日午後七時頃来りて之を抜き去るへしと云へり。先年隆か郷に在りたるときにも此の如きことありたる趣にて、義歯を抜き去りたれは頓に解熱せりとのことなり。此節も多分同様のことならん、と。

隆の家計の為嚢銭を交す　明日金を送るへきことを約す

内子、明日は道子の入院費を償ふへき日なる処、隆か有し居る金銭不足なりと云ふ。予か銭嚢中にあるもの八十円を内子に交す。内子は無一物にては不可なりとて、十円を予に返す。明日予、宇佐美富五郎〔倉富家の雑務を請負う番頭格の人物〕を雇ふことを得るならは、富五郎をして金を持ち来らしむへきことを約し、午後二時頃より人力車に乗り、吾妻勝剛の産科病院に過きり、道子及生児を見、二、三分間にして鎌倉駅に到り、二時五十八分発の汽車に乗り東京に帰り、新橋駅に車を下り、

宇佐美富五郎の家に過きり、明日富五郎をして鎌倉に行かしむることを約す

直に電車に乗り山王下にて車を下り、富五郎の家に過り、明日午前九時前富五郎をして予か家に来らしめ、第一銀行に行き預金を引き出し、之を持ちて直に隆か家に行くことを約し、

坂田稔の家に過きり、龍郎の病状を問ふ

又途を枉けて坂田稔の家に過きり、坂田に面して龍郎の病状を問ふ。坂田、龍郎は本月七日頃までに解熱薬を止め、夫れより三日間許様子を見、熱を発せさる様ならは褥上位に起き、食事も一日二回位は平常の場所に出てゝ食し、此くすること四、五日位の後、室内にて運動を始め、試験に応する準備を舒に為したらは宜しからんと申し置きたり。成る程健康なる体質には非さるも、差向き別段の病気ありとは思はれす。左肺の呼吸音は多納栄一郎か云ふ如く、断続的に気を通する様なるも、是は或は以前よりのことなるやも計難し。

龍郎は試験を受くることとして宜しかるへし

入学試験に応することを止めたらは本人も失望すへきに付、応試する丈けのことは妨けなからん。尤も其の為如何なる結果を生することあるやも計り難く、将来のことを保証する訳には行かされとも、只今の処にては是非とも応試を見合せねばならぬ程のことは考へすと云ふ。

隆の病状を坂田稔に告く

予、隆は昨日は三十九度九分まて上りたり。然るに先年義歯を嵌め居る処の歯齦腫起して病を発し、歯科医は之を抜き去る必要ありと云ひ、今日午後七時頃之を抜き去ることになり居るとのことゝなり、先年も此の如きことあり。義歯を抜きたれは熱は頓挫したる趣にて、此節も同様のことならんと云ひ居りたりと云ふ。

坂田稔自己の経験を説く

坂田、歯齦よりの発熱としては少しく強過きる様なるも、自分（坂田）先年受持ち居りたる病人にも歯の治療を為して解熱したるものあり。当時自分（坂田）は患者が熱あるに拘はらす、歯科医の家に行くことに付不同意を唱へたれとも、外出すること二、三日の後解熱して、面目を損したることある故、此節も義歯の為なるやも計り難し。歯科医師は確かなるものなるやと云ふ。予夫れは信用あるものなる趣なりと云ふ。

多納光儀鎌倉の海月楼に在り

坂田、多納光儀も海月楼に行き居り、内子か坂田を海月楼に訪ひたるとき多納に面会したることを談す。

広津潔子宗秩寮より至急書状達したる旨東京より電話ありたることを報す

予が隆の家に在るとき（午前十一時後）、広津潔子来〔り〕、先刻東京の貴家より電話あり。宗秩寮より至急と書したる公文ありたることを通知し呉れよと申来りたる旨を告く。

吾妻病院に行き道子及生児を見る　広津潔子と遇ふ

予か吾妻病院に行きたるとき、潔子は道子を訪ふ為め病院に来り居りたり。

汽車中にて牧野英一に遇ふ

鎌倉より帰るとき、鶴見辺にて汽車中牧野英一〔東京帝国大学法学部教授、内閣法制局参事官、臨時法制審議会幹事〕と逢ひたり。牧野は鎌倉に親族あり。今日は其二子を携へて親族を訪ひたる帰途なりと云ふ。牧野も鎌倉より乗車したる趣なるも、初は互に気附かさりしなり。

伏見宮邸に行き、貞愛親王の帰邸を迎ふ

○午後五時後、家に帰りたる後、宗秩寮よりの来書を見たるに、貞愛親王殿下銚子にて御発病、午後七時〔原文空白〕分両国駅に御著、八時三十分本邸に御著のことを報したるものなり。初は迎候せさる積りなりしも、急に迎候の意を決し、八時十分頃より人力車に乗り伏見宮邸に赴く。親王御著予定よりも後れ、八時三十分頃なりしならん、御著ありたり。来邸し居るもの四、五十人許なりしならん。

金井四郎、上原勇作と会談するや否を問ふ

金井四郎、上原勇作（参謀総長）か来り居るか之に面談するやと云ふ（上原は東久邇宮殿下洋行のことに付周旋し、殿下の近状に付きては上原の予期に反する旨を金井等に談じ心配し居るものなり。予か此節東久邇宮に関係することゝなりたる故金井は面談を勧めたる訳なり）。予、予も上原を見掛けたれとも、面談するには及はさらんと云ふ。親王御著後、御親族其他拝別する順序にて、予等は休所にて待ち居るとき、予より上原に、予か東久邇宮の事に関係することとなりたる趣を告け、今後場合に因り協議することあるへき旨を告く。

上原勇作と稔彦王のこと及ひ溝口直亮のことを談す

上原前の附武官溝口直亮の談を聞きたりやと云ふ。予、先日溝口の談を聞きたるか、其の談に依れは稔彦王殿下は神経衰弱にも非す、心掛も宜し。欧洲の国状民心等も熟に調査せられ居るとのことにて、少しも心配する所なき様なるも、溝口の談は結局領解し難しと云ふ。上原、溝口の談にては殿下か何故に渡欧の考を易へられたるか其事由を解することか出来す。渡欧前の殿下の考は実に立派なるも〔の〕なりし。何故に之を変へさるへからさるか、重大なる理由なかるへからす。然るに溝口の談にては其理由を知ることを得す。

稔彦王殿下か英国行を止めらるるは陛下に奏上したることに違ふ

殿下は渡欧前には、仏国滞在後英国に行かるることは自分丈の考に非す、殿下より陛下にも奏上せられ居ることなり。然るに勝手に之を変更せらるることは不都合なり。君（予）は溝口が任地より休暇を得て東京〔に〕来りたる後の談を聞きたりやと云ふ。予、否。予は溝口か仏国より帰りたる砌に談を聞きたりと云ふ。十時、親王殿下の室に到り拝別し、予直に家に帰る。時、十時二十分頃なり。

〔欄外に付記〕

二月四日補遺　東久邇宮邸より物を送り来る

二月四日補遺

午後五時後東久邇宮邸より電話にて、他より到来の品あり。

使をして之を送らしめらるる旨を告く。六時後来りて之を致す。硝子瓶に入れたるものなるか何物なるか之を知るへからす（本月五日の日記二十一葉裏及本月十五日の日記四十六葉表参看）。

二月五日

○二月五日月曜。晴。

神子某に電話し、宇佐美富五郎か既に家を出たるや否を問ふ

○午前九時五分許前に至るも、宇佐美富五郎来らす。之ち神子某〔不詳〕方に電話し、富五郎の家人を呼ひ、富五郎か既に家を出たるや否を問ふ。家人、既に出てたり。将に貴家に達せんとする頃なりと云ふ。

宇佐美富五郎をして第一銀行に行き、預金を引き出し之を持ちて隆の家に行かしむ

九時後に至り富五郎来る。之に第一銀行に行き預金五百円を引出し、之を持ち隆の家に行き予の書状と五百円及風呂敷包一個を内子に交すことを命す。風呂敷包は昨日予か持ち行く積りにて新聞紙及本月二日東久邇宮邸にて予に供したる菓子を包み置き、発するに臨み之を忘れたるものなり。

閑院宮邸に行き服喪に付機嫌を候す

○午前九時三十分頃より出勤す。途閑院宮邸に過り、帳簿に署名して敬弔の意を表す。

伊藤博邦に自動車を借ることを謀る

午餐のとき食堂にて伊藤博邦〔主馬頭、貴族院議員・研究会、公爵、伊藤博文の養嗣子〕に対し、予は各皇族邸に行かんと欲す。自動車を借ることを得へきやと云ふ。伊藤、差支なし。今日にても宜しと云ふ。予、今日は少しく都合悪し。近日中日を定めて相談すへしと云ふ。既にして更に、寧ろ今日行く方宜しからんと思ひ、其旨を伊藤に告く。伊藤、食堂に来り居りたる鹿児島某〔虎雄、主馬寮事務官・庶務課長〕に、自動車を宮内省玄関に著けしむへきことを命す。二時は予の望みたるものなり。

上野季三郎、山崎四男六に同行を約す

また食堂に在りたる上野季三郎、山崎四男六に、予は今日午後二時より貞愛親王殿下の喪に服せらる各皇族邸に行〔き〕弔意を表する積りなるか、君等（上野、山崎）は行かさるやと云ふ。二人共に行かんことを請ふ。

白根松介、伏見宮邸通夜のことを謀る

又白根松介より食堂にて、今夜より伏見宮邸にて宮内官にて通夜を為すことゝなり、六時三十分より十二時まては六人にて二人宛柩室に在り、三十分毎に交代し、六人は十二時まて退出し、零時より午前五時三十分まては同しく六人にて三十分毎に交代することにて、貴官（予）は今夜前半夜に通夜せられ度。差支なきやと云ふ。予差支なき旨を答ふ。

宮内大臣官房吏員来りて今夜の通夜の取消及其時刻人数変更のことを告く

二時前に至り官房吏員来り、先刻は今夜通夜せらるる様談し置きたるも、今夜は御親族の通夜あるに付、明夜に延はされ度とのことなり。而して先刻は六人にて三十分間毎に交代することを告け置きたるも、前半夜と後半夜と同人数にては不公平なりとの論ある故、前半夜は四人にて適宜に交代することとなせり。而して先刻は午後六時三十分よりと云ひ置きたるも、七時よりのことに変更せりと云ふ。予承知の旨を答へしむ。

上野季三郎、山崎四男六と同しく各皇族の邸に行き機嫌を候す

○午後二時より上野季三郎、山崎四男六と共に自動車に乗り、閑院宮、梨本宮、久邇宮、東久邇宮、華頂宮、北白川宮、朝香宮邸に到り、弔意を表する為め帳簿に署名せり。但、予は今朝閑院宮には既に敬弔の意を表し置たるを以て署名せす。又東久邇宮邸は予は同宮の職務を有するを以て是亦署名せす。東久邇宮邸及朝香宮邸にて茶を喫し、少時休憩せり。東久邇宮邸にては金井四郎予等を留め、朝香宮邸にては折田有彦〔朝香宮附事務官〕予等を留めたり。山崎か曾て同宮の宮務監督たりしを以てなり。四時後家に帰る。山崎は朝香宮にて予等に別れ、上野は青山御所前にて車を下り、予一人丹後町まて車に乗り来りたるなり。

宮内省より二回電話す

予か家に帰りたるとき婢より、先刻来二回宮内省より電話あり。御不在の旨を告けたる処、帰宅せられたらは電話し呉れらるる様伝へ呉とのことなりしと云ふ。

宮内省庶務課員今夜通夜を取消したるも更に今夜通夜し呉よと云ふ

予乃ち電話す。宮内省庶務課員、先刻伏見宮邸の通夜は明夜なることを告け置たる処、其後又変更して今夜より通夜することゝなりたる故、承知を請ふと云ふ。予之を諾す。

天機幷に皇后陛下、摂政殿下の御機嫌を奉伺す

○午前十時後東車寄に到り、帳簿三個に署名し、貞愛親王薨去の為宮中の喪（四日より八日まて五日間）を発せられたるに付天機及皇后陛下、摂政殿下の御機嫌を奉伺す。

貞愛親王殿下の喪を発す

親王殿下は昨四日午後九時〔原文空白、五〕分薨去の旨発表せられたり。

伏見宮邸に到り通夜す

○午後六時四十分頃より伏見宮邸に到り、侍従原恒太郎、参事官渡部信、金田才平と前半夜の通夜を為し、予は原と先番に当り、初二回は一時間宛にて更代し、最終は三十分間にて更代し、十一時三十分まて之を終り、原と自動車に同乗して家に帰り、予先つ車を下る。

木越安綱に遇ひ、柳田直平か病みたるも既に快きことを聞く

伏見宮邸にて木越安綱〔貴族院議員・公正会、後備役陸軍中将、元陸軍大臣、男爵、妻は柳田直平二女〕に遇ふ。木越は只今東中野に住し居ると云ひ、又先日柳田直平〔元大審院判事、柳田国男の養父〕か中野に行きたりとて其帰途自分（木越）方に立ち寄りたるか、其夜より風邪に罹り、一時は肺炎の模様ありて心配し居りたるも、最早快方になりたりとの話を為せり。

昨日東久邇宮邸より送られたる物は烏賊の塩辛なり（本月十五日の日記二十六葉表参看）

○午後三時頃東久邇宮邸にて少憩したるとき、金井四郎に昨日贈りたるものは何なりやと云ふ。金井烏賊の塩辛なりと云ふ。予何処に産するものなりやと云ふ。金井肥前諫早に産したるものなりと云ふ。東久邇宮御用取扱諫早某は諫早の人なる故、某より宮に献したるものならん。

宇佐美富五郎鎌倉より帰る

○午後五時頃宇佐美富五郎鎌倉より帰り来る。

荒井カズヱに電話し、隆に物を贈りたるを謝す

○午後六時頃荒井賢太郎の官舎に電話し、カズヱか隆か男を挙けたるを賀するため、物を贈りたることを謝する意を伝へしむ。

〔欄外に付記〕

二月五日補遺　宗秩寮より電話し、喪章を附くへきことを告く

○二月五日補遺

午前八時頃なりしならん。宗秩寮員より電話にて、宮中喪を発せられたるに付喪章を附けられ度旨を告く。

二月六日

○二月六日火曜。晴。

明善中学校長川口孫治郎来る

○午前八時頃福岡県立明善中学校長川口孫治郎なる者来り訪ひ、明善校は生徒の定員千二百人なるか運動場は千五百坪にて甚た狭し。然るに、明善校は旧藩以来の学校なるのみならす、先年陸軍大演習のとき明治天皇の御駐輦遊はされたる建物も学校に下賜せられ居り、右の如き事情にて学校を他の場所に移すことは絶対に不可なり。故に現在の場所にて拡張するより外に工夫なし。有馬伯爵家の別邸の地は仄聞く所にては之を解放せらるへしとのことなり。故に露骨の希望を申せは、別邸地の約半分を無料にて学校に貸与せられ度ことなり。然し夫れは余りに勝手なるの嫌もあるに付、真の名義のみの借地料にて貸与を受け度と思ふ。

有馬伯爵家別邸用地借用のこと

県の負担になること故、全体は県会の意向を確かめたる上に非されは相談し難きこととなるも、知事〔沢田牛麿〕よりも後のことは引受たるに付、有馬家に相談して宜しと云ひて、今日午前十時に仁田原（重行）君と面会することに約し居れり。此ことに付ては有馬家より必す貴君（予）に相談あるへきに付、希望を達する様に援助し呉よと云ふ。

予、別邸敷地も初より有馬家にて有し居る訳に非す。先年或る目的ありて他より強ひて買ひ受けたるも、故障ありて当初の目的を遂行することを得す。今日は彼の如き有様となり居るものなり。他の事と違ひ、有馬家にても育英のことには兼ねて重きを置き居ることとなるも、一家の事情より云へは、学校にて望み居る如きことの相談に応ふること出来るや否は分らす。いつれ有馬家より相談あらは、十分に協議することゝすへしと云ふ。

川口孫治郎の履歴

川口は尋常師範学校を卒業したる後、高等師範学校にて倫理科を卒業し（四年間）、更に高等学校卒業の検定試験を受けて帝国大学にて法学士と為り（四年間）、年齢四十のとき学士となりたりと云ふ。

旧藩主旧藩人との関係

川口は旧藩主か旧藩内の人心を纏むれは、非常に好成績ありと云ふ。予、先年来祖先の旧恩のみを説き、旧誼を維持せんとするは誤なる故、新情誼を結はさるへからす。之を結ふには今日の時勢にては育英より外に方法なしとの考より、多少有馬家にても其方に力を尽くし居れとも、格別の効能なき様なる旨の談を為す。川口は初は五、六分間面会し呉よと云ひたるも、結局三十分間許話て去る。

借地に関する書類

有馬家に出す借地に関する書面を、予にも一覧し呉よとて其写を渡したり。

○午前九時二十分頃より出勤す。

皇族附職員会議の席に到り、予か東久邇宮事務を視ることゝなりたることを告く

○午前十時後、給仕をして宗秩寮に行き、今日皇族附職員の会議あるや否を問はしむ。給仕返り、会議あり。既に来り会し居る旨を報す。乃ち徳川頼倫の室に到る。皇族附職員のみにて宗秩寮員は在らす。予、一月下旬、東久邇宮殿下御帰朝まて同宮宮務監督の如き事務を執ることを命せられたり。然れとも、宮務監督事務取扱と云ふ如き名称あるに非す、無名にて実際の事務を執るのみなり。右の次第にて披露すへき名義もなき故、其事を含み置呉よとの挨拶を為して審査局に返る。

皇族其他死去の場所及日時を偽ることは不可なり

○午餐のとき食堂にて、貞愛親王殿下は実は本月三日銚子にて薨去せられたるも、四日午後八時頃本邸に還られたる上、四日午後九時〔原文空白、五〕分薨去せられたる旨告示せられたり。昔は種々の事情の為、喪を秘する必要もありたるへきも、今日にては最早其必要なし。

反対の理由は理由とならす

薨去の日時を更へ、本邸に還られたる後に薨去せられたることゝなす主なる理由は、上位の人は正寝に終はると云ふことゝ、死後骸を移すには其資格に応し鹵簿を備へさるへからすと云ふことなる趣なるも、予は此の二個の理由とも事実を枉けさるへからさる程のことに非すと思ふ。先年昭憲皇太后〔明治天皇皇后美子〕崩御のときも、予、沼津にて崩御せられたるものとして発表せらるることの意見を述へたれとも、誰も顧みるものなかりしか、最早今日にては事実に従ふて宜しくはなきやと云ふ。

牧野伸顕の感想

牧野伸顕、此節抔は彼此詮議する暇もなく、還邸後薨去せられたるものとなすことに自然に定まりたる故、其の成行に従ひたるか、実は事実に非さることを上奏して御裁可を願ふは此上もなく畏多きことなり。十分詮議することに致し、事件発生後詮議し居りては間に合はさる故、平素十分に調査を尽く〔し〕置き度し。是は式部職の主管なるへきやと云ふ。井上勝之助、宗秩寮の所管ならんと云ふ。

牧野伸顕取調を命す

牧野、徳川頼倫に取調を命す。

喪章を附くへき旨仰せ出さるるは穏当ならす

予又此節宮中喪仰出されたるに付、参内する者は皇室服喪規程に依り喪章を附すへき旨仰出されたる趣の告示を出されたるか、予の考にては、宮中の喪のときは此の如き喪章を附すへき旨の規定を設け置けは臨時に仰出さるる必要なく、特に喪章を附することを仰出さるるは事体も面白からさる様なり。今日は命令的の規定なき為、従来仰出さるる形式を取り来りたるものなるへきも、其規定なくとも予は宮内大臣丈けの職権にて喪章を附すへき旨の告示を出して差支なきことゝ思ふと云ふ。

英国の形式に倣ひたるものならん

井上（勝之助）、何十年来此節通りの形式となり居れり。一定の規定を設け置けは、夫れか一番宜しかるへし。英国にて勅命に依り喪章を附けしむることゝなり居るに付、現在の例は之に倣ひたるものなるへきかと思ふと云ふ。

国府種徳と談せんとして果さす

予食堂を去らんとするとき、国府種徳と談せんとす（後赤壁遊日の詩のこと）。

白根松介、貞愛親王の納棺式に付、宮内高等官総代として参列することを謀る

会々白根松介予に対し、明日午後七時か七時三十分か時刻は未定なるも、貞愛親王殿下御納棺式を行はるるに付、宮内高等官総代として参列を請ひ度きか、差支なかるへきやと云ふ。予、先刻王世子邸に通知したりと云ふ。時刻は既に七時三十分に定まり居りたる様なり。予が参列することは差支なしと云ふ。白根時刻は尚ほ之を確むることゝすへしと云ふ。予服装は通常服にて宜しからんと云ふ。白根然りと云ふ。国府は予が白根と話するを見て立ち去りたり。

小原駩吉来り、雲畑御猟場にて人を死に致したる監守長某の処分を謀る（二月十九日の日記六十五葉裏参看）

○午後一時後小原駩吉来り、先日雲畑御猟場にて過失にて人を死に致したる天城御猟場の監守長某（菊池巳之吉）に対しては、検事局は起訴猶予の処分を為し居るとのことなり。然るに西園寺（八郎）は寧ろ当方より検事局を促して起訴せしむる方宜しからんとの意見を有し、君（予）も同様の意見なる様に云ひ居りたり。自分（小原）は此ことは軽卒に決すへき問題に非す。只今の処にては、式部職にては一と通り懲戒の手続ても尽くしたる上は引続き御猟場に勤務せしめんと思ひ居る様なるか、刑事裁判にて刑の言渡を受けたらは、留任せしむること出来さる様になることなきや。自分（小原）は西園寺に対し、軽卒に決すへからさる様尚ほ協議せよと云ひ置きたり。自分（小原）と西園寺と二人にて君（予）の意見を聞くよりも、次官（関屋貞三郎）も共に之を聞く方便なるへきに付、迷惑なから次官室まて出て呉よと云ふ。予之を諾す。

監守長某の処分に関する予の意見

其後右のことに付談し居るうちに、予は必しも起訴を必要とする訳には非す。若し検事局か宮内省に遠慮して已むを得す起訴を猶予し居り、世人も処分の不公平を疑ひ居る様ならは、寧ろ起訴して正当に処分せしむる方可ならんと思ふ旨を西園寺に告けたることある趣を談し、且つ懲戒処分と刑事処分とは少しも抵触せす。刑事の処分を為さゝるも懲戒処分を為すことを得るは勿論、懲戒処分を為さゝるも刑事の処分を為すことを得るは当然なり。唯検事局にては差向き起訴はせさるも、若し被害者より告訴ても為せは、已むを得さる故起訴することもあるへく、夫れまて起訴を猶予し置くへしと云ふ様なる趣意にて猶予し居るとのことなるか、是は分らさることなり。起訴の必要なしと思へは告訴ありても其の為に起訴せさるへからさる理なく、起訴の必要ありと思へは告訴なきも起訴を為さゝるへからす。いつれにしても被害者の意見に拘はる必要なし。故に宮内省にても懲戒の必要ありと思ふならは、何時にても其処分を始むるか宜し。其中に刑事の起訴あれは、一時懲戒処分を停止せさるへからさるの規定あるまてのことなりと云ふ。

西園寺八郎を召ふ

小原、夫れ丈けのことならは強ひて関屋の室にて討議する必要なからん。西園寺を召ふことゝすへしと云ひ、電話にて之を召ふ。

白根松介、中御門経恭亦来る

西園寺来り、白根松介、中御門経恭〔式部官・式部職庶務課長、貴族院議員・研究会、侯爵〕亦来り。予が前述したる趣意にて協議し、宮内省にては兎に角懲戒処分に著手することゝすへしと云ひ、西園寺は看守長某は今後留任せしむることゝならは、非常に感激し居る故、必す十分の力を致すことゝなるへし。勿論今後は本人には銃を取扱ふ職務は命せさる積りとの談を為し、白根、中御門は辞し去り、西園寺と小原とは尚ほ留まりて雑談を為し、

関屋貞三郎か良子女王殿下の鹿児島行を勧めたること

小原は、良子女王殿下に鹿児島行を勧めたるは関屋なる趣にて、関屋自ら其事を談し、此節邦彦王殿下服喪の為、旅行せられ難きことゝなりたるは遺憾に思はるることゝならんと云ひ居りたり。関屋も右の如きことを勧むる位にては、未た皇族の事情に通したりと云ふへからす。喪期満ちたらは、復た此問題始まるならんと云ふ。

良子女王殿下干潮狩の写真のこと

西園寺、女王殿下は成るへく外出せられさる方宜し。いつそや干潮狩の写真を新聞に出したるか、言語同断なりしと云ふ。

秩父宮殿下新兵の受附をなされたること

小原、写真と云へは、秩父宮殿下か新兵に操銃の指南を為され居る写真を見たりや。其の姿勢の笑しきこと何とも云ひ難しと云ふ。予、秩父宮殿下をして新兵入営の受附を為さしむる如きことは、陸軍にても余り考へなきことなり。隊附の必要ありとしても、宿舎に入られす通勤にてもなすか為〔宜〕しと云ふ。西園寺、何事に限らす殿下方を利用して銘々の便利を図る故、困ること多しと云ふ。

貞愛親王殿下遺骸の運送方に関する意見の相違

今日小原か来りたるとき、貞愛親王は病気の儘帰京せらるると云ふ理由にて、本月四日汽車に載せて本邸に入らしむるまては、関屋貞三郎と大谷正男とは棺に納むることを承知せす、東伏見宮殿下〔依仁親王、元帥海軍大将、一九二二年死去〕を棺に入れ

す、自動車に載せて葉山より本邸まで運ひたる例を固執し、喪を発せさる以上は棺に入るへきものに非すと主張せり。自分（小原）は多分此の如き間違ひたることを為すならんと懸念したる故、四日朝態々出勤し、是非とも棺に入れさるへからす。銚子別邸より銚子駅まで自動車にて運ひ、夫れより汽車に乗せ、両国駅より又自動車に移さゝるへからす。此の如く度々移し替えるとき棺に入れ置かすして、彼処此処を持ち運ふは御子様の情としても忍はるへきことに非すと云ひたるも、尚ほ承知せさるに付、結局然らは博恭王殿下〔伏見宮博恭王、故伏見宮貞愛親王嗣子、海軍大将、軍事参議官〕方の御考を伺ふより外致方なし。佐藤愛麿〔伏見宮別当、華頂宮宮務監督〕に電話して交渉すへしと云ひ、終に其手続きを為して棺に納むることゝ決定せり。

運送方は小原駩吉の意見に決す

大谷等は僅かに東伏見宮を自動車のみにて運ひたる一例の外何も知らすして強情を張る故困るとの談を為したり。是は西園寺か来る前の談なり。

喪を発する時期、場所に関する意見

又監守長某の処分を終はり、白根等か去りたる後、西園寺、小原と談するとき、予より西園寺に対し、小原は予の意見に反対なるか、予は伏見宮殿下の薨去の如き場合には、矢張り事実の通り銚子にて薨去せられたるものと為す方か宜しと思ふ、君（西園寺）は如何思ふやと云ふ。西園寺事実の通りになすか宜しと云ふ。

小原駩吉、皇族ならは強いて予等の意見に反対せずと云ふ

小原、自分（小原）も皇族のことに付ては必しも反対せす。然し、陛下のことに付ては何処迄も反対なりと云ふ。西園寺、死後か却て生前よりも仰山にせさるへからさる理由なきに非すや。生前に微行あるならは、死後たりとも場合に因り微行の形式を用ゐても宜しきに非すやと云ふ。

死体に対する観念の変更

夫れより談は自然と推し移り、予は以前は死体は非常に尊ゐものとの観念を有し居りたるも、近年は大分考か変り、墓参を為すは何たか馬鹿らしき様の考ありと云ふ。

意見の悪化

小原、之は大変なる悪化なり。倉富君か此の如きことを云ふ様になりては大変なりと云ふ。

火葬に関する観念

予、以前は火葬は大嫌なりしか、近年は其考も変り、総て火葬して一処に置く為其場所を作りたりと云ふ。

共同納骨処

西園寺、自分（西園寺）は一万円を貯へさるへからす。共同の納骨処を作る積りにて計画せしめたる処、一万二千円許を要するとのことなり。此の計画に依れは、何〔原文空白〕百人分の骨を納むることを得へく、〔原文空白〕百人の骨を納むるものとすれは、約千年を要する訳に付、差向きさほどの計画を為す必要なしと思ひ、二千円許を出して十人許の骨を納むる場所を設け置きたり。是は一人分宛一つの抽斗に入るる設計なり。先祖代々の墓と書するも気かきかさる故〔原文空白〕と書し置きたりと云ふ。予、予は抽斗は設けず棚の上に箱を置く様にし、只今の処四、五十位の箱を並ふることを得へしと云ふ。

遺骨区別の方法

西園寺夫れにては後には誰の分なるや分らさる様になるへしと云ふ。予、予は瀬戸焼の名札の如き趣向にて瀬戸物の箱を作り、夫れに文字を焼き附け置きたらは、永久に磨滅せさらんと思ふと云ふ。小原夫れは好き工夫の様なりと云ふ。

西園寺八郎は自分より共同納骨処に納る　養父の骨は入れす

西園寺、自分（西園寺）か右の如き墓所を作りたる処、養父（公望）か自分（養父）の分も其処に入るるやと云ふに付、自分（西園寺）、然らす。是は自分（西園寺）より後の分にて、養父の分は別に立つることゝなすと云ひ置きたりとの談を為し、三時頃まて雑談して去る。

貞愛親王に献する供物

○午前なりしか午後なりしか記臆せす。枢密院事務所より電話にて、顧問官より貞愛親王殿下に供物を為すか之に加はるやと云ひ来りたる旨、西野英男より告く。予之に加はることを請ふ旨を答へしむ。

黒木為楨への供物

西野復た来り、黒木大将（為楨（元枢密顧問官、退役陸軍大将、伯爵、故人））の分は如何と云ふ。予又之にも加へ呉よと云はしむ。

国府種徳詩稿を致す

○午後、予か小原、西園寺と話するとき、給仕来たり、国府種徳の書状を致す。書は昨年陰暦十月望東坡後赤壁の遊に擬したる雅会の詩を示したるなり。

内子鎌倉より帰る　隆の熱降る

○午後六時後、予正に浴す。内子鎌倉より帰り来り、隆の熱は未だ全て解けさるも、余程快き旨を報す。

高羲敬来り、世子夫妻、貞愛親王の納棺及び其式に参列せらるへきや否を謀る

○午前十一時頃高羲敬より、今日午後七時三十分より貞愛親王殿下の納棺を為し、明日午後七時三十分より納棺式を行はるるに付、王世子及妃両殿下とも参列せられ度旨、閑院宮殿下（載仁親王、元帥陸軍大将、軍事参議官）の考にて決したる由、月当番古川某（義天、竹田宮附事務官）より通知し来れり。両夜とも参列せらるる方宜しかるへきやと云ふ。予、各皇族か参列せらるるならは、両殿下とも参列せらるる方宜しからん。全体は世子殿下は夫れには及はさらんと思はるれとも、妃殿下か行かるるならは共に行かるる方か宜しからんと云ふ。

上林敬次郎、李王殿下の名代となり貞愛親王の葬に会すること

高又上林敬次郎は昨日頃出発帰任する筈の処、李王職長官より伏見宮殿下御葬儀のとき、李王殿下の名代として参列すへき旨申来りたり。如何すへきやと云ひ、自分（高）は世子殿下か名代とならるる故、上林か滞京するには及はすと思ひたるも、是は自分（高）か云ふへきことに非すと思ひ、何事も云はさりしと云ふ。予、是は予等の関係すへき問題に非す。上林は滞京を喜ふならんと云ふ（此一段の談を為したる日時は確かならす）。

小原駩吉、宮内省より貞愛親王危篤のことを通知したるやを問ふ

○午後、小原駩吉、西園寺八郎と話するとき（二時後なりしならん）、小原より予に対し、本月三日夜に貞愛親王御危篤のことは宮内省より貴官（予）に通知したりやと云ふ。予通知を受けたりと云ふ。小原宗秩寮より通知したりやと云ふ。予然りしならんと云ふ。小原一般の部局長として通知したりや又は宗秩寮の関係として通知したりや。

小原駩吉、予か宮内省に行かさるを怪む

自分（小原）は貴官（予）か来り居らさる故、或は通知漏れになり居るには非さるやと懸念せりと云ふ。予通知は宗秩寮よりには非さりし様なりと云ふ。

予か鎌倉に行きたること

三時頃西園寺去り、小原一人となりたる後、予より実は三日夜危篤の報を聞きたるも、鎌倉にある小供か発熱し居り、其方に行かさるへからさることゝなり居りたる故、四日早朝に伏見宮邸に候し、夫れより鎌倉に行き、帰宅後更に伏見宮に行き、御帰邸を迎へたる訳なりと云ふ。

隆の神経衰弱

小原、令息の病気は如何と云ふ。予、先年君（小原）の世話になりたる三男なり。其後も兎角神経衰弱にて困るとの談を為したり。

二月七日

雪ふる

○二月七日水曜。雪。午後より夜に到るまで益々雪ふる。積むこと七、八寸。

広津潔子電話す　内子は強ひて鎌倉に来るに及はす　隆の体温

○午前八時後、広津潔子より内子に電話し、昨日午後隆の体温は三十七度六分なり。内子は強ひて鎌倉に来り呉れさるも、朗子のことは世話出来さることなからん。内子の都合宜しきときに来り呉よと、隆より潔子に嘱して其意を伝へしむる旨を報す。

○午前九時三十分頃より出勤す。

○午後四時より退省す。

貞愛親王納棺式に参列す

○午後七時より伏見宮邸に行〔き〕、貞愛親王納棺式にて宮内省高等官総代として其式に列す。宮内省の部内より来りたる者は大臣（牧野伸顕）、予及田内三吉のみなり。其他徳川頼倫、関屋貞三郎等来り居りたるも、是等は葬儀に関する職務を有するものなり。

有栖川宮大妃董子殿下薨す

予等か休所に居るとき（午後七時後なりしならん）関屋貞三郎来り、牧野伸顕に有栖川宮大妃（故熾仁親王（有栖川宮第九代当主、左大臣、参謀総長を歴任）妃董子）殿下今日薨去せられたることを報し、遂に予にも其ことを報す。病症は感冒にて、熱は既に解けたるか、今日午後突然薨去せられたりと云ふ。貞愛親王納棺式は七時三十分より始むとのことなりしか、八時に至るも何の通知なく、八時後に至り礼拝すへき旨通知し来りたるに付、牧野と共に柩を安置したる室に行き、拝礼して直に出て一たひ休所に入り、直に帰り去る。

朝香宮殿下より牧野伸顕に贈られたる書状

拝礼前休所にて牧野より、仏国に在る朝香宮殿下より書状来り、目下洋服店靴店等に行き、服装其他の仏国風俗を研究し居る旨を申越され、至極元気なる模様なりとの談を為せり。

金井四郎、東久邇宮殿下より牧野伸顕に書状を贈られたるやを問ふ

拝礼後、将に帰らんとして玄関に出てたるとき金井四郎より、宮内大臣（牧野）か東久邇宮邸に来りたるとき、片岡久太郎か聞きたる処にては、稔彦王殿下より牧野宛に詳細なる書状来り、牧野よりも返書を出す積りなりとのことなりし趣（牧野か直接に片岡に話したることとなるか、又は牧野より妃殿下に話し、妃殿下より片岡に告けられたることとなるか、金井の談にては其辺は明瞭ならす）なるか、牧野より何か其ことに関する談なかりしやと云ふ。予、其ことに付ては何の談もなし。朝香宮よりの来書ありたることは話し居りたり。或は片岡の誤聞には非すやと云ふ。金井更に片岡に問ひ見るへしと云ふ。家に帰りたるは九時頃なり。

宮内省より電話

○午後七時後宮内省より電話にて、予か家に在るや否を問ひ、家人より伏見宮邸に行き居る旨を答へたる処、然るかと云ふて電話を止めたる趣なり。

白根松介、有栖川宮大妃の薨を報す

○午後九時後白根松介より電話にて、今日午後九時二十分有栖川宮大妃薨去の旨発表せられたることを報す。

二月八日

雪歇ます　積むこと七、八寸

○二月八日木曜。雪尚ほ止ます。然れとも甚しからす。積むこと七、八寸。

有栖川宮大妃の薨去を奉弔す

○午前九時三十分より有栖川宮邸に行き、大妃（故熾仁親王妃董子、六十九歳）の薨去に付、弔意を表する為帳簿に署名し、直に宮〔内〕省に出勤す。

王世子及妃の葉山行の予定　王世子及妃は貞愛親王の納棺に列せす、納棺式の時のみ列せらる

○午前十時後高羲敬来り、王世子及妃両殿下は明九日葉山御用邸に行き、天機幷御機嫌を奉伺せらるる予定なり。貞愛親王納棺に付ては、本月六日及七日両度世子及妃殿下伏見宮邸に行かるる予定なりしも、賀陽宮殿下等も六日には行かれす、七日にのみ行かるるとのことなりし故、世子及妃両殿下も六日には行くことを止め、七日丈に行かれたり。

李王及王世子等よりの喪中見舞のこと

又貞愛親王薨去に付喪に居らる皇族には、見舞として菓子を贈らるる筈なるが、博義王、博信王〔伏見宮博信王、伏見宮博恭王三男、海軍兵学校生徒〕、其他博恭王の卑属たる方には特別に贈らるるには及はさらん。但博忠王〔華頂宮博忠王、伏見宮博恭王二男、海軍少尉〕丈けは博恭王の子なる〔か〕、特別に宮号を有し居らるる故、是には別に贈らるることとする積りなり。貞愛親王の葬儀及祭日等の贈は総て他の皇族の振合に準し、葬儀のときは李王、王世子、李堈公、李鍝公より各別に榊、鏡餅を贈られ、その後の祭日には世子のみより贈らるることゝする積りなりと云ふ。予、夫れにて宜しからんと云ふ。

憲兵分隊長某、世子護衛のことに付金応善と交渉したること

高又憲兵分隊長某〔三谷清、陸軍憲兵大尉、赤坂憲兵分隊長〕より金応善に書を贈り、此の節朝鮮より不逞の徒上京し居り、警戒を要するに付、平常より憲兵の人数を増さんと思ふか如何と云ふ趣意にて金の意見を問ひ、其書状に対しては既に金より返書を出したる趣なり。然るに其後更に某より金に対し、途中の警戒のみにては尚ほ不要心に付、世子邸内に一人（私服）の憲兵を派出し、尚ほ其外に自動車に一人を載せ度と云ひたる趣なり。金は此ことは自分（金）限りにて答ふることを得すと云ひ置たる趣なり。如何返答すへきやと云ふ。予、世子警戒のことは元来警察の職務に属することに付、世子邸の意向如何に拘はらす、必要と思ふ丈けは先方にて為さゝるへからさることなり。殊に金の考を聞きて決する様のことは、根本に於て誤り居れり。前の書状に対し金より答へたるも適当ならすと思ふ。

後の問に答ふには皇宮警察との関係あり。殊に自動車上に憲兵を載せること抔は世子邸の請求あるときの外、其取計を為すこと出来さることなり。兎に角邸内と車上とのことは之を断はり置き、其他のことは、憲兵にて必要と思ふ丈けのことを先方の考にて為さしむることに致し置きたらは夫れにて宜しからんと云ふ。高其振合に致し置くへしと云ふ。

有栖川大妃薨去に付宮中喪を発せらるることの当否

○午餐のとき食堂にて、有栖川宮大妃（故熾仁親王妃董子）薨去に付、宮中喪を発せらるへきや否を議し居り。牧野（伸顕）、関屋（貞三郎）、井上（勝之助）、徳川（頼倫）、九条（道実）、白根（松介）等先例を調査し、邦家親王〔伏見宮第二〇代および第二三代当主、伏見宮貞愛親王の父、故人〕妃景子〔関白鷹司政熙の娘〕薨去のとき（明治二十五年）宮中喪を発せられ居る故、此節も之を発せらるるか相当なるへく、之を発せらるることゝすれは、昨夜喪を発せられたるとき、同時に之を発せられさるへからさりしも、止むを得さるに付昨日附の官報号外でも出すことにすへしと云ひ居る処に、予は食堂に行き之を聞き、宮中喪を発せらるるものとすれは夫れにて宜しかるへきも、根本に於て尚ほ研究すへきことあるへし。故彰仁親王〔小松宮彰仁親王、元参謀総長、伏見宮邦家親王八男〕妃〔頼子、有馬頼咸長女〕薨去のときは宮中喪を発せられたりやと云ふ。誰なりしか確かならさるも、其の時は之を発せられす。其時は昭憲皇太后の諒陰中なりし故、宮中喪を発せらるる必要なかりしならんと云ふ。

予、重き喪あれは軽き喪は同時に経過するも、重き喪ありて軽き喪を発せられさる理なし。其他の妃の薨去の時の例を取調へたりやと云ふ。井上、他には妃の薨去せられたる事実なき様なりと云ふ。予、山階宮の前妃〔山階宮菊麿王妃範子、公爵九条道孝二女〕の例もあるへしと云ひ、其時の例を取調へたるに、宮中喪なし。夫れより山階宮菊麿王〔山階宮第二代当主〕、賀陽宮邦憲王〔賀陽宮初代当主、元伊勢神宮祭主〕薨去の時の例を取調へたるに、是亦宮中喪なし。皇室服喪令は明治四十二年六月に発布せられ其第〔原文空白、二六〕条に服喪範囲外の皇族の為特に五日以内の宮中喪を発することあるへしとあり。邦憲王の薨去は服喪令制定後にて宮中喪なかりしに依れは、邦家親王妃のときの宮中喪を特例とし、此節は之を発せさる方適当なるへしとのことに決す。

国府種徳来る　之に一昨日国府より予に渡したる詩稿を返す

○午前十一時後、国府種徳審査局に来る。予、一昨日国府より予に贈りたる昨年陰暦十月望東坡後赤壁の遊に擬したるときの都下詩人及政客の詩稿を返し、水野錬太郎の詩題に壬戌古暦望月云々とあり、古暦の下に十月を加へされは不可なること、又大木遠吉〔鉄道大臣、伯爵〕の詩中、漫詩皎容は読むへからす、誤写なるへきこと等を告け、

改作の詩を国府種徳に交す

且つ予寒韻の詩の改作（月白風清霜露寒〔傍注「原作人影寒」〕、偶鶏後賦坐更聞〔傍注「原作至実聞」〕、坡公遷謫因憂国、休做〔傍注「原作休作」〕尋常詞客看）を国府に交し、予の詩は他と同しく印刷に付することは之を拒むと云ふ。国府拒む勿れと云ふて去る。

多納栄一郎電話にて龍郎の病状を問ひ明日来診すへしと云ふ

○午前多納栄一郎より内子に電話して龍郎の病状を問ひ、先日坂田（稔）か診察したるに付自分（多納）は無沙汰せり。明日午後往診すへしと云ひ、鎌倉の海月楼の所在地名を問ひたる趣なり。

〔欄外に付記〕

二月八日補遺　金井四郎来り、牧野伸顕か片岡久太郎は稔彦王殿下より牧野に書を贈らしたりと云ひたることに付ては更に片岡に問ひ合はすへしと云ひ菓子を遺し置きたり

○二月八日補遺

午後金井四郎来り、今日は有栖川宮の使をして両陛下より有栖川宮大妃薨去に付御弔問使を遣はされたることの御礼を申上ける為め大奥へ行きたり。片岡久太郎か牧野伸顕より稔彦王殿下の御書状に接したりと云ひたることの詳細は更に片岡に問ひ質し見るへしと云ふ。金井は大奥にて菓子を貰ひたりとて白袱に包みたるものを予の席に遺し行きたり。予金井に、之を持ち帰れと云ひたるも、肯んせすして去りたり。帰宅後内子に交す。之を検したるに羊羹なりしなり。

二月九日

○二月九日。晴。

○午前九時三十分より出勤す。

王世子及妃の葉山行

○午前十時後高義敬来り、王世子及妃は予定の通り今日葉山に行かれたり（天機并に御機嫌奉伺の為）。有栖川宮大妃薨去に付、各宮は共同にて見舞として菓子一箱、夜食料五百円を贈らるる旨月当番（竹田宮附事務官古川義天）より通知し来れり。

李王及王世子等よりの有栖川宮に対する喪中見舞及夜食料

伏見宮には李王、王世子、李堈公、李鍝公共同にて菓子一箱、夜食料三百円を贈られたり。有栖川宮には如何すへきやと云ふ。予、大体伏見宮同様にて宜しかるへきが、夜食料は少しく減額しても差支なからんと云ふ。高、各宮は此節も伏見宮と同様にせられたりとのことなり。故威仁親王は京城に御出なされたることもあり、減額せさる方宜しからんと思ふと云ふ。予然らは其方か宜しからんと云ふ。

憲兵分隊長某に対する返答方に付金応善に予の談を通知したること

高又憲兵分隊長某より世子警衛のことに付金（応善）に申来りたることに付ては、昨日貴官（予）より話されたる通り金に通知し置き、金か前に適当と為したることも、顧問（予）は適当ならすと云ひ居られたりと話置けり。金も或は然るならんと云ひ居れり。

憲兵分隊長某か陸軍大学校に来り、憲兵を自動車に乗せんとしたること

金の談に依れは、分隊長某は陸軍大学校に来り、憲兵卒に対し世子護衛の為世子の自動車に同乗せよと命したるも、金は之を拒みたり。分隊長は世子邸事務官か承諾し居ると云ひたるも、金は之を聞きたることなしと云ひ置きたりとて、其ことを自分（高）に告けたり。

憲兵分隊長某は狂人なる様なり

自分（高）は固より之を聞きたることなし。分隊長は或は狂人ならんかと思はると云ふ。予、分隊長より金に贈りたる書状に金武官閣下と書し居りたり。軍人の慣例にて佐官に閣下と云ふ例なし。或は狂気なるやも計り難しと云ふ。高、分隊長は久しく支那に行き居りたりとのことなる故、支那の風を真似居るならんと云ふ。予支那に在りたりとて軍人一般の例に違ふ訳なしと云ふ。

片岡久太郎来り、牧野伸顕か片岡に稔彦王殿下より書を贈られたる旨を談したることを告く

○午前十一時片岡久太郎来り、今日は宝器保管の用務にて宮内省に来りたりとて、金井事務官（四郎）より貴官（予）に話し置くへしと云はれたることあり。貞愛親王殿下薨去発表の翌日（本月五日）、宮内大臣（牧野伸顕）東久邇宮邸に来り（御機嫌伺ひの帳簿に署名する為）たるとき、自分（片岡）か挨拶したる処、大臣より妃殿下方の御機嫌を問ひ、御機嫌宜しき旨を答へたるに、大臣は夫れは結構なり。王殿下より詳細なる御書状を下されたり。自分（大臣）より返書を呈する積りなり。今日は妃殿下には拝謁せす、王殿下は御機嫌宜しき模様なりとの談を為せり。先日溝口（直亮）か名古屋聯隊より暇を得て帰京したるときの話に、稔彦王殿下の御滞在費は如何なりたるやと云ふに付、夫れは御内儀より五万円丈補足せらるることになり居るか、殿下か是非とも之を返上すと云はれ、困り居ると云ひたる処、

溝口直亮、稔彦王殿下の為に弁す

溝口は殿下の御主張も道理あることなり。殿下は平素御内儀より恩賜を拝領することを嫌ひあり。久邇宮にて良子女王殿下の

為御内儀より恩賜を受けらるることに付反対の意見を久邇宮殿下に提言せられ、必要なるものならは公然表より御受け成さるか宜し。御内儀より恩賜は弊を生し易しとのことを主張せられたることあり。

稔彦王殿下は内帑より賜を受くることを喜はす

然るに、殿下の滞仏費として御内儀より恩賜を受けられては、前の主張と矛盾する故、御内儀の賜金に反対せらるる訳なり。今後妃殿下御洋行の時になり、王殿下の費用も不足なるへしとの御思召あり、妃殿下に恩賜あるならは、王殿下も必す喜んで受けらるることならん。

溝口直亮、上原勇作及牧野伸顕を評したること

自分（溝口）は王殿下か英国行を止められたるは尤のことゝ思ひ居るか、上原（勇作）抔は頑固に付、如何に自分（溝口）より説明しても諒解せす。其処になると宮内大臣は非常によく諒解し居れりとの談を為せり。溝口と〔か〕大臣との談を為したるは、或は大臣が王殿下より書状を受取りたる後のことには非さりしかと思ふと云ふ。予、予は是迠大臣より何の話も聞き居らす。其内機会あらは大臣に問ひ見るへしと云ふ。

黒木為楨の葬に会す

○午後一時より青山斎場に行き、黒木為楨の葬儀に会す。一時四十分頃達す。休所より中村雄次郎〔枢密顧問官、前宮内大臣、男爵〕、安東貞美〔後備役陸軍大将、元台湾総督〕、浅田信興〔退役陸軍大将、元軍事参議官〕、中橋徳五郎〔衆議院議員・政友会、前文部大臣〕等に遇ふ。

二上兵治より清浦奎吾の意に依り清浦と加藤友三郎と枢密院より上奏したる件に付会談したる状況を報す

二上兵治来り、予を誘ひて人の居らさる処に行き、議長（清浦奎吾）より機会あらは通知し置くへしとのことなりしなり。昨日議長は内閣総理大臣（加藤友三郎）に会見したるに、総理大臣より、枢密院より日支郵便交換約定の件に付上奏し、其後該件に付議長より総理大臣へ交渉せられたることは総理大臣と議長との交渉を今暫く待ち呉よとのことなりしに付、議長より其ことは領承したるか、大略如何様なることにて今後交渉する積りなるか、大略の趣意を承知し置度との談あり。総理は大略の趣意を決定するに付、二、三日の猶予を得度とのことにて昨日の談は終はりたる次第なりと云ふ。

有松英義、秘密漏洩を否認す

其時有松英義来る。有松亦予等の談に加はる。有松、自分（有松）か枢密院の内情を他に漏洩したりと云ふ風説は実に不都合のことなりと云ふ。二上其様のことは余り気に掛けさるか宜しと云ふ。

有松英義に戯むる

予、有松君か漏すると云ふ評判は予等も聞き居れり。是は多分事実ならんと云ふて有松に戯むれ、加藤（友三郎）内閣は綱紀粛正を標榜し居るに付、先つ此の如きことより著手せさるへからすとまて云ひ居りたる人ありと云ふ。有松、自分（有松）に対する風説は性質か甚た悪しと云ふ。

政府か顧問官の軟化を図ることを笑ふ

有松か来る前、二上に対し、政府より顧問官の軟化を図る抔不思議なることなりと云ふ。二上、貴官（予）の処にも誰か来りたりや。馬場（鍈一）か来りたりやと云ふ。

予の家には荒井賢太郎か来りたることを談す

予、荒井（賢太郎）か来りたりと云ふ。二上成る程朝鮮にて縁故なるかと云ふ。予、政府にて弁護するもさることなから、人をして枢密院のことを悪罵せしむるは感情を害するのみにて、甚だ不可なり。

政府か大権干犯の声に驚きて不当の説明を為したる為、窮境に陥ひたり

政府は大権干犯の声を恐れ、急に御裁可に依りて約定の効力を生するとの説を為したるか、是は甚だ拙かりしなり。調印に依り効力を生すとの説を一貫し置けは、一時の手続なりと云ふ丈けにて済みたるも、今日にては云はゝ抜きも指しも出来さる有様なり。

政府の説明は岡野敬次郎、馬場鍈一等の意見なる由

聞く所に依れは、大権干犯の説あるより、急に岡野（敬次郎）、馬場（鍈一）近来は学説上仮令ひ約定に裁可を要することを明記せさるも、裁可に依りて効力を生すと云ふことゝなり居るとのことを主張し、他の閣員は二人の説を諾し、格別論究せすして議員に説明を為したりとの話を聞きたりと云ふ。二上拙きことを為したるものなりと云ふ。

有松英義、荒井賢太郎か予か家に来りたることを談る

有松か来りたる後、有松より予の所には誰か来りたりやと云ふ。予、荒井（賢太郎）か来りたりと云ふ。有松彼の如き人まて運動に加はり居るやと云ふ。

赤池濃か来たるは予の感情を害したり

予、予の処には其外警視総監（赤池濃）か来りたるか、予は赤池の来りたることは不快に感し、いかなる資格にて来りたるやと云ひたるに、別に内閣より依頼を受けたる訳には非さるも、傍観するに忍ひさる故来りたりと云ひ、予は赤池とは何事も談せさりしとのことを話したり。葬儀は例の通りにて榊を供へて、家に帰りたるは午後二時五十分頃なり。

広津直人来る　内子と行違となる

会々広津直人来り居り。只今来りたる処なるか、妹氏（内子）は鎌倉に行きたりとのことにて行き違ひとなれり。

隆の払褥

今朝潔子か隆子《〔ママ〕》の家に行きたるに、今朝は隆子《〔ママ〕》は既に払褥致し居りたる趣なりと云ふ。

広津直人掛け軸の語を撰むことを嘱す

広津、朝鮮に在る某より、雛段の後に掛る軸物に字を書することを嘱せられたるに付、語を選ひ呉よ。本月中旬頃までにて宜しと云ふ。予、女四書抜書を出し、二、三の語を示す。広津之を写す。

広津直人に漢文大成を返すことを促す

予又広津に、前に貸し置きたる漢文大成一巻用済ならは返し呉よと云ふ。広津之を諾し、漢文大成の第三版の予約を為したることを話す。

広津直人、独逸帝の戦争に関する手記を載せたる新聞切抜を致す

広津、今日新聞の切り抜き（独逸前帝〔ヴィルヘルム二世、Wilhelm II〕の戦争に関する手記）を持ち来り、予に交す。午後三時三十分頃辞し去る。

多納栄一郎、龍郎に病癒へたるを告げ、龍郎をして葉書を其の父に贈らしむ

○午後二時後、多納栄一郎来りて龍郎を診し、最早回復したるに付、舒ろに褥を払ひて宜しかるへしと云ひたる由。今夜龍郎より其の父（啓二郎）に葉書を出し、病快を報す。

内子、隆か家に宿す　内子三越呉服店に行き生児の衣類を買ふ

○内子、隆か家に宿す。内子は鎌倉に行く前、三越呉服店に過きり、生児の衣類を買ひ、之を携へて鎌倉に行きたり。

高義敬来り、大谷光瑩死去に付世子邸よりの仕向を謀る

○午前十時後高義敬か来りあるとき、大谷光瑩〔真宗大谷派元法主、伯爵〕か死去したるに付、各皇族よりの仕向けは只今協議中にて、決定次第通知すへしとのことなり。大谷は生前には世子妃とも何か親族関係ある様に云ひ、世子邸に来りても普通の帳簿には署名せす、自分（高）に面会して伝言を依頼し居りたり。世子邸よりの仕向のことは、各皇族の振合の通知を受けたる上に更に相談すへしと云へり。

西園寺八郎、予か黒木為楨の葬に会するとき嘱することあらんとして之を止む

○午後零時五十分頃西野英男来り、只今式部職より電話にて、貴官（予）は黒木大将の葬に会せらるるやと問ひ来れりと云ふ。予之に会する旨を告く。西野更に、式部次長（西園寺八郎）か差支あり。会葬か難きに付何か依頼し度とのことなら〔ん〕と云ふ。予差支なき旨を答ふ。一分間許後西野又来り、西園寺のことは既に弁したる故、依頼するに及はさることゝなりたる旨を報し来りたりと云ふ。

賞勲局より議案を送り捺印を求む

○午後六時後、賞勲局より賞勲に関する議案を致す。捺印して之を返す。

賢所前の神火は滅したることなし

○食堂にて予より九条道実に、賢所の神燈の火は古来滅したることなきやと云ふ。九条、然り。京都よりの遷幸のとき、御大礼のとき、京都へ遷幸のときも火を持ち行きたり。是は内掌典の職務なりと云ふ。牧野伸顕過り、滅すことはなきやと云ふ。九条なしと云ふ。

○夜龍郎葉書を郷に贈る。其の父母〔フミ〕か龍郎の病に付心配し居るを以てなり。

二月一〇日

○二月十日土曜。曇。

小山温の家に電話し、其父（轍太郎）の告別式の時刻を問ふ

○午前九時後、小山温〔臨時法制審議会臨時委員、弁護士、元司法次官〕の家に電話し、其父の告別式は今日何時なりやを問ふ。小山の家人、午後二時より三時まて谷中の斎場に於て式を行ふ旨を答ふ。

○午前九時三十分頃より出勤す。

西野英男に明日紀元節に付、判任官の参賀を受ける時刻を約す

○午前十時後西野英男に、明日紀元節に付、賢所に参拝したる後、十時四十分頃審査局に来るへき予定なるを以て、局の判任官はその頃に来局し、紀元節の賀詞を述ふる様にすへきことを命す。

酒饌料を受く

西野より、明日御宴会なき故、酒饌料金三円を賜はるとて之を予に交す。

牧野伸顕に稔彦王殿下より書状を受けたりやと問ふ

○午後零時十分頃牧野伸顕を其の官房に訪ひ、先日大臣（牧野）か東久邇宮邸に行きたる時、宮邸に居る片岡久太郎に対し、仏国に在る稔彦王殿下より詳細なる書状を受けたりとのことを話したりとのことなるがと云ひたるに、

牧野伸顕、片岡久太郎に談したるは誤なりと答ふ

牧野は之を遮り、夫れは間違ひなり。其日は各皇族邸を廻訪したるときにて、朝香宮邸にて云ふへきことを東久邇宮邸にて云ひたるなり。東久邇宮邸に出つるとき其ことに気附きたり。序あらは片岡に誤なることを告け置き呉よ。

稔彦王殿下か妃殿下の洋行を肯せられさるは自己の滞在期か定まらさる為のみ

稔彦王か妃殿下の洋行を肯んせられさることに付何か深き原因あるに非すやと心配せられ居る人もありたるか、結局王殿下の滞在期の問題に牽蝕し居る丈けにて、帰朝の期さへ定まれは、妃殿下の洋行も異議なかるへし。他には何も原因なき様なり。此事丈けは最初に考へたる様のことはなき様なりと云ふ。

予、先夜（本月七日）伏見宮邸にて、朝香宮殿下より御書状達したることの話を聞きたれとも、東久邇宮殿下よりの御書状の話はなかりし故、或は其間違ならんかとは考へたれとも、其後松平（慶民）より音信もなく、或は稔彦王より何か申越されたることありたる訳なるかと考へたるか、只今の談にて諒解せり。稔彦王殿下か妃殿下を迎へられさる原因は、全く滞在期の関係にて他には何こともなき様なり。

内親王方の姉妹は酷似せられ居る

内親王方の御姉妹は、一処にて同時に御目に懸れは区別出来るも、御一人宛御目に懸かれは、一寸惑ふ位に御似遊はされ居るとのことを話したり。

山崎四男六より重野成斎文第二集三冊を贈る

○午後零時後食堂にて、山崎四男六より重野成斎文第二集三冊を予に贈る。山崎は成斎〔重野安繹、漢学者、歴史家、成斎は号、故人〕の婿なり（妻〔秀子〕は三年前流行性感冒にて死せり）。三、四日前食堂にて予より山崎に、成斎の文は沢山あるへしと云ひ、山崎より随分多し、詩も少なからすと云ひたることあり。其談より今日文集を贈りたるものなるへし。

小山温の父の告別式に会す

○午後一時より谷中斎場に行き、小山温の父某の告別式に会す。式は二時より始むるに、予の達したるは二時十五分間許前なり。休所にて山下啓次郎〔司法省大臣官房会計課技師〕、野口謹造、藤

沢某〔不詳〕、鵜沢総明〔臨時法制審議会委員、弁護士〕、杉下重敏〔不詳〕、牧野某〔菊之助〕（東京控訴院長）及面を識りて、氏名を記せさる弁護士二、三人に遇ふ。三時十分間許前家に帰る。

高羲敬、有栖川宮船入式のときの仕向を謀る

○午後四時前高羲敬より電話にて、今夜有栖川宮妃の船入式を行はるる旨、月当番より通知し来れり。閑院宮殿下方は有栖川宮邸に行かるる趣なり。王世子は依仁親王船入のときは世子も妃も行かれさりしなり。此節は使ても出さるへきやと云ふ。予、船入式に列するは告別の意ならんと思はは、自身て行かるれは兎も角、使を遣はす例あるへきや。予は之を知らす。念の為使を遣はさるる所あるや否、今一応月当番に問ひ見たらは宜しからんと云ふ。高、其ことにすへしと云ひ、四、五分間の後更に電話し、秩父宮、伏見宮、華頂宮よりは使を遣はされ、其他は自身に式に列せらるとのことなりと云ふ。予然らは使を遣はされて宜しからんと云ふ。高使を遣はさるることにすへしと云ふ。

内子鎌倉より帰る

○内子、午後五時後鎌倉より帰る。

龍郎座して飯を喫す

○龍郎今日より褥上に座して飯を喫す。

予の雅号を誤りたることに付国府種徳に戯はむる

○午餐後食堂にて戯に国府種徳に向ひ、先日は予か為に号を撰み呉たり、之を謝す。予は九州人なるを以て（西涯）と号するは当る。然れとも、予か号は東なり。同しく涯に非す浜なりと云ふ。国府、平田東助の号と君の号とを間違へたり。君の為に之を賀すと云ふ。国府か本月六日書を贈り、予か号を西涯と書したる故、之に戯れたるなり。

〔欄外に付記〕

二月十日補遺　牧野伸顕、青山操の美術思想のことを問ふ

二月十日補遺

○午餐の時食堂にて牧野伸顕より、審査官に美術思想を有する人あり。其人自分にも図案位は作ること出来るとのことなりと云ふ。予、審査官には右の如き人なし。或は属官なるへきやと云ふ。牧野、否審査官なり。何山とか云ふ人なる由と云ふ。予、審査官には山と云ふ人なしと云ふ。既にして青山なることに気附き、夫れは審査官補青山なり。予か不気附なりしと云ひ、又青山は元は僧侶なりし由なりと云ふ。牧野、然るか。審査官補ならは、尚ほ若年ならんと云ふ。予、否。任用資格の為初は高等官となる資格なく、特別任用に途を開きて始めて任用せられたる故、若年には非すと云ふ。牧野か何人より之を聞きたるやは知るへからす。

二月一一日

○二月十一日日曜。紀元節。

賢所前参集所に行く

○午前九時より賢所前の参集所に行く。

荒井賢太郎と話す

参集所にて荒井賢太郎と話す。予荒井に、幹郎も終に麻疹に罹りたることを告く。荒井、道子等は無事なるやを問ふ。予無事なる旨を告く。

片山義勝か朝鮮銀行に入ること

予荒井に、片山義勝〔元農商務省臨時外米管理部長〕か朝鮮銀行に入るへき様のことを新聞に記し居りたるか、事実なるへきかと云ふ。

鈴木穆か銀行の整理を計画し居ること

荒井、或は然らん。鈴木穆〔朝鮮銀行副総裁、元朝鮮総督府度支部長官〕か種々銀行整理のことを計画し居る模様なりと云ふ。

朝鮮銀行の株券稍々回復したること

予銀行株式も幾分価格か回復したる様なりと云ふ。

鈞の転任のことは未た鈴木穆に談せす

予、鈞のことを鈴木に話し呉れたりやと云ふ。荒井、否。鈴木は尚ほ朝鮮に在るに付、未た話さすと云ふ。

平沼騏一郎と諮問第四号委員会のことを談す

平沼騏一郎、帝国議会開会中は諮問第四号（刑法改正）委員会は開かさるやと云ふ。予、否。次回は本月二十二日に開く予定なり。委員中花井（卓蔵）か差支多き故、屢々会を開き難し。花井は旅行すること多き故、繰合附き難しと云ふ。平沼、花井か出席せさるも開会し、後より花井に報告する様のことは出来さるやと云ふ。予、花井は種々の意見あるに付、欠席することは満足せすと云ふ。

諮問第四号に付幹事会を開くこと

平沼、幹事会ても開きて下調を為したらは如何。幹事の意見の通りにはならさるへきも、何か議案を作る方宜しからんと云ふ。予、是迠は現行法を通覧して問題となすへき所を検し出し居る丈けにて、少しも纏まりたることはなし。今一回位にて一通刑法全部を通覧する故、其上にては何か原案様のものを作る積りなり。是までの如き振合にては、中々纏むることは出来さるへし。

幹事の意見一致せす

然るに、幹事中にも殆んと正反対の意見を有し居るものある故、之を纏むることは容易ならさるへしと云ふ。平沼、然り。同し淳風美俗と云ふても、昔の淳風美俗を考へ居る人と新き淳風美俗を考へ居る人とある故、意見は異り居れり。然し十分協議したらは纏まらさることはなからんと云ふ。

十時頃より賢所前幄舎に入り、摂政殿下の御代拝（九条道実）、皇后陛下の御代拝（女官）ありたる後、山階宮（武彦王）、賀陽宮（恒憲王）、王世子李垠及同妃の拝ありたるに次き、東郷平八郎〔元帥海軍大将、伯爵〕以下順次御礼して退出し、

審査局判任官の賀を受く

予は宮内省に行き、審査局判任官の賀を受けて之を宮内大臣に報告し、

帳簿に署名し紀元節を奉賀す

東車寄に到り、帳簿に署名して紀元節を奉賀し、審査局に返らんとして宮内省枢密顧問官休所の傍の廊下に来りたるとき、徳川頼倫に遇ふ。

徳川頼倫と鳩彦王殿下か英国に行くを肯んせられさることを談す

徳川、昨日巴里〔パリ〕に在る松平慶民よりの電信達し、朝

香宮（鳩彦王）殿下に英国に赴かることを勧めたるも、承諾せられさる旨申し来れり。昨日其電信を示さんと欲したるも既に退省後なりし故、示すことを得さりしなり。電信に依れは、松平等三人は朝香宮の御渡英は至極賛成なるも、宮の附武官は不同意なる故、三人丈けにて協議し、殿下に御勧めしたるも承諾せられさ〔り〕しとのことなりと云ふ。

予、附武官は陸軍次官よりの電信を見たる後のことなりやと云ふ。徳川電信を見たる後のことなりと云ふ。予、附武官は実に不都合なりと云ふ。徳川、次官（関屋貞三郎）も附武官は何とかせさるを得さるへしと云ひ居りたりと云ふ。予三人とは誰々なりやと云ふ。徳川、某（是は予が忘れたり）外一人は忘れたり。いつれ更に電信を示し、篤と協議することにすへしと云ひ、徳川は紀元節参賀の為帳簿に署名する為東車寄に行きたり。

旭日大綬章の副章を佩ひることを誤り居ることに付立花小一郎に注意す

○賢所前の幄舎にて著床し居るとき、立花小一郎〔陸軍大将、軍事参議官〕か一人を隔てゝ予の左に在り。旭日大綬章を佩ひ、其の副章を左胸に附て居るを見たり。礼拝後退出するとき参集所に到りたるとき、他に人なき故、予より立花に一等勲章の副章は左胸に附すへきものなることを注意し置けり。

書を鈞、強五郎、啓二郎、咸一郎に贈る

○午後書を鈞、強五郎、啓二郎、咸一郎に贈る。

髪を理す

○午後三時後、髪を理す。

紀元節なるも御宴会なし

○今日は紀元節なるも、摂政殿下沼津へ御避寒中なる故、宮中の御宴会を催ふされす。御饌料として昨日金三円を賜はりたり。昨日の日記に在り。

龍郎起座す

○龍郎今日より褥上に起座す。

咽喉カタルを患ふ

○昨日頃より咽喉カタルを起したる処、今日皇霊殿奉拝より帰るとき、人力車の幌を開き居り、寒風に吹かれたる為稍々カタルを増したる様なり。

二月一二日

○二月十二日月曜。曇。

吸入す

○午前八時頃より硼酸水にて吸入を為す。

○午前九時三十分より出勤す。

片岡久太郎、貫之筆の万葉集を示す

○午前十時後片岡久太郎来り、御物紀貫之〔平安時代の歌人〕筆万葉集一巻を示す。

万葉集を写真と為すこと

大学教授三上参次〔東京帝国大学文学部教授、歴史学者〕か、万葉集研究の資料として拝借の上、写真版となすことを願ひ出す。之を許され、片岡より写真を為すときの監査を為さしむることゝなりたるを以て、将に之を三上に貸さんとする所なり。万葉集は庶務課にて保存するを以て、大谷正男に対し三上か写真するならは宮内省にても二十部位写真を取り置く方宜しかるへき旨勧め置きたりと云ふ。

王世子及妃葉山へ行かれたること

○午前十一時高義敬来り、世子及同妃両殿下は本月九日葉山に行き、天機及御機嫌を奉伺せられたり。

世子等に対する恩賜　世子の献品

御手元より象牙にて作りたる亀の置物外一品を賜はりたり。世子よりは例に依りて果物を献せられたりと云ふ。

大日本国民教育会長より世子及妃の写真を借ることを願ふこと

高又大日本国民教育会長本荘寿巨〔元東京地方裁判所判事、旧高富藩主本荘家前当主、元子爵〕より世子及妃の写真を三日間拝借することを頼み出て居れり。其目的は李太王、李王及妃〔尹妃、純貞孝皇后〕、王世子及妃の像を掛物と為して之を販売するとのことにて、天皇陛下皇后陛下等の掛物も既に之を作り、販売し居るとのことなりと云ふ。

予の意見

予、願書を見たるに、少しも拝借の目的を記し居らず。右の如き目的の為ならは、予は之を貸し渡さゝる方か宜しと思ふ旨を告け、且李王職にては既に李太王、李王等の写真を貸し与へたるへきやと云ふ。高、一応宗秩寮にも相談致し見るへく、又李太王、李王等の写真のことも取調へ見るへしと云ふ。

貞愛親王の十日祭に付世子は参列せす、妃は参列せらるへきこと

高又明日は貞愛親王の十日祭となるか、世子は学校の課業繁多なるを以て使を出し、妃は自身に行かるることゝなるへし。

有栖川宮大妃の船入式には使を遣はされたる所多かりしこと

又本月十七日は有栖川宮大妃の移霊祭あるも、此ときも使にて済すことゝなるへし。大妃の船入式のときは各宮より使の来りたる所多く、自身に来られたる所より使いの方か多かりしとのことなり。

世子及妃、伏見宮邸通夜のこと

明夜は、世子と妃とは午後八時より十時まて伏見宮邸にて通夜を為さるる筈にて、自分（高）も今夜午後七時より十二時まて通夜を為す筈なりと云ふ。

世子邸宅の老女中山某、侍女長寺山の軋轢のこと（大正十一年十二月十一日の日記三十四葉表、及大正十二年二月十九日の日記六十四葉参看）

高又妃殿下より老女中山某〔貞子〕は自身に子を養ふたる経験なく、其の為晋の養育にも失策ありたるに付、中山を使ふことを好ます。面を見ることも快からす、之を解雇し度旨申出られたる趣にて、其趣意は梨本宮にて妃の幼年のときより附き居り、世子邸に随ひ来り居る侍女長寺山某〔勝子〕を老女となさんと欲する計画にて、中山は幾分出過たる嫌があり、又寺山は常に中山のことを誹謗する模様あり。畢竟二人の権力争より起りたることなり。

中山は山梨県にて学校教員を務め居りたるを、守正王殿下より山梨県知事に依頼せられ、教員を罷めて世子邸に来り居るものにて、今更罷めて県に帰る訳には行かす。依て自分（高）より、世子殿下と妃殿下は年若く世故に熟し居られす。中山は罷むることは決して容易には行かす、中山を罷むれは寺山も同時に罷めさるへからす。然れは、二人の下に在る侍女も全体に罷めさるへからさることゝなるへく、此の如くなりては実際に差支もあり、体裁も宜しからす。人には誰れも過失あり。中山には別段の過失ありとは思はれす。若し之ありたるならは、懇ろに之を諭し、過を改むれは夫れにて宜しきことなり。世子殿下より十分に妃殿下に其の趣を御談ありて、此ことは思ひ止らるる様にあり度旨を述へたる処、世子も此際二人とも罷むることは困るへし。今少しく考ふることにすへし。此ことは今暫く顧問（予）には話さゝることにすへしとのことなりし故、多分此儘にて済むへきも、今後又何事か起ることならん。予め一応成行を話し置くと云ふ。

予、此儘にて収まれは都合宜し。若し尚ほ解雇の希望あらは、余より世子殿下に意見を述ふへく、夫れにても承知せられさるならは、初梨本宮より県知事に依頼せられたる関係もある故、梨本宮妃殿下に談して処置することゝすへしと云ふ。

上林敬次郎、兄の病気にて京都に行きたること

高又中山と寺山との談を為す前、上林敬次郎より京都に在る兄（不詳）か病気危篤の電報に接し、一昨日（日確かならす）より京都に赴くに付、

貞愛親王国葬の時、上林敬次郎は李王の名代と為ることを得さるへきこと

伏見宮国葬のとき、李王の名代となることも出来難からんと云ひたる故、右の都合ならは速に李王職に其趣を告けよ。然れは、王世（子）邸にても考ふることにすへしと云ひ置きたるも、今日までは何とも申来らす。

有栖川宮大妃の葬には高羲敬か李王の名代となること

又本月十八日有栖川宮の葬儀には、自分（高）か李王の名代となるへき旨京城より申来りたりと云ふ。

片岡久太郎に牧野伸顕か稔彦王殿下より書状を受けたりとの談を為したるは誤なりしことを告く

○午前十時後、片岡久太郎か来りたるとき片岡に、先日（本月九日）君（片岡）より宮内大臣（牧野伸顕）か東久邇宮邸に行き、稔彦王殿下より書状を受けたることを話したる旨の談を聞きたるに付、其翌日（十日）大臣に問ひ見たる処、全く間違ひにて、朝香宮殿下より書状来りたることを朝香宮にて話すへき処、東久邇宮にて話したりとのことなりしなり。依て此趣金井（四郎）にも談し置き呉よと云ふ。片岡、承知せり。今日は金井も宮内省に来る様に申し居りたりと云ふ。

金井四郎に同上のことを告く

十二時十分間許前、金井審査局に来る。予、片岡に告けたると同一のことを告く。金井少しく老耄せりと云ふ。

西野英男、鈴木重孝は帰京したるも感冒にて出勤し難きことを報す

○午前十時後西野英男来り、鈴木重孝は一昨日其郷里より帰りたるも、途中より感冒に罹り、三、四日位出勤し得さるへき旨

電話にて申し来り。給仕か之を聞きたる故、詳細なることは分らすと云ふ。

伊夫伎準一、青山操の妻肺炎に罹りたる為、青山は出勤せさるへきことを報す

○午前十時後伊夫伎準一より、青山操は昨日は皇霊殿にも参拝し参賀もしたるか、其時の談に妻〔不詳〕は肺炎となりたる趣にて、都合にては今日も出勤し得さるならんと云ひ居りたり。自分今日も欠勤するならんと云ふ。

牧野伸顕、松方正義誕生地の碑の文字を謀る

○午餐のとき食堂にて牧野伸顕より、鹿児島にて松方公爵〔正義〕誕生地に碑を立つることになり居るか、碑面には勲爵位等を記すへきや、又は単に松方正義公誕生地と記すへきやと云ふ。予は勲爵等記して悪しきことはなからんと云ふ。牧野私事に付之を記せさる方可なるに非すやと云ふ。予亦之を記することを主張せす。

大谷光瑩と皇族との関係

○十二時十分間許前、金井四郎来りたるとき、予金井に、大谷光瑩と皇族との関係を問ふ。金井、大谷の母〔和子、伏見宮邦家親王四女〕は閑院宮殿下の姉に当る人なる故、稔彦王殿下等と大谷とは従兄弟なりと云ふ。又久邇宮邦彦王殿下の王女〔智子女王、邦彦王三女〕は大谷の子〔光暢、大谷光瑩の孫〕と婚約あり。九条道実の妻〔恵子〕は大谷の娘なる趣と予て之を聞き居れり。

東久邇宮三王子大磯に行かるること

金井、十四日に貞愛親王の葬儀済むに付、東久邇宮の三王子〔盛厚王、師正王、彰常王〕は翌十五日より大磯に避寒せらるる筈なり。妃殿下は十八日に有栖川宮大妃の葬儀済みたる後に大磯に行かるることゝなるへしと云ふ。

松田正久か平沼騏一郎を司法大臣となさんとしたること

○午餐後食堂にて、先年松田正久〔元衆議院議長、元司法大臣、男爵、故人〕か司法大臣と為り居り、病気にて留任出来さることゝなりたるとき、松田は後任として熱心に平沼騏一郎を推薦したること、政友会は之を承知せす、奥田義人〔元司法大臣、元文部大臣、故人〕か司法大臣と為りたることの話を為せり。

高羲敬、上林敬次郎か李王の名代と為りて国葬に列することを得さることを談す

○午餐のとき食堂にて高羲敬より、上林敬次郎電信にて其兄の病状未た定まらす、伏見宮殿下国葬のとき李王の名代として葬儀に列し難し。依て李王職に其旨を通し置きたり。李王職より名代のことを申来るへきに付、宜しく頼む旨を申来れり。只今までは李王職よりは何とも申来らすと云ふ。予、然らは李王の名代は君〔高〕か勤むる様になるへきかと云ふ。高、如何なるへきか。東伏見宮の葬式のときは世子か王の名代と自分〔世子〕の分を勤められたりと云ふ。

伊夫伎準一、鈴木重孝の伏見宮に対する弔詞のことを謀る

○午前十時後伊夫伎準一より、鈴木重孝か出勤出来さるに付、伏見宮邸に弔詞を述ふることは如何すへきや。電信にても発すへきものなるへきやと云ふ。予、右様の手続を為すに及はさるへく、葬儀のときも別に不参の断を為す様のことには及はさるならんと云ふ。

地震

○午前三時三十分頃地震し、午後十時三十分頃復た震す。共に激ならす。

二月一三日

○二月十三日火曜。曇。

咽喉カタル稍快し

○咽喉カタル稍快し。

隆より電話す　道子は退院して宜しき様になりたること

○午前七時後隆より電話し、道子は最早退院して宜しとのことなる故、好天気のとき退院することにすへく、

隆は脳の工合悪しきに付多納栄一郎の診察を受け度こと

隆は脳の工合宜しからす。一度多納栄一郎の診察を受け度か、診察を受けて其日に鎌倉に帰ることは奮発出来難し。故に内子か鎌倉に来りたるとき、午後からでも東京に来り、内子は其夜鎌倉に宿し、隆は東京に宿する様に致し度。

看護婦長と同次長に対する心附のこと

又吾妻病院の看護婦長の心附として金を遣はす積りなる処、道子か生児を浴せしむる模様を見に行きたるとき、看護婦長と看護婦次長と二人にて浴せしめ居りたる由。然れは看護婦長に心附を遣はせは、次長にも遣はさゝるを得さるへし。如何すへきやと云ふ。

内子、隆の電話を聞き、看護婦次長に対する心附のことを謀る。予、長、次長共に金七円を遣はし、附添看護婦には十円を遣はしたらは宜しからんと云ひ、内子其旨を隆に報す。既にして予は、看護婦次長か常に看護婦長と共に浴事に従ひたるや否を知るへからす。若し次長は浴湯に関係したる度数少き様ならは、長と次長と同額の心附を遣はすことは不公平なりと考へ、更に隆に贈る書状を贈り、長と次長との労力の程度に因り適当に心附を遣はすへく、若し其程度分らさるならは、附添看護婦に問ひたらは平常の振合分るへき旨を申遣はす。

吸入を為す

○午後八時後、硼酸水にて吸入す。

○午前九時三十分より出勤す。

青山操と牧野伸顕か青山のことを問ひたることを談す

○午前十時後青山操出勤し、其妻病に罹り看護婦なき為数日欠勤し、今日も午後早退し度旨を告く。予青山に、君（青山）のことを誰か大臣（牧野伸顕）に告けたるものある様なるか、心得なきや。先日（本月十日）大臣より審査局（に）美術思想あるものありとのことなるか云々との談ありたるも、実は予は君（青山）のことに心附かす。一旦は左様の人なしと云ひたるも、大臣より氏に山の字附く人なるか、何山なるか忘れたりと云はれ、始めて君（青山）のことに気附きたる位なるか、実は余は君を美術家なりとは思ひ居らさりしなり。何そ心当たりはなきやと云ふ。青山或は白根松介より話したることならんかと云ふ。

白根松介と青山操のことを談す

午餐後食堂にて白根に、君（白根）は青山のことを大臣に話

したることありやと云ふ。白根、実は御物（美術品）を整理する必要ある処、右の如きことに長したるもの一人もなく、自分（白根）より青山のことを大臣に話したりと云ふ。予は、実は大臣より突然審査官に美術思想のある人ある様なるか云々との談を聞きたるも、青山のことに気附かす、種々話を為し居る中、山と云ふ字の附く氏なることまて云はれたるも〔ママ〕一寸気附、漸く青山なることに気附きたる位なるか、只今の談のことには青山は適当ならんと云ふ。

九条道実と天皇陛下の御代拝なりや摂政殿下の御代拝なりやを談す

食堂にて九条道実に、九条か紀元節に皇霊殿にて御代拝を勤めたるは天皇陛下の御代拝なりや、又は摂政殿下の御代拝なりやと云ふ。九条、特に殿方の御代拝と云ふことは命せられさりしも、天皇陛下の御代拝ならは、外に東宮殿下の御代拝なかるへ〔か〕らす。其御代拝なかりしより見れは、自分（九条）は摂政殿下の御代拝を為したるものと思はさるを得さる様なり。昨年来の評議の模様にては、此く考ふへきものならんと云ふ。予、予も然か思ひ居る所なりと云ふ。此の談は白根と青山のことを談したる前のことなり。

上野季三郎、山崎四男六、白根松介と宮中席次のことを談す

又上野季三郎、山崎四男六、白根松介と宮中席次令に依り上位にある者か下位に下りたるときは、下位中にては最上位に置くことゝなり居り。其結果内田康哉は元帥の老人より上位に著席し居りたり。是は内田か先ごろ一寸臨時内閣総理大臣と為り、夫れより下りて一個の外務大臣と為りたる為、国務大臣、元帥中の首席となりたるものなるへし。又伊東巳代治か臨時外交調査委員を罷めて枢密顧問官の首席に居るも此の為なり。然れは、前官礼遇を賜はりたるものも後に礼遇を賜はりたるものか上位に居るへき訳なるに、此方は前に礼遇を賜はりたるものか上位に居るは例に反する様なりとの談を為し、白根は錦雞間祗候抔も先任順序のみにて席次を定め居るか、是も他の例とは違ひ居ると云ふ。

西野英男に嘱〔し〕自動車を借ることを謀る

○午後一時後西野英男来り、明日の貞愛親王殿下の御葬儀には、長官（予）は葬列に入らるるや、又は先著せらるるやと云ふ。予は孰れにても宜しと云ふ。西野、只今主馬寮の様子を問ひ合せ見たる処、他よりも追々自動車借用の申込あり。長官（予）も他と同乗せらるるならは、都合出来さることはなからんと云ひ居れりと云ふ。予然らは交渉し見呉よと云ふ。西野復た来り、主馬寮にては何とか都合を致すへく、決定したる後通知すへしと云へりと云ふ。

某来り、山崎四男六か予と自動車に同乗することを謀る

午後二時後、某（内蔵寮属官なるへし）来り、明日内蔵頭（山崎四男六）は豊島岡に行くときは自動車あれとも、返るときには其自動車を他に使用する趣に付、貴官（予）と同乗することを願ひ度と云ふ。予、予は先刻主馬寮に申込み置きたるも未た通知を得す。愈々出来るや否も分らすと云ふ。某、内蔵頭のことを主馬頭（伊藤博邦）に談したる処、貴官（予）より申

込あり居るに付、山崎（内蔵頭）は貴官（予）と同乗したらは宜しからんと云へり。内蔵頭は往くときは宮内官の総代にて自動車を給することゝなり居れりと云ふ。予然らは予の方か決したらは其都合を内蔵頭に通知することにすへしと云ふ。

主馬寮自動車を貸すことを通知す

三時頃に至り西野来り、明日は主馬寮よりは貴官（予）は先著のことに致し度、午前九時まて貴宅（予か家）に自動車を廻はすへく、往路は杉諸陵頭（栄三郎）との同乗にて、帰路は其外に山崎四男六を加へ度とのことなりと云ふ。

自動車部の電話番号を問ふ

予、承知せり。然るに予は昨日頃より感冒の模様あり。若し今夜ても発熱する様のことあらは、自動車部に断はるへきに付、自動車部の電話番号を調べ置き呉よと云ふ。少時の後西野来り、自動車部の電話番号は宮内省内一二六、一二二、一二三の三個あり。其の中にては一二六か一番宜しく、主任者か何時ても詰め居るとのことに付、何時にても電話せられ度。一二六か塞かり居らは、一二二にても宜しとのことなりと云ふ。

山崎四男六に自動車に同乗すへきことを通知す

予更に西野に嘱し、山崎四男六に予か明日自動車にて豊島岡に行き、帰路は山崎と同乗すへき旨を告けしむ。

風邪加はる

○今朝来鼻涕の出つること甚しく、風邪昨日よりも悪しくなれり。昨夜入浴したることか宜しからさりしならん。

諮問第四号の小委員会筆記を写す

○午前より午後二時後まて、諮問第四号の第二十七回小委員会の筆記を謄写し、又第二十六回の筆記と第二十七回の筆記に朱字を加ふ。

小委員会の筆記を見当らす（二月十五日の日記四十五葉表参看）

筆記を写し終り、之を従来の筆記に合綴せんと欲したるも、従来の筆記袱中に入り居らす。帰家後之を捜かしたるも亦なし。意ふに、本月一日司法大臣官舎にて小委員会を開きたるとき、之を官舎に遺し置く袱の中に入れたるならん。

体温は低し

○午後七時後吸入をなす。体温は午後五時前三十五度九分、同七時頃三十六度四分なり。

入浴せす

今夜は入浴せす。

多納栄一郎電話にて龍郎病状を問ひ、明日来診すへき旨を告く

午後、多納栄一郎より電話にて龍郎の病状を問ひ、明日往診すへき旨を告けたる由なり。龍郎は今日より払褥す。

赤坂警察署の小林嘉治なる者来り、壮士来らは通知すへき旨を告く

○午後赤坂表町警察署高等課小林嘉治なる者来り、壮士か来りたらは、電話にて警察署に通知すへき旨を告けたる由なり。

興国義会よりの書状

本月九日、興国義会の名義にて速達書状を送り来り。其書状には、日支郵便交換約定の件に付き枢密院より上奏したることに付てはどこまでも枢密院の意見を固執し、政府と妥協すへからす。顧問官の身体は義会員か身命を賭して護衛する旨を記し、又本月十二日同会より書留書状を以て、枢密院と政府と妥協する旨の風説あり。若し軟化する様ならは、少しも仮藉せさる旨を申越し居れり。右様の事情にて壮士か来り脅かすこともあらんかと思ひ、小林を遣はしたるものならん。

風邪の為入浴せす

○風邪の為め入浴せす。

二月一四日

○二月十四日水曜。半晴。

風邪の為貞愛親王の葬儀に列し難し

○風邪甚た悪しからさるも、貞愛親王の葬儀に列すへからす。

山崎四男六、宮内省自動車部、杉栄三郎に電話し、予か葬儀に参せさることを告く

午前七時前山崎四男六に電話し、予か今日葬に会せさることを告けしむ。豊島岡よりの帰途、山崎も杉栄三郎と共に予の自動車に同乗するの約あり。予は会葬せさるも、杉か宮内省の自動車に乗りて会葬し居るに付、山崎に杉と同乗すへき旨を告けんとしたるも、山崎は既に伏見宮邸に赴きたる後なりしなり。次て宮内省の自動車部に電話し、昨日自動車を借ることを約し置たるも、風邪の為葬儀に列し難きに付、自動車を遣はすことを止むへき旨を告けしむ。又自ら杉栄三郎に電話し、予は風邪の為葬儀に列し難きに付、其旨を山崎に告けんとしたるも、山崎は既に家に在らさりしに付、君（杉）より山崎に予が不参の旨を告け、帰途は山崎と同乗する様に取計ふへきことを告く。

内子鎌倉に行く

○午前八時頃より内子鎌倉の隆の家に行く。新橋を午前八時二十五分に発する汽車に乗ることを得るや否疑はし。若し之に乗ることを得さるならは、八時三十五分発の汽車に乗ることにすへしと云ふて出ていきたり。

隆鎌倉より来る

○午後零時三十分頃隆鎌倉より来る。

多納栄一郎来りて龍郎の病を診す

○午後一時三十分頃多納栄一郎来り、龍郎の病を診し、既に回復したる旨を告け、グワヤコールを常服すへきことを告け、

隆も多納をして診せしむ　予も薬を請ふ

隆、近来胸苦しく安眠し難き旨を告けて、診を請ふ。多納、処方書を附し、薬を坂田の家より取らしむ。予も風邪気なるを以て容体を告け、薬を求む。多納、臨臥にドーフルスを服用すへしと云ふて処方箋を附す。話すること一時三十分間許にして去る。

○午後大正十一年分の官歴数葉を書す。

隆宿し、内子鎌倉に宿す

○隆は予か家に宿し、内子は隆か家に宿す。

道子退院　逸雄の出生届

道子は昨十三日吾妻病院より退きて家に帰り、生児は逸雄《ハヤヲ》と名け、一昨十二日鎌倉町役場に出生届を為したりと云ふ。

清浦奎吾の電話　清浦奎吾枢密院事務所に来れと云ふ

○午後八時後、清浦奎吾より電話し、明日午後一時頃清浦奎吾枢密院事務所に来れと云ふ。

松室致に枢密顧問官たることを勧むること

又枢密院顧問の欠員あるに付、松室致〔貴族院議員・無所属、法政大学学長、臨時法制審議会委員、元検事総長、元司法大臣〕を推薦せんと欲す。松室は内閣員となりたる経歴もあり、適当と思ふ。然るに、同人に対しては一年半許前に自分（清浦）より顧問官たることを勧めたることありたるか、其時は松室は今暫く貴族院議員として力を尽くし見度とて之を拒みたり。其時は定めて本人は何か考ふる所ありしならん。然し今日にては、最早顧問官となる方本人将来の為にも宜しと思ふ。自分（清浦）よりは先年一たひ勧めて之に応せさりしことあり。君（予）は懇意の間柄なるへきに付、君（予）より松室に勧め見呉度と云ふ。予、承知せり。然るに予は風邪気にて、今日も外出出来す。明日は多分外出出来るならんとは思へとも、或は出来さるやも計り難し。枢密院事務所に行くことは急用なるへきやと云ふ。

枢密院事務所に来るは上奏問題の経過を告くる為なり

清浦、上奏問題に付自分（清浦）と首相（加藤友三郎）と談したる模様を一と通り話置くか宜しからんと思ふ訳にて、是非明日に限る訳に非す。風邪の模様にては明後日になりても差支なし。

松室致の諾否は急を要す

然し、松室の方のことは他より種々の運動〔ある〕より之を拒む為には、速に候補者を定むる必要あるに付、此方は至急に松室の返答を聞き度と云ふ。予、承知せり。松室の家は遠方にて、予は行きたることもなし。只今はいつれ貴族院に在り居るならん。其方にて面会すれは便宜なる故、其ことにすへしと云ふ。

松室致に電話し、明日正午より午後一時までに松室か宮内省に来ることを約す

次て松室に電話し、至急に面会し度ことあり。明日は貴族院に行くやと云ふ。松室貴族院に行くと云ふ。予何時頃なれは面会することを得るや、時刻を聞き度と云ふ。松室、予期し難し。君（予）は宮内省に在りやとふ。予在りと云ふ。松室、然らは正午十二時より午後一時までの間に、自分（松室）より宮内省に行きて面会することにすへしと云ふ。

隆善く眠る

○隆善く眠りたり。

吸入を為す

○午後七時後吸入を為す。

入浴せす

○入浴せす。

〔欄外に付記〕

二月十四日補遺　巡査来り、壮士来らは通知せよと云ふ

○二月十四日補遺

午後六時後巡査来り、先日より壮士か来るとの風説あるに付、警察にても注意は致し居るも、人少なく行き届兼ぬるに付、壮士か来りたらは直に通知し呉よと云ひたる由。此の巡査には隆か応接せり。

二月一五日

○二月十五日木曜。曇。

隆、多納栄一郎に電話す　予の薬方

○午前八時後、隆をして多納栄一郎に電話し、隆か昨夜善く眠りたること及ひ予は昨夜ドーフルス散を服用し、風邪は余程快きか、今夜今一度ドーフルス散を服用しては如何と思ふ旨を告けしむ。多納之を服用して宜しき旨を答ふ。

清浦奎吾より電話　予の答の趣旨確かならす

○午前九時前清浦奎吾より電話し、昨夜電話したるか、君(予)の答少しく明瞭ならさる様にありたり。風邪気の為云々とのことなりしか、松室致のことは今日面会出来るか否。如何と云ふ。

松室致と会見の時刻を約したることを告く

予、昨夜松室に交渉し、今日十二時より午後一時までの間に面会することに約束し置たりと云ふ。清浦、然るか。夫れならは宜しと云ふ。

松室致の即答を希望　横田国臣のこと

予、松室か即答すれは宜しきも、若し熟考し度と云はゝ一日位猶予を与へて宜しきやと云ふ。清浦、左程考を要する程のことにも非さるへし。横田(国臣)(臨時法制審議会委員、元大審院長、男爵)抔も先年顧問官たることを拒みたるか、今日にては多分悔ひ居るならん。然し是は固より云ふ訳には行かさるも、松室も今の中に顧問官となるか本人の為宜しと思ふ。若し熟考し度と云ふならは、議長(清浦)か非常に急き居るに付、即答せよと云ひ呉度。松室か応すれは、他の申込は之を拒絶するに都合宜しと云ふ。予承知の旨を答ふ。

隆鎌倉に帰る

○午前九時前、隆鎌倉に帰る。

垣の修繕

○午前九時前、安藤則光人を遣はし、垣の倒れたるを修覆せしむ。

門の貫抜の修繕

予、其者に門扉の鎖棒を貫く為め、廓の抜けたるものを打込むことを命す。

赤坂表町警察署高等課吉田耕次郎なる者来り、壮士来りたらは通知せよと云ふ

○午前九時二十五分頃、赤坂表町警察署高等課吉田耕次郎なる者来り、先日来壮士か枢密顧問官及貴族院の研究会員の家を訪ふて談判するの風説あり。この附近にも研究会員六、七人あるか、今日までは壮士の来りたる所なし。或は声言に止まるへきか、夫れとも今日当り演説会を開くとのことに付、其勢に乗して来ることなしとも限らす。若し来りたらは電話或は其の他の方法にて通知せられ度と云ふ。

興国義会よりの書状を吉田に示す

予、予の家には多分来らさるならん。先日書状一、二回程送り来り居るも、壮士の来る模様なしと云ふ。吉田其書状を借ることは出来さるやと云ふ。予、貸しても差支はなきも、格別のものに非す。第一の書状はしつかりやれと云ふ丈けのこと、第二の書状は軟化する様のことあれは承知せすと云ふ丈けのことなりと云ひ、電話を掛くるならは、何番に掛くるやと云ふ。

警察署の電話番号

吉田、千九百番、千九百一番なりと云ふ。予、芝なりやと云ふ。吉田、然り。若し夫れか塞かり居りたらは、千九〔百〕二番にても宜し、是は署長の宅なりと云ひ、書状の来りたる月日を問ふ。予乃ち二通の書状を持ち来り、第一は二月九日にて速達書状、第二は二月十二日にて書留書状なりと云ふ。吉田、二通の書状を一寸抜き見たるのみにて、其の内容は既に知り居る模様なり。

興国義会は城南荘なり

興国義会の書状に、京橋区八官町（知合亭）とあるを見て、城南荘なりと云ひ居れり。

吉田耕次郎、予か枢密顧問官たることに気附かす

吉田又他の人より枢密顧問官か近傍に住せらるるに非すやと云はれ、自分（吉田）は貴官は宮内省に勤務せらるる方と思ひ居り、恥をかきたりと云ふ。予、本職は宮内省なる故、尤のことなりと云ふ。

婢トシの記憶確かなり

吉田去りたる後、予婢トシに、昨夜来りたる巡査は只今来りたるものと同一人なりやと云ふ。トシ異りと云ふ。予先日（十三日）に来りたるものとは同一人なりやと云ふ。トシ是も違ふと云ふ。

予の記臆違ひ

予は十三日に来りたる巡査の名刺の肩書に、赤坂表町警察署高等課と記載し居りたることを記臆し、今日来りたる吉田の名刺の肩書も同様なる故、氏名は記載せさりしも、十三日の分と今日の分とは同一人なりと即了し、トシに同一人なりと云ひたる処、トシも自己の記臆違ひなりと思ひ、然るかと云ひて笑ひ居り。予は、然れは昨夜来りたるものも同人なるやも計り難しと云ひたり。然るに、此日記を書するとき名刺と十三日の日記とを比較したるに、十三日に来りたるは小林嘉治なるものにして、今日来りたる吉田耕次郎とは別人なり。トシか別人と云ひたるか正しかりしなり。

司法省に過きり諮問第四号の委員会の筆記を取る（二月十三日の日記四十二葉表参看）

○午前九時四十分頃より家を出て司法省に過きり、刑事局に行き高橋治俊の在否を問ひたるに、高橋は議会に行き居るとのことに付、其処に居る某に、臨時法制審議会の委員会の書類を見度か、之を知る人なきやと云ふ。某、何某か知り居るならんと云ふ。会々何某其処に来る。予乃ち書類のことを談す。何某予を誘ふて、委員会を開く処に到る。書類は箱に蔵して鑰を施しあり、之を開くへからす。何某来りて、谷村銀次郎〔司法省人事局属官、臨時法制審議会書記、大審院書記〕を伴ひ来る。谷村、鍵を以て箱を開き、予の書類を出す。予之を検し、委員会の筆記一冊を取り出し、更に書類を谷村に托し、十時後宮内省に出勤す。

伊夫伎準一、予か貞愛親王殿下の葬儀に参列せさるやを問ふ

○午前十時後、伊夫伎準一、昨日は貞愛親王殿下の葬場にて貴官（予）を見さりしか、風邪悪かりしやと云ふ。予、悪寒あり、終に参列することを得さりしと云ふ。

西野英男、予の感冒の状を問ふ

西野英男、伊夫伎氏（準一）より昨日葬儀に参列せられさりし様なりとの談を聞きたる故、電話にて貴宅（予か家）に問合せたる処、先刻既に出勤せられたりとのことなりしなりと云ふ。

烏賊の塩辛を広津直人に贈る（本月四日日記補遺二十葉欄外及五日の日記二十一葉表参看）

○隆か鎌倉に帰るとき、本月五日東久邇宮より贈られたる烏賊の塩辛一瓶を持ち返り、広津直人に贈りたり。昨夜晩餐のとき、予少許之を食ふ。口に適せす。故に之を広津に贈らしむ。広津は此の如き物を嗜むを以てなり。

松室致電話にて午後一時まては往訪し難き旨を告く　予至急を要する旨を告く

○午後零時三十五分頃松室致より電話にて、昨夜午後一時まてに往訪することに約し置たる処、今尚ほ議事継続し居り。議事の終りたる後に協議すへきことあり、或は午後二時後に至らされは往訪し難からんと云ふ。予、予の方は至急に面会し度。予より往訪しては面会すること出来さるやと云ふ。松室差支なしと云ふ。予、然らば往訪して如何すれは面会することを得んかと云ふ。松室、左れは如何すへきか。然らは自分より往訪することにすへし。或は一時少し過きにならんと云ふ。予承知の旨を答ふ。

松室致に枢密顧問たることを勧む

一時二十分頃松室来る。予、只今枢密顧問官に欠員あり。議長（清浦奎吾）は君（松室）を推薦せんと欲するに付、予より君（松室）の承諾を求むることを嘱したり。議長の談に依れは、他に種々の候補者あるも、君（松室）の承諾を得れは、他の希望者の方は直に之を拒絶する積りに付、至急に承諾を求め呉よとのことなりと云ふ。

松室致枢密顧問官たることを肯んせす

松室、今より三年許前に当時枢密院副議長たる清浦子（奎吾）より議長山県公（有朋）の意を伝へて、就任を求められたることあり。其当時自分（松室）は数十年間官途に在り、始めて自由の身と為りたる所なりし故、当分自由の境遇に在ることを望み、且つ其頃は洋行の希望も有し居りたる故、議長、副議長の厚意に背き之を辞退せり。今日にては洋行の方は費用の都合にて決行し難きも、自由に致し居り度ことは前年と異なることなく、

松室致法政大学の経営を話す

加之自分（松室）は法政大学経営の任に当たり、千何百坪の建築を為し、昼夜に四、五千人の授業を為し得る基礎は成りたれとも、此の上図書館を作り、教授法を確立し度、毎日夜までも学校に行き居れり。枢密院ならは繁劇の職に非さる故今学校の方より手を引くには及はさるへきも、只今の如く専心従事する訳には行き難し。依て矢張り之を辞退し度。夫れとも即答に及

はすとのことならは、熟考したる上に返答することゝなれは都合宜しと云ふ。

松室致に即答を促す

予、議長は非常に急き居れり。只今話の如く先年君（松室）より断はりたることも聞きたり。夫れ故、此節は議長より直接談することは都合宜しからすとて、予を介したりとのことなり。議長は只今枢密院事務所にて返事を待ち居るへし。法政大学の方は枢密院に入りても方向を更ふるに及はす、是は両立することとなり。議長は君（松室）は内閣員たりしこともあり、極めて適当なる人なりと云ひ居れり。熟考すと云ふことは尤のことなるか、熟考して承諾する考あれは、一日位待たれさることはなかるへきも、断はる為の体裁丈けの熟考ならは、寧ろ速に決定することを望むへしと云ふ。

松室、熟考の結果は結局断はることゝなるへしと云ふ。予、夫程の考ならは已むを得さることなり。其趣を議長に報告すへしと云ふ。松室、いつれ自分（松室）より謝を述ふへきも、君（予）より宜しく謝し置き呉よと云ふて去る。話すること十分間許。

枢密院事務所に行き、松室致か枢密顧問官たることを肯んせさることを清浦奎吾に告く

予は直に枢密院事務所に行き、議長の室に入る。議長正に一木喜徳郎と話す。予入りて差支なき〔や〕否を問ふ。清浦差支なしと云ふ。

一木喜徳郎と清浦奎吾との談

清浦より一木に対する談話は既に終り、一木より赤池濃か来り、上奏事件解決に関する意見を聞き度と云ふに付、自分（一木）は赤池に対し、君（赤池）等か顧問官を面会して何某の意見は此の如し、何誰は硬派にて何某は軟派なり抔と云ふ如きことを政府に報告するは誤を生するの原因となるに付、右の如きことは止むる方か宜しと云ひ、何事も話さゝりしなり。又岡野敬次郎来り談したるに付、政府か手続を誤りたることを一々指摘して之を詰りたるに、岡野も弁解の辞なく、結局只今の処にては、解決に関する好工夫なしと云ふことにて別れたりと云ふ様なることを談して、一木は辞し去りたり。

松室致と予との談を清浦奎吾に報す

夫れより予は、議長よりの談も聞くへきか、先つ予よりの報告を先きになすへし。松室か来ることか晩くなり、只今同人と別れて直に来りたる所なりと云ひ、次て松室と予との談話の顚末を報す。清浦、夫れは残念なり。松室を推薦すれは、適材を適処に置きたりとのことゝなり、至極宜しきも、同人か諾せさることゝなれは、希望者はありても適当なるものなし。

横田国臣を推薦し難き事由

自分（清浦）としては、此際ど〳〵しても横田（国臣）を入ることは出来難し。横田に対しては先年二回まで勧誘し、第二回目には横田より、君（清浦）の云ふことは横浜に居る弟（五郎〔朝鮮総督府法務局長〕）よりも同様のことを云ひて就任を勧め呉居れり。君（清浦）か親族の云ふ如きことまても云ふて勧め呉れるも、自分（横田）は司法部に始まり司法部に終はるか目的にて、顧問官たることを欲せすと云ひ、其時は故山県公〔有朋〕も大に怒り、馬鹿な奴なりと云はれたることあり。右の如き事実ある故、自分〔清浦〕としては山県公の霊に対し、今日横田を入るることは為し難し。此事情を知らさる人は、自分〔清浦〕と横田の関係あるに横田を入れさるは友情に薄きものなりと思ふへきも、友情の為に山県公の霊に背くことを得さる故致方なし。

松室致以外の候補者

其外には大臣の経歴ある人を挙くれは、仲小路廉〔貴族院議員・同成会、元農商務大臣〕、阪谷芳郎〔貴族院議員・公正会、臨時法制審議会委員、男爵〕あり。いつれも適当と思はるれとも、二人とも只今貴族院にて彼の如く激烈なる議論を為し居る際に付、他日は兎も角、此際彼の様なる人を入るるは穏当ならすと思ふ。其外には栗野慎一郎〔元駐仏特命全権大使、子爵〕、渡正元〔貴族院議員・無所属〕、武井守正〔貴族院議員・茶話会、元鳥取県知事、男爵〕、山川健次郎〔貴族院議員・無所属、前東京帝国大学総長、男爵〕抔あり。武井は姫路藩の勤王家にて、藩論を一定したる勲功はあれとも、経歴技能の点に付ては農商務省の局長位に過きす。大森鍾一〔皇后宮大夫、男爵〕か今少し勤王の事歴てもあれは、前の皇后宮大夫香川敬三〔元皇后宮大夫、元枢密顧問官、故人〕か顧問官となりたる例もあれとも、香川は水戸藩より勤王の功ありたるも、大森には其経歴なき故如何あるへきやと云ふ。

松室致は承諾するならんと思ひたり

予、松室は先年研究会を脱したる故、予は此節は多分承諾するならんと思ひたり。人の心中を推測する様なれとも、研究会に在るときは或は大臣たることを考へ居りたるへきも、同会を脱したる以上は一寸大臣たる望なき様なりと云ふ。清浦、自分〔清浦〕も丁度其事を考へ、先年と只今とは考へ変り居るならんと思ひ居りたりと云ふ。

武井守正のこと

清浦又松岡康毅〔枢密顧問官、日本大学総長、男爵〕を顧問官と為したる権衡より云へは、武井にても入れられさることはなし。武井を入るとすれは、其功労を取りたりと云ふことになる。武井は既に八十歳にもなるに付、技能としては取る訳に行かす。

顧問官となすに適当なる人

但枢密院にてはなるへく大体に著眼し、余り細なることを争はさる様の人に致し度。又政界に野心ある人にては、院外の人と通謀する様のこともありて、不都合なりと云ふ。

横田国臣のこと

予、横田のことは予等も其砌本人より話を聞きたることあり。横田は大審院長の権限を拡張し、全国の裁判所を監督する様に致し度。其ことか出来る迄は司法部を去るを欲せすと云ふ様なる話を為し居りたり。然し此ことは終に出来さりしなり。

山川健次郎、仲小路廉、阪谷芳郎のこと

山川を入るるならは、是は人格者としてならは世間の人も認むるならん。仲小路、阪谷抔は只今の処にては本人等も枢密院に入る訳には行かさるへしと云ふ。清浦多分入ることを好まさるならんと云ふ。

日支郵便交換約定の件、上奏後の始末に関する事

是より清浦か談緒を改め、先頃日支郵便交換約定の件、審査委員の内協〔議〕会を開きたる後、

清浦奎吾と加藤友三郎との談

其翌日自分（清浦）は内閣総理大臣（加藤友三郎）に面会し、政府か枢密院にては約定は調印に依りて効力を生すと説明し置きなから、議会に於ては御裁可に依りて効力を生すと説明し、殆んと枢密院の上奏を無意味なる様のことにならしむる如きことを為すは不都合に非すや。又摂政殿下より、貴大臣と本官（枢密院議長）とは直に協和して国務の進行を謀るへき旨御沙汰あらせられ居るに、全く無断にて、枢密院と議会とに対し正反対なる説明を為す如きは御沙汰の御趣旨にも副はさるものに非すやとの旨を述へたる処、総理（加藤友三郎）は総理大臣として固より全責任を負担すれとも、実は自分（加藤）の病中のことにて少しも聞知せす。病気回復後出勤すれは、直に御沙汰を拝したる様のことにて、実に恐懼したる訳なり。議会に於ける説明も、実は突然質問を受け、如何に答弁したらは宜しかるへきか、岡野（敬次郎）等と協議し不用意に答弁したる訳にて、枢密院に対し一言の諒解も求めすして、矛盾したることを述へたるは実に申訳なし。

加藤友三郎の決心

自分（加藤）には確かに決心はあるか（決心と云ふても辞職の決心には非す、枢密院に対する陳謝の決心を云ふなり）、兎も角閣僚とも協議して御答すへきに付、少し猶予し呉れよと云ひたり。

宮田光雄、清浦奎吾を訪ふ　宮田光雄の私案

其後四、五日の後、宮田光雄（内閣書記官長）を遣はすに付面会致し呉よとのことにて、宮田に面会したる処、今暫く返答の猶予を請ひ度とのことなりしか、宮田は是は宮田一己の私案にて、総理（加藤）にも示したるものに非さるか、一応内見し呉よと云ふに付一見したる処、一と通りには出来居りたり。自分（清浦）は尚ほ若干の個所に意見を告け置きたり。

顧問官の歴訪

其時宮田は、此問題に付てはどーしても各顧問官の諒解を求め置くことか必要と思ふと云ひ、自分（清浦）は之を勧むる訳には行かす、又之を止めもせすと云ひ置きたり。是か即ち手を分けて、各顧問官を歴訪したる訳なり。歴訪の結果は勿論明答したる人はなかりしなるへきも、一応多数顧問官の意向の推測は出来たるものなるへく、

清浦奎吾と加藤友三郎と二度目の面談

其後総理（加藤）より更に会見し度に付、日時場所を指定し呉れよと云ひ、自分（清浦）より、場所は内閣閣議室抔ならは人に知られすして宜しかるへき旨を通知し、同所にて総理（加藤）と会見せり（本月七日頃）。

返答の延期

其時加藤より、実は先日の御申込に対し御返答致すへき筈の処、何分両院の会議中にて、旁々多用なるのみならす、若し返答の趣旨少しても外間に漏るれは、更に其事より問題を生し、

又々質問等を発することゝなる恐あり。故に此際返答をすれは、言はんと欲する所の半位に止め、外間に漏れても差支なき丈に為し置かさる〔へ〕からす。議会閉会後に至れは、十分に陳ふへき丈のことを陳へて解決を図り度。此際不十分なることを答へて、之を以て顧問官の諒解を得ること出来難からんと思ふに付、議会の閉会後まて猶予を請ひ度とのことなりしを以て、自分（清浦）より内閣の立場は十分に同情する故、閉会後まて延期することは已むを得さるへし。

清浦奎吾の要求

然し自分（清浦）の立場も、単に議会閉会後まてと云ふ丈けにて、閉会後に至り内閣より如何なる挨拶あるやも分らすして、各顧問官に延期のことを談するも甚た心元なし。依て自分（清浦）の含までに、内閣の心組を聞き置き度旨述へ、総理（加藤）は至極尤のことなりとて数日の猶予を求め、

加藤友三郎の覚書

本月十三日に総理（加藤）は枢密院事務所に来り、議会閉会後、内閣より枢密院に対して取るへき解決方に関する覚書を交したり。其覚書は十分に尽くし居り、尚ほ少し許り自分（清浦）より意見を述へ、其書面は一見の上之を加藤に返し、

清浦奎吾覚書を加藤友三郎に返す

自分（清浦）は紳士として直に協議したることなれは、後日の証拠として此書面を自分（清浦）の手元に留め置く必要を認めさる故、之を返すと云ひ、加藤も大に喜ひたり。右の如き次第なる故、自分（清浦）は本件は此位の処にて解決するか適当と思ふ。一部に本件に関する一切の事実を公表すへしとの意見ありたるも、是は容易ならさることなり。

上奏事件の顚末を公表すへしとの意見は不可なり

枢密院より公表の勅許を願へは、政府は反対の上奏を為すへく、若し勅許を願ひて勅許を得さる様のことあらは、枢密院は面目を失すること甚しく、顧問官の辞職は夫れか宜しとしても枢密院の面目は保ち難し。審査委〔員〕会の報告書位ならは或は場合に依り公表することあるとしても、上奏書、御沙汰、殊に書面にも非す、口頭にて仰せられたる御沙汰を公表する抔は出来ることに非すと云ふ。

穏当に解決するを可とす

予、全体本件か此くまてに喧しくなりたることか意想外なり。故に一と通りの条理か立ては、夫れにて結了することか当然なるへしと云ふ。

山川端夫の説明のみにて上奏したることを憾む

清浦、然り。此くなりたるは全く意想外なり。全体、山川端夫（外務省条約局長）か約定は調印に依りて効力を生すと説明したるとき、自分（清浦）は一応外務大臣の意見を確むる方宜しくはなきやと云ひたるも、委員会にては夫れには及はすと云ふこととなりたる故、余り干渉することも出来さる故其儘にしたる故、実は彼の時一応大臣の意見を確かめ置たらは、宜しかりしことなりと云ふ。此ことに付ては予は委員会のとき大臣に質す必要なしと云ひ、今日にても不可なりとは思はさるも、強ひて弁明せさりしなり。

赤池濃及荒井賢太郎と予の談

予、予の処には赤池濃か来り、本件解決に関する意見を聞き度と云へり。赤池は朝鮮に行き居り、予と同時には非さりしも、朝鮮の関係にて相職の間柄なる為に来りたるものならん。予は赤池に対し、君（赤池）は自己の考にて予か処に来りたるやと云ひたるに、赤池は政府より依頼せられたりと云ふ様のことには非す、然れとも本件に関する解決の意見を聞くことを得ば、自分（赤池）の監督官たる内務大臣には報告する積りなりと云へり。予は本件は枢密院としては既に決行したる事件なり。聞く所に依れは、総理大臣（加藤友三郎）と枢密院議長との間に何か交渉中とのことなり。此以上予等か云々すへきことに非すとて、何事も談せさりしなり。其外に荒井賢太郎か来りたり。是は朝鮮以来の懇意なる間柄なるのみならす、親族の関係もある故、来りたるものならん。

議院に於ける政府の説明は熟議を経す

荒井の談にては、政府にても困り居れり。議会にての説明は咄嗟の間に起りたる質問に対し、如何に答弁すれは宜しきやに惑ひ、大分狼狽したるものにて熟議の暇もなく、閣僚中にも彼の如き説明を為すことは知らす、後に至りて聞きたるもの多かりし位なりとのことなり。荒井か来りたる趣意は、此ことは議長（清浦）に話すことは如何あるへきやと思へとも、荒井は議長（清浦）は大に政府に同意して解決せしめんとの厚意あり。然れとも、如何に議長の厚意あるも、顧問官の賛成なけれは成立し難きに付、議長よりの提案あらは、賛成し呉よと云ふ様なる趣旨なりしなり。予は、予等は初めより別段の考ある訳に非す。一と通り筋途さへ立ては、夫れで解決すへきものと思ひ居る所なる故、議長か宜しと思ふて申出すまてに至りたらは、多分反対する様のことはなからんと云ひ置きたり。

穂積陳重来る

予と清浦との談将に終はらんとするとき二上兵治来り、穂積陳重か来りたり。暫く別室に待たしむへきやを問ふ。清浦直に此処に来らしめて宜しと云ふ。予は穂積か来らさる中に荒井と予との談したる次第を述へ終り、穂積か来りたる後直に辞し去らんとす。

清浦奎吾、予か労を謝す

清浦、御苦労なりしなり。殊に一方のこと（松室致のこと）に付ては尚更御苦労を掛けたりと云ふ。予か清浦の室に入り、一木喜徳郎か談話を終はりたるとき、予より予の処にも赤池か来りたりと云ふ。

一木喜徳郎、興国義会の書状及び警察護衛のことを談す

予又次て、一木君抔は新聞上にて硬派なりと書き居る故、或は書状を贈らさりしかも計り難けれとも、予等の処には興国義会と云ふ名義にて書状を贈り来れりと云ふ。一木、自分（一木）の処にも贈り来れり。初めの分は即達便にて、二度目は書留にて送り来れり。其外高等係の巡査か来りて、政友会の壮士二人を伴ひ来り、護衛せしむる旨を告けたりと云ふ。

興国義会の書状の意味

清浦書状には如何なることを書きたるやと云ふ。予、初の分は確つかりやれと云ふ趣意にて、二度目の分は若し政府と妥協する様のことあれは、少しも仮藉せすと云ふことを書き居れり。仮藉せすとは如何なることなるへきやと云ふ。

軟派の方護衛を要す

清浦、警察は硬派を護衛する訳なりやと云ふ。一木、否。軟派の方か護衛の必要ある訳なりと云ふ。予か宮内省に返りたるは、三時前なりしなり。

赤坂表町警察署高等課吉田耕次郎、興国義会の書状を借ることを請ふ

○赤坂表町警察署高等課吉田耕次郎より電話にて、先刻の書類（興国義会より予に贈りたる二通の書状）を一時間計り借用することは出来さるやと云ひ来りたるも、予か不在〔な〕る故、分からさる旨を婢トシより答へたる趣なり。

松永純一なる者来る

○午〔原文空白〕、松永純一〔輸出商、元司法省給仕〕なる者来り、自分（松永）は明治三十三年頃司法省にて給仕と為り、其頃御主人（予）の下に在りたるか、

松永純一は明治三十三年頃の司法省の給仕にて今日は輸出商

其後苦学して身を立て、只今は横浜にて缶詰物の輸出業を営み居れり。依て近状を報告する為来れりとて、明治三十三年中に撮影したる給仕当時の写真と大正〔原文空白〕年に撮影したる夫婦長女及男子四人の写真、蟹の缶詰〔原文空白〕個を持ち来り、龍郎より主人は宮内省に出勤し居る旨を告けたる処、宮内省に行くには門鑑の必要あるに付、宮内省には行かすといふて去りたる趣なり。予は勿論松永のことを記臆せず。

内子鎌倉より帰る

○午後五時後、内子鎌倉より帰る。

吸入を為す

○夜、午後七時後、吸入を為す。

入浴せす

○入浴せす。

夜雨

○午後十一時頃より雨ふる。

清浦奎吾より議会閉会まて猶予することは顧問官に各別に談することにせり

○清浦奎吾、上奏事件の顚末を公表する意見の不可なることを述へたるとき（此日記五十葉表面）、本件は先つ総理（加藤友三郎）の希望の如く、議会の閉会後まて待つか宜しからんと思ふ。強ひて何でもかでも直に解決せよと云ふは大人なげなきことなり。依て此趣意を審査委員たりし各顧問官に伝ふるにも、先日の如く一時に会合すれは、自然喧しきことになり易き故、此節は各個別に談することになせりとの話を為せり。

龍郎病後始めて入浴す

○龍郎病後今夜始めて入浴す。

二月一六日

○二月十六日金曜。雨。

○午前九時四十分頃より出勤す。

高義敬来る

○午前十時後高義敬来り、王世子同妃は恙なく、妃は今朝有栖川宮大妃の移霊祭に列せられたり。故貞愛親王の葬のときは、世子は墓所まては行かす、式場より帰られたり。

大谷光瑩の葬には使を出さゝること

本月廿二日は大谷光瑩の葬にて、閑院宮よりは特に使を出され、他の皇族方は共同にて使を出さるる趣なるも、世子の邸よりは先つ香料を贈り置たり。使を出すには及はさらん。賀陽宮妃は大谷光瑩は外祖父に当り（妃は九条道実の女にして、九条の妻は光瑩の女なり）、喪に居らるるを以て、見舞として菓子を贈り置きたりと云ふ。予、大谷の葬には使を出す必要なかるへし。大谷の母は閑院宮殿下方の姉に当る人なる由なりと云ふ。

李王家の殖林に関する新聞

予又今日の新聞に、李王家にて殖林せらるることを記し居るか、彼の記事は適当ならす。現今にては年二百万円にて無理に李王家の経済を立て居る様に書き居れり。何処より彼の如き事を書したるものなるへきやと云ふ。

景福宮の門を毀たんとすること

高、如何にも面白からさる書き方なり。京城にては景福宮の門か新築の総督府と釣り合はす、自動車の出入にも不便なる故、門を毀つ議あり。朝鮮人は之を不可とし居る模様なりとの談を為せり。

西園寺八郎来り談す　三条家の娘と上杉某（伯爵）との結婚問題（二月二十日の日記六十七葉の表参看）

○午後二時後西園寺八郎来り、先日新聞にも出し居りたる三条家の娘〔末子、三条実美七女〕（山尾某〔三郎、式部官、澄宮附御用掛、子爵〕の妻にて離婚したるもの）と上杉某〔憲章、旧米沢藩主上杉家当主〕（伯爵）との結婚問題は、自分（西園寺）は山尾の離婚の原因は内実は兎も角表面は協議離婚なる故、宮内大臣か裏面にまて立ち入り、結婚を認可せさる理由なしと思ふか如何にと云ふ。

宗秩寮の従来の取扱振

予、予は先年暫時宗秩寮の事務を執りたるか、宗秩寮の方針とも云ふへからさるも、同寮従来の取扱振は非常に予等の考へと違ひ居れり。

渋沢栄一の孫と木内重四郎の娘との結婚　二月二十日の日記六十葉表参看

先年渋沢（栄一）〔渋沢財閥総帥、子爵〕の孫〔敬三、子爵渋沢家嗣子〕の妻として木内重四郎〔貴族院議員・茶話会、元朝鮮総督府農商工部長官、元京都府知事〕の女〔登喜子〕を娶らんとしたるとき、宗秩寮にては木内か京都府知事在職中の事件にて罰金の刑に処せられたりとの廉にて、反対の意見を有したるも、予は之を許可することゝせり。

某子爵（梅小路某）の娘と梅若某との結婚　二月二十日の日記六十八葉表参看

又梅小路某の娘か梅若〔観世〕某と結婚せんとするときも、酒巻（芳男）は反対の意見を有したるも、予は之〔を〕認可するの意見にて之を認可せり。然るに此ことは結果より見れは、予の意見か悪かりし様なるも（結婚届を為す前に離婚と為り、宮内大臣認可の取消願を為さゝるへからさることゝなりたる故）、然し是は双方の折合悪かりし為にて、必しも認可か悪かりしとも云ひ難かるへし。

某伯爵（奥平昌恭）の養女

又某伯爵〔奥平昌恭、有馬頼万の娘婿、旧中津藩主奥平家当主、貴族院議員・研究会〕か雇女中に娘〔不詳〕を生ましめ、之を私生児となさす、他の嫡出子と届け、其娘を更に他家の養女と為し居りたるか、伯爵の妻〔禎子、有馬頼万長女〕か実子も少き故、之を伯爵の養女と為すことを望み其書類を為したるときも、酒巻は非常に反対せるか、予は之を認可することゝせり。

柳原燁子事件の責任観念

尤も予は、柳原燁子〔歌人、号は白蓮、伯爵柳原義光の妹、大正天皇の生母柳原愛子の姪〕事件のことても宮内大臣は彼の様に責任を取ることは必要ならすと思ふ。若し事件の結果に付ても大臣か責任を取らさるを得さるならは、容易に認可し難かるへきも、予は認可より生する責任は左程のものに非すと思ふ。

離婚の原因は姦通となり居らす

三条家の娘も、姦通か離婚の原因となり居るならは之を認可するは穏当ならさるへきも、協議離婚なる故、之を娶る方か満足して娶るならは、大臣として之を認可せさる理由なしと思ふと云ふ。

西園寺、先日新聞に書したるは、若し宮内省にて認可すれは、娘の非行を鳴らして之を攻撃する前提なるへく、之を認可せされは、人権問題として之を非難する積りなるへく、いつれにして〔も〕、宮内省は攻撃せらるる度胸を拵え置か〔さ〕るへからす。

新聞記者の口塞ぎ

上杉の方の里井（井は確かならす）某〔不詳〕か此ことに付周旋し居る故、自分（西園寺）は新聞記者は金を欲し居る故、幾分之を与へて口を塞く方宜しくはなきや、宮内省か認可したる段になりて、種々の事実を暴露して非難せられては、上杉の方にても困るならんと云ひたるに、某も幾分の金を出すことは差支なし。悪事を為して金にて口を塞く訳にも非す、無事に事を運ふ為ならは、金を出しても宜しと云ひ居りたりと云ふ。予、其方法か功を奏すれは格別なるか、然らされは、此問題はいつれにても新聞に非難は覚悟せさるへからす。然るに是迄の宮内省の体度は常に新聞の非難を恐るること甚しき故、其根本は十分に之を定め置かさるへからすと云ふ。

ムッブの奨励　度胸を極むる必要

西園寺、其通りなり。近来の遣り口にては多数運動するか脅迫すれは、必す幾分にても効能ある故、之を奨励する様の結果となるなり。私の事と違ひ、公務を執る以上は八方とも誉めらるる様のことは出来難し。少しは度胸を極むるか宜しきに非すやと云ふ。

予に対する書状

予、其通りなり。此節は何事に限らず、脅迫様のことは免れ難し。予等に対しても近日は、軟化すれは其分には置かす抔と云ふ様なることを申来り居れり。

徳川頼倫は三条家と上杉家との結婚問題を知らす

上杉の結婚問題は、先日食堂にて大臣、次官（牧野伸顕、関屋貞三郎）及宗秩寮総裁（徳川頼倫）も居る所にて、予より徳川に結婚認可申請書は出て居るやと問ひたるに、徳川は知らすと云ひたりと云ふ。

宗秩寮人に乏し　酒巻芳男にては十分ならす

西園寺、此の如き重大なる問題を、事務官限りにて握り置く様ならは困りたることなり。宗秩寮は非常に重要なる処なるに拘はらす、只今の処にては人が乏しき憾あり。酒巻（芳男）も尚ほ皇族方の事情に熟せす。二荒（芳徳）は熱心に事を執る質に非す。其外には山田（益彦）なりと云ふ。

松平慶民か宜し

予、山田は一寸行く所なき故、仮りに宗秩寮に居るまてなり。予、程なく松平（慶民）か帰るへきに付、其上て宜しからんと云ふ。西園寺、松平は自分（松平）に分らさることは、他に問ふから宜しと云ふ。

予も格別干渉せす

予又予も御用掛として宗秩寮の事を執る訳なるも、相談を受くることに付ては意見を述ふるも、自ら進みて事を執るは総裁（徳川）の職権と抵触する嫌もある故、差控へ居れり。而して宗秩寮よりは、成るへく予には話さゝる方針なる様なりと云ふ。

宗秩寮の遣り方は不可なり

西園寺、夫れか宜しからさるなり。成るへく相談して穏当に処置せされは、不可なりと云ふ。予、先年予か宗秩寮の事務を執るとき、君（西園寺）を宗秩寮に入るることを望みたるも、君（西園寺）か承知せさりしか、今日にても宗秩寮は君（西園寺）か事を執りたらは宜しからんと思ふと云ふ。

西園寺八郎か宗秩寮に入らさりし理由

西園寺、自分（西園寺）か宗秩寮に入らさりしは、余り種々のことに手を出して何事も満足の出来す、他よりは好んて権力を取るとの非難を受くる恐ある為なりしなりと云ふ。

宗秩寮副総裁の必要　宗秩寮の定員不足　西園寺八郎を宗秩寮副総裁となす意見

予、他よりは多少の批評はあるへきも、夫れは頓著する必要なし。式部職に次長を置く位ならは、宗秩寮には副総裁を置く必要あり。官制に付ては予等も責任あるか、仮令適当なる人を配置しても、只今の人数にては十分に事を執り難し。君（西園寺）か副総裁と為りては如何。官制を更ふる位は難事には非さるへしと云ふ。

西園寺八郎は東宮御所の御用多し

西園寺、式部職は長官と次長と同時に式に列するときのみ次長の必要あり。平常は次長の必要なし。故に兼務にて差支なし。自分（西園寺）は東宮御所の御用か多き故、宗秩寮の方は出来難しと云ふ。西園寺、上杉の結婚問題は予より今一応徳川にても談し見るへきやと云ふ。

酒巻芳男も三条家上杉家の結婚に関する意見を変するならん

西園寺、先夜伏見宮邸にて酒巻其他の人と話し合ひたるとき、其辺に在りたる人は大概認可せらるへきものとの意見なりし故、自分（西園寺）より酒巻もよく相談して方針を定めたらは宜しからんと云ひ置きたる故、酒巻も多分考を更ふることならんと思ふ。其ことを含み置き、都合を見て話し呉よと云ふ。

徳川頼倫は良子女王殿下洋行問題の為には辞表を出す様のことなからん　一月十日の日記二十一葉裏、一月十三日の日記五十六葉表参看

西園寺又良子女王の洋行問題に付ては、最早徳川（頼倫）か其の為に辞表を出す様のことなきは確かとなれり。先日汽車中にて酒巻に逢ひたるとき、酒巻等か無暗に徳川をおだて、徳川をして窮境に立て、終に辞表を出さゝるを得さらしむることに至らしむることの不可なる理由を説き置たることは先日話したる通りなるか（此ことは予か直接に西園寺より聞きたることに非す。小原駩吉より伝聞したるものなり。今日西園寺より既に話したることありたりやと云ひ、予既に之を聞きたりと云ひたるは記臆違なりしなり。欄外朱書の日記を看るへし）、

女王殿下洋行問題に付西園寺八郎と徳川頼倫との談

昨夜伏見宮邸より帰るとき、徳川と自動車に同乗したる処、徳川は平田（東助）か困り居る其次第は、良子女王殿下の洋行問題に付ては西園寺公（公望）か熱心なるか、牧野（伸顕）か反対にて行はれす。依て平田は興津に行き、西園寺公と協議すへしと云ひ居れりとの談を為せり。

西園寺公望の真意

元々養父（西園寺公望）か徳川に対し、平田をして牧野（伸顕）に説き、牧野を承諾せしむる様にせよと云ひたるは、真実洋行を実行せしめんと欲したるに非す。平田か此ことに付熱心に運動せさることは分り切りたることなる故、彼此して時日を送り居れは、其内に立ち消となることを見込みたるものなり。真実牧野に説かしむる積りならは、平田を指定する訳なし。

良子女王殿下洋行問題は既に徳川頼倫の手を離れたり

徳川より右の如き話を為したるに付、自分（西園寺）は好都合なりと思ひ、然れは、此問題は最早君（徳川）の直接の問題に非す、平田、西園寺（公望）、牧野（伸顕）の問題となりたるものにて、此事か成就せさるも其の為に君（徳川）か辞表を出す抔と云ふ訳のことに非さることゝなりたるものなりと云ひたるに、徳川は強ひて自分（西園寺）の説に反対せす、今後も是非自分（徳川）は自ら此事に当る等のことを言はさりし故、最早大丈夫なりと云ふ。

良子女王殿下洋行問題の難関は大奥に在り

予、此問題は仮令ひ元老か承知したるも、最大難関は大奥にて、此事は初めより分り切り居れり。尤も皇太子殿下御洋行のときの如く、元老か一致して強く言上するまてのことゝなれは、大奥を動かすことも出来さることに非さるも、元々夫程の必要事に非すと云ふ。

酒巻芳男等の心事

西園寺、其通りなり。酒巻等か事情も分からすして騒くは困りたるものなりと云ふ。予、人の心を邪推する嫌あるも、酒巻等は此事か出来れは、随行出来る位の単純なる考ならんと云ふ。

良子女王殿下洋行を主張する目的に関する談

予又此は何処より出てたる談なるや出処も分からされとも、良子女王殿下洋行の目的の一として、皇后陛下と女王殿下とは将来其御間柄円満なることは期し難し。依て殿下には西洋の事情に熟せさせ、之を以て陛下に対抗せしめんとする積りなりとの説あり。此の如き考を有するならは、大なる誤なりと云ふ。

西園寺八郎、摂政殿下に謙譲を説く

西園寺、夫れは言語同断なり。自分（西園寺）等は摂政殿下に対し、摂政と御成りなされたるに付ては、仮令ひ殿下は十分に謙遜なされ居りても、陛下方は動もすれは御隠居ても遊はされたるかの様なる御心か起り易きものなり。万一にも、殿下少しても自分は摂政なりとの御考を以て陛下方に対せらるる様のことありては容易ならさることなり。故に殿下は其辺に付ては十分に御注意なされ、只管孝行を御心掛なされ度。

摂政の事に付ては陛下にも譲るへからす

但国家の大政に関し、摂政として御行動遊はさるるときは、仮令ひ陛下の御思召に反することありても、是は決して枉くることは出来さることにて、其以外はどこまでも従順になさる様に御勧め申上け居る所なり。

摂政殿下は怜悧なる御性質に非す

但困ることは、摂政殿下は御利口なることの出来さる御性質にて、或は誤解を招きたまふ恐あり。其点になると秩父宮殿下は大層御気か附き、御利口なるものなりと云ふ。

予、摂政殿下は大様なる御性質なるへく、余り御利口にあらせられさるは結構なりと云ふ。

多納栄一郎、予の容体を聞く

○午後八時後、多納栄一郎より電話にて予の容体を問ふ。予、既に褥に在り。婢トシをして快き旨を報せしむ。多納、都合にては尚ほドーフルス散を服用する方宜しかるへき旨を告く。

西野英男、庶務課より明後日（十八日）の有栖川宮大妃殿下の葬儀には成るへく会すへき旨申来りたることを告く

○午後三時頃西野英男より、只今庶務課より電話にて、明後日有栖川宮大妃殿下御葬儀のときは高等官は成るへく御葬儀に参列する様致し度。服装は大礼服と云ふことにはなり居れとも、都合にては燕尾服にても宜しき旨を申来り。既に其旨を審査官に告けたる所なりと云ふ。是は予か西園寺八郎との談を終り、審査局の室に行きたるときのことなり。

入浴す

○夜入浴す。

吸入を止め含嗽を為す　薬を鼻腔内に塗布す

○昨夜まては吸入を為したるも、今日は之を止め含嗽を為し、且今日より十四日、多納栄一郎か処方したる塗布薬を鼻腔内に塗布することを始む。

脈搏繁し

○入浴後直に褥に入りたる処、脈搏繁く、一分間八十以上九十至位なりしか、一睡後常に復したり。

雨、雪となる

○夜雨、雪となる。

二月一七日

○二月十七日土曜。曇。

赤坂表町警察署高等係吉田耕次郎来り、興国義会の書状を借る之を貸さす

○午前九時頃赤坂表町警察署高等係吉田耕次郎来り、本月十五日予か吉田に示したる興国義会より予に贈りたる書状二通を借りて、之を謄写せんことを請ふ。予、龍郎をして吉田に面し、今日までの処にては、興国義会人は何も粗暴なる行動もなし。他日何か不都合の行動ありたらは、其時は書状を示すこともあるへきも、只今の処にて予に贈りたる私書を貸し渡すへき必要もなきことに付、之を貸し渡すことは之を断はる旨を告けしむ。龍郎来りて、暫時書状を借りて之を謄写し度と云ふ旨を報す。依て予更に前記の趣旨を申ね、龍郎をして之を伝へしむ。吉田は辞し去りたるか、龍郎か能く予の意を伝へ、吉田をして諒解せしむることを得たるや否は疑はし。

○午前九時四十五分頃より出勤す。

高羲敬来り、宋秉畯か世子の朝鮮角力を観らるることを請ひたることを告く　其取扱方を謀る　相愛会のこと

○午前十時後西野英男より、先刻高羲敬か来りたることを報す。予乃ち西野をして高を召はしむ。高来り、昨十六日午後五時頃、宋秉畯熱海より帰りて世子邸に来り、朝鮮人李起東〔相愛会会長、朝鮮人労働者相互扶助団体の相救会を結成〕等か設立し居る内鮮人間の融和を図るための相愛会にて、明十七日、十八日両日両国国技館にて朝鮮人の角力を催ふし、相愛会の資金を得ることゝなりたる趣にて、李起東か自分（宋）を追ふて熱海まて来り、自分（宋）より世子殿下か国技館に臨みて、角力を観らるることを願ひ呉よと云ひ、自分（宋）は李起東より直接に世子邸に願ふへき旨を告けたれとも、是非自分（宋）も帰京して、願ひ呉よと云ふに付帰京せりと云ふに付、自分（高）より明日（即ち今日）は土曜にて、世子殿下は学校の課業忙しく、十八日は日曜なるも有栖川大妃の葬に会せらるる筈にて、葬より帰りて角力観に行かるる訳には行き難き旨を告けたる処、宋は夫れは好都合なり。殿下か行かれさるならは、君（高）でも名代として行くことに為し呉よと云ひ、角力観覧券三十枚を自分（高）に交し、相愛会よりは百枚を持ち来りたるも、百枚は多きに過くとて三十枚に減したりと云ひ、一枚二円なる趣に付、六十円なり。宋は観覧券の外に幾分賜る様にあり度と云ひ居れり。

朝鮮総督府出張所詰事務官の意見

相愛会の事業に付ては総督府出張所詰事務官某（高は鵜沢〔憲、朝鮮総督府参事官兼事務官〕とか云ひたる様なるも確に記臆せす）、先頃事業の都合にては世子邸より幾分の賜金を願ふこともあるへき様の話を為したることある故、電話にて某に角力に対する考を問ひ見たる処、某は角力の興行は損するや得するや、事後に至らされは分り難し。得すれは、其金を以て事業を為すこととなるへきに付、其の時は幾分世子邸にても賜金あれは、其効能顕はるれとも、若し損するときは、事前の賜金あり居りても金は損失の塡補となり、何の効能もなきことゝなる故に、角力に対する賜金は角力の済みたる後、損得の模様を見たる上にて決せられたらは宜しからんと云へり。

宋秉畯の意見

依て自分（高）より其趣意を宋に話したる処、宋は右の如きことにては不可なり。兎も角力に対して、幾分にても賜はる様にあり度と云へり。自分（高）は一度顧問（予）の意見を問ひたる上にて答ふへしと云ひ、宋は下宿にて自分（高）の答を待ち居る所なりと云ふ。

予の意見

予、世子殿下は自ら角力を観られさるも、角力を認めて使ても遣はさるることゝなれは、其の損得に因りて賜ふと否とを決する訳には行かさるへし。然し、角力を奨励すると云ふ様なる趣意に非す、内鮮の融和を謀る相愛会の催なる故心附をせらるる訳なる故、角力に対し多額の金を賜ふには及はさるへく、予には事情も分らす、見込も立ち難けれとも、観覧券代六十円の外に四、五十円も賜はりたらは宜しくはなきやと云ふ。高、両方にて百円位にて宜しからん。是より宋に面会して、其後の振合ひを相談することゝすへし。

内地の相撲に対する李王職の心附

内地の相撲か京城に行くときは、李王職の地所を貸し与へ、其外に三百円位李王より賜はる例なる趣なるも、

朝鮮の角力は労働者の余技

朝鮮の角力は内地の相撲の如き専業に非す、労働者か為すものにて、其点は内地の相撲とは異り居れりと云ひ、

李王職長官、次官更迭の談

高将に去らんとしたるか又立ち留り、何事も聞きたることを話すへし。昨夜宋（秉畯）の談する所にては、李王職にては長官、次官とも免官と為り、礼式課長〔李恒九〕と高永根〔李王職参奉〕とは懲戒免官と為ることに決し、次官には篠田治策〔朝鮮総督府平安南道知事〕なるへく、然らされは某なるへく（予之を忘れたり）、長官としては李允用〔男爵、李完用の兄〕か一番有力なる候補なるか、自分（高）は之に反対せり。其理由は、李允用は伊藤公（博文）時代に李王家の財産を私したることありとて免官せられたるものなれは、今日更に同人を用ふるは不都合と思ふ為なり。其外の候補者は李址鎔〔元朝鮮総督府中枢院顧問、伯爵〕、李載覚〔朝鮮貴族、侯爵〕、閔丙奭〔前李王職長官〕等なりと云へり。自分（高）より夫れは確かなることなりやと云ひたる処、総督（斎藤実）より宮内大臣（牧野伸顕）に相談したる処、

宮内大臣は職員の更迭を望ます

宮内大臣は王家と皇室との関係の為、罷免者を出すは心苦き故、穏当に済まし度との意見なりしも、総督は彼の如きことを為したるものを処分せさる訳には行かすと云ひ、既に更迭のことに決し、上林（敬次郎）も辞表を出すことを決心し居れりとのことを談したり。高又次官としても藤波義貫〔元朝鮮総督府通訳官〕（藤波と云ひし様なるも確には記憶せす）か運動したるも、目的を達せさりしとのことを宋か話したりと云へり。

上林敬次郎の兄病死す

又李王職々員更迭の談を為す前、上林（敬次郎）は一昨日京

都より上京したる処、京都の兄か終に死亡したる旨の電信に接し、昨夜復た京都に赴き、明日頃葬儀を済まし、直に京城に帰る積りなる趣なるの談を為せり。

李恒九の懲戒免官は酷なり（二月十八日の日記六十一葉表参看）

李王職々員更迭の談を聞きたる後、礼式課長は李恒九には非さるやと云ふ。予、李恒九の懲戒免官は酷には非さるやと云ふ。高夫れは気の毒なりと云ふ。

李太王の碑を立つることの承認と職員の懲戒とは矛盾す

予、李太王の碑を立つることを認可したる上は、仮令表面は碑を建つる前に願を為したることの形式にはなり居るも、碑を立てることに付懲戒するは矛盾を免れす。余程都合悪しきことなりと云ふ。高其通りなりと云ふ。

有栖川宮大妃の葬儀に付自動車を借る

○午前十一時頃西野英男に嘱し、明日有栖川宮大妃の葬儀に列する為、主馬寮の自動車を借ることを謀らしむ。午後一時四十分頃西野来り、只今主馬寮より明日の自動車は宮中顧問官山口鋭之助〔前諸陵頭〕と同乗することに致され度。明朝先つ山口の家に自動車を遣はし、山口を載せたる上、午前九時頃に貴宅に自動車を廻はすへき旨通知し来れりと云ふ。

西野英男、青山操を自動車に同乗せしむることを請ふ

○午後二時三十分頃西野英男来り、明日有栖川宮大妃の葬儀に参せらるるとき、主馬寮より自動車を供することは先刻報したる所なれ〔とも〕、伊夫伎（準一）、岩波（武信）、矢島（正昭）の為には主馬寮より馬車を供することとなりたるも、青山（操）は其家の他の二人と隔り居るを以て、馬車をして過きらしむるときは、馬疲れて用ふへからさるの恐ありとて、青山を載することを肯んせす。依て、貴官（予）の自動車に青山を同乗せしむることを許されは、幸なりと云ふ。予少しも妨なしと云ふ。西野、然らは青山は午前九時前に貴家に行き、自動車の来るを待ちて同乗することにすへしと云ふ。次て青山来りて、同乗を諾したることを謝す。予、予にも之を許否する資格なしと云ふ。

赤坂表町警察署より電話にて異状なきや否を問ふ

○午後赤坂表町警察署より電話にて、壮士か来る様のことなきやを問ひ、婢より来らさる旨を答へたる由なり。

山口鋭之助電話にて自動車に同乗することを談す

○午後四時後山口鋭之助より電話にて、明日の有栖川宮大妃の御葬儀の時、自分（山口）は君（予）の自動車に同乗すへしとのことなるか、君（予）は或は自分（山口）の家を知らさるならん。自分（山口）の家は宮内大臣（牧野伸顕）の家云々。予、予は君（山口）の家を知り居れり。然るに、明日は午前八時三十分頃までに自動車を君（山口）の家に廻はし、君（山口）か乗りて予の家に来る都合になり居るとのことなる故、運転手は君（山口）の家を知り居るならんと云ふ。山口、然らば宜しく頼むと云ふ。

二月一八日

○二月十八日日曜。晴。

青山操来る

○午前八時四十分頃青山操来る。昨日の約に従ひたるなり。九時に至るも山口鋭之助来らす。予は青山の来る前に大礼服を著けて、之を待ちたり。

山口鋭之助来ること晩し

九時五分頃に至り山口来る。初自動車は午前八時三十分頃まてに山口の家に行く予定なりとのことなりしか、山口の談に依れは、八時四十分頃山口の処に行き、山口の家より予の家まては十五分間許にて達したりと云ふ。

山口鋭之助、青山操と自動車に同乗し豊島岡に行く

乃ち青山と共に自動車に乗り、直に豊島岡に向かふ。九時四十分頃達す。予は山口、青山に別し、休憩所に充てたる護国寺の書院に行き、二人は所定の休憩所に行く。

斎藤実、李王職長官、次官の免官、李恒九の懲戒、高永根の免官の予定を説く　二月十七日の日記五十九葉の裏参看

護国寺書院にて斎藤実予を座隅に誘ひ、高永根か李太王の碑を立てたることは、宮内省にて承認の形式を取りたる故一応済みたるも、事実は不都合なる故、李王職長官（李載克）、次官（上林敬次郎）は表面に立碑のことは云はすして、辞職せしむることに為し、長官と上林か京城に帰りたる上辞表を出さしむることゝ為し、上林は既に辞表を出さしめたり。礼式課長李恒九は、李王職の中にて一番有為なる者故、之を罷免することを欲せす。依て李恒九丈けは懲戒委員に付し、罰俸に処するか又は譴責に已むるか、いつれにして〔も〕留任せしむることと為し、高永根丈けは懲戒免官と為す積りなる故、含み置呉よと云ふ。予、夫れは至極宜しかるへし。然るに立碑のことは、表面は碑を立つる前に認可を願ひたることゝなり居るか、懲戒処分は如何なる名義になすやと云ふ。

懲戒の処分は事実に依る

斎藤、表面は其通りになり居れとも、事実は然らす。又各本人よりも事実に因りて進退伺書を出し居る故、事実に従ひて懲戒するより外致方なからんと云ふ。予、是も已むを得さるへし。予は元来李恒九を知らさりしも、昨年京城に行きたるとき数回面会したるか、中々立派なる人なる様に思はると云ふ。斎藤同人を免官するは惜むへしとのことなりと云ふ。

斎藤実と渡辺暢のことを談す

予、先頃は渡辺暢〔朝鮮総督府高等法院長〕を貴族院議員と為すことに付尽力致し呉、又有吉（忠一）も熱心に周旋し呉れたるも、其節は効を奏せさりしか、尚ほ此上ともに尽力し呉よと云ふ。

渡辺暢を貴族院議員と為すこと

斎藤、此節も加藤（友三郎）に話したるか、加藤も君（予）よりも話を聞き居ると云ひ居りたり。自分（斎藤）は加藤に忘れてはならぬぞと云ひ、加藤も決して忘れすと云ひ居りたりと云ふ。

渡辺暢を親任官の待遇と為すこと

斎藤又渡辺を親任官待遇と為すことに付加藤に話したる処、加藤は其事を取扱ふ書記官さへ異議なけれは、自分（加藤）は異議なしと云へり。渡辺は馬場愿治等に比すれは年数は少しく少き趣なるも、書記官も異存なき模様に付、多分出来るならんと云ふ。

岡部長職に岡部か河野公明を紹介したる趣旨を問ふ

予又書院にて岡部長職に、先頃君（岡部）か紹介したる河野（公明）なるものに面会したるか、其時は宮城構内にて拝観者の写真を取ることを許可せらるることを願ふとのことなりし故、予より其趣を主管寮なる内匠寮〔ママ〕頭に話し置きたり。其の許否は固より分り難し。然るに其後に至り河野復た来り、仏教団のことに賛成せよと云ひ、是も君（岡部）の紹介を請ひたる範囲内のことなりと云ひたるか、果して然るやと云ふ。

仏教団のことは紹介の中に在らす

岡部、河野は多年交際し居るか、不都合なることは為さゝる人と思ひ居り、方々に紹介したり。然し自分（岡部）か紹介したる趣意は、国民教育会のことなり。仏教団のことは河野か個人として勝手に為し居ることなる趣なりと云ふ。予領承したる旨を告く。

有栖川宮大妃殿下の柩を迎ふ

○十一時前、有栖川宮大妃の柩達す。一回路傍に出て之を迎ふ。復た休所に復る。少時の後、葬儀の始まることを報す。

幄舎に入り葬儀に列す

乃ち幄舎に入り、祭儀終はりたる後、順に循ひ榊を供へて退き、復た休所に行き外套を被、墓所の正門外に到り山口、青山を捜かし、自動車に同乗し、先つ予か家に向ふ。午後零時後二十分頃家に達す。

休所にて面会したる人

休所にて加藤友三郎、東郷平八郎、水野錬太郎、内田康哉、鎌田栄吉、高橋是清（前内閣総理大臣、貴族院議員・交友倶楽部、政友会総裁、子爵）、岡部長職、斎藤実、福原鐐二郎、田中義一（前陸軍大臣、陸軍大将）、珍田捨巳、秋山好古、安東貞美外十余人に遇ふ。

○午後書を鈞、強五郎、啓二郎、咸一郎に贈る。

金井四郎電話し、東久邇宮妃殿下明日より大磯に行かるることを報す

○午後三時後頃金井四郎電話す。婢トシ、金井を誤り聞きて多納と為し、之を予に報す。予乃ち電話す。多納に非すして金井なり。金井、東久邇宮の三王子は先日より大磯に避寒せられ居るか、妃殿下は伏見宮及有栖川宮の喪事の為今日まで東京に在られたり。今日にて有栖川宮大妃の葬も済みたる故、妃殿下は明日午後二時五十五分発の汽車にて大磯に行かれ、自分（金井）も三、四日間大磯に滞り、保養致す積りなりと云ふ。予、承知せり。予か宮邸に行く必要あらは行くへしと云ふ。金井其必要なしと云ふ。

厠側の檣を改作す

○安藤則光、工夫をして厠側の檣を改作せしむ。先日風の為倒れたるものなり。

二月一九日

○二月十九日月曜。晴。
○午前九時四十分より出勤す。

有栖川宮大妃の葬儀次第書を西野英男に返す

○午前十時後、一昨日西野英男か予に貸したる有栖川宮大妃（熾仁親王妃董子）喪儀次第書一冊を西野に返す。

篠田治策を李王職次官に任することに関する考査書に捺印す（上林敬次郎は依願免官）

○午前十一時頃秘（書）課属官某来り、朝鮮平安南道知事篠田治策を李王職次官に任すること（高等官一等一級俸）に付考査書類に捺印を請ふ。捺印して之を返す。上林敬次郎は依願免官と為り、特別賞与金七百円とのことなり。

高羲敬来る　予、李恒九は懲戒免官する内議に非さることを告く

○午前十一時四十分頃高羲敬来る。予、先日（本月十七日）君（高）より聞きたる李王職長官（李載克）、次官（上林敬次郎）罷免のこと大概事実なるか、李恒九（礼式課長）を懲戒免官とすることは事実に非す。李恒九は留任せしむる積りにて、本人より提出し居る進退伺書に付懲戒委員に付し、罰俸となすか、譴責に止むるか、いつれにしても免官する様のことはなからしむる積りなりとのことなり。此ことは昨日豊島岡にて斎藤総督（実）より聞きたりと云ふ。高夫れならは李恒九も結構なりと云ふ。

李王職長官の候補者には適当なる人なし

予、李王職長官の候補者として一昨日君（高）か挙けたる者の中には、余り適当なるへき人なき様なり。宋秉畯は如何云ひ居りたりやと云ふ。高、宋には別に推薦する人あるへきも、自分（高）は之を聞き居らす。宋は李完用のことは頻りに不可なりと云ひ居りたり。自分の考にては、或は李完用か閔泳綺（朝鮮総督府中枢院顧問、男爵）を推薦するやも計られす。此人も余り適当ならさる様なりと云ふ。予、閔は資産家に非すやと云ふ。高、否。資産は全くなくなりたりと云ふ。予、閔は学校を経営し居る人に非すやと云ふ。高、同しく閔泳キにても学校を経営し居る人は閔泳徽（朝鮮貴族、子爵）にして、自分（高）か云ふ閔泳綺に非す。閔泳徽の方は沢山の資産あり。是は髭なき人にて、他の閔泳綺は髭多し。髭なき方の閔は李王職長官とはならさるならん。

李王職長官の職務は難きも正直なれは可なり

李址鎔も、李載克も適当なる人には非す。李王職長官は至難なる職務なれとも、出来ることは出来るとして、正直に執務すれは出来さることには非す。

李載克の表裏

現長官李載克の如く、内端にては他の貴族と連合して李王殿下に説き、時としては（李埼鎔〔朝鮮貴族、子爵〕救助問題のときの如く）自ら李王殿下より下さる命令書まても作りて下に出し置きなから、一方にては上林（敬次郎）に通謀して其事を阻止する様のことを為しては、務まる訳なしとの談を為せり。

韓昌洙は怜悧なり

予此節は韓司長（掌侍司長韓昌洙）は問題とならさる様なりと云ふ。高、韓は此節は総督府辺にても評判好き様なり。韓は怜悧なる所ありと云ふ。

高義敬朝鮮の角力を観る

高又一昨日は宋秉畯に要せられて、終に両国国技館に朝鮮角力を観に行きたり。世子邸よりの賜金は百五十円と為せり。此ことは総督府出張所の鵜沢事務官より一昨日談したる次第もありたるに付、更に同事務官に交渉したる処、鵜沢も百五十円を遣はして今後手を切りたらは夫れにて宜しからんと云へり。

王世子邸より朝鮮の角力に金百五十円を遣はす

初は百円の積りなりしも、宋より観覧券は沢山自分（宋）の所に持ち来り居るも、余り沢山世子邸に出し難き故、自分（宋）の手許に留め置きたり。会社又は個人より百円または百五十円位の心附あるに付、世子邸よりも百円より増すことにし度と云ふ故、自分（高）は顧問（予）は多くとも百五十円以内とのことなりしと云ふて、百五十円を使に為持て遣はしたり。

斎藤実朝鮮の角力を観る

斎藤総督も昨日午後二時後より角力観に行きたる様なり。

宋秉畯は二度朝鮮の角力を観る

李起東は総督か来りたる故、宋にも是非今一度来るへしと云ひ、宋は昨日も出掛けたる処、宋か行きたるときは、総督は既に帰りたる後なりし趣なり。総督と宋か昨日行きたることは、金（応善）か昨日角力観に行き居りて見たる話なり。一昨日自分（高）か行きたるときは、朝鮮田舎の妓生か剣舞を為し、見物人は之を止めよと云ひ、其後に角力を為し、自分（高）は二十分間許見たる後帰りたり。五時頃には家に帰り、食事を為したる後有栖川宮邸に行き、通夜を為す筈の処、電車停電の為浅草橋まて歩行し、家に帰りたるは五時後と為り居りたり。

王世子邸老女中山某と侍女長寺山某との軋轢　大正十一年十二月十一日の日記三十四葉表参看　大正十二年二月十二日の日記三十七葉裏参看

昨夜老女中山某を召ひ、その談を聴きたる処、中山は侍女長寺山か表面は融和し居る様なるも、裏面にては種々自分（中山）のことを譏する模様ありと云ひ、又妃殿下より寺山か中山と一緒に事を執れは宜しきも、常に下級の侍女と事を共にする故困ると云はれたることある趣の談を為せり。依て自分（高）は中山に対し、寺山か裡面にて宜しからさることを為すも、右等の事には頓著せす、正実に奉公するか宜し。妃殿下も寺山のことを御承知なされ居るならは、尚更寺山と争ふ様のことを為さす、どこまでも正実に為し居るへし。誠心さへあれは、いつかは必す現はるるものなり。寺山との争は勝つに定まり居ることなる故、正直〔に〕して辛抱し、時の来るを待ち居るへしと云ひ、中山も承知の旨を答へたり。

梨本宮妃殿下より王世子邸に侍女を雇ひ入ることを勧む　侍女の候補者は梨本宮の妃の妹にて松平某の妻某の使ひたるもの

又世子邸にては先頃侍女一人を解雇し、其時まては六人なりしも、五人にて間に合ふと云ふことなりしか、昨日豊島岡にて梨本宮妃殿下より桜井某に、松平某（外務省政務局長松平某〔恒雄、松平容保六男〕方、松平の妻〔信子、鍋島直大四女〕は梨本宮妃殿下の妹にて、只今皇后宮職御用掛）へ使はし居りたる某

（女中）か、是まて二度結婚したるも離婚と為りて家に帰り居り、梨本宮に使用せらるることを望み居るも、目下満員なる故世子邸に雇ひ呉度旨を話されたる趣にて、妃殿下より世子殿下に告け、妃殿下より世子殿下にされたるものならん。今朝世子殿下より自分（高）〔に〕某を雇ふことの御話ありたり。

王世子邸には只今侍女を雇ふ必要なし

自分（高）は先頃一人を解雇するときは、補欠するに及はすと云ふことなり〔し〕かと申上けたるも、殿下は雇ひ度模様なり。是迠梨本宮の申込は、同宮両殿〔下〕の朝鮮行のこと其他幾度か反対し、朝鮮行のこと抔は今も顧問に対する御不平ある様なり。

世子妃か懐妊せらるれは三人を増さゝるへからす

全体世子邸より云へは、只今五人にて不足なり。今後若し妃殿下の懐妊てもあれは、中山は養育の経験なしとの非難もあること故、其方の経験あるものも雇ひ入れさるへからす。看護婦、乳母も必要なる故、只今にても三人は増さゝるへからす。故に之を断はり度ことゝなるも、余り度々反対して感情を害するも如何あらんと思ふと云ふ。

世子顧問たる予の職務の範囲

予、予か世子顧問となりたるとき、宮内大臣〔波多野敬直〕の趣意は世子邸の事務に関係せさることにて、其の趣意は仙石（政敬）より覚書を作り、大臣の承認を受けて予に示したるものあり。予は右の如き事に関係すへきものに非すと云ふ。高、其事は自分（高）も之を知り居れり。仙石か職務の範囲を定めたるは、自分（高）の職務との抵触を恐れたる為なりと云ふ。予、夫れのみならす、李王職長官の職権との抵触あるへきことを慮りたるものなりと云ふ。

高羲敬は予の職務の範囲に拘はらす助言を求む

高、自分（高）のことは勿論、長官との事に付ても決して御迷惑を掛けす、是非とも何事に限らす、自分（高）より願ふに付相談し呉よと云ふ。

事柄に因りては梨本宮両殿下及世子同妃両殿下の意に反するも致方なし

予、梨本宮の朝鮮行抔は同宮両殿下のみならす、世子及妃両殿下も之を望まれたるならん。然れとも、此くの如きこと又は之に類する様なる重大なることに付ては、両殿下または四殿下の御希望ありても之を諫止せさるへからす。

侍女雇入のことは重大ならす、世子同妃殿下か望まるるならは其意に任せて宜しかるへきこと

然れとも、此節の侍女問題の如きは結局必要ならさる者一人を雇ふと云ふ丈けのことにて、大なる影響あるものに非す。故に世子及妃殿下に於て之を望まるるならは、之を雇ひ入るることゝ為しても宜しからんと云ふ。高然らは更に両殿下の意を確かめたる上にて決すへしと云ふ。高は、今朝侍女雇入のことに付寺山より高に談し、梨本宮の老女よりの談あり。寺山は同宮の老女に答へさるへからさる故、諾否を聞き度と云ひたるか、高は既に世子殿下よりの御談あり居ることは之を告けす、自分（高）より世子殿下に雇否のことは申上け置くへしと云ひ置たる旨の談をも為したり。

井上勝之助起訴猶予の効力結果等を問ふ

○午餐後食堂にて井上勝之助より、検事か起訴猶予処分を為したるときの結果及起訴猶予は犯罪を認めたる上の処分なるや否を問ふ。

右の問に対する答

予、起訴猶予は無罪の判決とは異り、検事か必要と思へは時効に罹らぬ限り、何時にても起訴することを得るものなり。然し、一旦起訴猶予と為したる以上は、再ひ罪を犯すか何か特別の事なき以上は起訴することは先つなかるへしと云ふ。

起訴猶予の場合は犯罪事実あるを認むるや

井上、起訴猶予と云ふときは、検事は犯罪ありと思ひ居る訳なりやと云ふ。予、真に罪ありや否は判決を受けされは決せさるも、検事か起訴する丈の犯罪事実はありと思ふ場合に於て、之を処罰するにも及はすと思へは、起訴を猶予する訳なりと云ふ。

雲畑御猟場に於ける過失致死事件の処分（大正十二年二月六日の日記二十四葉表参看）

井上、先頃雲畑御猟場に於て過失にて人を死に致したる天城御猟場の監守長菊池巳之吉に対し、京都の検事局にて起訴猶予の処分を為したる趣なりと云ふ。

検事か真実起訴の必要なしと思ふならは強ひて起訴するに及はす

予、其事に付ては先日（二月六日）協議したることあり。予は検事局か全体は起訴するか適当なりと思へとも、宮内省に遠慮して已むを得す起訴を見合せ居る様のことならは、寧ろ起訴せしむる方宜しからんと思ひ、其事を話したるも、右の如き事情に非すして、検事か真実起訴する必要なしと思ひ起訴を猶予するならは、何も強ひて起訴せしむるには及はさることなり。

刑事処分と懲戒処分とは全く関係なし

又検事か起訴せさるに、懲戒処分を為して宜しきやとの説もありたれとも、是は少しも差支なきことにて、予より先日其趣を談し置けりと云ふ。井上、懲戒事件は如何致したるへきやと云ひ、関屋貞三郎か其処に在りたるに付、井上より関屋に問ひ居りたり。

懲戒処分の遅延

関屋、白根（松介）か取扱ひ居るか、早く処分する方か宜しきに、如何致し居るへきやと云ふ。井上、先日来皇族の喪事等の為延引し居るならんと云ふ。関屋、白根は其方に格別関係なき筈なりと云ふ。予、予等か協議したるは最早余程以前のことなりと云ふ。井上二十日も前のことなりしならんと云ふ。

鈞に金を送る　郵便為替金額の増加

○午前内子一ツ木郵便局に行き、鈞に送る郵便為替を作る。予は郵便為替の最多金額は二百円なりと思ひ、三百円を送るに、二百円と百円との為替二枚と為し置たる処、郵便局員一枚の最多金額三百円に改正せられたる趣を告け、一枚にて送ることに為したる趣なり。内子は郵便局にて直に書留書状を投郵し、為替券を鈞に送り、途に晩翠軒に行き、予か為に筆及紙を買ひたる由なり。

内子洗髪粉を買ふ

○午後内子神保町に行き洗髪粉を買ふ。

隆熱を発す

○午後八時後、隆の葉書達し、隆か一昨十七日三十七度二分の熱を発し、一日にて平温に復したるも、気分未た常に復せさる旨を報し来る。

婢の大笑を戒む

○夜婢トシ等か漫に大笑することを戒む。

○夜雨。

審査官を会して会計令施行規則改正案に対する意見を議す

○午後二時後より審査官を会し、内蔵頭の上申に依り参事官に於て立案したる帝室会計令施行規則中の一部を改正し、有価証券の引受購買又は売却を為す場合に於ては、契約書を作成することを要せさることゝなさんとする案に対する審査局の意見を決議す。原案の趣旨には異見なきも、会計令施行規定を改正するならは此一事に止めす、大体の改正は他日の詮議に譲るとするも、少とも此際三千円未満の金額に関する契約を為す場合には、契約書を作成することを要せす。又三千円以上の場合にても、外国より物品を購入する場合、物品を売却するときその代金を直に受領したる場合、物品を購入するとき物品を直に受領したる場合には契約書を作成することを要せす。契約書を作成せさると〔き〕は、往復文書その他の関係書類にて事実を証すれは夫れにて宜しきことゝなすこと、又会計令施行規則第九十六条の帝室林野の経営に関し一万円以上の契約を為すとき、其他の事に関し千円以上の契約を為すときは、宮内大臣の認可を経へき旨の規定は無益なる故、之を削除すへき旨の附箋を為して参事官に返すことに決す（午後三時頃）。

二月二〇日

昨夜の雨、雪と為る　多く積むに到らす

○二月二十日火曜。昨夜の雨午前六時後より雪と為る。八、九時頃大分降りたるも気候寒からす。地上湿ひ居る為、多く積むに至らす。

○午前九時四十分頃より出勤す。

小原駩吉、上杉家と三条との結婚問題を談す（二月十六日の日記五十三葉裏参看）

○午餐のとき（午後零時後）食堂にて小原駩吉より徳川頼倫に対し、先夜伏見宮邸にて酒巻芳男と、上杉伯爵家と三条公爵家との結婚問題に付談したることあり。幾分の相違はあるか、大体に於ては殆んと其事実を新聞紙に掲載せり。其席には誰も居らさる様なりしか、実に不思議なりと云ふ。予徳川に対し、彼の結婚問題は先日まては君（徳川）の手には来り居らすとのことなりしか、最早来りたりやと云ふ。徳川未た来らすと云ふ。小原彼の如き主要なる問題を事務官限りにて押へ置くは宜しからすと云ふ。

宗秩寮の事務取扱振

予、宗秩寮にては従来右様の取扱振あり。予か同寮の事務を視たるとき、他より此の如き問題ある筈なりとの談を聞きたるも、少しも聞き居らさる故取調見たる処、属官か先例に合はすと云ふて、之に反対し居りたることを発見したることあり（奥平昌恭養女縁組願の件、大正十年末頃のこと）。此の節は事務官は聞き居るへきも、兎も角事件あるときは其の事柄の如何に拘はらす、総裁（徳川）の耳には入るることか当然なるへしと云ふ。

徳川、此節は事務官か聞くことゝなり居り、然かも上杉家の件は尚ほ正式の交渉に非す。昨日頃酒巻（芳男）か家職を呼出し居りたる様なりと云ふ。小原然し是迠上杉家より内交渉はあり居るならんと云ふ。徳川は他に談することある模様にて、杉（琢磨）の席に就き談し居りたり。予小原に対し、予は此問題は当然認可すへきものにて、何も考ふる所はなしと思ふ。

柳原燁子事件と宮内大臣の責任

尤も、宮内大臣か監督の及はさる柳原燁子事件の如きことまて自己の責任となすならは、容易に認可すること出来さることゝなれとも、予は大臣の責任は事件の結果にまて及ふものに非すと思ふ。故に表面双方の協議離婚と為りたる女子か再婚せんとする場合に、裏面のことまて立ち入りて認可せさる様のことはあり得へからさることゝ思ふと云ふ。

小原駩吉の意見

小原、自分（小原）も大臣の責任は左程広きものに非すと思ふ。若し宮内大臣か警察官の如き機関を有し居りて、事実を取調ふることか出来るならは兎も角、然らされは左程の責任を負ふへきものには非すと思ふと云ふ。

予の意見

予、仮りに取調への機関を有し居るとしても、一個の伊藤某（伝右衛門）〔炭鉱経営者、衆議院議員・政友会、柳原燁子の元夫〕の妻たる燁子の事には干渉する訳には行かす。然れは、其事に付責任を負ふへき理由なしと云ふ。

宗秩寮の取扱振

予又従来宗秩寮の取扱振は常に認可せさる方の方針にて、渋沢（栄一）の孫の嫁に木内重四郎の娘を娶らんとしたるときも、渋沢より中村大臣（雄次郎）に内談し、中村より宗秩寮の意見を徴したるときも、宗秩寮にては反対の考なりしか、此こと抔は実に予等の想像することも出来さることなりと云ふ。小原、是は驚きたり。此ことは始めて聞きたりと云ふ。

梅小路某と梅若〔観世〕某との結婚問題　二月十六日の日記五十三葉裏参看

予又結果より看れは予の考か悪しかりし様なるも、梅小路某の娘か梅若〔観世〕某に嫁するときも、宗秩寮にては反対の意見なりしも、予は之〔を〕認可する意見を立てたり。梅小路、梅若〔観世〕両家の調和か出来〔す〕、離婚するに至りたるも、此結果は如何ともすること出来さるなりと云ふ。予又上杉、三条両家の問題は許否何れにしても新聞等にては非難することを免れさるへし。然れとも、不認可に対する非難に付ては弁護出来す。適当と認めて為したる処分に付ては、仮令非難あるも度胸を定むるより外致方なしと云ふ。

徳川頼倫か去らさる前の談

以上の談話中、予小原に対し、予は此問題に付ては当然認可すへきものとして云々せり。一個の伊藤某の妻なる燁子の事には干渉する訳には行かす、然れは其事に付責任を負ふへき理由なしと云ひたることまて及予又結果より看れは予の考か悪かりし様なるも、梅小路某の娘か云々のことは徳川か杉の処に行く前の談にて、徳川も聞き居りたることなり。

国葬事務の不整理

小原又先日の国葬は、事務の不整理は実に甚しかりしなり。次官（関屋貞三郎）と大谷（正男）とか専ら伏見宮に対する交渉を担当し、他の者をして関係せしめす、而して関屋か不在のときも之に代はるへきものなかりしに付、非常に不都合を生したりとのことを談したり。

牧野伸顕喪を秘することを嫌ふ

小原又有栖川宮大妃の喪を発することに付ては、宮内大臣（牧野伸顕）は絶対に喪を秘することは止めさるへからすと云ひ居りたり。

小原駩吉の意見

有栖川宮のことに付ては少しも之を秘する必要なき故夫れにて宜しきも、自分（小原）場合に因りては之を秘することの必要なる場合あるへしと思ふ。依て其席にて之を述へんと思ひたれとも、之を述へすして止みたりと云ふ。

予の意見

予、喪を秘せさることは予も同意見なるも、実際如何とても之を秘せさるへからさる必要あるときにても、之を秘すへからすと云ふには非す。然れとも実際問題として此の如きことは滅多なかるへし。明治天皇の崩御は事実に近きものと思ふ。

牧野伸顕か喪を秘することを欲せさる理由

宮内大臣は事実に非さることを事実なりとして御裁可を願ふは実に心苦しと云ひ居りたりと云ふ。小原、大臣としては然ることあらん。然れとも、既に危篤に陥ひられたりとのことを上奏すれは、是か即ち喪を発せさる薨去なることは分り居る故、左程心苦しき訳もなからんと云ふ。

小原駩吉万一の場合を慮る必要を説く

小原又此節の国葬に付てすらも彼の位狼狽するに付、準備を為すへきことには非さるも、万一の事は之を慮かり、大体の方針は之を定め置かされは不可なりとのことは常に之を考へ居るも、只今の如き様にては何とも致方なしと云ふ。小原又何事も運はす、困りたるものなりと云ふ。

其日暮し

予其日暮しより外致方なしと云ふ。小原自分（小原）等の所は其日暮しにて行詰ま〔れ〕りと云ふ。

貞愛親王殿下及黒木為楨への供物代を償ふ

○午後一時後、給仕を枢密院事務所に遣はし、故貞愛親王殿下及故黒木為楨への供物代金八円を枢密院書記官に償はしむ。枢密院事務所より領収証書を致す。

大谷正男来り

○午後二時五十分大谷正男来り。宮内官官等俸給令第三条に官等の規定あり。他官庁より転任する場合には現官等以下とし、前官官等在職二年以上を超えたるときは一等を陞叙することを得る旨の規定あり。前官官等在職末た二年に満たさるものは、転官後前官の在職年数を通算して二年となすことを得るの規定なきも、政府の文〔官〕二年未満にして宮内官に転任したる者は、政府の在職年数を通算することを得る例になり居れり。

武官を宮内官に転任せしむる時の在職年数通算のことを謀る

然るに現在の問題は、武官を宮内官に任用する場合には、武官の在職年数を通算することを得るや否の問題あり。如何と云ふ。予、官等俸給令第三条第四項に於て前三項の規定を武官に準用する旨の規定あり。而して政府の文官に付ては通算の規定なきに拘はらす、之を通算する例となり居る以上は、武官に付ても之を通算することを得と云ふ方か可なるへし。予は全体任用資格、官等陞叙に関する規定の全廃を望むものなる故、解釈にも寛なる方に従ふと云ふ。

小原騂吉感冒に罹り今日始めて出勤す

○小原騂吉は本月十五日より感冒に罹りて引籠り、今日始めて出勤したりと云ふ。

鈴木重孝の子肺炎に罹る

○午前十一時頃西野英男来り、昨夜安楽兼久〔帝室会計審査局属官〕か鈴木重孝を訪ひたる処、鈴木の男子の四歳なる者肺炎に罹りたるを以て其病状如何に因りては、明日は出勤し難かるへしと云ひたる由。然るに只今まて出勤せさる故、多分出勤せさるならんと云ふ。鈴木の子は先頃一度感冒に罹り、殆んと肺炎とならんとしたるか、漸く肺炎にならすして回復したるものなる旨、昨日鈴木か談し居りたり。

宗秩寮の副総裁を置く必要あり　二月十六日の日記五十五葉表参看

○午後零時食堂にて小原騂吉と話し、其終らんとするとき、予、予は宗秩寮には副総裁を置く必要あり。而して其必要は式部次長の比に非すと思ふ。官制の改正に付ては予等も責任あれとも、今日は副総裁の必要を感す。如何と云ふ。小原、自分（小原）は先年宗秩寮に居りたるときより其の必要を感し居りたり。一昨年官制改正を議するときは、縮小か目的にて新規の事は一切計画せすとのことなりし故、提案せさりしも、宗秩寮には副総裁を置く必要ありと云ふ。

芝離宮の地所は或は無償にて他に取らるる恐あり

此談を終り、小原と共に席を立ち歩すること数歩なりしとき小原留り、芝離宮は或は他の策略に罹り、殆んと無償にて取らるるやの恐ある様なり。離宮の地所を鉄道省に譲り受け度と云ひたるに対し、宮内省は高価なることを云ひたり。其の前鉄道省は離宮地所の一小部分を譲り受くれは宜しと云ひ居れり。

関屋貞三郎の軽卒

然るに次官（関屋貞三郎）は早計にも、離宮の地所は東京市に渡す旨を言明したる為、市は之に乗し居る模様なり。次官は兎角軽卒に言明する故、致方なきことゝなるなりとの談を為せり。

巡査来りて異状なきや否を問ふ

○午後三時頃赤坂警察の巡査来り、何も変りたることはなきやと云ひ、婢をして何事もなき旨を答へしめたる由なり。是も先日来枢密院より上奏を為したることに付壮士か来るとの風聞ある為、様子を問ひたるならん。

二月二一日

○二月二十一日水曜。雪。

九鬼隆一より晩餐の案内

○午前八時四十分頃九鬼隆一〔枢密顧問官、男爵〕より電話にて、今夕井上哲次郎〔東京帝国大学文学部教授、哲学者〕等数人を招き晩餐を催ふすに付、余り差掛り失礼なるも、午後五時後にても六時にても宜しきに付、来り呉よと云ふ。予余儀なき差支ある旨を以て之を辞す。

褥中詩を得たり

○午前三時頃褥中一詩を得たり。雪日偶作、黒雲漠々鎖寒空、眸裏難看緑又紅、樹杪如花皆是雪、乾坤無物著春風（一作可）。〔追記〕二月廿八日頃物を処に改む。又一作入。

○午前九時四十五分頃より出勤す。

高羲敬来り談す　老女中山某を解雇する話なし

○午前十一時頃高羲敬来り、世子より老女中山某を解雇することに付ては、其後何の話もなきに付、其儘に致し居けり。

宋秉畯の談　皇太子殿下朝鮮に行啓せられさるは不可なり

昨夜宋秉畯に遇ひたる処、宋は種々談を為せり。其中に皇太子殿下か台湾に行啓あらせらるることに付、朝鮮は台湾の如く戦争に因り日本に取りたるものと異なり、李王より進みて併合し、殊に李王は自ら内地に来り、臣礼を執りて陛下に謁せられたり。是は実に為し易らさることなり。然るに王は之を為されたるに付、実は答礼とでも云ふ形にして、皇族を遣はさるるか又は皇太子か行啓せらるるは当然なり。

朝鮮を後にして台湾を先きにせらるる理なし　松方（正義）、三浦（梧楼）にも説きたり

然るに台湾には行啓ありて、朝鮮を遺し居らるるは何事そ。実に解すへからさることなり。此事は自分（宋）か熱海滞在中松方（正義）及三浦（梧楼）〔枢密顧問官、退役陸軍中将、子爵〕にも十分に談し置けり。

宮内大臣に談判すへし

愈々皇太子台湾行啓のことか発表せらるれは、自分（宋）は宮内大臣（牧野伸顕）其他に談判し、大に運動を起し、日比谷にて万歳騒を為す位のことは為す様になるへし。然れは面白きことゝなるとの談を為したり。

朝鮮人陸鍾允のこと

又朝鮮人にて陸鍾允〔元朝鮮政府外部交渉局長、一八九六年に日本に亡命〕と云ふ者あり。六十歳以上の人なり。是は金允植〔元朝鮮総督府経学院大提学、元子爵、故人〕の門人にて学者なり。先年来、時事に憤慨して東京に来り、一戸を構へ居るとのことなるか、是は勿論併合抔を喜ふものに非す。

陸鍾允、王世子邸に入ることを望む　高羲敬の反対

然るに此節は世子邸には某々抔は居るも、朝鮮の歴史等を世子に説く人はなし。依て何とか名義を附けて世子邸に入度とのことを宋（秉畯）に説きたりとのことなる故、自分（高）は絶対に反対し置けり。陸抔か来りて世子に妙な話を為しては大変なる故、之を拒みたるか、宋も陸に対して既に其事は拒み置きたりと云ひ居りたり。陸か世子邸に入り度と云ふは必す何か計画することあるならん。陸等は何処より金を取るや相当に生計を立て居る模様なりと云ふ。

予の考

予、朝鮮人か種々の考を有するは、是は已むを得さることにて致し方なし。然し世子に対し朝鮮の歴史抔を説きて、世子を惑はす様のことありては大変なる故、此の如きことは承諾し難しと云ふ。

張禹根のこと

高又張禹根〔不詳〕なる者あり。是は自分（高）もよく識り居るものなり。先年李完用内閣のとき、某部の次官と為さんと欲したるも、肯んせすして外国にも行き居りたるか、只今東京に居り、何か計画し居る趣なり。

張禹根と宋秉畯

宋は近来此等の人とも交際し、一方には労働者等にも接近し居り。宋も以前と違ひ、今後何か為すときは必す先年来の方針と異りたることを為すならんと思はるとの談を為せり。

閔泳綺は李王職長官となすへからす　閔泳綺の非行

高か今日来りて宋と会談したることを話す。初頃には宋は李王職長官には或は閔泳綺（髭の多きもの）か任せらるるやも計り難し。然れとも閔泳綺は不正なることを為したるものにて、閔泳ヨク〔閔泳翊、朝鮮王朝末期の政治家、開化思想家、故人〕（上海に行き居りたるもの）の家計を整理する任に当りたるとき、少なからさる財を私したるものなり。

閔泳綺と李完用　閔泳綺を排斥す

又閔泳綺は李完用と共謀して、某の財産にて十八万円の価格あるものを十一万五千円にて李完用に売渡し、李完用は之を買ひ受け、自ら所有すれはまた宜しきも、直に十八万にて他に売り渡したり。此の如き不正なることを為したる閔泳綺を李王職長官と為すことは絶対に不可なる故、斎藤（実）にも意見を述ふると云ひ居りたり。

韓昌洙を李王職長官とし李恒九を掌侍司長とすること　高羲敬の談の順序

自分（高）より、然らは誰か長官に適するやと云ひたるに、宋は、適任者なし。此際韓昌洙を長官と為し、韓の後任には李恒九を任したらは宜しからんと云ふに付、自分（高）より、李恒九は懲戒せらるる所なれは、直に之を登用することは出来さらんと云ひたるに、宋は此際は出来さるも、暫く立ちたる〔後〕にすれは宜しと云ひたりとの談を為し、其談か終りたる後、陸鍾允、張禹根のことを談したり。

高羲敬は何事も予に秘せす　予に秘せさることを望む

高は予に対し、自分（高）は聞込みたることは何事に限らす、少しも隠くさすして之を話すことにすへし。多少の参考とはなるならんと云ふ。予、何事に限らす話し呉よ。例へは陸鍾允の ことにしても、君（高）の談を聞かす、突然金允植の門人にて学者なり。人格も高き人にて、世子に漢書を講せしむる為之を採用せんとのことならは、予は多分同意するならんと思はる。予は固より内地と朝鮮との大体の問題に付関係なきも、世子を輔導する上に付ては考慮を要すること少なからさる故、何事に限らす話し呉よと云ふ。

吾妻病院に対する仕向振を伊夫伎準一に問ふ

○午後零時後伊夫伎準一に対し、君（伊夫伎）の妻〔英〕は吾妻勝剛の病院に入り、度々分娩したる趣なるか、普通入院料并に看護料及ひ看護婦に対する心附等の外、医師等に対し何か贈る様の慣例ありやと云ふ。伊夫伎、分娩すれは其後直に看護婦全体の労を慰する為菓子等を贈り、退院したる後、自分（伊夫伎）より院長の家に行き、菓子箱位を贈り、謝を述ふる例なり。人に依りては医員全体に対し又は副院長までに物を贈ることもある模様なれとも、医員全部にては人数も多きに付、之を贈りても却て都合悪しく、自分（伊夫伎）は院長丈けに致し居りと云ふ。

皇太子殿下の行啓に付田健治郎と斎藤実との比較

○午前、高羲敬か宋秉畯の言を告けたるとき、宋は皇太子殿下か台湾に行啓せられ、朝鮮に行啓せられさるを不可なりとし、田健治郎（台湾総督）は上京の都度、皇太子殿下の行啓あらせらるる様、各方面に運動し、終に其目的を達したり。

朝鮮と台湾の危険の比較

斎藤（実）は少しも運動もせず、不都合なり。或は朝鮮の行啓は危険多しと云ふものあるへきも、危険の点は台湾も異なることなく、或は朝鮮より甚しきやも計り難し。平和会議のとき、米国のウィルソン〔トーマス・ウッドロー・ウィルソン、アメリカ合衆国第二八代大統領、Thomas Woodrow Wilson〕か民族自決を説きたるより台湾人も独立を計画し居り、北白川宮の碑に能久親王〔北白川宮第二代当主、陸軍大将、近衛師団長として台湾に出征し、一八九五年戦病死〕殿下云々の碑と刻しありたるを、親王以下の文字を毀ちたるに付、総督（田健治郎）は更に之を立て直したる様のことにて、決して危険なきに非すとの談を為したる旨を高より話したり。

予の意見

予、予は朝鮮に行啓あらせらるへきものとは考へす。又台湾への行啓も急くことはなからん。台湾へ行啓あらせらるれは、必す朝鮮の問題も起るへしと思ひ居りたる旨を話す。

李王家の出したる三億円と李王家に贈る百八十万円

又宋の談なりとて高の話したるには、李王家の財産は三億円位ありしか、之を国有として悉皆総督府に引継きたり。王家には一ヶ年百五十万円（今は百八十万円）を給するも、是とても内地より持ち行くものに非す。矢張朝鮮の収入より出すものなる故、恩とする所はなしと云ひたる趣なり。

大正一二年日記第三冊

〔表紙に付記〕

日記　三

大正十二年二月二十二日より三月十七日まで
松永純一か揮毫を請ひたるは三月七日
勢多章之か之を請ひたるは三月十三日
南部光臣免官委員継続消滅のことは三月十四日（十四日に数回の記事あり）三月十五日の日記に在り

二月二二日

○大正十二年二月二十二日木曜。曇後半晴。

内子、龍郎東京駅に行く

○午前九時十分間許前より、内子は龍郎と共に東京駅に行き、龍郎か為に明二十三日汽車に乗ることを約す。龍郎は明日午前九時三十分出発して、郷に帰らんとするなり。

内子三越呉服店に行く

内子は東京駅より三越呉服店に行き、三浦義路〔三浦ムメ〈倉富恒二郎三女〉の夫〕の子に贈る衣を買ふと云ふて出て行きたり。或は三越より更に第一銀行に行き、預金を引出し来ることあるならん。

田内三吉の次男二郎の死を弔す

○午前九時四十分頃より四谷元町五十九番地田内三吉の家に行き、其次男二郎の死を弔す。二郎は二十三歳にて急性肺炎に罹り、小田原にて死したりと云ふ。直に宮内省に出勤し十一時前に達す。

伊夫伎準一明日故貞愛親王殿下の二十日祭に列す

○午前十一時頃伊夫伎準一来り、明二十三日は故貞愛親王殿下の二十日祭に付、宮内省奏任官総代として墓所に参列すへき旨通知を受けたり。依て明日午前中は審査局に出勤せさる旨を告く。

諮問第四号小委員会

○午後一時四十分より司法大臣官舎に行き、諮問第四号小委員会を開き、四時散会して家に帰る。今日までにて刑法全部に付一応の調査を了る。

牧野英一と子弟の入学難を談す

開会前牧野英一と話す。牧野子弟の入学難を談す。

三宅高時の死を聞く

○司法大臣官舎にて三宅高時〔大審院検事局検事兼司法省参事官、司法省大臣官房秘書課長、臨時法制審議会幹事〕昨日死したることを聞く。

二月二三日

○二月二十三日金曜。曇。

内子、龍郎の帰郷を送る

○午前八時三十分頃より内子は龍郎を送る為、電車に乗りて東京駅に行く。暫時後れ、龍郎は人力車に乗りて東京駅に行く。龍郎は郷に帰るなり。

清浦奎吾電話にて横田国臣の死を告く

○午前八時四十分頃清浦奎吾電話にて、横田国臣か脳溢血にて殆んと絶命したる趣昨夜深更報し来りたり。特旨叙位等のことは平沼騏一郎等か周旋すへくも、如何の都合なるへきやと云ふ。予未た何事も聞かさる旨を告く。清浦は十時後まては横田の家に行くへき旨を告く。

横田国臣を弔す

九時三十分頃より横田の家に行く。加太邦憲〔臨時法制審議会委員、貴族院議員・研究会、元大阪控訴院長〕、富谷鉎太郎及横田の女婿鶴峰某〔四郎、司法省事務官・民事局勤務〕あり。清浦次て来る。十一時頃遺骸を視、少時の後辞し去り、宮内省に出勤す。時に十一時五十分頃なり。予は清浦と同時に辞したるなり。

金井四郎、東久邇宮二王子の病を告く

○午後一時後金井四郎来り、大磯に在る東久邇宮師正王殿下感冒の模様にて、三十八度許の熱あり。次て盛厚王殿下三十八度五分許の熱あり。寒越勁〔痙〕攣あり。大磯に在る軍医某をして診せしめたるも、病症分らす。投薬し難しと云ひ、東京より豊田某〔不詳、医師〕を召ひ診せしめたる処、格別のことなしと云ひたり。妃殿下は昨日一応帰京せらるる筈なりしも、其の為止められたる旨を告く。

金井四郎、稔彦王殿下のことを語る

金井又稔彦王殿下のことを談す〔神経衰弱には非さること、仏国に行かれたる為思想の変化を来たしたるに非さること等〕。

高義敬来り、侍女雇ひ入れのこと、李起東外一人か来りたる、閔泳璇のことを談す

○午後二時頃高義敬来り、新に侍女を雇ひ入るることは世子殿下の考に任せ置たること、李起東外一人か朝鮮角力に世子邸より金百五十円を下されたる礼として来りたること、閔泳璇〔大韓帝国中枢院賛議、閔泳翊の弟、韓国併合以前に上海に亡命〕も就職の運動を為し居る模様なるも、閔は伎倆なきこと等の談を為す。

○午後四時より退省す。

金井四郎電話にて彰常王の病を告く

○午後八時後金井四郎より電話にて、今日大磯に行く筈なりしも、彰常王殿下三十八度五分の熱あり。医豊田某を召ひ診察せしめたるに、気管支に幾分の申分あるも、ラツセルには非す。御容体に依りては明日も来診すへしと云ひたる位にて、格別のことには非す。大磯の方は電話にて問ひ合せたる処、両殿下とも宜しとのことに付、今日は大磯に行かさること〔ゝ〕なせりと云ふ。

片岡久太郎の禿頭病

○金井四郎か午後来り談したるとき、片岡久太郎か大磯に随行し居りたるも、禿頭病ある故本人に諭して帰京せしめたることの談を為せり。

二月二四日

○二月二十四日土曜。朝雪。

二月二十四日内子微恙

○内子微恙（体温少しく高し。三十六度六分）。

○午前九時四十分より出勤す。

横田国臣の特旨叙位

○午前十時後宗秩寮に行き、横田国臣の特旨叙位御裁可ありたるやを問ふ。属官某、今朝内閣より送り来り。是より発表する所なる旨を告く。

富谷鉎太郎に電話す

富谷鉎太郎に横田の家に電話し、横田五郎は朝鮮より帰るやを問ふ。富谷、五郎は本月二十六日午後二時頃までに着京する旨を報し来れり。横田の葬儀は二十七日に執行することは決したるも、時刻は未定なりと云ふ。予、特旨叙位は既に御裁可ありたる趣にて、是より辞令書を発送する積りとのことなりと云ふ。富谷予に対して謝を述ふ。予、予は何も関係なしと云ふ。

富谷鉎太郎に望月良彦をして横田国臣に榊を供へしむることを嘱す

予又富谷に望月良彦〔大審院書記長〕は来り居るやと云ふ。富谷来り居ると云ふ。予、然らは望月に、予より横田に榊を供ふることを取計ひ呉るる様依頼し呉よと云ふ。富谷之を諾す。

横田国臣の特旨叙位は二月二十四日の御裁可

少時の後宗秩寮属官某来り、先刻の横田氏の叙位のことは少しく語か足らさりしか、御裁可は今日のことになり居る故、其事を承知し呉よと云ふ。予之を諾し、西野をして富谷に電話せしむ。電話塞かり居れり。予更に酒巻芳男を宗秩寮に訪ひ、横田の叙位は今日御裁可ありたりとのことなるか、然るやと云ふ。酒巻書類を取寄せて之を検し、今日なり。但都合にては辞令は昨日附にて発せられさることはなしと云〔ふ〕。

富谷鉎太郎に電話す

予、然らは辞令を発することは暫く待ち呉よと云ひ、更に富谷に電話し、御裁可は今日なるか、今日にて差支なきや。都合にては昨日にせられさることはなしとのことなるか、如何と云ふ。富谷、司法省より今日と云ひ来り。既に新聞社の方にも、今日午後三時薨去のことにて発表することに決し居ると云ふ。

横田国臣の位記のこと

予承知の旨を答へ、更に酒巻を訪ひ、辞令を発して宜しき旨を告く。酒巻御璽か沼津に在る故、本辞令は本月二十八日頃になるへく、一時仮辞令を発し置くことにすへしと云ふ。

関屋貞三郎より南部光臣に辞職を勧告することを嘱す

○午前十一時頃関屋貞三郎審査局に来り、南部光臣久しく欠勤し居り、事務の差支あるを以て大臣（牧野伸顕）より処分方を命せられ居りたるも、自分（関屋）は成るへく之を緩にする為、今日まて延はし置けり。然るに大臣より催促あり。如何致したらは宜しかるへきやと云ふ。予、此ことは昨年末にも話ありたることにて、本人には気の毒なれとも、余り久しくなる故致方なからん。但宮中顧問官に任し、梨本宮の宮務監督は是迄の通りに為し置き度ものなり。尤も宮務監督のことは宮の都合を伺ひ、其都合に任すより外に致方なからんと云ふ。

関屋貞三郎より牧野伸顕に南部光臣のことは予に依頼し置たる旨を報告すること

関屋、夫れにて宜しからんか、本人は誰にも面会せすとのことにて困る。書面にて通知すれは宜しきことなるも、夫れも穏当ならさるへしと云ふ。予少時答へす。然る後、都合にては予より本人に談して宜し。尤も予か行きても面会せさるやも計り難し。其時は養父〔甕男〕にても談することにすへし。然し、只今は横田国臣か死したることに付用事あり。直くに行く訳には行かすと云ふ。関屋、何も二、三日に限りたることに非す。自分（関屋）より大臣へ、貴官（予）に依頼し置きたりと云へは夫れにて差支なしと云ふ。

南部光臣か梨本宮の宮務監督たることを継続する手続

十四、五分間の後、予更に関屋の室に行き、南部光臣を宮務監督と為し置くことは、南部は現に宮務監督と為り居ることに付、特に南部のことに付宗秩寮抔より宮に交渉するも面白からさる様なり。幸ひ三雲敬一郎〔梨本宮附事務官〕か宮附事務官と為り居り。三雲と南部とは懇意なる故、本官を辞することが定まりたる上にて、三雲より宮の意向を伺はする位のことにて宜しからんと思ふと云ふ。関屋、夫れにて宜しからん。宗秩寮総裁（徳川頼倫）に其旨を話し置き呉よと云ふ。予本官を辞することか定まりたる後にて宜しからんと云ふ。関屋夫れにて宜しからんと云ふ。

金井四郎、伊夫伎準一に嘱し大磯に行かさることを予に告けしむ

○予か宗秩寮に行き酒巻芳男と談したるとき、金井四郎より予に電話したるも、予か不在なる旨を告けたる処、金井より伊夫伎準一に電話し度と云ひ、伊夫伎か電話したる処、昨日大磯に行く旨倉富君に話し置きたる処、第三王子（彰常王）の体温三十七度七分位にて、大磯に在らるる二王子（盛厚王、師正王）はいつれも三十六度台の体温なりとのことに付、自分（金井）は大磯に行かさることとせり。其旨を倉富君に伝へ呉よと云ひたる旨予に報す。伊夫伎か此電話を終りたる後、予は富谷鉎太郎と第二回の電話を為したるなり。

小原駩吉来り、三条家と上杉家との結婚問題を問ふ

○午前十一時四十分頃小原駩吉来り、三条家と上杉家との結婚問題は如何決したるへきやと云ふ。予其後何も聞きたることなしと云ふ。

宗秩寮と内匠寮との職権問題　関屋貞三郎の弁解

小原、一昨日酒巻芳男より、学習院にて寄宿舎を建築する敷地として近衛家の所有地を購入せんとする内議あり。宗秩寮総裁（徳川頼倫）か其地所を見分するに付、内匠寮の技師を同行せしむへき旨申来りたるも、内匠頭の職権を無視し居る故之を拒絶したる末、酒巻より関屋（貞三郎）に談したるものと見へ、関屋より酒巻のことは何とも云はす、自分（小原）に其計画を話し、是迠少しも近衛家の地所を買ひ入るる様の内約を為し居らすとて頻りに弁解し、技師を派出することの相談を為したる故、自分（小原）は別に何事も云はす技師を出すことゝなせり。

西園寺八郎怒りて台湾に行く

又西園寺八郎は台湾に行きたるか、出掛けに怒りて行きたり。先日伏見宮の国葬のとき、宮邸に事務所を置きたるか、其時大谷正男より、自分（小原）と西園寺との室を別にして、関屋、大谷其他は下条（康麿）〔内閣書記官兼内閣法制局参事官〕其他陸軍、内閣の人々と同一の室にて事務を執らんとし、自分（小原）等に対しては大谷等の室は喧しき故、別室にしたりと云へり。然し、自分（小原）も西園寺も別に別室にする必要なしと云ひたるか、関屋は自分（小原）と西園寺と一処に居りては、議論多きを嫌ひたることは明瞭なりしなり。然るに関屋より武井（守成）に対し、西園寺等は喧しくして困る。君（武井）等も仕事か仕悪くして困るならんと云ひたる趣にて、武井より其事を西園寺に告けたる為、西園寺は関屋抔は自分等か如何なる事を為すかも知らすして邪魔物になすは言語同断なり。而かも正面より自分（西園寺）等に之を云はす、室か喧しき故別室にする抔と云ひて、自分等を遠けんとするは不埒なりとて怒り居りたり。

中山侯邸の地にアパートメントを立つることになりたる始末

又青山御所前の中山侯〔輔親、貴族院議員・無所属、侯爵〕の邸地には愈々アパートメントを建つることになりたるなり。此ことは初め関屋か北海道の某〔不詳、佐々木カ〕にアパートメントを建つることに賛成し、某と中山家との談判成立したる後に至り、大臣（牧野伸顕）は、自分（牧野）か中山ならはアパートメントを建つることは承知せすと云ひ、反対の意を現はしたる為、関屋は九条（道実）に依頼し、中山を説得して某に破談せしむることゝ為し、中山より某に書状を贈り、破談のことを申遣はしたる処、某は宮内省にて承知し居るに、中山にて違約するは不都合なりとの抗議を為し、中山は此以上は自分（中山）にて反対すへき訳なしと云ひ、関屋は内務省より某に低利資金を貸与する趣なることを聞き、其事を阻止せんと欲して内務省に交渉したるも、同省にては既に資金を貸すことに決し居るとのことにて、関屋は致方なく、皆かアパートメントを建つることに同意する故之を建つることゝなれりと云ひ居るも、其実は関屋か軽卒に某に賛成したることか原因となりたるなりとの談を為せり。

三宅高時の告別式に会す

○午後一時三十分より退省し、司法省裏手の官舎に行き、三宅高時の告別式に会し、賻五円を贈る。午後二時頃家に帰る。

江木千之か嘱したる字を作る

○午後三時後より、江木千之〔貴族院議員・茶話会、臨時法制審議会委員〕か嘱したる其の亡父俊敬〔千之・衷兄弟の父、岩国藩士、尊皇攘夷派、一八六五年死去〕を追懐する詩を書す。意に適せす。

望月良彦の代人電話にて花輪にするか榊にするかを問ふ

○午後四時頃望月良彦の代人より電話し、横田（国臣）に贈らるる品、葬具屋敷に問ひ合せたるに、花輪ならは十五円より二十円位、榊ならは二十五円位とのことなり。いつれにすへきやと云ふ。予榊にすることを嘱す。

内子臥褥

○内子昨夜より微熱あり。今朝三十六度八分、午後三十七度、晩間は三十六度三分位なり。終日褥に在り。

関屋貞三郎冊子二冊を贈る

○午前関屋貞三郎の室に行きたるとき、関屋より後藤新平の著日露関係ニ就テノ所見一冊及台湾人ノ台湾議会設置運動ト其思想一冊を予に贈る。

〔欄外に付記〕

二月二十四日の補遺　若林賚蔵錦雞間祇候を望むこと

○二月二十四日の補遺

小原駩吉か来りたるとき、小原は、若林賚蔵〔貴族院議員・研究会、前京都府知事〕に逢ひたるとき、若林より錦雞間祗候となることは出来さるへきやと云ひ、自分（小原）も無理なる望とは思はす。若林に対しては少しも約束はせさりしも、入江貫一に其ことを談し、入江より水野（錬太郎）に談し、水野も異議なきに付、入江より更に関屋（貞三郎）に談したる処、関屋は貴族院議員となり居る者を祗候と為す必要なしと云ひたる趣にて、入江より自分（小原）に対し、若林のことは是非必要ならは、今一応水野に談すれは出来さることはなきも、関屋か反対に付、是非必要なる訳にあらさるならは、止めては如何と云へり。依て自分（小原）は何の約束もなき故、止めて宜しと云ひたり。関屋か其主義を貫くことを得れは、また宜しきか、如何あるへきやと云へり。

二月二五日

〇二月二十五日日曜。曇。

横田国臣の家に行く

〇午前十時後より電車に乗り、横田国臣の家に行き、喪事の状を問ふ。予が行きたるとき、僧来りて読経し居りたり。

広瀬某、石井隆甫の寡婦及長男に遇ふ

横田の寡婦〔禎子〕の弟広瀬某〔不詳〕、寡婦の妹にして石井隆甫〔漢詩人石井南橋長男〕の寡婦某〔不詳〕及隆甫の長男碌に遇ふ。隆甫の母〔紋〕は今年八十六歳なるか、健康にして吉井に住し、隆甫の寡婦は昨年末より碌と共に東京に来り、碌は横田の邸内に住し、寡婦も先日まて碌の家に在り。十余日前吉井に帰りたるか、横田の訃に接し、今朝著京せり。

石井隆甫の弟巌のこと

隆甫の弟巌は二十年許前吉井より東京に来り、千葉県の某〔不詳〕と結婚し其氏を冒し、下谷に住し写真に関する様の業を営み居るとのことを聞き、話すること三十分間許にして辞し去る。十一時頃家に帰る。

晩翠軒に行き紙筆を買ふ　江木千之の嘱したる字を作る

〇午後零時頃より晩翠軒に行き、写奏筆六本、鵝筆四本を購ひ、又江木千之より遣はしたると同一の紙あるやを問ふ。店員なしと云ふ。乃ち之に類するもの一枚を購ふ。写奏、鵝筆は一本六十銭、紙は一枚五十銭なり。直に家に帰り、江木の嘱したる字を作る。

内子の体温

〇内子午後の体温三十七度一分。

二月二六日

〇二月二十六日月曜。晴夜風。

〇午前九時四十分頃より出勤す。

高羲敬来り談す　李王職長官は李允用なるへきこと　李允用採用の後の予想　宋秉畯、李允用に反対す

〇午前十時後高羲敬来り、世子夫妻は異状なし。京城の新聞に依れは、李王職長官の後任には李允用か擬せられ居る如く、新聞にては允用の評判宜し。允用か長官となれは現在の職員中閔丙奭の派に属するものは必す罷免すること〻なるへく、允用は無為にて済ます性質に非す。必す弟完用と謀りて其党派の人を採用すること〻なるならん。宋秉畯は允用には反対にて、允用の採用には妨害運動を為すならん。

東亜日報のこと　煙草、酒を止むること

自分（高）の従兄弟（高永喜〔高羲敬の父、元韓国政府法部大臣、子爵、故人〕の姉〔不詳〕の子）某〔不詳〕なるもの来り居るか、先日来訪して数時間時事を談したり。是は東亜日報（名称は確と記憶せす）と云ふ新聞を刊行し居り、排日主義を懐き居る者なるか、総督府にて煙草の専売を始め、自作の煙草を自ら用ゆる丈けは許し居るも、親族ても他所に在る者には之を与ふることを許さす。非常に窮屈なる故、某等の同志者は専売の利益を得さらしむる為、喫煙を止むることを宣伝し居り。又酒も税金を取る故、是も禁酒の宣伝を為し居れりとの談を為す故、自分（高）は夫れはボイコツトには非さるやと云ひたり。

李太王の碑の写真のこと　国語通信教授の為の寄附金のこと

又李太王碑は人には示さすとのことなるも、東亜日報には碑の写真を出し居れり。自分（高）より如何にして写真を取りたりやと云ひたるに、某は写真を取る位のことは容易なりと云ひ居りたりとの談を為し、又先年朝鮮にて内地語を教授する学校を設け居りたる某（内地人）〔不詳〕来訪して、此節は内地語（国語）の通信教授を為し居る故、世子邸より幾分の補助を得度と云ふ故、自分（高）は之を拒絶せり。某は初五、六分間にて宜しき故面会し呉よと云ひたるも、結局一時間位談したり。某は朝鮮人よりは金を受けすと云ひなから、世子より金を受け度と云ふに付、自分（高）は世子も朝鮮人なりと云ひて拒絶し、李王家より金を貰ふならは、昌徳宮に行きて請ふへしと云ひ置きたり。某は李完用の出したる伊藤（博文）、曾禰（荒助）〔第二代韓国統監、子爵、故人〕、李（完用）、森（東次郎）〔不詳〕合作の詩の写真版を持ち来り。出金したる人には李の閣筆を頒つと云ひ居りたりと云ふ。予其事に付ては出金するには及はすと云ふ。高自分（高）も既に全く之を拒絶し置きたりと云ふ。

三条家と上杉家との結婚問題

〇午餐後食堂にて、小原（駩吉）、徳川（頼倫）、酒巻（芳男）と三条家と上杉家との結婚に関することを談す。主として談したるは小原にて、小原より酒巻に対し、此結婚は宮内大臣か承認せさる理由なき旨を〔云ひ〕、酒巻認可権ある以上は調査するは当然なりと云ふ。予は局外者なるも酒巻に対し、調査するは何を目的とするや。三条家の女か先年姦通を為したる事実を発見したりとするも、是を理由として結婚を承認せさる理由とはなすことを得さるへし。何となれは、其事実は之を証明すへき手段なく、又之を証明すへきことに非されはなりとの旨を述へ、酒巻は尚ほ云ふ所ありたるも、徳川、小原、酒巻は共に徳川の室に到りて討議すへしと云ひて去れり。予は直に審査局に返れり。

本田仙太郎のこと

〇食堂にて予より、近頃新聞に日蓮宗の者より度々時事を論する広告様のものを出すか、彼れは何者なるへきやと云ふ。関屋

（貞三郎）、彼は本田仙太郎〔日蓮宗信徒〕と云ふものにて、自分（関屋）は毎度面会せりと云ふ。

山口鋭之助来り、陵墓に関する講演筆記を贈る

○午後二時頃山口鋭之助来り、山陵墓の事に関し山口か明治聖徳記念学会にて講演したる筆記（山陵ノ研究）の印刷したる一冊を予に贈り、陵墓のことを談し、古来幾度も変遷ある故、一概に以前は此くありたりと云ふは不当なり。何時代は云々、何時代は云々と云はさるへからす。現在にては相抵触することを同時に採用し居る嫌ある旨を説き、二十分間許にして去る。

金子堅太郎の長女の告別式に会す

○午後三時より青山斎場墓地に行き、金子堅太郎の長女弥栄子の告別式に会し、焼香して直に帰る。時に四時前なり。斎場にて中村雄次郎を見、帰途斎場外にて一木喜徳郎を見たれとも、之と語らすして過きたり。

隆来る　予の時計を持ち来る

○午後零時後隆来る。予か家に帰りたる後、数語を交へて鎌倉に帰る。先日予か隆に托し、鎌倉の時計匠に命して掃除せし〔め〕たる予の時計を持ち来り、予か用ゐ居りたる隆の時計を持ち帰る。

後藤ノフ来る

○午後四時後後藤ノフ〔信子、格次の継母、故後藤謙次郎夫人〕来り訪ひ、羊羹一箱を贈る。内子は尚ほ褥に在るを以て予之と話し、二十分間許にして去る。

内子の体温

○内子午後の体温三十六度九分。

二月二十七日

○二月二十七日火曜。半晴寒。

○午前九時四十分頃より出勤す。

横田国臣に贈りたる榊代を償ふことを嘱す

○午前十一時頃金二十五円を西野英男に交し、西野か横田国臣の葬に会したるとき、望月良彦に予より横田に贈りたる榊代を償ふことを嘱す。

○午後零時後食堂にて、雪日偶吟、赤壁前遊夜作二首を国府種徳に交す。

横田国臣の葬に会す

○午後一時より谷中斎場に赴き、横田国臣の葬に会し、清浦奎吾等と共に会葬者に挨拶す。

又斎場より平沼騏一郎と共に自動車に乗り墓所に到り、埋葬を視、礼を致して帰途に就き、数歩にして平沼に別れ人力車に乗りて帰り、四時後家に達す。斎場に南部甕男、加太邦憲、富谷鉎太郎、鈴木喜三郎、松室致、山根武亮〔貴族院議員・公正会、後備役陸軍中将、男爵〕、土方寧〔貴族院議員・交友倶楽部、東京帝国大学法学部名誉教授〕、小山温、永島巌、国分三亥、小宮三保松〔元李王職次官〕、尾立維孝〔元台湾総督府覆審法院検察官長〕外数十人に遇ふ。土方、予か先日土方の父〔直行、元土佐藩士、故人〕の詩の読方を花井卓蔵を経て土方に通知したることを謝す。

内子の体温

○内子午後の体温三十七度、尚ほ褥に在り。

〔欄外に付記〕

二月二十七日の補遺　横田五郎、渡辺暢の親任官待遇のこと及退職後の待遇のことを談す　渡辺暢を貴族院議員となすこと

○二月二十七日の補遺

横田国臣の墓地にて、予横田五郎に、何日に京城を出発したるやを問ふ。五郎之に答へす。予を陵前の外に誘ひ、渡辺暢を親任官の待遇となすことは、内地の田部芳〔大審院判事〕等より先きにする筈なりしも、終に後れたり。渡辺には一ケ年三千円許を給し、外国の宣教師との交渉に当らしめんとの議あり。未た決定には至り居らす。三千円を給しても不足なる故、此ことが出来ても貴族院議員とはならしむる必要ありと云ふ。予、斎藤（実）より加藤（友三郎）に渡辺のことを忘るること勿れと云ひ、加藤か忘れすと云ひたる趣の話を為す。

金井四郎大磯に行く

○午後七時頃金井四郎に電話す。其家人、金井は今日大磯に行きたりと云ふ。既にして金井の妻〔不詳〕電話す。予東久邇宮三王子の病状を問ふ。金井の妻、三王子とも平温に復せられたる趣なり。在京の彰常王も回復せられたるに付、金井は今日大磯に行き、明日は妃殿下も帰京せらるる予定なる趣なりと云ふ。

二月二八日

○二月二十八日水曜。晴寒。

○午前九時四十分頃より出勤す。

関屋貞三郎を訪ひ、南部光臣に辞職を勧むることを謀る

○午前十時後関屋貞三郎を其事務室に訪ひ、今日午後南部光臣を訪ひ辞職を勧告する積りなるか、若し病気快く近日中出勤すると云ふ様なることならは、夫れに拘はらす辞職せよとは云ひ難きに付、右様の場合には一応其ことを宮内大臣に報告することにすへきに付、予め此ことを告け置く。尤も予か行きても、南部に面会することは多分出来難からん。左すれは其養父（甕男）に談することゝすへしと云ふ。関屋異議なき旨を答ふ。

関屋貞三郎、伊東巳代治か御歴代調査を急にすることを迫まることを談す　御歴代調査に関する森林太郎の談　御歴代調査と明治天皇のこと

関屋、伊東（巳代治）より御歴代調査のことを迫まり居り。是か運はされは帝室制度審議会総裁を辞する旨を言明し居る故、宮内大臣（牧野伸顕）にも度々促かしたるも、大臣は元来審議会のことを好ます。殊に御歴代調査のことに付ては故森（林太郎）〔前東京帝室博物館総長兼図書頭、小説家森鷗外〕か生存中、森より大臣に対し、御歴代調査の件は明治天皇に上奏したることありたるも、陛下は何の御詞もなく、陛下の御詞なきときは御思召に適はさることとなるものにて、其儘になりたる趣なる旨を話したることあり。大臣は尚更此事に熱心ならす。

森林太郎を詰る　平沼騏一郎も熱心

或る時森より聞きたることを伊東（巳代治）に話し、伊東は森の談は全く事実に違ひ居るとて、五味（均平）を経て森の不都合を詰り、森も結局誤解なりしことを五味に述へたる趣なり。右の次第にて、大臣も今日にては御歴代調査は為して宜しからんと云ふことにはなり居るも、兎角延ひ勝なり。平沼（騏一郎）も此ことに付ては非常に熱心にて、是か出来されは審議会委員を辞する考を有し居る様なりと云ふ。

牧野伸顕の懸念　御歴代調査を急にす〔へ〕き事由

予御歴代調査は為して宜しきことゝ思ふと云ふ。関屋、大臣は摂政を置かれ居るとき、此の如き大事を決することに付きても懸念し居る模様なるか、此ことに付ても伊東抔は差支なきことを主張し、早く決定せされは教課書も区々となり居り、国民の思想にも影響する旨を主張し居れりとの談を為せり。

皇室制度に関する将来の方針　制度審議会を廃するより外方法なし

予、御歴代調査のことは夫れにて宜しきも、皇室典範を始め現在の皇室令の規定、今日より見れは兎角仰山なること多く、時勢に適せさるものある様なり。今後、現在の規定に準して新なる規定を設くることは、十分に考慮すへきことゝ思ふ。然るに現在の規定を設けたる人は之を改むることを肯んせさる故、誠に困難なりと云ふ。関屋或る時機を以て審議会を廃するより外致方なしと云ふ。

葬儀令案と明治天皇のこと

予又予は森（林太郎）か大臣に話したりと云ふ話は是まて聞きたることなし。但伊藤公（博文）か制度調査局総裁たりしとき、葬儀令案を呈して御裁可を願ひたるとき、明治天皇より此式は朕に適用するものなりやとの御沙汰あり。其儘御裁可を得すして、今日に至り居るとのことは聞きたることありと云ふ。

自動車を借る

○午前十一時頃西野英男をして主馬寮に交渉し、今日午後一時頃麻布に行くに付、自動車を備ふることを通知せしむ。主馬寮之を諾し、宮内省の玄関に自動車を廻はすと云ひたる趣なり。

南部光臣の欠勤日数を調査すること

○午前十時後関屋貞三郎と南部光臣のことを談したる後、厠に行き、将に審査局に返り、渡部信を召ひ、南部か欠勤したる日数の概略を調査せしめんと思ひたるも、渡部をして調査せしむるときは、予が南部に交渉することを推知せしむる恐あることを念ひ、厠を出て直に白根松介の室に過きり、南部欠勤の日数を問ふ。白根自分（白根）より渡部に問ふて之を報告すへしと云ふ。

南部光臣に辞職を勧告する方法

予白根に対し、南部に辞職を勧告することは君（白根）の職務に非すやと云ふ。白根、此の勧告には実に困りたり。次官（関屋貞三郎）は書面にて勧告せんと云ひたるも、書面にては不穏当なりと思ひたりと云ふ。

南部光臣か出勤すと云ひたるときの処置

○午前十一時後関屋貞三郎来り、先刻南部光臣に辞職を勧告したるとき南部か直に出勤すへき旨を申出てたるときの談ありたるか、直に出勤すれは勿論夫れにて宜しきも、二週間とか三週間とかの後に出勤すへしとのことにて、又々引き張られては困ると云ふ。予、予は辞職を勧告する丈けのことにて、南部か不日出勤すへしと云ふ場合まて、之に拘はらす辞表を出せと云ふことは出来難し。南部より相談てもすれは、予の意見として速に辞することを勧告することを得れとも、然らされは、一応宮内大臣に報告する旨を告けて帰るより外に致方なしと云ふ。関屋尤のことなりと云ふて去る。

南部光臣の欠勤日数

十一時後白根来り、南部の欠勤日数は、文書課にて調へたる所にては昨大正十一年二月の末よりか又は三月の初よりか判然せさるも、四月、五月は全部欠勤し、六月半頃出勤す。其後又十一月一日より欠勤して今日まて欠勤し居れり。但十二月中に半日丈出勤せりとのことなりと云ふ。

南部光臣面会せす　南部甕男に面会して光臣の辞職を促す　南部光臣辞職後のこと　南部甕男、光臣に予の言を伝ふ　南部光臣辞職を諾す

○午後一時より自動車に乗り、南部光臣を訪ふ。南部病を以て面会を拒む。乃ち其養父（甕男）に面会し度旨を告けしむ。甕男、風邪気なるも急を要することならは面会せんと云ひ、予を座に延かしむ。待つこと十分間許、甕男出てゝ面す。予、光臣に談せんと欲したるも面会し難きに付、君（甕男）に談すと云ひ、光臣か病気欠勤久に渉り、事務の差支少なからさる故、宮内大臣予をして光臣に辞職を勧告せしむ。依て君（甕男）より此旨を光臣に告け呉よ。本官を辞したる上は多分宮中顧問官には任せらるるならん。又従来梨本宮の宮務監督なるか、此方は繁忙の職に非さる故、宮さへ異議なけれは、継続することになりても差支なからん。尤も此ことは宮の考に関することに付、其結果は予言し難し。此に好都合と思はるることは、只今梨本宮に附属し居る事務官三雲（敬一郎）、令息（光臣）か帝室林野管理局にて部下として使用し居り、梨本宮附事務官と為したるときも、令息（光臣）の推薦もありたる様のことなる故、三雲より宮の考を伺ひたらは好都合ならんと思はる。又是迄の如く本官ありて宮務監督となり居れは、別に宮務監督に対する手当等はなけれとも、仮りに専務の監督となるものとすれは、其方に対し幾分の手当あるならんと思はると云ふ。

南部（甕男）、了承せり。直に光臣に話すへきやと云ふ。予之を望む旨を告く。南部入りて光臣と談す。五、六分間にして出て来り、万事君（予）に於て手続を為し呉よと云ひたりと云ふ。予、承知せり。然るに宮中顧問官となるとしても、是は転任と云ふ訳に非す。一応本官を免し、然る〔後〕に顧問官に任せらるる例なる趣にて、辞表を出す必要あり。其辞表には医師の診断書を添附せさるへからすと云ふ。南部、承知せり。辞表は君（予）に送りて宜しきやと云ふ。予、予に送りても、又直に大臣に出しても差支なしと云ふ。南部承知せりと云ふ。予将に去らんとするとき、辞表を出すことは日子を費すことはなからんと云ふ。南部夫れは直に運ふへしと云ふ。

後藤新平の母の死を弔す　識面なき人、有松英義か来り居ることを告く

南部を辞し、遂に後藤新平の家に行き、其母〔利恵〕の死を弔せんとし、玄関にて名刺を出し居りたるとき、未識の人来り、只今有松顧問官（英義）か来り居ると云ひ、予に座に上ることを勧むる意ならん。将命者亦座に上れと云ふ。然れとも予は名刺を交し、弔意を述へ直に去り、又東久邇宮邸に到る。

東久邇宮邸に過り、片岡久太郎と談す

片岡久太郎に面し、妃殿下は今日帰京せらるるやを問ふ。片岡、帰京の予定なりしも、昨夜に至り帰京せられさる旨の報知ありたり。気候寒き為ならん。金井事務官（四郎）は今日帰京する趣なりと云ふ。

三王子の病快し

予三王子の病状を問ふ。片岡、三王子とも快起せられたる旨を告く。紅茶を喫して宮内省に返る。時に二時頃なり。

南部光臣を訪ひたる状を関屋貞三郎に告く　徳川頼倫に南部光臣のことを謀ることを告く

関屋貞三郎に面して、予か南部を訪ひたる状況を告く。且つ徳川頼倫に其由を告け、徳川をして三雲敬一郎を召ひ、梨本宮（守正王）殿下に南部を宮務監督として継続せらるるや否を問はしむへき旨を告く。関屋之を然りとす。

新聞紙に皇太子殿下の御結婚期を記したること、御結婚期の大体を定むること

予関屋に対し、新聞に皇太子殿下の御結婚は本年十月二十四日なるへき旨を記し居るか、何に依りて記したるものなるへきや。随分思ひ切りたることを書くものなりと云ふ。関屋、新聞の記事は濫妄なるか、一般にても大体の御結婚期を知ることを願ひ居るへく、久邇宮にては尚更之を望み居らるへく、月日までの確定は出来さるも、大体は早く決せらるる方宜しからんと思ふと云ふ。予、大体ならは定めらるることはな〔か〕らん。先年御〔大〕礼の期日を定めらるるときは、数月以前に於て日までを定められさるへからさる故、非常に困りたりと云ふ。

国分三亥を宮中顧問官となすこと

関屋、国分（三亥）を宮中顧問官と為すことは、自分（関屋）は只今の処にては、国分か宮内省に関係することゝなりたるときより一年を経たらは宜しからんと思ひ居ると云ふ。予、一年ならは今年の六月頃となるか、強ひて一年を待たさるも別に議論あるへしとも思はすと云ふ。

渡辺暢か親任官待遇となりたること、退職後の職務のこと

関屋、渡辺（暢）は親任官の待遇となりて結構なり。待遇は在職中なるやと云ふ。予退職しても待遇は継続する訳なりと云ふ。関屋、国分か独り損を為したりと云ふ。予、渡辺は退職することにはなり居れとも、総督府にても渡辺を留めて外国宣教使に交渉することを担当せしめんとの内議あるやにも聞き居ると云ふ。関屋、左様のことをせす、渡辺を在職せしめたらは宜しからんと云ひ、既にして成る程定年の関係あるならんと云ふ。予、然り。其関係あり。

朝鮮にて判事の定年法設けたるは無意味なること

全体朝鮮にて定年法を設けたることか無意味なり。法を設けても、之に依りて退職せしむへき人は殆んとなき訳なりと云ふ。関屋然るやと云ふ。関屋又国分のことは成る程是亦一年を待つ必要なからん。其内大臣に持ち出し見るへしと云ふ。

歴代調査のことに付牧野伸顕と伊東巳代治との関係

関屋は、今日御歴代調査のことに付伊東（巳代治）を訪ふ積りなり。伊東は頻りに之を迫まり、大臣（牧野伸顕）は之を決せさる故困る。今日伊東を訪ふて、緩和を図り置かさるへからすとの談を為し居りたり。

徳川頼倫在らす

審査局に返りたる後、徳川頼倫の室に行く。徳川在らす。宗秩寮に行き、酒巻に面して徳川を問ふ。酒巻、徳川は事故あり既に退出したり。急なることならは、家には在る筈なりと云ふ。予急を要せすと云ふて去る。

○午後四時より退省す。

内子の体温

○内子午後の体温三十七度、尚ほ褥に在り。

金井四郎の電話　王子の病快し

○午後七時後金井四郎より電話にて、昨夜は電話にて王子の病状を問はれ、今日は特に宮邸に来られたる由。自分（金井）は只今大磯より帰りたり。王子の病状は全快にて、既に一昨日床払となられたり。先刻片岡（久太郎）へ注文せられたることは、先日より考へ居りたるも思はす延引せり。近日中に届くることゝすへしと云ふ。

東久邇宮の決算及予算のこと

予か今日東久邇宮邸に行きたるとき、片岡に対し宮の昨年中の費用の決算書及今年の予算書の写を予に送るへき旨を談し置きたり。金井か片岡に注文したりと云ふは此ことなり。

横田国臣に贈る榊代の不足

○午前西野英男より、昨日望月良彦の代人より貴官（予）より横田（国臣）に贈られたる榊代は、予告の通り二十五円にて済みたるか、其外三宝に目録を載せて贈りたる故、其代か八十銭なる旨申来りたることを報す。予承知の旨を答ふ。

臼井光子来る

○午前、臼井光子〔臼井水城の妻〕来りたる由なり。

大正一二年三月

三月一日

○三月一日木曜。晴寒。

○午前九時四十分頃より出勤す。

徳川頼倫を訪ひ、南部光臣のことを謀る

○午前十時後徳川頼倫を其事務室に訪ひ、予か昨日南部光臣の辞職を勧告したる事情を告け、徳川か三雲敬一郎を召ひ、守正王殿下か南部を宮務監督と為し置くことを諾せらるるや否を問はしむへきことを謀る。徳川之を諾す。

邦英王学校変更のこと

徳川、久邇宮の邦英王〔久邇宮邦彦王三男〕本年四月より学習院の中学部に進まるへきことゝなり居るか、学友六人の中五人まて他の学校に転することゝなり居る故、邦英王も他の学校に転することを望み居らるるも、他の事と違ひ妃殿下（東伏見宮〔妃〕殿下なり。邦英王は東伏見宮邸に在りて、同邸より学習院に通学せられ居る故、東伏見宮の妃か此事を謀らるる訳なり）か自己の考にて決せらるる訳に行かすとて、宗秩寮の意見を徴せられたり。

邦英王海軍々人となる方針は之を変せす　邦英王は速に臣籍に降下せらるる方か宜しからん

次官（関屋貞三郎）は、宮内省の立場としては矢張学習院の方か宜しかるへき旨を答ふへきことならんと云ひ居るか、邦英王は二、三年の後に海軍兵学校に入ることは方針を変せられさる趣にて、自分（徳川）より海軍の某の意見を問ひたる処、某は海軍兵学校の附近にも中学校ある故其学校に入り、傍ら兵学校の教員ても呼ひて準備を為されたらは、学習院にて修業せらるるよりも便利ならんと云ひ居りたり。是は右等の事情もあることならんと思ふと云ふ。予、邦英王殿下は結局臣籍に降下せらるへき人なる故、寧ろ成年までを待たす降下して、一般の学校に入らるる方か宜しからんと思ふと云ふ。

宗秩寮の職員不足なること、皇族との関係困難なること、関屋貞三郎か余り各部局の事務に干渉すること、宮内省に従来不公平の慣例あること、明治天皇御集下賜のこと、年末慰労金不足なること、西園寺八郎、小原駩吉と他の職員とのこと

徳川と宗秩寮の職員不足なること、皇族との関係困難なること、次官（関屋）か余り種々のことに手を出し、各主管部の知らさることあること（良子女王殿下の広島行を次官より御勧め申上けたることの如きことなり。此のこと等に付ては宗秩寮よりは今更意見を述ふる余地なき様なること）等の談を為し、予より、宮内省にて従来部局に因り待遇の差別あり。皇族よりの仕向にしても、関係部局なる語あり、其結果不公平なること、審査官には明治天皇の御集を賜はらす、数月の後に至り漸く賜はりたること、省内職員の不一致なること等の談を為し、徳川は尚ほ年末慰労金の額少きこと、省内の不一致は西園寺八郎、小原駩吉のことか取り別け目立つこと等の談を為せり。

菊池巳之吉の懲戒事件の委員会に出席することの相談

○午後零時後食堂にて白根松介より、天城御猟場の監守長菊池巳之吉か雲畑御猟場にて、過失にて人を死に致したる事情の懲戒問題に付先日一度考査委員会を開きたる処、法律問題もあり決定に至らす。今日更に開会することになり居るに付、貴官（予）は委員には非さるも、出席を請ひ度と云ふ。予之を諾す。

赤壁の詩を国府種徳に交す

○食堂にて赤壁前後〔夜〕遊の詩四首を国府種徳に交し、予は特に水野錬太郎には返書を出さゝる旨を告く。此詩は先日国府に交したるも、後改作したる所あり。又水野より書を予に贈り、韻を請ひ居るか、其実国府か編纂を担当し居り、水野名義の書状も国府か取計ひたるものなるに付、詩を国府に交したるなり。

懲戒委員会の時刻場所

○詩を国府種徳に交したる後、白根松介に今日の考査委員会を開く時刻を問ふ。白根午後一時なりと云ふ。予委員会を開く場所を問ふ。白根元の高等官の宿直室なりと云ふ。予精養軒の者か弁当を調理し居る隣りの室なりやと云ふ。白根然りと云ふ。

食堂より直に懲戒委員会場に到る

午餐後食堂にて徳川頼倫、関屋貞三郎、小原駩吉等と雑談し居りたる中一時に達し、白根より委員会を開く旨を通知し直に会場に到る。

菊池巳之吉及武田某、古川義天の懲戒委員会、職務上の過失となすや否の論

今日の問題は判任官及奏任官の懲戒問題なる故、考査委員は勅任官三人、奏任官三人ならさるへからす。然るに、勅任官は小原駩吉、関屋貞三郎の二人なり。奏任官は渡部信、杉琢磨、白根松介なり。勅任官は山崎四男六か出席すへき筈なりし処、欠席したる故予備委員たる仙石政敬、伊藤博邦の出席を求めたる処、伊藤は病気にて引籠中、仙石は上野に行き居るとのことにて間に合はす。規則に依り六人の委員中五人の出席あれは開会することを得るに付、其儘開会し、先つ菊池巳之吉の事件を議したる処、渡部信、杉琢磨及幹事金田才平は、菊池は監守長にて官制上の職掌は猟場の管守に在り、銃猟は其職務に非す。之をして銃猟せしめたるは職務外のことを命したるものにて、其の為今死に致したるは職務上の過失となすへからす。故に懲戒すへきものに非すとの意見を有したるも、此点に付ては前回に於て略職務上の過失と為すことに決し居りたる趣（杉は前回には出席せさりし由）、今日も職務上の過失と為すへしとのことに決したり。

菊池巳之吉に関する警察署の書類のこと

前回警察署にて作製したる書類の取寄を必要とし、京都府理事官某〔和田不二男〕に其事を申遣はしたる処、事実を記載しある書類は送り来らす、事件を検事に送致するときの警察官の意見書のみを送り来り。事実の真相尚ほ分り難きに付、更に警察官の作製したる書類の送致を求めたる上にて議する事に決す。

武田某、古川義天の懲戒

次て竹田宮附の属官武田某〔梅太郎〕か自動車運転の免状を有せすして之を運転し、日比谷町（司法省前の辺）にて三人に負傷せしめたる事件を議し、幹事金田才平は極めて軽き懲戒を主張したるも、他の委員は武田は情重く、自動車取締規則にも違犯し居り、警察か之を検挙せさるは宮に対する遠慮なるに付、武田は月俸三分の一を一年間減すへきものと決し、次に監督者宮附事務官古川義天も其情を知らさるへかさるものにて、過失重きに付六ヶ月間月俸五分の一を減すへきものと決し、三時三十分頃閉会せり。

○午後四時より退省す。

坂田稔より電話にて朗子か発熱したること、坂田帰りたること、隆か書状を托したることを報す

○午後七時三十分頃予正に浴す。内子来り、只今坂田稔より電話にて、坂田は只今鎌倉より帰りたり。朗子一昨日より発熱し、昨日も今日も三十九度余の熱あり。坂田診察の上解熱薬を投し、今日まて二日間解熱薬を用ゐて解熱せさるならは、解熱薬を止むることに話し置きたり。隆より坂田に書状を托したる故、只今使をして之を届けしむへしと云ひたるも、当方より書状を取りに遣はすへしと答へ置きたりと云ふ。直に婢トシ及静をして書状を取り来らしむ。書状は朗子の病状を報したるものなり。

内子の体温

○内子午後の体温三十七度、尚ほ褥に在り。

南部光臣の辞表のこと

○午後零時後予正に午喫し居りたるに、白根松介来り、菊池巳之吉の懲戒事件に付予の出席を求めたるとき、予より予は昨日南部光臣の辞職を勧告し、南部より辞表を出すことゝなりたるか、辞表は何処に出すへきやと云ひ、予は予に届け〔て〕も宜しく又直接大臣に出しても宜しと云ひ置きたる故、或は直接大臣に出すこともあるへし。此ことを含み置き呉よと云ふ。

宮務監督の辞表のこと

白根、承知せり。今朝南部の家より参事官に、辞表には宮務監督のことも記載すへきや否を問ひ来りたりとのことにて、自分（白根）は宮務監督のことは記載するに及はさるへき旨を答へ置きたりと云ふ。予、宮務監督のことは宮の意向如何に因り決すへきことなるも、若し之を罷むることゝならは、辞表なくても宜しきことに付、辞表には書く必要なからんと云ふ。

関屋貞三郎か伊東巳代治を訪ひたるときの模様

○午後零時後、食堂にて予関屋貞三郎に、昨日関屋か伊東巳代治を訪ひ、御歴代調査のことを談したるときの状況を問ふ。関屋、格別のことなくして済みたり。先年は王公家軌範のことを喧ましく云ひ居りたるも、此節は御歴代調査のことのみを云ふて、王公家軌範のことは之を云はす。妙な訳なりと云ふ。予、伊東は政治家なる故、全体出来さることをいつまても執著することはなき筈なるに、いつまても執念深く云ふは不思議なり。御歴代調査のことならは、軌範の方よりも始末か宜しと云ふ。

土師貞次郎来る　大学試験のこと等を談す

○午後四時後土師貞次郎〔徳永龍次郎二男、龍次郎は倉富勇三郎の父胤厚の弟園田達蔵二男〕来る。土師一たひ去り、四時三十分頃復た来る。土師は一月二十六日に上京したるか、風邪に罹りたり。大学の試験は今年十科目を受け、来年は三科目を受くれは宜しき様に為し置く積り、今年高等文官試験を受くるや否は考へ中なりと云へり。話すること十四、五分間許にして去る。

三月二日

○三月二日金曜。晴寒稍々軽し。

○午前九時四十分頃より出勤す。

高義敬来り、三島神社への寄附金のことを謀る

○午前十時後高義敬来り、官幣大社三島神社にて宝庫を建つるに付、王世子邸に寄附金を請ひ来るとのことなるか、如何すへきや。其等級は千円以上、五百円以上、百円以上、五十円以上等なりとて趣旨書を示す。予、左程多額を寄附するには及はさらん。百円位にて宜しくはなかるへきやと云ふ。高其位の処にて考へ見るへしと云ふ。

閔泳綺李王職長官となる　閔泳綺の経歴

高又李王職長官には愈々閔泳綺か任せられたり。閔は中枢院

顧問にて、親任官待遇なりし故、此節も其待遇を賜はりたるものならん。閔は先年閔泳ヨクの家政整理を為したるとき、何か不正ありたりとて之を罷められ、其後は宋秉畯、尹徳栄等か引受け整理を為し居る所なり。閔泳ヨクは故閔妃の〔従〕弟〔義理の甥〕にて閔妃の実家なり。閔泳ヨクは子なく、上海に行き居りたるとき支那人を妾とし、其妾腹の子〔閔庭植〕か閔家を相続することとなり、京城にては支那人の子をして相続せしむへからすとて争ひたるも、訴訟の末終に支那人の子か相続することゝなりたり。

東亜日報李完用を非難す

此節閔泳綺を長官と為したるは、李完用の周旋なるへく、東亜日報にては李完用は其兄李允用を長官と為さんとしたるも行はれさりし故、其腹心閔泳綺を長官と為せり。閔泳綺は閔泳ヨクの家を私し、此節は又李王職を紊乱すへしとて、ひどく之を非難し居れり。閔泳綺は種々非難ある人には相違なきも、事実は果して如何あるへきやは明かならす。

李載克、上林敬次郎への贈物のこと　閔丙奭と尹徳栄に対する贈物、小宮三保松に対する贈物

此節李載克、上林敬次郎か罷めたるに付、世子よりも何か賜はらさるへからさる故、李王職に問ひ合せたる処、会計課長か今夕出発上京する故、其上にて相談せよと申来れり。閔丙奭と尹徳栄か罷めたるときは紋附の時計〔鎖附〕を贈られたり。小宮〔三保松〕は免官後世子邸の御用掛となり、一ヶ年三千円の手当を受け居り。御用掛を罷めたるとき、李王職と世子邸と合併にて五百円を贈られたりとの談を為せり。

宮城其他の場所の掃除を随意契約にて請負はしめたることの議論

〇午前、内匠寮にて大正十年末に予算の金達延引し、宮殿離宮等の十一年中の掃除を請負はするに、競争入札に付する暇なく、随意契約を為したる事件に付、何故に十一年に入りたる後、入札に付せさりしやとの推問を発する案に付予は反対の意見を述へ、鈴木重孝は原案を維持し、未た決定せす。

高羲敬、閔泳綺のことを談す　閔泳綺は趙重応の様なる人なり

〇午前高羲敬か来り談したるとき、高は閔泳綺は種々の事に手を出し、丁度趙重応〔元中枢院顧問、子爵、故人〕の様の人なりと云ひ、又閔泳綺か閔泳ヨク（〔翊〕翌か）の家計整理を為し、不正のことを為したりとて宋秉畯、尹徳栄等より泳綺のことを李王殿下に告けたるとき、殿下は泳綺は之を見ることも欲せすと云はれたりとの説ありと云ふ。左程殿下か嫌はれ居る泳綺か長官と為りては、殿下との間か都合よく行かさるへしと云ふ。高、宋等より如何様に告けたりや分らす。事実は明かならすとの談を為せり。

後藤新平母の告別式に会す

〇午後二時より麻布の後藤新平の家に行き、其母利恵の告別式に会し、直に家に帰る。時に三時を過くるに、十分間許なり。

内子入浴せんとして果さす

〇午後七時後、内子入浴せんとしたるも、湯の沸か〔し〕方十分ならさる為終に止みたり。

内子の体温

○内子の体温三十七度、尚ほ褥に在り。

江木俊敬を追懐する詩を江木千之に送る

○江木俊敬を追懐する詩を江木千之に送る。〔欄外に付記〕

三月二日補遺　杉村愛仁任官の挨拶を為す

三月二日補遺

午後なりしならん（確かならす）、杉村愛仁来り、帝室林野管理局事務官に任せられたる挨拶を為す。杉村は日本中学校にて鈞と同窓なりしこと、及ひ是まて農商務省山林局に奉職し居りたることを話す。

三月三日

○三月三日土曜。朝曇微雨後晴。稍々暖かなり。

隆の書達す

○午前八時二十分頃、隆昨二日午後零時後の書状達す。朗子の熱未た解けす。隆頭風あることを報す。坂田稔に電話し、朗子の病状を報す。坂田、安保某〔隆彦、安保小児科医院長〕かキニイ剤を用ゐたるは宜しからん。昨日、今日の様子に依り更に薬方を考へたらは宜しからんと云ふ。

駆虫剤のこと

予、朗子の病症は蛔虫の作用には非さるへきやと云ふ。坂田、蛔虫は種々の容体を現はすも、数日間継続して熱を発するものに非す。然れとも、駆虫薬を用ゆることは、如何なる場合にても小児には妨なき故、主治医に駆虫薬を用ゆることを申遣はし見られたらは宜しからんと云ふ。

○午前九時四十分頃より出勤す。

金井四郎、伊夫伎準一に伝言を嘱す

○午前十時後伊夫伎準一より、昨日貴官（予）退出後金井（四郎）来り、単に金井か来りたりと云ふことを告け置き呉よと云ふて去りたる旨を報す。

西村時彦と頒斌の義を講す

○午餐の時（午後零時後）食堂にて西村時彦に、先日土方寧の父死したるとき往て弔したるに、土方其父の詩を書したる幅を掛け居りたるか、其起句に（雄都士女奈頒斌）とあり。土方は此句は誰も読み得る者なくして困ると云へり。頒斌は班孟堅〔班固、孟堅は字、後漢の歴史家、『漢書』の編者〕の籍田賦中の字にして、注には相雑るの貎とあり。夫れにて解釈は出来るか、頒斌を相雑ると解するは音を借りたるものなるへきやと云ふ。西村或は音を借りたるものならん。取調へ見るへしと云ふ。

西村時彦宋の名臣言行録を講せんとすること

少時の後、西村ストーブの処に来り、宮内省員の請に因り漢書を講することゝなり居るか、今更経書を講するも少しく不相応なるへく、歴史との話もあれとも、歴史ならはせめて輪読位のことにせされは果効取り難し。依て朱子〔朱熹、宋代の儒学者、朱子学の創始者〕の編したる宋の名臣言行録にてもせんかと思ひ居れり。是ならは事実を記したるのみにて、可否の判断は読者に任せたる者にて、今日より看ても余り時代違ひにもあらすと思ふとの談を為せり。

文選を読むの必要

西村又予か籍田賦のことを談したるより、漢学をするならはどーしても文選は読まさるへからすと云へり。

南部光臣を梨本宮の宮務監督と為し置くことに関する談

○午餐後厠にて徳川頼倫に遇ひたるとき、徳川、一昨日談せられたる南部（光臣）を梨本宮の宮務監督と為し置くことは、明日は宮の意向か分かることになり居れり。宮は明日旅行より帰らるるとのことなりと云ふ。予、然るか。南部は既に辞表を提出したるへきやと云ひ、直に秘書課に入る。徳川又次て入る。予白根松介に、南部の辞表は既に達したりやと云ふ。白根、達したり。既に上奏案も作り居れとも、宮務監督のことに付宮の意向を伺ふことゝなり居る故、其事か分りたる上にて大臣に提出すへき旨、次官（関屋貞三郎）申聞けられ居ると云ふ。徳川其事は明日は分かる筈なるか、夫れにて宜しきやと云ふ。白根夫れにて宜しと云ふ。徳川乃ち去る。

南部光臣に対する賜金のこと

予白根に、南部に対する賜金は幾許位になるやと云ふ。白根、普通の標準にすれは六千五百円なるも、官制改革の時の振合位にはなす必要あらんと思ひ居れり。其標準にすれは一万円近くなるへし。然し、南部君は部局長官に准すへき人なる故、標準に依らす適宜に定むる方か宜しからんと思ふと云ふ。

西村時彦に雪日偶吟の詩を告く　絶句か作り難し

○午餐後ストーブの処にて西村時彦と話したるとき、予雪日偶吟の詩を告く。是は西村か詩杯は不断作らされは、出来さる様になると云ひたるより、予其通りなりと云ひ、先日此の如き詩を作りたりとて四句を誦し、結句の乾坤無処若春風の若の字を容に致し度きも、平仄か合はすと云ふ。西村、若にて結構なり。是は合作なりと云ふ。西村絶句か六ヶしと云ふ。予、然り。殊に五言絶句か難しと云ふ。

実況審査の分担を定む

○午後二時頃より審査官を会し、実況審査の分担を定む。三時十五分間前に至り決定す。

横田国臣に贈りたる榊に添へたる三宝並に奉書等の代金のこと

○午前十一時頃西野英男来り、昨日自分か宮内省に在らさるとき（西野は昨日出勤せす）、大審院の書記某より使をして先日貴官より横田（国臣）に贈られたる榊代の受領証を送り越し、同時に三宝幷に奉書等の代八十銭を受取り来るへき旨使に命し置きたる由の処、自分（西野）か居らさりし為、八十銭を持ち返らす、其後某より電話にて八十銭のことを問ひ来り、審査局員より自分（西野）不在にて、書状を開封せさりし旨を答へ置きたりとのことなり。依て今日自分（西野）午餐後大審院に行き、某か貴官の為に榊を贈る世話を為し呉れたることの挨拶を述へ、且八十銭を償ひ来らんと云ふ。依て八十銭を西野に交して之を嘱す。西野榊代の受領書並に横田の葬儀委員の榊の受領書を予に交す。

廊下にて河村善益に遇ひ、渡辺暢のことを談す

○午後零時後、将に食堂に行かんとするとき、審査局前の廊下にて河村善益に遇ふ。河村貴族院議員の欠員を生したるも（山

川健次郎か枢密顧問官と為りたる為）、道家斉〔元農商務省農務局長〕か議員と為り、渡辺（暢）は選に漏れたりと云ふ。予、横田国臣の葬儀のとき横田五郎より、渡辺は退職しても朝鮮総督府にて若干の手当を出し、外国宣教師との交渉に当らしめんとの内議あり。未た決定には至り居らす。仮りに其事か出来るとしても、其手当丈けにては不足なる故、矢張り議員と為る必要あり。横田五郎は議員の方は余程六ヶしき模様なる趣に付云々と申し居りたり。是は有吉（忠一）より聞きたることなるへし。然し斎藤（実）は此節上京の後も、加藤（友三郎）に談し置きたりと云ひ居りたり。平沼（騏一郎）の談にも加藤の手帳には確かに渡辺のことを記し居れりとのことなり。岡野（敬次郎）か平沼に対し、加藤か手帳に記し居る分は絶望には非さる分なりと云ひたりとのことなり。兎に角渡辺は尚ほ在職中なる故、直くと云ふ訳には行かさるへきも、全く絶望には非さるへし。尚ほ今後も、君（河村）より平沼に機会を以て談し置き呉よと云ふ。河村之を諾す。河村は今日は次官（関屋貞三郎）に面会する為来りたりと云ひ居りたり。

内子の体温

○今日は内子は午後一、二時頃には体温を検せす。其後に検したるときは、三十六度八分なりしとか云へり。尚ほ褥に在り。

内子入浴せんとして果さす

○夜風。内子入浴せんとしたるも、風の為湯を沸かすことを得す。

〔欄外に付記〕

三月三日補遺　追加予算の捺印を拒む

三月三日頃〔ママ〕補遺

今日頃（日時確記せす）大木彝雄〔宮内書記官、内蔵寮主計課長〕大正十二年度の追加予算第一号を持ち来り捺印を求む。在外研究員の費用なり。其俸給として四十余円を計上し居れり。予、俸給は元来不正確の予算にて、高等官の俸給は前年九月一日の現員現給額を計上し居り、其不足なることは初より明瞭にて、不足額は判任官俸給の剰余より補充する慣例なり。此慣例の不可なることは予か毎に論し居る所なるか、在外員の俸給に限り、特に追加予算を出す必要なしと思ふ旨を述へ捺印を拒む。

三月四日

○三月四日日曜。晴。

鎌倉に行く　朗子の病快し

○午前七時三十五分頃より電車に乗り、新橋駅に赴く。八時達し、八時二十一分発の汽車にて隆か家に行き、九時五十分頃達し、朗子の病を見る。既に快し。午後一時後より鎌倉駅に到り、一時四十八分発の汽車にて東京に帰り、三時四十分頃家に達す。

隆に帰郷すへきことを告く　隆の家衛生に適せす

今日隆に、四月頃に至りたらは東京に来り住する方宜しかるへき旨を談す。隆の家、雨水床下に入り、湿気多く衛生に適せす。然れとも、逸雄生後日浅く、未た汽車に乗るに適せす。ヨつ幸江〔松岡幸江、倉富道子の妹〕か今月二十日頃に至らされは、女学校の試験済まさるを以て四月頃を期するなり。

野村龍太郎に遇ふ

鎌倉に行くとき、新橋駅の汽車中にて野村龍太郎〔元南満洲鉄道株式会社社長〕を見、野村も一寸予か面を見たれとも、語を交へす。鎌倉駅に近きたる頃、予野村を視たる処、野村予か席に就きて談話し、鎌倉にて別れ去りたり。

日野西資博に遇ふ

帰途大船辺にて日野西資博来り談す。日野西は昨夜の汽車にて京都より来り、国府津にて汽車を更へ、葉山に行き天機及皇后陛下の御機嫌を奉伺したるか、摂政殿下、秩父宮殿下、澄宮殿下正に葉山に在らせられたるを以て三殿下にも拝謁せりと云ふ。新橋にて之と別る。

原敬の寡婦浅の死を弔す

○午後四時前より故原敬〔元内閣総理大臣、前政友会総裁〕の家に行き、其寡婦浅〔原敬の後妻〕の死を弔す。浅は本月二日急性肺炎にて死し、今日午後十時上野発の汽車にて遺骸を盛岡に送り、敬の墓側に葬るとのことなり。名刺を将命者に致して直に帰る。

巡査来り、挙動不審の者来りたらは報告せよと云ふ

○午後五時頃巡査来り、迂論《ウロン》なる者来らは一ツ木の巡査交番所に通知し呉よと云ひて去りたる趣なり。

坂田稔に電話し、朗子の容体を報す

○午後六時後坂田稔に電話し、朗子はオイヒニンを服用したる後、体温三十六度台或は三十五度台に下り、昨日午後三十七度五分になりたることあるも、今日は三十五度七分位なる故、主治医（安保某）は最早毎日一定量のオイヒニンを服用するに及はす。発熱の兆候あらは、其時臨時に服用したらは宜しからんと云ひたる趣なることを報す。坂田夫れにて宜しかるへしと云ふ。予又隆か先日皮膚の剝けたることありたるか、朗子も其兆ありと云ひ居りたりと云ふ。坂田、隆君には或は無疹猩紅熱とも〔マヽ〕にはなかりしやと、戯れ半分に云ひたることなりしか、猩紅熱ならは、仮令ひ無疹にしても咽喉に著しき兆候あるものなり。朗子君の咽喉は其積りにて診したるか、決して其兆候なかりし故、朗子君の分は猩紅熱とは思はれすと云ふ。

伊藤景直来る

○午前十一時三十分頃伊藤景直来り、予か不在なることを聞きて直に去りたる由なり。

内子の体温　内子入浴す

○内子午後一時の体温は三十六度六分にて、七時後は三十六度七分なり。八時後入浴す。九時の体温は三十五度九分なり。

広津阿潔に遇ふ

○午前隆か家に往きたるとき、広津直人の妻阿潔来り居りたり。之に嘱して直人に言を伝へしむ。

○夜風。

三月五日

○三月五日月曜。晴。

○午前九時四十分頃より出勤す。

自動車を借る

○午前十時後西野英男に嘱し、今日午後一時五十分頃青松寺に行くとき、自動車を借ることを謀らしむ。西野主馬寮にて自動車を出すことを諾したる旨を報す。

予の遅刻を司法省に通知することを嘱す

又西野に嘱し、今日午後二時より司法大臣官舎にて諮問第四号の小委員会を開くことになり居るも、予は二時より十四、五分間後るる旨を通知せしむ。西野、午後一時後に至り適当の時に之を通知すへき旨を答ふ。

高羲敬来り、閔泳綺か李王職長官に為りたることに付近藤左右一より聞きたることを伝ふ

○午前十一時頃高羲敬来り、閔泳綺か李王職長官となりたるか、此ことに付ては今後余程面倒なることあらんと思はる。昨日近藤左右一より聞きたる所に依れは、有吉（忠一）か新任次官篠田治策を帯同して昌徳宮に到り、王殿下に謁し、篠田の新任を披露したる処、殿下より篠田に付ては宜しからんと云はれ、次て有吉より閔泳綺か長官となるへき旨を述へたるに、殿下は、閔は予（王）の外家（閔泳翊の家）を紊りたるものなる故、是は不可なりと云はれ、有吉は既往に於ては如何なることあるかは知らさるも、此事に付ては殿下の御思召を伺ふ訳に非す。既に任命の手続を了し居り、自分（有吉）は総督の意を承けて之を殿下に言上するまてなる故、任命の上は御信任あらんことを望む旨を述へたる趣なり。

李王名義の電信を発す　閔泳綺か李王職長官と為りたる三理由

其後王殿下の名義にて、東京に在る斎藤総督（実）に電信を発し、閔泳綺を好まさる旨を申来り。京城にて之を取調へたる処、其発信人も粗々分りたる趣なりとのことなり。又東亜日報には盛に閔泳綺のことを非難し、閔か長官と為りたるは三の理由あり。其一は閔か髯多き為なり（是は髯の多きのみにて、別に意味なしと云ふことならん）。其二は李太王の碑は一たひ之を倒し、其背に大正の年号を刻せさるへからす。大正の年号を刻することは、閔に非されは之を肯んせさるか為なり。其三は閔は前年の自己の家を宮内府大臣官舎として之を売りたり。今一度長官官舎即ち自己の家に入り度為なりと論し居れり。右の如き事情にて王殿下かどこまても閔を嫌はるれは、閔も勤務する訳には行かさるへく、総督も困るへし。

李勇吉の転居

勇吉公子は中央幼年学校に入ることゝなり、学校の附近に格好なる家あり（一ヶ月借賃九十円）。近々之に移ることゝなり、李堈公よりも速に移るへき旨申越され居れり。

宋秉畯の運動

勇吉公子の是迠の家には宋（秉畯）か住居し度旨予て話し居りたる故、家の明くことを宋に通知せんと思ひたる処、宋は熱海に行き居るとのことなり。依て宋に附き居る巡査（東郷とか云ひたる様なり）に通知せんと思ひたる処、巡査は京城に行き居るとのことなり。是は宋か遣はしたるものなるへく、宋は京城に在る尹（徳栄）等と相応して、画策し居るものならんと思はる。

李載克、上林敬次郎に対する手当

李王職よりは、李載克には三千円と殿下より記念品を贈られ、上林敬次郎には千円と記念品を贈られ、李堈公より上林には五千円許の品を贈られたる由。是は穏当ならさることとなり。近藤の意見にては、世子邸より品物代として二百五十円前後にて金を贈らるるか又は記念品を贈られたらは宜しからんと云ひ居りたり。如何すへきやと云ふ。予、上林は金の方便利なるやも図られすと云ふ。高、世子は一度食事ても為したらは宜しからんと云ひ居らるる故、其事にすへし。其時は来り呉よと云ふ。

李王職の予算の調査

李王職の予算は、従来は会計課にて調査し居りたるも、今年より総督府の財務局長の承認を受くることゝ為りたる趣にて、近藤は其手続を済まし、李王職長官、次官とも新任に付成るへく早く帰任せよとの談を聞きて来り居れりと云ひ居りたり。

三島神社の宝庫建設に付世子邸の寄附を請ふ

又三島神社の神官外一人来り、先年三島町にて消火具を買ひ入れたるときは町より二万円を出し、世子邸よりは五百円を出されたり。此節の宝庫建設に付ては三島町より四万円を出すことゝなり居る故、前度の比例にすれは少くとも千円を出され度と云ひたりとのことにて、神官等に応接したる林健太郎も百円にては済み難からんと云ひ居りたり。自分（高）か最高額にしても、五百円以上出すには及はさらんと思ひ居ると云ふ。予、消火具に付ては世子邸も関係多けれとも、神社のことに付ては李家とは関係薄し。神官等か右の如き比例にて請求するは無理なり。五百円出せは、勿論沢山なり。予は矢張り夫れ程にも及はさることなりと思ふと云ふ。

上林敬次郎京都にて汽車を下る

高又上林（敬次郎）も近藤（左右一）と同道し、上林は京都にて汽車を下りたる趣なりと云ふ。話すること十四、五分許にして去る。

上林敬次郎来り話す　李王、閔泳綺を忌む

〇午後零時後上林敬次郎来り、一昨日上京したる旨を告け、在官中の挨拶を為し、李王職長官と為りたる閔泳綺は李王の気に入らす、有吉（忠一）より閔泳綺のことを言上したるとき、李王より閔は不可なりと言明せられたる趣なり。

尹徳栄、宋秉畯の機関新聞

一方には尹徳栄か東亜日報を買収して盛に閔を非難し、又他方には宋か朝鮮（日）報（紙名確かならす）を有し居り、諺文新聞は二個とも閔を攻撃する故、閔は余程困難なるへく、

李王五十四の誕辰祝宴にて長官を困らすへし

今月二十五日は李王五十四の誕辰なるを以て例年より盛なる祝宴を張らるることゝなり居るか、其時に何か故障を生せしめ、閔を攻撃するには非さるやと思はる。自分（上林）は丁度好きときに官を退きたりと云ふ。

篠田治策京城の事情に通せす

予、篠田（治策）は大分久しく朝鮮に居れとも、李王家の事情には通し居らさるへく、困るならんと云ふ。上林、李王家の事情に通せさるのみならす、篠田は平安道に居りたるか、平安道の人気と京城の人気は余程異なるに付、貴族抔も其点は懸念し居る様なり。然し、事情を知れは何事も出来さる様になる故、

寧ろ事情を知らすして断行する方か宜しきやも計り難しと云ふ。話すること三、四分間にして去る。

高羲敬来り談す　李王は閔丙奭か李載克かを好む

○午後一時四十分頃高羲敬復た来り、上林（敬次郎）より聞きたる所にては、李王殿下は明かに閔泳綺を長官と為すことに反対せられ、殿下としては閔丙奭を長官となすか又は左もなければ、李載克を留任せしむることを望まれたる由なり。

尹徳栄の画策　李完用の困難

尹徳栄は朴泳孝〔朝鮮総督府中枢院顧問、侯爵〕を長官となすへしと云ひ、其実自ら長官と為る考も有し居る趣なり。総督府にては尹徳栄か種々画策する故、尹を昌徳宮に出入せし〔め〕さる様に取締り居る趣なるも、容易に目的を達することを得さるへく、総督の立場も困難なるか、李（完用）も随分苦き立場ならんとの談を為せり。話すること二、三分間。

全州李氏大同会の状況

○午前高羲敬か来り談したるとき、近藤の談なりとて、全州李氏大同会のことは、李王職よりは李載克か王殿下の承認を願ひ、一ヶ年五百円宛を出すことゝなり居れり。是は遠からす内端割を生し、永続の見込みなき故、世子邸よりも李鍝公と同額にて二百円位出されたらは宜しからん。李堈公は百五十円なり。

李堈公、李王の名代となる計画

大同会の目的は万事李堈公をして主宰せしめ、李王殿下は病身、世子は東京に在らるる故、李堈公か李王の名代と為りて何事も処置せらるる様に為し度までの計画なる趣にて、右の如きことになれは大変なりとの談を為せり。

何礼之の告別式　諮問第四号小委員会

○午後一時五十分より自動車に乗り青松寺に行き、何礼之〔翻訳家、貴族院議員・同成会、元元老院議官〕の告別式に会し、焼香を終はり直に司法大臣官舎に行き、諮問第四号に付第二十九回小委員会を開き、三時五十分頃閉会。電車に乗りて家に帰る。

高帽を蔵することを嘱す

青松寺に行くとき、予か高帽を自動車の運転手に托して持帰らしめ、玄関の受附に預け置かしむるに付、給仕をして之を受取らしめ、平常の通り預り置き呉るることを西野英男に嘱し、又玄関の受附に運転手か高帽を持ち帰りたらは之を預かり置き呉るることを嘱し、青松寺を出つるとき運転手に高帽を玄関の受附に預くることを嘱す。

内子払褥

○内子払褥す。

夜風

○夜風。

三月六日

○三月六日火曜。晴寒稍軽し。

○午前九時四十分頃出勤す。

金井四郎来る　池田亀雄の書状及日記　東久邇宮邸の予算

○午前十時後金井四郎来り、在仏国池田亀雄〔東久邇宮附属官〕より金井に贈りたる書状及池田の日記を示し、予か先日片岡久太郎に談し置たる東久邇宮の本年度予算書を持ち来り、之を致す。

仏国に送金する手続に関する池田亀雄の苦情

池田の書状は、金井より仏国に送る為替の時期、手続等に関し是まて度々池田より交渉し置たるに拘はらす、金井か其趣旨に違ひ送金することに付不平を申越したるものなるか、金井は前附武官溝口直亮より渡仏以来四回書状を送り来るのみにて、送金方法等に付ては一度も申来りたることなしと云ふ。

東久邇宮附武官蒲某（大佐）に対する手当

池田の日記は大正十一年十二月一日より同三十一日までのものにて、格別のことなし。其中に附武官蒲某（陸軍大佐）は国際聯盟会議の用務を帯ひ仏国に滞在するものにて、政府より一万円の手当あり。皇族の附武官となれは一万五千円の手当あるに付、其差額五千円を東久邇宮より給すへく、蒲は昨年下半期に附武官と為りたるものに付、半年分二千五百円を給することゝなりたる旨金井より池田に通知したる趣にて、日記に其ことを記しありたり。

東久邇宮殿下の滞仏期限満期に近し　追願の手続如何　牧野伸顕に謀ること

金井より、稔彦王殿下の滞仏期限は満三年とすれは四月某日までなる故、延期願書を出されさるへからさる処、殿下の意向分らさる故願書を出し難く、又此儘に漫過することも出来難し。如何したらは宜しかるへきやと云ふ。予、三年以上になれは、此儘に致し置く訳には行かす。左りとて殿下の意向を問ひたる上、殿下より今後二年とか三年とか云はれても困るに付、一応松平慶民へ電信を発し、既に三年になる故延期の願を為さゝるへからさるか、殿下の意向は如何なるや様子を報知すへき旨を照会したらは如何と思ふ。是とても松平より殿下に交渉したる上、殿下か帰朝期を定められされは矢張困るに付、予より一応大臣（牧野伸顕）へ相談致し見る方宜しからんと思ふと云ふ。

東久邇宮妃殿下海辺と軽井沢に避暑することを好まる

金井、妃殿下より今年夏は初は海浜に行き、後日軽井沢に行き度と云はれ居るに付、海辺は第一彰常王の眼疾に宜しからす。盛厚王殿下、師正王殿下も御年齢より云へは、尚ほ山の方か宜しからんと思はるる故、海辺のことは御止めを願ひたるも、御承諾を得す。軽井沢は全く夏の避暑地にして、幸に昨年は三井家の別荘か明き居りたる故之を借りたるも、夏計り〔の〕外使用し難き他人の別荘を夏に借ることは余り無遠慮なる故、此ことも伊香保か塩原かに致し度申上け見たるも、矢張り軽井沢か宜しとの御話あり居れり。

朝香宮妃殿下は軽井沢に避暑せらるるならん　金井四郎は今日より明日東久邇宮妃殿下に従ひ東京に帰る

朝香宮にては軽井沢に別荘地を買ひ入れ居らるる由。昨年は両宮、某の別荘を借り入れられたるか、今年も多分同別荘を借り入れらるることならんと思はる。海辺の方は内々心当りを捜かし、二つ計りは借ることを得る所ある様なりとの談を為し、尚ほ金井は今日より大磯に行き、明日妃殿下に随て東京に帰り、妃殿下は本月十日に更に大磯に行かるる予定なりと云ふ。

鵠沼に借ることを得る別荘あり

大磯の海は波か荒き故、妃殿下方の海水浴には適当ならす。二ヶ所計り借り入るることを得る所は鵠沼に在る別荘なり。妃殿下は海水浴に付趣味を覚へらるる様になりたる為、今年も海辺に行き度と云はるる様なりの談を為せり。

東久邇宮妃殿下は洋行のことに付何にも云はれす

予、妃殿下は洋行のことに付ては何事も話なきやと云ふ。金井、何の話もなし。個様なる事に関する御考へは自分（金井）達には分り難しと云ふ。

梨本宮邸より晩餐の案内

予か金井と談し居るとき高沢某来り、只今王世子邸より電話にて、本月十一日に梨本宮邸より貴官（予）に晩餐の御案内あり。出席せらるるや。王世子及妃両殿下も御出になる筈なりとのことなりと云ふ。予何の為の晩餐なりやと問はしむ。高沢来り、梨本宮殿下の御誕辰なりとのことなりと云ふ。予出席の旨を答へ、且何か御祝儀の品ても上くる訳ならは、然るへく取計ひ呉度旨を答へしむ。

王世子邸より午餐の案内

高沢又来り、本月十日に世子邸にて、上林（敬次郎）の為に午餐を催ふさるるに付出席を請ふとのことなりと云ふ。予出席すへき旨を答へしむ。

梨本宮には祝品を贈らす

少時の後高沢又来り、梨本宮に祝品を上くる様のことはなしとのことなりと云ふ。

小原駩吉来り、鹿児島虎雄と南部光臣のことに付談したる模様を伝ふ

○午後零時後食堂にて小原駩吉予に対し、私事にて一寸談し度ことありと云ふ。予乃ち小原を誘ひ、審査局に返る。小原、鹿児島（虎雄）来り談〔し〕たる所に依れは、鹿児島と南部（光臣）とは最も親密なる間柄にて、鹿児島か南部を訪ひ其妻〔幸子〕に面会したる処、南部自ら鹿児島に面会すへしと云ひて面会したる処、南部は肺部に瘍所あるも、脳には只今の処申分なく、

南部光臣は予の勧告なる故辞職を諾したり

其談に依れは、他の者か来りて辞職を勧告したるならは断して承諾せさるも、倉富氏か来りたる所にては、最早最善を尽くし、万止むを得さる場合と為り居ること〻思ひ、何事も云はすして辞表を出すこと〻なせりとのことなり。

南部光臣は辞職のことに付小原駩吉に相談せす

依て自分（鹿児島）より、小原（駩吉）抔には相談したるやと云ひたるに、別に相談せさるも、是は勿論倉富氏等の談合ひの上のことなるに相違なし。故に自分（南部）よりは相談せすとのことなりしなり。

鹿児島虎雄の激昂

全体三ヶ月か半年位病気にて引籠もる人は少なからさるに、其の為辞職せしめたることはなし。南部は三月位の引籠に直に辞職せしむるは不都合なりとて、鹿児島か大分激昂し居りたり。

小原駩吉、鹿児島虎雄に弁明す

依て自分（小原）より、南部か単に三ヶ月位引籠もりなるも

のならは、決して辞職を勧告する様のことはなし。南部のことは渡部信か内端より次官（関屋貞三郎）に促かし居るに相違なからんと思はるれとも、如何せん南部は昨年初より数月間計籠り居り、其後出勤したるか、数月の後又引籠り、数月の後一寸半日計り出勤して此節の引籠と為り居るものにて、仮令渡部の催促より出て居るとしても、之に反対すへき理由なく、已むを得す辞職を勧告することになり居る訳なりと云ひ置きたり。

後任を定めすして南部光臣を免官するは不可なり

然るに、南部か引籠り居りては事務に差支ふると〔の〕理由にて辞職せしめ置き、後任を定めすして退官せしめては事務の差支の為とは云ひ難く、南部は辞職せしめさるへからさる欠点ある様のことゝなる故、後任の出来たる上に免官する訳には行かさるへきやと云ふ。

南部光臣の後任として入江貫一を薦む

予、関屋は南部の如く欠勤し居る者を其儘に為し置けは、官規上にも影響する様のことも云ひ居りたり。然し、辞職の勧告は事務の差支を理由と為し居る故、予より其後任として入江貫一を勧め、関屋も之に同意し居れり。入江は恩給法を制定する為め宮内官に転任し難きことは先頃話を聞き、其為御用掛と為り居るも、最早議会の閉会に近きに付、其上は転任することも出来るへし。関屋は南部を罷むるに付ては大臣（牧野伸顕）も不安心なるへきに付、暫くの間君（予）にても迷惑を頼まさるを得さるならんと云ひ居りたり。

関屋貞三郎より予に対し噂話　入江貫一をして参事官の事務を執らしむること

其時は噂話に過きさりしに付、予は何とも云ひ置かさりしも、若し予に対して右様のことを云ひたらは、予、入江をして参事官の事務を執らしむることを主張する積りなり。入江も本官にならさるも、御用掛として執務することは差支なき筈なりと云ふ。

南部光臣の帝室制度審議会委員は如何

小原、鹿児島より南部の帝室制度審議会委員は如何なるやと云ひたるか、是は伊東総裁（巳代治）の考に依ることにて、何とも分らすと云ひ置きたりと云ふ。

南部光臣の皇太子殿下御結婚準備委員は如何

小原又南部の皇太子殿下御結婚準備委員丈けは其儘になすことは出来さるへきやと云ふ。予、準備委員は参事官の資格にて命せられ居りたらん。然れは、本官か消滅すれは委員も消滅する訳なりと云ふ。小原、宮中顧問官に任することは相違なかるへきやと云ふ。予其事は白根（松介）か既に立案致し居りたりと云ふ。小原、準備委員は宮中顧問官の資格にて更に命すれは差支なき訳なりと云ふ。予夫れは勿論差支なしと云ふ。

入江貫一を参事官となすことは宮内大臣は承知すへきや

小原、入江を参事官と為すことは大臣（牧野）は承知すへきやと云ふ。予、関屋は明かに同意の旨を述へたるか、牧野も異存はなからんと思ふと云ふ。

伊東巳代治御歴代調査のことに付関屋貞三郎を嚇す　伊東巳代治御歴代調査の時期の緩急は問はす

小原、関屋は渡部信を経て御歴代々数調査のことに付栗原広太〔元帝室制度審議会御用掛、元宮内大臣官房調査課長〕より嚇されたるものと見へ、先日伊東（巳代治）を訪ひ、御歴代調査委員を置くことは大体は定まり居るも、大臣（牧野）か多用なる為未た実行の途に至らす、暫く待ち呉度旨を述へたる処、伊東之を置くことさへ間違なけれは、時期の遅速は必しも争はすと云ひたりとて安心致し居るか、大臣（牧野）は果して之を置くことを承諾し居るへきやと云ふ。

牧野伸顕か御歴代調査を躊躇したる事由　森林太郎前言を取消す

予、予も此ことに付ては話を聞きたり。大臣か初め躊躇したるは、森（林太郎）か大臣に対し、此ことは先年明治天皇に奏上したることありたるか、其時天皇より何の御沙汰もなく、御思召に適はさる御模様なりし為其儘になり居る趣なる旨を談し、大臣は此談か本と為り、之を調査することを憚かり居りたるも、伊東か此ことを聞き、五味（均平）をして森を詰問せしめ、森か誤解なりし旨を言明したる為、此点に関する大臣の懸念はなくなり、之を調査することには異議なきことになり居るとのことなり。

御歴代調査の材料は十分なり

予は此調査は既に十分に出来居り、今更材料を集むる必要はなかるへきも、之を決定することは必要なるへく、教課書抔にも御代数の書き方区々になり居るは不都合なり。然し之を決定するには必しも委員抔を設くる必要はなからんと思ふ。

現行の皇室諸制度は現状に適せす

但全体のことを考ふれは、現行の皇室諸制度例へは登極令其他も非常に仰山なることになり居り。登極令の通りに実行せんとすれは、現在の賢所、皇霊殿等は数倍に拡張せさるへからす。此ことは伊東（巳代治）も現に現在の設備を目的として規定を設けたるに非さる旨を言明したることあり。

現行の諸制度を標準として今後の制度を設くるは不可なり　現行の制度を改むることは困難なり

故に現行の諸制度を標準とすれは、将来設くへき制度も是非仰山なることにならさるへからす。然るに時勢は非常に変遷し、世界中に君主国は僅々となりたる今日徒らに儀式を盛大にすることか適当とは思はれす。左りとて現行の諸規定を改正することは中々容易ならさる故、いつれにしても困難なることなりと思ふと云ふ。

皇太子殿下御結婚の準備として東宮御所増築の評議　関屋貞三郎の軽卒

小原、今月三日葉山にて大臣（牧野）、次官（関屋貞三郎）、珍田捨巳、入江為守〔東宮侍従長兼御歌所長、子爵〕、佐野利器〔東京帝国大学工学部教授兼内匠寮技師〕、北村耕造〔内匠寮技師・工務課長〕（北村なりしや否確かならす）及自分（小原）にて東宮御所増築のことを議したるに、東宮職の人は頻りに拡張を主張したるも、自分（小原）は絶対に之に反対したるか、関屋は現に当局者か実際差支ふるとならは止むを得さるに非すやと云ふて、拡張に賛成する故、自分（小原）は当局者は常に拡張を希望する者なり。学習院の如きは院の希望を容れは、千万円ありても不足すへし。自分（小原）は東宮御所に付ても是丈けあれは用を欠くことなしと思ひて設計せり。大臣よりは成るへく軽便にし、成るへく節約せよとの方針を示され居る故、当局者の希望に因り拡張することを得す。但皇太子及妃両殿下の御不自由なき丈けのことは十分に注意し置けり。又女官は幾許使用せらるるや。之を知らさる故、女官の室に付ては自分（小原）の意見に固執する訳に行かすと云ひ、結局内匠寮にて調製したる設計図より十五坪計り増すことゝなりて決定せり。

関屋貞三郎、戸田氏秀を信す

依て自分（小原）は明日（七日）其決定したる設計を持ちて沼津に行き、珍田（捨巳）等の印を取り来る積りにて、其旨を関屋に話したる処、関屋、戸田（氏秀）〔東宮職事務官、伯爵戸田氏共の養嗣子〕か沼津より帰ることゝなり居るに付、一応戸田に相談したる上にしたらは宜しからんと云ひたるも、既に大臣か決したるものを戸田の意見にて変すへき謂なき故、明日は沼津に行く積りなり。関屋は無闇に戸田抔を信し居るに付困ると云ふ。

小原駩吉、金田才平の非常識に驚く

予、先日君（小原）は渡部信は非常識なるも、金田才平は相当の事理を解する人なる様に思ふと云ひ居りたるか、昨日の考査会議に於ける金田の意見は如何なりしやと云ふ。小原、彼れには驚きたり。丸て話にならす、彼れては困ると云ふ。

石原健三、渡部信、金田才平等を採用したるときの談

予、石原（健三）〔貴族院議員・無所属、前宮内次官〕か渡部、金田抔を採用したるときは善き人を得たりとて誇り居りたるも、二人とも学士にて学問はあるかも知れさるも、常識は皆無と思はると云ふ。

入江貫一、渡部信、金田才平の性行を説く

小原、入江（貫一）は二人か宮内省に入りたるとき、宮内省にては何故彼の如き妙なる人を採用するや。渡部の父〔不詳〕は高利貸にて、臨終のとき渡部に金銭のことに付ては親族抔と云ふことを考ふること勿れと遺言し、渡部は其遺言を守り居るとのことなり。又金田の家はダルマ屋（地獄屋）と云ふことなりと云ひ居り。入江は二人のことを知り居る故、入江か参事官となれは、彼等か勝手なることを為す訳に行かすと云ふ。

宗秩寮の定員は不足　宗秩寮には副総裁を置く必要あり

予小原に、一昨年官制改正案を議したるか、宗秩寮に総裁の外に事務二人と為したるは不足ならんと云ふ。小原、先日総裁（徳川頼倫）より宗秩寮には副総裁を置く必要ある様なりとの話ありたる故、自分（小原）より其事は先日倉富に話し居りたりと云ひ置きたり。一昨年は如何なる事情あるも、現在より拡張せすとの方針なりし故之を申出さゝりしも、自分（小原）は其前より必要を認め居りたり。政府にても親任官を置く所にては大概事務を執る次官かある様なりと云ふ。

久我通久は自ら事務を執りたる為失敗せり

予、久我（通久）〔元宗秩寮総裁、侯爵〕にても、井上（勝之助）にても補助者なくしては勤まらぬ人なりと云ふ。小原、久我は非常に自分（小原）を恨み居りたるも、自分（小原）、久我に仕事を為さしめさりし故、自分（小原）か宗秩寮に在りし間は格別の失敗なかりしも、仙石（政敬）か自分（小原）に代はりしより、久我か自ら仕事を為さんとしたる為、間もなく退官せさるを得さることゝなりたるなりとの談を為せり。時に一時を過くること二十分間許なりしならん。

菊池巳之吉の懲戒事件に付小原駩吉と共に考査委員会に出席す

此時官房属某来り、菊池巳之吉の懲戒事件に付考査委員会を開くに付、小原に出席し呉よと云ひ、同時に予にも出席を請ふと云ふ。乃ち小原と共に精養軒の調理所の隣なる考査委員会場に行く。関屋貞三郎、山崎四男六、小原駩吉、渡部信、大谷正男、幹事金田才平の会議を聴く。

菊池巳之吉の過失致死事件の捜査記録

京都地方裁判所検事正〔古賀行倫〕より取寄せたる菊池巳之吉の過失致死事件の捜査書類あり。予も之を摘読す。其書類に依れは、菊池か鹿を見掛けて第二回銃を発したる瞬間に被害者某か前に駆け出したる事実を認むへからす。此点に付式部職主猟課員等か菊池か発銃したる瞬間に被害者か駆け出したりと云ふと事実一致せさるに付、主猟課長加藤内蔵助を問訊すへしとのことになり、

主猟課長加藤内蔵助を問訊す

加藤を召ひ問ひ質したるに、加藤は、初め被害者と一間許の間隔にて立ち居りたる某か被害者か前に出たる様に云ひ居りたるも、被害者の父、叔父抔か来りたる上、被害者か前進して銃丸に中りたる事実となりては不利益なりと思ひたるものと見へ、絶対に被害者か前進したることを云はしめさることゝ為したる様なりしか、其後はいつれも口を噤みて一言も之を云ふ者なかりしも、被害者は前向きに倒れ而かも一歩足を挙けて雪の中に蹈み込み居りたる所より考ふれは、初に某か被害者か駆け出したりと云ひたるは事実なるへしと思ひ居る旨を述へたり。

予、被害者の傍に在りたる某か被害者か駆け出したりと云ひたることは、何人か之を聞きたりやと云ふ。加藤の答は判然せさりしも、小原其他の推定にて坊城（俊良）〔主猟官、伯爵〕か初に聞きたるならん。石川成秀〔式部官兼主猟官、子爵〕は後れて其場に行きたる様なりとのことになりたり。是にて加藤を去らしめたるか、是より先き小原より加藤に対し、主猟課長と主猟との関係及監守長と主猟との関係を問ひ、加藤の答へは明瞭ならす。此点に付予も問を発したるか、結局要領を得す。加藤か去りたる後、菊池（巳之吉）の処分は前回の会議にて決したる通り、俸給月額三分の一を十二ヶ月間減することにて宜しからんと云ふことに決す。

南部光臣の宮務監督は継続す

予関屋に対し、南部（光臣）の宮務監督を罷むるや否は決したりやと云ふ。関屋其儘になし置き度とのことなりと云ふ。

帝室制度審議会委員は伊東巳代治に交渉して決定す

予帝室制度審議会委員の方は如何と云ふ。関屋此方は罷むるより外に致方なしと云ふ。予該委員は参事官として命せられ居るものに非す。故に之を罷むるならは、伊東（巳代治）に協議せさるへからすと云ふ。関屋協議する積りなりと云ふ。

小原駩吉来り談す

予先つ考査委員会場を出つ。小原次て出つ。予廊下にて待ち受け、共に審査局に来る。予、南部（光臣）の宮務監督は梨本宮にて留任を望まるる趣、先刻関屋（貞三郎）より聞きたり。帝室制度審議会委員のことは伊東（巳代治）に交渉すへしと云ひ居りたりと云ふ。

南部光臣の後任決定するまで免官せさる工夫なきや

小原、後任なくして南部を罷むることは本人の為にも不名誉なる故、入江（貫一）か任官すること出来るときまで免官を延はすことは出来さるへきやと云ふ。

牧野伸顕に面談する必要

予、関屋は大臣（牧野伸顕）か南部の処分を催促すと云ふも、以前予か聞たるときは大臣は寧ろ急かさる方の様の話なりしに付、此点に付ても大臣の意向を確かめ見んと思ふ。其外にも大臣に面談し度ことあるか、大臣は昨日帰京したりとのことなるも、今日は出勤せさる様なりと云ふ。

牧野伸顕は葉山に在り

小原、大臣は昨日は祭の為に帰京し、直に葉山に行き当分葉山に居ること〔に〕なり居り。白根（松介）も葉山に行き居れりと云ふ。

天機奉伺の為葉山に行きては如何　天機奉伺のことに付小原駩吉、大谷正男に協議す

予、東久邇宮のことに付是非大臣に面会せさるへからさることありと云ふ。小原、然らは天機奉伺の為葉山に行きては如何と云ひ、電話にて大谷正男に葉山の天機奉伺は最早済みたるや否を問ふ。大谷、只今頃誰か天機奉伺に行きて宜しき頃なりと云ひたる趣にて、小原より其旨を予に報し、君（予）か行きては如何と云ふ。予、天機奉伺は総代として行くことゝなり居る故、予か自ら行く訳に行かすと云ふ。小原、大谷に交渉し見るへしと云ふて去る。時に三時後なり。

山崎四男六準備金積立規則案を交し意見を求む

〇午後三時三十分頃山崎四男六来り、準備積立金規則案を持ち来り、之を研究し置き呉よと云ふ。

関屋貞三郎を訪ひ、東久邇宮殿下滞仏のことを謀る

〇午後四時頃関屋貞三郎を訪ひ、東久邇宮殿下の滞仏期三年は今年三月某日まてなるに付、更に延期の願をなされさるへからさる訳なるか、殿下の意向分らさる為願書を出すことも出来難く、松平慶民に電報を発し、殿下の意向を問はしめんと思ひたるも、殿下より今後二年とか三年とかの延期を請はるる様のことになりては困るに付、此事に関し大臣（牧野）に協議せんと思ふも、大臣は葉山に在る趣なるか、近日帰京する予定はなきやと云ふ。関屋、二、三日中には帰京するならんと思ふ。其時は自分（関屋）よりも話し置くへしと云ふ。

河村善益来り、皇族邸にて無免許の者をして自動車を運転せしめたる事実を談す

予か関屋と談し居るとき、河村善益来り窺ふ。関屋入れと云ひたるも河村入らす。予か東久邇宮のことを談し終りたる後、関屋、河村は各宮邸にて無免許の者をして自動車の運転を為さ

しめたる事実を取調へ来りたるへし。共に之を聞かんと云ひ、河村を誘ひ来る。
河村、自分（河村）より此の如きことを告くるは他の非行を許くことゝなり、甚た心苦しと云ふて左の事実を語る。東久邇宮附属官田村（捨吉）、北白川宮附属官浅野（長次郎）、朝香宮附属官内藤〔不詳〕（河村は内藤と云ひたる様なるも朝香宮には内藤なるものなきか如し。或は誤聞ならん）、竹田宮属官武田（梅太郎）はいつれも自動車の運転手の免状を有せすして運転を為し、就中東久邇宮附田村抔は妃殿下方の自動車も運転し、昨年末か今年始頃か鎌倉辺にて人を倒し、打撲傷を負はせたるも内端になしたりとのことなり。又朝香宮附飯塚（彦一）も先年までは無免許にて運転を為し居りたるも、是は其後免許を受けたりとのことなり。

武田梅太郎等の懲戒事件公にする影響　武田梅太郎の非行の如きことは他にもあり

竹田宮附武田か無免許にて運転し、三人に負傷せしめたることは実に申訳なきことなるか、此事件に関する懲戒処分を公にすれは、警視庁にて無免許運転の廉を黙殺する訳に行かさることゝならんと思はる。故に懲戒処分は秘密にせらるる必要あらんと思ふ旨を述へたり。
今日午後一時より菊池巳之吉の懲戒事件を議したるとき、大谷正男より竹田宮附武田某（梅太郎）、同宮附事務官古川（義天）の懲戒処分に付ては、先日（本月一日）の考査委員会にて一応議決し居るも、此くの如き事件は他にも数件ある趣にて、一概に武田等の事件のみを処分し難く、只今他の事件の事実取調中にて程なく分かるならんと云ひ居りたり。河村の報告は即ち関屋か武田等の処分のことより、河村か他にも類似の事実ありとの談を聞き、其取調方を河村に告け、河村か今日之を報告したる訳なるへし。予は一と通り河村の談を聞き、直に審査局に返りて退庁せり。時に四時十分頃なり。

田村捨吉のことは金井四郎に注意する必要あり

東久邇宮附田村（捨吉）のことは金井四郎に注意する必要あり。

三月七日

〇三月七日水曜。晴。
〇午前九時四十分頃出勤す。

関屋貞三郎に南部光臣免官の時期を談す

〇午前十一時頃に至り関屋貞三郎始めて出勤す。予乃ちその事務所に到り、予は南部（光臣）には其欠勤の為事務の差支ある為辞職すへき旨勧告し、南部も之に応して辞表を出したるなり。然るに、南部に代りて参事官の事務を執るものなきに拘はらす南部を免職すれは、宮内大臣は南部を欺きたることゝなるに付、南部に代り事務を執る人を定めたる後、南部を免官する必要ありと思ふ。南部の免官は既に御認可ありたりやと云ふ。関屋、只今其手続きならんと思ふと云ふ。

南部光臣の後任は入江貫一なるへきこと

予、南部に代りて事務を執る者は先日も申したる通り入江

（貫一）の外には適当なる人なしと思ふ。然るに、入江は恩給法の改正成るまては宮内省に転任し難しとのことなる故、直に転任することは出来さるへし。然れとも、入江は既に御用掛となり居るに付、其資格にて参事官の職務を執らしむることゝ為したらは宜しからんと云ふ。

関屋貞三郎は夫れ程までには考へ居らす　関屋貞三郎、予の意見に同意す

関屋、自分（関屋）は夫れ程まてには考へす。大臣に対しては、君（予）もあり、是まてとても万事相談致し居るに付、南部免官後も差支なからんと云ひ置きたりと云ふ。予、夫れならは急に南部を罷むる必要なきに非すや。先年井上（勝之助）か永く引籠りたるときは、予をして宗秩寮総裁代理たらしめて井上に養生せしめたることすらあり。事務の差支なきならは、南部を罷むる理由乏しき訳なりと云ふ。関屋、南部か罷めさるも、入江には宮内省の事務を執らしむる積りなるに付、入江に参事官の事務を執らしむることゝすへし。然れは平田（東助）にも相談せさるへからすと云ふ。

東久邇宮滞仏期限のこと　牧野伸顕も入江貫一を採用することに同意し居る　関屋貞三郎葉山に行くことを約す

予、入江をして参事官たらしむることは大臣（牧野伸顕）も承知し居るやと云ふ。関屋、承知し居れり。参事官としては入江の外に適任者なしと大臣も云ひ居りたりと云ふ。予、然らは東久邇宮のこともあり、旁々大臣に面談する必要ありと云ふ。関屋、自分（関屋）も他にも用事あり。明日か明後日の中に葉山に行き、大臣に協議することにすへし。

鳩彦王殿下英国留学を話せられさること

他の用事と云ふは、朝香宮殿下英国留学の件なり。彼の件は宮内大臣より云ひ出したる上、行はれさることゝなり、変な都合となりたりと云ふ。予、大臣より松平（慶民）に対する電報には、十分に注意しありて到底殿下の承諾を得難き様ならは、之を云ひ出すへからさることまて書きありたるも、結局不結果を来たせり。

附武官藤岡万蔵のこと

意ふに附武〔官〕藤岡（万蔵）か語学其他の都合にて、英国に行きては自己に不便なることある等も亦一の原因ならんと思ふと〔云ふ〕。関屋、然り。夫れか主たる原因ならん。夫れにしても全体のことを考ふれは、自己の利害のみを考へられさる筈なり。全体殿下に申出す前に松平（慶民）、藤岡等の間に協議したらは宜しからんことならんと思ふと云ふ。

南部光臣免官の時期及東久邇宮滞仏期限のこと

予、君（関屋）か葉山に行くならは、南部の免官前参事官の事務を執る者を定むること及ひ東久邇宮留学期限のことに付十分大臣と協議し来り呉よと云ふ。関屋承知せりと云ふ。

東久邇宮附属官田村捨吉か無免許にて自動車を運転したること

予、先頃まては別に関係なかりしも、今日にては宮家の関係あり。然るに昨日河村（善益）の談にては、東久邇宮にても田村（捨吉）か無免許にて自動車を運転し、而かも人に負傷せしめたる事実もありとのことなり。予注意せさるへからすと云ふ。

関屋貞三郎、酒巻芳男に無免許にて自動車を運転したる事実の取調を命す

関屋、一と通り酒巻（芳男）に調査を命すへしと云ひ、給仕をして酒巻を召はしめ、酒巻に対し河村（善益）の名を秘し、河村か談したる事実を挙けて其調査を命す。予、田村（捨吉）、浅野（某）、内藤（是は疑はし）、武田（梅太郎）は四人とも宮内省に来り、運転の修業を為したるも、いつれも無器用にて免状を得さりしとのことなるか、四人とも揃ひて無器用なるも不思議なり。其事情も取調見度と云ふ。酒巻、先日竹田宮の出来事ありたる故、其後の皇族附職員会議にて絶対に無免許の者をして運転せしむることを禁し置きたりと云ふ。関屋、其後は禁したるへきも、其前の事実を取調へ見るへき旨を告く。

酒巻芳男、東久邇宮附武官蒲某を宮附を本務とすることを謀る

関屋の室を出て厠に行く。酒巻亦来り、東久邇宮附武官蒲某は、是迄は国際聯盟会議の方か本務にて、附武官の方は兼務なりし処、陸軍省より本務と兼務とを変へ、宮附の方を本務と為し度旨を以て内協議を為し来り居れり。御意見なくは（予の意見）、異議なき旨を回答する積りなりと云ふ。予、本務も兼務も陸軍省にて命することにて、如何ともし難きことならん。是まては宮附の方は兼務なる故、本務と兼務との手当の差額五千円丈を宮より出し居りたる由なるか、宮附か本務となれは、宮より一万五千円を出すこととなり、結局一万の支出を増す丈のことならんと云ふ。

準備金積立規則案を伊夫伎準一に交す

○午後一時後、昨日山崎四男六より予に交したる準備金積立規則案を伊夫伎準一に交し、審査官にて研究し見るへき旨を告く。

追加予算に捺印す

○午前十一時頃大木彝雄本年度追加予算第一号を持ち来り、捺印を請ふ。此予算は本月三日頃大木か持ち来りたるも、予が反対の意見を述へたるに付、予の意見に従ひ修正して持ち来りたるなり。予正本に捺印して之を返す。

李王職会計課長近藤左右一来り談す

○午後二時頃李王職会計課長近藤左右一来り、李王職の近状を談す。

閔泳翊のこと　朝鮮人参売却代のこと　閔泳翊の死後相続争のこと

予、閔泳翊は上海にて死したりやと云ふ。近藤然りと云ふ。予、李太王の人参を売る為、上海に持ち行き、其代価百二十万円を私したるは閔泳翊なりしやと云ふ。近藤然りと云ふ。予、閔泳翊の後妻〔不詳〕は支那人にて、其後妻か産みたる子（閔庭植）と閔泳翊か支那に行きたる後に養子と為りたる某（閔斑植、閔俊植）と相続争の訴訟を為し、某か敗訴と為りたる事実ありたるに非すやと云ふ。近藤然りと云ふ。

人蔘代の債権を李堈公に与へたること

近藤に対し、人蔘代の始末を問ふ。近藤、閔泳翊に対する百二十万円の李太王の債権を李太王より李堈公に与へられ、李堈公は之を某に譲りて、某より五万円を取りたりとのことなり。今後其債権か取立てらるれは、更に十五万円は李堈公に渡す約ありとか云ふことなり。

李王家より李堈公に歳費を給すること　歳費の額に関する意見

今年より李王職の予算は李堈公の歳費として二万二千円、外に李勇吉の学資として二千円、計二万四千円を計上せり。有吉（忠一）は今少し多額に李堈公に渡したらは宜しからんとの話ありたるも、自分（近藤）等は多くても濫費する故無益なりと思ふ。

上林敬次郎免官のこと　李鍝公上京の必要不必要に関する意見　李埈公妃の懸念

上林（敬次郎）か罷めたるは気の毒なりと云ふ。予、上林の処置は万事拙かなりし様なり。上林は李鍝公の東京留学は非常に熱心にて、李埈公妃か承知せさるを無理に遂行したりとの話なるか、予は夫れ程必要のことゝは思はすと云ふ。近藤、自分（近藤）も王世子とは異り、夫れ程必要とは思はす。李埈公妃抔は李鍝公も東京に連れ行き、内地人を娶らしむるならんとの疑念ある様なりと云ふ。予夫れは勿論誤解なるも、誤解を招くへき丈けの事実はあるなりと云ふ。

閔泳綺任官後の状況　李王の考変することもあらん

予、閔泳綺か長官と為りたることは、王殿下の気に入らすとのことなるか、任官後の事情は如何と云ふ。近藤、自分（近藤）は任官即日に出発したるか、昨日庶務課長今村（鞆）（李王職庶務課長）の書状を受取りたるか、長官も無事に出勤し居るとのことなりと云ふ。予、李王の反対も真実自己の意より出てたることには非さるに付、其内には融和することあるやも計り難しと云ふ。

上林敬次郎の為王世子邸にて午餐会を催ふす

○午後三時頃高羲敬来り、本月十日は陸軍記念日（奉天会戦）にて、陸軍大学は休暇にて世子は在邸に付、上林敬次郎は午餐に招かるることゝなりたる故、出席し呉度。十一日には梨本宮の誕辰に付、是亦出席を請ふとのことなりと云ふ。予、梨本宮には祝品を贈る例なしとのことなりと云ふ。高、其例なしと云ふ。

近藤左右一の談を高羲敬に伝ふ

予、先刻近藤（左右一）の談に依れは、閔泳綺は無事に出勤し居るとのことなり。李王自己の意思より閔を嫌はるるとは違ひ、他より王に告けて、閔を嫌はしむるものなるに付、或は融和することを得るならんと云ふ。

高羲敬の意見

高、他より告くることを止むれは融和出来れとも、今後益々構隔すへきに付、到底信任せらるる様にはならさるへしと云ふ。話すること二分間許にして去る。

準備金積立規則案に対する審査官の意見

○午後三時後伊夫伎準一来り、予か午前に渡し置きたる準備積立金規則案は、審査官は一人も之に賛成するものなし。矢張り財本に組入れる方宜しとの意見なり。

皇室会計の状況を公表することは不可ならん

自分（伊夫伎）は特に皇室令を以て此の如き規定を設くるは、皇室財産の豊なることを想像せしむる恐ありと思ふ。皇室会計は一切公表せさる例なるに、是のみ公表するは宜しからさるへしと云ふ。予、此準備金を支出するには、皇室令を以てせさるへからす。此皇室令と予算との関係も如何にする積りなるへきや。又皇室令を以て支出金額を公表するも、面白からさることなるへしと云ふ。

松永純一来る　松永純一は民刑局の給仕

○午後七時頃松永純一来る。松永は明治三十五年頃司法省民刑局の給仕なりしか、其後横浜にて蟹の缶詰の輸出業を為し、可なり成功し居る趣にて、先日予か不在中に来り（本年二月十五日）、給仕時代の写真と現今の写真を贈り、且蟹の缶詰を贈りたるものなり。之に面会す。

松永純一に責任を説き聞かせたること　袱は紫色なりしこと

松永は民刑局にて二年間予に使役せられたるか、其間常に温情を以て使役せられたるか、或るとき退庁時間前局長の書類を包みたる袱包を人力車夫に渡すことを命せられたるに、之を渡すことを怠り居る中に、貴官（予）か人力車に乗らんとせられたるに、袱包なき故更に局に返り、自分（松永）を召ひ、其怠慢を責め、此の袱包の中には局の書類にて、執務時間中に閲了せさるものを入れ、家に帰りて之を調査せんとするものにて、是は予の責任を尽くす為なり。然るに予より命せられたる責任を尽くさす、車夫に渡すことを怠りたるは不都合なりとて、責任の重すへきことを訓告せられたることあり。其時の袱は紫色のものなりしことを今尚ほ記臆し居れり。爾来世に処するにも、常に責任を忘れさることに注意し居れり。

松永純一の破産　松永純一の成功

横浜にて某店の事務を執ることゝなりたるか、其店は経済困難にて、債権者の監督の下に営業し居り。自分（松永）は債権者より其店に派出せられ居る訳なりしか、債務者、債権者ともに自分（松永）を信用し、結局自分のものとして営業することゝなれり。然るに大正五年頃欧洲の変乱の為め自分（松永）より品物を積みて英国に送りたる船の行衛不明と為り、之か為め金の融通塞かり、終に不渡り手形を発することゝなり、破産の宣告を受け、一時六万余円の負債を生したるも、幸に英国に送りたる品物か予想したる価格の二倍、三倍の高価に計算して金を送り来りたるより漸く回復し、債権者に対しても一銭の損害も掛けすして済みたるは、全く責任を重んすへきことの訓戒を重んしたる結果なりと思ひ、今尚感謝し居る所なり。

松永純一の母松永を励ます

自分（松永）の郷里は三重県にて、幼時父は村役場（是は確に記臆せす）の給仕と為すを、母か父に説きて東京に遊ふことを許し、身体丈けは父より貰ひて遣はす学費は給し難し。勉強して業を成せと云ひて励したり。今日は成功とは云ひ難きも、両親を迎へて同居し居れり。昨年母か流行性感冒に罹り肺炎と為りたるときは非常に苦心したれとも、幸にして回復せり。一度親を伴ひて郷里に行き度と思ひ居る所なり。

松永純一、旧知の人を訪問す

貴官のことは新聞にて見る毎に忘れたることはなかりしも、今少し成功したる上にて訪問せんと思ひたるか、先頃波多野子爵（敬直）か薨去せられたることより急に訪問を思ひ立ちたり。先日は面会を得さりしか、其節清浦子爵（奎吾）を訪ひたるも、是も不在なりしなり。又民刑局に上原某（梅原〔梅原松次郎カ〕なりしか）と云ふ人あり。此人にも世話になりたる故訪問せんと思ひたるも、司法省には奉職し居らす。赤十字社病院に居るとのことなる故、近日中訪問する積りなり。給仕時代に夜学校に通ひ居りたるときの教師に出淵某〔不詳〕と及ひ某と云ふ人あり（松永は出淵の名も、今一人の氏名も云ひたれとも忘れたり）。深切に教へ呉れたる故、先日出淵を訪ひて謝を述へ置きたり。

先日贈りたる写真は明治三十四年に写したるもの

先日差出て置たる給仕時代の写真に明治三十五年に写したるもの〻様に記し置たるも、一年間違ひ居り、三十四年に写したるものなりしなり。

松永純一揮毫を請ふ

自分（松永）并に子孫の為教訓と為るへきもの一枚書き呉よ。大小等は望まされとも、成るへく掛物にして保存に便なる様に致し度と云ふ。予、其中に書くへき旨を答ふ。話すること二十分間許にし〔て〕去る。今日は松永は北海道の某所に漁港を設くることの請願書を出し居る故、其の運動の為大谷嘉兵衛〔日本紅茶株式会社社長、貴族院議員・茶話会〕の名代として上京したりと云ひ居りたり。

大谷正男来り、葉山に行く用事あるやを問ふ　葉山行の用事は関屋貞三郎に嘱し置きたり

〇午後三時後大谷正男審査局に来り、貴官（予）は葉山に行き、大臣（牧野伸顕）に面会せらるる必要ある様に聞きたるか、其必要あらは天機奉伺を兼ねて行かれても宜しき頃なり。如何と云ふ。予、其事は君（大谷）は小原（駩吉）より聞きたりやと云ふ。大谷然りと云ふ。予、実は大臣に面談する必要あるも、先刻次官（関屋貞三郎）に談したる処、次官か他にも用事あり、明日か明後日か葉山に行くへしと云ふに付、予の用も次官より大臣に談す様に約束し置けり。只今にては強ひて行く必要なしと云ふ。

大谷正男上奏物を減することを謀る

大谷、いつれ改めて相談すへきも、内閣と相談の上、上奏するものを減少せんとする計画中なり。例へは奏任官の任官、位勲の奏請等、或る階級以下は上奏せすして執行することにし度とのことなり。内閣にては正二位以下位は上奏を略し度と云ひ居りたるも、夫れは余り極端なりとて、只今は五位以下位は之を略すること〻すへきことになり居れり。然るに之を略する方法にも種々の意見あり。表面は上奏する形式と為し置き、条件を附けて予め御委任を受け置き、執行後御追認を願ふこと〻するか、又は全く事後にも御追認を願ふ手続を取らさるか、若くは根本の改正を為し、公然是々のことは上奏を要せさること〻なすか、是等の点は如何するか宜しかるへきや考究を要することなるへしと云ふ。

上奏物を減することに関する予の意見

予、根本より改むれは公明正大なるも、勅任とか奏任とか云ふことまても改めさるへからす。是は随分大業なるへし。故に条件を附けて、是には事前に上奏することを要せさる旨の御委任を受け置き、矢張り事後には之を上奏する位の処か適当ならんと云ふ。

大権干犯の懸念

大谷、其位の処か宜しき様なるも、大権干犯の非難を起す懸念はなかるへきやと云ふ。予、夫れに付ては勿論議あるへし。官吏抔は自己の職権を擅に他に委任することは出来さることなるも、今日法律事項は法律を以て委任すれは、命令を以て定むれは宜しき慣例になり居れり。是に付ても固より議論は残り居るなり。

輔弼の責任は上奏なると奏請なるとに因り差異なし

陛下より是々のことは執行して、然る後上奏することを得との御沙汰あらは、必しも大権を犯すものと云ふ程のことはなかるへし。上よりの御思召に出てたると、下より之を奏請したるとに付ては責任には少しも異なることなし。御沙汰に出てゝも、輔弼の責任上不可なることならは之を諫止すへきものなれはなりと云ふ。

南部光臣免官の御裁可

予又南部の免官は既に御裁可ありたりやと云ふ。大谷既に御裁可ありたりと云ふ。予、其発表の時期に付次官（関屋貞三郎）に相談し置たる故、間違なき様取計呉度。

東久邇宮滞仏期限のこと

又予が大臣に面談せんとする件は東久邇宮殿下の滞欧期限か既に満限に近きに付、其処置方を協議する必要ある為なりとのことを談したり。話すること十分間許。

三月八日

〇三月八日木曜。曇微雨夜雨。

〇午前九時四十分頃より出勤す。

国分三亥来り、竹内某の女と長谷川某との結婚問題を談す

〇午前十一時後国分三亥来り、竹内某の娘と長谷川某の結婚問題決定せす。宗秩寮総裁（徳川頼倫）か昨日葉山に行き、大臣と協議して決定し来るとのことなりしも、総裁は出勤し居らすと云ひ、此問題は酒巻芳男等か賛成せさる為永引き居るか、久邇宮及竹内家にては熱心にて、殊に竹内の娘は非常に進み居るとの談を為せり。

五代仁義なる者来る　友厚会々員たることを請ふ　之を肯んせす

国分三亥と談し居るとき、坂下門より林野管理局長官（本田幸介）の紹介にて、某か（氏を云ひたるも電話なりし為高沢某の取次明瞭ならす）面会に来り居るか面会するやと云ふ。予、其人の氏は分らさるも、兎も角本田の紹介ならは面会すへしと云ひ、之を引見す。其人は五代友厚〔実業家、故人〕嫡孫五代仁義と称し、本田の紹介にも同様記し居れとも、五代友厚の長女（ハル〔治子、五代友厚の妾の子〕）か梶野某〔不詳〕に嫁し、梶野某か犯罪ありたる為離婚となりたる後、長女は更に鹿児島の友厚の本家なる五代某〔不詳〕に嫁し、仁義は其子なる趣にて、友厚の嫡孫には非す。仁義は友厚に贈位せられたる為、其記念として友厚会なるものを組織し、友厚の遺志を継き社会事業を為す計画なり。差向き友厚伝を編纂し、其上巻丈は印刷出来たるも、下巻は印刷出来す。友厚会員になり呉よと云ふ。予、予は会員となるへき縁故なしと云ふ。

友厚伝一冊を購ふ

仁義、実は広津に相談する筈なるも、広津の代りに相談すと云ふ。予之を拒む。結局友厚伝上巻一冊を十円にて購ふことを請ふ。予之を諾して、之を購ふ。

五代仁義、西村時彦を問ふ

仁義、西村時彦か出勤し居るや否を問ふ。予西野英男に嘱し、之を仁義に告けしむ。予は仁義か去るを待たすして食堂に入る。時に午後零時三十分頃なり。西村は今日は出勤し居らさりし趣なり。

皇太子殿下御結婚準備委員会のこと

○午後一時頃食堂にて杉琢磨より、明後十日午前十時三十分より参事官室にて皇太子殿下御結婚準備委員会を開くことを告く。

小原駩吉、予が葉山に行かさ〔り〕しことを訝る

○午後一時後食堂より審査局に返るとき、小原駩吉共に来り、昨日は何故葉山に行かさりしやと云ふ。予、大谷正男か審査局に来り、葉山に行きても宜しと云ひたるは昨日午後のことなりしなりと云ふ。

大谷正男の処置

小原、夫れは笑し。一昨日自分（小原）か大谷に君（予）のことを話したらは、大谷は自分（小原）か大谷の室を出つるとき一緒に出て来りたる故、其足にて君（予）の処に行きて告けたることゝ思ひ居りたりと云ふ。

南部光臣の免官の時期に付ては小原駩吉の注意必要なりしなり

予、南部（光臣）のことは君（小原）の注意を受けたる故、宜しかりしなり。

入江貫一か参事官となれは都合宜し

予は先日関屋（貞三郎）に入江貫一のことを話し置き、夫れにて宜しき積りなりしも、昨日更に談したる模様にては、関屋は先つ南部を免官する積りなりし様なり。然し、此節は確かに南部に代わりて参事官の事務を執る者を定むる迄は南部の免官を発表せさることを約し置けりとて、予と関屋と交渉したる始末を略説し、入江か参事官事務を執ることゝなれは、渡部（信）、金田（才平）等の云ふ通りにならさるは勿論、大分官房の方にも影響し、余程宜しからんとは思ふか、入江は渡部等の居る所には入らすと云ふ様の懸念はなかるへきやと云ふ。

入江貫一は参事官となることを諾するならん

小原、西園寺（八郎）は何処から聞きたるか、既に其事に内定し居る様に考へ居る様なり。入江も多分承知し居ることならんと云ふ。

南部光臣は余り好人物なり

小原又南部は余り好人物なる故、渡部等〔に〕対して弱き所あり。入江ならは其様なることはなしと云ふ。

社会事業の調査は宮内省にて為すへきことに非す

小原又関屋（貞三郎）か社会事業の取調を為すことは、宮内省にて為すへきことに非すとのことを談したり。

酒巻芳男に蒲某を宮附本務と為すことは金井四郎に通知すへきことを告く

○午後二時後酒巻芳男を宗秩寮に訪ひ、東久邇宮附武官蒲某を宮附本務と為すことは、陸軍省の考へ次第にて宜しきことは先日話したる通りなるか、宮の支出は一年一万円を増すことに付、陸軍省に返答する前、一応金井事務官（四郎）に此の如く返答する積りと云ふことを通知し置呉よと云ふ。酒巻、承知せり。先日一寸金井に話したるか、金井はいつれても宜しと云ひ居りたり。尚ほ通知し置くことにすへし。

酒巻芳男、園周次寡婦のことを問ふ

序なから一寸尋ね度ことあり。東伏見宮御用取扱宮岡某〔慶子〕は辞職することになり居るか、其後任として園周次〔海軍少佐、故人〕の寡婦〔節子〕は如何との考あり。妃殿下は、外国語を話すこと出来さる人にて宜し。大人しき人を望むとのことなる由と云ふ。予、予は全体知らさる人なるも、園は予の長男の親友なりし為、園の死去の時、長男の代りに園の家に行き、寡婦にも其時始めて面会せり。精しきことは勿論分らされとも、確かりしたる人なる様なり。非常に如才なく御世辞を云ふ様の人には非さる様なり。予の見る処にては、先つ候補者として宜しからんと思ふと云ふ。酒巻夫れ以上精しく取調ふる工夫はなきやと云ふ。予差向き工夫なしと云ふ。

有馬泰明電話にて往訪せんと欲する旨を告く

○午後七時後有馬泰明より電話にて、明日往訪せんと欲す。差支なきやと云ふ。予午前九時まてならは差支なしと云ふ。

隆電話にて朗子の全快道子の発熱を告く　内子の病状を問ふ

○午後九時後隆より電話にて、先刻電話せんとしたるも、呼出すこと出来すと云ひたる為延引せり（交換手か予の家の電話を呼ひて応せすと云ひたる由）。朗子は最早回復せり。道子は昨日乳の痛あり。三十八度五分の熱を出し、其の為なるか一時出血あり（産後の出血ならん）たるも、是も最早回復せり。多分一時のことならんと云ふ。予、乃母は既に全快せり（是は隆の問に対して答へたるなり）。

隆に贈りたる葉書未た達せす

本月十一日の日曜には、多分逸雄の出生祝に対する返礼の品を持ちて、乃母か其地に行くこと出来るならん。此方より葉書を出し置たりと云ふ。隆葉書は未た達せすと云ふ。

〔欄外に付記〕

三月八日補遺　小原駩吉皇族邸にて無免許の者をして自動車を運転せしめたることに付談す

三月八日補遺

午後一時後小原駩吉か審査局に来りたるとき、小原より、皇族邸にて無免許の者をして自動車を運転せしめたる事少なからさる旨一昨日大谷正男より話し居りたるか、取調へ出来たるへきやと云ふ。予、一昨日河村善益より関屋貞三郎へ告けたる模様を告く。小原、田村（捨吉）はよく出来るとのことなりしなり。免状を持ち居らさるやと云ひ居りたり。

三月九日

○三月九日金曜。朝微雨後曇。

有馬泰明来り、追加予算に捺印を請ひ有馬家決算会の期日を謀る

○午前八時四十分頃有馬泰明来り、静子（頼寧の長女十八歳なりと云ふ）の紋服及帯を作る為、追加予算五百円の議案に捺印を請ふ。有馬、本月二十五日決算会を開く予定なり。差支なかるへきやと云ふ。予大概差支なからんと云ふ。

○午前九時四十分頃より出勤す。

日記の追記

○午前午後、此の日記三十三葉表第十四行目（午後七時云々）以下、三十八葉表第七行目（差支なからんと云ふ）まて、此日記十九葉裏欄外見出し（高義敬来り云々）の項より三十葉表欄外見出（田村捨吉云々）の項までを記し、且諮問第四号第二十九回小委員会の筆記を作る。

自動車を借りる

○午後二時頃西野英男に嘱し、明日午前十一時四十分より王世子邸に行くに付、自動車を借りることを謀らしむ。西野、主馬寮にて自動車のことを承諾したることを報す。

内子三越呉服店に行く

○午後、内子三越呉服店に行き物を買ふ。

枢密院事務所より有松英義の娘の死を報す

○午後枢密院事務所より電話にて、有マの娘死去したることを通知し来りたる由。此時予も内子も在らす。婢か電話を聞きたる為詳かならさるも、有マは有松の誤にて、有松英義の娘〔静子〕か死去したることならん。

金井四郎、東久邇宮邸の決算書を送る

○午後、金井四郎使をして東久邇宮邸大正十一年度の決算書を致さしむ。此時、予も内子も家に在らす。

河窪敬直来り、有馬正頼嫡母転地延期のことを謀る

○午後四時頃河窪敬直電話にて、往訪せんと欲する旨を告く。河窪は此時新宿に在りと云ふ。予差支なき旨を答へしむ。二十分間許の後河窪来る。有馬正頼の嫡母英子〔有馬頼多の後妻、侯爵菊亭公長妹〕は昨年末より小田原に転地し居るか、近来は大分快きに付、本人より今暫く転地を継続することを望み、仁田原重行、有馬秀雄に謀りたる処、二人とも已むを得すと云ひ、此ことは君（予）にも謀るへき旨を告けたる故、之を謀ると云ふ。予已むを得さる旨を答ふ。河窪、正頼の家の昨大正十一年中の収入決算表の草案を示し、いつれ近日中浄写の上送致すへき旨を告く。話すること十四、五分間許にして去る。

枢密院宿直に電話して有松英義の娘の死去のことを問ふ

○午後七時後、内子をして枢密院事務所の宿直に電話し、先刻の電話は取次不分りなりしか、有松（英義）の娘か死去したることなりや。娘の年齢は幾許にして、葬儀等は如何なることなるやを問はしむ。宿直者、有松の家より単に娘の死去のことのみを報し来りたるのみにて、委細は分らす。年齢は十二、三歳ならんと云ひたる趣なり。

三月一〇日

○三月十日土曜。曇後晴。

内子鎌倉に行く

○午前七時四十分頃より内子鎌倉の隆の家に行く。

髭を剃り顎部を傷く

○午前八時頃自ら髭を剃る。少く左の顎部を傷く。

○午前九時三十五分頃より出勤す。

東宮殿下御結婚準備委員会

○午前十時三十分より参事官室に行き、東宮殿下御結婚準備委員会に列す。内匠頭（小原駩吉）先つ霞関離宮即ち東宮仮御所模様替の計画を説明す。次て用度課長（杉琢磨）御結婚に関する御道具御服等のことを説明す。

王世子邸午餐会

時に午前十一時三十七、八分となりたるを以て、予は王世子邸の午餐に赴く約あり。中途退席し、直に自動車に乗り世子邸に赴く。時に十一時五十八分なり。

上林敬次郎遅く来る

然れとも、今日特に招かれたる上林敬次郎は未た来り居らす。午後零時五、六分頃に至り、上林始めて来る。直に食堂に入る。列する者世子、予、上林、高羲敬、近藤左右一、金応善、小山善、厳柱日なり。食後庭上に歩し、道に李晋氏の祠前に到る。

松永純一のことを談す

予食堂にて松永純一のことを談す。世子面白き談なりと云ふ。食後談話室にて少しく其談を敷衍す。一時後、上林将に去らんとす。世子より上林に品物料を贈る。

昌徳宮を警衛する矢野某来る

又昌徳宮の警衛を掌り居る朝鮮総督府警視矢野某〔助蔵、昌徳宮警察署長〕来る。上林乃ち又暫話す。一時二十分頃に至り、上林、近藤、矢野等辞し去る。

有松英義三女の死を弔す

予亦以て辞し、自動車に乗り有松英義の家に到り、名刺を投して、其第三女静子の死を弔し、明日の告別式には差支あり、来り会し難き旨を告く。静子は十四歳にて、昨年七月頃より病に罹り居りたりと云ふ。

小山善、世子妃の経閉を報す

世子邸の庭上にて、小山より他に人なきを覘ひ、世子妃は一月十三日に経水ありたるのみにて、今日まて経水なし。外診にては未た手に触るるものなく、且つ往々二ヶ月位滞ることある故、未た診断出来されとも、何となく悪咀の兆もある様なる故、或は妊娠には非さるかと思ひ居る所なり。然し余り早く喜はしむると、間違ひたるとき落胆せらるるに付、未た夫れとは云ひ居らすとの談を為したり。

高羲敬より聞き居りたることなり

此ことは高羲敬より度々予に語り、今日も右の如き兆ある故、妃は明日の梨本宮の晩餐にも赴かれさることゝなり居れりとの談を為し居りたるも、予は小山の談を聞くに止め、単に事実なることを望むと云ひ置きたり。

高羲敬、世子妃の経閉を予に告け置たることを報す

上林等か去りたる後、高より世子に対し、妃殿下のことは他には誰にも告けされとも、顧問（予）は常に妊娠を待ち、幾度も兆候なきやとの問を為し居るに付、顧問丈けには概略告け置きたりとのことを談し、世子は未た確かならすと云ふ。予、乳首に兆候を現はす様になれは確かなるも、今日にては未た確かならすと云ふ。家に帰りたるは午後二時四十分頃なり。自動車の運転手には午後一時に世子邸に迎へ来るへき旨を約し置き、予か世子邸を出てたるは一時三十分頃なりしを以て運転手を待たしめたるなり。

手巾を持ち行くことを忘る

此日手巾を持ち行くことを忘れ、涕の出たる為困り、紙を以て之を拭ひたり。

牧野伸顕、入江貫一をして参事官の事務を執らしむることを承知す　平田東助も同上のことを諾す

○東宮殿下御結婚準備委員会場より退席せんとするとき、関屋貞三郎に対し葉山に行きたるやを問ふ。関屋、行きたり。入江貫一をして参事官の事務を取扱はしむることは、大臣（牧野伸顕）の同意を得、平田（東助）にも談〔し〕て其諒解を得たり。依て自分（関屋）より入江に談することにすへしと云ふ。予、東久邇宮殿下延期願の件は如何なりたりやと云ふ。関屋、此事に付ては松平慶民に電信を発して、同人の見込を問ふへしとのことならんと云ふ。予然らは明後日協議することにすへしと云ふ。関屋夫れにて宜しと云ふ。

小原駩吉書を贈り、南部光臣を罷むることは牧野伸顕の意に非さることを報す

○午後三時頃宮内省の使来りて、小原駩吉の書を致す。其書は小原か白根（松介）より聞きたる所にては、南部光臣をして辞職せしむることは決して大臣（牧野伸顕）の意に非す。大臣は南部をして退かしむることに決したる以上は已むを得さることなるか、出来る限り優遇すへき旨を申聞けたる趣なり。明後日面会の上協議し度処、明晩より京都地方に旅行する予定にて面会し難し。何とか善後策を講し呉度旨を申越したるものなり。

小原駩吉に対する返書

予も非常に意外のことに思ひ、左の趣旨の（貴翰拝見実に意外千万の事なり。御申越の如き事情ならは何とか善後策を講し度し。白根より聞きたりと申しては白根か困るへく、大臣の真意を聞き出す工夫なかるへき哉。若し其御工夫あらば明日御出発までに電話にて宜しく候間、御通知被下度。小生は欺かれたりとは申しなから罪深き事に相考へ候。不取敢御答旁得貴意度如此御座候。敬具）の返書を作り、自ら使に面して、小原は最早退省したるへきに付、之を私宅に届け呉よと云ふ。使の者、他の用務あり、他所に行かさるへからす。宮内省に返るは午後五時後とならん。若し内匠頭か尚ほ宮内省に在るならは、是より直に宮内省に返りて此返書を交すへしと云ふ。

小原駩吉の家に電話す　宮内省に電話す

予、小原の家に電話して、小原か家に在るや否を問ふ。家人未た帰らすと云ふ。予、帰りたらは予が家に電話する様伝へ呉よと云ひ、直に宮内省に電話して之を問ふ。宮内省よりは既に小原か退出したる旨を答ふ。予乃ち使の者に、小原は宮内省にも自宅にも在らさる故、遅くなりても差支なし。他の用務を終りたる後、書状を小原の家に届け呉よと云ふ。使の者諾して去る。

白根松介の家に電話す　電話容易に通せす　白根松介在らす

小原の家に電話したるとき、家人か小原は今日は他家に行くことゝなり居る旨を告けたり。小原と電話することを得さりしに付、白根松介に電話せんとす。白根の電話は九段六一六なり。幾度之を呼ひても、交換手か九百二十六番か九百三十六番と云ふ如き所に接続し、数回の後、始めて白根の家に続きたり。然るに白根も家に在らすと云ふ。予、白根は何日に葉山より帰りたりやと云ふ。家人昨夜帰りたりと云ふ。終に小原にも白根にも、電話することを得さりしなり。

金井四郎電話す　東久邇宮邸の決算書のこと

○午後四時頃金井四郎より電話し、昨日東久邇宮邸の大正十一年度の決算書を送り置きたり。受領したりやと云ふ。予受領したりと云ふ。

東久邇宮妃殿下の天機伺

金井、妃殿下は今日大磯に行かるる予定なりしも、昨日は横浜に仏国軍艦の見物に行かれ、明後十二日は葉山に行き天機を奉伺して帰京せられ、本月十七日まては東京に在り。其後大磯に行くことに変更せられたりと云ふ。予、承知の旨を答へ、一たひ電話を截り又直に東久邇宮邸に電話す。

東久邇宮殿下滞仏延期のこと

邸人、金井は既に退出したりと云ふ。乃ち金井の家に電話し、只今話すことを忘れたり。稔彦王殿下滞仏延期御願のことに付ては矢張り松平（慶民）に電信を発する方宜しとのことなり。其ことに付協議し度し。明後日宮内省に来り呉よと云ふ。

金井四郎か宮内省に来ることを約す

金井、明後日は妃殿下に従て葉山に行くことゝなり居るか、十三日にては遅きやと云ふ。予実は先刻金井か妃殿下か葉山に行かるると云ひたることを忘れ、十七日まては東京に在らるるに非すやと云ふ。金井、否。明後日は天機奉伺の為葉山に行かるることゝなり居れりと云ふ。予然らは十三日にて宜しと云ふ。

田村捨吉をして自動車を運転せしめさる様に注意す　田村捨吉か自動車にて通行人の衣を汚かしたる事実

予又田村（捨吉）か自動車を運転し居り、昨年末か今年初に何か過失ありたるに非すやと云ふ。金井、人を倒したることあるも、実は田村の過失には非す。電車か自動車に衝当り、其の為め通行人を倒したるも、軽き傷も出来す、衣類を汚かしたる丈けなりしなり。然し、衣類を汚かしたることに付ては相当の手当を為し、何事もなく済みたりと云ふ。

田村捨吉は運転手の免状を受くる積り

予、田村は免状なきに非すやと云ふ。金井、近日中試験を受くることゝなり居れり。田村は運転は巧みなる故、合格するならんと思ふと云ふ。予、免状を受くるまては、兎も角運転せしむることを止め、必要あるときは宮内省の技手を雇ふ方宜しからんと云ふ。金井其通りにすへしと云ふ。

小原駩吉電話す

○午後十時頃小原駩吉電話す。婢静、予は既に寝たるを告く。小原明朝更に電話すへしと云ひたる由も、予より電話す。

牧野伸顕は南部光臣を罷むる意なし

小原、只今君（予）の返書を観居る所なり。実は今日白根（松介）より自分に対し、南部（光臣）のことは君（小原）も聞き居るならん。大臣（牧野伸顕）は非常に気の毒に思はれ居る故、大臣より辞職を促かされたる様のことは断してなしとの談を為し、自分（小原）は余り意外の事に思ひ、早速君（予）に告けんと思ひたるも、君（予）は多分家に居られさるへく、自分（小原）は大森（鍾一のことならんか）の子〔大森佳一ヵ、岩手県内務部長〕洋行するに付、晩餐を共にせんと云ふに付其方に行かさるへからす。依て取り敢へす書状を贈りたる訳なりと云ふ。予、実に意外のことなり。善後策に付ては何とか考へ呉よと云ふ。

小原駩吉、白根松介に面会したる上様子を報することを約す

小原、明朝今一度白根に面会したる上にて、更に様子を報することにすへし。今日も尚ほ進んて白根の談を聞かんと思ひ居りたる所に関屋（貞三郎）か来りたる故、談を止めたるなりと云ふ。

内子鎌倉より帰る　広津直人漢文大成を返す

○午後五時後、内子鎌倉より帰る。予が広津直人に貸置たる漢文大成第十三巻一冊を持ち返る。

三月一一日

○三月十一日日曜。曇微雨夜大雨。

書を鈞、強五郎、啓二郎に贈る

○午前書を鈞、強五郎、啓二郎に贈る。

小原駩吉来る　小原駩吉、南部光臣のことに付白根松介と談したる状を説く

○午後三時頃小原駩吉来る。小原、昨日は白根（松介）は自分（小原）よりの問を待たすして、南部（光臣）のことを話し出したり。

関屋貞三郎は入江貫一をして参事官の事務を執らしむる名義を附くる丈けにて南部光臣を免官せんとす

今朝自分（小原）か白根を訪ひたる処、白根は実は至急に君（小原）に〔も〕倉富にも逢ふへきこと出来せり。夫れは次官（関屋貞三郎）、自分（白根）に対し電話にて、自分（白根）より入江（貫一）に対し、参事官の事務を執ることを相談し、入江は只今議会中にて多用なるへきに付、入江に対し実際は事務を執るに及はす、只名義丈けを承知する様に申し向け、然る後明日附を以て南部（光臣）の免官の辞令を発表せよとのことなりしか、是は如何にも笑しきことにて、南部（光臣）に対して不都合なるのみならす、入江（貫一）も右の如く人を馬鹿にしたる様の相談にては承諾せさるへく、

関屋貞三郎前言を取消す

自分（白根）より、入江に対し右の相談を為すことは困ると思

ひ、大谷（正男）の意見を問ひたる処、大谷も自分（白根）と同意見にて、夫れは宜しからすと云ひ、非常に困り居りたる処、幸ひ次官（関屋）より入江に交渉することは自分（関屋）自ら之を為すへく、南部の免官の発表は自分（関屋）か入江に交渉したる後にする故、両三日延はし置くへき旨電話にて申し来り、

関屋貞三郎が南部光臣を免することに付牧野伸顕か承諾せさる故困ると云ひたること

至急に君（小原）幷に倉富君に面会する必要はなくなりたる所なりとの話を為し、白根は、初め次官（関屋）は南部の免官は大臣（牧野伸顕）か承知せさる故困ると云ひたることあり。

牧野伸顕は南部光臣の免官を迫まる理なし

又此ことか決したる後も、大臣は頻りに気の毒なりと云ひ、出来得る限りの優遇を為すへき旨を告けたる等より考ふれは、大臣の方より辞職を思ひ立ち、殊に之を促す様のことは断してなきことなるへしとの談を為せりと云ふ。

南部光臣辞職のことに付ては何事も行き違ひたり　関屋貞三郎か南部光臣に対しては大臣か辞職を望むと云ふて宜しと云ひたること

予、此ことに付ては不思議に事々行違を生し、終に回復すへからさる結果を生し、実に遺憾なり。初め関屋より辞職勧〔告〕のことを予に談したるとき、予は横田国臣か死したることに付多少用事あるを以て、直には南部の家に行き難しと云ひたる処、関屋は大臣（牧野伸顕）よりは催促し居れとも、君（予）に勧告を依頼し置きたりと云へは夫れにて宜しき故、二、三日を争ふことはなしと云ひ、両三日の後、愈々南部の家に往かんと思ひ関屋を訪ひ、今日南部の家に往く積りなるか、宮内大臣か御用差支あるに付、南部の辞職を望むと云ふて宜しきやと云ひたるに、関屋は夫れにて宜しと云へり。

予の記憶違　関屋貞三郎か大臣か南部免官を望むと云ひたるは確かなり　南部光臣の辞職のことに関する日記

（此ことは二月二十四日のことにて、愈々南部の家に行くことゝなりたるときに、関屋と談したる様小原に話したるは記憶違ひなり。但し二月二十四日の日記には、予か関屋に対し大臣の意と云ふて宜しきやと云ふて確かめたることは記載なきも、此ことは確かに予より関屋に確かめたり。南部に対する勧告のことに付、予と関屋との談話は二月二十四日と同月二十八日との日記を参看すへし）。

南部光臣に辞職を勧告することに付白根松介に談したること　南部光臣の欠勤日数を調査せしむ

予は愈々南部の家に行かんとするとき、白根（松介）に対し、南部に辞職を勧告することは秘書課長たる君（白根）の職務に非すや。然るに、予をして勧告せしむるは不都合なりと云ひたるに、白根は次官（関屋）は書状にて勧告せんと云ひたるも、夫れは余り不穏当なりと思ひ、自分（白根）より之を留めたりと云ひ、予は南部に勧告する参考として白根に南部の欠勤日数を問ひたるに、白根は自分（白根）には分らすとて渡部信の処に行き、之を取調へて予に其調書を渡したり。

白根松介か少しも大臣の考を告けさりしは遺憾なり

此時少しても、白根より大臣（牧野）の意向を予に告け呉る

れは、予も何とか考ふることありたるへきも、白根より少しも其話なかりしは遺憾なりと云ふ。

白根松介の談を聞くことを望む

小原、今朝自分（小原）より白根に対し、同人（白根）か聞き居ることを君（予）に告くへき様に話し置けり。明日は白根より君（予）に話すへきも、若し話さゝるならは白根を召ひて之を聞き呉よと云ふ。

小原駩吉京都に行く　小原駩吉青山御所に行き、庭球戯を為す

小原は今夕より京都に行き、御陵の工事を視、殊に橿原陵の整理も内匠寮にてなすことゝなりたる故、其方にも行く積りにて、本月十六日には帰る予定なり。今日は澄宮殿下か式部職員と内匠寮員との庭球競争を御覧なさるる趣に付、是より青山御所に行き見る積りなりと云へり。

皇族に還御と云ふは不当なり（幕末ノ宮廷）には還御の語は臣下に用ゐたりと記し居れり

小原より、宮附職員抔か皇族の邸に帰らるることを還御抔と云ふは不都合なりとの談を為し、予より、此ことは予は先年来其不都合を咎め、幾度も注意したることあれとも、今に止ます。然るに、実は昨日図書寮より送り来りたる（幕末ノ宮廷）と題する印刷物を見て驚きたることなり。其記載に依れは、還御と云ふ語は皇族のみならす、摂政関白等にも用ゐたる様なりと云ふ。小原、以前は然りしならんも、今日は不都合なりと云ふ。

大谷正男か即時に天機奉伺のことを予に通知せさりしこと

小原又先日大谷（正男）に対し、君（予）を天機奉伺として葉山に行かしめ、牧野（伸顕）に面会する機会を得せしむへきことを談したるとき、自分（小原）と同時に大谷の室を出て直に君（予）の室に行く様に云ひたる故、自分（小原）は直に行きたることとのみ思ひ居りたるに、翌日君（予）の室に行きたるは実に意外なりと云へり。是は南部のことか総て行き違ひたり。大谷より前日に葉山行の話を聞きたらは、予か葉山に行き牧野に面会したるへきも、翌日の午後三時後に大谷より話を聞き、其時は其朝既に関屋（貞三郎）と談し、関屋か葉山に行き、牧野に相談することゝ約し置きたる後なりしを以て予は葉山に行く機会を失し、牧野の真意を聞くことを得さりしと云ふ談を為したる故、小原より大谷のことを談したるなり。

西園寺八郎、菊池巳之吉の処分を論す

小原又西園寺（八郎）は天城御猟場の監守長菊池巳之吉か過失致死事件に付、宮内省の考査委員会にて懲戒免官の意見あることを聞き、若し右の如き処分を為すならは、自分（西園寺）は職に居り難し。処分の決定を待ちて考ふると云ひ居れりとの談を為せり。

予宮内官任用資格初任の制限有害あることを説く

予小原に対し、君（小原）は宮内官の任用資格を制限する論者にて、此ことに付ては予と意見を異にし居るか、予は一昨年の任用令改正にて幾分目的を達したるも、此位にては不可なり。宮内省にては人の耳目を新にする為には一時任用令初任の制限等を止め、新に有為の人を採用し、現在の無能者は之を淘汰する必要あり。現在の職員中、少しは有資格者にて伎能ある人もあれとも、西園寺（八郎）と云ひ、松平（慶民）と云ひ、いつれも無資格者なり。広く求めたらは、無資格者にて伎能ある人あらんと思ふと云ふ。小原、自分（小原）も必すしも絶対に君（予）の意見に反対する訳に非すと云ふ。

関屋貞三郎、西園寺八郎をして宗秩寮の事務を執らしむることを拒む　西園寺八郎、関屋貞三郎か拒みたる事実を語らす

予、予は西園寺をして宗秩寮副総裁とならしめたらは宜しからんと思ふ。次官（関屋貞三郎）か皇族に対する任に当る積りなるも、次官にては不可なりと思ふと云ふ。

小原、次官にては不可なり。西園寺は先年同人を宗秩寮に入れんとしたるとき、初めは西園寺か拒みたるも、其後本人は承諾せり。然るに其時は次官か之を入るることに反対したるなりと云ふ。予、予は西園寺か好まさりし様に聞き居れりと云ふ。小原、後は然らさりしなり。然し此ことは君（予）には告けさりしと西園寺か云ひ居りたりと云ふ。

加藤内蔵助の性行伎能

予、予は初め加藤（内蔵助）を知らす。大膳寮にて同人に嘱託の名義を附けたるとき、寮頭か嘱託することは不都合なりと云ひたることありしか、其後本人に接したるに、相当伎能ある人の様なりと云ふ。

上野季三郎にては加藤内蔵助を使ふこと能はす

小原、加藤の欠点は自己を宣伝することか主になることなり。此ことさへ注意すれは一と通りのことは出来る人にて、大膳頭（上野季三郎）抔には使ふこと出来さる人なりとの談を為せり。小原か話したるは二十分間許なり。

梨本宮邸の晩餐

〇午後五時二十分より梨本宮邸に行く。今日王殿下（守正王）の誕辰なるを以て晩餐を催ふされたるなり。王殿下、妃殿下、王世子の外、故鍋島直大（梨本宮妃伊都子の父、侯爵）寡婦栄子〔広橋胤保の娘〕、鍋島直映〔旧佐賀藩主鍋島家当主、貴族院議員・無所属団、侯爵、直大長男〕、高羲敬、金応善、小山善、厳柱日、桜井某（王世子妃御用取扱）、三雲敬一郎、沢田某（梨本宮妃御用取扱）、中嶋虎吉〔陸軍歩兵大佐〕（梨本宮附武官）列席せり。

三雲敬一郎と南部光臣のことを談す

食卓に就く前、予三雲に対し、南部（光臣）は参事官を罷めたる後も、梨本宮の宮務監督は勤務することの御承諾ある由、好都合なりと云ふ。

守正王殿下、南部光臣か宮務監督することを諾せらる

三雲、王殿下より御承諾の旨を承はり、御礼を申上け置けり。宮務監督は自分（三雲）を監督する職務なる故、自分（三雲）としても、南部か引籠り居りても御用には差支なしとは言上し難きも、当宮は無事なる所にて、格別宮務監督の用事もなく、殿下より何か事ありたるときは、宗秩寮に行きて相談したらは宜しからんとの御談あり。自分（三雲）は難有ことに思ひ居ると云ふ。此時食卓に就くへき案内あり。談を止めて食堂に入る。

守正王殿下鴨猟の談

食卓にては予は王殿下の左に在り。殿下より昨日越ヶ谷御猟場にて、外交団の為鴨猟を催ふされ、王及妃両殿下も御猟場に行かれたることの談ありたり。鴨は五十羽許より獲さりし趣なり。

三雲敬一郎と復た南部光臣のことを談す

食後三雲より、南部（光臣）を宮務監督と為し置くことは期限附きの様なりしも、格別の御趣意はなき様なりと云ふ。予、予は期限附のことは聞き居るも、如何なることとなるやと云ふ。三雲、最初自分（三雲）より殿下に言上したるとき、格別の用事もなきに付、一、二ヶ月様子を見たらは宜しからんと云はれ、其語気か当分の様に聞へたるも、其後更に自分（三雲）より伺ひたる処にては、右の如き語もなく、必しも期限附とも思はれす。此儘経過したらは宜しからんと思ふと云ふ。予、此方より今後は特に伺ふには及ひ申すましく、何か御談あるまては其儘にて宜しからんと云ふ。

禿頭の評

高羲敬、小山善、三雲敬一郎、厳柱日の頭の禿部の多少に付沢田某が批評を為し、一時に哄笑せり。世子の帰りたる後予等も辞し去り。

雨ふる

九時頃家に達す。既に雨降り居りたり。

牧野伸顕の病状

○小原駩吉来り談したるとき小原より、牧野は先日松方正作〔松方正義二男、外務省勤務〕の招にて、雉卵を食したる為めとか云ふことなるか、又嘔吐を催ふしたりとのことなり。西園寺八郎とも談したることなるか、万一牧野か執務出来さる様のことにてもなれは非常に困る訳なり。白根（松介）は、牧野をして二木某の外の医師をして診察せしむることに付苦心し居り。侍医の某は横浜病院長の某と同期の卒業生なる故、病院長をして牧野に説かしめ、侍医某をして診察せしめんとの考を有し居れりとの談をなせり。

三月一二日

○三月十二日月曜。雨。

○午前九時四十分頃より出勤す。

白根松介審査局に来り、南部光臣の免官を延はしたることを報す　関屋貞三郎か入江貫一に説き参事官の事務を執らしむるまで南部光臣の免官を延はしたることを報す

○午前十一時頃白根（松介）審査局に来り、昨日小原（駩吉）か来訪して、南部（光臣）のことを談したりとて昨日小原より予に告けたる如く、関屋（貞三郎）より入江（貫一）に参事官の事務を執ることを交渉して、今日南部の免官の辞令を発すへしと云ひ、其後に至り之を取消したることを述へ、此ことは次官（関屋）より貴官（予）丈けには通知し置くへき旨を告けたる故、之を通知す。

関屋貞三郎沼津に行く

次官は今日は沼津に行き、今夜は同処に宿し、明日帰京する予定なり。

牧野伸顕は非常に南部光臣に同情す

大臣（牧野伸顕）は南部に対し非常に同情を有し居れり。結局は次官の意見に依り南部を免官することに同意したるも、決して大臣より促したる様のことあるへしとは思はれすと云ふ。

南部光臣帝室制度審議会委員のこと

予、大臣に右の如き厚意あらは、帝室制度審議会委員と東宮殿下御結婚準備委員とは継続することに致し度きものなり。制度審議会委員は之を免することに決し居るやと云ふ。白根、既に御裁可済になり居れりと云ふ。予此ことに付ては、予より先日関屋に対し、伊東総裁（巳代治）に交渉すへきことを談し置きたるか、既に交渉したるへきやと云ふ。白根勿論交渉済ならんと云ふ。

南部光臣、東宮殿下御結婚準備委員のこと

予御結婚準備委員の方は如何と云ふ。白根、是は本官を免せらるると同時に当然消滅する訳なれとも、初より辞令も出しあらす。口頭にて引続き事務を執るへきことを命せらるれは、夫れにて宜しからんと云ふ。

東宮殿下御結婚準備委員任命の形式

予準備委員には辞令はありたる様なりと云ふ。白根なしと云ふ。予、御婚約の成立するまては、秘書課の帳簿に委員の氏名を記載しあるのみなりしも、御婚約の成立したるときに辞令を受けたる様なり。予の履歴を取調へ見んとて、履歴書を取りに行かんとしたる処、白根、成る程最初の人には辞令を出しあり。其後に至り辞令を出すは笑しとの説あり。現に皇后宮職の西邑清〔皇后宮職事務官、会計課長〕か委員と為りたるときには辞令を出しあらすと云ふ。予、南部の分は参事官として委員を命せられ居れり。免官と同時に消滅する訳なるも、此の委員丈は継続する様に取計ふことは出来さるやと云ふ。白根夫れは出来さることはなかるへしと云ふ。

○今日は万年筆を携ふることを忘れたるに付、此の日記の毛筆にて書きたる分は今日書きたるものにて、其他は翌日書きたるものなり。

白根松介審査局に来り、予か天機奉伺のことを談す

○午後三時後白根（松介）審査局に来り、小原（駩吉）より書状を以て、貴官（予）か天機伺として葉山に行く様取計ふては如何と申し来れり。天機伺は既に主馬頭（伊藤博邦）か総代として行きたれとも、貴官に御用あらは行かれさる訳には非すと云ふ。予、先日大谷（正男）より本年一月に総代として天機伺に行きたる人はあれとも、最早三月にもなり居る故、天機伺として行きても差支はなしと云ひ居りたり。然し、其時は南部（光臣）のことも東久邇宮殿下のことも、次官（関屋）か葉山に行きて大臣（牧野伸顕）に交渉することに約束したる後なりしを以て、予は強ひて行く必要なかりしなりと云ふ。白根成る程左様に云へは、天機伺としても行かれさることはなからん。大臣に用事ありとて行き〔て〕も、いつれにても差支なきことなりと云ふ。

南部光臣に辞職を勧告するに宮内大臣の意と云ひたるに大臣の真意に非さりしは遺憾なり

予、予は南部の養父に対し、大臣か事務上差支あるに付辞表を出すことを望む旨を述へ置きたり。辞職を勧告するには、此く云ふより外に云ひ様はなきことなるか、大臣の真意か其通りに非さりしとすれは、予は内心甚た快からす。然し、南部に対し先日予より談したることは間違ひにて、事実は大臣は辞職を望み居らすと云へは、大臣と次官との間に不都合なる結果を生すること故、此く明了に云ふ訳には行かす。全体南部の免官の御裁可を請ふ前に、大臣は其事を承諾し居りたりや。又は次官限りにて御裁可を請ひ、然る後大臣に告けたる事実なりや。予は此点に付疑ひあり。若し大臣か知らさる中に次官か御裁可を請ひたりとすれは、実は言語同断なり。又予め大臣の決裁を求めたるならは、大臣か夫れ程南部に同情し居りたらは、何故に次官の意見に反対せさりしなるへきや。又次官は何と云ふて、大臣に承知せしめたるや。矢張り事務の差支ありと云ひたるへきやと云ふ。白根、大臣か御裁可を請ふ前に承諾したることは間違なし。現に自分（白根）か大臣の決裁を取りたり。次官か大臣に説きたる理由は勿論事務の差支と云ふことならんと云ふ。

小原駩吉の書状と事実　小原駩吉の誤解

予、然るに小原（駩吉）より予に贈りたる書状には、（既に退職ト決シタルナラハ致方ナシ。出来ル丈優遇スルコトニスヘシ）との旨を記載し居り。此書面に依れは、大臣は決定したる後に知りたる様に見ゆる故、予は疑ひ居る所なりと云ふて小原の書状を白根に示す。白根、是は大なる間違なり。小原か自分（白根）の言を誤解したるならん。決して此の如き事実に非す。此の如きことにては大変なりと云ふ。

免官の御裁可あり居れは致方なからん

予、既に御裁可も済みたることなれは、今更之を止むることは出来さるへく、元来南部の処分に付ては公平に考ふれは、免官と為りても予も致方なきことゝ思ふも、大臣の真意に非らさりしことは遺憾なりと云ふ。

入江貫一の任官と南部光臣の免官との関係

白根、貴官の趣意は入江（貫一）か任官前にても、南部を免官しても差支なき積りなりやと云ふ。予、入江は急には宮内官とは為り難しとのことなりし故公然任官せさるも、宮内省御用掛と為り居る故、其資格にて参事官の事務を執ることも出来くへく、左すれは必しも入江の任官を待たさるも、宜しからんとは思ひたり。

入江貫一に形式のみの嘱託を為すことは不可なり

然し関屋の話の如く、形式丈け入江に話し、入江は何も用事を為さすして宜しと云ふ様なる考には決して之なく、若し入江か事務を執らすして宜しと云ふならは、今日の儘南部か引籠り居りても事務の差支はなき筈なりと云ふ。

南部光臣の免官と入江貫一の任官とを同時にすること

白根、尤ものことなり。最早議会の閉会も間もなきことにて、入江か宮内官と為りて宜しきことゝなるへきに付、寧ろ入江の任官のときまて南部の免官を延はし、同時に発表することゝしたらは宜しからんと思ふか、如何と云ふ。

予、夫れは最も宜し。今より二週間足らすして議会も済むに付、其上にて免官を発表することゝなれは最も都合宜し。予より関屋に其旨を談すへきに付、君（白根）よりも之を主張し呉よと云ふ。

東久邇宮殿下滞欧期限のことに付大臣に面談する必要あり

予又南部のことを主用として葉山に行き、大臣に面会することは次官との関係にて穏当ならさる様なるか、実は東久邇宮の滞欧期限のことに関し困り居る所にて、先日次官より此ことに付大臣に相談し、其結果は一昨日関屋より松平（慶民）に電信を発せよとのことなりし丈けは聞きたれとも、松平より殿下不承知の返電来りたるとき、如何処置すへきや。其点まて確かめ置かされは、迂闊に電信を発し難しと思ひ居る所なり。依て一応関屋と打合せ見たる上、其点に関し明了ならさる所あらは、予か葉山に行き、大臣に協議する必要あらんと思ふと云ふ。白根、次官は今日は沼津に行き、今夜は一泊し、明日帰京する筈なりと云ふ。予、南部の免官の発表か延ひ居る以上は、何も今日に限ることに非すと云ふ。

牧野伸顕三月十四日に一寸帰京す

白根、大臣は明後日（十四日）には一寸帰京することゝなり居れとも、官邸にて或る人に面談し、面談を終りたる上又直に葉山に返る予定なりと云ふ。

南部光臣の免官と入江貫一の任官とを同時にすることを相談すへし

予夫れ程匆卒の際には十分協議し難からんと云ふ。白根、いつれ次官に南部の免官と入江の任官と同時に発表することを相談し見ることにすへしと云ふて去る。

南部光臣に対する恩賜の程度

○午前十一時頃白根（松介）来り、南部（光臣）のことを談し将に終らんとするとき、予、南部に対する優遇は如何なる詮議なるや。勲章の陞叙は出来さるやと云ふ。白根、勲等は昨年末二等になりたる所にて、何とも致方なし。只今の処にては、一昨年の退官手当の振合に依れは八千円位の処なるを、一万二千円を大奥より賜はり、其外に御紋章附手箱を賜はる積りなり。大臣は一万二千円にても、尚ほ幾分不満足の様なる口気なりしなりと云ふ。

白根松介、宮内大臣の厚意南部光臣に通せさるを憾む　予は一層の遺憾あり

又白根か午後に来りたるとき、宮内大臣か彼れ程迫に南部に同情し居らるるに、南部には大臣か辞職を迫まらるる様に聞へ居るは、如何にも不本意なり。故に今日直に之を告くる訳には行かされとも、相当の時期を経過したる後は、大臣の厚意丈は本人に通する様に致し度ことゝ思ひ居り。此趣意は鹿児島虎雄にも話したることなりと云ふ。予、君（白根）か不本意と思ふよりも、予は尚ほ不本意に思へとも、今之を本人に説明することを得さるは遺憾なり。

白根松介に日記を示す

関屋より予に談したる趣意は大略記録し置たるか、此通りなりとて二月二十四日及同月二十八日の日記を示す。其日記には大臣か南部の処分を迫まることを記しあり。

白根松介日記の如き事実と思はす

白根は之を見て、此くの如き事実ありたりとは信せられす。自分（白根）は記録は致し居らさるも、次官より南部処分を為さんと欲するも、大臣か承知せられさる故困ると云ふことは確かに聞きたることありと云ふ。

同郷懇話会

○午後五時に同郷懇話会（東京会館）に赴かさるへからさるに付審査局員を返したるも、西野英男と給仕二人のみは残り居りたり。予は四時四十分頃より東京会館に赴く。会する者野田卯太郎〔衆議院議員・政友会、前逓信大臣〕、仁田原重行、後藤武夫〔帝国興信所創立者、雑誌『日本魂』創刊者、久留米市会議員〕、松浦寛威〔陸軍中将、元第九師団長〕、岩崎初太郎〔予備役陸軍少将〕、有馬泰明、佐々木茂〔佐々木正蔵〈元衆議院議員・憲政会〉二男〕、志岐豊〔陸軍少佐、教育総監部副官〕、林繁夫〔文学者、福岡県人会創立者〕、俣野義郎〔元南満洲鉄道株式会社理事〕、隈本有尚〔元朝鮮総督府京城中学校長〕、隈本繁吉〔元台北師範学校長兼台湾総督府学務部長〕、米田実〔東京朝日新聞社記者〕、永田某〔成美、中外商業新報社取締役〕、小倉敬止〔大日本紡績取締役〕、浅田知定〔東洋精糖専務〕、橋爪慎吾、本荘季彦〔立教中学校教諭、漢学者、号は掬水〕等二十四人に遇ふ。野田は他に約ありとて、飲喫せすして去る。佐々木は正蔵の次男と云ひ、志岐、佐々木、俣野、林は名刺を交せり。

林繁夫は福岡県人

俣野は十五、六年前大学を卒業して大連に行き、業を営み居り。林は吉井の人にて、（福岡県人）と云ふ月刊新聞を発行する計画を為し居るに付、一口十円宛一人二十口までの加入を求むと云へり。林は仁田原と永田の紹介にて、今日同郷懇話会に入りたるものにて、福岡県人を発行することに付ては仁田原か紹介せり。午後七時後他に先ちて去る。八時後家に達し、浴後小酌して寝ぬ。

俣野義郎、有馬頼寧を評す

○同郷懇話会にて俣野義郎より、有馬頼寧は真実階級打破を望み居るには非す。矢張り貴族院議員にても為ることを望み居る趣なり。大連に来りたるときは、自分（俣野）等は表面の言を信したるも、夫れは真実には非さる趣なりと云へり。

三月一三日

○三月十三日火曜。曇暫時晴復曇。

岡野定義電話して上京を報す

○午前九時頃岡野定義〔旅順工科大学附属工学専門部教授、倉富恒二郎二女房子の夫〕神田森田館より電話し、一昨日上京し、本月二十四日まては公務にて滞京す。上京の次郷里に過きる予定なりしも、船延著の為著京の期迫まり、郷里に過きらすして上京せり。往訪せんと欲するか、何時頃ならは差支なきやと云ふ。予、午前ならは九時まて、午後ならは六時頃よりならは宜し。尚ほ来る前に、電話にて問ひ合はすへき旨を答へしむ。岡野、午前は往訪し難し。午後に往訪すへしと云ひたる由なり。

○午前九時三十分頃より出勤す。

金井四郎来る

○午前十時後、金井四郎来る。

東久邇宮殿下滞仏延期のこと

予、関屋（貞三郎）に大臣と関屋と協議したる模様を問ひたる上に非されは、松平（慶民）に電報を発し難し。何となれは、松平より東久邇宮殿下か延期願のことに付宮内省の趣意と違ふことを主張せらるる旨の返電を為したるとき、如何処置すへきやを決定し置かされは、其時に至り差支を生するを以てなり。然るに、関屋は昨日より沼津に行き居り、今日は出勤するとのことなるも、未た出勤せす。関屋と談することを得さるに付、仏国に発する電信案に付協議する場合に至らすと云ふ。

東久邇宮附武官蒲某へ電信を発すること

金井、松平に電信を発することも宜しかるへきも、御附武官蒲某に電信を発せすして宜しかるへきやと云ふ。予、成る程表面は蒲に発する必要あるへし。然れは、蒲には君（金井）より発電し、松平には予より発電したらは宜しかるへく、

金井四郎の作りたる電信案

然れは、同文電報とは為し難し。試みに電信案を作り見たらは宜しからんと云ふ。金井、（御見学ノ期限ハ今月ニテ終ハル。取リ敢ヘス一年間延期ノ追願ヲ為シ置キ度）との案を作る。予、是にては此上にも尚ほ延期の余地ある様なる故、不可なりと云ふ。金井、此くの如き文句に非されは、殿下の御承知なかるへしと云ふ。予、只今は関屋か居らさるに付、後刻のことにすへしと云ふ。金井乃ち宗秩寮の事務官会議に赴く。

東久邇宮滞欧延期のこと

初予が金井に面したるとき、松平に電報を発しても、目的を達することは期し難し。然れとも、此際一年間の延期を願ふことに付殿下の御諒解を求むると云ふことならは、異議はなかるへし。其代り他日又延期論か起るの懸念はある訳なりとの談を為せり。金井は其談を承けて案文を作りたる故、取り敢すの句を加へたるなり。

金井四郎復た来る

十一時後金井復た来る。予、給仕をして関屋か出勤し居るや否を問はしむ。関屋出勤し居らす。乃ち後日を約す。金井去る。

食堂にて宮内省の差別待遇の不可なることを談す

○午後零時後食堂にて、井上勝之助、九条道実、山崎四男六、上野季三郎と雑話す。宮内省にて部局に因り待遇を異にすることの不可なること、年末慰労金の分配額を部局に因りて異にすること、明治天皇御集を人に因りて賜はらさる様のことを為すこと、皇族の招宴に部局に因りて区別あること、判任官の俸給平均率は定員の多少に因り幾分の斟酌は為し居るも、其斟酌の程度不十分なること等を談し、一時三十分に至る。

白根松介より関屋貞三郎か今日は沼津より帰らさることを報す

○午後二時頃白根松介電話にて、昨日は次官（関屋貞三郎）は今日沼津より帰る旨に談し置たる処、今夜まて沼津に宿することゝなりたるに付、之を通知すと云ひ来れり。

宗秩寮勢多章之来り、字を作ることを請ふ　予勢多を識らす

○午後三時頃宗秩寮勢多章之〔宗秩寮属官〕来り、字を作り呉よと云ふ。予、其人を識らす。之を問ふ。宗秩寮の勢多なりと云ひ、安江孝〔元帝室会計審査局審査官〕の家に行きたる処、君（予）の書を額として掲け居れり。予の人格を慕ひ居るに付、軸物にする様に書し呉よと云ふ。予之を拒む。勢多尚ほ請ふ。

予、万一作ること出来たらは通知すへしと云ふ。勢多紙を預け置かんと云ふ。予夫れは預かり置かす。若し書く様ならは、紙にて十分なりと云ふ。

白根松介を訪ひ、牧野伸顕に面会することを交渉することを嘱す

○午後三時五十五分白根松介を秘書課に訪ひ、次官は明日帰るにしても、午後になるへし。大臣か明日帰るならは、予は面会し度に付、其事を打合せ置き呉よ。

南部光臣の処分

南部（光臣）のことは兎も角、東久邇宮殿下のことに付面会し度あり。南部のことは、都合宜しくは入江（貫一）か参事官に任せらるると同時に、南部の免官を発表する様為すことに相談致し見るへし。且又東宮殿下御結婚準備委員も成るへく継続する様に相談することにすへし。次官を差捨〔措〕き予より大臣に話しては、次官は不快に思ふやも計り難けれとも、次官の帰りか遅き故、致方なしと云ふ。

白根松介、南部光臣の免官を延はすことを望む

白根、南部のことは是非左様に話し呉るる様致し度。入江（貫一）か任官前事務を執ることを肯んするや否も分らす。之を肯んせさる様ならは、尚更南部の免官を発表することは不都合なりと云ひ、明日面会のことは其通り取計ふへしと云ひ、

白根松介明治天皇御集の帙を示す

白根明治天皇御集の帙は受領したるならんと云ふ。予、予は之を購ふことを約し置たるも、未た持ち来らす。白根、机上に在りたる帙を示し、先刻持ち来りたり。成る程是は購ふものなりしなりと云ふ。予、上製の御集を賜はることを得れは、宜しかりしもと云ふ。白根尚ほ大分余分はありと云ふ。予、然し御集の難有処は表紙には在らす、内容に在る故、上製にも及はすと云ふ。白根然りと云ふ。

明治天皇御集の帙のことを審査局員に語る

審査局に返り、御集の帙は未た持ち来らすやと云ふ。西野英男未たしと云ふ。予、都の辺（大臣官房のこと）には既に持ち来り居れりと云ふ。西野然らは明日は問合せ見ると云ふ。

後藤武夫電話にて予の在否を問ふ

○午後後藤武夫より電話し、予か家に在るや否を問ひ、家人より在らすと答へたる処、更に電話すへしと云ひたる由なり。

三雲敬一郎来る　南部光臣のことを問ふ

○午前十一時後三雲敬一郎審査局に来り、一昨夜予と南部光臣のことに付談したることに付挨拶し、其後の状況を問ふ。予、未た決了せす。然れとも、免官のことの大体変更する様のことはなかるへき旨を告く。

三月一四日

○三月十四日火曜。晴寒。

宮内省大臣官房員より今日午前十時三十分頃宮内大臣か予に面会すへき旨を報す

○午前九時二十五分より出勤す。九時頃宮内省官房員より電話にて、宮内大臣は今日午前十時後に葉山より宮内省に返り、十時三十分頃宮内省にて貴官（予）に面会すへき旨を通知し来り

たることを報す。依て平日よりは少しく早く出勤したるなり。官房員より電話したるは、予が昨日牧野に面会することに付白根（松介）に交渉し置たるを以てなり。

松平慶民宛の電信案を作る

〇午前十時頃在仏国松平（慶民）宛の電報案を作り、宮内大臣（牧野伸顕）の参省を待つ。

宮内大臣（牧野伸顕）来らす

十時三十分頃に至るも未た来らす。乃ち秘書課に行く。白根（松介）亦在らす。給仕をして大臣室に大臣か在るや否を見せしむ。在らす。乃ち秘書課を出て、将に審査局に返らんとす。会々山崎四男六来る。亦大臣に面会せんとするなり。乃ち復た共に秘書課に入りて待つ。

宮内大臣（牧野伸顕）に面会す

十時四十分頃に至り牧野、白根と共に来る。白根は牧野を東京駅に迎へて共に来りたるなり。白根、予に先つ大臣に面会せよと云ふ。牧野に問ふて、之を告けたるなり。

東久邇宮殿下の仏国滞在期限延期に関する電信案

予、先きに作り置たる電信案（稔彦王殿下ノ御見学期限ハ今月ニテ終ハル。成ルヘク短キ期限（長クトモ一ヶ年以内）ニテ延期御追願相成ル様致シ度。然ルヘク言上ノ上返電ヲ請フ。金井事務官ヨリモ御附武官へ電報セリ）を示し、勅許期限の尽きることに付、此儘に為し置くことは出来難く、左りとて殿下の御承諾なき様のことを申送りて、反対の御返事ありては尚更困るに付、此案位のことならは多分御異議なからんと思ふと云ふ。牧野案文を熟覧し、成る程是は君（予）よりの電信なりと云ふ。予、是は予より内端にて松平へ取り成しを嘱し、表面は事務官より附武官に電報を発せしむる積りなりと云ふ。牧野是にて宜しからんと云ふ。

南部光臣の免官発表期のこと

予次て、先日大臣不在中次官より大臣の意を伝へ、其意を承けて南部光臣に辞職を勧告し、南部は直に辞表を提出せり。然るに、辞職を勧告する理由は御用の差支ありとのことなるを以て、南部を免官する以上は、其後任を命せられされは勧告の理由なきこととなる。其後任としては入江貫一を採用せらるる内議ありとのことなるか、入江は恩給法改正の為帝国議会の開会中は転任し難しとのことなり。故に先日は入江は転任せさるも、宮内省御用掛の資格あるに付、其資格にて参事官の事務を執らしむることゝなすより外に致方なからんと思ひ、次官に其旨の対答を為したることもありたるか、南部の免官も段々延引し、最早議会の閉会も間もなきことゝなりたるを以て、今日にては入江か参事官に転任する日を待ち、之と同時に南部を免官せらるることゝなる方、南部に対しても好都合ならんと思ふに付、其事に取計はれ度と云ふ。

内大臣（平田東助）に交渉すること　入江貫一転任のこと

牧野、夫れは尤のことなり。他に行懸りなけれは、其事に致して宜しからんと思ふ。次官は平田（東助）に交渉する必要ありと云ひ居りたるか、其方は如何なり居るへきや。入江は議会閉会に至れは、直に転任出来ることなるへきやと云ふ。予、次官は内大臣（平田東助）も諒解したりと云ひ居りたるか、夫れは転任までのことなるへきや、又は御用掛として事務を執ることなるへきや。いつれにし〔て〕も、入江の任官と同時に南部の免官を発表せらるる様に取計はれ度と云ふ。

牧野伸顕電話す

此時向島の某より電話来り、牧野之と電話す。

珍田捨巳来る

牧野は電話の傍属官をして珍田捨巳を呼はしむ。珍田は予か牧野と談し居るとき来りて牧野を訪ひ、次室に待ち居りたるものなり。

松平慶民に対する電信案に署名を求む　南部光臣の宮務監督のこと

牧野は電話（電話は某家の病人危篤なることを報したる様に聞へたり）を終はりたる後珍田と話し、一と通り挨拶を終はるを待ち、予は予か草したる松平（慶民）に対する電信案に牧野の署名を求め、署名し終はりたる後、更に南部か帝室制度審議会委員は免せらるることに既に御裁可も済み居る趣なるか、梨本宮の宮務監督は守正王殿下より其儘継続して宜しとの旨を伝へられたる趣にて、継続することゝなり居れりと云ふ。

牧野伸顕新嘗祭と摂政との関係を問ふ

牧野其事は聞きたりと云ふ。牧野又是は別のことなるか、新嘗祭は天皇陛下親らなさるへきものにて、代理を許すへきものに非すとのことなるか、如何と云ふ。予、予は研究したることはなけれとも、掌典長（九条道実）より聞きたることあり。陛下御差支あるときは、御祭は代りて奉仕するも、殿内にて陛下親ら新穀を嘗めさせらるる（直会《ナヲライ》）は、誰ても御代理を為すことを得すとのことなりと云ふ。牧野、摂政殿下は陛下に代り万事を摂行したまふものなれは、其事も御摂行出来る訳に非すやと云ふ。

祭政一致　国典に通する人

予、予も左様に思ふ。殊に本邦古来の式は祭政一致にて、祭事は即ち政事なり。天皇は決して一己の為に祭を為して、自己の福等を祈りたまふものに非す。既に天皇の為したまふ事なれは、摂政にてなされ難きことはなき筈なり。此ことは、今少しく国典に通する人の研究を要することならんと思ふと云ふ。牧野、然り。誰をして研究せしめ〔た〕らは宜しかるへきや。本居〔原文空白、豊穎、国学者、元東宮侍講、故人〕の如き人ならは宜しきもと云ふ。少時の後、予、三上参次抔にては宜しからさるへきやと云ふ。牧野、三上にては如何あらんや。三上は歴史家なり。掌典部には此の如きことに通し居る人なからんと云ふ。

新嘗祭のことを談したる時刻

（此の談は南部の免官を入江の任官と同時に発表することゝ致し度との談を終り、牧野か未た電話に掛らさるとき、珍田も未た来らさるときに談したることなり）。

南部光臣の東宮殿下御結婚準備委員は継続せしむること

珍田と牧野と一と通り挨拶を終り、予より南部か宮務監督を継続することを談したる後、予より南部か東宮殿下御結婚準備委員たることは、参事官を免せられたる後も継続することは出来さるへきや。宮中顧問官として之を継続せしめられんことを望むと云ふ。牧野、夫れは差支なからん。承知せりと云ふ。予は之を聞きて直に辞し去る。

稔彦王殿下か妃殿下の渡欧を決定せられさるは自己の滞欧を永くすることの外には原因なし

予か稔彦王殿下のことを牧野に談したるとき、牧野より稔彦王殿下のことに付ては種々の懸念もありたるが、結局元の御附武官溝口直亮か談す通り、殿下は成るへく長く欧洲に滞在せられ度為、妃殿下洋行のことを定められさるものにて、其他には何も別段の理由なき様なり。

溝口直亮の談

溝口の談に依れは、殿下に付ては何も懸念すへき所はなき様なりと云ふ。予、溝口の談は余り殿下を誉め過きる様にて、神経衰弱もなく、研究も十分なされ居るとのことなり。

陸軍側の評判

然るに陸軍側に達する報道にては、必しも然らさる様なり。参謀総長（上原勇作）抔は、殿下は仏国に若干御滞在の後は、英国に御出なさるへき旨陛下に上奏して渡欧せられ居るに拘はらす、今日に至り擅に之を変更せらるるは不都合なりと云ひ居りたりと云ふ。

稔彦王殿下に対する牧野伸顕の希望

牧野、其辺は遺憾なり。実は今少し確乎たる意思あることを望めとも、其点は十分ならすと云ふ。

稔彦王殿下のことを談したる時刻

此話は予が電信案を牧野に示したる後、牧野が未た案文に署名せさりし前のことなり。

白根松介に南部光臣のことに付予と牧野伸顕と談したる状況を告く

牧野の官房を出て、直に秘書課に至り、白根（松介）に牧野か南部（光臣）の免官は入江（貫一）の任官と同時にすることは大概同意し、未た次官（関屋貞三郎）に面談し居らさることと丈けを留保し居りたるも、多分間違なかるへし。東宮殿下御結婚準備委員は継続せしめて宜しき旨を断言したる旨を告く。秘書課には牧野に面会する為待ち居るもの山崎四男六、徳川頼倫、徳川達孝〔侍従長、田安徳川家当主、徳川頼倫の兄、伯爵〕等あり。

有吉忠一と渡辺暢のことを談す

次て有吉忠一も来りたり。予、有吉に渡辺暢を親任官待遇と為したることに付挨拶す。

渡辺暢京城に留まることを喜はす

有吉、渡辺を貴族院議員と為すことは余程難事なる模様なり。而して、一方には渡辺の如き人格高き人を京城に留め置くことは、朝鮮人指導の為にも必要なりとの説もあり。渡辺に対し是迄丈けの俸給を出すことは出来されとも、恩給を併せて五、六千円位になる丈位は支出せられさることも非さる故、渡辺に交渉したる処、渡辺も去就に迷ひ居れとも、大体に於て京城に居りては急に生計の模様を変することは出来難く、結局収支償はさることゝなる故、矢張り内地に帰ることを望むと云ふ趣意なり。

渡辺暢を明治学院長となさんとすること

依て明治学院の院長には至極適当ならんと思ひ、此方に周旋する積りなるも、自分（有吉）は同学院には知人なし。只今は田川大吉郎〔衆議院議員・無所属、ジャーナリスト、元東京市助役〕か院長と為り居れとも、田川にては無理なり。自分（有吉）は神戸に在る何学校（宗教学校なり。有吉は校名を云ひたれとも忘れたり）の校長（外国人）〔関西学院院長ベーツ〈C. J. L. Bates〉カ〕を知り居る故、其人に渡辺のことを話し、親任官待遇は終身にて、其人格は極めて高きに付、此の如き人を青山学院の院長と為したらは宜しかるへき旨を話したる処、其人も大に賛成し、青山学院の職員に談すへしと云ひ居りたり。

渡辺暢の後任は横田五郎、横田の後任は松寺竹雄となす計画　城数馬は評判宜しからす

渡辺の後任としては、順序より云へは城（数馬）〔朝鮮総督府京城覆審法院長〕を進むる訳なるも、中村（竹蔵）〔朝鮮総督府高等法院検事長〕の意見を問ひ見たるも、中村も賛成せす。城の名誉の為一時高等法院に入れ、一年位にて退けは宜しきも、高等法院に入れは定年も三年延ひる故、城か定年まて留任することゝなりては司法部一般の人気にも関する故、城には気の毒なれとも、横田五郎を高等法院長と為し、横田の後任には松寺（竹雄）〔朝鮮総督府大邱覆審法院検事長〕を採る積りなり。

中山勝之助には事故ありたり

中山（勝之助）も悪しくなけれとも、大邱にて一寸出来事（家庭内のことを云ふならん）ありたる故、之を高等法院長と為す訳にも行かす。司法局長としては松寺か一番宜しき様なり。

内地の人を採用すれは後に困る

院長の後任としては、内地より適当なる人を採用する希望もなきに非されとも、立派なる人は中々来らす。無理に之を取れは、後に至り君（予）か渡辺に対し気の毒に思ひ居ると同様、気の毒の思を為さゝるを得さることゝなるに付、朝鮮に居る丈けの人にて繰り合はする積りなりと云ふ。

中村竹蔵と城数馬とは仲悪し

予、先つ其辺なるへし。但中村（竹蔵）と城（数馬）とは予か朝鮮に在りたるときより終始争を為し、大変に困りたり。二人の感情は非常に悪しきに付、城に対する中村の評は幾分割引きして聞く必要ありと云ふ。

有吉忠一、城数馬と中村竹蔵との関係を知らす

有吉、然るか。其事は少しも知らさりし。然し誰に聞きても城のことは誉めすと云ふ。

城数馬は辞職するならん

予、只今の話の通り更迭ありたらは、城も多分罷むることゝなるならんと云ふ。有吉多分罷むるならん。予、左すれは中山か京城に来る順序となるへきやと云ふ。有吉左様のことならんと云ふ。

渡辺暢を貴族院議員となすことに関する斎藤実の談

有吉か渡辺を貴族院議員と為すこと困難なりと云ひたるとき、予より、先日斎藤（実）の談に、斎藤より加藤（友三郎）に催促し、渡辺のことは忘れてはいかんと云ひたるに、加藤は其ことは倉富よりも聞き居る。忘れはせんと云ひたりとのことなり。又予よりも平沼（騏一郎）よりも岡野（敬次郎）にも依頼したるか、岡野か平沼に話したる所にては、渡辺のことは加藤（友三郎）か確かに手帳に書き留め居れり。手帳に書き居る分は先つ有望の方なりとのことなり。全く絶望には非さるへしとのことを話し置きたり。

徳川頼倫をして予より松平慶民に対する電信案を捺印せしむることを約す

秘書課にて予は徳川頼倫を室隅に誘ひ、予より松平（慶民）に対する電信案を示し、牧野（伸顕）に相談したる顛末を告けたる処、徳川は異議なしと云ふ。予後刻此案に捺印せよと云ふ。徳川承知の旨を答ふ。

金井四郎に電話せんとす　金井在らす　金井四郎電話す　金井四郎宮内省に来ることを約す

○午前十一時後西野英男をして東久邇宮邸に電話し、金井（四郎）をして電話機に掛らしむ。邸人、金井は東京駅に行き居ると云ふ。乃ち金井か帰りたらは、金井より電話すへき旨を金井に告けしむ。四、五分間の後金井電話す。予、予より松平（慶民）に贈る電信案は牧野（伸顕）と協議して決定せり。其ことに付協議し度きか、君（金井）か来り呉るるや、又は電話にて協議すへきやと云ふ。金井今日午後一時頃に宮内省に来るへしと云ふ。

高義敬来る

○午前十一時後高義敬来り、世子妃は其後異状なし。未た食気には影響せさるも、小山（善）は大概妊娠ならんと云ひ居れりと云ふ。

世子妃妊娠の兆候

予、今後一ヶ月を経たらは、乳首の色にも兆候を現はすならんと云ふ。高、一ヶ月を経さるも、二週間も立ちたらは多少悪咀の気味を生するならんとのことなりと云ふ。

高義敬、李王殿下五十四回の誕辰に付世子の名代として京城に行くこと

高又李王殿下五十四回の誕辰か本月二十五日に付、自分（高）は世子殿下の名代として本月二十一日より京城に行く予定なり。

世子より李王、李王妃、阿只氏に対する贈

世子殿下より王には、置時計（二百円）と反物三巻、妃殿下には、小さなる置時計と反物、阿只氏（李徳恵）（世子の（異母）妹）には、最も小なる置時計と洋傘二本とを贈らるる筈なり。全体にては約千円位となるへし。

李堈公と王世子との祝電のこと

是まて李堈公の誕辰のときは世子より祝電を発せられたることもあり。又之を発せられさることもありたるか、世子殿下の誕辰のとき、李堈公は此方（李堈公）より祝電を発しても世子より祝電を発せさる故、此方よりも発せさることゝすへしと云はれ、附属職員より世子の資格ある故、先方より祝電なきも、公よりは祝電を発せらるる方宜しと云ふて之を発したる様のこともありたる趣なるに付、今後は当方（世子邸）よりも必す祝電を発することになさんと思ふ。如何と云ふ。予、他方ならは妄りに自ら屈することを容さゝることあるも、親族間殊に血縁より云へは、弟の兄に対することなるに付、世子より祝電を発せらるることに定め置きて宜しからんと云ふ。

李王職より李堈公に対する歳費増額のこと

高又李王職より李堈公に給する歳費は、二万四千円の予定なる様に聞き居りたるか、其後四万四千円に増額したる趣なりと云ふ。予、予も之を聞き居れり。李堈公は濫費せらるる故、多額を給するは宜しからすとの意見あるも、正当に支出すれは、体面を損せすして暮らさるる丈けの金を給し置かさるへからす。四万四千円と資産より生する利子と漁場より生する利益とを合せたらは、彼此十万円位にはなるへく、是丈あらは、濫費せられされは不足はなかるへきに付増額したるは相当と思ふ。濫費すへしと云ふて、初より相当ならさる待遇を為すは不可なりと云ふ。

李堈公、李王の名代と為り王家を擅にせんとする考

高又李堈公は李王殿下は病身なり。世子殿下は東京に住し居らるる故、李王の名代の如き資格にて、李王家のことを擅にせんとする希望あり。全州李氏大同会の目的は初は其事に存すとの説あり。右の如き考を有し居られ〔て〕は困りたることなりと云ふ。予右の如きことは之を根絶する必要ありと云ふ。

李堈公に対する伝言なし

高又自分（高）か京城に行くに付、何か李堈公に伝ふることなきや。今年は特に公より賀年の名刺を送られたる関係もあるに付、伝言あらは之を伝ふるへしと云ふ。予、公に忠告する如きことは、予の職権に非すと云ふ。高出発前又来るに付、何か云ふへきことあらは其時に聞かんと云ふ。

金井四郎来る

○午後一時十分頃金井四郎来る。

金井四郎をして東久邇宮附武官蒲某に贈る電信案を作らしむ

予、予より松平（慶民）に贈る電信案を示し、金井をして金井より稔彦王殿下の附武官蒲某に贈る電信案を作らしめ、協議の上（御見学ノ期限今月ヲ以テ尽ルニ付、延期ノ勅許ヲ願フ必要アリ。思召ヲ伺ヒタル上返アレ）又此の外に（御見学延期ノコトニ付倉富宮務監督ヨリ松平事務官ヘ電報セリ。同氏ト協議ノ上思召ヲ伺ハレ度）との電信を発したらは、宜しからんと云ふことに決す（此電信案は予の記憶に依り追記したるに付、多少の相違はあるへし）。

徳川頼倫をして電信案に捺印せしむ

予は予の電信案を持ち徳川頼倫を其室に訪ひ、電信案に捺印せし〔め〕、又酒巻芳男を其室に訪ひ、予の案文を示す。

酒巻芳男の電信案に同意せす　酒巻芳男、予の電信案に同意す

酒巻、実は此ことに付ては先日次官（関屋貞三郎）の意を承け、次官の名にて松平（慶民）に発電する積りにて、立案し置たるも、其後次官か旅行（沼津に行く）したる為、未た次官の決を取り居らすと云ふて其案を示す。其案は（稔彦王殿下ノ御滞在期限ニ付テハ、先頃ニ電信ニテ申越サレタル位ノ期限ニテ承諾ヲ得ル見込アリヤ。若シ其見込ナキナラハ、勅許期限ノ尽

キルコトハ如何スレハ宜シキヤ。御見込御申越アリ度）と云ふ如き趣意なりしなり。

予之を見て、松平より先頃第二回の謁見のときには大概滞欧期限のことも、妃殿下渡欧期のことも見込立つへき旨申来り居りたるに拘はらす、其後何とも申来らさるは都合よく運はさる為ならん。君（酒巻）の案文の如く申遣はしたらは、松平も困るへきに付、兎も角当方の希望を申遣はし、大概此条件ならは殿下も異議なからんと思へとも、万一反対の返電来りたらは、其時更に詮議する方宜しからんと云ふ。酒巻、予に同意し、予の案に捺印す。

関屋貞三郎に電信案を示す　関屋貞三郎電信案に付意見を述ふ　関屋貞三郎、予の電信案に同意す

午後二時二十分頃に至り次官（関屋貞三郎）沼津より帰り、宮内省に出勤す。予、予より松平（慶民）に贈る電信案を示す。次官、此案にては松平は直に稔彦王殿下に言上する訳なりやと云ふ。予、然りと云ふ。関屋、先頃松平より電報にて申来り居りたる所に依れは、今年中のことにて、今より一年と云ふ訳には非さりしに非すやと云ふ。予、今後妃殿下の洋行等のことを決定し居れは、今後一ヶ年位はなけれは間に合はさるへしと云ふ。関屋、妃殿下は各国を一巡して帰らるる丈ならは、一ヶ年なくても済まさることはなからんと云ふ。予、実は初は括弧内の（長クトモ一ヶ年以内）と云ふことは書かさる積りなりしも、短き期限と云ふても殿下は二ヶ年又は三ヶ年を短しとせらるるやも計り難きに付、括弧内の語を加へたりと云ふ。関屋、括弧内の語を削る方宜しくはなきやと云ふ。予、之を削れは前に述へたる懸念あり。大臣（牧野伸顕）は是丈位の猶予を置く方、松平か取計ひを為すに便宜なるへく、是処か苦心の存する所ならんと云はれたりと云ふ。関屋已むを得さるならんと云ふて署名す。

南部光臣免官の時期を延はすことを関屋貞三郎に談す

予、南部（光臣）の免官は入江（貫一）か御用掛として事務を執ることゝなれは、発表して宜しからんと云ひ置きたりと云ふ。関屋、予か言の終はるを待たす、段々延引せり。今日当り発表することゝすへしと云ふ。予、先日は右の如く云ひ置きたれとも、今日まて延引し、最早議会の閉会期も近きに付、寧ろ入江の任官と同時に南部の免官を発表せらるる様に致し度と云ふ。先刻大臣に話したれは、大臣は他に事情なけれは夫れにて宜しからんと云はれたり。

関屋貞三郎は予の立場に懸念して南部光臣の免官を急にせんとしたりと云ふ　関屋貞三郎、南部光臣の免官の時期を延はすことは好都合なりと云ふ

関屋、夫れは好都合なり。君（予）に辞職を勧告することを嘱して、余り永く発表せすしては、君（予）か困るならんと思ひ居りたるも、入江の任官と同時に発表することゝなれは、別して好都合なり。若し南部の免官のみを発表して、後任の任官を発表せす、後任と為ることの希望ても起す様の人ありては困るに付、同時に発表する方か最も宜し。平田（東助）には直に入江に事務を執らしむる様話し置きたるに付、手紙を出して変更を通知し置くことゝすへしと云ふ。

南部光臣の帝室制度審議会委員は免せさるへからす

予又南部か帝室制度審議会委員を免せらるることは、既に御裁可も済み居るとのことなるか、此ことは伊東（巳代治）には談したりやと云ふ。関屋既に談したりと云ふ。予、此方は已むを得さるへし。後任者（入江）をして委員たらしむる必要もあらんと云ふ。関屋此方は致方なしと云ふ。

南部光臣、東宮殿下御結婚準備委員を継続せしむること

予又御結婚準備委員の方は継続せしめらるる様に致し度。大臣は此方は差支なしと云はれたりと云ふ。関屋、夫れは違例なり。如何あるへきや。此方も入江も加へさるへからさるへしと云ふ。予、南部かいつまても出勤出来さる様ならは、之を罷めても宜しかるへきも、間もなく出勤出来る様ならは、此委員は継続せしめ置かれ度と云ふ。関屋、二、三ヶ月位様子を見て其上のことに致すへきやと云ふ。

酒巻芳男に電信を発表することを嘱す

予、午後一時後、予の電信案を持ちて宗秩寮に行き、酒巻芳男に示し捺印せしめたるとき、酒巻に対し、此電信は予か東久邇宮の事務を執る資格にて発するものなれとも、電信の発送は宗秩寮にて取計ひ呉度と云ふ。酒巻、然らは（倉富）の肩書に（東久邇宮）の語を加ふへきやと云ふ。

予の電信を発する資格　佐々木栄作をして電信案を羅馬字に綴らしむ

予、金井事務官（四郎）より附武官（蒲某）に電信を発し、予か松平に電信を発することを通知することゝなり居り。其電信には予の資格も記載しあるに付、此電信には記載する必要なからんと云ふ。酒巻、然らは宜しからん。早速之を羅馬（ローマ）字綴に直すへきに付、此案を貸し置き呉よと云ふ。早速佐々木（栄作）を召ひて羅馬字綴になすことを命す。

電信案は暗号なり

午後二時頃予か金井（四郎）と審査局にて談し居るとき、酒巻電信案に羅馬字案を添附したるものを持ち来りて、之を予に交す。予之を見たるに、読むへからす。既にして暗号文字なることを覚り得たり。

電信を発する手続を為す　電信案を金井四郎に交して保存せしむ

二時後関屋を其室に訪ひ、関屋の署名を得たる後、直に宗秩寮に行く。金井は尚ほ宗秩寮に在り。予電信案を酒巻に交し、発電を嘱す。酒巻、羅馬字案のみを佐々木（栄作）に交〔し〕、原案は之を予に返す。予は亦直に之を金井に交し、殿下か帰朝せらるるまては、大切に保存し置くへしと云ふ。

東久邇宮二王子殿下大磯より帰らる　盛厚王殿下安眠せられす

盛厚王殿下と猫のこと

○午後一時後金井四郎か来りたるとき、今日盛厚王、師正王両殿下大磯より帰らるるに付、先刻は東京駅に迎ひに行きたるなり。盛厚王殿下は神経質にて、妃殿下か東京に御帰りなされたる後は大磯にて安眠出来す。其原因は猫の交尾期にて猫か騒きたるか、殿下は猫は魔物なりとて之を嫌はれたる趣なりと云ふ。予魔物なり抔云ふ人あるか悪しと云ふ。金井、或は妃殿下より御話ありたるやも計られす。医師に話して神経を鎮むる工夫を為す積りなりと云ふ。

東久邇宮妃軽井沢に避暑することを好まらるるに付別荘借入の相談中なること

金井又妃殿下か軽井沢に避暑することを望まるるは、閉口せり。西邑清に嘱して別荘を借ることを周旋せしめ置けり。昨年は三井家の別荘を借りたるか、非常に注意して好都合なりしなり。然るに、今年何の話もなさす、他の人に相談しては何か三井に不足ある様にも思はるるに付、兎も角一応は三井にも話したる上のことにすへき旨を以て依頼し置きたり。

鵠沼の吉村鉄之助の別荘のこと

又鵠沼の方は自分（金井）の友人にて、長野県に奉職し居る某あり（名前は予か忘れたり）。某は鵠沼に縁故あるに付、某より同処に居る巡査に申遣はし、三、四個の別荘の図面を取り之を送り越したり。其中にては吉村鉄之助〔実業家、衆議院議員・政友会〕の別荘か一番好き様なるに付、吉村の性質人物等を取調へんと思ひ居る所なりと云ふ。予、予は其人を知らされとも、其養子〔五郎〕か予の長男と懇意にて、其養父のことも少しは聞きたることあり。養母〔ミネ〕か確かりしたる婦人にて、吉村か資産を作りたるには余程内助かあると云ふことなり。夫婦とも格別悪しき人とは思はれす。

皇族か個人の別荘を借り入れらるることは好ましからす

全体予は妃殿下か個人の別荘を御借入れなさることは好ます。先年来山下亀三郎〔山下汽船社長〕の別荘を御借りなさることも宜しからすと思へとも、致方なしと云ふ。金井、然り。宜しからす。山下の別荘を借ることも面白からすと云ふ。

園周次の寡婦、皇族の御用取扱となる意あること　園周次の寡婦の人物　園周次の寡婦を東久邇宮の御用取扱となすは面倒ならん

予又君（金井）は其人を知らさるへきも、園周次の寡婦か皇族の御用取扱となりても宜しと云ふ様なる談ありて、予に其性行等を問はれたることあり。園も長男の親友なりし関係にて、園か遭難したるとき、予は長男に代はりて弔問し、其時寡婦にも逢ひたるか、確かりしたる婦人なる模様にて、彼の如き場合にも余り取乱したる風もなかりしなり。非常に如才なく取廻はす様の人とは思はされとも、御用取扱には宜しからんと云ひ置きたり。人を要する所は東伏見宮邸なる模様なりと云ふ。

金井、自分（金井）も知り居れり。宜しからんと思ふ。東伏見宮にても今後は外交の必要なきに付、彼の如き人にて宜しからん。今少し早けれは東久邇宮にも宜しからんと思ひたりと云ふ。予、予も左様にも思ひたれとも、是は園（祥子）の関係にて、却て面倒ならんと云ふ。

園伯爵某と周次の寡婦との関係　園周次の寡婦は子ある為再嫁し難からん

金井、彼の様の家の事情は自分（金井）等には分らす。園周次か生存中妻を園家〔当主は基資、周次の兄、伯爵〕に預け置くにも、一ヶ月三十円とか食料を出し居りたりとのことなり。今日にても矢張り出し居るならん。自分（金井）等ならは、親族の者ならは来り居れりと云ふ所なりと云ふ。予、子かなきならは再嫁もする所なるへきも、子〔氏周〕かある為夫れも出来さるへく、本人の境遇は御用取扱の様なることを為す必要あるならんと云ふ。

梨本宮にては南部光臣の宮務監督を期限附とせらるる趣意に非さるへし

○午後二時後、関屋貞三郎と南部光臣のことを談したるとき、梨本宮にて一度は南部の宮務監督は或る期間内と云ふ様なることを云はれたるも、其後は必しも左様なる趣意には非さる様云はれたる旨三雲敬一郎より聞きたりとて、本月十一日夜三雲より聞き〔たる〕次第を話し置たり。

南部光臣のことに付白根松介に結果を告く

○午後三時後、予白根松介を訪ひ、南部光臣のことは白根か配慮し呉れたるか、種々の行違はあるも結果は好都合となりたりとて、関屋貞三郎は予に対する懸念より入江貫一の任官を待たす、南部の免官を発表する積りなる旨を話したることを告く。白根不思議なりと云ふ。

白根松介、南部光臣の東宮殿下御結婚準備委員を継続する必要を問ふ

白根又南部の御結婚準備委員を継続する必要は、何れに在るや。仮りに行賞ありとすれは、是迄委員と為り居りたること故、行賞に漏るることはなか〔ら〕んと云ふ。予、行賞のことは固より今日云々すへきことに非す。但南部は多年宮内省に在り、事情にも通し居り、御結婚準備にも必要なる人なるへく、而して之を継続する方、本人の名誉の為にも宜しと思ふ訳なりと云ふ。予又南部は参事官の資格にて準備委員を命せら〔れ〕居れは、参事官を免せらるれは委員は当然消滅するに付、宮中顧問官として委員となるに付更に御裁可を請はさるへからさるならんと云ふ。

東宮殿下御結婚準備委員の任命は大臣限りにて上奏せす

白根、自分（白根）等も初は準備委員は御裁可を請ひ、仰付けらるることになす方宜しからんと思ひたれとも、大臣（牧野伸顕）は左様なる仰山なることになすには及はすと云ふて、大臣限りにて命することゝなり居り。上奏したるものに非さる故、御裁可を請ふ必要なしと云ふ。予、然らは尚更気易きことに非すや。既に大臣は継続して宜しと云ひたる故、別に論はなきことならんと云ふ。

〔欄外に付記〕

三月十四日補遺　明治天皇御集の帙成る

三月十四日補遺

○午後、西野英男明治天皇御集の帙を致す。是は昨年中省内にて申合せ、馬車に張りたる古絹を用ゐて製することゝなり、予も之を買ふことを約し置きたるものにて、今日出来たるなり。価は二円にて直に西野に償ひたり。

三月一五日

○三月十五日木曜。曇微雨。

有馬泰明電話し、本月二十六日午後有馬頼寧、予等に談することある旨を告く

○午前九時前有馬泰明より電話にて、本月二十六日午後には、貴君（予）は御差支なかるへきやと云ふ。予、同日は委員会を開く予定なるも、午後四時後又は五時頃よりならは、都合出来るならん。全体何の為なりやと云ふ。有馬、二十五日に御相談会を開かるる故、其日を利用せんとも思ひたれとも、其日にては時間か不足なる故、翌日に為し度訳にて、其日は頼寧様か為し居られる事に付諸君（予等）に話を為して、諒解を求められ度と云ふことなりと云ふ。予場所は何処なりやと云ふ。有馬、未た決定し居らさるか、偕楽園当りにて晩餐を供せられんと云ふことなりと云ふ。予、承知せり。但時間の都合あるに付、橋場の如き遠き所にては尚更晩くなるへきに付、其辺は含み置き呉よと云ふ。有馬承知の旨を答ふ。

白根松介来り、南部光臣の東宮殿下御結婚準備委員を継続する必要を問ふ

○午前十一時頃白根松介審査局に来り、昨日貴官（予）退出後次官（関屋貞三郎）より、先刻貴官（予）より次官（関屋）に対し南部（光臣）の東宮殿下御結婚準備委員を継続せしめ度旨の談ありたるか、其必要なる理由は何処に在るへきやとの問あり。自分（白根）も其理由は聞き居らさる故、之を問ひたる上答ふへしと云ひ置たるか、何か必要なるへきやと云ふ。予、昨日君（白根）より行賞云々の談ありたるか、是は固より今日云々すへきことに非す。然れとも、南部か宮中顧問官となるならは、顧問官には準備委員は最も適当なる用務なり。而して南部は宮内省の事情も知り居る故、予は南部か遠からす出勤出来くれは、適当なる人ならんと思ふ訳なり。

関屋貞三郎は既に南部光臣の委員を継続することを諾したり

而して大臣は昨日既に継続せしめて宜しと〔云ひ〕、次官（関屋）も、然らは二、三ヶ月様子を見、尚ほ回復せさる様ならは、其時のことにすへしと云ふて、此際継続することは決定したることなり。尤次官は初予より話したるときは、違例なりとて躊躇する模様はありたれとも、結局は承知したりと云ふ。白根、右の如きことならは其趣を告くへしと云ふ。

関屋貞三郎は予に懸念して南部光臣の免官を急にせんとしたるは意外なり

予、南部のことに付ては妙に意外なること多し。次官は予か南部に辞職を勧告したる故、免官か余り延引しては予か困るならんと思ひ、免官を急き居りたるも、全体は初めより入江（貫一）の任官と同時に南部の免官を発表することを望み居りたりと云へり。

南部光臣に辞職を勧告したる事情

是等は予は実に意外のことにて、予は一度も南部の免官を急くことを云ひたることなし。尤も予が南部に辞職を勧告するときは、次官は是迠随分引張られ居るに付、間もなく出勤するとか、二週間位にて出勤するとかと云ふて極りか附かすしては困ると云ふに付、予より南部の養父には成るへく速に辞表を出す様に話し、勧告したる翌々日頃辞表を出したる故、此行掛けより云へは、免官の延引するは笑しき訳なれとも、次官か予に懸念して急き居りたると云ふは意外なりしと云ふ。

種々行違は生したるも結局は好都合

白根、種々行違もありたれとも、結局は好都合になりたりと云ふ。

西野英男草偃和語を示す　大嘗祭、新嘗祭のこと

○午前十時後、西野英男（草偃和語）なる書籍を持ち来りて之を示す。昨日予か青山操に、大嘗会のとき（直会）は摂政たりとも天皇の代理を為すへからさるは疑なきも、毎年の新嘗祭のときの直会は代理せられても宜しき様に思ふも、明かならすとの談を為し、西野か之を聞き居りたる故、此書籍を持ち来り、此中に四方拝、大嘗祭、新嘗祭のことを書き居れり。いつれも極めて簡短なる故参考とはならさるへく、既に御承知の事のみなるへきも、之を示すと云ふ。予、之を覧たるに、書は会沢〔原文空白、正志斎、江戸時代末期の儒者、水戸藩士〕の著にして、尊祖のことを説きたるものなり。予の疑問に付ては特に参考となるへき所なかりしなり。一覧の上之を西野に返したり。

九条道実と談す

○午餐のとき食堂にて九条道実に、大嘗祭の代理は出来さるも、新嘗祭の代理はなされても宜しくはなきや。新嘗祭は大嘗祭と全く同一の性質の御祭とすれは、是も代理は出来さる訳なるも、大嘗祭は天皇の御資格か定まる為の御祭なる故、代理せらるへきものに非す。年々の新嘗祭は既に天皇としてなさるる御祭にて、摂政は天皇の事は一切代理なさるるものなる故、是も代理なされて宜しき様にも思はると云ふ。九条、大嘗祭と新嘗祭とは同一性質の御祭と云ふことにて、代理出来すとの取扱になり居るか、疑はありと云ふ。

青山操大嘗祭、新嘗祭のことを談す　掌典部の解釈は未た十分ならす

○午後二時頃青山操来り、大嘗祭と新嘗祭とのことに付掌典部に到り話し見たるに、新嘗祭に付ては摂政のことに付何も規定なく、天皇幼年のときは大嘗祭には出御なしとの規定あり。其他祭祀令に、天皇事故あるときは皇族か代りて祭を為す旨の規定あり。摂政か代行する規定なき故、現在の如く天皇御病気の為の摂政にても、幼年の時の摂政の規定の趣旨に依り、代理なさるへきものに非すとの解釈を為し居るに外ならすとのことにて、別に名説なしと云ふ。予、一概に祭祀令の規定に依れは、摂政はありても御祭は他の皇族かなさるることゝならさるへからす。祭祀令の天皇とあるは摂政も含み居るものと解せされは、不都合なるへしと云ふ。

内子早稲田に行き、龍郎の為に入学願書を出す

○午後一時頃より内子早稲田に行き、龍郎か為に早稲田第一高等学院に入学願書を出し、三時頃帰り来る。

三月一六日

○三月十六日金曜。曇後晴。

有馬泰明に電話し、本月二十六日には午後四時より差支なき旨を告く

○午前九時頃有馬泰明に電話し、昨日は本月二十六日には午後四時又は五時頃より後ならすは、繰合出来さる旨を告け置きたるも、同日は四時よりならは差支なきことゝなりたる故、更に之を告くと云ふ。有馬承知の旨を答ふ。

○午前九時三十分より出勤す。

高羲敬来り、世子妃の妊娠は多分間違ひなかるへきこと、育児者及乳母雇入のこと等を談す

○午前十一時二十分頃高羲敬来り、昨夜は典医補高階虎治郎〔李王世子附典医補〕も小山善と談し合ひ、世子妃殿下は最早妊娠に相違なかるへく、食物にも幾分平常と異なることありとのことを云ひ居りたり。昨夜抔は酢飯を食せられたる趣なり。夫れに付愈々妊娠となれは、只今居る中山某は自ら子を養育したることなきに付、此節は其経験ある者を雇ひ入れ、且つ適当なる乳母も雇ひ度との話あり居れり。何も中山某か悪かりし訳には非さるも、一方（侍女長寺山某）より彼此妃殿下に申出つる故、中山か悪しき様に思はるるなり。子を養育したる経験ある者を雇ひ入るることは道理ある御望なるか、其人を得ることは容易ならさるならん。乳母か最も困難なり。看護婦は前回の如く定雇とせす一時雇とし、悪しきときは何時にても之を取替ゆることにせんとのことなり。

李載克には金時計を贈らるること

李載克には世子よりは閔丙奭、尹徳栄か罷めたるときの例に因り、紋附の時計を贈らるる積りにて、時計を取寄せ見たる処、二百五、六十円位のものにて、鎖か百円許なり。上林（敬次郎）に品物代三百円を贈られ、夫れより少くしては不都合なるへきも、其位にて宜しからんと思ふと云ふ。予、李王殿下より既に相当の贈あり居るに付、世子よりは夫れにて宜しからんと云ふ。

三島別邸修繕

高又林健太郎を三島別邸へ遣はしたる処、幾分修繕を要する所ある由なり。

三島神社宝庫建築に付世子邸より寄附金

又三島神社宝庫建築に付世子邸よりの寄附金のことは、三島町の寄附は三年賦位にて出金する趣なり。世子邸よりは年賦にては宜しからさるも、別邸の留守居（名は忘れたり）某の見込にても、三百円位にて宜しからんとのことなり。如何と云ふ。予勿論宜しからんと云ふ。

朝鮮総督府出張所に行きたること

高又昨日朝鮮総督〔府〕出張所に行きたる処総督（斎藤実）は一宮に行き居り、有吉（忠一）は議会に行き居りたる故、自分（高）か京城に行くことを伝ふる様に依頼し置たり。

斎藤実の帰鮮

斎藤は二十日頃出発、伊勢桃山等に参拝して京城に帰り、二十五日の李王殿下の誕辰祝宴には間に合はす様の話なり。

梨本宮より李王への祝品、李王より梨本宮への答礼のこと

梨本宮よりは李王殿下の祝として織物一巻と酒肴料一万疋を届け来れり。陛下よりは下賜品ありても、李王殿下より献上せらるるには及はさるへきも、梨本宮には何か朝鮮の品にて答礼せらるる方か宜しからんと思ふ。如何と云ふ。予其方か宜しからんと云ふ。

高義敬の随行員

高は、京城行には属官某（名は忘れたり）〔金永寿〕を連れ行く積なり。某は朝鮮の田舎人なるか、某の父は先年死去したるも、田舎の風習にては今年は死者の還暦に当るに付、其祝宴を開く必要あり。郷里には母か居る故、某は郷里に行く為随行を願ふ訳なりと云ふ。

死者の還暦説

予死者の還暦とは如何なるものなりやと云ふ。高、田舎にては死者の為にも還暦の祝を為すか、結局飲食する目的にて、之を為さゝれは其処に居住し難き様のことなる模様なり。

滄浪閣の修繕

高又李王職の会計課長（近藤左右一）は宗秩寮に来り居るか、李王職の予算は大概原案通り決定すへく、左すれは大磯の滄浪閣の修繕も四月より始めて宜しき故、設計等を為したらは宜しからんと云ひ居れり。

世子邸自動車の交換

又世子邸の自動車の古るき方は非常に損し居り。修繕せさるへからさるか、之を台に遣〔ママ〕はし、新きものと交換すれは、四千円許りを出せは立派なる新式の自動車を得らるる趣なり。此自動〔車〕は昨年世子か演習其他にて始終使用せられたる小形のものなり。

宋秉畯の子分

又新聞に依れは、宋秉畯の子分か二人上京したる趣なり。宋は尚ほ内地に居るならんと云ふ。予新聞には四百万円横領したる趣書き居れりと云ふ。高、宋の話よりは少しと云ふ。予、宋は三億円と云ひ居れりと云ふ。

牧野伸顕官房に来ることを求む

〇午餐のとき食堂にて牧野伸顕より、食後一寸官房に来り呉よと云ふ。乃ち之と共に官房に行く。

（朝香宮の書状は牧野に贈られたるものに非す　後段参考）

牧野、朝香宮より自分に書状を贈られたり。其書状を示す様に致し置たるか、未た見られさる趣なるか之を見れは分かることなる故見て貰ひ度。

朝香宮より東久邇宮のことを申越さる

朝香宮か東久邇宮に御逢ひなされたるとき、東久邇宮は自分（東久邇宮）は先つ二ヶ年の期限にて来りたるか、此の期限尽きるときに、更に二ヶ年の延期を為すまてのことなりと云ふ如き御話ありたることを朝香宮より申越され居れり。

東久邇宮殿下洋行期限のこと

依て自分（牧野）は久邇宮殿下に対し、東久邇宮殿下の洋行の時の事実は東久邇宮の御考への如きことに非さる様に聞き居り。御洋行のときは先つ二ヶ年の期限にて御願ひになり、当時の大臣（波多野敬直）より二ヶ年過きたるとき一ヶ年位の延期は取計ひ申すへき位の内約を申上けたる趣にて、此時のことは倉富は覚書位には書き記し居る様にも聞き居り。東久邇宮殿下の御話の如きことには非さる様なり。

東久邇宮殿下速に帰朝せらる必要　費用のこと　久邇宮殿下の考

加之只今の如く三殿下も同時に御洋行成され居りては、種々の御用を其他の方にてもなされさるへからす。且つ又少なからさる費用も掛かることにて、宮内省としては少数の方の為多額の費用を出すことは、将来御洋行なさるへき年若き方の為にも困る故、成るへく早く御帰朝を願ひ度旨を話したる処、久邇宮殿下は、至極尤なることなり。自分（久邇宮）よりも成るへく早く帰る様に申遣はすへしとの御話あり。

予より久邇宮殿下に東久邇宮殿下洋行当時の事情を説明すへきこと

右の都合に付、久邇宮殿下方も期限のことに付ては十分御承知なかるへきに付、君（予）直接に十分に申上置呉度。只今は久邇宮殿下は熱海に御出なされ居る故、此次に御帰京なされたらは、其時位には御話し申上置呉よ。

洋行費用減少の意見

自分（牧野）より費用のことを申上けたれは、殿下は自分（殿下）の洋行費は云々とて余程少額なりし様に御話あり。只今の東久邇宮殿下方の如く多額の費用は要せさるならん。今少し減額したらは宜しからんとのことなりしも、自分（牧野）は既に例か出来る故、俄に之を減することも出来さる旨申上け置きたりと云ふ。

未た朝香宮の書状を見す　徳川頼倫書状を預り居る

食堂にて牧野より予に対し、朝香宮殿下の書状を次官に渡し置きたるか見たりやと云ひ、予は未た見すと云ひたるに、徳川（頼倫）より其書状は自分（徳川）か預り居ると云ひたり。

朝香宮より久邇宮に贈られたる書状を見る

〇午後一時五十分頃徳川頼倫を宗秩寮に訪ひ、先刻牧野伸顕より話したる朝香宮殿下よりの書状を見る。先刻牧野の談を聞きたるときは、朝香宮より牧野に贈られたる書状と思ひ居りたる処、是は聞き誤りにて朝香宮より久邇宮に贈られたる書状なり。

朝香宮書状の内容

其書状には、東久邇宮は最初二ヶ年の期限にて洋行したるか、当時の宮内大臣（波多野敬直）は二年過くれは又二年を延期し、いつまて滞在なされても宜しと云ひたる趣、東久邇宮殿下より朝香宮に話されたる趣を記載しあり。又東久邇宮殿下は千九百二十四年に帰朝する旨を話されたること、東久邇宮殿下か金谷中将と議論し、日本皇室は大地主なる故、露国皇室の如くなるへきことを話されたること、東久邇宮は巴里にては日本人に接せらるること少く、日本人も東久邇〔宮〕のことを知り居るもの少きこと、東久邇宮の行動に付ては陸軍大臣、宮内大臣は非常に心配し居ること、東久邇宮は勅命にて帰朝を命せらるるも、之に従はす、皇族を止むる旨を語り居らるること、久邇宮殿下より東久邇宮に速に帰朝せらるる様申遣はされ度、尤も久邇宮の書状より先きに東久邇宮か任意に帰朝を決心せらるることを望み居ること、松平（慶民）も東久邇宮の帰朝を勧むる為に来りたるも、御承知なき為心配し居ること等を記載しあり。

竹内某の娘と長谷川某との結婚問題

予は之を見たる上直に之を徳川に返し、夫れより竹内某の娘と長谷川某との結婚問題（是は一昨日宮内大臣（牧野伸顕）より久邇宮殿下の御趣意を伺ひたる処、殿下も大倉喜七郎〔実業家、帝国ホテル会長、大倉財閥総帥大倉喜八郎長男、妻久美子は有栖川宮熾仁親王妃董子の姪）か有栖川宮の親族席に著き居り居たる如きは、目立ちて宜しからさるも、長谷川は金持ちにても旧家なる故、先つ宜しからんとの御話なりし趣にて、宮内大臣は尚ほ考へ中なりとのことなりとの話）を為し、

水平社と有馬頼寧　予等と有馬頼寧　有馬頼寧に反対する水平社員　牧野伸顕か水平社員に面会したること

又水平社と有馬頼寧との関係に付水平社の中にても老人は有馬を喜ひ居るも、年若き者は有馬は自己防衛の目的にて彼の如き事を為し居るとて、之を嫌ひ居る趣なる旨の談を為し、予等は熱心に有馬を援助し居ることゝ考へ居りたり。宮内大臣か一昨日水平社の連中に面会したるは、如何の関係なるへきやとの談を為し、予、予等は有馬頼寧の事業の目的には反対せさるも、手段等には困ること多く、之を止むることを望み居る所なり。牧野は平素彼の事を非常に心配し居るに付、職務関係等の考に非すして、面会したるものならんと思ふ旨の話を為したり。

久邇宮殿下熱海より帰らるる時期

予、久邇宮殿下は何日頃熱海より帰京せらるるへきやを問ふ。徳川本月二十五日か或は二十四日ならんと云ふ。

有馬頼寧は京都の水平社大会に入場したること

○午後零時後食堂にて牧野伸顕より、水平社員に面会したるか、中々善く喋々する旨を談したることより、予は先日の新聞に京都の水平社の大会に有馬頼寧か入場を拒まれたる様に記載し居りたるも、予か伝聞したる所にては、有馬は初より入場し居りたるに、退場を求むへしとの提議あり。数の多少にて決することゝなりたるか、退場説は否決となり、有馬は閉場まて居りたりとのことなる旨を談す。

西園寺八郎来り、辞表を出したることを告く

○午後三時四十分頃西園寺八郎来り、只今次官（関屋貞三郎）に辞表を出し置きたる故一寸報告す。次官は之を受取らすと申し居りたるも、其儘差し置きて来りたり。

辞職の原因　留任せられさることにも非す

辞職の原因は矢張り先頃の御猟場の出来事なり。菊池巳之吉の過失致死事件は自分（西園寺）の考へ居りたる所よりも非常に重大なる事件と為り、恐れ多きことか一つの理由。第二の理由としては、銃猟を為す以上は如何に注意するも、万一の間違なきことは期し難し。然るに、出来事ありたる毎に責任を負はしめらるることは余りに馬鹿らしき職務なる故、此の如き事と関係を絶ち度。然れとも、主猟のことのみを罷めて他の職に留まると云ふ如き勝手なることも為し難し。故に辞職し度訳なり。次官（関屋）は主猟との関係を絶ちて、留任したらは宜しからんと云ひ居れとも、曖昧なることにて引延はされては困る。大臣か真実関係を絶つことを計画して、留任せしむるならは、考ふる余地なきに非されとも、漫然たることにては留任する訳に行かすと云ふ。

留任を望む　宗秩寮の事務を執ることを望む

予、いつれ大臣か考慮することあるへく、予等か心配するには及はさることなれとも、今日の宮内省の状況なるに、君（西

園寺）の都合のみにて退きては宮内省の為に困ることなり。予は君（西園寺）の現職も重要なるも、先日も話したる通り君（西園寺）か宗秩寮の事務を執ることか必要なりと思ふと云ふ。西園寺宗秩寮のことは中々困難なりと云ふ。

東宮職と陸軍との関係　東宮侍従武官長のこと

予、東宮職の方も君（西園寺）か居らすしては困るへしと云ふ。西園寺、東宮職の方も中々困難なり。陸軍か東宮職を掻乱さんとし居ることあり。東宮武官長（奈良武次、侍従武官長兼東宮武官長、陸軍中将）か陸軍の人にて、其次か海軍々人（加藤隆義、侍従武官兼東宮武官、海軍大佐、加藤友三郎の養子）なるか、武官長か事故あるときは海軍の人か代理することゝなる故、陸軍にては次席の海軍の人を罷めて下級の海軍々人を入るる計画を為し居れり。加之現在の武官長は東宮殿下に益する所もなきか、左りとて悪しきこともなさす。結局プラスもマイナスもなき位なり。

珍田捨巳は好人物　関屋貞三郎は注意せす

然るに陸軍にては、現武官長を天皇の武官長と為し、東宮の武官長としては手腕家を入るる計画を為し居る模様にて、珍田大夫（捨巳）、入江侍従長（為守）等も好人物にて、他の裏面まて観察する様の注意を為さゝる故、手腕家を入られては懸念なり。此計画は多分参謀本部辺より出て居るものならんと思ふ。次官（関屋）抔にも注意し置きたるも、余り注意せさる模様なりとの談を為せり。

考査委員の組織不可なり　大谷正男の性行　御思召を持ち出すの弊　昭憲皇太后の御忌に関すること　東宮殿下御結婚準備委員会の不都合　西園寺八郎と小原駩吉とは邪魔にせらる

予より南部光臣に辞職を勧告したる顚末、省内の不一致なる模様等を談し、西園寺は次官（関屋）、大谷正男、渡部信等か不都合なること、考査委員の組織不十分なり。銃猟の実際を考へす、机上の空論にて判断する様のことにては適当なる処分を為し難し。菊池巳之吉に対する議決は酷に失すと思ふこと、伏見宮の国葬のとき事務室を定むるに付、自分（西園寺）等を大谷正男か口実を設けて他の室に追ひ遣らんとしたること、次官（関屋）等か自分等を邪魔物にすること、何事にも皇后陛下の思召を持ち出すこと、東宮殿下台湾に行啓せらるるに、四月十一日は昭憲皇太后の御忌日なる故皇太子殿下は謹慎成さるへしとのことに付、午後は御行動なされて宜しからんと云ひたるも、午後御謹慎なさるへしとの思召なりと云ふこと、先日の御結婚準備会にても、既に皇后陛下の思召を伺ひ置き、委員の口を塞きたること、君（予）か早く退席したるは利口なりしこと、自分（西園寺）は議案も持ち行かす、漫然聞き居りたること等の談を為し、予は西園寺と小原（駩吉）か邪魔物にせられ居ること、西園寺は台湾行啓に供奉する予定なるへきこと等を談し、西園寺は台湾行啓に供奉する必要あらは、夫れは供奉しても宜しと云へり。話すること十四、五分間許にして去る。

世間には為すへきことあり

西園寺は官を罷めても、地位抔に頓著せされは世間には為すへきことは相応にあり。君（予）は賛成せさる様なるも、有馬頼寧の為し居る特殊部落改善のこと抔も、幾分にても効果を挙くれは余程の世益なりと云ふ。

有馬頼寧の事業

予、予等も目的に反対する訳に非さるも、本人の行為に付懸念する次第なり。予等か有馬の心事を諒解せすと云ふて、今月二十六日には有馬か予等に事業の説明を為し、諒解を求むることになり居れりと云ふ。西園寺然るかと云へり。

関屋貞三郎後任者を定めすして南部光臣を罷めんとす

予西園寺に、南部光臣に辞職を勧告したることを談するとき、関屋（貞三郎）は後任を定めすして、南部を免官せんとしたり（三月七日の日記三十葉裏三行「自分（関屋）は夫れ程までには考へす。大臣に対しては云々」の処参照）と云ふ。西園寺、夫れは不可なり。免官して空位とならは、病気して臥して居るよりも、尚ほ差支ふる訳なりと云ふ。

岡野定義来る　岡野定義上京の用務滞京期

〇午後六時頃岡野定義電話にて（神田の森田旅館より）、往訪せんと欲する旨を告く。予差支なき旨を答へしむ。七時後岡野来る。岡野は旅順工科大学（此節単科大学に昇格したりと云ふ）第一回の予科生を募集するに付、入学試験を東京にて行ふ為上京せり。本月二十六日までに、他に依頼して体格検査を為すことゝなり居る。成績か分る筈に付二十六日の夜行汽車にて神戸に行き、都合宜しくは京都大学に立寄り、二十八日神戸出帆の船にて帰任することになるへしと云ふ。

山県伊三郎の評判悪し　皇太子殿下御婚約に関する物議の真相

岡野、関東州にては山県伊三郎の評判悪しきことの談を為し、皇太子殿下御結婚に関する一昨年の物議の真相を問ひ、予大略之を告く。

岡野健之丞は当分船越に住せしめんとす

岡野は其父健之丞と妹秀とは、当分船越に住せしむることにせんと思ひ居る旨を談す。健之丞は旅順にては友なくして困ると云ひ居れり。

米国婦人に対する観察

又米国に二年間居りたるか、同国の人は全体に活発なり。婦人にても、結婚しても其気分は未婚のときと格別異ならす。是は結婚するは親と別居する為ならんと思はる。日本の家族制に付ても研究する必要ある様なり。

皇室に対する観念、墓に対する観念　心の悪化

自分（岡野）等にしても、先帝の時と今日とは皇室に対する観念か余程違ひたりと云ふ。予、墓に対する考か以前とは非常に違ひ、今日は態々墓参するは、何たか詰らぬ様に思ふ様になれりと云ふ。岡野、自分（岡野）の家にても先祖の墓を修理せさるへからすとの説あるも、只今は生者のことに付手が廻はらさる故、墓は後廻はしになし居れり。墓の中にても自分に知り居る人の墓ならは稍々意味あるも、全く見たることもなき様の人の墓になりては、余り感しも起らすとの談を為せり。岡野は墓抔を作らす、骨を焼きて之を吹き飛はす位のことにする方か何も残らすして宜しと云ふ。予、予も先日或る人より非常に心か悪化したりとて嘲けられたるか、君（岡野）も随分悪化せりとて笑ひたり。九時後に至り辞し去る。

岡野定義に逢ひたる時
岡野は同人か米国に行くとき（大正四年）、予に逢ひたる後逢はさりしと云ふ。
〔欄外に付記〕
三月十六日補遺　青山操新嘗祭のとき摂政は直会を代理せらるへきものなりや否に付掌典部員の意見を語る
○三月十六日補遺
午後二時頃青山操審査官席にて予に、掌典部に行き、新嘗祭のとき摂政か直会を為されて宜しきや否を論し、古事類苑も閲みしたるか、是にも事故の為摂政を置かれたるときの例はなく、掌典部員は登極令天皇𥜔褓に在るときは大嘗祭には出御せられさる規定あるを根拠とし、大嘗祭、新嘗祭は摂政たりとも直会を代理せらるへきものに非すと云ふ丈のことなりとの話を為せり。
三月十六日補遺　西園寺八郎、菊池巳之吉の行為の性質を論す
○三月十六日補遺
西園寺八郎か菊池巳之吉の懲戒事件を談するとき、彼の件は事実は全く公務上の過失なり。然れとも被害者か宮内大臣を相手取り、賠償の訴訟を提起する模様ありたるに付、自分（西園寺）は務めて之を避くる方針を取り、其事に付ては警察官等へも之を避けしむる様の談を為せりとの談を為せり。西園寺の趣意は明かならされとも、菊池の行為は職務に関するものに非す。随て懲戒問題となるものにも非すとのことまて含み居るものなるへきか。

三月十六日補遺　岡野定義、有馬頼寧のことを談す
○三月十六日補遺
午後七時後岡野定義か来りたるとき、岡野より有馬頼寧氏か特殊部落のことに関係し居るか、彼のことは止める訳には行かさるやと云ふ。予、予等も之を望み宮内官と為すことも計画したれとも、本人か承知せさりしとの談を為せり。

三月一七日

○三月十七日土曜。曇。
○午前九時四十五分より出勤す。
岡田重三郎に東久邇宮、朝香宮、北白川宮の洋行に関する調書を求む
○午前十時後宗秩寮の岡田重三郎を召ひ、稔彦王殿下の洋行に関する勅許書類及大正九年以来毎年の洋行費調書、成久王殿下、同妃殿下の洋行費、鳩彦王殿下の洋行費調書を作ることを嘱す。昨日牧野伸顕より予に稔彦王殿下洋行の顚末を邦彦王殿下に説明すへきことを談したるを以て其準備の為之を嘱したるなり。
小原駩吉来る
○午前十一時後小原駩吉来り、昨日京都地方より帰りたることを告く。
西園寺八郎辞職のこと　南部光臣辞職の顚末
予、南部光臣辞職の顚末、関屋貞三郎は初より入江貫一の任官と南部の免官とを同時にすることを望み居りたりと云ひたること、南部の東宮殿下御結婚準備委員を継続することに関する交渉の顛末等を告け、此事より先き小原には西園寺（八郎）か昨日辞表を出したりとて、予に話したることを告け、予か西園寺を留め置たることを附説す。

西園寺八郎辞職の理由適当ならす

小原、西園寺は平素不平あり。菊池巳之吉の懲戒事件を機として辞表を出したるものなるか、之を機会としたるは面白からす。舒に意を翻かへさすることにすへしと云ふ。

上杉家の黒井某三条家との結婚を辞す　上杉家と三条家との結婚問題に関する宮内省の体度

小原又終に三条家と上杉家との結婚問題は、今朝上杉家の黒井某〔悌次郎、予備役海軍大将、米沢藩出身〕か来り、次官（関屋貞三郎）に対し此結婚は止むる旨を告けたる処、次官は此問題に付宮内省か不認可の意を表したるに非さることは諒し呉よと云ひたる趣なるか、問題を聞きたる上二ヶ月間も可否の答を為さす、不認可の意を表したるに非すと云ふも、誰も之を承知するものなかるへしと云ふ。

酒巻芳男来り、松平慶民の電信を示す

此時酒巻芳男来りたり。予は小原に対し単に初めて聞きたりと云ふ。小原去る。酒巻、松平慶民より関屋貞三郎に贈りたる電信を示す。

電信の趣意

○其電信は、朝香宮（朝伯爵）の英国留学のことに付ては宮内大臣（牧野伸顕）より朝伯に対し書状を贈り、趣意を釈明する筈なるか、其書状の外に電信にて釈明する必要あるや否や、関屋より松平の意見を問ひたるに対する返電にて、其趣意は大臣より書状を贈り釈明するならは、其外に電信を以て釈明するは却て不可ならん。

○東伯（東久邇宮）のことは小磯大佐〔国昭、陸軍大佐、陸軍大学校教官〕の出発後少しく事情変りたり。本月二十日頃までには今後の処置に付報告することを得るならんと思ふか、手当金のことに付謝を述ふとのことなり。予酒巻に、手当金は一時に渡したるに非さりしやと云ひたる処、酒巻は洋行前七千円か八千円かを渡し、此節特に労したりとて更に三千円かを送りたるなりと云ふ。

岡田重三郎に取調を嘱し置たる書類

予酒巻に、昨日大臣（牧野伸顕）より東久邇宮殿下御洋行のときの事情を久邇宮殿下に説明すへきことを告けられたる故、先刻岡田重三郎に洋行勅許に関する書類、東久邇宮、朝香宮、北白川宮の費用に関する調書を請求し置きたり。取調方取計ひ呉よと云ふ。酒巻宗秩寮に在る費用の調書を持ち来りて之を示す。予大体は是にて結構なるか、東久邇宮の費用は先頃松平（慶民）よりの電信にて、一ヶ年十五万円となりたる故多少此調書と異なるへしと云ふ。酒巻其部分を訂正して調書を作るへしと云ふ。

邦彦王殿下帰京の日

予、久邇宮殿下に謁せんと欲するか、殿下はいつ熱海より帰らるへきやと云ふ。酒巻、本月二十五日は伏見宮殿下の五十日祭に付、二十四日か二十三日かには帰京せらるへしと云ふ。予二十五日の午後は差支ありと云ふ。酒巻、二十五日の午前は伏見宮の御祭にて時間なし。何日に帰京せらるるや久邇宮に問合せ見るへしと云ふ。

伏見宮の五十日祭

予、伏見宮の御祭は総代に非さるも、参拝して差支なからんと云ふ。酒巻、固より差支なし。五十日祭のときは大礼服なりしと思ふと云ふ。予大概五十日祭に参拝する様にすへしと云ふ。

関屋貞三郎、小磯某か東久邇宮殿下の状況を報告したることを説く　小磯某、東久邇宮殿下のことを報告すへきこと

○午後零時後、午餐のとき食堂にて関屋貞三郎より、英国に行き居りたる小磯大佐か近く帰朝したり。小磯には陸軍大臣（山梨半造）より出来る丈け詳に東久邇宮殿下の状況を視て帰朝すへき旨を命し置きたる趣にて、小磯の観察に依れは、殿下は千九百二十四年まては欧洲に滞在することを定め居らるるか、其他には別に懸念すへき程のことなしと申し居る趣なり。小磯は明後日自分（関屋）に東久邇宮殿下のことを報告することゝなり居れりとのことを談したり。

松平慶民の電信のこと　東久邇宮殿下の状況は小磯某か出発したる後に変更す

此ことは予より徳川頼倫と関屋とに対し、先刻松平（慶民）の電信を見たるに、東久邇宮殿下の御様子も多少変りたる様申来り居れり。予は右様のことは勿論知らすして、松平に電報を発したるか、自然は東久邇宮殿下御帰朝のことに付幾分か都合よき返電に接することを得るならんかと思はるるとの談を為し、徳川も、自分（徳川）も同様に考へ居れりと云ひ、関屋は小磯の話を為せり。予関屋に対し、松平の電報には小磯か欧洲を出発したる後殿下の御様子か変りたりと申し来り居るに付、小磯か知り居るよりも一層都合よきことゝ思はるると云ふ。

酒巻芳男、小磯某か東久邇宮殿下の状況を報することを説く

食堂より厠に行きて返るとき、官房前の廊下にて酒巻芳男に遇ふ。酒巻、小磯のことは次官（関屋）より聞きたりやと云ふ。予、聞きたり。然し其報告を聞くへしとは云はさりしと云ふ。酒巻一緒に聞くと云ひ居りたる故、勿論其積りならんと云ふ。

山口賢一郎の林業視察談を聴かす

○今日午後一時より帝室林野管理局技師山口賢一郎か欧洲視察談（特に林業に就て）を宮内省応接所にて講演するとのことなりしも、予は之を聴かさりしなり。

朝香宮より久邇宮へ書状を贈り、東久邇宮のことを申越されたること　予等は先年も久邇宮殿下よりの発東のことを議したるも敢てせさりしこと

○午後零時後食堂にて、関屋貞三郎、徳川頼倫と東久邇宮殿下欧洲滞在のことを談したるとき、朝香宮より久邇宮へ東久邇宮のことに付書状を贈られたることに及ひ、予は先年来東久邇宮殿下勅許の期限内に帰朝せらるる模様なきに付、当時の宮務監督村木雅美、事務官金井四郎等と久邇宮より東久邇宮に書状を贈り、帰朝を促さるる様にせんかとの議を尽くしたることありたれとも、予等より久邇宮殿下に願ひ、書状を出し貰ひ、東久邇宮殿下か夫れにも拘はらす帰朝せられさる様のことありては、兄宮の御威信にも関することに付、此ことは見合せたり。然るに、此節は朝香宮殿下より久邇宮殿下に書状を贈られ、其書状に依り久邇宮殿下より東久邇宮殿下に書状を贈り、帰朝を促さるることゝなる趣に付、予等より願ふと違ひ、結果の如何に拘はらす、都合宜しからんと云ふ。

朝香宮と東久邇宮御兄弟仲のこと幷に生母のこと

関屋、宮内大臣（牧野伸顕）は東久邇宮殿下、朝香宮殿下は兄弟なるも、仲宜しからす。其生母（朝香宮鳩彦王生母は角田須賀子）も違ひ、東久邇宮の方か生母も宜しき様に云ひ居りたりと云ふ。予、生母は違ふか、東久邇宮の生母も余り宜しき人にも非す。今後妃殿下か洋行なさるれは、三人の王子を預かる人を探かさるへからす。差向き王殿下の生母より外に人なき様なるも、是も十分適当なりとは云ひ難き様なりと談を為せり。

内子三越呉服店に行き物を買ひ、且岡野定義の為に帯止を得ることに付問ひ合はす

○午後内子三越呉服店に行き物を買ひ、且つ昨夜岡野定義かサフヒヤの原石を持ち来り、之を以て房子（岡野定義の妻）の帯止めを作り度に付、其製作を周旋し呉よと云ひたる故、三越呉服店にて之を作るや否を問ひたるに、之を作ると云ひ、製作費は十五円許ならんと云ひたるも、内子か懇意なる店員あらさりしを以て製作を命せさりしと云ふ。

岡野定義に電話す　岡野在らす　岡野定義電話す　帯止を作ることを相談す

午後八時頃内子、岡野定義に電話し、帯止を作るに付十五、六円乃至二十円許を要すへきか、尚ほ之を作るやを問はんとす。岡野森田館に在らす。岡野帰りたらは、岡野より電話すへきことを告くへきことを森田館員に告け置きたるに、九時後に至り岡野より電話す。予、之と電話し、帯止を作るや否を問ふ。岡野、或は既成の帯止を購ふ方宜しきやも計られす。旅順に帰る前更に面会すへきに付、其時まては製作を命せさる様に致し呉よと云ふ。予之を諾す。

岡田重三郎、東久邇宮殿下の洋行勅許に関する書類写を致す

○今日午後頃（日時は正確に記臆せす）岡田重三郎来り、予か岡田に嘱し置きたる東久邇宮殿下の洋行勅許に関する書類の写を持ち来り、之を予に交し、費用の調査は少しく訂正すへき所あるに付、其上にて写を持ち来るへき旨を告く。

大正一二年日記第四冊

（表紙に付記）

日記　四

大正十二年三月十八日より四月十五日まて（十五日は未完）

有馬頼寧氏の親子の観念三月二十六日（三十四葉裏以下）

北白川宮の変事は四月一日（日記は四月二日五十一葉表）

日支郵便約定に関する釈明のことを記載したる新聞を

表紙の裡面に貼附す

○南部光臣をして東宮御結婚準備委員を継続せしむることに反対四月七日の日記

○先考の草稿の謄写を西野英男に嘱したるは四月七日

〔添付の『国民新聞』大正一二年五月二五日付け記事「首相食言問題」の切り抜き欄外に付記〕

日本支那両国間締結したる郵便約定のことに付政府と枢密院との間に扞格を生し、大正十二年三月二十九日に内閣総理大臣（加藤友三郎）か枢密院の審査委員に釈明し、其概略は同日の日記に記載したれとも、記臆確かならさりしが、五月二十五日の国民新聞に当日の状況を記載し、何人より材料を供したるか詳かならされとも、真に近き様なるに付、之を日記の表紙に貼附して参考の資料とす。

〔新聞記事は省略〕

三月一八日

大正十二年三月十八日日曜。晴驟暖。

衣を薄くす

急に衣を薄くす。

字を作る　意に適せす　梶川定治に書を送る

○午前字を作る。皆意に適せす。梶川定治〔不詳〕の為に（武士道）の三字を書したるもののみ梶川に郵送す。

内子三越呉服店に行く

○午前内〔子〕三越呉服店に行き物を買ひ、一時頃に至り帰り来る。

荒巻正信来り談す

○午後零時後荒巻正信〔久留米出身〕来り訪ふ。荒巻は新潟県理事官にて、近府県の事務を視察する為出張し、東京には三、四日滞在し、群馬、栃木等を経て帰任する旨を話す。話すこと二十分間許にして去る。

酒巻芳男より松平慶民よりの電信達したることを報す

○午後二時後酒巻芳男より電話にて、松平慶民よりの電信昨夜達し、今朝暗号の翻訳を為したるか、長文にて数通の写を作るに便ならす。依て只今使をして之を貴官（予）に送らしめ置けり。貴官（予）一覧の上、其使をして直に徳川総裁（頼倫）に送らしむる様取計ひ呉よ。電信は稔彦王殿下の仏国滞在期限のことに関するものにして、殿下は宮内省の希望に応せられす、都合悪しき電信なり。いつれ明日出勤の上詳話すへしと云ふ。予、其電信は予より松平に発したる電信の返電なりやと云ふ。酒巻其点は明瞭ならすと云ふ。午後四時後に至るも使来らす。乃ち宗秩寮宿直員に電話し、使の来らさることを告く。宿直員受授課の方を取り調へ見るへき旨を答ふ。四時三、四十分頃なりしならん。使始めて来る。

松平慶民よりの電信の内容

予電信を観るに、松平より宮内大臣（牧野伸顕）に宛たるものにて、其要旨は（稔彦王殿下（電信にては東伯と云ふ）仏国御滞在期限のことは、殿下は千九百二十四年（原文空白）月まてと主張せられ、自分（松平）は今年中（千九百二十三年）を主張し、其点に付意見一致し居らさりし処、朝伯（朝香宮殿下）著仏後、懇々帰朝のことを勧告せられ、又皇后陛下の思召を伝へられたるより、却て反対のことゝなり、先月（二月）七日自分（松平）か謁見を請ひたるも、之を拒まれ、強ひて謁見を請ひたる上、殿下の滞在期限は今月までにて尽るに付、更に勅許を願はれさるへからす、勅許を願ふには余り期限の切迫せさる中に願はるるは礼儀なる旨を説きたるに、昨年の一年の延期願のときも、金井（四郎）より勅許のことは何とも申し来らさりし故、此節も特に勅許を願ふに及はすと云はれ、結局勅許を願ふ必要あるならは其願はなすへきも、自分（殿下）適当なりと思ふときに至らされは、帰朝せすと云はるる故、此上争ふも無益なりと思ひ、其儘に退出せり。

稔彦王殿下附武官をして宮内大臣に電信を発せしめんとす

其後附武官（蒲大佐）よりの内報に依れは、殿下は附武官に命し、（稔彦王殿下ハ尚ホ仏国ニ滞在スルコトヲ必要ト考ヘラル）と云ふ如き電信を宮内大臣宛に発せしめらるとのことなり。

松平慶民の意見

兎に角今後一ヶ年間の延期を為し、其中に善後策を講するより外に致方なしと思ふに付、宮内大臣は附武官の電信は正式に勅許を願ふと云ふ形式にはなり居らさるも、大臣より、仏国滞在期限のことは承知したり。延期の取計を為すへく、殿下は松平帰朝の節、腹蔵なき御希望を松平に御伝へある様に致し度と云ふ様なる趣意の電信を附武官宛に発せられたらは如何）と云ふ様なることなり。

徳川頼倫に電信を廻送す

予之を徳川に廻送する手続を為し、宮内省の使に命したる処、宮内省より徳川に行くことを命せられ居らすと云ひ、且徳川の家も知らさる模様にて、徳川に行けは時刻か遅延して、受授課にて叱からるると云ひ、徳川に行くことを肯んせさるに付、予より受授課には事由を告け置く旨を申聞けて徳川に廻送することを命し、宗秩寮宿直員に電話し、其事由を受授課に告けしむ。午後五時四十分頃徳川頼倫の家に電話し、先刻宮内省より使を遣はしたるか、来りたるや否を問ふ。家人五時二十分頃来りたるも、主人（頼倫）不在に付、書状の受領証を出し置たる旨を答ふ。

夜雨

○夜雨。

三月一九日

○三月十九日月曜。雨。

○午前九時四十五分より出勤す。

関屋貞三郎より小磯某か来りたることを報す

○午前十一時後関屋貞三郎より電話にて、陸軍省の小磯某（大佐）か来りたるに付、大臣官房の隣室に来り、稔彦王殿下の近状に関する談を聴くへき旨を申来る。乃ち往く。関屋、徳川頼倫、酒巻芳男と共に小磯の談を聴く。

小磯某、稔彦王殿下の近状を報告す

其談は、（稔彦王殿下は実は朝香宮殿下（鳩彦王）より一日後れて生れられたるも、其生母か朝香宮の生母よりも賤しく「朝香宮の生母は宮家々令の娘」、特に一日違の誕生を世間体を繕ふ必要もありたるへきも、一ヶ月計り後れたること〔ゝ〕為し、殿下に対する待遇も、鳩彦王殿下に比すれは差別あり。殿下か成年に達せらるる頃まては、生母に面会もせしめられす、且又其父宮朝彦親王殿下〔久邇宮朝彦親王、故人〕は維新の頃は朝譴までも受けられたることあり、後年に至りても、時としては不平を漏らされたることもあり。殿下も其不平談を聞かれたる様のことよりして、殿下の性質は自然猜忌心を生する様になられたること〻思はるるとの談を聞きたることあり。其の他稔彦王殿下は学業を勤めらるること、日課を定め、午前七時頃起床、学課運動等を勉め、仏字新聞を精読し、日本に関する仏国書を研究し居らるること、妃殿下は外国の社交界に出られ難き故、妃殿下は必す迎へらるるも、妃殿下洋行の上は一ヶ処には長く滞留せす、各地を巡遊して帰朝せらるる考なること、朝香宮殿下著仏後、余り度々稔彦王殿下に帰朝を勧められ、且つ皇后陛下の御話なりとて、成るへく速に帰朝せられ度。又妃殿下も迎へらるることを望む。然らされは他日他の妃殿下か欧米の談を為さるるとき、東久邇宮妃殿下のみ談か出来すして困らるることもあらんと思はる。然し外国婦人は美麗なりとのことに付、東久邇宮殿下かどーしても妃殿下を迎へらるる考なきならは、夫れにても宜しからん。竹田宮妃殿下も彼の成行にて洋行出来難きことになり、洋行なされさる方も、東久邇宮妃殿下のみにも非さる故、絶対に妃殿下の洋行を好まれさるならは、夫れにても宜しからんとのことを伝へられ、朝香宮殿下の勧告か余り度を過きたると、皇后陛下の御話なりとて余り露骨に云はれたる為、東久邇宮殿下は却て感情を害せられ、自分（東久邇宮）は皇后陛下にまて信用なしと云ひ、其後は少しも婦人を近つけられさる様なりとの談を為せり。

東久邇宮殿下は宮内省又は陸軍省等の人か殿下の為に心配することを却て悪意に御取りなされ居ること少なからす。是は其御性質より来ることとなるへし。而して本国にて殿下の為に云々したることか不思議に殿下の耳に入り居れり。自分（小磯）は殿下に対し、本国の人か殿下のことに付彼此致すは、全く殿下の御為を思ふ為なる故、之を悪意に解釈せらるるは宜しからす。感謝せらるへき筈なりとの進言を為したるに、殿下は忠告を謝せられたることもありたること、松平（慶民）君抔も最早どーしても駄目なり。此上は勅命を以て呼ひ返さるるより外、致方なしと云ひたることもありたるか、自分（小磯）は之を賛成せさりしこと、殿下は動もすれは人に反抗なさるる癖あり。或は人の談を聞きて、故らに過激らしき言を発せられたることあるやも計り難けれとも、自分（小磯）の見る所にては、決して過激思想を懐き居らるる様のことなし。自分（小磯）か殿下に対し、軍人か軍事を研究するは勿論なるも、軍人なりとも今日にては民心の傾向等も研究する必要ありとのことを述へたることあり。殿下は自分（小磯）は一個の軍人にて、他に何等研究し居らさることは御承知のことに付、若し殿下に異なる考あらは、自分（小磯）か右様のことを談したるとき、何か御談かあるへき筈なるに、別段の御話もなかりしより見るも、決して思想上の変化ありとは思はれさること、殿下は絵画の研究をなされ居り、最早余程上達せられ、自作の画を掲け居らるれとも、固より画を以て名を成さるる程には非さること、殿下は語学も上達し、土地にも慣れられたる為、此節にては巴里滞在か非常に愉快になられ居れり。故に少しにても長く滞在し度との御希望なるへきこと、殿下は人より強ひられて帰朝期を決することか御嫌ひなる様なり）。

小磯某の意見

自分（小磯）の察する所にては、今年の秋頃までに妃殿下の洋行期を決し、来年の六、七月頃までに帰朝せらるる様になることにはあるましきや。尤も殿下は少しも口外せられさる故、自分（小磯）の臆測丈のことなること、自分（小磯）は陸軍次官（白川某）に対し、次官より殿下のことに付種々懸念したることもありたるか、小磯の帰りたる上詳細談を聞きたるに、全く誤解なりしこと相分り、大に安心したる旨の書状を御附武官（蒲某）に贈りたらは宜しからんと云ひ、次官も夫れは至極宜しからん。書状を出すことにすへしと云ひ居りたり。宮内省よりも右の如き手続を執られたらは如何と思ふこと等の談を為したり。小磯は是迠殿下に接近したる機会少なかりし故、十分に真相を得難かりし旨を談話の初に断はり居りたり。小磯か談を止めたるは、午後零時十分頃なりしなり。

古川義天、武田梅太郎の懲戒事件

○午後零時後食堂にて白根松介より、今日午後二時より竹田宮附事務官古川義天、同属官武田梅太郎の懲戒に付再議することゝなり、或は法律問題もあらんかと思ふに付、差支なくは、臨席し呉よと云ふ。予之を諾す。

関屋貞三郎、西園寺八郎の辞表を返す

予将に審査局に返らんとす。小原駩吉、一寸話すことありとて審査局に来り、西園寺（八郎）の辞表は次官（関屋貞三郎）より之を返し、西園寺之を受取りたりとのことなるか、次官は西園寺に対し、西園寺か辞職を申出てたる事由、即ち西園寺か式部職次長と為り居り、御猟に付常に菊池巳之吉事件の如きことありたる場合に責任を負はさることになすへき旨を約束し、西園寺は其解決出来るならは、強ひて辞するに及はすと云ひたる様なるか、次官か之を解決するは容易のことに非さるへし。

小原駩吉、西園寺八郎のことに付白根松介に注意す　東宮仮御所増築設計の変更

自分（小原）は白根（松介）に対し、西園寺か辞表を出したるは単に御猟事件の為のみに非す、彼の事件は動機となりたるものなり。而して西園寺か愈々宮内省を去ることゝならは、其影響は少なからす、西園寺一人の問題なりとして之を軽視すへきことに非さるへき旨を告け置きたりと云ひ、又東宮仮御所の増築は先日一旦決したるも、昨日葉山より次官（関屋）を召ひに来り、皇后陛下の思召なりとて、東宮妃殿下か故障のとき引籠られる為の別殿と、妃殿下か賢所に行かるるとき浴せらるる特別の浴室を設くることゝなりたる由なるか、次官よりは此ことに付何とも云はす、戸田（氏秀）より其趣自分（小原）に伝へ、自分（小原）は其通り決したることに相違なからんとは思ひ居るも、実は特別浴室を仮御所に設くることは如何あらんかと思ふ。仮御所にて浴したる後、洋服を著け更に綾綺殿にて祭服に更へらるるは難儀なるへく、特別浴室を綾綺殿に設くる方か便ならんと思ふ。

西園寺八郎の辞職問題と宮内省不統一との関係

西園寺（八郎）の辞職問題の為め、自然省中の不都合を大臣（牧野伸顕）に暴露する機会を得ること出来さるやと思ふ。西園寺は、宮内省に渡部信の如き没暁漢か居りては事務は出来すと云ひ居る故、御猟場のことは之を機会としたる丈けのことなりと云ふ。予、次官か関係なきことならは工夫あるへけれとも、次官のことを云ふ様なることになる故、此事を機として他の目的を達することは出来難しと云ふ。

古川義天、武田梅太郎の懲戒事件

○午後二時より考査委員会場に行く。金田才平のみ来り居る。二時二十分頃に至り、委員長関屋貞三郎、委員山崎四男六、小原駩吉、大木彝雄、大谷正男、幹事金田才平にて古川義天、武田梅太郎の懲戒事件を再議す。予幷に白根松介は傍聴せり。前回の委員会にて略々古川は年俸月割額五分の一を六ヶ月減し、武田は月俸三分の一を一ヶ年間減することに決し居りたるか、皇族附属官か警視庁の免許を受けすして自動車を運転したることは他にも其例あり。

田村捨吉か無免許にて自動車を運転したること

現に東久邇宮附属官田村捨吉も、昨年八月頃自動車を運転し、其自動車に電車か突き当りたる為、老婆を倒し其衣類を破り、其賠償を為したることあり。特に武田の事件のみ厳罰するは気の毒なりとの論あり。

小原は無免許にて長期間運転し、三人まても傷けたる事実は決して恕すへき所なしとて、前議決を相当とし、大谷、関屋等は之を過重なりとし、終に小原の外の意見にて、古川は年俸月割額五分の一を三ヶ月間減し、武田は三ヶ月間月俸三分の一を減することに変更して閉会せり。時に三時後なり。

王世子邸の自動車運転手のことに付書す　高羲敬に贈る書を作る

○王世子邸の自動車運転手某は元軍人にて、陸軍にて運転を免許し居りたることは承知し居りたるも、警視庁の免状は有せさる様に思ひたる故、書を高羲敬に贈り、免状を受くる手続を為し、之を受くるまては運転を為さしめさることにすへき旨を申遣はんと欲し、正に其書状を作る。

大谷正男、関屋貞三郎の室に来ることを請ふ

会々大谷正男来り、一寸次官（関屋貞三郎）室まて来り呉よと云ふ。時に三時四十五分頃なり。乃ち往く。関屋と西村時彦とあり。大谷亦加はる。

摂政殿下の台湾に於ける令旨案　摂政殿下の御詞の性質

西村、摂政殿下台湾に行啓したまふとき、台湾総督田健治郎に賜ふ御詞案を草したる趣にて、其草案を討議し、大谷は此案の冒頭に、皇上台湾に行幸せんと欲したまひたるも果したまはす云々とあり。此語より見れは、勅語に非さることは明瞭なり。然るに其内容を見れは、一切の政事上のことを包含し、国防のことまても説示しあり。此等のことは皇太子殿下の言に非すして、摂政殿下の言なり。然れは此御詞は何と名くへきものなりと云ふ。

令旨案に対する予の意見

予、此問題は今日に始まりたることに非す。大正十年末に摂政の任に就きたまひたるとき、総理大臣（高橋是清）に賜はりたる御詞にも、政務のことを示したまひたるも、其御詞は摂政殿下の令旨と名けられたる様なり。全体より云へは、摂政には令旨あるへきものに非すと思ふ。又摂政として勅語を下たしたまふときも、特に勅語と宣ふて、然る後勅語を宣したまふへきものに非すと思へとも、議会の開院式にも、是迄予め勅語と宣ふて、然るに勅語を宣せらるることの例となり居り。学制頒布五十年祝典のときも予め勅語と宣ひたることあり。右の如く摂政としては少しく妥当ならさることとなるも、既に慣行となりたる例あるに付、此節も矢張り摂政殿下の令旨として賜はることゝなして宜しからんと云ひ、其内容に付ては末文にセンコトヲ（庶幾フ）とあるを（望ム）と改むることを意見を出し、西村之に同意す。予又（相和協シ）とあるを（相）の字を削りては如何と云ひたるも、西村之に同意せす、其儘に止みたり。審査局に返りたるときは既に四時二十分頃なりしなり。

高義敬に贈る書を作り終り之を発送す

予は更に高義敬に贈る書状を書き終り、其発送を西野英男に嘱して退出し、午後四時四十五分頃家に帰る。

関屋貞三郎来る

〇午後五時後宮内省より電話にて、関屋貞三郎か六時頃往訪せんと欲するか、差支なきやを問ふ。予差支なき旨を答へしむ。

西園寺八郎の辞職のこと

五時四十分頃関屋来る。関屋、過日（本月十六日）雲畑御猟場に於ける過失致死事件に付、加藤内蔵助、菊池巳之吉に対する懲戒処分を発表したる日、西園寺八郎より辞表を出し、此くの如き出来事のなき様には十分注意すへきは勿論なるも、今後と雖絶無を期し難きは銃猟より生する当然の事なり。然るに、出来事ある毎に責任を負ふことは堪ふることに非す。依て職を辞し度。式部次長の職に在りて、主猟のことに関せさる訳には行かさる故、本官を辞せんと欲すと云へり。

依て自分（関屋）は、宮内省か君（西園寺）に期する所は主猟のことに非す。君（西園寺）亦主猟を主たることゝ為し居る訳に非さるへく、東宮殿下のこと、其他君（西園寺）に期する所多々あるへきに付、此事を以て辞表を出すは解し難し。主猟より生したる事に付責任を負はしむるは気の毒には相違なきも、仮令御猟場に於けることなくとも、之を無責任と為すことは出来すと思ふ。

菊池巳之吉の処分は相当なりと思ふ

菊池の処分に付ては十分なる詮議を尽くし、尚ほ重き制裁を科すへしとの意見もありたれとも、種々討究の結果、罰俸に処することになりたる次第にて、彼の処分は相当のものと思ふ。君（西園寺）の一身に付ては研究もすへきに付、辞職抔と云ふことは止むることに致し度旨を述へ、実は大臣（牧野伸顕）へも辞表を出したることまては話さゝる位に致し、自分（関屋）は夫れにて解決したることゝ思ひ居りたり。

井上勝之助主猟制度の変更を待つ　西園寺八郎は辞職せしむへからす

然るに、来月何日よりか福島県に於て雉子猟を為す予定あり。其事に付主猟課長（加藤内蔵助）より式部長官（井上勝之助）に申出てたる処、式部長官より主猟のことに付ては何とか決定することあるへしとのことに付、今暫く待つへしと云ひたる由。其次第は、西園寺より加藤にも辞表を出したることを告け、井上も西園寺より話を聞き、直に制度ても変更することゝ考へたるものゝ様なり。自分（関屋）は西園寺か加藤等にまて辞表を出したることを吹聴したるは、少しく意外に思ひ居れり。右の如き事情に付、一応此ことを君（予）に話し置く為に来りたりと云ふ。

西園寺八郎の責任を解除する方法

予、此際西園寺をして辞職せしむるは面白からす。然るに、本人は主猟に関する責任を除かされは、留任せすと云ふ以上は其責任を解せさるへからす。主猟のことは初めより式部に属せしめたるものに非す。又其性質より云ふても、式部以外に属せしむへきものに非すと云ふ如きものに非す。故に官制を改正すれは、他の部局に属せしむることも出来くへく、西園寺の責任を除くには、官制を改正すると、本人を転任せしむるとの二様の方法あり。然るに、之か為今直に官制を改正することは穏当ならさるへく、故に西園寺か是非主猟と関係を絶つと云ふならは、他に転任せしむれは夫れにて宜しき訳なり。

西園寺八郎を宗秩寮副総裁と為す意見

先年予か宗秩寮総裁の事務取扱を為すとき、予は松平慶民を知らす、仙石政敬か他に転任するならは、西園寺をして宗秩寮の事務を執らしむることを望みたるか、其時は西園寺か好ますとのことにて、松平を採ることゝなりたるか、西園寺は真実宗秩寮に入ることを好まさるや。予は今日にても同人を宗秩寮副総裁位になしたらは、式部職次長と為し置くよりも効果あらんと云ふ。

菊池巳之吉の処分は相当なり

関屋、此問に対しては明答せす、今夕は西園寺の処置に付君（予）の意見を問はんと欲する訳には非す。自然は大臣より相談することもあらんと思ひ、事情を話し置く次第なり。但菊池に対する処分に付ては、君（予）も委員会に出席せられ居りたることに付、彼の処分には反対もなきことならんと思ふ。如何と云ふ。

西園寺八郎は我儘なり

予、彼の処分は相当と思ふ。兎も角西園寺のことは大臣に話し、大臣の考にて処置する方宜しからんと思ふと云ふ。関屋、大臣に話す積りなりと云ふ。大臣は西園寺は我儘にて困ると云ひ居りたりと云ふ。

宮内省の不一致

予又宮内省にては職員一致せす、事務の進行悪しきことを談す。関屋、省内の一致せさるは自分（関屋）の致方宜しからさるに因ることなるへきも、是は殆んと致方なし。

小原駩吉に対する反感　石原健三の引継

小原（駩吉）のことに付ては山崎（四男六）、上野（季三郎）、伊藤（博邦）等より種々申出つることあるか、自分（関屋）は常に小原の弁護を為し居れり。前次官（石原健三）より事務の引継を為すとき、小原のことに付随分骨折を見たれとも、終に無益なりしと云へり。前任者か夫れ程尽力しても成功せさりしことなれは、微力なる自分（関屋）には尚更出来る筈なし。小原も賀陽宮の事抔に余り干渉せす、手を引きたる方か本人の為にも宜しからんと思ふと云ふ。

小原駩吉と賀陽宮の宮務監督及予の関係

予、其事に付ては予も幾分の責任あり。賀陽宮附事務官磯谷熊之助を罷めんとしたるも、大臣（牧野伸顕）か佐紀子女王殿下の結婚のこともあり、池田（邦助）にては間に合はさるならんと懸念し、磯谷を罷むることを承知せさりしに付、賀陽宮のことは小原か世話することゝなり居るに付、其辺には心配なしとの保証を為したることあり。然し、純然たる宮務監督と為るへしとは思ひ居らさりしなりと云ふ。

大臣官房の旧習は改まらす　東宮殿下御結婚準備委員会の不都合

予又官房の旧習は未た止まさること、先日（本月十日）の東宮御結婚準備委員会の議案は既に皇后陛下の思召まて伺済みになりたるものを議案として出しても之を議する余地なきものにて、此の如き取扱は穏当とは云ひ難しと云ふ。関屋手続きは宜しからさりしならんと云ふ。話すること四十分間許にして去る。

夜大雨

夜大に雨ふる。

〔欄外に付記〕

三月十九日補遺　宮内大臣に面談し度ことを白根松介に告く

○三月十九日補遺

午後零時後食堂にて白根松介に対し、大臣（牧野伸顕）は明後帰京するやを問ふ。白根帰京する旨を答ふ。予、面会し度ことあるに付、大臣に問ふて面会の時刻を通知し呉よと云ふ。白根、明日午前十一時頃田台湾総督（健治郎）か面会することになり居れり。其前にても面会することを得るならんと云ふ。

三月十九日補遺　宮内官任用令撤廃の必要　宮内官に非常識のものあり

三月十九日午後六時前関屋貞三郎か来り談したるとき、予は予て、宮内官を任用するに試験合格者に限ることに反対し、十分に任用範囲を拡張し、適材を採ることに為したらは、華族中にも有為の人あるへし。所謂新人を用ゐ、実際は古るき習慣を保存する必要ありと思ふ。試験合格者なりとて、先日（本月一日）の考査委員会に於ける如き迂闊の論を為しては困る旨を述ふ。関屋其通りなり。彼等は用に立たすと云ふ。

三月十九日補遺　伊藤景直に贈る詩

三月十九日補遺

午前三時頃褥中にて、伊藤景直に贈る詩を得たり。曰、一歳見君知幾回、節逢花鳥亦無媒、神交常在笑談外、故々何須往又来。

三月二〇日

○三月二十日火曜。雨後曇。

○午前九時四十五分頃より出勤す。

牧野伸顕の出省を問ふ

○午前十一時後白根松介に電話し、大臣（牧野伸顕）か来りたるやを問ふ。白根、来りたり。今台湾総督（田健治郎）に面会せんとする所なり。一寸問ひ見るへしと云ひ、少時の後総督に面会する所なる故、急かさることならは、後刻面会することにし度とのことなりと云ふ。予後刻にて差支なしと云ふ。三十分間許の後（午後零時後）、大谷正男より電話にて、只今大臣に面会せられ度と云ふ。予乃ち官房に往く。

久邇宮殿下より東久邇宮殿下に書状を贈らるることは不可ならん

松平慶民よりの電信の趣意を告く

予牧野に対し、先日（本月十日）東久邇宮殿下欧洲滞在期限のことに付、予より久邇宮殿下に事実を説明すへしとの談ありたるか、其後松平（慶民）よりの電信達したり。最早之を見たるならんと云ふ。牧野未た之を見すと云ふ。予、将に関屋（貞三郎）の室に行き、之を問はんとす。牧野如何なる趣意の電信なりやと云ふ。予其概略を告け、且つ今日午前十一時後金井四郎より受取り置たる蒲某よりの電信を出し、今朝又此の如き電信達したり。先日（本月十日）の談にては、久邇宮殿下より東久邇宮殿下に書状を贈り、帰朝を促かさるる予定なりとのことなりしか、松平の電信の模様にては、朝香宮殿下より東久邇宮殿下に帰朝を促されたる為、却て東久邇宮は反対の体度を取らるることゝなりたりとのことなれは、此際久邇宮殿下より書状を贈られて、却て悪結果を生するならんと思ふ。

久邇宮殿下より東久邇宮殿下に書状を贈らるることは先年も議したることあり

久邇宮殿下より書状を贈らるることは、予等は村木雅美か宮務監督と為り居りたるときにも協議したることありたるも、久邇宮殿下に請ひて書状を出し貰ひても、効能あるへき見込立たす。然れは、久邇宮殿下の威厳にも関すること故、之を見合せたり。此節は朝香宮殿下より久邇宮殿下に書状を贈りて、久邇宮殿下より書状を贈らるることを申越されたるものにて、予等より請ひたる訳に非さる故、先日まては発束せらるるも宜しからんと思ひたるも、松平の電信達したる為、発束を見合せらるる方宜しからんと思ふ次第なりと云ひ置き、関屋（貞三郎）の室に行き、松平（慶民）より送り来りたる電信を問ふ。

松平慶民よりの電信を牧野伸顕に示す

関屋、酒巻（芳男）か持ち居るならんとて、電話にて酒巻をして電信を持ち来らしめ、関屋、酒巻及ひ予共に牧野の官房に行き、関屋先つ、松平（慶民）より先月十七日に酒巻芳男より予に示したる松平慶民よりの電信（関屋は何日に受領したるやは詳かならす）を牧野に示し、此電信には「東伯のことは小磯大佐の出発後少しく事情変り、本月十日頃までには今後の処置に付報告することを得るならんと云ふ様なる趣意」を申し来りたるに付、都合宜しきことゝ思ひ居りたる処、其後の電信は此にて（本月十八日に酒巻芳男より予と徳川頼倫とに廻覧せしめたるものと同様の電信）とて、其電信を牧野に示し、案外都合悪しくなりたるものなりと云ふ。

牧野伸顕の意見

牧野之を熟覧し、是は一時昂奮せられたるものならん。其中には又冷却せらるるならん。只今は此儘に致し置くより外致方なしと云ふ。

予か久邇宮殿下に謁する必要の有無

予、予も同様の考なり。夫れに付、先日（本月十日）久邇宮殿下より東伯（東久邇宮）に書状を贈らるることは却て宜しからさるならんと思ふ。就ては予か久邇宮殿下に謁し、東伯御洋行期限のことを説明する必要もなきに非すやと思ふと云ふ。牧野、久邇宮より書状を贈らるることは見合はす方宜しかるへきか、久邇宮殿下も事実を承知せられ居らさる模様にて、君（予）の談は詳細なるに付、矢張一応之を説明し置く方宜しからんと云ふ。予、然らは其ことにすへし。

勅許願の取扱方

今日達の蒲大佐より予と金井（四郎）とに宛たる電信には、今後数年間滞欧なされ度とのことなるも、此の通りにては勅許を願ひ難し。去りとて勅許期限の経過するを其儘に致し置く訳にも行かす、矢張り事務官（金井四郎）より一年間の延期願を出させ置きたらは宜しからんと思ふ。如何と云ふ。牧野、関屋、夫れにて宜しからんと云ふ。

宮内大臣宛の電信は来らさるならん

午後零時三十分頃官房を出て食堂に入る。牧野（伸顕）は、松平（慶民）よりの電信には稔彦王殿下は御附武官（蒲大佐）に命し、宮内大臣宛に延期の電信を発せしめらるへく申来り居るも、宮内大臣宛に発せんとしたる電信を宮務監督（予）及金井事務官宛に発することゝなりたるものにて、此の外に大臣宛に電信を発することはなかるへしと思はるる旨を説けり。

久邇宮殿下より既に書状を東久邇宮殿下に贈られたるやも計り難し

牧野又久邇宮殿下よりは、既に書状を稔彦王殿下に贈られたるやも計り難しと云ふ。其時酒巻芳男より久邇宮附野村（礼譲）〔久邇宮附事務官〕か来り居るに付、之に問ひ合せたらは分らんと云ふ。

金井四郎、徳川頼倫の談を伝ふ

○午前十時後金井四郎審査局に来る。金井、只今宗秩寮総裁よりの談に、先日（本月十九日）小磯某よりの報告を聞きたるか、東久邇宮殿下は仏国に在る日本人中第一番の勉強家なりと云ひ、非常に好報告を聞きたりとの談を為せり。

金井四郎に松平慶民の電信の概略を語る

予、予も小磯より報告を聞きたり。然るに、他には之と異なる通信あり。夫れは松平（慶民）よりの電信にて、其電信に依れは、小磯か出発したる後、殿下の模様変り、朝香宮殿下より東久邇宮殿下に帰朝を勧められたることより、却て反対の体度を取らるる様になり、松平か面謁を請ふて之を許るされす、強ひて謁見して、勅許期限も尽きる故、更に勅許を願はれさるへからさることを進言したるも、

昨年の延期願のときも金井より何とも申越さす

昨年の追願に付ても、金井（四郎）より勅許願のことに付ては何事も通知し来り居らす、故に此節も改めて勅許を願ふ必要なしと云はれ、松平より是非とも勅許を願はれさるへからす。而して之を願はるるには、前の期限の残り居る中に、余り切迫せさる中に願はるるか礼儀なる旨を申上け、結局殿下は願ふ必要あるならは、其手続はなすへきも、自分（殿下）は適当なりと思ふときまては、滞在する旨を主張せられ居る旨を申来り居れり。

昨年の延期願の始末は言上せり

総裁（徳川頼倫）か君（金井）に小磯のこと丈を話し、松平の電信のことを告けさりしは、尚ほ之を秘し居るものなるへく、予も之を秘し置く必要あるへきも、松平の電信中に昨年の延期願のときも、金井より何とも申し来り居らさる旨殿下より御話ありたる様に申し来り居る故、其事実も問ふ必要あり、此ことを話す訳なり。昨年は如何為したりやと云ふ。金井、月日は今記臆致し居らさるも、確かに一年間の勅許ありたることを殿下に直接に言上し置けり。書状の文言等は分からすと云ふ。予、右の如きことになり居るに付、今後の延期願は如何することになすへきや、宮内大臣（牧野伸顕）に協議し見る積りなるも未た面会を得す。後刻までに協議することを得へしと云ふ。

金井四郎来り、蒲某より電信達したることを報す

金井、宗秩寮の皇族附事務官会議に列する為宗秩寮に行く。十分間許の後金井復た来り、只今東久邇宮邸より電話にて、蒲（附武官）より貴官（予）及自分（金井）宛に電信達したる旨を通知し来りたるに付、直に其電信を届くることに致し置きたりと云ふ。

蒲某の電信の趣意

十一時後に至り金井電信を持ち来る。本月十九日巴里発蒲より倉富監督、金井事務官に宛たるものにて、殿下は御研究の為、尚ほ引続き数年間御滞在なされ度御希望に付、延期の手続を請ふと云ふ様なる趣意なり。予金井に、数年間にては困る。兎も角宗秩寮員をして此写を作らしめ呉よと云ふ。金井宗秩寮に行き、直に来り、寮員は多用なる模様に付、自分（金井）か之を訳すへしとて、電信用紙に訳文を加へたり。予之を預り置きたり。金井と此一段の談を為したるは、予か牧野に面会する前のことなり。

関屋貞三郎、蒲某の電信を不都合なりと云ふ

一たひ牧野に面会し、関屋（貞三郎）の室に行き、本月十八日に達したる松平（慶民）のことを関屋に問ひたるとき、今日達したる蒲の電信を関屋に示したるに、関屋は、数年間と云はるるのは不都合なり。蒲としても言はるるか儘に此の如き電信を発するも不都合なり。陸軍省には蒲より何とか報告をなす位

の必要はありと思ふとの話を為せり。

稔彦王殿下の洋行のとき三年間の願書を出されたることなし

○午前十一時後金井四郎と談したるとき、稔彦王殿下は大正九年に一たひ三年間の洋行願書を出されたることある様に思ふか、其書類は残り居らさるやと云ふ。金井、三年間の御希望はありたるも、願書を出す前二年に変更せられ、三年間の願書を出したることなからんと云ふ。

邦彦王殿下は本月二十四日熱海より帰京せらる

○午後一時後宗秩寮に行き、酒巻芳男に邦彦王殿下帰京の日を問ふ。野村礼譲正に在り。酒巻、邦彦王殿下は本月二十四日に熱海より帰京せられ、翌二十五日故貞愛親王の五十日祭に列し、即日又熱海に赴かるる予定なるに付、貴官（予）か殿下に謁せらるるは、二十四日の晩餐後位か可ならんと野村氏（礼譲）か云ひ居る所なり。尚此ことは野村より殿下に伺ひたる上に決して通知することにすへし。

邦彦王殿下より稔彦王殿下に贈らるる書状は既に鹿子木某に渡しあり

殿下より稔彦王殿下に贈らるへき書状は、既に殿下より野村に渡され、野村より今夕出発して仏国に赴く鹿子木某（員信、元慶応義塾大学教授）に托したる趣なり。右の都合にて殿下に伺はされは之を取り戻すことを得す。依て今夕鹿子木か出発するとき、野村か之を東京駅に送り、彼の書状は自然は稔彦王殿下に渡さゝることになるやも計り難く、其時は電信にて通知すへきに付、之を含み置くへき旨を伝へ置くことにしたらは如何かと談し居る所なりと云ふ。

邦彦王殿下に謁する必要の有無

予、兎も角其始末を大臣に告けて処置したらは宜しかるへく、其序に最早予か邦彦王殿下に謁することは急を要せさることになりたるか、尚ほ一日の滞在中夜に入りて謁を請ふ程の必要なき様に思ふ故、其辺も大臣に話し見呉よと云ふ。

高羲敬来る

○午前十時後高羲敬来り、今朝斎藤総督（実）か朝鮮に帰任するに付、之を東京駅に送りたり。

王世子邸の自動車運転手は免状を有す

昨日書状にて自動車運転手のことに付注意せられたることあり。取調へたる処、世子邸の運転手は陸軍省の免状の外に警視庁の免状も有し居り、双方とも甲種の免状なり。此ことを告くる為一寸立寄りたり。此点は安心し呉よと云ふ。

西園寺八郎大奥の関係に付更に怒るへきことあり

○午後零時後、食堂の暖炉にて暖を取り居りたるとき、予小原（駩吉）に、西園寺（八郎）は出勤はし居るやを問ふ。小原又西園寺か怒ることとなり。大奥に関することとなり。未た其事柄は西園寺に告け居らさるも、或る時期には之を告け置く必要あらんと思ひ居る所なり。其事柄は自分（小原）頃々〔ママ〕或る人より聞きたりと云ふ。

自動車を借る

○午前十一時後西野英男に嘱し、今日午後二時二十分に皇太子殿下沼津より還啓あらせらるるに付、東京駅に奉迎する為自動車を借ることを嘱す。西野、自動〔車〕は差支なし。午後一時五十分玄関に自動車を著くへく、同乗を請ふ人あらは更に之を通知すへしとのことなりと云ふ。

皇太子殿下を東京駅に奉迎す

一時五十分頃自動車来りたることを報す。乃ち玄関に行く。玄関の守者、上野（季三郎）か同乗を請ふことになり居る趣なるか、未た来らすと云ふ。予、守者をして大膳寮に電話して之を促さしむ。間もなく上野来る。電話の為に非さる様なり。乃ち共に東京駅に行く。加藤友三郎、清浦奎吾、水野錬太郎、荒井賢太郎、一木喜徳郎、石黒忠悳〔枢密顧問官、子爵〕、河合某〔操、陸軍大将〕（新任参謀総長）、大庭二郎〔陸軍大将〕（教育総監）、井上勝之助等に遇ふ。

荒井賢太郎、河合某、大庭二郎と話す

荒井には鈞、寛子等の病気のことを談し、其妻の病を問ふ。河合、大庭よりは新補の挨拶を為したり。皇太子殿下を奉迎し、上野と同乗して宮内省に返る。

邦彦王殿下の書状は殿下に伺はされは取戻し難し　酒巻芳男か取次にては行違を恐る

○午後三時頃酒巻芳男来り、先刻話したる邦彦王殿下より稔彦王殿下に贈らるる書状を届くることを止むることは、宮内大臣（牧野伸顕）に話したる処、夫れは邦彦王殿下に伺ひたる後に非されは届く方を止むる訳には行かす。貴官（予）か殿下に謁せらるる故、其時貴官より殿下に伺ふことにしたらは宜しからんと云はれたり。然るに、自分（酒巻）の取次にては行違を生する恐ある故、大臣より直接に貴官（予）に打ち合せらるる様に談し置きたりと云ふ。

○午後四時頃退省す。

稲垣潤太郎、宮内官の恩給のことを謀る

○午後六時頃宮内省稲垣潤太郎〔宮内事務官兼宮内省参事官・文書課勤務〕（事務官兼参事官）より電話にて、次官（関屋貞三郎）の意を承けて往訪せんと欲す。差支なかるへきやと云ふ。時に婢トシ及シツは元山に小包郵便を出すことに付一ッ木郵便局に行き居り、取次を為す者居らさる為、内子をして六時三十分頃に来るへき旨を答へしむ。其時刻までには婢等か帰り来るならんと思ひたるを以てなり。其時刻に至りたるも婢等帰り来らす。而して稲垣既に来る。内子乃ち玄関に行きて案内し、座に就かしむ。予之に面す。婢等漸く帰り来り茶を出す。

稲垣、今般政府にて恩給法を改正し、其第百条に恩給を受くる者教育事務に従事する職務に就きたるときは、政府の恩給は之を停止せさる旨を定め、同条の但書に宮内省の学習院の教官と為したる者は其恩給を停止することを定むることになり、該法案は既に衆議院の議を経、貴族院にて之を可決することゝなり居れり。是迄に恩給を有する者か宮内官となりても、政府の恩給は停止せさることになり居るも、此節は之を改め、宮内官となれは之を停止するの主義と為したるなり。然るに国庫より俸給を受けさる教員に付ては尚ほ是ま〔て〕の通り当分の内は恩給を共通にせさる趣にて、第百条に其旨を定め、学習院の教員のみ恩給を停止することになしたる処、宮内省にて丁度学習院官制を改正し、是迄は学習院官制の中に女子学習院のことも定め居れとも、之を改めて特別に女子学習院官制を設くることゝなり、近日之を発布せんとする所なり。若し女子学習院の教員と為りたる者は政府の恩給を停止せさることゝなれは不都合なるに付、恩給局長（入江貫一）の意見を問ひたる処、学習院の教員中に女子学習院の教員を含むものと解釈することは疑なしと云ひたり。

尚ほ或る議員に嘱し、貴族院の委員会にて学習院とある中に女子学習院を含むやを質問せしめたるに、政府委員は明かに含む旨を答へ居れり。恩給法か発布せられたる後に学習院官制を改正して、女子学習院を分立せしむれは解釈上余程疑少きことゝなれとも、恩給法の発布は準備の都合にて大分後るる趣、之に反し女子学習院の方は成るへく早く官制を発布せられ度と云ひ、先つ女子学習院官制を発布し、然る後恩給法を発布し、後より発布したる恩給法に単に学習院とありて、女子学習院の文字なき為、疑を生するの懸念あり。其次第を次官（関屋貞三郎）に話したる処、貴官（予）に相談せよとのことなる故来りたり。渡部（信）は只今葉山に行き居る故、自分（稲垣）か来りたるなりと云ふ。

予、恩給法第百条に女子学習院と明記しある程に明瞭ならさるは申す迄もなけれとも、第百条は恩給を停止せさることの例外として学習院を掲けたるものにて、恩給を停止する実質的の規定に非す。第五十八条か之を停止する実質的の規定にして、其規定は第四十二条に掲けたる宮内官となれは恩給を停止することを明かにし居れり。而して第四十二条にて、宮内省の恩給に関する規定に依り宮内官の恩給の基礎となるへき官職云々とあるに付、宮内省の規定に於て女子学習院の教員か恩給を受くる資格を有することか明かになり居れり。第百条の規定を待たす、第五十八条の規定に依り恩給を停止することになり、第百条は純理より云へは、特に但書を設けさるも差支なき位のものなる故、文字上にては幾分不明の所あるも、精神を繹すれは女子学習院を含むものと解釈することは左程無理には非さるならん。随て他に特別の必要あるならは、恩給法と女子学習院官制の発布か前後することも致方なからんと云ふ。稲垣謝して去る。話すること二十分間許なりしならん。

〔欄外に付記〕
三月二十日補遺　皇后陛下の御伝言のことは金井四郎に告けす

三月二十日補遺
金井四郎と談するとき、之に松平慶民の電信の趣意の概略は告けたれとも、皇后陛下の御趣意を朝香宮より伝へられたることは之を告けさりしなり。

三月二一日

○三月二十一日水曜。晴。

穂積陳重招飲を予約す

○午前九時二十分より出勤す。直に枢密院控所に到る。穂積陳重より、陪審法案も帝国議会を通過することになるへし。是か通過すれは、前に通過したる信託法と併せて二個の重要なる法律か臨時法制審議会にて成りたることとなる故、右二個の法案調査に関し特に力を尽くされたる人々を招待して緩談せんと欲す。日時場所等は陪審法案通過の上決定して通知すへきに付、差支なくは出席し呉よと云ふ。予其厚意を謝す。

摂政殿下に拝謁す

十一時頃議長、副議長及他の顧問官と共に摂政殿下に拝謁す。

隆来る

○午前九時頃隆鎌倉より来る。予は之と二、三語を交へて出勤す。

稲垣潤太郎を召ひ、恩給法案を研究す

○午前十時後電話にて稲垣潤太郎を召ひ、昨夜談したる恩給法案は予は未た一覧もせさるものなるか、第百条に教官教員と云ふ如き泛博なる文字を用ゐあれは、官立学校の教員も含む様に見ゆるか、是には何か規定ありやと云ふ。稲垣、是には前の方に教育事務に従事する者とは云々、国庫より俸給を受けさる者を云ふとの定義を下たし居れりと云ふ。予、夫れならは明瞭なり。第百条の末項に依れは、文官より教員に転任したる者、失格なら〔す〕して退職すれは、文官の恩給に関する規定に依り恩給を給すとあり。是は勿論年限等のことは規定に適当することを条件としたるものなるへきか、其前項には特に一時の賜金を受けさるものならは云々との条件を附けたるものと一致せさる様なり。如何と云ふ。稲垣未た研究し居らすと云ふ。予教育者の点は明瞭せりと云ふ。稲垣去る。

陸軍省より宮内省員に飛行機を見せしめ〔ん〕とす

○午後二時後、西野英男大臣官房庶務課よりの通牒を持ち来る。通牒は四月十五日立川の飛行場にて、陸軍省より宮内省員に飛行を見せしむるに付、本月二十三日まて往観人員を通知せよとのことなり。家族同伴を許すとのことなる故、隆か尚ほ在るならは、之を望むや否を問はんと思ひ、留守宅に電話せんとしたるも、電話の接続出来す（話中にて）。其儘止む。

工藤英一来る

○午後二時頃工藤英一来り、京畿道知事を罷めて帰京したることを告け、挨拶を為す。工藤は朝鮮と支那との国境には時々不逞鮮人の集団か来襲するも、其他の地方は先つ無事なり。鮮人も独立抔は空想にて出来くへきものに非さることは分り、先年来智識欲に熱心し居れりとの談を為し、審査局の給仕に内匠寮に案内せしむることを請ふ。予之を給仕に命す。話すること六、七分間許。

杉栄三郎来り、鈴木重孝、岩波武信の一人の転任のことを謀る　五味均平の転任のこと　岡野敬次郎、五味均平のことを説く

○午後三時頃杉栄三郎来り、図書寮には五味均平か久しく寮頭の如き事務を執り居りたる為、自分（杉）か寮頭と為り、少しく事を為さんとすれは、是まて五味か為したる事を毀たさるへからす。依て五味を事務官と為し置きては都合悪しきに付、其旨を次官（関屋貞三郎）に告けたる処、次官も五味を転せしむることは致方なからんと云ひたる故、自分（杉）より五味の処置方に付、岡野（敬次郎）に対し事情を詳述し、五味の為好都合の処あらは、之を入るることを周旋し呉よと云ひたるに、岡野は宮内省にて処置せらるることなれは固より干渉はせされとも、五味は法学士としては熱心に歴史等を研究し、実に珍らしき人なり。宮内省にては近く御歴代の調査も始むへしとのことにて、自分（岡野）は五味を最も適任として委員にも推薦し置きたり。

関屋貞三郎、五味均平を転任せしむることを諾す　関屋貞三郎、審査官より事務官を採用することを勧む

五味は図書寮を離れては研究の便を失ひ、自分（岡野）等の為にも非常に困り、五味の為にも法制局参事官の兼任も罷めさるを得さることとなる次第なり。去りとて政府部内には五味を入るるに適当なる所なし。若し図書寮にて五味を転任せしむる必要あるならは、宮内省内にて交換てもなすより外致方なからん。如何なる処に五味を入るること出来るやとのことに付、林野管理局ならは、長官（本田幸介）も略之を承知し居るに付、其旨を告けたる処、岡野は管理局にては困る。是非図書寮に置くことを望むと云ひたり。

依て更に其旨を次官（関屋貞三郎）に告けたる処、夫れは致方なし。林野管理局に入れ、兼務として図書寮に置くことにても致し置く外致方なからん。五味の後任は審査官より採りたらは宜しからんとの話ありたるに付、今日は其相談に来りたり。自分（杉）の見る所にては、審査官より採るとすれは、鈴木（重孝）か岩波（武信）か二人の中より採るより外なからん。依て審査局長官としての考に非す、自分（杉）の立場になりて二人の中誰か適任なるへきや、其見込を告け呉よと云ふ。

二人とも適任とは云ひ難し

予、露骨に云へは二人とも適任とは思はす。どちらも法律論はするか、古書の研究等に趣味を有つ人には非さる様なり。

本人か希望すれは其意に任す

審査局の方より云へは、只今より当地に出張して実況審査を為す所なる故、突然一人を取られては差支少なからされとも、予の方針としては如何なる人にても他に転任することを好む人ならは、強ひて之を留むることはせさる積りなり。殊に審査局は事務も面白き所に非さる故、尚更無理に此局に留むることはせさる積りなり。鈴木は本人も此局に居ることは満足し居らす、是迄も幾度か転任を思ひ立ちたるも、目的を達せさりし処なり。既に先頃も林野管理局の課長にて話ありたるも、是も出来さりしなりと云ふ。

杉、長官（本田幸介）は同県人なる薩州人を採用することを非常に遠慮し、鈴木も採用せさりしなりと云ふ。予、其ことも聞きたり。本田は人選を次官（関屋貞三郎）に委任し居ると云ふに付、委任を受けたる次官か選ひたらは宜しからんとのことなりし故、予より次官に話したる処、次官は人選の委任抔は受け居らすと云へり。鈴木と岩波の中にては鈴木の方か転任を望む方ならんかと思はる。君（杉）林野管理局に転任したる砌、さつき会の宴会ありたるとき、君（杉）より鈴木に対し管理局に転任せよとの話を為したることも、其頃聞きたることあり。二人の中どちらでも宜しきに付、君（杉）より直接に話し見よ。本人か転任を希望するならは、予は困りても、其希望に任かすことにすへしと云ふ。

帝室制度審議会のこと　伊東巳代治の執著　皇室令は時勢に適せす

夫れより杉か帝室制度審議会にては近頃は何事もなさゝるやと云ふに付、予は何事もなさす。伊東総裁（巳代治）は政治家なるか、説の可否は別として、或る機関か同意せす其の為成立せさることか明かならは、其事は思ひ切りて他の方に向て仕事を為したらは宜しかるへきに、いつま〔て〕も一つのものに執著する。彼の人に不似合のことなる様に思ふこと、又皇室典範初現在の皇室令は仰山なること多く、登極令の如きも完全には実行出来す。今後是等の振合に依り続々仰山なる規定を設くるは、君主国の減したる今日の時勢には適当ならさること等の談を為せり。又審査局の事務は面白きことに非さる旨の談を為したる関係より、宮内省にて部局に因り差別待遇を為す弊あること等の談を為し、杉は話すること二十分間許にして去る。

春季皇霊祭に参拝せさる届書

○午前十一時後西野英男に嘱し、明日の春季皇霊祭に参拝せさることの届書を式部職に出さしむ。

隆か帰りたる時刻

○午後四時より退省す。帰宅後隆か何時頃去りたるやを問ふ。内子午後一時頃なりしか、其前下谷に行き、気発油を買ひ来り。帰り掛には葵館に過きり、活動写真を観て、鎌倉に帰ると云ひ居りたりと云ふ。

古山省吾なる者来り、談話を請ふ　肯んせす

○午後五時頃両筑研究会編纂部主事古山省吾なる者来り（久留米ノ事ニテ寸間御引見願度拝趨仕候）と名刺に記載し面会を求む。之に面会す。古山の外に一人の同行者既に座に在り。予其名を問ふ。名を答へたるも之を忘れたり。古山、自分（古山）は久留米人には非さるも、先年来久留米にて新聞を起し（九州朝日新聞）、漸く継続出来る様になりたるに付、昨年（年は確かならす）より東京と聯絡を取る必要上東京に支局を置くことゝしたる旨の話を為し、予か時に郷里に帰ることありや否、浮羽郡より来り居る学生は五、六十人はありや、学生の寄宿舎はありや等のことを問ふに付、予より来訪の主用を問ひたる処、在東京筑後人の話を聞き、之を新聞に載せ、更に之を纏めて小冊子と為し、学校又は青年会等に売りて修養に資せんとし居るに付、予の幼時幷に上京前後のことを話し呉よと云ふ。

予、何も話すへきことなく、加之近来非常に多用にて話を為す時間なきを以て之を拒む。古山、今日に限りたることに非す。他日都合宜しきとき話し呉よと云ふ。予、日曜も暇なき位に付、約束し難しと云ふ。話すること五、六分間にして辞し去る。

飛行機を観るや否は本月二十三日に告くること

○飛行機を観るや否及其人員は本月二十三日に告くへき旨を西野英男に告け置きたり。

〔欄外に付記〕

三月二十一日補遺　新井白石の詩経図説、支那誤判録のこと

三月二十一日の補遺

午後杉栄三郎か来り談したるとき、杉より図書寮には随分面白きものある様なり。新井白石（江戸時代の政治家・学者）詩経を講するとき、草木其他の物を図にて示したるものあり。是は紅葉山文庫より引継たるものなりとのことなりと云ふ。予は夫れは面白きものなり。以前は書を読むときに研究出来す。是は木の名、地の名、獣の名等にて済ましたるものなりとの談を為し、又予より支那の裁判に関する誤判録の如きものを見出したらは、序に通知し呉よと云ふ。杉之を諾す。是は昨年頃平沼騏一郎か諮問第四号の小委員会の会場にて予に依頼したることありし為なり。

三月二二日

〇三月二十二日木曜。晴。

春季皇霊祭に参拝せす

〇春季皇霊祭なるも参拝せす。

内子鎌倉に行く

〇午前七時十五分より内子新橋駅に行き、七時四十五分発の汽車に乗り、鎌倉に赴かんとす。果して其汽車に乗ることを得たるか否計り難し。

日記を追記す

〇午前より午後一時後まて日記（此日記の九葉目の位の処より以下）を追記す。

宮内省より松平慶民よりの電信達したることを報す

〇午後一時二十分頃宮内省受授課より電話にて、松平（慶民）よりの外国電報達したるか、如何すへきやと云ふ。予、婢トシをして之を届くへき旨を答へしむ。

松平慶民の電信を酒巻芳男に廻送せしむ

既にして暗号電信なるへき旨を意ひ、予自ら電話して、暗号には非さるやを問ふ。課員、電信局に問ひたるに、暗号なる趣なりと云ふ。予然らは酒巻（芳男）宅に廻はし呉よと云ふ。課員、承知せり。先刻も大臣宛の同様の形式の電報達したるか、暗号なりし故、是も酒巻氏の家に廻したりと云ふ。

酒巻芳男、松平慶民の電信のことを報す

〇午後三時頃酒巻芳男より電話にて、松平（慶民）より宮内大臣及貴官（予）宛の電報各別に達し、既に暗号の翻訳を終はりたり。其電信は松平か稔彦王殿下の附武官蒲某か殿下の命を受け、貴官（予）及金井（四郎）に電信を発することを聞知し、其電信に関する松平の意見を申越したるものなり。直に廻送すへきや、明日出勤の上にて宜しきやと云ふ。予、明日にて宜し。先刻宮内省より電信の達したることを報し来りたれとも、暗号にて読み難きに付、君（酒巻）の家に廻はすことを命したるなりと云ふ。

貴族院にて陪審法案を可決す

〇今朝の新聞紙に、昨日午後十一時貴族院にて政府提出衆議院送付の陪審法案可決したることを報す。

〇午後五時三十分頃内子、鎌倉より帰り来る。

〇夜雨。

三月二三日

○三月二十三日金曜。曇。
○午前九時三十分頃より出勤す。
酒巻芳男、松平慶民よりの電信を示す
○午前十時後酒巻芳男来り、昨日達したる松平慶民より宮内大臣（牧野伸顕）に贈りたる電信及松平より予に贈りたる電信の訳文を持ち来り、之を示す。電信は昨日之を訳せしむる為、酒巻に送り置きたるものなり。
電信の内容
松平か予に贈りたる電信の趣意は（貴電（予より本月十六日に松平に贈りたる電信）は見たり。稔彦王殿下より御附武官をして下記の如き電信を貴官（予）に送らしめられたり。「殿下ハ尚ホ引続キ数年間御滞在ノ御希望ニ付、延期ノ手続ヲ請フ」。依て差向き一年間の勅許を願ひ、殿下に対しては数年間と云ふ如き漠然たることにては勅許を願ひ難きに付、一ヶ年間の勅許を願ひたることを殿下に言上し、勅許の始末を明瞭にし置かれ度）と云ふ如きことなり。又牧野宛の電信の趣意は、（初めは此節倉富御用掛（予）に宛てたる電信の趣意を大臣（牧野）宛に発せしめらるる筈なりしか、其後模様変りて御用掛宛に発せしめらるることゝなりたるは好都合なり。大臣（牧野）より附武官（蒲某）宛に殿下御滞在延期のことは承知せり。差向き一年間の勅許ありたり。松平か帰朝するとき、殿下より復蔵なく御考を松平に御話ある様に言上せられ度）と云ふ如きことなり。
予酒巻に対し、松平の電信の如き数年間と云ふ様なることにては勅許を願ひ難し。依て差向き一年間の勅許を願ひたりと云へは、一年後又々延期の問題起るへき恐あるに付、此の如くすることは宜しからすと思ふ。兎も角大臣に協議すへしとて酒巻と共に大臣室に到る。
牧野伸顕在らす
大臣在らす。会々白根松介来る。白根、大臣は諾威〔ノルウェー〕（確かならす）公使〔ヨハン・ミシュレ、Johan W. Michelet〕の勲章奉呈式、伊国大使〔ジャコモ・デ・マルティーノ、Nobile Giacomo de Martino〕の信任状奉呈式の為宮中に行き居り。一たひ官房に返り衣を更へ、午後零時三十分より宮中の御陪食に列する筈なり。御陪食の前に暫時の間あり。其時に面会出来るならん。用事は長時間を要するやと云ふ。予二十分間もあれは十分なりと云ふ。白根、大臣に問ひたる上、時刻を通知すへしと云ふ。予等乃ち返る。
金井四郎来る
十一時頃金井四郎来り、先日（本月二十日）予より金井に一ヶ年間の延期願書を出すへきことを話し置きたる故（二十日の日記には此話を脱し居れり）、其願書を持ち来れり。予、金井に、松平より電信達したることを告け、更に大臣（牧野）と協議する必要あるか、未た面会の機を得す。後刻まては面会する積りなりと云ふ。
金井四郎、吉村鉄之助の別荘のことを説く
金井、先日鵠沼に行き、吉村鉄之助の別荘を見たるか、此図面の通りにて（図面を示す）間数も多く、二階丈けにて妃殿下、御子様の御住居には十分なり。吉村は衆議院議員にて、小川平吉〔衆議院議員・政友会、元国勢院総裁〕か懇意なる趣に付、小川より今年夏（七月頃）別荘に行くや否を夫れとなく探ることを依頼し置きたり。

小川平吉の話

小川は吉村か行く積りにても、之を止めさせて使用しても宜し。皇族の用に立ては名誉なり抔云ひ居りたり。昨年も山下亀三郎の別荘を使用したるとき、返礼を為さゝるへからさる旨の話を為したれは、小川は山下抔は国家多事の際利益を得たるものなる故、返礼を為すに及はす。皇族の御用なれは有りかたく思ふ筈なり。是非遣はすならは、一万疋二円五十銭も遣はせは宜しと云ふに付、一万疋ならは二十五円なりと云ひたれは、夫れは多過きると云ひたる位なり。小川は官僚式なりとの談を為せり。予、皇族か何かと云ふよりも宜しきに非すやと云ふ。

牧野伸顕と協議す

午前十一時後白根より電話にて、牧野か只今ならは暇あることを報す。予乃ち金井より一年間延期の願書を受取り、酒巻（芳男）を誘ふ。酒巻在らす。次官（関屋貞三郎）の室に行き居ると云ふ。予乃ち次官室に到り、酒巻を伴ひ牧野の官房に行き、酒巻か持ち行きたる松平慶民の電信二通（牧野及予に宛てたるもの）を示し、松平か差向き一年間の勅許を願ひたりと云ふ如き趣意を通知すへき旨を申越したるは、稔彦王殿下の感情を害せさる為なることは分り居れとも、此の如きのことを通知し置けは、一年後更に延期の問題を生するに付、如何すへきやと云ふ。牧野、松平の懸念も全く其通なるへしと云ふ。牧野も別に工夫なし。

邦彦王殿下に謁する日時のこと

予、久邇宮殿下は明日熱海より帰られ、午後は皇族講話会に行かれ、翌二十五日午前は伏見宮の五十〔日〕祭にて、午後には復た熱海に赴かるる趣にて、殿下に謁するには二十四日の夜より外には時間なし。此ことは事務官野村（礼譲）か殿下に伺ひたる上にて決することになり居れり。

邦彦王殿下より稔彦王殿下に贈らるる書状のこと

然るに、予は殿下より東久邇宮殿下に書状を贈らるることは話も聞き居らす。然るに、殿下は既に書状を作り之を野村に渡され、野村は洋行する鹿子木某に托し、東久邇宮殿下に届くる手続を為し居るとのことなり。予より久邇宮殿下に対し、其書状を東久邇宮殿下に届くることは止めらるる方か宜しからんと云ふは、余り立ち入りたることにて適当ならすと思ふか如何と云ふ。牧野、其書状には如何なることを書きあるか分らされとも、自分（牧野）は之を届けても格別のことはなからんと思ふ。

書状のことは都合次第にて宜し

話の都合にて、殿下より書状のことを云はるる様のことありたらは、之を届けさる方宜しかるへき旨を述ふる様のことも宜しかるへく、其時の都合次第にて宜し。

稔彦王殿下より邦彦王殿下に見学期限短縮のことを告けられたること

久邇宮殿下も、朝香宮殿下よりの書状に東久邇宮の滞欧期限は二年後は更に二年と云ふ如き約束にて洋行せられ居るもの〻

様に信せられ居るに付、其点に付事実を話し置く必要ありと思ふと云ふ。

予、実は東久邇宮殿下より初三年の積りなりしに付、人にも其旨を話し置たるに、波多野敬直より俄に二年にせよと云ひ、非常に困りたり。然るに、波多野は二年になしたることは強ひて他に御話しなさるるには及はすと云ふ故、他の人には告けさりしも、兄の久邇宮丈けには其ことを話したるに、久邇宮は右様のことは書面ても取り置かすして間違はなきやと云ひたり。自分（東久邇宮）は大臣か責任を以て保証すと云ふに付、之を信して書面は取り居らすと云ひ置きたりとの話を聞きたることあり。久邇宮殿下も其砌は其ことを聞き居らるるに相違なきも、時日も経過し、且久邇宮には左程関係の深きことにも非さる故、忘れられたるものならんと云ひ、兎に角東久邇宮殿下に報告する趣意は宗秩寮と協議し、大臣より蒲に対する電信と予よりの電信と矛盾なき様なす必要あり。

稔彦王殿下に対する返電の趣旨は決定せす　一年の延期願は直に出すこと

此ことは今日之を決定せさるへからさる程急なることに非す。金井より出し居る一年の延期願は此通りにて宜しからんと云ひ、更に其書面を牧野に示す。牧野是は之にて宜しからんと云ふ。

稔彦王殿下に速に帰朝せらるることを望む理由第一　同上第二

牧野又久邇宮殿下は、自分（牧野）より東久邇宮殿下か速に御帰京なさることを望む理由として、外国語を解せらるる皇族の少き為、外賓来遊の節等に差支あること、又洋行費多額に上り、二千万円内外の皇室費中にては大なる費額なり。少数の方にて多額を費やさるれは、今後外遊なさるへき方にも影響し、少額にて済めは多数の方の外遊も出来ることを申上けたるに、如何にも其通りなり。自分等の費用は極めて少額にて済みたり。只今にても夫れ程多数を要する訳なし。これを減することは出来さるやとの御話ありたるも、既に例か出来居る故、差別を立つることも出来難しと申上け置きたり。

邦彦王殿下洋行費の多きに驚かる

殿下は殿下の方より夫れは多過きるとのことを頻りに御話あり居りたりとの談を為せり。話する〔こと〕十分間許にして去る。

延期願書を金井四郎に交す

審査局に返りたる後、一年間の延期願書を金井に返し、之を宗秩寮に出すへき旨を告け、且つ東久邇宮殿下に通知する趣意は追て協議することに決したる旨を告く。

近藤左右一京城に帰ることを告く

○午前十一時後、予、酒巻芳男を追ふて関屋貞三郎の室に行くとき、内蔵寮前の廊下にて近藤左右一に遇ふ。近藤、李王職の予算は今日大臣の認可済む趣にて、明晩出発帰任する積りなりと云ふ。予か牧野との談を終り、審査局に返り居りたるとき（十二時前なりしならん）、近藤復た来り、暇乞を為し、明晩出発する旨を告く。予二十五日の李王の誕辰には間に合はすと云ふ。近藤、夫れには間に合はす。帰途郷里へ立ち寄り、墓参を為す積りなりと云ふ。一分間許にして去る。

岡田重三郎洋行費の調書を致す

○午前十時後、給仕をして宗秩寮の岡田重三郎を召はしむ。将に先日（本月十七日）岡田に嘱し置たる東久邇宮、北白川宮、朝香宮の洋行費用調書を促さんとする為なり。給仕来りて、岡田は只今舎人の制服を著け居る所を以て、著け終りて来るへしと云ひたることを報告す。

洋行費用調書を訂正せしむ

少時の後岡田来り、先日一応調書を作りたるも、実際は多少変更せられ居る所あるを以て、実際施行したる所に依り調書を訂正することを酒巻事務官（芳男）に嘱し置たるも、其訂正未た成らさるを以て、内蔵寮に就き実際支出したる金額に依り調書を作りたり。此調書即是なりと云ふて之を予に交して去る。

予之を閲みたるに、東久邇宮の費用昨十一年分は十四万三千五百円となり居るか、是は今十二年に入り送金したる五万円の中六千五百円は昨年分と為し、計十五万円となすへきものなり。

徳川頼倫に牧野伸顕との談を告く

依て十一時牧野との談を終はりたる後、其調書を携へ宗秩寮に行き、酒巻芳男をして之を訂正せしめんとしたるに、酒巻は将に総裁（徳川頼倫）の室に行かんとする所なるを以て、予も酒巻と共に徳川の室に到り、酒巻より松平慶民の電信二通（牧野及予宛）を徳川に示し、予と牧野との協議したる始末を告けたり。

洋行費用の記入

其後予は酒巻に費用の調書を交し、東久邇宮の費用の昨年分の補足及御内儀より東久邇宮及北白川宮に賜はりたる補足金の記入を求め置たり。

本田幸介来り、五代仁義を紹介したることに付過を謝す

○午後二時頃本田幸介来り、先日（本月八日）五代仁義なる者を紹介し置きたり。自分（本田）は其人には大久保利武〔貴族院議員・研究会、元大阪府知事、大久保利通三男、牧野伸顕実弟〕の紹介にて始めて面会せり。友厚の孫と云ふことに付、不都合なき人と思ひて紹介したるか、其後大久保に面会したるに、仁義は別に不正なる人には非さるも、種々なる事を為し事の纏まらさる人にて、君（予）に紹介したるは宜しからさりし旨を聞きたる故、早速紹介したることの非なりし旨を謝する積りなりしか、感冒に罹り延引せり。最早仁義に面会したりやと云ふ。

予、君（本田）か紹介したる即日に此局に来りて面会せり。種々なることを請求したれとも、話か理に立たさること多きに付総て之を拒絶し、結局友厚伝一冊を購ひたる旨を告く。本田、大久保より自分（本田）に紹介したることも友厚伝のことのみなりしも、自分（本田）の紹介には其ことを記せさりし故、不都合なりしと云ふ。話すること三、四分間許にして去る。

渡辺直達来り、身事を謀る

○午後三時頃渡辺直達〔式部官〕来り、内密に相談し度ことあり。今日西園寺（八郎）より自分（渡辺）に対し、此節海軍省より某〔山県武夫〕を式部官に採用し、之を礼式課長となすことに内定せり。依て君（渡辺）は課長を罷め、式部次長室に居り、次長（西園寺）不在の節次長の職務を執り呉よとの談あり。依

て自分（渡辺）は課長を罷むることは固より異存なきか、自分（渡辺）は最早古るき故、次長不在のとき其職務を行ふことか出来るや否、是か懸念なりと云ひたるに、西園寺は夫れは懸念に及はすと云ひたり。若し自分（渡辺）か式部職に居ることか邪魔になる様のことならは、自分（渡辺）の家計も困らさることはなけれとも、二十年以上宮内省に奉職したることにて、終りは全くし度に付、若し罷むる方か宜しけれは、宮中顧問官にてもなりて皇室との縁故を繋くことか出来くれは、夫れにて罷むることにし度し。何か西園寺の考へを聞きたることなきやと云ふ。

予、何も聞きたることなし。海軍の佐官を式部官に採用する内議あることは、官制解釈上の問題として白根（松介）より一寸聞きたることあれとも、其人を課長となすと云ふ様なることも聞きたることなし。右の都合にて事情は分からされとも、只今聞きたる通りならは、其儘勤続したらは夫れにて宜しくはなきや。予より直接に西園寺に問ひ見ても差支はなけれとも、夫れにては真相を得難かるへきに付、予より小原（駩吉）に話し見、小原か内情を知り居れは夫れにて宜し。小原も之を知り居らさるならは、小原をして西園寺の考を探らしむることは出来るならんと思ふ。然し、是は君（渡辺）の考に因ることにて、此の如きことを為さゝる方宜しとのことならは、勿論止むる方か宜しからんと云ふ。

渡辺、自分（渡辺）は少しも不平はなし。若し不平ありと云ふ様なることに解釈せらるることありては不本意なる故、寧ろ止め置く方宜しくはなかるへきやと云ふ。予、然らは勿論其方宜しからん。若し今後何か機会ありて参考となる様のことを聞き出したらは、之を通知することにすへしと云ふ。

宮内省の不一致　西園寺八郎の不平

夫れより予より省内不一致のことを談し、西園寺も不平のことあり。是は云はさる方か宜しかるへきか、君（渡辺）は知り居るやと云ふ。渡辺主猟のことよりなりやと云ふ。

西園寺八郎、小原駩吉に対する反対　式部職内の不平

予主猟のことよりなり。其外西園寺、小原のことに付種々の非難あり。又西園寺等の方よりも他に対する非難あり。人数より云へは、西園寺等に反対し居る人の方か多き様なりとの談を為す。渡辺、式部職の中丈けにても一致し居らす。職内の不平は万事西園寺か専決し、長官（井上勝之助）はありても権力なく、大臣も西園寺公（公望）に対する遠慮なるへきや、西園寺（八郎）を重用し、何事も之に相談する傾あり。随て何事も西園寺にて決定する模様にて、西園寺の気に入り居る課員（武井守成の如き）抔は課長を置きて直に西園寺に持ち出し、課長の知らさる中に事か決し居る様のことも少なからす。

渡辺直達の不愉快

自分（渡辺）等も是まてとても面白からさること少なからす。英国皇太子来遊のときの接伴に付ても、非常に自分（渡辺）を叱りたることあり。彼れ程までに云ふ必要はなきことに思ひたるも、忍耐し居りたり等の談を為せり。

有馬頼寧の近状　有馬聡頼の不都合

予より有馬頼寧の談を為す。渡辺他の人の為に道具と為る様のことありては困ると云ふ。予又聡頼〔旧吹上藩主有馬家当主、子爵、父頼之は有馬伯爵家出身〕のことを談し、十五銀行を罷めたる始末及現在の有様を談す。

松平直之の病状

又松平直之〔旧前橋藩主松平家当主、元貴族院議員・無所属、有馬伯爵家家政相談人、伯爵、渡辺直達実兄〕の近状を問ふ。渡辺別に悪しきことはなけれとも、自分（松平）に時刻を定め、読書運動等を為し居るか、其時刻には人か来るも何事も云ふも、少しも之に関係せす、又返事も為せさる様の有様なり。平常か事柄を話しても何とも云はす。夫れに付特に何と思ふかと云へは、始めて自己の考を云ふ様の有様なり。

村上清之との関係

先年村上清之〔不詳〕の関係にて損失を受けたるとき、表面は是位のことにて頓著せさる様に装ひ居りたるも、其実は余程苦心したる模様にて、病症は極度の神経衰弱なる様なるか、其原因は村上事件か余程之を誘ひたるものならんと思はると云ふ。予、予等は勿論詳しくは聞かさりしも、損失は余り多額には非さる様なりしか、五、六万円位なりしには非すやと云ふ。渡辺、今少し多かりしならん。父〔松平直克、元前橋藩主、久留米藩主有馬頼徳一三男、伯爵、故人〕の遺産を自分（渡辺）と平分したるものにて、十七、八万円位はありたらんと云ふ。

松平家の訴訟

渡辺又松平家にも種々なることありて困る。前田利同〔旧富山藩主前田家先代当主、伯爵、故人〕の処より養子に来り居りたるもの〔松平直方、元富山藩主前田利声二男、松平直克の養子、故人〕か又訴訟を起した《〔ママ〕》るか、是は松平家の某〔不詳〕（小笠原長生〔宮中顧問官、旧唐津藩主小笠原家当主、予備役海軍中将、子爵〕の妻〔秀子、松平直方長女〕の弟〔晴之助カ〕の子か）の財産を勝手にすることを目的とし居る様なり。夫れに付松平家にても親族会を組織し、自分（渡辺）親族会員になされ居り等の談を為せり。話すること二十分間許にして去る。

杉栄三郎来り、本月二十一日の相談を取り消す

○午後三時四十分頃杉栄三郎来り、先日（本月二十一日）鈴木（重孝）、岩波（武信）のことを相談したり。是は其時も話したる如く、最初自分（杉）は武宮雄彦〔内匠寮事務官・監査課長〕を採用し度考なりしも、武宮は小原（駩吉）か内匠寮に採用し度と云ひ、武宮も其方を望むと云ひ、其外にては小原か審査官位より外には人なかるへしと云ふより考へたることなりしか、次官（関屋貞三郎）に話したるに、次官は二人とも適当ならさるへし。文学士位より適任を捜かしたらは宜しからんと云ひ、承諾せさるへき模様にて、未た本人にも話し居らさる故、之を取消し呉よと云ふ。予、予も其節適任とは云ひ難しと云ひたる位にて尤もなることなり。

浅見倫太郎のこと

現に図書寮に居る浅見倫太郎ならは、其事務に趣味を有し居ることは確かなるか、如何と云ふ。杉、夫れは其通りなるか、編緝官を抑ゆる丈の気力か乏しき様にて、其点に付懸念すと云ふ。予、浅見の長所を挙け、其短所は裁判官として十分に判決文を作り得さりしことの談を為せり。四時五分後に至り辞し去る。

内子第一銀行に行き又谷中に行く

○午後一時頃より、内子第一銀行に行き預金を引出し、遂に谷中に到り墓に展し、四時後帰り来りたる由なり。

伏見宮五十日祭の時刻

○午前十時後、西野英男をして伏見宮五十日祭の時刻を調へしむ。霊前祭は午前九時にて、墓所は十一時なり。二ヶ所とも少し前に到り居る必要ありとのことなりと云ふ。

自動車を借る

予西野に嘱し、其日（明後二十五日）自動車を借ることを謀らしむ。

立川にて飛行機を見物する家族の人数

○午前十時後西野英男に、四月十五日立川にて飛行機見物は家族三人と云ふことに通知し置くことを嘱す（本月二十一日の日記参照）。

〔欄外に付記〕

三月二十三日補遺

午後九時後仁田原重行より電話にて、有馬聡頼は昨年末まてにて婦人に暇を遣はし、奇麗に手を切りたる趣にて先日橋場に来り、久しく伯爵に逢はさる故都合悪し。自分（仁田原）より引合せ呉よと云ふに付、之を引合せ、伯爵より叱責せられ、一応其ことは済みたり。

三月二四日

○三月二十四日土曜。晴。

○午前九時三十分より出勤す。

酒巻芳男洋行費用調書を致す、又松平慶民よりの電信を予に返す

○午前十一時頃酒巻芳男来り、東久邇宮、北白川宮、朝香宮の洋行費用調書を返す。昨日訂正を嘱し置たるものなり。酒巻又松平（慶民）より予に贈りたる電信を返す。予酒巻に、久邇宮附事務官野村礼譲に電話し、予か今日殿下に謁することを得るや否、謁することを得るならは、其時刻を定むることを嘱す。

稔彦王殿下見学延期願勅許の通知書案のこと

○午前十一時五十分頃山田益彦来り、稔彦王殿下仏国滞在延期勅許通知案文に付、捺印を求む。予案文の訂正を告く。山田訂正し来る。尚不可なり。更に之を訂正せしめたる後、捺印す。

関屋貞三郎来り、李王家三島別邸の一部払下のこと、摂政殿下台湾に於ける御詞のことを談す

○午前十一時五十五分頃関屋貞三郎来り、宗秩寮の酒巻（芳男）には話し置たるか、先日三島町長〔間宮清左衛門〕来り、李王家三島別邸の地所払下のことを談せり。其趣旨は三島町に鉄道の停車場を設けらるること〔と〕なりたるか、別邸の一部に倉庫を設け、貨物の積卸しの便を図る必要あり（是は鉄道省の要求には非す。三島町の要求ならん）。依て別邸の一部を譲受け度と云ふことなり。自分（関屋）は県知事〔道岡秀彦、静岡県知事〕に相談し、知事の意見を聞き来るへき旨を申聞け置きたり。高義敬か帰り来りたらは相談し呉よと云ふ。予、夫れは高か京城に行く前に話を聞く方便宜なりしならん。実は大磯の滄浪閣を李王家に引受けたる処、其方の修繕も費用を要し、大磯と三島と両方の別荘を保存することは容易ならす。三島の方は根本に於て詮議を要することゝ考へ居れり。然るに、是は世子邸にては何とも致し方なき故、高か京城に行きたるとき協議する方か便宜なりしことゝ思ふと云ふ。関屋、然る訳なりしか。三島の別荘は幾許位の価額なりしやと云ふ。予九万円位なりし様に聞き居れりと云ふ。

関屋又摂政殿下台湾に行啓あらせらるるとき、総督（田健治郎）に賜はるへき御詞の案は見たりやと云ふ。予、先日西村（時彦）と協議せり（本月十九日の日記参照）と云ふ。関屋、西村か起草したる案を示し、実は此御詞を御沙汰と云ふか、令旨と云ふか、夫れか未た定まらすと云ふ。予、先日は、摂政を置かれたるとき、摂政殿下より内閣総理大臣（高橋是清）に賜はりたる御詞を摂政殿下の令旨と称したる例に依り、摂政殿下の令旨と称することに略定まりたる様なりと云ふ。関屋御沙汰と称することは出来さるへきやと云ふ。予、予も御沙汰と云ふ語は左程特別の意味を有するものには非さるならんと思へとも、陛下の御詞の外御沙汰と称せさる例なる趣なり。此案文に（皇上台湾ニ行幸センコトヲ思ヒタマヒタル、未タ果サス。予今此ニ来リ云々）とあるを以て、勅語と称することを得さるは明瞭なり。全体（皇上云々）の語は左程必要なるものとは思はれす、寧ろ此語を削り、御沙汰と称することも一の工夫ならんと云ふ。関屋、末文に皇上至仁ノ意ニ副ハムコトヲ望ムの語あり。是も何とか改めさるを得さるへしと云ふ。予、然り。是も改めさるへからす。末文も何とか改むることを得へしと云ふ。関屋、其方か宜しきやも計り難し。冒頭に皇上云々と書き出したるは、大臣（牧野伸顕）の心附なりとのことなりとの談を為せり。六、七分間許にして去る。

支那人の偽造したる五十銭紙幣

○午後零時後食堂にて白根松介より、支那人か偽造したる五十銭紙幣を示す。偽造精工にして弁し難し。

国府種徳と詩を談す

予国府種徳に対し、七言の詩、平平仄の処を仄平仄となせは、其の次の句仄仄平の処を平仄平となすは普通なるや。前句は仄平仄と為して、後句は矢張り仄仄平となす例もあるか、厳格に云へは、後句は平仄平と為さゝるへからさるやと云ふ。国府、明清以後は平仄平となすもの多き様なるも、必しも拘はるに及はさるならんと云ふ。予伊藤景直に贈る詩を告く。国府夫れにて宜しからんと。予、強ひて平仄平にせんとすれは、末句を（労往来）と致し見たれとも、夫れにては硬に過くる様なりと云ふ。国府（相往来）ても宜しからんと云ふ。予（往来）の中に（相）の義ありと云ふ。国府、夫れは差支なからんと云ふ（本月十九日日記の補遺参照）。

四十七士の呼子笛

大谷正男食堂にて、四十七士か用ゐたりと云ひ伝ふる呼子笛を示す。誰か用ゐたるものなりや、真偽も詳ならす。四十七士の中幾人かを長府に預けられ、長府にては人少にて差支たる為、周防より人数を借り、防州より加勢に行きたる中山太右衛門〔不詳〕と云ふ者か四十七士の一人より貰ひ受けたるものなりとのことなり。

邦彦王殿下に謁する時刻

○午後二時十分頃西野英男来り、酒巻芳男芝離宮より電話にて、貴官（予）今夕邦彦王殿下に謁せらるるは、午後六時三十分ならは殿下は差支なしとのことなるか、貴官（予）の方は如何と云ふ。予差支なき旨を答へしむ。

伏見宮五十日祭のときの自動車

○午前十一時頃西野英男来り、明日伏見宮五十〔日〕祭の時の自動車は差支なし。午前八時四十分までに貴宅に廻はすへし。若し同乗を請ふ人あらは、更に通知すへしとのことなりと云ふ。

今夕の自動車及明日の自動車

○午後二時十五分頃西野英男に嘱し、今日午後六時に自動車を予か家に廻はすことを主馬寮に通知せしむ。西野来り、主馬寮にて承知せり。明日も只今の処にては同乗者なき趣なることを報す。

邦彦王殿下に稔彦王殿下洋行当時の状況を説く

○午後六時頃宮内省より自動車を遣はす。直に久邇宮邸に行く。六時二十五分頃達す。国分三亥と話す。六、七分間許の後邦彦王殿下引見せらる。予、倉富は大正九年一月まて東久邇宮宮務監督を勤め居り、東久邇宮殿下は倉富か宮務監督を免せられたる後、欧洲御見学の勅許を得られたるも、御洋行のことは倉富か宮務監督たりしときより御存立ありたることなりし為、御洋行当時の事情は倉富も一と通承知致し居れり。然るに、先頃より倉富は宮務監督の名義はなきも、東久邇宮殿下御帰朝まて同宮の御用を勤むることゝなりたるに、会々東久邇宮殿下欧洲御滞在期限のことに付殿下御希望の次第あり。倉富か承知し居る当時の事情を宮内大臣（牧野伸顕）に話したる処、大臣より倉富か承知したる事情一応殿下に言上致すへき旨申聞けたる故、今夕拝謁を願ひたる次第なり。

大正九年二月十三日、倉富か東久邇宮御邸に伺候し、殿下に拝謁し居りたるとき、宮内大臣波多野（敬直）か参殿し殿下に拝謁するに付、倉富は退出せんとするとき、殿下より波多野は予（殿下）の滞欧期限のことに付来りたるものならん。其事に付倉富に話すへき用事あるやも計り難きに付、波多野か帰り去るまて待ち居るへき旨御申聞けありたり。依て倉富は一応事務官（金井四郎）の室に退き居りたる処、暫時の後波多野は退出し、殿下より倉富と金井（四郎）とを召されたる故、共に殿下に謁したる処、殿下より此節洋行は初二年間仏国に滞在し、次て英国に行き且諸国を巡遊する為一年を要する故、通して三年間の積りにて波多野に相談し、波多野之に賛成し、井上（勝之助）「宗秩寮総裁」にも之を告け、いつれも異議なきに付、両陛下にまて其の旨を奏し置たる処、波多野より三年間は長に過く、先つ二年間仏国滞在の願書を出し、二年後に至り更に英国其の他に行く為一年間滞欧の願書を出すへき旨を談し、予（殿下）は甚た迷惑せり。然れとも二年後に至り追願すれは、宮内当局者に更迭あるも、相違なく勅許ある様保証する旨申述へたる旨《〔ママ〕》其事に決定せり。

此事は倉富も金井も之を承知し、他日の保証を為すへき旨御申聞けありたることあり。又其後殿下に拝謁したるとき（大正九年三月十二日のことなり。翌十三日の日記に前日のこと〔と〕して記載しあり）、殿下より洋行か初め三年間の予定なりしか、波多野（敬直）より先つ二年の願書を出し、二年後に至り更に追願を為せは、相違なく勅許ある様取計ふへく、既に三年の予定なることを告けたる人々には二年に短縮したることは之を告くるに及はすと云ふに付、其ことは誰にも之を告けす、唯予（殿下）の兄久邇宮にのみ其話を為したる処、夫れは口頭の約束丈けにて間違なきやと云はれたり。予（殿下）は宮内大臣か責任を以て保証すと云ふに付、書面抔は之を取り置かさりしと答へ置きたりとの御話ありたることありたり。当時の事情は右の如きものにて、初めは殿下も三年以上の御希望ありたる訳には非さりしことを言上したるに、

邦彦王殿下、朝香宮より来書のことを述へらる

久邇宮殿下より先日朝香宮より書状を贈り来りたるか、其書状には東久邇宮より朝香宮に対し、初は二年間の勅許を願ひたるも、其後は二年毎に二年の勅許を受けさへすれは、別に年数を限りたるものに非さる旨を談したる様申来り居れりとの御話あり。

予又邦彦王殿下に稔彦王殿下のことを説く

予より、東久邇宮殿下は仏国に御出ありたる後に至り、成るへく御滞在なされ度御希望を御起しなされたるものゝ様に思はるる旨を言上す。殿下（久邇宮）、当時の事情は如何にも其通りにて、仏国に行きたる後長く滞在し度考を出したるものならんと云はる。

稔彦王殿下滞仏期限延期勅許のこと

予、以上の事実か宮内大臣より言上し置くへき旨倉富に申附けたることの大略なり。最早三年の御滞欧期限も今月までにて尽きる処、殿下よりは今後数年間御滞在なされ度旨の御申越あり。数年間と云ふ如きのことにては勅許を願ひ難く、左りとて期限の尽きるに拘はらす、其儘に致し置くことも出来難きに付、宮内大臣と協議し、兎に角今後更に一年間の延期を御願ひなさるへき手続を為さんかと申し居る所なるも、此ことは未た決定したることには非さる旨申述へたるに、殿下（久邇宮）其の延期願は勅許あるへきやと云はる。予、最早期限尽きんとする所なる故、兎も角延期を願はるるより外に致方なく、宮内大臣も其手続を為すことに同意し居る所なりと云ふ。

稔彦王殿下滞仏延期のこと　鳩彦王殿下、成久王殿下に及ほす影響

殿下（久邇宮）、東久邇宮に対し延期を勅許せらるる結果、朝香宮、北白川宮等に対し不公平となりはせさるや。朝香宮等より延期を願ひたらは、是も勅許せらるることになるへきやと云はる。予、其点は宮内大臣初一同苦心し居る所にて、松平（慶民）の報告に依れは、朝香宮、北白川宮両殿下は仮令ひ東久邇宮殿下に延期を勅許せられても、他の両殿下（朝香宮、北白川宮）は別に御不平はなかるへき様に申来り居れり。然し是

は固より松平丈の推測にて、明かに両殿下に対し其事を伺ひたる訳には非さるならんと云ふ。

邦彦王殿下の注意

殿下（久邇宮）、宮内大臣は余り不公平にならさる様になすことを望むと云はる。予、殿下（久邇宮）の思召は、今後朝香宮殿下方より延期の御願ありたるときは初の二年と云ふ期限を厳守せす、矢張り延期を奏請し、東久邇宮殿下と他の両殿下との間に不公平なき様になされ度とのことなるへきやと云ふ。殿下（久邇宮）、右の如く云ひては語弊あるへし。朝香宮、北白川宮等は成るへく延期の希望を起さゝる様に宮内大臣に於て注意し、期限のことに付不平なからしむる様にあり度ものなりと云はる。予、謹承せり。其旨を宮内大臣に伝ふへしと云ふ。

松平慶民よりの通信

殿下（久邇宮）松平より何か通信ありやと云はる。予、時々通信致し居れり。此ことは倉富より言上すれは、敬礼を失する点も之あり、不都合のこととは思へとも、有様に言上すへし。

鳩彦王殿下より稔彦王殿下に帰朝を勧められたる結果

過日松平より申来りたる所にては、朝香宮殿下御著仏後、懇ろに東久邇宮殿下に対し御帰朝のことを御勧めなされたる処、東久邇宮殿下は却て其後は反対の御体度に御なりなされたる様なりとの旨を申来り居れりと云ふ。

稔彦王殿下の性質

殿下（久邇宮）、或は右様のことあらん。東久邇宮は動もすれは、人に反抗する如きことある性質あり。

邦彦王殿下は未た稔彦王殿下に書を贈られす

予（殿下）も東久邇宮に書状を贈らんと思ひ居りたるも、或は右の如きことありはせさるやと思ひ、実は今日まて書状を贈り居らさる所なりと云はる。予、甚た失礼なることなるも、東久邇宮殿下には時として只今御申聞け遊はされたる如き御性質ある様に倉富も感することあり。

邦彦王殿下より稔彦王殿下に書を贈らるることを願はさりし事由

実は先頃も、当時の宮務監督村木（雅美）等と協議致したるときも、此上は殿下（久邇宮）に御願申上け、御書状を御贈り下さる様に致さんかとの意見ありたるも、万一殿下（久邇宮）の御書状まても御願申上、夫れにても東久邇宮殿下の御承諾なき様のことありては尚更不都合なる故、是は御願申上けさる方宜しからんとのことに決したることありたり。只今は東久邇宮殿下の御感情の御動きなされ居る時なるへきに付、今暫く殿下（久邇宮）よりの御書状は御見合下さる方宜しかるへき様に考ふる旨を述ふ。

小磯某の談

予又先日仏国より帰りたる小磯某（陸軍大佐にて国際聯盟の用務にて洋行し、八ヶ月間計りにて帰朝したりとのこと）の談を聞きたるに、東久邇宮殿下は日本人にて仏国に滞在し居る人の中にて第一番の勉強なる方にて、種々の御研究をなされ居る趣を話し居りたり。

稔彦王殿下、妃の洋行を急かれさる理由

又殿下（東久邇宮）の御帰朝延期のことに付種々なる風説も

あれとも、其実何等御案し申上ける様のことなく、殿下（東久邇宮）は次第に仏語御上達になり、且つ仏国の事情に御通しなさるることとなりたる故、仏国御滞在か非常に御楽しくならせられ、其の為め成るへく長く御滞在なされ度思召より外には何事もなく、妃殿下の御洋行期を御決定なされさるは、殿下（東久邇宮）は妃殿下か御洋行なされても、外国の社交界に御出なさるる様のことは出来難く、妃殿下も御苦みなさるへきに付、妃殿下御洋行のときは単に各国御巡遊丈けになされ度思召に付、決して妃殿下の御洋行を御止なさるる御考には非す。王殿下（東久邇宮）御帰朝期御決定の上、妃殿下を御迎へなさるへき御積りなりとのことなるか、是は御尤もの御考ならんと思はる旨を述ふ。

稔彦王殿下の滞仏期限と鳩彦王、成久王両殿下の滞仏期限との比較

殿下（久邇宮）夫れは其通りなりと云はる。殿下又東久邇宮は四ヶ年にて、他の両殿下は二年にては事実不公平には非さるやと云はる。予、単に年数より申せは確かに不公平に相違なきも、事情は少しく異なる所あり。東久邇宮殿下は二年許は陸軍大学に御在学なされ居り、此間は他の事をなさるへき暇なかりしか、他の両宮は御入学なき故、二年間に十分何事もなさること出来る訳なりと云ふ。殿下（久邇宮）成る程其点は確かに相違ありと云はる。

鳩彦王殿下の不平

殿下（久邇宮）又朝香宮抔は平素多少の不平ありたり。夫れは東久邇宮は先きに洋行したる故、朝香宮は自分（朝香宮）の如く大人しく致し居れは、陸軍にて〔も〕宮内省にても、いつまても其儘に致し置くと云ひ居りたりと云はる。

稔彦王殿下の為に弁す

予、朝香宮殿下より御考へ遊はされたらは、確かに御不平に御考へなさるへきか、当時の事情は参謀本部と宮内省にて東久邇宮殿下御洋行のことを計画したるものにて、東久邇宮殿下か御自身に先きに御洋行なさる様御取計ひなされたるものにはあらさる様なりと云ふ。

倉富か妃殿下と共に洋行したらは宜しからん

殿下（久邇宮）又妃殿下洋行のときは、倉富か同行したらは宜しからんと云はる。

邦彦王殿下の注意

予辞し去らんとするとき、殿下（久邇宮）より、懇意に任せ勝手なることを云ひたり。余り露骨なる様の語は程克く斟酌して、宮内大臣に話し呉よと云はれたり。時を費すこと四十分間許にして辞し去る。

荒井カスヱ来る

○午後一時後荒井カスヱ来り、予か三時後家に帰りたるときまて内子と話し居りたり。予と暫話して去る。

岡野定義来る

○午後四時後岡野定義来り、明後二十六日出発帰任する予定なるか、時刻は未定なり。今日は是より大塚に居る叔父（岡野碩〔倉富啓二郎の妻フミの叔父〕）を訪ふ積りなりと云ふ。

サフヒヤの原石を岡野定義に返し、ウィタミンの代価を償ふ

先日（本月十六日）岡野より帯止を作る材料として内子に託し置きたるサフヒヤの原石を返す。帯止を作ることを止めたるを以てなり。又岡野にウィタミン代十円、布送賃六銭を償ふ。岡野、予の依頼に因り理化学研究所内の知人某に嘱しウィタミン二瓶を購ひ呉れたるを以てなり。

岡野房に襟巻を贈る

又岡野に托し其妻房に襟巻を贈る。話すること二十分間許にして去る。

三月二五日

○三月二十五日日曜。晴。

貞愛親王の五十日祭に参す

○午前八時四十分頃宮内省より自動車を遣はす。大礼服を著け、直に伏見宮邸に赴き、貞愛親王五十日祭に参す。宮内省よりは勅任官総代として高橋其三〔内匠寮事務官・会計課長〕、奏任官総代として鹿児島虎雄来り参す。其外に来りたるものは、井上勝之助及ひ予なり。又陸軍大将神尾光臣〔後備役陸軍大将、男爵〕も来り居れり。其他関屋貞三郎、小原駩吉、大谷正男、酒巻芳男等は国葬委員として来りたるなり。九時より権舎祭儀ありたるも、予等か拝したるは十時頃なり。予は直に自動車に乗り、豊島岡の墓所に赴く。十一時頃より墓前祭ありたるか、儀の終りたるは午後零時十分頃なり。予は直に家に帰る。零時四十分頃なり。服を脱し飯を喫す。既に一時なり。

有馬伯爵家の相談会に会す

直に電車に乗り、銀座四丁目にて電車を更へ、山谷の停留場にて車を下り、歩して有馬家に到り、家政相談会に列し、有馬家大正十一年度の決算を議し、之を認可することに決す。

有馬聡頼補助金を復することを望む

次て仁田原重行より、有馬聡頼か其雇女に暇を遣はし、聡頼は是は雇女と共に別居し居りたるも、暇を遣はしたる後は自家に帰り、其嫡母藤子〔故有馬頼之の妻、旧丸亀藩主京極家当主京極高徳妹〕と同居し居ること。聡頼か仁田原を訪ひ、有馬伯家より以前の如く補助金を受け度旨を談し、仁田原か補助金を請ふ理由なく、又伯爵家の職員として補助金を出すこと抔は毛頭考へ居らさる旨を話し置たること。

有馬聡頼の妹の縁談

聡頼の妹〔原文空白、雪子〕を綾小路某〔護、子爵〕より貰ひ居《ママ》り、大概婚約を結ふことになり居ること。綾小路は野宮某〔定穀、子爵〕の家より綾小路を継きたるものにて、本人は京都大学を卒業したる法学士にて子爵なり。資産としては小さなる家屋敷あり。其方には養母〔晨子〕か住し居り、本人は第十五銀行支店の役員にて、少許の俸給を受け居ること。

古屋売買の契約を履行せさる買主か訴を起したること

橋場町に在る有馬家の古屋を買受け、約束を履行せさる為契約を廃毀し、有馬家より更に元田作之進に売渡したる末、先の買主某より有馬家を相手取り民事訴訟を提起したる事件は、原告か和解を希望し、一回口頭弁論を為したる丈けにて其儘になり居ること。

久留米別邸の地所借受希望者多く当分其儘に為し置くこと

久留米篠山町に在る別邸の地所は、明善中学校長某より学校の運動場として現在建物の建てある場所を籠めて敷地の半分位を借用し度旨を申来り居り。其外に私立学校よりも借用を申込み、キリスト教会の学校よりは一坪十五円位にて若干坪を売渡すことを請求し、久留米市よりは久留米師団にて招魂祭を為すとき、其場所か遠隔にて不便なる故、篠山町の別邸全部を借り受け、招魂祭場も其中に設け、其他市の用に供し度に付、之を借り受け度と申来り居ること。右の如く処々より相談致し居り、処置困難なるに付、当分総て相談に応せさることに致し度こと。

有馬聡頼の嫡母藤子か伯爵家より正頼の妹誉子に贈りたる祝の額を問ひたること

聡頼の嫡母藤子か伯爵婦人（豊子）を訪ひ、聡頼の妹某か結婚せんとすることを語り、有馬の分家（男爵家）の誉子か結婚したるとき、伯爵家より祝儀を遣はされたる趣なるか、其振合は如何なりしかの問を発したる趣なること等の談を為し、相談人の意見を問ひたり。

有馬聡頼の妹の結婚には伯爵より祝を遣はす必要あり

予は、聡頼か雇女に暇を遣はれたりとて以前の如く補助を受くることを望むは言語同断にて、固より承諾せらるへきことに非す。然れとも、聡頼か不都合なりとて伯爵家と子爵家との関係を絶たれたる訳に非す。現に聡頼の弟の宗嗣〔有馬子爵家（聡頼）の弟〕の学資は名義は境氏（豊吉）より貸与になり居るも、其実伯爵家より出て居る様の次第なるに付、聡頼の妹か愈結婚することゝなりたらは、伯爵より姪の結婚に対する祝儀は之を遣はさるるか穏当ならんと思ふと云ふ。

有馬聡頼の妹と正頼の妹誉子との祝儀は同様にする必要なし

有馬秀雄、祝儀は固より之を遣はさるるか宜しからん。然し所謂真の祝儀にて、誉子の結婚のときの如く、結婚費補助の如き目的を以て金を与へらるるは適当ならさるへしと云ふ。予夫れは祝儀の趣意にて宜しからんと云ふ。

有馬秀雄悪寒あり、早く帰る

此日相談会に列したる者は松下丈吉、境豊吉、有馬秀雄か相談人にて、伯爵、頼寧、家職としては仁田原重行、水野光衛〔有馬伯爵家家扶〕、有馬泰明なり。予は相談人中の年長者なるを以て相談会を整理せり。有馬秀雄は他に用事ありとて、午後四時頃に来り、相談会を終りたるとき、五時頃に至り悪寒ありとて、飲喫せすして辞し去りたり。

有馬伯爵家に行くこと後る

相談会は午後二時より開くへき筈の処、予か家を出つるときは既に一時にて、二時までには達し難きに付、家を出つるとき、内子をして二時二十分頃に非されは達し難き旨を有馬家に報せしむ。予か達したるときは正に二時二十分頃なりしなり。有馬家の家丁某より先刻貴家より電話にて、貴君（予）か達せられたらは、電話を掛けられ度とのことなりしと云ふ。予乃ち電話す。

内子電話にて安か上京を報する電信達したることを報す

内子、郷里より電信達し、久留米発の電信にて（二列車ニテ直行ス）とあり。発信者は（ヤス）とありて安〔倉富勇三郎の弟倉富強五郎長男〕のことなるへく、龍郎も安と同行することなるへきか、電信は不明なり。二列車に乗れは明二十六日午後七時後に東京駅に達する訳なりと云ふ。

有馬頼寧、境豊吉と自動車に乗りて帰る

午後五時後より飲喫し、七時三十分頃より頼寧、境と自動車に同乗して帰る。八時三十分頃家に達す。

有馬頼寧車中にて語りたることあり

車中境か車を下りたる後、頼寧より、実は君（予）に相談し度ことあり。先日より往訪せんと思ひ居る所と云ふ。予都合にては予より往訪すへしと云ふ。頼寧夫れには及はすと云ふ。

豊島岡墓所にて邦彦王殿下は未た書を稔彦王殿下に贈り居られさることを関屋貞三郎に告く

○午前豊島岡にて御墓所より帰るとき、関屋貞三郎に対し、昨夜久邇宮に行きたるに、殿下は未た書状を東久邇宮殿下に出し居られさる趣なることを告く。

三月二十六日

○三月二十六日月曜。晴。

○午前九時四十分頃より出勤す。

酒巻芳男に邦彦王殿下は未た稔彦王殿下に書を贈られさる趣なることを告け、酒巻か野村礼譲より聞きたりと云ふことの誤なるへきことを質す

○午後一時後宗秩寮に行き、酒巻芳男に一昨夜久邇宮邸に行き邦彦王殿下に謁し、東久邇宮滞欧期限のことを言上したる処、殿下（邦彦王）は東久邇宮には未た書状を出し居らすと云はれたり。君（酒巻）は野村（礼譲）より確かに其ことを聞きたりや。殿下（邦彦王）の書状を出されたるは朝香宮宛には非さるやと云ふ。酒巻、早速野村に問ひ合せ見るへしと云ふ。酒巻、野村に電話したる処、野村は正に外出し居るとのことなりと云ふ。予、予は是より他に行かさるへからさる故、直に返事を聞くに及はすと云ふ。

諮問第四号の幹事会に会す

○午後一時四十分頃より歩して司法大臣官舎に行き、諮問第四号に関する幹事会を開くに付、予は幹事に非さるも其会に参したるなり。幹事牧野英一は定刻二時に来り、委員小山松吉〔大審院検事、臨時法制審議会委員・幹事〕は二時三十分頃に来り、幹事林頼三郎は議事〔堂〕に行き居り来らす。泉二新熊〔大審院判事、臨時法制審議会幹事〕か来らさるを以て電話にて催促したる処、今日の会を忘れ居りたりとて、是より往くへしと云ふ。依て之を待ち居り、三時後に至り始めて来る。乃ち協議を始め、刑法総則中に罰《ママ》刑法定主義を掲くるや否を議し、泉二より予に対し、現行刑法に於て旧刑法第二条（法律ニ正条ナキモノハ何等ノ所為ト雖モ之ヲ罰スルコトヲ得ス）を削除したる理由を問ふ。予は、憲法に法律に依るに非されは、逮捕監禁審問処罰せらるることなしとの保証あるのみならす、法律の規定なきに人を罰することあるへしとの考は起らさる故、特に旧刑法第二条の如き規定を置く必要なしとの趣意を以て、之を削りたる旨を答へ、幹事会に於ても之を設けさることに決す。

次て犯罪の場所及時に関する規定を設くるや否を議す。議未た決せさるとき、花井卓蔵始めて来る。予は犯罪事実の発生したる場所を犯罪の場所となす規定を設けても、事実か数ヶ所に渉りて発生すること少なからす。然れは此規定を設けても効能なき旨を述へたるも、此ことは先つ議論を尽くす為の問題として之を掲くへきことに決す。次て泉二より重罪軽罪を区別することを主張す。予窃盗罪の一例にても罪別を設くることは不可なる旨を説く。泉二尚ほ其説を主張す。花井も泉二の意見に反対の意を述へ居りたり。

早く幹事会を退く

予は四時三十分に有馬頼寧の約に赴かさるへからさるを以て、四時十分頃退席し、予の外は尚ほ会議を継続することゝなりたるを以て、決議の結果は予に通知することを書記谷村銀次郎に嘱して去る。

有馬頼寧氏の招に築地の上海亭に赴く

桜田門外より電車に乗り、築地明石町支那料理店上海亭に赴く。有馬頼寧、松下丈吉、仁田原重行、境豊吉、有馬泰明既に来り居れり。予か達したるは四時四十分頃なりしならん。有馬秀雄は昨日の病未た癒へさるものならん。今日は来会せす。七時頃より飯喫し、八時後に至り終る。

内子より電話にて、李王職より来りたる電信の取計ひ方を問ふ

飲喫前六時頃なりしならん。内子より宮内省より電話にて、李王職長官より電信達したるか、之を送るへきや否を問ひ合せ来れり。然るに、宮内省の宗秩寮よりの電話ならんと思ひたるも、宗秩寮よりの電話に非すとのことなり。会計審査局よりの電話ならんと思ひ、其ことを宗秩寮員に告く。寮員より審査局を調へ呉れたるも、局よりの電話にも非すとのことなり。宮内省何処よりの電話なるへきや、李王職よりの電信は如何すれは宜しきやと云ふ。予、宮内省受授課に電話し、李王職よりの電信は送り呉よと云ふへき旨を答ふ。

有馬頼寧氏心事を説く　農村研究問題

飲喫後頼寧より、自分は決して急に襲爵することを望み居る訳に非す。然れとも既に四十歳に達したり。何か後に残るへき事を致し置き度との考を懐き居ることは今日に始まりたることに非す。故に農村問題研究所を作り、小規模にても宜しきに付独力にて之を経営し度と思ふ。

親愛夜学校、同愛会、教育者協会　小城（忠次郎カ）のこと

現在関係し居るは親愛夜学校、同愛会、教育者協会なるか、実はいつれも自ら求めたるものに非す、自然に自分（頼寧）か主として関係することになり居り、自分（頼寧）か手を引けは、維持出来さることゝなる故、余儀なくこれを継続し居る次第にて、都合より継続すること出来くれは、脱退し度きことゝ思ふ。夜学校の方は校舎改築の必要に迫まり居るか、是は木戸某（幸一、貴族院議員・無所属、農商務省参事官・水産局北洋課長、木戸孝允孫）（侯爵）か邸地を売却することとなり居り、其代金を取れは一人にて三万円位は寄附して宜しと云ひ居れり。然れは校舎は夫れにて出来るも、まさか木戸のみに出金せしめ置く訳には行かさるへく、又教育者協会の方は資金乏しく、雑誌の発行も継続し難きことゝなり居るか、是は畢竟幹事小城某〔基、画家〕（忠次郎カ）か不人望にて、経理当を得さるより起ることなれとも、該会は元来小城か発起したるものにて、同人を黜くる訳にも行かす。而して自分（頼寧）は自分の名義にて岩崎〔久弥、三菱財閥三代目総帥、男爵〕其他より寄附を受け居る故、今更該会を退く訳にも行かす、頗る困り居る所なり。同愛会の方は牧野（伸顕）、渋沢（栄一）等か熱心に斡旋致し呉れ、該会の為に資金を集め呉るるとのことなる故、此方は其方の困難はなきことゝなるへき旨を述ふ。

教育者協会を止むること

松下、予、仁田原等より、事柄はいつれも悪しきことなけれとも、関係する事か余り多きに過く。此上更に農村問題を加へては、尚更どの事も徹底せさることゝなる故、先つ教育者協会は之を止むることゝすることを望む旨を述ふ。頼寧尚ほ困難の事情を述へたるも、是は他に教育会も出来たるを以て協会を継続する必要も少く、殊に維持も困難なる事由を宣明して該協会を廃することゝなせは、寄附者は初より金を捨てたるものなる故、格別頼寧の面目を汚かす程に至らす、此上之を継続すれは、愈々不始末を増すに付、是非之を廃すへきことを勧め、此ことは大概承諾したる模様なり。

有馬頼寧氏に洋行を勧む

次て同愛会等の関係を脱する手段として、一時洋行することを勧め、頼寧は只今洋行の希望なき旨を述へたるも、他は全員其得策なることを主張し、尚ほ熟考を望むと云ひたるも、此ことは希望する模様なし。

農村研究費を出すことを望む

更に頼寧より同愛会の資金充実したる上は有馬家より農村研究費を出すことに同意し呉るるやと云ふ。予現在にても農政研究費として毎年三千円を支出し居れとも、是は研究費には使用せす他の用途に充て居る有様に付、他の事業を止めさる以上は研究費を出しても其目的には使用せさることになるへしと云ふ。頼寧、研究費を出し呉るれは特別の経理と為しても差支なしと云ひたるも、誰も之を承知せす、是は他日の問題となす意向にて話を止めたり。

有馬頼秋の修学のこと

頼寧身上の問題一と通り談し終りたる後、松下より頼秋〔有馬頼秋、有馬頼寧長男〕は学校に行かすとのことなるか、夫れは宜しからす。何処かの学校に入るる様にあり度と云ふ。

有馬頼寧氏の親の子に対する関係の観念

頼寧幼少の時ならは親より修業の方針を授くる必要あれとも、一と通り事理を解したる上は、親たりとも子の欲せさることを強ふるは宜しからす。自分（頼寧）は之を強ゆる権利もなしと思ふ。自分（頼寧）は祖先の遺沢に依り生長したるものにて、父より養育せられたるものと思はす。是と同様に頼秋も自分（頼寧）か養育したるものに非す。此点に付ては諸君（予等）

か自己の力にて子を養育するとは非常の差あり。随て子に対する観念に付ても大なる相違あり。自分（頼寧）としては如何にしても頼秋をして強ひて修学せしむる勇気なしと云ふ。予、松下、境、仁田原等より交々頼寧の誤りを論す。

有馬頼秋を早稲田大学に入るること

頼寧尚ほ首肯せさりしも、頼秋か塩梅宜しくなれは、早稲田大学に行き、研究せしむる積りにて、既に学校の方にも交渉し置きたりと云ひたる故、一同修学さへせしむれは夫れにて宜しと云ひ、深く論究することを止めたり。

有馬頼寧氏長女静子婚姻のことを談す

十時頃より一同帰途に就く。予と頼寧とは頼寧の自動車に乗り、他は皆歩して電車停留場に到りたり。自動車中にて頼寧より、先日来君（予）を訪はんと欲し居るは実は突飛なる問題なり。長女静子は女子学習院にて更に高等科に入ることゝなし、今後二年間在学することなるか、自分（頼寧）より云ふは笑しきことなから、学習院にては評判宜しく、此の如き人こそ皇族の妃たるへき人ならんとの噂ある趣なり。若し秩父宮殿下の妃となることを得れは幸のことなりと思ふ。

山辺知春に謀りたること

山辺知春は内端の人なる故、一応同人に話し見たる処、只今の処何も御結婚の談なし。兎も角君（予）に談し置く方宜しからんと云ひたり。

牧野伸顕に談すること

君（予）の考にて牧野（伸顕）に談しても宜しとのことならは、自分（頼寧）と牧野とは同愛会のことにて関係を生し居るに付、牧野に話し置かんと思ふ旨の談を為せり。

有馬静子の既往に於ける縁談

予、先般話ありたる邦久王及山階侯〔山階芳麿、山階宮菊麿王二男、陸軍砲兵少尉、侯爵〕との結婚談は双方とも健康十分ならさる様なるに付止めたる方か宜しかりしと思ふ。

大森鍾一に談すること

只今の話は成立すれは結構なり。夫人（貞子〔有馬頼寧の妻、北白川宮能久親王二女〕）の関係もあることに付、望まれさることには非さるならんと思はるる。此ことは都合にては、大森（鍾一）にも談し置く必要あるへき旨を談す。十時後家に帰る。

原実員の死を弔す

○午前七時後より電車に乗り、渋谷にて玉川電車に移り、往て原実員〔元海軍機関術練習所長〕の死を弔し、今日午後の告別式には会し難き旨を其寡婦に告く。

赤坂見附の火災　閑院宮邸に候す　服更へて上省す

○午前三時前、閑院宮邸の北方赤坂見附の堤下にありたる東京市の電気工事に関する小舎焼失したること、今朝の新聞にて知り得たるに付、原実員の家より帰りたる後、同宮邸に行き、帳簿に署名して近火に付機嫌を候し、直に家に帰りモーニングコートを著けて出勤す。今日午後は司法大臣官舎に行き、且上海亭に行かさるへからす。フロツクコートにては都合悪しきを以て服を更へたるなり。

三月二十七日

〇三月二十七日火曜。晴。

水野光衛来り、松下丈吉より辞職を勧告したることを告く

〇午前八時頃水野光衛来り、昨二十六日朝松下丈吉より有馬家
家扶として適任ならす。是まて仁田原重行より度々注意を促か
したるも、其効能なきに付、此上は他の勧誘に因らす、自ら進
みて家扶を辞することにする方宜しかるへしとの交渉を受けた
り。

水野光衛の家状

自分（水野）か無能なることは申すまてもなく、之を辞せよ
との〔こと〕なれは勿論之を辞せさるへからされとも、実は久
留米には狂人の長男あり、東京には不具の三男あり。三男は左
腕は肘より切断し、右手は拇指と人指指の半弱を留め居るのみ
にて、字を書するにも僅に両指の間に挿みて之を書する丈けな
り。是は汽車にて轢かれたる為の負傷なり。次男は余程有望な
りしも是は早く死去したり。三男は立教大学に入り居り、今後
二年を経れは卒業することになるに付、今日にては是か唯一の
希望なり。先年妻を喪ひ、上京後樋口某〔不詳〕の寡婦と結婚
し居れとも、若し有馬家を辞し、久留米に帰ることになれは、
狂人の長男か同居〔す〕ることゝなり、然れは継妻は絶対に同
居すること出来さる故、家庭を維持することを得す。東京に在
りても久留米に帰りても糊口の途なく、先年の通り小学校長を
勤続し居りたらは、恩給丈けにても百円以上となり居りたるへ
きも、只今は僅に三十三円許の恩給にて、何とも致方なし。先
年東京に来るときは、東京にて死する覚悟にて家屋敷も売却し
来り、一物もなき故、何とも致方なく途方に暮れ居る所なりと
云ふ。

水野光衛のことに付何も聞きたることなし

予、先年は君（水野）か家扶の任に適せさるに付、之を罷む
るの内議もありたるか、其後中止の形にて、此節は予は何等の
談も聞き居らす。大概の事は事前に内談を聞く例なるも、此節
は少しも其話を聞き居らす。境（豊吉）も昨日上海亭に来り居
りたるも、同人にも話したる模様なし。右の次第にて、如何な
る事情なるや分らす、随て何も工夫なし。若し何か為すへき業
務あれは、附加の収入位は出来さることもなかるへきも、差向
き是と云ふ工夫なしと云ふ。

水野光衛水天宮の事務員たることを望む

水野、実は水天宮の事務員抔は最も適当ならんと思へとも、
水天宮は有馬（秀雄）か専ら処置し居るに付、出来難かるへし
とのことなり。又青山の方（頼寧）には只今関〔不詳〕一人に
て家職はなきも、頼寧君か外には人を入れさる方針なる由に付、
是も出来難からんと云ふ。

水野光衛と有馬家々史編纂のこと　水野光衛に境豊吉に談することを勧む

予、有馬家史の編纂は宇高〔原文空白、浩、有馬家修史所員、元国
民新聞記者〕、本荘季彦とにて担当し居るか、是は定員ある訳に
も非す。人を増せは早く終了すへきに付、都合にては相談出来

さることもなかるへきか、兎も角今後事情を問ひ合せたる上のことにすへく、君（水野）より一応境には話を為し置く方宜しからんと云ふ。話すること三十分間許にして去る。
○午前九時三十分頃より出勤す。

金井四郎来り、盛厚王殿下入学祝のことを談す

○午前十時後金井四郎来る。金井、東久邇宮の盛厚王殿下は来月より学習院初等科に入学せらるることになるに付、心祝の為宮附職員に記念品を下さるることに致す積りなるか、婦人には帯止を下さる積りに付、却て男子の方より価格か高くなる様なるも致方なし。他の宮にては別に入学の祝とてはなきも、東久邇宮にては是まて七五三の祝もなされ居らさる故、入学を機として心祝をなされ度訳なり。

稔彦王殿下洋行記念会と盛厚王殿下入学祝とのこと

但入学期は四月十一日頃にて、同月十八日は王殿下御洋行記念として毎々内宴を催ふさるることになり居り。数日間に二度宴会を催ふさるるは余り接近するに付、入学のときは宴会は催されさる積りなり。

稔彦王妃殿下、吉村鉄之助の別荘を借らるること

鵠沼の吉村鉄之助の別荘は先日往て見分せり。立派なるものなり。又吉村夫婦にも面会して相談したるか、七月丈に限らす、八月までもいつまても差支なしと云ひ、倉富氏の夫人は丈夫なるやと云ひ居りたりとの談を為せり。

稔彦王殿下の滞欧期限のことに関する松平慶民に対する返電のこと

予、稔彦王殿下御見学期限のことに関する松平（慶民）よりの電信に対し、返電を発せさるへからさるか、其趣旨に付ては一応宮内大臣（牧野伸顕）に協議せさるへからす。君（金井）は今暫く待ち居ること出来るやと云ふ。金井、総秩寮総裁（徳川頼倫）より用事あるに付、午後まて残り居るへしとのことなりと云ふ。

牧野伸顕に稔彦王殿下滞欧期限のことに関し邦彦王殿下と談したる状況を告く（本月二十四日の日記参看）

十一時宮内大臣（牧野伸顕）を官房に訪ひ、本月二十四日夜予か久邇宮邸に行き邦彦王殿下に謁し、東久邇宮殿下洋行のときの事情（滞欧期限のこと）を言上したること、予より朝香宮殿下より東久邇宮殿下に帰朝を勧められたる結果、却て反対せらるる様になりたること、久邇宮殿下は未た書状を東久邇宮殿下に出し居られさる趣なること、久邇宮殿下より宮内大臣に対し東久邇宮、朝香宮、北白川宮の間に不公平なりとの不平なき様注意を望まれたること、久邇宮殿下か打ち解けて種々話をなされたること等を報告す。

牧野伸顕成るへく時々皇族に接する必要ある旨を告く

牧野成るへく時々殿下方に謁し、事情の行違なき様言上する必要ありとの話を為せり。

牧野伸顕に稔彦王殿下滞欧期限のことに関し松平慶民に対する返電のことを謀る

予一たひ官房を出て復た立戻り、牧野に対し松平（慶民）より東久邇宮殿下の滞欧期限のことに付、宮内大臣并に予に対して電信を以て申越し居る次第あり。松平より申し居る通り此際取敢へす一ヶ年間延期の勅許を願ひたる旨を申送れは、東久邇宮殿下の感情を害する懸念は少きも、一年後に至り更に延期なさるる口実となさるる懸念あり。此際断然数年間の延期は奏請せす一年間の勅許を得たる旨を申送れは、殿下の感情は必す宜しからさらん。いつれにしても都合宜しからす、如何すへきやと云ふ。牧野、殿下の感情は害すへきも寧ろ此際は断然たることを言上し置く方宜しからんと云ふ。予、然らは宗秩寮とも協議して返電案を作ることにすへしと云ふて去る。

金井四郎に松平慶民に対する返電の趣旨は未定なる旨を告く

審査局に返り、金井四郎に巴里に贈るへき電信の趣旨は尚未定なる旨を告く。

有馬頼寧氏来りて牧野伸顕を訪ふ

○午後零時後食堂にて、白根松介より牧野伸顕に只今有馬か来りたることを告く。予之を聞き、有馬とは頼寧なることを知りたり。昨夜上海亭よりの帰途有馬か今日牧野に面会することに約し居ることを告けたるを以てなり。

予先つ有馬頼寧氏と話す

予は既に食を終はり居り。牧野は尚ほ未た終はり居らさるを以て、予は直に大臣官房秘書課に行き白根に面し、有馬は何処に在るやを問ふ。白根、大臣室の左方の応接所に在りと云ふ。予行く。有馬在らす。復た白根の室に到り其旨を告く。白根、給仕をして有馬を捜か〔さ〕しむ。給仕、有馬を誘ひ来る。予之と共に応接所に入る。

有馬静子の縁談のこと

有馬、只今君（予）の室に行きたるも在らさりしと云ふ。予、昨夜自動車中にて令嬢（静子）のことに関する件は予の考を聞きたる上、直接に牧野に話し見る積りとのことなりしか、直接に談することは幾分露骨に過きるやの嫌なきに非さるも、牧野との話の模様にては之を話し見るも妨なかるへしと云ふ。有馬今日話し見ることにすへしと云ふ。

有馬頼寧氏に水野光衛のことを謀る

予又水野光衛を君（頼寧）の処に使用し呉るること出来くれは、本人の為好都合なりと云ふ。有馬之を使用することを諾す。

有馬静子のことは大森鍾一に談し置く必要ありと思ふ

予又令嬢のことは大森鍾一にも話し置く必要あらんと思ふ旨を談す。

牧野伸顕の午餐の案内と枢密院会議の時間の関係

○午後一時頃食堂にて白根松介に対し、本月三十一日宮内大臣（牧野伸顕）より午餐の案内を受け居るか、同日は枢密院の会議ある筈にて、自然は少しく遅くなることあらんかと思ひ居るか、同日招待を受けたる人の中に枢密院の人はなきやと云ふ。白根少時考へ居りたるか、岡部（長職）、久保田（譲）〔枢密顧問官、元文部大臣、男爵〕の両人は招かれ居れりと云ふ。予然らは其人等も会議後に大臣官邸に行く積りならんと云ふ。

牧野伸顕の午餐の案内に応す

予又大臣官房の隣室にて有馬頼寧と談したる後秘書課に過きり、白根（松介）に対し、兎も角大臣の招に応することに致し置くへく、万一遅刻のときは然るへく取計ひ呉よと云ふ。白根之を諾す。

鹿児島虎雄、小原駩吉、西村時彦等と話す

秘書課に鹿児島虎雄、小原駩吉、西村時彦等来り居れり。予鹿児島に、君（鹿児島）は長崎の人なりや、久留米の人なりや、又は東京の人なりやと云ふ。鹿児島、元は久留米なるか、自分（鹿児島）は東京なりと云ふ。予、予は君（鹿児島）の祖父〔不詳〕に当る人を知れりと云ふ。

鹿児島虎雄に南部光臣の状を問ふ

又鹿児島に南部（光臣）の其後の状況は聞かさるやと云ふ。鹿児島聞かすと云ふ。

予か南部光臣に面会せさりし事情

鹿児島は、予か南部に辞職を勧告したるときは初より其養父（甕男）に面会して勧告したるものと思ひ、幾分本人（光臣）に面会せさりしことを憾む様の口気ありたるか、小原か傍に在り之を聞き居り。予は光臣に面会し、懇談して工夫することもある積りなりしも、南部か面会を拒み、其養父を経て辞職を勧告したる後も面会せさりし事情を説く。鹿児島は始めて当時の事情を諒解したる模様なりしなり。

稔彦王殿下滞欧期限のことに関し松平慶民に対する返電の趣旨は尚ほ未定なることを徳川頼倫に告く

○午後零時後、予が宮内大臣（牧野伸顕）に面会し、東久邇宮殿下滞仏期限のことに関し電信を発することを協議し、其方針は確定せさりしことを徳川頼倫に報告す。

野村礼譲に野村か鹿子木某に交したる邦彦王殿下の書状は鳩彦王殿下宛なりしや、稔彦王殿下宛なりしやを問ふ

会々野村礼譲、徳川の室に在り。予、野村か邦彦王殿下より受取りて鹿子木員信に渡し、之をして在仏国の皇族に伝へしめんとしたる書状は、鳩彦王殿下宛のものなりしや、又は稔彦王殿下宛のものなりしやと云ふ。野村、鳩彦王殿下宛なりしなり。此ことは明に酒巻（芳男）に話し置きたりと云ふ。予、夫れにて明瞭せりと云ひ、直に去りて食堂に入る。

食堂にて酒巻芳男を譴す

酒巻正に在り。予之に戯れ、君（酒巻）の失策（邦彦王殿下より稔彦王殿下宛の書状を鹿子木員信に托せられたりと云ひたること）に対する制裁は、一般に行はるる鰻飯を供する位のことにては済まし難しと云ふ。酒巻頭を掻く。

有栖川宮妃の五十日祭に参する為自動車を借る

○午前西野英男に嘱し、明日は故有栖川宮大妃の五十日祭に付、自動車を借ることを謀らしむ。西野、主馬寮より午前八時四十分まて自動車を貴邸に廻はすへく、有栖川宮邸に於ける祭事済みたる後一たひ宮内省に返られ、自動車は諸陵頭仙石氏（政敬）を載せて復た宮内省に来り、貴官（予）を載せて豊島岡墓地に行くことにすへしとのことなりと云ふ。予、宮邸より直に墓地に行きては早に過く。只今話の通りなれは至極都合宜しと云ふ。

龍郎微熱を発す

○午後六時頃龍郎熱ある様なりとて検温す。三十七度三分なり。

乃ち安をして坂田稔の家に行き、病状を告けて薬を取り来らしむ。

水野光衛に電話す　水野在らす

○午後五時頃水野光衛に電話す。有馬家人、水野は既に退出せる旨を告く。

〔欄外に付記〕

三月二十七日補遺　東久邇宮邸より鰤を送り来る

三月二十七日補遺

午後五時頃東久邇宮邸より田村捨吉をして今日大磯にて漁獲れたるものなりとて、鰤一尾を贈らしめらる。

三月二八日

○三月二十八日水曜。晴。

仁田原重行に電話し、水野光衛に辞職を勧告したることを談す

○午前八時頃仁田原重行に電話し、昨日水野光衛か来りて、松下丈吉より辞職を勧告せられたることを告け、窮状を訴へたり。何か都合ありてのことなりや。

水野光衛を青山の有馬邸に入るること

水野の談にては全く生計の工夫なき趣にて、何とか処置する必要ありと思ふ。然し何か不正なることてもあるならは、夫れも出来す。不正なることなきならは、青山の有馬（頼寧）家にても使用したらは宜しからんと思ふと云ふ。予、昨日既に頼寧の内諾を得たるも、此ことは仁田原には告けすして、此く云ひたるなり。

仁田原重行来訪を約す

仁田原、午後往訪して協議すへし。何時頃ならは在宅なりやと云ふ。予五時頃ならは差支なしと云ふ。仁田原然らは其頃に往訪すへしと云ふ。

仁田原重行来る　水野光衛に辞職を勧告したる事情

其時刻に至り仁田原来り、実は水野（光衛）に対しては、是まて度々執務に付注意を促かしたるも少しも効能なし。然るに、促かして辞職せしむるは面白からさるに付、自発的に辞表を出さしめ、其上にて本人の身上のことも相談する積りにて、是迄は誰とも話さす、有馬伯爵にも一言も話さゝりしと云ふ。

水野光衛を青山の有馬家に入れんとする理由

予、水野の家状は兼て承知の通りにて、同人か自発的にて職を辞する訳なし。之をして辞せしむるならは、本人か不正のことても為したるならは格別、然らさる以上は何とか本人の生計も工夫し遣る必要あるへし。予も家扶の職に適せさることは之を認め居るに付、之を罷むることには同意なるか、青山（頼寧の家）には関か居るのみにて男か居らす、時に壮士等の応接に困る様のことも聞き居る故、家従として青山に使用せらるる様に致しては如何。本邸にて異議なきことならは、青山の方は予より相談することにすへし。尤も青山の方も本邸の職員なる故、其待遇等に付ては本邸の方の職員との権衡もあるへく、君（仁田原）の方にて決定して通知し呉よ。左すれは其上にて予より頼寧氏に相談することにすへし。有馬秀雄に反対の考なかるへきやと云ふ。

有馬秀雄も水野光衛を青山の有馬邸に入ることを妨けさるへし

仁田原、有馬も夫れ邪魔することはなかるへしと云ふて去る。話すること四十分間許。

有栖川宮大妃の五十日祭に参す

○午前八時五十分頃宮内省より自動車来り居ることを知り、電鈴を鳴らしたるやを問ふ。運転手八時四十五分頃来り、電鈴を鳴らしたるも応するものなかりしと云ふ。初午前八時四十分に自動車を遣はすことを約し置たるも、自動車来らさるを以て、予将に電話して之を促さんと欲し、電話室に到り、運転手か玄関先に来り居ることを発見したるなり。直に之に乗り有栖川宮邸に到り、故有栖川宮熾仁親王妃董子殿下の五十日祭に付、権舎に到り拝礼し、一たひ宮内省に返り、十時前より仙石政敬と同乗して、豊島岡墓所に到り拝礼し、十二時後宮内省に返る。

杉野某より迎ひの人力車を遣はし難き旨を申出つ

○午後二時後内子より電話して、今日は杉野某方に人力車の挽夫なき為め、迎車を出し難しと云ひ来りたるか、予め之を命し置たることなる故、遽に之を断はるる〔は〕不都合なりとて叱りたるも、尚ほ挽夫なしと云ひ居れりと云ふ。予然らは歩して帰ることにすへしと云ふ。

老爺人力車を挽き来る

今日は高帽を戴き居る為、歩するに便ならさるも、已むを得す此の如く答へたる。然るに内子より只今杉野より車夫ありたる旨を告け来りたるを以て、迎車を遣はすことにすへしと云ふ。午後四時より退省す。車夫は杉野の老爺にて平常車を挽かさるものなり。独逸大使〔館〕の前まて帰りたるとき、其子某来りて後推を為せり。

龍郎発熱の為、安か行きて試験心得を取り来る

○龍郎は明二十九日より早稲田大学の予科に入学する為、試験を受くる積りなる故、校の規則に依り試験の前日即ち今日学校に行き、受験心得を聞き来るへき筈なるも、昨日より発熱したるを以て、午前安か龍郎に代り早稲田に行き、心得を聞き来りたり。

三月二九日

○三月二十九日木曜。晴。

枢密院事務所にて日支郵便約定のことに関し内閣総理大臣加藤友三郎の説明を聞く前に協議す

○午前九時三十分頃より枢密院事務所に行く。今日午後二時より加藤内閣総理大臣（友三郎）か事務所に来り、日本帝国及支那共和国間に締結したる郵便約定の件に関し、政府か枢密院に対しては約定は双方代表者の調印に因りて効力を生する旨を説明し、帝国議会にては天皇の御裁可に因りて効力を生すと説明したることに付、本約定の審査委員たりし枢密顧問官に対し熟談することゝなり居るに付、枢密顧問官の之に対する体度の区々に渉らさる様協議し置く為、参会することゝなりたるなり。会する者は議長（清浦奎吾）、副議長（浜尾新）、前審査委員長（伊東巳代治）、前委員金子堅太郎、穂積陳重、安広伴一郎、一木喜徳郎、富井政章、平山成信、有松英義及予、書記官長二上兵治、村上恭一、堀江季雄なり。

協議の状況

清浦より今日の協議会を催ふしたる次第を告け、昨日の参集日にて昨日摂政殿下に拝謁したる後、郵便約定の審査委員たりし人々に居残りを請ひ、大略談し合ひたるか、意見一致する訳に行かす、且つ欠席の人もありたる故、今日の協議会を開きたる次第なりと云ふ。伊東自分（伊東）も昨日欠席したるか、其他は誰か欠席なりしやと云ふ。金子自分（金子）も欠席せりと云ふ。伊東、倉富君は如何と云ふ。予、予も欠席せりと云ひ、平山自分（平山）も欠席せりと云ふ。伊東、大略昨日の協議の状を聞き度と云ひ、清浦、一木顧問官よりなりとも一と通り談せらるることを望むと云ふ。

一木喜徳郎前回の協議の状を説く

一木、昨日会したる人の意見の大略は、政府をして議会に於ける説明を明かに取消さしめさるも、政府か今後は枢密院の意見の如く調印前に御諮詢を奏請することゝなすへき旨を明言するならは、此に依りて間接に議会に於ける政府の説明は之を取消したるものと認めて宜しかるへく、尤も政府は枢密院に対し厚意を以て其取扱を為すと云ふ如きことにては宜しからす、枢密院官制の命する所に依り当然此く為すへきものとの趣意を以て其言明を為さしむることを必要とす。尤も事情に因りては、此く調印前に御諮詢を奏請することを得さることなきに非さるへし。然れとも、臨機のことは臨機と為し、予め枢密院に於て云々の場合には調印後に報告するも可なりと云ふ如きことを認め置くは宜しからす。故に今日は例外の場合には論及せさることに致し度と云ふ。

富井政章の意見

清浦、富井顧問官の意見は少しく異なり居りたるに非すやと云ふ。富井、政府か明かに今後のことを約するならは、枢密院としては特に既往のことを追究するに及はさらんと思ふ丈のことなる旨を述ふ。

有松英義の希望

有松は、南満洲鉄道附属地の郵便取扱に関する取極に付御諮詢を奏請せさりし点に付追究する必要ある旨を述ふ。討論数回午時に達す。乃ち席を移して午喫す（小満津の鰻飯）。

有松英義と私語す

食後（一時前）委員会場に復し、予、有松と私に意見を闘はす。

清浦奎吾、予の意見を問ふ

清浦は其央に会場に来り、予に対し君（予）の意見の終りの処のみを聞きたるか、富井顧問官の意見に類するに非すやと云ふ。予、只今は私語し居りたるに過きす。予は政府か議会に於て彼の如く明言したることを今更当院に於て之を取消すことは政府としても為し難きことなるへく、只今は議会閉会中なるも、此事か外間に漏るれは更に議会を欺きたりとの非難を生すへし。而して政府か今後は枢密院の意見の通り条約は勿論、約定其他名称の如何を問はす、約定約束の性質あるものは、調印前に御諮詢を奏請することを言明せしむれは、特に議会に於ける説明を取消すことを言明せしめさるも、之を取消したるものと看做すことを得へく、又南満洲鉄道附属地に於ける郵便取扱方に関する協商の如きものも、今後は調印前に御諮詢を奏請することを約することゝなるへきに付、其位の程度にて本件を終結せしめて宜しからんと思ふ旨を述ふ。

穂積陳重、安広伴一郎の意見

穂積、安広等の意見も一木と大同小異なり。

伊東巳代治の意見

伊東は、元来約定か調印に因り効力を生すと云ふは政府当局の説明したる所にして、委員会にも前田逓信大臣（利定）列席し居り、其説明に対して一言の反対を述へさるのみならす、枢密院にては政府の説明如何に拘はらす、事理此くあるへしと信して意見を定め、委員会の報告書にも明かに其旨を記載し、之を各国務大臣に配付し、本院議場に於ても之を報告し、各国務大臣は成程本院の議決には起立せさりしも、約定効力の点に付ては何等の弁明も為さす、本院上奏の結果摂政殿下より特に御沙汰をも賜はりたるに、議会に於ては全然反対の説明を為し、本院か理由なき上奏ても為したる如き感を起さしむる体度を取りたるは実に言語同断なり。

伊東巳代治は既往の善後を主とす　有松英義は南満洲鉄道附属地郵便のことに重きを置く

各位は将来の事に重きを置き、既往の事は追究するを要せさる様の御意見なるか、自分（伊東）は今日は先つ既往の事の始末を附くるに止め、将来のことは議長の御処置に委したらは夫れにて宜しかるへく、将来のことは短時間にて、遺漏なく協定することを得へきものに非らさらんと思ふ旨を述へ、金子は既往の事に関する極端の追究は穏当ならさるへき旨を述へ、有松は南満洲鉄道附属地に於ける郵便取扱に関する協商に付御諮詢を奏請せさりしことか、最も重きを置きたる点なるを以て、此点に付陳謝せさるへからさる旨を述ふ。

伊東巳代治、有松英義の意見に付弁明す

伊東、南満洲鉄道附属地の郵便取扱に関する件は政府は初より権利義務を生したるものに非す。云はゝ支那政府か他の約定を進めさるに付、之を瞞着する為め協商を為し、他日の問題と為すへきことを言明したるのみにて、問題となれは勿論之を拒絶する考なり。決して権利を抛けたるものに非す。故に御諮詢を奏請せさりし旨を述へ、此点に付ては政府の所論は一貫し、少しも枢密院を欺きたる所なし。故に自分（伊東）此点に付審議する必要を認めさる旨を述ふ。

本件は審査委員たりし者のみに関するものに非すとの意見と然らすとする意見

又本件は単に前審査委員たりし者のみに関する問題にて枢密院の本会議に関するものに非す。故に顧問官全体に対し政府をして陳謝せしむることは必要ならさる旨を述ふ（此の趣旨は前委員中何人なりしか記憶せさるも、此問題は前委員たりし少数の人のみにて私すへきものに非す、顧問官全体に関するものなるを以て、政府は全体に対して陳謝釈明せさるへからすとの意見に反対して述へたるものなり）。

加藤友三郎には伊東巳代治一人のみ談すること

伊東の意見に対しては細目に付ては反対の意見もありたれとも、種々論議の末加藤（友三郎）に対しては伊東一人にて問答を為し、他は発言せさることに決す。伊東は結局政府としても明かに前言を取消すと云ふは困難なるへきか、其点に付ては当方より注釈を加へ、政府の趣旨は本院の意見を認むるものとの帰結を得せしむることは必すしも難事に非さるならん。自分（伊東）其積りにて加藤に応酬し、本院の体面を完ふすることを務むへき旨を述ふ。

加藤友三郎来る

時に一時三十分頃なり。二時前加藤（友三郎）来る。清浦（奎吾）、浜尾（新）二人先つ清浦の室にて加藤に面談し、十五分間許の後、加藤と共に委員室に来る。

加藤友三郎の演述　政府にては初は日支郵便約定に重を置かさりしなり

加藤、日支郵便に付ては政府にては初は華府（ワシントン）会議にて訂結したる条約の施行規則位の考にて重を置かす、随て軽卒の取扱を為したるか、数々研究の結果御諮詢を奏請するに至りたるも、其説明に付ても調査十分ならさる所あり。多分政府より枢密院に来りたる説明者よりも其時に外務大臣に報告も為さゝりしことならんと思はる。然るに枢密院審査委員より議長に提出せられたる報告書を見るに及ひて、実は喫驚したる次第なり。然るに拘はらす、枢密院議場に於ても十分に政府の意見も開陳せす、院議決定して上奏と為り、終に摂政殿下より御沙汰を拝するに至りたるは実に恐懼に堪へさる所なり。

議会に於ては政府は右に避け左に避け、終に前言と矛盾する言を為すに至れり

議会に於ては此ことか喧しき問題と為り、政府は右に避け左に避け居りたるも、難問に難問を重ね、已むを得す枢密院に於て為したる説明と相容れさる説明を為すに至り、議長より交渉を受くるに至りたるか、是全く注意十分ならさるより生したる結果にして、議場に於て前後相反する説明を為すに付ては予め枢密院に其事由を述へ、御諒解を得て、然る後為すへきことなりしも、其手続も尽くさす、種々の点に付不行届のことありたる為、此の如き結果を惹き起したることは遺憾千万にて、一切の内情を披瀝して陳謝し、御諒承を請ふ所なる旨を述ふ。

伊東巳代治、加藤友三郎に応酬す

伊東顧問官（巳代治）、只今加藤総理より詳細の説明を聴きたるか、其中に政府は初め本件に重きを置かす、軽卒に取扱ひたりとのことなるか、如何にも其通りならん。

政府か前後矛盾する説明を為すならは予め枢密院の諒解を求むへきに之を為さゝりしは不行届なりし旨、加藤友三郎より申述へたることに対する伊東巳代治の言

又議会に於て当院に於て為したる説明と異なることを述ふるに付ては、予め当院の諒解を求むへき筈なるに、其手続も為さゝりしは不行届なりと云はれたり。或る程政府として右の如く考へらるるは当然なるへきも、約定の効力発生の時期に付ては、当院に於て審査委員会を開きたるとき、政府委員山川条約局長（端夫）より約定の効力は彼我双方の代表者の調印に依りて発生する旨の説明を為したり。是は約定の性質上当然なることにて、当院委員の見解と一致したるものにて、当院は政府の説明のみに依り、効力発生の時期に関する意見を定めたるものに非す。山川局長か説明を為したるときは、国務大臣（逓信大臣前田利定）も其席に在りたるも、一言の意見を述へす、審査委員会は効力発生の点に付ては報告書に委員の意見を明記して之を配付したるのみならす、本会議の議場に於ても之を報告せり。

政府に於ても約定の調印に依り効力を生したるものとして其履行に着手したる事実あり

成る程議場に於ては出席の国務大臣は委員の報告に対し起立賛成はせさりしも、効力発生時期に付反対意見を述へたるものなし。加之政府に於ても約定調印後、約定は既に効力を発生したるものとして実際其約定の履行に着手したる事実あり。

政府は大権干犯の説に驚きたるものならん

此の如き事実なるに拘はらす、議会に於て約定の効力は御裁可に依りて発生すと云ふことを述ふるに至りたるは、意ふに御裁可を経すして約定を締結したるは、大権を干犯したるものなりとの非難あるに驚き、其非難を避くる為前後を顧慮するの遑なく、本院に於て為したる説明と反対の説明を為すに至りたるものには非さるや。

枢密院にては諒解すへきことに非す

右の如き次第にて、仮令政府より議会に対し説明を為す前当院に諒解を求めらるることありたりとて、当院にては勿論諒解の出来ることに非す。然し加藤総理の釈明に依り既往の事実は明瞭せり、将来の事に付ては重ねて遺憾なからしむる様になすことは議長の考ふることゝ思ふ。

南満洲鉄道附属地の郵便問題も単純なるものに非す

又伊東より、南満洲鉄道附属地に在る郵便局の事務取扱に関する協定も、政府にて説明する如く単純なるものには非すと思ふ旨を附言す。

伊東巳代治は加藤友三郎の胸を割きて見たる様なり

之に対し加藤総理（友三郎）は、只今伊東伯爵より詳細御述へなりたるか、伯爵は恰も自分（加藤）の腹中を切開きて御覧になりたる如く、自分（加藤）の心事を洞見せられたり。実に伯爵の御述へになりたる通りの事情なり。要するに政府の不行届より此くも各位を煩はし、摂政殿下の御沙汰までも拝するに至りたるは、此上もなき遺憾にして、慚謝に堪へさる所なりと云ふ。

加藤友三郎、伊東巳代治の所説に関する記載は誤多かるへし

以上加藤并に伊東の演述は大体の趣旨は記憶すれとも、爾来種々の事に忙殺せられ、十余日を隔てゝ之を追記したるに付、語句并に趣意にも誤多かるへし。詳細は枢密院書記官か即時に書き取りたるものあり。必要のときは其書取に就き取調へさるへからす。

入江貫一か宮内省に転任する時期を問ふ

○午後一時三十分頃元審査委員たりし顧問官の内協議を終て、

加藤総理（友三郎）か来りて釈明するまてには尚ほ三十分間許の時間あり。此時予、入江貫一を座隅に招き、君（入江）か宮内省に転任することは、君（入江）か恩給法の調査を担当したる為、帝国議会の閉会に至らされは実行し難しとのことなりしか、最早議会は閉会となれり。然れとも、改正恩給法を施行するに付ては尚ほ種々の手続を要すへし。当分転任は出来難きやと云ふ。入江、全体の準備を終はるには尚ほ若干の日を要すれとも、既に大略の準備は出来居り。且恩給局の書記官か呑込み居る故、自分（入江）か転任することは最早差支なしと云ふ。

龍郎早稲田の高等予科の入学試験に応することを止む　安をして中央大学、法政大学、明治大学等の入学試験の状を取調へしむ

○龍郎、今日より早稲田大学高等予科の入学試験を受くる予定なりしも、今朝の体温三十六度九分ありたるを以て受験を止め、中央大学、法政大学、明治大学等の模様を取調へ、試験期日の遅き所を試験を受くへきことに決し、安をして各学校の模様を問ひ合せしむることゝなせり。

坂田稔来りて龍郎の病を診す

○午後一時後、坂田稔来りて龍郎の病を診す。

〔欄外に付記〕

三月二十九日補遺　有松英義、杉原某を紹介し置たることを告く

○三月二十九日補遺

午前枢密院事務所にて有松（英義）より、先日杉原某（不詳）に自分（有松）の名刺を交し、君（予）に紹介し置たり。杉原の希望は君（予）と杉原と一緒に写真を撮ることにて、他には求むる所なしと云ふ。

三月三〇日

○三月三十日金曜。晴。

○午前九時五十分頃より出勤す。

酒巻芳男、稔彦王殿下の滞欧期限に関し松平慶民の電信に答ふる趣意を問ふ

○午前酒巻芳男来り、東久邇宮殿下仏国御滞在の期限に付ては、松平事務官（慶民）より電信にて申越し居る次第あるか、如何なることに決定せらるへきやと云ふ。予、宮内大臣（牧野伸顕）の趣意は此際曖昧なることを云はす、一年間の延期と云ふことを明言する方宜しかるへきことに決したる模様なることを告く。

金井四郎来り、盛厚王学習院に入学せらるるとき職員へ祝品を与へらるる予定なることを告く

○午後一時後金井四郎来り、盛厚王殿下は来月より学習院初等科に入学せらるることゝなり居れり。東久邇宮にては是迄七五三等の祝も為し居らさるに付、御入学を機とし宮附職員へ祝品を与へらるることにする予定なり。御用取扱、侍女等には帯止、酒肴料并に妃殿下の古衣を与へらるることになるへく、男子職員には時計の鎖の下けもの及ひ酒肴料位に致すへく、時計の鎖の下けものと帯止にては、帯止の方高価となれとも致方なし。片岡久太郎は盛厚王殿下誕生の時より御世話致し居るに付、何か二十四、五円位のものを特に与へらるる様に致したらは宜しからんと思ふと云ふ。

金井四郎大磯に行き又大磯より帰る時期

金井又自分（金井）は昨夜大磯より帰りたり。来月（四月）二日大磯に行き、同月四日に妃殿下幷に王子三殿下に従ひ帰京することになるへしと云ふ。

白根松介、牧野伸顕の午餐の案内に応する刻限或は遅るへきことを告く

○午後零時後食堂にて、明日宮内大臣より午餐の案内を受け居るか、明日は枢密院に会議ある日なり。多分晩くなることはなかるへしと思へとも、万一遅刻する様のことありたるときは然るへく取計ひ呉よと云ふ。白根、宮内大臣も学習院の卒業式に列する積りに付、大臣の方も幾分遅くなるやも計り難しと云ふ。

西野英男に嘱し自動車を借らしむ　自動車なし　馬車を貸すへしと云ふ

○午前西野英男に対し、明日午前十一時後より宮内大臣の官邸の午餐に赴き、同日午後三時三十分に皇后陛下の葉山より還啓したまふを奉迎せさるへからす。依て主馬寮より自動車を借り度旨を談す。少時の後西野来り、明日は自動車は出来難し。馬車を貸すとのことなる旨を報す。

松平慶民に贈る電信案、牧野伸顕より稔彦王殿下に呈する電信案を決す

○午後酒巻芳男と予より松平（慶民）に贈る電信案幷に宮内大臣（牧野伸顕）より稔彦王殿下に呈する電信案を作り、之を決定す。宮内大臣よりの電信案は（殿下御見学期限ノ議ニ付、御附武官ヨリ倉富、金井へ申越シタル次第之アル趣ノ処、今後数年間ノ延期ハ上奏致シ難キニ付、一ヶ年間御延期ノ勅許ヲ得タルニ付、此段言上ス。尚ホ松平事務官帰朝ノトキ、殿下ノ御真意ヲ御腹蔵ナク御言伝遊ハサルルコトヲ願ヒ奉ル）と云ふ如き趣意なりしなり。又予よりの電信案は（稔彦王殿下御見学期限ノコトハ宮内大臣ヨリ電報ノ通ニ付、宜シク御取成シヲ請フ）なり。

牧野伸顕より稔彦王殿下に呈する電信案に捺印せしむ

午後三時後徳川頼倫の室に到り、宮内大臣よりの電信を示して捺印せしめ、直に牧野伸顕の官房に行き、電信案を示し之に署名せしめ、遂に関屋貞三郎の室に入り、電信案に捺印せしむ。

関屋貞三郎、南部光臣の免官は今月中になさゝるへからさることを説く

関屋、入江貫一を宮内省に採用することは、内閣にては最早差支なき趣に付、今日公文を以て照会することゝなせり。又南部光臣免官のことは今日まて遅延したるに付、来月に至りて免官しても宜しきこととなるも、上奏にも三月と云ふことになり居るに付、今月中に免官することになるへしと云ふ。

徳川頼倫より松平慶民に電信を贈る

又牧野伸顕より稔彦王殿下に電信を呈したる外、徳川頼倫より松平（慶民）に電信を贈り、牧野の電文を通知し且つ数年の延期を奏請せす、且後日の累とならさる為、単に一年間の延期を奏請したる事由を説明せり。

○午後三時後、酒巻芳男に予より松平（慶民）に対する電信の発送を嘱す。

龍郎第五高等学校の入学試験に合格す

○午後十時頃啓二郎よりの電信達し、龍郎か第五高等学校の入学試験に合格したることを報す。

内子微熱

○内子微熱を発す（三十七度二、三分）。蓋し感冒ならん。臥褥す。

三月三一日

○三月三十一日土曜。晴。

坂田稔の家に行き、龍郎か帰郷することを得るや否を問ひ、且来診を求む

○午前八時後坂田稔の家に行き、面会し度旨を告けしむ。坂田尚ほ臥し居ると云ふ。予将命者をして、龍郎は急に帰郷する必要を生したり。旅行して差支なかるへきやと云はしむ。坂田、今明日に出発することは早に過くへし。明日往診して出発の日を定むへしと云はしむ。予、他にも病人あるに付、今日来り呉よと云はしむ。坂田承知の旨を答ふ。

坂田稔来り、診す

午後二時後頃坂田来り、龍郎及内子の病を診したる趣なり。

枢密院会議

○午前九時二十分より出勤す。直に枢密院控所に行き、十時後より宮中の議場に入り、海軍省官制中改正、内務省官制中改正、陸軍省官制中改正、農商務省官制中改正、逓信省官制中改正、奏任文官特別任用令中改正、銃砲火薬類取締施行規則中改正の件等を議す。十一時頃議了す。

牧野伸顕の午餐に会す

十一時四十分頃より馬車に乗り、宮内大臣官邸に行く。来り会する者、渋沢栄一、後藤新平、近衛文麿〔貴族院議員・研究会、公爵〕、徳川頼倫、岡部長職、久保田譲、団琢磨〔三井合名会社理事長、日本工業倶楽部理事長〕、大橋新太郎〔実業家、博文館社主、日本工業倶楽部理事〕、後藤文夫〔内務省警保局長〕、有馬頼寧外五、六人にて、主人の方は牧野伸顕、関屋貞三郎、大谷正男、白根松介なり。

有馬頼寧水平社の状況を説く

食卓演説にて牧野より来賓に有馬を紹介し、有馬か先年来特殊部落の改善に力を尽くし居ることを吹聴し、別席にて有馬の談を聴くことを望む。

後藤新平、渋沢栄一、岡部長職、久保田譲、徳川頼倫等有馬頼寧の意見に賛成す

席を隣室に移し、有馬より水平社の状況、運動の目的、一般人の彼等に対する状況、特殊部落の悪化を憂ふる人に二種（一は政治上より、一は道徳上より差別撤廃の必要を感するもの〔あり〕）、有馬第二種の考より力を尽くし居ること等を説き、後藤、渋沢、岡部、久保田、徳川等有馬の主張に賛する旨の談を為す。

皇后陛下の還啓を奉迎す

三時十分頃徳川（頼倫）東京駅に行き、皇后陛下の葉山より還啓したまふを奉迎す。予亦之と同乗して、皇后陛下を奉迎す。

精養軒の喫茶所に行く　皇太子殿下結婚準備委員会

午後四時三十分より宮中北溜ノ間にて東宮御結婚準備委員会を開く予定なるか、時尚ほ早に過く。乃ち徳川（頼倫）、山崎四男六、上野季三郎と共に精養軒の茶店に入り、茶を喫し少憩し、四時後より徳川と同乗して宮内省に返り、四時三十分頃より北溜ノ間に行き、四時三十分後より御結婚に関する経費予算を議す。七時頃議終はる。

有馬静子のことを大森鍾一に説く

大森鍾一を室隅に招き、有馬頼寧の夫人は北白川宮より出てたる人なるか、頼寧の女に女子学習院高等科に入り居るものあり。若し雍仁親王殿下の妃と為ることを得る様の機会あらは幸なり。明日は女子学習院の卒業式にて、本人も出場する趣なるか、君（大森）は皇后陛下に供奉して学習院に行くへきに付、之を視呉よと云ふ。

大森鍾一、予に静子のことを説く原因を質す

大森何の為に此の如きことを云ふやと云ふ。予、予も如何なる端緒ありて、此の如きことを云ふ様になり居るや知らすと云ふ。大森、実は写真ても見度との談はなきに非す。然し、夫れは有馬の女のみに非す。五、六人の写真を見度と云ふことになり居れり。或は其事より初まりたるものならん。然し、只今より乗り気になりては困る。少しも纏まりたることに非すと云ふ。予、諒承せり。兎も角明日君（大森）の目に入りたらは、注意し呉よと云ふ。大森承知の旨を答ふ。

喫飯せ〔す〕して帰る

七時頃より準備委員会に列したる者は北溜ノ間にて鰻飯を食することゝなりたるも、予は之を食せすして家に帰る。

白根松介、宮内大臣〔官邸〕より東京駅に行くときは自動車に乗ることを得へしと云ふ

○昨日午後白根松介の室に行きたるとき、明日は自動車を借り得す、馬車を借りたる旨を談したる処、白根、皇后陛下還啓の頃には宮内大臣又は宮内次官の用に供する自動車を大臣官邸に召ひ置くに付、いつれになりとも乗りて東京駅に行きて差支なしと云ふ。

馬車を借ることを止む

故に今日午前西野英男に対し、大臣官邸に行くときのみ馬車を借るへく、東京駅に行くときは之を借るに及はさる旨を告く。

徳川頼倫の自動車に同乗す

然るに、予か東京駅に行くときは官邸の会談未た終はらす、牧野伸顕も関屋貞三郎も尚ほ官邸に在りたり。故に予は徳川頼倫の車に乗りたるか、皇后陛下の還啓前、関屋貞三郎、大谷正男も東京駅に来り、大臣官邸の会談は予等か去りたる後直に終りたりとのことを告けたり。

枢密院属某に大正十一年四月一日より同十二年三月三十一日まで有効の鉄道乗車券を交す

○午前十時後枢密院控所にて、枢密院属官某に大正十一年四月一日より大正十二年三月三十一日まて〔の〕鉄道乗車券を交す。

此乗車券は今日限り有効のものにて、鉄道省に返さゝるへからす。故に某に嘱して之を返さしむるなり。
〔欄外に付記〕
三月〔三〕十一日補遺　山村荘一来る
三月三十一日補遺
午後三時頃報知新聞記者山村荘一なる者来りたる趣なるも、予か退省前を以て空しく帰りたる由。
加藤友三郎の釈明の状を聞かんと欲したるならん
今日午前枢密院の議事終はり〔たる〕後（日本及支那郵便交換約定問題に付該約定の審査委員たりし者には本月二十九日加藤（友三郎）より既に釈明を了したるも）、委員たらさりし顧問官、枢密院事務所にて加藤（友三郎）より釈明を為したるに付、山村は予に今日釈明を聴きたるものと思ひ、其模様を問ふ為め来りたるものならん。

大正一二年四月

四月一日

○四月一日日曜。晴。
有馬頼寧に電話す
○午前八時頃有馬頼寧に電話し、往訪せんと欲する旨を告く。有馬尚ほ臥す。九時頃に来り呉度と云ふ。
有馬頼寧を訪ふ
八時四十分頃往て訪ふ。有馬纔に起きたりと云ひ、直に面せす。十分間許の後、始めて面す。
有馬静子のことを昨夜大森鍾一に談したる状を告け、今後の手段を謀る
予、昨夜大森鍾一と談したる概略を告け、実は既に写真を求むるまでになり居りたることなれは、寧ろ予より大森に談せさる方宜しかりしと思ふ旨を告け、且写真を求め来りたるやを問ふ。有馬未た求め来らすと云ふ。予、此ことに付てはいつれ女子学習院の人か関係するに相違なし。誰か同院に話を為すに都合よき人なきや。五、六人と云ふも、外には如何様の人かあるやも知り難し。予より女子学習院長（大島義脩）にも話されさることはなきも、余り廉立ちて宜しからすと思ふと云〔ふ〕。有馬、心当りの人なきにも非す。都合にては話し見ることにすへしと云ふ。
有馬頼寧に水野光衛のことを謀る
予又水野光衛を当邸に使用せらるる様先日話したるか、家扶より家従に転するは俸給も減するに付、一時の給与金にも影響する故、一旦罷免して定規の金を給与したる後、一ヶ月位経過したるときに之を採用せらるる様になさゝるへからさるへしと云ふ。
有馬頼寧、水野光衛は親愛夜学校の事務員となす方宜しかるへき旨を説く
有馬、彼のことは其後考へたるに、親愛夜学校建築資金として愈々木戸某より五万円を出すことに決定せり。依て其他よりも夫々出金して基本を固むる積りなり。全体一ヶ月五円の寄附を求むることに付、まめに立働きて寄附を求むれは、拒む人は少きも、是まては其手続行届き居らす。依て水野を夜学校の事務員と為したらは宜しからんと思ふと云ふ。予、一旦罷免したるものを更に採用するは面白きことには非さる故、只今の様のことになれは大変好都合なるか、各家に就き寄附を求むる様のことは本人の長所に非すと思はるるか、不都合なかるへきやと云ふ。有馬、是まて本邸に在りて一と通華族の振合も承知し居るに付、差支なかるへしと云ふ。予、然らは其都合に考へ置呉よ。尤本人か辞表を出したる後、万事の相談を為すとのことに付、其上更に相談することにすへしと云ふ。十時頃より家に帰る。

啓二郎及竹下清蔭の為に字を作る

○午前午後、啓二郎の為に額字二様を書す。一は（計之詳則行之果）、一は（不為已甚）なり。又竹下清蔭〔倉富勇三郎の郷里船越村の小児科医〕の為に之に贈る詩一首及望岳亭の詩一首を書す。

四月二日

○四月二日月曜。晴。

書に印を捺す

○出勤前、昨日作りたる書四枚に雅印を捺す。望岳亭の詩に誤て東浜の印を横に捺す。

○午前九時四十分頃より出勤す。

牧野伸顕を訪ふ　在らす

○午前十時後牧野伸顕を其官房に訪ひ、一昨日の饗を謝し、且有馬頼寧を他の者に紹介し呉れたることを謝せんとす。牧野在らす。牧野は宮中に行き居るとのことなり。

宋秉畯来り訪ふ

○午後二時頃宋秉畯来り訪ふ。

宋秉畯、皇太子殿下台湾行啓のことに関し意見を述ふ

宋は皇太子殿下の台湾に行啓あらせらるることには異見なきも、台湾は戦役の結果支那より割譲したるものにて、李王より平穏に大権を譲られたる朝鮮と比較すへきものに非す。然るに、李王は親ら来りて皇室に敬意を表せられたるに拘はらす、皇室よりは御名代さへも遣はされす。然るに、却て台湾の方に先きに皇太子殿下か行啓あらせらるるは、甚た不権衡なり。或は朝鮮には不逞の徒あり、行啓あらせられては危険なりとの説あるやも計り難けれとも、台湾にも反対者少なからす。北白川宮能久親王の碑の文字を毀ちたる如きことあるのみならす、台湾議会創設の運動には内地人にて田川大吉郎等数人共同し居れり。朝鮮の独立運動には内地人にて加はり居るものなし。此等の点より云へは、台湾の方か却て危険の度か多しとも云はるる訳なり。

皇太子殿下の台湾行啓は田健治郎の野心なり

全体皇太子殿下の行啓を願ひたるは、田（健治郎）か内閣総理大臣たる野心を満たす為に計画したることにて、皇太子殿下を自己の野心の為に利用するは言語同断のことなり。

宋秉畯、皇太子殿下台湾行啓に反対する意見を述へたる為、田健治郎、宋の口を塞かんとす

自分（宋）は熱海にて、松方（正義）、三浦（梧楼）の両人にも其旨を極言し、松方より牧野（伸顕）に書状を以て自分（宋）の意見を通知したる筈にて、此ことか田（健治郎）の耳に入り、自分か妨害すると思ひたるものならん。是迄一度も自分（宋）を招待したることなきに、此節に限り二度まても案内せり。然し自分（宋）は一度も招に応せさりしなりとの談を為し、

宋秉畯、閔泳綺を評す

宋又李王職長官と為りたる閔泳綺のことを談し、泳綺か閔泳翊の家産を横領したること、李王か泳綺を嫌はるること等の談を為せり。

酒巻芳男来り、国際聯合通信の電信にて、北白川宮殿下仏国にて自動車にて遭難せられ、殿下と運転手は即死、鳩彦王殿下、成久王妃殿下は重傷なることを報し来りたる旨を告く

宋か予と談し居るとき（午後二時二十分頃なりしならん）、酒巻芳男来り、予を室隅に誘ひ、国際聯合通信の電信のことを聞きたりやと云ふ。予聞かすと云ふ。酒巻、其電信には北白川宮、朝香宮、北白川宮妃三殿下、仏国にて自動車に同乗し居られて災難に遭はれ、北白川宮幷に運転手は即死、朝香宮、北白川宮妃両殿下は重傷とのことなりと云ふ。予之を聞きたるも、宋秉畯に告けす。故に宋は緩話し、予も之を拒ます、三十分間許にして始めて去る。

宋秉畯の去りたる後直に牧野伸顕を訪ひ、三殿下遭難のことを談す

宋か去りたる後直に牧野（伸顕）を其官房に訪ひ、国際聯合通信にて報知したる事実に付公報ありたるやを問ふ。牧野未た公報に接せさるも、事実は誤なからんと思はると云ふ。徳川頼倫、小原駩吉、山崎四男六、酒巻芳男、関屋貞三郎、大森鍾一、井上勝之助、西園寺八郎等来りて官房に集り、種々協議を為し、只管公報の達するを待つ。公報の達するを待たす、電信を仏国に発して事実を問ひ合せ、且事実相違なき時の処置方等を照会し、地名字書等にて遭難の場所を取調ふる等のことを為せり。

西野英男に嘱し、車人の提灯を借る

五時頃に至り審査局に来り、局員を返さんとす。西野英男の外既に局に在らす。西野、人力車夫の提灯を持ち居るやを問ひたる処、之を持たすと云ふに付、用度課より之を借り、車夫に渡し置きたりと云ふ。予之を謝し、西野をして帰らしむ。

宮内省にて夜食す　十一時後家に帰る

七時頃食堂にて鰻飯を喫し、十一時後家に帰る。

仁田原重行来る　予在らす

○午後五時後仁田原重行来りたるも、予か在らさるを以て、書状にて用事を申遣はすへしと云ふて去りたる趣なり。

北白川宮遺骸送還の協議

○大臣官房にて北白川宮殿下遭難のことを協議したるとき、北白川宮殿下の遺骸の処置方に関し火葬説あり（牧野伸顕、関屋貞三郎等）、土葬説あり（西園寺八郎、小原駩吉及予等）、大森

鍾一なりしならん（確かには記臆せす）、遺骸は其儘にて送還すへきか、皇族のことなる故、軍艦にて運ふか適当ならんと云ふ。予、夫れには及はさるならん。軍艦を派遣するとせは多数の日子を要する故、普通の郵船にて運搬せは、夫れにて宜しからんと云ふ。軍艦を主張したる人、本邦より特に之を派遣せさるも、国際上の礼儀として仏国政府より軍艦にて送還する位のことは為して宜しからんと云ふ。予、皇族なるも伯爵の資格にて行き居らるる故、右様のことを為す必要なく、又仏国にても之を為さゝらんと云ふ。其人、表面は伯爵なるも、皇族なることは公知の事実なりと云ふ。予又之を弁せす。他に軍艦説に賛成するものなかりしなり。

四月三日

○四月三日火曜。雨。神武天皇祭。

神武天皇祭なるも参拝すへきや否決し難し

○成久王殿下仏国にて薨去せられたる公報達すれは、宮中喪を発せらるへく、然れは宮内官は喪に服すへきものにて、神武天皇祭に列することを得す。故に午前八時後宗秩寮職員に電話し、成久王殿下薨去の公報達したるや否を問ふ。寮員未た達せすと云ふ。予寮員に嘱し、今日は神武天皇祭なるも、予は参拝せさる旨を式部職に通知せしむ。

龍郎郷に帰る

○午前、龍郎辞して郷に帰る。安をして之を東京駅に送らしむ。

通常服を著けて宮内省に行く

○午前九時より通常服を著け、宮内省に行く。

成久王殿下薨去、同妃殿下、鳩彦王殿下重傷の公報達す

十時頃在仏国代理大使松田（道一〔在仏大使館参事官兼特命全権公使〕カ）より外務大臣（内田康哉）宛成久王殿下薨去、同妃（房子内親王）殿下、鳩彦王殿下重傷の旨の電信達す。乃ち成久王殿下薨去の旨を報する宮内省告示を発し、今日より三日間の宮中喪を発せらるることゝなれり。

宮中喪の起算日の議論

全体喪期は薨去の日より起算する旨皇室服喪令の規定あり。且従来の例は総て其通りに起算することゝなり居るも、成久王殿下は仏国にて薨去せられ、其当日即ち本月一日より起算すれは今日まて三日の期限尽きることゝなり、三日と云ふも其実は半日に過きす。五日間の宮中喪とすれは、竹田宮殿下〔恒久王、北白川宮能久親王長男〕薨去の時の宮中喪より二日間長くなる故、種々研究の末、喪期は同しく三日間と為し、薨去の報知達したるとき即ち今日より起算することに決定したるなり。

三殿下遭難に関する協議

今日は三殿下遭難のことに付宮内大臣以下種々協議することあり。予も之に参し、午後四時後より家に帰る。

稔彦王殿下に電報を呈す

○午前十時後金井四郎より電話にて、予と金井より仏国に在る稔彦王殿下に電信を呈することを謀る。此のときまては、予は未た松田（道一か）よりの公報を見す。故に今暫く電信を発することを延はすへき旨を金井に告け置きたるも、間もなく公報達したるに付、大略左の如き趣旨の電信を発すへきことを金井に告く（成久王殿下ノ薨去、同妃殿下并ニ鳩彦王殿下ノ御負傷ハ実ニ恐懼ニ堪ヘス。切ニ殿下ノ御自愛ヲ祈リ奉ル）。

鳩彦王妃殿下の旅行先

○午前十一時頃宮内大臣（牧野伸顕）より其官房にて、朝香宮（鳩彦王）妃（允子内親王、明治天皇八女）は何処に御旅行相成りたるやと云ふ。予之を知らす。宗秩寮に来り、之を問はんとす。皇族附職員正に宗秩寮総裁室にて協議し居れり。予其の室に行く。朝香宮附職員は来り居らさるも、他の宮附の職員に問ひたる処、竹田宮附事務官古川義天より朝香宮妃殿下は若宮（朝香宮孚彦王、朝香宮鳩彦王長男）方御同伴、三月廿五日より京都及大和地方に御旅行遊はされ居れりと云ふ。予何の為の御旅行なりやと云ふ。誰なりしか記臆せさるか、若宮方学校の休暇なる故、御同伴にて御見学に御出遊はされたりと云ふことなりと云ふ。予之を聞き、直に大臣官房に行き、聞きたる所を牧野（伸顕）に報す。

成久王妃殿下、鳩彦王殿下の容体に付佐藤三吉の談を聴く

午後三時頃、仏国に在る代理大使（松田道一）より成久王妃及鳩彦王両殿下の御容体を報し来りたる電信に就き、御症状を推測す。牧野（伸顕）御用掛佐藤三吉（宮内省御用掛、東京帝国大学名誉教授、外科医）を召ひ、其意見を聴く。佐藤、両殿下とも御重体なるか、就中成久王殿下の妃殿下のショツクは最も危険なる御容体なりと云ふ。午後四時後より家に帰る。

東久邇宮邸より電話にて、妃殿下帰京の期を報す

○午後六時頃東久邇宮邸より、妃殿下は明四日午後四時五分東京駅著にて、大磯より帰京せらるることを報す。

枢密院事務所より皇后陛下、皇太子殿下葉山へ行啓あらせらる予定なりしも御止めとなりたること及枢密院の参集休止のことを報す

○午後七時頃枢密院事務所より電話にて、皇后陛下、摂政殿下は明日葉山に行啓あらせらるる御予定なりしも、御止めなりたり。又明日は枢密院の参集日なるも、参集を休止せらるることになりたる旨を報す。

宗秩寮より、時事新報、東京日々新聞は成久王妃殿下、鳩彦王殿下の容体を掲け居るも公報なきことを報す

○午後十時頃宗秩寮より電話にて、時事新報、東京日々新聞には成久王妃、鳩彦王両殿下の御容体を仏国に在る大使館より公表したる旨を以て電信を掲載し居れとも、外務省には其事に関する来電なき趣なり。新聞に公表と掲け居るに付、為念之を報すと云ふ。

夜雨

○夜雨。

四月四日

○四月四日水曜。晴。

○午前九時四十分頃より出勤す。

岡田重三郎に嘱し、喪に服せらるる皇族を調ふることを命す

○午前宗秩寮の岡田重三郎に、成久王殿下薨去に付、喪に服せらるる皇族を取調ふることを嘱す。将に往て御機嫌を候せんとする為なり。

皇族を廻候する為自動車を借る　自動車なし　馬車を供すへしと云ふ

○午前十時後西野英男に嘱し、主馬寮に交渉して自動車を借らしむ。西野、今日は自動車は供へ難し。馬車を供すへしとのことなり。依て直に之を備ふることを嘱し置きたりと云ふ。

午前馬車を供すへしと云ひたるも午後に変更せしむ

予、西野には午後一時頃に自動車を備ふることを謀らしめたるも、直に馬車を備ふることゝ為したるは西野か誤り聞きたるならん。馬車にて午前中に各皇族邸を廻候することは出来難きに付、午後に変更せしむ。

工藤一記来り、三殿下の遭難に付述ふる所あり

○午前十一時頃工藤一記審査局に来り、成久王殿下、同妃殿下、鳩彦王殿下の御遭難に関し、恐懼に堪へさる旨を述へて去る。

山崎四男六馬車に同乗することを請ふ

○午前十一時後山崎四男六来り、予か皇族邸に候するとき、馬車に同乗することを請ふ。

主馬寮より自動車を供す

午前十一時後に至り西野英男来り、主馬寮より先刻は自動車は都合出来さる旨を告け置たるも、之を供すること出来る様になりたりと報し来りたる旨を告く。

上野季三郎自動車に同乗することを請ふ

上野季三郎亦自動車に同乗することを請ふ。

皇族に廻候す

○午後一時より山崎四男六、上野季三郎と自動車に同乗して、閑院宮、伏見宮、秩父宮、高松宮、梨本宮、久邇宮、北白川宮、竹田宮、朝香宮、東久邇宮邸に廻候す。但し上野は久邇宮まてにて別れ去りたり。北白川宮等には昨日既に候したるを以てなり。山崎は朝香宮にては帳簿に署名せす。昨日既に候したるを以てなり。朝香宮邸にて羊羹其他練物の菓子を供す。予は東久邇宮邸にては帳簿に署名せす。三時前宮内省に返る。

成久王の祭事を議す

○午後三時後厠に行く。関屋貞三郎に遇ふ。其室に過きり、成久王遺骸の還送前は正式の祭を行はす、御邸にて内祭を行ふ方宜しかるへきことを議す。

稔彦王妃殿下を東京駅に迎ふ　稔彦王妃殿下に謁し三殿下遭難のことに付述ふる所あり

予は東久邇宮妃殿下を東京駅に迎ふる必要あるに付、会議の終はるを待たす辞し去り、三時四十五分より人力車に乗り東京駅に行き、駅の休所にて妃殿下に謁し、仏国に於ける三殿下の遭難に関し機嫌を候し、妃殿下、三王子殿下、金井（四郎）、諫早某（御用取扱）、侍女等は直に御邸に向ひ、予は直に家に帰る。

有吉忠一に遇ふ

○午後三時後厠に行くとき、廊下（大臣官房前の廊下）にて有吉忠一に遇ふ。

有吉、成久王殿下附職員の責任を説く

有吉、三殿下の遭難に付云ふ所〔あり〕且殿下をして自ら自動車を運転せしめ、殊に免状を有せしめたるは随員の職責を尽くさゝるものなりとて、附武官、随行員等を非難せり。

有吉忠一、渡辺暢を弁護士と為し李王家の顧問となす説あることを告け、予の意見を問ふ

又渡辺暢は愈々四月八日にて定年満期と為るか、渡辺を李王職の顧問弁護士と為さんと欲する説あり。自分（有吉）の意見を問ひ来り居れり。如何と云ふ。予、弁護士と為りて訟廷に立つは宜しからさる〔も〕、単純なる法律顧問ならは宜しかるへき旨を告く。此時有吉より、自分（有吉）も渡辺君か弁護士となることは宜しからすと思ふに付、書状を出し反対の意見を申遣はすへしと云ふ。

更に考ふる所あり、有吉忠一に電話せんと欲す　電話することを得す

予既に家に帰り、七時後有吉をして渡辺か単純なる李王家の法律顧問と為ることの周旋を為さしめんと欲し、有吉の家に電話す。有吉は風邪の気にて、既に褥に就き居るとのことにて談話することを得す。

四月五日

○四月五日木曜。曇。

有馬泰明に電話し、久か育英部の貸費出願期を失したるも然るへく取計ひ呉度旨を依頼す

○午前書を有馬泰明に贈り、姪久〔倉富久、倉富勇三郎弟強五郎二男〕か有馬家育英部より費資の貸与を受け居り、本年四月以後継続貸与の願書を提出する期限を失したれとも、今日願書を郵送するに付、然るへく取計ひ呉度。学業成績証明書は出来次第追送すへき旨を申遣はす。

金井四郎電話にて、皇太子殿下、東久邇宮邸に行啓あらせらるへき旨の通知ありたることを報す

○午前九時三十分頃金井四郎より電話し、今日皇太子殿下、北白川宮妃及朝香宮仏国にて負傷せられ、北白川宮薨去せられたるに付、当宮（東久邇宮）妃殿下御見舞として行啓あらせらるる旨の通知ありたり。昨日は北白川宮、朝香宮、竹田宮に行啓あらせられ、今日は当宮のみに行啓あらせらるる訳なり。此節のことに付各宮とも御接待は極めて簡短なりとのことに付、当宮にて其通取計ふ積りなりと云ふ。

○午前九時四十分頃より出勤す。

有吉忠一に電話し、渡辺暢は単に李王家の法律顧問となることは可なるへき旨を告く

○午前十時後有吉忠一に電話し、昨日渡辺暢のことに関する談ありたるか、単純なる李王家の法律顧問となり、訟廷に出てさることならは、至極宜しからんと思ふと云ふ。有吉、然らは自分（有吉）より京城に書状を出すことを見合せ、今一度君（予）と面談することにすへしと云ふ。

酒巻芳男来り、成久王妃殿下万一の場合のことを謀る

○午前十一時五十分頃酒巻芳男審査局に来り、北白川宮妃殿下の容体宜しからす。凶事を予めらる様の嫌あれとも、一と通り訃報達したるときの準備を為し置く必要あるへし、と。妃殿下に万一のことありとすれは、皇太子殿下は叔母の喪に服せらるることに付、特に宮中喪の必要はなかるへし。但其節は勿論廃朝の必要あるならんと思ふと云ふ。

宮中喪と廃朝のこと

予、宮中喪のことは君（酒巻）の意見の通りなるも、廃朝のことは予は考慮すへき問題と思ふ。何となれは、妃殿下と皇太子殿下とは叔姪の間柄にて、御情誼より云へは御哀傷あるは勿論なるも、廃朝は正朝に出て国務を視たまはさることにて、単に情誼のみに依り決すへきものに非さるへく、功臣と有勲の皇族と云ふ如き人の為に非されは、廃朝せらるへきものに非さるならん。尚ほ篤と研究することにし度と云ふ。

成久王妃殿下の容体稍々快し

酒巻、然るへきやと云ふて宗秩寮に返り、一分間許の後属官某（佐々木某なりしならん）をして只今仏国より電報達し、妃殿下の御容体少しく快方にならせられたる旨を報し来りたることを報せしむ。

西園寺八郎来り、成久王の祭事を語る

○午前西園寺八郎審査局に来り、昨日北白川宮殿下の遺骸到達せさるに付、宮邸にて内祭を為し置きたらは宜しかるへきことの協議を為したる処、掌典部の人の意見にては、霊代奉安の議を行ひたる後、遺骸か達したりとて更に正式に霊代奉安を為すは謂れなし。矢張り遺骸は達せさるも、今日より正式に祭を行ふ方宜しとの意見あり。尤のことなる様に思ふと云ふ。予如何にも遺骸か達せさるも、正式に祭を為すへからさる道理はなきことなり。然らは正式に之を執行しても差支なからんと云ふ。

愛日楼文詩の借用期限、愛日楼文詩を返す

○昨日午前西野英男より、貴官（予）か前に図書寮より借用せられ居る愛日楼文詩は借用期限尽きたるに付、尚ほ入用あらは借用証書を書替へさるへからす。如何と云ふ。予、最早入用なし。之を返すことにすへしと云ひ置きたるを以て、今日午前四冊を西野に交し、之を図書寮に返すことを嘱す。

諮問第四号の幹事会に会する予定を変す

○予は今日午後二時より司法大臣官舎に行き、諮問第四号の幹事会に臨まさるへからす。然るに、二時より大屋権平（元朝鮮総督府鉄道局長官）の告別式を青山斎場にて行ふに付、其方にも行かさるへからす。故に二時前より退省し、桜田門外にて電車に乗り、青山に行き告別して、直に電車に乗り、司法大臣官舎に行く予定なりし処、

成久王の祭事を協議することに加はる

午後零時後食堂にて、関屋貞三郎、小原駩吉、西園寺八郎、井上勝之助等か北白川宮の祭事に付疑あり。一時頃より之を議することになすへきに付、予も其議に加はり呉よと云ふ。

白根松介に嘱し自動車を借る

予之を諾し、一時前秘書課に到り、予か今日処々に用事あるを告け、白根松介に嘱して一時三十分頃に自動車を備ふることを主馬寮に交渉せしむ。

渡部信、世伝御料地に地上権を設定することに付意見を問ふ

時に渡部信秘書課に在り、青山御所の西側に当る世伝御料地

の一部を鉄道省の鉄道敷地、東京市の電車軌道敷地として貸与する積りなり。世伝御料なる故、物権を設定するに付枢密院に諮詢せられさるへからす。貸与期限を鉄道の存続する期間、軌道の存続する期間と云ふことに致し置たる処、枢密院の二上書記官長（兵治）か鉄道、軌道の存続する期間と云ふては無期限と同様なるに付宜しからすとて、反対意見を主張し居れり。地上権に付ては無期限にても差支なしとの意見を有する学者もあり。大審院にても同旨趣の判決例あり。如何と云ふ。予、二上か反対すれは、説の可否は暫く之を置き、面倒なる故、期限を定むる方簡便なるへしと云ふ。渡部、経済会議の議も経たるものにて、二度御裁可を経居る故、之を改むるには手続か面倒なり。予、然らは鉄道、軌道の存続する期間と云ひたりとて、直に之を以て無期限なりと云ふへきものに非すと云ふ理由を以て、今少し之を主張し見ても宜しからんと云ふ。

成久王の祭事を協議す

○午後一時より関屋貞三郎の室にて、北白川宮殿下の祭のことを議す。西園寺（八郎）より、昨日は内端の御祭に致し置きて宜しからんとのことなりしか、掌典部の人の意見にては一たひ霊代奉安の儀を為したる後、更に正式に其議を為すは不可なりとの説あり。依て直に正式に祭を為すことゝしては如何と云ふ。小原（駩吉）、其説は解し難しと云ひ、祭祀令案の沿革を持ち出し掌典佐伯某〔有義〕と論議し、小原は一旦霊代を奉安しても、更に其式を為して宜しと云ひ、佐伯は不可なりと云ひ、西園寺は直に正式の祭を為すか宜しと云ひ、決する所なし。

霊代安置と霊代遷置

予、霊代奉安と霊代奉遷とを区別することを得さるに非さるへし。霊代を奉安せされは、内祭たりとも之を享くる主体なし。故に直に霊代を奉安することにすへし。然れとも差向きは、云はゝ内寝の如き所に之を奉安し、遺骸到著の上愈々葬儀を行はるるとき、前に至り其霊代を正寝の如き所に奉遷することに為したらは、両説ともに抵触する所なきに非すやと云ふ。

予の意見に決す

衆之に賛し、其ことに決定す。時既に一時三十分後なり。予は将に辞し去らんとす。

小原駩吉、勝田圭通か学習院事務官に適せさるへきを説く

小原（駩吉）、秘書課長（白根松介）より勝田圭通〔宗秩寮属官〕を学習院事務官に採用することに付考査を求め来り居るか、自分（小原）は不適任と思ふ。如何と云ふ。予、適任とは云ひ難かるも、之に反対する程の考なしと云ふ。小原、学習院長（福原鐐二郎）か勝田を知り居りて之を望むならは勿論宜しきも、人選を宮内省に任せ、適任者を遣はし呉よとの注文ならは、勝田にては必す間もなく院長より苦情を云ひ来ることになるへく、長（寿吉）〔学習院教授〕にて間に合はすとて、専任事務官を置く場合の人選としては不適当と思ふと云ふ。

大屋権平の告別式に会す

○午後一時四十五分頃より自動車に乗り青山斎場に行き、大屋権平の告別式に会す。自動車は一時三十分頃に玄関に来りたるも、予か即時に乗らさりし為、玄関に待ち居るは寒しと云ふて一たひ主馬寮に返りたる為、尚更遅くなりたり。

自動車進ます

告別後直に自動車に乗り、司法大臣官舎に向ひたる処、赤坂見附上にて自動車の器械に損所を生し進行せす。

電車に乗りて司法大臣官舎に行く

運転手主馬寮に電話し、他の車を持ち来らしめんと云ひたるも、予は電車の方早からんと思ひ、自動車を下り電車にて司法大臣官舎に到り、五時後まて幹事会に列し、帰途に就く。

雨を冒して徒歩して帰る

雨ふること甚し。電車の乗客夥しく之に乗るへからす。雨を冒し徒歩して帰る。洋服濡れたり。

安宗秩寮の電話を解せす

○午後五時前宗秩寮より電話す。予未た帰らす。安電話を聴きたるも解し難しとて、直に電話を止めたる由なり。

西野英男自動車を準備すへきことを報す

○午後四時頃西野英男より電話にて、明日午前皇后陛下の葉山に行啓せらるるとき、東京駅に奉送せらるる自動車は主馬寮にて之を備ふる趣なることを報したる由なり。

東久邇宮邸より煎餅、干梅を贈る

○午後、東久邇宮邸より使をして妃殿下の大磯より持ち返られたるものなりとて、煎餅一箱及梅干一樽を送らしむ。

○昼間の雨、夜雪となる。

四月六日

寒し

○四月六日金曜。曇寒、華氏四十五度。

○午前八時五十分頃より出勤す。

皇后陛下の葉山へ行啓せらるるを奉送す

○午前九時五十五分より山崎四男六と共に自動車に乗り東京駅に行き、皇后陛下の葉山に行啓せらるるを奉送す。

小原駩吉、入江貫一の官は参事官を本官とするも兼官とするも平田東助は異議なき趣なることを談す

プラットホームにて小原（駩吉）より、入江貫一は参事官本官にて〔も〕兼官にても、いつれにても宜しと云ひ居りたる旨を告く。予、然らは平田（東助）もとちらにても宜しき旨、昨日白根（松介）に話したる趣に付、参事官の方か本官となることに決するならんと云ふ。小原、先刻入江に逢ひたるとき、入江は平田より召はれ居るに付、平田の処に行くと云ひ居りたり。いつれ本官兼官の話ならんと云ふ。

成久王の遺骸送還方を議す

○午前十時後より元の高等官の宿直室（精養軒の料理場の北）にて、成久王殿下の遺骸は火葬して送り返すか、又は肉体の儘にて送還するかを議す。是は肉体の儘にすることに決す。初は妃殿下より先に遺骸を送ることは、妃殿下か承知せられさるへしとの考なりしも、仏国に在る人々の考にては早く送還することを望み居る模様なる故、是も已むことを得さるへしと云ふことに決す。

山辺知春か仏国に行き、成久王妃殿下の看護を為すこと

又妃殿下か漸次快方に赴かるるに付ては、如何にも心細く思はるるに付、誰か妃殿下の頼りに思はるる人か行く必要あり。夫れには山辺知春より外に適当なるものなしと云ふことゝなりたる処、山辺は東京の留守を為す人なけれは、自分（山辺）は行き難しと云ひ、関屋貞三郎は東京にては成久王殿下の御葬儀を行ふ丈けのことなる故、誰れにても出来ると云ひ、山辺其他の人は御葬儀のことの外にも種々面倒なることあり。就中大妃殿下に対することか一番面倒なりと云ひ、

山辺知春、小原駩吉をして北白川宮邸事務を執らしむることを望む

山辺は、自分（山辺）か洋行するならは、宮家の事情を知り居る小原（駩吉）君か不在中の世話を為し呉るる様に致し度と云ふ。小原、已むを得されは其事を担当すへきも、山辺と自分（小原）との私約にては事を執り難し。大妃殿下も其事を承認せられ、公然の名義を附けられされは、之を引受け難しと云ふ。一同之を然りとす。山辺は今日大妃殿下を葉山の別邸に訪ひ、大妃殿下の趣意にて山辺を仏国に遣はさるる様のことに協議し来ることの談合となり、其時山辺より不在中のことは大妃殿下より小原に御依頼な〔さ〕る様に取極め来る様に談し合ひたり。

山辺知春、二荒芳徳と共に葉山に行くことを望む

山辺は二荒（芳徳）に対し、今日午後自分（山辺）か葉山に行くときは君（二荒）も同伴し呉。左すれは小原のこと抔は自分（山辺）より談すよりも、君（二荒）より話す方か都合宜しきことありと云ひ、二荒之を諾す。

小原駩吉来り、入江貫一は参事官本官となるへきこと、勝田圭通を学習院事務官と為すことは白根松介も懸念し居ること、小原か北白川宮邸の世話を為すには其名義を必要とすること、南部光臣か予に面会せさりし事情、南部か感したることを談す

十一時五十分予は審査局に返り居りたるに、小原（駩吉）来り、入江（貫一）を参事官を本官と為し、内大臣秘書官長を兼官と為すことは最早間違なからんと云ひ、又勝田圭通を学習院事務官と為すことは、東久世秀雄か推薦したるものなる趣に付、自分（小原）より白根（松介）に対し、東久世は勝田十分其任に勝ゆることを信し居るや否を確かめ見るへき旨を話し置きたり。白根も勝田のことに付ては自分（小原）か話を為したる後、大分懸念し居る模様なり。

先刻山辺（知春）か不在中、自分（小原）に世話を頼み度と云ひたるとき、関屋（貞三郎）は直に不気済の顔をなしたり。夫れ故自分（小原）は、特に公然名義を附けされは、引受け難き旨を申し置きたりと云ひ、又鹿児島（虎雄）か南部光臣を訪ひたる処、先日君（予）か南部を訪ひたることは南部は初は知らさりし趣なり。鹿児島より南部に対し、倉富君か懇に来りたるに、何故に面会せさりしやと云ひたる処、南部は倉富は養父に面会を求めたりとのことに付、自分（南部）は面会せさりしと云ひ、鹿児島は倉富君は君（南部）に面会を求めたるも、君（南部）か面会せさりし為、男爵に面会したる訳なりと云ひたる由。南部か面会を断はりたるは、全く夫人の考に出てたるものなる模様なり。南部は君（予）やら自分（小原）やら南部のことに付種々周旋したることを聞き、涙を流して深切に感した

る趣なりとの談を為せり。

成久王妃殿下、鳩彦王殿下快方に向はる

○午後零時後食堂にて、成久王妃殿下、鳩彦王殿下の御容体電信を見る。余程快方に向はれたる模様なり。

白根松介、入江貫一は内大臣秘書官長を本官とし参事官を兼官とすることに決したる旨を告く

○午後二時頃白根松介審査局に来り、入江貫一を参事官本官とし、内大臣秘書官長を兼官とすることは内大臣（平田東助）も異議なしとのことなりしか、今日更に自分（白根）を内大臣より召ひたる故、行見たる処、矢張り秘書官長を本官とし、参事官の方を兼官と為し呉度。都合にては後日本官と兼官とを更へても宜しきか、兎も角只今は反対に為し呉よとのことにて、其方に決したりと云ふ。予、如何なる理由あるや解し難きも、致方なし。小原（駩吉）には一応之を告け置呉よと云ふ。

徳川頼倫、竹内某の女を長谷川某の次男に嫁せしめんとするは長谷川の発意に非さる趣なることを談す

○午前十時後より元高等官の宿直室にて成久王の遺骸送還方を議し終はりたる後、予か将に審査局に返らんとするとき、徳川（頼倫）より竹内某の娘と長谷川某の次男との結婚に関する問題は其後旧藩の者に調査を嘱したる処、長谷川の方より結婚を求めたるに非す、長谷川の方にては竹内は皇族に縁故ある家にて、不釣合なりとて辞退したる位なりとのことなり。此縁故は全く栗田（直八郎、朝香宮宮務監督、予備役陸軍中将）の思立なりとのことなりと云ふ。予は、夫れは意外なる談なるか、其通の人物ならは縁談を進めて宜しかるへしと云ふて去る。

高羲敬来り、李王職の近状（閔泳綺か李埼鎔を買収したること等）、李王か両陛下の賜品を喜はれたること、李熹公妃の不平、李埈公妃の病気等のことを談し、李堈公の名刺を予に致す

○午後二時頃高羲敬来り、一昨日（或は昨日と云ひたるか詳かならす）帰京せりと云ひ、李王職は左程軋轢し居らす、韓昌洙は長官、次官ともに宜しと云ひ、長官（閔泳綺）は李埼鎔を買収籠絡したる趣にて、李埼鎔より李王殿下に閔のことを誉めたる由なり。自分（高）か両陛下より李王に賜はりたる祝品（花盛器）を持ち行きたる処、殿下より如何したる物なりやと云はれたるに付、両陛下よりの祝品なる旨を披露したる処、非常に喜はれたり。李熹公（李載冕、朝鮮王公族、興宣大院君李昰応の長男、高宗＝李太王の兄、李埈公の父、故人）妃（李氏、名は不詳）は近来大に不平を起し居らるる模様にて、李埈公妃は病気なる趣なり。李堈公より貴官（予）に名刺を贈らるるとのことに付、自分（高）より倉富は困るへしと云ひたるに、公は自分（公）か考ふることを名刺に記し置たる故、之を届けよと云はれたりとて之を致す。

李堈公、李勇吉のこと、李堈公のことに付予に謝を致す

予、封を開きて之を見たるに、李勇吉住宅のこと、李堈公のこと等に付予か尽力したることを謝する旨を記しありたり。

高羲敬、世子妃流産のことを告く

予高に、世子邸は君（高）の不在中何も異状なかりしやと云ふ。高、是より話さんと欲したる所なり。世子妃は両三日前流産せられ、最早胎盤も全く出てたりとのことに〔て〕、只今臥褥し居らる。誠に残念のことを致したり。小山（善）は近日中産科医に妃の身体を診察せしむる方宜しからんと云ひ居れり。

高羲敬、近日李王五十回誕辰祝宴の記念品を予に致すへきことを告く

李王殿下より君（予）に、祝宴記念として宮内大臣、次官及君等に物を贈られたるか、荷物未達に付近日中之を届くへしと云ふ。

高羲敬、白根松介来りたる為談を中止す

予か高と談し居るとき白根松介来る。高話を中止して復た之を談したり。白根か来りたるは、入江（貫一）は内大臣秘書官長を本官と為すことになりたる旨を告くる為なりしなり。

西園寺八郎に入江貫一は参事官を兼官とすることに決したる趣なることを告く

○午後二時五十分頃西園寺（八郎）来る。予、入江（貫一）は結局内大臣秘書官長を本官と為すことに決したる旨、只今白根（松介）か来り告けたることを話す。

西園寺其事情を探らしめ見るへしと云ふ

西園寺、誰か内大臣（平田東助）に運動したるものあるならんと云ひ、武井（守成）をして平田の家に行き、其の事情を探らしめ見ることにすへしと云ふ。話すること三、四分間許にして去る。

西野英男愛日楼文詩の借用証書の印を消したる旨を告く

○午後二時頃西野英男より、一昨日返されたる愛日楼文詩の借用証書は図書寮より返し来りたるに付、消印したりとて之を予に示す。

予、伊夫伎準一に之を告くることを嘱す

予、借用証書には伊夫伎準一の印ある筈に付、同人の印も之を消して其旨を告け呉よと云〔ふ〕。

大谷正男、牧野伸顕より松平慶民に贈る電信案に付意見を問ふ

○午後三時頃大谷正男来り、宮内大臣（牧野伸顕）より在仏国松平慶民に贈る電信案を示し、意見を問ふ。予残留は滞在と改むる方宜しからんと云ふ。電信は松平より成久王の遺骸を護して帰朝すへき旨申来りたるに対し、今暫く滞在して鳩彦王殿下、成久王妃殿下の養生の世話を為すへき旨を報するものなり。

大谷又久邇宮邸にて滝某か美術の説明を為すことを報す

大谷又本月八日午後一時より久邇宮邸にて、滝某〔不詳〕か岩崎（久弥）家、井上（勝之助）家より美術品を借り、実物に就き良子女王殿下に説明することになり居るに付、希望あらは同邸に行き見られよと云ふ。

西野英男に字を写すことを嘱することを約す

○午後三時後西野英男に、審査局の雇員高沢某は尚ほ学校に通学し居るやと云ふ。西野、多分通学し居るならん。何の為なりやと云ふ。予、高沢か朝夕家に居るならは、先人の詩を謄写することを嘱せんと思ひたるなりと云ふ。西野、字を写すことならは高沢よりも某の方か適当なるへきか、自分（西野）か之を謄写することにすへしと云ふ。予然らは君（西野）に依頼することにすへしと云ふ。

有馬頼寧氏を訪ふ　在らす　其夫人と話す

○午後三時三十分より退省。青山有馬頼寧氏の家に行き、頼寧氏在らす。其夫人貞子に面し、成久王の薨去を弔す。貞子は王の妹なり。話する〔こと〕五、六分間許にして去り、直に家に帰る。

鳩彦王殿下、成久王妃殿下快くなる

○午後五時頃宗秩寮より電話にて、鳩彦王殿下、成久王妃殿下次第に快くなられ居ることを報す。

内子感冒

○内子感冒にて三十七度許り熱あり。褥に臥す。

四月七日

○四月七日土曜。晴寒、寒暖計四十三度。

○午前九時三十分頃より出勤す。

先考君の詩草を西野英男に交し謄写を嘱す

○午前十時後西野英男に先考君〔倉富胤厚、倉富勇三郎の父、儒者、元福岡県会副議長、号は篤堂、故人〕の詩集篤堂詩草一冊を交し、之を謄写することを嘱す。

蒲穆の返電

○午前十時後金井四郎審査局に来り、仏国に在る蒲穆よりの返電を示す。

池田某の書状

予金井に、池田某より金井に贈りたる書状を返す。其書状は〔原文空白〕日金井より予に示す為、使をして予の家に送らしめたるものなり。

鹿児島虎雄来り、南部光臣に対する辞令及賜品を示し且南部の意を致す

○午前十一時五十分頃鹿児島虎雄審査局に来り、南部光臣に対する免官、帝室制度審議会委員を免し、宮中顧問官に任し、高等官一等に叙する辞令書及御紋附手箱并金一万三千円を賜ふ目録と実物とを持ち来り、之を示し且つ先日南部に面会し、南部より予か厚意を謝する旨の意を致さしめたることを告く。予亦鹿児島に嘱し、意を南部に致さしむ。

白根松介に南部光臣の宮務監督を継続する形式を論す

○午後零時後秘書課に行き、白根松介に対し、南部光臣は本官の資格を以て梨本宮の宮務監督を仰付けられ居りたるものならん。然れは、此節本官を免せらるれは宮務監督も消滅したる訳なり。然るに、特に宮務監督仰付けらるる旨の辞令を出さゝるは不都合に非すやと云ふ。白根、従来の振合にて別に辞令を出さゝることになり居れり。南部は帝室林野管理局長官たる資格にて宮務監督となり居りたるか、其後参事官に転任したるに付、其節も宮務監督は消滅したる訳なり。然るに、別に辞令を出さす其儘宮務監督は継続することに為し来れり。

特に辞令を出さゝる先例

又市来政方〔宮中顧問官、山階宮宮務監督〕は主殿頭として宮務監督となり居りたるか、免官の上宮中顧問官と為り、今日も其儘にて宮務監督を継続し居れり。南部も是と同一に付、先例に依りたるものなりと云ふ。

先例不可なり

予、先例か悪しき故、其例に依ること亦悪しと云ひ、白根も如何にも先例か悪しき様なりと云ふ。

南部光臣をして東宮御結婚準備委員を継続せしむることは関屋貞三郎か承知せす

予又南部か皇太子殿下御結婚準備委員と為り、之を継続することは宮内大臣は之を承知し居るか、何故に其手続を為ささるやと云ふ。白根、此ことは次官（関屋貞三郎）か故障を云ひ居るに付、未た運はすと云ふ。

入江貫一を参事官本官となすことは平田東助か好ます

予又入江（貫一）か参事官本官と為ることは、平田（東助）も入江も異議なしとのことなりしか、何故に変更したりやと云ふ。白根、矢張り平田か参事官を本官とすることを好まさりしなりと云ふ。予、平田は君（白根）に対し異議なしと云ひたるに非すやと云ふ。白根、彼の人は時々意見を変することありと云ふ。

西園寺八郎か武井守成をして入江貫一の本官兼官のことを平田東助に問ひ合せしめんとしたることは小原駩吉か之を止めたり

予又昨日西園寺（八郎）は武井（守成）をして平田か何故に意見を変へたるや、其事情を問ひ合せしむる旨話し居りたるか、如何なりしなるへきやと云ふ。小原（駩吉）側に在り。彼の事は自分（小原）より武井を遣はすことを止めたり。最早何事を為しても効能なきを以てなりと云ふ。

小原駩吉は明かなる名義なけれは北白川宮の事務を取扱ひ難し

小原又自分（小原）をして山辺（知春）か仏国に行き居る中北白川宮の事務を執らしめんとするも、此節は賀陽宮の事務を執り居ることとは事情か異なるに付、公然辞令を以て自分（小原）の資格を明かにせされは、漫然たることにては事務を執り難しと云ふ。

酒巻芳男、松平慶民に対する電信案に捺印することを求む

○午後二時後酒巻芳男来り、松平慶民に対する電信案二通を示し、予の印を求む。其一は宮内省より山辺知春を仏国に派遣する旨を報すること、其の二は松平より成久王殿下の遺骸を送還する為、日本より仏国に軍艦を派遣する旨の風説あるか、殿下の死は殿下自ら招かれたるものにて、仰山なることを為すは、仏国在留内国人の感情を害するの恐ある旨を申来りたるに対し、軍艦派遣のことは全くなきことなる旨を報する案なり。

小原駩吉をして北白川宮の事務を執らしむるには辞令を出す必要あり

予より酒巻に対し、山辺（知春）か仏国に行き居る中小原（駩吉）をして北白川宮の事務を執らしむるならは、公然宮内省より小原に辞令を渡さゝれは、執務上不都合なる旨を告く。

牧野伸顕か小原駩吉をして北白川宮の事務取扱はしむることを好まさること

酒巻、関屋（貞三郎）より酒巻に対し、山辺（知春）か葉山に行き、北白川宮大妃殿下に小原をして山辺の不在中事務を執らしむることを言上せんと云ひたるとき、大臣（牧野伸顕）より山辺に対し、小原をして事務を執らしむることは大妃殿下に対し確言せさる様命したる旨の談を為したることを告けたりとの話を為せり。予、之を果して山辺と二荒（芳徳）か葉山に行き、大妃殿下に小原のことを言上せんと云ひたるとき、大臣（牧野）より之を止めたるならは、山辺等か夫れに拘はらす大妃殿下に言上する筈なく、山辺等か言上せさるならは大妃殿下より二荒をして小原に対し、山辺の不在中の世話することを依頼せらるる筈なし。然るに、二荒は葉山より返り来り、大妃殿下の趣意なりとて小原に依頼せらるる旨を伝へたりとのことなり。

関屋貞三郎か牧野伸顕か小原駩吉をして北白川宮の事務を取扱はしむることを好ますと云ふは事実と一致せす

関屋か大臣か止めたりと云ふは前後引合はさる所ある様なりと云ふ。

高羲敬酒を贈る　之を飲ます

○午後五時後、高羲敬使をして酒一瓶を贈らしむ。瓶には紙を貼り、朝鮮薬酒と書す。予何の薬を入れあるかを知らす。故飲ます。

四月八日

夜風雨

○四月八日日曜。曇風夜風雨。

隆蓄音機を持ち来る

○午前十一時頃隆来る。蓄音機を持ち来る。内子の為に購ひ来りたるなり。

書を林田守隆に贈る

○午前書を林田守隆〔赤松社社長、有馬伯爵家顧問、元六十一銀行頭取〕に贈る。

久邇宮邸に行き、岩崎久弥、井上勝之助所蔵の画幅を観る

○午後零時十五分頃より久邇宮邸に行き、井上勝之助、岩崎久弥所蔵の画幅を観、滝某の講演を聴く。

鳩彦王妃殿下の洋行は栗田直八郎の作略　牧野伸顕、小原駩吉をして北白川宮の事務を執らしむるを好まさること

同邸にて徳川頼倫、小原駩吉に会し、朝香宮妃殿下か洋行せらるる様に為したるは、栗田直八郎の作略なるへしと思はるること、小原（駩吉）か山辺（知春）の洋行中北白川宮邸の世話を為すことに付ては、宮内大臣は小原をして之を為さしむることを好まさる旨を山辺に告けたる趣なることを談す。三時後茶を喫して家に帰る。

書を強五郎、啓二郎、鈞、咸一郎に贈る

○午後書を強五郎、啓二郎、鈞、咸一郎に贈る。

金井四郎、明日東久邇宮邸に行くことを求む

午後五時頃金井四郎電話し、明日午前十時頃東久邇宮邸に来ること出来るや否を問ふ。予、其頃には宮内省にて会議することになり居る旨を告く。明日は盛厚王殿下学習院に入学せらるるに付、一同と共に祝詞を述へしめんと欲し、予の来邸を求めたるなり。

四月九日

○四月九日月曜。晴。

○午前九時四十分頃より出勤す。

東久邇宮邸に行く

○午前十時後自動車を借り東久邇宮邸に行く。

稔彦王妃殿下より盛厚王殿下入学せられたるに付祝品を贈らる

十一時頃妃殿下、盛厚王殿下に謁し、盛厚王殿下の学習院に入学せられたることを奉賀す。妃殿下より羽二重一反を贈らる。師正王、彰常王両殿下も妃殿下の傍に在られたり。妃殿下に謝辞を述へ、尚ほ四、五分間其席に在りて談話し、金井四郎と共に事務所に返る。金井より時計の鎖の下り物及酒肴料（三千疋）を伝ふ。皆盛厚王殿下の入学式に付、祝意を表する為に贈られたるなり。十一時二十分頃宮内省に返る。

金井四郎に電話し、稔彦王妃殿下に謝辞を陳ふることを忘れたる故、之を陳ふることを嘱す

十一時四十分頃金井に電話し、予か妃殿下に謁したるとき、先日妃殿下より鰤一尾を贈られ、其後更に大磯の土宜として煎餅幷梅干漬を贈られたることの謝詞を陳すへき処、之を忘れたるに付、其旨を妃殿下に陳へ呉度旨を嘱す。

成久王移霊祭に付、鏡餅料を供ふ

○午前十一時後宗秩寮の佐々木栄作来り、明十日は成久王の十日祭、今日は移霊祭なる故、宗秩寮総裁（徳川頼倫）、宮内次官（関屋貞三郎）はいつれも鏡餅料三千疋（七円五十銭）を供ふるか、貴官（予）之を供へらるるならは、同時に取計ふへしと云ふ。

銭嚢を見出さす、鏡餅料を出さんとして銭嚢なきことに気附、酒肴料を以て之に充て其後に銭嚢を発見せり

予之を嘱する旨を告け、懐を探くる。銭嚢なし。之を持ち来ることを忘れたるならんと思ひ、佐々木に其旨を告け、立替置き呉よと云ふ。佐々木諾して去る。既に先刻東久邇宮邸にて受けたる酒肴料正に七円五十銭なりしを思ひ、直に其封を破り、金を携へて宗秩寮に行き、巾著中に入り居りたりとて之を交す。既に審査局に返り、銭嚢は或は外套の隠嚢に入れ居るならんと思ひ之を検したるに、果してありたり。

西園寺八郎来り、牧野伸顕より稔彦王殿下に電信を発することを説く

○午前十一時五十分頃西園寺八郎来り、稔彦王殿下は成久王、鳩彦王及成久王妃三殿下の遭難に付ては熱心に世話せられ居るに付、此際宮内大臣より電信を発し、謝意を表したらは一層感情を好にすることを得るならんと云ふ。

電信文に注意を要す

予、予も其事は考へさるに非されとも、電文は非常に注意を要することゝ思ふ。折角電信を発し、之か為却て感情を害する様のことあるやも計り難しと云ふ。西園寺、其点の注意は別けて必要なり。宗秩寮の人に任せす、注意し呉よと云ふ。

西園寺八郎、皇后陛下より故能久親王妃を慰安せらるる必要あるへきことを説く

西園寺又北白川宮大妃殿下は其一子を喪はれたるのみならす、其子の過失の為成久王の妃及朝香宮にまて負傷せしめたることに付、非常に心を傷ましめ居らるる模様なる故、皇后陛下其他より慰安の処置を講せらるる必要ありたらは好都合ならんと思ふと云ふ。予其事は必要なるへしと云ふ。

小原駩吉をして北白川宮の事務を執らしめさること

予又小原（駩吉）をして山辺知春の洋行中北白川宮の事務を執らしむることは、宮内大臣か承知せさる趣なることを西園寺に告く。

西園寺八郎台湾に行く

西園寺は愈々本月十二日より皇太子殿下に供奉して、台湾に行くへきことを告く。

徳川頼倫、小原駩吉をして北白川宮の事務を執らしむる必要を説く

○午後零時後食堂を出つるとき徳川頼倫より廊下にて、小原（駩吉）をして北白川宮の事務を執らしむることは必要なる旨を立談す。

牧野伸顕より稔彦王殿下に呈する電信案

○午後一時後酒巻芳男来り、牧野伸顕より稔彦王殿下に呈する電信案のことを謀る。午後二時前徳川（頼倫）来り、酒巻か草し、予か修正したる牧野（伸顕）より稔彦王殿下宛の電信案を見る。

徳川頼倫又小原駩吉をして北白川宮の事務を執らしむる必要を説く

徳川又小原をして北白川宮の事務を執らしめされは実際差支あるへき旨を談す。

鳩彦王妃殿下仏国行を望まれ居ること

又朝香宮妃殿下は仏国に行くことを望まれ居る趣なることを談す。

徳川頼倫より小原駩吉をして北白川宮の事務を執らしむることを牧野伸顕に説くへしと云ふ意見

○午後二時十五分頃より庶務課に行く。西園寺（八郎）、加藤恒忠（前松山市長、元貴族院議員・交友倶楽部、元ベルギー駐在公使、故人）の追悼会に行き、未た返らすとのことにて会議を開かす。徳川頼倫、二荒芳徳と話す。徳川、小原（駩吉）をして北白川宮の事務を執らしむることは宮内大臣（牧野伸顕）か之を好まさる趣、二荒より聞きたる旨を談す。予徳川に、徳川か大臣（牧野）より直接に聞きたることに非さるならは、徳川は其事を知らさる為ねして、更に小原をして北白川宮の事務を執らしむる様に為すことを説くへきことを勧む。西園寺未た帰り来らす。乃ち審査局に返る。

稔彦王殿下滞仏費十万円を受取りたること

予か不在中金井（四郎）来り、東久邇宮殿下の洋行費十万円を内蔵寮より受取りたる旨の小書を予か机上に残し居りたり。

牧野伸顕より稔彦王殿下に呈する電信案に付、予と西園寺八郎、小原駩吉と意見を異にす

○午後復た庶務課に行く。西園寺（八郎）、小原（駩吉）に牧野伸顕より稔彦王殿下に呈する電信案のことを談し、酒巻芳男をして其案を示さしむ。案は既に牧野の決裁を経たるものなり。案文中牧野より殿下に対し、殿下か北白川宮薨去、朝香宮、北白川宮妃の負傷に付世話せられたるに付、謝する語句なく、又今後の世話を請ふの語句なく、殿下云々して皇室の徳を宣揚したまひたるは欽仰の至に堪へすと云ふ趣意なり。西園寺、小原は是非謝意を表し、将来の世話を願ふ方か宜しと云ふ。予は、殿下か其兄の介抱を為し、成久王の薨去及其妃の負傷に付世話せられたるは、宮内大臣の依頼抔ありたる為に非す。此ことに対し大臣より謝辞を呈し、且今後のことを依頼するは適当ならすと云ふ。二人は尚ほ主張する所ありたるも、既に決定し居りたるを以て其儘にて止みたり。

高義敬来り、李王より予に贈る物を致す

○午前十一時後高義敬来り、李王より予に贈る銀盃二個、手釦一組及酒肴料三円を致す。

高義敬に李王に謝を致すことを嘱せんと〔す〕之に遇はす

午後高を宗秩寮に訪ひ、李王に対し謝を伝ふることを嘱せんとす。高既に在らす。酒巻芳男、自分（酒巻）等も李王より物を贈られたり。其謝辞は一切高より取計ふと云ひ居りたり。貴官（予）の謝辞も高か取計ふへしと云ふ。

四月一〇日

○四月十日火曜。晴。

成久王の十日祭に列す

○午前八時三十分頃宮内省より自動車を遣はす。予が昨日西野英男をして主馬寮に請求せしめ置きたるものなり。之に乗り高輪の北白川宮邸に行き、故成久王殿下の十日祭に列す。祭場に著床したる宮内官は関屋貞三郎か宮内大臣に代はりたると井上勝之助、予及小原駩吉のみにて、其他は著床せす、玉串を捧けたるのみなり。

竹田宮々務監督河村善益に竹田宮妃より北白川宮大妃を慰めらるる必要あるへきを説く

宮邸にて竹田宮宮務監督河村善益に、先日竹田宮大妃か葉山に行き、北白川宮大妃を訪はれたるときは、北白川宮大妃を慰安せられたるへきや。北白川宮大妃は唯一の実子成久王殿下を喪せられたるさへあるに、成久王殿下の過失の為其妃たる内親王及朝香宮にまて負傷せしめられたりとて、非常に心を傷まし居らるるとのことなる故、竹田宮大妃は内親王中の長婦にあらせらるることにもあり、竹田宮大妃より慰安てもせられたらは、幾分か北白川宮大妃も心を安せらるることを得るならんと思ふと云ふ。河村、先日往訪せられたるときの模様は少しも聞き居らす。兎も角適切なる注意なり。之を謝すと云ふ。

西園寺八郎と小原駩吉をして北白川宮の事務を取扱はしむることを談す

又同邸にて西園寺八郎に、宮内大臣（牧野伸顕）か小原（駩吉）か北白川宮邸の事務を取扱ふことを承知せさりしとのことなるが、昨日其ことは如何に決したるやを問ふ。西園寺、宮内大臣は大臣か台湾に赴くまてに決定すると云ふて、昨日は決定せさりし趣なりと云ふ。十時前祭事終はる。

小原駩吉と同乗して宮内省に返る

小原か乗り行きたる自動車には西園寺（八郎）か乗りて他家に行く必要あるに付、小原は予と同乗して宮内省に返りたり。

小原駩吉、北白川宮の事務を執ることは之を引受けさることを談す

車中にて小原より、自分（小原）か北白川宮邸の事務を執ることは決して自分（小原）か望む訳に非す。他に之を執る人なき故、已むを得す引受けんとしたることなるに、今日まで決せさる様のことにては、仮令ひ今日決したりとも、山辺知春か仏国に行く前事務の引継を受くる猶予もなきに付、是より宮内省に行き、断然次官（関屋貞三郎）に対し拒絶の意を言明する積りなる旨の談を為し、予も最早其方か宜しかるへき旨を答へたり。

入江貫一来り、任官を報す

○午前入江貫一審査局に来り、内大臣秘書官長兼宮内省参事官に任せられたることを告く。

諮問第四号の幹事会に列す

○午後一時四十分頃より司法大臣官舎に行き、諮問第四号の幹事会に与かる。五時頃より家に帰る。

四月一一日

○四月十一日水曜。曇。

○午前九時二十分頃より出勤す。

枢密院会議（石井ランシング交換公文廃棄）

○午前十時前より枢密院控所に行き、十時後より枢密院議場に入り、石井〔菊次郎、駐仏大使、子爵〕ランシング〔ロバート・ランシング、元アメリカ合衆国国務長官、Robert Lansing〕交換公文廃棄に関する日本米国間の交換公文を議す。全会一致にて可決す。

渡部信来り、上奏形式を謀る（可聞覧）

○午前渡部信来り、従来内閣にても、陛下に上呈する書類にして御裁可を経たるものには（可）の字を捺し、単に奏聞したるものには（聞）の字を捺し、其の外に（覧）の字を捺するものある例なるか、（聞）と（覧）との区別明ならす。此節簡便を図る為（聞）を廃し、（可）と（覧）との二種と為したる由。就て〔は〕摂政殿下より先日、宮内省にては如何するやとの御下問ありたる趣にて、殿下の台湾行啓前に之を決定して裁可を奏請することにし度とのことなり。宮内省にては（可）と（聞）と致しては如何と思ふと云ふ。予、強ひて内閣と異なる様にする必要もなかるへく、内閣か（可）と（覧）とにしたらは、宮内省にても其二様になす方宜しからんと思ふ。然し此ことは何も今日中に決する程急を要するものとは思はれすと云ふ。

渡部信又李王職次官俸給改正のことを謀る

渡部又李王職次官の俸給は一級俸にて五千七百円なる処、今般篠田治策か平安南道知事より李王職次官に転任したるに、道知事の年俸は六千円なりし為、転任に因り減することゝなりたるに付、李王職次官の年俸を六千円と為すことに改め度旨、有吉（忠一）より宮内次官（関屋貞三郎）に談したる趣にて、俸給令の改正を今日中に決定すへき旨を命せられたりと云ふ。予、李王職次官の俸給を増せは、宮内省の寮頭の俸給より多額と為り不権衡を来たすに付、李王職次官の俸給のみを増すことは同意し難し。殊に、此ことも明日の行啓前に決定すへき程急を要するものとは思はさる旨を答ふ。

西園寺八郎来り、小原駩吉をして北白川宮の事務を執らしむることに関し関屋貞三郎の体度を非難す　入江貫一来る　西園寺八郎去る

○午前西園寺八郎来り、小原駩吉をして山辺知春か仏国に行き居る中北白川宮邸の事務を執らしむることは、次官（関屋貞三郎）か嫌ふならは明かに其旨を云へは宜しきに、表面は意見なきものゝ如く装ひ、裏面に於て妨害するは不都合なる旨の談を為し居りたるとき、入江貫一来り。予、入江に対し差支なき旨を告く。西園寺乃ち去る。

入江貫一、李王職次官俸給改正及上奏形式改正のことを謀る（可聞覧）

入江は先刻渡部信より談したる李王職次官の俸給令のことを談す。予、之を改正するならは、寮頭及ひ参事官の俸給をも改正せさるへからさる旨及ひ一昨年官制改正のとき、寮頭、参事官の俸給改正のことを持ち出したれとも、大臣（牧野伸顕）か承知せさりし旨を告く。入江又渡部信より談したる上奏書類の中御処分の区別に関する（可）（聞）（覧）のことを謀る。予（聞）と（覧）との別は明かならさる故、二種となすことは宜しかるへく、而して（聞）と云ひ（覧）と云ひ、いつれにても差支なきに付、寧ろ内閣と一致する故（可）と（覧）とになす方宜しからん。然し、摂政殿下の台湾行啓前に決せさるへからさる急務とは思はれさる旨を述ふ。

式部職の食堂に行き、西園寺八郎、小原駩吉と小原をして北白川宮の事務を取扱はしむることに付、宮内大臣か承知せさるは解すへからさることを談す

○午後零時後式部職の食堂に行く。西園寺（八郎）正に食し、小原（駩吉）亦此処にて食し居れり。予西園寺に対し、先刻の談話中入江（貫一）か来り、君（西園寺）の談を妨けたるか、入江とは要急の用事あり、其前に約し置たる為、君（西園寺）に対し失敬せりと云ふ。夫れより小原か北白川宮邸の事務を執ることに付宮内大臣か承知せさるは解すへからさるなる旨の談を為して時を費し、殆んと枢密院事務所にて午後一時三十分より両院の議決を経たる司法官試補及弁護士の資格に関する法律案外三件の審査委員会に列すへきことを忘れ、之に気附きたるときは既に一時二十分頃なりしなり。

遽てゝ枢密院事務所に行き、両院の議決を経たる司法官試補及弁護士の資格に関する法律案外三件の審査委員会に列す

乃ち遽に審査局に返り、書類を携へて趨りて枢密院事務所に赴く。纔に期に後れさることを得たり。政府よりは加藤総理大臣（友三郎）、岡野司法大臣（敬次郎）、法制局長官馬場鍈一、司法省刑事局長林頼三郎、同人事局長皆川治広（司法省人事局長、臨時法制審議会幹事）外数名出席し、枢密院よりは議長（清浦奎吾）、副議長（浜尾新）、顧問官岡部長職、一木喜徳郎、久保田譲、富井政章、平山成信、有松英義及予、書記官長二上兵治、書記官村上恭一、入江貫一、堀江季雄出席せり。

加藤、岡野より此等の案を提出する事情已むへからさる所以を説明し、富井、一木、有松、久保田及予より質問を為し、質問を終はらさる前、加藤は他に用事ありとて辞し去り。之を終はりたる後、岡野以下退席し、審査委員にて意見を述へ、全体は面白からさることなるも、法律案は既に両院の議を経たるものなるを以て御不裁可を奏請する程の重要なるものに非す。其の他の件は法律との権衡上已むを得さるものなる故、之を可決すへしと云ふことに全員一致にて決定し、報告書は委員長たる岡部及書記官長二上に依頼すること〔こ〕為し、三時後に散会せり。

徳川頼倫電話にて予に逢ふことを求む

予か枢密院事務所に在り審査委員会に列し居るとき、徳川頼倫より電話にて、何時頃委員会は終了し、何時頃家に帰るやを問ふ。予、三時三十分頃には終了すへし。終了後更に宮内省に行くへき旨を答へしむ。

徳川頼倫、山辺知春か洋行中北白川宮の事務を執る人を定めさるは不可なることを説く　之に関する予の意見

三時後宮内省に行き、徳川を宗秩寮に訪ふ。徳川、北白川宮の事務を執る人を定めすして、山辺知春をして洋行せしむるは不安心なり。大臣、次官は北白川宮邸の用事は故成久王殿下御葬儀のことのみにて、何も面倒のことなしと思ひ居るも、自分（徳川）の考ふる所にては其外に種々面倒なることあるへしと思はる。依て今一応大臣へ小原をして其事務を執らしむることを説きたらは如何と云ふ。予、此上大臣に説くは無益なるへし。最早其儘に致し置く方宜〔し〕かるへき旨を告けて去る。

四月一二日

○四月十二日木曜。雨。

皇太子殿下の台湾に行啓したまふを奉送す

○七時三十分頃より東京駅に行き、皇太子殿下台湾に行啓したまふを奉送す。

小原駩吉、北白川宮の事務を執ることを拒みたることを告く

○午前小原駩吉来り、北白川宮の事務を執ることは断然次官（関屋貞三郎）に断はり置たるか、次官（関屋）は別段名義を附けさるも、実際事務を取扱ふことには差支なかるへし。倉富君抔も何等の名義なくして世子邸の事務を執り居るに非すやと云ひたるも、自分（小原）は夫れと是とは事務か異なり、自分（小原）には名義なくしては事務を執り難き旨を答へ置きたりとの談を為せり。

高羲敬来る

○午前高羲敬審査局に来る。何事を談したるかは記臆せす。格別の用事なかりしなるへし。

隆来る

○午後隆鎌倉より来り、五時頃より鎌倉に帰る。

西野英男に嘱し、百円の兌換券を交換す

○午前西野英男に嘱し、宮内省に出張し居る第十五銀行に就き、昨日恩給を受取りたる百円の兌換券二枚を十円兌換券に交換せしむ。

四月一三日

○四月十三日金曜。晴。

徳川頼倫、小原駩吉をして北白川宮の事務を執らしめさることは不可なるに付、其ことに付書を牧野伸顕に贈りたることを談す

○午前徳川頼倫審査局に来り、宮内大臣か小原〔駩吉〕をして北白川宮の事務を執らしむることを肯んせさる処、自分（徳川）は夫れにては不都合と思ふに付、昨日書を宮内大臣（牧野伸顕）に贈り、自分（徳川）の意見を述へ置たる旨を談す。

松田正之来り、内閣に転任したることを報す

○午前松田正之〔元司法大臣松田正久の養嗣子、男爵、有馬頼寧実弟〕来り、逓信事務官より拓殖事務局事務官兼内閣書記官に転任したることを報し、実は内閣書記官に転任することを望みたるも、初より内閣書記官に転任することは経験乏くして不便なるへきに付、一時拓殖事務局事務官と為り内閣書記官に兼任することゝなり〔たる〕旨を告く。予、蜂須賀侯（正韶〔旧徳島藩主蜂須賀家当主、元皇后宮主事兼式部官、侯爵、松田正之の妻の父〕）より下条康麿より〔マヽ〕転任する模様あり。其転任後には君（松田）か内閣に入ることを得るならんとの談を聞き居りたることある旨を告く。

徳川頼倫、藤岡万蔵の電信を示す

此時徳川（頼倫）復た来り、在仏国鳩彦王殿〔下〕附武官藤岡（万蔵）より宮内次官（関屋貞三郎）を経由して栗田直八郎に贈る電信を示す。栗田か宮内省の方針に違ひ、擅に藤岡と往復したる事実明瞭となれり。

鳩彦王妃殿下の仏国行に関する栗田直八郎の専横を詰責することに決す

○午後零時後食堂にて、徳川（頼倫）、酒巻（芳男）と鳩彦王の妃殿下仏国に赴かることに付協議し、栗田（直八郎）の行動擅横なるに付、宗秩寮にて之を召ひ、之を詰問することに決す。

退省後は家に在らす

予は今夕内子と共に帝国劇場に行き、劇を観る予定なるを以て三時頃より退省し、退省後家に在らさる旨を徳川等に告く。

内子と共に劇を帝国劇場に観る

○午後三時十分頃より退省し、四時三十分頃より内子と共に帝国劇場に行き、源平盛衰記、大石良雄、曾呂利新左衛門を観る。十一時後家に帰る。

車中一絶を得たり

劇場に赴くとき、赤坂見附の上にて車中一絶を得たり。

幹枝揺曳影斜々、晬裡落紅如彩霞、風伯亦応苦多事、一朝掃尽満園花（春偶詠）。

町尻某か稔彦王殿下の近状を報告すること

○予か帝国劇場に行き居るとき、明十四日午前十時三十分頃より先日仏国より帰朝したる陸軍大佐町尻量基〔陸軍砲兵大尉、前在フランス大使館附武官補佐官、子爵〕か宮内省に来り、稔彦王殿下の状況を談する予定なる故、来り聴かれ度。但町尻の都合にて、或は延期することあるへき旨を告けたる趣なり。

四月一四日

○四月十四日土曜。

酒巻芳男、町尻某か稔彦王殿下の近状を報告することを告く

○午前酒巻芳男より、本月十六日午前十時三十分頃より町尻某か次官室（関屋貞三郎室）にて、稔彦王殿下の状況を談する筈に付、之を聴くへき旨を告く。予昨日電話にて通知を受けたる旨を告く。

稔彦王殿下の近状、括弧内に記したる町尻某の談を聴きたることは本月十六日のことなり　十四日の処に記したるは誤

（午前十一時頃町尻某来る。酒巻より関屋は少しく遅参すへしとのことなり。何処にて町尻の談を聴く方宜しかるへきやと云ふ。予、矢張り関屋の室にて聴く方か宜しからんと云ふ。乃ち徳川（頼倫）と共に関屋の室に行く。関屋既に出勤し居りたり。酒巻、町尻を伴ひ来る。町尻、稔彦王殿下は思想悪化し居れり、婦人に溺れ居らる等の風評ある趣なるも、是は事実に非す。殿下か陸軍省、宮内省等に対し不平を懐き居らるるは事実なり。是は本国にて仏国より帰りたる人の皮相の観察に依り殿下のことを非難する人あれは、其言を軽信し、陸軍、宮内の幹部に在る人まてか殿下を疑ふ様のことあるを不平に思ひ居らるる訳にて、殿下は非常に勉強し居られ、決して本国にて想像し居る如き事実に非す。殿下は陸軍の課業を卒はれたる後は経済、文芸等のことを研究し居らる所にて、殿下か妃殿下の渡欧期を定められさるは、殿下の考にては妃殿下か渡欧せられても、交際社会に出てらるる如きことは出来す、妃殿下は渡欧せられたらは、王殿下と共に各国を巡遊して帰朝せらるる様に成され度考なる為、王殿下の帰朝期を定めらるるまては妃殿下の渡欧を望まれさる様なりとの趣意の談を為せり。

関屋より、王殿下より宮務監督（村木雅美）、事務官（金井四郎）等に贈られ居る書状にては、必すしも本国にて殿下を疑ふ為の不平のみとも思はれさる旨を述ふ。町尻、殿下は一時昂奮せらるる様の性質あるに付、時として右様の書状を作られることあるならんと云ふ。予、殿下は軍事の修業の成績は余程宜しかりしとのことなるか、今日にても軍事を厭はれ居る様の風はなきやと云ふ。町尻其様のことはなしと云ふ。要するに町尻の談は稔彦王の為には利益なることなりしなり）。

栗田直八郎の行為不当なることを議す

○午前徳川（頼倫）、小原（駩吉）、酒巻（芳男）と鳩彦王妃殿下仏国行のことに関する栗田直八郎の処置の不当なることを議す。

入江貫一をして議に与からしむ

此ことを議するに付、入江貫一も今後宮内省の要務に関係するものなる故、此議に加はらしむる方宜しかるへしとのことにて、酒巻をして之を召はしむ。

入江貫一の意見

入江来り、鳩彦王妃殿下仏国行のことは種々なる事情あるへきも、普通の考にては妃殿下か御渡欧遊はさるるは相当のことならんと思ふと云ふ。

関屋貞三郎と栗田直八郎と秘密に計画したること

小原之を聞き、此ことに付栗田（直八郎）か次官（関屋貞三郎）に交渉し、二人の間に秘密に計画したることある趣を説き、次官（関屋）を非難する口気ありたり。各人の意見、栗田の行為は不都合甚しきものと云ふことに一致し、小原、酒巻既に去る。予入江に、参事官室に返るとき、一寸審査局に過きり呉よと云ふて審査局に返る。

入江貫一に宮内省の状況を告け、注意を促す

二、三分間許の後入江来る。予、小原、西園寺（八郎）等と関屋貞三郎との間円満ならす。関屋の方より見たらは、予も小原、西園寺の党と思ひ居るやも計り難し。成る程実際予も小原等の意見に同すること少なからされとも、特に小原等に党する訳に非す。成るへく不偏の体度を持し、調和を図らんと思へとも、双方とも既に隔意あり。之を調和することは至難なり。君（入江）は新に入り来りたる人なるに付、不偏の体度を持し、出来る丈け両者の調和を図る様に注意し呉よ。然らされは、軋轢は愈々激しくなるへき旨の話を為す。

四月一五日

〇四月十五日日曜。晴。

簞笥を置き替ふ

〇午前八時頃より安と共に簞笥を置き易ふ。簞笥は隆か鎌倉より送りたるものなり。是まて隆等か鎌倉にて使用したる簞笥は形大にして、持ち運ひ不便なるのみならす、製造粗にして、先年秋成より鎌倉に取寄せたるとき既に幾分損したる所あり。隆等か秋成に帰るとき、再ひ之を持ち帰りたらは必す毀損するならん。依て予等か使用し居る小形の簞笥二個を隆等持ち帰り、鎌倉より送り来りたる大形の簞笥二個は之を予か家に留め置くことに為し、今朝隆等か秋成に持ち行くへきものと此元に留置くへきものとの置き場を変へたるなり。十一時後始めて終わる。

書を強五郎、啓二郎に贈る

〇午前書を強五郎、啓二郎に贈る。

内子、荒井カスヱを訪ふ

〇午後一時頃より内子荒井賢太郎の官舎に行き、其妻カスヱを訪ふ。午後五時後帰りたる由。

山辺知春の仏国行を送る

〇午後四時四十分頃より電車に乗り東京駅に行き、山辺知春か鳩彦王殿下、成久王妃殿下の負傷の看護の為仏国に赴くを送る。山辺に対し、仏国に到りたらは鳩彦王殿下、成久王妃殿下に然るへく言上し呉よ。

山辺知春に稔彦王殿下のことを談す

又稔彦王殿下には特に然るへく意を致し、機を見て殿下か成るへく速に帰朝せらるる様取り成し呉度旨を嘱す。山辺之を諾す。

有馬頼寧氏の招に富士見軒に赴く

東京駅より直に富士見軒に行き、有馬頼寧氏か同家育英部の貸費生中、今年学校を卒業したる者数名を招待して晩餐会を催ふし、且つ以前の卒業者、育英部及有馬家職員等を招きたる会に会す。

有馬頼寧氏と其長女静子のことを談す

頼寧氏に対し、先日其長女静子縁談のことに付予に談したることあり。予より静子の写真を皇后宮職にて索め居る模様なることを話したることありしか、其後何処よりか写真を索め来りたるか。又此ことに付頼寧氏は女子学習院の職員某に話を為し置かんと云ひ居りたるか、既に話を為したりやと云ふ。頼寧氏、何処よりも写真は索め来らす。又職員某は先日女子学習院を退きたるに付、話を為さすと云ふ。予、静子の年齢の都合に因り、何等見込なく漠然たることにて何時まても待ち居る訳には行かさるへしと云ふ。頼寧氏、然り。其通りなり。全体ならは静子の妹〔澄子、有馬頼寧二女〕の方か丁度釣合よき年齢にて、一条家に妹と同年齢位の女〔直子、一条実輝三女〕あり。其女か秩父宮の妃の問題と為り居ることも聞きたることあり。然し、自分（有馬）の一家としては、先つ長女の方より約を定むることを望む次第なりと云ふ。

自己紹介　仁田原重行、有馬秀雄、松下丈吉、境豊吉と水野光衛のことを協議す

食事後各自自ら氏名を喚ひ、其現状を述へ、来会者に紹介す。既にして仁田原重行、有馬秀雄、松下丈吉、境豊吉と水野光衛の身計を協議す。〔未完〕

大正一二年日記第五冊

〔表紙に付記〕

日記　五

大正十二年四月十五日の続より五月十八日まて

○鏡山忠男に書状を贈りたるは四月十八日

○内子か卒倒は四月二十三日

○足指にピツクを貼することを始めたるは四月二十八日

○田村完二か来りたるは四月二十九日

○田内三吉に賻を贈ることを嘱したるは五月一日

○大東文化協会に加入したるは五月二日

○田村完二を推薦したるは五月五日

○大森鍾一に談したることを仁田原重行に告けたるは五月五日

○架鷹のボンボニーを与へたるは五月十三日

○内子卒倒せんとしたるは五月十七日

四月一五日（続）

大正十二年四月十五日の続

松下丈吉亦水野光衛を水天宮の事務員と為すことに賛成せす

予と境とは、水野の家扶を免したる後は水天宮の事務員と為すか適当なる旨を主張したれとも、有馬は絶対に之に反対し、松下も水天宮の社掌樋口某〔悌次郎、東京水天宮社掌〕は水野の親族なるか、矢張り水野を水天宮に入るるは不可なりと云ひ居る旨を以て之に賛成せす。

水野光衛に菓子屋の業を営ましむることの可否　水野光衛を信愛夜学校の事務員となすこと　水野光衛に対する慰労金及ひ貸金

仁田原は、水野は菓子屋の株を買ひ受くる為三千円の金を要すと云ひ居り、其金さへあれは十分の利益得る見込ありとて、大に進み居り。其方を留むれは、後日必す愚痴を云ふへきに付、此際は寧ろ三千円の工夫を為し遣はし、菓子屋営業を為さしむるか宜しと云ひ、予は有馬頼寧氏か経営し居る信愛夜学校の事務員として使用することも出来くへき模様なる故、水天宮に使用し難きならは、夜学校の方に入るることになす方宜しかるへく、菓子屋営業は折角資金を出しても直に損失すへく、之を為さしむるは余り不深切ならすやと云ひ、境も之に賛成したれとも、他は反対し、結局有馬家より水野か是迄の勤労に対し、慰労として金千五百円を給し、不足千五百円は水天宮より有馬家の育英部に千五百円を寄附し、育英部は利殖の名義にて之を水野光衛に貸与して、菓子屋営業を為さしむるか宜しと云ふことに決す。

隈本繁吉、成久王遭難に付、近侍者の責任を論す

是より先、隈本繁吉予に対し、後刻一寸話し度ことありと云ふ。予、隈本は水野光衛のことを協議するとき其席に来り居らさりしも、隈本の用事も矢張り水野のことに関係したるものと即了し居りたり。然るに、水野のことに関する協議終りたる頃有馬泰明来り、隈本か一寸面会を求め度と云ひ居れりと云ふ。予乃ち隣室に行き、隈本に面す。

隈本、仏国に於ける成久王殿下の御遭難は実に遺憾なり。此ことに付ては、殿下に随ひ居るものは責任を免しさる様なり。然るに聞く所に依れは、皇族附職員は宮内職員にて時々更迭もありとのことなり。会計其他普通の事務を執るものは夫れにても宜しかるへきも、殿下方の身辺の御世話を為すものは真の君臣の如き関係ありて、善く殿下方の性質等を知悉する者を附け置く必要あるに非すや。成久王殿下をして自ら自動車を運転せしめたる如きは、附属職員の職責を尽くしたるものと云ふへからさるへし。世上には職責を尽くさゝる如き職員を附属せしめたるは、宮内当局者の責任に帰すへきものとの説を為すものなきに非されとも、是は少しく酷に過くへし。自分（隈本）は夫れ程までには考へされとも、今後は皇族の身辺に附属する人の選択に付ては、今少し意を用ゆるの必要あることならん。是等のことに付ては君（予）は勿論考ふる所あるへきも、一応自分（隈本）の意見を述へて、君（予）の意見を聞き度と云ふ。

予の意見

予、成久王殿下か自ら自動車を運転せられたるは甚た遺憾なり。其点に付ては今後は十分注意する必要ありと思ふ。附属職員のことに付ては、是まて制度にも沿革あり。初は皇族直接の職員なりしも、結果宜しからすとて、現制の如く宮内職員にて皇族に附属することゝなり居るなり。今後たりとも君臣の如き関係を有する人を附属せしむることは出来難し。結局、殿下方の自省を望むより外に致方なし。自省を望むは平素の輔導を怠らさるより外に致方なからんと云ふ。

仁田原重行、有馬秀雄等先つ去る

予か隈本と話し始むる頃、仁田原、有馬、松下、境等は皆辞し去りたり。予は隈本と話すること十分間許にして去る。有馬泰明外二、三人残り居りたり。予か家に帰りたるは午後十一時頃なりしなり。

内子、荒井カスヱを訪ふ

○午後一時頃より内子、荒井カスヱを訪ふ。五時後家に帰りたる趣なり。

高義敬来り、世子妃及梨本宮殿下のことを談す

○午前高義敬審査局に来り、世子妃は最早回復、今日より離床せられ居り。今日は梨本宮、同妃及規子〔梨本宮守正王二女〕三殿下来り居らるることを談す。

四月一六日

○四月十六日月曜。晴。

松本重敏来り、都筑馨六病篤きに付謀る所あり

○午前八時後松本重敏来り、都筑馨六〔枢密顧問官、男爵〕病篤し。此節は多分起つことを得さるならん。同人の配〔静子〕は身分賤しく、正配と為すことは宮内省にて承認せす。然るに、都筑の病中深切に看護したる労もあり、都筑としては是非之を正配と為し、都筑の死後は遺族扶助料を受けしめ度希望なり。依て都筑は隠居を為し、其上にて分家を為し、有爵者に非さることになれは、結婚に宮内大臣の認可を受くる必要なきことになるを以て、其手段を取り度と云ひ居るか、之を為すには何か実行し難きことあるへきか。都筑より君（予）の意見を問ひ呉よと云ふに付、今朝来訪せりと云ふ。

都筑馨六の相続人

予、都筑か隠居を為すことは妨けなかるへきか、相続人たるものは幼年には非さるや。且つ其人〔忠春〕は私生児と為り居るには非さるやと云ふ。松本、年齢は十一、二歳なるへし。私生児には非す、嫡出子と為り居れりと云ふ。予然るかと云ふ。松本、其子の生れたるときまては、先の妻〔光子、新田俊純二女、井上馨養女〕の離婚前なりしを以て妻の所出となり居るなりと云ふ。予、然らは隠居分家結婚ともに差支なしと思ふと云〔ふ〕。

宮内省の取扱振

松本、法律問題としては六ヶしきことなきも、宮内省実際の取扱振は如何あるへきやと云ふ。予、予は暫く宗秩寮の事務を執りたれとも、此の如き事例に逢ひたることなし。然れとも何も差支なからんと思ふ。今日出勤の上、仮設の問題として宗秩寮の人に謀り見るへし。

都筑馨六と井上勝之助

之を実行する場合には、都筑の姻族たりし井上勝之助にも相談せさるを得さるへしと云ふ。松本は、夫れは差支なきか、都筑は兎角井上には事を秘し居ることある様なりと云ふ。

○午前九時四十分頃より出勤す。

西野英男に嘱し、観桜会のとき特別の車の記章を求めしむ

○午前十時後西野英男に嘱し、式部職に行き、本月十九日新宿御苑にて催ふさるる観桜会の時、車に附くる特別記章を請求せ

しむ。式部職にて親任官以上の人の車は特別の処に置かしむる為、識別に便なる為、記章を交し之を車に附せしむ。前日観桜会の召状を発すると同時に記章一個を送り来りたるも、人力車にては二人同乗することを得す、内子の車に附すへき記章を要するを以て更に一個を請求せしめたるなり。

特別記章二個を交したる先例

昨年の観菊会のとき、記章一個にて不足なりしを以て、西野をして之を請求せしめたる処、一個の外交付し難しと云ひたる故、予自ら式部職に行き、井上勝之助、渡辺直達、武井守成等に談し、更に一個を取り来りたることありしか、今日は式部職にて何事も云はす、西野の請求に因り直に之を交付したる趣なり。

徳川頼倫に都筑馨六のことを謀る　但仮設問題として

○午前十一時前宗秩寮に行き、仮設問題として徳川頼倫に都筑馨六隠居分家結婚のことを謀る。会々酒巻芳男亦来る。予亦之を告く。徳川、酒巻共に差支なしと云ふ。

相続人は未成年者なる場合の隠居

予、相続人は未成年者なるか、夫れにても差支なきやと云ふ。酒巻、隠居する場合は戸主か浪費する様の為隠居すること多く、此等の場合には相続人か未成年なることも少なからさるなりと云ふ。

本人は鎌倉に在り

予、仮設問題と為したるも、本人は鎌倉に在り、是迄も結婚問題として談に上りたることあり。大概分かるならんと云ふ。徳川、酒巻ともに諒解せり。

町尻量基か稔彦王殿下の近状を談するを聴く

○午前十一時頃関屋貞三郎の室にて、仏国より帰りたる町尻量基か稔彦王殿下の状況を談することを聴きたり。

町尻の談は誤りて四月十四日の日記に記す　就て看るへし

談は誤て本月十四日の日記に載せたり。就て看るへし。

松本重敏に電話す　松本在らす

○午前十一時後、西野英男をして松本重敏の法律事務所に電話せしむ。松本正に裁判所に行き居ると云ふ。

井上勝之助に松本重敏か来りたることを告く

○午後零時後食堂にて井上勝之助に、今朝松本重敏来り、都筑（馨六）隠居のことを謀りたる概略を語り、且隠居せされは遺妻をして扶助料を受けしむることを得さることを語る。井上、扶助料は受けさるも、差支なき様になり居る筈なりと云ひ居りたり。

松本重敏より電話す　予在らす

○午後一時後審査局に返る。西野英男より松本重敏か電話したるも、食堂に御出なされ居る旨を告け置たりと云ふ。

松本重敏に電話し、都筑馨六の隠居は差支なかるへきことを告く

予、西野をして松本の電話を接続せしめ、松本と電話し、都筑の隠居分家結婚ともに差支なき模様なることを告く。松本之を謝す。

清水書店主葉多野太兵衛、刑法沿革綜覧及菓子箱を贈る

○午後清水書店主葉多野太兵衛来り、刑法沿革綜覧一冊及カステーラ一箱を贈る。

内子三越呉服店に行き洋傘を買ひ、遂に荒井カスヱを訪ふ

○午後内子、三越呉服店に行き、観桜会に参する準備として洋傘を買ふ。遂に荒井カスヱを訪ふ。

四月一七日

○四月十七日火曜。風夜風雨。

鳩彦王妃殿下仏国行のことを協議す

○午前十一時頃徳川頼倫、関屋貞三郎、酒巻芳男等と鳩彦王妃殿下仏国に行かるることに付、今一応鳩彦王殿下の意を問ふことに付協議す。

諮問第四号幹事会　穂積陳重の招に赴く

○午後一時四十分頃より司法大臣官舎に行き、諮問第四号の幹事会に会す。刑に関する規定は後に之を議し、先つ罪に関する規定を議することは、前回の幹事会（本月十日の幹事会）にて協議したることとなるを以て、今日は刑法第三十五条に付協議し、該条規定のことは当然なることとして該条を廃するか、若し之を存するならは、今少し規定の範囲を広くするかを議し、別に決する所なくして散会し、五時四十分頃より穂積陳重の招に東京会館に赴く。穂積は臨時法制審議会総裁なる処、審議会にて審議したる信託法、信託業法は既に公布せられ、陪審法は第四十六帝国議会にて両院を通過したるを以て、之を祝する為、法案審議成立に関係したる者三、四十人許を招きて晩餐を供し、穂積より招宴の趣旨を述へ、大木遠吉謝辞を述ふ。九時三十分頃家に帰る。

内子鎌倉に行き、同所より帰る

○午前七時後より内子鎌倉に行き、午後五時後帰る。

四月一八日

○四月十八日水曜。晴。

鏡山忠男に書を贈り、新聞にて誹毀せられたることの処置を謀りたるに答ふ　予の意見

○午前書を鏡山忠男〔白木屋社員、久留米の国学者・漢学者鏡山権次郎の息子、倉富強五郎長女清の夫鏡山弥太郎の弟〕に贈り、大勢新聞にて鏡山か白木屋呉服店の金三千円を費消したる旨を記載したる事に付、鏡山より処置方を問ひ来りたるに答へ、鏡山一己の為には何等のことも為さす其儘に嘿過するか宜し。然れとも、白木屋呉服店か此儘にて済ますことは困る事情あるならは、告訴を為すより外に致方なかるへく、新聞社之長は呉服店に居りたるものにて、呉服店より罷められたることに付不平を懐き、故意に悪口を云ふものなれは、謝罪文を新聞に掲載〔せ〕らるる様の請求を為すも、大人しく之に応すへしとは思はす。告訴を為すならは、弁護士に依頼せされは不便なるへし。

鏡山忠男の保証人のこと

予は鏡山の保証人と為り居るも、昨年四月〔原文空白〕日附を以て、呉服店より鏡山を休職と為したる旨を通知し来り、其後何等の通知を為さす。今年初（一月）、予の門前にて鏡山に面会したるときまては、鏡山か復職したることは勿論、上京したることさへも知らさりしに付、予の保証は既に消滅したるものと考へ居る旨の返書を出したり。

畠山重明の死を弔す

○午前九時三十分頃より出勤す。出勤の次途を枉けて、畠山重明〔元神戸地方裁判所検事正〕の弟某〔不詳〕の家（赤坂田町七丁目六番地）に過きり、重明の死を弔す。昨日告別式を行ひたるも、之に会すること能はさりしを以て今日弔したるなり。

渡部信に世伝御料地図の不十分なることを詰る

○午前十時後電話にて、渡部信か出勤し居るや否を問ふ。渡部出勤し居るも、其席に在らす。忽ち其席に復る。予往て談せんと欲すと云ふ。渡部往くへしと云ふ。予乃ち待つ。渡部来る。予、世伝御料地の地上権を設定せんとする為、枢密院に諮詢せらるる議案の附属地図の不明なる点を問ふ。渡部、地図の作製方不十分なりとて之を説明す。予、諒解したるも、地図は不可なる旨を告く。渡部、枢密院会議のとき、説明の任に当る宮内次官（関屋貞三郎）に其旨を告け置くへしと云ふて去る。

高羲敬来り、世子か演習旅行を為すこと、李王職か折合ひ居ること、高永根か死したること、桜井某か暇を乞ふこと、流産のときの汚物処分のことを談す

○午後零時後高羲敬来り、世子は近日中演習の為、旅行せらるる筈なり。李王職長官更迭の際は大分紛紜多かりしも、只今は折り合ひ居る模様なり。李太王の碑を建てたる高永根は免官後急に死したりとのことなり。桜井某は其夫〔不詳〕か他人の商業資金を貸し、其の為め家屋敷等も抵当として金を借り居り。精々整理は為す積りなるも、余程困り居る模様なり。桜井より突然御用取扱を辞し度旨申出て、其理由は最早六十歳にもなるに付辞し度とのことなりしも、自分（高）より何か事情あるへしと問ひ詰めたる末、他には一切秘密にし度とて前述の事情を談したり。桜井に対しては顧問にも相談して返答すへしと云ひ置きたり。先日世子妃の流産せられたるときの汚物は、其儘瓶に入れアルコール漬になり居るか、何とか処分せさるへからす、朝香宮にても此の如きことあり、豊島岡の御墓地内に埋めたりとのことなり。此ことは諸陵頭（仙石政敬）に相談し見る積りなりと云ふ。

予の答

予、高永根の死は変死なりやと云ふ。高、否。病死なりとのことなり。高永根は免官後も洪陵（李太王の墓のある所）の側に住し居りたるか、李王職より其処に在るへからすとて之を逐ひ、京城に来りて直に死したりとのことなり。或は幾分疑はしきこともあるやも計り難きも、病死なりとのことなりと云ふ。

予、桜井は家の事情は他に秘し居るとのことなれは、予も之を聞かさることに致し置かさるへからさるへし。右の如き事情あれは、其事か公然となりて不名誉の為御用取扱を勤続し難きことゝなりたる場合は格別、然らさる限りは、本人は尚更勤続することを望む事情ならんと思はる。依て桜井に対しては、君（高）より辞職のことは顧問（予）に相談したるか、辞職を望むとのことならは後任者を捜か〔す〕へきも、急に見出す見込なきに付、後任者を得るまては勤続すへき旨談し置くへしとのことなりし趣を答へ置きたらは宜しからんと云ふ。予又汚物処分のことは仙石に依頼して取計ひたらは、夫れにて宜しからんと云ふ。

酒巻芳男来り、鳩彦王妃殿下の仏国行に関することを謀る　折田有彦の電信解釈　邦彦王殿下の意見

○午後一時後酒巻芳男来り、藤岡万蔵より鳩彦王妃殿下仏国行のことに関する鳩彦王殿下の意向を報したる電信中（王殿下ハ此際妃殿下ノ御渡仏ヲ望マセラレス。但シ妃殿下ノ熱心ナル御希望ナラハ、強ヒテ御差止メハナサレサル様ニ伺ヒ奉ル）と云ふ様なる趣意を申越したる電信の趣意に付、折田有彦は之を解釈し、鳩彦王殿下は平常御希望のことにても其御希望を明言せられす。此の電信の如き御辞ならは、妃殿下の御渡仏を望み居らるるものと解せさるへからすと云ひ、又関屋（貞三郎）か久邇宮殿下に謁し、殿下の御談を承はりたるに、殿下は妃の渡仏は初めより鳩彦王の意向を問ひ合はす必要なしと思ひたることなり。藤岡（万蔵）よりの電信は幾分不十分なるも、是丈けのことあれは夫れにて宜し。此上問ひ返すことは不可なりとの御談ありたる趣なり。

鳩彦王妃殿下仏国行の勅許を奏請するより外致方なし

右の如き次第にて、此上は妃殿下御渡欧のことに決するより外致方なくなりたり。依て妃殿下のことは宮内大臣に問ふて決するより外に致方なく、大臣か同意ならは、直に勅許を請ふ手続を為すへきことを大臣に求むる為、此の電信案を草せりとて案文を示す。予已むを得さることなりとて案文に捺印す。

松平慶民の電信達す　電信は妃殿下の仏国行を止めよと云ふ

此の電信は未た発せさる中に（午後三時後）、松平（慶民）より徳川（頼倫）宛の電信達す。其電信は、鳩彦王妃殿下の御渡欧を必要とする松平の是迄の意見を翻し、妃殿下の御渡欧は鳩彦王殿下の御希望に非さるのみならす、鳩彦王妃殿下と故成久王妃殿下との御間にも懸念すへき事情あり。其次第は、鳩彦王殿下か自動車遠乗は之を好まさりしも、成久王の勧に因り遠乗を為したる為遭難せりとの不平を御漏らし成さるることある為なり。故に妃殿下の御渡欧は御止め相なり度旨申来りたり。此電信を訳し終りたるときは既に五時三十分頃にて、関屋（貞三郎）は既に退省し居りたるを以て、徳川も予も其儘にて退出し、酒巻は其電信を関屋に示すことになせり。

電信案の修正

○退省前、酒巻か立案したる牧野（伸顕）より松平宛の電信案を修正せり（翌十九日の日記参看。此の電信は妃殿下洋行のことに付、鳩彦王殿下の意を確むへきことを照会せんとするものなり）。

四月一九日

○四月十九日木曜。雨。

○今日は新宿御苑にて皇后陛下行啓の上、観桜会を催ふさるへき筈の処、朝来微雨あり。多分行啓なかるへしと思はれたり。

早朝より鳩彦王妃殿下渡仏のことを協議す

今日は、昨日達したる松平（慶民）の電信に依り、更に鳩彦

王妃殿下の御渡仏のことを協議すへき必要あるに付、午前八時三十分より関屋貞三郎の室にて会議することの申合せあり。

酒巻芳男後る

其時刻来り、会する者徳川頼倫、関屋貞三郎、入江貫一及予にて、酒巻芳男は遠路の処、自動車の都合出来兼たるに付、少しく晩れ九時前に来りたり。

更に鳩彦王殿下の意を確むること

酒巻か立案したる電信案に付協議し、是迄の電信にては鳩彦王殿下の意思十分明瞭ならさるに付、松平及藤岡万蔵二人同道にて鳩彦王殿下に謁し、明瞭に鳩彦王殿下は妃殿下の渡欧を全く望まれさるや、又は幾分か望まるるや、若くは孰れにても宜しきや、右三様の中にて答を聞き取り、大至急電報すへき旨宮内大臣の名にて松平、藤岡両名宛の電信を発することに決し、十一時頃散会せり。

観桜会御止の旨を内子に通知す

○午前九時頃には皇后陛下新宿御苑に行啓あらせられさること決定せられたるを以て一寸審査局に来り、給仕をして其旨を留守宅に告けしむ。

迎ひ人力車を平日の通りに遣はすへきこと

少時の後復た審査局に来り、更に迎ひ人力車は平常の如く、午後四時に遣はすへき旨告けしむ。

又直に迎ひ人力車を遣はすことを命す

○午後零時後予より内子に電話し、先刻迎ひ人力車は四時に遣はすへき旨通知し置たるも、今より直に之を遣はすへき旨を告く。内子他に行く所ありやと云ふ。予、否。家に帰る為なりと云ふ。

鳩彦王妃殿下渡仏のことを協議す

○午後一時後宗秩寮にて、酒巻芳男と鳩彦王妃殿下渡仏のことを協議す。三時後より家に帰る。

四月二〇日

○四月二十日金曜。晴。

枢密院会議

○午前九時二十分より出勤し、枢密院控所に行き、十時後より宮中の議場に入り、両院の議を経たる司法官試補及弁護士の資格に関する法律案、大正十二年法律第〔原文空白、五二〕号に依る試験に関する件、高等試験の受験資格に関する件、高等試験委員及普通試験委員官制中改正の件、内務省官制中改正の件、司法省官制中改正の件、奏任文官特別任用令中改正の件、世伝御料地に地上権を設定する件二件を議し、孰れも全会一致にて原案を可決し、十一時後散会す。

鈴木喜三郎の長男の結婚祝宴に会す

○午後四時四十分頃まて審査局に在り、夫より鈴木喜三郎の長男国久と杉山四五郎〔元宮崎県知事〕の三女静代との結婚披露宴に東京会館に赴き、九時三十分頃家に帰る。媒妁は岡野敬次郎夫妻〔たか〕にて岡野の紹介に対し大木遠吉祝辞を述へたり。

隆来り宿す　土屋岩保の診察を求むる為

○午後、隆来る。明日医土屋岩保の診を求むる為今夜は宿したり。

四月二一日

○四月二十一日土曜。雨。

○午前九時四十分頃より出勤す。

関屋貞三郎、上林敬次郎の書状を示す

○午後関屋貞三郎、給仕をして上林敬次郎の書状を致さしむ。

上林敬次郎の書状を徳川頼倫に示す

予之を一見し、徳川頼倫の室に到り其書状を徳川に示し、上林の書状中、上林か何か関屋に要求し居る旨を記し居るか、何事を要求し居るやと云ふ。徳川自分（徳川）も之を聞きたることなしと云ふ。予其書状は徳川に交して、審査局に返る。

鳩彦王妃殿下渡仏のことを協議す

○午後二時後酒巻芳男来り、鳩彦王妃殿下御渡欧の件に付、次官（関屋貞三郎）、総裁（徳川頼倫）室に来り居り、協議することあるに付、来り呉よと云ふ。予乃ち行く。

邦彦王殿下の主張　宮内大臣の立場

関屋、鳩彦王妃殿下御渡欧の件に付ては、邦彦王殿下は初めより鳩彦王殿下の意を問ふに及はす、直に妃の渡欧を決行して差支なき旨を主張し居らるるも、自分（関屋）は御親族方と宮内大臣とは立場か異なるに付、大臣としては鳩彦王殿下の意を伺ひたる上に非されは、御渡欧の議を決し難き旨を申上け、昨日松平（慶民）に対し鳩彦王殿下の意を伺ふへき旨の電信を発したることを邦彦王殿下に言上し置たる処、

邦彦王殿下、関屋貞三郎を召ふ

先刻至急に参邸すへき旨申来り、自分（関屋）は大蔵省に行くことを約し居るに付、少しく遅刻する旨を通したる処、是非とも繰り合せ参殿せよとのことなり。如何申述へたらは宜しかるへきやと云ふ。

一切の事実を邦彦王殿下に明すことを勧む　関屋貞三郎は稍躊躇す

予、事此に至りては最早何事も秘し置く訳に行かす。是迄の事情を一切打明け、殊に栗田直八郎か勅許あり、此上変更の余地なしと云ひて、鳩彦王殿下を強制したる事も明かに申述へて、邦彦王殿下の諒解を求むるより外に策なしと云ひ、徳川も酒巻も之に同意し、関屋は稍々躊躇し居りたるも、終に其事に決したり。今日は土曜にて午後三時より退省すへき訳なるも、四時後に至りて退省せり。

土屋岩保に贈る書を作り隆に付す　隆診を求め鎌倉に帰る

○午前出勤前、土屋岩保に贈り隆の診察を求むる書を作り、隆をして之を持ち行かしむ。隆は土屋の診を受け、午後鎌倉に帰りたる趣なり。

四月二二日

過暖

○四月二十二日日曜。晴。暖に過く（七十度許）。

○午前、交友に贈る書状を作る。

宋秉畯電話し、然る後来る

○午前九時後宋秉畯より電話にて、往訪せんと欲す。差支なきやと云ふ。予、差支なき旨を答へ、且つ何時頃来るやを問はしむ。宋十時頃来る旨を答ふ。

宋秉畯、摂政殿下台湾行啓のことを論し、其宮内大臣に贈りたる書を示す

十時頃宋来り、皇太子殿下台湾行啓に関する宋の意見を述へ、且つ本月十日宋より宮内大臣（牧野伸顕）に贈りたる書の写を示す。其趣意は、朝鮮は独立の国にて台湾と同しからす。又日本にて朝鮮を統治すると、台湾を統治するとは其原因も同しからす。故に台湾に行啓せらるるならは、朝鮮に行啓せらるる方か緊要なりとのことなり。

李堈公、予を徳とすること

宋又李堈公の歳費を増したることは、君（予）等の尽力に依ることを公も承知し居り。自分（宋）に対して其ことを話されたることありとの談を為し、

朝鮮にて教育を盛にすることは不可なり　朝鮮の青年は宋秉畯を怨む

又朝鮮にて教育を興すことは水野錬太郎か誇りとする所なるも、之か為莫大なる費用を要し、子弟は労作を厭ふ様になり、教育を受けても之を使用する所なく、父兄は大不平を起し居れり。自分（宋）は教育を盛にすることも賛成し難き意見を述へたることあるか、之か為朝鮮の青年は大に自分（宋）を恨み、宋は国を売りたるのみならす、青年者の教育のことにまて反対し、不都合の者なりとて、殺しも仕兼ましき気勢なり。

朝鮮の地方自治は費用に堪へす

又朝鮮人は地方自治を望み居れるも、自治を許せは其費用は地方にて負担せさるへからす。此上負担を増すことは同意し難し。

朝鮮にて郡守、面長まても内地人を用ゆることにしたるは最も不可なり

朝鮮のことは成るへく朝鮮人をして之に当らしめさるへからす。近来は郡守まても内地人を用ゆることになり、言語同断なり。例へは、幾万の人口ある部落に数百の内地人あれは、其面長も内地人を用ゆる様の乱暴なることを為し居れり。数百の内地人か朝鮮人面長にては不便なりとて、幾万の朝鮮人の不便は之を顧みす、此の如きことにては朝鮮人か融和する理由なし。

水野錬太郎位の者は朝鮮にもあり

朝鮮には人材なしとて水野錬太郎を政務総監と為したれとも、朝鮮にも彼位の者はなきことはなし。朝鮮の独立等は実行すへきことに非す。然し、只今の如きことにては到底融和し難し。

皇族を総督と為し、朝鮮人をして政務総監たらしむること

皇族を総督と為し、朝鮮人を政務総監と為し、其他大多数朝鮮人を用ゆることか必要なり。総督府にては僅に張憲植（朝鮮総督府総督官房鉄道部事務官）を勅任事務官として採用し居るか、張は操守なく、他の頤使に甘んするものなる故、之を採用したる訳にて、張の如き人を用ゐたりとて朝鮮人を採用したる効能なし等の談を為し、十二時前に至り辞し去る。

宋秉畯は五月十日頃朝鮮に行き、復た内地に来たること

宋は五月十日前後一たひ朝鮮に行き、更に内地に来る予定なりと云ひ居りたり。

宋秉畯か北海道にて土地千五百町歩を払下けたること

宋は朝鮮の新聞には宮内省より北海道にて五万町の土地を下付したる様に記載し、宋を非難し居れとも、事実は大なる相違あり。宋は政府より一万五千円許の代価にて、千五百町許の土地を払下けたることなり。其土地も極めて僻地にて、不便なる所なるのみならす、立木も価値なしと云ひ居りたり。

春沢得一来る

○十二時頃春沢得一〔元内匠寮属官〕来り、弁護士業を始めたることの吹聴を為し、干菓子一箱を贈る。話すること十四、五分間許。春沢か来りたるときは、予正に食し居りたるを以て、之をして待たして面会せり。

書状を作る

○午後、書状を作る。

関屋貞三郎電話にて徳川頼倫の家に往くことを請ふ

○午後三時頃関屋貞三郎より電話にて、協議し度ことあり。今日午後四時後より徳川（頼倫）の家に来り呉るること出来さるやと云ふ。

自動車を供へしむ

時に予正に理髪す。安をして其時刻に往くへき旨を答へしめ、内子をして宮内省自動車部に電話し、今日四時に自動車を遣はすことを交渉せしむ。自動車部員、今日は日曜にて運転手の出勤し居る者少きに付、自動車部にては弁し難し。主馬寮に交渉せよと云ひたる由にて、内子更に主馬寮に交渉したる処、今日は澄宮殿下の御用にて自動車を用ゐ居るに付、自動車を出し難しと云ふ。予、更に内子をして只今急に宮内省の用務にて出掛けさるへからさることあり。何とか工夫することは出来さるやと云はしむ。主馬寮員、車を用ゆる時間は長きやと云ふ。予、要務分からさる故、使用時間の長短は分り難き旨を答へしむ。主馬寮員何とか工夫して自動車を遣はすへしと答へたる趣なり。四時十分許前来る。直に徳川（頼倫）の家に到る。少焉ありて酒巻（芳男）来り、又少時にして関屋（貞三郎）来る。

徳川頼倫の家にて鳩彦王妃殿下洋行のこと協議し、洋行のことを決す

関屋、昨日久邇宮邸に候し、鳩彦王妃殿下洋行の件に付ては、松平（慶民）、藤岡（万蔵）より妃殿下の渡仏は鳩彦王殿下の意に適せさる旨申来り居ること、栗田（直八郎）か宮内大臣の意に違ひ、妃殿下洋行のことは既に勅許ありたり、今更変更の余地なしとの電信を藤岡に発し、鳩彦王殿下の承諾を強要したる嫌あることを申し述へたるも、

邦彦王殿下、昌子内親王殿下、鳩彦王妃殿下の主張　稔彦王は初より妃を召はさる旨を明言せり　鳩彦王は然らす

邦彦王殿下は妃の渡仏を可とすとの意見を翻されさりしこと、今朝竹田宮大妃殿下に謁し、同様の事情を述へたるも、大妃殿下は鳩彦王妃殿下の渡仏を熱心に主張せられ、十時頃より十二時まて種々に渡仏の必要を説かれ、次て鳩彦王妃殿下も竹田宮邸に来られ、共に渡仏のことを主張せられ、竹田宮大妃は稔彦

王殿下は渡仏前、同宮妃は用立せさるに付、稔彦王は妃に洋行を為さしめさる旨を言明して行かれたる故、此方は自分（大妃）等に於ても同妃の洋行を主張せされとも、鳩彦王は稔彦王と異なり、洋行前にも自分（鳩彦王）か外国にて病に罹りたるときは妃は直に来り呉よと云ひて行かれたり。

鳩彦王夫妻は近年極めて円満なり

鳩彦王夫妻の間柄は、初めは円満を欠たることなきにも非さりしも、近年は非常に円満になり、妃殿下か洋行せられても、其の為感情を害することは絶対に之なき旨を主張せられ、鳩彦王妃殿下も自分（妃）洋行して王の感情を害することは絶対に之なく、万一感情面白からさることありても、之を和くることは必す出来ると云はれ居り。此の如き熱心なる主張あるに、尚ほ妃殿下の御渡欧に賛成せさるは、適当ならすと思ふ旨を述へ、

関屋貞三郎の意に任す

関屋は此ことに付ては初めより賛成の意を表し居る模様にて、此点妃殿下の御洋行に反対するは事情許さゝることゝ思ひ、予夫程までのことならは、最早致方なかるへしと云ふ。

牧野伸顕の電信を取消す必要

予更に、愈々洋行に決するならは、先日宮内大臣の名を以て松平（慶民）、藤岡（万蔵）に発したる電報を取消すことか最も急務なり。若し未た鳩彦王殿下の意を伺ひ居らさるならは、之を伺ふことを見合せ、既に伺ひ済みならは、殿下の意に拘はらす妃殿下の渡欧せらるることに付、然るへく言上すへき旨を通知する必要ありと云ふ。

関屋貞三郎、藤岡万蔵の電信に依り鳩彦王殿下の承諾あるものと為さんと云ふ　予之に反対す

関屋、先日藤岡より王殿下は妃殿下の渡欧を望ませられす。然し、妃殿下の熱心なる希望ならは、此際差止めはせられさる様に察すと申来り居るに付、右の電信に依り王殿下は妃殿下の渡欧を拒まれさるものとして渡欧を決したりと云ふ趣意の電信を松平等に発し、一面其趣意を以て妃殿下渡欧の勅許を願ふことにしたらは宜しからんと云ひ、

酒巻芳男も関屋貞三郎と同様のことを述ふ

酒巻も、王殿下か反対せられさる故、妃殿下は渡欧せらるると云ふことにせされは、宮内大臣か初より王殿下の意向を伺ひて、然る後決定すと云はれたる方針を変することになる故、藤岡の電信に基くことゝなすか宜しからんと云ふ。

予の反対する理由　予の意見

予、初は王殿下の意を伺ひたる上にて決定する積りなりしに相違なきも、今日にては仮令ひ王殿下は渡欧を望まれすとの電信達するも、尚ほ渡欧せらるることゝなりたる以上は、宮内大臣の方針は変更せられたるものなり。松平等か尚ほ鳩彦王殿下の意向を伺ひ居らさるならは、或は藤岡の電信に基きて、王殿下の意向に依り渡欧せらるることに決定せりと云はれさるに非さるへきも、松平等か既に王殿下の意向を伺ひ、王殿下は妃殿下の渡欧を望まれすと云ふこと明かなる場合には致方なきに非すや。故に王殿下の意向抔は何事も云はす、当地にて皇族各殿

下か熱心に妃殿下の渡欧を希望せらるるに付渡欧のことに決し、直に勅許を請ふことゝなれり。前電は之を取消す。若し王殿下の意を伺ひ済みならは、然るへく其旨を言上せよと云ふ趣意の電信を発するより外に致方なしと云ひ、関屋、酒巻等も終に予の意見に同意せり。

牧野伸顕に対する電信　徳川頼倫よりの電信

又一面、関屋より宮内大臣（牧野伸顕）に電信を発し、当地の事情を報告し、妃殿下の御渡欧の勅許奏請方を求め、同時に宗秩寮総裁（徳川頼倫）よりの勅許奏請文を電報することに決し、

関屋貞三郎、予の自動車を借りて行く

関屋は、今日の決定の趣意を報告する為朝香宮に赴く自動車なきを以て、予が乗り来りたる自動車に乗り直に返り来る故、待ち呉よと云ふて出つ。

関屋貞三郎帰らす

徳川予に対し、晩餐の準備を為さんと云ふ。予、七時頃まては家に帰る予定なるに付、準備を為すに及はすと云ふ。七時に至るも関屋返り来らす。

徳川頼倫の自動車を借りて帰る

電話にて関屋か何時頃返り来りたるやを問はしむ。朝香宮邸員より関屋は宮邸にて晩餐を喫し居ると云ふ。是より先関屋より電話にて今日決定したる趣意は鳩彦王妃殿下に言上し終りたる旨を報したるに付、徳川、酒巻と謀り松平、牧野に対する電信は発送の手続を為し、関屋も間もなく返り来るならんと思ひ之を待ちたるも返り来らさるに付、電話にて之を問ひたるに喫飯し居るとのことなりしを以て、予は徳川の自動車を借りて家に帰り七時三十分頃達して喫飯せり。

四月二三日

〇四月二十三日月曜。半晴。

〇午前九時三十分より出勤す。

高羲敬、李允用を伴ひ来る

〇午前十時後高羲敬来り、李允用か上京し、只今宗秩寮に来り居り。予に面会せんと云ひ居る旨を伝ふ。予、面会すへき旨を告く。高、允用を誘ひ来る。予之と話す。允用は王世子演習の為旅行中にて面謁を得す。妃には面謁したるか、昨年京城にて見たるときよりも肥へ居らると云ふ。允用話すること一、二分間許にして去る。

高羲敬汚物の処分方を語る

高は、先頃世子妃か流産せられたる汚物の処置に付、仙石政敬に謀りたる処、仙石今日午前自分（高）と共に豊島岡に行き、汚物を埋むる所を検分せんと云ふに付、共に行く筈なりと云ふ。

小原駩吉、鳩彦王妃殿下渡欧のことを談す

〇午前十一時後小原（駩吉）来り、昨日徳川（頼倫）の家にて協議したる次第は、今朝酒巻（芳男）に電話し、大略之を聞きたりと云ふ。予、昨日の状況を略述し、此ことは実は先日より決定すへき事情になり居りたるものを今日まて引延はしたるに

過きす、関屋の立場としては、邦彦王殿下に反対することは出来難きことになり居りたるものならんと思ふと云ふ。此時酒巻（芳男）亦来る。小原、定めて右の如きことならんと云ふ。

徳川頼倫は栗田直八郎の随行を諾し難し

小原又栗田（直八郎）を随行せしむることは如何にしても出来難きことなり。徳川（頼倫）は宮内大臣の意を帯ひ、朝香宮邸に行き、妃殿下に対して其意を伝へ置きたるに拘はらす、栗田は其言に反対したる電信を発し、徳川をして全く大臣の意を伝へさりしか如き失体を生せしめたるものなり。

徳川頼倫の為すへき処置

故に徳川としては、大臣、次官に対し栗田は妃殿下に随行せしむへからさる旨を説くへし。若し其事か行はれられさるならは、徳川は宗秩寮総裁の職を辞するか当然なり。然らされは、将来総裁として職を執ることは絶体に出来難し。徳川は先頃良子女王殿下洋行のことを主張し、其事に付職務を賭して争ふ積りなりとのことなりしか、彼のことは固より夫程のことに非す。此節のことこそ是非とも筋を立てさるへからさることなりと云ふ。

予の意見

予、至極尤のことなり。然るに、鳩彦王妃殿下洋行のことを決する以上は妃殿下に随行する者なかるへからす。朝香宮附事務官折田有彦は随行せしめ難かるへきやと云ふ。小原、酒巻、折田は鳩彦王殿下か嫌はるる趣に付、是は随行せしめ難しと云ふ。

栗田直八郎を個人として随行せしむること

予、然らは栗田をして随行せしめされは他に随行者なく、随行者なき為、妃殿下の洋行を止めしむる様の結果となりては面倒なり。栗田か宮務監督として随行することは不可なるへきか、同人の宮務監督を解き、栗田個人として朝香宮より直に嘱託して随行せしめられたらは如何あるへきやと云ふ。小原、個人として随行するならは、差支なからんと云ふ。小原は尚ほ酒巻に説き、酒巻も栗田のことは是非筋を立てさるへからさることなり〔と云ふ〕。時既に十二時を過く。予乃ち食堂に行かんとす。各散し去る。

自動車を借る

〇午後一時頃西野英男に嘱し、明日芝離宮の午餐に赴くとき自動車を借ることを謀らしむ。少時の後西野来り、主馬寮にて自動車を備ふることを諾したる旨を報す。

高羲敬、世子妃流産の汚物を埋むる場所及ひ時日等を談す

〇午後二時後高羲敬来り、豊島岡に行き、汚物を埋むる所を見たるか、先年朝香宮の妃の汚物を埋めたる所あり。四方に椽を立て、中央に樹を植へあり。世子妃の汚物も其傍に同様のことにて埋めたらは宜しかるへく、之を埋むるに付ては日の吉凶ある趣に付、世子邸に帰りたる後、日を定むることに約し置きたり。豊島岡にては只今伏見宮の墓工事中にて、土工か多人数入込み居る故、四時後に至り、土工か帰り去りたる後に汚物を埋め、彼等の目に触れしめさる方宜しかるへき旨仙石より話したりと云ふ。

上林敬次郎書状を関屋貞三郎に返す

○午後二時後関屋貞三郎の室に行く。関屋正に地図を開き、技師等と何事か議し居れり。予、上林敬次郎の書状（一昨日関屋か給仕をして予に致さしめたるもの）を返さんとす。

上林敬次郎の書状を徳川頼倫に示したること

関屋其書状を見、此書状は君（予）のみに示す積りなりしなり。然るに徳川（頼倫）も之を見たりとのことなりと云ふ。

上林敬次郎は錦雞間祗候たるを望むこと

予、上林は何事を請求し居るや。宮中顧問官を望み居るやと云ふ。関屋、錦雞間祗候なり。

上林敬次郎は錦雞間祗候たる内規に合はす

其位のことは宜しからんと思ひ、取調へ見たる処、祗候になるには勅任官十年以上勤めたるものと云ふ様なる内規ある趣にて、上林は之に適合せす。宮内省関係の人を破格にて祗候と為すは穏当ならすと思ひ、見合せ居れり。宮中顧問官ならは却て内規なき故、差支なきことならんかと云ふ。

有吉忠一は上林敬次郎を排斥す

予、此書状にては大分不平を漏らし居るか、有吉（忠一）の話にては、実は上林は李太王の建碑問題か起りたる為、丁度都合よく辞職の名義か出来たり。然らされは、面目を失ひて辞職せさるへからさる場合なりしと云ひ居り、本人の考とは余程異なり居れりと云ふ。関屋、其通なり。本人は考違なりと云ふ。予、徳川には予より此書状を示したりと云ふ。関屋、徳川は宗秩寮総裁なる故、之を示して勿論悪しきことはなしと云ふ。予其書状を関屋に交して去る。

金井四郎、石井菊次郎に談する趣意を謀る

○午後三時頃金井四郎電話にて、今日三時後石井（菊次郎）に面会することになり居れり。先日一応は石井に話す趣意を聞きたれとも、為念今一応聞かせ呉よと云ふ。予、明瞭には云ひ難し。謎の如きことにて云ふへしと云ひ、（宮内省より石井に依頼したることに非す。石井の考にて、機を見て稔彦王殿下か速に帰朝せらるる様取成すこと、又殿下は宮内省にて殿下を誤解し居る様に考へ居らるる模様に付、是も石井の考にて宮内省にては殿下を誤解し居らさる旨を談すること）、此の如き趣意にて石井に話し置たらは宜しからんと云ふ。電話にては勿論、稔彦王殿下等の語は発せさりしなり。金井承知の旨を答ふ。

東久世秀雄、東久邇宮別邸地のことを謀る

○午後三時後東久世秀雄来り、先年東久邇宮邸より小田原に在る御料地の一部を拝借せられ度旨の願あり。林野管理局にては詮議中止の姿となり居るか、之を進行して宜しきやと云ふ。予、其事は予か先年宮務監督たりし時に始まりたることにて、其後度々催促したるも弁せさりしことなるか、其後予は二年以上宮の事に関係せさることゝなり居りたり。其間に何か事情の変あり居るやも計り難し。左もなけれは、勿論詮議を望むことなり。一応事務官（金井四郎）に問ひ合せたる上様子を報すへしと云ふ。

鳩彦王妃殿下の洋行の随員のことを議す

○午後四時前より徳川（頼倫）の室にて、鳩彦王妃殿下の仏国に行かるるに付随行員のことを議す。議に与かる者、関屋貞三郎、徳川頼倫、酒巻芳男及予なり。

徳川頼倫、栗田直八郎を鳩彦王妃殿下の随員となすことを肯んせす

徳川は栗田（直八郎）の此節の行動は実に言語同断にて、此の如き人を妃殿下の随行と為すことは宗秩寮総裁としては申立て難しと云ふ。

予の意見

予、徳川の意見は尤のことなり。然し、只今栗田に随行を止むることゝなりたらは、妃殿下渡欧に影響し、其の為渡欧出来難きことゝなれは、枝葉の問題の為根本を妨くることゝなるへし。左りとて宗秩寮総裁として申立を為し難しと云ふことも枉け難き筋なる故、此際栗田の宮務監督を罷め、宮邸より栗田個人を随行せしめらるることは出来さるへきやと云ふ。関屋夫れにては栗田か随行を肯んせさるへく、然れは矢張り妃殿下の洋行を妨くることになるへしと云ふ。

酒巻芳男の意見

酒巻、栗田は妃殿下の船中の御世話を為し、仏国に達せられたらは直に帰ることゝし、帰りたる上は直に宮務監督を罷むることになすことは、先日審査局長官（予）の考にて、総裁（徳川）も略同様の考なりし様なり。此際、帰朝後の免職を条件として、随行せしむること〔ゝ〕なすより外に致方なからんと云ふ。

関屋貞三郎、宮内大臣の不在を藉口す

関屋、夫れは異存なし。然れとも、宮内大臣は不在に付免職を確約する訳には行かすと云ふ。結局関屋の名義にて、栗田の行動は不都合にて随行せしめ難きも、真の道中丈けの御世話の為に随行せしめ、

栗田直八郎は鳩彦王妃殿下を送り行くことのみを条件とす

次の便船位にて栗田に代はる者を仏国に遣はすことを条件となす位にて、此際は栗田の随行を命せらるる様の電信を宮内大臣に発し、其電信も宗秩寮の起案とは為さゝることに協議せり。五時前より家に帰る。

内子日比谷停留場にて卒倒す

○予か家に帰りたるとき、内子褥に在り。之を問ひたるに、午後一時前、神田に行く積りにて電車に乗り、日比谷の停留場にて電車に乗替ふる積にて待ち居る中、気分悪しく、少しく俯したるまては記臆し居るも、其後のことは知らす。覚醒したるときは近傍の巡査交番所に在りたり。巡査二人にて介抱し呉れたる模様にて、電車乗り場にて倒れ、其処より交番の処まては巡査抱へて連れ行き呉れたるものならんと云ふ。是は脳貧血にて倒れたるものなるへし。

坂田稔を招き、内子を診せしむ

六時頃安をして坂田稔の家に行き、来診を求めしむ。七時頃坂田来り、臭素剤を投す。

金井四郎、石井菊次郎を訪問したる状を報し、稔彦王殿下に対する非難は誤なりと云ふ

○午後（七時頃なりしならんか時刻詳ならす）、金井四郎より

電話し、今日金井か石井菊次郎を訪ひたる処、石井は稔彦王殿下は高遠の理想を有し居られ、之を非難するは軍人なる旨を話したり。宮内大臣か石井の談を聞かさるは不可なり。此際、次官か宗秩寮総裁か訪問する必要あるへき旨を話す。

四月二四日

○四月二十四日火曜。晴。

自動車を借る

○午前十時後西野英男に嘱し、今日十二時前に芝離宮に行かさるへからさるに付、自動車を借ることを謀る。西野自動車あることを報す。西野又、明日午前皇后陛下葉山に行啓せらるるとき、東京駅に奉送せらるるや。奉送せらるるならは自動車を備ふることを主馬寮に交渉し置くへしと云ふ。予之を嘱す。

金井四郎昨日石井菊次郎を訪ひ、稔彦王殿下のことを聴きたる趣旨を報す

○午前十一時後金井四郎来り、昨日石井菊次郎を訪ひたる状況を説き、昨日電話にて告けたる趣旨を詳説す。

稔彦王殿下は単純なる軍人に非す

其趣旨は、稔彦王殿下は軍人なる故、軍事研究の目的を以て仏国に御滞在なさるるも、殿下は一個の軍人たるに甘んせす、皇族として大処に著眼せられ居り、其思想も単純なる軍人とは異なる所あり。仏国に来る軍人等は殿下を見て、其の自己と異なる所あるより、皮相にも殿下の思想悪化せり抔の評を為し、陸軍当局抔も軽卒に其談を信し居る様なり。

稔彦王殿下は婦人に溺れられす

婦人関係に付ては絶対に其関係なしとは云ひ難きも、是は当然なることなり。然し殿下は婦人に溺るる如き方に非す。亦決して溺れ居らるる事実なし。要するに殿下に付ては只今少しも懸念すへきことなしと云ふに在り。

宮内省員か石井菊次郎の談を聞かさるは不都合なり

石井は右の如き観察を為し居るに、宮内当局は是迠一個の軍人か仏国より帰りたりと云ふては稔彦王殿下に関する談を聴くに拘はらす、石井大使より之を聴かさるは不行届なりと思ふと云ふ。

徳川頼倫に石井菊次郎を訪ふへきことを注意し、関屋貞三郎か往訪することゝなりたり

予、如何にも其通りなり。今朝早速徳川頼倫へ話し、徳川より次官（関屋貞三郎）へ協議の結果、関屋か石井を往訪することゝなりたる趣なりと云ふ。金井、関屋は兎角軽卒なり。真面目に石井の談を聴き来るへきや。関屋は未た皇族の事情を知らす。自身には之を知り居る積りなるへきも、真相に違ひ居ること多しとのことを話したり。

徳川頼倫に石井菊次郎を訪ふへきことを告く

○午前十時後、徳川頼倫を其室に訪ふ。皇族附職員会議中なるに付、徳川を呼ひ起て、石井（菊次郎）は本月二十六日に出発して仏国に帰任する趣なるか、先つ北白川宮御夫妻及朝香宮各殿下の御遭難に付、代理大使松田（道一）か御世話を為し、先日宮内大臣より松田には謝電を発したるも、松田は石井の代理なる故、石井にも謝意を表するは当然なるへく、加之石井帰任後も尚ほ殿下方の御世話を為す必要あるへく、又稔彦王殿下のことに付ても宮内大臣は石井の談を聴き、将来の注意を嘱する必要あるへし。此ことは疾く気附くへきことなるも、先日来三殿下御遭難のことに取紛れ、今日まて気附かさりしか、石井の帰任前次官（関屋貞三郎）か大臣に代はりて訪問するか、然らされは、宗秩寮総裁か訪問する必要あるへく、寧ろ総裁か訪問するも宜しからんと思ふ。次官と協議して、いつれにか取計ひたらは宜しからんと云ふ。徳川、夫れは好き気附なり。早速次官と協議すへしと云ふ。

関屋貞三郎か石井菊次郎を訪ふことになる

少時の後徳川より、次官と協議したる処、次官か訪問すへしとのことにて、次官も大に喜ひたりと云ふ。金井と談したるは是より後のことなり。

芝離宮にて午餐を賜ふ

○午前十一時三十分より自動車に乗り、芝離宮に行く。今日宮中顧問官錦雞間祗候六十余人に午餐を賜ふ。予、宮内官たる故を以て之に加はりたるなり。食卓は四人一組にて十余組に分かれ、予は特に臨場せられたる武彦王殿下と卓を共にして、其外には宮内次官（関屋貞三郎）と服部一三〔貴族院議員・同和会〕とあり。食事中殿下、服部等と雑談を為せり。

石渡敏一と話す　江木衷のこと　仲小路廉のこと

食後石渡敏一〔貴族院議員・交友倶楽部、元司法次官〕と、江木衷か陪審法のことに付井上毅〔明治憲法起草者の一人、憲法制定時枢密院書記官長、故人〕か陪審法の賛成者なりしと云ふは事実に違ふこと、江木か憲法にて裁判と云ふは法律適用のみを指すと云ふは憲法を無意味ならしむること、仲小路廉か議会にて慷慨するは役者らしく誠意乏しき故、人を感せしめさること、仲小路の人格を知らさるは之を誤認すること、仲小路は議会の初には沈黙すると云ひ居れとも、いつも饒舌〔な〕ること等を談し、

山之内一次と話す　高橋新吉の子のこと

山之内一次〔貴族院議員・交友倶楽部、元内閣書記官長〕より男爵高橋某〔新八、貴族院議員・公正会〕か死去したるか、某は新吉〔元九州鉄道社長、元日本勧業銀行総裁、元貴族院議員・無所属、男爵、故人〕の子なることを聞き、

藤田四郎と話す　都筑馨六のこと

又藤田四郎〔貴族院議員・茶話会、元農商務次官〕と都筑馨六の病状、及都筑か隠居の上其妻と結婚せんと欲し居ることの談を為せり。

諮問第四号幹事会

二時五分許前に宮内省に返り（芝離宮にて帳簿に署名し賜餐を奉謝す）、直に司法大臣官舎に行き、諮問第四号の幹事会に列し、五時頃より家に帰る。

竹田宮妃殿下、稔彦王殿下のことを評されたること

○午前十一時後金井四郎か来り談したるとき、予より、一昨日（日曜）徳川頼倫の家にて関屋貞三郎等と鳩彦王妃殿下洋行のことを議したるとき、関屋より竹田宮妃殿下の御話なりとて、稔彦王は洋行前、同妃は用に立たさる故、外国には召寄せさる旨を言明して行きたり。

竹田宮妃殿下、鳩彦王妃殿下の洋行を主張せらる

之に反し鳩彦王は、自分（鳩彦王）か外国にて病気に罹りたるときは直に妃を遣はし呉よとの話を為したり。鳩彦王夫妻も初は円満ならさりしも、近来は非常に睦しくなり居れり。妃か渡仏しても決して王の感情を害することなし。

竹田宮妃殿下、稔彦王妃殿下の洋行は望ます

稔彦王は妃の洋行を初より拒み居る故、自分（竹田宮妃）等も之を強ゆる積りに非す。

稔彦王殿下か皇族を止むることは明治天皇の御趣旨に違ふ

然れとも、稔彦王か皇族を止むると云ふ様なる思想を有し居るとのことなるか、此ことは明治天皇の御思召にも違ふことに付、此こと丈けは思ひ止まる様にせさるへからすと云はれたりとのことなり。

竹田宮妃殿下の言は疑ふへし

是は鳩彦王妃殿下の洋行を主張する理由を強むる為めに云はれたることとなるへきも、余り極端なることにて、果して妃殿下か其通りに云はれたるかに付ても疑なき能はすとの旨を談したり。

隆、土屋岩保の家に行きたるも土屋は止た薬を投す

○午前九時頃隆鎌倉より来り、午前十時後土屋岩保の家に行き診を求めたるも、止た薬を与へたる趣なり。

隆をして内子を介抱したる巡査に謝せしむ

隆か鎌倉に返るとき日比谷交番所に過きり、名刺を付して、昨日二巡査か内子の卒倒したるとき世話を為したることに付謝を述ふることを命す。

○夜雨。

内子臥褥

○内子臥褥す。

四月二五日

○四月二十五日水曜。雨。

車夫時刻を誤る

○昨日午後、今朝は午前九時二十分に人力車を挽き来るへき旨杉野の車夫に命し置きたるも、其時刻に来らす。再度電話にて促さしめたる後、九時三十二、三分頃に至り始めて来りたり。

皇后陛下を奉送す

直に宮内省に行く。時に九時五十分頃なり。十時自動車来りたるに付、之に乗り直に東京駅に行き、皇后陛下の葉山に行啓せらるるを奉送す。

鳩彦王妃殿下の洋行に関する摂政殿下の御詞のこと

東京駅休所にて徳川頼倫に、摂政殿下より鳩彦王妃殿下洋行のことを勅許あらせられたるか、其際殿下より鳩彦王の意思は明かならさるも、近親者の希望ある故、勅許する旨の御詞ありたる様に聞きたるか、如何と云ふ。徳川、自分（徳川）は電信を一見したるも、御詞とは思はさりしなり。宮内大臣の考へなりし様に思ふと云ふ。予、予は関屋（貞三郎）より御詞なりし様に聞きたりと云ふ。

〔欄外に付記〕

補遺　摂政殿下の御詞なり

○四月二十五日補遺

午後なりしならん。徳川頼倫より鳩彦王妃殿下御洋行のこと勅許ありたるとき、摂政殿下より御詞ありたることは事実なり。自分（徳川）は電信を一見して御詞に非すと思ひたるも、其後電信を見たれは御詞なりしなりと云ふ。予も其後電信を見たり。

電話にて仁田原重行の近火の状を問ふ

○午前十一時前宮内省に返る。十一時頃有馬泰明に電話し、昨夜東大久保に火災ありたる趣なるか、仁田原（重行）の家は災を免れたるへきやと云ふ。有馬、大分隔たり居り、別に混雑もなかりし趣なり。仁田原は只今此処（有馬邸）に来り居れりと云ふ。

有馬頼之の法事に物を供ふることを嘱す

予更に泰明に、近日中故有馬子爵（頼之）（旧吹上藩主有馬子爵家前当主、有馬聡頼父、有馬頼万弟）の法事ある趣に付、花ても供へ度。面倒なから、序あらは予の分も取計ひ呉よと云ふ。泰明花を供ふるやと云ふ。予、花に限らす、何にても見計ひ、適当に取計ひ呉よと云ふ。泰明之を諾す。予尚ほ此ことに付云ふ所あらんとす。泰明既に電話を切る。乃ち止む。

高義敬、世子妃か梨本宮邸に行き、梨本宮同殿下と共に報知新聞社に行かれたることを報す

○午前十一時後高義敬来り、妃殿下は昨日梨本宮に行かれ、梨本宮両殿下同伴にて、報知新聞社にて催ふしたる皇太子殿下台湾行啓の活動写（真）を御覧になりたり。自分（高）も陪観すへしとのことにて、自分（高）は世子邸より直に新聞社に行き、殿下方を待ち居りて陪観せり。

大声ハモニカ　世子妃流産の汚物処分に関する謝物のこと

活動写真の外に歌劇、童謡、童女舞、大声ハモニカ等を見聞し、今日始めて見聞したるもの多く、自分（高）か時勢に後れ居ることを覚へたりとのことを談し、又世子妃流産の汚物を埋むることに付ては、豊島岡に陵墓監其他の職員あり。之に対し金二十五円を仙石に送付せは、仙石に於て分配方等相当取計ふへしと云へりと云ふ。予夫れにて宜しからんと云ふ。

金井四郎、稔彦王殿下のことに関する竹田宮妃殿下の言は信すへからすと云ふ

○午前十一時後金井四郎来り、昨日聞きたる竹田宮妃殿下の談は如何にしても信することを得す。稔彦王殿下か妃殿下を仏国に召はすと明言せらるへき筈なし。竹田宮妃殿下は時に真実に非さることを云はるることあり。

朝香宮妃殿下の洋行に付ては東久邇宮妃殿下か門司まて送り行かるる方か宜しきに竹田宮妃殿下か送らるることとなれり

此度鳩彦王妃殿下の洋行に付ては、竹田宮妃殿下は北白川宮の事を世話なされ居るに付、全体は稔彦王妃殿下か門司まて御送りなさるるか相当のことゝ思はるるも、鳩彦王妃殿下より門司まては遠方に付、どなたも御送りを御断はり申したるも、竹田宮妃殿下か送るとのことにて、左すれは途中にて種々御話することもある故、其ことに願ひたり。北白川宮の方のことを稔彦王妃殿下に御世話あり度旨の御話ありたる趣にて、自分（稔彦王妃）は門司に行くことは止めたりとの御話あり。是等も変な話なり。次官（関屋貞三郎）は既に石井（菊次郎）を訪問したるへきやと云ふ。

竹田宮妃殿下か果して云はれたるや否疑ふへし　関屋貞三郎か既に石井菊次郎を訪ひたるや否分らす

予、竹田宮妃の談は昨日も云ひたる通り、事実に非さるは勿論、果して妃殿下か此の如きことを云はれたるか、其点に付ても幾分疑なき能はす。関屋は既に石井を訪問したるや否、未た承知せすと云ふ。

関屋貞三郎、稔彦王殿下に関する石井菊次郎の談を告く

○午後零時後食堂にて関屋貞三郎より、其石井（菊次郎）を訪ひ、石井は稔彦王殿下は決して悪化し居られす又婦人にも溺れ居られさる旨を談し、自分（関屋）より軍人等にて殿下のことに付多少憂慮すへきことを言ふものなきに非さるも、宮内省としては之を信し居らさる旨を述へ、石井も夫丈けのことを聞き居れは、殿下に対して御話するにも好都合なりと云ひ、自分（関屋）より皇族方も段々少くなりたる故、出来得ることならは成るへく早く帰朝せらるることを望む旨を話し置けりとのことを談す。

追加予算会議

○午後一時三十分頃より元高等官宿直室にて、追加予算第五号（主として学習院に成年寮を設くる為、近衛文麿の邸地の中二千七百坪を買ひ入れ、又学習院に教場を増設する為の費用、土地購入費二十万余円、営繕費十七万余円、成年寮の建築費は此外なり）に付内評議を為す。

学習院寄宿寮のこと

関屋（貞三郎）より、此ことに付ては自分（関屋）も余り賛成せす。然れとも学習院評議会にて之を可決し、院長も熱心に之を主張し、寄宿寮か幼年と成年と混し居れりては双方の為宜しからす、又是迄は強制的に入寮せしめ居りたる為、余り厳格の取締りも出来さり〔し〕か、此後は入寮は随意と為し、希望のみを入れ、成年寮にては余り煩瑣なる牽制を加へす、一室一人を入るる位の振合と為し、勉強も十分に出来る様に為し、英国の建橋〔ケンブリッジ〕の様なる風になし、人格者を養成し、学習院の学風をも養成せんとする趣向なる旨を説明せり。

予算委員の意見

入江（貫一）等と討議の末、予算委員としては現在華族等に対する一般の感情面白からさるとき、此の如き贅沢なる設備を為すは更に反感を増すの虞もあるのみならす、実際の効能を挙くることも疑はしきに付、予算委員としては此れを止め度も、若し事情之を止め難きならは、現在の学習院の敷地内に別寮を設くることを望む。夫れも出来さるならは、現在の敷地の余計なる部分を売払ひ、其代価を以て費用を償ひ、孰れにしても寮の設備は成るへく質素にして、他の注目を引かさる様にすることを望む趣意を宮内大臣に通知することに決す。

鳩彦王殿下、成久王妃殿下の御容体に付佐藤三吉の談を聴く

○午後三時後より鳩彦王殿下、成久王妃殿下の容体の電信に付、佐藤（三吉）の説明を聴く。成久王妃殿下本月十八日来三十九度三分位の熱ある旨の報知あるに付、其原因等を聴く為、佐藤を次官（関屋貞三郎）の室に召ひ、関屋、予、大谷正男、酒巻芳男か之を聴きたるなり。侍医某も来り居りたり。四時十分頃より家に帰る。

隆等雨を冒して鎌倉より来る　隆歯を療する為、鎌倉に行く

○今日は朝来雨りたるも、隆等は先日来鎌倉を引払ひ、東京に来り。然る後、若干日を経て郷里に帰る計画を為し、既に家具をも運ひ、鎌倉に留まり難き為、隆、道子、朗子、逸雄、松岡幸江及婢ヨシ午前に来り、隆は鎌倉の歯科医をして歯を治療せしむる必要ある為、午後更に鎌倉に行きたる趣にて、七時頃帰り来りたり。

隆昨日日比谷の巡査の交番所を過きる

隆は昨日日比谷の交番所に過きりたる処、前日の巡査は在らす。隆より来意を告け、致意を嘱したる処、丁寧なることなりと云ひたる由なり。

内子臥褥

○内子臥褥す。

四月二十六日

○四月二十六日木曜。晴。

有馬伯爵邸に電話し、同郷懇話会に出席せさることを告く

○午前八時頃橋場有馬伯爵邸に電話し、今日午後蠣殻町別邸にて同郷懇話会を開く旨の案内を受け居り、出席欠席の通知を為すことを忘れたるか、今日は出席し難きに付、誰か掛の人へ其旨を伝へ呉度旨を依頼す。

関屋貞三郎昨日の追加予算を承認することを求む

○午後一時四十分頃食堂より審査局へ返るとき、関屋貞三郎共に来り、参事官の室の前にて一寸此処に入り呉よと云ひ、予と共に入り、入江（貫一）と予とに対し、昨日予算協議会のときは一応宮内大臣に予算委員の希望を通知して考慮を求むへきことになり居りたるも、此ことに付ては是迄種々の事情あり。行掛の為予算委員の意見を牽制する様のことは固より面白からさることなれとも、此計画を止むることは非常に困難なる次第なり。而して地所の購入は至急決定することを要するに付、諒承を得度。寮の建築に付ては更に予算を議する機会もあることに付、建築の振合等に付ては其節の議に譲り度。全体是迄に纏まる前に予算委員に一応話し置けは宜しかりしも、見込立たさる前に話すことも出来す、終に今日に至りたるなりと云ふ。予弁に入江より、事情止むることか出来されは致方なし。責めて万般の設備人目を惹かさる様にし度。又一方には成るへく速に学習院の敷地の余計なる処を売り払ふことにすることを望む旨を述ふ。

入江貫一と帝室制度審議会のことを談す

関屋か去りたる後、予、入江か陵墓令草案を繙き居るを見て、君（入江）は此案を担当し居るやと云ふ。入江、南部（光臣）の後を承け、此外にも種々のものを引受け居れりと云ふ。予、帝室制度審議会の事も全く行詰まり、少しも進行せす。各人の意見の相違は致方なし。其意見は孰れが可なるや夫れは分らさるも、意見一致せさる為進行出来難き場合には、之を疏通する為には何とか工夫せさるへからす。然るに、いつまても自己の主張に固執して、他を非難することのみにて経過するは、実務を処理する所以に非さるへし。王公家軌範案か審議会にて最も重きを置き居るものなるか、是は根本の主義を異にするに付、調和出来さるへし。

皇室裁判令案に付ては、皇室典範に於て皇族相互の訴訟を認め居る以上は、裁判令案にて其手続を定むるは理論としては不可なることなき訳なり。然るに之に反対する人は皇族相互の訴訟抔と云ふことは之を定むる必要なしと云ひ、皇室典範の規定ありと云へは、其規定か悪しきに付、之に基て裁判令抔を設くることか不可なりと云ふも、是は余り極端なる様なりと云ふ。

入江貫一皇室裁判令のことを談す

入江、自分（入江）は皇室相互の訴訟のことを定むるか悪しと云ふ意見ありたることを聞かす。山県公（有朋）等は人民と皇族との関係は詳かに之を定むるか宜し。皇族間の訴訟も之を定むるは不可なることなきも、之に関し強制執行のことまてを定むるには及はさるへしとの意見なりしなりと云ふ。予、間々絶対に皇族訴訟のことを定むるを不可とする人もなきに非す。執行方法等のことに関する規定の斟酌ならは、十分に折合ふことを得るならんと云ふて去る。

内子臥褥

○内子臥褥す。

〔欄外に付記〕

補遺　有吉忠一、渡辺暢の身事を談す

○四月二十六日の補遺

午前有吉忠一審査局に来り、先日渡辺暢のことに付電話にて申越されたることありしか、其後考へ見たるに、仮令訟廷に立たさるも、弁護士となることは本人の為、宜しからすと思ふと云ふ。予、予も弁護士と為ることを可とする趣意に非す。単に李王職の顧問となることならは、差支なからんと思ひたるまてなり。然し、本人か京城に留まることを好まさる趣に付、此ことも夫れまてなり。矢張り機を待ち、貴族院議員となすことを望むと云ふ。有吉、渡辺を明治学院の院長となすことは至極適当にて、長尾半平〔東京市電気局長、明治学院理事〕も非常に賛成し居れり。然るに〔原文空白、井深梶之助カ〕か院長と為り居り、之と競争せしむるは面白からさる故、外国宣教師をして推薦せしめんと思ひ居りたるか、後藤新平か東京市長を罷むることゝなりたる趣なり。左すれは、長尾も東京市の方を罷むるは必然にて、長尾か明治学院に入ることも疑なきに付、渡辺と云ふ訳には行かすと云ふ。

四月二七日

○四月二十七日金曜。半晴。

関屋貞三郎より栗田直八郎に交す覚書のこと

○午前十一時頃酒巻芳男来り、関屋貞三郎より栗田直八郎に対し注意すへき覚書を持ち来り、意見を問ふ。予之を一見し、別に意見なし。栗田は注意を受けても、反省はせさるへし。覚書を研究しても、格別効能なかるへしと云ふ。

栗田直八郎をして鳩彦王妃殿下に随行せしむることの顚末

酒巻又鳩彦王妃殿下の仏国行に付、栗田直八郎、宮岡恒次郎〔商法学者、弁護士、元駐米大使館公使〕の妻〔けい〕をして随行せしむることに付、徳川頼倫は栗田の先日来の行動不都合に付、宗秩寮総裁として栗田を随行員と為す旨の上申を為し難き旨を申出て、至極尤のことなるも、時日切迫して他人をして代はらしむること出来難く、徳川も栗田は仏国まて妃殿下を送るまてにて直に立ち帰り、代員は成るへく急に出発せしめ、栗田は帰朝の上相当処置するならは、此際の随行は致方なからんとのことに折り合ひ、栗田をして随行せしむることに決したる旨次官（関屋貞三郎）より宮内大臣に電報し、大臣より全く同意見なる旨の返電ありたり。次官より自分（酒巻）か知り居る電信の外に電信を発したりや否は分り難しと云ふ。

高義敬来り、明日世子妃流産の汚物を埋むること及世子演習の状、朝香宮より晩餐の案内あるも世子夫妻とも之に応せす、世子妃は各宮を訪問せらるることを報す

○午前十一時後高義敬来り、明十八日午後四時より豊島岡にて仙石政敬、林健太郎と共に世子妃流産の汚物を埋むる積りなり。世子は明二十八日夜演習地より乗馬にて出発、二十八里の程を夜行し、二十九日午後に帰著せらるる予定なり。演習地に達せられたる翌日は、雨天の為他の学生と共に紙製具の練兵を為されたりとのことなり。昨日は鳩彦王妃殿下来訪、洋行の暇乞をなされ、明二十九日には朝香宮邸にて晩餐を催ふされ、世子夫妻も案内を受け居らるるも、世子は帰邸晩くなるへく、妃も世子帰邸の当日なる故、出席を断はられたり。明日は妃は北白川宮、竹田宮、朝香宮を歴訪せらるる予定なりと云ふ。予、北白川宮は尚ほ喪中なり。妃か訪問せらるるには、喪服を服せられさるへからさるへし。朝香宮には喪服にては不可なり。如何せらるるやと云ふ。

高、妃殿下も其ことに付御話ありたり。全体ならは北白川宮には喪服を著けて行かるへき所なるも、同宮には誰も居られす、自動車中より出てられさるへきに付、喪服てなくとも宜しかるへく、桜井（御用取扱）のみか一寸自動車を下ることにする模様なりと云ふ。

松平慶民より送金を求め来りたること

○午後二時頃酒巻芳男来り、松平（慶民）より逆為替にて金十七万円の送金を求め来りたることを報し、其内訳の概略を問ひ合はする積りなりと云ふ。

送金に関する電信案文に関する協議

○午後二時後山田益彦、在仏国松平慶民宛送金に関し、今後の逆為替取組方の注意に関する電信案に捺印を求む。予之に捺印し、山田をして今後は絶対に宮内省より支払ふことなきものとする積りなるやを酒巻に問はしむ。酒巻来りて、宮内省より支払ふへきものは此の電信の外なりと云ふ。予、此電信を受けたらは、宮内省よりは絶対に支払を為すことなしと解釈するならんと云ふ。酒巻、或は然らん。然らは、宮内省より支払ふへきものゝ外云々と致さんかと云ふ。予、此の如き文句を加へたらは、如何なるものを宮内省より支払ふへきものとするか惑を生すへきに付、此際は先つ総て宮より払ふものとして、此電信を発することにすへしと云ふ。

追加予算案に捺印す

○午後三時頃大木彝雄来り、一昨日及昨日協議したる追加予算第五号に捺印を求む。之に捺印す。

宋秉畯か摂政殿下の朝鮮行啓を願ひたりとの新聞記事

○午後三時二十分頃酒巻芳男来り、宋秉畯か摂政殿下に朝鮮行啓を奏請したる旨報知新聞に掲載したることに付、宋か事実無根なることを弁明したる警察の報告書を持ち来りて之を示す。

朝鮮総督より李堈公を大勲位に叙せらるること、李埈公妃、李熹公妃に宝冠章を賜はることを申出て居ること

同時に、朝鮮総督府より李堈公に大勲位、李埈公妃、李熹公妃に宝冠章を賜はることを申出て居ることを談話す。予、此際は李堈公のみに賜はり、妃二人には皇太子殿下御慶事のとき位に賜はりたらは宜しからん。全体、世子に大勲位を賜はりたることも早過きる様に思ふ旨の談を為せり。

李允用朝鮮人蔘専売を請ふ為に上京し居ること

○午後二時頃酒巻芳男来り、李允用か朝鮮人蔘専売の会社を設くる為、上京して運動し居る旨の警察報告書を持ち来り、之を示す。予是は事実なる旨を告く。

李達容の家宅捜査のこと

○午後三時二十分頃酒巻芳男か来りたるとき、新聞に記載し居る京城の李達容〔朝鮮独立運動家、故人〕の家の捜査に関する事実は知らさるやと云ふ。予之を知らすと云ふ。酒巻何か報告ありて然るへきことゝ思ふと云ふ。

○午後四時後より退省す。

隆第一銀行に行き、預金を取る

○午後、隆第一銀行に行き、預金を取る。

〔欄外に付記〕

補遺　内子臥褥

○四月二十七日補遺

内子尚ほ褥に在り。

四月二八日

○四月二十八日土曜。曇。

○午前八時後より隆鎌倉に行き、歯を療す。

○午前九時三十分頃より出勤す。

自動車を借る

○午前十時前西野英男に嘱し自動車を借り、十時より朝香宮邸に到り、妃殿下明後日出発して、仏国に赴かるるを以て機嫌を候す。

鳩彦王妃殿下を候す

殿下予を引見せらる。予は既に帳簿に署名し、謁見せすして去らんとしたるとき、折田有彦、予を見て殿下に告く。殿下予を引見せられたるなり。予、殿下の仏国行及ひ鳩彦王殿下の傷所治療のことに付数語を述へ、殿下は予の自重を求むる旨を語らる。

東久邇宮邸に過きる

帰途東久邇宮邸に過きる。妃殿下は正に仏語を学ひ居られ、金井四郎は宮内省に行き居るとのことにて、片岡久太郎と話す。

世子妃来りて東久邇宮を訪ふ

会々王世子妃、桜井某を随へて来り訪はる。予、桜井と話す。桜井か妃か先日流産せられたる原因不明なることを説く。東久邇宮御用取扱諌早某来り、桜井と話す。予は直に去りて事務所に到る。

金井四郎正に宮内省に在り　金井四郎、池田亀雄の書状及日記を示す

片岡、金井は宮内省にて貴官（予）を待ち居る趣なることを告く。予直に宮内省に返る。金井来りて、池田属（亀雄）か仏国より金井に贈りたる書状及池田の日記を示す。書状、日記とも格別注意すへきことなし。

竹田宮妃殿下か鳩彦王妃殿下を送りて門司に行かれたるは鳩彦王妃殿下の望に非す　鳩彦王妃殿下は稔彦王妃殿下か送らるることを望まれたり

金井、先日自分（金井）より明後日鳩彦王妃殿下出発し、来月二日門司より乗せらるるに付、稔彦王妃殿下送りて門司に行かるるか相当なるも、鳩彦王妃殿下より竹田宮妃殿下に対し、竹田宮妃殿下か送りて門司まて往かるることを望まれ、北白川宮邸の祭事等は稔彦王妃か世話せらるることとなりたる旨を話し置きたる処、其後朝香宮の宮務監督栗田直八郎に逢ひ、其事を話したる所、栗田は鳩彦王妃殿下より竹田宮妃殿下か門司まて送らるることを望まれたる様のことは決して之れなく、鳩彦王妃殿下寧ろ稔彦王妃殿下の方か心置きなく話すことも出来るに付、稔彦王妃殿下の送らるることを望み居られたるも、竹田宮妃殿下か是非とも自分（竹田宮妃）か送り行く、北白川宮の祭事等は稔彦王妃か世話せらるれは差支なしと云はるるに付、其ことに決したる次第なりと云ひ、先日竹田宮妃より稔彦王妃に話されたることは全く事実に違ひ居れり。

竹田宮妃殿下、東久邇宮にて送別宴を催ふすことを妨けらる

又東久邇宮邸にては、朝香宮洋行のときも、北白川宮洋行のときも送別宴を開き、随行者も招かるる例となり居り。此節も其積りに致し居りたる処、竹田宮妃殿下より稔彦王妃殿下に対し、鳩彦王妃の出発前には日数も少く、各別に送別宴を開く時日なきに付、両宮共同にて四月二十八日（即ち今日）に送別会を催ふすへしとのことなりしに付、今日の会は共同の積りなりし処、竹田宮のみにて之を催ふし、稔彦王妃殿下は客として招かるることとなりたり。

栗田直八郎意外とす

依て此事情を栗田（直八郎）に話したる処、栗田も驚き、鳩彦王殿下御出発のときも、東久邇宮にては他と異り、御丁寧なる送別宴ありたるに付、此節も必す御催あることならんと思ひ、日程を定むる都合もある故、先日来東久邇宮よりの御案内はなきやと問ひ居りたる位なりしなりと云へり。

鳩彦王殿下、成久王妃殿下に対する贈を変更す

右の次第に付、先日山辺知春か仏国に行くとき、東久邇宮よりは、鳩彦王殿下に羽蒲団を贈らるる積りにて、既に買ひ求め居りたるに拘はらす、竹田宮妃殿下の計ひにて知らさる中にクツシヨンを贈らるることに変更し居りたることも、栗田に話し置きたり。鳩彦王妃殿下の出発に付、稔彦王妃殿下より何事もなされさるは不本意に付、食物ても贈らるる様になさんかと思ひ居る所なりと云ふ。

鳩彦王妃に対する贈

予、食物と云ふても、最早汽車中にて用ゐらるる弁当位より用ゐらるる時なからんと云ふ。金井、今日は竹田宮の送別会、明日は朝香宮の留別会にて、此両日は不可なり。明後日は午後七時三十分の出発なるに付、其晩の食物ならは間に合はさることなしと云ふ。予都合にては三十日の昼食にても宜しからんと云ふ。金井、昼食にては或は料理か間に合はさるならん。但し此ことは未た妃殿下には何事も申上け居らさる故、伺ひたる上に非されは決し難しと云ふ。

蒲穆より金井四郎に贈りたる書状に妻をして伺候せしむることを記載す

金井か示したる蒲穆より金井に贈りたる書状の中に、蒲の妻〔不詳〕か今日まて未た妃殿下の御機嫌を伺ひ居らさるやも計り難し。礼に嫻はさる者にて失礼多かるへし。若し未た御機嫌を伺はさるならは、金井より直接に妻に通知して、伺はしむることに取計呉度旨記載しありたる故、予の妻は中々御機嫌を伺ふ訳に行かすと云ふ。

内子卒倒のこと

金井時に参殿せられては如何と云ふ。予、病気にて不意に卒倒することある故、不安心なりと云ふ。金井夫れは御困りならんと云ふ。

栗田直八郎に遇ふ

○午前十一時後（三十分頃）、東久邇宮邸より宮内省に返りたるとき、玄関にて栗田直八郎に遇ふ。栗田、明後日出発、仏国に赴くこと ゝ なり、取紛れ失礼し居る旨を告く。予も之に対し、多用なるへき旨の挨拶を為したり。

鳩彦王妃殿下の挨拶

朝香宮邸にて妃殿下に謁したるとき、殿下より先日来種々世話になりたりとの挨拶を為されたり。是は妃殿下の洋行のことに関し協議したることの挨拶なるも、予等は寧ろ殿下の洋行を妨けたる方なり。

皇太子殿下の御誕辰奉祝

○午前十一時後西野英男より、先刻宗秩寮の佐々木某来り、明日の皇太子殿下の御誕辰には、御航海中の殿下に電信を以て奉祝し置くへく、貴官（予）の官名は帝室会計審査局長官と為し置くへき旨を告け来りたりと云ふ。予、夫れにて結構なりと云ふ。

審査官会議の期日を定む

○午後二時頃岩波武信来り、先日東宮職の実況審査を為したる報告書に付審査官会議を開くへき処、只今伊夫伎（準一）か博物館の実況審査に行き居るに付、電話にて何日頃其審査か済むやを問ひたる処、伊夫伎より大概今月中にては済むへきも、東宮職の方に困難なる問題なきならは、自分（伊夫伎）に拘はらす、会議を開き呉度と云へり。如何すへきやと云ふ。
予、今月と云ふても明後日一日丈けなり。伊夫伎も今月中に済み、君（岩波）の旅行も格別迫まり居らさるならは、伊夫伎の審査の済みたる後にし度。君（岩波）は何日頃より地方の実況審査の為に旅行するやと云ふ。岩波、自分（岩波）と同行することゝなり居る瓦田元良〔帝室会計審査局属官〕か只今伊夫伎と共に博物館に行き居れり。瓦田の手か明けは、五月六日頃より出発し度と思ひ居る所なりと云ふ。予、然らは伊夫伎を待ちても君の出発前には間に合ふへし。予は五月一日には差支あり、成るへくは五月二日、三日頃に会議することにし度と云ふ。

自動車を借る

○午後二時四十分頃西野英男に嘱し、四月三十日（明後日）成久王三十日祭に列する為、自動車を借ることを主馬寮に謀らしむ。西野来り、三十日午前九時二十分に自動車を貴宅（予か家）に廻はすへしと云ひたる趣を報す。

両陛下より朝香宮、東久邇宮、北白川宮に対する賜

○午前金井四郎か来りたるとき、昨日鳩彦王妃殿下か葉山に行き、天機御機嫌を奉伺せられたるとき、両陛下より東久邇宮へは七宝の花瓶一対を、朝香宮、北白川宮へは花瓶一個宛を賜はりたることを談す。

天皇陛下より稔彦王殿下に対する電信并に殿下よりの奉答のこと

予、北白川宮の柩マルセーユを発したるとき、天皇陛下より稔彦王殿下に電信を賜ひ、殿下より答電を呈せられたることを金井に告けたるに、金井は既に之を知りたる旨を答へ、同時に花瓶を賜はりたることを談したり。東久邇宮にのみ一対を賜はりたるは、稔彦王殿下か仏国にて成久王、同妃、鳩彦王三殿下の遭難に付、力を尽くされたる為なるへきかとのことを談し合ひたり。

隆鎌倉より帰る

○午後九時後、隆鎌倉より帰る。
○夜雨。

内子臥褥

○内子尚ほ褥に在り。

両足指にピック膏を貼す

○今日頃より両足小指の硬化部を療する為、ピック膏を貼す。是は四月二十八日頃なりしならん。

〔欄外に付記〕

補遺　所得金額申告書を出す

○四月二十八日の補遺
午後、安をして四谷税務署に行き、大正十二年度所得税法に依る所得金額申告書を出さしむ。

四月二九日

○四月二十九日日曜。雨風。
○午前書状を作る。

貯金局の競技を見んと欲し果さす

○午後貯金局の競技を観んと欲したるも、天気悪しきを以て之を止む。

田村完二来り、就職のことを嘱し菓子を贈る

○午後三時後田村完二〔元朝鮮総督府司法部監獄課属官〕来り、就職を依頼す。予差向見込なきも、注意し居るへき旨を答ふ。田村西洋菓子一箱を贈る。

○内子尚ほ褥に在り。

四月三〇日

○四月三十日月曜。晴過暖。

故成久王三十日祭に参す

○午前九時二十分頃自動車来る。之に乗り、北白川宮邸に到り、成久王三十日祭に参す。

喪章を著くることを忘る

既に邸に達す。喪章を附くることを忘れたることを覚知す。乃ち酒巻芳男に嘱し、邸の職員に就き之を求めしむ。既にして祭事係来りて、祭場に入ることを促す。未た喪章を持ち来らす。乃ち復た酒巻をして之を促かさしむ。岡田重三郎喪章を持ち来り、予か為に之を附く。直に祭場に入る。喪章の一端附き居るのみにて垂下し居れり。関屋予か為に之を附く。

鳩彦王妃殿下の仏国行に関する稔彦王殿下の意見

未た祭場に入らさるとき、酒巻、昨日仏国に或る松平慶民より牧野伸顕宛の電信達し、鳩彦王妃殿下渡仏のこと決したることを稔彦王殿下に告けたる処、殿下は鳩彦王か意識不明の如き場合ならは兎も角、王か談話し得る今日、王の意見を問はすして、妃の渡仏を決したるは不可なり。仮ひ王の兄なる久邇宮又は妃の姉なる竹田宮妃たりとも、況んや妃に於て熱心に渡仏を主張せられたりとも、王の意見を問はすして、之を決したるは甚た遺憾なり。稔彦王殿下は此ことを主張せらるるも、既に各宮に於て反省せらるる余地なきことは知り居らるる様なり。殿下は初は宮内職員に対し不満を懐き居られたるも、此節のことは宮内職員の意に非す、皇族の主張に因り余儀なく此の如きことゝなりたるは、是迠の往復の電信に依り明瞭なるに付、殿下の意見は皇族に直接に通知せられたらは宜しからんと云ひたるも、殿下は夫れには及はす、宮内大臣へは自分の意見を通知し置くへき旨を命せられたりと申来りたることを談す。

小原駩吉来る

予か此談を聴き居るとき、小原駩吉亦来り、酒巻復た小原の為に之を再説す。

鳩彦王妃殿下の洋行のことに付、稔彦王殿下より宮内大臣に通知せられたる意見に対する返電を協議す

○午後三時頃酒巻芳男来り、松平慶民より牧野宮内大臣（伸顕）に贈り、鳩彦王妃殿下の洋行に付、鳩彦王殿下の意を問はすして決したるは不可なる旨稔彦王殿下より申聞け、之を宮内大臣に通知すへきことを命せられたる趣の電信に対する返電を議する為、宗秩寮に来り呉れよと云ふ。予乃ち行く。

予の意見

予、此ことは成る程竹田宮妃（昌子内親王）殿下、邦彦王殿

下及鳩彦王妃殿下の御希望に依り決したるに相違なきも、宮内大臣か既に之を決して勅裁を請ひたる以上は、之を皇族の責任に帰するは不可なり。どこまても大臣の責任にて勅許を願ひたる旨の返電を発せさるへからすと云ふ。徳川頼倫、其点は同意なるも、宗秩寮総裁たる自分（徳川）も其責に任することを明かにする必要ありと思ふと云ふ。予、夫れは不可なり。大臣に対する責任ならは兎も角、大臣か皇族に対する場合に於て宗秩寮総裁の意見を云々するは大臣の職権を軽んするものなるに付、是は不可なりと云ふ。此時小原駿吉来る。予、予の意見を略述す。小原も別に意見なし。小原、北白川宮の墓の位地には左にするか右にするかの問題あるも、是は喪儀委員か決定したる上のことにすへしと云ふ。予は其儘にて審査局に返る。

小原駩吉来り、牧野伸顕か誤解し居るに付、之を解くことを求む

少時の後小原来り、急くことには非さるも、宮内大臣は事情を知らすして誤解し居るものゝ如し。自分（小原）か北白川宮邸の事務を取扱ふことに付ても、大臣は宗秩寮総裁（徳川頼倫）に対し、宮内省にては何事も膳立を為し、大臣を制圧すると云ひたる由。此の如き誤解ありては困るに付、其内機会を見て弁解し呉よと云ふ。予、全体膳立を為して大臣の決を取るかは当然なり。膳立を為すことを以て大臣を制圧すと云ふか、根本に於て間違ひ居れり。宗秩寮総裁（徳川）に対しては君（小原）のことを談するとき、大臣は随分強きことを云ひたる趣に付、徳川は大臣の言に基き弁解する必要あるへく、予も徳川と共に之を弁解することにすへしと云ふ。

○午後四時頃退省す。

電話にて鳩彦王妃殿下の出発時刻を問ふ

○午後四時後宗秩寮に電話し、鳩彦王妃殿下の東京駅発は今日午後七時三十分なりやと云ふ。岡田重三郎然りと云ふ。

鳩彦王妃殿下を奉送す

六時三十分より東京駅に行き、鳩彦王妃殿下の仏国に赴かるるを送る。

蜂須賀正韶と松田正之転任のことを談す

休所にて蜂須賀正韶に、松田正之か内閣の拓殖事務局事務官兼内閣書記官に転したるは好都合なりしことを談す。蜂須賀、実は内閣書記官を希望したるも、初より内閣書記官を本官とすることは不安心なりとて兼任と為したりと云ふ。予、暫く内閣の模様を見習ひたる上にて、其方に転する方か却て好都合ならんと云ふ。

蜂須賀正韶より松田正之のことを宮田光雄に依頼することを嘱す

蜂須賀、此ことに付ては宮田光雄か周旋し呉たり。宮田に面会の機もあらは、宜しく云ひ置呉よ。又藤堂某（高成、貴族院議員・親和会、旧名張領主藤堂家当主）（男爵なりと云ふ。予其人を知らす）か熱心に周旋し呉れたりと云ふ。

松田正之に遇ふ

予、蜂須賀と別れ傍を見たるに、松田正之も来り居りたり。休所にて鳩彦王妃殿下に謁し別を送る。

金井四郎に軽井沢旅館のことを問ふ

又金井四郎に軽井沢は旅人宿あるや否を問ふ。金井、旧軽井沢（別荘のある所）にも、新軽井沢にも数多の旅人宿ありと云ふ。予突然行きても宿泊することを得へきやと云ふ。金井、最近に軽井沢より帰りたる人あり。其人に問ひ見るへしと云ひ、一寸去りて何人にか之を問ひ、復た来り。突然にても宿することを得へし。但上等の旅宿には非すとのことなりと云ふ。

小原駩吉、成久王の墓の位地のことを談す

○午前北白川宮邸に行きたるとき、宮邸にて小原駩吉より、成久王の墓を作るに付大妃殿下は向て左に王の墓を作り、其右に妃の墓を作る所を明け置き呉よと云はれたる由。是は近頃の作り方にすれは反対となるも、大妃の談も是非とも之を主張せらるる訳には非さるへし。

山辺知春は小原駩吉か北白川宮の事務を執らさることを明瞭に大妃殿下に告けす

自分（小原）山辺知春の不在中、宮邸の事務を取扱ふことは之を断はることに決したるを以て、山辺か出発する前に其ことを明瞭に大妃殿下に告け置き呉よと云ひ置きたるも、其後山辺に逢ひたるとき、大妃殿下に之を告くるは都合悪かりしに付、明瞭には告け置かす、曖昧に云ひ置きたりと云ひ居りたり。墓の問題は葬儀掛りか定まりたる後、協議することにすへしと云ふ。

隆、土屋岩保の診を求む　土屋肺気の兆ありと云ふ

○午前十時頃より隆、土屋岩保の家に行き、診を求む。土屋肺気の気味ありと云ひたる由なり。

隆、土肥慶蔵の診察日を問ふ

○午前土肥慶蔵〔東京帝国大学医学部教授、皮膚科医〕の家に電話して、土肥の診察する日時を問ふ。家人、火木土曜の日の午後二時より五時頃まてなりと云ひたる趣なり。

明日午前は遅く出勤し、午後は司法大臣官舎に行く

○午後審査局にて西野英男に、明日午前は他に行く所あり。十二時前には出勤すへし。午後には司法大臣官舎に行かさるへか〔ら〕さる旨を告く。

両足の小指痛む

○両足の小指ピツク膏を貼したる処、痛を覚ふ。

○内子尚ほ褥に在り。

〔欄外に付記〕

補遺　世子邸に東久邇宮妃及王子方〔招〕かんと思ふこと　招待の趣旨を予め通知し置くこと　李允用、宋秉畯の為に晩餐を催ふすこと

○四月三十日補遺

午後高羲敬来り、五月六日に世子邸に東久邇宮妃及王子各殿下を招き、同時に李勇吉、李鍝公をも招かるることに致さんと思ふと云ふ。予之に同意し、金井四郎は今日より門司に行くことゝなり、別府に廻はりて帰京する予定なる趣に付、片岡久太郎に招待の趣旨を告け、東久邇宮の妃の承諾を求むる方宜しからんと云ふ。高又李允用か上京したるは私用（人蔘専売を引受くる件）なるも、世子殿下に謁し、王家と自家との関係を説き、世子の機嫌を候することを主たる目的の様に述へ居りたり。如何待遇したらは宜しかるへきや。世子に伺ひて晩餐ても催ふすへきや。宋秉畯も近く朝鮮に帰る趣に付、是も同時に招きたらは宜しからんと思ふと云ふ。予、物を贈るとしても費用を要するに付、晩餐の方宜しからんと云ふ。東京駅にて金応善に逢ひたるとき、晩餐は午後六時頃に決したりと云ふ。

大正一二年五月

五月一日

○五月一日火曜。曇後晴午後驟雨。

有馬頼之の七年祭に詣す

○午前九時二十分頃より祥雲寺に行き、有馬頼之の七年祭に会す。

境豊吉と水野光衛の身計を談す

休所にて境豊吉と水野光衛の身事を談し、予より有馬頼寧氏か水野を信愛夜学校の事務員と為しても宜しと云ひたる旨を談す。境、夫れは都合宜し。先日水野を青山の有馬家に採用する議あることを聞きたるも、有馬家を罷め、手当金を給したる者を更に有馬家に採用するは面白からすと思ひたりと云ふ。予、其頃は水天宮に水野を入るることは絶対に有馬秀雄か承知せす、夜学校のことは話もなし。結局、青山より外に工夫なかりしなりと云ふ。

水野光衛菓子屋営業を為すことを止む

予境に、水野か菓子屋営業を為すことは如何なりたりやと云ふ。境、其方も水野も話の如き利益なかるへしとの懸念を起し、之を止めたりとのことなりと云ふ。

有馬頼之の寡婦及有馬聡頼依頼する所あり

僧か読経を終り、親族か焼香したる後、予と境と焼香して直に辞し去らんとす。有馬聡頼一寸休所に来り呉よと云ふ。乃ち境と共に行く。頼之の寡婦及聡頼より他日相談することあるへきに付、其節は宜しくと云ふ。寡婦より、聡頼も自身の考にて婦人の始末を附け、都合よく決著せりと云ふ。予晩きに過きたりと云ふ。聡頼曩に娼を購ふて之を蓄ふ。宗家より之を逐ふことを勧む。聡頼肯かす。予等亦之を勧む。尚ほ肯かす。終に宗家よりの補助金を止む。寡婦及聡頼は復た補助金を求めんと欲し居るなり。

有馬頼之の墓に展せす

予は出勤を急きたるを以て、頼之の墓に展することを忘れ、境亦予と共に帰途に就き、墓に展せす。

祥雲寺より一たひ家に帰りて出勤す

青山一丁目にて境に別れ、一たひ自家に過きり、復た電車に乗り、桜田門外にて車を下り、歩して宮内省に出勤す。

河窪敬直菓子箱は之を届くへしと云ふ

祥雲寺を辞するとき、聡頼より菓子箱を供へたるを以て之を持ち帰らんとせんに、河窪敬直之を届くへしと云ふに付、之を托したり。

自動車を借りて司法大臣官舎に行き、諮問第四号の幹事会に列す

○午後一時四十分頃より司法大臣官舎に赴かんとしたる処、今朝祥雲寺に行くときは傘を持ち行きたるも、天晴れたるを以て一たひ家に過りたるとき之を家に置きたり。然るに午後一時頃雨り、予が司法大臣官舎に行かんとするときは稍々甚しきを以て、西野英男に嘱し自動車を借らしむ。西野、今日は自動〔車〕は貸し難く、馬車を供ふへしとのことなる旨を報す。一時五十分頃より馬車に乗り、司法大臣官舎に行き、諮問第四号幹事会に列す。

豊島直通始めて出席す

先日小委員会委員を指定したる豊島直通〔東京控訴院検事長、臨時法制審議会委員〕今日始めて出席す。正当防衛に関する規定を討議す。議未た決せす。四時十五分頃となる。

他に先ちて幹事会場を退き、東宮殿下を東京駅に奉迎す

予は東京駅に行き、摂政殿下の台湾より還啓したまふを奉迎せさるへからさるを以て、他に先ちて辞し去り、直に東京駅に赴き、四時四十五分摂政殿下を奉迎し、直に家に帰る。

隆、朗子を伴ひ土肥慶蔵の家に行き、湿疹を療す

○午後二時前より隆、朗子の左手の湿疹を治療する為、土肥慶蔵の家に行きたり。

朗子、幸江の背より落ちて負傷す

○午後五時後朗子門外にて幸江の背から落ち、額部に腫起を生し、腥血を出し上唇を傷け、啼泣すること十分間許。幸に大なる傷なし。朗子は幸江に負はれ、隣家の子君子、鞠子等と戯むれ居り。朗子か幸江の背にて体を動かし、幸江の力之を止むることを得す。君子之を支へんとしたるも力及はすして、終に地に落ちたる趣なり。額部の腫起は冷水にて之を冷やしたり。

道子驚悸して乳汁減す　逸雄をしてラクトウゲンを飲ましむ

道子は朗子の負傷に驚悸したる為ならん。乳汁減し、逸雄の哺乳不足せるに付、ラクトウゲンを以て之を補ひたり。

内子尚ほ臥褥

○内子尚ほ褥に在り。

田内三吉の三男に賻を贈ることを嘱す

○今日頃なりしならん。西野英男より、先頃田内三吉の次男死したるとき、皇族附職員より香料を贈りたるか、此節又田内の三男〔三郎〕死したる故、皇族附職員より香料を贈る議あり。貴官（予）の分も加へ置くへきやの旨東久邇宮邸より電話にて問ひ来れりと云ふ。予之に加へ置くへき様通知し置呉よと云ふ。

五月二日

○五月二日水曜。曇。

摂政殿下に拝謁す

○午前九時二十分より出勤し、枢密院控所に行き、十時四十五分頃議長（清浦奎吾）、副議長（浜尾新）及顧問官と共に摂政殿下に拝謁す。

大東文化協会に加入す

拝謁前控所にて二上兵治より、大東文化協会（漢学者を養成する目的の会にて、国庫より一ヶ年十五万円を補助し、大木遠

吉か会長と為り、江木千之か副会長と為り居るもの）に加入することを勧む。乃ち会員名簿に署名す。

審査官会議

十一時頃審査局に返り、岩波武信の東宮職の実況審査報告書に付審査官会議を開く。

小原駩吉、西園寺八郎か鳩彦王殿下の同意を得すして妃殿下洋行のことを決したることを怒り居ることを談す

十二時前小原駩吉来る。予正に会議し居るを以て、小原と共に徳川頼倫の室に行く。小原、西園寺八郎に面会したる処、西園寺は鳩彦王殿下の同意を得すして、妃殿下の仏国行を決したることに付大に不平を懐き、折角苦心したることも画餅となりたり。稔彦王殿下も、三殿下の遭難以来非常に温情を以て周旋せられ、之を機として同殿下の考を一変せしむることを得るならんと思ひ居りたるも、終に同殿下を怒らしめたるは残念なりと云ひ居りたり。

小原駩吉、西園寺八郎より関屋貞三郎のことを牧野伸顕に談したることを告く　牧野伸顕か部局長官は関屋貞三郎を誤解し居ると云ひたること

西園寺自身のことは兎〔も〕や角宮内大臣との間に折合ひ附き、関屋（貞三郎）のことも西園寺より大臣に話したる趣にて、関屋か正直に大臣に事実を報告せす、部局長の過半に不安を懐き居るに付、今後は大臣直接に部局長官に接する様にすへしと云ひ、事情の貫徹せさる例として高松宮の仮御殿の建築の事、南部光臣辞職のこと等を挙け、此等の事情は白根松介も承知し居るに付、同人より聞くへしと云ひ、白根も之を詳説したるか、南部のことに付ては牧野（伸顕）は関屋を弁護する様の口気を漏らし、部局長官か関屋を誤解し居るならんと云ひ居りたる趣なりとの談を為せり。

東宮殿下台湾より御持ち帰りの禽鳥等の処分

小原又台湾より持ち帰りたる禽鳥等は新宿御苑に置くことになる趣なるか、預ることになりては大変なる故、下けらるることに致し度旨申出て置けりと云ふ。

審査官会議を継続す

予は暫時にして審査局に返り、会議を継続す。十二時後之を中止し、食後一時後より更に会議す。

西園寺八郎談せすして去る

二時頃西園寺八郎来る。予か会議中なるを以て他日を期して去らんとす。予一寸之と立談す。

今年六月に増俸せしむへき判任官

会議終はりたる後、伊夫伎準一より今年六月に増俸せしむへき判任官の詮衡を謀る。俸給額の剰余は僅に一ヶ年二百六十円なり。已むを得す岡田某（春次、帝室会計審査局属官）一人を増俸せしめ、安楽兼久は今年末に増俸せしむへきことに決す。

西園寺八郎を訪ふ　在らす

○午後三時後、式部職に西園寺八郎を訪ふ。在らす。渡辺直達其他の人も其所在を知らす。返りて徳川頼倫の室に到り、徳川に西園寺か来らさるやを問ふ。徳川、西園寺は小原（駩吉）と共に新宿御苑に行き居るへしと云ふ。

徳川頼倫、成久王の葬儀委員長となることを謀る

既にして徳川より、関屋（貞三郎）より自分（徳川）に対し成久王の葬儀委員長たることを勧め、自分（徳川）は一応考へ見るへき旨を答へ置きたるか、如何あるへきやと云ふ。予夫れは引受くるか宜しかるへしと云ふ。

西園寺八郎も葬儀委員長となることを勧む

徳川、西園寺（八郎）に談したるに、同人も自分（西園寺）等も援助するに付、引受けよと云ひたり。西園寺、小原（駩吉）等か助け呉るるならは、勤らさることもなからんと思ふと云ふ。

皇族の葬儀は宮内省にて行ふこと適当なり

予、夫れは引受くるか宜し。全体は葬儀は宮内省の事務と為すへきものと思ふも、是迠宮の事務となり居れり。是は適当ならさることなりと云ふ。

世子邸より晩餐の時刻を報す

○午後西野英男来り、王世子邸より電話にて、今日の晩餐は六時よりなる旨を報し来りたる趣を告く。

○午後四時より退省す。

世子邸の晩餐に会す

○午後五時三十分より王世子邸に行く。李允用、宋秉畯既に来り居り。少時の後食堂に入る。共に食する者、世子、李允用、宋秉畯、予の外、高羲敬、金応善、小山善、厳柱日なり。

李允用、宋秉畯等と話す　三浦梧楼と朝鮮人蔘　李允用の父と朝鮮人蔘

食後喫煙室にて雑談し、朝鮮山人蔘の効能、宋秉畯か三浦梧楼の請に依り、朝鮮に在る宋の子〔鍾憲、宋秉畯長男〕より山人蔘一本を取寄せたるに、代価七百五十円なりとのことなるも、未た之を三浦に告けす。三浦は既に之を食ひたるも、其効能の著しく顕はるるまて代価を告けす又之を請求せすと云ひ置たることの談を為し、李允用は江原道の観察使たりしとき、其父〔鎬俊〕の為に一本千八百円の山人蔘を父に進め、父は八十一歳にて死したるか、冬季にも被を用ゐすして寝ねたり。余り壮健なりし為、却て八十一歳にて死する様のことになりたり等の談を為し、八時後より帰途に就き、九時頃帰りたり。

〔欄外に付記〕

補遺　朝鮮人禁煙禁酒の申合を為すこと

五月二日補遺

午後八時頃世子邸にて宋秉畯等と談したるとき、喫煙のことより、宋は朝鮮にて総督府か酒造に関する規則、煙草専売に関する規則を励行するより一般に禁酒禁煙の申合を為し、其理由は衛生と云ふことに為し居るより、総督府にては収入の目的を達せす大に困り居れり。警察官も犯罪となすことを得すとの談を為し、予は果して然らは悪政か善政となるものなりと云ふ。

隆の関節痛

○隆は昨日頃より膝関節、股関節等に痛みありと云ひ居りたるか、今日は肱肘、手首等にも痛みありと云ふ。

道子の悪寒

○道子悪寒あり、早く寝る。

内子臥褥

○内子尚ほ褥に在り。

水野光衛、有馬家の家扶を免せられたることに付挨拶す

○午後水野光衛来りて、昨日有馬家の家扶を免せられたることを告けたる由なり。

○午前隆、朗子を伴ひ土肥慶蔵の家に就き、其門人をして治療せしむ。

五月三日

○五月三日木曜。雨。

隆の病状を問ふ為土屋岩保の家に過きる　土屋在らす　電話にて土屋か在らさることを隆に報す

○午前九時三十分より出勤せんとし、途を枉けて土屋岩保の家に過きり、隆の病状を問はんとす。土屋昨日より山梨県に行き、今日午後二時頃に非されは帰らすと云ふ。隆は今日来りて土屋の診を求むる積りなる処、土屋在らさる故、来るも徒労となるを思ひ、将命者より電話を借り、隆に土屋か在らさる為、今日来るも診を求め難き旨を告け、直に宮内省に行く。

西園寺八郎か出勤し居るやを問ふ

○午前十時後、西野英男をして西園寺八郎か出勤し居るや否を問はしむ。西野未た出勤せさる趣なることを報す。

武井守成明日差支の有無を問ふ

○午後零時後食堂にて武井守成より、明日午前十時三十分より新嘗祭のとき摂政殿下の為さるへき御行動に付協議し度か、差支なかるへきやと云ふ。予差支なき旨を答ふ。武井、別段の通知を為さゝるときは、前述の時刻に参事官室に集まり呉よと云ふ。予之を諾す。

広文庫の（にの部、なの部）を借る

審査局に返りたる後、西野英男に嘱し、参事官室に就き広文庫のに及ひなの部を借らしむ。新嘗祭及ひ直会の部を検する為なり。

直会の部を写さしむ

直会の部はありたるも、新嘗の部なし。西野に嘱して直会の部を写すことを写字生に命せしむ。西野更に新嘗祭の部及大嘗祭の部を持ち来り、之を予に示す。予此二部は写すに及はさる旨を告く。

牧野伸顕より稔彦王殿下に対する釈明のこと

○午後三時三十分頃宗秩寮総裁室に到り、徳川頼倫に鳩彦王妃殿下渡仏の件に付、稔彦王殿下に対し宮内大臣（牧野伸顕）より釈明すへき件に付ては既に宮内大臣と協議したるやを問ふ。

牧野伸顕、北海道庁長官と談し居りたり

徳川、先刻四十分間許待ち居りたるも、北海道庁長官（宮尾舜治）か大臣と談し居り、其後大臣か直に久邇宮邸に行きたるに付、終に談することを得さりしと云ふ。

北海道庁長官は久邇宮及良子女王の巡遊を願ふならん

予、北海道庁長官は何事を談したるへきやと云ふ。徳川、久邇宮及良子女王の北海道御巡遊を願ひたる様なりと云ふ。

久邇宮と宮内省との関係

予、此くの如く地方官か競争的に御巡遊又は行啓を願ふ様になりては困る。北海道庁長官は既に久邇宮殿下には願ひ居る模様なるか、先つ皇族方に願ひ、然る後宮内省に協議し、宮内省か同意せさる様の形になりては甚た都合悪しと云ふ。徳川、久邇宮にては北海道庁長官に対しては、自分（殿下）としては行き度思ふも、殊に良子女王のことになれは、宮内当局の考をも聴かさるへからすと云ふて、十分に余地は存し居らるる趣に付、其辺は好都合なりと云ふ。

宮務監督の職務に関する見解

予又宮務監督か皇族の旅行に随行する様のことは宜しからすと思ふと云ふ。徳川、此節久邇宮にて特に国分三亥を随行せしめらるることゝなりたるは、宮務監督を軽視せらるるに非す、之を重視せられたるよりのことなりとのことなりと云ふ。予、之を重視せられたりとしても、宮内職員たる資格より云へは、随行抔は適当ならす。事務官は右様の事に従ふ為附属せしめあるものなれとも、宮務監督は事務官と異なる所ありと云ふ。

道子三十九度余の熱を発す

○道子三十九度余を発し、終日臥褥し、坂田稔を招き治療せしめたる由。

朗子の湿疹を療す

○午後隆、朗子を伴ひ土肥慶蔵の家に行き、湿疹を治療せしむ。

内子臥褥

○内子尚ほ褥に在り。

微雪

○夜微雪。

五月四日

○五月四日金曜。朝微雨後晴。

土屋岩保を訪ひ、隆の病状を問ひ、血液検査のことを謀る

○午前九時より出勤。途を枉け、土屋岩保の家に過きり、隆の病状を問ふ。土屋神経衰弱の外何等の兆候なしと云ふ。予、一昨日頃より大腿部、膝、肱等の関節に痛あることを訴へ居れり。血液の関係には非さるへきやと云ふ。土屋念の為血液の検査を為し見ることにすへしと云ふ。十時前宮内省に達す。

新嘗祭のときの直会のことを協議す

○午前十時三十分より、摂政か新嘗祭を行はせらるる場合に於て（直会）は之を行はせらるへきものなりや否に付、井上勝之助、関屋貞三郎、小原駩吉、西園寺八郎、九条道実、入江貫一、渡辺直達、佐伯某、武井守成と参事官室にて協議す。

予の意見　摂政殿下は直会を行はれさることに決す

予は、摂政は天皇に代はりて新嘗祭を行はるる以上は直会も之を行はるへきものなることを主張し、入江、西園寺等之に賛成し、小原は中間の説を持し、九条、佐伯は直会は天皇の身に属することなるを以て摂政たりとも之を為すへきものに非すと云ひ、理論としてはいつれも予の説に賛成すれとも、大奥の事情等を顧慮し、直会丈は之を行はれさることに決したり。十一時五十分頃散会す。

西園寺八郎を訪ふ

〇午後一時後、西園寺八郎を式部職に訪ふ。

西園寺八郎身事を談す

西園寺、自分（西園寺）か辞表を出したることに付、次官（関屋貞三郎）か何とか自分（西園寺）の趣意の貫徹する様取計ふ故、辞職を止むることを勧告するに付、自分（西園寺）は其処置を待ち居る所なるのみならす、宮内大臣（牧野伸顕）に対しては是まて何事も云ひたることなく、自分（西園寺）より進みて大臣に談することはなき筈に付、台湾に行く艦中にても何事も談せさりし処、大臣は何か自分（西園寺）より申出すならんと考へ居りたる模様なりし趣にて、白根（松介）か周旋し、大臣より自分（西園寺）に話し出すこと〻なり、自分（西園寺）か辞職の理由と為したる主猟に関する責任問題は、大臣は左程主任者の迷惑となるへきこと〻は思はすして処置したりと云へり。然れとも、自分（西園寺）は処分前予め処分の結果を告け置たる故、之を予想せさりしとは云ふへからす。今後のことに付ては処分前協議して、不意に処分する様のことはなさ〻るへしとのことにて、一と先つ折り合ふこと〻なれり。

西園寺八郎、牧野伸顕に対し宮内省の事情を説く　西園寺八郎、牧野伸顕に予のことを説く

其序自分（西園寺）より、此節辞表を出したる直接の動機は猟場の過失に対する懲戒問題なれとも、宮内省の近状は甚た不愉快にて、留任しても熱心に執務することも出来難く、旁々辞職せんと思ひたる訳なりと云ひ、牧野（伸顕）より其事情を問ひたる故、君（予）の名前をも出して談したり。尤も君（予）より聞きたりとは云はす。君（予）抔も余程不安に思ひ居るならん。

次官を信せす　事情疏通せさる例

部局長官の全部とは云はさるも、其過半は次官（関屋貞三郎）の処置に疑を懐き、次官は果して正直に各自のことを大臣に報告し居るへきや否を疑ひ居れり。例へは高松宮御殿の建築のことにしても大臣の耳には事実は入り居らす、大臣は全く誤りたる事実を聞き居りたるものなり。

宮内大臣自ら事務を視るへし

此の如き事にては安心して執務し難きことに付、当分大臣は自ら部局長官に接し、事情を疏通する必要あるへき旨を説き置きたりと云ふ。

徳川頼倫、次官の立場に懸念す

予徳川（頼倫）と、大臣か自ら部局長官に接し、次官を経由せさること〻ならは、次官は困るならんと云ひ居りたれとも、予は大臣か夫れ程まて体度を改むる様のことはなからんと思ふと云ふ。

牧野伸顕は人を統治すること拙し　講和会議のときの事実　西園寺八郎の周旋

西園寺、所詮十分に改むる様のことはなし。大臣は全体人を統治することは長所に非す。先年講和大使として巴里に行きたるときも、大臣は自分（西園寺）等より先きに巴里に行き居りたるか、自分（西園寺）等か著きたるときは、大臣と随員たる陸海軍武官等との間は非常に悪しくなり居り、大臣は陸海軍人等に事実を告くれは、彼等は直に之を漏らす恐ありとて一切彼等に秘したる為、随員等は大層激昂し居りたるときなりしを以て、自分（西園寺）は、苟も大使の随員たる上は之を疑ふて事実を告けさるは宜しからす。故に十分に戒告を加へて、今後は秘密なることとても之を告くることにせさるへからすと云ひ、先つ随員に対し、今日は大使の随員なるを以て、其職務上にて知り得たることは仮令本属長官に対する報告たりとも擅に之を為すことを得す。大使の許可を得たるものに非されは、報告すへからさる旨を戒告し、其上にて秘密も之を告くることゝ為したる故、陸海軍人の感情も大分和らきたることもありたりとの談を為せり。

予か困りたる事実

予、大臣は先入主となること甚しく、随分困ることあり。予も先年法制局に在りたるときも、一、二度困りたることありたりと云ふ。話すること三十分間許にも及ひたるならん。但し、其間に他の人か来りて、予等の談を中止したること二、三回ありたり。

牧野伸顕、鳩彦王妃殿下の渡仏は当然なりと云ふ　其理由

○午後四時前、予将に徳川頼倫の室に行かんとす。徳川将に退省せんとして廊下に在り。徳川、先刻宮内大臣（牧野伸顕）に対し鳩彦王妃殿下渡仏のことに付談したる処、大臣は此のことは是非此くならさるへからさることとなり。久邇宮殿下（邦彦王）、竹田宮妃殿下（昌子内親王）及鳩彦王妃殿下とも、最初より熱心に渡仏のことを御主張ありたることとなる故、其ことに決するは当然なりと云へりと云ふ。

近親の意見より夫の意見か大切なり

予、予等も強ひて反対する訳には非す。殿下方の御主張に因り決するもさることなから、今一層緊切なる鳩彦王殿下の御意思に随ふことか尚更大切なり。鳩彦王殿下か仮令御希望とまて行かすとも、絶対の御反対に非すと云ふことか分れは、他の殿下方の御意思に従ふて宜しきも、若し鳩彦王殿下か絶対の御反対ありては、仮令他の殿下方か如何程御主張ありても、之を止むるより外致方なしと思ひたるなり。

功を一簣に虧く

此節のことは全く功を一簣に虧きたるものにて其点は残念なりと云ふ。

稔彦王殿下の感情を害したることか最も遺憾なり

○午後西園寺八郎と談したるとき、予より鳩彦王妃殿下渡仏に関する事情を述へたるとき、西園寺は、鳩彦王妃殿下の御不平位は如何様にも之を融和する道あり。此節は稔彦王殿下か非常に親切に世話せられ、宛も自分（殿下）のことの様なる考になられ居る様に思はるる故、此機を外さす取り成したらは、殿下のことも都合よく行ふならんと思ひ居りたるに、最後に至り殿下の意に反して鳩彦王妃殿下渡仏のことを決定し、稔彦王殿下の感情を害したり。此こと丈は実に残念なりとの談を為せり。

牧野伸顕より稔彦王殿下に対する釈明を協議する暇なし

○午後三時後、徳川頼倫と廊下にて立談を為したるとき、徳川より、今日も宮内大臣（牧野伸顕）と十分緩話することを得す、大臣より稔彦王殿下に対し如何に釈明するやのことは協議する遑なかりし旨を告けたり。

隆、土屋岩保の診を求む　血液の採取は他日に延はす

○午前隆、土屋岩保の家に行き、診を求めたる処、土屋より血液検査を為す為血液を採るへき処、今日は他に急患者あるに付、今後三日の後に血液を採ることにすへき旨を告けたる由なり。隆は午後一時後に帰りたる趣なり。

有馬頼寧氏審査局に来る

○午後二時後有馬頼寧審査局に来る。時に予正に審査官と参事官より合議したる上奏式改正の件を協議し居りたるを以て、予起ちて室の入口に行き、有馬と立談す。

水野光衛の身計　水野光衛を信愛夜学校の事務員となすこと

有馬、水野（光衛）のことは如何なりたりやと云ふ。予、先日富士見軒にて仁田原（重行）、有馬（秀雄）、松下（丈吉）等と会したるとき、水野のことを談したる処、仁田原等は水野の希望に因り菓子屋営業を為さしむることに賛成したるを以て、今日まて其儘に致し置たる処、其後菓子屋のことは水野自身に之を止めたる趣なり。其外に下宿屋営業を為さんと欲し居ることも聞き居るか、是は如何なりたるやを知らす。予は水野か営業することは甚た不安心なり。若し君（有馬）か信愛夜学校に採用すること出来るならは、予より水野に話すことにすへしと云ふ。有馬、自分（有馬）より水野に其職務を告け、本人か之を肯んするならは、採用しても宜しと云ふ。予、然らは予より其旨を水野に告くへしと云ふ。

岩崎久弥、有馬頼寧氏の事業を賛成す

有馬、同愛会のことは牧野（伸顕）の周旋にて岩崎（久弥）か大に力を入れ、此の事業は多数の人に相談するは面白からす、幾許位の金か入用なるや分らされとも、大概のことならは自分（岩崎）等少数の者にて出金すへしと云ひ居れりと云ふ。

有馬頼寧氏と同愛会及教育者協会との関係

予、君（有馬）か洋行すれは夫れにて宜しきも、洋行せされは同愛会を退く訳には行ましく、当分其方に尽力するか宜しからんと云ふ。

小城某を罷むること

有馬、教育者協会の方も今自分（有馬）か退く訳には行かす。小城某に対しては既に自分（有馬）より之を罷むることを申聞け、本人も承知せり。但し小城某には十一人許の厄介ある故、之を扶持する工夫を為さゝるへからす、幾分の資金ても得れは、何か営業ても為すへしと云ひ居れりと云ふ。予、小城の為に資金を出すことは出来難からんと云ふ。

小城某を日本魂社に入るること

有馬、小城のことは誰に話せは宜しかるへきやと云ふ。予、先夜富士見軒にて有馬（秀雄）より後藤武夫に話し、日本魂社に入ることにせんとのことに談し合ひ、松下（丈吉）も後藤に話さんと云ひ居りたりと云ふ。有馬、然らは秀雄に話すことにすへしと云ふ。

本年六月に増給せしむへき判任官のことを協議す

審査官と本年六月に増給すへき判任官を詮考す。俸給の剰余年額二百六十円のみ。下給判任官二人より増給し難し。依て六月には岡田春次一人を増給し、今年末に安楽兼久を増給すへきことに決す。

有馬泰明に電話し、明日午前八時か明後日午前八時かに来るへき旨水野光衛に伝ふることを嘱す

○午後七時後有馬泰明に電話し、水野光衛に明日午前八時に来ること、若し明日か都合悪しけれは、明後日にても宜しき旨を告くることを嘱す。有馬之を諾す。

内子臥褥

○内子尚ほ褥に在り。

朗子湿疹を療す

○午前隆、朗子を伴ひ土肥慶蔵の家に行き、湿疹を療す。

五月五日

○五月五日土曜。晴。

水野光衛明日来るへき旨を報す

○午前七時後水野光衛より電話にて、今日往訪すへき旨有馬泰明より伝へ来りたるも、今日は水天宮祭にて同処へ行かさるへからす。明日午前八時までに往くへきに付、承知を請ふ旨申来る。予承知の旨を答へしむ。

○午前九時三十分頃より出勤す。

杉琢磨ボンボニエーの形を謀る

○午前十時後杉琢磨来り、今秋東宮御慶事のときに用ふへきボンボニエーの品質形状に付先日より考按し居るか、いつも銀製にて変化なきに付、此節は何か趣向を凝らし度と思ひ、御慶事に因み三日夜餅を入るゝ箱は紫檀にて作り、螺鈿にて燕の形を附くることは、親族令の附式に定めあり。依て之を摸し、小形となすのみにて上等の分二百五十個許は其製式総て実物の通りにし、下等の分二千個許は赤銅製にて、銀にて螺鈿を摸して作らんかと思ひ居れり。次官（関屋貞三郎）は直に之に賛成し、大臣（牧野伸顕）も夫れは面白き考なりと云ひ、尚ほ自分（杉）より之に対する小原（駩吉）の懸念の趣意をも述へたる処、尚ほ取調へ見よとのことなり。

小原駩吉の意見

小原の懸念は、三日夜餅の議は夜の御殿の議にて、其議の次第は定めあれとも、他の議に於て詳細の規定あるに拘はらす、三日夜餅の議は秘事に属するを以て特に之を省略したるものには非さるや。然れは、之を以てボンボニエーと為すは物議を招く恐はなきやとのことにて、小原も強ひて反対するには非すとのことなり。此の如き意見あるに付、貴官の意見を聴き度と云ふ。

予の答

予、三日夜餅か結婚の儀式となり居る以上は之を以てボンボニエーとなすも差支なきことゝ思ふ。然れとも、予は三日夜餅の起原も知らす、其起原等は取調へ見る方宜しからんと云ふ。杉、一と通り取調へたり。後刻之を示すへしと云ふて去る。

三日夜餅のことを調査す

予西野英男に嘱し、広文庫中（み）の部を借り来らしむ。（三日夜餅）に関することを調査する為なり。広文庫に掲けたる（花鳥余情）に記する所にては、婦人の嫁するは再ひ実家に帰らさることを期するものにて、死者と同様の取扱を為すものにて、嫁時白衣を著けしむるも此の趣意なり。人死するときは先つ餅を供するの習慣あり。三日夜餅も此の習慣に依りたるものなりと云ふことなり。此の説に従へは、婦人の嫁を死と看做す趣意は悪しきことなきも、死者に対する趣意にて餅を供すとのことなれは、之を以てボンボニエーとならは面白からさる様なり。然れとも、三日夜餅に付ては新夫婦よりイザナギ、イザナミの両尊に献するものにて、小餅は子持ち即ち子孫の繁栄を祝するものとの説もあり。必しも（花鳥余情）の説に拘はるにも及はさるに似たり。

三日夜餅に関することを写す　小原駩吉来る

予、広文庫より三日夜餅に関する分を写し取らんとし、之を写し居るとき、小原（駩吉）来り、

鳩彦王妃殿下洋行のこと

徳川（頼倫）より鳩彦王妃殿下洋行のことに付、宮内大臣（牧野伸顕）に談したるへきやを問ふ。予、昨日徳川より立談にて大略を聞きたり。大臣は久邇宮、竹田宮妃及朝香宮妃各殿下か熱心に洋行を主張せらるるに付、洋行のことは当然洋行せらるることに決すへきものなりと云ひたる趣なり。

牧野伸顕より稔彦王殿下に対する釈明のこと　小原駩吉と三日夜餅のことを談す

大臣か多用なりし為、大臣より稔彦王殿下に対する釈明の趣意等に付ては尚ほ協議する暇なかりしとのことなりと云ひ、次て三日夜餅のことを談し、小原は杉（琢磨）か小原の意見なりと云ひたる説を述へ、予は花鳥余情に記したる如き説なれは面白からすと思へとも、他にも説あるに付、必しも不可とするに及はさるへき旨を述ふ。

杉琢磨古事類苑外一書を示す

○午後零時後予か食堂に在るとき、杉琢磨来り、古事類苑一冊及宮内省の先例を集めたる記録一冊を持ち来る。予か在らさるを以て之を机上に置きて去る。

杉琢磨来り、三日夜餅のことを談す

予、局に返りて之を見、午前に次て広文庫中の三日夜餅のことを写す。二時頃杉来り、三日夜餅に関する旧説を見たりやと云ふ。予、之を概見せり。花鳥余情の説は面白からされとも、諾冊二尊に献する説に従へは、之をボンボニエーと為しても差支なしと思ふと云ふ。予又杉に、之を以てボンボニエーとなすとすれは一個幾許位にて出来するやと云ふ。杉、上等の分は二十一、二円許にして、下等の分は十四、五円許なるへしと云ふ。

東宮殿下御結婚の饗宴は洋食なりや日本食なりや

予又東宮御慶事の饗宴は日本料理となす意見ある様に聞きたるか、孰れに決したりやと云ふ。杉、最初は日本料理の意見なかりしか、式部職より其意見出てたる趣なるか、未た決定せさる様なりと云ふ。予、日本料理と為したらは、費用を増すなら

んと云ふ。杉大概西洋料理の倍額位なるへしと云ふ。

有馬泰明、今日蠣殻町有馬家別邸に来ることを求む

○午前十一時後なりしか、時刻は之を記憶せさるか、有馬泰明蠣殻町有馬別邸より電話にて、差掛り御迷惑のことなるか、今日午後別邸に来り呉るることは出来さるや。有馬秀雄氏か久留米に行くことになり居り、其前に相談致し度ことありとのことなりと云ふ。有馬秀雄より久留米別邸地を借り入度との問題もあり、其他一応協議し置度と云ふ。予午後四時頃までに行くへしと云ふ。有馬泰明、是より境豊吉に相談して、更に時刻を通知すへしと云ふ。少時の後有馬泰明より更に電話して、境に相談したる処、境は四時には行き難く、五時頃に行くへしとのことに付、五時頃来り呉よ。都合にては早く来りて待ち居り呉れても宜しと云ふ。

自宅に電話し、丸形帽を持ち来らしむ

予乃ち自宅に電話し、丸帽を迎車夫に持たせ遣はすへきことを命す。今朝は高帽を著け来りたるも、蠣殻町に行くとき不都合なるを以てなり。

井上勝之助の園遊会に赴く　帽子の問題

○午後零時後食堂にて、今日井上勝之助の園遊会に赴くときの服装を協議す。小原駩吉、九条道実等にて相談したるか、一応渡辺直達に問ひ見る方宜しからんと云ひ、之を召ひたる処、渡辺は式部職の者はいつれもモーニングコートに丸帽にて行くへしと云ひ居れりと云ひ、一同其ことに決す。

自宅の電話通せす

予、一時前審査局に返り、更に自宅に電話せんとす。通せす。交換手を呼ふこと四、五回。終に通せす。

モーニングコートを持ち来らしむ

乃ち人力車屋杉野某の家に電話し、先刻自宅に電話し、丸帽を持ち来るへきことを命し置たるか、其外にモーニングコートと電車乗車券を遣はす様自宅に伝ふへきことを命す。

自宅の電話通す

西野英男、貴家の電話通せさるやと云ふ。予然りと云ふ。西野英男試みに電話し見るへしと云ひ、少時の後西野来り、只今電話通することゝなりたる旨交換局より通知し、只今貴家の電話通し居れりと云ふ。予乃ち内子に電話し、車夫をして二時までに丸帽の外モーニングコート及ひ電車乗車券を持ち来らしむへきことを命し、且つ此ことは先刻杉野に命し置たることを告く。

モーニングコートの下衣のこと

内子既に杉野より之を聞き、杉野に渡し置たる旨を告け、且つモーニングコートは上着のみにて下衣は渡さゝりし。是は杉野か特に上着のみにて宜しと云ひたる為なりと云ふ。予、夫れは誤なり。下袴は入用なしと云ひたるなりと云ふ。内子、車夫か尚ほ出掛け居らさるならは、下衣も持たせ遣はすへし。先刻杉野に電話せんとしたるも、通せすして困りたりと云ふ。

井上勝之助の園遊会には高帽を戴くことに変更す

○午後一時後酒巻芳男来り、先刻食堂にては、今日の井上（勝之助）氏の園遊会には丸帽にて行くことの協議ありたる趣なるか、其後更に高帽を著くることに変更したる趣を報す。

野田卯太郎、清浦奎吾、藤田四郎、樺山愛輔、入江為守、二上兵治、入江貫一、西園寺八郎、小原駩吉等に遇ふ

二時よりモーニングコートを著け高帽を戴き、井上勝之助の園遊会に赴く。野田卯太郎、清浦奎吾夫妻〔錬子〕、藤田四郎、樺山愛輔〔実業家、伯爵〕、入江為守、二上兵治、入江貫一、西園寺八郎、小原駩吉等に遇ふ。

藤田四郎と都筑馨六のことを談し、樺山愛輔、入江為守と伊藤伝右衛門の嫡出子否認の訴のことを談す

藤田は都筑馨六か既に隠居願を出したるへきやを問ふ。予、之を確知せさるも、未た之を出さゝるへしと思ふ旨を答ふ。藤田、都筑の塩梅も大分折り合ひ居ると云ふ。予、松本重敏は北海道より葉書を送り来れり。之に依るも、都筑の塩梅宜しきことゝ思はると云ふ。藤田隠居願は只今見合せ居る所ならんと云ふ。

予樺山に対し、伊藤伝右衛門の嫡出子否認の訴訟は仁井田益太郎〔弁護士、臨時法制審議会臨時委員、元東京帝国大学法学部教授〕か予想したる如く簡短には済まさる模様なり。仁井田は宮崎某〔龍介、弁護士、宮崎滔天長男、宮崎燁子の夫〕か為したる出生届の名前に依り被告として訴へ出てたるも、裁判所にては之を受附けす、伊藤より出生届を為し、其名前にて訴訟を為すへしと云ひたる由。仁井田か宮崎の出生届に基きて訴状を出したるは、随分迂闊なることとなりしなり。特別代人も、仁井田より申立たるも、裁判所は之を採用せす、他に代人を選みたりとのことなり。第一回の口頭弁論にては結了せす、更に第二回の期日を定めたる趣なるか、裁判所としては事実は十分審理する必要あるへく、生児〔宮崎香織〕の為には大切なることにて軽卒に決定する訳には行かす、福岡の医師か伊藤は生殖能力なしとの診断を為し居るとのことなるも、単に能力なしと云ふのみにては、其無能力と為りたる時期も取調へされは、判断を為すことを得さるへしと云ふ。入江（為守）も傍に在り、生児の為には権利問題なる故、大切なりと云ひ、樺山は燁子は近来大層大人しくなり居り、是までになき折合ひ方なりとの談を為せり。

蠣殻町有馬家別邸に行く

シャンパン一杯を飲み、居ること一時間許にして去り、人力車にて桜田門外の電車停留所に到り、人力車を下り電車に乗り、直に蠣殻町の有馬家別邸に到る。仁田原（重行）、有馬（秀雄）は水天宮祭日の為、午前中より此処に来り居れり。此等と話す。

久留米別邸処分のこと

五時頃に至り境（豊吉）来る。仁田原、久留米別邸の敷地は当分誰にも貸し渡さゝることにすへき旨先頃の相談会にて協議しありたる処、有馬氏（秀雄）か近日中久留米に行くことになり、明善中学より運動場として借り受け度と申出て居ることは結局之を拒絶することは出来さることとなる故、何とか方針を定め置く方宜しからんとの申出てあり、今日急に来会を求めたる次第なり。其趣旨は更に有馬（秀雄）より申述へあり度と云ふ。有馬、別邸敷地に関する方針は早く定め置かされは、都合悪かるへしと思ふと云ふ。依て明善中学校長よりの希望に付協議し

たる結果、校長は現在の学校敷地と接続する様に借り受度と云ふも、学校敷地と別邸地との中間には公道あり。然れは、此公道を廃せさる限りは到底一個の敷地となすことを得す。然れは、筋違位になりても差支なきことに付、学校長より希望する地所は之を貸与せす、其西方にて出来る限り坪数少く貸与する方針に決し、残地は適当の時期に売却することにすへきことに協議す。

有馬家家従の人選

仁田原又水野光衛を罷めたるに付ては更に一人を採用せさるへからす、夫れに付有馬（秀雄）より推薦し居るもの一人ありと云ふ。

田村完二のこと

予、其候補者は予も一人推薦し度ものありとて、田村完二のことを談す。座中田村を知り居るものなし。

有馬秀雄の推薦

有馬か推薦する某（氏名を聞きたれとも、忘れたり）は税関に奉職し、今般の行政整理にて高等官と為りて罷めたるものなりと云ふ。予、田村は敏捷の人に非す。有馬の推薦する人か適任なれは、強ひて田村を推薦するに及はすと云ふ。有馬、自分（有馬）の推薦する某も優秀とは云ひ難し。有馬（泰明）は矢張り庶務を担当せしむる必要あるへく、然れは、新に採用する人は会計を担当せしむる必要ありと云ふ。予、田村は会計は長所とは云ふへからすと云ふ。

有馬自分（有馬）の推薦する人も同様なりと云ふ。境会計を担当する人は簿記位は知り居る人にし度と云ふ。有馬、有馬家の会計は極めて簡短なり。強ひて簿記式に依らさるも差支なしと云ふ。仁田原、熱心に執務する考さへあれは、現に其事に熟し居らさるも、直に習熟することを得れとも、水野（光衛）の如く熱心ならさる人にては困る。兎も角双方とも履歴書を送り呉よと云ふ。

水野光衛を信愛夜学校の事務員となすこと

予、水野（光衛）は青山の有馬邸に採用することは反対ありたるか、頼寧氏は信愛夜学校の事務員として採用しても宜しと云ひ居れり。諸君に異存なくは、其方に交渉し見ることにすへしと云ふ。境、夜学校の方ならは有馬家と関係なきに付、特に相談する必要なきに非すやと云ふ。予、先夜一応此ことを談したる処、松下（丈吉）抔は水野には勤め難しとの意見もありたる故、一応協議すと云ふ。一同異議なしと云ふ。

信愛夜学校敷地貸与のこと

仁田原より信愛夜学校を改築するに付、只今の建物のある場所を借り度との話あり。是は已むを得さるへしと云ふ。一同是は已むを得さるへしと云ふ。予、木戸某より夜学校の基金として五万円を寄附することになり、之を以て建築することになりたるか、其他に同志者よりも寄附を募るとの談ありたり。頼寧氏の分も若干出金の必要あるへしと云ふ。

信愛夜学校敷地寄附のこと

有馬（秀雄）、現在の敷地を貸すならは、其地所を評価し、其地所を寄附することになす方宜しからんと云ふ。予、夫れは至極宜しからん。地所を貸して建築すれは、先つ之を取り返すことは出来難きに付、寧ろ其地所を寄附に充つる方か得策ならんと云ふ。

有馬聡頼補助金のこと

予、先日祥雲寺にて有馬聡頼及ひ故頼之の寡婦より他日更に相談すへきことあるに付、含み置き呉よとの談ありたり。其時寡婦より、聡頼も自己（聡頼）の考へにて問題の婦人に暇を遣はし、都合よく解決せりと云ふに付、予は余り遅かりしと云ひ置きたりと云ふ。

有馬聡頼を昼夜銀行に入るること

仁田原、聡頼を昼夜銀行に入るることは、一宮某〔忠雄、有馬子爵家相談人〕か周旋することにて、間も〔なく〕出来るものと本人も後室も考へ居る模様なるか、如何なり居るへきやと云ふ。有馬（秀雄）、一宮には田代（某）〔不詳〕か迫まり居るも、一宮は未た著手し居らさる様なり。一宮か周旋することは宜しきも、身元を保証することは考へものにて、自分（有馬）は是は止めんと思居ると云ふ。

有馬静子と入江為守の子

七時後より飲喫す。其時仁田原より静子嬢のことは其後未た談し居らすと云ふ。予夫れは何事なりやと云ふ。仁田原、頼寧氏の長女静子嬢を入江為守の子〔為常〕に配しては如何との談あり。一応頼寧氏に話し見んと思ひ居るも、未た暇を得さる所なりと云ふ。有馬（秀雄）此ことは坪井（祥〔元梨本宮附事務官〕カ）より自分（有馬）に話したることなりと云ふ。仁田原此縁談は如何と云ふ。予少しく考へ度と云ふ。

有馬静子に関する事　有馬静子は他にも希望あり

食後に至り予、仁田原のみに私語し、静子嬢のことに付ては予は秘密に聞き居ることあり。他に嫁せし度希望あり。其方は勿論漠然たる希望にて、少しも見込立ち居らす。然し、其希望ある以上は入江の方に約束することは出来さるならんと云ふ。

禾扁のこと　大森鍾一に談したること

仁田原何処なりやと云ふ。予、禾扁の字なり。其成行等は知らさるも、何か少しく手掛りある模様にて、先日予より簡短に大森（鍾一）に談し見たることあり。大森は驚きて、何の為に此の如きことを云ふや。今日の処にては少しも定まりたることなし。余に乗り気になりては困ると云へり。

卒業式のときの紋服

今年の卒業式に紋服を新調したること抔も、今より考ふれは、幾分の思惑ありたるものならんと思ふ。然し此ことは秘中の秘なるに付、君（仁田原）は何事も知らさることに致し置き呉度。但し入江の方に対し交渉するならは、一応頼寧氏の意向を聞きたる上のことになす必要ありと思ふに付、已むを得す君（仁田原）のみに之を告くと云ふ。午後九時前より帰途に就く。

電車の乗客多し

此日水天宮祭日なるを以て電車の乗客殊に多し。或は乗るへからさるを意ひ、有馬家別邸の小使をして其状を見せしむ。小使、二、三丁東に行き、電車の乗客少き停留場より乗れは混雑少きも、水天宮の傍の停留場は混雑甚し。然れとも、乗り難き程には非すと云ふ。予乃ち小使と共に停留場に行く。混雑甚しからす。乃ち電車に乗る。

酔漢無礼

偶、酔漢の車を下らんとする者あり。予が車掌台に立ち居るを見て、其処に立ち居りては車を下るへからすと云ふ。予答へす、身を側てゝ途を開く。酔漢尚ほ罵り、終に予の肩を撞き、予を推して車を下らしめんとす。予一語を発せすして車内に入る。酔漢復た言ふ所なし。

家人に電話す

午後五時前有馬別邸に行きたるとき、内子に電話し、桜田門外より車夫を返し、袱に包みたるフロツクコート、帽子、箱及ひ書類を包みたる袱を持せ置たり、之を受領したりやを問ふ。内子、車夫は今返りたり。品物は皆之を受領せりと云ふ。予か家に帰りたるは九時後なり。

久貸費のことを有馬泰明に談す

○有馬別邸にて有馬泰明に、久か育英部の貸費を受くることに付、泰明に面倒を掛けたることの挨拶を為し、貸費継続願書は二通を泰明に送り置たる故、一通は廃棄し呉よと云ふ。泰明、他にも四月に入りて願書を出すものあり。二月までに願書を出せと云ふ規則は学業成績書か出来さる為め無理なる様なりと云ふ。

朗子湿疹を療す

○午後隆、朗子を伴ひ土肥慶蔵の家に行〔き〕、湿疹を療す。

内子臥褥

○内子尚ほ褥に在り。

五月六日

○五月六日日曜。朝曇後雨。

水野光衛来る

○午前八時前水野光衛来る。

水野光衛と下宿業

予水野に、君（水野）は下宿業を営むことを計画し居りたる趣なるか、其ことは如何なりたりやと云ふ。水野、資金八千円許を要し、其ことに付郷里に在る義兄某〔不詳〕に謀りたる処、（反対）との電信を送り来れり。依て更に事情を述へ、同意を求め置たるも、未た其返答に接せす。某か同意せされは資金を得難きに付、営業を為し難しと云ふ。

水野光衛を信愛夜学校の事務員となすこと

予、他に方法あれは固より宜しきも、予より有馬頼寧氏に談し、頼寧氏は信愛夜学校の事務員として採用しても宜しと云はれたり。君（水野）か採用を望むならは、頼寧氏を訪ひ、其職務等を問ひ見るへし。頼寧氏は同氏より注文する職務を執ることを得るならは、採用して宜しと云ひ居りたり。

水野光衛と同愛会の事務員

尤も昨夜有馬泰明の談には、頼寧氏は只今教育者協会の事務を執り居る長浜直哉〔元有馬伯爵家家扶〕を夜学校の事務員と為し、君（水野）は同愛会の事務員と為すことにせんと云ひ居られたりと云ひたる故、予より泰明に、頼寧氏は何日頃其談を為したりやと云ひたるに、泰明は四、五日前なりと云へり。予は一昨日頼寧氏より、君（水野）を夜学校の事務員と為しても宜しき旨の談を聞きたる故、其ことを談したる処、泰明は然らは君（予）の方の談か後なりと云へり。若し頼寧氏同愛会の事務員と為すと云ふならは、予も君（水野）に勧め難し。君（水野）か夜学校の事務員と為ることを好まさるならは頼寧氏を訪ふ必要なし。然れは、予より頼寧氏に断はることにすへし。いつれにするやと云ふ。

水野光衛、有馬頼寧氏を訪ふへしと云ふ

水野往て頼寧氏を訪ひ、依頼することにすへしと云ふ。話すること十分間許にして去る。

仁田原重行電話す

○午前八時前仁田原重行より電話にて、今朝往訪せんと欲す。差支なきやと云ふ。予今朝は差支ありと云ふ。仁田原然らは午後は如何と云ふ。予午後も差支ありと云ふ。

禾扁と入江為守との関係

仁田原、然らは電話にて交渉すへしと云ひ、昨夜談したる禾扁のことは入江（為守）の方と何か関係ありやと云ふ。予、其方には少しも関係なし。然れとも、君（仁田原）か入江を訪ひ、其方の談を進めては、青山（頼寧）は他の方の希望を有し居るに付、不都合ならんと思ひたる訳なりと云ふ。

入江為守を訪ふ積りに非す

仁田原、自分（仁田原）は入江を訪ふ積りには非す。青山（頼寧）に行きて、静子のことに付此の如き縁談あり。如何と云ふて青山（頼寧）の意向を問ひ見るまてなりと云ふ。予、然らは何も差支なし。若し青山にて他の方の希望を重く見るならは、入江の方は断はることになるへし。

禾扁は望少し

他の一方は年齢の関係もあり、余程望少き方と考へらるるに付、漠然たることを宛てにして、時機を失する様のことありては面白からすと思ふ。兎も角、君（仁田原）は（禾扁）のことは何事も知らさる体にて、青山（頼寧氏）に話すことにし度と云ふ。仁田原之を諾す。

寺内正毅の銅像除幕式

○午前九時十分より三宅坂に行き、故寺内正毅〔元内閣総理大臣、元帥陸軍大将、元朝鮮総督、伯爵〕の銅像除幕式に会す。奥保鞏〔元帥陸軍大将、伯爵〕、加藤友三郎、後藤新平、井上勝之助、有松英義、山県伊三郎、中村雄次郎、石塚英蔵〔東洋拓殖会社総裁、元朝鮮総督府農商工部長官、貴族院議員・同和会〕、山根武亮、上原勇作等に遇ふ。

幕落ちす

寺内の親族福羽某〔真城、陸軍騎兵中佐、子爵、福羽逸人長男、寺内正毅二女須恵子の夫〕の娘〔菊子〕幕を撤退。幕落ちす。傍人之を引く。幕裂く。纔に之を除くことを得たり。幕を除く前、委員長志村源太郎〔貴族院議員・研究会、前日本勧業銀行総裁〕建像の経過を報告す。幕を除きたる後、委員後藤新平式辞を述ふ。次て来賓奥保鞏祝辞を述へ、次に寺内の子寿一〔正毅長男、陸軍大佐、伯爵〕謝辞を述へて式を終はる。直に帰途に就き、十時頃家に帰る。

島津忠重の園遊会

○午後二時頃宮内省より自動車を遣はす。昨日約し置たるものなり。之に乗り、島津忠重〔旧薩摩藩主島津家当主、海軍少佐、公爵〕の園遊会に赴く。家を出つるときより雨ふる。島津の家に達したるとき、雨歇む。園中に歩すること少時、山本権兵衛〔後備役海軍大将、元内閣総理大臣、伯爵〕、財部彪〔海軍大将、横須賀鎮守府司令長官〕、長崎某〔不詳〕、小川平吉等に遇ふ。小川と共に喫茶所に行き、茶一椀を喫して直に帰る。此頃より復た雨る。山階宮大妃常子殿下〔故山階宮菊麿王後妃、公爵島津忠重姉〕は島津家の出なり。久邇宮の朝融王〔久邇宮邦彦王長男、海軍少尉〕の母俔子殿下亦同家の出なり。常子、朝融王両殿下及賀陽宮恒憲王殿下来り居られたり。

禾扁のことに関する書及田村完二の履歴書を仁田原重行に送る

○午前書を仁田原重行に贈り、田村完二の履歴書を送り、且有馬頼寧氏の長女静子と秩父宮との関係は隠語にて之を報し、仁田原よりは頼寧氏に対し、此事に関しては何事も云はさる様にすへきことを告く。

〔欄外に付記〕

補遺　春季掃除を延はす

五月六日補遺

今日は春季掃除を為すへき処、家内病人あり混雑するを以て、延期する旨を衛生掛の検査員に告く。

五月七日

○五月七日月曜。曇。

審査官会議

○午前九時三十分頃より出勤し、午前より午後まて矢島正昭の用度課の実況審査報告書に付審査官会議を開き、四時に至るも之を議了せす。

隆血液の検査を東京市の試験所に嘱す

○隆、土屋岩保の家に行き、腕より血液を採り、之を東京市の試験所に持ち行き、試験を求め、今週の土曜日まてに結果を報告すと云ひたる趣なり。

東久邇宮、世子邸に行く

○午前高羲敬来り、東久邇宮妃殿下は昨日三王子を伴ひ、世子邸に来られ、午後まて遊ひて帰られ、李勇吉及李鍝公も来りて、共に遊はれたることを報す。

朗子湿疹を療す

○午前隆、朗子を伴ひ土肥慶蔵の家に行き、湿疹を療す。

内子臥褥

○内子尚ほ褥に在り。

五月八日

○五月八日火曜。雨。

○午前九時三十分頃より出勤す。

審査官会議

○午前十時頃より昨日に続き、矢島正昭の用度課の実況審査報告書に付審査官会議を開く。但岩波武信は今日より実況審査の為地方に出張したるを以て出席せす。十一時頃に至り議了す。

諮問第四号幹事会

○午後一時五十分頃より雨を冒し、歩して司法大臣官舎に行き、諮問第四号の幹事会に会す。正当防衛に関する規定を議す。五時頃未了の儘散会す。

平沼騏一郎行刑調査と刑法改正との関係に付謀る所あり

散会前、平沼騏一郎より散会後予に談し度ことありと云ふ。会既に散す。乃ち平沼と共に別室に入る。平沼、先頃より行刑調査会を開き居る処、会議の模様にては、刑の効果を収むるには現行刑法の刑の外に今少し刑を増す必要あるへしとの意見もあり。又保安処分は刑法の中に規定するや、又は刑法外に規定するやの意見もあり。然れとも、刑法の審査未了に付、差向き現行刑法の刑に付討議を進め居れり。然るに、諮問第四号の審議に付ては刑に関する審議は之を後にし、罪の審議を先きにすること〻なり居り。山岡（万之助）〔司法省行刑局長、臨時法制審議会幹事〕の談にては、罪に関する審議は今後尚ほ時日を要すへしとのことなり。行刑調査の方より云へは、審議会にて先つ刑のことを審議すること〻なれは好都合なるに付、此ことに付相談する次第なりと云ふ。予、予の見る所にては幹事会の罪に関する討議は左程永くはならさるへしと思ふ。現行刑法の順序より云へは、刑の規定か罪より先きになり居れとも、幹事会にては罪を先きに議することになれり。然し、幹事会にて議定するも、小委員会、主査委員会の議を経さるへからす。若し刑法全部の審議を終りたる後、総会の議に付し、総会に於て総則の規定に関する議を変更すること〻なれは、全部に影響するに付、予は先頃小委員に謀り、総則に関する審議を終りたらは、夫丈けにて一応総会を開くことになす方宜しからんと云ひ置きたり。兎に角、只今の談のことは小委員及幹事に相談し見ることにすへしと云ふ。

久邇宮より鏡餅及銀杯を贈らる

○久邇宮邸より使をして、鏡餅（紅白）一重及銀杯一個を送り来らしむ。邦久王先頃成年式を行はれたるとき、予より祝品を贈りたるに酬ひられたるなり。成年式を行はれたる後、貞愛親王薨去せられ、邦彦王殿下本月三日まで喪に居られたるに付、喪期の終るを待ち物を贈られたるなり。

内子払褥

○今日頃より内子払褥す。

朗子湿疹を療す

○午後幸江、朗子を伴ひ土肥慶蔵の家に行き、湿疹を療す。

〔欄外に付記〕

補遺　雑賀某、東宮殿下御結婚のときの服装を問ふ

○五月八日補遺

午前八時後、洋服裁縫者雑賀某〔秀太郎〕人を遣はし、今年秋皇太子殿下御結婚のときは、参列者の大礼服は白下衣袴を要するや否を問はしむ。予、皇室親族令を繙かす、白下衣袴は之を要せさるへしと思ふ旨を答へしむ。人既に去る。皇室親族令を閲みす。即位式の附式に白下衣袴の割注あり。他の式に特に服装を定めさるものは此式に依るか旨を記し、皇太子結婚式には特に服装を定め居らす、故に更に隆をして雑賀に電話し、白下衣袴を要する旨を報せしむ。雑賀特に之を報し呉れたることを謝す。

五月九日

○五月九日水曜。晴。

○午前九時二十分より出勤す。

摂政殿下に拝謁す

○午前十時より枢密院控所に行き、十時後副議長（浜尾新）及顧問官と共に摂政殿下に拝謁す。議長（清浦奎吾）は今日欠席せり。

摂政殿下の午餐に陪す

○午十二時前（十一時四十分頃）より西溜ノ間に行き、十二時より千種間にて摂政殿下の午餐に陪す（サガレン派遣軍司令官陸軍大将町田経宇か今日帰りたるに付、午餐を賜ひたるなり）。午餐に陪したるもの、町田の外、博恭王、恒憲王両殿下、宮内大臣（牧野伸顕）、元帥（川村景明〔帝国在郷軍人会会長、元帥陸軍大将、子爵〕）、上原勇作）、陸軍大将河合操、大庭二郎、田中義一、東宮大夫珍田捨巳、其他陸軍将校等二十余人なり。

恒憲王殿下と語る

予か席は恒憲王殿下の左に在り、王は摂政殿下の左に在りたり。町田は予の左に在りたり。

摂政殿下、小原駩吉にヤモリを与へられたることを語りたまふ

食間、恒憲王殿下と町田と話し、摂政殿下も台湾より還啓せられたる後、小原駩吉を困らせんと欲し、土宜としてヤモリを箱に入れ、他の物の如くして遣はしたるも、小原か畏れさりし為、目的を達せさりしことの談をなされたり。一時前餐終り、喫煙室にて少時御談あり、一時後入御せられたり。

帳簿に署名して陪食を奉謝す

侍従長室の次室に行き、帳簿に署名し、御陪食を奉謝す。

隆鎌倉に行き、歯を療す

○午前、隆鎌倉に行き、歯科医某に就き歯を療す。隆か鎌倉にて雇ひ居りたる婢ヨシは暇を乞ひたるを以て、隆と共に鎌倉に帰りたり。

隆、広津直人の家に宿す

隆は治療の都合にて、今夜鎌倉の広津直人の家に宿したり。

伊夫伎準一、林恭次郎の死期迫りたることを報す

○午前十一時頃伊夫伎準一来り、西野英男の娘か林恭次郎〔元帝室会計審査局審査官〕の娘と同一の学校に入り居る処、林の娘は昨日林の病気は重くなり、死期迫りたる模様なりとて其家より迎ひに来り、中途にて帰りたりとのことなり。其後の都合分らさる故、西野をして往て視せしめては如何と云ふ。

西野英男をして往て林恭次郎を訪はしむ

予、其取計を望むと云ふ。

自動車を借る

予西野に嘱し、今日午後二時より久邇宮邸に行き度に付、自動車を借ることを謀らしむ。西野自動車は差支なき旨を報す。

久邇宮邸に行き、帳簿に署名して物を贈られたることを謝す

二時より久邇宮邸に行き、帳簿に署名し、物を賜ひたることを謝す（鏡餅一重及銀杯一個）。直に宮内省に返る。

西野英男、林恭次郎の病状を報す

○午後西野英男より、林恭次郎は既に危篤に陥り居れり。妻〔千代〕は病人にて意識なく、長女〔禎〕は腫物の治療の為病院に入り、看護する人もなき状況なることを報す。

○午後四時より退省す。

林恭次郎に対する見舞のことを謀る

○午後、西野英男に林恭次郎の見舞を贈ることを謀る。西野と伊夫伎準一と相談し、見舞を贈るよりも、死後香料を増す方宜しからんと云ふ。

朗子湿疹を療す

○午前幸江、〔朗子を伴ひ〕土肥慶蔵の家に行き、湿疹を療す。

〔欄外に付記〕

補遺　片岡久太郎、北海道拓殖銀行の債券を買ふことを謀る

五月九日補遺

午前十時後、予将に宮城に赴かんとす。片岡久太郎、予〔を〕廊下に要し、東久邇宮邸の救助基金にて北海道拓殖銀行の社債に応せんと欲す。如何と云ふ。予異見なき旨を答ふ。

補遺　酒巻芳男、牧野伸顕か稔彦王殿下に対する釈明の電信案に付意見を問ふ

○五月九日補遺

午前十一時後酒巻芳男来り、牧野伸顕より松平慶民を経て稔彦王殿下に奉答する電信案を示し、意見を問ふ。原案には、鳩彦王妃殿下の洋行は牧野も鳩彦王殿下の意向を伺ひたる上にて致し〔度〕と考へたるも、殿下の意を伺ひ難き事情あり。而して一方には御近親の方の切なる御希望ある故、王殿下の意を待たす、勅許を奏請することを決意したる次第なる旨を記し居れり。予、殿下御病中なる故、御意向を伺ふことを遠慮することを適当と考へ、一方御近親方の御心情を拝察し云々との修正意見を出したり。酒巻か来りたるは十一時後御陪餐前にて、修正意見を徳川頼倫に告けたるは御陪食後なり。

五月一〇日

○五月十日木曜。曇後半晴。

○午前九時三十分より出勤す。

伊夫伎準一、林恭次郎の死を報す

○午前十時後伊夫伎準一来り、昨日午後林恭次郎を訪ひたる処、自分（伊夫伎）か行きたるときは既に死し居りたり。妻〔千代〕の親族の神戸に居る者〔渡辺某〕来らされは、何事も弁し難き模様なりと云ふ。

加太邦憲来り、松平定晴陞爵のことに付談する所あり

○午前十一時頃加太邦憲来り、旧桑名藩主松平定晴〔旧桑名藩主松平家当主、子爵〕陞爵のことを願ふ為、宗秩寮総裁（徳川頼倫）か宮内次官（関屋貞三郎）に面会する為来りたるも、二人とも出勤し居らさるに付、一応君（予）に談し置き度とて、覚書及附属書一通を予に交し、維新の際松平か方向を誤りたる為減禄せられ、其の為伯爵家とならさりしも、徳川慶喜〔徳川幕府第一五代将軍、公爵、故人〕も恩典を受けたる故、松平も皇太子殿下御結婚の時に陞爵を願ひ度訳なりと云ふ。予、徳川（頼倫）も関屋（貞三郎）も、多分北白川宮邸に行き居るならん。左すれは十二時前には返り来るへし。今暫く待ちたらは宜しからんと云ひ、給仕をして関屋、徳川のことを問ひ合せしむ。午後三時後に非て、関屋は葉山に両陛下に供奉する為に行き、午後三時後に非されは帰らす。徳川は午後零時後に返り来るとのことなりと云ふ。加太宗秩寮の他の職員に面会し度と云ふ。予、西野英男をして山田益彦、岡田重三郎、佐々木某か在るやを問はしむ。西野来り、いつれも北白川宮邸に行き居る旨を報す。加太、然らは一たひ去り、更に午後に来るへしと云ふ。

自動車を借る

〇午前西野英男に嘱し、午後三時三十分に両陛下を東京駅に奉迎するときの自動車を借ることを謀らしむ。西野、自動車は差支なし。同乗者及ひ何時何処に自動車を著くるやは、後刻更に報すへしとのことなりと云ひ、少時の後、同乗者は上野季三郎、大谷正男にて、午後三時に非常口に車を備ふへき趣なることを告く。

徳川頼倫、奈良に行くことを報す

〇午後二時五十分頃徳川頼倫来り、奈良の大極殿趾保存会にて記念祭を挙くるに付、之に会する為今夕より同地に行き、二日間の暇を乞ひたる故、不在中宜しく依頼すと云ふ。

牧野伸顕か稔彦王殿下に対する釈明の趣意決す

予、承知せり。宮内大臣（牧野伸顕）より稔彦王殿下に奉答する電信案は大臣は決定したりやと云ふ。徳川、君（予）の意見の通り鳩彦王殿下の意向を伺ふことは遠慮せりとの趣意にて決定せりと云ひ、

佐藤愛麿を宮務監督と為し、梶田文太郎を勤続せしむること

次て佐藤愛麿は是迄別当なりしも、貞愛親王薨去の為宮務監督と為さゝるへからす。其の為博恭王殿下に謁し之を陳へたる処、殿下は是迄は佐藤のことも詳知せさりしか、近来始めて之に接することゝなれり。兎も角一年間は佐藤を宮務監督と為し、其時の都合に因り或は人を替ゆる様のこともあるへし。梶田文太郎〔伏見宮附事務官〕のことも同様にて、先つ一年間は其儘に致し置くへしと云はれたり。

伏見宮別邸は売却又は返戻せらるる積りなること　伏見宮本邸修繕のこと

次て、是は宗秩寮総裁として談するに非す、侯爵として聞き呉れよとて、左の如きことを云はれたり。伏見宮には相当資産もある様に聞き居りたるも、此節佐藤より聞く所にては、資産は多からす。今後は本邸に住することゝし、其他の邸は総て売却して家計を立てんと思ひ居る所なり。本邸は建築古るく陰気なる処多し。大妃〔伏見宮貞愛親王妃利子〕の如く病中の人には適当なるも、全体は住み心〔地〕宜しからす。本邸を改修する間は一時中野の別邸に住し、本邸に引移りたる後、銚子、中野、某処（藤田某〔不詳〕より故親王に献したるもの）は総て手放

し、某処は是非とも旧主に返し、旧主か之を肯んせさるも、是非之を返す積りと云はれ居りたりと云ふ。此時既に三時三分頃なり。

東京駅に行き、両陛下の葉山より還りたまふを奉迎す

予、三時より自動車にて東京駅に行く約あり。乃ち徳川に別れ、直に非常口に到る。徳川東京駅にて更に話を続かんと云ふ。上野季三郎、大谷正男未た非常口に来り居らす。乃ち庶務課に行く。上野将に大谷を伴ひ出てんとする所なり。乃ち共に自動車に乗り東京駅に到る。

東京駅の休所は平常と異〔れ〕り

予将に宮中席次第一階の者の休所に行かんとす。駅員他の休所を指し、此処に入るへしと云ふ。予直に平常の休所に行く。今日は此休所は皇族の休所に当てありたり。乃ち階を下り、駅員か指示したる休所に入る。

徳川頼倫、博恭王殿下を訪ひたる状を談す　博恭王殿下一年間父の道を改めす

徳川頼倫亦在り。先刻の談を続き、博恭王殿下は兎も角、故親王薨後一年間は何事も旧に仍る積りにて、至極穏当なる考を懐かれ居り。佐藤のことに付収入は別当のときより減せさるやと云はれたるに付、幾分は減すれとも、宮内省よりの手当の外、宮よりの手当を加ふれは格別のことに非すと云ひたるに、然れは夫れにて宜しからんと云はれたりと云ふ。

牧野伸顕明後日官邸に来ることを求む

三時二十四、五分頃よりプラツトホームに行く。牧野伸顕予に対し、明後日午前九時官邸に来られ度か、差支なきやと云ふ。予明後日は土曜日なるへしと云ふ。此時摂政殿下及ひ他の皇族プラツトホームに来らる。予帽を脱して、敬礼す。牧野亦帽を脱し、敬礼す。予土曜ならは差支なしと云ふ。三時三十分両陛下乗御の汽車達す。天皇陛下先つ汽車を出てたまひ、皇后陛下之に次き、諸員敬礼の中を緩歩して出てたまふ。上野、大谷と自動車に同乗して宮内省に返る。時に三時五十分後頃なり。四時三、四分頃より退省す。

西野英男、林恭次郎死後親族未た来らす、諸事差支ある旨を伊夫伎準一に告く

○午後三時五十分後頃西野英男より、林恭次郎死去したるか、其親族も未た来らす、弔問客ありても応接する人もなきに付、林の家より更に通知するまては、弔儀等に来り呉れさる様に致し度旨電話にて通知し来りたる旨を伊夫伎準一に告け居り。予傍にて之を聞きたり。

朗子湿疹を療す

○午後幸江、朗子を伴ひ土肥慶蔵の家に行き、湿疹を療す。

隆鎌倉より帰る

○午後七時後、隆鎌倉より帰る。

五月九日の追補

五月九日の追補

白根松介に陪食者を問ふ

午前十一時後白根松介の室に到り、今日の御陪食は何の為なるやを問はんとす。庶務課の漆板に、今日正午薩哈連（サガレン）派遣軍司令官に御陪食仰付けらるる旨の記載あり。其為の御陪食なることは分りたるも、軍司令官の氏名を知らさるに付、之を白根に問ひたるに、軍司令官大将町田経宇にて宮内省部局長官の陪食者は予と珍田捨巳なることを告く。

五月九日の追記

牧野伸顕より稔彦王殿下に対する釈明の電信案に関する意見

五月九日午前十一時後、酒巻芳男か牧野伸顕より松平慶民を経て稔彦王殿下に奉答する電信案を持ち来りたるとき（四十六葉表欄外五月九日補遺参看）、予は（鳩彦王殿下ノ意思ヲ伺ヒ難キ事情アリ）と云ふは適当ならす。現に稔彦王殿下は鳩彦王殿下の意思を伺ふことは出来ると云はれ居るに非すや。故に此語は改むる必要あり。予も考へ見るへし。君（酒巻）も再考し見よと云ふて原案を返し、

徳川頼倫に予の意見を告く

御陪食後（午後一時後）、徳川頼倫の室に到り、先刻酒巻に談し置たる電信案の趣意は、（鳩彦王殿下ノ意思ヲ伺ヒ難キ事情アリ）と云ひては事実の争を起すに付、（鳩彦王殿下ノ意思ヲ伺フコトハ遠慮スル方カ宜シト思ヒタリ）との趣意と為し、宮内大臣の考とすれは、其考の可否は見込に因りて異なるも、他より事実に付争ふことは出来さる故其方か宜しかるへく、又（御近親ノ宮ノ切ナル御希望アル故、勅許ヲ奏請スルコトニ決意シタリ）と云へは、宮内大臣は御近親方に責任を帰する嫌ある〔に〕付、（御近親ノ宮ノ御心情ヲ拝察シ、勅許ヲ奏請スルコトニ決意シタリ）と云ふ方宜しからんと云ふ。

徳川頼倫、予の意見に同意す

徳川夫れは至極宜しと云ふ。

酒巻芳男改案を誤る

此時酒巻芳男来る。予酒巻に其旨を告く。酒巻其趣意にて改案すへしと云ふ。予既に審査局に返り居りたるとき、酒巻改案を持ち来る。然るに、前段は改まり居るも、（御心情拝察ノ点）は改まり居らさりしに付、更に其旨を告け、酒巻は之を改むへき旨を告けて去る。予改案を見すして退省せり。

ホルマンよりセロを久邇宮に献することに付牧野伸顕不平を唱ふ

○午後一時後徳川頼倫の室に到りたるとき、徳川よりセロの名手ホルマン〔ジョゼフ・ホルマン、Joseph Hollmann〕（名前は確かならす）より、其秘蔵し居るセロを久邇宮に献せんと云ひ、宮にては既に之を受くへき旨を答へられたる由なるか、宮内大臣は、一応の相談もなく右の如きことを決せられては困ると云ひ居れり。ホルマンか之を献せんとすることに付ては、和蘭〔オランダ〕国の代理大使〔公〕〔トルベック、W. J. R. Thorbecke〕に相談し、大使は十分の考慮を勧めたるも、ホルマンは是非献すと云ひ、大使に同伴にて頼貞〔徳川頼倫長男〕（徳川の子）の処に来て、其ことを申出したる趣なり。ホルマンは容易に音楽に付好評を与へさるも、朝融王殿下に対しては屡々グードの語を発したる由なりと云ふ。

〔欄外に付記〕

補遺　金井四郎に片岡久太郎より北海道拓殖銀行債券を買ふこ

とに付相談を受け之に同意したること、稔彦王殿下と成久王外二殿下の遭難との関係を談す　又世子妃と稔彦王妃殿下とのことを談す　金井亦談する所あり

○五月十日補遺

午後三時頃金井四郎審査局に来る。予、昨日片岡久太郎より北海道拓殖銀行の社債に応することの談を聴きたり。該社債ならは危険なかるへきに付、同意し置たりと云ひ、又稔彦王殿下か成久王外二殿下の遭難に付尽力せられたること、鳩彦王妃殿下洋行のことに付稔彦王殿下は反対の意見ありたること等を談す。予又世子妃と東久邇宮妃と往復せられたることを談す。金井、東久邇宮妃殿下には年若き妃方の歓心を得置かるるは、稔彦王殿下の大を成す所以なることを言上し居るも、妃殿下には歓心を得らるることは余程難事なり。妃殿下は鳩彦王妃殿下は義理固き方なりと云はれ居りたりと云ふ。

補遺　上野季三郎、電車内にて隆を見たることを説く

○五月十日補遺

午後三時より上野季三郎、大谷正男と共に自動車に乗り東京駅に行くとき、上野より、先日電車内にて（青山より来る電車）バスケツトに倉富と云ふ札を附けたるものを持ちたる人あり。其人の特徴は右の頤の傍に黒子あり。倉富と云ふ氏は多くあらす、或は君（予）の令息等には非さるやと云ふ。予特徴は愚息に相違なしと云ふ。此ことを隆に話したるに、隆か五月九日に鎌倉に行きたるときのことなりしなり。

補遺　徳川頼倫、牧野伸顕か未たホルマンより久邇宮にセロを献することを承諾せさることを告く

○午後三時後東京駅の休所にて徳川頼倫より、ホルマンか「セロ」を久邇宮に献することは、宮内大臣は尚ほ考ありと云ひ居るとの談を為せり。

五月一一日

○五月十一日金曜。曇。

○午前九時三十分より出勤す。

伊夫伎準一、矢島正昭か林恭次郎の家に行きたる状を報す

○午前十時後伊夫伎準一より、昨夜矢島（正昭）か林恭次郎の家に行きたる処、遺骸は既に臭気を発し、神戸に在る林の妻の弟渡辺某は未た来らす、手を束ねて日を送る有様にて、其儘に致し置き難きに付、矢島昨夜中に入棺すること丈は取計ふ様に協議して帰りたりとのことなるか、遺族にては死亡の通知を発することも出来難きに付、其事丈は取計ひ呉度とのことなりしも、知人の住所記は矢島か之を持ち来れりと云ふ。

林恭次郎の知人住所録は当にならす　矢島正昭、林恭次郎の家に行く

予、死亡通知を発するにしても、葬儀又は告別式の日時を定めされは取計ひ難しと云ひ、矢島か持ち来りたる住所記を一見したるに、数年前に調製したるものにて変更も少なからさるへく、寧ろ新聞広告を為す方宜しかるへく、兎も角矢島は同郷の縁故もあることに付、今一応林の家に行き、成るへく万事を取極め来る様に致す方宜しからんと云ひ、矢島か林の家に行くことになれり。

高義敬来り、李允用は朝鮮に帰りたること、允用か人蔘専売のことに付総督府に対し不平を唱へ居りたること、宋秉畯か近日朝鮮に帰ること、宋か世子邸候補地に付談したること、世子妃か守正王妃と共に参内せらるへきこと、梨本宮御用取扱か麻疹に罹り居ることを談し、予、宋か北海道にて地所を払下けたる趣なること、宋か朝鮮人より悪まれ居ることを談す

○午前十一時頃高義敬来り、李允用は昨夜朝鮮に帰りたり。允用は、人蔘売捌のことは朝鮮総督府にては三井家と約束あるに付、三井家か承諾すれは宜しと云ふに付、三井に交渉すれは、総督府よりの命令あれは承諾すると云ひ、全く総督府は自分（允用）等を愚弄するものなりとて大に不平を唱へ居りたり。

又宋秉畯は近日一応朝鮮に帰り、間もなく復た内地に来る趣なり。宋秉畯より山下亀三郎の屋敷を宮内省にて買上け、之を世子邸と為すことは田中義一、児玉秀雄〔貴族院議員・研究会、元賞勲局総裁、伯爵〕抔か熱心に運動したるも、宮内省にては世子邸と為す地所は略々予定ありとて、山下の地所を買ひ入るることは承知せさりしとのことなりと云ひたる故、自分（高）も、其話は聞きたることあり。陛下より賜はる地所なれは、何処にても宜しきも、山下の地所は不便なる場所なり。君（宋）は李堈公の旧住所を不便なりと云ひ居りたるか、山下の地所は李堈公の旧住所より更に二十町位は隔たりたる所にて、尚更不便なりと云ひたるか、宋は左様に不便なる所にては不可なりと云ひ居りたりとの談を為し、高又明日は世子妃殿下は守正王妃殿下と共に参内せられ、守正王妃殿下を伴ひ世子邸に帰らるる予定なり。梨本宮御用取扱沢田某は麻疹に罹り、其後腎臓病を発し、当分出勤出来難き趣なりと云ふ。

予、宋か北海道にて千五百町歩の地所を払ひ下けたること、宋か地方自治、教育発展、朝鮮独立に反対し、朝鮮の青年より悪まれ居るとの談を為せり。

小原駩吉、東宮殿下に献する南画の方式に付意見を問ふ

○午前十一時後（十二時前）小原駩吉来り、京都市より皇太子御結婚に奉祝品を献上せんと欲し、品物に付自分（小原）の意見を問ひ、自分（小原）は幅物を献したらは宜しからんと云ひ、画家鉄斎〔富岡鉄斎、文人画家〕（か確ならす）の画を献せんと云ふことになりたる処、此に問題となるは、南画にては画の上部に語又は詩を書し、画者の名を識す例なるか、然せされは南画とならさる趣なる故、不敬に渉らさる様謹写とても識したらは妨けなからんかと思ふか、如何と云ふ。予、予は此例を知らす。如何にも南画としては其例なる様なるか、画の下部に名を識すことか出来れは疑なかるへきも、上部に名を書するは如何あるへきや。勅命にて作りたる画に右の如きものあるへきや、調査し見る必要あらんと云ふ。小原、明治天皇の命にて画きたるものに一の例ある様なるも詳しく知らす。御買ひ上の品には勿論其例ありと云ふ。

白根松介か如何なる程度まて牧野伸顕に談したりや詳かならす

予、先日一寸白根の談を聞きたるも、詳かには分らす。白根か如何なる点まて内端のことを大臣に話したるや、詳かならすと云ふ。

小原駩吉のことは何の大臣にも悪口す

小原、自分（小原）のことは何の大臣の時代にも必讒訴する人あり。

平田東助にも小原駩吉のことを悪口したる人あり

此節も矢張り伊藤伝右衛門の結婚に付、自分（小原）か賄賂を取りたりとのことを内大臣（平田東助）にも告け居る模様なり。此ことは入江（貫一）初は遠慮し居りたるも、後には之を話したり。

西園寺八郎、入江貫一、小原駩吉の為に謀る所あり

西園寺（八郎）と入江抔は自分（小原）の為に無実を証明せんと相談し居るとのことなる〔か〕、如何なることを為すやは分らすと云ふ。小原尚ほ二、三話し度ことあるも、人か待ち居る故、他の時に譲ると云ふて去る。

牧野伸顕、予に観劇を好むや否を問ふ

○午後零時後食堂にて劇の談あり。松竹会社等の談を為し、牧野伸顕より予に劇を好むやと云ふ。予好まさるに非すと云ふ。牧野、近頃は活動写真の方か劇より早分りかすると云ふ人ありと云ふ。予写真とは劇とは比較にならすと云ふ。牧野自分（牧野）も劇の方なりと云ふ。

関屋貞三郎、上林敬次郎のことを談す

○午後三時頃関屋貞三郎来り、先日上林敬次郎を召ひ、先日自分（関屋）に贈りたる書状のことに付趣意を問ひたる処、本人は左程自分（上林）の過失を感し居らす、自分（上林）一人にて迷惑なる責任を負ひたることに感し居る様にて、知人に対しては説明も為す必要ある様に思ひ居り。其為には錦雞間祗候にてもなれは面目も立つことゝ思ひたりと云ひ、左程不平を懐き居る模様にも非すと云ふ。

有吉忠一は上林敬次郎に対し好感を有せす

予、有吉（忠一）か上林のことに付ては好感を有せさりし様なり。上林は財産は有し居るならんと云ふ。

上林敬次郎、尹沢栄の負債を償はんとす

関屋之を有し居るならんと云ふ。予、上林は尹沢栄〔李王妃父、侯爵〕の負債整理にも著手し、既に幾分かは負債を買ひ受けたりとのことなりと云ふ。関屋貨殖に付ては抜目なき方なるやも計り難しと云ふ。

池田十三郎と錦雞間祗候

予、池田十三郎〔元朝鮮総督府逓信局長官〕を錦雞間祗候と為すことに付ては何処よりも申立なきやと云ふ。関屋、何処よりも申立なし。尚ほ欠員あるに付、君（予）よりても周旋せは出来さることはなからんと云ふ。

大屋権平のこと

予、池田、大屋権平抔は気の毒なり。然し、池田は祗候は望まさるやも計り難し。貴族院議員を望み居るならんと云ふ。関屋或は祗候となりては却て妨害になるやも計り難しと云ふ。

加太邦憲か関屋貞三郎を訪ひたること　加太邦憲より予に交したる松平家陞爵に関する書類を関屋貞三郎に交す

予、昨日加太邦憲か来り、君（関屋）を訪ひたるも、君（関屋）か不在なりしに付、予に面会し、旧藩主松平（桑名藩）の陞爵のことを談し行きたりとて、昨日加太より予に交したる覚書及旧禄高調とを示す。関屋、此ことは曽て談を聞き居り、会津の方も熱心なる運動あり。此書面は暫時借り行き度と云ふ。予差支なき旨を答ふ。

関屋貞三郎招宴の意を致す

関屋、今月十四日午後六時頃より官邸に来り呉度。入江（貫一）抔と一緒に晩餐を喫し度。何も趣意あることに非すと云ふ。予差支なき旨を答ふ。

矢島正昭、林恭次郎告別式の期を定めたることを報す

○午後三時頃矢島正昭、林恭次郎の家より帰り来り、林の妻の弟の神戸に在る者は上京せさることゝなり、本月十三日常円寺（柏木に在り）にて告別式を行ふことに決定したりと云ふ。

朗子湿疹を療す

○午前幸江、朗子を伴ひ土肥慶蔵の家に行き、湿疹を療す。

（欄外に付記）

補遺　岡田重三郎、鳩彦王及成久王妃殿下の容体電信を示す

○五月十一日補遺

午後三時頃岡田重三郎、鳩彦王殿下、成久王妃殿下の御容体に関する電信を持ち来りて之を示す。

牧野伸顕より稔彦王殿下に対する釈明電信案の始末を問ふ

予、宮内大臣より松平（慶民）を経て稔彦王殿下に答ふる電信案は大臣の決裁を経たりやと云ふ。岡田之を知らす。取調へ見るへしと云ふて宗秩寮に返る。

山田益彦電信案を持ち来る　之に捺印す

少時の後、山田益彦電信案を持ち来る。牧野及関屋貞三郎、酒巻芳男は捺印し居れり。徳川頼倫及予の印はなし。予之に捺印す。趣意は予の意見の通りになり居りたり。

五月一二日

○五月十二日土曜。朝曇、遠雷二、三回後晴稍冷。

宮内大臣の官舎に行き、牧野伸顕と宮内省の近状を談す　西園寺八郎の辞職

○午前八時四十分より宮内大臣（牧野伸顕）官舎に行く。牧野より、先頃雲畑御猟場にて御猟場監守菊池巳之吉か過失致死事件の懲戒処分のことより西園寺（八郎）か辞表を出したるか、其事に付ては種々説明を為し、西園寺も一と通諒解せり。然るに御猟場事件は之を以て動機と為したるものにて、他に不平あり。次官（関屋貞三郎）に対する不平等ありて、省内の不統一を来たし居る様なり。君（予）は双方に超越したる考を以て援助し呉度。此ことに関する意見を聞き度と云ふ。

事情疎通せす

予、予の職務は大臣、次官に関すること少く、職務上にては別に感することなけれとも、職務外にては聞き居ることなきに非す。其事情は紛糾し居れとも、要するに事情の疎通を欠くに起因し居るものゝ如し。

箱根離宮のこと　高松宮御殿のこと

例へは、箱根離宮問題、高松宮御殿問題の如き、大臣か事実を知り居られす、大臣が知り居る所は事実に非すとのことより起りたるもの丶如し。故に之に処するには、今後は大臣か勉めて直接に事実を知ること丶なす必要あるへし。

部局長官会議

省内にて気脈通せさることは今日に始まりたることに非す。部局長官会議の制あれとも、之を実行すること少く、予か宮内省に入りたる《〔て〕》以来一、二回より会議を開きたることなし。結局銘々勝手に事務を執り居る様の有様なりと云ふ。牧野、部局長官会議と云ふものありや。予、其制はあれとも滅多に之を開かすと云ふ。牧野、急を要する場合には会議を開き居りては間に合はさるへしと云ふ。

関屋貞三郎勇気なし

予、次官（関屋）は今少し元気を出す必要あり。

小原駩吉をして北白川宮の事務を執らしむること

例へは、先頃山辺知春か仏国に行く前、山辺の代員を議したるとき、山辺は誰か適当なる代員なけれは、自分（山辺）は仏国に行き難しと云ひ、其席にて小原か代員となりたらは宜しからんと云ふことになり、次官（関屋）も之に賛成したるか、其後に至り終に行はれさること丶なれり。

北白川宮大妃より小原駩吉に宮の事務を依頼せられたり

加之二荒（芳徳）、山辺（知春）か葉山に行き、大妃殿下に対し山辺か仏国に行くことを言上し、大妃殿下よりは山辺の不在中は小原（駩吉）に世話を依頼し度旨二荒をして小原に伝へしめられたる後に至り、実行せられさること丶なりたる故、妙なること丶なりたるなりと云ふ。牧野、大妃殿下は島津家の関係にて、其御性行等も承知し居り。山辺は非常に六ヶしく考へ居れとも、自分（牧野）は左程には思ひ居らす。又山辺等に対し、大妃殿下に対し小原のことを言上せよと云ひたることもなきなりと云ふ。

高松宮御殿のこと

牧野又高松宮御殿のことに付ては、自分（牧野）も悪かりしやも計り難し。初め松浦（寅三郎）より秩父宮、高松宮両殿下は御性質も異なり、殊に近々御成長にも相成りたるに付、御同居しては御困りのことあり、別の御殿に御住居遊はさるる様致し度との談あり。尤のことなりと思ひ、江田島より御帰京中の御住居即ち一の寮位の積りにて計画する考なりし処、昨年のことなりしに拘はらす、少しも進捗せす。内匠寮の技師か設計し居りたるものありたるを次官（関屋）か調査し、高松宮殿下の御意思も伺ふ必要ありとして、之を伺ひたる上提出したるものは三十万円許を要することになれり。是とて決して仰山なる計画に非す。坪五百円位の設計なるも、周囲の塀等の為三十万円許を要することになるも、全体の建築は粗末のものなり。然れとも、一年の内二ヶ月間許の御住居に充つる為の必要にて三十万円を費すは多過きるに付、設計を変して二十八万円許となれり。

高松宮は秩父宮と御別居なさるることか目的なり

是にても全体にては矢張三十万円位となるのみならす、秩父宮殿下の御殿に先ち高松宮の御殿を作るも適当ならす。結局御別居か目的なる故、更に松浦（寅三郎）に対し、御別居の目的は有合の御殿の中にても間に合はさることなかるへきに付、其方に変更すへき旨を談したる処、是迠延引し居りたるのみならす、種々の面倒もあることにて、松浦も其方を希望する旨申出てたり。

箱根離宮のこと　皇室所有の建物七万坪許

高松宮御殿の関係は右の通りなるか、箱根離宮には如何なる行違あるや、自分（牧野）は詳しくは知らす。自分（牧野）等の一見したる所にては、格別の修繕を要せさる様なるも、西洋作りの方は白蟻の害あり、危険なりとのことにて、日本屋の方に修繕を加ゆるとのことなるか、夫れにては随員の場所なしとのことなり。殊に危険なりとの懸念ある処に御出て遊はさる訳に行かす。全体皇室御所有の建築物は七万坪計り、此丈けにても維持困難なり。此上建坪を増すことは余程注意せさるへからすと云ふ。

内匠頭か箱根離宮修繕の談を聞きたる時期

予、箱根離宮の問題は予も詳しくは知らされとも、内匠頭か修繕の談を聞きたるは余程後のことなるに、大臣は内匠頭か調査を怠り居るものと考へ居られたる如きことになり居りたる様の談なりと云ふ。牧野、右様の行違もありたらん。何分用か多きに付、次官（関屋）も忘れ居りたる様のこともありたるならんと云ふ。

東宮殿下御結婚準備委員会会議に非す

予、人の批評を為す様にて面白からさるも、次官（関屋貞三郎）先日東宮御結婚準備委員会を開きたるに、其事柄は大奥又は久邇宮に関することにて、殆んと議論を為す余地なく、是も皇后陛下の御趣意なり、是は云々の事情なりと云ふ如きことなりしに付、委員間には、皇后陛下の御思召までも伺ひたる上にて会議を開きたりとて何の効もなし。寧ろ会議を開かさる方か宜しと云ふ様なる議論もありたり。此の如きことも、感情の衝突なきときならは何こともなくして済むことなれとも、感情か面白からさるときなる故、矢張り問題となる訳なりと云ふ。牧野如何にも其通りなりと云ふ。

秘書課を置きなから職員の定員俸給の定額に関する事務を文書課の所管と為したるは不都合なり

予、是は何も次官（関屋）か特に為したることには非さるへきも、大臣官房に秘書課かあるに拘はらす、職員の定員俸給の定額に関することを文書課の所管と為したること抔は如何にも不穏当なりと云ふ。牧野通常文書課は文書の受授を為す所なりと云ふ。

恩給に関する事務を文書課の所管となすも不可なり

予、然り。宮内省の文書課は以前の調査課の後を承け、文書課にて恩給に関することを掌る〔こと〕さへ不似合なるに、更に定員定額のことを加へたり。予は秘書課長たる白根（松介）に対し、秘書課長として何故に定員定額のことを文書課の所管と為すことに任せたりやと詰問したるに、白根は何か事情ある様に云ひ居りたり。

関屋貞三郎と渡部信とは親族関係あり

而して不幸にも、次官（関屋）と渡部（信）とは親族関係ある故、事実何等の関係なきことに付ても疑を受くることありと云ふ。牧野、次官（関屋）は渡部とは如何なる関係ありや。自分（牧野）は少しも其関係あることを知らす。如何なる関係なりやと云ふ。予従兄弟の様なることならんと云ふ。

関屋貞三郎は渡部信に利せす

牧野、次官（関屋）は決して渡部に利しむる様の懸念なしと云ふ。

入江貫一を参事官本官となさんとしたる半面の理由

予、然らん。然れとも一方には多少其疑を挿む人もなきに非す。入江貫一か宮内省に転任するに付、参事官を本官となすか、秘書官長を本官となすかの論は、固より宮内省の為又入江の為にも、参事官を本官となす方宜しと思ふより出てたることには相違なきも、附加の理由としては、入江を参事官兼任と為し置けは、渡部を勅任参事官に進むる余地ある故、其地位を塞き置かんとの考も加はり居りたる訳なりと云ふ。

平田東助の希望

牧野、入江は参事官本官となす積りなりしも、平田（東助）か秘書官長を本官と為すことを望み、態に白根（松介）を召ひて其希望を述へたる様のことにて、入江も矢張り秘書官長を本官と為すことを望みたる様なりと云ふ。予、如何にも其通りなり。初は内大臣（平田）も白根に対していつれにても宜しと云ひ、入江もいつれにても宜しと云ひたりとのことなりしか、結局内大臣か秘書官長本官を望みたる趣なりと云ふ。

渡部信の長所短所

牧野、渡部（信）は仏語にも通し伎能ある人なれとも、短所もありとのことなりと云ふ。予、然り。如何にも非常識の人なりと云ふ。牧野笑ひ居りたり。

宮内省に於ける待遇の厚薄ある成行

予又是は次官の関係には非されとも、宮内省にては職務に因り待遇の厚薄あるは従来の弊にて、一昨年官制改正のときは務めて此弊を除くことに申合せたれとも、今尚ほ其弊を除くことを得す。

明治天皇御集賜与に関する不公平

例へは、先頃明治天皇御集を賜はりたるか、書記官、事務官には職務の如何に拘はらす之を賜ひたるに、審査官には之を賜はらす。何か之を区別する理由あれは宜しきも、単に官名か異なりとのこと丈けにては、人を承服せしむること出来難き故、此ことに関しては予は度々抗議し、数月の後に至り始めて審査官にも賜はることになりたり。此の如きことは他にも度々あることなり。職務は異なりても、同しく皇室の御用を勤むるものなる以上は成るへく不公平のことなき様にあり度ものなりと云ふ。牧野、宮内省高等官には全部に賜はりたるへきやと云ふ。予、然らさるへし。林野管理局の人抔は少数の外賜はらさりしならんと云ふ。牧野、此ことに付ては大体は聞きたれとも詳細は知らさりしと云ふ。

大谷正男の取計ひ　大谷正男の立場

予、是は多分大谷（正男）等の取計なりしならんと云ふ。牧野、夫れは夫れに相違なし。大谷の立場も中々困難なり。種々の請求を受け、之を拒絶すれは悪しく云はるるか、之を拒絶することも必要なりと云ふ。

宮内省官制改正の目的　現在の庶務課は以前の総務課の振合を改めす

一昨年の官制改正のときは、従来の総務課の専横を矯正することか一の主なる目的にて、総務課を改めて庶務課と為したるも、実際に於ては矢張り庶務課に於て従来の総務課の仕事を為し居り、別に改まりたる所なき様なりと云ふ。

南部光臣に辞職を勧告したる事情

予又予は前に述へたる如く、予か直接に関係したることに付ては少きも、今猶ほ疑ひ居るは、南部（光臣）に辞職を勧告したることなり。

予の考、予か辞職勧告を引受けたる事情

此ことに付ては、次官（関屋）より南部か久しく病気にて引籠り居り困ることに話を聞き、辞職を勧告せんと欲するも、書面にて之を勧告するも穏当ならす、面会する訳にも行かすとのことにて、別に予に対して辞職勧告を依頼したる訳にも非さりしも、如何にも当惑の模様なりしに付、予より進みて勧告を引受けたり。夫れは、予も本人に対しては気の毒なるは勿論なるも、病気引〔籠り〕も余り永くなり、殊に一度ならさること故、宮内省としては処分する必要あるへしとは予て考へ居りたることにて、予は本人に面会出来されは、其養父（甕男）に面会して談する便宜もある故、之を引受けたる次第なり。

牧野伸顕、南部光臣を罷むる決心を為したる次第

其時次官（関屋）は、南部の辞職は大臣（牧野）より度々催促せらるるも、自分（関屋）は之を云ひ延へ置けりと云ふことなりしか、其後聞く所にては、大臣（牧野）は南部の辞職を急きたる訳には非らさりしとの様なる話にて、如何なる事情なるか疑ひ居る所なりと云ふ。牧野、南部は官制改革、摂政〔設〕置等のことに関して非常に尽力したる人にて、殊に極めて細心なる性質、必要なる人なり。

波多野敬直、南部光臣のことを談す

先年波多野（敬直）氏より、南部は永く引籠りて困るへしとのことなりしか、其頃は別に引籠ることもなかりし故、其ことを答へたる位なり。

出来る限り南部光臣を優遇したること

然るに、其後引続き引籠ることゝなり、実に惜むへき人とは思ひたるも、已むを得す引退せしむることに決心し、其待遇は出来る限り厚くする様に致したるなり。

入江貫一の本官と兼官　南部光臣免官期の後れたる事情

而して入江のことは、初は左程永引く事情ありとは思ひ居らす、南部に辞職を勧告したる頃までは、内大臣秘書官長のことは話しありたるも、参事官のことは未た話もなさゝりしことなり。南部を罷むるに付ては、其後任は入江にせんとは其時より考へ居りたるも、本人への話は余程後になり、政府にても恩給法を担当せしめ居りたる関係にて、入江の転任か大分延行したる訳なりと云ひ、

牧野伸顕、南部光臣の辞職に関する言明を避く

牧野と関屋との考の相違の点は務めて之を言明することを避くる様の模様なりしなり。

小原駩吉に対する非難　小原駩吉は不正を為す人とは思はす

予又小原（駩吉）のことに付ては種々なることを云ひ触らす人あり。先頃清浦（奎吾）より、小原のことに付種々なることを聞き込み居るか、他のことは何れにても宜しきも、小原か不正なることを為したる事実ありと云ふ人あり。不正の事実あらは其儘には致し置き難からんと談したるに付、予より、小原にも短所もあるへきか、不正のことを為す人には非すと信し居れり。

清浦奎吾、小原駩吉を諒解す

小原は敵多き人なる故、同人に対する非難は余程斟酌して聞く必要ある旨を談したる所、清浦も敵多き人ならは、十分に割引して聞かさるへからすとて、一と通り諒解したる様なりしか、小原のことに付ては大臣にも話たる人あらんかと云ふ。

牧野伸顕、小原駩吉を疑はす

牧野、小原のことに付ては自分（牧野）か宮内省に入る前より聞き居ることもあり。然し、賄賂等のことは明証なき以上は之を信することは出来〔す〕、少しも心頭に掛け居らすと云ふ。

関屋貞三郎と西園寺八郎等と感情の行違ひは激し

予、次官（関屋）と一、二の人との関係は可なり激しき感情の行違ひあり。今強ひて之を調停する様のことを為しても、却て不可なるへく、土手等ならは所謂手打を為す様のことを為すことを得れとも、此衝突は右様の訳には行かすと云ふ。

宮内大臣自ら人言を聞くへし

牧野、自分（牧野）も感情の衝突は随分激しき様に思ふと云ふ。予、依て今後は成るへく大臣自ら各人の言を聞き、事情の行違なき様に為したらは宜しかるへく、時日を経過する中には自然と感情の和くこともあるへく、差向きの処、夫より外に別段の考なしと云ふ。

牧野伸顕注意を望む

牧野、種々なる談を聞き幸なり。今後は参考となるへきことは何事に限らす話し呉よ。畢竟自分（牧野）の不行届より生することにて、自分の責任なりと云ふ。予、大臣と次官との関係にて之を云ふは、次官を中傷する様の嫌もあり、是まては幾分遠慮し居りたるも、今後は随時話すことにすへしと云ふ。話すること一時間許。予か官舎に行きたるは八時五十五分頃にて、辞したるは十時頃なり。直に宮内省に到る。

小原駩吉、ホルマンよりセロを久邇宮に贈ることになりたる顚末を語る

○午後零時後食堂にて、小原（駩吉）話し度ことありと云ふ。食後（一時頃）小原と共に審査局に到る。小原、君（予）はホルマンか「セロ」を久邇宮に献することを聞きたりやと云ふ。予大略聞きたりと云ふ。

野村礼譲、小原駩吉の助を求む

小原、本月九日夜（日は確かならす）久邇宮の事務官野村（礼譲）より電話にて、至急面会し度ことありと云ひたるも、其夜は差支あり面会せす。

牧野伸顕の反対

翌朝野村来り、非常に困難なる事出来せり。其処置に付智慧を貸し呉よと云ふに付、何事なりやと云ひたるに、野村はホルマンより秘蔵の「セロ」を朝融王に献せんと云ひ、邦彦王殿下より之を受くることを言明せられたるか、宮内大臣（牧野伸顕）は「セロ」の様なる遊戯的の物を受けて、数万円を出すことは不可なり。殊に世間の人心悪化し居る時に、此の如きことをなされては其影響にも懸念ありとて之を承知せす。

邦彦王殿下とホルマン

王殿下か家族的の晩餐まて催ふして「ホルマン」を招待し、自ら「セロ」を受くることを言明せられたる以上、今更之を変更する訳に行かす、大臣は承知せす、如何とも為し難しと云ふ。

小原駩吉の意見

依て自分（小原）は、大臣の云ふ所は道理あり。然し王殿下より約束せられたることなれは、今日にては大臣をして承諾せしむるより外に致方なし。之を承諾せしむるに付、相当の理由あることならは、倉富氏等をして大臣に説かしむることも出来くへきも、之を説くへき理由なきに付、倉富氏をして説かしむるも効なかるへし。

関屋貞三郎、久邇宮にてセロを受けらるることに同意す

王殿下か之を受くることを承諾せらるる前に次官（関屋貞三郎）に相談せられたりやと云ひたるに、野村は次官は同意したりと云へり。依て自分（小原）は、然らは次官をして大臣を説得せしむへし。其外には致方なしと云ひ置きたり。野村は既に出発して、王殿下の旅行先に行きたるか、如何なることになりたるや、何とか始末か附きたるか、之を知らす。

西園寺八郎の意見

自分（小原）より西園寺（八郎）に談したる処、西園寺は、大臣かどーしても承知せさるならは、王殿下は承知し、今日にても之を受くることを希望せらるるも、宮内省其他は内規あり。之を受けらるること出来さる旨を以て、之を断はるより致方なからんと云ひ居りたりと云ふ。

予の意見

予、全体は大臣の云ふ通りにて、全然同感なるも、外国人に関する事なる故、只今にては大臣を承諾せしむるより外致方なからん。西園寺の考も、王殿下か内規等を知らさりしと云ふ訳には行かす、之を以て拒絶するは面白からすと云ふ。

小原駩吉の意見

小原、朝融王限りにて返答せられたることなれは、邦彦王殿下の考にて之を変更する余地あれとも、邦彦王殿下自ら之を言明せられたることに付、今更致方なし。殿下此く断然言明せられたるは、次官か同意したる為安心して引受けられたる訳ならんと云ふ。

徳川頼倫とセロ献上との関係

小原は、此ことに付ては徳川（頼倫）も関係人なる故（頼倫の子頼貞かホルマンの世話を為し、ホルマンか「セロ」を朝融王に贈ることに付ても頼貞か関係し居るなり）、大臣と久邇宮と〔の〕間を取り成す訳に行かすとの談を為せり。

労資協調会理事の田沢義鋪の講演

○午後二時後より会議室にて、労資協調会理事田沢義鋪〔協調会常務理事、社会教育家〕の欧米視察談を聴く。

講演の趣旨

其趣旨は、共産主義者と健全なる労働者は主張異なり、健全労働者は資本家の体度宜しけれは、産業発達に尽力するものにて国家社会を破壊するものに非す。一概に労働運動なりとて之を疾視すへからすと云ふことなり。三時に至り演述を終はる。

入江貫一と談す

審査局に返るとき、入江（貫一）と共に其室に到り、入江に対し大臣（牧野伸顕）より入江に対し何か話したることなきやと云ふ。

入江貫一と牧野伸顕と談したる趣旨

入江、先日大臣に対し省中事情の疎通を欠き、感情衝突の事情を説きたる処、大臣（牧野）より某々の人名を挙けて話説したるに付、自分（入江）よりは、今日は人を指して談話を為す積りに非さりしも、大臣より其談ありたる以上は自分（入江）も人に就きて談すへしと云ひ、大略事情を述へ、今後は大臣か自ら各人の言を聴き、事情を疎通することを務むるか急務なる旨を説き置きたりと云ふ。

小原駩吉に対する非難は清浦奎吾より平田東助にも告け、平田より入江貫一にも告けたり

予、小原（駩吉）に対する非難あることを説く。入江、此ことに付ては清浦（奎吾）より内大臣（平田東助）に説きたる趣にて、平田より自分（入江）に対し、果して小原に不正の行為あるならは、之を処分する必要ありと云ひたり。

入江貫一、平田東助意見に反対す

自分（入江）は小原に対する非難は確実ならす、殊に之を云ひ触す人か甚た面白からす（小原のことを云ひ触したるは天岡直嘉〔逓信省貯金局長、桂太郎の娘婿〕にて、天岡と小原とは非常に仲悪しきものなり）、迂闊に処分抔を云々すへからすと云ひて、之を止め置きたりと云ふ。

小原駩吉を処分すれは西園寺八郎等嘿止せす

予、予か清浦より談を聴きたるときも、小原には敵多き故、非難ありとて軽しく之を信すへからさる旨を告け置きたり。若し小原を処分する様のことあれは、西園寺（八郎）抔も嘿止せさるへしと云ふ。入江、然り。西園寺のみならす、松平（慶民）も必す何とかするならんと云ふ。三時三十分に至り談を終りて家に帰る。

入江貫一に公平の観察を勧む

○午前牧野（伸顕）と談したるとき、予か入江（貫一）に対し宮内省中に仲の悪しき人あり。入江は新来者なる故、一方に偏せす、公平を期する様に勧告したることある旨を談したり。

入江貫一に予か牧野伸顕と談したる趣旨を告く

又午後入江（貫一）と談したるとき、入江に対し、午前牧野（伸顕）に談〔し〕たることの大略を告けたり。

理髪者在らす

○退省途次、理髪者一心楼に過きり、直に来りて髪を理することを命せんとす。理髪者在らす。明日午前七時三十分まて来るへきことを命して去る。

朗子湿疹を療す

○午後隆、朗子を伴ひ土肥慶蔵の家に行き、朗子の湿疹を療す。

自動車を借る

○午前西野英男に嘱し、本月十四日午後二時に豊島岡に行く為自動車を借らしむ。同日午後一時に自動車を貴邸に廻はすへしとのことなる旨を報す。

五月一三日

○五月十三日日曜。晴。

理髪

○午前七時三十分に至るも理髪者来らす、安をして往て之を促さしむ。理髪者始めて来る。七時四十五分なり。乃ち髪を理す。

渡辺暢を訪ふ　在らす

○九時頃より電車に乗り、往て渡辺暢を訪ふ。在らす。名刺を交して去る。渡辺は九段の基利斯督〔キリスト〕教会に行きたりと云ふ。

柳田直平来る　林恭次郎の葬に会す

○午後一時頃将に往て、林恭次郎の葬に会せんとし、玄関に到る。会柳田直平来る。之と立談すること一分間許。内子をして之に接せしめ、予は葬場に行き、三時後に至りて家に帰る。葬場常円寺にて安江孝、上野季三郎、河原作〔元主馬寮事務官・庶務課長〕、河野秀男〔会計検査院第一部長〕等に遇ふ。帰途電車内にて復た上野に遇ひ、塩町にて之と別る。

道子、逸雄、坂田稔の診を求む

○午前隆、道子及逸雄を伴ひ坂田稔の家に行き、道子及逸雄を診せしむ。道子は肺気の気味あり。逸雄は腸の不和ある為なり。坂田、逸雄は服薬するに及はすと云ひたる由。

〔欄外に付記〕

補遺　架鷹のボンボニーを逸雄に、桜花のボンボニーを朗子に与ふ

○五月十三日補遺

○午前宮中にて受けたる架鷹のボンボニーを隆に交す。逸雄に与ふる為めなり。又東伏見宮邸の晩餐のとき受けたる桜花を挿みたる小花瓶を交す。朗子に与ふる為なり。

貞愛親王百日祭の時刻を問ふ

○午後五時頃宗秩寮に電話して、明日の故貞愛親王の百日祭の時刻は午前十時よりなりや、十時三十分よりなりやを問ふ。当直員正に厠に在り。予厠を出てたる後之を報することを嘱す。当直員より権舎祭は午前十時三十分より、墓前祭は午後二時よりなることを報す。

五月一四日

○五月十四日月曜。曇。

西野英男に出勤遅刻することを告け、昼食を購ふことを嘱す

○午前九時後、隆をして西野英男に電話し、今日は出勤遅刻することを告け、且昼食を購ふことを嘱せしむ。

貞愛親王の百日祭に参す

○午前十時より伏見宮邸に行き、故貞愛親王の権舎祭に参す。休所にて牧野伸顕、井上勝之助、川村景明、北川信従（元新潟県知事、元長崎地方裁判所検事正）、西園寺八郎、小原駩吉、大谷正男、酒巻芳男、宮田光雄、西郷某（吉義、宮中顧問官、陸軍軍医監、元侍医頭）等に遇ふ。

宮田光雄に渡辺暢を貴族院議員と為すことを談す

宮田に渡辺（暢）は愈々退職したるに付、予て依頼し置たる如く貴族院議員と為すことを周旋し呉よと云ふ。宮田、既に総理大臣（加藤友三郎）には談し置きたり。司法大臣（岡野敬次郎）より熱心に主張せされは出来難きに、司法大臣に談し置けと云ふ。予、司法大臣には既に談し置きたるも、渡辺か司法部に在りたるときは岡野は司法部に在らさりし故、十分には知り居らさる様なるも、賛成は致し居れり。尚ほ依頼し置くへしと云ふ。宮田は急に祭場に行きたる故、談を止めたり。

北川信従と旧を談す　北川信従は貞愛親王の棋伴なりし由

北川と旧を談す。北川は宇都宮に奉職したるとき、故貞愛親王の棋伴と為り、一日に五十余回勝負を争ひたることもあり、其後常に出入し居りたりと云ふ。

北川信従の盲腸炎

北川は盲腸炎に罹ること十余回にて、尚ほ全快せすと云ふ。

西郷某に柳田直平の病を問ふ

予又西郷某に、柳田直平か先頃病に罹りたりとのことなるか、或は君（西郷）の治療を受けたるには非すやと云ふ。西郷、柳田は既に回復せりと云ふ。

伏見宮邸にて午餐を辞す

十一時後権舎に到り、礼拝す。邸人午餐を勧めたるも、食せすして直に宮内省に行く。

仙石政敬、入江貫一と自動車に乗りて豊島岡に行く

西野英男、豊島岡に行く自動車には仙石（政敬）、入江（貫一）か同乗を請ふとのことなりと云ふ。午後一時より二人と自動車に乗り豊島岡に行き、墓前祭に参す。祭終りて宮内省に返る。三時五十分頃なり。四時より退省す。

関屋貞三郎の招宴に赴く

○午後五時三十分より関屋貞三郎の招に其官邸に赴く。

小原駩吉、西園寺八郎か予を捜かしたることを告く

玄関にて小原（駩吉）に遇ふ。小原、今日伏見宮邸にて西園寺（八郎）か君（予）を捜かし居りたるも、君（予）は既に邸を去りたる後なりしと云ふ。来り会する者、入江（貫一）、伊藤（博邦）、山崎（四男六）、小原（駩吉）、上野（季三郎）、仙石（政敬）なり。日本様の食物にて飲喫し、九時頃より辞し帰る。

林恭次郎の妻の弟渡辺某来る

○午後林恭次郎の妻の弟渡辺某来り、林の死去に付世話になりたることを謝したる由。予在らす。

夜雨

○夜雨。

朗子湿疹を療す

○午前隆、朗子を伴ひ其湿疹を土肥慶蔵の家に診す。

〔欄外に付記〕

補遺　金井四郎、祖式某及小使某に対する救恤金のことを謀る

○五月十四日補遺

午後豊島岡より帰るとき、金井四郎も自動車に同乗して宮内省に来り、東久邇宮職員祖式某盲腸炎にて二十余日病院に入りたるに付、救恤金より二百円を遣はし、小使某の子痳疹に罹り、感染を防く為病院に入れたるに付、二十五円を遣はし度と云ふ。予異議なき旨を答ふ。

五月一五日

○五月十五日火曜。朝雨後曇。

東久邇宮邸より浜焼鯛及煎餅を送り来る

○午前八時後東久邇宮邸より電話にて、浜焼鯛及葉山の煎餅を宮より贈られ、只今使を出したるに付、之を受領せられ度と云ふ。九時後使来り、鯛一尾及煎餅三缶を致す。

○午前九時四十分頃より出勤す。

西園寺八郎来り、秩父宮殿下かオリンピック大会に赴かるるときの服装のことを談す

○午前十一時前西園寺（八郎）来る。予、昨日君（西園寺）か予を捜かしたる趣、昨夜小原（駩吉）より聞きたりと云ふ。西園寺又一の問題を生したり。夫れは秩父宮殿下かオリンピックの総裁と為り、大阪に赴かるるに付、宮附職員は殿下の服装はモーニングコートに高帽位か適当ならんとの考にて、大概其ことに決し居りたる処、軍人側にては皇族は軍服を著けらるへきことを主張し居れり。

皇太子殿下はモーニングコートを著けらる

皇太子殿下に付ても同様の問題あり。武官長抔は軍服を主張し居りたるも、殿下のことは既に決定し、公式に非さるときはモーニングコートに高帽を著けらるること多く、先日横浜の競馬に行かれたるときも其服装なりしなり。

皇室は軍人の専有に非す

天皇陛下ても摂政殿下ても皇族ても、軍人か専有するは宜しからす。日本の国防を不必要なりと云ふ者は一人もなかるへきも、軍人計りの国防に非す。国民の国防となすには、是迄の如く軍人をして皇室を専有せしむへからす。

大綬を帯ひて劇場に行くは不似合なり

先年も皇族か帝国劇場に行かるるときにも、軍服を著けらるへからす。而して普通燕尾服に相当するものは礼装なり。礼装ならは、大綬を帯ひさるへからす。大綬を帯ひて劇場に行くは不似合なりとのこともあり。

関屋貞三郎より秩父宮殿下の服装は軍服に決すへき旨を通知す

秩父宮附職員の憤慨

然るに、秩父宮殿下のことに付ては、数日の後次官（関屋貞三郎）より殿下の服装は軍服に決するか宜しとの旨を伝へたる趣にて、宮附職員は大に憤慨し、昨夜自分（西園寺）の処に其ことを告け来れり。自分（西園寺）は此ことに関係するものに

非さるに付、一己の意見を聞きに来りたる訳なり。

服装に関する方針を決定するか宜し

此ことは常に問題となること故、自分（西園寺）は宗秩寮総裁（徳川頼倫）に、会議を開きて方針を決定したらは宜しからんと云ひ置きたりと云ふ。

関屋貞三郎は牧野伸顕の意見を聞きたるものには非さるならん

予、関屋か軍服にすへきことを通知するに付ては大臣の意見を聞きたる上のことなるへきやと云ふ。西園寺之を聞きたるものには非さらんと云ふ。予、先年の帝国劇場行のときのことは予も多少関係したるか、外国人か慈善劇を催ふすに付、皇族の来観を請ひたるときのことなり。

皇族観劇のときの服装の談　皇族附武官の服装

海軍にては燕尾服を用ふることは疾実行し居るも、陸軍にては其時も承知せす、結局軍服になりたる様なり。大綬を帯ひられたるや否は確記せす。仮りに殿下方は燕尾服を著けられても、附武官は職務上のことなるを以て、軍服を著けさるへからすと軍人側より主張したりとのことを談す。

武井守成の来りて西園寺八郎を呼ふ

此時武井守成来り、北白川宮遺骸運搬のことに付会議を開く趣を以て西園寺を喚ふ。西園寺乃ち去る。話すること三、四分間許。

自動車を借る

○午後零時後西野英男に嘱し、午後一時より東久邇宮邸に行く為自動車を借ることを謀らしむ。西野主馬寮にて之を諾したる旨を報す。

台湾にて東宮殿下に献したる物品の陳列

○午後零時後食堂にて、台湾にて東宮殿下に献上したる物を赤坂離宮に陳列しあるに付、今日午後一時より四時まて往観することを得る旨庶務課よりの通知書を見る。予は東久邇宮邸に行き、且諮問第四号の幹事会に列せさるへからさるを以て、往て観ることを得す。

東久邇宮邸に行く

○午後一時より自動車に乗り、東久邇宮邸に行く。金井四郎は正に其家に行き居りたり。

三王子と戯る

事務所にて職員と話し、又盛厚王、師正王、彰常王と戯る。

金井四郎、東久邇宮妃殿下か北白川宮の柩を神戸に迎へらるる必要あるや否を謀る

一時四十分頃金井来る。乃之と応接所に入る。御用取扱謙早某亦来る。金井、成久王の柩神戸に達するときは、常宮殿下（竹田宮妃）は神戸まて行かるる趣なり。当宮妃殿下（東久邇宮妃）は御出なさるるに及はさるへしと思ふ。当宮妃殿下も一時は神戸まて御出なさるへき考なりし様なるも、自分（金井）は夫れには及はさるならんと思ふ。稔彦王殿下御洋行のときは、朝香宮も北白川宮も御送りなかりし故、此節は御迎へなされさる方適当ならんと思ふと云ふ。

予の意見

予、既往の事は之を云々する必要なし。北白川宮と竹田宮とは密接の関係あり。竹田宮妃殿下か神戸まて行かるるも、之に準し当宮妃殿下か行かるる必要なし。若し妃殿下より竹田宮妃殿下に約束てもなされ居るならは、之を止めらるるに付、其手続を為すことは必要なるへしと云ふ。金井御約束はなしと云ふ。

竹田宮妃殿下より東久邇宮妃殿下に語られたる趣旨

金井又竹田宮妃殿下より当宮妃殿下に対し、夫宮抔は当てにせす、自身丈（妃殿下）にて何事も処置する考を持ち居らさるへからさる旨御話ありたりとのことにて、此ことは妃殿下より自分（金井）や御用取扱（諫早）抔には御話なきも、侍女の中にて格別意見にても申上けさる、極めて温循なる某抔に御話ありたる趣にて、某より御用取扱に告けたる由なり。竹田宮妃殿下より此の如きことを妃殿下に教へられては困る。

竹田宮妃殿下より関屋貞三郎に語け〔ママ〕られたりと云ふことと其後の談との関係

先日、次官（関屋貞三郎）か話したりと云ふ、竹田宮妃殿下か稔彦王殿下は妃殿下は用に立たす、欧洲には之を喚はすと云はれたりとの談をなされたりとのこと抔より考ふれは、竹田宮妃殿下は此の如きことを云はれたるならんと思はると云ふ。

竹田宮妃殿下と東久邇宮妃殿下とは境遇異なり　只今は妃殿下に進言すへきに非す

予、噂話のみにて竹田宮妃殿下か右の如きことを云はれたりと推断することを得す。又妃殿下に対して直に右の如き考を起されさる様進言する訳には行かす。竹田宮妃は只今は妃殿下にて万事を処理せられて宜しく、又処理せられさるへからさるときなる故、竹田宮妃殿下と当宮妃殿下とを同様にすることは出来難く、若し当宮妃殿下か君等（金井等）に対し、竹田宮妃殿下の云はれたりと云ふ様なる御話あるか、又は実際右様の御考ある事実あらは、十分進言する必要あれとも、夫れまては先つ間接に右様の御考を起されさる様注意し置きたらは宜しからんと云ふ。

竹田宮妃殿下御用取扱を随へさることを主張せらる

金井又竹田宮妃殿下は近来頻に手軽きことを妃殿下に勧め込まれ、余り極端なることになる恐あり。昨日も豊島岡へ行かるるときに、竹田宮御用取扱古谷〔美代子〕（久綱〔伊藤博文の側近、元式部官、元李王職御用掛、元衆議院議員・政友会、故人〕の寡婦）、伊東祐麿〔海軍中将、子爵、故人〕の娘）は随行するに及はす、当宮御用取扱（諫早）一人を両宮妃の随行となすへしと云はれたるか、自分（金井）より其不可なることを申上くへき旨指図したる処、然らは、古谷のみを随行せしめんと云はれたる趣なり。依て其ことも不可なる旨、両妃殿下御対座の処にて申上くへき旨指図し、已むを得す二人とも随行せしめらるることになりたる趣なりとの談を為せり（此ことは金井は昨日豊島岡より帰る自動車中にても話したり）。

祖式某及小使某に対する救助金のことは未た妃殿下に言上せす

金井又昨日相談したる祖式某及小使某に救助金を遣はすことを妃殿下に申上けんと思ひ居るも、今日は妃殿下の御機嫌宜しからすとのことなる故、未た申上けすとの談を為せり。

東久邇宮妃殿下に謁し昨日〔ママ〕物を贈られたることを謝す

午後一時頃妃殿下に謁し、昨日《マヽ》殿下より鯛の浜焼及煎餅三缶を贈られたることに付謝を陳ふ。

東久邇宮妃殿下の体度変す　竹田宮妃殿下の体度

妃殿下に謁する前金井より、妃殿下は細事には一切関係せられす、贈物の金額等は決して之を云はれさりしか、此節は時々右様の事に付指図せらるる様になりたり。竹田宮妃殿下抔は何事も自身になさるる例なるも、実は金額抔は何千疋、何万疋と云ふことは御承知あるも、其価値は御諒解なく、時としては不都合なる取計あることあり。職員も唯命を奉するのみにて、不都合と思ひても之を申上くるものなき故困る。当宮にては右様のことなく之を誇と為し居りたるか、近頃は少しく事情か変し来り、

予に贈られたる物を変更せらる

昨日《マヽ》貴邸（予か家）へ贈られたる品抔も、自分（金井）等の知らさる中に変り居りたりとの談を為せり。

浜焼鯛は久邇宮より献上、煎餅は両陛下の御持ち帰り

浜焼鯛は久邇宮より御所に献せられ、御内儀より東久邇宮へ頒たれたるもの、煎餅は両陛下の御持ち帰りの品を東久邇宮へ頒たれたるものなりとのことなり。

諮問第四号の幹事会

二時五分頃より司法大臣官舎に赴き、諮問第四号の幹事会に列し、先つ本月八日平沼（騏一郎）より相談したる刑法改正と行刑調査との関係に付、刑法改正の方針如何を急に決することを得るやを謀る。結局、急に刑名、刑期、保安処分に関する方針を定むることは出来難しと云ふ意見多きに付、其旨を平沼に通知することに決し、予より先つ豊島（直通）、林（頼三郎）より其旨を平沼に告け置呉るることを嘱す。次て犯罪の不成立に関することを議し、依法行為及正当防衛に関することを協議し、四時三十分頃閉会す。

内子及隆三越呉服店に行く

○午後内子及隆、三越呉服店に行き、物を買ふ。

朗子湿疹を療す

○午後幸江、朗子を伴ひ土肥慶蔵の家に就、湿疹を療す。

五月一六日

○五月十六日水曜。半晴午後微雨。

朗子湿疹を療す

○午前隆、朗子を伴ひ朗子の湿疹を土肥慶蔵の家に療す。

○午前九時二十分頃より出勤す。

枢密院会議

○午前十時前より枢密院控所に行き、十時頃より宮中議場に入り、関東庁官制中改正の件、朝鮮総督府中枢院官制中改正の件、樺太庁官制中改正の件、日英間小包郵便約定の追加条款締結の件を議し、皆原案を可決し、十一時前散会す。

諮問第四号に関する書類を整理す

○午後、諮問第四号幹事会の書類を謄写整理す。

自動車を借る

○午後三時頃西野英男に嘱し、明日有栖川宮大妃百日祭に列す

る為、午前午後自動車を借ることを謀らしむ。西野午前十時に自動車を貴宅に廻はし、午後のことは明日更に通知すへしとのことなる旨を報す。

杉琢磨来り、ボンボニーの趣向を変することを報す

○午後零時後食堂にて杉琢磨より、東宮殿下御結婚の時の饗宴用として三日夜餅を入るる箱の形に摸したるボンボニエーを作らんと思ひたる処、小原（駩吉）の意見ありたるに付、其意見を具して大奥の意向を問ひたる処、女房等も決し兼ね、機を見て皇后陛下の思召を伺ひたる処、陛下は三日夜餅は内所の物なる故、之を以て表向のボンボニーの形と為すは如何と思ふ。他に工夫なくは致方なきも、成るへくは更に工夫する方宜しからんとのことなりし趣に付、三日夜餅のことは自分（杉）より之を取り消し、更に工夫する積りなる旨を談す。

五月一七日

○五月十七日木曜。朝曇、午前十一時後より微雨、午後二時後より雨歇み後晴。

有栖川宮大妃百日祭に参す

○午前十時頃自動車来る。乃ち有栖川宮邸に行き、故熾仁親王妃董子百日祭に参す。十一時後宮内省に到る。

仙石政敬、西村某と共に豊島岡に行く

午後一時頃より仙石政敬、西村某（宏恭、宮内大臣官房文書課勤務）（翻訳官）と共に自動車に乗り豊島岡に到り、董子墓前祭に列す。

徳川頼倫、秩父宮殿下服装のことを談す

休所にて徳川頼倫より、秩父宮殿下のオリンピック大会に臨まるるときの服装は、次官（関屋貞三郎）は只今一般に軍人を嫌ふ様の傾向と為り居り、此際殿下か軍服を著けられされは、他の皇族は勿論之に倣はるる様になるとて、軍務当局は是非軍服を著けらるることを願ひ居る故、此際軍服以外の服を著けらるることは宜しからさらんとの考なりと云ふ。

関屋貞三郎は牧野伸顕の意を聴き居らさる様なり

予、次官は大臣（牧野伸顕）の考を聞きたる上、其趣意を秩父宮職員へ伝へたるへきやと云ふ。徳川、大臣の意は聞き居らさる様なり。尤も次官（関屋）より是は自分（関屋）一己の考なることは断り居る趣なりと云ふ。

牧野伸顕の意は未た分らす

予、大臣の考は未た分らさるやと云ふ。徳川未た分らすと云ふ。

成久王の墓の位地のこと

徳川又成久王の墓を故能久親王の墓の右に作るか、又は左に作るかは先日より問題と為り居るか、能久親王の妃は自己の墓を親王の墓の向き左に作ることは疾く決せられ居ることにて、其決心は余程強き模様に付、此際之を争ふことは宜しからさるへく思はるるに付、成久王の墓は能久親王の墓とは方向を異にし、親王の墓は南向きなる故、成久王の墓は東向又は西向にし此際は強ひて親王妃の意に反せさる方宜しからんと思ふと云ふ。

牧野伸顕も秩父宮殿下の服装は軍服を主張す

間もなく牧野（伸顕）亦来る。徳川之と立談す。既にして徳川予に対し、秩父宮殿下の服装は牧野（伸顕）も矢張り次官（関屋）と同意見なり。其趣意も関屋と同様なりと云ふ。

成久王の墓の位地のことは未た牧野伸顕に談し居らす

間もなく墓前祭に列する為共に墓所に行く。途にして、徳川より成久王の墓のことは未た牧野には談し居らさる故、其積りに致し呉よと云ふ。

仙石政敬祭終りたる後、北白川宮の墓地に行く旨を告く

仙石政敬亦祭事終りたる後、大臣（牧野）か北白川宮の墓を見る趣にて、自分（仙石）も共に行かさるへからさるに付、暫時休所にて待ち居り呉よと云ふ。予、予も共に北白川宮の墓所を見るへしと云ふ。

北白川宮の墓所に行く　成久王の墓の位地略決す

祭事終りたる後、牧野、仙石、小原（駩吉）、西園寺八郎、杉琢磨、北村耕造、酒巻芳男等と共に北白川宮墓所に行き、成久王の墓の位地を謀り、略々東方に西向に作ることに決す。

小原駩吉が秩父宮殿下服装のことを談す

墓所より休所に返るとき、途にて小原（駩吉）に秩父宮のオリンピツク大会に行かるるときの服装は軍服に決したる趣なりと云ふ。

徳川頼倫より此上秩父宮殿下服装のことに付宮内大臣と議論するは宜しからす

小原、然る趣なり。徳川（頼倫）は尚ほ大臣（牧野）に交渉すへしと云ひ居るも、此上論しても之を改むることは出来す、牧野か徳川は執拗なりとの感を懐かしむるのみなる故、自分（小原）は此上大臣に説かさる様に勧め置たり。君（予）よりも徳川に注意致し置く方宜しからんと云ふ。午後三時五十分頃宮内省に返り、四時より家に帰る。

酒巻芳男より白根松介の書状及徳川頼倫より松平慶民に贈る電信案を示す（成久王薨去のことに関す）

豊島岡の休所にて酒巻芳男より、白根松介より酒巻に贈りたる書状及徳川（頼倫）より松平慶民に贈る電信案を示す。白根の書状は、宮内大臣（牧野伸顕）より白根に対し、徳川より別紙の如き趣旨の電信を松平に贈ることを望む意を述へたるものにて、電信案は成久王妃殿下は既に成久王の薨去を知り居らるるならん。然れは、松平より機を見て妃殿下に、王の遺骸は香取丸にて送還したること、葬儀は東京にて六月八日に大妃殿下の意を承けて執行すること、王子、王女は健康なる故、安心せられ度こと等を言上すへきこと、若し未た王殿下薨去のことを知り居られさるならは、機を見て薨去のこと及電信案の趣旨を言上すへきことを申送るものなり。

豊島岡にて北白川宮の墓所より休所に返るとき、途中にて牧野より酒巻に対し、白根をして松平に対する電信のことを伝へしめ置きたり。之を聞きたりやと云ひ、酒巻は之を聞きたりと答へ、牧野は先方には絶対に妃殿下に告け難き事情あるやも計り難きに付、強制的に命令する訳には行かさるへく、都合宜しけれは之を言上せよと云ふ位に止めさるを得さるへしと云ひ、酒巻承知の旨を答へ居りたり。休所に返りたる後、酒巻より先刻大臣（牧野）より話ありたる電信は此ことなりとて、前記の電信案と書状とを示したるなり。

逸雄、朗子の写真

○午前八時頃隆、逸雄の写真を取り又朗子と内子か逸雄を懐き居る写真を取りたり。

道子歯痛

○道子昨夜より歯痛を患ふ。午前九時頃傍近の歯科医に就き之を療せんとす。

逸雄、朗子の写真を現象〔像〕せしむる為近傍の写真屋に行く

隆正に逸雄等の写真を現象せしむる為、近傍の写真屋に行き居り、急に帰り来らす。道子は一人にては歯科医の家に行き難し。

道子、隆を追ひ行き、隆は行違にて帰る　隆又道子を追ひ行く

故に道子は先つ写真屋に行き、隆を伴ひ歯科医の家に行く積りにて出て行きたる処、道子と行き違ひにて隆か帰り来りたる故、道子か追ひ行きたることを告け、隆は亦直に道子を追ふて出て行きたり。

有栖川宮邸に赴く途中、隆等に遇ひたるも之を知らさりしなり

予は此時自動車に乗りて有栖川宮邸に行〔き〕、牛啼坂の辺にて隆等に逢ひたる趣なるも、予之を知らさりしなり。

道子歯を療す

道子の歯は近傍の医をして之を療せしめ、痛癒へたる趣なり。

内子脳の工合悪し　坂田稔の家に行き薬を求む

○午後四時三十分頃家に帰る。内子褥に在り。予其由を問ふ。内子、午後一時三十分頃逸雄を懐き居りたる処、脳の工合悪しく、卒倒せんとする兆あるに付、逸雄を道子に渡したるか、卒倒するまては至らすして済みたるも、安をして坂田稔の家に行〔き〕、臭素剤を取り来らしめて之を服用し、休養し居る所なりと云ふ。

朗子湿疹を療す

○午後幸江、朗子の湿疹を療する為、之を携へて土肥慶蔵の家に行きたり。

金井四郎に田内三吉に贈りたる賻金を償ふことを忘れたることを告く

○午後豊島岡休所にて金井四郎に、先頃田内三吉に贈りたる賻を償ふことを忘れ居りたり。金額を通知し呉度旨を告く。

五月一八日

○五月十八日金曜。半晴。

○内子褥に在り。

○午前九時三十分頃より出勤す。

朗子湿疹を療す

○九時前より隆、朗子を携へ其湿疹を土肥慶蔵の家に療す。

高義敬来り、世子夫妻テニス戯を為すことを謀る

○午前十一時前高義敬来り、世子夫妻は本月二十日新宿御苑に行きテニス戯をなし度と云ひ居らるるか、差支なかるへきやと云ふ。予、同日摂政殿下の御使用さへなくは宜しからんと云ふ。高、世子は小原（駩吉）か差支なくは、之を誘ひ度と云ひ居らるるも、小原は多用ならんと思ふと云ふ。予、小原に話し見る丈けは差支なからん。小原か差支あらは断はるならん。但小原はテニスを為すや否は知らすと云ふ。高、世子はテニスの道具及衣服一切を作られたりと云ふ。

梨本宮妃は近日世子妃と同行外出せらる

高、梨本宮の御用取扱（沢田某）は病中なる故、先日来梨本宮妃は常に世子邸の御用取扱（桜井某）を随へ、世子妃と同伴して何処にも行き居らる。

世子妃、梨本宮妃と共に参内、皇后陛下に謁せらる

昨日は、愛国婦人会の総会には梨本宮妃か総裁閑院宮妃殿下〔載仁親王妃智恵子、三条実美二女〕の御名代として臨場せられ、其御礼の為参内せられ、其時も世子妃も同伴せられたる故、世子妃も皇后陛下に謁せられたり。

高羲敬より世子妃か三越呉服店に行かるることを謀る

又世子は近日妃と共に三越呉服店に行き度と云ひ居らる。梨本宮妃は幾度も三越に行かるるのみならす、銀座の化装具店抔にも自ら行きて物を買はるるとの話を世子よりなされたるも、自分（高）は夫れは賛成出来す。三越には御出なされても宜しかるへきも、唯見物にては宜しからす。世子は写真は常に三越にて撮らるる故、此節も写真を撮りに御出てされたらは宜しからんと云ひ置きたりと云ふ。

世子妃か銀座に行き物を買はるるは不可なり

予、三越へ行かるることは差支なからん。銀座の買物は他日は知らす、今暫く見合はする方宜しからんと云ふ。

三島町長より三島別邸の一部の払下を請ひ居ること

予、是は余程前のことなるか、静岡県三島町長某より、三島町に在る世子邸の別邸の一部分を三島町に払下けられ度旨関屋貞三郎に談し、関屋は其事は静岡県知事に相談し、知事の意見に従ふて申出つる様にすへき旨話し置きたりとのことなりしか、此ことに付何か申来りたるやと云ふ。高、何事も申来らす。但酒巻（芳男）の処には、何か書面の来り居る趣なり。

三島別邸に関する他の希望

先日話したることある朝鮮の画家某か画を売る為静岡県に行き、県会議員某と懇意となり、同伴して三島別邸を見たる処、県会議員は非常に別邸を誉め、是非之を開放する必要ありと云ひ居る趣なり。いつれ何とか申し来るへし。全体は李王職の事なれとも、京城にては事情分からさる故、此方にて一応の考は定め置く必要あるへし。考へ置呉よと云ふ。

故晋氏の一周年忌に関すること

高又本月二十九日は故晋殿下の陰暦の一周年に当るを以て、京城にては其前夜に祭を為す趣なり。世子邸にても其前夜に簡短なる祭を為す積りなるか、午後七時頃に内端の人丈け榊を供する位のことにすへく、昨年小祠か出来たるとき位のことにて済ましたらは、宜しからんと思ひ居るか、如何と云ふ。予夫れにて宜しからんと云ふ。

厳柱日を京城に遣はすこと

高、其時は梨本宮妃か来らるることもあらんか、他には誰にも通知せさる積りなり。顧問（予）は来り呉られ度。厳柱日は其前京城に行かさるへからすと云ふ。予、一周年の祭には此方より人を遣はすか宜しかるへきも、年々は遣はす訳には行かす、李太王の祭にも年々と人を遣はし居らすと云ふ。高其通りなりと云ふ。

朝鮮総督の訓令

予、今日の官報に朝鮮総督か教育産業交通等の為地方費を要するに付、国有林一万町歩許を地方に下付することに関する訓令を載せ居ることを告く。

教育を受けても身を立つる途なし

高其訓令を一見し、教育を受けても費用を要するのみにて、身を立つる途なきに付困ると云ふ。予其事か宋秉畯か論する所なりと云ふ。

朝鮮総督殖産を勧む

高、朝鮮の新聞は総督の地方巡廻のとき〔の〕訓示を載せ居るか、朝鮮人は食ふことか出来さる故、何事よりも先きに殖産せさるへからさる旨を説き居れり。総督も幾分其点に気附きたるものならんと云ふ。

伊藤公（博文）保護を説く

予、伊藤公（博文）は今一歩を進め、勤勉して産を殖しても、之を保護せされは勤勉するものなし。之を保護するには司法事務を改善せさるへからす。保護の途立ては、勧めさるも勤勉すへしと云ひ居りたりと云ふ。高其時代は真に其通りなりしなりと云ふ。

土地の寄附を強ゆ

高又自分（高）は京城附近に地所を所有し居るか、先日地所寄附承諾書を送り来り、道路を改作するに付、地所を寄附すへき旨申来り、七千坪を寄附せよとのことなりしも、自分（高）は寄附を拒み置きたりとの談を為し、道路の為地所を寄附せしむるは寺内総督（正毅）の頃盛に行ひたることなる旨の談を為せり。

宋秉畯は朝鮮に帰りたらん

予、宋秉畯は既に京城に帰りたるへきやと云ふ。高、自分（高）には何事も云はさるも、小山（善）の談に、宋より伊藤梅子〔伊藤博邦養母、伊藤博文継妻〕老人に電話し、此前の金曜（五月十一日）に出発して京城に帰り、七月頃には復た東京に来ると云ひたる趣に付、多分出発したるならんと思ふと云ふ。

世子、暹羅人を引見せられたり

高又先日話したる暹羅〔シャム〕人二人（若年の者にて幼年学校にて世子を識り居る者）、世子に謁見し、大に喜ひて帰りたる趣なり。暹羅人は、日本は好き所なり。世子は立派に業を成されたるも、自分（暹羅人）は中絶したる為未た業を成さすと云ひ、日本語は尚ほ覚へ居りたる由なりと云ふ。話すること五、六分間許。

西園寺八郎来り、秩父宮殿下服装のことは意の如くならさりしことを説く

〇午十二時前西園寺（八郎）来り、先日談したる秩父宮殿下オリンピック大会に臨まらるるときの服装のことは失敗したる形なり。

徳川頼倫、牧野伸顕の言に遠慮す

自分（西園寺）は服装のことに付、会議を開きて方針を決することを徳川（頼倫）に勧め置たる処、徳川は大臣（牧野伸顕）か宮内省にては会議て決定したりとて、大臣を圧迫する弊ありと云ひたることに懸念し、会議を開かす、服装のことを次官（関屋貞三郎）に談し、次官より大臣に談して之を決したる趣なり。自分（西園寺）は秩父宮の服装問題と限定せす、服装のことに付てはいつも疑を生するに付、一般のことに付服装に関する方針を議定し置くことを望みたる訳なるも、右の如き結果になりたるなり。

軍人ても若き者は事理を解す　国民の国防

自分（西園寺）は東宮武官の若き者等に対し、東宮殿下か軍服を著けたまはされは、軍の士気を維持し難しと云ふ如き憐はれなる軍隊ならは之を恃むに足らす。軍人の専有となさす、国民の国防と為すには服装の末抔に拘はるへからさる旨を説くことあるか、若き軍人等は却て其方を喜ひ居るも、老人か反対する訳なり。

関屋貞三郎、軍人に対し約束せり

秩父宮のことに付ても、次官（関屋貞三郎）か軍人に対して約束したることは確かなりと云ふ。

摂政殿下枢密院会議に臨まるるときの服装に関する意見

予、予は摂政殿下か枢密院に臨みたまふときは、軍服を召されさる方宜しからんと思ふ。明治天皇は常に軍服を召されたるも、時に因り或は海軍服、或は陸軍服を召されたり。現在の総理大臣（加藤友三郎）は現役海軍々人なるも、議会抔に行くときは通常服を著くることあり。然れは、摂政殿下も場合に因り軍服以外の服を召さるるは相当なるへし。若し是か適当ならは、予は議長（清浦奎吾）に話し見んと思へとも、是も秩父宮殿下の服装問題同様必す反対の意見あるへし。天皇は御祭のときは祭服を召さる。決して大元帥のみの御資格に非すと云ふ。

西園寺八郎に予か牧野伸顕と談したることの概略を告く

予又先日（前週の土曜）に宮内大臣（牧野伸顕）か官邸に来り呉よと云ひたるに付行きたる処、大臣より宮内省内の不一致のことを談し、其事情を聞き度と云ふに付、予は予か職務に付ては少しも不便を感することなけれとも、職務外にては聞き居ることありとて、大臣か事実を知らさること、次官（関屋貞三郎）か表裏あること（其原因は多くは勇気乏しき為）、既往のことは強ひて調和を図るも益なし。将来は大臣か務めて事情を知る様にすへきこと等に付、本月十二日に牧野と談したる事の概略を告けたり。

入江貫一も大概同様のことを牧野伸顕に告けたる由

西園寺、入江（貫一）も大臣に談したる趣なりと云ふ。

予か入江貫一に告けたること

予、予は入江に対しては、同人か宮内省に入りたる砌、公平に観察せよと注意し置きたり。入江は転任前より大分話は聞き居りたるも、実際は談より一層甚しとて困り居る模様なりと云ふ。

牧野伸顕も幾分か諒解する様にならん

西園寺、方々より話したらは、幾分か諒解する様になるならんと云ふ。話すること二、三分間許。

高義敬、予に新宿御苑に行くことを勧む

○午後零時後食堂にて高義敬より、日曜（本月二十日）には新宿御苑は差支なく、小原（駩吉）君も一寸御苑に行くへしとのことなりと云ふ。小原之を聞き、予に対し君（予）は行かさるやと云ふ。予、予は行かすと云ふ。高一寸にても宜しき故、来り呉よと云ふ。予都合にては行くことにすへしと云ふ。

小原駩吉テニスは出来すと云ふ

高、顧問（予）と、小原君はゴルフは弄ふも、テニスは出来るや否知らすと云ひ居れりと云ふ。小原テニスは出来すと云ふ。

小原駩吉未《ママ》た徳川頼倫に服装のことに付宮内大臣と議論せさる様注意したるやを問ふ

小原、徳川には秩父宮殿下の服装のことに付更に大臣（牧野伸顕）に説かさる様注意し呉れたりやと云ふ。予、未た談さす。徳川も此上大臣に説く積りには非さるへしと云ふ。小原、大概大丈夫ならんと思へとも、此上之を説くも益なき故、之を止むる方か宜しと云ふ。

北白川宮墓地は略決定す

小原又昨日見たる北白川宮の墓地のことは、地図に依り大臣に説明して位地丈は定めたり。大臣は北白川宮大妃か竹田宮妃に墓の位地を話されたりと云ひ居りたるも、其時は既に決心せしめたる後のことなり。初の致方が拙かりしなり。二荒（芳徳）も悔ひ居り〔たり〕との談を為せり。

白根松介に先日牧野伸顕か予に省の近状を問ひたるは白根の進言に依るならんと云ふ

食堂にて白根松介に対し、先日大臣より話を聞き度とのことなりしか、君（白根）か勧めたるならんと云ふ。白根、大臣は部局長官か次官のことを全然誤解し居ると云はるるに付、台湾より返るときの軍艦中にて事情を話し、又帰京後も一応君（予）の談を聞かれたらは宜しからんと云ひたるに、其時は大臣は既に君（予）と約束し置たりと云はれたりと云ふ。

白根松介、牧野伸顕と談したる状を説く

予、本月十二日牧野と談したる事の概略を告く。白根、大臣か君（予）の談を聞きたる後自分の問に対し、自分（大臣）か是迠直接に話を聞かす、総て次官（関屋貞三郎）より聞きたるは悪かりしと云はれたるか、他の者か尚ほ次官のことを誤解し居るとの念は消えさる様なりと云ふ。予、南部（光臣）に対し辞職を勧告したるときの事情を談したるに、大臣は次官を弁護し、大臣も免職を決心し居りたる様に曖昧に談したりと云ふ。白根此こと丈は大臣の意に非さることは疑なしと云ふ。

白根松介に根岸栄助転任のことを謀る

予又審査局判任官の俸給行き詰まれり。根岸（栄助）〔帝室会計審査局属官〕を何処か転任せしめ呉よと云ふ。白根、先日伊夫伎（準一）より談を聞き居れり。秘書課抔も行き詰まりて、困り居れりと云ふ。

川口知雄転任後の補欠は予定あり

予、川口（知雄）〔諸陵寮陵墓監・月輪部勤務〕か転任の望ある模様に付、仙石（政敬）へも談は為し置たるも、仙石は他に候補者ある趣にて引受けすと云ふ。小原（駩吉）傍に在り。川口の跡は他に取られては困る。某のことを仙石に話し、仙石も既に承知し居れりと云ふ。

鈴木重孝を図書寮に入るること

予、鈴木（重孝）を図書寮に入るることは出来さるやと云ふ。白根、鈴木のことは只今話は切れ居れりと云ふ。予、鈴木か転任すれは、其跡に根岸を入るることを得と云ふ。白根、夫れは困る。他に試験合格者ありと云ふ。予合格者抔は入用なしと云ふ。

会議の結果にて大臣を圧迫すと云ふ僻見を去らしむる機会なきや

食堂を出つるとき小原より、大臣か会議の結果にて大臣を圧迫すると云ひたることに付ては弁解の機なきやと云ふ。予未た其機を得すと云ふ。

三善焞彦陞叙のこと

食堂にて白根と談するとき、小原より白根に対し、本年六月に於ける高等官の昇給は如何。三善（焞彦）も此六月には進めされは困ると云ふ。白根昇給には難物ありと云ふ。

渡部信のことに付白根松介の為に便を図り置きたりと云ふて白根に戯むる

予、予は白根の為に便を図りたることありと云ふ。白根、先日大臣より君（予）の談を聞きたりと云ふ。既に食堂を出てたる後小原に対し、入江（貫一）を参事官本官と為すことは宮内省の為にも、入江の為めに〔も〕宜しきか、其外に参事官の地位を明け置くことを望まさる理由もある旨を大臣に話し置けりと云ふ。小原笑ふて去る。

杉琢磨、東宮殿下御結婚準備委員会にて決したる事項に付捺印を求む

○午後二時頃杉琢磨来り、東宮御結婚準備委員会にて決定したる事項は、後日の参考の為書類にて保存し置き度とて書類を持ち来り、捺印を求む。之に捺印す。

久邇宮にて用ゐらるる紋章に関する疑

予、久邇宮家にて調製せらるる調度には、久邇宮の紋章を附けらるること〻なりたるか、是まて皇后となられたる後、実家の紋章を附けたる物品を御用ゐなさることあるへきやと云ふ。

皇后陛下の調度に九条家の紋を附けたるものあり

杉、修繕の為、偶には九条家の紋を附けたる品を出さるることあり。此節御結婚の調度の中久邇宮にて調製せらるるものは一切関係せさること〻なりたる故、如何なること〻なり居るや、之を知らすと云ふ。予、皇族の紋章は維新の初裏菊と定められたるか、先頃秩父宮の御紋章は裏菊に非さるものを用ゐられ、久邇宮の分も同様なるか、勅許ても受けて決せられたるものなるへきやと云ふ。

秩父宮の御紋章のこと

杉、秩父宮の御紋に付ては宮内大臣（牧野伸顕）は仲に入りて大分困りたる様なるか、口頭位にては御許を受けたるならん。久邇宮の分は以前より用ゐられ居る様なりと云ふ。予、維新前より用ゐられ居るものならは、維新のときの決定にて消滅したるものには非さるやと云ふ。杉其起原は之を知らすと云ふ。

杉栄三郎来り、図書寮事務官に適任者なきことを談す

○午後三時三十分頃杉栄三郎来り、先日来図書寮事務官のことに付相談したることありしか、今に適当なる人を得す、次官（関屋貞三郎）は文部省辺に依頼して適当なる人を求めよと云ふも、決して容易ならさるへしとのことを談す。

白根松介、岩波武信のことを取消す

予、先日白根（松介）より岩波（武信）を図書寮事務官と為さんとすることを申来りたることありしも、其後之を取消したる旨を談す。

内子臥褥

○内子褥に臥す。今日も脳の工合の悪しきを感すること二、三回なりと云ふ。

道子歯を療す

○午前九時頃道子、近傍の医某に就き、歯を療す。

大正一二年日記第六冊

〔表紙に付記〕

日記　六

大正十二年五月十九日より六月十三日まて（十三日は未完）

五月一九日

○大正十二年五月十九日土曜。晴。

内子臥褥

○内子尚臥褥す。

朗子湿疹を療す

○午前八時三十分頃より隆、朗子を伴ひ土肥慶蔵の家に行き、湿疹を療す。

道子歯を療す

○午前九時前道子、近傍の歯科医某に就き、歯を療す。

○午前九時三十分より出勤す。

金井四郎、池田亀雄外一人の増俸を謀る

○午前十時後金井四郎来り、東久邇宮附属官池田亀雄を本年六月に増俸せしむること、及雇員酒巻某〔不詳〕を同期に増給せしむることを謀る。予之に同意す。

金井四郎、東久邇宮妃殿下洋行のことに関する関屋貞三郎の談を伝ふ

金井、一昨十七日豊島岡にて関屋貞三郎より金井に対し、先頃朝香宮妃殿下の洋行のことに関し度々竹田宮妃殿下に謁し、御話を聴きたるか、東久邇宮妃殿下洋行のことは君（金井）等の考へとは余程異なる御話を聴きたる故、君（金井）等の参考にもなるへきに付、一度話し置度と云ひたる故、之を聴くことを約し置きたり。

竹田宮妃殿下のこと

関屋に遇ふとき、自分（金井）より竹田宮妃殿下の御性行を今少し研究すへき旨、関屋に話し置かんかと云ふ。

予、君（金井）のことは宮内大臣（牧野伸顕）も関屋（貞三郎）も、種々竹田宮妃殿下より聴き居り、之を信し居る模様にて、君（金井）より竹田宮妃殿下のことを云々するは宜しからす。関屋に対し稔彦王殿下のことに付弁明するは宜しけれとも、自己のことは黙する方宜しと云ふ。

東久邇宮御用取扱のこと

金井、先年東久邇宮にて伊東祐麿の女某〔桜初子〕（古谷久綱の寡婦の姉）を御用取扱となさんとしたることあり。余程決定せんとするときに至り、竹田宮妃殿下より之を止めよとの御意見あり、之を止めたるか、竹田宮妃殿下も内心慊からさりしものと見へ、下田歌子〔愛国婦人会会長、明徳女学校長、元学習院教授兼女学部長、実践女学校創設者〕に命し、某の家に就き、東久邇宮にては如何なる事由にて某を止めたるかを探らしめられ、某は東久邇宮の事情に因り之を止められたる旨答へたる趣なるか、竹田宮妃殿下は某を雇ふことを止めたるは、多分村木（雅美）か故障を云ひたるならんと云はれたる趣なり。

竹田宮妃殿下に関する古谷某の談

竹田宮御用取扱古谷某は、御用取扱の人選は宮務監督及事務官協議の上、宮内省に申出て之を決する例なれは、東久邇宮の宮務監督村木か人選したる後に至り、俄かに故障を云ふへき筋なく、某を止められたるは竹田宮妃殿下の考に出てるものなることは、自分（古谷某）は其頃より之を知りたりと云へり。此話は自分（金井）より古谷に対し、君（古谷）の姉を御用取扱となすことを止めたるは自分（金井）の考なりとの取沙汰あり。其砌は之を言明し難き事情ありたる故、沈黙したるも、今日にては最早之を云ふても差支なし。君（古谷）か真実其事情を知り居らさるならは、之を告けんと云ひたるとき、古谷より之を知り居ると云ふて、答へたる語なりと云ふ。

蒲穆の書状

金井より、蒲穆より三月一日巴里発、予と金井とに宛たる書状を示す。書状の趣意は、稔彦王殿下の帰朝期を決定せらるることを願ひ居るも、未た其運に至らさることを報したるものにて、其書状は五月十七日東久邇宮邸に達したりと云ふ。

金井四郎書を稔彦王殿下に呈す

金井より稔彦王殿下に書を呈し、先日邦彦王殿下に謁したる処、殿下より稔彦王殿下のことに付種々御尋あり。稔彦王よりは書状来らさる故、状況分らすとの御話あり。邦彦王殿下は御本家にて、稔彦王殿下の幼時は御父〔久邇宮朝彦親王〕に代はりて御養育なされたる方なる故、余り御無沙汰なされさることを願ふ。又朝香宮殿下とは御不和との世評あり。是は固より誤りたる風評なるも、朝香宮殿下は御病臥中なる故、特に御慰めなされ度。又朝香宮妃殿下御著仏の上は温情を以て御慰めなさることを願ふ旨を申上け置きたり。

金井四郎書を蒲穆、池田亀雄に贈る

此趣旨は蒲穆幷に池田亀雄にも申遣はし置きたりと云ふ。

稔彦王殿下、妃殿下の洋行のことを言明す

金井又稔彦王殿下御洋行前、妃殿下は好時機に仏国に召ふ様にする旨を言明せられ居れり。決して竹田宮妃殿下の話の如く、稔彦王殿下は妃殿下を召はさる旨を言明せらるる筈なしと云ふ。

東久邇宮邸雑仕某のヒステリー

金井又雑仕某〔不詳〕ヒステリーにて、他の雑仕又は下女を苦しめ、其の為暇を乞ふものありて困る。某は片岡久太郎の懇意なるものなる故、片岡をして注意せしめんとしたるか、片岡は某か左程邪魔になるならは、解雇したらは宜しからんと云ひたるも、某は東久邇宮創立のときより勤続し、中間、嫁する為とて暇を乞ひたるも、極めて暫時にて復帰し、職務は正実に勤め居るものなる故、解雇する訳には行かすと云ひ置たりと云ふ。

金井四郎式部官兼任を望〔む〕

金井又稔彦王殿下洋行の際、自分（金井）か妃殿下に随ひて洋行てもするとき、成るへく官等の高き方か勲章等を貰ふ場合に便利多き故、仙石（政敬）に殿下より御話あり。官等を進むる為式部官にても兼任することを周旋せよとのことなりしか、仙石は式部官に兼任するは面白きことに非すと云ひ、其儘になり居り。殊に先年来、稔彦王殿下の関係やら又自分（金井）に対する非難やらにて悲境に陥ゐり居る故、何事も云はすして過きたるか、宜しく含み置き呉よと云ふ。

金井四郎陞等増俸後の年月

予、只今は五等なるか、陞等後既に二年を過きたりやと云ふ。金井今年六月にて二年になる所なりと云ふ。予増俸後の年月は如何と云ふ。金井、是は今年六月には増俸するならん。既に二年〔に〕なりたる筈なりと云ひ、既にして否一年六月ならん。俸給は強ひて望ます、官等の進むことを望むと云ふ。予、六月にて二年となる訳ならは、六ヶ月位は待たさるを得さるならんと云ふ。話すること五、六分間許。

入江貫一宮内省の近状を談す

○午後一時後食堂より返るとき、入江（貫一）予と共に来り、省内の事情を疎通する為、宮内大臣か省中の重立ちたるものを集め、重要なる事に付、意見を交換する様のことをなす訳には行かさるへきやと云ふ。予、夫れは必要なることなるか、大臣は多数の意見にて大臣を圧迫すと云ひ居る趣に付、果して右の如き考を有し居るならは、是非之を改めしむる必要あり。其内機を見て、君（入江）の意見の如きことを勧め見ることに致したらは宜しからんと云ふ。

行幸啓のときの取締

入江、行幸啓の時の不必要なる警衛等に付言ふ所あり。

土地払下の方針

又不要存土地処分例の中、本令施行前より其土地を使用し居る者には縁故払下を許す規定の改正案あり。（本令施行前ヨリ）を削らんとするものなるか、成る程実行上、幾分の便宜はあるへきか、之を削るには宮内省の大方針を定めさるへからす。之を定めたる上に非されは改正案に対する可否を決し難しと云ふて、原案を返し置きたり。此の如き事抔も重立ちたる人の意見を聴きて方針を定むることにしたらは、宜しからんと思ふと云ふ。

社会事業に対する恩賜

入江又東宮殿下御結婚のとき、社会事業に対し恩賜あるへきに付、参事官と官房書記官とにて取調を為し居るか、若干人抔は特殊部落の改善事業にも恩賜ある様にせんとの意向ある様なるか、自分（入江）は此の如き機関には恩賜あるは如何と思ひ居ると云ふ。話すること六、七分許にして去る。

○午後三時後、徳川頼倫を訪ふ。在らす。事務官室に過きり、酒巻（芳男）に徳川は既に退省したるやを問ふ。酒巻、徳川は小笠原長生の母〔美和〕の告別式に谷中に赴き居り、復た宮内省に返る予定なりと云ふ。

徳川頼倫より松平慶民に対する電信案

酒巻、徳川より松平慶民に対する電信案（成久王遺骸送還のこと、葬儀のこと等を成久王妃殿下に言上すへきことを申遣はすもの、五月十七日の日記六十六葉裏面十一行以下参看）を示す。此案は白根（松介）か立案したるものに基き、更に立案したるもの。予之に捺印して審査局に返る。二、三分間許の後酒巻来り、徳川か返り来りたることを報す。

秩父宮殿下オリンピック大会に臨まるるときの服装のこと

予乃ち往て徳川に面し、秩父宮殿下オリンピック大会に臨まるるときの服装のことは、既に宮内大臣（牧野伸顕）か決定したる趣なれは、此際、此ことに付之を争ふも効なかるへきに付、後ろ嘿止する方宜しからんと云ふ。

秩父宮殿下の御不平

徳川、此際は最早何事も云はす、其内全体のことに付進言する積りなり。大臣、次官（牧野伸顕、関屋貞三郎）には云はさりしも、秩父宮殿下か余程御不平なりとのことなりと云ふ。

関屋貞三郎の約束

予、秩父宮殿下に付ては、時としては御意思に反する必要もあるへきも、此節のことは御意思に反する必要はなきことなる様に思はる。此ことに付ても次官（関屋）か先つ陸軍当局に対し、軍服になさるる様に約束したりとの話ありと云ふ。徳川、此節の御服装は軍服に非さる方宜しき様なり。陸軍にても余り頑固に陸軍式を主張せさる方、大体に於て利益ならんと思ふ。次官（関屋）は陸軍に約束したるに非す。個人として意見を述へたるまてなり。陸軍にて膝を屈して依頼する故、無下に反対するも如何と思ひたるか、少しく事情に引かれたる様なりと云ひ居りたりと云ふ。予、個人の意見と云ひても、夫れは区別し難しと云ふ。

関屋貞三郎の弁明

徳川又、次官は社会事業の事は自分（関屋）の名義にて調査し居るも、其実は大臣の希望なり。大臣の名義にては仰山となるに付、自分（次官）の名義になし置く丈なり。然るに、間には自分（次官）社会事業に没頭する抔と云ふ人もある様なり。又自分（次官）か人の前にては反対せす、内端にて反対の行動を為す様に云ふ人もある様なりとの談を為せりと云ふ。

社会事業に関する予の考

予、社会事業に付ては、予は多少反対の考を有し居る。宮内省にて適当の社会事業に恩賜せらるるは適当なるも、宮内省にて事業の調査を為すは機関もなき故、出来ることに非す。官房の書記官位か調査したりとて分ることに非す。是は内務省の調査に依る方か相当なり。

関屋貞三郎の勇気に関すること

次官は今少し勇気を出す必要あり。

小原駩吉をして北白川宮の事務を執らしむることは牧野伸顕も之を知らさることなし

現に山辺知春の洋行中、小原（駩吉）をして北白川宮の事務を執らしむることは、次官は賛成し居りたるに拘はらす、終に之を実行せさることゝなれり。予は先日、宮内大臣（牧野伸顕）より省中不一致の原因を問はれたるに付、明に前述のことを述へ置きたり。大臣は小原のことは北白川宮の大妃に言上すへしとは何人にも申し置かさりしと云ひ居りたりと云ふ。

徳川、山辺と二荒（芳徳）とか小原のことを大臣に話すときは自分（徳川）も其席に在りたるか、山辺等は明かに小原のことを云ひたるに、大臣は、自分（大臣）の考なりとは大妃に言上する勿れと云ひたるのみにて、山辺等の考にて小原のことを大妃に言上することは承知の上なり。大臣の考と云はしめさるは、大妃殿下を圧迫することなき様にする為に外ならすと思ひ居りたりと云ふ。

江川太郎左衛門の子の授爵

徳川又江川太郎左衛門〔英龍、徳川幕府伊豆韮山代官、故人〕の子〔英武、元韮山県知事〕の授爵のことに付、富井（政章）より話を聞きたることを談し、東宮殿下の御結婚に付てはいつれ沢山の申立あるへしと云ふ。予、江川のことは理由ありと思ふ。東宮殿下の御結婚のときまて待ちたらは容易なるへきも、本人か病気なる故、急く趣なりと云ふ。徳川臨時の授爵は特別に難きやと云ふ。予左様のことなからんと云ふ。

授爵の振合

徳川、授爵の申立は大臣の命を待つや、又は宗秩寮より進みて申立つるやと云ふ。予、予か代理中には二、三件の外なかりしか、皆特命に依り、此方より申立てるものなく、又実質に付争ひたるものなし。但授爵の日に付ては大に争ひたりと云ふ。

授爵の時期に関する議論

徳川、如何なることに付争ひたりやと云ふ。予、摂政を置かるる前日に授爵の御裁可を願ふと云ふに付、其不可を争ひ、摂政を置かれたる日に摂政殿下の御裁可を願ふことゝなれりと云ふ。徳川夫れは尤ものことなりと云ふ。

関屋貞三郎就任後直に社会事業に対する寄附を勧めたること

徳川より社会事業のことを談したるとき、予より、次官（関屋貞三郎）か就職後二、三日の後、皇族附職員会議の席にて皇族より社会事業に金を賜ふへきことを勧め、職員より別段の賜金を求め、終に今日まて実行せられさることの談を為し、徳川、其ことは始めて聞きたり。特別の賜金なくしては皇族よりの賜金出来難き。尤なりと云ふ。話すること七、八分間許。時既に三時三分頃なり。乃ち去る。

○午後三時四十分頃家に帰る。

水野光衛の電話

○午後四時頃水野光衛電話にて、明朝往訪せんと欲す。差支なきやと云ふ。予明日は午前午後とも差支ありと云ふ。水野今日は如何と云ふ。予、今日ならは差支なし。直に来れと云ふ。水野、只今は本郷に在り。服装も礼を欠くと云ふ。予服装等は関係なしと云ふ。水野然らは直に行くへしと云ふ。

水野光衛来る　水野光衛、信愛夜学校の事務員となる

五時後水野来り、先日来心配を掛けたることは、有馬頼寧君に面会して信愛夜学校の事務員と為ることを依頼し、其承諾を得たり。

水野光衛下宿屋業を営まんとす

又予て話し置たる下宿業のことは、初は小規模に為し度と思ひ、処々捜かしたる処、鶴巻町に適当の処あり。間数は九間にて、下宿人は八人又は七人位を置くことを得る処なり。今日既に其方を譲り受くることに約束し来りたり。全体は約束前、貴君（予）の意見を問ふへき筈の処、先方か約束を急く故、其暇を得さりしなり。頼寧君には之を話し、下宿業と信愛夜学校の方とを兼ねて差支なきやを問ひたるに、夫れは差支なしと云はれたりと云ふ。予、下宿業の為幾許の資金を要するやと云ふ。

水野光衛に対する貸金のこと

水野、下宿業の権利を買ふ為三千三百円を要し、其他の費用を合し、四千余円を要す。有馬家より受けたる手当千五百円と自分（水野）の資金とを合せ、五百円乃至千円の不足あり。前日菓子業を営まんとしたるとき、有馬家より千五百円を貸与すへしとのことなりしか、先日貴君（予）よりの話に、千五百円の貸与は菓子業を営む場合に限りたるものなりとのことなりしを以て、此点は自分（水野）の予想に反したり。松下（丈吉）は一、二回も、早く菓子業を始め、資金は都合出来る様に協議し置けりと云ひたることありし故、下宿業を為さんと思ふ故資金のことを周旋し呉よと云ひたるに、松下は、菓子業のときは自分（松下）より一同に相談したるも、此節は他の人に依頼せよとのことなりし故、境（豊吉）か深切に話し呉れたることあるを以て、境に依頼したるも、君（水野）のことは倉富君が最も心配し居るを以て、同君に依頼せよと云へりと云ふ。

予、予より談しても宜しけれとも、先日の話は水天宮より育英部に千五百円を寄附し、育英部は殖利の目的を以て其金を利息附にて君（水野）に貸与することの話なりしなり。予は水天宮にも育英部にも関係なき故、其金を借るには水天宮に関係ある有馬秀雄又は境（豊吉）及ひ育英部に関係ある松下（丈吉）より話す方か相当ならんと云ふ。水野、右の借用金のことを頼寧君に話したる処、同君は其方の都合附けは、夜学校より給すへき手当か少くして済む訳に付、其借用は出来ることを望むと云はれたりと云ふ。予、育英部より金を貸与するも、其為夜学校より手当を減する理由とはならす、反対に其の借用か出来さるも、夜学校よりの手当を増す訳もなき様なり。其関係は予には分らすと云ふ。水野、夜学校の方は畢竟自分（水野）を救助する目的なる処、育英部より低利の金を貸さす、他より高利の金を借ることゝなれは、其利息の差もある故、右の如く云はれたるものには非さるやと云ふ。予、君（水野）か借金の利息の高低は、手当金の標準と為る訳には非さるへしと云ふ。

水野光衛資金を請はす

水野、自分（水野）に対する貸与金は単純なることゝ思ひ居りたる処、右の如く込み入り居るものにて、此上諸君に御迷惑を掛くるは不本意に付、自分（水野）の手元にて工夫し、育英部の金は借らさることにすへしと云ふ。話すること三十分許にて去る。

鹿野三郎来る

○午後八時後、鹿野三郎〔元朝鮮総督府京城地方法院書記〕来り訪ふ。鹿野は岡山県上道郡長にて、赤十字社総会等のことに付上京し、明日帰任する積りなりと云ふ。

倉富村のこと

予、明治二十年前後司法省民刑局に勤務したるとき、死刑囚の記録に関し、上道郡に倉富村あることを見、爾来村名の由来を問ひ見んと思ひ居りたるも好機を得す、其儘に経過せり。其後、村の併合にて倉富は村の一部と為り、大字として倉富の称を存することゝなりたることは市町村名を記したる印刷物にて承知せり。今夜鹿野か来訪したるを機とし、倉富の名称の由来を取調へ見ることを依頼せり。

鹿野三郎転任を望む

鹿野は郡長と為りたる以来、既に五年余を経過したるに付、宮内省其他中央官庁又は府県庁に転任することを望むに付、周旋し呉よと云ふ。予、郡長より直に中央官庁に転任することは難からん。先つ府県庁に転することを図ることか順当ならん。之を図るには野田卯太郎、有馬秀雄等に懇意になり、此等の人をして周旋せしむるか便宜なるへき旨を談す。

鹿野三郎茶を贈る

鹿野ジヤアバア〔ジャワ〕の茶二包を贈る。話すること二十分間許にして去る。

内子臥褥　脳の工合悪し

○内子臥褥。今日も二、三回脳の工合悪しきを感したりと云ふ。

五月二〇日

○五月二十日日曜。半晴風。

北白川宮五十日祭に参す

○午前九時二十分頃宮内省より自動車を遣はす。乃ち北白川宮邸に赴き、成久王五十日祭に参す。

秩父宮殿下オリンピック大会に臨まるるときの服装のこと

休所にて西園寺（八郎）と話す。西園寺、秩父宮殿下か大阪に催ふすオリンピック大会に御臨みなさるときの服装は宮内省よりは軍服か宜しき旨を申上けたるも、殿下は御承知なく、松浦（寅三郎）に厳しく御不同意の旨を御申聞けあり。次官（関屋貞三郎）も多分殿下に言上したることとなるへきか、終に軍服は御用ゐなきことになりたる由。此の如く宮内省の意見か行はれさる様になりては困る。愈々宮内省にて軍服御用ゐのことに決心するならは、殿下の御承諾を得ることは出来さることなし。兎も角宮内省の致し方拙しと云ふ。

権舎著席のこと

武井（守成）予に対し、宮内省職員の代表として権舎に著床せよと云ふ。予、予は先日も著床せり。式部長官（井上勝之助）も来り居るに非すやと云ふ。武井乃ち井上に著床を求む。

権舎に行き拝礼す

午前十一時前、祭典職員権舎に来り、拝すへき旨を告く。乃ち行き拝し、直に帰る。十一時十分頃家に達す。

新宿御苑に行く

〇午後一時十分頃より電車に乗り、新宿御苑に行く。二時前達す。王世子夫妻、賀陽宮（恒憲王）、華頂宮（博忠王）、西園寺（八郎）、小原（駩吉）、高羲敬等既に在り、御苑職平野英一〔内匠寮技師〕、相馬孟胤〔式部官、内匠寮御用掛、旧中村藩主相馬家当主、子爵〕、東郷彪〔式部官、内匠寮御用掛、東郷平八郎長男〕等接伴す。世子夫妻、西園寺、小原と共にゴルフ戯を為し、賀陽宮、華頂宮は亦別に其戯を為す。一時間許の後、茶を喫し、菓を食ひ、小憩の後、世子夫妻、両宮、西園寺、東郷彪、相馬孟胤とテニス戯を為す。世子妃は前後二、三回写真を撮る。予と小原は四時三十分頃他に先ちて帰途に就く。

小原駩吉蔬菜を贈らんと云ふ

小原、予に対し御苑の蔬菜を贈らんと云ふ。予之を受くへき旨を答ふ。小原直に園芸主任平野英一に之を贈ることを命す。予、今日は電車にて来り、野菜を携へ行くへからすと云ふ。平野亦蔬菜の或るものは、昨日之を採り尽くせり。一両日後ならは更に之を採ることを得へしと云ふ。小原二、三日後にても宜しと云ふ。

自動車に乗りて帰る

小原又自分（小原）は自動車にて帰るに付、君（予）と同乗して送り行くへしと云ふ。乃ち同乗し、表町にて小原に別れて帰る。

小原駩吉新宿御苑に行くことを勧む　賀陽宮殿下新宿御苑へ行かるること

小原（駩吉）、今日は王世子夫妻か新宿御苑に行かるることになり居るか、賀陽宮（恒憲王）殿下も御苑に行き度と云はる故、自分（小原）より、夫れは勿論差支なきも、世子は久しき以前よりの申込にて今日行かるることになり居れり。万一殿下（賀陽宮）方の御出に困らるることありては都合悪しきに付、一応問ひ合せ見るへしとて、高羲敬に電話したる処、世子に於ても賀陽宮方の御出を望まるるとのことにて、賀陽宮殿下も今日行かるることになり居れり。其時高より、是非君（予）も行かるることを望む。自分（小原）よりも之を勧め呉よと云へりと云ふ。予、予も行き見るへしと云ふ。

関屋貞三郎の弁明

予小原に対し、先日、予より宮内大臣（牧野伸顕）に対し宮内省の近状を談するとき、次官（関屋貞三郎）のことを説きたることありしか、大臣（牧野）より其ことを次官（関屋）に告けたりと見へ、次官（関屋）より、自分（関屋）に対し云々のことを云ふ人ある趣なるか、夫れは云々なりと云ふ如き弁解を為し居ることを聞くと云ふ。此時、関屋休所に入り来る。乃ち談を止む。

権舎に行き拝礼す

○午後隆、三越呉服店に行き、物を買ふ。

内子臥褥　脳の工合悪しこと減す

○内子褥に在り。今日は脳の工合悪しきことを感したるは一回に止まり、而かも其度軽かりしと云ふ。

○夜雨。

鹿野三郎来りて傘を取る

○午後鹿野三郎、昨夜遺したる傘を取りたる由。

〔欄外に付記〕

補遺　関屋貞三郎の弁明

五月二十日補遺

午後四時後、小原駩吉と倶に自動車に乗り、新宿御苑より予か家に向ふとき、車中にて予より、今朝北白川宮邸にて小原に話し掛けたること、即ち関屋貞三郎か人に対して（徳川頼倫に対し）、自分（関屋）のことに付云々の評あるも、是は云々なりと云ふ如き弁解を為し居る趣なることを談す。小原夫れは牧野（伸顕）より君（予）の話を関屋に告けたるならんと云ふ。

ホルマンかセロを朝融王に贈りたること

予又ホルマンよりセロを朝融王に贈ることは如何なりたるへきやと云ふ。小原、徳川（頼倫）に問ひたる処、大臣（牧野）もホルマンも、セロを音楽学校に寄附することにて承知したりとのことなり。徳川は彼のことは頼貞（徳川の子）か悪しと云ひ居りたりと云ふ。

補遺　新宿御苑より蔬菜、切花を送り来る

○五月二十日補遺

午後六時後新宿御苑園芸掛より、使をして切花一束、蔬菜一箱を致さしむ。先刻は二、三日後に送り来る様に云ひ居りたるも、今日送り来りたり。蔬菜はシヤンヒ〔ママ〕ニオン廿五、茄二十個、南瓜二個、トマトも二十個、レチユース五把、アスパラガス一把なり。シヤンピニオンは洋菌、レチユースはチシヤなり。

五月二一日

○五月二十一日月曜。雨。

内子脳の工合悪し

○午前八時頃内子、逸雄を懐き居りたるか、脳の工合悪しとて、逸雄を予に付し、褥に就く。眩するに至らす。

朗子湿疹を療す

○午前八時三十分頃より、隆、朗子を携へて土肥慶蔵の家に行き、湿疹を療す。

○午前九時三十分頃より出勤す。

高羲敬来り、昨日の状を説く

○午前十時四十五分頃高羲敬来り、昨日は午後五時十分頃より世子夫婦は帰途に就き、五時三十分頃帰邸せられ、両殿下とも非常に満足せられ、テニスは余り労する故、ゴルフの方宜し、

ゴルフの道具

西園寺（八郎）にも相談し、ゴルフの道具を備へ呉よと云はれたるに付、是より西園寺に遇ひ、昨日の礼も述ふ。道具のこと

も相談する積りなり。

賀陽宮殿下の謝辞

賀陽宮方も昨日は満足せられたる趣にて、只今池田（邦助）に逢ひたる処、賀陽宮殿下より池田に対し、高に昨日の謝を述ふることを命せられたりと云へりと云ふ。

小原駩吉、王世子か皇族に親まることを勧む

予、昨日小原（駩吉）と自動車にて帰るとき、小原は今後世子も時々皇族と共に御苑にて遊はれたらは、宜しからんと云ひ居りたりと云ふ。高左様なることになれは最も都合宜しと云ふ。

徳川頼倫、成久王の柩を神戸に迎ふることを謀る

○午前十一時後徳川頼倫来り、成久王の柩達するときは、東京駅に迎へたらは宜しからんと思ひ居りたるか、尚ほ考へたるに、葬儀委員長としては神戸迠行く方宜しくはなかるへきやと云ふ。予、誰か宮内大臣の代りに神戸まて行く人あるへきやと云ふ。徳川、関屋（貞三郎）は自分（徳川）か葬儀委員長として神戸まて行かさるならは、自分（関屋）か行くことにすへきかと云ひ居ることを聞きたりと云ふ。

予の意見

予、宮内職員か行く必要あるならは、葬儀委員長か行きても尚ほ行かさるへからす。君（徳川）か行くと行かさるとは、関屋には関係なきことなるへし。予は柩か北白川〔宮〕邸に達するまては、微行のことにもあり、東京駅に迎へたらは夫れにて宜しきことゝ思ふと云ふ。徳川、成久王妃殿下の感情よりすれは、厚くする方宜しくはなきやと云ふ。予、皇族の御洋行に付ては送迎とも神戸まて行く例なき様なり。神戸まて行きて悪しきことは勿論なきも、夫れ程にする必要はなからんと思ふと云ふ。

秩父宮殿下の服装に関すること

徳川、是より秩父宮殿下の御服装問題のことに付、次官（関屋貞三郎）に問ひ質す積りなるか、彼の始末は聞きたりやと云ふ。

宮内省の処置拙し

予、結果丈けは概略聞きたるも、詳しきことは承知せす。秩父宮殿下は軍服を著くることは承知せられす、終に此節限り軍服に非さることに決したりと云ふ様に聞きたり。若し軍服に限る必要あるならば、殿下如何に御不承知を唱へらるるも、宮内大臣は之を争はさるへからす。之に反し、孰れにても宜しきことならは、初より殿下の御希望に従ふ方宜しかりしなり。軍服を主張したるに拘はらす、殿下か御承諾なしとて、殿下の意に任せたるか甚た面白からさりしなりと云ふ。徳川全く其通りなりと云ふ。

ホルマンかセロを朝融王に贈りたること

予、此ことは君（徳川）にも関係あることなるか、先日東京駅にて君（徳川）より話を聞きたることあるホルマンか久邇宮にセロを献することは如何なりたるや。徳川、宮内大臣もホルマンも、朝融王殿下か一旦ホルマンよりの寄献を受け、然る後之を音楽学校に寄附せらるることに異議なきことゝなり〔たる〕旨を述へ、其経過を詳述す。

関屋貞三郎はセロを受けらるることに同意し居りたり

予、此ことに付ても関屋は疾く同意し居りたる様に聞き居るか、如何と云ふ。徳川、次官は何処よりセロの話を聞き居りたる様なるか、其ことに同意したりや否は知らすと云ふ。予、小原（駩吉）より此ことに付聞きたることなきやと云ふ。徳川聞きたることなしと云ふ。

野村礼譲か小原駩吉の助を請ひたること

予、小原より聞きたる野村礼譲か小原に相談に行きたる談を告く。徳川、其談を聞けは、関屋此ことを知り居りたる順序も分ると云ふ。

皇族の服装と軍気〔ママ〕との関係　皇族が帝国劇場に行かれたるときの服装のこと

徳川と、皇族の服装にて軍気に関係を有すとて、陸軍当局か軍服を主張するは適当ならさること、海軍にては疾くより燕尾服等を用ゐ居ること、先年皇族か帝国劇場に行かるるとき、陸軍にては軍服を主張し、燕尾服に相当する軍服ならは大綬を帯ひられさるへからす、是には困りたること等の談を為せり。

ゴルフの道具及教師のこと

○午後零時後食堂にて高羲敬より、世子のゴルフ道具幷にゴルフの指南者のことを西園寺（八郎）に相談したる処、西園寺より考へ置くへし。指南者は赤星某〔鉄馬、実業家〕か宜しかるへしとのことなりしと云ふ。

世子邸附属沢田文彦を京城へ遣はすこと

○午前高羲敬か来りたるとき、故晋氏の一周年忌に付、厳柱日は本月二十五日頃より京城へ行く予定なり。世子邸に属官三人あり。其中、林健太郎は昨年京城に行き、金永寿は今年京城に行き、沢田文彦〔李王世子附属官〕のみは未た行か〔す〕。此節厳柱日か京城に行くに付ては、随行を要する程のことはなけれとも、沢田に対する情実の為、之を遣はし度と云ふ。予何か名義を附くることは出来さるやと云ふ。高名義は附け難しと云ふ。予、致方なし。之を遣はして宜しからんと云ふ。

宗秩寮より明日会議する旨を告く　予出席し難き旨を告く

○午後三時五十五分頃宗秩寮より贈りたる書を観る。明日午後一時三十分より宗秩寮総裁室にて、皇族の席次改訂を議するに付、出席を請ふとのことなり。四時二、三分頃、予宗秩寮事務官室に行く。酒巻芳男在らす。山田益彦に対し、予は明日は他に委員会あり。宗秩寮の会議に出席し難き旨を告く。山田、酒巻か来りたらは、其旨を告くへしと云ふ。予は直に家に帰る。

宗秩寮会議を明後日に延はす

五時頃に至り宗秩寮より電話にて、明日の会議は明後日午後一時三十分より開会することに変更する旨を告く。

内子発熱

○午後五時頃内子、体温三十六度八分あり。六時後に至り三十七度三分に上る。隆をして坂田稔の家に行き、相談せしむ。坂田、品川に行き居りたる故、帰宅後来診することを求めて帰る。

坂田稔来診

七時後に至り坂田来り、診し、感冒なるへしと云ひ、解熱薬を投すへしと云ふて去る。其薬一貼を服す。

内子の体温

九時頃三十六度八分に下る。

五月二二日

○五月二十二日火曜。雨。

○午前五時後、内子体温三十五度八分。

○午前九時三十分より出勤す。

金井四郎来り、稔彦王殿下の書状を関屋貞三郎に示すことを謀る

○午前十時後金井四郎来り、一昨年（西暦千九百二十一年）稔彦王殿下より金井に贈られたる書状を示す。其書状には稔彦王妃殿下の洋行は来年（千九百二十二年）に非すして、再来年（千九百二十三年）なることを記載しあり。先日、関屋貞三郎より竹田宮妃殿下の言なりとて予に伝へたる所にては、稔彦王殿下は洋行前より妃殿下を洋行せしめさる旨を言明せられたりとのことなり。竹田宮妃殿下の言は事実に違ひ居るへき旨、予より金井に話し置たり。

然るに其後に至り、関屋貞三郎より金井に対し、稔彦王妃殿下の洋行のことは君（金井）等の考は余程事実に違ひ居れり。先日来度々竹田宮妃殿下に謁し、御話を聞きたる処、君（金井）等の考へ居る如きことに非す。参考の為、近日之を談すへしと云ひたる趣なり。金井は予の言に依り、略々関屋より談すへきことの趣意を察し、竹田宮妃殿下の言か事実に非さることを証する為、稔彦王殿下の書状を関屋に示さんと思ふか如何と云ふ。予、之を示すか宜し。然し先つ関屋をして十分に言を尽くさしめ、然る後徐に書状を示して、竹田宮妃殿下の言の不実なることを証する様に致すか宜し。

竹田宮妃殿下の言は稔彦王妃殿下洋行のことのみに非す

竹田宮妃殿下の言は稔彦王妃殿下の洋行のことのみに非す、君（金井）に対する非難もあり。而して牧野（伸顕）、関屋（貞三郎）抔は十分に竹田宮妃殿下の言を信し居る故、此の機に於て竹田宮妃殿下の言の不実なることを証するに好都合なり。

金井四郎に対する非難の原因

竹田宮妃殿下は何故に君（金井）のことを非難せらるるや。其原因は分り難しと云ふ。

金井、夫れは村木雅美か云ひたる如く、東久邇宮にて伊東某の女（古谷久綱の寡婦の姉）を御用取扱となさんとしたるとき、竹田宮妃殿下か之を阻止せられたるか、妃殿下は内心慊からす、之を村木の所為なりと弁解せられたると同様のことならんと云ふ。予、或は然らん。妃殿下より東久邇宮にては金井か専横なる故、幾度御用取扱の人選を為しても、金井の気に入らさる者は之を排斥する故、いつまて立ちても決定せすとのことを牧野（伸顕）に話されたることある趣を聞きたることありと云ふ。

北白川宮御用取扱大久保某のこと

予又、北白川宮御用取扱大久保某は誰の女なるやを問ふ。金井、税所篤〔元枢密顧問官、子爵、故人〕の女にて〔正しくは篤の長男篤一〈故人〉の娘〕大久保〔利通、明治維新の元勲、元参議兼内務卿、故人〕の三〔六〕男〔駿熊、元鹿児島県技師、故人〕（詳ならす）かに嫁し居り、大久保か死したる後、寡居し居るものなり。牧野（伸顕〕か宮内大臣とならされは、御用取扱を罷めらるる所なりし人なりと云ふ。

杉琢磨ボンボニーの見本を示す

○午後一時三十分頃杉琢磨来り、先日話したる三日夜餅を入るる箱に象りたるボンホニーの雛形を作りたる処、非常によく出来たり。此形は之を採用せさることゝなりたれとも、一応之を示す為に持ち来れりと云ふ。予之を見るに、成る程形か変りて面白きものなり。

小原駩吉に挨拶す

○午後零時後食堂にて小原駩吉に、一昨日新宿御苑より切花及蔬菜を送りたることに付挨拶す。

諮問第四号の幹事会

○午後一時五十分頃より歩して司法大臣官舎に行き、諮問第四号の幹事会に列す。緊急避難に関する事項を議し、五時前散会して家に帰る。

朗子湿疹を療す

○午後隆、朗子を携へて土肥慶蔵の家に行き、湿疹を療す。

○道子近傍の医に就き、歯を療す。

内子解熱

○内子熱解く。尚ほ褥に在り。

豊島直通より平沼騏一郎の答を伝ふ

○司法大臣官舎にて豊島直通より、刑法改正の方針は急に決し難き旨を平沼騏一郎に告けたる処、平沼より致方なしと云ひたる旨を報告す。

五月二三日

○五月二十三日水曜。曇午後雨。

内子臥褥

○内子、尚ほ褥に在り。

朗子湿疹を療す

○午前隆、朗子を携へて土肥慶蔵の家に就き、湿疹を療す。

貞愛親王の遺物

○午前九時頃伏見宮邸より使をして、貞愛親王遺物、正信〔狩野正信、室町時代中期の画家〕画樹下田家図一幅を贈らしむ。

天皇陛下、摂政殿下に拝謁す

○午前九時二十分より出勤し、直に枢密院控所に行き、十時後、天皇陛下に拝謁し、次て摂政殿下に拝謁す。十一時五分前頃審査局に返る。

条を別ちたる最初の法律

拝謁前枢密院控所にて穂積陳重より、本邦にて法律文に第幾条と条数を掲けたるは、明治四年に制定し〔たる〕軍律か最初なるへしとの談を為し、曾我祐準〔枢密顧問官、後備役陸軍中将、子爵〕其軍律を作りたるは西周〔元兵部省官僚、元元老院議官、啓蒙思想家、男爵、故人〕なることの談を為せり。

庶子、私生児の名称を止むること

拝謁後控所に返るとき、東溜の外の廊下にて富井政章より、只今民法修正の審議中、最も困り居るは、親子関係の規定中、庶子私生児の名称を削り又は改んと欲するも、適当の工夫なきことなりとの談を為せり。

高義敬来る　厳柱日来り、京城に赴くことを告く

○午前十一時頃高義敬、厳柱日を伴ひ来り、厳は明後二十五日より故晋氏一周年祭に付、京城に赴くことを告け、予相識に伝言を嘱す。高、世子邸属沢田文彦も京城に遣はすことに決したる旨を告く。

高義敬、故晋氏の一週年祭のときの礼拝のことを謀る

高又本月三十日か陰暦にて五月十一日に当り、故晋氏の忌日なる故、世子邸にては榊ても供することとする積りなるか、邸の職員中判任官以上は拝礼を許すも、雇員に礼拝を許せは、自動車の運転手も厨夫も之を許さゝるへからす。山階宮附事務官（香川秀五郎ならん）丁度宗秩寮に来り居りたるに付、同宮の取扱振を問ひたるに、同宮にては判任官以下は総代一人をして礼拝せしむる趣なりと云ふ。

予、各宮家の廟と世子邸の小祠とは性質も異なり、殊に世子邸の祠には故晋氏に侍したる侍女等は礼拝せしむる方か妃の希望に適するには非さるやと云ふ。高、侍女には祠の出来たるときも各自礼拝せしめたり。其権衡上、其時は雇員一同にも礼拝せしめたり。此節は幾分之を制限する方宜しくはなきやと思ふと云ふ。予、侍女に礼拝を許せは、雇員にも之を許さゝれは不平を云ふへし。予は、多数の人にも非さるに付、判任官以上の礼拝にて一応式を終はり、其後に至り侍女、雇員等の礼拝を許すことにしたらは差支なからんと思ふと云ふ。高然らは其振合にすへしと云ふ。

故晋氏の一周年祭のときの供物

予又故晋氏の祭に、朝鮮にては世子よりも何の供物もなしとのことなるも、世子邸にては内地の式に依り何か供へらるることならん。然れは、予等よりも何か供ふることにしては如何と云ふ。高菓子ても供ふることにすへしと云ふ。

西園寺八郎、ゴルフの道具を世子に貸し、之を購ふこと及ゴルフの教師のことを談す

高又西園寺（八郎）、昨二十二日夕世子邸に来り、ゴルフの道具二通りを持ち来り、是は自分（西園寺）所有のものなり。新に買ひ入るるものは他日取計ふへし。取り敢へす之を使用せられ度。ゴルフの教師は赤星某にて宜しからんと思ふと云ひ、昨日は西園寺は東宮御所の晩餐に赴く時刻迫りたりとて自分（高）に面会せす（自分「高」は其時は自家に帰り居りたり）、金（応善）に前述のことを告けて去りたる由なるか、今朝更に来り、昨夕と同様の旨を述へ、赤星は夫妻〔文〕ともにゴルフを能くし、東宮殿下は外国人某〔不詳〕を教師として御練習なされ居るも、教師の補助としては赤星も御相手に出つることもあり、世子は赤星を連れて新宿御苑に御出てなされて差支なからん。赤星のことは小原（駩吉）も承知し居れり。世子妃の御相手は赤星の妻か為したらは宜しからん。世子はゴルフに熟せられたる後は、東宮殿下と共にゴルフ戯をなされたらは宜しからんと思ふ旨の談を為したりと云ふ。

予、世子は只今陸軍大学の方多忙なる故、ゴルフを練習せらるる暇なかるへし。差向き稽古の手順さへ定まり居りたらは、夫れにて宜しからんと云ふ。高、差向きは世子邸内にても方式丈の稽古は出来る趣なり。赤星の家は世子邸と二、三軒隔たりたる丈けて、極めて近き所なれは、徒歩にても来ること出来る所なりと云ふ。話すること五、六分間許。

自動車を借る

○午後一時後西野英男に、明日十二時までに伏見宮に行かさるへからさるに付、自動車を借り呉よと云ふ。既に此ことを嘱し、明日の時刻を確かに記憶せさるに付、一寸電話することを留め置き、宗秩寮に行き、酒巻芳男に時刻を問ふ。酒巻十二時なりと云ふ。乃ち更に西野に其の旨を告く。

宮の順位を協議す

○午後一時三十分より宗秩寮総裁室にて、宮の順序（皇族の順位）のことに付、徳川頼倫、関屋貞三郎、小原駩吉、西園寺八郎、酒巻芳男と協議す。

予の意見

予は、皇族身位令に依り、皇位継承の順序に従ひ班位を定むることの当否は姑く之を措き、現在宣下親王は王の上に班し、男子なき親王の寡妃は故親王の待遇を受け、親王の薨後、其後を承けたる王あれは、親王の寡妃あるも王の身位に依り班位を定むることゝなり居るに付、実際不穏当のことなきに非さるも、此例に依るより外に致方なかるへく、然らは、遽かに現在の班位を変更せさるへからさることとなる故、宗秩寮にて仮りに作りたる原案にて宜しからんと云ふ。

小原駩吉等の反対

之に対し、小原、西園寺、徳川は反対の意見を述ふ。西園寺は後には予の説に賛成したるか、結局、小原は尚ほ従来の事実を調査したる上に再議することゝせんと云ひ、其ことに決す。

事実の取調

小原か調査し度と云ふ事実は、有栖川宮威仁親王の薨後、同宮の順位は故熾仁親王の寡妃の身位に従ひ、伏見宮の上に列したりや、又は威仁親王の寡妃の身位に従ひ、伏見宮の下に列したりやのこと、小松宮彰仁親王の薨後、其寡妃の身位を如何に見たりやとのことなり。右の問題に関する協議を終りたる後、予より高松宮を秩父宮の次に加ふへきことを述ふ。小原之に賛成し、他に異議なし。

皇族身位令の規定に従へは親王か王の下位となることあり

宮の順位の協議中西園寺（八郎）より、現行の身位令の規定に依れは、他日は王か親王の上に列する結果を生すと云ふ。予、之を解せす、然ることなしと云ふ。西園寺、例へは秩父宮の耳孫（玄孫の子）は王となるも、皇位継承の順序に於ては高松宮の曾孫、玄孫たる親王よりも先きなるに付、身位令の規定により班位は高松宮の曾孫、玄孫より上位に在る訳なりと云ふ。予始めて之を諒解す。協議を終りたるは三時五十五分頃なり。予審査局に返る。

自動車を借る時刻

西野英男、自動車は明日午前十一時四十分頃玄関に廻はすへしとのことなりと云ふ。予、只今聞きたる所にては、十一時二十分頃博恭王殿下か引見せらるるとのことなり。帰宅後、案内状を閲みしたる上、時刻の変更を要する訳ならは、明日更に其旨を告くへしと云ふ。宗秩寮総裁室にて小原駩吉より、明日は十一時二十分頃博恭王に謁し、午餐の饗は之を受けす、芝離宮にて催ふす宮内大臣の午餐会に赴く旨を談したる故、時刻に付疑を懐きたり。小原は、十一時二十分頃博恭王か引見せらるることは大谷正男より聞きたりと云ふ。

伏見宮邸に過り、正信の画を贈られたることを謝す

○午後四時より退省。途を枉けて伏見宮邸に過きり、帳簿に署名して、正信の画を贈られたることを謝す。

〔欄外に付記〕

補遺　閔泳綺を訴ふ

五月二十三日補遺

午前高羲敬と談したるとき、予、今朝の新聞に閔泳綺か負債を弁償せすとて裁判所に訴へられたることを記し居りたり。其金額は六千円なりと云ふ。高、先頃より尹徳栄か閔に対する債権を買ひ入れ居るとの風聞ありたり。右の如き事を為す為ならんと云ふ。

補遺　東宮殿下より賜はりたるビール、パイナツプル、紅茶

補遺

午後零時後食堂にて、東宮殿下より宮内省高等官食堂に賜はりたる台湾より御持帰りのビールを飲み、パイナツプルを食ひ、紅茶を飲す。

五月二四日

○五月二十四日木曜。曇夜雨。

隆第一銀行及三越呉服店に行く

○午前八時後より隆、第一銀行て定期預金の預け替へを為し、特別当座預金を引出し、又三越呉服店に行き、物を買ひ、二重合羽の仕直しを命す。

○午前九時三十分より出勤す。

自動車を備ふる時刻

○午前十時頃西野英男に、今日の伏見宮に行く時刻は正午にて宜しき旨を告く。西野、自動車は十一時三十五分頃に玄関に廻はすとのことなりと云ふ。

明治二十二年宮内省達第二号を写す

○午前十時後宗秩寮に行き、佐々木栄作に明治二十二年宮内省達第二号を写すことを嘱す。達第二号は各皇族の列次を定めたるものにて、之を写すは、昨日協議したる皇族の順位を定むる参考に資せんとするなり。二、三分間の後佐々木、給仕をして其写を西野英男に致さしめ、西野より之を予に致す。

自動車に同乗する人

○午前十時後西野英男より、今日伏見宮に行かるるときの自動車には、仙石諸陵頭（政敬）及同陵附事務官某か同乗を請ふ旨、主馬寮より通知し来りたる旨を報す。

伏見宮邸に行く

午前十一時三十分頃諸陵寮事務官（山口巍ならん）来り、仙石（政敬）か玄関に待ち居る旨を報す。乃ち往く。既に伏見宮邸に到る。

喪章を除く

予西園寺（八郎）に対し、東伏見宮（依仁親王）の百日祭後、妃殿下か関係人を引見せらるるとき、予は喪章を著けすして行きたるに、他は皆之を著け居りたる故、予も遽に之を著けたり。今日は之を著け居らさる人多し。之を著けさる方、宜しかるへきやと云ふ。西園寺、之を著けても宜しかるへきも、之を著けさる方、穏当ならんと云ふ。武井守成も亦之に賛成し、予か為に喪章を除く。

博恭王殿下の挨拶

十二時十分頃博恭王殿下来り、一同に対し喪事に世話したることを謝せられ、次て食堂に入る。

博恭王殿下と話す

殿下と宮附別当佐藤愛麿と相対して著席、川村景明、殿下の右に、予は殿下の左に著席せり。食間殿下と話す。殿下、審査局の所在及其事務等を問ひ、又予の住所を問はる。次て中野に在る宮の別邸のことを談す。殿下、建築将に成らんと〔す〕。来月頃より一時其方へ移り、本邸を修繕して此処に住する積りなる旨を語らる。一時前喪終はる。

遺物を贈られたることを謝す

喫煙室にて、昨日貞愛親王の遺物を贈られたることを謝す。一時十分頃より仙石及山口と同乗して、宮内省に返る。仙石等は玄関にて別れて、諸陵寮に返る。

宮田光雄に松田正之を内閣に転任せしめたることに付挨拶す

伏見宮邸にて食堂に入る前宮田光雄に対し、松田正之を内閣に転任せしめたることに付挨拶す。宮田、松田とは先代正久との関係にて懇意なりやと云ふ。予、否。正之の実家有馬家の関係なりと云ふ。

西園寺八郎と皇族の順位のことを談す

又伏見宮邸にて食堂に入る前、西園寺（八郎）より昨日の協議会のときは自分（西園寺）は先きに退席したるか、宮の順位は如何決したりやと云ふ。予、小原（駩吉）より既往の事実を調査することを求め、決定せすして散会したるか、予は、事実を調査しても現在の事を根本より変更することは出来さる故、矢張り昨日宗秩寮より提出したる原案の通り、此際は伏見宮の順位を少しく下くる丈に止め置くより外に致方なからんと思ふと云ふ。西園寺、夫れより外に致方なからん。理論は矛盾すれとも、急に根本より変更すること出来さる上は夫れより外に致方なからんと云ふ。

道子歯を療す

○午前九時頃道子、近傍の医に就き、歯を療す。

金井四郎来り、関屋貞三郎を訪ひたる状を説く

○午後二時三十分頃金井四郎来り、今朝宮内次官（関屋貞三郎）を往訪したるも、時間少く緩話することを得す。関屋より近日中夜間に来訪せよと云ふに付、自分（金井）は本月二十八日より神戸に往かさるへからすと云ひたるに、関屋は、自分（関屋）は神戸に往く積りなる故、然らは汽車中にて話を聴かん。宗秩寮総裁も神戸に行く趣なりと云へり。依て自分（金井）より、然らは次官（関屋）と総裁（徳川頼倫）と一緒に話を聴き呉よと云ひ置きたり。

竹田宮妃殿下の反感

次官（関屋）は朝香宮妃殿下の洋行のことに付、度々竹田宮妃殿下に謁し、種々の御話を聴きたるか、殿下方は余程宮内省に対し反感を有せらるる様なり。自分（関屋）等は鳩彦王殿下と妃殿下との間は円満ならさる様に思ひ居りたるも、竹田宮妃殿下の御話に依れは、初の内は円満を欠きたることもありたるも、近頃は非常に円満となられたりとのことなりと云ふ。

朝香宮殿下御夫婦間の円満

右の話に対し、自分（金井）より、夫れは事実なり。自分（金井）等の見る所にても非常に御親密なり。

金井四郎夫婦の円満

自分（金井）のことを自分（金井）に云ふは笑しけれとも、自分（金井）より東久邇宮妃殿下に対し、殿下は金井の夫婦は仲か宜しと毎度御話あるも、朝香宮御夫婦の御仲の宜きことは金井抔の比に非すと申上けたることある位なりと云ひ、関屋は然るか。其様なることは知らさりしと云へり。

片岡久太郎を東久邇宮妃殿下御洋行中留守せしむること

関屋と徳川（頼倫）とに対し、稔彦王殿下のことを話すに付ては片岡久太郎のことを話し置かんと思ふと云ふ。予、妃殿下御洋行のとき、片岡を奏任官待遇の御用掛となすことなりや。其時期に至れは出来さることはなからんと思へとも、妃殿下の御洋行期未定に付、今より話し置くは早きに過くるへしと云ふ。金井、其話に非す。稔彦王殿下御洋行前、妃の洋行中は片岡をして留守を為さしむへきことを命せられ居る事実を話す積りなり。

稔彦王殿下、御洋行前に妃殿下を呼ひ寄せすと云はるる理なし

王殿下か妃殿下の留守のことまて命せられ居るに付、御洋行前、妃殿下を呼ひ寄せすとの話をなさるへき筈なきことを証する為なりと云ふ。予、夫れは勿論話して宜し。昨年、片岡の免官と同時に御用掛と為し度との話ありたるとき、予より妃殿下の洋行中は、是非とも片岡を御用〔掛〕と為す必要ありと云ひたることありたるに、其時は勿論稔彦王殿下妃を呼寄せすと云はれたる様の話なきときにて、誰も片岡を御用掛となすことに付、異論もなかりしなりと云ふ。

小田原に在る東久邇宮別荘予定地の取扱方

金井又今日林野管理局に行きたるも、東久世秀雄は不在なりしに付、東郷〔直、帝室林野管理局技師・地積課長〕に直に面会して小田原の別荘地のことを相談したるに、東郷は東久邇宮より地図を添へ、此の地所は他日別荘を建築する希望あるに付、他に売却等せさる様に致し置き呉度旨の書面を出し、之に対し管理局より、何時にても入用のとき貸地と為すへき旨の答を為し置きたらは、夫れにて宜しからんと云へり。予、只今直に借り受けても、直に建築する訳に行かす。左りとて荒地と為し置くも面白からす。東郷の云ふ如きこと出来れは、一番便利なるへしと云ふ。

伏見宮の御遺物

予、今日は伏見宮邸に招かれたるか、君（金井）等は招かれさりしやと云ふ。金井、招かれす。遺物として七宝の額一個を

贈られたり。東伏見宮の遺物としては羽二重一反を贈られたるか、遺物としては価の高下に拘は〔ら〕す、此節の様なる物か宜しと云ふ。話すること三、四分間。

稔彦王殿下御夫婦間のこと

金井か稔彦王殿下のことを談するとき、世間にては稔彦王殿下御夫婦仲悪しき様に云ふものあれとも、御夫婦の仲は極めて円満なりと云ふ。予、然り。極めて円満なり。予か先年宮務監督と為りたるとき、前任者（松室致）より御仲宜しからさる様の引き継を受けたるも、是は全く間違なりしなり。但し、稔彦王殿下は妃殿下を十分御保護なさるも、妃殿下の為に左右せらるる様のことは断してなされさる御性質なりと云ふ。金井其通りなりと云ふ。

岩倉熊一郎来り、神戸に行くことを告く

○午後三時五十五分頃岩倉熊一郎〔内匠寮属官〕来り、予か家の近状を問ひ、本月二十七日より高橋其三か成久王御遺骸を迎ふる為神戸に行くに随行する旨を告く。

活動写真を観んと欲したるも拒絶せらる

○午後七時頃より道子を伴ひ、活動写真を観る為葵館に行〔く〕。観客場に満ちたりとて客を謝す。乃ち去る。

歩して帰る

溜池停留場より電車に乗らんと欲したるも、軌道の工事中にて仮停留場に近き難し。終に歩して、家に帰る。

〔欄外に付記〕

補遺　鏡餅の代を問ひ、更に之を供ふることを嘱す

補遺

午前十時後宗秩寮に行き、佐々木（栄作）に皇族列次に関する書類を写すことを嘱したるとき、予より佐々木に、先日来皇族に供ふる鏡餅を依頼したるか、其代価か分かりたらは通知し呉よと云ふ。佐々木之を諾し、且本月三十日に成久王の御遺骸達したる上、遷霊祭を行はるるとき、宮内大臣（牧野伸顕）初鏡餅を供ふることゝなるへし。貴官（予）の分も取計ふへきやと云ふ。予之を依頼す。

五月二五日

○五月二十五日金曜。朝雨後曇。

朗子湿疹を療す

○午前八時三十分より隆、朗子を伴ひ土肥慶蔵の家に行き、朗子の湿疹を療す。

道子歯を療す

○午前九時頃道子、近傍の医に就き、歯を療す。

○午前九時三十分より出勤す。

白根松介本月二十八日学士会員に午餐を賜ふとき列席することを求む

○午前十時二十五分頃白根松介来り、本月二十八日芝離宮にて、学士会員及受賞者に午餐を賜はるに付、毎々迷惑なから列席し呉度。君の外には三宅米吉〔歴史学者、考古学者、東京帝室博物館総長、東京高等師範学校長〕（博物館長）か列席することゝなり居れり。受賞者に餐を賜はるは今年か始めてのことにて、昨日院長穂積（陳重）に其旨を告けたる処、穂積も大に喜ひたりと云ふ。予列席を諾す。

九条道実来り、華族の襲爵の期間のことを問ふ

○午後一時後食堂より審査局に返るとき、九条道実、予と共に来り、華族令第十条に、相続の開始を知りたるときより六月内に相続の届出を為すへき旨の規定あり。第十二条に、第十条の期間内又は相続開始のときより三年内に相続の届出を為さゝるときは爵を襲くことを得さる旨の規定あり。第十二条の三年の期間は如何なる場合の期間なるやと云ふ。

誤て九条道実に答ふ

予、相続の開始を知りたるときは六ヶ月内、仮令之を知らさるも、三年を過くれは爵を襲くことを得さるなりと云ふ。九条、宗某〔重望〕の死後相続人なし。此の場合には相続人を定めさるへからさるか、矢張り六月内に之を定めて届出さるへからさるやと云ふ。予然りと答ふ。九条既に去る。

実際の取扱振を酒巻芳男に質す

予、予か答の適当ならさりしを思ひ、宗秩寮に行き、酒巻芳男に実際の取扱振を問ふ。酒巻、相続人なき場合には、相続人に選定せられたるときより六月内に届け出つれは宜しきことに取扱ひ居ると云ふ。

九条道実に先刻の答の誤を訂す

予乃ち直に九条の室に行き、先刻の答は誤れり。相続の開始を知りたるときより六月間に届出つれは宜しきことにて、相続人に選定せらるるまては相続の開始を知らさるものに付、選定せられたるときより六月内に届出れは宜しく、相続開始のときより六月内に届出てさるも、其の為爵を襲くことを得さるものとはならす、宗秩寮にても其通りに取扱ひ居るとのことなる旨を告く。九条之を謝す。

摂政殿下より高等官食堂に賜はりたるものを飲喫す

○食堂にて、摂政殿下より高等官食堂に賜はりたる台湾のビール、パイナツプル及包種茶、烏龍茶を飲喫す。昨日飲喫したる残余なり。

酒巻芳男来り、徳川頼倫より松平慶民に贈る電信案に捺印を求む

○午後三時三十分頃酒巻芳男来り、徳川（頼倫）より松平（慶民）に対する電報に捺印を求む。其電報は、朝香宮御用掛は黒田長敬〔旧秋月藩主黒田家当主、侍従、子爵〕、甘露寺受長〔侍従兼東宮侍従、伯爵〕共に当地を離れ難き事情あり。武井（守成）、相馬孟胤の中より選ひては如何。又都合にては某〔不詳〕（氏名を忘る。此人は属官として現に朝香宮に随ひ、仏国に行き居る人なりと云ふ）を其儘御用掛としては如何と云ふ趣意なり。予酒巻に、黒田、甘露寺は何故に当地を離れ難きやと云ふ。酒巻、甘露寺は洋行を好ます、黒田は侍従職の方を殆んと一人にて勤め居り、手離し難き趣なり。電報末段の某のことは関屋（貞三郎）の考にて、自分（酒巻）は幾分其人物に懸念あり。或は意を迎へて歓心を買ふ様の人には非さるやと云ふ。

閑院宮妃殿下、愛国婦人会総裁、特志看護会総裁を辞せらる

酒巻又閑院宮妃殿下、愛国婦人会総裁、特志看護婦会総裁を辞せらるる書類二通を示す。予之に捺印す。酒巻、其後任は伏見宮妃〔博恭王妃経子、徳川慶喜九女〕に決する模様なり。

故依仁親王妃殿下を良子女王殿下の輔導とすること

又東伏見宮妃か良子女王殿下の輔導とならるることも早く決定せらるる方宜しかるへき旨、総裁（徳川頼倫）より大臣（牧野伸顕）に談したる処、大臣は此のことは最早皇族に大概言上せり。只梨本宮妃のみには未た言上せすとのことなりし由なりと云ふ。

宮の順序は宗秩寮の原案の通り定むるを可とす

予、先日協議したる宮の順序のことは如何なすや。予の考にては既往の事実を調査しても、今日にては伏見宮の大妃と有栖川宮妃との順序を比較することを得す。

有栖川宮と伏見宮との順位

伏見宮は北白川宮の例に依れは、博恭王殿下の順位に依らさるへからす。然れは、既往の事実如何に拘はらす、有栖川宮を上位となすより外に致方なしと云ふ。酒巻、自分（酒巻）も其考にて、西園寺（八郎）も其通りに云ひ居りたり。但北白川宮と竹田宮の順位とに付疑を懐き居ると云ふ。

北白川宮と竹田宮との順位を説明す

予、此ことは皇位継承の順序に依れは、現在の通りにて変更すへきものに非す。酒巻尚ほ解せす。予、秩父宮、高松宮のことを例として説明し、終〔に〕東宮殿下の系統を例示す。酒巻始めて諒解せり。

襲爵の期間のこと

予又先刻話したる襲爵のことは間違なきや。事実は宗伯爵家のことなり。宗家には相続人なきに付、之を選定することは六ヶ月に限らす、選定したるときより六月内に届出つれは宜しきやと云ふ。酒巻夫れは確かなりと云ふ。

○午後四時より退省す。

水越理庸の長女の結婚披露

○午後五時三十分より水越理庸〔北海道拓殖銀行頭取、元朝鮮銀行理事〕長女阿素と奈良正夫〔旭川地方裁判所判事〕との結婚披露宴に東京会館に赴く。案内は午後六時なるに、時差々早し。乃ち途を枉け、虎ノ門を経、車夫をして舒歩せしめ行く。会館にて山県伊三郎、加藤高明〔憲政会総裁、貴族院議員・無所属、子爵〕、阪谷芳郎、一戸兵衛〔後備役陸軍大将、前学習院長〕、江木翼、佐竹義準〔旧秋田藩家老佐竹家当主、貴族院議員・公正会、元朝鮮総督府印刷所長、男爵〕等に遇ふ。

席次失当

食卓に就くとき、予も席を佐々木勇之進〔不詳〕の次、江木翼の上に設く。江木千之、媒妁人として主人に代り挨拶を為し、今日は官人と実業家とを招き、席を次つること難し。当を失したるもの多からん。諒恕を請ふと云へり。予の席も的に失序の一なり。

奈良正夫は司法官

奈良正夫は司法官なりと云ふ。九時後、家に帰る。

五月二十六日

○五月二十六日土曜。晴。

有馬泰明来り、追加予算に捺印を求め収支計算書を致す

○午前七時頃有馬泰明より電話にて、往訪せんと欲する旨を告け、差支なき時刻を問ふ。八時三十分頃まて〔に〕来るへき旨を告けし〔む〕。八時頃有馬来り、有馬頼寧氏か北白川宮の遺骸を迎ふる為、上海に行く旅費七百円の追加予算に同意を求む。予算書に捺印して之を返す。有馬又本年四月の収支計算書を致す。

水野光衛のこと

有馬と、水野光衛家扶を辞したる事情、水野を信愛夜学校の職員と為す始末、水野か下宿業を営むこと、水野か育英部より金を借ることは止むると云ひたること等を話す。

有馬秀雄に関する九州日々新聞の記事

有馬、久留米の九州日々新聞に有馬秀雄のことを誹り、有馬家の寄生虫と題する記事を三日計り連載し、其中には秀雄の親族泉某〔不詳〕を手先として不正なることを為し、亀井戸〔亀戸〕の有馬家別邸を売払ひたるときにも不正なることありたり。近来は泉某は有馬の感情を害し居る旨を掲居るとの談を為せり。

渡辺暢の住所を佐竹義準に通知す

○午前九時頃、隆をして佐竹義準に電話し、渡辺暢の住所を通知せしむ。昨夜、東京会館にて之を通知すへきことを佐竹に約し置たるを以てなり。

○午前九時三十分より出勤す。

酒巻芳男来り、廃朝に関する書類に捺印を求め又電信案に付意見を問ふ

○午前十一時後酒巻芳男来り、成久王葬儀当日廃朝のことに付勅裁を仰く書面及ひ廃朝のことを鳩彦王、稔彦王及成久王妃殿下に言上する電信案を持ち来り、捺印を求む。予、勅裁を請ふ案に捺印し、三殿下に言上する案は、附武官又は御用掛に対し単に廃朝仰出さると云ふ電信を発するのみにては不十分なり。此等の人に電信を発するならは、言上する旨の語を加ふる必要あるへきことを告く。酒巻改案すへき旨を告けて去る。

杉琢磨来り、薪炭費の予算編成方を謀る

○十二時前杉琢磨来り、是迄の予算には薪炭に関する費用は御奥と宮殿と庁舎との三個に区別し、其費途を区分し居るも、実益少くして手数多きに付、来年度よりは其費用は雑出の款に移し、総て同一費用より支出することゝ為したらは便宜ならん。現に是迄も電灯費、瓦斯〔ガス〕費用、上水費は雑出の款項中に収め、御奥も宮殿も庁舎も区別せさることになり居るに付、薪炭も其例に依り度と云ふ。

薪炭費の予算編成方に付伊夫伎準一、矢島正昭の意見を問ふ

予、一応考へたる上答ふへき旨を告け、杉か去りたる後、伊夫伎準一、矢島正昭に謀る。二人とも区分を廃する方、便なるへしと云ふ。

食堂にて日支郵便約定のことに関する国民新聞の記事のことを談す

○午後零時後より一時後まて食堂にて、入江貫一、山崎四男六と雑談す。談、昨日の国民新聞に、日支郵便約定のことに付加藤総理大臣（友三郎）と枢密院との間に談したることを掲けたることに及ふ。入江、新聞記者に問ひたるに、該記事は若槻礼次郎〔憲政会副総裁、貴族院議員・茶話会、元大蔵大臣〕の所より出てたる趣を答へたりと云ふ。入江又（現代）と題する雑誌に枢密顧問官の評を掲け居るか、君（予）のことは譏りもせす、又誉めも居らさりしと云ふ。予、予のことは誉むる訳なし。予は先年新聞には大に譏られたる故、新聞の評は格別気に掛けすと云ふ。一時四十分頃散し去る。予、入江の室に入り、（現代）なる雑誌ありやを問ふ。入江自宅に在りと云ふ。

入江貫一と更に国民新聞のことを談す　伊東巳代治漏洩のこと

入江又先刻は談せさりしか、国民新聞に掲けたる記事の原稿は、伊東伯（巳代治）より若槻礼次郎に渡したるものなりとのことなり。伊東は如何なる考なるへきか。何か現内閣に不平あるへきやと云ふ。予、伊東より原稿を渡したりとすれは、現内閣を倒す考ありと思はるるか、伊東は常に不平はあり。或は憲政会に対し好意を有し居るへきか。然るに、伊東と岡野（敬次郎）との間は誰も知る通りにて、日支郵便約定のことも、岡野に対し伊東か解決を引受けたりと云ふに非すやと云ふ。

加藤友三郎か枢密院の審査委員に釈明したる事情

入江、初議長（清浦奎吾）は顧問官一同に対し、加藤総理大臣（友三郎）より釈明を為さしむる積なりしも、加藤より再ひ審査委員のみに釈明することを相談し、終に其ことになりたる訳なり。伊東は幾度も該問題の解決は伊東に依頼することを岡野（敬次郎）に諷したるも、岡野は伊東より種々の報酬を望まるるを恐れ、之を依頼せさりしも、結局致方なきことゝなり、加藤より伊東に依頼し、岡野は伊東に対し細目の打合せを為したるか、伊東は顧問官一同に対し釈明し、問題か益々紛糾すれは、議長（清浦奎吾）には之を纏むること出来す、故に審査委員のみに釈明することゝなすへき旨岡野に談し、岡野は之を加藤に告け置たる為、加藤に対〔し〕、議長（清浦）か審査委員のみに釈明することを承知せさりしも、加藤は再々之を主張し、終に清浦をして承諾せしめたるものなりと云ふ。

伊東巳代治か枢密顧問官一同に釈明すへきものに非さることを主張したること

予、成る程其のことを聞けは、審査委員丈けにて加藤の弁明を聞く前打合を為したるとき、有松（英義）より顧問官一同に対することを説きたるに、伊東は政府は審査委員に対し、約定の効力に関する説明を為し、其説明か貴族院に於ける説明と矛盾したるよりの問題にて、此問題は一般の顧問官に関係なし。又南満洲鉄道附属地の郵便に関する約定に付ては政府は初より御諮詢を要せす、新たに義務を認めたるものに非さることを主張し、此辺に付ては終始一貫して少しも釈明を要する所なき旨を主張したり。此ことは、政府に対し打合せ居りたる為なりしなるへしと云ふ。

御歴代調査委員のこと

予又帝室制度審議会のことは、次官（関屋貞三郎）は伊東に対し、御歴代調査委員会を設くることを引受け居る趣なるか、如何なる運に相成り居るへきやと云ふ。入江、大臣（牧野伸顕）も之を承諾し居る模様なり。伊東より委員の人選を持ち出し、大臣は更に三上参次をして学者を選ましめたるに、大臣は余り人数多きに付、之を減すへき旨を告けたり。依て更に之を調査したるに、三上か人選したる後、日数を経たるに付、萩野由之〔日本史学者、元東京帝国大学文学部教授〕抔は大学教授を罷めたり。然し、矢張り萩野抔は有力者として選に入るへきものとのことに付、自分（入江）に於て取捨して大臣に差し出し置きたり。其内には御歴代調査のことは実行せらるるならん。大臣（牧野伸顕）は学者か集まりて細か〔な〕ことまて調査することゝなりては際限なきに付、宮内大臣より調査すへき事項を指定し、御代数を定むるに必要なることに限り、調査せしむることにし度との談ありたりと云ふ。

王公家軌範案のこと　皇室裁判令案のこと

入江又帝室制度審議会にて調査中なる王公家軌範案は法律論なる故、之を成立せしむることは中々困難なるか、皇室裁判令の方は何とかして成立せしむることは出来さるへきやと云ふ。予、此方は法律論は少し。但皇族相互の訴訟と云ふ様なることを皇室令を以て定むるか宜しからすとの論なり。

皇室典範《〔ママ〕》令案に対する浜尾新の反対意見

之を主張するは浜尾（新）なる故、予より同人に対し、既に皇室典範にて皇族の訴訟を規定し居る故、已むを得さるに非すやと云ひたるに、浜尾は典範の規定か悪しき故、今更皇室令を以て裁判令抔を設くへからすとの意見なり。浜尾は、平沼（騏一郎）は予て淳風美俗を高唱する人なるに拘はらす、皇族の訴訟を主張するは矛盾なりと云ひ居りたりと云ふ。入江、南部参事官（光臣）か皇室裁判令に関し調査したる鉛筆書の書類あり。之を浄写せしめ置たるか、其中に裁判令は云々の説あり、実行し難しとの記載あり。浜尾の如き意見ある為ならん。

山県有朋の皇室裁判令案に対する意見

故山県公（有朋）は、皇族の訴訟の為強制執行を為す如き規定を設くるは適当ならす、此の如き規定を削りて、簡短なる規定を設くる工夫なきやと云ひ居りたりと云ふ。

王公家軌範は成立し難し

予、裁判令は法律論なき故、簡短なるものを作ることは出来さるに非す。又王公家軌範に付ても、伊東（巳代治）の方も財産に関することは法律に譲りて宜し。王公襲系のこと丈は是非軌範にて定めさるへからすと主張する趣なり。此論は財産に関することも皇室令を以て定むることを得さるに非されとも、実際其必要なき故、是は法律に譲ると云ふことにて、之を譲りたりとて枢密院との間に相違し居る法律論は解決したるものに非す。

王公家軌範案の論点

華族令の如く、王公の爵を襲くことを得るものは男子に限ると云ふ様なることになれは、法律論は解決すれとも、是は伊東の方にて承知せす。裁判令丈成立しても、軌範か成立せされは、伊東等は満足せす、軌範は前述の次第にて成立せさる故、結局致方なき訳なり。軌範の方も、岡野（敬次郎）と平沼（騏一郎）か譲歩して纏むることに決心して伊東に説きたらは、伊東は承知せさることはなからんと思はると云ふ。

自動車を借る

○午前十一時後西野英男に嘱し、明後二十八日、明後々二十九日の両日、芝離宮にて催ふさるる午餐会に赴かさるへからすに付、自動車を借ることを謀らしむ。西野、主馬寮にて承知したり。但二十八日は皇后陛下、摂政殿下とも行啓あらせらるる予定にて、或は自動車の不足を生することあるやも計り難し。其時は馬車を供ふることゝすへしと云へりと云ふ。

朗子湿疹を療す　隆、朗子日比谷公園に行く

○午後隆、朗子を携へて土肥慶蔵の家に行き、朗子の湿疹を療し、遂に日比谷公園に行く。

道子、幸江活動写真を観る

○午後、道子は逸雄及幸江を伴ひ、万国館（松竹館）に行き、活動写真を観る。

隆一ツ木町に行く

○夜、隆一ツ木町に行く。

掛物を替ゆ

○床の間の掛物を替ゆ（容斎〔菊池容斎、日本画家、故人〕の幅を蔵し、正信の幅を掛く）。

五月二十七日

○五月二十七日日曜。雨。

帝国学士院の授賞式に会す

○午前九時より上野の美術学校に行く。帝国学士院にて学者に対する授賞式を美術学校に於て施行するを以てなり。

自己の血精〔清〕を注射する人の氏名を野田卯太郎に問ふ

野田卯太郎に遇ふ。之に自己の血精を注射して、治療する人の住所氏名を問ふ。野田、蠣殻町に住する百瀬玄渓〔泌尿器科医〕なり。自分（野田）は前年一度注射を為して其効あるを知り、前日郷里に行く前、更に注射を為したるに、大に効ありたる様なりと云ふ。十時後より授賞式に行く。

著席を誤る

予式場に到り、穂積陳重（学士院長）の勧に依り椅子に著き居りたる処、其椅子は式場にて祝辞を読む大臣の著くへきものなりし為、穂積は予に他の椅子に著くことを求めたり。

授賞式

賞を授けられたる者、徳富猪一郎〔蘇峰、国民新聞社社長、ジャーナリスト・思想家〕、柿村重松〔福岡高等学校教授、国文学者〕、朝比奈泰彦〔東京帝国大学医学部教授、薬学者〕、木下季吉〔東京帝国大学理学部教授、物理学者〕の四人なり。開会の初、院長穂積（陳重）より式辞を述へ、学士院会員より受賞者四人に付授賞の理由を説明したる。院長より各自に賞を授け、内閣総理大臣（加藤友三郎）代理宮田光雄、宮内大臣（牧野伸顕）、文部大臣（鎌田栄吉）祝辞を述へ、式を終る。

清浦奎吾、広瀬旭荘の書を有するやを問ふ

休所にて茶菓を供す。清浦奎吾予に対し、広瀬旭荘〔江戸時代後期の儒学者・漢詩人、広瀬淡窓の弟、咸宜園第二代塾主〕の書を有するやと云ふ。予、一幅を有〔す〕。郷里には数枚ありたるか、一幅は東京にて求めたりと云ふ。清浦、之を有せされは之を贈らんと思ひたるも、之を有するならは他の書を贈ることにせんと云ふ。何の為なるやを知るへからす。

画家（正信）のことを清浦奎吾に問ふ

予清浦に、画家（正信）は何時頃の人にて如何なる人なるへきやを問ふ。清浦画風を問ふ。予墨粗画なりと云ふ。清浦単に（正信）と書しあるやと云ふ。予法橋正信とありと云ふ。終に分らす。

午餐を喫せすして帰る

学士院の職員より予に午餐を喫することを勧めたるも、之を喫せすして帰り、午後一時後家に達す。

書類を整理す

○午後来書類を整理す。

書を松寺竹雄に贈る

○書を松寺竹雄に贈る。

隆日比谷公園に行く

○午後、隆日比谷公園に行く。

五月二八日

○五月二十八日月曜。暁雨後半晴夜雨。

朗子湿疹を療す

○午前隆、朗子を携へて土肥慶蔵の家に行き、湿疹を療す。

大日本人名字書〔辞〕にて正信の時代を検す

○午前九時後、大日本人名字書にて、本月二十二日伏見宮より貞愛親王の遺物として贈られたる正信の画の時代を検す。正信は狩野家の初代にて足利義政〔室町幕府第八代将軍〕時代の人なること、伏見宮より贈られたる画を正信の正筆と鑑定したる永悳〔狩野永悳、幕末・明治時代の日本画家〕は徳川の末年より明治二十四年まで存したる人なることを知り得たり。

○午前九時三十分より出勤す。

青山操帰京す

○青山操、実況審査の為旅行し居りたるか、一昨日帰京したりとて、今日より出勤す。

高羲敬来る　世子夫婦の近郊運動

○午前十一時頃高羲敬来り、世子夫婦は昨日自動車に乗り、府中辺迄行き、一時間計り散歩したる上、帰途梨本宮に過きり、午後八時頃帰られたり。

明二十九日の故晋氏祭

又明二十九日、陰暦にて故晋氏の忌日に当るに付、午後七時より祭の式を行はれ、梨本宮殿下も来邸せらるる筈に付、顧問（予）も同時刻前に来られ度。宮内省の退庁時刻より直に来られても宜し。晩食は簡短に用意し置くへし。梨本宮より京城の方に何か物を供へんと云はれたるも、此節の祭には一定の式あり。李王よりも世子よりも何も供へられさる故、其ことは断はりたり。梨本宮より世子邸の方には供へて宜しきやとのことに付、夫れは勿論差支なしと云ひ置きたる故、何か供へらるることならんと思はると云ふ。予、予は一たひ家に帰り、食事を済まして、然る後、世子邸に行くことにすへしと云ふ。

世子邸の老女中山某と侍女長寺山某との軋轢　世子、中山某を叱

す
　高又昨日老女中山某は、話し度ことあり。自分（高）宅に往訪せんと欲する旨を告くるに付、自分（高）より、来訪することは差支なきも、只今誰も居らさる故此処にて話したらは宜しからんと云ひ、中山は近来世子及妃両殿下の自分（中山）に対する体度変り来り、此模様にては勤務すること難しと云ふて泣く故、如何なることありやと云ひたるに、中山は世子殿下より二度叱られ、妃より先日叱られたり。世子殿下より叱られたるは、世子殿下に菓物を食せんと云はれ、其時は種々なる菓物かありたる故、何を好まるるやを問ひ、世子殿下より侍女長寺山某に対し、持ち来るへき菓物を命せられたるに、自分（中山）よりさらに寺山に其物名を告けたる処、世子殿下余計なることを云ふとて叱せられたり（今一度叱られたることも矢張り錯誤のことなりしか、其の事柄は予か忘れたり）。又妃殿下は自分（中山）か勝手に来訪者に面謁を拒絶したる様のことを挙け、此の如き擅横のことある趣、自分（妃）は直接これを見分したることに非さるも、寺山（侍女長）より之を聞きたりとて叱られたり。

世子、中山某を随行せしめす

　今日、両殿下（世子同妃）か他行せらるるか、随行者は自分（中山）に非すして寺山なりと云ひ、其ことを非常に不平に思ひ居る模様にて、結局権力争に外ならす。

高義敬の慰諭

　依て自分（高）より中山に対し、全然疎外せらるれは、決して叱らるることなし。叱らるるは疎外せられさる為なる故、左様に気に掛くる必要なし。随行のことにしても、必す一人に限るは宜しからす。交互に随行することゝなれは、結構なりと云ひて慰め置きたるも、婦人のことにて中々面倒なりと云ふ。

予の考

　予、世子夫妻か中山を嫌ひ、之を罷め度との考ならは、之を編縫するも、結局益なかるへく、然らされは中山を慰諭し置きたらは宜しからんと云ふ。高、先頃自分（高）より世子殿下に中山を罷むることは不可なる旨を陳へたる為、之を罷むる考は有し居られさる様なり。

桜井某のこと　世子梨本宮風に染む

　世子も初は、桜井（某御用取扱）か万事梨本宮式にするとて不平を云ひ居られたるも、今日にては其不平もなく、自然と其風に染まれ来りたり。

中山某世子邸の事情に通せす　中山某は一人にて何事も為す

　桜井と寺山とは梨本宮式にて何事も相談し、中山か孤立なり。而して中山は学校教員より直に世子邸に来りたるものにて、邸の事情を知らす、何事も自分（中山）一人にて為さんとする弊あり。本人は夫れか忠実と思ひ居ると見へ、当番も非番もなく、外出することもなく、寺山は非番のときは外出もすることあり。妃殿下は中山か余り何事にも関係することか気に入らさる様なりとの談を為せり。

白根松介来り、伏見宮より贈られたる金を交す

○午前十一時後白根松介来り、先日貞愛親王百日祭のとき、次官（関屋貞三郎）と共同にて鏡餅を供へられたる返礼として、金十円を送り来りたる故、其半額を分つ。色紙は次官（関屋）か只今居らさる故、次官の方に渡すに付、承知し呉よと云ふ。

白根松介、関屋貞三郎か定員、定額のことを文書課の所管と為したる事情を説明したることを告く

白根又先日、貴官（予）より宮内省の内状を宮内大臣（牧野伸顕）に話されたるとき、文書課に職員の定員、俸給の定額のことを主管せしむることと為したることを話されたる趣にて、大臣より其ことを次官に告けられたる模様なり。依て次官は彼の件は決して次官か好て為したることに非す、次官は寧ろ懸念したるも、渡部信か強ひて之を主張し、君（白根）も或は其方か便利ならんと云ひたる故、其ことに決したる訳なり。倉富君か自分（関屋）か故らに右様のことを為したりと思ひ居られては困ると云ひ居りたる旨を告く。

予、予が宮内大臣に談したる趣旨を告く

予、予は大臣に対し、次官（関屋）か故意に右様のことを為したりと云ひたる訳に非す。次官（関屋）と某々とは感情悪し。其央に此の如きことありては、謂はゆる痛くなき腹を捜くらるることありと〔の〕趣意にて談したるなり。

関屋貞三郎か勇気なきこと　入江貫一を参事官本官と為さんとしたる理由の一小部分

予は次官か勇気乏しく、人前にては反対の意を述へ得す（山辺知春の仏国出張中、小原駩吉をして北白川宮の事務を取扱はしめんとしたることの如き）、其実は賛成もせさる様のことあること、入江貫一を参事官本官と為さんとする真理由は、勿論宮内省の為にも本人の為にも其方か適当なる為なるに相違なきも、極一小部分には勅任参事官の地位を明け置けは、渡部信か昇進する途あるを恐るる趣意もありたるなりと云ふ様なることも話し置きたり。

関屋貞三郎、徳川頼倫に対して弁解したること

其後、徳川（頼倫）より聞きたる所にては、関屋は予より大臣に話したる様のことに付、頻りに弁解する模様ありたりとのことなり。多分、大臣より予の談を関屋に告けたるものならん。

牧野伸顕は関屋貞三郎と渡部信と親族なることを知らす

大臣は関屋と渡部と親族関係あることは少しも知らさりしと云ひ居りたりとのことを告く。又此六月には渡部を勅任に進むる希望あるならんと云ふ。

渡部信を勅任に進むることは不可なり

白根、夫れは勿論あるならん。然し、次官（関屋）も今年中位は之を見合はせ置かされは、次官の為に宜しからすと思ふと云ふ。

渡部信を勅任参事官と為さしめさる為の予防

予、渡部を式部官にて勅任に進むることは、西園寺（八郎）か決して承知せさるへく、参事官の方は或は成功するならんと思はるる故、予は先日大臣（牧野伸顕）に予防を為し置きたりと云ふ。

牧野伸顕、渡部信を解す

白根、参事官の方は懸念なからん。大臣も余程本人のことを解したる模様にて、渡部にては御前に於ける通訳は出来難からんと云ひ居りたりと云ふ。白根又濫りに人を罷免することか宜しからさるは申すまてもなけれとも、渡部の如く衆評の決し居る人は之を処分する方、宜しからんと思ふと云ふ。

金井四郎に対する非難　牧野伸顕、関屋貞三郎は金井四郎に関する竹田宮妃殿下の言を信す

予、金井四郎のことは大臣（牧野）も次官（関屋）も悪しく思ひ居るか、其原因は竹田宮妃殿下より金井か専横なることを御話しありたるものなる様にて、余程事実に違ひ居ることある様なるも、大臣等は一図〔途〕に竹田宮妃殿下の御話を信し居る様なり。金井のこと位はまだしも、竹田宮妃殿下は東久邇宮殿下のことに付ても、全然事実に違ひたることを次官に御話成され居る模様にて、是は困りたることなる旨を談す。話すること三、四分間許。

芝離宮の午餐に参す

○午前十一時三十分より自動車に乗り、芝離宮に赴く。今日、博恭王殿下旨を奉して離宮に来り、帝国学士院会員に午餐を賜ひ、予は宮内職員として之に参したるなり。学士院会員の外、今年同院より賞を授けられたる徳富猪一郎、柿村重松、朝比奈泰彦、木下季吉にも餐を賜ひたるか、朝比奈は洋行中に付、之を除かれたり。第一の食卓には博恭王殿下、牧野伸顕、岡野敬次郎、穂積陳重、徳富猪一郎とし、第二卓には予、古市公威〔東京帝国大学名誉教授、東京地下鉄道株式会社社長、土木工学者、元逓信次官、男爵〕、大沢謙二〔東京帝国大学名誉教授、生理学者〕、桜井錠二〔東京帝国大学名誉教授、化学者〕、柿村重松なり。以下七、八卓まてありたる様なり。一時前、食終りたる後諸員、殿下（博恭王）に謁し、一時十分頃殿下帰り去らる。予は諸員の散するを待ち、一時四十分頃より宮内省に返る。

徳富猪一郎と談す　経略復国記のこと

離宮にて徳富猪一郎と話す。徳富、文禄朝鮮役のことを記したる朝鮮の某〔宋応昌、明軍の司令官、文禄の役の時に対日講和を推進〕の経略復国記なるもの、支那上海の某処に在りたるか、朝鮮にも日本にもなく、僅に上海に在りたる故、之を写し取り、帝国大学にて自分（徳富）の写本より複写したり。某は朝鮮よりは日本に与みしたる様の疑を受けたるものにて、其疑を晴らす為、総て当時の公文にて事実を記述したるものにて、事実を伝へ、面白きものなりと云ふ。人名及上海の文庫名は之を聞きたれとも、忘れたり。

慕夏堂文集のこと

予徳富にも、慕夏堂文集の偽作なるは疑なきか。作者の日本名（沙也可〔加藤清正の配下で、投降して朝鮮軍に加わる。朝鮮名は金忠善、慕夏堂は号〕）は何と読むへきやと云ふ。徳富分らすと云ふ。予、日本の氏を朝鮮読みしたるものなるへきも、判し難しと云ふ。徳富、慕夏堂文集は考へなき人か之を読めは真に此人ありと思ひ、少しく考ある人か之を読めは、疑もなく偽作と思ひ、更に考ある人か之を読めは偽作には相違なきも、当時作者の如き考を懐き居りたる日本人少なか〔ら〕さりしことを信すとの談を為せり。

福岡秀猪、雑誌現代を致す

○午後三時後、福岡秀猪（宮内省御用掛・宮内大臣官房文書課勤務、子爵）六月分の現代なる雑誌を持ち来り、是は入江君（貫一）のものなり。枢密顧問の評を載せ居るに付、之を君（予）に示すとのことなり。自分（福岡）は既に之を見たりと云ふて去る。昨日、入江より之を予に示すことを約したるものなり。

法橋の義を検す

○午後五時頃国字典に依り、（法橋）の義を検す。法橋の語は屢々之を見れとも、是まて其義を調へたることなく、伏見宮より贈られたる画幅に（法橋正信）と書し居るを以て、之を調へたるなり。其説明左の如し。（法橋）（法橋上人位の略）（法橋上人位）「律師の相当の僧位にして五位に准せられ、法眼和尚位に次ぐもの、和名五、僧位階中略法橋上人位律師位」三代実録八貞観六年二月十六日「彼三階之外、更制法橋上人位、法眼和上位、法印大和尚位等三階以為律以上之位宜中略法橋上人位為律師階」。

隆活動写真を観る

○夜、隆松竹館に行き、活動写真を観る。

柿村重松の奉職地

○芝離宮にて柿村重松と話す。柿村は福岡高等学校の教師にて、昨年高等学校を設置せられたるときより在勤し居ると云ふ。

雑誌現代の無邪気

○雑誌現代に予のことを記し、（福岡出身だけにその背景には勢力あり。立身の機縁を捉へ易い）と云ひ居れり。事実相違も此の程度に達すれは無邪気なり。

〔欄外に付記〕

補遺　婢静、擅に家賃額を答ふ

補遺

赤坂区役所吏員来りて、予か家の借賃額を問ひたるに、婢静之を内子に問はす、擅に一ヶ月百十円なる旨を答へ、後之を内子に告けたるを以て、内子より静か専対を叱したる趣なり。

補遺　子鼠を捕ふ

補遺

夜、子鼠捕鼠器に入る。水に投して之を殺す。

五月二十九日

○五月二十九日火曜。曇。

隆、百瀬玄渓の家に行き、治療を求む

○隆は蠣殻町の医百瀬玄渓の自己血精注射の治療を受くる為、午前八時後より百瀬の家に行きたり。

○午前九時三十分より出勤す。

金井四郎の陞等増俸のことを酒巻芳男に謀る

○午前十時後、酒巻芳男を宗秩寮に訪ひ、金井四郎の陞等増俸のことを謀る。酒巻六月には大概出来るならんと云ふ。

渡辺直達自動車に同乗することを勧む

○午前九時後、出勤途中、赤坂見附下にて渡辺直達か自動車にて過きるに遇ふ。渡辺車を停め、同乗して宮内省に行くことを勧む。予之を辞す。十時後、渡辺審査局に来り、先刻は途中にて乗車を勧め、却て礼を失したることを謝す。

渡辺直達青山の英国人某の家に行く

予、渡辺に何処に行きたるやを問ふ。渡辺、故三宮某〔義胤、元式部長、男爵〕の寡婦〔八重野、アリシア・シェイナー、Alicia Shanor〕（英国人）の友人某〔不詳〕なる者（英国人）、洋画を献上し度と云ふに付、之を観る為に青山の某方に行きたるなり。

洋画の額を献すること

洋画は赤坂離宮に適当なる額なき故、之を望み居りたる処に、某より洋画を売らんと云ふも、之を買ひ入るる予算なき故、本人より献上のことにして其代価に相当する金額を賜金として渡すことゝなりたるものにて、賜金額も既に決定し居れりと云ふ。

自動車を借ること

○午前十一時後西野英男に嘱し、今日十二時前芝離宮に行く自動車は間違なきやを問はしむ。

仙石政敬か同乗すること

西野、今日は仙石（政敬）氏が同乗を望む処、諸陵寮より宮内省に過きるは道順悪しき故、先つ宮内省に自動車を廻はし、貴官（予）を載せて諸陵寮に廻はり、仙石を同乗せしむることゝ為し度、宮内省には十一時二十分頃自動車を遣はすへしとのことなりと云ふ。

雑誌現代を入江貫一に返すことを西野英男に嘱す

○午前十一時後、入江（貫一）を参事官室に訪ひ、雑誌（現代）を返さんとす。入江在らす。乃ち審査局に返り、之を西野英男に話し、後刻入江が返りたるとき、之を返すことを嘱す。

自動車を促す

○午前十一時二十五分に到るも自動車来らす。西野英男に嘱し、之を促さしむること再三、十一時三十分後に至り始て来る。乃ち諸陵寮に行き、仙石を誘ひ、共に芝離宮に到る。

入江貫一等玄関に在り

予か宮内省玄関より自動車に乗るとき、入江（貫一）、渡部（信）、杉（栄三郎）等も玄関にて自動車を待ち居りたり。

芝離宮にて午餐を賜ひたる者　皇族の臨場なし

芝離宮にては帝室制度審議会員、華族世襲財産審議会員、学習院評議会員、宗秩寮審議会員に午餐を賜ひたるなり。今日は皇族の臨場なく、宮内大臣（牧野伸顕）か旨を奉して出席せり。

平沼騏一郎、刑法改正と行刑調査とのことを談す

食前、休所にて平沼騏一郎より、先日豊島直通に嘱して伝へしめられたる刑法改正と行刑調査との関係にて、刑法改正の審議を急にすること出来難き趣に承知せり。刑法の方か本なる故、其方か先に決すれは好都合なるも、急に出来されは致方なしと云ふ。予、諮問第四号委員会にては尚ほ小委員会を開き居る処にて、仮り〔に〕小委員会の議にて決するも、確定する訳に行かさる故、急に決する都合出来すと云ふ。

平沼騏一郎に渡辺暢を貴族院議員に推薦する様、岡野敬次郎に嘱することを依頼す

食後庭上に歩するとき、予より平沼に、渡辺暢は既に職を退きて東京に帰りたり。同人を貴族院議員と為すことに付、先日宮田光雄に相談したる処、渡辺のことは矢張り司法大臣より申出さゝれは出来難しと云ふに付、毎度面倒なから、機会ありたるとき、岡野敬次郎に依頼し呉よと云ふ。

帳簿に署名して賜餐を奉謝す　職名を帳簿に書せす

一時頃離宮にて帳簿に署名し、賜餐を奉謝す。帳簿の初に伊東（巳代治）か伯爵伊東巳代治と書したる為、其後は爵ある者は爵氏名を書し、爵なき者は位氏名を書し、今日餐を賜ひたる職名を書する者なし。予、職を書する様にせんと云ひたるも、初に書せす、中口より書するは失体ならんと云ふ（馬場鍈一か云へり）に付、予も位氏名を書せり。

仙石政敬、杉栄三郎と同乗す

一時後より仙石（政敬）、杉（栄三郎）と同乗して先つ宮内省に返り、予と杉とは玄関にて車を下り、仙石は直に諸陵寮に返りたり。時に一時四十分頃なり。

諮問第四号の幹事会

一時四十五分頃より歩して司法大臣官舎に行き、諮問第四号の幹事会に列す。刑法総則中に（自救権）に関する規定を設くへきこと、被害者の承諾の為、罪を構成せす、又は刑を減軽すへき場合は、第二編以下に特別に事項を限りて規定すへきことを決し、四時後に散会し、直に家に帰る。

世子邸に行き、晋氏の祭に会す

○午後六時二十分より世子邸に行き、七時後、故晋氏の一年祭に付、祠前に榊を供ふ。晋氏は昨年五月十一日に薨したるも、陰暦にては四月十五日に当り、朝鮮にては陰暦に依り忌日を定むる趣にて、今日之を祭りたるなり。世子夫妻及梨本宮妃及同宮女規子女王に謁し、高義敬、金応善、梨本宮附事務官三雲敬一郎、世子邸御用取扱桜井某等に面会し、八時頃家に帰る。

隆腕の血を取る

○隆は百瀬玄渓の治療を受くる為、腕より血二瓦〔グラム〕許を取りたる由なり。

朗子湿疹を療す　病既に癒ゆ

○午後隆、朗子を伴ひ土肥慶蔵の家に行き、湿疹を療す。土肥病既に癒へたり。自家にて薬を塗布すれは、夫れにて宜し。最早来りて治療を求むるに及はすと云ひたる由なり。

隆眼鏡を買〔は〕んとす　適当なるものなし

○午後隆、本郷に行き眼鏡を買はんとす。之を得す。

〔欄外に付記〕

補遺　稔彦王殿下に対する特別賜金

補遺

午前十時後片岡久太郎来り、稔彦王殿下仏国にて鳩彦王殿下、成久王、同妃三殿下御遭難に付御世話成されたる為、陛下より特に金一万円を贈りたる趣にて、之を受くる為今日出頭せり。右賜金のことは本月二十六日に仏国に通知せられ、殿下よりも既に御礼の電信達したる由、宗秩寮にて承知せりと云ふ。

補遺　子鼠を捕ふ

補遺

午後七時後頃、子鼠捕鼠器に入る。

五月三〇日

○五月三十日水曜。曇後微雨夜雨。

隆、百瀬玄渓の家に行き治療を求め又鎌倉に行き歯を療す

○午前八時後隆、百瀬玄渓の家に行き治療を求め、遂に鎌倉に行き、医某に就き歯を療す。

人力車来ること晩し

○午前九時三十分頃より出勤す。昨日車夫に九時二十分に車を挽き来るへき旨を命し置たるも、後れたるなり。

枢密院会議

十時前より枢密院控所に行き、十時頃より宮中の議場に入る。朝鮮総督府官制中改正の件、奏任官特別任用令中改正の件を一括して之を議す。書記官長（二上兵治）の報告に対し、何等の発言なく、三、四分間許にして原案を可決し、直に散会す。

入江貫一に雑誌（現代）を受取りたるやを問ふ

枢密院控所にて入江（貫一）に対し、昨日雑誌（現代）を返さしめ置たるか、受領したるやを問ふ。入江受領したりと云ふ。又枢密院控所にて、本月二十七日帝国学士院の授賞式にて放射線の説明を聞きたるも、之を解し難かりしとの談あり。

穂積陳重放射線のことを談す　隣虚塵の語

穂積より、近来物の原子は極微のものにて、原子の中心を核子と云ひ、核子の周囲は電気にて包み居ることは分りたるも、其電気より発する放射線を捨てる工夫なかりしか、木下季吉（先日、学士院より賞を受けたるもの）か其放射線を写真に取り、形状を検することを発明したる趣にて、長岡某〔半太郎、東京帝国大学理学部教授、物理学者〕か授賞理由を説明したるときは、之を聞く人は一と通りの智識を有し、説明を解する能力あるものとして説明したる模様なりとの談を為し、石黒忠悳は仏書に極微の物を指して（隣虚塵）と云ひ居るは、面白き語なりとの談を為せり。

梨本宮妃及規子女王両殿下速に去られたること

○午前十一時後高羲敬来り、昨夜世子は陸軍大学校の課業の修習すへきものあり。又規子女王も女子学習院の課業の修習すへきものありたる故、貴官（予）等の辞し去られたる後、梨本宮妃及規子女王両殿下も直に辞し去られたり。

厳柱日の電信　晋氏の祭事済む　世子及梨本宮よりの供物

又今朝厳柱日より電信にて、京城に於ける晋氏の祭は無事済みたり。李王職と協議の上、世子及梨本宮よりの供物を為せる旨を報し来れり。朝鮮式にては供物を為すの例なきも、多分朝鮮総督（斎藤実）抔より供物を為すことゝなり、李王職も新例を開きたるものならんとの談を為せり。

世子夫妻、成久王の柩を東京駅に迎へ移柩の議に列し、明朝の柩前祭には妃のみ列せらるる予定なること

又世子夫妻は、今日午後成久王の柩を迎ふる為東京駅に行かれ、午後七時三十分よりの移柩祭にも列せらるるか、明日の柩前祭は妃のみ列せらるる予定なりと云ふ。

世子夫妻ゴルフの稽古を為さること　赤星某夫妻か来り、西園寺（八郎）、小原駩吉も会する予定にて此等弁当を給すること

高又先日世子殿下ゴルフの稽古を為さる為、西園寺（八郎）に相談したる結果、今週の木曜日午後四時頃より赤星某夫婦及西園寺（八郎）か世子邸に来り、小原（駩吉）も来るへき様申し居りたり。依て世子殿下は簡短なる弁当でも出したらは宜しからんと云ひ居られたり。如何と云ふ。予宜しかるへき旨を答ふ。昨夜世子邸に行きたるとき、高より此ことの談を為し居りたるか、弁当のことに付今日は特に予の意見を問ひたるなり。

北白川宮の移柩の儀に会することの相談

○午後一時頃食堂にて、今夜北白川宮邸にて正寝移柩の儀を行はるるか、勅任官総代として山崎（四男六）か行く以上は、各自参邸するには及はさらんとのことを、井上（勝之助）、上野（季三郎）、大谷（正男）等と談し合ひたれとも、予は行くへき旨を告け置たり。

自動車を借る　馬車を備ふへしとのこと

○午前九時後、西野英男に嘱し、今日午後七時三十分より北白川宮邸にて正寝移柩の儀を行はるるに付、七時三十分前に同邸に行き度、自動車を借ることを謀り見呉よ。尤も自動車の都合悪しけれは、馬車にても宜しと云ふ。西野来り、自動車は確かに出来るや否分り難し。馬車ならは間違なきに付、馬車を午後六時四十分頃に廻はすへしとのことなりと云ふ。予、馬車にて宜しきか、六時四十分にては晩くはなきやと云ふ。西野更に主馬寮に交渉す。寮員、然らは、六時三十分頃馬車を廻はすことにすへしと云ひたる由なり。

関屋貞三郎神戸より帰り、有馬頼寧氏負傷のことを談す

○午後一時頃予等か食堂に在るとき、関屋貞三郎神戸より帰り来り、食堂に来り談す。有馬頼寧氏か上海にて食事中脳貧血を起し、卒倒して後頭部を打ち、二、三針縫ひ、最早宜しきも、之を勧めて早く帰らしめ、今朝帰京したる筈なりとの談を為せり。

北白川宮にて明三十一日夜、通夜を為すへきこと

○午後一時後西野英男来り、明晩の北白川宮邸の夜伽は他の人に定め居りたる処、其人都合悪しき趣に付、貴官（予）の都合を問ひ呉度旨、庶務課より申来りたり。夜伽は午後七時より十二時までなる趣なり。如何と云ふ。

通夜の為の自動車のこと

予、差支なき旨を答へ、且往返の自動車を備ふることを謀らしむ。西野更に来り、然らは、明晩の夜伽は貴官（予）に御頼み申す。自動車は之を備ふへく、午後六時三十分頃に貴邸に廻はすへき旨、庶務課員か答へたる趣を報す。

有馬頼寧氏に電話し負傷の見舞を云ふ

○午後二時前、西野英男をして青山の有馬頼寧氏の家に電話せしむ。電話接続したる後、予電話す。予、頼寧氏なることを知らす、家人に対する語を以て頼寧氏か上海にて負傷したる趣なるか、如何と云ふ。既にして其答を聞き、頼寧氏なることを知り、更に見舞の語を述ふ。頼寧氏、最早快きも、尚ほ繃帯を為し居るに付、今日柩を迎ふる為、東京駅に行くこと出来さるやも計り難しと云ふ。予自重すへき旨を告く。

成久王の柩を迎ふる時刻

○午後一時後西野英男より、今日北白川宮の柩を迎ふる為東京駅に行く人は、午後四時三十分まて駅に来る様に致し度旨、宗秩寮より申来りたりと云ふ。

予か家に電話し迎人力車の時刻を変更せしむ

予乃ち西野をして予か家に電話し、人力車は四時二十分に来るへき旨を申聞け置たるも、四時十分までに遣は〔す〕へき旨を通知せしむ。西野之を通知したることを報す。

成久王の柩を東京駅に迎ふ

○午後四時十分より東京駅に行き、成久王の柩、仏国より帰るを迎ふ。迎ふる者数百人、声を呑むもの多し。

沢田牛麿に遇ひ予か書状を贈りたることを談す

柩の未た達せさるとき、福岡県知事の沢田牛麿に遇ふ。予沢田に、先頃書状を以て面倒を掛けたりとの挨拶を為す（村山咸一郎の身上のことを依頼したることを指す）。沢田別に答ふる所なし。柩既に達す。駅員車扉を開く。勅使、皇后陛下、皇太子殿下の御使に、秩父宮殿下、閑院宮殿下を初め、皇族、王族及其御使の御拝あり。駅員、是より柩を移すに付（駅員は作業を始むと云へり。柩を移すことを指すなり）、各自拝礼して退出を請ふと云ふ。

成久王の柩に拝す

一同拝して退き、休所に入る。柩の駅を出つるとき、之を奉送するもの多かりしならん。予は高輪の北白川宮邸に行く予定なる故、柩の発するを待たす、直に家に帰る。五時三十分頃なり。直に飲喫し、宮内省より馬車を遣はすを待つ。

成久王の移柩儀に参す

六時三十分頃馬車来る。乃ち北白川宮に到る。宮にて正寝移柩の儀を行はる。牧野伸顕、関屋貞三郎、田内三吉、松浦寅三郎、河村善益と話して儀の終るを待つ。八時四十分頃に至り、葬儀掛員来りて礼拝すへき旨を報す。乃ち牧野に次て正寝に行き、拝礼して直に出て、馬車に駕して帰る。九時後家に達す。

河村善益に渡辺暢を貴族院議員に推薦することに付談する所あり

北白川宮邸にて河村善益に、先日、渡辺暢を貴族院議員に推薦することを宮田光雄に談したる処、宮田は、渡辺のことは司法大臣より主張せされは目的を達し難しと云ひたる故、君（河村）より更に平沼（騏一郎）に説き、平沼より岡野（敬次郎）に説く様取計ひ呉よと云ふ。河村之を諾す。

金井四郎より関屋貞三郎、徳川頼倫に対し稔彦王殿下のことに関する竹田宮妃殿下の談は事実に違ひ居る旨を弁したること

又同邸にて金井四郎に遇ひ、金井か神戸に行く汽車中にて、竹田宮妃殿下か関屋貞三郎に告けられたる、稔彦王殿下は仏国へ行かるる前より妃殿下を仏国に喚ひ寄せさる旨を言明し居られたりとのことは事実に違ひ居ることを、関屋に弁明したりやと云ふ。金井、詳かに関屋に説明し、稔彦王殿下の書状を示し、殿下は妃殿下の洋行留守中は、片岡久太郎をして王子方の世話を為さしむへきことをも申聞け置かれ、此ことも予定の通り妃殿下か洋行せらるれは、片岡をして世話を為さしむる都合となり居り、決して妃殿下を喚ひ寄せすと云はれたる事実なく、反対に之を喚寄せらるる計画になり居る旨を説き、竹田宮〔妃〕

殿下の御性行等に付ては一言も批評する様の語は吐かさりしか、次官（関屋）は、左りとて竹田宮妃殿下か偽りて云はるる訳もなしとて、頗る迷ひ居る様の体度なりし。宗秩寮総裁（徳川頼倫）も之を聞き居りたりと云ふ。

隆、百瀬玄渓の治療を受く　昨日治療したるは玄渓に非す

○隆は午後六時頃鎌倉より帰りたるならん。医百瀬玄渓は、今日隆の血精の左腕に注射したる由。隆か昨日玄渓と思ひたるは玄渓に非す、其門人なるへく、今日注射したる人か玄渓なるへしと思はるると云ふ。

鎌倉の歯科医病に罹り居る

又鎌倉の歯科医某は病に罹り、其門人か歯齦に注射し、多分是にて治まるならんと云ひたる由なり。

巡査来りて車夫のことを問ふ

○午後二時頃赤坂警察署の巡査なりと云ふて来り、人力車夫は抱へ車夫なりや否を問ひ、婢敏之を内子に質し、抱へ車夫に非す、毎日杉野某か家より雇ふ旨を答へたる処、巡査は護謨〔ゴム〕裏の襪を出し、車夫は此の如き襪を穿き居るやと云ひたるも、敏は之を知らさる旨を答へたる趣なり。多分犯罪捜査の為ならんと思はる。

子鼠を捕ふ

○晩、子鼠捕鼠器に入る。

〔欄外に付記〕

補遺　北白川宮に供物を為すこと

補遺

北白川宮邸にて金井四郎より、皇族附職員一同より北白川宮に供物を為すことゝなり居れとも、竹田宮、朝香宮、東久邇宮は北白川宮妃の姉妹の内親王の帰嫁せられ居る所なる故、三宮附職員は別に一人千疋位宛の供物を為すことゝせんとの議あり。貴君（予）の分も加へ置くへきやと云ふ。予加へ置くことを嘱す。

五月三一日

○五月三十一日木曜。曇。

隆、百瀬玄渓の治療を受く

○午前八時後より隆蠣殻町に行き、医百瀬玄渓の治療を受く。

隆東洋拓殖会社の配当金を取る

帰途朝鮮銀行の支店に過きり、東洋拓殖株式会社の配当金を取る。

国庫債券の利子の受領漏

○今朝、東洋拓殖株式会社の配当金を受取る為領収証の記入を為すとき、株券を検したるか、偶々国庫債券百円券の昨年十二月の受領すへき利子の未た受領せさるものあるを発見せり。

宮の順位のこと

○午後一時五十分頃酒巻芳男来り、先日協議したる宮の順位のことは、小原（駩吉）に協議したる処、小原は此ことに付ては意見を云はすと云ひ、西園寺（八郎）、入江（貫一）は宗秩寮の意見に同意したり。依て宮内大臣（牧野伸顕）に談したる処、大臣は東伏見宮を伏見宮の上に入るるは穏当ならすとの考なりしも、之を変更すれは、全く根拠なきことゝなる故、其次第を説明し、大臣も根本問題は他日の詮議に譲り、先つ此節は宗秩寮の案に決し置くへしとのことなりし故、昨日総裁（徳川頼倫）より順位を博恭王殿下に言上したる処、異議なしとのことなりしに付、先日の原案の通りに決定することゝなれる旨を報告す。

皇族礼拝の順序

予、北白川宮邸に於ける礼拝の順序は如何に定むるやと云ふ。酒巻、是も先日の協議会席上に持ち出したる順序書の通り決したりと云ふ。

牧野伸顕に都筑馨六の華族論に関する予の談の誤り居りたることを告く

○午後二時頃牧野伸顕を官房に訪ひ、曩に松本重敏より送り来りたる都筑馨六の華族に関する論を示し、予か先刻食堂にて話したることは記憶違なりしことを告く。食堂にては、都筑の論は華族は世襲とし、現在はその数少きに付、一万人位の華族を作るへしとの趣意なる様に話し、牧野は自分（牧野）も其論と同趣意の論を某より送り来りたる故、之を見たり。但一万人位の華族を作るへしとのことはなかりしと云ふ。

本日の日記（三十五葉表参看）

予審査局に返りたる後、都筑の論を載せたる新聞切抜を見たるに、一万人位の華族あるならんと云ふは英国のことにて、本邦にては此上多く華族を作るか宜しと云ふ趣意なりしに付、誤を正したるなり。

牧野伸顕、都筑馨六の華族論に同意せす

都筑の華族論に付、牧野は時代錯誤の論にて、到底実行し難きことなり。現在の華族にも、本人か爵を辞すると云ふならは、之を許す途を開く方か宜しからんと云ふ。予華族令には其途は開き居れりと云ふ。牧野左様の規定はなからんと云ふ。

爵を返上することに関する規定の有無のこと

予、ありと云ひ、秘書課に到り、白根松介より法令輯覧を借り、華族令の終り辺に（有爵者其品位を保つこと能はさる恐あるときは宮内大臣を経由して爵の返上を願ふことを得）と云ふ様なる趣意の個条を示す。牧野、此規定あれは爵を辞することは出来る訳なり。自分（牧野）も此規定あることには気附かさりしか、一般にも気附かさる人多からん。現に有馬頼寧氏抔も爵は辞することを得す、規定を設くること宜しとの話を為し居りたり。是迠此規定に依り爵を辞したる人あるへきやと云ふ。

襲爵せさる事実の有無

予、之あるを聞かす。相続開始後六ヶ月内に相続届を為さすして、襲爵の資格を失ひたるものは間々有て、是は世襲財産を解除せんとするも、爵を襲きては解除し難きに付、故らに届出の期を失するものなりと云ふ。牧野其例ありやと云ふ。予夫れは最近にもありたる様なり。何と云ふ人なりやと云ふ。予之を記憶せすと云ふ。牧野、旧華族なりやと云ふ。予、然りしならん。小山温の関係ある人なりしと云ふ（後にて考ふれは旧華族には非さりしならん）。話すること五、六分間許。

白根松介、岩波武信を図書寮詰事務官となすことを謀る

○午後三時後白根松介来り、図書寮事務官の補欠は未た決定せす。次官（関屋貞三郎）も鈴木重孝は適任ならすと云ひ、杉栄三郎も岩波武信を望み居れり。先頃、鈴木を採らすして岩波を採るは、審査局の折合悪しとの御話あり。至極尤のことには思ふか、何とかして岩波を転任せしむることの承諾を得ることは出来さるや。次官（関屋）は岩波も知らさるも、岩波は評判宜しき故、岩波ならは宜しからんと云ひ居れりと云ふ。

予後日答ふへきことを答ふ　鈴木重孝と岩波武信との関係

予、岩波を採りて、其跡には所謂試験合格者を無理に持ち来るやと云ふ。白根必しも然るには非すと云ふ。予、審査局属官根岸某を審査官補に採用するならは、少しく考へ見ることにすへし。審査局は判任官の俸給少くして困り居る故、根岸を審査官補に採れは、判任官の俸給に融通を生するなり。尤も根岸は局務には熟し居る故、局務には差支なきも、他の権衡より云はゝ同人を審査官補となすことは不権衡ともなるならん。左りとて、予は試験合格者なりとて技倆なき者まて優遇するは不同意なり。宮内省に採用する試験合格者は概して優等ならさる人なり。要するに岩波のことは今少し考へたる上にて、返答することにすへし。

関屋貞三郎審査官を招くことを約して実行せす

全体、次官（関屋）は鈴木（重孝）に約束し、次官か審査局の人を知らさる故、審査官一同を次官の家に招き、晩餐ても共にせんと云ひたる趣にて、一同は頻りに之を待ち居れとも、未た之を実行せす。次官（関屋）か鈴木（重孝）に約束したるは昨年のことなりし故、予は鈴木に次官（関屋）に催促することを勧め置たりと云ふ。

白根、夫れは至極宜しきことなり。自分（白根）よりも次官（関屋）に催促すへしと云ふ。予、只今は審査官は実況審査の為、旅行し居るもの多し。只今は不可なりと云ふ。予又岩波のことは後日返答すへしと云ふ。白根、左程急くことに非さる故、考へ見呉よと云ふ。話すること三、四分間許。

岩波武信転任のことを伊夫伎準一に謀る

白根か去りたる後、伊夫伎準一を召ひ、白根か談したる始末を告け、根岸を審査官補に採用することに関する意見を問ふ。伊夫伎、局務には差支なく、又局員にも不平はなかるへきも、審査局の信用には幾分関係する恐ありと云ふ。予、岩波を転任せしむることは審査局の為には困れとも、本人か熱心に希望するならは、強ひて之を留むるは無益なる故、いつれ本人の意に任することになすより外に致方なけれとも、本人も出張中にもあり、旁々今少し熟考したる後に決することにすへしと云ふ。話すること二、三分間許。

○午後四時より退省す。

牧野伸顕、有馬頼寧氏の容体を問ふ

○午後零時後食堂にて、牧野伸顕より有馬頼寧の容体を問ふ。予、昨日有馬に電話して問ひ合せたる容体を談す。

北白川宮邸に行き、成久王の柩を護す

○午後六時三十分頃宮内省より自動車を遣はす。乃ち北白川宮邸に行き、小早川四郎〔侍従次長、男爵〕、岩佐公直〔侍従〕（岩佐純〔元侍医、元宮中顧問官、故人〕の子某〔新、貴族院議員・公正会、男爵〕の養子、実は園池某〔実康、掌典次長、子爵〕「掌典次長」の子なりと云ふ〔正しくは弟〕〕、山県辰吉〔有道、侍従〕（山県伊三郎の長男）の四人にて、前半夜柩を護し、予と小早川と同時に柩前に行き、七時より三十分間にて岩佐等、予等に代り、其後三十分毎に交代して十二時に至りたり。予等の外、西紳六郎及陸海軍将校十余人ありたり。十二時より岩佐、山県と自動車に同乗し、予先つ車を下り、十二時三十分家に達す。

子鼠を捕ふ

○午後七時頃、子鼠捕鼠器に入る。

食堂にて牧野伸顕と都筑馨六の病及其華族論のことを談す

○午後零時後食堂にて牧野伸顕より、都筑馨六か病重き趣にて、今後二、三日位生命を保つことを得へきやの旨、井上（勝之助）か話し居りたりと云ふ。予、都筑は先日も危篤なりとのことにて、其時も数日より生命を保つこと能はさるへしとのことなりしか、間も〔なく〕折合ひたり。都筑は生前に為すことを希望し居ることあるか、先日折合ひたる故、其手続を為し居らすと云ふ。牧野希望は何事なりやと云ふ。

都筑馨六結婚のこと　都筑馨六華族論の要旨

予、内縁の妻を正妻となすことなり。然るに是は井上（勝之助）か宗秩寮総裁と為り居りたるときよりの問題にて、有爵者にては出来難き事情あり。夫れ故都筑は隠居して別籍し、其上にて結婚の手続を為さんとし居る訳にて、其事は差支なき訳となり居れりと云ひ、夫れより予は都筑の華族論の大意を説き、都筑は華族は世襲にて一万人位作るか宜しとの論を為し居れりと云ふ。此時牧野より、某より自分（牧野）にも其論を送り来り、之を一見せり。自分（牧野）の見たるものには一万人も華族を作ると〔の〕ことはなかりしか、論旨は同様なり。是は都筑の論には非さるへしと云ふ。予、予には或る人より書状を添へ、都筑の論なりとて送り来れりと云ふ。その後（午後二時頃）予か牧野を訪ひ、話の誤を訂したるは、此時の談を訂したるものなり（本日の日記三十三葉表参看）。

北白川宮に対する供物のこと

○今日頃西野英男来り、枢密院より電話にて、顧問官一同より北白川宮に供物を為す企あり。貴官も加入せらるるやとのことなりと云ふ。予加入する旨を答へしむ。

大正一二年六月

六月一日

○六月一日金曜。微雨曇。

○午前九時三十分頃より出勤す。

枢密院の議案を調査す

○午前午後ともに、第三回労働総会にて採用したる条約案の御諮詢の件を調査す。

都筑馨六の病状

○午後零時後食堂にて井上勝之助より、都筑馨六は肺結核にて衰弱し居る処へ盲腸炎を併発し、飲食出来す。非常に衰弱し、自ら手を挙くることも出来さる様になり居る旨の談を聞く。

子鼠を捕ふ

○夜、子鼠捕鼠器に入る。

六月二日

○六月二日土曜。曇。

地震

○午前二時三十分頃地震あり。少時の後復た微震あり。午前五時後復た震す。三回中にて最も強し。

内子の病状

○内子は五月十七日脳の工合悪かりし以来、時に臥し、時に起つ位にて、未た全く褥を払ふに至らす。昨一日は、殆んと終日褥に在り。午後四時後、予か帰りたるとき、何か怒ることありたる為、気色悪しと云ひたるも、何事を怒りたるかは之を知らす。今日も尚ほ褥に在り。

荷物を包装せしむ

○隆、近傍の運送業者を召ひ、郷に送る荷物を包装せしむ。

有馬泰明に電話す

○午前八時後有馬泰明に電話し、明日午前九時頃までは来訪して差支なし。但し追加予算に付ては別に説明を聞く必要なし。昨日送り来りたる予算書に捺印して郵送することにすへしと云ふ。有馬往訪して説明せんと云ふ。

追加予算案を送る

予、其必要なし。説明は他日を待ちて聞くことにすへしと云ふ。有馬然らは其ことに為し呉よと云ふ。乃ち捺印して郵送す。

○午前九時三十分頃より出勤す。

金井四郎来り、山口某か稔彦王殿下のことを談したる状を報す

○午前十時後金井四郎来り、山口某（十八、陸軍歩兵大佐）は稔彦王殿下と同時頃仏国に行き、此節帰朝したるに付、同人より殿下のことを聞きたるか、別に新なる事実なし。但、殿下か画を学はれたる結果、仏国の貴族と極めて懇意になられ、今後は如何なる場合に御出合ひなされても、決して御困りなさる如きことなし。仏国の貴族は、仮令ひ各国の大使公使にても、米国の如き習慣ある為、容易に交際せす、門戸を鎖さし居る趣なり。

北白川宮殿下のこと

又北白川宮殿下は下等なる遊戯場にも行かれ、在留日本人に対しては務めて歓心を得られたる様のことにて、格別御研究等は出来さりしも、稔彦王殿下は熱心に研究なされ居りたるは事実なり。

稔彦王殿下の尽力

三殿下御遭難に付、稔彦王殿下の御配慮は十分に行き届き、松平（慶民）抔は涙を流すまてに感し居りたり。

池田亀雄の人物　長岡某の失策

殿下附の属官池田亀雄は正実なる人物にあらす。永く殿下に附属せしめ置くは宜しからす。自分（山口）、松平（慶民）等は稔彦王殿下のことに付池田に問ふも、池田は殿下を誉むることのみて真実を云はす、何事も分らさる故、終に自分（山口）等は池田を相手にせさることになれりと云ひ居りたりとの談を為し、又北白川宮御用取扱長岡某〔不詳〕か北白川宮妃殿下の信用を失ひたるは、某か妃殿下のことを非議することを記載し居りたる書附を妃殿下に拾はれたるよりのことなる由との談を為せり。

蒲穆は適任ならん

又山口の評にては、東久邇宮附武官蒲穆は適任ならん。蒲は謹勅なる性質にて、殿下に対し直言することは出来すとの評もあれとも、月日を経過し、殿下との間柄親密になりたらは宜しからんと思ふと云ひ居りたりとの談を為し、

関屋貞三郎、徳川頼倫、金井四郎と稔彦王殿下のことを談す

又先日神戸に行きたるときは、一木（喜徳郎）も同車なりし為、秘密談を為すに便ならす、已むを得す次官（関屋貞三郎）、宗秩寮総裁（徳川頼倫）を別処に呼ひ出して次官の談を聞き、

稔彦王殿下は妃を召はすと云はれたることなし

次て稔彦王殿下洋行前、妃殿下洋行のことは当時の宮内大臣波多野（敬直）に話されたることは確かなるか、波多野は既に死去したり。次官（石原健三）へ話されたることあるや否は確かならす、仙石（政敬）は宗秩寮に勤務し居りたると親族の関係あるとに因り、妃殿下洋行のことを聞き居ることは間違なきことを談し、尚ほ王殿下よりの書状も示したる故、次官（関屋）も総裁（徳川）も不思議に思ひたる模様なるも、

竹田宮妃殿下は不実のことを云はるる理なし

次官か、左りとて竹田宮妃殿下か不実のことを云はるる理なしと云ひ居りたりとのことを談したり。

竹田宮妃殿下は稔彦王妃殿下か朝香宮に接近せらるることを喜はれす

又東久邇宮妃殿下は成るへく朝香宮邸に行かれ、同宮の御子様方に御注意成さるること宜しからんと思ひ、其旨を御勧め申上、妃殿下も其御考なるも、竹田宮妃殿下は其ことを御好みなされさる様にて、兎角御止なさる様なり。成久王の御葬儀当日は、朝の御祭は非常に早き故、東久邇宮妃殿下并に御子様方は朝香宮邸に前夜より御出なされ居りたらは御便利ならんと思ひ、妃殿下も其御考なるも、竹田宮妃殿下は東久邇宮妃殿下か竹田宮邸に御宿りなされすしては、相談事に付不便なりとの御話ある趣なりと云ふ。

東久邇宮妃と朝香宮との関係

予、竹田宮妃殿下は何故に東久邇宮妃殿下の朝香宮に行かるることを嫌はるる訳なるへきやと云ふ。金井、両宮の接近を喜はれさる訳ならん。朝香宮并に妃両殿下の御不在中、東久邇宮妃殿下か朝香宮の御子様方の御世話をなされたらは、朝香宮両殿下の御感情も宜しくなることならんと思ふとの談を為せり。

蒲穆の書状

金井又蒲穆より予と金井とに贈る書状を示す。書状は四月二十一日に金井か受領したるものにて、其の趣意は、稔彦王殿下御帰朝期のことは、蒲と松平（慶民）等と共に彼此取成し居るか、未た決定せす。松平の帰朝前には御決定なさるならんとの

ことなり。

蒲穆に対する致意〔ママ〕を嘱す

予金井に、発束の序に然るへく意を蒲に致意することを嘱したり。金井又六月に宮より諸方に対する贈りもの、職員に対する手当のことを謀る。予、事情分らさる故、意見なし。但金井は専横なりとの非難ある際に付、不公平なりとの嫌疑なき様注意すへく、疚しき所なけれは、非難ありても頓著するに及はすと云ふ。

金井四郎に対し悪口を為す人

予又金井のことに付ては直に宮内省に投書するものある模様なるか、先頃免職したる片岡（久太郎）、祖式（武次）は共に今日も宮邸に勤務し居るに付、同人等より投書すへしとは思はれす。其以前の免職者よりの投書としては余り旧るき様なり。如何と云ふ。

萩原淳は金井四郎を怨む　萩原淳に対する投書

金井、矢張り現在のものよりの投書ならんか。別に心当りはなし。萩原淳丈は非常に自分（金井）を恨み居るに相違なし。新聞屋の談を聞くに、萩原のことに付ては各社種々の投書か来るか、其事実は各別にて、材料の多きことか分かると云ひ居りたりと云ふ。六月の手当の中に六本木警察署長、署員に対するものあるに付、予より皇宮警手の警護は既に止めたりやと云ふ。金井昨年十一月に止めたりと云ふ。話すること十四、五分間許。

小原駩吉来り、談す

○午後一時後予か食堂より返るとき、小原（駩吉）共に審査局に来る。

小原駩吉と北白川宮大妃殿下

小原、自分（小原）か北白川宮大妃殿下に謁したるときの状況を大略話し置き度。大妃か帰京せられたる後、面謁することは困る事情ある故、伺候も致さす、大妃の不在のとき伺候する積もりにて、五月三十一日朝大妃の邸に行きたる処、丁度大妃か高輪の宮邸に赴かるる処なりしか、自分（小原）を見て引返し、面会せんと云はれたるも、自分（小原）も高輪に行くに付、同処にて謁見せんと云ひ、高輪にて祭事終りたる後謁見したるに、第一、三殿下の遭難に付ては成久王か死したる為、聊か自〔ら〕慰むることを得る様なるものゝ、陛下に対し奉り申訳なきことなりとて、愚痴を云はるる故、種々之を慰め、万事竹田宮妃殿下の御取計に任かせ置かるる方宜しかるへく、宮内大臣は職務上の外、島津家の関係も必す十分に御世話申上くへきに付、余り御心配なされさる様にあり度と申上けたるに、

山辺知春か在らさる故心細し　犬塚力、醍醐忠直のこと

大妃殿下も、何事も行届き居り、竹田宮妃殿下の御取計に付ても感謝し居る所なりと云はれたるも、結局平常は山辺（知春）一人を頼みに思ひ居り、犬塚（力）〔北白川宮御用掛〕は元か学校の教師にて、宮の事情に熟せす、醍醐（忠直）〔式部官・楽部事務兼勤、北白川宮御用掛〕も度々宮邸に来る訳に非す、山辺か仏国に行きたる今日は誰も頼にする人なく、甚た心細き故、相談に加はり呉よと云はれ、自分（小原）は返答に差支へ、已むを得す、小原か御用に立つことならは何時ても参殿すへく、御用

あるときは其都度御召ひ下され度。左すれは如何なることありても必す参殿することにすへしと答へ置きたり。

牧野伸顕、小原駩吉のことを北白川宮大妃に説明せす

宮内大臣（牧野伸顕）よりは自分（小原）のことに付、大妃殿下の諒解せらるる様には申上け居らさるものと見へ、甚た閉口せりと云ふ。

徳川頼倫主たる世話人なきに困る

予、徳川（頼倫）は北白川宮には誰も主として世話する人なく、葬儀のことに付ても困ると云ひ居りたり。

関屋貞三郎の表裡の話

先日、宮内大臣（牧野）に予より省内の近状を話したるとき、君（小原）をして北白川宮の事務を執らしめんとしたることに付ても、関屋（貞三郎）は表面之に賛成し、殊に山辺（知春）、二荒（芳徳）より、君（小原）のことを大妃より二荒をして君（小原）に依頼せらるる旨を告けせしめられたるに拘はらす、終に君（小原）をして宮の事務を執らしめさることゝなりたる如きは面白からさりしと云ひたるに、

牧野伸顕の弁解　牧野伸顕の弁解理由なし

牧野は、自分（牧野）は山辺等に小原のことを大妃殿下に言上せよとは命せさりしと云ひて弁解し居りたるも、仮令ひ牧野より命せさるも、山辺等か大妃に言上することを知りなから、之を止めさりしこと丈は確かなり。若し君（小原）をして宮の事務を執らしむることに同意せさるならは、山辺等か言上することを差止むることか当然なり。又君（小原）をして事務を執らしめさることゝ為したらは、大妃に其旨を説明し、大妃より君（小原）に対し依頼する様の話を為されさる丈けに致し置くも、是亦当然なりと思はると云ふ。

何事も北白川宮の大妃の望通りになりたり

小原、此節は葬儀執行の日も場所も、総て大妃の言はるる通りになりたる故、今後は格別面倒なることもなかるへし。宗秩寮総裁（徳川頼倫）抔も余り大妃を畏れ居り、何事に付ても一言もせさる故、宜しからす。

多恵子女王の礼拝を止めたること

多恵子女王（成久王三女、大正九年四月十五日生）は附女中をして之を懐きて礼拝せしむることゝなり居り、余り不体裁なる故、自分（小原）は之を止むることを勧めたれとも、大妃殿下の希望なりとて承知せさりしも、従来右様の例もなく、自拝出来さる人をして礼拝せしめさる位のことには之なく、

泰宮殿下式場に列せられさりしこと

御大喪のとき抔は、泰宮殿下（東久邇宮稔彦王妃聡子内親王）は未成年と云ふ丈にて式場に出てられさりし位なることを告け置きたるか、結局多恵子女王の礼拝は止むることゝなりたる趣なりとの談を為したり。

牧野伸顕、関屋貞三郎、竹田宮妃殿下の言を軽信す

予より、牧野（伸顕）、関屋（貞三郎）か竹田宮妃殿下の言を軽信して稔彦王殿下を評することを説く。小原、竹田宮妃殿下は事理を弁せさる方には非さるも、輔導に適当の人なけれは、我儘のこと、脱線のことも少なからすと云ふ。

竹田宮妃殿下、河村善益を疎んせらる

予、伝聞に過きされとも、此節は余り河村善益にも面談せられさる様なり。河村か少しく堅過きるには非さるや。

国分三亥上手過きる

国分（三亥）の方は善く調子を合せ、余程邦彦王殿下の信用を得たる様なるか、此方は余り上手過きる様なりと云ふ。小原、信用を得るまては、上手にするも致方なし。信用を得たる以上は、必要なる場合には、直言せされは信用を得る効能なしと云ふ。

小原駩吉と天岡直嘉

予、小原と天岡直嘉とは如何なる関係あるやを問ふ。小原、天岡とは同県なるのみならす、天岡の父〔通剣〕は自分（小原）の父〔適、元貴族院議員・木曜会、男爵、故人〕の部下にて、戦争に出て戦死したる故、自分（小原）の父は天岡の後見監督人ともなり居りたるも、天岡は忘恩の行為ある故、自分（小原）も好意を有せす。元来、自分（小原）天岡の性質か気に入らす、天岡は同県の者と婚約を為し、久しく待たせ置きなから、結局桂公〔桂太郎、元内閣総理大臣、陸軍大将、公爵、故人〕に取り入りて其娘〔輝子、桂太郎四女〕と結婚せり。

天岡直嘉、小原鉄心の書を求む

先頃何と思ひたるか突然来りて、自分（天岡）の父は君（小原）の父と縁故ありたる故、君（小原）の祖父（鉄心〔小原鉄心、幕末の大垣藩家老〕）の書を貰ひ度と云ひたる故、自分は不快に思ひ、君（〔原文空白〕）、父の関係は忘れ居ることゝ思ひ居りたり。之を忘れさるならは、平素今少し考もある筈なり。自分の祖父の書は与へ難しと云ひ、天岡も怒りて去りたり。

天岡直嘉、小原駩吉の悪口を云ひ触らす

右の如き関係にて、天岡は頻りに自分（小原）の悪口を言ひ触らし居る模様なりと云ふ。

西園寺八郎は関屋貞三郎を相手にせす

小原又近日は関屋（貞三郎）の体度か変り、頻りに御世辞を云ふ様なり。西園寺（八郎）は何事も関屋に云はす、直接に牧野（伸顕）に云ふと云ひ居るも、

小原駩吉は関屋貞三郎に話すも当てにせす

自分（小原）、夫れは余り極端なる故、一応は関屋にも話すも、牧野に通することは関屋には依頼せす、直接に自分（小原）より云ふことに致し居れりと云ふ。

牧野伸顕、予の談を関屋貞三郎に告く

予、予か大臣（牧野）に話したることは、牧野より総て関屋に告けたりと見へ、関屋は徳川（頼倫）抔に頻りに弁解を為し居る様なり。

職員の定員、俸給定額に関する事項を文書課の主管と為したることの弁解

先日も白根（松介）か来り、職員の定員、定額に関する事項を文書課の主管と為したるは自分（関屋）の本意に非す。渡部（信）か頻りに主張するのみならす、君（白根）も其方か便利ならんと云ひたる故、其こと〔に〕決したるまてなり。倉富君か誤解し居りては困ると云ひ居る旨を告けたる故、予は、責任

なきものならは、不同意なりしも此く決したりと云ふことを得れとも、次官（関屋）は不同意ならは、之を止めさるへからす。次官てありなから、不同意なるも其ことに決したりと云ふは不都合なりと云ひ置たり。

関屋貞三郎の弁解の不当

牧野は心附のことは何ことも談し呉よと云ひたるも、之を告けれは関屋に話す丈けにて効能はなく、害かある丈なる様なりと云ふ。

古川義天の懲戒処分の執行のこと

小原、古川義天の懲戒抔も竹田宮妃殿下の諒解を得たる上に非されは、発表し難しと云ひ、今に其儘になり居る様なり。大臣も次官も、個様に皇族を恐れては何事も出来すと云ふ。予、古川の懲戒は既に発表したる様なり。審査局には通知し来りたる様なりと云ふ。小原、主猟のことに関する加藤（内蔵助）の懲戒事件に非すやと云ふ。

予の記臆確かならす

予既に官報にも発表したるには非すやと云ふ。小原、古川の事件は官報には出さゝる筈なり。加藤のことならんと云ふ。予、成程、予の考へ違ならんと云ふ。話すること一時間許。

古川義天の懲戒事件は発表済

小原か去りたる後、西野英男を召ひ、古川義天に対する懲戒処分の通知の有無を調へしめたるに、西野其通知を持ち来りたるに付、

小原駩吉を訪ふ　在らす

之を小原に示す為め、且つ先刻小原か北白川宮大妃を訪問することを延はしたる理由の一として、子供〔東郷良子、東郷彪長女、小原駩吉の孫〕も病気になりたる為と云ひたる故、話の都合を見計ひ、其の病状を問はんと思ひなから、終に之を忘れたる故、此ことを問はんと思ひ、内匠寮に行きたる処、小原は伊達某〔邦宗、旧仙台藩主伊達家当主、伯爵〕の告別式に行きたりとのことなりしなり。時に二時四十分頃なりしなり。

金井四郎に債を償ふことを忘る

○午前金井四郎か来り、談して去りたる後、予か先日東久邇宮の職員に嘱して田内三吉に贈りたる賻及北白川宮に贈りたる賻を償ふことを忘れたることを思ひ出し、之を追ふて宗秩寮に行きたるも、金井は既に去り居りたり。

地震

○午後零時後又震す。差々強し。微震数回。

〔欄外に付記〕

補遺　田村捨吉か自動車運転手の免状を受けたること、金井四郎か木寺真蔵を叱りたること

補遺

午前十時後、金井四郎か来たるとき、田村捨吉か警視庁より自動車運転手の免状を得たること、及田村か運転して盛厚王殿下か学習院に通学せらるるとき、木寺真蔵〔東久邇宮附属官〕か随行すれは木寺か車従と為り、田村の下に属する様なりとて不平を云ふに付、其不心得を叱り置きたることの談を為せり。

六月三日

六月三日日曜。曇後半晴。

地震

○午前八時後、地震す。

髪を理す

○午前八時後、髪を理す。

枢密院の議案を調査す

○午前午後、枢密院の議案第三回労働総会にて採決したる条約案を調査す。

書を鈎に贈る

○午後、書を鈎に贈る。

隆写真展覧会に行く

○午後、隆上野に行き、写真展覧会を観る。午後五時頃帰る。

六月四日

○六月四日月曜。半晴。

隆第一銀行、三越呉服店に行く

○午前八時後より隆第一銀行に行き、預金を引出し、三越呉服店に行き、物を買ふ。

午前九時三十分頃より出勤す。

小原駩吉に電話す

○午前十時後、小原駩吉に電話す。小原未た出勤〔せ〕す。

時計を携ふることを忘る

○今日出勤するとき、時計を持ち来ることを忘る。

工場法に改正を記入す

○出勤前、工場法に改正法を記入す。

牧野伸顕を訪ひ、稔彦王殿下金一万円を賜はりたることに付挨拶し、且金井四郎か来りたるも牧野に面会することを得さりしことを告く

○午前十時後、牧野伸顕を官房に訪ひ、先日稔彦王殿下か仏国に於て成久王、同妃、鳩彦王三殿下の遭難に付、尽力せられたるを以て金一万円を賜はりたることに付挨拶し、且つ一昨日金井四郎も其事に付挨拶する為、宮内省に来りたるも、牧野に面会することを得さりしを以て、予に致意を嘱したる旨を告く。

相続届期限を経過して襲爵の権を失ひたる人名及爵を辞したる人

又先日華族か相続届の期限を経過したる為、襲爵の権を失ひたるものゝことを話したるか、其氏名は中島錫胤〔元名古屋控訴裁判所長、元元老院議官、男爵、故人〕の相続人（禎之助〔中島錫胤長男、故人〕）、河野敏鎌〔元農商務大臣、元内務大臣、元文部大臣、子爵、故人〕の子寿男〔河野敏鎌長男、子爵、故人〕の死亡後の相続人長敏〔陸軍軍人、河野敏鎌の養子〕等あり。又、鳥取の池田の分家に池田徳潤〔旧福本藩主池田家当主、元浅草区長、元男爵〕なる者ありたるか、是は体面を保つこと能はさる理由にて爵の返上を願ひ、聞届けられ、僧と為りたりとか云ふことなりと云ふ。其外に板垣退助〔元自由党総理、元内務大臣、伯爵、故人〕の相続人の守正〔板垣退助の孫〕か届出を為さゝるありと云ふ。牧野、然らは大分襲爵せさる人もあるなり。世間ては此等の事実を知らさる様なり。少しく之を知らしむる様にてもしたらは如何と云ふ。

小原駩吉に古川義天に対する懲戒の書類を示す

○午前十時後、西野英男より内匠頭（小原駩吉）か出勤したる旨を内匠寮より報し来りたる旨を告く。予乃ち小原の室に行き、古川義天に対する懲戒事件の通知書を示す。其処分は三月三十日に古川に通達したるものなり。

徳川頼貞の陞位期を失したることの談

小原、徳川頼倫の長男頼貞は従五位なるか、大正六年に正五位に達すへき筈の処、宗秩寮の疎漏にて今日まて其儘になり居るとのことなりと云ふ。予、夫れは気附きたる以上は陞位の手続を為す必要あり。予より其ことを宗秩寮に話して差支なきやと云ふ。小原、自分（小原）か宗秩寮に居りたる為、時々来りて内部の話を為す人あり。徳川頼貞のことは佐々木栄作か話したることには非す、他より聞きたることなるも、自分（小原）より聞きたりと云はれては、寮員か秘事を漏らしたりとの嫌疑も起るへきに付、自分（小原）より聞きたりとは云はさる様に為し呉よと云ふ。

西園寺八郎、小原駩吉、赤星某夫妻世子邸に行きたること

小原又一昨日は世子邸に行きたり。西園寺（八郎）、赤星某夫妻も来り、赤星よりゴルフの打方を世子夫妻に教授し、晩餐の饗を受け、西園寺は人を招き居るとて早く帰りたるも、自分（小原）等は十時近くまて居り、種々の談を為し、

世子、同妃かゴルフを学はるることは他日の為に都合宜し

西園寺は、世子殿下御結婚後は良子女王殿下《東宮》も必すゴルフを為されるに相違なきに付、世子妃か只今よりゴルフを学ひ居らるれは、必す一緒にゴルフをなさるる様になり、好都合ならんとの談を為したりと云ふ。話すること二、三分間にして去る。

〔欄外に付記〕

補遺　酒巻芳男出勤し居らす

○補遺

給仕をして酒巻芳男か出勤し居るや否を問はしむ。給仕、出勤し居らさる旨を報す。十時後、小原駩吉を訪ひて帰りたる後のことなり。

補遺　酒巻芳男に徳川頼貞陞位失期のことを談す

補遺

午後三時五十分頃給仕をして、酒巻芳男か在るや否を見せしむ。酒巻宗秩寮に在りと云ふ。予乃ち宗秩寮に行かんと、廊下にて酒巻か人と立談するに会ふ。酒巻談を終りたる後、審査局に行くへしと云ふ。予返りて之を待つ。酒巻来る。予、徳川頼倫の長男頼貞は従五位に叙せられ居り。大正六年に正五位に進むへき筈の処、今に其儘になり居ることを聞きたり。之を救ふへき途ありやと云ふ。酒巻、右の如き間違はなき筈なり。早速取調へ見るへしと云ふ。

高羲敬来り、西園寺八郎、小原駩吉、赤星某夫妻世子邸に来りたる状を報す

○午前十時後高羲敬来り、一昨日は西園寺（八郎）、小原（駩吉）及赤星某夫婦世子邸に来り、赤星よりゴルフのことを談し、ゴルフの道具を持ち来り、世子邸にありたる道具一切を持ち帰

り、之を切り詰めて世子妃の為に軽きものを作ると申し居りたり。西園寺は七時頃に帰りたるも、他は九時頃まて話し行き、赤星は何時でも来ると云ひ、又西園寺は世子は何時ても赤星を伴ひ、新宿御苑に行かれて宜しと云ひ居りたり。

厳柱日よりの来書

又厳柱日より書状達し、晋氏の一週年祭も滞なく済み、厳は五、六日頃出発帰京する旨申し来り居れり。

故晋氏の為には朝鮮式と内地式と二様の祭を為したること

厳の書状には記載なきも、朝鮮の新聞には祭は朝鮮式と内地式と二様に行はれ、午後七時頃には内地式にて朝鮮総督よりも供物を為し、李王殿下、世子殿下よりも内奠をなされ、王殿下は三台、世子殿下よりは二台なりし由なり。

斎藤実は墓に展する積りなりしも急に内地に来りたる為果さす

総督（斎藤実）も展墓する積りにて用意致し居りたる処、旧主伊達某〔邦宗〕の訃電達したる為、急に内地に来ることゝなり、其の為展墓を止め、政務総監（有吉忠一）のみ展墓せる趣なり。朝鮮式の祭は午後九時頃より行はれたる趣なりとの談を為せり。

小原駩吉を訪ひたるは高義敬か来りたる後なり

予か小原（駩吉）を訪ひたるは高か来り談したる後なりしなり。故に小原、西園寺か本月二日に世子邸に行きたることは小原より聞く前に高より聞き居りたり。

食堂にて木瓜及蓮子を食ふ

○午後零時後食堂にて、吉田平吾〔台湾総督府逓信局長、元調度頭〕より食堂に贈りたる台湾の木瓜一片及本多某〔猶一郎、宮内書記官・庶務課勤務〕より食堂に贈りたる上海製蓮子の砂糖漬四、五個を食ふ。

労働総会にて採択したる条約案の審査委員会

○午後零時四十分頃より枢密院事務所に行き、第一回、第二回、第三回労働総会にて採択したる条約案に関する審査委員会に列す。

内田康哉の説明

委員長金子（堅太郎）開会を宣し、外務大臣（内田康哉）、第一回の総会にて採択したる工業に使用し得る児童の最低年齢を定むる条約案は工場法との関係に因り、第二回の総会にて採択したる海上に使用し得る児童の最低年齢を定る条約案は船員法等の関係に因り、今日まて延期を求め置たる処、第四十六議会にて工場法の改正法律、工業に関する労働者の最低年齢を定むる法律及海員最低年齢を定むる法律通過し、既に公布せられたるに付、右二個の条約案は最早批准せられて宜しきことゝなりたり。又第三回総会にて通過したる農業に使用し得る児童に関する件は既に存在する法規を励行すれは別に法律を設けさるも差支なく、海上に使用する児童の強制体格検査に関する条約案は第四十六議会にて制定せられたる法律あるに付、是亦批准せられて差支なきものと思ふ旨を述へ、尚ほ詳細なることは各主管者より説明すへき旨を附言せり。

一木喜徳郎の質問

一木喜徳郎より、条約案七個の中二個は批准を奏請し、五個は之を奏請せさる理由の説明を請ふと云ふ。

馬場鍈一の説明

馬場鍈一之を説明す。

有松英義の質問

有松英義、農業に使用する児童に関する条約案には十四歳未満の児童は義務教育の就学時間を妨くへからさることを定め居るか、本邦にては義務教育は十二歳までにて卒はるか、卒業後も十四歳までは此条約に羈束せらるるや、又は義務教育を卒りたる後は十四歳未満にても此条約に羈束せられさるやを問ふ。文部省の局長（山崎達之輔、文部省普通学務局長）（普通学務局長なりしか詳ならす）、義務教育を卒りたるものは年齢に拘はらす拘束なき旨を答ふ。予、義務教育を卒りたるものは拘束なき旨の説明ありたるも、条約案第五条に農業学校の労働に従事せしむることは差支なき旨を定め居れり。此の如き規定より看れは、必しも普通の義務教育さへ妨けされは宜しと云ひ得へからさる様に思はるるか如何と云ふ。

政府委員の説明

外務省条約局長なりしならん。農業学校の作業は妨なしと云ふのみにて、此規定あるか為義務教育以外の教育時間まて妨くへからさることを定めたるものとは解せすと云ふ。

予の質問

予は此問題より前に、小学校令の規定を励行すれは、別に法律を設くるに及はすとのことなるか、小学校令には就学児童の就学を猶予を許すことを得る規定あり。此条約に加入すれは猶予を許すことを得さる様になるやと云ふ。

山川端夫の説明

条約局長夫れ程迄の制限を受くる積りに非すと云ふ。

予の質問

予又工業に使用する児童、海上に使用する児童の最低年齢法に違反したる者には千円以内の罰金を科することゝなり居るか、農業に関する条約は幾分条約の性質は異なるも、此方は制裁なくして宜しきやと云ふ。

政府委員の説明

文部省局長より、小学校令の規定を励行し、其違反者には行政執行法を適用すれは夫れにて宜しき積りなりと云ふ。農業学校云々の質問は此処にて為したるものなり。

予の質問

予又海員最低年齢法の附則、本法施行前より十四歳未満の者を使用し、引続き之を使用する場合には第二条の規定を適用せさる旨を定め居れり。是は条約案には之を許す規定なきも、工業に関する条約案に日本に限り経過規定を設くることを許す規定あり。海員に関する条約は工業に関する制限を海員に及ほす旨を掲け居るに付、海員に付ても日本に関する例外規定を及ほすものと解釈したる訳なりやと云ふ。

若宮貞夫の説明

逓信次官（若宮某（貞夫））、工業に関する条約の規定を及ほすものとは解し居らす。海員に関する条約案には特別の規定なきも、既に使用し居る者までを禁するほど厳格なるものには非すとの考より、附則を以て経過規定を設けたるものなりと云ふ。

予の質問

予、右の如く条約には規定なきも、内国法にて例外を設くることを得るならは、工業に関する条約第五条ロ号を以て日本に限り経過規定を設くることを許したるは無用のものなりやと云ふ。

若宮貞夫の答弁

若宮、初めは其考を有せさりしも、若し貴説の如き解釈を為すことを得れは、苦しき解釈を為さすして済むに付、更に研究して答ふることにすへしと云ふ。

〔欄外に付記〕

補遺　若宮貞夫の説明補足

補遺

枢密院事務所にて審査委員会の質問を終り、国務大臣、政府委員等か去らんとするとき、若宮貞夫、予か席に就き、先刻の質問は他の人とも相談したるか、貴説（予の説）の通り、第二回労働総会の条約案には日本に対する例外の規定なきも、第一回の条約案にある例外規定を引用するものとすれは、解釈苦からさるに付、先つ一応其解釈を為し置き、其引用か無理なりとの説あるときは、経過規定は当然設くることを得るものとの説にて説明せんと思ふと云ふ。

一木喜徳郎の質問

一木より、属地、殖民地、保護領にも条約を適用する規定あるか、義務教育を行はさる処には条約の適用なき訳なりやと云ふ。

山川端夫の答弁

条約局長、条約に所謂義務教育とは、絶対の義務教育に限るや、又は普通の小学教育を施こし居る所ならは、義務教育と云ふへきや、此ことに付ては議論あるへし。然れとも、殖民地等には第二回総会までの条約案には、事情か許すならは之を適用することを明記し居り。第三回総会の条約案には書方変り居れとも、条約を施行し難き事情あらは、之を施行せさるも妨なきものにて、義務教育の解釈を定むるまでの必要なかるへく、此条約は殖民地等には之を施行せさる積りなりと云ふ。

金子堅太郎の質問

金子より、条約案を批准せらるれは、其旨を労働事務局に通知するは勿論なるか、其時は内国法律も通知することを要するやと云ふ。

山川端夫の答弁

条約局長（山川端夫）、其旨を通知するのみなり。但し参考としては、内国法律も添附することになり居ると云ふ。

条約案処理方の協議

質問終了後、国務大臣、政府委員の退席を求め、条約案の処理方を協議す。

二上兵治の質問　池田某の答弁　馬場鍈一の答弁

初め外務大臣（内田康哉）より、工場法の改正出来たるに付、工業に使用し得る児童の最低年齢を定むは、条約は御批准相成りても宜しけれとも、工場法の改正法施行の準備もあるに付、枢密院よりの奉答時期に付ては政府と協議を望む旨を附言したるに付、委員会の終りに至り、二上兵治より更に其趣旨を確めたる処、池田某〔宏、内務省社会局長〕（社会局長）は、成るへく工場法の改正法施行と同時に条約を批准せらるる方都合宜しからんとの趣意に外ならすと云ひ、馬場鍈一は工場法施行令もいつれ枢密院に御諮詢相成るへきに付、其の審議を終りたるとき、条約も御批准ある方宜しからんとの趣意に外ならさるも、是は固より強ひて望むことには非す。政府に於て其公布の時期は適宜に定むることを得らるるも、枢密院より条約案に付奉答せらるるも、政府に於て其公布の時期は適宜に定むることを得るに付、只今直に奉答せられても差支はなき旨を述ふ。

条約案の処理に関する緩急二様の議論

政府委員等か去りたる後、内田の希望に従ひ当分此儘に為し置く方宜しと云ふ者は有松英義、二上兵治にて、枢密院は直に手続を進行すへし。但し第一回、第二回の総会にて採択したる条約案は既に数月間留置たるもの故、此上延引するは不可なり。直に進行すへし。第三回総会の分は急くことなしと云ふは安広伴一郎なり。一木喜徳郎及予は総て進行するか宜しと云ひ、議長（清浦奎吾）も進行する方か宜しと云ふ意を漏らせり。

金子堅太郎の旅行中に委員会の報告書を作ること

結局二上より、委員長（金子堅太郎）は旅行せらるる趣に付、其不在中に自分（二上）か報告書案を作り置き、委員長帰京の上、協議せられたらは宜しからんと云ふ。

金子堅太郎の帰京期

予、金子に旅行の期を問ふ。金子、本月八日頃より名古屋及び某処（忘れたり）に行き、十一日に帰京する予定なりと云ふ。

二上の説に決し、午後三時四十分頃散会す。

〔欄外に付記〕

補遺　一木喜徳郎の質問

補遺

枢密院の審査委員会に於ける質問の終りに、一木（喜徳郎）より、何故海員に限り強制体格検査を行ふ必要ありや。其理由を聞き度と云ふ。

補遺　若宮貞夫の答弁

逓信次官（若宮貞夫）、自分（若宮）も確に知らされとも、全体は、航海は健康に宜しかるへき様に思はるれとも、欧洲人には案外海員と為り健康を害するもの多く、之か為海員に健康検査を為すことになり居る趣なり。本邦人は比較的海上に耐ふる方なり。此条約に加入せさるも、身体検査は是まて為すことゝなり居れりと云ふ。

東郷平八郎の孫の死

○午前小原駩吉の室に行きたるとき予より、昨日来り談したるとき、小児か病気になりたりとの談あり。談話の絶へたる上、其仔細を問はんと欲したるも、終に之を問ふことを忘れたり。何人の病気にて、如何なる経過なりやと云ふ。小原、自分（小原）の娘〔百合子、東郷彪の妻〕か東郷平八郎の子に嫁し居りて生みたるものか、少しく風邪気なりしか、肺炎と為り嘔吐を催ふしたり。東郷は医師か軽微のことなりと云ふに付、水交社の宴会（場所は確記せす）に行き、帰宅したる処、容体急変し、急に某病院に入れ、二十余時間にて死亡せり。是は三番目の孫にて一年何ヶ月なり。

西園寺八郎の妻の死したると同様の病症

東郷は非常に之を愛し、死後怏々として楽まさりしか、自分（小原）か西園寺（八郎）に此ことを話し、西園寺は夫れは到底活路なし。自分（西園寺）の妻〔新、西園寺公望長女、故人〕も同様の容体なりしなり。畢竟脳を侵されたるものなりと云ひたり。自分（小原）より、西園寺の談を東郷に告けたる処、東郷も稍々諦らめたる模様なりとの談を為せり。

隆、朗子、幸江、上野動物園に行く

○午後隆、朗子、幸江を携へて上野動物園に行き、午後五時頃帰りたり。

六月五日

○六月五日火曜。朝曇後晴。

○午前九時三十分より出勤す。

〔欄外に付記〕

補遺　渡辺暢来り訪ふ

補遺

午前九時頃渡辺暢来る。渡辺は今朝斎藤実を訪ひたるに、斎藤は今朝仙台より東京に来り、本月七日には有吉忠一か上京するに付、八日頃には出発、帰任する旨を談し居りたり。

渡辺暢の身上に関する談

斎藤は、自分（渡辺）を貴族院議員と為すことは内閣総理大臣（加藤友三郎）に談し、加藤は任命の時期は明言せさるも確に手帳に記し置くと云ひ、此ことに付ては倉富君（予）も加藤に依頼したりとのことを談したりと云ふ。予、此ことに付て予か加藤、宮田光雄、平沼騏一郎、岡野敬次郎等に交渉したる次第を概説す。

岩波武信転任のことを伊夫伎準一に謀る

○午前、岩波武信旅行より帰り〔たり〕とて今日より出勤す。十時後伊夫伎準一を召ひ、先日白根（松介）より岩波（武信）を図書寮の事務官に転任せしめ度との内談を為したれとも、当時予は熟考すへき旨を答へ置たり。然るに岩波も帰京したる故、一応本人の内意を問ひ、本人か転任を希望するならは、審査局の為には不便なるも、本人の希望を枉くることも面白からさる故、本人か望むならは、転任せしめて宜しき旨を白根に答へんと欲す。如何と云ふ。伊夫伎其通りに取計ひ呉よと云ふ。

岩波武信転任のことを本人に内談す

予乃ち給仕をして岩波を召はしめ、白根より内談したる次第を告け、岩波の意を問ふ。

岩波武信の答

岩波、自分（岩波）は宮内省に職を奉する以上は、省の都合にて必要なりと思はるる処ならは、何処にても択はすと云ふ。予、然らは、君（岩波）の望に任かす旨を白根に答ふるに付、其積り〔に〕考ふへき旨を告け、直に白根を秘書課に訪ふ。

白根松介在らす

白根在らす。大谷（正男）、白根は尚ほ大臣官邸に在り。後刻来るへしと云ふ。予、白根か来りたらは、予か来りたることを告け呉よ。昨日白根か審査局に来りたる趣なるも、予は昨日は枢密院に行き居り、面会せさりしなりと云ふ。大谷、承知せり。白根は昨日職員のことに関し、貴官（予）の処に行くと云ひ居りたりと云ふ。予、予も其事に付来りたるなりと云ふて去る。

白根松介来り、稲垣潤太郎懲戒処分のことを謀る

十一時頃白根審査局に来る。予、岩波のことを談せんとす。白根、其事もあるか、夫れより先きに相談し度ことあり。稲垣（潤太郎）のことは既に承知せられ居るならんと云ふ。予大略承知し居れりと云ふ。白根、稲垣は前任地長野県にて婚約を結ひ居ると、又前任地に在りたるとき、友人の為に他より金を借り居る関係あり。前週の土曜より長野県に行き、借金の半額丈を償ひ且結婚のことを処置する積りの処、土曜は公務の都合にて出発出来す。依て日曜より出掛け、月曜一日丈け欠勤届を為して帰京する積りの処、長野県に行き、先年来懇意なる料理屋の主人某方にて飲酒し、非常に酩酊し、中学校に暴はれ込み、暴行を為し、夫れより路上に出て、終に土地の人の為に取り押へられたる趣。

稲垣潤太郎謝罪を他人に嘱す

本人は酔か醒めたる後、非常に恐縮し、自ら学校に行きて謝することも為さす、料理屋の主人に依頼し、代理として謝罪せしむることに致して帰京したる処、料理屋の主人は学校に行かさりし趣にて、

中学校長より稲垣潤太郎のことに付書を関屋貞三郎に贈る

学校長は、稲垣か暴行を為し、挨拶も為さすして去りたるは不都合なりとて、大分激昂したる書状を次官（関屋貞三郎）に贈り、其為始めて事実を知りたる訳なり。

中学校長も諒解す

幸ひ校長は会議の為先日上京し、次官も之に面会して全く酔狂なりし事実を述へ、校長も諒解せり。全体酔狂より出来たることにはあれとも、自ら挨拶もせすして帰京したるは間違なり。

稲垣潤太郎悔悟　考査委員の意見

本人は如何なる処分に逢ふも異存なしと云ひ居るも、昨日考査委員の人（小原駩吉、山崎四男六、入江貫一等）に内談したる処にては、稲垣は前途ある人なる故、一時の酔狂の為之を厳罰するは遺憾なり。依て事件は考査委員に付せす、譴責に止め、行政上此儘宮内本省へ置くは適当ならさるに付、一時帝室林野管理局に入れ、参事官は之を罷むることゝ為したらは宜しからんとのことなりしか、只今管理局に事務官の欠員なき故、宮内事務官にて管理局事務官を兼ねしめ、実際は管理局の事務のことを執らしむることゝなすより外に致方なからんとのことなりしなり。此ことに付貴官（予）の意見を聞き度と云ふ。

予の意見

予、酔後の暴行と云へは其情重からさるも、無断にて旅行したることか官規上不都合なり。夫れも事なく済めは嘿殺することも出来くれとも、旅行先にて暴行を為し、新聞紙にまて取噺され、其処分か譴責なりと云はゝ、此点に付或は更に物議を招くやも計り難し。

稲垣潤太郎の懲戒処分を官報に出すことの可否

暴行事件か既に新聞に出てたる故、其懲戒も官報新聞に掲載する方宜し。然らされは、世人は懲戒せすと思ふやも計り難けれとも、其処分を公にするには譴責にては少しく軽に過きる様なり。依て寧ろ官報に出さす、随て新聞にも出てさる様に為す方宜しからんと思ふと云ふ。白根、次官（関屋貞三郎）か官報に出す方か宜しからんと云ひ居るも、自分（白根）も之を出さゝる方宜しからんと思ふ。

白根松介、岩波武信転任のことを取消す　武宮雄彦も転任せす

其事は先つ夫れとして、先日岩波（武信）転任のことを相談したるか、全体武宮（雄彦）を内匠寮に入れ、其跡に五味（均平）を移し、其跡に岩波を転せしむる積りなりし処、武宮は林野管理局にて著手中のことあり。転任せしめ難しとのことにて、他より管理局に入ることを得さることゝなれり。依て気の毒なから、岩波のことは暫く中止し呉よと云ふ。予、然るか。実は今朝は岩波か転任を希望するならは、其意に任すへきことを君（白根）に答へんと思ひて、君（白根）を訪ひたる所なりしなりと云ふ。

関屋貞三郎の変説

白根、度々変更せられて困る。先日相談に来りたるときも、次官（関屋）に其旨を告けし、次官も宜しと云ふに付、来りたる訳なるに、突然変更したり。次官官舎のこと抔も余程度々変更したる様なるか、官舎のこと抔は格別害もなきか、人事に付度々変更せられては困ると云ふ。予、審査局にては却て都合宜しきも、図書頭（杉栄三郎）は余程困るならん。其方は如何するやと云ふ。

五味均平も其儘に為し置く

白根、次官は当分五味を其儘に致し置くと云ひ居れり。然し、杉は大に驚き、杉よりも更に次官に交渉するか、自分（白根）よりも十分談し呉よと云ひ居る故、十分に談する積りなり。

根岸栄助を審査官補と為すや

岩波か図書寮に転することゝなれは、其跡には先日話されたる通り、愈々根岸栄助を審査官補となす積りなりやと云ふ。

根岸栄助を審査官補と為すことは考案中

予、其事は尚ほ熟考すへし。事務上には勿論差支なきも、他の信用に付ては幾分の疑ありと思ふと云ふ。白根、一と通履歴を調査したるか、不都合はなき様なるも、信用は少なからんと云ふ。話すること五、六分間許。白根既に去る。

岩波武信、伊夫伎準一に白根松介か岩波の転任を取消したることを告く

乃ち復た岩波を召ひ、先刻話したることは只今白根か来りて取消したる故、承知せよと云ひ、更に伊夫伎準一を召ひて、其旨を告く。

金井四郎来り、石原健三か東久邇宮妃殿下洋行の談を聞き居ることを報す

○午前十時後、予か第一回に岩波武信を召ひ、岩波か予か室に来りたるとき、金井四郎入り来る。岩波乃ち去る。金井、先日、石原（健三）に遇ひたるか（北白川宮邸にて遇ひたりと云ひたる様記臆すれとも、場所は確かならす）、石原より東久邇宮妃殿下御洋行のことは未た決せさるやと云ふに付、自分（金井）より予算のことに付少しく行違を生し、未た御洋行期は決し居らさるか、稔彦王殿下御出発前、妃殿下の御洋行に関する話を聞きたることなきやと云ひたるに、石原夫れは確に殿下より御話を承はり居ると云ひ居りたりと云ふ。

石原健三の談を特に宮内大臣、次官等に告くるは宜しからす

予、他日機会あるとき、石原の談を大臣、次官に告くるは宜しきも、先日石原の談を聞きたりとて、直に其事を吹聴するは却て宜しからさるならん。

石原健三の談を徳川頼倫に告くるは妨なし

今日宗秩寮にて徳川頼倫に遇ひ、石原の談を告くるは先日神戸行の汽車中にて徳川と談し合ひたる行懸りもあること故、之を告くる方か宜しからんと思ふと云ふ。

六月十二日東久邇宮邸に於ける午餐

金井、五月十一日は妃殿下の誕辰なるか、今年は巴里に於ける三殿下の御遭難ありたるに付、宮邸にても祝宴も見合せられたり。依て本月十二日に真の内端にて午餐を催ふさるる積りなり。初は普通の午餐の積りなりしも、妃殿下は仏国の出来事の為御遠慮あり。妃殿下は園祥子と奥にて餐を共にせられ、宮職員は表にて別に食卓に就くことゝなす予定なり。

午餐の事由

此節午餐は、稔彦王殿下御渡欧の記念、妃殿下の誕辰、盛厚王殿下の御就学祝宴、稔彦王殿下の御無難祝宴（其外金井は尚ほ三廉を数へ立て、合せて七廉なりと云ひ居りたるも忘れたり）等にて、王殿下の御無難なりしは宮附職員は大に喜ひ居る故、少し盛なる祝宴を開かるることを妃殿下に申上けたるも、前述の通りの催ふしにて宜しと云はると云ふ。

稔彦王殿下無難に関する祝意の可否

予、夫れは妃殿下の御考か宜し。若し他の遭難者か宮に無関係の人ならは、王殿下の御無難は大に祝しても宜しけれとも、御親族に御遭難の方ある故、王殿下か御無難なりとて大に之を祝するは穏当ならすと云ふ。金井十二日には来邸せられ度と云ふ。予午時なりやと云ふ。金井更に通知すへしと云ふ。

盛厚王殿下の発熱

金井又盛厚王殿下一昨日成久王の権舎に礼拝せられ、其頃より御気色悪しとのことなりしか、帰殿後三十九度（原文空白）分の発熱あり。医師は咽喉か赤きに付、多分其の為の熱ならんと云ひ、一昨日は三十八度と為り、昨日より三十六度台と為り、最早懸念なしとの談を為せり。話すること七、八分間許。

岩波武信と談したる時刻

岩波武信か再ひ来りて予と談したるは、金井か去りたる後なり。

入江貫一の室に入る　入江貫一、稲垣潤太郎酔狂のことを談す

○午後一時後食堂より審査局に返るとき、入江貫一の室に過きり、昨日君（入江）等か稲垣（潤太郎）の処分を議したる趣なるか、稲垣か酔狂の事情より云へは、成るへく軽き処分を為し度は勿論なるも、酔狂の事実のみならす、擅に任地を離れたる事実までを認めて、譴責の処分に止むることを公にしたらは、或は軽きに失するの非難あるへしと思ふと云ふ。入江、自分（入江）も其辺は懸念し云々と云ひ居りたるとき、林野管理局の和田国次郎〔帝室林野管理局技師・業務課長兼林業試験場長〕来る。

入江貫一審査局に来り、稲垣潤太郎に関する談を続く

入江、和田に暫く待ち居るへき旨を告け、予と共に審査局に来り、前の話を継き、自分も譴責の処分は官報に出さゝる様にすへきことを話し置きたり。稲垣は他日は用立ちすへきも、只今は尚ほ経験不足なる様なるに付、参事官として批評の地位に立つよりも、当分実務に従事する方、本人の為にも宜しからんと思ひ、林野管理局に入ることを勧め置きたりと云ふ。

稲垣潤太郎に対する処分

予、譴責処分を公にせさるも面白くはなけれとも、寧ろ之を公にせさる方宜しからんと云ふ。

稲垣潤太郎の転勤

入江、転勤は懲戒処分には非さるも、内実は其意を含みたるものなる故、宮内本省に置かさる方宜しからんと云ふ。

山崎四男六、上野季三郎、仙石政敬、関屋貞三郎に小原駩吉の処分を迫る

入江又先日次官（関屋）よりの話に、山崎（四男六）、上野（季三郎）、仙石（政敬）より関屋に対し、小原（駩吉）は性質卑劣にして我儘多く、共に事務を執り難きに付、小原を処分することを望むと云ひ、仙石は小原とは貴族院書記官たりし時代より同勤にて、能く其性質を知り居る旨をも申出したる趣なりと云ふ。予三人は如何なる事実を挙けて云ひたるへきやと云ふ。入江些細なることも挙けて云ひたる模様なりと云ふ。

小原駩吉か怒るも無理ならす

予、予等か知らさる事実もあるへきが、近頃起りたる高松宮御殿建築のこと、箱根離宮修繕のこと抔は行違ひとは云ひなから、小原か怒りたるも無理ならぬことゝ思はる。

小原駩吉の短所

小原にも勿論短所あり。此ことは西園寺（八郎）も認め居れり。然し、小原を処分することは中々出来難からん。小原を処分せんとすれは、西園寺も嘿止せさるへしと云ふ。入江、西園寺たりとも小原の擅横を好きことゝは思ひ居らさるへしと云ふ。

西園寺八郎と小原駩吉の関係

予、然し小原と西園寺とは相互の諒解あり。

小原駩吉と東宮殿下との関係

殊に小原は東宮殿下に接近し、近頃は毎日曜に新宿御苑にてゴルフの御相手を為し居れり。此の如きことは宜しきことには思はされとも、事実は其通りなりと云ふ。

宮内大臣か小原駩吉を抑ゆる外致方なし

入江、感情の衝突は疾くよりありたるも、此の如く急に破裂せんとは思はさりし。兎も角之を和らくるより外に工夫なし。自分（入江）は大臣（牧野）に、次官（関屋）にては小原を抑ゆることは出来す、大臣自ら之を抑ゆる様にせさるへからすと云ひ置きたり。君（予）も其含にて考へ置き呉よと云ふ。話すること四、五分間許。

自動車を借ることを嘱す

○午後一時二十分頃西野英男より、余り早き様なれとも、来る八日成久王殿下の御葬儀のときに、自動車を借ることを相談致し置くへきやと云ふ。予之を嘱す。

故依仁親王の墓の工事竣工祭には参拝することを要するや否

○午後宗秩寮の書類に、本月九日東伏見宮より、故依仁親王の墓の工事竣りたるに付祭に行く旨を届け出てたるものあり。予、当日参拝の必要あるや否を宗秩寮に問ふことを西野英男に嘱す。西野、主任不在にて分らさる旨を報す。

司法大臣官舎に行くとき撒水車を避けす

○午後一時四十分より、歩して司法大臣官舎に行く。宮内省前の広場にて予の後より撒水車来る。予、之に気附か〔す〕、普通の自動車と謂ひ、之を避けす。撒水者、予か避けさる為、予を追ひ越すまて撒水を止め、二、三間を過きたる後、復た撒水を始め、予、撒水車の予か前方に来りたるとき、始めて撒水車なりしことに気附きたり。不注意の為撒水者の行為を妨けたり。

諮問第四号幹事会

午後二時三十分頃より、諮問第四号に付幹事会を開き、犯意のことを協議し、四時四十分頃に至りて散会し、直に家に帰る。

車夫に車夫の犯罪ありたる否を問ふ

家に帰りたるとき、車夫（杉野某の次男）に汝か家の車夫にて警察署に召喚せられたるものありやと云ふ。車夫なしと云ふ。予、先日巡査来りて、車夫のことを問へりと云ふ。車夫、先日近傍の某家に強盗押入りたるか、突当りの人力車屋の挽子か嫌疑を受けて警察署に喚はれたりとのことなりと云ふ。

隆寝台券を買ふ　隆鎌倉に行き、歯を療す

○午前八時後より隆東京駅に行き、寝台券を買ひ、直に鎌倉に行き、歯を療す。午後六時頃帰り、本月八日朝発の急行列車の寝台を買ひ得たりと云ふ。

道子、荒井賢太郎及村山小次郎家に行く

○午後道子、荒井賢太郎及村山小次郎を訪ふ。

〔欄外に付記〕

補遺　新宿御苑より苺を送る

補遺

午後、新宿御苑より苺八十顆許を送り来る。

六月六日

○六月六日水曜。朝曇後晴。

○午前九時二十分より出勤す。

穂積陳重より私人にて法律の註釈を為したることの始を問ふ

○午前十時前より枢密院控所に行く。穂積陳重より、明治維新後私人にて始めて法律書の註釈を公にしたるものは何人なるへきやを問ふ。予知らさる旨を答ふ。穂積、新律綱領、改定律例の註釈の書名を記したるものを予に交し、是か初めの註釈ならんと思ふ。取調見呉よと云ふ。予其書附を受領す。

清浦奎吾より天皇陛下に拝謁することは御遠慮申上くる方宜しきやと思ふ旨を告く

○清浦（奎吾）より顧問官一同に対し、是まて水曜日毎に天皇陛下に拝謁するは、摂政を置かれたるも、陛下か余り御徒然にあらせらるる様のことはなきやとの考より拝謁することになり居りたるも、陛下の御病気は幾分御進み遊はされたる御模様にて、多数の顧問官に拝謁を許さるるときは幾分御緊張の御気味ありて、御病気の為に御宜しからさるやに承はる。依て或は御遠慮申上ける方宜しくはなきやと思ふ。侍従長等に相談は致し見るへきも、一応此ことを告け置くと云ふ。

摂政殿下に拝謁す

夫れより一同摂政殿下に拝謁し、次て侍従長室の隣室に到る。

天皇陛下に拝謁せす

清浦（奎吾）侍従長室に入り、徳川達孝と協議し、少時の後隣室に来り、今朝は是より御運動遊はさるることになり居る趣にて、議長（清浦）一人丈拝謁する方宜しからんとのことなりと云ふて表御座所に入る。暫時の後復た来り、陛下には別に御異状あらせられす、種々御話も遊はされたる旨を報す。一同乃ち退散す。

山県伊三郎より工藤壮平就職のことを謀る

摂政殿下に謁する前、右廂に在りたるとき、山県伊三郎より予を室隅に招き、工藤壮平〔元朝鮮総督府総務課長〕は只今無職なる故、宮内大臣（牧野伸顕）に採用方を談したる処、大臣は人物は宜しきか、只今欠員なしと云ふ様の挨拶あり、次官（関屋貞三郎）にも談し置きたり。君（予）も含み置き、周旋し呉よと云ふ。

予の答　宮内省の内情

予、予も工藤のことは聞きたるか、宮内省にては後進の進路か少く、随て政府より転任することを望む人も少く、政府に転任する機会も少く、疎通の途愈々乏しき故、闕員あるときは成るへく省中の人を進むる様になす必要ありとの説あり。其の為、工藤の事も行はれさる模様なりと云ふ。山県、工藤は淡泊なる性質にて勅任抔になることは望ますと云ふ。予、工藤を勅任に進め難しと云ふ趣意には非す。欠員あるときは成るへく省中の人を進むる必要ありと云ふ趣意なりと云ふ。山県、成る程諒解せり。尚ほ注意し呉よと云ふ。

平田東助に遇ふ

摂政殿下に謁し、侍従長の室の隣室より宮内省に返るとき、宮中の廊下にて内大臣（平田東助）に遇ふ。

山県伊三郎に工藤壮平を内大臣府に入るることは既に相談し見たるやを問ふ

予、工藤壮平は内大臣府に入れたらは宜しからんと思ひ、一たひ審査局に返りたる後、復た枢密院控所に行き、山県に対し、工藤は内大臣府に入れたらは宜しからんと思ふ。平田には既に談したりやと云ふ。山県、談したり。平田は只今入江（貫一）か秘書官長と為り居るか、入江一人に為さしむる程の用事もなし。此上に人を採り難しとのことなりしなり。

工藤壮平は嘱託等にて宜し

自分（山県）は牧野（伸顕）に対し、工藤は文字ある人なる故、御什物等の整理抔には最も適任なり。必しも本官に限らす、嘱託等にても宜しき旨を談し置けり。君（予）も其積りにて心配し呉よと云ふ。予、図書寮に欠員を生すへき模様ありたるか、工藤は同寮の職員としては最も適任なりと思はるれとも、先刻話したる省中の事情の為、之を採用すること出来難き模様なりしなりと云ふ。

徳川頼貞の叙位は期を失し居ること及其原因

○午後零時後、食堂にて酒巻芳男か白根松介と話し居る所に就き、予酒巻に、一昨日話し置たる徳川頼貞叙位のことは如何なりしやと云ふ。酒巻、彼の件は大正元年に台帳を作りたるとき、其名前を脱落したる結果間違を生したるものにて、徳川の外に今一人同様の人あり（此の人名も酒巻より話したれとも、之を忘れたり）。大正元年は金井四郎と外一人にて台帳を整理したるときなり（外一人の名前も忘れたり）。

徳川頼貞の叙位失期の善後策

徳川頼貞か従四位に進むへき時期は大正十四年なり。依て此際は先つ正五位に進め置き、十四年に従四位に進むるとき、是迄の誤りの為正五位の陞叙か延引したる故、正五位に叙せられたる後の年月は短きも、従四位に叙せらるることを奏請することゝしたらは宜しからんと思ふと云ふ。予、従五位に叙せられたる後、今日まで陞叙せられさりしことに付ては何事も云はさるやと云ふ。酒巻、宮内大臣（牧野伸顕）まては事実を詳述することにすへしと云ふ。

徳川頼倫より叙位内規を問ひ合せたること

予、全体、徳川（頼倫）よりも是迄に何とか云ひたらは宜しきことなりしならんと云ふ。酒巻、徳川より近藤某〔定元〕（元宗秩寮詰宮内属）に対し、叙位の内規は如何なることになり居るやを問ひたる処、近藤は既に退職したるも、内規は話し難しと云ひたる由なり。其後、徳川（頼倫）か宗秩寮総裁と為りたる後は尚更右様のことは云ふへからすと云ふて、今日まで無言に過きたりとのことなり。

酒巻芳男、予か何人より事実を聞きたりやを問ふ

延引なから、君（予）の注意にて今日発見することを得たるは幸なり。何人より聞かれたりやと云ふ。予其人は告け難しと云ふ。酒巻、徳川（頼倫）には手違の為不都合を生したることを謝し置きたりと云ふ。

〔欄外に付記〕

補遺　叙位の期を失したる者の中、一人は其儘に為し置き、徳川頼貞は急に陞位すへきこと

補遺

叙位の期を失したる人の中、予か其名を忘れたる者は矢張り華族にて、現今は其所在さへ明瞭ならす。強ひて陞位する必要なきに付、此方は其儘差置き、徳川頼貞の方は本月十日の叙位期に間に合ふ様なすへき旨、酒巻芳男より話したり。

関屋貞三郎、国分三亥を宮中顧問官となすことに付宮内大臣へ談したる模様を話す

○午後一時後食堂より審査局に返るとき、関屋貞三郎、予と共に廊下を歩し、国分三亥か宮務監督と為りたるは昨年六月にて、正に一年になりたり。国分は河村善益抔と違ひ、何等の待遇もなく、殊に久邇宮に勤務し、随分骨折り居る故、宮中顧問官と

為すことは不都合には非さるへしと考へ、大臣（牧野伸顕）に其旨を話し、君（予）も之を望み居る旨も談し置きたり。大臣は他より非難さへなくは宜しからんと云ひ居りたり。自分（関屋）は此ことに付ては別段非難はなからんと思ふと云ふ。予、非難はなかるへし。宜しく取計呉よと云ひ、廊下にて別る。

高羲敬来り、世子夫妻、北白川宮の通夜を為さるへきこと、及ひ高か李王及李堈公の名代と為るへきこと等を談す

○午後二時頃高羲敬来り、昨夜自分（高）は北白川宮邸にて通夜したるか、閑院宮殿下、秩父宮殿下、梨本宮妃殿下方も御通夜なされ、いつれも一時間内外にて御帰りなさる模様なく、世子殿下も通夜せんとの御話あり居りたるも、御親族にも非す、他の殿下方の振合も分らさる故、御見合せのことを申上け置たるも、皇族方追々御通夜なさる故、世子、同妃も今夜御通夜なされ度とのことなり。又御葬儀のときは両殿下とも、御会葬なさるへく、李王殿下、李堈公殿下よりは自分（高）に名代を勤むる様申来れり。両殿下の拝礼順は続き居るに付、酒巻（芳男）とも相談し、自分（高）か榊二個を携へ行き、同時に両殿下の名代を勤むることゝなす積りなり。明晩の祭には世子殿下の名代を出すへき処、厳（柱日）も不在に付、自分（高）名代として行く積りなり。

世子夫妻新宿御苑に行き、テニスを為し苺を採りたること

一昨日は世子、同妃は新宿御苑に行き、テニスをなされたり。小原（駩吉）抔も来り居りたる趣なり。世子、同妃は御苑の苺を採り、六時頃に帰られたり。ゴルフの道具は赤星某か直して悉皆に届け来れり。

ゴルフ道具の代価

ゴルフの道具は西園寺（八郎）より二組を持ち来り居り、返礼の振合もある故、カタログを取寄せ見たる処、サツクとも一揃にて百五十円位、棒一本十五円位、下等は九円、十円位、サツク丈は三十円位、丸は一個三円又は二円位なり。

赤星某かゴルフの道具を持ち来りたること

赤星某も一組持ち来り居れりと云ふ。話すること四、五分間許。

国分三亥来る　久邇宮殿下の旅行中の費用のこと

○午後二時後国分三亥来り、昨日久邇宮殿下に随ひ帰京し、到処殿下に対する歓迎盛なりしことを談す。国分の談に依れは各地の旅宿に於ける仕払等も其地にて負担する趣にて、各地とも歓迎費を設け置きたるものならん。余り宜しきことに非す。予、久留米にて殿下方か篠山神社に行かれたる趣なるか、如何なる次第なりしやと云ふ。

久邇宮殿下は篠山神社に行かれたるに非す、篠山城跡なる公園に行かれたるなり

国分、神社に行かれたるに非す、風景を賞する為篠山城跡に行かれたるものなり。

良子女王樹を植へらるることの手違ひ

同処にては久留米市長〔船越岡次郎〕は良子女王殿下に樹の手植を願ふ積りの模様にて、何等の交渉もなさす、其準備を為し居りたる故、余り不都合と思ひ、其事なくして御出立なされたるか、市よりは予め福岡県庁に申出て之を願ふことに致し居りたる趣にて、跡にて大に県庁に対する不平を述へ居りたり。県庁よりも吏員来り居りたるか、其話は聞きたることなしと云ひ居れり。久留米にては二時間許の間に師団司令部、篠山城跡、練兵場等に行かれ、非常に忙かしかりしとの談を為せり。

隆、幸江、村山小次郎の家に行く　隆、荒井賢太郎の官舎に行く

○午前隆、幸江と共に村山小次郎の家に行き、幸江は直に帰り、隆は荒井賢太郎の官舎に行きたる趣なり。

三越呉服店に電話し、水越理庸に贈りたる鰹節のことを問ふ

○午前、隆をして三越呉服店の九番売場に電話し、先日命し置たる水越理庸の家に鰹節箱を送られたることは、未た水越の受領証を届け来らす。之を送りたるに相違なき〔や〕、取調見るへきことを告けしむ。九番売場の某、鰹節を届けたることは間違なし。受領証のことは取調へ見るへしと云ひたる趣なり。

松岡淳一来る

○午後松岡淳一〔松岡仲子長男、倉富道子の弟〕来り、九時頃に至りて去る。隆等か明後八日出発、帰郷せんとするを以て来り、別かれたるなり。

苺を食ふ

○午後四時後、内子及逸雄を除きたる家族及松岡淳一、同幸江と昨日新宿御苑より贈り来りたる苺を食ふ。

六月七日

○六月七日木曜。半晴。

隆東京駅に行き、乗車券を買ふ

○午前、隆東京駅に行き、乗車券を買ふ。

○午前九時三十分より出勤す。

自動車に同乗する人のこと

○午前十一時後西野英男来り、明日成久王殿下葬儀のときの自動車は之を供すへきか、車不足なる趣に付、青山（操）を同乗せしむる様に致し度。青山は午前八時二十分まて貴邸に行くことにする積りなりと云ふ。

枇杷を食ふ

○午後零時後食堂にて、大森鍾一か食堂に披露したる千葉県の枇杷一個を食ふ。

小原駩吉に新宿御苑より苺を送りたることに付挨拶す

○午後一時後、食堂より審査局に返るとき、内匠寮に行き、小原駩吉に一昨日新宿御苑より苺を送り来りたることに付挨拶す。

自動車に市村慶三を同乗せしむること

○午後一時二十分頃西野英男来り、明日の自動車には青山（操）の外、市村慶三〔皇宮警察長・警察部長〕を同乗せしめ呉度。市村は宮城構内に住し居るに付、自動車に乗りて貴邸（予か家）に到るへしとのことなりと云ふ。

関屋貞三郎枢密院より北白川宮に蠟燭を献したることに驚く

○午後一時頃食堂にて関屋貞三郎より、枢密顧問官一同より北白川宮に西洋蠟燭を沢山献せられ居りたるか、其多くして如何に之を使用せらるへきや。大に驚きたりとの談を為せり。

稲垣潤太郎転任を報す　過失を悔ふる旨を述ふ

○午前十一時頃稲垣潤太郎来り、帝室林野管理局事務官に兼任し、兼任宮内省参事官を免せられたることを告け、酔狂の為め宮内省の信用を傷けたることを悔ゆる旨を述ふ。予、一時の過失なる故、今後勉強したらは宜しかるへき旨を答ふ。

入江貫一を参事官室に訪ひ、廊下にて山崎四男六等か小原駩吉のことを劾したることを談す

○午後三時三十分頃入江貫一を参事官室に訪ふ。入江正に参事官と恩給令改正案を議す。予将に去らんとす。入江、会議は急に終らさるに付、用事あらは之を聞かんと云ふ。予乃ち入江を誘ひ、廊下に出て、先日君（入江）より山崎（四男六）、上野（季三郎）、仙石（政敬）より小原（駩吉）の処分を関屋（貞三郎）に迫りたる旨、関屋より君（入江）に告けたる趣を聞きたるか、関屋か其ことを君（入江）に告けたる趣意は如何なりしや。単に此の如き事実ありたりとて、之を報告したるに止まるや。又は此の如きことあるに付云々せよと云ふことまて含み居りたりや。

関屋貞三郎か入江貫一に話したる事情

全体、山崎等か小原と仲悪しとしても、小原は小原、山崎等は山崎等にて、小原か在る為山崎等か職務を執り難き訳あるへしとは思はれす。何か余程重要なる事実ても挙けて、関屋に談したるへきやと云ふ。

小原駩吉は偏頗なり　小原駩吉の鉄道乗車券のこと

入江、関屋より自分（入江）か大臣（牧野伸顕）に話たる事実は之を聞きたりと云ふに付、自分（入江）より更に大臣に話たる趣意を話たる処、関屋より実は此の如き事実ありとて、山崎等か関屋に話したる趣を告けたるまてにて、其ことに付如何すると〔云ふ〕様なることはなし。山崎等か小原のことに付挙けたる事実は実にくだらぬ事のみにて、小原か専横なりとか、同し皇族のことにても小原の親密なる所の営繕は厚くし、其外は之を薄くするとか、各部の事務の内匠寮に関係する場合に、小原に相談しても中々承知せすとか、最も笑ふへきは、小原一人丈鉄道のパスを持ち居るとか云ふ如きことまて持ち出したる趣なり。依て自分（入江）はパスを持つことか専横ならは、自分（入江）も之を持ち居る故、専横ならん。小原か専横なりとて、銘々職務を有し居るに付、小原をして専横ならしめさる様にしたらは宜しきに非すやと云ふ。

予、職務上にて意見を異にすることは勿論不断あることなれとも、夫れは其場合に限ることにて、其の為に事を共にし難しと云ふ理由なし。西園寺（八郎）より大臣（牧野伸顕）に対し、関屋（貞三郎）のことを説きたるも、関屋を罷免せよとまては云はさりしならん。山崎（四男六）等か小原の処分を迫まりたるは其趣旨を解し難しと云ふ。入江尚ほ考へ置き呉よと云ふ。立談すること一分間許。

関屋貞三郎来り、三島町民か三島に在る李王家別邸の払下を望むことを談す

○午後三時五十分頃関屋貞三郎来り、三島に在る李王家別邸の図面を示し、昨日静岡県知事（氏名は云はす）来り、三島町民か李王家別邸全部の払下を得ることを望み居り、既に李王職長官宛の願書を作り、正式に之を提出せんとする模様なることを聞きたるに付、自分（知事）は之を止め、一応其願書を内覧せり。別邸には湧水あり、町民は之を水道の水源と為さんと欲する趣なり。先般、三島に鉄道の停車場を設けらるるに付、町民より荷物積み卸しの便宜の為、倉庫を建設する場所として別邸地の一部（二千坪許とか云へり）の払下を受け度と云ふ話を為したることあり。其砌、高（羲敬）に其ことは話し置たるか、此節は別邸全部の払下を望む訳なりと云ふ。

予、先頃の話は予も其砌之を聞けり。其時は高（羲敬）か既に京城に行きたる後なりしを以て、高か帰京したる後其ことを話し置けり。全体、李王職にて別邸二ヶ所を維持することは余程困難なる模様なり。大磯の滄浪閣を引受けたる上は、三島の別邸は相当の価格にて売却すること出来るならは、其方か宜しからんと思ふ。然し是は李王職の考に依ることにて何とも分り難し。三島の別邸は小松宮より引受けたるときは九万円許なりし様に聞き居り、今日は勿論其位に売却することは容易なるへきも、矢張り相当の時価に非されは売却し難からん。滄浪閣の方は伊藤家（博文の遺物なる故）に対する関係上、建物の原形も成るへく変更せさる様にすへしとの条件もあり。只今は建物も大破し居り、使用も出来難き状況なるも、修繕費も一時には支出し難く、今年度には一部分を修繕することになり居れり。三島別邸は町民は無償にでも譲り受け度希望もある様の話も聞きたることとあれとも、右様のことは出来難かるへく、又此方は小松家に対し、保存せさるへからさる筋合もなからんと思ふと云ふ。

関屋貞三郎より有吉忠一に談すへきこと

関屋、此ことは一応君（予）に話したる上、有吉（忠一）か近日上京する模様に付、同人に話し見ることにすへしと云ふて去る。話すること五、六分間許。

有馬泰明の電話

○午前八時後有馬泰明より電話にて、今日午後往訪せんと欲す。差支なき時刻を通知し呉度。実は昨日午後之を問はんと欲したるも、電話通せさりし為、今朝差懸けて問ふことになれりと云ふ。予六時頃ならは差支なき旨を答ふ。

有馬泰明来り、追加予算の承認を求む

六時前有馬来り、有馬頼寧氏従四位に進みたる為、位階服の改造を要し、其費三百円余の追加予算に付承認を求むと云ふ。予正本に捺印して之を返す。

有馬家々従の補欠は有馬秀雄の推薦したる人を採用す

有馬又家従の補欠は有馬秀雄より推薦し居る〔原文空白、荒巻昌丈〕に決定し度。〔原文空白〕のことは有馬（秀雄）か久留米に行きたるとき、林田（守隆）にも相談したる趣なり。本人は之を知〔ら〕す。（泰明）も其兄弟はいつれも之を知り居れり。又自分〔原文空白〕は簿記には達せさるも、会計のことは是迄の職務にて熟し居るとのことなり。〔原文空白〕の俸給は月五十円とし、外に四十五円の手当を給せらるることゝなるへしと云ふ。予異議なき旨を答ふ。

有馬伯爵の近状

予伯爵の近状を問ふ。有馬（泰明）足底の痛少しく起り居る模様なりと云ふ。予、足痛起るときは脳の工合は悪しからさる様なるか、如何と云ふ。有馬（泰明）脳の方も余り宜しくはなき様なりと云ふ。

有馬伯爵夫人通夜のこと　水野光衛か育英部より金を借ることを止めたること

有馬（泰明）又伯爵夫人（豊子）は五月三十日夜に北白川宮邸に通夜の為に行きたること、男子のみ多かりし故、暫時にして帰りたること、水野光衛は下宿業を始め居ること、同人か営業を始むるに付、初は育英部より資金の一部を借ることを望み居りたるも、此節は仁田原（重行）に対し、借金を望まさる旨を申立てたる趣なることを談す。

予、育英部よりの借金のことに付ては水野より松下（丈吉）、境（豊吉）に交渉を依頼したれとも、二人とも之を拒みたる趣にて、更に予に依頼したれとも、金は水天宮のものにて、水天宮より育英部に寄附し、同部は殖利の目的にて之を貸与する訳なるか、予は水天宮にも育英部にも関係なき故、矢張り松下か又は有馬秀雄にても依頼する方宜しからんと云ひ、水野は、左程面倒なることにて諸人に面倒を掛くる訳ならは、此節は五百円又は多くとも千円を補足すれは間に合ふに付、他に都合を附くる方宜しからんと云ひ居りたる旨を談す。話すること六、七〔分〕間にして去る。

内子、宇佐美富五郎に隆等の帰郷を告け、且つ大掃除の為人を雇ふことを嘱す

○午後、内子より宇佐美富五郎に隆等か明日出発帰郷することを告け、且つ本月十日大掃除を為すに付、仕事師を雇ふことを嘱す。

六月八日

○六月八日金曜。曇。午後五時頃より雨、夜に入り甚し。

隆出発して郷に帰る

○午前八時前、隆のみ先つ東京駅に行く。杉野某をして手荷物六、七個を荷車にて東京駅に送らしむ。八時前、安亦東京駅に行き、隆等の郷に帰るを送る。八時頃より道子は逸雄を携へ、幸江は朗子と共に、道子、幸江ともに人力車に乗りて東京駅に行く。

青山操、市村慶三と自動車に同乗して豊島岡に行く

○午前八時十分頃青山操来る。共に豊島岡に行かんとするなり。八時十五分、市村慶三自動車に乗り来る。乃ち青山と〔と〕もに之に乗り、豊島岡に行き、予のみは親任官の休憩所に入る。

穂積陳重と新律綱領改定律例註釈のことを談す

穂積陳重に対し、一昨六日穂積より談したる新律綱領、改定律例の註釈の中、明治七年に印行したる近藤圭造〔古典法律研究者〕の註釈は、第一巻には司法省の印を捺すれとも、第五巻の末尾には三河近藤圭造訓註と記し、其次に東京の書肆として二人の名を記し居れり。此の体裁より見れは、近藤圭造一己の著書にして、司法省か之を認可したるものと見るか穏当には非さるや。然れは、私人か法律の解釈を為したるは之を始めとすへきには非さるやと云ふ。予第五巻の末尾の記載を写したるものを示す。穂積之を乞ふ。乃ち之を交す。

仁田原重行と有馬頼寧氏のこと、教育者協会のこと等を談す

仁田原重行と談す。仁田原、有馬頼寧氏の経営する教育者協会事務所は荻窪の有馬家別邸に移し、同会の職員は総て之を罷め、長浜直哉も小城某も之を罷むる趣なること、仁田原か頼寧氏に対し、此機会に頼寧氏も同協会と関係を断つことを勧めたれとも、事情之を許さす、名義丈けても存し置かさるへからすと云ひたることを談す。予、伯爵か足病起りたる趣なるか如何と云ふ。仁田原格別のことに非すと云ふ。

仁田原重行、有馬家々従には有馬秀雄か推薦したる人を採用することを談す

仁田原又昨日有馬（泰明）か往訪したるならんと云ふ。予来訪せりと云ふ。仁田原、予て君（予）より家従に推薦したる人ありしも、此節は有馬（秀雄）か推薦したる方を採用することに決したり。君（予）の推薦したる方は此次の欠員を生したるときに採用することにすへしと云ふ。予、先日話したる通り、予も極適任とは思はさる故、決して急くことはなしと云ふ。

富谷鉎太郎、平沼騏一郎、鈴木喜三郎、田部芳、一木喜徳郎、平山成信、安東貞美等に遇ふ

富谷鉎太郎、平沼騏一郎、鈴木喜三郎、安東貞美、田部芳、一木喜徳郎、平山成信等に遇ふ。其外、面を識り居るものは頗る多し。

成久王の柩を迎ふ　幄舎に入る　玉串を捧く

午前九時五十分頃成久王の柩達す。乃ち休憩所より斎場前の道傍に行き之を迎へ、復た休憩所に返り、十時後葬儀を行ふとき、復た出てゝ幄舎に就き、序に循ひ玉串を捧け、門外にて自動車を捜す。容易に之を得す。四、五分間の後之を得たり。青山（操）は来り居れとも、市村（慶三）在らす。

市村慶三、予等を待たしむ

車夫をして之を捜かしめ、漸く之を見出し、市村は直に来ると云ひたる趣なるも、十分間許を過くるも尚ほ来らす。復た車夫をして之を促かさしむ。又十分間許にして市村始めて来り、予か未知の人を伴ひ来り、之をして同乗せしむ。午後零時十分頃始めて家に達す。

宇佐美富五郎来り、隆等か出発したることを報し、十一日には仕事師を雇ひ難きことを告く

○午前、宇佐美富五郎東京駅より返り来り、隆等か無事出発したることを報し、且つ大掃除のことは仕事師か十日に都合悪しきに付、十七日に延すことを請ひたる旨を報したる趣なり。

金井四郎電話にて、有馬頼寧氏の脳貧血を起したることを報す

○午後六時頃金井四郎より電話にて、今日豊島岡の葬儀場にて有馬頼寧君か脳貧血を起したることは知り居るやと云ふ。予之を知らすと云ふ。金井、幄舎内にて脳貧血を起したる趣にて、其後自分（金井）より事情を知り居る人に様子を問ひたる処、余り宜しからさる様に云ひ居りたり。小原（駩吉）、仙石（政敬）等に相談したる処、此処にては養生の都合悪し。自宅に帰りても介抱は面白からす、寧ろ直に赤十字社病院にても入れたらは宜しからんと云ひ居りたり。自分（金井）も如何処置したるや、其後のことは知らす。帰宅後、早速報知せんと思ひ居りたるも、之を忘れ、入湯中之を思ひ出して報知する訳にて延引せりと云ふ。

青山の有馬家に電話して頼寧氏の病を問ふ

予之を謝し、直に青山の有馬家に電話し、病状を問ふ。取次の者暫く待ち呉よと云ひ、貞子夫人電話し、病気は格別のことに非す。午後三時頃自宅に帰り、静養中にて、別段の容体なしと云ふ。予先頃来の疲労か原因なるへしと云ふ。

貞子夫人の電話

夫人、然り。此節は直に回復すへきも、全体過労なるへきに付、君（予）より少しく静養することを勧め貰ひ度と思ひ居る所なりと云ふ。予近日往訪して勧むることにすへしと云ふ。

仁田原重行に電話し、有馬頼寧氏か脳貧血を起したることを報す

又仁田原重行に電話し、頼寧氏か脳貧血を起したる趣なるか、之を知り居るやと云ふ。仁田原之を知らすと云ふ。予大体を告く。仁田原橋場（有馬家）にては知り居るへきやと云ふ。予分らすと云ふ。仁田原電話し見ることにすへしと云ふ。仁田原には電話か聞へさる模様にて、詳細なることを談し難く、概略にて之を止めたり。

仁田原重行電話にて、有馬頼寧氏の容体を報す

十分間許の後仁田原より電話にて、頼寧氏の病気は格別のことには非さる趣なりと云ふ。予、先刻容体を報したれとも、仁田原か之を聞き取ることを得さりしものと見へ、此くの如く報し来りたるなり。

六月九日

○六月九日土曜。雨。

○午前九時三十分より出勤す。

青山操に昨日自動車に同乗したる人を問ふ

○午前十時後、青山操に昨日市村慶三か伴ひ来り、自動車に同乗せしめたる人は誰なりやを問ふ。青山彼は内匠寮の者なりと云ふ。

伊夫伎準一来り、岡田春次の増俸辞令書を造り来りたることを告け、且雇員の増給は今月は之を為さすして宜しかるへきことを告く

○午後一時後伊夫伎準一来り、先日内申せられたる属官岡田春次増俸の辞令書は今日送り来れり。明後十一日の日附と為り居るに付、其日に交附せられ度。別に呼出の手続を為すに及はさるへし。先日は相談することを忘れたるか、雇員中山某（格二、帝室会計審査局雇員）は昨年十一月に当局に転勤し、只今か月給五十五円なる故、今日増給するは少しく早きに過くへく、高沢某は昨年十二月の増給にて只今四十円なるか、一回三円位の増俸なれは、六ヶ月位にて増給することもあれとも、五円の増給は六ヶ月にて増給する所なき模様に付、二人とも今年十二月まて延はして宜しからんと思ふと云ふ。予夫れにて宜しからんと云ふ。

佐々木栄作来り、鳩彦王妃殿下仏国著の期及機嫌伺電信のことを談す

○午後二時後佐々木栄作来り、朝香宮妃殿下は本月十一日にマルセーユに著せらるる予定なりしか、船か二日ほど早く著し、今日マルセーユに著せられ、明日は巴里に著せらるることになるへし。安著の電信達したるときは、御機嫌を伺ふ電信を発すへく、其電信には貴名（予か名）も加へ置くへきに付、承知を請ふと云ふ。予之を謝す。

枢密院事務所より本月十三日関東州阿片令案に付審査委員会を開くことを報す

○午後四時後枢密院事務所より電話にて、本月十三日（水曜）の午後二時より関東州阿片令案に付委員会を開かるることゝなれり。書状を以て通知すへきも、予め之を通知すと云ふ。予承諾の旨を答へしむ。

有馬頼寧氏より明十日来訪を請ふ

○午後五時後有馬頼寧氏の家より、明日頼寧氏より談し度ことあり。来り呉るることは出来さるやと云ふ。予自ら電話し、往訪すへきか、何時頃往けは宜しきやと云ふ。有馬家人予の都合を問ふ。予、予は何時にても差支なき旨を告け、家人、頼寧氏の意を問ひ、午前十時頃に来ることを請ふと云ふ。予之を諾す。

内子悪寒

○内子少しく悪寒あり。浴せす。

隆久留米発の電信達す

○午後四時後、隆久留米発の電信達し、無事久留米に達したることを報す。

六月一〇日

○六月十日日曜。曇夜雨。

有馬頼寧氏を訪ふ

○午前九時三十分頃より、電車に乗りて青山に行き、有馬頼寧氏を訪ふ。家人、頼寧氏は尚寝ね居るに付、暫く待ち呉よと云ふ。十時三十分に至り始て、予を其寝室に迎ふ。頼寧氏は本月八日豊島岡にて脳貧血を起し、尚ほ褥に在り。褥上に起坐して、予に面せり。

牧野伸顕、岩崎久弥等、有馬頼寧氏の同愛会の事業を援くること

頼寧氏より、五、六日前、同愛会のことにて牧野伸顕、岩崎久弥、三井家の代人某、岡部長職、渋沢栄一、和田豊治（実業家、財界の世話役として活躍）等と華族会館に会し、愈々同愛会の事業を援助することにすへきか、果して如何なることを為すやとの問あり。

和田豊治の反対意見

自分（有馬氏）より之を説明し、和田のみは今強ゐて特殊部落民と一般人との差別を除くことに務めさるも、是は時期の問題にて、程なく自然と差別なきことになるものなり。故らに其差別を除くことに務むるは却て害を生すへきに付、反対なりとの意見あり。和田は、自分（有馬氏）単に差別撤廃のことのみに従事するものと思ひたる様なり。

和田豊治の同意

依て牧野より、自分（牧野）は初めは特殊部落の人のことは左程重大なりとは考へ居らさりしも、段々話を聞くに従ひ、非常に重大なること〻考へ、此儘に放任し難きこと〻思ふ旨を述へ、自分（有馬氏）よりも少しく立ち入りて話を為し、実際は非常に悪化し居り、何か動機となることあれは、如何なる事態を生するやも計り難きことを述へ、和田も結局諒解して之を援くること〻なれりと云ふ。

有馬頼寧氏一個人を援く

予、全体は予等は其事は賛成せさる方なれとも、大体は意見の相違なく、而して今日にては単に一己のことに非す、他に之を援助する人も出来たる以上は手を引くことも出来す、君（有馬氏）の為す所に任すことは先日も話したる通りなり〔と〕云ふ。

特殊部落民、有馬頼寧氏の補助を受くること

有馬氏、是よりの仕事は主として地方出張なり。後援者よりも経費予算を問はれたるに付、只今編成中なり。部落民の中に救助を要するものあれは、之には相当に救助する積りなるか、部落民は全体他よりの救助は一切之を受けさるも、自分（有馬氏）よりの救助は是迠も之を受け居れり。後援者も同愛会に対しては補助せす、自分（有馬氏）一己に対して出金するとのことなり。

内務省社会局員、有馬頼寧氏の事業を喜はす

自分（有馬氏）より時として水平社の人に対し金を補助することあり。是は水平社員として補助するに非す、部落民として補助する訳なれとも、内務省の社会局にては自分（有馬氏）等か水平社員に聯絡ある様に思ひ、著眼し居り。先日は同愛会に関係し居る者に対し、面倒なることを云ひて取調へたる趣なりと云ふ。

後藤文夫は事情を知る

予、内務省の後藤（文夫）は十分同愛会の事を知り居るに非すやと云ふ。有馬氏、後藤は知り居るも、社会局にては自分（有馬氏）等を疑ひ居れり。是も各部局にて別に事を為す結局なりと云ふ。

有馬頼寧氏か予に談する趣意

予、今日予か聞くことは、今後十分同愛会の事に尽力するに付、其事を承知せよとの趣意なりやと云ふ。有馬氏、同愛会の事に尽力すれは、種々なる人に接せさるへからす、其中には危険なることもなきに非さるへし。此の如きことは別として、自分（有馬氏）か始終旅行するに付ては留守の事か気掛りなり。

有馬頼秋の修学　有馬頼秋の監督を予に依頼すること

就中頼秋は上智大学に入学することはなり居れとも、直には入学せす、今年秋より通学せんと云ひ居れり。自分（頼寧氏）の云ふことには背くことなけれとも、自分（頼寧氏）か不在中には貞子のみにては監督も出来兼ぬるに付、時々来りて頼秋にも談し、貞子の相談にも与かり貰ひ度ものなりと云ふ。

予の答

予、只今の談は少しく聴き取り兼ねたるか、予に時々来る様にとのことなりや。又は他に適当の人を得度とのことなりやと云ふ。頼寧氏、君（予）に依頼し度趣意なり。先日仁田原（重行）も君（予）に依頼するか宜しと云へりと云ふ。予、予と君（頼寧氏）とは年齢の相違あり。随て思想も異なることあるは是迠も度々実験したることなり。況んや予と頼秋君の相違は一層甚しきに付、予か来りて〔も〕、頼秋君は予の言を聴かさるへく、何の効能もなからん。

有馬頼寧氏に静養を勧む

其ことは姑く捨き、君（頼寧氏）は先頃上海にて脳貧血を起し、此節又之を起したるか、脳貧血は恐るへき程のものにては非されとも、度々起る様の習慣になりては宜しからさるに付、此際、思ひ切りて十分に養生し、暫く転地てもして養生する方宜しかるへく、夫れには矢張り山中か宜しからんと思ふ旨を述ふ。

有馬頼寧氏も静養する積り

頼寧氏、自分（頼寧氏）か其積りに致し居るか、余り不便なる所にては病気ても起りたる時に困る故、箱根にてもせんかと思ひ居る所なり。自分（頼寧氏）は山中の渓水の音か非常に嫌ひて、彼の音を聞けは、脳か落ち附かす困る故、何処そ静かなる所にせんと思ふ。平素神経痛かある故、額田（某）〔晋、内科医、東京帝国大学医学部講師〕も転地を勧め居る故、二、三週間転地を為し見ることにすへしと云ふ。

有馬頼秋監督のことも熟考を勧む

予、同愛会のことは十日、二十日を争ふことに非さる故、十分に養生し、十分に回復したる上にて力を尽くす方宜しからん。左すれは、頼秋君監督のことも今直に決定せすとも宜しきことに付、君（頼寧氏）も熟考せられ度。予も考へ見るへしと云ふ。

静子嬢のこと

頼寧氏又静子のことは様子分らす。出来ぬものならは、年も取り居ることに付、時機を失せさる様、他の談を纏めさるへからす、何か工夫はなきやと云ふ。予、先頃大森（鍾一）に談し見たるときの模様は其砌報告したる通りなり。女子学習院の懇意なる人は他に転任したりとのことなりしか、其他には此ことを問合はすへき適当の人なきやと云ふ。頼寧氏適当の人なしと云ふ。予、大島義脩にても問はれさることはなけれとも、大島も写真を出したるや否は分かるへきも、其以後のことは知る筈なし。大森は到底言明しそうもなし。女官等に問ふへき人なきやと云ふ。

是より先き、頼秋の話を為す頃より貞子夫人も来り居り、予か女官のことを問ひたるときも、別に適当の人を知らさる様に答へたり。夫人は、伯爵家より結婚することは望なきことに非すやとの懸念を述へ居れり。予は是迠は御直宮の妃となられたる先例なきに付分らさるも、爵の高下は余り問題となることに非さるへしと云ふ。種々談合の上、竹田宮妃殿下より機会を見て、皇后陛下の意を探り見られたらは、大概の推測は出来ることならんと〔の〕ことになりたれとも、愈々竹田宮妃殿下に其ことを依頼するとまての決心も出来兼たるなり。

有馬頼寧氏農科大学助教授を辞せんと欲すること

頼寧氏又同愛会のことに付専ら力を尽く〔す〕ことになれは、農科大学の方は辞職し度も、原（熙）〔東京帝国大学農学部教授、内匠寮御用掛）は容易に承知せさるへく、先日も来訪して、自分（頼寧氏）か勉強せさる故、評判か宜しからさる旨の談を為し、間接に辞職反対の語気を漏らし居りたり。如何せは宜しかるやと云ふ。

原煕か辞職に同意せさるへきこと　辞職の理由

予、先年辞職の希望ありたるとき、原より予に相談し、予は辞職は已むを得さるへき旨を原に申遣はしたるも、其時は原か熱心に尽力して留任せしむることゝなせり。原の深切は十分り居り、此節も反対すへきも、愈々同愛会の方に力を尽くすことゝなれは、傍らにては出来さるへく、其の為に辞職することは相当の理由あることゝ思ふに付、夫れは無理に云ひても宜しからんと云ふ。頼寧氏、原か宮内省にても来りたる機会あらは、予め話置呉よと云ふ。

辞職の時期

予、承知せり。然れとも、君（頼寧氏）の旅行も秋頃になるならは、左程急くこともなきには非さるやと云ふ。

速に辞職する必要あり

頼寧氏、罷むるとなれは、暑中に後任を定め置く必要あるに付、早く申出し置く方か宜しからんと云ふ。

教育者協会々長は名義のみを存す

予教育者協会の方は如何するやと云ふ。頼寧氏、彼の方は職員も一人の外、総て之を罷め、自分（頼寧氏）は会長の名義のみを存し、実務は他に之を執る人か出来たりと云ふ。予、全体は名義も除き度も、差向き已むを得さるへしと云ふ。

貞子夫人と頼寧氏のことを談す

夫れより頼寧氏に別れ、貞子夫人送りて応接室に来る。夫人に対し、当分頼寧氏をして静養せしむる方宜しかるへき旨を談し、

社会の状況の観察　頼寧氏をして同愛会より手を引かしめんと計画したること

又同愛会のことは予等元来反対にて、目的は悪しきことはなけれとも、社会の状況に対する観察は頼寧君の如く切迫し居るものとは思はす、同愛会の事より手を引かるることを望む為、昨年中種々計画し、有馬秀雄をして御生母（稲子〔岩浪稲子、有馬貞子の実母、北白川宮能久親王の側室〕）に説かしめ、御生母より君（夫人）に説かしめ、君（夫人）より頼寧君に説かしむることまて手筈を定め、御生母まては既に話を為し、御生母は非常なる賛成にて、国府津の転地先まて出掛けて君（夫人）に話す筈の処、御生母か感冒に罹りたる為延引し、一方には石黒（某）〔忠篤、農商務省書記官・農務局農政課長〕をして頼寧君に説かしめたるも、承諾せられさりし故、終に其計画を止めたる旨の談を為し、応接にては二、三分間許にして去り、有馬家を出つるときは既に十二時五分頃なりしなり。

澄宮殿下の痲疹

○午後八時後宗秩寮より電話にて、澄宮殿下今日より御発熱あり。御病症は痲疹にて、御熱は三十八度余。余症はなき旨、澄宮御殿より報告ありたる旨を報し来る。

谷野格の死

○午後十時四十分頃台湾の谷野〔不詳〕より、谷野格〔台湾総督府高等法院長〕十日に死去したる旨の電報達す。

内子臭剝剤を服用す　内子入浴せす　内子の体温

○内子、今日より臭剝〔臭化カリウム〕剤を服用す。入浴せす。午後七時頃体温三十七度。

有馬頼秋、人に接することを好ます

○午前、有馬頼寧氏と有馬頼秋のことを談したるとき、頼寧氏より、頼秋は病気の為中途陸軍中央幼年学校を退き、正則の学問を為すことを得さる境遇と為りたる為、自身は友人抔に対し引け気味と為り、交際することを避け、何処にも出掛けさる様になり居る故、上智大学に入りても十分勉強する気にならさるへく、同大学に入りても選科生にて正式に非す、只今直に同大学に入らさるも、是迠英語を学ひ居らさる故、入学前英語の準備を為す必要ありと云ひ居れり。

有馬頼秋英国留学のこと

右の事情に付、徴兵検査ても済みたらは、英国にても留学せしむる方宜しからんと思ひ居る旨の談を為せり。

有馬頼寧氏をして宮内官たらしめんとしたること

又貞子夫人と応接所にて談したるとき、頼寧氏をして同愛会より手を引かしむるには、宮内省に職を奉せしむるか宜しと思ひ、其分の相談を為し、其方も一と通り話は纏まり居りたる旨を談したり。夫人は、頼寧君は宮内省の官吏抔は所詮勤らぬと云ひ居る旨も話したり。

六月一一日

○六月十一日月曜。朝雨後曇。

○午前九時三十分より出勤す。

澄宮殿下の御病状

○午後零時後食堂にて酒巻芳男に対し、澄宮殿下の御容体如何を問ふ。酒巻、至極御順当にて、今日は既に三十七度余の御体温と為りたる趣なりと云ふ。予、何日頃よりの御発病なりや。痲疹は余り早く解熱するは宜しからす。昨日よりの御発病の様に聞きたるかと云ふ。酒巻、然らす。三、四日前よりの御発病なる由。今日田内（三吉）か宮内省に来り居り、併発の御症もなしと云ひ居りたりと云ふ。予三、四日前よりの御発病ならは宜しからんと云ふ。

高羲敬、篠田治策を伴ひ来る

○午後零時後食堂にて、高羲敬、篠田治策を伴ひ来り、予を見せしむ。予、久闊を叙し、何日に来りたるやを問ふ。篠田十日（即ち昨日）なりと云ふ。予又平壌には何年居りたるやを問ふ。篠田十三年なりと云ふ。

三島別邸処分のこと

○午後一時三十分頃高羲敬来り、先刻篠田（治策）か大臣（牧野伸顕）、次官（関屋貞三郎）の処に連れ行き呉よと云ひたるに付、共に行きたる処、次官（関屋）より、三島町にて三島別邸の払下を希望し居る処、幸ひ政務総監（有吉忠一）、李王職次官（篠田治策）も来り居るに付、貴官（予）とも相談したら

は宜しからんとの談あり。次官（関屋）より篠田に一度三島別邸を見たらは宜しからんと云ひ、篠田も之を見度と云ひ居るか、

篠田治策の娘の結婚

篠田は其娘〔喜代子〕を結婚せしむる為め、今日より越後の新発田に行き、十六日に東京に来るとのことなる故、其後三島へ同行することにすへし。篠田は大磯別邸も見度と云ひ居れり。

篠田治策の娘への贈

篠田は娘の結婚か主用にて上京したる趣にて、其ことを云ひたる故、世子邸にても其話を聞き、嘿過することも出来難く、細白の羽二重を贈られたるか、只今世子邸よりの電話に依れは、篠田の妻〔松枝〕と娘とか敬意を表する為に世子邸に来り居るとのことなり。

世子、同妃三越呉服店に行かる　世子、同妃久邇宮邸に於ける庭球見物のこと

世子及妃は昨日午前には三越呉服店に行かれ、妃は初めてなりしに付、一階をさつと見て直に写真室に行かれ、撮影の上、最高処屋上に行き、茶を喫せられ、少々の買物を為して帰り、午後には久邇宮邸にて催ふされたる庭球を見られ、六時後に帰られ、自分（高）も随行見物したるか、女子にて彼の如く飛ひ廻はるは如何のものなるへきや。体格は中々しつかり致し居れり。

晋氏の一週年祭の二様となりたること

厳柱日は既に帰京せり。晋殿下の一週年祭は滞りなく済みたる趣にて、五月二十九日午後四時後に政務総監（有吉忠一）か総督代理として墓所に参拝し、李完用、閔泳綺、篠田治策等も参拝、総督よりは花輪を供へ、世子よりは菓物を五台、梨本宮よりは三台を供ふることゝ為し、朝鮮式の祭は午後八時三十分頃より之を行ひ、厳（柱日）は其祭か済みたる後、拝礼を為したる趣なり。此の如きことにて晋殿下は全く内地人と為して仕舞ひたりと云ふ。

予、李太王の葬儀も内地式と朝鮮式と二様ありたる故、二様となるは致方なし。此節は全く朝鮮式の祭のみにて宜しき訳なりしも、総督府より供物を為す様のことより終に二様となりたる訳なり。同し二様にても、朝鮮式を先きにして、内地式を後にすれは宜しかりしなり。若し夜深になりて、参拝者の為不便ならは、内地式は翌三十日にしても宜しかりしなりと云ふ。

宋秉畯祭の通知なかりしことを怒る

高、其通りなり。此節の祭に付李王職より朝鮮貴族等に通知せす、宋秉畯等は之を知らさりし趣にて、宋は李恒九か自己の父（李完用）には通知、他の者に通知せさりしとて、大に怒り居り。宋は翌三十日に墓に拝したるとのことなりと云ふ。

李堈公の書状

高又李堈公よりの書状を篠田（治策）か持ち来りたりとて、之を示す。

李堈公附武官魚潭を罷度こと

二通は附武官魚潭〔陸軍少将〕を罷めて他の者を附武官となすことに付、軍司令官〔菊池慎之助朝鮮軍司令官、陸軍中将〕に贈りたる書状の写にて、其書状には魚潭か公のことを内地人に内通し、

間諜の如きことを為すことを述へ、之を更ゆることを求め居るものにて、其書状に対する軍司令部の意向は之を承諾せさることも附記しあり。

李堈公の親用金増額を望むこと

一通は、親用金のことに関するものにて、一ヶ月千五百円にては不足なるに付、更に千五百円を増すことを望む旨を述へたるものなり。

李堈公より高義敬に贈る書状に予に相談すへきことを記載す

外に公より高（義敬）に贈る書状あり。此の書状には、魚潭か附武官として不適当なることを述へ、此ことに付ては、予にも十分説明して目的を達する様にすることを望む旨を記しあり。魚潭を更ゆることは軍司令部にては決して之を承知せさる趣なる旨、篠田（治策）も話し居りたりと云ふ（軍司令官は菊池慎之助なり）。

渡部信より李王職に通訳官を置くことを談す

○午後一時頃食堂にて渡部信より、此節李王職に新に通訳官一人を置くことになり、既に官制改正案も作り、大臣の決裁も済みたり。早く相談する筈の処、急く事情ありたる為其暇なかりしに付、承知を請ふと云ふ。

金井四郎電話にて、明日午前十一時三十分頃来邸すへきことを告く

○午後二時十分頃金井四郎より電話にて、明日は午前十一時三十分頃に東久邇宮邸に来り呉よと云ふ。予之を諾す。

金井四郎、有馬頼寧氏の容体を話す

金井、有馬頼寧氏の容体は格別のことなき趣なり。一昨日は自分（金井）より仰山に云ひ過きたる様にて、気の毒なりと云ふ。予、昨日往て見舞ひたり。格別のことに非すと云ふ。

金井四郎に電話し、祝品のことを問ふ

四、五分間の後、予より金井に電話し、明日は何か祝品を呈する様のことあらは、予の分も加へ呉よと云ふ。金井、右様のことなし。十一時後には盛厚王殿下も学習院より帰り来らるるに付、一同にて祝意を述へんと欲するまてなりと云ふ。

自動車を借る

○午後二時三十分頃西野英男に嘱し、明日東久邇宮邸に行くとき、自動車を借ることを謀らしむ。西野午前十一時十分に玄関に自動車を廻はすへしとのことなる旨を報す。

渡部信通訳官に関する書類を示す

○午後三時後渡部信来り、李王職に通訳官を置くことに関する書類を示す。

澄宮殿下の御機嫌伺を要するや否

○午後零時後食堂にて酒巻芳男に、澄宮殿下の御容体を問ひたるとき、御機嫌奉伺の必要あるへきや否を問ふ。酒巻、其必要なかるへし。尚ほ問合せ見るへしと云ふ。

女子の庭球選手は久邇宮より召されたるものに非す

○午後一時頃関屋貞三郎食堂にて、新聞にては女子の庭球選手は久邇宮より御召になりたる様に書き居れとも、事実は之を周旋する人より宮に願し、之を許されたるものなり。願を許されたることに付可否の意見はあるへきも、宮より召されたるものには非すと談を為し居りたり。

栗田直八郎より牧野伸顕に宛たる電信（朝香宮妃殿下著仏の状況）

○午後三時後宗秩寮より、在仏国栗田（直八郎）より宮内大臣（牧野伸顕）宛の電信を示す。其趣意は（妃殿下（朝香宮妃）御安著。直ニ両殿下「朝香宮、北白川宮妃」ヲ御見舞ナサレ、王殿下「朝香宮」ハ御満悦ニテ、御安心ノ様ニ拝セラレ、感激ス）と云ふ様なることなり。此電信は本月十日に発したるものなり。

山辺知春より両殿下の御容体を報する電信

外に山辺知春より、北白川宮妃、朝香宮両殿下の御容体を報したる電信ありたり。

〔欄外に付記〕

補遺　内子臥褥

○補遺

内子褥に臥す。

六月一二日

○六月十二日火曜。曇。

○午前九時三十分頃より出勤す。

西園寺八郎来り、山口某か稔彦王殿下のことを談したる状を告く

○午前十一時後西園寺八郎来り、陸軍々人山口某なる者、先頃仏国より帰り、自分（西園寺）も山口より稔彦王殿下のことを聞き、山口に対し宮内大臣にも話し置くへき旨、告け置きたり。

稔彦王殿下は鳩彦王殿下と善からす

山口の談に依れは、稔彦王殿下は今尚ほ朝香宮殿下に対する感情宜しからさる様なり。夫れは朝香宮殿下は一ヶ月許前に生れたりとて兄顔を為し、威張居られ、稔彦王殿下は幼時虐待せられたることか今尚ほ不平の原因なる趣なり。

稔彦王殿下の国防意見　金谷某驚く

又軍人中にも年若き者は時勢の推移も分り、老軍人か日本の国防は少数の軍人の専有なるか如き振舞を為すは誤り居るとの意見は、決して稔彦王殿下のみの意見に非す。日本の国防は一般の国民に之に当ることゝせさるへからす。左すれは是より軍備縮少〔ママ〕を為しても差支なく、縮少を為すも、其実は拡張に為るとの意見を有する者も少なからす。殿下も矢張り其意見にて、軍人なりとて軍事以外に関係すへからさる訳なく、国民として大処高処にも著眼せさるへからすとの意見も有し居られ、或るとき何とか云ふ軍人（金谷某ならん。西園寺は名は忘れたりと云へり）か殿下に謁したるとき、殿下より前述の如き御話ありたる為、其軍人は大に驚き、殿下は軍人の本分を忘れ、図画抔に耽り居らるる旨、帰朝後陸軍の幹部等に吹聴したる為、内地にては大に殿下を誤解することゝなりたる模様なり。

小磯某社会主義と社会学とを混す

又何とか云ふ軍人（是は大佐小磯某のことならん）か殿下に謁し、殿下は社会主義を御研究成され居る趣なるか、夫れは御止め成さる方宜しからんと云ひたる故、殿下より、おまゐは社会主義と社会学との別を知り居るやと云はれ、其軍人は之を知らさる旨を申上け、殿下より嘲けられたる趣なり。結局、右の如きことにて、内地にては殿下に対する誤解を生し、其誤解の為殿下は不快の念を生せられたるものゝ様なり。

稔彦王殿下尚ほ未た大ならす

殿下か今少し大くなられ、朝香宮に対する感情抔は念頭より之を去り、朝香宮に対しては弟の道を尽くされ、又軍人抔に対しては之を懇諭して、其非を悟らしめらるる様になりたらは宜しかりし。夫れまてに至らさるは、殿下か尚ほ大人物になられさる所なり。

山口は羅馬尼〔ルーマニア〕に行きたる処、羅馬尼にては日本に対し不満を懐き居り、羅馬尼よりは皇太子〔カロル、Carol〕か訪問せられたるに付、答礼を致して宜しかるへきに、其こともなきは不都合なりとの感情ある模様なる由。依て山口より稔彦王殿下に対し、御沙汰あれは羅馬尼に御出なさるるやを問ひたる処、御沙汰あれは行きても宜しき旨を答へられたる趣なりと云ふ。

前年羅馬尼行の談ありたること

予、今より二年計り前に一度羅馬尼行の話あり。其時は東京にては別に話ありたる訳に非さる様なりしも、殿下の御意向を伺ひたるに、之を拒絶せられたる趣なりと云ふ。

西園寺、其時は自分（西園寺）等か計画したることなり。羅馬尼より皇太子か来りたるに拘はらす、此方より答礼せすに置き、摂政殿下か欧洲御巡遊なさるるとき、羅馬尼より当方へも御出ありたしと案内せらるれは之を拒む理由なし。故に摂政殿下の御巡遊前、羅馬尼に対する答礼を済まし置く方宜しと思ひ、外務省に交渉したる処、同省にては反対には非さるも、外務省よりは発意せす、宮内省より申出せは外務省にても賛成するとのことにて、是は全く間違ひ居ることなり。国交上の必要あるや否は外務省にて決定すへきことなるに、之を宮内省に譲るは不都合なることなり。然し、外務省にて右の如く云ふに付、已むを得す宮内省より外務省に照会し、外務省は駐仏大使（石井菊次郎）に照会したる処、石井より羅馬尼に皇族を遣はさるることは現今の国際関係にて宜しからさる所あり。加之稔彦王殿下に於ても同様の御意見なる旨申来りたりとて、其趣意を以て外務省より反対の回答を為し、其時は其儘立消となれり。外務大臣（内田康哉）か駐外大使の意見に依り、一たひ賛成し居りたることを翻すは最も不都合なるのみならす、石井（菊次郎）も国際関係のことに関し、稔彦王殿下の御意見に依り決定したる如きも実に愚かなることなり。

羅馬尼に電信を発したること

右の次第にて、摂政殿下の御渡欧に付ては非常に困りたるか、此方より先を制し、御渡欧の途次、羅馬尼の辺を通過するとき、電信を以て全体は貴国を訪問する希望なるも、日数切迫なる為、此節は遺憾なからも訪問することを得さる旨を通知せられ、先方より案内することに出来さる様に取計ひたり。此節のことは、稔彦王殿下か先頃成久王外二殿下御遭難以来、多少是迠とは御考も違ひ居る様なる故、此機に於て宮内省其他に於て決して殿下を疎外するに非さることを諒せらるれは、好都合ならんと思はれ、夫れには殿下か皇室の代表者として羅馬尼に御出て

〔な〕さることになりたらは、殿下の御気も変はることとならんと思ふ。依て只今外務省に交渉中なり。外務省より何と云ひ来るやは尚ほ分らさる旨の談を為せり。

関屋貞三郎の体度変りたること

予、関屋（貞三郎）の体度は近年少しく変りたる様には見へさるや。予の職務は元来大臣、次官の関係なき故、是と云ふ程のことはなきも、幾分気を附け居るやに思はるる様なりと云ふ。

関屋貞三郎を当てにせす

西園寺、或は然らん。然れとも当てにはならす。自分（西園寺）は次官（関屋）を当てにせす、直接大臣（牧野）と談合を為し、其結果を次官（関屋）に報告することゝなし居れりと云ふ。

小原駩吉を排斥したる人ありたること

予、是は君（西園寺）限りに聞き置き、小原（駩吉）に話しては困れとも、某々等か小原排斥のことを次官（関屋）に持ち出したりとのことなり。次官（関屋）は予に対しても警戒し居る故、次官より予には話さゝれとも、他に話したる趣にて、予は之を伝聞せり。全体、或る事件に付意見の異なることは免れさることとなれとも、職務上のことなれは、各自是とする所を主張し、其主張か通らされは已むを得さることとなり。小原か某々等を指揮する訳にも非さる故、小原と共には職を執り難しと云ふは訳の分らさることとなりと云ふ。

小原駩吉を排斥したる人は大概推測することを得

西園寺、其事を云ひ出したる人は大概推測することを得。宮内省か山崎（四男六）、上野（季三郎）抔の云ふ如きことにて事務を執り居りては、何事もメチヤ、、、となるへしと云ふ。此時西野（英男）来り、自動車の用意出来たる旨を告く。一分間許り前、入口の戸を少しく開きたるものあり。予何人なるやを問ふ。答へす。

厳柱日来る　面会せす　東久邇宮邸に行く

西園寺既に去り、予将に東久邇宮邸に行かんとす。給仕来り、厳（柱日）か来りて面会を求むる旨を告く。予、只今出掛くる所なる故、折角のことなから今日は面会し難き旨を告けしめ、直に東久邇宮邸に行く。達するとき十一時三十分頃なり。

祝饌を受く

十二時前、妃殿下、盛厚王、師正王、彰常王三殿下に謁し、妃殿下、盛厚王、彰常王殿下の誕辰を賀し、応接所にて金井四郎、片岡久太郎、諫早某（御用取扱）と共に祝饌を受け、話して一時後に至る。会北白川宮大妃及永久王両殿下来らるる。予乃ち辞し去る。

諮問第四号委員会

宮内省に返りたるは一時五十分頃なり。直に歩して司法大臣官舎に行き、諮問第四号の幹事会に列す。前回に続き、牧野英一の提出したる私案（此私案は今日更に提出したるもの）に依り、犯意及過失罪の大略を議了す。午後四時三十分頃閉会す。

彰常王殿下の汗疹

○午後七時頃金井四郎に電話し、東久邇宮彰常王殿下、小疹を発せられたる旨今日聞きたるか、痲疹には非さるやと云ふ。金井、先刻医師来診し、痲疹に非す、汗疹なりと云へりと云ふ。

酒肴料の名前違

予、先刻宮邸にて受けたる酒肴料の封を開きたる処、在中の袋に金井の氏を記しあり。君（金井）の受くへきものを誤て予に交したるものならん。他日君（金井）に交すへしと云ふ。金井、自分（金井）の受くへき分も、君（予）の受くへき分も二千疋（五円）にて多少なきに付、其儘にて宜しと云ふ。予然らは其儘にすへしと云ふ。

東久邇宮邸より干鯣を送り来る

○午後、東久邇宮邸より便をして干鯣一束を送らしむ。

阿片令案を調査す

○午前及夜、関東州阿片令案を調査す。

賻を杉野に贈る

○午後六時後、安をして杉野某（人力車夫の家）に行き、香料を致さしむ。今日其父か遽に死したるを聞きたるを以てなり。

〔欄外に付記〕

補遺　高羲敬、三島別邸売却の事を談す

○補遺

午前十一時後高羲敬来り、三島の別邸は価格さへ相当ならは、李王職にても売却することは異議なかる〔へ〕し。其代金を京城に送れは普通の費用に消費すへきに付、是は東京に留め置き、世子〔邸〕建築費となすか、又は現在の世子邸隣接地三条家を買収する代となすか、或は又職員官舎建設費に充つるかに致し度。此金は李王職にても予期し居るものに非さるに付、東京にて使ひて宜しからんと云ふ。予費途は金の入りたる後に考ふて宜しからんと云ふ。高考へ置呉よと云ふ。

六月一三日

○六月十三日水曜。曇。

○午前九時二十分頃より出勤す。

北白川宮に供へたる蠟燭代を償ふ

○午前十時前より枢密院事務所に行く。前日北白川宮に献したる西洋蠟燭代三円七十銭を院の属官某に償ふ。

摂政殿下に謁す

十時後、摂政殿下に拝謁す。

天皇陛下に謁せす

天皇陛下には拝謁せす。議長、副議長のみ拝謁せり（本月六日の日記参看）。

食堂給仕に心附を与ふ　北白川宮に供へたる榊代を償ふ

○午前、食堂給仕への心附金五十銭及北白川宮へ供へたる根越榊代割前十八銭を西野英男に交す。

皇后宮大夫書を致す

○午後一時後西野英男来りて、皇后宮大夫大森鍾一の書を致す。本月十五日賜物あるに付、午前十一時参入すへきことを通知するものなり。

伊夫伎準一御奥よりの賜物、審査官全体に及はさることを訴ふ

○午後一時四十分頃将に枢密院事務所に赴かんとす。伊夫伎準一来り、皇后宮大夫（大森鍾一）より賜物あるに付、参入すへき旨の書状を送り来る。此ことは昨年十二月にも自分（伊夫伎）一人賜物を拝受し、他の審査官に及はさる故、甚た心苦しく、何とか処置せらるることを求め置きたり。然るに、此節又自分（伊夫伎）一人に書状を送り来りたり。何とか工夫なきやと云ふ。

伊夫伎準一をして白根松介に説かしむ

予、此ことに付、予は既に其砌白根（松介）に話し置きたり。白根へ話し呉よ。結局、審査官の総代として君（伊夫伎）か賜物を受くることゝなすより外に致方なからんと云ふ。伊夫伎、審査官各自に賜はる様の相談には非さりしやと云ふ。予、其ことは到底行はれ難し。依て審査官を一体と見て、総代として賜はることになすことを白根に相談し置けり。予は是より枢密院に行くに付、君（伊夫伎）より其旨を白根に話し呉よ。

枢密院事務所に行き、阿片令案の委員会に列す

予は今一度審査局に来る積りなるも、午後四時に至らは退省する様致し呉よと云ふて枢密院事務所に行き、関東州阿片令案の審査委員会に列す。

阿片令案の審査状況

此案は大正十年四月に枢密院に御諮詢相成りたるものにて、其当時は原（敬）の総理大臣時代なりしか、其の案に付疑問あり。其後高橋（是清）内閣を経て、現今の加藤（友三郎）内閣となり、関東長官も山県（伊三郎）か罷めて伊集院彦吉（関東長官、元外務省情報部長、男爵）か之に代り居れり。案は昨年五月中、予か朝鮮に行き居る中に委員会を開き、修正案を作り、内閣の同意を求め置たる処、内閣にては案の一ヶ条（修正案第五条）の外全部同意し、第五条に付ては伊集院より修正案を出し、今日は正式の委員会となさす、懇談会と為し呉度旨を以て委員会の開会を求めたる趣なり。

伊集院彦吉関東州に於ける阿片取締の方針を説く

伊集院は、関東州にて阿片の吸食を厳禁することは国際約定もあり、人道上よりも希望すへきことなるも、支那も表面は禁烟の法を設け居るも、内実は少しも取締出来す。英国抔にても、香港抔は表面丈けは禁烟を装ひ居るも、内実は少しも取締り居らす。此の如き事情なるに付、本邦のみ禁烟を励行せんとするも出来難きに付、矢張り英国抔の如く、表面は禁烟を装ひ、裡面は必しも厳重にせさる方宜しからんと思ふ旨を述ふ（第五条の修正も此の趣意に出てたるものなり）。

有松英義の意見

有松（英義）は表裡の相違に付、稍々不満足の意述へたるも、結局、伊集院の希望の通りにて宜しかるへく、但今日提出の修正案は未た練れ居らさるに付、一応案全体を撤回して、更に諮詢を奏請せられ度との意を述ふ。

予は阿片令案の再査を望む

予も之に賛成し、之に附加して、第五条の外にも不可なりと思ふ点あるに付、其点も併せて調査して提出することを望む。全体は一たひ委員会の議を経たるものなる故、予より特に如何なる点か不可なりと云ふか指摘せさることにすへしと云ふ。一木（喜徳郎）、第五条の外は枢密院の修正通りにして之を変更せさることを望むと云ふ。予、一旦案を撤回するならは、他の点に付ても調査する方宜しと思ふと云ふ。

清浦奎吾阿片令案の不可なる点を指示することを求む

清浦（奎吾）、然らは不可とする点を説明せされは、不可なりと云ふ。

不可なる点を指示す

予、之を説明せんとて、第八条に阿片煙膏を吸食する者の制裁を定め、三年以下の懲役と為し居るは、軽く之を罰する積りなるへし。然るに、第九条第一項に於て許可を得すして阿片を買受くる者を七年以下の懲役に処する旨の規定あるに付、吸食の刑を受くる者はなく、常に買受の刑を受くることになり、第八条は殆んと徒法とならんと思ふ。其他にも売買と云ひ、授受と云ひ、所有と云ひ、所持と云ふ如き、区別明ならさるものありと云ふ。

一木喜徳郎、予に協議す

富井（政章）、原案の趣旨は吸食の為買受くるものを厳罰する積りには非さるも、文字は成る程不備なる様なりと云ひ、一木（喜徳郎）は、第九条に販売の目的を以て買受くると云ふ様の趣意を加へ、吸食の目的を以て買受くる者は第九条第三項に依ること丶為したらは如何と云ふて、予に謀る。予、大概右様なることにて宜しからん。調査したらは、如何様にも修正すること出来るならんと云ふ。

阿片令案を撤回することに決す

結局、案全部を撤回し、再調査の上提出することに決し、四時五分前頃散会す。

清浦奎吾、其三男某のことに付予に依頼す

散会するとき、清浦より予に一寸来り呉よと云ふ。予乃ち其室に行く。清浦、最早新聞にて承知せられ居るならん。自分（清浦）の三男〔豊秋〕（名を云ひたるも忘れたり）か下野銀行のことに関し、新聞に書かれ居れり。其事実は、同銀行東京支店長たりし高畠某〔覚三〕は法学士にて、其父〔新吉、米穀問屋村田屋主人〕は五、六百万円の資産家なる由なるか、高畠と三男とは相聟にて懇意の間柄なり。夫れに八尾新助〔実業家、東洋石油社長〕の子新太郎〔不詳〕か銀行より金を借る為、三男と高畠抔には熱心に取り入り、結局三男も余程周旋して、銀行より八尾に六十万円許を貸し渡し、三男も幾分のコンミツションは受け居る模様なり。只今は高畠と外一人（八尾のことなりしか確と記臆せす）のみ起訴せられ居り、三男は一度の取調さへ受けたることなきも、小橋（一太）〔衆議院議員・政友会〕等か非常に心配し、小橋より鈴木（喜三郎）に談し、又、床次（竹二郎）〔衆議院議員・政友会〕より岡野敬次郎にも談し呉れたりとのことなり。鈴木は小橋に対し、検事に対しては捜査の範囲を拡張せさる様に申聞け置きたり。但し銀行より告訴し居るに付、其方の示談ても出来くれは事を荒立てすして済むならんとは明かに言ひたる趣なるか、是は固より秘密のことなり。依て三十五万円丈を弁償し、告訴の取下を為すまてになりたる処、其書面に高畠も銀行を害する様の悪意を以て為したることには非さる故、高畠に対しても寛大の処分を願ふと云ふ様のこと〔を〕記載したる趣にて、検事〔鈴木寛、東京地方裁判所検事〕は此文句に付大に感情を害し、検事の起訴のことまても云々するは不都合なり。此の如きことならは、根掘り葉掘り捜査せさるへからすと云ふ如き語気を漏らしたるとかにて、弁護士は大に驚き、自分（清浦）の処に告け来りたり。

小橋一太在らす

小橋か居れは先の関係もある故、小橋より鈴木に談すれは都合宜しきも、一寸旅行致し居り、今夜か明日に非されは帰らすとのことなり。依て君（予）か鈴木に対し話か出来る間柄ならは、至急に鈴木に面会し、検事か機嫌悪しかりし趣なるか云々と都合よく話呉よと云ふ。

予と鈴木喜三郎との関係

予か始めて清浦の室に入りたるとき、第一に清浦より鈴木喜三郎とは懇意なりやと云ひたる故、懇意なる旨を答へ、予の答を聞きたる上、清浦より前段のことを述へ、且つ三男か某保険会社より下野銀行に六十万円の定期預金を為さしめあるも、銀行は怪しき風聞ある為之を引出したる様のことにて、銀行は詐偽にて八尾に貸出たるものとの告訴を為したる趣なり。

主任検事怒る

告訴取下の書面を出し、検事か怒りたるに付、弁護士は決して起訴権に立ち入りて云々したるに非す。示談も出来たる上は高畠か寛大に処分せらるることは銀行も本意ならんと思ひ云々したるまてなりと云ふ如き趣意を述へたるも、検事は余程感情を害したる趣なり（弁護士弁解の趣意は間違居るやも計り難し）。

鈴木喜三郎の在否を問ふ為電話することは差支なし

予より、承知せり。早速鈴木を訪ふへきか、此事務所より鈴木の在否を問ふ為電話を掛くることは差支なきやと云ふ。清浦夫れは差支なしと云ふ。予、鈴木か裁判所にも自宅にも在らさるならは、今日は面会出来さるやも計り難しと云ふ。清浦夫れは致方なしと云ふ。

清浦奎吾の所在を問ふ

予、今日は君（清浦）は是より何処に在るやと云ふ。清浦、是より同気倶楽部に行く筈なり。今日は薩哈嗹（サハリン）に行き居りたる町田経宇か倶楽部に来り、話を為すことになり居れりと云ふ。予、然らは、何れにしても結果は倶楽部に報告すへしと云ふ。清浦符徴にて話し呉よと云ふ。予、承知せり。逢ひたりとか逢はすとか、逢ひたるか云々と云ふ様のことにすへしと云ふ。

鈴木喜三郎の所在分らす

村上恭一に嘱し、先つ鈴木の家に電話し、在否を問はしむ。在らす。大審院検事局に電話す。既に帰りたりと云ふ。四時二十分頃復た鈴木の家に電話す。尚ほ帰らす。乃ち二上（兵治）の室に行き、四時四十分頃まて談話し、復た鈴木の家に電話す。尚ほ帰らすと云ふ。

大審院に行き、鈴木喜三郎の所在を捜かす

乃ち大審院に行き、各室を見る。空室多し。会三人伴ふて出てんとするものあり。予之に検事局の宿直室を問ふ。其一人、予に対し、先刻検事総長（鈴木喜三郎）を問はれたるか、未た

分らさるやと云ふ。予未た分らすと云ふ。其人、鈴木の家に電話して之を問ふ。尚ほ帰らすと云ふ。自宅へは帰らすとのことなり。予、司法大臣官舎に行き居らさるや、之を問ひ見呉よと云ふ。其人乃ち電問す。在らす。其人更に法制審議会に電問す。在らす。又刑事局に問ふ。在らす。其人、検事総長は自動車にて往復するか、運転手は〔未完〕

大正一二年日記第七冊

〔表紙に付記〕
日記　七
大正十二年六月十三日の続より七月十七日まで（十七日は未完）
王公家軌範中襲系の案六月十五日十葉表以下

六月一三日（続）

大正十二年六月十三日の続

大審院の人、予か為に鈴木喜三郎の所在を捜かす

帰り居るや否を取調へ見るへしと云ふ。予夫程まて手数を尽くすに及はすと云ふ。其人、直に分るに付、暫く待ち居れと云ふ。予、予も階を下りて帰らさるへからさるに付、然らは偕に行くへしと云ひ、階を下りて行く。其人、東京地方裁判所検事正室に過きり、鈴木のことを問ひたるものならん。出て来りて検事正（南谷知悌〔東京地方裁判所検事正〕）も検事総長（鈴木喜三郎）室に電話したる処、総長は午後三時三十分頃退出せりと云ふことなりし趣なりと云ふ。夫れより其人と〔と〕もに裁判所構内に在る自動車運転手の住居に到る。其人何か談し居りたるか、出て来りて鈴木の自動車を運転する人の住居は司法省の構内に在る趣なりと云ふ。乃ち又行く。其人運転手に就き、鈴木か自動車に乗り、何処に行きたるやを問ふ。運転手、鈴木は牛込築土町の処まて自動車にて行き、其処にて車を下り、何処に行きたるやを知らすと云ひたる趣を報す。予乃ち別れ帰る。家に達したるは六時頃なり。

村上恭一に嘱し、予か家に電話し、予か帰ること晩き旨を報せしむ

枢密院事務所を出つるとき、村上恭一に嘱し、予か家に電話し、予は他に廻はる故、帰宅の時刻晩るることを報せしむ。

枢密院より宮内省に過きり、大審院に行く

事務所より宮内省に過き、審査局に到る。局員皆退出し居れり。乃ち直に人力車に乗り、大審院に行きたり。

大審院の人の名を問ふ

大審院より某と共に自動車の運転手の家に行かんとするとき、東京地方裁判所の廊下にて某の氏名を問ふ。某、単に書記課に居ると云ひ、既にして又先頃横田（国臣）薨去のとき、君（予）より榊を贈らるることに付、周旋したるものなりと云ひ、遂に其氏名を告けす。予亦強ひて之を問はさりしなり。

伊夫伎準一に電話し、御奥よりの賜物のことを問ふ

○午後七時前頃伊夫伎準一に電話し、先刻談合ひたる御奥より物を賜はることは如何なりたりやと云ふ。伊夫伎、白根（松介）に話したる〔が〕、同人は、先般皇后宮職の三条公輝（皇后宮職事務官・庶務課長、男爵）に話し置きたるか、其決定を聴くことを忘れ居りたりとのことにて、自分（伊夫伎）より話したる後、白根か皇后宮職に行きたるか、西邑（清）のみ在りて三条は在らす、其の為決定し兼ねたり。尚ほ三条に問ひて、返答すへしとのことなりし由なり。今日は貴官（予）の帰局を待たすして退出し、不都合なりしと云ふ。予、明日出勤の上、更に協議すへしと云ふ。

鈴木喜三郎の家に電話し、其帰りたるや否を問ふ

○午後九時前、安をして鈴木喜三郎の家に電話し、鈴木か帰りたるや否を問はしむ。未た帰らすと云ふ。

清浦奎吾に電話し、鈴木喜三郎に面会せさりしことを告く

○午後六時後同気倶楽部に電話し、清浦（奎吾）を呼ひ、只今まて鈴木（喜三郎）を捜かしたれとも、之を得す。明朝面会することにすへしと云ふ。清浦之を謝し、明朝また面会し呉よと云ふ。

内子未た払褥せす

○内子は未た褥を払ふに至らす。

六月一四日

○六月十四日木曜。曇後晴。

鈴木喜三郎に電話す

○午前七時後、安をして鈴木喜三郎の家に鈴木か家に在るや否を問ひ、家に在るも、尚ほ寝ね居るへきに付、起きたらは通知する様依頼し置くことを命す。安、鈴木電話することを報す。予、乃ち之と電話し、今朝鈴木か出勤する前に往訪せんと欲す。何時頃ならは差支なきやと云ふ。鈴木、八時三十分より外出する予定なる故、其前ならは差支なしと云ふ。予然らは其前に往訪すへしと云ふ。

鈴木喜三郎を訪ひ、清浦奎吾の三男のことを談す

七時二十五分頃より往く。八時前達す。予、今日は不都合なることにて来りたり。先日小橋一太より君（鈴木）に依頼か話か其点も詳しくは聞かさるか、何か相談したることある由。其関係ある故、小橋か居れは、同人より話す方宜しけれとも、何処かに行き居るとのことにて、予が来りたる訳なりと云ふ。鈴木、下野銀行のことなりやと云ふ。予然りと云ふ。鈴木、実は先刻小橋より電話にて、今朝面会し度と云ひたるも、今朝は他に約束したる人ありとて之を拒み、小橋には午後頃大審院にて面会することに約し置きたり。小橋も矢張り下野銀行のことなるへく、同人は清浦（奎吾）の依頼を受けて来りたるものなり。同一事件の用事ならは、今朝一緒に面会しても宜しかりしと云ふ。

主任検事か怒りたること

予、被告の方より金を出し、銀行との間に示談出来、告訴の取下を為したる処、其取下書の中に、東京支店長即ち被告も銀行を害する悪意ありて為したることにも非さる故、寛大の処置を請ふと云ふ如き趣意を記載し居りたる為、主任検事の感情を害し、検事の起訴のことにまて喙を容るる様なることにて不都合なり。此の如きことを云ふならは、根掘葉掘り取調へさるへからさる趣の語を発したりとか云ふことにて大に懸念し居る処なり。右は畢竟、不用意にて右の如きことを書きたるものなるへく、然るへく取成を望む次第なる旨を述ふ。

鈴木喜三郎諒承す

鈴木、全体より云へは清浦某（清浦の三男）も八尾新太郎か借り受けたる五十万円の中、幾分は使用し居るものにて、其事情は銀行にても之を知り居れとも、元来銀行にても人を罰することか目的に非す、損失さへ免かるれは夫れにて宜しき訳なるへきに付、只今起訴せられ居る二人の外には手を拡けさる様には指揮し置き、検事も其積りにて処理し居れり。或は検事に対し、指図ヶましきことを云ひたる為、此方にては十分苦心し居る処に、夫れも察せす、不都合のことを云ふと云ふ感情てもありたるものならん。捜査を拡けさる様には注意し置たるも、銀行の方より証人等を申出し、取調を請求すれは、余儀なく取調へさるへからす。取調ふれは事実も挙かることになる故、小橋にも銀行の方を緩和する必要あることは話し置き、小橋より三十五万円を払ひ、銀行とは示談出来たるに付、其事は承知し呉度旨、電話し来り居れりと云ふ。

予、予は三十六万円を払ひたる様に聞きたるか、三十五万円なるか。兎に角示談は出来たる趣なりと云ふ。鈴木、支店長高畠某は年少にて所謂坊ちゃんなり。清浦（三男）か主に計画したることとの推測あり。清浦か八尾の借入を周旋し、一時某保険会社より六十万円を下野銀行に定期預金を為し、銀行は其金を八尾に貸し附けたるに、保険会社は下野銀行か堅固ならさる模様あるより、間もなく定期預金六十万円を引出したる趣にて、銀行にては此等の事実を以て詐欺にて貸出さしめたるものとしたる訳なり。清浦も子供の為には幾度か心配を為す訳にて、先年松室（致）か司法大臣たりしとき、長男〔保恒〕（或は次男〔敬吉〕と云ひたるか、確に記憶せす）か不都合のことあり。弥縫にして済ましたるか、其時は清浦にも承知せしめ置く必要ありとて、司法大臣官舎に呼ひて話を為したることもありたりと云ふ。鈴木又検事か怒りたりと云ふことも格別のことには非さるならん。今朝出勤したる上、様子を問ひ見るへしと云ふ。予然るへく配慮し呉よと云ふて去る。時に八時五分頃なり。

路を枉けて二上兵治を訪ふ　二上在らす

路を枉けて二上兵治の官舎に過きる。二上をして清浦に電話し、予か往訪せんと欲する旨を告けしめんと思ひたるなり。二上在らす。何処に行きたるやを問ふ。下婢、知らす。入りて之を問ひ、早稲田大学に行きたる趣なることを報す。

清浦奎吾の家を見出さす

予乃ち直に大森に赴き、清浦の家に行かんとす。路を誤り、家を得す。乃ち返りて之を索む。尚ほ得す。遂に人に問ふて始めて之を得たり。左折すへき所を折れさりし為、之を得さりしなり。清浦に面し、予か昨日来の行動を説き、今朝鈴木と談したる顛末を告く。清浦之を謝す。

清浦奎吾、広瀬淡窓先生の書を示す

清浦、広瀬淡窓〔江戸時代後期の儒学者、咸宜園を開設〕先生の書幅を示す。幅に曰く、詩興唐宋明清、有巧拙雅俗、巧拙因用意之精粗、雅俗係著眼之高卑。予、是は先生の造語なるへく、而して先生の詩の雅なることは自ら遇ひたるものならんと云ふ。清浦、然り。書は巧には非さるも、気品ありと云ふ。

日支郵便約定に関する秘密新聞紙に漏れたること

予、先頃は日支郵便条約に関することか詳しく新聞に掲載せられ、困りたるならんと云ふ。清浦、困りたり。彼の記事は政府より出したるものに非さるは疑なき所にして、枢密院より出てされは他に出つへき所なし。枢密院にては彼の時、筆記を為したるものは二人と書記官にて、結局二人の内一人なるか、書記官ならては漏らすへき所なしと云ふ。予、三ヶ所の中、書記官より書したるものに非さることは是亦疑なきことなり。然れは二人の中、一人より出したるものと云はさるへからすと云ふ。

問ふに落ちす語るに落ちるもの

清浦、伊東（巳代治）か書記官長（二上兵治）を召ひ、喧しく云ひたる由なるか、是は所謂問ふに落ちす、語るに落ちるものには非さるや。全体彼の如きことを漏らしたりとて、之を以て直に内閣を倒すことの出来るものに非す。悪戯としても余り質の悪しきものなり。新聞に出てることは自分（清浦）は勿論、加藤（友三郎）も新聞記事は事実に非さることを言明し置けり。此以外取るへき手段なし。悪戯者には別段の効能なきか、加藤はどの位困りたるや知るへからす。新聞に出てたる記事は、実際の書取りに依らされは何人にても此の如きことを漏らすこと出来す、該記事は書取り中に処々語気を強め居る所ありと云ふ。予、新聞記者は原稿を所持ち〔ママ〕居ると云ふ話なりと云ふ。

加藤友三郎内閣を維持する積りならは、方針を変する必要あり

清浦、現内閣（加藤友三郎内閣）も続て維持する積りなるへきか。其積りならは立閣当時の本領に立返り、政友会の為に左右せられす、自己の政綱を以て進まさるへからす。

地租委譲には松方正義は反対なること

只今の有様にては、今後の最難関は地租委譲の件なり。松方公（正義）抔は表面に喙を容れされとも、絶対に反対の考を有し居れり。成程、金額は格別多からさるも、地租の如く確実なるものを国税より除くは絶対に不同意なりと云ひ居れり。此次の議会（第四十七回）に如何に致すへきか、政友会としては一たひ抜きたる刀を其儘収むることも出来さるへく、或は法律案は之を通過せしめ、其施行をいつまても延はす位のことにて折合ふ様のことても出来くへきかと云ふ。予、法律か成りたらはいつまても其施行を延はすことも出来さるへしと云ふ。清浦或は然らんと云ふ。

狩野正信に関する談

予、将に辞し去らんとし、偶々思ひ出したる故、先日問ひたることある正信のことはと云ふ。清浦、左様々々其ことを話す積りなりし。彼は非常の大家なり。狩野正信のことは先日話を聞きたるときより心に浮ひたるも、左様の大家の画かあるへしとも思はす、不審に思ひたりと云ふ。予、先日問ひたる後、人名字書を閲し、狩野の初代なることを知り得たりと云ふ。清浦、真偽は兎も角、正信ならは容易に得へきものに非すと云ふ。予、貞愛親王の遺物として贈られたるものなるか、保存方は不十分なりしと見へ、蠹蝕もあり、折切もあり、粗末の表装を為しありと云ふ。清浦如何なる図柄なりやと云ふ。予、樹下田家の図にて、極めて粗画なりと云ふ。清浦、左様の来歴ならは真物に相違なからん。正信の印は印譜に依れは鼎形の如きものある様なるか、如何なる印を捺しあるやと云ふ。予、屏風の残欠なる旨の鑑定あり。名前は金字にて既に金色なく、黄色となり居り。法橋正信筆と書し、下に二個を捺しあり。上の一個は文字不明にて、下の分は正信とあり、印譜の写を送り呉れたる人あるに付、照校したるに、印譜にあるものとは違ひ居れりと云ふ。夫れより辞し去る。

山車途を塞く

今日は日枝神社の祭日にて、門前にて山車を挽き居り、通行出来す。漸く之を通越して停車場に到り、直に電車に乗り、十一時頃宮内省に達す。

高義敬来り、田村某の死去に関する世子邸の仕向を謀る

○午前十一時後高義敬来り、陸軍大学校長田村某〔守衛、陸軍少将〕死去したる処、世子殿下は只今大学校学生なる故、相当の取扱を為さゝるへからす。世子邸にては是迄先例なし。榊を供へ、遺族の見舞として菓子ても贈りたらは、夫れにて宜しかるへきや。代拝は如何にすへきやと云ふ。予代拝には及はさるならんと云ふ。高、朝香宮殿下は只今陸軍大学校附の資格にて、賀陽宮殿下は入学の為初審を受けられたる所なり。両宮とも関係あるに付、其方の振合を問ひ合せ見るへしと云ふ。予、宗秩寮にも相談し見たらは宜しかるへく、又都合にては庶務課の意見も問ひ見る方、宜しからんと云ふ。其後、高来り、酒巻芳男に謀りたる処、同人の意見にては榊も鄭重に過くへく、代拝には勿論及はさるへしとのことなり。尚ほ他の宮家の振合を問ひ合せたる上のことにすへしと云ふ。

国府種徳に予の広瀬中佐の詩を示す

○午後零時後食堂にて、国府種徳に予か作りたる広瀬中佐〔武夫〕〔海軍中佐、日露戦争の旅順閉塞作戦で戦死〕の詩を示す。国府、第八句に敵砲とあるも、強ひて敵と云ふには及はさるには非すやと云ふ。予、如何にも第三句に既に敵前の字あり、第八句は砲声と改むへしと云ふ。国府其方宜しと云ひ、其手帳に之を写す。

国府種徳、広瀬淡窓先生の語を写す

予又今日清浦の家にて見たる広瀬淡窓先生の語を談す。国府又之を写す。但末句係人品之高卑の句、人品の字は予の記臆確かならされとも、人品に相違なからん。

金井四郎、東久邇宮邸に雇ひたることある婦人か自殺したることを報す

○午後三時頃金井四郎より電話にて、東久邇宮邸にて雇ひ居りたる婦人〔松浦藤枝〕か自殺したることを報す。是は予の卓上電話にて報し来りたるも、電話聞取り難きに付、審査局の電話接続せしむる前、暫時話を止め、給仕をして接続替を為さしめ之

を聞き、金井、先日まて藤井某〔幸槌、予備役陸軍中将、前近衛師団長〕（陸軍中将）の家に雇はれ居りたる婦人あり。藤井か退職と為りたる為、婦人は解雇せられ、或る人の口入にて宮邸に臨時に雇ひ入れ、職員用の夜具の洗濯等を為さしめ居りたるか、其婦人眼病ある故、井上誠夫〔眼科医〕か来邸したるとき、診察せしめたるに、一眼は全く失明し居り、他の一眼も到底治療出来さる故、解雇したらは宜しからんと云ふ故、之を解雇し、婦人は郷里に帰る途中、須磨の辺にて自殺したりとのことなりと云ふ。

予婦人は何処の人なりやと云ふ。金井、傍人に問ひ、松山の人なりと云ふ。予、宮邸より解雇するに付、給金等は勿論払ひ渡したるならんと云ふ。金井、勿論払ひたり。婦人は大に喜ひて退きたりとのことなり。新聞社員の通知にて自殺のことを知りたる故、多分新聞に之を記載することなるへきも、宮邸としては致方なしと云ふ。予、只今の話丈けのことならは、新聞に出ても致方なしと云ふ。

○午前十一時後、白根松介を其事務室に訪はんとす。白根正に出て来り、一寸大臣（牧野伸顕）の室に行くに付、暫く待ち呉よと云ふ。予乃ち室に入りて之を待つ。白根返らす。予将に去らんとす。白根来る。予乃ち審査官に対する賜物のことは如何なりたるやと云ふ。白根、審査官各自に賜はることにすれは、式部官等にも全部賜はらさるへからさることとなり、他に影響するに付、出来難しと云ふことなりと云ふ。予、全体は審査官各自に賜はることを望めとも、之を承知せさることは予て聞き居ることに付、今日は之を主張せす。伊夫伎（準一）一人に賜はるものを審査官全体に賜はるものとし、伊夫伎を其総代として賜はる様に致し度訳なり。此の如くすれは、仮りに他に影響するとして、他の処にても金額は増さす、全体に対して一人分を賜はることゝなすまてにて差支なからんと思ふと云ふ。白根、夫れならは差支なき訳なり。今一応皇后宮職に相談し見ることにすへしと云ふ。

然るに、午後三時後に至るも白根より何とも申来らす。乃ち伊夫伎（準一）をして白根の答を聞かしむ。伊夫伎返り来り、白根は忘れたるには非さるへきも、既に退省したりとのことなり。官邸に帰りたるへきやを問ひたる処、今日は法要を営むと云ひ居りたる故、官邸に帰りたるものには非さるならんとのことなりしなり。然るに、丁度其処に東宮職の戸田（氏秀）か来り居りたる故、東宮職よりは果して賜物あるへき〔や〕否も未た分らさることとなるも、昨年の如く、自分（伊夫伎）一人に賜はりては困るに付、審査官全体に賜はる様にすることを望むと云ひたるに、戸田は、皇后宮職の取扱と区々になりては宜しからさる故、同職と協議して其結果を報すへしと云へり。依て自分（伊夫伎）より皇后宮職の賜物は明日のことにて差し迫り居る故、至急に様子を通知し呉よと云ひたるに、戸田は後刻まて通知すへき旨を答へたりと云ふ。

四時後に至るも、戸田よりも何の返事もなさゝる故、伊夫伎復た行き、促かさんとしたる処、戸田は既に東宮職に返り、皇后宮にては大夫（大森鍾一）は既に退省し、西邑清は尚ほ在るか、只今は皇后陛下に扈して御苑に（養蚕所とか云ひたる様なり）行き居り。直く返るに付、返りたらは通知する様に約束し来りたりと云ふ。

四時三十分頃電話にて、西邑か返り来りたることを報す。予乃ち皇后宮職に行き、西邑より戸田と大森と協議したる模様を問はんとす。時に大森尚ほ在り、西邑、大森に対し、予か大森に談し度ことある趣なることを告く。大森乃ち予を延く。予、審査官伊夫伎（準一）一人に対し物を賜ふは局内の権衡を破り困るに付、総代として賜はる様にすることを望む旨を述ふ。大森、審査官として賜はるに非す。伊夫伎は事務官を兼任し居り、当直も為し、奥向の御用も勤むることある廉を以て賜はる訳に付、総代として賜はる訳には行かす。原則としては側近奉仕者に賜はるものにて、今日にては多少範囲か広くなり居り、或は側近奉仕者と云ひ難きものもなきに非されとも、宮内省の用務を扱ふ者全体に賜ふ趣意に非す。若し伊夫伎一人に賜ふか悪しと云ふならは、伊夫伎に賜ふことを止むるより外、致方なしと云ふ。予全体の処置の不可なることを述ふ。大森、夫れは議論なり。議論をされては困る。君（予）に対して云ふことは気の毒なれとも、審査の事務は側近には少しも関係なきことなりと云ふ。予、固より関係なし。然し他にも同様のことあるに非すやと云ふ。大森、年末賞与の如き性質のものならは公平を失しては不都合なれとも、御奥よりの賜は、夫れとは全く性質の異なることを領解し、権衡論抔を為しては困ると云ふ。二言目には伊夫伎の分を止むると云ふに付、止むを得す其言に従ひ、伊夫伎一人のこと〔と〕して去り、審査局に返り、伊夫伎に其旨を告く。伊夫伎、寧ろ止むる方宜しと云ひたるも、予、局内の権衡の為他の部局との権衡を失し、審査局にては一人も賜を受くるものなきことになるも不可なるに付、已むを得す、此儘に致すへしと云ふ。時に五時頃なり。

○午後二時頃西野英男に嘱し、予か家に電話し、人力車夫か午後五時に迎に来るときは、提灯を持ち来る様命することを告けしむ。

○午後五時より築地精養軒に赴き、岡喜七郎（貴族院議員・交友倶楽部）の長男鉄か河野岩吉（元衆議院議員・進歩党、実業家）六女玉子と結婚したる披露宴に会す。清浦（奎吾）、石渡（敏一）、橋本（圭三郎）（元農商務次官、日本石油副社長、貴族院議員・交友倶楽部）、野田（卯太郎）、富井（政章）、土方（寧）、水野（錬太郎）、鈴木（喜三郎）、林（市蔵）（日本信託銀行頭取、元大阪府知事）、伊集院（彦吉）、高橋（是清）、鎌田（栄吉）、窪田（静太郎）（行政裁判所長官）等に遇ふ。清浦は今朝予か往訪したることを謝し、鈴木へは予より今朝往訪したることに付挨拶し、鈴木より、今朝話を聞きたる検事か感情を害したりとのことは何にもなきことなりしなり。自分（鈴木）より最早彼の事件は是までの範囲にて済みたるものならんと云ひたる処、然りと答へ居りたりと云ふ。石渡よりは、君（予）を訪ふて、郵便の件（日支郵便約定のことに付枢密院にて内閣の食言を非難したる件）に付問はされは事情分らす、該件は既に済みたりと云ふ人と未た済ますと云ふ人とあり。予既に済みたりと云ふ。石渡、君（予）等は審査委員なりし故、喧ましき連中ならんと云ふ。予夫れは秘中の秘なりと云ふ。石渡既に済みたらは秘密に非さるならんと云ふ。予、予は軟派と思はれたりと見へ、警察より保護したりとて笑ひたり。祝宴の席にては、媒酌人林（市蔵）より新夫婦を紹介し、清浦（奎吾）祝辞を述へたり。予は餐後、岡（喜七郎）及其養父某〔敬孝〕と数語を交へて帰途に就き、九時後家に達す。

○午後、向井巌来訪したる由なる。予は在らす。

○午後宮内省より明日午前十時三十分より職員救済の件に付、宮内次官の応接室にて会議を開き度に付、出席せられ度と云ひ来りたる旨、安より報告す。

六月一五日

○六月十五日金曜。曇。

○午前九時三十分より出勤す。

○午前十時前金井四郎来り、予、本月十二日東久邇宮邸より鯣を贈られたるか、其日に君（金井）に電話するとき、謝を述ふることを忘れたり。酒肴料の袋には、予か受けたる分に君（金井）の名か書きありたるに付、君（金井）か受けたる分に予か名か書きありたるならんと云ふ。金井、然り。属官に名を書くならは、外部に書くへく、然らされは、之を書かさる方宜しき旨を告け置きたり。須磨にて自殺したる婦人のことは新聞社の問合せにて始めて其の事実を知り、掲載を止めたれとも、時事新報の方は既に間に合はす、掲載することゝなれりと云ふ。

予、成る程東久邇宮に雇はれ居りたる婦人とは書きありたれとも、極めて穏当なる書き方にて、少しも宮の体面に関する所なき故、差支なし。但し婦人は気の毒のことを為したり。眼病は結核より来りたるものなりや、梅毒より来りたるものなりやと云ふ。金井、井上に問ひたるも、相当の検査を為さゝれは原因は分り難しと云ひたりと云ふ。

金井又先日話したる諫早某か竹田宮妃殿下と次官（関屋貞三郎）との談を立ち聞きしたることは、初は次官は大なる声にて話したるも、妃殿下の御注意にて極めて小さき声となれり。立ち聞きの不可なることは申すまてもなけれとも、事柄か東久邇宮邸に関する様思はれたる故、不都合と思ひなから立ち聞きしたるも、声か小さき為聞くことを得さりしか、或は自分（諫早）の悪口なりしならんと云ひ居りたり。次官に対し、東久邇宮妃殿下御洋行のことに付竹田宮妃殿下に何か話されたることなきやと云ふて之を探知する工夫はなきやと云ふ。

予、先日君（金井）の談に、（関屋より竹田宮妃殿下に対し、殿下より一言遊はされたらは容易〔に〕運ふならんと云ふ様なることを言上したる様に諫早か聴きたりとのこと）なりしか、自然は東久邇宮妃殿下洋行のことは、竹田宮妃殿下より東久邇宮殿下に対し御交渉あれは、直くに弁する様のことを言上したるやにも解釈せらるれとも、夫れ丈けにては何とも判断し難し。兎も角、成り行きに任せ置く方か宜し。其内には竹田宮妃殿下の御話も必しも信することを得さることを発見することもあらんと思はると云ふ。金井、此際竹田宮妃殿下より何か東久邇宮殿下に御申越てもあれは、決して好結果を得さる故、右様のことなきことを望む。竹田宮妃殿下は東久邇宮殿下と御親密ならさることは自分（金井）より詳に次官に談し置たれとも、次官か其辺を諒解したりや否、分り難しと云ふ。予、兎も角、成行に任せ置く方宜しからん。予と関屋との間も近来余り円満とは云ひ難しと云ふ。

○午前十時前西野英男に、昨日予か不在中電話にて、明日（即ち今日）午前十時三十分より職員救護のことに付協議し度に付、宮内次官の応接室に来り呉よと申し来りたる由。定めて庶務課よりの電話ならんと思へとも、議題も不明瞭に付、一応問ひ合せ呉よと云ふ。西野返り来り、庶務課の電話にて職員救護のことを議する為の会なる趣なりと云ふ。予、金井（四郎）と話し居るとき十時三十分となりたるに付、精養軒の料理場の隣室に行く。会する者、山崎四男六、小原駩吉、入江貫一、大谷正男、関屋貞三郎、金田才平なり。

関屋より、判任官以下の災厄に逢ひたるとき等の救済に付、従来同情会の設あるも、是は真の同情に依るものにて、判任官以下は此の出金もなさす、随て救済せらるる金額も過少なるを免れす。依て之を拡張し、各自幾分の出金を為し、宮内省より補助金を出したらは効能も多くなることを得んと思ふと云ふ。原案は金田か起草したるものゝ趣にて、金田に対し疑義を質し、入江、予等より意見を述へたり。

十一時二十分頃予は皇后宮職に行き、賜金を受け、帳簿に署名して賜金を奉謝し、復た協議室に返る。大谷（正男）、金田（才平）二人のみあり。予協議の結果を問ふ。大谷、大体に付てはいつれも賛成にて、之を財団法人と為すことも大体異存なく、但、判任官以下か主体と為るものなる故、此規則も判任官以下にて議定するか適当ならんと云ふことにて閉会せりと云ふ。予は中途退席前、原案の如く高等官より理事を選み、理事か何事も決定し、規則上にては其処分に対し不服を申出つる途を開かさるは不可なるへし。規則に於て不服の途を開かさるも、訴訟の途に出つることは出来くへきも、規則にては理事の処置に盲従せしむる様に見へ、所謂官僚式を免れさる様なりとの意見を述へたり。予は大谷より結果を聞き、審査局に返る。

十一時四十分頃なりしか、小原駩吉来り、内匠寮の三善焞彦を勅任式部官に兼任せしむることは此期に於ても故障ある模様なり。自分（小原）よりは大臣、次官に対し、決して三善を勅任に進むることを請求せす。但、勅任となすことは適当なりと云ふことは申述へ、若し之を進めさるならは、断然之を罷免するか宜し、半殺しに為し置くは宜しからすとの意見は之を述ふる積なりとのことを談す。

此時有吉忠一来り、王公家軌範のことは、朝鮮人の相続、親族のことは朝鮮民事令にて朝鮮の慣習に依る旨を定め居るに付、王公の事に付ても軌範にては其点に触れす（タッチせす）、無言に致し置きたらは宜しからんと思ふ。只今其趣意を宮内大臣（牧野伸顕）に話したれは、大臣も之に触れさることになすことか出来くれは宜しからんと云へり。左すれは君（予）等も異論なからんと云ふ。予、夫れか出来くれは解決出来くるも、原案には襲系なる一編を設け、是非皇室令にて王公の爵を襲く順序を定め、恰も皇室典範に於ける皇位継承の順位の如きものを定めんとするに付、議論ある訳なりと云ふ。予、原案者か如何なることありても此ことは皇室令にて定めさるへからすと主張する故、面倒なりと云ふ。有吉、之を主張する理由は如何と云ふ。予、王公は皇族には非さるも、皇族と同様の扱を為すへきものにて、法律は王公に及ほすへきものに非すと云ふなりと云ふ。小原亦原案者か襲系に関する規定を固執することを説く。有吉、然らは自分（有吉）は宮内大臣（牧野）に其点の誤を正し置かさるへからす。大臣は原案を知り居らさるには非さるへきやと云ふ。予或は然らんと云ふ。小原は既に去る。

有吉、渡辺（暢）か来訪し、同人を貴族院議員と為すことに付、自分（有吉）か尽力し居る様に云ふに付、自分（有吉）は尽力出来す。君（予）か徹底的に尽力し居る旨を告け置きたりと云ふ。予、渡辺は先日総督（斎藤実）に面会したる処、斎藤より渡辺に対し、加藤（友三郎）に話し、加藤は任命の時期は明言せさりしも、確に手帳に記し置きたる旨を答へたりとの話を為したる趣なり。予よりは渡辺に対し、君（有吉）も熱心に周旋し呉れ居ることを談し置きたり。先日、宮田光雄に面会し、更に依頼したる処、渡辺のことはどーしても岡野（敬次郎）より主張し呉れされは、不便なりと云ふに付、予よりも直接に岡野に話し、尚ほ平沼（騏一郎）よりも岡野に説く様に依頼し置けり。君（有吉）も序に岡野に話し置き呉よと云ふ。

有吉、岡野には都合悪しきことあり。朝鮮銀行の移管問題に付、岡野は自分（有吉）等と反対の意見を有し居れりと云ふ。予、然るか。時々右の如きことありて困る。職務上にては争ひ、他方にては依頼せさるへからさることあり。予は朝鮮銀行は日本銀行の支店と為しても宜しと思ふと云ふ。有吉、一層夫れまて行けは、夫れにても宜しきも、半端にては困ると云ふ（有吉は朝鮮銀行を大蔵大臣の所管に移すことには反対し居る訳ならんか、此上は明瞭ならす）。予、予は自身に朝鮮の司法事務を担当し居りたるときより、司法事務は司法省の所管と為して宜しと思ひ居る。但、此の如くすれは、朝鮮総督か検察権を有せさること丈は不便なり。然れとも、是も内地の地方長官と同様に考ふれは別に差支はなし。総督の施政を妨害する様の検事はなき筈なりと云ふ。有吉、裁判官か時々人気取をなす故、困ると云ふ。予、然り。裁判官か人気取を為すことは内地にても同様にて、是は困ることなりと云ふ。有吉、宮内大臣に一寸話し置くことにすへしと云ふて去る。

○午前十時頃岩波武信、青山操を召ひ、昨年末より御奥より伊夫伎（準一）に対し賜金あり。是は固より審査官として賜はるに非す。事務官として賜はるものなれとも、審査局としては伊夫伎一人に賜はるは不公平、又伊夫伎も心に安んせすとのことなるを以て、種々交渉したるも、審査官全体に賜はることは他にも影響し、出来難しとのことに付、伊夫伎に賜はる金額を審査官全体に賜はるものとし、伊夫伎は総代として之を受くることゝし度との交渉を為し、昨日は白根（松介）をして皇后宮職に説かしめたるも、承知せさる故、予自ら大森（鍾一）に談判したるも、賜金は審査官に対するものに非す、原則としては側近奉仕者に賜はるものなり。其範囲は多少拡張せられ、必しも側近奉仕者と云ひ難きものなきに非さるも、固より一般に之を拡むることを得す。故に伊夫伎一人に賜ふことか不公平にて不都合ならは、伊夫伎に賜はることを止むるより外、致方なし。此賜金のことに付ては議論を為しては困ると云ひ、どーしても承知せす。折角一人丈け賜はることになり居るものを、議論の結果一人まても賜はらさることになるも不本意に付、終に其儘に致したり。是は甚た不本意のことなれとも、右の如き事情にて已むを得さるに付、其ことを承知せよと云ふ。予、既に二人に談したる後、伊夫伎始めて出勤す。乃ち伊夫伎を召ひ、予か二人に談したることを告く。

○午後三時後、徳川頼倫を宗秩寮へ訪ひ、君（徳川）の長男（頼貞）の叙位遅延のことは先日酒巻（芳男）に話し置たる通りにて、長男（頼貞）の叙位は先日発表せられたるも、其の為席次には非常に差を生したる訳なり。酒巻は、此節は有のまゝ前回叙位の年月日を記載し、陞位の上奏には誤りのことは何事も上奏せすとの談を為し居りたるか、此際何とか誤りの始末を明かにし置く方相当ならんと思はる。然らされは、此次の陞位の時期（酒巻は大正十四年なりと云ふ）に至り、誤りの始末を上奏したらは宜しからんと云ひ居りたるも、今日発見せされは已むを得さるも、之を発見したる以上は、其始末を明かにし置く方、宜しからんと思ふと云ふ。徳川、自分（徳川）も今日嘿止するは適当なることに非さるならんと思ひ居る所なり。何とか酒巻とも相談すへしと云ふ。

徳川、頼貞叙位の遅きことより、近藤某に叙位内則のことを問ひたるも、近藤か退官後たりとも内則のことは告くへからすと云ひたることを談し、予は何人より頼貞の叙位遅延のことを聞きたりやを問ひ、予は其人は告けさる方宜しからんと云ひ、先年は叙位を一日後らしたるに過きさるも、席次の変更を生したりとの理由にて、主任者は懲戒せられたることありとのことなり。又叙位の遅延したるは令息（頼貞）の外に一人ありとのことなり。是は酒巻の談には、只今所在不明なる位に付、直に叙位の取計を為さゝるも差支なからんと云ひ居りたるも、之を延はすならは、其理由を具し、大臣の決裁位は取り置く必要あらんと思ふと云ふ。徳川夫れか適当ならんと云ふ。

徳川又先頃宮内大臣（牧野伸顕）より有馬頼寧君の同愛会に関する事業を紹介せられたる後、有志者より後援することになり、其後華族会館にて岩崎（小弥太）（三菱財閥四代目総帥）外数人会合したるとき、牧野子爵（伸顕）より有馬氏（頼寧）に対し、事業に対する尽力も必要なるか、先日上海にて卒倒せられたることもあり、十分に摂養せられ、十分回復せられたる後、尽力を望む旨を談せられ居りたるか、其後又々豊島岡にて脳貧血を起されたり。其後の容体は如何と云ふ。予、先日見舞に行きたる処、格別のことには非さるも、度々起る様にては困る。而して事業は一日二日を争ふ程急を要する程のことにも非さるに付、予も十分摂養することを勧め置きたり。事業の目的は予等も勿論賛成なれとも、果して個人の力にて幾分にても目的を達することを得へきや、是か甚た懸念する所なり。予等は初は不賛成なりしに拘はらす、此節は後援者も出来、然かも後援は同愛会に対するものに非す、有馬に対するものなりとのことに付、有馬の責任は一層重くなりたる訳なりと云ふ。

徳川、事業としても有馬君一個の方、都合宜しと云ふ。予、政府にても部落改善の為予算も取り居れとも、部落民に対し、補助てもなせは夫れか即ち差別を為すことになり、感情か面白からすとのことなり。予は有馬（頼寧）に対し、如何なることを為す積りなりやと云ひたる処、各地を巡回して宣伝を為すこと、部落民の中に補助を為すこと等なり。補助は是まても為し居り、自分（有馬）よりの補助なれは之を受くることになり居ると云ひ居りたり。内務省社会局にては、有馬か水平社を助くるとの疑を懐き、同愛会の職員を呼ひ出し、種々の詰問を為したることありとの話を聞きたるに付、予は警保局長の後藤文夫も同愛会の事に関係し居るに非すや。同し内務省にて反対の行動あるは不都合に非すやと云ひたるに、社会局と警保局とは意思か疎通〔し〕居らすと云ひ居りたりと云ふ。徳川、社会局長田子某〔一民、内務省社会局部長〕か事功を急く為め、種々面白からさることある模様にて、省内の折合も宜しからさる趣なりと云ふ。

徳川又先日の華族会館の集会のとき、有馬君の経費予算を求め置き、同愛会の幹事某（徳川も名を記憶せす。予、柳田〔毅三、同愛会常務幹事〕には非すやと云ひたる処、其人なりしならんと云へり）か予算書を持ち来り、有馬氏は今月中は転地摂養せらるる趣を談し居りたりと云ふ。

○午後一時後小原駩吉来り、三善焞彦を勅任式部官となすことは次官（関屋貞三郎）か承知せさる模様なり。是は渡部信を進めさる為、三善の方も進めさることゝなす訳ならん。自分（小原）は強ひて依頼はせす、三善を進むることは宮内省としては必要なることとなる趣意は次官にも大臣（牧野伸顕）にも談し置く積りなりとの話を為せり。

○内子尚ほ褥に在り。

〔欄外に付記〕

補遺

午後三時後、徳川頼倫と談したるとき、徳川より枢密院議長（清浦奎吾）か其子供のことに付困り居ると云ふに非すやと云ふ。予左程のことに非さるへしと云ふ。徳川、先年清浦か芳川（顕正）〔元枢密院副議長、伯爵、故人〕を促して辞職せしめたることある故、此節は困り居るとの話ありと云ふ。予、先年は或は議長（山県有朋）の指揮を受け、芳川に勧告したることもあるならん。此節のことは清浦の子は銀行の役員にも非す、表面には出て居らさる模様なりと云ふ。

六月一六日

○六月十六日土曜。雨。

○午前九時三十分頃より青山南町六丁目正親町実正〔賞勲局総裁、伯爵〕の家に行き、其病を訪ふ。将命者予の名刺を見て座に上ることを勧む。乃ち上る。実正の子〔公和、八千代生命社員〕ならんと思はるる人、予に面す。予病状を問ふ。其人、甚た篤し。到底回復の望なしと云ふ。病症は膀胱癌なりとのことなり。話するこ〔と〕二、三分許にして宮内省に行く。

○十一時頃伊夫伎準一来り、東宮職より賜物あるに付、参殿すへき旨の書状を受けたり。此模様にては今後も例となることならん。然れは、自分（伊夫伎）一人之を受くるは如何にも心苦しきに付、何とか工夫し呉よと云ふ。予、此ことに付ては既に大森（鍾一）とも談したるも、予等の意見に同意せす。審査局内の不公平を除かんとすれは、君（伊夫伎）に対する賜も止むるより外、差向き致方なし。夫れは甚た面白からす。故に不本意なから、当分此儘に致し置くより外、致方なしと云ふ。伊夫伎尚ほ云ふ所ありたるも、予今は手段なき旨を告けたり。

○午後零時後小原駩吉来り、三善焞彦を勅任式部官兼任となすことは渡部信のことゝ併せて評議し、愈々大臣（牧野伸顕）の処にて二人とも進めさることに決定したる趣なり。白根（松介）は、責めて三善は勅任待遇にてもなすことを持ち出し見るへき旨を話し居りたり。三善を無能と見て之を進めさるならは、寧ろ之を罷むるか宜し。半殺しにして人を使ふは甚た宜しからすと云ふ。予、三善と渡部との経過年月を問ふ。小原、三善は高等官三等に進みたるより五年を経過し、渡部の方は三年半なりと云ふ。予、然らは三善を進めても差支なき訳なりと云ふ。小原又朝香宮附として松平（慶民）より加藤内蔵助を勧め来りたる趣なるも、西園寺は加藤は適当ならすと云ひ居るか、自分（小原）も同感なり。相馬孟胤の方か宜しき趣を談す。

小原又北白川宮大妃は箱根に転地せらるることになり、出発前今一度面会し度に付、来訪せよと云はれ、今朝往訪したるか、種々の愚痴も云はれたるか、此節は平常に似す非常に大人しく致し居る〔マヽ〕。是は成久王の過失の為、上下に対して不面目との御考かある為ならん。大妃は先年紀尾井町より霊屋を高輪に移したるか、方位か宜しからすとのことなりしも、山辺（知春）か急くに付、遂に其意に任か〔せ〕たるか、図らすも成久の霊を入るることの為に霊屋を作りたる様のことになりたりとて、既往のことを話さるる故、果して方角か宜しからさるならは、之を他処に移すことも雑作なきことなり。御気の済む様になされたらは宜し。先年有栖川宮にても霊屋を移されたる例もあり、自分（小原）は迷信は好まさる方なれとも、事に害なきことならは各自の満足する様に致すか宜しと思ひ、自家にても大概は家族抔の気の済む様に致し居れりと申上け置きたりと云ふ。小原又大妃は成久の過失の為、陛下、摂政殿下方に御心配を掛け奉り、少なからさる費用を要し、夫れも公務の為にても死したることなれはまだしも、此節の如きことにては実に申訳なしとの愚痴を言はれ、何とも挨拶の致方もなかりしとの話を為せり。夫れより小原と共に食堂に行きたり。

○午前十一時頃西園寺八郎来り、松平（慶民）よりの電信を見たりやと云ふ。予之を見すと云ふ。西園寺、朝香宮附として松平の意見にては、相馬孟胤にては藤岡万蔵（附武官）抔を制することも出来さるへく、加藤内蔵助ならは宜しからんと申来り居れり。然るに、加藤は兎角不人望なり。一口に云へは、少しく出過きる様の所あり。先日の成久王の御葬儀のとき抔も、武井（守成）、相馬（孟胤）抔か居るに拘はらす、加藤差出過きる様のことあり。自分（西園寺）より直接に注意するも強過きると思ひ、小原（駩吉）をして注意せしめたることもありたり。加藤は自身のことが分からさるものと見へ、自分（西園寺）に対し、小原は自分（加藤）に対し何故か好感を有せさる様なりと云ひたる故、自分（西園寺）は好感を有せさるに非す、好感を有する故、君（加藤）の短所か目に附くを以て注意するなり。自分（西園寺）にも君（加藤）の短所はよく分ると云ひ置たる位なり。此際加藤を朝香宮附となすは甚た懸念なり。相馬は資産もあり、相当気も附く人なる故、其方か宜しからんと思ふと云ふ。

予、朝香宮附の人選は、先頃宗秩寮より武井（守成）、相馬（孟胤）と今一人、次官（関屋貞三郎）の意見にて三人のことを松平に申遣はしたり。其電信は予も一見せり。武井のことは松平より何とも申来らさりしやと云ふ。西園寺、武井のことは何とも申来らす。松平も武井は外し難しと思ひたるならん。実際、武井を外しては何か少しのことてもあれは差支を生するなり。次官（関屋）か選みたりと云ふは、現に仏国に行き居る稲葉乗統〔不詳、松平乗統カ〕のことならん。是は勿論不適任なり。次官は全く人を見ること出来す、松平（頼平〔宮内省御用掛、旧宍戸藩主松平家当主、子爵〕カ、詳かならす）にても宜しからんと云へり。無責任も甚しきことなりと云ふ。

予、松平と云ふは先頃洋行したる人なりやと云ふ。西園寺然りと云ふ。予、予は相馬は先日新宿御苑にて庭球を為す所を一度見たるのみにて、其人を知らす。君（西園寺）の話の如き人ならは、宜しからんと思ふと云ふ。西園寺、自分（西園寺）より宗秩寮総裁（徳川頼倫）には相馬を勧め置くに付、承知し置き呉よと云ふ。小原駩吉か来り談したるは、西園寺か来りたるより後のことなり。

○午後三時頃皇子御殿より電話にて、高松宮殿下より貴官（予）に対し賜物あるに付、本月十九日午前九時より十二時までの間に参殿せられ度。別に書状は出さすとのことを報し来りたる旨を報す。

○午後三時後安より、先刻有馬家より、予算に付捺印を乞ひ度ものあり。今日か明日か往訪し度。差支なき時刻を通知せらることを請ふ旨を申来りたることを報す。予、今日ならは午後五時頃まて、明朝ならは午前九時頃まてに来るへき旨を報せしむ。有馬泰明より明日午前八時頃まて来るへき旨を答へたる趣なり。

六月一七日

○六月十七日日曜。雨。

○四月下旬春季大掃除を為すへき処、家内の事情にて之を延はし居り、今日之を為す積りなりし処、雨ふるを以て復た之を延はしたり。

○午前八時後有馬泰明来り、有馬邸にて自動車を買ひ入るる為、一万二千五百円の追加予算の承認を求め、其理由を説明す。旧自動車は交換の形と為さす、別に之を売却する方、高価に売ることを得へし（交換ならは二千円位、売却ならは二千七百円位）。又新規買入の価、附属品を揃へすして減価の談判を為せは、五百円位は減することを得れとも、夫れより附属品を十分に添附して価を減せさる方便利なり。附属品を別に買ひ入るるとすれは、千円以上の価となると云ふ。泰明又先日頼寧氏より転地の為の旅費を請求せられたるか、転地先も分からす、滞留日数も分からす、旅費の計算も出来さるに付、困りたれとも、頼寧君より差向き三百円を支出せよとのことなりし故、其ことに取計ひたり。又頼寧君の随行として、有馬家の家職に非さる長浜直哉を連れ行かるるとのことにて、仁田原（重行）は家職に非されは、旅費を給し難しと云ひたるも、結局、頼寧君の費用中より之を給せらるることゝ為して相済みたり。先日頼寧君の夫人か北白川宮薨去に付、挨拶として橋場に御出なされたるとき、自分（泰明）に対し、頼寧君と伯爵（頼万君）とは意見衝突し、仲か悪しとのことなるか、如何の原因なるへきやとの御話ありたりと云ふ。

予夫人より何か希望又は注文はなかりしやと云ふ。有馬別に右様のことはなかりしと云ふ。予、先日頼寧君を訪ひたる処、今後頼寧君は旅行せらるること多くなり、不在中頼秋の監督等に付、貞子一人にては困るに付、時に来りて相談に加はり呉よとの談あり。予は、頼秋氏には年齢の相違より、思想も非常に異り居る故、監督等は所詮出来難き旨を述へたる処、頼寧君は、仁田原（重行）よりも君（予）に相談すへき旨を話したりとのことを談せられたり。仁田原は果して右の如きことを述へたるへきや。事実ならは、仁田原は厄介なることを云ひたるものなり。予は、此ことは直には決し難く、又急を要することにも非さる故、熟考し見るへき旨を述へ置きたりとの談を為せり。話すること二十分間許にして去る。

○午前十一時頃厳柱日来り訪ひ、先日、故晋氏の一週年祭に付京城に行きたることに付、談する所あり。晋氏の祭は内地式と朝鮮式との二様となりたる事情を説く。予、是は已むを得さることなり。李太王の葬儀も内地式と朝鮮式と二様となれり。晋氏の祭か二様となりたるは已むを得さるか、先は朝鮮式にて正式の祭を済まし、其翌日内地式の祭を為すことにしたらは宜しかりしも、〔内地式の祭を為す《マ》方宜しから《マ》ん〕と思へとも、最早既成のことに付、致方なしと云ふ。厳其通りなりと云ふ。厳より予に、李王家にある古代よりの印を捺したる半切代のもの十枚を贈る。是は厳の従弟にて、李王家に奉職し居る某なる者（不詳）、印刷したるものなりと云ふ。話すること十分間許にして辞し去る。

○午前午後字を作る（海軍書記某、山梨県某、岡山県青年会の為）。

○内子、予か為に墨を磨す。之か為腰痛を起こす。内子は先日来尚ほ褥に在り。

六月一八日

○六月十八日月曜。
○曇。
○午前九時三十分より出勤す。今日午後一時三十分より枢密院事務所にて審査委員会を開くへき〔も〕、労働総会にて採択したる条約案の関係書類を持ち来ることを忘れたるに付、十時後より電車に乗り家に帰り、之を取り来る。
○午後一時二十分頃より枢密院事務所に行き、第一回、第二回、第三回労働総会にて採択したる条約案の審査委員会を開き、書記官長（二上兵治）の作りたる審査報告書に付協議することゝなり、書記官（村上恭一）之を朗読す。朗読終りたるとき、議長（清浦奎吾）より一寸報告すへきことありとて、内閣総理大臣（加藤友三郎）より、先頃来後藤（新平）と露国のヨツフエー〔アドリフ・アブラモヴィチ・ヨッフェ、駐華ソビエト大使、Адольф Абрамович Иоффе〕との間に交渉し居りたることは、別に政府より後藤に依頼して交渉せしめたる訳には非す。後藤の私案なるものあれとも、政府には政府の考あり。後藤の私案に依りて交渉する訳には行かさるも、兎も角予備の交渉を為す丈けには決定したるに付、此ことを報告すとのことにて、今日の処は単に予備交渉を開くことになりとのことの外、尚ほ何等定まりたることなしとのことなり。依て此旨を通知すと云ふ。
　議長（清浦）は他に用事ありとて退席し、副議長浜尾新の外、審査委員長金子堅太郎、安広伴一郎、石黒忠悳、有松英義、予、松岡康毅にて審査し、有松より、報告書案中、海員に関する条約は漁船には適用せさる趣旨なりと聞く旨の記載あるか、此趣旨は如何なることなりとの質問を為し、二上より、議事報告書中に其旨の決議を為したる趣の記載あり。依て其旨を記載し置きたりと云ひ、条約案第一条には右の如き除外を認むへきものなく、加之海員の保護は運送船等の乗組員よりも漁船の方か必要なり。然るに、漁船を除外しては条約の効力を減すること甚しとの意見（金子より）あり。政府委員を召ひ、之を説明せしむることになり、電話にて之を呼ひ、外務省条約局長山川端夫、逓信次官若宮貞夫外二、三人来り、山川より、条約案の本文には単に軍艦を除くとあるのみにて、漁船を除くことを見るへき所なし。然れとも、決議にて漁業に適用せさることに決したる以上は、条約にて漁船を除きたるものと認めさるへからす。然れとも、是は条約の解釈を定むる為の決議なるに付、此決議に付特に御諮詢を奏請する必要なき旨を述ふ。

　二上より、然らは他日此決議を変更するときは如何と云ふ。山川条約変更の手続を要すと云ふ。予其矛盾を詰る。山川の答弁全く理由なし。金子又之を詰る。山川研究して答ふへしと云ふ。有松、枢密院の意見も未定に付、此以上説明を要すと決したる上にて、答弁を求むることゝ為したらは宜しからんと云ひ、一同異議なく、政府委員退席す。

　有松、自分（有松）は只今山川より説明したる通り、条約は漁船を除く趣意と解釈し、只今は御諮詢を要せす、他日決議を変更するときは御諮詢を要することに為して宜しと思ふと云ふ。予其矛盾を詰り、予は只今も他日決議を変更するときも、条約には関係なく御諮詢も御批准も不必要なりと思ふと云ふ。安広は有松の説に賛成し、松岡も明瞭には云はさりしも、有松の意見に同意なる様に聞へたり。金子は議事報告には漁船云々を記載し居れとも、英仏文には此ことの記載なく、又山川の説明に依れは、労働事務局よりも正式に通知したる決議に非すとのことなる故、審査委員会にても此決議のことは眼中に置かす、報告書案中より此ことに関する部分を除きたらは宜しからんと云ふ。予夫に賛成し、他も別段の異議なく其ことに決し、四時頃散会し、予は審査局に過きる。伊夫伎準一、西野英男尚ほ在り。之と暫話して帰る。

（欄外に付記）

補遺

労働条約案に付審査委員会を開きたるとき、二上（兵治）より、本月十三日関東州阿片令案に付予より述へたる意見に基き、内閣にて修正案を作り来たり、是にて宜しかるへきやと云ふ。予之を見たるに、予の意見の通りに修正し居れり。予異議なき旨を告く。

六月一九日

○六月十九日火曜。曇。

○午前九時三十分より皇子御殿に行く。皇子傅育官長松浦寅三郎、高松宮殿下より恒例に依り之を賜ふ旨を述へ、一封物を交す。帳簿に署名して之を奉謝し、直に霞関東宮御所に赴く。東宮大夫珍田捨巳一封物を交す。又帳簿に署名して之を奉謝し、直に宮内省に出勤す。

○午前十一時頃近藤左右一来り、今般李王職事務官を辞し、東京にて教科書出版会社の役員と為ることになりたる旨を報す。予、昨年京城に行きたるとき、君（近藤）か朝鮮銀行に入る様の話を聞きたることありしか、朝鮮銀行も営業成績不良に付、他に方向を転したりやと云ふ。近藤、朝鮮銀行の吉田節太郎（元朝鮮銀行営業局長、故人）か自分（近藤）を採用し呉るることになり居りたるか、吉田か死去したる為、話か新らしくなりたり。尤も銀行にては採用を止むると云ふことには非らさりしも、吉田か居らすしては職務の関係も面白からさる故、之を断り、先頃上京したるとき、出版会社の方に入ることに約束したるなりと云ふ。

予か近藤と話し居りたるとき、金井四郎来り、近日中参殿致され度。君（予）の都合宜しきときにて差支なし。宮より贈らるるものあるへく、自分（金井）か在らさるも、諫早某（御用取扱）か承知し居ると云ふ。予之を諾す。

○午後一時五十分頃より司法大臣官舎に行き、諮問第四号幹事会に列し、午後五時三十分頃散会す。

○午前、東宮御所より宮内省に来りたる後、西野英男に嘱し、高松宮殿下及東宮殿下より賜はりたる証券（仕払切符）を第十五銀行の派出所に就き、兌換券に引替へしむ。高松宮よりの賜金は五十円にて、東宮よりの賜金は七十円なり。

○午後一時後西野英男に嘱し、明二十日午前は枢密院会議あり、其後十二時までに宮内大臣官舎に行かさるへからす。十一時四十分頃大臣官舎まて自動車を借ることを主馬寮に相談せしむ。

全体は明日にて宜しきことなるも、今日午後は司法大臣官舎に行き、明朝は枢密院会議ある日なるに付、今日より之を嘱する旨を述ふ。
○午前十一時頃伊夫伎準一より、今朝東宮御所にて賜を拝受したるか、金額は昨年と同額なることを報す（金額は五十円ならん）。
○午前十一時後伊夫伎準一来り、昨年六月及同年十二月に東宮御所より金を賜はりたる人名及金額の書類を示す。昨年六月には宮内大臣（牧野伸顕）には金五十円、式部長官井上勝之助、宮内次官関屋貞三郎は百円にて、其他は七十円、五十円、三十五円等なり。十二月には牧野は二百円、関屋は百五十円、其の他は百円以下なり。
○午前八時後、消防夫由なるもの来り、今日大掃除を為すやと云ふ。此朝曇天にて、将に雨ふらんとする模様なるを以て、今日は之を止むる旨を告く。晴次第、明日にても之を為すへきことを約す。
○内子尚ほ褥に在り。
〔欄外に付記〕
○補遺
午後零時後食堂にて、大森鍾一か来りて牧野伸顕に今日皇后陛下より女子学習院に御歌を賜はることになりたりとて、紙片に写し取りたるものを示す。牧野看終りて、之を予に示す。御歌は（うつぶしてにほふはるのはなすみれひとのこころにうつしてしかも）に万葉仮名を用ゐ、はなを盤南に作りあり。予、誤てわなと読み、審査局に返り、青山操にわなの義を問ふ。青山解し難しと云ふ。家に帰りたる後、字書等を検したるも、解することを得す。笑ふへきことなり。

六月二〇日

○六月二十日水曜。曇。
○此日大掃除を為す。消防夫四人を雇ひ、外に宇佐美富五郎か来り助くる例なる処、消防夫は三人の外雇ひ難き旨、由より申出て、三人と富五郎にて掃除を為したり。
○午前九時二十分より出勤し、枢密院控所に行き、暫時雑談の後、官房の傍の厠に行き、復た控所に返り、清浦（奎吾）に、先夜岡（喜七郎）の長男（鉄）の結婚披露宴のとき、鈴木（喜三郎）に逢ひたる処、鈴木より今朝（六月十四日朝）話したる下野銀行東京支店長（高畠覚三）の被告事件の主任検事か感情を害したりとのことは取調へ見たる処、何てもなきことにて、畢竟、検事かからかひ半分に言ひたることか弁護士をして気を揉ませたる様のことならん。該件の取調の範囲は現在より拡張する様のことなき様に云ひ居りたる旨を私語す。清浦之を謝す。又穂積陳重に公文式の沿革調を交す。前週の水曜日に穂積より予に問ひたるを以てなり。
十時後より宮中の議場に行き、判任官特別任用令中改正の件、台湾総督府官制中改正の件を議し、書記官長（二上兵治）の審査報告の通り可決し、三、四分間にて閉会す。閉会後議長（清浦奎吾）より顧問官に対し、報告すへきことあるに付、暫く留まり呉よと云ひ、大臣、政府委員か去りたる後、議長（清浦）より日露交渉は曩に大連、長春の二回の会議を経たるも意思の一致を見るに至らす、先日来後藤子爵（新平）か露国のヨツフエーと交渉したるは勿論後藤一己のことにて、政府か後藤に依頼したる訳には非す。然るに、日露双方にても国交の復旧は希望し居ることなる故、先つ此際、予備交渉を為すことゝなり、本邦にては川上俊彦〔ポーランド駐在公使〕を交渉委員と為し、露国にてはヨツフエーを委員と為すことになり、予備交渉を開くことになりたるか、其条件等は未た決定し居らす、単に交渉を開くことに決したることに付、各位の諒解を求め度旨内閣総理大臣（加藤友三郎）より自分（清浦）に話ありたるに付、此ことを報告すと云ひ、誰も別に発言するものなく、其儘散会せり。

○午前十一時二十分頃白根松介来り、昨日電話にて話したる件（岩波武信を宮内省事務官に転任せしめ、図書寮詰となす件）は、全体の異動は今日発表するも、岩波のことは来月に入りて発表することになるへきに付、其ことを承知し呉よと云ふ。予、岩波転任のことは先日君（白根）より話あり、本人（岩波）の意思を問ひたる処、岩波も宮内省にて転任を必要とするならは、之を拒ますと云ふに付、其旨を君（白根）に告け置たる処、其後君（白根）より都合に因り之を取消す旨申来りたる故、更に之を岩波に伝へ置きたり。其後に至り、君（白根）岩波転任のことは是非実行する様に致し度との話は聞きたれとも、是は君（白根）より予に対する内談にて、確定したることに非す。又々変更することあるやも計られさる故、予よりは未た岩波には話し居らすと云ふ。白根、此節は再三も再四も念を推し、愈々間違なきことに定め置けり。若し此節間違ふ様のことになれは、自分（白根）も何とか考へさるへからすと云ふ。予、然らは岩波の意見を問ふことにすへきやと云ふ。白根其ことを為し呉よと云ふ。

白根又是は自分（白根）より請求すへきことには非さるも、川口知雄を林野管理局事務官に転任せしむる積りにて、東久世秀雄、本田幸介に相談し、林野管理局にては川口を採用することを承諾したれとも、次官（関屋貞三郎）か法学士ても技能なき者は之を採用することは不可なりと云ふて承諾せす。然し、川口も陵墓監と為し置くは気の毒なり。審査官補に採用し呉るることは出来さるやと云ふ。予、岩波を出して川口を採ると云ふことにては一も二もなく不同意なれとも、川口を採る代りに根岸栄助を陵墓監に採用することか出来るならは、一応考へ見ることにすへしと云ふ。

予又三善焞彦を勅任官に進むることは結局出来さることになりたりやと云ふ。白根、勅任式部官になさゝるも、勅任待遇になす位は別に議論なきことと思へとも、此節はどーしても出来さることになれりと云ふ。予又関屋（貞三郎）と小原（駩吉）抔の軋轢は益々激しくなれり。結局何とかせされは、表面丈けは無事に致し居りても、内心は相互に敵意を挿み居りては融和する機会なし。此節関屋か三善のことに反対するも、渡部信を勅任官に進むることに付反対者多き為、幾分復讐的の考もあるならんと思はる。然るに三善は五年を経過し居り、渡部は三年半と云ふことなる故、此際三善を進めて渡部を進めさるも、何も渡部の面目を損する所なきに非すやと云ふ。白根其通りなりと云ふ。

予又小原等と関屋とは一度大臣（牧野伸顕）か一緒に之を召ひ、相互に十分思ふ所を云はしめたる上にて、調和ても図らされは益々悪しくなる丈けのことならん。先日予等か大臣（牧野）に話したる結果は、大臣より之を関屋に告けたる為、却て悪結果を生したる様に思はるることありしと云ふ。白根、自分（白根）も双方を召ひて調和せしむるより外には方法なからんと思ふ。渡部（信）のことは自分（白根）よりも此節は問題とすへきものにも非すとまて云ひ置きたりと云ふ。

白根か去りたる後岩波（武信）を召ひ、君（岩波）か転任のことは先日一応白根より取消の旨を申来りたるに付、其旨を告け置きたるか、只今白根より更に転任のことを申来れり。尤も今直にと云ふことに非す。来月初旬頃に発表することにならんとのことなり。君（岩波）の考は先日と異なる所なきやと云ふ。岩波、図書寮に行きたらは、大層苦めらるるならんとの話もあるやと云ひ居りたるも、大体に於て承諾の意を表したり。予、然らは其旨を白根に告け置くへしと云ふ。更に伊夫伎準一を召ひ、岩波か転任を諾したること、白根か川口知雄採用を依頼したること、予か之に答へ置たる趣意を告く。伊夫伎は川口を採用するを喜はさる口気を漏らせり。

十九日の追記

六月十九日午後六時頃白根（松介）より電話にて、岩波（武信）を宮内省事務官に転任せしむることは明日までは運ひ難し。七月に入りたる上、発表せらるることになるへきに付、其ことを含み呉よと云ふ。予、其ことは先日君（白根）より内談は聞きたるも、決定したる談にも非さりし故、予よりは未た岩波にも話し居らさる所なり。委細は明日話すことにすへしと云ふ。

○午前十一時四十分頃より自動車に乗り、宮内大臣（牧野伸顕）の官邸に行き、牧野、有吉忠一、篠田治策、高羲敬、徳川頼倫等を招き、午餐を供す。一時後宮内省に返る。

○午後二時前高羲敬来り、世子邸にて篠田治策及近藤左右一を招き、晩餐を催ふさるる筈なり。日時は世子及ひ篠田等の都合を問ひたる上にて決することにすへし。貴官（予）も来り呉よと云ふ。予之を諾す。高又近藤は五、六年李王職会計課を勤め居りたる為、退官に際し李王職より四千五百円を贈りたる由。世子邸よりも品物代にても贈らさるを得さるならんと云ふ。予、之を贈る方宜しからん。但し、多額を贈るには及はさるへしと云ふ。

○午後二時頃秘書課より鈴木重孝増俸辞令書を送り来る。予、西野英男をして之を鈴木の家に送致せしむ。鈴木は目下地方に出張し居るを以てなり。予、伊夫伎準一を召ひ、先日白根（松介）より矢島正昭を審査官に転任すへき旨を談し、予、之に同意し置きたり。転任せしむるならは、今日他人と同時に辞令を発すへきに、之を送り来らす。白根に就き一応様子を問ひ合せ見るへき旨を告く。伊夫伎返り来り、矢島転任のことは止めたる訳には非さるも、来月初旬頃発表することになり居る趣なる旨を報す。予、矢島転任のことは審査局限りのことにて、何も他に関係することなき故、来月を待つ必要なき筈なりと云ふ。
○午後五時三十分より、徳川頼倫の招に其麻布の家に赴く。来る者、牧野伸顕、伊藤博邦、九条道実、山崎四男六、徳川達孝、関屋貞三郎、小原駩吉、大谷正男、白根松介、戸田氏秀、酒巻芳男なり。食後、牧野、徳川（頼倫）、関屋、小原、徳川達孝等ホツケツト球戯を為す。十時前より家に帰る。食前酒巻（芳男）より、仏国に於ける朝香宮附として相馬孟胤を申遣はしたる処、松平（慶民）より、相馬にては不十分なる様に申来りたるも、此方にては矢張り相馬か宜しからんと思ふに付、今一応其旨を松平に申遣はし見る積りなり。関屋の申出したる〔原文空白、松平乗統カ〕にては到底間に合はさらんと云ふ。予、先日宗秩寮より、武井守成か相馬孟胤か〔原文空白〕と申し遣はしたるに、武井のことは松平より何とも申来らさるは如何なる訳なるへきやと云ふ。酒巻、武井のことは此方より申遣はさりしならんと云ふ。予、予は武井の名前ありたる様に思ふも、十分確かには記臆せすと云ふ。
○内子尚ほ褥に在り。

六月二二日

○六月二十一日木曜。曇。
○午前九時三十分頃より出勤す。
○午前十時後、徳川頼倫を宗秩寮に訪ひ、昨夜の餐を謝す。徳川達孝来り、談し居りたり。予は謝辞を述へたるのみにて去る。
○午前十時後金井四郎来り、只今徳川頼倫（宗秩寮総裁）より増俸辞令を受けたる旨を報し、予の配慮を謝す。予、君（金井）は官等陞叙の方を望むとのことなりしも、官等は二年にては陞叙せさる例なりとのことにて、行はれさりし旨を告く。
金井、稔彦王殿下并に自分（金井）に対する大臣（牧野伸顕）、次官（関屋貞三郎）等の誤解を釈き呉るる機会ありたるへきやと云ふ。予、其機会なし。予より強ひて之を弁解するは其結果却て宜しからさるならん。近来宮内省内には軋轢あり。事毎に衝突して困ると云ふ。金井、其事情は最近に至り之を聞きたり。如何なるへきや。大臣と次官との間は非常に親密なりと云ふに非すやと云ふ。予夫れは当然なるへしと云ふ。金井、次官（関屋）も西園寺（八郎）、小原（駩吉）を敵としては困難ならんと云ふ。予、大臣の援ある故、困ることもなからんと云ふ。

金井、仏国より帰りたる山口某、溝口某の如く、稔彦王殿下に好意を有する者には、東久邇宮よりと云ふては廉か立つへきも、自分（金井）よりても晩餐位催ふしたらは宜しからんと思ふか如何と云ふ。予、夫れは悪しきことはなかるへきも、目立たぬ様にせされは却て面白からさることになるへしと云ふ。金井、之を催ふすことにすれは、宮内省の人も加ゆる方宜しかるへきやと云ふ。予、之を加ゆることにすれは、宗秩寮総裁（徳川頼倫）、次官（関屋貞三郎）等なるへきも、之を加へさる方宜しからんと云ふ。金井、君（予）は来り呉るるやと云ふ。予行きても宜しと云ふ。

予又稔彦王殿下のことは牧野は大体懸念すへき程のことなきことは諒解し居る様なりと云ふ。金井、山口抔も大臣（牧野）は分かるか、次官は駄目なりと云ひ居れりと云ふ。
○午後零時後食堂にて、小原（駩吉）、徳川（頼倫）、入江（貫一）、九条（道実）等と話す。小原、今日午後一時頃より高等馬術（遊佐某〔幸平、陸軍騎兵少佐〕か摂政殿下の台覧に供したるもの）の活動写真を試映する筈に付、往観せさるやと云ふ。乃ち共に行く。自動車の組立、運転、騎兵の障碍物飛越へ、高等馬術及鴨猟の活動写真を観、二時後審査局に返る。
○午後六時頃国分三亥より電話にて、往訪せんと欲す。差支なきやを問ひ、予差支なき旨を答へしむ。
七時頃国分来る。談緒は種々に渉りたるか、国分の主用は邦彦王及妃両殿下、北海道に赴かるることになり居るか、此節も自分（国分）に随行せよと云はれ、自分（国分）より、此節は遠慮する方宜しからんと云ひたるも、殿下よりは随行して宜しきに非すやと云はれ居れりとの談を為し、暗に予の意見を問ふものゝ様なる故、予は、宮務監督の随行は適当ならさる旨を述へ、国分は宮務監督は皇族を補佐するものにて、補佐の必要は旅行先きにある故、随行して悪しとは思はす。但、自分（国分）か運動までもして随行する様のことに誤解する人ありては困ると云ふ。予、随行を止むることか出来るならは、止むる方か宜しと思ふ旨を述ふ。

国分、其長男〔輝〕の米国より帰りたるもの、徴兵の体格検査に合格し、来年一月より入営することゝなり、困り居ること、横田五郎は高等法院長か下級裁判を監督することゝなりたる故、好みて高等法院長となりたるものなるへきこと、松寺竹雄か法務局長となりたるか、随分苦境に陥ひることあるへきこと、深沢新一郎〔朝鮮総督府法務局事務官・刑事課長、高等法院検事〕よりも書状を以て、松寺は苦境に陥るやも計り難き旨申来りたることあること、高等官一等以下にては仮令特別の功労に因り叙勲せらるる場合にても、勲一等には叙せられさるものなるやのこと等を談す。予、叙勲のことに付ては特例の場合には常規に拘はらさる筈なるも、矢張〔り〕実際は容易に一等には叙せさるならんと思ふ旨を談す。国分と談し居るとき雨ふること甚し。国分之か為留まること少時、小歇を待ちて去る。話すること一時間許。

六月二二日

○六月二十二日金曜。雨後風雨。
○午前九時三十分頃より出勤す。
○午前十一時頃官房の属官某来り、明日午前十時より宮中北溜ノ間にて東宮御結婚準備委員会を開かるるに付、出席せられ度。明日は御結婚に関する御饗宴のことを議せらるる筈なりと云ふ。予之を諾す。
○午後零時後より食堂にて、徳川頼倫、九条道実、入江貫一等と話す。一時頃西野英男来り迎ふ旨、給仕より予に報す。予乃ち審査局に返る。小原駩吉来り居り、先刻官房属官来り、明日東宮御結婚準備委員会を開く旨を報したるか、委員の名を列記したるもの丶中、南部（光臣）の名は之を塗抹しありたる故、自分より、南部は委員なり。何故之を塗抹したりやと詰問し、属官は次官（関屋貞三郎）か南部の委員は消滅したるに付、委員会開会のことを報知するに及はすと云ひたる旨を答へたり。南部は参事官を免せらるるも、委員は継続する様、君（予）より宮内大臣（牧野伸顕）に談し、大臣（牧野）か之を諾したりと云ひたるに非すやと云ふ。

予、其通りなり。然れとも、予より大臣（牧野）に談したるは南部か参事官を免せらるるより余程前のことにて、其砌次官（関屋貞三郎）に談したるとき、関屋は反対の意見を述へたり。然れとも予より大臣（牧野）か承諾したることを述へ、之を主張したる為、関屋も然らは二、三ヶ月位其儘に致し置き見るへしと云ふまてにはなりたり。其後数十日を経て、始めて南部の参事官を免せらるることになり、其時予より準備委員継続のことを白根（松介）、大谷（正男）に談したれとも、二人とも之に賛成せす。白根は南部に委員を継続せしむる必要の理由安に在るや。若し御結婚後、何等かの恩賞ありとすれは、南部は是迠委員たりしに付、恩賞に漏るることはなかるへく、強ひて之を継続せしむる必要なきに非すや。南部は参事官として委員を命せられ居りたるに付、委員を継続せしむること丶すれは、新に之を命せらるる手続を為さるへからすと云ひ、急に其手続を為すへき模様なく、其中宮内大臣（牧野伸顕）は台湾に行き、白根も随行したるに付、南部の話は台湾より帰りたる後のことにすへしとのこと丶為し、遂に其儘と為り居り、今日にては委員は消滅したること丶なり居れりと云ふ。

小原、然るか。恩賞のことは別とするも、御結婚の御饗宴にも準備〔委員〕ならは晩餐に召さるるも、然らされは立食位の差あるに非すやと云ふ。予、予は未た御饗宴のことは如何のことになるやを知らすと云ふ。小原、明日の委員会にて其ことを議することになり居り、部局長官と準備委員は晩餐に召さるる様の原案になり居れりと云ふ。予、御饗宴のこと抔は何人か取調へ居るへきやと云ふ。小原、次官（関屋）よりの話にて、式部職にて取調へたるものならん。西園寺（八郎）より関屋に対し、此案は委員会の議に付するやと云ひ、関屋は如何致すへきやと云ひ、西園寺は孰れても次官（関屋）の考次第にて宜しかららんと云ひ置きたりとて笑ひ居りたりと云ふ。

予、宮内大臣（牧野伸顕）か那須に行きたる主用は何事なりやと云ふ。小原、摂政殿下か予て広き御用邸（即ち馬場其他運動場もある様なる処）を望まれ居り、先年山崎（四男六）は武宮（雄彦）をして那須のことを取調へしめ置きたるものあり。夫れを山崎自ら取調へたるもの丶様にして、大臣（牧野）に持出し、此節も大臣と同行し、大に忠義振を発揮し居る所なり。那須に御料地あり。其外、松方（正義）の別邸及某の別邸等を併合する計画なり。山崎は先日も那須に出張して取調へたることあり。此節まては代価の問題には入らさる故、山崎か行く必要なし。那須の御用邸の問題は今日に始まりたるに非す、波多野（敬直）、石原（健三）の時にも其話ありたるか、其時は単に御料地を利用する丈の話にて、他の者の所有地までを併はする話には非らさりしなり。渡辺（千秋）〔元宮内大臣、伯爵、故人〕の時代に自分（小原）より広き御用邸を要することを説きたることあれとも、渡辺は全く相手とならさりしか、今日に至り、此ことを思ひ立つは非常に後れたることなり。西園寺は摂政殿下御避暑のときでも全体の地勢を御覧に入れ置き、然る後計画せされは無益なりとて、此節大臣か那須に行きたることを笑ひ居りたり。林野管理局より技師（東郷直ならん）も同行したるに付、山崎か行く必要は少しもなきことなりとの談を為せり。話すること十分間許。

○午後二時後高羲敬来り、世子は明日午後四時頃赤星某を召ひ、ゴルフを学ひ、世子妃は、明日午後皇族講話会に付、東久邇宮に行かるること〔に〕なり居れり。篠田治策の為に晩餐を催ふさるることは本月二十五日午後六時と決したるに付、其日時は来邸せられ度と云ふ。

高又先日有吉（忠一）と宮内大臣（牧野伸顕）官邸にて朝鮮の事情を談したるか、彼の如き考にて政務総監の職を執りては、有吉の話の通りならは、宣教師も朝鮮人も総督府に悦服し、朝鮮の天下は太平なる訳なり。朝鮮人の職員か洪水の視察に行き、途中より引返し来りたりとて無責任なる様に云ひ居りたるか、本人に問ひたらは、必す相当の理由あるならんと思ふと云ふ。

高又自分（高）の長男〔興謙〕は東京に来り居りたるとて、謡曲の稽古を為すとて華族某の家に行き居り。某と共に遊蕩を為し、其結果負債を生し、某の家を抵当として高利貸より金を借り、期限に返済せすとて某の家を競売せらるること〻なり、某は自分（高）の家に来りて坐り込み、家かなくなると云ひ、高利貸は執達吏をして長男の所有動産を差押へしめんとするに付、家族抔は泣いて騒き出し、終に数千円を自分（高）より弁済せり。長男に付ては右の如き不始末あり。次男〔興濂〕は暁星中学校を卒業し、次て外国語学校の仏語科を卒業したるか、仏国に遊学し度と云ひ居り、知人中には一、二年東京にて実業にても従事し、其上にて仏国に留学せしめたらは宜しからんと云ふ人もあれとも、東京にて些細なる事を為すことは本人か満足せす、左りとて遊はしめ置き、其中に堕落する様のことありては困るに付、寧ろ本人の意に任せ、遊学せしめんと思ひ居る所なり。

自分（高）には父の兄弟四、五人ありたり。父は生存中、其兄弟を救助し居り、其死せんとするとき遺命として、兄〔永周〕一人は是まての通り扶持せよ。其他は都合次第にて宜しと云ひたるも、自分（高）は親族に対し、三年間は父の処置を改めすと云ひ置きたり。然るに最早七、八年にもなれとも、之を改めさる所てはなく、物価が騰貴したる故、金額を増すことを要求する様のことにて困る。自分の弟〔羲誠カ〕かありたるか、夫れは妾腹にて弟は京城にて死したり。然るに其子〔興仁カ〕か二十歳余になるか、其母〔不詳〕、即ち父の妾は自分（高）には何事も相談せす、其子の妻を娶とることにしたりとて、是も金を請求し来り居り、親族は自分（高）か父の遺産十万円を受け居ることを知り居り、種々の要求を為せとも、十万円にては其要求を満たすことは出来難く、甚た困るとの談を為し、予も誰の家にも累はあるものなりとて、予の家状を説きたり。高然らは蓄財は出来さるへしと云へり。

六月二三日

○六月二十三日土曜。晴。

○午前九時三十分頃より出勤す。

○午前十時頃西野英男に、今日午後東久邇宮邸にて皇族講話会あり。予は未た其時刻を知らす。時刻より二十分間許前に宮邸に行かんと欲す。宗秩寮にて時刻を問ひ、然る後主馬寮に交渉して自動車を借り呉よと云ふ。西野、講話会は午後二時より始まる旨、佐々木栄作より聞きたり。主馬寮にては午後一時二十分頃自動車を玄関に廻はすへしと云へり。山田（益彦）か東久邇宮邸に行くに付、自動車に同乗することを請ふとのことなる旨を報す。西野に自動車を借ることを嘱すると同時に、明後二十五日地久節に付、内子か拝賀すへき筈の処、病気にて拝賀し難きに付、其旨を式部職に届くることを嘱す。

○午後零時後食堂にて酒巻芳男より、本月二十六日午後二時より佐藤（三吉）をして鳩彦王殿下、成久王妃殿下の傷所の写真に付説明せしむることになり居るに付、出席せよと云ふ。予、同時刻には他に差支あり。出席し難き旨を告く。

○午後一時二十分頃より山田益彦と自動車に同乗して、東久邇宮邸に行く。一時五十分頃妃殿下に謁す。殿下予に封金二個を交す。一は本年上半期予か宮務に従事したる手当にして、一は妃殿下よりの贈なり。手当は二百五十円にて、妃殿下よりの贈は二十五円なり。午後二時より志賀重昂〔地理学者〕、南亜米利加〔アメリカ〕の経歴談を為し、四時に至りて終はる。皇族の来り会せられたるもの、東久邇宮妃の外、四人（賀陽宮大妃〔賀陽宮邦憲王妃好子、恒憲王の母〕ならん。確かならす。山階宮大妃、世子妃、外一人は山階宮妃なりしか、是も確かならす）、講話終はりたる後、茶を喫して帰る。

○内子今日より褥を払ふ。

六月二四日

○六月二十四日日曜。晴後曇。

○午前九時後向井巌来り訪ひ、錦鶏間祗候小沢武雄〔貴族院議員・公正会、元陸軍中将、男爵〕か中風症にて歩行困難なり。宮中にて杖を用ゆることの許可を願ひ度。小沢より其手続を問ひたる故、君（予）に問ひ見るへき旨を答へ置たり。然るに、自分（向井）も先日より腰痛を患ひ（明治十幾年頃、大木喬任〔元老院議長、枢密院議長、司法大臣、文部大臣などを歴任、伯爵、故人〕に随行し「明治天皇、東北御巡幸のとき」、馬より落ちたることあり。其時打ちたる処か時々痛むことありと云ふ）、今日まで来訪することを得さりしか、小沢より催促する故、今日来りたりと云ふ。向井は、優遇の御趣意にて宮中杖を許さるることも願に因り許可を得るものと思ひ、其ことを願ふ様の口気なりしも、予より御優遇に因る宮中杖は容易に許され難からん。然し、江木千之、山内豊景〔貴族院議員・無所属、旧土佐藩主山内家当主、侯爵〕の如く、病気のため宮中にて杖を用ひ居ることはいつれ

〔も〕願ひ出し、許可を得たるものなるへし。其手続は之を問ひ見ることにすへしと云ふ。

向井、扇子に菅原道真〔平安時代の学者・政治家〕の此度は云々の歌に模したる狂歌と公家の像とを自ら写したるものを贈る。向井か話し居るとき、婢敏来りて、予か外出の用意出来たりと云ふ。是は車夫か来りたることを報したるなり。向井往く所ありやと云ふ。予、尚昌〔式部官、旧琉球藩主尚家当主、侯爵〕の告別式に会する積りなりと云ふ。向井乃ち去る。向井、此頃は平和村に不祥事あり。収入役の高畠覚三か横領事件にて刑事被告人と為り、早川千吉郎〔元南満洲鉄道株式会社社長、元貴族院議員・研究会、元三井銀行常務、故人〕及某か死去したり。是は平和村の氏神に対し誠意を欠く為、神慮に背きたる趣、平和村の神職として自分（向井）、村の高級助役たる三島弥吉〔三島弥太郎の義弟、実業家、実父は村井吉兵衛〕か書状を以て申遣はし置たりとの談を為せり。高畠の事件に付ては三島弥吉か周旋し、自ら二十万円許を出して仲裁を図らんとせしか、高畠の父兄は資産あるに拘はらす、出金せさる故、三島は怒りて手を引きたりとのことを談したり。向井又高畠の事件は銀行にては意とせさるも、清浦〔奎吾〕の三男豊秋の関係ある故、清浦を傷くる為此ことを起したるものなりとのことも談したり。

○十時より尚昌の家に行き、香を焼て直に家に帰る。時に十一時前なり。

○午後松方幸次郎〔川崎造船社長、元衆議院議員・無所属、松方正義三男〕か贈りたる賠償及物価問題に関する意見書を閲みし、松方に答ふる書を作る。

○午後七時頃内子を護して表町に行き、蓄音機のレコードを買ふ。内子か病の為、独行し難きを以て之を護するなり。

六月二五日

○六月二十五日月曜。曇、時に極めて微なる雨あり。

○午前九時三十分頃より宮内省に行き、十時頃審査局判任官より皇后陛下誕辰の祝辞を受け、西野英男をして其旨申報する書を宮内大臣官房に致さしむ。

○午前十時後庶務課に行き、大谷正男に江木千之、山内豊景等か宮中にて杖を用ゆるは、願出てゝ許可を得たるものならんと思ふか、其振合は如何なるものなりやと云ふ。大谷、夫れは願を出したるものに相違なからん。式部職に〔て〕取扱ひたるものならん。何人の為に必要なりやと云ふ。予、小沢武雄か中風症にて歩行困難なる故、杖を用ゆることの許可を願ひ度とのことなり。御優遇に因り宮中杖を許さるる振合は如何なるものなりや。小沢は錦雞間祗候にて、八十一歳になり居るとのことなるか、是は御優遇を蒙むる資格なきものなりやと云ふ。大谷、夫れは六ヶしからんと云ひ、先例を取調ふる為他の室に行き、暫時の後返り来り、先例を示す。小沢位の地位の人にて宮中杖を許されたる例なしと云ふ。予、然らは願書の振合を取調へて通知し呉よ、今日に限ることには非すと云ふ。予将に去らんとす。西園寺八郎、白根松介と話し居りたり。

予西園寺に、宮内官服装の規則に、皇族の宴会のときは小礼服の帽と剣とを除く旨の規定あり。皇族とは皇室典範に依れは天皇陛下の外は皆皇族なり。然れとも、今日の皇后陛下の誕辰等には帽剣を除く訳には非さるならん。皇族とは典範の規則に依らさる趣旨なりやと云ふ。西園寺、服装規定に帽と剣とを除くことを定めたるは晩餐のときに限るものにて、小礼服を燕尾服に代用する趣意なり。故に宮中にて皇族の御催ふしに係る晩餐あるときは、矢張り帽と剣とは之を除きて宜しき積りなり。然れとも、小礼服と云ふときは之を除くへからす。今日は小礼服の方なりと云ふ。予諒解せる旨を答へて去る。

○午前十時後西野英男をして、今日秩父宮御邸に参賀すへきやを宗秩寮に問はしむ。西野返りて、宗秩寮にては分り難し。秩父宮に問ひ見るへしと云ふ。予、庶務課より返りたる後、之を問ふ。西野、秩父宮にては何等の式なきも、帳簿は出し置くとのことなりと云ふ。

○午前十時三十分頃より西溜ノ間に行く。石黒忠悳、穂積陳重、田部芳、其他十余人と話す。石黒、君（予）と同氏の人にて篤所と称する人ありやと云ふ。予なしと云ふ。石黒同氏の人にて東京に住し居られたる人ありやと云ふ。予、予か父、先年東京に来り居りたることありと云ふ。石黒、昨夜古るき詩集を閲みし居りたるに、倉富と云ふ人の詩を載せたるものありたり。詩集は二冊のみ残り居り、詩は玉川堂にて作りたるものなる様なりしと云ふ。予、然らは予か父の詩ならん。玉川堂にて長三洲〔幕末・明治の漢学者、書家、元文部省学務局長、故人〕等と時々詩会を為し居りたることあり。父ならは篤所に非すして、篤堂なり。予か記憶にては、玉川堂にて新築を為したるときの詩かありたる様なりと云ふ。石黒、左様なる詩には非さりし様なり。いつれ其詩を君（予）に示すへしと云ふ。

○午前十一時頃より順序に従ひ、皇后陛下に拝謁し、誕辰を奉賀し、直に豊明殿に到り、饌を受く。予は、山下源太郎、村上格一〔海軍大将、軍事参議官〕、有松英義、枋内〔曾次郎、海軍大将、軍事参議官〕と卓を同ふせり。十二時前皇族各殿下退殿せらる。予等も次て去る。一たひ審査局に返る。雇員（高沢某）及給仕の外、既に在らす。予乃ち直に帰途に就き、秩父宮御殿に到り、帳簿に署名して誕辰を奉賀し、直に家に帰る。時に十二時十分頃なり。

○午後五時三十分頃より世子邸に行く。李王職次官篠田治策、其妻及近藤左右一を招き、世子及妃か晩餐を催ふされ、予、高義敬、金応善、厳柱日、小山善、桜井某と餐を共にし、七時後餐終はる。篠田夫妻は四、五分間にして退き、近藤は三十分間許にして退く。予亦将に去らんとす。

篠田、近藤、金、応接所にて談し居り、是より酒家に到らんとす。君（予）も来れと云ふ。蓋し高、厳等、京城に行きたるとき、篠田、近藤等の饗を受けたることあり。之に酬ひんと欲するならん。予も昨年四月京城に行きたるとき、近藤等の招宴に会したることあるを以て共に行きたり。予行く所を問ふ。金応善、未た分らす。先きに行き居るものあり。行き見たらは分るならんと云ふ。乃ち行く。赤坂溜池待合某方（伊藤とか云ひたるも、詳ならす）に入る。厳柱日既に在り。予飲を欲せす、九時後に至り、篠田去る。予次て去らんとす。高車を備ふへしと云ふ。乃ち之を待ち、十時三十分頃家に帰る。人力車夫は世子邸より之を返し、溜池に行くときは世子邸より篠田、近藤、高、金、小山と自動車に同乗せり。

六月二六日

○六月二十六日火曜。晴。
○午前九時三十分頃より出勤す。
○午前十時頃より岩波武信より提出したる御料牧場の会計実況審査報告書に付審査官会議を開き、午時之を中止し、午後零時三十分より会議を再開し、一時三十分に至る。未た議了せす。予か司法大臣官舎に行かさるへからさるを以て、之を止む。
○午後一時四十分頃より歩して司法大臣官舎に行き、諮問第四号に付幹事会を開き、犯意のことを再議し、種々討議の末、前会にて略々決したる議を翻し、犯意に関することは現行刑法第三十八条第二項の儘据置くことゝし、牧野英一の主張する、絶対の主観主義に依り不能犯と雖之を罰すへしとの説は、牧野より一応之を撤回し、他日更に提議することあることを留保す。四時三十分頃閉会して直に家に帰る。

六月二七日

○六月二十七日水曜。曇。
○午前八時より、往て正親町実正を弔し、玉串料五円を贈る。
○午前九時二十分より出勤し、枢密院控所に行き、十時後宮中議場に入る。摂政殿下臨場したまひ、第一回、第二回、第三回労働総会にて採択したる条約案九個及台湾総督府教員任用令及教員失官の件を議し、十一時頃議了す。労働条約に付ては審査委員長として金子（堅太郎）より審査の結果を報告せり。
○今日は故依仁親王の一年祭日なりしも、予は之に気附かす、霊殿祭にも参拝せす。霊殿祭は午前八時より之を行はれたる趣なるを以て、枢密院会議前参拝することを得たるなり。
○午前十一時後高義敬来り、正親町実正死去に付、各宮の振合を問ひたるに、弔問使幷に代拝を出し、榊料を贈らるる所もあり、弔問使と榊のみに止めらるる所もありとのことなり。賞勲局総裁のみならは世子は殆んと関係なきも、侍従長たりし関係あるに付、如何致したらは宜しからんやと云ふ。予、使をして榊料を贈らしむる丈けにても宜しかるへきも、厳柱日を弔問使として遣はし、榊料を贈らしめたらは代拝者を出すには及はさらんと思ふ。但し、一応宗秩寮の意見を問ひ見たらは宜しからんと云ふ。高宗秩寮に行き、返り来り、酒巻芳男は在らす、山田益彦に談したる処、山田は弔問使をして榊料を贈らしめられたらは十分ならんと云ひたる故、其通りに取計ふへしと云ふ。
　高か宗秩寮に行く前、西園寺（八郎）よりゴルフの道具を世子邸に持ち来りたり。之に対し、如何返礼致したらは宜しかるへきや。又赤星某夫妻か来りてゴルフを世子、同妃に教授することとなり居れり。赤星に対する仕向のことを西園寺（八郎）に相談したる処、西園寺は何も遣はすに及はさることに思はるれとも、世子邸としては夫れにては気か済まさるへきに付、夫婦に反物ても遣はされたらは宜しからんと云ひたる故、此方は其ことにすへし。又世子か新宿御苑に行かるるとき、御苑の人か世話する故、此の人にても挨拶を為す必要あらんと云ふ。予、西園寺と御苑の人に対する挨拶に付ては、小原（駐吉）に相談したる上にて決したらは宜しからんと云ふ。

高又篠田治策か昨日世子邸に来り、明後日京城に帰るか、何か用事はなきやと云ひ、篠田は滄浪閣の洋館も破損甚し、何故に修繕せさるやと云ふに付、費用の都合にて今年は修繕出来すと云ふに付〔ママ〕、余儀なく見合せたりと云ひたり。篠田又先日関屋（貞三郎）に逢ひたるとき、東京に世子邸を賜はるへき旨の談を為せりと云へり。自分（高）は其事は先年来の談にて、自分（高）も之を聞かさることには非すと云ひたるのみにて、其以上の事は話しも為さゝりしなり。

自分（高）より、世子は今年秋までにて陸軍大学を卒業せらるることとなるか、夫れにて世子か東京に来られたる目的は済みたる訳なり。京城にては李完用初め大学卒業の上は京城に帰任せらるる方か宜しとの意見の様なり。此ことに付ては自分（高）か彼此云ふへきことに非さるも、一己の意見としては当分京城に帰られさる方か宜し。京城に帰らるれは種々面倒なることあり。第一、世子妃か困らるるは勿論、世子にも種々のことを云ふものありて、世子も必す困らるるに相違なしと思ふと云ふ。篠田も、自分（篠田）も京城には帰られさる方宜しと思ふと云ひ居れり。篠田等も其考ならは、今日より相当に工夫し置かさるへからさる故、右の談を為し置きたりと云ふ。

予、予も其話は先年より聞き居るか、李（完用）は全体は多数貴族の意見と反対なること多けれとも、此ことに付ては李も同意見なる模様なる故、一層困難なり。然し是非とも東京住居のことになさゝれは不都合なり。此節までは大概其事になるへきか、李王殿下百歳の後に至れは、愈々困難なる問題となるへしと云ふ。此等の談を為したる後、高は宗秩寮に行き、山田（益彦）に正親町（実正）に対する弔問のことを相談し、再ひ来りたるとき、単に弔問使として厳柱日を遣はすことにすへきことを云ひたるのみにて立ち去りたり。

○午後零時後食堂にて小原（駐吉）より、先刻高（羲敬）より西園寺（八郎）に対する挨拶のことに付、相談を受けたるか、自分（小原）は一度、君（予）に相談したる上にて返答すへしと云ひ置きたり。都合宜しくは、君（予）の室に行くへしと云ふ。予差支なき旨を答ふ。小原は食堂にて他の人と談し居りたる故、予は厠に行き、直に審査局に返る。小原、既に来り居りたり。

小原、西園寺（八郎）は勿論、返礼を望む意に非さるへきも、世子邸としては其儘にも為し難かるへし。ゴルフのクラブは新なるものならは、一本十二、三円より十四、五円なるへく、特別のものになれは代価は際限なきものなれとも、西園寺の分は古るものにもあり、又二組の内一組は揃ひ居りたるものなるも、一組は取集めたるものなりしならんと云ふ。予、クラブの代価は高（羲敬）も一と通り取調へ居り、一組百四、五十円位ならんと云ひ居りたり。西園寺にも赤星にも金を贈る訳には行き難く、何か物を贈らさるへからす。赤星の方は反物にて済めは宜しきも、西園寺の方は困る。何か工夫なきやと云ふ。小原、西園寺は別に不自由のものなき故、自分（小原）も考へ見たれとも、考へ出さすと云ふ。予、兎に角二百円乃至二百五十円位の物を贈りたらは宜しかるへきやと云ふ。小原夫れならは十分ならんと云ふ。予又新宿御苑の人には如何なる振合に為したらは宜しきやと云ふ。小原、是は掛の人全体にては多人数となるに付、順番に御世話を為し、全体に対し幾分の贈を為さるる様の振合になり居れり。故に高（羲敬）より内匠寮の掛りの人に問ひ合はす様、談し置けりと云ふ。

小原又仙石（政敬）か賞勲局総裁に転任したるは、本人の為好都合なり。仙石は事務を能くする人に非す、賞勲局は適当なる所にて名誉の為にも至極宜し。意ふに、宮田光雄か貴族院に同勤し居りたる関係にて、仙石の人物を知り、格別剛情なる人を避けて人選したるものなるへく、阿部寿準〔国勢院第二部長〕と仙石とか候補者となり、一ヶ月計り前よりの談にて、仙石は一旦拒絶し、終に承諾したりとのことなり。仙石に対し自分（小原）より、君（仙石）か転任するに付、後任としては誰を推薦したりやと云ひたるに、仙石は東久世（秀雄）を推薦したるに、大臣（牧野伸顕）は東久世を知らさる模様に付、十分に説明し、稍々諒解したる様なりしか、次官（関屋貞三郎）は東久世〔の〕話を喜はさる様なりしと云ひ居りたりと云ふ。予、此節は当然東久世を抜擢せさるへからす。次官は常に省中の人の進路を啓かさるへからすと云ひ居るか、此の如き機会あるに拘はらす、他より人を採る様のことを為しては、平素の言を食むものなり。諸陵頭の職は、以前の如く古蹟の調査を要する時代ならは、或は特に人選する必要もあるへけれとも、今日にては土木工事か重もなるものなる故、東久世にて勤まらさることなしと云ふ。

小原、東久世を諸陵頭と為せは、其後任には高橋其三を転任せしむるより外に適当の人なし。杉（琢磨）も外に移し、此上高橋を取られては内匠寮は困ると云ひ、又右の異動の結果、勅任事務官に一人の欠員を生するか、次官（関屋）は渡部信を以て補欠する考を起す様のことはなかるへきやと云ふ。予、次官（関屋）は或は其考を起すへきも、大臣（牧野）は之に同意せさるならんと云ふ。小原、大丈夫ならんとは思へとも、次官（関屋）か主張したらは、懸念なりと云ひ、小原又木村英俊〔帝室林野管理局事務官〕は愈々台湾総督府の勅任参事官に転任することに決したる由。台湾にては吉田（平吾）を採り、木村を採り、驚くと云ふ。予宮内省の為には結構に非すやと云ふ。小原宮内省の為には結構なりと云ふ。話すること十分間許。

小原か去りたる後、給仕をして宗秩寮に到り、高羲敬を召はしめ、小原と西園寺に対する挨拶のことを相談したる旨を告け、二百円乃至二百五十円位のものを贈りたらは宜しからんと云ふ。高、如何なる物に致したらは宜しからんと云ふ。予、小原とも相談したるも、工夫なし。林健太郎にても考へさせたらは宜しからんと云ふ。予又新宿御苑の人に対する贈りもの〔の〕ことは掛りの人へ問ひたるやと云ふ。高、之を問ひたるも、賀陽宮の外には例なく、賀陽宮にては御苑に行かれたる度、数に応し、一回幾許と云ふ様の勘定にて贈らるるとのことなるも、世子邸よりは一季五十円、即ち一年百円と定めて贈ることにしたらは宜しからんと思ふと云ふ。予夫れにて宜しからんと云ふ。

此時、予より一昨夜の会費分りたらは通知し呉度と云ふ。高（義敬）、彼のことは厳柱日か周旋したるに付、厳に伝へ置くへし。彼の家は宋（秉畯）か常に行く所なりと云ふ。高より、篠田（治策）は昨日世子邸に来りたり云々と云ひたるとき、予より篠田は昨日審査局に来りたる趣なるも、予は司法省に行き居り、面会せさりしと云ふ。高、篠田は今日も来り居るも、次官（関屋貞三郎）と共に何処にか行きたりとのことなりと云ふ。

○午後零時後、小原（駩吉）か来り談したるとき、小原より、牧野（伸顕）は一昨日頃又嘔吐したる由。自分（小原）の見る所にては何か病患あるならんと思はる。牧野は一図に二木某のみを信し居るか、誰れにか診療せしめ見たらは宜しからんと云ふ。予、此節は速に回復し、二木は一時の停滞にて何事もなしと云ひたる趣なるも、度々嘔吐するは面白きことに非さる様なりと云ふ。予又朝鮮貴族か世子の帰鮮を望み居るか、此ことは非常に困る問題なることを小原に談す。

（欄外に付記）

補遺

午後一時頃より前日に次き、岩波武信の実況審査報告書に付審査官会議を開く。三時頃之を議了し、次て伊夫伎準一の博物館の実況審査報告書に付会議す。午後四時頃議了せすして、散会す。此日、青山操より諸陵寮の実況審査報告書を提出す。之を閲するに遑あらす。

六月二八日

○六月二十八日木曜。晴。

○午前八時後有栖川宮邸より使を遣し、来月（七月）五日は故威仁親王の十年祭に当るに付、蒸物一折を贈らるる旨を以て書状及蒸物を致さしむ。

○午前九時三十分頃より出勤す。

○午前十時頃より前日に次き、伊夫伎準一の実況審査報告書に付審査官会議を開き、十二時後之を議了す。

○午前十時後西野英男に嘱し、来月五日故威仁親王の十年祭なるに付、供物を為すことの取計を宗秩寮の佐々木栄作に依頼せしむ。

○午前十一時頃白根松介来る。時に予、正に審査官と会議し居りたる故、廊下に出てゝ白根と談す。白根、次官（関屋貞三郎）より今一応貴官（予）の意見を聞くへしとのことなり。南部（光臣）氏の東宮御結婚準備委員を継続することは如何なる必要あるや。南部は参事官として委員を命せられ居り、参事官を免せられたる為、委員は当然消滅したる筈なり。宮中顧問官として更に委員を命するは他に例もなく、余り目立つと思ふと云ふことなるか如何と云ふ。

予、南部が委員たらされは、実際差支ありとは予も考へす。然れとも南部に対して出来る丈け優待し度とは大臣（牧野伸顕）よりも予に話したるとなる故、委員を継続せしむるも不都合なかるべく、宮内省のことは一概に道理のみにて処理し居るとも思はれず、情実に流るゝことは固より宜しきことには非されとも、例へば仙石（政敬）か賞勲局総裁に転任したるに拘はらず、宮内省御用掛を仰付けられたるは、仙石なくしては御用の差支ありと云ふ訳には非さるべく、仙石と宮内省との関係を断たしめずとの趣意に外ならさるべし。夫れとも何か仙石を必要とする理由ありや。予は之を知らされとも、予の推測は前述の通りなり。然れは、南部をして委員を継続せしめても左程不可なることもなからん。夫れとも是非とも必要なければ、委員を継続せしめずとのことならうは已むを得す。委員に対する行賞等のことは固より今日より云々すべきことには非す。然れとも、委員たると否とは御結婚の祝典に召さるゝことには幾分の差あるやと思はるゝ故、継続を望む次第なりと云ふ。其趣を次官（関屋）に話すべしと云ふて去る。

十二時前に至り、白根復た来り。南部のことは次官（関屋貞三郎）に話したる処、次官は、然らは全体は消滅する訳なるも、優遇の趣意にて委員を継続する旨を本人に通知することにすべく、但し御婚儀間際に至り、現在の委員中より少数の人を選み、更に委員を仰付けらるゝ様の手続を為す積りなるか、其時の委員には加へさることの諒解を憑置度とのことなりと云ふ。予、今後更に委員を仰付けらるゝことなく、之を聞きても、是は何人も予期すべきことに非す。委員を継続することか決すれは、今日まて少しも聞きたることなく、今日

〇午後一時後、柳原より伊藤伝右衛門より提起したる嫡出子否認の訴訟は数回の取調を経、近日愈々伊藤の子に非さることに決するや否やと思はる。然れとも、其子は燁子の私生子として自分（柳原）方の戸籍に入る訳なれとも、其入籍は困るに付、之を拒む積りなり。燁子の処には宮崎某と其母〔つち子〕とか行きて宮崎の妻となることを強要し、燁子は非常に困りたるか、燁子の実には和田豊治に話し、宮崎は樺山愛輔か引受けて世話し居り、樺山より和田より宮崎に説き、宮崎も燁子を脅迫せさることになり、燁子も今日にては宮崎の妻と為る様の考は有せさることゝとなり居る趣の談を為し、此件に付ては是迄種々心配を掛けたるに付、近状を報告すと云へり。依て自分（関屋）よりも此ことを報告すと云へり。

関屋、先日柳原、徳川頼倫、関屋貞三郎、相伴ふて審査局に来る。

関屋、先日柳原、徳川頼倫、関屋貞三郎、相伴ふて審査局に来る。

予か関屋等と談し居るとき、有馬泰明より電話する旨、給仕より伝へ来る。予乃ち関屋等の談を聞き了はりすして電話を聞き、電話終りたる後民法を拒む積りなりと云ひたる旨の談を関屋より、柳原（義光）か燁子の私生子の入籍を拒む積りなりと云ひたる旨の談を為した

更に辞令を渡すと渡さゝるとは少しも相違なく、辞令は目立つとのこともにするものにも非さる故、姑息なる話とは思へとも、兎も角委員を継続することゝなるならば、其形式は強ひて之を争ふ必要なしと思ふと云ふ。白根、予か意を領したりと云ふて去る。

るか、其事に関する民法の規定を諳んせさりし故、之を閲みし

たる処、親族編の中に、家族の私生子は戸主の同意あるに非されは入籍することを得さる旨の規定あり。柳原か之を拒むことを得るは明かなり。予、伊藤伝右衛門か嫡出子否認の訴訟を提起することに付、弁護士仁井田益太郎は極めて簡便に否認の判決を受くることを得る様に考へ居りたるも、実際は予期の如くならす、度々審問も為したり。初め仁井田は宮崎か届出てたるもの、出生届に拠りて被告を指名して訴へたるも、裁判所にては之を受理せす、伊藤より出生届を為し、其届に基き被告を指名すへき旨を命し、終に其手続を為したりとのことなり。又被告の特別代理人は仁井田より申出したるも、裁判所にては之を採用せす、別に代理人を定めたる趣なりと云ふ。関屋、仁井田は尚ほ迂闊なり。実際のことは未た之を知らさるならんと云ふ。

関屋か去りたる後、徳川（頼倫）は尚ほ在りたるに付、予より朝香宮附の人選は決したりやと云ふ。徳川、未た決せす。只今の処にては相馬（孟胤）より外に適当なる人なしと云ふ。予、予は相馬を知らされとも、他より聞く所にては、矢張り相馬か宜しからんと思ふと云ふ。

○午後一時後有馬泰明より電話し、来月一日（日曜）午後四時頃より蠣殻町の有馬家別邸に来り呉るること出来くへきや。少しく協議し度ことありと云ふ。予差支なき旨を答ふ。

六月二九日

○六月二十九日金曜。晴。

○午前九時三十分より出勤す。

○午前十時頃より、青山操か提出したる諸陵寮、内蔵寮等の実況審査報告書に付審査官会議を開く。報告書中、御料土〔ママ〕地の払下に付縁故者に依頼し、価格其他のことに付弊害あることを指摘したる所あり。人名は之を挙け居らさるも、時に関屋貞三郎か静岡県知事たりしことあるを以て、同人に依頼して運動し、山崎四男六の所為も公明ならさることを指し居れり。午後零時後に至るも議了せす。一たひ会議を止む。

○午後零時後食堂にて牧野伸顕より、瑞典〔スウェーデン〕の公使〔オスカル・エーヴェロフ、Oskar A. H. Ewerlöf〕に面会したるか、同人は日本に来る前、ウヰヤナー〔ウィーン〕に在勤せり。同市にては只今ソシアリストか市の権力を握り居り、借家人の勢力か増し、住宅に困るものあれは、家主に対し強制的に家を貸し渡さしむることゝなり居る趣の談を為せり。又、陸軍の山口某は国境劃定委員と為り、処々参り居りたるか、ウヰヤナー抔にては貴族抔も資産あれは直に之を取らるる故、平素は極めて貧困なる風を装ひ居るか、山口抔も度々晩餐等に招かれたることあり。其様なるときは矢張り燕尾服を著け、全般の設備も行き届き居れり。主人より、此の宴会のことは十分秘密に為し呉よと依頼する有様なりとの談を為し居りたりと云ふ。牧野は、此山口の談は先日も食堂にて為したることあり。之を忘れて今日再ひ同様の談を為したるなり。

○午後一時後、食堂より審査局に返るとき、入江貫一に対し、一寸話し度ことあり。都合宜しくは自室に返り呉よと云ふ。入江、差支なしと云ひ、相伴ひて参事官室に入る。

予、誠に漠然たることなるか、次官（関屋貞三郎）か前に静岡県知事たりし縁故を手寄り、御料の払下交換等を願ひ出て、次官も自分（関屋）か知事たりしとき御料地払下を願ひ居りたる関係上、無下に拒絶することも出来す、困り居る様の話もあり。次官の立場は察せらるるも、此の如きことにて情実に牽かれては困る。予の職務は常に事後の事に非されは見ることを得す。君（入江）は事前に話を聞く機会あるに付、十分注意し呉よ。運動する方は至らさる所なく、御料地との交換を為さんとすれは、先つ御料地を保安林に組入れ、価格を引下け置きて交換を為し、交換後は保安林の解除を為す位のことまても工夫する趣なり。岐阜県にても御料地の払下を望み居るも、只今は静岡の模様を見居り、静岡に許可し、岐阜に許可せされは、次官か前任地に私したりとのことを云ひ立てんと考へ居る趣なりと云ふ。

入江、右様のことあるか。自分（入江）の友人よりの紹介にて、浜松の地所を京都の人か払下を願ひ度との話を聞き、自分（入江）は不要存地に非されは払下とならす。不要存地ならは、払下の順位か定まり居り、到底出来難きことなり。何か払下を受くへき理由ありやと云ひ置きたるか、其後何とも云ひ来らすと云ひ、入江又些細のことなから、学習院より水泳に行くとき、生徒各自より費用を取り立て、是は私金として取扱ひ、一方学校より支出する金は公金として取扱ひ来りたるも、取扱二様となり、手続面倒なる故、自今総て公金として取扱度との申出あり。自分は取扱か二様になりたりとて別に面倒なることはなからん。公金として取扱ふ方か証明書を取らさるへからさる様の面倒あるに非すやと云ひたるに、結局真の事情を説明し、私金と為し置けは商人よりコンミツシヨンを取る等、多年の慣行ありて、急に之を改め難し。依て此際総て公金と為し、旧習を一洗し度とのことなり。別に理由はなきも実際事に当る者か必要と云ふならは、之に同意せんと云ひ置たり。宮内省に入りて見たれは省外より考へ居たるよりも、余程甚しきことあり。困りたるものなりと云ふ。

予、是は私益を図る為には非さるも、自動車を買ひ入るるとき、税関にて関税を払ひたる自動車を買ひ入れ、関税に相当する金額丈けは商人をして之を減せしめ、其後に商人か自動車を輸入するとき、宮内省にて買入れさる自動車を御料の自動車なりと云ひ、関税を免せしめて商人に償ふ様の細工を為し居れり。此の如きことを為すよりも、寧ろ関税を負担する方か宜しく、然らされは、外国より真実御料車を輸入することゝ為す方か宜しきことなりと云ふ。入江、夫れは不都合なることなり。何故右の如きことを為すへきやと云ふ。予、買入るる前に試乗を為す必要あり。試乗を為すには、一応税関を通過したるものに非されは之を為し難しとのことなりと云ふ。入江兎に角不都合のことなりと云ふ。

〇午後三時頃白根松介を秘書課に訪ひ、南部光臣の東宮御結婚準備委員を継続せしむることは、先日の話の通り決定したるや否を問はんとす。白根在らす。之を大谷正男に問ふ。大谷、昨日、白根か書面を作り居りたり。多分、先日の話の通りになりたるならんと云ふ。予、只今入江（貫一）に対する辞令の通知を見たるに、其辞令には東宮御結婚委員とあり。予等の辞令には準備委員とありたり。何か異なる所ありやと云ふ。大谷、夫れは白根の誤なるへし。果して然らは、白根をして制裁として鰻飯を買はしむる理由ありと云ふ。予少しく疑を生したる故、審査局に返り、予の履歴書を調査したるに、（東宮御婚儀委員ヲ命ス）とあり、入江（貫一）の辞令も之と同様にて、予の記臆違ひなること分りたるに付、復た直に庶務課に到り、大谷に対し、入江の辞令書のことは予の記臆違なり。予の分も入江の分も共に（東宮御婚儀委員ヲ命ス）となり居れり。先刻の談は之を取消すと云ふ。大谷、然るか。然らは白根をして鰻飯を買はしむることは出来難しと云ふ。

○午前十一時後頃、審査官会議を開き居りたるとき、内子より電話し、先刻仲買人某とて電話にて、東洋拓殖株式会社の株券を買受度と云ひ、主人不在なりと云ひたるに、何時頃帰宅せらるるやと云ふに付、主人は株券の売買等は嫌なり。主人に取次きても十中九まて無益なり。当方より電話を掛けされは、株券は売らさるものと承知すへき旨を告け置きたりと云ふ。

○午後三時後伊夫伎準一来り、今日徳川侯爵（頼倫）より自分（伊夫伎）丈晩餐の案内を受け、他の審査官は之を受けさる故、酒巻芳男に問ひたる処、同人の話にては初は審査局よりは一人も招かさることになり居りたるも、一人もなくしては余りなる故、君（伊夫伎）を加へたる訳なり。今日の後にも尚ほ招かる人ある模様なるも、初めか右の如き事情なりし故、他の審査官を招かるるやは期し難しと云ふ様なる口気なりしと云ふ。予、個人か個人を招きたるものなれは、此ことに付彼此云ふへき理由なく、不公平にても致方なしと云ふ。

○午後六時頃宮内省庶務課より電話にて、今日午後四時後、有栖川宮妃（故威仁親王妃慰子殿下）湯河原にて御病気、危篤に陥らせられたりとのことなるを以て、之を報告すと云ふ。時に予は既に晩餐を終り居りたるを以て、直に人力車を命し、有栖川宮邸に行く。邸には守者あるのみ。予帳簿に署名、病候を奉伺す。会々徳川達孝亦来り候す。予守邸者に事情を問ふ。守邸者、武田尚（宮内事務官兼翻訳官・大臣官房文書課勤務、有栖川宮附事務官）は二十六日より湯河原に行き居り、今日午後五時頃妃殿下は四時三十分頃全く危篤に陥ひられたる旨を報し来りたり。予宮務監督（西紳六郎）を問ふ。守邸者、西は打合せの為宮内省に行き居れりと云ふ。予は直に家に帰る。

○午前十時後高羲敬審査局に来り、六月も末になりたる故、世子邸よりの贈りものは先日相談し置きたる通り、夫々贈ることにすへし。但西園寺（八郎）と赤星某に贈る分か先日の相談よりも加はりたり。赤星の分は織物なる故、取計ひ易きも、西園寺の分は林健太郎とも相談したれとも工夫附かす、金製の煙草入に紋章でも附く（れ）は二百五十円ても三百円ても出来る故、夫れにても致さんかと云ひ居れり。如何と云ふ。予其様のことにても宜しからんと云ふ。高亦赤星よりはゴルフの道具を持ち来り居る故、一応林健太郎を其家に遣はし、赤星か道具の代価を受取るならは之を払ひたる上に相当の品を贈ることにすへく、代価を受取らさるならは、其時は亦相当の品を贈ることにすへしと云ふ。

高又明日午後、世子、同妃は新宿御苑に行かるる筈にて、先夜世子より貴官（予）にも同行を勧められ居りたり。如何するやと云ふ。予、多用なる故、明日は行き難しと云ふ。高、世子よりも、西園寺（八郎）、小原（駩吉）等も多用の際、無理に来る様にては不都合なる故、自分（世子）か御苑に行くことを知り居りさへすれは特に同行を勧むるに及はす、顧問（予）には、先夜自分（世子）より同行を勧め置たる故、一応諾否を問ひ見るへしとのことなりしと云ふ。
○午後七時頃高羲敬より電話にて、有栖川宮妃殿下病気危篤なる趣通知ありたるに付、梨本宮の振合を問ひ見たるに、同宮にては特に使は湯河原には遣はされす、見舞の電報を発せらるるとのことなり。世子邸にても其振合にて宜しかるへきやと云ふ。予夫れにて宜しからんと云ふ。高又明日は世子夫婦は新宿御苑に行かるる筈なるか、有栖川宮妃の為に見合せらるる方宜しかるへきやと云ふ。予、明日は多分薨去を発表せらるへく、御苑行は見合せらるる方宜しからん。予は先刻有栖川宮邸に行きたりと云ふ。
○午後有馬家々従荒巻昌丈来り、家従と為りたる挨拶を為し、且つ来月一日蠣殻町別邸に於ける協議会は午後四時よりと云ひ置たるも、午後六時よりと変更し、晩餐は用意し置く旨を述へたる由。予は家に在らさりしなり。
〔欄外に付記〕
補遺
午後世子邸より使をして、手当金二百五十円を致さ〔し〕めたる由。午後七時後、高羲敬と電話するとき、予より手当を受領したることを告く。

六月三〇日

○六月三十日土曜。晴後曇夜雨。
○午前九時三十分頃より出勤す。
○午前十時より入江貫一の室にて、故威仁親王妃慰子殿下薨去後の事を議す。会する者、入江貫一、小原駩吉、関屋貞三郎、西園寺八郎、大木彝雄、酒巻芳男、大谷正男、白根松介なり。慰子殿下薨去と共に有栖川宮は消滅するや否の問題は、理論としては消滅すれとも、葬儀及一年祭までは宮として（仮令宮を代表する人なきも）執行する方か人情に合ふならん。又宮附職員も宮なくして職員あるは理論には合はさるも、当分は其儘に為し置き、薨後百日位過きたる上にて、職務取扱の名義にても改めたらは宜しからん。又高松宮と有栖川宮との関係は高松宮を立られたるときの御沙汰書に高松宮の称号を賜ひ、有栖川宮の祀に斎らしむとあるは、相続の名を避けたるものにて、其実は相続なる様なるか、是は御沙汰に従ひ、高松宮か祭を引受けらるるは当然なり。然れとも、慰子殿下葬儀に付ては矢張り特に高松宮殿下に喪主を仰付けらるる方か宜しかるへく、故威仁親王の十年祭は来月五日に行はるることに決定致し居るか、慰子殿下薨去せらるれは、祭を行ふ人なきことゝなる。尤も高松宮殿下か先年の御沙汰に依り祭を行はるるは当然にて、殿下には慰子殿下薨去せらるるも忌服なき故、祭を行はれても差支なき訳なれとも、祭を延はして宜しきことなれは、之を延はす方宜しからんとの説多く、酒巻か先例には祭を延はされたることありと云ふに依り、之を延はすことに決し、祭を行はるる時期は更に定むることに決す。又諸方に対する挨拶等は慰子殿下薨去後は有栖川の宮号は用ゐす、曖昧にすること、皇室に対する御礼等は有栖川宮としては申上け難く、場合に依りては高松宮殿下より申上けらるるより外に致方なからんと云ふ様なることに決す。

協議を始むる前、関屋（貞三郎）等か未た来らさるとき、小原（駩吉）より、昨夜慰子殿下の喪を発するや、之を秘し置き今日之を発するやに付議論あり。大臣（牧野伸顕）は昨夜直に発する考にて、之を今日に延はすことに付ては大分反対を主張したる趣ならんとの談を為し居りたる中、関屋（貞三郎）等か来りたる故、之を止め、協議を終り、関屋等か去りたる後、小原より更に前の談を続き、昨日午後（五時後か）西紳六郎（有栖川宮宮務監督）か宮内省に来り、慰子殿下は本日午後四時後に薨去せられたるも、明日午後遺骸か東京に著きたる上にて喪を発することにすへき旨を関屋（貞三郎）に談し、関屋は夫れにて宜しとて之に同意し、西（紳六郎）は某典侍を経て其趣を皇后陛下に言上し、宮邸に返りて親族其他にも右の趣を通知したる由なり。自分（小原）は其後宮内省に来り、其ことを聞きたるに付、次官（関屋）に対し、大臣（牧野伸顕）か喪を秘することは嫌なり。殊に此節のことは即時喪を発するも少しも差支なきことなる故、喪を秘するならは十分に大臣の意を確むる必要あるへしと云ひたるに、次官は前言を翻し、即時発表の考と為り、酒巻（芳男）をして奥に其意を言上せしめんとし、酒巻は一個の書記官として奥に行かんとする故、自分（小原）より酒巻に注意し、最早執務時間外なり。夜間の事を処理せしむる為当番の宿直あり。君（酒巻）か一個の書記官として奥に行くは宜しからす。書記官として行くならは、宿直を経るか相当なり。然らされは君（酒巻）は次官（関屋）の使として奥に行く方か宜しと云ひ、酒巻は次官（関屋）の使として某典侍に面会し、宮邸の都合にては今夜直に喪を発することにすへき旨を申出てたるなり。自分（小原）は此時も次官に対し、宮邸の方を確めたる上に奥に申上くる方宜しかるへき旨を注意したれとも、次官（関屋）は何を急きたるか、直に酒巻を遣はしたり。

然るに、次官（関屋）より其ことを西（紳六郎）に談したる処、西は之を承知せす、明日喪を発して宜しと云ふに付、自分（西）より既に其趣を皇后陛下にも言上し、御親族にも之を通知したる故、今になりて之を変更することは承知し難しとて、喪を秘することを主張し、次官（関屋）は又々西の説に従ひ、終に喪を秘することに決し、大臣（牧野）は之を承知せさりしも、宮附職員かどーしても即時発表を承知せすと云ひて大臣（牧野）に説き、漸く其ことに決したるなり。宮附職員と云ひても、武田尚は孰れになりても宜しと云ひ、西（紳六郎）か反対の理由は既に皇后陛下に言上したると親族に通知したると云ふことの外、別段のことなか〔り〕しなりと云ふ。

此時西園寺（八郎）より、西は喧しく云ふ性質なるも、此方より強く云へは直に屈服する質なり。皇后陛下に言上したることを変更し難しと云ふ故、此ことは此方（次官）にて引受くると云へは夫迠のことなり。又親族に通知したることは更に急使を発するか、又は速達郵便を出せは夫れにて済むことなり。次官（関屋）は屈服するに及はさることに屈服したるなりと云ふ。

午後一時後酒巻芳男を宗秩寮に訪ひ、慰子殿下の喪を秘することは誰か最も主張したりやを問ふ。酒巻、西（紳六郎）なり。自分（酒巻）は次官（関屋）か西の意見に賛成し居りたることは之を知らさりし故、御奥に行き、即時に喪を発することにすへき旨を申出したる訳なりしか、後に至り、次官か前に西の説に賛成し居りたることを聞きたり。故に次官には自分（酒巻）《マヽ》の使なりとて御奥に伝へ置たる故、次官（関屋）より前後意見の異なりたる次第を説明し置く必要あるへき旨を告け、次官（関屋）も早速之を説明し置くへしと云ひ居りたりと云ふ。

○午前十時後、入江（貫一）の室にて協議を終り、小原（駩吉）か関屋か意見を変更したることを談するとき、関屋か西（紳六郎）の意見に同意し、西より慰子殿下の喪は明日発すへき旨を言上し置き、間もなく酒巻（芳男）より関屋の意なりとて即時に喪を発すへき旨を告けたる故、大森（鍾一）より御奥にては明日喪を発すと云ふに付、御見舞の御使として明日午後三時頃三条某を遣はさることに致し置たるに、俄に変更せられては困る。夫れも余儀なき事由あるならは兎も角、何も事由なくして変更するは不都合なりとの抗議を申出したる趣なりとの話を為せり。

○午後二時四十分頃白根松介審査局に来り、来月二日に帝室林野管理局の処務規程を改正し、之と同時に加瀬某〔欣一郎、帝室林野管理局事務官・土地整理課長〕を罷め、其結果、職員の異動を発表することに決し居れり。岩波（武信）を宮内事務官に転任せしむることは、上奏等の手続或は間に合はさることあるやも計られされとも、成るへくは来月二日、他と同時に発表せらるる様に致し度考なりと云ふ。予、岩波には先日一応の内談を致したるのみにて、其後は未た何事も談し居らす。然らは、更に本人に其旨を告け置くへし。俸給官等は現在の通りなりやと云ふ。白根其通りなりと云ふ。

予、南部（光臣）か東宮御結婚の準備委員を継続することは先日の話の通り、決したりやと云ふ。白根、自分（白根）より書状を作り、官は変りたるも委員は継続することに解釈することに決し居る旨を通知し、尚ほ幹事にも其旨を通知し置けり。此書状は次官（関屋）の命に依る旨を記し置たるも、次官（関屋）は自分（関屋）の名を出すことは困ると云ふに付、次官の名は之を除きたりと云ふ。予、継続のことに決する以上は名を出しても宜しかりしに非すやと云ふ。白根既に去る。予乃ち岩波武信を召ひ、白根の談を告け、又伊夫伎準一を召ひ、之を告く。

○午後西野英男来り、来月二日貴官（予）に有栖川宮邸に於ける通夜を割り当て度か差支なかるへきやの旨、秘書課より申来れり。如何と云ふ。予差支なき旨を答ふ。

○午前十時前金井四郎来り、蒲穆より金井に贈りたる書状を示し、後刻退省するとき、更に来るへき旨を告け、宗秩寮にて臨時に催ふしたる事務官会議に列す。予か参事官室に於ける協議会に列し居るとき、金井再ひ来りたるも、予か在らさるを以て、予に面せすして去る旨を西野英男に告けて去りたる趣なり。又予か在らさるとき、高義敬も来りたれとも、予か在らさるを以て去りたる趣なり。
○午後八時十分より東京駅に行き、故威仁親王妃慰子殿下の湯河原より帰るを迎ふ。実は柩を迎へたるなり。休所にて小原（駩吉）に南部（光臣）の東宮御結婚準備委員のことは之を聞きたりやと云ふ。小原、先日の君（予）の話にて最早致方なしと思ひ、其儘に致したりと云ふ。予、南部のことに付予と白根（松介）と談したる始末を告く。小原、継続することに決すれは、先日の協議会に通知せさりし丈けに先つ夫れにて宜しからんと云ふ。八時五十五分柩達す。車戸を開きたる後、衆一斉に拝礼し、柩を自動車に移し、直に宮邸に向ふ。予等亦次て邸に行き、九時後霊殿に到り、拝礼して直に家に帰る。時に十時前なり。宮邸を出つるとき、雨甚しかりし。

大正一二年七月

七月一日

○七月一日日曜。夜来の雨歇ます。
○従来日記に彼我の言を記し、之か為字数多きを加へ、日記の為時を費すこと少なからす。昨年七月一日以後の日記、殊に甚し。日記は日常事を処する便を図る為、之を作るものなるに、其の為無益の時を費すを免れさるを以て、本日より日記の体裁を改め、詳記せさることゝなせり。
○午前九時後より有栖川宮邸に行き、帳簿に署名し、故威仁親王妃慰子殿下の薨去に付弔意を表す。殿下は昨日午後九時四十五分薨去せられたる旨、宮内大臣（牧野伸顕）より発表せり。会々有馬伯爵夫妻来り弔せらる。予之と数語を交へ、葬儀事務所に到り、宗秩寮の佐々木栄作に遇ひ、有栖川宮に供物を為すことを嘱し、直に家に帰る。
○午前十一時五十分頃より内子と共に三越呉服店に行き、物を買ふ。三時頃帰る。荒井義雄〔荒井賢太郎三男〕に遣はす玩具の電気汽車を検したるに、軌道に電力を通する線、断へ居り、車進ます。安をして傍近のブリツキ屋に行き、之を修理せしめんとしたるも、ブリツキ屋之を肯せすとて空しく帰り来れり。
○午後五時二十五分頃より蠣殻町有馬家別邸に行き、家政相談人の協議会に加はる。六時頃達す。仁田原重行は予と同時に達し、松下丈吉、有馬泰明は予より先きに来り居り、境豊吉、有馬秀雄は予より後れて来りたり。有馬家の書画刀剣器具等を売却すること、有馬家に対する負債にして償還の見込なきものを捐すること、有馬家か旧藩時代藩内の人より借りたる金にて、大蔵省に引継かさりし為不利益となり居る百余人に対し、二千円を贈ることを協議し、書画等売却のことは大体異議なく一応久留米の相談人及林田（守隆）の同意を求め、然るに、美術倶楽部の人をして評価せし見たる上、売却すへきものと然らさるものとを定むることに決す。又有馬家の所有地を信愛夜学校に寄附することは、其地内に土蔵及住宅ある部分は之を除き、残余二百何十坪を寄附し、土蔵等のある部分（百余坪）は道路拡張の為、東京市より買上くへき模様に付、其買上を終はりたる後、尚ほ残余あらは其時に至り学校に寄附することゝなすも宜しからんと云ふことに決す。

仁田原（重行）より、有馬頼寧氏より仁田原に贈りたる書状を示す。其書状は頼寧氏は農事研究所を設くることを望めとも、先頃上海亭にて相談人の意見を聴きたるとき、同意を得さりしに付、自分（頼寧）手元にて金の工夫を為し、研究所を設くることにすへし。其金額は一万五千円許なり。此ことを承知し呉よとのことなり。午後三十《〔ママ〕》分頃より電車に乗りて帰る。十時後達す。

蠣殻町別邸にて仁田原（重行）より、青山の有馬邸に居る家丁世木某は既に家丁給の最上位に居り、増給の途なきに付、家従心得と為し度旨、頼寧氏よりの希望ある旨を告け、意見を問ふ。予、家従以下の進退は相談を要せさるに付、意見なき旨を告く。有馬泰明、世木某は旧久留米藩人に非さるも、絶対に他藩人を採用することを禁し居らさる故、宜しからんかと云ふ。予差支なかるへき旨を答ふ。

七月二日

○七月二日月曜。曇。

○午前九時三十分より出勤す。

○午前秘書課より、岩波武信を宮内事務官に任し、矢島正昭を帝室会計審査官に任する旨の辞令書を送り来る。岩波に之を交し、矢島は旅行中なるを以て、西野英男をして之を其家に致さしむ。

○午前十時後国分三亥来り、邦彦王殿下、同妃は明後四日出発、北海道に行かるることに決し居りたるも、故威仁親王妃慰子殿下薨去に付、出発を延は〔さ〕るる方宜しからんと思ひ、其旨を云ひたるも、殿下は同仁会の用を帯ひて行くことにて、遊覧の為には非さる故、出発して宜しからんと云はれ、次官（関屋貞三郎）に謀りたるに、次官も延期する方宜しからんと云へりと云ふ。予延期せらるる方宜しからんと云ふ。国分今一応殿下に相談すへしと云ふ。

○午前十一時後安藤信昭来り、皇太子殿下御結婚のとき、故安藤信正〔江戸時代末期の老中、平藩主〕贈位のことに付謀る所あり。其経歴書を示す。予此書は何人か作りたるものなりやを問ふ。安藤、旧平藩の者之を作り、国府種徳か添削したるものなりと云ふ。予贈位のことは内閣にて奏請するものなることを告く。国府多分其議に加はるへきに付、予より国府には話し置くへき旨を告く。

○予か安藤信昭と談し居りたるとき、高義敬来り窺ふ。予後刻面会すへき旨を告く。安藤か去りたる後、給仕をして高を召はしむ。

高、西園寺（八郎）には金製煙草箱を贈るへき旨、談し置たるか、三百円許を要し、且つ李家の紋を附くることは重きに過きるに付、手釦及胸釦を箱入として贈ることになさは、二百円前後にて出来るへきに付、其方に変更せんと思ふと云ふ。予之に賛成し、且紋章は之を附けさる方宜しと云ふ。予、紋章を附けさることを勧めたるは、重きに過きる為には非さるなり。

高又世子邸及李王、李公家より、有栖川宮に対する供物のことを謀り、総て故熾仁親王妃董子殿下薨去のときの振合に依ることに決す。又前田利為〔旧金沢藩主前田家当主、陸軍歩兵少佐、侯爵、実父は旧七日市藩主前田利昭〕妻〔渼子、前田利嗣長女、母は鍋島直大長女朗子〕死去に付、世子邸よりの仕向を謀る。前田の妻は鍋島直映の家と親族関係あり、梨本宮妃と前田の妻とは従姉妹ならん。依て昨夜梨本宮妃殿下と世子妃殿下は前田の家に弔せられたり。今夜は移霊祭を行ふ為、梨本宮妃殿下は復た前田の家に行かるる趣なるも、世子妃は行かるるに及はさるへしと云ふ。又本月七日には葬儀を行ふ趣に付、世子邸よりは榊を贈ることにすへしと云ふ。予其日は代拝者は出す方宜しからんと云ふ。

高又各皇族より徳川実枝子〔公爵徳川慶久の妻、有栖川宮威仁親王二女〕へ見舞として金百円を贈らるる趣なり。李王、李王世子、李鍝公、李堈公よりは見舞として五十円を贈られたらは宜しからんと云ふ。予之に同意す。

予、三島町に在る世子の別邸を三島町に払ひ下くることに付ては、其後聞く所なきやと云ふ。高、篠田治策は次官（関屋貞三郎）と談し合ひたる模様なるも、自分（高）には何事も告けすして帰任せり。有吉忠一より、篠田（治策）より其話を聞きたり。時勢か変りたる故、相当のことにて開放することは必要なるへし。但、無償下渡抔はなすに及はすと云ひ居りたりと云ふ。予、次官（関屋貞三郎）は静岡県知事たりし縁故にて、種々のことを次官へ申込に来る模様に付、十分注意し居る必要ある旨の談を為せり。

○午前十時後鈴木重孝出勤す。鈴木は会計実況審査の為、先日より出張し居り、昨日帰京したる趣なり。

○午前、徳川頼倫給仕をして写真を送り来らしむ。写真は六月〔原文空白、二十〕日、徳川か牧野伸顕及予、其他十余人を招きたるとき、其家にて撮影したるものなり。

○午後一時後食堂にて関屋貞三郎より予及ひ徳川頼倫に、食堂を去るとき一寸自分（関屋）の室に過きり呉よと云ふ。予等牧野伸顕、山崎四男六等と話すること十分間許、牧野と共に去り、予将に関屋の室に入らんとす。牧野其室の戸外に立ち、予に一寸来り呉よと云ふ。予乃ち行く。牧野、宮内省の庁舎或は宮殿まても火災保険に付し置く方宜しからんかと思ふ。法規上差支あるへきやと云ふ。予、別に差支なしと思ふ。尚ほ取調へ見るへしと云ひ、直に関屋の室に入る。

徳川既に在り。関屋より、柳原燁子の近状は先日話し置たるか、其後宮崎某の母か燁子の処に行き、無理に燁子を連れ出し、其後燁子の所在不明なるに付、樺山愛輔は種々手を尽くして其所在を尋ね、警察にも依頼して之を捜かし居るも、只今まては未た分らさる趣、樺山より報告し来り。尚ほ今後、燁子に対し如何なる処置を取りたらは宜しかるへきやを問ひたる旨を告く。予、最早柳原（義光）か燁子に対し監督を尽くしたることは明かになりたる故、此上は燁子を離籍し、柳原の監督外に置き、燁子の為す所に任せても宜しからんと思ふと云ふ。徳川は先年の事実を知らす、離籍云々のこと分らさる模様なりしに付、予より是までの経過を説明せり。徳川は宗秩寮として如何なる体度を取るへきか研究の必要ありと云ふ。

関屋の室に国民新聞あり。（役人の嘘）と題し、慰子殿下の薨去は新聞にて報したる如く六月二十九日午後四時後か真実なるに、宮内省の官吏か必要もなきに翌三十日午後九時四十五分薨去と発表し、医入沢達吉〔東京帝国大学医学部教授、宮内省御用掛〕、額田豊〔内科医〕の病状書にまて不実を記載せ〔し〕めたるは不都合なりとの旨を記し居れり。牧野は事実の通り発表せんとしたるも、関屋か西紳六郎の為に説破せられ、喪を秘する説に賛成したる結果なり。予は新聞社にて仮令不同意のことあるも、皇室のこと、国際関係のこと丈けは少しく注意して記載する様為し呉れされは困ると云ふ。関屋、其通りなるか、今後は皇族附職員等の考も易へて事理の立つ様に為し置かされは不都合なりと云ふ。

夫れより徳川、関屋と皇族のことを談し、邦彦王殿下か慰子殿下の薨去ありたるも、予定の通本月四日出発して北海道に行くと云はれ、国分三亥か困りたる趣なるか、邦彦王殿下には普通の人情なく、此際出発を延期せらるるは少の疑もなきことなるに、其考の起らさるは不思議なること、福岡県の麻生太吉〔麻生商店社長、実業家、貴族院議員・研究会〕より邦彦王殿下に自動車を献せんと云ひ、福岡県庁より献上の書面も達せさる中に殿下か直に献上を受くる旨を言明せら〔れ〕、既に試乗もせられたる趣にて、今更に之を受けすと云はるへき場合に非すと思ふ。困りたることなりとの談を為せり。関屋は常々邦彦王殿下を弁護する方なるか、今日は稍々非難の口気を漏らせり。

徳川と共に関屋の室を出て、廊下にて徳川より、明日は差支ありや。柳原燁子のことに付協議し度と云ふ。予午前ならは差支なき旨を答へ、予は入江貫一の室に入らんとす。鎖鑰あり、入るへからす。乃ち審査局に返る。

徳川来り、明日は皇族附職員会議の日にて、酒巻（芳男）は差支あるに付、燁子のことに関する協議は延期し度旨を報す。関屋の室に在りたるとき、酒巻（芳男）より、関屋より松平慶民に贈る電信案を示す。案は朝香宮附として相馬孟胤を渡仏せしむる積りに付、朝香宮殿下の承認を求むることを申遣はすものなり。予之に捺印す。入江貫一の室に入らんとしたるは、御料財産を火災保険に付することに関し、入江の意見を問はんと欲したるなり。審査局に返りたる後、伊夫伎準一、鈴木重孝、青山操を召ひ、保険のことに関する意見を問ふ。皆差支なしと云ふ。但、伊夫伎は法規上にては差支なきも、実際は保険に付せさる方か宜しと云ふ。

〇午後六時四十分より有栖川宮邸に行き、慰子殿下の柩を護す。

午後七時より三十分間柩前に居り、三十分間休憩し、交代して十一時三十分に至りて止む。予は青山操と二人にて宮内職員の護柩者となり、杉栄三郎、吉田某〔弘〕(侍医補)二人にて予等と交代せり。其他陸軍海軍の武官、宮の親族縁故者等ありたり。家に帰るとき、青山と共に自動車に乗り、十二時前達したり。
○午後五時後岩波武信来り、今日宮内事務官に転任したることに付挨拶を為せり。
○有栖川宮邸にて、金井四郎、加藤定吉〔予備役海軍大将、元軍事参議官、男爵〕、渡辺直達、田中寿三郎〔宮内事務官、伏見宮附御用掛、華頂宮附事務官〕等に遇ふ。金井、国分三亥か邦彦王殿下に随ひ、北海道に行くことに付批評を為し居りたり。
○午後、安をして三越呉服店に付き、昨日購ひたる玩具の損し居るものを替へしむ。

七月三日

○七月三日火曜。曇。
○午前八時後、渡辺暢の妻タツ〔多津〕来り訪ふ。予及内子と話すること十分間許。神仙爐一個を贈る。
○午前十時後伊夫伎準一に、学習院及女子学習院の保険金額及保険料の取調を嘱す。午後一時後、伊夫伎より書類を致す。直に大臣(牧野伸顕)を官房に訪ひ、宮殿等を保険に付することは法律問題としては差支なく、現に学習院及女子学習院は保険に付しありと云ふ。其書類及皇室財産令第三条の写を交す。但し実際問題としては宮殿等を保険に付することは尚ほ考慮を要する所もあるへく、保険金額か多くなれは、共同保険にしても一社の負担額は随分多くなるならんと云ふ。牧野丸ノ内ビルデングか一千万円の保険に付し居る趣なる旨の談を為せり。
○午後零時後食堂にて国府種徳に、安藤信正及水野正名〔久留米藩大参事、明治四年久留米藩藩難事件で獄死〕等贈位のことに付注意することを嘱し、死者に対する大赦の談及其必要は西郷隆盛〔明治維新の元勲、陸軍大将、元参議、西南戦争で戦死〕等に恩典を及ほすに在りたることを談す。又食堂にて徳川頼倫より、明日午前差支なくは清棲(家教)〔伏見宮邦家親王一五男、宮中顧問官、伯爵〕に対する恩賜のこと及柳原燁子の件に付協議し度旨、次官(関屋貞三郎)より話し居けりと云ふ。予、明日午前は枢密院の参集日なる故、出席し難しと云ふ。徳川然らは参集後になさんと云ふ。

諮問第四号のことは後と重複し居れり

○午後一時四十分より司法大臣官舎に行き、諮問第四号に付幹事会を開き、精神喪失者及精神耗弱者に対する規定を議し、精神喪失者に関する規定は現行法の通りにて差支なかるへく、精神耗弱者に関する規定は種々討議の末、精神耗弱者に対しては刑を科するを相当とするや、保安処分に付するを相当とするやを定め、刑に科するを相当とするときは其刑を減軽すと云ふことに折り合ひたり。然れとも、此の決定にては精神耗弱者に対しては科刑するか、保安処分を為すかの二途あるのみて、全然不問となすの途なし。是は甚た不可なり。次回にて修正する必要あり。

司法大臣官舎より自宅に電話し、法曹会雑誌の不足し居るものゝ号数を問はんとす。内子在らす。乃ち止む。高橋治俊に嘱し、法曹会より予に送付し居る雑誌一冊不足し居り。其号数は確に記臆せさるか、本年第三号か第四号なりし様、此の二冊を取り呉れさるやと云ふ。高橋二冊を持ち来る。此二冊は家に在りたる様にて、第四号は確かに之を見たる記臆あり。乃ち第四号を返し、更に第二号を求めしむ。高橋之を持ち来る。紙の脱落あり。乃ち復之を更ゆることを求む。高橋、復た行きて之を持ち来る（其翌日、之を検したるに、第二号か不足せるものにて、第三号は二冊あることとなれり）。

午後二時後より諮問第四号の幹事会を開き、刑法第三十九条に付協議す。精神喪失者の行為は之を罰せすと云ふ現行法の規定は用語は精確ならす。精神喪失と云ふ語の不当なることは勿論なれとも、既に年に熟し、其意義も自ら定まり居るに付、其儘に致し置くことに決す。次に精神耗弱者の行為は其刑を減軽すと云ふことに付討議し、種々の意見ありたるも、結局、牧野英一の意見を採用し（精神耗弱者に対しては刑を科するを相当とするか、又は保安処分に付するを相当とするかを定む。刑を科する場合には其刑を減軽す）と云ふことに決し、次て瘖唖者の行為は之を罰せす、又は其刑を減軽すると云ふ現行法第四十条は之を削除するを可とすと云ふ牧野英一の提案を議し、予は之を削除することに賛成し、花井卓蔵は第三十九条を決する少し前に出席し、精神耗弱者を罰することの不可なることを主張し、次て瘖弱《〔ママ〕》者の行為に関する規定を削れは、反対解釈として必す之を罰することになるへき恐ありと云ひ、泉二新熊も同様のことを述へ、結局瘖唖者のことは次回に議することゝ為し、五時前に至り散会し、予先つ去る。

○炊婢見習サワ来る。今日か明日か確かならす。

七月四日

○七月四日水曜。晴。

○午前九時二十分頃より出勤す。

○午前九時五十分頃より枢密院控所に行く。会々清浦奎吾独り顧問官の控所に在り。予、之に先考の少時稿を示し、醒斎語録の訳文中、先日予か清浦の家にて観たる（詩興唐宋明清、尚有巧拙雅俗、巧拙固用意之精粗、雅俗係著眼之高卑）と類似の語あり、是は訳文にて（雅俗固見識之高下）と為り居り。先日観たる軸物には（雅俗係著眼之高卑）との異あれとも、醒斎語録中の語なること分りたりと云ふ。清浦、其一段を読了し、更に稿中の他の部分を観、是は面白し。暫時借り度と云ふ。此時二上兵治来り、天皇陛下に拝謁すへき時刻迫まりたることを報す。清浦乃ち起ち、予等亦々侍従長室の隣室に行き、次て天皇陛下に表御座所にて拝謁し、又次て西一ノ間に到り、摂政殿下に拝謁す。既にして控所に返る。

予清浦に、先刻示したる遺稿は一部のみなるを以て只今副本を作り居る所なる旨を告く。清浦、然らは副本成りたる後、之を借らんと云ふて稿本を返す。天皇陛下に拝謁する前、控所にて石黒忠悳に、先日石黒か玉川吟社小稿二冊を送り呉れたることを謝す。石黒、彼の小稿は自分（石黒）には用なき故、之を贈らんと云ふ。予之を謝す。

摂政殿下に謁し終りて控所に返るとき、東溜の辺の廊下にて有松英義より、衆議院選挙法改正案のことを臨時法制審議会に諮問せらると云ふに非すやと云ふ。予、新聞紙に記載し居ることの外、之を知らすと云ふ。有松委員中に異議ありと云ふに非すやと云ふ。予、選挙法は政治問題に関するに付、枢密顧問官としては或は少しく都合悪しきやも計り難しと云ふ。有松、刑法、民法抔ならは差支なきも、選挙法は少しく異なると云ふ。

○午前十一時五十分頃徳川頼倫来り、遅くなりたるか、只今より差支なきやと云ふ。予差支なき旨を答へ、徳川、次官（関屋貞三郎）の都合を問ひ見るへしと云ひ、直に去り、復た来り、次官（関屋）も只今ならは差支なしとのことなりと。乃ち次官（関屋）の室に行く。

関屋より清棲（家教）か病気にて、本人（清棲）は知らさるも、病症は癌なりとのことなり。清棲は伯爵を授けられたるとき、三万円許を賜はりたるのみにて、只今は宮中顧問官として年額三千円の手当を賜はり、年収一万五千円許あり。生計裕かならす、閑院宮殿下より何とか工夫なきやの旨、大臣（牧野伸顕）に相談ありたる趣にて、大臣（牧野）より其旨を伝へられたり。大臣の考は差向き幾分の賜金てもありたらは宜しかるへく、基本金を賜ふまてのことには及はさるならんと〔の〕考なる様なり。如何せは宜しかるへきやと云ふ。清棲は邦家親王の第十二《ママ》子にて僧と為り居り、明治三十一年頃（確かに記臆せす〔正しくは明治二年〕）還俗して伯爵を賜はりたるも、私生の女〔文子〕を養女名義にて入籍し、之を娶はする積りにて、真田某〔幸民、旧松代藩主真田家当主、伯爵、故人〕の子〔清棲幸保、真田幸民三男〕を養子と為し居るとのことなり。恩賜のことは一ヶ年五千円許を増し、年額八千円許と為したらは宜しからんと云ふことに決す。

次て柳原燁子の処置を議す。此時樺山愛輔より関屋貞三郎に電話し、燁子は宮崎龍介の母か迎に行きて京都を去りたるも、宮崎の家には行かす、中野武営〔元田園都市株式会社社長、実業家、故人〕の子〔岩太〕の家に居り、武営の子の妻〔トキ〕か樺山の家に来りて燁子のことを相談したるも、樺山は、燁子は京都に居るへきことに定め置たるに、擅に京都を去りたるに付、相談に加はらすと云ひ、其翌日は中野夫婦、燁子を伴ひ、樺山の家に来り、燁子を樺山の家に置くことの相談を為したるも、樺山は之を承知せす、燁子は宮崎の家に行くことは之を好ますとのことなりと云ふ。予、然らは直に燁子を離籍せさるへからさる程のこともなき様なりと云ふ。関屋も其通りなりと云ふ。今暫く様子を見ることに決す。

次て酒巻（芳男）より、邦久王の臣籍降下に関し皇族会議と枢密院会議とを開かるる必要あるか、枢密院の方を先にすることにし度と云ふ。予、夫れは差支なかるへきも、顧問官は暑中は旅行する人多きに付、成るへく早く期日を定めて之を通知し置く必要あるへしと云ふ。酒巻、皇族会議の方は七月二十三日前には開き難し（邦彦王殿下、北海道に行き居らるる為会議を開き難し）。本月十五日頃に枢密院会議を開きたらは宜しからんと云ふ。関屋、入江（貫一）とても打合せ置く様にすへき旨を酒巻に命す。

○午後一時後食堂にて、徳川頼倫、小原駩吉と話す。小原、鶴殿某〔家勝、男爵〕のことを談し掛けたるか、予と徳川に対し、一寸徳川の室に返り呉れよと云ふ。乃ち共に徳川の室に到る。小原、鶴殿某（男爵）の養母〔親子、侯爵醍醐忠順二女〕は賀陽宮大妃の妹にて既に寡婦となり居るか、素行修らす、先頃より綾部の大本教を信し、綾部に行き居り。同所にて書状を大妃に贈り、何人か何と云ふても綾部に留まる。大本教を信せされは日本国は亡ふと云ふ旨を申来りたり。鶴殿の方より警察に依頼し、綾部より寡婦を引戻し、只今は京都に居るか、精神に異状あるを以て精神病院に入るることに付、賀陽宮に相談に来り、大妃より小原の意見を問はれ、小原は病人を病院に入るることは別に論なきことなるも、其子孫の婚姻にも関係することに付、十分に親族会の諒解を求めたる上、処置すへき旨を申遣はし置けりとの談を為せり。此時、前田利為は前田利定の弟なること、前田利為の養母〔朗子、侯爵鍋島直大長女〕、即ち故利嗣〔旧金沢藩主前田家先代当主、侯爵、故人〕の妻、渼子の母は、鍋島家より嫁したるものなること、岡部長職の妻〔坻子、前田斉泰四女〕は前田利嗣の妹〔正しくは叔母〕なることを聞きたり。

○枢密院控所より審査局に返りたる後西野英男に、先頃父の遺稿の謄写を嘱し置たる処、父の遺稿あり。清浦（奎吾）より之を借覧し度と云ふも、一部のみなるを以て、謄本を作りたる上、之を貸さんと云ひ置きたり。先頃嘱し置たる詩の方は之を後にし、此の文の方を先きに写し呉よと云ひ、文稿一冊を交す。西野、詩の方は最早写し終り、一、二不審の処あり。之を質したる上に記入すれは完結する旨を告く。

○炊婢見習サワを雇ふ（今日か明日か確かならす）。

七月五日

○七月五日木曜。曇夜雨。

○午前九時三十分頃より出勤す。

○午前十時後賞勲局に行き、仙石政敬を訪ふ。未た出勤せす。名刺を給仕に交し、予か仙石の任官を賀する為に来りたる旨を伝へしむ。

○午前十時後賞勲局に行くとき、自動車置場の前にて金田才平に遇ふ。金田、昨日渡部（信）に話されたる外国旅費の原案にては官の都合に因り旅行命令を取消す場合を含まさる故、其場合は之を加ゆることに為し、貴説（予の説）の旅行命令を変更する場合は中止か取消の中に含むことに致し度と云ふ。是は行々談したるなり。予強ひて変更の字を加ゆることを主張せさるへき旨を告く。

○午後一時後食堂にて徳川頼倫に、木の瘤は瘤にても瘻にても宜しきも、瘻の方適当なるへく、木瘻にて観音像を作りたるものなれは、木瘻観音と云ふのみにては面白からす、木の名か分かれは木名を附け、例へは柳瘻観音とか桜瘻観音とか云ふ方面白き様なり。木の名は分からさるやと云ふ。徳川、分らすと云ひ、牧野（伸顕）に示す為自席に返り、観音像を持ち来りたり。一昨三日、徳川より木の瘤は何の字を用ゆるか適当なるへきやを問ひ（食堂にて予と国府種徳とに問ひ、予も国分も瘤か瘻なるへき旨を告け、尚ほ取調へ見るへしと云ひ、其夜取調へたる処、瘻か一番宜しき様なるに付）、昨日徳川の室にて、小原（駩吉）、徳川と談したるとき、瘻か宜しかるへき旨を告け置き、昨日尚ほ取調へたる処、瘻か最も用例多く、瘤も用例あるに付、其ことを今日更に告けたるなり。

○午前十時後西野英男来り、枢密院より都筑（馨六）死したるに付、供物を為すか、之に加はるやを問ひ来ると云ふ。予之に加はることを答へしむ。

○午前十時後内子より電話し、枢密院より電話したるやを問ふ。予電話したる旨を告く。内子、先刻枢密院より電話したるに付、只今は出勤途中なる故、暫時の後審査局に電話すへき旨を告け置きたりと云ふ。

○午後二時頃金井四郎来る。之に先日金井より預り置きたる蒲（穆）の書状を返す。金井、東久邇宮妃殿下の性行宜しきこと、朝香宮の附属員として仏国に遣はすものは折田有彦か宜しと思ふこと、東久邇宮妃殿下は時として節約に過きることあるに付、先般注意なさるへき旨を言上したること、竹田宮妃殿下か東久邇宮にては一同にこにこし居るか、何に因りて彼の様に円満に行くものなりやとの話を東久邇宮妃殿下になされたる趣なること、先頃良子女王殿下、竹田宮妃殿下を東久邇宮邸に招き、晩餐を共にせられたるか、如何なる話をなされたるや、諫早（某）も聞かすと云ひ居りたること、其他種々の談を為し、話すること一時間許にして去る。

○午後三時前王世子邸より電話にて、今日陸軍省より辞令書を送り来りたるに付、之を報告すと云ふ。辞令は世子を陸軍歩兵大尉に任するものなり。此ことは昨日高羲敬か来りたるとき、陸軍省より其旨を内報し来りたりとの談を為し居りたり。

○午後三時頃内子に電話し、世子邸に行かさるへからさること出来たるに付フロックコートの上衣と高帽とを持たせ、車夫を直くに遣はすへき旨を告く。

○午後三時後西野英男来り、明日有栖川宮妃殿下の御葬儀には、午前七時に自動車を山崎四男六の家に遣はし、夫より山口鋭之助の家に過きり、又上野季三郎の家に過きり、此等の人を載せ、七時三十分頃貴邸（予か家）に達する予定なりとのことなる旨を報す。

○午後零時後食堂にて金田才平に、先刻話したる外国旅費令のことは実際旅行命令を変更し、遠き処に行くことゝなり居りたるを近き処に行くことに変更することあるへく、此の如き場合の為、旅行命令を（変更する場合）を加へ置く方、便利に非さるやと云ふ。金田、後刻案文を持ち行きて相談すへしと云ひ、二時前案文を持ち来り、旅行命令を変更する場合は一方は旅行を中止し、一方は新に旅行を命することゝ解釈し、原案の通りにて承知し呉よと云ふ。予、変更の字を加ゆることを嫌ふ理由なきも、左程主張するならは強ひて争はさる旨を答ふ。

○午後一時後頃西野英男より、先考詩稿中の誤字又は修正に付質す所ありたり。
○午後三時後西野英男より、明日は各部局とも早退する趣に付、審査局にても之に倣ふを宜しきやと云ふ。予宜しき旨を答ふ。
〔欄外に付記〕
補遺
午後三時三十分より衣を更へ高帽を戴き、世子邸に行き、世子及妃に謁し、世子か今日陸軍歩兵大尉に任せられたることを賀す。予か行きたるとき、世子は東宮御所其他に行き居り、待つこと十分間許にして帰り来りたり。世子より酒肴料金三円を贈る。

七月六日

○七月六日金曜。雨。
○午前七時十分頃上野季三郎の家より電話にて、自動車上野の家を発するに付、十分間乃至十五分間許にて予か家に到るへき旨を報す。上野の家より予が家まては十分間を費やすへき筈なし。予之を疑ひ居りたるに、七時三十分頃に到り自動車来る。山崎四男六、上野季三郎乗車し居り。山口鋭之助も同乗する予定なりし処、在らさるを以て之を問ひたるに、山口は病気に〔付〕、儀に来らさることゝなれりと云ふ。又上野よりの電話は、自動車か未た上野の家に来らさるときに掛けたるものなりと云ふ。
三人にて豊島岡に行き、故威仁親王妃慰子殿下の葬儀に会す。先つ護国寺書院に休息し、九時三十五分頃柩達す。乃ち門内路傍にて之を迎へ、復た休所に返り、少時の後式場の幄舎に入り、順に従ひ榊を供へて、山崎、上野と共に自動車に乗り、直に家に帰り、十一時後達す。今日は宮内省に出勤せす。
○午後二時頃より往て都筑馨六を弔し、直に家に帰る。
○午後、渋沢栄一に答ふる書を贈る。渋沢は米国に於ける日本人待遇問題に関する意見書を予に示したるなり。
○午後五時頃王世子邸より電話にて、本月八日午後六時より晩餐を催ふすに付出席を請ふ旨を告く。

七月七日

○七月七日土曜。微雨後曇。
○午前九時三十分頃より出勤す。
○午前十時後、伊夫伎準一と審査官補欠のことを談し、伊夫伎をして白根松介に相談せしむることとなす。
○午前十一時頃西野英男をして宗秩寮に就き、明後九日北白川宮成久王の百日祭及有栖川宮妃慰子の十日祭の時刻を問はしむ。西野、北白川宮の権舎祭は午前八時三十分にて、墓所祭は午前十一時、有栖川宮の権舎祭は午後二時にて、墓所祭は午後四時なる趣を告く。予西野に、其日自動車を借ることを謀らしむ。
○午前十一時四十分頃酒巻芳男来り、邦久王臣籍降下の為の皇族会議は本月二十三日に開かるることに決して宜しからんとのことなり。邦彦王殿下は今日出発、北海道に行かるるに付、今日の日附にて邦久王の降下願を出さるることに取計ふ積りなり。枢密院会議のことは入江（貫一）より既に枢密院に打合せたる筈なり。邦久王の降下に関する決議には邦彦王と朝融王とのみ数に加はられさることに為し、多嘉王は叔姪の間柄なるも、数に加はらして宜しからん。叔姪を避くれは守正王も同様なりと云ふ。予夫れにて宜しからんと云ふ。

○午前十一時五十分頃西野英男より、鈴木重孝は有栖川宮妃の欽葬翌日祭の奏任官総代として参列し、今日は出勤せさる旨を報することを青山操に嘱し、青山より只今電話にて、林野管理局より通知し来りたる旨を報す。

七月八日

○七月八日日曜。曇。

○午前八時後より内子、安を従へ、三越呉服店に行き、物を買ふ。

○午前十時より都筑馨六の告別式に会し、十一時前帰る。

○内子等午前十一時頃帰る。

○午後三時後頃荒井カズヱ来り訪ひ、荒井賢太郎の意を伝ふ。其趣意は左の如し。鈞をして朝鮮銀行元山支店長より内地の支店に転任せしむることは荒井より鈴木穆に相談し置けり。其任所、時日等は分らされとも、鈴木か銀行副総裁と為りたるに付、何とか取計ひ呉るるならん。依て鈞か請暇して上京することは暫く見合せ置く方宜しからんとのことなり。予之を謝す。カズヱは、駒井某〔重次、大蔵省銀行検査官〕か水町袈裟六〔前日本銀行副総裁〕の女〔寿賀〕を娶るに付、荒井夫妻か媒妁と為り、明日荒井の官舎にて結納を取り替はすことになり居るに付、媒妁の為すへき振合を問ひ合はす為に来りたるなり。話すること二十分間許にして去る。

○午後五時三十分頃より王世子邸に行き、晩餐に会す。世子か陸軍歩兵大尉と為りたるに付、予及高羲敬、金応善、小山善、桜井某と共に世子夫妻にて晩餐を催ふされたるなり。八時頃帰る。

○午後四時後木村英俊来り、台湾総督府参事官に転任したることに付挨拶す。

七月九日

○七月九日月曜。雨。

○午前七時四十分頃東久世秀雄自動車に乗り来る。予、之と同乗して北白川宮邸に行き、故成久王百日祭に参す。宮邸にて井上勝之助より、昨日都筑馨六の葬に某寺に行きたる処、桂昌院〔徳川幕府第三代将軍徳川家光の側室、同第五代将軍徳川綱吉の生母〕の墓あり。所謂桂昌院は何人なるやと云ふ。之を知るものなし。予も之を確記せす。或は春日局〔徳川家光の乳母〕には非さりしやと云ふ。

又小原（駩吉）に対し、諸陵頭欠員なるか、大谷正男をして転任せしめ、大臣官房の空気を一新せは宜しからん。之を可とすれは、予等より之を説きては、次官（関屋貞三郎）か大谷を排斥するものとして承知せす、入江（貫一）をして関屋に説かしむることか宜しからんと云ふ。小原、其事か行はるれは好都合なりと云ふ。

既に礼拝を終りたる後、西園寺（八郎）、小原（駩吉）と話す。予は、東久世（秀雄）と共に自動車に乗らさるへからさるに付、東久世か権舎より出て来るを待ち居りたり。小原より西園寺に大谷を諸陵頭と為すことを談す。西園寺、其ことか出来くれは都合宜し。但、入江（貫一）をして次官（関屋貞三郎）に説かしめ、入江も次官に対する反対党なりとの考を起さしめては宜しからす。加之自分（西園寺）は正親町（実正）を賞勲局総裁と為したることに付失敗せり。骨折りて正親町を転任せしめ、其後任に徳川達孝か来りては何の効もなかりしなり。此節も大谷を転任せしめ、其跡に渡部（信）ても入れては却て悪しきことになる故、寧ろ手を著けさる方、宜しきやも計り難しと云ふ。十時頃より東久世（秀雄）と同乗して宮内省に返る。東久世の外、稲垣潤太郎も同乗せり。玄関にて東久世、稲垣と別れ、二人は林野管理局に返る。

予運転手に、予は直に豊島岡に行くに付、林野管理局より直に玄関に来ることを命す。十時二十分頃玄関に行く。自動車未た来らす。給仕、西野英男に告く。西野電話にて自動車を促す。少時の後来る。乃ち豊島岡に行く。

成久王の墓に拝するとき、雨甚し。午後零時頃より西園寺（八郎）と同乗して宮内省に返る。西園寺と車中にて、大谷正男を諸陵頭に転任せしむることを談す。西園寺、入江（貫一）をして試みに関屋（貞三郎）に説かしめても宜しからんと云ふ。

豊島岡にて有馬頼寧氏夫人より、先日は心配を掛けたりとの挨拶を為す。是は、頼寧氏か脳貧血に付、転地療養を勧めたるときのことを指したるものならん。予頼寧氏の容体を問ふ。夫人長野県より帰りたる後は静養し居りて異状なしと云ふ。

○豊島岡より宮内省に返りたる後西野英男に、予は今日午後有栖川宮妃（慰子）の十日祭には権舎にも墓所にも行く積りにて自動車を借ることに致し置きたるも、権舎には行くも、墓所に行くことは止め度に付、其旨を主馬寮に通知し、且予か家に電話し、午後四時に迎の人力車を遣はすことを命し呉よと云ふ。少時の後、西野来りて双方に電話したる旨を報す。午後一時三十五分頃原某（侍従）、自動車に乗り来り誘ふ。予、乃ち同乗して有栖川宮邸に行く。二時後礼拝を終り、原と共に宮内省に返る。北白川宮、有栖川宮邸にて菓子（箱入）を受く。

○午後二時後予か宮内省に返りたるとき、伊夫伎準一より、先刻次官（関屋貞三郎）来り、貴官（予）を訪ひたるも、不在なる旨を告けたる処、次官（関屋）より、用事は大谷正男、白根松介に告け置くとのことなりし故、只今大谷に貴官（予）、帰省のことを告けたるも、大谷は次官（関屋）より何事も聞き居らすとのことにて、白根か何か聞き居るならんと云ひ居れり。次官は既に豊島岡に（有栖川宮の妃墓所の十日祭の為）行きたりとのことなり。白根は只今其事務所に在らさりしと云ふ。

少時の後白根来り、本月二十三日、邦久王殿下か臣籍に降下せらるる為、皇族会議を開かるることになり居る処、事柄は簡短にて別段の問題なからんとは思へとも、摂政殿下か議事を総裁遊はさるることは初めてのことなる故、万一意外なる問題ても起りたるときは困ることあるへし。先年の皇族会議のときは南部（光臣）か参事官として会議のことを管掌したるに拘はらす、貴官（予）か説明の任に当られ居る故、此節も貴官に説明を嘱せんとの意向なりと云ふ。予、皇族ノ降下ニ関スル準則を設けらるるとき、摂政を置かるるとき等には予か説明を為したるも、山階侯爵か降下せらるるときは、予は説明員と為らさりしと云ふ。白根、然りしか。夫れは兎も角、明十日午前十時頃より（摂政殿下の葉山行啓を奉送したる後）宮内大臣官邸にて邦久王の降下に関することに付、生することあるへき問題を考へて協議し置き度に付、出席あり度とのことなり。出席者は次官（関屋貞三郎）、徳川頼倫、酒巻芳男、入江貫一のみならんと云ふ。予之を諾す。

○午後四時後、家に帰りたる後、内子に桂昌院のことを問ふ。内子、予か北白川宮邸にて井上勝之助に告けたることは誤り居ると云ひ、事実を談す。予、大日本人名辞書に就き、桂昌院のことを調査す。

〔欄外に付記〕

補遺

午前北白川宮邸にて金井四郎に、池田某か仏国より贈りたる書状を返す。書状は先日金井か宮内省に持ち来りて、予に示したるものなり。

七月一〇日

○七月十日火曜。朝晴午後雨。

○午前八時頃より東京駅に行き、皇太子殿下の葉山に行啓したまふを奉送す。時尚ほ早し。清浦奎吾、石黒忠悳等と話す。又プラツトホームにて仙石政敬と話し、今夕宮内省の学士会にて仙石の転任祝賀会を開く趣なるも、予は出席し難き旨を告く。仙石、自分（仙石）も前約あり、出席し難し。今夕の会は自分（仙石）の為と金田才平の洋行を送る為とのことなる処、金田は出発期迫まり居る故、自分（仙石）に拘はらす開会することを勧め置きたりと云ふ。又プラツトホームより出口に来るとき、廊下にて荒井賢太郎と話し、荒井か其妻カズヱをして予に伝へしめたる、鈞を内地に転任せしむる様、荒井より鈴木穆に談したることを聞きたる旨を告く。荒井、鈴木か何とか取計ふへき旨を告く。

午前九時四十五分皇太子殿下を奉送したる後、直に宮内大臣官舎に行き、牧野伸顕、関屋貞三郎、入江貫一、酒巻芳男と共に、邦久王臣籍に降下せらるることに付、皇族会議を開かるる手続、及ひ之に関して生することあるへき問題を協議す。牧野より皇族ノ降下ニ関スル準則に付皇族会議を開かれたるときは、終に議決に至らすして閉会せられ居るか、各皇族は、彼の準則は効力を生し居るものなることは御承知相成り居るやと云ふ。予、準則は面倒なることありて、議決に至らさりしも、勅裁あり。準則は各皇族に之を通知せられ居るに付、其効力あることを承知せられ居ることは疑なしと云ふ。種々の説ありたるも、邦久王の降下に付ては何故に今日まて降下か延ひたりや。山階侯爵は成年式を行はれす、邦久王は之を行はれたるは何故なりや。邦久王の成年式は何故延行したりや。此等の点より外には問題なかるへく、邦久王の成年式の後れたるは、久邇宮の御親族に凶事ありたる為、又臣籍降下の後れたるは同王の士官学校卒業期迫まりたる為、卒業を待つことに為す方、適当なりし為と云ふことの外、別段の理由なきことを協議し、十二時前協議を終り、関屋貞三郎と自動車に同乗して宮内省に返る。

車中にて予、国分三亥に久邇宮殿下の北海道行には国分は随行せさる方宜しかるへき旨を告け、国分も一応は之を断はりたる模様なるも、殿下か国分を随行せしめられたる趣なることを談す。関屋、久邇宮には事務官三人あり。其一は国分、其二は野村（礼譲）、其三は分部（某）〔資吉、久邇宮附属官〕なりとの説ありと云ひ居りたり。国分には其ことは告けさりしも、自分（関屋）よりも注意は致し置きたり。先日、佐藤（愛麿）を宮中顧問官と為すとき、自分（関屋）は国分も同時に顧問官と為して宜しからんと思ひたるも、白根（松介）か何か意見ありたる様なり。大臣（牧野伸顕）は、国分か今の様に骨折りては手当二千円にては気の毒なりと云ひ居るも、国分のみ増す訳には行かさる故、皇太子殿下の御結婚ても済ませられたらは、何か詮議の途もあるならんと思ふと云ふ。予手当は国分のみ増すことは宜しからすと云ふ。

○午後一時より歩して内閣総理大臣官舎に行く。二時後より諮問第五号（衆議院議員選挙法改正問題）に付、臨時法制審議会総会を開き、内閣総理大臣（加藤友三郎）より諮問の趣旨を説明し、関直彦〔臨時法制審議会委員、衆議院議員・革新倶楽部、東京弁護士会会長〕、南鼎三〔臨時法制審議会臨時委員、衆議院議員・庚申倶楽部〕と加藤との間に問答を為し、総裁穂積陳重より本件の主査委員二十六名を指定し、主査委員は直に主査委員会を開き、主査委員長を選挙して報告すへき旨を告けて散会す。時に三時頃なり。

乃ち直に別室にて主査委員会を開く。花井卓蔵、予を主査委員長と為すへきことを発議す。賛成の声起り、一人の反対なし。予之を辞する旨を陳ふ。肯かす。乃ち委員長席に就き、此次に主査委員会を開くへき日付を諜る。花井は、参考書を配付するならは速に之を配付し、一応之を閲みたる上にて次回の委員会を開くへしと云ひ、下岡某〔忠治、臨時法制審議会臨時委員、衆議院議員・憲政会〕は、選挙法問題は世論の焼点と為り居るに付、速に之を議了する必要あり。暑中も勉強して審議すへしと云ひ、阪谷芳郎は、慎重に審議すへし。政府は審議会に諮問し居ることを以て議会に答弁すへきも、議会は自己の権能を以て選挙法改正案を提出することを妨けられさるに付、審議会の審議は急くに及はすと云ふ。予、審議を急くへしと云ひ、之を急くに及はすと云ひ、其の他種々の意見あるへく（市村光恵〔臨時法制審議会臨時委員、京都帝国大学法学部教授〕なりしならん。次回の委員会を開くまてに二十日以上の猶予を置くことを望む旨を述へたり）、此等の意見を討議して審議の手続方針を定むるより外、致方なきに付、兎も角、次回の開会日を定むることにすへしと云ひ、本月二十一日午後一時三十分より委員会を開くへき旨を諜る。異議なし。之に決して散会し、予は直に帰途に就く。

永田町小学校の辺より降雨に遇ひ、赤坂見附の処にては殊に甚しく、雨具なき為衣帽全く湿ひ、其形漏したり。四時前家に達す。

○午餐のとき食堂にて、大日本人名辞書より桂昌院のことを写し取りたるものを井上勝之助に交す。但字書には桂昌院は家綱〔徳川家綱、徳川幕府第四代将軍、生母は家光の側室宝樹院〕を生みたる様に記し居るも（野史に拠りて）、是は野史の誤なる故、綱吉を生みたることに訂正し置けり。午前、東京駅にて井上に対し、昨日桂昌院は春日局ならんと云ひ置たるは誤にて、家光の妻にて綱吉を生みたるものなることを告け置たるを以て食堂にて字書の写を交したるなり。

〔欄外に付記〕

○補遺

午後零時後金井四郎食堂に来り、東久邇宮にて侍女を雇ひ入るる必要あり。其候補者の取調書を貴官（予）の机上に置きたり。之を閲し置き呉よと云ふ。予、予は別に意見なし。観るに及はさるへしと云ふ。金井、急くことはなき故、観置き呉よと云ふ。予審査局に返りたる後、之を見たるに、京都の士族梅戸鳩太郎〔不詳〕の次女次枝の取調書と其の写真とありたり。

七月一一日

○七月十一日水曜。曇。

○午前八時前穂積陳重に電話し、往訪せんと欲する旨を告く。穂積、午前は家に在り。何時にても宜しと云ふ。予乃ち後刻往くへき旨を告け、八時頃より往て之を訪ひ、昨日臨時法制審議会にて諮問第五号の主査委員と為り、主査委員会にては予を主査委員長に選挙せり。予は当時之を辞せんと欲し、其旨を告けたるも、委員は之を肯んせす。予も委員に対して之を辞するは手続を誤りたるものなりと謂ひ、昨日は次回の委員会を開くへき日付のみを協議し置きたり。予は本務の外、予算委員、東宮殿下御婚儀の準備等に関係し居り、孰れも秋より年末に掛け多忙なる職務なり。衆議院議員選挙法の改正は仮令ひ慎重審議を要するも、民法刑法等の如く数年を費やす訳には行かさるへし。予が多用の為、審議進行せさる様のことにては甚た不本意なるを以て、主査委員長を辞し度。之を辞するには主査委員たることを解く必要ありと思ふに付、其取計を為し呉よと云ふ。

穂積、事情は諒承せり。一たひ決したる故、決して之を変更せすと云ふ様なることは云はす。但、此節の臨時委員幷に主査委員の選定等は主として政府にて準備を為し、自分（穂積）及平沼（騏一郎）の意見にては僅の変更を為したる位に過きす、君（予）の辞意は之を聞きたるも、直に之を諾する訳には行かす。君（予）か辞することになれは、其後は如何処置するや。夫等のことも政府の都合もあるへく、いつれ平沼及ひ政府の人とも協議せさるへからさることなる故、君（予）より平沼及馬場（鍈一）に談し、二人の諒解を求め置くことにし置き呉れよ。左すれは、自分（穂積）より篤と協議して、此の次の会までに答ふることにすへしと云ふ。夫れより選挙法の問題は陪審法よりも簡短なりと云ふ様なる談を為し、刑法改正のことは是非とも予を煩はささるへからさる故、其上に他のことまて担当せしむるは気の毒なりと云ふ様なる話を為し、予将に去らんと〔す〕。

穂積、曾て書状にて不審を質したる大木喬任の書幅中の尚ほ一字不明の処あり。之を見呉よと云ひ、家人をして書幅を持ち来らしむ。玄関にて之を観る。其書は（外寛内正自□〔旂カ〕于櫜栝之中汲々于仁遽〔蘧〕伯玉之行也）とありて、自の下の字か不明なり。予或は遊ならんと云ふ。穂積或は然らんと云ふ。十時前宮内省に達す。

西野英男をして馬場鍈一に電話し、予か法制局に往訪せんと欲する旨を告けしむ。馬場、只今他と用談中なり。二十分間許の後に来り呉よと云ふ。

十時三十分頃法制局に往き、馬場に対し、大略穂積に談したる如きことを談す。馬場、貴官（予）の外には適任者なし。貴官（予）か辞しては始末に困る。自分（馬場）は総裁（穂積）か何と云ひて〔も〕諒解することは出来すと云ふ。予、鈴木（喜三郎）か適任なりと云ふ。馬場、検事総長か主査委員長と為りては、世人より取締に重きを置くの疑を受る故、不都合なり。平沼（騏一郎）抔は鈴木説には大反対なり。君（予）多用ならは、十一月頃まては小委員会に移し、君（予）か出席せすとも差支なき様に取計ふへきに付、是非引受け呉よ。君（予）辞すると云へは、総理（加藤友三郎）より依頼することもせさるへからすと云ふ（一木喜徳郎には加藤より依頼したるも、一木か之を拒みたるものならん）。予、いつれ総裁（穂積）より相談すへきに付、是非とも予の望を達する様にせよと云ふて去る。

午後一時頃西野英男をして平沼（騏一郎）に電話し、二時後に往訪せんと欲する旨を告けしむ。平沼、二時過より会議する積りなるに付、今少し早く来ることを望む旨を答ふ。予乃ち直に往くへき旨を答へしめ、歩して大審院に到る。鈴木喜三郎正に平沼と話す。鈴木、予か談を妨くるを慮りて去らんとす。予去るに及はさる旨を告け、穂積（陳重）に談したる所と同様なることを談す。

平沼も鈴木も、予か主査委員長を辞しては他に適当なる人なしと云ふ。予、予は鈴木か適当なりと思ふも、何か都合ある趣に付、之を外にするとするも、松室致の如き適当なる人あるに非すやと云ふ。鈴木議員たる人は之を除く必要ありと云ふ。鈴木又選挙法に付ては格別永く審議する必要なかるへく、五、六回も会議したらは主査会を終はることを得るならんと思ふと云ふ。平沼政友会にては左様に急くことは好まさるへしと云ふ。鈴木、岡野（敬次郎、司法大臣）抔は成るへく此次の議会に提出する方宜しと云ひ居りたりと云ふ。平沼、政府としては此く云ふへきも、政友会は延はすことを好むならんと云ふ。鈴木、普通選挙になれは政友会は是迠の行掛りにて困るへきも、然らされは、急きても困ることはなからんと云ふ。平沼納税資格を維持することは最早出来さるならんと云ふ。鈴木、内務省の諮査のときも其点に付ては意見一致せす。甲説は納税資格撤廃を主張し、乙説即ち主として自分（鈴木）か主張したるものは、幾分にても納税することなり。是は独立の生計を立つると云ふと同様なる考なるも、独立の生計と云ふては之を認むる標準なきに付、幾分にても納税する者に資格を与へんと欲するなり。二説の一致を得さりしに付、二説ある旨を以て答申することになりたるなりと云ふ。予、純然たる官庁の調査にて其位まて進みたるならは、官民合同の調査ならは納税資格は止むることになるならんと云ふ。

○午前八時前、自宅にて金井四郎に電話し、昨日示されたる侍女候補者（梅戸次枝）の取調書は之を見たり。至極宜しき様なり。容姿も醜くからす、彼ならは稔彦王殿下の望にも違はさるへしと云ふ。金井、実際は案外醜なるやも計り難し。兎も角、雇ひ入るることにすへしと云ふ。

○午前十一時頃高義敬来り、世子は前の日曜に新宿御苑にて赤星某とゴルフ戯を為し、余程面白かりし模様にて、其後其談をなされ居れり。自分（高）の次男は愈々仏国に留学せしむることに決し、来月初（是は確に記臆せす）出港の船にて出発せしむる積りなり。既に宇佐美（勝夫）（東京府知事、元朝鮮総督府内務部長官）の取計にて、速に旅券も受取りたり。梨本宮よりの電話にて前梨本宮附なりし坪井祥、病気危篤の旨を報し来れり。世子邸よりの取扱は如何すへきやと云ふ。予、貴息（高の子）の仏国行は結構なり。坪井には世子邸よりは妃の関係あるに付、香料は贈らるる必要あるへし。其他のことは必要なからんと思へとも、前皇族附職員に対する各宮の取扱振は予は承知せす。宗秩寮にて問ひ合せ見たらは宜しからんと云ふ。

○午後四時後金井四郎より電話にて、東久邇宮妃殿下方（王子同伴）本月十七日午後（時刻は失念せり）出発、鵠沼（吉村某の別荘）に避暑せられ、八月中位は滞在せらるる予定なり。本月二十三日は邦彦王殿下の誕辰にて、祝宴を催ふさるる趣なるか、其時は妃殿下か鵠沼より帰りて宴に列せらるるや否は未定なり。本月二十五、六日頃には邦久王か臣籍を降下せらるへきに付、其時は是非妃殿下の帰京を請ふことに申上け置きたり。本月二十三日、久邇宮殿下の誕辰祝宴のときは、貴官（予）も東久邇宮の関係にて召さるる趣にて、久邇宮殿下の職員より貴官（予）か出席せらるるや否を問ひ来り居れとも、尚ほ時日もあることに付、急に諾否を問ふに及はさるに非すやと云ひ置きたりと云ふ。予、近日中東久邇宮邸に候すへく、久邇宮邸の祝宴に出席するや否は近日中に答ふへしと云ふ。

○午後六時頃、鈞本月八日の書達し、木浦支店の支配人に転勤することになりたる趣を報し来る。

○午前十時頃西野英男をして、明日天皇皇后両陛下の日光に行幸啓あらせらるるを奉送するとき、自動車を借ることを主馬寮に謀らしむ。午後二時後、予か大審院より宮内省に返りたるときは、西野は宮内省の職〔員〕互助会組織の評議の為、他の部室に行き居り、高畑某（不詳）をして予に、明日は午前七時に自動車を伊藤博邦の家に遣はし、伊藤か乗車して、七時二十分頃貴宅（予か家）に廻はり、誘ふて上野駅に行くとのことなる旨を報せしむ。

○今日は午後二時より大審院に行き、平沼騏一郎を訪ふ積りにて、車夫に二時に迎ひに来るへきことを命し置たる処、平沼の都合にて二時前に歩し大審院に行き、宮内省に返りたるときは、車夫既に来り居りたる故、二時五分頃より退省せり。
○午後六時頃、鈞本月八日の書達す。本月七日、木浦支店に転勤せしむる旨の電報、朝鮮銀行本店より達したることを報す。内子をして荒井カスヱに電話し、其旨を報せしむ。

七月一二日

○七月十二日木曜。曇。
○午前七時十分頃伊藤博邦来り誘ふ。遽てゝ服を著け（既に服を著け居りたるも、未た著け終らさるときに伊藤か来りたり）、伊藤と同乗して上野駅に行き、七時三十分後に駅に達し、八時十分、天皇皇后両陛下の日光に行幸啓あらせらるるを奉送し、伊藤、山崎（四男六）、上野（季三郎）と同乗して宮内省に返る。上野駅にて大島義脩に、御奥より女子学習院の生徒数人の写真を取り寄せられたる様のことなきやを問ふ。大島左様なることなしと云ふ。予亦然るかと云ひたるのみにて、他のことを云はすして止みたり。
○午前十時後酒巻芳男来り、邦久王の降下に付枢密院に御諮詢あらせらるる書類に捺印を求む。予添附の参考書は必要なかるへき旨を告く。
○昨日午後零時後食堂にて、伊藤博邦か千葉の牧場にて馬の競売を為すとき、予定価格はいつれも千円以下と為し置きたり。是は千円以上と為せは宮内大臣の認可を請はさるへからさる為、之を避くるなりと云ひ、予か其傍に在りたるに気附き、是は悪しかりしと云ひたる故、予、認可を請ふ規則は実益なきに付、其廃止を主張し、既に廃止せられたるに付、懸念に及はすと云ひ置きたり。
然るに今朝、伊夫伎準一に規定廃止のことは既に発表したるやを問ひたる処、次官（関屋貞三郎）に意見あり。参事官にて改案したりとか云ふことにて未た発表せすと云ふ。予、之を聞きたるを以て、午後零時後食堂にて、伊東太郎（主馬寮事務官・車馬課長、伊東巳代治の息子）に昨日のことを告け、予は既に規則は廃止せられたりと伊藤（博邦）に云ひ置きたるも、未た発表せさる趣に付、其旨を伊藤に伝へ呉よと云ひ、伊東之を諾す。

午後二時後入江貫一審査局に来り、先刻、認可を請ふことの規則廃止に関し、話を為され居りたることを聞きたるか、該件は内蔵寮の意見を聞く必要ありと思ひ、之を問ひたるに、山崎（四男六）は初は廃止には躊躇する様の口気なりしも、結局予算にて制限すれは認可の必要なしとて廃止に賛成せり。然るに、次官（関屋貞三郎）か同意せさる為、終に之を改案し、制限の程度を改め五千円以上の売買又は工事と林野管理局の売却は三万円以上のときは、認可を請ふへきことゝ為し置きたりと云ふ。予、改正案の通りと為さは、実際は適用なからん。冗文を作るも愚なる様なれとも、次官か主張するならは已むを得さるへしと云ふ。

予又静岡県の御料地を県に払ひ下くることに付、先日自動車にて東久世（秀雄）より聞きたる事情を告け、東久世抔も表面は払下の理由を主張し居れとも、静岡県に払ひ下けれは他より続々出願すへく、既に岐阜県よりは願書を出し居る旨を話し居りたること、沼津御用邸に関する交換、小田原に於ける交換の事実を略説し、入江の注意を望みたり。

入江又東宮殿下御結婚の時の恩賜に関する取調は大谷正男、金田才平、稲垣（潤太郎）担当し居る模様にて、一寸聞きたる処にては、皇室より若干の恩賜あれは、之を本として各府県にて其事業に付多額の金を募集する積りなる由にて、事業の種類も非常に多く、賜金は一廉に付ては極めて少額となる様なり。殊に特殊部落の改善費なる題目を掲くるとのことなるか、此ことは自分（入江）は非常に懸念し居れり。如何と云ふ。予、大臣、次官か社会事業々々々々と云ふは、悪しきには勿論非さるも、効能ある程多額を賜はる訳には行かす、余り少額にては有り難からす、寧ろ種類は少くとも、幾分効能ある様に致し度。先年米価暴騰のとき三百万円を賜はりたるも、受けたる方にては夫程感せさりしなり。況んや夫より少額なるものを小分すれは、尚更効能なきことになるへし。特殊部落のことは特に其の名目を設くるは絶対に不可なり。右様のことをすれは、如何程多額を賜はりても、非常に反感を生すへしと云ふ。入江自分（入江）も同様の考なりと云ふ。話すること五、六分間にして去る。

○午後三時後酒巻芳男来り、邦久王降下に関する皇族会議のときは説明員として次官（関屋貞三郎）、徳川総裁（頼倫）及貴官（予）三人とすることに内定せり。人選は大臣（牧野伸顕）より次官（関屋）に一任し、次官か其通りに定めたりと云ふ。予、入江は加へさるやと云ふ。酒巻、加へす。自分（酒巻）も其ことには懸念し居るも、此上に加ゆれは余り多人数となるへしと云ふ。予、予の考へにては、次官も予も不必要なり。徳川と入江と二人にするか適当なりと云ふ。酒巻、貴官のことは大臣か特に指定したるなりと云ふ。予、大臣は降下に関する準則を設けらるるときの皇族会議のときのことを考へ、予を必要とするものなるへきも、此節は法律論はなし。問題かあれは大臣に分り、大臣か答ふるか宜しきものなり。然し、今日にては皇族会議は参事官の所管に非さる故、入江か加はらさるも悪しきこともなからんと云ふ。酒巻、自分（酒巻）と山田益彦とか会議筆記を作ることゝなり居れり。総裁（徳川）を其監督と為し（説明者となさす）、入江を説明員と為せは、入江を加ふることも出来さることはなからんと云ふ。予、徳川を筆記の監督者と為すは不可なりと云ふ。酒巻議案の朗読は何人か為すか適当なるへきやと云ふ。此ことは話を進めすして止む。

○午前、安をして医多納栄一郎及坂田稔の家に付、謝金を致し、又一ツ木郵便局に行き、恩給金を取り、之を貯金と為さしむ。

七月一三日

○七月十三日金曜。微雨後曇。

○午前九時三十分頃より出勤す。

○午前十一時頃高羲敬来り伺ふ。時に伊夫伎準一及青山操と会計令施行規則改正案（千円以上の工事売買及一万円以上の木材売却等に付宮内大臣の認可を受くへき規定を改むること）に付協議し居りたるに付、高は入らすして去る。少時の後復た来り、世子は近日陸軍大学校の課業殊に忙しく、夜まて研究せらるることあり。本月十六日には式部長官（井上勝之助）か年少の皇族数人を新宿御苑に招請し、運動戯を為し、午餐を供する趣にて、世子にも其意を致したるも、世子は学校の課業忙しき為、招に応せられさることゝなれり。坪井祥死亡に付ては各皇族より三千疋（七円五十銭）位の香料を贈らるる趣に付、世子邸よりも其振合に依ることゝなせり。但、梨本宮よりは香料の外に榼を贈らるる趣なりと云ふ。

高又西園寺（八郎）には、世子邸より二百円許に相当する品を贈る積りの処、御木本にてカフス釦チヨツキ釦及シヤツ釦の揃ひものにて箱に入れたるものを買ひたる処、其代価百五十円許なり。依て此外に反物を添へて贈ることにすへし。赤星某夫婦には反物を贈りたり。

〔欄外に付記〕

補遺

午前高義敬審査局に来り、世子は本月末より陸軍大学校休季に付、妃と共に日光に避暑せられ度とのことなり。八月十四日までに帰京せらるれは宜しきに付、十二、三日間の滞在なり。場所は輪王寺を借ることとか出来るとのことなるか、今年既に他に約束あるや否、取調へさるへからす。自分（高）よりは一応顧問（予）に相談したる上に可否を申上くへしと云ひ置きたりと云ふ。予、皇族方大概避暑せらるるに付、世子の避暑も已むを得さるへし。輪王寺の方は取調へ見たらは宜しからんと云ふ。

〇午前十一時後酒巻芳男来り、清棲（家教）薨去したる由。先日一年五千円許の恩賜あることに協議し置たるも、実行せさる内に薨去せり。大谷（正男）は此際五万円を賜はりたらは、宜しからんと云ひ居れり。如何と云ふ。予、清棲の養子、真田家より行きたる者か何程の金を持ち行きたるや分らされとも、生計を維持するに足る丈けの工夫は為し居るへし。五万円にて宜しからんと云ふ。

〇高義敬も清棲（家教）か病気危篤となりたる趣なることを談し居りたり。

〇午後一時二十分頃、予将に内閣総理大臣官舎に行かんとす。酒巻芳男来り、清棲（家教）薨去に付、邦彦王は喪に服せらるるも、邦久王は喪なきに付、邦久王の臣籍降下は予定の通決行せらるる方、宜しからんと思ふ。但、邦久王の賢所参拝のときの従者は如何すへきや。久邇宮邸の職員は皆喪に服するに付、之を用ゆることを得す。宗秩寮の職員にても随従せしむへきやと云ふ。予、邦久王は喪なきも、久邇宮は喪あるに付、宮に同居せらるる邦久王も賢所に参拝せられては宜しからすとの説あるやも計り難し。一応式部職に協議し見る方、宜しからんと云ふ。酒巻其通り取計ふへしと云ふ。

酒巻又邦彦王殿下は目下北海道旅行中なるか、清棲伯（家教）は叔父に当る人なる故、其死を聞かれたらは、殿下は直に帰京せらるるか当然のことに思ふと云ふ。予、当然なるも、或は直に帰京せられさるやも計り難しと云ふ。酒巻或は然らんと云ふ。
○午前酒巻芳男か来り、清棲（家教）に対する恩賜金のことを談したるとき、清棲薨去に付、皇族会議を開かるることは悪しかるへきやと云ふ。予会議は之を開かれても差支なしと云ふ。
○午前出勤するとき、車夫に対し迎ひに来るに及はさるへき旨を命し置たる処、途中にて微雨ありたるに付、宮内省に達したる後、更に午後一時十分に迎ひに来るへき旨を命し置たり。一時二十五分頃より（今少し早く行く予定なりしも、審査局にて捺印すへき書類あり。又酒巻芳男と邦久王、賢所参拝のことを談し居りたるに付、後れたり）人力車に乗り、内閣総理大臣官舎に行き、諮問第六号（行政裁判法及訴願法改正のこと）に関する臨時法制審議会の総会に列す。開会前、予鈴木喜三郎に、鈴木鶯山〔伝七〕と云ふは如何なる人なるやを問ふ。鈴木知らすと云ふ。鶯山は普通選挙に反対する論文を送り、予に面会を求め居るものなり。又穂積陳重より、先日相談の事に付ては会議終了後に談して宜しきやと云ふ。予宜しき旨を答ふ。

午後一時五十分頃より諮問第六号に付総会を開き、総理大臣（加藤友三郎）より諮問の趣旨を述へ、美濃部達吉〔東京帝国大学法学部教授、内閣法制局参事官、臨時法制審議会委員〕、原嘉道〔弁護士、臨時法制審議会委員〕より質問を為〔し〕（美濃部は二回）、馬場鍈一より之に答へ、穂積より主査委員十七名を指定して閉会す。予、井上孝哉〔内務次官、臨時法制審議会委員〕の席に就き、鈴木鶯山のことを問ふ。井上知らすと云ふ。予、鈴木より面会を求め居れりと云ふ。井上早速調査すへしと云ふ。予其結果は電話にて通知し呉よと云ふ。井上之を諾す。予か井上と談し居るとき、平沼（騏一郎）来り、談話終りたらは一寸来り呉よと云ふ。予之を諾し、談し了りて、穂積と平沼か隣室にて待ち居る所に行く。

穂積、先日談されたる選挙法に関する諮問の主査委員長を辞され度とのことは、其事情は十分に諒解し、君（予）の用務多きことは明瞭なることにて、如何にも尤のことなりと思ひ、其点は十分に諒解せり。之と同時に、審議会にても君（予）を外にしては他に適当なる主査委員長なきことも、君（予）も十分諒解し呉るることならん。選挙法の問題は世論に上り居るものに付、審議の信用上、性質経歴ありて其意見の一方に偏せさる人に非されは不可なり。阪谷（芳郎）の如き人もあれとも、貴族院議員として其意見も他に知られ居るに付、適当ならす。先日辞意を聞きたる後、副総裁（平沼）及馬場（鍈一）とも種々協議したる〔か〕、君（予）に辞されては、審議会にて非常に困難を生するに付、枉けて引受呉度旨を述ふ。

予、君（穂積）等か予の事情を諒し呉れたるは幸なり。然れとも、予亦君（穂積）等の事情を諒するならんと云ふも、予の見る所にては、予か主査委員長を辞しても、委員長たるに適する人は多々ありと思はるるに付、是非予の希望を達し呉よと云ふ。穂積、多々あれは、勿論君（予）の望に応すれとも、君（予）を除きては適任者なし。全体自分（穂積）は何事も辞し度方にて、随て辞職の談は常に同情する訳なり。現在（臨時法制審議会総裁）の職も之を辞せんと欲すれとも、副総裁（平沼騏一郎）等より何事も補助する故、留任せよと云はれ、已むを得す職に在る所にて、辞職の相談は自分（穂積）に持込まるるは余程便利なる訳なり。然るに委員中、岡野（敬次郎）、水野（錬太郎）等は委員長となる訳に行かす、副総裁（平沼）か委員ならは委員長となりても宜しけれとも、委員に非さる故、委員長と為り難し。是非とも君（予）を煩さゝるへからす。君（予）か多用なることは十分承知し居るに付、差支のときは代理者を立てて差支なし。而して一時の代理者ならは、阪谷の如く政見を表明し居る人にても差支なし。委員長丈けは中正公平の人を選み、是非とも審査の信用を保ち度。審議会より答申したる案を政府にて採用するも又は之を変更するも、其事には少しも頓著なく、折角諮問せられたることに付、審議会としては最善の審議を尽くし度。是非とも承諾を望むと云ひ、平沼も傍より頻りに慫慂す。

会々馬場（鍈一）来り、諮問第六号の主査委員会にては富井（政章）を主査委員長に選挙し、九月十日まては委員会を開かす、夫れまては参考資料を集むることに決したる旨を報す。穂積より馬場に対し、只今倉富君に相談致し居る所なりと云ふ。馬場、諮問第五号に付ては是非小委員を設けさるへからす。然れは、小委員会には強ひて倉富君の出席を煩さゝるも差支なし。実際の便宜は如何様にも図るに付、是非引受け呉よと云ふ。

予、予か差支多く、実行出来すと云ふも、見込に過きさるに付、左様に云はるるならは、一応之を引受け見るへく、実際進行出来さるときに至りたらは、其時は否応なきことに付、辞することにすへく、其時は然るへく取計ひ呉よ。又予は不案内に付、万事援助を得度。例へは小委員を設くるにしても、一個の小委員か便なるや、又は二個以上の小委員か便なるや、夫れも分らす。又委員の性行、伎能等も知らさるに付、各自の担当等を定むるにも見込立ち難し。是も馬場君にて然るへく取計ひ呉よと云ふ。馬場承知せりと云ふ。予又委員長の臨時代理を立つることは、申合せにて差支なかるへきやと云ふ。穂積、平沼、勿論夫れにて宜し。又右等のことに付ては自分（穂積）等より予め内談致し置きても宜しと云ふ。

既に穂積等に別る。審議会書記の処に行く。書記既に在らす。馬場（鍈一）尚ほ在り。返りて馬場の処に就き、予は主査委員中氏名を知らさるものあり。書記をして本月二十一日主査委員会を開くときの為、主査委員の席次番号表を作らしめ置かんと欲したるも、書記既に在らす。君（馬場）より書記に命して之を作らしめ置き呉よと云ふ。馬場之を諾し、君（予）か知らさる人ありと云ふ。二時三十分頃家に帰る。

〔欄外に付記〕
補遺
今日頃小田原御料地を小田原ホテル経営者と交換したる事件の実況審査書写を入江貫一に交す。

七月一四日

○七月十四日土曜。曇。

○午前九時三十分頃より出勤し、途閑院宮邸に過り、清棲家教昨日薨去したるに付、載仁親王の喪を奉弔する為帳簿に署名、予より先牧野伸顕及海軍少将某二人来り、帳簿に署名し居りたり。十時後宮内省にて西野英男に嘱し、自動車を借らしめ、十時四十分頃より伏見宮、梨本宮、久邇宮邸に行き、帳簿に署名して奉弔し、又清棲家教の家に行き、名刺を交して弔す。清棲は故邦家親王の第十四子〔ママ〕にて、初仏光寺の僧と為り、明治二十〔二〕年頃還俗して伯爵を授けられ、閑院宮の兄、梨本宮、久邇宮の為には叔父に当る人なり。

宮内省より自動車に乗りて行きたると、先つ清棲家に行き、次に伏見宮、梨本宮、久邇宮邸に行けは便なりしも、運転手、清棲の家を知らす。先つ伏見宮邸に行き、清棲の家を問ひて返りて其家に行き、次て梨本宮邸に行き、無益に往返せり。十一時三十分頃宮内省に返る。

参事官室の人なりしか、誰なるか記臆せされとも、予に対し、参事官室にて会議中なる故、直に来り呉よと云ふ。予今日の会議は前約ありたるやと云ふ。其人、然らす。遽かに会議することになりたるなりと云ふ。予乃ち往く。来り居る者、井上勝之助、小原駩吉、九条道実、入江貫一、武井守成、佐伯某、酒巻芳男等なり。

邦久王は本月下旬臣籍に降下せらる予定なりし処、清棲家教薨去したる為、邦久王は喪なきも、邦彦王か喪に服せらる。邦久王か降下せらるる為、賢所に参拝せらるは差支なきや否を議し居る所なりしなり。此ことは昨日、予より酒巻（芳男）に対〔し〕、式部職の意見を問ふへき旨指示し置たるものにて、式部職にて決定せす、今日会議することになりたるものなる由。小原、九条、佐伯等は邦彦王か九十日の喪に居らるる以上は、邦久王の降下は喪期間は之を延はすへしと云ひ、入江（貫一）は、喪は家に在るものに非す、人に在るものにて、邦久王は喪なきに付、賢所に参拝せられても差支なし。但、遠慮の如き趣意にて一時延期せらるるは穏当ならんと云ふ。予後れて到り、此際賢所参拝を延期せらるるは法律論に非す、一時の遠慮なれは、邦彦王の喪を終はるまて延さるるには及はさらん。邦彦王の喪は第一期か二十日にて、第二期か七十日なり。第一期丈延はしたらは夫れにて宜しからんと云ふ。入江、勿論夫れにて宜しと云ふ。

是より予、臣籍降下後賢所に参拝せられたる事件はなきやと云ふ。小原、九条等絶対になしと云ふ。入江、自分（入江）は其点に付疑を懐き居る所なり。皇族身位令に（臣籍ニ降下スルトキハ賢所皇霊殿神殿ニ謁シ云々）とあり、所謂降下するときとあるは降下前とは解し難し。何となれは、勅許なけれは降下なし。勅許あれは既に降下あり。降下せんとして、未た降下せさる時期あるへき理なし。故に身位令規定は既に降下したる後のことゝ解釈せさるへからさる様なりと云ふ。小原、九条等、降下〔後〕殿上にて参拝することは絶対に出来難しと云ふ。予と入江とは、是は皇室令にて特定すれは、少しも差支なしと云ふ。夫れより同様のことを繰り返すのみにて決する所なし。予、邦久王の降下を延期すること丈けは異議なき様に付、先つ延期することを決し、其延期の長短は更に議することにしては如何と云ふ。他尚ほ論して止ます。

時に既に零時後四、五十分なり。予独り食堂に行く。給仕（ボーイ）、今日は此処にて活動写〔真〕を観覧せしむることゝなり居るに付、食堂は早く片附けさるへからすと云ふ。予、乃ち食物を審査局に持ち来ることを命し、局に返り、更に給仕をして食物を取り来らしむ。既に食事を終り、参事官室に行く。最早一人も在らす。乃ち徳川頼倫の室に行く。徳川正に酒巻芳男と共に食す。予会議の結果を問ふ。徳川、今日は先つ邦久王の降下を延期することのみを決し、其延期の長短は更に議することに決したりと云ふ。

一時三十分後より食堂に行く。既に活動写真を始め居りたり。写真は日本アルプスの雪中の景なり。予之を観ること十分間許。観るへきものなし。後に皇太子殿下、台湾行啓の写真を観せしむるとのことなりしも、之を見すして堂を出て、二時頃より東久邇宮邸に行く。

金井（四郎）正に古川義天と話し居れり。予も之と共に暫話す。妃殿下、予を延見す。予、清棲家教薨去に付、機嫌を候する旨を陳へ、後暫話す。金井、本月十七日より鵠沼に避暑せらるる予定の処、清棲伯（家教）薨去に付、倉富とも相談の上、清棲の葬儀の終るまては鵠沼行を見合せられ、十八日の午後か又は十九日の午前に鵠沼に行かるる方、宜しかるへき旨を妃殿下に申す。殿下十九日の午前に行くことにすへき旨を告けらる。殿下又昨日北白川宮妃（房子内親王）より、負傷後始めて自筆の葉書達したり。山辺知春か巴里に来りたるに付、大に心強くなりたり。成久王薨去のことは知らさるに非さるも、右様のことを談すれは、尚ほ負傷に障る故、只今までは何事も談せす。今少し元気附きたる上にて種々問ひ見る積りなる旨、申来りたりとの談をなされたり。三時後より家に帰り、四時頃達す。

七月一五日

〇七月十五日日曜。雨甚し。

〇内子と共に三越呉服店に行く積りなりしも、雨ふるを以て果さす。

〇午前八時前、髪を理す。

〇衆議院議員選挙法改正の資料を調査す。

〇書を鈴木伝七に贈り、本月十七日午前九時頃に来れは、二十分間許を限り面会すへき旨を申遣はす。

七月一六日

〇七月十六日月曜。雨。

〇午前八時後有馬秀雄より電話にて、原熈より有馬頼寧君か農科大学助教授の辞表を出され、此ことに付ては既に倉富氏には相談し居らるるとのことなり。今日頼寧氏と会見することに約し置けり。頼寧氏は同愛会の如き事に関係し居るか、彼の如き事を為しては致し方なきに非すやと云ひたる故、自分（有馬秀雄）、頼寧氏のことに付ては倉富等も非常に心配し、同愛会の関係を絶たしむることに尽力したるも、宮内大臣（牧野伸顕）

等か同愛会の事業を賛成し、今日にては関係を絶つこと出来さる様のことゝなり、困り居ると云ひ置けり。原（熈）は、今日頼寧氏に逢ひ、君（予）にも面談する積りと云ひ居れり。頼寧氏は余程前に辞表を出したるも、原か旅行中なりし為、今日まて其儘止め置きたりとのことにて、頼寧氏は大学には余り出勤もせさる趣なりと云ふ。

予、予は先日頼寧氏より其談を聞き、致方なしと云ひ置けり。最早辞職を留むることは出来すと思ふ。大学にては勉強せさる為、評判宜しからさる趣なり。原か予に面談することは承知せりと云ふ。有馬最早留任を勧めても致方なしと云ふ。

○午前九時三十分頃より細川潤次郎〔枢密顧問官、男爵〕の家に行き、病を問ふ。細川は今年九十歳にて、病気危篤なる趣、新聞に記載し居るを以てなり。車夫其家を知らす。其附近を往返し、終に之を得す。路人に問ひ、之を得たるか、門扉を鎖し、傍扉のみを開き居れり。予之より入る。家人表より入り呉よと云ふ。乃ち表門に到る。前に入りたるは裏門なりしなり。名刺を交して病状を問ふ。家人、三、四日来食を絶ち、昨日極少許の牛乳を飲みたる由。意識は時々弁別あることあるも、大概不明なりと云ふ。此時阪谷芳郎亦来り、病状を問ふ。予も阪谷も名刺を交したるのみにて去れり。十一時前宮内省に達す。

○午前高羲敬来り、日光の輪王寺のことは問ひ合せたる処、今年は尚ほ誰にも貸す約束を為し居らさる故、世子に貸して宜しとのことなり。食事は寺にて致せは精進料理なる趣。北白川宮大妃か輪王寺を借られたることある趣に付、其振合を問ひたる処、一ヶ月三百円許を遣はし、其外に寺の世話人に何千疋かを遣はす位にて、外には遣はすに及はす。賄は小西〔小西商店主人、名は不詳〕に命すれは、間に合ふなり。料理人を連れ行きても材料は矢張り小西抔より買はさるへからすとのことなりと云ふ。予、一応林健太郎ても遣はして、見分を為さしむる必要あるへしと云ふ。高其事にすへしと云ふ。

高又世子は今年十一月陸軍大学を卒業せらるる予定なるか、八月中に陸軍に大異動あり、現在の学校職員にて他に移転するもの多数あり。例年の如く此等の人に年末慰労宴を開く訳に行かす。故〔に〕金応善は今月末に学校職員全体を招き、宴会を催ふさるる方、宜しからんと云ひ居れり。未た世子には問はさるか、如何致すへきやと云ふ。予、転任する人か分りたる後、其人のみ招くこと出来さるやと云ふ。高、来月（八月）に入れは学校は休暇となり、各自各処に旅行し、之を招くこと出来難しとのことなりと云ふ。予、転任発表前ならは全部を招くより外に致方なからんと云ふ。高、兎に角世子に問ひ見たる上のことにすへしと云ふ。

高将に去らんとす。予、世子及妃か日光に行かるるときは皇宮警手か随行する訳に行かす、矢張県の警察に依頼せさるへからす。此ことも予め打合せ置く必要あるへしと云ふ。高、然り。其事は最も必要なり。其手続を為し置くへしと云ふ。予、此ことに付ても相当の挨拶を為さゝるへからす。何に付けても費用を要する訳なりと云ふ。高又西園寺（八郎）には洋服釦と反物を贈り、赤星某夫妻には反物を贈り、一と通り相済みたり。西園寺は只今旅行中なる趣なるも、品物は届け置きたりと云ふ。
○午前十一時頃西野英男より、予が四月七日及本月四日に謄写を嘱し置たる先考の詩稿文稿及其写本を持ち来りて、之を予に交す。

七月一七日

○七月十七日。朝雨後曇。
○午前八時三十分頃鈴木伝七来り訪ふ。予は一昨日鈴木に書を贈り、九時頃来るへき旨を告け置たる処、八時三十分頃に来りたり。予之に面す。鈴木、普通選挙は憲法の明文には違はさるも、其精神には違ふ旨を述ふ。鈴木又本月十五日の時事新報の切抜を示す。是は鈴木か法制審議会へと題し、普通選挙に反対する意見を記載したるものなり。是は予は既に之を見居りたるを以て、之を手にせす。鈴木に対し、予は先日（本月十五日）の書状を以て申遣はし置きたる如く、自己の意見は述へ難し。折角来訪しても其甲斐なきことゝ思ひたるも、君（鈴木）の書状に（普選の五十大欠陥）に記載したることの外に極めて重大なることを述ふへき旨を記しありたる故、其点の談ても聞くへしと云ふ。鈴木、夫れは普選論は憲法の明文には違はすとするも、其精神には違ふと云ふ趣旨なりと云ふ。予其趣旨は君（鈴木）の著書中に記載したりたる様なりと云ふ。鈴木然らんかと云ふ。予或は予の記臆違なるやも計り難しと云ふ。鈴木、其点か今日述へ度と思ひたることにて、其外には新なることなし。貴君（予）の意見を問ふことを得さるは物足らぬ様なれとも、致方なしと云ふ。話すること十五分間許にして辞し去る。予、鈴木の著書を検したるに、憲法云々のことなし。宮内省に出勤したる後、午後二時五十分頃本月十五日の時事新報を検したるに、鈴木か法制審議会へと題する寄書の中に其ことを記し居れり。予は此寄書を見たることを誤りて、著書の中に在りと思ひたるなり。
○午前十時頃審査局にて、西野英男に写字料金七十五円を贈る。
○午前十一時頃伊夫伎準一来り、大膳寮の三浦篤（宮内事務官・大膳寮庶務課長）を審査官兼参事官に転任せしむることに付、白根（松介）より次官（関屋貞三郎）に談したる処、関屋は大膳寮より審査局に転せしむるは本人の為、不利益には非さるや。夫れよりも三浦は書記官ても兼ねしむる方、宜しからんと云ひ、白根の談を承諾せさる由。三浦のことは、前に白根より書記官兼任のことを持ち出したるときは関屋か書記官を兼ねしむるに及はすと云ひ、今日は却て之を主張する模様にて、審査官となすことに同意せす。依て一応貴官（予）より関屋に談せられたらは宜しからんと云ふ。予、次官（関屋）抔か左様に審査局を賤むは不都合なり。予より談すへしと云ふ。伊夫伎是迠は審査局の人も自ら賤みたる形なきに非すと云ふ。
　予白根の室に行かんとす。白根正に庶務課の属官室に入る。予乃ち之を追ひ行き、白根に対し、三浦のことは予より関屋に談し見るへし。三浦か承諾せさるならは致方なきも、本人か承諾しても、次官（関屋）か承知せさる様のことにては困ると云ふ。白根次官に談し呉よと云ふ。予乃ち関屋の室に行き、三浦篤を転任せしむることを談す。関屋異議を述へす。白根（松介）を召ひ、三浦か事務官に適せさる為、審査官と為す様に誤解しては不都合に付、右様のことなき様交渉すへき旨を告く。予、審査官の職は面白からさるものに非されとも、人か此く審査局に入ることを嫌ふ様になり居るは、官房の処置当を得さる為なる故、今後十分の注意を要する旨を述ふ。

関屋は都合にては部外より人を採りても宜しと云ふ。予、部外より採りても、先方に人選を任せては適当なるものは得難し。会計検査院にて交渉したることあれとも、判任官を高等官に採用し呉よと云ふ様なることにて、先方の都合のみを図る故、思はしからすと云ふ。三浦には白根より交渉し、予か三浦を懇望する趣意にて談することに談合ひたり。審査局に返り、関屋、白根と談したる事情を伊夫伎に告く。

○午前十時後金井四郎来り、東久邇宮妃殿下方は愈々本月十九日より鵠沼へ避暑せらるる予定なることを告く。

○午後零時後食堂にて酒巻芳男より、本月二十一日午前十一時頃より邦久王臣籍降下のことに付、本月十四日の協議会にて未決となり居ることを協議し、西園寺（八郎）も同日午前ならは繰り合せ出来るとのことなりと云ふ。予、予も同日午後は都合悪しと云ふ。

○午後一時後、食堂を出つるとき、入江（貫一）に対し、本月二十一日に邦久王降下のことに付協議するとのことなるか、如何なることを議する積りなりや。予は本月十四日の協議会のときは中途にて退席せりと云ふ。入江、清棲伯（家教）薨去の為、邦久王の降下を延期することは決したるも、延期の期限は更に議することゝなり居る故、右等のことを議するならん。此節は喪の終期まて延はして差支なきも、一人若くは数人居喪の為、終期まて延ふる習慣を作りては、今後差支を生することあるへしと思ふと云ふ。予、予も同感なりと云ふ。

入江は他に呼はれて一たひ其室に返り、復た来りて静岡県へ御料地を払ひ下くることは、大体は既に本年一月中に大臣の決裁を経居り、此節は境界代価等を定むるまてなり。静岡県の願は初め一万町歩許を二百万円許にて年賦払下なりしか、南部（光臣）の意見にて三千町歩許に減し、代価は二百万円許なるか、坪当りの代価は十銭許なり。林野管理局にて評価したる代価より県の公益と云ふ様なる名義にて五割減と為し、又何とかにて何割を減し、無利息にて十五ヶ年賦と為したるものにて、当初の評価よりも七割を減することになり居る訳なり。然し、最早今日にては大体決定し居り、何とも致方なし。自分（入江）は代価か賤きに過くることゝ、此処分に付経済会議に掛くることを主張する積りなり。渡部（信）か思はす、経済会議に掛くることは次官（関屋）か好ますと云ひたる故、何故之を好まさるやと云ひたるに、次官の旧任地の関係ある為なりと云ひたる故、自分（入江）は右様の関係あれは尚更公明にする必要ありと云ひ置きたり。経済会議に掛くも、内大臣（平田東助）をして反対せしむるには不適当なる問題なりと云ふ。〔未完〕

大正一二年日記第八冊

〔表紙に付記〕

日記　八

大正十二年七月十七日の続より八月十三日まで

七月一七日（続）

大正十二年七月十七日の続

小田原の御料地交換に関することに付入江貫一と談す

予先日渡し置たる小田原御料地交換に関する書類は見たりやと云ふ。入江見たりと云ふ。

三年町御料地の貸方不当なることに付審査報告書を入江貫一に示す

予、三年町の貸地（津田信太郎〔有価証券売買業・仲買人〕に貸渡し、地代を取り居らさる事件）のことを談し、之に関する実況審査報告書を示す。

山辺知春、栗田直八郎の書状を酒巻芳男に返す

○午後三時頃、山辺知春及栗田直八郎書状を岡田重三郎に托し、酒巻芳男に返さしむ。書状は先刻酒巻か持ち来りて、予に交したるものなり。酒巻は次官（関屋貞三郎）の所に行き居ると云ふに付、岡田に托したり。

七月一八日

○七月十八日水曜。雨。

清棲家教の葬に会す

○午前八時三十分より青山斎場に行き、清棲家教の葬に会す。清浦奎吾、高橋是清、石塚英蔵、向井巌、井上勝之助、徳川家達、九条道実等に遇ふ。

高橋是清と鈴木伝七（鶩山）のことを談す

高橋と鈴木伝七（鶩山）のことを談す。鈴木か昨朝来りたるとき、高橋に面会したることを談し居りたるを以てなり。高橋は鵜沢総明の紹介にて鈴木に会し、鈴木は平等の意を誤解し居る旨を語り居りたり。

石塚英蔵衆議院議員選挙法改正委員のことを談す

石塚は、予か衆議院議員選挙法改正の委員と為り居ることに付談したり。

武井守正来る

十時頃家に帰る。会武井守正来り、其枢密顧問官に任せられたることに付挨拶す。予正に玄関に在り、未た座に上らす。武井に座に上ることを勧む。武井辞し去る。

○午前十時後より出勤す。

西野英男来り謝す

○午前八時頃西野英男来り、昨日写字料金を贈りたることを謝し、名刺を交して去り、十時後、予か出勤したる後、料金過多なりしことを述ふ。予今後更に写字を嘱することあるへき旨を告く。

川口知雄来る　予在らす

○午前九時前川口知雄来る。時に予正に清棲家教の葬に会す。

安誤りて、予は既に宮内省に出勤せりと云ひ、川口は宮内省にて面会すへしと云ひたる由。予青山斎場より帰りたるとき、安より之を報す。

関屋貞三郎協議し度ことある旨を告く

○午後一時頃食堂にて関屋貞三郎より予と徳川頼倫とに対し、後刻協議し度ことあるに付、官房に来り呉よと云ふ。既にして牧野伸顕食堂に来る。

皇族を神社に関する官庁の総裁とすることの可否

関屋、此処にて協議するも妨けなしと云ひ、内務省にて神社調査委員会を設け、自分（関屋）と九条（道実）とは其委員なり。自分（関屋）等は特別委員とはならさりしも、特別委にて現在の神社局を拡張し、神社庁とか神社院とか云ふものと為し、内務大臣の監督に属する独立官衙と為し、総裁には皇族を戴き、内務大臣を副総裁と為し、神宮造営使、明治神宮に関する事務も総て其官衙の所管と為す案を作り、皇族を総裁と為すことに付宮内省の意見を問ひ来り居り。今日午後答を得度とのことなり。如何と云ふ。

予、皇族を総裁と為せは、其の責任は如何するやと云ふ。関屋、内務省にては総裁は責任を負はす、副総裁か責任を負ふことゝ為し、差支なき積りなる由なりと云ふ。予、国法上右の如きことは許すへからす。皇族と雖責任を負はさるへからさることになると云ふ。関屋、現在の明治神宮造営の総裁か皇族なることか（初は伏見宮貞愛親王か総裁となられ、今は載仁親王か総裁なり）先例なりと云ふに過きさるへしと云ふ。衆議、神宮造営は一時のことなり。神社の行政庁の総裁と為らるるは適当ならすと云ふことに帰す。食堂に在りたるも〔の〕、牧野伸顕、井上勝之助、徳川頼倫、九条道実、山崎四男六、入江貫一なり。福岡秀猪在りたれとも、議に加はりたるに非す。

徳川頼倫来り、有馬頼寧の同愛会の事業に対する援助の状況を説く

一時後、食堂より返るとき、徳川頼倫審査局に来り、昨日華族会館にて有馬頼寧氏の事業を補助する為、資金を集むる協議を為せり。会したるものは、渋沢栄一、岡部長職、岩崎小弥太の代人某、三井三郎右衛門（八郎右衛門カ、三井高棟、三井家同族会議長、三井財閥北家当主、男爵）の代人某、後藤文夫等にて、岩崎は先日、宮内大臣官舎にて大臣（牧野伸顕）より有馬氏を紹介したる後、更に大臣（牧野）を訪ひ、有馬氏の事業か彼れ程重要なるものなることは今日まて心附かさりしか、頼寧氏の熱心に感したり。五万円位の費用は一人にて負担しても宜しき位の口気にて、懺悔を為したる旨、大臣（牧野）より話を聞き居りたり。然るに昨日の協議会のときは岩崎の代人は消極の説を述へ、渋沢も同様にて、其前の相談会のとき、頼寧氏に予算の提出を求め、同氏より提出せられたる予算は甲乙二様あり。甲案は五万余円、乙案は十一万余円なり。此予算は余程前に提出せられ居りたるか、昨日始めて其ことに付協議し、甲乙二案とも目的は同様なるも、規模か異り居れり。第一、渋沢より甲案にても多きに過くとの意見を出し、自分（徳川）反対の意見を述へたるも賛成者なく、頼寧氏も出金者の都合にて減せらるるな

らは致方なしと云はれ、自分（徳川）は今少し強硬に主張せらるることを望みたる位なりしなり。結局、有馬、渋沢等にて予算を改訂することゝなりて、昨日の会を終りたり。後藤は、有馬氏の事業の重要なること、金かありても有馬氏の如き人を得されは目的を達し難きことを説きたること等の談を為せり。

有馬頼寧氏のことを評す

予、有馬の事業は予等も其目的には十分賛成し居るも、予の口より云ふことは甚た好まされとも、有馬は意思の強き人に非す。果して之を遂行する丈の気概あるや否に付懸念あり。殊に先頃来脳貧血の容体を再度起す故、尚更懸念なり。果して君（徳川）等の期待に負かさることを得るや否に付懸念し居れり。有馬が既に同愛会の事業を為す以上は、勿論専心之を務むる必要あり。有馬は先年来農科大学の教員と為り居り。自身には度々之を罷むることの希望を起したるも、他より強ひて之を止め、今日まて継続せしめたるも、先日更に辞職の相談を為し、予は此節は之に同意せり。

原熙と有馬頼寧氏との関係

然るに、有馬の世話を為し居る原熙は之を不可なりとし、其事に付予に面談する旨、原の懇意なる予の同県人（有馬秀雄）に申込みたる趣、其人（秀雄）より予に通知し居る位にて、有馬か同愛会の事を為すことに付不同意なる人は今日もある次第なりと云ふ。

徳川頼倫、有馬頼寧氏を深処に引込む

徳川、自分（徳川）等か一層深処に引き込みたる様にて、気の毒なりと云ふ。予、事業は今日は既に観念し居れり。但、有馬の父は尚ほ不同意なりと云ふ。徳川一度昨日の状況を報告し置く訳なりと云ふ。

白根松介明後二十日の午餐を約す

○午後三時頃白根松介来り、明後二十日には何か差支あるや。大臣（牧野伸顕）か先頃仏国より成久王の遺骸を護して帰りたる軍人を新宿御苑に招待して午餐を催ふすことゝなり居り。長官（予）も招待せんとのことなり。当日は午餐後直に各自宅に帰ることゝなるへしと云ふ。予差支なき旨を答ふ。

三浦篤は審査官に転任することは考へたる上答ふへしと云ふ

白根又先日話ありたる三浦篤を審査官兼参事官に転任せしむることは、本人に談したる処、本人は少しく考へたる上、答へんと云へり。東宮御婚儀の済まさる前に転任することは残念なる様の口気もありたるに付、夫れは待たれさることはなからんと云ひ置たり。

関屋貞三郎、三浦篤を審査官となすことを喜はす

次官（関屋貞三郎）は自分（白根）に対し、大概に三浦に話し置けと云ひたりと云ふ。関屋は何故に右の如きことを云ふへきやと云ふ。白根、杉（琢磨）か洋行てもすれは、用度課長となる人は三浦に非すは適当なる人なしと云ふ様なることを考へ居る模様なりと云ふ。予、関屋は君（白根）か前に書記官兼任のことを云ひ出したるときには、之に反対したりと云ふには非さるやと云ふ。白根、然り。其時は反対せりと云ふ。白根又三浦は是まては大膳寮にて何事も為さゝりしか、海江田（幸吉）

〔侍従、式部官、大膳寮事務官・主膳課長、子爵〕か帰朝（只今仏国に行き居る）したる上は同人と共に大膳のことに力を尽さんと思ひ居る処なりとも云ひ居りたりとのことも談したり。

伊夫伎準一より金田才平出発の日時を報す

○午後五時後頃伊夫伎準一より電話にて、金田才平か洋行の為東京駅を出発する日時は、本人は之を秘し居りて、之を問ふも答へされとも、他より聞きたる所にては明十九日午前九時三十分とのことなり。多分誤なからんと思ふに付、之を報すと云ひたる趣、妻より報告す。

○午後雨歇む。

川口知雄に遇ふ

○午前十一時頃宮内省にて川口知雄に遇ふ。

七月一九日

○七月十九日木曜。曇後晴熱。

金田才平を東京駅に送る

○午前八時四十分頃より東京駅に行き、金田才平か欧洲に行くを送る。

車夫をして待たしむる場所を誤る

予、車夫に入口に待ち居ることを命し置きたるに、プラットホームに帰途は出口よりすへきものを掲示し居り、且金田の乗りたる車は最後部に在りたるを以て出口より出て屋外を歩して入口に到る。人力車在りて車夫在らす。

車夫門鑑を疎略にす

傍に在りたる車夫、予が車夫を捜かすを見、車夫は屋内に行き居れり。之を呼ひ来るへしと云ふて構内に入り、之を伴ひ来る。予、之を謝し、且つ車夫か宮内省門鑑を附けたる儘、車を護し居らさるを叱す。午前九時四十八分宮内省に達す。

牧野伸顕の案内状

○午前十時四分、官房より牧野伸顕の書を致す。書は明二十日正午新宿御苑にて餐を供する案内なり。

自動車を借る

予、西野英男に嘱し、承諾の旨を秘書課に伝へ、且明日自動車を借ることを主馬寮に謀らしむ。

故都筑馨六に贈りたる蠟燭代を償ふ

○午前十時頃西野英男に嘱し、故都筑馨六に贈りたる西洋蠟燭代の割前金四円三十銭を枢密院書記に致さしむ。

伊夫伎準一に三浦篤、審査官に転任することの状況を告く

○午前十時三分頃伊夫伎準一に、昨日白根松介より白根か三浦篤に審査官に転任することを勧め、三浦か考へたる上、答ふへき旨を告け、関屋（貞三郎）か白根に対し、三浦には大概に勧告すへき旨を語りたる趣なることを告く。

西野英男、予か午餐の案内に応することを秘書課に報したること及ひ自動車は差支なき趣なることを報す

○午前十時十分頃西野英男より、明日の午餐の招に応せらるる旨は確に秘書課に報し、主馬寮にては自動車を出すことを諾し、午前十一時二十分宮内省玄関に自動車を廻はすへき旨を答へたることを報す。

金田才平を送りたるもの

○宮内官にて東京駅に金田才平を送りたるは、大谷正男、上野季三郎、白根松介、福岡秀猪、稲垣潤太郎他一、二人に過きす。徳川頼倫は前田利定（逓信大臣）か和歌山に行くに付、之を送る為に来れりとて駅に金田を送り、宮内官の外に金田を送りたるものも二、三人に過きさりし様なり。

枢密院事務所の領収証

○午前十時二十五分頃西野英男来り、枢密院事務所よりの蠟燭代領収証を致す。

徳川頼倫、邦久王臣籍降下の時期に付内議し度と云ふ

○午餐後審査局に返るとき、徳川頼倫も予と倶に廊下を歩し、邦久王臣籍に降下せらる時期は先日の協議会にて一と先つ延期し、延期の長短は更に協議することゝ為りたるか、小原（駩吉）は明後二十一日午前に其事を協議する前に、一応自分（徳川）と貴官（予）と共に今日内協議会を開き度と云ひ居りたり。後刻小原か自分（徳川）の室に来るへきに付、其時は来り呉よと云ふ。予之を諾す。三時に至るも徳川より何とも申し来らさりしに付、予は其儘退省せり。

明日午餐のときは略服

○午後二時頃白根松介来り、明日の午餐会には略服のことは案内状にも書き置たるか、背広服にて来り呉よと云ふ。

七月二〇日

驟雨雷鳴

○七月二十日金曜。朝晴後曇、午後驟雨雷鳴。

○午前九時三十分頃より出勤す。

王世子日光に行く為、輪王寺を借りたること

○午前十時後高羲敬来り、世子か日光に行かるる為、林健太郎を同処に遣はし、輪王寺を借ることを得るや否を問はしめたる処、同寺は貸して宜しき旨を答へ、食事は料理人を連れ行かるれは、材料は小西某の家より供給し、又随行者の食物は小西より一人幾許にて請負ふ趣なり。世子は本月三十一日（日は確かに記臆せす）より日光に行き、八月十二日に帰京せらる予定なり。

李勇吉朝鮮に行くこと及ひ汽車の待遇

李勇吉は、本月二十三日より朝鮮に帰省する積りの由。先頃朝鮮に行きたるときは普通に乗車券を買ひ、乗車したる処、京城より帰京するときは馬関の駅長の取計にて特別室に入れたる由。此節も東京駅長より特別室に入るへき旨を申来り居る趣にて、堀場某より、李勇吉の為に普通の乗車券を買ふへきや否を問ひ来り。自分（高）は、一応宗秩寮とも相談し見たる上、答ふへき旨を告け置きたり。自分（高）の考にては乗車券は之を買ひ、駅にて特別室に入るるならは、其位のことは差支なからんと思ふ。特別室ならは寝台券は要せさる趣なりと云ふ。予、乗車券を買はさる訳には行かさるも、夫さへ買ひたらは、室は駅長の取計ひに任せ置きて宜しからんと云ふ。

李鍝公水泳をなすこと

高又李鍝公は何日（日は忘れたり）より水泳に行かるる趣な

りと云ふ。

世子邸にて陸軍大学校職員の為晩餐を催ふすこと

予、二十三日に晩餐の案内を受けたるか、先日話し居りたる陸軍大学校の職員を招かるる訳ならんと云ふ。高、然り。幾分か欠席する人もあれとも、いつれも喜ひて招に応する模様なりと云ふ。予、同日は同郷会と抵触するか、其方を止めて、世子邸に行くことにすへしと云ふ。

邦久王降下のことに関する協議会のこと

○午前十一時頃山田（益彦）来り、明朝の協議会（邦久王降下の時期のこと）は午前十時三十分より開くことに談し置たるか、十時より開くことにし度。都合宜しきやと云ふ。予、予は差支なし。西園寺（八郎）は宜しきやと云ふ。山田、西園寺か十時より開くことにし度と云ふ趣なりと云ふ。

昨日内協議を為す筈なりしも其ことなかりしこと

予、昨日午後、其事に付内協議を為し度旨、総裁（徳川頼倫）より話あり居りたるも、三時まて何事も申来らさりし故、予は其儘退省せりと云ふ。山田然りしかと云ふ。少時の後徳川来り、昨日は小原（駐吉）より何とも申し来らさりしに付、自分（徳川）も其儘帰りたり。今日新宿御苑に行くやと云ふ。予行くと云ふ。

今日新宿御苑にて内協議を為すことあるへきこと

徳川、今日御苑にて時間の都合宜しくは、同処にて内協議を為しても宜しと小原は云ひ居りたりと云ふ。

細川潤次郎病気危篤

○午前八時後頃枢密院事務所より電話にて、枢密顧問官細川潤次郎昨夜十一時頃病気危篤に陥りたる趣なることを報す。

故細川潤次郎に対する供物のこと

○午前十時後内子より電話にて、枢密院事務所より電話にて細川顧問官（潤次郎）に対する供物に加入するや否を問ひ来れり。直接に事務所に通知せられ度と云ふ。予之を領し、西野英男に嘱し、供物に加入する旨を告けしむ。

新宿御苑に行くときの自動車

○午前十時後西野英男より、今日新宿御苑に行かるる時の自動車には、山崎（四男六）と上野（季三郎）とか同乗することゝなりたる趣なり。而して十一時二十分にては早々過くへきに付、十一時三十分に自動車を非常口に廻はすへき旨、主馬寮より通知し来りたる旨を報す。同時刻非常口に行く。

上野季三郎は新宿御苑に行かす

自動車来り居れとも、山崎も上野も来り居らす。乃ち返りて山崎を呼はんとす。山崎か正に来るに会ふ。上野を問ふ。山崎、今日は上野は招かれ居らす。主馬寮にて間違へたるならんと云ふ。乃ち山崎と同乗して新宿御苑に行く。

新宿御苑にて面会したる人

安保某（清種、国際連盟海軍代表、男爵）（海軍中将）、西郷某（従徳、陸軍歩兵大佐、侯爵、西郷従道長男）（陸軍々人）及ひ某々等五、六人、徳川頼倫等四、五人既に来り。牧野伸顕は後れて来り居り。十二時頃より餐を共にし、餐後、安保等か談すること十分間許。同人等か去りたる後、談上野動物園の象の処分問題に移る。

動物園の象の処分のこと

象は狂暴なる為、数十年間鉄鎖にて両足を縛し居り。世人、殊に外国人か動物虐待なりとて之を非難し、近来其処分を動物愛護団より宮内省に迫まり居るに付、之を協議し、関屋（貞三郎）は、世論か喧しくなりたるとき象を殺すは物議を醸さんと懸念し、入江（貫一）は、暫く象の家を蔽ひ、人に示さゝる様に為し置き（象の病気の為と云ひて）、獣医等より病状宣伝せしめ、結局之を殺すを得策とする旨を述へ、其方法には数説ありたるも、之を殺すことは牧野伸顕も異議なく、いつれも之に同意せり。協議に加はりたるものは、牧野伸顕、小原駩吉、徳川頼倫、西園寺八郎、山崎四男六、入江貫一、関屋貞三郎、大谷正男、白根松介、仙石政敬等なり。

雷鳴　家に帰る

午後二時雷鳴。二時後より自動車に乗り、直に家に帰る。本多某も予と同乗し、本多は宮内省に行きたり。

東久邇宮妃及三王子殿下鵠沼へ著せられたること

○午後七時頃東久邇宮邸より電話にて、妃殿下三王子殿下無事に鵠沼に著かれ、海は遠浅にて波も静かなり。金井（四郎）か十分注意し居る旨、金井より通知し来りたる旨を報す。

七月二一日

○七月二十一日土曜。曇。

細川潤次郎を弔す

○午前八時五十分頃より家を出て、駿河台北平賀町一番地細川潤次郎の家に行き、其の薨去を弔す。

松岡康毅に遇ふ

予か去らんとするとき、門前にて松岡康毅か自動車に乗り来りたるに会ふ。帽を脱し、黙礼して別る。将に宮内省に行かんとす。人力車夫路を誤る。予之を詰る。車夫路を転す。然れとも一、二町許は迂回したるならん。

車夫疲る

十時五分前宮内省に達す。車夫疲る甚し。之か為時を費したり。

フロックコート、山高帽を家に返す

予フロックコートを脱し、背広を著しフロックコート及び山高帽を袱に包み、車夫に命して持ち帰らしむることを西野英男に嘱し、予は直に参事官〔室〕に到り、邦久王臣籍降下の事に関する協議会に列す。

邦久王臣籍降下に関する協議

会する者、関屋貞三郎、徳川頼倫、小原駩吉、入江貫一、西園寺八郎、酒巻芳男、九条道実、佐伯有義等なり。先日の会議にて邦久王の臣籍降下は清棲家教の薨去に因り邦彦王殿下か九十日の喪に服せらるる故、之を延期せらるることは決したるも、延期の長短は更に議することゝなり居りたる故、今日は之を決する為に協議したるなり。

皇族身位令の解釈

入江（貫一）は、皇族身位令に皇族降下するときは賢所皇霊殿神殿に謁し、天皇皇后に朝拝すとあるは降下したる後のことなり。何となれは、降下は勅許あるに非されは決せす。勅許あれは既に皇族と云ふへからさるを以てなり。然れとも、従来降下前に謁見朝拝等をなされたる例ありとのことに付、自分（入江）も此際強ひて反対はせす。降下前に謁見朝拝をなさるるも差支なからん。然れとも、身位令の解釈は之を枉くることを得す。身位令にては降下後に謁見朝拝等をなさるへきものなれとも、御都合に因り降下前に此等の式を行はせたる故、降下後に身位令の規定に従ひ、此等の式を行はるることは御思召に依り之を止めらるることゝ為して宜しからん。喪は一身に属するものにて、家に属するものに非さる故、此節のことも邦久王に喪なき以上は理論としては直に降下の式を行ひ、謁見朝拝等の行はれ〔て〕差支なきことなり。之を延期するは法律論には非す。然らされは、今後皇族中又は皇族より降下せられたる一人か死去したる為、儀式を行ふへからさることゝなりては差支少なからす。良子女王殿下の御婚儀抔も如何なる故障を生するやも計り難しと云ふ。

予、此際先例に従ひ、降下前に賢所等に謁せらるることゝなす以上は、理論としては入江の解釈か適当と信するも、矢張り身位令に（降下スルトキ）とあるは、降下せんとするときと解釈せさるを得さるへし。然れとも御思召とは云へ、二回までも身位令の規定に違ふことを為すことゝなるなり。身位令は降下後に賢所等に謁すへきことを定め居るに、降下前に之を為すことか一回なり。又降下後に之を為すへきことを定め居るに、降下後には之を為さゝることか一回なりと云ふ。入江、降下前に之を為すことは、思召にて之を為せは規定に違ふとは云ふに及はさるへし。何となれは賢所等に謁せらるることは規定に違ふと規定なき故、随時御思召に依り謁せらるることは規定に違ふと云ふに足らさるならんと云ふ。予、降下後に之を為すへしとの規定ありとすれは、降下前に之を為すは規定違反に非すやと云ふ。

延期の長短等は今日は決定せす

結局、理論としては何時降下せられ、賢所等に謁せられても差支なし。故に延期の長短は今日の協議にて決すへきものに非す。賢所参拝のこと等に付ては、御奥の御思召もあるへきに付、御奥并に久邇宮の御意向等に因り、適当に決定せられたらは夫れにて宜しからんと云ふことに決す。

皇族会議に列せらるることは喪中にても差支なし

皇族会議は喪に服せられ居る皇族たりとも参列せられて差支なきことに決す。小原、徳川等は前回の協議会のとき、又今日も初めは九十日延期するか宜しき旨を述へ居りたるも、結局は之を主張せさることゝなりたり。十一時頃散会す。

宮内官大礼服を簡便にする協議

散会前入江（貫一）より、宮内官大礼服は不便なる故、小礼服に袖章を附けて大礼服の代用を許すことに為し度。特別の場合には宮内大臣より指定し、正式（即ち現行の大礼服）の大礼服を著用せしむることに為す積りなる旨を弁明す。結局、一応袖章を作り見たらは宜しからんと云ふことに決す。

午餐の謝を大谷正男に嘱して牧野伸顕に致す

○午後零時後食堂にて大谷正男に、昨日大臣（牧野伸顕）より午餐の饗を受けたるに付、之を謝せんと欲するも、大臣は宮中に行き居り（米国大使〔サイラス・ウッズ、Cyrus E. Woods〕の信任状奉呈式に列する為）、予は是より他に行かさるへからさるに付、君（大谷）より謝意を伝へ呉よと云ふ。大谷之を諾す。

諮問第五号の主査委員会を開く

○午後一時五分頃より人力車に乗り、内閣総理大臣官舎に行き、諮問第五号に付主査委員会を開く。主査委員は二十六人なるも、会したるものは二十人許なるへく、幹事は七、八人来り居りたり。

主査委員会の状況

一時四十分頃委員十八、九人来りたるを以て、予開会を宣し、且つ予か主査委員より委員長に選挙せられたることに付挨拶を為し、自ら不適任と思ふに付、之を辞せんと思ひたるも、終に任に就くことゝなりたるに付、委員の援助を請ふ旨を述へ、次て衆議院議員の選挙に関する法規を改正する要ありや否を第一の問題となすへき旨を告け、関直彦、関和知〔衆議院議員・憲政会〕、花井卓蔵、鳩山一郎〔弁護士、衆議院議員・政友会〕、江木千之、下岡忠治等、討論の末、改正の要ありと云ふことに決し、審議の順序方法に付討論多事に捗り、先つ主査委員会にて選挙資格のことを講究すること、今日後八月末まては休会し、九月初より主査会を開くことに決し、四時四十分頃散会す。

予か、江木千之、関直彦、下岡忠治等か政府より参考として提出したる書類に付政府の意見を問ふに付、参考書に対する質問討論は之を差控ゆへき旨を告けたることに付、江木、下岡より抗議したるも、委員中の政府の事情を知り居る馬場鍈一等の個人の説明を聴きて満足することとなりて結了す。散会後直に家に帰る。

留守宅に電話して車夫か家に帰りたるや否を問ふ

○午後零時後西野英男に嘱し、予か家に電話し、今朝の人力車夫は無事に家に帰りたるや否を問はしむ。家人無事に帰りたる旨を報したる由なり。

追加予算のこと

○午後零時後食堂にて大木（彝雄）、追加予算あり。正式に委員会を開かるへきや、又は持ち廻りとするやは未た決せす。予算書は貴官（予）の机上に置きたりと云ふ。

暑甚し

○晩間暑甚し。

〔欄外に付記〕

補遺　荒井カスヱ来訪を約して遂に来らす　内子、カスヱか病あるに非さるやを問ふ

○補遺

荒井カスヱ、本月十五日か十六日頃に来訪すへき旨を約し居り、終に来らさるを以て、内子電話にて、カスヱか病に罹り居らさるやを問ひたる処、病み居らす。多事なりし為往訪を果さす。本月二十三日頃或は往訪すへき旨を答へたる趣なり。

浴室の煙突を修理す
○浴室の煙突を修理せしむ。
婢静其家に行く
○下婢静其家に行く。

七月二二日

○七月二十二日日曜。曇。
内子と倶に三越に行き、物を買ふ
○午前七時三十分頃より内子と倶に三越呉服店に行き、蠅除け、臥榻、銀時計、時計鎖、浴衣地、菓子、襯衣、釦等を買ふ。十一時頃家に帰る。
畳替を為す
○安藤則光畳屋二人を遣はし、畳表を替へしむ。
平野猷太郎来る
○午後二時後平野猷太郎〔大審院判事〕来り訪ふ。旧を談すること三十分間許にして去る。
柳田直平か家に在るや否を問ふ
○午後一時頃柳田直平の家に電話し、柳田か家に在るや否を問ふ。国男〔民俗学者、東京朝日新聞社客員、元貴族院書記官長、直平の養嗣子〕の妻〔孝〕、柳田は今朝より茅ケ崎に行き居る旨を答ふ。
水流をトタンにて張る
○水流の中をトタン板にて張らしむ。
内子早風呂を買ふ
三越より帰るとき、内子、予に別れ一ツ木町に行き、早風呂を買ふ。
西野英男、西洋菓子を贈る
午前西野英男来り、暑中見舞として西洋菓子を贈る。予等正に三越に行き居りたり。

七月二三日

○七月二十三日月曜。曇。
○午前九時三十分より出勤す。
暑中に付天機御機嫌を奉伺す
○午前十時後東車寄に行き、帳簿三冊に署名し、暑中に付天機及皇后陛下、摂政殿下の御機嫌を奉伺す。
世子、同妃日光滞在の日数
○午前十時後高羲敬来り、世子は来月十日より演習に行かさるへからさることゝなりたるに付、日光には本月三十一日より行き、来月九日に帰京することに変更せられたり。
世子新宿御苑にて庭球、ゴルフ戯を為したること
昨日は秩父宮殿下、邦久王、新宿御苑に御出を成され、小原駩吉、相馬孟胤、熊谷某〔一弥、テニス選手、アントワープ・オリンピック・メダリスト〕、赤星某等も伴随し、世子も御苑にて共に庭球を試みられて後、二時後、秩父宮殿下御帰り後も世子は御苑に残られゴルフ戯を為されたり。赤星はゴルフは巧にて九個の穴に三十六回の打球にて入れ終りたり。相馬は四十幾回、小原は五十六回、世子は六十幾回を要したり。ゴルフ場は処々に縄を張り、縄の外に出てたる球は無効とし、更に打直すこととし、又穴の辺に障碍物を設けたる故、先日より難くなりたり。

明日も世子は新宿御苑に行く予約あること

明日は御苑の都合宜しきに付、世子及妃と赤星、小原等と御苑にてゴルフをなさることを小原より勧め、午後四時より御苑に行き、同処にて晩食を共にして帰らるる御予定なり。食事は昨日の振合は至極簡短なりし故、其都合を相馬に問ひ、明日も其振合になす積りなりとの談を為せり。熊谷某は庭球戯に熟し居るものなり。

有栖川附職員の処分の書類　有栖川宮宮号のことの書類

○午前十一時頃酒巻芳男来り、有栖川宮号は慰子殿下の薨去と共に消滅したるも、宮附職員等は責めて慰子殿下の百日祭の済む頃までは其儘官名を存することにすへく、然れとも他に対して宮号を称せさることにすへき旨の先日の協議の結果を記し、其書類に予の捺印を求む。予之に捺印す。

邦久王臣籍降下の時期　邦久王賢所参拝に関する注意

酒巻又邦久王降下のことに関する一昨日の協議の結果を大臣（牧野伸顕）に報告したる処、大臣（牧野）は、成るへく早く降下せらるる方宜しとの意見なる趣に付、次官（関屋貞三郎）と相談の上、自分（酒巻）より日光詰の職員に書状を贈り、皇后陛下の御思召を伺ひたる処、大森大夫（鍾一）より、法規上にては賢所に参拝せられても差支なしとのことなるも、従来の慣例もあることに付、邦久王は賢所参拝の前日より久邇宮の人とは別に作りたる物を食せられ、前夜より浴して身体を清め、翌朝も邦彦王殿下等には面会せすして参拝を終られ、事が済みたる後、邦彦王にも面接せらるる様に為したらは、参拝せられても宜しからんとの御内意なり。尤も是は奥の御内意にて、御指図と云ふ様なる訳に非さる故、其辺は諒せよとの報知ありたり。

久邇宮附職員服喪のことは皇后宮大夫に告けす

事柄の混雑を恐れ、宮附職員か総て喪に服し居ることは大森には告けさりしと云ふ。予、邦久王の随従者は、宮附職員に限らす、宗秩寮の職員にても差支なからんと云ふ。

煽風器を買ふ事を岩倉熊一郎に依頼す

○午前十時後西野英男に嘱し、岩倉熊一郎をして煽風器を買はしむることを依頼せしむ。午後二時頃西野来り、只今岩倉より電話にて煽風器製造元に問ひ合せたる処、既に品切となり居るとのことなり。或は小売店にはあるやも計り難けれとも、何処に在るや分らす。処々問合せたれとも尚ほ分らす。類似の品にてもあらんかと思ひ、是も問合せ居れとも夫れも未た分らす。右の次第に付、今日中には様子分らさるやも計り難しと云へりと云ふ。

煽風器なし

予、品は異なれとも三越呉服店抔には売り居る故、直接に買ひ求むることにすへし。岩倉に手数を掛けたるに付、挨拶を為し置き呉よと云ふ。西野、製造元にては三十五円にて売るも、市中にては四十五円位なりとの話なりと云ふ。

東久邇宮妃の機嫌を候す

○午後一時五十分頃西野英男に嘱し、金井四郎に書を贈り、東久邇宮妃殿下の機嫌を伺ふ旨を言上することを依頼せしむ。

追加予算書に捺印す

○午後一時後大木（彝雄）来り、追加予算書に捺印を求む。一昨日配布し置たる予算に付ては正式に委員会を開かれさることに決したるに付、捺印し呉よと云ふ。

追加予算を要する事由

予、内贈金増額を要する理由を問ふ。大木仏国に在る朝香宮及北白川宮の費用なりと云ふ。

内贈金、内賜金の別

予、内贈金（皇族に賜はる金）、下賜金（臣下に賜はる金）に付き、内贈金には領収証を徴して仕払を証明し、内賜金に付ては大臣より御手元上けを命する書面を以て仕払を証明する区別は理由なき旨を告く。予は此区別は今日まて之を知らす。青山操を召ひ、之を問ひたるに、青山は以前は特賜金の項より内賜金を出し居りたるか、後只今の如き取扱となれり。之を区別すへき理由はなしと云ふ。

石原健三来る

○午後二時二十五分頃石原健三来り、暑中天機奉伺の為来りとて、二、三語を交へて去る。予か衆議院議員選挙法改正の主査委員長と為りたる為、多用ならんとの談を為せり。

静岡県の御料地を払下くることに付入江貫一と談す

○午後二時後、青山操の帝室林野管理局の実況審査報告書を閲みす。静岡県に御料地を払下けんとする件の不当なることを記述し居るを見て、黙視すへからさることゝ思ひ、二時四十分頃入江貫一の室に到り、先日談し置きたる静岡県に対する御料地払下の件は、先年農地払下の時、平田（東助）、平山（成信）等を委員として調査したるときの例に倣ひ、委員ても設けて審議することは出来さるや。詮議の程度は何程くらい進み居るやと云ふ。入江、先年は委員を設けたるか、静岡県の事は既に価格までも相互協定済となり居れりと云ふて、関係書類を示す。

公共の用の為

之に依れは三千五百町余の御料地を払下くることにて、其価格は全体に非常に低く見積り、其上、公共用の利益の為の払下なりとて全体の価格を五割減し、尚ほ無利息にて十五ヶ年賦と為す約束なり。水源涵養等の名義を附くることを得る部分は五百町余なる故、此部分に対し五割を減するは理由あるも、残り三千町許は単に県有と為すのみにて公共の利益とは云ひ難し。此部分に付五割を減するは先例もなけれは理由もなし。先刻、御歴代調査会のことに付大臣（牧野伸顕）に談したるに付、序に御料地払下のことも談せんとも思ひたるも、次官（関屋貞三郎）の関係もあり、終に談せすして止みたり。困りたることなり。五百町余を無代下付として残を減価せされは、其方か非常に多額と為る故、何とも致方なし。林野管理局長官（本田幸介）の説明を求め、本田より書面を出したれとも、少しも理由なしと云ふ。

予、此ことは如何にも不都合なり。若し県に払下くることか公共の利益と云ふならは、郡にても町村にても同様なり。然れは、御料地は総て減価して払下けさるへからさることゝなる。

此の如き例を開きては、後日の累測るへからす。是非とも之を阻止する必要あり。牧野は事情を知り居るへきやと云ふ。入江、兎も角一度大臣（牧野）に談し見るへく、此事件は已むを得さるも、今後は十分注意する様にても談し置くことにすへしと云ふ。予、此事件も此儘にては困る。今少し理の立つ様には為さゝれは、他より請求するときに之を拒むことを得さることゝなるへしと云ふ。

入江貫一会計審査局より出したる報告書を見る

入江、然りと云ひ、入江又審査局より提出したる報告書を廻はし来りたるに付、始めて一覧せり。

官規の弛敗

小田原の土地交換も不都合なるか、主馬寮の馬匹払下抔も実に不都合、官規の弛敗極端なりと云ふ。予、宮内省の奏任官か馬三頭も払下くる様のことを為して平気なるには驚く。全体審査官の目には触れしめさる様細工するに付、事実の大部分は知ることを得さるなり。然るに拘はらす、彼の如き事件か目に触るるは、畢竟彼位のことは少しも怪まさる様になり、之を隠す考もなき位に麻痺し居る訳なりと云ふ。

王世子邸の晩餐

○午後五時三十分より世子邸に行く。世子、陸軍大学校職員を招き、晩餐を催ふ〔す〕に付、之に会したるなり。遠藤源六〔行政裁判所評定官〕、岡田某〔哲蔵、陸軍大学校教授〕、中山某〔庸次郎、陸軍高等軍法会議法務官〕、杉浦某〔貞二郎、陸軍大学校教授〕等と話す。遠藤は国際法学者、岡田は英語教師にて、中村竹蔵の妻〔サク〕の兄、中山は陸軍の法務官、杉浦は陸軍大学教員にて、今後元田作之進に代りて立教大学長と為る者なりと云ふ。

鹿野三郎の兄某に遇ふ

又鹿野三郎の兄某〔不詳〕に逢ふ。某より三郎か予の世話になることに付挨拶し、三郎を今少し繁務の処に転任せしむる様、世話し呉よと云ふ。某は三郎本姓岩橋を称し居るや否を知らす。午後九時前家に帰る。

岩倉熊一郎をして煽風器を買はしむることを止む

○午後二時後、西野英男より岩倉熊一郎に煽風器は他に買ひ求めらるる旨を通知したる処、岩倉は尚ほ他に問ひ合せ中なる故、退庁時間中に様子分りたらは通知すへしと云ひたる趣を報す。予、他にて買ひ求め、二重になりては困るに付、岩倉の方は断然止むる様に通知し呉よと云ふ。西野之を諾す。

安をして煽風器を買はしむ

六時後内子、安をして一ツ木町に行き、煽風器を売る所あるや否を検せしむ。安帰りて、煽風器一個あり。但し先約者あり。其人か買はされは之を売るへし。今より二、三時間の後ならは分ると云ひたる趣に付、八時後、更に安を遣はしたる所なりと云ふ。予が世子邸より帰りたるときは、安は正に煽風器店に行き居り。九時頃之を買ひ来る。代価は四十九円なりと云ふ。

煽風器を逢に送る

○午後、安を一ツ木町の運送店に遣はし、煽風器を隆に送ることを命せしむ。

七月二四日

○七月二十四日火曜。朝雨後曇。

○午前九時三十分頃出勤す。

実況審査報告書を入江貫一に示す

○午前十一時後、青山操より提出したる林野管理局の実況審査報告書を閲みし終り、青山に此報告書を入江（貫一）に示さんと欲するか差支なきやと云ふ。青山差支なしと云ふ。予、乃ち報告中、静岡県に対する御料地払下に関する部分に付、二、三字の修正を為さしめ、之を持ちて入江（貫一）の室に到る。入江正に工藤壮平と話す。入江、予か室に行きて談すへし、自分（入江）よりも談し度ことありと云ふ。乃ち共に審査局に返る。

御料地払下の不当

予、青山（操）の報告書を示し、此ことに付ては、予、職務上知り得る機会なき故、君（入江）に談し、君（入江）より大臣（牧野伸顕）に談することを求め置たるか、此報告書を受けたるに付、予も絶対に事実を聞き得る機会なしと云ふ程に非す。昨日の談にては払下地の全体の代価を五割減することは理由なしとのことなりしか、如何に研究しても理由はなかるへきや。既に手続を進行して此処まで来り居るに付、理由さへ附くならは遂行するより外、致方なかるへきも、如何にしても理由なきことならは、之を争ふより外致方なかるへし。君（入江）より談して、大臣（牧野）か諒解すれは結構なるか、若し諒解せさる様ならは、予も此報告書に基きて争ひ見んかと思ふ。知らさるならは致方なきも、之を知りなから黙止するは余りに不忠実なる様なる故、右の考を起したる次第なりと云ふ。

入江貫一、牧野伸顕に御料地払下のことを談す

入江、昨日大臣（牧野）に御歴代々数調査のことを談したるに付、其序に未た次官（関屋貞三郎）にも話さゝるか、静岡県に対する御料地払下の問題あり。自分（入江）一人にて苦み居れり。其次第は御料地の評価余り低きのみならす、公共用に供するものとして地価も材木代も一併に五割を減し、其上十五ヶ年を無利息の年賦払となさんとするものにて、余りに低価なり。御料地管理の責任上、不都合と思ふ旨を述へたるに、大臣は御料〔地〕を低価にて払ひ下たるは当然のことなりと云ひて耳を傾けす。自分（入江）より極論したる処、大分激昂したる模様ありたり。併し後には考へ見るへしと云へり。

山崎四男六、本田幸介の意見

大臣より他の人は何と云ふやとのことなりし故、誰にも相談せす、山崎（四男六）は、林野管理局の事務を取扱ひたるとき始まり居ることに付、反対の意見はなかるへく、現管理局長官（本田幸介）は上申し居るものに付、是亦別段の意見ある訳なしと云ひ置けり。

入江貫一、予より牧野伸顕に談することを望む

自分（入江）は相当に云ひ置たるも、尚ほ諒解せさる模様に付、君（予）より話し呉るれは好都合ならんと云ふ。

予、暫く様子を見たる上にて話すことゝすへしと云ふ。入江、大臣か本田に面会する前話し呉るる方宜しからんと云ふ。予然らは其ことにせんと云ふ。予大臣の名札を見る。入江、大臣（牧野）は今日は葉山に行き居ると云ふ。午後一時頃食堂より返るとき、参事官室に過り、大臣（牧野）に話すとき、都合にては一と通り事実も述ふる必要あるならんと思ふ。

御料地払下に関する事実は入江貫一より聞きたりと云ふこと

青山の報告にては事実は分からす。故に青山の報告に依り払下事件あることを知り、一と通り君（入江）より事実を聞きたりと云ふを差支なきやと云ふ。

御料地払下願書は関屋貞三郎より出したるもの

入江差支なしと云ふ。入江関係書類及図面を示す。当初の願書は大正九年十二月中、関屋貞三郎か静岡県知事たりしとき提出したるものなり。

細川潤次郎の告別式に会す

入江の室にて話すること十二、三分間許にて審査局に返り、二時より細川潤次郎の告別式に会す。

柳原燁子は宮崎龍介を慕ひ居らす

○食堂にて予より柳原燁子のことを談し、樺山愛輔は燁子か宮崎龍介を慕ふ如きことなき旨を談すれとも、燁子か香取に行き居ること、又新聞に出したる燁子より宮崎に送りたる書状に依れは、樺山の談と事実とは相違する様なりと云ふ。関屋貞三郎、書状のことは聞かさりしも、燁子か香取に行き居ると云ふは全然無根にて、仁井田益太郎、伊藤伝右衛門等の宣伝する趣なりと云ふ。予然らは書状も偽造なるへきかと云ふ。関屋或は然らんと云ふ。

細川潤次郎の告別式後、直に家に帰る

○細川潤次郎の告別式を終り、直に家に帰る。午後二時五十分頃なり。

入江貫一の談今日と昨日と相違す

○午前、入江貫一か予に談したることは、昨日の談と相違す（昨日は御歴代々数調査のことを牧野（伸顕）に談したるとき、静岡県に対する御料地払下けのことを談せんと思ひたるも、関屋（貞三郎）の関係を顧慮し、終に之を談せさりしと云ひ、今日は御歴代々数調査のことを牧野に談したるとき御料地払下のことを談したりと云へり）。入江か昨日と今日と不実のことを云ふへき訳なきに付、昨日一度は談せすして止み、二度目に同しく御歴代々数のことにて牧野に面会し、其時御料地のことも談したる次第ならんか。予は今日、入江の談を聞くときより疑ひたるも、強ひて之を質さゝりしなり。

内子と共に一ツ木町に行き、物を買ふ

○午後七時頃より内子と共に一ツ木町に行き、隆の網シヤツ其他のもの及護謨布を買ふ。八時頃帰る。

七月二五日

○七月二十五日水曜。晴後曇晩微雨。

伏見宮邸に行き、暑中の機嫌を候す

○午前九時三十分より家を出て、途伏見宮邸に過きり、帳簿に署名して暑中の機嫌を候し、又閑院宮邸に過きり、同様のことを為し、十時後宮内省に達す。

王世子新宿御苑にてゴルフ戯を為したること

○午前十時後高義敬来り、世子は昨日（二十四日）午後四時頃より妃と共に新宿御苑に行き、ゴルフ戯をなされ、赤星某、小原駩吉、東郷某、相馬孟胤等来り、共にゴルフ戯に与かりたり。赤星も小原も早く帰り、相馬、東郷等のみ晩餐に加はりたり。昨日はいつれもゴルフの成績は宜しからす。赤星は四十四、小原は五十余回、世子は七十余回の打球にて、始めて九個の穴を一週せり。相馬と東郷とは別に競技したるか、全体は相馬の方巧なる趣なるも、昨日は二人とも優劣なく、五十幾回を要したり。

李勇吉京城に行きたること及其待遇

李勇吉は昨日出発、京城に向ひたるか、此節は皇族の出入口より入り、特別室に供したる故、本人も満足なるか、堀場某かも最も喜ひ居りたりとの談をなせり。

南部光臣来る　南部光臣の病状

○午前十一時頃南部光臣来る。南部は今年春頃より病気にて引籠り、終に其の為参事官を罷め、宮中顧問官と為り、今日病後始めて上省せり。南部は足の神経か麻痺し、歩行困難と為り、近頃漸く歩し得る様になりたりと云ひ、尚ほ杖を用ゐ居れり。

南部光臣に辞職を勧告したる事情

予、予か辞職を勧告する為に南部を訪ひ、南部に面会せす、其養父に面会したるとき幷に其以後の事情を略説す。南部、足は十分ならさるも、他には悪しき所なし。無事にて退屈に堪へす。何事に限らす、推薦し呉よと云ふ。

御料地払下のことを南部光臣に問ふ

予南部に対し、君（南部）か参事官在職中よりの問題なる趣なるか、御料地を静岡県に払ひ下くることの問題ありて困り居ると云ふ。

南部光臣と御料地払下のことを談す

南部、其問題は次官（関屋貞三郎）か静岡県知事たりし時代に願書を出したるものにて、自分（南部）は次官に対し、今日宮内官と為りたる以上、前任の時の無理なる願を遂行せんとするは不都合なる旨を論し、且つ此の御料地の中には御料として保存することを必要とするものあるやも計り難し。之を調査せさるへからすと云ひ、結局一年間は抑へたるも、調査の結果は格別変りたることなかりしなりと云ふ。予、公共の用に供するとの理由にて三千余町歩の代価を五割減となさんとするものにて、非常に無理なる計算なり。此の如きことを為したらは、他より必す続々出願することゝなるへき恐ありとの談を為せり。

小原駩吉を呼ふ

南部か来りたるとき、予、西野英男をして内匠寮に電話し、小原（駩吉）か出勤し居るならは南部か来り居る旨を告け、小原に審査局に来るへきことを告けしむ。南部は歩行自由ならさるを以て、小原をして来らしめんとしたるなり。

小原駩吉在らす

西野、小原は長良川の鮎猟に行き、二十六日頃帰京する予定なる趣なることを報す。南部は話すること十分間許にして去る。

自動車を借る

○午前十一時頃西野英男に嘱し、今日午後二時より久邇宮、梨本宮に行き、直に家に帰るに付、自動車を借ることを謀らしむ。少時の後西野来り、自動車は二時に玄関に廻はすことに約したる旨を報す。今朝出勤したるとき、人力車夫に午後迎に来るに及はさる旨を命し置きたり。

青山操の実況審査報告書及公共の用に供する為土地を払下くるとき代価五割を減することの伺定書を求む

○午前十一時後青山操に、青山か静岡地方の実況審査に行きたるときの報告書及帝室林野管理局の実況審査に行きたるときの報告書を纏めて持ち来ることと林野管理局長官事務取扱（山崎四男六）か大正九年中に直接公共の用に供する為、御料地を払ひ下くるときは時価より五割を減することになすへき旨を伺ひ定めたる書類の写を作ることを嘱す。青山予の言の如くす。

牧野伸顕に御料地払下のことを談す

○午後一時頃食堂にて牧野伸顕に、食後談し度きことある旨を告く。予は一たひ食堂を去り、審査局に返り、青山操より受領したる実況審査報告書及林野管理局の規則等を集めたる印刷物を携へ官房に行く。牧野未た食堂より返らす。乃ち白根（松介）の室に入る。工藤（壮平）亦其室に在り。之と話して牧野の返るを待つ。十分間許の後、牧野其官房に返る。

予乃ち入り、会計審査の職は既遂事件の当否を審査するものにて、事前に喙を容るるものに非されとも、本年六月頃審査官を静岡地方に遣はし、会計実況審査を為さしめたるとき、審査官より静岡の御料地を静岡県に払下けらるる風説あり、其風説に依れは払下か穏当ならさる様思考せらるる旨の報告を受けたれとも、其時は風説に過きすとのことなりしを以て其儘に致し置たる処、其後、林野管理局の実況審査を為さしめたるに、此節は風説に非す。既に具体的の問題と為り、内議も既に定まり居る旨の報告を受けたり。依て一と通り事情を問ひ見たるに、当初静岡県より一万町余の御料地払下を願ひ出てたるも、詮議の末、只今は三千六百町歩許を払下くることゝなり居る趣なり。然るに、県の入用と云ふことにて、全体を公共の用に供するものとの理由に代価の五割を減することゝなり居る由なり。是は十分考慮を要することゝ思ふ旨を述ふ。牧野、林野管理局にて小団地を経営するは不利益なる故、之を整理する目的なる故、其為に払下くるものならんと云ふ。

予、予は払下の大体に付て云ふものに非す。問題と為り居る場所は、初め世伝御料と為り居りたるものを、処分の必要ありとの理由にて世伝御料を解除せられたるものなる故、之を払下けらるることは必しも不可ならす。然れとも、其払下方法か適当ならさる様なるに付、懸念する訳なり。払下の価格は余程低く見積りある様なるも、其当否は予等には分かり難し。但、県に払下くる故、之を以て公共の用に供するものとして五割を減し、其上十五年ヶ年賦無利息となすは余りに不都合なり。公共の用に供すると云ふことは水源涵養の為必要なりとか、学校の敷地と為すとか云ふ様なる場合ならは之に適当すれとも、此節の払下は県は其地所に依りて利益を得んとするものにて、収利の目的にて払下くるものなり。此の如き場合を公共の用に供するものと云ふならは、公共団体の入用は総て之に相当することゝなり、御料地全部は総て減価して払下くる様のことゝなるへし。不要存地処分令の規定に依れは、縁故者に払下くるときにても、年賦払には利子を附くることゝなり居れり。此節払下を五割減にせされは、其差増は二百万円と為り、年賦払利子を附くれは七、八十万円と為り、結局三百万円に近き差を生すへし。御料地か其県に在りたる為、一県に対し三百万円許の恩恵を施こされ、他には恩恵なくしては余りに不公平なるへし。加之静岡県に対し此の如き払下を為せは、他の府県よりも同様の願を為すは必定にて、現に岐阜県よりは既に其願書を出し居る趣なり。此の願其他の願に対しても同様の取扱を為さゝれは必す物議を生すへし。故に払下を為すことは宜しとするも、十分に理由の説明を為し得る様に為し置かされは、非常なる不都合を生すへし。是、予か懸念する所なる旨を述ふ。

牧野伸顕に実況審査報告書を貸す

牧野、審査官の実況審査報告書は見度ものなりと云ふ。予、報告書は予に提出したるものにて、大臣に示す積りにて作りたるものに非す。故に文句にも随分不謹慎なる所あり。其辺のことを斟酌して見るならは、之を示すことにすへし。又審査官某か此の報告書を出したりと云ふ様なることは、他には話さゝる様に致し度と云ふ。

牧野実況審査と云ふことは当然為すへきことなりやと云ふ。予、是は年々行ひ居ることなり。但し職員少き為年々同一の場所を審査する訳に行かす、大概隔年位に審査を為し居れりと云ふ。牧野、実況審査の為此の事実あることを見出したりと云ふことは人に告けて差支なきやと云ふ。予、夫れは勿論差支なし。但当局者等には何某か此の如き報告を出し居ると云ふことは告けさる様に致し度と云ふ。

入江貫一より御料地払下のことを牧野伸顕に談したること

牧野、自分（牧野）は大体は聞き居るも、代価等のことは未た承知せす。多分、入江参事官（貫一）の手元に書類か廻はり居るならん。二、三日前入江より同様の談を聞きたりと云ふ。予、青山より提出したる報告書二通の中、静岡県に対する払下に関する部分の処を折り、之を指示し、報告書二冊を牧野に交し、又代価五割減と為すことの伺定書の写を交し、此伺にも直接公共の用に供すとありて、本件の如きものに五割減を為したることは、是迄先例もなきものなることを述へ置きたり。

入江貫一に予か御料地払下のことに付牧野伸顕に談したることを告く　実況審査報告書を牧野伸顕に貸したることを青山操に告く

談すること十分間許にして去り、審査局に返るとき、入江（貫一）の室に過きり、入江に予と牧野と談したる状況を略述して去り、審査局に返り、伊夫伎準一、青山操に報告書を牧野に渡し置きたることを告く。

伊夫伎準一郷里に行くに付、暇を請ふ

今日午前伊夫伎準一より、妻子を妻の実家に送り行く為、数日間の暇を得度。青山操より提出し居る報告書の会議は明日位に為すことを得れは、之を終はりたる後出発することにすへく、本月二十九日の日曜と明治天皇祭と二日の休暇あるに付、之を

利用して旅行し度と云ひ、予、明日は差支なきに付、会議することにすへしと云ひ置きたり。然るに、青山の報告書を牧野に渡したる故、明日会議することを得す。依て其ことも伊夫伎と青山とに告け置きたり。

久邇宮邸に行き、暑中の機嫌を候し直に家に帰る

○午後二時より自動車に乗り、久邇宮邸、梨本宮邸に行き、帳簿に署名して暑中機嫌を候し、直に家に帰る。時に二時三十分頃なり。

先考遺稿の写本の誤を検す

○午前出勤前及退庁後、先日西野英男に嘱して写したる先考遺文篤堂文稿中の誤写を検す。

北白川宮より饅頭二箱を贈る

○午前八時後、北白川宮より使をして饅頭二箱を贈らしむ。予か成久王の霊に供物を為したるに酬ひらるるなり。

七月二十六日

○七月二十六日木曜。晴稍涼。

○午前九時四十分頃より出勤す。

細川潤次郎に贈りたる蠟燭代を償ひ、北白川宮より贈られたる菓子代を配る

○午前十時後西野英男に、細川潤次郎に贈りたる西洋蠟燭代の割前四円二十銭を枢密院事務所に致し、且北白川宮より贈られたる菓子代の割前の五円を同事務所より受取ることを嘱す。

先考遺稿の誤写を訂正せしむ

○午前十時三十分頃西野英男に、先日西野に嘱して謄写したる先考遺文篤堂文稿中の誤写を訂正することを嘱す。

北白川宮より贈られたる菓子代を受領す

○午前十時五十分頃西野英男来り、金五円を致す。西野、給仕をして枢密院事務所に行き、之を受取らしめたるなり。

三浦篤か審査官に転任することの諾否を促す

○午前十一時頃伊夫伎準一来り、三浦篤か審査官に転任することの諾否を未た答へさるに付、白根（松介）に問ひ合せたる処、白根は三浦に答を促すへしと云ひ居りたりと云ふ。予、諾否何れにも決することは訳なきことなり。然るに此く延引するは其性質、断に乏しき人ならんと云ふ。伊夫伎、三浦、浅田恵一〔内蔵寮事務官・財務課長〕、大谷正男の三人は何事も山崎（四男六）の指揮を受くる趣に付、山崎の意向か未た決せさる訳ならん。

関屋貞三郎の表裡

全体次官（関屋貞三郎）か表面同意し居るか如くして、裡面にては転任せしめさる様の行動を為すは不都合なり。何の為に此の如きことを為すへきやと云ふ。

予、予か聞き居る所にては、杉（琢磨）か洋行てもすれは、其跡は用度課の事務を執らしむるは三浦の外にはなしと云ひ居る趣なり。然るに、先きに白根より三浦を書記官に兼任することを申出したるときは、関屋は三浦は書記官には適せすとて反対したりとのことなり。何にせよ判然体度を明かにせす、表裏相反する様のことを為しては不都合なりと云ふ。

北白川宮より贈られたる返礼の分前

○午前十一時後西野英男来り、宮内省高等官一同より成久王薨去に付、榊を贈りたる返礼として金七十円を贈られ、之を四百余人に分配し、金十七銭となる趣にて、之を送り来れりとて其金を予に交す。

稔彦王殿下を羅馬尼に遣はさるることの内交渉に関する件

○午前十一時四十分頃徳川頼倫の室に行き、東久邇宮殿下を羅馬尼に遣はさるることに付、摂政殿下より内端御交渉あり度とのことは如何相成りたるやを問ふ。徳川、宮内大臣（牧野伸顕）は政治上のことにもあり、摂政殿下より御内談あることは適当ならすとの意見なりしも、其後未た之を確かめす。随て未た山辺知春にも何等の通知も為さすと云ふ。予、東久邇宮殿下は彼程の考あるへしとは思はれす。或は山辺及松平（慶民）等の考過には非さるやと思はると云ふ。

徳川頼倫予算委員と為る　徳川頼倫と予算のことを談す

徳川、此節予算委員を命せられたるに付、宜しくとの挨拶を為し、夫れより宮内省の予算の振合に付談話す。午後零時後、審査局に返る。

酒巻芳男出勤せす

予、徳川に面会する前、酒巻芳男を訪ふ。岡田重三郎、今日は酒巻は腹工合悪しく、出勤せすと云ふ。故に徳川の室に行きたるなり。

女子大学の学生か馬の交尾を見たること

○午後零時後、食堂にて雑話す。徳川頼倫、日本及日本人なる雑誌に女子大学の学生か千葉県の牧場に性見学の為、馬の交尾を見に行きたることを掲け、学生は熱心に之を見たる旨を記し居りたる旨の談を為せり。

杉琢磨か俗謡を学ふことに付之に戯むる

予は食堂に入りたるとき、杉（琢磨）に、講談倶楽部に杉か俗謡を学ふ為端坐する故、洋服の袴の形を悪くする旨を記し居りたることを談して杉に戯る。

関屋貞三郎、後藤某のこと、雑誌希望、望のことを談す

関屋貞三郎は長崎の後藤某〔静香、社会教育家〕なるものか（希望）と題する雑誌及（望）と題する雑誌を発刊し、四、五年間八万人許の読者を得、十万円許にて事務所寄宿舎兼用にて四階立の家屋を建築し居る旨の談を為したり。

近衛帝以降数代の御肖像を観る　御肖像の画者

午後一時後厠に行き、審査局に返らんとするとき、庶務課に数人集まり居るを見、予も入りて見る。宝器主管にて掌り居る御歴代（近衛帝〔第七六代天皇〕外十三人）の画像を観居り、大谷正男、神谷初之助〔東京帝室博物館事務官・経理課長〕、入江為守、工藤壮平、上野季三郎及氏名を知らさるもの二人、其筆者を鑑定し、藤原信実〔鎌倉時代前・中期の公家、画家・歌人〕に相違なしと云ひ居りたり。

〔欄外に付記〕

文永二年十二月十六日没、八十九歳、寂西（入道後の名）。

佐竹家にて所有し居り、競売して三十六万円となりたる三十六歌仙の画者と同一筆者に相違なき故、三十六歌仙の画者か信実ならは、此御像も信実に相違なしと云ひ居りたるは入江なり。氏名を知らさる二人は頻りに信実なることを主張し居り、他の者は別に言ふ所なし。是は鑑識眼を有せさるなり。

伊夫伎準一の早退

○午後二時後西野英男より、伊夫伎準一は明日より旅行（妻の実家に行く）する為、準備を為す必要あり。先刻早退したる旨を報す。

東宮殿下御慶事の記念に関する有馬頼寧氏の考案

○午後零時後食堂にて徳川頼倫より、今年東宮殿下の御慶事の記念事業として種々の意見あるも、先日有馬頼寧氏より聞きたる意見は、十年許前自分（徳川）の考へたることと符合し、実に適当なる考と思ふ。夫れは陳列館を設け、華族富豪の家に蔵する珍物を出品することなりとの談を為し、関屋は夫れは実に名案なり、是非実行を望むと云ひ、徳川は有馬氏の考は尚ほ秘密なる故、其の含を請ふと云ふ。

有馬家の家計のことを談す　有馬家の節倹のことを談す

夫れより諸家蔵品の談に移り、予より有馬家の能面のこと、大良院（有馬頼徳、久留米藩第九代藩主）の能衣裳を支那に注文して作らしめたること、其切にて後日小松宮の妃の坐蒲団を作りたる趣なること、大良院は華美を好み、久留米の町数を増したること、義源院（有馬頼永、久留米藩第一〇代藩主、有馬頼徳四男）は其後を承り、非常なる節倹を為したることの談等を為せり。

車夫退省の間に合はす

○午後三時退省、玄関に到る。車夫未た来らす。歩して坂下門を出つ。車夫正に来る。乃ち車に乗りて帰る。

格子戸を用ひて涼を納る

○今夜始めて、寝室の西方の硝子戸の間に格子戸一枚を挿む。涼を納るるなり。

諮問第五号の審議始末を記す

○午後宮内省にて諮問第五号の審議始末を記し、第一回総会及第一回主査委員会の半部を了る。

七月二七日

○七月二十七日金曜。半晴甚た熱せす。

有馬頼寧氏の書状〔ママ〕を達す

○午前九時頃有馬頼寧氏の書状達す。書は予と松下丈吉、境豊吉、有馬秀雄の連名にて、此の四人皆有馬伯爵家の相談人なり。

有馬頼寧氏書状の趣旨

書意は、直に父伯爵に陳せんと欲するも、伯爵は必す相談人の意見を問はるるに付、先つ相談人に此書を贈る。自分（頼寧氏）は今後、有馬家家務監督仁田原（重行）の意に従はす、又有馬家の家政に関係せす、自己の実印は自ら保管し自ら使用すへし。仁田原は家あるを知りて、主人あるを知らす（主人とは頼寧氏自ら自己を指したるものならん）。自分（頼寧氏）も既に四十歳なり。早きに及んて事を為さゝれは晩暮となるの恐れあり。有馬家は自分（頼寧）をして事を為さしめす。故に事を為す資金は自ら之を借るより外に方法なし。金を借るには実印を用ゐさるへからす。有馬家の家政方針は自分の意見に合はす。

故に之に関係することを欲せす。是迠の如く曖昧なる結局には承知し難し。其積りにて相談せよ。若し自分の望に合はさる様ならは、直接に父に申出し、父か仁田原（重行）及相談人の意見に与みするか、自分（頼寧氏）に与みするかを決すへし。有馬家にて自分（頼寧氏）の説を容れされは、自分（頼寧氏）は友人に事情を明かし、之を公表して他の批判を求むへし。

自分（頼寧氏）か戸主と為りたる後は、福岡県に在る地所は無償にて小作人に与ふるか又は極めて低廉なる価にて之を売渡すへし。久留米の別邸は之を久留米市に寄附し、水天宮の敷地は之を水天宮に寄附し、有馬家は水天宮との関係を絶つへし。久留米の南薫に別邸を造り、家宝の幾分は其別邸に陳列すへし。家宝は半分位売却すへし。有馬家の育英部は財団法人と為して、有馬家との関係を絶つへし。年額五万円許は社会事業に寄附すへし。橋場町の邸宅は半分位は之を開放すへし。自分（頼寧氏）は伯爵家の相続人と生れ、是迠の如き境遇には満足することを得す、来月（八月）中旬には久留米に行くに付、林田（守隆）、細見（保）〔有馬伯爵家家政相談人〕、若林（卓爾）〔有馬伯爵家家政相談人、元久留米市長〕には、自分（頼寧）より直接に自分（頼寧氏）の意思を談することにすへしとのことなり。

境豊吉か家に在るや否を問ふ　有馬頼寧氏の書状を境豊吉に郵送す

予之を一読し、内子をして電話にて境（豊吉）か家に在るや否を問はしめ、家に在るとのことなりしを以て、直に頼寧氏の書状を封し、之を境の家に郵送す。時正に暑中なるを以て、境か或は暑を避け居るを慮り、其在否を問ひたるなり。

西野英男先考の遺稿の誤を訂正したるものを致す　更に訂正を嘱す

○午前十時後西野英男より、昨日嘱し置たる先考の文稿中、誤字を訂正したるものを致す。予之を閲みし、更に二所の訂正を嘱す。西野直に之を訂正して持ち来る。

諮問第五号の審議始末を記す

○午前八時頃より諮問第五号の審議始末、第一回の主査委員会の残部を記し終はる。

三越にて買ひたる時計故障あり

○本月二十二日午前三越呉服店にて購ひたる小型時計故障あり。一昼夜継続進行せす。

世子邸附属官長崎元一来り、新任の挨拶を為す

○午前十時五十分頃宗秩寮の佐々木栄作、李王職属王世子附長崎元一を伴ひ来り、其新任を披露す。予、昨日長崎か来りたるに付挨拶す。長崎は先年総務課に勤務し、其後世子邸に居りたるもの丶由。世子邸にては雇員と為り居りたるならん。

南部光臣来る　之と御料地払下のことを談す

○午前十一時頃南部光臣来り、別に用事なきも、他に序ありたるに付一寸立寄りたりと云ひ、静岡県に対する御料地払下のことは大臣（牧野伸顕）に談したりやと云ふ。予、談したり。之を遂行すれは、静岡県に対し少くも三百万円許の恩恵を施すこと丶なり、不公平なる結果を生すと云ふ。

経済会議の書類に捺印す

予か南部と談し居るとき、浅田恵一来り、追加予算を経済会議に提出する書類に捺印を求む。浅田、次官か未た捺印し居らす。順序を失するも、次官か在らさる故、承知し呉よと云ふ。予、順序を失するも、予算委員として既に同意し居るに付、異見なしと云ふて捺印す。

小原駩吉名古屋より帰りたること

南部は、今日小原駩吉に面会せりと云へり。小原は昨夜名古屋より帰りたる趣なり。浅田か居るときには静岡県に対する御料地払下の談は為さゝりしなり。

原熈来る　之と有馬頼寧氏のことを談す

○午後二時頃原熈来り、有馬頼寧氏か農科大学助教授の辞表を出したり。是は余程前に出したる趣なるも、自分（原）か支那に行き居りたる為、大学総長（古在由直〔東京帝国大学総長、農芸化学者〕）か自分（原）の帰るまて預り置きたりとのことなり。有馬に面会したる処、同愛会（特殊部落の改善）のことに尽力する為、大学の方を辞するとのことに付、自分（原）は部落の改善は有馬には適当ならす。有馬には出来ることに非す。是は自分（原）一個の評に非す。何人も同様の考なる旨を談したる処、有馬より、宮内大臣（牧野伸顕）等か有馬の事業を援くる為富豪に説き、富豪より資金を出すことゝなり居る趣を談し、是には自分（原）も何とも云ふへき言なかりしなり。大学を辞することに付ては倉富氏に相談せられたりやと云ひたる処、有馬より、相談したるか、倉富は致方なしと云ふ位の程度にて同意せりとの談を為せり。同愛会のことに関係しては或は有馬家に累を及ほすこともあらんと思はる。何とか方向を転せしむる工夫なきやの旨を談す。

予、原の厚意を謝し、有馬氏をして方針を変せしめんと欲し、同人を宮内省官吏たらしめんとしたるも、本人か承諾せさりしこと、又同様の目的を以て洋行せしめんとしたるも、是も承諾せさりしこと、牧野等は予の考と反対にて、非常に有馬の事業に賛成し、予か之に反対し、官吏たらしめんとしたることを嘲笑したること、牧野か有馬援助の為に岩崎小弥太其他の人を宮内大臣官邸に招き、協議会を開き、予も其席に列したること、その後援助を実行する為、渋沢（栄一）、徳川（頼倫）等か数回会合し、有馬より予算書を提出せしめ、其予算に付更に協議会を開き、予算の修正の協議を為したること等を談し、此の如き成行にて、今日にては最早故なく退くこと出来難き状況となり居り。予等は勿論、初より部落の改善は有馬には不適当と思へとも、牧野其他の人の見る所は之に異り、之を援助することゝなり、有馬としては自己丈けにて事を為し居りたるときと異り、他に対して責任を負ひ居る故、此上大学のことまて担当し居り、而かも本人は先年来是非大学の方は辞し度と云ひ居る事なるに、無理に引留め置きても、実際勉強もせす、一方には尚更責任を尽くし難きことも出来るならんと思ふに付、予は已むを得す、大学の方を辞することは致方なからんとの答を為し置たる訳なりと云ふ。

原、何とか同愛会の方は只今直に全く手を切らさるも、相当の人をして其事に当らしめ、機を見て関係を絶つ工夫はなきやと云ふ。予、援助者か同愛会に対し援助を与ふると云ふことならは、其工夫もあるへしと思へとも、聞く所に依れは援助者は同愛会は之を援助せす、有馬其人を援助すると云ふことなる故、代人と云ふ訳に行き難からんと云ふ。

原、有馬氏は農政研究所を設け度と云ひ居り、其費用は五万円許の建築費と設備費一万五千円許を要すと云ひ居り、此方のこと出来くれは同愛会の方は止めても宜しきも、有馬家にては如何なることありても、自分（有馬）の希望する費用を支出する気遣なしと云ひ居りたり。自分（原）は一時に五、六万円の金を出さすとも、六千円許の規模にて始めたらは如何と云ひ置きたり。右様のことを為さしめては如何と云ふ。予、成る程農政研究費の談は聞きたるに相違なし。若し真面目に其方に掛り、同愛会の方を止むるならは、其費用は惜まされとも、同愛会の方は止めす、其上に研究費も要すとのことなりしか、従来の振合に依れは、農事研究費として三千円を要すと云ふに付、四、五年前より年に三千円を支出し居れとも、総て他のことに支出し、研究には少しも使用せす。此節も同様ならんと思はるるに付、多分仁田原（重行）も其支出を拒みたることならんと思ふと云ふ。

原、是まて三千円宛の研究費を支出し居りたること抔は少しも話を聞きたることなし。先日面会したるときは農科大学の方も勤続して宜しと云ふことなりしも、今朝書状を贈り来り、先日の話は之を取消し呉よ。有馬家にては到底自分（有馬）の希望を容れ呉るることはなきに付、自分（有馬）は自由行動を取り、他より金を借り入れて勝手に事を為す旨を申来りたりと云ふ。予、然るか、実は予も今朝書状を受取り、其書状には差向きは勝手に金を借り入るること等のことを申来り居るか、戸主と為りたるときの理想としては、所有地は之を無償にて小作人に遣はすこと、屋敷を解放すること、社会事業に金を出すこと等を列挙し、其云ふ所は極端なる社会主義の如く見ゆるか、一方には金の必要を説き、前後矛盾のこと多し。極端に云へは精神病的の様なる所もありと云ふ。

原、然り。故に自分（原）は本人に話すときは成るへく穏かに話して激昂せしめさることを務め居れり。余程注意せされは、有馬家の運命にも関することになるならんと云ふ。予、全体家範等を以て検束することは道理上より云へは無理なることなり。現在の当主生存中丈けは成るへく有馬家を維持し度と思ひ、苦心も致し居れとも、頼寧の代になれは、到底家範抔にて検束することを得るものに非す。予等は今日より粗他日の運命を考へ居る訳なりと云ふ。

原、出来る丈けは維持を務めさるへからす。頼寧氏屢々意思の変ることある人なるに付、今少し時日を経たらは、或は幾分考の変ることもあらんと云ふ。予、其通りなり。家屋のことにして〔も〕、荻窪に建築すと云ふに付、予は必す後悔するならんと云ひ、十分に之を差し詰めたるも、決して変更せすと云ふに付、其方に決したる処、未た建築に著手せさる中に変更して、青山に建築することゝなれり。但、先年の芸妓道楽と同愛会のことは厭き方か晩くて困ると云ふ。

原、自分（原）は頼寧氏に対し、宮内大臣（牧野伸顕）か君（頼寧）をして同愛会の事に当らしめんとするは不思議なり。悪しく推測すれは、君（頼寧）を以て一個の傀儡と為し、君は有爵者にて皇族の姻家なるを以て、万一の時に表面に立ちて犠牲と為らしむるに都合宜しと思ひ居るには非すやと思ふ。若し又善意に解釈し、真に君（頼寧）を以て適任と思ひ居るならは、余程不明なりと思ふとまて云ひたりとの談を為せり。

原又此際同愛会との関係を絶つには、大学の方も罷めて、何事も病気の為止むると云ふことにして、当分静養することも一の方法ならんと云ふ。予、先日予を呼ひ来りたるに付行きたる処、頼寧氏は是より度々旅行するに付（同愛会の用務にて）、時々留守宅に来り、子供のことに付注意し呉よとのことなりし故、予は何事も身体か第一にて、先日来度々脳貧血を起す様にては困るに付、当分何事も考へす、転地療養するか宜しと云ひて之を勧め、折角転地したるも、転地先にて脳貧血を起したりとて直に帰り来り、予か転地を勧めたる目的を達することを得さりしなり。

原、有馬氏を大学助教授と為したることは他の同情に依りたるものにて、職務は実科の講師なるに、助教授の名称を附けたる故、自分（原）は他より此く同情を受け居るに付、自ら之を拋棄するに及はさるに非すやと云ひ置きたりとの談を為し、又農政研究に著手せしめ、之を名義として同愛会の方の関係を薄くすることは出来ましきやと云ふ。予、第一本人か其気にならさるへし。仮りに本人か其考を起したりとするも、他より金まて出して援助することゝなり居る際、自己か他の研究を始むるとて、一方のことを止むると云ふことは出来難からん。同愛会との関係を遠くするには、此際は有馬自身の病気より外には適当なる名義なからん。有馬氏か農政研究を始むること出来くれは、同愛会の方を止めても宜しき様の談を為したりと云ふことなるか、或は有馬家にて研究所を作る為金を出すことなしと思ひ、高を括りて其様のことを云ひたるものなるやも計り難しと云ふ。原或は然らんと云ふ。原又、兎も角今一応頼寧君に面談し見るへく、都合に依りては有馬秀雄氏も共に談することゝすへしと云ふ。話すること二十分間許にして去る。

鳩彦王殿下、相馬孟胤を附属と為すことを諾せらる

○午後二時後酒巻芳男来り、相馬孟胤を朝香宮附と為すことは、漸く鳩彦王殿下附と為すことを殿下か承知せられたる趣を通知し来りたるに付、至急任命の手続を為す筈なりと云ふ。

稔彦王殿下羅馬尼行のこと

予、稔彦王殿下を羅馬尼に遣はさるることの手段を為すことは如何なりたりやと云ふ。

稔彦王殿下羅馬尼行のことに付ては牧野伸顕の決定を促すも未た決定せす

酒巻、次官（関屋貞三郎）に大臣（牧野伸顕）の決定を促させたる処、大臣は今少し考へ度と云ひたる趣なりと云ふ。

稔彦王殿下に羅馬尼行のことを内議するに三個の方法あり

予、此ことに付ては三個の方法あり。一は松平（慶民）、山辺（知春）より申来り居る通り、摂政殿下より直接に稔彦

〔王〕殿下に羅馬尼行のことを御相談遊はさるることとなり。此方法も御面談のときならは出来さることには非す。然し、電信にて直接に御相談遊はさるるは少しく穏当ならさるの嫌あり。一は宮内大臣より摂政殿下の御思召を奉して、稔彦王殿下に羅馬尼行のことを伺ふことなり。又一は単に宮内大臣より之を伺ふことなり。第二の方法位は格別不都合はなからんと思ふ。全体は松平か山辺かが余り考へ過きて、摂政殿下御親電の説を持ち出したるには非さるへきや。稔彦王殿下には夫れ程までの御考はなからんと思ふと云ふ。

三条公爵家の女静岡県の某と結婚せんとすること　三条家の女を別家せしむることの可否

酒巻又三条公爵家の娘（山尾三郎の妻となり居りたるもの）を静岡県の某〔松永安衛〕に嫁せしむることは、次官は夫たる人を知り居る趣にて、一度懸念し、三条の娘を別家せしめ、華族籍を除きたる上、結婚せしめたらは宜しからんとの意見なりしも、此ことに付ては、貴官（予）は、山尾との離婚は協議離婚にて、松根豊次郎〔俳人松根東洋城、元帝室会計審査局審査官〕との関係を表面に出さゝりしは山尾の面目を傷けさる為なりしなり。然るに、宮内省より娘を別家せしめたる上に非されは結婚すへからすと云ふは不都合なりと云はれたるに付、其趣を次官（関屋）に告けたる処、次官（関屋）は、然らは宮内省としては別段条件を附けす、三条家にて別家せしむると否とを決する様に談したらは宜しからんとのことになりたりと云ふ。

○午後三時より退省す。

有馬秀雄に電話す　有馬在らす

○午後六時後有馬秀雄に電話す。有馬は朝来外出し、未た帰らすと云ふ。

境豊吉に電話す　境、有馬頼寧氏の書状を松下丈吉に送り松下の上京を促すへしと云ふ

乃ち境豊吉に電話し、有馬頼寧氏の書状を送り置たるか、之を見たりやと云ふ。境只今之を見居る所なりと云ふ。予、此ことに付、急に相談人の協議会を開く必要あらんと思ふ。有馬（秀雄）に電話したれとも、有馬は家に在らすと云ふ。境、然らは自分（境）より有馬頼寧氏の書状は今夜松下（丈吉）に送り、松下か上京する様、申遣はすへしと云ふ。

硝子戸を鎖す具を作る

○午後、安と共に硝子戸の間に格子戸を立つると硝子戸を鎖す具を作る。

臼井光子来る

○午後四時後臼井光子来る。話すること十四、五分許にして去る。

安藤則光琵琶会の案内を為す

○安藤則光より明夜薩摩琵琶を弾するものか来るに付、来聴すへき旨の書を贈る。

〔欄外に付記〕

補遺　摂政殿下富士山に登りたまふ

補遺

七月二十七日摂政殿下富士山に登りたまふ。

補遺　囁嚅部痛む

○補遺

今夜右側囁嚅部の筋痛あり。之か為数回眠覚む。

反故紙を棄つ

○今日宮内省にて、机の抽斗内の反故紙を棄つ。

七月二八日

○七月二十八日土曜。半晴。

有馬秀雄に電話し、有馬頼寧氏のことを報す

○午前六時後有馬秀雄に電話し、昨日、有馬頼寧氏の書状達したること、書状の概略、其書状は直に境（豊吉）に送り、境より昨夜、松下（丈吉）に送りたる筈なること、昨日原熙に面会したること、頼寧氏の書状のことに付急に協議会を開く必要あるへきこと、原（熙）は尚ほ熱心に頼寧氏のことを考へ居ること、先日頼寧氏は一度は原に説得せられたるか、昨日書状を以て之を取消されたる様なること等を談す。有馬、明日午後は差支あり、協議会は出席し難し。昨夜松下に書状を送りたらは、明日に非されは達せさるへきこと、頼寧氏は原の面前にては、例の通り原の為に説得せられたるものならんとの談を為せり。

菊池剛太郎来る　菊池は中央新聞社に入ることを望み居れり

○午前八時頃菊池剛太郎〔読売新聞記者〕来り、中央新聞社に入社し度、吉原正隆〔衆議院議員・政友会〕か社長なるに付、同人に依頼し、尚ほ野田卯太郎は新聞社の顧問なるに付、今朝は野田に依頼する前に往訪せりと云ふ。

林繁夫のこと

予、林繁夫のことを問ふ。菊池、吉井の者にて、吉井に居るときより新聞の真似の如きものを出し居りたることあり。上京後は処々雇はれ、先年の総選挙のときは大内暢三〔元衆議院議員・革新倶楽部〕を推し、犬養毅〔衆議院議員・革新倶楽部〕、尾崎行雄〔衆議院議員・革新倶楽部〕抔を招聘して政友会に反対したる様のこともありたりとの談を為し、話する〔こと〕十分間許にして去る。

衆議院選挙法改正主査委員長のこと　枢密院と内閣とのこと

菊池、選挙法改正に付、予か主査委員長と為りたること、日本支那郵便約定のことに関する枢密院と政府との関係は全く解決し、最早議会の問題とはならさるかと云ふ。予問題と為すと否とは他の考次第なるへしと云ふ。

新聞記者に対する体度のこと

菊池、枢密院にはヤツ気になりたる人もありたる趣なり。陪審法のときも其書類を新聞記者に渡したる人もありたりとのことなり。記者を利用せんとするには矢張り相当の便宜は与へさるへからすとの談を為せり。菊池又馬場（鍈一）抔は大分盛に新聞記者に談する模様なりと云ふ。予、法制局長官は政治家と為り居るに付、夫れは当然なるへしと云ふ。

○午前九時三十分頃より出勤す。十二時より退省す。

囁嚅部の痛稍軽し

○囁嚅部の痛稍軽し。

金井四郎電話にて、東久邇宮妃殿下及王子殿下の近状を報す　蒲穆の書状を送ることを報す

○午後三時頃金井四郎より電話し、東久邇宮妃殿下及彰常王殿下、今日鵠沼より帰られ、明日は故有栖川宮妃慰子の三十日祭に参せらるる筈なりと云ふ。予、鵠沼に於ける妃殿下方の状況を問ふ。金井、殿〔下〕方も軽微なる風邪に罹られたるも、最早全快せられたり。在仏国の蒲穆より自分に贈りたる書状達したり。別段のことなきも、使をして届けしむることゝ為し置けり。一覧し呉よと云ふ。

蒲穆の書状を送り来る

午後三時頃、使来りて蒲の書状を致す。

安をして安藤則光の家に行き、琵琶を聴かしむ

○午後七時頃より安をして安藤則光の家に行き、薩摩琵琶を聴かしむ。

安をして歯科医田中某の家に行かしむ

予、安をして途歯科医田中某〔不詳〕の家に過きり、治療時間を問はしむ。安、田中の治療時間は日曜は午前八時より十二時まて、其他の日は八時より午後四時頃までなる旨を報す。

誤て他人宛の書状の封皮を破る　其善後策

○午後八時頃郵便配達人誤て、岩間まき子〔不詳〕宛の書状を配達す。予亦誤て之を破封す。乃ち杉野某の家に電話し、車夫を召ひ、書状を糊封し、車夫をして誤て封を破りたる旨を告け、之を岩間の家に致さしむ。車夫は岩間を知り居る趣にて、岩間は恐入りたりと云ひたる旨を報す。予は封を破りたるのみにて、書状は之を見さりしなり。

七月二十九日

○七月二十九日日曜。晴熱。

境豊吉電話にて、松下丈吉か来りたること、今日頼寧氏のことに付協議会を開くことを謀る

○午前九時後、境豊吉より電話にて、先日有馬頼寧氏より贈られたる書状を松下（丈吉）に送り、来京を促し置たる処、松下只今自分（境）の家に来り、今日青梅に帰る必要あり。直に協議を催ふ〔し〕度し、是より蠣殻町の有馬家別邸に行かんと云ひ居れり。貴君（予）は差支なきやと云ふ。予、予は差支なし。有馬（秀雄）は今日午前ならは宜しきも、午後は差支ありと云ひ居りたり。君（境）より有馬（秀雄）に交渉し見呉よ。有馬（秀雄）か差支ありても予等は協議することにすへしと云ふ。境承諾の旨を答ふ。

田中某の家に行き、齲歯二本を抜く

○午前七時五十分頃より表町の歯科医田中某の家に行き、齲歯を診せしめ、右側の上奥歯一本を抜き、左の下歯の先年抜きたるとき折れて残り居りたる株一つ抜き去らしむ。九時頃家に帰る。

有馬家別邸に行き、松下丈吉、有馬秀雄、境豊吉と有馬頼寧氏のことを協議す

午前九時後より電車に乗り、蠣殻町有馬家の別邸に行く。松下（丈吉）、境（豊吉）既にあり。有馬（秀雄）未た来らす。池尻興〔有馬伯爵家青山別邸執事〕をして有馬の家に電話して之を問はしむ。有馬の家人、有馬は既に蠣殻町に赴きたる旨を答ふ。十一時頃有馬始めて来る。有馬か来る前、予、松下、境に予が原熈に逢ひ、有馬頼寧氏のことを談したる模様を談し、又有馬頼寧氏か地位も資産も必要なしと云ひなから、一方には其女を秩父宮殿下に納れんとする望を有し居ることを談す。

有馬（秀雄）か来りたる後、松下より頼寧氏の書状を有馬に示し、予より、原（熈）の話にては頼寧氏は七千円許の負債ある趣なることを談し、頼寧氏か此の如き書状を贈りたる近因は負債の始末に困り居ることとなるへしとのことに相違なし。此際、若干の金を供すれは、一時は折り合ふへきも、事を仰山にする為、此節は久留米の相談人も呼ひて協議する方宜しからんと云ふことに一致し、境は、仁田原（重行）には予より頼寧氏の書状の趣旨及ひ今日の協議の模様を告け呉よと云ひ、予は有馬（秀雄）より仁田原に之を告くる方宜しき旨を述ふ。有馬（秀雄）、仁田原は平素幾分か倉富君（予）等より圧迫せらるる様の感を有し居るに付、自分（有馬）より仁田原に話す方宜しからんと云ふ。

予、其方か宜し。但し予か仁田原を圧迫すと云ふは如何なることとなるへきやと云ふ。有馬、仁田原は伯爵には非常なる同情を有し、始終気の毒なりとの感あり。之に反し頼寧氏に対しては多少反感を有し居り、君等（予等）か頼寧氏に対することに付ては時々意見の異なることある様なりと云ふ。松下及予等より、仁田原か頼寧氏の書状を見たらは不快の念を生し、又家務監督を罷むると云ひ出す恐あり。右の如き考を起さしめさる様注意することを有馬に告く。有馬、自分（有馬）よりならは、仮令一時は怒りても取り返しの附かさることはなしと云ふ。

有馬頼寧氏別邸に来る予定

今日は、頼寧氏は信愛夜学校に昼間女学校を増置することに付、午後二時より此の別邸にて協議会を催ふすことに為り居る趣に付、予等午後一時頃午餐を終りて帰りたり。

予より有馬頼寧氏に書状を贈ること

頼寧氏に対しては予より一応書状を贈り、重要なる事件に付、久留米相談人とも協議したる上に答ふへき旨を通知し置くことに申合せたり。二時後家に帰る。

賀陽宮妃殿下分娩

○午前七時頃宮内省宗秩寮より電話にて、恒憲王殿下（賀陽宮）の妃殿下、今日午前〔原文空白〕時頃より分娩の催ある旨を報し、八時頃又電話にて午前五時五十分分娩、王女子（賀陽宮美智子女王）生誕せられたる旨を報す。

東久邇宮邸に行く　井上誠夫を見る

○午後二時後より東久邇宮邸に行く。内玄関の処にて、人力車に乗り帰り去る人を見る。応接所に入りたる後、只今辞し去りたる者は何人なりしやを問ふ。金井（四郎）、眼科医井上誠夫なりしと云ふ。

彰常王殿下の眼病快し

予、彰常王殿下の眼病如何を問ふ。金井、井上診療の結果、非常に快く、海岸の風に吹かれても差支なしと云へり。自分（金井）は明日まては東京に御滞在に付、今一回位来診せしむる積りなりしも、井上は夫れにも及はすと云ひたりと云ふ。

蒲穆の書状を金井四郎に返す

昨日金井より送りたる蒲穆の書状を金井に返す。

東久邇宮妃殿下に謁す

少時の後妃殿下に謁し、鵠沼のこと抔を談す。殿下、予に鵠沼に来るへき旨を告けらる。

西瓜を食ふ

妃殿下に辞して再ひ応接所に来り、金井（四郎）、諫早某（御用取扱）と共に西瓜を食ふ。

東久邇宮妃殿下の贈

妃殿下より、高松宮殿下より妃殿下に贈られたる広島産（キン子）（生子《ナマコ》の乾したるもの）、小鯛其他雑魚の焼きたるものを贈らる。

賀陽宮邸に到り、王女子の生誕を賀す

三時後家に帰る。玄関にて高帽に更へ、直に賀陽宮邸に到り、今朝女王の生誕せられたるを賀する為、帳簿に署名し、直に家に帰る。

囁嚅部の痛殆んと療す　歯齦痛む

○囁嚅部の痛殆と療す。右側歯を抜きたる齦痛を覚ゆ。

鈎電信にて木浦に赴く旨を報す

○午後十時後、鈎元山発の電信達す。今日家族を携へ、任に木浦に赴く旨を報するなり。

書を有馬頼寧氏に贈る

○夜、書を有馬頼寧氏に贈る。松下丈吉等との約を履みたるなり。

七月三〇日

○七月三十日月曜。晴熱甚し。

明治天皇祭に参す

○午前八時より賢所前の参集所に到り、九時頃より皇霊殿前の幄舎に入る。

舎人、予か名を呼ふことを遺す

舎人宮中席次に依り参拝者の氏を呼ふ。誤て予か名を脱す。乃ち舎人に就き、予か入るへき順位を問ひ、珍田捨巳の次に入る。今日は明治天皇の祭日なり。摂政殿下御拝あり。次て皇后陛下の御代拝あり。

博義王なりや否詳かならす

秩父宮殿下、博義王殿下（多分博義王ならんと思ふも確かならす。幄舎にて珍田（捨巳）より、予に誰なるやを問ふ。予、初之を視さりし故、朝融王には非さりしやと云ふ。既にして其参拝せらるるに及ひ、之を見たるに博義王の様なるも、之を確知せす。故に博義王ならんと思へとも、確かならさる旨を珍田に告けたり）、恒憲王殿下、李垠殿下の拝あり。

皇霊殿に拝す

次て東郷平八郎以下、順に依り拝礼を為し、十時前家に帰る。

内子三越呉服店に行き、高義敬の子に贈る贐を買ふ

○午前九時前より内子人力車に乗り、三越呉服店に行き、旅行用化粧具を買ふ。将に高義敬の次男某か仏国に行かんとするに贈らんとするなり。十一時頃内子帰り来る。

鈞電信にて京城に達したることを報す

○午前十〔原文空白〕時――〔ママ〕頃、鈞京城発の電信達す。昨夜京城に達し、今夜朝鮮ホテルに宿し、明日木浦に赴く予定なる旨を報するなり。

書状を作る

○午前午後、書状十余通を作る。

安に心得を諭す

○安に午前は課業を修め、午後は運動することは宜しきも、之を頑守し、午前は絶対に他の用務を執らさる様に拘はるへからさることを諭す。

高義敬の子に贐を贈る

○午後四時後、使をして書状と旅行用化粧具を高義敬に致さしむ。

〔欄外に付記〕

補遺　王世子邸より世子、同妃か日光に赴くことを報す

補遺

午後王世子邸より電話にて、明日午前七時〔原文空白〕分、上野発にて世子及妃は日光に行か〔れ〕、来月九日帰京せらるる予定にて、高義敬、金応善、桜井某か随行する筈なりとのことを報す。

七月三一日

○七月三十一日火曜。晴。

有馬秀雄に電話し、仁田原重行に面会したるや否を問ひ久留米相談人を召ふことを謀る

○午前八時前有馬秀雄に電話し、昨日仁田原（重行）に面談したるやを問ふ。有馬、昨日は仁田原か橋場の有馬邸に来らさりしを以て、面会することを得す。今日は仁田原か来るならんと云ふ。余尚ほ云ふ所あり。有馬答へす。乃ち電話を止む。

少時の後、有馬より電話中電話線を絶ちたりとて更に話す。昨日有馬伯爵に面したる処、伯爵の機嫌宜しからす。宿痾起り居るものならん。此央頼寧氏の書状のことにて久留米の相談人を召ふ旨を述へたらは、病気に障るやも計り難し。成るへく簡短なる話にて承諾を求むるより外、致方なからんと云ふ。予、承諾は求めさるへからさるも、伯爵は避暑旅行てもさるる様に致したらは宜しからんと云ふ。有馬左様なることか宜しからんと云ふ。

有馬頼寧氏元気宜しからす

有馬又一昨日蠣殼町にて頼寧氏に面したるか、頼寧氏も元気宜しからさる様なり。書状のことに付ては双方より何事も話ささりしとの談を為せり。

○午前九時三十分より出勤す。

高義敬の妻病む　高義敬日光に行かす

○午前十時頃高義敬来る。予、君（高）は世子、同妃に随て日光に行く予定には非さりしやと云ふ。高、其積りなりしも、妻〔不詳〕病に罹りたる為、随行を断はりたり。妻は平素は強壮の質なりしか、先日腸胃を損し、其結果心臓病を起し、昨夜小山善の診療を受けたる処、小山は心臓か悪しと云ひ、殊に小山は、世子の不在中（世子には高階某か随行せり）何処にか行く予定なりとて、今朝麻布附近の医師を迎ふることを勧め、其の医師の診断も小山と異ならすと云ふ。

予患者の年齢及脈数を問ふ。高、五十歳にて脈は百二十至なりしか、今朝は九十至位となれりと云ふ。予、夫れはゲキタリスでも用ゐたるならは兎も角、十分用心せよ。日光の方は金（応善）、林（健太郎）、桜井（某）か行き居れは、君か行かさるも差支はなき筈なりと云ふ。高か来りたるとき、高より昨日其次男に旅行用具を贈りたることに付謝を陳へたり。

東久邇宮邸より妃殿下か今日鵠沼に行かるることを報す

○午前八時頃東久邇宮邸より電話にて、妃殿下は今日午前九時五分東京駅発の汽車にて鵠沼に行かるることを報す。

枢密院事務所より明日の会議に出席するやを問ふ

○午前十一時頃枢密院事務所より電話にて、明日の枢密院会議には出席するや否を問ふ。予給仕をして出席する旨を答へしむ。

国分三亥来り、北海道行の状、女婿片山三郎の病状等を話す

○午前十時後国分三亥来り、邦彦王殿下に随て北海道に行きたる状況、其長女（操）の夫某（片山三郎、農商務省水産局書記官兼事務官）（農商務省水産局の課長なりと云ふ。氏名、局課長〔ママ〕は予之を忘る）か国分か北海道に行きたる三日目位に大病に罹り、久邇宮、野村礼譲より某危篤なる趣の電信を送り来りたるも、留守宅よりは何等の通知なき為、其の通知を待ちたる処、翌日に至り、一時は危篤なりしも快方に向ひ、既に危険区域を脱したる旨申来りたる故、帰京せすして済みたり。

女婿の病は胆石なりしを、六、七人の医師いつれも盲腸炎と誤診、到底活路なきものにて、明日中も維持し難しと云ひたる為め、長女か不図先年仲小路（廉）の子供か盲腸炎に罹り、洋方医師か皆見放したるとき、漢方医師の治療にて快復したる話を思ひ出し、長女か仲小路の家に電話を掛け、仲小路より其の漢方医師を遣はし呉れたるか、洋方医は盲腸か破れ、其の為腹膜炎を起し居るに付、水も飲ましむへからすと云ふ。漢方医は確かに盲腸炎なり。自分（漢方医）か保証して回復せしむへし。煎薬を多量に服用せさるへからすと云ひ、家人は非常に惑ひたるも、洋方医は到底活路なしと云ふに付、思ひ切つて漢方医の薬を服用せしめたる処、意外に快方になり、脈勢も好くなりたり。然るに其翌日に至り、漢方医か自分（漢方医）も盲腸炎と思ひたるも、今日の容体は盲腸炎に非さる様なり。盲腸炎に非されは専門の病に非さる故、治療せさる方か宜しからんと云ひ、家人は患者か先年胆石病に罹りたることあるを思ひ出し、其ことを医師に告け、医師も胆石病ならんと云ひ、其方の薬を用ひたる処、小なる胆石の七十余個を排出し、最早出てさる様になりたりとのことなりとの談を為せり。

国分三亥、邦久王臣下〔ママ〕降下の時期に関することゝ侯爵家の家範のことを談す

国分は、邦久王降下の時期は邦彦王殿下も別段の希望なく、宮内省の都合次第にて宜しと云ひ居らるるとのことを談し、且邦久王降下後、侯爵と為らるるに付、侯爵家の家範を作り置く

方宜しからんと思ひ、邦彦王殿下にも申上けたる処、殿下も之を望まるるに付、其草案を作りたり。横田（国臣）の作りたる松平家の家範か非常に善く出来居るとの話を聞き居りたる故、其写を取り見たるか、自分（国分）の見たる所にては家範になり居らさる様なり。多忙の際、気の毒なるか、家範案を一覧し呉よと云ひ、其案を出したり。

小原駩吉来り、国分三亥に邦久王臣籍降下の期を問ふ

此時、小原（駩吉）来り窺ふ。予差支なき旨を告く。小原入り来り、国分と雑話し、小原より国分に対し、邦久王の降下期を問ふ。国分、邦彦王殿下は既に降下願書を出したることに付、勅許の遅速は云々すへきことに非すと云ひ居られ、別に時期に関する希望なしと云ふ。

皇族附職員会議の議題

国分去りて皇族附職員会議室に入る。野村礼譲か病気に付、国分か出席したる旨を話したり。初め国分か来りたるときは高義敬尚ほ予の室に在り。予、国分に対し、今日は皇族附職員は何事を議するやと云ひたるに、高より、今日の議案なりとて之を予に示したり。其議案は皇族の旅行等の場合に於ける警戒に関する問題多きに居〔ママ〕りたり。

小原駩吉静岡県に対する御料地払下のことを問ふ

国分か去りたる後、小原より、静岡県に対する御料地の払下問題に付、君（予）より大臣（牧野伸顕）に対し談せられたる様なりと云ふ。予誰より聞きたりやと云ふ。小原、南部（光臣）よりも一寸聞きたり。其他よりも聞きたることありと云ふ。予、予の職務は事後に審査すへきものにて、事前に関係すへきものに非されとも、審査官か実況審査を為し、其報告に依り払下事件あることを知り、其事柄は黙止すへからさるものと思ひたる故、一と通り大臣（牧野）に談し置たりと云ふ。其とき宗秩寮の山田益彦来りて皇族附職員会議を始むる旨を告け、小原を促す。小原尚ほ二、三分間予と談し、宗秩寮に行く。

賀陽宮妃の分娩は少しく早かりしなり

小原と談したるは、賀陽宮（恒憲王）妃分娩、王女子生誕せられたるか、分娩少しく早く、生児の体重五百余匁に過きさるも、別に心配のことはなき趣なり等のことなり。

酒巻芳男、稔彦王殿下か羅馬尼に行くことを諾せられたることを報す

○午後零時後食堂にて酒巻芳男より、土曜日（七月二十八日）に審査局に行きたるも、既に退省せられたる後なりしに付、報告延引せり。先日稔彦王殿下を羅馬尼に差遣はさるることに付、殿下の御内意を伺ふ為、宮内大臣（牧野伸顕）より殿下に電信を発し、其電文中に、殿下を羅馬尼に遣はさるることは摂政殿下の御希望なる旨を記入し置きたるか、殿下か快く御承諾なされたる旨の返電達したり（酒巻は何人よりの電信なるやを明言せさりしも、多分山辺知春か殿下の意を承りて電信を発したるものならん。摂政殿下の御趣意に付ては王殿下より特に謝せらるる旨も申来り居るとのことなり）とのことを話したり。

小原駩吉に静岡県に対する御料地払下のことを秘すへき旨を告く

○午後一時後、食堂を出つるとき、小原（駩吉）、酒巻（芳男）

及某（其人を忘れたり）と共に廊下を歩す。予、酒巻等か去るを待ち、小原に対し、参事官室の前にて先刻話したる静岡県に対する御料地払下のことは今暫く誰れにも話さゝる様に致し呉よと云ふ。小原既に此ことに付、君（予）等か関係したる上は自分（小原）等は何事も云はすと云ふ。

入江貫一か静岡県に行きたること

小原又入江（貫一）は今日は静岡に行きたりとのことなるか、御料地を見に行きたるものならん。明日は帰る趣なりと云ふ。

小原駩吉に静岡県に対する御料地払下のことを談す

予、然るか、一寸予の室に来れと云ひ、倶に予の室に入り、予より静岡県に対する御料地払下のことは実は大分以前に聞きたれとも、予の職務には関係なきに付、成るへく関係せさる方宜しからんと思ひ、先つ入江（貫一）に談したるも、其時まては入江の処には書類廻はり居らさりしなり。其後入江か書類を見たる上、如何にも不当なりとて大臣（牧野）に談したる処、払下価格の低廉なるは当然なりと云ひ、余り耳を傾けさりし模様にて、入江より其旨を予に告け、予より大臣（牧野）に談することを促したる故、予よりも大臣（牧野）に談し置きたり。大臣（牧野）か如何決定するか未た分らす。予は此ことは宮内省として余程重要なる問題なりと思ふと云ふ。

小原駩吉箱根御料地交換のことを問ふ

小原、勿論重要なる問題なり。箱根御料地の交換問題に付ても審査局より提出せられたることありや。次官（関屋貞三郎）は箱根に出張したりとのことなりと云ふ。予、彼の問題は既に結了し居れり。全体は是も甚た不都合と思ふと云ふ。

交換の事情

小原彼の交換問題の成立を知り居るやと云ふ。予之を知らすと云ふ。小原、沼津御用邸地の傍に藤田健蔵（謙一カ、東京商業会議所議員、日活社長）（蔵は確かならす）の所有家屋あり。御用邸の為に都合悪しきに付、自分（小原）より藤田に対し、所有地及家屋を宮内省に売渡ささるやと云ひたるに、藤田は寧ろ献上する方か宜しと云ひたるも、自分（小原）より献上は不可なりと云ひ、藤田も之を諾し、右の代価と外に海岸に網干場の権利を買ひ受けたりと云ふに付、其代価も書き出させたり。

然るに、其後何等の話なく、藤田は箱根土地株式会社の代表者と為り居りたるか、其名義も他に移し、又沼津の土地家屋の所有名義も藤田より他に移転したり。而して山崎四男六より自分（小原）に対し、沼津御用邸附近の地所家屋のことは君（小原）より藤田に対して交渉したる結果、藤田か大に感情を害したる趣に付、此上は自分（山崎）か交渉することに為したりと云ふに付、自分（小原）は夫れにて宜しと云ひ、藤田より自分（小原）に対し、山崎の談を聞きて宜しきやと云ふに付、自分（小原）は結局は山崎の手にて買ひ入るるものに付、夫れにて差支なし。但し君（藤田）か感情を害し居るとのことなりと云ひたるに、藤田は勝手なることを云ふものなりと云ひ居りたり。藤田より直接に買ひ入るれは、不当なる代価は要求する様のことはなかりし筈なりとの談を為せり。

関屋貞三郎か皇后陛下に拝謁し、長時間言上したること

予より、大臣（牧野）は一昨日帰京する予定なりしか、何故にか延引せりと云ふ。小原、何か重要なることありたるならん。先日、次官（関屋貞三郎）は日光にて他人を遠け、三時間許、皇后陛下に言上したる趣にて、皆何事ならんと云ひ居りたる由なり。次官（関屋）は皇后陛下の御思召を探る積りなる様なれとも、夫れは無駄なることにて、次官にては決して左様なることは出来す。東宮の女官のこと抔は非常なる失敗なる様なりと云ふ。

東宮女官のこと

予、此問題は余程前に東宮殿下より大臣（牧野）に高等女官は通勤のことにする旨の御話あり。大臣（牧野）は、此ことは皇后陛下の御思召も伺はさるへからさることに付、軽卒には定め難き旨を言上し置たりとのことは、其砌大臣より談を聞き、大臣（牧野）も余程慎重の体度を取り居りたる模様なりしか、如何のことになり居るへきやと云ふ。小原、皇后陛下も一旦は通勤制位のことは致方なしとの御思召もありたるに相違なき様思はるることなきに非す。然るに、其ことか新聞に漏れたる等の為、此節にては余程根本にも御意見ある様になり居る様なり。

井上勝之助の妻のこと

井上（勝之助）の妻〔末子〕を女官取締と為すこと抔は、絶対に御承認なかるへき模様なり。陛下の御積りにては、仮令ひ通勤制にしても、所謂新しき婦人を用ゆる御思召には非さりしなるへく、一時は陛下の御腹案にては大概人選も出来居りたる模様にて、判任女官抔は一と通り定まり居りたる様なるも、其後夫等の人は御暇を願ひたる人もありとのことなり。要するに、此節の思召は余程以前に立ち返り、大層古るきことになり居る模様なり。御奥のことは中々理論にて推す訳に行かす。

邦久王賢所参拝のこと

今日にても尚ほ月経時には御代拝も立てられさる慣例と為り居る位に付、邦久王の賢所参拝のことも、入江（貫一）に対し余り強硬に理論を主張せさる様注意し置けり。

酒巻芳男の報告は事実に合はす

酒巻（芳男）は大奥の模様を報告するとき、邦久王は喪中の人とは一切寝食を別にして参拝せられたらは宜しからんとのことなりし趣に報告し居りたれとも、自分（小原）の聞きたる所にては第一に成るへくは久邇宮の喪期間は邦久王の賢所参拝は見合せられ度、若し特別の必要ありて喪期間延はすこと出来難き訳ならは、邦久王は他と一切接せられさる様にして参拝せられ度とのことなりし様なりと云ふ。

良子女王殿下のこと

予、東宮女官の談に次き、元来か皇后陛下は良子女王殿下を喜はれさる方なるへきに付、何事に付けても困難多かるへしと云ふ。小原、初の困難か漸く解け、至極好都合になり居る所なる故、此上面倒なることの生せさる様致し度きものなり。良子女王殿下は此節は非常に体度か変られ居る由にて、賀陽宮の大妃殿下か先日久邇宮に行かれたるとき、女王殿下自ら茶を酌みて薦めらるる抔、大妃より只管辞退せられたる位なりし由なり。

是は成るへく大人しくなさるる様、方々より御注意申上けたる結果なるへしと云ふ。予夫れは至極結構なることなりと云ふ。

久邇宮に三人の事務官ありとの評

予小原に対し、久邇宮邸三人の事務官ありとの評判ありとのことなりと云ふ（是は小原か久邇宮殿下も輔佐に適当なる人あれは分らさる方には非すと云ふ様なることの話の関係より云ひたることなりしならん。確かに記臆せす）。

分部資吉辞職の意あり

小原、先日分部資吉か自分（小原）に面会を求めて、自分（分部）も長く久邇宮に勤めたるか、良子女王殿下も愈々目出度ことになりたれは、御婚儀済みたる後は自分（分部）は久邇宮を辞し、何処にか方向を変へ度に付、心配し呉よと云ひたり。分部の云ふことも当てはならすと思ひ居りたるも、其時の談は真面目のことなりし様なりと云ふ。話すること二十分許、二時頃に至りて去る。

皇族に関する警戒は一概には行かす

初め参事官室の前にて小原と立談したるとき、今日の皇族附職員会議にては如何に協議したりやと云ふ。小原、同し皇族と云ふても秩父宮殿下と賀陽宮殿下とは同一の取扱を為すことは出来難し。故に皇族の警戒なりとて一律に定めては差支多し。殊に警衛のことは内務大臣の責任なる故、其振合を宮内省の会議にて定むるは宜しからすと云ふて、議決せすして止むることにしたりと云ふ。予何処より議案を出したりやと云ふ。小原庶務課より出したるものなりと云ふ。予一概の取計には出来難も、王世子に付ては特に注意を要することにて、今日より日光に行かれたるが、警衛に付ては特に注意し置けりと云ふ。小原、世子のことは尚更なりと云ふ。

沼津御用邸附近の地所は初めより買入るる積りなりしなり　青山操に代価調書等のことを談す

小原か審査局を去りたる後、予、青山操を召ひ、沼津御用邸の附近の地は初め買ひ入るる積りにて、地代、建築費、網干場の買入代の積り書を取りたることあり。其書類は尚ほあるへしとのことなるか、一度之を見る必要あるへきやと云ふ。青山、仮令之を表向にせさるも、交換の適否を判定する心証には供することを得へきに付、之を見度と云ふ。予、然らは之を問ひ見るへしと云ひ、直に内匠寮に行き、小原（駩吉）に対し、書類のことを問ふ。小原、多分保存しあるならん。之を捜し見るへしと云ふ。

○午後三時より退省す。

王世子、同妃日光に達す

○午後五時頃（時刻確かならす）、王世子邸より電話にて、王世子、同妃は無事日光に達せられたることを報す。

広津直人来る　広津の妻の父病む

○午後六時後、広津直人来る。広津、其妻父高木（武）雅（原文空白）か肺炎にて容体悪しきことを談す。八時後帰り去る。

時計店修理の約に違ふこと二回

○午後七時後、安をして一ツ木の時計店に行き、前日修繕を命し置きたる時計を取り来らしむ。時計店違約するもの既に二回。

安何事も云はすして帰る。予時計店を詰責すへきことを命す。

七月三十日の追記

七月三十日の追補

荒井賢太郎、鈞転任のことに付鈴木穆と談したる状を説く

午前九時前、賢所前の参集所にて荒井賢太郎に逢ひたると き、荒井、予を人なき所に誘ひ、昨日鈴木穆来り、鈞を木浦の朝鮮銀行支店に転務せしめたるは、荒井より鈴木に対し、鈞を内地に転勤せしむることを談したる前に決し居りたることにて、元山よりは幾分便宜なる所に転せしめたる訳なり。東京支店抔も事務の取扱方放漫にて、是非整理する必要あれとも、美濃部俊吉〔朝鮮銀行総裁〕か総裁たる間は何事も遂行し難く、手を著けさる所なり。今後内地にても整理を行へは、転勤せしむる機会は少なからさる故、其機を待ちて転勤せしむることにすへしとの談を為せり。

鈴木の談にては、東京支店長阿部某〔秀太郎〕も初、度支部に居りたるときは宜しからんも、朝鮮銀行に入りたる後は他に同化せられ、非常に悪し〔く〕なり居れり。諸井某〔不詳、荒井賢太郎の親族カ〕か東京支店の会計方を勤め居りたるか、同人は喧しく云ふ故、遂に転勤せしめられ、其後任として来りたる某は（名は予か忘れたり）検束なく、貸出抔も借人の方より脅かされて貸す抔の振合なる由なり。先頃も新聞記者か鈴木の処に来り、某を転勤せしむる様のことを為すならは、店員全部辞職する様のことになるへしと云ふて脅迫らしきことを為し、鈴木は某を転勤せしむることか銀行の為に宜しからすと云ふ趣意なりや、又は某の為に宜しからすと云ふ趣意なりやと反問したる様の談を為し居りたり。朝鮮銀行の固定貸金は一億二、三千万円にも上り居る模様にて、是非とも大蔵省辺より確かなる人を採用せさるへからすと云ひ居れとも、美濃部が居りては誰も来る者なく、有吉（忠一）は頻りに美濃部に退任を迫り居る趣なり。美濃部は理事の補欠に阿部を採らんとするも、有吉か承知せすとのことなり。

大正一二年八月

八月一日

○八月一日水曜。晴熱。

清浦奎吾に先考の文稿の写本を貸す

○午前八時二十分より出勤し、直に枢密院事務所に行き、事務所にて清浦（奎吾）に先考の文稿を貸す。予清浦に、亡父十七、八歳の時の草稿にて見るへきものなし。然れとも、先頃借覧し度との談あり。其時は正に之を謄写せしめ居りたるか、謄写既に終りたるを以て今日之を持ち来りと云ふ。清浦、同門人の作なる故、之を覧ることを望むと云ふ。乃ち之を貸す。

枢密院会議

九時頃より宮中の議場に入り、盲学校及聾唖学校令、小学校令中改正の件、私立学校令中改正の件及領事館及外務書記官特別任用に関する件、海員審判所職員定員及任用令中改正の件を議す。二十分間許にして議了す。

南部光臣来る

○午前十時頃南部（光臣）来り、山階侯爵降下のとき、宮の当主即ち宮号を有する人の降下せらるるときは如何なる待遇をなさるへきや。其のことの詮議はなかりしやと云ふ。

宮号を有する皇族降下のときの待遇のこと

予、其の詮議なし。但予は、小松〔輝久、海軍少佐、北白川宮能久親王四男、一九一〇年臣籍降下し、故小松宮彰仁親王の祭祀を継承〕侯爵降下のとき、公爵を賜ふへきやの議ありたるも、明治天皇より公爵は伏見宮の為に保存せさるへからすとの御沙汰ありたるやに聞き居れり。又皇室典範制定のときの取調書類は君（南部）も見たるならんと云ふ。

皇室典範制定の頃の皇族待遇に関する内議

南部、之を見たり。其時は久邇宮、梨本宮ともに伯爵を授けらるることになり居れり。全体、彼のとき一と思ひに処分せらるれは、何も面倒なかりしと云ふ。予、其通りなり。然し、其時は孝明天皇〔第一二一代天皇、大正天皇の祖父〕以来、皇統を継かるへき方は常に一人なりし為、心細かりし故、降下の意見ありたるに拘はらす、其意見は採用せられさりし趣なりと云ふ。

静岡県に対する御料地払下のこと

予、昨日小原（駩吉）に遇ひたる処、小原より静岡県に対する御料地払下のことを談するに付、予は誰れより聞きたりやと云ひたるに、小原は一寸聞きたることありと云へり。小原は実に善く聞き出す人なりと云ふ。南部、自分（南部）と入江（貫一）より聞きたりと云ふ（小原は南部より聞きたりと云ひ、南部は入江より聞きたりと云ふ。どちらも事実には違ひ居らさるならん）。

入江貫一より三方〔ヶ〕原其他に出張したることの談を聞く

○午後零時後食堂にて入江（貫一）より、入江か静岡県三方〔ヶ〕原其他御料地の在る所に出張したる談を聞く。

白根松介、三浦篤か審査官に転任することを好まさる旨を告く

○午後一時後、白根松介を秘書課に訪ふ。予未た用務を告けす。白根、自分（白根）も話し度ことありとて予の室に来り、三浦篤に審査官に転任することを勧め、三浦か数日答へさるに付、伊夫伎（準一）よりも自分（白根）に催促し、自分（白根）より三浦に催促したる処、三浦は、自分（三浦）は兎角皮肉なることを云ふて人に悪まるる欠点あり。此上審査官と為りたらは人の悪を受くること一層甚しかるへきに付、之を辞し度と云ふ。依て自分（白根）は審査局長官（予）か懇望せらるるのみならす、自分（白根）も適任と思ふに付、一応勧めたり。決して大臣、次官よりの趣意に非すと云ひ置けりと云ふ。

川口知雄のこと

予、予は川口（知雄）にても事務上にては差支なしと思へとも、川口は兎角人望なきに付、強ひて川口を採るも宜しからすと思ふ。然れは此上は部外より採るより外致方なし。其事に付官房にて異議を云ふ様にては困ると云ふ。

土岐某のこと

白根、林野管理局職員にて北海道に在勤する者某等を挙く。予が部外〔と〕云ふは、宮内省外のことなりと云ふ。白根然るかと云ふ。予、先年宮内省に居りたる土岐某〔政夫、東京地方裁判所判事、元宮内大臣官房総務課属官〕抔は宜しからんと思ふと云ふ。白根、夫れは気附かさりし。土岐は立派なる人なり。自分（白根）常々惜しき人と思ひ、何とか機会あらは宮内省に採り度と思ひ居る人なり。但し土岐は高等文官試験を受けす、司法官と為り居るか、任用資格あるへきやと云ふ。

土岐某任用資格のこと

予、或は資格なきやも計り難し。取調へ呉よと云ふ。白根之を諾す。

実況審査報告書を牧野伸顕に渡し置たること

予、予は先日大臣（牧野）に実況審査報告書を渡し置きたり。其ことに付、大臣より何か話したることなきやと云ふ。白根聞かすと云ふ。予、然らは予より直接に大臣に話して、書類を受取ることにすへしと云ふ。

静岡県に対する御料地払下のことを白根松介に談す

予は夫より静岡県に対する御料地払下の不当なることを談し、次官（関屋貞三郎）は自分（関屋）か県知事として払下を願ひたることに付、宮内次官となりたらは、其事に関する取扱は回避するか当然なりと云ふ。白根、其通りなり。君（予）等より此の如き事を持ち出さるるは結構なりと云ふ。予、予は到底気に入る様のことを云ふ場合なしと云ふ。

土岐某は任用資格あること

少時の後白根来り、土岐の履歴を取調へたる処、判事任官後、既に二年余と為り、任官資格を得、現在の官等は高等官六等にて丁度宜しと云ふ。

白根松介に土岐某に交渉することを嘱す

予、夫れは幸なり。君（白根）より一応本人の意向を問ひ見呉よと云ふ。白根之を諾す。白根既に去る。予、復た秘書課に行き、本人に問ひたる後、官房にて不同意ある様にては困る。其辺は注意し呉よと云ふ。白根、承知せり。一応、次官（関屋）に話したる上のことにすへし。次官は知らさる人なるも、無論、不同意あるへき筈なしと云ふ。時に二時五十三分頃なり。

入江貫一より静岡県に対する御料地払下のことを聴く

予、審査局に返るとき、入江（貫一）の室に過きり、食堂にて談を聞きたる旅行は静岡県に対する御料地払下に関係ある様に思はれたりと云ふ。入江、然り。実は往て談せんと思ひ居りたる所なり。本田（幸介）より是非往て実地を視呉よと云ひ、自分（入江）は評価の当否等は自分（入江）等には分らす。自分（入江）か不当と思ふ所は公共の用に供すと云ふ理由にて、全体に五割の減価を為すことにて、是は法律論なり。法律論は実地を見ても効能なしと云ひたるも、本田は是非と云ふに付出張せり。三方ヶ原は出張前より売却の必要ありとは思ひ居りたるか、出張して実地を現たるに、一層其感を深くせり。植樹後三十年許になると云ふに拘はらす、松の大さはヒョロ、、、として見る影もなく、到底十分に繁茂する見込なし。又一部分は草のみ生し居りて水利も乏しく、之を改善するには大変なる労力と資金を要すへし。故に同処千町余の土地は県に払下け、県をして開墾其他の改良工事を為さしむるか国益なり。此の如き状態なる故、三方ヶ原の払下には五割又は其以上も減価すへき理由ありと思ふ。其他、某処は禁伐林と為す必要あり。又某処は林相は宜しきも、土地の人気険悪にて、附近まて行きても危険なりとのことにて、自分（入江）は遠方より之を眺めたるに過きす。是等の処も右の如き事情にて価格を減すへき理由ありと思ふと云ふ（某処某処と云ふは入江は書類に就き地名を云ひたるも之を忘れたり）。大体、県より支出することを得る金額は二百万円にて、既に林野局長官（本田幸介）と県当局とは協議を遂け居ることに付、今更之を変更することは事情困難なり。故に此事か他の先例と為り、後日の累を為さゝる様に為し置たらは、此節の払下は致方なからんと思ふと云ふ。

予の意見

予、事情は其通りなるへし。然し予の考にては、三方ヶ原にせよ、其他の場所にせよ、価を減すへき理由ありと云ふならは、之を減したるものを価格と為すか当然に非すや。若し其相当価格は若干なるも、云々の理由ある故、五割又は六割を減すと云ふならは、矢張り公共の用に供するもの以外に勝手に価を減することゝなり、他日の悪例を遺すことゝなるに非すやと云ふ。

入江貫一の弁解

入江、大臣か相当の理由ありとして減するならは、夫れにて宜しきに非すやと云ふ。

予の反駁

予、夫れは宜しからす。右の如きことを云ふならは他よりも同様のことを云ふて減価払下を請求するとき、之を拒むことを得さるに非らすやと〔云〕ふ。

入江貫一の弁解

入江、此節の事件と同様の理由あるならは、之を許しても差支なからんと云ふ。

予の反駁

予、然らは減価する前の価格は何に基きて定むるものなりやと云ふ。入江、結局一部分を小売するときの価格なりと云ふ。予、小売ならは若干一と纏にして売れは若干と云へり。一と纏にして売るときの価格か即ち其価格にて、小売の価格を合して全体の価格と為し、夫れより更に減価すべきものに非さるならん。右の如きことを為さすとも初めより低減したるものを以て其価格と為すことを得さることなかるへしと云ふ。

入江貫一の弁解

入江、更に実地に付価格を改定することは中々困難なりとのことなりと云ふ。

予の反駁

予、各場所に付価格を定め、之より五割とか何割とかを減する調査を為し居るに付、其減したるものか即ち其場所相当の価格なりと為すことを得さるやと云ふ。

入江貫一の談話

入江、道理は君（予）の云ふ通りならん。出張中、支局長抔に土地の価格を問ふことは宜しからすと思ひ、下級の吏員に対し漫然附近の地価を問ひ見たるに、三方ヶ原附近の熟畑にて一反二百円位なりと云ひ居れり。然らは荒蕪せる三方ヶ原一反五十円は高きに過きる様なりと云ふ。予、熟畑にて二百円は低価に過くへしと云ふ。入江、熟畑と云ふても上等の地に非す。草樹位を植へたる所なりと云ふ。予之にて談を止めて去る。時に三時二十分頃なり。

安時計店に行く　修繕未た成らす

○午後二回、安時計店に行きて時計を取る。尚ほ修繕出来すと て、之を返さす。

有馬秀雄電話にて、久留米の顧問、相談人を召ふ電信を発したることを報す

○午前八時頃有馬秀雄より電話にて、昨日有馬邸にて仁田原重行に逢ひ、久留米の相談人細見保、若林卓爾及林田守隆を召ふことの電信を発したり。伯爵へは明後日頃仁田原より談すへしと云ひ居りたり。八月五日は戌の日に当る水天宮の祭あるに付、久留米の相談人等は八月七、八日頃に上京する様に申遣はしたり。電信を発したる後、別に書状を出すことに為したるならん。

有馬頼寧氏久留米に行くこと

先日、蠣殻町にて頼寧君に逢ひたるとき、頼寧君は八月十八日に出発して久留米に行く予定なる旨話し居られたる故、七、八日頃に来れは頼寧君の久留米行前に協議出来る訳なりと云ふ。

鈞等木浦に達す

○午後七時二十分頃鈞木浦発の電信達し、其家族と共に、昨夜木浦に達したることを報す。七時五十分頃返電を発す。

国分三亥、久邇侯爵の家範案を送る

○午後、国分三亥より侯爵久邇家の家範案を送り来る。予の覧を請ふ為なり。

八月二日

○八月二日木曜。晴稍涼。

背広服を作ることを命す　大礼服の修理を命す

○午前出勤前、洋服屋西化屋の手代を召、アルパカの背広上着、セルの袴を作ることを命し、大礼服の袴のモールの剝離せるものを縫ひ附くることを命す。背広の上衣は三十六円にて、袴は三十円なりと云ふ。

隆、強五郎等に書を贈る

○出勤前隆、強五郎、龍郎に贈る書を作り、九時五十分頃より出勤す。

伊夫伎準一に審査官補欠のことに付、白根松介と談したることを告く

○午前十時後伊夫伎準一に、一昨日審査官の補欠のことに付白根（松介）と談したる顚末を告く。

牧野伸顕に実況審査報告書の返還を求む

○午前十時後、牧野伸顕の官房に行き、先日予より牧野に交し置たる青山操の実況審査報告書二冊を取る。牧野正に珍田捨巳と話す。報告書は後刻之を取り出して君（予）に交すへしと云ふ。予直に去る。

岩倉熊一郎病を語る

○大臣官房に行くとき、廊下にて岩倉熊一郎に遇ふ。岩倉五月頃より腹の疾患に罹り、腰痛を発し、腰を伸はすこと能はさることあり。其為毎度欠勤せり。右の都合にて暑中見舞も怠り居る旨を告く。

白根松介実況審査報告書を持ち来る

○午前十一時頃白根（松介）、大臣（牧野伸顕）の意を承け、青山操の実況審査報告書二冊を致す。先刻、予か牧野に談し置きたるを以てなり。

白根松介、土岐某は出勤し居らさることを告く

白根、東京地方裁判所に電話し、土岐某のことを問ひたる処、只今休暇を取り、出勤せさる趣なるを以て、自分（白根）より中野の土岐の家に書状を贈り、審査官たることを望むや否を問ふことにすへし。其前一応、関屋次官（貞三郎）に話すことにすへしと云ふ。予其手続きを依頼す。

審査官会議

○午前十一時後より審査官会議を開き、青山操の帝室林野管理局実況調査報告書を議す。午後零時十分頃議了す。

酒巻芳男皇族会議の期を報す

○午後一時五分頃酒巻芳男来り、邦久王降下に関する皇族会議は九月十日前後に開かるることに決したる趣なることを報す。予其事由を問ふ。酒巻、転地中の皇族か、其の為帰京せられ、更に転地せらるる必要なき時を選みたるものならんと思ふと云ふ。

相馬孟胤手当のこと

酒巻又相馬孟胤に対する手当は只今か高等官七等なる故、式部官の七等官一級俸を標準とし、千四百円の手当か相当ならんと思ひ、之を提案したる処、大谷（正男）は、朝香宮附なる故、宮家より手当を出すか相当なるへしと云ひたるも、宮内省より相馬を附属せしむるものなりとの理由にて、宮内省より支出することに決せり。

相馬孟胤に通常の手当の外に千円を給すること

海江田（幸吉）は、手当金の外、大膳寮の事を研究すると云ふ名義にて一ヶ年千円を給しあり。相馬も式部職のこと幷に同人か新宿御苑に関係し居る為め、内匠寮の事を研究する名義にて一ヶ年千円を給せらるることゝなれり。相馬は資産はあれとも、一級俸に相当する手当を給すると否とは履歴に関するに付、自分（酒巻）は一級俸相当の手当を主張せり。

稔彦王殿下羅馬尼行のこと

予、稔彦王殿下羅馬尼行のことは如何なり居るやを問ふ。酒巻、外務省より十月か十一月かに羅馬尼に行かるることを同国へ交渉したるならん。多分異議なきことゝ思ふ。

山辺知春大礼服のこと

山辺知春の大礼服は留守宅より仏国に送りたる由。是も間に合ふことならん。間に合はされは、金さへ送れは一ヶ月間にて新調することを得る趣なりと云ふ。

三条某の妹を嫁せしむる前、分家せしむるや否のこと

酒巻又三条公爵の妹を静岡県の某に嫁かしむる件は、三条家にても妹を一旦分家せしめて、然る後嫁せしむる方宜しからんとの意見もあり。或は其願を為すこともあらんとのことなりし故、自分（酒巻）より其ことに付ては宮内省にても二様の意見あり。然し宮内省よりは分家のことを云はさること〻なり居るに付、其点は行違なき様にせよと云ひ置たりと云ふ。

小原駩吉沼津御用邸附近の土地に関する書類は未た見当らさる旨を談す

○午後一時頃食堂にて小原（駩吉）より、昨日話しありたる沼津御用邸附近の地所家屋の代価に関し、藤田某より差出したる書類は未た見出さす。何処にかあると思ふに付、今暫く待ち呉よと云ふ。

伊夫伎準一、白根松介より土岐某のことに関することを聞きたる旨を報す

○午後二時三十分頃伊夫伎（準一）来り、只今白根（松介）に逢ひたる処、土岐採用のことを次官（関屋貞三郎）に話したる処、次官も至極宜しからんと云へり。然るに、土岐は目下休暇を乞ふて郷里に帰り居る趣に付、白根より本人に書状を贈り、面会して勧告することにすへしと云ひ居りたりと云ふ。予、先刻予か聞きたる所にては、土岐は裁判所に出勤し居らすとのことなりしか、郷里に帰り居れは福岡県なる故、急に面会する訳には行か〔す〕。或は中野の自宅に居るとのことには非さるやと云ふ。伊夫伎或は然らんと云ふ。

○午後三時より退省す。

先考詩稿謄本を校す

○晩餐前、西野英男か写したる先考の詩稿第二巻を校す。未た了らす。

安か書を郷に贈らさることを詰責す

○午後六時頃、安か其母〔マス、倉富強五郎の妻〕より一昨日頃浴衣を送り来りたるも、未た受領したることを報せすと云ふに付、其怠慢を叱責し、直に書を出さしむ。

時計の修繕未た成らす

○安、午後時計店に行きたるも、修繕未た成らす。午後九時頃まては必す修繕すへしと云ひたりと云ひ、九時頃往て之を取らんと云ふ。予今日の言も信すへからさるを以て往く勿れと云ふ。

時計店の人来りて時計を致す　時計店人信なし

十一時頃に至り、時計店より時計を致す。一の時計を修繕する為、安は十回許往来せり。時計店人の信なき亦甚し。修繕賃は一円五十銭なり。

〔欄外に付記〕

補遺　齲歯の抜き去りたるもの、セメントを取らんとして指を傷く

補遺

齲歯を抜きたるもの六本を保存し居れり。其の蝕したる処に医かセメントを塡したるものあり。セメントを除きて、穴の大小深浅を見んと欲し、午後六時頃鋏の尖にて之を除かんとし、誤て左手第二指の頭を刺し、血を出す。無益のことを為して負傷せり。愚なるかな。

八月三日

○八月三日金曜。晴朝涼。

○午前九時三十分より出勤す。

諮問第五号の議事始末を写す

○午前、諮問第五号の第二回主査委員会の議事顚末筆記を写し、午後、諮問第四号第十五回幹事会の議事筆記を写す。

国分三亥来る　有馬伯爵家の家範を貸す

○午後三時頃国分三亥来る。予有馬伯爵家の家範を示す。国分之を供覧せんことを請ふ。予、一家の私書なり。其積りにて見るへき旨を告けて之を貸す。

○午後三時十分頃より退省す。

安に帰郷を勧む　安肯んせす

○午前六時頃、安に帰郷して暑中を送りたらは如何と云ふ。安帰郷せさる旨を答ふ。安、近頃歯鬱を病み居る模様あり。故に帰郷を勧めたるなり。

八月四日

○八月四日土曜。朝曇後晴。

安藤則光邸地を狭くすることを謀る

○七月二十七、八日頃安藤則光より内子に対し、書斎前の牆外に隣家池田寅二郎（司法省民事局長、臨時法制審議会幹事）か植木鉢を蔵する所を作る必要あるに付、牆を一尺五寸許書斎の方に寄することを諾し呉よ。

安藤則光牆外に小亭を作ることを告く

又南の隅の牆外に東家を作らんと思ふに付、牆内を狭くすることを諾し呉よと云ひ、内子異議なき旨を答へたる由なり。

書斎前の牆を移す

今日午前、安藤より人夫を遣はし、書斎前の牆を移さしむ。

○午前九時三十五分頃より出勤す。

国分三亥の草したる家範案及ひ僧侶被選挙権に関する書類を閲す

○午前、久邇侯爵家々範案（国分三亥の起草したるもの）及僧侶被選挙権に関する問題の印刷物を閲みす。

山崎四男六上野動物園の象の処分方協議に出席することを求む

○午前十一時頃山崎四男六来り、上野動物園の象の処分方を議し度に付、今より二、三分間の後、内蔵頭室（山崎の室）に来り呉よと云ふ。三、四分の後、予往く。山崎の室の前の廊下にて、山崎か来り迎ふるに会ふ。徳川頼倫、入江貫一、関屋貞三郎、山崎四男六在り。皆予算委員なり。

象処分の協議

関屋より、象を鉄鎖にて繋き居ることに付、動物愛護団の某々来り、外国人か非常に此ことを非難し、日本人の残酷の性質を表はすものなりと云ひ、外国にても度々非難の新聞等を出すに付、何とか速に処分し呉よと云ひ、其処分方に付ては何とも云はす。処分方は象を入るる場所を堅固にして鉄鎖を解くか、又は一と思ひに之を殺すかの二様なり。外国人の考にては必しも之を殺すことを非とせさるやも計り難きも、今日まて彼の儘に致し置き、丁度世評の喧しきときに之を殺すも面白からさる様なり。場所の改造費は初は五万円許を要すとのことなりしも、節約すれは三万円位にて出来る由。其設計は象の寝所と運動場とを区別し、寝所は三十坪、運動場は四十八坪許にて、運動場の方は外囲を設くるのみにて屋蓋もなきものなり。如何致したらは宜しかるへきやと云ふ。

予、聞く所にては象の飼養者も危険あり。只今は脚を縛し居る故宜しとのことなり。場所を改造したる後、縛を解きたらは、飼養者に危険を及ほすことはなきやと云ふ。関屋、山崎、其の危険はなき趣なりと云ふ。予、飼養者の危険なきならは現在の象の為のみに三万円を費すことは好まされとも、動物園としては象は必要なる趣に付、現在の象か死したる後も象を入るる必要あるへく、現在の象を殺すことを得すと云へは、已むを得す、場所を改造することに致すより外、致方なからんと云ふ。入江、自分は殺す方か宜しと思へとも、夫れか出来されは、倉富君の意見の如く将来も用立つもの故、改造に賛成すと云ふ。予、将来は二頭の象を入るる必要あらん。三十坪の寝所にて差支なきやと云ふ。関屋、広くはなきも差支はなからんと云ふ。乃ち改造のことに決す。時に十一時五十五分頃なり。

賀陽宮の王女子命名

○午前十時後宗秩寮の佐々木栄作来り、賀陽宮の女王は、今日美智子と命名せられたる旨の届書を示す。予之に捺印し、往賀の必要ありやと云ふ。佐々木、帳簿に署名せらるる例なく、父宮は只今は御不在なりと云ふ。

○午後零時より退省す。

鮎を賜ふ

○午後二時頃宮内省よりの使来り、左の書と鮎を致す。

一、鮎　二十尾

長良川ニテ漁獲ノ分

右以

思召下賜候条御伝申進候也

八月四日　　上直

侍従

倉富枢密顧問官殿

鮎を料理す

乃ち自ら鮎の腸を去り、内子之を煮又之を炙る。

書を作る

○午後、暑中見舞に答ふる書数通を作る。

晩翠軒に行き、絹及紙を買ふ

○午後五時後より晩翠軒に行き、絹三枚及白紙二十枚を買ふ。

寝台を用ゆ

○今夜より予及内子寝台を用ゆ。夜熱するを以てなり。

八月五日

○八月五日日曜。晴午後驟雨微雷。

字を作る

○午前書状を作る。

○午後、瀬戸本昌肇〔不詳〕、大石静雄〔不詳〕、吉田造酒〔不詳〕か嘱したる書を作る。瀬戸本には広瀬武夫の詩を書し、大石には春在有明月、吉田には望岳亭の詩を書したり。

字を改作したるも尚ほ意に適せす

瀬戸本、大石の為には先日一たひ書を作りたれとも、瀬戸本の分は字か意に適せす。大石の分は書きたることか適当ならす（藤田東湖（江戸時代後期の水戸藩士、水戸学の学者）を詠する詩と、直言人皆知其忠而卒不能不厭、諛言人皆知其邪而卒不能不悪の古語と二枚を書したり）。故に昨日絹三枚を買ひ、瀬戸本の為には広瀬武夫を詠する詩を改書し、大石の為には他の詩一枚を書し、白絹一枚は之を大石に返すこと〻なせり。今日の書も尚ほ意に適するものなし。

郵便局小包郵便物を受取らす

午後七時頃、安をして瀬戸本、大石、吉田に答ふる書状と書とを投郵せしめんとしたるも、小包郵便は日曜日には三等郵便局にては十二時まて、其他の郵便局にても午後三時まてに非されは取扱はさる趣にて、書状も書も之を持ち返りたり。

金井四郎日光に行きたること、稔彦王殿下墺匈国辺に行かるることを報す　予正に浴す　内子電話を聞く　少しく疑はしきことあり

○午後七時後金井四郎より電話にて、今日天機奉伺の為、日光に行き、明日鵠沼に返る筈。在仏国の稔彦王殿下は今後三週間許墺斯太利（オーストリア）、匈牙利（ハンガリー）辺に旅行せらるる旨の電信達したる旨を談したる趣なるか、予は此時入浴中にて内子か電話せり。東久邇宮妃殿下は先日より鵠沼に暑を避け居られ、妃殿下か日光に行き、天機幷に皇后陛下の御機嫌を奉伺せらるる様の談を聞き居りたるか、今日内子か金井の電話を聞きたる所にては、金井のみか日光に行きたる様のことなりしと云ふ。金井か妃殿下に随行したることなるや、金井のみか行きたることなるやは詳かならす。

庭樹の枝を洗ふ

○午後二時頃より安藤則光、植木屋二人を遣はし、庭樹の枝を洗はしむ。

八月六日

○八月六日月曜。晴。

安をして坂田稔の診療を受けしむ

○安脚気の兆候あり。心臓の鼓動激しきを感することもありと云ふ。予、坂田稔の診療を受くへきことを命す。

宮内省玄関にて金井四郎に遇ふ　東久邇宮妃殿下は日光に行かれさりしことを聞く

○午前九時四十分頃より出勤す。宮内省玄関にて金井四郎に逢ふ。予、昨日の電話は聞きたり。妃（東久邇宮妃）殿下は日光には行かれさりしやと云ふ。金井、全体暑に入れは、速に天機を奉伺せらるる例なるも、今年は清棲伯（家教）の薨去の為、稔彦王殿下喪に居らるる為、妃殿下の奉伺も延引せり。大奥の御都合を伺ひたる処、妃殿下の奉伺は本月八日、九日頃か宜しとのことに付、昨日は自分（金井）のみ御使として日光に行きたり。妃殿下は八日に帰京せられ、其上にて日光に行かるる予定なり。

東久邇宮妃殿下日光にて竹田宮妃殿下と会見せらるる予定なるこ

と

千種典侍〔千種任子、権典侍、明治天皇側室〕の談にては、竹田宮妃殿下只今は日光の奥の方に行かれ居り、九日頃に御用邸に帰らるる予定に付、東久邇宮妃殿下か日光に御出あるならは、竹田宮妃殿下にも御対面ある方か宜しかるへく、其の為八日、九日頃に皇后陛下より御指定なされたる訳なりとのことなり。

世子妃に鵠沼行を勧むること

王世子、同妃は只今日光に行かれ居るか、九日には帰京せらる予定なる趣なり。世子妃は鵠沼の東久邇宮の避暑場に行き度様の談を為されたることありたり。世子妃か帰京せられたらは、貴官（予）より世子妃に勧め、鵠沼に行かるる様にせられ度と云ふ。

予、世子は九日に帰京し、直に演習の為旅行せらるるとのことなり。世子妃は世子の不在中は大概外出せられさる様の例なる様なり。世子妃帰京の上は話し見ることにすへしと云ふ。

金井は、徳川頼倫、酒巻芳男には面会し、予の室に行き見たるも出勤し居らさる故、帰らんとする所なりと云ひ、玄関にて前記の如く立談せり。

侍従長室の次室にて大木遠吉に遇ふ

○午前十時五十分頃侍従長室の次室に到る。大木遠吉（鉄道大臣）か正に帳簿に書し居るに会ふ。

大木喬任の書のことを談す

其終はるに及ひ予と談す。予、大木か穂積陳重に贈りたる其考喬任の書の読み難きことを談す。大木、穂積の談にては君（予）に問ふて大概分りたりとのことなりと云ふ。予、大概分りたるか、一字読み難きものなり。是も大概は推測せらると云ふ。

韓詩外伝の談

大木何か出所ある様に聞き居るか如何と云ふ。予、韓詩外伝に出て居るも、先考の書きたるものは外伝と異なる所なり。読み難き所は異なり居る字なりと云ふ。大木韓詩外伝とは如何なるものなりやと云ふ。予、詩の詞を以て一の証明と為し、事実に当て嵌めたるものにて、先考の書きたるものは蘧伯玉〔中国春秋時代の衛の大夫〕のことなりと云ふ。大木、成る程蘧伯玉のことありたりと云ふ。

鮎を賜ひたることを奉謝す

大木既に去る。予、帳簿に鮎魚を賜ひたることを奉謝する旨を書し、将に去らんとす。徳川達孝来る。之と一、二語を交へて去る。

鮎を賜ひたることを奉謝したる人々

予より先きに石黒忠悳、有松英義、清浦奎吾、鎌田栄吉、大木遠吉等数人、皆鮎魚を賜ひたることの謝を書し居りたり。

賀陽宮王女子の命名を賀す

○午後一時二十分頃西野英男に嘱し、自動車を借り、賀陽宮邸に行き、王女子（七月二十九日生誕）命名（八月四日美智子と命名）を奉賀す。

賀陽宮の任官は之を賀せす

邸吏、恒憲王殿下今日騎兵中尉に昇任せられたるに付、之を賀する為の帳簿を備へあることを告く。予其帳簿には署名せす。従来任官を賀したることなきを以てなり。

酒巻芳男に高義敬の妻の病状を問ふ

○午後一時三十五分頃、賀陽宮より帰り審査局に返るとき、宗秩寮に過きり、酒巻芳男に面し、高義敬の妻の病状は知らさるやと云ふ。酒巻、一昨日は電話にて問ひ合せたるに、格別悪しき方には非さるも、尚ほ安心する程度に非す。脈は尚ほ百以上ある趣にて、次男の仏国行も出発を延はしたりとのことなりと云ふ。

電話にて高義敬の妻の病状を問ふ

予審査局に返り、高の家に電話し、病状を問はんとす。高は世子邸に行き居るとのことなる故、世子邸に電話したるも、高は先刻小山善と共に何処にか行きたりとのことなるに付、世子邸吏に病状を問ふ。邸吏格別変りたることなしとのことなりと云ふ。予邸吏に嘱し、予が病を問ひたることを高に伝へしむ。

高義敬の電話番号

高の電話は芝の三千八百二番にて、電話帳には之と異なる番号を書しあり。

関屋貞三郎、予かフロックコートを著くる事由を問ふ

○午後零時後食堂にて、関屋貞三郎、予かフロックコートを著くるを見て、暑中にも何か会議てもあるやと云ふ。予、否。御礼を申上くへきことありたる為、フロックコートを著け来りたりと云ふ。

牧野伸顕、予か御礼を申上たる事由を問ふ

牧野伸顕、清浦議長（奎吾）も来り居りたるか、何かありたりやと云ふ。予鮎魚を賜はりたりと云ふ。牧野然るかと云ふ。

○午後三時より退省す。

国分三亥来る

○午後七時後国分三亥より電話にて、往訪せんと欲す。差〔支〕なきやと云ふ。予差支なき旨を答へしむ。八時後国分来る。

国分三亥詩を示す

其先頃、邦彦王殿下に随て四国九州に行きたるときの詩数首を示す。

国分三亥の詩を国民新聞に出したること

予国民新聞にて之を見たりと云ふ。国分、青森県の人より国民新聞にて詩を見たるに付、之を書き呉よとて紙を送り来たる人あり。自分は之を新聞に投したることなく、久邇宮の人々に問ひたるも、之を知らすと云ひ、今日まで疑ひ居りたり。自分（国分）より持地六三郎〔元朝鮮総督府逓信局長〕に示し、持地より結城蓄堂〔漢詩人〕に示し、結城か之を新聞に出したるに相違なしと云ふ。

久邇侯爵家々範案に付予の意見を告く

国分来訪したる主用は、先日国分より予の覧を求め居りたる久邇侯爵家の家範案に関する予の意見を聴く為なり。予、其緒言に就き三、四ヶ所訂正意見を述へ、家範の大体に付、国分の草案は細目まて掲け居るのみならす、家職の職権義務までも定め居るは体裁を得さるものと思ふ旨の意見を述へ、又華族令に

ては姻族は之を軽視し、姻族よりは養子を為すことも認め居らさるに付、民法の規定に従ひ、親族の字を用ゆるは適当ならさるへき旨を述ふ。国分、家範の編成の方針に付ては予の意見に賛成せさる模様ありたり。

国分三亥、渡辺暢の妻か渡辺の貴族院議員に任せらるることの晩きことに付不平を漏したることを談す

国分又渡辺暢の妻か渡辺は既に貴族院議員に任せらるる運になり居りたるも、俄かに詮議止みと為り、只今の処にては殆んと見込なきことゝなりたる旨の談を為し居りたるか、如何なる事情なりやと云ふ。予、右の如き詮議ありたることも、見込みなきことゝなりたりとのことを知らす。精々成功する様には務め居る所なりと云ふ。国分雑話し、九時頃に至りて辞し去る。

〔欄外に付記〕

補遺　久邇侯爵家々範案を国分三亥に返し、国分より有馬家々範を取る

○補遺

先日国分三亥より預りたる久邇侯爵家々範案は国分か来訪したるとき之を返し、国分に貸し置きたる有馬伯爵家の家範は国分より之を受領せり。

有馬泰明より相談人の協議会を開くことを謀る

○午後五時頃有馬泰明より電話にて、本月八日午後五時より蠣殻町別邸にて協議会を開き度、差支なかるへきやと云ふ。予差支なしと云ふ。有馬、久留米の相談人細見保よりは上京する旨を通知し来り、林田（守隆）よりは上京を断り来り、若林（卓爾）よりは何とも申来らすと云ふ。

安の容体

○午前安、坂田稔の診療を求めたるに、坂田は安には脚気の容体なく、心臓も悪しからす。腸胃は少しく悪しと云ひ、腸胃の薬を与へたる趣なり。

瀬戸本昌肇、大石静雄、吉田造酒に書及小包を送る

○午前、安をして瀬戸本昌肇、大石静雄、吉田造酒に送る書及書状を投郵せしむ。書は小包郵便にて送りたり。

八月七日

○八月七日火曜。晴熱。

有住宗憲の為字を作る

○午前七時後、帝室林野管理局の有住宗憲〔帝室林野管理局属官〕の為に西野英男より嘱したる字を作る（望岳亭の詩）。

高羲敬の妻の病状を問ふ

○午前八時頃高羲敬に電話し、其妻の病状を問ふ。高、急激の変化なきも衰弱は増し居れり。食物は重湯を極少量宛食する丈けにて、一日一回位なり。牛乳もスープも飲み得すと云ふ。

高羲敬の次男某の洋行のこと

予次男の洋行は延はすやと云ふ。高只今の処にては本月十二日に出発する予定なりと云ふ。

王世子、同妃に対する賜物

高又世子、同妃には日光に行かれたるとき、陛下より賜物ありたり。其後も更に賜物ありたる趣、日光より通知ありたりと云ふ。

東久邇宮妃、世子妃の鵠沼に来遊することを望む

予、金井四郎より世子妃か鵠沼の東久邇宮妃殿下の避暑場に遊ひに行かるることを希望する旨を述へ居りたりと云ふ。高、日光より帰郷せられたらは其旨を言上することにすへしと云ふ。

○午前九時四十分より出勤す。

有住宗憲の為に作りたる書を有住に致す　有住来り謝す

○午前十時後、西野英男の嘱に因り有住宗憲の為に作りたる書を西野に交す。一時間許の後、西野、有住宗憲を伴ひ来り、有住謝を述ふ。

河村善益来り、事務官会議なかりしことを談す

○午前十時後河村善益来り過り、今日は皇族附職員会議の日なるに付、来りたる処、暑中は特別の用事ありて召集せられたるときの外、会議せさることゝなり居る趣の処、竹田宮には其通知なかりし為知らすして来りたりと云ふ。予、竹田宮妃殿下は只今日光へ御避暑中ならんと云ふ。河村、然り。事務官か随行し居れりと云ふ。事務官は古川義天なり。

庭前の牆及木戸を移す

○午前安藤則光、人夫を遣はし、庭前の木戸及生牆を移し、庭を狭くせしむ。

岩波武信転任後の事務分担

○午前十時後伊夫伎準一来り、岩波武信か図書寮に転任したる跡の事務を現在の審査官及審査官補に分担せしむることを謀る。予之に同意す。伊夫伎又審査成績書作成は青山操と岩波武信とて担当し居りたる処、岩波か転任したるに付其補欠を謀る。予、矢島正昭をして之を担当せしむへき旨を告く。

白根松介か土岐某に面会したるへき〔や〕否のこと

予又白根松介か土岐某に面会したりや否は聞かさるやと云ふ。伊夫伎未た聞かすと云ふ。予、白根に問ひ見るへき旨を告く。

白根松介未た土岐某に面会せす

少時の後伊夫伎来り、白根に問ひたる処、白根より土岐の家に書状を出し、既に四、五日になるも何とも返答せす。或は土岐は郷里にても行き居る様のことなるやも計り難し。更に裁判所に問ひ見るへしと云ひたりと云ふ。

高羲敬か来ることを報す

○午前十時後給仕来り、只今世子邸より電話にて高（羲敬）か是より宮内省に行くことを報し来りたる旨を告く。

高羲敬来り、世子、同妃の日光より帰京せらることを一日延はしたること及世子か山梨半造の晩餐に赴かるることを告く

二十分間許の後高来り、世子、同妃は日光にて非常に愉快に暮らし居られ、中禅寺にも行かれ、瀑布も観られたる趣にて、九日に帰京せらるる予定なりしも、十日に帰京し、世子は十日の午後には陸軍大臣（山梨半造）の催ふす晩餐の招に応せらるる積りなる旨、金（応善）より書状にて報し来れりと云ふ。

高羲敬の妻の病状

予、高の妻の病状を問ふ。高、別に異状はなきも、未た快方に向はす。衰弱は増す方にて尚ほ嘔気あり、食餌収らす。小山（善）は、或は腎臓病あるやも計り難し。尿の検査を為し見んと云ひ居れとも、経水混し居る為検査出来す。今日頃は検査す

ることを得るならんと云ひ居れりと云ふ。

明治大帝史附王世子伝予約募集及世子伝の材料供給のこと

高又（明治大帝史附世子伝予約募集簿）と題する帳簿を出し、先日某より世子伝を作るに付、事実を談し呉よ。李王職の方に依頼したる処、世子のことは世子邸方に非されは詳しく分らすと云はれたり。故に談を請ふと云ふ。此書には総督（斎藤実）、李王職長官（閔泳綺）か題字を書することになり居ると云ふに付、無下に断はる訳にも行かす。顧問（予）に相談したる上にて答ふる旨を告け、第一世子伝抔と云ふことか面白からさる旨を話したる処、某より其ことに付ては李王職長官（閔泳綺）も同様のことを云はれ居りたりと云ふ。

予、此書は朝鮮文にて書し、之を朝鮮人に示すか目的なる趣の処、予の考にては此の如き書を朝鮮人に示すことは益なし。平素同化の考を有し居る人には此の如き書を示す必要なく、反対の考を有し居る人には之を示すは却て反感を増すに相違なし。此の如き書に総督や長官か題字を与ふることか宜しからすと思ふ。然し、長官か此の如き書を作ることを承知の上にて題字まて遣はす訳ならは、幾分の便宜は与へさるを得さるへし。兎も角一応、君（高）より長官（閔泳綺）に、果して題字を遣はすことを承知したるや否を問ひ合せ見たらは宜しからんと云ふ。高其取計を為すへしと云ふ。

久邇宮殿下、梨本宮殿下、陸軍大将に陞任せられたるに付祝品を贈ること

高又久邇宮、梨本宮両殿下陸軍大将に陞任せられたること、両宮家より通知を受けたるに付、厳（柱日）ても遣はし、祝品を贈る積りなり。

陸軍大学校長に鰹節を贈ること

又某〔和田亀治〕か是まて陸軍大学校幹事と為り居りたる処、此節中将に進み、校長と為りたるに付、祝の為鰹節ても贈ることにすへしと云ふ。

御物曝涼中に付、拝観を勧められたること

○午後零時後食堂にて関屋貞三郎より、豊明殿に御物の曝涼を為しあるに付、拝観せられては如何と云ふ。

白根松介来り、土岐某に面会せさること

又白根松介より、土岐某に書状を贈り置たるも、返書を贈らさる故、更に取調へ見る積りなりと云ふ。予、其ことは伊夫伎準一より聞きたり。宜し〔く〕取計ひ呉よと云ふ。

自動車を借る

○午後一時頃西野英男に嘱し、久邇宮、梨本宮に行き、直に自宅に帰り度に付、自動車を借り呉よと云ふ。少時の後西野来り、主馬寮にて自動車を出すことを承諾せりと云ふ。

人力車夫を遣すに及はさることを告く

予更に西野に嘱し、予が家に電話し、午後には予を迎ふる為、人力車を遣はすに及はさることを告けしむ。

御物を拝観せんとす

○午後一時前、食堂より審査局に返り、青山操、伊夫伎準一、鈴木重孝、矢島正昭に豊明殿に御物を曝しある趣に付、往て拝観せんと云ふ。予将に行かんとす。

矢島正昭郷里に帰ることを謀る

矢島（正昭）、明日は慰子殿下の四十日祭にて、奏任官総代として参拝せさるへからす。而して自分（矢島）は郷里に所用あるに付、明日夜より郷里に行き、本月二十四、五日頃帰京することに致し度に付、認許を請ふと云ふ。

実況審査報告書の会議を急くこと

予、君（矢島）か北海道の実況審査を為したる報告書を出したる上、審査官会議を開き、推問すへきものと否とを決し、推問したるものに対しては札幌支局よりの弁明書を受領したる後、更に審査官会議を開き、或は再推問を為さゝるを得さるものもあらん。札幌よりの弁明書は常々遅延するに付、成るへく早く推問を発する必要あり。本月二十四、五日頃に帰京することにては或は成績書調成に差支を生するならん。推問を発したる後に郷里に行く様にすることは出来さるやと云ふ。

矢島正昭帰郷を急く

矢島、実は家族は既に郷里に遣はし居り。自分（矢島）と下婢と家に在りたる処、下婢か逃け出し、自分一人にては致方なきに付、自分（矢島）も急に郷里に行き、留守宅は隣家に親族か居る故、其親族に委託し置く積りにて、成るへく早く郷里に行き度と云ふ。

矢島正昭の滞郷期を短くす

予、伊夫伎（準一）、青山（操）を召ひ、矢島の希望を告け、予は希望の通り帰郷を許しては、局の事務に差支を生するならんと思ふと云ふ。伊夫伎、青山も、本月二十日頃までには推問を発する必要ありと云ひ、結局、矢島は本月十五、六日頃までに帰京し、報告書全体の整理は後廻はしと為し、推問すへきものの丈けは速に之を発することにすることに協議して、矢島の帰郷を許すことゝなせり。

御物を拝観す

夫れより伊夫伎、青山、矢島、鈴木と共に豊明殿に行く。宝器主管片岡久太郎、曝涼に従事し居れり。

井上通泰に遇ふ

井上通泰〔宮中顧問官、歌人、柳田国男実兄〕亦来りて拝観す。片岡、井上を予に紹介す。予、柳田国男のことを談す。御歌所の千葉某〔胤明、御歌所寄人〕亦来りて拝観し居れり。

近衛帝以下数代の御肖像の画者のこと

先日庶務課にて観たる近衛帝其他御歴代の御像も陳列しありたり。予、其画者の名は初めより之を確知せす。先日は菱川師宣〔江戸時代初期の浮世絵師〕ならんと思ひ居りたるも、今日片岡より師宣に非す、信実なりと云ふ。信実の事は予之を知らす。

信実のこと

午後三時頃家に帰り、大日本人名字書を検したるに、信実は藤原氏にて初は隆実と称し、後信実と改め、四条派にて三十六歌仙の像は其画中にて最も有名なるものゝ一なる様なり。

御物

曝涼中の御物には弘法〔弘法大師空海、真言宗開祖〕の書、道風〔小野道風、平安時代の貴族、書家〕の書、維新の時用ゐたる錦旗軍艦旗、其他古代の種々なる絵巻物等、数多あり。之を確記せす。

久邇宮邸、梨本宮邸に行き、陸軍大将に陞任せられたることを賀す

一時四十分頃審査局に返り、今朝念の為持ち来り〔たる〕フロックコートを著け、高帽を戴き、背広服、パナマ帽等は高帽の箱の中に入れ、午後二時より自動車に乗り、久邇宮邸に行き、帳簿に署名して邦彦王殿下の陸軍大将に陞任せられたるを賀し、次て梨本宮邸に行き、同しく守正王殿下の陸軍大将に陞任せられたるを賀し、直に家に帰る。

夜熱、眠り難し

○夜熱、眠り難し。

〔欄外に付記〕

補遺　知らさる軍人挨拶す

補遺

午後二時より久邇宮邸に行くとき、宮内省玄関にて一軍人に遇ふ。其人陞等したることを告く。予其人を知らす、意ふに皇族附武官か侍従武官ならんか。

八月八日

○八月八日水曜。晴熱。

○午前九時三十五分頃より出勤す。

茶を賜ふ

○午前十時後西野英男来り、赤坂御苑の茶一瓶を持ち来り、例年の通り之を賜ふとのことなりと云ふ。予、今日は他に行くに付、明日まて之を預かり置き呉よと云ふ。

杉栄三郎来り、岩波武信か勉強し居ること、五味均平か御代数調査委員と為ること等を談す

○午前十時五十分頃杉栄三郎来り、岩波武信は熱心に勉強し居る旨を告け、五味均平か出勤せさること、五味は六月中に軽井沢に避暑すへき家を借り居るも、御歴代調査の委員と為るに付、第一回の会に列したる後、軽井沢に行き度とて未た行かさること、林野管理局にては五味をして御料地の沿革を記録せしむる積りなる由に付、五味か出勤さへすれは、用事はあるへきこと等の談を為し、三、四分間にて去る。

事務官には隔年に茶を賜はること

○予西野英男に、伊夫伎準一に茶を賜はりたるやを問ふ。西野、事務官には隔年に賜はることゝなり居る由にて、今年は長官（予）のみに賜りたりと云ふ。

○午前安藤則光、人夫を遣はし、書斎前の牆を改作せしむ。

○午前十一時後片岡久太郎来る。片岡、東久邇宮妃殿下は今日午後鵠沼より帰り、明日日光に行かるることを談す。予、先日金井（四郎）よりの談に、東久邇宮妃殿下日光に行かるるときは、王世子、同妃同処に滞在中に付、一寸世子の処に立ち寄らるる予定なりとのことなりしか、東久邇宮妃殿下の日光行は延引し、世子は九日に帰京するとのことに付、間に合はさる様に思ひ居りたる処、昨日高羲敬よりの談に依れは、世子は一日を延はし、十日に帰京することになりたりとのことなり。然れは、東久邇宮妃殿下か明日日光に行かるれは間に合はさることはなきことゝなれりと云ふ。片岡、然らは其ことを妃殿下に言上し置く必要あるへしと云ふ。予、間違なきこととは思へとも、愈々妃殿下か世子御訪問なさるるならは、今一応、世子邸に問合はす方確かならんと云ふ。片岡其取計を為すへしと云ふ。
○午後零時、食堂にて白根松介に、宮内大臣（牧野伸顕）出勤せさるは、有栖川宮の慰子殿下の四十日祭の為なりやと云ふ。白根、否。大臣（牧野）は一昨夜より腸胃に病を起し、嘔吐を催ふし、最早収まりたれとも、疲労の為引籠り居りと云ふ。
予、食堂にて関屋貞三郎、徳川頼倫、山崎四男六等と話す。談、平壌水害に付皇室よりの御救恤のこと、御救恤なくしては不可なるも、御救恤ありとも感恩せさることに及ふ。予、昨日高羲敬より、某か明治大帝史附王世子伝を著すに付、世子に関する材料を求め来り。其書籍には斎藤総督（実）、閔李王職長官（泳綺）か題辞を書することになり居るとのことなるか、如何すへきやと云へり。予の考にては、此の如き書を若し朝鮮人に示すも、却て反感を増すのみなるも、総督（斎藤）、長官（閔）等か題辞までも遣はすことゝなり居るならは、全然拒絶する訳には行かさるならん。兎も角、閔（泳綺）に事情を問ひ合はせ見るへき旨を談し置きたりとの話を為す。関屋等は、夫れは朝鮮人の反感を増す丈けのことならんと云ふ。書籍は朝鮮語にて書くものなり。
○午後三時より歩して桜田門外に至り、電車に乗り、蠣殻町有馬家別邸に赴く。三時三十分頃達す。細見保、正に池尻興、樋口某等と談し居れり。予、細見と話す。細見、若林卓爾も上京したることを告け、若林は眠り居りたるか、既に覚めたるへきやと云ひ、去りて之を見る。既に若林来る。予二人と話す。少時の後、仁田原重行来る。又少時、松下丈吉来る。次て境豊吉来り、又次て有馬秀雄来る。有馬泰明は何時来りたるや之を知らす。
七時前仁田原より若林、細見に対し、先日有馬頼寧氏より、予、松下、境、有馬（秀雄）に贈りたる書状及其前頼寧氏より仁田原に贈りたる書状を示す。二人か之を見了りたるを待ち、仁田原より二人に対し、有馬家の什物売却のことは先日書状を以て照会し置きたる通りにて、其ことに付ても上京を希望し居りたる処、其後に至り、只今示したる頼寧君よりの書状来り、協議の必要を生したるを以て、暑中に拘らす急に上京を請ひたる次第なり。伯爵は御承知の如く、今朝より箱根に行かれ（夫人同伴）、什物処分のことは、先日来既に伯爵に陳へ置きたることにて、諸君（相談人）の相談にて売払ふへきもの、保存すへきものを決すれは夫れて異存なきことゝなり居り、協議の結果を伯爵に報告すれは、夫れにて宜しきことゝなり居れり。頼寧君書状のことに付ては伯爵には未た一言も話し居らす。是は方針決定前に伯爵に話せは、徒らに伯爵の心を悩すに過きさるを以てなり。依て其ことに承知を請ふと云ふ。

若林より什物処分の方針を問ふ。仁田原、頼寧君は伯爵か書画骨董等の趣味なく、自分（頼寧君）も同様にて、頼秋氏も同様なり。然れは三代続て其趣味なきことゝなり、徒らに之を保存するは無益に付、之を売却し度との希望なり。然れとも、伯爵は伯爵家に縁故ある品又は頼咸公（久留米藩第一一代藩主、有馬頼万の父、故人）に贈り、若くは現伯爵に賜はりたる如き物は之を保存し置くへしとの趣意なり。在東京御相談人の考も同様なる様なりと云ふ。

若林、然れは自分（若林）等の考も同様なりと云ふ。細見、什物処分のことは困難なきも、頼寧君の書状の件は大問題なりと云ふ。予、此件は頼寧君の書状にも記載しある如く、全体は頼寧君より伯爵に話さるへきことなるも、先つ御相談人に相談するとのことにて、頼寧君よりも未た伯爵へは話あらす。随て予等よりも伯爵へは何事も話し居らさることなるに付、承知を請ふと云ふ。

若林、頼寧君と同愛会との関係は如何なることになり居るやを問ふ。予、曩に頼寧氏をして同愛会の関係を絶たしめんと欲し、宮内省に奉職せしむることを謀り、宮内省の方は兎に角都合出来ることゝなりたるに付、頼寧氏の親友をして頼寧氏に説かしめたるも承諾を得さりしこと、次て牧野伸顕か同愛会の事業を援助する計画を為し、資産家を其官舎に招て援助を求め、其後数回会合して援助の相談を為したること、今日にては頼寧君は責任を負ひ居ること等を談す。

松下は続て、頼寧氏をして方向を転せしむる為、上海亭に会したるとき、相談人一同より洋行を勧めたるも、頼寧氏は其時は考へ見るへしと答へたるも、其儘となり居ることを談す。予、頼寧氏は其後、予に対し洋行の考なき旨を談したり。其頃は北白川宮巴里に居られたるも、同宮も薨去せられたる故、尚更機会なきことゝなりたることを談す。

仁田原は什物処分のことに付、伯爵と打合せ置たる事情を談したる後、予か頼寧氏の書状のことに付ては伯爵へは何事も話し居らさることを述へたるに次き、頼寧君の書状に自分（仁田原）のことを記載しあるか、何故に此の如きことを記載せられたるや。其原因に付ては心当りのこともありとて、本年三月中頼寧君より話を聞き、又相談人よりも意見を述ふる為、上海亭に会合し、頼寧君は教育者協会の方は止むる様に云はれ居りたるも、其後終に名義は存することゝ為し度と云はれ、其儘となり居れり。其時の相談人の希望は余り仕事か多きに過きるに付、成るへく之を減せられ度とのことなりしなり。然るに其後、農制研究の為、金の必要ありとて別紙（書状）を自分（仁田原）に送られ、其書状にては既に勝手に金を借り入れられたる様にもあり、又是より借り入れらるる様にもあり、其趣意判然せす。いつれにしても返答を要するものとは思はす、御相談人にも書状は示したるも、自分（仁田原）よりも意見を問ひたるに非す。御相談人よりも意見を述へたる人もなかりしなり。其後自分（仁田原）か青山に行きたるか、自分（仁田原）よりは別に何とも云はさりしも、夫人より書状に書きたる如き趣意にて金の入用なる談を為され、自分（仁田原）も、其事は出来難し。御相談人は仕事を減し度と云ひ居る処なるに、更に用を増すことゝなる故、是は出来難き旨を述へ、夫人も其時同愛会のことは懸念なる旨を談せられ、自分（仁田原）は同愛会のことは実に大問題なり。彼の如きことをなされ居りては、令嬢の結婚にも影響することあるやも計り難く、愈々彼の事業に従事なさる積りならは、夫人方の考も今日の通りにては間に合はす、自ら進みて特殊部落の人に伍する丈の覚悟なかるへからさる旨も談し置きたり。自分（仁田原）より夫人に談したることを夫人より頼寧君に告けられ、其結果、此書状を御相談人に贈られたるものと思ふと云ふ。

予は先日原熙に逢ひ、原と談したる模様、原の談に依れは頼寧氏には負債ありとのこと、頼寧氏に対しては予より一応書状を贈り、久留米の御相談人とも協議して、返答する旨を答へ置たること等を報告す。松下より、頼寧君は要するに金の入用あることか此の書状を贈られたる原因ならんと思はる。此際、若干の金を渡す様にしては如何と云ふ。仁田原、其ことならは自分（仁田原）よりは伯爵に申し出し難し。先頃青山邸の建築費十三万円許の支出のことに付ても伯爵は非常なる不同意なりしか、邸宅は財産にて、資産を減する訳に非すとて漸く取り成し置きたる処にて、此上更に金の相談を為すことは自分（仁田原）には出来難しと云ひ、松下は夫れ程までに確言するには及はすと云ひ、仁田原は如何なることありても出来すと云ふ。

予、若林、細見両君は、只今話を聞きたる丈にて、考慮の必要もあるへきに付、今日は是にて談を止め、更に会合することに致す方宜しからんと云ふ。此時は有馬（秀雄）は既に去りたる後にて、明後日頃は有馬は差支あるやも計り難き故、有馬（泰明）より秀雄の都合を問ひたる上、次回の会日を定め通知することに決して散会す。時に八時四十分頃にて、家に帰りたるは九時二十分頃なり。

有馬別邸にて未た協議を始めさるとき、予、東宮殿下英国に遊ひたまひたるときの詩（昨日作りたるもの）に、行色雄の字を用ゐんと欲するか差支なかるへきやと云ふ。若林、松下共に宜しからんと云ふ。予又石経春秋左伝第一巻を示し、此の如き類のものか有馬伯爵家より売払ふへき什物の中にあるならは、之も其中に加へて売払ふ様に致し度と云ふ。仁田原、法帖類はなきも草露貫珠はありと云ふ。

今日の協議は伯爵家より議案あるに非す。若林、細見は伯爵より上京を求められたるも、頼寧氏書状のことは伯爵より諮問せらるることに非す。如何なる体裁にて協議するや仁田原と打合する必要あるに付、仁田原を別室に呼ひ、之を謀りたる処、仁田原より、伯爵は今朝より夫婦連にて箱根に行かれ、其とき自分（仁田原）より伯爵の不在中にても協議を尽くし、其結果を報告することに談し置きたりと云ふ。仁田原は什物売払のことに付、伯爵に打合せ置きたることを云ひたるものなる処、予は之を頼寧氏の書状に関することと速了し、仁田原に対し、然らは其旨を君（仁田原）より若林らに述ふることにせよと云ひ、仁田原は之を諾す。予は仁田原より既に頼寧氏書状のことを伯爵に告け居るものと思ひしなり。依て有馬秀雄に対し、今日の協議会は伯爵より議題を出し居る訳に非さる故、協議の結果を伯爵に報告すへき旨、伯爵より仁田原に命せられ居る旨を仁田原より一同に告くることに打合せ置たりと云ふ。此ときは有馬（秀雄）も別に反対せす、然るかと云ひたり。

少時の後、有馬（秀雄）、予を別室に招き、頼寧氏書状のことは少しも伯爵へは話しあらす。然るに伯爵より其ことに関する協議を命せらるることゝなりては不都合なり。若林等か伯爵に逢ひたるとき、話か一致せさるへしと云ふ。予、未た伯爵へは何事も話しあらさるかと云ふ。有馬然りと云ふ。予、稍不審に思ひ、仁田原を呼ひ来らんとす。有馬、自分（有馬）か呼ひ来るへしと云ひ、之を呼ひ来り、有馬より仁田原に対し、其懸念の次第を述ふ。今日は有様に頼寧氏書状のことに付ては何事も伯爵には話し居らさることを若林等に告け置くより外に致方な〔か〕らんと云ふ。仁田原、勿論其積りなり。夫れより外に致方なしと云ふ。予、始めて先刻の仁田原の談を誤解し居りたることを知り、予も同意し、協議会の席上にて仁田原か伯爵には頼寧氏の書状のことを話し居らさることを述へたるとき、予亦次て其趣旨を敷衍したる次第なり。

協議会を開く前、有馬泰明より有馬秀雄の姉〔不詳〕か今日死去したる趣なることを告く。此時秀雄は予等の席に在らす。故に予より泰明に秀雄の所在を問ひ、泰明より姉死去したることを告けたるなり。予、秀雄を追ふて玄関に行き、其姉とは如何なる人なるやを問ふ。秀雄、姉は赤松某〔不詳〕に嫁し居りたるものにて、先年自分の長男〔守忠、元帝室林野管理局技師、一九二一年死去〕か北海道にて死去したる頃に寡婦と為りたるなり。今日は親族の家に行き、突然三時頃に死去したる趣なりと云ふ。予、然らは君（秀雄）は直に其処に行くならんと云ふ。秀雄、行く積りなるも、今直に行くにも及はすと云ふ。予、直に行かさるならは、協議に加はることは出来さるやと云ふ。秀雄、自分（秀雄）は差支なきも、差控ゆへきものに非さるへきやと云ふ。予其必要なしと云ふ。此の談を為したるは、秀雄か予に対し頼寧氏の書状のことは未た伯爵には話し居らさることを注意したる前のことなり。七時後より予等一同飲喫したれとも、秀雄は別室にて食事を為し、予等に先ちて親族の家に行きたり。

〔欄外に付記〕

○補遺

有馬別邸にて若林卓爾に、内藤新吾〔初代久留米市長、故人〕の子〔不詳〕か青島にて戦死したるときの通信（戦死通信）と題する一冊子を君（若林）より送り来り、之に依りて詩を作りたることありたるか、君（若林）は其小冊子を所持せさるや。あらは一冊を得度と云ふ。若林か冊子のことを忘れ居る模様なりしか、内藤の子か福岡に居るに付、問合せ見て、ありたらは送ることにすへしと云ふ。

○午後十時前、予正に浴す。金井四郎より電話にて、東久邇宮妃は今日午後鵠沼より帰京せられ、明朝日光に行き、天機を奉伺せられ、明後日は軽井沢に行き、朝香宮の避暑場に二泊せられ、十二日は東京を通過するのみにて、直に鵠沼に行かるる予定なりと云ひたる由。是は内子か電話を聞きて予に報したる所なり。

予既に浴を終り、予より金井に電話す。金井告くる所前の如し。予、先刻の電話は領承したるか、昨日高羲敬より聞きたる所にては、世子、同妃は九日に帰京せらるる予定なりしか、一日を延はし、十日に帰京せらるることになりたりとのことなり。

然れは、予て話を聞き居る東久邇宮妃殿下か世子、同妃を訪問せらるることも出来るならんと思ひ、今日片岡（久太郎）に逢ひたるとき、其話を為し置けり。如何なりたりやと云ふ。

金井、世子邸より一日の延期の通知あり。東久邇宮妃殿下往訪のことも打合せ済みとなり居れり。世子か一日帰京を延期されたるは、多分東久邇宮妃か往訪せらるへき旨の話をなされ居りたる為ならんと思はると云ふ。
○夜熱す。就寝後煽風器を用ゆ。

八月九日

○八月九日木曜。晴。
○午前七時四十分頃より、内子、三越呉服店に行き、菓子を買ひ、且つ先日同店にて買ひたる時計の損したるものゝ修繕を命す。
○午前八時後有馬泰明より電話にて、明十日は有馬（秀雄）も差支なき趣に付、午後五時より蠣殻町別邸にて協議会を開き度し。出席を請ふと云ふ。予、安をして承諾の旨を答へしむ。
○午前九時三十分頃安より、世子邸より電話にて、世子妃は明日午前十時四十五分に上野駅著にて帰京せらるる予定なる旨を報し来りたりと云ふ。予、妃のみに非す。世子と同妃なるへしと云ふ。
○午前十一時頃小原（駩吉）来り、先日約束し置たる沼津御用邸附近の地と箱根御料地と交換したることに関し、藤田某より差出したる御用邸附近の地代及建築費等一切の調書を示す筈の処、右は自分（小原）か記臆違ひにて、藤田某より其調書を出すことにはなり居りたるも、山崎（四男六）の手にて交換を取計ふことゝなり、最早調書の必要なきことゝなりたる為、図面丈を出し、調書は出さゝりしと見へ、図面は発見したるも書類は見出さゝりし故、承知し呉よと云ふ。
予、入江（貫一）か先日静岡県に行き、実地を視察し、何とか纏むることにする積りにて工夫し居る模様に付、最早予も格別干渉せさる積りなりと云ふ。

小原、先日来秩父宮、高松宮両殿下に随従し、岐阜県に行き、養老の滝、長良川の鮎漁等に御供したるか、成程秩父宮殿下は余程大切なる場合なり。御行動に付ても野鄙なることを特になさる様のこともあるか、第一に直しなさる必要あるは御語なり。殆んと巻舌にてべらんめー風の御語か出ることあり。是は若き士官等の風に感染なされたるものならん。御性質は弱き者をいぢめなさる傾あり。之に反し、高松宮殿下は人に対する御思遣りも深く、何事も研究心強く、秩父宮殿下か無理になさゝるとは余程異なる所あり。一昨夜は御殿に召されて十時頃まで御相手を為し、昨日は浜離宮にてスカーフ〔ル〕（確かならす）をなさるを拝見したるに、秩父宮殿下は教師の言も聞かすして無理を以て漕かんとなされ、高松宮殿下は十分に会得したる後に漕かる様の差あるを見たりと云ふ。予、高松宮殿下は神経質の方には非さるやと云ふ。小原、全体は神経質の方なるも、此節は大層御変になり居れりと云ふ。
○午前十一時四十分頃相馬孟胤来り、本月十八日出発米国を経

て龍動〔ロンドン〕に行き、夫れより巴里に行きて朝香宮殿下に謁し、更に龍動に返りて衣服其他の用意を為す筈なりと云ひ、心得となるへきことを話し〔呉〕よと云ふ。予、朝香宮の性質を談す。相馬、山口某より聞きたる所にては、朝香宮は近来大層変り居られ、東久邇宮の方か却て六ヶしからんと云へり。自分（相馬）の考へたる所にても、或は然らんと思ふと云ふ。予、東久邇宮の性質は他より考へ居る様のことに非さることを説く。相馬は、自己の信する所に依り、最善を尽くし見るへく、結果の可否は致方なき旨を説く。話すること四、五分間許にして去る。

○満鮮協会より配達する雑誌（大鵬）は本年四月中、其前勝手に配達し来りたる半年分代価として金六円を払込み、以後は配達せさる様に申遣はし置たるも、四月号一冊（郵税未納にて配達）、八月号一冊今日配達し来りたるに付、今日午後（拝啓、小生ハ満鮮協会ニ入会モ大鵬ノ配達モ御断リ申置候処、大鵬本年四月号（郵税未納ニテ配達）及八月号御配達有之、迷惑ニ付御止メ被下度、此段得貴意候也。

大正十二年八月九日）

との葉書を大鵬発行所、芝区南佐久間町一丁目三番地拓殖新報社に出し置たり。

○夜熱、眠り難し。

○退省のとき、昨日西野英男に話し置きたる恩賜の茶一瓶を持ち帰る。

○数日来、安藤則光か人夫をして改造せしめ居りたる書斎前の牆、今日までにて成る。

〔欄外に付記〕

○選挙方法に関する調査資料中、ヘーア〔トーマス・ヘア、イギリス人、比例代表単記非移譲式投票の考案者、Thomas Hare〕の主張する比例代表の説明に、其選挙区の有効投票総数を其選挙区に於ける議員定数を以て除したる商を其区の当選点となすは正確ならす。補欠定数に一を加へて除したる商に一を加へたる数を当選点となすか正当なる旨の説明あり。此ことは十余日前より之を領解することを得す。今日午後、青山操に問ひたるも分らす。帰宅後安に談したるに、安か考慮の末稍々発明する所ありたり。

八月一〇日

○八月十日金曜。朝曇後晴。

○午前六時二十分頃金井四郎に電話し、相馬孟胤か本月十八日出発して仏国に行くことは承知し居るやと云ふ。金井、承知し居る。先日相馬より妃殿下に謁することを願ひ居りたる故、殿下か鵠沼より帰られたる日に引見せられたり。其時、相馬より宗秩寮総裁（徳川頼倫）、山口某（陸軍々人にて先頃仏国より帰りたるもの）等に逢ひ、談を聞きたりと云ふに付、君（予）に逢ひたらは宜しからんと云ひ置きたりと云ふ。予、然りしか。昨日相馬に面会せり。相馬よりも右の如きことを云はす、予よりも御殿に出てたるや否を問はさりしに付、為念之を問ひたるなり。然らは妃殿下より王殿下への御伝言等も済み居るならんと云ふ。金井、御伝言と云ふ程のことはなかりしも、子供等も一同無事なり等の御話はあり居りたりと云ふ。

予昨日日光よりの帰途は暑かりしならんと云ふ。金井、途中よりも日光にてか蒸熱にて困りたり。日光も結構ならすと云ひたりと云ふ。予今朝は何時発にて軽井沢に御出なさるやと云ふ。金井、午前七時二十分上野発なり。今日は偶然良子女王殿下の御一行と御同車のことゝなり、列車には久邇宮とも東久邇宮とも札を附けさることゝ致したり。

○午前六時五十分頃有馬泰明より電話にて、今日の協議会は蠣殻町別邸にて開くことに致し置たる処、有馬（秀雄）の意見にて橋場の本邸にて開くことゝなりたる故、承知を請ふと云ふ。予時刻は矢張り午後五時よりなりやと云ふ。泰明、然り。但し松下（丈吉）は蠣殻町に宿し居る様に申し居りたるも、昨日青梅に帰り、今日更に上京することゝなり居るに付、或は五時より少しく晩るるやも計り難しと云ふ。予、仁田原は家か遠き故、早く帰らさるへからす。五時よりにては時間少し。全体は五時より早く始むるか宜し。然し、今日は最早致方なしと云ふ。

○選挙の方法に関する調査資料の疑義は予の考と安の考とを併せ、稍々解釈することを得る様になれり。午前九時四十分頃より出勤し、十時後青山操へ予の解釈する所を告けたり。議員定数を以て有効投票を除するときは、各候補者は総て平均に投票を得、一点にても差あれは、定数の当選者を得さることゝなる故に、此不便を避くる為、議員定数に一を加へたる数を以て有効投票の総数を除して得たる数を以て当選点と為せは、候補者の得点幾分の多少あるも、当選点を得ることゝなるなり。然れとも此の如くするときは、時としては定員より以上の当選者を生することあり。故又之を避くる為、議員定数に一を加へたる数を以て当選点と為すものなるへし。此の如くするときは候補者の得票絶対に平均せさるも当選することを得。而して其商に一を加する結果、定数以上の当選者を出すことなき訳なり。

○午後一時三十分頃白根松介より電話にて、国際聯盟の用務を帯ひ、久しく仏国に在りたる陸軍少将長尾某（恒吉、歩兵第二〇旅団長）か来り居り。北白川宮、朝香宮のことに付談話する故、貴官（予）も来り聴かるる方宜しかるへき旨、次官（関屋貞三郎）より話あるに付、大臣室の隣室に来られ度と云ふ。之を諾し、直に行く。白根、予を長尾に紹介す。既にして徳川頼倫来り、又少時にして関屋貞三郎来る。

長尾は七月初頃帰朝し、直に其郷里に行き、近日東京に来り、近日其任地なる福知山に行く積りなりと云ふ。長尾、北白川宮妃右脚の手術を為されたるときは発熱あり。脈数も増し、一時は医師も心配したるも、幸に間もなく御快方に向ひたり。但右脚の治療に付ては仏国に〔て〕なさるへきか御帰朝後になさるへきか、日本の医師等は御帰朝後になさる方か宜しからんと云ひ、仏国医師は仏国にて治療なさることを主張し居りたり。如何決したるへきやと云ふ。

其時予も徳川も、最近に巴里より達したる電信に、北白川宮妃の足の屈伸の容体を申来り居るは、長尾の談の如く、右足のみのことにて、左足の方は未た治療せられさることゝ考へ居りたり。然るに尚ほ考ゆれは、余程以前に膝蓋骨の破れたるを接合せしめたる報告ありたる様なり。徳川は宗秩寮に返り、報告電信書を取り来り、之を閲みし居りたるか、尚ほ右足のことのみと思ひ居りたるか、予か之を見たるに左右両足のことを報し来り、殊に他力を加ふれは九十度まて曲り、自力にても八十度まて曲ると云ふは左足のことなりしなり。然れは北白川宮妃は長尾の談と異なり、右足も既に手術を施されたるなりしか。

　長尾は、朝香宮殿下の方は御負傷は余程宜しく、初は手指の負傷にて、今後は乗馬も出来さるならんと懸念し居られたるも、自分（長尾）の実験（日露役にて足に負傷したりと云ふ）に依り、日を経れは次第に屈伸自由になるに付、御懸念に及はさるへき旨を申上け、医師も御懸念に及はさるへき旨を申上け居りたり。北白川宮は初は隊附となることを御好になされさりしも、御勧め申上けメツツにて三ケ月間隊附となられたるか、非常に利益せられたることあり。殿下も御喜ひなされ、仏国にても殿下の人格に感し、爾後は従来絶対に外国人に秘し居りたる要塞内のこと抔も日本人には示すことゝなれり。殿下は其点に付ては大なる益を遺しなされたる訳なり。

　東久邇宮殿下は軽卒に御話なさるることあり。又誰にても御面接なさる為、殿下に面接したる者より転々して終に誤報を伝ふるに至ること多し。朝香宮殿下か仏国に御発になり、皇后陛下の御思召なりとて東久邇宮殿下に伝へられたるは、成るへく早く帰朝せられ、摂政殿下に対し輔導の任を尽くされ度と云ふ様のことなりし処、東久邇宮殿下は、自分（東久邇宮殿下）の今日の力にては御輔導の出来るものに非すとのことを述へられたる趣にて伝聞せり。朝香宮殿下の観察にては、東久邇宮殿下は本国に在るときと違ひ、一切の検束を脱し、自由に行動せらるることか面白く、其の為帰朝を嫌はるるものと思はるとのことなりし由なり。

　東久邇宮殿下は経済其他の事に付、研究なされ勉強せられ居るには相違なきも、特に仏国にて研究せられされは出来さることは一つもなし。御附武官蒲（穆）より殿下に対し、御帰朝のこと、妃殿下御呼ひ寄のことを伺ひたる処、殿下は右様のことは考へたることなしと云はれたる趣なり。蒲の観察にては、今年一杯位には妃殿下のことも何と〔か〕せさるへ〔か〕らすとの考を起し居らるるには非すやと思はるることもなきに非す。余り彼此云へは、却て反対の方に向はるるに付、当分何事も云はす、殿下自ら考を起さるるを待つ方宜しからんと考へ居る様なり。

　北白川宮殿下より承はりたることあり。松田源治〔弁護士、衆議院議員・政友会、臨時法制審議会委員〕か東久邇宮、北白川宮両殿下に謁し、松田より東久邇宮殿下に対し、殿下は参謀本部の廃止に付ては如何なる御考を有せらるるやと云ひ、北白川宮殿下は東久邇宮殿下か此の如き問題を論せられては宜しからすと思ひ、之を阻止する為に、自分（北白川宮）等は政治問題に付喙を容るる訳に行かすと云はれたる趣なり。松田は帰朝後は大に体度を改めたるか、洋行中には随分突飛なることを云ひ居りたる様なり。

要するに、長尾は北白川宮を誉め、東久邇宮殿下のことは多少之を非難する口気ありたり。長尾は午後三時に至るも談を止めす、関屋より、多忙の際来談したることを謝する旨を述へたる後、少時にして辞し去りたり。時に三時十五分なり。

〇午後三時二十分頃より歩して桜田門外に行き、電車に乗り、橋場有馬伯爵邸に行く。四時四十分頃達す。銀座四丁目にて南千住行の電車を待つこと十四、五分間許なりしならん。

有馬邸に達したるときは誰も来り居らす。少時の後、境豊吉来る。有馬泰明、今日会場を変更することは仁田原（重行）と松下（丈吉）とに之を通知する暇なかりし故、松下は先刻既に蠣殻町別邸に来りたりとのことなり。若林（卓爾）、細見（保）、松下（丈吉）とを迎ふる為、既に自動車を遣はし置きたり。仁田原（重行）は未た来らさる趣に付、今暫くこれを待ち、仁田原か来りたる後、自動車に同乗せしめて来るへき旨、電話し置けりと云ふ。

予、一昨日仁田原は不平の語気ありたり（先頃上海亭にて協議したるとき、頼寧氏の為に金を出すことは出来さることは予か発言したるに非すやと云ひたる故、予は如何にも其旨を述へたりと云ひ、松下（丈吉）等か一昨夜、頼寧氏の為に金を出すへしと云ひたるとき、仁田原は、自分（仁田原）には左様なることは出来すと云ひ居りたり）、或は今日の会には出席せさるやも計り難し、別段断りは致さゝるやと云ふ。泰明、昨日仁田原の父某（周蔵）か学校に来り居りたるとき、電話にて今日の協議会のことを告け、出席を求め置きたる故、其ことは確かに通知したるに相違なし。会場変更のことは昨夜に至り、有馬（秀雄）よりの請求あり。遽に変更したる故、此ことに通知する暇なかりしなりと云ふ。

又少時にして有馬秀雄来る。時既に五時を過きたるを以て、更に泰明をして蠣殻町別邸に電話し、仁田原か来りたるや否を問はしむ。別邸の人、仁田原は来り、十分間許前、四人自動車に乗りて橋場に赴きたりと云ひたる由なり。四人とは、若林、細見、松下、仁田原なり。六時頃若林等来る。直に頼寧氏の書状に対する処分方を協議す。

予、一昨日の協議に因り、久留米御相談人の熟考を求むる為、協議を延期したる次第なるか、熟考の結果は如何と云ふ。細見（保）、別に是と云ふ考案なしと云ふ。予、穏当に事を纏むる為には理論に拘はらす、頼寧氏の希望を達せしむるより外、致方なからんと云ふ。細見、是は已むを得さるならんと云ふ。

有馬、一応自分（有馬）の所見を述ふへしとて、頼寧氏の希望は理由はなけれとも、結局、有馬家の全財産を相続すへき人なる故、無益なることに之を費消せしむることの遺憾なるは申すまてもなく、且仁田原君（重行）監督の任に就きたる以来、熱心に家計を整へ、節約を務め居る際、仁田原君には気の毒なれとも、自分は此際、相当の多額の金を頼寧氏に分与せられ、同氏の希望を満たすと同時に、金銭の価値を知り、自覚の心を喚起せしむるか宜しからんと云ふ趣意を述ふ。

松下、有馬は仁田原のことを云々したるも、此節頼寧氏より書状を贈られたるは、相談人にして仁田原は関係し居らす。依て仁田原より伯爵に対し金を出すことを請求すへき訳なく、相談人より伯爵に談し、伯爵か出金を諾し、仁田原に其ことを命せられたらは、仁田原も之を拒むへき理由なしと云ふ。仁田原、伯爵より出金を命せらるる場合には、勿論之に反対はせす。然れとも、伯爵に対しては、家計の現状は金を出すことは困難なる次第は之を述へさるへからすと云ふ。

有馬、松下の云ふ如く、伯爵より出金を命せらるれは、之に反対すへき訳なしと云ふは、家計を監督し居る仁田原かある以上は左様の訳には行かさるならんと云ふ。仁田原、反対はせす。然しどこまでも出金の困難なることは云ふと云ふ。

仁田原又上海亭にては只今頼寧氏の為に金を出すことは出来さる旨は倉富君（予）か云ひたるに非すやと云ふ。予、確かに云ひたり。予等は変説改論するなり。松下の云ふ如く、此節のことは仁田原より発言すへきものには非さる旨を述ふ。松下、仁田原に対し左様に強硬に主張するには及はさる旨を説く。仁田原、頼寧氏の住居建築の為、十三万円を支出することも出来、負債を為し居る所にて、此上の出金は困難なりと云ふ。予、困難なるには相違なし。然し什具も売却することゝなり居る故、其位の融通は出来さることはなからんと云ふ。松下、いつも迷惑なることを当嵌るるも、倉富君（予）より頼寧氏に対し其希望を質し、金は希望の如く支出することを伯爵に取り次くへく、但し仁田原に対すること、其他種々なる不平は一切之を撤回すること、之を要するに、先日の書状を取り戻すことを条件とし、之を承知せられさるならは金の相談にも応せすと云ふことに致し度と云ふ。

予、頼寧氏に対する交渉は予か之を担当すへし。頼寧氏より多額に要求せられても、其額には頓著せさるやと云ふ。松下、左程多額に要求せらるる気遣なしと云ふ。予、伯爵に出金を説くことは有馬君（秀雄）を煩はし度と云ふ。有馬、其ことは自分（有馬）か担当すへしと云ふ。

細見、当面の希望を聞くに付ては、頼寧君に対し有馬家百年の大計に関する考も聞きたる上のことにし度と云ひ、若林も、伯爵に対する子道に関する考も聞き度と云ひ、予、有馬、境、松下等いつれも、頼寧氏は今日は少しも右様の考なし。之を問ふも無益なりと云ふ。松下、久留米の相談人として右様のことに付頼寧氏の意見を問はるるは尤のことなり。無益なることにて、頼寧氏は君等（若林等）に対してはいつれ程克く話は合はせらるるならん。兎も角話し見たらは宜しからんと云ふ。

仁田原、八時後発の汽車にて家に帰る必要ある旨を告け、他に先ちて辞し去る。予、松下に対し、仁田原は一昨夜の口気も今夜の口気も大分不平ある様なり。仁田原か辞することゝなりては頼寧氏か折り合ひても伯爵の方は折合はす。故に仁田原を説くことは君（松下）之を担当せよと云ふ。松下、仁田原に留任を勧むることは勧むるも、先日来辞し度と云ひ、種々なることを云ひ居るに付、自分（松下）より説きて〔も〕承知せさるならん。自分（松下）か責任を引くことは出来難き旨を述ふ。此ことは其位のことにて、兎に角予より頼寧氏の意向を問ひ呉よと云ふ。

予泰明に、頼寧氏は長野県より何日に帰京せらるるかを問ふ。泰明、明後十二日の夜か都合にては十三日の朝になるやも計り難しと云ふ。予泰明に、頼寧氏か帰京せられたらは、君（泰明）より交渉して予が面会する日時を定め呉よ。成るへくは荻窪てなく青山にて面会することを望むと云ふ。泰明之を諾す。

九時後より若林、細見、松下、境と自動車に同乗し、先つ蠣殻町別邸に到り、若林、細見、松下は下車し、予と境とは直に帰途に就く。予は、自動車は境の家に行き、最終に予の家に来るものと思ひ居り、車中にて境と談し、境より、此節は案外有馬（秀雄）か穏当なる意見を持ち、好都合なりと云ふ様なる談を為したり。既にして自動車停止したるも、予は車を下らんとせす。境、君（予）の家なりしと云ふ。予、車外を見たるに果して予の家なり。乃ち車を下る。家に帰りたるは十時後なり。

予か橋場に在りたるとき、留守宅より、予か既に橋場を去りたるやを問ひたるに、邸員より未た去らすと云ひ、九時後に至り、只今自動車にて蠣殻町に廻りて帰る旨を告けたる由なり。橋場を去る頃は電光盛なりしも、雷鳴は甚しからす。雨も少く、家に達したる頃は雨も休み居りたり。

〔欄外に付記〕
○補遺
午前七時四十分頃より髪を理す。
補遺
今日頃、午後杉（琢磨）審査局に来り、陸軍特別大演習賜宴ニ関スル卑見と題する書を伊夫伎準一に交し、伊夫伎より之を予に致さしむ。予か局に在らさりしを以てなり。多分、長尾某の談を聴き居たるときなりしならん。
補遺
午前（確かならす）山田益彦来り、世子邸の高羲敬より電話にて、世子、同妃は昨日午前日光より帰られたることを君（予）に伝ふることを依頼し来れりと云ふ。
補遺
十日頃（確かならす）、午後零時後食堂にて白根松介より、先頃既に承諾を得置きたりと思ふ学士会建築に付、寄附金募集の世話人に貴名（予か名）を加へ、既に印刷物を作りたりとて、之を示す。予、予は之を聞きたることなし。又予は学士に非す、世話人たる資格なしと云ふ。白根名簿に名を出しありと云ふ。予唯会員位のものなりと云ふ。

八月一一日

○八月十一日土曜。晴晩間微雷微雨あり。
○午前九時三十分頃より出勤す。
○午後零時後より退省す。
○午後零時後、有馬秀雄蠣殻町の有馬家別邸より電話し、自分（有馬）は今朝此処に来り、若林（卓爾）、細見（保）、松下（丈吉）と談し、他に行くへき処あり。其方に行き居りたる処、別邸より電話にて急用出来たり、直に来るへき旨申来りたる故、復た来りたり。自分（有馬）か去りたる後、仁田原（重行）か来り、東京相談人の意見に従ひ、是まて有馬家の家政を執り来りたるに、今日に至り頼寧氏に金を渡すこととなりては自分（仁田原）の立場かなき故、辞職する旨を主張したりとのことなり。其ことに付更に協議する必要あるへきやと云ふ。予、理論より云へは、確かに仁田原の云ふ通りなれとも、結果を考ふれは、変説するより外に致方なし。此上協議会を開きても別段の工夫なからん。仁田原か留任する様には是非とも致し度も、松下は何か聞き居ると見へ、昨日も仁田原か留任せさるへき様のことを云ひ居りたり。仁田原かどーしても留任せさるならは、有馬家の方は有馬泰明にて間に合はさることはなからんと云ふ。有馬、泰明にては不足なりと云ふ。予、どーせ相談人の会議にて家政を執るより外致方なき故、泰明にても宜しからんと云ふ。兎に角協議の必要はなからんと云ふ。

○午後茨城県山中賢一〔不詳〕の為に東宮殿下御渡欧の詩を書す。

○午後四時頃細見（保）より電話にて、今朝仁田原（重行）来り、自分（仁田原）は是まて自己（仁田原）の意見にては事を処せす。常に東京相談人の意見に従ひて事を執り、頼寧君より金の要求ありたるも、相談人か金を支出せすと云ふ故、之を拒みたる処、今日に至り頼寧君の要求に応することゝなるは、自分（仁田原）は相談人の為に欺かれたるなり。殊に昨日の倉富の言は全く自分（仁田原）を無視したるものにて到底留任し難し。自分（仁田原）と相談人との是非に付、久留米相談人（若林、細見）の判断を求むと云ふ如き趣を述べたるに付、種々慰諭したるも、中々承知せさりしなり。

仁田原は自分等（細見、若林）の判断を求むとの趣意の談を為したるに付、其儘にも為し置き難く、午後より両人（若林、細見）にて橋場に行き、仁田原に面会して種々談したれとも、どーしても承知せす。依て此際、直に辞表を出しては困る。果して伯爵より金を出すへき旨を命せらるるや否も分らす。愈々金を出すことになりたらは、其時に至り辞したらは宜しきに非すやと云ひたるに、相談人より伯爵に説きたる後、伯爵に金を出し難き旨を述ふれは、伯爵を困らすことゝなる故、何ても此際に辞表を出すと云へり。自分（細見）等は昨日君（予）の言に仁田原を辱かしめたることあるを気附かす、境に問ひたるも同人も気附かさりしと云へり。仁田原に対しては誤解なるへき旨談したるも、中々承知せさりし故、兎も角右の事情を報告すと云ふ。

予、予は変説したることは確かなり。仁田原を辱かしめたることは知らす。若し不注意にて辱かしめたる様のことあるならは、謝を述ふるは決して辞する所に非す。但し如何なる言か悪しかりしや、夫れか明かになりたる上に非されは、謝することも出来す。仁田原より是非の判断を求むと云ふならは、君（細見）は遠慮なく判断を為すか宜しからんと云ふ。細見、兎に角右事情を報告すと云ふ。

○午前八時頃有馬泰明より電話にて、昨夜君（予）に渡しある頼寧君の書状を若林等か頼寧君に面会する前、今一度見度旨申来りたるに付、急に該書状を若林に届け呉よと云ふ。予之を諾し、速達郵便を以て之を若林に送る。
○午後六時頃蠣殻町有馬家別邸に電話し、有馬秀雄か在るや否を問ふ。邸人、有馬は今より五分間許前東京会館に行きたり。会館にては小倉敬止の名前の会になり居ると云ふ。
二十分間許の後、予、安をして東京会館に電話し、小倉の会あるや否を問はしむ。館人なしと云ふ。予更に、確にある筈なり。其会に有馬秀雄なる人ある筈に付、電話を掛る様に云ひ呉よと云はしむ。館人、少時待ち呉よと云ひ、更に小倉の会はあるも、只今帝国劇場に行き居る故、之を捜かし来るへしと云ひ、又少時にして劇場に行きたるも之を見出さす。後刻此方より電話せらるる様に告くへしと云ふ。

七時頃、有馬秀雄東京会館より電話す。予、君（有馬）は帝国劇場に行き居るに非すやと云ふ。有馬然らすと云ふ。予、先刻電話したるに、劇場に行き居るとのことなりしと云ふ。予、電話にては尽くし難きことなるも、細見よりの電話にては、仁田原（重行）は予に対して反感を有し居る趣なり。常務に服する仁田原か予の為に辞任する様のことありては不都合に付、君（有馬）の取計にて予か相談人の任を解く様に為し呉よと云ふ。

有馬、仁田原は誤解し居れり。君（予）の趣意は、仁田原は是まて強硬に金を出し難き旨を主張し居り、今更遽に反対のことを云ふは困るならんと思ひ、相談人より之を云ひだすことに為さんと云ひたるものならん。然るに、仁田原は妙に解釈したるものなりと云ふ。予、然り。仁田原をして責任を負はしめさる様に為さんと思ひたるものなり。事情の如何に拘はらす、仁田原か辞任することは困るに付、予の方を罷むることに取計ひ呉よと云ふ。有馬、電話にては尽くし難し。是より食事を為し、食事後自分（有馬）より往訪して委細談することにすへしと云ふ。予、君（有馬）は劇を観るには非さるやと云ふ。有馬然らすと云ふ。予然らは来訪を待つと云ふ。

八時後に至り有馬来る。予、先刻電話の趣旨を敷衍し、先年は予は理由なきこと、思ひなすか、君（有馬）に辞職（家令職）を勧告し、又橋爪慎吾の採用を伯爵に説き、同人に辞職を勧めたり。此の如きことを為すも、畢竟其時の事情に従ひ、姑息なからも円満に事を纏むる為なり。今回、仁田原（重行）か予に対して反感を起したるは、予は平素の考通りにて、特に仁田原を無視する様の考ありたるに非す。然れとも、予の為に仁田原か辞任する様のことになりては困る。加之予か伯爵家に関係せしより既に二十余年となる。今日は最早自ら顧みさるへからさるときなるへく、自ら之を知らさるも、裡面に如何なる考を有し居る人あるやも計られす。先日君（有馬）より、仁田原は多分予の為圧迫せらるる様の考を有し居る模様との談を聞きたることあり。又細見（保）より聞きたることもあり。此際、予か相談人を罷むるか宜しと思ふに付、是非其取計を為し呉よと云ふ。

有馬、君（予）か罷むると云へは、仁田原は尚更罷むると云ふへしと云ふ。予、仁田原か金を出すことに反対し、単に主義の相違より辞職を主張すれは困ると思ひ居りたるも、先刻細見の電話にて予に対する反感か辞任の理由となり居ることを聞き、実は喜ひたる訳なり。辞任の理由か分かれは、之を解決することも出来る訳なりと云ふ。有馬之を然りとせす。

予、然らは其ことは姑く他日に延すことゝなすも、予は頼寧氏か長野より帰り次第、之に面会し、其希望を聴き取ることに約し置きたり。頼寧氏の希望か格別過大ならさるならは、伯爵の承諾を得て円満に事を纏めんと欲する為め、希望を聴取る訳なり。然るに、仁田原か辞任することゝなりては、当初の目的はなくなることに付、予か頼寧氏に面会することは之を見合はすことゝ為すへしと云ふ。有馬、兎も角一応頼寧氏の希望は問ひ見呉れさるやと云ふ。予、希望を問ひたる上は之を伯爵に取り次くへしと云ふ順序なり。然るに、仁田原か辞任することゝなりては取り次くへしとは云ひ難し。面会しても無益なることなり。若林等はいつれにしても頼寧氏に面会すと云ひ居るに付、是非希望を問ふ必要あるならは、同人等（若林等）より問ふて宜しきに非すやと云ふ。

有馬（秀雄）、若林（卓爾）等より問ふては過大なることを答へらるる恐あり。兎に角一応問ひ見呉よと云ふ。予、仁田原の進退決せされは、之を問ひ難しと云ふ。有馬、仁田原は留任せしむるより致方なしと云ふ。予然らは其方を先きに決せよと云ふ。有馬、明後日位（十三日）、往て仁田原を訪ふことゝすへしと云ふ。有馬か談し居るとき、雨ふりたるか、其の去らんとするとき尚ほ未た全く歇ます。傘を貸さんと云ひたるも、夫れに及はすと云ふて去れり。時に十時少し前なり。

〔欄外に付記〕

補遺

有馬秀雄か来り、談したるとき、予より、有馬頼寧氏か其の長女静子を秩父宮殿下に嫁せしむる希望を有することを談す。有馬（秀雄）、其希望を有し、之に相当する行動を取らるるならは、此上もなき幸なれとも、希望と行動か相反する故、困る旨の談を為せり。

○午前十一時後徳川頼倫審査局に来り、明日より豊後別府に行き、三週間の後帰京する予定なり。立花大将（小一郎）授爵の問題あり。総理大臣（加藤友三郎）は、自分（加藤）か海軍々人なる故、立花の授爵は行はれされは困ると云ふ趣にて、宮内大臣（牧野伸顕）は既に承諾したりとのことなり。是より元老の意向を問ふ順序にて、西園寺公（公望）の意向は、明日自分（徳川）か早朝の汽車にて御殿場に行き、西園寺に面会したる上、西行する積りなり。内大臣（平田東助）の意向は次官（関屋貞三郎）か往て面会するとのことなりと云ふ。

予、立花の授爵は浦潮〔ウラジオストック〕出兵の功なりやと云ふ。徳川然りと云ふ。予浦潮派遣軍の司令官は総て授爵せられ居るやと云ふ。徳川、然り。大井（成元〔予備役陸軍大将、軍事参議官〕か確ならす）も授爵せられ居ると云ふ。予、其ことか延引すれは、君（徳川）の帰京前に発表することゝなるやと云ふ。徳川然らんと云ふ。

〔欄外に付記〕

補遺

午前杉（琢磨）来り、昨日特別大演習のときの賜宴に関する意見書を伊夫伎（準一）を経て一覧を請ひ置きたるか、覧呉れたるやと云ふ。予、纔に一覧せり。大体同感なるも、陸軍丼に地方官に反対あるならん。予は今一歩を進め、御陪食は全部之を止めたらは宜しからんと思ふ。外国の陪観武官に付異論あるへきも、是は拝謁に止め、饗応は陸軍にて為したらは、夫にて宜しくはなきやと云ふ。杉尚ほ再考すへしと言ふ。

補遺

午前国分三亥の妻〔みね子〕来り訪ひ、北海道産の甜菜糖一缶を贈る。予は宮内省に在り。内子之と話したる由なり。

八月一二日

○八月十二日日曜。晴暑稍軽し。

○午前九時後向井巌来り訪ふ。向井、予か嚢に小沢武雄か老年の為、宮中にて杖を携ふることの許可を得ることに付周旋したることを謝す。向井より小沢の為に予に依頼したる為なり。向井、清浦奎吾の次〔三〕男豊秋か下野銀行東京支店より金を引出したること（豊秋の名にて直接に金を借りたるに非す。八尾新〔太郎〕か金を借り、豊秋も其金を使ひたるなり）に付、三島弥吉か清浦を脅し、金を出し、平和村の村長を辞することを言明せしめたる事実あり。平和村々民か之を聞き、清浦の家に押懸け、余り意気地なしとて之を詰責し、清浦は、然らは諸君（村民）の意に従ひ、村長を辞することを見合はすへし。其代り自分（清浦）は豊秋か獄に下るを見さるへからすと云ふて涙を流したるより、村民一同、之を見て父子の情気の毒なりとて、更に平和村に集まり、清浦の意に任せ、村長を辞せしむることゝし、村民は清浦を忘るることゝすへし（除名のこと）との決議を為したり。

三島（弥吉）か清浦を脅かしたる為、村法に従ひ、三島を忘れ（除名）、三島は之を新聞に吹聴せり。三島と清浦との間は中村雄次郎等か仲裁して清浦の村長を辞することにて解決したるものなり。清浦は村民一同を築地精養軒に招き、自分（清浦）の所思を述へ度に付、村会を開くことを求めたるも、村民は之に応せさることゝなりたり。兎も角清浦は非常に失敗せりとの談を為せり。向井より扇子一本（画あるもの）及温飩〔饂飩〕の干したるもの一袋を贈り、話すること一時間余にして去れり。

○午後六時頃若林卓爾、水天宮の小使に托し、昨日予より若林に送り置きたる有馬頼寧氏の書状を返す。若林誤て、右書状の外、頼寧氏より仁田原（重行）に贈りたる書状も併せて予に返したり。

○午後六時後細見（保）に、蠣殻町有馬家別邸に電話し、予は一昨日の協議に従ひ、有馬頼寧氏か長野より帰るを待ち、之に面会して其希望を問ふへき処、都合に依り頼寧氏に面会することを見合はすることゝなせり。其事由は有馬秀雄に話し置たり。同人より聞き呉よ、又若林（卓爾）にも其旨を告け呉よと云ふ。細見、承知せり。自分（細見）等は兎に角頼寧氏に面会することゝすへしと云ふ。

又境豊吉に電話し、有馬頼寧氏に面会することを見合はする旨を告け、境に対しては頼寧氏の希望を問ひ、大概のことならは其希望を達せしめんとしたるは無事を望む為なりしに、仁田原（重行）か予に対して反感を生し、辞任せむとすることゝなりては頼寧氏の希望を問ふ目的なきことゝなるに付、之を見合は〔す〕訳なる旨を告く。境之を然りとす。

○午前八時頃有馬泰明に電話し、有馬頼寧氏か長野より帰りたらは、予か面会する日時を交渉し呉るることを依頼し置たるも、都合に依り面会を見合はするに付、交渉することを止め呉度旨を告く。有馬之を諾す。

八月一三日

○八月十三日月曜。朝曇後晴暑稍軽し。

○午前九時三十分頃より出勤す。

○午前十時後高羲敬来り、世子、同妃は日光にては処々遊覧し、非常に満足せられ、陛下より例年の下賜品の外に賜りたる物もありたり。李勇吉も帰京し、早速世子を訪問し、晩餐を共にせられたり。李堈公も附武官か更りたる為満足し、其日より軍司令部に出勤し、何も不平なく、堀場立太郎に対しても時計を与へ、汝の時計は時か正確ならさる趣、此時計は最も正確なるに付、之を与ふと云はれたる由なりと云ふ。

予、高の妻の病状を問ふ。高、少しく快し。昨日は佐藤恒丸の診察を受けたり。佐藤は丁寧に診察し、別段深き病源ありとは思はれす、自然に婦人病なるやも計り難し。若し此儘軽快に向はさる様ならは、念の為婦人科の医師に診察せしめ見たらは宜しからんと云へり。只今は重湯も収まらす。蕎麦粉の湯と紅茶抔を用ゐ居れり。脈は百位に減したり。医師も大概宜しからんと云ふに付、次男は昨日出発、洋行せしめ、妻も承知の上にて勉強すへき旨を諭し、次男も稍々安心して出発し、今日は既に神戸に達したるならんと云ふ。

高又日光にて東久邇宮妃殿下か世子、同妃を訪はれ、世子妃に対し、鵠沼に来らるることを勧められたるも、世子妃は鵠沼には行かれさる模様なり。世子は今日は既に某隊に行かれ（隊名は予之を忘る）、正午頃には帰邸せらるへく、十六日頃より前橋地方に行かるる予定なり。此節陸軍大学校長と為りたる某には祝儀として鰹節箱を贈り、是まて学校幹事を勤め居りたる某〔阿部信行、陸軍少将、参謀本部総務部長〕にはカフス釦を贈り、梨本宮附武官中嶋虎吉か聯隊長と為りたるに付、之にはカフス釦と酒肴料とを贈れり。是にて一段落となりたりと云ふ。

○午後零時後食堂にて白根（松介）より、先日土岐某に書状を贈り置たるか、今日土岐か自分（白根）の宅に来訪することゝなり居れりと云ふ。予、土岐か来りたらは、参事官兼任のこと位は談し置く方宜しからん、入江（貫一）も多分異存はなきならんと云ふ。白根、先日一寸入江に談したり。異存はなき様なりと云ふ。予、異存なきならは、初より参事官兼任と為しても宜しからんと云ふ。白根初よりにも及はさらんと云ふ。予其辺は都合次第にて宜しと云ふ。

午後一時後、審査局にて此ことを伊夫伎準一に話す。但し白根か、土岐か今日来訪する筈なりと云ひたることのみにて、参事官云々のことは之を告けさりしなり。
○午後二時後大谷正男来り、貴官の出勤退省のとき、主馬寮の馬車を用ゐられては如何。全体は自動車の方宜しきも、只今は処々廻はしあるに付、自動車は間に合ひ兼ぬる趣なり。馬車も永久にとは云ひ難かるへきも、只今の処は差支なき趣なり。其希望あるならは、貴宅に廻はす時刻を主馬寮に通知せられ度とのことなりと云ふ。

予右様のことは官規には関係せさるやと云ふ。大谷夫れは差支なきことなりと云ふ。予誰々に給する積りなりやと云ふ。大谷、大森大夫（鍾一）は是迄既に馬車を用ゆることになり居り、小原（駩吉）も大概之を用ゐ（大谷は自動車とは云はさりしも自動車ならん）居る由。其他は自家所有の自動車あり。山崎（四男六）、上野（季三郎）、杉（栄三郎）の三人か必要あれとも、三人同乗のことにすれは時刻等の都合悪しく、三人は自己の便宜にて電車に乗り居る故、馬車の必要を感したらは、更に相談すへきことゝなり居れり。入江（貫一）は恩給局にては内閣の自動車を用ゐ居り、転任後不便を感し居るに付、車を給し度訳なるか、住所の都合悪しく、未た確とは決し居らすと云ふ。

予、是まて皇族邸等に行くときは自動車を借ることゝ為し居り、主馬寮にて歳末手当も二十円位より取り申さす、馬車にても借ることゝならは、此等のことも相談する必要あるへく、兎も角一応考へたる上にて返答すへき旨を告く。
○午後三時より退省す。
○午後三時後境豊吉の家より電話す。時に予未た帰らす。境より予か帰りたらは通知し呉よと云ひたる趣に付、帰宅後安をして電話せしむ。電話話中なり。少時の後、境の家より電話し、有馬秀雄か往訪せんと欲するか、差支なきやと云ふ。予自ら電話し、予か往きても宜しと云ふ。有馬、境は是より他に行く趣に付、自分（有馬）か往くへしと云ふ。少時の後、有馬来る。

有馬、昨日更に若林（卓爾）、細見（保）を訪ひ、自分（有馬）より頼寧氏のことに付別案を提出して意見を問ひたり。其案は、此際頼寧氏に金百万円を分与し、本邸との関係を絶ち、百万円は頼寧氏の随意処分に任かすことなり。是は全体無謀のことなれとも、百万円を無益に費消したることゝなりたらは、頼寧氏自身にも幾分か省察して覚る所あるへく、世間にて頼寧氏を誤解し居る人も多少事情を覚知する様になるへし。故に此際の処置としては、自分（有馬）は之を主張する次第なり。

若林、細見両人は此意見に賛成したる故、中野の安藤家に電話し、同家より仁田原（重行）の家に使を出さしめ、仁田原か今日橋場に来るならは、橋場にて面談すへく、若し来らさるならは、自分（有馬）か往訪すへき旨を告けしめたる処、仁田原は橋場に往くとのことにて、十一時頃より午後一時後まて談合ひ、仁田原に対し、今日は別案を以て相談する旨を述へ、自分の意見を告けたる処、仁田原も賛成せり。然し、仁田原は辞任することは今日も話し居りたり。

自分（有馬）より、松下（丈吉）の語気は穏当ならさりしも、仁田原は是まて強硬に頼寧氏に金を出すことを拒み居り、頼寧氏より相談人に書状を贈りたりとて、急に体度を変することも都合悪しきに付、仁田原の立場を作る為の言なるに付、何も怒るには及はさるに非すやと云ひたるに、仁田原は怒りはせさるも、自分（仁田原）は在りても、在らさるも差支なしと云ふ如きことを倉富より云はれたるは心外なりと云ふ様なることを云ひ居りたり。

百万円分与のことには境（豊吉）か一番反対するならんと思ひたる故、境を訪ひ、相談したる処、同人も賛成せり。君（予）の意見は如何と云ふ。

予、此ことは意外のことには非す。然し伯爵の承諾を得難からんと思ひ居りたることなりと云ふ。有馬、伯爵には頼寧氏は不検束にて危険なる故、伯爵の所有財産を保護する為、此処分を為す必要ありと云ひたらは、承諾せらるるならんと云ふ。予、予も同意すへし。全体家範を作りたるときは右様の考へなく、右の如きことを為せは家範に抵触する所も生すれとも、今更家範を改正するてもなかるへし。是も致方なきことなり。此ことを為すには、先つ伯爵の承諾を求め、然る後頼寧氏に謀らさるへからす。伯爵か承諾して頼寧氏か承諾せさるは尚ほ可なるも、頼寧氏か承諾して伯爵か承諾せさる様のことありては始末に困ると云ふ。有馬其通りなりと云ふ。

予、此ことに付ては先つ伯爵に謀り、伯爵より林田（守隆）の意見を問はるることゝなりても宜しけれとも、伯爵に謀る前、一応林田に謀る必要なかるへきやと云ふ。有馬、林田（守隆）よりは万事若林（卓爾）、細見（保）に委任し居る趣に付、予め謀るには及はさるならんと云ひ、又今一応仁田原に交渉し、尚ほ松下（丈吉）の同意を得たる上、箱根に行き、伯爵の承諾を求め、其上にて君（予）より頼寧氏に談し貰ふことにすへし。此節は君（予）と仁田原（重行）との間、妙なることになりたる為、自分（有馬）事に当らさるを得さることゝなれりと云ふ。

予、予は被告人なり。何事も為す訳に行かすと云ふ。予は、有馬の意見に同意するは此場合致方なしと思へとも、予か作りたる有馬家の家範は、父子相背き、子は家範の外に立ち家範を守らす、家産の一部を其自由処分に任す如きは予期せさる所なり。此ことか愈々実行せらるるときは、予は家政相談人を辞する決心なり。有馬は話すること十分許にして去る。

予か有馬と談し、未た有馬家の問題に入らさるとき、東久邇宮邸より電話す。予自ら電話したるに、片岡久太郎より、妃殿下は軽井沢には二泊の予定なりしも、朝香宮若宮方の避暑場にて引留られ、三泊の上、今日午前十一時後着京、一寸御殿に御立寄り成され、午後三時頃の汽車にて鵠沼に赴かれたり。金井事務官（四郎）より此ことを報すへき筈の処、急きたる故、自分（片岡）より報すへき旨を申聞けたりと云ふ。予、日光にて妃殿下より世子妃に対し、鵠沼に行かるることを勧められたる趣なるも、高羲敬よりの談に依れは、世子妃は鵠沼行は出来難き模様なりと云ふ。片岡、右様の御話ありたるときは、其旨を申上け置くへしと云ふ。予、噂話位のことにて申上け置きたらは宜しからんと云ふ。

予か片岡との電話を終り、席に復したるとき、有馬（秀雄）より、只今の電話は東久世（秀雄）よりの電話なりしやと云ふ。

予、否、東久邇宮邸よりの電話なりと云ふ。有馬、東久世は何処に勤務し居るやと云ふ。予林野管理局なりと云ふ。有馬、渡辺千秋か宮内大臣たりしとき、武庫離宮の敷地内に入込み居る民有地を一坪十五円にて買ひ上くると云ふことになりたる為、沢山の坪数を一坪七円にて買入れ、買上を待ち居りたるものあり（其氏名は云はす）。然るに、該離宮のことに付問題起り、買上急弁せす。結局一坪九円五十銭にて愈々買ひ上けらるることゝなり居り、明日は其ことか決定すると云ふ運ひになり居りたる処、主任たりし某（有馬か名を忘たりと云ふ）、電車に轢かれて死したる為、其儘と為り、地所を買ひ入れたる某は破産の状態に在り。今後買ひ上けらるることあるへきや否を確かめ呉よと云ひ居れりとの談を為せり。

○午後三時三十分頃家に帰りたるとき、審査局の煽風器を止めたることを忘れたるならんと思ひ、審査局に電話したるも、局員は既に退省したりとのことに付、宗秩寮員に電話し、審査局の煽風器か止まり居らさるならは、之を止め呉るへき旨を嘱す。

○午前秘書課長（白根松介）より、酷暑に付公務に差支なきならは、九月十日までの間、局員の三分〔の〕一は正午退庁のことに取計ふへき旨を通知し来る。

大正一二年日記第九冊

〔表紙に付記〕

日記　九

大正十二年八月十四日より九月九日まて

大正十二年の日記（十）は半紙に書したるものあり

大正十二年九月十日より十一月十五日まては半紙に記したる日記材料のみにて整頓し居らす（袋に入れ置けり）

音響を握りて他の器に移すことを得る八月二十三日三十四葉表

八月一四日

○大正十二年八月十四日火曜。晴暑甚しからす。

○午前九時三十分頃より出勤す。

煽風器を止むることを忘れたることに付給仕と談す

○午前十時後給仕に、昨日退庁の際、煽風器を止むることを忘れたる様なりしに付、家に帰りたる後審査局に電話したるも、既に退出後なりとのことなりしを以て、宗秩寮員に電話し、煽風器か止まり居らさるならは、之を止め呉度旨を嘱し置きたるか、如何なりや、之を問ひ見るへき旨を告く。給仕、昨日退庁前に之を止め置きたり。今朝宗秩寮員より電話ありたる話を聞きたりと云ふ。

松平慶民の葉書

○午前、宗秩寮より松平慶民の葉書を示す。葉書は七月十二日にスコツトラントより出したるもの。徳川頼倫宛にて、予に対する伝言を依頼しあり。九月上旬には帰朝すへき旨を書しありたり。

伊夫伎準一に御料に関する事務を掌り居りたる人にて電車にて死したる者ありやを問ふ

○午前十一時頃伊夫伎準一に、帝室の地所のことを掌り居りたる者にて、電車に轢かれて死したるものありやを問ふ。昨日有馬秀雄か話したることあるを以てなり。

伊夫伎、佐々木陽太郎ならんと云ふ

伊夫伎、佐々木陽太郎〔一九一二年死去〕は林野管理局長官なりしか、電車に乗らんとし、墜落して死したり。佐々木は中風病に罹り居りたる人なり。渡辺（千秋）か御料局長官のとき、佐々木は同局の主事なりしか、渡辺か次官と為りたるとき、佐々木か長官心得と為り、同時に内蔵寮の主事なりし吉田某〔醇一、元宮中顧問官、元主殿頭、元内蔵頭、故人〕も内蔵頭心得となりたり。渡辺は内蔵頭にて御料局長官を兼ね居りし故、右二人を心得と為し、渡辺か大臣と為りたるとき、佐々木は長官と為り、吉田は寮頭と為りたるなりと云ふ。予、昨日有馬秀雄より聞きたる土地買上に関することの大略を話す。

伊夫伎準一武庫離宮附近の土地買入調書を示す

少時の後伊夫伎来り、武庫離宮附近の土地を買入れたる調書を示す。予、予の話したることは此の外なるへく、今日まても尚ほ買ひ上られすして困り居るとのことなりと云ふ。

主馬寮の馬車を使用することに付伊夫伎準一に談す

予又君（伊夫伎）に問ふへきことに非さるも、昨日大谷正男来り、予に主馬寮の馬車を使用することを勧めたり。予は考へたる上にて答ふへき旨を告け置たるか、何か此ことに付聞きたることなきやと云ふ。伊夫伎、是まて次官（関屋貞三郎）は自動車を専用し、小原（駩吉）も大概自動車を用ゐ、大森（鍾一）は馬車を用ゐ、侍医頭（池辺棟三郎）も多分馬車を用ゐ居るならん。大谷（正男）、白根（松介）等も一ヶ月の半分以上は省の車を用ゐ居る様なり。其の権衡上、貴官にも勧むる訳ならんと云ふ。予全体は面白きことに非すと云ふ。伊夫伎、是は宮内省よりも政府の方か甚しき様なり。貴官か辞退せられても、他の者か止むる訳に非す。寧ろ使用せらるる方か宜しからんと云ふ。

入江貫一か乗物なくして困り居るとのこと

予、入江（貫一）は恩給局にて官車を使用し居りたるか、転任後車なき為不便なりとの談ありたる模様にて、其ことか動機と為りたるものなるやも計り難しと云ふ。

白根松介、土岐某に面会したる状を報す

○午後零時四十分頃食堂にて白根松介より、昨日土岐某来りたるに付、転任のことを談したる処、本人は宮内官か素志に付希望するも、司法官と為りたるとき、特に世話になり居る人あるに付、其人等の承諾をも得さるへからす。少しく考ふる時間を得度と云へり。依て参事官兼任のことも一寸話し置きたりと云ふ。

大谷正男を訪ふ　在らす

○零時三十分頃大谷正男の室に行く。大谷在らす。白根（松介）に大谷のことを問ふ。白根、大谷は出勤は致し居れり。何処に行きたるへきやと云ふ。予言ふ所なし。白根出勤退庁のときの乗物のことに関する話ありたらんと云ふ。予昨日聞きたりと云ふ。白根、自動車にても、馬車にても入用の時刻さへ分れは之を廻はすへしと云ふ。予、昨日は馬車に限るとのことなりしと云ふ。白根、距離近き処は馬車にするとの話あり居りたる故、貴官の処は馬車に致したるへきかと云ふ。予、昨日の話にては之を使用する人は余り多からさる模様なりしか、幾人位ありやと云ふ。白根、愈々使用すると云ふことになれは、躊躇する人あり。入用のとき請求すへきに付、其時出し呉よと云ふ様なることになりたる人あり。然るに、主馬寮にては一定し居れは宜しきも、臨時にては間に合ひ兼ぬることありて困ると云ひ居れりと云ふ。予、君（白根）か其事を知り居るならは、君（白根）に告け置くへし。当分乗物を借用することにすへしと云ふ。白根何時に廻はせは宜しきやと云ふ。予出勤は大概午前九時三十分なりと云ふ。白根遅速あるときは主馬寮の庶務課に通知すれは宜しと云ふ。予、昨日の話は明了ならさりしか、往復ともに供給することならんと云ふ。白根、主として出勤のときのことなりしか、勿論帰途も供することゝ思ふ。主として大谷か取扱ひ居りたる故、尚ほ確めたる上、通知すへしと云ふ。予、出勤のときのみなれは、帰途のことを考へさるへからすと云ふて去る。

大谷正男に馬車を供するは片道なりや又は往復ともなりやを問ふ

○午後二時四十分頃大谷正男の室に行く。予大谷に対し、先刻、昨日話を聞きたる乗物のことに付白根（松介）に話し置きたるか、聞き呉れたりやと云ふ。大谷未た聞かすと云ふ。予乗物は出勤のときも退庁のときも供するやと云ふ。大谷両度とも供すと云ふ。

馬車を使用すへき旨を大谷正男に告く　大谷主馬寮に其旨を報す

先刻白根に問ひたるも、判然せさりし故之を問ふ。然らは当分借用することにすへし。出勤は午前九時三十分なりと云ふ。大谷退庁は三時なりやと云ふ。予、然り。時刻を変更するときは直接に主馬寮に通知することにすへしと云ふ。大谷、直に主馬寮に電話し、鹿児島某に対し、明朝より九時三十分に乗物を廻はし、退庁は三時に之を廻はすへき旨を告く。此時白根来る。予白根に、先刻のことは大谷と談したる旨を告く。

伊夫伎準一に白根松介より聞きたる土岐某と白根と会見したる状を告く

○午後二時五十分頃伊夫伎準一に、先刻土岐某のことに付白根（松介）より聞きたることを告く。

人力車夫に当分宮内省往復の人力車を要せさる旨を告く

○午後三時より退省。家に帰りたる後、車夫（杉野の家人に非す）に対し、宮内省への往復は宮内省の車に乗ることゝなりたる故、今後当分車を要せす。但し、臨時には雇ふことあるへきに付、其旨を杉野の家人に告け置くへき旨を命す。

安をして更に同様の旨を杉野の家に告けしむ

午後七時頃、安をして鈞に贈る書を投郵せしむるとき、杉野の家に過きり、更に先刻予より車夫に告け置きたる趣旨を伝へしむ。杉野の次男承諾の旨を答へたる由なり。

八月一五日

○八月十五日水曜。朝曇蒸熱後晴。

田尻稲次郎の死

○今日の新聞にて田尻稲次郎〔経済学者、貴族院議員・茶話会、元東京市長、元会計検査院長、子爵〕か昨日死去したることを知る。病症は脳溢血なる様なり。

今日より主馬寮の馬車を使用す

○午前九時二十分頃主馬寮より馬車を遣はす。乃ち出勤す。午後二時五十八分頃玄関より馬車来りたることを報す。乃ち直に帰る。三時十五分頃家に達す。

熱甚し　九十六度に上る

○熱甚し。午後二時頃自家の寒暖計九十六度に上りたりとのことなり。

西野英男馬車使用のことを談す

○午後二時五十二分頃西野英男来り、馬車を玄関に廻はしたる趣を報し来れり。馬車の使用を始められたりや。実は先日主馬寮より貴官（予）の出勤退出の時刻を通知し呉よと云ひ来りたることありたるか、間もなく馬車使用のことは未た決定し居らさる趣に付、出勤退出の時刻を問ふに及はさる旨申来りたることありたりと云ふ。予、今日より使用を始めたり。予か之を聞きたるは近日にて、予も一寸考へ居りたるなりと云ふ。

夜熱　眠り難し

○夜熱甚し。眠り難し。

八月一六日

○八月十六日木曜。曇。午前六時頃八十六度なり。午前九時三十分馬車来る。乃ち出勤す。

○午前十時前西野英男に嘱し、馬車の御者及馬丁は毎日同一人なりや否、又御者馬丁に対し心附を為すへき〔や〕否、他の振合を問はしめ、且明日は田尻稲次郎の葬に会する積りなるか、自動車を使用する都合出来るか否を問はしむ。西野、全体馬車にては不便ならんと云ふ。予、距離近き所は馬車を用ゆることゝ為したる由。平常は馬車にて差支なしと云ふ。

○午前十時頃小原駩吉来り、陸軍大学校前の電車軌道を附替する為、御料地の一部を使用せしむることゝなりたるか、先日内匠寮の技手、林野管理局職員、東京市職員立会にて現場を見分し、御料地との界に堤を作ることは東京市より宮内省に委托して工事を為さしむることゝなり、内匠寮より技術者を出し、工事を為さしめ、既に堤の半分を作り終りたり。

然るに、堤を作りたる場所を誤り、御料地の坪数不足することゝ為りたり。先日立会ひたる管理局の職員は御料地と為るへき坪数は之を計りたるも、境界標は之を立てさらんと云ふ趣なり。市役所員か立てたる標はありたるを以て、内匠寮職員は市役所に就て先日立てたる標か境界なりやと云ひたるに、彼の標か境界なる故、之に依りて堤を作れは宜しと云ひ、内匠寮の職員は其言に従ひて堤を作りたりとのことにて、是れか元来誤り居れり。境界のことは管理局の職員に問へは宜しからんに、東京市に問ひたるか誤なり。依て半は作りたる堤を改築せさるへからさることゝなり、無益の費用八百円許となる趣なり。

東京市にては半は作りたるは之を毀ち、設計変更として更に適当の所に堤を作り呉るれは夫れに〔て〕宜し。彼此面倒なることを云ふに及はすと云ひ居る由。又内匠寮の技術者も、此問題は彼此云ふ必要なし。東京市にて云ふ通り、市の費用にて改築すれは、夫れにて宜しからんと云ひ居れり。然れとも、他の方にも仮令ひ過失ありとするも、内匠寮の職員か管理局にも問はす、東京市に問ひて工事を始め、夫れか間違ひたる過失は之を免かるることを得す。故に問題は東京市の云ふ如く、東京市の費用にて堤を改築して宜しかるへきか、又は改築費は宮内省より支出すへきものなるへきやのことなりと云ふ。

予、東京市の委托工事ならは其費用は市より出さしめ、市か過失に依る賠償を求むるならは、其時に至り之に応すると否とを決したらは宜しからんと云〔ふ〕。小原、初めより宮内省の金にて改築するも、変なことになるならんと云ふ。

小原又日光御用邸の門を石柱檜板扉と為したることに付、清水谷（実英）（侍従、伯爵）か全く成金の建築式なりとのことを皇后陛下に言上し、大森（鍾一）か小原に対し、其設計不可なることを譏り居りたるも、未之を見さる故、余り弁解もせさりしか、先日日光に行きて之を見たるに、少しも悪しきことなし。皇后陛下か、予（陛下）等は往来のとき二度丈け見るのみなるを以て宜しきも、度々出入する者はさぞ気色悪しかるへしとの御詞ありたることを伝聞し、右の如き御感情ありては、改造もせさるへからすと考へ居りたるか、先日日光に行き、白根松介に、大臣（牧野伸顕）か門のことに付何か云はさりしやを問ひたるも、何も云はすと云ひ、関屋貞三郎に問ひたるも、別に云ふ所なし。大森（鍾一）に対しては、此節見たる所にては非常に都合宜し。少しも不都合なることなし。日光は御用邸なり。青山御所は御所なるに拘はらす、門は木を立てたるのみに非すや。日光の門を不可なりと云ふならは、先つ青山御所より非難せさるへからさるに非すやと云ひ、大森も格別云ふ所なかりしなり。日光の門は初は冠木門なりしとのことなり。

予、静岡県に対する御料地の払下は入江（貫一）は如何致したるへきや。予も故らに様子を問ふことを見合せ居れりと云ふ。小原、先刻東久世秀雄に逢ひ、之を問ひたる処、入江も此の事件は今更止むる訳にも行かさる故、今後此の如きことなき様にとの希望を附し、同意したりと云ひ居り。東久世は書類を持居りたるに付、多分大臣の決を採る訳ならんと云ひ居りたり。

小原又東宮女官のことも愈々決定したる趣なりと云ふ。是は、予か新聞に皇后陛下自ら東宮女官を選択なさるる様に記載し居りたるか、如何なりたるへきやと云ひたるに対し、小原か談したることなり。小原の談に依れは、初は皇后陛下は現在の奥女官の中、幾人かは東宮に附けらるる思召もありたる様ならんも、東宮殿下は新しきことを御好みあり。皇后陛下は保守の思召にて、其間に立ては必す困ることゝなる故、誰も御請するものなく、千種にても辞退するに相違なく、終に皇后陛下より、東宮の方は東宮の方にて選択するか宜し。但し正親町（鍾子、権典侍）か奥女官の取締を為し居るに付、東宮にても正親町以上の地位のものを選みてはならすとの条件を附せられたる趣なり。

此ことに付ては宮内大臣（牧野伸顕）も関屋貞三郎も一時は非常に狼狽し、皇后陛下か御感情を害せられ、勝手にせよとの体度に御出てなされたるものと思ひたるものならん。然し、自分（小原）の考にては、奥にて人選なされんとしても実行不可能なる為、結局右の如く決せられたるものならん。西園寺（八郎）抔も、最早致方なし。此上は東宮職にては勝手に人選するより致方なしと云ひ居りたるも、自分（小原）、皇后陛下より東宮職にて新に人選したらは奥にて万事教ゆることにすへしとの御話あり居るとのことなる故、其御詞にたより、何事も陛下に伺ふ様にするか宜し。然らされは、非常なる困難に遭遇すへしと云ひ置きたり。

女官取締としては島津某〔長丸、男爵〕の妻（斉彬公〔幕末の薩摩藩主〕の孫とか云ふことなり〔正しくは島津久光の孫〕）某〔治子〕に決したる由。其外女官の候補者には高木某〔舜三、男爵高木兼寛三男、故人〕の寡婦〔多都雄、三井三郎助長女〕（三井家より嫁し居るもの）等数人ある由。津軽某〔英麿、旧弘前藩主津軽家前当主、伯爵、故人〕の寡婦〔照子、旧小倉藩主小笠原家前当主小笠原忠忱長女〕（小笠原長幹〔旧小倉藩主小笠原家当主、貴族院議員・研究会、伯爵〕の妹）も珍田捨巳より推挙したるも、是は話にならさりし由なり。久邇宮邸に良子女王殿下に附き居る女教師（後閑某に非す）一人〔三輪もと〕は、殿下に随て東宮職に入る趣なりとの談を為せり。

小原又箱根離宮修繕問題は、関屋（貞三郎）か今日に至り意見ありと云ひ出したるか、又離宮を他に渡す様の考を起したる様のことには非さるへきやと云ひたり。話すること十四、五分間許にして去る。

小原此時、前のことの外、学習院寄宿舎建築のことを談し、差向き四棟を作り、今後建増を為すことを得る様の計画を為し置けりと云ふ。予、寄宿舎のことは予算会議のとき異論あり。結局学習院の敷地の内、幾分を売却し、費用を之にて償ひ、他に対して拡張とならさる様にするとのことにて余儀なく通過したり。寄宿舎のことは福原（鐐二郎）か英国風を学ひ、英国流の紳士を養成する目的にて之を主張し、牧野（伸顕）も之に賛成したるものなるか、予等は其目的は貫徹し難しと思ふ。而して華族の子弟の為、一人一室と云ふ如き贅沢なる設備を為すは住宅難に困し居る今日、世人の感情も宜しからすと思ふ旨を談す。

小原、大臣も今日になりては余り贅沢には見へさるやとの懸念の話を為し居れり。建築予算は坪五百円許にて、関屋は之を削減すへしと云ひ、其の理由は予算に剰余あれは余計なることを為す弊ありと云ふに在れとも、寄宿の建築費は坪三百何十円にて其他は設備費なり。技師としては三百何十円の予算を減することを得す。東宮仮御所等も後より種々なる注文出つる故、金か増す訳にて、左もなけれは予算には剰余を生するか普通なり。請負人は出来る丈低価に入札（低価にて材料を仕入居る等の為）すれとも、予算としては予期し難きことを当てにして見積ることを得す。故に幾分予算に剰余を生するか普通なり。自分（小原）より、其理由を以て予算削減に断然反対し、大臣（牧野）より実行上の注意を望むと云ふことにて決定せりとのことを談したり。
○午後零時後食堂にて白根松介より、埼玉県知事〔堀内秀太郎〕より食堂に西瓜を寄贈せりとて之を持ち来らしむ。予三片を食す。
○午後一時頃、予将に厠に行かんと〔し〕、小原駩吉に廊下にて遇ふ。小原、先刻話したる箱根離宮修繕のことは、次官（関屋貞三郎）より大臣（牧野伸顕）に話したりと見へ、大臣（牧野）は、離宮修繕のことは自分（小原）の話を聞く要なしと云へりと云ふ。小原は直に西園寺（八郎）の室に行きたり。
予、厠に行きたる後、西園寺の室に到る。小原正に西園寺と話し居り。相馬孟胤は、予か入りたるとき将に去らんとし、予と一、二語を交へて去る。予小原に対し、箱根離宮修繕のことは昨年来の問題にて、大臣（牧野）は君（小原）は修繕を急かさることに付、不平を聞きたることある位なりしに、今日に至り之を止むることゝなりたるは解し難し。如何なる次第なりやと云ふ。小原、西園寺と其ことを談し、同し箱根の中に他人の（岩崎の所有ならんか）別荘あり。之を買上ける積りなるへきかとのことも云ひ居りたり。又那須の松方の別荘も牧野は松方の為に買上の周旋を為す意あるには非さるやとのことも話し居りたり。予は、暫時之を傍聴して去りたり。西園寺より何か用事あるに非すやと云ふ。予、何も用事なし。箱根離宮修繕のことに付、先刻小原より廊下にて立談を聞き、余り分らさる故、之を問ふ為来りたるなりと云ふて去る。
○午前、小原駩吉か審査局に来り談し居るとき、西園寺八郎亦来り、明十七日より東宮殿下に随ひ、軽井沢に行くに付、暇乞に来りたりと云ひ、四、五分間雑話して去る。
○午後一時後西園寺復た来り、先刻予が西園寺の室に行きたるは何か用事ありたるには非さりしやと云ふ。予、否、先刻も云ひたる如く、箱根離宮修繕のことを小原（駩吉）に問ふ為、行きたる丈なりと云ふ。西園寺、離宮修繕は手軽に出来るならは宜しきも、七十万円を要するならは考ものなり。其位あれは相当なる新築も出来る訳なりと云ふ。
予、先日小原（駩吉）より聞きたる所にては、秩父宮殿下のことは余程注意を要する様なりと云ふ。西園寺、其通りなり。然し、御年齢の関係にて粗暴なることをゑらきことゝ思ひなさる様のときなる故、其中には何とか御変りあるへしと云ふ。予、御辞か野鄙なりとのことなり。是も早く御直しなさされは、厳格を要するときにも、思はす野鄙の辞か出つるならんと云ふ。西園寺辞は誠に野鄙なりと云ふ。予、他のことは軽きことなるか、小原の談にては弱きものを凌く御性質ありとのことなるか、万一少しにても東宮殿下に対して其様のことありては大変なりと云ふ。西園寺、以前多少其模様ありたるも、近来は其模様はなし。但し、内心は東宮殿下は何か出来るものかとの御考はあるならんと云ふ。予、皇后陛下か一方を御愛しなさる様のことはなきやと云ふ。西園寺、幾分其傾きはあるならん。秩父宮は誠に御利口にて、一寸したることなるも、皇后陛下の前にても嫌ひなる菓子にても結構なりとて貰ひ帰り、後は之を棄てらることあり。東宮殿下は陛下の前にても、此んなものか食へるものかと云はるる様の調子なり。

　自分等は時に東宮殿下に御注意申上け、少しは御世辞も必要なり。例へは人の洋服を見て、汝の服は不潔なりと突附けに云ふよりも、洋服とネクタイとか釣り合はさるならは、ネクタイを誉むれは夫れにて宜し。洋服かきたなしと云ふには及はす。東宮殿下は兎角ネクタイを誉めすして洋服を悪く〔ママ〕と云ふ流儀なり。然し御年か若き故、両殿下とも行々御直りになるへし。東宮殿下の御性質は極めて順良なり。珍田（捨巳）抔も其美点か皇后陛下方に十分に貫徹せさることは遺憾と為し居れりとの談を為せり。話する四、五分間にして去る。

○（此ことは前に記せり。重複す）午前西野英男に、昨日より主馬寮の馬車を使用することゝなりたるか、御者馬丁は毎日同一人なりや。又何か心附を為す必要あるへきや。明日は田尻稲次郎の葬に会する積りなるか、自動車を用ふることを得へきや問ひ合せ置き呉よと云ふ。西野、全体自動車の方宜しかるへきに、何故馬車に致したるへきやと云ふ。予、近距離の処は馬車にする趣なりと云ふ。西野、小原氏（駩吉）抔は近くても自動車を用ゐ居れりと云ふ。予平常は馬車にて差支なしと云ふ。午後一時後、西野来り、御者馬丁は主馬寮の都合にて時々変更す。心附は一切無用なり。六月、十二月の二期位に何か心附をせらるることに相談すへく、明日は自動車の方便なるへし。明日更に協議すへしとのことなりしと云ふ。

○午後二時四十分頃東久世秀雄来る。東久世、北海道農地のことも粗結了せり。御料農地の借地人は、国有地の借地人か開墾成功の上は所有権を取得すると同様に考へ、自己の所有地と思ひ居る為、小作人に分与することに付苦情を唱へ、殊に五町歩位の小面積の借地人か其内より小作人に分譲することは非常に苦痛となせり。依て大体は借地人に七割五分、小作人に二割五分を払下くることにて大概纏まりたり。小作人五百人許の中、三百何十人は既に調印を了したり。五町歩位の借地人よりは小作人に分譲せしめす、御料地の中より其小作人には小作せしむることにすへきことを知らしめ置けり。一部分に付ては借地人より小作人に対して借地権を売らしむることに為したる所もありと云ふ。

　東久世は此の談を為したるも、是は主用に非す。主用は静岡県に対する御料地払下のことに付、予に説明せんと欲したることなり。大臣（牧野伸顕）より価格等のことに付、詳細に予に説明し置くへしと云ひたる趣なり。

　予、予の職務としては何等の関係なく、此ことに付云々する必要なく、随て価格の当否を云々すへき訳なく、又其詳細を知り居る訳に非す。君（東久世）より説明を聴く必要もなし。尤も事実の概略は之を承知し居れり。予か怪む所は、管理局にて払下地の価格を定め、其中より公共の用に供すとの理由に因り五割を減することに為し居る趣なるも、県に払下くる故、公共の用に供すと云ふならは、如何なる場合にも県町村等に払下くる場合は減価せさるへからさることになるなり。静岡県にては払下を受けて利益を収め、其利益を以て理〔利〕水事業を為さんとする計画なる由。然れは申すまても〔なく〕収益事業にて、此の如きことに付、価を減すへき理由は何に在りや。此の事件は余程話か進行し居り、今更之を止むることの出来難きに付、入江（貫一）は此の事件に限り此儘遂行し、今後は此の如きことを為さゝることを条件として同意したるやに伝聞せり。

予の考は此の事件を遂行するならは、他にも同様の願を為すへく、其時には決して之を拒むことを得さるへく、之を拒めは、宮内省は不公平なることを為すとの譏を免かるることを得す。其の為物議を醸すことゝ為るへし。故此の事件を進行するならは、今後も同様のことを為すことを覚悟し居らさるへからす。入江の考の如きことは出来難きことならんと思ふ。現に岐阜県よりも既に払下の出願を為し居ると云ふに非すや。是とても無下に拒絶することは出来さるへく、其外青森県よりも出願あるへく、北海道も同様ならん。農地の如く払下の方針を決し、払下を為す所は之を公告し居れは、其他の場所は払下を出願しても之を拒むへき理由あれとも、静岡県の森林は払下の公告を為し居らさる所にて之を払下くるものなる故、他より他の場所を出願したるとき、之を拒むに困るへし。況んや関屋（貞三郎）か前に静岡県知事たりし関係あり。是は許し、彼は許さすと云へは、尚更嫌疑を増す訳なり。

予、払下を非とするに非す。払下の方法に付立派に説明することを得る様に致し置き、今後、他より払下を願ひ出てたるとき、其場所か払下けて宜しき所ならは、静岡県に対すると同様の条件にて払下の出来る様に為し置く必要ありと思ふ。若し静岡県に対する払下は低価ならは、他に対しても低価にて払下くることを覚悟し置かさるへからす。入江の考の如く、此節限りと云ふ訳には行かさるなり。管理局の評価か不当に非すとするも、既に其半額か二百万円にて十五年賦の無利息なる為、其の利息も八十万円と為り、偶々静岡県に御料地かありたる計り、三百万円許の恩恵を施さるることゝなる。此の如きことは非常に不公平なる結果となるなり。無利息の年賦と云ふことは少しも理由なしと思ふ旨を述ふ。

東久世、五割減と云ふことは少しも表面には現はれ居らす。全く管理局長官の心の中丈けのことなりと云ふ。予、心の中丈けにても宜しからす。心の中て十と考へなから之を五と為すか不都合なり。長官か十と思ふならは十にて通すか、又は十なるも五と為すへき理由なかるへからさるに非すや。此節の価格は適当と信するや又は低価と思ふや、又静岡県のみに払下け、他に対しては之を拒むことを得ると思ふやと云ふ。東久世、価格は分らさるものなるも、大体は低き方なり。他に対しても払下を拒むことは出来さらんと思ふと云ふ。

予、然らは大臣（牧野）に十分其事情を説明し、他に対して同様の処置を為しても致方なしとの覚悟を定めしめ置きて、此ことを決せしめされは、管理局としては余り不深切なるに非すやと云ふ。東久世、自分（東久世）は中途より此事件に関係し、大体は反対にて困り居れり。管理局長官（本田幸介）も困り居る模様なり。大臣（牧野）も面白からさる事件にて困ると云ひ居りたりと云ふ。東久世は予の言に従ひ、更に大臣（牧野）に談すへしと云ひて去りたるか、果して如何なる程度まて言を尽くすへきや。

○午後一時後、西園寺（八郎）の室にて談するとき、武井守成か仏国に発する電信のことに付、西園寺に談し居り。其ことは宗秩寮所管の様なりしに付、予より、宗秩寮にては総裁（徳川頼倫）も酒巻芳男も旅行し、山田益彦のみにて事務を執り居るか、徳川、酒巻とも不在なるは困るへし。只今大分用事もある様なりと云ふ。西園寺、宗秩寮の考と云ふは、山田丈の考なるかと云ふ。予、稔彦王殿下羅馬尼行のことに付、山辺（知春）より電信達し居りたりと云ふ。西園寺、其事なり。稔彦王殿下に金三万円許を賜ふことゝ其他随員の費用は別なり。羅馬尼行は十日許の予定なりと云ふ。

小原（駩吉）予に対し、女子学習院長（大島義脩）か退官する趣なるか、聞きたりやと云ふ。予知らすと云ふ。小原、某より松浦寅三郎か女子学習院長と為るとのことなるか、傅育官長には誰かなるやと云ひ、其時始めて此ことを聞きたるに付、白根（松介）に問ひたる処、差向き松浦か傅育官長と院長とを兼ぬる趣なりと云ふ。予、傅育官長は最早廃官と為る時期か近きに付、兼務と為し置く訳ならんかと云ふ。

小原、田内三吉の御養育掛長を罷め、松浦を澄宮の傅育官長と為したらは宜しからんと思ふと云ふ。西園寺（八郎）、松浦にては不可なりと云ふ。小原、先日澄宮殿下に日光にて拝謁したるに、直立して一寸頷せられたる丈けにて何ことも御話なく、ゑらく尊大になられたりと云ふ。西園寺、全く浜尾（新）か東宮殿下に附属し居りたるときと同様なりとの談を為せり。

〔欄外に付記〕

補遺

午前十一時頃、仏教聯合本部常務委員高山自宝、仏教聯合会委員金坂乗順、里見達雄来る。予、在らす。高山等は僧侶被選権問題の運動の為来りたるなり。

補遺

午後四時後式部職より電話にて、御猟場にて獲られたる鮎を贈るに付、受領せられ度と云ふ。五時後に至り、使来りて鮎二十五尾を致す。自ら之を割き、内子之を炙り、晩酌の下物とす。十一尾は宇佐美富五郎に与へ、下婢等にも之を食せしめたり。

八月一七日

○八月十七日金曜。曇。午前六時頃七十九度許にて、熱に苦ます。

○午前九時三十分より出勤す。

○午前九時四十分頃、西野英男に今日午後二時四十分頃自動車を借ることを謀ることを嘱す。

○午前十時頃高羲敬来り、世子は十六日より前橋地方に演習の為出張し、二週間許にて帰京せらるる予定なり。世子妃は無事なり。

先年、李鍝公の家を建築する為買入れたる初台の地所は之を売却することゝなり、李堈公よりの委任状を送り来り。買主は早川千吉郎の子〔忠吉〕にて、代価は買ひ入代と同額に、登記料及買入後の利子を附し、一坪七十八円許になり、損失はなきことゝなり、総額八万円許となる。

上林敬次郎は妙な人なり。右の売買契約か出来たる処、世子邸に来り、彼の地所は買入のとき周旋したる者あり。之を売却するときには又其人に周旋を依頼することを約し置きたる故、其人に周旋せしむへしと云ひたるも、之を拒みたり。上林は、早川ても一坪七十三円にて売ること出来るものを七十八円と為したるは、中間の人か利益したるものに付、先の周旋人に周旋せしむれは七十三円になるへしと云ひたるも、早川にても七十八円にて買ふことゝなり居る故、夫れにて宜しと云ひ、周旋を拒みたる由なり。早川との売買は明日登記を為すこととなり居れり。近藤左右一か世子邸に来りたるとき、上林の話を為したる処、近藤は、上林は愚な人なり。買入のときの周旋人に対し、売却のときの周旋を予約し置きたりとて、何の効能かあるものかと云ひ居りたり。上林は周旋人と云ふも、其実上林の妻〔キン〕か周旋したるものにて、買入のときの周旋料か五百円にて不足なる故、売却のときも周旋せしめて之を補はさるへからすと云ひ居りたり。李鍝公の住居に浴室を作りたるか、八百円許を要したり。夫れを上林か五十円にて買受けたる趣なりとの談を為せり。

○午後零時後、食堂にて伊藤博邦に遇ふ。伊藤、遠方に行くときは、馬車にては馬か労する故、自動車を用ゆることにせよと云ふ。予、今日も田尻〔稲次郎〕の葬に会する為、自動車を借ることに相談し置けりと云ふ。伊藤、皇族廻訪の時抔は自動車の方宜しと云ふ。

山崎四男六フロツクコートを著し居るを以て、予、今日は葬に行くや、何時頃行くやと云ふ。山崎早く行く積りなりと云ふ。予、予は二時四十分に自動車を借ることに為し居けり。都合にては同乗して宜しく、又君〔山崎〕の都合にては時刻を変更しても宜しと云ふ。山崎、別に約束し居るに非す。何か用かあらは手伝を為さんと思ひ居るまてなる故、二時四十分にて宜しく、帰途は自動車の必要なしと云ふ。

○午後零時四十分頃加藤内蔵助の室に行き、昨日鮎を頂戴したるか、別に御礼を申上くるに及はさらんと思ふか如何と云ふ。加藤、式部長官に御委任になり居る範囲に於て長官か贈りたるものなり。先日来、皇族方には余程差上けたる故、部局長官に頒ちたるものなりと云ふ。予昨日の分は何処の鮎なりやと云ふ。加藤、長良川の下流某処（予地名を忘る）のものなり。後になれは下り鮎になりて、下流に大なる鮎か居れとも、只今は上流の方か大なるもの多しと云ふ。予、式部長官（井上勝之助）は只今不在なるへしと云ふ。加藤興津に行き居れりと云ふ。予、次長（西園寺八郎）も不在に付、序に君（加藤）より宜しく伝へ呉よと云ふ。

○午後零時五十分頃、西野英男に明日の有栖川慰子の五十日祭の時刻を問ふ。西野、調査したる上、権舎祭は午前八時より、墓所祭は午前十時よりなりと云ふ。予更に、西野をして宗秩寮に行き、相馬孟胤出発の時刻を問はしむ。西野返りて、午前九時なりと云ふ。予、時刻抵触するを以て、西野には明日午前七時四十五分に馬車を予か家に廻はし、午前九時三十分に自動車を玄関に廻はす様、主馬寮に交渉することを嘱し、予は宗秩寮に行き、山田益彦に明朝相馬孟胤を東京駅に送るやと云ふ。山田、自分（山田）、中御門（経恭か）も有栖川宮葬儀掛となり居る故、五十日祭の為送り難しと云ふ。予然らは誰か式部職の人にて送る人あらんと云ふ。山田、問ひ合せたる上、通知すへしと云ふ。予之を依頼す。少時の後山田来り、武井（守成）か送るに付、名刺を持ち行くへし。直に之を遣せと云ひ来れりと云ふて、名刺を求む。乃ち之を交す。

○午後一時後西野英男来り、明朝は七時四十五分に馬車を貴邸に廻はし、九時三十分に自動車を玄関に廻はすへく、今日は二時四十分に自動車を玄関に廻はすへく、同乗の人はなき趣なりと云ふ。予、先刻食堂にて山崎（四男六）に、同乗しても宜しき旨を告け置きたりと云ふ。西野然らは或は其旨を告け来ることもあるならんと云ふ。

○午後零時後食堂にて、予今日は大臣（牧野伸顕）は出勤せさるならんと云ふ。伊藤（博邦）、大臣（牧野）は既に出勤し居るやと云ふ。予先日より出勤し居れりと云ふ。伊藤、大臣か瘠せ居ると顔色の悪しきとは癌には非さるへきや。悪性の病ならは医師か病症を明言せさる故、分らすとの談を為せり。

○午後一時十分頃腹痛あり。大便所に行く。軟便通し、腹痛止む。予宮内省にて大便所に行きたるは今日を始めとす。又今後も稀なるならん。

○午後一時五十八分頃金井四郎より電話にて、今日鵠沼より帰り、明日の有栖川の五十日祭のとき、代拝を為し、鵠沼に赴く予定なり。貴官（予）に面談し度ことあり。何時頃ならは差支なきやと云ふ。予、今日は田尻（稲次郎）の葬に会し、直に家に帰る積りなりと云ふ。金井、貴宅（予か家）に行きて宜し。何時頃ならは宜しきやと云ふ。予四時までには大丈夫帰るならんと云ふ。金井四時頃に往訪すへしと云ふ。

○午後二時三十五分頃給仕を召ひ、高帽を持ち来ることを命す。予、高帽を西野英男に托し置きたりと思ひたるを以てなり。西野来り、高帽は先日持ち帰られたりと云ひ、誰か之を持ち居るへきに付、之を借り来らんと云ふて去る。予、給仕をして之を追ひ、之を借るに及はさる旨を告けし〔む〕。

二時四十分頃自動車玄関に来りたることを報す。予乃ち之に乗り、運転手に直に豊島岡に行く積りなりしも、自宅に立寄り、然る後豊島岡に行く旨を告く。自宅に達したるは二時五十五分頃なり。予か玄関に行くとき、枢密院控所前の廊下にて国分三亥に遇ふ。之と持地六三郎か死したることを談す。国分、持地に祭粢を賜ふとのことに付、之を受くる為に参りたり。持地は先年胃潰瘍に罹りたることあり。此節北条に避暑し居りたるか、胃潰瘍か再発し、其の為に斃れたりとのことなりと云ふ。

国分に別れたるは二時四十分に近き頃ならん。自宅へ過きり、書類包を遺し、パナマ帽を脱し、高帽を戴き、内子に金井四郎か午後四時までに来ることを約し置きたり。然るに高帽を著くる為、自宅に廻はりたる為、少し後れて帰るやも計り難きに付、四時前に金井か来りたらは、暫く待ち居る様伝ふへき旨を命し、直に豊島岡に向ふ。

田尻稲次郎告別式に会するもの多く、廊を越て柩前に行くことを敢てせす。其の為時を費すこと十分間許、漸く拝礼し、直に家に帰る。三時三十分頃家に達す。豊島岡護国寺にて石塚英蔵に遇ひ、石階の中途にて之と立談し、持地六三郎か死したることを談す。又告別式場にて市来乙彦、阪谷芳郎に遇ひ、式場外にて杉栄三郎、河野秀男に遇へり。

○午後四時金井四郎来る。金井、東久邇宮附宮内属服部武夫か、先年稔彦王殿下金沢在勤中、服部は殿下に随て金沢に行き居り、其頃は未た妻帯せす、同地の女教員某〔不詳〕と懇意と為り居り、二、三年某か東京の学校（技芸学校とか云ひたる様なるも、確かに記憶せす）に転任し、某より書状を以て東京に来りたることを通知し、其後往来することゝなりたり。服部は母と妻と子と弟一人と同居し居るに拘はらす、某に対しては妻なしと詐り居り、終に某と結婚したる趣なるか、某の叔父か服部に妻あることを聞知し、服部を詰責したる処、服部は妻は離婚し、今は妻なしとて、戸籍謄本を叔父に示し、其謄本には妻は協議離婚したる旨の記入あり。叔父は之を預り居る由なり。

然るに服部の妻か其事実を聞知して大に怒り、子供を連れて実家に帰り、服部に対して重婚及公文書偽造行使の告訴を為すとて騒きたるか、木寺真蔵か中間に立ち、妻をなだめ、右の如きことを為しても何の益もなき故、服部をして辞職せしめ、官庁より服部か受取る金を取りて離婚する方か得策なりとのことに只今は折合ひ居る模様なり。服部の母の弟に、以前判事を勤め、只今宇都宮にて公証人を為し居るものあり。其者より服部に対し、相当の金を後に結婚したる某に渡し、手を切ることを勧めたるも、どーしても手を切ること出来すと云ふ故、其叔父も怒りて手を引きたる趣なり。服部は、後に結婚したる某か金沢に行き（学校の休暇なる故）、之と同行して金沢に行き、同所より中耳炎に罹りたる旨の診断書を添へて辞表を出したり。事実は右の通りなるか、東久邇宮に対しては少しも不都合を為したることなき故、本人の願に依り、普通の手続にて辞職を聞き届けられ、相当の賜金を受くる様にし度。左すれは妻の方も無事に方附くことにならんと云ふ。

予、第二の婚姻は届け出は為し居らさるやと云ふ。金井、届出は為し居らすと云ふ。予、此ことか公然となり、新聞にても書かるる様のことになれは、之を秘し置く訳に行かさるも、妻も大人しく折合ひ、円満に解決するならは、強ひて事を荒立つるにも及はさらん。然し此際、増俸等を為す必要はなかるへしと云ふ。金井是非寛大の処置を望むと云ふ。金井又服部か罷むれは、属官の欠員か生する故、補欠として祖式某を採用することは出来さるへきやと云ふ。予、祖式は、前年官制改革のとき、特別の手当を給して罷免したるものなる故、更に之を同一の処に採用することは出来さるならん。若し祖式か病気の為辞職し、病気回復したりと云ふならは、再ひ採用する理由もあれとも、然らさる故、秘書課にて苦情を云ふならんと思はる。祖式を雇員として採用する位のことは出来るやも計り難しと云ふ。金井、雇員ならは只今は東久邇宮の雇員なる故、本人は寧ろ現在の方を好むならんと云ふ。

金井又稔彦王殿下の羅馬尼行のことは未た決せさるやと云ふ。予、殿下は既に御承諾ありたり。承諾を求むる手続に付、松平（慶民）、山辺（知春）抔は摂政殿下よりの御直電にて御内交渉あることを求め来りたるも、夫れは適当ならすと思はる。山辺等は多分殿下の性質を考へ過にして、右の如きことを申越したるものなるへく、結局、宮内大臣（牧野伸顕）の名にて殿下に羅馬尼行のことを言上し、其中に此ことは摂政殿下御希望のことなる趣を書き加へたる処、稔彦王殿下は快く承諾せられ、摂政殿下の御思召に対しては、特に御礼を申上くへき旨まても申越されたる趣なり。右の如く決定したるに付、此上は外務省の手を経て表向に発表せらるることならんと云ふ。

予又稔彦王殿下のことに付ては、仏国より帰る人の談を聴くに、其人々の考か異なる故、殿下に対する観察の異なるも怪むに足らされとも、先日、長尾某の談を聴きたるか、是は余り殿下を善く観さる方にて、殿下と故成久王殿下とを比較し、寧ろ成久王殿下の方を誉め居りたり。成久王殿下は彼の如きことにならられたるを以て、殿下を称揚するは相当のことにて、其点は怪まされとも、之と同時に稔彦王殿下を批評するは皮相の見なる様なり。長尾は稔彦王殿下と成久王殿下と同時に松田源治を引見せられ、松田より参謀本部廃止に関する殿下方の意見を伺ひたるとき、成久王殿下は、自分（殿下）等は政治を論する訳に行かさる故、参謀本部廃止の可否を論し難しと云ひて之を拒まれ、其後成久王殿下は、稔彦王か松田の問に対し、政治論を為しては宜しからすと思ひ、自分（成久王）より先つ以て聞きて稔彦王が政治論を為さゝる様予防したりとのことを話されたることあり。稔彦王殿下は兎角軽々に意見を発表せらるる様のことあり。又何人も引見せらるるを以て、其の為に誤解を招かるることあり。（成久王の告別式のとき抔も、仏国の新聞にて式場の飾附の珍しきことを盛に吹聴したる為、殆んと見物する考にて多数の人か来りたる故、一部にては縁故なき者は之を拒絶せんとの意見もありたれとも、稔彦王殿下は、折角告別式に来るならは、其人の心中まて推測せす、来るに任せたらは宜しからんとの意見なりし故、何人も之を拒まさることゝなりたるか、礼を為すにも非す、随分不作法なるも多かりしなりとのことを談したり。）「前段括弧内のことは此処に記したるは誤にて、予は長尾よりは聞きたれとも金井には此ことは談せさりしなり。」要するに長尾は成久王を誉め、殿下は思慮周密なりしも、稔彦王殿下は軽卒なりと云ひ、殿下は巴里にて研究はなされ居るも、其事柄は決して巴里に非されは出来さることに非す。只今は以前と違ひ、殿下方に対し監督すへき資格ある人なく、殿下方は何事も気儘になさること出来る故、外国滞在を好まるる訳なる旨の談を為せりと云ふ。

金井、巴里に滞在せられされは研究出来すと云ふ事柄に非す。唯気楽なる為、滞留を好まるると云ふことは自分（金井）等も同感なり。然し、成久王殿下のことを誉むるは宜しきも、実は同殿下は今少し滞在なされたらは、面白からさる事実生するならんと懸念し居りたる人もあり、自分（金井）も其考か当り居るならんと思ふと云ふ。

金井又朝香宮附事務官折田（有彦）も、此度朝香宮附となりて仏国に赴く相馬孟胤のことは懸念し居り、多分、鳩彦王殿下は相馬に対し打明けて御話なされさるならんと云ひ居りたりと云ふ。予、相馬も其辺は心配し、十分自己の是なりと信する所に従て努力し、其上結果か悪しけれは致方なしと云ひ居りたり。相馬は出発前、種々なる人に逢ひて話を聞きたるか、朝香宮殿下は六ヶしき方に相違なきも、東久邇宮殿下の方か一層六ヶしからんと云ひたる人あり。自分（相馬）も或は然からんかと思ふと云ひ居りたり。依て予は、東久邇宮殿下は人に欺かるる様の方に非す。然し誠意を以て言を尽くし、殿下自ら非を悟らるれは、翻然として改めらるる雅量ある方なりとの談を為し置けりと云ふ。金井、其雅量は殿下の外にはなし。然し東久邇宮殿下の方か朝香宮殿下より六ヶしと云ふは事実なりと云ふ。

金井又折田（有彦）も彼の様に取扱はれては（仏国に遣られさること）気の毒なり。殿下か折田を信用せられさることを表明せられては、宮附属官ても折田の指揮に従はさることとなるは当然なり。何とか折田の立場を考へて、転任てもする様の工夫し呉よと云ふ。予、栗田（直八郎）ても帰りたる上のことに非されは致方なかるへしと云ふ。

金井又自分（金井）のことも何とか工夫し呉よと云ふ。予、君（金井）は殿下の帰朝まては他に転することは出来難しと云ふ。金井、中々工合悪し。稔彦王殿下の第一期の喪（清棲家教の薨去の喪）か済みたる故、妃殿下の天機奉伺のことを日光に問ひ合せたる処、本月九日頃に奉伺され度旨の返事あり。余り遅きに付、暑中の天機奉伺は自分（金井）か名代として日光に行き、千種（典侍）に何故に此く遅く定められたりと云ひたるに、千種は、是は皇后陛下の思召にて、折角東久邇宮妃か日光に来らるるならは、天機奉伺のみならす、竹田宮妃にも面会せらるる方、宜しかるへく、然るに竹田宮妃は中禅寺辺に行き居り、九日頃ならは帰り来らるる故、其頃に東久邇宮妃か来られたらは宜しからんとのことなりしなりと云ふ。右の都合にて妃殿下は九日に日光に行かれたる処、竹田宮妃は、九日には早く日光に帰らるることになり居りたる予定を変更し、九日の晩方に日光に帰らるること〔に〕なり、妃殿下は終に竹田宮妃殿下へは会見せらるることを得さりしなり。竹田宮妃は、東久邇宮に対してか又は金井に対してか、悪感情を有せらるるに相違なしと云ふ。

予、初は宮内大臣（牧野伸顕）抔も竹田宮妃殿下の言を聞き、君（金井）のことを悪しく思ひ居りたる様なるも、其後、竹田宮妃殿下の言の信し難き事実もありたるに付、此節にては前程のことはなからん。夫れにしても竹田宮妃殿下か君（金井）のことを金井殿下抔と云はるる道理なし。誰か妃殿下に云ふ人かあるならんと思はると云ふ。金井、自分（金井）は夫れは大久保某（牧野伸顕の妹にて某宮の御用取扱となり居りたるもの、某より東久邇宮の御用取扱を推薦したることあるも、自分「金井」か之を拒絶したることあり）より、竹田宮妃殿下なり、牧野（伸顕）等に悪しく云ふならんと思ふと云ふ。

金井又自分（金井）は勅任官抔にはなられす、成るへく早く高等官三等に進む様に周旋し呉よと云ふ。予、本年六月にも話は為したるも、陞等後二年にては陞等し難しとのことなりと云ふ。予金井に、王世子妃は鵠沼には行き難かるへきことを告く。金井、世子及妃は伊香保に行かるるか宜し。伊香保は妙に妊身〔娠〕せしむる所なり。山階宮妃殿下も妊身せられ、今か二、三ヶ月目位なるへしとの談を為せり。話すること一時〔間〕三十分間許にして去る。

金井は、予か長尾のことを談したるとき、山口某より稔彦王殿下のことを聞きたりやと云ふ。予聞かすと云ふ。金井、山口は善く殿下のことを諒解し居れり。自分（金井）は、殿下のことは石井（菊次郎）か、軍人抔か殿下の言を聞き驚くは、其人か殿下の如き見識なき為、殿下を解すること出来さる為なり。是にて殿下の人格の高きことか分ると云ひたるか事実に適したる言なりと思ふとの談を為せり。

〔欄外に付記〕

補遺

午前九時三十分頃矢島正昭来り、郷里より昨日帰京したることを告く。郷里の酒二升許を贈る。

八月一八日

○八月十八日土曜。曇時々微雨稍涼。

○午前七時四十五分馬車来る。乃ち有栖川宮邸に行き、故慰子五十日祭に参す。山田益彦、五十日祭にて一段落となるに付、宮より両陛下と其他皇族方へ御礼を為さるる例なる由。夫れに付武田（尚）より、宮附事務官たる職は尚存し居るも、実は宮は既に存せさる訳なり。如何なる名義にて御礼を申上けたらは宜しかるへきや。故慰子喪主たる高松宮殿下の御名代と名義にすへきや、又は有栖川宮附事務官の名義にすへきや決し呉よと云へり。いつれか宜しかるへきやと云ふ。予、両陛下には喪主宮の御名代と云ふ方か宜しかるへく、皇族にはどちらにても宜しからん。一応大臣（牧野伸顕）なり、次官（関屋貞三郎）なりに話し見る方宜しからんと云ふ。

少時の後関屋来る。予先つ之を見る。乃ち山田の問及ひ予の答を告く。関屋至極宜しからんと云ふ。会々山田其の傍を過り、関屋之を呼ひ、先刻のことは倉富君の意見の通りにて宜しと思ふと云ふ。山田諾して去る。

参拝者控室にて、小原（駩吉）に指の病は如何を問ふ。小原は一昨日、食堂にてマツチにて右手の指人指を傷け、其後煽風器にて拇指及中指を傷けたるを以てなり。小原、頗る快し。然れとも二十日に軽井沢にて摂政宮殿下に陪してゴルフ戯を為すことは出来難きに付、二十一日より陪することゝ為せりと云ふ。

予、一昨日東久世秀雄か大臣（牧野伸顕）の意を承け、静岡県に対する御料地払下の価格等の説明を為す為来りたるか、予は、説明は聞く必要なし。入江（貫一）は、此節限り今後は此の如き払下を為さゝることを条件として払下に同意したる趣なるも、予は反対にて、此の払下を為すならは、他の願に対して同様の振合にて払下を為さゝるへからす。然らされは、非常なる不公平となり、到底之を拒むことを得す。之を拒めは忽ち物議を起すに付、此節の払下を決定するには、他にも払下を為すことを覚悟し置かさるへからす。林野管理局としては、夫れ丈のことを大臣（牧野）に説明して決裁を受くるの責任あるへき旨を受〔告〕け置きたり。東久世も内心は反対の考を有し居る様に思はれたり。入江（貫一）も困りたるへきも、此節限りと云ふことは出来難しと云ふ。小原、東久世も反対なれとも、之を主張して悪まるるもつらき故、表面賛成し居るへく、入江も困りたるならん。東久世か其後入江と何事か談し居りたりと云ふ。

小原又箱根離宮修繕のことは今より著手しても到底来年の夏には間に合はさる故、兎に角修繕するかせさるかの決定は今暫く延はすことゝなせり。大臣（牧野）は昨日西園寺（公望）を訪ひたる趣なり。自分（小原）より大谷（正男）〔に〕、大臣は何事に行きたりやと云ひたるに、大谷は真の遊に行きたりと云へり。遊ならは日帰りする訳はなし。此程明瞭なることまても大谷なとか秘せんとするは愚なりと云ふ。予、先日来山之内（一次）抔か頻に来往し居れり。大臣（牧野）を訪ひたるは多分其方のことならん。新聞にては斎藤（実）を擁する様の説あるも、或は山本（権兵衛）なるやも計り難し。シーメンス事件も最早大概宜しからんと云ふ。九時前、権舎に参拝し、直に宮内省に返る。時に九時十分頃なり。

九時二十分頃西野英男来り、少しく時刻か早きも、自動車を玄関に廻はしたりとのことなりと云ふ。予、是より豊島岡に行き、直に自家に帰り、宮内省には来らさる故、矢島正昭か出勤したらは、明後日矢島の実況審査報告書か成るならは、直に審査官会議を為すへき旨を矢島に告け置くへき旨を命す。西野、馬車にて貴宅に送るに及はさることは既に御者に告けられたりやと云ふ。予、否、之を告けす。君（西野）より之を告け呉よと云ふ。少時の後、西野来り、矢島（正昭）に随行したる属官の談にては、報告書は準備未た成らす、明後日迠は到底会議は出来すとのことなりと云ふ。予、兎も角矢島に予の言を伝へ置け、厳に督促する様には云ふに及はすと云ふ。

○午前九時三十分頃より自動車に乗り、豊島岡に行く。宗秩寮之佐々木栄作より、武田勝蔵なるもの著したる（有栖川宮）と題する小冊子を予に交す。勝蔵は有栖川宮附事務官武田尚の子なる由なり。十時より墓所祭あり。十時三十分頃拝礼し、直に家に帰る。十一時頃家に達す。

○午後二時三十分より電車に乗り、東中野持地六三郎の家に行き、其告別式に会す。往路、東中野駅にて森安連吉に遇ふ。予、持地の家を知らす。森安に随て行く。途、俵孫一〔元北海道庁長官、元朝鮮総督府臨時土地調査局副総裁〕か持地の家より帰るに会ふ。持地の家には児玉琢磨〔不詳〕、国分三亥等、式場に立ち居り、一礼して直に帰途に就く。停車場にて復た森安、俵等に遇ひ、共に電車に乗る。俵は大久保駅にて車を下る。

電車内にて予に対し、何日頃より会議を始むるや、九月十日後よりなりやと云ふ。予、未た何等の協議を為し居らす。或は十日後になるならんと云ふ。其人は衆議院議員選挙法の主査委員には相違なきも、予は其氏名を知らす。又信濃町より青山一丁目までの電車内にて一老人の予に対して近状を問ふものあり。其状貌桐村克己〔歯科医〕の如きも、少しく異なる所ある様に思はれたり。予、何処に行くやを問ふ。其人青山に行くと云へり。自ら記憶の薄きに驚く。
○午前六時後鈞に電報し、英郎の病状を問ふ。午後四時四十七分鈞より返電達し、英郎は全快せり。本月十六日書状を出し置たる旨を報す。
○午前十一時頃金井四郎より電話にて、昨日話したる服部武夫辞職のことは、成るへく退官賜金の多きことを望むか、其旨を相談して宜しかるへきやと云ふ。予、誰に相談するや、宗秩寮なりや、秘書課なりやと云ふ。金井宗秩寮に相談すへしと云ふ。予、成るへく多きことを望む旨を宗秩寮に告けるは妨なきも、規定以上の賜金は到底出来難しと云ひ、予又予は鵠沼に行くことは出来難からんと思ふ。妃殿下に然るへく言上し置き呉よと云ふ。金井、妃殿下は大概九月六日頃（日は確に記憶せす）帰京せらるるならん。学習院の授業の始まる都合に因り決せらるる訳なりと云ふ。

八月一九日

○八月十九日日曜。曇稍涼夜微雨。
○午前、本月十七日頃後の日記を追記し、午後、鈞、隆、其他に贈る書を作る。晩間、衆議院議員選挙法改正の参考書、各国選挙事情を閲みす。
○午後、安放尿後、白液を出したるに付、之を検査せしめんと云ひ、顕微鏡院に行く。

八月二〇日

○八月二十日月曜。朝曇後晴暑気甚しからす。
○午前七時頃安に対し、赤坂溜池町二番地、秋山徳蔵なる者より料理大全なる書を贈りたるも、予は之を閲読する要なきに付、今日午後、安か散歩するとき、之を秋山に返すへきことを命す。既にして秋山は宮内省大膳寮に奉職するものに非さるやを疑ふ。乃ち職員録を閲みたるに、果して厨司長なり。乃ち其書籍を返すことを止む。
○午前九時十五分頃馬車来る。九時二十分頃より出勤す。
○午前十時頃矢島正昭来り、今日頃実況審査報告書の会議を開く予定なりしも、報告書未成に付、少しく猶予を請ふ旨を述ふ。
○午前十時後山田益彦来り、松平慶民か来月七日に横浜に達する予定なる旨の報知ありたる趣なることを報す。山田又鳩彦王殿下、故成久王妃殿下の容体を報する電信を示す。
○午前十一時頃山田益彦来り、有栖川宮より葬儀関係者等へ物を贈らるるとき何と云ふ名義にしたらは宜しかるへきや。此ことは武田（尚）より問ひ来たり、小松宮妃薨去のときの例を取調へたるに単に（贈ラセラル）と書しあり。何人より贈りたるか分らすと云ふ。予、道理はなけれとも、此節も（贈ラセラル）位より外に致方なからん。相手か皇族てもあるならは、夫れにては少しく不都合なるへきも、臣下ならは其位にて宜しからん。若し誰より贈らるるかと差詰むるならは、遺物は死者の意を体して贈るものなるへきを以て、死者より贈らるるものと云ふて差支なかるへしと云ふ。

○午後零時後食堂にて上野季三郎に、秋山徳蔵より（料理大全）なる著書を贈りたり。何か返礼を為す必要ありと思ふか、如何せば宜しかるへきやと云ふ。上野、実は秋山より寄贈せんと思ふも、返礼等の心配を掛けては済まさるに付、寄贈を見合せんかと躊躇し居りたる故、自分（上野）より、其辺の懸念はなき様話し置くへきに付、折角寄贈を思ひ立ちたるならは寄贈せよと勧めたる訳に付、返礼等のことありては本人の意に背くに付、其儘受納し置き呉度と云ふ。予、尚ほ何とか致す必要あるへし。全体如何なる範囲に寄贈したるへきやと云ふ。上野、上は両陛下、摂政殿下より各皇族に献上し、宮内省にては各部局長に贈りたる筈なりと云ふ。

予、然らは寄贈を受けたる部局長より君（上野）に相談したるものありやと云ふ。上野、相談を受けたるか、其人にも只今の通り答へ置きたりと云ふ。此時井上勝之助来り、上野に対し予と同様のことを云ふ。上野亦予に対すると同様の答を為す。予、折角其ことに付上野に相談したる所なりと云ふ。井上宮内省より補助金ても出てたりやと云ふ。上野、然らす。秋山の父か資産ありて、之を助けたりとのことなり。兎に角本人（秋山）に面会せられたるとき、一言挨拶を為し呉るれは夫れにて

結構なりと云ふ。井上、本人に面会する機会はなしと云ふ。予、実は書状を受取りたるときは秋山の何人なるやに気附かす。妙なる書籍の寄贈を受け〔た〕りと思ひ、封を披き書籍を見たる上にて始めて大膳寮の人なることを知りたる位にて、本人（秋山）の面も知らすと云ふ。上野、自分（上野）より君（予）等の趣意はよく本人に伝へ置くへしと云ふ。予も井上も之を上野に依頼す。

○秋山は厨司長なり。

○午後一時二十分頃審査局に返る。西野英男封書及紙包一個を交す。封書の文句は左の如し。

臨時編纂部編纂

昭憲皇太后御集　壱部

右

天皇陛下　思召ヲ以テ下賜相成候間此段申入候也

大正十二年八月十五日

宮内大臣子爵牧野伸顕

帝室会計審査局長官倉富勇三郎殿

御集は上中下三冊なり。

○午後一時三十分頃伊夫伎準一来り、白根（松介）に土岐某は未た審査官に転任することの諾否を答へさるやを問ひたる処、白根より、未た答へす。土岐に催促すへしと云ひたりと云ふ。此ことは今朝予より伊夫伎に対し、一応白根に問ひ見るへきことを談したるなり。

○午後二時頃伊夫伎準一に、今日予には昭憲皇太后御集を賜は

りたるか、明治天皇御集の如く、審査官に賜はらす、種々交渉して始めて賜はる趣のことありては面白からさるに付、為念庶務課に行き、様子を取調へ来り呉よと云ふ。伊夫伎返りて、此節は大丈夫なり。安心して宜しき旨を報す。
○午後三時より馬車に乗り、家に帰る。
○午後四時後安、顕微鏡院より検査の結果書を取り来る。鏡検の結果、多数の精虫を認む。他に異物を認めすと書きありたり。

八月二二日

○八月二十一日火曜。曇。
○午前九時二十分頃馬車来る。乃ち出勤す。
○午前十時頃侍従長室の次室に行く。小早川四郎に遇ふ。一、二語を交へたる後、簿冊に昭憲皇太后御集下賜御礼を書す。予より先、逓信大臣前田利定か御礼を書し居りたる故、予は単に同上と書し、官氏名を書したるなり。審査局に返るとき、宮殿入口の廊下にて有松英義に遇ふ。有松も御集下賜の御礼を書する為に来りたりと云ふ。
○午前十一時頃高羲敬来り、昭憲皇太后御集を世子及妃に賜はりたるに付、両陛下に御礼を申上くる為に来れり。妻の病気は未た快からす。昨日頃又嘔きたり。小山善は世子の不在中、里新潟に行き居るに付、高階と森（不詳）（是は小山より依頼したる医師なり。其氏は予は之を確知せす）と協議し、高階か赤十字社病院に行き、佐藤（恒丸）に相談したる処、佐藤は婦人病の疑あるに付、其専門の医師を遣はすへしと云ひ、今日午後に来るならんと思ふと云ふ。予病人は診療を受くることを諾したりやと云ふ。高、余程不同意なりしも、之を説諭して承諾せしめたりと云ふ。
高又今村鞆より高に贈りたる書状を示す。是は朝鮮に在る内地人某か朝鮮文にて明治大帝史なるものを編纂し、其附録として王世子伝を載するに付、高より其材料を供することを求め、其書籍には斎藤実、閔泳綺か題字を書することを諾し居るとのことに付、若し李王職長官たる閔（泳綺）か王世子伝を載することを承知して題字を与ふることゝなり居るならは、高か材料を供することも一概には拒み難きことに付、先日、高より閔（泳綺）に対し、世子伝を載することを知りて題字を与ふる訳なりや否を問合はすることに協議し、高より之を問合せたるに対し、今村より返書を送り、明治大帝史を著はすことは宮内省の承認を受け、総督（斎藤実）も題字を与ふるとのことに付、長官（閔泳綺）も之を与へたるものにて、世子伝のことは全く知らさる旨を申来りたるものなり。依て此の如き事情ならは、高より世子に関する材料を与ふることは之を拒みて宜しかるへきことに協議す。高は、是より昭憲皇太后御集下賜の御礼を申上くるとて、奥に行きたり。話すること二、三分間許なり。
○午前十一時後西野英男来りて、大正十一年度決算書一冊を致す。
○午後一時頃西野英男に、予の自室に洋服箪笥一個を備ふる様、取計ふことを命す。
○午後一時三十分頃有馬泰明より電話にて、有馬秀雄か今日面会し度趣なるか、何時頃ならは差支なきやと云ふ。予四時頃ならは差支なしと云ふ。泰明、秀雄は午後二時頃に橋場に来り、少時談話したる上、貴宅に行く趣に付、四時よりも少しく遅くなることあるへし。含み置呉度。又先刻貴宅（予か家）に電話し、貴君（予）帰宅の上、秀雄か往訪して差支なき時刻を問ひ、電話にて報知を請ふ旨を嘱し置きたり。然れとも、既に直接に君（予）の答を聞きたるに付、更に報知を煩はすに及はす。其旨貴家（予の家）の人に伝へ呉よと云ふ。

○午後三時五十分頃有馬伯爵邸より電話にて、只今より有馬秀雄、仁田原重行、自動車にて往訪する旨を告く。四時二十分頃二人来る。

仁田原、先つ種々心配を掛けたり。是は先日（八月十日）橋場有馬邸にて協議したるとき、予か、頼寧氏に金を与へらるることは仁田原より伯爵に請ふに及はす。相談人より伯爵に談すへしと云ひたることに付、予か仁田原を無視したりと怒り居りたることは細見保より予に告けたるも、予は仁田原か誤解したるものと思ひ、其儘に経過し、仁田原も誤解なることを覚りたるものと見へ、今日来りて挨拶したるなり。

有馬より、本月十九日に伯爵の転地先箱根に行きたる処、伯爵夫人発熱せられたりとのことにて、折悪しとは思ひたれとも、伯爵の方は機嫌も左程悪しき模様にもなき故、一夜箱根に宿し、緩々談することにすへしと思ひ、伯爵と差向ひにては証人なき故、夫人の寝室に伯爵を伴ひ、頼寧氏のことに付ては伯爵も始終苦心せられ、相談人等も此の為に大層困り居り、是迄の様にては仁田原（重行）も倉富（予）も暇を乞ふ様のことになるやも計り難し。依て頼寧氏の累を絶つ為、此際適当の処置を為さる方か宜しからんと思ふと云ひたる処、伯爵より如何なる方法ありやと云はるるに付、頼寧氏に金を与へくるるより外に致方なしと云ひたるに、伯爵は寧（頼寧氏のこと）には金は与へす、一文にても与ふることはできすと云はるる故、自分（有馬）、左様のことを云はれても、頼寧氏は原熙抔の談に依れは、既に負債もありとのことにて、之を償はさる訳には行かす。頼寧氏は相続人なる故、結局伯爵家の全財産を相続すへき人なれは、此際若干の金を与へらるるは致方なしと云ひたるに、伯爵は幾許与ふるやと云はれ、自分（有馬）より、些多額なるか、百万円与へられ度と云ひたるに、伯爵は其の多きに驚き、之を承諾せられさりしも、夫人も傍より之を慫慂し、自分（有馬）は、結局、頼寧氏の有となるものにて、此くすれは是迄の如く面倒なることもなくして済む故、御気楽なるへく、而して百万円を分与せられても、残額は尚ほ三分の二以上あり。伯爵の御不自由なき様には自分（有馬）か之を保証、旅費其他に付ても決して不足せさる様に取計ふへく、又家什売却の議もあるに付、百万円を出しても、其額位は売却代にて塡補せらるるやも計り難く、又家什売却後、其代価を受領したる後になれは、頼寧氏は百万円以上を望まるるやも計り難く、兎も角、処分を為すならは只今か最好時期なり。十分に考量せられ度く述へ、其夜は夫れにて終はりたるか、人定後に至り、伯爵は喧しく云はれ、仁田原（重行）も倉富（予）も罷むることゝなると云はれたる由なり。

翌朝に至り自分（有馬）より、只今の如く致し置きては仁田原（重行）も倉富（予）も罷むることになるやも計り難しと云ひたる訳にて、百万円を出せは、二人か罷むると云ひたるに非さる次第を弁し、漸く承諾せらるることとなれり。依て承諾の事項を記したる伯爵の書面を取り来れりとて、之を示す。

其書に、五歩利附公債証書額面百万円、青山南町北町及荻窪の三邸を頼寧に与ふること、其管理処分には伯爵は干渉せさること、分与財産を保存するは頼寧の責任なること、伯爵家の家政には頼寧氏関係せさること等を記し、末文に顧問、相談人か異議なけれは之を実行すへき旨を記載し、伯爵の署名捺印あり。

予、之を見終り、伯爵か之を承諾せられたるは好都合なり。此くなりたる以上は、先日の約に従ひ、予より頼寧氏に交渉し、承諾を求むることにすへし。頼寧氏は久留米に行きたるへきやと云ふ。有馬、行かれたり。頼秋氏と柳田某とを同行せられたる趣にて、帰京期は未た分らす。本月二十五日頃ならんとのことなるも、或は少しく早くなるやも計られすと云ふ。

予、予は先日、君（有馬）の談を聞きたるとき、今日に処するには是より外に良策なしと思ひたるに付、直に之に賛成し、今日と雖同様の考なり。然れとも予は先年、有馬家の家範を起草し、是か現在の家範なるか、其家範に依れは一百万円を頼寧氏に分与し、頼寧氏は家範に依らす、擅に其財産を処分することを得へきものに非す。故に予は此際の処分として、頼寧氏の同意を求むへきも、予の責任は之を免かるることを得す。故に予は相談人を罷むることを条件として事に当り度と云ふ。有馬、夫れは不可なり。伯爵は君（予）等か罷むることを気遣はれ居る所なる故、君（予）等か罷むると云ふことは到底出来難しと云ふ。

仁田原（重行）、自分（仁田原）は此節の処分方には大賛成なり。此処分を為せは、有馬家は何の面倒もなく、有馬泰明にて立派に家事を執ることを得へし。此処分を為さゝれは、誰か来ても都合よく処置することは出来す。倉富君（予）より辞任の談か出てたるか、自分（仁田原）は是非とも辞任し度と云ふ。予、君（仁田原）は罷むる訳に行かす。予は責任上罷めさるへからす。加之、予の家政に関係することは余り久きに付、之を罷むる方か宜しと云ふ。有馬、久きとて罷むると云ふても、夫れは人にも因ることにて、君（予）は罷むることは出来すと云ふ。仁田原、自分（仁田原）は一年の積りにて承諾したるに、最早一年を過きたるに付、是非罷むると云ふ。有馬、一年抔と云ふ約束はしたることなしと云ふ。仁田原、確に約束せり。松下（丈吉）か一年間勤むれは、自分（松下）か更代すと云ひたるに付、先日其ことを云ひたるに、松下は右様のことは云ひたることなしと云ひ居りたり。

予、先日（本月十日）には頼寧氏も伯爵も協議席に居られさりしに付、予は、理由を説明して仁田原君より伯爵に金を出すことを請求する必要なしと云ひたらは、誤解を招くこともなかりしなるへきに、理由を云はす、結論のみを云ひたるに付、誤解を招きたるならんと云ふ。有馬、仁田原は是まて強硬に出金を拒み居りたるに、頼寧氏より書状を相談人に贈りたりとて色々体度を更へ、伯爵に対して出金を請求せしむるは残酷なりとの考より、相談人か請求することにせんとの考なりしなりと云ふ。

予、伯爵は財産分与を諾せられたるも、表面は先つ相談人より頼寧氏に談し、頼寧氏異存なきならは、相談人より伯爵の承諾を求め、伯爵の発意にて分与せらるる様の振合になす方宜しからんと云ふ。有馬、其方か宜しからんと云ふ。予、伯爵の書面に顧問、相談人か異議なければは分与する旨を記しあるに付、一応林田の意見も徴する必要あるならんと云ふ。有馬、若林（卓爾）、細見（保）は此上滞京せしむる必要なきに付、明日慰労宴を設けたる後は、帰郷せしめて宜しからん。依て伯爵の書面の写を取り、細見等をして持帰らしめ、之を林田に示すことにしたらは宜しかるへしと云ふ。

有馬、仁田原か来り、有馬より伯爵の承諾を得たることを談したるとき、予より、先日若林、細見等か頼寧氏に会見したるときの状況は如何なりしなるへきやを問ふ。有馬、頼寧氏より、自分（頼寧氏）も妻子もあり、金銭の貴重なることは十分之を知り居れり。決して財産を失ふ様のことはなさす。本邸（伯爵邸）より相当の額を給すれは、強ひて元本の分与を望む必要なし。年々の費用は決算の検査を受くることにしても宜しと云はれたる趣にて、細見等は非常に感心したりとのことなり。細見に対しては百万円分配のことは決して頼寧氏に語るへからさる旨を告け置たるも、細見は軽卒に年額五万円位分与の議もある趣を談し、頼寧氏は満足の語気を漏されたりとて、細見等は頼寧氏の意向を探くることを得たりとて誇り居る模様なるか、自分（有馬）等は、頼寧氏は考ふる猶予あれは種々の望を起さるるのみならす、久留米に随行し居る者等より種々の智恵を附くる様のことかありては困ると思ひ居る所なり。細見等が遠慮なきにては困る。頼寧氏は細見等に対し、実印の返戻を求めたるは実際の必要あるに非す。道理上返さるへきものなる故、之を求めたるなり。実際にては、先日岩崎より五千円借用したるときも、証書も必要なしと云ひたる位にて、認印を捺して済ましたり。今後とも金を借る為には実印は入用なしと云ひ居られたりと云ふに付、自分（有馬）は、君（細見）等は先日の頼寧氏の書状を見たるならん。実印の返戻を求むるは金を借るため必要ある旨を記載しありたるに非すや。頼寧氏の言の信すへからさることに注意せさるへからすと云ひ置たりとの談を為せり。

有馬より、若林、細見は有馬家の重大問題に付上京したるに、待遇不行届なりとの不平を唱へ居る趣に付、明日は招待せらるることになり居れりと云ふ。予、先刻君（有馬）等か来訪する旨の通知を為すとき、明日招待会あるか、差支はなきやと云ひ来れり。其時は場所も時刻も未定とのことなりしと云ふ。有馬、蠣殻町の近傍にて選ふことゝすへしと云ふ。予錦水も近しと云ふ。有馬錦水よりも福井楼の方か宜しからんと云ふ。予、予か頼寧氏に面会する前、今一応相談人に協議し置く必要あるへしと云ふ。有馬、明日宴会に赴く前、蠣殻町別邸にて協議すへしと云ふ。明日は有馬の都合に因り、午後五時に蠣殻町別邸に会することに約したり。午後五時頃、有馬、仁田原帰り去る。

八月二二日

○八月二十二日水曜。朝曇午後一時後より雷雨。
○午前九時二十分頃馬車来る。乃ち上省す。
○午前八時頃出勤前、有馬伯爵より頼寧氏に財産を分与せらるることに付、頼寧氏をして承諾せしむへき条件を書す。上省後之を浄写す。
○午前十一時頃山田益彦来り、在仏国山辺知春に対し、北白川宮雇仏国婦人の解雇手当一万三千円、朝香宮及北白川宮妃病院費二万二千円、計三万五千円の逆為替を組み、差支なき旨を通知する電信案に捺印を求む。予、有栖川宮より葬儀関係人等への手当に用ゆる名義は如何決定したりやと云ふ。山田、先日貴官（予）より聞きたる通りに決し、外には工夫なかるへしとのことになりたりと云ふ。
○午後二時後酒巻芳男来り、先日来京都に出張し、昨日帰京したりと云ふ。酒巻、京都にて鶴殿某の寡婦か大本教に溺れ居ること、〔原文空白、不詳〕か神戸の資産家と結婚したる事実等を取調へ来りたることの談を為し、予より、先日長尾某より仏国に在る皇族の状況を聴きたるか、人に因り見る所同しからす。長尾は故北白川宮を称揚し、東久邇宮殿下は軽卒に人と話せらるる為、誤解を招くこと多し。殿下は研究はなされ居るも、何も仏国に在らされは研究出来さる様のことには非す。仏国に滞在することを好まるるは、自由にて面白き為なりと云ひ居りたることを談し、尚ほ長尾か北白川宮と東久邇宮と松田源治に会はれたるとき、松田より参謀本部廃止論を持出し、北白川宮か政治論なりとて之に答へられす、其後、北白川宮より東久邇宮の軽卒に議論を為すことを止むる為、自分（北白川宮）か先つ之を拒みたる旨を話されたる様の談を為したる旨を告け、長尾か今日北白川宮のことを称揚するは結構なれとも、全体の観察は必しも的中はし居らさる様なる旨を談す。
予又有栖川宮妃五十日祭のとき、山田益彦より、両陛下、皇族方に宮より御礼を言上するときの振合に付相談を受け、両陛下には喪主宮（高松宮）の御名代の名義を用ゐ、皇族には有栖川宮附事務官の名義にても宜しかるへき旨を答へ置たる旨を告く。
○午後六時頃、馬車に乗り家に帰る時に雨来る。全歇ます。而して馬車は予か家の門まては行き難し。故に西野英男に嘱し、只今より帰るに付、十五分間許の後、傘を持ちて馬車の留まる処まて迎に来らしむへき旨を留守宅に通知せしむ。馬車中にて、電話か直に通すれは十五分間許の後にて宜しきも、電話か晩く通すれは、馬車の達する方早かるへく、三時何分頃と命し置く方宜しかりしと思ひたるか、馬車の達したるときは既に婢トシ迎ひに来り居りたり。内子か時刻を計りて之を遣はしたる趣なり。
○午後四時三十分頃より人力車に乗りて、蠣殻町有馬家別邸に行く。婢シツをして人力車を召はしめたる処、四時三十分を誤りて四時頃と云ひたる趣にて、車夫は三十分間許空しく待ち居りたり。予か別邸に達したるときは、松下丈吉、境豊吉、有馬秀雄、仁田原重行、有馬泰明、既に来り居り。又宿し居る若林卓爾、細見保も其席に在り。

予より頼寧氏をして承諾せしむへき条件を書したる書を出して意見を徴す。松下、青山南町、北町の両邸、荻窪両邸とも頼寧氏に分与せられては本邸の方乏き様なり。何処之を除くことは出来さるやと云ふ。予、此ことは既に伯爵か分与を諾せられ居るとのことに付、此く記載したるなりと云ふ。有馬（秀雄）、青山北町の邸は之を除けは、除かれさることもなからん。然し頼寧氏之を望まるるならは、強ひて之を残す必要もなからんと云ふ。結局、青山北町邸は之を除くことに決す。

次て境より、頼寧氏が本邸のことに関係せさるは財産に関する事項となり居るか、家職のこと等にも関係せさる方、宜しくはなきや。然れは家政に関係せすと云ふ方か宜しくはなきやと云ふ。予、家範にて家政と云ふは家族関係まても包含し居れり。頼寧氏をして家族のことにまて一切関係せしめさるは適当ならさるへし。故に家政と云はすして財産に関する事項と書せり。家政と書して、親族のことを除外するも余り目立つへしと云ふ。結局、関係せしめさる目的は財産のことなるも、家政と云ふて差支なからんと云ふ者多し。予、頼寧氏をして家職等のことに容喙せしめさる為め家政と改め度とのことなるも、家範の規定に依り、頼寧氏か家職等のことに容喙することは少しも認め居らさる故、其懸念なしと云ひたるも、家政に関係せさる趣意に改むることに決す。

次て有馬（秀雄）より、大正十二年中は予算の範囲内にて青山邸に必要なる費用を支出すとのことなるか、必要不必要を区別するは矢張り面倒なるに付、寧ろ十二年丈は予算全部を支出することにする方、簡便には非さるやと云ふ。予、従来の経験に〔て〕予算に剰余を生することなきやと云ふ。有馬泰明、青山邸の予算には剰余を生することなしと云〔ふ〕。予必要なる費用を削除することに同意す。

此にて協議結了したるに付、予より、予は先日の約に従て此の趣意を以て頼寧氏に交渉することにすへし。然るに、此の処分を為し、家産の一部に付伯爵家の管理権を失はしむるは、家範に抵触するものなり。抵触することを知りて之に同意したるは、今日の場合、此の方法より外に適当なる方法なきを以てなり。予は先年家範を草し、伯爵をして其循行を祖先の霊に誓はしめ置きなから、今日其家範に抵触することを為すは、已むを得さることとは云ひなから、此儘相談人と為り居るは余り無責任にて、自ら安んすることを得す。故予か相談人を罷むることに付一同の同意を求むと云ふ。

松下、夫れは困る。自分（松下）等も今日まて家範を楯として抗弁し来りなから、今日体度を一変し、家範に違反することを為すは責任は倉富君と異なることなし。但し、今日は非常のときなるを以て忍んて之を断行せんとする訳なるを以て、倉富君のみの辞任に同意することを得すと云ひ、有馬は、平常苦心するは伯爵を困めさる為なり。倉富君か罷むることとなれは、伯爵か困ることは同一に付、此の如き処分を為すも効能なきこと丶なる故に、是非右様のことは止め度しと云ひ、境は、此処分は一時の変例処分なりと云ふより外に致方なしと云ふ。

　細見、此の処分か家範に違反すと云ふことになりては容易ならさることとなり。処分前、家範を改正することは出来さるやと云ふ。予、改正することを得さるに非されとも、此処分を容認する様の規定を設くるならは、家範はありても何の効能もなしと云ふ。細見、林田は平常、非常に家範に重きを置き居る故、家範に違反すと云ひたらは、容易に同意せさるへし。何とか家範と抵触せさる様に解釈する工夫はなきやと云ふ。有馬（秀雄）、平常ても伯爵初手元金を設けあるに付、此節も頼寧氏の手元金と見れは家範に抵触せさるへしと云ふ。予、百万円を手元金として支出することを可決する様の相談人ならは、相談人の資格なし。此場合は明かに家範には違反するものとして決定するより外に致方なし。若し家範に違反せさる様にするならは、元本を渡さす、年々の必要に応し、五百円なり、何万円なりやを給することにすれは家範には違反せすと云ふ。

　結局、此場合は変例処分を為したりとする外に致方なく、外間より家範違反なりとの非難あらは、甘して之を受くへしと云ふことに決す。午後七時後より有馬秀雄、松下丈吉、若林卓爾、細見保自動車に同乗して伯爵家の招宴に、矢ノ倉町福井楼に赴く。自動車は復た蠣殻町に返り、仁田原重行、境豊吉、有馬泰明を迎へ来る。若林と詩を談し、其詩数首を聞きたれ〔と〕も之を記憶せす。予若林に、草場謹三郎〔元朝鮮総督府警務局通訳官〕か京都に住することを告く。九時後より若林卓爾、細見保、松下丈吉、境豊吉と自動車に同乗して蠣殻町別邸に到り、若林、細見、松下は車を下り、予と境は尚ほ車に在り。次て予か家に到り、境と別る。家に帰りたるは十時三十分頃なり。

　蠣殻町にて、頼寧氏より予、松下、境、有馬に贈りたる書状を有馬泰明に交し、其謄本を作ることを嘱す。頼寧氏の書状は之を頼寧氏に返す積りなるを以てなり。又有馬泰明に、頼寧氏帰京したらは、予か往訪して差支なきかを問ひ合せて通知することを嘱す。人力車夫は、蠣殻町より自動車に乗り、福井楼に赴くとき之を返し、車夫をして予か自動車に乗りて帰るへき旨を家人に報せしむ。

〔欄外に付記〕
補遺
午後零時後、食堂にて杉栄三郎に遇ひたるとき、予より、浅見倫太郎か担当し居る李太王伝は既に成りたりやと云ふ。杉、一応は成り居るも、成績は余り宜しからす。一応此位にて打切り、他日更に著手する方宜しからんかと思ひ居るか、浅見は御用掛に非す、本官と為る予約ありと云ふ如きことを漏らし居り、困り居るとのことを談す。此時、勝田圭通、杉に談することあり。予は直に審査局に返る。
　午後二時頃岩波武信来り、亦杉と同様のことを談す。予、浅見のことは実に不思議なり。彼丈けの学力かありて人に分かる様の文を作り得さるは如何の訳なるへきや。朝鮮の裁判官たりしときも判決文か分らすとて、非難多かりしなりとのことを談したり。

補遺

今日頃、宗秩寮岡田重三郎（或は佐々木栄作なりしか確に記臆せす）、審査局に来り、学習院長（福原鐐二郎）の母（いわ）死去したる趣、宗秩寮総裁（徳川頼倫）より弔詞を贈るか、貴官（予）よりも送り置くへきやと云ふ。予之を送ることを嘱す。

八月二三日

○八月二十三日木曜。朝曇後晴。

○午前九時二十五分頃より馬車に乗り出勤す。出勤前、昨夜決定したる頼寧氏をして承諾せしむへき条件書を改書す。

○午前十時前、西野英男をして法制局に電話し、馬場鍈一に予か往訪せんと欲する旨を告け、差支なきや否を問はしむ。馬場、来訪を約したる人あるに付、十時三十分頃来り呉度旨を答ふ。

十時三十五分頃馬場を訪ふ。馬場正に小倉敬止と話す。予か入りたるとき、小倉去る。未た室を出てす。復た返り、細見（保）、若林卓爾来り居るが、同郷人の会を催ふす様のことはなきやと云ふ。予、細見等は明日頃出発、帰郷する趣にて、多用なりとのことなり。予も其ことを考へたれとも、会を催ふささる方に決したり。君（小倉）は先日既に細見等を饗したるに非すやと云ふ。小倉、彼の時は自分（小倉）一己の会なりしなりと云ふて去る。

馬場、三笠艦材を以て作りたる記念物なりとて之を貰ひたりとて、紙包を解き、之を見る。黒塗にて佐佐木信綱（歌人）の和歌を金書したる長方形盆なり。小倉か贈りたるものならんか。予、衆議院議員選挙法改正の主査委員会は九月十日前に開く必要あるへきやと云ふ。馬場十日後にて宜しからんと思ふと云ふ。予、開会期日か決したらは成るへく早く通知し呉度旨、委員中より依頼し居るものある故、十日前にても開く様ならは早く決して之を通知する必要あるへしと云ふ。

夫れより、選挙法改正に付ては二十六人の主査委員にて推問答を為し居りては致方なきに付、今後二、三回も主査委員会を開きたらは小委員会を設くる必要あるへきこと、今日普通選挙を主張し居る人も、内心は必しも之を希望せさるへく、大概の処にて折合ふこと出来るならんと思はること、結局は独立の生計を営む者位の処にて折合ふならんと思はるること等の談を為し、馬場より朝鮮の検事の定年令案に付ても、君（予）は精査委員と為り居るやと云ふ。予、然り。然れとも、未た委員長か開会の期を定めすと云ふ。馬場、委員長より七月中に開会すへきに付、総理大臣（加藤友三郎）の出席を求め来りたれとも、総理大臣（加藤）は発病の頃なり。此案に付ては法制局又は拓殖局職員等にては説明出来難からんと思ひ、開会延期を求めたるなりと云ふ。

予、朝鮮にて裁判官の定年令を定めたるも、之を適用するは極めて稀なりと云ふ。馬場幾人かありと云ひ居りたりと云ふ。予、定年令を定めたるか、一方には補充の困難なるか為、再ひ書記より裁判官を採用する制度を設けたる位なりと云ふ。馬場、朝鮮にては定年令を設けるも、台湾にては其必要なしと云ひ、台湾にては気候の関係等にて定年に達する迄在勤するものなしと云ひ居れりと云ふ。予、予は先年来、朝鮮には内地同様裁判所構成法を施行するを可とすとの意見を有し居れり。予は朝鮮在勤中より之を説き居りたる為、甚た不人気なりしなりと云ふ。

馬場、渡辺氏（暢）は罷めたりやと云ふ。予定年にて罷めたりと云ふ。馬場、其跡には横田（五郎）か入りたるか、横田は手盛にて利巧なることを為したりとの話なりと云ふ。予、渡辺の談か出てたるか、之を機会に君（馬場）にも依頼し置き度とて、渡辺は強ひて朝鮮に行かしめ、其結果、不利益を受け居ること、貴族院議員と為すことに付、加藤（友三郎）、水野（錬太郎）、宮田（光雄）等に依頼し置たる始末を述へ、今後の補欠には是非任命とせらるる様、尽力し呉よと云ふ。馬場、渡辺氏は富谷（鉎太郎）、河村（善益）等と同時の人なりやと云ふ。予然りと云ふ。馬場技能は如何と云ふ。予、少しも譲る所なし。渡辺は基督〔キリスト〕信者なる故、之を是非する人もあれとも、朝鮮にては其の為外国人には厚く信せられたりと云ふ。

馬場、河村（善益）は滅多に意見を吐かさる人にて、其の能否を鑑別し難し。富谷（鉎太郎）は時に議論を為す人なりと云ふ。予、陪審法案抔に付ては正反対の意見を吐きたりと云ふ。馬場、其の為弁護士抔より甚しく嫌はれ、気の毒なり。貴族院研究会にては司法部長と為り居り、所謂鶏群の一鶴なる看にあり。然し時として余り理の徹らさることに拘泥する様のことはある様なり。第五十二号法律（弁護士の特別試験に関すること。大正十二年三月までに帝国大学法律科を卒業したる者は試験を要せす司法官試補と為るを得るの件）を貴族院にて議するとき、富谷は大学卒業生の司法官試補と為ることに関する規定を削ることを主張し、原案の理由なきことは明瞭にて、削除の理由あることは疑なく、自分（馬場）も同意を表したれとも、研究会の多数は之に反対、之を削る位ならは法案全部を否決すへしとの論もあり、結局自由問題と為りたるか、富谷の意見は反対に決せられ、気の毒の事情なりしなり。是も富谷か明治大学校長の立場よりの意見なりとの批難を受けたる為、尚更不人望なりしなりと云ふ。予、富谷か削らんとしたる部分も固より理由なし。然れとも、該法律は元来情実より成立したるものなる故、彼の部分のみ理由なしと云ふ訳はなしと云ふ。

予、更に選挙法主査委員会のことは諸方面打合せの上、日時を定むることに致し呉よと云ふ。馬場、予め君（予）の都合を聞き、主査委員会の日時を定めて委員に通知することとすへしと云ふ。話すること十分間許にして去る。

○午後零時後、食堂にて牧野伸顕、山崎四男六、上野季三郎、九条道実等と雑話す。牧野、予に司法省法学校に在りたりやと云ふ。予、予は極めて簡単なる教育を受て、二年間にて卒業せりと云ふ。牧野、井上毅を知れりやと云ふ。予、面接する機会なかりしと云ふ。牧野司法省法学校の状況を問ふ。

予、第一回は井上正一〔元大審院判事〕、栗塚省吾〔元大審院判事、元衆議院議員・政友会、故人〕等にて、第二回は明治九年に募りたる富谷鉎太郎、河村善益等の連中にて、原敬、国分青崖〔漢詩人〕、陸実〔陸羯南、政治評論家、故人〕等は中途退学したるものなり。予、明治九年に願書を出したれとも、父か裁判官と為らんとするものか自ら偽るは不都合なりとて、願書を取り下けせしめたり。其時は二十年までの者を募りたるに、予は数ヶ月を超過し居りたる為なり。松室致抔はもちろん年齢は超過し居りたるなりとの談を為せり。

牧野、入江（貫一）に対し、内大臣室の辺は熱からんと云ひ、先日海軍大臣（財部彪）か来り、奥の方の廊下を通過したるに、事務室にて上衣を脱し居る人多数あり。其中には夢を見居る人もありたりとの談を為せりと云ふ。予、海軍大臣（財部）も或は夢を見たるには非さるへきか。奥の御帳簿の前葉の表面は全部他の人か署名し、財部は其紙の裏面に署名すへき処、間に一葉を隔て次葉の裏面に署名し居りたりとの談を為せり。牧野、夫れは残念なり。早く知り居れは早速復讐を為す所なりしと云ふ。一時三十分頃に至り、食堂より散す。

入江（貫一）は一時後に至り食堂に来り、食物なき為、上野（季三郎）の周旋にて大膳寮に行きトース〔ト〕を食することゝなり、上野と共に行きたり。

○午前九時後、青山操か昨日雉の画の題の書き方を謀りたるに付、（春雉求雌）にて宜しからんと云ひ、之を書き与へ、同時に（春雉鷕鳴）にても宜しからんと思はるれとも、説文に鷕は雌雉鳴なりとあれは、雄雉には適せさるへき旨を書し、且匏有苦葉の（有瀰済盈有鷕雉鳴済盈不濡軌雉鳴求其牡）を書き与へたり。

○午後一時三十分後給仕より、先刻橋場有馬家より電話にて青山さんは本月二十六日に帰京せらるるとのことなる旨を報し来れりと云ふ。予更に有馬家に電話す。有馬泰明在らす。他の家職に頼寧氏の帰京期を問ふ。家職、今日は頼秋のみ帰らん。頼寧氏は廿六日朝帰京せらるる趣なりと云ふ。

○午後零時後食堂にて白根松介より、土岐某より電話にて、今夜自分（白根）の官舎に来り、審査官に転任することの諾否の答を為すへき旨、申来りたりと云ふ。予成るへく諾する様に勧め呉よと云ふ。

又食堂にて、杉琢磨、伊東太郎か音響を握て他の器に入るることを得と云ひ、ホークを鳴らし、其音をコツプまたは灰吹の中に入れ、工藤壮平、大谷正男は之を学ひて成らす。結局、杉より伝授を受けたり。夫れはホークの先をはじき、然る後、其尻をテーブルの上に著くれは、音響かテーブルを伝ふて余音を引くなり。他の器の中に音を入るると云ふは、人を欺く手段なり。

○午後二時四十分頃矢島正昭来り、実況審査の摘出事項の書類丈成りたるに付、会議を開かれ度と云ふ。予、他の審査官の都合宜しけれは、明日よりでも会議すへしと云ふ。矢島、伊夫伎（準一）、青山（操）は差支なし。鈴木（重孝）は今日は宅調を為し居れりと云ふ。予、然らは鈴木に明日出勤すへき旨を申遣はす様取計ふへきことを西野（英男）に伝へよと云ひ、明日は午前九時より会議することに決す。乃ち西野英男をして、明朝は八時四十分に馬車を遣はすへき旨を主馬寮に通知せしむ。西野主馬寮にて承知したる旨を報す。

八月二四日

○八月二十四日金曜。朝曇後晴、午後三時頃より大雷雨、六時後に至り歇、夜復た雨ふる。
○午前八時三十五分頃より馬車に乗り出勤す。
○午前九時頃より矢島正昭か林野管理局札幌支局管内に於ける実況審査報告書に付審査官会議を開く。正午に至るも僅に十数項を議したるのみにて、尚ほ六十余項あり。
○午後零時後食堂に於て牧野伸顕より、総理（加藤友三郎）の病か悪しとのことなりと云ふ。予然るかと云ふ。牧野既に去る。予仍ほ食す。白根松介来り、食事後にて宜しきに付、一寸来り呉よとのことなりと云ふ。予之を諾す。予既に食し了り、白根か食し居る処に就き、宮内大臣官房に行くやと云ふ。白根然りと云ふ。予乃ち行く。

牧野、加藤（友三郎）は最早回復の望なしとのことなり。夫れに付、臨時内閣総理大臣代理を置くや否等は内閣のことにて、宮内大臣の関する所に非さるへし。後刻外務大臣（内田康哉）か来る旨を申来り居れり。多分、加藤の待遇等のことならんと思ふと云ふ。予、総理大臣か事故あるときならは、臨時代理を置くへきものなるも、欠員となりたるときならは代理に非すして兼任を置かるへきものならん。又総理（加藤）か死去したらは、閣員は辞表を出すか当然なるへし。其時は内大臣に諮詢せられたる上、後継内閣成立まては留任する様命せらるへきものならんと云ふ。

牧野、然り。然るに、只今内大臣（平田東助）か在らさる故困る。先刻急に帰京する様申遣はし置たるも、愈々何日に帰るや分らすと云ひ、更に白根松介を召ひ、入江貫一を呼ひ来らしむ。入江来る。牧野、今一応内大臣に電信を発し、成るへくは今日帰京する様、申遣はし呉よと云ふ。入江之を諾して直に去る。牧野、内田（康哉）か来りたる後、更に相談することあるへしと云ふ。予は審査局に返り、午前に次き、矢島正昭の実況審査報告書に就き、審査官会議を開く。

二時頃大谷正男より電話にて、宮内大臣の応接室に来り呉よと云ふ。予乃ち行く。牧野伸顕正に内田康哉と話す。内田、加藤（友三郎）は今朝、自分（内田）か行きたるときは既に意識は不明なりしか、宮田（光雄）の通知には、午後一時五分には全く危篤に陥りたりとのことなり。加藤に対する恩典発表せられたる後は薨去を発表し、直に臨時総理大臣の任命を必要とする訳にて、加藤に対する恩典は次席国務大臣より奏請することか先例と為り居れりと云ふ。牧野、総理大臣事故あるときは、他の国務大臣か代理することは成規ありやと云ふ。内田夫れは成規ありと云ふ。

予、少しく疑ふ所あり。庶務課に行き、法令輯覧を取り来り、内閣官制を閲みしたるに、（内閣総理大臣事故アルトキハ臨時命ヲ受ケ、他ノ国務大臣其事務ヲ代理ス）との規定あり。予、此の規定に依れは、命を受けて代理すへきものにて、自ら進みて代理すへきものに非す。故に、一応其旨を摂政殿下に奏上し、殿下より代理の命を拝すへきものならんと云ふ。牧野、内田とも然るへしと云ふ。又臨時兼任内閣総理大臣と為るは首席の大臣なるへき処、自ら奏薦する訳に行か〔す〕。原（敬）か薨去したるときは、次席の高橋（是清）より首席大臣（即ち内田）を臨時兼任内閣総理大臣たらしめられ度旨の上奏を為し、内田に任命せられたり。此例に依るときは、次席大臣たる岡野（敬次郎）（大木遠吉は旅行中なる故、此く云ひたるものならん）より上奏し、自分（内田）に任命せらるへきものならんと云ふ。

予が其席に行く前、内田と牧野と談し合ひたりと見へ、予か其席に入りたるとき、牧野より首席大臣か摂政殿下の御滞留所なる軽井沢に行きて、臨時兼任の命を拝するは当然なるへきか、首席大臣（内田）は東京に急用あり。軽井沢に行き難しとすれは、他の大臣か代はりて命を受けて差支なかるへきやと云ふ。予、成るへくは自ら行き、命を拝するか礼なるへきも、已むを得さる場合には代りて命を拝しても差支はなかるへし。既に親任官に付ても、親任式を行はれす、伝達せらるることも度々ある様なりと云ふ。此時、入江（貫一）も牧野か呼ひたる故、其席に来り居り。已むを得されは致方なきも、成るへくは兼任の命を拝する人か行く方か宜しからんと云ふ。

夫れより如何なる急用あるかを詮議したるに、加藤（友三郎）に対する恩典の上奏、即ち元帥府に列せらるることの上奏、叙位の上奏等の外、是非とも内田か東京に在らされは差支ある程のことなきこと分りたり。依て内田か軽井沢に行くへしとのこと〔と〕なりたる処、兼任の辞令には他の国務大臣の副署を要し、兼任のことは内田以外の大臣の上奏を要するに付、内田か軽井沢に行くならは、今一人同行する必要あることゝなれり。然るに、明日摂政殿下か御帰京あれは、内田等か明日軽井沢に行きては行き違ひとなる故、更に明日御帰京あらせらるるや、明後日御帰京あらせらるるやを伺ひたる上、内田等か軽井沢に行くや否を決することゝなり、摂政殿下の御都合を伺ふことを牧野より大谷正男に命し、内田より牧野に談したる恩典の成否は、牧野より内田に報知すること、内田は此節と同様の場合に於ける内閣の取計ひの振合を下条康麿に問合することに申合せて別れ、予等も自席に返りたり。

午後三時後、予正に審査官と会議す。今日は三時に退省せす、四時まで会議することに約したるなり。下条康麿来り窺ふ。予乃ち出て之に面し、之を誘ふて徳川頼倫の室に入る。

下条、先刻、内閣総理大臣事故あるときは臨時命を受け、他の国務大臣其職務を代理すとある規定の適用に付、臨時命を受くとあるを以て自ら進みて代理する訳に行かす。受命を必要とするとの議ありたる趣なるか、内閣従来の取扱振は、内閣総理大臣に対する恩典等を奏請するとき、次席の国務大臣か之を上奏し、其前に命を受くる様の手続を取らす。上奏に対し御裁可あれは、即ち代理を命したまふ御思召あるものと解釈し、是まて常に其手続を取り来り。是は適当の取扱振と思ひ居るなりと云ふ。予、一たひ上奏を為し、御裁可あれは、夫れにて代理を命せられたるものと解釈し、上奏せさることに付ても、総理大臣の代理を為す訳なりやと云ふ。下条、然らす。代理を命せられたるものと解釈するは単に上奏を為したる事項に限り、上奏を要せさることに付ては後任大臣を命せらるるまて事務を執らす、之を待つ例なりと云ふ。

予、内閣の例か其通りならは、予は穏当とは考へさるも、内閣丈けのことなる故、之を改むる必要はなからん。先刻は外務大臣（内田康哉）か内閣の例を取調へて決定すると云ひて去りたるのみにて、予に報することの談はなかりしか、何の為に来りたりやと云ふ。下条、外務大臣より君（予）に話し置くへしと云ひたる故、来りたるなりと云ふ。予、然らは宮内大臣（牧野伸顕）にも一応、之を話し置くへきかと云ふ。下条、外務大臣（内田）は只今宮内大臣と話し居る所なりと云ふ。予、然らは予より特に之を告けさるも、外務大臣より之を話すならんと云ふ。下条、外務大臣（内田）は話すことか上手ならさる故、一寸君（予）より話し呉置く方、宜しからんと云ふ。予、然らは是より直に宮内大臣に話し置くことにすへしと云ふて、大臣官房の隣室に行く。下条亦来る。

牧野正に内田と談す。予、先刻内閣総理大臣の職務を代理するに付、特に命を受くることを要すへき旨を談し置たる処、内閣従来の例にては特に命を受けす、直に上奏して御裁可あれは即ち代理を命せられたるものと解釈することになり居る趣、只今下条より話を聞きたりと云ふ。牧野、夫れは慣例と云ふ丈けにて、十分なる理由はなき様なりと云ふ。予、然り。予も同様に考ふれとも、既に是まて其通りに取扱来り居るとのことなり。而して全体の代理を命せられたるとは解釈せす、上奏したる事項のみに限ると解釈するとのことなる故、不便なることもあるならんと思へとも、他のことは総理大臣か任命せらるるまて待てと〔も〕差支なしとのことなりと云ふ。此ときは既に摂政殿下は明日軽井沢より御還啓あらせられ、一寸宮城に御立寄の上、間もなく葉山御用邸に行啓あらせらるることに決し居りたる故、内田は軽井沢に行かす、宮城にて拝謁し、臨時兼任内閣総理大臣の命を受くることに決したり。

予と下条とは将に去らんとす。牧野、予に対して暫く隣室に待ち呉よと云ふ。予乃ち関屋貞三郎の室に入る。関屋は軽井沢に行き居りたるに、既に其室に在りたる故、何日に帰りたりやと云ひたるに、昨日帰りたりと云へり。少時の後牧野来り、予と関屋とを呼ふ。二人乃ち牧野の室に入る。牧野、加藤友三郎に対しては子爵を陞授せらるることは華盛頓〔ワシントン〕会議の行賞として既に内決し居り、又元帥府に列せらるることも年数より云ひて当然にて、既に内閣総理大臣と為り居る為、延はされ居る訳なり。従二位より正二位に進むことも当然なり。故に此三者にては特に恩典と云ふに足らさる故、此際是非とも大勲位に叙せられたしと内田より協議せり。自分（牧野）は、大勲位は容易に之を賜はるへきものに非す。濫授となりては宜しからすと思ひ、内田に其旨を告け、再考を求めたる為、内田は更に閣議を開き協議したる処、大勲位のことに付ては樺山（資紀）〔海軍大将、元枢密顧問官、伯爵、故人〕等の例は之を云々せす、権衡を取るは寺内（正毅）なり。寺内と加藤とを比較すれは、寺内は朝鮮総督の経歴あるか、加藤には華盛頓会議の勲功あり。加藤の総理大臣の年数は短きも、海軍大臣の年数は長く、海軍の基礎を置きたるの功あり。少しも寺内に譲る所なし。若し陸軍の寺内は大勲位と為り、海軍の加藤は大勲位と為らす、之か為海軍々人の感情を害する様のことありては大変なりとて、更に内田より大勲位のことを主張し来れり。自分（牧野）は尚ほ同意は表し置かさりしも、海軍の感情を害する様のことありては懸念に堪へすと云ふ。

予、寺内か大勲位と為りたるは、朝鮮総督と為りたる為に非す。韓国併合の為ならん。併合と華府会議とは感情にては幾分軽重ある様に思ふ。然れとも、叙勲のことは元来内閣の所管にて宮内大臣は職権上少しも関する所なきに付、再応注意せられたるも、内閣にて是非之を主張するならは、此上致方なからんと思ふと云ふ。関屋も亦同様のことを云ふ。

是より少時前、牧野は白根松介をして酒巻芳男を召はしむ。酒巻は牧野の命を受け、松方正義を鎌倉に訪ひ、加藤に対する恩典に付、松方の意見を問はんとする所なり。汽車の発する時刻既に迫まり居れり（三時十分）。牧野より酒巻に対し、大勲位のことは少しく重きに過きる様に思へとも、陸海軍の権衡論あり、致方なからんと思ふ旨を松方に伝へて意見を聴き来るへき旨を命す。時に四時三十分頃なり。

予乃ち審査局に返り、審査官会議は之を閉つる旨を告く。予は四時に馬車を備ふへき旨を西野英男に嘱し置き、予か審査局に返りたるときは馬車は既に玄関に来り居りたり。此時雨ふりたれとも未た甚しからす。馬車には前幌なかりしも、格別のことなからんと思ひ、これに乗りて帰途に就きたるか、参謀本部前に来りたるとき、雨甚しく、雷鳴迅く、馬車中にて上下衣を濡したり。激雷を聞きたること五、六回、家に帰りたるは五時頃なりしか、其後六時後に至るも雷雨歇まさりしなり。

○午後二時頃大谷正男より電話したる為、予か牧野伸顕と内田康哉と話したる処に行き、内田か談を終りて去らんとするとき、牧野は内田を追ふて廊下に出て、之と立談すること少時にして其室に返りたり。此時、予と入江貫一とは関屋貞三郎の室に在り（関屋は室に在らす）。予入江に対し、先刻来内田の談を聞きたるに、兼任総理大臣の手続のことを議したるのみにて、閣員全体か辞表を呈することは少しも話さゝりしか、辞表は出さゝる積りなるへきやと云ふ。入江、夫れは変なり。辞表を出すか当然なるへしと云ふ。予、一応牧野に問ひ見るへしと云ひ、牧野の室に入り之を問ふ。牧野、一旦兼任総理大臣の命を拝したる後、閣員全体辞表を呈する積りなる旨、内田より話したりと云ふ。予、然るかと云ふて関屋の室に返り、其旨を入江に告けたり。

○予か午後二時頃牧野の室に行くとき、高羲敬、予を追ふて内蔵寮前の廊下まて来り、昨日世子妃より書状を持ちたる使を世子の演習地に遣はされたるか、世子は無事にて演習を為し居られ、〔原文空白〕日頃帰京せらるる予定なる趣なりと云ふ。予、高の妻の病状を問ふ。高、先日婦人科医師の局部審査を受けたるか、其方には故障なき趣なり。全体に近日は少快にて、食物も少し宛収まり居れりと云ふ。高は是より先き審査局に来り窺ひたるも、予か会議中なるを以て入らすして去り、予か廊下に出つるを待ちて追ひ来りたるなり。

○午前（午後なりしか確かならす）白根松介来る。予正に審査官会議中なりしを以て、廊下にて白根と話す。白根、昨夜土岐某来る。其談に依れは、実は打ち明けて話し難きことあり。其の為転任の諾否を答ふることか延引せりと云ふ。自分（白根）より如何なることにても話を聞かんと云ひたるに、土岐は、判事の年俸千八百円なるか、郷里の父中風病に罹り、之を当地に引取り居る為、年俸にては不足なり。依て〔原文空白〕学校の講師と為り、其手当六百円を加へて家計を維持し居れり。右の事情なる故、宮内省に転任することは本望なるも、原俸給にては勿論、一級位進めて採用し貰ひても尚ほ不足なり。其事情を告け、親族にも相談したる処、已むを得さることなる故、転任を断はるより外致方なからんと云ひたり。依て今夕は断はる為に来りたりとのことなりしを以て、自分（白根）より、只今の話丈のことならは、自分（白根）か責任を以て都合すへし。即ち只今の年俸千八百円に六百円を加へ、年俸二千四百円を以て転任することを引受くへし。年末慰〔労〕等は宮内省にても十分には行かされとも、裁判所よりは利益なる方なりと云ひたるに、土岐は自分（土岐）か司法官となることに付ては、山内（確三郎〔司法次官〕）か十分に尽力し呉れたるに、只今転任し、司法部には任官資格を作る為に行きたる様に考ふることは心苦しと云ふに付、其ことは自分（白根）より司法省の人に話しても宜しく、又、倉富長官（予）も司法省の幹部とは懇意なる故、倉富長官か君（土岐）を懇望する旨を話さるることも容易なる故、其方の懸念は之を解くことを得るならんと云ひ、土岐は其通りならは転任することに決すへきも、尚ほ二、三日の猶予を請ひ、然る後確答し度と云へり。

参事官兼任のことも一寸話したるか、本人（土岐）は余り自分（土岐）に特別なる取扱を為されたる様にては心苦しと云ひ居りたり。自分（白根）は都合にては二千七百円まて給しても宜しと思ふと云ふ。予、矢島（正昭）の年俸は幾許なりしなるへきやと云ふ。予も白根も之を確記せす。西野英男より、局員の履歴書を取り、之を閲したるに矢島は年俸二千円なり。依て予より、土岐は二千四百円にて採用する方、宜しかるへく、参事官兼任も本人か即時兼任することを望まさるならは、若干期間過したる後に至り、兼任することにしたらは宜しからんと云ふ。午後、審査官会議を終りたる後、予と白根と談したることを伊夫伎準一に告く。

○午後七時頃、安をして主馬寮に電話し、明日午前八時四十分に馬車を遣はすへき旨を告けしむ。

八月二五日

○八月二十五日土曜。曇後晴。

○午前八時四十分より馬車に乗り出勤し、十時前より矢島正昭より提出したる実況審査報告書に付、昨日に次き、審査官会議を開く。今日は土曜にて正午に退庁することを得る日なるも、会議を急く為め、二時まて会議すへきことを申合ふ。

○午前十時頃西野英男に嘱し、宮田光雄か今日内閣に出勤するや否を問はしむ。西野来りて、宮田は今日は内閣には出勤せさる趣なることを報す。予又西野に嘱し、宮田か其官舎に在るや否を問はしむ。西野、宮田は只今は他に行き居れり。夫れより直に内閣総理大臣官舎に行く予定なりとのことなる旨を報す。

予乃ち名刺に（首相ノ薨去ハ痛惜ノ至ナリ。御混雑ノ処ニ申上クルハ無遠慮ノコトニ御座候ヘトモ、予テ御依頼申上置候渡辺暢氏ノコト、何卒御配慮奉願候。右ハ罷出御依頼致スヘキ筈ニ候ヘトモ、差外シ難キ事有之失礼致シ候間、御海容被下度候。八月二十五日　宮田様）と書し、之を書状筒に入れ、西野英男に嘱し、給仕をして人力車に乗り、内閣総理大臣官舎に届け、領収証を取り来る様取計はしむ。西野、給仕に自転車に乗る者あり。人力車より速かなるを以て、既に自転車に乗りて出て行きたりとて、人力車銭として予より西野に交したる銭を返す。少時の後西野来り、宮田は内閣総理大臣官舎に来り居り、書状は之を披見したる趣なりとて、領収証を予に致す。

○午後零時後食堂にて、牧野伸顕より工藤壮平に対し、昨日は大に有り難しと云ふ。工藤既に食堂を去る。牧野、白隠禅師〔江戸時代中期の禅僧〕の書を所有し居り、其真偽の鑑定を工藤に嘱し、工藤より鑑定書を送り来りたるか、其鑑定の理由の詳密なること、実に感心せり。工藤は書の大家なりと云ふ。予、工藤は日下部東作〔江戸時代後期の書家〕の門人なりしならんと云ふ。関屋貞三郎、日下部の門人なりやと云ふ。予、予も確には知らされとも、日下部の門人には非さりしかと思ふと云ふ。上野季三郎、工藤は日下部のことは誉め居らすと云ふ。関屋、工藤は小野鵞堂〔書家、故人〕の門人ならんと云ふ。予、成る程小野の門人ならんと云ふ。入江貫一、工藤は初は小野の仮名を学ひ終へ、楷書まて学ひたる趣なりと云ふ。

○午前十一時頃西野英男に嘱し、今日は此方より通知する時刻に馬車を廻はす様、主馬寮に通知せしむ。

○午後二時まてにて審査官会議を終り、馬車を召ひ、加藤友三郎の家に過きり、其死を弔し、直に家に帰る。加藤の門前にて河村善益か自動車に乗り、予に嘿礼して去る〔に〕会ふ。予、之と渡辺暢のことを談せんと欲し、之を追ふて電車道に到る。及はす。馬車の馬丁来りて予を迎へ、馬車は電車道に由らす、門前を過き、迂回して行くへき旨を告く。又、門前にて川島令次郎か自動車にて帰り去るに会ふ。予か家に帰りたるは二時五十分頃なり。

○午後九時頃有馬泰明より電話にて、有馬頼寧氏は今日午後八時後に帰京せられたるに付、貴君（予）会見の日時刻を打合せたるに、明日午前九時より十時まての間ならは都合宜し。夫人も差支なしとのことなる旨を報す。予然らは其日時に往訪すへき旨を答ふ。

八月二六日

○八月二十六日日曜。曇、午後三時頃より雷雨、八時頃に至り既に歇。但し、赤坂辺は雷雨とも甚しからす。

○午前八時四十分頃より電車に乗り、有馬頼寧氏を訪ふ。頼寧氏正に朝食す。待つこと十分間許にして出て、予に面し、夫人も間もなく来ることを告く。夫人来る。頼寧氏、楼上にて予の言を聴かんと云ひ、予を誘ひ、共に楼に上る。

予、先日予及松下丈吉、境豊吉、有馬秀雄に書状を贈りたるか、有馬家に取りては重大なることなるを以て、久留米に在る相談人若林卓爾、細見保をして上京せしむることを伯爵に請ひ、若林等か上京したるに付、数回協議会を開き、粗々処置方を議定せり。尤も是は相談人の意見にて、未た伯爵に謀りたるものに非さるに付、其諾否は固より測り難し。一応予より其条件を貴君（頼寧氏）に告け、貴君（頼寧氏）に於て異存なきならは、相談人より伯爵に謀り、伯爵の承諾あれは、貴君（頼寧氏）又は相談人よりの請求となさす、伯爵の発意に依り施行せらるることに為し度。是、相談人か予をして相談人一同に代り、貴君（頼寧氏）に談せしむる次第なり。相談人か協議したる趣旨は左の如し。

従来は青山邸（頼寧本邸）の費用、毎年予算を以て之を定め、必要に応し随時之を支出せらるること〻なり居るも、時に不便なることあるを以て（此際、伯爵より青山南町の新邸、荻窪別邸及ひ五分利公債証書額面壱百万円を貴君「頼寧氏」に分与せられ、其財産の管理使用処分は貴君「頼寧氏」に一任し、分与財産を減少せさる様にすることは貴君「頼寧氏」の責任とし、分与財産に対する租税其他の公課及貴君「頼寧氏」方に関する一切の費用は分与財産より生する収入を以て之を支弁し、伯爵か預り居らるる貴君「頼寧氏」の実印は之を返戻せられ、貴君「頼寧氏」は伯爵家の家政には関係せさること）に致度とのことなり。予は此趣旨を書き取り置たるものあり。之を示すへしとて、其廉書を頼寧氏に示す。

頼寧氏、先日君（予）等に贈りたる書状のことは大略は妻に話し置きたるも、詳しくは話し居らす。只今の談の如きこと〻なるならは、妻とも協議する必要あるに付、暫く確答を待ち呉よと云ふ。予確答は決心せられたる後に之を聞けは宜しと云ふ。頼寧氏、是は疑なきこと〻は思ふか、例へは頼秋か結婚するとき、又は静子か嫁するとき等も、分与財産にて支弁する趣意なりやと云ふ。予、然り。是は公言すへきことには非さるも、皇族より臣籍に降下し、侯爵を授けられる方も、資産として賜はるは百万円なり。百万円にて侯爵家を立てらるる訳に付、貴君（頼寧氏）も伯爵家を相続するまては、百万円にて万事を弁せらるることを得るならんとの考なりと云ふ。

予、尚ほ決答は他日にて差支なきか、何か不審のことあらは何事に限らす問を発せられ度。予より答ふへし。又為念云ひ置き度ことは、先刻申述へたる条件は相談人にて最極上と思ふ所にて、此上の希望ある様のことならは、相談人より伯爵へ相談することは出来難しと云ふことは相談人全体の意見なりしに付、其ことは含みて考へられ度と云ふ。

予又先頃女子学習院長（大島義脩）に逢ひたるとき、大奥の命にて学習院生徒の写真を差出したる様のことなかりしやと問ひたるも、院長は右様のことなしと云ひ、其以上問ひ糺すことも出来さりしか、其後、該件にて何か聞き得たることなかりしやと云ふ。頼寧氏、折角其ことに付自分（頼寧氏）より話さんと思ひ居りたる所なり。先頃、皇后陛下より安藤（信昭）に対し、静子、澄子の写真を望む旨の御話ありたるか、安藤は其ことを自分（頼寧氏）に通知し来りたるも、何の為の御入用なるやを知らさりし故、自分（頼寧氏）より其大略を話し、安藤より姉妹の写真を差上く。其時、安藤より露骨に何の為に此写真を御取寄せ遊はさるるやを伺ひ、陛下よりも御内意を漏され、安藤より果して右の如きことならは、兄（頼寧氏）も非常に希望（希望とは安藤より申上けたる語にて、頼寧氏も穏当には非さる様考へ居る口気なりしなり）することならんと申上けたる趣なり。安藤の推察にては、静子よりも澄子の方か御思召ある様なりとのことなるか、是は年齢の関係ならん。澄子の写真は前額の処に髪か被り居り、十分に顔容か分からすとの御話にて、更に一枚を差出せり。其時、決定もせさることに写真を幾枚も取りては気の毒なりとの御話ありたる趣なりと云ふ。

予、兎も角夫れは好都合なり。其の様に話か判然する様になりたることは結構なりと云ふ。頼寧氏、仮りに澄子の方か運ふとすれは、姉の方も余り懸隔せさる処に嫁せしめされは不権衡なる故、其ことを考へ居る処なりと云ふ。予、夫れは尤ものことなるか、都合に因りては致方なからん。皇后陛下にしても、御姉妹の間には非常の懸隔を生したる訳なりと云ふ。

頼寧氏、久邇宮のことは如何なりたりやと云ふ。予、邦久王の婚姻問題と思ひ、島津家より談か纏まり居る様に聞き居れりと云ふ。頼寧氏、否、朝融王の方なりと云ふ。予、彼の方は彼の儘なる様に聞き居れり。彼の問題は実に困難なることなり。確約前ならは宜しきも、既に成約となり居り、之を解くには相当の理由なかるへからす。其理由を云ふことは一層問題なり。到底纏まらさるものならは、酒井家より辞退するより外に致方なからんと云ふ。頼寧氏、朝融王の方、話か定まり居れは、静子と年齢の都合も丁度宜しからんと思へともと云ふ。

予より、百万円分与のことを談したるとき、頼寧氏は此の如きことになれは、自分（頼寧氏）の処にも矢張り一、二人位相談人の様なる人を頼まさるを得さるへしと云ひ、夫人は全く経済のことか分らぬから困ると云ひ、予は、相談人は兎も角、会計を主る人は必要なるへし。只今居る（関）か適当なれは、勿論夫れにて宜しからんと云ふ。

予久留米にては何処に宿したるやを問ふ。頼寧氏、篠山町別邸に宿したるか、熱くして困りたり。市ノ上別邸に一夜宿したり。涼かりしも不便なりと云ふ。予、林田（守隆）は達者なりやと云ふ。頼寧氏此節は面会せさりしと云ふ。予か面会の初、頼寧氏書状のことを話したるとき、頼寧氏より、自分（頼寧氏）か仁田原（重行）の指揮を絶対に拒絶すと云ふことを書状に書きたるは、特に一時の感情より出てたることに非す。自分（頼寧氏）、学問上等より是まて小作問題等のことを論議し、地主と小作人との関係を述へ居ることもあり。然るに、仁田原は小作人か如何なることを申来りても、絶対に小作料を減する様のことは為ささる旨を言明し居れり。此の如きことにては、自分（頼寧氏）の立場なき故、彼の如く云ひたるなりと云ふ。

予、学問上の意見として、理論を述ふることは已むを得さることゝするも、現実なる問題、即ち久留米の小作地問題として、少しにても君（頼寧氏）の口より、小作地は無償又は低価にて小作人に与ふると云ふ如きことを云ふならは、忽ち収拾すへからさることになる故、其点に付ては予等も非常に懸念し居る訳なり。君（頼寧氏）の書状に依れは、相続後の理想と云ふことにて、当面の問題に非さる故、予は今日其可否を論する積りには非さるも、君（頼寧氏）の書状には解し難きことあり。君（頼寧氏）、小作地は無償又は低価にて小作人に与ふると云ひ、一ヶ年五万円以上を社会事業に投すると云ひ、此の如くすれは有馬家の資産は忽ちなくなる訳なり。然るに事業を為すには金か入用なりと云ひ、金の必要なることが彼の書状を書き〔たる〕原因なるに非すや。資産は入用なしと云ふ一方より金の入用を述ふる様のことにて、矛盾し居れり。又、久留米篠山町の別邸は久留米市に寄附する旨を書きなから、同一の書状中に南薫の別邸を売りたる金を以て篠山町に別邸を建築する旨を書きあり。是も矛盾なりと云ふ。

頼寧氏、篠山町のことは書状の書き方前後したる為、解し難きことになれり。自分（頼寧氏）の積りにては、先日も話のありたる通り、篠山町別邸の半分は久留米市なり、又は明善中学なりに寄附し、其の半分に別邸を建築し、是も市の用意に供し、公開せんとのことなりと云ふ。

予又先日実印を受取り度と云ふは実際の必要ある訳に非す。実印までも預け置くは如何にも人格を無視せられ居る様にて面白からす。金を得る為には認印位にて沢山なり。先日も五千円を岩崎（小弥太）より借りたるか、証書も入用なしと云ひたる位にて、認印にて済ましたりとのことを細見（保）等に話されたる趣伝聞したるか、書状には実印は金を借る為必要なるに付、受取り度と書きあるに非すやと云ふ。頼寧氏、実印かあれは金を借るに一層便利なり。実印かなけれは縁故者にても相談せさるへからさる不便あるなりと云ふ。

予、最後に予より話したる条件にて承知するや否の決心附きたらは通知あり度。左すれは予が来訪して其答を聞くことにすへしと云ふ。予又予の持ち来りたる覚書は君（頼寧氏）に示す為に作りたるものには非さるも、之を渡し置くへきやと云ふ。頼寧氏之を借り置き度と云ふ。乃ち之を交して去る。家に帰りたるは午前十時四十分頃なり。

○午後一時頃有馬泰明に電話し、頼寧氏を訪ひ、話を為したるか、熟考したる上にて答を為すへしとのことなりしなり。此旨を仁田原（重行）にも伝へ呉よ。若林（卓爾）等は既に出発したるならんと云ふ。有馬、細見（保）は既に出発したる筈なり。若林は尚ほ滞在し居るならん。滞在し居るならは、其旨を伝へ置かんと云ふ。次て有馬秀雄に電話し、予か頼寧氏を訪ふたる状況を報す。

○午後六時頃、安をして主馬寮に電話し、明朝は午前八時四十分に馬車を遣はすへき旨を告けしむ。

八月二七日

○八月二十七日月曜。晴。

○午前八時四十分より出勤す。
○午前九時頃より矢島正昭の実況審査報告書に付審査官会議を開き、十二時後中止し、午後一時前より再開、二時後に至り、始めて議了す。
○午後零時後食堂にて大谷正男より、明後日故波多野（敬直）の一周忌祭に付、案内を受け居るやと云ふ。予之を受け居る旨を答ふ。大谷、自分（大谷）、山崎（四男六）、上野（季三郎）とにて菓物ても供へんと思ひ居る所なり。之に加はらさるやと云ふ。予、予も何か供へ度と思ひ居りたる所なり。之に加入せんと云ふ。食堂より審査局に返り、将に内子に電話し、鳩居堂より香を買ふことを止めんとす。今朝出勤前、波多野に香を贈るへきに付、之を買ふへき旨を告け置きたるを以てなり。

会々小原（駩吉）来り、後継内閣のことは聞きたりやと云ふ。予之を知らすと云ふ。小原、西園寺（八郎）御殿場に行く前、一寸逢ひたれとも緩話する暇なかりしか、西園寺は加藤（高明）には非さるへしと云ひ居りたり。白根（松介）に様子を聞きたるに、牧野（伸顕）も多少希望は有し居るなりと云ひ居りたり。西園寺（八郎）は、牧野か自ら希望を有し居るならは、まさか自身に御殿場に行き談することもなからんと云ひ居りたり。白根は薩摩人の策略の緻密なることは驚く。種々なることか其策略に依り実現し居るも、少しも端緒を現はさす、実に巧妙なりと云ひ居りたりと云ふ。

予、薩摩内閣ならは山本（権兵衛）には非す、矢張牧野ならんと云ふ。小原、此機を失すれは最早機会来らさるへきに付、牧野も其気になるならん。皇太子殿下の御慶事ある故、留任を望むならんと云ふ人もあれとも、御慶事は最早執行丈けのことに付、此以上は効能を顕はすことなく、宮内省には種々困難もありと云ふ。予、内閣にても困難はあれとも華かなることにて、宮内省の如く人に分らさる困難には非すと云ふ。小原、牧野か総理と為りても、今少し断かなけれは他か困るならんと云ふ。予、関屋（貞三郎）書記官長か出来ることなるやと云ふ。小原宜しからんと云ふ。

八月二八日

○八月二十八日火曜。
○久しく記せさりし故、何事ありしかを記臆せす。

八月二九日

○八月二十九日水曜。午前八時四十分頃より出勤す。
○何事ありしやを記臆せす。

八月三〇日

○八月三十日木曜。
○午前八時四十分頃より出勤す。
○鈴木重孝の実況審査報告書に付審査官会議を開く。午前より会議し、午後に至り始めて議了す。
○午後二時頃西園寺八郎来る。其用事は秩父宮殿下又は東宮殿下のことに関し居りたる様なるも、何事なりしか之を忘れたり。

〔欄外に付記〕
西園寺の来り談したることは、今年の天長節には摂政殿下は陸軍海軍の中佐に御進級なさるへく、其時陸海軍とも所属部隊を定むることか普通の例にて、此度も多分其例に依るへき模様なりし故、摂政として所属部隊を定めらるるは面白からすと思ひ、種々反対の意を述へたるも、終に従来の例に依ることゝなりたる由なり。此ことに付ては曾て意見を問ひたることありし様記臆するに付、報告すと云ふ。予、是まて話を聞きたることなし。然し所属部隊を定むることの面白からさるは貴説の通りなるも、全体は摂政たることより云へは任官も面白からさることなり。既に任官せらるる以上は、補職も五十歩百歩なるへしと云ふ。

此ことは九月十八日に至り、日記に追記するとき思ひ出さす。同日午後一時後、西園寺に面会したるに付、何事ならんかを問ひたるに、小原駩吉傍に在り。夫れは摂政殿下の勤務のことなりしならんと云ふ。予、小原の言にて、西園寺の談を思ひ出し、之を追記せり。

○午後三時頃、関屋貞三郎来る。国分三亥を宮中顧問官に為さんと欲し、宮内大臣（牧野伸顕）に異議なきも、先例は多年宮内省に奉職したる人に限る様なる故、幾分異例なるやの懸念ありと云ふ。予、先日三宅米吉（前博物館総長）を宮中顧問官と為したるに非すやと云ふ。関屋、三宅は久しく博物館の評議員も勤め居りたり。実は国分も三宅と同時に顧問官と為す積りて提案したるも、前述の懸念にて之を止め、国分は皇太子殿下御結婚後にしたらは少しも異議なからんと思はるる故、其ことにせんと思ふと云ふ。予夫れにて宜しからんと云ふ。

○午後九時後、有馬頼寧氏の書達す。書は有馬伯爵より家産の一部を頼寧氏に分与せられんとすることに付、予より先日頼寧氏に示し置たる覚書に対する疑を質すものなり。予より頼寧氏に電話し、明日午前往訪せんと欲するか、何時頃ならは差支なきやを問ふ。頼寧氏女中、午前十時頃ならは差支なき旨を答へしむ。

八月三一日

○八月三十一日金曜。晴。天長節。

○午前、有馬頼寧氏の問に答ふる書を作る。

○午前九時三十分頃より往て有馬頼寧氏を訪ひ、其質問に答ふる書を示す。頼寧氏領解したる旨を告く。十一時頃家に帰る。

○午後、有馬伯爵より家産の一部を頼寧氏に分与せらるるに付、伯爵より頼寧氏に告けらるる文案を草す。午後四時頃書留書状にて関係書類を有馬泰明に送らんとす。一ツ木郵便局、今日は祝日なるのみならす、執務時間後なるを以て書留書状を受附けす。

大正一二年九月

九月一日

○九月一日土曜。晴。
○午前、安をして有馬泰明に贈る書留書状を出さしむ。
○午前九時三十分頃より出勤す。
○午前十一時五十五分頃、徳川頼倫、予の事務室に来り、徳川か先日より、暑を別府の近傍に避け居りたるか、昨日帰京したることを告く。避暑中の状を談す。
　十一時五十八分頃地大に震ふ。予等尚談を続く。震愈々激しく、壁土落つ。予、徳川期せすして走り出て、非常口に至り、高廊を過く。歩行すへからす。強ひて走りて屋外に出つ。十分間許の後、震稍々歇む。予乃ち審査局に返り、書類及帽を取り来らんとす。高廊の辺に到る。復た震ふ。乃ち復た走り出つ。又十分間許にして審査局に返り、倉皇書類及帽を取り来る。尚ほ傘を遺す。西野英男に嘱して之を取らしむ。屋外に在ること十四、五分間許。青山操、鈴木重孝と歩して帰る。馬車又は自動車に乗らんと欲し、西野英男に嘱し、主馬寮に謀らしめたるも、混雑の為弁せさりし故、歩して帰りたるなり。坂下門に到る。門衛、門蓋の瓦墜つるを以て其恐なき右方を通過すへき旨を告く。之に従ひ、門を出て広場に到る。地屡々震ひ、歩すへからす。屡々歩を停め、震の止むを待ち、復た歩す。

　桜田門は瓦の墜つる恐あるを以て、凱旋通を経て濠岸に沿ひ、参謀本部前を過き、独逸大使〔館〕前より赤坂見附を経て家に帰る。宮城前の広場に出てたるとき、既に警視庁附近及日比谷公園内に火あるを見、参謀本部前を過きるとき、赤坂に火あるを見たり。沿道処々に家屋の倒壊したるものあり。難を避くる人は皆、屋外へ出て居りたり。

　既に家に達す。門側より家の両辺を周らしたる錬瓦塀は全部倒壊し、屋内の器具散乱し居り、人影を見す。内玄関より入り、茶の間及書斎を経て庭上に出てたるも、家人在らす。塀の倒れたる為、隣家池田寅二郎の家と界牆なきことゝなりたる故、直に池田の庭に到り、家人の所在を知らさるやを問ひたるも、之を知らす。乃ち復た家を出て池田の家傍を過き、安藤則光の庭に到る。数十人避難して此に在り。内子、安、婢敏、静、沢三人亦此に在り。予皆無難なりしを喜ふ。

　内子、震起りたるとき、安と共に勝手口より出て、裏門を出てたるとき、安が頻りに自分（内子）を推して前面の隣家の牆塀に近かしめたるか、其時早く其時晩く自家の錬瓦塀か轟然として自分（内子）等の在りたる方に倒れ、塀の上端と自分（内子）等の在りたる所とは僅に一尺許を隔たり居りたるに過きす。安は自分等の後方の塀の倒れたるを見て、自分（内子）を推し、危難を免れしめたる由なるも、自分（内子）は塀の倒れたることには気附かす、幸に難を免れたりとの談を為し、予は此談を聞き、内子等の無難は真に幸なりしことを知りたり。婢等三人は塀の倒れたる後に家を出てたる趣なり。

晩に安藤の庭より返り、内子、安及婢等と共に震を庭上に避く。是より先き、内子、安をして防水布を市に購はしむ。幸に其家災を免れ、数尺を購ふことを得たり。之を用ゐて寝台二脚を蔽ひ、雨露を凌く設備を為せり。

午後五時頃に至り、安藤則光、予が家の庭隅、崖を為し、崩壊の虞あるを以て、安藤の庭上に来るへき旨を告けしむ。乃ち寝台及蓋布等を携へて安藤の庭に移る。庭上に露坐する者数十人、坂田稔及ひ其家族亦来り居れり。

午後、安藤の庭に在るときは赤坂田町辺より起りたる火、南北に広まり、一ツ木町に近き、将に予か家の附近まてを延焼せんとする勢なりしか、風向変りたるを以て、幸に之を免かるることを得たり。

午後五時後、枢密院書記官堀江季雄自動車に乗りて来り、急に内閣総理大臣官舎にて枢密院会議を開かるることとなりたるか、通信機関絶無と為りたる為、顧問官を招集する方法なく、自分（堀江）か陸軍省の自動車を借り、顧問官の家に就き、出席を求め居れり。午後七時まてに総理大臣官舎に行き呉れよと云ふ。予之を諾し、六時三十分頃より歩して官舎に行く。

外務大臣兼内閣総理大臣内田康哉、内務大臣水野錬太郎、司法大臣岡野敬次郎、陸軍大臣山梨半造、農商務大臣荒井賢太郎、鉄道大臣大木遠吉、逓信大臣前田利定、文部大臣鎌田栄吉、内閣書記官長宮田光雄、法制局長官馬場鍈一等在り。時に官舎南隣中華民国公使館正に焼く。火焔官舎に迫まる。大臣等皆官舎の庭に在り。顧問官は予の外、一人も来り居らす。既にして井上勝之助来る。予より水野錬太郎に会議を開くことを得るやを問ふ。水野之を開く積りなりしも、顧問官の出席も困難ならんと思ひ、戒厳令を出さるることは之を止め、政府の責任を以て臨機の処置として出兵を要求せりと云ふ。予、井上と、然らは別に用務なきやと云ふ。水野然りと云ふ。予等乃ち去る。予荒井に、震災、火災の程度を問ふ。荒井、農商務大臣官舎は余程破損せり。私宅は近辺（江戸川）より火起りたりとのことなるか、或は延焼するやも図り難しと云ふ。

七時後家に帰り、庭上にて夜を徹し、火勢を注視し、一睡もせす。

○午後五時後、岡野碩来り訪ひ、震災の見舞を為す。岡野は他出中震に逢ひ、未た家に帰らす。予か家は崖上に在るを以て之を危み、来り問ひたると云ふ。枢密院書記官堀江季雄か来りたるも此時なり。

九月二日

○九月二日日曜。晴。

○午前五時頃宮内省当番書記官より使を遣はし、久邇宮附宮内事務官野村礼譲の報告に依れは、東久邇宮妃殿下、盛厚王殿下、師正王殿下、彰常王殿下の滞在中なりし鵠沼吉村鉄之助の別荘は昨一日の地震にて倒壊し、妃殿下、彰常王殿下は無事なるも、盛厚王殿下は傷を負はれ、師正王殿下は薨去せられたる趣なることを報し来る。予、其使を返したる後、予が急に鵠沼に行く必要あるを思ひ、婢をして杉野某の家に行き、宮内省に使する者を雇はしめ、予が名刺に急に鵠沼に赴くへき用事出来たるに付、自動車を遣はし呉度旨を当番書記官に申遣はす。使返りて、自動車にて鵠沼に行くことは出来難き模様なり。兎も角、宮内省に来り呉度旨の返書を致し、少時の後（八時後なりしならん）自動車来る。乃ち宮内省に赴く。

省の前庭にテントを張り、省員此中に在りて事務を執る。酒巻芳男、鵠沼にては、金井四郎も処置に困り居るならんと思へとも、事情も分らす、細かなる指揮も為し難し。依て金井に対し、金井か最善と信する所に依り、処置すへき旨でも申遣はしたらは、夫れ丈にても金井は余程心強く思ふならん。貴官（予）が金井に贈る書を作らは、宮内省より使を鵠沼に遣はすことにすへしと云ふ。予乃ち金井に贈る書を作り、之を酒巻に交す。十一時頃より自動車に乗り、家に帰る。

○午後一時後より人力車に乗り、東久邇宮邸に行き、祖式武次、田村捨吉と話す。会々吉村鉄之助の親族津守某〔不詳〕「確かならす」とか云ふ者来る。某は鵠沼の状を知らす、昨日鉄之助か横浜に在るへしと思ひ、同処に行きたるも、鉄之助夫妻の所在分らす。実は横浜にて鉄之助に面し、夫れより鵠沼に赴く積りなりしも、鉄之助にも逢ふことを得す。自分一人鵠沼に行きても用を弁し難かるへしと思ひ、徒歩にて横浜より帰り来り、東久邇宮邸に問ひたらば幾分鵠沼のことも分かり居るならんと思ひ、来れりと云ふ。予及田村より、鵠沼にて盛厚王負傷、師正王薨去のことを告く。某驚惶す。此時は予も小田原にて寛子女王〔閑院宮寛子女王、閑院宮載仁親王四女〕薨去せられ、鎌倉にて武彦王（山階宮）殿下の妃佐紀子女王殿下薨去せられたることを知らさりし故、鵠沼の吉村の別荘のみ倒壊し、師正王殿下のみ薨去せられたるものと思ひ、幾分不満の念ありたるなり。某は兎に角強壮の人をして鵠沼に行かしめ見るへき旨を告けて去る。

二時後東久邇宮邸を辞し、李王世子邸に行く。世子及妃庭上にテントを張り、此処に起臥し居ると云ふ。予之と話すること少時にして去り、家に帰る。予が世子邸に行き、未た世子に謁せさるとき、地復た震ふ。昨日来の震、幾回なるを知るへからす。昨日第一回の震、第二回の震、最も激しく、其後にも強震数回あり、人心未た安からす。

○昨日は赤坂辺に起りたる火、次第に北に延ひ、或は予が家の附近に及はんとする懸念ありたるか、午後十時頃（確ならす）に至りては火は滅したり。然るに、今日午前三、四時頃には麴町に起りたる火、次第に南に延焼し、復た予が家の附近に及ふの恐あり。乃ち安藤則光の庭より家に返り、貴重なる物を縁又は庭上の縁台に移し、愈々火か近くなりたらは、之を他に移す準備を為したり。

○内子、安、下婢三人及宇佐美富五郎と其家族（五人外に富五郎の知人の娘一人）は安藤則光の庭上に在り。予も世子邸より帰りたる後、其処に行きたり。富五郎は家屋倒壊したる後、災に遇ひ、昨夜より予が家に来り投したるなり。夜半より雨ふる。庭上に在りたる数十人、雨を防く具なきを以て、或は自家に帰り、或は安藤則光の家に入りたり。予等は防水布を以て雨を防き居りたる為、尚庭上に在りたり。

　此夜安藤則光より、朝鮮人千人許横浜の方より東京に侵入せんとし、大森辺にて警察官か之を禦きたるも、人少く力及はす、遂に朝鮮人五百人許東京に侵入せる趣に付、之を防く為丹後町にても自警団を組織する企ありと云ふ。少時の後、数十人団を為し、夜警に当りたり。夜半頃報あり。朝鮮人二百人許青山御所に侵〔入〕せる旨、赤坂見附上の警察官より通知あり。婦人には朝鮮人か暴行を為すに付、男子と婦人とを識別すへからさる様に為す為、婦人は手巾を以て頭を包み居る様にすへしと。下婢等は之を聞き、大に恐れたり。流言の人を惑はす亦甚し。今晩持ち出したる貴重品は、今夜は之を安藤則光か庭上に持ち行き、後之を安藤の家の縁に移したり。

　九月二日午後五時後、東久邇宮邸より使を遣はし、金井四郎の書を致さしむ。予、其使に返書を付し、且宮内省に行き、予か家に自動車を遣はすことを伝へしむ。使門鑑なしと云ふ。予名刺を交し、坂下門に行き、守門者をして当番に自動車を遣はすことを伝へしむへしと云ふ。一時間許の後自動車来る。予、安藤則光の邸に在り。御者之を知らす。人力車屋杉野の次男（或は三男）御者を誘ひ、安藤の庭に来る。予自動車に乗り、先つ関屋貞三郎の家に行く。関屋宮内省に在り。乃ち直に宮内省に行き、東久邇宮のことを謀る（師正王の遺骸の送還、稔彦王の妃殿下及盛厚王殿下、〔彰常王〕殿下の帰京に駆逐艦を遣はすことを謀る）。宮内省議にては東京不穏なる故、当分皇族は帰京せられさる様にすることに決し居るとのことなりしなり。祖式に贈りたる書には鵠沼にて死したる諫早サク其他の遺族に死去のことを報すへきことを申遣はしたるなり。

　六時後、賀陽宮同妃、世子同妃に宮内省庭上のテント内にて謁す。牧野伸顕、今日日光より帰り、テント内にて謁見す。予も之と共に行きたるなり。皇族及世子は市内不穏なる故、宮内省内に来られたるなり。

九月三日

○九月三日月曜。晴。午前八時後、東久邇宮邸より使をして盛厚王殿下の容体書及祖式某の書を致さしむ。
○午前より宮内省に行き、午後家に帰る。此日宮内省にて（臨時災害事務委員会顧問）を命せらる。
○午前酒巻芳男に談し、宮内大臣より師正王薨去のこと、盛厚王殿下負傷のことを稔彦王殿下に報告し、且寛子女王、武彦〔王〕妃薨去のことを報告する電報を発し、又寛子女王、武彦王妃及師正王薨去のことを鳩彦王殿下及故成久王妃殿下に報告する電報を発せしむ。酒巻は、稔彦王殿下に対する電信は予の名義にて発する電信案を草し居りたるも、予、之をして宮内大臣の名に変更せしむ。今日頃長浜直哉来り、有馬家一同無事なることを告けたる由。予在らす。

九月四日

○九月四日火曜。晴。
○午前八時頃東久邇宮邸より使をして、祖式某の書を致さしむ。

予〔マヽ〕は、明日使を鵠沼に遣はすへきに付、鵠沼に贈るへき書状を作り置き呉度旨を申来りたるなり。之に返書を贈り、午後四時頃までに書状を作り置くへきに付、其頃に使を遣はすへき旨を申遣はす。

○午前九時後より宮内省に行〔き〕、更に東久邇宮妃殿下、盛厚王殿下等帰京のことを謀る。省議は尚ほ前日決定の通りなるも、聞く所に依れは、小田原に在らるる閑院宮殿下は食物欠乏の為非常に御不便なる趣に付、小田原の事情を取調へ、果して御不便ならは、駆逐艦を遣はして御迎へ申すことに為さゝるを得さるへく、閑院宮殿下を御迎へする以上は、東久邇宮妃殿下も山階宮殿下も賀陽宮大妃殿下も御帰京の御望あるへきに付、駆逐艦を小田原、鵠沼、鎌倉に廻航して同時に御迎へするより外に致方なからんと云ふことに決す。

乃ち其旨を金井四郎に報知し、且昨日宮内大臣（牧野伸顕）より稔彦王殿下に呈したる電信文写及鳩彦王殿下、故成久王妃殿下に呈したる電信文写を送る旨の書状を作る。午後六時に至り、東久邇宮邸の使始めて来る。乃ち之に書状を交す。

○今日頃、午後五時頃有馬頼寧氏及有馬敏四郎〔有馬頼万四男〕来り訪ひ、本月一日夜、迂路を取り、千住に出て又舟に乗り橋場に行きたるか、橋場の家屋は幸に焼失を免れ、伯爵夫妻は小舟に乗りて有馬秀雄の家に避難したりとのことなりしに付、之を承けて秀雄の家に行き、面会せり。君（予）の家は崖上に在り。傾覆の恐あるに付、往て視るへき旨、父（伯爵）より命せられたるに付、来りたる旨の談を為す。予之を謝す。玄関にて立談して去る。

九月五日

○九月五日水曜。晴。

○午前九時頃より宮内省に出勤す。

○午後、東久邇宮邸より使を遣はし、金井四郎か内匠寮技手和久田某〔正二〕に托して鵠沼より贈りたる書状を致さしむ。予家に在らす。

○午後枢密院書記官より書を贈り、明日緊急会議あるに付、出席せられ度旨を申し来る。

○安を中央郵便局に遣はし、書を鈞及隆、強五郎、啓二郎に贈り、震災に逢ひたるも一家無事なることを報す。

○午前、宮内省に出勤するとき、閑院宮邸に過きり、帳簿に署名し、機嫌を候す。載仁親王は昨日駆逐艦に乗り、小田原より帰京せられ、寛子女王は、本月一日小田原にて震災の為圧死せられ、昨日其遺骸を護して帰京せられ、寛子女王は今年十八歳、其妹華子女王〔閑院宮華子女王、閑院宮載仁親王五女〕及北白川宮大妃も同伴して帰京せられたるなり。北白川宮大妃は箱根に避暑し居られ、同処より小田原に赴き、同伴して帰京せられたるなり。

九月六日

○九月六日木曜。晴。

○午前九時頃より、自動車に乗り、東久邇宮邸に行く。金井四郎か本月四日、内匠寮技手和久田某に托して予に贈りたる書を昨日受領したる処、其書中、宮邸の金庫中より五千円を宮附職員に渡すことを嘱し来り居るを以て、今朝宮邸に行き、祖式某、田村捨吉に其ことを談したる処、金庫内には第十五銀行に対する預金証書あるのみにて、現金は二百円許あるに過きすと云ふ。予、然らは宮内省より一時立替を受け置くより外、致方なし。予は是より宮内省に行くに付、誰か予と共に宮内省に来るへしと云ふ。

田村捨吉、予と共に来る。田村、予に宮邸の自動車に乗ることを勧む。予、宮内省の自動車待ち居る旨を告け、二人各別に自動車に乗り、宮内省に到り、予より徳川頼倫に東久邇宮に現金なき旨を告け、歳費前渡として三千円を渡すことを望む旨を告く（三千円は祖式、田村の意見なり）。徳川之を諾し、寮員をして内蔵寮に謀らしむ。内蔵寮にても直に之を諾し、三千円の受領証書を作り、予をして欄外に認印を捺せしめ、田村捨吉の受領証にて直に金庫宛の仕払切符を交す。田村之を持ちて宮邸に帰る。東久邇宮にて金井四郎、昨五日鵠沼にて作りたる予に答ふる書を観る。昨日、予か書を持ちたる便を鵠沼に遣はし、其使は昨夜中に帰りたりとのことなり。

○午後三時前より宮中西溜ノ間に行く。緊急勅令案三通を受領す。三時より会議を開く（東溜ノ間にて）。議長より、全員委員会を開く旨を宣す。第一は飛語流言等を以て人を惑はす者を罰する規定なり。予、数回質問ふ〔ママ〕。第二は支払猶予の件なり。予又二、三回質問ふ〔ママ〕。予の外には一木喜徳郎各一回宛、有松英義二回質問す。第三は権利保存に関する規定なり。富井政章一回質問す。議長、委員会を閉ち、本会議を開く旨を告く。

伊東巳代治、今回の災害は実に国家の危急なり。此の秋に当り、政府は憲法上授けられたる権能に依り、速に善後の措置を講する為、御諮詢を奏請せり。匆卒の際なるを以て、或は幾分の欠点はあるならん。然れとも今日は優遊論議すへきことに非す。速に全会一致を以て草案可決することを望む旨を述ふ。予が質問したるに対し、之を非難したるなり。

然れとも、顧問官中原案の趣旨を解し居る者幾人ある。緊急勅令とは議会の議を経さるの謂にて、枢密院にて審議せさるの謂に非す。又緊急なりとて、十分間、二十分間を争ふへき必要なし。若し伊東の云ふか如く一切の論議を止むるならは、御諮詢は何の為に必要なりや。殊に罰則の如き行政部の干渉を許さゝる司法官の適用に委するものなるに、其規定曖昧にして濫用の恐あるものならは、此の如き際に於ては一層慎重の審議を要するものと思ふ。然れとも伊東は勿論、議長（清浦奎吾）も頻りに議事の速決を望み、殆んと口を箝するの体度あり。自ら議権を抛棄するものと云はさるへからす。

平沼騏一郎、今日司法大臣に任せられ、枢密院会議に出席す。議事終はりたる後、予平沼に、法制審議会に諮問せられ居る衆議院議員選挙法改正の件は、全体は九月に入りたらは主査委員会を開くことになり居りたるも、内閣も更迭し、震災もありたる故、当分委員会を開かさる方、可ならんと思ふと云ふ。平沼、選挙法改正のことは内閣の考も分らさる故、其方か宜しからんと云ふ。

〔欄外に付記〕

予の質問に対しては、第一に付ては田健治郎か司法大臣として起草したるものなりとて答弁したれとも、第二問に至りては専門家に譲るとて山内確三郎之に答へたるも、要領を得す。第二に付ては井上準之助〔大蔵大臣〕、三、四答へたるとも、亦要領を得す。

○今日明日、田村捨吉を鵠沼に遣すへきことを決し、其使命を口授す。

九月七日

○九月七日金曜。此の日には何事ありたるや、総て失念せり。

午前より宮内省に行きたることは確かなり。有馬頼寧氏か宮内省に来り、今回の震火災に付、同愛会の人々を集め、力を尽くし居るか、是まて食糧等を買ひたる費用五百円を要するも、銀行より取出すことを得す。宮内大臣（牧野伸顕）より之を借らんと思ふか、談し見て宜しかるへきやと云ひ、予、談し見ることは妨なからんと云ひ、頼寧氏、牧野に談したるに付、予其結果を問ひたるに、今日は弁し難し。秘書官（白根松介）か他行し居り（箱根に行き居れり）、同人か帰りたらは多分都合出来るならんと云ひたることありたるか、大概今日前後のことなりし様なり。

〔欄外に付記〕

九月七日午前、東久邇宮邸に行き、師正王の遺骸を安置する処及び霊代を移す処を定め、且其の設備を命す。

○今日、田村捨吉をして鵠沼に行き、明日午前、駆逐艦にて妃殿下等を迎ふることを告けしめ、若し故障あらは速に横須賀の司令部に報すへきことを命す。

九月八日

○九月八日土曜。晴。

○午前より出勤す。午後二時頃より自動車に乗り、芝浦に行く。今日午後三時頃東久邇宮妃殿下、盛厚王殿下、鵠沼より帰られ、又師正王の柩も駆逐艦に載、帰る予定なるを以て、之を迎ふる為なり。山階宮（武彦王殿下）、賀陽宮大妃殿下及武彦王の妃の柩も今日鎌倉より帰らるる予定なりしも、是は予定を変更せられ、午後四時後に至り、東久邇宮妃殿下一行のみ帰られたり。予は柩に先ち、妃殿下及盛厚王殿下に随ひ、東久邇宮邸に到り、師正王の柩を迎へ、少時の後家に帰る。有馬純文は今夜柩側に在りて通夜せんと云ふ。

九月九日

○九月九日月曜。晴。

○午前九時頃より人力車に乗りて東久邇宮邸に行き、諸事を指揮し、溝口直亮と共に通夜す。但、後半夜は応接所にて寝に就けり。

大正一二年日記第一〇冊

〔表紙に付記〕
十の一
大正十二年九月十日より十月十七日までの日記材料
〔大正一二年日記第一〇冊は冊子体の日記ではなく、宮内省の罫紙に記された日記材料である。そのため、日記の記述は整序されておらず、日付が前後したり、記事が罫紙枠内にとどまらず、枠外にまでまたがっていることが多々みられる。それらについては読みやすいように整理した〕

九月一〇日

○九月十日月曜。
○午前七時後より東久邇宮邸に行き、師正王十日祭に列す。

九月一一日

○九月十一日火曜。宮内省の新室にて皇族附職員会議を開く。

九月一二日

○九月十二日水曜。
午後一時四十分頃宮中西溜に行き、二時より宮中西溜間にて緊急会議。会議前、予穂積陳重に、法制審議会の議事は当分休止すへき旨を告く。穂積之に同意す。平沼予に、当分進行出来難かるへしと云ふ。予、穂積に談し置たる旨を告く。

臨時災害事務委員会を廃す。

九月一三日

○九月十三日木曜。
○午前七時三十分頃より自動車に乗り、東久邇宮邸に行き、自動車を返す。他に備ありたるを以てなり。師正王の葬に会し、豊島岡に行き、復た東久邇宮邸に行く。

九月一四日

○九月十四日金曜。
○午前七時三十分に自動車来るへき筈なりしも、自動車来らす。八時後に至り、急に人力車に乗り、東久邇宮邸に行く。予か行くこと晩れたるを以て、宮邸より自動車を遣はして予を迎へたりと云ふ。予が行きたる後、埋葬翌日祭に列し、次て豊島岡に行き、復た宮邸に返る。車中、金井、野村、有馬純文、折田と焼跡を観ることを約し、午喫後、久邇宮邸の自動車に同乗し、銀座より両国橋を渡り、吾妻橋に至る。渡るへからす。両国橋に返り浅草に至り、上野を経て宮内省に返る。時に二時前なり。
○今日頃午後、青山北町の有馬邸に行。野村より国分の言を伝へ、永島巌の長男〔格〕の死を告く。

九月一五日

○九月十五日土曜。
○午後、青山北町の有馬邸に行き、南町の番地を問ひ、永島を弔し、又南町に行き、有馬を訪ひ、夫人と話す。

九月一六日

○九月十六日日曜。午前橋場に行き、有馬伯を訪ひ、臼井光子方の焼跡を尋ね、引越先を調へて帰る。

○午後柳田を訪ひ、無事なることを聞きて返る。広津和郎来る。

九月一七日

○九月十七日月曜。今日頃、午後一時頃西園寺八郎より給仕を食堂に遣はし、小原、入江、松平等が来り居るに付、食後来り呉よと云はしむ。乃ち往く。入江、関屋より官制改正に関する案を提出すへきか、大臣か之に盲従せさる様予防し呉よと云ふ。午後三時後入江を官房に訪ひ、談する所あり。用務を記臆せす。関屋、入江の案か出来たらは意見を聴き度と云ふ。西園寺の意見も聴くと云ふ。

○入江等か去りたる後、予、只今は入江と松平とをして関屋に説かしむるか便なることを説く。西園寺、小原之に同意し、予より入江、松平に説くことを約す。

今日頃、高羲敬より世子の罹災者救恤のことを謀る。予二万円位出すへきことを説く。高、酒巻に謀る。亦同意す。高又斎藤に謀る。斎藤出金に及はすと云ひたる由。

広津直人来る。

上省の次、山階宮及賀陽宮に過り、帳簿に署名す。昨日帰京せられたるを以てなり。

今日頃、午後二時より宮内省にて伊藤景直を訪ひ、其長男〔貞二〕の死を弔し、山内〔以下判読できず〕

九月一八日

○九月十八日火曜。午後西園寺来る。予、昨日協議したる後、関屋より談したることあり。協議の通りには牧野には談し難し。少しく趣意を変する積りなりと。西園寺、関屋より自分にも話したり。自分は根本を定めされは不可なる旨を述へ、且相談するならは、徹底的に相談せされは不可なる旨を告け置きたりと云ふ。

○午後三時後鹿児島来る。南部のことなり。枢密院事務所に行き、村上に嘱す。入江と南部のことを談す。

九月一九日

○九月十九日水曜。晴。上省の次、南部の家に行き、帰途枢密院事務所に行く。書記官在らす。午後復た行きて二上に面す。

午後二時後西園寺に電話し、東宮御所に往訪せんと欲する旨を告く。三時まては差支なしと云ふ。小原亦共に往かんと云ふ。乃ち共に往き、摂政殿下、侍従の室に在すに、小原と共に之に拝し、西園寺と共に別室に入る。入江、西園寺の意見書を受領す。協議の末、予より牧野に説き見るへきことに決す。別室にて小原と共に茶を喫し、小原は予の門前にて別る（自動車）。

○有馬泰明来る。不在。復た来る。之に財産分与に関する書を交す。

九月二〇日

○九月二十日木曜。曇。午前七時三十分より自動車に乗り、東久邇宮邸に行き、二十日祭に列し、豊島岡に行く。妃殿下、盛厚王、彰常王両殿下亦来らる。復た宮邸に帰る。金井、有馬と同乗して往返す。午前、宮内省に返る。
○午後、意見書を草す。
○午後閔泳綺、李完用来る。
今日頃、和郎鎌倉に行く。

九月二一日

○九月二十一日金曜。午前、意見書を作り終はる。午後二時頃牧野に面し、之を交し、且口述す。
閔泳綺、使を遣して織物を贈らしむ。

九月二二日

○九月二十二日土曜。晴。十二時三十分より世子邸に行き、高に面して閔に贈る羽二重を托し、直に南部光臣の家に行き、其養父の告別式に会し、復た宮内省に返り、二時三十分より枢密院の会議に列し、三時より家に帰る。

九月二三日

○九月二十三日日曜。
○午前、柳田直平来り訪ふ。話すること十分間許。
○午後二時三十分頃より世子邸に行く。閔泳綺、李完用、将に帰らんとするを以て、世子、同妃之に茶を供す。予亦与る。宋秉畯亦来り加はる。
午前、直人妻潔子及演子〔不詳〕来る。予か柳田と談し居るとき、〔原文空白〕は他家に行く。
○午前十一時頃閔泳綺、李完用来り訪ひ、明日出発、朝鮮に帰る旨を告け、予に面せすして去る。

九月二四日

○九月二十四日月曜。風雨。秋季皇霊祭なるも、震後諸事簡に従ひ、政府及宮内省を通し、総代一人の参拝を為すことゝなりたる故、参拝せす。
○午前七時後、安、芝浦に赴て長崎丸に乗り、神戸に赴く。将に郷に帰らんとするなり。風雨次第に加はり、夜に入り殊に甚し。安か困難すへきを想ふ。
○午後零時より人力車に乗り、東久邇宮邸に赴く。一時後、金井四郎の官舎に赴き、諫早サク、青木松枝〔東久邇宮侍女〕及某の法会に会す。三人は東久邇宮妃に随て鵠沼に在り、震災のとき圧死したるものなり。三時三十分頃家に帰る。
○東久邇宮邸にて稔彦王殿下の電信二通を観る。
死者救護の事を片岡に問ふ。片岡、宮より出金する趣なりと云ふ。又金井に問ふ。金井、宮より出金することに致したりと、先日之を告け置きたる筈なりと云ふ。

九月二五日

○九月二十五日火曜。晴。中秋、月色極明。午前九時三十分頃より出勤す。
○午前、村上恭一来りて先考文稿を返す。清浦か嘱したる所なり。村上に緊急会議のこと、及顧問官補欠のことを問ふ。村上、明日には非らさるならん。政府より延期を申し来りたり。補欠は目賀田種太郎〔貴族院議員・無所属、元大蔵省主税局長、元韓国統監府財政監査長官、男爵〕、仲小路廉、大森鍾一ならんと云ふ。予緊急会議の振合を談す。
○午前西野英男に嘱し、長崎丸出港の状を問はしむ。十二時前西野復命す。
○午後一時頃より食堂にて御婚儀委員会を開く。
○午前白根松介来り、土岐政夫任官は今日になりたることを告く。十二時前、白根、土岐を伴ひ来り、任官を報す。土岐をして伊夫伎準一に就き、局務の振合を問はしむ。
○午後四時より退省す。
○午前葉書を有馬泰明に贈り、又電報を発す。
○午後五時後、〔原文空白、永松カ〈農商務事務官・山林局勤務〉〕陽一来る。
○午後五時後土岐政夫来り、転任に付挨拶す。
○広津和郎昨夜外泊。今夜帰り来る。
○会議後西園寺と談せんとす。西園寺、大略聞きたり。今日は急用あり。明日来るへしと云ふ。

午後零時後食堂にて牧野伸顕より、東久邇宮殿下は震災に付、天機、御機嫌を伺はれたるやを問ふ。是は、予か殿下より妃殿下に対する電信達したることを談したるよりのことなり。予、徳川頼倫に問ふ。徳川之を見たる様なりと云ふ。

九月二六日

○九月二十六日水曜。晴。午前九時三十分より出勤す。
○午後一時後西園寺来り、談す。昨日牧野を訪ひたるも、今朝来るへしと云ひたるか、昨夜白根より、牧野不快なる故、今朝の面会を断り来りたりと云ふ。予、先刻松平より一寸聞きたり。真に不快ならは已むを得す。松平の談にては、白根に問ひたる処、白根は牧野より不快なりと云ひ置くへしと云ひたる趣を告けたる由。果して然らは、不都合なりと云ふ。西園寺、震後既に一ヶ月許になるに、何事も決し居らす。此の如きことにては困る。今後両度牧野に談判し、愈々見込なけれは、身を退くより外なしと云ふ。予身を退くことは出来すと云ふ。二時頃西園寺去る。
○午後一時頃、食堂にて酒巻に東久邇宮に対する手当のことを聞く。酒巻、最初の案に返り、関屋も見舞金として宮に賜はることになす様に傾き、今日大臣に話して決定することにすへしと云ひたりと云ふ。
午後二時頃地震稍々激し。省員屋外に出てたるもの十余人ありたり。
○午後四時より退省。一たひ家に帰りたる後、野田卯太郎を訪ふ。其次男〔四郎太、香川県仲多度津郡長〕か山陽鉄道にて自殺したる旨、新聞に記し居るを以てなり。野田の家にて横田千之助〔衆議院議員・政友会〕、若宮貞夫、浜田某〔国松、衆議院議員・革新倶楽部〕等に遇ふ。

晩（五時後）又震す。稍々激し。

○午前高羲敬来り、世子妃か近日閑院、山階、賀陽、東久邇等に行かるへきことを謀る。予之を可とす。高、閔と李は昨日中央線（上野より）より朝鮮に帰りたる旨を告く。閔等か滞在中、鮮人か多数来り、其中一人は宿したることを談す。高は病未癒へす。高又世子邸職員の罹災者に対する救恤のことを謀る。予宮内省の振合にて宜しかるへき旨を告く。

午後零時後食堂にて、白根松介に震災善後会寄附金の振合を問合はすることを嘱す。

午後三時後酒巻芳男に、稔彦王殿下、天機御機嫌奉伺のことを問ふ。酒巻、侍従職、皇后宮職の方を調へ見るへしと云ひ、四時頃予か帰るとき、侍従にては確に来り居りたる様なり。尚ほ取調へ見るへし。皇后宮職にても調へ見るへしと云ひたる趣なることを告く。

九月二七日

○九月二十七日木曜。晴。午前九時二十五分頃より出勤す。

○午後零時後、食堂にて関屋貞三郎より九条道実に、震災に付天皇陛下より皇祖皇宗に告けたまふ文案は、一応倉富君（予）に示され度と云ひ、次て予に一覧し呉よと云ふ。午喫後、予か自室に返るとき、小原駐吉、予と共に来る。予小原に、西園寺の談を聞きたりやと云ふ。小原、昨夜東宮御所にて活動写真を為したるか、自分の参殿後れたる為、写真の終る時刻後れ、西園寺も東宮殿下に随ひ奥に入り、殿下は直に御寝所に入りたまふとのことなりし故、西園寺と談する暇なしと思ひ、自分も直に帰りたりと云ふ。

予、西園寺と松平と昨日牧野を訪ひたるも、面会せす。今朝会見することを約し置たるも、昨夜に至り白根より、牧野は不快なる趣を以て、今朝の会見を断り来り。松平より白根に問ひたる処、白根は、牧野か不快なりと云ひ置くへしと云ひたる由を答へたる趣なることを談し、又昨日西園寺予か室に来り、今後二度は牧野に忠告すへきも見込なし。其上は考ありと云ふに付、予より東宮職のことあり。辞職すへからさる旨を告け置たる旨を談す。小原、只今は西園寺か疳癪を起すへきときに非すと云ふ。

予と小原と談し居るとき、佐伯某来り、天皇陛下の御告文案を持ち来り、之を覧呉よと云ひ、関屋は、原文に浮華を斥け、質実を務めとあるを奢侈を斥け、冗費を省きとしたるは意を尽くさすと云ひたりと云ふ。予之を覧るへき旨を告く。佐伯か去りたる後、尚ほ小原と話し、小原か去りたる後、文案を観、関屋を訪ふ。在らす（徳川家達と談し居ると云ふ）。大谷正男、白根松介の処に往き、大谷の病気に付挨拶し、白根に告文案を交し、原案に夙夜兢々とあるを夜半暁なりとしたるは直訳に過き、適当ならす。今少し適当なる語あるへし。例へは、日めもすと云ふ様なる語あるならん。又浮華質実の語は其文字を用ゐ、適当に之を訓すること出来るならん。此意を関屋に伝へよと云ふ。白根之を諾す。
○午後一時三十分より北溜に行き、二時より緊急会議。有松質問し、後藤〔新平、内務大臣〕答弁したれとも、明瞭ならす。午後三時諸案を議了す。余り形式の議事なり。北溜にて清浦より、先考の文稿に付談話す。
○仲小路、目賀田始めて出席す。昨日任官したるなり。
○午後四時退省。玄関上の廊下にて徳川頼倫に遇ふ。徳川、今日秩父宮御殿に皇族の談話会あり。震災後の時局に付談話せられたり。此ことは閑院宮の思立なりしことを談す。
○五時前家に帰る。隆、今日午前十一時頃上京したる由。
○宗秩寮前の廊下にて松平に遇ふ。牧野に会見する日時決したるやを問ふ。松平明後日午前九時に決したりと云ふ。

九月二八日

○九月二十八日金曜。朝雨後曇。
○午前十時後小原を訪ふ。在らす。少時後、給仕をして其在否を見せしむ。在りと云ふ。乃ち往き、岩倉熊一郎辞職のことを謀る。小原之を留め、三善焞彦に岩倉に書を贈らしむることを命す。小原、西園寺か明日牧野に面することになり居る趣なることを告く。予、松平より聞きたる旨を告く。
○午後零時後食堂にて、井上勝之助枢密院会議の無責任なることを説く。又食堂にて徳川義親〔旧尾張藩主徳川家当主、貴族院議員・無所属、侯爵、松平慶永五男〕来り、関屋に動物園の象のことを談す。入江、小原在り。小原は狂象を花屋敷に渡すことは不可なりと云ふ。入江等は昨日略之を渡すことに決したる模様なり。小原昨日は誰か議したりやと云ふ。入江、西園寺も在りて、花屋敷にて巧に之を飼ふならは、渡しても宜しからんと云ひたりと云ふ。小原、不可なることを主張し、中口立ち去る。予亦自室に返る。小原来り、関屋、入江等を罵る。予は徳川義親を識らす、廊下にて之を小原に問ふ。小原、徳川なり。初徳川一人にて銃殺すと云ひたる趣なるも、自分は之を危み、十分の用意を為すへき旨を注意し、此ことを議するときは自分（小原）に通知すへき旨呉々入江に約し置たるに、之通知せす。入江の心事解し難しと云ふ。
○午後、書を岩倉熊一郎に贈る。
○午後三時頃西野来り、只今官房より、明日午前十時官房に来られ度。会議ある趣なることを報し来りたりと云ふ。

九月二九日

○九月二十九日土曜。晴夜雨。
○午前九時三十分より出勤す。
○午前十時より大臣応接室に行き、関屋より牧野の意を伝へ、災害後予算の方針を説き、約二割を減すへき旨を告く。小原、二割は経常費なりや否を質し、関屋、経常、臨時を問はす、但復旧費は之を除外する旨を答へ、小原より、予算の査定には部局長官一緒に協議することの希望を述へ、十一時前散会す。更に十月三日午後一時三十分より再会することを約す。
○午前十一時後高羲敬来り、本年十一月、世子陸軍大学校卒業の時の贈品の振合を謀る。中央幼年学校、士官学校卒業時の贈品を記したるものを示し、是は閔泳綺の嘱に依り取調へたるものなりと云ふ。予、陸軍大臣等陸軍関係者には贈ることゝなすへきも、宮内省の方は必要なからんと云ふ。高、其〔振〕合にて取調見るへしと云ふ。高又閔泳綺、李完用か退京の前夜、世子か卒業せられたる後は朝鮮軍司令部附と為り、王を助けて祭祀を為さるへきことを述へ、高の意見を問ひたるも、高は意見を述へ置かさりし旨を告け、世子の帰鮮は容易ならさる旨を説く。高既に去る。

予官房に行き大谷に、牧野に面会することを得るか否を問ふ。大谷不能と云ふ。予白根に、取次にて談することを得るや否を問ふ。白根、熱あり。医（西川〔義方、侍医〕）は今日中は面会を禁し居れりと云ふ。予熱度を問ふ。白根、昨日は三十九度許にて、医は熱の模様にてチフス様のものには非さるやと疑ひ居れりと云ふ。予、関屋を問ふ。大谷、皇后陛下を奉迎し、随行して被災地を視ることになり居ると云ふ。予、関屋に談するも、大臣の意なりと云ひ難きに付、之を談せすと云ふ。

午喫後白根、如何したりやと云ふ。予、致方なしと云ひ、白根を他所に誘ひ、事情を告け、予の考にて斎藤に談し置くへしと云ひ、兎も角徳川頼倫には之を告くへしと云ひ、徳川の室に行き、始末を告く。徳川、予の意見に賛す。午後一時前より将に斎藤を訪はんとす。愈衆議院内の総督府事務所に過きり、斎藤の所在を問ふ。所員之を知らす。午後三時には大蔵大臣を訪ふ約あることは之を知り居ると云ふ。乃ち一たひ宮内省に返り、更に大蔵大臣官舎に行くことゝす。
○午前十時後、明日の自動車を借ることを西野に嘱す。西野、明日は都合出来難しとのことなる旨を報す。予、東久邇宮に使を遣はすことを嘱す。西野更に自動車を交渉すへしと云ふ。一時前、斎藤を訪ふ為に自動車を謀る。白根、明日の自動車は他の方を繰り合せ、必す間に合はすとのことなる旨を報す。予、斎藤を四谷仲町に訪はんとするとき、帰宅のときの馬車を断はること、万一明日の自動車を断はり来りたらは、使を東久邇宮邸に遣はし、自動車なきこと、予の自動車も備ふへき旨を告くことを嘱す。
○午後一時後官房に行き、関屋を問ふ。尚在らす。予白根に、斎藤か在らさりしことを談す。白根、秘書課の半井（貞成）〔宮内大臣官房属官〕をして問ひ合はしむへしと云ふ。其旨を告く。半井電話す。通せす。二時頃半井来り、斎藤は午前には総理〔山本権兵衛〕の官邸に来り居りたるか、今は在らさる趣なり、事務所に問ひ合せ見るへきやと云ふ。予事務所には先刻行きたりと云ふ。
○午後二時四十分頃関屋貞三郎来り、大臣（牧野）の病気は格別のことに非すとのことなるも、尚ほ暫くは出勤出来難かるへし。然るに、皇族への賜金（震災にて薨去せられたる皇族に対する賜金のことを指すならん）其他、重要のことあるに付、相談に与かり呉よと云ふ。予、実は至急を要することあり。大臣に面会し度かりしも、病気にて面会することを得す。其ことは云々なりとて、高義敬か予に告けたる世子京城住居のこと、斎藤実か明日出発、帰任する趣に付、其前斎藤に面会して此問題を予防する方宜しからんと思ふ。大臣に面会することか出来れは、大臣の希望と云ふことを得れとも、夫れか出来さる故、予は此く思ふか、斎藤の考は如何。同意ならは之を予防せよと云ふ積りなりと云ふ。

関屋、至極同感なり。自分（関屋）も面会の用事あり。同行すへきやと云ふ。予、三時に斎藤か大蔵大臣を訪ふ約ある趣に付、予は大蔵大臣官舎に行き、面会する積りなるか、既に二時四十分なる故、直に出掛くる積りなりと云ふ。関屋、自分（関屋）は午喫せさるへからす。貴官一人丈けの方却て宜しからん。大臣も無論同意見と思へとも、大臣の希望なりと云ふ訳には参らさるへしと云ふ。関屋去る。

予は直に大蔵大臣官舎に行く。時に二時五十五分なり。斎藤未た来らす。三時に至り斎藤来る。予、高義敬の談を告け、且予の希望を述ふ。斎藤未た之を聞き居らす。帰任後探り見るへし。いつれ王の情願と云ふことになるへし。軍事の勤務と云ふは一応の理由は立てとも、情願と云ふことになり、無下に拒むことは難かるへしと〔云〕ふ。予、渡辺暢のことを談す。斎藤、今朝総理に談し置たり。総理は書記官長〔樺山資英〕に談し置き呉よと云ひたるか、今日は面会せす。明朝にても面会せは談し置くへしと云ふ。予は直に家に帰る。

九月三〇日

○九月三十日日曜。曇夜雨。

○午前七時三十分宮内省より自動車を遣はす。直に東久邇〔宮〕邸に到る。八時より師正王の三十日祭に列す。既に終る。喪章を附くることを忘れ居りたり。阿部某〔仁三郎、東久邇宮附属官〕より之を借りて附著す。九時より金井四郎、有馬純文と自動車に同乗して豊島岡に行き、墓に拝し、直に宮邸に返る。此日、妃殿下及盛厚王殿下も墓参せられたり。帰家のとき、有馬純文は予と同乗し、自動車を宮内省に還すとき、尚ほ之に乗り、皇后陛下の御機嫌を伺ふ為め宮城に行きたり。

○午前、直人昨日渋谷に家を借り置たることを告く。

○内子、腸胃及脳の具合悪しく、臥褥す。午前十時頃婢敏をして坂田稔を召はしむ。

○午後一時頃仁田原重行、境豊吉自動車に乗り来り、迎ふ。之と同乗して橋場有馬邸に赴き、三時頃より相談会を開く。車中にて境より、同人か横浜にて倒圧せられたることの談を聞く。五時頃議了し、飲喫後、仁田原、境の外松下丈吉と自動車に同乗して帰途に就き、仁田原は飯田橋にて下車し、境、松下は市〔ケ〕谷、田町にて下車し、予は最終に門前にて車を下る。家に帰りたるは七時三十分頃なり。

○隆は午前十時前より吾妻勝剛の告別式に会し、遂に荒井を訪ひ、又東京駅に行き、汽車の都合を問ひたる由なり。

○午後二時頃坂田稔来りて、内子を診したる由なり。

大正一二年一〇月

一〇月一日

○十月一日月曜。曇後晴。
○午前九時三十分より出勤す。
○午前十一時頃白根松介来り、牧野は病大に快く、西川（医）も、少しもチフスの疑なく、余り疲労の結果、発熱したるものならんと云ふ、昨日自分（白根）も面会し、一昨日談せられたる世子京城住居に関することを告けたる処、大臣も至極同感にて、全然賛成せられたり。但し高羲敬か如何に答へたるへきやとのことなりしも、自分（白根）も詳細を知らさりしと云ふ。予、高は此ことは一個の事務官たる自分（高）は、何とも云ひ難しと云ひ置たりとのことなりと云ふ。白根、大臣は、高は伶俐なる人なるか、少し弱き所あり。高より京城住居は行はれ難き様なることを云ひ置きたらは、一層宜しかりしと云はれたりと云ふ。予、夫れは高には無理なり。李完用は常に独立なるも、此ことに付ては同人も他と同意見なり。然らされは立場かなくなる為なりと云ふ。白根最早面会は差支なしと云ふ。予、面会の必要なし。予か斎藤に面談したる模様を告け置き呉よと云ふ。
○土岐政夫今日より出勤せり。
○白根又部局長官の会は今月三日午後一時三十分なりやと云ふ。予然りと云ふ。白根、大臣（牧野）は先日次官より述へたることの外、一、二のことを加へ度。若し大臣か出席出来さるならは、次官をして告けしむへしと云ひ居りたりと云ふ。
○午前十一時後高羲敬、松平慶民、酒巻芳男来り、世子邸よりの救恤品のことを謀り、梨本宮、同妃世子邸に来られ、妃か自ら裁縫することを談せられたる為、世子妃は自分等は之を為すこと出来さるやと云はれたりと云ひ、結局世子妃より、男女袷百枚宛、襦袢夫人小児百枚宛を贈与せらるることに決す。予、高のみを留め、予か一昨日斎藤実を訪ひたる始末を告け、予は高より京城居住の談を聞きたる旨、斎藤に談し置たることを告け置たり。
○午後零時後食堂にて、徳川頼倫、関屋貞三郎に予か一昨日斎藤実を訪ふたる始末を談し、関屋か斎藤に逢ひたるやを問ふ。関屋、一昨夜逢ひたり。斎藤は、君（予）より話を聞きたりと云ひ居りたる旨を告く。
○午後零時十分頃西野英男来りて、予算委員被仰付る旨の辞令書を致す。
○午前十一時か酒巻芳男か来りたるとき、震災の為薨去せられたる皇族には見舞として金を賜はることになり、其額は山階宮五万円、閑院宮四万円、東久邇宮二万五千円、賀陽宮一万円と決したりと云ふ。予、震災の為死亡したる者に対する手当額は、総裁（徳川）の意見に依り増額したるに拘はらす、賜金の減少は困ると云ふ。酒巻、自分（酒巻）の責任なりと云ふ。予、徳川の責任なりと云ふ。酒巻之にて忍ひ呉よと云ふ。予墓地の外構等は宮にては為し難からんと云ふ。酒巻其ことは別に研究すへしと云ふ。

午後二時後片岡久太郎来り、御見舞金二万五千円を受取りたることを報す。予、酒巻と談したる始末を告け、之を金井に伝へしむ。
○午後三時頃有馬頼寧氏来り、敏四郎か先頃北海道に行きたるとき、船中にて神戸の鉄商某〔頼寧氏も氏を忘れ居れり〕一家と道連れになり、其娘〔宣子〕と相識り、之と結婚し度と云ひ、自分〔頼寧氏〕より泰明に談し、泰明か興信所にて取調へんとする際、震災に遇ひたるなり。いつれ其談あるへきに付、含み居り呉よと云ふ。予、財産分与の始末を談し、公債証書を得難きに付、一時利息丈を払ふ様のことになるへしと云ふ。頼寧氏、本家の収入減したらは必しも五万円には限らすと云ふ。頼寧氏、此節のことに付、木戸よりの寄附金を一時借用し、五千円許を費し居り、其外関屋よりの立替金千円にて支弁し居れりと云ふ。予、先日牧野に立替の相談を為されたることありたるか、只今関屋より千円を出したりとの談ありたるか、其千円か相談の結果なりやと云ふ。有馬然りと云ふ。予其千円は借用なりやと云ふ。有馬、只渡したる丈なり。又敏四郎は橋場との関係面白からす、自分〔頼寧氏〕の世話になることを望み居れり。依て幾分の財産を分ちて別家せしむるか、又は費用を附けて自分〔頼寧氏〕の方に托せらるるか、何とか考へ置き呉よと云ふ。話する十分間許。
予か頼寧氏と話し居るとき、西園寺八郎来り窺ふ。予、式部職に在るならは、予より後刻往て話すへしと云ふ。西園寺、他の処に行く故、後刻更に来るへしと云ふて去る。三時四十分頃復た来り、其後何とかなりたりやと云ふ。予、先日大臣に談したる後、何事も聞かすと云ふ。西園寺、先日関屋より話したる様のことにては何にもならす。自分〔西園寺〕は今日関屋に、式部職のことは会議の席にては話し難し。式部職にては主として神饌の費用を減する必要あり。是は議論して出来難し。大臣か方針を定めて命令すれは、夫れにて宜しきことなり。御服のことも供御のことも同様なり。今日数万円を費し居りて、陛下、殿下か一汁一菜の供御と云ふても信せられす、皇后宮職にても大膳にても十分に改革の余地あり。然し、関屋にては承知せしめ難しと云ふ。予、一昨日は関屋か大臣病気なる故、相談に加はり呉よと云ひたることの談を為〔す〕。西園寺然らは相談を為したらは宜しと云ふ。

予又西園寺か辞職すへからさることを説く。西園寺、東宮御所にて薄遇したること、珍田より毎日出勤するには及はすと云ひ、西園寺は毎日出勤すと云ひたること、珍田か戸田を信し居るも、何事も出来さること、珍田か地震後、母〔不詳〕か来りたりとて遠方に居り、何事も指揮せさりしこと等の談を為し、予は、西園寺か牧野に会見する期日は未定なるやを問ひ、西園寺は、牧野より期日を通知し来る筈なりと云ふ。予、世子京〔城〕居住に関する始末、頼寧氏の待遇〔財産分与〕に関する談を為せり。話すること十五分間許。

一〇月二日

○十月二日火曜。曇。
○出勤前、西野英男か写したる先考の稿の誤を検す。第二巻の半より第三巻までを終る。
○午前九時三十分より出勤す。
○午前十時後西野英男、予の恩給関係のことを談す。西野差向き手数を要せすと云ふ。
○午前十一時頃まて地震ふこと三回、稍々強し。
○午前十一時頃武井守成来り、第一天長節祝日には宴会を催ふされさるへしと思ふ。其伺は天長節祝日に限り置くへきや、又は新年宴会、紀元節のことまて一緒に伺ひ置くへきや、此ことに付二説ありと云ふ。予、此節は先つ天長節のことのみを伺ひ置く〔か〕可ならんと云ふ。武井、次に拝賀のことは総代との説あるか、其総代にも人数に関する意見一致せす。如何と云ふ。予、政府より一人、宮内省より一人にて宜しからんと思ふと云ふ。武井又酒肴料は此際全廃せんと思ふ。而して是は今後にも及ほ〔さ〕んと思ふと云ふ。予之に同意す。

十一時四十分頃武井復た来る。先刻のことは他には意見なきか、小原（駩吉）は政府よりは総代一人にて宜しかるへきも、宮内官は参賀することゝ為し、其中にても部局長官位は拝賀する方宜しからんとの意見なりと云ふ。予、先日の皇霊祭にも宮内官総代一人の参拝なり。此例より云ふも、総代の方適当ならん。加之政府は総代一人にて、宮内官は拝賀参賀すると云ひたらは、其間に議論もあるならんと云ふ。武井、小原は先日の例か悪かりしと云ひ居れりと云ふ。予、予は総代の方か宜しと思ふと云ふ。武井、入江とも相談の上、関屋に談すへしと云ふて去る。

十一時四十五分武井復来り、入江は折衷の意見にて、表面は政府、宮内官とも総代一人とし、部局長官丈は拝賀することゝ為さんと云ひたるか、式部次長其他は表面は何処まても総代一人宛と為〔し〕、部局長官丈は内謁見のことにすへしと云ふことになれりと云ふ。予、内謁見ならは異議なし。夫れにしても何か通知することになるならんと云ふ。武井何処よりか通知することにならんと云ふて去る。
○午後一時後金井四郎来り、昨日二万五千円の賜金あり。諫早サク、青木松枝及某に対する手当は予定の通り合計一万五千円を与ふへきやと云ふ。予二万五千円にて一切の費用を支弁することを得へきやと云ふ。金井或は不足するならんと云ふ。予、特別賜金五十万円の元本の内、三万円まては使用して宜しとのことなるを以て、予定の通り支給して宜しからんと云ふ。金井、青木の父〔好近〕は不品行にて妻と別居し居り、賜金を父に与ふるは事情に適せす。松枝の弟〔譲〕か松枝に親かりし故、之を呼出して与へ、父は老年に付、来るに及はすと云はんと思ふと云ふ。予、呼出すことは誰を呼出しても誰に与ふることになすやと云ふ。金井夫れは定めすと云ふ。予、規則ある訳に非さる故、道理より云へは父に与ふへきものなるも、誰に与ふると云はす、弟に渡して宜しからんと云ふ。

金井又昨日震災に関する功労者を表彰したるか、震災当時、使に行きたるもの、火を消し止めたるもの等あり。此の如きものならは、東久邇宮邸にては皆表彰さるへきものなりと云ふ。予、表彰の条件には合はさるも、妃殿下初め殿下を救ふ為に尽力したるものは其労を慰むる必要あらんと云ふ。金井、二万五千円の賜金に付ては自分（金井）より次官にても挨拶致し置くへきやと云ふ。予之に同意す。

○午後二時頃西野英男より、貴官（予）の恩給のことは当然政府の恩給は停止せらるるものと思ひ居りたるも、内蔵寮に問ひ合せたる処、内蔵寮にても其考なりしか、政府にては之を停止せさる旨、先日恩給主任会議のとき説明したりとのことなりと云ふ。

予、入江貫一の室に到る。会々上野季三郎来り、先日の表彰の公平ならさることを論し居りたり。予も宮邸にては表彰に洩れたるものを生したることを説く。入江、慰労の方法を講すへきことを建議し置けりと云ふ。予入江に、恩給のことを談す。入江、勿論停止する積りなりしも、政府にて停止せすと云ひ、再三交渉したるも肯んせす、遂に其ことに決したりと云ふ。

時に金井四郎来り、関屋を問ふ。関屋は皇后陛下に随ひ、被害地を巡り居れり。金井、大谷正男と立談す。蓋二万五千円の謝ならん（本月一日の日記参看）。金井将に去らんとす。予、金井に用事あり。後刻談すへき旨を告く。大谷、明日午後一時三十分より部局長官の会談あることになり居りたるか、大臣の病殆んと癒へ、明日まては出頭せられ難き〔も〕、明後日位には出省せらるることを得へきに付、会談は其上のことにせらるることゝ〔し〕たり。日時は追て通知すへしと云ふ。予、明後日ならは時刻を早くすることを望む。三時までに磯部四郎〔弁護士、元貴族院議員・交友倶楽部、元大審院判事・検事、元臨時法制審議会委員、故人〕の告別式ありと云ふ。大谷、白根に其由を告く。

審査局に返らんとするとき、西野英男より、明日皇后陛下日光行啓のとき奉送せらるるや。主馬寮より朝の迎馬車の時刻変更の必要なきやを問ひ来れりと云ふ。予奉送せさる旨を答ふ。直に宗秩寮総裁室に行き、金井四郎を呼出し、或は震災のときの勤労者に対し慰労する様のことあるへきに付、宮限り職員に対する慰労も、其振合を見たる上、権衡を失せさる様にする方宜しからんと云ふ。金井五十日祭終はりたる後に慰労する積りなりと云ふ。

○午後八時頃寝に就く。体熱を覚ふ。之を検するに三十七度六分あり。隆をして坂田稔の家に就き、リチネ油を取らしめ、之を服用す。晩餐には牛肉を食ひ、食後浴を操る。平常と異なることなし。体熱するも、悪寒なし。腸胃不和より来るものならんと思ひ、リチネ油を服したるなり。

○午後、広津直人及潔子代々木に移る。

一〇月三日

○十月三日水曜。晴後曇。午前零時下痢一回。午前より午後まて四、五回の下痢あり。リチネの効なり。午前零時後、体温三十八度余。其前は今少しく高かりしならん。午前五時頃三十七度強なり。
○午前七時後、使を宮内省に遣はし、今日は出勤せさるを以て、馬車を遣はすに及はさることを主馬寮に通知することを玄関受附に嘱し、又西野英男に贈る書を西野に致すことを嘱す。西野に贈る書には、予か病気の為当分出勤せさること、明日午後一時より三時まて弁護士事務所にて執行する磯部四郎の告別式に予に代りて会することを嘱し、宮内大臣より部局長官に対する訓示を明日頃行ふならは、予が出席し難きことを大谷正男に通知することを嘱すること、馬車を断はること等を書したるなり。
○午前九時後坂田稔来り、診す。腸胃不和の為の発熱とも思はれす。腸胃の感冒とても云ふへきものならんかと云ふ。
○隆は今日出発、帰郷せんと云ひ居りたるも、予が病の経過未た分らす、且天候も宜しからさる故、出発することを止めしむ。
○午後、隆本郷眼鏡舗に行き、眼鏡を修理す。途次、山内山彦〔不詳〕か家に過きり、御苑の茶一瓶及朝鮮人蔘十余本及朝鮮人蔘エキス一缶を贈らしむ。
○午後体温三十六度七分位となる。
○午後四時頃西野英男来る。予の書意を領したることを告け、病候を問ふ。
○午前零時後頃復た強震あり。

一〇月四日

○十月四日木曜。晴。午前体温三十六度七分許。
○午前隆、郵船会社に行き、神戸行上海丸のことを問ひたるに、是は横浜より乗船するを定規と為し、東京にては前日に乗船を約せされは之を約し難しと云ひたる趣にて、今日午後一時十五分に東京駅を発する汽車にて横浜に赴き、同処より高麗丸に乗り、清水港に赴き、江尻を経て静岡に行く切符を買ひ来りたり。静岡より汽車にて帰郷する積りなり。
○午前十時頃広津直人来る。十一時後帰り去る。
○午後零時後、隆出発、帰郷す。
○午後三時後西野英男、昨三日附、予に対し恩給審査委員会委員を仰付らるる旨の辞令を致し、予に代りて磯部四郎の告別式に会したること、大谷正男に予が出勤せさることを告け置たることを報す。予、明日は出勤すへきに付、午前九時に馬車を遣はす様、主馬寮に通知することを嘱す。

一〇月五日

○十月五日金曜。晴後曇。
○午前九時十五分頃馬車来る。乃ち出勤す。
○午前十時より北溜に行く。十時後より牧野伸顕、震災後の処務方針を訓示す。小原駩吉、徳川頼倫等之に対して質問す。小原の問に対し関屋か答弁したるも、要領を得す。入江より部局長官は各自に意見を提出したらは宜しからんと云ふ。予其無益なるへき旨を説く。入江尚ほ云ふ所あり。結局要領を得す。予山崎に、審査局の如く会計の分任なき部局は意見を提出せさるも可なりやと云ふ。山崎強ひて提出を望ますと云ふ。入江、審査官及旅費の過不足等に付意見あるへしと云ふ。予、強ひて意見を云へと云へは、其位のことなりと云ふ。北溜にて会議前、予入江〔に〕、予か恩給審査会委員と為りたるは本務と抵触すと云ふ。入江、夫れは気附かさりしか、審査会を開くことは稀有に付、宜しきに非すやと云ふ。予然らすと云ふ。既にして又之を白根に説く。白根、全体発表前一応内議する積りなりしも、貴官不参なりし為之を略したり。格別の差支なきに非すやと云ふ。予然らさる旨を説く。白根何とかすへしと云ふ。

○午後二時後小原駩吉の室に行き、今日の大臣訓示の無効なりしことを説き、大臣か方針を訓示するに、自己の所感を述へて参考に供すと云ひたるか、根本か既に誤り居れり。大臣としては云々なるを以て云々せよと云ふへき所なりと云ふ。小原、実は関屋の言質を取り置かされは幾度も変更するに付、再三質問したるも終に要領を得さりしなり。入江は後に、君（小原）の問に関屋は答へ難し。答へ置けは、必す後に至り君（小原）より変更を詰責せらるる故、答を避けたるならんと云ひ居りたりと云ふ。予か談し居りたるとき、山田益彦来りて小原を呼ふ。予乃ち去る。

予審査局に返らんとするとき、小原より、震災の時宮邸に来りて力を尽くしたる兵士、警察官等に対する手当のことに付川島令次郎より提案し居り、之を議する積りなり。君（予）も来り呉よと云ふ。予山田に、金井は来り居るならんと云ふ。山田然りと云ふ。予、然らは予は出席するに及はさらんと云ふて、審査局に返る。金井追ひ来りて其ことを議す。

予、兵士等には多額の金を与ふるには及はさらんと云ふ。金井、川島は四千円を兵士に与ふると云ひ居れりと云〔ふ〕。予夫れは過多なりと云ふ。山田来りて金井を促す。金井乃ち往く。既にして金井復た来り、予の出席を求む。乃ち往く。川島多額を主張す。予酒肴料にて宜しと云ふ。小原、酒肴料ならは、金額は多きを要せすと云ふ。川島は尚ほ云ふ所ありたるも、結局現に宮邸に来りて尽力したる者に限り、将校には十円、下士には七円、兵には五円宛の酒肴料を与へ、警察官、消防も之に準することに決す。時に四時なり。

○午前九時四十分頃高羲敬来り、世子妃より罹災者に与へらるる衣類の材料丈は備はりたり。妃も自ら縫ひ居られ、満足し居らる。三雲敬一郎より、梨本宮妃殿下は、世子妃は衣類の寄贈をなさるることは出来さるやと云はれたる旨を伝へたるに付、其ことは既に手続済みたりと云ひ、三雲は夫れならは宜しと云ひたりと云ふ。予、此ことは当初皇族と共同出来さりし為困りたり。世子妃よりの寄贈の衣類は二百枚と襦袢二百枚なりやと云ふ。高然りと云ふ。予代価は幾許位なりやと云ふ。高、着物は一枚五円なり。縫賃を加へたらは矢張二十円近くなるへしと云ふ。

○午後十時強震あり。夜雨。

○午後四時後、隆静岡発電信達す。

一〇月六日

○十月六日土曜。雨後曇。

○午前九時十五分頃より出勤す。

○午前十時後西野英男に、今日午後二時十分頃高輪の蜂須賀正韶の別邸に行かんと欲するに付、自動車を借り度。若し自動車なきならは、馬車にても差支なし。但馬車ならは自動車より少しく早き時刻より出行く必要あるへし。主馬寮に交渉し呉よと云ふ。西野、自動車を供することを得る趣なり。一時五十分頃玄関に之を廻はすへしとのことなりと云ふ。

○午前十一時頃西園寺八郎来り、先日牧野伸顕に対し、自分の意見を述へたり。大体は自分の意見に同意し、別に反対はせされとも、少しも断行する勇気なし。到底見込なしと云ふ。予、君（西園寺）か話したるは何日頃なりや。昨日牧野より部局長に訓示したるか、其前なりや、又は後なりやと云ふ。西園寺其前なりと云ふ。

予、然るか。実は昨日の牧野の言には予は驚きたり。最初に関屋より第一回の始末を説き、更に今日大臣より訓示あることを紹介し、次て牧野より自分の所感を述へて御参考に供すと云へり。此の言を大臣の口より聞きたるは実に驚きたり。大臣は云々なる故云々せよと命するか相当に非すやと云ふ。西園寺、宮中顧問官抔か意見を述へて大臣の参考に供するは当然なるも、大臣か部下の参考に供するは不都合なりと云ふ。予、昨日の会にては小原より大方針を問ひたれとも、之に答へす、結局入江貫一より部局長より所管の事に付意見を提出したらは宜しからんと云ひ、然かも内匠頭より離宮御用邸の存廃修繕の方針等も提出せよと云ふ様なることを述へたる故、予は所管外なるも、此の如きことは内匠頭の考を聞きても参考にもならさるへき旨を説きたれとも、入江は尚ほ其意見を主張し居りたり。要するに此の如きことは大臣は方針を決定して、然る後処置方を命するに非されは効能なし。折角大臣の病気回復を待ち、大臣出席して昨日の会を開きたれとも何等纏まりたることなし。全体大方針を議する為ならは、昨日の如く多人数を集めては意見も述へ難し。主馬頭より少しく具体的のことを述へたるも、是とても主馬頭としての意見にて、寮の併合等を要するとすれは、寮頭の意見にては効能なしと云ふ。

西園寺、牧野に対し神饌節略のことを説きたれとも、神事に関することは〔と〕云ふて、此ことすら決定し得す。其後更に関屋に、関屋より牧野に説き、牧野をして決心せしむる必要あることを説きたるに、関屋は前に自分（西園寺）の意見に同意し居りたるに拘はらす、其時は式部長官か又は自分（西園寺）より掌典長に話し呉よと云へり。依て自分（西園寺）は話することは何てもなけれとも、自分（西園寺）等より話して掌典長が神事は之を略する訳に行かすと云へは、夫れまてにて、夫れ以上強ゆることを得す。故に大臣より之を説きて諾せしむる必要ありと云ひたるに、関屋は又手帳に書留め居れり。大臣に話すことも憚かる様なることにては何ことも出来す。大臣か優柔なる故、次官ても確かりし居らされは駄目なるに、二人とも愚図なる故、致方なし。此二は行詰る所まて行詰るを待つより外には致方なしと云ふ。話すること五、六分間許。

○午後一時五十分頃より自動車に乗り、蜂須賀正韶の別邸に行き、其母〔随子〕の告別式に会す。将に帰らんとす。自動車在らす。之を索めんとして門の方に行きたるに、他の自動〔車〕の来るに会ふ。路小なる故、予之を避けんとして路傍に向ひ、小高き処を履みたる処、靴滑りて右を下にして横に倒れたり。蜂須賀家の僕来り、予を扶け起し、予か為に自動車を捜かし、反対の方に在ることを報す。予乃ち往て乗る。倒れたるとき洋服の右袖を汚し、又右手と右手に持ち居りたる手套とを汚かし、右側腹筋の怒張を来し、鈍痛を覚ふ。二時五十分頃家に帰る。
○午前十時後片岡久太郎来り、金井四郎の意を伝へ、来る十日、師正王の四十日祭に参拝せらるるならは、宮内省の自動車を借り来り、宮邸の職員も同乗することを許され度。然し、強ひて請ふ訳には非さる旨を語る。

一〇月七日

○十月七日日曜。微雨曇。
○午前午後、書十通を作る。皆、震災に付安否を問ひたるに答へたるなり。
○午前十一時頃向井巌来り談す。震災後一たひ来りたるも、予在らす。今日始めて面会せり。向井、宮内省の用務に服し度希望と細田佐代吉〔不詳〕を採用することを述ふ。予、向井の希望に対しては云ふ所なく、細田のことは見込なきことを答へたり。話すること四十分間許にして去る。
○午後二時頃より渡辺暢を訪ふ。夫妻ともに在らす。其家人（娘ならん）に名刺を交し、渡辺か先日来りて震災に付問ふ所ありたるに答ふる旨を告くることを嘱し、転して国分三亥を訪ふ。国分亦在らす。玄関にて其妻と話すること五分間許にして去る。渡辺を訪ふときは青山六丁目まて電車に乗り、其後は家に帰るまて徒歩したり。

一〇月八日

○十月八日月曜。朝曇、午後四時頃微雨。
○午前九時十五分頃より出勤す。
○午前十一時後より鈴木重孝か実況審査の結果に付内匠寮に推問し、同寮より送り来りたる弁明書に付審査官会議を開く。午前には議了せす。
○午後一時頃小原駩吉食堂にて、永田町の地所は全部赤十字社に使用せしむることになりたりと云ふ。予、之を解せす、将に之を問はんとす。小原次て徳川頼倫と話す。予之を待つこと少時、尚ほ休ます。乃ち審査局に返り、一時後小原の室に行く。小原正に武宮雄彦、平野英一と話す。予差支なきやを問ふ。小原、差支なし。次官（関屋貞三郎）の子〔正彦〕か社会奉仕の為、新宿御苑に在る避難者の為に雑誌類を閲覧せしめ且講演も為さんと欲する故、苑内にて必要の場所を借り度とて、関屋の名刺を持ちて平野（英一）の処に行きたるより、平野は自分（小原）の指揮を請ひ、自分は関屋の子某に御苑を貸すことは諾し難きか、目下東京市にて拝借し、避難者を入れ居る故、其範囲内にて市か必要と思ふことを為す丈は内匠寮として関係せす、市より御苑を返すときは一切を返さしむる積りなる故、其趣意にて武宮（雄彦）を四谷区役所に遣はし、只今武宮より其報告を聞き居る所なりと云ひ、之をして報告を続かしむ。武宮、四谷区長（佐藤三吾）と談したる趣意は、関屋某なる個人の願に因り御苑を貸すことは出来す、四谷区にて之を必要とするならは、区より願ひ出よと云ひ置たる旨を報す。

小原夫れは自分の趣意に非すと云ふ。武宮頻りに弁するも、結局小原の意に反し居り、小原、致方なし。四谷区長より申出たらは其時のことにすへしと云ふ。武宮去る。平野より何か云ふ所ありて亦去る。

予、先刻永田町の話ありたるも、之を解することを得さりしと云ふ。小原、赤十字社長平山成信より元女子学習院跡の地所二千坪許を借用し度旨申出てたる趣に付、自分（小原）は閑院宮の馬場として貸しある二千坪の内、千四百坪許は尚ほ使用せられ居らさる故、之に六百坪許を加へて赤十字社に使用せしめたらは宜しかるへき旨、東久世秀雄に談し置たり。然るに、東久世も関屋と同様、皇室有の地を無闇に他に遣はす癖あり。該地全部を赤十字社に渡したりとのことに付、自分（小原）激しく之を詰責したる処、東久世の云ふには、関屋の名義にて（代筆にある由なり）平山に書状を贈り、必要なる丈の地所は随意に使用して宜しき旨の返書を贈り居る趣なり。此の如きことにては、何処も取られて仕舞ふことになるへしと云ふ。

予動物園の象の処分は如何なりたるへきやと云ふ。小原、其後聞きたることなし。西園寺（八郎）か象を浅草の花屋敷に遣はすことに同意したりとのことなりしか、不思議に思ひ、之を問ひ見たる処、西園寺は象を移すことは絶対不可能なり。之を移すならは、鉄板に足を鏍〔螺〕旋にて締め附、少しも動くこと出来さる様為したる上に非されは出来難し。此の如き設備は今日出来くへきことに非す。故に移すことか出来くるならは、移し見よと云ひたるまてなりと云ひ居りたりと云ふ。

予、西園寺か牧野に話したる模様は聞きたりやと云ふ。小原聞きたりと云ふ。予、松平慶民も同行したるへきやと云ふ。小原、然らさるへし。西園寺の談に松平は面白くなき故、官吏を罷めて地方に行くと云ひ居りたる趣なりと云ふ。予、武宮は少しく君（小原）の意を誤解したる模様なりと云ふ。小原、武宮も関屋の意を迎へ、関屋の子の計画を成就せしめんとの考あるに付、彼の如きことを云ひたるなり。関屋の子か真に社会奉仕の考あるならは、新宿御苑に限る必要なし。市に交渉し、何処にても市より指示する場所にて為すか当然なり。然らさるは、全く売名の為にするより外に目的なきこと明かなりと思ふと云ふ。時に午後二時頃なり。

○午後二時頃より鈴木重孝の実況審査に付審査官会議を続行す。三時四十分頃議了す。

一〇月九日

○十月九日火曜。曇。

○午前九時二十分頃より出勤す。今日より冬服セヒロを服す。

○午前十一時頃より伊夫伎準一の実況審査に付博物館より提出したる弁明書に付審査官会議を開き、午後零時十分頃議了す。

○午後一時頃食堂にて、牧野伸顕、井上勝之助、徳川頼倫と話す。牧野、衆議院議員選挙法の審議を始めたりやと云ふ。予、未た始めす。審議会総裁より政府の都合を問ひたる上、通知することを待ち居る所なり。新聞にては、政府は政策と審議会の審議とは引き離し、審議せしむる様に書き居れとも、政府か即時断行と決するならは、審議を継続せしむる訳には行かさるへしと云ふ。

牧野、後藤（新平）は断行論者なる趣なりと云ふ。予、内務大臣か既に意見を発表し、犬養（毅）〔逓信大臣〕の素論か彼の通りなれは、政府は何とかせさるを得さるへしと云ふ。牧野、自分は断行か宜しと思ふ。到底時期の問題なり。而して一、二年遅くなりたりとて左程人智か進むものに非す。故に断行するか宜しと云ひ、又普通選挙になし、富者に重税を科するは必然なり。英国抔にても富者か次第に不動産を売却する様になれり。是は維持出来さる為なりと云ふ。

牧野、是迠智識の程度にて選挙権を制限する議論はなきやと云ふ。予、中学卒業以上の者には他の条件に拘はらす、選挙権を与ふへしとの論はあれとも、反対に智識なき者に選挙権を与へすとの論はなし。但し、氏名を自書し得さるものは選挙権なき訳なり。是とても仮名文字にて宜しく、選挙間際に氏名丈けを書することを学ふ者もあるなりと云ふ。牧野、余り無学なる者か政治志想ありと云ふは笑かしき訳なりと云ふ。予、実際は少数者の指図にて多数者は之に従ふ訳なりと云ふ。

徳川頼倫より、有馬頼寧氏か婦人に職業を授くる為、毛糸編物を為さしむることを思ひ立ち、毛糸は三越に在る趣にて、全体は二万円許の金を要するも、差向き多額を要せすとて、渋沢栄一より金千円を有馬に寄附したる談を為し、牧野は、渋沢か滝野川の自宅全部を病院と為し、順天堂の医員、看護婦を雇ひ入れ、一時六百人許の病人を収容し、只今にても五、六十人はある趣なることの談を為せり。

○午後一時後、予か食堂に在りたるとき、予の机上に鵠沼の吉村鉄之助の別荘の写真、同別荘の倒壊したる写真、盛厚王殿下の右額上に負傷せられ居る写真を置きありたり。予、金井四郎か来りて之を置きたることを知り、給仕をして宗秩寮総裁室に行き、金井を捜かさしむ。金井直に来る。或は給仕と行違ひたるならん。金井、盛厚王殿下既に全快せられたることは稔彦王殿下に言上する書状を呈し置きたれとも、此写真をも呈する積りなりと云ふ。

会々小原駩吉亦来る。小原、金井と震災当時勤労したる宮附職員に対する慰労金額のこと〔を〕談す。属官には最高百五十円、侍女には七十五円を給すへきことに約す。先日、震災のとき陸海軍将校の宮家の為に尽力したるものには、酒肴料として金十円を贈らるることに約しありたるも、其後川島令次郎より、将校には二十円を贈り、下士及卒には先日協議の通七円と五円とを贈ることになりたる趣にて、其権衡に因り、特務曹長には十五円を贈ることにしたる旨、小原より金井に談したり。

小原か去りたる後、予金井に、明日は宮内省の自動車を借り、宮邸に行くか、枢密院の参集日なる故、午前十時前に宮内省に返ることに致し度と云ふ。金井、十時までには間に合はさるか、時刻を繰り上けて間に合ふ様にすへしと云ふ。

○午後二時後枢密院事務所に行き、二上兵治に逢ひ、明日は参集するも、豊島岡に行く故、少しく晩るるやも計り難し。明日は摂政殿下、横浜に行啓せらるる趣なる故、拝謁はなかるへく、拝謁なけれは、顧問官の氏名書を作る必要もなからんと思ふか如何と云ふ。二上、拝謁なきも氏名書は作るの例なれとも、遅刻せられても差支なし。いつれ談話もあるへきに付、参集せられ度と云ふ。

二上、仲小路廉か貴族院議員を辞せさることは伊東巳代治、金子堅太郎、山県伊三郎は同意なりと云ひたる趣に付、各本人の意見を問ひたるに、いつれも反対なり。或は仲小路に対し、自ら是とするならは、議員を辞せさることに為し見たらは宜しからんと云ひたる位の人はありたるやも計り難し。仲小路は之を賛成と解釈したるものならんと云ふ。

二上又、予か此節は伊東は得意ならんと云ひたるに対し、先日此処に来り、頻りに政府のことを誹難し居りたり。意ふに政府にて伊東の言を用ゐさるものならん。伊東は先日の帝都復興院官制は復興審査委員会にも諮問せすして、枢密院の御諮詢を奏請したるに付、自分（伊東）より官制の欠点を指摘して山本（権兵衛）に詰りたる為、枢密院会議の延期を求むることゝなりたる次第なり。該官制の如き主要なる議案に付ては、特別委員は設けさるにしても、十分に審議する必要あり。自分（伊東）は総会に於て十分質問する積りなりし処、有松（英義）より質問し、後藤（新平）より答弁し、其様子に因り如何にも両人狎合の問答なることを看破し、其中に入るは愚かなることゝ思ひ質問を止めたるか、枢密院の議事は不都合なりと云ひ居りたり。先日貴官（予）か質問せられたるときは優游論議すへき場合に非すと云ひ、其後に右の如きことを云ふ、実に勝手なる人なり。其心理状態は分らすと云ふ。

二上又伊東は如何様にしても火災保険金を取ることか目的にて、此外には考なき様なりと云ふ。予、成程銀座の建物か焼けたる故ならんと云ふ。二上、銀座の損失か百万円許にて、築地の活版製造所の損失も同額位なる由。伊東は俄に貧乏になりたりと云ひ居りたりと云ふ。

予又平沼（騏一郎）も帝室制度審議会委員を辞したるか、岡野（敬次郎）と平沼と罷めたらは、伊東か審議会を存する理由はなくなりたらん。如何する積りなるへきやと云ふ。二上、平沼の辞任は既に発表したりやと云ふ。予然りと云ふ。二上、歴代調査のことは如何なるへきやと云ふ。予、震災前には調査会を組織する議ありたるも、震災にて消滅したるに非すやと云ふ。二上、自分（二上）も然るへきことゝ思ふ。然るに震災後に至り、宮内省より枢密院に対し委員任用に付承諾を求め来れり。右照会は震災前に来り居りたるも、一ヶ月以上留め置きたる処、震災後催促ありたるに付、回答を発したり。岡野、平沼か制度審議会委員を兼ぬることは不可なりとして辞任するに拘はらす、歴代調査の方には二人を入るるは如何なる訳なるや。関屋（貞三郎）に問ひ見んと思ひ居る所なりと云ふ。

予、枢密院より伊東と誰を任用する予定なりやと云〔ふ〕。

二上、伊東と書記官長（二上）丈けにて、貴官（予）のことは照会し来らす。是は本官の資格にて任命し、照会を要せさるものと為したる訳ならんと云ふ。予、此節は予は加へさる積りなるに相違なしと云ふ。二上、否。委員の人名は書き来り居れり。伊東、岡野、平沼、倉富、二上、関屋、入江（貫一）、外に学者として三上（参次）、黒板（勝美）〔東京帝国大学文学部教授〕及某（某のことは予か名を忘れたり）なりと云ふ。話すること十分間許。松岡康毅、南部甕男に贈りたる鏡餅代九円を書記某に償ふて宮内省に返る。

○午後三時後西野英男に嘱し、明日午前七時三十分までに自動車を廻はすことは昨日既に約し置きたるも、尚ほ今一度之を確かめ置かしむ。西野之を確かめたることを報す。

○午後四時より家に帰る。

○午後帰宅後内子より、今日宇佐美富五郎来り、目白より中野に行く道に借家を見出し、其処に転居して営業する積りに付、資金百円を借ることを請ひたる旨を報す。

○夜、震災の詩殆んと成る。

○午後一時後小原駩吉か来りたるとき、明後日会議することは関屋貞三郎より通知したりやと云ふ。予未しと云ふ。小原、三年町御料地のことに付協議し度。貴官（予）、入江貫一、山崎四男六、本田幸介、東久世秀雄及自分（小原）を招くことを談し置きたりと云ふ。三年町の御料地のこととは、今日食堂にて小原より牧野伸顕に談し居りたる所にては、東京市役所の助役〔原文空白、田島勝太郎〕か魚市場を水交社跡に移し、水交社の用地として三年町御料地を借用して水交社に交付せんとする相談なる由なり。午後二時後、関屋より明後日午前十時より会議し度旨を申来れり。小原の談にて、明日は摂政殿下か横浜、横須賀に行啓せられ、関屋か供奉する趣なることを聞きたり。

一〇月一〇日

○十月十日水曜。曇。

○午前七時二十分頃自動車来る。直に東久邇宮邸に行く。八時より師正王の四十日祭に列し、八時三十分より豊島岡に向ふ。金井四郎、有馬純文、片岡久太郎同乗す。九時前達す。墓所祭終り、直に宮内省に向ふ。同乗者前の如し。予一人宮内省に車を下り、金井等を東久邇宮邸に送らしむ。

○午前九時四十五分頃宮中北溜の枢密院控所に行く。十時後、議長（清浦奎吾）より、暑中に引続き震災後今日まで参集を休止したるか、政府にては非常に多忙なる際、参集せさるは面白〔く〕なからん。尤も陛下は未た御還幸にならす、摂政殿下も赤坂御所にあらせられ、宮城には御出なき故、拝謁等のことはなきも、参集したらは種々談合もあることならんと思ふ旨を述ふ。

談話中、清浦より衆議院議員改正委員会の模様を問ふ。二上兵治、予が知り居る旨を述ふ。予乃ち穂積陳重と打合せ、委員会を休め居る旨を告く。穂積も来り居りたるか、少時前辞し去りたり。清浦は、穂積は今日総理大臣（山本権兵衛）に面会する旨にて辞し去りたり。多分選挙法のこと抔協議する為ならんと云ふ。金子堅太郎後れて来り、米国より沢山の救恤品を持ち来りたるも、内務省にては外務省を経されは受取り難しと云ひ、米国人か直接罹災者に配給せんとすれは之も拒むに付、米国人の感情を害し、米国人は本月十三日出港の船にて帰国することに決し居る旨の談を為したり。

○午前十一時頃、予か枢密院控所に行き居るとき、有馬頼寧氏来り、西野英男に後刻復た来る旨を約して去りたる由なり。

○午後零時後、食堂にて井上勝之助より牧野伸顕に、金子堅太郎か枢密院控所にて米国人のことに付為したる談話の趣旨を告けたり。

○夜、風雨。

　十月十日午後四時三十分頃野田卯太郎来る。先日、予が往て其次男〔原文空白、四郎太〕の死を弔したるに答へたるなり。野田、時事を談し、今後のことは皇室を戴くもの、皇室に反対するものとに区別して政を為さゝる〔へ〕からす。一視同仁にては不可なり。無政府主義者等は仁政に服するものに非す。大杉栄〔社会運動家、無政府主義者、故人〕の如きものを其儘に為し置きたるか不可なり。宮内省にて宮城拝観を許す如き姑息のことを以て人心の緩和を図らんとするは愚なり。又皇室の尊厳は官吏か金ピカの礼服を著用する如きことに維持せらるるものに非す。帝国通信社の光岡某〔不詳、光永星郎カ〕か通信社を始むるとき〔権藤震二〔ジャーナリスト、元日本電報通信社重役、権藤成卿の弟、故人〕と共に〕、少しく世話したることあり。其の為め今尚ほ同社の顧問の如きことゝなり居るか、同社より先頃露国に遣はしたる野島某〔不詳〕か帰朝して露国の事情を談したるを聞きたるか、露国にては天皇は之を悪み、日本の官吏は総て天皇の官吏なりとの考より之を嫌ふか、官吏に非さるものは十分に之を厚遇する由。現に野島等か露国内地を巡視せんとするとき、浦潮在勤の総領事〔渡辺理恵〕も同行する希望にて希望書を出したるに、其書は直に之を却下したり。依て野島等も必す同様ならんと思ひ居りたるか、此方は之を許し、十分の便宜を与へたり。野島等より其理由を問ひたるに、総領事は天皇の官吏なる故、之を許さすと云ひたる由なり。先頃震災に付、救恤品を持ち来りたるか、救恤品も人民には之を贈るも官庁には之を渡さすと云ふ趣意なる趣なり。野島をして視察の状況を交詢社にて報告せしめんとする議ありたるも、多数の人をして露国の現状に感化を受けしむる恐れありたるに付、其ことは之を止め、清浦（奎吾）にても談し置〔き〕、其他は少数者に談したらは宜しからんと云ひ置きたるか、野島は大阪にも立寄らす、直に東京に来りたる故、直に大阪に行きたり。自分（野田）の注意に因り、少数者に対して話を為したりと云ひ居りたり。露国にてはレニン〔ウラジミール・イリイチ・レーニン、ソビエト連邦人民委員会議長、ロシア共産党政治局員、Владимир Ильич Ленин〕と雖も専断は出来す、議決機関か議決したる上、其執行に付てはレニンか全権なる趣なりとの談を為せり。野田か来りたるときは雨ふり居り、自動車か門前まで来らさる故、運転手か来りて傘を借りたり。

一〇月一一日

○十月十一日木曜。朝快晴後曇、晩より夜に掛け雨ふる。
○午前九時二十分より出勤す。
○午前十時頃関屋貞三郎の室に到る。予、今日の会議は午前十時より始むることゝ思ひて行きたるに、関屋は藤波言忠〔宮中顧問官、貴族院議員・無所属、元主馬頭、子爵〕及赤坂の区会議員某と談し居り、藤波先つ去り、某次て去る。関屋宗秩寮に行かんとす。予会議せさるやを問ふ。関屋会議は十一時よりの筈なりと云ふ。予時刻を誤りたることを知り、審査局に返り、伊夫伎準一、鈴木重孝、青山操、土岐政夫、矢島正昭と参事官にて起草したる皇室令案及宮内省令案を審議す。案は皇室会計令に変例を設けんとするものなり。十一時頃に至る。関屋貞三郎より会議を始むる旨を報す。予乃ち審査官に会議を継続すへき旨を告け、関屋の室に到る。

関屋、入江貫一、小原駩吉、山崎四男六、本田幸介、東久世秀雄と東京市より三年町御料地の貸与又は払下を請ふことに付協議したるか、此の如きことは将来の大方針を定めされは決し難きことに付、此際は東京市の助役田島某より相談を受けたる小原より之を拒絶することに決す。次て小原より、震災に因り破損したる諸門の修繕等のことを提議す。此時西野英男来り、有馬頼寧氏か面会を求むる旨を告く。予乃ち審査局に返りて之に面会す。

有馬氏、先日侍従黒田（長敬）外一人（有馬氏は土岐と云ひたるも、工藤〔原文空白、壮平、宮内省御用掛〕のことならんか）、自分（有馬）宅に来り、宮内省にて巡廻救護斑〔班〕を設けられ居るか、浅草辺に出張所を設くる必要あり。故に有馬邸を借用し度との話あり。依て自分（有馬氏）より父に書状を贈り、其旨を申遣はしたる処、目下警視庁の救護斑も来り居り、他の部屋は雨漏りにて使用し難し。依て断はり度旨の返書来れり。自分（有馬氏）直接書状を書したることか或は感情を害したるかと思ふ。如何したらは宜しかるへきやとの談あり。予より、実際都合出来さるならは断りても差支な〔か〕らんと云ふ。有馬氏表の座敷は二階も下も明き居る筈なりと云ふ。予、然らは兎も角一応事情を話し見るへし。誰に談すれは宜しきやと云ふ。有馬氏、返事は次官（関屋貞三郎）に致し呉よとのことなりしなりと云ふ。予、然らは一応関屋に話し見、強ひて相談せさるならは夫れにて宜しかるへく、若し是非ともと云ふことならは予か橋場に行き、都合出来るや否を見て其上の相談にすへし。結果は電話にて通知すへしと云ふ。有馬氏、新宅には電話なし。北町の旧宅の方に通知し呉るれは夫れにて宜しと云ふ。

予乃ち関屋の室に返り、小原の提案、諸門の修繕等のことは委員を設けて調査すへきことに決す。小原又霞ヶ関離宮修繕のことを謀る。修繕費四十五万円許を要すと云ふ。是は結局已むを得す修繕する必要あることならんと云ふ。意見多し。

予関屋に、有馬邸使用のことに関する事情を告く。関屋、警視庁にては十分に宮内省救護斑のことを諒解し居る故、当方より警視庁に交渉して宜しと云ふ。予、一応予か往て見ることにすへしと云ふ。関屋、工藤壮平を同行し呉たらは宜しからんと云ふ。午後一時後食堂にて工藤に、有馬邸使用に関する談を聞き居るやと云ふ。工藤、先日相談に行きたる処、御主人は不在なりし故、夫人に依頼し置きたりと云ふ。予、只今警視庁にて一部を使用し居り、其他の処は雨漏ありて使用し難しとのことなりと云ふ。工藤、他に家なき故、是非借用し度と云ふ。工藤又何時にても自分（工藤）行き見るへしと云ふ。

予審査局に返り、審査官に予は橋場まて行かさるへからさる故、皇室令案、宮内省令案の調査は継続し呉よと云ひ、西野英男に嘱し、自動車を借らしめ、二時前より有馬邸に行く。伯爵在らす。仁田原重行は来り居らす。有馬泰明は他に行き居れり。乃ち伯爵夫人に対して来意を告け、明日、仁田原か来りたらは泰明と協議し、伯爵の承認を求めたる上、泰明を宮内省に遣はし、予に返答する様取計はれ度。若し使用を拒むならは、適当の理由を附する様致すことを伝られ度旨を述へ、又渋田健造〔有馬伯爵家家従〕に対し、同一のことを告け、三時後宮内省に返る。

伊夫伎準一より、先刻大谷正男より宮内大臣の用事ある旨申来れりと云ふ。予乃ち官房に行く。牧野伸顕、徳川頼倫、関屋貞三郎、入江貫一、杉琢磨、松平慶民、酒巻芳男、大谷正男等あり。大谷より皇太子殿下の御慶事に付献上品のことを議したるか、貴官（予）は不在中なりしに付、議を進め、其ことは既に決定せり（献上は受けられす。但既に調達を終はり、又は注文を為し、中止し難きも〔の〕、其他特別の事情あるものに限り採納せらるること）。只今皇族方より内祝品の献上及皇族方に対する賜品等のことを議し居る所なりと云ふ。牧野は次室に行きて東京市長永田秀次郎〔貴族院議員・同和会〕に面会し、協議は曖昧になりたるか、皇族方よりの献品は実物は間に合はす、目録を献上せられて宜しからんと云ふ意見と、右の如き形式は止め、実物の出来たる上にて献上する方か宜しとの意見あり。又社会事業に対する賜金は御結婚のとき、直に賜はる方か宜しかるへき旨、大谷より申出て、予は之に反対し、之を賜はるならは、叙爵陞爵等も同様のこととなるへし。要するに御結婚式は之を秘せらるる訳には非さるも、祝賀に関することは一切見合せられ、恰も天長節と天長節の祝日の振合の如くするか宜しと云ふ。杉琢磨は夫れか宜しと云ふ。確乎たる決定なくして散会せり。

三時後より審査局に返り、審査官会議の結果を聞き、予の意見にて少しく修正し、最後に恩給のとき仕払切符等を賜はらす、祝金を賜はることにする手続に付、鈴木重孝と他の審査官と意見を異にし居りたる点を討議し、略々参事官の原案の趣意に決し、文字は少しく修正することゝなせり。四時三十分頃より退省す。此頃より雨ふる。

○午後に至り、隆本月六日久留米発の電信、始めて達す。

○午前内子一ツ木郵便局に行き、恩給金を取る。

一〇月一二日

○十月十二日金曜。朝雨後晴。

○先日、蜂須賀正韶の母の告別式に列したるとき顚倒したる後、右の肋骨下部の筋に殊〔に〕痛を覚へ居りたる処、昨日橋場に行きたると〔き〕自動車の動揺甚しかりし為か、今日は痛か少しく増したる様なり。
○午前九時三十分より出勤す。
○出勤前地震の詩を改作す。
○午前十一時頃松平慶民来り、今夜関屋貞三郎、入江貫一と晩餐を共にし、意思の疎通を図らんとす。貴官も来会せさるやと云ふ。予、予は何人に党する考はなけれとも、関屋の行動に付ては反対せさるを得さることあり。直接大臣に説き、又は書面を出したることも関屋は慊然たらさる模様なるを以て、予か会せさる方宜しからんと云ひ、予が静岡県に対する御料地払下に反対の意見を述へたること、省務の取扱方に付大臣に意見書を出したること等を談し、関屋か大度にて小原（駩吉）、西園寺（八郎）等を容るれは何事もなく、其意見を採用すると否とは職権を以て勝手に為し得ることとなる旨を談す。会々有馬泰明来る。松平乃ち去る。

有馬、宮内省救護班にて有馬邸を使用することは伯爵承知せられたり。伯爵は頼寧君の書状は不明なりし為、承諾出来難かりし事情を明かに述ふへき旨を命し、頼寧君の書状を貴官（予）に示すへしと云はれたるも、其必要なきに付、之を持ち来らさりしと云ふ。予、此ことは仁田原（重行）にも相談したりやと云ふ。有馬、今朝仁田原も来り、相談せりと云ふ。予有馬に、頼寧君に対する財産分与のことは既に実行したりやと云ふ。有馬、未た実行せす。十月三十日相談会のとき、仁田原は貴君（予）より頼寧氏に通知を為され度と云ひ、貴君（予）は自分（予）か為すへきものに非すと云はれ、有馬（秀雄）は、仁田原には為し難からんと云ひたる様のことにて、尚ほ其儘になり居れりと云ふ。

予、是は家職に非されは為し難きことなり。若し仁田原か為し難きならは君（泰明）にても宜しきに非すや。頼寧氏は信愛夜学校に対する木戸某よりの寄附金（五千円）を此の節の震災に関する行動の為借用し居る談を聞き居れり。速に実行する必要あるならんと云ふ。泰明、更に仁田原と協議すへし。有馬家の年内の経費に付ても余程不足ある模様に付、境（豊吉）は、先頃頼寧氏に対する年割額の外、今年の予算残額は全部渡すへきことに決し居りたるも、本邸に於て負債を起さゝるを得さる場合なる故、予算残額位は減しても宜しくはなきやと云ひ居りたりと云ふ。

予、頼寧氏は震災の為本邸の収入減したらは、強ひて五万円を要求するにも及はすとて至極穏当のことを云はれ居りたるか、予算残額のことは伯爵より頼寧氏に渡さるゝ書面には記載なきも、初め予より頼寧氏の諾否を問ふ為、覚書を示したるときの覚書には、予算残額は之を支出することを記載しあり。是は協議会にて決したることなりと云ふ。

泰明、華族同情会に対する諸家の寄附額を聞き度。之を知る工夫なかるへきやと云ふ。予、徳川頼倫の室に行き、之を問ふ。徳川、井上（勝之助）は三万円にて是か最高なり。其外一万円より千円位あり。同情会に寄附して震災善後〔会〕には寄附せすと云ふ人もあり。又反対に、善後会に寄附して同情会に寄附せすと云ふ人もあり。今日華族会館にて会議するに付、寄附の振合を明日までに書き取り来りて示すことにすへしと〔云ふ〕。予之を嘱して審査局に返り、徳川の談を泰明に告け、他に談することなきならは巡廻救護斑のことを掌り居る人を召ひて紹介すへしと云ひ、給仕をして工藤壮平を召はしむ。給仕来りて工藤は帝室林野管理局焼跡にある救護事務所に行き居る趣なりと云ふ。

予乃ち関屋貞三郎の室に行き、有馬伯爵家の家職か来り居るに付、工藤に面会せしめんと欲したるも、工藤在らす。工藤の外、誰か救護事務を担当し居るものなきやと云ふ。関屋、自分（関屋）か面会すへしと云ふ。予乃ち泰明を伴ひ、関屋の室に行く。泰明、現在警視庁の救護斑か有馬邸に来り居るも、有馬家にては其上に宮内省の救護斑を引受けて差支なき旨を述ふ。関屋、宮内省救護斑は皇后陛下の御思召に依り、政府の手の行き届兼ぬる所を救護するか目的なる故、現に警視庁にて救護し居る所に侵入するは面白からす。依て当省より警視庁に対し、警視庁の方か近日救護を止むるならは、宮内省は其跡を引受くることにすへしと云ふ如き趣旨にて警視庁に交渉し、警視庁の救護斑を止めよと云ふ様なることは云はすして都合を問ひ、其上に付、愈々宮内省にて救護することになるならは、担当者有馬邸に遣すことにすへしと云ふ。夫れより宿泊する人員、看護婦か宿泊するや否、救護員の食事は如何するや等を問ふ。関屋、看護婦は宿せさるへし。食事のことは詳しく分らす。人員は二、三名ならん。尚ほ担当者より詳しく相談すへしと云ふ。談終はる時既に午後零時を過き居りたる故、予は食堂前にて泰明に別れ、直に食堂に入る。

○午後二時頃小原（駩吉）来る。予、三年町御料地を東京市に売却又貸与せさることは先日既に決定したり。然るに、来る十五日更に該地所のことを協議する旨申来りたるは如何なる訳なりやと云ふ。小原、大臣の処には東亜同文会より該地所借用のことを申込み来り居る趣に付、其ことても議する積りならん。左すれは全部無償にて取らるることになるへしと云ふ。

予又昨日大臣室にて皇太子殿下御婚儀の時の下賜品、献品等のことを議したるか、君（小原）には通知せさりしやと云ふ。小原、通知なし。如何のことに決したりやと云ふ。予、献品のことは今日通知し来たる通りに決したる由。此ときは予は外出中にて議に加はらす、予か出席したる後、祝宴等は後日に延はしても、社会事業に対する賜金は御婚儀と同時に下賜せらるる方宜しからんとの意見（大谷正男より）ありたるも、予は之に反対せり。若し恩賜を先きにするならは、恩賞即ち授爵陞爵等も同時にせさるへからさることゝなるへし。要するに天長節と天長節祝日との関係と同様にし、何事も御婚儀のときには見合はす方適当ならんと云ひたり。

小原、大臣、次官の処務徹底せさることを説き、徳川頼倫も意見書を出し、都合に因りては辞職するまでの決心を為し居る様なりと云ふ。予、今夜関屋貞三郎、入江貫一か松平慶民の家にて晩餐を共にし、懇談する趣にて、松平より予にも案内したれとも、予は同席せさる方宜しからんとて之を辞したりとのことを談す。

小原と談し居りたるとき、西園寺（八郎）来る。西園寺、最早何事も見込なし。皇太子殿下か横浜、横須賀に行啓あらせられたること抔は式部職には何事も協議せす、関屋と珍田捨巳との相談にて決定したるものなり。横浜にては外国領事を召し、之に対して御挨拶ありたり。領事等は喜ふへきも、領事以上に働きたるものには何の御挨拶もなく、非常に不権衡なり。先日栃木県知事（山脇春樹）に対し、殿下より救護品の調達速かなりしとの御詞ある様になり居り、自分（西園寺）か之を止めたることあり。関屋の為すことは真の目の先丈けのことにて、人に誉められさへすれは宜しとの流儀にて、大体のことは少しも考へさる故、困るとの談を為したり。

予、予は初の中は牧野（伸顕）は事情を知らさる為、判断を誤ること多き様に考へ居りたるか、近頃の模様にては左に非す。事情を知りても矢張り関屋と同様の考なること多き様なりと云ふ。西園寺、其通りなり。牧野は矢張り関屋を使ひ度考へなる故、牧野か居る中は関屋を替ゆることは（出来ず）、牧野は元来人を統御することは出来さる人なり。講和会議にて仏国に行きたるとき抔も、自分（西園寺）等か行きたるときは、随員の不平にて言語同断になり居りたり。結局大臣を替へされは、宮内省は始末の附かさることになるへきか、行詰まるまて今暫く眺め居るより外に致方なし。自分（西園寺）は式部職のことに付、三通り計りの予算を出し置き、何の案にても決せよと云ひ置きたり。差向き用事もなき故、興津にても行くことにする積りなりと云ふ。

西園寺又先刻松平（慶民）より、関屋等を招くに付、来る様案内したれとも、面白くもなきことに付、断りたりと云ふ。小原、倉富君も同様断はりたる趣なりと云ふ。

予、昨日の協議会に何故君等（小原等）を召はさりしなるへきやと云ふ。小原誰々来り居りたるやと云ふ。予、入江（貫一）、松平（慶民）、徳川（頼倫）、酒巻（芳男）、大谷（正男）、関屋（貞三郎）等なりと云ふ。小原、杉（琢磨）は在らさりしやと云ふ。予、杉も居りたりと云ふ。小原、然らは本省に居る御婚儀委員は全部にて、自分（小原）、君（西園寺）と二人を除きたるものなりと云ふ。小原、西園寺話すること十分間許にして去る。

直に審査官会議を開き、参事官にて起草したる会計令及会計令施行規則の変例に関する皇室令案及宮内省令案に対する意見書に付協議し、三時三十分頃議了し、直に意見書を浄写する手続を為さしむ。

○午後四時頃家に帰る。

○本月六日午後、蜂須賀正韶の別邸門前にて顛ひたるとき、右肋部の下の筋痛あり。未た癒へす。今夜早寝、蒟蒻を以て痛所を温む。

○午後八時頃安、上京す。本月十一日郷を発し、静岡より清水港に出て、汽船にて横浜に航する予定なりしも、満員にて乗船することを得す、名古屋より信越線の汽車に乗り、新宿を経て上京せり。故に着京半日許晩れたりと云ふ。

一〇月一三日

○十月十三日土曜。晴。
○午前九時二十分頃より出勤す。
○午前十時頃徳川頼倫の室に行き、昨日約し置きたる華族同情会寄附金額調書を受取り、将に去らんとす。徳川少しく談し度ことありと云ふ。予乃ち椅に倚る。

　徳川、先日（本月五日）、宮内大臣より震災後の処務方針に付訓示あり。其時自分（徳川）より経費節約、精神上の緊縮外一事（此日は徳川は単に先日三事を述へたりと云ひたり。先日徳川か述へたる三事中の一事は之を忘れたり）を述へたる処、自分（徳川）の趣旨十分貫徹せさりし様なるに付、其後大臣（牧野伸顕）に対し口頭にて詳述し、尚ほ意を尽くさすと思ひ、書面に記し、之を大臣（牧野）に交す積りにて之を待ち来りたるも、大臣か日光に行きたる為、之を交すことを得すと云ふ。

　予、先日の訓示は効能なかりしなり。大臣か部下に向て参考に供すと云ふ如きことにては不可なり。方針を定めて命令せされは効能なしと云ふ。徳川、貴官か維新当時の簡素は彼の通りにて満足したるには非す。事情出来難き為、余儀なく出来る程度に止めたること多し。然るに国力の発展に伴ひ、華美に流れて終に極端に走れり。大臣か簡素と云ひたるも、震災後の今日、已むを得す必要と思ふことも之を止むることもあるへく、他は折り合ひたらは多少今日より程度を進むることもあるへし。其時になりても震災前の如く放縦に流るることは防かさるへからすとの趣旨なりと解釈する旨を述へられたるは感心なり。自分（徳川）、同様の考にて、大臣の趣意は緊縮なりや、節約なりや。緊縮ならは仮令財政の都合附きても之を為すへからす、節約ならは財政か許せは之を為して宜しきことになる。此点に付数回次官（関屋貞三郎）に質問したるも明瞭ならす。次官には緊縮と節約との区別か分らさる様に思はれたりと云ふ。

　予、昨夜松平（慶民）の宅にて晩餐を催ふし、入江（貫一）と関屋（貞三郎）とを招くに付、予も案内を受けたれとも、予は之を辞退したるか、君（徳川）には案内なかりしやと云ふ。徳川、案内なし。入江は近来大分体度か変りたる様に思はるるに非すやと云ふ。予、実は入江か宮内省に入りたる後間も〔なく〕、此の室（徳川の室）にて協議したることありたるとき、小原（駩吉）か入江に対し関屋のことを非難するに付、予は入江か片言を聞きて党派的の考を起すことを恐れ、其日直に入江に対し、省中に軋轢あり。君（入江）は一方に偏せす、公平に致し居ることを望む旨を注意したることありしか、入江の近来の体度は却て関屋の方に傾きたる様に思はるると云ふ。

　話すること五、六分間許にして審査局に返り、同情会寄附金額調書を写すことを西野英男に嘱し、写か出来たる上、昨日、有馬泰明より郵便にて予に送りたる（私宅宛）追加予算と寄附金額調書とを同封し郵便にて有馬泰明に送る（給仕をして投郵せしむ）。寄附金額調書の写を作り之を送りたるは震災後の混雑にて郵送途中紛失する恐あるを以てなり。九月一日、予より書留書状を有馬泰明に送り、有馬頼寧氏より予に贈りたる書状も同封し置きたるか、終に不達と為りたるを以て、此節は写を送りたるなり。

○午後二時前、入江（貫一）予か室に来り、是より震災の為、破損したる諸門修繕の参考の為、実地を視る積りにて同行する人もあるか、君（予）は来らさるやと云ふ。予、行くへしとて直に非常口に行く。自動車二輌来り居り、予は関屋（貞三郎）、本田（幸介）、高橋（其三）と同乗し、他の一輌には山崎（四男六）、大谷（正男）、松平（慶民）、東久世（秀雄）、入江（貫一）同乗し、先つ桜田門を視、次に和田倉門、次に大手門、次に内桜田門、次に半蔵門、次に三角門、次に二重橋畔の櫓（名を忘れたり）を視、関屋、山崎、大谷は宮内省に返り、予等は転して梅林門、平河門を視、又更に主馬寮に雨蓋馬場内に入れある破損馬車を視、三時三十分頃宮内省に返り、直に家に帰る。

○今夜、右肋部下の痛所に保温布を用ゆ。昨夜、蒟蒻を以て温めたるも、効なきを以てなり。

一〇月一四日

○十月十四日日曜。晴。

○午前九時前坂田稔の家に行き、右肋部下の痛所を診せしむ。坂田、俗に所謂寝違ひと云ふ様なることにて、筋肉の痛なり。心配のことはなきも、急には癒へさるへしと云ひ、カンフルチンキ様の塗擦水を投す。予、坂田に安の病状を問ふ。坂田別段悪しき所なしと云ふ。安のことは強五郎より懸念の次第を申来り、昨日安をして坂田の診を受けしめたるに付、之を問ひたるなり。

○午前十時頃田部芳来り、横田秀雄か自分（田部）を貴族院議員と為すことを平沼騏一郎に申込みたる趣に付、自分（田部）より其ことを富井政章に談したる処、富井は、難事なり。然れとも、難事なりとて運動せされは、今後時機来りても問題とならさる故、無駄にても運動は為し置かさるへからすと云へり。依て機会あらは援助し呉よ。然るに聞く所に依れは、渡辺暢を推薦し居る人ありとのことなり。其人ありとすれは、多分君（予）ならんと思ふ。自分（田部）の為に渡辺の方を妨くる様のことは依頼し難しと云ふ。予、然り。予は熱心に渡辺のことを依頼し居れとも、未た成らさる所なり。故に主として君（田部）のことを依頼する訳には行かす、時機あらは取り成しはすへしと云ふ。田部は種々なる談を為し、一時〔間〕三十分許を費し、十一時三十分頃辞し去る。田部は先日一度来りたるも、予か在らさりしを以て更に来りたるなり。

○昨日松下丈吉の書達し、先年来解し得さりし（蕪甲）の義葛原詩話に出て居りたりとて之を写して返り来り。且本荘掬水（季彦）の地震の詩に次したる詩と原作とを送り来る。予は先日来地震の詩を作り、未た完成せす。今日推敲し、且本荘の韻に次する詩を作り、松下に謝書及ひ詩を送る。

○午後四時頃高輪電話交換局より、今日より高輪四千七百五十八番の番号にて予か家の電話通する旨を報し来る。震災の為、芝の電話交換局焼失し、其以来電話通せさりしなり。

十月十七日の日記材料は五十一葉（即ち此の紙）の表欄外に在り。

一〇月一五日

○十月十五日月曜。
○午前審査官会議を開き、矢島正昭の実況審査に付用度課より提出したる弁明書に関し、審議す。
○午後二時より、関屋貞三郎の室にて関屋、徳川頼倫、小原駩吉、西園寺八郎、山崎四男六、大谷正男、杉琢磨、東久世秀雄、本田幸介等震災にて破損したる宮城諸門の存廃を協議す。予は記念として少数の門を存し、之を存するものは相当の修繕を為し、其他は之を撤すへきことを述ふ。徳川頼倫は史蹟なるを以て成るへく之を存せさるへからさることを主張す。先つ桜田門を議し、保存に決す。次に和田倉門を議す。予は之を廃することを主張、史蹟を保存するは宜しきも、和田倉の如く維持出来さるものは一たひ之を毀ち、更に之を建つるに及はすと云ひ、徳川は尚ほ云ふ所あり。兎も角建物の儘売却することは之を止め、之を取り毀ちたる上の詮議に譲ることに決す。次、内桜田門を議す。予は保存するに及はさることを説く。多数は保存を主張す。次に梅林門は之を廃することに決す。其他大手門、河内、半蔵門、三角門及櫓等は之を保存することに決し、四時三十分頃散会し、明日午前十時より更に離宮等のことを協議することに決す。

十月十六日の日記材料は四十八葉表欄外に在り。

一〇月一六日

十月十六日。午前十時より協議会、霞ヶ関赤坂離宮、東伏見宮御殿、皇族殿邸の協議。
○午前十一時四十五分終る。恩給委員を辞す。
同時後に有馬泰明来る。追加予算、同情会寄附、松田補助（四百三十円）、財産分与のことは未た取り計はす。
○午後一時五十分頃片岡来る。宮内省の自動車を借り呉よと云ふ。金井来ること。
○村山元の電報達す。
午後一時後徳川と廊下にて談す。皇族邸のこと。

一〇月一七日

十月十七日。神嘗祭不参拝。
○午前午後選挙法を調査す。
○午後二時後、東久邇宮より電話、四時頃金井来訪のこと。
○四時金井来る。片岡、祖式、木寺、百五十円、田村百二十五円等のことを談す。金井には三百五十円。

〔表紙に付記〕

大正一二年日記第一一冊

十ノ二
大正十二年十月十八日より同年十一月十五日までの日記材料
此の中欄外のみ記し、欄内は空白と為したるは、簡短に欄外に件目を記し、他日之に依りて欄内に記入する予定なりしも、終に記入を果ささりしものにて、今日にては件目にては事実を忘れたるもの少からす。
大正十二年十一月十六日より同月三十日までの日記はノートブツクに記したるものあり。同年十二月の日記は半紙に記して綴りたるものあり。
右、昭和十二年十月十七日午後零時四十分記す。
〔大正一二年日記第一一冊も冊子体の日記ではなく、宮内省の罫紙に記された日記材料である。そのため、日記の記述は整序されておらず、日付が前後したり、記事が罫紙枠内にとどまらず、枠外にまでまたがっていたり、逆に枠外だけに記されていることが多々みられる。それらについては読みやすいように整理した〕

一〇月一八日

十月十八日木曜。晴。九時三十分より出勤。
午前十時より枢密院会議。平沼に委員長を更ゆることを談す。平沼肯んせす。
午前十一時五十分頃小原来り、枢密院のことを問〔ふ〕。徳川頼倫亦来る。
○午前高羲敬来り、大磯の写真を示す。世子廿日より朝より演習。
午後零時後、食堂より官房。牧野より本官兼官のことを談す。其起りは大森兼任のとき、牧野より清浦へ談したるなりと云ふ。
○午後一時より総理官邸会議。穂積に委員長を更ゆることを談す。
○午後三時後、閉会。
○午後四時後、東久邇宮へ電話。墓所不参、自動車のこと。
○午後一時頃廊下にて西野に馬車、自動車のことを嘱し、又叙位のことを談す。
○挨拶状の印刷を命す。

一〇月一九日

十月十九日金曜。晴。
午前九時二十五分より出勤。昨日の議事録を作る。
○午前十時頃西野英男、叙位は枢密院にて取扱ふの趣なることを告く。
午後一時後、朝日新聞記者下長根澄来り、節約のことを問ふ。予十年官制改正のことを談す。
○午後三時前酒巻来り、皇族会議の書類のことを謀り、三時頃復た来り、入江の意見を告く（勅命に依る趣旨を明かにすること）。

○午後、世子邸より電話。世子は新宿より汽車にて岡崎、名古屋辺の演習に行く積りなりしも、明日午後二時より自動車にて横浜に行き、乗船することに変更したる旨を告けたる由。

午後四時頃村山元来る。今日頃午前、石原健三来り、話す。西野に明日の馬車、自動車変更のことを相談す。

一〇月二〇日

十月二十日の一。土曜。晴。

午前八時四十分より東久邇宮邸に行く。

○九時三十分より師正王権舎祭。墓所に行かす。十時後宮内省に来る。

○午前宗秩寮より、本月二十三日午前十時三十分より皇族会議に参列すへき旨の書を送り来る。

○午前西野より、恩給審査会の委員を免する書を致す。履歴書記入を命す。

○午前十一時三十分頃より、岩波の実況審査に対する牧場の弁明に付審査官会議を開き、十二時頃終了す。

○午後一時より総理大臣官舎に行く。五時頃閉会。樺山に渡辺のことを談す。

十月二十日の二。

午後、東久邇宮服部より電話。予在らす。五時後帰宅の後、予より電話す。服部、明日都合出来るやと云ふ。予其故を問ふ。服部、妃殿下より贈物あるに付、午前九時三十分頃までに来邸せられ度。都合悪しけれは、午後一時頃にても宜しと云ふ。予行くへき旨を答ふ。服部又明日午後六時より秩父宮邸にて、今村博士〔明恒、東京帝国大学理学部教授、地震学者〕の地震に関する講話を為す趣、行くやと云ふ。行く旨を答ふ。

○今朝リチネを取り、夜七時後之を服す。

○村山元千葉に行く。

一〇月二一日

十月二十一日日曜。晴。午前零時頃より大便三回。

午前八時三十分より東久邇宮邸に行く。九時頃妃殿下に謁し、物を受く。金井以下の職員に挨拶す。途に世子邸に過きり、高に逢ふ。十時後帰る。

○午前十一時後、理髪。

○午後、書を斎藤実に贈る。

○午後、地震の詩を書す。

○午後三時頃、村山元千葉より帰る。

○午後五時三十分より秩父宮邸に行く。眠し。八時後帰る。

○肋部の病稍快。

○挨拶状の印刷成る。

一〇月二二日

十月二十二日の一。月曜。晴。

午前九時三十分より出勤。西野に挨拶状を書することを嘱す。

○午前十一時頃宗秩寮に行く。酒巻、牧野の室に在り。予将に行かんとす。廊下にて徳川に遇ふ。之と共に関屋の室に入り、皇族会議の手順及牧野の説明案を協議す。
午前十一時後、有馬泰明来る。財産分与の取計を為したること。
○午後零時後、食堂にて国府に詩を示す。
○午後三時後徳川を訪ひ、議長の称呼を議長と決す。少時の後、徳川来り、摂政殿下の方、可ならんと云ふ。久邇宮の体度を談す。皇族殿邸の方針を川島令次郎等（□□□不明）をして議せしめんと云ふ。予反対す。
十月二十二日の二。徳川、談すること三十分間許。徳川か居るとき、国府種徳来。詩を返し、後復た来り伺ふ。後復た来る。之と詩を談す。国府、熚子のことを談し、又財産滅尽のことを加ふる要なきやと云ふ。
○午後六時後、世子邸より近火なりしも無事なることを報す。

一〇月二三日

○十月二十三日火曜。晴。
○午前九時三十分より出勤す。
○十時後より関屋貞三郎の室に行き、十時三十分より開かるへき皇族会議の順序を協議す。関屋と共に議場たる西溜ノ間に行く。
酒巻芳男、松平慶民、徳川頼倫既に在り。此等の人と議して、議員、参列員、説明員の席を少しく上方に進め、摂政殿下の席に近かしむ。予等に次て参列員、清浦奎吾（枢密院議長）、平田東助（内大臣）、牧野伸顕（宮内大臣）、横田秀雄（大審院長）入場、就席す。次て議員、雍仁親王、載仁親王、博恭王、博義王、博忠王、武彦王、恒憲王、邦彦王、朝融王、守正王、春仁王〔閑院宮春仁王、閑院宮載仁親王二男〕各殿下入場、就席せられ（酒巻誘導）、又次て摂政殿下入場、議長席に就かせられ、皇族会議の開会を宣し、次て議案の朗読説明を為さしむへきことを宣したまふ。徳川頼倫議案を朗読し、牧野伸顕之を説明す。摂政殿下、議案に付質問なきやを問はせられ、次て意見なきやを問はせらる。博恭王殿下異見なき旨を述へらる。雍仁親王、載仁親王両殿下賛成の旨を述へられ、邦彦王、朝融王両殿下、利害の関係あるを以て表決に加はらさる旨を述へらる。摂政殿下、参列員に意見なきやを問はせらる。清浦奎吾、臣等参列員一同、異議なく、謹て之を奉答する旨を述ふ。摂政殿下、原案の通り可決したるものと認めて可なるやを問はせらる。議員中言を発するものなし。摂政殿下、原案の通り可決したるものと認むる旨を宣し、直に閉会を宣したまふ。摂政殿下は松平慶民に導かれて退場したまひ、他の各殿下は次て酒巻芳男に導かれて退場したまふ。予は、摂政殿下措置に惑ひたまふことありたるときは、側に行きて御輔導申上くる予定にて出席したるも、議事滞なく進行したるを以て一言を発せすして済みたり。

予及徳川頼倫は、閉会後参列員の控所に行き、参列員と雑話し、平沼騏一郎か廊下に出てたるとき、之に対し、衆議院議員選挙法改正に関する法制審議会主査委員会は、前会の状況にては故らに議事を遅延せしむるものある模様なるに付、松本烝治〔内閣法制局長官、臨時法制審議会委員〕に協議して委員長に採決を促す様になすへき旨を告く。平沼異議なし。

皇族会議開会前関屋貞三郎より、先日枢密院にて邦久王殿下臣籍降下の件に関する御諮詢に付会議を開きたるとき、有松英義より、降下せらる皇族に対する賜金は此節も山階侯爵と同額なる趣なるが、将来も其方針なるやの旨を問ひ、宮内大臣は今後も特別の事情なき限、其例に依る積りなる旨を答へたり。自分（関屋）は之を疑ひ、大臣（牧野）に質したる処、大臣は同一地位の方には同一の振合に依る積り、即ち山階侯爵も久邇侯爵も第二子なる故、其旨を答へたる次第にて、第三子、第四子に付ては必しも同一の御取扱にする積りに非すと云へり。大臣の答は少しく其趣意を明かにし兼ねたる憾ありたる様なり。清浦議長（奎吾）には大臣より其旨を談したる趣なりと云ふ。

○午後零時後国府種徳審査局に来り、予の詩を評したるものを交す。

○午後一時より内閣総理大臣官舎に行き、衆議院議員選挙法の改正に関する諮問に付主査委員会（第四回）を開き、選挙人の資格中の納税に関する条件を除くことを審議す。無条件にて其条件を除くもの、条件は除くも、世帯主に非されは選挙権を与へすとするもの、又は独立の生計を営むものに非されは之を与へすとするもの、義務教育を修めたるものに非されは之を与へすとするもの、直接国税を納むるものに非されは之を与へすとするものとの数説ありたるか、結局、無条件にて之を除く説に決す。

穂積陳重より、内閣総理大臣（山本権兵衛）の照会書を報告す。其趣旨は、審議会にて決定したる事項は全部の完結を待たす、随時答申を望むとのことなり。予、一事務毎に総会を開くは煩なる故、選挙資格に関することを終はりたる後、報告すへき旨を謀る。一同異議なし。更に主査委員会の議事を秘密にすることの注意を為し、五時頃閉会し、穂積、平沼と暫話して帰る。小川平吉何にか怒りたることあり。委員を辞する旨を穂積に談し居り、予に対して不平ある様に云ひ居りたり。

○夜、村山元、菊池猶喜〔画家、村山元の叔父古賀増吉の妻フミの妹の夫〕を訪ひ、同人方に宿す。

一〇月二四日

○十月二十四日水曜。雨後晴。

○午前九時三十分より出勤し、十時前より北溜なる枢密顧問の控所に行く。二上兵治、予を招き、室隅に誘ひ、既に議長（清浦奎吾）より談したるへきや。貴官に高等懲戒委員長、行政裁判官懲戒委員長を仰付けらるることになり居れり。行政裁判官懲戒委員は会計検査官懲戒委員長を兼ぬるものに付、三個の職務を兼ぬることゝなる訳なりと云ふ。予多忙にて困ると云ふ。二上、左程多用なることに非す。一年間に四、五回位会議する位ならん。而し此職務は枢密顧問の中より任せらるるものにて、辞することを得す。貴官（予）か顧問官の方か本官と為ることゝ右の任命は孰れか先きになるやは分らすと云ふ。予、本官兼官変更のことは先日宮内大臣（牧野伸顕）より一寸聞きたり。委員長のことは少しも聞き居らすと云ふて別る。

此時穂積陳重来る。予を室隅に招き、近日の新聞に政府か法制審議会に拘はらす選挙法を決定する様の記事あるに付、昨朝総理大臣（山本権兵衛）に面会し、政府にて諮問を撤回するならは夫れにて宜し。新聞記事を信する訳には非されとも、彼の如き記事か新聞に出つるは甚た面白からす。故に審議会の面目を損せさる様の取計を望む。撤回すること勿論差支なきも、自分（穂積）一己の考にては、果して選挙法改正の事業を成さんと欲するならは、撤回することは審議会に対して不都合なるのみならす、政府に取りても非常なる不利益なりと思ふ旨を述へ、総理は如何にも尤のことなり。犬養毅の談なりとて新聞に出て居る所は、審議会に関せす、政府にて決定すと云ふ如きことなるか、犬養か彼の様に云ひたる訳には非さるへく、其子分等か居る故、此等に対しては或は不謹慎なる言ありたるやも計り難し。兎に角尤ものことなり。如何すれは宜しきやとのことなりし故、審議会にて決議したる事項を逐次答申することゝせは、双方の為都合宜しからんと。其結果、昨日示したる如き通牒か来りたる訳なり。右の次第に付、選挙資格に関する事項にても、全部の決定を待たす、順次報告を受くる方、好都合ならん。然らされは、総会に数日を費やす様のことになるへしと云ふ。

予、先日一応は選挙資格丈は議了したる後、報告することに協議し置けり。今後の議事の進行の状況に因り、更に協議することにすへしと云ふ。穂積其ことに為し呉よと云ふ。此時、摂政殿下に拝謁すへき時刻となれり。乃ち談を止む。

穂積と談するとき穂積より、議員選挙法主査委員会の模様を観るに、時日の短きに拘はらす、いつれも調査を進行する積りにはなり居る様にて、結構なり。小野塚〔喜平次、東京帝国大学法学部教授、臨時法制審議会臨時委員〕の如きも十分其気になり居る様なりと云ふ。予、小川（平吉）は怒り居るか、何を怒りたるへきや。前々回の委員会の模様にて、多少故らに調査の進行を阻止するやの疑ありたるに付、昨日樺山資〔英〕（内閣書記官長）に談し、委員中より相当の時期に採決を促す様にすることを協議し置けり。或は其ことても聞きたるへきかと云ふ。穂積、小川は議事を急くことか気に入らさる模様なり。自分（穂積）も懇意の間柄に付、自分（穂積）の処に来りたらは、審議会の模様にては、納税資格を撤廃することは総会にても通過すへき様に思はる。然れは、主義として其会に留り難しとの理由にて辞するならは已むを得されとも、小川のことか新聞に出てたりとか何とか云ふ様なることにて辞するは大人しからすと云ふて、友人として忠告位はする積りなるか、是非辞すると云ふならは、其意に任すことになるへしと云ふ。

予穂積に、主査委員会に於ける採決に付ては委員に異議あり。種々に採決したるか、予は矢張り予か初に為したる採決、即ち無条件に納税資格を撤廃することを主張するもののみの数を採るか正当なりと思ふ。然らされは、条件附の撤廃を主張する人の為には予想外の結果を生することゝなる旨の談を為したり。

○午前十時後より西一ノ間に行き、議長、副議長、顧問官、摂政殿下に拝謁す。議長（清浦）、副議長（浜尾）は天皇陛下に拝謁し、控所に返り、陛下の御起居は別に御変りあらせられす。御姿勢の御傾き遊はさるることは幾分増したるやに思はると云ふ。

清浦、予を呼び、震災後、宮内省にては諸事簡易にすれは宜しきか、其結果祭事まても簡略にするとの話あり。此ことは枢密院にて聞きたるに非す、他にて聞きたることなるか、今年の神嘗祭には摂政殿下は祭服を召して御拝ありたるに、臣下よりは総代一人フロツクコートにて拝し、余りに簡略に失す。祭事を疎略にすることは国体に関すとの論あり。平田（東助）か内大臣なる故、平田より宮内大臣（牧野）に談したらは宜しからんと云ひたるに、平田は、自分（平田）は逗子に行くに付、君（清浦）より話し呉よと云へり。宮内省にて少しく詮議したれは宜しからんと云ふ。

予、予は直接協議に与りたる訳には非さるも、先日宮内大臣（牧野）と式部長官（井上勝之助）と談し居りたるを傍にて聞きたるに、新嘗祭は最も重き祭なる故、詮議する必要ありと云ひ居りたりと云ふ。清浦、大臣等か既に気附居ることならは、特に自分（清浦）より話すにも及はす。君（予）より話し置き呉よと云ふ。予之を諾す。此とき二上兵治、宮内省のことは徹底せさること多し。枢密顧問官か天皇陛下に拝謁せらるるは理由あることとなるが、錦雞間祗候まて陛下に拝謁せしめ居りたり。是は全く理由なきことにて可笑しき訳なりと云ふ。石黒（忠悳）又新聞にては御歌初の御式を止めらるる様に記し居れり。此等は何の為に止めらるるや。自分（石黒）の処には既に二通計りの書状か来り、明治天皇か此くまてに歌道を御奨励遊はされたるに、御歌会初まて止めらるるは御孝道にも関する旨を申来り居れりとの談を為せり。

控所を出て、直に牧野の室に行く。牧野在らす。待つこと少時、牧野隣室より入り来る。予乃ち清浦の談を伝ふ。牧野、自分（牧野）祭事を簡にするは全く一時のことにて、新嘗祭よりは更に詮議する予定なり。是は既に決し居るも、服装のことまては未た決し居らすと云ふ（予、清浦の談を聞きたるとき、大礼服の著用は急に平常に復すへしとは思はれさるも、参拝者等のことは何とか詮議するならんと云ひ、清浦、大礼服か都合悪しきならは、責めて燕尾服に大綬佩用位は為すか当然なるへしと云ひたる故、予、牧野に清浦の談を伝へ、牧野は服装のことまては決し居らすと云ひたるなり）。

予又御歌会初の式を止めらるる旨、今日の新聞に記し居りたるか、是は清浦の談には非さるも、某顧問官は其ことに付ても談し居りたりと云ふ。牧野、其ことは自分（清浦〔牧野〕）も新聞を見て驚き、早速入江（為守）を召ひて之を質したるに、只今入江来り、全く誤伝なり。此の如き際には尚更歌を召して国民の感情を聞召さるる必要ありと思ひ、歌題をも此の如きものを考へ居る所なりと云ふて、題も談し、自分（牧野）も適当の考と思ひたる位なりと云ふ。予然るかと云ふ。清浦〔に〕機会もあらは御歌会のことは談し置き呉よと云ふ。予之を諾す。

○午前十一時高羲敬審査局に来り、大磯の別邸（旧滄浪閣）は到底修繕出来す。自分（高）か往て見たる所にては、急に倒家を取片附けされは不体裁なり。世子邸の修繕には九万円余（殆んと十万円）を要するものと、六万余円を要するものとの二様の設計あり。自分（高）は同し修繕するならは、完全なる方か宜しかるへきに付、金額の多き設計のみを李王職に送り、其処置に任かせんと思ふ。小山善は辞表を出したり。如何すへきやと云ふ。

世子邸の修繕は君（高）の見込通りにて宜しからん。小山は昨年辞表を出したるも、其時晋殿下薨去の後なるを以て、其ことに原因して辞する様にては面白からすと思ひ、之を留めたるも、今日にては強ひて留むるには及はさらんと云ふ。高後任は如何すへきやと云ふ。予、相当の医を傭ひ、当直まて為さしむることは出来難し。世子殿下幼年のときは当直医の必要もありたるへきも、今日にては相当の医師を嘱託し、強ひて典医と云ふ名義を附けさる方宜しからんと云ふ。高之を然りとす。

○午後零時後食堂にて酒巻芳男より、皇族会議議事録の作製方を謀る。予、摂政殿下のことは議長と称し、皇族には殿下の敬称を附くる方宜しからん。議事録は宮内大臣か作製するものなれは、敬称を用ゆるは当然ならんと云ふ。徳川頼倫も傍に在り、之に同意す。

○午後三時頃伊夫伎準一より、伊勢の神路山を内務省に移管したるとき、経済会議に諮詢せす、又御裁可を経たる形跡なき様なりと云ふ。予、参事官室の方を取調へ、果して之を〔ママ〕なけれは不当とするか当然なるへしと云ふ。少時の後伊夫伎来り、官制改正後、主査か参事官より内蔵寮に移り、内蔵寮に手続を尽くしたる書類ありたる旨を報す。

○午後二時後酒巻芳男来り、皇族会議の議事録には議長にも殿下の敬称を附すへきやと云ふ。予、之を附けても差支なきも、少しく妙に聞ゆる様なり。議長のみにて宜しからんと云ふ。

○午後三時後西野英男来り、局員の出勤簿は、震災後宮殿内にて事務を執りたる間は交通機関なき為出勤出来さりし人もありたるに付、宮内省内に返りて執務する様になりたる後より出勤簿に出勤欠勤を記することに致して宜しきや。伊夫伎（準一）も其意見なりと云ふ。予夫れにて宜しと云ふ。

○午後西野英男来り、給仕、西野英男、伊夫伎準一を召ふ電鈴を予の机上に置くことゝなせり。

○晩に村山元帰り来る。宿す。

○午後より儀装等のことに付協議会を開くへき筈の処、関屋貞三郎か病気にて引籠りたる為、開会せす。

一〇月二五日

○十月廿五日木曜。朝曇後晴。

○午前九時三十分より出勤す。

○午前十時頃西野英男をして宗秩寮に就き、邦久王今日臣籍に降下せらるるに付、徳川頼倫等は久邇宮邸に行き、賀辞を述ふるや否を問はん〔とす〕。西野来り、只今酒巻芳男在らす。酒巻か来りたる上之を問ふへき旨、岡田（重三郎）か答へたる旨を報し、少時の後岡田来り、徳川も酒巻も往て賀する趣なることを報す。

○午後西野英男に、三時頃より久邇宮邸に行くに付、馬車にても自動車にても宜し。之を借ることを謀り呉よと云ふ。西野、三時頃自動車を備ゆることに相談し、馬車の方は断はり置たる旨を報す。

○午後酒巻芳男来り、華族世襲財産の解除を便にする必要あり。宮内大臣の訓令案を草したるに付、之を見置き呉よと云ひ、訓令案を交して去る。

○午後零時後食堂にて酒巻芳男より、新聞に記したる所に依れは、柳原燁子か宮崎龍介と同居し居るとのことなり。此儘に為し置きては又世論を起すへし。裁判所にて嫡出子否認の訴に付ても嫡出子に非すとの裁判を為したりとのことなれは、柳原より出生届を為さゝるへからさることになる故、尚更不都合ならんと云ふ。予、分家せしむるか宜しからん。新聞には宮崎龍介の庶子と判決したる様に記し居れとも、左様なる判決を為すへき訳なし。燁子の私生子と為る丈けのことなり。宮崎か認知の手続を為さゝれは、庶子とはならすと云ふ。

○午後三時より自動車に乗り、久邇宮邸に行く。虎ノ門の処を過きたる頃、予運転手に、途にて東久邇宮邸に過きり、然る後久邇宮邸に行くことを告く。東久邇宮邸に行きたる処、金井四郎は久邇宮邸に行き居ると云ふ。片岡久太郎、木寺某等に面会し、北白川宮其他に贈呈し、又は贈りたる鏡餅其他の代価等を償ひ、本月二十一日に妃殿下より予に贈られたる人形を取り、之を自動車に載せ、久邇宮邸に至り、帳簿に署名し、邦久王か今日臣籍に降下し、一家を創立したることを賀し、直に家に帰る。時に四時頃なり。

東久邇宮邸にて片岡久太郎より、師正王の薨去に付諸方の返礼の調書を予に示す。金井四郎か、電話にて予か来邸したることを聞き、其調書を予に示すへきことを命したる趣なり。又片岡は予に贈られたる人形は先日既に予か家に届けたりとのことを聞き居りたるか、是は誤りにて、其の為に延引し不都合なりしと云へり。

○午後三時前、李堈公附事務官末松多美彦に贈る書状案を作り、之を西野英男に交し、浄書して投郵することを嘱す。震災に付、李堈公より高義敬を経て其名刺を予に贈り、見舞を致したるに付、書を末松に贈り、謝意を致さしめたるなり。

一〇月二六日

○十月二十六日金曜。朝雨後晴。

○午前九時三十分より出勤す。

○午前十時頃西野英男に嘱し、東久邇宮邸に電話し、昨日計算して三十九円を償ひたるか、右は四十余円の中、北白川宮より贈られたる蒸物代三円七十五銭を差引、之を償ひたる計算なるに、北白川宮より贈られたる三円五十銭を予に交し、予も不気附にて之を受領して帰りたり。結局三円七十五銭は払不足と為り居るに付、序のとき予より之を償ふへき旨を伝へしむ。西野、田村（捨吉）に之を伝へたる処、善く了解せり。貴官（予）の分は行違にて本官と宮附と二重に罹災者に対する見舞金を出さることなり。御気の毒なりと云ひ居りたる旨を報す。予又西野に嘱し、午後二時頃より岩田一郎（元大審院判事、故人）の告別式の為、四谷塩町辺まで行くに付、馬車を備ふることを謀らしむ。

○午前十一時頃高義敬来り、世子は異状なし。妃の塩梅は宜し。此報知新聞社より童謡の案内あり。先頃既に之を観られたり。此節は米国に行く為の催なりとのことなり。世子旅行のことを告けたる〔に〕、妃のみにても来社を請ふと云へり。梨本宮にも案内したる由。妃は強ひて往かるるにも及はさらんと思ふと云ふ。予、強ひて往かるるには及はさらん。案内したる以上は幾分の金を贈らるる必要かあるならんと云ふ。高、梨本宮と打合せて取計ふことにすへし。又南葵文庫にて明二十七日に石器、アイヌの器具等の説明を為す由。此ことは東伏見宮の妃殿下よりの通知にて、面白きことには非さるも、望まるるならは一緒に行かんと云ひ来りたりと云ふ。予、此方も面白きことに非さらん。随意にて宜しからんと云ふ。高、徳川頼倫の邸内に在る避難者に腸チフス患者出来たる為め、徳川は今日は出勤せさる趣なりと云ふ。

○午前十一時後酒巻芳男を召ふ。酒巻未た出勤せす。少時の後酒巻出勤す。給仕をして之を召はしめ、華族世襲財産解除を便にすることの訓令案の不可なる点を指示す。十二時頃終はる。

○午後一時後松平慶民、酒巻芳男来り、柳原燁子か宮崎龍介と同居し居る趣に付、速に之を処分せされは更に物議を起す恐あるに付、柳原義光より燁子を分家せしむるか簡便ならんと思ひたるか、次官（関屋貞三郎）は分家にては懲戒の意なし。離籍の方、可ならんと云へり。只今大臣（牧野伸顕）に話したる処、大臣も離籍か、宮内大臣の懲罰にて除族にするか二様の中にし度とのことなり。如何と云ふ。予、離籍するには手続面倒なり。除族するには其原因即ち姦通妊娠は伊藤伝右衛門の妻たりしときのことなり。之を理由として今日除族するは適当ならす。只今は燁子か宮崎と同居し居ることを理由として除族せさるへからす。是も余り適当ならす。離籍ならは戸主の為すへきことにて、其理由か完備せさるも、燁子より不服を云ふ様のことなかるへきに付、柳原か離籍を為すならは、強ひて異議は云はさるも、分家か一番世話なからんと思ふと云ふ。酒巻は事実を確かむる為、牧野か白根松介に命して樺山愛輔を召ひにやりたりとの談を為せり。

○午後二時より馬車に乗り、四谷舟町に行き、二町余を歩して西迎寺に行き、岩田一郎の告別式に会す。塩町より寺までの途中に鳩山一郎に遇ふ。鳩山、来週の火曜には総会を開くことゝなるやと云ふ。予、未た決し居らす。但総裁は頻りに急き居ると云ふ。寺よりの帰途（歩行中）、山田三良〔東京帝国大学法学部教授兼法制局参事官〕に遇ふ。同行者あり、山口弘〔山口弘一〈国際私法学者、東京商科大学教授〉カ〕なりと云ふ（山口自ら云ふ）。塩町より馬車に乗り直に家に帰る。三時頃達す。

一〇月二七日

○十月二十七日土曜。晴。

○午前九時三十分頃より出勤す。

○午前十時後白根松介来り、貴官（予）か枢密顧問官本官になるることは今日上奏し、明後日（月曜）頃発表せらるへき趣なり。自分（白根）は、本官たる帝室会計審査局長官を免せらるれは、当然兼官たる枢密顧問官か本官と為るに付、其手続にて宜しきに非すやと云ひたるも、内閣にては此の如き取扱例なし。更に枢密顧問官に任すと云ふ辞令を出すことにすると云ひ居れり。宮内大臣は、貴官か是まて宮内省にて有し居らるる職務は総て継続する様にすへき旨命したり。此の如きことは協議すへきことに非さるも、宮内省にては新に帝室会計審査局長官に兼任する旨の辞令と特に親任官の待遇を賜ふ旨の辞令を出すことゝなるへし。然れは、一旦審査局長官の職は中断せらるるに付、理論より云へは是まて審査局長官として命せられ居る委員等は消滅する訳なるも、宮内省の取扱振にては矢張り継続することに為し居れり。依て宮内省御用掛、世子顧問（是は口達）、東宮御婚儀委員、帝室制度審議会委員、東久邇宮の宮務監督事務（是は口達）等は総て是まての通り継続することに承知せられ度。但、予算委員、宮内職員詮考委員は官制上、特に宮内高等官の中より之を任命する旨の明文あるに付、此二つ丈は新に辞令を出す積りなりと云ふ。

予、帝室制度審議〔会〕委員は官名にて命せられ居らさる故、是は当然継続すへきものなれとも、其他は理論より云へは消滅すと云ふか適当なるへし。然し、継続する慣例ならは夫れにて宜しからんと云ふ。白根、此節は特に親任式を行はるることはなからん。総理大臣より辞令を伝達する様のことにでもなるへきかと云ふ。

予、枢密顧問官を本官とすることに付ては、先日宮内大臣より話を聞き、異議なき旨を答へ置たるか、枢密院議長よりは何の話もなし。先日二上兵治より、議長より話を聞きたるへきやと云ふに付、予、議長よりは何事も聞かす。何事なりやと云ひ、予は顧問官を本官とすることの話ならんと思ひ居りたるに、二上の話は他のことにて、外に職務を命せらるる積りなる由なり。而して二上は、其職務は辞することを得さるものと云ひ居りたるに付、予め交渉せさる訳ならんと云ふ。

○午前十一時頃村上恭一来り、貴官（予）高等文官懲戒委員長とならるる趣なるか、自分（村上）は該委員会の幹事なるに付、宜しくと云ふ。予成る程先日二上（兵治）より一寸其話を聞きたることあるも、未た命せられたるに非す。君（村上）の話を聞くは早きに過くへしと云ふ。村上既に其手続を為しありと云ふ。予、予は少しも振合を知らすと云ふ。村上、先年法制局長官と為り居られたるとき、委員と為り居られたるならんと云ふ。

予、然り。二回位委員会に出席したることあり。是迄は南部顧問官（甕男）委員長なりしやと云ふ。村上、然り。其前は蜂須賀（茂韶）〔旧徳島藩主蜂須賀家前当主、元貴族院議長、侯爵、故人〕顧問官か委員長なりしなり。其の外に行政裁判官懲戒裁判長か命せらるることになり居れり。此の裁判長は制度上当然会計検査官懲戒裁判長を兼ぬることゝなり居れり。此の方の懲戒制度には検察官あり。只今は大審院の小山（松吉）検事か検察官と為り居れり。高等文官懲戒委員には慣例上法制局長官、内務次官か命せらるることゝなり居り。他の委員は欠け居らさるも、法制局、内務省より命せらる委員は欠員と為り居るに付、内閣書記官に補欠のことを談し置きたりと云々し、懲戒委員会の先例の印刷したるも〔の〕、五、六冊を致したり。村上は懲戒委員会のみの幹事にて、行政裁判官の懲戒には関係し居らす。文官の懲戒事件に付委員会を開くことは一ヶ年四、五回位に過きす、行政裁判官、会計検査官の懲戒事件は是まて一件もなき趣なりとの話を為せり。

○午前十一時後伊夫伎準一来り、妻子を妻の実家（大津）に預け置たる処、其家の父母病気にて子供か邪魔になる故、妻を帰京せしむる必要あり。之を迎ふる為、明廿八日より三十一日まて休暇を得度と云ふ。予差支なき旨を答ふ。伊夫伎既に去る。更に之を召ひ、予め告くる必要なきことなから、君（伊夫伎）旅行する趣にて、多分旅行中に発表せらるることゝならんと思はるるに付、之を告け置くとて、予か枢密顧問官本官と為るへきことを談す。伊夫伎、会計審査局長官は勤続は致し呉るるやと云ふ。予兼官として勤むることにならんと云ふ。伊夫伎夫れならは宜しと云ふ。

○午後一時より内閣総理大臣官舎に行き、衆議院議員選挙法改正に関する主査委員会を開く。選挙人の年齢は二十五歳以上、婦人には選挙権を与へす、選挙人名簿調製前六ヶ月間を一定の住所に住居すること、乞食、浮浪者、公の救助を受くる者には選挙権を与へさること、華族の戸主には選挙権を与へさることに決し、選挙資格に関することを議了したるに付、一応審議会総裁に報告することゝなり、予は議決事項（現行法を改正する点のみ）のみを報告すへきものと云ひ、花井卓蔵は経過の報告には成立せさりしことも報告すへきものと云ひ、穂積陳重も主査委員会の報告は総会の議案と為るものに付、詳細に報告することを望むと云ひ、予、議案と為るへきものなる故、成立せさる事項は記載すへきものに非すと云ひたるも、委員多数は成立せさる事項も記載することを望み、其記載方は予に一任することゝなりたるに付、散会後幹事に協議し、成立せさりし事項は経過として之を記載し、参考に資することゝ為せり。花井は予の説を以て従来の例を破るものと云ひたるに、従来花井の主張する如き例なし。

散会後穂積より予に対し、穂積か内閣の体度に付注意を与へ、内閣より照会を発することになりたること、小川平吉か穂積を訪ふたとき、小川の友人として、小川か新聞に委員会の状況を憤慨し、委員長の処置を非難したるは人格を損す。委員を辞するならは、堂々と政治上の意見として普通選挙に反対すと云ふ様なる理由にするか宜しき旨を説きたるに、小川も悔ひ居る模様なりし旨の談を為せり。穂積は小川に忠告する為、小川の旧住を訪ひたるも、震災の為転居し居りたる故、其日は止めたる処、翌日は小川の意見を新聞に出したる故、最早詮なしと思ひ、往訪を止めたるに、小川か来訪したりと云ひ居りたり。午後五時頃家に帰る。

一〇月二八日

○十月二十八日日曜。晴。

○午前、戸田忠正〔元朝鮮総督府大邱地方法院慶州支庁判事〕に贈る書を作り、地震の詩幷秋夜月極佳有感の詩を贈る。

○午後零時三十分より谷中三崎町〔原文空白〕院に行き、伊藤景直長男貞一の告別式に会し、遂に谷中墓地に行き、広津家及孚〔倉富孚、倉富勇三郎二男〕の墓、震災の為に破損せさるや否を検す。破損なし。少し台石に罅隙を生したるのみ。直に家に帰り、二時後達す。
○午前、書を鈞、隆に贈り、午後、書を隆、啓二郎、強五郎に贈る。

一〇月二九日

○十月二十九日月曜。晴。
○午前九時三十分より出勤す。
○午前十時後内閣属某、内閣書記官の代理なりとて審査局長官室に来り、書簡を致す。中に辞令書あり。左の如。

帝室会計審査局長〔官〕兼枢密顧問官正三位勲一等倉富勇三郎
任枢密顧問官
嘉仁
裕仁　天皇御璽
大正十二年十月二十九日
内閣総理大臣正二位勲一等功二級伯爵山本権兵衛

内閣属は之を交して直に去る。四、五分間許の後白根松介来り、辞令書を致す。左の如し。

枢密顧問官正三位勲一等倉富勇三郎
兼任帝室会計審査局長官
叙高等官一等
天皇御璽
大正十二年十月二十九日
宮内大臣従二位勲一等子爵牧野伸顕奉

帝室会計審査局長官正三位勲一等倉富勇三郎
特に親任官の待遇を賜ふ
大正十二年十月二十九日
宮内大臣従二位勲一等子爵牧野伸顕奉

帝室会計審査局長官倉富勇三郎
宮内官考査委員会委員被仰付
大正十二年十月二十九日
宮内省

帝室会計審査局長官倉富勇三郎
予算委員被仰付
大正十二年十月二十九日
宮内省

乃ち宮中の侍従長室の隣室に行き、帳簿に枢密顧問官に任せられたること、帝室会計審査局長官に兼任し、高等官一等に叙し、特に親任官の待遇を賜はりたることを奉謝する旨を記し、侍従長徳川達孝、侍従次長小早川四郎に面し、転官を報す。帳簿に奉謝のこと〔を〕記する前、牧野伸顕を其官房に訪ひ、転官のことを告く。牧野、宮内省の事は総て従前の通り執務し呉よと云ふ。牧野又柳原燁子のことか新聞に出て居り、酒巻芳男をして嫡出子否認訴訟の判決の模様を取調へしめ置きたり。燁子を単に分家せしむるか、又は柳原義光をして離籍せしむること丈にては宮内大臣の監督権の作用か少しも顕はれす。燁子を除族することは必要ならんと云ふ。

予、燁子か本夫の子に非さる子を生したる事実は伊藤伝右衛門の妻たりしときのことにて、其当時は宮内大臣の監督外に在りたるものなり。離婚に因り実家に復籍したる民法の規定に依る結果にて、今日之を除族することゝするには、嫡出子に非さる判決ありたることゝ、燁子か宮崎龍介と同棲し居ることゝに依らさるへからす。而して此事実を調ふるには幾分日子を要すへく、嫡出子に非さることか確定したりとすれは、其子は燁子の私生児として柳原家の籍に入れさるへからす。早く燁子を別籍せされは、種々の面倒あるに付、離籍位にて済ます方か簡便ならんかと思ふ。兎も角判決書ても見たる上のことゝする方、可ならんと云ふ。

牧野、樺山愛輔の談に依れは、燁子も一時は非常に悔悟したる模様なりしか、其後京都の寺に行き、此時まても別に変りたることなかりしも、如何なることよりなりしか、丹波の大本教に行き、神戸〔原文空白〕夫婦〔不詳〕、非常に燁子に同情し、宮崎龍介の母抔も度々燁子を誘ひ、終に復た宮崎と一緒となる様になりたる趣にて、結局、薄志なる人なる様なりとの談を為せり。

○午前十一時後高羲敬来り、世子妃は塩梅宜し。此前の日曜には妃は梨本宮に行き、晩餐後に帰られたり。来月四日は妃の誕辰なるも、今年は何事も為さす、只日曜なる故、梨本宮殿下、同妃殿下か世子邸に来らるる趣なり。明日は世子の演習地に小山善と厳柱日とか見舞の為に行くことになり居れりと云ふ。予高に、今日本官と兼官と変りたることを告く。

○午前十時後、今日受けたる辞令書を審査官に示す。青山操は未た出勤し居らす。又辞令書を西野英男に交し、予の履歴に記入せしむ。

○午前、侍従長室より返るとき、井上勝之助の室に過きる。井上在らす。又西園寺八郎の室に過きる。亦在らす。

○午後二時頃徳川達孝の室に到り、任官の御礼は陛下の外、別に摂政殿下に申上くることになり居るやを問ふ。徳川は、陛下に御礼を申上くる簿冊は隣室に在り、摂政殿下に御礼を申上くる簿冊は東車寄に在りと云ふ。予乃ち直に宮中より東車寄に至り、簿冊に今日転官したることの奉謝のことを書す。

帰途小原駩吉の室に過り、転官を告く。小原利害なきやと云ふ。予年功加俸はなくなる訳なりと云ふ。小原夫れはヒドシと云ふ。小原又宮内省のことは愈々困りたるものなり。南弘〔元文部次官、元内閣書記官長〕か来り談したるとき、近状を談したるに、南は、元来牧野に何事か出来ると思ふか間違なり。牧野は決して事の出来る人に非す。心配しても無駄なる故、放擲し置く方、宜しと云ひたる故、自分（小原）は回復の出来ることならは放擲し置きても宜しきも、只今の有様にては終に回復すへからさることゝなるに付、放擲し置く訳に行かすと云へり。南は、牧野は人の気附かさることの考を起す人なる故、内大臣の如き相談相手と為る職に置けは宜しきも、仕事を為さしめては全く駄目なりと云ひ居りたりと云ふ。予、南は何処にて牧野を知り居るへきやと云ふ。小原、西園寺内閣のとき、南は内閣書記官長にて、牧野は文部大臣たりしときなりと云ふ。話するに七、八分許にして審査局に返る。

○午前西野英男に嘱し、名刺に任官御礼と書し、肩書に枢密顧問官と書したるものを清浦奎吾と浜尾新とに郵送せしむ。

○午後三時四十分頃より内閣総理大臣官舎に行き、（任官御礼と書し、肩書に枢密顧問官と書したる名刺）を将命者に致し、直に家に帰る。

一〇月三〇日

十月三十日火曜。

八時後皆川治広来る。

午前九時三十分出勤。

十時より枢密院。株主名簿を焼失したる会社の総会、日秘〔ペルー〕暫定公文。

平沼予に談す。報告書案のこと。

十一時後皆川来る。

○午後一時より法制審議会。被選資格（年齢、性、教員、神官等、官吏）未決。五時三十分頃散会。再ひ官舎に引返し、皆川と談す。参考書のこと。

一〇月三一日

十月三十一日天長節祝日水曜。晴曇。

九時三十分より宮内省に行き、直に右廟に行き、十時後拝謁、帰途東宮御所に行〔き〕、御昇任を奉賀す。十時五十分頃帰る。

夜雨過暖。

○来月二日法制審議会に於ける報告の準備を為す。

大正一二年一一月

一一月一日

十一月一日木曜。朝曇後晴過暖。午前暁前地震。

○午前九時三十分より出勤。

○午前十時後高羲敬来る。厳柱日、高階と本日名古屋に行き、熱田に返り、明日帰京すること、大磯の修繕に付、会計課長より予算を出すへき書を送りたることを告け、次官に書を出すことを謀る。予、閔泳綺に公文を送ることを勧む。高又李堈公の書状を読む。李王職に対する不平なり。堈は上京の希望あり。

○午前十一時後酒巻来り、昨日大臣は、燁子を除族することに決したる旨を告け、判決書を示す。予、理由を附くるより外、致方なき旨を告く。酒巻又世襲財産廃止に関する訓令の改正したるものを示す。予其の欠点を指示す。
○昨日に次き、午前午後、報告の準備を為す。
○午前十一時後武井守成来り、新嘗祭に於ける参列員のことを謀る。第一は席次一階以上、第二は二階以下は勅任、有爵者は総代、第三は、参列者は震災前の通。服は通常服。予、服に関する世論あることを告け、是は別論とし、儀式を易ゆるならは、寧ろ参列者は平常の通りになす方、宜しくはなきやと云ふ。武井、其方可なるに傾たりと云ふて去る。邦久王の臣籍降下は天長節祝日より鄭重なりしとの談を為して去れり。
○夜風雨。

一一月二日

十一月二日金曜。曇。
午前九時より出勤す。
○午前九時後酒巻芳男を訪ひ、燁子のことは決したるやを問ふ。酒巻、大臣か除族を主張する旨を告け、審議会に提出する審議請求書の案を示す。予、案の一点に付修正を指示す。否認訴訟の判決書を観る。
○九時三十分より関屋貞三郎の室にて、儀装馬車鹵簿、豊島岡墓所修築のことを協議す。十二時頃終る。協議中村上恭一来り、面会を求む。審査局に返りて面会す。村上辞令二通を致し、井上孝哉、馬場鍈一手当のことを謀る。談終り、復た関屋の室に行く。散会後、関屋廊下にて、柳原燁子は除族する方針と為りたるか、樺山愛輔は柳原に逢ひ、離籍のことも協議したる模様なりと云ふ。予、離籍か先きになれは、除族する訳には行かすと云ふ。
○午後一時より総理大臣官舎に行き、選挙法の総会に列す。六時散会す。散会後、樺山〔と〕渡辺暢のことを談す。山本権兵衛に話せと云ふ。予、話すへきも、面会の機会少し。是非周旋せよと云ふ。
○元は午後出発、帰郷せり。之に托して海辺の鶴の掛物を持行かしむ。啓二郎か借ることを請ふを以てなり。
○枢密院より俸給のこと及ひ委任状のことに付電話したる由。
午後零時後食堂にて、白根松介より手当金千円のことを告〔く〕。

今日頃、午後一時頃、予将に内閣総理大臣官舎に行かんとす。廊下（審査局前）にて原熙に遇ふ。原、有馬頼寧氏の辞表は尚ほ預り居れり。結局留任の見込なき様なるか、如何と云ふ。予、種々配慮し呉れたるも、到底留任の見込なし。退官の手続を為し呉よ。予等も本人の行動には干渉せさることに決し、其取計を為したりと云ふ。原、有馬も生計費の分配を受けたりとの談を為し居りたり。尚ほ一応、有馬秀雄に話して決定すへしと云ふ（立談）。

一一月三日

十一月三日土曜。晴。

午前九時三十分より出勤。

午前十時後西野英男に嘱し、昨日電話したる趣意を枢密院事務所に問はしむ。昨日電話したる人在らさるに付、其人に問ふて答ふへしと云ひたる由。
○午前十一時頃武井守成来り、新嘗祭のときの服装のことは小礼服となすことは異論ある旨を告く。
○午前十一時後松平慶民来り、篠田治策より関屋貞三郎に贈りたる書状を示す。世子帰鮮のこと、予、斎藤実に談し置たる事を告く。
○午前十一時頃青山操会議のことを謀る（処務規定改正のこと）。月曜午前を約す。
○午前十一時後、参事官附寺本某（英二郎、宮内省参事官附属官）、皇室弁を貸す。西野をして保管せしむ。
○午後一時より内閣総理大臣官邸に行き、一時三十分より主査委員会を開き、前回に次き、官吏の被選挙権に関することを議し、四時後決定、次て選挙事務に関係ある官吏々員に関する件、道府県議員に関する件、政府に対し請負を為す者、政府の保護監督を受くる者（特殊会社等ならん）に関する件を議す。電灯消ゆ。乃ち閉会す。午後五時四十分頃直に帰る。
○午後一時後、山本権兵衛に面して渡辺暢のことを嘱す。

一一月四日

十一月四日日曜。晴。午前、江木衷の普選論を読む。
○午前午後、書状を作る。
○午前十時後伊藤景直来。長男の死を吊し且告別式に列したるを謝す。伊藤へ書を交す。伊藤か今年春頃嘱したるものなり。
○内子臥褥す。

一一月五日

十一月五日月曜。晴。
○午前七時後主馬寮に電話し、八時三十分に馬車を遣はすへき旨を告く。八時三十分より出勤。内蔵寮にて起草したる会計規則類の改正案に付審査官と議す。
○十時頃高羲敬来り、厳柱日か世子の演習地より帰り、世子は無恙なること、妃は異状なきも塩梅宜しからす、高階は時々診療の必要あることを説き、小山は転地の必要あることを説くこと、世子邸の修繕に付ては、先日顧問（予）の話の通り、李王職に書を出したることを談す（立談）。
十一時頃金井四郎来り、職員の功績書を書すことに付協議（田村は抜群、祖式は特功、鵠沼に行き居りたるものは抜群）。予算書を示し、一覧の上返し呉よと云ふ。予写を作り呉よと云ふ。金井然らは其上にて渡すへしと云ふ。予、職員功労調のことは酒巻に談し、酒巻か調査すへしと云ひ居りたることを告く。
○十一時後、審査官会議を終り、過日参事官立案の皇室令案及宮内省令案に不備の点ある旨、青山操より予に告け、其令は未た公布せすと云ふに付、入江貫一に注意せんと思ひ、其室に行きたるも在らす、関屋貞三郎の室に到りたるも在らす。之を問ひたれは、松平慶民其処に在り、入江は徳川頼倫の室に在りと云ふに付、之を追ふて行き、案の不備なる点を指示し、且修正の要点を告く。入江領承す。

○午後零時後食堂にて牧野伸顕に、其の病は神経性なるへしと云ふ。牧野之を喜ふ。

○午後零時後、予将に内閣総理大臣官舎に行かんとす。小原駩吉来る。予先刻徳川頼倫の室に行きたるとき、小原駩吉在り。万朝報を見たりやと云ふ。予之を見すと云ふ。小原之を示す。小原と関屋貞三郎と不和のことを記載し、小原には西園寺八郎か荷担し居る旨を記載し居れり。其記事中雲上のことなる旨、記しありたるに付、予雲上人となれは結構なりと云ふ。小原、西園寺に依りて軋轢か出来ると云ふはなさけなしと云ふ。予、読売新聞にも宮内省のことを記し居りたりと云ふ。小原未た見すと云ふ。此の話を為し居りたるに付、午後小原か来りたるとき、誰か新聞に出したるへきやと云ふ。小原、万朝も読売も同し種類の人ならんと思ふ。或は伊藤博邦には非さるへきかと思ふと云ふ。予、西園寺か東宮侍従長になる様のことを読売新聞に記し居るか、是は非常の妨害なりと云ふ。小原、彼の記事か出たる故、入江為守か直に皇后陛下の方に手を廻はして妨害運動を為すならんと思はると云ふ。

○午前十時後西野英男に、印鑑及俸給受取委任状を枢密院事務所に致すことを嘱す。又渡辺暢の推薦書の写を作ることを嘱す。西野来りて俸給受取りの都度、受取証を渡す必要ある趣なることを報す。

○午後一時より内閣総理大臣官舎に行く。やまと新聞記者吉井町の人石田秀人、面会を求む。予、将に樺山に面会せんと〔し〕、石田をして待たしむ。樺山に面し、一昨日山本に逢ひ、渡辺暢のことを依頼し置たる旨を告け、昨年宮田光雄に嘱し置たる推薦書の写を交し、周旋を依頼す。其後石田に面会す。石田は大正六年に上京し、九年よりやまと新聞社に入りたることを談し、徳永龍次郎〔倉富勇三郎の父胤厚の弟園田達蔵二男〕の養家とは何か関係ある様に談し居りたり。

二時前より総会を開く。高橋をして馬車に灯火の用意あるや否を問はしむ。なしと云ふ。宮内省に行き、之を取り来らしむ（四時前）。五時頃散会す。直に帰る。

○内子尚ほ臥褥す。

一一月六日

○十一月六日火曜。曇。

○午前九時三十分より出勤す。

○午前十時後渡部信来り、昨日、予より入江貫一に注意したる皇室令案及宮内省令案の修正案を示す。予之を預り置き（予の意見を告け）、渡部か在るとき、金井四郎来り、功労書のことを談し、之を示す。予、金井のことは予より宗秩寮に談すへき旨を告け、属官の分は直に之を大谷正男に致す手続を為さしむ（渡部か去りたる後）。金井か去りたる後、青山、伊夫伎、鈴木と皇室令、宮内省令案の修正文を議し、青山をして之を渡部に告けしむ。

○午前十一時前宗秩寮に行き、酒巻芳男に金井四郎の功労書は宗秩寮より出すやを問ふ。酒巻、之を出す積なり。等級に付貴官の意見を問はんと思ひ居りたる処なり。甲にて可なりやと云ふ。予勿論なりと云ふ。

酒巻、柳原燁子の除族のことは総裁（徳川頼倫）より大臣に促したる処、関屋か尚ほ躊躇し居り、柳原義光か京都に行き居り、今日とか帰る由にて、関屋は審議会を開く前、一応柳原に面談すへき旨申居れり。可笑き訳なりと思ふと云ふ。予、関屋は前に柳原と協議し居ることあるに付、懸念する廉あるならんと云ふ。

○午前十一時四十分頃西野英男来り、只今枢密院より十月分の日割俸給を承けたるか、仕払切符なり。日本銀行には序あるへきに付、之を引受へしと云ふ。

午後一時より内閣総理大臣官舎に行き、主査委員会を開く。花井卓蔵に贈る外国法律及硯墨を持ち行きたるも、花井か来らさるを以て持ち帰りたり。

○五時頃閉会す。今日被選挙権に関する事項を議了したるを以て、穂積は予に謀らすして、〔原文空白〕をして本月九日に総会を開く旨の通知を発せしめたる由なり。潮〔恵之輔、内務省地方局長、臨時法制審議会幹事〕より主査委員長の報告書案を受領す。其案は未完なり。明日までには完成して、主査委員に回送すへしと云ふ。予、報告のことは主査委員に謀らさりしに付、案文を送るとき、先日の委任に依り、案文の如く報告し置たる旨を通知することを嘱して家に帰る。

○夜風雨。

○内子尚ほ褥に在り。

一一月七日

○十一月七日水曜。朝曇。

○午前八時後主馬寮に電話し、九時三十分より遅くならさる様に馬車を遣はすことを嘱す。九時三十分より出勤す。直に枢密院控所（今日より東三ノ間を控所とす）〔に行く〕。村上恭一に予の恩給証書の番号、恩給受領の原因たる官名、恩給受領の郵便局名等を記したるものを交す。先日、村上か恩給停止を通知する為、必要ある旨を告けた〔る〕を以てなり。

十時後より枢密院会議に列す。摂政殿下臨場したまふ。破産猶予の件及ひ外務書記生特別任用の件を議す。富井政章、有松英義、破産猶予の件に付質問す。有松の質問長く、清浦奎吾、議論に渉らさる様、注意す。十一時四十分頃議了す。

散会後、予一た〔ひ〕宮内省に返らんとし、豊明殿の廊下に到り、復た返りて議場に到る。穂積陳重、岡部長職と話し居るを以て、其終はるを待ち、明後九日の法制審議会総会議題は予より主査委員に謀り居らす。然るに昨日既に総会を開く旨の通知を発したりとのことに付、其儘に致し置たり。多分議論もなかるへく、議論ありても、先日予に委任する旨の協議ありたるに付、其事由を説明したらは別に異議もなからんと思へとも、議場の整理上、之を含み置き呉よと云ふ。穂積之を謝し、場合に依りては議場にて報告書を訂正しても差支なからんと云ふ。

○午前十一時五十五分頃高羲敬審査局に来り、妃の転地の準備として赤星鉄馬を訪ひ、大磯の別荘のことを問ひたるも、破壊して用を為さすとのことなり。其外心当の処を問ひたるも、いつれも同様なり。尚ほ赤星に穿鑿を頼み置きたりとの話を為して去る。予は高に、篠田治策か上京したるときの二次会の費用を償ひ居らす。取調へ呉れたるやを問ふ。高、其ことは厳柱日に告けたるに、未た之を告けさりしか、林健太郎に問ひ見るへしと云ひ居りたりと云ふ。

○午前、枢密院控所に行くとき、入江貫一より牧野伸顕は昨夜より又嘔吐を始めたる趣なりと云ふ。予、不思議なり。何か原因あるならは直に治まる訳なく、原因なけれは此く度々起る訳なしと云ふ。入江、嘔吐か始まれは注射を為して之を抑ゆるとのことなりと云ふ。予、然るか。然れは何か原因あるならんと思はると云ふ。

○午後零時後、食堂にて西村時彦、国府種徳と卓を共にす。西村地震の詩に名作なき旨を談す。予古詩を作りたりと云ふ。此頃国府来る。予、蕪甲の義、稍々分りたることを告く。西村と国府、九条道実と権藤善太郎〔農本主義者、久留米出身、号は成卿〕か一条実輝〔旧公卿一条家当主、宮中顧問官、陸軍大佐、貴族院議員・無所属、公爵〕を経て東宮殿下に献したる南淵〔請安、飛鳥時代の学問僧〕先生の文のことを談し、権藤のことを問ふ。予其父〔松門、元久留米藩藩医、故人〕、弟〔震二〕のことを告く。

○午後一時後より内蔵寮にて起草したる会計関係の規定の改正案に対する意見に付審査官会議を開き、一時間許にて終る。

○十月六日午後、蜂須賀正韶の家にて躓き顛れたる為起したる右肋大部の痛み、近日に至り殆んと癒ゆ。一躓の禍、日余に渉る。慎むへし。戒むへし。

○内子尚ほ褥に在り。

高羲敬、小山善より大磯滄浪閣の破損材を貰ひ受け、有志者にて大森の玉重墓地に建築する希望あることを告けたり。其仲間は鮫島武之助〔日本銀行幹事、鮫島尚信の弟〕、室田義文〔元外交官、実業家〕等ならん。自分（高）は大体未定に付、只今の処、何とも云ひ難き旨を答へ置きたりと云ふ。

○午前、西野英男より枢密顧問官十月末二日分の俸給を交す。昨日日本銀行より受取り来りたるものなり。

一一月八日

十一月八日木曜。曇。

午前九時三十分より出勤。

○午前十一時頃西野英男をして金森徳次郎〔内閣法制局参事官、宮内省御用掛〕に電話し、之を召はしむ。少時の後金森来る。未た主査委員より報告書及議事要領書を送致せさる旨を告け、之を促す。金森後刻之を届くへき旨を告く。予又、北海道会議員か衆議院議員と兼ぬることを得さる根拠及政府の請負を為すもの、政府の特別なる保護監督を受くる者に付内務省にて調査したるとき〔の〕趣意を問ふ。金森、北海道会議員のことは多分明文はなからん。内務省の人に問ひ見るへしと云ふて去る。

○午後二時頃金井四郎来り、妃殿下に対し、此節は度々宮内省に行くことあり。何か御用はなきやと云ひたるに、何の用にて宮内省に行くやと云はれ、御用取扱の人選の用もありと云ひたるに、妃殿下は外国語を話す人の〔方〕か便ならんと云はれたり。依て洋行のとき随行する人を選むならは、初めより其積りにて之を選む必要ある旨を申したるに、殿下は強ひて洋行するにも及はさらんとの話をなされたり。依て自分（金井）より、倉富とも相談して申上くへき旨を述へ置きたり。右の都合に付、貴官より妃殿下の心事を伺ひ呉よと云ふ。予、予より伺ふことは容易なれとも、予に対しては却て打明けたる話なからん。君（金井）より伺ふ方、宜しからんと云ふ。金井、今一応自分（金井）より伺ひたる上のことにすへしと云ふ。

此とき松平慶民来り、昨年松平か渡欧するとき貸し置たる東久邇宮殿下滞仏期限に関する予の日記の抜書を返す。松平、金井と東久邇宮殿下帰朝せられさることに付協議。先刻宗秩寮より、山辺知春より松平に宛たる電信を予に示したり。其電信に、東久邇宮殿下か帰朝のことに種々面倒のことを云はるる原因の主たるものは、随員の選択宜きを得さりしに依るものならんと思ふ旨を通知し来り居りたり。予、随員と云ふは池田某のことならんと云ふ。

松平、自分も池田のことゝ思ふ。池田は独身にて長々仏国に居る方か利益なる故、殿下の帰朝を延はす様の傾あり。滞仏延期の勅許を請ふに及はすと云ひたるも池田の考なり。自分（松平）より山辺に対し、東久邇宮殿下の近状を問ひ合せたるに対し、山辺より彼の返電を送り来りたるなり。東久邇宮殿下は北白川宮妃殿下と仲善きに付、自分（松平）海江田某に対し、北白川宮妃殿下に説き、同殿下より東久邇宮殿下に帰朝を勧めらるる様、取成す様に勧め置きたり。東京よりは妃殿下より徒然なることを訴へらるる様のことか宜しからんと云ふ。金井、盛厚王殿下よりも書状を贈らるる様にもなさんと思ひ居ると云ふ。

松平、朝香宮殿下か仏国に来らるるまては東久邇宮殿下は妃殿下を千九百二十三年に召ひ、翌二十四年には帰朝する旨、約せられ居りたるも、朝香宮殿下か兄風を吹かせ、余りすねては宜しからすとか、此節の宮内省は前の宮内省とは違ふとか、東京ては東久邇宮殿下のことを悪く云ひ居るとか云はれたる為、非常に感情を害し、二十四年に帰朝するとの約束を取消されたりと云ふ。

予松平に、東久邇宮殿下の婦人関係を問ふ。松平、仲々巧にせられ居り、誰も正確なることを知り居るものなし。あることは相違なし。然し、溺れ居らるる様のことはなしと云ふ。

松平又朝香宮妃殿下渡仏のときは、東久邇宮殿下は迎ひにも行かす、名代も出さすと云はるるに付、自分（松平）より礼儀に違ふ旨を説きたるも、東久邇宮殿下は朝香宮妃殿下は御互に嫌ひなる故、迎ひに行かすと云はれ、自分（松平）は、仏国人にしても、殿下の御好き人に非さるも、名刺位は遣はさるるならんと云ひたることありと云ふ。

又朝香宮妃殿下か仏国に来られたるも、妃殿下か強くて王殿下か弱き故、別に争ひは起らさりしか、王殿下御気に入りの看護婦あることは妃殿下も承知せられ居り。晩方より其看護婦か交代に来る様になり居り、其時刻に病室に行かんとするものあれは、妃殿下は邪魔になるよと云はるる位なりとの談を為し、又朝香宮妃殿下は矢張直には帰朝せられさるならんとのことを話したり。金井、松平か話したるは三、四十分許なりしならん。

○午後四時より退省す。

○午後七時後、予か入浴し居るとき、王世子邸より電話にて、篠田治策上京のときの二次会の費用は一人前二十円十銭なりと云ひ来りたる旨、安より報告す。

○内子尚ほ臥褥す。

○午後零時後、内務省員某予か家に行き、取り来りたる法制審議会主査委員会議事摘要（一たひ留守宅に渡し置たるもの）を持ち来る。時に予は食堂に在り、給仕来りて之を交す。予、受領証を要するならは、西野英男をして之を出さしめ、書類は予の机上に置くへき旨を命す。後給仕、受領証は要せさりし旨を報す。

一一月九日

○十一月九日木曜。晴。

○午前九時四十分より出勤す。

○午前十一時後西園寺八郎来り、予か枢密院本官と為りたるは、幾分宮内省の方と遠き様になりたる心地すと云ひ、西園寺か摂政殿下罹災地の御巡視のとき、山本権《ゴン》兵衛、牧野伸顕、福田雅太郎〔陸軍大将、前関東戒厳司令官〕は差支なしと云ひて其旨を言上したる後、田中義一〔陸軍大臣〕か尚ほ危険なりと云ひて之に反対し、福田に其旨を告けたるも、福田は既に言上済なりとて中止を肯んせす。田中か、然らは自分（田中）より言上すへしと云ひ、夜中赤坂の御所に参入したるに、殿下は巡視を止むる訳なしと御主張あり。侍従等は田中を畏れ、何事も云ふ能はす。依て自分（西園寺）殿下に、此ことは山本、牧野、福田等と協議を遂け、言ふへきことあらは、其上にて申出つへき旨を伝へしめらるる様に言上し、田中には謁を賜はす、田中の面目も損せさる様に為せり。

又御婚儀延期のことも、其ことか殿下に言上する前に新聞に出てたるより、殿下は婚儀を延はすことは予は承知し居らすと云はれ、珍田捨巳は、殿下は延期の思召なしとて困り居りたる故、自分（西園寺）より珍田に、然らは自分（西園寺）より予め殿下に申上け置くへしと殿下に謁し、数万の死者あり、数百万の罹災者ある央に御婚儀を行はせらるるは穏当ならさる故、珍田を召して其旨を御申聞けなさるる方宜しからんと言上したる結果、彼の運になりたるものにて、殿下は大層善事を為したる様に御考へなされ居る様なりと云ふ。

予、彼のことは実に結構なりしか、一事の遺憾は御婚儀を延期せられたるも、其時直に挙行の期を予定せられたることなり。予定せられたる為、折角の思召か余り形式のみとなりたる感ありと云ふ。西園寺、其通りなり。予定のことは、殿下より何事も御話ありたる訳に非す。関屋等か東京市長等の意向を懸念して言上したることなり。単に延期し置、市民等より出願させても差支なきことなりと云ふ。

西園寺又摂政殿下か横浜の罹災地御巡視のとき、関屋と珍田との相談にて、領事を召して謁を賜ふことになり居るか、此ことに付ては式部には一言の相談もなく、珍田より一寸其話を聞き、之に反対したるに付、関屋は之を不快に思ひ、結局御召にはならさるも、来り合はせ居るものには謁を賜ふ旨を通知せしめたる由なり。是は御召になりたると同様なり。又群馬県知事〔山岡国利〕に対し、摂政殿下より特に救護品のことに付御詞を賜はることになり居りたるも、是も自分（西園寺）か反対し、御止めになりたりとの談を為し、予は関屋の弊は勇気なく八方美人たらんとするに在り。先日の儀装馬車の存廃の評議のとき抔も、誰の気にも障らさる様に致し居る為、何事も決せす、職権を以て決定すれは夫れにて宜しきことなり。全体、予等の考にて大臣に評議する様に希望したることは馬車の如きことには非すと云ふ。

西園寺又松平慶民の談に依れは、関屋より頻りに官制改革のことを大臣に促し、大臣も余程動き居る様との〔こと〕なり。次官か官制を改革するならは、小原抔は罷むることゝするならん。大臣か間もなく罷むる様ならは、官制改正抔は見合はす方か宜しかるへきことなりと云ふ。

予、大臣は又病みたりとのことなり。此く度々嘔吐するは何か原因あるへし。然し辞職する考はなからん。先日食堂にて予より大臣の病気は神経性には非さるや。胃の実質に故障あるならは一、二日にては癒へさるへしと云ひたるに、大臣は其通り。君は医師の如きことを云ふとて、余程気に入りたる様なり。予は其時までは実に其通りに考へ居りたり。然るに、一昨日入江貫一より聞〔き〕たる所にては、嘔吐は自然に止むに非す、皮下注射に因りて止まるとのことなり。左すれは何か病気あるならんと思はると云ふ。西園寺、君（予）か神経性と云ひたる為、君（予）に対する黒星か一つ減したるならんと云ふて笑ひたり。

予又関屋か小原を嫌ひ居ることは非常なるも、まさか小原を罷むることは出来さるへく、之を罷むる様のことを為したれは、大混雑を起すへしとの談を為せり。

○午後一時より内閣総理大臣官舎に行き、衆議院議員選挙法改正に関する法制審議会の総会に列し、主査委員会の結果を説明し、午後五時頃までに原案を可決し、閉会す。此日会場にて刑法、刑事訴訟法の参考書（伊多利〔イタリア〕刑法、墺利亜〔オーストリア〕刑法外一冊、刑事訴訟法は第二冊の外、第九号まて）花井卓蔵に贈る。

○午後東久邇宮邸より電話にて、明日午前十時より十時三十分頃まて、自動車を宮内省に廻はし、閲を請ふへきか差支なきやと云ひたる由。午後六時前帰宅。電話にて差支なき旨を報す。少時の後、明朝は宮内省の方都合悪しき趣に付、更に日時を定むへき旨を報す。

○内子尚臥褥。

○午後七時後、炊婢サワか内子の命に応せす、召ひたるも来らさりし趣に付、之を詰り、暇を乞ふや否を問ふ。サワ考へて答ふへしと云ふ。

一一月一〇日

○十一月十日土曜。晴。
○午前八時頃炊婢サワを召ひ、解雇を乞ふや否を問ふ。サワ解雇を請ふ旨を答ふ。十一時頃辞し去りたる由なり。
○午前九時三十分頃より出勤す。
○午前十時頃西野英男来り、予の俸給受領証に捺印を求む。午後零時後、西野俸給を致す。
○午前十一時頃金井四郎来り、昨日の約に従ひ、妃殿下の仏国行を止めんと云はるる事情を問ひたる処、妃殿下は、此ことは既に王殿下にも皇后陛下にも摂政殿下にも告けたり。自分（妃）か仏国行を止めたらは、王殿下の帰朝か幾分早くなるならんと思ふ。王殿下の滞欧期限には自分（妃）と共に諸国を巡遊する期間も含み居るを以てなり。震災の為、皇室にも非常なる影響ある際に自分（妃）か洋行するは謂なきことゝ思ふ。王殿下は皇室より此く優待を受けて滞欧し居るに付ては、十分勉強して国の為になる様に心掛けさるへからす。世人より誹謗せらるる様のことは少しも頓著せす。先親王（朝彦）か孝明天皇の為に流罪同様のことになりたるも、同しことなりと云はれたり。依て王殿下の滞欧延期出願か余り我儘なる旨申上けたる処、妃殿下は年少の皇族か居らるる故、延期願の先例を作りては宜しからすと思ひ、彼の如き体度を取られたるならんと云はれたり。又自分（金井）より、妃殿下并に王子方か徒然を感し居らるる旨を御通知ありたらは、御帰朝期を早めらるることあるへきやと云ひたるに、妃殿下は、決して左様のことなからん。王殿下は何か思ひ立ち居らるることあり。多分政治上のことならん。其研究か済むまては帰朝せられさるへく、其研究も来年春頃までには半済むならんと云はれたりとの談を為せり。

予、昨日松平慶民か御殿に行き、妃殿下には謁せさりしも、君（金井）とは談話を為したりと云ひ居りたりと云ふ。金井、只今は松平は尚ほ出勤し居らさりしと云ひ、一たひ去りたるか、直に来り、松平も此処に来ることを話し置きたりと云ふ。松平来り、三人にて稔彦王殿下のことを談す。予、妃殿下か洋行を思ひ留まらるるならは、強ひて之を勧むる必要なしと思ふと云ふ。松平勿論なりと云ふ。金井は松平の来る前に自動車買入のことを談し、代価は一万円位なり。妃殿下も一応見られたり。昨日午前に宮内省に廻はし、伊東太郎に検査を依頼する積りなりしも、伊東か差支ありたる故、近日更に日時を定むることにすへしとの談を為せり。予か金井、松平と談し居るとき、東久世秀雄か来りたる故、二人は去りたり。

東久世は、材木払下代の分納延納を許す場合に、五年以内の延納ならは利子を附けさることゝ致し度旨の附箋を為したるも、反対多き趣に付、政府の振合を調へたるに、二年以内は利子を附けすとのことに付、宮内省にても二年以内とすることに同意せり。是は関屋貞三郎の希望にて、相談に来りたりと云ふ。予、政府にては利子を附けさる明文ありやと云ふ。東久世明文はなしと云ふ。予、延納のとき利子を附くるは当然なり。皇室会計令に利子を附くる明文なしとて、先頃静岡県に対する払下の如く、二百万円を十五年賦無利子と云ふ様なる濫妄なる計画を為すに付、予は利子を附けさることを明記する案には同意し難し。静岡県に払下くることは如何なりたりやと云ふ。

東久世、三方〔ケ〕原の材木三十万石を震災救済の為、無償にて下渡されたるか、静岡県にては之に反対し、保安林に編入する願を為さんとの手段までも講したり。関係書類は総て焼失したるに付、彼の件は新に蒔直を為さゝるへからすと云ふ。予、予は地震にて消滅したるならんと思ひ居りたるか、其都合はならさるやと云ふ。東久世、自分（東久世）も其希望なれとも、其通りにはならさる様なりと云ふ。予、彼の如き払下を為せは、他よりの出願も之を拒むことは出来さることゝならんと思ふと云ふ。東久世、自分（東久世）も其通りに思ふ。利子のことは致し方なし。無利子は止むることに関屋に話すことにすへしと云ふて去る。

○午後零時後食堂にて杉琢磨より、震災のとき、功労者調は審査局員の中、伊夫伎準一の外の者のことは伊夫伎と相談して決し、用度課よりは参考として添附する積りなり。伊夫伎のことは矢張り乙として書き出す積りに付、審査局よりも同様に為し呉よと云ふ。予、伊夫伎は絶対に書き出さすと云ひたるも、夫れにては予か困ると云ひ、漸く丙として書き出すことに為し置たり。然らは乙に訂正すへしと云ひて、直に審査局に返り、西野英男に訂正を命し、後伊夫伎に其旨を告く。伊夫伎、自己の立場に困るに付、是非丙に据置呉よと云ふ。乃ち其意に従ひ、西野に其旨を命し、予は内閣総理大臣官舎に行かさるへからさるを以て、伊夫伎をして杉琢磨に其事情を通知せしむることゝなす。

○午後一時より内閣総理大臣官舎に行き、議員選挙法改正主査委員会を開き、選挙区に関することを議す。決せす。午後五時後散会し、直に家に帰る。

○内子尚ほ臥褥す。

○午後七時頃王世子邸より電話にて、李堈公か明晩帰京する旨を報す。

一一月一一日

○十一月十一日日曜。晴暖。

安藤則光、石工を遣はし、地震の為に破損したる厠を修理せしむ。

○午前午後、書状を作る。

○内子払褥す。

○夜雨。

一一月一二日

○十一月十二日月曜。雨。

○午前、電話機故障あり。電鈴頻に鳴る。交換手出てす。

○午前九時三十分より出勤す。

○午前十時頃西野英男に、電話の故障を修理すへき旨を高輪の交換局六十番に通知することを嘱す。十一時四十分頃西野来り、貴邸と電話したるに、漸く通する様になりたるとのことなる旨を報す。

○午前十時後高義敬来り、王世子は今朝名古屋より帰りたること、李堈公は昨日午後七時頃上京したること、世子妃の塩梅は変りたることなきこと、世子妃の冬期に転地すへき所は何処にも適当なる家なきこと、世子邸の破損の修理等のことに関し、李王職事務官佐藤某〔明道〕（平安南道属官なりしを、篠田治策か採用して会計課附と為したるものにて、高も誰も其人を知らすと云ふ）、今夕着京すること、小山善より滄浪閣の古材（日本屋にて〔も〕、西洋屋にても）を世子邸より譲り受け、伊藤公の墓地内に建て、大森の村に寄附し、村人の集会所に充て、又伊藤公縁故者の集会所に充て度計画にて、其人には鍋島桂次郎〔貴族院議員・同成会、元韓国統監府参与官、元ベルギー駐在公使〕、室田義文、鮫島武之助其他多人数にて、貴官（予）にも出資を求むる様の話を為し居れりと云ふ。予、故材の処分は李王職にて決せされは何とも云ひ難しと云ふ。

高又宗秩寮より震災当時の職員の功労ある者を書き出すへき旨通知し来りたるも、其節は宮内省より金を出すに非す、之を書き出す必要なしと思ひ、書き出さゝりしか、此節更に書き出すへき旨通知し来り。山田益彦の談にては、宮内省より金を出すとのことに付、書き出すことゝなせり。然し自身のことは何とも書き難きに付、氏名丈を書き置けりとて、其書面を示す。予、予も世子邸の事務には関係すへからさる旨、宗秩寮より通知を受け居るに付、何とも口を出す訳には行かすと云ふ。話すること六、七分間許にして去る。此時高に、篠田治策か上京したるときの二次会費二十円十銭を渡す。

○午後三時二十分頃より小原駩吉の家に行き、岩倉熊一郎は最早免職して宜しからんと云ふ。小原、先日自分（小原）か沼津に行きたるとき、岩倉は之を聞き、来訪する積りなるも塩梅悪しきに付、来り得さる旨を告け、使を遣はしたり。今暫く其儘にて宜しからんと云ふ。予最早免職する方宜しからんと云ふ。

小原、今日浜御殿に行き、新嘗祭のときの用に供する為、鴨猟を為し、入江貫一も其処に行き居れり。西園寺八郎より自分（小原）に対し、松平慶民の談に依れは、関屋貞三郎より官制改正のことを牧野伸顕に迫まり、牧野も意を動かし居るとのことなり。自分（西園寺）は関屋か嫌ひ居れとも、養父（公望）か居る間はまさか免職も為し得さるならん。免職するとすれは、君（小原）ならんと思はる。如何思ひ居るやと云ひたる故、自分（小原）には免職せらるへき廉はなしと思ふ。近頃の様にして奉職することは面白くなく、困ることは困れとも、然りとて無意味に引退することも愚なり。愈々引退することになれは、引退に依り何か効果を生する様にして引退する様にすへしと云ひ置たりと云ふ。予、西園寺より予も話を聞きたるか、予は君（小原）を免職することは出来すと思ふ。若し免職せは其結果か大なるへしと云ふ。

予又良子女王か方々に行かれ、皇后陛下と同様の行動を取らるることは可ならさる旨を談す。小原、国分三亥は宮務監督の資格なしと云ひ、又先日川島令次郎等か救護に関する委員を辞せんとするとき、徳川頼倫より予め之を留めさる様に致し呉度旨、内談を受け居りたるに付、反対はせさりしも、川島より辞表を申出したるとき、自分（小原）より君（川島）等の委員は教護事務のみに非す、皇族の輔導に関することまても担当する訳に非らさりしや。只今確かに人名は記憶せされとも、君（川島）等か委員と為りたるとき、不当と思ふ語を発したる人ありたる様に記臆す。然るに、救護事務のみにて委員を辞するは面白からさるに非すやと云ひたるに、国分より、其言を発したるは確かに自分（国分）なり。自分（国分）は決して委員を侮辱する様の考にて言ひたるに非すと云ひたる故、自分（小原）は更に、成程君（国分）に相違なし。君（国分）は悪意にて云ひたるに非すと云ふも、他より聞きては穏当ならさる言なりしに付ては、今日委員かなくなれは今後は取消すへき機会なきに付、此処にて取消したらは宜しからんと云ひ、国分は尚ほ弁解したる上、之を取消す旨を言明せり。自分（小原）は委員の選任を徳川頼倫に委任し置きなから、国分か委員其人を得すと云ひたるは、徳川に対する侮辱なるに付、徳川にも謝せさるへからさることゝ思ひたるも、終に其ことには及はすして止めたりと云ひ、又徳川か先日西園寺（公望）を沼津に訪ひて宮内省の近状を談したること、徳川より小原の進退に付小原の意見を問ひたること、徳川も関屋か徳川の職権を侵すに付、不快に思ひ居ること、栗田直八郎の監督を免せさることに付、徳川か不平に思ひ居るも、左りとて直に進退を決する様にも見へさること等の談を為し、三時五十分頃審査局に返り、直に家に帰る。

小原、昨夜戸田氏共〔旧大垣藩主戸田家当主、前式部長官、伯爵〕の家に行き、戸田氏秀に遇ひ、井上勝之助の妻か東宮職に来るや否を問ひたるに、自分（小原）、装飾のことに関する以外のことにまて喙を容れては困ると云ひたる以来、一度も来らすとのことなり。井上の妻は、関屋貞三郎より東宮女官長たることの内談を為したるに相違なし。然るに、其ことも間違ひて島津某か拝命したるに付、東宮職に行かさることゝなりたるならん。

○夜雨。

予か小原と談するとき、久邇宮には牧野伸顕か直言して良子女王殿下の行動を矯正する必要あることを談したり。

一一月一三日

○十一月十三日火曜。晴。

○午前九時三十分より出勤す。

○午前十時頃金井四郎来り、大正十二年前半期東久邇宮の決算書を致す。先日予か請求し置たるものなり。金井、妃殿下の希望の如く、外国語を能くする御用取扱を雇ふことゝすれは、他年、王殿下か地方在勤とでもならるれは随行することは出来さるへしと云ふ。予其時のことまて心配するには及はさるへき旨を告く。金井又久邇宮妃殿下は、他に人かあれは言語少きも、王殿下と差向ひのときは善く御話あり、笑声絶へさる旨、野村礼譲より聞きたる旨を談す。

午後一時前より内閣総理大臣官舎に行き、衆議院議員選挙法改正主査委員会を開き、区制及比例代表のことを議し、午後六時前散会す。直に家に帰る。

○午後風。

一一月一四日

○十一月十四日水曜。晴。

○午前九時三十分より出勤す。

○直に枢密院控所に行く。戒厳令中必要なる規定を適用する件廃止の件に付、内協議会を開く。久保田譲、一木喜徳郎、有松英義廃止に反対の意見を述ふ。山本権兵衛、松本烝治説明し、久保田、山本と清浦奎吾の言を不当として論難し、山本、清浦答ふる所あり。本件を委員に附托するや否を問ふ。多数は附托に及はすと云ふ。午後一時三十分頃に至り、本〔会〕議を開き、久保田、有松、仲小路廉反対意見を述へ、採決の結果、久保田、富井政章、一木喜徳郎、有松英義、仲小路廉等は起立せす、多数にて廃止に決す。時に二時前なり。直に食堂に午喫して審査局に返る。

食堂にて大谷正男に関屋貞三郎の病状を問ふ。大谷、関屋は赤十字社病院に入り、盲腸を除去したるか、盲腸か腸に癒著し居り、除去に手数か掛り、二時〔間〕余を費したりと云ふ。

○午後二時頃高羲敬、李王職事務官佐藤明道を伴ひ来る。高等は十一時頃に来りたるも、予か在らさるを以て待ち居りたる趣なり。佐藤は世子邸及別邸等の破損の修理の見計ひの為に上京し、昨日著京せりと云ふ。

高より、世子は本月二十九日頃陸軍大学校にて卒業式を行ふ予定なる模様なり。右に付、校長より金応善に、学校職員幷に同期学生に記念品ても贈らるる方宜しからんと云ひたる由。今年は宴会を催ふすことは出来さる故、記念品を贈らるるより外に致方なからん。三越店員を召ひて問ひ合せたるに、カフス釦等は製作出来難く、銀杯ならは出来るとのことなり。四寸大のものは一個十三円余、三寸五分大のものは一個十円許、四寸大のものを最大として三組とすれは二十円許と云ふことなり。校長、職員等には李王職より何か贈る物ある由に付、世子邸よりは校長以下の職員に四寸大のもの一個、学生に三寸五分大のものの一個を贈りたらは如何と云ふ。予、校長等には他に贈る物あるならは、夫れにて宜しからんと云ふ。

○午後二時後より審査官会議を開き、内匠寮の弁明、新冠牧場長〔大導寺元一〕の弁明等を議し、判任官雇員の増俸を議し、四時三十分頃議了し、直に家に帰る。

一一月一五日

○十一月十五日木曜。晴。

○午前九時三十分より出勤す。

○午前十時後西野英男に嘱し、今日は退省のときの馬車を要せさる旨を主馬寮に通知せしむ。少時の後西野来り、之を通知したる旨を報し、且貴官（予）の進位のこと、余り遷延するを以て、自分（西野）の考にて宗秩寮に問ひたる処、寮員も同感にて、枢密院に問ひたるに、枢密院よりは既に内閣に書面を出したるも、発表せさる故、宗秩寮より内閣に問ひたるに、内閣にては親任官の進位は七年なるか、親任待遇の年数を加算することを得るや否の疑ありとて決し居らすとのことにて、宗秩寮は当然加算すへきものなることを説明し、結局予の宮内官本官中、既に七年に満ち居りたるに付、宮内省にて上奏等の手続を為すことゝなり、本月二十日に発表する予定なる趣なることを報す。
○午前十一時頃金井四郎来り、服部某の退官賜金六百円を宮内省より受取り来りたり。宮よりの賜金は其半額とし、其外に年末に四十五円を給する割合なるに付、之に五円を加へ、奥よりとして五十円を与ふる積りなりと云ふ、予異議なき旨を答ふ。金井又、服部は萩原淳より金を借り、之を返すこと出来す、萩原は怒るならんとの談を為せり。

金井又妃殿下か洋行を止められたることは既に大臣に話したるやと云ふ。予、未た話さす。妃殿下の考は動くことはなかるへきやと云ふ。金井別に急くことはなしと云ふ。予、然し妃殿下より既に皇后陛下、摂政殿下に御話しあり居るとのことに付、大臣には話し置く方宜しからん。妃殿下より始めて御話ありたるは何日なりしやと云ふ。金井、覚書を出す。今月八日なり。

金井又先日買入れんとしたる自動車は其形か妃殿下の気に入らす、其後他の自動車屋より自動車を持ち来り、妃殿下は其方か宜し。然し詳しきことは伊東太郎に問へとのことなりしに付、伊東は全体は先の車の方か宜し。然し後の方ても悪しきことはなしと云ひたりと云ふ。

金井又盛厚王殿下の学習院に於ける体度を視る為、昨日学習院に行きたるか、教師に対する答抔は明瞭にて、至極宜しかりしなり。教師の談にては、入学当初は挙動軽々しく姿勢安定せす、皇族なる為人目に附き易く、困り居りたり。或は鼻の故障の為には非すやと思ふと云へり。自分（金井）は医師は急に治療を為すに及はすと云ふ旨を話し置けり。金井又学習院にては皇族の席順は学級順なるか、宣仁親王殿下は御直宮なりとて上席と為し、盛厚王殿下は李鍝公の下席と為し居るに付、自分（金井）は皇族と公族との関係は御直宮と他の皇族との関係よりも懸隔あり。李鍝公の下席とするは不当なりと云ひ置きたりと云ふ。

予、再ひ妃殿下洋行を止むることを金井に話されたる月日を確む。金井覚書を渡し置くへしとて之を予に交す。金井又山階宮より其妃殿下の薨去に付、宮附高等官より供へたる物に対する返礼の分前二円九十一銭を交す。是は若干を供へ、之に対する返礼は夫より多額なるに付、其超過額丈けの分配にて、予より出金したることはなきものなりと云ふ。
○午前十一時頃牧野伸顕を其官房に訪ひ、東久邇宮妃殿下か洋行を止めらるることに付、金井の覚書に書きたる所に拠り、之を告け、且つ此ことは既に皇后陛下にも申上けあるとのことなりと云ふ。牧野、皇后陛下に伺ひ見るへしと云ふ。
○午後二時頃三宅正太郎〔司法省参事官、臨時法制審議会幹事〕来り、主査委員長の報告書案に捺印を求む。
○午後二時後高橋其三来り、小原駩吉は昨日より京都に行き、四、五日滞留する予定なり。出発前逢ひ度と云ひ居りたるも、機会なく、都合にては電話にて話さんと云ひ居りたるか、電話したりやと云ふ。予否と云ふ。然らは、自分（高橋）より報告すと云ふ。
○午後三時前村上恭一電話し、三時後に来り度と云ふ。予、三時三十分頃より他行す。其前に来るへき旨を答へしむ。三時十分頃村上来る。朝鮮総督の請求に係る刑務所長及検事の懲戒事件に付、主任委員を定むることを謀る一件は、大蔵次官〔原文空白、西野元〕を主任とし、一件は行政裁判所評定官遠藤源六を主任とし、各十日間を調査期限とすることに決す。
○午後三時四十分より人力車に乗り、上野精養軒に行き、有馬家の大正十三年度予算内相談を為す。会するもの、仁田原重行、有馬秀雄、有馬泰明、松下丈吉、境豊吉なり。収入は経常費及第一臨時費を支弁するに足るを以て、第二臨時費は予算に計上せす、其必要ありたるときは追加予算と為し、借入金を以て支弁することに決す。
　仁田原、境は今回を機とし、節約を為すへきことを主張したるも、伯爵か肯んせさる趣に付、予及秀雄は強ひて節約するに及はす。強ひて財産を殖すも、之を守る人なきことを説き、前記の如く決せり。予、女子学習院長（松浦）か有馬頼寧氏の女は軍人には嫁せしめすとのことなるか、事実なりやと云ひたるに付、予は之を聞きたることなき旨を答へ置たる趣を談したる処、仁田原は内山小二郎か其次男〔雄二郎〕の為、頼寧氏の女を貰ひ度旨を話したることなり。自分（仁田原）は之を聞き捨に為し置たり。頼寧氏に告けたらは怒るならん。内山は男爵になりたる為、右の如きことを云ひたるならんか、馬鹿な奴なりとのことを談したり。予秀雄に、原熙か頼寧氏か農科大学助教授を辞することに付、君（秀雄）に面談する旨話し居りたるか、面会したりやと云ふ。秀雄面会せすと云ふ。六時頃より飲喫し、八時後より帰途に就き、九時後家に達す。

一一月一六日

○十一月十六日金曜。晴。
○内子頭痛を患ひ、褥に臥す。〔未完〕
〔欄外に付記〕
十一月十六日の日記は西洋紙の本に在り。ノートブック。

大正一二年日記第一二冊

〔表紙に付記〕
十一
大正十二年十一月十六日より同月三十日までの日記
大正十二年の日記十ノ一、二は半紙に記したるものあり
十二月中の日記（十二）は半紙に記したるものあり
（袋に入れあり）
後日追記したるものを以て誤脱多し

一一月一六日（続）

大正十二年十一月十六日金曜。晴。

○内子頭痛を患ひ、褥に臥す。
○午前九時三十分より宮内省に出勤す。
○午前十一時後李鍝公附事務官仁木来り、李鍝公に随ひ上京したる旨を告け、且李鍝公現在の住居は借家なる処、所有者か之を売却する模様なる故、差配人を召ひ様子を問ひたるに、所有者は北海道に移住し、東京の家は十五万円許に売却せんと欲したるも、高価にて買人なく、十万円許ならは之を売却せんと云ひ居れり。李公家にて之を買ひ取る望あらは、八万円位ならは売却するならんと思ふと云へり。依て高義敬、金応善等に謀りたるに、八万円位にて買ふことを得るならは、之を買ひ置き、他日宮内省より公家に屋敷地を与へられ建築を為したらは、其時は只今の家を売却しても宜しきに付、買ひ取り置く方、便ならんとの意見なり。有吉（忠一）は上京中なるか、今日出発帰任するとのことに付、今朝往訪して其ことを談したる処、宮内省より邸地を与へらるることは関屋（貞三郎）に談する積りなりしも、病中にて帰任後書状を以て照会することにすへく、家買取りのことも帰任後、李王職長官、次官に相談すへしとのことなり。勿論家買取りのことは上京まては考へたることに非す。上京後家主か家を売るとのことを聞きたるより考へたることに付、長官、次官に相談したる上のことに非されは決し難きことなりと云ふ。

予、代々木初台に買ひ入れたる地所は既に売払ひたりや。且今の住居の敷地は幾坪位にて、建坪は幾坪位なりやと云ふ。仁木、初台の地所は初の買入値に登記料を加へ、且年七分の割合にて利息を附けたる割合にて、早川千吉郎の子に売り払ひたり。故に損失は立たさりしなり。只今の住所の敷地は四百坪許にて、建坪は七十坪位ならんと云ふ。予、然らは格別高価には非さる様なるか、今少し位は価を減することを得るやも計り難しと云ふ。

予が仁木と談し居るとき、松平慶民来り、山辺知春宛宮内大臣よりの電信案を示す。其案は、稔彦王殿下を羅馬尼に遣はさるることは一時中止せられたるか、更に御差遣の議あり。同国駐箚公使（堀口九万一）か来年二月頃著任することゝなるへきに付、正式に同国へ其旨を申込まるることゝなるへく、王殿下の都合を伺ひて返電すへく、随行は予定の通り貴官（山辺）となるへきに付、帰朝の都合もあるへきも其含にせよとの趣意なりし様なり（発信人も宮内大臣なりしや、次官なりしや確記せす。又電信の趣意も確記せす）。予之を覧て松平に返す。松平、大臣より稔彦王妃殿下に此ことを言上し置く方宜しかるへき旨、大臣より話したりと云ふ。

予、先日金井四郎より話したる妃殿下か洋行を止めらるることの覚書ありとて、予か一昨日金井より預り居る覚書を示す。松平、先日金井か読みたるものに非すやと云ふ。予、大体は同し、少しく異なる所ありと云ふ。松平之を覧終り、自分（松平）か仏国にて見聞したることは妃殿下に話す方宜しかるへきやと云ふ。予、君（松平）は帰朝後未た妃殿下に謁せさる趣なるに付、一たひ謁して詳に話し呉るる方宜しからんと云ふ。松平然らば忌憚なく話すことにすへしと云ふ。松平か去りたる後、仁木は少しく談を続け去る。

○午後二時後白根松介来り、只今電話にて関屋貞三郎手術後の経過を問ひたるに、今日は体温も平常にて嘔気も止み、経過も宜しく最早安心なりとのことなりと云ふ。予か食堂にて白根に、関屋か赤十字社病院にて盲腸炎の手術を受けたる後の経過を問ひたるを以て、来りて之を告けたるなり。予、牧野（伸顕）は只今塩梅宜しきやと云ふ。白根、大臣（牧野）は是迄は自身の病に付全く智識を有せさりしか、最早大丈夫なりと云ひ居れりと云ふ。予、予は先日まて大臣（牧野）の嘔吐は自然に止むものと思ひ、神経性のものならんと考へ居りたるか、聞く所にては其都度皮下注射を為して之を止むるとのことなるか、然るかと云ふ。白根、然り。皮下注射も普通にては効を奏せす、多量にモルヒネを用ゐされは嘔吐か止まさる様になり居れり。先日は下血ありたるに付驚きたるか、是は肛門の近傍より出てたるものにて心配なしとのことなりしなりと云ふ。予、出血は深き原因ある場合の外、心配には及はす。嘔吐の都度皮下注射にて之を止むることは、何か原因ある様にも思はると云ふ。

白根、南（某）〔南大曹〈南医腸病院院長〉カ〕は全く神経性なりと云へりと云ふ。予、南とは如何なる人なりやと云ふ。白根、長与腸胃病院の副院長なりしか、長与〔称吉、長与腸胃病院前院長、医師長与専斎長男、男爵〕の死後院長と為り居る医学博士なり。自分（白根）等は大臣（牧野）か二木（某）に治療を依頼し居れとも、南に変更する方か宜しと思ふと云ふ。予、南は診察したることありやと云ふ。白根先日二回診察せりと云ふ。

予、審査局は判任官の俸給不足にて困り居れり。此年末には一人丈け月棒十円を増す丈けにて、最早少の余裕もなしと云ふ。白根、秘書課も同様なり。此期まては都合附くとも、次期よりは少しの余裕なしと云ひ、審査局にては高給のものを他に移し、低給の者と入れ替へたらは宜しからんと云ふ。予何処にも高給のものを入るる所なしと云ふ。白根、陵墓監ならは或は都合出来るならん。根岸は一級俸と為りたる後、幾年になりたりやと云ふ。予、既に五年になれり。全体は年功加俸の申立を為すへき処なるも、他の者は増俸も出来さる所なる故、上申も見合せ居れりと云ふ。白根、一級俸となりたる後五年にもなり居るならは、陵墓監に推薦するに十分なり。又根岸ならは其伎倆も安心して推薦することを得るなり。京都の川口知雄を林野管理局に入るることは、次官（関屋貞三郎）は賛成せされとも、林野管理局にては承知し居れり。其後任は奈良の陵墓監を移す由なり。其後任には小原（駩吉）より推薦し居る人あれとも、是は既に断はり置たり。其他にも陵墓監は今一人罷むる様の話を聞き居れり。仙石政敬か御用掛の資格にて諸陵寮の事務に関係し居るに付、自分（白根）よりも根岸のことを話し置くへし。君（予）より話し置たれは宜しからんと云ふ。予、話置くへし。是非周旋し呉よと云ふ。

予又罹災者に対する救助金の寄附の振合は分らさるやと云ふ。白根、近々問ひ合せ見るも、政府にては寄附せさる模様なり。此節は直接の被害なきも、大概の人か迷惑し居る故、議か熟せさるならん。宮内省は別として寄附するにしても、善後会に渡しては如何様のことに使用するや計られす。寄附するならは条件ても附く必要あらんやと思ひ居る所なり。自分（白根）は華族同情会の方に少し計り出金することにせんかとも思ひ居る所なりと云ふ。予、枢密院の模様も問ひ合せ見たるか、同院にても何の話もなしとのことなりと云ふ。

○午後三時後西野英男来り、内匠寮より明日午後一時より写真室にて東宮殿下御乗馬の活動写真を映写するに付、来観する人あらは、其人数を通知すへき旨、電話にて申来れり。往観せらるへきやと云ふ。予、予は往観せす。審査局の方を問ひ見るへしと云ふ。

○午前九時二十五分頃皇后宮大夫大森鍾一、使をして書状及菊花一束を送らしむ。其書は御苑内にて御培養の菊花、両陛下の御思召に依り、御内儀より下賜せられ候条、此段申入候也。大正十二年十一月十六日　皇后宮大夫男爵大森鍾一　枢密顧問官倉富勇三郎殿とありたり。之に対し受領証を出す。其書は一菊花一束右拝受候也。大正十二年十一月十六日　枢密顧問官倉富勇三郎と記したり。

○午後三時四十分頃酒巻芳男審査局に来り、柳原燁子は今日除族のことを発表し、宗秩寮総裁より其辞令を親族の入江為守に渡したりと云ふ。予宗秩寮審議会の模様は如何なりしやと云ふ。酒巻全会一致なりしと云ふ。予、柳原（義光）の模様は如何と云ふ。酒巻、柳原より燁子に三日の期限を付して帰宅を命し置き、其期限か明日までにて尽きる故、其上にて離籍の手続を為す趣なり。柳原か京都に行き居りたると、樺山（愛輔）か余り急くことなき様に考へ居りたる為、離籍の手続か後れたるものならんと云ふ。

酒巻又王世子朝鮮帰住のことの予防策として、先日次官（関屋貞三郎）か、陸軍大臣か又は次官（宇垣一成）に面会し、世子に相当の職を授くることを相談し、陸軍にても異議なかりし趣なり。今日宮内大臣より、陸軍大学校の卒業式か愈々本月二十九日と決するならは、世子補職のことも進行する必要あるへしと云はれたりとのことを談す。予は、次官（関屋）か陸軍に交渉することも、交渉したることも、少しも話を聞きたることなし。世子か軍務に服することを以て帰鮮の予防となさんとすることは害もなきも、益はなし。今日にても第一師団の聯隊附なれは、普通より云へは任地を離るる訳に行かさることなり。然し、世子の帰鮮を望むものは、李王病気の為世子の帰鮮を請ひ、李王よりの情願と云ふ形式となるへきに付、軍務云々と云ふ如きことにて予防出来るものに非すと思ふ旨を述ふ。

酒巻、次官（関屋）は病気にて当分活動出来さるに付、明日にも総裁（徳川頼倫）とても協議して、然るへく処置する様致され度と云ふ。予、此ことは正式に問題として現はれ来りては、何処にて処置するも困難なり。故に予は斎藤総督（実）に談し、斎藤の取計にて問題とならさる様にすることを依頼し置たり。篠田治策より書状にて申越したりとて、斎藤にも交渉せす、直に補職のことを陸軍に交渉したることは穏当ならすと思ふ。然し、予には一言の話もなきに付、別に致方なしと云ふ。予又篠田の書状は予も一見せり。全体ならは、篠田に対し斎藤に協議すへき旨を申遣はし、同し陸軍に交渉するにしても、斎藤の意見に依り交渉する方宜しと思ふと云ふ。酒巻、いつれ更に明朝でも総裁（徳川頼倫）と協議して、然るへく取計ひ呉よと云ふ。予、此ことに付ては予には一言も話さゝる故、予より進みて云ふへきことなしと云ふ。

一一月一七日

○十一月十七日土曜。晴。

○午前九時三十分頃より出勤す。

○午前十一時頃西野英男来り、白根松介より電話にて、明後日午後、大臣（牧野伸顕）か協議し度ことあるか差支なかるへきやを問ひ来れりと云ふ。予、明後日午後は法制審議会にて会議を為すことゝなり居ると云ふ。白根、明後々日午後は如何と云ふ。予、明後々日午後も法制審議会の会議ありと云ふ。白根、午前は如何と云ふ。予、午前ならは両日とも差支なしと云ふ。白根、然らは更に日時を定めて通知することにすへしと云ふて去る。少時の後白根より、明後日午前十一時より協議することに決したる旨を通知す。

○午後一時より内閣総理大臣官舎に行き、衆議院議員選挙法改正主査委員会を開き、主査委員会は今日限りか、又は次の一回にて終了することゝ為し度ことを協議す。委員会は次の一回にて終了することに決す。六時頃までにて選挙の方法、選挙運動の取締、選挙の効力に関する事項を審議し了り、次回は選挙法の罰則に関する事項を議することに決し、予より罰則に付ては議案なきに付、委員より議案を提出することを望む旨を告けて散会し、直に家に帰る。

○午前八時前有馬敏四郎来り、兵庫県某の女の身元調書を持ち来る。調書は中村忠充〔兵庫県理事官・内務部地方課長〕か長浜直哉の依頼に依り調査して、長浜に送りたるものにて、長浜は有馬頼寧氏の命を受け、中村に依頼したるものなり。某の女は敏四郎か今年夏北海道に行きたるとき、途中にて出逢ひ、敏四郎と結婚することを約したるものなる趣にて、調書に依れは別に欠点なき様なり。敏四郎は頼寧氏の意を承りて、予より伯爵に説き、結婚の許諾を得呉よと云ふ。予、先日此ことに付頼寧君より話を聞きたることあるか、其談に依れは、頼寧君より仁田原重行にも談すへく、いつれ此ことに関する談あるへきに付之を含み置き呉よと云はれたるのみにて、予より進みて談し呉よと云ふ趣意には非さりしなり。加之先日仁田原より聞きたる処にては、結婚は国学院大学卒業後に非されは承諾せられさる旨、伯爵より申聞けられ居る趣なり。伯爵の趣意は決して無理とは思はれす。此際予より伯爵の承諾を求むることは為し難しと云ふ。

敏四郎、結婚は学校卒業後になりても宜し。婚約丈為し置きたきに付、其承諾を得呉よと云ふ。予、序てもありたらは話は為し見るへきも、只今約束は出来難しと云ふ。敏四郎、序の節にて宜しと云ふて去る。話すること十四、五分間許。敏四郎は昨日午後、電話にて予の差支の有無を問ひたるか、予か在らさりしを以て、予か家に帰りたる後、此方より電話すへき旨、家人より約束し置き、予か帰りたる後電話し、今日八時頃来訪すへきことに約し置たるものなり。
○午前十一時頃なりしならん、徳川頼倫来り、王世子のことに付宮内大臣と話すへき必要あり。明後日午前十一時前には大臣は他と約束ありと云ひ、十一時よりは他の協議問題あり。午後は君（予）か差支あるに付、十一時前に機会ありたらは共に話すことにすへしと云ふ。

一一月一八日

○十一月十八日日曜。晴。
臨時法制審議会にて主査委員会の結果を報告する案を作る。
○午後二時頃渡辺暢来る。予、渡辺を貴族院議員に任することは、初は臨時議会開会前の予定なりしも、其後臨時議会閉会後に変更せられたる趣なることを告く。

一一月一九日

○十一月十九日月曜。
○午前十一時後、徳川頼倫と共に牧野伸顕の官房に行き、予より、聞く所に依れは次官（関屋貞三郎）は朝鮮貴族等か世子をして京城に帰住せしめんとするを予防する為、関屋より陸軍当局者に談し、世子をして重要なる軍職に就かしむることを交渉したる由なり。此事柄に付ては、予も固より異論なし。然れとも予等か懸念し居るは、貴族等か自己の考にて世子の帰住を求めす、李王の情願なりとて之を求むる手段を取るならんと思ふことなり。此手段を取れは、世子か軍職に在ると云ふ如き理由を以て之を拒む訳に行かす。故に問題の起らさる様に之を予防するより外に手段なし。其ことは姑く之を措き、予は先年来世子の顧問たることを命せられ居るに、世子の身上に最も重大なる関係ある此節の如き事を、予には一言も告けすして陸軍当局に交渉する様のことあるは、予の甚た心外に思ふ所なり。朝鮮貴族等は世子の帰住を望む為、東京に於ける世子邸の修繕も必要ならすと云ひ居る位にて、現に陸軍大学を卒業せられたる上は、軍隊の指揮のこと抔は勉強せらるるに及はす、今後は専ら李家の祭祀のことに習熟せらるる必要ありと云ひ居る趣なり。故に、世子か軍務に服せらるることにて帰住の要求を斥けんとするは末なりと云ふ。牧野、軍務に服せらるることのみにて之を予防せんとしたるに非す。軍務に服せらるることも幾分の理由とはなる訳なりと云ふ。
○午前十一時後より大正十三年の新年式のことを議す。式部職の原案は、拝賀者は通常服を著用すへきことになり居りたるか、大森鍾一、珍田捨巳、九条道実は大礼服を著用せしむるか適当なりと云ひ、其中にても大森か、新年朝拝は皇室の大典にて、摂政殿下御一己のことに非す。若し殿下御婚儀のことに震災後なるの故を以て大礼服を著用するに及はすと云ふことに定めらるるならは或は宜しかるへきも、新年朝拝に通常服を著用せしむるは不可なりとのことを主張せり。
予は、震災後諸事未た常に復せさるの故を以て通常服にて拝賀せしめらるるは相当ならん。現に新年になりたる後、皇太子殿下の御婚儀を行はせらるることありても、震災後なる為饗宴も行はせられすとのことなれは、其権衡より云ふても、新年拝賀に強ひて大礼服を著用せしむる必要なし。又御婚儀は御一己のことなるも、新年拝賀は御一己のことに非すとの説は承知し難し。御婚儀は、成る程皇太子殿下の御身に関することに相違なし。然れとも皇太子たる御資格にて執行遊はさるることにて、御一己の随意になさるへきものに非す。御即位の礼も御自身位に即きたまふことなるも、皇位継承と云ふことにて、非常なる大礼と為り居るに非すやと云ふ。大森、御婚儀を御一己のことなりとて軽く視る様のことを述へたるは誤りなりと云ふ。結局、牧野伸顕か通常服の原案に賛成する旨を述へ、其ことに決定せり。

○午後一時より内閣総理大臣官舎に行き、衆議院議員選挙法改正案の委員会に列す。六時頃散会す。直に家に帰る。

一一月二〇日

○十一月二十日火曜。

○午前、宗秩寮総裁徳川頼倫より封筒に入れたる辞令書を致す。従二位に叙する辞令書なり。

○午前、審査官会議を開く。

○午後、牧野伸顕に従二位に叙せられたることに付挨拶す。牧野、世子か京城に行かんとする事情を問ふ。

○午後内閣総理大臣官舎に行き、衆議院議員選挙法改正に付主査委員会を開く。六時頃散会す。

○午後、名刺を清浦奎吾、浜尾新に送り、叙位に付挨拶す。

○牧野か世子帰鮮の事情を問ひたるに付、世子か今年末より来年始に掛けて帰鮮せんと欲するは、来年三月以後は旅行するに凶なりとの迷信より出てたることなる旨を語る。

一一月二一日

○十一月二十一日水曜。

○午前、枢密院会議に列す。

○午後、衆議院議員選挙法改正に付臨時法制審議会の総会を開くとき、主査委員長として委員会の経過、結果を報告せさるへからさるに付、其報告書案を作る。

○午前、帳簿に署名し叙位の御礼を申上く。本月十五日御内儀より菊花を賜はり、其翌日皇后陛下には御礼を申上けたるも、天皇陛下には御礼を申上けさりし処、菊花は両陛下よりの賜なりしに付、今日叙位の御礼を申上けると同時に菊花下賜の御礼も申上けたり。

○午後悪寒あり。安をして坂田稔の家に行き薬を求めしむ。

一一月二二日

○十一月二十二日木曜。

○午前八時頃宮内省に電話せんとす。通せす。之を試みること数次、尚ほ通せす。乃ち伊夫伎準一に電話し、予か不快にて今日及明日出勤し難きに付、其旨を宮内省主馬寮に電話し、予を迎ふる為馬車を遣はす〔に〕及はさる旨を告くることを嘱す。

少時の後伊夫伎より電話にて、宮内省に電話せんとしたるも通せさる旨を報す。予は出勤せさりしか、午前九時三十分頃に到り、平常の通り馬車来り迎ふ。依て電話不通なりし旨を告けて之を返す。

一一月二三日

○十一月二十三日金曜。晴。

新嘗祭、発熱の為参拝せす。但今日は既に解熱せり。

○午後二時後、本所の医師土岐龍太郎なる者来り、自ら作りたる書状を出して予か書を索む。土岐は、前年来りて数年を費して諸家の書を索め数冊の帖を成したることを告け、予亦其需に応して古語を書し、之を与へたることあり。其語は（好大而不為大不大言）なりしなり。

土岐今日の書状を見れは、今年の震災にて土岐七子三孫皆焚死し、書画帳も一冊の外全部焼失せり。依て残りたる一冊に更に書し呉よとのことなり。予、乃ち（浮世何由別喜憂、偶逢良夜涙難収、無情両国橋辺月、飽照荒涼劫後秋）を書して之を返す。土岐応接室にて之を待つ。予、乃ち自ら書画帖を持ち行きて之を交し、之と話す。土岐、遭難時の状を説き、家族一人を余さす一身のみと為り、頗る身軽るくなりたる様の心地にて、震災翌日（九月二日）より警察署の手伝を為し、傷病者の治療を為し居りたるか、六日（九月）に至り足骨を折りたる一患者来り、治療を求め、之を視れは則自分の妻〔不詳〕にて、互に驚きたりとの談を為し、尚ほ土岐は作りたる俳句等を出したる故、予か地震の長古《ママ》を示したるに土岐は其引并詩全部を写して持ち帰り、話する〔こと〕一時間余にして始めて去れり。土岐は永島巌及其長男等を識り居り、永島の長男の死は心臓の故障より来りたるものならんとの談を為せり。

一一月二四日

○十一月二十四日土曜。

○今日より出勤す（午前九時三十分頃より）。午前、牧野伸顕を其官房に訪ふ。牧野、世子をして京城に住居せしめんとする朝鮮貴族等の計画あることに付ては、自分（牧野）より朝鮮総督（斎藤実）に書状を出し之を予防することを謀り置きたり。又此ことに付ては陸軍大臣田中義一に談したる処、田中は世子に望を属し居り、是非とも立派なる軍人と為さゝるへからすと云ひ居り、此の点よりしても只今より京城に住居せらるることは宜しからすと云ひ居りたりとの談を為し、又牧野より、世子か陸軍大学校を卒業せらるるに付ては摂政殿下より何か物を賜はりたらは如何と思ふ。但、他の皇族の御卒業のときは是まて右様のことなく、世子にのみ賜はりたらは或は権衡論を生せんかと思ふか如何と云ふ。

予、夫れは懸念に及はさるへし。世子に対しては常に変例を用ゐられ、既に大勲位にも叙せられ居る位に付、賜物ありても差支なからんと云ふ。予又世子の陸軍大学校卒業に付、学校関係者等より金応善を経て記念品ても贈らるることを望む旨を申出て、既に夫々準備を為し居るか、其後に至り更に人教を増す様の請求あり。予は甚た心外に思ふ。成る程、今日にては内地と朝鮮との区別はなき様のものなれとも、尚ほ幾分は朝鮮に対しては体裁を作る必要あり。右の如きことは今日に始まりたることに非す、是まて度々あることに付、高羲敬等は之を軽蔑し居れりと云ふ。

牧野、夫れは驚きたることなり。陸軍大臣抔は知らさることならん。大臣抔に話したらは宜しからんと云ふ。予、同し請求するにしても、予にても話せは又工夫もあれとも、直接に朝鮮人に話す故困る。然し、今後の事情にては兎も角、今直に陸軍大臣にても話すことは世子邸にて困ることもあらんと思ふ故、其ことは見合はす方宜しからんと云ふ。

予又世子妃は熱心に懐妊を望み居られ、一般に肥へたる婦人は懐妊し難しとの説あり。多分侍女等より之を話たるものならん。先頃より体重か漸々減少するに付、医師も心配し居りたる処、妃殿下は痩する為め食物を減し居らるること相分り、高羲敬より厳しく不可なることを談し、此節は平常の通り食せらるることゝなりたる趣なることを談す。

○午前午後、矢島正昭か北海道の御料地実況審査を為して提出したる報告書に付審査官会議を開く。議了するに至らす。三時三十分頃より退省す。

○夜詩を作る。

一一月二五日

○十一月二十五日日曜。晴。

午前、松方幸次郎、江木衷に贈る書状を作る。

○臨時法制審議会総会にて、諮問第五号の主査委員会の経過結果を報告する案を作る。

○午後内子、国分三亥来て訪ふ。

○国分三亥及永島巌の家を訪ふ。

○夜詩を作る。

一一月二六日

○十一月二十六日月曜。晴。

○午前九時より審査官会議を開き、矢島正昭の北海道御料地に於ける実況審査報告書に付審議し、十一時後議了す。

○午前十一時後小原駩吉来り、西園寺八郎か興津に行き、其養父公望を訪ひ、宮内省の近事を談したることを談す。

○午後一時頃より徳川頼倫の室にて、李王に賜はるへき邸地のことを協議す。会する者は徳川頼倫、小原駩吉、松平慶民、酒巻芳男なり。

○午後、伊夫伎準一より矢島正昭増俸のことを談す。又根岸〔原文空白、栄助〕は一級俸を受けたる後満五年となれとも、判任官俸給不足の為、他の者は増俸も為し難き際に付、根岸にも年功加俸を給する〔に〕及はさるへき旨を談す。予之に同意す。

○予か午前徳川頼倫の室に在るとき、大谷正男来り、世子か陸軍大学校を卒業せらるるに付、摂政殿下より祝品を賜はるへき筈の処、成るへく親密の意の現はるる様の品物に致し度との大臣の考にて、金製巻煙草入を摂政殿下自ら賜はることに致さんと思ふ旨を談す。予宜しかるへき旨を告く。

一一月二七日

○十一月二十七日火曜。晴。

○金井四郎来り、蒲穆より松平慶民に贈りたる書を示す。書は稔彦王殿下の臣籍を降下せらるることに関したるものなり（書状の趣旨は記臆し居らす。又運転手雇入のことを談す。東久邇宮に自動車運転手を雇入るることとなり）（手控酒巻とあるは金井と訂正しあることを発見せり）。〔原文抹消部分に「此項の冒頭に酒巻来り云々とあるは、或は金井四郎の誤には非さるかと思へとも、蒲より松平に贈りたる書状なれは、酒巻の様にも思はる。要するに此辺の日記は久しく之を記せさりし故、記臆を喚起し難し」とあり〕

○午前、高義敬、閔泳綺来る。之と話す。

○伊夫伎準一より根岸〔原文空白、栄助〕の履歴書を致す。根岸は判任官一級俸にて、審査局判任官俸給不足に付、根岸を他に転勤せしむる必要あり。依て予より履歴書を求めたるなり。

○感冒の為咳嗽あるを以て吸入治療を為す。

一一月二八日

○十一月二十八日水曜。雨。

○午前九時頃より枢密院控所に参集す（復興院官制のこと）（官制に付如何なる談ありたるや記臆せす）。清浦奎吾、安広伴一郎と控所にて立談す。伊東巳代治は現内閣（山本権兵衛内閣）成立の初に於ては非常に同情を有し居る模様なりしか、近来急に反対の体度を取ることゝなれりとの談にて、安広は、伊東は如何なる時代にも必ず反対の体度を取り、之を以て何か求むる手段と為すと云ふ。先頃賜はりたる詔書は伊東か立案したるものなる趣にて、詔書中に一会社一個人の利益云々の語あるは、予め火災保険会社をして地震約款あるに拘はらす、保険金を払はしめんと〔の〕底意なり。詔書に私意を挟むは怪からんことなり。将来内大臣か十分に注意する必要ありと云ふ（是は清浦の談なり）。

○金井四郎来り、自動車運転手雇入のことを謀る。予、東久邇宮にて罷免したる服部〔原文空白、武夫〕は宮家に行き、君（金井）の悪口を為し居る趣なりと云ふ。金井、自分（金井）は出来る丈服部の利益を図りたるなりと云ふ。

○午前仙石政敬を訪ふ。在らす（何の為に之を訪ひたるか記臆せす）。

○午後、会計審査成績書案及会計審査報告書案に付審査官会議を開く。

○午後牧野伸顕予を召ひ、世子のことに関し斎藤実より牧野に贈りたる電信を示す。午後高義敬来り、世子帰鮮のことを談す。予、予は正に審査官会議中なるを以て、高をして牧野に談せしむ。会議終りたる後、予庶務課に行く。高は未た牧野に面会し居らす、既にして牧野、高を召ふ。予亦高と共に牧野の室に行き、世子の帰鮮は急にすへからさることを談す。高既に去る。予牧野と、世子か閔泳綺に対し、帰鮮のことに付答へらるる趣意を議す。

○雨ふるを以て予か帰るとき、門外に傘を持ち来るへき旨、家人に電話す。
○大谷正男、牧野伸顕か閔泳綺を招き午餐を供するとき、宋秉畯を招くことの可否を謀る。予之を招く方可なる旨を答ふ。
○吸入治療を為す。

一一月二九日

○十一月二十九日木曜。曇。
○午前九時三十分より出勤す。
○午前、日記を追記する材料を記す。
○午後零時後食堂にて牧野（伸顕）より予を喚ひ、昨日高羲敬より話したることに付斎藤実に電信を発し置かんと思ふ旨を談す。又徳川頼倫に対し、世子に賜はるへき邸地を視たるやを問ふ。徳川、之を視たるも適当ならすと思ふ。今日高輪を視る積なる旨を告く。徳川、予にも同行することを勧む。予、会議あるに付、同行し難き旨を告く。
○午後一時三十分より会計審査報告書案に付審査官会議を開き、三時頃議了す。
○午後四時より家に帰り、五時より世子邸に行く。世子今日陸軍大学校を卒業したるを以て、晩餐を催ふしたるなり。食堂〔にて〕閔泳綺と談す。閔より世子帰鮮のことに関し、牧野（伸顕）の意を探くることを嘱す。予は小山善辞職の意あるに付、之を許し、跡には適当なる人に診療を嘱託する方宜しかるへきこと、高階虎治郎は多年典医補を勤め居るに付、此際典医に進むること、世子の附武官は一人なるも、官制には二人と為り居り、世子か是より隊附と為らるるに付、用も多くなる故、此際一人を増す様になすことを談す。閔異議なき旨を答ふ。又別室に行き、閔、宋秉畯、小山善等と談す。
小山、大磯の滄浪閣、地震の為倒壊したるに付、其残材を貰ひ、大森の伊藤公（博文）の墓域内に記念室を建つるの計画あり。伊東（巳代治）、室田（義文）、鮫島（武之助）等も賛成し居れり。君（予）も賛成し、序に穂積（陳重）、富井（政章）其他伊藤公に縁故ある人に賛成を勧め呉よと云ふ。宋秉畯、滄浪閣は大磯に在りてこそ記念となるものなり。之を大森に移すことは自分（宋）は絶対反対なりと云ふ。九時前家に帰る。
○食後世子邸にて、世子に閔泳綺より帰鮮のことを申出てたらは種々の関係あるに付、即時に答へ難き旨を答へ置く方宜しかる旨を告け置きたり。

一一月三〇日

○十一月三十日金曜。曇後晴。
○午前九時三十分より出勤す。
○午前、左の趣意の書を大木遠吉に贈る。
拙者ヲ貴協会評議員ニ御推薦相成ルヘキ旨、御照会之趣敬承。右ハ異存無之候。此段及御答候也。
　大正十二年十一月三十日　　氏名
大東文化協会総裁伯爵大木遠吉殿
文句は確に記憶せす。多少の相違あるへし。

○出勤前、書を松下丈吉に贈り、詩を示す。
○午後一時より内閣総理大臣官舎に行き、衆議院議員選挙法改正の総会に列す。会議前徳川頼倫より電話にて、昨日牧野（伸顕）より談したる斎藤実に電信を発することは既に取計ひたりやと云ふ。予、予は予か電信を発することゝは思ひ居らす、大臣か発することゝ思ひ居りたり。若し大臣より発せさるならは、君（徳川）より発し呉よと云ふ。少時の後、貴官（予）か一番事情を詳知し居る故、貴官（予）に電信案を作成することを依頼すへき旨命せられたりと云ふ。予明朝案文を持参すへき旨を答ふ。電話室より議場へ行きたるときは既に議事を始め居りたり。午後六時頃議事終る。直に家に帰る。

大正一二年一二月

大正一二年日記第一三冊

〔表紙に付記〕
十二
大正十二年十二月日記
後日追記したるものなるを以て誤脱多し
十一はノートブックに記したるものあり

〔大正一二年日記第一三冊〈倉富の附けた番号では一二冊〉は宮内省罫紙に墨書され、冊子体に綴られている。なおその他に、不定形の用紙に記された日記材料〈大正一二年九月一〇日から一一月一五日までと大正一三年三月二三日と二四日分〉が同封されているが、その内容は他の日記と重複しているので、掲載しなかった〕

一二月一日

○十二月一日土曜。晴。
○午前十一時四十分頃より宮内大臣官舎に行き、午餐の饗を受く。会するもの、閔泳綺、宋秉畯、大森鍾一、珍田捨巳、徳川頼倫、高羲敬、金応善、松平慶民、酒巻芳男、大谷正男、白根松介等にて、牧野伸顕か閔泳綺、宋秉畯を饗したるなり。
○午前十時後より、徳川頼倫の室にて李王に賜はるへき邸宅のことを議す。徳川頼倫、小原駩吉、松平慶民、酒巻芳男等と之を議したり。徳川は常盤松の地を可とし、予は六本木の現在の邸の隣地三条の邸を併することを可とし、然らされは紀尾井を可とする旨を説く。或は市兵衛町（東久邇宮邸）を可とするものあり。議決せす。時既に十二時に近し。乃ち牧野の官舎に赴く。
○午後二時前宮内省に返り、審査官会議を開く。

一二月二日

十二月二日日曜。晴。
午前八時頃梨本宮邸より電話にて、今日午前十一時頃来邸を望む旨を告け来る。予之を諾する旨を答へしむ。午前十時三十分頃より梨本宮邸に行く。守正王殿下、予を迎見し、王世子、陸軍大学を卒業したるに付、報告の為京城に行く積なり。此ことは高義敬に談することは少しく都合あるに付、自分（王殿下）より之を予に告くるに付、予に於〔て〕決定し呉れよとのことなり。昨日、自分（殿下）か世子邸に行きたるとき其談ありたる故、今日来り貰ひたりと云はる。

予、此ことに付ては、先般（十一月二十九日夜）予より世子に、急に京城に行かるるは宜しからさることを詳説し、尚ほ高義敬にも其趣旨を告け、高よりも世子に説き、世子も之を諒解せられたる筈なる旨を談す。守正王殿下、世子は近衛師団第二聯隊の中隊長と為り、只今ならは旅行しても差支なきか、検閲の時期に至れは旅行するに都合悪し。高には陸軍の事情は分らすと云はる。予、予は世子は諒解せられ居る筈と思へとも、今一応世子に逢ひたる上にて詳に談を聴くことゝなすへき旨を告けて去る。十二時前家に達す。

一二月三日

○十二月三日月曜。

一二月四日

○十二月四日火曜。

今日頃世子邸へ行き、世子か年末より京城に行かんとする理由を問ひ、之を詰る。

一二月五日

○十二月五日水曜。

一二月六日

○十二月六日木曜。

一二月七日

○十二月七日金曜。

一二月八日

○十二月八日土曜。

午後零時後、食堂にて原熈と有馬頼寧氏のことを談す。予、頼寧氏は到底農科大学の助教授を勤続する見込なきを以て、免官の取扱を為し呉るる外致方なかるへき旨を告く。原、今一応有馬秀雄に相談したる上に致すへき旨を告く。

○午前十一時頃高義敬と共に牧野伸顕を其官房に訪ひ、王世子か本月二十日後より京城に旅行することを好む旨を談す。午後二時後、牧野伸顕、有吉忠一と共に、世子か京城に行かんと欲するは、時期に関する迷信より出てたるものなることにて、三月以後は旅行しては悪しと云ふ為なることを談す。

一二月九日

○十二月九日日曜。

○午前八時後より閑院宮邸に赴き、寛子女王の百日祭に付霊前に拝し、更に東久邇宮邸に赴き、師正王百日祭に付拝霊し、又山階宮邸に赴き、武彦王妃佐紀子殿下の百日祭に付拝霊し、復た東久邇宮邸に返り午餐を喫し、午後二時前より豊島岡に赴き、師正王の墓前祭〔に〕列し、祭後橋場の有馬邸に赴き、相談会に列す。九時頃家に帰る。午後一時より有馬邸にて有馬男爵家の相談会あり、予も之に列することを約し置たるも、百日祭の為之を断りたり。

一二月一〇日

○十二月十日月曜。

一二月一一日

○十二月十一日火曜。

午前、貴族院に行き、帝国議会開院式に列す。午後三時後、有吉忠一と共に牧野伸顕の室にて、世子か熱心に京城に行くことを望み、而かも是非妃と同伴致し度。同伴せされは、妃は其の為病気と為ると云ふに付、先日は医師をして妃の体質を診せしめ、医師か寒中京城に行くことを止めたらは、世子も或は京城行を断念するならんと思ひ、妃の体質を診断せしむる積なりしも、到底其都合に行かさるに付、此上は世子の意に任せ、妃と共に京城に行かるることにするより外、策なかるへき旨を談す。

牧野、其外致方なかるへきか、一応陸軍省に交渉せさるへからさるへし。君（予）か陸軍大臣若くは次官に逢ひて之を談し呉れよと云ふ。予之を諾し、庶務課属をして陸軍大臣官舎に電話し、往訪して差支なきや否を問はしむ。副官某、只今大臣は会議中なる故、都合を問ふこと出来す。会議の終りたる後、之を問ふて答ふへしと云ひたる趣なり。予、復た之を問ふの必要なしと謂ひ、四時前馬車に乗りて田中義一を其官舎に訪ふ。副官某、只今他客と対談中なり。少時待ち呉れよと〔云ふ〕。待つこと二十分間許、田中始めて引見す。予、世子か迷信に因り、年末より京城に行き度と云ふか、差支なかるへきやと云ふ。田中、陸軍の都合より云へは、年末より一月二十日頃まてならは差支なしと云ふ。予か迷信云々を述へたるは、牧野、有吉と相談の上、之を云はされは事情分り難きに付、之を述ふへきことを定め置たるなり。五時頃家に帰る。

○午後西野英男より、震災の時の慰労として官房より金を給せられたるか、判任官と給仕と同額にて不権衡なる為、局員に不平ある旨を述ふ。予、予も其ことは聞き居れり。審査局にては同額なるか、処に依りては給仕の方多額なる所もあり。支給する部局異なる為、右の如き結果になりても致方なし。全体より云へは、予も不満足に思へとも、特に此ことに付議論する考なき旨を告く。

一二月一二日

○十二月十二日水曜。

午後零時後食堂にて、昨日田中義一を訪ひ、世子京城行のことを談し、田中差支なしと云ひたることを告く。
○午後高羲敬来り、世子京城行のことを談し、世子は未た決定せさるやを問はるる故、未た決せさる旨を答へ置たることを談す。
○午前、庶務課にて大谷正男に逢ひ、震災の時の慰労金不公平なりしことを談す。大谷意外の結果を生し、不都合なりし旨を述ふ。
○午後松平慶民を訪ひ、松平か牧野伸顕に談〔し〕たる状況を問ふ（稔彦王殿下滞仏のことなりしか記臆せす）。
○午後三時後、小原駩吉を内匠寮に訪ふ。在らす。徳川頼倫の室に行く。小原亦此に在り。小原、徳川と談す（何事なりし〔か〕記臆せす）。

一二月一三日

○十二月十三日木曜。
○午後、庶務課にて牧野伸顕其他と東宮殿下御婚儀の準備を議す。会議中有吉忠一来り、予に面会することを求む。有吉、世子の京城に行かるることは朝鮮総督府に於て差支なき旨を告く。予之を聴き、有吉か去りたる後、其旨を牧野伸顕に報す。

一二月一四日

○十二月十四日金曜。
○午前、昨日に続き東宮殿下御婚儀の準備を議す。
○両陛下よりの賜金あり、之を拝受する為皇后宮職に行かさるへからさるも、御婚儀の準備会あるに付、伊夫伎準一に嘱し、予に代り之を拝受せしむ。
○午後零時後食堂にて牧野伸顕に、世子京城行のこと決したる以上は、正式に伺書を出さしむへしと云ふ。牧野夫れにて宜しからんと云ふ。
○午後、北溜ノ間にて開きたる予算委員会に列す。委員長関屋貞三郎か病気引籠中なる故、井上勝之助か委員の同意を求めて委員長の事務を代理せり。午後四時後閉会す。
○午後高羲敬に、世子京城行の伺書を出すへき旨を告く。
○午後六時頃金井四郎より電話にて、彰常王の病を告け、初は風邪の様なりしか、熱去らす、医師も不明なりと云ふ旨を告く。

一二月一五日

○十二月十五日土曜。
○午前、予算委員会に列す。
○午後高羲敬来り、世子に京城行のこと決したる旨を告けたるに、世子は喜ひたる趣を報す。
○午後金井四郎来り、宮附職員歳末慰労金のことを謀り、且彰常王の病状を談す。
○午前、予算委員会に列したるとき、学習院及博物館の予算を通常会計の中にて特別の款項と為したることに付、特別会計を廃したる趣旨に違ふ旨を以て、内蔵頭（山崎四男六）を詰りたる処、山崎は窮余、是は命令に依り此の如く編成せりと云ひたる故、誰の命なりやと問ひ、大臣の命なりと答へ、牧野伸顕其席に在りたるを以て、予更に牧野を詰りたるに、牧野は単に命したりと云ふのみにて理由を説明せさりしなり。
○午後、審査官会議を開く。三時頃終る。
○今日は賢所前にて神楽の儀あるを以て参拝する積りの処、咳嗽甚きを以て参拝を止め、直に家に帰りたり。
○西野英男に嘱し、今日は土曜日なるも、家に帰ること遅くなる旨を電話にて家人に告けしめ、又雨ふるを以て、予か帰るとき、傘を持ち門外に来り迎へしむへきことを家人に告けしむ。

一二月一六日

○十二月十六日日曜。晴。
○書状を処々に贈る。
○午後零時後、安をして青山斎場に行き、渋谷在明〔後備役陸軍中将、宮中顧問官、元主馬頭〕の葬に会せしむ。
○午後二時頃川渕龍起〔元宮城控訴院検事長〕来り、貴族院議員たることを望むに付、周旋を請ふ。自分（川渕）は先年来有松英義と懇意なるか、有松より貴族院議員と為ることの談ありたるに付、之を依頼すと云ふ。予、予は徳義上是非とも貴族院議員たらしめさるへからさる人（渡辺暢のことを指す）あり。先年来百方奔走し、種々の手段を尽くし居れとも、夫れさへ未た成功〔せす〕。到底周旋しても効を奏する見込なき旨を以て、之を拒む。

一二月一七日

○十二月十七日月曜。晴。
○午前八時後高成田渉〔耳鼻咽喉科医〕の家に行き、咽喉を療す。近日痰咳甚しきを以てなり。
○午前審査官会議を開き、実況審査の報告書に付審議す。午前十一時後終る。
○午前十一時頃侍従長室に行き、陛下よりの恩賜金千円を拝受す。審査局に返り、西野英男をして恩給の仕払命令書に依り銀行に就き、現金を受取らしむ。侍従長室に、

右御礼
依御思召下賜
一、金壱千円
大正十二年十二月十七日　枢密顧問官倉富勇三郎

と云ふ様なる書面の氏名下に認印を捺し、侍従職附事務官松井定克〔内大臣秘書官〕に交す（文字は相違あるやも計り難し）。
○午前高義敬来り、世子か予と共に朝鮮に行くことを望む旨を告く。予、予よりは答へ難き旨を告く。高、徳川頼倫に謀るへき旨を語る。少時の後、徳川来りて之を謀る。予可否を云はす、只予か同行する必要なかるへき旨を語る。
○午後二時より予算委員会を開く。一時より開くへき筈の処、牧野伸顕、井上勝之助か牧野の官邸にて他と午餐を共にしたる為、後れて二時となれり。午後六時頃喫飯のとき、牧野より、世子か予と朝鮮に同行することを望むとのことなるか、之を聞きたりやと云ふ。予、高義敬より之を聞きたる旨を告く。七時頃より再ひ予算会議を開き、九時頃議了す。

○午前白根松介来り、今年末に土岐政夫の官等を陞すことは難き旨を語る。予已むことを得さる旨を答ふ。白根、尚ほ司法省には土岐と同期に大学を卒業したる者あり。其者等の官等か土岐より上になり居るならは、詮議の途もあるへきに付、此ことは貴官（予）より話ある通り、司法省の模様を問ひ合せ見るへしと云ふ。

○午前国分三亥来り、黒川穣〔元朝鮮総督府大邱覆審法院検事長〕、先日来肺炎に罹り居るか未た解熱に至らす、大分危険なり。万一のことあるときは、特旨叙位出来くへきやと云ふ。予、土井庸太郎〔元大邱覆審法院長、故人〕のときも大分難かりしも、既に土井の例あり。土井と黒川とは同様の経歴なる故、出来さることはなからんと思ふ旨を答ふ。

○午後伊夫伎準一を召ひ、三善焞彦、渡部信は今年末に式部官兼任にて勅任官に進む模様なるも、君（伊夫伎）は其都合に行き難きに付、其ことを承知し居るへき旨を告く。

一二月一八日

○十二月十八日火曜。晴。

○午前八時より高成田渉の家に行き、咽喉を療す。

○午前九時後より東宮御所に参し、賜金を受け、帳簿に署名して奉謝し、又皇子御殿に行き、高松宮殿下よりの賜金を受け、帳簿に署名して奉謝す。

○午前伊夫伎準一より、昨日午後白根松介より土岐政夫の官等を陞すことは出来難しと云ひたる旨を報す。

○午前、廊下にて徳川頼倫に遇ふ。予、徳川より予か家に蜜柑を贈りたることを謝す。

○午前十時後、牧野伸顕、予と徳川頼倫とを召ひ、予か世子と共に朝鮮に行く必要なかるへき旨を告く。牧野は何事も有吉忠一に談し、斎藤実に嘱し置きたらは宜しからんと云へり。

○午前十時後金井四郎来る。金井、昨日東久邇宮附武官より金井に贈りたる電信を予に致し、今日之に対する返電のことを謀る。予、稔彦王殿下留学延期を一年と為したる事由は、今年春申上けたる通なりと云ふに止め、其以上の理由は説明せさる方宜しからんと云ひ置、其後牧野（伸顕）に面したるとき、金井に告け置たる趣旨を談し置きたり。

○午前高羲敬来り、世子か朝鮮に行かるるに付、参内して暇を乞はるへきことを告け、予か世子と共に朝鮮に行くや否を問ふ。予行かさる旨を答ふ。高又世子は石造殿に居ることを嫌はるるに付、此節は昌徳宮内の楽善斎に居らるる予定なることを談し、高より閔泳綺に贈る書状の案を示す。又世子か朝鮮に行かるることを発表する時期に付有吉忠一と協議する必要あるに付、今日は午後まて宮内省に居る旨を告く。

○午後三時後高羲敬来り、徳川（頼倫）は只今華族会館より返り来り、有吉忠一も来りたり。新聞記者か世子帰鮮のことを自分（高）に問ふに付、尚ほ未定なることを告けたれとも承知せす。有吉に其旨を告けたれとも、有吉は京城よりの電信未た達せさるに付、決し難しと云ひたる旨を報す。

既にして徳川（頼倫）、予か宗秩寮に来ることを請ふ。乃ち往く。徳川より有吉に、世子か倉富君の同行を望まるるも、牧野（伸顕）か承知せさりしことを告く。有吉是非同行を望む旨を語る。徳川更に牧野（伸顕）に謀るへき旨を答ふ。時に四時後なり。予は直に帰る。

午後六時後徳川（頼倫）来り訪ひ、君（予）の京城行のことを牧野に謀りたる処、牧野は其の必要なし。又牧野は有吉（忠一）に面談する必要なし。倉富より、世子帰鮮の上、世子に対し帰鮮を勧むる人ありたらは、世子は皇室の恩遇に浴し居り、帰鮮し難しと答へらるへき旨を告け置きたらは宜しからんと云ひたる旨を報す。予、皇室の恩遇を云々することは事情に適せす。右のことは大臣（牧野）より予に命する訳なりや〔と〕云ふ。徳川命令する訳には非すと云ふ。予、然らは二十一日には大臣か帰京するとのことに付、其上にて予より意見を述ふることにすへしと云ふ。予又世子は何等の理由も述へす、京城に帰ることに付ては即答し難しと云ひ置くより外に致方なしと思ふ旨を述ふ。

徳川、今日は華族会館にて有馬頼寧君の事業に付協議会を開き、一ヶ年三万円を支出することに決したる旨を告く。予、頼寧氏か君（徳川）等の期待に負くことあるへき懸念ありと云ふ。話すること十五、六分間許にして去る。

○夜咳嗽多し。

○午後、懲戒委員会より手当金百円を致す。

○午後、村山元大阪より来る。元は昨日来るへき旨を報し居りたるか、今日に至りて来りたるなり。

○今夜は咳嗽多かりし為、咳嗽の後汗出てたり。

一二月一九日

○十二月十九日水曜。晴。

○今日は医高成田渉の家に行かす。治療の効なきを以てなり。

○午前九時三十分より出勤し、直に枢密院控所に行き、十時後より議場に入る。十一時後議了す。

○午前十一時後伊夫伎準一より、先刻庶務課の本多某より自分（伊夫伎）を呼ひ、此の目録を交したりと云ふ。予之を見るに、（本年九月一日）震災の際の尽力に付、予と審査官伊夫伎準一、鈴木重孝、矢島正昭、審査官補青山操に対する賜物の目録にて、予には洋服地一著、他は皆羽織地なり。

○午前十一時後高羲敬来り、閔泳綺よりの電信を示す。昌徳宮内の楽善斎は修繕を要し急に出来さるに付、世子の宿所とは為し難き旨を報し来りたるものなり。高は今朝世子及同妃に談し、世子も妃も石造殿に宿することに決せられたること、又是より其ことを有吉忠一に報すへきことを語る。

○午前十一時頃金井四郎来り、今年春、稔彦王殿下仏国滞在一年間の延期を勅許せられたることを稔彦王殿下に通知したるときの電信案を見出さす。依て先日相談したる案文の通りの電信を発する訳に行かすと云ふ。依て予更に電信案を指示す。此時小原駩吉来り、震災のときの賜物として自分（小原）と入江貫一とには銀器を賜はり、其外差等を附けたるか、甚た不公平なることを大谷正男に詰りたることを語る。予、君（小原）等の労多きに付、相当なるへき旨を告く。
○午前十一時後渡部信来り、式部官として勅任に進みたることを報す。
○午後二時頃松平慶民来り、山辺知春の書状を示す。
○午後二時頃渡辺直達来り、式部官として日勤するに及はさることゝなり、年俸五百円を減せられたることを報す。予、渡辺の処分に付、西園寺（八郎）予め予に其ことを談し、小原駩吉は此際君（渡辺）か其処分を甘受する方宜しかるへしと云ひたる旨を告く。
○午後二時前東車寄に行き、帳簿に署名して賜物（洋服地を昨日賜はりたること）を奉謝す。
○午後二時後宗秩寮に行き、松平慶民に昨日松平か示したる山辺知春の書状を返す。又酒巻芳男と東久邇宮殿下（稔彦王）かいつまても帰朝せられさること、随行員池田亀雄の処置甚た不可なることを談す。
○午後二時五十分頃金井四郎に電話し、稔彦王殿下仏国滞在延期のことに付今春巴里に発したる電信は宮内大臣より発したるものなりしに付、其案文か東久邇宮邸になきは当然のことなる旨を告く。金井、彰常王殿下の病は最早快し、懸念に及はす。東久邇宮より貴官（予）に対する賜物あり。来邸することを得るやと云ふ。予明日頃往くへしと云ふ。
○午後四時より退省す。
○午後伊夫伎準一来り、伊夫伎か予に代りて宮内省より予及審査官に給する手当を受けたる旨を報し、之を予に交す。予審査官の分を伊夫伎に交す。
○夜咳嗽多し。

一二月二〇日

○十二月二十日木曜。晴。
○午前八時後より東京駅に行き、汽車に乗り逗子に赴く。咳嗽を療せんと欲するなり。東京駅にて予か知らさる人に遇ふ。其人頻りに談す。台湾より来りたりと云ふに付、或は賀来佐賀太郎〔台湾総督府総務長官〕ならんか、然らされは内田嘉吉〔台湾総督、貴族院議員・同和会〕ならんかと思ひたり。其人は鎌倉駅に下車し、予は逗子駅にて下車したり。
予車を下り、巡査に養神亭は旅人宿を営業し居るやを問ふ。巡査、営業し居らす。支店の方は営業し居ると云ふ。予乃ち其所在を問ひ、之に赴き一宿することを約す。既にして其不潔に堪へす。暫時外出する旨を告け、復た逗子駅に赴き、赤帽に小宮三保松の家を問ひて之に赴き、之と談す。二時前午喫し、三時前より養神亭支店に行き、先刻一宿することを約し置たれとも宿せさることにする旨を告け、茶代二円を遣はして去り、夫れより引返し海岸に行かんとし、路人に海岸を問ひたる処、此の路にては海岸に行くに便ならすと云ふ。乃ち復た養神亭支店の前に出てゝ海岸に行き、佇立すること四十分間許にして帰途に就く。鎌倉駅にて復た今日午前東京駅にて遇ひたる人に遇ふ。復た之と話す。品川駅にて其人か同行し居るは松本剛吉〔台湾総督府秘書官〕なることを紹介す。東京駅にて之と別れ、六時後家に帰る（予か氏名を知らさりし人は、陸軍大将福田雅太郎なり。本月二十六日の日記参看）。

此朝家を出つるとき、内子をして主馬寮に電話し、今日は予か出勤せさるを以て馬車を遣はすに及はさる旨を告けしめ、又東久邇宮邸に電話し、今日予か宮邸に行かさることを告けしめ、宮内省に電話して今日出勤せさることを報せしむ。

○今夜咳嗽少し。

○予か家に在らさるとき、西野英男来りたる由なり。

一二月二一日

○十二月二十一日金曜。晴。

○午前九時三十分より出勤す。

○午前西野英男より、伊夫伎準一か昨日予に代りて受け取りたる帝室制度審議会の手当及宮内省より予に給する特別手当の仕払切符を受領す。切符は昨日伊夫伎より西野に托したるものなり。予、一昨日受取りたる年末慰労の切符と共に之を西野に交し、之を現金に引替ゆることを嘱す。

○午後二時後、徳川頼倫の室にて有吉忠一と談す。有吉、是非予か朝〔鮮〕に行くことを望む。宮内大臣が承知せすとのことに付、朝鮮総督（斎藤実）に謀るへしと云ふ。予、先日は総督まては煩はさすと云ひたるに非すやと云ふ。有吉今日は変説すと云ふ。

○午後三時頃より自動車に乗り東久邇宮邸に行き、妃殿下に謁し、年末手当及特別手当を受く。五時前家に帰る。

○午前高羲敬審査局に来り、世子も妃も朝鮮に行かるることの決したるを喜ひ居らるる旨を談す。高に世子附武官と為る人〔上野良丞、陸軍歩兵中佐〕の履歴書を返す。

○夜咳嗽多し。

一二月二二日

○十二月二十二日土曜。雨。

午前七時頃、内子をして主馬寮に電話し、馬車を遣はすに及はさる旨を告けしめ、又世子邸に電話し、今日の講話会に出席せさる旨を告けしむ。十時頃復た内子をして宮内省に電話し、出勤せさることを告けしむ。電話線塞かり居ること数十分間許にして始めて通す。

○午前九時頃坂田稔の家に行き、診を求む。坂田に先日の薬は効ありたり。彼の薬を望むと云ふ。坂田、薬は同一なり。分量一瓦を減し居るに付、之を増すへしと云ひ、又別に含水コロラル臭素加里〔カリ〕水を投す。

○午後、書を小宮三保松に贈り、地震の詩を送る。又詩を松下丈吉に贈る。

○夜咳嗽稍々軽し。

一二月二三日

十二月二十三日日曜。晴。

午前十時頃柳田直平来る。借地法中（第〔原文空白、七〕条）、所有者より異議を述へさりしときは、原の借地に建物の種類に従ひ、若干年間借地権の存続する旨の規定あり。所有者か異議を述ふる権利は此の規定にて与へたるものなりや、又は他に其の規定ありやと云ふ。予、此の規定にて権利を与へたるものと解する旨を答ふ。柳田と談し居るとき、永島巌来る。共に談す。十一時後、二人同時に辞し去る。

○午前、王世子邸より使をして、手当金二百五十円及梨本宮よりの香料十七円五十銭を致さしむ。

○午後、内子三越に行き物を買ふ。五時頃帰る。

○午後三時後、広津直人来る。内子在らす。漢文大成晋唐小説の部を借りて帰る。

○午後、旧作の詩を写す。終らす。

○夜咳嗽稍軽し。

○午後四時五十分頃金井四郎、使をして、稔彦王殿下附武官蒲穆よりの電信を致さしむ。電信は、殿下尚ほ数年間滞欧の希望なることを宮内当局に伝え、諒解を得へしとのことなり。午後七時頃金井に電話す。金井在らす。

一二月二四日

十二月二十四日月曜。晴。

○午前九時三十分頃より出勤す。

○午前十時後、宮内省より金井に電話す。金井は宮内省に行くとて既に出掛けたりとのことなり。既にして金井来る。予、稔彦王殿下か今後数年間滞欧なされ度ことは、到底詮議し難し。依て此節は、宮内大臣より其旨を殿下に言上する必要ありと思ふ。先日蒲より送りたる電信及之に対して発したる返電案は持ち来りたりやと云ふ。金井、持ち来らす。急〔き〕使をして取り来らしむへきやと云ふ。予、大概記臆し居るに付、取り来るには及はさるへしと云ひ、金井と共に徳川頼倫の室に行き、金井をし〔て〕松平慶民、酒巻芳男を召ひ来らしめ、予より、稔彦王殿下の命に依り蒲穆より金井に対し、殿下は今後尚ほ数年間滞欧の希望を有せらるるに付、其ことに付宮内当局の諒解を求むへき旨の電信を送り来れり。予の考にては、此上は宮内大臣より断然殿下に対し、此上延期の勅許を奏請することは大臣として為し難き旨を通知するより外に致方なからんと云ふ。

松平、其の電信を発したらは、殿下の羅馬尼行のことに付、必す苦情を云はるるならんと云ふ。予、全体羅馬尼行のことは殿下の為に計画せられたることとなるに非すやと云ふ。松平、初は其通りなるも、今日にては既に国交上の問題となり居るに付、故なく之を止むる訳には行かすと云ふ。予、然らは此際は曖昧なる電信を出し置くより外に致方なからんと云ふ。

乃ち徳川、金井と共に牧野伸顕の室に行き、先日稔彦王殿下の附武官より一年の延期を願ひたるは手続上の為なりや、尚ほ数年間滞在の希望なることは宮内当局に述へ置たりやとの電信に対し、一年間の延期を願ひたるは今年春通知したる通り、此節は特に殿下の希望を申述へさる旨の電信を発する積なる趣を談し置たれとも、其後取調へたる処にては、今年の春の電信は、金井四郎より発したるものに非す、宮内大臣より発したるものなりしに付、先日話し置たる通りの電信にて〔は〕不可なり。

依て（御見学ノ期限程ナク尽キルニ付、一年間ノ延期勅許ヲ願ヒタリ。数年間滞欧ゴ希望ノコトハ其筋ヘハ申述ヘス）と云ふ如き電信を発せしめ置たるに対し、更に附武官蒲穆より（殿下尚ホ数年間滞欧ノ御希望ナルコトヲ当局ニ申入諒解ヲ求メ、其結果ヲ書面ニテ報告セヨ。命ニ依ル）旨申来れり。依て予は、此上は宮内大臣より此上の延期勅許は願ひ難き旨を明告せらるる必要ありと思ひ、其趣意を以て宗秩寮にも相談したる処、只今右の如き電信を発したらは、稔彦王殿下、羅馬尼行のことに付苦情を云はるるならんとの懸念あり。然れは此際は、金井より大臣に相談したるも、大臣は歳末多忙なるのみならす、皇太子殿下の御婚儀等にて取紛れ居り、即答は為し難し。熟考の上決すへしとのことなりし旨を報知し置くより外に致し方なからんと思ふと云ふ。

牧野、困りたることなり。此際は致方なからん。根本に於て熟考を要することなりと云ふ。乃ち金井に書状を以て其旨を報すへき旨を告く。

○午後零時後食堂にて牧野伸顕と談し居るとき、地震す。稍大なり。

○午後一時頃牧野伸顕の室に行き、先日徳川頼倫より聞きたる所にては、世子か京城に行かるるとき、予の同行を求めらるるは、京城にて世子に対し李王等より京城に住居することを求められたるときの返答に困る為めとのことなるか、若し右の如き要求ありたらは、世子は皇室より殊遇を受け居るに付、今帰住する訳に行かさる旨を答へられたらは、夫れにて済むに非さるや。何も倉富を同行せ〔ら〕るる必要なからんとの旨を談せられたりとのことなり。予の同行を必要とせさることは、先日より談し居る通り予も同感なり。

又皇室殊遇のことも此くあり度ことなり。然れとも、先日閔泳綺か上京して皇室の恩遇を云々したりとて、直に之を以て朝鮮人の真情なりと思ふは適当ならさるへく、朝鮮人は言に表裏あり。必しも皇室の恩遇に感し居るものに非す。世子か内地人に化せられたりとて、憤慨し居るものも少なからす。世子か陸軍大学を卒業せられたるに付、神宮に参拝せんとせられたることに付ても、内地化したりとの評判ある高羲敬すらも、京城の祖廟に告けすして神宮のみに参拝せらるるは不可なりとて、之を止めたる位なり。世子か皇室を云々せらるるは朝鮮人を感せしむるに足らすして、世子に対する感情を悪くするのみのことならんと思はる。依て予は、若し京城住居の問題起りたらは、世子は理由を云はす、職務其他種々の事情あるに付、直に決し難き旨を告け置くに止めらるる方、害なからんと思ふ旨を説く。牧野、夫れにて宜し。牧野も皇室のことを唯一の理由として話したる訳には非らさりしと云ふ。

○午後四時頃より世子邸に行き、世子夫妻に面し、牧野伸顕と談したる趣意にて世子に説く。高羲敬も傍にありて之を聴き、世子に対し、予の言の通り答ふへきことを告く。話すること少時にて辞し去る。

○李堈公、浅沼某を使として、羽二重一疋を贈らしむ。

一二月二五日

○十二月二十五日火曜。晴。

○午前七時後より東京駅に行き、世子夫妻の京城に行かるるを送る。世子夫妻は神宮及明治天皇、昭憲皇太后の御陵に拝したる上にて京城に行かるるなり。東京駅にて有吉忠一、水野錬太郎等に遇ふ。有吉は予か世子と共に京城に行かさるは遺憾なるを述ふ。

○午前十一時三十分より新宿御苑に行き、皇族附職員の忘年会に会す。二時頃より牛込〔原文空白〕町に行き、李鍝公の仮寓を訪ひ、昨日の贈を謝する旨を告け、名刺を交し、復た宮内省に返る。

○午後三時後武井守成及山県某来り、皇太子殿下御婚儀に付、賢所前に御出あるとき、皇室親族令の附式にては東宮大夫、式部長官か前行することになり居るも、賢所の狭き為、天皇の前行（宮内大臣、式部長官）も実行せす、掌典長のみか前行することになり居れり。然るに今般の御婚儀のときは東宮大夫丈けにても前行する方宜しからんとの意見あり。貴官の意見如何と云ふ。予、附式の一部ても実行せんとのことなるを以て、強ひて反対はせされとも、寧ろ是まての通りに為し置く方宜しからんと思ふと云ふ。武井、自分等も之を主張する勇気なし。実は式部次長（西園寺八郎）の考なり。貴官の意見は領承せりと云ふて去る。

一二月二六日

○十二月二十六日水曜。

○今日頃、枢密院控所より摂政殿下に拝謁する為、枢密院議長、顧問官と共に宮中右廟に行く。此処にて本月二十日逗子に行きたるとき、汽車中にて遇ひたる人を見る。其人今日は軍服を著け居り。又予と汽車中のことを談す。予尚其氏名を知らす。其人去りたる後、之を傍人に問ふ。陸軍大将福田雅太郎なりと云ふ。

一二月二七日

○十二月二十七日木曜。

○午前九時三十分より出勤し、十時後より枢密院事務所に行き、朝鮮総督府典獄村上亀雄及朝鮮総督府検事松崎三男に対する懲戒委員会を開く。村上の主査委員西野元、貴族院に在り（貴族院に帝国議会開院式を行はるるに付、西野も議員として参列し居れり）、委員会開会時刻を過くるも来らす。乃ち順序を変更し、遠藤源六の主査委員たる松崎の事件を審査す。既に終る。西野未た来らす。屢々電話にて之を促す。西野、摂政殿下還啓の時刻遅くなり、其前には退院を許されすと云ふ。乃幹事村上恭一をして西野に代り審査の結果を報告せしむることとなし、十一時四十分頃より村上の事件を審査し、幹事より纔に報告を始めたるとき、西野出席し、摂政殿下開院式に行啓の途上、不敬のことを為したるもの〔難波大助、虎ノ門事件の犯人、山口県出身）ありしとかにて、還啓の時刻遅延し、其の為自分の出席後れたりと云ふ。

　予西野に対し、事実の如何に因りては懲戒委員会を開き居るは不相当なるへし。君（西野）か知り居る事実を語り呉れよと云ふ。西野、摂政殿下は今少し前に還啓相成りたるならん。議院に行啓の御途中、発砲したるものありとか云ふことなるも、自分（西野）は何事も知らすと云ふ。予、然らは会議を継続すへしと云ひ、之を進行せんとす。塚本清治〔内務次官〕、自分（塚本）は兎も角内務省に行き見るへし。許可を請ふと云ふ。予之を聴るし、会議を進め、一時後に至り議決す。
○午後二時頃午食す。
○午前西野英男に嘱し、司法省人事局谷村某に電話し、臨時法制審議会より予に贈るへき手当は未た受領せす。一般に未た渡さゝるならは夫れにて宜しきも、或は行違を生し居るに非さるやを問はしむ。予枢密院事務所より返りたる後、西野より、電話にて問はんと欲したるも、接続出来さりしに付、同〔ママ〕餐後司法省に行き、之を問ひたるに、非常に後れ未た一般に渡さすとのことなる旨を報す。

一二月二八日

○午後三時頃上野季三郎、山崎四男六と共に赤坂御所に行き、摂政殿下の御機嫌を奉伺し、又宮内省に返りたる後、東車寄に行き、両陛下の天気〔機〕御機嫌を奉伺す。
○十二月二十八日金曜。晴。
午前九時三十分頃より出勤す。局員か来り、御用収の挨拶を為す。予之に対し慰労の辞を述ふ。
○今日午前頃、本月十九日に賜はる旨の通知ありたる洋服地一着を受く。

一二月二九日

○十二月二十九日土曜。晴。
午前九時三十分より宮内省に行き、審査局員の歳末祝詞を受け、西野英男をして之を宮内大臣に伝へしむ。東車寄に行き、天皇、皇后両陛〔下〕、摂政殿下に歳末の祝詞を申上く。
○午後七時頃内務大臣秘書官佐上信一、内務大臣後藤新平の使として来り、一昨日摂政殿下に対し不敬を加へ来りたる者ありたることに付、内務次官、警視総監〔湯浅倉平〕等九人より待罪書を出したり。依て此事件は至急に審査を遂くることを請ふ。又内務次官塚本清治は懲戒委員なるか、自己に関することは勿論、其他の人に対する事件に付ても回避し度とのことなるに付、此の二事を承知し呉よと云ふ。
　予、来意は承知せり。内務大臣は年内に結了することを望むやと云ふ。佐上夫程までの談はなかりしなりと云ふ。予審査を急くことを望む主なる理由は何に在りやと云ふ。佐上、不日内閣も更迭すへし。然れは、夫れに拘はらす懲戒せらるへきものは後に残ることゝなるに付、之を急くことを望む次第なりと云ふ。予既に内務大臣より審査要求書を出したりやと云ふ。佐上今夜之を出す積りなりと云ふて去る。予、枢密院事務所員に電話し、懲戒委員会幹事村上恭一に使を遣はし、明日午前八時までに予か家に来るへきことを伝ふへきことを嘱す。事務所員之を諾す。

○午後九時頃枢密院事務所より、貴官（予）宛内務大臣（後藤新平）の至急親展書を持ち来りたるか、小使他行中に付、帰り次第持たせ届くることにすへしと云ふ。予明朝〔まで〕其書状は預り置くへき旨を答へしむ。

○臨時法制審議会より手当金千五百円を致さしむ。

○午後、内子は第一銀行に行き、金を預けたり。内子は審議会より手当金を致す前に家を出てたる故、之を預くることを得さりしなり。

一二月三〇日

○十二月三十日日曜。晴。

○午前七時後枢密院事務所に電話し、昨夜達したる内務大臣よりの書状は直に届け呉るへき旨を告く。事務所員既に使を出したる旨を告く。

○午前七時四十分頃村上恭一来る。予、之に昨夜佐上信一来りたることを告け、歳末になりたるも、懲戒委員会を開かさるへからす。内務大臣の要求ありたるも、委員会にて急を要せすと思へは要求に拘はるに及はされとも、本件は事体急を要することゝ思ふに付、之を開く必要を認む。依て委員召集の手続を為し呉れよ。又内務次官は回避し度とのことにて、尤のことゝ思へとも、官制のみにては警視庁の執務振分らさるへきに付、事実説明の為出席する様伝へ呉度。本件は上に内務大臣の責任あり、下に判任官の責任あり、又側には陸軍当局の責任あり。委員会は独立の権能にて決定することを得るは勿論なれとも、他の処分と余り不権衡を生しては宜しからす。各方面の事情を知り得るものは法制局長官（松本烝治）なるに付、松本は是非委員として出席する様伝へ呉よ。只今より手続を為したらは、明日午前十時までには開会することを得へきやと云ふ。

村上、早速手続を為すへく、明日午前十時より開会することにて各委員に交渉すへしと云ふ。村上か来りたる後、五分間許なるとき、予より内務大臣の要求書は昨夜枢密院事務所に届き居り、今朝予か家に届くる様申し置きたる故、間もなく来るへしと云ひ、後五分間許にして書類来りたるに付、村上と共に之を一見したるに、警視庁職員の所掌明かならす。尚更塚本の出席を必要としたるに付、更に村上に其意を致し、其書類は村上より委員に示す為、之を村上に交したり。

村上、明日委員会を開くことを得るや否は、後刻之を報告すへしと云ふて去り（九時頃なりしならん）、十二時頃復た来り、電話にて弁する所は電話にて交渉し、遠藤源六の家には電話なき故、自ら往きて之に面せり。又電話あるも、塚本と松本とは電話にては意を尽くし難しと思ひ面会して談したる処、両人とも承知し、一人も不参者なく午前十時より開会することゝなれる旨を報し、内務大臣の要求書を返す。要求書は一々之を委員には示さす、其要領を話したりと云ふ。

○午前、内子復た第一銀行に行き、昨日の手当金を預けたり。

一二月三一日

○十二月三十一日月曜。晴。

○午前八時頃主馬寮に電話し、今日午前九時三十分に馬車を遣はすことを嘱す。九時三十分より枢密院事務所に行き、内務次官塚本清治外八名の懲戒事件に付協議会を開き、予より、懲戒委員会の審査手続に依れは、各事件毎に主査委員を定め、主査委員より報告書を出したる後、委員会を開くことゝなり居るか、本件は急を要するのみならす、人数も少なからす。一人の主査委員を定めて審査することゝなしては日数を要すへく、左りとて主査委員の数を多くすれは、事実は一件にて審査上不便なるへし。故に、手続には違へとも、委員全体にて之を協議し、議纏まりたる上、幹事をして覆申案を作らしめ、委員会にて之を修正することゝ為したらは便ならん。審査手続は委員会にて作りたるものなる故、委員全体にて異議なきことならは差支なからんと思ふ、如何。

又塚本委員（清治）は自己に対する事件なり。自己以外の事件も其原因同一なるに付、此事件に付ては総て回避し度旨の申出あり。予も尤のことなりと思ふ。然るに、之に拘はらす塚本君の出席を求めたるは、警視庁員の執務の関係等不分明なる故、同君に質問する必要あらんと思ひたる為なり。右の次第に付、前述のことに付異議なくは、今日は先つ正式の委員会となさす、協議会と為し、一と通り方針立てたる上にて正式に委員会を開きたらは宜しからんと思ふ旨を述ふ。

各委員異議なし。乃ち先つ幹事をして警視庁員の関係書類を朗読せしめ、松本烝治、遠藤源六、窪田静太郎等及予より塚本に質問したる後、塚本より退席を求め、予各員に謀りて之を許す。松本委員より、事件重要なり。数日間熟考し度と云ひ、窪田委員は即決する方可ならんと云ふ。今日は大祓の日に当り、遠藤委員（源六）及村上幹事（恭一）は午後一時三十分より総代として其儀に参列する必要ありと云ふ。依て旁今日は停会し、更に開会することに決し、次の会日を謀り、予は一月四日午後にせんと云ひたるも、窪田は御用始早々懲戒事件を議するは面白からすと云ひ、結局一月六日午前十時より開会すへく、若し急を要する事情生したらは之を変更すへきことに決し、一時頃散会せり。

幹事村上（恭一）は今日午前八時頃予の私宅に来り、塚本清治外八名に関する覆申書案を致したれとも、今日は懲戒の方針決せさるを以て、予は之を委員会場ては報告せさりしに、窪田（静太郎）より協議会を閉ちんとするとき、覆申書案を作り置くことを望みたる故、予より幹事か既に之を作り居ることを告け、村上に次の委員会のときにて各委員に配付する手続を為すへき旨を命す。

歳除。午後九時頃には寝に就きたり。

大正一三年（一九二四）

（満七〇、七一歳
枢密顧問官兼帝室会計審査局長官）

大正一三年一月

大正一三年日記第一冊

〔表紙に付記〕

大正十三年一月一日より同年二月十九日までの日記

二月十九日分は未完

後日追記したるものなるを以て誤脱多し

金屏風を郷に送りたるは二月十七日（七十葉裏以下）

一月一日

○大正十三年一月一日火曜。晴。

○午前六時頃起床。嗽。祖先の霊に拝し、内子及安と共に屠蘇を飲み餅を食ふ。

○午前八時四十分頃上野季三郎、杉栄三郎、宮内省の自動車に乗り来り迎ふ。去月二十八日、西野英男は上野等か午前九時頃に予か家に来るへき旨を告けたるを以て、上野等か来りたるときは予は未た朝衣を著け居らさりしなり。急に之を著け上野等と同乗して先つ宮内省に行き、直に宮中西溜ノ間に到り、十時より順序に従ひ鳳凰ノ間にて摂政殿下に謁し拝年の礼を為し、復た審査局に返り局判任官の拝賀を受け、西野英男をして之を宮内大臣に伝へしめ、十時後より一人にて宮内省の自動車に乗り、賀陽宮、閑院宮、皇子御殿、澄宮御殿、梨本宮、久邇宮、竹田宮、朝香宮、東久邇宮邸に赴き、新年を拝賀す。竹田宮にて祝酒一杯を飲み、朝香宮にて小原駩吉、三善焞彦に遇ふ。

小原等は将に去らんとする所なりしか、予が来りたるを以て小原は予を誘ふて廊下の奥に到り、今日宮中にて西園寺八郎に遇ひたるに、西園寺は清浦奎吾か内閣総理大臣となれは、枢密院議長の後任は平田東助ならんと云ひ居りたり。西園寺か急に去りたるを以て夫れ以上の談を聞くことを得さりしと云ふ。予、枢密院議長の後任は先つ平田ならんと思はると云ふて別る。

予は朝香宮より華頂宮邸に行き新年を拝賀し、直に東久邇宮邸に到り妃殿下に謁して新年を拝賀し、正に祝酒を飲む。小原、三善、伊夫伎準一、佐藤恒丸、酒巻芳男等来る。小原、三善、酒巻等は別室にて午飯を喫す。予も喫飯を勧められたるも之を辞し、自動車の運転手二人に午飯を給することを嘱し、一時後に到り小原等辞し去る。予亦次て帰る。今年は地震後なるを以て諸事簡に従ひ、宮中拝年の儀も大礼服を著けす、通常服を著けたり。午前十時前西溜ノ間に在るとき帳簿二冊に署名して、天皇皇后両陛下に新年を拝賀せり。伏見宮は貞愛親王の喪あり、山階宮は妃殿下の喪あり、東伏見宮は岩倉具綱〔元宮中顧問官、岩倉具視の養子、故人〕（妃殿下の実父具定〔岩倉具定、元宮内大臣、公爵、故人〕の庶兄〔正しくは義兄〕なるか、具定幼年なりし為、具綱か一時具視〔岩倉具視、元右大臣、故人〕（具定の父）の後を承けたるを以て妃殿下の為には具綱は庶伯父なるも、祖父の名義ありと云ふ）の喪あり、北白川宮は成久王の喪あるを以て往て年を拝せさりしなり。家に帰りたるは二時後なりしなり。
○今年は門松を樹つることを止めたり。

一月二日

○一月二日水曜。晴。
　新年賀書を親族に贈る。今年は昨年の震災後市民の生計未た常に復せさるを以て諸事簡に従ひ、親族の外賀書を書さす。
○終日之く所なし。
○屠蘇を飲み、餅を食ふこと昨日の如し。
○安昨日血を咯きたる旨を告く。之をして坂田稔の家に就き、診を求めしむ。坂田、別に異状なし。意ふに感冒ならんと云ひたる由。安は近日午後には三十七度四、五分位の発熱ありと云ふ。
○今日頃園田格〔倉富勇三郎の従兄弟園田茂栄の長男〕来りて年を賀す。

一月三日

○一月三日木曜。晴。
○元始祭に付、午前九時頃より賢所前の参集所に行く。十時より幄舎に就き祭儀に参す。摂政殿下親ら三殿に拝したまふ。十一時頃家に帰る。
○午後、松下丈吉の詩韻に次する詩を作る。

一月四日

○一月四日金曜。晴。
○御用始に付、午前九時三十分頃より宮内省帝室会計審査局に出勤し、局員に会見す。十一時後より家に帰る。
○午前山辺勇輔〔公証人、元朝鮮総督府司法部監理課長〕来りたるも、予在らす。山辺は青山の大隈信常〔貴族院議員・無所属、侯爵、大隈重信の養嗣子〕を訪ひ、午後二時頃復た来るへき旨を告けて去りたる趣なり。
○午後一時後、松下丈吉に贈る詩を書し居りたるとき、土師貞次郎来る。之を応接室に延かしむ。既にして山辺亦来る。之を客室に延かしめ、先つ之に面し次て土師に面す。土師其父〔原文空白、徳永〕龍次郎の書を致し、今年三月帝国大学を卒業することに相成り居る処、文官高等試験に不合格となれり。何処にか就職の世話を致し呉度。好都合の就職出来くれは永く其方にて勉強すへく、然らされは一時其方に勤務し、来年更に文官高等試験を受くることに致し度と云ふ。予、到底見込なし。何か考附けたることあらは申し来れ、其上にて更に考へ見ることにすへき旨を告け、今日は他に来客あるに付、緩話することを得さる旨を告け、土師を返し、山辺と談し共に飲む。山辺と対談中暫時書斎に入り、松下丈吉に贈る詩を書き終り、之を投郵せしめ、復た山辺と飲む。三時後山辺辞し去る。土師、梁河河苔砂糖漬一箱を贈る。
○午後、文官高等懲戒委員会幹事村上恭一の書状達す。其書は、内閣更迭は本月七日頃に発表せらるへき模様なるに付、警視総監等に対する懲戒委員会は、予定の通り本月六日午前より開会せられたらは、間に合はさることはなからんとの趣意なり。

一月五日

〇一月五日土曜。晴。

〇今日は新年宴会を催ふさるへき日なるも、震災後なる為にて之を止められたり。

〇午前八時頃村上恭一より電話にて、内閣更迭は自然は明日にも行はせらるへき模様なり。予定の通り明日懲戒委員会を開かるることゝなりても間に合はさることはなかるへきも、今日午後位に開かるる方丈夫には非さるへきや。如何と云ふ。予、早き方か宜しきも、今より思ひ立ちて今日開会すること出来くへきやと云ふ。村上、間に合はさることはなからん。電話のある所は電話にて交渉し、電話なき所は自動車にて行くことにし、開会出来るや否は後刻報知すへしと云ふ。予之を諾す。十一時頃村上より、委員全体差支なく、今日午後二時より委員会を開くことを承諾せる旨を報す。乃ち主馬寮に電話し、午後一時三十分頃馬車又は自動車を遣はすへきことを交渉す。

〇午後一時三十分頃より自動車に乗り、枢密院事務所に行く。二時頃に至り懲戒委員窪田静太郎、松岡義正〔大審院部長判事〕、遠藤源六、松本烝治、西野元来り会す。内務次官塚本清治は今日は之を召集せさりしなり。予より内務次官塚本清治外八名の懲戒事件に付、委員会を開く旨を宣し、内務次官及同省警保局長〔岡田忠彦〕に対する懲戒事件と警視総監外五名に対する懲戒事件とあるか、予は先つ警視総監以下に対する事件を審査し、然る後内務省の事件を審査する方便ならんと思ふ。異見なくは其通りに致し度。又覆申書案は幹事に於て調製し既に各委員に配付しあり。此案文は多少の修正を要することならんと思ふか、其修正は各員に対する懲戒罰の程度を議定したる後、文字を修正する方便ならんと思ふ。是も異議なくは其通りに致し度と云ふ。

各員異議なし。松本委員（烝治）より前回に委員長（予）より嘱せられたる陸軍省関係者懲罰の振合を問合すことの依頼ありたるを以て之を問合せたる処、陸軍の方は御警衛に付ては直接の責任を帯ひ居らす、補助の性質なる趣にて、軽き懲罰を為し、憲兵司令官〔柴山重一、陸軍少将〕は軽謹慎なり。東京憲兵隊長〔三宅篤夫、憲兵大佐〕は同十二日、麴町分隊長〔浜島紫朗、憲兵少佐〕も同様、麻布〔赤坂〕分隊長〔三谷清、憲兵大尉〕は同五日に処し、警備司令官〔山梨半造、陸軍大将〕と近衛聯隊長〔林桂、近衛歩兵第一連隊長、陸軍大佐〕は進退伺を為したる趣なりと云ふ。次て松本より、今回の事件に付ては自分は非常に苦心せり。他の意向等も夫れとなく探りたるに、其意向も一ならす。今日も正式に意見を述へす、懇談的に協議することを望むと云ふ。予其方宜しからんと云ふ。

松本、或る人は此節のことは此上もなき重大事なる故、警視総監等は勿論免官に処せさるへからすと、或るものは警視庁にては予て今少し警戒を厳にすることを主張し居りたるも、宮内省、内務省にて之を阻止し居りたる事実あるに付、軽き処分を為すか穏当なりと云へり。自分（松本）も孰れか相当なりや、決し難しと云ふ。予、其通りなり。予も此ことに付ては非常に惑ひたり。然し熟考の末、予の意見としては、本人等に対する感情は実に気の毒千万なれとも、事件の性質極めて重大にて、二回まても摂政殿下より閣員に対し留任すへき旨の優諚を下されたるに拘はらす、留任すること出来難き程の事件なるに付、已むを得す直接御警衛の責任を有する警視総監其他の人は免官に処するより外致方なからんと思ふと云ふ。

窪田静太郎、大体同意見なり。幸に摂政殿下は御無難なりしも、危険あり得へき事実なるに付、免官に処せさるへからさることゝ思ふ。直接御警衛の責任を有すと云ふは、如何なる範囲の人々なりやと云ふ。予、警視総監、警務部長〔正力松太郎〕、警務課長〔岸本時次〕、警察署長〔弘田久寿治〕の四人なりと云ふ。一同、其処分は已むを得さるへしと云ふ。只遠藤源六のみは如何なる点に過失ありたりと云ふへき事実なく、云はゝ此以上の警戒は不可能のことなる故、免官まてなさすとも宜しくはなきやと云ふ。誰も之に同意せす、略其ことに決したるも、警務課長は幾分軽くする方適当なるへき旨、遠藤、窪田より意見を述へ、予も之に同意し、警視総監湯浅倉平、警視庁警務部長正力松太郎、芝愛宕警察署長弘田久寿治は免官に処〔し〕、警務課長岸本時次は十個月間年俸月割額十分の一の減俸、警視庁官房主事白上佑吉は八個月間年俸月割額十分の一の減俸、特別高等課長小林光政は六個月間年俸月割額十分の一の減俸、警視庁監察官相川勝六は四個月間年俸月割額十分の一の減俸、内務省警保局長岡田忠彦は二個月間年俸月割額十分の一の減俸に処し、内務次官塚本清治は減俸以上に処すへきものに非す〔と〕議決し、午後五時頃より覆申書案の文字を修正し、其案文は幹事に於て今夜中に之を整頓し、明朝委員長の認印を受け、直に覆申書を発送し、委員の認印は発送後之を求むることに決し、六時後閉会し、委員数人は枢密院にて借り置たる自動車に乗りて東京駅に行き、予は其自動車の返り来るを待ちて之に乗りて家に帰る。予か枢密院の自動車に乗ることゝなりたるに付、書記某に嘱し、主馬寮に電話し、予か帰路の自動車は不用なる旨を告けしむ。

一月六日

○一月六日日曜。晴。

〔欄外に付記〕
渡辺暢に電話し、渡辺暢か来りたるは一月五日にて、六日の所に記したるは誤なり。

○午前九時頃青山南町六丁目武藤某〔不詳〕方に電話し、渡辺暢の家人を呼ひ、電話せしむることを嘱す。家人未た来らす。玄関に来りたるものあり。渡辺暢なり。此のとき渡辺の妻電話す。予、内子をして渡辺の妻に渡辺か来りたるに付、別に電話する必要なき旨を告けしめ、渡辺を座に延き之と話す。渡辺、貴族院議員に任せられたることは別段の通知なきも、昨日議院より議員記章を送り来りたるに付、最早確かならんと思ふと云ひ、予〔の〕周旋を謝す。予、実は新聞に任命の記事あり。果して事実ならは、予か君（渡辺）のことに付、周旋を依頼したる人あり。其人に対し予より挨拶を為すへき必要あるに付、只今電話にて事実なるや否を問はんとしたる所なりと云ふ。

渡辺、然るならん。如何なる人か周旋し呉れたるへきやと云ふ。予、第一は山本（権兵衛）、樺山（資英）なり。其外斎藤（実）、有吉（忠一）も非常に力を尽くしたり。又加藤（友三郎）内閣のとき、宮田（光雄）に依頼したる処、閣員中より主張せされは出来難しと云ひたる故、其頃河村善益に依頼し、当時の司法大臣岡野敬次郎を説かしめんとしたるも、河村は直接に岡野に説くよりも平沼（騏一郎）をして岡野に説かしむる方便宜なりと思ひ、其手続きを為したりと云ひたることあり。其後平沼か司法大臣と為りたる故、更に河村をして平沼に説かしめたることあり。大体右様の人々なり、岡野、平沼等には特に往て謝するには及はさるならん。会見のとき、挨拶する位にて宜しからんと云ふ。渡辺、諒承せり。いつれも往て謝することにすへしと云ふ。

○午前八時頃村上恭一来り、昨夜議決したる懲戒委員会の議決書に予の捺印を求む。予、一、二の点に付不可なりと思ひたることありたるも、之を修正する程の必要なかりしに付、之に捺印して直に執行することを命したり。村上午前中には執行し得へしと云ふて去る。

○午後四時三十分より宮内省の馬車に乗り、東久邇宮邸に行く。今日稔彦王妃聡子内親王殿下か良子女王殿下を招待せられたる為なり。久邇宮より邦彦王殿下、同妃殿下、良子女王殿下、信子女王〔久邇宮邦彦王二女〕殿下、智子女王殿下、侯爵〔久邇〕邦久、宮務監督国分三亥、事務官野村礼譲、後閑某等にて、食卓に就きたるは右の外、聡子内親王殿下、予、事務官金井四郎、同妻、長崎省吾〔宮中顧問官〕の妻某〔多恵〕、東久邇宮臨時御用取扱某等なり。食後卓上にて百人一首のかるた取の遊戯を為し、九時前帰り去られたり。

○午後零時三十分頃宮内省の馬車にて東京駅に行き、王世子、同妃の京城より帰るを迎ふ。直に家に帰る。

○午後六時頃大谷正男来る。予正に東久邇宮邸に行き居りたるを以て、大谷、明日宮内省にて面談すへき旨を告けて去りたる由。

〔欄外に付記〕

一月六日午後零時後、東京駅より帰るとき、内閣書記官長官舎に過きり、樺山資英か尚ほ官舎に在るや否を問ふ。給仕、樺山は既に自宅に引移りたりと云ふ。乃ち其自宅を問ひて帰り、書を樺山に贈り、樺山か渡辺暢を貴族院議員と為すことに付、周旋し呉れたることを謝す。

一月七日

○一月七日月曜。晴。

○午後審査官会議を開き、会計審査規程改正案を議す。

○午後二時頃より山本権兵衛を訪ひ、山本か今日内閣総理大臣を免せられたることに付挨拶し、且渡辺暢を貴族院議員に推薦し呉れたることを謝す。山本、内閣組閣以来困難多かりしことを述へ、且原敬か貴族院の研究会を懐柔する為、権限を提供したる為其弊甚し。前田利定の如きは三十万円を受けたることある趣の談を為せり。話すること二十分間許。去りて世子邸に行く。

世子未た帰らす。高羲敬は沼津に行き居り、厳柱日と話し世子の帰るを待つ。四時後世子、同妃帰り来る。梨本宮を訪ひたりとのことなり。話すること五、六分許にして家に帰る。今日宮内省にて自動車を借りんとしたるも、之なかりしを以て馬車を用ゐたり。

○午前十時頃大谷正男を訪ひ、共に牧野伸顕の室に到り、懲戒特免のことを議す。入江貫一亦来る。入江は処分発表前特減又は特免することを主張す。予は之に反対す。

一月八日

○一月八日火曜。晴。

一月九日

○一月九日水曜。晴。

○午前九時三十分より出勤し、直に枢密院控所に行く。十時後内閣総理大臣清浦奎吾以下各国務大臣、内閣書記官長小橋一太、控所に来り、新任の挨拶を為す。

○午前摂政殿下に拝謁す。

○午前南部光臣来る。予正に枢密院控所に在り。南部名刺を机上に置ひて去る。

○午後東車寄に行き、帳簿に署名し、寒中に付天機を奉伺し、又皇后陛下、摂政殿下の御機嫌を奉伺す。

一月一〇日

○一月十日木曜。晴。

一月一一日

○一月十一日金曜。晴。

一月一二日

○一月十二日土曜。晴。

○午後四時頃、有馬伯、渋田某をして来りて、皇太子殿下御婚儀のとき、拝賀せさる者は他日の饗宴に召されさるやを問はしむ。時に、予正に山澄貞次郎夫妻と話し居りたるを以て、暫時渋田をして応接室に待たしめ、山澄夫妻には内子をして応接〔せ〕しめ置、予応接室に行き、渋田に面し、前記のことを聞きたり。談未た終らさる中、山澄等去る。予乃ち渋田を座敷に延かんとす。渋田、伯爵か自動車中に待ち居らるる旨を告く。予乃ち門外に到り、伯爵に面す。

一月一三日

○一月十三日日曜。晴。

○午前九時後坂田稔の家に就き、痘を種く。

○午前六時後、安帰郷の途に就く。安、本月二日予に告くるに、昨日血を咯きたる旨を以てす。予之を検するに、肺より出てたるものには非さる様なり。然れとも、近来微熱ありと云ふに付、坂田稔に就き診を請はしむ。坂田感冒ならんと云ふて投薬す。然れとも、微熱数日を経るも去らす。坂田、多納病院に行き、咯痰検査を依頼すへき旨を告く。本月五、六日頃、安病院に行き、之を依頼す。同日午後五時頃、病院より痰中結核菌ある旨を報す（電話にて）。然れとも要領を得す。更に安をして東京衛生試験所、慶応大学病院に就き、咯痰を検せしむ。皆結核菌ありと云ふ。伝染病研究所のみは、痰乾燥し居りたるを以て、検査し難かりし旨を報したり。依て安をして早稲田大学に休業願を出さしめ、今日出発帰郷せしめたるなり。

○午前十一時三十分頃より山本権兵衛の招に華族会館に赴く。樺山資英に対し、渡辺暢か貴族院議員と為りたることに付樺山の周旋を謝し、先日官舎に行きたるも、既に自宅に移転したる後なりしを以て、書を自宅に送り置たる旨を告く。又平沼騏一郎、岡野敬次郎に対し、渡辺暢のことに付謝意を述ふ。午餐後平沼に、懲戒処分を特免せらるる場合に恩給を受く資格までを復したる先例なきも、予は之を復することゝしても差支なしと思ふ。如何と云ふ。平沼、是まて研究したることなきも、差支なきことゝ思ふと云ふ。

予又松本烝治に、既に後任法制局長官（佐竹三吾）に事務引継を為したりやと云ふ。松本、未し。明日之を為す積りなりと云ふ。予、然らは、其時後任者に先日懲戒免官処分を受けたる湯浅倉平外二名特免処分のことを引継き置たらは宜しからんと云ふ。松本、自分（松本）も勿論其積りなりと云ふ。予、先例にては恩給を受くる資格を復したることなきも、予は之も差支なしと思ふ。然るに、懲戒処分を受けたる事実の如何に拘はらす、其資格を復することは適当ならす。故に特免の赦令に特に資格を復することを得る旨の規定を設け置き、各個人に対し資格を復せしむることゝ為したらは宜しからんと思ふと云ふ。松本夫れは至極宜しからんと云ふ。

一時五十分頃に至るも尚ほ散会せす。予乃ち山本に対し他に行くへき所ある旨を告け、直に橋場の有馬伯爵邸に行き、伯夫妻に面し、疎闊を謝し、昨日伯より問ひたること、即ち皇太子殿下御婚儀に付、賢所前に参列すへき人及拝賀すへき人等のことは尚ほ確かと云ひ難し。参列の方は多分総代か参列することになるへし。御婚儀のとき、拝賀せすとて、其の為後日の饗宴に召されさる様のことは之なき筈なり。但、饗宴の時期及召さるへき人の範囲等は尚ほ定なく、参列拝賀のことは様子分りたらは更に通知することにすへき旨を述ふ。伯夫人、座傍に置きありたる酒樽（三、四升許入り居るもの）を指し、是は久留米の人より贈りたる酒の一部を分けたるものなり。之を贈ることにすへしと云ふ。夫人、之を携へ帰ることは不便なるへし。明日は序あるに付、届くることにすへしと云ふ。予、頼寧氏か、財産の一部を分与せられたる為伯爵は不自由をせられ居るには非すやと云ひ、予左程のことはなかるへしと云ひ置きたること、松田正之か住宅出来たりとて喜ひ居りたることを、伯夫妻に談す。
○午後零時後、華族会館にて松田正之より予に対し、自分（松田）は初より内閣書記官たることを望み居りたるも、政府の都合にて拓殖局事務官兼内閣書記官と為り居れり。然るに近日内閣書記官に欠員を生すへき模様あるに付、此際内閣総理大臣か又は内閣書記官長に依頼致し置きたらは効能あるへく、然かも成るへく速に依頼し置く方宜しからんと注意し呉れたる人あり。依て自分（松田）より此ことを有馬秀雄に話したる処、有馬は原田十衛〔衆議院議員・政友会、元東京市助役〕か小橋一太と懇意なるに付、原田に話し、原田より小橋に説かしむることにすへしと云ひたり。然るに有馬は只今久留米に行き居り、愈々原田に話し、原田より小橋に話したるや否も分らす。貴官（予）より小橋に話すならは、原田より話すことになり居ることも話し置き呉よと云ふ。予之を諾す。
○午後三時後より有馬伯邸を辞し、帰途に就く。玄関にて酒樽は人力車の前部に載せて帰ること出来るならんと云ひ、家丁樽を持ち来る。乃ち之を載せて帰る。五時前家に達す。
○午前九時頃坂田稔の家に行き、痘を種く。

一月一四日

○一月十四日月曜。晴。
○午後一時三十分より皇太子殿下御婚儀委員会を開く。議題は喪中の皇族は御婚儀のとき、賢所前の儀に参せられさるは勿論なるか、除喪を命せられて御婚儀の賀を述へらるるか適当なるへきや否のことなり。予喪中の方は賀を述へられさるか相当なるへき旨を説く。小原駩吉、除喪は上より命せらるるものにて、皇族か賀を述へらるる為除喪せらるへきものに非すと云ひ、賀を述へさることに決す。

一月一五日

○一月十五日火曜。晴。
○午前五時五十分頃地復た大に震ふ。予及ひ内子は既に目を覚し居りたるを以て直に起き、南廊下の硝子戸を開き、跣足にて庭上に出つ。六、七分間許にして震歇む。乃ち足を洗ひ、モーニングコートを著け、歩して赤坂東宮御所に赴〔く〕。青山御所の東側にて、徳川頼倫と山田益彦と自動車に同乗して御所に赴くに会ふ。徳川車を停め、予に同乗を勧む。乃ち同乗して御所に到る。所員誘ふて東宮大夫等の室に到る。牧野伸顕、珍田捨巳等在り。既にして清浦奎吾、水野錬太郎等亦来り候す。清浦、水野等先つ去る。牧野等沼津の状況を問はんと欲す。電信、電話は横浜以西は通せす。汽車も国府津以西は通せすと云ふ。少時の後、鉄道省にて中央線の電信に依り沼津の両陛下の御模様を奉伺したるに、御安泰に在らせらるる趣なることを報し来る。八時後に至り摂政殿下朝の供御を取らせ終りたまふ。乃ち拝謁して御機嫌を奉伺し、復た徳川の自動車に同乗して家に帰る。
○午前九時三十分頃出勤す。
○午後一時頃より会計証明規程改正案に付審査官会議を開き、

二時頃議了す。
○午後東車寄に行き帳簿に署名し、地震に付、天皇陛下の天機を奉伺し、又皇后陛下の御機嫌を奉伺す。
○午後二時頃より自動車に乗り、閑院宮、東久邇宮、王世子邸、東伏見宮、華頂宮、竹田宮、朝香宮、北白川宮、久邇宮、梨本宮、澄宮皇子御殿、伏見宮、山階宮、賀陽宮に到り、地震に付、御機嫌を奉伺す。東久邇宮、王世子邸の外は皆帳簿に署名せり。東久邇宮にては金井四郎と話し、王世子邸にては世子及妃に謁し、且李王より皇太子殿下御婚儀に付献上せらるる器物の京城より達し居りたるものを観たり。家に帰りたるは四時四十分頃なり。
○今朝地震の為寝衣のみにて庭上に出てたる為か、昨年夏頃痛みたる腰部の両側の筋復た痛み、昨年蜂須賀正韶の家に行きたるとき顚ひたる為、痛を起したる右の肋部の痛も亦発したり。
○午前電信を鈞、隆に発し、地震ありたるも予等か無事なることを報せんとす。電信達せす。

一月一六日

○一月十六日水曜。晴。
○午前九時三十分頃より出勤す。
○午後一時前より枢密院控所に行き、一時より議場に入り、日比〔フィリピン〕通商暫定取極の件の議事に参す。
○夜腰節の痛稍劇し。
○午前電信を鈞、隆に発し、地震ありたるも予等か無事なることを報す。

一月一七日

○一月十七日木曜。曇後晴。
○午前九時三十分頃より出勤す。
○午後三時三十分頃より退省す。
○午後五時三十分頃松井定克、自動車に乗りて来り迎ふ。予乃ち之と同乗して久邇宮の招に其邸に赴く。自動車中に松井の外に氏名を知らさる人あり。是も同しく久邇宮邸に赴きたり。良子女王殿下本月二十六日皇太子殿下と御婚儀を行はせらるるに付、今日は宮内省員百名許を招き、晩餐を饗せられたるなり。八時頃宴散す。乃ち帳簿に署名して帰る。帰路は予一人自動車に乗りたり。
○午後四時頃枢密院事務所より電話にて、仲小路廉か脳溢血にて危篤に陥ゐりたる旨を報し来る。
○午後黒田長成〔旧福岡藩主黒田家当主、貴族院副議長、侯爵〕来り、枢密顧問官と為りたることに付挨拶す。
○午前電信を隆に発し、安か本月十三日第三列車にて帰郷したることを報し、無事著郷したるや否を問ふ。
○午前内子より予に宮内省に電話し、隆本月十五日の書状達し、安か著郷したることを報し来りたる旨を報す。
○午後、隆及安の電信達す。隆は予等無事なることを知り、安心したる旨を報し、安は十四日に久留米に著し、同処より電信を発したる旨を報し来りたるなり。

○午後小原駩吉来り、自分（小原）の邸宅を鉄道省に売却する約束を為したるに付、新宿御苑内に在る〔旧〕内苑頭の官舎にて、現に杉琢磨か住し居る家に移らんと思ひ、杉には自分（小原）か適当なる家を借りて之を供することにせんと思ひたるも、関屋貞三郎か如何に云ふか、一応之を問ふ必要あるへく、然し、自分（小原）直接に問ふては宜しからさるに付、白根松介をして之を問はしむることに為し置たりと云ひたり。午後六時頃久邇宮邸にて小原に面会したるとき、小原より先刻話したる官舎のことは白根より関屋の意を伝へ、小原に対しては他の部局長官等は常に小原か横暴なりと云ひ居る所なるに付、官舎に入りたらは更に非難を増すへきに付、見合はす方宜しからんと云ひたる趣なり。依て官舎に入ることは見合はすことにすへし。関屋か右の如く云ひたるは自分（小原）を免職せんと思ひ居る為ならんとも思はると云ふ。
○夜、腰部の痛劇し。

一月一八日

○一月十八日金曜。晴。
○午前八時頃二上兵治より電話にて、三浦顧問官（梧楼）の辞表に（自免仕度）と記載しあることに付、議長（浜尾新〔枢密院議長〕）より貴官（予）の意見を問ふへき旨命せられたり。今日は午前も午後も宮内省に居らるるやと云ふ。予、午前は少し遅刻すへし。午後は宮内省に在りと云ふ。二上然らは午後に会見し度と云ふ。
○午前九時三十分頃より馬車に乗り、往て仲小路廉を広尾二番地に弔し、其母〔とく子〕及妻〔八重子〕に面し、又阪本釤之助〔貴族院議員・同和会、元名古屋市長〕、杉山某〔不詳〕（杉山も確かならす、貴族院議員なり）に遇ふ。
〔欄外に付記〕
阪本釤之助の名は昭和十二年十月二十三日午前九時三十八分頃記入す。
帰途黒田長成の家に過く。昨日の来訪に答へ、直に宮内省に出勤す。時に十時三十分頃なり。西野英男に嘱し、枢密院事務所に電話し、二上兵治に予か出勤したることを報せしむ。二上他行中なりとのことなり。
午後二時頃二上兵治より電話にて、往訪して差支なきやを問ふ。予差支なき旨を答へしむ。少時の後二上来り、三浦梧楼の辞表及佩文斎韻符（自免）の字の抜抄を示す。辞表には（自免仕度ニ付云々）とあり、韻符の自免の典故は二、三を挙けありたり。二上、自免仕度と云ふことは差支なかるへきやと云ふ。予、穏当ならさるへき旨を答へ、議長の考えは如何と云ふ。二上、議長、副議長〔一木喜徳郎〕及自分（二上）も直覚的に不穏当なるへしと云ふも、漢書に自免の語ありて差支なき様のことならは迂闊には本人（三浦）には交渉し難く、議長は貴官（予）と有松（英義）の意見を問ふへき旨を命したり。有松も適当ならさるへしと云へり。予、自免の語の義明かならさるも、単に辞職の義とは解し難しと云ふ。二上、本人に交渉して辞表を修正せしむることゝすへしと云ふて去る。

○午前小原駩吉来り話す。小原、関屋貞三郎は自分（小原）を免職する積ならんと云ふ。予、関屋か之を希望し居ることは確かなれとも、之を断行する処の勇気はなかるへしと云ふ。小原、愈々免職する積りならは、此方より先ちて手を著くる必要あるへしと云ふ。小原又皇太子殿下御婚儀に付、東宮職職員、久邇宮附職員及杉琢磨、酒巻芳男には勲章を賜はるも、其他には之を賜はらす、後日記念品位を賜はることの詮議になり居る由。内匠寮の技師抔は夜業までも為したるに、余り不公平なり。授爵も只今の処にては宮内省にては一人もなく、政府の出様如何に因りては、宗秩寮にては貴官（予）のことを持ち出す積りと云ふ位なる様なりとの談を為せり。

○夜、腰痛劇しく一時間余起坐せり。臥すれは痛加はるを以てなり。褥に就きたるときより二時間許睡眠し、目を覚したるときより起坐し、十二時後より復た褥に就きたり。

一月一九日

○一月十九日土曜。晴。

○午前八時頃二上兵治に電話し、昨日帰宅後取調へたるに、佩文韻符に（自免）の語あるも、右は自ら免職する趣意に非す、自免は自ら禍を免るるの義なり。劉琨之英邁〔略〕莫知自免とあるは、劉琨〔中国・西晋の武将・政治家〕か人に殺されたることを云ひたるなりと云ふ。二上、然るか。昨夜三浦（梧楼）を訪ひ、辞表書き改のことを談したるに、容易に承知せさりしか、漸く普通の辞表に改むることを承知せりと云ふ。

○午前徳川頼倫来り、皇太子殿下御婚儀に付、内閣より北里柴三郎〔細菌学者、北里研究所の創立者、慶応義塾大学医学部長〕、平山成信、富井政章、岡野敬次郎に男爵を授けらるる様、宮内大臣へ照会し来り居れり。然るに此四人の授爵は余り同様の種類の人より選はれたるの嫌あり。宗秩寮にて議したる所にては此中に傑出したる人なきに付、寧此際は総て授爵を見合せらるる方宜しからんとのこと〔に〕なりたり。貴見如何と云ふ。予、予は別に意見なし。然し大臣か之を承知すへきやと云ふ。徳川、貴官か意見なきならは、自分（徳川）より其趣意にて大臣に話し見るへしと云ふ。

○午後二時後浅田恵一来り、皇太子殿下御婚儀に関し追加予算を出す必要あり。今日午後三時までに捺印を求むることは或は出来さるやも計り難し。其内容丈一応説明し置度。百万円は内務省関係の社会事業の補助、百万円は文部省関係の貧民子弟教育奨励資金、五万円は良子女王殿下御持参の為久邇宮への賜金、三万円は宮内省職員にて二十五年以上勤続したる者への賜金、六万円は社会事業に従事する者への賜金、三万円は東宮奉仕者及御婚儀関係者への恩賜にて、計二百十七万円なりと云ふ。予、午後三時までに間に合はされは、予の捺印は後日に延はしても異議なき旨を告く。

○午後二時後、徳川頼倫を其室に訪ひ、先刻追加予算のことを聞きたるか、其中に社会事業に従事する者への恩賜六万円あり。如何なる人に対するものなりや。浅田（恵一）も知らすと云へり。何か聞き居ることなきやと云ふ。徳川何も聞き居らすと云ふ。会々浅田来り、予に対すると同様の説明を為す。浅田か去りたる後、徳川全体予算委員には今少し詳なるものを示すか相当なるへしと云ふ。

予先刻の話の授爵のことは如何なりたりやと云ふ。徳川、大臣（牧野伸顕）も此際は授爵なき方宜しからん。就ては内閣総理大臣へ其旨を告けさるへからす。然るに、自分（牧野）か総理の官舎に行きては、只さへ宮中、府中の論ある所にて、又物議の程となるへきに付、総裁（徳川）に行きて貰ひ度とのことなりしか、自分（徳川）か行けは、授爵問題なることを直に推測せらるる故、夫れも適当ならさるへしと云ひ、結局次官（関屋貞三郎）か行くことになりたりと云ふ。予、清浦か承諾すへきやと云ふ。徳川、大臣は内閣にて是非にと主張するときは平山一人も可笑かるへきに付、平山と北里とてもすることにすへしと云ひ居りたるも、是は極めて軽き云ひ様にて、全体は一人もなき方の意見なりしと云ふ。
○午前九時頃坂田稔の家に行き、腰筋の痛に付診を求む。坂田、リウーマチスなりと云ひ、内服薬及膏薬を投する旨を告く。膏薬は後刻までに作り置くへしと云ふ。
○夜、腰痛稍軽し。

一月二〇日

○一月二十日日曜。晴。
○午前九時後向井巌来り訪ひ、正に話す。荒巻正信亦来る。之を応接室に延き、予之と話す。内子は向井と話す。向井か来る前、浅田恵一より電話にて、三十分間許の後往訪せんと欲す。差支なきやを問ふ。時に九時頃なり。予差支なき旨を答へしむ。向井か来りたるときは、浅田か来りたるならんと思ひたるに浅田に非す。荒巻か来りたるとき、亦浅田ならんと思ひたるに亦然らす。荒巻は新潟県庁の用にて上京せりと云ひ、話すること十分許にして去り、向井は三十分間許にして去れり。向井は菓子一箱を贈りたり。荒巻か去りたる後、予か向井と話し居るとき、直人の妻潔子来る。内子之を伴ふて坂田稔の家に行き、潔子をして種痘せしむ。十一時三十分頃内子等帰り来る。
十一時四十分頃予等将に食せんとす。浅田始めて来り、東宮御婚儀に関する追加予算に捺印を求む。話すること三分間許にして辞し去る。浅田は自ら電話せさりしを以て三十分間と云ひしや否分らすと云ふ。
○午後、松下丈吉の詩に次する詩を作る。
○腰痛漸く軽し。

一月二一日

○一月二十一日月曜。晴。
○午前九時三十分頃より出勤す。
○午前西野英男に嘱し、本日午後二時より仲小路廉の告別式に会する為、自動車を借らしむ。
○午前高羲敬来り、李堈公か明二十二日午後零時三十分東京駅に達することを話す。
○午後零時後食堂にて大谷正男より、皇太子殿下御婚儀に付、宮内省高等官には記念品として小形の花瓶を賜ふとなり居るも、判任官以下に何の賜物なきは少しく穏当ならさるに似たり。少額の酒肴料ても賜はる様にすること可なるに非すやと云ふ。時に食堂には予と徳川頼倫、小原駩吉とあり。小原は高等官に饗宴を賜はさるに、判任官以下に酒肴料を賜はるは適当ならすと云ふ。予、名義は何にしても、之を賜はる方宜しからんと云ふ。徳川も之に同意す。
○午後二時より麻布広尾町二番地仲小路廉の家に行き、告別式に会す。自動車にて行き、直に家に帰りたり。
○腰痛次第に快し。
○午後九時頃、宗秩寮より城数馬病気危篤に付、叙位叙勲のこと朝鮮総督より上申したるに付、尽力を依頼する旨の電信達したる旨を報す。
○午後西野英男より、明日午後三時より赤坂離宮の東宮妃殿下の居室及謁見室を御婚儀委員に拝観せしめらるる旨庶務課より報し来りたることを告〔く〕。

一月二二日

○一月二十二日火曜。晴。
○午前八時後奥平昌恭より電話にて、皇太子殿下御婚儀前に面会して依頼し度ことあり。午前は貴族院にて内閣総理大臣（清浦奎吾）の施政方針に関する演説あるに付、往訪し難しと云ふ。予、午前は予も少しく差支あり。午後ならは宮内省にて面会すへし。何時頃来るやと云ふ。奥平三時頃往くへしと云ふ。予差支なき旨を答ふ。
○午前九時三十分頃より出勤す。
○午後零時十分より東京駅に行き、李堈公か上京するを迎ふ。駅にて斎藤実に遇ひ、斎藤より渡辺暢か貴族院議員と為りたることに付挨拶す。予亦此ことに付挨拶す。一時頃東京駅より宮内省に返り、玄関より直に歩して賞勲局に行き、仙石政敬に面して、城数馬叙勲のことを謀る。仙石、城の叙勲は年数少しく足らさるも、功労もある人に付、陞叙の議を決し、書類を内閣に提出することになせりと云ふ。今日午前、宮内省より賞勲局に電話したるも、仙石は未た出勤せすとのことなりしに付、書記官某に電話し、今日叙勲の運になるやを問ひたるも、仙石も未た来らさるに付、詳ならすと云ひたり。依て東京駅よりの帰り掛け賞勲局に行きたるなり。
又枢密院事務所に過り、村上恭一を訪ふ。村上、正に浜尾新の家に行き居り、二上兵治は貴族院に行き居り、堀江季雄のみ居りたり。書記某来り、村上の書状を予に致し、只今之を届けんとし居りたる所なりと云ふ。之を披見したるに、懲戒委員はいつれも差支なき趣に付、明日午後三時より委員会を開く旨の書状を各委員に出したることを報するものなり。予乃ち宮内省に返る。
○午後一時頃西野英男より、先刻官房より明日午後二時より千種ノ間に良子女王殿下の嫁装を陳列しあるに付、御婚儀委員は拝観して宜しき旨を通知し来りたることを報す。
○午後二時四十分頃より馬車に乗り赤坂離宮に行き、皇太子殿下の居室を観る。大森鍾一、小原駩吉、伊藤博邦等在り。既にして国分三亥、野村礼譲、酒巻芳男、徳川頼倫等亦来る。三時三十分頃より各室を観る。小原は既に之を知り居り、又少しく気分悪しとて来観せす。内匠寮技師某々案内説明す。四時後家に帰る。

内子より奥平（昌恭）は何の用事なりしやと云ふ。予、奥平と約したることは全く之を忘れて赤坂離宮に行きたるを以て奥平に謝せんと欲し、其家に電話せんとしたるも、電話に故障ありとのことにて通せす。五時頃に至り奥平の代人より電話にて、今より往訪せんと欲す。差支なきやと云ふ。予約に違ひたることを述へんとす。電話聞き難し。内子をして代り聴かしむ。内子、奥平か来訪することは差支あるや否と云ふ。予差支なしと云ふ。内子、奥平の代人に対し来訪して差支なしと云ふ。電話を止む。予今少し事情を述へたらは宜しからんと云ふ。内子、電話不明にして詳話し難し。後刻奥平か来るならは、其時述ふれは夫れにて宜しきに非すやと云ふ。居ること十分間許。内子、奥平の来るは何時頃になるや分らすと云ふ。予、其時刻位は聞き置きたらは宜しかりしと云ふ。内子、電話不明にて、右様のことを聞く訳に行かさりしと云ふ。四、五分間の後、奥平来る。

予先つ違約を謝す。奥平、職務ある人なる故、是は致方なし。自分（奥平）か宮内省に行きたることも、五分間許後れ居りたり。今日は墓参を為し、其帰途知人を訪ひたる処、談話多かりし為、約束の三時より後れたりと云ふ。予、五分間位のことは勿論待ち居るへきことなりしに、約に背きたるは不都合なりしと云ふ。奥平、皇太子殿下の御婚儀に付、授爵の恩命あり。団琢磨抔も詮議ありとのことなり。自分（奥平）より自分（奥平）の旧藩人のことに付、運動ケましきことを為すは宜しからさるか、和田豊治は実業のことに付ては随分力を尽くしたる故、恩命を蒙ることを得れは仕合なり。同人は先頃より病気なるか、胃癌には非す、胃潰瘍なり。何とか工夫なかるへきやと云ふ。

予、授爵のことは宮内省の所管なれとも、国家に功労ありとて詮議する場合には、是非とも内閣より発議せさるへからす。和田のことも其手続に依るより外に途なからんと云ふ。奥平、実は其ことも聞かさるには非されとも、或る人より内閣より提出しても、宮内省にて拒む様のことあるやも計り難きに付、宮内省の方に交渉する必要ある旨内報し呉れたることある故、相談する次第なりと云ふ。予、宮内省にては内閣より持ち出さゝれは話の種も出来さることならん。新聞にては種々のことを掲け、授爵もある様に記し居るか、予は勿論職務上の関係なき故、確かなることは分らされとも、御婚儀に付ては授爵等のことはなからんかと思はるることなきに非すと云ふ。奥平或は右様のことならんかと云ふ。

奥平又幸ひ序あるに付、有馬頼寧君のことに付少しく考を聞き度と云ふ。予、此ことに付ては予等も種々苦心したれとも何とも致方なし。一時は頼寧君を宮内省の職員となさんと欲したるも、本人も承知せさるのみならす、牧野伸顕か頼寧君の現在の事業（同愛会）に賛成し、資金まても支給する様に為したる位にて、其ことも行はれさることゝなれりと云ふ。奥平、只今の如きことを為し居りては、有馬家の資産を蕩尽する恐あるへしと云ふ。予、其恐なきに非す。已むを得す資産の一部を分与することゝ為して之を予防する工夫を為したりと云ふ。奥平、其ことは一寸伯爵より聞きたり。依て自分（奥平）は其位の処置を取らるるならは、只今の内夫人（豊子）の生計費其外必要なる費用も確と分割し置く方宜しからんと勧め置きたり。然らされは、夫人は後日困ることになるへしと云ふ。予、夫れも必要ならん。然し只今漸く頼寧君のことか一段落附きたる所なり。又他日は知らす、只今の処にては分与財産を浪費する様のことはなきことの話も聞き居れりと云ふ。奥平又頼寧君は折角農科大学の助教授となり居る故、其方を勉強して学者と為りたらは宜しきに非すやと云ふ。予、此ことは本人の告白か真意なるへし。本人は人に教授する様の力なしと云ひ居れりと云ふ。奥平、然らは初より其職に就かさる方か宜しき〔に〕非すやと云ふ。予、夫れは原熙か強ゐて勧めたるやの話なりと云ふ。話すること二十分間許にして去る。

○午後二時頃田内三吉来り、閑院宮殿下より皇太子殿下御婚儀に付、在郷軍人会に賜はるへき会旨案に付意見を問ふ。予少許の修正を勧む。田内謝して去る。

○午後東宮御所にて国分三亥より、本月二十五日皇太子殿下より良子女王殿下に贈書の式を行はせらるるとき、自分（国分）は宮内官小礼服を著けさるへからす。袴は燕尾服の分にて宜しきに付、上衣、下衣、剣帽丈け借用し度と云ふ。予之を諾す。国分、使を遣はす〔へ〕きに付、之を渡し呉よと云ふ。予又同所にて小原駩吉に、此節は入江貫一の言も大臣、次官か聴かすとて、今日入江か不平を云ひ居りたること及ひ御婚儀に付叙勲の範囲狭きに過きるに付、入江より関屋に助言し、内匠寮の技師等に対する叙勲は御婚儀のときは間に合はさるも、早速調査して詮議せらるる様に談し置きたりと云ひ居りたること等を談す。

○午後八時頃宗秩寮に電話し、城数馬の叙位叙勲は既に済みたりやを問ふ。寮員未た済ますと云ふ。九時頃に至り寮員より叙位叙勲のこと済みたる旨を報す。

一月二三日

○一月二十三日水曜。晴。

○午前九時二十分頃より出勤し、直に枢密院控所に行く。居ること二十分間許。浜尾新より今日は摂政殿下御参内なく拝謁なきに付、随意退散すへき旨を告く。乃ち宮内省に返る。

○午後三時前より枢密院事務所に行き、山口県知事橋本正治及同県警察部長鈴木敬一か昨年十二月二十七日摂政殿下議会開院式挙行の為行啓の際、兇行を為したる山口県人難波某の挙動を察知すること能はさり〔し〕事件に付懲戒委員会を開き、四時後議了して散会す。直に家に帰る。

一月二四日

○一月二十四日木曜。晴。

○午前九時三十分頃より出勤す。
○午後二時頃より庶務課にて皇太子殿下御婚儀に関する追加予算（第二号）は本月二十日に二百十七万円を計上し、既に同意を得たるも、其奨学資金は内地のみならす、朝鮮、台湾、関東州、樺太及南洋の委任統治地にも下賜せらるる必要あるに付、更に三十万円を追加し、前予算と合併し、初より二百四十七万円の予算なりしことになし度旨関屋貞三郎より協議し、予より朝鮮に於ける資金の使用方等に付二、三の質問を為し、希望の通り決定し、追加予算書を引換ふ。
○午後一時後より宗秩寮総裁室にて、西紳六郎、武田尚、酒巻芳男、松平慶民と元有栖川宮の遺産処分を協議す。徳川頼倫と関屋貞三郎と談し居り、二時前に至り始めて協議に加りたり。法規上の通り遺産を処分することゝすれは面倒なるか、遺産を相続すへき徳川実枝子は、遺産に付少しも希望なき旨申出て居るに付、遺産全部高松宮に移るものと為し、同宮より適宜に実枝子に分与せらるることに為して宜しからんと云ふことに協議す。庶務課にて追加予算のことを協議したるは此の後のことなり。
○午後零時後食堂にて小原駩吉より大谷正男に、皇太子殿下御婚儀済みたる上は、沼津行幸啓中の両陛下に賀詞を奏上する為、宮内官の総代を遣はすか適当なるへき旨を談す。

一月二五日

○一月二十五日金曜。晴。
○午後零時後食堂にて白根松介より、昨日小原（駩吉）より談したる宮内官総代を沼津に遣はし、皇太子殿下御婚儀の賀詞を申上くることは、宮内大臣も至極適当のことなりと云ふに付、迷惑なから貴官（予）行き呉るることは出来さるやと云ふ。予之を諾し、審査局に返りたる後、内子に電話し、明夜は他行せさるへからさるに付、留守の為誰か呼ひ置く必要あり。直人氏を呼ふことにしては如何と云ふ。内子、兄（直人）の家も只今夫婦のみなる故、都合出来難からんと云ふ。予、然らは何とか他に工夫せさるを得さるへしと云ふ。内子何とかすへしと云ふ。
○午後二時頃小原駩吉の室に到り、明日予か沼津に行くことになりたる旨を告く。小原恩賞不公平なることを談す。
○午後三時後関屋貞三郎審査局に来り、初は官制を改正して経費節約を図る積りなりしも、宮内大臣（牧野伸顕）は官制改正は余り好まさる模様なり。依て官制は改正せすして省の事務を整理せんと思ふ。意見如何と云ふ。予、数日前入江貫一より入江か官制改正案を作り大臣に出したるも、大臣は殆んと全部採用せさることゝなりたる旨の談を聞き居るも、此ことは特に之を云はす。昨年震災後大臣は官制を改正したる上にて大正十三年度の予算を編製〔ママ〕せんと云ひたるも、予は予算編成前に官制を改正することは出来難きに付、先つ官制は此儘と為し置き、予算も官制に合する様に編成し、其実行上にて節約を為すより外に致方なかるへき旨を述へ、其事になりたる訳なるか、大臣は意見を変したるものならん。此ことはいつれにても格別の差はなからん。官制を改正したりとて格別の節約は出来難〔ママ〕ならん。

要するに実行上の問題なるへしと云ふ。関屋夫れ丈の話を聞き置けは大に心強しと云ふ。

関屋又沼津には何時から往くやと云ふ。予明日午後より往く積りと云ふ（関屋か来り談したるは或は廿六日の午前十一時後なりしやも計り難し。記臆確かならす。廿六日の午前なりしならは、沼津行の時刻は今日午後より行く積りと云ひたる訳なり。廿六日には賢所前の御儀に参列し、大礼服を著け居りたること故、関屋か来り談したるは矢張二十六日なりしならん）。

○腰痛殆と癒ゆ。

○午後宮内省にて銀製小形花瓶一個を受く。皇太子殿下御婚儀記念として両陛下より高等官に賜はりたるものにて、伊夫伎準一か局員の総代と為り之を受け、予等に致したるものなり。御礼は宮内大臣が一同に代りて申上くるとのことなり。

○夜（八時頃）白根松介より電話にて、明日は審査局長官室を他のことに使用するに付、承知を請ふと云ふ。

○午後、白根松介より沼津御用邸に電話し、予の旅宿を三島館と定め呉れたり。又沼津行に付、随行を要するならは、西野英男ても随行せしめたらは宜しからんと云ふ。予其ことに同意し、西野に其旨を告く。

〔欄外に付記〕

一月二十五日頃〔ママ〕午後二時頃、小原駩吉か審査局に来り居るとき、徳川頼倫亦来り、皇太子殿下御婚儀に関する恩賞のことを談し居りたるか、小原より、倉富君を前に置きて談するは不都合なるか、全体同君の授爵問題に反対するは誰なりやと云ふ。徳川、宮内大臣なり。自分（徳川）より二度まで持ち出したるも〔以下原文欠〕

（此ことの談を為したるは二十五日午後、予か宮内官総代として沼津に行くことに決したる後のことなり。予より小原に対し、両陛下に御祝儀を申上くる資格は何と云ふか穏当なるへきやと云ふ。小原宮内高等官の総代にては如何と云ふ。予、予は宮内官総代と云はんと思ふと云ふ。小原判任官は直接に賀辞を述ふる資格なきものならんと云ふ。予御婚儀に付ては判任官よりも物を献したるに非すやと云ふ。小原、彼のことも自分は不同意なるも、既に彼のことか決し居る以上は此節も宮内官総代にて宜しからんと云ふ。徳川も其方か宜しからんと云ふ）（此ことは予より小原等に談する前に〔て〕午後一時後頃なりしならん）。

庶務課に行き、白根松介と大谷正男に予の考を述へたる処、二人とも同意せり。

一月二十六日

○一月二十六日土曜。晴。

○午前六時十分より馬車に乗り賢所前の参集所に赴き、皇太子殿下今ヨ御結婚の儀を行ふことを賢所、皇霊殿、神殿に奉告せらるる祭儀に列す。之は宮内勅任官総代として参列したるなり。福原鐐二郎も予と共に総代となれり。外に奏任官総代二人あり。珍田捨巳外十余人は東宮職員として参列せり。七時より祭儀あり。九条道実、皇太子殿下の御代拝を為せり。二十分間許にして儀終る。乃ち復た参集所に返り、御婚儀の賢所前の儀の時刻を待つ。九時頃より諸員幄舎に入り、十時後、皇太子殿下及良子女王殿下賢所の外殿に入られ、次て内殿に進み、皇太子殿下告文を奏したまひ、両殿下外殿に退きて神酒を受け退出したまひ、式終る。雍仁親王以下の皇族、王族、公族及百官賢所に拝して退下す。諸官の参列したる者千名以上なりしと云ふ。審査局判任官の賀を受け、其旨を宮内大臣に申報す（此式は之を略し、予め申報書を作り、西野英男をして便宜大臣官房に届けしめたるなり）。
○午前十一時頃大臣官房にて次官関屋貞三郎より目録を交す。目録には金盃一組とあり。是は予か東宮御婚儀委員たりしを以て両陛下より賜はるものなり。今日は止た目録のみを交したるなり。又関屋より、審査局属根岸栄助も二十五年以上勤続する廉にて、銀盃一個、酒肴料金七十五円を賜ふ旨の目録を交し、予をして之を根岸に交せしむ。
予別室に退き（平常の食堂）、三個の帳簿に署名し（東宮御婚儀委員倉富勇三郎）、両陛下及皇太子殿下に金盃を賜はりたることを奉謝し、午後零時より馬車に乗りて家に帰る。庶務課にて西野英男に逢ひたる故、根岸に対する恩賜の辞令及酒肴料を西野に交し、之をして根岸に届くる手続を為さしむ。御礼は拝受者手書して申上くへしとのことなり。
○午後五時三十分頃西野英男来る。六時十分頃宮内省より自動車を遣はす。西野も同乗して東京駅に行く。昨日、西野東京駅〔に〕来り、今日午後六時四十五分発の汽車ならは、座席番号を定めさるも一等室に乗り得ることを定め来りたるを以て、其積りにて乗車せんとしたるに、一等車は総て寝台車にて其外には一等室なしと云ふに付、已むを得す二等室に行き、西野〔と〕同し腰掛に掛けたり。
然るに十分間許の後、同乗者の一人来り、山下雅実と云ふ。山下は同郷人にて只今鉄道省副参事を勤め居り。東京帝国大学在学中は予か保証人と為り居りたるものなり。山下は明日皇太子殿下か沼津行啓あらせらるるに付、警衛の為沼津に行く所なりと云ふ。一時間許の後、車掌来りて乗車証を検す。又二十分間許の後、給仕来りて寝台車の明き居る所あるに付、其方に乗るへしと云ふ。予乃ち其室に移る。時に大磯辺を過きる頃なりしならん。十一時四十三分沼津に達す。

御用邸より廻はし居りたる自動車に乗り、三島館に入り小酌して寝に就く。箱根辺にて微雷あり。沼津にては雨降りたりと云ふも、予等か達したる頃は歇み居りたり。三島館に達したる後、西野をして電話にて、予か達したることを御用邸の当直に通知せしむ。
○午後三時頃、久邇宮邸より属官をして、予か東宮御婚儀委員たりし廉にて、白縮緬一疋と酒肴料金百円、左右田銀行支払切符を贈らしめらる。又帝室会計の審査局長官たる廉にて、紅白縮緬各一疋、酒肴料金二十五円、左右田銀行支払切符を贈らる。予出て使に面す。
○午後五時頃、宮内省庶務課長大谷正男より使をして、東宮大夫珍田捨巳の書及酒肴料金二十五円、第十五銀行支払切符及目録を致さしむ。目録は銀製小形花盛器一個なり。酒肴料及花盛器は皇太子殿下御婚儀済ませられたるに付、賜はりたるなり。

一月二七日

○一月二十七日日曜。曇。

○午前八時頃、三島館より西野英男をして電話にて御用邸に、何時頃御用邸に伺候すれは宜しきやを問はしむ。御用邸当直より、九時三十分頃に至らされは皇后宮大夫等出勤せす。其上にて都合を問ひたる上通知すへしと云ひたる趣なり。九時頃御用邸より使をして西野英男に書状を贈り、九時三十分頃、迎の為自動車を遣はすへき旨を通知し来り、西野より返書を出したる趣なり（御用邸員の書状は、自動車部に電話し、九時三十分頃迎ひ自動車を三島館に遣はすへき旨電話にて通知せんとしたるも、電話通せさる為、自動車間に合はさることを恐れ、書状を自動車（部）に贈る積りにて之を使に交したる処、使の者か誤りて其書状を西野の処に持ち来り、西野は文面は笑しきも、之に対して返書を贈り、当直員は西野の返書を見て使の者か誤て書状を三島館に届けたることを知りたる趣なり。但、当直員より書状を出したる後、当直室と自動車部との間電話通したる趣にて、自動車は其電話に依り九時三十分頃三島館に来りて予を迎へたるなり）。

十時頃御用邸に達し、先つ大木彝雄と話す。大木、秘密のことなるも、皇后陛下は両三日来御風気にて御仮床中なり。貴官（予）か来らるることは、昨日東京より電話あり居りたるに付、侍従長（徳川達孝）も承知し居り、天皇陛下には拝謁を願はんと申し居れりと云ふ。少時の後、皇后宮大夫（大森鍾一）予に面せんと云ふ。予乃ち其室に行く。大森、皇后陛下御風気のことを談す。予、先つ天皇陛下に拝謁し、然るに皇后陛下に言上方を依頼せんと思ひ居る所なりと云ふ。大森、天皇陛下に謁することは既に済みたることゝ思ひたりと云ふ。予未た済ますと云ふ。少時の後、侍従長（徳川達孝）予を召はしむ。乃ち其室に行て、徳川、天皇陛下謁を賜ふへしと云ふ。予、陛下は御不例中なり。単に拝するのみか宜しきや、又一と通り奉賀の詞を述へて宜しきやと云ふ。徳川簡短のことならは述へて宜しからんと云ふ。

予、徳川の先導にて陛下に謁し（皇太子殿下御婚儀目出度済ませられたるに付、倉富は宮内大臣の命に依り宮内官一同に代り謹んで御祝儀を申上け奉る）旨を述ふ。陛下、首肯したまふ。乃ち退き、復た皇后宮大夫（大森鍾一）の室に行き、大森に対し同様のことを述へ、且皇后陛下に言上を依頼する旨を附加す。大森、承知の旨を答へ、直に去りて奥に入り、二、三分間の後復た来り、予の起立を求め、皇后陛下に言上済みたる旨を伝ふ。大森、紙包一個を予に交し、御恩召に依り之を賜ふと云ふ。大森、実は昨日参集所にて君（予）か当地に来ることを聞きたるか、其時は既に皇后陛下御風気のことは当地より東京に電話にて通知し来り居り。頗る困りたるも、陛下御風気のことは一般には公表せさることにて、参集所にて君（予）に話すことも出来さりしなり。今日皇太子殿下、妃殿下御出のときは陛下御対面出来するや否不確なれとも、御床の上にてならは、御対面も出来るならんかと思ひ居るとの談を為したり。

十一時二十分頃西野と共に午餐を喫し、十一時三十分より自動車にて三島館に行き、西野をして宿料の仕舞を為さしめ、直に自動車に乗りて沼津駅に行く。同駅にては一等客の待合室なし。駅員予を駅長室に誘ふ。既にして駅長〔曾根謹三〕、西野に予か何人なるやを問ふ。西野之を告く。駅長、鉄道の倶楽部に在る山下雅実に電話し、予か駅長室に在ることを告く。山下、予を倶楽部に誘ふへき旨を告く。予、汽車の発時迫る。倶楽部に行く遑なき旨を告く。駅長尚ほ数十分間の猶予ある旨を以て之を強ふ。予乃ち往く。山下と話すること二十分間許。山下、予等を送りて駅に到り車中に入る。

車中にて土屋岩保に遇ふ。予誤て木庭栄〔産科医、木庭産婦人科医院長〕と做す。木庭も土屋も共に昨年地震のとき、災に罹りたり。予、土屋に対し罹災の挨拶を為し、且其後書状に接したるも返書を出さゝりしことを述ふ。此ことは土屋に対しても偶然に不都合なかりしなり。土屋は車中にて少しく隔りたる所に席を取りたり（予、土屋に何の為に此処に来りたるやを問ふ。土屋病人の招に因り来りたりと云ふ。土屋も木庭も医者なる故、此問答も別に不都合なかりしなり）。

土屋か去りたる後、隣席に在る者、自分は樺島礼吉〔実業家、帝国電灯社長〕なりと云ふて予と談す。予其氏名を記するも、面貌は之を忘れ居れり。樺島は久留米の人にて、樺島石梁〔江戸時代後期の儒学者、久留米藩士〕先生の後なり。之と石梁先生遺稿のこと等を談す。四時後大船に達したるとき、樺島は葉山の別荘に行くとて別れ去りたり。

五時後品川に達せんとするとき、土屋来り、品川にて下車する旨を告け、且其後令息の容体は如何と云ふ。予尚ほ土屋を木庭と思ひ居るを以て其意を解すること能はす。誰の容体なりやと云ふ。土屋令息の容体なりと云ふ。予尚ほ土屋たることに気附かす、容体は別に変りたることなしと云ふ。土屋、予の答を訝かるものゝ如し。土屋又云〔ママ〕ふ。前に住したる処に建築して業を営まんと思ひ居るか、該所は住居には適せす、医業を営む所として近く経営する積りなりと云ふ。予下谷なるかと云ふ。土屋、否。田町なりと云ふ。予始めて土屋なることに気附き、更に昨年世話になりたる子供は帰郷後一時は塩梅宜しかりしも、其後又時に脳症を起すことあり。其時は君（土屋）の処方に依り服薬し居る趣なる旨を述ふ。土屋、帰郷せられたらは宜しからんと思ひたるも、矢張り思はしからさるやと云ふ。予更に、土屋の現住所は目黒辺なりしやと云ふ。土屋広尾の辺なりと云ふ。品川にて土屋に別れ、六時前東京駅に達す。宮内省の自動車来り迎ふ。西野と同乗して家に帰る。六時後なり。

西野は一寸座に上り、予より西野に渡し置たる旅費の残額を交して辞し去る。内子をして白根松介に電話し、只今沼津より帰京せり。委細は明日談すへき旨を告けしむ。

○今日頃、朴重陽〔朝鮮総督府忠清北道知事〕使をして忠清道産の胡桃一箱を贈らしむ。

藤等か去りたる後、世子、小山を其書斎に召ひ、花瓶を交す。高より予も其席に列せんことを請ふ。予乃ち之に列し、小山か多年世子の為に力を尽くしたることを一言す。九時頃家に帰る。
○今日頃宮中にて小橋一太に松田正之を内閣書記官本官となすことを依頼す。

一月三〇日

○一月三十日水曜。晴。
○今日は枢密院の参集日なるも、休止の旨通知し来り居るを以て控所に行かす。
○午前西野英男より、今日午後一時より赤坂離宮に於て皇太子殿下御婚儀に付、献上したる物品を陳列して拝観せしむる旨申来れり。其範囲は部局長官及御婚儀委員なる趣なりと云ふ。是に先ち、予西野に、午後二時より自動車を借ることを謀らしめ置たるか、献上品拝観のこと申来りたるに付、其時刻を早め、午後零時五十分頃に自動車を備ふることに改めしむ。
○午後零時後食堂にて大谷正男より、皇太子殿下御婚儀に付、陛下へ上りたる賀表あり。一見しては如何と云ふ。乃ち庶務課に行き、全国新聞協会より上りたるもの、帝国学士院より上りたるもの、済生会より上りたるもの等を観る。新聞協会より上りたるものは銀製長方形の函に納め、其函は長さ一尺許、幅五、六寸許、高五、六寸許にて函形の蓋あり。蓋には新聞社名を彫りありたり。時既に一時を過く。乃ち審査局に返り、直に自動車に乗り東宮御所に行き、御婚儀に付献上したる物を観る。二時後より復た自動車に乗り、本郷弓町二丁目の石川次郎〔不詳〕の家に行き、次郎に面して其養父昭〔不詳〕の死を弔し、転して早稲田町長谷川好道を弔し、香一箱を贈り霊前に焼香し、山根武亮と暫話して去り、直に家に帰る。時に四時前なり。
○午後九時頃松寺竹雄来り、話す。
○今日予か在らさるとき山内嵓〔東亜同文会会員、元台湾総督府書記官〕来り、其父〔山内山彦カ〕の遺物茶椀一個を贈り、又其所有品清朝人の書画合装の軸を贈る。
○今日頃より安藤則光、人夫をして門内の崖を修理せしむ。
〔欄外に付記〕
一月三十日頃西野英男、沼津行の旅費は請求せられさる慣例とのことなりしも、矢張り普通の旅費を支給することに決したる旨、白根秘書官（松介）より通知し来りたる旨を報し、旅行経歴書に予の捺印を求む。

一月三一日

○一月三十一日木曜。曇。
○午前九時三十分頃より出勤す。
○午後零時五十分頃より馬車に乗り渡正元の家に行き、告別式に会す。向井巌に遇ふ。既に焼香を終り、将に長谷川好道の葬に青山に赴かんとす。向井亦焉に赴かんとす。乃ち予と共に馬車に乗らしめて行く。三時頃式終る。乃ち直に家に帰る。
○午前篠田治策来り、李堈公か浪費して困ること、李王に邸宅を賜ふことを急くこと等を談す。

○午前松平慶民来り、明一日午前十時三十分より次官室の次室にて、李王に賜はるへき邸地のことを協議する筈に付、出席し呉よと云ふ。予之を諾す。
○午後五時後李堈公、使をして其名刺及ネクタイピン一個を贈らしむ。
○午後七時頃李堈公附事務官より、明後日は李堈公はセビロ服にて観劇せらるる筈に付、略服にて来り呉度旨を報す。

大正一三年二月

二月一日

○二月一日金曜。晴。
○午前九時三十分頃より出勤す。
○午前十時頃小原駩吉来り、入江貫一の体度は同人か宮内省に入る前と異り、頗る失望したること多し。貴兄（予）も定めて同感ならん。然るに、現宮内大臣（牧野伸顕）か今後勤続するや否は疑問なるか、西園寺八郎か其養父公望に対し是まて二回計り宮内大臣の後任のことを談したる処、公望は二回とも其談を聴き、初より問題となさゝる様の体度を取らす。此模様より察すれは、牧野か今後長く勤続するものとは思はれす。八郎は其後任に付貴兄（予）を推薦し、公望も此節は粗同意し居る模様なり。依て此上は平田東助を同意せしむる必要あり。自分（小原）等より入江に説き、入江より平田に説かしむることに為し居れり。平田は一木喜徳郎を推薦すへしと思はるるか、入江の観察にては、浜尾新か枢密院議長と為りたるに付ては一木か副議長と為り之を輔けされは、浜尾には議長か勤まらさるへしとて、此節は強ひて一木を主張する模様なし。其外に斎藤実あり。是ならは適任なるへきか、斎藤は就任し難き事情ある模様なり。西園寺公望は平山成信にては宮内省の改革も何も出来すとて賛成せす、又西園寺は先年一木の宮内大臣に反対したることあり。自分（小原）等も一木の如く頭の固き人にては現在の宮内省には適当ならすと思ふ。全体を見渡したる処にて、他に適任者なきに付、貴兄を推薦し居り。西園寺は大略同意の模様あり。平田も必しも反対せさるへし。

但、入江は平田とは特別の関係あるを以て、入江か妨害を為せは其効果あるへし。故に西園寺八郎は折角是まて進み居る故、貴兄（予）か入江を余り疎外せす、入江の感情を害せさる様に注意することを切望し居れり。尤も西園寺は右の如く露骨に話したる訳に非す。同人より自分（小原）に対し（今後尚ほ入江を使ふへき場所ある故、同人に対し余り感情を害することなき様注意すへき旨を貴兄（予）に伝へ置け）と云へり。然し、此く云ひたるのみにては事情分らさる故、露骨に云ひたり。全体自分（小原）より此く露骨に云ふは甚た不都合にて、勿論未必のことなるを以て決して当てになることに非す。但、西園寺か懸念し居る点に付ては自分（小原）は決して懸念に及はす。縦令内心不快に思ひても、露骨に本人に対し之を言明する様の人に非すと云ひ置たるも、西園寺か懸念し居る点は領承して注意し呉よと云ふ。

予、夫れは意外の話なり。然し只今の話に付、予か云々すへき場合に非す。御話の次第は領承せりと云ふに止めん。又是まて入江に対し感情を害したる様のことなし。成る程先頃と違ひ、入江より何事も話さゝるは事実なるか、是は多分関屋（貞三郎）より秘密にすることを注意し居りたる為ならんと思はる。先日入江より一度、先頃来調査し居りたる官制改正案等は何も実行出来さる旨を談したることありたるか、其後更に同人より詳細に経過を話したり。是は折角尽力したるも無益になりたる為、不快の念を漏らしたるものならんと思ふと云ふ。小原話すること五、六分間許にして去る。

○午前十時三十分より庶務課にて李王に賜はる邸宅のことに付協議する約あるに付、十時四十分頃行き見たるに、誰も来り居らす。乃ち宗秩寮事務官室に到り、会議は何処にて開くやを問ふ。高羲敬正に在り、予に談する所あり。山田益彦、徳川（頼倫）、松平（慶民）等は庶務課長室に集り居ると云ふ。予乃ち高の談を聴かす、直に庶務課長室に行く。

徳川、松平、小原（駩吉）、酒巻（芳男）等在り。関屋（貞三郎）は未た来り居らす。赤十字社病院に電話して、関屋は既に出勤したるや否を問ふ。病院の人、未た出勤せす。是より東宮御所に行き、十一時後に非されは宮内省に行かさる旨を答ふ。乃ち協議会は明日午前に延はすことに申合せて散会す。

○午後零時後、関屋貞三郎食堂にて其違約の事実を聞き、自分（関屋）は午後より開会する積りなりしと云ひ、是より内匠頭の都合を問ひ合せ、午後に開会することに致し度しと云ふ。少時の後庶務課属某来り、午後二時三十分より協議会を開くことに決したる旨を告く。予之を諾す。

午後二時三十分頃庶務課に行く。関屋尚ほ他と談し居り、協議会を開き難し。二時五十分頃に至り始めて開会し、麹町紀尾井町元北白川宮邸凡一万坪の地所を李王邸として賜はる方宜しからんとのこと〔に〕決す。李王に対する賜邸のことに付ては、常盤松の御料地を可とする意見、麻布六本木現世子邸に其隣地三条家の邸を買上け、之を合併するを可とする意見等あるも、牧野か之を肯んせす、北白川宮邸を賜ふことに内心決し居るに拘はらす、尚ほ協議せよと云ひ、今日の協議会にては他に議すへきことなきを以て、別段の論なくして決したり。但し牧野は、北白川宮邸の中五千坪許にて可ならんと云ひたる由なるも、協議の結果は一万坪位となす方可ならんとのことに決したり。

協議散会後、食堂にて催ふす皇太子殿下御婚儀に関する活動写真の映写を観たり。写真は文部省と宮内省、内匠寮とにて撮影したるものなり。四時後終る。直に家に帰る。

○午後一時後山崎四男六来り、今日願に依り内蔵頭を免せられたることを報す。山崎の談に依れは、同人は昨年十一月頃より辞職のことを申し出し居りたりとのことなり。

二月二日

○二月二日土曜。前夜より雪ふる。積むこと寸に満たす。

○午前九時三十分より出勤す。

○午後三時より退省す。

○午後四時三十分頃より帝国ホテルに赴き、李堈公を訪ふ。高羲敬既に在り。予、公と話す。公、東京には世子あり、子の勇吉あり、又李鍝あり。時に之を見んとす。二年に一回位上京せんと欲す。朝鮮総督は兎角自分（公）の上京を阻止する傾あり。依て二年に一回位と定め置き度と云ふ。予、時に上京することは宜しからん。然れとも、必す二年間一回と定め置く必要なからんと云ふ。会々徳川頼倫亦来る。予より上京のことを告く。徳川亦時期を予定し置く必要なからんと云ふ。宋秉畯亦来る。

六時頃より演芸場に到り、公、徳川、宋、高及公の随員末松多美彦、洪某〔邦鉉、李王職参奉〕等と共に九頭龍繡画女学校生徒の音楽劇を観る。題は眠姫及外一齣なり。眠姫を演了したる後、三十分間の休憩あり。此時間に一同晩喫せり。食事中宋秉畯より、宮内大臣の後任者として薩摩の人は平山成信を推し、長州の人は山県伊三郎を推し、他に一木喜徳郎を推し居る人あり。一木は枢密院副議長にて、浜尾新の議長を助くる必要あり、到底転任することを得さるへく、結局平山に決するならん。自分（宋）は加藤高明に逢ひ、宮内大臣後任のことを談したるに、加藤は一木を懇望し居れり。是は一木か大隈内閣のとき内務大臣たりし関係にて、加藤の為便利ならんとの考より出たることならん。加藤は、牧野（伸顕）か罷むるや否か問題なり。薩摩人は罷むると云ふて罷めさるか癖なりと云ひ居り、此観察は君（予）と同様なりと云へり。九時前劇終る。李堈公の室にて暫話して帰る。

○午後零時後、予食堂に在り。西野英男来り、平沼騏一郎か審査局に来り待ち居る旨を告く。乃ち局に返り、之と話す。平沼は今日枢密顧問官に任せられたりと云ふ。平沼の談にては、阪谷芳郎も枢密顧問官たることを勧められたるも、之を辞したる趣なりと云ふ。予、岡野敬次郎も之を辞したる趣、新聞に記載し居るか、事実なるへきやと云ふ。平沼之を知らすと云ふ。

○午前西野英男に、明三日には定刻宮内省に来るに付、例の通馬車を遣はすこと、午十二時に梨本宮邸に行くに付、十一時三十分に自動車を備ふること、宮邸より復た宮内省に返るに付、帰家の時の馬車は午後四時に備ふること、明後四日には午前八時四十分より伏見宮邸に行き、権舎祭に列し、夫れより豊島岡に行き墓所祭に列し、直に帝国ホテルに行くに付、自動車を借ることを謀り呉よと云ふ。西野之を諾し、其時刻を記載して主馬寮に交渉し、寮員之を諾したる旨を報す。

午後に至り西野より、審査官土岐某〔政夫、宮内省参事官兼帝室会計審査局審査官〕か奏任官総代として権舎祭、墓所祭に列することゝなり居るに付、伏見宮邸より豊島岡に行かるるとき、自動車に同乗する様に致し度と云ふ。予差支なき旨を答ふ。午後三時頃、予将に退省せんとす。西野、明日は自分（西野）は出勤せすして宜しきやと云ふ。予、始めて明日は日曜日なるに拘はらす、平常の通り馬車を予か家に遣はすことを西野に申談したることに〔気〕付、明日は予も宮内省に出勤する必要なし。先刻馬車のことを命したるは全く誤なり。明日は十二時までに梨本宮邸に行けは夫れにて宜しきに付、馬車のことは取消し、十一時四十分頃に自動車を予か家に遣はす様、主馬寮に談し呉よと云ふ。西野之を諾す。是は全く予の不注意にて誤りたるなり。
○今日頃松平慶民、使〔を〕して福井産の蟹五個を贈らしむ。
○今日は、昨日関屋貞三郎か協議会を開くことを約し置きなから之を忘れたる制裁として、関係人五、六人に関屋か鰻飯を供することゝなりたるか、鰻飯届かさる為、平常通精養軒の洋食を食したり。本月五日〔ママ〕の新聞に依れは、給仕か鰻飯を竹葉に注文すへきを、誤りて中央亭に注文したる為、後れたる趣なり。竹葉は鰻屋、中央亭は洋食屋なり。中央亭は強ひて鰻飯を他より求めて之を持ち来りたる趣なり。

二月三日

○二月三日日曜。晴風寒。
　午前内子、坂田稔の家に行き、痘苗を求め、又自己の内服薬を求む。痘苗は乏きに付、之を取寄せて届くへしと云ひたる趣なり。
○午前十一時二十分頃、主馬寮に電話し、十一時四十分頃に自動車を遣はすことを依頼し置たるか、承知し居るやと云ふ。寮員、承知し居る旨を答ふ。十一時四十分頃自動車来る。乃梨本宮邸に行く。十二時後、午餐を催ふさる。卓に就く者、主客守正王殿下、同妃殿下、世子殿下、同妃殿下、李堈公殿下、予、高羲敬、篠田治策、金応善、高階虎治郎、桜井某（御用〔取〕扱）、沢田某（御用取扱）、末松多美彦、南部光臣、三雲敬一郎及附武官二人許なり。一時頃餐終はる。話すること十分間許。李堈公及篠田、高等辞し去る。
　是より先、予宮邸に行きたるとき、世子より予に対し、少しく談し度ことあり。一人のみ残り居り呉よと云ふ。予乃ち留まる。守正王殿下、同妃殿下、世子妃殿下奥に入る。予と世子とのみとなる。世子云ふ。先頃京城に行くときは、貴族等か自分（世子）に京城居住を勧むるならんとのことにて苦心したるか、幸に何事もなくして済みたり。其節自分（世子）より李王に対し、今年三月には望六の誕辰にて祝宴を催ふさるるも、自分は其節は京城に来り難き旨を談したるに、王は之を諒解し、夫れにて宜しき旨を答へられたり。自分（世子）は京城住居のことも必しも李王の考に非す、貴族等の考ならんと思ふと〔云ふ〕。

　予、其通り王殿下の諒解ありたることを承知〔し〕、大に安心せり。然れとも、此く云ひては不敬に渉るも、王殿下は左右の者の言に動かされ易き方なり。只今は御話の通りなるも、今後更に京城居住を望まるることなしとは云はれす。予等の懸念は、貴族等の請求ならは之を拒むことは容易なるか、王殿下か病身の為、世子の京城に居住することを望むと云はるることになれは、是は理屈にては拒み難く、其希望に対しては世子殿下も朝鮮総督も宮内大臣も反対することは不穏当なり。故に、今後たりとも此問題は表面に顕はれさる様に予防する必要ありと思ふと云ふ。

　世子、其通なり。自分（世子）も今後此問題か絶対に起らさるものとは思はす。王の生存中自分（世子）か京城に帰ることは万事不都合なり。例へは、只今問題となり居る尹沢栄の負債整理のことにしても、王妃の実家なれは整理の必要あるは勿論なれとも、王家の財政にては之を整理し難しとなれは、自分（世子）の立場は非常に苦きことになるへし。故に、他日は兎も角、当分は京城に帰ることは之を好ますと云ふ。

予、実は人の批評に渉り之を云ふことを好まされとも、京城の人の考は予等には解し難し。先年来李完用丈は何事に付ても他に雷同せす、毅然たる体度を持し居りたるか、殿下帰鮮の問題に付ては、李完用も一般の貴族と同一の意見なる趣なり。加之李完用は宋秉畯、尹徳栄等とは仲の善からさる方なりしか、此節は李完用、宋秉畯、尹徳栄等の間は至極親善にて、尹沢栄の負債整理のこと抔も李完用か主として周旋し居るやに聞き居れり。是等の事情は予等には解し難しと云ふ。

世子、其通なり。自分（世子）も長く内地に居る為なるか、貴族等の心事は解し難し。故に尚更に京城に帰ることは好まさるなりと云ふ。世子又更に云ふへき一事あり。高義敬は誠に忠実にて力を尽くし呉るるか、少しく遺憾に思ふことは、同人か余りに心弱きことなり。昨年李完用、閔泳綺か上京して自分（世子）の京城帰住のことを高に説きたるとき、同人か今少し強く意見を述へ呉れたらは宜しかりしならんと思ふ。然るに、李完用まてか帰住説を唱ふるに付、高も多分其ことになるならんと思ひたる様に思はるる廉あり。全体此ことに付ては、閔泳綺か地震見舞の為第二回に上京したるとき、閔より自分（世子）に直接に話したるに付、閔か帰鮮する前に君（予）に話すことを望みたるも、高の体度は少しく疑はしかりし故、梨本宮殿下に自分（世子）に〔より〕依頼して、君（予）に話し貰ひたる為、閔の帰鮮前には間に合はさりしなりと云ふ。

予、高のことは殿下のみならす牧野伸顕も、高か閔等より其談を聞きたるとき、明瞭に反対の意思を表明すれは宜しかりしと云ひたることあり。然し、予は夫れは無理なる注文と思ふ。朝鮮人の多数か帰鮮を望むとき、高か之に反対すれは、高に対する反感か強くなり、高は立場なきことになるへし。予か知る所にては、高は内心は殿下の帰鮮を喜はさるも、閔等に対しては可否の意見を云はさりしとのことなり。殿下か陸軍大学を卒業せられたる為、閔泳綺、李完用か上京したるとき、両人より高に対し殿下帰鮮のことを談したる由にて、其時直に高より予に其話を為したり。然るに、其時は牧野伸顕は病気中にて、予は面会することを得す。斎藤実は予か高より話を聞きたる翌朝に出発して、帰任することゝなり居りたる故、予は是非帰任前斎藤に面会して、其問題を予防し置く必要ありと思ひ、漸く大蔵大臣の官舎にて斎藤に面会して其話を為したるなり。若し、高か余り強く反対し、朝鮮人より疎外せらるる様となりては、本人の為に不利なるは勿論、本人か事情を知ることを得さる様になりては、此方の為にも不便なるに付、高のことに付ては其境遇を斟酌して、相変らす信用せらるることを望むと云ふ。

世子、其辺は承知し居れり。然れとも、今少しは強硬にあり度ものなりと云ふ。世子又今後一ヶ月一度か又は二度位面会し度。時に来り呉よと云ふ。予、陸軍大学在学中は帰邸後も課業の準備等ありたる故往訪せさりしも、今後は帰邸後は格別の用事なかるへきに付、高より都合を聞きたる上、時に往訪することにすへしと云ふ。話すること三十分許。二時二十分頃より家に帰る。世子は、機会を見て高に今少し心を強くする様注意し呉よ。左すれは自分（世子）も気強くなることを得るならんと云へり。

○午後三時頃国分三亥来り、朝融王殿下の婚約問題に付ては是まて噂位には話したることありたるか、愈々宮内省に持ち出さゝるを得さることゝなれり。久邇宮の意向か端なく〔も〕酒井伯爵〔忠正、貴族院議員・研究会、旧姫路藩主酒井家当主〕の方に聞へ、同家にては武井（守正）抔か心配し居る趣に付、此問題に付ては先つ第一に、朝融王殿下の意を確か〔む〕る必要ありと思ひ、其意思を確めたる処、此ことは疾く決心し、如何なることあるも結婚する意なし。但、皇太子殿下の御婚儀の済むまて問題を起すことを見合せ居りたるなりと云はれ、自分（国分）より、只今は嫌にても夫婦となれは好くなるものなる故、思ひ返されては如何と云ひたるも、絶対に承知せすとのことなる故、此上は王殿下の意を伺ふより外致方なしと思ひ、野村（礼譲）と共に王殿下に謁し、朝融王殿下の御婚約に付何か云々ある趣、予て伝聞し居りたるも、今日は其儘経過したるか、端なく酒井家の方にても何か聞込み居る模様に付、昨日朝融王殿下の御考を承はりたるに、殿下は絶対に結婚する意なしとの御答なり。依て此上は王殿下の御考を承はるより外致方なし。殿下の御考は如何と云ひたる処、殿下は此ことに付ては疾く考へ居りたることあり。然し皇太子殿下の御婚儀済むまては其儘に為し置く考なりしか、最早御婚儀も済みたる故、其事も処置すへき時なり。自分は此問題は是非取り止め度考なり。其訳は婚約の女〔菊子、酒井忠正義妹、酒井伯爵家先代忠興二女〕には節操に関する疑あり。此疑ある以上は如何なることありても之を嫡長子の妃となすことを得す。尤も節操のことは的確なる事実は知り難き〔も〕、疑丈けにても承知し難し。之を妃となすことは先祖に対しても済まさることと思ふ。婚約を取消すに付ては先年の良宮の関係もあり、朝融は勿論自分（邦彦王殿下）に対しても種々の非難あるへきも、如何なる非難あるも、其ことは甘して之を受け、是非とも之を解約せんと思ふ。朝融か婚約遂行を望む様のことあれは、自分（邦彦王殿下）は非常に困る訳なりしも、朝融か解約を好むは自分（殿下）に取り非常に好都合なりと云はれ、其決心中々固く、到底意思を変せらるへき模様なし。

　自分（国分）より、此ことは既に御内伺も済み居る趣にて、酒井家にても容易に解約を承知すへしとも思はれす。解決に至るまてには相当時日も要すへく、其間は当方にても婚約を結はるる訳には行かす、随分困ることならんと思ふ旨をも述へたるも、殿下（邦彦王）は如何なることありても、遂行する訳に行かすと主張せらるる故、左程の御決心ならは、最早宮内省の詮議に待つより外に致方なからんと云ひ（酒井家の方か急に落著せされは、他と婚約を結ふこと出来さることは朝融王にも話したるか、王もいつまて結婚出来さるも差支なしと云はれたる旨、国分より話したり）、宗秩寮には昨日早速其ことを話したる処、総裁（徳川頼倫）、酒巻芳男抔は単に結婚することを欲せすとか、節操の疑ありと云ふのみにては不十分なりとて不満足の議論ありたるも、此上誰か何と云ふても婚約遂行を諾せらるへき見込なき故、何とも致方なしと思ふ。一応右の成行を話し置き度。宮内大臣には明日九時に話すことに約し置たりと云ふ。

予、兎に角困りたる問題なり。そこまてになりたる以上は宮内大臣か何とか処分するより外致方なからんと云ふ。国分又分部某か自己の考にて前田（利定）家の出入の某に宮家にて婚約解除の希望ある旨を話し、某より前田の妻（清子、酒井忠興の姉）に話し、其結果酒井家の聞く所となりたることに付、分部を詰りたる処、分部は此婚約を結ひたるは当時の宮務監督山田春三にて、其下の手伝を為したるは自分（分部）なり。今日は其ことに関係したるものは自分（分部）のみなり。依て解約を周旋するは、自分（分部）の責任なるやの感ありて某に話したりと云ひたる旨の話を為せり。

○今日頃、松平慶民か贈りたる蟹三個を安藤則光に分つ。

二月四日

○二月四日月曜。晴。

○午前八時四十分頃宮内省の自動車来る。之に乗りて伏見宮邸に行く。九時前大谷正男より、今日は宮内大臣代理として関屋貞三郎か祭場に列する予定なりし処、関屋は腹部に瓦斯か溜まりて気分悪しく、今日は参列し難きに付、貴官（予）か大臣代理として祭場に列せられ度と云ふ。予之を諾す。九時頃祭場に列す。十時頃権舎祭終はる。直に自動車に乗り、土岐政夫をも同乗せしめ、豊島岡墓所に行き、十二時後墓所祭終る。墓所祭のときは牧野伸顕参列したる故、予は大臣代理とならさりしなり。直に宮内省に向ひ、土岐をして下車せしめ、直に帝国ホテルに李堈公の午餐に赴く。零時三十分の案内なりしも、予か達したるは零時四十分頃なりしなり。然れとも、今日は伏見宮の墓所祭に列したる者多く、殊に徳川頼倫は祭官長にて衣冠を著け居り。衣を更へて来りたる故、予よりも五分間位は後れて来りたり。二時頃餐終る。帳簿に署名し、餐を謝して復た宮内省に到る。

○午後四時より退省す。

○今日は自動車に乗りて伏見宮邸に行き、馬車を要せさりしに、主馬寮より平常の通り午前九時三十分頃馬車を遣はしたる趣なり。是は前日馬車を要せさることを西野英男より主馬寮に通知し置たるも、主馬寮にて誤りたるなり。

○沼津の旅館三島館より鉄道便にて興津鯛三尾を送り来る。先日予か沼津に行きたるとき、三島館に茶代を遣はしたるを酬ひたるなり。

○今日一ツ木町の明治運送店某に命し、銀花瓶其他数十個を隆に送らしむ。箱の数は四個なり。

〔欄外に付記〕

明治運送店に荷物の運送を命したるは昨三日のことなり。四日の処に記したるは誤なり。

二月五日

○二月五日火曜。晴。
○午前九時三十分頃より出勤す。
○午後零時後食堂にて、徳川頼倫、小原駩吉、松平慶民と朝融王の婚約を破棄せんとせらるることを談す。松平、小原等は、国分三亥か邦彦王殿下、朝融王殿下か婚約遂行を諾せられ〔す〕とて其儘宮内大臣に申出つるは無責任なり。国分〔の〕力にて殿下の承諾を得ること能はさるならは、なぜ宮務監督を辞するの手続を為さゝるやとの論を為せり。
○午後二時頃松平慶民、朝香宮附藤岡万蔵（在仏国巴里）より松平宛の電信幷に其返信案を持ち来る。藤岡の電信は、朝香宮々務監督栗田直八郎か昨年末宮務監督を免せらるるは、朝香宮妃御渡仏の件に付、自分（藤岡）と栗田と電信往復を為すとき、暗号電報を所持せさる為、某に托して発電したる処、其の為不穏当なる語句か他に漏れ、栗田か宮務監督を免せらるる原因となりたりとのことなり。然れは、自分（藤岡）の不注意より生したることに付、自分（藤岡）に対し十分の処分を為さるゝ様致し呉よとのことなり。松平の之に対する返電案は、栗田の免職は電信の為に非す、藤岡は懸念するに及はすとの趣旨なり。予其案に捺印して之を返す。
○午後二時後朴重陽来りて、朝鮮に帰任するに付、別を告く。
○午後二時後高羲敬来る。会篠田治策亦来る。高、世子の附武官、是迠は金応善一人なりし処、先頃上野〔原文空白、良丞、陸軍歩兵少佐〕も附武官となれり。夫れに付、金より上野に官舎料を給せられ度と云ふも、自分（高）は之を給すへきものに非すと思ひ、其旨を金に告けたる処、金は自分（金）は在勤俸も受け、官舎料も受け居る。上野に之を給せさるは不権衡なり。幸に李王職次官（篠田）か上京中に付、次官に直接話すと云ひ居りたり。如何と云ふ。予、夫れは給すへきものに非す。仮に給すへきものとするも、夫れは陸軍より給すへきものにて、李王職より給すへきものに非すと云ふ。篠田も之に賛成す。

高又附武官二人と為りたる処、世子の旅行には二人とも随行することと為り、従来の如く旅費を給しては経費支へ難し。他の皇族の振合を聞きたるに、陸軍より旅費を出すときは、宮よりは之を給せす、陸軍より之を出さゝるときは宮より実費を支給すること〔に〕なり居る趣なり。此節も金は今日世子に随行して千葉に行き、明日帰京して宮内大臣の午餐に列し、李堈公を送りて千葉に赴くことゝなり居ると云ふ。予、宮内大臣の午餐に列する為帰京するならは、旅費を受くへき訳なしと云ふ。高、然るに世子に代り李堈公を送るとのことなりと云ふ。予、然らは名義あり、旅費を給せさるへからさるへしと云ふ。

篠田より李王に賜はる邸宅は成るへく急に決定せられ度と云ふ。予、此ことは元来急くことになり居りたるか、一寸中止の姿になり居りたり。此節又急くことゝなり、先日協議会を開きたり。尤も其節は大臣は加はらさりし故、決定はせさりしも、其議に上りたる場所は紀尾井町の地所にて、広さも狭くなき様にとの意見なりしなり。然し、此ことは勿論今日口外すへきことには非さる故、長官にも話さゝる様に致し度と云ふ。高既に去る。篠田、李堈公の浪費のことを談し、困る旨を告く。
○午餐には関屋か違約したる制裁として予等五、六人（予、小原駩吉、白根松介、松平慶民、徳川頼倫、入江貫一等）なり《ママ》。入江は腹工合悪しく之を食せす。西園寺八郎か代りて之を食したる趣なり。鰻飯は竹葉より之を取りたり。

二月六日

○二月六日水曜。晴。
○午前九時三十分より出勤す。庶務課に過り、白根を訪ふ。未た出勤せす。入江貫一在り。之と暫話す。予、山崎四男六か退官したるは如何なる事情なりやと云ふ。入江、日本銀行に入る為なりとのことなりと云ふ。予、昨年十一月頃ならは好都合なりしも、時期か後れたる為直に入る訳に行かすと云ふに非すやと云ふ。入江、本月総会あるに付、其時選挙する予定に非すやと云ふ。予然るかと云ふ。
　入江又宮内大臣（牧野伸顕）か辞職することは如何と云ふ。予、知らす。新聞丈けのことに非すやと云ふ。入江、明かには分らさるも、語の端々に辞するに非さるやと思はるることもある様なり。西園寺抔は辞するならんと思ひ居る様なりと云ふ。予公爵なりやと云ふ。入江然りと云ふ。予、昨年十二月二十七日の事件に付牧野は責任あるへきやとのことなりし故、予は責任なき旨を述へ置たりと云ふ。入江、自分（入江）も同様に云ひ置きたり。尤も属僚は属僚として考ふる必要あり。法規上の責任ありとは思はさるも、徳義上責任を感するは美事なり。然れとも其感を形式上に現はせは、之か為却て摂政殿下を煩はし奉る様のことゝなる故、其様なることは宜しからさらんと云ひたるか、白根抔は矢張り形式に現はすことを可とする模様なりと云ふ。予、十二月二十七日の事件に関する宮内大臣の責任は格別のことなきも、宮内大臣は宮中府中の別を紊りたりとの非難は相当に喧しき様なりと云ふ。入江、此ことも新聞抔にて云ふ様なることはなき様に思はるるか、昨年山本内閣成立前、他に行くと云ふて、私に箱根に行き、西園寺（公望）に面会したること抔は嫌疑を招く原因なり。宮内大臣か元老に面会するには、正々堂々公然と行くへく、人目を避くる必要はなき筈なりと云ふ。

　話すること三分間許にして枢密院控所に行く。今日は議案なく、又摂政殿下の御参内もなき故、雑話すること十分間許にして宮内省に返る。穂積陳重、平沼騏一郎は清浦奎吾に総理大臣官舎にて会見する要ありとて、他に先ちて退出せり。
○午後零時十分より自動車に乗り、宮内大臣官舎に赴く。牧野伸顕か李堈公を招待して午餐を催ふす為なり。予か官舎に行きたるときは、李堈公、斎藤実、山県伊三郎、徳川頼倫、篠田治策、高羲敬、松平慶民、末松多美彦、洪某、金応善、大谷正男、白根松介等既に在りたり。一時後餐終る。李堈公先つ去り、予等次て辞し、復た宮内省に返る。
○午前十一時頃、枢密院控所より返るとき、廊下にて白根松介に遇ひ、今日午餐の時刻は午後零時三十分なりしやと云ふ。白根然りと答ふ。予、今日案内状を家に遣したるを以て之を確めたるなり。白根又明日有栖川宮大妃（董子殿下）の一週年祭に参拝せらるるやと云ふ。予其積りなりと云ふ。白根、然らは宮内大臣の名代と為り呉よ。関屋（貞三郎）か明日も参拝出来さる模様なり。墓前祭のときは大臣（牧野伸顕）は自ら参拝する趣なりと云ふ。予之を諾す。予、有栖川〔宮〕の祭は明後八日には非さるやと云ふ。白根、七日の筈なりと云ひて書類を調へ、七日に相違なしと云ふ。予、然るかと云ふて審査局に返り、西野英男に先日有栖川の一週年祭は本月八日と云ひたりやと云ふ。西野然りと云ふ。予、八日に非すして、七日なりとのことなりと云ふ。西野直に宗秩寮に行き、之を問ひたる処、七日にて先日寮員か八日と云ひたるは誤なり。但し霊前に供へたる鏡餅は七日の積りにて既に取計済みなる趣なる旨を報す。

○午後二時後松平慶民来り、朝融王婚約破棄の問題に付、明日午前宗秩寮総裁室にて内協議を遂け、一と通り方針を定めたる上にて宮内大臣に談し度とのことに付、協議会に出席し呉よと云ふ。予、明日は有栖川の祭日に非すやと云ふ。松平、然り。徳川（頼倫）も忘れ居るならん。更に時日を定めて報告することにすへしと云ふて去り、直に来りて明日午後一時三十分より協議会を開くことにし度と云ふ。予差支なき旨を答ふ。

○午後四時より退省す。

○午後七時三十分より宮内省の自動車に乗り東京駅に行き、李堈公か京城に帰るを送る。駅の休所にて小原駐吉に遇ひ、今日入江貫一に山崎四男六か内蔵頭を辞したるは他に何か原因ありやと問ひたるに、日本銀行に入る為と云ふより外には原因なからんと云ひたり。入江又宮内大臣（牧野伸顕）か辞職すとの説は如何考ふるやと云ふに付、予は事実に非さるへしと思ふと云ひたるに、入江は牧野の話の節々に、時に因り辞意を決し居るには非さるやと思はるる廉あり。西園寺抔も辞するならんと思ひ居る趣なりと云ふ。予、西園寺とは公爵なりやと云ふ。入江然りと云ひたる旨を談す。此とき人来る。乃ち談を止む。八時十五分李堈公発す。乃ち直に帰る。

○午後三時後、式部職より浜御苑鴨場にて捕獲したる小鴨十羽を送り来る。予、西野英男をして其中八羽を審査官伊夫伎準一、鈴木重孝、矢島正昭、土岐政夫、審査官補青山操に贈らしむ。五人に八羽なるを以て分配し難きも、適宜にて之を分つへき旨を告けしむ。伊夫伎五羽のみを受け、三羽を返す。乃ち五羽を携へて返る。

○午前十一時頃より審査官会議を開き、会計処務規程外二種の改正案を議す。案は内蔵寮にて立案したるもの。審査局にては一案に賛成し、二案には反対せり。

二月七日

○二月七日土曜。曇。

○午前八時三十分より宮内省の自動車に乗りて、有栖川宮邸に行き、故大妃董子殿下の一年祭に列し、宮内大臣の名代として祭場に著床す。九時より議を始む。松浦寅三郎は喪主、高松宮宣仁親王殿下の御名代として著床し、秩父宮雍仁親王殿下、伏見宮博恭王殿下、邦彦王妃〔原文空白、俔子〕殿下、竹田宮昌子内親王殿下参拝せられ、伊藤博邦祭官長として祭儀を行ひ、十時頃儀終はる。

　十時三十分頃より豊島岡に赴き、墓前祭に列す。此ときは牧野伸顕自ら参拝したるを以て、予は自己の資格にて参拝せり。十一時より儀を始め、十二時前終りたり。閑院宮載仁親王、山階宮武彦王、久邇宮妃、梨本宮同妃、世子妃各殿下参拝せられたり。十二時後（零時十分頃）宮内省に到る。西野英男、有馬秀雄の名刺を出し、午前十一時頃来りたるも御不在なりし故、午後復た来るへき旨を告けて去りたりと云ふ。

○午後一時後宗秩寮の吉田源太郎〔宗秩寮属官〕来り、華族世襲財産法に関する問題を持ち来り、予の意見を問ふ。其問題は世襲財産の一部解除を願ひ、其代財産を以て世襲財産設定認可の申請を為したる後、昨年震災のとき財産か減損したるものは、法第二十二条第三項の規定に依り宮内大臣は設定の申請を免除することを得るや。又は此場合は第二十二条第三項の該当せさるものとして一たひは世襲財産を設定し、然る後解除を申請すへきものなりや。又は特に設定の手続を為さす、解除申請を為すことを得るものなりやと云ふに在りて、原案は第三説を取り居り。予は此場合か第二十二条第三項に該るとするは無理を免れさるも、厳格に云へは第二説の如くせさるへからさるを以て、寧ろ第一説に依り直に設定申請を免除することを得るものと為す方可ならんと云ふ。

○午後一時三十分より宗秩寮総裁室にて、朝融王婚約破棄問題に付徳川頼倫、松平慶民、入江貫一と協議す。徳川より問題の経過を報告す。予、報告の如きことならは、到底婚約遂行の望はなかるへきも、問題の性質として宮内大臣は是非とも一応は邦彦王殿下、朝融王殿下に対し婚約破棄の理由なきことを説かさるへからす。善後手段を講することは第二のことなり。全体より云へは、此問題は単に久邇宮のみのことに非す、皇室にも影響すへきことなるを以て宮内大臣は進退を賭して争はさることと思へとも、大臣自ら決せさるに宗秩寮総裁より之を説く訳には行かさるへしと云ふ。

　善後処分に付ては、徳川は仲間者を介せす、直接に酒井伯爵に交渉する方可ならんと云ひ、予、酒井伯爵は養子にて婚約の婦人は伯爵夫人〔秋子、酒井伯爵家先代忠興長女〕の妹に当るとなれは、伯爵には自己の娘のことても決する様の訳には行かさるへく、予、矢張り伯爵家に対し信用名望ある人を介する方宜しからんと思ふ旨を述ふ。古市公威、三上参次、武井守正等か旧臣なる由なり。結局、国分三亥か邦彦王殿下に対し何等の自己の意見を述へすして、直に宮内省の処置を求めたるは不十分なり。徳川より宮内大臣に意見を述へ、大臣か邦彦王殿下に意見を述ふることを肯んせさるときは、次官（関屋貞三郎）をして之を述へしむへしと云ふ説と、徳川自ら之を述ふへしとの説あり。徳川は関屋をして之を述へしむる方可ならんと云ひたるも、予、入江、松平は徳川自ら之を述ふるを可としたり。松平は婚約の通り結婚せしめたらは、案外調和すへきに付、其ことにするか宜しからんと思ふと云へり。

婚約に至るまでの手続は、良子女王殿下と酒井伯の夫人は女子学習院の同期生にて、朝融王より婚約者に先つ書状を贈られ、其取次は良子殿下かなされたる趣なり。節操云々のことは金子某（有道、物部神社神職家当主）（男爵）か酒井伯夫人の妹〔伯母〕の嫁し居る前田利定の夫人より之を聞き、其ことを久邇宮分部某に談し、分部より久邇宮に告けたるものなる由。国分三亥と野村礼譲の二人より金子某に対し、某か節操云々のことを云ひ触られたるものなる故、其事実の有無を誠意を以て調査すへき旨を談したる由にて、金子は仙石政敬に対し、最初前田利定夫人より出てたることにて元来か婦人の話なり。只今に至り自分（金子）に責任を負わせ、誠意を以て調査せよと云はるるは迷惑なりとて、不平を述へたる趣なり。分部か金子に酒井家より婚姻を辞退する様に話し、其ことか酒井家に伝はりたる訳にて、分部は酒井伯に対し何事か話す目的にて面会を申込み、先日会見したるか、其ときは分部は会見の目的を変し、自分（分部）か軽卒に金子に話したるは不都合なりとて、只管酒井伯に謝罪したりと云ふことなり。

　婚約破棄問題を議する前入江貫一より、先日有栖川宮の遺産処分のことに付、自分（入江）か意見を述へたる処、自分（入江）の述へたることも酒巻（芳男）か誤解したる様のこともあり。又酒巻の言も自分（入江）か誤解したる様のこともありたる様なり。酒巻か、有栖川宮の遺産は全部高松宮か御相続成され、其中幾分を適宜に実枝子氏に贈らるることにしたらは宜しからんと云ひたるか、舞子の別荘は威仁親王の遺旨には大妃及妃の随意使用及処分を許すことゝなり居れり。而して其別荘の売払代は二十万円許にて、利殖したるも〔の〕か遺産として四十万円許になり居るとのことなり。然れは、威仁親王の遺旨に依り、別荘売払代二十万円許は大妃及妃の卑族に分属すへきものと思はるるに、酒巻は適宜に実枝子氏に少許を分与せらるる様に云ふに付、夫れにては不可ならんと云ひたるか、其後聞きたる所にては、別荘代二十万円許を大妃及妃の遺族、即ち溝口、徳川両家に分与せんとの趣旨なりとのことに付、自分（入江）も元来利子の計算までもなさんと云ふ趣旨には非さりし故、夫れならは宜しからんと云ひ置きたりと云ふ。

　予、先日の協議は只今の話の如きことに非す。遺産は大体に於て全部高松宮に移るものとし、其中より適宜に実枝子に分与せられたらは宜しからんと云ふ趣意にて、溝口の遺族にまて及ほす積りには非さりしと云ふ。入江、大妃及妃の随意処分を認められたる別荘は両妃の所有を認められ、即ち共同遺産と為りたるものに非すやと云ふ。予、論拠と為り居る書面か遺言書と認むへきものに非す。故に別荘も全部威仁親王妃に移りたるものにて、其遺族たる実枝子氏は遺産相続権を抛棄する旨を明言する趣に付、前述の如く取計ひて宜しからんと思ふ旨を述ふ。入江、溝口の方にて抛棄するに非されは不可なるへしと云ふ。予、夫れは遺言の効力ありとのことを定めたる後の説なるへしと云ふ。入江、然り。若し其効力を認めさるならは、遺産全部か高松宮に移るとの論も為すことを得さるへしと云ふ。論未た決せす。婚約破棄問題に移る。

婚約破棄問題を議する前徳川頼倫より、此協議には職務上の関係はなきも、小原（駩吉）を加へたらは如何と云ふ。予、参考の為意見を聴くは妨なかるへきも、之を加ふる程の必要はなからんと云ふ。松平も必要なからんと云ふ。協議を始めたると き、宮内大臣より徳川を召ふ。徳川行きて返る。暫時にして関屋より電話して、復た之を召ふ。松平（慶民）只今会議中なるか、至急のことなりやと云ふ。庶務課員至急のことなりと云ふ。徳川乃ち往く。暫時にして返り来り、更に一の問題を生したり。婚約問題を議したる後、協議したきに付、後に残り呉よと云ふ。予之を諾す。

婚約問題を議了したる後、入江既に去り、松平（慶民）も他に行く。徳川、斎藤実より牧野伸顕に宛たる書面を示す。其書は李完用の次男李恒九に授爵せられ度こと、趙重応の子趙大鎬〔李王世子学友〕に金を賜はりたきことなり。徳川、予の意見を問ふ。予授爵と賜金と二件ともを議するやと云ふ。徳川授爵のことのみなりと云ふ。予、李完用の勲功は之を認めて宜しからん。朝鮮には是まて此例なき〔も〕、父の勲功に因り子に爵を授くることは差支なからん。但、此ことは既に宮内当局内諾を与へ居る様に聞き居れりと云ふ。徳川然るかと云ふ。稍々驚きたる様なり。予、大体は異議なきか、此書類のみにては内閣にて承知し居ることを認むへき点なし。李恒九に対する授爵は全く政治上のことに付、内閣の同意を得る必要あるへしと云ふ。徳川之を然りとし、其点は注意することにすへしと云ふ。先刻より此ことに付説明する為、朝鮮総督秘書官守屋某〔栄夫〕か来りて別室に待ち居り。徳川より予と共に其説明を聞かんと云ひたるも、予は之を聞く必要なからんと云ふて去る。時に三時後なり。審査局に返りたるとき、西野英男より、先刻有馬秀雄来り、官房に行き居り、後刻来るへき旨を告けたりと云ふ。西野、行きて之を捜かし、有馬は只今小原（駩吉）と談し居り、間もなく来るとのことなりと云ふ。

三時後有馬（秀雄）来る。有馬は久留米に行き居り、一月二十四日に帰京したりと云ふ。有馬、先日（本月五日）水天宮祭のとき、水天宮に行きたり。仁田原（重行）に面会することを得るならんと思ひ、行きたるに、仁田原は来り居らす。其時は如何なる事情なるか分らさりしか、其後有馬泰明より聞きたる所にては、仁田原は親類の婚儀に列し、妻〔トラ〕子も伴ひ行き、帰路妻子は車に載せ、自己（仁田原）は歩して帰り居りたるか、脳貧血を起して卒倒し、幸ひ妻子か尚ほ近傍に在りたる為、直に之を介抱し、近傍の病院に入れ、翌日に至り意識を回復したりとのことなり。倒れたるとき、肋骨を折りたりとの話ありたるも、之を折りたるに非す。最早全体に快き趣なり。此ことは初は有馬家にても知らさりしとのことなりと云ふ。予、一月二十六日皇太子殿下御婚儀のときは、珍らしく仁田原も参列し居りたるか、同月二十九日の拝賀のときは来り居らさりしと云ふ。有馬、卒倒したるは一月二十七日頃のことならんと云ふ。予其ことは少しも之を知らさりしと云ふ。

有馬又先日有馬頼寧氏のことに付、水天宮にて原熙に面会したる処、原は只今の如きことを為さしめ置きてはどーしても宜しからすと云ふに付、夫れは誰も承知し居れとも致方なしと云ひたるに、原は自分（原）に任か〔す〕ならは、自分（原）手を切る様にすへく、其代り幾分の手切金を出す必要あり。夫れは出来るやと云ふに付、自分（有馬）か請合ふ訳には行かさるも、手を引くことか出来るならは、少々多額の金にても之を出すこと出来るならんと思ふと云ふ。原又諸方面のことを止めて農事研究を為さしむるには、是亦少許の金を要するか、夫れは如何と云ふ。自分（有馬）より金額を問ひたるに、一年一万円位なりと云ふに付、其位のことは差支なからんと云ひ置きたり。然るに数日前頼寧氏はブラリと橋場に来り、身体か悪き故一切のことを止めたりと云はれたる由。此ことに付何事か聞きたることなきやと云ふ。

予、少しも聞きたることなし。原か一切のことを止めさせたると云ひたるときより頼寧氏か橋場に行きたるときまては相当の日子は経居り。既に原より本人に話すことか出来る位の日子ありやと云ふ。有馬夫れは十分ありと云ふ。予、果して事実ならは結構なるか、牧野（伸顕）、徳川（頼倫）抔か頼寧氏の為に周旋し、一年三万円の支出を為すことを決したるは最近のことなり。徳川には始終面会するも、同人より頼寧氏か事業を止むる様の談を聞きたることなし。徳川抔も尚ほ知らさる訳ならんと云ふ。

有馬、五分利公債証書にて百万円を分与することは急に実行し難し。株券にて分与する様に変更することは出来さるへきや。然し、根本か動く様にては夫れも無駄ならん。頼寧氏は百万円分与のことに付非常に不平を云ひ、誰に対しても百万円計りて自分（頼寧氏）を逐ひ出したりと云ひ居らるる由と云ふ。予、いつ頃のことなるへきか、今年一月に入り予に書状を贈り、財産分与の挨拶として金百円を送り来りたるも、予は之を受くへき理由なき故、即日往訪して之を返したり。其書状等に依れは、分与のことは左程不平には非さる様に思はれたり。又奥平（昌恭）も分与のことには反対せす、夫れまての処置を為すならは、伯爵夫人の身計を立て置くか宜しきに非すやとの談を為せり。是は或は禎子氏のことを含み居るやも計り難し。又田代某〔一太郎〕より予に書状を贈り、財産分与のことに付云々し、有馬家のことは譜代の臣にて情誼厚き人をして世話せしめされは不可なる旨を云ひ来り居るか、予は返書も出さす、其儘に打捨置けりと云ふ。有馬、田代は自分（田代）に世話させよと云ふ趣意なり。彼は狂人なり。情誼厚き人抔云ひて、自分（田代）は父〔不詳〕より勘当せられ居る如き者なりと云ふ。

有馬又頼寧氏のことは久留米にては非常に評判悪し。水平社の某〔不詳〕なる者、白山にて演説を為し、有馬頼寧は何者そ。自分（某）等を食ひものにして売名の手段と為し、言語道断のものなり。甚きに至りては、水平社の少女は手当り次第に之を辱かしめたる事実ありとの旨を述へたる趣なり。篠山神社の神官某〔不詳〕は頼寧氏のことを非常に憤慨し、彼の如き不都合なる者は久留米に足踏みせしめさるか宜しとまて云ひたる趣なりと云ひ、有馬又牧野、宮内大臣を辞することは事実なりやと云ふ。予、分らす。辞せさる方ならん。宮中府中の別を紊りたることは相当非難ある模様なりと云ふ。有馬、薩摩人は中々露骨なることを為すこと多しと云ふ。

予、水野正名外数者の贈位のことは此節も詮議出来さる趣なり。林田（守隆）か失望すへきも致方なしと云ふ。有馬、此節の如きときよりも、大演習の如きときの方か便利なるやも図られす。林田は水野一人にても是非希望すと云ひ居りたりと云ふ。予、安藤対馬〔守〕の贈位のことも、安藤信昭氏か運動し居りたるも、是も出来さることゝなりたる趣なりと云ふ。

有馬、小原（駩吉）は宮内省のことに付、プープー不平を云ひ居りたりと云ふ。予、小原の不平も時には無理なることもあれとも、大体道理あること多しと云ふ。有馬、自分（有馬）議員候補者と為るへきやと云ふ。予、頼寧氏か久留米市より出つる様の話も聞きたることあるか、頼寧氏出てさるならは、君（有馬）か出つるより外致方なからん。君（有馬）か出てされは、誰か出つへきやと云ふ。有馬、自分（有馬）か出されは、古林喜代太〔久留米商業学校長〕、某、某（予か忘れたり）等も出つるならん。頼寧氏か出つるならは、地盤を百万円の一割位にて譲り渡しても宜しと云ふ。予、政友会より運動費を出すやと云ふ。有馬、会より出金せされは、候補者と為り難しと云ふ。話すること十四、五分間許にして去る。

○午後零時後食堂にて、国府種徳に午後まて宮内省に居るやと云ふ。国府午後二時後まて居ると云ふ。一時頃、予参事官室に到り、国府を訪ふ。国府、予と共に予か室に来る。予、水野正名等贈位のことを問ふ。国府、既に大赦に因り罪名は消滅し、功労はあるに付、贈位せられて宜しと思へとも、反対意見あり。終に行はれさることゝなれりと云ふ。午前に予か不在中有馬秀雄か来り、午後復た来るへしと云ひたる趣に付、或は水野等贈位のことを問ふならんと思ひ、食堂にて国府か午後も宮内省に在るやを問ひたる処、其時国府より坂下門とは安藤対馬守のことゝなり、残念なりと云へり。坂下門とは安藤対馬守のことにて、安藤の贈位のことは国府も賛成し居りたるも、反対ありて行はれさることゝなりたる旨を告けたるなり。国府か予か室に来りたるときも、安藤のことは残念なる旨を談し、又頼朝〔源頼朝、鎌倉幕府の開設者〕に正一位を贈らるることに内定したる旨を談し、是にも反対ありたるも、日本平定の功あり。元寇を討平したる原因も間接に頼朝の功なりとの論まても為して、贈位のことに決したりとの談を為せり。

○午前八時後松寺竹雄来り、明朝出発帰任する旨を告〔く〕。其兄戸水寛人〔弁護士、衆議院議員・政友会、元東京帝国大学法科大学教授〕を貴族院議員に推薦することを清浦奎吾に依頼し呉度旨を談し、玄関にて立談して去る。戸水寛人のことは、本月一日頃の夜松寺か来訪したるとき、依頼したることなり。

○夜大風微雨。

二月八日

○二月八日金曜。夜来の風、猛を加ふ。雨は甚しからす。八時頃雨歇む。十二時頃に至り風亦歇む。

○午前九時三十分頃より出勤す。

○午前十時後高義敬来り、世子は今日千葉の演習地より帰らること、篠田治策は昨朝京城に帰任したること、大磯滄浪閣修繕工費は地震の為修繕無効と為りたるも、李王職にて請負人か実際施工したる丈の工費は之を償ふことゝ決し、金を送り来ることゝなりたること、但、今後は李王職にて工事を為し、此の如き場合には工費を支払はさる様契約する趣なること等の談を為す。予、滄浪閣の修繕は無効と為りたるも、昨年の震災に付ては何の縁故もなき人にも救恤金を出したる次第に付、請負人か実際施工したる損失を補ふは已むことを得さるへしと思ふ。又滄浪閣の復興は之を為すことに定め置くも、李王職の融通の都合にて当分は著手の見込なき旨、篠田治策か談し居りたる旨を語る。

高又高階虎治郎か典医と為り、責任の重きに堪へさる旨を談する故、相当の大家に嘱託することゝなるへき旨を告けたるに、高階か大に喜ひ、入沢達吉、三浦謹之助（東京帝国大学医学部教授、宮内省御用掛）等より教授を受けたるものに付、同人等か嘱託せらるることゝなれは、安心して執務することを得ることゝなると云ひたることを談す。

○午後二時後小原駩吉来り談す。小原、徳川頼倫の談に昨日朝融王の婚約破棄に関する問題に付協議し、自分（小原）も加ゆる積りなりし処、云々にて止めたりとて明瞭に之を云はさりしか、如何なることとなりしやと云ふに付、予、徳川は君（小原）を加へんと云ひたるも、問題は極めて明瞭なり。一に宮内大臣の決心如何に因ることとなる故、予か君（小原）を加ゆる必要なからんと云ひたり。此問題は極めて重大なり。徳川の報告したる所に依れは、婚約の通り遂行することは望み難からん。然れとも其望なしとて、宮内大臣か意見を述へさる訳には行かす、之を述ふるからには、形式的に述ふへき場合に非す、十分なる決心を以て之を述へさるからす。其上にてどーしても婚約を遂行し難きならは、之を破棄するに最善の手段を取らさるへからす。然れとも、其手段を講するは今日の問題に非す。其手段に付ても徳川は中間に人を介せす、直接に酒井伯に談判する方宜しからんと云ひ、予は酒井伯は養子にて、其妻の妹の問題なれは自己の娘抔のことを決する様の振合にも行かさるへきに付、矢張り中間に相当の人を立つる方可ならんと云ひたりと云ふ。

小原、伯自身か問題の原因と為り居る人なる故、尚更中間に人を立つる必要あり。此問題は伺済みになり居ることに付、婚約を破棄するには皇后陛下に言上せさるへからす。其ときは陛下は必す婚約を遂行すへからさる事由を御下問あることとあらん。此場合、宮内大臣は如何なる御答を申上くへきや。朝融王か結婚を欲せられさる以上は、穏に酒井家に談して婚約を破棄するより外手段なきか、其ことは夫れにて済みても、宮内大臣は夫れで済ます訳に行かす。いづれとなりても此問題は宮内大臣の進退を決せさるへからさるものなりと云ひ、小原又宮内大臣は何事も政府の云ふか儘にて、愈々紀元節に授爵も発表することになりたる趣なりと云ふ。

予、岡野（敬次郎）のことは政府にて撤回したりと云ふに非すやと云ふ。小原、岡野のことは撤回したる趣なり。岡野に対し不利益なることを為すは、如何なる原因なるへきやと云ふ。予、岡野を枢密顧問官となすことには、清浦（奎吾）か反対したりとの記事あり。又岡野の方か辞したりとの説もあり。又全く問題になりたることなしとの説もあり。此節授爵の申立を撤回したるは、如何なる事情なりや解し難し。富井（政章）の授爵も牧野（伸顕）は好まさるとのことには非さるやと云ふ。小原、富井のことは授爵に決したりとのことなりと云ふ。予発表の時期は決したるへきやと云ふ。小原、先刻大谷正男に問ひたるに、紀元節に決し居り、此ことは最早問題にする余地なしと云へり。依て自分（小原）は徳川（頼倫）に対〔し〕何も宮内省にて遠慮するに及はす、十分大臣に主張せよと云ひ、徳川は大臣に談しに行きたる筈なりと云ふ。

小原又昨日東宮御所に行〔き〕、東宮殿下、妃殿下御一緒の処を拝見したるに、至極御睦しく、妃殿下より種々の御話あり居りたり。彼の御模様ならは、御夫婦間は少しも懸念なし。但、困ることは東宮と大奥との関係なり。西園寺（八郎）も此ことは常に苦心し、先日は余程厳しく皇太子殿下に申上けたる趣なり。東宮職の女官等は余程威張る嫌あり。又大森（鍾一）は故意には非さるへきも、双方の間を取りなすことはなさす、却て折に触れ面白からさることを申上くることもある様なりと云ふ。予、此ことは非常に大切なり。単に皇后陛下と皇太子妃殿下との関係に止まらす、自然皇太子殿下に及ふことなり。然し、問題は極めて簡短なり。既に摂政の任に御就き遊はされ居る以上は、政事上のことに付ては如何様のことありても、皇后陛下の御思召に因り左右せらるることは出来す。之に反し御内端のことに付ては、陛下に御無理なることありても、従順に御意思の通りになされさるへからすと云ふ。

小原、昭憲皇太后の御性質は皇后陛下とは異り居るも、其ときすら随分面倒なることありたる様なり。尤も其頃は女官の中に意地悪き人ありたるか、此節の女官には右様の人なく非常に謙遜なり。之に反し東宮女官の方は物に馴れさる為もあるへきや、頗る横風なり。昨日は御婚儀の時の活動写真を御覧なさるるとのことに付、両殿下の御模様拝見旁、自分（小原）も参殿したるか、島津（女官長）抔は自分（小原）には挨拶もなさゝりしなり。只今の如き体度にては、屹度大奥と衝突を起すならん。皇后陛下にて昔御困り遊はされたることは御記憶ある筈なるも、御斟酌も出来ぬものと見ゆと云ふ。予、夫れは下々の姑と婦との関係も同様なり。姑は婦の時代に姑の為に困りたることを、子の婦には之を行ふか通例なりと云ふ。話すること十四、五分間許にして去る。

○午後零時後食堂にて、徳川頼倫、九条道実、関屋貞三郎と明日伏見宮博恭王殿下の佐世保に赴任せらるるを送るときの服装のことを談す。関屋、皇族の送迎には丸帽にて可ならん。然れは、皇太子殿下の時高帽を用ゆることゝ区別も立ちて宜しからんと云ひ、徳川、九条も之に同意し、明朝は丸帽を用ゆることの談合を為し、予も之に同意せり。

○午前八時後戸水寛人来り、其弟松寺竹雄より予に依頼したる、戸水を貴族院議員に推薦することを清浦奎吾に依頼することを更に依頼す。予、渡辺暢の推薦を数代の内閣に依頼し、非常に困難なりし事情を説き、清浦に依頼は致すへきも、目的に達することは容易ならさるへきことを談す。戸水は大木遠吉、鈴木喜三郎〔司法大臣〕、水野直〔旧結城藩主水野家当主、貴族院議員・研究会、子爵〕、水野錬太郎〔内務大臣〕等には既に依頼し置きたり。尚ほ小松謙次郎〔鉄道大臣、貴族院議員・研究会〕にも依頼することにすへしとの談を為せり。予、小橋一太にも依頼し置く必要あるへき旨を告く。戸水其ことにすへしと云ふ。話する〔こと〕七、八分間許にして去る。

○夜又風。

二月九日

○二月九日土曜。晴風後風歇む。

○午前七時後徳川頼倫、九条道実、関屋貞三郎に電話し、昨日は今朝博恭王殿下の御赴任を送るときは丸帽を用ゆへき旨談し合ひたるも、普通の旅行にも非す、御赴任なる故、高帽を用ゆる方宜しからんと思ふ旨を告く。徳川と九条とは取次にて其旨を報せしむ。

○午前七時五十分より宮内省の自動車に乗り東京駅に行き、博恭王殿下の佐世保鎮守府に赴任せらるるを送る。駅の休所にて徳川（頼倫）に、今朝の新聞に紀元節に授爵を発表することは総て止められたる旨記し居るか、事実なりやと云ふ。徳川、平山成信、北里柴三郎二人丈は紀元節に発表せらるへし。富井（政章）のことは宮内大臣（牧野伸顕）より内閣に授爵を止むることを通知し、内閣にても異議なしと云ひ居れとも、果して異議なきや否分らす、此方は不確なりと云ふ。

此時博恭王殿下に謁見することになりたる故、談を止めたり。八時十五分博恭王殿下駅を発せらる。乃ち直に宮内省に出勤す。外に博恭王皇族にて博恭王を送られたるは載仁親王一人なり。外に博恭王の子、女王二人〔伏見宮敦子女王、伏見宮知子女王〕、王一人来り居られたり。其他の皇族はいつれも使を遣はされ、世子も厳柱日を遣はし居りたり。海軍将官山下源太郎、財部彪、加藤定吉等来り居り。宮内省は徳川頼倫、小原駩吉、松平慶民、白根松介等来り居れり。

金井四郎、昨日（一昨日なりしか不確）沼津に行き、天機御機嫌を奉伺せり。明朝より北白川宮妃殿下を迎ふる為、神戸に行く積りなりと云ふ。予、東久邇宮妃殿下は神戸に行かれさることに決したりやと云ふ。金井、然りと云ひ、又貴官（予）か宮内省に返られたる後、往て談すへきことありと云ふ。

○午前十一時三十分頃有馬泰明来り、有馬伯爵夫人の父子爵戸田忠友〔旧宇都宮藩主戸田家当主〕、病気危篤なり。陞位の詮議出来くへきやと云ふ。予、給仕をして宗秩寮の岡田重三郎を召はしむ。岡田来る。予、戸田の経歴調査を嘱す。岡田、昨日戸田家の家職来りて調査を求めたるか、本人は大正十一年に従二位に進み居り、陞位後進階内規に定めたる年数の三分の二以上を経過し居らされは、病気危篤の為特旨叙位出来さることになり居り。戸田は大正二十一年に至らされは、詮議出来難きことゝなり居ると云ふ。予、然らは致方なしと云ひ、其旨を有馬（泰明）に告く。

予、有馬に伯爵旅行のことを問ふ。有馬、伯爵は昨朝より伊勢に行かれたりと云ふ。予又頼寧氏か一切の事業を止めたりとの談を聞きたるか、事実なりやと云ふ。有馬、其話は聞きたるも、未た確かならす。夜学校の教授丈けは止め居らるることは事実なり。頼寧君の代りは佐々木（行忠、貴族院議員・無所属）（侯爵）か為し居れり。額田（医師）か頼寧君に対し一年間位は何事も止めて静養する必要ありと云ひたることは聞き居るも、頼寧君は左様なることは自分（頼寧君）には出来すと云はれたりとのことなりと云ふ。予、一昨日有馬秀雄より聞きたる久留米に於ける頼寧氏の評判、及頼寧氏か財産分与に付不平を云ひ触らし居らるるとのことに付、予に対する書状及ひ贈金のことに付、一昨日有馬秀雄に対して為したると同様の談を為し、又原熈か有馬秀雄に対し、頼寧氏をして一切の事業より手を引かしむることを約したる趣の談を為せり。予又有馬泰明に嘱し、仁田原重行に言を伝へしむ。有馬伯爵夫人は其父大病の報を聞き、昨日午後三時頃より宇都宮に赴き、渋田（原文空白、健造）か随行し、五時後愈々危篤となりたる旨の電信を発したるに付、夫人は辛ふして生前に間に合ひたるならんと思ふ旨の談を為せり。

〇午後二時前西野英男に嘱し、明後十一日午前九時頃馬車か自動車かを予か家に遣はすことを主馬寮に謀らしむ。西野来りて、只今の処自動車は都合出来るや否確かならす。平常の通り馬車を遣すへしと云ひたる旨を報す。予か西野に嘱するとき、馬車ならは九時頃、自動車ならは九時十分頃と云ひ置きたり。

〇午後二時頃西野英男に嘱し、宗秩寮に行き、北白川宮妃殿下の東京に達せらるる日時を問はしむ。西野来り、乗船の都合にて未た分らす。宮附御用掛犬塚某か郵船会社に問ひ合せ中なるも、未た返答を得す。只今の処にては、十二日午後八時三十分東京駅著ならんと思ひ居る所なり。尚ほ確かに分りたらは、通知すへしと云ひたることを報す。

〇午後二時前小原駩吉を内匠寮に訪ひ、今朝徳川（頼倫）より聞きたる所にては、大臣（牧野伸顕）より朝融王婚約破棄のことを閑院宮殿下に言上したる処、殿下は其話は聞き居るか、勿論破棄する様のことあるへしとは考へ居らすとの御答ありたる由。殿下か婚約破棄に反対ならは、大臣（牧野）は一層困難ならんと云ふ。小原、大臣（牧野）は味方を得る為に言上したることなるへきも、夫れか反対にては愈々困難なり。婚約破棄のことに付、皇后陛下に言上すれは、必す其事由の御推問あるへく、又田中義一等は必す故山県（有朋）の為に復讐する様の考にて攻撃するならん。いつれにしても此問題は大臣（牧野）の進退に関するものなりと云ふ。

予又一昨日なりしか、徳川（頼倫）か廊下にて山崎四男六に逢ひたるに、非常に不機嫌なりしと云ひ居りたるか、同人に対しては如何なる待遇を為したるへきやと云ふ。小原、白根（松介）の話にては、金は二万円なりし由なり。戸田（氏共）に二万五千円を賜はりたるは非常なる悪例にて、自分（小原）は白根（松介）等に他には之を例とすへからすと云ひ居るも、戸田

（氏共）か二万五千円、南部光臣か一万三千円の割合にすれは、山崎の二万円は不足に思ふ所はなき筈なり。本人は今少し多額を望み居りたるへきやと云へり。

小原又愈々富井（政章）の授爵は止むることにしたる趣なるか、大臣（牧野）は何の為に左様に惜むへきや、訳の分らさることなり。富井は誰か推薦したるものなるへきやと云ふ。予、予も之を知らす。自然は穂積（陳重）抔か推薦したるものならんかと云ふ。話すること六、七分間許、会々他に小原を訪ひ来りたる人あり。予乃ち去る。

○予か小原駩吉の室に行かんとするとき、審査局前の廊下にて松平慶民に遇ふ。松平矢張り紀元節に授爵を発表せらるることになれりと云ふ。予、富井（政章）は愈々除かれたりやと云ふ。松平、富井は除かれたり。平山（成信）と北里（柴三郎）と朝鮮人一人なりと云ふ。予、李恒九ならんと云ふ。松平是より赤坂離宮に行く所なりと云ふ。是は爵記に御親署を請ふ為なりしならん。

二月一〇日

○二月十日日曜。風雨。

○午前午後、人に答ふる書状を作る。

○午後三時頃宋秉畯より電話にて、只今より往訪して差支なきやと云ふ。予、差支なき旨を答へしむ。三時三十分頃、宋来る。宋、種々の談を為したるか、其主なることは李堈公の資産を作ることを斎藤（実）に談したるに、斎藤は大体は之を引受け居るも、宮内省より之を貰ふ訳に行かす、結局李王職より之を支出せさるへからさるに付、順序として先つ李王職との協議を遂けさるへからす。李堈公か順序も考へす、時期も顧みす、此ことを云々せられては宜しからす。大人しく時期を待たれ度と云へり。其談は適当なることとなる故、其旨を公に告けたるに、公はいつも右の如き言を以て時期を遷延し、少しも当てにならす。此節は此ことか決定するまては京城に帰らすと云はれたるも、種々之を諭して、大人しく帰らしむることになせり。

又公は此節も誰よりも勧めさるに、伊藤公の墓に行かれたり。其時自分（宋）も同行せり。伊藤公の墓は昨年の地震にて大破損を為し居るか、博邦は之を修理せす、他より之を修理することも之を拒む模様なり。李堈公か墓参の後、末松多美彦を末松寡婦〔生子、伊藤博文長女〕（謙澄〔元枢密顧問官、子爵〕の寡婦）の処に遣はし、自分（公）墓参したる処、其破損甚しく、到底之を看過することを得す。依て幾分の費用を出すへきに付、修繕する様に取計はれ度と申込ましめたり。公か幾分にても出金すれは、李王家にても世子邸にても出金せさる訳に行かす。李家にて五、六千円は出すこと〻なるへし。修繕費は一万円位にて足るとのことに付、公の刺激にて修繕出来ること〻なるへし。公は全体は伊藤公か公を斥けて、其節世子に定めたる故、伊藤公を恨むへき筈なるも、公は其頃自己の品行不良なりしことを反省し、少しも伊藤公を恨まさるは感心なりとのことを談したり。李堈公より伊藤公の墓の修繕費を出すへき旨申込ましめたるは、宋か公に勧めたるものならんと思はる。

宋又篠田治策は李王職次官に適する人に非す。篠田を推薦したるは関屋（貞三郎）とのことなり。先頃世子か京城に行かれたるとき、李堈公は、自分（公）の弟なれとも、態々水原まて迎に行き、昌徳宮まて同行せられたる故、李王も公に対し一緒に食事せよと云はれたるに、李王職にては公の分の用意なく、一人分不足すと云ひたる故、李王は阿只氏の分を公に廻はし、王と阿只氏とは一人分を食せられたる様のことにて、李王職か常に公を軽蔑するは宜しからすとの談を為せり。

又宋は、李堈公は東京に邸宅を作ることを切望し居れり。然し公自身の力にて出来さるは勿論、李王家にて出来難く、邸宅と云ふても広大なるものには及はす、五、六万円位にて出来るならん。此ことは含み置き呉よ。昨年公の歳費四万円を増すことになりたるも、君（予）の口添ありたる為、急に運ひたるものなるへく、公も左様に考へ居らるる様なりと云ふ。予は其ことには少しも関係したることなしと云ふ。

宋又朴重陽に逢ひたりやと云ふ。予、先日来訪し呉れたるも不在なりしか、其後宮内省に来り、一寸面会せりと云ふ。宋、朴は実に困りたる人なりと云ふ。予、予等にも度々意見書を送り来るか、何とも云ひ様なき故、其儘に致し居れりと云ふ。宋、此節も疾く帰任して宜しきに、方々に書類を配り居り、其為帰京も延ひ居る訳なり。壮士か為すことならは兎も角、道知事が彼の様なる意見書を配りては、国交にも関することにて狂人なり。又朴は非常なる不品行にて、先年道長官たりし時代に管内の人の妻を奸したること十人以上に及ひ、其中には内地人の妻もありたり。或るとき、夫か他出中、朴は浴衣掛けにて其家に到り妻を犯さんとしたるより、妻は大声を発し、人殺と叫ひ、其時会々夫か外より帰り、妻の声を聞き、刃物を持ち来り、之を逐ひ、朴は一生懸命に一里半許を走り、漸く捕を免れたるか、其犯人か朴なること分り、夫より告訴したるも、警察にて曖昧に付したり。自分（宋）此ことを聞き、総督府に対して喧しく論したる結果、一旦道長官を罷められ、中枢院参議となりたるか、山県（伊三郎）抔は非常に朴を信用し居り、本人か躍気運動を為したる結果、復た道知事と為れり。朴は金を吝む為め妓抔は近けす、人の妻に奸することか常にて、言語道断なり。自分（宋）か朴のことを誹りたりとて、自分（宋）に対しては非常に恨を懐き居り、自分（宋）も彼とは交際もせさるなりと云ふ。

予、宋の問に対し、明日授爵せらるるは平山成信、北里柴三郎の外李恒九なること、趙大鎬に対しては若干の賜金あるへきことを談したり。予又先頃世子か京城に行かるるときの事情、即ち方位とか時期とかに関する迷信には困りたりとの談を為す。宋、迷信は朝鮮にては最も多きか、是は常に奥より説かれて終に之に従ふことゝなるものなり。世子も多分梨本宮に源を発して世子妃に伝はり、妃よりの談に動かされたるものならんと云へり。話すること一時間許。宋は今月十五日頃より熱海に行き、尚ほ当分滞留する旨を談したり。

二月一一日

○二月十一日月曜。紀元節。曇。

○午前九時より馬車に乗り、賢所前の参集所に到り、十時より幄舎に就き、皇霊殿に拝し、直に御車寄に到り、帳簿二冊に署名し、　天皇陛下及摂政殿下に紀元節を奉賀して家に帰る。

○午後零時三十分より大東文化学院に行き、其開院式に列す。学院総長平沼騏一郎の招きに応したるなり。平沼の式辞、大木遠吉（文化会長）の祝辞、教授総代井上哲次郎の祝辞、清浦奎吾（内閣総理大臣）の祝辞代読、江木千之（文部大臣）の祝辞代読、東京府知事宇佐美勝夫の祝辞、来賓総代蜂須賀正韶の祝辞及来賓某の祝辞あり。井上の祝辞、生徒に対する講義と為り、時を費すこと一時間余、之か為式を終りたるは三時後となれり。別室にて洋酒数杯を飲み、直に家に帰る。

○安藤則光か一月三十一日以来修理せしめ居る門内の崖、今日までにて混凝土〔コンクリート〕工事を終はる。然れとも、今後数日を経されは凝結せす。

○午後七時頃宗秩寮員より電話にて、北白川宮妃殿下、今日神戸に達せられ、明朝出発、帰京せらるる旨を報す。時に、予厠に在り、内子をして電話を聞かしむ。

○午前賢所前参集所〔にて〕小橋一太に、戸水寛人か貴族院議員たることを望み居るに付、配慮し呉よと云ふ。小橋、貴族院議員の欠員は目下二人のみなり。当分補欠せさることゝなり居ると云ふ。予又同一のことを鈴木喜三郎に談す。鈴木、其話は聞きたり。本人に対し尽力は為すへきも、成効は覚束なき旨申聞け置きたりと云ふ。又参集所にて小山松吉〔検事総長〕より、先日泉二新熊〔司法省行刑局長〕より諮問の幹事増員のことを望む旨の談を為せり。其理由は牧野英一と泉二とは元来の意見異り居り、二人にて討論し居りては結局に至らす。自分（小山）なりとも幹事会に出席し居れは、二人の間を調和することも出来くれとも、自分（小山）も幹事を止めたるに付、誰か適当の人を幹事に加ゆることを望むと云ふ趣意なりと云ふ。予、いつれ近日幹事会を開き、予も出席して相談することにすへしと云ふ。

又午後一時後、大東文化学院の休憩室にて山岡万之助に遇ひたる故、同人に嘱し、司法省人事局長光行次郎（臨時法制審議会幹事にて庶務を担当し居るもの）に伝言し、近日中諮問第四号の幹事会を開く取計を為し、通常は幹事会を開く日時は委員には通知せさる例なるも、其時は通知する様伝へ呉よと云ふ。山岡、承知せり。自分（山岡）も司法省刑事局長に転し、是まて（是まては行刑局長）より一層刑法改正に関係深くなりたる故、宜しく頼むと云ふ。又午前、賢所前参集所にて鈴木喜三郎に、君（鈴木）は諮問第四号主査委員たることは、司法大臣と為りても継続する趣は穂積（陳重）より聞きたるも、主査委員中の小委員たることは継続し難からん。之を解く手続を為すへきやと云ふ。鈴木、暇あるときは小委員会にも出席する積りなりと云ふ。予然らは之を解く手続を為すに及はさるやと云ふ。鈴木夫れにて宜しと云ふ。

二月一二日

○二月十二日火曜。曇微雨。
○午前九時三十分頃出勤す。
○内子、脳の工合宜しからす、褥に在り。
○午前二時四十分後、弱震あり。褥を出てたるも、戸外に出つるに至らす。
○午前十時後高羲敬来り、世子邸より山崎四男六には銀製置煙草入を贈り、近衛師団の聯隊長〔能村久次郎、陸軍歩兵大佐、近衛歩兵第二連隊長〕、旅団長〔宮地久寿馬、陸軍中将、近衛歩兵第一旅団長〕より他に転任したる二人にはポケツト入銀製煙草入を贈り、大隊長にて罷めたる者にはカフス釦を贈ることにしては如何と云ふ。予宜しかるへき旨を答ふ。
○午後零時後より食堂にて、井上勝之助、小原駩吉、徳川頼倫、九条道実と話す。小原、来年は今上陛下御結婚後二十五年なり。明治天皇のとき大婚二十五年の祝典を行はれたるに付、今上に付ても之を行はるるか相当なるへしと云ふ。井上、陛下御不例にて出御出来さるへく、出御出来さるならは、自分（井上）は之を行はれさるか宜しからんと思ふと云ふ。小原、御病中とて、御揃遊はさるる以上は祝典を行はるる方か相当ならん。天皇陛下の出御遊はさるると否とは別問題なるへしと云ふ。予も徳川も小原に同意す。会々入江貫一来る。小原其意見を問ふ。入江勿論行はせらるへきものと思ふと云ふ。
井上、其ことよりも皇太子殿下御婚儀の饗宴を行はせらるる時期を決する必要ありと云ひ、又御婚儀委員は既に消滅したるへきやと云ふ。皆、未た消滅したるものに非さるへしと云ふ。小原、近日委員会ても開きて決せらるることにし度と云ふ。小原、君（井上）より四月頃に饗宴を開かるることを大臣（牧野伸顕）に話したりやと云ふ。井上、話したり。大臣（牧野）は或は左様なることになる方宜しからんと云ひたるも、決定の意見に非すと云ふ。小原、徳川等、速に饗宴を催ふされされは、其中には妃殿下御出席出来さることになるへし（御妊娠の為）と云ふ。入江、赤坂御所は御子様の部屋乏し。今より其準備を為す必要ありと云ふ。小原、宮内省のことは突き当らされは決定せす。霞ヶ関御所のことも未た決せす。赤坂の方は差向きのことの外手を著くへからすとのことに付、致方なしと云ふ。

一時後に至り西園寺八郎来り、井上に対し三、四日間暇を得度と云ふ。井上、承知せり。何日より行くやと云ふ。西園寺今夜より行くと云ふ。西園寺は今夜興津の養父公望を訪ふ為に行くものならん。西園寺、九条との談より皇太子殿下神宮御拝の場所の問題を聞くことゝなれり。明治三十〔原文空白、三〕年、今上陛下御婚儀の後、神宮御拝のときは神殿檐下　陛下御拝の位置より少しく退きたる所より御拝ありたるか、大正〔原文空白、八〕年平和克復奉告の為、皇太子殿下、陛下の御名代として御拝あらせられたるときは、一般皇族の御拝所なる第一の門外より御拝遊はされたる趣なり。依て此度の御参拝に付ては、明治三十〔原文空白、三〕年の例に復し、神殿檐下　陛下の御拝所より少しく退きたる所より御拝のことに決したる趣なり。陛下たりとも、御洋装のときは殿上には御上りなく、衣冠のときは殿上外椽に席を設け、其処より御拝あり、殿内には御入遊はされさる例なりと云ふ。又御神体を納めあるものは黄金にて之を作り、之を御代と称し、御代を納むるものか無節の檜をくり貫きたるものにて、是は御造営の度毎に改むる例なり。黄金の函も以前は之を改めたるも、其後是は改めさることゝなり居るとのことなり。御神体を檜のくり貫きたるもの〔に〕納むるときは、大宮司か奉仕する趣なり。以前の御代、即ち黄金の函一個は内蔵寮保管の金庫中に蔵しありとのことを九条より話したり。九条も実見したることはなしと云ひ居れり。右の如きことを話し居りたるに付、食堂を出つるときは一時五十分頃なりしなり。牧野伸顕は今日は出勤せす。白根松介の談にては、牧野は風邪に罹りたりとのことなり。

○午前西野英男に嘱し、今日午後八時四十五分、神戸より東京駅に達せらるる北白川宮妃殿下を迎ふる為、自動車又は馬車を借ることを謀らしむ。西野午後八時に馬車を予か家に遣はすことゝ約したる旨を報す。

○午前高義敬か来りたるとき、帝国軍人後援会長〔原文空白、目賀田種太郎〕より、先日世子殿下、中隊長として軍隊を指揮せらるる状況を拝見したるに付、写真を拝借し、全国の会員に之を示し、殿下御励精のことを報知せんと欲するに付、写真の下渡を請ふ旨、代人を以て願ひ出たり。如何と云ふ。予夫れは致方なからんと云ふ。

○午後八時より馬車に乗り東京駅に至り、北白川宮妃殿下の仏国より帰らるるを迎ふ。来り迎ふるもの多く、駅内非常に雑沓せり。八時四十五分汽車達す。妃殿下は休所にて秩父宮、閑院宮、久邇宮妃、梨本宮、同妃、世子、同妃各殿下等に挨拶せられ、予等は妃殿下の疲労せられ居るを慮り、玄関の処に整列し居り、妃殿下の通過せらるるとき一同挨拶し、九時後より家に帰る。

二月一三日

○二月十三日水曜。曇風後風止む。

○午前九時三十分頃出勤す。

○午前十時前より枢密院控所に行き、十時五十分頃摂政殿下に拝謁し、十一時後審査局に返る。

○午前十一時後南部光臣来る。予か枢密院に行き居りたるを以て、西野英男に伝言して去りたる由なり。

○午前十一時後金井四郎来り、東久邇宮妃殿下は最早風邪は回復せられたるも、用心の為昨夜は東京駅には行かす、北白川宮御殿に行きて、同宮妃殿下の帰りを待ち受けらるることゝなりたり。東京駅に妃殿下の御出なきことに付、或る人より貴官(予)に問ふこともあらんかと思ひ、自分(金井)か神戸に行き居る中愈々其ことに決したらは、片岡(久太郎)より貴官(予)に其ことを通知すへき旨命し置たる故、昨日片岡より其ことを報したるならんと云ふ。昨日午後、片岡より電話にて予に通知し、昨夜東京駅にて金井に面会したるとき、予より片岡か通知したることを告けたる故、金井より右の談を為したるなり。

金井又一寸海江田（幸吉）に逢ひたる処、海江田は東久邇宮殿下か臣籍に降下せらるる決心は余程固き様なりとの談を為せり。然し、早卒にて詳しきことは談する遑なかりしと云ふ。

金井又東久邇宮附元御用取扱永山千香子〔侯爵嵯峨実愛の養女〕の所在分からさりし処、其子〔初雄〕より塩梅悪しき旨申来り（是は予て子供に塩梅悪しきときは、直に通知すへき旨申聞け置きたる為なり）。依て自分（金井）の不在中（神戸旅行中）、宮より見舞を下されたる由。其金額は未た聞かさるも、いつれ僅少にて五千疋位ならん。然るに、永山は非常に貧窮なる模様なり。死亡するときは香料の外に五十円位は下さることならん。就ては此際見舞の名義にて五十円許を下され、死亡のときは香料位に致す方宜しくはなかるへきやと云ふ。予、其方可ならん。又宮附職員一同と云ふ訳には行かさるへきも、予よりも少しく見舞を贈り度と云ふて金十円を金井に交し取計を嘱す。金井自身も往訪することにすへしと云ひ居れり。永山は蒲田辺に居る趣なり。金井は永山のことは王殿下も気に入り居り、妃殿下は萩原（淳）のこと抔は一度も尋ねられさるも、永山のことは屢々尋ねらるるとの談を為し、又昨年仏国にて北白川宮殿下初御遭難のとき、自分（金井）永山に書状を贈り、東久邇宮に機嫌奉伺の書状を出さゝることを詰りたる処、其書状に対し、病気悪しく発熱あり。何分書状を書し難かりしとて、大層詫ひ入りたる返書を送り越したることもあり。

東久邇宮殿下のことに関する海江田（幸吉）の観察に付ては、予は殿下の真意は必しも臣籍に降下することを望まるる訳には非さるならんと思ふ旨を述ふ。金井又東久邇宮妃は先日来の風邪にて此節は神戸へは行かれさりしか、自分（金井）より御風邪気にあらされは、神戸まて御出を願ふへきも云々と申上けたるに、妃殿下は自分（殿下）か神戸に行きては邪魔になると云はれたり。是は竹田宮妃殿下と北白川宮妃殿下との間に種々の御談あるへく、其邪魔になるとの御趣意なりと云ふ。予、北白川宮妃殿下とは御仲宜しきに非すやと云ひたるに、金井、御仲宜しきも、竹田宮妃と北白川宮妃と〔の〕程には行かすと云ふ。

金井又北白川宮殿下御在世中は、東久邇宮と朝香宮との御間を種々御斡旋なされ居りたる由なり。海江田（幸吉）の談には、朝香宮殿下の御詞には兎角針を含まれ居り、彼の模様にては円満には行かさるならんと云ふ。予、北白川宮方の御遭難に付ては、東久邇宮殿下は余程深切を尽くしなされたる模様なりと云ふ。金井、其模様なるか、朝香宮妃殿下には兎角避けらるる模様ありとのことなりと云ふ。予、北白川宮妃殿下か仏国より竹田宮妃殿下に贈られたる書状に、東久邇宮は真面目に勉強なされ居れり。本人の満足せらるるまて滞留出来る様為したらは宜しからんと思ふ旨を申越されたることある趣なり。話すること四、五分間許。

○午後零時後、食堂にて昨夜北白川宮妃殿下東京駅著の時の混雑の談を為す。井上勝之助、小原駩吉、徳川頼倫、二荒芳徳等あり。予、混雑の原因は普通の乗客と同時に妃殿下か下車せられたるに在るを以て、一般の乗客の下車したる後に妃殿下か下車せらるることゝ為したらは宜しかりしならんと云ふ。小原其方か宜しかりしならんと云ふ。既にして牧野伸顕、関屋貞三郎亦食堂に来る。二荒昨夜の状を説き、鉄道吏員、警察官吏の不行届を鳴らす。牧野、昨夜の如きことは例もなきことなり。事実の新なる中に鉄道省と内務省との吏員を会し、今後の取締に付協議することにせよと云ふ。二荒其ことにすへしと云ふ。牧野等既に去る。小原、宮内省の手続不十分なることか混雑の原因なれは、鉄道省と警察とを責むるは無理ならんと云ふ。二荒、少し抗弁し居りたるも、後は小原の説に同意したる様なり。

小原又昨夜来の新聞に皇太子殿下御成婚の告示遅延したることを論し居るか、彼の件は如何と云ふ。二荒、印刷局の云々と云ひたるとき、井上は告示の番号か後れ居るに付、印刷局の過失とは云ふへからすと云ふ。皆之を然りとす。徳川又同一の人に対し同一の位を贈られたる失錯あり。是も困りたることなりと云ふ。

予か食堂を出てゝ審査局に返るとき、小原、予と共に来る。予、西園寺（八郎）は興津に行きたりやと云ふ。是は昨日食堂にて、西園寺か四日間許他行し度旨を井上勝之助に談し居りたる為、之を問ひたるなり。小原、否。西園寺はスキイを為す為めに旅行したるなりと云ふ。小原又入江貫一か興津に行きたるは、平山成信等の授爵に付西園寺公（公望）の承諾を求むる為、行きたる趣なり。其時、西園寺（公望）より入江に対し、牧野伸顕は未た辞表を出さすやと云ひ、宮内大臣の後任は平山（成信）にては不適任なる旨を明言したる趣、入江より西園寺（八郎）に話したる由にて、西園寺（八郎）か入江か興津に行きたるは至極好都合なりしなり。同人か行かされは、養父（公望）か此く明言することはなかりしならんと云へりとの談を為したり。

小原又御婚儀の告示の遅延したることも、同一の人に対し再ひ同一の位を贈られたることも、畢竟職員の官規弛廃し居るより来りたる結果にて、贈位のことにしても、内閣にて奏請したるにもせよ、宗秩寮には位階の元帳を備へ居る筈なる故、之を検すれは直に分るへきものなり。近来位階元帳の整理も怠り居る為、右の如き結果を生したるものにて、何事も其原因は官規の弛廃に在り、此の如く徒に結果を現はす様になりては困りたることなりと云ふ。

予、平山（成信）の授爵は牧野（伸顕）の方より云へは予定の行動なり。徳川（頼倫）は一時授爵は一切なきことに決したりと云ひ居りたるも、是は事実に非す。最初徳川より授爵を止むる意見を牧野に持ち出したるとき、牧野か同意したる様に徳川は思ひ居りたる様なりしも、牧野は其時より平山の授爵は思ひ止まりたるに非す。授爵は止むることにして宜しきも、政府にて是非主張するならは、平山一人にては目立つへきに付、北里（柴三郎）と平山と二人位にしたらは宜しからんと云ひたる趣、其砌徳川より聞きたることありたり。牧野の目的は平山一人に在りたるも、北里を道連れになしたるものにて、平山の授爵は宮内大臣後任と為す為に出てたることならんと思はる旨を談す。小原、牧野としては平山を後任と為すことを望むならん。

左すれは、万事牧野の仕来りを守ることゝならん。徳川は紀元節に恩賞を発せらるることも、宮内大臣は反対の決心固きに付、大丈夫其日に発表せらる様のことなしと云ふに付、自分（小原）は夫れは当てにならすと云ひ置きたるか、果して政府の云ふ通りになりたりと云ふ。

小原又朝融王の婚約解除問題は、自分（小原）は武井守成に対し、此ことは酒井家に於ても大人しく承諾し、事を荒立てさるか双方の利益なる旨話し置きたるも、其後武井の談にては、酒井家の相談人等の意見は中々強く、先方の処置か穏当なれは大人しく引下るも、婦人一人を殺す様の風説を立て、之を解除せんとするは不都合なる故、どこまても引下からさる方針となりたりと云ひ居れりと云ふ。予、閑院宮殿下か解約の如きことあるへしとは考へ居らす〔と〕、宮内大臣（牧野伸顕）に御話ありたるも、或は先年の問題（良子女王殿下のこと）に牽聯致し居るには非さるやと思はると云ふ。小原勿論然るへしと云ふ。

予又酒井家にて怒るは無理もなきことなり。気概ある婦人ならは自死する如き結果を生すへきものなりと云ふ。小原、先年の問題のときは、自分（小原）は誰か良子女王殿下に自死を勧むる人はなきかと考へたる位なりと云ふ。予、其時は解約になれは、勿論其結果を生することも考へさるへからす。予は中村雄次郎に或は自死の結果を生するやも計り難きも、万一右の如きことありても、大小軽重を考ふれは致方なしとまて云ひたることあり。其時石原健三等は解約の時の準備の為、武彦王殿下と佐紀子女王との婚約を確定せしめす、良子女王を武彦王に配せんとの考を以て、山階宮々務監督市来政方に談したること抔もありたり。是は固より出来難きことなりしならんと云ふ。小原、其ことに付ては、宮内省より賀陽宮には何事も申来らさりしと云ふ。予、夫れは全く内端のこと丈けにて終りたるなりと云ふ。話すること五、六分間許にして去る。

○午後九時後関屋貞三郎方より電話にて、明朝八時頃往訪せんと欲す。差支なきやと云ふ。予自ら電話し、差支なき旨を答ふ。電話にて関屋のことか不明にて、殆んと十回位問ひ返し、宮内次官なりと云ひたる後始めて分りたり。

○午後二時三十分より自動車に乗り北白川宮邸に到り、帳簿に署名し、妃殿下の仏国より帰られたることに付御機嫌を候す。予か行くとき、青山操、鈴木重孝、自動車に同乗することを請ふ。帰路、鈴木は麻布にて下車し、青山は赤坂の表町辺にて下車したり。

○家に帰るとき、門外にて安藤則光に遇ふ。安藤、震後家屋修繕のことを談す。予、自家土蔵の損所を安藤に示す。又予か家に自動車、馬車を容れ難く、不便なることを談す。安藤、家に帰り、自己の住家を改造する計画の設計図を持ち来り、之を示し、此家ならは自動車を通することを得る旨を談し、予に此家を貸すの意を述ふ。然れとも、間取り宜しからす。予之を借る旨を答へさりしなり。

○午後四時前より土蔵二階に上り、地震の為書籍函の倒れて書籍、書翰の散乱したるものを階下に投け下す。未た終はらす。

○炊婢其実家に行く。両三日間暇を乞ひたるなり。

二月一四日

〇二月十四日土曜。晴。

〇今日より安藤則光の人夫来りて、混凝土塀の内に土を塡す。

〇午前八時三十分頃関屋貞三郎来り、皇太子殿下御結婚の告示を為すこと遅延したることに付、宮内大臣か進退伺を為すへきや否に付一応貴見（予の意見）を聴きたる上、宮内大臣に相談し度故、之を聴き度と云ふ。予、実は予等も新聞に出つるまては気附かさりしか、事実を云へは、御婚儀のことは是こそ周知のことにて、別に告示を為す必要なきことなるも、皇室典範、皇室親族令の規定あり。其規定の通り実行せられさりし以上は、宮内大臣か無関係にて黙過する訳には行かさるへく、矢張り一応進退を伺ふ方相当ならん。然し、事体は左程重要なることに非さる故、摂政殿下より其議に及はさる旨を命したまふは当然なるへし。進退伺を為す人より之を云へは、其結果を予期すへからさるは勿論なれとも、左りとて無頓著にて其儘差置くへきことには非すと思ふと云ふ。

関屋、告示のことは全く事務上のことにて、庶務課長及自分（関屋）等の責任に止むへきものには非さるへきや。大臣か進退伺を出せは、摂政殿下か御処分あらせらるることゝなり、責任を殿下に帰し奉る嫌はなかるへきやと云ふ。予、此ことは事務上のことなるも、成規上大臣の職務と為り居るに付、大臣も無頓著に看過する訳には行かさるならんと云ふ。関屋、進退伺を出すことゝなれは、内大臣を経て之を出さゝるへからす。余り仰山になる故、今少し考はなかるへきやと云ふ。予、然らは書面等を出さす、大臣より摂政殿下に対し、口頭を以て不行届なりし旨御詫を申上ける位のことにて済ましても差支なからんと云ふ。関屋、其位の程度ならは至極宜しからん。其趣意にて大臣に談すことにすへしと云ふて去る。

〇午前九時三十分より出勤す。

〇午前十一時後白根松介来り、皇太子殿下御婚儀の告示延引したることに付、今朝次官（関屋貞三郎）より相談したる趣にて、次官は其趣意を以て大臣に説きたるも、大臣は是非とも進退伺を出すと云ひ居れり。大臣の決心は余程固き模様に付、貴官（予）より説かれても同様ならんとは思はるれとも、今一応大臣に説き見呉るることは出来さるや。自分（白根）等は此節のことは全く事務上の過失にて、之か為大臣か責を引くへき問題には非すと思ふと云ふ。予、実は予は今朝次官（関屋）に対しては大臣と同様の意見を述へたるも、次官、今少し手軽なることを望むと云ふに付、然らは摂政殿下に御詫申上くる位にても宜しからんと云ひたる訳なり。然るに大臣か是非責任を明かにすと云ふに、予は夫れには及はすとは云ひ難しと云ふ。

白根、大臣か進退を伺ふ以上は、場合に依りては真に進退を決する覚悟なかるへからすならん。若し摂政殿下より伺の通りとの仰あらは、夫れにて退身せさるへからす。自分（白根）は此の如き問題には非すと思ふと云ふ。予、予も左程の問題とは思はす。然れとも、夫れ程の問題に非すとて何等の責任も感せす済まし居る訳にも行かさるへし。進退伺を出す以上、其結果を予期すへからさるは勿論なるも、自ら責任なしと判断するは、尚ほ不可なるへし。又摂政殿下より直に伺の通りと仰せらるる様のことあるやも計り難しとの懸念ある様なれとも、是は全然無用のことならん。大臣か進退伺を出したりとて、殿下独断にて決定あらせらるることは万なき訳なり。内大臣は此の如き場合に輔弼の責に任するものにて、殿下は必す内大臣に御諮詢あらせらるへく、内大臣は此節のことにて宮内大臣を辞職せしむへきものと奏上する様のことあるへしとは思はれさることなりと云ふ。

白根、右の如き意見なれは、此上貴官（予）より大臣に説き貰ふことは出来さるへし。実は昨日大臣より進退伺書を作るへき旨命せられたる故、一応之を作りたれとも、尚ほ再考を請ふ旨述へ置きたり。先例に依れは、宮内大臣の進退伺内大臣宛になり居るか、夫れは不都合なりと大臣より云はれ、自分（白根）も成る程不都合と思ふ。内大臣には執奏を請ふまてのことに過きさるへしと云ふ。予、夫れは勿論なり。宮内大臣は内大臣の監督を受くるものには非すと云ふ。白根又大臣か進退伺を出さるる以上は次官、庶務課長（関屋貞三郎、大谷正男）等は勿論考査委員の議に付せさるへからさるものと思ふと云ふ。予、大臣か伺を出さゝるも、庶務課長抔は責任を負ふへきものなりと云ふ。

白根か去りたる後十分間許にして、関屋貞三郎来る。関屋、今朝協議の趣意を以て大臣に説きたるも、大臣は此ことは法律問題のみに非す、兎に角明に皇室親族令の規定に反したる以上は、大臣として責任を負はさるへからすとて、簡便説には同意せす。依て入江（貫一）とも相談したる処、入江も正式に進退伺を出されては内大臣（平田東助）も困るならん。今一応貴官（予）より大臣に説き貰ふことにしては如何と云へり。如何と云ふ。予、白根に説きたる趣意と同様のことを説き、大臣か今朝協議したる簡便説に従へは、夫れにても宜しからんと思へとも、大臣が是非進退伺を出して責任を明かにすと云ふ以上は之に反対し、夫れは宜しからすと云ふ理由なし。予の意見の通り大臣か進退伺を出し、内大臣に御諮詢の上、其議に及はすとの御沙汰あれは、万一他日物議を醸す様のことありても少しも困ることなけれとも、此儘に黙過し置きては、万一の場合には余程困ることにならんとの旨を述ふ。関屋、夫れも一説にて、右様の場合を考ふれは手続を尽くし置く方安全なるやも計り難しと云ふて去る。

○午前九時頃中央電話局より葉書を以て、昨年十二月までの電話交換料未払に付、至急払込むへき旨申来る。電話交換料は宮内省用度課にて支払ふものにて、昨年末の交換料は支払命令書を送致したるとき（今年一月中なりしならん）、直に西野英男をして之を用度課に届けしめ置たる故、今日午前十時頃右の葉書を西野に交し、用度課に交渉せしめたる処、成る程交換料の払方遅延し、未た郵便局より中央電話局に通知する時日なかりしならん。然し、最早払込済に付、早速其旨を用度課より中央電話局に通知すへしと云ひたる趣を報す。

○午後二時後高羲敬来り、昨日高階虎治郎か世子妃の容体を診察したるとき（妃殿下咳が出てたる為）、妃殿下より何処か悪しきやとの尋あり。高階は肺尖か悪しと云ひたるに、妃殿下は左の方ならん。此辺ならんとて其場所を指示せられたる故、高階はどーして御承知なるやと云ひたる処、妃殿下は十三歳のとき故障を生したることあり。ラッセル音あるならんと云はれ、高階より然る旨を答へ、世子殿下も其傍に在り、如何すれは宜しきやと云はるるに付、温暖なる処に転地して安静にし、適宜の運動をなさるるか一番宜しと云ひたるに、世子殿下より、然らは来月頃より転地することにせは宜しからんと云はれ、高階は、聞く所にては、拝診医として大家を聘せらるるとのことに付、其大家の意見を徴したる上にて決せらるる方宜しからんと云ひたりとのことなりと云ふ。此とき大谷正男来る。少時の後、高之を避けて去る。

大谷、皇太子殿下御婚儀の告示遅延したることに付ては次官（関屋）より御相談して御迷惑を掛けたる由。自分（大谷）の不行届より生したることにて、御気の毒なりと云ひ、今日は其の為に挨拶に来りたる訳にて、決して弁解する為に来りたるには非されとも、序に少しく事情を述へ置き度。御婚儀に関する事項は一々事柄を拾ひ、此ことは何処、此ことは何処と云ふ風に印を附け、自分（大谷）の手扣には告示のことは（式）と云ふ字を書し、儀式のことは総て式部にて取扱ふことゝなり居る故、是も式部の方と為し（是は誤）、属官にも其旨を申聞け置きたり。然し、式部の所管と為す以上は、自分（大谷）より式部に打合せて決定し置くへき筈の処、其手続は尽くさゝりしなり。聞く所に依れは、文書課の渡部（信）より庶務課の属官に告示を出す必要あるへしと云ひたるも、属官は是は式部の所管となり居る旨を告け、更に式部に交渉したる処、既に宮邸録事にて御婚儀のことは記載しあるに付、告示を発するに及はすと云ひ、遂に其儘になりたるものなりと云ふ。

予、渡部か折角気附きたらは、君（大谷）なり又は式部長官（井上勝之助）なりに話せは分りたるへきに、残念のことなりしなりと云ふ。大谷、渡部自ら話したるに非す。文書課の属官をして庶務課及ひ式部職の属官に話させたる丈けとて、自分（大谷）も山県（原文空白、武夫、式部職儀式課長）も聞かさりしなりと云ふ。予、聞く所にては一月二十九日には告示を発すへきものと云ふことに気附きたるも、単に一個の告示を出しては人目を惹き易きに付、他に告示を出す機会あるを待ち、二月六日に之を出したりとのことなるか、是は可笑しきことに非すや（此ことは今朝関屋貞三郎より聞きたることなり）。大谷、然らす。其ことに気附きたるは二月二日なりしか、事重大なるを以て参事官及ひ次官に謀らんと思ひたるに、どちらも他出中にて、面会したるときは既に官報報告の時間を過き居りたり。依て四日に報告して、五日の官報に出すへき筈の処、其時に他の告示と共に出すか宜しとの説ありて一日を延はし、六日に出すことになりたるなり。考査委員会を開かるるときは宜しくと云ふ。予未た其ことに付ては何事も聞き居らすと云ふ。

予は関屋にも白根にも大谷にも、予も少しも告示のことには気附かす、新聞を見て始めて気附きたる旨を語りたり。関屋は新聞に出てたる本は伊東巳代治の話ならんと疑ふ旨の談を為し（今朝来訪のとき）、白根は千代田通信の某は法律思想あるものに付、自ら気附きたるものならんとの旨を談したり。関屋は皇室令の規定案に過くる旨を予か談したることより、伊東巳代治より更に岡野敬次郎、平沼騏一郎を帝室制度審議会委員となすことの申込を為し来り居ることの談を為せり。大谷か来りたるときは予か高義敬と談したるときにて、高か世子邸にて医師を嘱託するには誰か宜しかるへきやと云ひ、予は三浦謹之助、入沢達吉等の大家もあるか、稲田某〔龍吉、東京帝国大学医学部教授、内科医〕か宜しからんと思ふと云はんとしたるも、稲田の氏を忘れ之を考へ出さす、福岡医科大学に居りて其後青山（胤通）〔元東京帝国大学医学部教授、元宮内省御用掛、故人〕の後を承けて東京帝国大学医科の内科を担当し居る人なりと云ふ。大谷、稲田なりやと云ふ。予、然り。稲田なりと云ひ、更に高に対し、一応宗秩寮に謀り見、同寮にても異見なくは、大臣、次官にも話し、本人に交渉することにすへく、其交渉は秘書課長に依頼する方便ならんと云ふ。大谷、秘書課長（白根松介）は稲田は懇意ならんと云ふ。高然らは宗秩寮員に謀り見るへしと云ふて去る。

此後、大谷より告示の遅延したることに付詳述し、大谷か去りたる後、高又来る（三時に近き頃なりしならん）。稲田のことを宗秩寮にて談したる処、松平等は三浦（謹之助）や入沢（達吉）等は既に旧るくなり居り。今日にては稲田か一番宜しと云ひたりと云ふ。予、李王職には大概に話し置たるも、愈々稲田に交渉するには、予算の関係もあるに付、今一応李王職に協議したる上のことにする方宜しからんと云ふ。高、李王職の予算は今年四月以後の分を計上すへきも、手当を支給することは六月とか十二月とかになるへきに付、只今より交渉しても宜しからんと云ふ。予、全体は夫れは宜しからさることなり。予算なくして契約することになるなり。夫れは兎も角、大体か一ヶ年五千円以内位の見当にて予算を作る必要あらん。手当の定額は今少し少くして契約する方宜しかるへきも、病人ありて特に骨折〔り〕たるときは、臨時に手当を給する必要もあらんと思ふ。故に予算としては其位は必要ならん。兎も角、一応大臣、次官に話し見ることにすへしと云ひ、予は直に牧野（伸顕）の官房に行く。

牧野正に珍田捨巳と話す。予之を避けんかと云ふ。牧野、君（予）の方さへ秘密でなけれは、差支なしと云ふ。予乃ち稲田のことを謀る。牧野至極宜しからんと云ふ。乃ち隣室に行き、関屋に謀る。関屋、稲田は非常に多忙なる故、或は応せさるやも計られす。都合にては佐藤（恒丸）にても宜しからんと云ひ、又五千円も手当を出すことは多きに過きんと云ふ。予、本人の諾否は固より期し難し。手当のことは其以内にて交渉し見る積りにて、今少し少額にて済むへく、臨時のときは矢張り特別の手当を要する故、平常は余り多額になし置かさる方宜しからん。兎に角交渉し見ることにすへしと云ふて審査局に返る。高在らす。給仕をして高を宗秩寮より召はしめ、大臣、次官ともに稲田にて異議なき旨を告け、高より李王職に交渉し、然る後稲田に交渉することに決す。

　高、王〔世〕子妃の病か重くなれは実に困る。成るへく速に全快せらるることを祈る。転地のことは、妃一人にて行かるることは世子も妃も双方ともに好まれさる故、実行困難なりと云ふ。予、君（高）の子息の婦は矢張り肺患には非さりしやと云ふ。高、然りとて、其病状及ひ医師の勧に因り京城に帰り、二ヶ月位にて死去したることを談す。高又小山善か辞職したるは、妃殿下の病の重くならさるときを択ひたるには非さるへきや。然らされは何も辞すへき理由なし。辞職後も時々来邸し居れりとのことを談したり。
○午後零時後食堂にて牧野伸顕と談す。牧野、昨日北白川宮邸に候し、妃殿下に謁したるか、殿下は務めて活潑に振舞なされ居るも、大体に於て陰鬱にあらるる様に思はるとのことを談し、又竹田宮妃に謁したるとき殿下より、朝香宮より来書あり。其文意は不慮の怪我の為、殆んと一年間は徒過したる故、東久邇宮の滞在期か彼の様に延ひ居る央に不本意にはあれとも、勅許の留学期二年を責めて六ヶ月位も延は〔さ〕るれは、好都合なる旨を申来り居れり。然し是は自分（竹田宮妃）に対する私信に過きさる故、其積りにて聴き呉よとの御話あり。自分（牧野）に延期の取計を望まるる様の口気なりし故、自分（牧野）は、事情は実に御尤のことなり。然し二年後のことは只今より余程後のことなり。御延期となれは、之に伴ふ経費の問題もあることに付、宮内大臣として只今直に承諾の意を表することは出来難き旨を申上置きたりとの談を為せり。予、相馬（孟胤）より松平（慶民）宛の電信を見たるに、朝香宮殿下の御経過も至極宜しく、五月頃に至れは御旅行も出来くへき様に思はるるに付、五月より十八ヶ月間の留学期とし、英国御滞在、米国を経て帰朝せらるる様に決せらるることを望む。尤も御帰朝の旅程に要する日数は十八ヶ月の外なる旨申来り居りたり。大臣は未た其電信を見さりしやと云ふ。牧野未た見すと云ふ。
　牧野又皇族の繁栄、経費の困難、皇族は同族に対し御遠慮深きこと等を談す。予、降下内規の不都合なる点（宮号を有せらるる当主の降下後、尚ほ弟妹等皇族の身位を有せらるるものあること）を談す。牧野、然れは内規改正の必要あるへしと云ふ。予、内規改正のみならす、皇室典範も結局改正せられされは、皇玄孫までの親王丈にても到底維持出来さるへしと云ふ。牧野、皇族の二、三男のみならす、宮号を有せらるる方も降下の例を開かるる方宜しくはなきや。此の如き場合には本人の願を要せす、勅旨を下されて差支なきやと云ふ。予、典範増補の規定丈ならは差支なきも、降下内規を議するとき、予は其ことを主張したるも、遂に行はれす。現在の内規にては出願すへき人か出願せさる場合の外、勅旨を以て降下せしめらるることはなき様になり居れりと云ふ。牧野、然らは内規を改正せされは不可なりや。之を改正するには皇族会議を経ることを要するやと云ふ。予、然り。然るに、只今の内規は会議の可決を経たるものには非すと云ふ。牧野、閑院宮殿下より内規は皇族各自に関係あり、可否を云はすとの御発言にて、終局となりたるものなりやと云ふ。予、然りと云ふ（予、内規ならす、典範も改正する必要ありと思ふ旨を述へたるは此の談のありたる後のことなり）。

牧野か皇族は御同族に対し非常に遠慮なさると云ひたるに付、予、然り。摂政を置かるるときの会議に松方内大臣（正義）か発言せんとしたることに付、異議を唱へられたる方ありたるときにても、尊長の方より之を諭さるる位のことはありそうに思へとも、右様のこともなされす、銘々に承はれは御意見を御述へな〔さる〕れとも、他に対しては御主張なさるることはなし。牧野、予抔も往々右の如きことに出会したることありと云ふ。牧野、閑院宮殿下抔は事理の明かなる方にて、特に席次も高き方なる故、御願を申上け居れと、間々当て外つるることありと云へり（是は朝融王婚約解除のことに付、何か感したることあるには非さりしやと思はれたり）。

二月一五日

○二月十五日金曜。風。
○午前九時三十分より出勤す。
○午前十時頃西野英男に嘱し、今日午前十一時後より内閣総理大臣官舎に行くに付、自動車又は馬車を借ることを謀らしめ、自動車ならは十一時四十分頃、馬車ならは十一時三十五分頃より行くことにし度と云ふ。西野自動車を備ふる旨を報す。
○午前十一時二十分頃土岐政夫、来月中旬後郷里に行き度に付、十日間許の暇を乞ひ度と云ふ。予、晩くなれは実況審査に差支ふる恐あるに付、成るへく早くすることか便ならん。三月中ならは差支なしと思ふ。尚ほ時期に付ては伊夫伎準一と協議せよと云ふ。
○午前十一時四十分より自動車に乗り、内閣総理大臣官舎に赴き、清浦奎吾の午餐に会す。来賓は枢密院議長浜尾新、同副議長一木喜徳郎及顧問官、書記官長、書記官、主人としては清浦の外、各大臣、内閣書記官長及秘書官等なり。餐後、大蔵大臣勝田主計、英米両国にて募りたる公債五億五千万円のことを談す。其中三億五千万円は日露戦役中に募りたる四分半利附公債の借替に充て、二億円は震災に関する復興復旧の材料資金に充つるものなり。大正十三年度の輸入超過は約四億円の見込、募債前の政府所有在正貨は約四億円なり。今回の外債利率は英国の二億五千万円は六分、米国の三億は六分五厘なり。日露戦役頃は英国は二分半乃至三分、米国は四分乃至四分半、仏国は四分位なりし故、其比例に依れは格別不利と云ふへからす。米国にては今尚ほ戦時所得税法の如きものあり。外国債の利益半額は国庫に収入するに付、政府にて予期したる如く低率にては纏まらさりしなり（政府にては英国五分、米国五分半位を望み居りたり）。従来の四分半公債には煙草専売益金を担保に供しありたるか、今回は担保を入れす、今後外国債を起し、担保を供するときは、今回の分まて担保を及ほすと云ふ条件を附けたりと云ふ。一木喜徳郎より二、三の質問を為し、浜尾は未た帰らさりしも、井上勝之助、山県伊三郎等に次きて辞し去り、宮内省に返りたり。
総理大臣官舎に行きたるとき清浦奎吾に、差向貴族院議員の補欠を為さゝることは内閣書記官長（小橋一太）より聞き居るか、戸水寛人を貴族院議員と為すことに付ては諸方より依頼し居る趣、予よりも依頼するに付、含み置呉度旨を談す。此とき有松英義来り、清浦に贈位を依頼したることに付挨拶す。予も広瀬旭荘の贈位のことを談す。清浦、旭荘の贈位は余程議論ありたる趣なるか、此節の如く目出度ときは幾分寛大にする方宜しと思ふと云ふ（是は授爵のことに付、牧野伸顕か反対したる為に云ひたることなるやも計り難し）。食卓にては、予は鈴木喜三郎と隣る。鈴木刑法改正のことは少しく進行する様にし度と云ふ。予、近日幹事会を開き、予にも通知する様、山岡万之助に依頼し置きたり。其上にて協議する積なりと云ふ。鈴木、林（頼三郎〔司法次官〕）には是までの幹事の分担を変更する様のことを為さす、従前の儘にて進行する様、話し置けり。小山松吉の幹事を解きたること抔か余計のことなりと云ふ。予、林の幹事も解きたるに非すやと云ふ。鈴木、否。林は幹事を解きたるに非すと云ふ。予然らは好都合なりと云ふ。

○午後三時後松平慶民来り、藤麿王〔山階宮菊麿王三男〕、東京帝国大学文科へ入学せられ度に付、其筋へ然るへく照会せられ度旨、宮附事務官より宮内大臣宛に書面を出したるも、是は皇族身位令の規定に依れは変例の入学なる故、陸海軍軍務に従事せらるるときと同様の文例の書面にては適当ならさるならんと思ふ。如何と云ふ。予、全体は身位令の規定か不可なれとも、其規定存する以上は致方なし。矢張り一応伺の手続を為さゝるへからさるへしと云ふ。松平正式に勅許を願ふ様の手続まて為すには及はさるならんと云ふ。予内伺にて宜しからんと云ふ。松平然らは其ことにすへしと云ふ。

松平又宮内大臣（牧野伸顕）は昨日久邇宮邸に行き、邦彦王殿下に謁し、朝融王婚約解除の不可なることを解きたるに、殿下は之に対し種々弁明せられたるか、しどろもどろにて少しも筋の立ちたることはなかりし由。殿下より彼の如き疑ある婦人を世嗣の妃と為しては、先祖に対しても済ますと云はれ、大臣（牧野）は不理なることを為されては、皇室に累を及ほすことにて、皇室と一個の宮とは比較にならぬことなりとまて申上けたりとのことなり。殿下より何とか解除の出来る様に取計ひ呉よと、大臣（牧野）に依頼せられたるも、大臣（牧野）は之を引受けさりし趣なりと云ふ。

予、大臣（牧野）か既に右の如く切り出したる以上は之を貫徹する覚悟なかるへからす。殿下かどこまでも承知せられさるときは、実に困りたることになるへし。然し此に至りたる上は、大臣（牧野）より婚約解除の工夫に付相談するときは格別、夫れまては宗秩寮にても手を出さゝる方宜しからんと云ふ。松平、大臣（牧野）は前田（利定）の妻か貞操問題を金子某（有道か確かならす）に話したるより此面倒を起したることに付、前田の妻をして速に其言を取消さしむる必要ありと云ひ居れとも、前田の妻は伝聞したる故、伝聞したりと云ひたるまてにて、別に自己の意見を加へたるに非す。之を取消すへき理由なしと云ふならんと思はると云ふ。予、或は然らん。酒井家にては武井守正等か重立ちたる人なる趣なるか、今日総理大臣（清浦奎吾）官邸の午餐会にて、武井も前田利定も来り居りたるも、固より右の如き談の出来る場合に非さりしと云ふ。松平、前田の主人（利定）も其事を知り居るへきや否、分り難しと云ふ。

○午後四時より退省す。

○午後六時頃白根松介来り、皇太子殿下御成婚告示遅延のことに付ては、宮内大臣（牧野伸顕）は既に正式の進退伺を出し、其執奏方を内大臣（平田東助）に依頼せり。自分（白根）か其書面を平田に持ち行きたるとき、平田は、困りたり。自分（平田）は是程のことには非さるならんと思ふ。然し、自分（平田）の考にて此書面を返す訳にも行かす。或は元老の意見ても問ひたる上のことにせんかとも思へとも、大臣（牧野）か既に書面を出したる上のことにもあり、元老を煩はす程の問題にも非すと思ふ故、自分（平田）は大臣（牧野）は責任を重んして伺書を出したるも、畢竟事務取扱上の誤りにて、事実に於ても回復すへからさる不都合ありたる訳にも非さる故、寛大の御処置ありて宜しかるへき旨の意見を申上くへき旨の談を為せり。此事件に関し庶務課長（大谷正男）の責任問題なるか、見様に依りては重くも見ゆれとも、譴責にて済まして宜しからんかと思ふ。然るに、先日発せられたる皇室令に（大正十三年一月二十六日前ノ職務上ノ過失ニ因リ懲戒セラレタルモノハ其処分ヲ免シ、未タ処分セラレサルモノハ処分ヲ行ハサル旨）の規定あり。此規定に付二個の疑あり。第一は（一月二十六日前）と云ふは、二十六日を含むや否。（二十六日以前）とあれは、二十六日を含むこと明かなれとも、（以）の字なき為、疑を生すと云ふ。予、此問題は予は（以）の字の有無に拘はらす、規定の趣意より考へて（二十六日）は之を含ます、即ち（二十五日）まての行為に限るものと思ふ。何となれは御婚儀前の過失を免せらるる趣意にて、二十六日を含むものとすれは、御婚儀の終りたる後の行為も免せらるることゝなる故、夫れは規定の趣意に非すと云ふ。白根、二十六日を含むとすれは、御婚儀の済したる後のことまて含むことゝなれとも、夫れは目出度日なる故、免せらるるものと解して宜しからんと云ふ。予、目出度日と云へは、翌日も翌々日も目出度に非すや。若し時刻を以て規定するならは、二十六日午前幾時前の行為と規定せられたるにも非されとも、日を以て規定し、二十六日前と云ひたる以上は、二十五日まての行為と解すへきは勿論と思ふと云ふ。白根尚ほ云ふ所ありたるか、理由の聞くへきものなかりしなり。

白根又（未タ処分セサルモノハ）とあるは既に懲戒に著手せられたる事件に限る趣意には非さるやと云ふ。予、然らは其行為か二十五日前に係るものならは、未た処分の著手せさるものも之を免すへきことは明瞭なり。刑事にて云へは、公訴権の消滅原因となるものなりと云ふ。白根尚ほ（二十六日前）の義に付疑あるものゝ如し。依て予、左程疑あるならは、特定の事件と云はす、考査委員全体を集め、規定の解釈を議しても宜しきに非すやと云ふ。白根、考査委員を集むれは、関係人なる大谷正男も召はさるへからすと云ふ。予、正式の委員会に非さる故、大谷は除きても差支なきに非すやと云ふ。白根、然らは右様のことにすへしと云ふ。予明日は午前に宮内省に行くやと云ふ。

白根行くと云ふ。予、然らは予は明日午前は司法大臣官〔舎〕に行くに付、遅刻する旨を審査局に通知し呉よ。又明日予は自動車を借りて杉浦重剛〔元東宮御学問所御用掛、思想家、教育者、元日本中学校長〕の葬に会する積りなり。君（白根）も行くならは同乗することにしては如何と云ふ。白根同乗することにすへしと云ふ。話すること十二、三分間許にして去る。

○一昨日に次き、土蔵の二階の書籍、書翰の散乱したるものを投け下し、次て其一部を応接室に運ふ。

○炊婢実家より帰り来る。本月十三日実家に行きたるなり。

二月一六日

○二月十六日土曜。晴。

○午前八時後主馬寮に電話し、今日は馬車を午前九時五十分に遣はすことを嘱す（平日は九時三十分）。寮員之を諾す。

○午前九時五十分より司法大臣官舎に行き、諮問第四号の幹事会に会せんとす。幹事未た来らす。乃ち林頼三郎の室に行き、幹事会にて答申案の作製を急くことゝなり居るも、進行意の如くならす。依て今日は予も列席して、方針を議せんと思ひたるも、未た誰も来り居らす。予は長く待つこと出来さる故、君（林）より予の趣意を幹事に伝へ呉よ。幹事会にては成るへく簡短なる答申案を作製する様にすること、幹事の意見一致し難きときは、其事柄か他に影響なく、他の規定は夫に拘はらす進行することを得るならは、他日委員会のとき、各自の説を述へて決を取ること、若し他に影響ありて其儘進行出来難きならは、随時委員会を開きて決を採ることにすることの趣意なり。林之を諾し、且小山松吉は幹事を免せられたるも、自分（林）より小山に談したる処、幹事の名義なきも、従前の通り幹事の分担を引受け、起草して差支なしと云へりと云ふ。予夫れは好都合なり。実は小山か幹事を罷めたる故、更に分担を変更せさるを得さるならんと思ひ居りたる所なりと云ふ。

夫れより幹事〔会〕の会場に到る。会場分らす、省員導き行く。既にして牧野英一来る。之と話して他の幹事を待つ。牧野にも略々林に談したる趣意を談す。既にして高橋某来り、幹事会場は此処に非すとて、予等を誘ひ、別室に到る。泉二新熊、山岡万之助、岩村〔原文空白、通世、司法大臣秘書官兼参事官、東京地方裁判所検事〕在り。是等に対し、先刻林頼三郎に談したる趣意及小山松吉も従前の通り幹事の職務を執る趣なることを告け、成るへく進行を図り呉度旨を告く。各員之を諒し、今後毎週火曜日の午後に幹事会を開き、火曜に差支あるとき、土曜日の午後に之を開くへきことを申合せたり。予は他に先ちて去り、直に宮内省に到る。

○午前十一時後西野英男より、先刻何人よりなるか、貴官（予）今日遅参の趣、電話にて通知し来りたるか、実は要領を得さりしと云ふ。白根松介か自ら上省せす、電話にて予か遅参のことを通知せしめたるものならん。

○午前十一時後白根松介来り、昨夜共に杉浦重剛の葬に会すへき旨約し置きたるも、今朝大臣（牧野伸顕）と共に杉浦の家に行き、午後は他に用事あるに付、自分（白根）は会葬せす、伊夫伎準一か会葬する趣に付、大臣（牧野）の名刺を同人に托することにし度と云ふ。伊夫伎、予の自動車に同乗し度と云ふ。既にして西村時彦亦同乗し度と云ふ。予、西村と話す。

会々小原駩吉来る。予、小原を室隅に誘ひ、昨日松平慶民より聞きたる所にては、牧野（伸顕）は邦彦王殿下に謁し、朝融王婚約解除の不可なることを申上けたりとのことなりと云ふ。小原、自分（小原）も之を聞きたり。殿下より婚約解除のことを大臣（牧野）に御依頼なされたるも、之を引受けさりしとのことなりと云ふ。予、大臣（牧野）か其処まて切り出したる以上は之を貫徹せされは不可なるか、余程困難なることならんと云ふ。小原、然りと云ひ、又御婚儀の告示遅延のことは大臣（牧野）には知らしめす、関屋（貞三郎）か内所にて後れ馳せに告示を出したる趣にて、大臣（牧野）は後に之を知り、非常に憤慨したる趣なりと云ふ。予、其ことに付関屋より予の意見を問ひ、予は進退伺を為すへきものと云ひたるも、関屋か困ると云ふに付、然らは大臣（牧野）より直接に摂政殿下に謝罪する位のことにて済ましても宜しからんと云ひ置きたり。然るに大臣か之を承知せす、是非進退伺を出すと云ひたる趣にて、今日〔一昨日〕白根より予か大臣（牧野）に説きて進退伺を出すことを止め呉よと云ひたるも、予は元来大臣（牧野）と同意見なる故、之を止め難しと云ひて之を拒みたり。又白根か昨日予か宅に来り、大谷正男の懲戒事件に付、皇室令一月二十六日前とあることに付予の解釈を問ひ、予は二十五日までの趣意と解する旨を答へたるも、白根は尚ほ安心せさる模様なりしに付、考査委員に協議したらは宜しからんと云ひ置たる旨を告く。

西村か待ち居りたるを以て、小原は早卒にし〔て〕去り、予は伊夫伎、西村と共に出て行かんとしたるとき（午後零時十五分頃）、土岐政夫より国分〔ママ〕か同乗を請ひ度と云ひ居る旨を告く。予西野に、自動車に四人乗ることを得へきやと云ふ。西野乗ることを得と云ふ。予は国分は三亥と思ひ居りたるに、来りたるものは種徳なりしなり。一時前、淀橋日本中学校の葬場に達す。休所にて穂積陳重、東郷平八郎、伊集院彦吉等に遇ふ。司祭者の祭詞、江木千之（文部大臣）の弔辞の代読、一木喜徳郎（皇典講究所長）の弔詞、穂積陳重（友人総代）の弔詞あり。二時前式を終り、伊夫伎は自動車に乗らす、国府は一たひ乗りて直に他の車に移り（内閣の自動車）、西村は新宿にて下車し、予独り自宅まて乗り、三時前家に達す。

○午前十一時後、白根松介か審査局に来りたるとき、懲戒免除に関する皇室令の解釈は大臣（牧野伸顕）も貴官（予）と同様なりとのことを語りたり。

○午後三時後、書籍、書翰の散乱したるものの残部を応接室に運ひ、之を整理す。未た終はらす。

○今日は食堂に行かす、審査局にて午餐を喫す。

○午後三時後津村静（故津村董の妻）来り訪ふ。話すること三十分許。

○午前十一時後、昨年中西野英男に嘱して謄写したる先考の詩集中（攸好堂雑稿四）の謄写の訂正を西野に嘱す。

二月一七日

○二月十七日日曜。晴。
○午前、応接室にて書翰の散乱したるものを整理す。
○午後零時後矢野茂〔元大審院検事、元広島控訴院検事長〕より電話にて、往訪せんと欲す。差支なきやと云ふ。予差支なき旨を答へしむ。午後二時頃矢野及其長男恕〔静岡県警察部理事官〕来る。之と話す。宋秉畯来る。乃ち矢野父子を書斎に行かしめ、予、宋と話す。

宋、李堈公より書状を贈り、東京に邸宅を作ることを希望するに付、此希望を君（予）に通知し置くへき旨を申来りたりと云ふ。宋又伊藤公（博文）の墓か地震の為に破損し、李堈公か修繕の為千円許を寄附せんと申出されたることは先日談したる通りなるか、末松（謙澄）の寡婦より、墓修繕のことは自分（寡婦）等より伊藤（博邦）に談することは如何にしても都合悪し。自分（宋）より之を伊藤（博邦）に談し呉よと云ふに付、先日来度々伊藤（博邦）を訪ひたるも、興津に行き居るとか何とか云ふことにて、面会を得す。今日三回目にて漸く面会し、墓修繕のことを談したる処、李堈公の厚意は実に感謝すれとも、此修繕は是非自分（伊藤）か為すへきものにて、是まて延行したるは人夫を雇ひ得さる等の為なり。成るへく速に修繕する故、安心し呉よと云ひ、自分（宋）より、李堈公にせよ、世子又は李王にせよ、故公爵（博文）に特別の縁故ある人なる故、寄附を受けても差支なきに非すやと云ひたるも、是は是非断はると云へりと云ふ。予、李堈公の発意にて伊藤（博邦）か速に修繕することになれは、李堈公の深切も届き、其結果もありたる訳にて至極好都合なりと云ふ。

宋又尹徳栄、朴泳孝等叙勲のことを談す。予、先年李王上京の頃より尹徳栄叙勲の問題はありたりと云ふ。宋、李王上京のことは長谷川好道か熱心に希望したれとも、王は如何にしても承知せられす、自分（王）に縄を附けて引き行くにては兎も角、自ら進みて上京することはせすとまて云はれたり。長谷川か軍司令官たりしとき、自分（宋）か長谷川の不適任なることを伊藤公（博文）に説き、軍司令官を罷めさせたることありたる為、長谷川は非常に自分（宋）を恨み居りたるも、李王かどーしても上京のことを承知せられす、当惑して自分（宋）に相談するに付、自分（宋）より此ことは李完用丈けに頼みても成功せす（長谷川は李完用のみを頼み居りたり）、尹徳栄、閔丙奭にも頼まされは不可なり。先つ両人を招きて食事ても為し、其上にて頼む様に為すか宜し。自分（宋）は表面より周旋しては却て害になる故、裏面より運動することにすへしと云ひ、長谷川は其手続を為し、尹徳栄等には李王の上京さへ出来くれは、尹等に勲章も賜はる様にするとか何とか大なることを吹聴したる由なり。

李王の上京か決定したるに付、自分（宋）より長谷川〔に〕此節の随行は王の親戚等に限るか宜し。自分（宋）も上京しては宜しからす。李完用も朴泳孝も同様なり。此等の人か上京すれは、此等の人の尽力にて王か上京せらるる様になりたることになり、長谷川の効能少くなる故、尹徳栄、閔丙奭等のみを随行せしむるか宜しと説き置きたり。依て随行員のことに付種々の説ありたるも、結局尹徳栄等のみか随行することゝなれり。然るに上京後の待遇、尹等の予期に反したる為、京城に帰りたる後の不平は非常なるものなりしとの談を為せり。宋又李堈公は東京よりの帰途釜山の東萊温泉〔に〕三、四日間滞在せられたるか、京城より内地人の妾を召ひ寄せて滞留し、決して無法なることを為さゝりし旨を申越されたりとの談を為し、一時間許にして辞し去れり。

○宋か去りたる後、予書斎にて矢野と話す。矢野、長男恕は静岡県の警視なるか、同期の大学生なる大森鍾一の長男某〔佳一、山形県内務部長〕（青森県の内務部長）より、関東庁に参事官の欠員を生すへき模様あり。其方に転任したらは如何との旨を申来り。又自分（矢野）より大塚某〔惟精、神奈川県警察部長〕に其利害を問ひたる処、大塚も自分（大塚）よりも之を勧めんと思ひ居りたる所なり。兎も角、書面等にては尽くさゝる故、本人を東京に召ひ寄せて談するか便ならんと云ふ故、昨日電話にて其旨を長男（恕）に通知したる処、長男（恕）の方にも他より勧め来り居りたる趣にて、長男（恕）は昨日上京せり。然るに関東庁の参事官にて欠員と為らんとし居る人〔小河正儀〕は参事官本官に非す、本官は警視にて、参事官は兼官なる模様なり。然れは、其補欠も矢張り警視を本官と為すならんと思はる。長男も警視か本官にては格別之を好ますと云ひ居れり。君（予）の意見如何と云ふ。予、予も転任を勧むる程のことには非らさらんと思ふと云ふ。矢野、関東庁の方に参事官本官にも採用することを得るや、又は警視本官に非されは採用し難きやを問ひ合せ、今夜其答を聞くことゝなり居れり。其都合にて参事官本官にても採用するとのことならは、其上にて決定することにすへしと云ふ。

　矢野又自分（矢野）の住する高田村には学習院あり。数万坪の敷地は有するも、公課を負担せす、村の経済の為には迷惑なり。学習院の元馬場の処か只今明き地と為り居れり。高田村にては人口増加の為、只今四個の小学校を設け居り。第一、第二の学校は先頃の地震の為大破し、改築の必要あるか、旧敷地は借地なり。学習院の明地を下付せらるる様のことは出来さるやと云ふ。予、明地は之を売却して建築費に充つる予定なりと云ふ。矢野、然らは廉価にて払下けを受くることは出来さるやと云ふ。予、相当価格に非されは建築費を得さるへし。兎も角、高田村の希望を申出すことは差支なからん。但し希望を申出す為、非常なる手段を為しても無益となるへきに付、極簡短なる手続を取る方宜しからんと云ふ。予か宋秉畯と話する間は矢野等は内子と談し居りたり。矢野等は四時後に至りて辞し去りたり。

○午前九時後明治運送店員来り、金屏風を郷里に贈る為め荷造りを為し、十二時頃之を終り、汽車便に托する為、之を持ち帰る。

○夜、宮内省より借り居る皇室御系図を入れある箱の地震にて破損したるものをセルネイス（糊の名）にて修理す。又盆の破れたるもの及箱の蓋は割れたるものを修理す。

二月一八日

○二月十八日月曜。晴。

午前九時三十分より出勤す。途を枉けて内閣総理大臣官舎に過きり、本月十三日の饗を謝する為、名刺を将命者に投して去る。

○午前十時後高羲敬来り、世子は前週土曜に心理学の講義を聴く為、（原文空白）に行かれたるか、非常に面白かりし趣にて、今後毎土曜に行かるるとのことなり。昨日の日曜日には、賀陽宮の誘引にて新宿御苑に行き、ゴルフ戯を為し、午後六時後に帰られたり。小原（駩吉）も行きたりとの談を為せり。

高又先頃演習の為、世子か愛知県某村（村名は予か忘れたり）に行き、某家に立寄られたるか、之を記念する為、碑名を立つるの計画を為し、（昌徳宮王世子殿下駐跡之碑）の揮毫を陸軍大学校長某（和田亀治）（氏名は予之を忘れたり）に依頼し来りたる趣にて、学校幹事（坂部十寸穂、陸軍大学校幹事、陸軍少将）より此書状（校長宛揮毫の依頼書）を金応善に渡したる趣にて、金より之を自分（高）に渡したり。建碑のことは既に決定し居り。唯揮毫を校長に依頼する丈のことなる故、世子邸にては何も為すことはなきことゝ思ふと云ふ。予、然り。此書状を金に渡す必要なく、又金も之を受取る必要なきことゝ思ふ。然し、若し此ことに付意見を求むと云ふことならは、予は此の如きことはなさゝる方宜しと思ふ。此の如きものは之を取り去る如きことを為す人もあるへく、又朝鮮人抔より考ふれは、侮辱せらるる様の感を起すものもあらん。小学校に御写真を賜ひ、行幸啓のときの手植の樹の如きも往々不都合を生することあり。故に成るへく此の如きことを為さゝるか宜しと云ふ。高之を然りとす。

高又李恒九に爵を授けられたる為、朝鮮人中には之を不可とするものあり。恒九は何の功労もなきに爵を授けられたるを以て、一層其父完用を謗るものを生したりと云ふ。高又宋秉畯は妙な人なり。伊藤公（博文）の墓の修繕のことに付、李堈公に勧めて金を出さしめんとし居る趣にて、末松（謙澄）の寡婦の依頼に因り伊藤家に交渉することゝなり居る趣なりと云ふ。予、其ことは既に結了したる趣なりとて、昨日宋より聞きたる事情を略説す。

○午後二時頃松平慶民来り、藤麿王、帝国大学入学伺の事は相談の結果に因り内伺の形式と為したるか、入江（貫一）は矢張正式に勅許を受くる形式と為す方宜しからんと云へり（本月十五日の日記参看）。如何すへきやと云ふ。予、厳格に云ひたらは、入江の意見の通りなるへきも、予は元来皇族身位令の規定か不可なりと思ふに付、特別の事由とは成るへく簡短に之を認めらるる様に致し度。依て内伺位にて可ならんと思ふと云ふ。松平、一応総裁（徳川頼倫）に相談したる上、決することにすへしと云ふて去る。少時の後復た来り、総裁（徳川）も君（予）と同意見なる故、入江（貫一）に其旨を告くへし。入江も自説に固執する訳には非すと云ふ。

○午後三時頃東久邇宮邸より電話にて、元御用取扱永山千香病気重体にて、長く維持することは出来難き容体なり。金井四郎は風邪にて引籠居れりと云ふ。
○午前十時後西野英男より、本月十六日に嘱し置たる先考詩稿の謄本の訂正を終り、之を致す。予之を一覧し、之を綴ることを宮内省の経師匠の只今審査局に来り帳簿を綴り居る者に嘱することを依頼す。西野之を諾し、表紙は西野か買ひ求め来るへしと云ふ。謄本中脱字ありたる所、四葉は西野更に之を改写し、其他の誤字ありたる処は誤字を糊封して之を訂正せり。

二月一九日

○二月十九日火曜。晴。
○午前八時後、将に理髪せんとす。時に毎日新聞の肩書を附けたる名刺を出し（氏名は之を忘れたり〔加藤常平〕）、九月一日のことに付面会し度と云ふ。予、婢をして理髪中にて面会し難し。取次にて分ることならは、之を聞かんと云はしめたる処、其者、他日更に来るへし。名刺を返し呉よと云ふ。乃ち之を返さしむ。
○理髪す。
○午前九時三十分より出勤す。
○午前十時頃西野英男より、詩稿の表紙を買ひ求むる〔為〕、二、三ヶ所に行きたるも、何処にもなかりしなり。青山操か数日前に買ひ求めたる家に行きたる処、既に売り切れたりと云へりと云ふ。
○午前十一時頃高羲敬来り、今朝世子より午前八時頃までに来るへしと電話にて申来り、七時頃高階虎治郎か来りたる故、何の用にて来りたりやと云ひたる〔に〕、昨夜妃殿下は興奮して眠られさりしとのことなり。今月は月経か少しく後れ居るとのことに付、或は其の為にもあるならんと云ふ。自分（高）は七時三十分頃に世子邸に行きたる処、世子より奥の女中等は兎角融和せす、只今にては老女中山某一人の外、自分（世子）等の処には来ることを許ささる模様にて、余り極端なり。自分（世子）か入浴するとき抔も他の者は浴場に来らしめさることゝなり居れり。此の如きことにては不都合なる故、事務を分担せしめんと思ふと云はれ、妃は昨夜興奮の結果眠ること出来さりしと云はるに付、事務分担は御随意になされたらは宜しかるへく、妃殿下は只今如何なされ居るやと云ひたるに、只今眠り居ると云はれたり。
　依て自分（高）は、妃殿下の眠の出来さる様のことありては実に不都合なりと云ふて退出し、中山を召ひ、其不都合を詰りたる処、実に相済ますとて謝罪せり。又寺山も召ひて之を詰りたる処、是も只管謝罪し、両人とも勤続を願ふに付、自分（高）は、此ことは自分（高）か取成し出来ることに非す。両人にて協議し、今後一切争はさることを誓ひて両殿下に謝したらは、或は御聞済みになることもあらんと云ひ聞けたり。昨日の争論の原因は某（名は之を忘れたり）より寺山に電話し、寺山か之を聞きて直接妃殿下に申上け、妃殿下の命を承けて返事を為したることより、中山か寺山を詰責したるより起りたる趣なり。

其後世子より更に自分（高）を召ひ、中山、寺山二人は到底調和出来す。其の為妃か困り、強ひて之を雇ひ置けは、自分（世子）等夫婦の争ともなるに付、此節は断然二人とも解雇することにし度。午後一時頃には梨本宮妃殿下も来りて処置せらるることになり居ると云はれたるに付、自分（高）より一応顧問（予）にも告けさるへからすと云ひ、世子も之を話し呉よと云はれたるに付、来りたりと云ふ。予、既に梨本宮妃殿下か来らるることになり居る以上は、中山、寺山より妃殿下に謝罪して殿下の取成を請ふことになす方宜しからん。妃殿下も解雇に同意せらるるならは、最早致方なからんと云ふ。高自分（高）も同様の考なりと云ふて去る。

○午後二時後小原駩吉来り、御婚儀告示の遅延したること、今日まて大谷正男等の懲戒事件に付委員会を開かさること等を談す。予、先日牧野伸顕か皇族は御同族の間にも非常に御遠慮なさる。閑院宮殿下抔は皇族中の長老の方にもあり、頼みに致し居るも、当の外つるることありとの談を為したるは、或は朝融王の婚約解除の御援助を期待し居りたるに、殿下か婚約解除の話あることは聞き居るも、よもや右様のことにはなることなからんと思ひ居るとの御答をなされたる為、当か外れたるには非さるかと思ふと云ふ。

小原、其ことならん。仙石政敬に逢ひたるに、仙石は国分三亥（小原は野村と云ひたるも国分の誤なり）か不適任なること、松室致の外には適任者なきことを云ひ居り。又仙石に依頼して、金子某（男爵）か酒井キク子の貞操云々のことを云ひたるを取消さしめんとのことなるも、金子は取消を諾せさるへしと云ひ居りたり。自分（小原）は松室のことに付疑あるも、君（予）は如何思ふと云ふ。予、人の品評に渉りて不可なれとも、予は松室は剛直の様なるも、其実必しも剛直ならすと思ふと云ふ。小原、今日の久邇宮の宮務監督に適する人には思はれすと云ふ。予、金子か取消を肯んせさるへきは勿論、牧野伸顕は前田（利定）の夫人をして取消さしめんと云ひ居る由なるも、是も取消を肯んせさるへし。何となれは夫人は伝聞したることを伝聞したりと云ひたるまてにて、自己の意見を加へたることもなき故、之を取消すへき理由なしと云ふならん。〔未完〕

大正一三年日記第二冊

〔表紙に付記〕

二

大正十三年二月十九日の続より同年三月十八日までの日記

火災保険会社に対する助成金の件三月二日　三月四日
三月五日　三月七日

西園寺八郎の意見三月一日（二十四葉表以下二十七葉表まて）

久留米有馬家育英会貸費のことは三月九日五十二葉表以下

草場佩川贈位の年月日は三月十二日（六十三葉表）

二月一九日（続）

大正十三年二月十九日の続

小原又自分（小原）も知らさりしか、此ことに付仙石政敬と談したるとき、仙石より、閑院宮殿下か婚約解除に反対せらるるは三条家の関係もあり、当然のことなりと云へり。依て三条の関係を問ひたるに、三条家より酒井家に嫁し居ると云へりと云ふ。予、然らは婚約ある女の母（酒井夏子、公爵三条実美七女、故人）は三条家より嫁したるものならんと云ふ。小原、然らん。牧野（伸顕）は其関係を知らすして、閑院宮殿下に申上けたるものならん。殿下は牧野より此く々の事情になり居り、自分（牧野）か困り居るに付、御助を願ふと云ふ様に申上けたらは、御承知ありたるならん。謎の如きことを申し上けては、所詮御承知あることなしと云ふ。予、徳川（頼倫）は牧野より余程厳しく邦彦王殿下に申上けたる様に云ひ居る趣なるも、是も当てにならす。徳川か欺かれ居ることなるへく、予は此ことの結局は矢張り婚約解除のことゝなるへしと云ふ。小原必す解除のことゝなるへしと云ふ。

　小原又大谷正男は是まて自分（小原）宅に来りたることなかりしか、一昨日（或は昨日と云ひたるや確に記憶せす）来訪したる由なるか、自分（小原）不在なりし為、名刺を残し居れり。依て宮内省にて面会し、何か用事ありしに非すやと云ひたる処、何も用事ありたるに非す。門前を通過する故、立寄りたりと云へり。珍らしきことなりと云ふ。予、大谷は先日（二月十四日）予か処（審査局）に来り、自分（大谷）の不行届の為、種々配慮を煩はしたる由に付、其挨拶に来りたりと云ひ、次て何も弁解する訳には非さるも、云々の事情にて終に告示か延引することゝなりたりと云ひ、矢張り弁明の為に来りたる様に思はれたりと云ふ。小原、大谷の懲戒問題は如何なりたりやと云ふ。予、白根の口気にては、譴責位に止め度模様なりしなり。白根は皇室令の解釈に付疑を懐き、予の意見には服せさる模様なる故、夫程懸念ならは、皇室令の解釈を決する為、考査委員会を開きたらは宜しからんと云ひ、白根も其事にすへき様に云ひ居りたるか、其儘になり居れり。或は大臣（牧野伸顕）の進退伺の結果を待ち居るには非さるやと云ふ。

　小原、大臣の進退伺は既に其議に及はすとの御沙汰ありたる趣なりと〔云ふ〕。先日入江（貫一）か東宮御所に行きたるは、平田（東助）の使に行きたるものならん。其頃大臣（牧野）か東宮御所に行きたるとき、御沙汰を拝したるものならんと云ふ。小原又此節のことにて大谷か譴責にて済む様にては、官規も何もありたるものに非すと云ふ。話すること十分間許にして去る。

○午後三時前宗秩寮の岡田重三郎来り、小原（駩吉）の指図なりとて酒井伯爵家の戸籍簿を示す。之に依れは、朝融王と婚約ある菊子は三条実美（明治維新の元勲、元太政大臣、公爵、故人）の七女にて酒井の先代（忠興）に嫁したる者の生みたるものにて、菊子の母は既に死去し居れり。然れは菊子は閑院宮妃殿下の妹の子にて、妃殿下の為には姪に当るものなり。予戸籍を一覧して岡田に返す。
○午後三時後枢密院の村上恭一より電話にて、往訪して宜しきやを問ふ。予宜しき旨を答へしむ。少時の後村上来り、司法大臣鈴木喜三郎より昨年九月十五日に審査を要求し置たる典獄有馬四郎助〔小菅刑務所長〕外一名の懲戒事件は、本年一月二十六日の勅令を発せられたるに付、書類を返付せられ度旨を申越したるものを示し、此の審査要求書は懲戒委員会事務所ては受附け居らさる故、司法省の方を取調へたる処、受領証印は南部となり居るに付、南部家を取調へたる処、果して同家にありたり。九月十五日に書類を受附け、間もなく男爵〔南部甕男〕か死去せられたる故、其儘になりたるものなりと云ふ。予、一応は此の如き場合に書類を返したる例ありやと云ふ。村上、勅令を発せられたるに付、懲戒を行はすと議決したる例はありと云ふ。予、懲戒を行はすと云ふは一の処分なり。勅令に懲戒を行はすとあるに付、勅令に該当するものとすれは、懲戒を行はすと云ふ処分を為す必要なし。然れとも、果して勅令に該当するや否は委員会の議を経る方か妥当ならん。持ち廻はり位にて委員の意見を問ひては如何と云ふ。村上其ことにすへしと云ふ。

予又審査要求か勅令発布前なる昨年九月十五日なれは、勅令に該るや否の問題なし。委員長の行政処分として書類を返して差支なき訳なり。先例の有無に拘はらす、其取計を為すことゝせん。但し何の為に今日まて其儘になり居りたるや。其事実は後日に至れは分からさることゝなる故、其事由を記載し置くことに為すへき旨を命す。村上明日案を示すことにすへしと云ふて去る。

○午後三時後高義敬復た来り、梨本宮妃〔殿〕下か午後一時頃に来邸せられ、世子及同妃と協議の上、中山も寺山も共に雇を解くことに決せられたる趣にて、世子より二人とも今日暇を遣はすへき旨を命せられ、如何すへきやと云ふ。予、予は梨本宮妃殿下の取計にて、二人より罪を謝して勤務することゝなるならん、又其方か宜しからんと思ひ居りたるも、既に其ことに決したる以上は此上致方なし。二人とも雇を解くより外致方なしと云ふ。高、妃殿下は中山、寺山に逢はすして帰られたりと云ふ。高又、然らは兎に角今日中に二人とも返すことにすへしと云ふて去る。

○午後三時後土師貞次郎来りたるも、予か未た家に帰らさるを以て、後刻復た来るへき旨を告けて去りたる由。午後七時後土師復た来り、大学を卒業するも就職の途なし。只今鉄道省に申込み採用を望み居るか、採否を決するは秘書官なる模様なるに付、其方に口添へし呉るることは出来さるやと云ふ。予、鉄道省にては大臣（小松謙次郎）の外知人なし。大臣に話しては余り高過きるのみならす、大臣は面倒に思ひ、却て不結果となるへしと云ふて之を拒み、結局山下雅実の勤務先を告け、予より紹介する訳には行かさるも、同郷人なる縁故を以て如何なる手段を取れは宜しきや問ひ見るへき旨を告く。話すること十二、三分間許にして去る。土師の大学の成績は（優）の評は外交史一科のみにて、其他の科目は（良）か三、四科あり。他は可のみなり。

二月二〇日

○二月二十日水曜。晴。
○午前九時三十分頃より出勤し、直に西野英男に芝電話局より今朝達したる葉書を交す。葉書は昨年七月より九月までの電話料のことにて、七月八日の電話度は百二十何度と思ふか、夫れにて異議なきや（局の帳簿焼失に付、少しく不明なる故、異議の有無を問ふ）。又九月は電話不通なる故、電話の基本料の中、若干は之を返戻すへきものなり。然し之を返戻することは煩雑なる故、今年三月に納付すへき電話料に充当〔し〕度。夫れにて異議なきやと云ふ趣意なり。予の電話料は宮内省用度課にて払ひ居る故、其葉書を西野に交し、西野をして用度課に交渉して之を処置せしむ。予か只今使用し居る電話は芝局に非すして高輪局なる故、料金の差引は如何するか詳かならさるも、用度課にて相当処置する趣なり。
　又西野に、先考の詩文の謄写したるもの二冊の釘装を宮内省の表装師に嘱せしむ。西野、一昨日来予か為表紙を買はんとしたるも、之を得さりしか、昨日丸ノ内ビルヂング内の榛原紙店にて之を購ひ得たりとて、今朝之を持ち来りたり。依て之を用ゐて釘装することを嘱したるなり。昨日、西野か表紙を購ひ得さる旨を告けたるを以て、内子か今日第一銀行に行く次に榛原紙店に過きり、之を問ひ見んと云ひ居りたるか、西野か既に之を購ひたるを以て、西野をして内子に電話して、表紙を購ふことを止めしむ。
○午前十時前より枢密院控所に行く。大臣官房の側を過き、宮殿内の廊下を歩するとき、入江貫一亦枢密院控所に行く。之と同しく歩す。入江、先頃より宮内省官制改正案を起草し、大臣に提出し置きたるか、次官（関屋貞三郎）より、大臣は官制を改正することを欲せす。已むを得されは主馬寮位は之を廃しても可なるへきも、大膳寮は之を廃すへからすと云へりとのことなりと云ふ。予、大膳寮は供御を掌る所なる故、大臣は世間より供御のことまて節約すと云ふ非難を招くことを恐れたるならんと云ふ。入江、右の如き理由ならは尚ほ可なるも、大臣は上野（季三郎）に好意を有し居り、其の為寮を廃することを欲せす。主馬頭伊藤（博邦）は廃官と為りても衣食に窮する様のことなきに付、之を罷めても可ならんと云ふ様なる趣意なる由なり。
　依て自分（入江）より、主馬寮の事務は自動車等のことありて寮を廃しても事務は多し。之に反し、大膳寮の事務は一寮を置く丈けのことなし。加之、寮頭の技倆は既に定評あり。然るに、個人との関係に因り一は之を廃し、一は之を存するは余りに公平を欠くに付、熟考を要すへしと云ひ置きたりと云ふ。話して此に至りたるとき、枢密院控所に達したり。乃ち止む。
○午前十時頃より宮中の議場に入り、摂政殿下臨場の上会議を開き、帝都復興院官制廃止の件外数件を議す。議長（浜尾新）、議事の都合に因り、議案の順序を変更する旨を告く。先つ台湾総督府官制改正案及外数件（台湾総督府関係の件）を議し、次て文官任用令改正案及奏任文官特別任用令中改正の件等を議す。

未た決せす。摂政殿下は十一時より拝謁者（英国大使館附武官及司法官）ある為御退場あらせられ、式部長官井上勝之助、司法大臣鈴木喜三郎等は退場す。

任用令等議決の上、帝都復興院官制廃止の件を議し、目賀田種太郎より帝都復興事務には陸海軍武官を参加せしむるやを質問し、水野錬太郎、復興局の職員には武官を加ゆる旨を答へ、次て金子堅太郎より復興の方針を問ひ、水野錬太郎より実際に適する様当初の計画を縮小したる旨を答へ、金子之に対して賛成を表し、希望を述へ、又一木喜徳郎より復興審議会官制を廃するや否、今後国務大臣待遇の如き職を設くるときは枢密院に諮問せらるることを奏請する積なりや否を問ひ、清浦奎吾、復興審議会官制は之を廃止する積りなり。此ことに付諮詢を奏請せさりしは設定のとき諮詢せられ居らさりし為なり。今後此の如き場合には、諮詢を奏請するを妥当と思ふ。但し、差当り此の如き職を設くる意なき旨を答ふ。次て廃止を可決し、十一時頃散会す。直に審査局に返る。

○午後一時後入江貫一来り、午前に廊下にて談したる宮内省官制改正のことは、大臣（牧野伸顕）か之を欲せさる事情を詳説し、尚ほ入江より次官（関屋貞三郎）に対し、大臣（牧野）か先頃官制改正を思ひ立ち居りて、今日之を止むることゝなりたるは、大臣（牧野）か辞職する様の考ある為にはなきやと云ひたるに、次官（関屋）は少しも右様のことなき様に思はると云ひたる旨を談す。予、朝融王の婚約解除問題は非常に困難なることなる旨を説き、入江も同様のことを述へたり。

予又大谷正男の懲戒問題に付、白根松介より（一月二十六日前）の意義に付予の意見を問ひ、予は（二十六日）を含まさる旨を答へたるに、白根は尚ほ安心せさるに付、考査委員会を開きて之を決しては如何と云ひ、白根も其取計を為さんと云ひ居りたるか、如何なりたるへきやと云ふ。入江、白根より自分（入江）にも其ことを問ひ、自分（入江）も君（予）と同様の答を為したるも、白根は尚ほ法制局に対する問合書案を持ち来りたる故、自分（入江）は皇室令の解釈を法制局に問ふは可笑しきことなり。之を止むる方可ならんと云ひ、白根も之を止むることゝなりたりと云ふ。予、大臣（牧野）の進退伺は既に御沙汰ありたりやと云ふ。入江既にありたりと云ふ。入江又大谷に対しても、将来を訓戒する位のことにて済まし度も、法規論としては過失たることは致方なしと云ふ。

○午後三時頃高羲敬復た来り、老女中山、侍女長寺山は昨夜、兎も角邸を退くへき旨を申聞け、両人とも退去せり。手当金のことを取調へたるに、中山は五年二ヶ月の勤続にて、月給六十二円、手当金三百〔原文空白〕円、此二倍六百〔原文空白〕円なり。寺山は三年十一ヶ月の勤続にて、月給五十円、手当百五十〔原文空白〕円、此二倍三百〔原文空白〕円なりと云ふ。予、寺山は梨本宮より妃殿下に随ひ来りたるものなる由。梨本宮の勤続に付ては既に手当を給しあるへきや。之を給しあれは、夫れにて宜しきも、然らされは、此際合せて支給する必要あるへしと云ふ。高其辺は取調へ見るへしと云ふて去る。

○午前枢密院控所にて鈴木喜三郎に、司法省より審査を要求したる典獄有馬四郎助外一名の懲戒事件の書類は、司法省より前懲戒委員長南部甕男の家に書類を送付し、南部は程なく死去したる為、書類は其儘と為り居り。今般司法省より書類返戻の照会ありたるに因り、始めて之を発見したる訳なる旨を告く。鈴木、有馬等は南部の墓詣を為して宜しき訳なりと云ふて笑ひたり。

○午前枢密院控所にて村上恭一より、典獄有馬四郎助外一名の懲戒書類を司法省に返付する回答案を示し、捺印を請ふ。予、備考に此書類は南部甕男の家に滞りたるものなることを記入し置くへき旨を昨日村上に申聞け置き、其記入はありたるも、此書類を発見したる手続の記入なかりし故、司法省より返付の照会あり、取調の上発見したる旨を記入せしめたり。十一時頃枢密院控所より宮内省に返るとき、村上、予を追ひ来り、廊下にて是迄委員長限りて書類を返付したる先例は数個ありたる旨を語り〔たり〕。

○午後西野英男、先考の詩文稿の綴りたるものを致す。表紙の代は二冊分にて二十銭なり。綴代は之を要せすと云ふ。

二月二一日

○二月二十一日木曜。晴。

○午前八時頃、先日（一昨十九日）に来りたる毎日新聞員と称する加藤常平なる者、復た来り、面会を請ふ。予、婢トシをして用務を問はしむ。要領を得す。二、三回推問の後、遂に之に面す。加藤昨年の地震火災の記念帖を購はんことを請ふ。面倒なる故、終に之を購ふ。代価十五円なり。

○午前十時後より、審査官及属官の実況審査の分担を協議す。

○午後一時三十分より、大臣官房応接室にて皇太子殿下御成婚に関する饗宴の時期及召さるへき人の範囲を協議す。時期は本年五月下旬、衆議院議員の選挙終りたる後となすことに決す。召さるへき人の範囲は大概決したるも、尚ほ未定のものあり。就中東宮御所に於ける御内宴の範囲は更に調査することゝなれり。

○午後三時後、御婚儀委員会の終りたる後、国分三亥審査局に来る。予、朝融王の婚約解除は非常に重大なる問題なること、宮内大臣（牧野伸顕）も邦彦王殿下より婚約解除のことを依頼せられたるも、之を引受けさりし趣なること、久邇宮邸の職員より金子某に節操問題の真相を取調ふへき旨を告けたるは、最も不都合なること、宮内省の一部には、国分（三亥）か邦彦王殿下か婚約の遂行を肯んせられさるものと断定し、言を尽くさすして宮内省に持ち出したるは不十分なること、国分か邦彦王殿下をして婚約を守らしむることを得さるならは、責任を引くへきものなるへしとの意見あること、予は、宮務監督は宮の使役に服するものに非すと思ひ、宮の名代として葬に会する様のことはなさす、又随行して旅行する様のことはなさすへしとの説ありたる宮殿下か金沢在勤中に機嫌を伺ふ為め行くへしとの説ありたるも、予は之を肯んせす、用務あるを待ちて始めて行きたること、宮務監督の職務の範囲明かならさる為、予の如く消極なるものと、山田春三の如く一切の宮務を自分一人にて取扱ひ、事務官には一切関係せしめさる様の差あること等を談す。

国分、本務の宮務監督と兼務の宮務監督とは多少区別あること、婚約解除の問題に付ては、自分（国分）は夫れ程に責任を負ふへきものとは思はす。是は意見の相違なり。右の説に従へは、宮内大臣も婚約遂行か出来されは、責を引かさるを得さることゝなるへしと云ふ。予、此問題か都合よく解決せされは、或は其様のことゝなるやも計り難し。事柄は異なれとも、中村雄次郎は矢張り責任を引きたるなりと云ふ。国分、金子某に対し事実を明にせよと云ひたるは、自分（国分）に非す、野村（礼譲）なりと云ひ、他のことゝ違ひ、婚姻のことなる故、当事者か絶対に之を好ますと云ふ以上は、之を解除するより外に致方なく、又酒井家にても之を承諾するならんと思ふと云ふ。予又酒井家と三条家、閑院宮との関係を告けたり。話する〔こと〕十分間許。徳川頼倫、国分を召ひたる故、予は直に退出せり。

○午後一時三十分頃、庶務課の側〔の〕廊下にて松平慶民に遇ふ。松平、藤麿王の東京大学へ入学の件は、大臣（牧野伸顕）は若き皇族方か陸海軍に入ることを嫌はるる様になることを恐れ、陸海軍以外の学科を修めらるることは成るへく手続を鄭重〔に〕する考より、藤麿王の帝国大学に入学せらるることを正式に勅許を願はるることゝ為すへき旨、命せられたりと云ふ。予、皇族にても、確かに臣籍に降下せらるることか定まり居る人抔は自由に学科を選択せしむる必要あり。故に身位令に特別の事由とあることは出来る丈け泛く解釈し、簡短なる手続にて陸海軍以外の学科を修め得る様になす方宜しと思へとも、大臣（牧野）是非勅許の手続にせよと云ふならは、別段異存なしと云ふて別る。

○午後五時後頃なりしならん。白根松介来り、大谷正男の懲戒事件に付ては、考査委員会を開き、（一月二十六日前）の義を協議することに約し置たるも、右は二十六日を含ますとの説多く、法制局にも問ひたる処、同局にても同一の意見にて、例外として其日を含むと解したるもの一件あり。其他は総て含ますと云ふことに決し居れりと云ふ。故に考査委員〔会〕には協議せさることゝなせり。大臣（牧野）は、大谷の譴責処分は官報に出せと云へり。反対に大臣か進退伺を出したることは非常に秘密にし居るも、自分は大谷の処分を出すならは、大臣のことも非公式に新聞記者に話す位のことはなす方宜しからんと思ふと云ふ。予、強ひて之を話すにも及はさらん。新聞に非難でも出たるならは、其時に話しても宜しからんと云ふ。

二月二二日

○二月二十二日金曜。曇後微雨夜雨。

○午前九時三十分より馬車に乗り東京駅に行き、平常の休所に入る。駅員来りて、今日は此休所を皇族休所に充つるに付、下の休所に行き呉よと云ふ。乃ち下の休所に入る。鈴木喜三郎、永田秀次郎外二、三人既に来り居りたり。十時後徳川頼倫来りたるに付、昨日大臣（牧野）より話したるは朝融王の婚約解除のことには非さりしかと云ふ。徳川、先日大臣（牧野）より邦彦王殿下に話し置たるに付、殿下より大臣に何とか御返事あるへし。依て大臣か京都より帰りたる上、殿下の御返事を聞きたる上にて処置すへしとのことなりしなりと云ふ。

休所前の廊下にて、警保局長藤沼庄平、予に挨拶す。藤沼を紹介したるは白根松介なりしか、誰なりしか忘れたり。十時四十五分、皇太子殿下、同妃殿下、神宮参拝の為行啓したまふ。之を奉送して直に宮内省に出勤す。

○午前十一時頃高羲敬来り、昨日梨本宮より桜井（御用取扱）を召はれ、両殿下より中山、寺山二人の解雇は少しく穏当を欠きたりとの話ありたる趣なるか、世子邸にては未た両人を解雇したるに非す、両人か居りては妃殿下か眠らるることも出来さる故、兎も角其夜は一応退去を命し、更に沙汰することに取計ひたるまてなり。中山、寺山は別々に梨本宮に集り、両人とも勤続を願ひたるも、是は出来さることとなる旨を桜井に申聞けられたる趣なり。

又老女の後任は、只今梨本宮に勤め居る某は温順なる故、宜しからんと思ふ。然し、世子妃の気に入るや否分らさる故、妃の意向を聴きたる上に非されは決し難しと云はれたりとのことなり。寺山は世子邸に来る前、梨本宮に十年間許勤め居り、世子邸に来るとき、手当として百五十円を給し、以前のことは打切りとなり居り、此節は世子邸に来りたる以後の手当を給すれは宜しとのことなり。梨本宮にては、王殿下はおと〔な〕しく、妃殿下の方かつよく、何事も妃殿下の考にて決する様なり。妃殿下は寺山を世子邸に遣はしたるは悪かりし。梨本宮にても、先年侍女二人にて争を生したることありしか、其中一人死去したる為事なきを得たりとの話をなされたる趣なりとの談を為せり。

高か話し居るとき、有馬泰明来りたり。予、之をして少時待たしめ、高の談を終はりたる後、有馬を延き、之と話す。有馬、久留米の旧藩時代に借り上けたる金の貸主より願ひ出て居りたる救済金二千円の追加予算書に捺印を求め、予二千円にて承諾したりやを問ふ。有馬、先頃有馬秀雄か久留米に行きたるとき、関係人と協議し、二千円にて折り合ひたるか、貸主の子孫等には老人か多き故、成るへく速に金を渡すことを望みたる趣なりと云ふ。

有馬又久留米予備校長某〔不詳〕より伯爵及頼寧氏宛の願書を示す。是は予備校を移転改築する必要ある処、八千円許を要するに付、有馬家より幾分の補助を得度とのことなり。予、補助する必要ありやと云ふ。有馬、若干は補助せさるを得さるならんと云ふ。金額は幾許位にて可なるへきやと云ふ。予、補助するならは五百円位は出さゝるを得さるならんと云ふ。有馬、三百円か五百円位に止め度と云ひ居れりと云ふ。

有馬又敏四郎氏か来年三月には国学院大学を卒業することゝなり居り、卒業の上は掌典と為る希望に付、貴官（予）へ依頼し置き呉よとのことなるか、来年のことを今より依頼し置く訳にも行かさるへしと云ひ置たり。只其御意を請ひ置くと云ふ。予承知の旨を答ふ。予、敏四郎氏の婚約問題は如何なりたるやを問ふ。有馬、自分（有馬）は大分詳しき談を聞き、先方の父よりの書状も示されたり。其書状には結婚は卒業後にて宜しきも、諸方よりの結婚申込を拒絶する為、婚約丈は早く結ひ置き度との趣意なり。敏四郎氏より仁田原（重行）に話されたるか、仁田原は戸田子爵の薨去後日も浅きに付、今暫く右様のことを談する時期に非すとて、之を拒み居る所なりとの談を為せり。話すること十二、三分間許。有馬、便宜の為出勤先（宮内省）に来るか、迷惑には非さるやと云ふ。予差支なしと云ふ。十二時後二分許にして、有馬辞し去る。

○午後二時頃小原（駩吉）来る。小原、今朝徳川（頼倫）に、昨日大臣（牧野伸顕）と談したるは、朝融王婚約解除のことなりしやと云ひたるに、徳川は其事もありたりと云ひ、他に何か談ありたる様に聞きたる故、之を問はんと思ひたるも其暇なかりしか、何事を談したるならんと云ふ。予、予〔も〕東京駅にて婚約解除のことは聞きたるも、其他には聞きたることなしと云ふ。

小原、野村（礼譲）の談に依れは、酒井家の娘は何となく厭やと云ふ気か起り、其後解約の口実を求むる為種々のことを捜かし出したるものにて、節操云々の風評ある為め、之を嫌ふ様になりたるものに非すとのことなり。野村は、宮内大臣（牧野伸顕）より邦彦王殿下に話したることに付ては、殿下より返答はなされさるならんと云ひ居りたりと云ふ。予、本月二十日国分三亥と談したる始末を談し、又同日入江貫一と談したる始末を談したり。小原、武井守正か先日平田東助に逢ひたる後、武井守成か其父（守正）に対し、宮内大臣（牧野伸顕）は辞職すへきやと云ひたるに、守正は珍しく明かに、辞職せすと云ひたる由。是は平田と談したるとき聞き得たることと思はる。依て自分（小原）より西園寺（八郎）に其話を為したる処、西園寺（八郎）は自分（西園寺）は左様にはどーしても思はれすと云ひ居りたりと云ふ。予、此時入江（貫一）か関屋（貞三郎）に対し、大臣（牧野）は辞職する意ありやと云ひたるに、関屋は右様の模様なしと云ひ〔たる〕趣なることを談し、入江は或は右様の談か伝はりたるものならんかと云ひ居りたるも、武井守正の談と関屋の談とは関係なき様に思はる。

小原又関屋か上野公園を東京市に渡したることに付、失策を為し居る由。夫れは武井守正等か組織し居る会に公園の幾分を貸附けあるか、武井等には何の談もなさすして東京市に渡したるより武井等か不平を唱へ、関屋は閉口して、小原や西園寺抔か自分（関屋）の過失を見出して喧しく云ひ居る所なる故、此ことは是非秘密に為し呉よ。二、三万円位の金ならは之を出すことにすへき旨、武井守正に依頼したる趣なりと云ふ。予其会には平山成信も関係し居る筈なりと云ふ。小原然りと云ふ。予、其貸地のことは先年神谷（初之助）か東京市へ下付せらるる問題の決定するまては、質地の契約を結ふこと出来すと云ひて反対したるか、平田（東助）等の取成にて遂に貸渡したることあり。多分其地所ならんと云ふ。

予又可笑しきことを問ふが、先日君（小原）と徳川（頼倫）と此処にて談するとき、談に徳川より予の授爵のことを牧野に談し、牧野か之を肯せさりしことに及ひたるとき、君（小原）

より徳川に対し、今一つのことは或は反対あらんと思ひたるも、予のことに付ては無論反対なからんと思ひたるに、意外のことなりと云ひたることとありしか、今一つのこととは何事なりしか。或は大森鍾一の陞爵のことにてもありたるかと云ふ。小原、否。其ことは全く問題とならす。其時の話は確と記臆せさるも、富井政章の授爵か実行せらるるならは、君（予）のことも十分主張するか宜し。若しどーしても之を諾せさるならは、先年官制改正のとき叙勲の詮議なかりし故、責めて叙勲のことても主張するか宜しき旨徳川に談し、徳川より此ことも持ち出したる筈なるも、両方とも行はれさりしなりと云ふ。予、予のことは兎も角、富井の方は実行させ度かりしなり。清浦（奎吾）も何故に之を撤回したるへきやと云ふ。

小原、岡野（敬次郎）を枢密顧問官となすことも清浦か反対したりとのことなるか、事実なるへきやと云ふ。予、新聞には本人か辞したりとも、清浦か拒みたりとも記し居るか、孰れか事実なるや分らすと云ふ。小原、岡野の授爵問題は先年も伊東巳代治より持ち出したる筈なり。今度清浦か之を撤回したるは伊東の感情を害すへきを、清浦か之に拘はらす撤回したるは如何なる事情なるへきやと云ふ。予、清浦も現職を罷むるときは伊東に用もなしとて、勇気を出したるものならんかと云ふ。小原、大臣（牧野）は何故に骨折りて富井を拒みたるへきや。全体大臣として部下の労に酬ふる為、相当の処置を為すは当然なるへきに、余りに薄情にて其心理を解することを得すと云ふ。話すること十四、五分間許にして去る。

〔欄外に付記〕

二月二十二日午前十一時後、有馬泰明か来りたるとき、同人より有馬家の蠣殻町の貸地に付、某（久留米人にて久留米屋と称し、久留米絣を売る者。其氏名は予之を忘れたり）より有馬家に書面を出し、貸地は震災後本建築を許さゝるまでを期限と為し、本建築を許されたるとき、更に契約を締結する方便なるへき旨を申出て居れり。此ことに付ては、某の借地は道路敷〔地〕として徴収せらるる模様あるに付、他の地所を借り得る便宜の為、右様のことを申出てたる趣なりと云ふ。予、某の本意は那辺に在るも、長期間の貸地契約を為し置かさることは有馬家の為にも利益なく、本建築を許されたるとき、某に他の地所を貸すか否は別問題と為し、短期の貸地契約を為し置くことは悪しきことはなからんと云ふ。

二月二三日

○二月二十三日土曜。曇後薄陰。

○午前九時三十分より出勤す。

○午前十時頃金井四郎来る。金井、先日永山千香の病気を見舞たるか、其時までは意識も確かにて非常に喜ひ、病人は我儘を云ふものに付、今後今一度見舞に来り呉よと云ふに付、六日の後に今一度来るへしと云ひたるに、六日後までは自分（永山）は死せすと云ひたり。其ことを妃殿下に申上けたるに、夫れならは六日の後と云はす、直に行きてやるか宜しと云はれたるが、自分（金井）は永山を見舞ひたる後直に風邪に罹り、二日間許にて起ること出来たる故、再ひ見舞たるに、其時は最早精神不確かにて余り喜ひもせす、帰るとき難有と云ひたる位なり。第一回に見舞たるとき、宮邸よりの見舞金七十五円と、永山か宮邸を去るとき表奥の職員に贈りたる金百円を夫々出金せしめ、夫れに貴官及他の見舞を加へ、計二百十余円を遣はしたり。

永山の長男（十七歳）は不良性を帯ひ居り、母か危篤の際にも外出する位なる故、十分注意し置き、看護婦にも子供等の外出を止むる様注意し置たるも、愈々危篤となりたるときは長男は在らさりし趣にて、娘〔華子〕より電話にて如何したらは宜しかるへきやと東久邇宮邸に申来れり。依て田村捨吉（或は阿部仁三郎なりしか）を遣はし、阿子様附に付長く居らす直ちに立帰るへき旨申聞けて、之を遣はしたり。宣教師（外国人、名は予か忘れたり）某か深切に世話し、同人（宣教師）より関屋貞三郎妻〔衣子〕か金井と協議して、永山の子供の処置方を定め度と云ひ居る旨を告けたるも、永山には親族も少なからさる故、親族か世話せさるならは相談もすへきも、直に手を出す訳には行かさる旨、宣教師へ話し置けり。永山は永山家の墓地に葬ることを好ます。又嵯峨家（実家）の墓地にも葬むることを好ます。生母〔不詳〕の墓か駒込に在るに付、其処に葬むる様にし度と云ひたり。自分（金井）か、誰か親族の人へ通知するやと云ひたるに、嵯峨（侯爵）〔公勝、永山千香子の義兄〕の妻〔仲子〕か或は来らん。然し地震のとき足に怪我し居る故、来たること出来さるならん。永山の方に通知すれは、親族の者来りて家具等を持ち去る丈けのことに付、之を通知せすと云ひたりと云ふ。予、先日片岡久太郎に嘱して贈りたる香料五円を金井に託し、之を償はしむ。永山の屍は火葬し、葬儀のことは未た決定せさる趣なり。

金井、稔彦王殿下に羅馬尼行の旅費として四万余円を出す旨、宮内大臣より通知あり。是は逆為替にて払ふことゝなるへしと云ふ。予、其旅費は殿下一人分なりや、又は随行員の分も含み居るやと云ふ。金井分からすと云ふ。金井一たひ去りて復た来り、殿下の分は三万円にて、其余は随行員の分なる趣なりと云ふ。予か金井と談し居るとき、渡辺直達来る。此時は予と金井とは審査官の室に在り。渡辺か来りたる故、予は自室に返る。

渡辺、仙石政敬の妻〔素子、久邇宮朝彦親王六女、故人〕は久邇宮より行き居り、岡山の池田家にも同宮より行き居りたる故、池田家の当主〔宣政、旧岡山藩主池田家当主、侯爵、母安喜子〈故人〉は久邇宮朝彦親王三女〕は仙石の妻なりし人の姪に当る訳なり。仙石より自分（渡辺）に対し、当人は二十二、三歳にて、早く結婚せしむる必要あり。頼寧氏の次女を貰ひ度との希望あり。池田は若年にて監督の必要もあり、縁談成立すれは頼寧氏より監督し貰ふても宜し。依て自分（渡辺）より様子を聞き見呉よ、とのことなりしなり。自分（渡辺）は此ことに付有馬秀雄に談したる処、秀雄は君（予）に談する方宜しと云ふに付、之を談すと云ふ。

予、其内機会を以て頼寧君に問ひ見ることにすへきも、是まて予の聞き居る所にては、姉の縁談決せさる中は妹の縁談を為すことは好まさる様の話なるに付、多分承諾せられさるならん。

池田家のことは頼寧氏は余程前に何人よりか話を聞き居られたる様なりと云ふ。渡辺、自分（渡辺）は仙石よりの依頼に因り此談を為すも、有馬家にて談を進めらるるならは、余程十分に池田家の状況、殊に本人の性行等を調査せらるる必要ありと思ふ。早く談を決せされは、本人の品行に懸念すへきことありと云ふ如きことも、余程注意すへきことならんと思ふ。兎も角、自分（渡辺）より仙石には、君（予）に談し置たり。君（予）は其中頼寧氏に談すへきか、予て聞き居る所にては姉の方を先きに決することを望み居るに付、多分出来難きことならんと思ふ旨を話し居る趣を告け置くへしと云ふ。予、種々の差支あり、急に頼寧氏を訪ひ難きに付、其ことは含み置き呉よと云ふ。渡辺急くことはなしと云ふ。

予、先日松平伯の子直冨〔松平直之長男〕か予か不在中に来訪し、君（渡辺）のことに付世話になりたる故、挨拶に来りたる旨を述へられたる由。予は何事も行届かす、松平氏の来訪は気の毒なりと云ふ。渡辺、従来種々世話になりたるか、今後も宜しく頼む。全体兄（直之）か往訪すへき筈なるも、病中なる故、直冨か名代に行きたる訳なりと云ふ。予、直之の近状を問ふ。渡辺、別に悪しくはなきも、宜しくもなし。少量宛は酒も飲み居れり。此ことに付ても医師に二様の意見あり。一方は絶対に禁すへしと云ひ、一方は到底回復の望なき故、之を禁する必要なしと云ふに在り。少しく酒を過こしたる様のときは、尿の失禁を為す様のことありとの談を為したり。

〔欄外に付記〕

直冨の冨の字は昭和十二年十月二十五日午後二時十分記入す。

直冨の二字、前の冨の字と同時に記入す。

予と金井との話の央に渡辺か来りたる故、金井との談は之を中止し、渡辺とは予の事務室にて話し、渡辺か去りたる後、審査官室に行き、金井を誘ひ、予の室に来り、談を継続せり。金井か予の室に来りたる後の談は、稔彦王殿下羅馬尼行の旅費のこと位より後のことなり。

○午後零時後、食堂にて徳川頼倫、入江貫一、関屋貞三郎等と話するとき、談御料地のことに移り、関屋、小田原の御料地を交換したることに付ては、御料地の評価過低なりしことに付会計審査局よりの非難もありたるか、成程彼の交換は不当なり。兎に角、矢張り実地を見されは事情分り難しと云ふ。入江、地所の評価に付何か規定てもあるかと思ひ、問ひ見たるも、何もなき趣なりと云ふ。予、林野管理局にては交換渡地の方は大木あり、土地を渡したる後も大木を保存すへしと云ふ如き条件を附けたる故、価格を低下せさるへからすと云ふも、其地所はホテルに使用する故、大木あることは非常なる価値なり。価格を低下する理由とならすと云ふ。入江、渡地には水なしと云ふこともありたるも、是も理由とするに足らすと云ふ。予、小田原にては先年より水道の計画ありたるか、水道か出来さるも、中学校抔にては先年より電気にて水を揚け居り、水なきことも左程不便なることには非すと云ふ。小原は一たひ食堂を去り、常盤松の地図を持ち来り、東伏見宮邸建築設計を説明す。予、いつれ其内朝鮮総督府を経て申来ることとなるへきか、李堈公も東京に別邸を作り度希望あり。尤も極めて小規模の望なりと云ふ。小原、其位のことは常盤松にて十分都合附くへしと云ふ。関屋も同様のことを云へり。

予か審査局に返るとき、小原と共に廊下を歩す。予、本月二十七日には山崎四男六の送別会を開く趣なりと云ふ。小原、其ことを聞きたる故、自分（小原）は記念品を贈る積しも、其上送別会を開くは、南部（光臣）抔に対する取計ひと権衡を失するに非すやと云ひたるも、別に悪しきことには非す、反対はせすと云ふ。予記念品を贈ることもありやと云ふ。小原、其ことになり居れり。全体に記念品を贈れは、送別会は開くに及はさることとなりと云ふ。此話は廊下にては尽きす、小原は予の室まて来り、談を終りて直に去りたり。

○午後二時三十分より馬車に乗り、司法大臣官舎に行き、諮問第四号（刑法改正）の幹事会の状況を視る。幹事、泉二新熊、牧野英一、山岡万之助、林頼三郎、小野清一郎〔刑法学者、東京帝国大学法学部教授、臨時法制審議会幹事〕、岩村通世及委員小山松吉等来り居り、答申案を協議し居れり。特別の犯罪に付ては、尊属親に対する罪は普通人に対する罪よりも刑を重くすることは一同異議なき模様なりしなり。予は三時十分頃より家に帰る。

○午後六時十分頃より歩して秩父宮邸に行き、皇族講話会に参せんとす。会々微雨あり。乃ち人力車を召はしめて行く。皇族の来り会せられたるは、閑院宮及其季女華子女王、伏見宮〔原文空白、敦〕子女王、知子女王、梨本宮、同妃、同規子女王、山階宮大妃、世子、同妃各殿下、皇族附職員田内三吉、国分三亥、三雲某、梶田文太郎等、皇族附武官数名、御用取扱数名。秩父宮殿下接待あらせられ、別当山辺知春、事務官前田某〔利男、前田利同の娘婿、伯爵溝口直正五男、伯爵〕等周旋す。大学教授末弘厳太郎〔民法学者、東京帝国大学法学部教授、臨時法制審議会幹事〕、農村問題に付一時間十分許講演し、終て一同茶を喫し、八時二十分頃より講談者伯鶴〔二代目大島伯鶴〕（字詳かならす）高野長英伝を談し、九時後に至りて終る。家に帰りたるは九時四十分頃なりしなり。

○午前、内子菓子舗虎屋に行き、有馬伯夫人に贈る夜梅五本を買ふ。

二月二四日

○二月二十四日日曜。晴風寒。

○午前八時より人力車に乗り、橋場有馬邸に行き、九時四十分頃達す。伯爵夫人に面し、其父戸田子爵か先日薨去したるを弔し、夜梅（菓子）五本を贈る。之と話すること少時、伯爵浴を出て亦予と話す。別に用事なし。伯爵は頭部に腫物を生し、隔日に医土肥慶蔵に就き、注射を為し居るとのことなり。次て事務所に過きり、有馬泰明に先日泰明より予〔愛〕に郵送したる、原熈か有馬秀雄に贈り、有馬頼寧氏をして同情会其他の関係を絶たしむる為、原より石黒忠〔原文空白、篤〕に嘱し頼寧氏に説かしめたるも、頼寧氏か之を肯んせす、当分現状の儘経過するより外致方なき旨を報する書を泰明に返す。之を返したるは、泰明の書状の趣意に従ひたるなり。

予か有馬家に達したるとき、有馬敏四郎応接所に来り、予に面し、予か一月十六日に有馬家に行きたるとき、敏四郎の室に行きたるも、敏四郎か在らさりしことに付挨拶す。予、昨年地震のとき（九月四日頃）及今年新年に敏四郎か来訪したることを謝す。十時三十分頃より帰途に就き、十一時四十分頃達す。
○午後、書を鈞、啓二郎、強五郎及松寺竹雄に贈る。
○内子、風邪の気味にて臥褥す。

二月二五日

○二月二十五日月曜。晴。
○午前九時三十分より出勤し、直に昨年法律第〔原文空白、五六〕号震災善後公債法を載せたる官報及今年二月英米両国にて公債を募ることを載せたる官報を西野英男より借り、之を持ちて枢密院事務所に行き、十時より（震災善後ニ関スル経費支弁ノ為公債発行ニ関スル件）の審査委員会に列す。委員長は穂積陳重、委員は安広伴一郎、平山成信、有松英義、予、武井守正、目賀田種太郎なり。議長浜尾新、副議長一木喜徳郎、書記官長二上兵治、書記官村上恭一、堀江季雄、書記某々等出席し、政府よりは内閣総理大臣清浦奎吾、内務大臣水野錬太郎、文部大臣江木千之、農商務大臣前田利定、大蔵大臣勝田主計、大蔵次官西野元、主計局長某〔田昌〕、法制局長官佐竹三吾、地方局長〔潮恵之輔〕外数人出席し、開会の初、清浦及水野、勝田等より説明を為し、委員との間に屢次に問答を為し、午後零時十分頃一と先休憩し、午餐後委員会を続行し、三時四十分頃原案を可決す。午後は、大臣等は急なる事件にて閣議を開く必要ありとて出席せす、政府委員のみにて開会し、三時頃質問尽きたるを以て政府委員の退場を求め、委員間の協議に移り、剰余金にて本件の経費を支弁せしむるか穏当なりとの意見もありたるも、結局原案を可決し、報告書は委員長と書記官長とに委任することに決す。
午餐のとき二上兵治、一木喜徳郎より、表面の問題とはなり居らさるも、昨年政府は緊急勅令を以て（物資供給ニ関スル規定）を定め、物件購入の代価支弁の為、一億円を限り借入金を為すことを得る旨を定め、昨年末臨時議会のとき、之を提出して議会の承認を求めたるに、議会は之を否決せり。然るに、代価の未済に属するもの三千万円許あり。政府は、緊急勅令は議会の不承諾に因り、将来に向て効力を失ひたるも、既に買ひ入れたる物件代価なるを以て、尚ほ該勅令に依り借入を為して之を払ふことを得るものと解釈すと云ひ居れり。枢密院として之を聞かされは兎も角、之を聞き、其事か憲法に違反すと思ふ以上は、之に関する意見を纏め政府に通知し、政府をして違憲行為を為さしめさる様に為す必要ある旨を主張したれとも、予等は正式の問題となり居らさるものに付、自ら進みて関係する必要なしと云ひ、結局政府にても買入れたる物件を売却すれは、其代価を払ふことを得るに付、借入を為すに及はすと云ひ居るとの話あり、枢密院にては此ことに論及せさることゝ決したり。

三時四十分頃審査局に返り、審査官と雑談し、四時より退省す。

○午前十時前穂積陳重より、今日は緊急を要する事件に付、午後も委員会を開き度と云ふに付、雇員に嘱し審査局に電話し、予か午後も枢密院に在る旨を告け、宮内省の弁当は不用なる旨を告けしむ。
○午後三時四十分頃西野英男より、先刻東久邇宮より電話し、貴官（予）不在の旨を告けたる処、来局の上通知し呉よと云ひたりと云ふ。予、東久邇宮に電話せしむ。金井四郎、皇太子殿下御婚儀の饗宴時期は既に決したりやと云ふ。予、大概五月下旬なるへき模様なるも、未た決定せさる旨を答ふ。
○内子、尚ほ臥褥す。

二月二六日

○二月二十六日火曜。晴。
○午前九時三十分より出勤す。
○午前十時後金井四郎来る。予、昨日の電話は困りたり。大概は五月下旬に饗宴を催ふさるへき模様なるも、未た決定したる訳に非すと云ふ。金井、饗宴の時期に因り妃殿下の衣裳の関係ありとのことに付、之を問ひたるなりと云ふ。金井又東久邇宮にて雇員一人雇ひ入れんと思ふ。審査局に居る雇員は如何なる人なりやと云ふ。予、人物は真面目なり。気のきく方には非す。尚ほ夫れとなく本人の意向も探り置くへしと云ふ。
○午前十一時頃西野英男に雇員高沢某の性行を問ふ。西野、性質は極めて真面目なり。体質は余り強壮ならさる様なるも、屢々欠勤する様のことはなしと云ふ。予、東久邇宮附雇員に適すへきやと云ふ。西野、気のきく方には非すと云ひ、尚ほ同人の兄〔高沢賢一、東京帝室博物館属官〕か博物館の属官を勤め居る旨の談を為せり。予今日は夫沾のことに為し置くへき旨告く。
○午後零時後食堂にて、九条道実、関屋貞三郎、入江貫一と話す。九条と関屋とは二十三日、二十四日に沼津へ行き、天機を奉伺し、天皇陛下の御姿勢の是まてより右に傾かること甚しきを見たる趣にて、侍医頭池辺棟三郎を召ひ、実見したる御容体を告けて其意見を問ひ、池辺は時に因り御容体変るも、別に甚しきことには非さる旨を述へたり。御容体の談済みたる後、予池辺に、脈の血圧を計るは面倒なることなるやを問ふ。池辺、簡短のことなり。但し血圧高しとて一概に憂ふるに及はす、又低しとて安心する訳に行かす。心臓弱けれは血圧低きことあり。西園寺公（公望）抔は二百以上もあれとも、別に害なしと云ふ。予普通は幾許位なりやと云ふ。池辺、年齢に因り同しからす。若きときは百二十位、六十位になれは、百五、六十位より二百以上になることもありと云ふ。予何日にても計ること出来るやと云ふ。池辺、自分（池辺）の方より都合宜しきときを通知すへしと云ふ。
○午後零時後、食堂にて未た午喫せさるとき、山辺知春に遇ふ。予、只今は秩父宮に居るや、又は北白川宮に居るやと云ふ。山辺両方に行き一定せすと云ふ。予、近々都合の宜しきときに話を聞き度し。都合を問ひ合せたる上にて、予より行くへしと云ふ。山辺自分（山辺）より行きて宜しと云ふ。
○午前十時後、金井四郎か来りたるとき、既に山辺（知春）の談を聞きたりやと云ふ。予、未た之を聞く機会を得す。先夜秩父宮にて遇ひたるも、之を聞く訳には行かさりしと云ふ。予又同夜女王の来り会せられたる人多かりしことを談す。金井、秩父宮の御催ふしに付、多かりしならん。伏見宮にては、双生児の為結婚のことに付心配し居らるる模様なりと云ふ。予、伏見宮の両女王は美事なりと云ふ。金井、梨本宮の規子女王よりも余程美なり。山階宮は規子女王を好まるるとのことなりと云ふ。

○午後二時四十五分より宮内大臣官舎に行き、朝鮮総督府警務局長丸山鶴吉か朝鮮の事情を談するを聴く。其要旨は朝鮮全体は現今静穏なり。支那及外国に在る朝鮮人は尚ほ排日思想を有す。排日家は初は外国就中米国の援助に因り独立の目的を遂くることを得るものと思ひ居りたるも、事実上反対のこと多き為之を断念し、自力即ち智識富力の昂上に因り目的を達せんとし居る所なり。然れとも、是方法にて目的を達せんとするには、内地の承認を得さるへからす。近頃は稍々此点に想到し、兎も角内鮮共同して共存共栄を図り、内地にて朝鮮の独立を許しても宜しと云ふ時期に至るを待たされは、到底目的を達し難しと云ふことに気附きたる者若干出来たる様なり。此ことは自分（丸山）か一年半許前より考へもし、懇意なる朝鮮人には話しもしたることなり。

唯義烈団丈けは実行力に富み、極めて危険なり。団長〔原文空白、金元鳳〕は密陽辺の者にて、在支那の排日家〔原文空白〕を頼り身事を謀りたる処、〔原文空白〕より、年少の者は劇烈なることを為さゝるへからすと云ひたる趣にて、夫れ以来義烈団員は団規も設けす、行動は常に単独にて共同動作を為さす、故に之を検挙することを得す。先頃二重橋にて爆裂弾を投したる犯人〔金祉燮〕も団員の一人にて、上海より爆弾三個を携へて出発したることは疾く内報を得たる故、之を内地に報し置たるも、其道程を詳かにすることを得す、内地にては普通の郵船等にて上京するものと思ひ居りたるに、犯人は小船の船員を買収し、若松より上陸したる為、之を発見することを得さりしなりとの談を為せり。

〔欄外に付記〕

鶴吉の二字、昭和十二年十月二十五日午後三時頃記入。

予、李始栄〔朝鮮の独立運動家、元大韓帝国官僚〕の近況を問ひたるに、李は上海の仮政府にて始めより大蔵大臣の職に就き居ると云ふ。五時十分頃に至り談終る。丸山直に去る。予亦馬車に乗り、家に帰る。

○午後六時頃渡辺直達電話にて、先日依頼し置たる有馬頼寧氏の次女を岡山の池田家に貰ひ度ことは、仙石政敬より松田正之に談し、松田より頼寧氏に問ひたる処、次女は既に他に婚約ある旨を以て断はりたる趣なり。依て頼寧氏よりの答と齟齬する様のことありては面白からさる故、含まてに通知すと云ふ。予、既に松田より頼寧氏の答を伝へたる以上は、予より更に頼寧氏に問ふ必要なきに非すやと云ふ。渡辺最早之を問ふ必要なからんと云ふ。

○内子尚ほ臥褥す。

二月二七日

○二月二十七日水曜。晴寒。
○午前八時後九鬼隆一より電話にて、今日午後五時三十分より来訪し呉れ度。話を聴き、晩餐を饗し度と云ふ。予、今日は山崎四男六の送別会ある故、行き難き旨を答ふ。
○午前九時三十分より出勤す。直に西野英男に、今日午後五時頃山崎四男六送別会の為新宿御苑に行くに付、自動車を借り度。同乗者ありても固より差支なき旨を語り、直に枢密院控所に行く。控所にて穂積陳重より、君（予）は久しく立法事業に従事し、自身執筆したるもの、又は委員長と為りたる様のこと少かららん。少しく他のことに付参考し度ことある故、急くことはなき故、廉書にて宜しき故之を記し呉よと云ふ。予朝鮮のことも記入するやと云ふ。穂積、夫れも記し呉よ。先年一緒に戸籍法を起草したることもありたりと云ふ。予戸籍法以後のことにて宜しきやと云ふ。穂積、戸籍法抔は小なるものならん。其前に刑法等もあらん。此等一切記し呉よと云ふ。
○午前十時より議場に入る。先つ（震災善後ニ関スル経費支弁ノ為公債発行ニ関スル件）を議す。穂積陳重、審査委員長として審査の結果を報告す。久保田譲質問し、水野錬太郎、勝田主計答弁し、全会一致にて原案を可決す。次て公衆衛生国際事務局設置に関する千九百七年の羅馬協定に加入の件を議す。書記官二上兵治審査報告を為し、一の発言なく可決す。又開港々則中改正の件を議す。二上の審査報告にて是亦可決す。次て外務大臣松井慶四郎〔男爵〕より、対米対露の外交状況を報告す。対米に付ては、排日家ジョンソン〔アルバート・ジョンソン、アメリカ合衆国下院議員、一九二四年移民法の起草者の一人、Albert Johnson〕より憲法改正案を議会に提出し、米国人たることを得さる者の子は米国に生るるも米国人たることを得さることに改めんとする案なるか、日本政府は其案に抗議し、米国々務卿ヒュース〔チャールズ・エヴァンズ・ヒューズ、Charles Evans Hughes〕も議院に書を贈り、改正案の不可を鳴らし、米国の新聞紙も排日地方の外、挙て其不可を論し居るに付、多分通過することはなからんと思ふと云ふ。又対露に付ては、国交復旧は相互の意思の懸隔甚しく、只今定案なしと云ふ。久保田譲質問し、清浦奎吾之に答へ、目賀田種太郎質問し、松井之に答ふ。問答を終はりたるときは午後零時二十分頃なり。

次て控所に入り、浜尾新より、昨日清浦奎吾、前田利定、枢密院事務所に来り、政府は火災保険問題解決の為、緊急勅令を以て財政上の緊急処分を為すことに決したる故、予め諒解を請ふとのことなりし故、此問題は憲法に関する問題もあり、非常に重大なる故、政府より枢密院に御諮詢のことを奏請せさることを望む旨を告け置たり。清浦は、総理としては緊急処分を為すは不当なるへきも、事情は切迫し、之を放任すれは運動益々劇烈と為り、或は武力を以て鎮圧せさるを得さる様のことあるやも計り難し。右の如きことありては不祥なることに付、緊急処分を為さんと欲する旨を述へ居りたり。右の次第に付、昨日の事を報告し、諸君の意見を聴き度しと云ふ。

予、議長より御諮詢を奏請せさることを望む旨を述へたるに拘はらす、内閣にては是非之を奏請する旨を言明したりやと云ふ。浜尾、一木より、其ことを断言したるには非す。之を奏請せんと欲する旨を述へたりと云ふ。次て穂積陳重は、此場合に緊急勅令を出して財政上の処分を為すことは、明に憲法第八条の趣旨に適せす。政府より御諮詢を奏請することは、政府の為にも不利なる故、是非之を止むる様勧告を望む旨を述へ、久保田譲亦同様の趣旨を述へ、憲法問題は別とするも、実質に於ても被保険者のみを保護し、一般の罹災者を保護せさるは、衆議院にて政府より提出したる火災保険会社より被保険者に見舞金を出すことゝ為し、政府より保険会社に金を貸す案を握り潰したる趣意にも反する故、枢密院にては之を通過しめ難し。若し枢密院にて否決する如きことあらは、政府は其為め責任を引かさるへからさることゝなるへし。故に議長より此等の点を十分に説明して、思ひ止ま〔ら〕しむることを望む旨を詳述し、又政府か被保険者の乱暴なる運動を取締らさることの不都合を論したり。

有松英義は、此問題に付ては或は政府は御諮詢を奏請し、責任を枢密院に帰する様のことを為すやも計り難きか、万一右様の場合になりたらは、当院は甘〔ん〕して責任を取らさるへからすと思ふ。其の為政府か瓦解する様のことありても、又世人か当院を非難する様のことありても、是も勿論頓著すへきことに非す。故に御諮詢を奏請せさる様にすることを望むと云ひ、黒田長成、井上勝之助、平山成信等亦簡短に同一の趣旨を述へ、穂積は更に、仮りに此問題か枢密院を通過して目的を達したりとすれは、多衆の直接行動は何事も目的を達することを得ることの範を示すものにて、安寧秩序を維持する処分に非すして、之を紊乱する為の処分と為る故、此ことも十分に政府に説明せられ度と云ふ。午後二時三十分頃に至り始めて協議を終り、浜尾、一木より至急内閣に枢密院の意向を告知する必要ありとして散会せり。至急に政府に通告する必要あるへきことは、武井守正より之を発言し、政府か此ことに付今日閣議を開くとのことに付、閣議を終り、直に上奏して御裁可を仰くやも計り難し。其手続を為す前、通告する必要あるへしと云ふ。

二時頃入江貫一、予と井上勝之助とに宮内省に弁当を注文し置たりやと云ふ。予も井上も注文し置かすと云ふ。入江、弁当屋に電話し置くへしと云ふ。予等之を依頼す。二時四十分頃食堂に入り、卵焼と麵麭のみを食す。

○午後四時より上野季三郎、杉琢磨と自動車に同乗し、新宿御苑に行く。山崎四男六の送別会に列する為なり。時尚ほ早し。入江、上野、東久世秀雄等五、六人と共に温室を観る。技師平野英一案内す。六時頃より食卓に就く。関屋貞三郎、幹事として送別辞を述へ、山崎之に答へ、七時後宴を撤す。小原駩吉、殿部にして講談を能くする某をして講談を為さしむ。某二題を談す。八時頃終る。予は直に馬車に乗りて家に帰る。九時前達す。

○内子、感冒して臥褥す。

○午前、予か出勤したる後、十分間許にして来訪したる者あり。

婢鶴之を取り次き、氏名を問はす。来りたる者亦之を告けす、明日復た来るへき旨を告けて去りたる趣なり。

○山崎四男六の送別会に列したる者は、井上勝之助、徳川頼倫、関屋貞三郎、山辺知春、大谷正男、小原駩吉、杉琢磨、福原鐐二郎、松浦寅三郎、大島義脩、上野季三郎、浅田恵一、大木彝雄、東久世秀雄、和田国次郎、渡部信、勝田圭通等二十余人なり。新宿御苑にて食後、予山辺知春に、稔彦王殿下に随行して巴里に在る池田亀雄は不都合なること多きに付、之を罷むる途を考ふるも、殿下か之を信し居らるる故、罷めて〔も〕之を使用せらるへく、好工夫なき旨を談す。山辺も工夫なしと云ふ。

○午後一時頃有馬頼寧氏審査局に来りたるも、予か枢密院に行き居りたるを以て直に去りたる旨、三時前予か審査局に返りたるとき、西野英男より之を報す。

二月二八日

○二月二十八日木曜。晴寒稍軽し。

○午前八時頃九鬼隆一より電話にて、今日午後六時頃来り呉よ。晩餐を共に〔し〕度旨を告く。予、昨日も辞し、今日も辞するは不本意なるも、今日は審査局員の慰労会を開くことゝなり居るに付、今日も往き難き旨を答ふ。電話者、予をして暫く待たしめ、予の答を九鬼に告く。更に九鬼の意を伝へ、他日更に招待すへしと云ふ。

○内子尚ほ臥褥す。

○午前九時三十分頃より出勤し、今日開くへき審査局員慰労会費は予は百円を出せは宜しき旨、先日青山操より予に語りたるも、或は不足することあるへしと思ふ旨を西野英男に告け、百二十円を交す。西野、百円にて不足することなしとて二十円を返す。

○午前関東州阿片令案を調査す。明日午前十時より審査委員会を開くことゝなり居るを以てなり。

○午前九時頃（出勤前）二上兵治より電話にて、火災保険会社に対し、政府より財政上の緊急処分を以て援助せんとすることに付ては、顧問官多数の意向を聴きたるを以て、議長（浜尾新）より昨日早速内閣総理大臣（清浦奎吾）に其旨を通し、総理大臣（清浦）は、篤と閣僚と協議すへき旨の返答ありし処、其後に至り総理大臣（清浦）より政府にては十分考慮したるも他に工夫なく、矢張り枢密院御諮詢相成る様奏請する積りなる旨告け来れり。依て議長（浜尾）より、此旨を各顧問官に通知し、熟考を求め置くへき旨命せられたる故、之を通知すと云ふ。予承諾の旨を答ふ。

○午後三時後、侍医補大波良卿より電話にて、血圧を検せらるる趣なるか、審査局に行きて之を検すへきや、又は侍医寮に来らるへきやと云ふ。予、給仕をして血圧を検するには幾許位の時を要するやを問はしむ。大波、毎々之を検するに付、大略十分間許を要するならんと云ふ。予、只今直に侍医寮に行くへしと云はしめ、少時の後往く。大波直に之を検す。検査器具新物にて、今日始めて之を用ゆるものとのことにて、初の中は工合悪し。大波、器具を携えて他室に行き、之を検査し、且つ予に白シャツの下に着し居るメリヤスの襦袢を脱することを求む。予之を脱して待つ。大波返り来り、血圧を検すること三、四回。大略百六十八許なり、今後十日又は二十日の後更に検し見るへし。年齢の割合にすれは、血圧は高き方には非すと云ふ。予労を謝して審査局に返る。時に四時頃なり。

直に人力車に乗り（今朝出勤のとき、午後四時に車夫を遣はすへき旨を家人へ命し置たり）、小石川荒井賢太郎〔貴族院議員・研究会〕の家に往く。荒井正に浴す。予、其妻カスヱと話すること十二、三分間許。荒井浴を出て、予と話す。談、火災保険会社援助のこと、朝鮮銀行整理のこと、政府か特種会社より衆議院議員選挙費用を強要すること、北海道拓殖銀行総裁水越理庸か今年満期なる処、勝田主計か水越に対し退隠を勧め、水越は総裁は官選に非す、株主の選挙なる故、兎も角此度の総会までは株主の随意に選挙せしめ、其後時機を見て隠退すへき旨を勝田に答へ置たる処、大株主大倉喜八郎〔実業家、大倉財閥の創始者、男爵〕か株主の委任に依り役員を指名することゝなり、是までの副総務にて水越の排斥に務め居りたる某を排除し、水越を初、其他の役員は総て重任のことに指名したる趣なること、水越に対し懇意なる某より、政府の選挙費用の幾分を出せは円満なるへきに付、之を出すことを勧め来りたるも、水越か之を拒絶したる趣なることの談を為せり。

荒井は先頃より脈の結代〔滞〕ありて、之か為鎌倉の別荘に行き居り、昨日東京に帰りたる趣なり。時既に五時十分許となりたる故、審査局員の慰労会に偕楽園に赴かんとし、玄関に出てたる処、車夫在らす。荒井の女中之を捜かす。得す。乃ち後より車夫を偕楽園に遣はすことを荒井の家へ嘱し、予は歩して偕楽園に到る。時既に五時三十分なり。局員と倶に飲喫す。車夫後れて来る。七時後より帰途に就き、八時三十分頃家に達す。

○此朝国分三亥の父、確処〔国分胤之、旧高松藩士〕か八十八を賀する詩を書し、国分に送る。

○内子尚ほ臥褥す。

二月二九日

○二月二十九日金曜。薄陰。

今月は三十日なきを以て、今日を以て先考の忌日と做し、霊前に拝す。

○午前九時三十分より出勤し、直に枢密院事務所に到り、関東州阿片令案の審査委員会に列す。十一時三十分頃質問を終り、直に原案を可決す。

○午前八時頃菊池剛太郎来り、福岡日々新聞社に雇はるる希望あり。先日、社長庄野金十郎〔福岡日日新聞社社長、元衆議院議員・政友会〕に対する依頼書を請ふ為来りたるも、貴君（予）は庄野を識らさる趣なる故、之を強ゆへからすと思ひ、其儘止めたるも、庄野は貴君（予）の名を知り居り、貴君（予）と野田（卯太郎）の依頼を必要条件とする趣なる処、野田よりは既に之を得たるに付、貴君（予）の一書を得度。簡短にて宜しきに付、是非承諾を請ふと云ふ。予、依頼書は之を作るへし。然し先年予は君（菊池）を推薦して韓国法部の職員に為したるか、君（菊池）は予の推薦の趣旨に反し、大に予の信用を損せり。此節は此の如きことなきを誓ふやと云ふ。菊池、是迄の非行は常に酒の為なりし処、只今は酒を禁し居るに付、多分前年の如きことなからんと云ふ。予、自己のことは自己にて決すること を得るものなり。多分なからん抔と云ふ如き語は薄志なりと云ふ。菊池は依頼書は今日に及はす。明朝まて作り置き呉よと云ふ。予之を諾す。

○内子尚ほ臥褥す。

○午後二時三十分より、上野季三郎、大木彝雄、西村時彦と自動車に同乗して東京駅に往き、皇太子殿下、同妃殿下の沼津より還啓せらるるを奉迎す。還啓前休所にて鈴木喜三郎より、諮問第四号に付幹事の起草したる答申案既に成りたる趣なり。自分（鈴木）も未た其案を見されとも、案か成りたらは小委員会を開き、次て主査委員会を開き、成るへくは臨時議会前位に総会を開くことに致し度と云ふ。予、予は未た案の成りたることも聞かす。先頃二回幹事会に出席し、成る〔へく〕大綱丈を起案する様協議し置けり。少しく細目に入れは、幹事の間にも意見の相違ありて纏まり難き為なりと云ふ。鈴木、自分（鈴木）は小委員会は既に解かれ居るか、既に解かれ居るならは傍聴として出席すへしと云ふ。予、君（鈴木）は尚ほ小委員なりと云ふ。鈴木然らは小委員会に出席すへしと云ふ。

鈴木又火災保険問題に付、枢密院には余程反対論ありとのことなり。十分研究し呉よと云ふ。予、未た如何なるものを出さるるや分らす。出さるるもの如何に因り、意見も異なるへしと云ふ。鈴木、憲法第七十条に依る財政の緊急処分として出さるるならんと云ふ。予、全体政府か責任支出として剰余金を出すか一番無難ならんと云ふ。鈴木剰余金はなしと云ふ。予尚ほ二億円以上の剰余金ありと云ふ。鈴木夫れは既に支払に充てあるものなりと云ふ。予、夫れは所謂財政計画にて、数年後の支途に充つるものにて、現に計上せられ居るものに非すと云ふ。鈴木、先日枢密院にても剰余金なきことを認め、二千四百万円余の公債発行を可決したるに非すやと云ふ。予、彼の件も剰余金支出か穏当なるも、政府か承知せさる為公債に依ることゝなりたりと云ふ。鈴木、先日は剰余金なしと云ひ、今日剰余金より支出することゝなさは、政府は枢密院を欺くことゝなるに非すやと云ふ。予、先日も実際剰余金なきには非す、其剰余金は一般会計の仕途に充つへきものなる故、之を震災に因る費用に充つることゝ為せは、従来の方針を変更せさるへからすと云ふことなりし故、政府か方針を変更したりと云へは夫れにて済むことなりと云ふ。鈴木、政府か枢密院を欺きたりとて怒るならんと云ふ。予、政府か責任支出を為すことゝならは枢密院は喜ふならんと云ふ。

鈴木、被保険者は前内閣にて其方針を言明したる故、保険金は受領することを得るものと思ひ、借金を為し居るものあり。此上延引することは事実上出来難く、延引すれは如何なること出来るやも計り難しと云ふ。予、成る程今日の如き事情を馴致したるは前内閣の行動に相違なし。然し今日まて延ひたることなる故、此上議会の開くるまて延はされさることはなからんと云ふ。鈴木夫れは出来難しと云ふ。予、保険会社なり被保険者なり、一時金を借り置けは宜しきに非すやと云ふ。鈴木最早此上延はすことは出来すと云ふ。立談すること二分間許。三時皇太子殿下の乗りたまふ汽車達す。之をプラツトホームに奉迎し、殿下の自動車進行したる後、直に上野季三郎、大木彝雄と自動車に同乗して、宮内省に返る。西村時彦は他の自動車に乗りたるならん。

○午後四時後、菊池剛太郎か嘱したる庄野金十郎に対する依頼書を作る。

○内子尚ほ臥褥す。

大正一三年三月

三月一日

○三月一日土曜。暁来微雨。午前九時頃より雪と為る。午後零時に至り雪歇む。

○午前九時三十分より出勤す。

○午前十一時後西園寺八郎来り、東宮職の現状は黙視すへからす。東宮職のことに関し憂ふへきこと三あり。其一は東宮女官と大奥女官との関係なり。此の関係か円満ならされは、其結果は延ひて、皇太子殿下と皇后陛下との関係と為るなり。其二は、皇太子殿下か妃殿下に対し余り弱くならるるの傾あり。今後何事も妃殿下の意にて決する様のことになる恐あることなり。其三は久邇宮か外戚の威を東宮内に及ほさるる恐あることなり。

最近にも皇太子殿下神宮御参拝に付、皇后陛下の御思召にて千種典侍より書を珍田捨巳に贈り、東宮女官は未た物事に慣れさる故、此節の神宮参拝には奥の女官二人を加へらるる方宜しかるへき旨を申越したる処、珍田と入江為守との相談にて、千種より申来りたりと申上けては、皇太子殿下は必す御承諾なからん。夫れよりも東宮女官はいつれも不慣にて不行届の恐ある故、奥女官二人を加ふへき旨申上けんとのことに決し居ることを聞きたり。依て自分（西園寺）は、夫れは宜し〔からす〕。皇后陛下の御思召と云ふて、御承諾を請はさるへからす。然らされは、皇后陛下の御厚意を無にするのみならす、東宮女官にては用弁せさることゝなり、其旨を皇太子殿下に申上けれは、殿下は必す東宮女官にて用弁せさることなしと主張せらるるに相違なしと思ひ、其趣意を珍田に説きたるも、珍田はどーして〔も〕承知せす、既に牧野（伸顕）にも陛下の御趣意に非さることに申上くることに協議して決定し居るとて、自分（西園寺）の言を聴かさる故、已むを得す自分（西園寺）は他に工夫することを考へ居りたり。

然るに、珍田は入江と殿下の御前に出て、奥女官二人を加ゆることを申上くることゝなりたるか、四十分間許にして未た退出せす、自分（西園寺）は是は必す殿下か御承諾なきに相違なしと思ひ居りたるに、其内に殿下は出て来られたるより、自分（西園寺）は殿下を他の室に誘ひ、珍田、入江より奥女官のことを申上けたるならん。自分（西園寺）たりとも毎事に道理あることとは考へす。例へは、神に拝する前に手水を使ふは何故なるや。手のみを清むれは全身清くなるや。手を清むる水は果して黴菌等はなきや。又黴菌あれは何故是か不潔なりや。又唾液は何故不潔なりや。月経は何故不潔なりや。いつれも道理にては之を説明し難し。然れとも殿下たりとも一概に道理のみに依りて行動したまふ訳に非す。一たひ吐き出したる唾液を再ひ呑み込むことは、殿下たりとも好みたまはさるへし。世間のことは大概習慣に依ることなり。帽を脱したりとて、何故是か敬意を表することゝなるや。帽を脱せさるも、敬意さへあれは宜しき訳なるも、帽を脱することは一般の慣行なり。殿下も此等の慣行まて無視なさる訳にも非さるならん。故に殿下の公の御職務なる摂政の御権限に関することならは少しも御枉けなさることは出来さるも、其他のことならは強ひて理論を主張なさる必要なし。此度皇后陛下より奥女官を附けらるることは、全く厚き思召に出つることなる故、仮令ひ理論は分らさることありても、反対なされさる様になされ度旨を申上けたるに、殿下はよく分りたり。承知せりと云はれたり。

其時まては殿下と珍田、入江との談は如何決したるや聞き居らさりしも、後にて聞けは、殿下は奥女官を加ゆることは御承知なかりしか、珍田、入江か強ひて願ひたる為、同行丈は承知するか、彼此口出しすることは承知せすとのことに決したる趣にて、東宮職の若き連中か之を聞き、右の如きことにては大奥に対して宜しからすとて、殿下に其旨を申上け、殿下も御承知なされたりとのことなり。自分（西園寺）は東宮女官長に対し、買収と云ふては穏当ならさるも、此度は大切の処に付、大奥の女官は成るへく好遇し、其歓心を得ることに務むへき旨を談し、女官長も其積りにて、万事取計ひたる故、至極円満にて、此節は幾分関係を好くならしめたるならんと思ふ。珍田にせよ、入江にせよ、殿下の御性質を了解せす、無理に理論にて押し附けんとする故、殿下も理論には十分発達なされ居る故、夫れにては承知なされさるなり。

又久邇宮妃殿下は余りに母たることの威光を振はるる嫌あり。他の妃殿下方は他に避け居らるるときても、自分（久邇宮妃）丈は東宮妃殿下の傍に在らるる様のことあり。牧野（伸顕）は非常に竹田〔宮〕妃殿下を信用し居れとも、自分（西園寺）は少々疑ふこともありと云ふ。予、竹田宮妃殿下は時々意地悪きことをなさることありと云ふ。西園寺、其通りなり。先日も東宮妃殿下に対し、東伏見宮妃か余り度々参殿せらるるは御困りなるへきに付、東宮妃より久邇宮妃に書状を贈り、其ことを通知し、久邇宮妃より東伏見宮妃に話して余り度々参殿せさる様になされたらは宜しからんと云はれ、東宮妃殿下は其言に従ひ、既に久邇宮妃に贈る書状を作られたるか、女官長か之を聞き、夫れは宜しからすと云ふて止めたる趣なり。東伏見宮妃殿下か東宮妃殿下の輔導を為さることは、皇后陛下も御承知のことにて、宮内大臣より東伏見宮妃殿下に申上、其ことになり居ることなるに、竹田宮妃殿下か傍より之を妨けらるるは、実に怪しからんことなり。又皇太子殿下は是まては非常に規律正しき御生活にて、時間を違へらるる様のことはなかりしか、近頃の模様にては、其辺に付ても少しく注意を要することある様になりたりと云ふ。予、夫れは生来男子のみの中に在りたる人か結婚すると、一時は部屋にのみ居りたがる様になることあり。王世子に付ても右様のことあり。予は困りたりと云ふ。西園寺、其ことなり。皇太子殿下にも其傾ありと云ふ。

西園寺又久邇宮の親族も皇太子殿下を親族扱にする傾あり。先日沼津に御一泊なされたるとき、徳川頼貞夫婦（為子、公爵島津忠義二女）か今夜伺ひ度と申込みたり。是は全体不都合のことなり。成程頼貞の妻は妃殿下の叔〔妹〕母には当れとも、心安達てに夜中に伺ふと云ふはあるましきことなり。然るに其夜は丁度他に御用ありたる故、其話は止みたるも、九時頃〔に〕至り御都合宜しきことゝなり、其頃より頼貞夫婦か伺候することゝなりたる趣を聞きたる故、自分（西園寺）は侍従等に対し、其不可なることを語りたるに、既に伺候して宜しき旨を告けたりとのことに付、夫れならは致方なし。皇太子殿下は御引見なき様に致すへき旨申し置きたる処、女官長の取計にて、頼貞夫婦は其時は妃殿下のみに拝謁を願ひ、皇太子殿下には願はさりし趣なり。全体徳川頼倫抔も此の如きこと〔に〕付ては、今少し注意すれは宜しきことなるに、地震のときも頼貞か朝融王を誘ふて箱根にて音楽を為したりとかの談もありたりと云ふ。予、徳川も頼貞のことは監督出来さる模様なりと云ふ。

西園寺又皇太子殿下の修養は、講釈めきたることのみ申上けても効能なし。殿下は理論には長し居らるる方にて、口にて説かされは之を知られさるには非す。実行か出来るか否か問題なり。依て自分（西園寺）は、毎日実行すへき事柄を廉書と為し、各自に之を守ることゝ為し、毎日自ら其日の行動に付廉書に対し点数を附くることゝ為し、殿下にも之を勧めたる処、殿下も夫れは可なり。結局実行か出来るや否にて、道理は知らさることなしと云はれたり。自分（西園寺）は、自分（西園寺）等か其修養団に加はるは、決して殿下の模範と為ると云ふ積りには非す。自分（西園寺）等は元来不規則の生活を為し来り、今日にても其習慣を改むること能はさること多きに付、自分（西園寺）等を以て殿下の戒となさるる為に、之に加はる積りと申上け置きたり。

自分（西園寺）か皇太子殿下に対し種々なることを申上くるは、東宮職御用掛と云ふ丈けのことにて、東宮大夫もあれは、東宮侍従長もあり。自分（西園寺）の行動は慥に越権のこと多し。殊に自分（西園寺）は大奥にて嫌はれ居り、今日の様なることを続くるは自分（西園寺）も心苦るしく、東宮職の為にも宜しからさる故、早く東宮職より手を引かんと欲すれとも、今少し皇太子殿下の御性質を領解する大夫ても出来されは困る。責めては侍従長にても宜しと云ふ。予、君（西園寺）か今東宮職より手を引く訳には行かす。君（西園寺）の行動ならは、大奥にて君（西園寺）を嫌はるる筈なきに非すやと云ふ。西園寺、自分（西園寺）は大奥に接近する機会なく、随て別に嫌はるる訳もなき筈なれとも、誰か自分（西園寺）のことを告くる人あるに相違なし。而して其人も大概推測は出来るなり。女性の方は不断彼此云ふ人あれは、之に耳を傾けらるる様になるは当然なるへしと云ふ。

予、久邇宮御一統かタンナトンネルを視察せられたることの不可なることを説く。西園寺、朝融王の婚約解除問題は困りたることなりと云ふ。予、宮内大臣（牧野伸顕）か既に意見を述へたる上は、是非とも解決せさるを得さるへしと云ふ。予又君（西園寺）の話に依れは、島津女官長の処置は二事は確かに適当なりし様に思はる（皇太子妃殿下より久邇宮妃殿下に書状を贈り、東伏見宮妃殿下の参殿を少くすることを謀ることを止めたることと、徳川頼貞夫妻の皇太子殿下に拝謁することを願はさりしこと）。予は、女官長は島津家より出てたるものにて、牧野（伸顕）の推薦なれは、必す久邇宮家に偏する人ならんと思ひ居りたるか、其模様はなきやと云ふ。西園寺、女官長の性質は正直なる様に思はる。東宮職にては男子は女官に接しては不可なりと云ひ居れとも、自分（西園寺）は夫れに拘はらす、女官長丈けには常に会見し、表奥に事情の行違なきことを謀り居れりと云ふ。話すること十分間許。

西園寺か去りたるは、午後零時十五分頃にて、西園寺は直に食堂に行き（西園寺は食事を為す為に非す）、予も之に次きて食堂に入る。徳川頼倫、予か食堂に行くことの晩かりしことを語る。予、火災保険問題を研究し居りたる為後れたりと云ひ、西園寺と談したることを隠し置きたり。西園寺の談話中、各自の修養の廉書に、皇太子殿下は是迠は規律正しき方にて時間を励行することと云ふ如きことは全く必要なかりしも、此節は少しく其必要を感するに付、廉書中に規律を正くすること、時間を守ること、義務を欠かさることと云ふ様なる語を加ゆる必要ありと思ひ居るとのことを談したり。

○午前午後、火災保険会社に対し政府より援助金を交付せんとする件の従来の成行（昨年末の臨時議会の経過等）を調査す。

○午後三時より退省す。

○午後四時後枢密院事務官の村上恭一より電話にて、火災保険会社に対する援助金の件に関し、正式の審査委員会を開く前、委員長（穂積陳重）より内協議を為し度に付、明日は日曜日なるも、午前十時より事務所に参集を望むとのことなるか、差支なきやと云ふ。予差支なき旨を答ふ。

○内子尚ほ臥褥す。

三月二日

○三月二日日曜。曇寒。

○午前八時頃宮内省主馬寮に電話し、今日は日曜なるも、至急用出来したるに付、午前九時三十分に自動車にても馬車にても宜しき故、遣はし呉よと云ふ。当直者之を諾す。

○午前九時三十分自動車来る。之に乗り、枢密院事務所に到る。十時頃までに浜尾新、一木喜徳郎、穂積陳重、安広伴一郎、久保田譲、富井政章、平山成信、有松英義、倉富勇三郎、武井守正、目賀田種太郎、二上兵治、村上恭一、堀江季雄来る。穂積より、今日は日曜なるも、一木か明日より静岡県に旅行する趣に付、其前に火災保険会社援助の件に関する一木の意見を聞き置き度との希望（主として有松英義より）もありたる故、参集を煩はしたりと云ひ、浜尾、一木よりも簡短に挨拶し、夫れより本件に関し、憲法上の疑義、実際上の急不急等に付各自に意見を述へ、午後零時後午餐を喫し、一時頃より更に協議を為し、結局、本件は昨年十二月の臨時議会にて政府より提案し、衆議院は否決の趣意を以て委員会にて審議を中止したるものなれは、憲法第七十条に所謂（帝国議会ヲ召集スルコト能ハサルトキ）と云ふ案件に該当せす、議会か議決せさりしものを緊急勅令を以て財政上の処分を為すは不可なりと云ふことを主たる理由とし、其他契約に依る交付金を会社の債務と為さゝること、株主の利益を害すへきことを商法の規定に反して為さしむるは不可なりと云ふことを決し、四時頃散会す。予は宮内省の自動車を召ひ、之に乗りて帰りたるに、予か車を下り、歩して門前に到りたるとき、数人予の門を出て来るものあり。予、火災保険問題に関し被保険者の運動員なるへく、彼等は予か不在の為将に帰り去らんとする所なるに、予か帰りたることを知らは、必す面会を請ふへく、面会すると面倒と思ひたる故、自家の勝手口を過き、自家と池田寅二郎の家との間に入りたる処、池田の庭に入り、予か家との間に木戸あり、其戸を開かされは自家に到るへからさる故、之を開きて自家に帰り、婢トシを池田の家に遣はし、震災後芦簀牆を以て通路を塞き、予か家に入るへからさりし故、無断にて池田の家の木戸を開きたることに挨拶せしむ。

○午前十一時後仁田原重行、松浦寛威、田中行尚〔実業家、玉屋〈百貨店〉社長〕来り、仁田原は其名刺の裏に、有馬頼寧氏の衆議院議員候補者と為ることに付相談に来りたるも、不在に付、明日午後五時頃更に来るへき旨を記して去りたる趣なり。田中は予は不知の人なり。

○家に帰りたる後、先刻来りたる数人の名前を見たるに、火災保険問題の委員長笠原文太郎〔東京市会議員、弁護士〕、西村徳太郎〔神田区会議員〕、小菅久蔵〔芝区会議員〕、古藤田喜助〔小石川区会議員〕、加藤三平〔不詳〕、小島亀蔵〔浅草区会議員〕、武山繁十郎〔本所区会議員〕、鹿取政次郎〔深川区会議員〕、町田保蔵〔麴町区会議員〕等九名許にて、西村以下は皆東京の区会議員なり。

○午後八時頃、予既に褥に在り。仁田原重行来る。予乃ち起き、之と話す。仁田原、実は明日午後五時頃来るへきことに致し居りたるも、今日午前に来りたるとき、松浦寛威、田中行尚と三人同伴にて、明日も松浦、田中か来ることゝなり居る故、其前一応内協議を為し置く必要ありと思ひ、今夕来りたり。松浦等の話す所にては、同人等より有馬頼寧氏に衆議院議員候補者として久留米市より出てらるることを勧めたる処、頼寧氏は之を諾し、仁田原と倉富とには予め諒解を求め置くへしと云はれたる趣にて、自分（仁田原）に其趣を申出てたり。松浦等の云ふ所にては、他の華族は頼寧氏位の年齢になり居る者は大概貴族院議員と為るか、何かして活動し居れり。然るに頼寧氏のみは部屋住にて気の毒なり。今後も此儘に致し置くならは、神経衰弱にてもなるならん。故に衆議院議員にてもなる方か宜しからんとのことなり。

自分（仁田原）の考へにては、松浦等が先頃より久留米の人と書状の往復を為し居りたる模様なる故、必す此ことに付打合せを為したるものならん。要するに此節のことは全く松浦等か勧めたるものと思はる。松浦等か久留米の誰と相談し居るやは聞き漏らしたり。自分（仁田原）は松浦等に対し、頼寧氏のことも気の毒なれとも、銘々の立場にては有馬家のことも考へさるへからす。頼寧氏か議員と為ることは有馬家の為には不利益と思ふと云ひ置きたり。右の次第に付、明日松浦等か来りたらは、君（予）と自分（仁田原）にて松浦等を説得し、之を止めさせることとしては如何と云ふ。

予、昨年伯爵より財産を分与せらるるときの条件には、頼寧氏の行動は伯爵より牽制せさる旨の条件ありたり。此節のことも伯爵より正面に之を止められては、或は反対せられすとも限らす、夫れより松浦等より久留米の事情面白からす勝算立たさる故、断念せらるる方宜しからんと云はしむる方便ならん。若し夫れても断念せさるならは、林田（守隆）、細見（保）に交渉し、同人等の取計にて久留米の事情を悪くし、到底勝算なき様にして断念せしむることも出来るならんと云ふ、仁田原、然らは其ことにすへく、明日は自分（仁田原）は五時よりも早く来ることにすへしと云ふ。予、然らは予も定刻より早く退省することにすへしと云ふ。

予又明日松浦等か来りたるとき、有馬秀雄より君（仁田原）幷に予に宛てたる電信等は之を示さゝる方宜しからんと云ふ。仁田原、其方宜しからん。然らは自分（仁田原）か明日早く来りては、松浦等に秘密に何か談し合ひたるやの疑を招くへきに付、矢張り約束の通り五時頃に来ることにすへしと云ふ。予然らは其ことにすへしと云ふ。

予又頼寧氏か二月二十七日に予か枢密院に行き居るとき、宮内省に来りたる趣なるも面会せすして去りたるか、或は衆議院議員の問題を話す為なりしやも計られす。予は先日来此の問題の外に頼寧氏に話し度ことあるも、未た往訪し得さりしなり。頼寧氏は其次女澄子を秩父宮殿下の妃と為さんと欲し居ると同時に、妹か其希望の通りになれは、姉静子も権衡上相当の処に嫁せしむる必要ありとて、久邇宮朝融王の婚約か破棄せらるるならは、其跡に静子を嫁せしめ度ことを望み居るも、朝融王の婚約解除問題は非常に面倒なることゝなり居る故、仮令解除と為りても其跡に嫁せしむることは面白からさるならんと思ふと云ふ。仁田原、先頃は頼寧氏は先方に病気ある故、静子を嫁せしむることを望ますと云ひ居り、此節は此方より望む訳なりやと云ふ。予、先頃の人は邦久侯爵にて、此節の人は長子朝融王なりと云ふ。

仁田原は、有馬秀雄より仁田原宛の電信と、細見保より仁田原宛の電信とを示したり。二通の電信とも頼寧氏の議員候補者と為ることにて、有馬の電信は久留米市にて頼寧氏の候補者と為ることに付、運動し居る者はいつれも浪人者にて頼寧氏は勝算なし。仮りに勝ちたりとしても、浪人者より金銭を強要せられ、結局有馬家の滅亡と為るへし。自分（有馬秀雄）のことは別として十分に考慮せよと云ひ、細見の分は頼寧氏の候補者たることの事実の有無を問ひ来りたるものなり。仁田原は、有馬に対しては予と相談して善後策を講すへき旨の返電を発し置たりと云ふ。予、予にも有馬秀雄よりと林田守隆よりと電信を送り来れり。有馬の分は頼寧氏の候補者と為ることには予か同意し居るとのことなるか、事実なりやとのことを問ひ、林田よりの分は単に頼寧氏の候補と為ることは事実なるやを問ひ来り居れり。予はどちらにも未た返電を発し居らすと云ふ。

予、仁田原か先頃脳貧血にて卒倒し、負傷したる状を問ふ。仁田原其状況を説く。話すること二十分間許。午後九時頃帰り去る。予仁田原に、先頃有馬秀雄より聞きたることなるか、水平社の某なる者、久留米の鳥飼にて演説を為し、頼寧氏のことを誹謗し、水平社中の婦女を姦する事実を説きたりとのことなるか、右の如き事実あるへきや。又篠山神社の社司か頼寧氏の如き人は久留米には足踏させぬが宜しとまて云ひたりとのことなるか、果して久留米に右の如き風評あるならは、久留米より議員と為ることは出来さるへしと云ふ。仁田原、水平社の連中は進みて提供すへきに付、或は右様の事実ありたることもあるへしと云ふ。仁田原又松浦等は久留米よりは古林喜代太なる者候補者と為り、有馬秀雄の当選覚束なきに付、有馬は候補を断念し、頼寧氏を立つる方宜しからんと云ひ、又福岡市の政友会候補者当選覚束なきに付、野田卯太郎か福岡市に廻はり、頼寧氏を浮羽郡に廻はしたらは宜しからんと云ひ、今日其相談の為野田を訪ひたるならんと思ふとの談を為せり。予、浮羽郡にても頼寧氏か主義を明かにせさるならは、多数の投票を得ることは難からんと云ふ。

○内子尚ほ臥褥す。

三月三日

○三月三日月曜。朝曇後晴。

○午前九時三十分より出勤す。

○午前十時後高羲敬来り、昨日中山某、寺山某の雇を解き、夫々手当を給したり。一昨日中山か自分（高）の処に来り、先日の罪を謝して雇を継続せられんことを請ふに付、自分（高）には取計ひ難しと云ひたる処、中山、梨本宮妃殿下に謁したるに、妃殿下は自分（妃殿下）より世子、同妃に話し、取成し遣はさんとの御話ありたり。妃殿下は御来邸ありたりやと云ふに付、来邸せられさる旨を告けたるか、昨日梨本宮妃殿下より桜井某を召され、中山、寺山の雇を解くには成るへく穏当なる処置を為す方宜しかるへく、本人等より願を出させて之を罷むる方宜しからんとのことを告けられたる趣にて、雇を継続することの話は少しもなかりし由なり。依て昨日其手続を為し、奥よりも両人に対し手当を与へられたる趣なり。

高階虎治郎は、毎週両殿下（世子、同妃）を診察し居るか、妃殿下の方は左右とも肺尖にラツセルある由。是は幼年のときより継続するものならん。高階は只今の如き容体にては懐妊は望み難しと云ひ居れりと云ふ。予、医師嘱託のことに関し京城より返書来りしやと云ふ。高、未た来らす。然し嘱託のことは直に著手して宜しからんと云ふ。予、然らは白根松介に依頼して、稲田某に交渉し見たらは宜しからんと云ふ。

予又宋秉畯は熱海に行くと云ひ居りたるも、未た行かさる様なり。昨日も予の家に電話せりと云ふ。高、一昨日世子邸に来り、只今東京のことは中々面白し。何処にも行かすと云ひ居り、種々なる人を訪ひ、種々なることを聞き出し居れり。先日も斎藤（実）に有吉忠一を罷免せよと云ひ、斎藤か何故なりやと云ひたるに、宋は局長か総て有吉を嫌ひ居れり。丸山（警務局長）か京城に帰任せさる事由を知り居るやと云ひたるに、斎藤は之を知らすと云ひ、宋は丸山も有吉を嫌ふ為、帰任せさるなりと云ひたりとのことなり。宋は政務総監は是非とも朝鮮人にせさるへからすと云ふに付、然らは君（宋）かなりては如何と云ひたるに、宋は自分（宋）政務総監にはならす。なれは総督なり。総監には李軫鎬〔東洋拓殖株式会社理事、前全羅北道知事〕位か可ならんと云ひ居りたりとの談を為せり。

○午前十一時頃渡辺直達来り、先日依頼し置たる青山の澄子嬢のことは、其後松田正之より仙石（政敬）に対し、澄子は既に他に婚約あるに付、之を断はるとの返答をなされたる趣に付、先日電話し置たる如く、此上貴君（予）更に話し貰ふ必要なく、仙石にも別に君（予）よりの返事なき旨を告け置きたり。君（予）〔の〕見込としては、姉に先ちて婚約を為さゝる趣意なることを仙石に告け置き、松田よりは婚約成り居ると云ひたるは、少しく矛盾したるも致方なしと云ふ。予、既に婚約を為したりとの事実は少しく疑はしきも、予の談は予の推測なる故、差支なしと云ひ、予又頼寧氏の議員候補者と為る噂あること、予等は之を止むる積りなることの談を為せり。話すこと二、三分間許にして去る。

○午後零時後、食堂にて牧野伸顕と松方正義の病状を話す。井上勝之助、昨日火災保険問題の運動員か井上の家へ来りたるも、他出中にて面会せさりしこと、山県伊三郎には警察署より誰々々々か運動の為貴家に行くことゝなり居るか、面会せられさる方宜しからんと注意したるに付、山県は之を避くる為、井上の家に行きたりとの談を為せり。又食堂にて白根松介に、先刻高羲敬より稲田某に対する交渉のことを依頼したるならん。宜しく取計呉よと云ふ。白根、矢張侍医抔より交渉する方宜しくはなきやと云ふ。予、医師の選定ならは侍医に托する方可なるへきも、既に選定は済み居る故、交渉は君（白根）に嘱する方可なりと思ふと云ふ。白根、之を試みるへし。或は出来難きやも計り難しと云ふ。

○午後一時頃酒巻芳男来り、明日学習院評議員会を開くことゝなり居れり。其前一応貴見を問ひ置き度と思ひたるも、枢密院に行き居られたる故（二月二十七日）、機会を得さりしなり。明日の問題は学習院学生より月謝を徴収することにて、初等科は年四十円、中〔等〕学科は六十円、高等科は八十円なり。従来は高等科には士民の子弟の入学を許さゝりしも、院長は之を許すことゝせんとする意向なり。月謝を取ることは、次官（関屋貞三郎）は当然取るへきものなる故、之を取ると云ふことにし度と云ふ。院長（福原鐐二郎）は予算減少に付、余儀なく之を取ると云ふことにし度と云ひ、自分（酒巻）等も院長の説か宜しと思ふと云ふ。予、其方宜し。学校の建築は如何なりたりやと云ふ。酒巻未定なりと云ふ。

酒巻又九条道実の娘（充子〔九条道実四女〕）分家のことは、二月二十三日九条より皇后陛下へ申上け、御聞済の由。今日大臣（牧野）へは九条より話すことゝなり居れりと云ふ。予、藤麿王の大学入学のことは勅許を願ふ形式にても勿論宜しきも、夫れ程仰山にする必要もなからんと思ふと云ふ。酒巻、大臣は中々厳格なり。先日多嘉王臣籍降下のことを談したるに、只今階級打破の風潮あるときに右の如きことは宜しからすと云ふて承知せす。自分（酒巻）は都合にては梨本宮のことも持出さんと思ひ居りたるも、機会を得すして其儘にしたりとの談を為せり。

○午後四時より退省す。

○午後四時四十分頃松浦寛威来る。田中行尚も来る筈なりしも、自分（松浦）より事情を談したらは夫れにて宜しかるへきに付、今日は来らさることゝなれりと云ひ、予は昨夜仁田原重行と会談したることは之を告けす。松浦、仁田原は未た来らさるも、同人には昨日既に談し置たるを以て、自分（松浦）より一応是まての経過を談すへしとて、自分（松浦）等は平素有馬頼寧氏か相当の年齢に達し、未た襲爵もせす、随て貴族院議員たることも出来す、無聊の結果、水平社抔のことに関係し居らるるを気の毒に思ひ、且是まての如き事に深入りせらるるは本人の為宜しからすと思ひ居りたるか、会々衆議院議員選挙を行はるることゝなりたる故、先日（二月二十五日頃）田中行尚と共に頼寧氏を訪ひ、其意向を探りたる処、全く意思なき模様に非らさることを聞き得たり。依て自分（松浦）等と同様の考を有し居る隈本繁吉に其由を告け、隈本より有馬秀雄に談し、有馬か久留米に行く前に面会して、有馬か議員候補者と為ることを止めしむることに致したり。隈本は之か為、幾度か面会を申込みたるも、遂に其機を得すして、有馬（秀雄）は久留米に行きたる趣なり。然るに、二月廿七日に久留米の某々等（氏名は予之を忘れたり）六、七人より書状を頼寧氏に贈り、久留米市より議員候補者と為ることを勧め来りたる趣にて、頼寧氏より其処置方を自分（松浦）に謀られたるに付、自分（松浦）は久留米の某（頼寧氏に書を贈りたる一人）に電信を発し、政党政派に関係せす、全市一致にて頼寧氏を推し、頼寧氏より依頼せらるるに非す、無競争にて別段の選挙費用も要せさる状況ならは、候補者たることを諾せらるへき意向なる旨を申遣はし置たり。

自分（松浦）より頼寧氏に対し、候補者たることを決心せらるるに付ては、伯爵其他の同意を求めらるる必要なきやと云ひたる処、頼寧氏は、自分（頼寧氏）の今日の境遇にては別段相談する必要なし。然し、仁田原と倉富とには諒解を求め置くへしと云はれたり。依て昨日仁田原に談したる処、同人は君（予）と相談すへしと云ふて、仁田原、田中（行尚）と来りたる訳なり。自分（松浦）より久留米の某に電信を発し置たる処、其返事は未た来らす。昨日某々（氏名は予之を忘れたり）か本月五日出発して上京する旨を電信にて申来りたるに付、其上京丈けは暫く見合はす様に返電を発し置たり。頼寧氏は先日来旅行中なるか、最早帰京せられ居るやと思ひ、今朝往訪したるも、未た帰京せられ居らす。久留米より二通の電信達し、其一通は（此趣意は予之を忘れたり）、他の一通は林田（守隆）、若林（卓爾）、細見（保）よりの電信にて、頼寧氏か候補者と為らるるならは、軽卒に決定せす、十分に久留米の事情を調査したる上にて決定せられ度との趣意なり。自分（松浦）は、林田等の電信に付ては、或は林田等の名義を用ゐて他人か通信したるものには非さるやとの疑もなきに非す。此電信は頼寧氏は未た見られ居らさる模様なり。又久留米より渡辺五郎〔政治運動家・教育家、元京城居留民団長〕か有馬秀雄の依頼を受け、頼寧氏の候補者たることを妨害し居れり、注意を要すとの電信も、自分（松浦）に来り居れりとの談を為せり。

予之に対し、予の知る所にては、頼寧氏か候補者と為るには、君（松浦）申遣はし居る条件さへ成就すれは勿論と云ふ訳に行かす、其条件成就しても尚ほ考慮すへき点ありと思へとも、先つ夫れは捨て、仮りに頼寧氏か候補者となられても、古林喜代太は候補者たることを断念せさるならん。有馬秀雄は之を断念するとしても、古林か競争しては面白からす。古林に敗れでもしては不面目なることは申すまでもなく、勝ちても決して面目に非すと云ふ。松浦、其通りなり。自分（松浦）も其点は同感なり。自分（松浦）は頼寧氏か決心せらるれは、古林は必す断念するならんと思へとも、有馬秀雄の方か断念せさるには非さるへきやと思ふと云ふ。

五時四十分頃に至り、仁田原始めて来る。予、故らに昨日仁田原か来りたる趣なるも、面会を得さりし旨を述へ、只今まで松浦より頼寧氏か議員候補者と為らんとすることに関し、詳細、松浦の談を聴きたる所なる旨を告け、仁田原、細見（保）より贈りたる書状を予に示す。予之を一覧したるに、詳細、頼寧氏か候補者と為ることの不可なる事由を記し、予等の考と全く同一なり。予此書状は松浦に示して差支なからんと云ふ。仁田原差支なからんと云ふ。予乃ち之を示す。松浦之を覧終りたる後、仁田原、予より交々頼寧氏か候補者たることを不可なることを説き、松浦より此事情を頼寧氏に説き、断念せしむへきことを勧む。松浦、容易に之を肯んせす。結局、明朝田中行尚と共に頼寧氏を訪ひ、候補者を断念することを勧め見るへしと云ふ。

予、君（松浦）の勧告にて頼寧氏か断念すれは好都合なるか、若し断念せさるときは、君（松浦）は断然此ことより手を引くか順序なり。何となれは、君（松浦）も初より久留米全部か一致して頼寧氏を推さゝれは、候補者たることは不可なりとの意見なり。然れは、其条件満たさるに拘はらす、頼寧氏か候補者と為ると云ふならは、君（松浦）の意思にも反するに付、手を引くは当然に非すやと云ふ。松浦手を引くことは今夕は決し難しと云ふ。予と仁田原と交々之を詰る。松浦、自分（松浦）手を引くことを決せさるは、自分（松浦）の取成にて是非とも断念せしめんと欲する為なり。若し自分（松浦）か手を引けは、頼寧氏か如何様のことを為すも喙を容れ難し。故に関係を絶たす、どこまでも頼寧氏か無理に競争することを断念せしめんと思ふ。明朝頼寧氏に面談して、頼寧氏か容易く断念すれは、其旨を両君（予と仁田原）に報告することに止むへく、若し断念を肯んせさるならは、更に協議することにすへしと云ふ。

松浦は初めより頼寧氏に候補者たることを勧めたる疑あり。今夕の談も信を置き難き所あるも、一と先つ其言に従ひ、松浦をして頼寧氏を断念せしめる手続を為さしむることにして、協議を終る。仁田原か来りたる後、共に洋食を喫し、九時後に至り二人辞し去る。

○午後六時後、予か仁田原重行等と談し居るとき、宋秉畯より往訪し度旨を電話す。予今夜は差支ある旨を答へしむ。

三月四日

○三月四日火曜。曇。

○午前九時三十分より宮内省に行き、西野英男に、今日午後二時より司法大臣官舎にて、諮問第四号の幹事会を開くことゝなり居り、予も出席する積りなりしか、枢密院に委員会あり。午前にて済めは、司法大臣官舎に行くも、午後まて済まされは出席し難きに付、其旨を電話にて高橋治俊又は谷村某に告け置き呉よと云ひ、直に枢密院事務所に行く。

午前十時より（保険会社ニ対スル震災任意出捐助成ノ為資金ヲ交付スル契約ヲ為ス等ニ関スル件）の委員会を開き、委員長穂積陳重開会を宣し、内閣総理大臣清浦奎吾案の趣旨を説明し、農商務大臣前田利定亦之を説明し、委員有松英義、富井政章、久保田譲質問を為し、前田利定、法制局長官佐竹某、清浦奎吾等交々之に答へ、午後零時後休憩し、階上顧問官室にて清浦奎吾より、枢密院議長浜尾新、委員長穂積陳重、委員安広伴一郎、久保田譲、富井政章、平山成信、有松英義、倉富勇三郎、武井守正、目賀田種太郎に対し、火災保険会社に対し助成金を交付することの急要なる事情を述へ、各員の諒解を求め、此案か成立せされは閣員の進退を決する様のことになるやも計られす、然るに議会は解散の為存在せす、後継内閣を組織すへき適当の人なかるへく、摂政殿下を煩はし奉るへき恐あるに付、篤と考慮を望む趣意まても極言せり。然れとも一人も之に答ふるものなく、清浦も返答を求むる趣意に非すとて出行きたり。午後二時〔原文抹消〕分頃より更に委員会を開き、有松英義復た問ふ所あり。佐竹某、農商務次官鶴見某〔左吉雄〕、保険課長某〔中松真郷〕等之に答へ、五時頃に至り、明日午前十時より委員会を続行する旨を告けて散会す。

○審査局より午後四時前電話にて、迎の馬車は枢密院事務所に廻はすへきやを問ふ。予、給仕をして、馬車を廻はし、其時予の机上に在る風呂敷包を持ち来らしむへきことを告けしむ。

○午前金井四郎審査局に来りたるも、予か枢密院事務所に行き居りたるを以て、在仏国巴里池田亀雄より金井に贈りたる書状を封筒に入れ、西野英男に嘱し、之を予に致さし〔む〕。又秩父宮附前田利男、予を審査局に訪ひたるも、予か在らさりしを以て空しく去りたる趣なり。

○午後五時後より家に帰る。入江貫一枢密院事務所に在り、予の馬車に同乗することを請ふ。乃ち同乗し、予の門前の巷に至りて予と共に車を下り、是より電車に乗り青山に行くと云ふ。

○予か家に帰りたるとき、家人より、予の不在中前田なる人より二回電話して、予の家に帰りたるや否を問ひ、未た帰らさる旨を答へたる処、更に電話すへしと云ひたる趣を告く。六時頃復た電話す。予之を聞く。前田（利男）、明日午後六時頃より雍仁親王殿下晩餐を共にせられ度し。参殿出来るや。晩餐は六時三十分より始まるを以て、其時までに来らるれは宜し。平常御餐にて何の用意もなしと云ふ。予、参殿すへき旨を答、服装を問ふ。前田モーニングコートに〔て〕宜しき旨を告く。

○午前出勤前、林田守隆の電信に答へ、左の電信を発す。（希望ハアル模様マダ決定ハセヌ止メル積リ）。林田より有馬頼寧氏か議員候補者と為ることは事実なるやを問ひ来りたるなり。又有馬秀雄に答へ、左の電信（此節ハ相談ヲ受ケタルコトナシ止メル積リ）を発す。有馬は、有馬頼寧氏か議員候補者と為ることは予か同意したりとのことなるか如何。絶対の勝利の見込なしと云ひ来りたるなり。

三月五日

○三月五日水曜。曇。

○午前九時三十分より直に枢密院事務所に行く。今日は枢密院の参集日なるも、摂政殿下の御参内なく、又会議の議案を以て参集を止め、昨日午後、今日午前十時より、昨日に続き火災保険会社に関する審査委員会を開くことに決したるを以てなり。午前十時より委員会を開く。会する者昨日に同し。穂積陳重開会を宣す。予、先つ憲法第七十条の規定は現在帝国議会を召集することを能はさることを要するのみならす、既往に於ても其事案か帝国議会の議を経たるものなるときは、其以後に於て新なる事由を生したる場合の外、第七十条を適用することを得るものに非す。本件は大正十二年に開かれたる第四十七回議会に提出し、議会は本件を議決せさることを議決したるものにて、本件の目的は勿論、案の細目は前案と異なる所あれとも、実質に於ては大同なる故、第七十条を適用するは不可なりと思ふ旨を以て質問し、佐竹某答弁したるも要領を得す。予尚ほ質問す。鈴木喜三郎、憲法の解釈は予と同一なるか、第四十七回議会後、新なる事情の為一層緊急処分を要することゝ為りたるに付、第七十条に該当するものと思ふ旨の答弁を為す。

十一時三十分頃より清浦奎吾、前田利定、鈴木喜三郎、勝田主計等は赤坂御所に赴き、御食に陪す。武井守正、保険金を被保険者に交付する割合を問ひ、佐竹某、鶴見某之に答へ、次て穂積陳重、政府より保険会社に対する命令と商法、保険業法との関係に付問ふ所あり。其趣旨は法律に依らすして法律の規定を変更する如き処置を為し、法律か安固を図り居る保険事業の基礎を危くする恐なきやの点を問ひ、佐竹某之に答へ、穂積復た問ふ所あり、佐竹之に答ふ。次て二上兵治、何故に法律に代はるへき緊急勅令（憲法第八条）を取らすして命令の形式を取りたるか。五十年間定款を変更せさることを約する如き契約は無効に非さるや、外一点に付質問し、佐竹之に答ふ。予は穂積の質問終りたる後、命令案第四条に利益配当其他利益金の処分を為す前、政府の納付金を納むへしとある、其他の利益金の処分とは如何なる処分なるやを問ふ。佐竹、任意積立金、役〔員〕賞与の如きものなる旨を答ふ。十二時前質問を終り、午後一時三十分より審査委員のみにて（議長、書記官長と共に）協議することゝ為す。予は審査局に返り、食堂に行き、午喫す。

一時二十分頃枢密院事務所に行き、楼上にて一時三十分より協議会を開き、保険会社に対する震災任意出捐を助成する為、資金を交付する為、憲法第七十条に依り財政上の緊急処分を為さんとするは不当なることは一人の異論者なきも、政府に反省の余地を与ふる為、今日は直に決議せす、書記官長は報告書案を作り置き、議長（浜尾新）は委員会の意向を内閣総理大臣清浦奎吾に内報し、明日中に政府より何等の通知なきならは、明後七日午前十時より委員会を開き、二上兵治の作りたる報告書案に就て協議して決定すへきことに申合せたり。

予か午前質問のとき、第四十七回議会の委員会に於て農商務大臣田健治郎か、被保険者の救済は固より緊急を要する事重大なるを以て議会の協賛を要すへきものと認め、緊急処分を為さすして第四十七回議会に提出したる旨を述へたることを引用したるは、緊急処分を不可とするに付、有力なる材料なるを以て、二上の報告書には此材料を記入することに談し合ひたり。三時三十分頃、浜尾新は直に清浦奎吾を往訪することに決し、予は宮内省に返りたり。

穂積陳重は、元代議士横山勝太郎〔前衆議院議員・憲政会、弁護士〕、三木武吉〔前衆議院議員・憲政会、弁護士〕等より面会を求められ、事務所にて之に面会せり。予か家に帰りたる後、家人より、今日午前赤坂表町警察署の巡査某来り、予の在否を問ひ、不在の旨を答へたる処、帰宅の時刻を問ひ、之を告け、且帰宅後六時頃より復た外出する旨を告けたる処、行先を問ふに付、之を告けたる処、更に帰宅の時刻を問ひたるも分らさる旨を答へたり。後電話にて誰れか来りはせすやと問ふ。誰れも来らすと答ふ。午後三時半再ひ来訪。被保険者大会散会後（今日午後一時三十分より工業倶楽部に開きたる大会）三百人許赤坂見附を経過するとの報告ありたるに付、暫く警戒すへしと云ふて巡査か来りたる故、之を応接所に置きたるに、少時の後電話にて、大会々員は既に無事解散したる事を報告し来りしゆへ、最早警戒及はさるへき旨を告けて、巡査は引取りたる旨を報す。

○午後六時より秩父宮御殿に参す。昨日前田利男よりの電話に従ひたるなり。来り会する者、川村鉄太郎〔貴族院議員・研究会、伯爵〕、岡部長景〔外務省対支文化事務局事務官、子爵岡部長職長男〕、白根松介、其他宮附別当山辺知春、前田利男、附武官（山中三郎〔陸軍歩兵大佐〕か）其他に二、三人ありたり。初談話室にて雍仁親王殿下に謁し、談すること十分間許。次て食堂に入り日本食を喫し、又談話室に入り談すること二十分間許。談はスキー、ゴルフ、乗馬、テニス等のことより、書生の状体等にて、少しも厳格なることなく、予の酒量を問はれたるに付、少年の時（維新頃の事情にて）無理に勉強し案外上達したるも、老後非常に量を減したること等を談したり。九時頃家に帰る。

○午前八時後白根松介より電話にて、今日医師稲田某に面会し、王世子邸に雇はるることを交渉する積りなるか、嘱託と云へは軽き様の心地す。御用掛と云ふ訳には行かさるやと云ふ。予、御用掛にても不可なからん。然し世子邸御用掛と云ふ訳には行かす。矢張り李王職御用掛ならん。兎も角、今日は諾否を問ふ丈けにて、名義のことは云はさることに為し呉よと云ふ。白根之を諾す。

　午後零時後、食堂にて白根に遇ひ、食後白根の席に就き、稲田の諾否を問ふ。白根、稲田、世子邸は非常に大切なり。自分（稲田）は尚ほ三浦謹之助、入沢達吉等の指揮の下に働き居る状況なる故、三浦等に交渉し呉よ。同人等か自分（稲田）に引受けよと云ふならは兎も角、然らされは引受難し。殊に本年五月より来年一月まては洋行する積と云へり。右の趣宮内大臣（牧野伸顕）に談したる処、三浦抔に相談しては面倒なり。入沢位には談しても宜しからんかと云ひ居りたりと云ふ。予更に相談すへき旨を告く。

○午後一時頃金井四郎来る。之に昨日金井より予に示したる池田亀雄の書状を返し、池田か山辺知春のことを誹議するは疑問の嫌ありと云ふ。金井、山辺も随分接し難き人にて、朝香宮附の職員も困りたりとのことなりと云ふ。次て高羲敬来り、白根松介より稲田の答を聞きたることを報す。予、予も之を聞きたり。更に牧野（伸顕）にても相談して、稲田の承諾を求むることに取計ひ見るへしと云ひ、直に枢密院事務所に行く。

○午後三時三十分頃、予か枢密院事務所より審査局に返るとき、事務所前にて新聞記者、予を追ひ来り、委員会は終は〔り〕たりやと云ふ。予今日は終りたりと云ふ。記者全部終りたりやと云ふ。予否と云ふて去る。

三月六日

○三月六日木曜。晴。

○午前九時三十分より出勤す。

○午前午後、本月三日午後五時前松浦寛威か来りたること以後、昨日までの日記を記す。

○午後零時後食堂にて渡部信より、一寸相談し度ことあり。後刻審査局に行くへきに付、都合宜しきとき召ひ呉よと云ふ。予之を諾し、一時後給仕をして、電話にて渡部を召はしむ。渡部来り、御歴代史実考査委員会を設けらるることゝなり、皇室令を以て其官制を定め、委員会設置の趣意を新聞紙に発表する積りにて、此案か出来たり。之に付意見を聞き度と云ふ。予之を一覧し、談話として新聞に記載せしむることならは、之にて結構なり。但委員会の調査事項は御歴代の代数、追号、在位年数等を掲け居るか、予か是迠聞き居る所にては、宮内大臣（牧野伸顕）の考は御歴代の代数を定むる丈けに止め度、皇統譜の記載に差支なき丈けの範囲に止め度様なり。此案の通りにては調査事項多く、随て時日も隙取り、大臣（牧野）の考に適せさることはなきやと云ふ。

　渡部、史実考査委員会と云ふからには、此位のことは調査するか必要なるへく、此案は伊東（巳代治）の手にて作りたるものにて、其儘に致したるなり。此案は宮内大臣の名にて発表する積なれとも、大臣の名にて都合悪しけれは、会の総裁となる伊東の名にて発表しても宜しき趣、伊東よりの申込ありと云ふ。予、是は勿論大臣の名にて発表せさるへからす。考査委員会を設け云々の語もあり、総裁か之を設くるものに非さる故、総裁の名にて之を発表するは不都合なりと云ふ。渡部、入江（貫一）の意見も同様なりと云ふ。予、其他の字句に付四、五ヶ所意見を述ふ。然れとも、是は区々たることなり。いつれとなりても差支なしと云ふ。

○午後三時後、司法省高橋治俊より西野英男に電話し、来週の火曜日又は再来週の火曜日に諮問第四号の幹事会を開き度。差支なかるへきや、予に問ひ呉と云ひたる趣、西野より来り告く。予、臨時の差支あれは格別、只今の処にては来週の火曜即ち本月十一日には差支なき旨を答へしむ。

○午後三時三十分頃、昨日までの日記を書したるに、昇熱するを覚ふ。乃ち之を止め、徳川頼倫の室に到り、久邇宮朝融王の婚約解除問題の経過を問はんとす。会々徳川、松平慶民、酒巻芳男正に其問題を議し居れり。予其経過を問ふ。酒巻、宮内大臣（牧野伸顕）は此問題の紛糾を成したる原因は酒井伯爵家の女に節操の疑ありと云ふ風説なり。此風説さへ消滅すれは、問題は消滅する訳に付、其取調を為す必要ありとて、其風説の出所は前田利定の妻か金子某に告け、某より分部某に告けたるものとのことに付、先つ前田の妻に右の如きことを云ひたることありやを確めたる処、妻は決して右の如きことを云ひたることなしと云ひ、更に金子某に確めたる処、金子は前田の妻か云ひたることなしと云ふならは、全く自分（金子）の聞違ひならんと云ひたる趣なり。只今は是丈けの事になり居れり。邦彦王殿下は事実の有無に拘はらす、其疑丈にて之を遂行することを好ますと云ひ居られ、既に殿下より婚約解除のことを依頼することに付、書状を大臣（牧野）に贈られたりとのことなり。然れは、大臣（牧野）の考の如く前田の妻か云はすと云ひたりとて、婚約の遂行出来るものに非すと云ふ。

予、予の聞く所にては、節操云々は口実にて、其実は結婚を嫌ふと云ふことか先きに起り、其口実として節操云々の話か生したる様なり。左すれは、到底之を遂行することは無益ならんと云ふ。松平、然るに、酒井家の方に〔て〕は、此婚約は此方より求めたるものに非す、宮の方より求めたるものに付、此方より辞すへきものに非すと云ひ居るとのことなり。然し宮の方より解約を申込まるれは、酒井にては之に応せさる様のことはなからん。然れとも、皇族として故なく婚約を破る如き我儘を為さしむへきものに非す。遂行か出来すとすれは、朝融王は臣籍に降下するより外に方法なしと云ふ。予、臣籍降下は大問題なり。邦彦王殿下は、朝融王は相続人なる故、節操の疑あるものを娶はすことは出来すと云ひ居らるる由なり。降下の話を聞かは、驚かるることならんと云ふ。酒巻は、余り作り事なれとも朝融王か臣籍降下の願書を出されたる上にて、仲裁人より是までのことになり居る故、酒井家も此上皇室の煩を掛けす、大人しく辞退することゝ為しては如何と云ふて辞退せしめたらは如何と云ふ。予右の如き狂言にては駄目なりと云ふ。結局何も纏まりたることなし。

次て酒巻より、九条道実の女充子分家のことに付、其入夫と為るへき某〔村瀬光三郎〕の家系調書を示し、九条にては不都合なることなからんと云ひ居れりと云ふ。予、此方は余程軽し。予は此方は結局許可せらるるより外に致方なからんと思ふ。然し、一旦分家して入夫を迎へ、後日更に九条家に復帰して、夫婦とも華族と為る様の考を有し居りては不可なり。九条家の取計は幾分か其様のことを為すには非さるやの疑あり。此こと丈は之を予防し置く必要ありと思ふと云ふ。徳川、此節のことは九条の取計軽卒なりしなり。只今の注意の点も聊疑ふへき点なきに非すと云ふ。四時二分頃審査局に返り、直に退出す。

○午後七時後、風雷雨暫時にして止む。

○午後五時頃、枢密院事務所より二上書記官長（兵治）の代理なりとて電話にて、火災保険問題は政府より撤回せらるることゝなれり。其ことに付議長より話さるることあるに付、明日午前十時に御出あり度とのことなりと云ふ。予之を諾す。

三月七日

○三月七日金〔曜〕。晴風寒。

○午前八時後境豊吉来り、昨夜吉原正隆、小倉敬止来り、有馬頼寧氏か久留米市より議員候補者と為らるる模様なるか、同市よりは既に有馬秀雄か候補者と為り居れり。頼寧氏か今少し早く候補者とならるれは、秀雄は之を止めたるへきも、今日にては一寸止め難きに付、自分（境）より頼寧氏を止め呉るることは出来さるやと云へり。自分（境）は、此節は自分（境）等より頼寧氏の身上に付彼此云ひ難きことゝなり居れり。兎も角、君（予）にても話し見るへしと云ひ置たりと云ふ。

此時、仁田原重行昨六日附の書状達す。予之を覧たるに、有馬秀雄より書状を贈り、頼寧氏の候補者と為らるることの不可なることを述へ、運動員川原権六〔実業家、元久留米市議会議員・市参事会員〕等の運動にて万一当選せらるれは、後日種々なる面倒を生し、有馬家の面目を損する様の結果を生すへき旨を申来れりとて、其書状を封入し、仁田原は、本月三日夜松浦寛威と協議したる始末の概略は之を有馬秀雄に通知すへく、其後松浦より何等の報知なし。頼寧氏か断念せさるならは、本月二日夜内議したる通、林田（守隆）、細見（保）、若林（卓爾）等と聯絡を取り、頼寧氏を阻止する方宜しからんとの旨を申来り居れり。

予一覧の後、此ことに付仁田原重行、松浦寛威と談合ひたる顚末を概説し、且松浦より本月四日附にて予に贈りたる書状を示し、予は、松浦か最初より頼寧氏に勧め居るものにて、同人は予等には頼寧氏に断念を勧告すへき旨を語りたるも、同人に任せ置きては覚束なく思ふ。依て仁田原と協議して、何とか処置する必要ありと思ひ居る所なるか、何分多用にて困り居る所なり。君（境）は多用なりやと云ふ。境然らすと云ふ。予、然らは如何にも迷惑なるか、君（境）か仁田原に逢ひ、協議の上処置し呉るることに出来さるやと云ふ。境、兎も角仁田原に面会することにすへしと云ふ。予乃ち之を依頼し、仁田原より送り来りたる有馬秀雄の書状、松浦寛威より予に贈りたる書状を境に交し、仁田原と協議して林田（守隆）、細見（保）、若林

（卓爾）等に交渉し、同人等より頼寧氏を止めしめ、一面久留米の有力者か頼寧氏を援助せさる様にして、全く希望なき状況に立たしめは、夫れても無理に競争することはなからんと思ふ。其処置方に付ては君（境）と仁田原との協議に任せ、少しも異議なき旨を告く。境話すること十分間許にして去る。

境と談するとき、隈本繁吉か関係し居ること、石津某〔和風、元久留米市長〕か野田卯太郎に面会して、選挙区の交換を相談する積りなりし処、野田には面会せす、吉原正隆か代りに面会したること、犬養毅か頼寧氏に候補者と為ることを勧めたる趣なること、田中行尚か此ことに関係し居ること等を談したり。

○午前九時三十分より馬車に乗り、直に枢密院事務所に行く。十時頃より楼上の室にて、火災保険問題に関する審査委員会を開き、議長浜尾新、副議長一木喜徳郎列席し、穂積陳重より開会を宣し、浜尾より一昨日委員会の結果にて清浦奎吾に面談したる顚末を報告す。之か為一時間許を費し、終りて、只今政府より本件に関する御諮問の件を撤回する旨の通知に接したる旨を報す。

穂積より審査委員会は撤回の為消滅したる旨を告け、且委員、議長、副議長、書記官長の労を謝する旨の挨拶を為し、尚ほ昨日此ことに付書記官長か法制局長官と交渉せられたることある趣に付、参考の為報告を請ふ旨を述ふ。二上（兵治）、昨日法制局長官来り、御諮詢の件撤回のこと決したる旨を告け、此ことは公式の通知なり。其後自分（二上）に対し撤回に至るまでの概略、委員会に於ける問答の概略を政府より新聞に公表することの同意を求め、閣員中顧問官の反対意見は一も感服すへきものなき〔に〕、此儘撤回しては全く敗北したる様に見ゆるに付、之を発表し度とのことなる趣を述へたる故、自分（二上）は此ことは議長等に問ふまてのことに非す。予て政府と枢密院との間に一切秘密にすることの約束あるに付、断して承知し難しと云ひ、法制局長官は又本月末頃更に憲法第七十条に依る財政上の緊急処分案を御諮詢せられることゝなるへきに付、其節は宜しく願ふ。其案は先日貴院にて可決せられたる緊急処分二千四百万円余の来年度の継続経費に充つるものとのことなり。以上二件は自分（二上）に対する内話にて、顧問官に伝へよとのことにも非さりし故、報告にも及はさるならんと思ひたるも、委員長の請求ありたるに付、之を報告すと云ふ。

次て顧問官の希望に依り二上か作製したる本件の報告書案を一読す。二上又政府は既に撤回したれとも、此ことは今日午後三時に新聞に発表し、今日の夕刊新聞まては之を出さゝる様になす積りに付、夫れまては他に告くることを見合せ呉よとのことなりと云ふ。午前十一時四十分頃より審査局に返る。一新聞記者追ひ来り、愈々撤回になりたりやと云ふ。予何も云ふこと出来すと云ふ。記者又今日は審査を継続したるやと云ふ。予云ふ所なくして去りたり。

○午前十一時五十分頃高羲敬来り、先日暇を出したる中山某は梨本宮に行き、是非雇を継続せらるる様願ふ旨を述へたる趣、世子妃殿下か梨本宮に行き聞き来られたり。後任の人選は、妃殿下の希望としては学校教員に非さる者、宮家に仕へたるものに非さる者、年齢は五十歳以上位なることにて、梨本宮に人選を依頼せられたるには非す、世子邸にて人選する積りにて、顧問（予）にも依頼し置くへき旨命せられたり。又李王職より本月二十五日に李王殿下望六の祝賀を催ふさる旨通知し来れり。世子殿下は御出出来すとすれは誰か遣はされさるへからす。全体は厳（柱日）順序なるへきも、金応善は先年父を喪し、葬儀に行きたる後一度も行き居らさる故、此節は金を遣らんと思ふと云ふ。

予、医師のことは宮内大臣か引籠り居るに付、未た相談の機会を得すと云ふ。高、先刻白根（松介）に逢ひ、いつれ顧問（予）より大臣に相談の上、取計はるることならんと云ひ、白根、用事あらは何時ても之に応すと云ひ居りたりと云ふ。高又李堈公附末松（多美彦）の書状を示す。其趣旨は、勇吉は春期休学のとき京城に帰ることに為し度。夏期休業は期間長く、勇吉の修学の為宜しからさる故、短期のとき帰省する様になすへきことに李堈公より望まるる故、然るへく取計ひ呉よとの依頼なり。予是は適当なることと思ふと云ふ。

○午後一時五分頃西野英男来り、只今官房より電話にて、明日午前十一時に御用あるに付、官房御出あり度。御出勤中に付、御召状は出さすと云ひ来る旨を報す。

○午後零時後食堂にて九条道実より、火災保険問題は既に撤回せられたりやと云ふ。予否と云ふ。既にして井上勝之助来り、亦同問題は既に済みたりやと云ふ。予、否。尚ほ少しく残り居れりと云ふ。話すること数十分間の後、食堂を去るとき、予井上に、実は今日午前に撤回せられたれとも、今暫く秘密に為し置呉よとのことなる旨を告く。

○午後三時四十分頃西野英男に嘱し、世子邸に電話し、宋秉畯の宿所及電話番号を問はしめ、更に西野をして宋秉畯の宿所に電話せしむ。電話番号誤り居れり。乃ち復た世子邸に電話し、之を問はしむ。世子邸、前刻告けたる番号は誤り居りたる旨を告け、更に番号を告く。予、宋秉畯に電話し、今日往訪せんと欲する旨を告け、差支の有無を問はんと欲せしも、時刻既に晩きを以て往訪を止め、電話せすして退出せり。

○午後五時頃仁田原重行電話にて、六時頃松浦寛威と共に往訪せんと欲す。差支なきやと云ふ。予差支なき旨を答へしむ。六時四十分頃に至り仁田原等始めて来る。

松浦、本月三日夜に有馬頼寧氏か議員候補者と為ることを止むる約を為し、翌四日朝田中行尚と共に頼寧氏を訪ひ、其ことを談したる処、頼寧氏は仮令ひ当選することを得さるも、候補者と為るへき旨を主張せられ、田中よりも強く其不可なることを説きたるも、之を肯んせす。殊に大内暢三も其席に在り、頻に候補者となることを勧め居りたるに付、自分（松浦）等は今一応久留米の事情を取調へ見るへきに付、其上にて決せらるる様に致し度旨を告けて辞し去りたり。然るに、大内は頼寧氏を勧むる為、久留米より上京すへき者二、三人あるへき旨談し居り、自分（松浦）等か知らさる中に頼寧氏か此等の人に対し承認せらるる様のことありては大変なりと思ひ、本月六日更に頼寧氏を訪ひ、久留米の事情分るまては決して軽卒に候補者たることを諾せられさる様厳しく談し置き、頼寧氏の体度も本月四日と異り、余程自分（松浦）の言を諒解せられたる様なりしに付、大概大丈夫ならんと思ふ旨を述ふ。

予と仁田原とは、尚ほ久留米の形勢は決して頼寧氏に利ならす。古林喜代太は決して候補者たることを辞退せす、有馬秀雄は自身は辞退することありても、政友会としては他に候補者を立てさるへからさるに付、到底無競争と云ふ様なることは望み難き旨を説き、松浦か是非とも頼寧氏を断念せしむる様にすることを説く。松浦、久留米の渡辺〔原文空白、五郎〕か媒酌して、大内暢三の娘〔不二子〕を川原権六の子〔常吉〕に嫁せしめ居る趣、石津某より聞きたり。川原権六等か専ら頼寧氏の候補者たることを勧め来り居り、大内か当地にて之を勧むる事情も大概分りたりとの談を為す。

予、先日松浦か話したる石津より吉原正隆に対し野田卯太郎を福岡より候補者と為し、頼寧氏を浮羽郡よりの候補者と為すこと、又は有馬秀雄か久留米の地盤を頼寧氏に譲る相談に付ては、吉原は如何なる返事を為したるやを問ふ。松浦、吉原は二件とも承諾せさりし趣なりと云ふ。今朝予と境豊吉と相談したることは、松浦か在る為仁田原に告くることを得す。又仁田原か境に逢ひたるや否も問ふことを得す。其事に付ては一語も言及せすして止みたり。仁田原は来りたる後、間もなく食物を求めたるに付、浅草海苔にて酒を出し、二人に鰻飯を食せしめたり。九時頃に至り辞し去る。

○午後三時頃渡部信来り、昨日相談したる御歴代史実考査委員会設置の趣意書に関する貴見は、一々大臣に告けたるも、成るへく原案を保存せよとのことにて、文中（一モ実蹟ノ見ルヘキモノナク云々）とありたる処を、少し緩にすることに為したる外、原案に決したりとて、其鉄筆版及官制案を予に交す。予、此ことに付ては従来何も聞く所なしと云ひたるに、渡部は貴官（予）も委員と為らるることに決し居るとて、内定の氏名を告けて去り、少時の後、一人を漏らし居りたりとて氏名書を持ち来りて予に交したり。

三月八日

○三月八日土曜。晴風。

○午前八時頃境豊吉に電話し、昨日仁田原重行に面会したるやを問ふ。境、昨日午後仁田原を訪ひたるも不在なりし故、君（予）より預りたる書状は家人に預け置き、今日、今一度往訪する積なりと云ふ。予、昨夜仁田原と松浦寛威と来りたること、及ひ頼寧氏の考も幾分変りたる模様なることを告く。境然らは今日往訪するに及はさるへきやと云ふ。予宜しからんと云ふ。

○午前九時三十分より出勤す。

○午前十一時より大臣官房秘書課長室に行き、入江貫一、二上兵治、佐竹某〔三吾、帝室制度審議会委員、内閣法制局長官〕、西園寺八郎等と話す。十一時三十分頃牧野伸顕の官房にて、牧野より左の辞令を受く。

従二位勲一等　倉富勇三郎

臨時御歴代史実考査委員会委員被仰付

大正十三年三月八日

宮内省

十一時四十五分頃委員会総裁伊東巳代治に面会す。伊東近日委員会を開き談する所あるへき旨を告く。

○午前十一時三十分頃、白根松介に先日稲田某に世子邸のことを嘱託することの相談を為したるとき、三浦謹之助、入沢達吉等か在る故、同人等か引受けさること分りたる上に非されは、諾し難き旨答へたる趣なるか、三浦等に相談しては事面倒なるに付、宮内大臣より三浦等のことは懸念に及はさる旨を告けたらは稲田か諾すへき見込あるへきや。其見込あるならは、牧野伸顕に相談し見んと思ふか、如何の見込なりやと云ふ。白根其見込なきに非すと云ふ。予然らは大臣に相談し見るへしと云ふ。

午後零時五十分頃、食堂より直に牧野と共に其官房に行き、白根より聞く所にては、稲田は三浦、入沢等に遠慮し居る模様にて、絶対に承諾の見込なきに非すとのことなり。然るに、三浦等に相談して同人等より推薦せしむることは面倒なる故、今一応大臣（牧野）の意を以て、三浦等は宮内省の関係にて、稲田は世子邸の関係なれは、遠慮の必要なし。三浦等には序を以て大臣より話し置くへき位のことにて相談し見たらは如何と思ふか、如何と云ふ。牧野、至極宜しからん。都合にては自分（牧野）より稲田に話し見ても宜しと云ふ。予、直接に話し呉るれは尚更好都合なり。名義は嘱託にては軽き様に付、御用掛としては如何と白根より聞き居れり。御用掛とすれは李王職御用掛となる訳なり。大体本人の承諾さへあれは細目は白根より話し呉るることにすへしと云ひ、将に去らんとす。

牧野、予を呼ひ留め、今日設けられたる御歴代史実考査委員会は、久しき前より伊東（巳代治）か主張し居りたることなるも、自分（牧野）は古来学者の間に於て議論あり、解決し難き問題なるに、摂政殿下の御裁決を仰くは殿下を煩はし奉ることにて恐多しと思ひ、躊躇致し居りたるも、近年に至りては追々材料も備はり、学者の意見も粗一致すへき様に思はれ、折に学者にも話し見たるに、大概同様の意見なり。左すれは、格別摂政殿下を煩はし奉ることもなからんかと思ひ、決定したる次第なり。右の如き訳にて、総裁（伊東巳代治）にも成るへく簡短に皇統譜を編製するに差支なき丈の範囲に取調を限る様に談し置きたりと。予、予は深く研究したることには非されとも、予の考にても左程議論の分るることはなからんと思ふ。学者たりとも、行掛りは免れ難きものにて、近藤（芳樹）〔幕末明治期の国学者、故人〕杯は弘文天皇〔第三九代天皇、大友皇子、天智天皇長男〕さへ否認せんとし居りたれとも、最早之を否認する様の考を有し居る人はなからんと思ふと云ふ。牧野其通りなりと云ふ。

予将に去らんとす。池辺棟三郎来る。予、先日は血圧を測ることに付面倒を掛けたりと云ふ。池辺計りたりやと云ふ。予計りたりと云ふ。池辺幾許なりしやと云ふ。予百六十七、八なりしと云ふ。池辺其位はあるならんと云ふ。牧野、夫れは高し。自分（牧野）は百三十なり。倉富君は酒を飲む為に高きならんと云ふ。予、予は初より高き覚悟なり。高くとも酒は止めすと云ひ置きたりと云ふ。池辺、四十歳位の人にても百三、四十位にて、其以上ならは百六十位はあり、大臣の百三十は類少しなりと云ふ。牧野血の薄きのみか宜しき訳には非さらんと云ふ。池辺、血か濃なれは之を送るは難く、随て心臓か拡大する訳にて、血圧か高くなるなりと云ふ。予か酒は止めすと云ひたるとき、牧野は西園寺公（公望）と同様なりと云ふ。池辺、西園寺公（公望）の血圧は高きやと云ふ。牧野、塩梅悪かりしときは二百以上もありたり。只今ても百七、八十はあるならん。西園寺は、酒は多く短く飲むか宜しと云ひ居れりとの談を為せり。

　予秘書課に過きり、白根松介に稲田のことは大臣（牧野）に話し、牧野か直接に稲田に談すとのことなり。稲田か大体諾したらは細目は君（白根）より話し呉よと云ふ。白根之を諾す。予又面倒なる会か出来たり。大臣は成るへく簡短に済む様に伊東に話し置きたりと云ひ居りたるも、簡短には済まさるならん。制度審議会の方には更に岡野（敬次郎）、平沼（騏一郎）を委員と為したるならん。此二人を加へされは、鈴木喜三郎も罷めたるに付、其内には自然に消滅する訳なりしも、更に二人を入れたる以上は又々面倒ならん。予は先日、二人を入るるならは今後の方針を十分に定め置く必要ある旨、関屋貞三郎に談し置たれとも、何事も決したることなからん。現行の皇室令にも実行出来難きもの多く、入江（貫一）は汲々として例外を作り居れり。此上実行出来難きものを作るは困りたることなりとの談を為して審査局に返る。時に一時十分頃なり。

○午後零時後食堂にて九条道実に、昨日は予は君（九条）を欺きたり。君（九条）か食堂にて火災保険に関する枢密院委員会は既に済みたりやと云ひたるとき、予は未た済ますと云ひたるか、実は既に済み居りたり。但、昨日午後三時に政府より発表するに付、夫れまては秘し置き呉よとのことなりし故、已むを得す之を秘したるなりと云ふ。九条然りしかと云ふ。予、右の如き事情にて、昨日の夕刊新聞には其事実を記載せしめすとのことなりしも、殆んと各新聞の夕刊に記載し居りたりと云ふ。

○午後三時三十分頃山田益彦来り、博忠王殿下御病気に付、大臣以下御見舞の電信を発する積りなり。貴名（予）も加へ置くへきやと云ふ。予之を加ゆることを嘱す。

○午後、内子代々木の広津直人の家に行き、四時頃帰る。

三月九日

○三月九日日曜。晴。

○午前、本年二月二十七日穂積陳重より予の立法事業に関する経歴書を作ることを求めたるに付、之を調査す。

○午前十時後宋秉畯より電話にて、往訪せんと欲する旨を告く。予差支なき旨を答へしむ。

　十一時前宋来る。内閣及政党ともに腐敗し、国家の前途憂ふへきことを語り、支那、朝鮮と異なる所なしと云ふ。宋又李堈公より書を贈り、本月中に李王職会計課長（末松熊彦）か来年度の予算を携へて上京する趣に付、公の歳費年額一万八千円を増すことを予に依頼し置き呉よと申来りたりと云ふ。予、夫れは出来さることなり。予算を削減することはあるも、之を増すことは出来すと云ふ。宋、自分（宋）も同感にて、公には総督又は李王職に談せらるることを勧め置たりと云ふ。予、昨年歳費四万円を増し、直に増額を求めらるるは早に過くと云ふ。宋其通りなりと云ふ。

宋又李王に賜はる邸宅は愈々紀尾井町に内定したりとのことなるか、彼処ならは結構なりと云ふ。予、大概の話は定まり居れとも、未た決定はせさるならんと云ふ。宋、関屋（貞三郎）より、摂政殿下京都より御帰京の上、直に発表すへしとは云ひたりとのことなりと云ふ。予、発表すへき必要なし。通知する丈のことならんと云ふ。宋、紀尾井町を賜はりたる上は、現在の世子邸は如何なるへきやと云ふ。予、夫れは未定ならん。紀尾井町は李王に賜はるものなれは、麻布は世子か有せられ居りても差支なき訳なるも、李王と云ひて世子か使用せらるる訳に付、二個所は保存する必要なからんと云ふ。宋、李堈公か東京に邸宅を希望し居らるることは予て話し置たる通りに付、麻布の方は其儘と為し、勇吉及李堈公を同居せしめ、時々李堈公か監督に来らるることゝなりたらは至極好都合ならんと云ふ。予、李鍝公の方にて勇吉と同居することを好ますと云ふに非すやと云ふ。宋、夫れは李鍝公の方か資産あるに付、寡妃等か李堈公の為に費消せらるることを懸念し、之を嫌ふ訳なりと云ふ。予、夫れか主たる原因なるへきも、李鍝公の方か弟なるに拘はらす、自分（鍝）は公なりと云ひて威張り、其の為勇吉の方も之を嫌ふと云ふこともある様なりと云ふ。宋其こともありと云ふ。

宋又桂、寺内抔か伊藤公を排斥したること、曾禰荒助か宋を除かんとしたること、岡喜七郎と木内重四郎と仲悪しきこと等を談し、最後に李王職は実に乱雑にて、金の乏き中より漢城銀行の株を二万株も引受けせしめたり。是は今のことに非す。只今の有様にては李王家は維持し難し。依て高義敬を長官と為したらは宜しからん。左すれは自分（宋）等も十分に之を助くへし。其他には適当の人なし。世子の方は最早左程懸念する程のことはなからんと云ふ。予、其ことは予は是まて考へたることなし。予は世子のこと以外には考を及ほさゝる為、其考なかりしなり。世子邸の方も高か去りたらは困るへきも、高か長官と為りて、信すへき人を附けたらは夫れにて済むへし。其意見は研究する価値あらんと云ふ。

宋か談し居ると〔き〕、有馬泰明来る。之を応接室に通さしむ。宋之を聞き、最早去るへし。本月中旬頃より熱海に行く積りなり。三浦（梧楼）より頻りに催促し居れり。三派合同にては矢張り誰か総理になりても折合はす、三浦を総理と為す計画もある様にて、三浦自身も其積りにて合同を策したる様なり。其方は兎も角筋か立ち居るか、床次（竹二郎）〔政友本党総務〕の計画は全く駄目なり。夫れは清浦か山本達雄〔貴族院議員・交友倶楽部、政友本党総務〕に渡し、山本にては中橋、床次等の調和か出来す、直に瓦解することは明瞭なる故、其跡に山本権兵衛を持ち出さんとの計画なるか、是は到底物になる訳に非すとの談を為し、十一時四十分頃に至りて去りたり。

乃ち有馬泰明を座に延く。有馬、松田正之か住し居りたる駒込の家を無償にて伯爵家に引受くる件の議案に捺印を求む。伯爵家より松田に家を買求めて之を給したるを以て、之の家は之を伯爵家に引受くるなり。予之に捺印す。有馬又大正十二年度の決算書を一応内覧し呉よと云ふ。予之を見るに及はさるへしと云ふ。有馬、無用と為りたる自動車を売り払ひ、其代金は雑収入に入れ置きたるか、是は売却前、相談会の議を経さるへからさるものなるへきやと云ふ。予、不用動産の売却ならは相談会の議を経る必要なからんと云ふ。

予か有馬と談し居るとき、松浦寛威より電話にて、只今より田中行尚と共に往訪せんと欲す。差支なきやと云ふ。予、午後一時頃に来るへき旨を答へしむ。予有馬に、松浦等は頼寧氏か議員候補者と為らんとすることに付来るなり。本月七日夜、仁田原（重行）と予とより松浦寛威に談し、松浦より頼寧氏か議員候補者と為ることを止むへき旨を談し、松浦も之を諾して去りたり。予期の通り、頼寧氏か之を止められたるならは、松浦か今日更に来る必要なし。然るに、二人同伴して来ると云ふは、必す頼寧氏か之を止むることを肯んせさるものならん。元来此ことは松浦等か勧めたるものにて、松浦等は少しく信し難き所あり。都合にては松浦等に一任せす、他に相当なる手段を取る必要あるならんと思ふに付、此旨を仁田原（重行）に告け置き呉よと云ふ。有馬、是より仁田原の処に往く積りに付、早速話し置くことにすへしと云ふ。

予又有馬に、予の姪倉富久か是まて有馬家育英部の貸費を受け居る処、此度高等学校を卒業し、京都大学に入ること〻なれり。依て貸費の継続願書を出したるか、育英部にて印刷したる用紙は大学に転入する場合には都合悪し〔き〕所ありとて、大体は印刷物の通りにし、少しく語句を変したる願書を送り来り居れり。是にて宜しかるへきやと云ふて、之を有馬に示す。有馬、いつれにても宜し。印刷物にても差支なしと云ふ。予然らは其方にすへきやと云ふ。有馬、予か既に筆写の願書に捺印し居りたるを見て、原写〔ママ〕の方にて宜しと云ふ。予、然らは之を持ち行き、然るへく取計ひ呉よ。大学に入るに付ては幾分貸費額を増すことを得へきやと云ふ。有馬、今年は震災の為伯爵家より育英部に支出する金を止めたる結果、新なる貸費は一切之を拒み、継続の者は総て従来の額に止むることに決し居るに付、増額は出来難しと云ふ。予、此願書には高等学校の学業成績証明書を添附すへき筈なるも、未た之を得さる趣に付、後日之を出すことにすへしと云ふ。有馬、成績書を添附するには時期か無理なり。規則を改むる必要あるへしと云ふ。話すること五、六分間許にして去る。

○午後一時前、松浦寛威、田中行尚来る。松浦、先夜（本月七日夜）の約に従ひ、頼寧氏の候補者と為ることを止めたる処、久留米よりは種々有利なる通信を為すのみならす、終に某か上京し、大内暢三と共に熱心に候補者と為ることを勧むるに付、頼寧氏も幾分其の為に心動き、自分（松浦）等か止むるに拘はらす、久留米の裁判所側の意向、医師界の意向等詳ならす。依て誰か一たひ久留米に行き、状況を探知したる上にて候補者と為るや否を決し度と云はれたり。自分（松浦）等か之に拘はらす、無理に之を止むれは、久留米の状況を調ふることを厭ふ様に解釈せらるる恐あり。故に此際一人久留米に行きて、事情を取調ふる方宜しくはなきかと思ふ。如何と云ふ。

予、予等の考にては久留米の事情は別に取調を為さゝるも到底理想選挙は出来さることゝ思へとも、頼寧氏か尚ほ之を取調へ度と云はるるならは、之を調へすしては気か済まさるへきに付、君（松浦）等二人の中一人往きて調ふる方か宜しからん。但し君（松浦）等か久留米に行き居る中に大内（暢三）等か無理に勧め、頼寧氏か軽卒に之を諾せらるる様のことありては不都合なり。右様のことなき様には注意を要すと云ふ。松浦、自分（松浦）等も其点は懸念し居れり。自分（松浦）は久留米は不案内なるのみならす、東京には只今の懸念あり。田中は久留米の人にて事情に熟し居るに付、田中か行く方宜しからんと思ふと云ふ。予、予はいつれにても意見なしと云ふ。

松浦、此節上京したる某（予か名を忘れたるもの）の外に川原権六外二人上京する旨申来り居り、此方よりは之を止め置きたれとも、彼等は上京して無理に勧めんと思ひ居る模様なる故、上京を予防し置くは必要なり。依て田中（行尚）か久留米に行くならは、彼等に対しては、久留米に行き事情を調へたる上、不利なれは（全市一致して推薦せさること）、頼寧氏に復命するまでもなく、久留米にて直に候補者たらさることゝ決したる旨を声明することゝなり居る故、無暗に上京しても駄目なる旨を告け置くことゝする方宜しからんと思ふと云ふ。予、夫れは宜しからん。又之と反対にて、万一久留米の事情か宜しきときは、直に候補者となるることは決せす、帰京の上復命して然る後決する様になす方宜しからんと云ふ。

松浦、田中か久留米に行くことゝなれは、旅費は頼寧氏より出して貰ふて宜しかるへきやと云ふ。予夫れは当然ならんと云ふ。松浦、然るに自分（松浦）等より其ことを頼寧氏に相談するは心苦し。仁田原よりなりとも談し貰ふことゝしては如何あるへきやと云ふ。予、此節のことは予と仁田原とは蔭にて談を聞くのみにて、表向き相談に預り居らす。然るに、仁田原より頼寧氏に相談しては、田中か久留米に行くことも仁田原と相談の上のことの様になり、都合悪しからん。田中か行くならは、君（松浦）より頼寧氏に相談することは少しも差支なきに非すや。田中の実費を請求することは差支なけれとも、久留米の人か上京すれは、頼寧氏か候補者とならさるも、其旅費位は必す請求する様のことにならんと思はるると云ふ。松浦、自分（松浦）等か旅費を取りて旅行すれは、必す之を理由として請求することとなるへきに付、仮令旅費を出し貰ふても、其ことは彼等には絶対に秘し置くことにすへしと云ふ。予、仁田原をして旅費の相談を為さしむることは、予は前述の如く思へとも、仁田原は如何思ふや、同人より相談することを肯んするならは、夫れにても宜し。是より仁田原の家に行くならは、兎も角話し見ることゝしたらは宜しからん。今日は仁田原は橋場には行かさりしとのことにて、先刻有馬泰明か来り、是より仁田原の処に行くと云へり。今日は必す在宅するならんと思ふと云ふ。話すること七、八分許にして去る。

○松浦寛威等か去りたる後、午前に次き立法事業に関する経歴を調査す。
○午前九時後菊池剛太郎来り、先日、予か菊池の身上に付庄野金十郎に依頼する書を作りたることを謝し、庄野か菊池を福岡日々新聞社に採用することゝなり、急に福岡に来るへき旨申来りたるか、折悪しく母の妹か先日来病に罹り、病症は乾性肋膜炎にて熱高く、只今の処死活決し難きに付、直に福岡に行く訳に行かす、困り居るとの談を為せり。母の妹の子は東京府の視学を勧め居るとのことなり。宋秉畯より電話を掛けたるは菊池か来る前のことなりしなり。宋か来りたる故、菊池は辞し去れり。

三月一〇日

○三月十日月曜。曇風。
○午前九時三十分より出勤す。
○昨日調査を終りたる、予か立法事業に関係したる経歴調査書の浄写を西野英男に嘱す。
○午前、関東州阿片令及諮問第四号に対する答申案（幹事の作製したるもの）を調査し、昨日の日記を記す。午後亦日記を記す（昨年十一月二十七日、二十八日分も此日に追記す）。
○午後三時三十分頃徳川頼倫の室に到る。徳川正に松平慶民と話す。予之を避けんとす。二人避くるに及はすと云ふ。予乃ち之と話す。予、朝融王の婚約解除問題は如何なりたりやと云ふ。徳川未た進行せすと云ふ。松平、総裁（徳川頼倫）か久邇宮に行きたる模様は聞きたりやと云ふ。予未た聞かすと云ふ。

徳川、先日（徳川は日を云はす。多分本月七、八日頃のことならん）宮内大臣の代理として久邇宮邸に行きたり。宮邸に行く前に大臣に対し、今日は大臣の名代に行くこと故、宗秩寮総裁又は一個人たる徳川の意見は一切邦彦王殿下に話さゝる方宜しからんと思ふ旨を告けたる処、大臣も其方か宜しと云ひたり。宮邸に行き殿下に謁する前、国分三亥に逢ひたる処、国分より、婚約解除に付ては婚約女（酒井菊子）の節操問題は一切之を止め、従前其疑ありと云はれたることも之を取消し、此ことは一切話に上らさりしことゝなす方宜しかるへき旨、殿下に申上け置きたりとの話を為せり。

其後殿下に謁したる処、果して殿下より節操云々のことは一切水に流し、是まて話なきことに為し呉よ。而して菊子と朝融との結婚は、自分（殿下）の考にては到底円満の結果を得難かるへしと思ふ。当初の取調十分ならすして、此の如きことになりたるは遺憾なれとも、今日にては自分（殿下）には好工夫なし。宮内大臣、宗秩寮総裁、宮内次官に只管依頼するに付、酒井家の名誉も損せすして、婚約を解除することを得る様、取計を頼むと云はれたるに付、自分（徳川）は御話の趣は宮内大臣に伝ふへしと云ひ、尚ほ殿下は先日宮内大臣に書状を贈り、其書状にて自分（殿下）の考は決定し、特に大臣に答ふるに及はすと思ひ居りたるも、大臣は尚自分（殿下）より大臣に答ふることを待ち居りたりとのことにて、此点は少しく行違ひ居りたりと云はれ、夫れに余談的に、殿下より節操問題に付云々せらるる模様なるに付、自分（徳川）より其ことは既に水に流すとの御語ありたる以上は之を承はらさる方宜しからんと云ひ、殿下も然らは之を止めんと云はれたるか、話の進行に随ひ、尚ほ其ことに言及せらるることもありたりとの談を為せり。

徳川は又右の結果は之を大臣に報告したるも、丁度臨時御歴代史実考査委員会職員任命の日（本月八日）にて、大臣多用なりし故、後日話を為すへしと云ふこと〻為り、今日まて其儘なりと云ひ、予此問題の処分は中々困難なりと云ふ。松平、婚約の通り遂行するか、之を破約するかの二途より外に方法なし。酒井家にては宮より解約を申込まるれは勿論之を承知すへきも、酒井の方より之を申出すことは絶対になかるへし。宮より之を申込まるれは、宮は故なく破約したることとなる故、朝融王は臣籍に降下して皇室及国民に謝せられさるへからす。此外には解決の方法なし。婚約の通り遂行せらるれは、案外調和か出来るならんと思ふと云ふ。予、邦彦王殿下か遂行の意向を有せらるれは、朝融王の方は予も調和出来るならんと思ふと云ふ。

予、先刻予も印は捺し置たるか、藤麿王の東京帝国大学入学願に藤麿王は明治天皇より神宮祭主の候補者たるへき旨の御内意もありたる故云々と書し、之を以て陸海軍に従事せさる特別の事由と為しありたるか、予は右の如き事は之を書し置かさる方宜しからんと思ふと云ふ。松平、明治天皇の御内意は既に取消され居るとのことなり。自分（松平）〔も〕之を記載せさる方宜しと思ひたるも、彼れは酒巻（芳男）案なりと云ふ。徳川、大臣は皇族か無暗に陸海軍に入ることを嫌はるる様になりては困ると云ひ、皇族身位令の特別の事由となる規定は成るへく厳格に解釈せんとする考にて、藤麿王に付ても神宮祭主の候補者云々を以て其理由と為したる訳なりと云ふ。予、終身皇族たる方ならは兎も角、臣籍に降下せらるることの定まり居る方に体質性質に適合せさる学問を為さしむるは其人一生の不幸なり。予等は左様に喧ヶしきことを云はす、其人か文学を好むと云ふこと丈けにて、十分の理由となると思ふと云ふ。

松平、東久邇宮殿下の不平は本人の性質にも適せさるに拘はらす、無理に陸海軍に入ること抔も一原因なる様なりと云ふ。予、東久邇宮殿下も其ことは大不満にて、予は度々其話を聞き、当時の大臣波多野敬直にも話したるか、波多野は其ことに付ては殿下の説に大賛成なりと云ひ居りたりと云ふ。松平、宮内大臣は、階級打破抔の考あるときなる故、皇族の臣籍降下も之を誘起する恐ありと考へ居り、其の為山階宮の降下も賛成せさる模様なりと云ふ。予、時勢の悪化は之を予防せさるへからさるも、右様のことにては之を予防すること出来すと云ふ。松平其通りなりと云ふ。四時五分となりたるに付、直に審査局に返りて退出す。

○夜風。

三月一一日

○三月十一日火曜。晴風未た歇ます。

○午前九時三十五分に至り、馬車始て来る。直に出勤す。

○午前十時頃金井四郎来り、盛厚王殿下、前週金曜（本月七日）頃より微しく感冒の模様なりしか、土曜に至りて発熱し

（三十八度六分位）たるを以て、学習院の方は休学して養生中なり。昨日午後抔は三十六度八分位の熱なりしも、今朝は矢張三十七度六分位あり。妃殿下、彰常王殿下は全く盛厚王に接せられさる様に為し居れりと云ふ。予流行性感冒の容体ありやと云ふ。金井夫れ程の容体はなしと云ふ。予、先夜秩父宮邸にて山辺知春に面会したれとも、立談したる位にて緩談出来す。仏国の事情は未た之を聞かす。徳川（頼倫）未た聞かすとのことなり。多分格別の談はなからんと云ふ。金井、自分（金井）も談を聞きて往訪せんと思ひ居れとも、自分（金井）か行きては山辺か警戒するならんと思ひ、控へ居れり。其内往訪し見るへし。久邇侯爵も愈々洋行せらるることゝなりたる由と云ふ。

予、洋行は何てもなきことなるか、一方の問題は中々困難なり。宮内大臣も困り居るならんと云ふ。金井、殿下（邦彦王）か嫌はるる模様にて、朝融王は左程には非すとの話もあり。多分王殿下の意を察し、之を迎ふる為種々のことを云ふ者あらんと思ふと云ふ。予、予も左様のことならんと思ふ。意を迎ふる人ありとすれは分部某なるへく、或は他に候補者ありて、分部に依頼し居る様のことには非さるへきやと云ふ。金井、分部の仕事なるへし。先年武田健三（元久邇宮附属官）か左様なる話を為したることあり。武田と分部とは仲悪しき故、武田か之を話したるならんと云ふ。話すること一分間許にして宗秩寮に行く。

○午後一時三十分頃、食堂より審査局に返るとき、小原駩吉亦予と共に審査局に来る。小原、九条道実の第四女充子を分家せしめて入夫を迎ふることに付ては、自分（小原）は懸念あるに付、九条を訪ひ話を為したる処、九条は此ことに付ては既に先日皇后陛下に言上し、陛下も話の通りならは安心すとて、御聴済にあらせられたりと云ふに付、兎も角此ことに付ては、宮内大臣、宗秩寮総裁の諒解を求め置く必要あり。九条自身に大臣、総裁等に話しても面白くなき故、媒妁を為したる中山某（輔親）より話を為さしむる方宜しき旨を話し、只今中山か徳川（頼倫）に話し居る筈なり。先日九条より宮内大臣（牧野伸顕）に話したるときは、大臣は九条の話を聞き、自分（牧野）ならは結婚せしめすと云ひたる趣なり。然るに、牧野夫婦は只今九条の娘婿にならんとし居る某の兄（村瀬淳一郎）には、今上陛下の従姉妹に当る婦人（光子、子爵堤雄長長女、光子の母浜は伯爵柳原光愛の娘）を媒妁して結婚せしめ居り、九条の娘婿とならんと為し居る某にも華族の娘を娶ることを勧め、候補者八人までも持ち出し、大臣官舎にて写真を示して勧めたることあり。然るに九条との話か纏まりたる後、牧野の妻は夫たるへき某に対し、九条の娘は神経質にて病身なり。彼の如き者を娶りては一生の損なり。之を止めよと云ひ、牧野は夫たるへき者の家は相当の資産家にはあれとも、十分の資産家と云ふへからす。故に結婚せしむるは不可なりと云ひ、之に反し関屋貞三郎は、夫たるへき者か無資産にて、人物を見込みて結婚せしむることならは宜しきも、其人に資産ある丈不可なりと云ひ、三人（牧野及其妻、関屋）の云ふ所区々にて何が何にやら分らすと云ひ居り。又牧野は代々木の邸宅を此度九条の娘婿と為るへき者の親に対し売り渡すことの相談も為し居るとの話あり。

中山の談にては、九条の娘は病身なる故、医者も気楽なる処に嫁せしむることを勧め、初は華族中にて之を求めたるも適当なる人なし。只今約束し居る人は家柄も好く、人物も好く、牧野も媒妁して陛下の従姉妹を嫁せしめ居る所なる故、自分（中山）は少しも悪しきことはなしと思ふと云ひ居れり。又九条家の家職某か先方（夫たるへき人の実家）より金銭を受けて周旋を為し居るとの話もあれとも、是は中山は関係することに非さる故、頓著せすと云ひ居れりと云ふ。予、予も此話は聞きたるか、九条か初めに大臣抔の領解を求め置かさりしは少しく手落なりしなるへきも、予は此ことは結局遂行するより外に致方なしと思ふ。九条より分家後の計画を持ち出したる故、面倒なる話か生したれとも、若し単に娘か病身にて分家の必要あり、分家せしめ度との願を出したらは、其先の見込か分らされは聞届けすとは云ひ難かるへし。但し九条か娘を分家せしめ、之に入夫を為し、九条氏を名乗らしめ置き、後日親族入籍ても為し、華族に復せしむる様の考ならは、宜しからす。此ことは予防し置く必要あるへき旨話し置けり。要するに、予は此方は大問題には非すと思ふか、朝融王の方は実に至難の問題なりと云ふ。

小原、此ことに付、野村（礼譲）か来り、困りたりと云ふに付、自分（小原）は困りたりと云ふのみにては致方なし。自分（小原）は、此ことに付ては君（野村）も国分（三亥）も責任ありと思ふ。王殿下より、此ことに付ては皇太子の御婚儀の済むまては何事も云ふ勿れと命せられたるにせよ、今日まて黙過したるは宜しからす。責任を引くは当然なりと云ひたるに、野村は、松平（慶民）は宮家より婚約を解除するは違約なる故、邦彦王殿下も責任を引きて臣籍に降下せらるるより外に方法なしと云ひ居れりとの談を為したるか、自分（小原）は此ことは絶対に出来すと思ふ。若し邦彦王殿下か臣籍に降下せらるれは、殿下に夫丈けの非行ありたることを発表する訳なり。皇太子殿下の妃の父に非行ありたりと為す訳には行かす、故に宮務監督、事務官等か責任を引かさるへからすと云ふ。予、宮務監督等か責任を引きて済むことなれは極め〔て〕容易なれとも、現在の宮務監督抔の時に婚約を為したる訳にも非す、彼等か責任を引きても、酒井家には満足せさるならんと云ふ。小原夫れは満足せさるならんと云ふ。

予、先日（三月一日）西園寺（八郎）より東宮職の近状を聴き、西園寺の苦心は想像せらるれとも、同人か今東宮職を去る訳には行かす。皇太子殿下神宮御参拝のとき、大奥より女官二人を附けられたること抔は、西園寺の取計かなけれは大変なることになり居りたるならんと思はると云ふ。小原、彼のことは大層好都合になりたりと云ふ。予、西園寺は、大夫（珍田捨巳）も侍従長（入江為守）も事務官（戸田氏秀）も、未た皇太子殿下の御性質も大奥の事情も熟知せす。大夫を更ゆることか困難なれは、責めて侍従長丈けても宜しと云ひ居りたるも、是も只今の処にては手の著け様なしと云ふ。小原、然り。只今の処にては何とも致方なし。自分（小原）は大奥のことは詳しくは分らされとも、少しは事情を聞出す伝手あるを以て、何か聞き出せは直に通知する故、十分に注意して東宮と大奥との円満を図るへき旨話し置たりと云ふ。

小原か野村礼譲と談話したることを話したるとき、野村は此節智子女王の結婚に付、四万五千円の賜金ありたるのみにて不足して困ると云ふに付、関屋（貞三郎）か王殿下に信用せられ居る故、関屋に増額を請求すれは宜しきに非すやと云ひたるに、野村は、次官（関屋）は何事ても引受くるか、一つも出来たることなし。駄目なりと云ひたり。依て関屋の取計にて出来されは、致方なしと云ひ置きたりとの談を為せり。

予は、今日は諮問第四号の小委員の為、午後二時までに司法大臣官舎に行くへき筈の処、小原か談し居る中既に二時二十五分頃と為り、小原か去りたる後、直に疾歩して行きたるか、二時四十分頃官舎に達したり。其時は花井卓蔵、豊島直通、林頼三郎、光行次郎等は来り居りたるか、牧野英一、小野清一郎は予より後れて来りたり。幹事にて作製したる諮問第四号答申案に付協議したる処、花井か多事異見を唱へ、一も決する所なく、泉二新熊は風邪気なりとて四時後に帰り去り、鈴木喜三郎は公務の都合にて時々退席し、五時後に至りて散会し、次週火曜日午後二時より小委員会を開くことに決す。

三月一二日

○三月十二日水曜。朝晴後曇。

○午前九時三十分頃より出勤し、審査局にて西野英男より、予か立法事業〔に〕関係したることの調査書の浄写を受取り、直に宮中の枢密院控所に行き、浄写を穂積（陳重）に交す。午前十時後未た議場に入らさるとき、穂積より刑法改正の進行程度を問ふ。予、幹事にて作製したる答申案に付、昨日より小委員会を開きたるか、議論多く大分隙取るへき模様なりと云ふ。穂積、近来多衆にて人を脅迫する様のこと多し。先日花井（卓蔵）に逢ひたるとき、英国にて行はるる保安処分の必要なることの談を為し、実は刑事訴訟法にて規定すへきことなるも、刑法にて之を規定することを得るならは、急に英国法を取調へ参考することにしたらは宜しからんとの話を為し置けり。如何と云ふ。予、現行刑法にても特種の行為に付ては予備陰謀にても罰する規定を設け居れり。刑法にて規定することを得さることもなからんと云ふ。穂積刑罰の規程には非すと云ふ。予、現行刑法にては保安処分の規程は之を除きたれとも、小委員会の協議にては之を設くることの談合になり居れり。但し、如何なる処分を為すことまては決し居らすと云ふ。此とき会議を開くの報ありて議場に入れり。摂政殿下御臨場、関東州阿片令を議す。安広伴一郎、委員会の審査報告を為し、一の発言なく直に可決す。十一時前散会す。予、富井政章と廊下を歩するとき、先頃富井より相談を受け居りたる江川某（太郎左衛門の子）授爵のことは、徳川（頼倫）は大分主張したるも、出来さりし趣なりと云ふ。富井、此節は宮内大臣か余程精選して人数を少くしたる趣なりと云ふ。

○午前八時後、河窪敬直来（私宅に来る）り、有馬正頼嫡母英子の実母〔菊亭敏子、故侯爵菊亭脩季夫人〕京都に居る者、動脈硬化症にて先頃より煩ひ居り。只今は一時より快き方なれとも、老年のことにもあり、一度英子に逢ひ度と云ひ、又英子の妹〔北島幸子、男爵北島貴孝夫人〕よりも帰省を勧め来り居る故、十四、五日間位の予定にて京都に行き度。正頼も学校の休暇中なる故、本人より同伴し度と云ふに付、之を伴ひ度とのことなり。仁田原（重行）氏に謀りたる処、余儀なきことゝ思へとも、費用の関係もある故、一応倉富氏にも謀り見よと云ふことなりし故、来りたりと云ふ（予、出勤前にて緩話することは出来す、暫時ならは面会せんと云ひたる故、玄関にて面会し度と云ひ、玄関にての談なり）。予異議なき旨を答ふ。

予又橋場（有馬家）の相談会のとき、男爵家の相談会も同時に橋場にて開き度とのことなる様に聞きたるか、其通りなりやと云ふ。河窪、初は其積りなりしも、有馬秀雄氏か其頃まては久留米より帰らさるへく、又相談会も決算のみのことに非す、負債のこともあり、秀雄氏の帰京を待つ方宜しからんと思ひ、仁田原氏に相談したる処、夫れより外致方なかるへしと云ひたるに付、他日更に開会することに致し度と云ふ。

○午前十一時後高羲敬来り、世子妃は少しく風邪気なり。又世子も同様なるか、今日は下志津に演習見学の為行かるる筈なりしも、風邪の為見合はせられたり。然し聯隊には出勤せられたり。妃殿下か先頃より度々風邪に罹らるるは困りたることなり。高階（虎治郎）は妃殿下の肺尖には両方ともラツセル音あり。只今の中暖地に転地せらるる方宜しと云ひ、世子殿下にも其旨を申上けたる趣にて、世子殿下よりも、何処か適当なる処なきかと云はるるか、大磯も改築出来す、梨本宮の別邸も今年夏にならされは修繕出来すとのことなり。三島の別邸は遠方にて不可なりと云はるる故、好工夫なし。如何すへきやと云ふ。

予、愈々転地の必要なることとなれは、遠近抔云ひ居る訳に行かす。只今の処にては、大磯、小田原辺は尚ほ不安心なるへし。稲田に嘱託することは宮内大臣に話し、大臣より直接に稲田に相談することに協議し置けり。妃殿下の容体の都合にては、稲田の大体の相談出来る前にても、一度診察せしむる必要もあるへきも、只今直に診察せしむる程の必要もなからんかと云ふ。高、夫れ程のことはなからん。只今三十七度前後の微熱はあれとも、夫れは風邪の為の熱ならんと思ふと云ふ。予、本月十五日に小山（善）より招待を受け居るか、君（高）等も同様ならんと云ふ。高、同様なり。宋秉畯も招待を受け居れり。先頃宋と一緒に小山を招き、鰻を食ひたることあり。小山は其返礼の趣意もあるならんかと云ふ。予、小山より招待せられたるに付ては、記念品を贈るか、招待するかの必要あることならんと思ふ。先頃小山を招きたるならは、予も其時加入すれは宜しかりしと云ふ。高、其時は全く懇親会にて、送別等の趣意はなかりし故、今後更に催ふすこともあらんと思ふ。今日は妃殿下の詠草を下田（義照）〔式部職掌典部掌典〕に添削せしむる為持ち来りたりとて、之を予に示せり。話すること五、六分間許。

○午後零時後食堂にて大谷正男に、先日君（大谷）より西村時彦に嘱し、論語の講義を聴くことゝなりたる故、聴講希望の者は申出てよとの通知を為し、審査局より十人許希望者ありたる処、高等官の外聴講を許るさゝることになりたる由。余り不穏当に非すやと云ふ。大谷、初より多数の人を集むる積りに非す。初は多数の聴講者あり、間もなく聴講を止むる様にては、講者に対しても不都合なる故、篤志者のみに通知したる訳なりと云ふ。予、夫れならは初より其様の通知を発すれは宜しき。一般に希望者を募り置き、俄に之を取捨したるは不都〔合〕なりと云ふ。大谷決して右様のことなしと云ひ、予は其通知ありと云ふて別る。

少時の後、官房属（秘書課詰）半井貞成来り、大谷課長（正男）か来る筈なるも、差支居る故自分（半井）か来り。先刻話されたる論語聴講のことは通知書の誤にて、文中（希望ノ方云々）とあるは（希望ナラハ云々）の誤なり。初より通知書の宛名の人丈けに通知したる積なりしか、文句の誤にて行違を生したりと云ふ。予、然らは、審査局にては伊夫伎（準一）宛の通知なる故、伊夫伎一人に聴講せしむる筈なるへきに、他の審査官にも聴講すへき旨の通知書を出したるは何故なりや。半井、何〔れ〕の審査官も希望ありとのことに付、之を拒む必要なかりしなりと云ふ。予、然らは、審査官の外にも希望者あり、之を拒むは何故なりや。半井、場所狭隘なる為なり。長官（予）には初より遠慮して通知を発せさりしと云ふ。予、予は通知を受けても聴講はせす。折角大谷の代りに弁明に来りたるも、弁明の趣意は領解せさる旨を大谷に告け呉よと云ふ。半井宜しくと云ふて去る。

〇午後三時後宗秩寮の佐々木（栄作）来り、先日藤麿王の東京帝国大学文科入学願勅許案に捺印を求め置たる処、改案することゝなりたるに付、更に捺印を請ふと云ひ、改案を示す。先日の案には、勅許を請ふ宮内省の理由書に、藤麿王は明治天皇より神宮祭主と為るへき旨の御内沙汰あり居るに付、文科入学勅許相成り然るへき旨を記し居りたるか、改〔案〕には単に明治天皇御内意の次第もある故云々の趣意となり居れり。予佐々木に、予は先日の案より全部明治天皇云々を削る方宜しかるへき旨、宗秩寮総裁（徳川頼倫）にも、松平（慶民）にも談し置きたり。改案は前案よりも宜しくなりたるか、尚ほ明治天皇御内意云々とあり。此御内意ありたることを見るへきものありや。予の聞き居る所にては、藤麿王の外にも先帝の御内意ありたる人はありとのことなり。而して其事実も明確ならす、又今後にて必す実行すること出来さることもありとのことなり。御内意を見るへき明確なる文書あれは格別、然らされは全部之を削る方宜しからんと思ふ。此旨を総裁（徳川頼倫）に話し見よと云ふ。

少時の後山田益彦来り、大正（四、五年頃なりしならん）年、徳大寺（実則）〔元内大臣兼侍従長、公爵、故人〕の認印ある巻紙に書きたるものを持ち来り、之を予に示す。其趣意は、武彦王は海軍に、萩麿王〔山階宮菊麿王四男〕は陸軍に、藤麿王は神宮祭主の候補者と為すへき旨、明治天皇の御内意ありたる旨を記したるものなり。予、此丈けのことあるならは、改案の通りにて異議なしと云ふ。

草場佩川贈位の年月日

〇午後三時頃宗秩寮に行き、岡田重三郎に草場佩川〔江戸時代後期の漢詩人、儒者〕に贈位せられたる年月日を問ふ。岡田他の職員に之を問ふ。草場磋助に贈位の記載あり。予、初は佩川の名は韡と思ひ居り、磋助なるや否、少しく疑ひたるも、他に草場姓の贈位なく、且韡は雅名なることを思ひ、疑を解きたり。贈位の年月日は大正五年十一月十五日にて、従四位を贈られ居れり。年月日を調査したるは、草場謹三郎より予か先年作りたる佩川贈位の詩を書き送るへき旨、申来り居る為なり。

○夜微雨。

三月一三日

○三月十三日木曜。朝微雨。

○午前九時三十分より出勤す。

○午前十一時後村上恭一電話にて、往訪せんと欲する旨を告け、予差支なき旨を答へしむ。少時の後村上来り、福知山高等女学校長某〔藤山豊〕（氏名は予之を忘る）か生徒に対し醜行ありたる件に付、昨日懲戒を請求し来りたる処、本年一月二十六日に発せられたる勅令以前の行為は懲戒の目的と為らさるに付、京都府の職員に其旨を告けたる処、其点は不気附なりしとて更に調査書を改め、今朝之を持ち来り、地方にて非常に物議を生し居り、至急懲戒処分を為さゝれは、物情折合はさる故、京都府職員は処分の結了する迄、滞京する旨を語り居れり。請求の通り至急開会することゝ為して宜しかるへきやと云ふ。予、事実も明かなる故、希望の通り至急に開会して宜しからんと云ふ。村上、然らは別に主査委員を定めす、幹事にて報告書答申書案を作りて宜しかるへきやと云ふ。予夫れにて宜しからんと云ふ。村上、窪田静太郎は病気引籠中に付、他の委員の差支なき日に開会することにすへしと云ふ。予、明日ても明後日ても午前ならは予は差支なし。主査委員を設けさることに異議あらは、窪田か之を唱ゆるならん。他の人は異議ありとは思はれすと云ふ。村上、明日は閣議の日なる故、法制局長官佐竹〔原文空白、三吾〕か差支あるならんと思はる。左すれは、明後日の午前に開会することに致し度と云ふ。予決定したらは通知し呉よと云ふ。村上、承知せりと云ふて去る。午後一時二十分頃西野英男来り、村上より明日は差支の人あるに付、明後日午前十時より開会することに致度と云ひ来りたる旨を報す。

○午後二時頃松室致来り、関屋（貞三郎）に面会する為来りたるも、関屋か在らさるを以て暫く妨くると云ふ。御料財産の状況、増減等のことを談す。松室は、先年帝室会計審査局長官為りたるものなり。話すること二、三分間。予、給仕をして関屋の所在を捜かしむ。給仕来りて、関屋は牧野と話し居る旨を報す。一分間許の後、関屋か自席に返りたる旨を報し来る。松室乃ち往く。

○午後三時より北溜に行き、皇太子殿下、同妃殿下、神宮御参拝、其他畝傍、桃山御陵御参拝の活動写真を観る。写真に宮内省に〔て〕撮影したるものと、文部省にて撮影したるものとあり。先つ宮内省の分を映写し、次に文部省の方を映写す。文部省の方撮影宜しきも、宮内省の分と重複したる所多し。故に、予は文部省の方は一巻を観たるのみにて去る。宮内省の分も、文部省の分も各三巻あり。予か去りたるときは四時十分頃なり。一たひ審査局に返り、直に家に帰る。
○午後十時頃東久邇宮邸より電話す。時に予既に褥に在り。邸員、博忠王殿下の御病状を報せんと思ひたるも、既に褥に在らるるならは、明朝之を報せんと云ひたる趣なり。予起て此方より電話す。田村捨吉、只今宗秩寮より報知あり。佐世保の田中事務官（寿三郎）より宗秩寮総裁（徳川頼倫）宛の電信にて、博忠王殿下熱下降せす、脈搏多くなり、食気進ます、衰弱加る。痛心に堪へさる趣を報し来りたりとのことなり。依て此ことを報せんと思ひ、電話したれとも、既に寝に就かれたりとのことなりしを以て、明朝之を報せんと思ひ、電話を止めたる所なりしと云ふ。

三月一四日

○三月十四日土曜。晴。
○午前八時後、宗秩寮岡田重三郎より電話し、博忠王殿下の病状を報す。昨夜東久邇宮より報し来りたることゝ同し。
○午前九時三十分より出勤す。
○午前十時前（九時五十分頃）西野英男に嘱し、金七十円八銭を内蔵寮に返さしむ。昨年十月分の俸給の中より、同月より政府の恩給増加したる為、其増加の額に相当する俸給金は之を宮内省に返戻すへきことゝなりたる故なり。又同時に、今日午後一時三十分より少しく前に宮内大臣官舎に行かさるへからさるに付、自動車又は馬車を借ることを主馬寮に謀らしむ。
○午前十時十五分頃金井四郎来り、宮邸に雇ひ入るへき自動車運転手候補者の履歴書を持ち来り、之を雇ひ入れんと欲す。月給は八十円を望むとのことなりと云ふ。今日は博忠王殿下の御病気に付、宮附職員の臨時会議あり。其の為に来りたりと云ふて去る。
○午前十時五十分頃金井復た来り、各家よりの使として高橋皞（東伏見宮附事務官兼式部官）か佐世保に行くことゝなりたりと云ふ。予、金井に運転手候補者の履歴書を返す。
○午前十一時頃国分三亥来り、予か先日其父確処の八十八を賀する詩を贈りたることを謝し、朝融王の婚約解除問題に関する始末を談し、結局是まて予か聞知し居るより以外の談なし。但し、邦彦王殿下は先日徳川頼倫に対し、酒井菊子の節操に関する風説は一切之を取消すと話されたるも、分部某は、先年（大正十年末頃より後）節操に関する事実に付種々調査を遂け、書類と為りたるものも所持し居るとのことなり。此問題は到底約束を遂行することは出来すと思ふ。先年皇太子殿下と良子女王殿下との御婚約のことに付云々ありたるときより、久邇宮に出入し居る牧野某（不詳）は、此節も度々来りて謀議に参し居るに付、先頃自分（国分）より、杉浦（重剛）は良子女王問題のとき、信義論を唱へたりとのことなるか、朝融王の婚約問題を聞きたらは、如何云ふへきやと云ひたるに、牧野は、夫れに皮相の見なり。杉浦は疾く此問題は承知し居り、解約に賛成し居れり。問題か先年の分とは異り居れりと云ひ居りたりとの談を為したるに付、予も他の人より杉浦の意見は必す解約に賛成するならんとの談を聞きたり。此くの如き意見は杉浦を侮辱するものゝ様に思はるるか、果して右様の意見なるへきやと云ふ。国分と話すること三十分間許にして去れり。国分は朝鮮司法協会にて名誉会員と為したることに付、如何したらは宜しかるへきやと云ふ。
○午後一時十分頃より、自動車に乗り宮内大臣官舎に行き、青木梅四郎〔鈴木梅四郎〈社会事業家〉カ〕の欧洲視察談を聴く。渡部信亦予と同乗することを請ふ。青木の談は一時四十分頃より始め、三時頃に終りたり。主として独逸の事情を談し、マルク相場の下落、人心の不安等のことにて格別珍らしきことなし。但し日本の学生が伯林〔ベルリン〕に千二百人許あり、概して日本語にて用を弁し居り、銀行抔にても日本語を能くする人をして之に接せしめ居り、少しも不便なることなく、マルク相場か刻々変動する故、書籍抔はマルクにて価を定むること困難なる為、一定の基数を定め、其時のマルクの相場に依り基数の幾万倍と云ふ様なることにて売買を為し居れりとの談を為せり。談終りたる後、茶を喫し、予は四時後より青木に先ち、馬車に乗りて家に帰りたり。

三月一五日

○三月十五日土曜。晴。
○午前九時三十分より直に枢密院事務所に行き、福知山高等女学校長藤山豊の懲戒事件に付委員会を開く。委員の会する者、二上兵治、遠藤〔原文空白、源六〕、松岡義正、西野元、佐竹〔原文空白、三吾〕にして、窪田静太郎は欠席せり。幹事村上恭一の草したる覆申書案に付協議し、藤山豊は懲戒免職すへきものにて其情重く、位記返上を命せらるへきものと議決せり。藤山は女学校長として、学校の寄宿舎に在る生徒に対し猥褻の行為を為したるものなり。十一時二十分頃議了し、直に宮内省に行く。
○午後零時後食堂にて牧野伸顕より、先日白根松介をして書を稲田〔原文空白、龍吉〕に贈り、自分（牧野）か面会し度旨を告けしめたる処、稲田は宮内大臣か面会し度と云ふは、先日君（白根）より相談ありたる世子邸の医務嘱託のことならん。然れは、其ことに付ては、先日君（白根）に話し置たる通りのことに付、面会の必要なからんと申し来りたる由なり。此ことは、君（予）は既に白根より聞きたりやと云ふ。予聞きたりと云ふ。牧野、右の都合に付、強ひて名義を附けす、先つ普通の来診を求め、縁故か出来たる上にて相談する方簡便ならんと云ふ。予、然らは其ことに取計ふへし。実は世子妃は肺尖カタルの気味あり。医師〔は〕転地を勧め居れとも、妃も世子も遠方に転地することは好ます。左りとて大磯、葉山等には適当の所なく困り居れり。医師は、妃の只今の体格にては妊娠は望みなしと云ひ居る由。然れは、相続人のことに付非常に重大なる問題を生すへく、此ことに付ては予は非常に心配し居れり。愈々妊娠の望なきことゝなれは、朝鮮の方よりは必す畜妾の説を出し来るならんと思ふと云ふ。牧野夫れは困りたることなりと云ふ。
○午後一時三十分より馬車に乗り、閑院宮に行く。今日は同宮にて皇族講話会を催ふさるるを以てなり。話者は東京市会議員、東京商業聯合会副会頭山崎亀吉にて、話題は露西亜〔ロシア〕旅行談なり。宮邸にて高義敬に遇ひたるに付、先刻牧野（伸顕）と談したる事情を告け、兎も角、世子殿下の意を問ひたる上、稲田〔原文空白、龍吉〕の来診を求むる手続を為すへき旨を告く。高、高階虎治郎をして稲田に相談せしむることにすへし。稲田か来るときは、貴官（予）世子邸に来り呉よと云ふ。予、行くことにすへし。予め稲田には注意して、妃の病状を直接に世子、同妃に告けさる様にすへしと云ふ。高之を承知す。

二時より講話を始む。皇族の来聴は、閑院宮、同妃両殿下の外、梨本宮、同妃、東伏見宮妃、山階宮大妃、博義王妃〔朝子、公爵一条実輝三女〕（確ならす）、閑院宮〔原文空白、華子〕女王（確ならす）、其他安藤信昭、黒田長礼〔侯爵黒田長成長男、鳥類学者〕夫妻〔茂子、閑院宮載仁親王二女〕（此夫妻も確ならす）、徳川頼倫及宮附職員にて、三十人許なり。二時頃より山崎の旅行談を為〔す〕。要旨は、露国は他より想像する如く奇〔危〕険なることも、不便なることもなく、最も共産主義の根本は変更せられ、矢張資本主義の一部は実行せられ居り。共産主義を日本抔に宣伝する恐はなき様に思ふ。又労働問題にしても、一部の人は全く労働者の利益のみのことゝ思ひ居るも、其実は資本、労働者共通の問題にて、結局産業問題なり。今年よりは労働会議に出席する代表者の選挙法も労働組合より選挙することゝなりたる趣にて、一の進歩にて喜ふへきことなりとの旨を述へ、四時頃演了す。

山崎か談話中、宗秩寮の山田益彦来りて徳川（頼倫）を呼ふ。徳川直に去る。予、必す博忠王の病篤きを加へたる為ならんと思ひ、談話終りたる後、別室にて茶を喫するとき、予、田内三吉に徳川か去りたる事由を問ふ。田内、佐世保の田中（寿三郎）より海軍省医務局長〔平野勇海軍軍医中将〕宛の電信を示す。其趣意は博忠王殿下の容体重態にならせられたり。徳川宗秩寮総裁、伏見宮、佐藤宮務監督にも通知を請ふとのことなり。

予之を見て、今夕小山善の招宴に赴くは穏当ならすと思ひ、高義敬に対し、高か今夕紅葉館に赴くやを問ふ。高自分（高）等は行きても宜しからんと云ふ。予乃ち高に、遽に差支を生し、招に赴き難きことゝなりたる旨を小山に伝ふることを嘱す。高之を諾す。田内、宮附議員に対し、博忠王重体に付、各宮の取計を謀る。各宮より博恭王殿下に見舞の電信を発し、博恭王妃の中野に住せらるるには、各宮御用取扱又は事務〔官〕をして見舞を述へしむることに決す。予は歩して帰る途、杉野の家に過きり、今夕紅葉館に行く為人力車を雇ひ置たるも、之を止むる旨を告く。

○午後七時後高義敬より電話にて、世子か中隊長となられ居る近衛第二聯隊の中隊にて、兵卒の縊死せるものあり。明日隊にて告別式を行ふ由なるか、世子は親ら其式に臨まるる必要あるへきやと云ふ。予、使を遣はし、香料ても与へられたらは、夫れにて宜しからんと云ふ。既にして王族としては親ら式に列する必要なきも、中隊長としては之に列する方適当ならんと思ふ。内子亦其旨を説く。予乃ち更に高に電話す。世子附武官〔原文空白、長崎元一〕、高は只今世子の室に行き居ると云ふ。予、高を召ふことを嘱す。高到る。予乃ち前説を変へ、世子か告別式に臨まるる方可なるへき旨を告く。高然らは其ことに決すへしと云ふ。小山善の紅葉館の案内は午後六時なり。高は七時後なるも、尚ほ世子邸に在り。宋秉畯等は必す之を待ち居るならん。
○安藤則光書を贈り、本年五月以後家賃を増し、一ヶ月百三十五円と為す旨を告く。
○内子、午後より感冒の為臥褥す。
○午後零時後藤野静輝〔帝都賜菊園学会長、元式部官、号は君山〕来り、長慶天皇〔南北朝時代の第九八代、南朝第三代天皇〕御陵に関する意見書を示す。予之を預り置く。
○午後零時後、食堂にて西村時彦より毛儒之噂〔里〕二巻を貸す。是は草場佩川の著にて、国語にて周南召南を解きたるものなり。

三月一六日

○三月十六日日曜。晴。
○午前小宮三保松其他に答ふる書を作る。
○午前十時頃髪を理す。
○午後又人に答ふる書を作る。
○午後二時後宋秉畯より電話にて、往訪せんと欲する旨を告く。予差支なき旨を告けしむ。三時頃宋来る。李堈公か歳費一万八千円を増すことを、君〔予〕より末松熊彦に謀ることを嘱する旨を申来りたりと云ふ。予、此ことは先日も話したる通り、李王職の予算案に計上し居らされは、宮内省にて之を増すことは到底其途なしと云ふ。宋其ことは自分〔宋〕も之を諒し居れりと云ふ。宋より、世子をして京城に住せしむるは極めて危険なること〔世子は内地の人を妃と為し、内地化し居るに付、李王の後は他の人をして之を承けしむへしとの説、有力者間に唱へられ居れり〕、世子の日本留学は伊藤公〔博文〕は熱心に之を望みたるも、公〔博文〕と太王とは仲悪しかりし故、公〔博文〕より之を云ひ出すことを得す、自分〔宋〕か厳妃〔李王世子の母、高宗・李太王の側室〕と談合して太王の内諾を得たる後、公〔博文〕に告け、太王より公〔博文〕を招きて之を告けらるる順序と為りたり。初世子は其時十歳のときにて、自分〔宋〕より日本に行かるることを勧め、世子は行き度と云はるるに付、更に世子に厳妃に説くことを勧め〔厳妃は世子の母にて、太王の愛する所〕、厳妃か之に同意して太王に説きたる故、成功したるなり。自分〔宋〕より伊藤公に告けたるときは、公は之を疑ひ、果して事実なりやと云はれ、其翌日太王より公〔博文〕を召はれたるときは、公〔博文〕より電話にて、今より太王の処に行く。自分〔伊藤〕の処に行きて待ち居るへしと云ひたるなりとの談を為せり。
　予又一昨年世子、同妃か京城に行かれたるときは、食物に毒を入れしことを思ひて非常に苦心し、晋氏死去のときは誰にも告けす、排泄物に毒あるや否を検する為分析せしめたること、又世子、同妃か親密に過きる為、結婚の後暫くは世子か演習に行くことを嫌ふ様になりたる故、妃より之を励まさしむる手段を取りたること、李堈公か東京に小邸を作くることは格別難事には非さるへきも、李王邸のことか定まりたる後に非されは、相談出来さること、王妃殺〔害〕事件のときは、予は宇品に出張し居りて、三浦梧楼等五十人許に対し令状を執行する手続を為したること等を談し、宋は又篠田治策は李王職次官を罷めて、京城日報社々長と為る風聞あり。牧野伸顕の依頼に依り、朝鮮総督府にて京城日報社々長と為し居りたる秋月左都夫は社長を罷めたりとのことなること、関屋（貞三郎）は軽しく諾すれとも実行は出来す、自分（宋）か北海道にて官地を払下け〔られ〕たる処、農地にて、一方は陸軍の所有、一方は宮内省の所有と為り居り。宮内省の所有の一部分を払下けて入口を作り〔た〕れは大層好き地所と為る所なるか、自分（宋）は宮内省には何事も云はさるに、先年関屋の方より斎藤（実）に対し、宋の所有地には御料地の一部分を払下くることゝすへしと云ひたる趣にて、斎藤は自分に対し、君（宋）は大層便利を得ることゝなり、関屋か御料地の一部を払下くると云ひ居りたりとの談を為せり。然るに、関屋は斎藤には右の如き談を為しなから、少しも実行はせさるなりとの談を為し、又先年李王か上京せられたるときは、寺内（正毅）は自分（寺内）の在職中、李王上京のことを二度まても計画し失敗したる〔に〕、長谷川（好道）の時に上京せられては寺内の面目に関すると思ひたるや、上京の妨害運動を為したることあり等の談を為し、午後五時を過きたる後、辞し去りたり。

○内子尚ほ臥褥す。

○宋秉畯は、先日児玉秀雄か旅順に帰るとき、京城に二泊し、総督府にて饗宴を張り、李王家にても李王は足痛あるも無理し、饗宴を開き、出席せらるる様にしたりとのことなり。児玉のときに出席せられたる故、耆年会のときも、望六宴のときも出席せられさるへからさるならんとのことを談したり。耆年会（是は確かならす）、老人を招ひて宴を開くことある趣なり。

三月一七日

○三月十七日月曜。晴。

○午前九時三十分より出勤す。

○午前十時後高義敬来り、医稲田龍吉を招くことは世子殿下に話したる処、明日以後午後なれは差支なしとのことに付、高階虎治郎を稲田の家に遣はし相談せしめたる処、稲田は明日（十八日）午後四時に往診すへしと云ひたる趣なり。依て明日は其時刻に来邸し呉よと云ふ。予、明日は委員会を開く日なれとも、其方を断りて行くことにすへしと云ふ。

高又金応善は、博忠王殿下の病状宜しからす。万一のことあらは、李王の望六の祝宴も延期せらるるやも計り難しと云ひ居れとも、是は未定のことなる故、李王、同妃に贈らるる品物等は既に用意出来し、金は二十日頃より出発することになし居れり。

高又老女の候補者のことを談し、梨本宮の妃殿下より、只〔今〕宮邸に居る二人の侍女の中、いつれても世子及妃の気に入るものあらは、之を遣はして宜しと云はれたり。如何すへきやと云ふ。予、先日聞きたる宮家に仕へたる者、又は学校教員を勧めたる者を除外し、初より老女として用立つ者は到底得難しと思ふ。依て梨本宮の侍女の中、世子及妃にて之を使ふて宜しと云はるるものあらは、之を雇はるるより外に致方なからんと云ふ。世子より李王に贈らるる品は煙草台にて、妃に贈らるは洋傘なり。煙草台は二百余円、洋傘は五十円許。世子妃は別に妃に贈らるるものあり。約四百円許なるへしと云ふ。
○午後零時後食堂にて牧野伸顕に、世子妃を診察せしむる為稲田（龍吉）を召ふことは、昨日高階（虎治郎）をして稲田に相談せしめたる処、明日午後四時頃往診することを諾したる趣なりと云ふ。牧野、夫れは好都合なり。妃殿下の容体は梨本宮及鍋島（直映）の家には話しあるやと云ふ。予、未た話さす。是までは医師よりも確と肺尖カタルとも云はす。小山善か辞し、高階（虎治郎）か引受けたる後、高階か心配して転地を勧め居る所なり。明日稲田の診断の模様にては、之を話すことにすへしと云ふ。牧野、之を話し置かされは転地等のことも故障あるへきに付、之を話し置く方宜しからん。鍋島の方は自分（牧野）より話しても宜しと云ふ。
○午後四時より退省す。
○内子臥褥す。体温は朝三十六度一分にて、午後は三十七度なりと云ふ。

三月一八日

○三月十八日火曜。晴寒。
○午前九時三十分より出勤す。
○午前十時頃金井四郎来り、永山千香の子来り、君（予）に贈るとて、盆を持ち来り居れり。其内に届くへしと云ふ。金井一たひ去り、宗秩寮に到り、少時の後復た来り。蒲穆より金井に贈りたる書状を示す。其書は稔彦王殿下を羅馬尼に遣はさるることに付、殿下の意思を問はす、時期等を定め、山辺知春を随行せしむることになり居りたるに、是も殿下に申出てすして随行を免したる等は、手続不隠当なる様に思はるる故、次官（関屋貞三郎）に其旨を申遣はし置きたることを通知し来りたるなり。永山の子より予に物を贈ることに付ては、予は余計なる心配なりと云ひ、金井も右様のことを為すに及はすと云ひ置きたれとも、自分（金井）にも物を贈りたり。永山の子（娘）か十五歳〔に〕成りたるとき、妃殿下は之を引見せられ、心附を与へよと云はれたるに付、二千疋（三千疋と云ひしか確に記臆せす）を与へ置き、永山の子より奥の女中一同には香奠返しとして封金を持ち来り、自分（金井）も夫れは宜しからんと云ひ置きたりとの談を為せり。
金井又盛厚王殿下の風邪は最早全快にて、学習院に通学し居られ、課業は全体は成績宜しきも、周章らるるも〔と〕誤を生するに付、昨日は自分（金井）か共に学習院に行き、試験を見居り、此節は上出来の様なり。多分華族会館より出す賞品を受けらるることゝなるへしと云ふ。
○午後一時三十分より歩して司法大臣官舎に行き、諮問第四号の小委員会を開く。牧野英一、小野清一郎の来りたるは三時頃にて、夫れより委員会を開き、幹事にて作製したる答申案（第二項に付て）以下を議す。生命身体名誉等に対する罪に付ては、刑を重くすることは大体に於て異論なきも、原案にては文字不十分なる所あり。修正を要することゝなり、未た議決に至らす。花井（卓蔵）は修正案を提出せんとす。時に三時四十分なり。予は、世子邸に行かさるへからさるを以て、其旨を告けて退席す。

三時三十分に司法大臣官邸に来るへきことを命し置たる馬車は、予か司法大臣官邸の玄関を出てたるとき、正に門を入り来れり。御者は宮内省玄関に行きたるに、貴官は尚ほ宮内省に在る旨、玄関の守者より告けたるに付、暫く之を待ち居り、其の為遅刻せりと云ふ。予は直に馬車に乗り、世子邸に到る。

稲田（龍吉）未た来り居らす。四時五分頃に至り稲田来る。予、高羲敬、稲田と共に世子、同妃に面し、寒暖を述へ一たひ退き、稲田と高階（虎治郎）と共に入りて世子同妃を診す。三十分間許の後、出て来る。稲田、世子、同妃の容体を口授し、高階をして之を筆記せしむ。予、世子妃の病状は転地療養の必要ありやを問ふ。稲田、転地すれは妃殿下自身も心配せられ、他も之を云ひ触らすへし。只今の処は転地の必要なからん。右の気管支にカタルあり、其の為微熱を発す。此熱かいつまても継続する様ならは、転地の必要も生すへし。兎も角、十分に滋養物を食せらる必要あり。世子、同妃には、身体の衰弱に因り感冒に罹られ易し。只今気管支カタルの為微熱あり。外出は成るへく之を止められ度。暖かなる日ならは外出せられても、之を止むる程のことはなしと云ふ位の程度に話し置かれ度。梨本宮にも大概同様の程度に話し、熱の都合にては、転地の必要も生すへき旨を告け置く方宜しからんとの談を為し、稲田に次回の診察を相談し、次週の火曜日（本月二十五日）に来診すへきことを約して去る。

稲田か去りたる後、予、世子に面し、稲田と談したる顚末を告く。但し梨本宮に話すことは之を告けす。世子は転地の必要なきことは好都合なりと云ひ、又老女のことに付、先日高羲敬に話し、高より君（予）に相談せしめたるか、梨本宮の方より話あるに付、之を雇ひ入れんと考へ居ると云ふ。予、先日高より聞きたる様の人は、到底之を得難し。梨本宮に居る人を雇はるる方宜しからんと云ふ。世子妃は微熱あるを懸念し、三、四日前（本月十六日後）検温を止め居る由、高階より稲田に告け、稲田は今月の経水済みたらは、検温を始め度と云へり。稲田又世子妃に牛乳を呑まるることを勧むるに付、予より之を世子に告けたり。午後六時頃に至り、馬車を返し、六時後世子邸の自動車に乗りて家に帰れり。

○司法大臣官舎にて谷村銀次郎より、和気清麻呂（奈良時代末期から平安時代初期の貴族）、宇佐神の託宣を奏する図に題する詩を示す。其中に天位は天潢支に非されは登るへからさる旨の句あり。予、天潢の支と云ふては、皇別の人ならは皆之に当るへし。適当ならさらんと云ふ。谷村弁する所あり。予復た争はす、予、他人の父を指して先人と云ふの可否を謀る。谷村、文ならは、単に先人と云ふは自己の先人と解する嫌あるへし。詩語としては、句勢にて他の父と解することを得る場合ならは、単に先人と云ひても宜しからんと云ふ。予、草場船山〔幕末・明治初期の儒者、草場佩川の子〕先生贈位の詩の一句、栄共先人及九原を語る。谷村夫れならは分るへしと云ふ。
○内子臥褥す。体温朝三十六度一分、午後三十七度。

大正一三年日記第三冊

〔表紙に付記〕

三

大正十三年三月十九日より四月十四日までの日記
但四月十四日は未完
有馬頼寧氏立候補のことは三月二十日（六葉表以下）
三月三十一日（三十三葉表以下）　四月一日（三十五葉表以下）
稔彦王殿下滞仏期のこと三月二十九日（二十九葉表以下）
新田義貞の像、金銀杯等を郷に送る準備為したるは三月三十一日三十三葉表
荷作を為したるは四月三日（四十三葉表）　四月六日（四十九葉表）　四月九日二ヶ所（五十七葉表五十九葉裏以下）

○大正十三年三月十九日水曜。半晴寒。
○午前九時三十分より出勤す。
○午前十時後高羲敬、金応善来る。予高に、昨日稲田（龍吉）は、世子妃殿下の体温永く低下せさる様ならは、転地の必要も生すへき旨話したれとも、世子殿下、妃殿下には其ことは告け置かさりしと云ふ。高、世子は昨日妃殿下転地の必要なしとのことを聞き、喜ひ居られたりと云ふ。金は明日（二十日）より出発、京城に行き、世子の名代として李王殿下の望六誕辰の賀（本月二十五日）を述ふる筈なりと云ふ。

金杯を受領す

○午前十時後西野英男より、昨日午後予か退省したる後、庶務課より先日目録にて賜はることゝなり居る金盃を渡す旨申来りたるに付、代りて之を受取り置きたりとて金盃を渡す。此金盃は本年一月二十六日に目録を賜はりたるものなり。
○午後零時後、食堂にて西村時彦に遇ふ。予審査局に返り、草場佩川、船山二先生賜位を慶する詩を示し、船山を慶する詩は二様あり、孰れか可なるやを問ふ。西村、佩川の分は完全なりと云ひ、船山の分は先韻の方なるへしと云ふ。西村は先韻の第二句に賞前賢とあり、賞の字妥ならさるへし。又末句鑽仰の字を立望と改度も、第七句の感字仄なる故、已むを得すと云へり。予賞の字は尚再考すへしと云ふ。
○午後一時十分頃牧野伸顕を官房に訪ひ、昨日稲田（龍吉）か世子、同妃を診したる状況を告け、且稲田か妃の病状は只今は気管支カタルの為の微熱なるか、此熱か永く継続する様ならは、

其方の養生をなさる必要あるならんと思ふに、此旨を梨本宮にも告け置く方宜しからんと云ひたることを告く。牧野、然らは其旨を梨本宮に告く必要あるへしと云ふ。予、其取計を為すへしと云ひ、西野英男をして電話にて守正王に謁することを得る日時を問はしむ。邸人、殿下は一昨十七日より職務を以て栃木、群馬、茨城三県に出張せられ、本月二十七日に非されは帰京せられさる旨を告く。予乃ち西野をして妃殿下のことを問はしむ。邸人、今日午後三時か又は三時少し過きか、然らされは明日午前ならは宜しき旨を告く。予、三時に往くへき旨を告けしめ、牧野の官房に行き、梨本宮不在なること、妃殿下に約したることを告け、西野をして二時四十分に自動車を備へ、馬車は之を断はることを取計はしむ。

○午後零時後食堂にて工藤壮平より、橋場の有馬伯邸を借り居りたる宮内省巡廻救護班は明日限りて引上くることゝなり、差向き医員よりは謝辞を有馬家に述ふる様に告け置きたり。宮内省よりは更に挨拶に行くへきか、伯爵には銀器でも賜ひ、万事世話になりたる有馬泰明氏には金五十円許贈ることに致しては如何あらんと相談したり。夫れにて宜しかるへきやと云ふ。予、有馬家は焼残りたる為の奉公として貸したるものに付、勿論報を望む考なからん。夫れにて十分ならんと云ふ。

○午後二時十分頃酒巻芳男来り、博忠王は大勲位に叙せらる必要なからんと云ひ置たるも、栽仁王（有栖川宮威仁親王長男、故人）か大勲位に叙せられたる例あるに付、大臣（牧野伸顕）は矢張り大勲位に叙せらるる方宜しからんと云ふに付、其手続を為したりと云ふ。又在佐世保の山田（益彦）に対する電信案に捺印を求む。案は博忠王の遺骸運搬の手続、喪主は博信王に仰付けらるることゝし、修学上の不便あるときは宮務監督佐藤愛麿をして代理せしむることと為すこと等にて、万一を慮かりたる準備なり。酒巻又万一のときは北白川宮、竹田宮の例に倣ひ、宮中喪三日、葬儀当日廃朝にて宜しかるへきやと云ふ。予、北白川宮、竹田宮には内親王の関係あり。予は廃朝には及はさるならんと思ふ。菊麿王、邦憲王等の例を取調へ見たらは宜しからんと云ふ。予又栽仁王と博忠王とは多少異なる所あるに付、大勲位にも及はさるならんと思へとも、是は悪しきことはなからんと云ふ。酒巻、自分（酒巻）は初めは大勲位も宮中喪も廃朝も必要なからんと思ひ居りたりと云ふ。酒巻又昨日稲田（龍吉）か世子妃を診察したる模様を問ふ。予大略を告く。

二時四十分頃より自動車に乗り、梨本宮邸に赴く。三時頃に達す。三時五分頃妃殿下、予を引見す。予、世子妃の病状を報すること、昨日稲田龍吉と協議したる所の如し。且世子及妃殿下には、予、梨本宮に告くることは話し置かさりしに付、其含を請ふ旨を附言す。予又先日世子より老女選択のことに付高羲敬を経て告けられたることあるも、世子の云はるる条件にては、到底老女を得ること出来難きに付、梨本宮に勤め居る二人の中一人を請はるる方宜しかるへき旨を勧め置たることを談す。妃殿下、其ことは世子より聞きたるに付、本人に其旨を告けたる処、大体は異存なき模様なるも、未た確答はせす、熟考したる上にて決し度と云ひ居れりとの話なり。予は更に、世子妃の病に付ては、世子妃か懸念せらるることは稲田か最も懸念し居る所なる故、其意にて世子妃か心配せられさる様、注意を請ふ旨を述へて去る。予か廊下に出てたるとき、妃殿下より倉富はいつも丈夫にて結構なりと云ふ。予、予の如く老年になれは、別に養生もせさる旨を述へて出つ。三時五十分頃家に帰る。
○午後九時頃宗秩寮員より電話にて、博忠王殿下今日午後六時三十五分病気危篤に陥ひられたる旨、佐世保出張の山田事務官（益彦）より宗秩寮総裁徳川（頼倫）に電信ありたる旨を報す。
○内子臥褥す。体温は午後は三十七度なり。午後八時頃入浴す。

三月二〇日

○三月二十日木曜。朝薄陰後晴。
○午前八時前有馬秀雄より電話にて、今朝往訪せんと欲するか、何時頃まて宅に在りやと云ふ。予九時頃までに来れは之を待つへしと云ふ。有馬九時三十分頃まて待つことは出来さるやと云ふ。予宮内省に来ることは出来さるやと云ふ。有馬宮内省は門鑑等の面倒あるへしと云ふ。予門鑑のことは予か門衛に話し置くへしと云ふ。有馬何時より出勤するやと云ふ。予九時三十分より出勤すと云ふ。有馬然らは九時頃までに私宅に往くへしと云ふ。予之を諾す。
八時四十分頃有馬来る。有馬は、久留米にて有馬頼寧氏か衆議院議員候補者と為るも、当選の見込なきこと丈は確実なり。自分（有馬）としては頼寧氏か候補者と為ると云ふに付、十分に運動することも出来す、困りたりとの談を為す。予、先日来仁田原（重行）、松浦（寛威）、田中（行尚）と交渉したる状況を説き、田中か久留米に行きたる以上は、最早頼寧氏を断念せしむることゝなる訳なるか、未た決せさるやと云ふ。有馬、久留米の状況は非常に悪しく、之を止むる模様なし。必す候補者となるるならん。自分（有馬）は林田（守隆）丈には、愈々頼寧氏か候補者となるならは、自分（有馬）は之を止むへしと云ひ置きたるか、林田は夫れは止むるに及はす、公私の別ありと云ひ居りたり。細見（保）は体度曖昧にて、止めもせす、勧めもせすと云ふ。若林（卓爾）は勧めたりと云ふことなり。自分（有馬）は田中（行尚）に逢ふ必要もなく、田中も逢ふことを望まさる模様に付逢はさりしか、田中は選挙界の事情を知らさる故、渡辺五郎をして田中に逢はしめんと思ひ、渡辺は田中を訪ひたるも、田中は面会を拒絶したる由。依て細見（保）をして渡辺を田中に紹介せしめ、始めて面会したるか、田中は渡辺に対し、君（渡辺）は有馬（秀雄）の運動員なるに付、話す必要なしと云ひ、渡辺は、自分（渡辺）は党派に関係なし。古林喜代太と有馬（秀雄）との競争ならは有馬に加担するも、決して有馬（秀雄）の運動員に非さる旨を弁明して、然る後始めて話したる位なりし趣なりと云ふ。

予、夫れには理由あり。久留米より、渡辺は有馬の為に運動し、頼寧君の候補者となることを妨害し居るに付、注意せよとの電信か達し居りたりと云ふ。有馬左様の訳なるかと云ふ。有馬、頼寧君は只今止めても、久留米にて事務所を作りたりと云ふ様なることにて、五千円位は費用を出さゝるへからさるへしと云ふ。予、先頃財産を分与せらるるとき、将来頼寧君の行動には伯爵より干渉せられさる様のことになりたる結果、此節の如く勝手なる行動を取らるることゝなれり。其時は此の如きことは考へさりしと云ふ。有馬、百万円の分与も矢張り原因と為りたり。運動員と為り居るものは、いつれも破産に瀕し居るものにて、金を引出すことか目的なり。百万円は自由になる趣に付、十万円位は使はせることに出来ると云ふ。既に頼寧氏の手形の売買も為し居るとの話もありと云ふ。有馬は、仁田原（重行）に面会したる上、松浦寛威にも面会し見るへし。田中（行尚）も最早帰り居るならんと云ふ。有馬は九時頃辞し去る。去るに臨み、小魚の干もの郷里にて白魚と称するもの一箱を贈る。

○午前九時三十分より出勤す。

○午前十時頃宗秩寮に行く。寮員、高等官は未た出勤せす。松井修徳〔式部官兼閑院宮附事務官〕、山辺知春、三雲敬一郎等あり。博忠王殿下薨去に付、宮附職員会議を開く趣なり。予、博忠王の柩の東京駅に達する日時は既に決したるへきやを問ふ。松井、東京駅達の日時は未た聞かす。横須賀達は二十四日午後三時なる趣なり。佐世保発は明日とのことなりと云ふ。予、然るか。新聞には明朝東京駅達の様に記載し居りたるに付、之を怪み居りたりと云ふ。前田利男亦来る。予、先日秩父宮邸にて晩餐を共にしたることに付挨拶す。

○午前十時後金井四郎来り、本月二十二日には、妃殿下か竹田宮妃殿下と共に沼津に行かるる予定なる処、当日は竹田宮邸に外国人教師か来る日なる故、沼津行を止められたる趣を告く。

○午前九時頃、内子体温三十六度八分あり。予出勤前、午後に至り三十七度二、三分にも上るならは、坂田稔を招きて診察せしむへき旨を告く。

○午前十一時四十分頃関屋貞三郎来り、帝室林野管理局の官制を改正する必要あり。管理局にては、此際局名を改めて以前の如く御料局となすことを望み居れり。地方抔にては今日にても御料局と称し居るのみならす、現局名は長くて不便なりと云ふ丈けのことなり。然るに、御料局と称したるを改めたるは、実に御料は林野のみならすとの理由ならん。加之今日特に御料を局名として、御料の多きを表示するも面白からすと思ふ。如何と云ふ。予、予は御料局を改めたる理由は聞きたることなきも、必す只今の話の通りならん。左すれは、今日之を復活するは適当ならす。又帝室林野局とか御料地局とかの意見もありとのことなるか、特に之を改めさるへからさる理由ありと思はれす。局名か長き位のことは、之を改むる理由となすに足らすと思ふと云ふ。関屋、自分（関屋）も同様の考なり。参事官はいつれても宜しと云ひ、管理局にても是非と云ふにも非すと云ふて去る。

○午後零時後食堂にて牧野伸顕に、昨日予か梨本宮妃殿下に世子妃の病状を報し、妃殿下は稲田（龍吉）を知り居る旨を談せられたることを報す。

○午後一時頃徳川（頼倫）と共に関屋貞三郎の室に行き、博忠王殿下薨去に付、宮中喪を発し、廃朝をなさるへきや否を議す。予は宮中喪は之を発し、廃朝には及はさるへき旨を説き、尚ほ先例を調へたる上、決したらは宜しかるへき旨を談し、直に徳川の室に到る。寮員、式部職員、鉄道省員、海軍省員来り居り、博忠王殿下遺体運搬方等を議し居り。鉄道省員、海軍省員が去りたる後、葬儀のことを議す。小笠原長生に葬儀掛長を嘱托する予定（喪を発したる上）なる趣にて、小笠原も先刻関屋の室に来り居り、後徳川の室にも来り評議を聴き居りたり。葬儀の評議は、震災後の極簡なるものと震災前の式とを折衷し、成るへく簡素を旨とする方針にて執行することに協議したれとも、是は下協議にて、牧野（伸顕）の承認を得たる上、博恭王殿下の承認を得されは、決定には至らさるなり。午後三時四十分頃にて協議を終る。

○今日フロツクコート上衣と高帽とを審査局に持ち来り、簞笥の抽斗に入れ置く。出勤中臨時入用のことあるを以てなり。

○午後五時頃松浦寛威より電話にて、往訪せんと欲する旨を告く。予六時三十分頃ならは差支なき旨を答へしむ。六時二十分頃松浦来り、田中行尚より久留米の状況を報し、第一には、細見（保）と若林（卓爾）との意見少しく異なる旨を報し、第二には、頼寧氏か議員候補者と為ることの可否決せさるも、田中は帰京する旨を報し、第三には帰京途中（博多と云ひし様なり）より満足なる結果は得られさりしも、兎に角立候補の宣言案を準備し置き呉よと云ひ来れり。第三の電信に依れは、田中も少しく立候補の方に傾きたる様なり。然るに、頼寧氏は本月二十四日出発して久留米に行かるるとのことに付、明日にても君（予）か面会して、立候補を止めらるる様談し呉よ。先夜君（予）より最終の決定を為す前には面談し度旨の話もあり居りたる故、今夕は頼寧氏久留米行のこともある故、其話を為す為に来れりと云ふ。

予、夫れは少しく行違あり。予等は昨年来、頼寧氏の行動には干渉せさることになり居れり。其の為先日より君（松浦）等に対し意見を述ふるのみにて、直接頼寧氏には面談せさるなり。先夜の話は田中（行尚）か久留米に行き、形勢面白からさる為、頼寧氏か立候補を断念せらるることを直に発表することは差支なきも、万一形勢有利なることありても（万々右様なることはなしと思へとも）、田中一己の考にて立候補の決心を発表することは差控へ、兎も角帰京の上詳細に報告し、其上詮議を尽くして決定する様に致し度との意を述へたるまてにて、予が直接に頼寧氏に面談することを望みたる訳には非すと云ふ。

松浦、田中か久留米形勢面白からさる旨を報告し、其為頼寧氏か候補を断念せらるることゝなりたらは、田中は久留米人に対し非常に困ることと為るへし。田中よりは有利なる報告を為し、君（予）等か頼寧氏を説きて、候補たることを断念せしむるか一番好都合なりと思ふと云ふ。予此言を聞き、甚た不快に思ひ、田中は久留米の事情視察に行きたるに非すや。有の儘の事情を報告することか田中の任務なり。予等は初めより視察の必要もなしと思ひたるも、頼寧氏か必要ありと云はるるとのことに付、之に賛成したる訳なり。予等の聞き居る所にては、久留米の事情は決して君（松浦）等か希望したる如く全市一致して推薦する様のことは思もよらす。現に古林喜代太かどこまても競争すと云ひ居ることは疑なきことに付、田中は其事情を報告すれは夫れにて済むに非すや。全体田中は事情取調の為に久留米に行きたるものにて、立候補のことを決するとか、又は賛成者を募集するとか云ふことは其任務に非す。然るに先刻の話に依れは、可否未定とか宣言案の準備とか云ひ来りたるは、予の解せさる所なり。田中の報告にて決定せらるる積りにて、田中を久留米に遣は〔し〕たる訳なれは、田中か正直に事情を報告したらは立候補を断念せらるることならんと思ふ。然るに、田中か事実に違ふ報告を為し、頼寧氏か断念せさるを予等をして之を止めしめんとするは、実に分らさる話なり。仮りに田中の報告は事実に違はす、形勢不利なるに拘はらす、頼寧氏か立候補せんとする場合にて、予は之を止むる考なし。何となれは、此節のことは元来君（松浦）か始めたることにて、君（松浦）等には頼寧氏より相談あるも、予等には何の相談もなし。君（松浦）等か止めても止まらさるものを、予等か止めたりとて効能あるへき訳なし。予は此の如き場合に無駄に使役せらるることを好ますと云ふ。松浦、然らは自分（松浦）等か止めても尚ほ候補者と為らるるならは、夫れにて宜しきやと云ふ。予、宜しくはなし。勿論反対なり。然れとも致方なしと思ふと云ふ。

松浦、先日頼寧氏より、赤坂の区会議員両三人、頼寧氏を訪ひ、赤坂区よりは林田亀太郎〔衆議院議員・無所属〕か候補者と為り居るも、同人は赤坂区に不深切にて、大切なる時期に旅行抔する様のことにて、同人に対しては不満多し。赤坂区より候補者と為らるることを望む旨を述へ、頼寧氏は目下久留米の方か未決に付、赤坂の方には返事を為し難き旨を答へ置かれたりとのことなり。自分（松浦）等か無理に久留米の方を止めたらは、赤坂の方より出らるる様のことになるへし。夫れは宜しきやと云ふ。予、勿論宜しからす。然し、久留米か赤坂か是非一方よりは出てらるると云ふならは、予は寧ろ赤坂の方か宜しと思ふ。赤坂ならは、選挙か不結果となりても、久留米にて不結果と為りたる程の影響なしと云ふ。松浦、然らは君（予）は赤坂にても頼寧氏の当選は見込なしと思ふやと云ふ。予、夫れは分らす。是まて右様のことを考へたることもなく、又事情も知らさる故、勿論分らす。然し普通の考にては、多年地盤を作り居る林田と頼寧氏とを比較すれは、林田の方有利ならんとは思ふと云ふ。

松浦、尚ほ予か頼寧氏に説くことを望む旨を述ふ。予、予は今夕田中か帰京するならは、同人か頼寧氏に面会する前、君（松浦）より打合せ置き、田中の報告にて断念せられ、予等か関係せすして済む様になることを望む。然し頼寧氏の方にて是非予と面談し度と云はるるならは、予は之を辞せす。予より進て面談することは致し度なしと云ふ。

松浦は今夕来りたるとき、第一に本月十七日同郷懇話会を開きたるとき、後藤武夫より頼寧氏立候補の事情を聞き度と云ふに付、一と通り経過を述へたる処、後藤は会に来る前より酔を帯ひ居り、いかにも失礼のことを云ひたる故、之を殴打せんとも思ひたれとも、夫れも穏当ならすと思ひ忍ひたるに、後藤は直に退出し、他の者は別段のことなく、吉原正隆は頼寧氏か議員たることには反対せさるも、此節は時期も後れ、場所も宜しからさるに付、之を止むることを望む旨を述へ居りたりとの談を為せり。松浦は八時頃に至りて帰り去れり。

三月二一日

○三月二十一日金曜。春季皇霊祭。微雨後曇夜雨。

○午前九時十分より馬車に乗り、賢所前参集所に行き、十時後より幄舎に入り、摂政殿下、皇太子妃殿下御拝の後、秩父宮、閑院宮、山階宮、賀陽宮、朝融王、梨本宮妃、東久邇宮妃等の御拝あり。次て東郷平八郎以下拝礼し、十一時頃家に帰る。賢所前の参集所にて、鈴木喜三郎、平沼騏一郎、小山松吉と諮問第四号小委員会の状況を談し、予より小山に、小委員会に出席し、進行を図るへき旨を談す。田部芳、富谷鉎太郎、横田秀雄、田中義一、山梨半造等に遇ふ。

○午後零時三十分頃より橋場有馬邸に赴く途、坂田稔の家に過きり、痘苗二本を購ふことを嘱す。坂田之を諾す。豊川稲荷前より電車に乗り、銀座四丁目にて南千住行の電車に乗り、山谷にて下車し、歩して有馬邸に到る。時に一時五十分頃なり。

有馬秀雄既に在り。之と頼寧氏か議員候補者とならんとすることに付、昨夜松浦寛威と談したる状況の概略を語る。次て松下丈吉、境豊吉来る。又其概況を語る。松下、境両人は明朝松浦寛威を訪ひ、松浦をして是非頼寧氏か候補者たることを断念せらるる様説かしむること、又松下は野田卯太郎を訪ひ、野田の取計にて頼寧氏か久留米より候補者と為り難き様にすることを謀るへしと云ひ居りたり。三時頃より大正十二年度の決算を議す。今日は仁田原（重行）は風邪の為欠席せり。決算会議は緒言中少しく修正を加へたるのみにて全部可決し、伯爵は退席せり。五時頃より飲喫し、六時後より松下、境と自動車に同乗し、松下は牛込にて下車し、次て境も田町の辺にて下車し、予は最後に自宅の近傍にて下車せり。午後六時頃より降雨あり。予か下車したる処より自宅まては傘なかりしも、幸に雨甚しからさりしを以て濡すに至らす。

有馬家にて決算会議を終りたる後、草場佩川、同船山両先生の贈位を慶する詩、国分確処の八十八を賀する詩、及偶成（奉公何日致消埃）を松下に示す。松下稿を持ち帰る。自動車中にて松下に、先年の良子女王問題と同一事情の問題あり。然るに、杉浦（重剛）は其生前、婚約解除に賛成し居りたることを聞けり。是か事実ならは、杉浦の信義論には難ある旨を談す。松下、杉浦は不肖の子の為に苦み、貧の為に苦み、其行為には遺憾のこと少なからす。自分（松下）は杉浦の世話になりたることあり。之を評するに苦む。何事も自分（松下）は聞かさることに致し置呉よと云ふ。予か家に達したるは八時頃なりしなり。既に寝に就く。

有馬秀雄電話にて、君（予）等か有馬家を去りたる後、少時にして松浦寛威より書を有馬泰明に贈り、今日松浦及田中行尚と頼寧氏に面談したる結果、頼寧氏は久留米より議員候補者と為りて競争することは断然思ひ止まりたることを報し来れり。為君（予）の方にも通知し来りたりやと云ふ。予、予の方には未た通知し来らす。頼寧氏か立候補を止めたるは好都合なり。然れは、松下、境は明日松浦寛威を訪ふ必要なきことゝなれりと云ふ。有馬、境の家には電話あるに付、早速其旨を通知し置くへしと云ふ。
○午後二時頃野田卯太郎来り訪ひたるも、予が在らさるを以て直に去りたる由。或は有馬頼寧氏と有馬秀雄との競争に付、予に謀る為ならん。
○夜半より雨歇み、月清し。
○久邇宮邸より紅白鏡餅一重、鰹節一箱（十二本）を送り来る。予か良子女王殿下の入宮を祝したるに酬ひられたるなり。
○内子離床。体温午後二時頃三十六度八分なりし由。
○午後有馬伯邸にて松下丈吉より、予か先頃の唱和に（拘）の字を仄として用ゐ居るは誤なる旨を告く。予、取調へ見るへしと云ひたるも、予の誤なる様なり。

三月二二日

○三月二十二日土曜。朝晴。
○午前九時三十分より出勤す。
○午前十時後高羲敬来り、世子は昨日来少しく感冒の気味にて、昨日は春季皇霊祭に参拝せられす、今日は聯隊に出勤せられさることを談す。高又李王殿下望六誕辰の（五十一歳の誕辰）祝宴は華頂宮の薨去に付、或は止めらるることあるやも計り難きも、李王職より何等の通知なき故、金応善は予定の通り京城に赴きたり。本月二十五日の祝宴に付、総督以下課長位まて招待することになり居る模様なるか、華頂宮薨去に付、総督等は出席出来難きならんと云ふ。
予、先日稲田（龍吉）より世子妃殿下の病状を梨本宮に談し置くへしと云ひたる処、王殿下は旅行中なる故、稲田か診察したる翌日（本月十九日）梨本宮妃殿下に世子妃殿下の病状の大略を談し、若し現在の微熱か継続する様ならは或は転地の必要も生するならんとのことなる旨を告け置きたりとの談を為し、高か将に去らんとするとき、之を呼ひ留め、予より梨本宮妃に世子妃の病状を告け置たることは、君（高）より大略世子に告け置く方宜しからん。然し稲田か梨本宮に告け置くへき旨談したりと云ひたらは、心配せらるることもあるへきに付、単に予より稲田か診察したる模様を梨本宮妃に話し置きたる趣なる位なることを世子に告け置きたらは宜しからんと云ふ。高既に去る。

少時の後、予之を追ふて宗秩寮に行き、既に高に先刻世子に予か梨本宮妃に世子妃の病状を告けたることを話すことに約し置たるも、此ことは暫く見合せ置呉よ。梨本宮妃より世子に話てもあり、世子より問はるる様のことありたらは、其時に話すことにすへしと云ふ。高之を諾す。

予松平慶民に、昨日皇霊祭のとき、閑院宮殿下の次に拝せられたるは山階宮大妃殿下の様なりしか、大妃は山階宮より先に拝せらるる訳なりやと云ふ。松平、自分（松平）も変に思ひ居ると云ひ、酒巻芳男は宗秩寮にては其順序に定め居ると云ふ。

野村礼譲其処に来り居り、久邇宮の智子女王殿下か本願寺の光演〔大谷光演、真宗大谷派〈東本願寺〉第二三代法主、伯爵〕氏の子〔光暢〕と婚せらるることは、五月〔原文空白〕日に予定せられ居り、華頂宮の薨去は久邇宮にては喪に服せらるる人なし。然るに、光演の叔父〔大谷勝縁〕に当る人か華頂宮と同日に死去し、其方は光演には喪あるも、夫たるへき人には喪なし。而して本願寺にては俗人より喪期を短くする由にて、若干日を過くれは婚儀を挙けんとする模様なり。差支なかるへきやと云ふ。予、忌服の制は国法なる故、本願寺たりとも勝手に之を短縮することは出来さる筈なり。然し、喪中に結婚したりとも、之を咎むる訳には行かさるならんと云ふ。野村又華頂宮の方は忌服はなきも、久邇宮の為には宗家なる伏見宮の方に喪あり。然れとも、婚姻は相手あることにて、本願寺の方にて婚儀を行はんとすれは致方なき故、伏見宮の諒解を求め、本願寺の求に応して宜しかるへきやと云ふ。予、伏見宮にては、久邇宮より諒解を求められたらは、之を拒まることはなからん。此ことは、予は諒解あると否とよりは、久邇宮の方の徳義問題ならんと思ふと云ふ。野村尚ほ研究することにすへしと云ふ。

○午後零時後食堂にて西村時彦に、先日西村か注意したる〔賞賢〕の字は、成語を調へたる処、〔顕賢〕〔表賢〕等の字あり、却て〔彰賢〕の字は見当らす。依て〔表賢〕と為したる旨を談す。又食堂にて、山階宮大妃と山階宮との礼拝順序のことを小原駩吉に談す。小原、皇族身位令に寡妃は夫の順位に従ふことゝなり居る故、当然なりと云ふ。又食堂にて、牧野伸顕、小笠原長生、徳川頼倫、九条道実と三笠艦保存の必要あることを談す。

○午後二時後、東久邇宮片岡久太郎より、華頂宮薨去に付、同宮への贈は、貴官（予）の分は宮内省にて取計はるるならは、宮附職員の方は除き置くへきやと云ふ旨、西野英男来り告く。予、兎も角宮附職員の方にも加へ置く様答へ呉よと云ふ。

○午前西野英男に嘱し、枢密院事務所に行き、俸給を受取らしむ。

○内子離床す。

○午前九時頃東久邇宮邸より使をして、永山千香の遺物盆二枚と風呂敷一枚を届けしむ。是は先日千香の娘か東久邇宮邸に託したるものなり。

○午前宗秩寮にて野村礼譲に、昨日宮邸より餅を貰ひたるも、礼に行かさる旨を告く。

○午後五時頃宗秩寮より電話にて、博忠王殿下の事に付協議の必要あるに付、明日午後五時三十分宮内大臣官房会議室に参集を望む。差支なきやと云ふ。予承諾の旨を答ふ。

○午後七時頃風雨の兆あり。雨戸を鎖す。少時の後、雷雨あり。間もなく風雨歇む。

○午後三時より退省す。

○午後三時後、土蔵の二階に在る書籍函の中の書籍を階下に下し、又空函を下たす。

三月二三日

○三月廿三日日曜。晴。

○午前八時後有馬秀雄より電話にて、有馬頼寧氏か議員候補者となることは之を止めたるも、明二十四日朝出発して、久留米に行く由。然れは、先日来頼寧氏に候補者たることを勧め居りたる人は必す復た頼寧氏に勧説することゝなるへし。左すれは又面倒なることゝなるへきを以て、君（予）より林田（守隆）、若林（卓爾）、細見（保）に書を贈り、頼寧氏は一切選挙に関する談を為さす、他より話し掛けても之に取り合はす、何か返事せさるへからさる必要を生したる場合に於ても、其ことは東京の松浦（寛威）に交渉すへき旨を告けて、頼寧氏自身には何事にも関係せられさる様注意することを申遣はし呉よと云ふ。予之を諾す。有馬（秀雄）は、明朝頼寧氏か出発せらるるときは、松浦（寛威）も東京駅に送り、前述の趣意を十分に頼寧氏に談し置くへしとは云ひ居りたれとも、為念君（予）より林田等に書状を出し置き呉よと云へり。

○午前十時後野田卯太郎来る。先日（本月二十一日）来りたるは、有馬頼寧氏か議員候補者と為る模様に付、其ことに付相談せんと思ひたれとも、頼寧氏は之を断念したる趣にて好都合なり。先日有馬秀雄来り、頼寧氏をして候補者たることを断念せしむることを謀りたれとも、自分（野田）か有馬家のことに関係することは面白からす。必要あるならは、倉富氏の取計に依ることゝすへしと云ひ置きたりと云ふ。予、頼寧氏をして候補者たらしめんと欲する者の中には、君（野田）を他の選挙区に廻はし、頼寧氏を浮羽郡、三井郡に廻は〔さ〕んとする計画までも為したるものある趣なりと云ふ。野田、自分（野田）も頼寧氏是非出ると云ふならは、右様のことゝなさんと思ひたりと云ふ。予、頼寧氏か政友会に入会てもするならは夫れにて纏まるへきも、無主義にては浮羽郡にても纏まらすと云ふ。

野田は又高橋（是清）内閣のとき内閣改造問題あり、自分（野田）か其発頭人なる様に云ふ人もあるか、其実、其当時別に改造の問題ありたるに非す。後藤新平か対露策を云々するに付、自分（野田）より後藤に対し、入閣したらは宜しからんと云ひたることあり。此ことか改造云々の原因にて、野田か後藤に入閣を勧むるに付ては、誰れそ閣員を罷めされは後藤を入るる余地なしとのことより、右の如きことゝなりたるなり。

又西園寺公（公望）か高橋を嫌ふとの風評あるに付、自分（野田）と高橋か居る為、政友会に政権か来らさる訳ならは、自分（野田）か高橋を片附けんと云ひたることあり。高橋を片附くれは、自分（野田）も勿論隠退せさるへからさる訳なり。然し、西園寺は高橋を嫌ふ訳に非す、十分高橋を助けよと云へり。然るに、西園寺の致し方に付ては聊か諒解し難き所なきにもあらされとも、西園寺も憲政の常道論、即ち多数党をして政権を執らしむることには反対には非すと云ひ、憲政の常道論より云へは、加藤友三郎に対し大命を降されたるとき、加藤高明に大命を降さるるか適当なりしならんとの談を為せりとのことを談し、又山本（権兵衛）か内閣を組織する前、西園寺を訪ひたるとき、西園寺より山本内閣の運動あるか、君（野田）等は知り居るやと。自分（野田）は山本に尚ほ右の如き考あるやと云ひたるに、西園寺は宮内省に行きたるとき、山何とか云ふ者か来り居りたりと云ふに付、夫れは山之内（一次）のことならんと云ひたることあり。

又清浦（奎吾）か摂政殿下より再優諚ありたる為、辞退の意を翻したりと云ふは、平田（東助）、牧野（伸顕）等の取計にて再優諚と云ふことに為したる様なり。貴族院内閣の計画は小笠原長幹等の計画にて、貴族院と衆議院とを横断する計画なり。此計画は今日に始まりたるものに非す。政友会内には次の議会には他のことに渉らす、直に不信任案を提出すへしとの意見あり。自分（野田）は、此次に憲政常道論にて政党に政憲〔権〕を渡すならは、何も過激なることを為さすとも宜しきに非すやと云ひ居れり等の談を為したり。野田の談は十分に聞き取ること出来す。前記の中には趣意の不明なることあり。又間違もあるならん。午後零時後三十分頃に至りて辞し去りたり。

野田は伊藤公（博文）か政友会を組織するとき、会と云ふか党と云ふか其論か喧しかりしか、伊藤公は会の綱領は既に陛下に内奏したるものなる故、一字たりとも変更を許るさすとて、会則等は修正したれとも、綱領は全く手を著くることを許さゝりしなり。今後は政党と云ふて、政社法に依る政社にては宜しからす、同志の者か団結する公党と為す方宜し。夫れならは、警察への届出等は要せす、会員名簿の如きものも不要なりとのことを談したり。

予か野田と談し居るとき（十一時頃）、深沢新一郎来る。予之を書斎に延き、内子をして之と談せしむ。十二時前、深沢辞し去らんとし、廊下を過り、予乃ち之と数語を交す。深沢、官命にて洋行することになり、本月三十〔日〕当地を出発する予定にて、対翠館に止宿し居るとのことなり。

○午後一時頃宗秩寮に電話し、今日午後五時十分頃自動車を遣はすことを求む。今日五時三十分より博忠王殿下のことに関する協議の為、宮内省に行かさるへからさる為なり。

○午前、書を林田守隆、若林卓爾、細見保（連名にて表書は細見宛と為す）に贈る。有馬秀雄の嘱ありたる為なり。

○午後一時三十分頃より永島巌の家に行く。微雨ありたるを以て、人力車に乗りて行きたり。昨年九月一日震災のとき、永島の長男格、所在不明と為り、永島は本所の陸軍被服廠跡にて焼死したるものと認め、本月十六日に葬儀を行ひたる旨通知し来りたるに付、往て之を弔し、香料十円を贈り、仏壇に礼す。永島と談すること十四、五分間許、其詩を観る。又妻及子、姉、孫三人を見る。柳田直平も今日午前来弔し、永島と棋を囲みたりとのことなり。

○午後五時十分頃宮内省の自動車来る。乃ち之に乗り、直に宮内省に行く。博忠王殿下遺骸移送手続及葬儀等のことに付、井上勝之助、徳川頼倫、関屋貞三郎、小笠原長生、小原駩吉、大谷正男、白根松介、武井守成、西園寺八郎、醍醐忠直、酒巻芳男、松平慶民、岩波武信、田中寿三郎、北村耕造、陸軍省某、海軍省某、鉄道省某等協議し、七時後協議終る。夫れより鰻飯を食ふことゝなりたるか、予は既に飲喫して来りたるを以て、直に自動車に乗りて家に帰る。時に八時前なり。

○午前十一時頃有馬伯爵夫人より甘鯛の干したるも〔の〕、一箱（五枚）を贈る。予か先日夫人の父戸田某の死したるとき、見舞として夜の梅一箱を贈りたるに酬ゆるなり。

三月二四日

○三月二十四日月曜。晴。

○午前九時前菊池剛太郎来り、本月二十七日出発、福岡日々新聞社に赴く旨を告く。同新聞社に聘せらるることゝなりたるを以てなり。菊池は先日来母の妹病気中なりしか、終に死去したること、読売新聞社は従前の社長松山某〔忠二郎〕は和田豊治の推薦したるものなりしか、和田の死去に因り都合悪しくなり居りたる処に、資本家に対し、百万円の新聞資金僅に十万円と為り居るに付、是非増資を望む旨を申出てたる処、之を機として松山を罷め、先頃警視を免せられたる正力某を社長と為し、此節は郷誠之助〔実業家、日本経済連盟会常務理事、貴族院議員・公正会、男爵〕か主として資本を出し、社員も主なる者は大概之を罷め、資本主の中には神田鐳蔵〔神田銀行設立者、証券業者〕、団琢磨抔も加はり居る趣なりとの談を為せり。菊池九時二十分頃辞し去れり。

○午前九時後より、内子一ツ木郵便局に行き、第四期所得税金を納む。

○午前九時三十分頃より出勤す。

○午前電話料金納入告知書を西野英男に交し、之を用度課に致さしむ。

○午前十時後高羲敬来り、世子は微しく風邪気にて今日も出勤せられす。昨日宋秉畯、世子邸に来り、明日より熱海に行き、来月二十日頃帰京する旨を話し居れり。又宋は、李堈公より書状を以て五月頃宮中に於て大饗宴あるときは、公は上京の希望あるか、李王職其他より之を止むる故困る。先頃は李王より若干補助を受けたるも、此節は其補助も受けす。上京して差支なきことゝ思ふ旨申来り居れり。君（高）は何と思ふかと云ふに付、自分（高）は、公か上京せらるるは之を止むる理由なからん。然し、上京を止むるならは、公を辞するとか、歳費を増さゝれは、公を辞するとか、常に辞爵のことを口癖に吹聴せらるるは不都合なりと云ひ置きたり。宋は此ことを君（予）に告け、来月廿日頃自分（宋）か帰京するまてに考へ置くことを依頼し置けと云ひたり。

又尹沢栄の家政整理は此節は尹徳栄と李完用と一致して其事に当り、宋秉畯も反対せさることになり居るに付、多分出来るならん。宋より、李王家のことも現状の通りにては不可なり。百八十万円の歳費の中、百万円も俸給に支出する様のことにては支へ難し。何と思ふやと云ふに付、自分（高）は、李王家のことには関係し難し。世子のことの外、何も関係せす。夫れも世子の為なり。何となれは、自分（高）か李王家のことに容喙すれは、結局世子の為に不利益なることになるを以てなりと云ひ置きたり。稲田（龍吉）は明日午後四時頃来診する趣なりと云ふ。

予、此節は予は往くに及はさらん。君（高）か善く稲田の話を聴き置くことを望むと云ふ。高又稲田に対する謝金のことを謀る。予、先日予は一回の診察にて直に謝金を遣はす必要あらんかと思ひ、高階虎治郎に話したる処、高階は、稲田か洋行前に挨拶したらは宜しからん。其ときは手厚くすることを望むと云ひ居りたり。一回の診察料は大概百円か百五十円位にて宜しからんと思ふ。稲田は鍋島家に行く趣に付、同家の振合を問合せ、同家より少なからさる様にしたらは宜しからんと云ふ。

○午後一時四十分頃より、歩して司法大臣官舎に行き、諮問第四号の小委員会に列す。会する者、鈴木喜三郎、花井卓蔵、小山松吉、林頼三郎、泉二新熊、牧野英一、小野清一郎、岩村通世外二名許。二時四十五分より馬車に乗り、東京駅に行き、博忠王殿下の佐世保より帰らるるを迎ふ。実は柩を迎ふるなり。三時十分、王横須賀より到る。之を自動車に移す為、十四、五分間を費したり。秩父宮殿下、閑院宮殿下、久邇宮殿下等亦来り迎へらる。博義王、武彦王、博信王等の各殿下は横須賀に行き之を迎へ、共に東京に帰られたり。

博忠王の自動車を送りたる後、予は再ひ司法大臣官舎に行き、小委員会に列し、午後五時二十分頃閉し、馬車に乗りて帰る。午後二時四十五分前馬車を司法大臣官舎に廻はすことは今朝御者に命し置たり。又御者か司法大臣官舎に来るとき、予の高帽を持たせ遣はすへきことを西野英男に嘱し置たる処、西野か帽の外にフロツクコートも為持遣はしたり。

○午後二時三十分頃白根松介来り、博忠王殿下、実は本月十九日佐世保にて薨去せられたるも、博恭王殿下の希望に因り喪を秘し、今日著京の上喪を発することになり、随て薨去の日時も之を発するとき、即ち今日午後六時三十五分とする積りの処、大臣（牧野伸顕）は、薨去は事実の通り本月十九日とし、発表のみ延引したることにせよとのことなるか、如何と云ふ。予、薨去を事実の通にすることは、予か年来主張する所なるも、今日まて総て薨去せられさるものとして取扱ひ来り、今日に至り俄に変更することは不可なり。矢張り今日の薨去のことにするより外に致方なしと云ふ。白根一たひ去り、復た来り、官房会議室に来り呉よと云ふ。乃ち往く。復博忠王薨去の日時を議す。関屋貞三郎、松平慶民、白根松介、大谷正男にて、今日の薨去を可とし、白根をして牧野に説かしむることに決す。

○東京駅にて白根に逢ひ、如何決したるやを問ひ、白根、今回まては致方なし。成るへく速に事実の通にすることを、皇族方か承知せらるる様の手続を取るへき旨、大臣より命せられたりと云ふ。

○午後零時後食堂にて、西村時彦か作りたる博忠王の墓誌を観たり。

○東京駅にて松田正之に逢ひ、松田を内閣書記官本官とすることは小橋一太に話し置、又蜂須賀正韶にも話し置たることを告く。松田只今は欠員なしと云ふ。

三月二五日

○三月二十五日火曜。薄陰。

○午前九時三十分より出勤す。

○午前十時三十分頃伊夫伎準一と共に自動車に乗り、伏見宮邸に行き、帳簿に署名して博忠王殿下の薨去を弔し、又華頂宮邸に行き、帳簿に署名して博忠王殿下の薨去を弔す。是より先、十時後東車寄に行き、帳簿三個に署名し、博忠王殿下薨去に付、天皇陛下の天機、皇后、摂政両殿下の御機嫌を奉伺す。
○午後二時三十分頃国分三亥審査局に来り、朝融王の婚約解除問題は非常に面倒なることになり、宮内大臣（牧野伸顕）は、断然宮内省としては婚約解除に付御助力することは出来さる旨を答へたるを以て、一昨日、邦彦王殿下熱海よりの帰京を待ち、其旨を告けたる処、殿下は非常に憤慨し、到底婚約を遂行することは出来す。宮内省か助力せさるならは、直接に処置すへしと云はるるに付、其夜は夫れ迠に為し、昨朝更に謁見したる処、昨朝は余程気色も和らき居りたる故、此問題に付宮内省か手を出さゝることゝなる以上は、自分（国分）を中心として処置するより外に致方なし。然れは、此際種々なる人か手を出し、又は関係することは甚た困るに付、当分御任せを請ふ。仮令宮にて処置するにしても、宮内当局の諒解を得すしては何ことも為し難し。依て其方の手段を講すへしと云ひ、殿下も承知せられたるに付、昨朝宮内大臣に逢ひ、其旨を談したる処、大臣は如何なる手段を取るやと云ふに付、自分（国分）より、此方より何処までも酒井家に謝し、酒井家より手を引くことを求め、其ことか成就すれは此上もなし。若し之を諾せさるならは、宮より何分朝融王か結婚を望まさるに付、婚約を解き度旨を申入れ、酒井家にて之を諾すれは合意にて解約したる旨の届出を為し、之を以て終局と為すへし。まさか酒井家にても其ことも諾せさることはなからんと思ふ旨を述へたる処、大臣（牧野）は仮し其手段を取るにしても、手続か肝要なり。少しく猶予すへしと云はれ、自分（国分）は、王殿下か明日より演習に行かるるに付、速かなることを望めとも、日を限る訳には非すと云ひ置きたり。関屋（貞三郎）に逢ひ、之を話したる処、同人は婚約遂行の出来さることは大臣も考へ居れり。君（国分）の考の如き手段を取るにしても、君（国分）か直接に事に当るよりも、誰か適当なる人に托する方宜し〔き〕やも計り難し。大臣も其辺のことを考へ居るならんと云へり。大臣も自分（国分）に対し、君（国分）の立場の困難なることは察する旨を話したりと云ふ。
予、人民の儀表たるへき皇族か故なく婚約を破るは怨すへからすとの論あるを以て困る。成る程他のことゝは異なれとも、朝融王は如何様にもなるとの観察もあり、又場合に依りては無理に結婚せしめられても、之を忍ひ、夫れにて済むこともあるに付、絶対に遂行し難しとも云ひ難し。杉浦重剛も解約に同意し居りたりとの説あるか如何と云ふ。国分、其説あるも、真偽は知らすと云ひ、国分又仮りに自分（国分）等のこととしても解約を希望すと云ふ。予何故なりやと云ふ。国分節操の風説ある故なりと云ふ。予、夫れは無理なり。此方を満足する為先方を殺す訳なり。事実確ならすして之を理由とすることは無理なりと云ふ。国分、然し誰しも結婚に欲せさるならんと云ふ。
○午後十時頃より雨。終夜歇ます。
○退省のとき宗秩寮に過きり、岡田重三郎に華頂宮に供ふ物あれは、予の分も加へ置くことを嘱す。酒巻芳男と話す。酒巻、華頂宮の葬儀費は五万円なるも不足なることを談す。

三月二十六日

○三月二十六日水曜。雨寒午後曇。

○午前九時三十分より出勤す。

○午前十時前より枢密院控所に行き、十時後より議場に入り、日秘通商暫定取極締結の件の会議に列す。会議後、外務大臣松井慶四郎より日露関係の現状を報告し、十一時頃散会す。復た控所に入る。清浦奎吾予を呼ひ、水町袈裟六と懇意なりやと云ふ。予、知らさることはなきも、懇意には非すと云ふ。清浦、会計検査院長の後任の詮議中なるか、院長は天皇に直属し、独立の職権を有するものなるか、渡辺昇〔元会計検査院長、元貴族院議員、故人〕か田尻稲次郎抔か其職に在れは、夫れ丈の重みもあれとも、部長位より順上りに上りては威望なし。前院長中隈敬蔵か即ち順上りに上りたるものなりしなり。検査院にては此節も平岡定太郎〔元樺太庁長官、元東京市道路局長、作家三島由紀夫の祖父〕を推し居るも、他より相当の人を選ひ度し。水町か宜からんと思ひ居る所なりと云ふ。予、荒井（賢太郎）は水町と懇意なりと思ふと云ふ。清浦、自分（清浦）は荒井か適任と思ひたるも、同人は健康を害し居るとのことなりしと云ふ。予、格別のことには非さるも、少しく腎臓か悪しきならん。荒井か水町の娘〔浜口稜、浜口巌根の妻〕の媒酌を為したる話を聞きたることありと云ふ。清浦然るか〔と〕云ふて別る。

○午前十一時後高羲敬来り、昨日稲田来りて世子及同妃を診察せり。世子は感冒の模様にて少しく熱ありとのことなりしか、夫れは検温器の差にて熱はなきこと分りたり。妃の容体は、稲田の談にては大体は異ならさるも、前回よりは少しく宜しと云へり。自分（高）より、倉富顧問より妃殿下の病状を梨本宮妃殿下に報告せられたる趣を話したるに、稲田は、夫れは宜しかりし。倉富顧問にも宜しくと云へり。此次は四月四日に来診すへき旨を告けたり。稲田は四月三十日の船にて米国に行き、英独仏に行き、復た米国に渡り、十二月には帰朝する予定にて、主として米国の大規模なる設備を見、英国にては少しく視察することあるへく、独にては大概同年輩の友人が働き居る所なく、仏国にても格別視察する所なからんと思ふも、一寸立寄る積りとの談を為し居りたる旨を話したり。

○午前十一時後金井四郎来る。予正に高羲敬と話す。金井去り、高が去りたる後、之を呼ひ呉よと云ふ。高去る。乃ち之を呼ふ。金井、予か枢密院会議に列し居るとき来り、自動車運転手の候補者某に対する警察署の取調書を持ち来り、之を予の机上に置きて去り居りたり。予か金井を呼ひて、金井未た来らさる中に、予は其取調書を閲みし終り、此行状ならは運転手として雇ひ入られて宜しからんと云ひ、又運転手の住宅はありやと云ふ。

金井、以前服部某か居りたる処に阿部某を移し、阿部の跡に運転手を入るることゝすへしと云ふ。金井又御用取扱の候補者として松田道一の妻〔すて〕と古谷重綱〔在メキシコ全権公使〕（か詳ならす）（久綱の弟にて外務省に奉職する者）の妻〔ミツ〕とあり。二人とも山階宮の御用取扱たりしものなるに付、同宮に問ひ合せたる処、二人とも善良なり。但、松田の妻は少しく温循に過きる嫌あり。古谷の方は時々進みて注意することあるか、松田の方は問はされは、答へさる様の風なりとのことなり。而して松田の妻は一時賜暇にて帰朝し居り（仏国在勤）、古谷の方は子供教育の為在京する趣なるに付、松田の方は其点より云ふても、御用取扱となることを肯んせさるならん。松田の妻は巴里にて北白川宮妃殿下の御世話申上けたることある趣なり。自分（金井）より松田の妻のことを妃殿下に申上けたるに付、妃殿下より北白川宮妃殿下に御尋なされたる処、北白川宮妃殿下も其人物は御誉め成されたる趣なりと云ふ。予、温循なることは却て宜しきも計り難けれとも、賜暇帰朝中にては到底相談出来さるへし。古谷の方にて宜しからんと云ふ。

金井又妃殿下に老女雇入のことを伺ひたる処、只今〔原文空白〕か居る故、当分雇ひ入るるに及はすと云はれたりと云ふ。金井又盛厚王殿下の学習院の成績は二等なり。一等か三人あり、盛厚王殿下には褒状と華族会館よりの賞品とを渡す趣なり。妃殿下と御子様の京都行は止められたり。妃殿下は本月二十九日夜、華頂宮の通夜をなさる予定なりしか、同日は妃殿下は御子様を伴ひ、鵠沼に行き、昨年の震災のときのことを偲はるる予定に付、通夜の順序は変更せらるることにならん。貴官（予）の通夜も本月二十九日夜なりと云ふ。予は何も聞きたることなしと云ふ。金井夫れは確かなりと云ふ。予其順序は宮の関係者として定めたるものなりやと云ふ。金井然りと云ふ。

○午後二時頃李王職会計課長末松熊彦来り、李王職の予算にて、大正十三年度は平均一割を減し、減すへからさる経費もあるに付、庁費に於ては一割五分を減し、年額二十二万円を節約すること、尹沢栄、李埼鎔の家政整理、閔妃の実家閔〔原文空白、泳翊〕の不動産、千石の収入ある地所は李王家に贈与せしめあること、閔〔原文空白〕は十万円の価ある地所を三万五千円の抵当に入れ、一万二千円許の外受取らす、昨年末には其地所か抵当流と為るに付、李王家の保証にて銀行より三万五千円を借り、抵当を取り戻したる等の談を為し、二十分間許にして去る。

○午後四時より退省す。

三月二十七日

○三月二十七日木曜。晴向寒午後微雨。

○午前八時三十分頃久留米の津田直次〔津村直治カ、元大川鉄道株式会社取締役〕、真木長時〔水天宮社司、真木保臣の曾孫〕来り、面会を求む。予、出勤時刻迫るを以て、復た来るへき旨を告けしむ。津田等何日に来りたらは面会することを得るやを問ふ。予、自ら約し難し。午前八時頃に来れは大概差支なき旨を告けしむ。津田等鶏卵素麵一箱を贈りて去る。

○午後零時後食堂にて、徳川頼倫、小原駩吉、松平慶民と話す。松平、博忠王薨去の日時に付、大臣（牧野伸顕）か三月十九日に薨去し、同月二十四日に喪を発したることにすへき旨を云張し、二十四日に薨去したる旨の告示を出すことに同意せさりし為、困りたる旨の談を為す。予、全体は予は大臣の意見に賛成すれとも、薨去の当時之を発表せす、二十四日まては生存者の如く取扱ひ来り、二十四日に至り十九日に薨去したるものとすることは不都合なるに付、予も反対せりとのことを談す。小原、自分（小原）は皇族は兎も角、天皇には喪を秘する必要ありと思ふと云ふ。予、天皇ならは尚更喪を秘することは不可なり。天皇崩御あれは、皇太子は直に践祚せらるへきものにて、其間暫時も空位あるへからす。然るに、喪を秘すれは空位あるを免れす。天皇の喪を秘することは非常に重大なる影響ありと云ふ。小原、例へは普通にては既に崩御せられたりと見へても、死後二十四時間葬ることを許さゝるは、万一蘇生することのあるへきを慮る為なり。若し天皇崩御を発表したる後、蘇生等のことありては困るへし。故に或る期間は之を秘する必要ありと云ふ。予、医師か死を確認するまて之を発表せさるは、喪を秘するに非す。君（小原）の趣意には、予も少しも不同意なしと云ふ。小原、自分（小原）か喪を秘すと云ひたるは、語か適当ならさりしなるへしと云ふ。

　予か徳川（頼倫）に対し、朝融王の婚約解除の件に付ては、大臣（牧野）は既に国分（三亥）に返答したるへきやと云ふ。徳川、未た返答せす。其ことに付後刻一寸話し度〔こと〕ありと云ふ。予、徳川と共に其室に至らんとす。小原（駩吉）亦同しく食堂を出て、一、二分間談し度ことありと云ふ。予乃ち審査局に入り、徳川には後刻往て話を聴くへしと云ふ。小原審査局に来り、帝室林野管理局の官制を改正するとのことなるか、之を聞きたりやと云ふ。予、先日次官（関屋貞三郎）、官制改正の議あり。其序に局名を変更する希望あり。以前の御料局に変更せんと欲する意見ありと云ふに付、余は御料局を改めたる理由は知れされとも、意ふに御料は林野のみに限らすと云ふことならん。然れは、今更之に復するは面白からす。現局名は長しと云ふことか変更せんとする理由なりとのことなるも、之を改むる理由と為す〔に〕足らすと思ふと云ひ置きたり。其他には聞きたることなしと云ふ。

　小原、東久世（秀雄）の談には、局名は帝室林野局とし、局に次長を置き、東京支局を置くとのことなり。依て東久世に、君（東久世）か次長と為るやと云ひたるに、東久世は然るならんと云ひ居りたり。予、此節は予は何事も聞かすと云ふ。小原、入江（貫一）は内大臣府官制を調査し居ると云ふ。予、其ことは先日入江より案を示したり。内容は格別変らす、内大臣秘書官長を文事秘書官長と改め、皇室令にて発布しあるを勅令にて発布することにせんとする積りなり。宮内大臣は宮中府中混同の論ある今日、内大臣をして政事に容喙せしむることゝなすは時期不可なるへしとて躊躇し居るも、入江は今か好時期と思ふ旨を話し居りたりと云ふ。小原去る。

　予乃ち徳川（頼倫）の室に行く。国分（三亥）あり。予差支なきやを問ふ。国分談既に終りたりとて出て行きたり。徳川、朝融王の婚約解除問題に付ては、自分（徳川）より次官（関屋貞三郎）に対し、此問題に付宮内大臣か大臣として関係せさることを言明せられたる上は、宗秩寮総裁も総裁として関係すへからす。然るに事は皇室皇族に関するを以て、円満の解決は之を図らさるへからす。依て自分（徳川）は現職を辞し、個人として其事に当らんと思ふ旨を述へたる処、次官（関屋）は良子女王問題に付中村大臣（雄次郎）か辞職し、此節の問題に付貴官（徳川）か辞職すれは、或は其権衡上大臣（牧野伸顕）も辞職せさるを得さることゝなるやも計り難く、左すれは久邇宮の為度々辞職者を出すことゝもなるに付、辞職のことは止められ度と云ふに付、自分（徳川）は、然らは大臣（牧野）は既に久邇宮に対し強硬の体度を執られ居るに付、此上尚一度強硬の体度を執り、久邇宮殿下をして十分に反省し、臣籍降下のことまても考へしむる位になされ度。然れは、其上にて手段もあるならんと思ふ旨を述へ、其趣旨を大臣に説きたる処、大臣も同意にて、兎に角今少し久邇宮殿下を反省せしむる必要ありと云ひ、今日国分（三亥）に対し、大臣（牧野）より、此問題に付ては宮家に於ても今暫く手を著けさる様に申聞けられたる所なりと云ふ。

予、宮内省としては解決を助け難しと云ひ、宮の方にて手を著くることも之を差止むると云ひたらは、殿下（久邇宮）は之を承知せらるへきや。或は勝手に処置すると云はれはせさるへきやと云ふ。徳川、其辺は懸念なきに非さるも、都合よく話したらは承知せられさることもなか〔ら〕んと云ふ。予、予の考へにては、久邇宮にて臣籍降下のことにまて考へ及はるることは中々期し難きことならんと思はる。仮りに其考を起さるるとしても、愈々願書を出さるるまてに至らしむる積りなりや。其処まて行きては、後の始末に困りはせさるやと云ふ。徳川、臣籍降下の情願を為す考を起さるる丈けのことになれは、願書を出さるるまてには至らせしめさる様にせさるへからす。願書を出されては、始末に困るへしと云ふ。予、情願の考を起さるる丈けの程度にて、酒井家を説得することを得へきやと云ふ。徳川、其程度まてに至れは、華族の皇族に対する関係として酒井も其以上猶我意を主張することなからんと思ふと云ふ。

徳川又内蔵頭の後任は愈々入江（貫一）に決定したる模様なり。果して適任なるへきや。少しく懸念ある様なり。次官は此ことに付先日葉山に行き、平田（東助）に相談したるならんと云ふ。予、内蔵頭となりたらは、内大臣秘書官長を兼ぬることは不都合ならん。又入江転任の後は渡部（信）を勅任参事官とする積りには非さるや。渡部を勅任参事官とすることに付ては反対の人多く、予は入江を参事官本官と為す理由として、渡部か勅任参事官となる恐あることも理由の一なることを、大臣にも談したることある位なりと云ふ。

此時徳川に電話したる人あり。予、電話の秘密なることあるへきを慮り、徳川に告けて審査局に返りたり。予と行違ひにて国分三亥復た徳川の室に入りたり。少時の後、徳川予の室に来り、只今国分か来りたるに付、先刻君（予）、殿下の反省は期し難かるへき旨の談もありたる故、国分には臣籍降下（朝融王の）の情願をなさるる位の決心なくしては此問題は処置し難き旨を話し置きたりと云ふ。予其処まて話したりやと云ふ。徳川話したりと云ふ。

徳川又先日次官（関屋）より、宮内省の優秀なる者を順次洋行せしむることゝなり居り、酒巻芳男も候補者三人中の一人なる故、酒巻か洋行すれは其代員を要すへく、本多猶一郎にては如何との話あり。本多と松平（慶民）とにては心細きのみならす、本多は白根（松介）の秘事官事務か繁多なる故、本多を兼任秘書官となさんとの話も聞きたることありしに付、其ことを問ひたる処、其方は既に止むることになり居るとのことなりと云ふ。予、省外より採りたらは相当の人もあるへきも、省内には適任者見出さす。高橋其三抔は宜しかるへきも、是は内匠寮にて手放さゝるへく、東久世秀雄も林野管理局にて近々次長と為す模様に付、是も出来さるへし。金田才平は遠からす帰朝すへきも、是は適任とは思はす。二荒芳徳は宗秩寮の事務は格別勉強せさる様なるか、同人は矢張り文筆か長所なるへきかと云ふ。徳川、二荒は演説か長所なる様なり。同人は宮内省には落附かさる模様あり。県庁より宮内省に転任し、此処に落附かすしては本人の為面白からさるへし。又工藤壮平は如何なる人なりやと云ふ。予、工藤は世才の勝ちたる人にて別に悪しき所はなく、書は非常に巧みにて立派なる書家なり。成る程省中にては同人か一番適任ならんと云ふ。徳川、猶考へ置き呉よと云ふて去る。

○午後三時後国分三亥来り、婚約問題に付ては当分何事もなさす、其儘に致し置くへしとのことなり。其内には何とかならんとのことを談す。予、予も大略は聞きたりと云ふ。国分又深沢新一郎に逢ひたりやと云ふ。予逢ひたる旨を告く。

○午後三時四十分頃村上恭一より電話にて、往訪し度と云ふ。予差支なき旨を答へしむ。少時の後村上来り、文官高等懲戒委員会の経費六十円の剰余あり。松本烝治、塚本清治二人に給与しては如何。若し三十円か過少ならは、此際一人に五十円を給することゝして宜し、年度更りたる後、他の一人に五十円を給することゝして宜しからんと云ふ。予、二人は大正十三年度には既に委員に非さる人なり。十三年度の予算より其手当を給することは不可なるに非すやと云ふ。村上差支なからんと云ふ。予先例ありやと云ふ。村上先例は記臆せすと云ふ。予、二十円を増す為に疑問あることまてを為す必要なからん。少額なるも元来年額二百円位の手当なるに付、各自に経費残額の全部なることを告けて、三十円宛を給する方宜からんと云ふ。村上其ことにすへしと云ふて去る。予青山操に、次年度の経費より前年度限の委員に手当を給することの可否を問ふ。青山別に咎むる程のことには非さるならんと云ふ。

○午後七時頃金井四郎に電話せんとす。交換手応せす。乃ち止む。

○午後内子往て荒井カズヱを訪ふ。四時三十分頃帰る。

三月二八日

○三月二十八日金曜。曇午前十一時頃微雪。

○午前八時頃、昨朝来りたる津田直次、真木長時来り、久留米水天宮の境内に防水の為、筑後川改修工事として高さ一丈に近き堤防を作ることゝなり、此儘にては水天宮祠は穴中に在る様のこととなるに付、神苑を広め、地上けを為す必要迫りたり。神苑会は先年設置し、有馬伯爵を総裁に仰き居り、工事を進行する積りなりしも、東京の震災の為時期悪しとて之を中止し居りたる処、堤防工事を進めらるる為之を擱くこととなれり。夫れは改修工事より生する泥土を無償にて貰ひ受け、之を以て地上けを為さんとする訳にて、此期を外せは、地上け出来さることゝなるを以てなり。先頃有馬家に寄附金を請ひたる処、幾分の寄付は為すへきも、震災後にて只今金額を定むることは出来さる旨の通知を受け居れり。然るに、有馬家の寄附額か定まらされは、久留米市の寄附か纏まらさるに付、只今直に金を請ふ訳には非す。唯金額を定めらるることを請ふ為に此節二人にて上京せり。事情を察して然るへく配慮し呉よと云ふ。

予、有馬家の家政も震災の為非常に困難なる実情を説き、有馬家としては寄附は為し難き際なりと思ふ。兎も角仁田原（重行）、有馬（泰明）より提案せされは、予等は何とも致し難きに付、其上にて協議すへき旨を告く。話すること二十分許にして去る。昨日は予か面会を拒みたる故、境豊吉を訪ひ、境は非常に強硬なる意見にて、寄附抔は出来さる様に〔ママ〕云ひ居りたるも、時期を失すること、只今直に金を要せさることとに付、考慮すへしと云ふことになりたりと云ふ。

○午後九時三十分頃より出勤す。

○午前十時頃西野英男に、一昨二十六日金井四郎より本月二十九日に華頂宮の通夜を為すへきことを話し居りたるも、其後何処よりも何とも云ひ来らす。昨夜金井に電話して之を問はんとしたるも、電話通せさりしに付、一応東久邇宮邸に問ひ見呉よと云ふ。西野、一応宮内省官房の方も問ひ合せ見、其上にて東久邇宮の方を問ひ合せ見るへしと云ふ。少時の後西野来り、此節は宮内省にては長官（予）方には通夜を割り当てさることにしたりとのことなる故、東久邇宮邸に電話したる処、木寺某電話し、葬儀係より長官（予）は東久邇宮の関係人として本月二十九日に通知をなさるへきことに通知し来り居り。其外には別段の通知を為さすして、当然通夜なさる積りと思ふとのことなり。今日は宮附職員会議ありて金井（四郎）も後刻来る趣に付、其上にて更に問ひ合せ見るへしと云ふ。

予西野に、山下雅実の書状を示し、貴重品の運送方に付、山下に問ひ合せ呉度旨を依頼す。少時にして西野来り、通夜の件金井に問合せたる処、矢張り明二十九日午後七時より十一時まて通夜なさることに相成り居り。時刻前自動車を迎ひに遣はすことにすへしとのことなりと云ふ。既にして金井来り、同様のことを告け、通夜は三十分間毎に交代することになり居れりと云ふ。金井又明日は東久邇宮妃殿下は鵠沼に行かるる積りなりと云ふ。予、吉村鉄之助も同行するやと云ふ。金井、吉村には通知し置たる丈なり。鵠沼にては〔原文空白〕方にて午餐を喫せらるることゝなり居れりと云ふ。

○午前十一時後西野英男来り、貴重品運送のことに付東京駅に行き、山下（雅実）に面会し問ひ合せたる処、運送屋に托すると荷造りの上鉄道に托するとは取扱方区別なし。然しいつれにしても、発送のとき通知を受くれは、一層注意せしむる様取計ふへく、東京より久留米まては官線なる故、注意出来るも、久留米以東は一寸行届き難し。然し荷物と同時か、又は其前にか、久留米駅長に手紙ても出し置たらは一層注意すること出来るならん。小荷物は重さ八十斤まては宜しきに付、余り個数を多くするよりも、成るへく之を少くする方便利なり。発送のときは遠慮なく通知せられ度と云ひたる趣を報す。

○午後零時後食堂にて、井上勝之助、徳川頼倫、九条道実、大谷正男と話し、政府にて執務時間に関する規定を改正する議ある趣、新聞に記載し居れり。未た確定はせさる模様なるも、時には宮内省も政府に先ち規定を改正したらは宜しからん。政府の模様を見居れは、又政府の真似を為さゝるへからさることとなる旨を説き、大谷に速に改正すへきことを勧む。

○午後零時後食堂にて、予と九条道実と給仕《ボーイ》か食物を持ち来るを待ち、暖炉に温を取り居りたるとき、本多猶一郎より宮内省御用掛増山正興（旧長島藩主増山家当主、子爵）を紹介す。増山は高松宮附にて時々宮内省にも来る旨、本多より吹聴せり。

○午後一時頃より、内子第一銀行に行き預金を引出し、三越呉服店に行き物を買ふ。三時頃帰る。

○午後六時後より深沢新一郎を対翠館に訪ひ、贐として旅行用化装道具を贈る。

三月二九日

○三月二十九日土曜。晴寒。

○午前九時三十分より出勤す。

○午前十時五十分頃小原駩吉来り、徳川（頼倫）より聞きたる処にては、入江（貫一）を内蔵頭に任することゝなり居る由。一般の官制も改正することなるへきや。内匠寮にて属官及御用掛を採用する積りにて、其書類を提出したる処、昨日関屋（貞三郎）、人の異動ある際なる故、暫く之を見合せ、白根（松介）か出勤したる上（白根は病気風邪引籠中）のことにすへき旨、高橋（其三）に申聞けたる趣なり。高橋をして白根に電話し、様子を問ひ合せしむることに取計ひ置きたるも、其様子は未た分らす。属官及御用掛採用のことは白根は承諾し居ることなる故、何か官制ても改正するには非さるやと思ふ。若し右の如きことならは、当局の自分（小原）には一応は話しを為すへきことゝ思ふ。林野管理局の官制改正は四月一日より施行することゝなる趣なり。君（予）にも何事も話さゝるやと云ふ。

予、入江か内蔵頭になることは、予も徳川（頼倫）より聞きたれとも、其他には何事も聞かす。入江か内蔵頭になれは、其後には渡部信か就任する訳には非さるへきかと云ふ。小原、君（予）にも何事も告けさるは極端なり。白根の談にては、大臣（牧野伸顕）は渡部（信）を嫌ひ、昨年末式部官として勅任に進むるときも、大臣は之を承知せす、次官（関屋貞三郎）か遠からす実業界にても廻はすと云ひて、漸く承知せしめたりとのことなり。まさか渡部を勅任参事官となす様のことはなからんと思はると云ふ。予、大臣（牧野）か台湾に行きたるとき、途中にて白根（松介）より大臣に対し、宮内省中に軋轢あり。只今の通りにては事務の進行にも差支ふるに付、予等の意見を聴くへき旨を勧めたる趣にて、其後大臣（牧野）より官舎に来り呉よとのことにて、官舎に行き面会し、予は腹蔵なく省中の現状を述へたり。其時大臣は、君（予）か省中軋轢の渦外に超然たる立場より観察したる所に依り意見を聴き度と云ひたるか、予か意見を述へたる結果は、矢張り予を以て渦中の人と為したる様なり。其後震災後に至り、一般に対し意見を聴き度との訓示を発したる故、予は書面を以て、省中の現状は次官（関屋貞三郎）か部局長と対抗する如き有様にて、次官（関屋）をして省務を統一せしむることは出来さる故、大臣自ら省務を統一することを勧め置きたれとも、少しも之を実行せす、其後は何事も話さゝる様になりたり。結局大臣（牧野）は温順にて、唯々諾々たる人に非されは気に入らす、随て人の能否を鑑別して之を使用することは長所とは思はれすと云ふ。

小原、徳川の談にては、省中に大臣か誉むる人か三人ありとのことなりと云ふ。予、予も其話は聞きたるか、其中一人は酒巻芳男なりとのことなるも、徳川も他の二人は知らすと云へりと云ふ。小原、一人は杉琢磨なり。今一人は白根松介ならん。戸田氏秀も三人中の一人なる様にも思はるれとも、洋行せしむる為の人選なりとのことに付、戸田には非さるへし。九条充子と桑島〔村瀬カ〕（此名は確に記憶せす）のことは解決したる趣にて、九条（道実）より種々心配を掛けたるか、漸く解決せりとの挨拶を受けたり。九条は一旦某を仙石政敬の養女と為したる上、分家せしめんとも考へたれとも、仙石は久邇宮家の親類なる故、又宮家よりの苦情ても起りては面倒なりと思ひ、大岡某〔忠量、旧岩槻藩主大岡家当主、子爵、実父は子爵町尻量衡〕（大岡は九条の親族にて、家計上ても九条の世話になり居る人なり。初め充子は大岡の妻と為す積りなりしも、家計か余り窮し居る故、之を止めたるものなりとのこと）の養女と為し、然る後分家せしめ、其上にて桑島某（桑島は確かならす）を入夫とすることに決したる趣なり。

自分は九条に対し、君（九条）は此ことに付大臣に対し激昂して談判したることある趣なるか、大臣か此ことに付賛成せさりしは全く職務上よりのことにて、君（九条）の考ふる如く大臣の私情より出てたることに非さるは、自分（小原）か信する故、君（九条）も右の如き考は一掃するか宜しと云ひたるに、九条は、成る程一時は大臣は私情より此ことに賛成せさるものと思ひたるも、今日にては右の如き考は懐き居らす。自分（九条）か激昂して談判したりと云ふも、夫れ程のことには非す。大臣に対し、此問題にはどこまでも反対なり。反対ならは自分（九条）も考慮せさるへからすと云ひたるに、大臣は自分（大臣）の考は是までの話にて分り居る筈なりと云ひたり。大臣の体度か余り不明瞭なる故、右丈の談判を為したるも、今日にては事か決定したる故、別に悪感を有し居らすと云ひ、又九条は、次官（関屋）のことに付ては此方より何事も云はさるに、次官の方より是は此くせん、彼は此くせんと云ふ如く深切らしきことを云ふも、一つも出来たることなし。而して常に自分（九条）は皇后陛下の関係あるに付、左様なることは出来すと云ふ様なることを云ひ、何事も制肘し居る故、夫れ程までに皇后陛下を云々するならは、自分（九条）か困り居るときも、少しは助けて便宜を与へ呉れても宜しかるへきに、何に一つ助け呉るることはなしとの不平を洩らし居りたり。

皇后陛下は近来益々神事に意を傾けられ、先頃は筧某〔克彦、東京帝国大学法学部教授〕を召ひて神道の講話を聴かれたる趣なり。陛下か筧の神道論の如きことに御凝り成さるることは如何と思へとも、此の如く神事に御凝りなさるるは、陛下御自身に心細く感せらるることある為ならん。波多野（敬直）には大分御信頼成され居りたる様なるも、現大臣（牧野）には左程御信頼なく、天皇陛下の御容体は彼の通りにて誰にも御頼りなさるる所なく、結局神に御頼りなさるることゝなりたるものならん。若し陛下か大臣に御信頼なされ居るならは、九条の口より前述の如き語か出つる訳はなきことゝ思ふ。皇后陛下は大臣にも御信頼なく、大森（鍾一）にも同様に付、非常に心細く御考へなされ居るに相違なしと云ふ。

談は夫れより朝融王の婚約解除問題に移り（事実は一《ママ》昨日（廿八日）の日記に記する通り）、此ことは全く狂言なるか、狂言は兎角尻の破れ易きものなり。都合よく行けは宜しきか、とは予と小原との懸念なり。小原か、昨日徳川（頼倫）より豊島ヶ岡にて聴きたる所にては、徳川は既に此ことに付水野直に話し、水野は既に昨日頃酒井に話を初めたるならんと云ひたりとのことなり。徳川は国分三亥に対し、此方より手を著くるに付、国分抔か迂闊に手を出してはならぬ旨を告け置きたりと云ひたる由。

予、予は国分より話を聞きたるとき、宮内省としては久邇宮に助力し難しと云ひ、又一方には宮の方にて手を出すことも差し止むると云へは、邦彦王殿下は温循しく承知なさる筈なく、勝手に処置すると云はるるか普通の考なる様なるか、其辺は何と考ふるかと云ひたるに、国分は何とかなるへしと云ひ居りたり。此等の点より考へても、狂言なることは分かる様なり。又予は徳川に対〔し〕、君（徳川）等は久邇宮の反省を期待し居るも、予の考にては反省なさ〔れ〕そうもなき旨を話し置きたるか、其後徳川は国分に対し、朝融王か臣籍降下の情願をなさる位に反省なされたらは云々と云ひたる趣を話し居りたり。総て狂言のみなりと云ふ。

予又徳川か酒巻芳男か洋行することになるに付、其代員の相談を受け、予は高橋其三、東久世秀雄は、内匠寮、林野管理局にて転任を肯んせさるへく、金田才平は適任と思はすと云ひたるに、徳川は、関屋より本多猶一郎を勧めたるも少しく物足らぬ様に思ふと云ひ、工藤壮平のことを話し居り。成る程工藤は比較的宜しからんと云ふ。小原、自分（小原）は工藤を知らす。少しくこせつく様の人には非さるやと云ふ。予、世才の勝ちたる人なる様なりと云ふ。

小原、先頃西園寺（八郎）か興津に行きて帰りたる後の談は聴きたるならんと云ふ。予聞かすと云ふ。小原、西園寺か養父（公望）に対し、牧野のことは如何なりたりやと問ふたるに、公望は、前には確かに辞職の意を漏らしたるか、近頃は何の話もなし。多分山本（権兵衛）にても叱かられて、止めたるならんと云ひたる趣なり。右の話の山本にでも叱られて〔と〕云ふは、松方（正義）は彼の通りの大病なり。牧野か大臣を罷むれは、薩摩人は一人も枢要の処に居らす、総て長州系にて占めらるる故、辞職すへからすと云ひたりとのことならんと云ふ。予、先日宋秉畯の談に、宋か加藤高明に対し、牧野か辞職する風聞あるか事実なるへきやと云ひたるに、加藤は、自分は辞職せすと思ふ。辞職すると云ひて辞職せさるは薩摩人の常なりと云ひたりとの話を為し居りたり。予は牧野の辞職説は事実に非さるへしと思ひ居りたりと云ふ。

○午前十時後西野英男に、明後三十一日博忠王葬儀に付、自動車を借ることを嘱す。午後に至り西野来り、自動車には上野季三郎、杉栄三郎両人か同乗することゝなりたり。然るに路順か貴宅（予か家）を先きにする方か便利なる故、午前八時二十分に貴宅に行き、夫れより上野、杉の家に過きりて豊島ヶ岡に行くことにする趣なりと云ふ。予承知の旨を答ふ。

○午後二時後牧野伸顕、予を召ふ。乃ち往く。牧野、稔彦王殿下滞仏期間非常に長くなり、尚ほ帰朝期を定められす、皇族中にも心配せられ居る方もあり。又此儘に経過しては皇族一般に対する陛下の御監督にも関することに付、何とか処置せさるへからす。近き処ならは、宮内大臣より意見を言上するか当然なるも、遠隔の処にて其ことも出来す。左りとて、突然勅命にて帰朝を命せらるるも不穏当なるへし。依て誰か仏国に派遣し、十分に殿下に帰朝を勧説し、尚ほ承知せられさるならは、其次には勅命を奏請することも已むを得さるならんと思ふか、如何考ゆると云ふ。

予、いつまてと云ふ期限もなく、先頃一ヶ年の延期を勅許せられたるときも、附武官又は属官等の通信に依れは、延期に付一年の期限を定めたることか殿下の意に反する様のことを申来り居れり。無期限に勅許を願ふ様のことの出来さることは明白なることとなるに、尚ほ右様のことを申来るは勅許の性質も知らさる様に思はる。予は成るへくは第一著手としては属官池田亀雄の行動か甚た不都合に付、之を除く工夫なかるへきやと種々考へもし、山辺知春の意見も問ひ見たれとも、同人も工夫なしとのことにて其ことも出来す、池田を免職するは誠に容易なることなるも、免職しても殿下か池田を近けらるれは一層始末悪しきことゝなるなり。池田は始終殿下の処に居り、今日にては大分蓄財も出来居る模様にて、免職しても帰朝する様のことはなかるへく、然れは、池田の処分も結局出来さる訳なり。然れは、相当の人を派して殿下の帰朝を勧説することは、順序上已むを得さることゝ思ふ。但其人選は非常に困難なるへし。相当威望ある人に非されは不可なるへしと云ふ。

牧野、其通りなり。然し古手軍人ても派遣したれは、殿下は直に自分（殿下）を威圧するとて不平を云はるへし。池田の家族は如何様なる人かあるへきや。家族より急に帰朝する様申遣はすことは出来さるへきかと云ふ。予、池田の家族のことは是まて聞きたることなしと云ふ。牧野宗秩寮にて調へたらは分るへしと云ふ。

予か牧野の室に行きたるときは、関屋貞三郎も其処に在り、稔彦王殿下のことに関する談に加りたり。殿下のことに関する談か終りたるに付、予より、他のことなるか、先日帝室制度審議会委員を補充せられたるは是より又審議を継続せらるる為ならん。然るに、現行の諸規定も今日の時勢より見れは実行し難きこと多く、既に実際にては規定の通りは施行し居らさること頗る多し。然るに、今後制定する規定も現行の規定に標準を取り制定することゝなりたらは、益々実行すへからさる規定のみを作り、始末に困ることゝなるへし。故に一応大臣より伊東総裁（巳代治）に談し、根本方針を変更して、今日の時勢に適する様の規定を作る様になし〔た〕らは宜しからんと思ふと云ふ。

牧野、先日委員を補充したるは、種々なる制度を作る為に非す。御歴代の代数を定むることか目的にて、此外には伊東と相談したることなし。此上種々なる規則を作られては困る。又左程作るへき制度もなからんと云ふ。予、題名を定めて内容の出来居らさるも沢山あり。予等は実際には必要なしと思ふもの多きを占む。予等の見る処にては、皇統譜令は必要なるへきも、儀制令、皇室葬儀令、皇族就学令、皇族遺言令、皇族後見令の如きは孰れも不必要と思ふと云ふ。

予か此ことに関する談を為したるは、牧野の次の談を為したる後のことなりしなり。牧野、是は他の談なるか、先日伏見宮（博恭王）殿下より、自分（牧野）に面会し度とのことなりしに付、伺候したる処、殿下より、華頂宮は自分（博恭王）か二十余年継き居りたる所なり。然るに、邦芳王〔伏見宮貞愛親王二男〕の都合にて自分（博恭王）か伏見宮を継くことゝなりたるか、其時自分（博恭王）の卑属全部を携帯するときは、華頂宮は断絶することゝなる訳なるか、次子博忠をして華頂宮を継くことゝせられたれは、自分（博恭王）か二十余年同宮を継き居りたることを顧念せられたるものならんかと思ふ。自分も皇室典範の規定に於て皇族は養子を為すことを得すとあるに付、博忠王薨去したる上は華頂宮は断絶すへきものならんとは思ひ居るか、先年博忠をして同宮を継かしめられたる事実もあるに付、大臣（牧野）に於て何か博信ても同宮の継嗣と為す様のことを考へ居ることあるへきや。一応之を聞き見度と云はれたる故、自分（牧野）は、研究は致し見るへきも、自分（牧野）としては皇室典範の精神及典範補増の施行準則を設けられたる等のことより考ふれは、右様のことは出来難きことゝ考ふる旨を答へ置きたり。尤も博恭王殿下も強ひて御希望ある模様には非〔さ〕りしと云ふ。

予、予も研究は致すへきも、之に関する規定は大概記臆し居れり。実は博恭王か伏見宮を継くことゝなられたるときの願書は、貞愛親王殿下の御依頼にて伊東伯爵（巳代治）か起草したるものなる趣なるか、皇室典範の規定に於て皇族には家を認め居らさる点より見れは、右の願書に継嗣等の語を用ゐあるは穏当ならすとの論もある位なり。只今の博信王云々のことは無論適当ならさるへく、高松宮殿下のことに付てさへ、皇族中に養子を禁する規定あるに、事実に於ては有栖川宮の養子と異なることなきことを為さるるは面白からすとのことを云はれたる方ある位に付、此節のことは高松宮に比し一層理由なき訳なり。但し、博信王か臣籍に降下せられたる後、華頂の氏を賜ふ様のことは差支へなきことゝ思ふ旨を述へ、尚ほ先年定められたる臣籍降下の施行準則の不完全なること、其時は予は現に宮号を有せらるる方には関係なき規定を設ける方便ならんと思ひたるも、其説か行はれす、彼の如き混雑を生したること、今後或る年限の後には、皇室典範の規定も改正せされは相済まさること、其時期に至れは、現在の宮号を有する王抔は論にならさるへきに付、其時期を延はす方宜しからんと思ひたること等を談す。予か帝室制度審議会のことを談したるは、此談に引き続きたることなり。予か去らんとするとき、牧野より仏国に遣はす人に付ては考へ置呉よと云ひたり。

○午後三時より退省す。

○午後五時頃東久邇宮邸より電話にて、午後六時三十分頃自動車を遣はすへき旨を報す。自動車来る。乃ち之に乗りて華頂宮邸に至り、博忠王の棺を護し、十時三十分に至る。来り護する者、東郷平八郎、山下源太郎、工藤一記、大谷正男外二十人許。予は工藤と三十分宛にて交代して権舎に在り。十時三十分後小飲し、東久邇宮の自動車に乗りて家に帰り、又小飲せり。自動車は田村捨吉か運転せり。

三月三〇日

○三月三十日日曜。晴。

○午前、土蔵の二階より書籍、書類及書籍函を階下に下す。十時頃までは一人にて之を為したれとも不便なるを以て、其後は婢敏及鶴をして階下に在りて之を受けし〔む〕。十二時前終る。

○午前十時後広津潔子より電話にて、直人か喀血したることを報す。十一時頃より内子往て之を看る。

○午後、書籍函及書類函を応接室及電話室に排置す。

○午後三時後内子、広津直人の家より帰る。

○午後七時頃林田守隆の電信達す。有馬頼寧氏か浮羽郡、三井郡より衆議院議員候補者と為る模様なることを報す。予、有馬秀雄に電話せんと欲す。有馬の電話番号変更し居り、其番号を知るへからす。乃ち止む。

○午前九時後永島巌来る。先日本月二十三日、予か往て永島の長男格の死を弔したるに酬ひたるなり。話するこ〔と〕三、四分間許にして去る。

三月三一日

○三月三十一日月曜。晴。

○午前八時頃より大礼服を著け、宮内省より自動車の来るを待つ。八時十七、八分頃内子をして主馬寮に電話し、既に自動車を出したるやを問はしむ。寮員既に出したりと云ふ。八時三十五、六分頃となるも尚ほ来らす。八時三十八分頃に至り、上野季三郎より電話にて、自動車来れり。是より予か家に来る旨を報す。八時四十分後に至り、自動車来る。乃ち之に乗り、豊島岡に赴く。

自動車は一昨日は先つ予か家に遣はすへきことに約し置きたるも、予か家より上野等の家に到るは路順悪しきに付、之を変更し、上野季三郎、杉栄三郎を載せたる後、予か家に来りたる趣なり。夫れにしても、八時二十分頃上野の家に行くへき筈なりしに、少しく後れたるは、途中にて博忠王の葬列か通過せんとするとて、時刻尚早きに拘はらす、自動車を抑止したる為後れたりとのことなり。九時頃豊島岡に達す。十時頃博忠王の棺達す。少時の後予等幄舎に入り、十一時後棺前に拝し、上野と共に自動車に乗りて家に帰る。杉は午後埋棺の儀に参列せさるへからさるを以て同乗せす。十一時三十分頃家に達す。

○午後一時頃より昨年〔原文空白〕月〔原文空白〕日、東久邇宮より贈られたる新田義貞〔鎌倉時代後期から南北朝時代の武将、鎌倉幕府を滅亡させる〕の塑像を郷里に送るとき、箱の中にて像の動揺せさる様に框を入る。出来形悪し。五時頃に至るも未た完成せす。晩喫の為之を止む。内子は恩賜の金銀杯其他の器物の品目を書す。昨年の震災に懲り、此等の器物は之を郷里に送り保管せしめんとするに付、予め品目書を作り置くなり。

○午後八時後予既に寝す。有馬泰明来る。乃ち起き、之に面す。有馬、細見保よりの電信を示す。電信は有馬頼寧氏か三井郡、浮羽郡より議員候補者たることの決心固く、之を動かすへからさる旨を報するなり。有馬、此ことに付仁田原（重行）に協議したる処、仁田原は一応貴君（予）に謀り呉よとのことなりしに付、夜中に来れりと云ふ。予、予にも林田（守隆）より此ことに付電信達したる故、有馬（秀雄）に電話せんと欲したるも、電話番号変更し居り、番号を知り難きを以て、已むを得す其儘に致し居れり。予か此ことに付知り度きは、野田卯太郎の選挙区は浮羽、三井二郡なるか、頼寧氏か其区より候補者と為るに付ては野田と何か交渉したるや否、野田か選挙区ても変更する様のことゝなり居るや否のことなりと云ふ。

有馬、仁田原も其ことを聞き度に付、君（予）より野田に話し貰ひ度と云ひ居りたりと云ふ。予、予は野田は選挙区を変更する必要なしと思ふ。予も頼寧氏の妨害を為さんと思へは出来さることには非されとも、夫れまて為すは余り極端なる故、之を為すことまては考へ居らさるも、野田は頼寧氏に頓著せす、十分にやるか宜しと思ふと云ふ。有馬、仁田原も内心、野田をして頼寧氏をいぢめしむるか宜しからんと思ひ居る様なりと云ふ。

予、有馬（秀雄）の電話番号は知らさるやと云ふ。有馬（泰明）確に知らさるも、大手百十九番なりし様なりと云ふ。予、兎も角有馬（秀雄）に電話を掛け見呉よ。有馬（秀雄）は野田の様子を知り居るならんと思ふと云ふ。有馬（泰明）、有馬（秀雄）に電話す。電話は通したれとも、有馬（秀雄）は家に在らす。依て明日午前十一時頃に橋場有馬邸に来り呉るる様伝へ呉よ。仁田原か是非面会し度ことありと云ひ置たる旨を報す。予、明日此ことに付協議するならは、予の考は先刻申述へたる通りなり。此ことに付久留米に電信ても発するならは、予か林田〔の〕電信を見たることも林田に伝へ置き呉よと云ふ。

有馬（泰明）又頼寧氏より、分与せられたる百万円の中、幾分にても宜しきに付、元金を受取り度旨の申出あり。先日の相談会のとき、其方法の研究を境（豊吉）に依頼しありたる処、境より第一案、第二案を提出せり。第一案は有馬家所有の株券を売却し、十万円を頼寧氏に交付することなり。第二案は頼寧氏の所有名義になり居る株券の中、二種を除き、他は総て時価にて之を頼寧氏に渡すことなり。境の意見にては、出来るならは今年末頃まて元金を渡すことは延へ度とのことなりと云ふ。予、予は別に異見はなきも、第二案の株式の中には売却出来さるものあるへし。此の如き株式を渡し、一方には有利と認むる二種の株式は之を除くと云ひては、感情も宜しからさるへし。故〔に〕名義の如何に拘はらす、株式を売却して公債に代へて之を渡すか、又は頼寧氏名義の株式全部を渡すか、若くは時価に付議論なきもののみを渡したらは如何と思ふと云ふ。

有馬（泰明）又久留米の津田（直次）等来りたるならんと云ふ。予、来りたり。予は有馬家の家計は非常に困難なる旨を話し置きたりと云ふ。有馬（泰明）、仁田原は一万円か又は一万五千円を十ヶ年賦位の約束にしたらは如何と云ひ居れり。此位ならは承知出来くへきやと云ふ。予、其位ならは已むを得さるへし。津田等は今少し多くを望み居る様なりと云ふ。有馬（泰明）、夫れにても仁田原は其中幾分は水天宮より出金を得度考なりと云ふ。予、夫れは宜しからん。真木長時か金は水天宮より出して、名義は有馬家の名義に為し度と云ふに付、予は有馬家と水天宮とは全く関係なく、有馬家は地代を取り居る丈けにて、右の如きことは出来すと話し置きたりと云ふ。

有馬（泰明）又蠣殻町の地所の貸借契約を、本建築を許さるるまてに制限することは先日話し置きたる通り、借地人の一人より申出て居れり。仁田原は該地所は行々之を売却する方便利ならんとの考を有し居れり。只今之を発表したらは、年限の制限も出来さることゝなるへきに付、其ことは秘し置き、此際年限の制限丈附け置きたらは、他日売却のときに便利ならんと思ふか、如何と云ふ。予、地所の貸借は年限の定なきならは、建物の焼失に依り年限は借地法の規定に拘束せらるることはなからんと思ふ。地所は地所丈けに付、年限を定めて貸し附けありやと云ふ。有馬（泰明）夫々年限を定めありと云ふ。予、然らは借地人の一人か制限を附けんと云ひ居りても、他の者は承知せさるへし。自ら求めて年限を短縮することは承諾せさるならん。若し承諾するならは、制限し置く方いつれにしても便利なりと云ふ。有馬（泰明）九時後辞し去る。

○午前内子赤坂郵便局に行き、預金通帳を取る。通帳は現在高調査の為、先日貯金局に提出し置きたるものなり。

大正一三年四月

四月一日

○四月一日火曜。晴稍暖。

○午前六時後有馬秀雄に電話し、有馬頼寧氏か浮羽、三井両郡より議員候補者となる模様なる旨、林田（守隆）より電信にて通知し来りたるに付、一昨夜君（有馬）へ電話せんと思ひたるも、番号分らさる為止めたり。昨夜有馬（泰明）来り、有馬伯爵邸には、細見保より頼寧氏の決心固く動すへからさる旨、電信にて申来りたる由。君（有馬）は野田（卯太郎）の模様は知らさるやと云ふ。有馬、知らす。自分（有馬）の方にも林田より電信来りたるか、昨夜は遅く帰りたるに付、今朝君（予）に電話せんと思ひ居りたる所なりと云ふ。予、野田は選挙区を変更する必要なからんと思ふ。松浦（寛威）より書状を以て、細見（保）か頼寧氏のことに関する事実を枉けて同氏の立候補を抑止せんとしたる事実ある旨、田中行尚か話し居るに付、一度田中の談を聞き呉度旨申来り居るも、予は其必要なしと思ひ、其儘に致し居れり。頼寧氏は此節は候補を断念せさるへし。予は妨害せんと思へは、少しは出来さることはなけれとも、夫れまてなすは余り極端なる故、其ことは為さす、成行に任かすへし。君（有馬）は今日は橋場へ行くならんと云ふ。有馬、遅くなりても行くことにすへし。泰明は昨夜貴家（予か家）に行きたりやと云ふ。〔予、〕然り。予は今日は橋場に行き難きに付、宜しく頼むと云ふ。有馬承知せりと云ふ。

○午前七時後、内子をして主馬寮に電話し、今日高輪に行くに付、自動車を頼み置たるか、通し居るやと云はしむ。寮員、承知し居れり。八時三十分に自動車を遣はすことになり居れりと云ふ。自動車来る。之に乗り、北白川宮邸に到り、成久王の一年祭に参す。休所にて井上勝之助、西園寺八郎、小原駩吉、大庭二郎、工藤一記、河村善益、松平慶民、金井四郎、長崎省吾、山田益彦等に遇ふ。

西園寺、博忠王の葬儀のとき、宮内大臣か参列せさることは先日の宮内省協議会にて決定したることなりと云ひ居るか、君（予）は其決議を記臆し居るやと云ふ。予右の如き決議を為したることなしと云ふ。西園寺、決議と云ふも何等根拠なし。決議は幹事か要領を筆記して、各自の印を取り置かされは、此の如き誤を来たす。醍醐某か一人にて決議と云ひ居れりと云ふ。予、先日の協議のとき、宮内省部局長官とありたるを、小原君か宮内省高等官とすへしとの意見を出したるも、其ことは決議にはならさりしか、実際は部局長官となり居りたりと云ふ。小原、彼のことは提案したれとも曖昧なりし故、夫れは致方なしと云ふ。西園寺、自分（西園寺）等より提出したる原案には、宮内大臣か葬列に加はることは記載し置かさりしも、夫れは極々簡単なることゝなす積りなりし為なりと云ふ。井上勝之助の養子三郎、西園寺、小原等と話し居りたるも、予は三郎を知らさるを以て言語を交へす。後十分間許の後、長崎省吾か井上勝之助に対し、君（井上）の養子は只今陸軍少佐なりやと云ふ。井上然りと云ふ。長崎、軍服か非常に好く出来居れり。西洋にて作りたるものならんと云ふ。予、予は未だ令息を知らす。先刻此処にて話し居りたる人なりやと云ふ。井上然りと云ひ、二、三歩隔り居りたる三郎を拉し来りて予を紹介せり。長崎、令息は桂公（太郎）の三男なりやと云ふ。井上、然り。故に三郎と称すと云ふ。午前十時頃成久王の霊に拝し、直に宮内省に出勤す。

○午前十時後西野英男に、今日は豊島岡の墓所に行くことを止むるに付、自動車を借ることは之を止め、午後四時に馬車を廻はす様取計ひ呉よと云ふ。

○午前十時後内子に電話し、今日は豊島岡に行かす、午後は宮内省に在ることを報す。
○午後三時後審査局にて、早川（原文空白、政吉）と話す。早川は元の審査局属にて、只今小松侯爵の家職となり居るものなり。
○北白川宮の休所にて、大庭二郎より今日の北白川宮の墓所祭の時刻を問ふ。予午後一時三十分なる趣なることを告く。大庭随意に参拝して差支なかるへきやと云ふ。予勿論差支なからんと云ふ。
○午前九時後北白川宮邸休所にて、金井四郎と話す。金井、東久邇宮妃殿下は本月十日より京都へ行かるる予定あり。多分久邇宮邸に一泊せらるることゝならん。是まては竹田宮妃と同行せられ、いつも夜汽車にて京都に行かれ、又其夜汽車にて帰らるる故、京都の滞在は三時間位にて余り忙しきのみならす、此頃は汽車の事故も多き故、京都に一泊せらるることを請ひたり。自分（金井）は先日話し置きたる通り神宮に参拝し度故、明後三日より伊勢に行き、四日に帰京することゝ致し、妃殿下に随行することに差支なき様に致し度と云ふ。予、少しく相談致し度ことあり。伊勢より帰りたる後にても宜しと云ふ。金井明日宮内省に行くことにすへしと云ふ。予明日は枢密院の会議ありと云ふ。金井午後は如何と云ふ。予、一たひ予より宮邸へ往くへしと云ひたるも、結局然らは明日午後宮内省に来り呉よと云ふ。金井其事にすへしと云ふ。
○午後六時頃有馬泰明より電話にて、明後三日午前に有馬秀雄其他と有馬頼寧氏か議員候補者と為ることに付、協議し度ことあるか、橋場の有馬邸に来らるること出来くへきやと云ふ。予、明後日は神武天皇祭日にて参拝せさるへからさるに付、往き難しと云ふ。泰明どーしても都合出来さるやと云ふ。予、午後ならは都合出来さることはなけれとも、午前には都合出来すと云ふ。泰明、午後にては有馬秀雄か都合出来す。有馬（秀雄）明後日午後より久留米に行く積りなる趣なりと云ふ。予、此ことに関する予の意見及財産分与に関することは、昨夜話したる通りなるか、財産分与のことは強ひて予の意見を主張する訳に非す。有馬（秀雄）、仁田原（重行）の協議次第にて宜しきに付、其旨を伝へ呉よと云ふ。泰明、然らは決定後之を報告すへきに付、其ことに承知し呉よと云ふ。予承知の旨を答ふ。
○午後五時後婢敏来り、炊婢ヨシ茶碗等の洗方に付我意を張り、奥に告くへしと云ひたれは、泣き居りて食事もせさる旨を報す。内子、ヨシを説諭す。
○今朝頃より左眼白球に赤筋怒張す。但痛なし。

四月二日

○四月二日水曜。曇。
○午前八時後（二十分頃）仁田原重行来り、有馬頼寧氏か議員候補者と為ることに付協議す。予、予は此節は到底之を止むることは出来すと思ふに付、成行きに任せ置く外致方なからんと云ふ。仁田原、此節は誰か頼寧氏を勧め居るか問合せたる処、久留米よりの返電には、佐々木と柳田と云ひ来れり。佐々木とは正蔵のことなるへく、柳田は久留米人に非す。予て同愛会に関係し居る者にて、此節も久留米に同行し居る趣に付、多分同人ならん。先頃勧誘し居りたる川原権六等は、此節は関係し居らさるならんと思はると云ふ。

予と仁田原と談し居るとき、有馬泰明より予に電話し、明日君（予）も境（豊吉）も都合出来さる旨有馬（秀雄）に話したる処、両人とも出席なくしては困る。自分（秀雄）は出発を明日夜に延はすことにすへきに付、明日午後に協議会を開くことにすへしと云ひ居れりと云ふ。予、只今仁田原（重行）か来り居れり。之と協議して通知することにすへしと云ふ。有馬（泰明）、今日の朝日新聞には、頼寧氏は愈々立候補の決心をせられたる様に記載し居れり。此ことを君（予）に告く。又君（予）より仁田原にも伝へられ度と云ふ。予承諾の旨を答ふ。又仁田原と話す。婢敏来りて、田中よりの電話来りたることを報す。予、田中の名を問はしむ。久留米の田中なる旨を答ふ。予之と電話す。

電話する者は長浜直哉にて、青山の有馬邸に在り。松浦寛威、田中行尚正に有馬邸に来り居り、頼寧氏か候補者となることに付、両人は心配して有馬邸に来り居り、是より田中か貴邸（予か家）に行き度とのことなるか、如何と云ふ。予、今日は将に出勤せんとする所なり。待ち難しと云ふ。長浜、何日何（時）ならは差支なきやと云ふ。予、本月五日の午前八時頃までに来るならは、待ち居るへしと云ふ。復た座に就き、仁田原と話す。

予、松浦と田中と青山有馬邸に行き居る趣なることを告く。仁田原明日午後ならは橋場に行くこと出来るやと云ふ。予明日午後二時頃ならは行くことを得と云ふ。仁田原、然らは其ことにすへし。今日は橋場に行くことを止むへしと云ふ。予乃ち婢敏をして有馬家に電話せしむ。仁田原、有馬泰明と電話し、明日午後二時より協議会を開くことになる。松下丈吉に電信を発し、同時刻までに来る様申遣はすへしと云ふ。

予仁田原に、先日田中（行尚）か久留米に行くとき、松浦（寛威）より田中の旅費を頼寧氏に請求し度に付、君（仁田原）より頼寧氏に請求する様取計ひ呉よとのことなりしも、君（仁田原）は此ことの関係人に非さるに付、多分之を請求することを肯んせさるならん。予より君（仁田原）に談することは出来すと話し置きたりと云ふ。仁田原、自分（仁田原）にも其話ありたるか、自分（仁田原）も丁度同様に話し置けり。然し、有馬邸には家令の交際費あり。自分（仁田原）之を使用し居らさる故、極秘密裡に其金を田中に渡し、計算を為すへき旨申聞け置きたるも、未た計算せす。田中か帰りたる後は、松浦より頼寧氏か候補を断念せられたることを書状にて報知し来りたるのみにて、何の音信もなしと云ふ。

予、頼寧氏に対する財産分与方に付、頼寧氏の名義と為り居る株券の中、二種丈け除外するは面白からす。全部を引渡すか、又は余り不利益ならさる株券を売却して公債証書を買ひ、之を引渡すか、二途の中孰れかを取る方宜しからんと云ふ。仁田原も同意なりと云ふ。仁田原、林田守隆か有馬家の顧問を辞する旨の書面を出せり。是は頼寧氏に対し候補者たることを止めたるも、承諾を得さる為ならん。然し、辞任は聞届けさる方か宜しからんと云ふ。予之に同意す。

予、有馬敏四郎の婚約問題は如何なり居るやと云ふ。仁田原、婦人の母〔不詳〕より敏四郎に書状を贈り、諸方より縁談の申込あり。之を拒〔む〕にも婚約か決定せされは都合悪しきに付、婚約丈は結ひ呉度。父か承諾せさりしも、自分（母）か種々取成したる結果、漸く承諾したる旨申来り居りたり。自分（仁田原）は敏四郎に、母方祖父死去し母か喪中にて只今婚約のことを申出し難し。今暫く待ち居るへき旨申遣はす様に勧め置けり。戸田（伯爵夫人の父）死去したるに付、二荒神社の宮司の後任として敏四郎を薦むることを戸田の子某〔忠庸、陸軍騎兵少佐、子爵〕に申遣はすことを伯夫人より話あり。夫人より其旨申遣はしたるも、其後任は従前の下役より昇達せ〔し〕めたりと云ふ。予、敏四郎は宮内省の掌典になり度とのことなるも、学校の卒業前より之を云ひ出しても決定する訳〔に〕行かさるに付、来年の卒業後のことにすへしと云ふ。

仁田原又有馬聡頼か家宅を売却し度に付、周旋を依頼する旨申来りたること、有馬正頼母子は京都に行き、未た帰らさるへきこと、正頼か母と同行して京都に行くことを申出したる趣なること、正頼の妹の誉子か出産したるとき、正頼の母か妹の夫家に行き、仁田原も之に面会したること、有馬秀雄は今朝野田卯太郎を訪問し居る趣なること等の談を為し、九時頃辞し去りたり。

○午前九時三十分頃より出勤す。

○午前十時前より宮中の枢密院控所に行き、十時後より議場に入り、北海道衆議院議員選挙特例中改正の件、関東州学校職員任用に関する件中改正の件、奏任文官特別任用令中改正の件、海軍下士官兵の一部に現役を退かしむる件廃止の件を議し、書記官長報告の通り一の議論なく可決し、十一時前散会せり。

会議前富井政章より控所にて、衆議院議員選挙法改正の件、只今枢密院の審査委員にて審査中なるか、改正法案を特別議会に提出せんとすることに付、委員長金子堅太郎、委員有松英義抔は反対意見を有する模様なるか、自分（富井）は此点に付ては意見を異にし、政府か政策上提出を必要とするならは、枢密院にて之に反対する理由なしと思ふ。只穂積君（陳重）と君（予）とを委員に加へさりしは、君（予）等か臨時法制審議会にて選挙法案に関係したる為なるへく、其の為委員に加へさるは余り考か過小なりと思ひ、議長（浜尾新）に其旨を談したれとも、事後にて致方なし。依て委員とせす、君（予）等を委員会に出席せしめ、意見を聴くことは出来さるやを浜尾に謀りたるも、名義なくして困ると云へり。

自分（富井）は、選挙費用を制限することは出来くれは利益ありと思へとも、実行上に付疑ひを抱き居れりと云ふ。予、予も同感なり。出来くれは結構なれとも、実際は甚た懸念なり。費用を制限すれは計算書を出さしめさるへからす。何人と雖制限外の金を費したる事実を書き出す訳なく、制限内の金額の計算書を作るとすれは、事実を詐はらさるへからす。非常なる混雑を生する恐あり。到底実行出来さるならんと思ふ。其外罰則中には不同意の規定もなきに非す。予か委員に加はらさりしは、予の為には幸なりしなり。仮令ひ不同意にても、審議会にて決したることなれは、徳義上之に反対することも出来難き訳なれはなりと云ふ。此とき会議を始むる旨の通知あり、乃ち談を止めて議場に入る。

会議前、鉄道乗車証の受領証及旧乗車証一枚を村上恭一に交し、之をして其主任者に致さしむ。乗車証には、西野英男に嘱して予の氏名及乗車証受領の年月日を記入せしめたる処、西野か今日（四月二日）の日附を記入したるに付、実際之を受領したる日、即ち三月二十九日と訂正し、之に認印を捺したり。会議前、控所にて村上恭一に、先日相談したる松本烝治及塚本清治に対する懲戒委員会より手当を給する件は既に済みたりやと云ふ。村上、内閣にても異議なきも、辞令は未た来らす。今日頃は多分来るならん。松本等に面会せらるる機会ありたらは、少額なることを説明し置呉よと云ふ。予、面会の機なかるへし。前年度の委員に次年度の予算より手当を給することは、今後実際の必要を生することもあるへきに付、当否幷に先例を調査し置呉よと云ふ。

○午前十一時後、審査局に返る。

○午前十一時三十分頃有馬秀雄、野田卯太郎の家より電話にて、宮内省に往訪せんと欲する旨を告く。予差支なき旨を答ふ。有馬、坂下門衛に有馬の来ることを告け、入門差支なき様取計ひ置き呉よと云ふ。予之を諾し、西野英男に嘱し其旨を門衛に告けしむ。十二時に至るも有馬来らす。予乃ち食堂に行き、食し終りて、直に審査局に返る。午後零時後、野田卯太郎及有馬秀雄来る。野田、有馬頼寧氏か福岡県三井郡、浮羽郡より衆議院議員候補者と為る趣に付、自分（野田）二郡を纏め、頼寧氏をして当選せしめんと欲す。君（予）等も之に同意せよと云ふ。予之を諾せす。其談話の要領左の如し。

〔原文一八行空白〕

予か野田等と談し居るとき、金井四郎来り窺ふ。入ら〔す〕して審査官室に行く。又少時にして、高羲敬来り窺ふ。予、之をして暫く待たしむ。野田等か去りたる後、金井を召ひ、極めて秘密なることとなるか、宮内大臣は東久邇宮殿下の帰京期定まらさるに付、誰そ適当なる人を仏国に遣はし、殿下に対して帰京を勧説せしめ、尚ほ承諾せられさるならは、其ときは勅旨ても奏請せんとする意向なり。使に行くに適当なるものは何人なるへきやと云ふ。金井、小原駩吉は如何と云ふ。予、予も之を思はさるに非さるも、牧野（伸顕）か承諾せさるならんと思ふと云ふ。談話の要領左の如し。

〔原文六行空白〕

金井既に去る。高を召ふ。高、世子妃は近日は体温平日に復し、塩梅宜し。老女雇入のことは、桜井某の話にては、梨本宮に居る某は世子邸に来ることは承知したるも、どこまでも梨本宮の侍女にて終り度に付、名義は梨本宮に置き度とのことなりと云ふに付、夫れは世子邸にて困る旨を告け置きたり。然るに世子の話にては、梨本宮妃よりの話には、先つ当分加勢の積りにて使用し見、宜しくは其上にて名義を更ゆることにしたらは宜しからんとのことに付、夫れは宜しからんと思ふと云ふ。予、先方の考に拘はらす、此方にては只今の話の通〔り〕に解釈し、当分之を使用し見ることにしたらは宜しからんと云ふ。高又、先年李王来朝のとき、近衛軍隊に金を下され、夫れに〔て〕撃剣道場を作りたるか、此節修繕の必要を生し、世子邸より百円の寄附を受け度とのことなる旨、附武官上野某より申来れり。〔予〕是は致方なからんと云ふ。高又世子、同妃は何処にも同行ならすは行くことを好まれす、先夜華頂宮の通夜のときも、妃か行かれさる為、世子も止め度と云はれたるも、之を勧めて行かるる様にしたりとの話を為せり。
○昨日来の左眼焮衝も未た去らす。

〔原文四行空白〕

四月三日

○四月三日木曜。曇。
○神武天皇祭。
○午前九時十分より馬車に乗り、賢所前の参集所に赴く。
○午前十時頃参集所にて、西園寺（八郎）、予を屋外に召ひ、宮内省にて小原駩吉を罷免する様のことはなきやと云ふ。予、何も聞かす。然し之を罷免する程の勇気なかるへしと云ふ。談話の要領左の如し。

〔原文一二行空白〕

○午前十時頃より明治運送店員来りて、金銀器其他を郷里に送る為の荷作を為す。
○午後零時十分頃より電車に乗り、橋場有馬邸に赴き、有馬秀雄、松下丈吉、仁田原重行、有馬泰明と、有馬頼寧氏か福岡県三井、浮羽二郡より議員候補者と為ること、頼寧氏に財産を分与せらるる方法、水天宮神苑会に対する寄附金のことを協議し、候補者の件は有馬家としては関係せさること、分与のことは頼寧氏名義の株券を時価に積り、五分利の公債の時価に計算し、約三十万円許として此際之を交附すること、神苑会の寄附は総額二万五千円とし、大正十五年以降十五年の賦とし、其内幾分（約半額）は水天宮より支出することに決す。依て予より此旨を伯爵に報告し、五時頃より飲喫し将に帰らんとす。
奥平禎子正に有馬邸に来り居り、予に面会し度と云ふ。乃ち之に面す。禎子、頼寧氏の議員候補者たること、財産を蕩尽する恐あるに付、継母及兄弟に分与することを伯爵生存中に決定し置き度旨を談す。予是までの経過を告く。禎子他の相談人にも談し置き呉よと云ふ。予之を諾し、松下、仁田原に告く。有馬秀雄は今夜より久留米に赴く為、飲喫前に辞し去りたり。予、有馬泰明に嘱し、先日伯爵夫人より予に干鯛を贈りたる謝辞を伝へしめ、又久の学校の成績書を持ち来ることを忘れたることを告く。七時頃より仁田原、松下と自動車に乗りて帰る。八時前家に達す。
○左眼の焮衝未た去らす。坂田稔よりコカイン水を取り点す。

〔原文四行空白〕

四月四日

○四月四日金曜。曇。

○午前九時頃小原駩吉来り、今日午前八時十五分頃牧野伸顕の官舎に来るへしと云ひたるに付、行きたる処、辞職を勧告したる旨を談す。其要領左の如し。

〔原文九行空白〕

○午前九時後広津直人妻電話にて、直人か昨夜半又喀血したることを報す。

○午前九時三十分頃より出勤す。

○午前十時頃西野英男に、東京駅に行き、山下雅実に面会し、予の郷里に小荷物を送る手続を問ふことを嘱す。

○午前十一時前小原駩吉審査局に来り、白根松介に面会して、牧野（伸顕）か小原に辞職を勧告したる事情を問ひたることを談す。其要領左の如し。

〔原文七行空白〕

○午前十一時頃渡辺直達来り訪ふ。序に有馬頼寧氏か議員候補者と為りたることに付談す。予其始末の概略を告く。

○左眼の焮衝未た去らす。今日本月二日の日記の半以下を記す。眼を労せさる為、談話の要領は他日之を記入することゝ為し、之を略し置けり。

○午前十一時後西園寺八郎を式部職に訪ふ。在らす（未た出勤せす）。

○午後零時後小原駩吉を内匠寮に訪ふ。在らす。去りて西園寺（八郎）を式部職に訪ふ。松平慶民在り。予差支なきやを問ふ。松平既に用談済みたりと云ふて去る。予西園寺に対し、昨日君（西園寺）より小原（駩吉）のことに関する話を聞き、予は其ことなかるへしと云ひ置きたるか、予は自ら耳の聾なるに驚きたりと云ふ。西園寺、小原を宮中顧問官と為すこと、勲章を進むること、賀陽宮の宮務監督を継続せしむること丈けは周旋し度。一応君（予）より大臣（牧野伸顕）に話し呉よ。賀陽宮の宮務監督のことは、大臣か承知せさるならは、宜しからさることなるも賀陽宮の大妃より小原を監督と為すことを望む旨を大臣に云はしめんと欲すと云ふ。

予、小原を仏国に遣はすことは、内匠頭を免せらるれは尚ほ更好都合なり。大臣は承知せさるへきも、予としては兎も角話し見るへく、宮中顧問官、勲章のこと、監督のことも予より話し見るへしと云ふ。西園寺、小原免職の事由を摂政殿下に何と云ひ置くへきや。小原に過失ありたる様のことに解釈せらるる様に申上くることは出来す。大臣か後進の路を啓く為に為したることとなる趣なる旨にても申上〔置〕かんと云ふ。

○午後二時前小原駩吉来り、先刻内匠寮に来り呉れたる趣なりと云ふ。予夫れより西園寺を訪ひたることを談す。談は別に新事実なし。

○午後一時三十五分頃より歩して司法大臣官舎に行き、諮問第四号の小委員会に列す。会場にて花井卓蔵に、明治四十一年予か韓国政府の聘に応したる為、法律取調委員会委員及幹事か予と松田正久とを日本倶楽部に招待し、午餐会を開きたるときの写真を貸す。花井も之を所持し居りたるも、昨年の地震のとき焼失したるに付、之を復写せんと欲し、之を借り度旨、本年三月二十四日に小委員会を開きたるとき、予に談したり。依て今日之を貸したるなり。今日は小委員の中、鈴木喜三郎、豊島直通欠席したるに付、正式に決議せす。予、諮問第一項に答ふる案の第一に掲くへき案を起草し、今日の出席員に示したるに、一同同意せり。五時散会し、馬車に乗りて帰る。
○左眼の焮衝未た去らす。坂田稔より鉛トウ水を取り、之を冷やし、就眠中水嚢を以て之を冷やしたり。
○午前内子、坂田稔の家に就臭素剤を取り来り、今日より之を服用す。
○午後内子往て直人の病を訪ひ、四時後帰る。今朝電話にて往訪を約し置たるなり。
○午前八時頃野田卯太郎に電話し、昨日橋場有馬邸にて頼寧氏か議員候補者と為ることに付協議したるか、野田の意見に従ふことは出来難きことに決せり。委細は有馬秀雄より通知したらんと云ふ。野田、有馬家の為にも自分（野田）の意見の通りにする方か利益なり。秀雄にも其旨を告け置きたり。尚ほ考へられ度と云ふ。

四月五日

○四月五日土曜。曇。
○午前八時十分頃田中行尚来り訪ふ。本月二日夜、電話にて約し置たる所なり。田中、有馬頼寧氏か今回三井、浮羽郡より議員候補者と為りたるは、全く先頃久留米より候補者とならんとしたることとは関係なきこと、田中か頼寧氏の久留米行を止めたるも承知せさりしこと、三井、浮羽二郡より候補者と為るに付ては、成るへく費用を少くし、旧藩人の感情を害することを少くする為、有馬伯邸にて工夫することは出来さるや。頼寧氏より三月三十一日に電信を以て候補者と為ることに決心したること、田中と松浦寛威とに宜しく頼む旨申来りたること等の談を為す。予は是までの経過を概説し、一切関係せさることを告く。田中、頼寧氏か帰京したる上、田中等は如何したらは宜しかるへきやと云ふ。予、立候補を止むることは出来さるへく、其以上に付最善の工夫を為し、之を助くるは適当ならんと云ふ。話すること二十分間許にして去る。
○午後零時頃小原駩吉来り、昨日関屋貞三郎か賀陽宮殿下并に大妃殿下に謁し、自分（小原）同宮々務に関係することを止むる旨を申上けたる処、大妃は大に昂奮し、王は小原の補導にて近来非常に宜しくなり居る処なるに、此際小原を罷むるは何事なるや。後任は誰を任するや。何人か来りても満足する丈けの人に非されは、承知せすと云はれ、関屋は、山階宮殿下も一の宮に二人の監督あるは宜しからすと云はれたることもあり、多分当宮のことを云はれたるならんと云ひたるに、大妃は、勿論当宮のことなるへし。工藤（一記）の如き老耄して用に立たさる者を何故に罷めさるや。宮内省にては経費不足なりと云ひなから、彼の如き無用の人を置くは何故なりやと云はれ、奥に入りても、非常に関屋のことを罵られたる趣なり。何故に関屋は此の如く急に此ことを持ち出したるへきや。自分（小原）か徳川（頼倫）と談し居るとき、関屋か来りたるに付、自分（小原）は之を避けたり。関屋か賀陽宮に談したるは、徳川に相談したる上のことならんと思ひたるに、只今聞きたる所にては、徳川にも話さゝりしとのことなりと云ふ云々。此とき白根松介来りて小原を呼ふ。小原乃ち白根と共に去る。

○午後一時頃食堂に出つるとき、予、小原駩吉を伴ひて審査局に来らんとす。会々予の室には、伊藤公家より宮内省に引継きたる油絵あり。之を観る為、渡部信、工藤壮平等か来り居りたるに付、小原を伴ひて徳川（頼倫）の室に入る（徳川は尚ほ食堂に在りたり）。予小原に対し、先刻（午後零時頃）君（小原）の話に、入江（貫一）か四月に入れは宮内省にては転進すると云ひたりとのことなりしか、夫れは何事なりやと云ふ。小原、入江か武井（守成）に対し、宮内省にては何も用事なし。然し、四月に入れは転進すると云ひたることある趣なり。多分自分等のことを指したるものならん。先刻白根（松介）に逢ひたるとき、勲等陞叙及宮中顧問官のことを談し、白根は此等のことは問題に非すと思ひ居りたるに、何か少しは話ある様なるも、勲等は如何なることありても、是非とも陞叙せらるる様になすへしと云ひ、自分（小原）も過失ありて免職せらるるものゝ外、大概宮中顧問官と為る例なる故、之を望まさるには非されとも、関屋（貞三郎）か平凡なる顧問官にも非さるへしと云ひ居りたる故、強ひて之を頼む積りには非すと云ひ置けりとの談を為せり。此とき徳川（頼倫）返り来る。小原、関屋（貞三郎）か賀陽宮大妃殿下に自分（小原）のことを話したるは早計なりしと云ふ。予も賀陽宮の監督のことは小原の免官後、少々の猶予ありても差支なきことなる旨を談す。小原去る。

予尚ほ徳川と談す。徳川、大臣、次官か省員に対し温情少なく遺憾なり。同し免職するにしても、今少し穏当なる手続を執る方宜しからんと思ふ旨を説く。予、此ことは勿論大臣（牧野伸顕）より話し居ることとなるへきか、稔彦王殿下の帰朝期定まらさる故、相当なる人を巴里に遣はし、殿下に帰朝を勧めしめ、尚ほ御承知なきならは、其時は勅命ても奏請する必要あるへし。此際成行に任かすことは出来すと思ふ旨を告けたる故、予も大体同意の旨を答へ、大臣（牧野）より巴里に遣はすに適当なる人を考へ置くへしとの談ありたり。君（徳川）は此ことを聞き居るならんと云ふ。徳川何も聞きたることなしと云ふ。予、夫れは意外のことなるか、此ことは秘密を要することなるに相違なきも、君（徳川）に秘する訳なし。多分取紛れて話すことを忘れ居るならん。予は種々考へ見たれとも、中々適当なる人なし。実は小原か免官せらるることは今日まて知らさりしか、予は、小原は仕官の儘、同人か巴里に行くか宜しからんと思ひ居りたれとも、同人は大臣か好まさる故、予より之を勧めても多分承知はせさるならん。然し、採否に拘はらす申出しては見る積りなりしか、実は内匠頭を罷むれは尚更宜しき訳なれとも、夫れにても大臣は承知せさるならん。小原か行かされは、金井四郎か宜しからんと思ふ。金井は稔彦王殿下に対し、所見を直言すること出来る人なり。而して殿下の方も相当に金井を信せられ居り、殿下の洋行中に東久邇宮を去る様のことはなさゝる様に命せられ居る位なり。然るに、金井も大臣の気に入り居らさる故、是も大臣か承知せさるならんと思はると云ふ。徳川、金井か巴里に行きては妃殿下も御困りなるへしと云ふ。予、夫れは差支なし。片岡久太郎か居れは差支なしと云ふ。徳川、小原は至極宜しき様なり。兎も角是亦大臣に話し見る様に致され度と云ふ。

徳川又賀陽宮の監督のことは余程面倒なることになるならんとの談を為し、又博恭王殿下も佐世保にては種々の出来こともある際に付、成るへく速に御帰任ある方宜しかるへく、博忠王の十日祭ても済みたらは御帰任あるならんと思ひ居りたるも、此節は妃殿下も御同行にて、四、五日後に御帰任の予定なりとのことなり。海軍省にても速に御帰任なさることを望み居る模様にて、成るへくは他より右の如き話の始まらさる中に御帰任あることを望み居りたるなり。小笠原（長生）も何時頃御帰任あるへきかと云ひ居りたり。小笠原の話にては、宮内省内にて種々面倒なることある模様なり。近日中之を話すことにすへしと云ひ居りたりと云ふ。

予夫れは山崎四男六か小笠原に話したることならんと云ふ。徳川、然るならん。全体山崎は何の為に罷めたるへきや。先日廊下にて逢ひたるとき抔は、如何にも無愛相にて、何か面白からす思ひ居る様に思はれたりと云ふ。予、牧野、関屋の就任の際は、山崎は余り受けの宜しからさる方の様なりしか、中頃大層都合好くなり、近頃に至りて又面白からさる様になりたるものと思はる。会計審査の結果、御料地交換のことに付予より非難したることありしか、山崎在任中は何ことも聞かす、同人か退官後、先日図らす〔も〕食堂にて、関屋と入江（貫一）と御料地交換処分の評価不当なりしことを談し居りたり。然し、山崎か罷めたる真原因は、予は知らすと云ふ。話すること十分間許にして審査局に返る。

○午後二時三十分頃入江貫一、松平慶民来る。予之と話す。入江、官制改正のことは次官（関屋貞三郎）か熱心に之を主張し、自分（入江）か立案したるも、其後大臣（牧野伸顕）より種々の注文出て、結局御料牧場を止むる位のことの外何もなきことゝなり、官制は改正せさるも人員は淘汰するとのことなるも、人の進退問題に付ては自分（入江）は関係する積りもなく、別に問ひもせさりしも、上野（季三郎）は品か宜し。之を罷むるは不可なり。伊藤博邦は衣食に困らさる故、罷めても宜しと云ふ様なる談ある故、品の善悪等にて人を進退するは情実に流れて不公平なり。右様のことならは、人の進退は之を見合はす方宜しからんと云ひ、之を止むることになりたる様に聞き居りたるか、此節突然小原に対し辞職を勧告し、小原は特別の取扱にて、面目を失はしめさる為、他に先ちて辞職せしむる旨を告けたりとのことなるか、此後誰を処分する積りなるへきや。先頃自分（入江）か病気引籠中関屋か来訪し、山崎（四男六）か辞職したるに付、内蔵頭を兼任し呉よとの相談を為し、自分（入江）は宮内省に奉職する以上何を為すも同様なる故、異議なき旨を答へ置きたり。全体後進の途を啓く為に小原を罷むると云ふて、どれ丈けの後進かあるや、実に分らさることなり。大臣は此儘勤続する積りなるへきやと云ふ。予勿論勤続する積りならんと云ふ。此とき関屋（貞三郎）入り来る。入江、松平乃ち去る。

関屋、此節小原（駩吉）は罷むることゝなれり。最早聞かれたるならんと云ふ。予、聞きたり。入江、松平も此ことの話す為に来り居りたるなりと云ふ。予又小原の後任は東久世（秀雄）なる趣、東久世ならは内匠寮も差支なからんと云ふ。関屋、東久世抔の為にも途を啓く必要ありと云ふ。予、小原の勲等を進め、宮中顧問官に任することは問題なく出来るならんと云ふ。関屋、夫れは是非其通りにする積りなり。勲章に付ては何か面倒なることを云ひ居る趣なるも、是は大臣〔ママ〕は主張したらは出来ることならんと云ふ。予、山崎四男六も進み居るに付、反対はなき筈なりと云ふ。関屋、夫れか矢張り人に因ることならんと云ふ。予、関屋に対し別に云ふ所なし。関屋乃ち去る。
○午後三時より退省す。
○左眼の焮衝稍々減す。然れとも未た全く去らす。療法昨日の如し。

四月六日

○四月六日日曜。朝曇後微雨、午後大雨、夜殊に甚し。
○午前明治運送店員を召ひ、郷に送る器具の荷作りを為さしむ。十一時頃店員始めて来る。午後三時頃に至りて終る。然れとも、雨ふるを以て荷物は之を持ち行かす。
○午後横山藤三郎来る。横山は朝鮮公州の刑務所長にて、司法省にて内地の刑務所長会議を催ふすに付、昨五日上京し、十一日まで会議に列する趣を話し、公州刑務所の在監者か作りたる帷子一反を贈り、話すること十二、三分間許にして去る。
○午後広津潔子より電話にて、直人の病少快、体温は最高三十七度二分、喀血は朝少許ありたるのみなることを報す。
○午前、棚の支木を更へ、又書籍函の戸の損したるもの三個を修補す。

四月七日

○四月七日月曜。朝雨午後漸晴。
○午前九時三十分より馬車に乗り、末松春彦〔末松謙澄の甥でその養嗣子、子爵〕の城山町四番地の家に伊藤梅子の病を訪ふ。御者城山町を知らす。城山町より南に行き過き、返ること数町にして始めて達したり。取次の者に名刺を付し、梅子の病状を問ふ。取次の者一たひ入り、他の者代りて病状を説く。先年来中風の病あり。三月二十七日より感冒に罹り、肺炎を起したるか、昨今小康の容体なりと云ふ。直に宮内省に出勤し、十時後達す。
○午前十時後高羲敬来り、本月四日稲田龍吉、世子妃の病を診したるに、只今は熱もなく大体宜しき方なり。時候も暖かなる故、時々外出せられても宜しと云ひ、高階虎治郎の注文にてヱツキス光線にて患部を視、写真に撮り度と云ひたるも、世子、同妃の神経を悩ます恐ある故、安心せらるる様に説明することを稲田に求めたる処、稲田はヱツキス光線にて患部を視ることは別に治療上の必要あるに非すとて、之を止むることゝせりと云ふ。高又稲田に対する謝礼のことを謀る。予、将来は年額にて定むる方宜しかるへきか、本月末頃稲田か洋行する前、五回又は六回位来診することゝなるならは、之に対し千円を贈りたらは宜しからんと思ふ旨を告く。

高又前田利為より世子夫妻を招待し、夫妻とも行かるることゝ為り居れり。土産として何を持ち行かるへきやと云ふ。予、縮緬と菓物と家人一同に対する肴料位にて宜しからんと思ふ旨を告く。高又近衛聯隊に在る世子の寄宿舎は、之を聯隊に寄附する旨、李王職より申来れり。金応善は昨日頃（予の記臆確かならす）京城を発し、帰京することゝなり居れり。李王の望六祝宴は、総督府にて博忠王の薨去を三月二十五日には発表せす、総督以下総て宴会に出席し、二十六日に至り之を発表し、祝宴は予定の通り済みたりとのことなり。

朝鮮新聞に依れは、宋秉畯の長男の婦〔不詳〕か死去したることの記載あり。宋の子は中枢院の参議なり。宋は尚ほ熱海に滞在し居れり。多分朝鮮には帰らさるへし。世子より使をして伊藤梅子の病を問はしめられたり。自分（高）も昨日往き、之を問ひ、伊藤博邦、末松謙澄の寡婦に面して病状を問ひたるに、衰弱加はるとのことなりしなり。稲田か此次に来診したるときは、同人の洋行中医師を必要とするときは誰に依頼すれは宜しきや、稲田に相談し置くことにすへし等の談を為せり。

高又前田利為の家より電話にて、世子、同妃の写真を貰ひ度し。先日参邸のとき之を請ふことを忘れたるに付、電話にて之を請ふ旨を申来れり。世子も之を与へらるる積りなるに付、先日内匠寮にて撮影したる分か出来たるや否を小原（駩吉）に問ひたる処、小原は忘れ居りたりとて、明日までには之を焼附くへしと云へりと云ふ。

○午後零時後食堂を出つるとき、小原駩吉と共に審査局に返り、予、一昨日は滑稽なることありたり。入江貫一、松平慶民か審査局に来り、入江か官制改正案を作りたるも、牧野（伸顕）か之を断行する意なく、之を止むることゝなりたること、関屋（貞三郎）か入江の病気引籠中に往訪し、内蔵頭兼任することの相談を為し、入江か之を諾したること、上野季三郎は罷免せす、伊藤博邦を罷免すと云ふに付、夫れは不公平なり。其位ならは人を罷免することは止むるか宜しと云ひ、之に決し居りたること、又人を罷免する様のときは君（予）には相談せよと云ひ置たること、然るに此節突然小原（駩吉）を罷免することゝなりたる趣なるか、今後尚ほ誰か罷免する積りなるへきや。此節のことは予め君（予）には相談したりや。大臣（牧野）は勤続する積りなるへき等の談を為し、予より、予は少しも話を聞きたること〔なし〕、大臣は勿論勤続する積りなるへし等の談を為し居りたる処、関屋貞三郎か突然入り来り、入江、松平は出て行きたり。

関屋より、小原君（駩吉）か罷むることゝなりたり。既に聞かれたりやと云ふ。予、聞きたり。入江、松平も其ことの話を為す為に来り居りたるなり。小原の後任は東久世（秀雄）なりとのことにて、内匠寮も東久世ならは折り合ふへしと云ひ、関屋より東久世等の為にも少しは進路を啓く必要ありと云ひ、予余り多く語らす。関屋は入江、松平等は味方と思ひ居るへきに付、予は故らに二人か君（小原）のことを話す為に来り居りたりと云ひたり。君（小原）のことは既に摂政殿下に申上けたりやと云ふ。

小原、昨日は新宿御苑にてゴルフの御相手を為し、一回終りたる後、自分（小原）より今日に限りては更に今一回御相手を願ふ旨を申上けたる処、殿下より何故に左様なることを云ふやとの御詞ありたる故、自分（小原）より其訳は今日は申上けす。両三日後に小原よりも申上くへく、又殿下にも御分り遊はさるへしと申上けたるに、殿下はあゝ分りたりとの御詞あり。自分（小原）は誰か既に申上けたることかと思ひ居りたり。然るに、今日赤坂御邸にて殿下に拝謁したるに、殿下より自分（小原）に対し、遠き将来のことの御話あり。此の御話より考ふれは、昨日の分りたりとの御詞は必しも事実を御承知なり居ることとも思はれす。尤も今日は妃殿下も御一緒なりし故、故らに右様の御話ありたるやも計られす。要するに其点は不明なり。

自分（小原）赤坂御所の奥より出て来るとき、関屋（貞三郎）に遇ひ、関屋は妙な顔を為し居りたり。自分（小原）奥に行き居りたるを不快に思ひたるならん。平素も自分（小原）か殿下に接近することも、関屋は面白く思ひ居らさるならん。近日の関屋の体度は敵を平けたりと云ふ様なる風なり。私のことならは喧嘩も為すけれとも、官のことなる故忍耐し居れり。大臣の体度は気に入らす。白根（松介）に対し大臣（牧野）に、大臣は大久保の子なり、自分（小原）も小原（鉄心）の後を承け居るものなり。罷むることか必要ならは、決して恋々とはせす。今少し男児らしく待遇することか望ましかりしなりとの旨を話し呉よと云ひ、白根も之を話すへしと云ひ居りたり。愈々免官と為りたる上は、摂政殿下のゴルフの御相手は敢て願はす、拝観は御許を願ひ度と申上置く積りなり。其御許を受け置けは、何時にても御所に出入しても、誰にも憚る所はなき筈なりと云ふ。

予、君（小原）のことに付西園寺（八郎）に約束し置たることありたる処、其後の事情にて履行し難きこととなりたり（賀陽宮の宮務監督を継続する様、牧野に話す積りなりし処、関屋か既に同宮の大妃に之を罷むる旨を申上けたるに付、今更牧野に話す訳に行かす）。依て此ことを西園寺に告けさるへからさるも、面会の機を得すと云ふ。小原、自分（小原）か西園寺に遇ひたるに付、君（予）と西園寺との談合ありたる趣なることを西園寺に話したる処、西園寺は、賀陽宮大妃に自分（西園寺）より此ことを話すことは勿論不穏当なることなるも、終局の結果より考ふれは、其不穏当も之を忍ふ必要あらんかと思ひ居りたりと云へりと云ふ。予、幸ひ関屋より話したることなる故、牧野か之を取消して監督を継続せしむることゝすれは、尚ほ其余地はなきに非す。都合にては西園寺より大妃に説く方宜しきこともあらんと云ふ。小原其通りなりと云ふ。

○午後二時より馬車に乗り、青山斎場に到り、小山松吉の母（小糸）の告別式に会す。斎場にて有松英義に遇ふ。予、有松と小山との関係を問ふ。有松同県人なりと云ふ。直に家に帰る。二時三十五分達す。

○家に帰りたる後、応接室に乱置せる書籍、書状、其他の書類を分類せんとす。時を費すこと一時三十分間許。未た半に達せす。四時四十分頃に至りて倦む。乃ち止む。
○左眼の焮衝殆んと癒ゆ。之を療すること猶昨の如し。

四月八日

○四月八日火曜。曇。
○午前九時三十分頃より出勤す。
○午前十一時頃金井四郎来り、東久邇宮妃殿下は明後十日の朝の汽車にて京都に赴かる。御用取扱は竹屋某〔志計子〕を借りて伴はれ、其外桑山某〔不詳〕（老女）及ひ自分（金井）か随行し、京都にては久邇宮別邸に宿せらるる予定なり。帰京は十二日なり。竹田宮妃殿下は、十日の夜汽車にて京都に行かるる由。東久邇宮妃か竹屋某を随行せしめらるることに付ても、竹田宮妃にて幾分の故障ありたるも、近距離のときのみ随行せしめ、京都行には随行せしめさるは宜しからさるに付、今朝随行せしむることに決することを願ひ、之を決したりと云ふ。
予、極めて秘密のことなるも、小原（駩吉）は近日中官を罷むることゝなり居れりと云ふ。金井、今朝宮附職員会議に出て居りたるか、大層元気宜しかりしか、本人は未た知らさるやと云ふ。予十分承知し居れりと云ふ。金井、小原は午後には東宮御所に行くと云ひ居りたり。小原か官を罷むることゝなりたるは、次官（関屋貞三郎）との軋轢の為ならん。次官（関屋）も罷むることになるやと云ふ。予、否。小原のみなりと云ふ。金井、山崎四男六か罷めたるは、小原と衝突の為なりやと云ふ。予、然らす。小原か他と喧嘩し居る様云ふも、決して喧嘩し居るに非すと云ふ。

予、眼科医井上誠夫の住所は、矢張震災後移転したる所なりやと云ふ。金井然りと云ふ。予非常に遠き所なるへしと云ふ。金井然りと云ふ。予、井上は彰常王殿下の眼病の診察には遠き所より来るやと云ふ。金井、此節は一ヶ月に一度か二度位にて、井上〔は〕表町の順天堂病院に毎日出勤し居れり。自分（金井）の娘〔不詳〕か馬鹿なることにて眼を傷け、只今毎日順天堂に通ひ居れり。娘は解き物を為し居り、鋏の尖にて眼を突き、黒球を傷けたるか、今少し強く突けは黒球か消ゆる所なりしとのことなり。

自分（金井）の姪の井上〔不詳〕と云ふ者か仏国に行くとき、池田亀雄に面会することを申聞け置き、池田に面会したるとき、姪より東京の地震に付ては何程か驚かれられたることならんと云ひたる処、池田は当地にも大変なることか出来たる故と云ひたるのみにて、其趣意明瞭ならす、井上も之を問糾すことを為さゝりし旨申来れりと云ふ。予、池田の話の趣意は分りたりやと云ふ。金井、分らす。自分（金井）より池田に書状を贈り、姪か面会したるとき、其地にても大変なることか起りたる云々と云はれたる趣の処、其趣意分らす、懸念し居れり。大変なることゝは何事なりや。通知せよと申遣はし見る積りなりと云ふ。予、池田の話の趣意は分らされとも、或は仏国にても昨年四月一日の出来事、即ち北白川宮の変死のことを指したるには非さるへきや。夫れにしては余り古るきことなるも、其外には何も大変なることはなき様なりと云ふ。
○午後零時後食堂にて国府種徳に、生々流転図に題する詩、春日有感の詩（劫後光陰云々）、及旧作（春到桜花始可人）の詩を告く。流転の詩に付（作喜憂）の可否を国府に謀る。国府可ならんと云ふ。然れとも、予は（説善憂）の方可ならんと思ふ。
○午後一時後牧野伸顕を其官房に訪ひ、先日稔彦王殿下に大臣（牧野）の意を伝へしむる為、巴里に遣はすへき人を考ふへき旨の談あり。其後種々考へ見たれとも、適当なる人を考へ出さす。先日は省外の人より選ふ必要あらんと云ひ置たれとも、省外にも適当なる人なし。依て職務の関係にて宗秩寮総裁（徳川頼倫）を第一とし、第二には小原駩吉、第三には金井四郎を考へたり。小原と金井ならは、十分に殿下に直言することは出来ると思ふ。小原は在官の儘にて宜しき積りにて考へ居りたるか、一昨日次官（関屋貞三郎）より聞きたる所にては、同人は本官を罷むることゝなり居る趣なり。然れは、外国に行くには尚更宜しからんと思ふ。又金井は勿論殿下か之を重視せらるる訳には行かさるへきも、殿下は相当に金井を信用し、洋行前、自分（殿下）か帰朝するまては宮邸を去るへからすと云ふ様なることを云はれ居る位にて、金井も顔を犯して直言することは出来る人なり。其外東久邇宮に幾分の関係ある人なるへく、吉凶の時等には宮邸に来り居る長崎省吾のことも考へたれとも、是は殿下に対して直言することの出来る人には非さるならんと云ふ。
牧野、長崎は直言の出来る人に非す。小原、金井は一の考なるへし。殿下かどこまても帰朝を肯んせられされは、結局最終の手段としては勅旨を奏請することまても為さゝるを得さるならんと云ふ。予、勅命にて帰朝を命せられ、夫れにて帰朝せらるれは都合宜しきも、多分臣籍降下等のことを申出さるへく、左すれは更に面倒なることゝなるへしと云ふ。牧野、時節柄人心悪化の際にて、右様のことありては尚更困ることなり。全体大使等か少しく取成し呉るれは都合宜しと思ふと云ふ。予、石井（菊次郎）抔は殿下に同情し居る様に聞きたることありと云ふ。

牧野、実は殿下か十分に彼地の人情、風俗等を研究せらるる為、少しにても永く滞在し度と考へらるることは無理なることゝは思はされとも、勅許を願ふ等の根本方針に不穏当なることありては困ると云ふ。予、他日の為には成るへく永く滞在せらるる方か宜しきに相違なし。閑院宮殿下抔か永く滞在せられたる為、今日にては一番有用の方となられ居る訳なり。稔彦王殿下も欧州の事情に通せられ居る為、此節の羅馬尼行抔は都合よく行きたる様なり。兎も角一度帰朝せられ、相当の手続を尽くして更に洋行せらるれは宜しきも、殿下は一たひ帰朝すれは、再遊は出来すと思ひ居らるるならん。巴里に人を遣はす話は、宗秩寮総裁は勿論承知し居ることゝ思ひ、予より此ことを話したる処、総裁は知らすと云へり。然れは、予より之を話したるは悪かりしやも計り難けれとも、之を承知せられ度と云ふ。牧野、其ことは固より総裁に秘する訳に非す。但、左程急くことに非さるを以て、未た之を話さゝりしに過きすと云ふ。
○午後二時頃徳川頼倫を其室に訪ふ。松平慶民、酒巻芳男正に在り。予差支なきやを問ふ。二人なしと云ひ、直に去る。徳川、実は只今相談に行かんと思ひ居りたる所なり。先刻、池田邦助来り、賀陽宮大妃殿下より自分（徳川）に面会し度に付、今日午後三時頃来り呉よと申来りたり。其用事は勿論、小原（駩吉）のことなるへし。自分（徳川）には大臣（牧野）、次官（関屋貞三郎）より、此のことに付何の話もなし。全体は賀陽宮に行く前に一応大臣、次官に打合せて行く方適当なるへきも、今日は何事も云はすして行かんかと考へ居る所なりと云ふ。予、其方か好都合なるへし。大臣、次官に打合はすれは、必す注文あるへし。然れは応答に困ることゝなるへし。故に何事も話を聞かすして行く方便宜ならんと云ふ。徳川、自分（徳川）の考にては、小原より大妃殿下に西園寺（八郎）を召さるることを申上け、西園寺より自分（徳川）を召さるる様に申上けたることとなる様なり。西園寺より自分（徳川）を召さるる様申上けたることは、先刻松平（慶民）より話を聞きたりと云ふ。

○午後二時後西園寺（八郎）来る。予、先日君（西園寺）に約し置たることは、其後の事情にて履行し難きことゝなりたる故、其旨を断はらんと思ひたるも、機会を得さりしか、既に小原（駩吉）より聞き呉れたるならんと云ふ。西園寺、聞きたり。自分（西園寺）は賀陽宮大妃殿下か面会し度と云はるるに付、参邸し、包ます事情を話し、自分（西園寺）等は小原の監督を継続すること必要なりと考へ、実は倉富より宮内大臣に其旨を説かしめ、大臣か承諾せさるときは、手続は甚た宜しからす、其ことは十分に承知し居るも、大体の結果か宜しきに付、手続の不当は之を忍ひ、大妃殿下より宮内大臣に小原の監督を継続することを望む旨を御申出ある様に致さんと思ひ居りたり。然るに、関屋より大臣の名代なりとて、小原の監督を止むることを申出したる以上は、倉富より其ことに付大臣に申出し難きことゝなり、倉富は之を見合せたる趣なり。此上は大妃殿下より大臣に其旨を伝ふることを御依頼相成り、大臣かそれにても承知せさるならは、最早致方なからんと思ふ旨を申上け置きたりと云ひ、西園寺は東宮職の近状（珍田捨巳、入江為守、奈良武次等か西園寺を嫌ひ居ること）、先日東宮殿下御学問のことを相談し、自分（西園寺）より改正意見を述へたる処、珍田か其方か宜しけれとも、当分之を改めすと云ひたる故、自分（西園寺）か現在の方法か悪しきことを知りなから之を改めさるは余り無責任に非すやと云ひたる処、珍田は大に怒り、自分（珍田）は十分責任を尽くし居れり。無責任とは何事なりや。少し語を慎みたらは宜しからんと云へり。珍田の云ひたることは、自分（西園寺）には今も諒解出来す。矢張り無責任と思ふ。要するに只今の如きことにては何事も出来す。当分何事も為さす、遊ひ居るより外致方なしと云ふ。

予、小原は決して使用し難き人に非す。議論はすれとも、職務の限界は守るに付、職権を以て之を抑すれは容易なることなり。然るに之を容るること出来さるは、結局狭量と云ふことになるへしと云ふ。西園寺、自己の職権内のことまて人に侵入せられ、平気にして居る所は度量か過大なる様〔に〕も思はると云ふ。其他尚ほ不平談を為して去る。予より西園寺に、予と徳川頼倫と談したる概略を告けたり。

西園寺は賀陽宮大妃の談なりとて、皇族の内情には面白からさること多し。武彦王より規子女王の書状を受取りたることを話されたることあり。是は大妃〔山階宮菊麿王妃常子〕より女王との結婚を促進することを望まれたるものなるに相違なし。規子女王の書状を届くることを梨本宮妃より依頼せられたることもあり。外国にては此の如きことあるや知らされとも、実に極端なることとなり。武彦王は規子女王か意ある様なりと自分（大妃）に云はるるに付、なぜ初より規子女王と婚せさりしやと云ひたるに、初めは意あることを知らさりしと云ひたり。実に驚きたることとなりと云はれたる故、外国にても此の如き不謹慎なることあれは、其書状は秘密に本人に返し、初は結婚の意ありたる人にても愛想をつかして結婚を止むる位のものなりと云ひ置きたりとの談をなせり。

○午後四時より退省す。

○午後五時後、応接室に散乱する書類を整理せんとし、纔に之に著手したる処、坂本辰之助〔久留米出身の著述家・歴史家、号は箕山〕来る。乃ち之に面す。坂本、有馬頼寧氏か三井、浮羽二郡より議員候補者となるることゝなりたる趣にて、其援助を依頼し来りたる旨を話し、予の意見を問ふ。予、予は全く之に関係せす。成ることならは候補者たることを止め度きも、夫れも出来さる故、傍観するより外致方なしと云ふ。坂本、久留米市よりは古林喜代太か当選し、三井、浮羽より野田（卯太郎）か当選すれは、久留米人は誰も当選せさることゝなり、残念に思ふと云ふ。予、予には左様なる考なしと云ふ。

坂本は鉄道省及内務省より嘱託を受け、鉄道省にては名所、古跡等を取調へて、鉄道案内の資料と為し、内務省にては人心悪化の予防の為、巡回講演を為し居ると云ふ。坂本か鉄道省の嘱託と為りたるは、大木遠吉か大臣たりしときなりし趣なり。

坂本と談し居るとき（午後七時後）、松永純一来る。予、坂本に秘密を要することありやと云ふ。坂本、なし。最早辞すへしと云ふて去る。乃ち松永を延く。松永、震災の状況、父母は震災後相次て病死したること、長男〔不詳〕は家屋の倒壊に因り右腕を傷け、五時間の長き、材木にて腕を圧せられ、腕か扁平となりたるも、幸に骨か折れさりし為、漸次回復し、今日にては兎も角字を書くこと出来る様になりたりとの談を為し、蟹の缶詰半打を贈り、先頃口頭及書状にて請ひ置たる予の写真及揮毫を更に請ふ旨を述へたり。八時頃辞し去る。松永か去りたる後、急に雨ふる。松永は途中に困りたるならん。

○今日午後、有馬秀雄今日久留米発の電信及本月六日久留米発の書状達し、有馬伯爵より頼寧氏に財産を分与せらるることは、頼寧氏をして議員選挙運動の資として散せらるる恐あるに付、出来るならは其時期を延はすことにし度旨を申来る。午後五時頃有馬泰明に電話し、其趣旨を伝へ、仁田原重行と協議すへき旨を告く。泰明之を諾す。

○左眼の焮衝未た全く去らす。之を療すること前日の如し。

○内子、疲労の為臥褥す。

○午後二時頃、予か徳川頼倫と談し居りたるとき、国府種徳来り窺ひ、入らすして去る。予、審査局に返りたる後、給仕をして国府を召はしむ。国府来りて国民会の性質を問ふ。予之を記せす、唯朝鮮に於ける新旧官吏の軋轢の事情を告く。

四月九日

○四月九日水曜。曇後晴。

○午前九時三十分より出勤し、枢密院控所に行き、十時後、議長、副議長及他の顧問官と共に摂政殿下に拝謁し、直に審査局に返る。

○午前十時後西野英男来り、今朝出勤の次、東京駅にて山下雅実を訪ひたる処、山下は十時後に上野駅に達し、然る後東京駅に出勤する予定なる趣に付、後刻更に行くことにすへき旨を告く。西野は予か器物を郷里に送るに付、其手続を協議する為、予か為に山下を訪ふたるなり。

○午後一時後より、青山操の内蔵寮の実況審査報告書に付審査官会議を開く。会議中（午後一時後）、小原駩吉来り窺ふ。予乃ち戸外に出て之に面す。小原、侍従長より両陛下の賜なりとて金三万円を交されたること、及御紋附銀花瓶一対を賜はりたることを報す（此記事は此の後の記事の後に在るへきものなり）。

午前十一時、予枢密院控所より審査局に返るとき、宗秩寮の廊下にて小原駩吉と高橋其三とに遇ふ。予、小原に既に辞令書を受けたりやと云ふ。小原、未たし。是より辞令を受くる為大臣官房に行く所なりと云ふ。

三十分間許の後小原来り、免官辞令を受けたり。辞令を受けたる後大臣（牧野伸顕）に対し、是まて我儘を云ひたり。使ひ悪かりしことならん。先日の大臣の口気に依れは、今後も自分（小原）の為に世話することを惜まさる趣なりしか、退官せさる前に之を依頼するも穏当ならすと思ひ、差控へたるか、尚ほ此上宜しく頼むと云ひたるに、大臣（牧野）は起立して、出来る丈けの世話を為すへしと云へり。

賀陽宮大妃は、一時は関屋（貞三郎）の談にて激昂せられたれとも、昨日面会したるときは余程落附き居られたり。大妃より、自分（小原）か同宮の世話をせさることゝなれは如何するやと云はるるに付、宮内省には宮の御力になるへき人なきには非す。倉富にせよ、西園寺（八郎）にせよ、御信頼なされて宜しきも、いつれも多用なる故、自分（小原）の如く度々参邸することは出来難し。此ことに付自分（小原）に御相談ありても、自分（小原）に自分のことを御話しする訳には行かすと云ひたるに、西園寺に逢ひ度とのことなりし故、夫れは容易なることなりとて、西園寺に其旨を伝へ、西園寺か参邸したる訳なり。其後の模様は態と之を問はす。今朝池田（邦助）の電話にては、長時間御話ありたりとのことなり。

今日の東京日々新聞に、自分（小原）か伊東（巳代治）に泣き附きてはね附けられたる旨を記載し居るか、先頃より度々伊東より来訪を促されたるも、往訪しては都合悪しきに付差控へ居り、一昨七日往訪したる処、伊東より帝室制度審議会の会議を始むるに付、勉強し呉よとの談あり。自分（小原）は免官せらるることゝなり、審議会の方も解職せらるるならんと思ふと云ひたるに、伊東は本官か暇になれは、尚都合宜しきに非すやと云ふに付、此ことは自分（小原）にて決すへきことに非す。又貴官（伊東）に対し辞退もせす、又留任の依頼もせす、只此際、自分の意見を一応申述へ置き度とて、従来の審議会の方針にては時勢に適せさる故、根本の方針を変更することを勧めたる処、伊東は一時は大分怒気を含み、時勢なりとて鹵簿抔を変更するは余程攻究を要する問題なり。虎ノ門事件（大正十二年十二月二十七日、狂漢、摂政殿下の自動車に発銃したる事件）抔も余り鹵簿を簡にする為、起りたるものには非さるへきやと云ひ居りたり。右の次第にて、決して自分（小原）か伊東に依頼したる事実に非すと云へり。小原か談し居るとき、高橋其三（帝室林野局次長）、杉琢磨（宮内大臣官房庶務課長）、大谷正男（宮内省勅任参事官）、入江貫一（内大臣秘書官長兼内蔵頭）等来りて、転任の挨拶を為せり。

○午後一時後、予か審査官会議を開き居りたるとき、徳川頼倫来り窺ふ。入らすして去る。午後三時頃高羲敬との談を終りたるを以て、徳川の室に行く。在らす。乃ち松平慶民、酒巻芳男と暫話して返る。

○午後一時後、審査官会議を開き居るとき、高羲敬来り窺ふ。予暫く待つへき旨を告く。午後二時後、会議を終りたる後、給仕をして高を召はしむ。高来り、世子、同妃は今夜前田（利為）の招に応し、晩餐に赴かるる筈なり。前田より求めたる世子、同妃の写真は、早速内匠寮より三善（焞彦）か届け呉れたるを以て、署名して前田に贈られたり。前田にては、世子、同妃か同家に行かるる前に写真を得度と云ひ、使をして之を求めしめたり。多分写真を飾り置く様のことならん。稲田（龍吉）は本月十二日に来診する約束なりしも、洋行前郷里（新潟か）に行く為、本月十五日に来診することに変更せり。世子か聯隊の人を饗応せらるることは本月二十日に決定せり。金応善は明日帰京する筈なりとの談を為せり。

○午後三時後徳川（頼倫）来り、昨日三時頃賀陽宮に行き、恒憲王、同妃、同大妃三殿下に謁したるか、恒憲王、同妃殿下は三十分間許にして去られ、大妃殿下は五時頃まて話され、小原（駩吉）か恒憲王を輔導したること、恒憲王も近来余程宜しくなりたるも、尚ほ油断ならさること、関屋（貞三郎）か宮内省には内務省辺より優秀なる人を採らんとするも来らす、況んや宮附職員には尚更適当なる人は得難しと云ひたる故、然らは到底自分（大妃）の満足する様の人は得られさるへしと云ひたること、関屋か推薦する国分三亥の如き人は好まさること、関屋は軽卒なる人なる様なること、宮内省より監督を推薦するならは、試験して幾度も取替へて宜しきやと云はれたること、宮内大臣か小原を継続することを承知せさるならは、自分（大妃の方にて小原に依頼するは差支なきやと云はれたること、徳川よりは、宮内省にて適当なりと信して附属せしめたる監督を幾度も取替へらるることは、宗秩寮総裁としては御同意致し兼ぬるこ〔と〕、宮限り内々にて小原に御依頼なさるることも、宮内省より附属せしむる監督との関係あるに付、是も総裁としては御同意致し兼ぬること、殿下か小原の監督を継続せしむる御望は委細承はりたり。大臣の考は勿論分らされとも、詳に御趣意は大臣に伝ふへき旨を述へ置、今朝大臣（牧野）に対し昨日の状況を述へたる処、大臣は小原をして賀陽宮の監督を継続せしむることを肯んせさる故、宮内省にて之を継続せしめさるも、宮にては之を依頼せらるへく、然れは、名義なき丈けに之を取締まることも出来す。殊に各皇族に於て宮内省か監督の人選にまて皇族を圧伏するものと思はるることもあるへく、却て不便ならんと云ひたるも、大臣は之を承知せす。小原の監督を継続せしむれは、宮附職員会議にも出席して種々の妨害を為すこともあるへく、此際は一切関係を絶つことにし度と云ひ、又貴官（予）より東久邇宮殿下のことに関し、小原と金井（四郎）とを推薦せられたることに付、大臣（牧野伸顕）より話あり。二人とも稔彦王殿下に対し忌憚なく直言すること出来る人なりとのことなりとは云ひたるも、左りとて小原を仏国に遣はすことを諾する模様には非す。此ことに付今日まて自分（徳川）に話さゝりしは、夫れ程急を要することても非さる故、未た話さゝりしなりとの談ありたりとのことを話して去りたり。

○午後一時後西野英男来り、東京駅に行き、山下雅実に面会して荷物運送のことを謀りたるに、鉄道にては国有鉄道のあるまての外取扱はさるも、鉄道に軌道課なるものあり。其方も交渉して、予め久留米駅長に照会し置き、其上にて荷物を発送すれは順序よく行くに付、都合宜しくは久留米駅長との交渉完了するまて待ち貰ひ度。荷物の荷札等は此方（駅）にて都合よく取計ふ故、何も附けすして持ち来ることにせられ度。多分汽車にて久留米駅に送り、久留米駅長より直に筑後軌道に移し、久留米の運送店の手を経す、樋口の(な)運送店に届くることゝなるならんとの話なりしに付、此荷物は左程急を要するものに非さる様なるに付、其取計ひを依頼する旨を述へ置きたりと云ふ。

○午後四時より退省す。

○午前八時頃有馬泰明に電話し、昨夜電話にて頼寧氏に対する財産分与を延はすことに付談したるか、電話不明瞭なりし故、更に電話す。有馬秀雄よりは分与を延はすことを希望する旨申来り居れとも、既に頼寧氏に分与のことを申込みたる後、俄に之を延はすことは穏当ならさるへし。余り無理なることを為しては宜しからさるに付、其点に付篤と仁田原（重行）と協議し、都合よく延はすことか出来くれは、之を延はすことにせられ度と云ふ。

有馬（泰明）承知の旨を答ふ。午後一時後に至り、泰明更に宮内省に電話し、財産分与のことは仁田原と協議せり。仁田原より電話すへしと云ひ、仁田原より、今に至り之を延はすは宜しからすと思ふに付、自分（仁田原）より有馬秀雄に延はし難き旨を通知することにすへしと云ふ。予、夫れにて宜しからんと云ひ、有馬秀雄の久留米に於ける宿所を問ふ。仁田原之を告けたるも、電話明瞭ならす。

○午後八時後野田卯太郎より電話にて、有馬頼寧氏か衆議院議員候補者と為ることに付ては、自分（野田）と頼寧氏と直接に交渉し、頼寧氏は護憲三派に同意したるに付、自分（野田）より其旨を佐々木（正蔵）其他三井、浮羽二郡の関係者に通知し、尚ほ林田（守隆）には、自分（野田）と頼寧氏と連名にて電信を発し置けり。右の事情に付、君（予）も其積りにて周旋し呉よと云ふ。予、電話の趣は承知したるか、予は頼寧氏の選挙事件に付、関係することは出来すと云ふ。
○左眼の焮衝未た全く癒へす。療法昨日の如し。

四月一〇日

○四月十日木曜。晴。
○午前八時前有馬泰明に電話し、昨夜野田卯太郎より電話したる事情を告け、之を仁田原重行に伝ふることを嘱し、更に八時頃に至り有馬伯爵邸に電話し、有馬秀雄の久留米に於ける住所を問ふ。邸人、日吉町博集館なる旨を告く。次て有馬（秀雄）、林田（守隆）宛連名の書状を作り、野田卯太郎より有馬頼寧氏に直接交渉し、頼寧氏か護憲三派に与することを諾せられたるに付、自分（野田）か三井、浮羽二郡を纏め、頼寧氏を選挙せしむることにすへき旨申来り。此上は何とも致方なし。成行を見るより外なかるへき旨を申遣はす。但し、書状は仍ほ篠山町有馬家別邸の有馬秀雄宛に発せり。
○午後一時後小原（駩吉）来り、皇后陛下に拝謁したる処、陛下より優渥なる御詞を賜ひ、御紋附手箱を賜はりたる旨を告く。会々白根松介来る。小原は間もなく去る。
　白根、是は真の一己の考にて成否は固より分らさるも、主馬寮の事務官鹿児島虎雄か内匠寮の高橋其三の後任となるへく、依て鹿児島の後任として鈴木重孝を充て、博物館の神谷初之助は先年来罷免の議ありたるも、当時の総長森（林太郎）、三宅（米吉）より、重宝なる人に付、勤続せしむるの希望あり、今日まて其儘となり居るか、現総長大島（義脩）は之を罷むることを望むに付、其後任に矢島正昭を充て、土岐政夫の参事官兼任は当初よりの内議なるに付、此際之を実行しては如何。又根岸栄助のことは陵墓監一人退官するも、是は諸陵寮にて是非とも採用せさるへからさる人なる趣にて、急に採用の見込なし。依て審査局にて一時審査官補と為し置き、一年許の後之を罷免することゝ為しては如何と云ふ。

　予、審査官を他に転任せしむることは異存なし。其後任は如何するやと云ふ。白根、一人は官房に試験合格者あり（氏名は予之を忘れたり〔浜田武〕）。是か宜しかるへく、他の一人は未た考へ居らすと云ふ。予、審査局に学士か居らさることゝなる様にはならさるやと云ふ。白根、然るかと考へ居りたるか、土岐一人は残ることゝなると云ふ。白根又伊夫伎（準一）のことも種々考へ見るも、勅任に進める途なし。勅任待遇となすより外に工夫なしと云ふ。

　予、根岸のことは夫れより外に工夫なからん。然し猶予の期の中に陵墓監の欠員生したらは、其方に向くることゝし度。且本人には期限附のことは予告せさる様にし、其期に至り之を告くる方宜しからんと云ふ。白根、本人には夫れにて宜しけれとも、大臣、次官には定員外に置くことゝなる故、其旨を告け置く必要ありと云ふ。予、審査官補一人を欠員と為し置くことは、現任の大臣、次官には約束したることに非すと云ふ。

○午後二時後、小原駩吉を内匠寮に訪ふ。在らす。三時後、復た訪ふ。小原、昨夜知人某来り、昨日の東京日々新聞に掲けたる記事の出所は承知し居るやと云ふに付、知らさる旨を答へたる処、某は伊藤（博邦）なりと云へり。先頃君（予）より、宮内省外の人より自分（小原）の性行に付質問せられたりとのことを聞きたるか、彼のときも伊藤（博邦）か二度までも清浦奎吾を訪ひ、自分（小原）か伊藤伝右衛門より柳原燁子との結婚に関し五万円を収受したることを談したる趣に付、清浦も之を疑ひて、君（予）に問ひたるものならん。此節大臣（牧野伸顕）より辞職を勧告したることを松平（慶民）より井上勝之助に告け、井上は直に電話にて伊藤（博邦）に、愈々小原か罷めらるることゝなり、万歳なりと云ひたる〔に〕、伊藤は真実なりやと云ひ、井上は松平より聞きたり、確実なりと云ひたるに、伊藤は踊躍したりとのことなりと云ふ。

予、全体伊藤は何故に君（小原）を嫌ふや。又井上か其仲間なることは実に意外なりと云ふ。小原、自分（小原）は先代公爵（博文）か戸田氏共に厚意を有し居りたる故、自分（小原）は勉めて伊藤を助けたる積りなり。何の為に自分（小原）を嫌ふや、解し難し。井上は関屋（貞三郎）か隣家に住し居り、種々自分（小原）を誹謗したる為、遂に其仲間に入りたるものならんと云ふ。

小原又今日皇后陛下に拝謁したる処、陛下より、爵位局の主事として来りたるが宮内省に奉職したる初なりと思ふか、何年になるやとの御尋なるに付、二十二年になる旨を奉答したる処、追々長く奉職したる人か去る様になるは心細しとの御詞あり。自分（小原）よりは、追々年を取り、体も思ふ通りに働けす。昨年の震災後の復旧は之を完了して、御暇を願ひ度と思ひ居りたるも、其事も遂けす、御暇を願ふ様になりたるは不本意なるも、後任者東久世（秀雄）は伎倆ある者に付、小原が勤続するよりも必す好成績を挙くへく、此点は小原も安心して去ることを得る次第に付、陛下にも御安心遊はされ度旨を言上したるに、陛下より更に賀陽宮のことに付御詞あり。此ことに付云々するは、云ふへからさることまて云はさるを得さることとなるへしと思ひ、何ことも云はすして止み、陛下より御紋附手箱の外に縮緬ならん、織物を賜はり、実に恐縮せり。

又閑院宮に行きたる処、殿下より御申附あり居りたるものと見へ、取次より待ち居るへき旨を告け、殿下御引見の上、本官を罷むることは已むを得すとするも、賀陽宮の世話は何故に止むるやとの御話あり。自分（小原）は、是は自分（小原）より願ひて止むる訳に非す。初め口頭にて大臣より御世話申上くる様に命せられ、此節は何の命もなき故、宗秩寮総裁（徳川頼倫）に問ひたる処、徳川も未た決せすと云ひ、如何致すへきや分り難き旨を申上けたる処、殿下は小原の世話にて恒憲王か善くなりたることは、自分（閑院宮殿下）等も認め居れり。官務か多忙なるに付、宮の世話を止むると云ふならは尤なれとも、間暇となるときに之を罷むるは何の為なりや。実に分らさることなりとの御話あり。自分（小原）は何とも申上様なく退きたり。

又東宮職に出入せさる様にすることは余程厳重に達したる趣なり。是は先日、自分（小原）東宮御所の奥より出て来る所を関屋（貞三郎）か見たるに付、余程ひどく感したるものならん。然るに東宮職の若手甘露寺（受長）及某（予か氏名を忘れたり）抔は、自分（小原）に不都合ありて免職したるならは兎も角、何の過失もなきに免官したる為、出入まて禁するは殿下の御教育にも関することなりとて、宮内大臣に厳談することゝなり居る趣なり（小原か珍田（捨巳）か憤慨し居る趣談したるか、珍田か宮内省にて小原の東宮職に出入することを禁したることを不当なりとして憤慨し居る趣意なるか、又は反対に小原か東宮御所に出入することを不当なりとして憤慨し居ると云ふ趣意なるか明かならす）。

西園寺（八郎）は只今は東宮職の事情険悪なるに付、自分（小原）より進みて東宮御所に来ることを差控へ、其内に東宮職より召さるる様にすへしと云ひ居れり。今日も東宮御所にて乗馬の御覧あれとも、右の次第に付、拝観に行くことを見合せたりとの談を為せり。

○午後五時前有馬頼寧氏より電話にて、面会し度旨を申来る。予、頼寧氏より来訪する趣意なりやと云ふ。邸人、頼寧氏より来訪する積りなりと云ふ。予、予より往訪すへしと云ふ。頼寧氏、来訪するならは、午後七時頃に来り呉よと云ふ。予之を諾す。六時四十分より人力車に乗り、頼寧氏を訪ふ。

頼寧氏、自分（頼寧氏）か三井、浮羽二郡より議員候補者と為ることに付野田（卯太郎）より君（予）に協議せよと云ひたる故、面会を求めたる次第なりと云ふ。予、其ことは聞きたるか、予としては此のことには関係し難し。先日も野田より話ありたれとも、之を諾せさりしなり。既に有馬伯爵にも予等か関係せさることを申上け置きたる故、之を変更する訳には行かすと云ふ。頼寧氏、野田か君（予）に相談せよと云ひたる趣意は、県地のことのみならす、橋場の方（有馬家）のことも罹り居るならんと云ふ。予、予は此のことに付ては今日にては止めもせす、勧めもせさるまてなり。林田（守隆）は何と云ひたりやと云ふ。頼寧氏、林田は一票は差上くへきも、其他に援助することは出来すと云へりと云ふ。

頼寧氏、自分（頼寧氏）か候補者と為るに付、久留米の別邸を事務所と為さんとしたるに本邸より有馬家としては無関係に付、事務所として使用することは之を許さゝる旨申来れり。自分（頼寧氏）か別邸を使用することを禁すると、父子間の疎隔を公表するものにて、有馬家の為に不利益に非すや。自分（頼寧氏）は他に家を借れは差支なきも、有馬家の為に宜しからすと思ふと云ふ。予、其のことは予は承知せす。右の如きことを公にするは好ましきことには非されとも、此節は伯爵には何の話もなく、勝手に候補となることを決せられたるに付、伯爵か関係なきことを表する為には、右の如きことも已むを得さることならんと思ふと云ふ。

予又朝融王の婚約解除問題は大変に面倒と為り、容易に解決すへき模様に非す。而し久邇宮にて此問題を起されたるには、誰か結婚を希望する人ありて、離間したる結果には非さるやとの疑を抱き居る人もある位に付、婚約解除を待ち、其方の婚約を図らんとすることは面白からさるへしと思ふ旨を説く。頼寧氏、此ことに付ては自分（頼寧氏）も迷ひ居れり。長女（静子）か軍人は好ますと云ふに付、成るへくは其希望を達せしめ度と思ひ居れり。前年、本人か亀井伯〔茲常、東宮侍従兼式部官、伯爵〕（亀井と云ひたる様なり。確かならす）の弟〔茲常には弟はいないので誤りか〕と葉山（是も確かならす）〔にて〕面会したることあり。其後、長女を貰ひ度旨申来りたるか、同人は弟にて有爵者と為らさる訳なり。其後、本人は母の実家某家を継くことゝなる談あり。其家には妻の実家なる島津家より養ひたる娘あるか、非常なる醜女にて、亀井の弟は之を妻とすることならは養子は行かすと云ひ、妻は何処〔より〕迎へても宜しと云ふことになり居り。弟の人物は相当なる人にて、其点には異存なきも、未た決し居らす。又壬生〔基義、予備役陸軍少将、伯爵〕（是も確かならす）の子〔基泰〕に貰ひ度との談ありたるも、是は軍人なる故、一応拒絶せり。然るに其後夫たるへき人に面会したることあるか、自分（頼寧氏）は其人に失望する程〔の〕ことはなかりしなり。静子さへ軍人にても宜しと云へは、此方にても宜しきが、一旦断はりたること故、談を戻すも変なものなり。要するに、妹の方か決せさる故、姉の方も其権衡に迷ひ居る次第なり。

妹（澄子）のことに付ては、先日北白川宮妃か沼津に伺候せられたるとき、皇后陛下より是は重大なる問題にて、自分（皇后陛下）一己の考にて決することには非されとも、澄子は万事宜しき様にあり。北白川宮の関係もあることに付、秩父宮の妃と為さんと思ひ居る旨の御話あり。北白川宮妃より其後、貞子に其旨の御話ありたる趣なり。皇后陛下の御思召と云ふことか此問題に付とれ程の効力あるへきものなるやと云ふ。

予、天皇陛下は御病中に付、皇后陛下の御思召は主たる要素なるへく、他に之に反対する様の人はなかるへし。但し、秩父宮殿下の御考は最も重要なることならんと思はると云ふ。予又先日仙石政敬より岡山の池田家より澄子孃を貰ひ度とのことに付、予より諾否を問ひ呉よとのことなりしか、其後仙石より、松田（正之）より澄子孃は既に他に約束あるに付、之に応し難しとのことなる旨を告けたる故、別段問合せ呉るるに及はすと云へり。依て其儘となせりと云ふ。頼寧氏、澄子のことに付ては、何か聞きたることあらは通知し呉よと云ふ。話すること十四、五分間許にして去る。

○午後二時頃大谷正男審査局に来り、宮内官吏の執務時間の規定を改正することは、先日も話したることとなるか、政府にては、今一応次官会議にて議したる上、閣議に掛けて之を発表し、五月一日より施行する積りなる趣なり。其案は十月より三月まては午前九時出勤、四時退出。四月より九月まては午前八時出勤、四時退出。但七月二十一日より八月三十一日まては正午退出。暑中休暇は之を与へす。一年間に二十日以内の休暇は各自の都合にて之を願ふことを得ることは、現制の通りとなすとのことなり。政府にて之を発表せさるならは、宮内省は之に拘はらす発表すへきも、政府か改正するならは、矢張り同時の方宜しからんとのことなり。然るに宮内省にては、七月十一日より九月十日までは旧規則の通り、正午退出と為す方宜しからんと思ふか如何と云ふ。予、其方か宜し。大臣か承知せさるならは、多人数にて説きても宜しからんと云ふ。
○午後四時より退省す。
○退省後、応接室の書類を整理す。未た終らす。
○左眼の焮衝未た全く癒へす。
○午前十時後給仕をして、国府種徳か出勤し居るや否を見せしむ。給仕未た出勤せさる旨を報す。十一時頃予、内蔵寮前の廊下にて国府に遇ふ。乃ち之を伴ひ審査局に返り、国民会発起人より予に贈りたる書状を示す。国府は本月十五日、京城にて国民会発会式を挙くるに付、北条時敬（宮中顧問官、貴族院議員・同和会、元学習院長）より京城に行き、演説を為すことを依頼せられ、其の為国民会の成立等を承知し度旨、一昨日予に語りたれとも、予か之を記臆せさる為、帰宅後発起人の書状を捜かし、今日之を示したるなり。

四月一一日

○四月十一日金曜。晴。
○昭憲皇太后十年祭に付、午前九時十分より馬車に乗り、賢所前の参集所に到り、十時後より幄舎に入り、摂政殿下及閑院宮外、数殿下の御拝あり。拝後直に家に帰る。玄関にて伊東巳代治より、本月十三日宮内大臣（牧野伸顕）と会談することゝなり居るに付、其上にて熟議することゝすへしと云ふ。多分、御歴代史実考査委員会のことに付談話すへしとのことならん。
参拝前休所にて、伊東は平沼騏一郎、有松英義等と談し居りたるか、先日宮内省に御歴代史実考査委員会を置きたるとき、宮内大臣（牧野伸顕）より其趣意を新聞に発表したるに、其中に南北朝の正閏問題の争ありたるとき、枢密院に御諮詢あらせられたる事実を談したることに付、枢密院は宮内大臣に対し、御諮詢は秘密に属し居ることなるに、其事実を新聞に洩したるは不都合なる旨を以て詰問し来り居れり。宮内大臣の公表したる趣意書は、自分（伊東）か草したるものなり。枢密院の議事は常に漏れ居るに拘はらす、単に御諮詢ありたることのみを発表したることを咎むるは、実に馬鹿らしきことなり。枢密院は常に此の如き愚かなることを為し居れり。自分（伊東）は、枢密院の照会に対しては、宮内大臣は対ふるに及はさる旨を告け置きたりと云ひ居れり。枢密院より宮内大臣に照会したることは、予之を聞き居らさりしか、枢密院より宮内大臣に照会したるならは、単に御諮詢ありたる事実を談したることを咎むるに非す、談話中に内閣総理大臣の奏議中には、御歴代のことに関し今後確証の出つるまては御代数を変更せさる方宜しかるへき旨を奏し居る内容を掲けありたるに付、其点を咎めたるには非さるやと思ふ。
○午後一時前より応接室に散乱せる書籍、書類を整理す。未た終はらす。
○午後二時頃、朝鮮清津刑務所長典獄補不動藤太郎来る。之と暫話す。不動、元山の刑務所囚人の作りたる風鎮一組を贈る。

○午後八時後野田卯太郎より電話にて、有馬頼寧氏か議員候補者と為るに付、自分（野田）は憲法擁護の趣意にて中立主義ならは宜しと思ひ、頼寧氏を推薦せしむることに協議したる処、三井、浮羽二郡の政友会員は之を承知せす、総代か上京して不服を唱へ居れり。是は自分（野田）の趣意を誤解したる所もあり、自分（野田）か帰県すれは諒解するならんと思へとも、自分（野田）は病気にて、脈の血圧は百九十もあるならんと云ふことにて、医師は成るへく早く病院に入ることを勧め居る位なり。右の次第に付、頼寧氏の名代となりて二郡の人を説得するに適当なる人はなきや。君（予）も尽力し呉よと云ふ。

予、予は此事件には関係し難し。予外、有馬伯爵家に関係し居る者はいつれも同様なり。差支なき者は松浦寛威、田中行尚位なるか、此二人か二郡人に対し信望ありとは思はれすと云ふ。野田、県地より来りたる人か往訪したらは、面会し呉よと云ふ。予面会することは差支なしと云ふ。野田、予が出勤時刻を問ふ。予、午前八時まては在宅し、午後は五時頃以後は在宅すへしと云ふ。

○左眼の焮衝未た全く癒へす。療法旧の如し。

四月一二日

○四月十二日土曜。晴。

○午前八時頃吉原正隆、山口恒太郎〔衆議院議員選挙立候補者・政友会〕来る。野田卯太郎か有馬頼寧氏か中立にて議員候補者たることを認め、三井、浮羽二郡の政友会員をして之に投票せしめんとしたる処、頼寧氏は初め佐々木正蔵一派か推薦したるものにて、政友会員か後より之に加はれは、佐々木一派に降りたる有様と為る為、政友会員は之を承知せす、怡土束〔九州電気酸素株式会社重役〕外一名上京し、野田に対し、二郡の政友会員の意向も問はすして頼寧氏と協議し、政友会員の面目は毀損せられたり。如何して呉るるやと詰問し、頼寧氏との協定を取消し、野田か候補者と為ることを要求し居れとも、上京したる総代等も野田か病気なる有様を見ては、初の如く強硬なる主張も出来す、只今の処、野田の顔も潰さす、二郡の政友会員の面目も損せす、選挙も穏かに済む様に致し度か、何か好き工夫はなきやと云ふ。予、此ことに関する予の希望は二郡の政友会員と同一にて、之を希望する原因は異なれとも目的は同一なり。然し、予は何事にも関係することは出来す、只成行を見るのみのことなりと云ふ。

吉原等、頼寧氏を初に推薦したるは佐々木正蔵一派なるに付、二郡の政友会員か後より之に加はるは最も不快に思ふ所なり。此際、佐々木一派の推薦を取消し、政友会、憲政会双方より同時に頼寧氏を推薦することゝなりたらは、或は二郡の政友会員を折合はすことか出来るならんと思ふ。然し、此ことは政友会の方より申出す訳には行かす。何か此ことを為す工夫なきやと云ふ。予、其ことを為すには、佐々木等に説くよりも、頼寧氏より佐々木一派の推薦を断り、然る後、政友、憲政両派より同時に推薦せしむることゝなすより外に途なからん。頼寧氏は此の如くせされは当選し難しと思はれ、必しも反対せさるへく、又佐々木等は、強情を張れは政友会員に取らるると思はゝ、是又強情を張ることはなからんと思はる。然し、此ことを予より頼寧氏に説くことは出来難し。昨夜、野田氏より此ことを取扱ふ適当なる人を問はれたるも、有馬伯爵家関係の者は此事に関係し難く、松浦寛威位より外になからんと云ひ置きたり。松浦より頼寧氏に説かしめ、佐々木一派の推薦を拒絶せしむることは、非常なる難事には非さるならんと云ふ。

吉原之と同時に政友会の方にも諒解を求め置く必要ありと云ふ。山口兎も角一応松浦に面会し見ることにすへしと云ふ。二人松浦の住所を問ふ。予之を告く。二人是より直に行き見るへく、其上にて更に相談することもあるへしと云ふて去る。

○午前九時三十分より馬車に乗り、出勤す。

○午後二時後頃西野英男に嘱し、明後十四日、智子女王（邦彦王殿下第二女）か大谷某に帰嫁せらるる為、賢所皇霊殿神殿に謁せらるるとき、内子も参列すへき筈の処、参列し難きに付、其旨を式部職に届けしむ。又明後十四日には、午前九時十分に馬車を予か家に遣はすことを主馬寮に通知せしむ。

○午後三時より退省す。

○退省後、応接室の書籍、書類を整理す。未た終はらす。

○午前十一時三十分頃神野忠武（元朝鮮総督府法務局監獄課事務官）来り、先日上京したる旨を告け、筍二、三本を贈り、予か在宅のとき更に来るへき旨を告け、内子と暫話して去りたる由なり。

○左眼の焮衝未た全く癒へす。療法旧に依る。

○昨今、桜花正に盛なり。東久邇宮邸より使をして、妃殿下の京都土産として酢食二巻、菓子八橋一箱、白豆煎一缶を送り来らしむ。

四月一三日

○四月十三日日曜。雨。

○午前、強五郎より嘱したる船越産業組合事務所に掲くる額、及船越小学校の講堂に掲くる額の字を作る。墨を磨する為、時を費やすこと多し。書成らす。

○午前八時頃池田十三郎より電話にて、往訪せんと欲する旨を告く。予差支なき旨を答へしむ。十時頃池田来り、先頃より大阪の某会社を引受け居るか、常に大阪に住するに非す。東京と大阪とを往来し居れり。貴族院議員に推薦せんとする者あり。水野錬太郎か尽力すへしとのことに付、水野に面会し、真に尽力する積りなりや、又は体裁丈けのことなりやを確めたる処、真に尽力すへしと云ひたる故、然らは他にも手段を講する必要あるへしと思ひ、君（予）より機会を以て清浦（奎吾）に話し置き呉るることを依頼し度。然し、現在の職務の関係上、之を話すことか都合悪しけれは、勿論之を強ゆる訳に非すと云ふ。

予、清浦に話すことは差支なし。但し、予か渡辺暢を推薦したるときの実験にては、閣員か熱心に主張せされは出来難しとのことに付、水野か熱心に主張することか最も必要なり。其上小松謙次郎か主張すれは、尚ほ行はれ易かるへしと云ふ。池田、小松にも話し置く積りなるも、主として水野に引受けしむる積りなりと云ふ。話すること十分間許。朝鮮併合の前の功労は、併合の際は之を没却したることの不平を述へ、自分（池田）等の功労は、逓信事務引受の際か主たるものにて、其ときは真に死生の際に往来して、力を尽くしたる訳なりと云ふ。略経歴書を予に交して去る。

○午前十一時後神野忠武来り、神経痛にて左右手の中指痛み、執筆出来す。此節は痛は去りたるも、執筆は出来難し。亀山虎太〔不詳〕とは京都にて屢々面会し、共に棋を囲みたることありたるか、近来は疎遠なり。自分（神野）は子多し。学資十分ならす。又徒然日を送るも難渋なり。宮内省関係にて下僚を監督する様の職務あらは、周旋し呉よと云ふ。予、宮内省にても減員の必要ある際なり。加之字を書くこと出来すしては、尚更就職出来難かるへき旨を告く。話すること三、四十分間許にして去る。

○午後一時頃より内子代々木に行き、直人の病を問ふ。四時頃帰り来る。直人の病余程宜しき趣なり。

○午前十一時頃金応善、使をして、朝鮮に行きたる土産として、小干魚一箱及清津の海丹一瓶を送らしむ。此記事は十一日の処に書くへきものなり。

○午後二時頃宋秉畯電話にて、往訪せんと欲する旨を告く。予差支なき旨を答へしむ。三時前宋来り、李堈公より書状達し、東宮御婚儀の祝宴のとき、上京し度。此ことに付君（予）に相談すへき旨申来れりと云ふ。予、公か上京を望まるるならは、其旨を朝鮮総督に告けられたらは、総督は之を阻止することはなからん。上京せられ居れは、宮内省より招状を出すことは勿論ならん。上京せられさるに、招状を京城に送ることは為さゝるならん。招状を京城に送ることゝすれは、公のみならす、李王にも送らさるへからさることとなる。然れは王も御困りならんと云ふ。宋之を然りとす。

宋、三浦梧楼は、犬養毅か加藤高明を嫌ひ、高橋是清と提携し、加藤を疎外せんとする傾あるを怒り居ること、西園寺（公望）は東宮御婚儀にも虎ノ門事件にも上京せす、不臣なること、政友会員に面会すれは三派連合を称し、政友本党員に逢へは本党を称し、何等の定見もなく、元老の資格なしと云ひ居ること、戸水寛人か来訪し、李容翊〔大韓帝国の政治家、故人、なお正しくは、訴訟をおこしたのは李容翊の孫李鐘浩〕より李王、第一銀行、朝鮮総督に対する民事訴訟の事実を問ひたること、篠田治策か閔某に李王職にて保管し居りたる財産を渡し、閔は上海に脱走したる由。是は篠田の大なる責任なること等の談を為し、話すること一時間許にして去れり。宋か去りたるは、内子か帰りたる数分間前なりしなり。

○午後も額字を作りたれとも、紙の長不足なるに付、内子か代々木に行くとき、長き紙を買ひ来ることを話し置き、内子帰途之を買ひ来れり。

○左眼の焮衝殆んと癒ゆ。然れとも尚治療す。

四月一四日

○四月十四日月曜。曇後晴。

○午前九時十分より馬車に乗り、賢所前の参集所に行き、十時頃より智子女王の三殿に謁する儀に列す。此日参列する者は宮内省勅任官全部なるも、実際来りたる者は七、八人許に過きす。井上勝之助は式部長官として幄舎に就きたる為、参列者としては予か第一位なりしなり。十時頃より幄舎に入り、又女王の拝礼ありたる後、邦彦王、守正王、同妃三殿下の拝礼に次き、予か殿に拝礼し、直に家に帰る。拝礼前休所にて小原駩吉より、本月十二日沼津に赴き、天皇殿下に拝謁したるに、近三年間に曾て拝せさる程、御容体宜し。自分（小原）より奏したることは能く御了解遊はされたる様に拝せられ、侍従長に指図して置物を賜はりたる旨の談を為せり。拝礼後、休所に返る途中及休所にて、牧野伸顕か賀陽宮大妃に謁し、二時三十分間許掛りて、自分（小原）をして賀陽宮の事に関係せしめさる様にし度旨を申上け、大妃より内端にて小原を使役することは差支なきやと問はれれは、夫れは少しも差支なき旨を申上けたる由。大妃は西園寺（八郎）、徳川（頼倫）を召ひ、牧野より申出てたる事を話し置くへき旨、御話しあり居りたりとのことを談す。

○午後、昨日書したる額字の外、大筆を用ゐ、昨日内子か買ひ来りたる広き紙に二字宛を書し、書損したること数回、日昏頃始めて成れり。

○尚ほ左眼を療す。

○午前八時頃有馬泰明に電話し、有馬頼寧氏議員候補者と為ることに付、野田卯太郎か頼寧氏を推挙し、自己は三井、浮羽二郡より候補者と為らさることに付、二郡の政友会員か会員の面目を損するものと為し、総代をして上京せしめ、野田を詰問し、野田より其取成を予に依頼したるも、予之を拒絶し、十二日朝には吉原正隆外一人来訪し相談したるも、同しく之を拒絶し置きたり。育英部の貸費生倉富久の学業成績書を送ること尚ほ延引し居る旨を告く。有馬、今日午後往訪せんと欲す。何処に往くか宜しきやと云ふ。予今日午後は大概自宅に在るへしと云ふ。

〔未完〕

大正一三年日記第四冊

〔表紙に付記〕

四

大正十三年四月十四日の続より四月三十日までの日記

五月二十日より同月二十八日までの日記

五月一日より同月十九日までの日記は宮内省にて作りたる黒表紙の大正十三年分の手帳に在り　手帳より此の日記に写し取るへき筈なり〔手帳に記された五月一日より一九日までの日記は、編者によって第四冊の途中に挿入した〕

京城大学令の審査委員会四月十九日（十五葉裏）同上のことに関する考四月二十三日（二十六葉表）（二十八葉裏）四月二十五日（三十葉裏）

御紋章附の器具其他の物を郷里に送る手続きを為したるは四月二十八日（三十七葉表）四月二十一日　四月二十六日の日記欄外に朱圏を附けたる所参看

日記第三巻三月三十一日　四月三日　四月六日　四月

九日二ヶ所参看

〔日記に挟み込まれたメモ〕

大正十三年四月二十三日午前十時より枢密院議場にて、外務大臣（松井）より二十七年の条約第二条の但書を削除すること（明治四十四年の改正のとき）。

四月十日にヒユースより埴原との往復書翰を上院に送る。

二十五日に協議会を開く予定。

同日伊東顧問官より質問。

第一　民間有志の渡米を止めたる理由。

第二　グレーブコンセクェンスの不当なること。第二の弁明も最も不当なること。

右は訓令に依りたるものなるや否を問はんと欲したるか、外務大臣の説明に依れは、大使の専断なりとのことなりし様なるか、果して然るや否。

第三　総理大臣の宣言に国家の体面上に関すと云ひたるの趣意。

ノミナルプリベレージ〔nominal privilege〕。

四月一四日（続）

大正十三年四月十四日の続

午後二時頃有馬泰明来る。予、有馬頼寧氏か三井、浮羽二郡より議員候補者と為ることに付、二郡の政友会員か野田卯太郎の処置を不当とし、総代を上京せしめ、野田を詰問したる事情、吉原正隆、山口恒太郎か来訪して頼談し、予か之に答へたる状況等を詳述す。

有馬、伯爵より頼寧氏に分与せらるへき百万円の中、是まて既に頼寧氏の名義と為り居る株券の時価二十六万円許あり。之にて五分利公債時価百円に付八十六円十五銭のものを購入すれは三十万五千四百円と為るに付、其趣意にて頼寧氏に協議したる処、異議なきに付、其割合にて株券を引渡す積りなりとて議案を示す。予之に捺印す。有馬、今日境（豊吉）の印を取ることを得るならは、其上にて今日直に株券を頼寧氏に引渡す積りなりと云ひ、電話にて境か家に在るや否を問ふ。境家に在らす。有馬、明日にても境の印を取り、其上にて引渡すことにすへしと云ふ。有馬又久留米水天宮神苑会に関する寄附金の予算に捺印を求む。予、育英部貸費生久の第五高等学校に於ける学業成績証明書を有馬に交し、之を育英部に出すことを嘱す。

○午後七時前大谷正男より電話にて、明日午前十時より執務時間のことに付協議し度に付、次官（関屋貞三郎）の室に来り呉よと云ふ。予之を諾す。

○午前十時前賢所前参集所にて武井守成より、東宮殿下御婚儀御饗宴に召さるへき人及日時は先日の協議会にて決し居るか、其中大使公使館員は第一日に召されす、立食に召さるることになり居りたるも、大礼服を著けて立食に召さるることは之を喜はさる模様に付、第一日の晩餐終りたる後、館員（百五十人許）を召し拝謁したる後、茶菓を賜ふことに変更せられたり。承知を請ふと云ふ。

四月一五日

○四月十五日火曜。晴暖。

○午前九時三十分より出勤す。是より先き、金井四郎来りて予を問ひたる趣に付、給仕をして宗秩寮に行き、金井を召はしむ。金井来り、在巴里稔彦王殿下の附武官蒲穆よりの電信を示す。其電信は大正十三年度殿下の滞在費の残額を送る手続を為せ、送金手続は此方（蒲）に打合せよとの趣意なり。金井、此ことに付宗秩寮の都合を問ひたる処、今直に送金することは都合悪し。然れとも、逆為替なれは仏国よりの請求達し、此処にて金を払ふまてには約一ヶ月位の猶予あるに付、逆為替にて五万円位を送ることならは、差支なしとのことなり。依て此返電案を草したりとて、之を示す。

予、送金手続は殿下の指揮を請ふへき旨は、予て巴里より申来り居り、此節も蒲より其旨を申来り居り。此方より直に逆為替にて送金する旨を申遣はしたらは、又殿下の感情を害するならん。其点を少しく修正する必要あるへしとて、電文案の冒頭を（差向五万円ノ逆為替ナラハ差支ナシ）と修正せり。返電案の下文には、（東久邇宮ノ御用取扱トシテ古谷重綱ノ妻ヲ雇ヒ度。同人ハ曾テ山階宮ノ御用取扱タリシコトアリ。極メテ温循ナル性質ニテ評判宜シ。殿下ノ御意ヲ伺へ）との趣意なり。予、金井に妃殿下より京都土産を贈られたることに付謝を述ふ。金井、妃殿下は倉富は酒を飲むに付、酢食か宜しからんとて之を贈られたりと云ふ。

予金井に、先日一寸話したる、稔彦王殿下を迎ふる為人を仏国に遣はす内儀あることは、今暫く誰にも告くへからざる旨を語り、先日牧野（伸顕）に其人選は小原駩吉か適任なるへき旨を告け、牧野も適任なることは之を認めたれとも、勿論小原を遣はすことはなしと云ふ。金井、小原免官後東久邇宮に来りたるに付、小原の退官は、君（予）か惜み居りたる旨を話したる処、小原は君（予）の平素厚意は実に感謝し居ると云ひ居りたり。自分（金井）より、倉富君は君（小原）は今一度欧洲に行きたらは宜しからんと云ひ居りたりと云ひたる処、小原は今少し年か若かければ、自分（小原）も行きて見度と思へとも、最早此年にては男気なしと云ひ居りたり。

予、妃殿下は小原に引見せられたりやと云ふ。金井、妃殿下は丁度吸入を為し居られたる故、引見せられさりしなり。妃殿下は時々咳嗽あるに付、鈴木某をして診察せしめ、吉本某は是まて一度も妃殿下の無事なるとき診察したることなきに付、先日診察せしめたる処、吉本は少しも悪しき所なし。服薬なさる必要なし。咽喉鼻のカタル丈の吸入をなさるれは夫れにて宜しと云ひたりと云ふ。

予、今日の宮附職員会議にては議題ありやと云ふ。金井、五味均平に対する取扱を議するならん。五味は宗秩寮に居りたることあり。五味は、先日自分（金井）か見舞ひたるとき、言語を発することは出来さるも面会し度と云ふに付、面会せり。其妻〔キヨ〕より京都にて産する品（物名は予之を忘れたり）を病人に食せし見度と云ひたる故、之を買ひ来り、見舞として遣はしたる処、其日は最早水の外何も通せさる旨、妻より申来りたり。五味、諏訪の者にて、上京後小川平吉方に草鞋を脱きたるものにて、自分（金井）も五味か宗秩寮に入る前より懇意に致し居りたりと云ふ。

○午前十時より関屋貞三郎の室にて、関屋、入江貫一、大谷正男、白根松介、杉琢磨、渡部信と宮内省職員執務時間改正の件を議す。此ことは先日大谷より予の意見を問ひ、十一月一日より翌年三月まては午前九時出勤、午後四時退出、四月一日より十月三十一日まては午前八時出勤、午後四時退出、但日曜は休暇、土曜は正午退出、七月十一日より九月十日まては正午退出のことにし度と云ひ、予も之に同意し、既に其通りの案を作り、牧野（伸顕）も之を承認したるも、政府にては七月十一日より同月二十日まて、九月一日より同月十日まては正午退出は為さす、矢張り午後四時退省と為す模様にて、宮内省のみ早く退出せしむるは面白からすと云ひ、其の為更に今日の会議を開きたりとのことなり。

予、時間の長き方事務の進行宜しき訳ならは、政府にても特に現行の執務時間を改むる必要なし。然るに之を改めんとするは、事務の進行は必しも時間の長短に拘はらすとの考へより出てたるものなるへし。然れは若干時間政府より短しとて之に拘はる必要なかるへき旨を説き、一人も関屋の意見に同意するものなし。然れとも関屋尚ほ之を肯んせす。入江より、結局の感〔ママ〕しの問題にて、実際の影響はなき様に思はる。此上は今一応次官（関屋）の懸念の次第を大臣（牧野）に説きて、其決する所に依ることに為すか宜しからんと云ひ、之に決して散会す。

○午後二時頃高羲敬来り、伊藤博邦の養母梅子今日午前六時頃死去したる旨、小山善より自分（高）に内報せり。如何なる取扱を為したらは宜しかるへきやと云ふ。予、世子は弔問の為か又は葬儀のときか、一度は親から往かるる必要あるへし。供物等のことは左程急く必要はなからん。内報とは云へ、死去のことを知りたる以上は、兎も角名義は見舞にせ〔よ〕弔問にせよ、誰か早速遣はさるる方宜しからんと云ふ。高然らは厳（柱日）ても遣はすことにすへしと云ふ。

○午前十時頃西野英男より紙に包みたるもの二個を交し、是は昨日金応善か来り、貴官（予）に渡さんとしたるも、貴官（予）不在なりし為、自分（西野）に托して去りたるなりと云ふ。之を披き見たるに、一は銀杯二個にして、一は金側の磁針なり。李王の望六誕辰（五十一歳の誕辰）に付、京城にて祝宴を開き、金は世子の使として京城に行き、王より金に託して予に贈られたるなり。予、西野に嘱し、李王職長官閔泳綺に書を贈らしめ、王に対する謝意を伝ふることを嘱す。

○午後四時より退省す。

○尚ほ左眼を療す。

○午前十時後より執務時間のことを議したる後、大谷正男より、李王を相手取りて民事訴訟を起したる者あり。裁判管轄に付裁判所より宮内省の意見を問ひ来れり。其趣意は、王族は皇族と同様東京控訴院にて管轄すへきものなりや否と云ふことなり。如何と云ふ。予、此ことに付ては予は困る立場に在りとて、王公家軌範案の成立の関係等を説き、予の意見は王族は普通の裁判管轄に依るへきことを疑はす。然れとも、裁判所は自ら管轄なきや否を審判する職権を有し居るに付、職権にて決すれは、夫れにて宜しきに非すやと云ふ。一同異議なし。但入江は、宮内省は王族は皇族同様にする希望は有し居るも云々と云ひたらは宜しからんと云ひ居りたり。

四月一六日

○四月十六日水曜。初曇後微雨、午後より夜に入り大に雨ふる。

○午前九時三十分より馬車に乗り、伊藤梅子の家に到り、其死を弔し、玉串料十円を贈る。識面なき婦人（三十歳前後）予に応接し、博邦等は皆博邦の家に行き居ると云ふ。夫人は末松春彦の妻（志賀子）ならんか。直に宮内省に出勤す。梅子の家の玄関にて安楽兼道（貴族院議員・交友倶楽部、元警視総監）に遇ふ。黙礼したるのみにて別る。

○午前十時後西野英男に嘱し、午後一時に五味均平の葬に吉祥寺に会する為、自動車を借ることを謀らしむ。西野、午後零時十五分頃宮内省玄関に自動車を備ふることにすへしとのことなる旨を報す。

○午前十一時頃高羲敬来り、李堈公より伊藤梅子の死去に付、賻二百円を贈り、其他適当に取計ふことを嘱し来り。又李王職長官（閔泳綺）より万事適当に取計ふへきことを嘱し来れり。如何したらは宜しかるへきやと云ふ。予、此度李王の外、世子よりも賻を贈らるる必要あるへし。賻の額を定むるには、皇室の振合を問ひ合はす必要ありと云ふ。高、宗秩寮に行き問ひ来るへしと云ふて去る。既にして高来り、酒巻（芳男）に問ひたれとも、酒巻も未た之を聞かす、官房に行き問ひ来るへしと云ふて行きたりと云ふ。間もなく酒巻来り、宮内省よりは賻金五百円なる由。此外に必す奥よりの賜あるならんと云ふ。予、李堈公の二百円は之を増減する訳に行かす。然れは、李王は三百円か相当ならん。世子も矢張り三百円は贈らるるか適当ならん。高、李鍝公は如何と云ふ。酒巻、一万疋（二十五円）位にて宜しからんと云ふ。予、李熹公、李埈公等の伊藤公（博文）との関係は如何なりしやと云ふ。高、可なり関係ありたりと云ふ。予、然らは李堈公か二百円ならは、李鍝公も百円は必要ならん。其外に榊一対宛と、李王及世子にて鏡餅一重を贈られ、世子は告別式のとき往かるるか宜しからんと云ふ。高、世子妃は如何と云ふ。予往かるれは尚ほ宜しからんと云ふ。高然らは其趣意を以て世子に話すへしと云ふ。

○午後零時頃より審査局にて食事を為し、十五分頃より伊夫伎準一と共に自動車に乗り駒込吉祥寺に赴き、五味均平の葬に会す。吉祥寺にて岡野敬次郎、仙石政敬、山口鋭之助、馬場鍈一、栗原広太、金井四郎、上野季三郎、美濃部達吉、三善焞彦等に遇ふ。予、吉祥寺の門前にて栗原に遇ひ、之と共に歩して寺に到るとき、御歴代史実考査委員会は何日頃開会すへき模様なりやと云ふ。栗原、宮内大臣（牧野伸顕）か本月二十一日に沼津より帰る趣に付、其上にて大臣（牧野）も出席して、第一回を開くことになるへき模様なりと云ふ。

○午前十一時後、官房前の廊下にて白根松介に遇ふ。白根、宮内職員執務時間のことは大臣に問ひたる処、宮内省には高等官の当直あり。宮内省には祭祀多し。宮内省には〔原文空白〕あり（此ことは予之を忘れたり）。此の三個の理由あるに付、政府より若干勤務時間短きことになるも差支なからん。結局原案の通り決定して宜しかるへき旨の返答ありたりと云ふ。

○午後二時後二上兵治より電話にて、是より往訪せんと欲す。差支なきやと云ふ。予差支なき旨を答へしむ。少時の後二上来る。二上、枢密院にて先日より衆議院議員選挙法改正案に付委員会を開かれ居る処、委員中に、本案に対する貴官（予）の意見を問ひ度に付、出席せらるる様にし度との請求を為したる委員ありたるか、委員外の人を出席せしめて其意見を聞きたる先例なく、出席したる人は如何なる資格と為すへきやに付相当激烈なる議論あり。結局、自分（二上）をして貴官（予）の意見を問はしむることになりたり。依て意見を聴き度と云ふ。予、此ことに付述ふる前に、予は枢密顧問官の職務に付一言し度ことあり。近来顧問官か瑣末なる点に付議論を為し、恰も法制局の如き行動を為すは、枢密院の本質に適せす、枢密顧問は須く高処大処に著眼すへきものなりとの説を聞くこと少なからす。然れとも、予の考にては、罰則の定ある勅令案を特に枢密院に諮詢せらるるは、予は罰則の規定は人の身体財産に対し制裁を科するものにて、其規定か重要なるは勿論、行政関係の規定ならは、監督長官の意見に因り其施行を調和することを得れとも、罰則の適用は裁判官の専決に委ね、之を制〔掣〕肘することを得さるものなる故、特に之を諮詢せらるる訳ならん。然して罰則の規定は、精密に之を調査するに非されは適当を期し難し。此ことに付ては、高処大処に止むへき方法なし。故に、予は罰則に付ては顧問官は法制局の如きことを為すも決して差支なく、啻に差支なきのみならす、是非之を為さゝるへからさるものと思ひ居れり。予の考は誤り居るへきやと云ふ。

二上、反対の意見を懐き居る人もあるへけれとも、自分（二上）としては全然賛成なりと云ふ。予、選挙法改正に関する要綱は只今所持せす。又要綱に基き編成したる改正法律案は之を見たることなし。故に之に関する意見を述ふることは困難なり。全体は予は審議会の決議に賛成せさる所ありとしても、審議会として決議したるものに反対するは不徳義の様にも思はるるか、予は如何なる資格にて意見を述ふる訳なりやと云ふ。二上、全く自分（二上）か之を聞く訳なりと云ふ。予然らは君（二上）の顧問なりやと云ふ。二上、審議会委員の資格に非さるに付、反対の意見を述へられても徳義に反することはなからん。法案中に、会社等か自己の利益を図らしむる為、議員候補者に金銭を供与することを罰する規定あり。此目的は結構なれとも、適用は余程困難ならんと思ふか如何と云ふ。予、実際時としては其弊あるに相違なし。然れとも、自己の利益を図ると云ふことは中々証明し難かるへし。例へは或る政党の主義に賛成し、之を助くる為金を寄附したる者あるも、一概に之を罰することは出来難からん故、此規定は実行上困難ならんと思ふと云ふ。二上、此規定に付委員中より政府か政府に賛成する政党を助くる為、供与したる場合は罪と為るや否との問を出したる処、政府は此の如き場合には絶対に罰とならすと答弁したれとも、其後又少しく惑ひ居る模様なり。

又改正案にては公訴の時効を三年に延長せり。現行法の六月ならは特例を設けたるものと云ふことを得れとも、三年と為しては刑事訴訟法の時効と大概同様にて、特に規定を設くる必要なき様なりと云ふ。予然るへしと云ふ。予、候補者の名誉を害することを為したる者を罰する規定あるならんと云ふ。二上ありと云ふ。予、此の規定は予は初めより反対なり。言論にて選挙を争ふ場合に、反対者の政見を非難して、非難せられたる人の名誉を害するは勿論なり。殊に此の如き規定あれは、告訴告発を濫起するの弊を生する恐あり。事実無根のことを以て名誉を害するとでも云へは、幾分制限もあれとも、其制限もなき故、困るならんと思ふと云ふ。二上、其規定は委員中大概疑を懐き居れり。規定には事実の有無を問はすとあり。是は是非とも削らさるを得さるへしと云ふ。

二上又選挙運動員の制限、選挙事務所の制限に関する意見は如何と云ふ。予、是は必要にして、又実行も出来るならんと思ふ。運動員となれは弁当の供与を受けても罪とならすと云ふより、選挙有権者全部を運動員と為したる事例あり。又事務所借貸の名義にて、何某選挙事務所の看板を立つる丈けにて多額の金銭を支払ふ事実あり。此の如きことを取締るは必要なるへしと云ふ。二上、運動員の数を制限することゝ為したるも、罰則に改正を加へさりし結果、司法当局は運動員に非さるも弁当の供与を受くることは罪と為らすと云ひ、内務省の当局は運動員の外、弁当の供与を受くる者は之を罰する趣意なりと云ひ、趣意より云へは内務省の説の通りなるへきも、法文より看れは司法省の説か正しきなり。故に運動員と運動員に非すして運動を為す人とある様の形なり。又候補者も届け出を為したる者と、候補者と為らんとするものとある形なりて、実に曖昧なりと云ふ。予、運動員を制限する以上は、運動員に非さる運動者を認むれは無意味なりと云ふ。

二上は会社か金銭を供与する法文のことを談するとき（専ラ自己ノ利益ヲ図ラシムル目的ヲ以テ、候補者ニ金銭ヲ供与シ云々）とあり。（専ラ）なる字は、自己の利益に係るか、又は目的に係るか不明瞭にて、政府の答弁も要領を得すと云ひ居りたり。二上、大体の意見は分りたり。委員多数の意見と異なる所なき様なり。自分（二上）は貴官（予）は疾く法案を見られたることならんと思ひ居りたり。尚法案を見られたる上にて意見を問ふこともあるへしと云ふて去る。話すること十四、五分間許。

○午後四時より退省す。

○吉祥寺より宮内省に返るときは、伊夫伎準一の外、三善焞彦も自動車に同乗し、午後二時二十五分頃宮内省に達したり。

○尚ほ左眼を療す。左眼の白球の一部に筋の腫起したる所あり。少しく工合悪し。

○今日より審査局に、電気にて廻転する時辰器〔儀〕を備ふ。

四月一七日

○四月十七日木曜。半晴。
○午前九時三十分より出勤す。
○午前十一時頃白根松介来り、先日話したる鈴木重孝、矢島正昭を転任せしむることに付、次官（関屋貞三郎）に談したる処、別に異議なく、是より寮頭に協議し、異議なけれは大臣（牧野伸顕）に話して決することに致し度。其事になれは本月末頃までに発表することにし度。鈴木は図書寮の事務官とし、矢島は博物館の事務官となすことにし度と云ふ。予、二人とも実況審査の為旅行し居るか如何と云ふ。白根、実況審査を切上けて、帰京せしむることは出来さるやと云ふ。予、此ことは未定なれとも、伊夫伎準一には話して差支なからんと云ひ、伊夫伎を召ひ三人にて協議す。鈴木の実況審査は工事の審査（名古屋の帝室林野局支局管内）なるに付、調所を減することは差支なく、四月末頃までには大概結了することを得るならんと云ふ。
　予、二人を出して、補欠は如何するやと云ふ。白根、一人は文書係に居る浜田武〔宮内省官房文書課属官〕（外国語学校卒業者にして文官高等試験に合格したる者）を採用すへく、一人は根岸栄助を採用しては如何と云ふ。予、根岸を審査官補となすことは異議なし。然らされは、判任官を昇級せしむることを得す。然れとも、根岸を審査官補と為したるのみにて審査局の定員を充たしたるものと為すことは同意し難し。他に今一人適当なる人を採用する必要ありと云ふ。白根、然らは根岸は期限附に非す、永く在官せしむる積りなりやと云ふ。予、否。一年間位在官せしめ、其中に転官（陵墓監に）することを得れは其方に転せしめ、其機会なけれは、予より辞職を勧告することゝすへしと云ふ。白根、全体に人を減せんとする際なる故、現在より一人を増すことは行はれ難からん。故に根岸を一年間許在官せしめ、其退官後に今一人採用しては如何と云ふ。予、夫れは承諾し難し。根岸にて辛抱出来る位ならは、是まて議論し居る必要なしと云ふ。

　白根、然らは一層、先頃林野局より陵墓監に転任したる河村亮〔諸陵寮月輪部陵墓監〕を審査官補と為し、其後任として根岸を転せしめては如何と云ふ。予、予は河村を知らす。兎に角非常に評判悪しき人なるか、如何なる欠点ある人なりやと云ふ。白根、早く云へは功能は自分（河村）に収め、威張たかる様の癖あり。打明けて云へは、河村は元浅田恵一か推薦したる者なる処、先年本田（幸介）か北海道を視察したるとき浅田か同伴したるに、浅田か本田の意に合はさること多く、浅田を排斥することゝなり、其の為浅田か推薦したる河村まて気に入らさることゝなりたるものにて、大なる欠点ありとは思はれすと云ふ。予技能は如何と云ふ。白根、伊夫伎、技能は可なりにあるへし。矢島より劣る様のことはなからんと云ふ。予、然らは河村を採りて宜しからん。左すれは川口知雄を採りても宜しかりしことゝなる様なる訳なりと云ふ。伊夫伎、其ことに付ては是まて明言せさりしも、川口は青山操と非常に仲悪しと云ふ。予、予も其ことは知らさるに非すと云ふ。予、仮りに其通りにするものとすれは、根岸か木曾、北海道に出張することゝなり居るは如何するやと云ふ。伊夫伎、根岸は成るへくは五月に入りたる後出発し度と云ひ居るに付、其中に模様分るならんと云ふ。白根、其方針にて各方面に交渉し見ることにすへしと云ふて去る。

白根か去りたる後、鈴木は主馬寮に入ることは出来さるへきや。図書寮ならは転任を好まさる様の談を為し居りたることありと云ふ。予、夫れは岩波武信か図書寮に転任したる故、右の如く云ひたるに非すやと云ふ。伊夫伎或は然らんと云ふ。

○午後零時後食堂にて徳川頼倫より、本月二十日晩方は差支なきやと云ふ。予別に約束なしと云ふ。徳川然らは約束せすして置き呉よと云ふ。

○午後一時後伊夫伎準一に、伊藤博邦は養母死去の為、一両日は出勤することなし。白根か伊藤に交渉するは数日後なるへきに付、一応白根に、伊藤か鈴木を採る様に成るへく勧説する様話し置呉よと云ふ。伊夫伎、白根に面会したる後、岩波武信も図書寮に転したる後日も浅きに付、成るへくは鈴木を主馬寮に転せしむることを望み居る趣なることを報す。

○午後三時頃白根松介来り、未た辞令は受けされとも、先頃大臣（牧野伸顕）より外国行を命せられ居るに付、之を内報す。実は昨年内命ありたるも、自分（白根）の都合にて之を延はしたりと云ふ。予、夫れは結構なり。夫に付何か大臣より特命せられ居ることなきやと云ふ。白根別になしと云ふ。予、君（白根）に話しては悪しきやも計られされとも、東久邇宮のことに付大臣（牧野）は誰か仏国に遣はす様の心胆なる趣なり。君（白根）には其話なきやと云ふ。白根、なし。殿下の帰期は未定なりや、妃殿下の洋行は如何と云ふ。予、帰期は未定なり。妃殿下は、自分（妃殿下）か洋行しては尚更王殿下の帰か遅くなるとて、自発的に洋行は止められたりと云ふ。白根、然るか。自分（白根）等は妃殿下か行かれたらは、王殿下も共に帰らるるならんと思ふ。左様には行かさるやと云ふ。予いつ頃出発することゝなるやと云ふ。白根七月頃になるへしと云ふ。

○今日午前田中寿三郎より、予より田中に見舞を贈りたる謝状達したるに付、出勤の上西野英男に嘱し事実を問はしめたる処、西野、東久邇宮邸に電話し之を問ひたるに、従来の申合に依り所属皇族薨去のときは宮務監督及事務官に見舞を贈ることゝなり居り、田中にも其例に依り宮附職員より見舞を贈りたる趣なることを報す。

○午後四時三十分頃河窪敬直来り、有馬正頼方昨大正十二年度の決算、及同年度の追加予算に関する予の意見を問ふ。河窪より本月十三日に右の書類を郵送し、翌十四日に達し居りたるも、予は之を開封せす、其書類の内容を知らす。河窪より意見を問ひたるとき、予は未た之を見さる旨を答へ、河窪か郵送し置たりと云ふに付、之を捜かして見出せり。其書類を一覧したる上、異議なき旨を答へたり。

○尚ほ左眼を療す。

四月一八日

○四月十八日金曜。朝微雨後曇。
○午前九時三十分より出勤す。
○午前十時頃西野英男に嘱し、明日関屋貞三郎午餐の招に応する旨昨日答へ置たる処、昨夜に至り、明日午後枢密院にて委員会を開く旨通知し来り、午餐の招に応し難きことになりたる旨を庶務課属に通知せしめ、又内蔵寮に就き同寮より税務署に通知する予の所得金額を問はしむ。是は所得金額届を為す為、之を知る必要あるを以てなり。西野来り、午餐会のことは之を断り置きたり。所得金額は、内蔵寮よりは俸給と年末慰労金とを税務署に通知することゝなり居るか、貴官（予）の俸給は今年は政府より支出することゝなりたるに付、内蔵寮よりは年末慰労金額丈け通知する趣なりと云ふ。予、慰労金は昨年末は二千二百円なりしと思ふか、如何と云ふ。西野、金額を記し置きたりと云ひ、之を検したる上、二千二百円なりし旨を報す。

少時の後西野復た来り、明日の午餐に欠席の旨庶務課属より次官（関屋貞三郎）に通知したる処、暫時にても宜しきに付出席せられ度旨、次官（関屋）より云ふ趣を申来り居れりと云ふ。予、委員会は午後一時三十分より開会するを以て、一時までに新宿御苑を出つれは間に合ふへし。一時までに済むならは、出席すへき旨を通知し呉よと云ふ。西野復た来り、十二時より食事を始むるに付、一時までには十分済むへし。出席を請ふとのことなりと云ふ。
○午前十時後高義敬来り、一昨日話すことを忘れ居りたり。本月十四日に稲田龍吉か世子妃を診察したるとき、妃の容体は漸々快くなりたり。然れとも是にて全治するや、又は然らさるやは分り難しと云へり。稲田は本月二十四日に来診する趣なり。同人は本月三十日頃横浜より乗船して米国に赴く予定なりしも、船か延ひて五月二日に乗船することゝなりたる趣なり。稲田に対する謝礼のことに付高階（虎治郎）の意見を問ひたる処、本月二十四日今一回来診すれは計五回なり。一回百円とし、五百円ならは不足なし。但し同人洋行より帰りたる上、世子邸より診療を依頼する都合もあるに付、其外に餞別として若干贈らるれは、尚更好都合ならんと云へり。如何致すへきやと云ふ。予、一回百円にて宜しけれは、五百円を贈り、餞別として二、三百円を贈ることゝしたらは宜しからん。先日は五百円丈けにては少しく不足の感あり（鍋島直映方にては、病人の有無に拘はらす、一年二千円を贈り、大病人ありたるときは其外に手当を贈るとのことに付、其権衡上）、左りとて七百五十円と云ふ訳にも行かさるに付、千円と云ふ考も起したれとも、診察料と餞別とに別ては、餞別の方は二百円にても、三百円にても差支なからんと云ふ。高其積にて取計ふへしと云ふ。

高又先日稲田〔高階カ〕か来りたるとき、高階より稲田か洋行中臨時に診察を依頼すへき医師のことを稲田に相談したりやと云ひたる処、高階は稲田か世子邸の嘱託医と為ることは未定に付、其相談は為さす。稲田の不在中は某（鍋島家にも出入するとか云ひたる様なり。又其氏も云ひたれとも、予之を忘れたり）か宜しからんと思ふと云へり。依て自分（高）より、稲田は最早大体引受け居る訳なり。稲田の考を問ふへきことは顧問（予）よりも話あり居るに付、是非之を問はさるへからす。君（高階）の見込の人にては不可なりと云ひ、高階も然るかと云ふて、直に電話にて稲田に交渉したる処、稲田は自分（稲田）の不在中は世子邸の都合にて定められて宜しきことなるか、自分（稲田）の考にては森安連吉か、又は大学にて自分（稲田）の助手を為し居る森田〔秀一、東京帝国大学医学部助手〕（此氏は予確記せす）か宜しからんと云へりとのことなり。依て自分（高）は、稲田は既に引受け居るに非すや。其上のことは相談して定むることにすへしと云ひ置きたり。森安は自分（高）も知り居るか、稲田の不在中森安に頼めは、稲田か帰朝したりとて直に森安を止むる訳には行かさるならんと思ふと云ふ。予、然り。其通りなり。稲田の助手を為し居る人ならは、稲田か帰朝すれは直に之を止めても差支なし。予は其人は少しも知らされとも、其方か宜しかるへし。稲田の不在中、万一森田（此氏は確かならす）にて不安心なる様のことあるとき、他の人に依頼するは別問題なり。就ては此次に稲田か来診したるとき、同人の不在中は森田に依頼することにし度。一応森田をして世子妃の身体を診察せしめ置く必要あるへきや否、稲田に相談し見るか宜しからんと云ふ。

　高又今村鞆の書状を示す。其書状は、李容翊〔の孫李鐘浩〕より李王、朝鮮総督、第一銀行に対し民事訴訟を起したる趣なるか、事実ならは、訴訟代理人を依頼する等の必要あるへし。裁判所より通知あることゝは思へとも、準備の都合もあるに付、裁判所に問ひ合せて様子を通知し呉よ。長官（閔泳綺）の命に依り照会すとのことなり。予、裁判所か訴訟を受理すれは、被告に訴状を送達することなるに付、其上にて準備したらは宜しからん。此訴訟〔状〕には印紙も貼用し居らすとのことなり。裁判所にて相当の訴訟と思へは救助を許すことあれとも、理由なき訴訟と思へは之を許さゝるに付、今少し模様を見て差支なからんと云ひ、李王に対する訴訟の管轄に付先年来の議論の大略を高に告け、予の考にては、此訴訟は東京地方裁判所の管轄に属すへきものと思ふと云ふ。

　今村の書状中に、京城の祖廟に賊か忍ひ入り宝器を盗みたることに付申来り居りたるに付、予其事実を高に問ひたる処、高の話にては、是は歴代一個宛出来るものにて、国璽と〔か〕御璽とか云ふものとは異なり、此節盗まれたるは英宗〔祖カ、李氏朝鮮第二一代国王〕帝（予の記憶確かならす）の分なり。韓国の璽は只今総督府に保存し居るならんと云ふ。高は李容翊の訴訟に付ては神戸の実業家（某）（予其氏を忘る）か関係し、幾許か金も出し居るとのことなり。朝鮮総督（斎藤実）より某に書状を贈り、金を請求すへき理由なきことを申越し居り、自分（高）其書状を見たり。又宋秉畯か李容翊の利益となるへき事実を証する旨新聞に記載し居りたるに付、其旨を宋に話したる処、宋は之を怒り、新聞の取消を李容翊の弁護人に掛け合ひたるも、尚之を取消さす、彼の訴訟は理由なきものなりと云ひ居りたりと云ふ。

○午前十一時頃白根松介来り、昨日の協議に依り河村亮を審査局に転任せしめ、其後任として根岸栄助を転任せしむることを杉栄三郎に協議したる処、杉も大体は異議なきも、河村は転任後日浅く、明日頃漸く陵墓監の制服か出来る位なり。今直に転任せしむるは余りに不都合なる故、責めて今年末まて位在職せしめ、其上にて根岸と交換することに致し度と云ひ、自分（白根）も尤のことなりと思ふ。依て今年末まて根岸を審査官補と為し置きては如何と云ふ。予、致方なし。結局河村と根岸との比較にて、其信用の程度は格別の差ありとも思はれさるに付、之に同意すへし。然らされは、此の六月にも判任官の増俸出来さる故、君（白根）の意見に従はんと云ふ。白根か去りたる後、伊夫伎準一を召ひ、其旨を告け、昨日は根岸か木曾及ひ北海道に出張することを延はすことゝすへき様に談し合ひ居りたるも、根岸を審査官補とすることになれは、出張中に転官しても差支なきに付、出張を延はす必要なき旨を告く。

○午前十一時頃徳川頼倫来り、自ら明後二十日花の茶屋に招待する旨の書状を予に致して去る。

○午後二時二十分頃佐々木栄作来り、来月四日恒久王の五年祭に付、次官（関屋）と共同にて鏡餅を供ふること差支なきやと云ふ。予、此ことは先日予より既に依頼し置たる次第なり。宜しく取計ひ呉よと云ふ。佐々木又智子女王の婚儀に付、宮内大臣、内大臣は三十円の鰹節を久邇宮に贈り、宗秩寮総裁は二十五円の鰹節を贈ることゝなり居れり。貴官（予）と次官（関屋貞三郎）は共同にて、二十五円の鰹節を贈りて宜しきやと云ふ。予是も取計を頼むと云ふ。

○午後一時頃、先日有栖川宮慰子殿下の一年祭のとき供へたる鏡餅の代なりとて、西野英男より五円を請求したるに付、之を交す。

○午後二時三十分頃東久邇宮邸より電話にて、明日伊藤（梅子）の告別式に行かるるときか、又は帰途か、一寸宮邸に立寄り呉よ。若し都合悪しければ、金井事務官（四郎）か宮内省に行くへしと云ふ。予、告別式の如き縁起悪しきとき立寄りて差支なきや。又明日は種々なる用務あり。三十分間位ならは宜しき〔も〕、余り長時間を要することならは困るか如何と云はしむ。邸人、縁起のことは少しも差支なし。時間は暫時にて宜しと云ひたる趣を西野より報告す。

○午後二時後西野英男より、博忠王に供へたる榊代なりとて十七銭を請求す。之を交す（根越榊一封代七十円、四百何十人にて分担し、残金二円余は同情会に寄附する趣なり）。

○午後西野英男に嘱し、明十九日には午前十時後伊藤梅子の告別式に赴くに付、十時に馬車を予か家に廻はす様、主馬寮に通知せしむ。

四月一九日

○四月十九日土曜。晴。

○午前十時頃馬車来る。之に乗り伊藤博邦の家に行き、其養母梅子の告別式に会し、直に云る。門前にて南部光臣、三雲敬一郎に遇ふ。予、南部と一、二語を交へて去り、直に東久邇宮邸に行く。金井四郎、片岡久太郎と話す。二人、只今宮邸より銀行に預けある金二十二、三万円あり。利息は六分なり。然るに東京電灯会社にて社債を募り居り、其利率は八分以上にて預金より利益多し。社債の申込は今日限りなるに付、一応相談すと云ふ。予、利率は高きも、電灯会社は昨年の地震〔にて〕大分損失を受け居り、其株券も価格低下し居るとのことなり。少々の利率に著目するよりも、確かなる処に預金し置くか、又は政府の保証ある会社の株券か社債の方か安全ならんと云ふ。金井、是非とも電灯会社の社債を買ひ入れさるへからさる訳なきに付、之を見合はすことゝすへしと云ふ。

金井又仏国の蒲穆よりの電信を示す。電信は稔彦王殿下滞仏費の送金方に関するものにて、蒲の電信は、金井の電信の趣意不明なるか、兎に角五万円を宮内省より受取り、送金方法は殿下の指揮を受けよとの趣意なり。予、元侍女青木某に賜られたる弔慰金三千円に付、某の弟と某の実子〔阿部福松〕との間に訴訟を為し居る旨新聞に記し居るか、事実なりやと云ふ。金井、事実なり。青木某は元有馬純文の申込にて採用せられたるもの〔にて〕、先日有馬より、自分（有馬）の不行届より訴訟を為すに至りたるは不本意なりとの旨を談し居りたり。某の実子は不良なる者に非されとも、其親族に良からさる弁護士あり。其者の行為なる趣なり。某の弟は真面目なる人の様なり。某は他家に嫁し、子を挙けたる後夫〔阿部重嘉〕か死去し、某は子を夫家に遺し、実家の弟の家に帰り、青木姓に復し居りたるものにて、宮邸よりの弔慰金も実子に遣はしたるに非す、弟に遣はしたるものなり。然れとも実子もある趣に付、其方にも相当の取計を為すへき旨申聞け置き、弟より実子に六百円と申遣はしたりとのことなり。右の次第に付、弔慰金は某の遺産と云ふへきものに非す、実子は遺産相続権ありと云ふへきものには非さるならんと云ふ。予、右の如き事実ならは、遺産相続には非す。然し、某か生前より有し居りたる丈けの財産は、遺産相続として実子に移るへきものならんと云ふ。

十時五十分頃より宮邸を辞す。金井、妃殿下は只今稽古中にて引見せられ難しと云ふ。稽古とは仏語の修業ならん。十一時後宮内省に達す。

○午前十一時二十五分頃入江貫一来り、予か新宿御苑に行くとき、自動車に同乗し度と云ふ。十一時三十分より入江と同乗して御苑に赴く。十二時頃食卓に就く。今日は関屋貞三郎か宮内省部局長官及官房課長等を招き、午餐を饗したるなり。卓上にて関屋より、先日宮内省の幹部（小原駩吉）の更迭ありたるは遺憾なるか、後任として適材を適所に置くことを得たるは満足なること、白根（松介）か洋行の内命を受けたるに付、送別の意を含むことの意を述ふ。珍田（捨巳）来賓を代表し、大臣、次官か著々省務を改善するは感謝する所なり。関屋か先頃盲腸炎に罹り、一時は懸念したるも回復したるを喜ふ。尚ほ十分摂養を望む旨を述ふ。時に一時五分頃なり。

予は他に先けて自動車に乗り枢密院事務所に到り、一時四十分頃より京城帝国大学令案に付審査委員会を開く。委員長久保田譲開会を宣し、清浦奎吾諮問を奏請したる事由を説明し、久保田より、本件に付ては手続上に付疑あり。本題に入るに先け、先つ其点の説明を求め、之を諒解したる後審査を進むることにすへしと云ひ、朝鮮総督府にては既に大学の予科生を募集したりとのことなるか、事実なりやと云ふ。朝鮮総督学務局〔長〕長野幹、実際の必要上之を募集する広告を為し、入学試験を行ひ、合格不合格を決したるも、未た入学はなさしめすと云ひ、久保田は学生を募集したるは大学成立したるに非すや。事実大学の成立したる後、之を成立しむへき大学令案の諮詢を奏請するは不都合に非すや。枢密院の会議は申すまてもなく非常に重要なるものなるに、形式的に成立後に諮詢する様なることは本官（久保田）は承知し難しと云ひて閉会を宣し、今後十分取調を為したる上、諒解したらは其上にて開会すへしと云ふ。長野幹、法制局長官佐竹三吾、文部大臣江木千之、総理大臣清浦奎吾等交々説明したるも、久保田之を肯んせす。議長浜尾新、諮詢の遅延したるは事情諒すへき所ある旨を述へ、山川健次郎、事実は既に明瞭なり。此上調査するも何も発明すへき所なからんと云ふ。久保田、山川君は明瞭なりと云ふも、自分（久保田）は遅鈍にて諒解し難し。殊に他の方面にては（総督府、法制局等）十分時日を費やし、枢密院のみ一、二日も猶予し難きこととは考へす。若し是非至急を要すと云ふならは、議長に於て委員長を取替ゆるか宜しからんと云ふ。一木（喜徳郎）、兎も角委員長（久保田）か取調の必要ありと云はるるは尤ものことなる故、今日は閉会と為すか宜しからんと云ひ、三時頃閉会す。予は直に家に帰る。

是より先、給仕をして主馬寮に電話し、馬車を廻はしむ。又委員会を始むる前、先日（本月十三日）池田十三郎より予に渡し居りたる池田略履歴書を清浦に交し、池田のことは主として水野錬太郎か周旋する趣なるか、池田は貴族院議員と為ることを望み居れり。未た水野より話し居らさるやも計り難けれとも、本人の希望を達し呉よ。予も池田と同時に朝鮮に在勤したる関係ありと云ふ。清浦既に之を聞き居れりと云ふ。

○午後四時頃内子をして賀陽宮邸に電話し、小原駩吉の住所を問はしむ。邸人、中六番町なる旨を答ふ。依て未た牛込に転居したるに非さるやを問ふ。邸人未た之を聞かすと云ふ。更に小原の家に電話せんとす。交換手応せす。之を再三すれとも応せす。終に止む。

四月二〇日

○四月二十日日曜。晴。

○午前八時後より内子と共に電車に乗り、渋谷駅に赴き、鉄道省経営の電車に移乗し、日暮里に向ふ。此日電車に乗り小金井に行き、桜花を観るもの多く、車中の雑踏甚し。九時後日暮里に達し、墓地の世話を為す。祭屋金子某の家に至り、児孚の屍を改葬することに付警察署の許可を受くる手続を為すことを嘱し、岳父母〔広津弘信・リウ〕姻兄〔広津正人〕及ひ児孚の墓に展し、直に日暮里駅に行き、復た電車に乗る。雑沓往時よりも甚し。殆んと堪ゆへからす。

渋谷駅にて市内電車に移乗し、豊川稲荷前にて車を下り、坂田稔の家に過きり、今朝嘱し置きたる検尿の結果を問ふ。坂田、蛋白も糖分も円柱もなしと云ふ。予頃日放尿度数頻繁なる旨を告く。坂田気候不順の為ならんと云ふ。予眼を診せしむ。坂田、一日に一回、又は二回、点眼水を用ゐたらは宜しからんと云ふ。予及内子とも体重を検す。二人とも体重増し居りたり。十一時二十分頃家に帰る。
○午後零時後小原駩吉の家に電話し、何日頃牛込に転居するやを問ふ。取次の者家人に問ひ、本月二十四日の予定なる旨を答ふ。予、小原は家に在るやを問ふ。取次の者在らさる旨を答ふ。
○午後三時後、膳鉦次郎〔朝鮮総督府京城覆審法院長〕外四人に書状を贈る。皆返書なり。
○午後五時三十分より人力車に乗り、徳川頼倫の招に芝公園の花乃茶屋に赴く。花乃茶屋は北大路某〔魯山人、芸術家・料理家〕か経営する所にして、某自ら割烹し、美味を以て誇る所なりと云ふ。震災前まては中橋辺にて営業し、美食倶楽部と称したる由なるか、芝公園に移転したる後花乃茶屋と改称したりとのことなり。某は詩書を能くし、陶器を作り、篆刻、彫刻等をも能くするとのことなり。只今は会員二百人許あり。会員に非されは来りて飲食することを許るさすと云ふ。某は近日支那に遊ふ積りにて、自作の物二百点を抽籤にて分配し、支那行の費用に充つる為、一口金十五円を出さしむると云ふ。昨十九日には徳川家達の案内にて、英国大使〔チャールズ・エリオット、Sir Charles N. E. Eliot〕か来りたりとのことなり。今夜来りたる者をして小帖に氏名を書せしむ。午後九時四十分頃より帰途に就く。十時後家に達す。
○眠り難し。
○花乃茶屋に会したる者は徳川の外、予、関屋貞三郎、入江貫一、松平慶民、山田益彦及宗秩寮の某なり。山田は左手にて左文字を作ること巧なり。

四月二一日

○四月二十一日火曜。晴。
○午前八時頃、内子をして主馬寮に電話し、今日は午後零時三十分に馬車を廻はすへき旨を告けしむ。
○午前七時後、婢鶴をして順天堂病院に行き、眼科医井上誠夫は毎日病院に出勤するや、何時より診察するやを問はしむ。鶴帰りて、毎日午前九時より診察を始むるか、九時三十分頃に来るへしと云ひたる旨を報す。九時二十分頃より病院に行く。予、本月二日頃より左眼焮衝し、自ら之を療し、殆んと癒へたれとも、全く癒へさる故、病院に之を診せしめんと欲するなり。
　十一時前に至り井上始めて診す。眼底を検査し、水晶液に混濁あり。右眼は混濁点極めて小なるもの若干個あり。左眼の混濁点は稍々大なり。然れとも、未た之を療すへき時期に達せす。一昨年検査したる眼鏡にて物を見るに不自由となりたらは、眼鏡を替ゆる必要ありと云ふ。予未た眼鏡を用ゐ居らすと云ふ。井上、然らは今後視力の減したるときに至り、眼鏡を替へたらは宜しからんと云ふ。井上又眼瞼の組織粗造となり、〔睫〕瞼毛脱落し、数個の逆瞼毛あり。之を抜き去るへしと云ひ、之を抜く。眼瞼を反転して之を検す。始めて外物の瞼内に入り居るを発見し、焮衝を起すは此物の入り居りて刺激するか為なりとて、之を取り去る。是までコロコロし居りたる感忽ち止む。予は物は泥の如きものなりやと云ふ。井上、否。石炭の如きものなりと云ふ。井上点眼水、眼瞼に塗沫する。薬及冷奄〔罨〕に用ゆる薬を投す。十二時前家に帰る。

○午前九時後、内子をして審査局に電話し、予か午後零時後出勤する旨を報せしむ。

○午後零時三十分馬車来る。乃ち出勤す。宮内省の玄関にて小原駩吉に遇ふ。小原是より審査局に在りやと云ふ。予然りと云ふ。小原後刻往て見るへしと云ふ。予昨日電話したるは往訪せんと欲したる為なりと云ふ。小原之を辞す。二十四日に転居する積りなりと云ふ。

予審査局に入り、俸給受領書を西野英男に交し、枢密院事務所に行き、俸給を受領することを嘱す。西野、先日鉄道省の山下雅実に、貴家（予の家）の荷物を運送する手続を問ひ合せ、山下より久留米駅長其他の人に交渉し、其手続を済みたる上にて自分（西野）に通知することに約し置たる処、余り久しく通知なきを以て、或は自分（西野）の聞誤りには非さりしかと思ひ、今朝電話にて山下に問ひ合せたる処、聞誤には非す、山下より通知する筈なるも、尚ほ交渉未済の処あるに付、今四、五日待ち呉よとのことなりしに付、承知を請ふ旨を述ふ。予領承の旨を答ふ。

○午後一時後小原駩吉来り、宗秩寮の山田益彦は関屋貞三郎の推薦にて宮内省に奉職し居るものゝ様なる形になり居り、関屋は山田は関屋を信し居るものと思ひ居ると見へ、何事も山田に話す趣なり。然るに山田は、関屋より前に自分（小原）か推薦したることあり、自分（小原）には何事も秘せす。関屋より山田に対し気か晴々したるならんと云ひたるに付、山田は同人か華頂宮の葬儀委員と為り、其用務を終りたる為の挨拶なりと思ひ、不慣の事にて心配したるも、他の助に依り幸に結了して安心せりと云ひたるに、関屋は其ことに非す。小原免官のことなりと云ひたる故、山田は驚きたるも、自分（山田）等は部局長官等に接する機会少き故、別段の感なしと云ひ置きたり。人の免職は誰しも気の毒と思ふへきことなるに、晴々したるならんとは、実に驚きたる談なり。此の如き不人情なる次官の下には、安心して奉職し難しと云ひ居りたり。

又賀陽宮の池田邦助を免職する積りにて、其後任と為るへき旨山田（益彦）〔に〕談したるも、山田は之を断はり、某（予か氏名を忘れたり）にも交渉したるも、某も之を断はりたる趣にて、目下人選中なりとのことなり。池田を罷むる理由は、大妃殿下の御気に入らすとのことなる由なるか、夫れは自分（小原）を罷むるとき、殿下より、小原を罷めて工藤（一記）と池田にては心細き旨関屋に談せられたることあるを口実とし、之を罷めんとするものゝ様なりと云ふ。予、夫れは全く口実にて、池田を置きては君（小原）との聯絡を継続することを恐るる為なり。然し此の如きことまて気にするは実に驚きたることなりと云ふ。小原、此ことは恒憲王殿下も必す不快に思はるるならん。池田のことは決して事務官として不満足に思ひ居らるるに非す。寧ろ池田は外国のことも承知し居り、便利なりとて自慢せられ居り。武彦王殿下抔は自家（山階宮）の香川（秀五郎）と池田と交換し呉よと恒憲王殿下に相談せられ居る位なり。池田まて罷むると云ふことになれは、恒憲王殿下は久邇宮には不平を訴へられさるへきも、閑院宮には必す之を訴へらるるならん。閑院宮は自分（小原）のことに付ても面白き感情は有し居られさる模様に付、妙なることにはなりはせさるやと懸念す。自分（小原）と賀陽宮との関係は、愈々書面を以て秘書課長（白根松介）より此の如く申来りたりとて、之を示す。其趣意は、先年口達を以て賀陽宮の事務に関係すへき旨申達し置たるか、此節内匠頭を免せられたると同時に口達は消滅したるものに付、此旨を通知〔す〕と云ふ様なることなり。

自分（小原）をして東宮職に近かしむへからさることは余程厳しく取締り居る模様に付、自分（小原）も成るへく行かさる方か宜しからんと思ひ、其旨を西園寺（八郎）に談したる処、西園寺は左様なることはなし。東宮殿下より召さるるに付、平気にて来るか宜し。何の訳もなく出入を止むる様のことありては、殿下の平素の御教育上にも関係する故、召されたるときは来れと云ひ居れり。昨日も新宿御苑に行きたるに、殿下より（今日）廿七日にも来れとの御詞あり。行かさる訳にも参らさるならんと思ひ居れり。明日は自分（小原）、仙石（政敬）とに東宮御所にて御陪食仰付けらるること〻なり居れり。此ことに付ても小原に御陪食かあるならは、是非仙石を加ゆへき旨、関屋より申込みたる趣なり。山崎（四男六）には先日一人にて御陪食ありたるか、南部（光臣）には御陪食なし。余り不公平なり。自分（小原）よりは最早云ひ難し。然し、杉（琢磨）へならは云はれさることもなし。云ふて見ても宜しと云ふ。戸田（氏共）は、牧野（伸顕）は自分（小原）のことを非常に誤解し居る模様なりと云ひ居りたりとの談を為す。此時杉栄三郎来る。小原去る。

杉、本月二十四日午後二時より御歴代史実考査委員会を開かるること〻なれり。自分（杉）は先日京都に行きたるか、大臣（牧野）より帰途に沼津に寄るへしとのことなりし故、同所に寄り、大臣（牧野）と相談し、考査委員会に諮問する問題を協議せり。大臣（牧野）は、問題は成るへく少くし、其他は参考の為意見を聞くことにし度と云ふに付、問題としては、神功皇后〔仲哀天皇の皇后、三韓征伐をしたとされる〕を皇代数に列すへきや否、長慶院を皇代に列すへきや否、宣仁門院〔四条天皇の女御〕、中和門院〔後陽成天皇の女御〕及明子女王〔後西天皇の女御〕は其取扱を皇后と同一にすへきや否の三個に止め、外に八個の事項を参考の為問ふことに決し、其趣意に付伊東（巳代治）に交渉せよとのことなり。大臣（牧野）は、諮問は書面にて之を為すことを望み、其旨伊東に談したる処、伊東は書面にては困るとのことなりしも、大臣（牧野）は問題のことに付後日の証と為す為書面に為し置き度とのことに付、其旨を述へ、伊東も折り合ひたり。伊東より、問題及参考のことは平沼（騏一郎）に話し置くへしとのことなりし故、之を話したる処、同人は諮問と云ふも参考と云ふも、之を区別すへき標準なし。此の如きことを為したらは、岡野（敬次郎）及予等より質問せられ、答弁に困るならんと云ひ居りたりと云ふ。

予、先日考査会を設けたるとき、宮内大臣の談として会を設けたる趣意を新聞に発表せり。其中、会の目的は今日の諮問事項に止まらす、参考の為に聞くことになすと云ふ事項も含み居り。予は渡部（信）に之を削ることを注意したれとも、渡部は大臣（牧野）か是れにて宜しと云ひたりと云ひ居りたるか、今日の話とは矛盾ある様なりと云ふ。杉、自分（杉）も其点は困ると思ふと云ふ。

○午後一時後高義敬来り、金井四郎より、三島別邸の間取図を示し呉よ。或は今年の夏には東久邇宮にて別邸を借らるるやも計り難しと云へり。世子は別邸を用ゐられさる故、東久邇宮にて使用せらるるは好都合と思ふ。梨本宮殿下か朝鮮に行かるるや否のことは、三雲敬一郎に問ひ見たるに、数日前陸軍大臣宇垣一成か宮邸に来り、殿下朝鮮御出のことは何分準備出来難き旨朝鮮より申来りたるに付、今年は御止めを願ふ旨を言上し、其の為御止めと為りたりとのことなり。準備と云ふは多分警衛に関することならん。右の次第に付、自分（高）より京城へは其旨を通知し置く積りなり。先日栗原広太、世子邸に来り、岡野（敬次郎）か満洲、朝鮮に行き、自分（栗原）も同行する積りなり。岡野は先年京城に行き、王家より優待を受けたることあるに付、此節も御機嫌を伺ひて献上物も為す積りなり。京城には三泊の予定と為り居る旨を話せり。此ことも篠田治策に通知し置くことにすへき旨を談したり。

○午後三時頃徳川頼倫の室に到り、松平慶民を戸外に呼出し、明日東宮殿下より小原駩吉、仙石政敬に御陪食を賜はることになり居る趣なり。山崎四男六へは先日既に之を賜はりたるか、南部光臣へは未た之を賜はらさる趣に付、明日南部をも加へらるる様取計ひ呉よと云ふ。松平、東宮職へ相談し見るへしと云ふ。四時頃に至り松平来り、南部御陪食のことは一度問題と為りたることあるも、関屋（貞三郎）か之に反対したる為止みたる趣なり。東宮職にても南部に賜はらさるは不公平なりと思ひ居るも、明日のことを只今より殿下に申上けては、何か忘れ居りたる様にて、殿下の御思召も面白からさるへきに付、後日更に賜はることにする方宜しからんとのことなりし故、山崎には一人にて賜はりたる趣に付、南部も一人にて賜はること出来くへきやと云ひたるに、夫れは差支なしと云ひ居りたり。右の次第にて、明日は間に合はさる旨を談す。

○午後一時後小原（駩吉）か来り談したるとき、先日（本月十八日）は、自分（小原）か退官したるに付、関屋（貞三郎）か祝賀会を開きたりと云ふに非すやと云ふ。予、左様の意味にも解釈せられさるにも非す。珍田（捨巳）か食卓挨拶を為したるか、大臣（牧野伸顕）、次官（関屋貞三郎）か著々省務の改善を図るは感服する旨を述へたりとのことを談す。小原、関屋は其帰途に自分（小原）の家に来り、君（小原）は既に大臣（牧野伸顕）に身事を依頼したりやと云ふに付、自分（小原）は先日いつれ其内往訪して依頼することもあるへき旨を告け置たるのみにて、未た何事も依頼し居らすと云ふ。関屋、大臣（牧野）は既に其向へ話を為したるやも計り難しと云ひ居れり。自分（小原）は如何なる方面なるへきやと云ひたるに、関屋は第十五銀行か貴族院ならんと云へり。関屋は又貴族院ならは互選議員なるへきやと云へり。自分（小原）より何事も話さゝるに、大臣（牧野）勝手に依頼したりとすれは妙な訳なり。関屋は自分（小原）の家か売れて宜しかりしと云へり。自分（小原）は之に対し、多年の希望なりしか、丁度売却すること出来、負債の弁償を為すことを得たるは好都合なりと云ひ、関屋は格別話を為さすして辞し去りたりとのことを談したり。

○午後四時より退省す。

○退省後、箱の中に入れ居る文雅書類を整理し、人に因り分類す。

四月二二日

○四月二十二日火曜。晴。

○午前九時三十分より出勤す。

○午前十時頃西野英男より、先刻東久邇宮邸より電話にて、金井（四郎）か貴官に面会し度ことあり。差支なくは直に来るへき旨申来りたり。如何通知すへきやと云ふ。予差支なき旨を告けしむ。少時の後金井来り、巴里に送るへき稔彦王殿下の滞仏資金のことに付松平（慶民）へ談したる処、松平は実際は未た内蔵寮より受取らさるも、巴里へは既に受取りたる旨を通知し置きても宜しきに非すや。若し直に送金せよと申来りたらは、五万円位のことは宮邸に余金あるへきに付、夫れを送り置きても宜しきに非すやと云へり。自分（金井）は五万円位送ること

は差支はなしと云ひ置きたり。如何すへきやと云ふ。

予、夫れは差支はなきも、内蔵寮にて其位の金か只今間に合はさる筈なく、何も殿下に対し偽言を云ふ必要もなきことなり。予、一応事情を問ひ見るへしと云ひ、入江貫一の室に行きたる処、入江在らす。浅田恵一来りたるに付、同人に対し何か只今金の間に合はさる様の事情ありやと云ふ。浅田右様のことなしと云ふ。予、稔彦王殿下の滞在費用のこと、弁せさるは如何なる事由なりやと云ふ。浅田、属官某を召ひ之を問ふ。知らす。更に某を召ひ之を問ふ。亦知らす。入江か庶務課に在る趣に付、入江を訪ふて之を談す。入江、全く談を聞きたることなし。官房より命令さへあれは、弁せさる筈なしと云ふ。

予乃ち杉（琢磨）を庶務課に訪ふ。杉、松平（慶民）正に在り。予松平に、金井と松平と交渉したる事情を問ふ。松平、別段の事情はなし。杉は稔彦王殿下滞在延期のことか未た勅許なさるものと思ひ、送金のことに付聊か躊躇したる趣なりと云ひ、松平より杉に対し、延期は既に勅許せられ、一ヶ年十五万円の費用予算も既に決定し居り、大臣（牧野）之を承知し居るに付、直に下賜の手続を為すことを得るならんと云ふ。杉然らは直に其手続を為すへしと云ふ。予今日下賜せらるる様運ふへきやと云ふ。杉運ふならんと云ふ。予審査局に返り、金井に其旨を告く。金井之を謝し、直に博忠王の墓所祭の為豊島岡に赴く。今日は博忠王の三十日祭ならん。

○午後一時頃食堂にて大谷正男より、明二十三日午後四時より曹洞宗僧秋野孝道〔元曹洞宗大学〈現駒沢大学〉学長〕なる者、仏

教の講演を為すことになり居るに付、之に来聴すへき旨を告く。秋野のことは、司法大臣秘書官某〔山崎猛〕より其講演を聴くことを勧めたる趣なり。

○午後一時後、便所にて予より徳川頼倫に、朝融王婚約解除のことは如何なる運になり居るやを問ふ。徳川、追々進行し居り、近日中には愈々本題に入りて交渉することゝなるへし。仲人（水野某のことならん）も先方（酒井某）も政事家なる故、十分に注意し、容易に談を進めす。自分（徳川）等より看れは、余りに念入れ過きる様に思ふ位なりと云ふ。

○午後一時後西園寺（八郎）来り、種々面白き談ありと云ふ。予、実に驚くこと多し。関屋（貞三郎）か小原（駩吉）を嫌ひ、之を免職したることまては左程驚かさりしも、小原の懇意なる者とて池田邦助までを免職せんとするに至りては、其狭量に驚かさるを得すと云ふ。西園寺、婦人の腐りたる如き考なり。此の如き者に対しては、議論をするも自分か恥しき様なり。予、池田を免職せんとする名義は、同人か賀陽宮大妃の気に入らすとのことなる趣なるか、大妃は小原を罷むることを喜はす、工藤（一記）と池田とにては心細しと云はれたるものにて、池田か事務官として不適任なりとの趣意に非す。工藤の無能なることを言明せられたる訳なり。然るに、之を口実として免職せんとするは、池田か居りては小原との聯絡絶へさるを恐るる為、此の如き考を起したるものなり。然し、池田の後任には困り居るとのことなりと云ふ。西園寺、山田（益彦）に話たりと云ふに非すやと云ふ。予、山田は断然拒絶したりとのことなりと云ふ。

西園寺又先日の関屋の午餐は全く小原を免職したる祝賀会なりしと云ふ。予、関屋か山田（益彦）に対し晴々したるならんとの話を為したること抔は、何と云ふ女々しき考なるへきや。晴々したるは関屋の外には非さるならんと云ふ。西園寺、午餐のとき珍田（捨巳）か名演説を為したりと小原に話したる処、既に君（予）より聞きたりと云ひ居りたり。牧野（伸顕）は是程まて分らさる人とは思ひ居らさりしも、此節の致方は、唯関屋の言を信する計りてなく、牧野自身も関屋と同様の考なる様なりと云ふ。

予は、東久邇宮殿下に宮内大臣の意を伝ふる為仏国に遣はす人に、初めより小原か宜しからんと思ひ居りたるか、聞けは小原は退官することになり居るとのことなり。左すれは尚更好都合ならんと云ひ、大臣（牧野）も適任ならんとは云ひたれとも、之を遣はすとは云はさりしなり。東宮職にて小原を近けさる事情は、如何様なることなりやと云ふ。西園寺、其ことに付ては非常なる注意を為したるものゝ様なり。小原か免官の翌日、東宮殿下に拝謁することゝ為りたるに付、其前既に小原を接近せしむへからさる旨、宮内省より大夫（珍田）へ通達したるものなるへし。小原か拝謁する前夜、東宮職にては大評議を為し、珍田、入江（為守）等は、宮内省の趣意の通り殿下より何ことも仰せられさる様、言上し置く必要あり。就ては小原拝謁の際、殿下より単に苦労なりしとの御詞を賜はり、其他には絶対に御詞なき様にすへしと云ひ、甘露寺（受長）及某（土屋正直〔東宮侍従兼式部官、子爵）なりしか戸田氏秀なりしか、予之を忘れたり）等は、多年奉仕したる者に対し優旨を賜はるは平常願ひ居ることにて、従来御附武官等か転任するとき等にも、尚今後時々伺候せよと云ふ様なる御詞を賜はることか例なり。然るに、何等の過失なく、小原か退官するときに限り、右の如き御詞も賜はらさるは、平素の例にも違ひ、御徳にも関することにて適当ならさる旨を主張したるも、到底決する所なきに付、甘露寺等か明日は正式の拝謁なるを以て、明日に限りては単に多年苦労なりしとの御詞のみに止めらるる様言上することにすへしとの条件にて、漸く折合ひたりとのことなり。

西園寺又外に非常に困り居ることあり。竹田宮妃殿下は東宮妃殿下の御輔導の如き意味にて時々参殿せらるるか、其結果甚た懸念なり。竹田宮妃殿下は、予て皇后陛下は臣籍より入り居らるるとの考にて、御感し宜からす。先日も東宮妃殿下か私室にて縞の著物を召し度とのことなりしか、責めて紋服を召す様申上け置たるに、竹田宮妃殿下より平常縞の著物を服するは少しも差支なしとの御話ありたる由。又大奥にて東宮妃のことを御休所と称し居れり。是は妃殿下と称する方宜しかるへきも、内端のことに付之を争ふ必要もなく、自分（西園寺）は予て東宮殿下に対し、御政事上のことは仮令大奥の御趣意に違ふも致方なし。其他のことは御無理かありても、枉けて御従ひなさる様に申上け置き、御休所のことも其通りに致し置たる処、竹田宮殿下は、御休所は臣籍より上りたるものゝ称にて、皇族より入りたるものは是非妃殿下と云はさるへからすと東宮殿下に御話ありたる趣にて、殿下より其後話ありたり。右の如きことにて甚た困る。竹田宮妃殿下は単独にては御参宮なさらさる様に致度ことに考へ居れ〔り〕。北白川宮妃殿下は温循なる方なるに付、同妃と御一緒に参宮せらるる様になり度と思ふと云ふ。

予、大臣（牧野）は非常に竹田宮妃を信し居れとも、予の実験にても困ること多し。東久邇宮のこと抔も、竹田宮妃の言を信して事実に違ひたる考を有し居る様なり。竹田宮妃は御考か違ふのみならす、言ふを憚ることなから、時としては人を離間せらるるには非さるやと思はるることもある様なりと云ふ。西園寺、朝香宮妃の洋行のとき抔も、竹田宮妃か同意せられたりとて栗田直八郎か主張したれとも、妃の洋行に夫の宮の御承諾を願はさりしは間違なり。其時も朝香宮の御機嫌は宜しからさりし趣なりと云ふ。予、彼の件は全く関屋（貞三郎）か栗田の為に籠絡せられて彼の如きことゝなりたるなりと云ふ。西園寺、関屋は皇族の多数に嫌はれ居るに付、長くは維持し難からんと云ふ。

予、政友本党より牧野内閣のことを申込み、牧野も其気なきにも非さる模様の話を聞きたれとも、虚実は分らすと云ふ。西園寺、其方か宜しけれとも、夫れは駄目なりと云ふ。予又南部光臣御陪食のことを語る。西園寺、小原は平素皇太子殿下に関係あるを以て、東宮職より御陪食のことを申出したる処、宮内省にては小原一人にては不可なり。仙石政敬を加へよと云ふて、之を加ふることになれり。東宮殿下の御陪食は宮中に於ける御陪食とは異なり、殿下に御縁故ある者に賜はる趣意なり。此点より云へは、仙石は左程の縁故なし。南部も同様なり。従来の振合より云へは、南部には特に賜はらさるへからさる理由はなしと思へとも、山崎四男六や仙石抔に賜はりて、南部に賜はらさるは不公平なる故、今日にては南部にも賜はる方宜しかるへし。南部のことを君（予）より松平慶民に話したることは聞きたりと云ふ。予、出来ることならは、南部にも賜はる様取計ひ呉よと云ふ。此時長野幹来る。西園寺去らんとす。予、工藤（一記）は罷めすと云ふに非すやと云ふ。西園寺、然り。実に分らさることなりと云ふて去る。

○午後二時頃朝鮮総督府学務局長長野幹来り、先日は始めて枢密院の委員会に出席し、様子も分らす閉口せり。実は総督府にては、初は朝鮮教育令に依る大学を設くる積りにて其準備を為し、官制さへ出来くれは夫れにて差支なきことゝ思ひ、学生募集の手続も為したるか、其中に朝鮮人の人気は、内地の帝国大学同様のものに非されは、折角大学を設けても満足せさる模様あり。現に資金千万円を集めて民立大学を作らんとする計画を為したる様のことなるに付、其至難なることを諭し、官立の大学に信頼すへき旨を告け、之を止めたる次第なり。右の事情にて、是非帝国大学となす必要を認め、俄に方針を変へたる為、万事不手廻はりと為〔り〕、御諮詢の手続も遅延せり。其辺の事情を諒察して、大学令案の委員会通過を配慮し呉よと云ふ。

長野か此くの如く説明したるは、第一回の委員会にて久保田譲より詰責せられたる為、説明の理由を変更したるものなり。長野、朝鮮の事情か内地に分らす、朝鮮にては今尚ほ万事非常に不便なりと思ひ居る人ある旨を説く。予、勿論其誤解もあり。然し之と反対に、朝鮮の不便なることを全く知らさる人も少なからす。予か朝鮮より帰りたるは今より十年前なるか、其時てすらも釜山、京城辺のことのみを見聞し、朝鮮に在勤する官吏に在勤俸を給するは不必要なりとの論を為し、其考にて在勤俸に関する規定の改正案を作り居りたる様のこともありたりとの談を為し、話すること二十分間許。予、大学令案のことに付ては一、二の質問を為したるのみにて、勿論賛否の意見を云はさりしなり。

○午後三時前西野英男来り、明日は竹田宮の五年祭なるか、参拝せらるるやと云ふ。予明日は参拝し難き旨を答ふ。

○午後三時後片岡久太郎来り、官房より稔彦王殿下の御滞在費を渡す旨の通知ありたるに付、之を受取る為来りたりと云ひ、官房に行き、五万円の仕払切符を受取りて復た審査局に過きり、予の取計を謝して去る。

○午後四時より退省す。

○午後、内子三越に行き物を買ふ。

四月二三日

○四月二十三日水曜。晴。午前八時頃二上兵治より、今日外務大臣（松井慶四郎）より日米関係に付報告を為すことゝなり居るか、伊東（巳代治）、金子（堅太郎）、久保田（譲）、有松（英義）の四人にて何か計画し居ることあり。何事を云ひ出すやは分らされとも、予め考慮し置き呉よと云ふ。予、事柄か分らさる故困れとも、電話の趣意は了承せりと云ひ、予又京城帝国大学令案のことに付ては、予は少しく異なりたる意見を有し居れり。事実は既に成立し居るに相違なきも、当局者か学校は未た成立し居らすと云ふ以上は、枢密院は未た成立し居らさるものと認め、院の権能にて自由に可否を決したらは夫れにて宜しくはなきや。成る程総督府にて生徒を募集したる事実はあれとも、是は総督府か責任を以て、万一学校か成立せさるときは其責任を負ふ積りにて、準備の為為したるものと為し、格別之を気にせすして宜しくはなきやと思ふと云ふ。二上其事に付ても後刻話す積りなりと云ふ。

○午前九時三十分より出勤し、直に枢密院控所に行き、十時後より議場に入り、議長（浜尾新）、日米関係に付政府よりの報告ある旨を宣し、清浦奎吾、対米関係か今日の現状となりたることは遺憾なり。事件の経過に付ては外務大臣（松井慶四郎）より報告すへき旨を報す。次て松井より移民問題の今日までの経過を報告す。

伊東（巳代治）より、第一、移民問題に付ては民間にも憂慮する人あり。適当なる人を米国に派遣せんとすることを決したるに、政府にて之を阻止したりとのことなるか、事実如何。第二、埴原大使か国務卿（ヒューース）に贈りたる書翰の末尾に重大なる関係を生すへしとの語（グレーブコンセクェンス）を用ゐたるは、非常なる失体なり。殊に更に釈明の書翰を贈りたるは、一層の失体を重ねたるものと思ふ。是は政府の訓令に基きたるものなりや、又は大使の専断なりや。米国大使ウッヅも用語の不適当なりしことの談を為したることある様なり。第三、新聞上にて総理大臣（清浦奎吾）言明書（ステートメント）を見たるに、日本は移民問題は単に体面上のこととして争ひ居れるものなり。之と同時に在米邦人十余万の死活問題に関する経済問題なり。広島、山口等には移民の送金にて活計を立て居るもの多数あり。之を単なる体面問題と為したるは、驚き入りたることなり。如何と云ふ。松井之に答弁し、伊東尚ほ云ふ所あり。

次て金子より、移民問題は突発したるものに非す。大正四年に大審院か不利益なる判決を為したるときより、今日のことあるへきを憂ひ、種々計画したることありたるも、政府か之を採用せさりしなり。自分（金子）等は今後は手の下たし様なしと思ふ。政府か如何に之を処するかを見んとの趣意を述ふ。金子は、民間の人を米国に派遣することは政府にても賛成し居りたるか、埴原より只今人を派遣しては益々時局を紛糾ならしむる虞ある旨を申来り、其為之を止めたる事実を言明せり。之に対し松井より答弁し、次て久保田より、既往のことは聞く要なし。善後処分を聞き度と云ひ、松井は之を云ひ難き旨を答ふ。

清浦より、枢密院の言議の漏洩することに付注意を望み、穂積（陳重）より、政府より漏るること多く、殊に大臣の名を出して枢密院の意見を評したる様のことあり。此の如きことは特に注意を望むと云ひ、浜尾（新）も、言議の漏洩は政府の方多き様なり。其例証は親任官の任命さへ御裁可前に新聞に出るに非すやと云ふ。清浦、穂積、浜尾の意見は承知したる旨を述へ、午後零時五十分頃閉会す。

議場に入る前、予二上兵治に、今朝の電話は明瞭には聞へさりしも、趣意丈は了解せりと云ふ。二上、如何なることを云ふやは分らされとも、先年伊東より連名上奏を為すへしと発議し、咄嗟の間同意したることあり。御諮詢なき問題に付院議にて上奏する様のことは出来さるも、先年の如く連名上奏てもせられては困る。四人（伊東、金子、久保田、有松）か先日来、屡々密議を為し居ることは事実なりと云ふ。予、只今政府の責任を云々するは、此方の非を自認する如きものにて、此上もなき不利益なりと云ふ。二上其通りなりと云ふ。

予、京城大学令案のことに付予の考を述ふ。二上、実は一回の委員会にて結了する積りにて報告書案を作り置たる処、意外の波瀾を生したり。其後報告書案に此通り書き加ゆること〻なせり。是ならは、委員長（久保田）も承知する模様なりと云ふ。

○午後一時頃、予か食堂に入らんとするときに廊下にて、枢密院の会議は午後も継続するやと云ひたるものあり。予否と云ふ。多分通信社員ならん。

○午後三時五十分頃大谷正男来り、隣室に参事官室を設け移転したる旨を告け、同時に皇族賜邸の性質を問ふ。予、確定し居らす。従来の取扱振りは、どちらかと云へは私有に近き方なる旨を答ふ。四時十五分頃より退省す。

○内子、午後零時後より直人の病を問ふ。四時頃帰る。

○午後宇佐美富五郎に電信を発し、予か家に来ることを求む。

四月二四日

○四月二十四日木曜。晴。

○午前八時後宇佐美富五郎来る。之をして四谷税務署に行き、所得金額申告書を出さしめ、又谷中の葬儀祭屋金子某の家に行き、孚の屍を改葬する手続を為すことを取計はしむ。

○午前九時三十分より出勤す。

○午前十時頃西野英男に嘱し、明日は午前十時三十分に馬車を予か家に廻はすこと、并に午後六時三十分に之を予か家に廻はすことを主馬寮に告けしむ。

○午前十一時二十分頃酒巻芳男来り、昨年震災にて薨去せられたる皇族の改葬の振合を議し度に付、式部職に協議したる処、貴官（予）の差支なき日を択ふへしと云ひたり。何日ならは差支なきやと云ふ。予、明後日（二十六日）ならは差支なしと云ふ。酒巻又有栖川宮の遺産処分のことも同時に協議し度と云ふ。予之を諾す。

酒巻、九条（道実）の娘の分家のことは、愈々大岡某の養女と為り、大岡家より分家すること〻なれり。大臣（牧野伸顕）か沼津に行き、皇后陛下に其旨を言上したる処、陛下は九条は大概の事の定まりたる後此ことを話し、不本意には思ひたれとも、其儘に致したり。夫れは善きことを為し呉れたり。九条は考へか浅くて困るとの御沙汰ありたる旨、大臣（牧野）より聞きたり。此ことに付松平（慶民）は、大臣（牧野）の話は当てにならす。多分皇后陛下の御考は反対ならんと云ひ居れりと云ふ。予、此問題はなんてもなきことなり。九条か余り正直過きて先のことまて云ひたる故、問題となりたるなり。若し娘か病身にて、気楽に養生せしむる為、一切の関係を絶ち分家せしむると云ひ、分家願を出したらは、其先のことまて問ひ糺して之に干渉することは出来さりしならんと云ふ。

○出勤前、先年帝室制度審議会総裁伊東巳代治に代はり起草したる上奏書案を捜かしたるも、容易に見出さす。再三風呂敷包を検し、結局書斎の牀の間の書籍棚の上より之を見出せり。

○午後一時四十分より、大谷正男と共に自動車に乗り、葵町臨時御歴代史実考査委員会事務所に行く。二時頃より委員総会を開き、総裁伊東巳代治開会を宣し、宮内大臣牧野伸顕委員会組織の趣意を述へ、伊東より宮内大臣より諮問せられたる事項に付、委員平沼騏一郎をして諮問の趣意を説明せしむる旨を告け、平沼より諮問三件、参考の為に審議を求めたるもの七件に付説明し、説明終りたる後、伊東より閉会を宣し、牧野は退席し、伊東より審議進行の手続に付協議し、次回には諮問第一号神功皇后を皇代に列すへきや否に付意見を交換すへき旨を告け、会日を謀る。委員中差支の者多く、五月一日午後二時より開会することに決す。予、会議には原案を作らす、問題に付直に各自の意見を述ふることになすやを問ふ。伊東其積りなりと云ふ。委員黒板〔原文空白、勝美〕より、原案を作る方便なるへき旨を述へ、伊東、原案を作れは人情として意見を変更し難きことゝなる故、原案を作らす、協議出来たる上にて決議書を作ることゝし度旨を告け、三時四十分頃散会す。予は馬車を召ひ置たるに付、直に之に乗りて家に帰る。

○午前十一時後宇佐美富五郎、谷中より帰り来り、今日は改葬の手続を為さんとしたるも、墓地管理人出勤し居らさるに付、手続を為し難く、金子某、明二十五日手続を為し置くへきに付、其翌二十七日午前に来り呉よと云ひたる旨を報したる趣なり。

○午前西野英男に嘱し、明日は午前十時二十分に馬車を予か家に廻はし、午後は四時より退省したる後、更に六時三十分頃馬車を廻はすへき旨を主馬寮に告けしむ。

四月二五日

○四月二十五日金曜。晴。

○午前十時二十分より馬車に乗り、賢所前参集所に行き、十一時より賢所皇霊殿神殿の御遷座祭に仮殿に参す。昨年九月の地震にて、三殿の壁其他損したる所あり。之を修繕する為、一時仮殿に奉遷する必要あり。今日午前七時後より仮殿に奉遷する式を行ひ、十一時より仮殿にて祭儀を行はるることゝなり、予等は仮殿に於ける祭儀のみに参したるなり。十二時後参拝終る。

直に宮内省に行き、大礼服を脱しモーニングコートを著け、午餐を喫し、午後一時五分頃より枢密院事務所に行き、京城帝国大学に関する勅令案の委員会に列す。午後一時三十分後委員長久保田譲開会を宣し、内閣総理大臣清浦奎吾より、勅令案提出遅延したるは、初は朝鮮教育令に依り総督の職権内にて処置することを得る学校を設くる積り（官制に付、勅令を要するは勿論なれとも、枢密院に諮詢せらるる必要なし）なりし処、朝鮮人を満足せしむるには帝国大学と為す方宜しかるへしと思ひ、其方針を変更せり。総督府にて学生募集の手続を為したるは方針変更前のことにて、今日より看れは手続の不都合を生したるか、宜しく之を諒し呉度旨の挨拶を述ふ。総督府学務局長長野幹も宜しく願ふ旨を述ふ。

委員長久保田譲、只今の説明に依り審議を進めて異議なきやと云ふ。予先つ異議なき旨述へ、他の委員亦同し。次て予先つ数回の質問を為し、他の委員亦之を為し終りて、久保田より大学を置くに付、教育の方針其他に付政府に注意する所あり。清浦は質問中に退席したるを以て、法制局長官佐竹三吾より之を伝ふへきこと、朝鮮総督には学務局長長野幹より之を伝ふへきことを求め、政府委員退席したる後、山県伊三郎より、京城大学は総督の監督と為さす、文部大臣の監督下に置くを可とすへき旨の意見を述へ、予は根本問題としては之に同意するも、本問題より之を実行することは至難なるに付、同意せさる旨を述へ、山川健次郎、平沼騏一郎亦同様の意見を述ふ。山県亦強ひて自説を主張せさる旨を述ふ。久保田、各員は根本問題としては文部大臣の監督を可とすとのことなるか、自分（久保田）は根本問題として朝鮮総督の監督を可とする意見を述へ、其理由として朝鮮には特別なる教育を施す必要ある旨を説く。山県及予之に反対す。

久保田、一木喜徳郎の意見を問ふ。一木、朝鮮の事情を知らさるに付確かなる意見なきも、久保田と同様の意見を有する旨を述ふ。予と山県と尚ほ反対を主張す。根本問題の研究は之を置き、書記官長二上兵治か起草したる審査報告書を朗読せしめ、一同異議なく、之にて委員会を終り、四時二十分頃より審査局に返り、馬車に乗りて帰る。

三時四十分頃枢密院給仕をして主馬寮に電話し、予か乗るへき馬車を宮内省玄関に廻はしむ。今朝出勤したるとき、午後馬車を廻はすへき時刻は後刻主馬寮に通知すへき旨を御者に告け置き、且つ西野英男にも其旨を告け置きたるか、委員会の状況に因り閉会の時刻近からんと思ひ、給仕をして電話せしめたる処、山県の修正意見の為時刻を費し、御者をして空しく玄関に待たしめたり。又西野は給仕をして電話せしめたることを知らす、御者より馬車を廻はしめる旨の通知を聞き、之を訝りたりと云ひ居りたり。五時頃家に帰る。

五時後主馬寮より電話にて、馬車の用は既に済みたるやを問ふ。内子、一たひは済みたるも、六時三十分に今一度必要ある旨を告く。六時三十分より馬車に乗り、葵町帝室制度審議委員会事務所に行く。七時より委員総会を開く。総裁伊東巳代治、久しく委員会を開かさりし事由を述へ、委員の分担を変更したることを告け、審議の進行を望む旨を説く。予は数個の件を分担することゝなり、皇族歳費令案に付ては委員長と為すとのことに付、予より歳費令案は先年既に立案し置たれとも、物価の変動等に因り歳費を一定することは困難なり。之を一定するには余程多額なる歳費を見積り置かさるへからす。殊に歳費を定むるには親疏〔疎〕に因り之を増減するは当然なる処、皇子なりとて必しも多額を要する訳に非す。旁立案はしたるも、今日まて其儘に致し置たる次第なるか、是非之を定むるとのことならは、兎に角予の案を今日主査委員と為りたる人々に配付すへしと云ふ。馬場鍈一、予か起草困難なる次第を述へたるを聞き、歳費金額を定めさるも、歳費令を設けられさることなかるへき旨を説く。予、金額を定めされは、之を設けても効能なき旨を説く。関屋貞三郎亦実際にては之を定むることは困難なる旨を述ふ。他の委員、兎も角進行を図るへき旨を述へ、午後八時後散会す。予、松浦〔原文空白、寅三郎〕と自動車に同乗して帰る。帰時、自動車を備ふることは初めより約し置たるを以て、馬車は直に之を返したり。

四月二十六日

○四月二十六日土曜。晴。
○午前九時三十分頃より出勤す。
○午前十時三十分頃より宗秩寮の徳川頼倫の室にて、閑院宮の寛子女王、山階宮妃佐紀子女王、東久邇宮師正王の改葬のことを謀る。三殿下は皆昨年九月一日地震のとき薨去せられ、其当時仮葬を行ひあるを以て、改葬の必要あるなり。会する者、田内三吉、松井修徳、市来政方、香川秀五郎、金井四郎、北村耕造、酒巻芳男、松平慶民、武井守成、山県武夫、山口巍等なり。改葬の儀式は式部職にて一応立案し、其上にて更に協議することに決したり。予か協議の席に在るとき、牧野伸顕、予を召ふ。乃ち往く。牧野、世子妃の病気のことに付、鍋島直映の家人と談し合ひたるか、直映の母は世子〔妃〕の祖母に当るも、矢張り遠慮する所あり。十分に養生方でも勧告することは、梨本宮妃か一番宜しとのことなりと云ふ。予、先頃稲田龍吉か数回診療し、勿論無病とは云はさるも、只今直に転地てもなさゝるへからさる程の必要ありとは云はす。五月になれは梨本宮の大磯の別荘も修繕出来くる趣に付、都合にては其方にても行かるることになすへし。稲田か洋行中のことも高義敬をして稲田に相談せしめたる処、稲田は其同期生森安連吉か、又は稲田の助手森田とか云ふ者か宜しからんと云ひたりとのことに付、予は森安よりも稲田の助手の方か宜しからんと云ひ置きたりと云ふ。牧野夫れは助手の方か宜しと云ふ。

予又是は別のことなるか、昨夜帝室制度審議会の総会を開き、種々の案を作ることゝなりたるか、多くは実行不可能のものなり。既に次官（関屋貞三郎）より聞きたりやと云ふ。牧野一寸聞きたりと云ふ。予、彼の会にては兎も角一応案を作らされは済まさることゝなり居るに付、格別議論をせす、案を完成せ〔マヽ〕す、之を実行すると否とは宮内省にて決するより外に致方なからん。予は王公家軌範に付ては当初より反対し居り、今更説を変することは出来難きか、其他のことに付ては今後は意見ありても余り之を主張せす、案の纏まる様にする方か宜しからんと思ふと云ふ。

牧野、先日伊東（巳代治）より、審議会のことは進行思はしからす、自分（牧野）より岡野（敬次郎）、平沼（騏一郎）等に進行する様話し呉よとのことなりしも、自分（牧野）も之を引受くる訳に行かす、其儘に為し置けり。伊東は二度計り到底見込なきに付、辞職し度と云ひたることありたるも、如何なるものを作るや、其ことも見極めすして辞職せしむることも出来さる故、留任を求め置きたり。然し到底実行出来さることは、宮内当局として之を実行する訳には行かす、経費の関係もあり、又時勢の変化もあり。余り仰山なる儀式を為す様のことは出来難しと云ふ。予、昨夜も伊東は宮内省にて費用か懸る故困ると云ふも、儀式費用を要するは当然なり。費用を要することを厭ふならは、儀式を止むるか宜しと云ひ居りたるも、是は程度の問題なり。只今出来居る喪儀令案の如きものは、到底今後実行出来るものに非すと云ふ。牧野誰も儀式を止むると云ふ者はなしと云ふ。

〔欄外に付記〕

午前十時頃云々以下、四月二十八日までの日記は、五月二十七日午後に追記す。

○午前十時頃金井四郎来る。予金井に、帰郷のことを告け、師正王改葬の時期を謀る。金井、五月二十日後にて適当なる日を択はるるならん。墓の形状を定むる為の参考として、京都に在る朝彦親王の墓の形状を写し来りたりとて其図を示し、且今日午後予と共に豊島岡に行き、墓の振合を見ること出来るやと云ふ。予差支なしと云ふ。午後二時三十分頃より金井四郎、片岡久太郎、北村耕造、山口巍と共に、東久邇宮の自動車に乗り豊島岡に行き、各所の墓を視る。午後五時後家に帰る。北村は護国寺門前にて別れ、山口は市ヶ谷見附にて別れ、金井、片岡は予か家の前にて別れたり。

○午前宇佐美富五郎谷中墓地に行き、警察署の許可を受け、人夫をして孚の墓を発掘せしめ、小なる骨片数個を得て、之を携へ正午頃返り来りたる由なり。

○午前西野英男より電話にて、山下雅実に荷物運送のことを問ひ合せたる処、山下より手続完成したる故、明後日午前九時頃に荷物を持ち来りて差支なき旨を答へたることを報す。

○午後三時頃白根松介来り、三善焞彦は内匠寮に勤務し居るか、同寮にては事務官を減することゝなり、三善は免職せらるへき場合となれり。然るに小原（駩吉）か罷めたりとて、直に三善まても免官するは余り穏当ならさる故、三善を何処にか転官せしむる様に致し度。同人を会計審査官に採用し呉るることは出来さるやと云ふ。予、此ことは即答し難し。暫く考へ見ることにすへき旨を答ふ。白根か去りたる後、伊夫伎準一を召ひ、之を謀りたるに、伊夫伎は三善を採用することに為し呉よ。只今免官するは気の毒なりと云ふ。

四月二七日

○四月二十七日日曜。晴。

○午前より孚の骨片を納れた小甕を納るる箱を作る。

○午前八時頃より髪を理す。

○午後尚ほ箱を作る。

○午後中川孝太郎来る。震災火災に遭ひたる状況を話し、石渡敏一の長女の他家に嫁したる者〔木村きく〕か、震災のとき初は火災の憂なしと意ひ、他人を救助する為、飯抔を配給し居りたる処、火迫りたるに付、舟に乗り之を避けたるも、終に舟を焼き、舅（木村徳兵衛、米穀商）及娘等と共に焼死したる趣なることを談す。話すること一時間余。
○午後内子、代々木に行き、直人の病を訪ふ。四時後帰り来る。
○午後書籍を納るる古箱（桑を入れたる古箱）の蓋の破れたるものを修理す。
○午後金井四郎電話にて、予の帰郷する前一度東久邇宮邸に来られ度と云ふ。予明日午前に行くへき旨を答ふ。金井午後は妃殿下他出の予定なりと云ふ。少時の後宮邸より電話にて、妃殿下は午前十時より他出せらるるに付、十時前に来られ度と云ふ。予之を諾す。

四月二八日

○四月二十八日月曜。晴。
○午前八時頃主馬寮に電話し、今朝は九時少し前に馬車を遣はすことを嘱す。八時五十分頃馬車来る。乃ち東久邇宮邸に行く。九時三十分頃妃殿下に謁し、金井四郎と共に師正王の墓の形状を妃殿下に説く。十一時頃妃殿下の北白川宮邸に行かるるを送り、然る後宮内省に出勤す。
○午前十一時後、白根松介を秘書課に訪ひ、三善焞彦を審査局に採るへき旨を告く。白根夫れは好都合なりと云ふ。予、牧野伸顕は出勤せさるやを問ふ。白根、大臣室に行き、只今大臣（牧野）は一人にて室に居ると云ふ。予乃ち行き、予か帰郷のことを謀る。牧野審査局の事務に差支なきならは宜しと云ふ。予将に去らんとす。牧野、今日は錦雞間祗候に餐を賜ふことゝなり居れり。是まては兎角官吏の古手のみ皇室の優待を受くることゝなり居るか、今後は学者、実業家、其他相当なる人を優遇せらるる様になることか必要なりと思ふと云ふ。予、錦雞間祗候を置かれたるときの趣意は、元老院を廃せらるるに付、議官たりし人を優遇せらるる為なりしとのことなるも、今日にては必しも其趣意に拘泥する必要なかるへし。然し実業家等を優遇せらるるには、錦雞間祗候となすよりも他に方法を設けらるる方か宜しからんと云ふ。牧野、其方か宜しからん。兎も角賜餐と云ふ様なることか最も難有感するならんと思はる。何か適当なる考あらは、通知し呉よと云ふ。
○午後一時頃枢密院事務所に行き、二上兵治を訪ふ。在らす。村上恭一を問ふ。亦在らす。堀江季雄を問ふ。議案を奉呈する為、外出し居ると云ふ。乃ち属官某に面し、予の帰郷日数を記したる小書を交し、帰郷願書を作り、之を内閣に出し、許可を得る手続を為すことを嘱す。某之を諾す。
○午後二時頃白根松介来り、三善焞彦のことを次官（関屋貞三郎）に談したる処、関屋は長く三善を審査局に置くことは面白からす、一定の期限を附けて審査官に転任せしむることを更に貴官（予）へ相談すへき旨を申聞きたりと云ふ。予、期限の有無は予の関する所に非す。但、予は之を本人に予告せさる方可ならんと思ふと云ふ。
○午後伊夫伎準一、根岸栄助を会計審査官補となすに付、俸給額を謀る。予、根岸は之を高等官となすことか非常なる恩恵なり。俸給は現俸給額に近き二千円にて可ならんと云ふ。伊夫伎之に同意す。伊夫伎又属官山崎幾蔵〔帝室会計審査局属官〕、江隅重義〔帝室会計審査局属官〕、瓦田元良増俸のことを謀る。予、三人の中幾分技倆の優劣はあれとも、三人とも是まて余程の年数を経居るに付、三人とも増俸することとしたらは如何と云ふ。伊夫伎之を望む旨を答ふ。

○午前西野英男に、明日午前は東宮御所に行き、午後は司法大臣官舎に行かさるへからさるに付、宮内省には出勤せさるへく、馬車は十一時四十分に予か家に遣はし、東宮御所より司法大臣官舎に行くことに主馬寮に交渉し置き呉よと云ふ。西野之を諾す。

○午後西野、馬車の御者は他所にて弁当を食せさることゝなり居る趣に付、自動車を廻はすことに交渉し置けり。帰路には杉栄三郎か同乗を請ふとのことなりと云ふ。予承知の旨を答ふ。

○午前十一時後西野英男来り、荷物運送のことを処置し、寝台券、急行券、乗車券を買ひ来りたることを報す。荷物は郷里に送るもの、御紋章附の器物なるに付、特に山下雅実に依頼して鄭重なる取扱を為さしめたるなり。乗車券等は予及内子か帰郷する為なり。予は鉄道局より給する無賃乗車券を有するを以て、乗車券を購ふに及はさるなり。

○午後内子、第一銀行に行き預金を取り、三越に行き物を買ひ、神田に行き懐中電灯を買はんとしたるも、之を売る八井某の店、昨年の火災後神田に店を構へ居らさる故、空しく帰らんとする途中、神田橋内にて荷馬車の馬か人力車と衝突し、車夫、車と共に顚したるも、幸に負傷せす、内子は軽度の衝動を受けたるまてにて済みたる由なり。

〔欄外に付記〕

四月二十九日及三十日の日記は、五月二十八日に追記す。

四月二九日

○四月二十九日火曜。晴。

○午前十一時四十分頃宮内省より自動車を遣はす。杉栄三郎、高橋其三既に乗り居りたり。之と同乗して東宮御所に行き、十二時頃皇太子及妃両殿下と謁し、御誕辰を奉賀し（今日は皇太子の御誕辰なるか、妃殿下の御誕辰も今日併せて之を賀することゝなれり。今日は其誕辰には非さるなり）、次て食堂にて餐を賜ふ。予は牧野伸顕、井上勝之助、珍田捨巳と卓を共にせり。一時十分頃餐終る。皇族の退出を待ち、玄関にて帳簿に署名して賜餐を奉謝し、杉、高橋と同乗し、予は家に過きり、高帽を中折帽に易へ、フロツクコートをモーニングコートに換へ、直に司法大臣官舎に行き、杉、高橋は共に其官署に行きたり。司法大臣官舎にて諮問第四号の小委員会を開き、四時五十分頃閉会す。

○午前、花井卓蔵か嘱し居りたる生々流転の絵葉書に詩を題し、又川端久五郎〔不詳〕の嘱に係る同人六十一の賀詩を書し、花井には司法大臣官舎にて之を交したる処、花井は郵便にて之を受け度に付、葉書に表書を為し呉よと云ふ。予乃ち之を書し、之を花井に交す。花井は之を郵に投するならん。生々流転の図は横山大観〔日本画家〕の画きたる原作に依り、絵葉書を作りたるものなり。
○午後文書課に行き、渡部信に予か旅行する旨を告け、五月一日の御歴代史実考査委員会には出席し難きに付、伊東総裁（巳代治）に之を告くることを嘱す。
○午前九時頃西野英男来り、山下雅実より昨日電話にて、昨日午後五時二十五分発の汽車にて予て運送を託せられ居りたる荷物を発送したるに付、吉井駅にて之を受取るへき旨、貴官（予）より樋口の㋤に電信にて通知し置からんと云ひ来りたり。依て電信案を持ち来りたりと云ふ。予、少しく之を修正して発信することを嘱す。㋤は樋口の運送店、永綱葛助のことなり。

四月三〇日

○四月三十日水曜。曇風。
○午前九時三十分より出勤し、枢密院控所に行き議場に入り、京城大学令案に付会議す。十一時四十分頃議了す。控所にて会議前、浜尾新、清浦奎吾に帰郷のことを告く。浜尾、予を別処に誘ひ、衆議院議員選挙法のことに付二上兵治より予の意見を問ふ様談し置たる旨を告く。予既に二上に面会したる旨を告く。清浦、君（予）の郷里には猶ほ住居し居る人ありや、其家は吉井の近辺なりやと云ふ。予、予の姪即ち恒二郎〔倉富恒二郎、倉富勇三郎の兄、故人〕の子か、旧住所即ち吉井と田主丸との間に住し居る旨を答ふ。
○午後一時後関屋貞三郎審査局に来り、三善焞彦を審査官に転官せしむることは好都合なるか、同人は長く奉職せしむるは省の為宜しからす、期限附にて審査局に採り呉度旨を談す。
○午後二時頃より徳川頼倫の室にて、有栖川宮遺財処分のことを議す。三時十分頃より馬車に乗り、青山斎場に赴く途にて家に過きり、襟飾を易へ（黒色のものに）、高帽を著け、斎場にて伊集院彦吉の告別式に会し、直に家に帰る。皇子御殿前にて小原駩吉を見る。乃ち馬車を下り、馬車は之を返し、小原と立談し、昨日関屋貞三郎より三善焞彦のことに付白根松介に談し、白根より之を予に告けたる趣意（此趣意は今日関屋より予に告けたる所と同し）、今日関屋より予に談したる趣意を告け、小原に別れ、歩して帰る。
○午後一時後高羲敬審査局に来り、稲田龍吉か本月二十四日に世子妃を診療し、同人か洋行中は坂口某〔康蔵、東京帝国大学医学部助教授〕をして診療せしむることに決し、稲田〔に〕は昨日謝金五百円、餞別金三百円を遣はしたることを報す。
○午後零時後白根松介来り、根岸栄助を審査官補となすに付、俸給額は幾許にすへきやを謀る。予、伊夫伎準一と協議したる上、伊夫伎をして二千円にて宜しき旨を白根に答へしむ。
○午後四時頃広津潔子来る。予等か明日より帰郷するを以て、来り別れたるなり。
○午後東久邇宮邸より使をして、浅草海苔五箱を贈らしめらる。金井四郎亦其使に托し、江戸土産（菓子の名）五箱を贈る。
○午後五時頃宇佐美富五郎来る。予等か明日より帰郷するを以て、富五郎をして家を守らしむる為、之を召ひたるなり。

大正一三年五月

〔五月一日より一九日までの日記記事は別の冊子〈黒表紙の手帳〉に書かれており、その部分をここに挿入する。なお、この手帳では、同じ日の記事が二箇所に分けて書かれていることがあるが、一箇所にまとめた。まとめるにあたり、原文に記されている「五月〇〇日の続」との語句は削除した〕

五月一日

曇。午前七時頃車力をして荷物を東京駅に送らしむ。七時十分頃西野英男来る。七時三十分頃より駅に行く。駅にて石田秀人に遇ふ。国府津の西まて車掌某の為字を作る。

〇午前電信を鈞、隆に発す。

〇名古屋駅にて中橋徳五郎に遇ふ。

五月二日

〇午前八時三十分馬関に達し、九時四十分門司を発す。午後零時十六分頃久留米駅に達す。隆来り迎ふ。助役某に面し、小荷物送り方に付配慮の挨拶を為し、電信を鈞に発し、自動車を雇いて秋成に赴く。午後一時三十分頃松原〔に〕達す。歩して隆か家に赴く。啓二郎夫妻、姉氏〔村山美佐遠、倉富勇三郎の姉〕、妹氏〔倉富礼以子〕、強五郎夫妻及ひ姪の子等来り話す。

〇晩間より雨ふる（午前より午後まて曇天）。

〇午後、強五郎に孚改葬のことを警察署に交渉することを嘱し、東京警察署の改葬証を交す。

〇小荷物の荷作りを解く。

五月三日

雨。

〇午前本家に行き祠堂に拝す。姉氏、妹氏、啓姪等と話す。会水野光衛来り訪ふ。之と話すること少時。水野、有馬頼寧氏選挙の状況を話す。

〇夜、郷人来りて賜品等を観る。

五月四日

雨ふる。

〇午後金盃を以て酒を祠堂に献し、啓二郎、姉氏、妹氏等と之を飲む。

〇午後三時後菊池剛太郎来り訪ふ。有馬頼寧氏選挙の状況を談す。菊池藍胎漆器盆を贈る。

〇午後三浦直次郎〔故倉富恒二郎の長女ヨネの夫、福岡県会議員〕及菊池〔原文空白、市太郎〈元船越小学校長〉カ〕来り訪ふ。話すること十分間許にして去る。

五月五日

雨ふる。

○午前九時前金盃を以て酒を新家の祠堂に献す。

五月六日

○午前強五郎に嘱し、孚の遺骨改葬のことを駐在巡査に告け、又法音寺の僧に告けしむ。左官森吉〔不詳〕を雇ふことを約す。少時の後森吉を召ふ。森吉来り難き旨を報す。乃ち傍近の人を雇ひ共塋の石を開かしむ（甚吉〔不詳〕、本家の僕某、清右衛門〔不詳〕、卯吉〔不詳〕の兄某〔不詳〕）。僧読経し、孚の遺骨を共塋内に納む。
○午前十一時後船越村の議員、区長二十二人来り、予秣山のことに付世話したることを謝す。三浦直次郎之を率ひ来る。土産物を親族故旧に贈る。
○午後、先年配分を受け不用と為りたる御物卓子掛（錦）の一部を截きて、本家祠堂折敷とす。
○午後隆、朗子を伴ひ田主丸を経て吉井に行き、朗子の歯を療せんとす。医師在らす。之を療せすして帰る。田主丸にて時計の修繕したるもの一個を取り来る。隆をして吉井にて予か伊夫伎準一に答ふる電信を発せしむ。

五月七日

雨。午前十一時頃道子の母松岡仲子及ひ幸江来り訪ふ。是より先き使（卯太郎〔不詳〕）をして道子の母に物を贈らしむ。母等既に去る。使（卯太郎）松岡の家に誰も在らさりしを以て物を持ち帰る。仲子等か尚ほ松原停留場に在るへきを以て卯太郎は直に之を追ひ行く。仲子等既に在らす。卯太郎は復た長田まて行き、物を交して帰り来る。
○午後本家に行き、先日啓二郎か予に貸したる福岡県人（雑誌）を返す。
○晩間、村山姉氏を招き、饗を共にす。
○午後十一時後大雷雨。

五月八日

朝微雨後曇。
○午前金銀杯其他の器具の目録を作る。
○午後清太郎〔不詳〕、三浦麟之助〔倉富篤堂の甥〈勇三郎のいとこ〉、船越銀行専務〕来る。午後三時後竹下清蔭来る。

五月九日

曇寒。午前隆、日田に行く。午後鏡山清子〔倉富強五郎長女〕来る。午後書を矢野友吉〔福岡県吉井町の実業家、矢野合名会社社長〕、山下雅実に贈る。午後五時後児島修吉〔児島祥子の夫カ〕及祥子〔児島祥子、倉富啓二郎二女〕来る。鯛及鰕を贈る。午後嫂〔倉富セキ、故倉富恒二郎妻〕、米〔三浦ヨネ、故倉富恒二郎長女〕、梅〔三浦ムメ、故倉富恒二郎四女〕、文、清来りて器具を観る。

五月一〇日

曇寒。午前隆博多に行く。午前本家に行き、児島修吉を訪ふ。
○午後一時後妹礼、其孫一実〔倉富九一郎長男〕を携へ来る。熊代〔吹春熊代、倉富礼以子長女〕亦之と共に来る。午後四時頃池上勝代〔村山美佐遠長女〕、其子ミネ〔池上勝代二女〕、シツ〔池上勝代三女〕、峻〔池上勝代長男〕を携へ来る。午後岡野健之丞来る。
○午後古賀増吉〔村山美佐遠三男、古賀家の養子となる〕来る。午後六時頃啓二郎の招に赴く。予夫妻、岡野健之丞、姉氏、妹氏、増吉、修吉、祥子、啓二郎共に飲喫す。修吉に羽二重一反を贈る。午後十時頃宴散す。
○午後九時頃隆帰り来る。

五月一一日

微雨。午前本家に行き昨夜の饗を謝し、啓二郎、修吉等と話す。会林田守隆来る。予乃ち帰りて之と話す。話すること三十分間許、怡土束来る。
○林田は有馬頼寧氏か議員候補者と為りたることに付、林田か推薦者と為ることを諾したる事情を説く。怡土か来りたる後、怡土より浮羽、三井二郡の政友会、憲政会々員か有馬を嫌ふ様に到りたる事情を説く。話すること一時間許〔林田か来りたるときより〕。林田は今後の政局如何なり行くへきやを談す。又先年有馬家と交換せし中原町の邸を売却し、日吉町に移転することは有馬家と交換したる邸なるに付、一応之を告け置く旨、六月十日頃までには仮りに日吉町に移転すへきこと等を談す。怡土は絖二枚紙一枚を持来り、字を作ることを嘱す。
午前本家の庭にて一同撮影す。児島修吉夫妻帰り去る。午後池上勝代及其子三人辞し去る。古賀増吉帰り去る。吹春熊代頭痛烈し。隆薬を与ふ。少時の後気色稍々復す。亦帰り去る。
○夜強五郎来り話す。強五郎は昨日は議員選挙の為間を得す、今日は投票函を護送して、北野に行きたる趣なり。
○午後七時後三浦直次郎、書を隆に贈り、来りて予を訪はんと欲する旨を告け、予差支なき旨を告けしむ。少時の後三浦来る。又少時にして啓二郎来る。直次郎、強五郎、啓二郎と話して十時後に至る。話は有馬頼寧氏選挙のことなり。強五郎より有馬秀雄落選のことを聞く。

五月一二日

微雨。
○午後隆、田主丸に行く。又遂に吉井に行く。
○午後姉氏及妹礼、田主丸に行く。

五月一三日

晴後曇。

五月一四日

雨。午後三時頃三浦直次郎、菊池〔原文空白、市太郎カ〕来り、明日船越小学校増築落成式に付、予に出席し呉度。又翌十六日には船越村の有志にて歓迎会を開き度に付、出席を請ふ旨を談す。予、十五日の落成式には出席すへく、十六日には帰京する予定なるに付、出席し難き旨を答ふ。三浦、実は村の有志者は秣山事件開〔ママ〕決に関する謝恩会を開き度と云ひ居りたるも、自分は船越村より謝恩すれは、他の村よりは不平ある訳に付、謝恩会は適当ならさるへしと云ひ、結局歓迎会と云ふことになりたるものなりと云ふ。

三浦又船越銀行増資の計画を為したるも、大蔵省の局長より合併を勧誘し来りたるに付、再考の結果、産業組合と共通の如きことにし度。就ては強五郎と談し合ひ呉よ。若し其事か行はれさるならは増資し度。大蔵省員へ名刺ても遣はし呉よと云ふ。予、増資又は共通の利害は判断し難し。大蔵省への交渉ならは、時宜に因り取計ふへき旨を答ふ。

三浦等一たひ去り、三十分間許の後復た来り、小学校長秦俊蔵亦之と共に来る。菊池、先刻失念せり。明日学校へ出席のとき、式場にて何か講話し呉度。又式場には生徒全部を入れ難き故、挙式前全生徒を講堂に集むるに付、其席にて簡短に訓示し呉よと云ふ。予之を諾し、明日は郡長〔佐藤信寿〕等か来るとのことなるか、此等は職務上にて出席するものなれは予に先ちて祝辞を述へしめさるへからす。予は一村人として最後に一言すへしと云ふ。三浦等云ふ所ありしも、結局予の言に従ひたり。

三浦又米子の談にて種々の恩賜品を持ち来られ居ることを知れり。明日の落成式に之を陳列して、生徒に拝観せしめ度と云ふ。予形の大なるもの二、三を貸与すへしと云ふ。三浦多きを望む。予終に三浦等をして品物全部を観せしむ。是より先名島末蔵〔不詳〕亦来る。三浦等品物の保管に付ては名島をして責任を取らしむへしと云ふ。結局二十品許を貸与することを諾す。但、予か之を衒ふ如きことゝなりては困る故、新聞抔には一切此ことを掲載せさる様に注意すへき旨を告く。

○午後二時頃国武貞蔵〔船越村収入役〕来り訪ひ、鶏を贈る。話すること四、五分間許にして去る。

○怡土束、書を隆に贈り、予帰京の時軌道車又は自動車を備ふへき旨を告く。

○午前十一時頃本家に行き、祠堂に拝す。法音寺の僧温興〔森温興〕に遇ふ。

五月一五日

晴。午前八時後名島末蔵来り、昨日貸与することを約したる賜品を取る。更に四、五品を加ふることを請ふ。

○午後零時頃強五郎来り、昨日は午後一時頃に来校せらるることを請ひたる趣なるも、生徒をして賜品を拝観せしむる為時間を要し、一時にては早く過くへきに付、更に使をして時刻を通知せしむへき旨を告く。

○午前八時後強五郎来る。予、昨日三浦直次郎来り、船越銀行と信用組合と共通を謀り度旨を談したることを告く。

○午後一時前小学校より使をして予の来校を請はしむ。乃ち行く。校長秦俊蔵、予を作法室に誘ふ。菊池市太郎等と話す。少時の後秦来りて予を講堂に導く。乃ち行き、生徒に対し昔の教育と現今の教育とを比較し、現今の便なることを説き、皇室を尊崇すへき旨を述ふ。一たひ作法室に返る。

午後二時頃落成式開始の旨を報す。乃ち浮羽郡長佐藤信寿等と共に講堂の式場に行く。生徒国歌を唱ふ。村長強五郎式辞を述ふ。佐藤等予か先つ述ふる所あるへきことを思ひ、祝辞を述へす。強五郎、佐藤等に先つ祝辞を述ふることを求む。佐藤、吉井警察署長某〔重富実〕、某村長某祝辞を述ふ。之に次き、予、義務教育の重要なること、設備の完備に近きこと、将来勉励すへきことを説く。次て秦答辞を述ふ。生徒落成式の歌を唱ふ。復た来賓を作法室に誘ひ、酒食を饗す。予は酒二、三杯を傾けて密に去る。作法室に予の書（所受是極）を掲け、講堂に（啓発）を掲け居れり。

○午後二時頃佐藤信寿及某々等八、九人来り、玄関にて予に面し辞し去る。

○午後強五郎、三浦直次郎の意を伝へ、八龍の神社の為、明治天皇の御手の触れたりと思はるる卓子被の一部を得度旨を伝ふ。午後五時頃逸雄発熱。道子神気昂進す。竹下清蔭来診す。

五月一六日

晴。午前九時頃法音寺の僧温興の為に予か温興に贈りたる華瓶（錫製）を入るる箱の蓋の裏面（贈温興和尚）と年月日（五月六日）と予の氏名を書す。一昨十四日温興か嘱したる所なり。

○午前十時頃姉妹及内子と共に隈〔不詳〕の墓に展す。満ス〔マス〕及安亦追ひ来る。帰途予及内子は倉富菊〔不詳〕を訪ひ、座に上らすして辞し去る。

○午前十一時後三浦直次郎及杉本慎五郎〔不詳〕来り訪ふ。杉本は朝鮮より去月末に来り、佐賀県等に旅行し居り、近日直次郎の家に来りたりと云ふ。予、直次郎八龍神社の為卓子被の一部を望むことは強五郎より聞きたるも、卓子被は適当ならす、帰京の上何か適当なるものを求め見るへく、之を得さるならは卓子被の一部を贈ることにすへき旨を告く。

○午前八時後強五郎来り、昨日聞〔き〕たる船越銀行と信用組合との共通のことは、弟は三浦及啓二郎とは立場を異にして、従て意見も異なれり。此のことより村治上にまて影響を及ほす様にては困るに付、一応双方の主張を聞き呉よと云ふ。予、此ことに付、予は意見を云ひ難しと云ふ。強五郎、兎も角三浦と話し見るへしと云ふ。

○午後隆、吉井に行く。今朝筑後軌道会社より予の出発日時を問ひ来りたるに付、之を告くる為なり。

○逸雄昨日の発熱は朝来解熱し、道子の心気昂進は昨日六時頃には既に回復せり。

○午前十一時頃倉富ヱツ〔不詳〕来る。

○午前隆、吉井に行く。其次てに久留米の鉄道駅員に電話し、明日馬関発の特別急行列車の寝台券を買ふことを謀らしむ。駅員今夕までには寝台券を買ふことの成否分るへき旨を答へたる由なり。又隆をして明日午後二時二十八分松原発の軌道車を借ることを軌道会社に報せしむ。怡土束より、予か帰京するとき、軌道車を備ふへきに付、出発日時を通知すへき旨、隆に照会し来り居りたるを以てなり。

五月一七日

晴。午前十時後内子と倶に本家に行き祠堂に拝し、今日帰京することを報告す。話すること十分間許にして、将に強五郎の家に行かんとす。会々大掃除を為し居れり。乃ち止む。
○午後一時五十分頃より内子と共に家を発し、松原に行く。強五郎、於増〔マス〕、姉氏、於文、岡野健之丞、啓二郎、米子、梅子、三浦直次郎、法音寺温興、名島某等送り来る。居ること十分間許、軌道車来る。怡土東之に乗り居り、最後の車に予等を載せ、怡土亦之に乗り、予等を贈りて門の上に到る。強五郎は送りて田主丸に来りて別れ、他は松原にて別る。礼以及ひ其孫一実は将に福岡に帰らんとし、予等と共に軌道車に乗り久留米に到り、隆及朗子は送りて久留米に来り、筑後軌道会社員永淵某〔不詳〕は怡土の命に依り亦予等を送りて久留米まで来り、信用組合の使用人〔原文空白〕、喜三郎〔生野喜三郎、徳童倉富家の家僕〕亦名島某の命に依り久留米まで送り来る。
　久留米駅にて馬関以東の急行券及寝台を購ふ。昨日隆か吉井より電話にて寝台を購ふことを嘱し、駅員より馬関に電話したる処、馬関駅員より寝台ある旨を答へたる趣にて之を売りたるなり。以前は久留米駅にては寝台及馬関以東の急行券を売らさりしか之を売ることゝなりたるは便利なり。

　礼以、吹春浩〔吹春熊代の夫〕の家に行き、浩と共に来る。熊代は不快にて一昨日来臥褥し居るとのことなり。駅にて細見保、林田〔原文空白、岩太郎〕（守隆の子）、佐々木正蔵、水野光衛、田中熊蔵〔有馬家家従〕、山下均〔内科医師〕、真木〔原文空白、長時〕、有馬泰明等に遇ふ。其他予に挨拶したるも、予か其氏名を知らさるもの七、八人あり。細見より、有馬頼寧氏も今日予と同時発の汽車にて東京に帰らるることを語りたり。有馬泰明は其母〔不詳〕の病を看る為、帰県、本月二十五、六日頃帰京する積りなる旨を語れり。又田中熊蔵より同人か有馬家の家職を辞せんと欲する旨を申出て置たるに付、之を聞き届けらるる様取計ひ呉よと云ふ。予、予及ひ田中等と同時明善堂に学ひ居りたる者にて生存する人は幾名位あるやを問ひ、田中、江碕済〔漢学者・漢詩文家、中学明善校教師、号は巽葊〕、若林卓爾位にて樋口某（名は予之を忘れたり）も先日死したりと云ふ。予、先日樋口某死亡の電信通知に接したるも何人なるや知るへからさるを以て其儘に為し置たるか、田中の談に依れは樋口左次郎〔不詳〕か改名し居りたるものゝ様なり。

　二時四十〔原文空白〕分久留米駅を発し、車中にて頼寧氏と談す。博多駅にて九一郎、其妻保代、次男睦規及勝代を見る。午後七時頃門司に達し、同所にて夏密〔蜜〕柑及煎餅を買ひ、連絡船にて馬関に行き、直に東京行の特別急行列車に乗る。九時頃より寝台にて寝に就く。小倉駅にて留守宅〔に〕電信を発し、明日午後八時三十分著京することを報す。
○久留米駅にて隆をして電信を発し、鈞に予等か今日帰京することを報せしむ。
○午後七時後、門司より馬関に赴く連絡船中にて、藤田嗣章〔後備役陸軍軍医総監、元朝鮮総督府医院長〕に遇ふ。藤田、某を予に紹介す。某の名は聞きたれとも、之を忘れたり。某は七十歳以上の者に揮毫を嘱し居り、既に多数を集めたり。予にも揮毫せよと云ふ。藤田、予に対し幾歳なりやと云ひ、予七十二歳と云ふ。予の答を聞き、藤田忽ち某を紹介し、前記のことを嘱したるなり。

五月一八日

晴後曇寒。

○午前給仕揮毫を請ふ。大垣駅にて書し始む。汽車は忽ち進行す。乃ち之を止め、名古屋駅に達したるとき之を完成す。（好大而不為大不大矣）を書す。

○京都駅にて元朝鮮郵船会社長原田某〔金之助〕に遇ふ。原田は彦根に行く為米原まて行き、彦根まて後戻りする積りなりと云へり。米原にて原田復た来り別る。

○午後八時三十分東京駅に達す。宇佐美富五郎、杉野の人力車夫四人と共に来り迎へ居りたり。久留米駅にて托送したる手荷物を受取らんとしたるも、荷物達し居らす。乃ち車夫二人及富五郎を留め、後著の汽車の達するときを待たしめ、予等先つ帰る。電信を鈞、隆に発し、無事著京したることを報す。十時頃富五郎帰り来り、荷物は次の汽車に積み来り、車夫か程なく持ち来ることを報し、少時の後、車夫行李二個を致す。馬関駅にて誤て、之を三等急行車に積み込みたる為後れたるなり。東京駅にて山下雅実を訪ひ、荷物不達のことを告け、取計を為さしめんと思ひたるも、日曜日なる為山下は出勤し居らす。其他職員を問ひたるも、誰も出勤し居らす。若し今夜荷物か達せさるならは、明朝駅員に交渉せんと思ひ居りたるも、荷物か届きたる為其必要なかりしなり。

五月一九日

晴。

午前主馬寮に電話し、今日午前九時三十分に、馬車を遣はすことを嘱す。有馬秀雄に電話し、帰京を報す。有馬伯爵邸に電話せんとしたるも、電話通せす。

○午前八時頃金井四郎の家に電話したるか、金井は既に外出し居れり。

○午前九時三十分より東久邇宮邸に行き、日田羊羹二箱及ひ五文字（菓子の名）一箱を贈呈し、妃殿下に謁し、先日殿下より浅草海苔を贈られたることを謝す。予正に話するとき、大谷光暢及其妻智子来る。予乃ち退く。片岡久太郎に嘱し、金井四郎に贈るへき籃胎漆器の菓子箱及羊羹一箱を金井の家に届けしむ。宮邸に贈るへき羊羹を包みて持ち行きたる風呂敷を宮邸に遺したり。午前十一時頃宮内省に出勤し、西野英男に嘱し、羊羹三箱を高等官食堂に届け、又一箱を審査局属官に贈らしむ。西野英男には籃胎漆器の盆と羊羹一箱とを贈る。

○今日頃食堂にて上野季三郎より、本月二十一日に自分（上野）の室にて来月二日以後の饗宴のとき用ひらるへき食物の試食を為し度に付、来り呉よと云ふ。

五月二〇日

○五月二十日火曜。雨。

○午前九時三十分頃より馬車に乗り出勤す。

○午前西野英男に嘱し、主馬寮に交渉して、今日午後四時より小原駩吉の招にて上野精養軒に赴く為、自動車を借ることを謀らしむ。西野、主馬寮にて自動車を貸すことを諾せり。但、伊夫伎準一も同乗することを望み居り、其他にも同乗を請ふ人あるへしと云ふ。予同乗は少しも差支なしと云ふ。

○午前金井四郎来り、池田亀雄より金井に贈りたる書状を示す。書状は、稔彦王殿下か東京の図書館に仏国書籍を寄贈せんと欲せられ居るに付、東京にて為すへき手続を為し呉よと云ふ趣意なり。殿下より書籍代として二箇所に五百円宛出さるる様に書きありたり。金井又師正王改葬のことを謀り、且改葬後作るへき墓の形状に付内匠寮技師北村耕造の意見は稔彦王妃殿下の意見と異なる趣を告け、妃殿下の意見に依る図と内匠寮の意見に依る図（二様）とを示し、且技師菊地白（内匠寮技師）を召ひ、之を説明せしむ。少時の後、北村亦予の室に来り、墓の形状に付云ふ所あり。金井より妃殿下に説明して、成るへく北村等の意見に従はるる様にすへきことに協議す。又改葬のとき妃殿下か墓所に来らるる時期等を議し、金井より殿下に告けて、之を定むることに定む。

○昨日も今日も、食堂に予より贈りたる羊羹を出し居れり。

○午後大木彝雄を用度課に訪ふ。在らす。又之を内蔵寮に訪ふ。亦在らす。乃ち審査局に返る。少時の後大木来る。蓋、予か之を訪ひたることを聞きたる為ならん。予、三浦直次郎の名は告けす、帰郷中予か先年宮内省より不用物処分として配分せられたる卓子掛を見て、其一部を懇望したるものあり。其事由を問へは、明治天皇を奉祀し居るに付、何にても同天皇に縁ある物を得て、之を祠内に保存し度と云へり。依て本人の希望を満さんと欲するか、何か不用と為り居る物はなかるへきや。若し之あるならは、予より宮内大臣に相談して之を受くる手続を講することとすへしと云ふ。大木、先年廃物処分を為されたる為、今日にては格別の物なきも、倉庫中蔵しあるものあるに付、之を取調へ見るへしと云ふ。

○午後四時より伊夫伎準一、大木彝雄、上野季三郎、三浦篤及某と自動車に同乗して、上野精養軒に小原駩吉の招宴に赴く。招待時刻は六時なるに、予等は退庁後直に行きたるを以て五時前に達し、小原も未た来り居らす。十四、五分間の後、小原始めて来る。原熙に遇ふ。原、有馬頼寧のことを談す。予、同人か衆議院議員と為るは之を好まさることとなるも、致方なき旨を談す。六時後より食堂に入る。是より先白根松介より、今日は貴官（予）か来客中の上席者なるも、次席（関屋貞三郎）をして上席に就き、来賓を代表して挨拶せしむる方宜しからんと思ふに付、之を諾し呉よと云ふ。予之を諾す。小原の挨拶に対し、関屋謝辞を述へ、予か小原の為に杯を挙けて健康を祝せんことを請ふ。予乃ち一同と共に杯を挙く。食後談すること二十分間許、大島義脩、大木彝雄と同乗して帰る。予先つ門前にて車を下る。家に帰りたるは九時前なり。雨ふること甚し。

○午後東久邇宮邸より、明日午後一時三十分頃自動車を宮内省に遣はすへきに付、之に乗りて宮邸に来り呉度旨を電話し、西野英男之を予に伝ふ。
○午後地震す。
○食堂にて上野季三郎より、明日試食を請ふ旨約し置たるも、関屋貞三郎差支あり、二十三日に延はす旨を告く。

〔欄外に付記〕

五月二十日午後五時後、上野精養軒にて田内三吉より、小原駩吉を罷めたるは気の毒なり。同人を貴族院議員と為すは適当と思ふ。君（予）、宮内大臣（牧野伸顕）に話しては如何と云ふ。予、予も之を望めとも、至難なるへし。殊に予より之を云へは、出来ることも出来さることゝなると云ふ。田内、然らは誰か適当なる人はなきやと云ふ。予、入江（貫一）位ならんかと云ふ。田内は小原のことを今日の主人と云へり。

五月二一日

○五月二十一日水曜。曇午後雨。
○午前九時三十分より出勤し、直に枢密院控所に到る。摂政殿下御参内なき為拝謁せす。直に審査局に返る。
○昨日は（或は一昨日なりしか明かならす）白根松介審査局に来り、矢島正昭を博物館附事務官に転任せしむ積りに致し、既に貴官（予）とも協議致し置たるか、矢島か此ことを聞き、直接次官（関屋貞三郎）の家に到り、転官を好ます、現在の通り審査官たることを好むと云ひたる由。本人か絶対に転官を嫌ふならは、無理に転官せしめても宜しからさるならんと思ふ。然し、今之を変更することは困るに付、成るへくは内定の通りに致し度旨を談す。予其原因を問ふ。白根、本人は自ら知らす、博物館より好き所を望み居るならんと云ふ。予、夫れは無理なり。本人も格別反対する程のことはなからん。審査局の為には転官を止むる方世話なけれとも、内定の通り遂行する方宜しからんと云ふ。白根に対し、矢島か内議を知りたる事由を問ひたる処、白根は鈴木重孝か転任したる故、矢島も之を望むならんと思ひ、伊夫伎準一より矢島を安心せしむる積りにて、君（矢島）も転官の内議ある趣なりと云ひたりとのことなりと云ふ。予、伊夫伎か之を話したるも、共に軽卒なることなりしも致方なしと云ひ、直に関屋に告けたるも、矢島か其話を聞き、直に関屋に か去りたる後、伊夫伎を召ひて白根より聞きたる次第を告け、白根か去りたる後、伊夫伎を召ひて白根より聞きたる次第を告け、且矢島をして転官を諾せしむる様勧むへきこと〔を告け〕置たり。

今日午前伊夫伎来り、矢島に転官のことを勧めたる処、矢島の考は全く自分（伊夫伎）の考と相違し、本人はどこまでも審査局に居ることを望むとのことなり。尤も官より転官を命せらるれは拒むことは敢てせさるも、成るへくは審査局に留まり度と云ひ居れり。本人か直接に次官（関屋貞三郎）に話したるは、関屋とは平素懇意の関係ある趣なりと云ふ。予、本人か左様に転官を欲せさるならは、君（伊夫伎）より一応其旨を白根に話し、転官を止むる様致す方宜しからんと云ふ。伊夫伎行て白根に其旨を告け、少時の後返り来り、白根に談したる処、白根は矢島の真意は必しも然らさるへし。矢張り博物館に転することを欲せさる為、右の如く云ひ居るならん。予定通り転任せしむる方可ならんと云ひたりと云ふ。予、然らは夫れにて宜しからん。其内予より矢島に其旨を告くることにすへしと云ふ。

○午後零時後、食堂にて牧野伸顕より予に対し、稔彦王殿下羅馬尼に行かれたる状況に付、堀口九万一（公使）及蒲穆よりの私書来り居るか、共に稔彦王殿下の御体度を誉め来り居り。堀口の書状には、羅馬尼にては二十日間位は殿下の噂にて持ち切りなるへしと云ひ来り居れり。是は私書なるも、写を取り、皇后陛下の御覧に入れ置かんと思ひ居れり。書状は君（予）にも示すへき旨、松平慶民に申聞け置けりと云ふ。予、殿下か長く仏国に滞在せらるる為、右様のことには立派に御用に立たるる様になりたるなりと云ふ。

午後一時頃松平慶民を宗秩寮に訪ふ。松平正に徳川頼倫の室に在り。乃ち之を追ひ行き、蒲穆及堀口九万一の書状のことを談す。松平書状は牧野（伸顕）に渡し置たりと云ふ。予、牧野は書状の写を作ることを話し居りたりと云ふ。

徳川、松平、酒巻芳男及杉琢磨等正に東伏見宮に殿邸を賜ふも、妃殿下百歳の後は其殿邸は皇室に帰属する様致度とて、其ことを討議し居り、予の意見を問ふ。予、此ことに付ては先刻（正午頃）東久世（秀雄（内匠頭））より談を聞きたるか、其談に依れは、地所は常盤松にて之を供し、特に之を賜ふと云はす、貸与の形式と為すとのことなるに付、地所の所有権に付ては別に疑なきも、建築費として皇室より金五十万円を東伏見宮に賜ひ、同宮にて之を建築せらるるとのことなる故、建物か宮の所有なることは是亦疑なしと云ひ置たりと云ふ。少時の後東久世秀雄亦来る。予、東久世に先刻話し置たる問題なりと云ふ。予又常盤松の地所を貸し渡、広大なる御殿を作りたらは、東伏見宮妃殿下に対する歳費丈にては維持出来さる様のことはなきやと云ふ。依て歳費の額を問ひたるも、之を知るものなし。酒巻、属官を召ひて之を調査せしむ。此時宗秩寮の給仕来り、東久邇宮邸より自動車を遣はし、予を迎ふる旨を告く。予乃ち審査局に返り、直に自動車に乗り宮邸に行く。

二時後、師正王の霊を祀る権舎に行き、喪主彰常王殿下、妃殿下及盛厚王殿下に次きて拝礼す。三時頃より金井四郎、片岡久太郎及有馬純文と自動車に乗り豊島岡に到り、四時より墓所祭に列し、各皇族及参列者の拝礼終りて墓を発き棺を露はし、喪主殿下、妃殿下、盛厚王殿下、昌子殿下の拝礼あり。次て棺を新塋に移し、混凝土を以て之を固め、又喪主殿下以下の拝礼及ひ土を下たすの式を終り、八時後より有馬純文外二人と自動車に乗り帰途に就き、予最終に車を降る。家に帰りたるは九時前なり。師正王の改葬は雨の為に難したるも、雨甚しからさりしは幸なり。

○午後一時三十分頃大木彝雄審査局に来り、昨日話を聞きたる廃物を検したるに、適当なるものある様なり。只今用度課に陳へ居るに付、五、六分間にて済むへし。来り観ては如何と云ふ。予、是より東久邇宮邸に行かさるへからす。明日に致し呉よと云ふ。大木承知の旨を答へて去る。

○今日頃午前高羲敬来り、関屋（貞三郎）より、李堈公等上京せらるる趣に付、世子邸にて饗宴を催ふさるるならんと云へり。関屋も右の如く云ふに付、李堈公を主賓とし、宮内大臣、次官等を招き、晩餐にても催ふさるる必要あるならんと思ふと云ふ。予異議なき旨を答ふ。高又明後々日は世子、同妃は新宿御苑にてゴルフの戯をなさるへき筈の処、御苑に差支ある趣に付、明日に変更せられたる旨を談す。高又宋秉畯か高橋是清の家にて高橋と話し、高橋の依頼にて野田卯太郎に伝ふることあり、電車に乗りて野田の家に赴かんとし、行過きたる為飛ひ下りたるか、顚倒して顔面に負傷したる趣なることの談を為せり。

五月二二日

○五月二十二日木曜。晴後曇遠雷あり。
○午前九時三十分より出勤す。
○午前十時頃用度課に行き、大木彝雄に遇ひ、廃物を観る。先帝の嗽用に供したる碗三個あり。其他銀器若干及外套の釦の取外したるも数十個あり。予、外套の釦二個を得度旨を告け、予より大臣（牧野伸顕）の承諾を求むへきやと云ふ。大木、是には御紋章も附き居らす、正式の手続を為すに及はさるやと思ふ。尚ほ取調へたる上にて様子を報すへしと云ふ。予、釦二個を引別け、大木に渡して去る。予用度課に行きたるとき、井上勝之助、山県武夫と共に来り、牧野（伸顕）か米国大使（ウツヅ）に賜はるに適当なりと定めたる青磁花瓶を観る。予亦井上等と之を観る。花瓶は濤川惣助〔七宝焼職人、元帝室技芸員、故人〕か作りたるものにて、買上けたるときの代価二千五百円なりと云ふ。尚ほ他の器物も之を観たり。
○午後、予か帰郷中に到達し居りたる御歴代史実考査委員会の書類、其他の書類を整理す。
○午後三時より馬車に乗り王世子邸に行き、世子及妃に謁し、予が郷里より帰りたることを告け、談話すること四、五分間。又応接室にて高羲敬、金応善、上野某と話すること二、三分間にして帰る。家に達したるは四時四十分頃なり。
○午前高羲敬審査局に来り、今日は宗秩寮よりの通知にて来りたり。酒巻芳男より李堈公、李鍝公の東京の邸に充つる為、常磐松御料地の内千二百坪許を無償にて貸与せらるる内儀なるに付、二公家より貸与願書を出さるる様致し度とのことなりしか、自分（高）は近々皇室御饗宴の為、李堈公、閔泳綺等も上京することゝなり居るに付、其上のことに為し度旨答へ置たりと云ふ。
○午後（又は午前、確かならす）、金井四郎来り、宮附職員増俸のことを謀り、又師正王の墓誌搨本を致す。
○今日頃松平慶民食堂にて、稔彦王殿下の羅馬尼行に関する堀口九万一の書状を封入したる蒲穆の書状を示す。一通は蒲より松平に贈りたるもの、一通は蒲より金井四郎に贈りたるもの。松平宛の分に堀口より蒲に宛たる書状を封入せり。予之を一覧し、宗秩寮に行き之を松平に返す。

五月二三日

○五月二十三日金曜。晴。

○午前九時三十分より出勤す。
○午前十時後上野季三郎来り、十二時少し前に自分（上野）の室に来り、御饗宴のときの食物の試食を為し呉よと云ふ。予丁寧なりと云ふ。上野、君（予）か忘れんことを恐るる為、特に之を告けたるなりと云ふて去る。
○午前十一時頃牧野伸顕予を召ふ。乃ち往く。牧野近日宋秉畯に逢ひたりやと云ふ。予、予の帰郷中宋より二度計り電話を掛けたる趣なるも、帰京後未た面会せすと云ふ。牧野、宋か来訪し、李堈公の東京別邸のこと、及ひ皇室より李王に賜はる殿邸のことを談し、殿邸を成るへく早く賜はる方宜しからんと云ひ居りたり。又李堈公の別邸は極めて小規模にて宜しと云ひ居りたりと云ふ。予、昨日高羲敬来り、宗秩寮より高を召ひ、李堈公、李鍝公に常磐松御料地の中千二百坪許を無料にて貸与せらるへきに付、貸与願書を出すへき旨申聞きたるか、高は近日李堈公、閔泳綺等上京するに付、其上のことに致し度旨答へ置たる趣なりと云ふ。牧野、常磐松のことは、自分（牧野）は少しも之を聞きたることなしと云ふ。予、酒巻芳男より高に話したる趣なりと云ふ。牧野、給仕をして酒巻を召はしむ。酒巻来る。牧野常磐松のことは少しも知らさる旨を談す。酒巻、徳川（頼倫）より話したることゝ思ひ居れりと云ふ。牧野、酒巻をして徳川を召はしむ。
　牧野又、宋の談に御饗宴に付、朝鮮より李完用、閔泳綺其他多数上京する趣に付、或は又昨年の如く世子帰鮮のことを申出すやも計られさる旨の内報に接し居ると云ひ居りたり。若し陸軍大臣に直接其ことを談し、陸軍にて直に之に同意する様のことありては困るに付、一応陸軍大臣に話し置き呉よと云ふ。予之を諾す。既にして徳川来る。牧野常磐松御料地のことを問ふ。徳川、自分（徳川）よりは詳かに談したることなし。次官（関屋貞三郎）より十分に話しありたることゝ思ひ居れり。此ことは一昨年又は昨年よりの話にて、李鍝公家にて代々幡の初台の地所を買入れたるも、其地所適当ならさるより起りたることなりと云ふ。牧野、聞きたることあるやも計り難きも、全く記臆し居らすと云ふ。

　牧野又紀尾井町の御料地を李家に賜はるならは、李王に賜はるか相当なるならんと云ふ。此ことは徳川の来る前、牧野より予に之を談し、予は当初より其内議になり居れりと云ふ。牧野又之を徳川に話す。徳川亦同様のことを答へたり。牧野又麻布鳥居坂の世子邸は如何なる性質なりやと云ふ（是も徳川か来る前）。予、是は明治天皇より世子に賜はりたるものなる様に聞き居れり。紀尾井町の御料地を賜ふことになりたらは、名義は李王に賜はりても、王は東京に住せらるるに非さる故、鳥居坂の方は之を返さしむることも至難には非さるならんと云ふ。牧野、其都合になれは紀尾井町の方に建築を為すには便宜なるも、世子より返さしむることは都合悪しきに非すやと云ふ。徳川か来りたる後、牧野より又徳川に同様のことを談したり。

　徳川か来りたる後、共に談すること少時にして、来りて牧野を訪ふものあり。牧野隣室に行き之と談す。予、徳川と共に室を出つ。徳川、予か室に入る。予、牧野より世子帰鮮のことを談し、談話終に常磐松御料地のことに及ひ、予より昨日酒巻か高義敬を召ひ、貸与願書を出すことを促したる趣なることを談し、牧野は之を知らすと云ひたる次第なることを説く。
○牧野より、有吉忠一の談に李堈公か内地人にて看護婦と為り居る者に手を附け、之を妾と為したり。万一子ても生めは、朝鮮婦人と違ひ、其子を認知せしむる様のことゝなるへく、困りたることなりと云ひたりとの談を為せり。

五月二四日

○五月二十四日土曜。曇。午前驟雨午後歇む。
○午前八時頃陸軍大臣官舎に電話し、予か午前十時前に宇垣一成を訪はんと欲するか、差支なきやを問はしむ。官舎職員差支なき趣なることを答ふ。九時十五分頃馬車来る。予九時二十分頃より宇垣を訪ふ。九時三十五分頃官舎に達す。宇垣正に他客と談す。九時四十分頃予と談す。予、世子をして朝鮮に帰らしめんとの希望は今日に始まりたることに非さるか、既に此ことに関する話を聞き居るやと云ふ。宇垣、田中義一か陸軍大臣たりしとき、自分（宇垣）は次官たりしに付、概略之を聞き居ると云ふ。予、然らは之を詳説することは見合せ、其概略を説くへしとて、伊藤公（博文）か世子を伴ひ来りたるときは固より留学なりしか、其後国情の変化に因り、今日にては留学に非す。然れとも、朝鮮貴族等は尚ほ当初の考を止めす、昨年世子か陸軍大学校を卒業せられたるとき、閔泳綺より宮内大臣に世子帰鮮のことを申出したることあり。昨年末世子か京城に行かれたるときも、其問題か起りては困ると思ひ、朝鮮総督（斎藤実）に交渉し、総督（斎藤）の注意に因り、其時は幸に何事もなくして済みたり。然るに、皇太子殿下御結婚の御饗宴に付、李完用、閔泳綺其他を合せて三十人許上京することに相成り居り。或は復た世子帰鮮のことを申出すやも計られすとの情報あり。まさか其事あらんとは思はれさるも、万一直接に陸軍大臣に其事を申出し、之を容認せらるる様のことありては、宮内省の是までの方針と相違するに付、予め之を含み置き、陸軍にても宮内省の方針と矛盾せさる様応接せられ度。宮内大臣（牧野伸顕）か懸念し居るに付、此ことを打合せ置く為来訪せり。李完用は全体は多数朝鮮貴族と所見を異にし居るも、帰鮮のことのみは他の貴族と同意見なり。昨年震災のとき、天機奉伺の為李完用、閔泳綺か上京し、高義敬まては李完用も世子帰鮮の希望を述へたる趣なるも、其時宮内省まては申出さゝりしなり。貴族等丈けの希望ならは容易なることとなるも、李王の情願と云ふことになりては、其処置面倒なり。貴族等は世子は主として李王家の祭祀典礼に熟せらるへきものにて、軍務のこと抔は重きを置くに足らすと云ひ居る趣なることを説く。
　宇垣、陸軍にては世子を立派なる軍人たらしむる方針にて、十分望を属し居る所なるか、朝鮮の人は左様なることは考へさるものなりやと云ふ。予、朝鮮の人は、世子は主として李家の祭祀典礼に熟せらるれは夫れにて宜し。軍務抔は重視するに及はす。軍職に在る必要あるならは、朝鮮軍司令部附にても勤めらるれは、夫れにて宜しと云ふ様なる考なりと云ふ。宇垣、予の談は委細承知せりと云ふ。予乃ち去る。

午前十時後宮内省に達し、十一時頃牧野伸顕か出勤するを待ち、其官房に行き、今朝宇垣一成を訪ひ、世子のことを談したる状を告く。牧野、陸軍当局者は夫れ程までに世子に期待し居るやと云ふ。予又宇垣は世子は洋行せらるへきか、是も只今近衛の隊附なり。一年後には参謀本部附と為り、又一年計り勤務したる後に洋行せらるる順序と為るへし。余り早く洋行せられても、夫れ程の利益なしと云ひ居りたる旨を語る。牧野、洋行も不逞鮮人の取締には困る。上海辺には多数の鮮人あり。実に不安心なりと云ふ。予、邦久侯も上海には上陸せさることゝなり居る趣なり。先年、韓国に雇はれ居りたる米国人スチーブン〔ダラム・スティーヴンス、元アメリカの外交官、統監府下の大韓帝国政府の顧問、一九〇八年没、Durham Stevens〕抔も、米国に行きたるとき朝鮮人の為に殺されたり。スチーブンは韓国の為誠実に勤務し居りたるか、別に韓国の不利益を図りたる様のこともなかりしに、実に乱暴なることを為したりと云ふ。牧野実に乱暴なることなりと云ふ。

牧野又今朝は一寸高田商店に行きたるか、一方には復旧工事を為し、一方には営業を為し居り、其活潑なることは驚く程なり。自分（牧野）は或る人を訪ひ行き、其人の所在を店員に問ひたるに、此処は支店なりとて受附けす、面倒なりと云ふ様なる体度なり。個様なる状況にて推移し、何か一つ爆発せは、如何様なることに為るやも計り難しと云ふ。予、予は先日汽車に乗りたるか、乗客かボーイを呼ふには大概（ボーイさん）と呼ひ居れり。是等も差別撤廃の証なるへしと云ふ。牧野其通りなりと云ふ。

○今日頃伊夫伎準一より、先頃来宮内省職員にて皇太子殿下の御慶事に付、奉祝会を催ふさんとする議あり。大概は部局長官の意向を問ひたる趣なるも、長官（予）は御不在中なりしに付、或は御話申上くる機会なかりしやも計られす。此節の奉祝会は職員全体の催ふ〔し〕なるに付、職員全体より会費を取り、其外に寄附金を受くることゝなるへき模様なるに付、含み置き呉よと云ひたり。

○午後一時頃大木彝雄来り、先日（本月二十二日）用度課にて択ひ置たる釦二個を持ち、此釦には御紋章もなき故、宮内大臣の認可を得るまでの手続を為すに及はさるへく、三浦事務官（篤）にも協議したるか、同人も課長限りにて廃棄処分を為して宜しかるへしと云ひたる故、此儘之を渡すことにせりと云ふ。予、万一君（大木）の迷惑と為りては気の毒に付、少しでも懸念あるならは、予より大臣（牧野伸顕）の承認を求むることにすへしと云ふ。大木夫れには及はすと云ふ。予乃ち之を収む。

○午後一時四十分頃より司法大臣官舎に行き（歩行）、諮問第四号に付小委員会を開く。小野清一郎既に来り居り、予に対し其著書（刑事訴訟法講義）を送り置たるか、届きたるへきやと云ふ。予、確に届きたり。旅行中なりしに付、謝書を贈ることも行届かさりしと云ふ。予、実は其挨拶を為さんと思ひたるも、小野なりや又は他人なりや、少しく疑ふ所ありたるに付、躊躇し居り、小野より右の言を為したるなり。二時より答申案を議し、一、二事項を決し、五時頃散会す。予、御者に四時頃馬車を廻はすへき旨申聞け置たるか、一時間許待たしむることゝなりたるなり。
○午後内子第一銀行に行き、定期預金及特別当座預金の利子を記入せしめ、又三越に行き物を買ひ、四時後帰家せり。
○午前、安藤の使用人に門前に石を敷く様、其主人に伝ふへきことを語る。泥濘靴を汚す為、安藤則光か石を敷くへしと云ひ居りたることありしを以てなり。

五月二五日

○五月二十五日日曜。晴後曇微雨。午後四時後、旋風ありたる由なる。予は之に気附かす。
○午前より安藤則光、其使用人を遣して門前に石を敷かしむ。晩に到るも未た終はらす。
○午前九時後宋秉畯電話にて、来訪せんと欲する旨を告け、予差支なき旨を答へしむ。午前十時頃有馬秀雄電話にて、来訪せんと欲するか、何時頃差支なきやと云ふ。予午後二時頃ならは差支なき旨を答ふ。午前十時後宋秉畯来り訪ひ、李堈公上京のこと、李堈公か東京に別邸を希望し居ることを牧野伸顕に談したること、牧野に対し、紀尾井町の御料地を李王に賜ふことは伊藤公のときよりの話なること（是事は疑はし。伊藤公のときは韓国併合前なり）、牧野に対し、床次竹二郎等か政友本党と政友会とを合せ、牧野をして内閣を組織せしめんと謀り居る旨を語り、牧野は右様のことありやと云ひたること、水野錬太郎は牧野をして内閣を組織せしめ、斎藤実を宮内大臣と為し、自ら（水野）朝鮮総督と為らんとし居ること等を談す。
予、仮りに紀尾井町の地所を李王に賜ふとしても、建築は容易ならす。現在の麻布鳥居坂の世子邸を返上せらるることゝならは、建築には便宜なるへしと思はる。此ことは勿論、誰の考と云ふには非す。予一個の考なるか、君（宋）は如何思ふやと云ふ。宋夫れは当然なることなりと云ふ。予、此ことは仮りに出来るとすれは、宮内省より求むへきことに非す、世子の方より返上を申出てられされは、面白からすと云ふ。宋其通りなりと云ふ。予、紀尾井町は李王に賜はりても、王は東京に住せらるるに非す、世子か住せらるる訳なり。或は現在の世子邸を李堈公の邸と為すへしとの説もあるへけれとも、堈公一人の邸としては広きに過く。又李鍝公の邸もなかるへからす。故に此方は常磐松の方に二邸を作り、鳥居坂の方は返上せらるるか適当ならん。或は又之を売却して、李王職の収入を増すへしとの説あるやも計られされとも、夫れは余り不穏当なるへしと云ふ。宋左様なることは出来すと云ふ。

予か宋と談し居るとき、矢島正昭来る。宋之を聞き、辞し去らんとす。予夫れに及はさる旨を告け、矢島をして応接室に待たしむ。宋尚ほ暫話して去る。予乃ち矢島を延き、之と話す。矢島、博物館に転勤する内議ある旨を聞きたること、関屋貞三郎を訪ひ、之を止め度旨を談し、関屋より予め矢島の意見を聞かさりしは遺憾なりしこと、此ことに付ては白根松介より話を為すへしと云ひたること、白根より其話を聞き、尚考へ見るへしと云ひ置たること等を談す。予、未定のことなるも、多分其通りなるへし。各部局の事務に通するか利益なり。博物館に転したりとて、永久と云ふ訳には非さる故、転勤する方か宜しかるへき旨を談す。矢島より、飛騨の産一位木にて製したる雛の置物二個を贈る。矢島と関屋とは平素懇意なる旨の談を為し、又矢島の祖先は神功皇后の三韓征討に従ひたることあり。其後王事に勤め、諏訪神社の神官の家なりとの談を為せり。

○午前十時後、宋か未た来らさるとき、金井四郎より電話にて往訪せんと欲する旨を告く。予午後一時頃ならは差支なき旨を告けしむ。

○午前十一時後、矢島か去りたる後、吹春薫〔吹春浩・熊代夫妻の長男、倉富勇三郎の大甥〕来り、修学の状を語る。薫は立教大学の予科を終り、本科一年に進す。予科の学年試験には一科目丈け乙と為り、他の科は総て甲にて、全級百余人の中七人目と為り、平均点数は八十六点なり。東京電気会社他一ヶ所より卒業後の採用を申込み来り居り。其方に予約すれは、第三年の学資丈は社より給することゝなるか、卒業後三年間許其社に勤務せさるへからさる条件あり。如何すへきやと云ふ。予、予約しても悪しきことはなかるへしと云ふ。午後零時後に至り、辞し去る。

○午後一時頃金井四郎来る。金井、今夕邦彦王殿下を候し、稔彦王殿下の状況を報告することゝなり居れり。如何なる程度に報告すへきやと云ふ。予、邦彦王殿下より特に君（金井）を召はれたりやと云ふ。金井、然らす。時々此方より報告する訳なりと云ふ。予、事実の通り報告し置くより外致方なし。但、宮内大臣か特に人を差遣はさんとし居ることは、之を云はさる様に致し置く方宜しからんと云ふ。金井、蒲穆より金井に贈りたる書状を示す。書状は、稔彦王殿下羅馬尼に行かれ、其結果宜しかりしことを報するものにて、堀口九万一より蒲に宛たる書状を封入し、其書中には堀口より殿下に呈する七律二首を書し居れり。詩は巧ならす。

金井又賀陽宮附池田邦助か罷免せらるることゝなり居る趣なるか、直に罷免するは残酷なり。他に転官する様に取計ひ呉よと云ふ。予、池田まて罷免するは実に不当なれとも、予より喙を出すことは出来す。仙石政敬をして周旋せしむるか宜しからんと云ふ。金井又池田か罷むるならは、其後任として自分（金井）を転せしむる様取計ひ呉るることは出来さるやと云ふ。予、稔彦王殿下の不在中は他に転せさる旨殿下に約し居るに付、夫れは不可なるへし。予も殿下の不在中、宮務に関係することとなり居るか、殿下の帰朝延行するには閉口なりと云ふ。

金井又竹田宮附に転することも辞せす。同宮妃殿下か自分（金井）を誤解し居らるるに付、如何なる人物なるかを殿下に知らしむるも宜しと思ふと云ふ。予、此ことは絶対に出来難し。殿下か君（金井）を信せられさるも、宮内当局か信し居れは、取り成すこともあれとも、双方とも信し居らさるに付、其機会は来る期なしと云ふ。金井、妃殿下のことに付自分か不快に思ふことは、古川義天の所為も一の原因なり。古川か弁明すれは、妃殿下の考を変すること出来る場合にも、古川か何ことも申上けさる為、不当なることを為さるる様になること多しと云ふ（此ことは東久邇宮妃殿下か豊島岡に行かるるとき、〔原文空白、朝香宮〕の御用取扱〔原文空白、竹屋〕を借りて行かんとせられたるとき、竹田宮妃殿下より、〔原文空白、竹屋〕は同行せらるるに及はさる旨電話にて申来り。金井は右様なることは東久邇宮のことなる故、竹田宮にて干渉せらるるに及はさるに非すやと云ひ、古川も、其通りなるも妃殿下には其旨を申上け難しと云ひたる旨の談を為し、兎角個様なることにて、云ふへきことも云ひ能はす。随て竹田宮妃か我儘をなさるとのことを談したるなり）。金井と話すること二十分間許にして去る。

○午後二時頃有馬秀雄来る。有馬は久留米に於ける選挙人の廉恥なく、有馬に対し議員たることを望み居りたるものか、古林喜代太の為に買収せられたる事情、有馬頼寧氏の世話人か、柳田某か事情を知らす混せ返したる為、無益なること多く、秀雄か引受けて世話せんとしたるも、柳田か妨害したること等を談し、予より、先日林田守隆に書状を以て、秀雄をして再ひ有馬家の家令たらしめんと欲する旨を申遣はし、林田も同意の旨の返書を贈り来り居るか、秀雄か今後政治に関係せさること出来るやを問ひたるに、秀雄は、既に久留米の運動者に対し、今後政界を退く旨を言明し置きたり。有馬家のことは、自分（秀雄）も大に整理する必要ありとは思ひ居るも、中々困難なることなるへしと云ふ。予、先年は紊乱の後なりしを以て、一と通り整理すれは家政も立ち易かりしか、今度は左程紊乱はし居らさる故、整理は困難なり。或は蠣殻町の地所位は売却する必要ある様のことならんと思ふ旨を述ふ。秀雄、然り。相当に纏まりたる金を収入する必要ありと思ふと云ふ。

予、仁田原（重行）は是まても度々辞任を申出て居り、無理に之を留め居る所なるに付、同人か罷むることは全体は難きことゝは思はれさるも、是まては無理に留め置き、君（秀雄）か間暇になりとて、直に仁田原を罷むる様なることゝなりては、仁田原の感情を害する懸念あり。故に此点には注意する必要あり。愈々君（秀雄）を煩はすことゝなるならは、松下（丈吉）をして仁田原に談し、仁田原より進みて辞する様なることゝなすか宜しからんと思ふ。又松下にも迂闊には話し難し、書状抔にては意を尽くし難き懸念あり。何か名義を附けて一同会する様のことは出来さるへきやと云ふ。秀雄、松下は自分（秀雄）に面会し度と云ひ居るとのことなりと云ふ。予近日一会する様のことに致し度と云ふ。

予又浮羽郡の人か頼寧氏に対し反感を懐き、佐藤孝三郎〔元名古屋市長〕を候補者と為すに至りたる事情を説き、畢竟頼寧氏の運動員か事情に通せす、不当なることを云ひたる為なる旨を説く。秀雄、全く其通りなり。松浦寛威と田中行尚と仲違を為すに至りたることを説く。話すること三十分間許にして去る。

○午後四時二十分頃より桜田本郷町の内田靴店に行き、靴を買ひ、靴墨を買はんと欲す。店員なしと云ふ。乃ち品の来次第、二個を届くへきことを命し、直に平山成信の授爵祝賀会に工業倶楽部に赴く。浜尾新、一木喜徳郎、珍田捨巳、渋沢栄一、上原勇作、小松謙次郎、水野錬太郎、水越理庸、山之内一次、古市公威、関屋貞三郎、武井守正、加藤定吉、藤田四郎、富谷鉎太郎、中鉢美明〔弁護士、元東京市助役、元衆議院議員・政友会〕、橋本圭三郎、栗野慎一郎等に遇ふ。講談者某、彦根藩士柳田某〔角之進〕か浪人と為りたるとき、金五千両を盗みたる嫌疑を受けたる談を為し、次て武井守正、平山成信を賀する文を朗読して式を終り、食堂に入り、渋沢栄一、一木喜徳郎賀辞を述へ、大倉喜八郎万歳を唱へ、平山成信謝辞を述へ、宴を撤す。食後、藤田四郎より華族世襲財産に関することの談を為す。予此節は関係なき旨を答ふ。藤田と共に他に先ちて帰る。家に達したるは八時三十分頃なり。

○安藤則光の使用人、門前に石を鋪く。未た終らすして、之を中止す。

○午後金井四郎か来りたるとき、予より先日徳川頼倫に対し、関屋貞三郎より中島某〔正武、予備役陸軍中将、元近衛師団長〕のことを某に問ひたるに、中島は人物も確にて外国の事情にも通し居り、至極宜しかるへしとのことなりと云ひ居りたり。予は固より何ことなるやを知らさるか、自然は東久邇宮殿下のことに付、仏国に遣はす為の人選には非さるやと思ひたりと云ふ。金井、然らさるへし。夫れは賀陽宮の宮務監督の人選ならん。中島某は以前近衛師団長たりし人ならんと云ふ。

〔欄外に付記〕

五月二十五日午後五時後、工業倶楽部にて水野錬太郎より、大阪の原田二郎〔元鴻池財閥経営者、原田積善会設立者〕か皇室に金を献せんと欲するか、是は単純の献金に非す、金額の中幾分宛は毎年積立置き、若干年の後は何億円となし度条件附なり。此ことに付先年清浦（奎吾）に話したることあるか、同人は皇室に献することは出来難かるへき旨を話したる由。其後も本人は是非其ことを成さんと欲し居り、後藤（新平）は財団法人と為して献したらは宜しからんと云ひたる由にて、本人は右様のことも考へ居る模様なりと云ふ。

予、其ことは先年清浦より話を聞きたるか、六ヶしきことならんと云ひ置きたることあり。予の考にては、仮令条件附に非さるも、皇室にて献金を受けらるることは面白からす。殊に条件附にては尚更不可なり。若し又財団法人となすならは、皇室に献するに及はす、法人と為して献すと云ふは如何なることなるや。其趣意か分らすと云ふ。水野、其通りなり。後藤の考は分らす。出来さることに付、本人を惑はすは宜しからす。判然之を言ひ聞かすことにすへしと云ふ。

予水野に、池田十三郎を貴族院議員となすことに付、力を尽くし呉よと云ふ。水野承知す。又戸水寛人のことを談す。水野只笑ひ居りたり。

五月二十六日

○五月二十六日月曜。晴。

○午前九時三十分より出勤す。

○午前十時後大谷正男の室に行き、儀制令案の議決したるものは未た受領し居らさる旨を告く。昨日大谷より、総会にて議決したるものに付特別委員会にて更に修正したる所あるに付、之を記入すへし。案文を持ち来るへしと云ふ。依て取調へたるも、総会の議決案は未た配布を受け居らさりしなり。
○午前、審査官と勅任官の増俸及属官の補欠を議し、又伊夫伎と青山操及土岐政夫の官等陞叙のことを謀る。
○午後金井四郎来り、師正王の墓の形状図を示し、妃殿下は墓の外囲は円形を好まるる旨を告く。予、妃殿下の望に任かす方宜しからんと云ふ。金井又昨夜久邇宮殿下に謁し、稔彦王殿下の状況を報告したるに、久邇宮殿下は、此儘経過せは、終に帰朝する機会を失ふ様のことゝなるならんことを恐る。只今の処にては宮内大臣も何人も之を処する工夫なかるへしと云はれたることを談す。
○先日来の日記を追記す。
○午前出勤前、松方幸次郎、小野清一郎、溝淵孝雄〔元関東都督府高等法院検察官〕、藤原正文〔不詳〕に贈る書を作る。
○午後帰宅後、刑事訴訟法案に関する書類等を整理す。
○午後六時頃林繁夫来り、福岡県人大会を開くに付、賛成者と為ることを請ふ。予之を肯んせす。林之を強ゆ。予、賛成者の名義を出すことは承知するも、出席はせさる旨を告く。此とき根岸栄助来る。林か無理に承諾を求むるに付、名義を出すこと丈を諾したるなり。根岸は審査官補と為りたることを謝する為に来りたるなり。予か帰郷中、根岸は北海道に出張し、今日帰京せりと云ふ。
○午後食堂にて、西園寺八郎、小原駩吉に遇ふ。別段談したることなし。

五月二七日

○五月二十七日火曜。晴。
○午前八時頃世子邸より電話にて、李堈公今日午後八時三十分に東京駅に達せらるる旨を報す。
○午前九時三十分より出勤す。
○午前西野英男に嘱し、本月三十一日及六月四日の宮中饗宴に内子か欠席することを式部職に届けしむ。
○午前十一時頃高羲敬、李完用、閔泳綺及訳者二名を伴ひ来る。李等は昨日上京したりと云ふ。高より世子邸にて朝鮮より上京したる人を招くことは、六月二日午後五時三十分に定めたる旨を報す。昨日高か来りたるとき、朝鮮より上京する人、李堈公以下三十余人あり。之に宮内職員を加ゆるときは、世子邸にては食堂狭くして容れ難きに付、此節は朝鮮より上京したる人のみを招き、宮内大臣以下の宮内職員は他日之を招くことにすへき旨を語る。予之に同意し置けり。故に今日高より来月二日招宴のことを告けたるなり。
○午前十一時前国分三亥来り談す。予か帰郷のことを聞きたるか、何か特別の用事ありたりやと云ふ。予特別のことなかりし旨を答ふ。国分、朝融王殿下婚約解除の問題は、邦彦王殿下か頻りに気を揉まれ居るも、未た運はすと云ふ。予、然し順調に進行し居ると云ふに非すやと云ふ。国分其様なりと云ふ。予、少し位は問題か残り居る方宜しからん。余り何事も順調に進行するよりも、多少の問題はある方か宜しからんと云ふ。国分又邦久侯洋行のこと、信子女王、三条某〔三条西公正、伯爵三条西実義長男〕に降嫁すること、邦久侯の結婚は来年十一月頃の予定にて、縁女は島津忠承〔玉里島津家当主、公爵〕の女〔妹〕〔量子、公爵島津忠済三女〕なり。忠承は忠済〔島津忠済、元宗秩寮審議官、島津久光七男、公爵、故人〕の子、忠済は久光〔島津久光、元左大臣、公爵、故人〕の子にして忠義〔島津忠義、旧薩摩藩主島津家先代当主、島津久光五男、公爵、故人〕の弟なることを談す。話すること四、五分間許。

○午後一時頃食堂より審査局に返るとき、入江貫一の室に過き、中林竹洞〔江戸時代後期の文人画家〕の青緑夏山粛寺の図、及常信〔狩野常信、江戸時代前期の画家〕の中観音、右尾長鳥、左柳に鳥の三幅対の図を観る。記念品として山崎四男六、小原駩吉に贈る為に買ひ入れんとするものなり。竹洞の画は四百五円にて、常信の画は四百円。常信の画は中年前作りたるものなる故、価賤しと云ふ。

○午後三時頃参事官附寺本英二郎来り、大谷正男の指揮に依り、皇室儀制令案、同附式案を致す。大谷か先日此案を予に示すことを約したるを以てなり。寺本又宮内省にて出版したる書籍にて、版権を有し居るもの多数あり。是は皇室財産令の規定中の民法、商法、其他附属法令（出版法を指して附属法と云ふ）に依る財産権なるへきやと云ふ。予如何なる出版物に版権を有し居るやと云ふ。寺本一たひ去り、復た来り、取調書を示す。成る程多数版権を有し居るものあり。予、出版法は民法の附属法とは云ふへからす。出版法にて権利を保護することはあれとも、其権利は民法の附属法に因り生し居るものとは云ふへからさる旨を答ふ。寺本尚ほ研究し見るへしと云ふて去る。

○午後西野英男に、今日午後八時三十分に李堈公か東京駅に達する趣に付、之を迎ふる為午後八時に自動車を予か家に遣はすこと、又明朝は都合あるに付、午前十時に馬車を遣はす様、主馬寮に交渉することを嘱す。明日は正人の忌日なる故、内子か谷中に行き、墓に展せんと欲するも、脳病の為一人にて行き難きを以て予か同行し、然る後宮内省に出勤せんとす。故に馬車を廻はす時刻を遅くしたるなり。

八時頃自動車来る。乃ち東京駅に行く。会々博恭王殿下佐世保より上京せらるるとのことにて、之を迎ふる為、殿下の二王女も駅に行〔マヽ〕られ居りたり。世子は堈公を迎ふる為駅に来り、三雲敬一郎、高羲敬、佐藤愛麿、山田益彦、大庭二郎、有吉忠一、厳柱日等亦来れり。予は馬関発特別急行車の東京駅に達するは、翌日午後八時三十分と思ひ居りたるか、八時四十五分なる趣にて、其時刻に到り列車達したり。博恭王殿下先つ車を下られ、堈公は之に次き、李完用、閔泳綺、金応善等は途中まて堈公を迎ふる為に行きたる趣なり。駅の休所にて堈公に挨拶し、直に家に帰る。家に達したるは、九時五分後なり。

○安藤則光塗工を遣はし、土蔵の破れたる所を修理せしむ。

○午前十一時前国分三亥と談し居りたるとき、渡辺直達来る。国分か去りたる後之と話す。渡辺は其兄松平直之の近状、及松平家の状況を話す。春之助〔松平晴之助、松平直方の子カ〕と云ふは直之の実父直克の養子（前田利同の家より来りたるもの）

〔直方〕の子にて、其妹〔姉〕か小笠原長生の妻なることを談す。
○午後、本月四月二十六日より二十八日までの日記を追記す。

五月二八日

○五月二十八日水曜。曇。
○内子と共に谷中に行き、墓に展する積りなりしも、内子疲労の模様あるに付、之を止めたり。
○今日は枢密院参集の定日なるも、都合に因り之を休止する旨一昨日同院書記官より通知し来り居るを以て、参集所に行かす。
○午前十時馬車来る。乃ち出勤す。
○午前十時後金井四郎来り、妃殿下は昨日、岩崎某〔小弥太〕の妻〔孝子、男爵島津珍彦三女〕か催ふしたる深川のバサーに行かれたり。妃殿下は行くことを好まれさりしも、竹田宮妃殿下か之を勧められたるを以て、已むを得す行かれたり。予、バサーは岩崎某の妻か催ふしたるものなるも、関屋貞三郎の妻か各妃殿下に行かるることを願ひたるに非すやと云ふ。金井、然り。関屋の妻か直接に願ひたるものにて、不都合なりとの論ありと云ふ。予、宮内次官の妻なりとて謁見し、直接に右の如きことを願ひ、承諾を余儀なくするは不都合なり。矢張り右様のことは職員を経て願ふ様にせされは不可なりと云ふ。金井、此ことは宮附職員間にて問題と為して宜しかるへきやと云ふ。予、将来右様のことなからしむる為には、問題と為して協議するは已むを得さることならんと云ふ。
金井又仙石政敬は自分（金井）か此際他の宮に転するか宜しと云へり。自分（金井）は、宮務監督（予）は只今全く東久邇宮の関係を絶つことは宜しからさるへしと云ひ居りたりと云ひたるに、仙石は両宮に関係することは不可なるへし。宮の間にも利害は必しも一致するものに非さる故、双方に関係せさる方宜しと云ひ居りたり。自分（金井）は仙石と貴官（予）と協議して、如何様に定め呉度旨を仙石に話し置たりと云ふ。予、他より話あれは何とか云ふへきも、予より話し出すことはせさるへし。大臣、次官（牧野伸顕、関屋貞三郎）か如何様に君（金井）を視居るか判断することを得す。一時は非常に悪しく君（金井）を視居りたるか、近頃は大分宜しくなりたる様なるも、未た十分に信用し居るとは思はれす。先日、君（金井）より話したる竹田宮附となすことは絶対に行はれす。賀陽宮附となすことも、仙石よりても取り成したらは、或は行はるることもあるへけれとも、然らされは其考にはならさるへしと思はると云ふ。

金井又宮内職員の皇太子殿下御成婚奉祝会には、各宮より金千五百円を賜はるへきことになり居り、貴官（予）等は五十円の寄附を為すことの予定なる模様なり。大臣より千円を寄附せしめんとの考なるか、出来るや否不明なりと云ふ。予、夫れは出来るならん。大臣の千円は予等の五十円より楽なる訳なり。各宮にて百円余を賜はるに、予等か五十円を出すは過多なり。殊に予は宮内省よりは俸給を受け居らさる故、少しも出金せさるも宜しき訳なりと云ふ。

金井又岩崎某の妻は東宮女官長島津某〔治子〕の妹なり。故に昨日のバサーには、久邇宮よりは王殿下も行かれたり。山田益彦の妻〔不詳〕、関屋の妻と同窓生にて懇意なり。故に関屋の妻か直接に妃殿下方にバサーのことを願ひたるは不可なることを、山田の妻より忠告したらは宜しからんと山田に話し置たりと云ふ。金井又仙石政敬より自分（金井）に他の宮に転することを勧むるは、或は賀陽宮附池田邦助を罷めんとするも、後任なき為次官（関屋貞三郎）の依頼でも受けて仙石より自分（金井）に勧むるには非すやとも思はると云ふ。予、或は然らん。全体は山田（益彦）抔は適任なれとも、本人か承諾せさる由。是は池田（邦助）は賀陽宮大妃及王殿下の気には入り居らさるへきも、小原（駩吉）を罷め、池田まて罷むることゝならは、必す大妃殿下等の感情は面白からさるへく、随て後任者は骨か折るる訳なる故、山田は其辺のことを考へ、之を断はりたるものには非さるやと云ふ。

金井、山田は只今にては宗秩寮にて必要なる人なり。松平（慶民）と書生論を為すことあり。酒巻（芳男）は怜悧過きる所あり。河田（か不明）〔不詳〕は帳簿一式の人なりと云ふ。

予、先日師正王改葬のことに関したる内匠寮等の人に対する挨拶は何日頃なすや。墓の築造出来上りたらは、何とか手当を為さゝるを得さるならんと云ふ。金井、此際は真の手伝に対する挨拶位に止め置き、墓の出来上りたるとき、内匠寮等の人には挨拶を為すことにせんかと思ひ居る所なり。閑院宮、山階宮の職員と協議せんと思ひ居るも、未た其機を得す。宮内省より改葬に関する費用として五千円位支出すへき模様なり。山田（益彦）の談に、酒巻（芳男）は三千円位にて如何と云ひ居りたるに付、山田は三千円にては過少なるへしと云ひたるに、酒巻も五千円にすへきやと云ひ居りたり。倉富君（予）等より改葬費は如何するやと一言せられたらは、直に決することとならんと云ひ居りたり。依て自分（金井）より、費用のことは倉富君は少しも関係し居らすと云ひ置きたりと云ふ。予、予より云ひたりとて、決することにも非さるへしと云ふ。

○午後零時後食堂にて牧野伸顕に、先日宋秉畯に面会したる処、今朝上京の朝鮮人より或は世子帰鮮の問題を提出するやも計難しと思ふ旨は、李堈公の書状に申来りたる旨を談したることを告く。牧野、成る程宋と堈公との間には断へす通信あることならんと云ふ。牧野又堈公上京に付、食事ても催ふす方宜しければ、之を催ふすこと〔こ〕なすへきか、如何と云ふ。予、世子邸にては晩餐を催ふすことゝなり居れり。全体は其時宮内省関係の人も招かるる予定なりしも、人数多き為、其方は後日に譲ることゝなり居れり。此節は時日の繰合せも出来難かるへきに付、宮内大臣の招宴は止めて宜しからんと云ふ。

其ことより牧野は、李完用は寡言にて、是まて十分談したることなきことを談す。又李完用は宮中御饗宴のとき、晩餐に召さるることゝなり居るへきやと云ふ。予、李完用は中枢院副議長にて親任官待遇なる故、当然召さるることとなり居るならんと云ふ。牧野、閔泳綺のことは次官（関屋貞三郎）の注意にて、一昨日晩餐に召さるることにしたり。李完用の方は確かなるへきやと云ふ。予、閔泳綺も親任官待遇にて、当然召さるへき筈なり。宋秉畯も同様なりと云ふ。牧野、本多猶一郎を召ひ、之を取調へしむ。本多、李完用も宋秉畯も召さるることゝなり居る旨を報す。

杉栄三郎より牧野に、富士文庫に長慶天皇御陵か富士山に在りと記したる古文書ある旨申出てたる者（三輪某〔義熙、『神皇紀』の著者〕とか云へり。確かならす）あり。伊東（巳代治）より之を調査することを望みたるに付、黒板某と共に其文書を検したるに、黒板は全く偽造物にて、然かも其偽造甚た拙く、明治以後のものなりと断言し、其旨を御歴代史実考査委員会にて報告し、伊東も其文書に拘泥せす、調査を進行することに決したる旨を談したり。

○午後三時前より審査官会議を開き、内蔵寮の現計簿を締切るとき、審査官か之に立会ひ、各月毎に検印することになり居るか、其検印は必要ならさる故、之を止めんとする伊夫伎準一の提案を議し、結局之を止めさることに決す。三時二十五分頃閉会す。

○午後、本年四月二十九日及三十日の日記を追記す。

○午後一時頃李堈公、末松多美彦を遣はし、昨夜予か公を東京駅に迎へたることを謝し、且朝鮮人蔘の十五片にて一斤となるもの二斤を贈らしむ。

○午後、松寺竹雄、杉村逸楼〔朝鮮総督府釜山地方法院検事正〕来り、内子に面して上京を告け、杉村は書画帖を書することを請ふて去りたる由。松寺等は対翠館に宿し居るとのことなり。

大正一三年日記第五冊

〔表紙に付記〕

五

大正十三年五月二十九日より六月十七日までの日記

五月二九日

大正十三年五月二十九日木曜。晴。午時頃遠雷を聞く。

○午前九時三十分頃より馬車に乗り、李堈公を帝国ホテルに訪ふ。高義敬亦来り、公が洋服裁縫者と談し居る為別室にて待ち居り、予も其室に入り、末松多美彦及高と話す。公暫時待ち呉度旨を伝へしむ。少時の後附武官某（康弼祐〔陸軍歩兵少佐、李堈公附武官〕ならんか詳かならす）他より帰り来る。一時間許の後某、公の室に行き、引見を促し、予等を誘ひて公の室に入る。予先つ公を見る。公一昨夜予か公を東京駅に迎へたることを謝す。予昨日公か使をして物（朝鮮人蔘）を贈らしめたることを謝す。高次て公と談す。朝鮮語なるを以て之を解することを得す。意ふに、宮内省より常盤松に於て李堈公及李鍝公に御料地千二百坪許を貸与せんとすることを告けたるものならん。高将に去らんとす。予亦之と共に去らんと〔す〕。公予を留む。予乃ち留まる。

公、先日宋秉畯に、君（予）と談し度ことあり。其日時を謀りたる処、宋は日曜日に非されは、君（予）は暇なからんと云ひ居りたり。君（予）に話さんと思ふは他事に非す。自分（公）か此節上京することに付ても李王職にては之に同意せす。然れとも、費用は自己（公）の親用金を以て支弁することに付、強ひて反対する理由もなく、上京することゝなれり。但随員（事務官末松多美彦、附武官某「康弼祐か〔ママ〕」、属官二名、給仕二名）の旅費は表より支弁するものなる故、此点に付李王職より面倒なることを云ふ恐ありたる故、李王職に対しては東京滞在は一週間、往復ともに二週間位に云ひ置きたり。然し、滞在一週間にては短きに過ぐ。別に滞在を要する事はなきも、二、三日位は延はす必要あり。全体李王職にては余り無理なることを云ふに付、自分（公）のみならす李王も困り居らるることあり。

予、随行員の旅費のことに付李王職にて云々すとのことなるか、公家の経費は一切予算を以て定めあるに非すやと云ふ。公、一昨年自分（公）方の経費二万円を増したるか、其中一万二千円は自分（公）の親用金とし、八千円は事務所の経費として予算を編成し居れり。其後自分（公）より親用金の増額を求め、政務総監（有吉忠一）より自分方の予算請求書を見度と云ふに付、李王職を経て之を有吉に示すことに致し置たる処、李王職にては、李王職にて予算を編成し、収入は少しも余裕なき様にし、此の如き収入支出の状況なるに付、此上自分（公）の親用金を増額する財源なき旨を説明し、総督府にても然らは致方なしと云ふて、自分（公）の親用金を増さゝることに決したる後に至り、李王職より始めて自分より提出したる予算請求書を有吉（忠一）に示したる趣なり。初めより自分（公）より親用金増額を求めたるとき、有吉より自分（公）か予算を厳守し、予算外の支出を為す様のことなきならは、或は親用金を増す工夫もあらんと云ふ様なることを云ひたり。而して李王職の会計課長は自分（公）方の事務官（末松多美彦）の兄弟なるか、有吉より会計課長（末松熊彦）に対し、自分（公）の親用金を増す財源あるや否を問ひたるに、末松熊彦は只今の予算にては収入の余裕なきことゝなり居れとも、之を出さんとすれは、出すことを得さるに非すと云ひたる由を聞き居れり。自分（公）の臨時予備費は二千円よりなし。此節の上京に関する末松（多美彦）等の旅費か既に二千円余となり居れり。此上二、三日でも滞在日数を増せは、千円許の不足を生すへし。然れは直に予算を守らすとの非難を為すならんと思ふ。故に二、三日の滞在に付ても迂闊に決し難し。宋秉畯は別に滞在を要する用事もなく、滞在すれは種々なることを云ふに付、予定の通り帰る方宜しかるへしと云ひ呉れたりとの談を為し、猶ほ談話を止めさる故、予より宋にも面会すへきに付、同人とも談合することにすへしと云ふて辞し去る。

公に面会する前、末松多美彦の室にて予より、公は更に妾を蓄ひたるに非すやと云ふ。末松、其噂ありたれとも事実は然らす。一時関係を生せんとしたる婦人ありたれとも、是は最近に奇麗に関係を絶つことを得たり。婦人も穏当の体当〔度〕を取り、若干の金を給せんとしたるに、之を受くへき理由なしとて、之を辞せんとしたる位なりと云ふ。予か此談を為したるは、本月二十三日予か牧野伸顕に逢ひたるとき、牧野より李堈公か内地人にて看護婦と為り居りたるものを妾と為したる趣、有吉忠一より談したりとのことを聞きたるに付、之を末松に問ひたるに、末松は公は未た其婦人に関係せす、最近一切関係なきことゝなりたる旨を答へたるものにて、此ことは誰も之を知らす、絶対に秘密になり居れりと云へり。予か宮内省に達したるは十一時三十分頃なりしなり。

○午後零時後食堂にて狩野探幽〔江戸時代前期の日本画家〕か紙を以て筆と為して画きたる、中福禄寿、右竹に雀、左枯木に燕の三幅対の軸物を観たり。是は博物館の溝口禎次郎〔東京帝室博物館鑑査官・美術課長〕か平山堂（麹町書画屋）にて見出し、此画は博物館の所蔵と為しても適当なりと云ひ居るものにて、其代価は三百五十円なりとのことなり。工藤壮平は幅の幅か小なる故、価か低きならんと云ひ居りたり。

○午後一時後、関屋貞三郎の室にて関屋、徳川頼倫、酒巻芳男、大谷正男と李王に紀尾井町御料地を賜ふことを議す。関屋、李王に対しては他の皇族と異なり、永久に李王の所有に移すことゝせさるへからさるへしと云ふ。予、固より其の通りにせさるへからす。又地所のみにては不可なり。建物も共に賜ふ必要あり。関屋、或は金を賜ひ、建築は李王家にて為しても宜しかるへきかと云ふ。予、金を賜ふても李王家にて建築することは不便ならん。矢張此方にて建築する方宜しからん。紀尾井町の殿邸を賜ひたらは、現在の世子邸は李王家より返上する様になること出来るへし。是は此方より返上を促かさす、李家より返上することになる方宜しかるへしと云ふ。関屋、予め其ことを協定し置く方宜しくはなきやと云ふ。予、殿邸を賜はさる前に返上を約するは面白からさるへしと云ふ。徳川亦之に賛成す。酒巻、予め領解せしめ置く必要なかるへきやと云ふ。予、李家にても数個の邸を維持することは困難なるへく、若し之を返上せすとすれは、之を売却して代価を取ることなれとも、まさか夫れ程厚顔なることも出来さるへしと云ふ。

酒巻、高羲敬の考丈けは分り居るも、他の考は分からすと云ふ。関屋、篠田治策は只今の世子邸を保存して、阿只氏上京の上彼処に住せしむることにし度と云ひ居りたれとも、自分（関屋）は其ことは他言すへからすと云ひ置きたり。他にも篠田の如き考を有するものありては不安心なりと云ふ。予、阿只氏を入るるには小なる家にて可なり。世子邸は大に過くと云ふ。関屋然りと云ふ。

関屋又常盤松の御料八百坪にて李堈公、李鍝公に貸与せらるることにすへし。是は賜はさるも宜しからんと云ふ。予、夫れは貸与にて宜しからん。但し高羲敬は千二百坪と思ひ居り、既に其旨を李堈公にも談したる筈なりと云ふ。関屋、右様のことありては困る。坪数のことにて、先方に漏れたるは残念なり。自分（関屋）は八百坪にて十分なりと思ひ居ると云ふ。予、先日高羲敬か出勤すへき日に非さる日に宮内省に来り、今日は宗秩寮より貸与地のことに付喚ひ出され、貸与願書を出すへしとのことを酒巻より申聞けたるも、自分（高）にては分からさる故、堈公及関長官（泳綺）も近日上京することになり居り、其上のことに致し度旨を話し置たりと云ひ、其ときより千二百坪と云ひ居り。高は堈公等上京のときも迎はぬことに致し置きたる故、早速其ことを閔にも話し、閔も喜ひて堈公にも告くへき旨を申聞け、今朝既に公にも話し、公も喜ひたりと云ひ居りたりと云ふ。酒巻、大体は高に話したれとも、坪数は未定なる旨告け置きたりと云ふ。

予、千二百坪の中四百坪は如何する積りなりやと云ふ。関屋之を売却する積りなりと云ふ。予、既に高羲敬に千二百坪なることを告け、高亦之を閔泳綺に告けたりとのことを以て、今之を八百坪に減することは不可ならんと云ふ。関屋、之を告けたるは遺憾なり。之を告けたる以上は千二百坪となさゝるを得さるへきかと云ふ。予、李堈公の方は李勇吉の修学中の寄宿所となすのみに非す、堈公上京のとき滞留する所にも充て度模様なりと云ふ。関屋此方にては右の如き考は少しも有し居らすと云ふ。徳川亦其考は少しもなく、先頃の協議のときも、其問題は起らさりしと云ふ。

予、先日他の談より此ことに及ひ、予より宗秩寮より高羲敬に地所貸与のことを告けたる趣を大臣（牧野伸顕）に告けたる処、大臣（牧野）は其ことは知らすと云ひ、其の為酒巻（芳男）を召ひ、又徳川（頼倫）を召ひ其事情を問ふことゝなれりと云ふ。関屋、夫れは大臣（牧野）か忘れたるなり。自分（関屋）より大臣（牧野）に話したるとき、大臣（牧野）は夫れは結構のことなりと云ひたることあり。大臣（牧野）も必す思ひ出すならんと云ふ。此とき華族世襲財産審議会を開くとて、関屋、徳川等の出席を促し来る。関屋等乃ち去る。

予、審査局に返るとき、局前の廊下にて酒巻（芳男）に高羲敬は尚ほ宗秩寮に在るへきや。高はとこまても千二百坪と思ひ居れり。若し之を減するならは、今の中に其旨を告け置く必要あらんと云ふ。酒巻最早帰りたるならんと云ふ。予、先刻関屋も千二百坪となさゝるを得さるへしと云ひ居りたり。此儘に致し置きて宜しからんと云ふて別る。

○午後二時二十分頃小原駩吉来る。小原、内匠寮にて佐野利器、其他数名及原煕等を罷むることゝなりたる趣、東久世（秀雄）より聞きたり。但画家某建築上の装飾に応用する為、特に其方の画を学ひたるものにて、之を罷むるは本人の為、気の毒なる事情あり。其旨を東久世に話したる処、東久世も本人より事情を聞き、結局之を博物館に入れ、旁内匠寮の用も為さしむることに決したる趣なり。自分（小原）か罷むる前少しく猶予あれは、此等の整理を為して引継きを為すことを得たれとも、急なることなりし為、東久世の手にて整理を為さゝるを得さることゝなれり。依て自分（小原）より其旨を東久世に話し置たり。原抔も今日にては罷むる方便利なりと云ふ。

予正に小原と話す。上野季三郎来り、東京駅に行かすやと云ふ。今日皇后陛下沼津より還りたまふに付、今朝出勤するときは之を東京駅に奉迎することを思ひ居りたるも、帝国ホテルより宮内省に来りたる後は之を忘れ、自動車を借ることを忘れ居り、上野の言を聞き始めて之に気附き、上野に車の用意あるやを問ふ。上野、誰々乗るやを知らされとも、自分（上野）は主馬寮に頼み置きたりと云ふ。小原、自動車は東久世秀雄か頼み居る故、其車に乗ることを得へしと云ふ。乃ち上野、小原と共に玄関に行く。上野、運転手に誰々か此車に乗る予定なりやと云ふ。運転手、東久世と貴官（上野）なりと云ふ。東久世、上野、小原と共に予乃ち其自動車に乗り、東京駅に到り皇后陛下を奉迎す。

プラツトホームにて小原に、君（小原）は東宮御婚儀委員として本月三十一日の御饗宴に召され居るやと云ふ。小原、元御婚儀委員と云ふ名義にて召され居れり。実は御婚儀委員は未た消滅せさるものと思へとも、議論の末元委員となりたりとのことなりと云ふ。予、南部（光臣）は如何なりたるへきやと云ふ。小原、南部は退官後更に委員となりたるものに付、何も議論なかるへしと云ふ。予、然らす。南部の委員は消滅せりとの説ありたるも、予より大臣（牧野）に説き、退官しても消滅せさるものと解釈することになりたるまてなりと云ふ。小原、自分（小原）にも元委員として召状を発せられたるに付、南部の方は自分（小原）より確かなり。此方は間違なからんと云ふ。予、仙石（政敬）か頻りに賀陽宮附の事務官池田邦助の後任者を捜かし居る模様なり。是は多分関屋（貞三郎）より依頼したるものならんと思ふと云ふ。

三時に至り皇后陛下還啓したまふ。乃ち之を奉迎し、小原、上野、東久世と同乗して宮内省に返る。東京駅休所にて、清浦奎吾より予か何日に郷里より帰京したるやを問ふ。予本月十八日なる旨を答ふ。清浦滞郷日数を問ふ。予、二週間許なりと云ふ。清浦日田にも行きたりやと云ふ。予行かすと云ひ、清浦の京都行のことを談し、清浦は半日間に嵯峨、其他大覚寺等処々に遊ひたることを談したり。又水野錬太郎に対し、池田十三郎を貴族院議員と為すことに付力を尽くすことを嘱し、戸水寛人を貴族院議員と為すことも同様力を尽くすことを嘱したり。

○午後八時後、井浦義久〔朝鮮総督府新義州地方法院院長判事〕使をして干蝦及白魚を贈らしむ。

○午後浅田賢介〔朝鮮総督府釜山地方法院院長判事〕来り、内子に面会して去りたる由。

五月三〇日

○五月三十日金曜。晴。

○午前出勤前、杉村逸楼の為に書画帖に字を作る。甚た拙し。

○午前九時三十分より出勤す。

○午前十時頃高義敬来り、今日十一時頃李堈公か皇后陛下に謁せらるることゝなり、宗秩寮より自分（高）にも同伴して通訳せよと云へり。通訳は必要ならされとも、兎も角来りたり。世子及妃両殿下は堈公の謁見済みたる頃、帝国ホテルに堈公を訪問せらるる予定なりと云ふ。

予、昨日堈公より李王職に対する不平を聞きたり。堈公、滞京期間一、二日位は延長し度も、随行員旅費の関係にて面倒なりとの談ありたり。堈公の親用金増額問題に付、有吉忠一より、堈公か予算を厳守し、予算外の支出をなされさるならは、或は親用金を増すことを得る途あるへきやの談を為したることある趣にて、公の滞京期を延はせは、随行員の費用か予算に超過することゝなるに付、其点に付懸念せられ居る模様なりとの談を為す。高、此節は李王職の処置も面白からさりし模様なり。李王職より金を出さゝるならは、余り干渉するにも及はさるならんと云ふ。

高又常盤松の地所を賜ふことは堈公も喜ひ居られたりと云ふ。予、此ことに付ては酒巻（芳男）の話か少しく貫徹せさりし所ある様なり。該地所は賜ふに非すして、貸与なる趣なりと云ふ。高、其ことは承知し居り、其通りに話し置きたり。閔長官（泳綺）は頻りに世子邸のことを問ひたるも、自分（高）は其ことは知らす。然し、殿邸を賜はる様の話はなきに非すと云ひ置きたりと云ふ。予、其ことも遠からす運ふ様の模様なり。之に付予は殿邸を賜はりたらは、名義は李王に賜ひても、之に任せらるるは世子なるに付、之を賜はりたる以上は、現在の世子邸は不用となるを以て、之を返上せらるるか相当ならんと思ふ。然し、此ことは宮内省より促かさす、李家より之を申出さるる様になりて、双方とも上品なる訳なり。予は此ことは出来さることに非す。若し之に反対するものとすれは、李家にては東京にて二個の殿邸を維持せらるることは不用にて、費用も掛かることなるを以て、之を返上せす、売却〔し〕て金を取ることなれとも、まさか李家としても右の如き極端なることを為す訳には行かさらんと思ふ。又此ことに付予め返上を約し置くことも、体面を重んする所以に非す。故に殿邸下賜の上にて、返上の順序になる方か宜しからんと思ふか、君（高）は何と思ふやと云ふ。高全然同意見なる旨を答ふ。

高又先年高輪の朝香宮の殿邸を賜ふ内議ありたるとき、小宮（三保松）は該所は煤煙ありて困るに付、現在の世子邸に隣地三条邸を買ひ足して賜はることにし度と云ひ、宮内省は之を肯んせす。南部（光臣）は朝香宮の殿邸を賜ふ旨の書面を得度と云ひたるも、宮内省にては現に朝香宮か住し居らるるに付、書面は出し難しと云ひたることあり。此事はどちらも上品なる仕方に非らさりしとの談を為せり。

○午前十時前、三善焞彦、審査官と為りたる後始めて予に面し、病気の状を語り、且今日より出勤する旨を告く。病症は腹膜炎にて、二日間は非常に難渋なりしと云ふ。

○午前十時後金井四郎来り、一昨日午後三時三十分頃仙石政敬、東久邇宮邸に来り、自分（金井）か邦彦王殿下に謁したる状況を問ふに付、殿下は稔彦王殿下か帰朝を肯んせられさることに付ては、宮内大臣（牧野伸顕）も倉富（予）抔も別に工夫なからんと云ひ居られたる旨を談したる処、仙石は頻りに邦彦王殿下の冷淡を誹り、効能なきまても、何とか処置せられそうなるものなりと云ひ、又宮内大臣（牧野伸顕）、宮務監督（予）抔は何と考へ居るへきやと云ふに付、自分（金井）は何も知らさるか、或は誰か人を遣はし、稔彦王殿下に帰朝を勧め、尚ほ肯んせられさるならは、帰朝を命せらるる様の考てもあるには非さるやと云ひたる処、仙石は倉富は自ら行く考はなかるへきやと云ふに付、其考はなし。誰か適当なる人を捜か〔さ〕んとの考なる様なりと云ひたり。然るに、仙石は頻りに倉富か行くか一番適当なり。今日鍋島邸（直映か）に園遊会あり。多分宮内大臣（牧野）に面会すへきに付、其ことを話し見るへしと云ひ居り。或は右様の話あるやも図り難きに付、念までに告け置くと云ふ。予、夫れは大丈夫なり。予も行く考なく、大臣（牧野）も予を遣る考なしと云ふ。

金井又今日は萩原淳を訪ひたり。夫れは一昨日萩原か御殿に来り、竹田宮にて聞きたることなる、軽井沢に近衛家の別荘あり。一ヶ月千円にて貸し度と云ひ居るとのことなりとの話を為したるに付、萩原は誰より其話を聞きたるかを問ふ為に行きたるなり。妃殿下は三島の世子邸別荘に避暑せらるることゝなり居るか、三島は暑しと云ふもの多き故、妃殿下も或は軽井沢に避暑せんと思召には非さるやと思はる。然し、先日話したる通り、妃殿下軽井沢に行かれたる帰途、三島の世子邸の別邸に過きり一泊せらるることは予定の通りにて、変更せらるることなしと云ひ、金井又仙石より自分（金井）を賀陽宮附事務官に転せしむることに付ては一昨日は何の話もなかりしなり。自分（金井）は昨年震災以来、稔彦王殿下には愛想をつかしたるも、妃殿下には実に御気の毒なり。妃殿下のことを思へは、東久邇宮を去る気にもなれす、若し貴官（予）か仏国にても行く様のことになれは、宮務監督も事務官も新なる人にては尚更妃殿下は御困りなさるへきに付、自分（金井）は東久邇宮に留まりて差支なし。宮岡恒次郎の妻か朝香宮妃に随行して巴里に行き、稔彦王殿下より御招あり。栗田直八郎と共に食事したるとき、宮岡の妻より殿下の画を頂戴し度と云ひ、其一を指したるに、是は一番よく出来居る故、遣はし難しと云はれ、又他のものを指したるに、是は一番悪しく出来るに付、悪しきものは遣はし難しと云はれたる由。宮岡の妻か殿下は何故御帰りなきやと云ひたるに、殿下は日本に帰りたる上、糊口する丈けの修業を為し置かさるへからすと云はれたりとのことなり。先日邦彦王殿下に謁したるとき殿下より、稔彦王は外国に居り、皇室に対する重大事件ありたりと云ふ様なる報知を聞き、事情は分らす、或は革命ても起り、衣食も出来さる様のことになりはせぬかと云ふ様なる考を懐き居るやも図り難しと云ふ様なる口気を漏したることありと云ふ。

予、稔彦王殿下か若し右の如き考にて、衣食の途ても得る為、滞仏せられ居る様なることならは言語同断なり。成程過激なることの起らぬ様予防はせさるへからさるも、其事か起りたるときの結果を想像して、自己の謀を為さるる様にては不都合なり。云ふことを好まされとも、有馬頼寧の行動に付予等か反対すれは、有馬も時に因り類似のことを云ふことあり。右の如き時代を想像すれは、自己の計を為す場合に非す、今日は成る程憂慮すへき事情はあれとも、未た極端なることを憂ふへき時には非すと云ふ。

○午前十一時頃白根松介、新任事務官高木某〔三郎〕を伴い来り、之を予に紹介す。高木は内蔵寮附として恩給局より転任したるものなり。

○午前十時頃西野英男に嘱し、明日午前九時三十分に馬車を予か家に遣はし、又同日午後五時五十分に馬車を遣はすことを主馬寮に謀らしむ。明日は皇太子殿下御成婚の饗宴を行はせらるるに付、宮内省は休暇なるも、枢密院にては会議を開くに付、午前に馬車を要し、午後饗宴に列する為之を要するなり。
○午後零時後食堂にて杉琢磨より、来月三日午後三時頃より宮内大臣官邸にて皇族賜邸及御料地処分のことに付会議せんと欲す。但し、未た大臣（牧野伸顕）の都合を聞き居らさるを以て決定はし難きも、一応之を問ふと云ふ。予及徳川頼倫とも差支なしと云ふ。
○午後一時頃食堂より審査局に返るとき、廊下にて厳柱日に遇ふ。厳は先日故李晋君の三年祭に付、京城に行きたるを以て、祭事済みたることを官房に報告する為来りたりと云ふ。
○午後二時三十分頃有吉忠一来り、只今関屋（貞三郎）より紀尾井町御料地（一万八百坪）を李王に下賜せらるることに付宮内大臣（牧野伸顕）の決裁済みたり。就ては該殿邸を賜ふに付ては、現在の世子邸は之を返上する様に致し度と云へり。自分（有吉）は其返上は此方より促すに非す、李王家より返上を願ふ様になすへき必要ありと思ふと云ふ。予、固よりなり。交換条件の様になりては、折角の恩賜も効能少きことゝなるに付、是非先方より願ふ様になさゝるへからす。予は此ことは難事に非すと思ふと云ふ。有吉然るかと云ふ。予、昨日関屋の話にては、篠田（治策）か紀尾井町の殿邸を賜はりたらは、只今の世子邸は阿只氏の邸と為し度と云ひたるも、自分（関屋）は右の如きことは云ふ勿れと云ひ置きたりと云ひ居りたり。阿只氏の住居としては広きに過く。又殿邸二個を維持することは困難なる故、之を返上せすとすれは、売却して金を取ることなれとも、左様なることは出来くへきことに非すと思ふと云ふ。
有吉、自分は宋秉畯か李堈公を唆かし、只今の世子邸を堈公の邸と為さんとし、其趣を斎藤総督（実）に申出し、総督（斎藤）は左様なることは出来すと云ひたることある趣を聞きたることあり。宋は中々油断出来すと云ふ。予、宋は李堈公の為に小なる別邸を作ることを望み居るか、夫れは常盤松の地所に建築すれは、夫れにて間に合ふことなり。予は夫れとなく世子邸を返上することに付、宋の心を探りたることあるか、宋は夫れは勿論なりと云ひ居りたり。又高（羲敬）の考へも同様にて、高は自分（高）か其ことに関する責任を執りても宜しと云ひ居りたりと云ふ。有吉、兎に角自分（有吉）より一応閔泳綺にも其趣意を話し置く方宜しからんと思ふと云ふ。予、夫れは宜しからん。李王職さへ反対の考を起さゝれは、何処にも異議ある問題に非すと云ふ。有吉、其通りなり。李王職さへ動かされは、宋等か何と云ふても差支なきことなりと云ふ。

予、此等は世子帰鮮の話は出てさるへきやと云ふ。有吉彼のことは閔泳綺か一番の主張者ならんと云ふ。予、先日牧野（伸顕）より、万一彼の話か出て陸軍省と宮内省と話の行違ありては面白からさる故、陸軍大臣（宇垣一成）に話し置けと云ふに付、其話を為し置きたり。李完用は怜悧なる人に付、勿論話し出さゝるへく、之を話せは閔泳綺ならんと思はる。李完用は以前は何事に付ても自己の意見を固持し居りたるか、此頃は余〔程〕怜悧になりて、多数の意見に同意すること多き様なり。尹沢栄の整理問題も同意し居る模様なりと云ふ。有吉、大層利口になりたるか、然し自ら表面に立つことはせす、常に人を使ふて事を為さしむるなり。李堈公妃〔金氏、男爵金思濬長女〕の弟〔父〕金〔原文空白、思濬〕か排日の為、男爵を褫はれたることあり。又其弟の金〔原文空白、宅基〕なる者あり。其人を中枢院参議と為すことの申込あり。自分（有吉）は一言の下に之を拒絶したるに、李完用は李堈公をして直接に自分（有吉）に依頼せしめたる様のことありたり。

予、先日牧野（伸顕）より、李堈公上京に付、食事てもする必要あるへきやとの談あり。予は堈公の滞留は短き趣にて其時日もなかるへしと云ひ置きたりと云ふ。有吉、実際の催ふ〔し〕はなきも、宮内大臣か其考を有し居りたることは君（予）からても公に通し置呉度と云ふ。有吉又皇室より李家に対し恩恵の意を有せらるることは必要なりと云ふ。予、李家を恩遇せられたりとて、其の為朝鮮統治上に効能あるへしとは思はれさるも、之を薄遇せらるれは、攻撃の材料とはなすこと多しと云ふ。有吉、然り。結局外国に対する体裁なりと云ふ。

有吉又関屋は、此節李家に賜はるへき紀尾井町の地所の中、道路に接したる低地の中東京市より大久保公園拡張の為下渡を請ふたる所あるも、宮内省にては之を拒絶し置けり。然し、李家に渡したる上、東京市より請求したらは之を下渡すへきものと思ふ旨を話し居りたりと云ふ。予、夫れは不可なり。若し下渡の必要ありと云ふならは、李家に賜ふ前に之を下渡し、其残部を賜ふか宜し。之を下渡す必要なきならは、何事も云はさる様にするか宜し。故障附の儘李家に賜はり、李家をして余儀なく下渡さしむる様のことありては、折角の恩意も薄くなる故、いつれにか断定して賜ふ様になすか宜しと云ふ。

予、有吉か先日牧野伸顕に対し、李堈公か内地人看護婦を妾と為したることを談したる由と云ひたる処、有吉より彼のことは関係を絶ちたりと云ふ。予、予も之を聞きたり。然し、関係を絶ちたるは最近にて、誰も知らすとのことなりし故、君（有吉）か未た知らさることもあらんかと思ひたりと云ふ。有吉、牧野には其ことを話したりやと云ふ。予未た話さすと云ふ。有吉、何も堈公のことを悪しく云ふにも及はさることなる故、序に其旨を話し置き呉よと云ふ。予之を諾す。

予又堈公か此節の上京滞在期限のことに付、予に話したることを有吉に告く。有吉、公は左様なることまても君（予）に話さるるやと云ふ。予、最近に関係を絶ちたる看護婦は公は関係なかりしと云ふことなるか、果して然るやと云ふ。有吉、否、関係ありたりと云ふ。予、然らは末松（多美彦）か公を庇護する為の言なりしならん。末松は看護婦に金を遣はさんとしたるも、看護婦は金を受くへき理由なしと云ひたりと云へりと云ふ。有吉、末松は実に感心なり。多年精勤し居るも、公は少しも之を徳とせす。彼等は監督官にて余程之を察しやる必要ありと云ふ。話すること十分間許。

○午後三時頃酒巻芳男来る。酒巻は予か有吉（忠一）と談し居るとき来り伺ひ、直に去りたるか、有吉か去りたる後復た来り、先日協議したる有栖川宮の遺産処分のことは舞子の別荘売却代二十三万円は董子、慰子両殿下の卑族に分配することゝなり居りたり。自分（酒巻）は其時より死去の兄弟姉妹か死者に先ちて死し居れは、遺産は兄弟姉妹の卑族には相続せしむへきものに非すと思ひ居りたるも、入江（貫一）か兄弟姉妹かなく、其卑族あれは之か遺産を相続すへきものと云ふに付、左様なるものかと思ひ、之を争はさりしも、其後皇室財産令を調査したるに、兄弟姉妹の卑族は遺産相続を為すへきものと思はれす。依て其旨を次官（関屋貞三郎）に告けたる処、次官（関屋）は元来董子殿下の遺産なりとて、之を溝口家の者に分配することは不同意なりし故、右の如き理由あるならは、尚更多額の分配を為す必要なからんと思ふ。今一応君（予）に謀るへしとのことなりと云ふ。

予、慰子殿下の直系卑族あれは、其人か金額を受くへきものにて、他は相続権なきに非すやと云ふ。酒巻、然るへき理由なるやと云ひ、少時考へたる後、此遺産は慰子殿下一人のものに非す、董子、慰子両殿下のものなりと云ふ。予、然るか。然らは両殿下の卑族に平分すへきものとなるかと云ふ。酒巻然りと云ふ。予、然らは董子殿下の兄弟姉妹尚三人ある以上は、其三人にて之を相続すへきものなり。兄弟の中二人は既に死亡し、其卑族は相続権なしとするも、生存する三人は相続権あり。此ことは元来皇室財産令の規定の通りに処分すへしとの入江（貫一）の意見に依り分配することゝなりたるものなれは、相続をなすへき人か少くなりたるも、其の為主義を変することは出来さるへしと云ふ。酒巻、然らは其旨を次官（関屋）に報告すへしと云ふて去り、少時の後復た来り、法規の結果右の如くなるならは致方なし。其旨を以て大臣（牧野伸顕）に稟議すへしと云ひたりと云ふ。

酒巻の談に、遺産処分のことは先日協議したる趣意にて牧野（伸顕）に報告したる処、牧野より平山成信の意見を聴くへしと云ひ、関屋（貞三郎）より平山の意見を問ひたる処、平山も異議なく、旧使用人に対する手当を一万円許増すことを望みたりとのことなり。関屋か溝口家の者に対する分配額を減せんとする考を起したるは、平山に相談したる後のことなり。

五月三一日

○五月三十一日土曜。曇。

○今日は皇太子殿下御成婚の為、宮中にて饗宴を催ふさるるに付、宮内職員には休暇を賜ふことゝなりたるも、枢密院にて臨時に会議を開くに付、午前九時三十分より同院控所に行き（今日に限り宮中北溜を以て控所とす。饗宴の為東三ノ間を使用するを以てなり）、控所にて穂積陳重より大岡越前守（忠相、江戸時代中期の江戸町奉行）の裁判記録か司法省に在るへきやを問ふ。予之を知らす、平沼騏一郎に問ふ。亦知らす。穂積は大岡の子孫と縁家と為り居り。其家に越前守の伝の如きものあるも、不完全極まるものに付、少しく之を完備せしめんと思ひ居る所なり。越前守か法制上に力を尽くしたることは之を認むることを得るか、其家には裁判に関する記録は少しもなしと云ふ。

予久保田譲に、先日中橋徳五郎に戸水寛人を貴族院議員と為すことを相談したる処、君（久保田）に相談したらは宜しからんと云へり。予は戸水は懇意なる人に非さるも、其弟松寺竹雄とは懇意なり。松寺より戸水のことを依頼せられ、清浦（奎吾）、鈴木（喜三郎）、小橋（一太）等に依頼したるか、中々六ヶしき模様なり。君（久保田）より周旋し呉るることは出来さるやと云ふ。久保田、自分（久保田）は本人の依頼にて清浦に話したるか、清浦は夫れは六ヶしと云ひ居りたり。戸水も大学教授として辛抱し、定年に至りて退官したる様のことならは推薦の理由もあれとも、衆議院議員と為り、夫れか面白からすとて、貴族院議員となり度と云ふは尤のこととは引受けられす。自分（久保田）も清浦に話はしても、出来様とは思はすと云ふ。予、土方寧の様なることは貴族院議員と為ることも出来くへきも、戸水は中々見込なしと云ふ。久保田、中橋抔も戸水は金に窮し、怪し〔け〕なる会社抔に手を出す様になり居る故、同人のことは世話し難しと云ひ居りたり。同人は意見もあれとも、何の方面にも信用を得す。自分（久保田）より原（敬）に、何処にか戸水を採用せよ。内地に適当なる所なきならは、弁理公使位には宜しからんと云ひたることあるも、原は戸水は駄目なりと云ひたりと云ふ。

○午前十時頃より議場（今日は西溜を以て議場となす）に入り、日西〔スペイン〕通商暫定取極に関する公文交換の件を議す。書記官二上兵治の審査報告のみにて一の発言なく、原案を可決せり。次て松井慶四郎より対米問題に付報告し、又対露問題に付報告せり。対米問題に付ては日本より抗議を埴原正直に電送したるも、暗号の不明なること等にて往復を要し、今日頃米国々務卿ヒウースに手交することゝなるへし。手交したる上は抗議書を公表する積りにて、夫れまても秘密なれとも、今日は之を朗読すへしとて之を朗読し、二個の報告にて十二時まて掛りたり。閉会後直に家に帰る。今朝御者に十時五十分頃宮内省玄関に待ち居るへき旨を命し置きたるに、予か玄関に到りたるは十二時後なりしなり。

○午後四時後井浦義久来る。井浦は司法省に於ける司法官会議に付、朝鮮総督府より上京を命せられ、其妻〔一子〕の妹〔不詳〕の夫〔不詳〕か大森に住するに付、其家に宿し居ると云ふ。話すること十分間許にして去る。

○午後五時五十分頃より馬車に乗り参内し、西溜ノ間にて休憩し、七時より豊明殿に行き、皇太子殿下御成婚の御饗宴に列す。殿には枢密院副議長（一木喜徳郎）以下先つ予定の席に就き、皇后陛下、皇太子同妃両殿下及各皇族の御臨席を待つ。陛下、殿下臨場。各皇族、王世子、李堈公、各大臣、外交官之に従ふ。八時頃宴終る。陛下、両殿下、各皇族、王世子、李堈公牡丹ノ間に入りたまひ、其他は千種ノ間に入る。大勲位以下大臣の待遇を賜ひたるものまて牡丹ノ間に入りて拝謁し、次て大使公使館員拝謁し（此等の諸員は晩餐に列したるものに非す）、陛下、殿下、奥に入りたまふ。予等乃ち西溜ノ間に到り、帳簿に署〔名〕し、饗を賜ひたることを奉謝し、宮内省玄関より馬車に乗りて家に帰る。家に達したるは十時に近し。馬車の御者には午後八時頃宮内省玄関に来り居るへき旨命し置たる処、餐後陛下、殿下の奥に入りたまふまては千種ノ間に居るへき旨式部官より告けたる故（初めは餐後直に退出して宜しと云ひ居りたり）、一時間以上遅くなりたるなり。饗宴のとき、紫檀にて作りたる御紋章附の菓子箱をボンボニーとして拝受せり。
○千種ノ間にて水野錬太郎に、先日（五月二十五日）工業倶楽部にて話を聞きたる原田二郎か金を献することは、新聞紙の報する所にては既に皇室に献することを止め、政府に献すること に決したる模様なり。其方か宜しと云ふ。又西溜にて仁田原重行に遇ひ、有馬秀雄か衆議院議員選挙に落選したることの談を為し、仁田原より有馬の為に慰安会を開かんと云ふ。予之に同意す。饗後千種ノ間にて仁田原より、有馬の慰安会を開くは、日曜日に限るに及はさるやと云ふ。予、六月二日の外ならは、日曜に限るに及はさる旨を答ふ。

千種ノ間にて上野季三郎（大膳頭）より、宴会場にて食膳に関し不行届のことはなかりしやと云ふ。予、予の前に居りたる婦人は何人なるや知らさるも、其人には給仕か魚肉を配分することを忘れたりと云ふ。上野、夫れは不都合なりし。其婦人は誰なるへきやと云ふ。予、山川健次郎に就き、之を問ふ。其婦人の隣席に山川か居りたるを以てなり。山川、席札に小橋（一太）の妻（ひで）なることを記しありと云ふ。予其旨を上野に告く。上野、給仕の酒を行ることは如何なりしやと云ふ。予一回酌みたる而已なりしと云ふ。上野、其ことは予め注意し置たるも、尚ほ行届かすと云ふ。石黒忠悳は豊明殿にて予の左に在り。予と石黒と、今夕は清浦（奎吾）始め一人も大臣か来り居らさるに非すやと云ふ。石黒、自分（石黒）も先刻より之を探し居るも、一人も見当らす。如何なる訳なるへきやと云ふ。饗既に終る。後藤新平来る。予、大臣は来り居るやと云ふ。後藤総て来り居れり。予一人も見当らすと云ふ。後藤いつれも隔たる席に居りたりと云ふ。饗宴場の席次、正面に横長き卓あり。其卓には一列に　陛下、殿下か御著席あらせられ、其卓より脚形に六列の卓を置き、相対して著席することになり居り。大臣等は予等の卓と隔て居りたる為、之を見ることを得さりしなり。
○千種ノ間にて宋秉畯より、明日往訪せんと欲すと云ふ。予、予め電話したる上にて来るへき旨を答ふ。
○午後六時頃松寺竹雄、使をして朝鮮紙の半切封筒及松子菓子を贈らしむ。

大正一三年六月

六月一日

○六月一日日曜。朝曇、午後雨、夜大雨。
○午前九時後宋秉畯より電話にて、往訪せんと欲する旨を告く。予差支なき旨を告く。十時後宋来る。宋、加藤高明か内閣総理大臣となれは、斎藤実は平生加藤と善からさるに付、朝鮮総督は辞するに相違なし。依て牧野（伸顕）の宮内大臣を罷め、斎藤か之に代ることを計画し居る人あり。然るに水野錬太郎は斎藤の後に朝鮮総督と為らんと欲し、熱心に運動し居れり。又其外に田中義一も朝鮮総督と為らんと欲し、三浦梧楼に説き、三浦より自分（宋）の意見を問ひたる故、自分（宋）は絶対に反対し置けり。夫れは斎藤か総督と為りたるとき、三浦は斎藤か軍人なりとて大に之を非としたるか、斎藤は現役に非さる故、先つ我慢し置かんと云ひたることあり。然るに、田中は現役軍人なれは、三浦より云ふても、一層之を非とせさるへからす。加之斎藤か就任したるとき、南大門駅にて爆裂弾を擲けたるもの〔姜宇奎〕あり、其後も不断斎藤を襲ふものあり。此の如き状勢なるに、田中か総督となれは、一層不穏なることを激成するに相違なし。此ことは断して不可なりと云ひ置きたり。

又水野は斎藤に爆裂弾を投けたるとき、水野か周章て逃け出したる形状は実に滑稽を極め、今尚其形か目前に在る位なり。此の如き人か朝鮮総督となることは以ての外なり。水野は政務総監たりしとき、何事に限らす、必す斎藤の意見に反対して我意を貫きたり。又其妻〔万寿子〕か非常に意張り、昌徳宮に行きても妃の如き体度を為し、斎藤の妻か温循謙遜なるとは大なる相違なり。

自分（宋）は摂政殿下に上書せんと思ひ、只今考案中なり。其趣意は、朝鮮の統治に付ては軍人の寺内（正毅）も非軍人式の斎藤（実）も共に失敗して効果を挙け得す。此上内地人をして総督たらしむるは不可なるに付、此度は朝鮮人をして総督たらしむへしとのことなり。是は勿論実行せらるへきことゝは思はさるも、此の如き上書を為せは、少くとも田中か水野を総督とすることは妨くることを得るならんと思ふとの談を為せり。

予、牧野（伸顕）か辞職する様の見込なるも、予は牧野は決して辞職せすと思ふと云ふ。宋、三浦（梧楼）も左様に云ひ居りたり。薩摩人は決して辞職することなし。虎ノ門事件にて山本（権兵衛）か辞したるも、本人の考に非す。研究会の連中より激しく脅迫して辞せしめたる趣なり。牧野か辞職すへしと云ふことは自分（宋）も聞きたるか、他の人にも之を言明したることある趣なりと云ふ。予、一時は病気にて辞職の意ありたるへきも、近来は病気も快くなりたる故、決して辞職する考はなき様なりと云ふ。宋、然るならんと云ふ。宋又清浦は西園寺（公望）を京都に訪問し、内閣辞職のことを談し、自己（清浦）を元老と為すことを相談する積りの処、辞職のことは西園寺より夫れは当然なりと云ふ様なる挨拶を為したるも、元老問題に付ては全く受附くる様の話なき為、清浦は其ことは話し出さすして去りたりとのことなりと云ふ。

宋又李堈公か本月五日に東京を出発し、箱根に二泊し、十一日に京城に帰著する予定なる趣なりとて、其日割の書面を予に示し、此位ならは宜しからんと云ふ。予、李堈公には先頃内地人看護婦を妾と為す様のことありたるも、其方は幸に手を断ること出来たる趣なりと云ふ。宋、右様のことなからん。然らされは、余程古るきことならんと云ふ。予、然らす。最近のことなりと云ふ。宋全く知らすと云ふ。予、君（宋）か東京に来りたる後のことなる故、君（宋）か知らさるならんと。宋然るへしと云ふ。

宋又昨夜西園寺（八郎）より、世子殿下と妃殿下と余り仲か善過きる故、妊娠せられさるならんとの談を為したりと云ふ。予、夫れは全体は結構なることなれとも、少しく極端なり。先日も岩崎某の妻かバザーを催ふし、妃殿下の御出を請ひたるに、世子殿下も同行せられたる由。いつも両殿下同行と定まり居れりと云ふ。宋、夫れは李太王も一たひ定まれは決して離れさる癖ありたるか、其遺伝ならんと云ふ。予、世子は遺伝なるへきか、妃も同様なりと云ひ、先年結婚の砌、世子か演習に行くことも嫌ひ、一旦行きても病気〔に〕なりて早く帰る様のことありたる故、梨本宮妃殿下に説き、殿下より世子妃殿下に説かしめたることもありたるか、妃殿下も世子殿下と同様なる故、其効は少なかりしなり。昨年末世子か京城に行かれたるときも、妃殿下は身体の健康上医師は非常に同行に懸念したれとも、世子は自分（世子）一人にて行けは、妃は其の為に病気になる故、是非同行すと云はれ、終に同行せられたるなりとの談を為し、宋は全体は実に結構なることにて、妃殿下の柔循にて何事も世子殿下の指揮を待ちて決定し、我意を張らるる様のことなきは実に有り難し。自分（宋）は厳妃と李太王との関係を熟知し居るか、厳妃は何ことにても太王の意に従はす、必す反対を主張する性癖あり。丁度斎藤（実）の意見に水野（錬太郎）か反対する様なりしか、世子妃の体度は実に喜ふへきことなり。只子供の出来さるは此上もなく残念なり。夫れに付けても晋殿下の薨去を惜む。晋殿下か弱体にてもありたらは致方なきも、彼の様に丈夫なる方かどーして死せられたるか分らすと云ふ。予、其様なる話か出つれは、予も実は同様なる考を懐き、先年晋殿下の排洩物を分析まで為さしめたり。是は絶対に口外の出来さることにて、右様の疑も起るへき筈なき故、極めて秘密に取計ひたるか、幸に何の兆候もなしとのことにて安心せりとの談を為せり。

宋は李堈公は今日午後より伊藤公（博文）の墓参に行かるるとのことなりと云ふ。予、堈公の予算のことに付、堈公より聞きたること、即ち李王職にては、堈公より提出したる予算を総督府に示さすして決定すとのことを有吉（忠一）に話したる処、有吉は内端の事情を知らす、堈公より提出したる予算なりと思ひ居りたるに付、予より有吉に、李王職にて査定したるものを総督府に示したりとのことなる旨を話し置たりと云ふ。十一時三十分頃に至り帰り去る。

〇午後二時頃中山勝之助、膳鉦次郎来る。之と話す。松寺竹雄、杉村逸楼亦来る。乃ち共に話す。予、松寺を書斎に延き、予か松寺の嘱に因り、戸水寛人を貴族院議員と為すことに付清浦奎吾に依頼したるも、清浦は諾否を答へさりしこと、小橋一太に依頼したる処、小橋は当分補欠の詮議を為さゝる旨を答へたること、鈴木喜三郎に依頼したる処、鈴木は尽力はすへきも、成否は分らさる旨戸水に告け置きたりと答へたること、中橋徳五郎に謀りたる処、中橋は久保田譲か戸水のことは予て心配し居るに付、久保田に話し、久保田より清浦にても依頼せしめたらは宜しからんと云ひたる処、久保田に話したる処、久保田は既に清浦に話したるか、清浦は此ことは至難なりと答へたり。戸水か大学教授を勤続し、定年に達して退官する様のことならは、貴族院議員に推薦するに便なるも、衆議院議員と為り、都合悪しとて貴族院議員と為り度と云ふは、推薦の理由乏しく、自分（久保田）も目的を達することを得へしとは思はさること、戸水のことに付ては原敬等にも依頼し、官職に就かしめんと欲したるも、原も戸水を信せす、戸水か意見もあり、学問もあれとも、有力者の信用なき旨の話を為せり。右の如き事情にて、成就の見込乏きに付、他に工夫あらは之を試みよと云ふ。松寺、大木（遠吉）は何と云ふやと云ふ。予、大木には本人（戸水）より依頼し居るとのことに付、予より話さゝる旨を答ふ。

談終りて応〔接〕室に返り、中山等と話す。少時の後中山及膳返り去る。予、内子をして先日杉村より依頼したる書画帖を返さしむ。杉村か来りたるとき、書画帖に書し呉よと云ふ。予、字を作ることは予に出来す、所謂書痙にて腕麻痺する故、字を作り難しと云ふ。松寺、書痙は近年のことなりやと云ふ。予、否。前年よりなりと云ふ。松寺、然らは妨なしと云ふ。松寺、予か朝鮮に在りて字を作りたることを知り、其程度の書痙ならは、字を作られさることはなしと云ひたるなり。書画帖を杉村に返し、杉村、松寺と共に予の書を観、謝を述へて去る。予が書したるは文中子〔王通、中国・隋代の儒学者〕の語（聞謗而怒者讒之由也、見誉而喜者佞之媒也）なり。

○午後四時頃古林喜代太〔衆議院議員・実業同志会〕来る。古林、久留米にて衆議院議員候補者と為り、初め有馬頼寧か候補者と為る旨を聞き躊躇したるも、運動員等より強ひて、競争するに決心したること、頼寧氏か久留米市を止め、有馬秀雄か愈々候補者と為ることゝなり、懇意の間にて心苦かりしも、是亦已むを得す競争したること、頼寧氏か久留米を止めたるは推薦者か悪かりし為ならん。秀雄か岡某〔不詳〕を運動者と為したるは秀雄の為、不利なりし様なり。久留米市は是まて政友会の地盤なりしか、此節之を破りて自分（古林）か当選したるに付、今後の地盤を固むる為、運動員及実業同志会員より自分（古林）に対し全市選挙有権者の家に就き当選の謝辞を述へよと云ひ、已むを得す之を為すことゝし、上京前久留米の市の旧区域丈は之を済まし、御饗宴に列して久留米に帰りたる後、残部を廻はらさるへからす。東京に在る久留米人の重立ちたる人の処には此次に上京したるときに往訪せんと欲するか、如何なる人かあるへきやと云ふ。

予、有馬伯邸に行きたらは、夫れにて宜しからんと云ふ。古林、有馬邸には明日にも往訪することにする積りなり。其外には如何様の人あるへきやと云ふ。予、久留米市の人は少し。境豊吉位のものならん。其外新聞記者位はありと云ふ。古林、朝日新聞社に居る石井光次郎〔朝日新聞社社員、元台湾総督府参事官〕は自分（古林）か久留米商業学校長と為りたる後の第一回の卒業者にて、石井は其後神戸の高等商業学校に入り、又、東京の高等商業学校の選科生と為りたる者なりと云ふ。古林又予と徳永龍次郎との関係を問ひ、古林光雄〔不詳〕の寡婦〔不詳〕、竹雄〔不詳〕は大阪に居ること、光雄の女喬子は昨年死したること、是は結婚の為、病気を起したる模様なること、林与茂〔古林喜代太の叔父、故人〕の寡婦セイ〔清〕を訪ひたる処、三浦直次郎、長男義人か来り居り、直次郎より義人を伴ひ、貴家（予か家）を訪ふへき旨直次郎より申来り居るも未た果さす、宜しく伝へ呉よと云ひたること、古林の長女〔道子〕は広辻信次郎〔元福岡県糟屋郡長〕の長男〔信吉〕に嫁し、其家は大塚に在り。古林は其家に宿し居ること、信次郎は福岡県の郡長にて、四、五年前退官したること、其長男は電灯会社の職員なること等の談を為し、古林か談し居るときより雨降り出し、歇まさる故、人力車を雇ふことを請ひ、車に乗りて辞し去る。時に五時後なり。古林より敷島煙草二箱を贈る。

古林か将に辞せんとするとき、田中なるものより電話す。婢敏電話を聞くも解せす、内子代りて之を聞く。尚ほ明か〔な〕らす。古林去らんとして、内子の電話の終るを待つ。内子、田中と云ふのみにて其名分らすと云ふ。予、田中行尚に非さるやを問はしむ。内子之を問ひ、田中秀夫〔元鹿児島地方裁判所検事正〕なりと云ふ。予何時来るやを問はしむ。田中、只今上野停車場に在り。是より直に来るへしと云ふ。予、差支なき旨を答へしめ、直に晩喫す。

午後六時頃田中来る。先般草場船山先生に位を贈られたるに付、安井小太郎〔第一高等学校教授、漢学者〕、三島宇一郎〔不詳〕、末永允〔原文空白、不詳〕等と草門会を開くことを謀り居るに付、賛成せよと云ふ。予、実は膳鉦次郎上京し居り、先刻其ことを談したるも、人数少く会も成立せさるならんと云ひたる位なり。速に開くことを得れは、膳も出席するならん。其会を開くに付ては、草場謹三郎の出席は求め度ものなりと云ふ。田中、草場中風の容体あり。先頃多久に行き、贈位報告祭を行ひたる後、当分同地にて静養する話も聞き居り。今尚ほ同地に滞在し居るには非さるへきや。弟季彦〔草場季彦、元第七高等学校造士館教授、草場船山四男〕は既に京都に帰り居れり。是は東京にて開会すれは、上京する旨申来り居れり。三島（宇一郎）等と内議したる所にては、会場は偕楽園とし、会費は七円位。船山先生の写真てもあれは之を掲くること、遺墨を持ち寄り展観すること等なり。異議なかるへきやと云ふ。予異議なき旨を答ふ。田中、自分（田中）は此ことに付、貴君（予）と藤山雷太〔実業家、藤山コンツェルンの創始者、東京商業会議所会頭、佐賀藩出身〕に協議することを担当し居り。藤山は二度往訪したるも面会を得す、書状にても贈るへし。同門人は安井小太郎、箕浦勝人〔衆議院議員・憲政会、元逓信大臣〕、末永允〔原文空白〕、三島宇一郎、山根武亮、森永太一郎〔実業家、森永製菓社長〕等なるへく、箕浦、山根、藤山及君（予）等を会の発起人とし、自分（田中）、三島等は幹事と為りたらは如何と云ふ。予、如何様にても宜しきか、発起人と幹事を別つ必要なし。皆発起人にて宜しきに非すやと云ふ。

予又川原茂輔〔衆議院議員・政友会〕も草場の門人なることを告く。田中、季彦か来るならは、是は招待なる方宜しからん。又来会者の写真三枚を取り、之を草場家に贈ることにし度と云ふ。予、謹三郎、季彦、弟彦〔吉田弟彦、草場船山五男〕に贈る趣意ならんと云ふ。田中、然り。田中、委細は更に電話にて交渉することにすへしと云ひ、話すること十四、五分間許にして去る。予、先年偕楽園にて開会したるとき、千葉県より来りたる林某〔不詳〕あり、予は其名を知らす、林と云ふ人なきやと云ふ。田中、林〔原文空白〕と云ふ人ありたり、其人なるや明ならすと云ふ。
○午前書を強五郎、鈞、隆に贈る。又有馬家の関係書類を納る籠の破れたる所を修理す。

六月二日

○六月二日月曜。朝大雨後曇微雨。
○午前九時三十分より出勤す。
○午前十一時後関屋貞三郎来り、明日午後三時頃より新宿御苑を拝借し、李完用、閔泳綺、有吉忠一等を招待し、茶菓を供せんと思ふ。世子は招待はせさるも、来会せんと云はれたり。暇あらは来り呉よと云ふ。予夫れは君（関屋）の催なりやと云ふ。関屋、然り。大臣（牧野伸顕）は暇なき為出来すとのことなりと云ふ。予、先日大臣（牧野）より李堈公上京に付、食事にてもする方か宜しけれは之を為すへし。如何との話ありたるか、此節は堈公の滞京短く、大臣（牧野）も多用に付、其暇なかるへしと答へ置たり。予より其話を有吉（忠一）に為したる処、大臣の厚意丈は堈公に告け置き呉よと云ひ居りたり。今夕堈公に面会する筈に付、其ことを話し置く積りなりと云ふ。関屋、堈公は明日は沼津に行かれ、新宿へは来られ難き趣なりと云ふ。予往くへき旨を答ふ。関屋乃ち去る。
○午前十一時後浅田恵一来り、内蔵寮計理課長と為りたる旨を告く。予算の関係あり、宜しくと云ふて去る。
○午前十時後西野英男に嘱し、今夕世子邸に行くに付、自動車又は馬車を借ることを主馬寮に交渉せしむ。少時の後西野より、午後五時に自動車を貴宅に廻はすことに約し置きたりと云ふ。予、六時三十分の案内なるに付、自動車ならは六時に来りたらは宜しからんと云ふ。西野承知の旨を答ふ。予、此ことを嘱するとき、時刻の告知方確かならさりしなるへし。其後に至り世子邸案内の時刻も稍々不安心なるに付、内子に電話し之を確めんとしたる処、内子は三越に行き居る旨、婢敏より答へたり。
○午後三時後、御饗宴に召されて不参したる者にボンボニーを賜はる様になるや否を問ふ為、上野季三郎を大膳寮に訪ふ。上野在らす。審査局に返るとき、庶務課長室に過きり、上野か在るや否を問〔ふ〕。上野在らす。乃ち審査局に返る。
今日午前、東宮職より本月六日東宮殿下同妃殿下より午餐を召さるる旨の案内状を致す。然るに予の職を宮内〔省〕御用掛と書せり。三時四十分頃秘書課長白根松介を訪ひ、東宮職の案内状に宮内省御用掛と書するは不穏当なりと思ふ旨を語る。白根、夫れは何か誤なるへし。部局長官全部を召さるるならは、審査局長官として可なる訳なり。直に東宮職に交渉すへしと云ひ、電話にて交渉す。東宮職にては部局長官全部を召さるるに非す、御婚儀に関係したる人のみを召さるる訳なり。審査局長官は御婚儀に関係したるも、其関係は寧ろ御用掛として為したることならんと思ひたりと云ひたるに付、白根より然らさる旨を告け、案内状を改むるとのことなるに付、先の案内状を返し呉度と云ふ。予乃ち審査局に返り之を取りて白根に返す。

白根の室にて上野季三郎に遇ふ。予、御婚儀委員会にては御饗宴に召されたるものは、不参にてもボンボニーを賜はる様のことに決し居りたりと記臆す。不参者にも賜はるならは、予の妻の分も賜はることを望むか、其の外に予の旧藩主の分を貰ひ度。旧藩主は非常に記念品を賜はることを望み居りたるか、足痛の為参内出来難く、御断申上けたる趣に付、記念品を賜はりたらは、非常に満足することならんと思ふと云ふ。上野、自分（上野）も御婚儀委員にては其通り決し居りたりと思ふ。然し大膳寮にては出席者の数丈けボンボニーを受取り之を渡す丈けにて、不参者のことには関係なし。いつれ御饗宴の済みたる後、何とか処置せらるへしと云ふ。上野は夫れより杉琢磨に就きボンボニーのことを談す。杉は不参者にボンボニーを賜ふことは未た決定し居らす、いつれ饗宴終りたる後ボンボニーの残品処分として省議を決することゝなるならんと云ふ。予、杉に対しても上野に話したると同様のことを話し置けり。
○午後六時より自動車来る。乃ち之に乗り、王世子邸に到る。李完用、閔泳綺其他十余人既に来り居れり。予に後れて来りたる者、李堈公、菊池慎之助、有吉忠一其他二十人許あり。七時頃より食堂に入る。八時頃食終る。談話室にて談す。八時後堈公先つ去る。諸員次て去る。世子、李完用等と話すること少時亦室に入る。予尚ほ宋秉畯、李完用、閔泳綺等と話す。李、閔等亦去る。宋尚ほ去らす。
予将に去らんとす。宋少く待てと云ふ。宋事務室に行く。予、之を待つこと六、七分間許。高羲敬と話すること亦一、二分間。高行き宋を捜かす。宋来りて高を捜かし居りたりと云ふ。宋は予か去らんとすることを高に告くる為、高を捜かし、高は予と話し、予は宋の来るを待ち居りたるなり。乃ち皆笑ふ。予直に辞し去る。予は自動車の運転手に午後八時頃来り迎ふへき旨を告け置たるを、予か帰途に就きたるは九時二十分頃なりしなり。

世子邸にて浅田賢介、予を訪はんと欲するに付、差支なき時刻を問ふ。予、午前八時三十分頃までならは差支なき旨を答ふ。
○予か世子邸に行き居るとき、中山勝之助の妻来りて内子を訪ひ、予家に帰るより二、三分間前に辞し去りたる由なり。
○世子邸にて高羲敬より、今日閔泳綺か有吉忠一を訪ひ、有吉より閔に対し、皇室より李王に紀尾井町の邸を賜はりたらは、現在の世子邸は之を返上することゝなり度旨を談し、閔は其ことになるへき旨を答へたる趣なることを談す。
○夜中山勝之助の妻来りて、内子を訪ひたる由なり。

六月三日

○六月三日火曜。朝曇後晴。
○午前八時頃浅田賢介来り訪ふ。予、浅田か朝鮮司法部内に於て評判宜しからす、大邱覆審法院長中山勝之助は来年一月頃定年に達して退職し、其後任は順序より云へは浅田か補職せらるへき訳なるも、或は順序を変更し、真鍋十蔵（朝鮮総督府高等法院部長判事、男爵）か之に補せらるる様なるへき懸念ある模様なる趣なることを談す。浅田、平壌在勤中病気に罹り、十分勉強し難かりしことあり。其頃より評判悪しくなり、其後は勉強致し居るも、未た評判を挽回するに至らす。横田五郎抔は朋友なる故、職務は異り、横田は法務局長又は高等法院長と為りたるも、自分（浅田）は依然朋友の積りにて爾汝の交を為し居りたる処、或るとき横田より自分（浅田）の体度に付注意したることあり。右様の次第にて、横田等の感情は自分（浅田）か勉強しても之を以て善くすることは出来難からん。若し順序を変更し、下席の者か覆審法院長に補せらるる様のことあらは不面目に付、進退を決せさるを得さるへし。然し、在職の間は十分勉強はする積りなりと云ふ。

予、官吏たる以上は少々の栄辱は到底免れ難し。之を気にする様にては官吏とはなり難し。万一順序を変更せらるる様のことありても之に頓著せす、勉強する方か宜し。其中には事情の変することもなきに非さるへしと云ふ。浅田、順序を変更せられても、尚ほ勤続するは如何にも意気地なき様にて耐へ難し。左りとて順序を変更せられたる後、直に辞職するも余り大人気なく、人格にも関することとなり。依て愈々後進か自分（浅田）に先ちて覆審法院長と為る様ならは、其前に一時自分（浅田）を覆審法院長に補し、自分（浅田）は直に罷むることに致し度。然れは恩給金額の増加を得る利益ありと云ふ。予、予は免職前の進級は名誉とは思はされとも、其方か利益ならは、其時機になりたらは当局者に交渉は致し見るへし。其時機の来るまては十分勉強し見るか宜しからんと云ふ。

予か浅田と談し居るとき、李堈公の従者より電話にて、明日午後五時頃公の旅寓（帝国ホテル）に来り呉るることは出来さるやと云ふ。予時を費すことなりやと云ふ。電話する人、自分（電話する人）は代人にて用事は分らさるも、特に来訪を請ふこと故、少しは時間を要するならんと思ふ旨を答ふ。予兎も角往訪することにすへしと云ふ。予復た浅田と話す。予は内子をして宋秉畯の旅寓に電話し、宋をして電話せしむ。予、宋と電話せんと欲す。電話する人は宋に非す、其代人なり。予、明日午後五時李堈公より招かれたり。宋は招かれさるやと云ふ。電話する人、宋も李堈公を訪ふことになり居ると云ふ。予然らは他に用事なしと云ふ。

○午前八時前旧稿に就き、（記慈言）一篇を写す。昨夜世子邸に李完用と話するとき、李より予か強壮なることを説く。予少時多病なりしことを話す。李、少時多病にして長寿なる人は朝鮮にも少からす。君は必す山県（有朋）、松方（正義）等と同様位の寿を保つことを得るならんと云ふ。予か二十歳になりたりとて、予の亡父か喜ひ、其ことに付記述したるものありと云へり。今日新宿御苑にて李完用に面会することになり居るに付、都合にては先考より勇〔倉富勇三郎〕に賜りたる玉女談を李に示さんかと思ふ。玉女談は先年広津正人か予か為に謄写し呉れたるものあり。記慈言は予か先妣〔倉富久仁子〕の言を記したるものにて、玉女談の一部を説明せられたるものなり。玉女談を示すには、先妣の言を併せ見るを便とす。故に之を謄写したるなり。

○午前十時後、東宮職より更に本月六日の午餐の召状を致したりとて、西野英男より之を予に交す。少時の後、西野東宮職より昨日送致したる召状と引替度旨申来りたる書状を持ち来る。予、昨日の召状は昨日白根（松介）に渡し置たるに付、同人に問ひ呉度旨を告く。

〇本月一日古林喜代太より敷島煙草二箱を贈りたるも、所用なきに付、今日午前十時後西野英男に交し、審査局の用に供せしむ。

〇午前十時後、昨日電話交換局より送致したる昨年七、八両月分の電話料の納入告知書を西野英男に交し、之をして用度課に致さしむ。

〇午前十時後西野英男に嘱し、今日午後三時新宿御苑に行く為、自動車を借ることを主馬寮に謀らしめ、又明日は午前十時五十分頃馬車を遣はすことを主馬寮に通知せしむ。

〇午前十一時三十五分頃浅田恵一来り、紀尾井の御料地一万百十〔原文空白〕坪を李王に賜ふ件に付、経済会議に謀る書面を持ち来り、捺印を求む。乃ち之に捺印して之を返す。

〇午後一時後食堂にて徳川頼倫と話するとき、仙石政敬来り、予に話し度ことあり。差支なき時間ありやと云ふ。予場所は何処なりと云ふ。仙石貴宅に往くへしと云ふ。予省中にても宜しくはなきやと云ふ。仙石都合にては省中にても差支なしと云ふ。仙石又徳川にも話し度ことあり。同時ならは尚更都合宜しと云ふ。予、予は今日にても宜しと云ふ。徳川又自分も今日にても宜しと云ふ。仙石、然らは是より共に審査局に往き、話すことにせんと云ひ、共に来る。

仙石、東久邇宮殿下帰朝延引のことを説き、殿下に説くには予を措いて他に適当なる人なし。是非奮発し呉よ。徳川も之に同意せよと云ふ。予、東久邇宮殿下のことに付ては宮内大臣も心配し、其方法は君（仙石）の考と粗同様なる模様に思はるるか、人選は他に適当なる人あるに相違なし。予は不適任なり。大臣（牧野伸顕）も決して予を遣はさゝるならんと云ふ。仙石、自分は君（予）に限ると思ふ、是非奮発し呉よ。皇族一人を有用の人となすか、無用の人と為すか、極めて重要なる事件なりと云ふ。徳川、東久邇宮のこと丈けを考ふれは倉富君は適当なるに相違なし。然し、他に重要なる問題多し。同君（予）の洋行は事情之を許るさゝることゝ思ふと云ふ。仙石、他に洋行せられ難きことあるならは已むを得されとも、長年月を要することに非さる故、差支なかるへしと云ふ。予他には固より予を要する事なしと云ふ。仙石然らは決心を望むと云ふ。予、予の決心を要するまてのことなからん。大臣（牧野伸顕）は必す予を遣はさゝるならんと云ふ。仙石、徳川君も熟考し呉よ。自分（仙石）より大臣（牧野）にも話すことにすへしと云ふ。話すること一時間許にして去る。

仙石既に去る。徳川、今回の政変の結果、宮内省にも大なる波か来るならんと思はる。長州派にては是非とも大臣を更ゆる計画を為し居る様なり。有松英義は近来余程激烈に運動し居るとのことなり。又、伊東（巳代治）も悪辣なる妨害を為し居るとの話なり。宮内大臣の後任としては一木喜徳郎を擬し、第三者か十分手数を講し居る模様なり。入江（貫一）に問ひ見たるに、幾分其兆候ありと云ひ居りたりと云ふ。予、種々の計画ある模様なるか、どれか実現するや分らす。宮内大臣の後任として斎藤実を擬し居るものもある模様なりと云ふ。徳川、長州系にて承知せさるへしと云ふ。予、水野錬太郎か朝〔鮮〕総督たることの運動を為し、一方には田中義一も同様の運動を為し居るとのことなり。

　徳川侍医頭更迭のことは聞き居るやと云ふ。予知らすと云ふ。徳川、先日他の話より不図其ことに移り、大臣（牧野伸顕）より話を聞きたり。池辺（棟三郎）〔侍医頭〕は好人物なるも不十分なり。入沢（達吉）か就任することに内定し居るとのことなりと云ふ。予、入沢か就任を諾したるへきやと云ふ。徳川、諾したるとのことにて、大臣（牧野）余程自慢なる模様なりしなりと云ふ。徳川又長州閥か薩摩閥に対し反抗的体度を取り居ることの話より、関屋（貞三郎）か自分（関屋）も薩摩閥の中に入り居るへきやと云ひ居りとのことを談したり。

○午後零時頃有馬泰明審査局に来り、有馬伯爵家の追加予算に捺印を請ふ。予、伯爵の近況を問ふ。泰明別に悪しきことなしと云ふ。予、今日の饗宴は断は〔ら〕れたりとのことなる故、悪しくはなきやと思ひたりと云ふ。泰明別段のことなしと云ふ。予、安藤（信昭）は只今沼津に行き居るやと云ふ。泰明、否。二、三日前に橋場に来りたりと云ふ。予、伯爵か饗宴に出られさるは、安藤か助けること出来さるも一の原因なる様仁田原（重行）より聞きたるか、左に非さるやと云ふ。泰明、自然は今日頃安藤に差支ある訳には非さるへきやと云ふ。予、成否分らさるに付、伯爵に話すことは出来さるも、伯爵は饗宴の記念品を受くることを望み居られたるに付、欠席せられても、記念品丈けは貰ひ度旨掛りの者へ話し置けり。いつれ饗宴の済みたる後に非されは成否とも決せさるか、貰へたらは早速届くることにすへしと云ふ。予又昨夜仁田原と有馬秀雄の慰安会を開くことの話を為し置けり。然るへく取計ひ呉よと云ふ。

○午後三時より自動車に乗り、新宿御苑に到る。関屋貞三郎か李完用、閔泳綺、其他朝鮮の官吏十余人を招き、茶菓を饗するを以て、予に来会を求めたるなり。王世子も運動の為来苑し、三時後一同と共に茶を喫し、世子は有吉忠一とゴルフ戯を為し、皆往て之を観る。予は他に先ちて家に帰る。五時頃家に達す。御苑にて玉女談を李完用に示さんと思ひ居りたるも、機会なかりしを以て之を止めたり。

○午後内子、三越呉服店に行く。

○午後零時後有馬泰明か来りたるとき、予、有馬頼寧氏が議員選挙に幾許の金を費したるへきやを問ふ。泰明六万円以上七万円未満なるへしと思ふ旨を答ふ。泰明又頼寧氏当選祝賀会には敏四郎と家従津留崎某〔有馬伯爵家家職〕か出席したる旨を談す。

六月四日

○六月四日水曜。曇。

○枢密院の参集日なるも、都合に因り参集を止むる旨の通知来り居るを以て参集せす。

○午前十一時後より宮中の饗宴に列すへき日なるを以て審査局

に出勤せす。
○午前八時頃李堈公の随行員より電話にて、今日午後五時に来訪せらるることを求め置たるも、公に差支出来たるを以て明日午前十時頃来訪を求むと云ふ。予明日は東京市の奉祝会に列するを以て往き難き旨を答ふ。
○午前十時五十分馬車来る。乃ち直に宮内省に行く。金井四郎正に審査局に来り居る。之と共に宮中に行く。廊下にて、予昨日仙石政敬より予に対して直接に談判せりと云ふ。金井之を聞き、金井を賀陽宮附事務官に転せしむることゝ思ひ、自分（金井）は熱心に希望する訳に非す、東久邇宮附と兼務することならは之を希望すと云ふ。予、仙石の談は君（金井）のことに非す。予をして仏国に行き、稔彦王殿下を迎へしめんとすることなり。昨日は予と徳川（頼倫）とに対して之を説きたるか、予は勿論反対せりと云ふ。金井、徳川は何と云ひたりやと云ふ。予、徳川も賛成はせさりしと云ふ。金井、仙石は其ことに付関屋（貞三郎）に話す積りなりしか、関屋は賛成せさりしならんと思はると云ふ。
東一ノ間にて金井に別れ、予は西溜ノ間に行き、豊明殿に於ける席次表を取り、穂積陳重、渡辺暢、国分三亥、中山勝之助、松寺竹雄、其他十余人と話す。十二時前豊明殿に入り席に就く。席は極めて皇后陛下、皇太子殿下、皇太子妃殿下の座に近し。予の傍近には久保田譲、中村雄次郎等か居りたり。一時前饗終る。乃ち出てゝ帳簿に署名せんとす。人多くして近くへからす。乃ち宋秉畯と廊下にて立談し、人の散するを待つ。

予宋に対し、今日午後五時頃李堈公殿下より来るへき旨通知を受け居りたる処、昨日午後更に、今日は殿下に差支を生したるに付、明日午前十時に来り呉度旨の通知ありたれとも、明日は東京市の奉祝会あり往訪し難きに付、断はり置きたり。君（宋）にも通知ありたりやと云ふ。宋、通知はなきか、昨日新宿御苑より堈公の旅宿に行き、公に対し明日自分（宋）と倉富とを召はるるか、何故に高羲敬を加へさるや。高を召はすして自分（宋）等のみを召はるれは、高は何か秘密談てもせらるる様に邪推するに付、倉富も迷惑するに付、高を加へすして、自分（宋）等のみを召はるることは止められ度旨厳しく談し置きたり。実際、高より自分（宋）に対して少しく不平を云ひたることもありたりと云ふ。

宋又昨日新宿御苑にて関屋貞三郎より自分（宋）に対し、愈々紀尾井の地所を李王に賜はることゝなり、閔長官（泳綺）か地所を見に行くまてになりたるに付、最早安心なりと云ふて、関屋の尽力にて出来たる様に吹聴せり。自分（宋）か先日牧野伸顕を訪ふて、地所下賜の催促を為したることは関屋は知らすして頻りに効能談を為すに付、自分（宋）も関屋に対し、君（関屋）の御蔭にてと云ひ置きたりとて冷笑し居れり。予、最早経済会議の議も済みたる旨を告く。帳簿を書する人漸く減す。乃ち之に署名し、宋と別れて審査局に到る。

午前十一時後西溜ノ間にて小原駩吉に遇ひたるとき、小原より、先刻審査局に行きたるも、其時は君（予）は未た来り居らさりしと云ふ。予、君（小原）は豊明殿より直に家に帰るや、又は宮内省に過るやと云ふ。小原宮内省に過ると云ふ。予然らは後刻宮内省にて談すへしと云ふ。饗宴終り、帳簿に署名したる故、審査局に行きたる処、小原は既に予の室にて待ち、伊夫伎と談し居りたり。予か返りたるを以て伊夫伎は直に去る。

小原、昨夜山田益彦か密かに自分（小原）を訪ひ、更に酒巻（芳男）より自分（山田）に対し、賀陽宮事務官に転すること を勧む。自分（山田）は池田邦助を免職して、其後任と為ることとは絶対に承知し難しと云ひたる処、酒巻は池田は帝室林野局にても転任せしむることにてもすへしと云ひ居れり。自分（山田）は是まて方々転任せしめられたる末にて、又賀陽宮に行くことは好まされとも、宗秩寮にても酒巻は自分（山田）を邪魔にする模様あり。此儘宗秩寮に居りても、如何なる結果になるやも計られさるに付、或は賀陽宮に転する方宜しからんかとも思ふに付、秘かに君（小原）に相談に来りたり。自分（山田）より酒巻の意を探くる為、池田（邦助）は小原と懇意なる為免職すと云ふならは、自分（山田）も小原を知らさる訳に非すと云ひたるに、酒巻は夫れは関係か違ふと云ひたる由なり。又関屋（貞三郎）の妻と山田（益彦）の妻は同期生なる由なるか、山田の妻か関屋の妻を訪ひたるとき、小原か免職となりたるに付、最早安心なり。今後は度々話に来れと云ひたりとのことなり。

自分（小原）は山田に対し、宗秩寮の為には君（山田）か居る方宜しけれとも、酒巻か君（山田）を邪魔にし居るに付、君（山田）の為には或は転任したる方宜しからん。而して賀陽宮の方から云へは、勿論君（山田）か行き呉るれは大妃幷に王殿下方も安心なるへく、自分（小原）も安心なりと云ひ置けり。高崎正風〔元薩摩藩士、歌人、元枢密顧問官、男爵、故人〕は賀陽宮に関係あり、山田は高崎の子なる故、大妃等も安心せらるるならんと云ふ。予、寧ろ転任する方宜しからんと云ふ。

小原、此節は仙石政敬を顧問と為し、酒巻と関屋とにて宗秩寮のことを処置し、徳川（頼倫）には知らせすして処置することと多き趣なり。自分（小原）は是まても幾度か徳川に対し、此問題は十分考へさるへからさるものなりとて、時に進退を賭すものなることを諷したれとも、徳川は夫れ程奮発せす。全体軽蔑せられて奉職する必要はなきに非すや。何故辞表をたゝき附けて争はさるやと思ふと云ふ。予、是は余程前のことなるか、井上（勝之助）か長く病気にて引籠り居り、宗秩寮総裁の後任を捜かし居るとき、予は適任者は何人もあるに非すやと云ふて徳川を挙けたる処、仙石は徳川は弱くして不可なりと云ひたることあり。其頃より仙石は徳川を軽んする様の口気なりしなりと云ふ。小原、仙石は十分に徳川を軽蔑し居るなりと云ふ。

予、牧野（伸顕）は辞職する模様なきも、世間には種々なる計画ある模様なり。斎藤実を宮内大臣となす計画と一木喜徳郎を擬する計画とある趣なりと云ふ。小原、一木を推すことは入江（貫一）か主張することにて、余程前よりのことなり。自分（小原）を除きたるも、自分（小原）か居りては一木のことを妨害すると思ひ、入江より関屋等には一層強く自分を除く様に持ち掛けたることと思はる。然し、一木を入るることは西園寺公（公望）か絶対に反対なり。一木の如きものを入れたらは何事も出来す。入江は一木を大臣にして、自分（入江）か次官と為る積りなりと云ふ。予、一木のことは第一平田（東助）の希望なり。西園寺か好ますと云ふても、現に内大臣たる平田か主張するならは、西園寺も反対する訳には行かさらん。然し、予は牧野か辞するとは思はれすと云ふ。小原容易には辞せさるならんと云ふ。話すること十分間許にして去る。

○午後一時三十分より馬車に乗り家に帰る。

○午後二時頃王世子邸より電話にて、予か家に在るや否を問ふ。婢敏家に在る旨を答ふ。

○午後二時後枢密院事務所より、明日東京市にて催ふす皇太子殿下御成婚奉祝会に行くとき、燕尾服を著くるならは、勲章は本綬を用ゐられ度。各大臣は通常服にて高帽を用ゆる趣なり。式場にては受附にて相当の処に案内するとのことなりと云ふ。予之を謝す。

○午後二時後宮内省官房より電話にて、明後六日午後二時より宮内大臣官邸にて御料地整理のことに付協議会を開くに付、出席せられ度とのことなりと云ふ。予承諾の旨を答ふ。

○午後三時頃高義敬来り、昨日新宿御苑にて関屋貞三郎より世子殿下に、自分（関屋）もゴルフを為し、殿下の御対手を為し度。但省務多忙の為容易に暇を得す。殿下より来るへき旨の通知を得れは、来るに都合宜しき故、御通知を願ふと云ひたる趣なり。依て今日宮中にて殿下より金応善をして、関屋に明五日は聯隊休暇に付、午後より新宿御苑に行き、ゴルフを為すへき旨通知せしめられたる処、関屋は明日は人を招き居るに付行き難し。又殿下御苑に御出てなさるるとき、無闇に朝鮮人抔を御連れなされてはならぬ。御苑は摂政殿下の御運動をなさるる所なる故、妄りに人を入るることは出来す。殿下か御同伴なさるならは、有吉（忠一）位ならは差支なしと云ひたる趣、金（応善）より殿下に報告したり。

而して少時の後関屋より、明日午後は差支ある旨申上置たるか、午後三時三十分頃より後なれは参るへき旨申来れり。右の次第にて、殿下は関屋の言に付御不審あり。是まて誰も御苑に同伴せられたることなく、赤星某夫婦とは御苑にてゴルフをなされたることあるも、是は西園寺（八郎）か勧めたることにて、殿下か召はれたるものに非す。有吉（忠一）位ならは宜しと云ふも、昨日は関屋か有吉等を御苑に招き、殿下は有吉とゴルフをなされたる訳なり。明日は有吉も召さるる訳に非す。昨日御苑に行きたるとき、小原（駩吉）か大塚某〔常三郎、朝鮮総督府内務局長〕（朝鮮総督府官吏）及某（中山〔不詳〕とか云ひたる様なり。予記臆せす）等とゴルフを為し居りたるに付、関屋は小原か来ることを嫌ひ、朝鮮人云々と云ひたるには非すやと思ふ。何にか此ことに付聞きたることなきや。之を問ふ為に来れりと云ふ。

予、何も聞きたることなし。関屋か朝鮮人云々と云ひたるは、君（予）の推察の通り小原のことを云ひたるものならんと云ふ。高、御苑は摂政殿下の為の外妄りに使用すへからさることは固より承知し居るに付、世子殿下かゴルフをなされても、世子邸の者は之に加はるへからさる旨自分（高）より金応善にも上野〔原文空白、良丞〕にも予て申聞け置たることなりと云ふ。予、関屋の意は小原を遠けるに在れとも、小原は之に拘はらす、御苑に行くならん。東宮殿下は常に小原を召さるる趣に付、小原は頓著なく行くならんと思ふ。明日のことはいつれになりても差支なきことなるか、関屋か初は差支ありとて御断はり申上け、間も〔なく〕行くへしと云ひ、如何にも世子殿下は関屋の都合次第にならるる様に思はるる故、明日のゴルフは御止めなさるる方か宜しからんと思ふと云ふ。高、自分（高）も明日は止めらるる方か宜しからんと思ふ。其旨を申上け見るへしと云ふ。

○午後三時頃西野英男より電話にて、大臣官房より明日は東京市にて奉祝会を挙行するに付、宮内省にても各部局長の見込にて職員に休暇を与へて宜しき旨申来れり。伊夫伎審査官（準一）より一応長官（予）に伺ふへき旨申聞けられたり。如何すへきやと云ふ。予然らは局員全部休ませて宜しと云ふ。西野、長官（予）は明日宮内省に来らるるやと云ふ。予、予は行く積りなりと云ふ。西野然らは自分（西野）と給仕とは出勤することゝすへしと云ふ。予、予は行きても誰も出勤するに及はすと云ふ。西野然らは其ことにすへしと云ふ。

○午後内子、中山勝之助の妻を有馬良橘の家に訪ひ、帰途直人の病を訪ひたる由にて、四時頃家に帰りたり。

六月五日

○六月五日木曜。曇夜雨。

○午前九時より馬車に乗り、東京市にて催ふす皇太子殿下御成婚奉祝会場（宮城前広場）に赴く。勲一等以上の者は特別の休憩所あり、式場の壇上に昇ることゝなり居れり。十時頃皇太子殿下、同妃殿下臨場したまひ、各皇族、世子及公族之に随ふ。東京市長永田秀次郎奉祝の詞を申す。皇太子殿下御詞を賜ふ。市長の発声にて一同、両陛下、両殿下の万歳を三唱し式を終る。市吏員、来賓を宴会場に誘ふ。記念として両殿下の歌を印刷したる式紙、白扇二柄を贈る。宴半なるとき、市長挨拶を為し、内閣総理大臣清浦奎吾答辞を述へ、其発声にて一同東京市の万歳を三喝し、宴を終る。

予は歩して宮内省に到り、宗秩寮にて休憩し、岡田重三郎に嘱し、午後零時三十分に馬車を非常口に廻はすことを主馬寮に告けしむ（午前奉祝会場に行きたるときは、御者に午後零時三十分に宮内省玄関に馬車を廻はすへき旨を告け置きたるも、玄関は今日休日と為りたるも、之を閉ち居るに付、非常口に変更せり）。

零時三十分より馬車に乗り、東京駅に行き、李堈公か朝鮮に帰るを送る。駅の休所にて小原駐吉に遇ひ、昨日高羲敬か来りて、関屋貞三郎か新宿御苑に朝鮮人を誘ふへからすと金応善に語りたりとて、高か予か家に来り其ことを談し、高も関屋の趣意は君（小原）を誘ふことを拒むに在るならんと云ひ居りたること、予か世子に新宿御苑に行くことを止むることを勧め置きたること等を談す。会々関屋来る。乃ち他のことを談す。

一時堈公か出発したる後、馬車にて宮内省に返る。小原、同乗を請ふ。乃ち之と共に審査局に休憩して、皇后陛下に拝謁するときを待つ。堈公か出発する前、休所にて高羲敬より、世子は今日は矢張新宿御苑に行かるることになりたり。同伴は妃殿下、赤星某夫妻にて、関屋貞三郎を召はれたる外、誰にも告けす。西園寺（八郎）は誘はんかと思ひたるも、西園寺に告くれは、同人より小原を誘ふならんと思ひたる故、西園寺にも告けさることゝなせり。晩間弁当ても食して帰らるる予定なり。貴官（予）は今日は会議ありとのことなりしか、何時よりの会議なりやと云ふ。予、今日は会議に非す。三時より皇后陛下に拝謁することゝなり居れり。会議は明日の予定なりしか、是は止むることゝなれりと云ふ。世子之を聞き、然らは新宿御苑に来らさるやと云ふ。予今日は行き難き旨を答ふ。堈公は自分（公）のことは宋伯爵（秉畯）に話し置たる故、同人より聞き呉よと云ふ。

審査局にて小原と談す。小原、西園寺（八郎）を式部職に訪ひ、君（予）より聞きたる斎藤（実）か牧野（伸顕）に代はるへしとのこと、又一木（喜徳郎）を牧野の後任となさんとして運動し居るものあることを談し、一木のことは先年来入江（貫一）か主張し居ることにて、一木と平田（東助）との関係もあり、是は余程可能性あることとなり。注意警戒を要すと思ふとのことを語りたる処、西園寺は近来の状況を知らす、探り見されは分らすと云ひ居りたり。是は余程前のことなるが、波多野（敬直）か大臣たりしとき、自分（小原）と西園寺（八郎）、入江（貫一）等は東京倶楽部にて密議を凝らし、波多野排斥の議を決したるも、後任者に適当なる人なし。種々意見を交換したるとき、入江より一木を提出したるか、自分（小原）と西園寺とは之に反対し、其儘になりたる中、中村（雄次郎）か就任することゝなれり。入江は其頃より一木を推し、自分（入江）か次官と為る希望を有し居れり。此節自分（小原）か罷むる様になることも、入江は必す其議に与かり居りたることゝ思ふへき端緒あり。入江か不用意に〔原文空白〕に対し、宮内省にても四月に入れは空気一新することゝなるへしと云ひたる趣なり。自分（小原）か退くことは其頃より入江は知り居りたるに相違なし。一木の如き偏狭なる人を大臣としては何事も出来す。一木は法制学者には相違なかるへきも、大臣としては適任ならすとの談を為せり。予、牧野か罷むることは予は信し難し。他より迫まるならは格別、左もなけれは自ら進みて罷むることはなからんと云ふ。小原、東京倶楽部の会は後には大谷正男、酒巻芳男、二荒芳徳等も加へたり。其頃まては酒巻、大谷等も与に談する人となるならんと思ひ居りたるなりと云ふ。

又関屋（貞三郎）より李堈公に常盤松の地所を見分すへきことを伝へ、李堈公は見分に行きたる処、誰も来り居らす、待つこと多時にして李完用、閔泳綺、東久世秀雄等来り、関屋は差支ある為、東久世か来りたりとのことにて、堈公には殆んと取り合はす、公は何の為来りたりやと云ふ様なる有様なりし為、公は大に怒りたりとのことなりとの談を宋秉畯より聞きたりと云ふ。小原、東久世は何の為に左様なる体度を取りたるへきや。今日にして宗秩寮の職員（酒巻芳男）等は見送り位は為すか宜しかるへきに、宮内省のことは実質は随分損を為しなから、少しも効能なき様なることのみを為し居れり。折角地所を賜はりても少しも効能なく、所謂金銭を溝に棄つる様のことのみ為し居れりと云ふ（常盤松見分の談は予と小原と馬車に同乗して東京駅より宮内省に赴く途中のことなりしならん）。

小原又審査局にて、自分（小原）を貴族院勅選議員と為すことは宮内大臣（牧野）より内閣総理大臣清浦奎吾に交渉したる処、清浦より牧野に対し、折角のことなから出来さる旨申来りたる趣申来りたる由、白根（松介）より自分（小原）に通知し来れりとの談を為せり。是は自分（小原）当てにしたることには非されとも、互選議員となれは選挙団体の為意思を拘束せらるることを免れさる故、勅選か出来さるならは、互選に依る外致方なし。選挙管理人たる中村雄次郎と選挙母体の幹部〔原文空白〕には同情を得置かさるへからさることとなる故、中村、〔原文空白〕には既に往訪することに約束し置きたりと云ふ。

予又宮内大臣（牧野）か君（小原）を銀行か他の会社かに世話する様の話ありたるか、夫れは事実には非さりしやと云ふ。小原、夫れは大臣（牧野）より松方巌〔実業家、第十五銀行頭取、公爵松方正義長男〕に話し、十五銀行の監査役にても為さんとしたる趣なるも、自分（小原）は財務のことに関しては全く不得手にて、自家の会計すら出来さる位ならは、銀行にても入れは、自分（小原）も苦きのみならす、他よりも全く御情けにて銀行に入りたりと云はるるは必定なり。自分（小原）愈々是までにて、世の中を捨つるならは兎も角、夫れ程の決心も出来さるに付、其方は自分（小原）より断はりたり。大臣は清浦に交渉したるも出来すとて、其責任は尽くしたりと云ふ様なることとなるへしと云ふ。

二時三十分頃より　皇后陛下に拝謁する為、皇后職に往かんとす。官房前に到りたるとき、小原、庶務課長（杉琢磨）の室に入る。予亦入りて雑談す。小原、杉の略綬を指し、杉は先日皇太子殿下御婚儀に付五等勲章の旭日章を賜はりたるに、御婚儀委員として今日　皇后陛下に拝謁するに、其勲章を佩用せさるは不都合なりと云ふ。杉、只今著け居る略綬は一昨日賜はりたる勲四等の略綬にて、最高勲章の略綬を著くることか適当なりと云ふ。小原は一昨日、杉か勲四等に進みたることを知らすして之に戯むれたるなり。

二時四十五分頃より杉、小原と共に皇后職に到る。拝謁すへき人の参入を待ち、拝謁の間に到る（人形ノ間ならんか）。待つこと十分間許にして先つ牧野に謁を賜ふ。二、三分間許にして牧野出て来る。次て関屋貞三郎、御婚儀委員長たりし資格にて拝謁し、亦二、三分間許にして出て、井上勝之助之に次き、珍田捨巳亦之に次き、予之に次て拝謁す。陛下、昨年来東宮婚儀に付、御苦労をありし、諸事滞なく済みて満足す。記念として〔と〕云ふ様なる趣意を述へて、卓上の箱に御手を掛けたまふ。予乃ち御前に進み箱中にありたる紙包及目録を拝受し、再拝して退く。紙包には御万那料と記し、倉富御東宮御婚儀委員と記したる紙札を結ひ附け、目録には御紋附金蒔絵香匣と記しありたり。皇后宮職の控所にて杉琢磨（庶務課長）より拝謁済みたる後、大臣官房に過きるへき旨を告く。予乃ち官房に過きる。誰なりしか記臆せさるか、今日、皇后陛下より賜はりたる物の御礼は宮内大臣（牧野）か一同に代はりて申上くるに付、各自に申上くるに及はすと云ふ。待つこと二十分間許、牧野、予を召ひ、紙包を交す。中に金三百円の仕払命令あり。金額を記したる次行に、東宮御婚儀ニ付格別勤労手当と記しありたり。是は宮内省よりの手当なり。控所に退き、帳簿に署名して謝を表す。紙包には水引を掛け、倉富東宮御婚儀委員の小札を貼附せり。

　四時二十分頃より馬車に乗り家に帰る。東京駅より宮内省に返りたるとき、午後三時に馬車を非常口に廻はすへき旨を御者に命し置きたるか、拝謁其他の為時を費したるに付、空しく御者を待たせたり。

○午後四時後鳥山虎也太〔元平壌覆審法院長〕来訪し、御饗宴の為に上京したりと云ひ、仏教の趣味を談し、陽明の比に非すと云ふ。墨筆香の三段を一箱に納れたるものを贈る。

○午後三時後武田乙次郎〔元広島控訴院検事〕来りたるも、予在らす。

○午前九時後東京市奉祝会場の休所にて白根松介より、明日午後二時より宮内大臣官舎にて御料地整理等のことに付会議を開かるる予定なりしも、明日は午時には東宮御所の午餐あり、晩には大臣（牧野伸顕）等は工業倶楽部の招待あるに付、旁々協議会は延期すること〻なれりと云ふ。同所にて宋秉畯より此次の日曜（本月八日）に往訪せんと欲する旨を告く。

六月六日

○六月六日金曜。曇。

○午前九時三十分より宮内省に出勤し、昨日官房にて受けたる金三百円の仕払切符に依り、現金を金庫より受領することを西野英男に嘱し、又午前十一時四十分までに東宮御所に行く為、自動車を借ることを主馬寮に謀ることを西野に嘱し、直に馬車に乗り東京駅に行く。駅所にて水野錬太郎に、池田十三郎を貴族院議員と為すことは如何なる都合なるや。池田より更に書状を以て依頼し来りたりと云ふ。水野至難なる旨を答ふ。

　十時四十分頃よりプラットホームに到る。田内三吉、先日君（予）に話したることは入江（貫一）に話したる処、入江は君（予）に相談すへしと云ひたるか、既に入江より君（予）に話したりやと云ふ。予未た之を聞かすと云ふ。田内より先日予に話したること〻云ふも、何事なりしか之を記せす。少時の後、田内の処に就き、入江は賛成したりや、又は反対なりしやと云ふ。田内、反対てはなかりしか、入江は其ことに付誰にか相談したりやと云ふに付、自分（田内）は平生敬募〔慕〕する人に相談せりと云ひたるに、入江は君（予）の名を挙けて、入江より君（予）に相談すへしと云ふに付、自分（田内）より、自分（田内）か敬募する人とは即ち倉富なりと云ひ置きたり。入江には現内閣の存続する中の方か宜しからんと云ひ置きたりと云ふ。予は実は入江の賛否を問ひたるは、之に由りて何事なりしかを知らんと思ひたるも、以上の談にては、終に其事を思ひ出さ〻

りしなり。

十一時五分頃宮内省に返り、十一時二十分より池辺棟三郎、三善焞彦、黒田（長敬か詳ならす）と共に自動車に乗り、東宮御所に赴き、十二時頃平田東助、牧野伸顕、金子堅太郎、井上勝之助に次き、皇太子殿下、皇太子妃殿下に拝謁し、零時後食堂に入り、両殿下の餐に陪す。一時後餐終る。談話室にて更に皇太子殿下に謁し、御機嫌宜しきを奉賀す。殿下より予の健康を問ひたまふ。又少時の後妃殿下に謁し、宮中饗宴の滞なく済みたることを祝し、殿下の御機嫌を候す。一時後帳簿に署名して、餐に陪したることを奉謝し、池辺、三善、黒田と同乗して宮内省に帰る。此日饗に陪したるもの百四十余人なりと云ふ。銀製卵形のボンボニーを受けたり。

○午前十一時頃高羲敬来り、昨日世子、同妃両殿下は新宿御苑に行き、ゴルフを為され、赤星某夫妻来りて対手を為し、関屋貞三郎は五時頃に来り、室内にて赤星よりゴルフの教授を受け、直に帰りたり。小原（駩吉）は御苑にて東郷某、西邑清とゴルフを為し居りたり。夕刻弁当を食する時と為りたるに付、自分（高）か小原、西邑等を呼ひ、共に弁当を食せんと云ひたるも、関屋は之を呼ふに及はす、彼等は勝手に来り居るもの故、其儘に為し置くか宜しと云へり。自分（高）は後刻必す来るへしと思ひたる故、弁当を残し置き、後に之を食せしめたり。関屋の行動は余りに極端にて小丈夫なりと云ふ。

高又李堈公は常盤松の地所見分に行き、不快の念を起したり（東久世秀雄等の体度に付）。公は常盤松は不便ならんと云ひ居れり。又鍵（勇吉）公子の寄宿寮の外に公の別邸は別に設くる積りなりしに、其計画になり居らすとて不平を唱へ居られたり。依て自分（高）は常盤松の中に寄宿寮も別邸も建築することを得るならんと云ひ置けり。公は君（予）に好く話し置けと云はれたり。公は又李王職の処置を憤り、結局自分（高）の仕方も宜しからすと云はる〔る〕故、其理由を問ひたるに、公は世子邸にて経費の削減を甘諾する故、公の分も削減することゝなると云はれたり。依て自分（高）は李王の経費も削減するとのことに付、世子の分も削減したり。然し不足を生すれは、更に請求する積りなりと云ふ。公は汝（高）は決して請求せさる積りなるに相違なしと云はれ、自分は然らすと云ひ置きたりとの談を為せり。高又世子附武官上野某の父〔不詳〕死去したる趣に付、世子邸より賻百円を贈るへきこと（金応善の父死したるときは百五十円を贈りたりと云ふ）、予等の名義にて弔電を発し、香料を贈り置くへしと云ふ。

○午後二時頃予か東宮職より返りたる後、金井四郎来り、実は昨日通知せんとも思ひたれとも、左程急くことにも非さる故、今日まで延はしたり。仙石（政敬）より電話にて、貴君（予）をして仏国に行き、稔彦王殿下を迎へしめんとすることに付貴君（予）と徳川（頼倫）とに直接交渉したれとも、埒明かす。此上自分（仙石）より直接宮内大臣（牧野伸顕）に進言すへしと云ひ居りたり。昨日東京市の奉祝会場にて、仙石は其場に在りたる白根（松介）に、大臣（牧野）に面会する打合を為し居りたり。多分面会して、君（予）のことを談するならんと思ひたり。仙石は次官（関屋貞三郎）には詳しく話し置きたりと云ひ居りたり。

金井又稔彦王妃殿下は明日浅川の林業試験場に行かるることになり居れりと云ふ。予御同伴の人ありやと云ふ。金井、御子様方の外、朝香宮の御子様二人の積りなり。試験場より高尾山に登らるる積りと云ふ。予、御子様方には登らるることは出来難からん。先年行きたるとき、索道にて人を運ふ工事を為し居りたるか、仮りに其工事か竣工しても、之に乗らるることは出来さるか、其工事は如何なり居るへきやと云ふ。金井、索道工事は之を中止して、営業せさることゝなり居る趣なりと云ふ。

金井又予の帰郷中侍女か嫁する為暇を取り、其後任は既に補欠せり。其後又一人日を期して暇を請ひ居り。之を解雇すれは皆新参と為り、是まての通り五人にては間に合ひ兼ぬる故、二人を雇ふ様候補者を探し見るへき旨、妃殿下より申聞けられ居り、其都合にする積りなりと云ふ。金井又本月十五日の奉祝会には、宮家より予定額千五百円寄附の外に、各宮家より二百十円宛を寄附し、予〔余〕興費に充つることになりたりと云ふ。

○午後四時より退省、玄関に到る。会々徳川頼倫正に在り。徳川、今まて田内三吉来りて小原のことを談し居りたり。君（予）も種々配慮され居るとのことなり。いつれ更に熟談すへしと云ふ。予之を聞き、始めて今日東京駅にて田内より予に談したるは、本年五月二十日夜上野精養軒にて田内より予に対し、小原を貴族院議員に勅選せらるる様周旋せよと云ひ、予より其ことは予より話しては不可なりと云ひ、田内の問に対し、之を談する人は入江（貫一）抔か宜しからんと云ひたることとなることを思ひ出せり。

○午前十一時後高羲敬と談し居りたるとき、杉琢磨来り、本月十五日宮内職員にて御成婚奉祝会を催ふすときの費用として、金五十円の寄附を得度と云ふ。予之を諾す。

○午後五時頃鈴木伍三郎〔元朝鮮総督府京城覆審法院判事〕来る。今夜名古屋に帰ると云ふ。

六月七日

○六月七日土曜。曇。

○午前九時三十分より出勤す。

○午前十一時五十分頃西園寺（八郎）来り、新聞（今日の読売）に牧野（伸顕）、関屋（貞三郎）か辞職する旨記載し居るに非すやと云ふ。予、記載し居れとも、事実には非さるならんと云ふ。西園寺、然らん。然〔し〕、次官（関屋貞三郎）には困る。昨年の虎ノ門事件（皇太子殿下に兇行を為したる事件）ありたるときより直にボデーガートのことを提議し、其組織は皇宮警察に属せしめては不便なる故、独立せしむへしと云ふことに決し、其協議を為すときは関屋も市村（慶三）も其席にありて異議を唱へさりしか、其実市村か自分（市村）の所管と為し度。関屋亦市村の所管と為し度為、種々なる故障を云ひ、今日に至るも未た決定せす。最近に至り内舎人と為すことゝならんとする模様なり。若し初めより意見あるならは、其旨を言明すれは何こともなきことなるに、之を言明する勇気なく、女の腐りたる如き行動を採り、いつまても決せす実に困る。関屋も市村もどちらも宜しからす。全体はボデーガードは両陛下の為に設けたるものゝ様なることにならされは不体裁と思へとも、致方なしと云ふ。

西園寺又小原（駩吉）の談に依れは、近頃は仙石（政敬）か余程行動し居ると云ふに非すやと云ふ。予、予は委細は知らされとも、小原の談に依れは、仙石か顧問と為り、関屋と酒巻（芳男）とにて宗秩寮のことを処置し、徳川（頼倫）は知らさること多しとのことなりと云ふ。西園寺、徳川はよく在職するものなり。彼の人の考は分り難し。先頃良子女王の洋行問題に付、之か行はれされは辞職すと云ひ居りたり。此問題は固より進退を賭する如き問題には非す。然るに、其後栗田直八郎を罷むるとき、小原駩吉の宮務監督事務取扱を罷むるときも、少しも徳川に知らせさるは余り不都合なり。然るに、徳川か之に頓著せ〔す〕して平気なるも分らすと云ふ。

予、大臣（牧野）、次官（関屋）はよく右の如き取扱を為すことあり。予も予の職責上出抜かれたる故、大臣（牧野）に抗議したることありとて、王世子の帰鮮問題の予防として、予に相談せす、牧野か関屋をして陸軍大臣（田中義一）に世子に相当なる軍職を授くることを協議せしめ、予か之を聞知して大臣（牧野）を詰りたること、及ひ此節閔泳綺、李完用等か上京するに付、復た世子帰鮮の問題を提出するやも計られす、予め陸軍大臣（宇垣一成）に打合せ置くことを予に命したり。是は先頃予より抗議したる為なるへきことを談す。

又仙石か君（予）を仏国に遣ることを主張し居るに非すやと云ふ。予、其ことは初めは金井四郎に説き、金井より予に話したることありしか、先日は予と徳川（頼倫）とに直接談判せり。然し、予も固より承諾せす、徳川も賛成もせさりしなり。予か行きて目的を達する見込あれは、考へもすへけれとも、到底其見込なきに付、同意せすと云ふ。西園寺、子供の使の様なる訳には行かす、使丈けならは白根（松介）にてもよき訳なりと云ふ。予、此ことは大臣（牧野）より、稔彦王殿下のことは此儘には致し難し。然し、初より極端なる手数を採ることは出来す、誰か相当なる人はなきやと云ふに付、予は小原（駩吉）と金井（四郎）を薦め置きたり。此二人ならは兎も角云ふ丈のことを云ひ、且皇族の事情をも諒解し居る人なり。然し、大臣（牧野）は二人とも嫌なる故、之を採用することはなし。金井は竹田宮妃殿下より金井殿下抔と云ふて御話ありたりとかにて、大臣、次官（牧野、関屋）とも非常に之を嫌ふことゝなり居れりと云ふ。西園寺、金井のことを悪しく話したる〔は〕東久邇宮妃殿下なりやと云ふ。予、否。竹田宮妃殿下なりと云ふ。西園寺、大臣（牧野）か竹田宮妃殿下の言を過信するは困る。殿下は皇太子殿下と皇后陛下とを離間する様のことを云はるることありと云ふ。

西園寺又昨日の宴会の席に於ける平田（東助）と金子（堅太郎）との談話は不都合なり。場所柄も憚らす雑談を為し、或は殿下を誉め過きる様のこともあり。之か為殿下を誤る様の懸念もなきに非すと云ふ。予、昨年臨時外交調査会を廃せられたる後、外交調査会員たりしものに御陪食仰付けられたることあり。其時予も同席したるか、其時は後藤（新平）と伊東（巳代治）と摂政殿下の御前も憚からす、互に悪口を云ひ合ひて戯れたる為、同席の人は不快に思ひたることあり。昨日の平田（東助）、金子（堅太郎）の談は後藤等の談程極端には非さりしも、老臣の体度としては適当ならさりしと思ふと云ふ。

西園寺又山田益彦を賀陽宮附事務官と為さんとし居るには非すやと云ふ。予其模様なりと云ふ。西園寺、宗秩寮より山田を出すことは寮の為に宜しからさるならんと云ふ。予、寮の為には宜しからさるならん。然し、山田か寮に留まり居りては、他の寮員より排斥せらるることゝなるならんと、小原（駩吉）は云ひ居りたりと云ふ。西園寺、酒巻（芳男）は夫れ程のことはなさゝるならん。小原は余り邪推し過きるには非さるやと云ふ。予と西園寺と談し居るとき、十二時の号砲を聞き、西園寺は間もなく辞し去り、予も食堂に行く為共に廊下を歩す。

予、世子と新宿御苑の話は聞きたるならんと云ふ。西園寺聞かすと云ふ。予、関屋（貞三郎）より世子か御苑に行かるるとき、余り種々なる人を同伴さるることは宜しからすと云ひたる由なりと云ふ。西園寺、赤星等は世子にゴルフを教授する為に御苑に行くことゝなり居れりと云ふ。予、関屋の意は小原（駩吉）のことを指したるものならんと思はる。関屋は朝鮮人を同伴されてはならぬと云ひたる趣なるも、世子は一度ても朝鮮人を伴はれたることなしと云ふ。西園寺、小原〔は〕宮中顧問官でもあり、御苑に行くことは差支なきことに非すやと云ふ。予か食堂に入る為談話は是にて止む。

○午後三時より退省す。

○午後篳笥の開戸の破損したる所を修理す。完成せす。

六月八日

○六月八日日曜。曇寒。

○午前八時後より昨日に続き、篳笥の開戸を修理す。工を竣る。但甚た拙し。

○午前九時後宋秉畯より電話にて、往訪せんと欲する旨を告く。予差支なき旨を答へしむ。十時後宋来る。宋、先日（本月二日頃）関屋貞三郎より李堈公に対し、皇室より貸与せらるる地所は愈々決定したるに付、往て見られたらは宜しからん。其時刻は本月四日午後四時頃か宜しと云ひたる由。此ことは関屋か公を新宿御苑にて催ふす茶会に案内する為に公を訪ひたるとき話したる趣なり。公は其前末松（謙澄）の寡婦か訪問せんと云ひたるも、差支ありて之を断り、四日の午後には面会することに約し居りたるも、関屋より時刻を定めて地所見分のことを勧めたる故、四日にも再ひ末松の方を断り、常盤松の方に行れたる由なり。然るに、公か行かれたるときは誰も来り居らす、其後に至り有吉忠一、李完用、閔泳綺、東久世秀雄等か来り、東久世より公に対し、何の為に来られたりやと云ふ様なる問を発し、公は次官（関屋貞三郎）より来るへしと云ひたる故、来りたりと云はれたるか、東久世等は主として有吉にのみ談話を為し、公に対しては全く取り合はす。公は如何にも手持不沙汰なりし趣なり。其時は李完用等護衛の為巡査も多人数来り居り、自動車の運転手等も居り、宮内省の官吏か公を薄遇することを実見し、公を軽んする心を生したるへく、其結果は朝鮮に影響し、一層公を軽んすることゝなるならんとは、公の憤慨せらるる所なり。公は平生朝鮮人か公を軽んすることを憤り居るか、其原因は李王職の公に対する体度に在りと為し、此節のことも其の為一層憤怒したる次第なりと云ふ。

予、如何なる訳にて右の如き手違を為したるへきや。故意に之を為したるに非さることは明かなるも、兎も角不都合なることなりしなりと云ふ。宋、李完用、閔泳綺等には紀尾井町の地所（李王に賜はるもの）を見分する為同所に案内し、其地所を見たる上にて李、閔等は常盤松に来りたる由にて、公（堈公）は自分（公）には関係なきことゝは云ひなから、兄弟のことなる故、自分（公）にも見せても宜しきに非すやと云ふて、憤慨せられ居りたり。兎に角関屋（貞三郎）の処置は不行届なりしと云ふ。

宋は李堈公より予に贈る書状を出し、是は公か上京すると直に君（予）にも贈り、摂政殿下にも書を上り、宮内大臣にも内閣総理大臣にも書を贈る積りにて、夫々準備し来りたるも、自分（宋）か之を止め、唯君（予）の分は之を示すことにすへき旨を約し置たる故、之を見呉よと云ふ。予之を見たるに、公は栄爵を辞して隠居することを希望するに付、予より之を上奏し呉よと云ふ趣意なり。予、依りて予には上奏することの資格はなきことなりと云ひたり。

宋又、自己（宋）より摂政殿下に上る書の案及内閣総理大臣に上る書の案を示したり。殿下に上る書は漢文を仮名書に直したるものにて漢文体なり。大臣に上る分は時文体にて（候）の字を加へ居れり。其趣意は日韓併合は詔書を以て示されたる通り、人民の福祉を増すことか主眼なりしも、統治宜きを得す、併合の目的に合はす。其原因は朝鮮の事情を知らすして政治を行ふ為なり。依て朝鮮人をして朝鮮を治むる様に為され度と云ふに在り。宋は此の目的は水野錬太郎や田中義一等か朝鮮総督と為ることを熱心に運動し居るに付、之を防止する為に之を上らんと欲するなりと云ふ。

宋又帝国ホテルの舞踊場に、大行団と鉄心会とか云ふ連中か踊り込み、舞踊を妨害して之を止めさせたるは愉快なり。彼の位のことは為さゝれは効能なし。自分（宋）は韓国の末路には、必す国は亡ひたるものと思ひたり。夫れは国王は夜を徹して宴楽に耽り、宮中を護衛する兵士まてか柔弱に流れ婦人と共に打ち興し、宮中に勤務する者は皆其夜宴を見さるへからさる様の有様となり居りたり。自分（宋）は一度も之を見さりし為、之を詰責せられたる様のことなり。日本の事情も行々は右の如きことにならすとも限らす、此の如きことになりては大変なりと云ふ様なる趣意の談を為せり。

宋又憲政会、政友会、革新倶楽部の三派聯合も困難なり。いつれも内閣組織に割込みに熱心なり。先日野田卯太郎を訪ひたるとき、野田は政友本党か離間中傷を事とするに付、其予防の為時々協議し居れりと云ひ居りたるも、夫れは口実にて、実は割込運動なりと云ふ。宋又政友会の小泉策太郎〔衆議院議員・政友会〕は文筆ある人にて、其邸宅抔は立派なるものなる由。先日三浦（梧楼）か案内を受けて小泉の家に至りたるに、余程広大なるものにて、園遊会も出来ると云ひ居りたり。小泉は大連の取引所の職員なるへく、是まては余り名の聞へさりし人なるか、此節は政友会の働手となり居れり。三浦（梧楼）は此際は憲政会の単独内閣を作り、政友会、革新倶楽部は之を援け、二年位継続したる後、政友会か内閣を組織し、此の如くして内閣授受の円滑を図るへしと云ひ居るも、実行は難き様なりと云ふ。予、夫れは出来す。憲政会より云へは政友会、革新倶楽部より閣員を入れ置かされは、何時謀反せらるるやも計り難き恐れあり。政友会、革新倶楽部にては、長く政権に離れ居りては党員の離散を防き難き恐あり。故に三浦の意見の通りには行き難し。先年桂公（太郎）政友会と情意投合と云ふ名義にて妥協政治を行ひたるも、政友会の要求に堪へす、終に同志会（即ち今の憲政会）を組織することゝなりたり。内閣外より内閣を援けしむることは中々出来難きことなりと云ふ。宋は話して零時三十分に至りて去りたり。

○今日頃左の手首に一寸位の黒斑を生したるを見る。何の為に生したるを知るへからす。近日種々の力作を為したる故、或は打撲したるならんか、又は湯槽中にて湯にて傷きたるか。

六月九日

○六月九日月曜。曇。

○午前九時三十分より出勤す。

○午前十時頃西野英男に、本月十五日に挙行する宮内職員の皇太子殿下御成婚奉祝会の費用寄附金五十円を交す。又西野に本日午後三時　天皇、皇后両陛下の沼津より還りたまふを東京駅に奉迎する為、自動車を借ることを主馬寮に謀らしむ。

高義敬常盤松借用地のことを談す

○午前十時後高義敬来り、今日両陛下奉迎の為には世子妃殿下のみ東京駅に行かれ、世子は聯隊に公務ありて奉迎せられすと云ふ。高又李堈公附事務官仁木義家は今日頃常盤松の借用地を視たる上、先年設計したる李堈公寄宿所か、此節借用する地所に適当に建築することを得るや否を検したる後、朝鮮に帰るへしと云ひ居りたり。

高義敬、浅沼禎一の妻のことを談す

仁木〔原文空白、義家〕は又、只今浅沼某か世子附と為り、浅沼の妻〔不詳〕か食事衣服等の世話を為し居るか、浅沼には子も多く、其の為専ら李鍝公の世話を為すことも出来難く、浅沼の子は其娘の夫の家に預け居り、其夫も子供を預け居ることは困る模様に付、旁浅沼の妻をして世話を為さしむることを止め、適当なる婦人を雇ひ度。

金某のこと

浅沼の妻には一ヶ年二百円許を給し居るも、特に雇ふとすれは、今少し多額に給しても差支なく、李鍝公の生母の弟金某か先年来公に附き居るか、此頃は内地語も解する様になり、浅沼の妻との折合も宜しからす。金某は一意公の歓心を得ることに

務め、間食ても勧むることあり、浅沼の妻は之を止むることあり。此の如きことにて、金某は種々なることを京城に通信し、李埈公妃等も左様なる通信の為、浅沼の妻に慊からさることゝなりたる傾あり。金某は自己の妻〔不詳〕を呼ひ寄せて世話を為さしめんとの考ある様なるも、夫れは宜しからす。故に先日世子邸より解雇せられたる中山某、寺山某等は如何あらんかと云ひ、兎も角顧問（予）の意見も聞き呉よとのことなりと云ふ。予、全体の方針は宜しき様なるも、人を得ることは困難なりと云ふ。

堀江三尚寡婦のこと

高、中山某、寺山某等は万事贅沢にて到底適当ならす。顧問（予）に心当りはなきやと云ふ。予、予にもなし。唯一人問ひ合せ見んと思ふものあり。之に問合せ見ることにすへしと云ふ（予の心当りは堀江三尚〔元久留米藩士、明治初年の参政不破美作殺害グループの一員、明治四年久留米藩藩難事件の収拾にあたる。のち福島県安積郡の開拓に従事、故人〕の寡婦〔ナツ、有馬男爵家に雇用、池尻興の妹〕なり）。

王世子紀尾井町賜邸を見ることを望む

高又世子は李王に賜はりたる紀尾井町の地所の図面を見度とのことなり。内匠寮に行き見たれとも、寮頭（東久世秀雄）は未た出勤し居らさりしなり。近日現場ても見られたらは、宜しからんと思ふと云ふ。予、閔長官（泳綺）等も既に見分したる由に付、世子か見らるることは勿論差支なき筈なりと云ふ。

李堈公別邸のこと　閔泳綺、李堈公の希望を拒む

予、李堈公は常盤松の地所は余り気に入らさる様の口気ありたれとも、李鍵公子の寄宿所の外に堈公の別邸を作ることは出来難からんと云ふ。高、堈公は地所の中、二百坪許を割き、別に別邸を作り度と云はれたるに、長官（閔泳綺）は夫れは出来す。中に庭を作らさるへからさる故、地所を割く訳には行かすと云ひたる趣なりと云ふ。予、堈公は先日該地所を見に行かれたるとき、感情を害したる由に付、其の為地所も気に入らさる様になりたるならんかと思ふと云ふ。高、長官（閔泳綺）は堈公も悪しと云ひ居りたり。

李堈公と東久世秀雄のこと

東久世（秀雄）等か何の為に御出成されたりやと云ひたるとき、明かに地所を見に来りたりと云ひ、説明ても求められは何事もなきことなるに、何か不気済の模様にて一言も発せられす。夫れ故東久世等は有吉（忠一）、李（完用）等とのみ話すことゝなり、尚ほ進んて地所に行かんと云ひたるも、之をも聞かすして直に帰り去られたり。此の如きことにては、堈公の方か宜しからすと云ひ居りたり。堈公は兎角我儘のみ云はれて困る。

李堈公別に建築することを望む理由

然し、長官（閔泳綺）か二百坪の分割出来すと云ひたることも解し難し。強ひて出来すと云ふ訳なしと云ふ。

予、是非別棟にせさるも、設備の都合にて堈公の居間を作られさることなしと云ふ。高、堈公は或は妾ても置く為に別建築を望まれ居るやも分らすと云ふ。予、其様なる目的ならは、同一の場所にては矢張り宜しからさらんと云ふ。

○午前十一時頃、午後二時三十分に自動車を宮内省玄関に廻はす旨主馬寮より通知し来れり。只今の処にては同乗者はなき趣なりと云ふ。

○午後二時十分頃小原駩吉来り話す。賀陽宮の宮務監督として中島某を任用することに付、牧野伸顕か賀陽宮大妃に其旨を説き、大妃は牧野に詰問せんと思ひたるも、無益のことに思ひ、承諾の旨を答へられたりとのことなり。牧野は宮務監督の人選は種々苦心し、数人の候補者を取調へたるか、評判一ならす。中島に付ても之を不可なりとする人もなきに非されとも、自分（牧野）は之を可とする方に賛成し、之を推薦す。人を使ふには、其人を信用することか第一なり。之を信用せされは、其人をして力を尽さしめ難し。自分（牧野）は十分に人を信用して之を使ふと云ひ、大妃は中島に交渉したるは何人なりや、之を聞き度と云はれ、牧野は其ことまて御穿鑿なさるるやと云ふて容易に答へさりしか、大妃は御互老人のことにて、何も包み隠すことはなし。誰か交渉したるか、其人に因り今後中島に対する心得あるに付、有様に話を聞き度と云はれ、牧野より関屋（貞三郎）をして交渉せしめたる旨を答へ、〔大妃、〕夫れにて宜しき旨を述へられ、尚ほ恒憲王のことは閑院宮殿下の指図にて尾野（実信）〔軍事参議官、陸軍大将〕か監督を為し居るに付、中島を監督と為すことは一応閑院宮殿下には話し置く様にあり度旨を告けられ、牧野は右様なる関係は少しも知らさりしと云ひ、関屋をして閑院宮に告けしめたる処、閑院宮殿下は□会の関係にて中島を承知せられ居り、同人を監督となすことは異存なき旨を答へられ、愈々決定し、明十日に発表することゝなり居る趣なり。

然るに、工藤一記に対しては二、三日前まては少しも話し居らす、余りひどき取計なり。此割合にすれは、自分（小原）に対し五、六日前に免職を予告し、数日の中ならは、自分（小原）の都合宜しき時に発表して宜しと云ひたるは、余程好意を尽くしたる考ならん。池田邦助のことは中島か就任したる上、同人の考に任かすことゝなり居る模様なり。

此に一つ困り居ることあり。夫れは極めて秘密なることなるか、賀陽宮の侍女数人ある中或る一人に対し朝融王か一寸戯むれたることあり。其とき其侍女は手を以て王の頬を打ちたる由なり。然るに、他の一人に対して接吻せられたる処、其方は之を拒ます、其後大妃より之を問はれたる処、其侍女は嬉れしかりしと答へたりとのことなり。依て自分（小原）は此ことに付、大妃に対し、是は余程厳重に監督をなされされは、当宮の不取締となり、大妃の責任にも関する旨を申上け置きたり。然るに恒憲王も其話を聞かれ、侍女の体度に因り与みし易しとても思はれたるものか、時に其侍女に戯むれらるることあり、困り居りたる処、間もなく其侍女か暇を乞ふて帰りたる故、一と先安心せり。然るに、其後も時に御殿に来ることあり。其中に附武官〔西村弁、陸軍騎兵少佐〕か殿下の反古籠の中の反古紙を調へたるに（平常反古紙を調ふること〔こ〕なし居れり）、タイフライターにて打ちたる反古あり。夫れは、殿下より其侍女に贈らるる案文にて、避妊法を用ゆれは大丈夫なる故、応諾せよとのことを書きありたる趣にて、自分（小原）は未た之を見す。此ことは中島に引続きたりとて、就任早々中島より殿下に申上くることも出来さるへく、都合にては此こと丈けは是までの行掛り上、自分（小原）か処理し置かさるを得さるへきかと思ひ居れりと云ふ。

予、李堈公か常盤松に行き、怒りたる事情を談す。小原、先日新宿御苑にて西邑清とゴルフを為し、高（羲敬）より夕飯を勧められ、自分（小原）は倉富より話を聞きたるもあるに付、之を辞する方宜しからんと云ひたるも、高も世子も強ひて勧めらるる故、西邑とともに喫飯したることを談す。予、此ことに付高は憤慨し居りたり。高か君（小原）を呼ひて茶を勧めんと云ひたるも、関屋か之を止めたる趣なりと云ふ。此とき既に二時三十分にて、東京駅に行く時刻なりしに付、早卒に別れたり。小原は今日は東京駅に行かす、御車寄にて奉迎すと云ひ居りたり。予小原に、西園寺はまさか酒巻（芳男）か山田益彦を排斥する程のことはなからん。小原は少しく邪推し過きる様なりと云ひ居りたることを告く。小原、酒巻は中々陰険なる所ありと云ひ居りたり。

○午後二時三十分より上野季三郎、入江貫一、東久世秀雄、大谷正男と自動車に同乗して、天皇、皇后両陛下の沼津より還りたまふを東京駅に奉迎す。プラツトホームにて山梨半造より横田秀雄を指して、彼は誰なりやと云ふ。予大審院長横田なるを告く。山梨、時に面を見るも、誰なるかを知らさりしと云ふ。還御後、プラツトホームより出て去るとき、廊下にて横田は小松謙次郎の兄なることを告けたるに、山梨は少しも似居らすと云ひ居りたり。

○午後四時より歩して司法大臣官舎に行き、諮問第四号に付小委員会を開き、七時後鰻飯を食ひ、更に審議を為し、八時頃より電車に乗りて家に帰る。

○午後三時後伊夫伎準一来り、先刻白根松介来り、此書状を示したり。書状は某より関屋貞三郎に贈り、宮内省に勤務することを求めたるものにて、関屋は審査局にても採用することは出来さるやと云ふも、白根は之を拒絶する方宜しからんと云へりと云ふ。予、只今新に人を採用する余地もなき故、之を拒絶することにすへき旨を告く。

○今日頃より大便毎に肛門より出血し、大腸の工合悪し。

六月一〇日

○六月十日火曜。曇。

○午前八時頃有馬秀雄に電話す。有馬既に村役場に行き居りたり。

○午前九時三十分より出勤す。

○午前十時後金井四郎来り、東久邇宮妃殿下及若宮方は先日（本月八日なりしならん）帝室林野局の林業試験場に行き、高尾山に登られ、彰常王殿下のみは試験場に留られたるも、其他は皆登山せられたり。妃殿下は大に喜はれたりとの談を為せり。金井又本月には自分（金井）の官等を陞叙せらるることゝは思へとも、尚ほ配慮を請ふと云ふ。午前十一時頃白根松介を其室に訪ひ、金井（四郎）の官等陞叙の上申書出て居るや否を問ふ。白根、出て居りたる様なり。只今官舎に持ち返り居る故、確かには記臆せさるも、少しく早しと思ひ、其印を附け置きたる様なりと云ふ。予、最早早きことはなし。山口巍より六ヶ月後れ居る訳なりと云ふ。白根、然るや。尚ほ取調へ見るへしと云ふ。予又高義敬の年功加俸の上申書出て居る趣に付、其取計を為し呉よと云ふ。白根承知の旨を答ふ。

○午後一時頃西野英男来り、予て上申しありたる判任官増俸及雇員を属に採用する件は、総て上申の通りとなり、辞令書を届け来れり。明十一日各本人に渡され度と云ふ。

○午後一時後金井四郎復た来り、久邇宮智子女王の大谷光〔原文空白、暢〕に降嫁せられたるとて、皇族附職員より祝儀を贈り、之に酬られたる金一円〔原文空白〕と博忠王薨去のとき、皇族附職員より玉串料を贈りたるに酬ひられたる金四円八十五銭とを致す。金井、本月十五日に挙行する宮内職員の皇太子殿下御成婚奉祝会の後に執行する懇親会には、余興として仮装行列、踊等を為す筈の処、時節柄適当ならすとの論あり。今日午後三時より再議することになり、夫れまて宮内省に待ち居ることゝなれりと云ふ。

○午後二時後松平慶民来り、宗秩寮職員のことに付少しく相談し度。山田益彦は御用掛として宗秩寮に勤務し居るか、同人に対し賀陽宮事務官と為ることを勧むる人あり。本人は初めは之を望まさりしも、此頃は本人も考を変へ、高等官たる資格もなきものなれは、長く宮内省に居りても発達の見込なし。寧ろ此際宮附職員と為る方宜しかるへく、同し宮附にても、宮に因りては非常に困難なる所もあるに付、賀陽宮附となり居る方安全ならんとの考を起し居るに付、本人の為を思へは、之を留むるは気の毒なり。然るに一方、酒巻芳男は其内洋行することになり居り。宗秩寮にては山田も酒巻も居らさることとなり、自分（松平）一人にては勿論間に合はす。只今嘱託にて事務を執り居る川田健吉〔宗秩寮嘱託、故男爵川田小一郎四男〕は余程用立つものに付、同人を御用掛と為して執務せしめんと思ひたる処、関屋（貞三郎）は川田は高等文官たる資格なく、御用掛にては責任を負はしむることを得す。川田をして執務せしむることは不可なりと云ふて承諾せす。川田も長く宮内省に居ることを承知せす。右の次第にて、宗秩寮の執務に差支ふるに付、自分（松平）か事務官を罷めて御用掛と為り、自分（松平）の代に適当なる事務官を入るることゝしたらは宜しからんと思ふと云ふ。

予、予は宮内省にて任用資格を固執するは実に愚の極にて、此ことに付ては幾度も意見を述ふるも、誰も賛成せす。先日も白根松介と論したるか、白根は宮内省にて任用資格を廃すれは、政府と人を交換することを得さることゝなり、宮内省には無能なる人のみ集まることゝなる故、同意し難しと云へり。然れとも是は理由なきことにて、今日にても政府と宮内省とは融通は出来居らす。加之任用資格を守り居るかと云へは、山田（益彦）にしても、式部官にて事務を執らしむる如き苦きことを為し居るに非すや。又現宗秩寮総裁も初は勅任官にて採用する筈にて、本人にも其積りにて相談し、愈々採用せらるることゝなりたる処、資格なき為、急に親任官と為す様のことにしたりとのことなり。川田（健吉）のことにしても、山田（益彦）のことにしても、資格に拘はらす、本官と為せは少しも差支なきことなるに、之に拘はる為、種々の不便を生す。任用資格を廃すれは無能の人か集まると云ふも、是は採用する人の勇気なき話なり。任用資格ある人にても、資格のみにて採用することを得さるは勿論にて、能否を甄別する必要あることは資格の有無に関することなし。故に資格なき人にても、其能否を判別して之を採用すれは差支なきことなり。畢竟資格を定め置けは、資格なき人か採用を望む場合に資格なしとの一言にて之を拒むことを得る便宜あるに過きす。

然し、今此ことを云々しても益なし。宗秩寮の事を君（松平）一人にて処理し難きは勿論に付、関屋か川田をして事務を執らしむることを拒み、且酒巻は洋行せしむることを止めさるならは、今一人の事務官を入るるより外致方なし。只今事務官の定員満ち居るならは、定員を増すか、又は酒巻の洋行中之を定員外と為すか、どちらかにせさるへからす。若此の方法も取らすとのことならは、川田の採用を諾せさるへからさる筈なりと云ふ。

松平、総裁（徳川頼倫）は弱き故、之を主張すること出来すと云ふ。予、総裁（徳川）か弱きとて、自己の職責を尽くし難きに非すや。職責を尽し難き場合には黙止することは出来さるへしと云ふ。松平、自分（松平）より総裁（徳川）に話し、総裁より君（予）に相談する様にして宜しきやと云ふ。予差支なき旨を答ふ。

〇午後二時後便所に行きたる返り掛け、官房の廊下にて渡部信に遇ふ。予、制度審議会の皇統譜令案の特別委員会は明日なりしや、未定なりやと云ふ。渡部明日なりと云ふ。予、先日明日開会することに談合ひたる様には記臆するも、通知はなき様なりと云ふ。渡部通知せりと云ふ。予何日頃なりやと云ふ。渡部五月二十三、四日頃なりと記臆すと云ふ。予之を受けさる様なりと云ふ。渡部、取調へ見るへし。或は漏れ居るやも計り難しと云ふ。予然らは自動車を廻はし呉よと云ふ。渡部、承知せり。午後二時三十分頃廻はすことにすへしと云ふ。

〇午後三時四十分頃徳川頼倫来り、先日より話さんと思ひ居りたる処、未た秘書課長との談も遂けさる故、見合せ居りたる処、既に松平（慶民）より話したりとのことに付、周章てゝ話に来りたり。宗秩寮にては松平（慶民）は事務を執ることは長所に非す。川田某は余程捌ける人なり。関屋（貞三郎）より川田を澄宮附と為さんと云ひたるも、本人は単に澄宮附を命すと云ふ位のことにては、澄宮殿下は御直宮なるのみならす、末子にて気儘に御成長なされ居る故、中々職務を全ふすることを得す。故に皇后陛下より特命あるか、若し其事か出来されは、宮内大臣より特に依頼でもする位のことに非されは、其任に就き難し。又此儘宮内省に居り、老年になりたる上にては身の振り方も附かさる故、今の内に宮内省を去り度と云ひ居り。酒巻（芳男）、松平（慶民）等も既に其考に同意し居る模様なり。川田は通常の事務を執る旁、明治維新以来の皇室のことを取調へ、暫時の中に詳密に取調を終り、皇族歳費の沿革抔は余程詳に調査し居るには驚きたり。本人も此等の事実は自分（川田）の方か両課長（松平、酒巻）より詳知し居ると云ひ居れり。本人の智巧には恐るへき様の感を生したり。松平（慶民）と川田とは気風か合ひ居り、松平の指図ならは、川田も之に服して事務を執れとも、酒巻の指図には従はさる様の風あり。又山田（益彦）も松平とは仲善きも、酒巻とは宜しからす。松平の洋行中、山田と酒巻との間は大分面白からさりし様なり。山田は初は賀陽宮附事務官となることは嫌ひ居りたるか、酒巻との間は前述の通り面白からす、自分（山田）は高等文官たる資格なく、後日の事を考へ、賀陽宮附事務官たることを望む様になりたることゝ思ふと云ふ。

予、先刻松平より談を聞きたるか、宮内省にて任用資格に拘はる為、山田（益彦）も川田も事務官と為すことを得す、其の為種々の不便を生するは遺憾なれとも、此ことは只今何とも致方なし。依て、先刻松平には事務官の定員を増して松平の外に事務官を置くか、又は酒巻（芳男）の洋行中は之を事務官の定員外となすか、何とかして今一人の事務官を入るゝか、又は御用掛として川田を使ふか、いつれにか方法を講するより外なかるへき旨を話し置きたりと云ふ。

徳川、山田のことも自分（徳川）未た十分に決心し居らさるも、松平、酒巻の間にては、既に賀陽宮附となすことに定め居り。川田のことも本人の望に因り之を罷むることに定め居る模様なり。自分（徳川）と松平とは性行か正反対にて、万事調和せす。松平のことは皇族附職員抔も余り誉むる方に非す。酒巻か宗親課長たることを望み居る模様なるも、是は決して望を達せしむへきことに非す。自分（徳川）は酒巻か洋行することは、寮の為にも酒巻の為にも宜しからんと思ひ居れりと云ふ。

予、松平は自分（松平）か事務官を罷めて御用掛と為り、其代に事務官を入れたらは宜しからんと云ひ居りたるも、予は夫れは無意味なり。君（松平）一人の事務官にて間に合はさるならは、君（松平）か事務官を罷めて他の事務官を入れても、一人の事務官なることは同しきに非すやと云ひ置たりと云ふ。徳川、松平の性質か自分（徳川）と合はさるのみならす、酒巻の行動も面白からさることあり。都合に因りては、此際二課長とも更迭を計画せさるやも計り難しと思ふに付、此ことを含み置き呉よと云ふ。

予、松平と君（徳川）との間に隔意ありとは思はれす。性質は異なるへし。松平は朝融王のことにしても、臣籍に降下せらるるより外に致方なしと云ひ、此ことは皇族附職員にも話したることあるならん。臣籍降下か容易に行はるるならは、心配はなけれとも、一般の皇族にても容易には出来す。殊に皇太子妃殿下との関係もあり、一層実行し難きことなり。皇族附職員等か松平のことをよく云はすとすれは、右等の話を聞きたる為ならんと思はると云ふ。徳川、近頃は松平と山田とは仲か善く、酒巻とは宜しからさる様なり。酒巻と仙石政敬とは何か談し合ふこともある様なり。酒巻は出勤時刻も遅く、又不参すること も少なからすと云ふ。

予、酒巻は病身なりやと云ふ。徳川、酒巻は自宅にて論文を起草し居るとの話もあり、何か次官（関屋貞三郎）より命せられ、華族に関することを書き居るとの話もありと云ふ。

予、仙石と酒巻とか協議して、君（徳川）か知らさることを為す様のことはなきや。予は一寸右様のことを聞きたることありと云ふ。徳川、全くなきに非す。仙石か何か計画し居ることありとの話を聞き居るに付、十分警戒し居る所なりと云ふ。予、人を使ふに之を信せすして使ふことは甚た悪し。先頃世子のことに付、予に知らしめすして陸軍大臣（田中義一）に交渉したる様のことを為しては、職務を有する者は堪へ難し。大臣、次官（牧野、関屋）は兎角主管者を出し抜いて事を為す癖あり。宜しからさることなりと云ふ。

予又、仙石は近来宮内省のことに関係し居り、稔彦王殿下のことも固より今日に始まりたることに非さるに、先日君（徳川）と一緒に聞きたる如く、予をして仏国に行かしめんことを主張し居れりと云ふ。徳川、其後も自分（徳川）に対し更に其ことを云ひたり。自分（徳川）は其時も、倉富氏は其事には適当なるへけれとも、宮内省には其事の外同氏を必要とすることあるへしと云ひ、仙石は他に適当なる人あれは誰ても宜しけれとも、他には之なかるへしと云ひ居れりと云ふ。予、先日仙石は東京市の奉祝会場にて、同人か宮内大臣（牧野）に面会することを白根松介と打ち合せ居りたりとのことなり。或は予の仏国行のことを大臣（牧野）に話す為に非さるやと思ひたりと云ふ。徳川、既に大臣（牧野）にも話したりとのことなりと云ふ。

徳川か話し居るとき、大谷正男来り窺ふ。予之をして暫く待たしむ。徳川は四時を過きたる後、尚ほ四、五分間話して去り、去るに臨みて、此節は困りたりと云へり。徳川は左のことも話したり。松平のことを西園寺（八郎）に話したる処、西園寺は事務を執ることは松平の長所に非す。松平は式部のことか長所なるに付、自分（西園寺）か式部次長を罷めて、松平に譲りても宜しと云ひたる故、君（西園寺）は如何するやと云ひたる処、自分（西園寺）は主馬寮頭と為せは遊ひて奉職し、結構のことなれとも、伊藤（博邦）か罷めさる故、御用掛にても宜しと云ひ、自分（徳川）左様なることは出来すと云ひ置きたり。松平は式部次長は希望し居る趣なりと云ふ。

徳川か去りたる後、予、西野英男をして大谷正男を呼はしむ。大谷来り、取引所を建つる為、皇室御料地の払下を願ひ出て居るものあり。御料地は公益事業の為ならは、随意契約にて払下を為すことを得ることゝなり居れり。依て取引所は公益事業なるや否の問題あり。農商務省にては之を公益事業と認め居り、政府にても払下すへき地所あれは公益事業と認め、地所を払ひ下くる積りなるも、地所なき為起業者は御料地の払下を願ひたりとのことなり。市場は公益事業と認むることゝなり居り、其経営か個人にて為さるる場合も之を区別せさることゝなり居れり。故に取引所の経営か会社組織なると、公共団体なるとは之を区別する必要なき様なり。貴見如何と云ふ。

予、取引所の営業には弊害多きことは勿論なれとも、其性質は公定相場を定むる為なる故、公益事業たることは之を認むることを得へし。但し是は予の一己の考にて、他日会計審査局としては反対の決定を為すことあるやも計り難しと云ふ。大谷、夫れは勿論なり。会計審査局長官の意見を問ひたる訳には非すと云ふて去る。午後四時十五分頃より退省す。
○安藤則光、人をして予の門前に鋪く石を搬はしむ。

六月一一日

○六月十一日水曜。曇寒。
○午前より午後に至るまて安藤則光、人をして予の門前に石を敷かしむ。泥濘にして歩するに便ならさるを以てなり。
○午前八時後有馬秀雄電話し、昨日予より電話したる用事を問ふ。予、故堀江三尚の寡婦は何処に居り、年齢は幾許位なるへきやを問ふ。有馬、池尻興の家に居り、年齢は六十余なるへしと云ふ。予、李鍝公の家にて老婦人を要することを告け、寡婦か適当なるへきや。又は老年にて之に適せさるへきやを問ひ、又故水野秀〔故水野正名の養嗣子、東京帝国大学法学部学生〕の養母〔故水野正名の側室〕は何処に居るやを問ふ。有馬、水野秀の養母は青山の有馬邸に奉公し居れり。堀江の寡婦のことは、今日池尻に面会する筈に付、問合せ見ることにすへしと云ふ。有馬より電話したるときは、予正に堀江の寡婦のことを問ふ為、有馬に贈る書を作り居る所なりしを以て、有馬に其旨を告け、最早書状は贈らさることになせり。
○午前九時三十分より出勤す。
○午前九時五十分頃審査局の山崎幾蔵、江隅重義、瓦田元良に増俸の辞令を交し、中山格二を審査局属に任する旨の辞令書を交す。
○午前九時五十二分頃西野英男に嘱し、広島控訴院検事長皆川治広か明日何時に東京駅を出発するやを司法省に問はしむ。皆川は明日出発して、西洋に赴かんとするものなり。
○午前九時五十五分頃枢密院控所に行く。浜尾新より、天皇陛下は久振り還幸あらせられたるも、多人数の拝謁は御病気の為宜しからさる故、議長（浜尾）のみ拝謁すへき旨侍従長（徳川達孝）より伝へたり。依て一同は帳簿に署名して、天機を奉伺せらるることになされ度。又今日は摂政殿下は御参内なく、随て拝謁なき趣なりと云ふ。古市公威、侍従長室を知らすと云ふ。予乃ち之を伴ひて侍従長室の隣室に行き、予先帳簿に署名す。少時の後他の顧問官亦来る。予、穂積陳重と共に皇后宮職に行き、帳簿に署名して、皇后陛下の御機嫌を奉伺して審査局に返る。
○午前十一時頃有馬泰明来り、梅林寺の有馬家祖先の霊屋修繕費七百円の追加予算に捺印を求む。乃ち正本に捺印して之を返す。有馬又有馬秀雄慰安会を開くことゝなり居るか、仁田原（重行）は病気の為、急には出席し難き模様なり。予其病状を問ふ。有馬、初は風邪の様なりと云ふことなりしか、昨日敏四郎か行き見たるに、腎臓か悪しと云ふ様なることにて、当分は出ることは出来さるへしとのことなりと云ふ。有馬、予の差支なき日時を問ふ。予、然らは已むを得さるへしと云ふ。有馬、予の差支なき日時を問ふ。予、本月十六日の外は、只今の処約束したることなしと云ふ。

予又李鍝公の家にて老婦人を要するに付、今日有馬秀雄に電話したること〔を〕告け、泰明か今日秀雄に面会すと云ふに付、秀雄と相談し呉るることを嘱し、予、堀江の寡婦は老年過きる様なるに付、故水野秀の養母ならは宜しからんと思へとも、是は青山の有馬邸に勤め居るとのことに付、之に勧むる訳には行かすと云ふ。泰明、水野も堀江も年齢は左程違はさるへきも、見掛は水野の方余程若し。而して余程以前のことなるか、頼寧君より水野は熱心の為にはあるへきも、予等の私事にまて干渉し、夫婦間の平和を害する様のこともある故、暇を取る様自分（泰明）より本人（水野）に勧告し呉よと云はれたることありたれとも、自分（泰明）は水野のことには関係したることもなく、勧告することも出来難きに付、水野を周旋して青山邸に遣はしたる水野光衛をして勧告せしむる様なさるる方宜しからんと云ひたることあり。其ことは大分前のことなるか、其後は何の談もなく、今も勤め居れり。然し、右の如きこともありたる故、青山の方暇を取ることも出来るやも計られす。又自分（泰明）の妻〔不詳〕の母〔不詳〕の弟〔不詳〕の婦〔不詳〕も寡婦となり居るものあり。自分（泰明）の妻の母も寡婦と為り居るか、是は五十歳なるも、此方は都合出来さるへしと云ふ。予、兎も〔角〕秀雄と相談し、適当なる人あらは知らせ呉よと云ふ。

予か泰明と談し居るとき、白根松介来り、入沢達吉を侍医に任し、侍医頭と為す件に付考査委員の捺印を求む。白根、現侍医頭池辺棟三郎は単に侍医と為り、近き将来に於て免官せらるることに内定し居ると云ふ。予は泰明との談を止め、考査書に捺印し、金井（四郎）官等陞叙の件は既に調査したるやを問ふ。白根未た調査せすと云ふ。予陞叙する様に詮議することを嘱す。

○午後零時後食堂にて牧野伸顕に、先日有吉忠一より牧野に話したる李堈公か内地人看護婦を妾と為したることは、有吉か上京後に関係を絶つこと出来たる趣にて、有吉か帰任する前、其ことを貴官（牧野）に告け置き呉よと云ひたりと云ふ。牧野、夫れは好都合なり。然れは今後の面倒なからんと云ふ。予、末松（多美彦）は其看護婦と堈公とは全く関係なく、婦人も極めて穏当なる体度なりしと云ひ居りたるか、有吉は全く関係なき訳には非すと云ひ居りたりと云ふ。

又食堂にて白根松介より、審査局より矢島正昭に対する増俸の上申なし。然るに同人か博物館事務官に転任することは一般の高等官の増俸より前になるならん。矢島は前の増俸後既に一年半を経過し居るに付、転官のとき増俸せしめても宜しからんと思ふか、如何と云ふ。予、矢島は転官の話ありたるに付、増俸の上申は為し置かさりしも、転官の上は課長ともなること故、増俸する様致し度と云ふ。白根承知の旨を答ふ。審査局に返りたる後、伊夫伎準一を召ひ、白根と話したる矢島増俸のことを告け、矢島か増俸しても他に不権衡を生する様のことなきやを問ふ。伊夫伎、其憂なし。増俸を望む。他の官等陞叙の上申書を出すとき、矢島は転官の内議あるに付、増俸の上申は為さゝる旨も口頭を以て秘書課に告け置く様、西野英男に申聞け置きたる位なりと云ふ。

○午前十一時後村上恭一来り、文官高等懲戒委員西野元、佐竹

三吾免官の結果、委員消滅するに付、此際手当を給する方宜しかるへく、其額は半年の額とすれは百十二円五十銭となれとも、百二十ならは予算の不足を生することとなしと云ふ。予、其通り取計ふて宜しからんと云ふ。

　村上又委員補欠のことを謀り、大蔵次官の代りに会計検査官を入れたらは宜しからんと云ふ。予、夫れは宜しきも、一方には行政裁判所長官を委員と為し居るに、会計検査院の方は長官に非す、検査官を以てしたらは行政裁判所長官を侮辱する様の嫌はなかるへきやと云ふ。村上其点は気附かさりしと云ふ。予、全体は双方とも長官を止むる方か穏当の様なれとも、只今直に行政裁判所長官の委員を罷むるも穏当ならす、而して現在の長官（窪田静太郎）は右の如きことに拘泥する様の人とも思はれさる故、此節は会計検査院の方は長官を委員と為さす、検査官の部長（河野秀男）を委員と為したらは宜しからんと云ふ。村上其取計を為すへしと云ふて去る。

高義敬紀尾井町賜邸の図を示し、近日世子と共に地所を見ることを望む

○午後一時頃高義敬来り、紀尾井町にて皇室より李王に賜はりたる地所の図を持ち来りて之を示し、近日世子か地所を見らるることになるへきに付、其ときは同行し呉よと云ふ。予之を諾す。高又世子は本月十六日より演習の為、習志野に行かるる予定なることを告けて去る。

仁木義家来り、高義敬常盤松貸地の図を示す

暫時にして復た仁木義家を伴ひ来り、常盤松の御料地の中、李鍝公、李鍵公子に貸与せらるる地所の図を示し、千二百坪あれは、二軒は勿論、三軒を建築しても差支なき旨を談す。

堀江寡婦のこと

予、李鍝公の世話を為す老婦人は、只今問合中なり。年か少しく多きに過き、六十以上なり。給金は幾何計支給することを得るやと云ふ。仁木、別に限りはなし。必要なる丈けは支出することを得へしと云ふ。

○午後一時後西野英男来り、宗秩寮より届け来りたりとて李晋氏の三年祭のとき、予より贈りたる祭資（二十円）に対する菓子料二十五円を届け来る。

○午後一時後西野英男来り、皆川治広は矢張り岩村通世と同行し、明日午前九時十分に東京駅を出発し、洋行の途に就く趣なり。就ては明朝は何時に馬車を貴宅（予か家）に遣はしたらは宜しかるへきやと云ふ。予、午前八時二十分頃に遣はし呉よと云ふ。西野之を諾す。

　午前十一時頃西野来り、皆川等の出発時刻を司法省に問ひ合せんと思ひたるも、電話通せす。然るに、土岐政夫氏か岩村の出発時刻は之を知り居り、午前九時十分発と云へり。然るに、皆川治広も同時刻に出発するや否審かならす。後刻更に問ひ合せたる上にて更に通知すへしと云ひ、午後一時後に至り、前述の如く通知すへしと云ふて、前記の如く通知したるなり。

○午後二時頃金井四郎来り、東久邇宮妃殿下は本月二十日頃三島の世子邸別邸に行かるる予定なり。世子妃より東久邇宮妃に対し、三島の別邸に行かるるならは、一週間又は四、五日前に世子邸に通知し呉〔よ〕と云ひたる由なりと云ふ。予、夫れは掃除ても為し置く為ならん。〔金井、〕妃殿下の話に依れは、世子妃は今年夏は伊香保に行かるる様の話なりと云ふ。予、世子妃は熱心に妊娠を望み居らるる為、伊香保に行くことを望まるるならんか、医師は只今の懐妊は困ると云ひ居る旨を告く。

○午後二時四十分頃鈴木重孝来る。別段の用事なし。

○午後三時四十五分頃徳川頼倫来り、松平慶民は宮内事務官及東宮職御用掛を辞する旨の書面を提出し、其趣意は宗秩寮の事務を処理する為、川田健吉を御用掛と為すことを申出したるも、関屋（貞三郎）は川田は任用資格なき人なりとの理由にて之を拒みたり。此の如き次官の下にては奉職し難しと云ふことなり。然し、自分（徳川）は此辞表を取り次くことは出来すと云ひ置きたり。松平と川田とは連絡あり、川田も辞表を出し居るか、此方は今日となりては留任しても宜しき様に云ひ居るも、自分（徳川）は留任せしむることを欲せす。松平と川田とは、酒巻（芳男）を困らせんと考へ居る様にも思はる。君（予）より松平に説得し、留任せしむる様に為し呉るることは出来さるやと云ふ。

予、予か説得し効能あれは之を厭はさるも、所詮効能なかるへし。故に大臣（牧野伸顕）より説得する方か可ならん。誰か松平を説得するにしても、宗秩寮の事務を執る人か不足なりと云ふことか原因なるに付、事務官の定員を増して、適当なる人を入るるか、又は酒巻（芳男）の洋行中は定員外と為して人を入るるか、其取計は為さゝるを得さるに非すやと云ふ。徳川、別に云ふ所なく、いつれ明日重ねて相談すへしと云ふ。時に四時二十分頃なり。予は直に退省す。

○午後六時三十分頃宮内省より自動車を遣はす。之に乗りて帝室制度審議会事務所に到り、七時二十分頃より皇統譜令案補則の部を再査す。杉栄三郎より、明治天皇譜は勅定の規則に依りて編成したるものなれとも、其以前の分は図書寮にて取調へたる一個の草案なり。皇統譜とは云ひ難からんと云ふ。此ことに付種々論議したるか、結局従前の分も皇統譜と見るより外に致方なく、之を皇統譜と見ることに付手続を要するならは、宮内省にて相当の手続を為すことにし、補則にては従前の皇統譜に記載したる事項を新皇統譜に移記することゝなせり。九時三十分頃閉会し、次回は本月十九日午後三時より六時まで開会することに決す。

予、皇族歳費令案の特別委員長なるに付、歳費令案本月十八日午後三時より六時まて特別委員会を開くへきことを特別委員岡野敬次郎、関屋貞三郎、馬場鍈一、二上兵治、杉栄三郎、大谷正男に約束し、入江貫一には渡部信より通知することに定めたり。午後十時十分頃家に帰る。予と自動車に同乗したるものは二上兵治、杉栄三郎なり。十二時前に至りて始めて眠る。

○左手首の黒斑稍薄くなる。

○肛門出血未た止ます。

六月一二日

○六月十二日木曜。曇寒。

○午前八時前有馬伯爵家に電話し、有馬泰明に予か本月十八日、十九日両日は差支を生したることを告けんとす。電話通せす。昨日宮内省にて泰明に逢ひたるとき、本月十六日の外は差支なし。有馬秀雄の慰安会を開くことを計画し呉よと云ひ置たるも、十八日、十九日は帝室制度審議会の特別委員会を開くことになりたるを以て、泰明に其旨を告けんと欲したるなり。

○午前八時頃有馬秀雄より電話し、今日午後六時頃か七時頃かに往訪せんと欲する旨を告く。予差支なき旨を告け、且つ有馬伯爵家に電話し、有馬泰明に予か本月十八日、十九日に差支を生したることを告けんと欲したるも、電話通せす。昨日泰明と君（秀雄）の慰安会を開くことを謀り置きたるを以て、泰明より十八日か十九日かに開会する様の談ありたらは、予か差支を生したることを告け呉よと云ふ。秀雄、自分（秀雄）の慰安会は仁田原重行も目下病中なる趣に付、同人も出席することを得る様になりたる後に開会する方宜しかるへき旨泰明に話し置たりと云ふ。予然らは夫れにて宜しと云ふ。

○安藤則光、昨日に続き予の門前に石を敷かしむ。

○午前八時二十分馬車来る。乃ち東京駅に行き、皆川治広、岩村通世か西洋に行くを送る。平沼騏一郎、鈴木喜三郎、横田秀雄、富谷鉎太郎、大谷正男、土岐政夫、高野兵太郎〔東京控訴院検事〕、松本重敏等に遇ふ。大谷、今日宮内省にて儀制令案に付協議することになり居るに付、差支なくは出席し呉よと云ふ。予之を諾す。予土岐に、予の馬車に同乗して宮内省に行くことを勧む。大谷亦同乗を請ふ。プラツトホームより出口に到る途中にて、大谷は日蓮信者の某か今日出発して米国に行くことになり居る故、之を送ることにすへしとて、別れ去る。予、土岐と同乗して宮内省に到る。途中土岐より帝室林野局より静岡県に御料地を払下けんとし居るか、其評価は不当に低廉なることを談す。

土岐政夫、静岡県の御料地払下に関する東郷直の書状を示す

既に宮内省に達す。土岐来り、先日土岐か林野局の静岡支局の実況審査に行きたるとき、写し来りたる書類を示す。其中に林野局の東郷直より静岡支局の塩沢健〔帝室林野局技師、名古屋支局長〕に贈りたる書状の写と塩沢の答書の写とあり。東郷の書状は、静岡県に対しては林野局長官（本田幸介）は普通の払下より廉価に払下くることを約し居れり。然るに、法規上価を減することを得るは三割まてに止まり、普通の評価より三割を減したるのみにては、長官（本田）の約束に違ふに付、支局にて普通の評価より二割を減したるもの、即ち八掛の評価を以て、正当の評価なりとして提出せられ度と云ふ趣意なり。塩沢の答書は表面八掛と云ふ様にしては、審査官等より詰責せらるる恐あるに付、是非価を減する必要あるならは、手心にて目に立たぬ様の取計を為すへきに付、尚ほ詳細に通知せよと云ふ如き趣意なり。此の如きことにて、御料地の払下を為さしめんとする関屋（貞三郎）の処置は言語同断なり。

○午前十時二十分頃関屋貞三郎来り、松平（慶民）より何事か話したることありやと云ふ。予、一昨日（十日）松平来り、宗秩寮にては酒巻（芳男）は洋行し、山田（益彦）も転任する模様にて、寮務の処理に差支ふるに付、川田某を御用掛として処理せしめんとしたるも、川田は任用資格なきものに付、不可なりとて、次官（関屋貞三郎）か承知せす。如何したらは宜しからんかと云ふに付、予は君（松平）一人にて事務を処理し難きは勿論なることに付、御用掛にて不可なりとのことならは、他に事務官を入るることとするか、又山田（益彦）の転任を延はしたらは宜しからんと云ひたるに、松平は山田の利益より云へは、同人も資格なきに付、宗秩寮に居りても発達の見込なく、只今ならは賀陽宮附事務官の口あれとも、此機会を逸すれは、或は勤め難き宮家に行かさるを得さる様のことになるやも計り難きに付、寧ろ此際宮附事務官に転任する方本人の利益ならんと思はるる故、之を留むる訳にも行かすと云ふに付、予は、然らは事務官を入るるより外に策なからんと云ひ、松平は只今事務官は欠員なしとのことなりと云ふに付、予は、然らは事務官の定員を増すことも出来るへく、又之を増さゝるならは、酒巻（芳男）の洋行中之を定員外となすことも出来るならんと云ひ置きたりと云ふ。

関屋、自分（関屋）は川田を採用せすと云ひたるに非す。川田は用立つ人ならは、御用掛として之を用ゆるは宜しきも、川田をして華族世襲財産審議会の会議にでも出席し、説明を為さしむることは適当ならすとの意を述へたることなるか、松平は之を誤解し居る様なりと云ふ。予、然らは松平より聞きたる趣意とは違ふ。松平は川田か高等文官たる資格なきに付、之を採用し難しと云はれたる様に思ひ居る様なり。此ことに付ては予は予て任用資格に固執することには反対し居るに付、松平に対しても其不便なることを述へたり。松平は事務官は一人より置くことを得さる故、自分（松平）か事務官を罷めて御用掛と為り、其代に事務官を入れたらは宜しからんと云ふに付、予は、夫れは同意し難し。君（松平）か事務官を罷めて他の事務官を入るれは、経験ある君（松平）の代に経験なき事務官を入るることになり、事務官は一人なることは異なることなし。夫れよりも君（松平）か勤続する方か便なる訳なりと云ふ。

関屋、いつも審査局に迷惑を掛くることになるか、土岐政夫を兼任事務官と為し、宗秩寮に勤務せしむることゝしたらは、松平も承知すへきに付、其ことを承諾し呉れさるやと云ふ。予、夫れは随分困ることとなるか、土岐を兼任事務官となすならは、別に審査官一人を採らさるへからす。兎も角白根（松介）と相談し見ることにすへしと云ふ。関屋去る。

予乃ち伊夫伎準一を召ひ、都合にては審査官一人を採用する必要あり。誰か適当なる人なきやと云ふ。伊夫伎心当りなしと云ふ。予、然らは白根（松介）に協議すへしと云ひ、白根を其室に訪ふ。白根在らす。徳川（頼倫）、白根を待ち居りたり。少時の後白根返り来る。予云ふ所あらんとす。白根、予と徳川とを誘ひ、官房の会議室に入る。

予、関屋より土岐（政夫）を兼任事務官と為す相談あり。是は困りたることとなるも、必要ならは已むを得さるか、其ことにするならは、審査官一人を採用する必要あり、誰か適当なる人はなきやと云ふ。白根、土岐は兼任なれは、別に審査官を入れさるも宜しきに非すやと云ふ。予、土岐は参事官も兼ね、其上事務官も兼ぬることゝなれは、審査局の事務は為し難からんと云ふ。白根、然らは河村〔川田カ〕某を審査官としたらは宜しからんと云ふ。予、河村〔川田カ〕を取ることは関屋（貞三郎）か承知せさるに非すや。加之土岐の代に河村〔川田カ〕某を採ることにては承知し難し。夫れよりも岩波武信を宗秩寮事務官と為し、宗秩寮〔主馬〕には金田才平を入れ（参事官兼任）、酒巻芳男を参事官と為したらは、夫れにて宜しきに非すやと云ふ。

徳川、松平（慶民）は留任を承知せさるならんと云ふ。白根、此際松平を罷むることは如何なることありても不可なるへしと云ふ。徳川、三条公輝か皇后宮職を罷むること〔と〕なるならは、同人を宗秩寮に入るることは差支なからんと云ふ。予弁に白根、夫れは差支なかるへし。然し三条をして庶務及爵位のことを処理せしむる訳には行かさるへしと云ふ。徳川、三条は宗親課の事務〔ママ〕の事務を執らしめさるへからす。松平か宗親課長と為り居りて、其下に三条を置くことは出来難し。三条をして宗親課の事務を執らしむることも、長くは出来さるへしと云ふ。此時関屋、白根を召ふ。白根返り来り、此の問題に付宗秩寮総裁、審査局長官を煩はすは気の毒なり。自分（関屋）か自ら之を処理すへしとのことなりと云ふ。予、然らは此談は是にて止むへしと云ふ。白根、矢島（正昭）転任のことは両三日中に発表することになるならん。今一応本人に話さすして宜しかるへきやと云ふ。予、予よりも話し置きたり。此上話すには及はさるならんと云ふ。

○午後零時後食堂にて牧野伸顕、徳川頼倫、井上勝之助、関屋貞三郎等と話す。官庁事務の延滞することを談し、先日東宮妃殿下より乾餅の注文を為されたる処、一週間許の後主任者より円形と方形との乾餅の図案を作り、乾餅の形状に付伺を為し、形状か決したる後又一週間許を経て、始めて乾餅か出来たりとの談を聞きたり。

○午後二時十分頃伊夫伎準一を召ひ、白根松介より先刻予に話したる矢島正昭転任に関することを告け、念の為伊夫伎より矢島に、近日中転任すへき旨を告け置くへきことを語る。

○午後二時三十分頃大谷正男来り、明日午後一時頃より儀制令のことに付協議会を開くに付、出席し呉よと云ふ。大谷は今朝、今日午後協議会を開く旨を予に語りたるも、其後今日は関屋（貞三郎）か差支を生したるに付、之を延はす旨を告け、只今来り、更に明日協議することを告けたるなり。

○午後三時十五分頃徳川頼倫の室に行く。白根（松介）正に徳川と話す。予白根に、関屋（貞三郎）か松平（慶民）を訪ひたる模様は如何なりしやと云ふ。白根、関屋の談にては、松平は関屋の説明にてよく諒解し、徳川より辞表を返せは、異議なく撤回することになりたる故、徳川より之を返すことにせよと云ひ居れりと云ふ。予、然れは事務官のことは如何するやと云ふ。白根、兼任事務官を宗秩寮に入るることゝすへし。川田健吉は速に嘱託を解く方宜しと思ふと云ふ。白根又自分（白根）の考にては、宗秩寮勤務の事務官として土岐政夫と岩波武信とはいつれか宜しかるへきやと云ふ。予、共に適当なるへきか、土岐は未た宮内省の事情に熟せす。差向きは岩波の方用立つへきかと思ふと云ふ。白根、岩波は淡泊なる風にて、省中の受は宜しきか、皇族のことを掌らしむるには少しく懸念の点もある様なりと云ふ。徳川、土岐にせ〔よ〕、岩波にせよ、宗親課長には適せさるならんと云ふ。予、宗親課長としては松平か留任するに非すやと云ふ。徳川、関屋は松平は諒解したりと云ふ。酒巻（芳男）の話にては、川田か留任せされは、松平は決して留任せすと云ひ居れりと云ふ。

予、関屋か松平は諒解せりと云ふならは、其積りにて善後策を講すへきに非すや。酒巻か松平は留任せすと云ふとて、松平か留任せさるものとして計画する訳には行かさるに非すやと云ふ。徳川、松平をして留任せしむる為、川田の留任を条件とすることは出来すと云ふ。白根、夫れは勿論なり。自分（白根）も川田は此際速に免職する方か宜しと思ふと云ふ。徳川、松平かどーしても留任せさるならは、如何するやと云ふ。予、岩波（武信）を事務官と為し、主馬寮には金田才平を入れ、酒巻（芳男）は籍を宗秩寮に置くも、速に洋行せしめたらは宜しからんと云ふ。白根、酒巻は参事官に転せしむることと為す方宜しからんと云ふ。徳川、三条公輝を宗親課長と為す意あることを述ふ。予、予は三条を知らさるか、課長と為すに適当なる人なるや。皇族に対し事を述ふることの出来る人なるやと云ふ。白根、夫れは出来る人なりと云ふ。予然らは夫れにて宜しからんと云ふ。時に三時五十分頃なり。予審査局に返る。

少時の後徳川来り、松平に交渉したる処、川田の問題と松平の進退とを別問題とすることは承知し、辞表は撤回せり。然し、川田か免職せられ、山田（益彦）か転任したらは、其上にて更に辞表を出すことを予告せりと云ふ。予、左様なる有様ならは、留任せしむる訳には行かさるならんと云ふ。徳川到底留任せしめ難しと云ふ。時に四時二十分頃なり。徳川は午後一時後頃審査局に来り（白根と予と徳川と三人にて善後策を議し、関屋か自ら処置すると云ひたる為、予か審査局に返りたる後なり）、宗秩寮のことに付心配を掛けたるに付、礼に来りたる旨を述へて去りたり。宗秩寮にて白根（松介）と徳川と談したる後、予は白根と共に宗秩寮を出つ。白根審査局に過る。予、実は徳川か松平を罷むることを望み居る故、都合悪しと云ふ。白根、其通りなり。徳川は非常に松平を危険視せられ居る様なりと云ふて去る。

○午後六時後有馬秀雄来る。有馬伯爵家の家政困難なること、十分なる整理を要すること等を話す。予、仁田原重行を退かしむることは追て議すへきか、最早君（秀雄）か再ひ有馬家の世話を為す丈けの決心を為すことを望むと云ふ。有馬、差向き伯爵生母〔金田ミヨ〕の実家の処分問題あり。此ことは仁田原（重行）も引籠り居るに付、自分（秀雄）か処理せさるを得さるへしと思ひ居ると云ふ。秀雄又、故堀江三尚の寡婦のことは取調へたる処、年齢は六十四、五歳なるか、左程老衰し居るには非す。余程以前に軽き脳溢血の様なる容体あり。此節は回復し居る〔か〕、非常にせき込みてもすれは、一寸言語の出て難き様のことある趣なり。但寡婦となりたる為、頭髪を断り居り、而かも白髪となり居れり。此点は不都合に非すやと思ふ。只今は池尻興の処に居れとも、同居も面白からす。昨日まては男爵家（正頼）の家に行き居りたりとのことなり。男爵家にては大分気苦労多き模様にて、寡婦にて勤まることならは、勤め度と云ひ居れり。給料等は多きを望ます、糊口か出来くれは宜しきに非すやと云ひ置き〔た〕りと云ふ。予、三、四十円位は出すならんと云ふ。秀雄夫れ程はいらすと云ふ。

秀雄又有馬英子より来ることを求むれとも、未た行かす。用事は正頼を同居せしめんとすることなり。正頼は先日は牆を踰へて帰りたることもある趣なり。正頼は洋行中の軍人の妻に通したる話もありと云ふ。予、英子は何故に正頼を同居せしむることを望むやと云ふ。秀雄、其理由は分らす。自分（秀雄）は正頼を〔原文空白、古賀、不詳〕方に預くることに付ては仁田原（重行）か本人に説得し、倉富も本人に説得したる関係あるに付、本人を呼戻すならは、先つ仁田原、倉富に相談する必要ありと云ひ置たりと云ふ。

秀雄又奥平禎子か橋場に行き、伯爵夫人に対し、頼寧氏か家産を蕩尽する前に伯爵をして夫人の資産を分たしむる様周旋するに付、自分（禎子）に分与することは夫人より秀雄に依頼し呉よと云ひたる趣なりと云ふ。予、松田正之は内閣にて持ち余し、宮内省に採用する様申込み来り居ることを談す（松田を宮内省に採用することを申込み来りたる〔は〕別府総太郎〔拓殖事務局長〕にて、其ことは白根松介より、今日徳川頼倫宗秩寮事務官のことを協議したるとき、官房の会議室にて聞きたり）。

午後七時後、秀雄帰り去る。

○今日清浦奎吾、内閣総理大臣を罷め、加藤高明之に代る。他の国務大臣亦更迭す。但陸軍大臣宇垣一成は留任す。

六月一三日

○六月十三日金曜。曇。

○安藤則光、前日に続き、人をして予の門前に石を敷かしむ。未た終らす。

○午前七時四十分頃松寺竹雄来り、今夜出発帰任する旨を告く。談、浅田賢介のことに及ふ。予、先日浅田に面会し種々談したるか、浅田も中山勝之助退職のときに至り、後進の為に先たれ不面目のことになる様ならは、一時にても宜しき名誉進級にて退職することにし度と云ひ居りたる旨を語る。松寺、中山か退職すれは、其後任は真鍋十蔵なるへく、真鍋の後任は、順序より云へは、浅田か転任すへき訳なれとも、岡本至徳〔朝鮮総督府高等法院判事〕か現に高等法院の判事と為り居り、横田（五郎）の同情もある故、浅田に先ちて部長と為るならんと思はる。若し浅田か退官の決心あるならは、中山か退職したる後直に真鍋を其後任と為さす、一時浅田をして其職に就かしむるより外致方なしと云ふ。予、其都合に為し呉るることは本人の希望なるへし。全体、岡本を判事と為したるは不適当なりと云ふ。

松寺、一年も経たらは、熟錬するならん。岡本を判事と為したるは、横田（五郎）か自分（松寺）の便宜を図り呉れたる訳なり。其次第は、検事にて勅任に進むへきもの数人あれとも、定員なき為之を進むることを得す。依て岡本を判事として進めたるなり。検事にて、岡本、杉村逸楼及某等いつれも進路なきに苦み居りたるか、杉村丈は検事として進むることを得たり。村上清〔朝鮮総督府海州地方法院検事正〕抔も進路なき為、退官の希望を起し居れり。予て朝鮮総督府検事に定年の制を設くることに付、枢密院の御諮詢相成り居る処、枢密院にて議論ある趣に付、之を撤回することゝしたり。而して検事にも退職の制を設け度に付、其ことは制令を以て之を定めらるることにし度と思ふ。退職〔後〕も官を有し居ると否とは、此度の御饗宴の如き場合には利害少なからす。総督府判事の官名ある為、判事は召されたれとも、検事にて退官したるものは、之に加はることを得さりしなりと云ふ。

松寺と談し居る中、八時を過き、昨日、今朝八時に来るへきことを命し置たる理髪者先刻より来りて待ち居りたるも、松寺か去らさる為理髪せす。理髪者か一たひ帰りて、後刻復た来るへしと云ひたるに付、松寺は初めて予か理髪せんとすることを知り、自分（松寺）か傍にて談すへきに付、理髪せよと云ふ。予乃ち理髪す。八時五十分頃理髪終る。復た松寺と暫話す。予、松寺の出発時刻を問ふ。松寺之を告けすして去る。松寺は滞京中其長女〔久枝〕の夫〔湯村辰次郎、朝鮮総督府殖産局土地改良課長〕の家（仙台に在り）に行き、長孫女の墓に展し、二、三夜其家に宿したりと云ひ居りたり。

○午前九時三十分頃より出勤す。

○午前十時頃宗秩寮に行く。事務官は一人も在らす。岡田重三郎に皇族歳費に関することは誰の主管なるやを問ふ。岡田、佐々木栄作なりと云ふ。予佐々木〔に〕、東伏見宮依仁親王の寡妃に一年三万六千円の歳費を賜ふことゝなり居るは、東伏見宮として賜ひ居るものなりや、又は寡妃に賜ひ居るものなりや、又親王の歳費は五万八千五百円なるに、依仁親王の薨去後之を三万六千円と為したるは如何なる標準に依りたるものなりやと云ふ。佐々木、自分（佐々木）も之を詳知せす。官房の人に問ひたる上、之を答ふへし。一応審査局に返り居ることを望むと云ふ。予乃ち返る。

世子紀尾井町の賜邸を見ることを延はす

○午前十一時頃給仕をして宗秩寮に行き、高羲敬を召はしむ。高来る。高、世子は昨日来軍隊の検閲を受くる為多忙なり。本月十六日より習志野に演習に行き、一週間許滞留するに付、紀尾井町の賜邸を見分することは、習志野より帰りたる後にすることゝなれりと云ふ。

堀江寡婦のこと

〔予、〕先日話したる李鍝公の家に雇ふ婦人のことは、取調へたる処、年齢は六十四、五と云ふことなり。夫を喪ひたる後、髪を断つは内地の習俗にて、再嫁せさることを表する為なり。本人も髪を断り居り、而かも白髪なりとのことなり。此の如きことか朝鮮の人に嫌はれはせさるやと云ふ。

此とき有馬泰明より電話す。予乃ち電話所に行く。有馬、今朝有馬秀雄に逢ひたる処、同人の慰安会は仁田原（重行）の病気回復後にし度とのことなりと云ふ。予、仁田原の病状を問ふ。

有馬、腎臓に故障あり。熱もあるとのことにて、稍々衰弱し居り、尚ほ臥褥し居ると云ふ。予、昨夜秀雄に面会したることを告け、且つ本月十六日の外十八日、十九日両日は予は差支あることを告く。返りて高と話す。

高、仁木義家は尚ほ滞京し居るに付、婦人のことは一応仁木に話したる上にて返答することにすへしと云ふ。予、婦人の父（池尻始、久留米藩藩校明善堂教授、号は葛覃、故人）は旧久留米藩の儒者にて、婦人は、藩にては門閥家に嫁したるものなるか、夫に死別し、且其子も皆死し、只今は兄の家に同居し居るものなり。本人も果して任に耐ふるや否も分らす。公家にても気に入るや否も分らさる故、一時試験の為使用せられ見ても宜しかるへしと云ふ。高、仁木に電話し、同人に面会することにすへしと云ふ。

○午前十一時二十分頃川田健吉来り、先刻貴官（予）より皇族歳費のことを問はれたる趣に付、松平事務官（慶民）より自分（川田）に往きて説明せよとのことにて来りたりと云ひ、歳費の調書を予に交し、川田か此調査を為したる材料を示し、且つ之を説明し、今後に調査すへき事項もあれとも、此際宮内省を退くことゝなりたる故、此以上の調査は出来すと云ふ。川田か去りたるは十一時五十分頃なり。

○午後一時より官房の評議室に行き、井上勝之助、入江貫一、西園寺八郎、大谷正男、渡部信、山県武夫、武井守成と儀制令案中、軍旗親授式及第二公式鹵簿の部を協議す。三時頃終る。

議場にて大谷より、皇族歳費令案に付本月十八日午後より特別委員会を開かるることゝなり居るか、其前宮内省職員の歳費に関係あるものにて、一応内協議を為し置く方宜しかるへき旨、関屋（貞三郎）とも打合せ置たるか、如何と云ふ。予、夫れは宜しかるへきも、此ことに付注意せさるへからさるは、先年偶然に宮内省職員の意見一致したることあり。其時は某某は宮内省員は連合して反対すと思ひ、之か為非常に感情を害したることあり。審議会か特別機関となり居る以上は、或は内協議を為さゝる方宜しくはなきやと云ふ。大谷、然る事情あるか。然し案の内容と云ふよりも、現在の事実を研究し置く必要はあるならんと云ふ。入江、協議して宮内省に意見を纏むる様のことは到底出来さるへしと云ふ。

儀制令案の協議終り、西園寺は早々出て行くに付、予は同人と松平（慶民）のことを談せんと欲し、予亦次て出てたるか、西園寺は入江と立談し居り、予か知らさる中に何処にか立ち去りたり。予は二時後審査局に入らんとするとき、松平（慶民）に廊下を過く。予、先刻松平か川田某をして歳費のことを説明せしめたることを謝し、松平をして局内に入らしめ、松平か先日宗秩寮の事情を談したるときは、予は松平の進退に関することゝは思はす。然るに、松平の談と関屋（貞三郎）との談とは少々不一致の点あり。関屋は御用掛として川田を使用したることは反対したるに非す、唯川田をして法律問題を説明せしむる様のことは宜しからさるへしと云ひたるに過きすと云ひ居りたりと云ふ。

松平、関屋は然か云ふも、実は然らす。川田を御用掛と為さんとすることを申出したるとき、白根（松介）より、自分（白根）は宜しからんと思へとも、次官（関屋）か承知せす。関屋より川田には何事を為さしむるやと云ふに付、之を書き出し呉よと云ふ故、之を書き出したる位なり。其時法律事項の談ありたるに付、其事は自分（松平）より早速之を取消したり。秘書課長か相当と云ふ事にて、而かも些細なる問題（一ヶ年に二千円の手当を給する位のこと）まて承知せさる様の次官（関屋）の下にては、執務することを欲せさる故、辞することに決心せり。総裁（徳川頼倫）より川田の問題、山田（益彦）の転任問題と自分（松平）の辞職問題とは之を切放せと云ふに付、一応辞表は撤回したれとも、川田か罷免せられ、山田転任したる上、更に辞表を出す積りなりと云ふ。予結局我儘ならんと云ふ。松平勿論我儘なりと云ふて去る。

○午後三時前大谷（正男）来り、先刻皇族歳費令案に関する内協議のことを談したるか、矢張り現在の事情は承知し居る必要あるに付、本月十七日午前十時より、次官（関屋貞三郎）、宗秩寮総裁（徳川頼倫）、同寮の松平慶民、酒巻芳男及庶務課長杉琢磨及自分（大谷）等と内議することゝなりたる故、成るへくは出席せられ度と云ふ。予出席すへき旨を答ふ。

○午後三時頃川田某来り、只今解職せられたる旨を告け、解職に至りたる事情、川田の真意か諒解せられさりし事情等を述へ、幾分不平を漏らして去る。

○午後三時後、矢島正昭実況審査報告書を提出す。

○午後三時後、西野英男本月十五日に挙行する皇太子殿下御成婚奉祝会場入場証を致す。

○午後四時より退省す。途を枉けて、松寺竹雄を対翠館に訪ふ。松寺は根岸の某家（戸水寛人の家ならんか）に移り、今夜八時十五分発の汽車にて出発することになり居るとのことにて空く帰る。

○肛門出血止む。

○午後二時後、予か官房評議室より審査局に返りたるとき、西野英男より高羲敬の言を伝ふ。其趣意は高は是より仁木義家を訪ひ、李鍝公家に雇ふ婦人のことを談し、其模様は今日直に予に報告するや否は不明なりとのことなりしと云ふ。

六月一四日

○六月十四日土曜。曇。

○安藤則光、人をして前日に続き予の門前に石を敷かしむ。工を竣る。

○午前九時三十分より出勤す。

堀江寡婦のこと

○午前十一時頃仁木義家来り、昨日高事務官（羲敬）より聞きたるか、李鍝公家に雇ひ入るる適当なる婦人ある趣に付、其人を雇ふことにし度と云ふ。予、適当なりと云ふ訳に非す。高に話し置たる通り、年か老ひ居ること、髪を断り居ること、白髪と為り居ること、朝鮮の事情は少しも知り居らさること等の欠点あり。此の如き欠点ありても宜しきならは、其婦人に話し見ることゝすへしと云ふ。仁木、高より篤と鍝公に話し貰ひたる上、行き貰ふことにすへしと云〔ふ〕。

予、然らは予か是より婦人を訪ひ、何日頃より来ることを得るや否問ひ見るへし。兎も角双方とも様子分らさることに付、差向き目見えと云ふ様なる風にて、行き見る方宜しからんと思ふと云ふ。仁木、然らは其都合に取計ひ呉よと云ふ。予、仁木は何日まて滞京するやを問ふ。仁木、全体は昨日出発する筈なりしも、常盤松に建築することに関し、関屋次官より昨日は滞京すへき旨を聞けられたる故、今日出発することゝなれりと云ふ。

予、西野英男に嘱し、自動車を借ることを主馬寮に謀らしむ。十一時頃自動車来る。乃ち池尻興を蠣殻町の水天宮に訪ひ、李鍝公家にて堀江の寡婦を雇ふことに付ては、先日有馬秀雄に話し置たるか、有馬より聞きたりやと云ふ。池尻聞きたりと云ふ。予、双方とも様子分らさることに付、先つ試験的に行き見、都合宜しきならは、其上にて約束する方宜しからんと云ふ。池尻成るへくは妹に逢ひ呉よと云ふ。予、予も逢ひ度と云ふ。寡婦来る。之と話す。婦、字を忘れ、字を書く様のことは出来難し。如何と云ふ。予、他に世話する男子あり。会計等のことは其人かなすならんと云ふ。予又池尻に話し置たる通り、差向き様子見に行き見る方宜しからん。今一応、先方の都合を問ひ合せたる上のことなるか、此方の都合は何日頃よりならは行くこと出来るやと云ふ。寡婦と池尻と何か私語し居る故、予強ひて早く行くには及はすと云ふ。本月十八日に有馬正頼の家に行くことゝなり居る模様にて、寡婦は之を断はりて差支なしと云ひ居りたり。

寡婦又昨年の火災にて、衣類等も悉皆焼きたりと云ふ。予、外出する様の用事はなき故、差支なかるへしと云ふ。婦、此方の都合は、本月十八日頃よりならは宜しと云ふ。予、然らは予より先方に交渉し、更に様子を通知すへし。此処の電話は何と云ふて呼出せは宜しきやと云ふ。池尻小書を持ち来りて之を予に交す。電話は大手一九四〇番を呼ひ、水天宮前の九番に続くことを求むれは宜しきことなり。池尻、自分（池尻）は耳か遠き故、電話のときは代人を出す故、承知し置き呉よと云ふ。予承知の旨を答ふ。予、池尻幷に寡婦に李鍝公の年齢、公は学習院に修学中なること、日本語を解すること、公の生母の弟か附き居ること、炊事を為す婢は外に居ること等を話し置きたり。宮内省に返りたるは十一時五十分頃なりしなり。

○午前十一時五十分後、予か厠より審査局に返るとき、松平慶民廊下にて予を追ひ来り、審査局に返るやと云ふ。予然りと云ふ。松平入り来り、次官（関屋貞三郎）抔は自分（松平）か川田を奪はれたる為、駄々を云ふ様に解釈し、例へは子供か手遊を取られて駄々を云ふと同し様に考へ居る様なるも、自分（松平）は左様なる考に非す。先刻関屋に談したる故、関屋も少しは諒解したる様なり。又川田のことも、川田か昨日関屋に話したる為、是も少しは分りたる様なり。自分（松平）は自分（松平）の進退を幾分か意義あらしめて、宮内省にも幾分の効能あらしめ度考なり。自分（松平）のことは少しも自分（松平）は西園寺（八郎）には話さゝりしか、総裁（徳川頼倫）より西園寺に話したる趣にて、西園寺は例の調子にて、自分（西園寺）の地位（式部次長）を松平に譲り、自分（西園寺）は主馬頭となせは尚宜しきも、夫れは出来さる故主馬寮御用掛にて宜し。左すれは、好きなことにて御用を勤むと云ひたる趣なり。昨夜、自分（松平）も西園寺と自動車に同乗し、車中にて談を為し、自分（松平）主馬寮の事務は只今の通りにて宜しきやと云ひたるに、西園寺は大に改正せさるへからすと云ひたり。右の如きことにて、自分（松平）は左の如き考案を為せり。第一の案としては、酒巻芳男は総裁（徳川頼倫）も次官（関屋貞三郎）も余り好意を有し居らさる模様なるも、此際は暫く酒巻を宗親課長と為し、岩波武信を庶務課長兼爵位課長と為し、自分（松平）は御用掛と為り、人は何と云ふとも、自分（松平）は次長の積りなりと云ふ。

予、酒巻を宗親課長と為すことは、第一総裁（徳川頼倫）か承知せす。予は、酒巻は次官（関屋貞三郎）も之を好み居ると思ひ居りたるに、案外にも誰も好意を有し居らさる様なりと云ふ。松平、自分（松平）も関屋は酒巻を好み居ると思ひ居りたるか、是は案外なりしなり。今述へたるは第一案にて、第二案は実は只今聞きたることなるか、山田（益彦）は賀陽宮附事務官に転することと思ひ居りたる処、白根（松介）の談に、三条（公輝）か公爵を襲くことゝなれは、皇后宮事務官としては使用するに便ならさる故、之を罷めんとの内議あり。然れは、山田（益彦）を皇后宮職事務官と為し、三条（公輝）を宗親課長と為し、岩波（武信）を酒巻の後任と為すことなり。第一の案にしても第二案にしても、西園寺（八郎）を主馬寮御用掛と為し、川田某も主馬寮御用掛と為したらは、川田は必す主馬寮を整理すること出来るならんと云ふ。

予、一旦罷免したる川田を更に採用することは絶対に為し得さるならんと云ふ。松平、川田は是まては嘱託なりしに付、之を罷めて御用掛となすことは宮内省の体面にも関する所なしと云ふ。予、夫れならは、嘱託を解きて直に御用掛となすか順序なりと云ふ。松平、夫れは順序なるも、他に異動あるとき、之を機として御用掛と為すことは差支なし。伊藤（博邦）を罷むることは、大臣（牧野伸顕）も次官（関屋貞三郎）も既に決心し居ることに付、暗に其ことを伊藤（博邦）に示し、退官前に整理改善を為せは、伊藤の功とも為る訳に付、伊藤も快く西園寺、川田等に任かすことゝならんと思はると云ふ。予、伊藤は伊東太郎を嫌ひ居るとのことなり。昨日伊東か内匠寮兼勤と為りたるも、或は其の為には非さるやと考へ居れりと云ふ。松平其ことは知らさりしと云ふ。話すること七、八分間。十二時を報したる後、尚ほ暫話して去る。予之と共に局を出て、食堂に入る。

○午前十一時頃予か仁木義家と談し居るとき、工藤一記来り、賀陽宮宮務監督を罷めたる挨拶を為して去る。

○午後二時頃高羲敬に電話し、予か仁木義家の談を聞きたる故、往て婦人を訪ひ、様子を問ひたる処、本月十八日頃よりならは、公（李鍝）家に行きて差支なしとのことなり。但年老ひ居ること、髪を断り居ること、白髪なること、腰か少しく曲り居ること、挙動か活潑には行かさること等、幾多の欠点あることは予め詳に之を告くことを望むと云ふ。高、今日も浅沼禎一か来り、早く妻の暇を請ひ度旨を述へ居り、老人か宜しと云ひ居りたる故、其人にて宜しからん。公（鍋）家に行くときは自分（高）か同行することにすへく、いつれ明後日（十六日）に宮内省に行きて詳述すへしと云ふ。

○午後二時後中島正武来り、賀陽宮宮務監督と為りたるに付、挨拶に来りたる旨を給仕に告く。名刺を交して去る。

○午前十時後金井四郎来り、昨日両陛下沼津より御持ち帰りの土産を妃殿下に賜はりたるに付、御礼の為に来りたりと云ふ。予御土産としては遅きに非すやと云ふ。金井、今日賜はりたる所もある模様なり。品物は乾魚等にて、腐敗するものに非す。師正王の墓の周囲の堺に、円形の鉄柵にては形状宜しからすと内匠寮にて主張するに付、妃殿下に申上けたるも、殿下は尚ほ円形を主張せらるる故、是より内匠寮に行き、更に談判する積りなりと云ふ。予、妃殿下の御主張も極端なるも、内匠寮にて円形にては不可なりと云ふも、余り融通のきかさることなりと云ふ。妃殿下は疎に金属の柱を立て、之に金属の鎖を引廻はさんとする趣向なり。

○午後三時より退省す。

○午後二時頃西野英男来り、先刻主馬寮岩波（武信）より明日の新宿御苑の御成婚奉祝会に行かるる為、午前九時十五分に自動車を貴宅（予か家）に廻はすことにすへし。運転手も運動競技に加入するに付、帰りには必す自動車にて送らしむることを期し難しとのことなりと云ふ。予承知の旨を答ふ。

○皇后宮大夫大森鍾一より書を贈り、本月十七日午前十一時賜物あるに付、参入すへき旨を申来る。

六月一五日

○六月十五日日曜。曇後晴。

○午前九時二十分に至るも自動車来らす。内子をして主馬寮に電話し、之を促さしむ。寮員既に之を遣はしたりと云ふ。九時二十五分頃に至り自動車来る。乃ち直に新宿御苑に到る。牧野伸顕、大森鍾一等既に在り。十時関屋貞三郎、皇太子殿下御成婚奉祝会長として挨拶す。終りて国歌を奏し、牧野の発声にて両陛下の万歳を三唱し、次て皇太子殿下、皇太子妃殿下の万歳を三唱し、奉祝の式を終り、宮内職員の運動会に移る。予は徒歩二百ヤード競走三回を観て、直に電車にて家に帰る。午前十一時頃家に達す。

○午前十時後宋秉畯来りたるも、予か在らさるを以て直に去りたる由なり。

○午後二時頃中村竹蔵来り訪ふ。中村は少年監、矯正院等の状況を視察する為、本月九日に上京し、本月二十日頃まで滞留すへしと云ふ。中村は大崎の某家に宿し居る由。境長三郎（朝鮮総督府高等法院検事）同伴、上京したりと云ふ。話すること二十分間許にして去る。

○午前八時頃より花井卓蔵の嘱に因り、法律取調会員の真影に題する文を真影の余白に書す。

○午後零時後より皇族歳費令案を再査し、修正案を作る。

腰筋痛

○腰筋痛む。

六月一六日

○六月十六日月曜。曇。

○午前九時三十分より出勤す。

堀江寡婦のこと

○午前十時後高羲敬来り、世子は今朝五時頃より習志野に行かれたりと云ふ。予、一昨日池尻興及堀江の寡婦に逢ひたる状況を語る。高、先日浅沼禎一来り、自分（高）と仁木（義家）とに其妻の暇を請ふ旨を談す。浅沼は子供多く、次女は二十三歳になるも、弟妹の世話を為さしむる為、今まて之を嫁せしむることも出来す、妻か暇を請ひたる後は、次女も嫁せしむる積りなりと云へり。右の次第に付、自分（高）より浅沼に、此節妻に暇を遣はすは浅沼の願に出つる訳に付、後任の人には深切の世話せさるへからさる旨を告け置きたり。自分（高）か明日か明後日ても李堈公に逢ひ、此の如き人か来ることを話し置くへし。婦人の名は何と云ふやと云ふ。

予、氏は堀江なるも名は知らす。兎も角予も適任とは思はす。第一老年なること、髪を断り居り、而かも白髪なること、活潑に働けさること、衣類等もなきこと等にて欠点多きも、直に適任者を得ることは難かるへく、雇人受宿等より雇ひ入るる訳には行かす。堀江の父は学者にて勤王家なり。予等か師事したる人なり。其兄二人〔池尻懋〈禁門の変に参加し真木和泉と共に自死〉、池尻岳〈水戸天狗党の乱に参加、処刑される〉〕は共に勤王にて戦死し、父子三人とも贈位せられ居れり。本人は相当の家に嫁し、夫も子も裁判官なりしか、共に早く死し、只今は本人は兄の家に同居し居れり。何日何時頃に公邸に行けは宜しきや。又公邸に行く前、一度君（高）か本人を見すして宜しきやと云ふ。

高、午前には公か学習院に行き居るに付、午後三時三十分頃に行きたらは宜しからん。自分（高）は本人に逢ふ必要はなからん。自分（高）より本人か行く前に公に話し置き、本人か行くときは自分（高）も公邸に行き居りて、公にも引合せ、浅沼及金某（公の生母の弟）にも引合はすことにすへしと云ふ。予、本人は少しも事情も知らさる故、余程他より助け呉れされは勤らさるへし。堀江の職は掃除を為さゝるへからさるやと云ふ。高、掃除は為すに及はす。或は公の居間位は掃除する位のことはあるならんと云ふ。予、兎も角差向きは見習の積りにて試験し見、公邸の都合にては勿論、本人の都合にても何時にて〔も〕止むることを得る様に為し置く方宜しからんと云ふ。高其方か宜しからんと云ふ。高話すること十分間許にして去る。

予、西野に嘱し、水天宮の池尻に電話せしめ、予、池尻と電話し、池尻は耳か遠き故、他の人と代らしめ、本月十八日午後三時三十分までに堀江婦人か牛込横寺町二十九番地李堈公邸に行くへきこと、公邸に行けは万事周旋する人ある旨を告け、電話したる人、念の為に予の云ひたることを云ふて誤なきやを問ふ。予誤なき旨を答ふ。

○午前、皇族歳費令案の材料を調査す。

○午後一時頃渡部信を文書課に訪ひ、皇族歳費令案第十三条以下の修正案〔を〕印刷して、之を特別委員に配付することを嘱す。

○午前十時後杉栄三郎来り、今日皇族歳費令のことに付協議するに非すやと云ふ。予、今日に非す、明日なりと云ふ。杉手帳を検し、今日なりと云ふ。予、大谷（正男）に問ふへしと云ふ。杉、大谷の室に行き、復た来り、明日なる趣なり。然れとも、明日に変更したることを自分（杉）に告けさりしは大谷の過失なりと云ふて去る。

○午後亦皇族歳費令案の材料を調査す。

○午後二時四十分より歩して司法大臣官舎に行き、諮問第四号に付第三十七回小委員会を開き、午後五時二十分閉会して家に帰る。次回は本月二十六日午後四時より開会することに決す。

○午後広津潔子来り、内子に本月十八日共に劇を観ることを勧めたるも、同日は予が加藤高明の招待あるに付、之を断はりたる趣なり。

○午後三時後司法大臣官舎にて、法律取調委員及幹事の真影を花井卓蔵に返す。真影には昨日予か題言を書したるものなり。

〔欄外に付記〕

○六月十六日午前八時後戸水寛人来り、予か戸水の為、貴族院議員と為ることに付清浦奎吾其他に依頼したることを謝す。戸水は政友本党に入り居るに付、現在の内閣には此ことを依頼せすと云ひ居れり。戸水か先頃贈りたる同人の演説集を読み呉よと云へり。

○午前十時後高義敬か来りたるとき、高より、東久邇宮邸より電話にて妃殿下か世子邸の三島別邸に近日中一泊せらるる旨を申来れり。如何なる準備を為したらは宜しかるへきやと云ふ。予、準備を為すには及はさらん。世子妃より東久邇宮妃に、三島別邸に行かるるときは一週間位前に一報せられ度旨話ありたる趣に付、報知したるならんと云ふ。高、北白川宮妃殿下か〔原文空白、長岡に〕行かれ居り、東久邇宮妃も其処に行かるるとのことに付、其往路か帰路かに別邸に宿せらるるならんと云ふ。

六月一七日

○六月十七日火曜。曇。

○午前九時三十分より出勤す。玄関にて金井四郎に遇ふ。金井、東久邇宮妃殿下は本月二十三日に、三島の王世子別邸に行かるることゝなれりと云ふ。予、昨日高義敬来り、如何なる準備を為したらは宜しかるへき〔や〕と云ふに付、準備を為すには及はさらん。兎も角君（金井）に打合せよと云ひ置たりと云ふ。金井、日数か二十三日と定まりたる故、昨日午後四時後世子邸に電話を掛け、高に話す積りの処、高は他出中とのことなりしと云ふ。予、高は或は李堈公の処に行きたるならんと云ふ。金井は官房の方に行きたり。

○午前十時十分頃より官房評議室に行き、皇族歳費のことを協議す。然るに、今日協議する目的明瞭ならす。結局宗秩寮にて現在取扱ひ居る歳費の現状及今後の方針に関する説明を求むることゝなりたるも、徳川頼倫より今後の方針は尚ほ定め難しと云ひたる故、歳費制度の沿革と現状とを説明するに止むることゝなり、酒巻芳男より先日川田健吉か調査したる表に就き説明し、予及ひ入江貫一等より質問し、午時過に至り散会せり。
○午前十一時頃歳費の協議中、予、徳川頼倫其外二、三名と皇宮宮職に行き、賜物を受け（大森鍾一より伝達す）、帳簿に署名して之を奉謝し、復た官房の評議室に返り、協議を継続す。
皇后宮職にて野村礼譲より、国分三亥か先頃より盲腸周囲炎に罹りたれとも最早快方なり。国分強健なる人なるか、病に罹りたるは珍らしとの談を聞きたり。
○午後零時後、評議室より直に食堂に入らんとす。西野英男、食堂前の廊下にて、今より一時間許前内子より電話し、急用には非さるも、電話に掛かることを望むと云ひたる旨を報す。予乃ち食堂に入らす、審査局に返り、西野をして電話し、内子をして電話に掛らしむ。内子、先刻真言宗のセンユウ寺の大僧正か来り、何か反物の如きを持ち来りたる故、主人不在中にて此の如きものを預り置き難しと云はしめたるも、無理に之を残し置きたりと云ふ。予宿所は分り居るやと云ふ。内子分らすと云ふ。予致方なしと云ふて電話を止む。
○午後二時後白根松介来り、金井四郎は官等陞叙後既に三年になる故、此等は陞叙して宜しと思ふも、宗秩寮より上申し居らす、如何すへきやと云ふ。予か先日白根に問ひたるときは、白根は上申書は書き居るも、少し早過ると思ひ、印を附け置きたりと云ひたるか、是は間違なりしならん。予は是非とも此際は陞等せしめよと云ふ。白根一応宗秩寮に問ひ合せ見るへしと云ふ。白根又伊夫伎（準一）は既に五年になり居りて、勅任待遇と為すへきやと云ふ。予、本官にて勅任に進む見込なき故、勅任待遇に為し呉よと云ふ。
○午後二時十五分頃西野英男来り、皇子御殿より電話にて、明後十九日午前十時より正午までに参殿せられ度旨申来れり。賜物ある為と云ふことなりと云ふ。
○午後三時後伊夫伎準一来り、自分（伊夫伎）にも東宮御所より賜物ある旨の通知あり。三善焞彦にも同様の通知ありたる由。然るに、土岐政夫には其通知なし。参事官室に問ひたる処、単純なる参事官には賜物なし。勅任参事官丈は部局長官同様賜物あり。其他の参事官は事務官、書記官兼任のもののみに賜物ありとのことなり。稲垣潤太郎には昨年六月には賜物なく、昨年十二月には皇后宮職より賜物ありたる由。此の如く区々になりては不公平なり。何とか工夫なきやと云ふ。
予、此ことに付ては昨年随分厳しく談判したれとも、当局者は恩賜のことに付云々するは不都合なりと云ひ、予は恩賜たりとも責任者はある筈なりとて争ひたれとも、当局者は不公平にて困るならは、伊夫伎の恩賜も止むることにすへしと云ふ故、已むを得す其儘になせり。土岐か参事官になりて賜物なきは、本人には気の毒なれとも、参事官には賜物あり、審査官には賜物なきことになりても困るに非すや。三善に賜物あるは、同人か先頃まて内匠寮事務官たりし為ならんと云ふ。伊夫伎、先日文書課より内匠寮に転任したる浜田武にも賜物ある由。此の如きことにては行々は面白からさることゝなるへしと云ふ。予、事柄か恩賜なる故、其の為何事もある訳に非す。恩賜なき為厭やと思ふならは、夫れまてなりと云ふ。

○午後四時より退省す。馬車の御者には、明日は午前九時四十五分に来り呉よと云ふ。明日は午前十時に東宮御所に行かさるへからさるを以てなり。帰宅後白根松介に電話し、伊夫伎準一に年功加俸を給せらるる様取計ひ呉よと云ふ。白根、伊夫伎は未た年功加俸を給せらるる年限に達せすと云ふ。予は、高等官三等の俸給は四千五百円一階級にて、伊夫伎か高等官三等に進みたるより既に五年に満ちたるならは、俸給に付ても最高俸を受けたる後五年に満ちたるものと思ひたるに、高等官三等の俸給にも二級ありたるならん。予、伊夫伎の勅任待遇となすことは如何と云ふ。白根其ことは明日大臣官舎にて評議することになり居りと云ふ。予、金井四郎官等陞叙のことは如何と云ふ。白根、宗秩寮にては全く上申漏れとなり居りたりとのことなり。此方は行はるるならんと云ふ。

○帰宅後、先刻内子より電話したる品物を見たるに、反物入の箱の包紙に（登山披露と書し、真言宗泉涌寺派管長大僧正法性宥鍐）の名刺を附けあり。来りたる者は本人らしきものと従僧二人なりし由なり。

○内子は今日午後広津和郎か来りて家を守り、広津潔子等と共に市村座に行き、劇を観ることを約したる趣なり。

○夜雷雨。

腰筋痛劇

○夜に入り腰筋の痛劇し、婢をして坂田稔の家に行き、今年一月腰痛のとき服用したる散薬を取らしめて之を服用し、又一月に貼用したる膏薬の残り居りたるものを貼用す。

〔欄外に付記〕

六月十七日午後二時後白根松介か来りたるとき、予、松平慶民辞職のことは如何なりたるやを問ふ。白根、松平は、君（予）と入江貫一と相談して決したることならは、必す之に従ふへしと云ふも、徳川頼倫は左様なることは出来すと云へり。自分（白根）は松平か云ふ通にすることを関屋貞三郎に勧めたれとも、関屋も承知せす。関屋は松平のことを軽く考へ居れとも、徳川か松平を嫌ひ居る故困難なり。只今の処にては、岩波武信を差向きは兼任事務官と為し、今年暮頃二荒芳徳か罷むる後、岩波を専任事務官と為し、酒巻芳男は参事官と為し、金田才平を主馬寮に入れ、山田益彦を宗秩寮に置くことにすれは、松平も辞職を止むることを諾し居れりと云ふ。予、三条公輝のことは止めたりやと云ふ。白根、彼のことは大臣（牧野）か承知せす。一旦現在の通り三条は皇后宮職に留まることに決したるを、関屋は更に之を転任せしめんとしたるも、此ことは行はれさることゝなれりと云ふ。予、三条転任のことは全く理由なきことなりと云ふ。

〔表紙に付記〕
六
大正十三年六月十八日より七月十五日までの日記
七月十五日の分は未完
皇霊殿御霊代のこと七月十四日　十五日（七十葉表以下）

六月一八日

○大正十三年六月十八日水曜。朝曇後雨。
○午前九時四十分より馬車に乗り、東宮御所に行き、東宮大夫珍田捨巳より賜金を受け、帳簿に署名して之を奉謝し、直に宮内省に行き、審査局に過らすして宮中の枢密院控所に行き、十時三十分頃加藤高明以下各国務大臣、内閣書記官長江木翼、法制局長官塚本清治来りて新任の挨拶を為し、浜尾新、之に答ふ。十一時頃審査局に行く。午前十時頃徳川頼倫より、松平（慶民）は山田（益彦）か宗秩寮に留まることゝなれは、事務官を辞することを止むることになりたる由。然し是は暫時のことにて、真に落附きたる訳には非さるへし。松平は次官（関屋貞三郎）と談し合ひたる模様なりと云ふ。予夫れにて折合へは好都合なりと云ふ。
十時後枢密院控所にて穂積陳重より、先年自分（穂積）か羅馬より返りたるときシーザー〔ガイウス・ユリウス・カエサル、共和制ローマの政治家、Gaius Julius Caesar〕の肖像を花井卓蔵に贈り、之に短文を添へ置たるか、昨年の震災のとき、花井も火災に遭ひ、肖像も焼失し、其後灰を除きたる処、肖像の頭部丈け残り居りたりとて、之に台を附けて持ち来り、自分（穂積）に何か台の所に書き呉よと云へり。依て張儀〔中国・戦国時代の政治家・遊説家〕か舌尚在不と云たることより考へて（正義所存激震不砕烈火不鎔斯頭尚在）と作り見たれとも、拙きに付、添削し呉よと云〔ふ〕。予、第二句、第三句とも第一句を受くるは面白からす。第二句の処に地震と火とを纏め、第三句は頭のことにする方か宜しからんと云ふ。穂積、成る程其方か宜し。急くことはなき故、添削し呉よと云ふ。予之を諾す。
○午前十時後高羲敬来り、世子附武官上野良丞は父の葬を済まし、昨日帰京せり。今日は家事を仕舞ひ、明日より世子の演習先なる習志野に行く予定なり。昨日金井（四郎）に逢ひたる処、金井は東久邇宮妃殿下は長岡に行き、北白川宮妃殿下を訪ひ、沼津より自動車にて三島に参らるることになり、先著は侍女一人と属官一人なり。金井と侍女〔原文空白〕人は妃殿下に随て来る筈にて、一宿なる故、何も携帯せられす。総て世子邸のものを借用せられ度。食物は仕出屋より取り呉ても宜しと云へり。其日は本月二十三日とのことなり。依て世子妃殿下に申上けたる処、一夜のことなる故、料理人を遣はし、食物を調理せしむる方宜しからんと云はるに付、林属（健太郎）と料理人を前日に遣はすことにする積りなり。世子妃は今日は鍋島（直大）の三年祭に付、梨本宮に行き、梨本宮の妃と共に墓所に行き、夫れより鍋島家に行かるる筈なり。

堀江寡婦のこと

李鍝公には自分（高）より堀江と云ふ老婦人か行くことを話し置きたり。

浅沼禎一の妻のこと

金某の話に依れは、浅沼（禎一）の妻は直に暇を請ふことを望み居る訳に非す。浅沼の子か多き為、妻の用事も多く、時としては子供を公邸に連れ来ることも多く、其の為面倒なることもあり、浅沼の夫婦の間にも争を生することあり。浅沼の妻か暇を請ふことに付ては公は心細く思はるる模様もあり。妻は八丈島の者にて、浅沼は或は之を実家に帰すやも計られさる模様に付、金は妻に同情し、之を留め度と云ふ様なることを云ふに付、自分（高）は当分は妻か公邸に居りて、堀江か呑込むまては世話する必要あれとも、大体は既に決し居ることに付、今更之を変更することは宜しからす。金も十分に堀江を助くへき旨、申聞け置きたり。今日は自分（高）は二時頃まては公邸に行き居る積なり。公か幼年学校にても入らるることになれは、老女の必要もなくなる故、堀〔江〕も長く居る必要もなからん。

世子紀尾井町賜邸の池を中断したることに付疑を懐く

世子は紀尾井町賜邸の図面を見て、池の中間より分割したるは如何なる訳なるへきや。池は全部賜邸の方に入れたらは宜しかりしならんと云はれ居りたるに付、自分（高）は何か訳もあるへし。実地を見られたらは分るならんと云ひ置きたり。

紀尾井町賜邸受取方のこと

李王職長官（閔泳綺）より自分（高）に対し、紀尾井町の賜邸地受取方を為すへき旨申来れり。是は帝室林野局長官（本田幸介）より閔長官に引渡すへき旨を照会し、閔長官より自分（高）に受取方を申来りたるなりと云ふ。予夫れは結局書面を授受するまてのことにて済むならんと云ふ。高一応林野局に交渉し見るへしと云ふ。話すること四、五分間許にして去る。

○午前十時後大谷正男来り、只今杉（栄三郎）か皇統譜の副本を持ち来り、官房次官室の隣室に在る故、一見せすやと云ふ。予往て之を見る。杉、此副本の正本中、皇帝譜、皇后譜、後宮譜等は天覧に供したるものなれとも、皇親譜は未た天覧にも供せす、編輯者より極めて不正確なる故、随時訂正の必要ある旨を図書頭に申出て居るものにて、是までも種々訂正を加へ居る所あり。之を訂正するに付、今後一々勅許を経る様のことを為すは如何と云ふ。

予、明治天皇以後の譜は正式の手続を経されは訂正すへからさるも、其以前の分は図書頭限りにて訂正し、訂正したる上にて新皇統譜に移記するより外、致し方なからんと云ふ。予、此席に来る前、廊下にて大谷正男に昨日私宅に来りたる法性宥鍐の名刺を渡し、如何なる人なるか知らさるやと云ふ。大谷、取調へ見るへしとて、其名刺を持ち行きたり。予か審査局に返りたる後、半井貞成其名刺を持ち来り、先頃泉涌寺の住職となりたるものなり。先住〔泉智等、高野山真言宗管長〕は高野山に移りたるならんと云ふ。

○午後二時四十分より自動車に乗り、帝室制度審議会事務所に行き、三時より予か起草したる皇族歳費令案に付特別委員会を開く。委員は岡野敬次郎、馬場鍈一、関屋貞三郎、入江貫一にて、御用掛は杉栄三郎、大谷正男、栗原広太なり。幹事として渡部信出席せり。岡野より、皇子、皇孫、皇曾孫、皇玄孫の名称は当代の天皇より称することにて、皇子も御代か更はれは皇兄弟と為る故、皇子、皇孫等の名称にて歳費を定むるは不可なりとの説を出し、馬場、入江等之に賛成せり。然れとも、皇室典範第三十一条に、皇子より皇玄孫まて男を親王とし、女を内親王とすとあるは所出天皇より称したることにて、岡野の説は誤り居れとも、制度審議会のことに付ては、予は兎も角案を作りさへすれは夫れにて宜しきことゝ考へ居る故、強ひて之を争はす、之を修正して一世親王、二世親王等となすことに同意せり。午後五時三十分閉会し、次回は本月二十六日午後二時より開会することに約せり。

　五時四十分より入江貫一と共に自動車に乗り、加藤高明の招に内閣総理大臣官邸に赴き、八時頃辞し帰る。官邸にて伊東巳代治より今日の皇族歳費令案の委員会には出席して挨拶する筈なりしも、差支を生し、果さゝりし旨を告く。

○内子は今日市村座に行き、劇を観る筈なりしも、留守番に来るへき筈の広津和郎か約に違ひ、来らさりし故、広津潔子か来りて誘ひたるも、往かさりし由なり。

○予か内閣総理大臣官邸より帰るときは雨ふり居りしも、傘を持たさりし故、門前にて自動車を下りたる後は湿れて帰りたり。

○本月〔原文空白、八〕日より生したる左の手首の黒斑点、今日までにて消ゑたり。

○腰筋の痛は未た癒へす。

六月一九日

○六月十九日木曜。晴。

○午前九時五十五分より馬車に乗り、皇子御殿に行く。一昨十七日高松宮殿下より賜物あるに付、十九日午前十時より正午までの中に参殿すへき旨、皇子御殿より電話にて通知したる趣、西野英男より予に伝へたるを以てなり。松浦寅三郎より高松宮殿下の賜物を伝達す。帳簿に署名して之を奉謝し、自家に過きり、フロツクコートをモーニングコートに更へ、直に宮内省に出勤し、十時後西野英男に嘱し、昨日東宮御所にて受けたる仕払命令書に依り、宮内省金庫に就き現金を受領せしむ。

○午前十一時十分頃徳川頼倫の室に行き、法性宥鑁の名刺を示し、此者か往訪せさるやを問ふ。徳川、来りたることなし。又之を知らすと云ふ。

　徳川、松平（慶民）は、只今山田（益彦）より聞きたる所にては、余程困り居る趣なり（予か徳川の室に入りたる為、山田は出て行きたり）。松平は其辞職の理由として、宮内省にて任用資格を厳守し、之を撤回せさる為、辞すと云ふことにせんとし居る趣なるか、夫れは矛盾のことなり。初より其ことを主張して、意見か行はれさる故、辞すと云ふならは理か徹れとも、初は川田健吉を御用掛にせさる為、辞すと云ひなから、今更任用資格論を云々するは分らさることなりと云ふ。

　予、松平のことは別として、宗秩寮のことは如何にするやと云ふ。徳川、白根（松介）は岩波（武信）を此際宗秩寮兼務と為し置かんと云ひ居るに付、自分（徳川）より伊藤博邦に其ことを談したる処、伊藤は岩波を兼務せしむること〔は〕断はると云ひ、主馬寮にて多人数居る処にて、宗秩寮にて岩波を採ると云ひたるも、之を拒み置たりと云ひたる由にて、岩波も驚きて昨日宗秩寮に来りて其ことを話したる趣なり。松平は尚ほ川田健吉を主馬寮に入れんと思ひ、伊藤（博邦）に相談したる趣にて、昨日伊藤か来りて、主馬寮には御用掛か二人居り、夫れすら多き位にて、此上人を要せす。松平か川田を勧むるは全く情実の趣なるに付、同意し難きのみならす、其人物も知らさるか如何なる人なりや。大臣、次官等より特に此人を採用せよとの談てもあれは格別、然らされは同意し難しと云ひたる故、自分（徳川）は夫れは考へものなりと云ひ置たり。伊藤も左様なる人ならは、断然断はると云ひ居りたり。松平は川田と約し居ることある様に思はる。川田は罷むると云ひ居りたるか、更に勧めても宜しと云ひ、松平と共に仕事を為さんと計画したるやに思はる。三条公輝を転任せしめんとすることは、次官（関屋貞三郎）より松平に話したる模様なり。此ことは大臣（牧野伸顕）か承知せさりしに拘はらす、関屋は二度まても牧野に説きたるも、牧野は此ことに付ては既に言上したるに付、之を更ゆること出来すと云ひ、愈々決定したる趣なり。三条を一時宗親課長になさんとの話ありたるも、松平は実は三条を好ます、任用資格を撤廃して加藤（泰通か、詳ならす）を宗親課長となすことを望み居るならん。加藤と松平は性質か余程近き所ありと云ふ。

此時松平来る。予か居るを以て去らんとす。予、予の用事は既に済みたりと云ふ。松平、昨夜秩父宮殿下に拝謁したるに、御殿のことの御話あり。早く御殿のことを決定して、之を作る必要あり。又御洋行のことも成るへく早く決行なされされは、天皇陛下の御健康のことも懸念なり。皇后陛下にも御洋行のことを申上け置きたり。最早此ことに付御異議はなかるへし。皇后陛下より秩父宮殿下に英語研究のことを御勧め遊はされたる趣なり。大臣は何事も決せさる故、御殿のことも御洋行のことも他より之を促さゝれは埒明かすと云ふ。

予、御洋行のことは如何なることになり居るや知らさるも、御洋行なさる以上は少しく長く御滞在なさる様にあり度と考ふと云ふ。松平、然り。短くも三年は御滞在なさる様にあり度。御滞在中も相当なる人の家庭に御入りなさることか必要なる故、此の人選は英国皇太子に依頼し置きたり。日本の大使〔林権助〕に頼むことは面倒なるへきに付、依頼せすと云ひ置たるも、実は大使にては適当なる人を知らさる故、之を依頼する訳に行かすと云ふ。徳川、自分（徳川）も御洋行なさるならは成るへく早き方か宜しと思ふと云〔ふ〕。

松平将に去らんとす。予、予の用事は既に済みたりと云ふ。松平、自分（松平）も既に済みたりとて、予と共に出つ。予か審査局に返りたるとき、松平来り、宗秩寮のことは尚ほ決せす。自分（松平）は任用資格を撤廃せさるならは、自分（松平）の如く資格なきものは御情けにて事務官と為り居る訳に付、御情け事務官ならは之を辞すと云ふ積りにて、自分（松平）の辞表を撤回することは未た言明せす。幾分にても解決を速かにせんと思ひ居れり。白根（松介）は岩波（武信）を宗秩寮に入れんとし居るも、総裁（徳川）第一に伊藤（博邦）に話し、伊藤か之を拒み、然かも多人数の処にて此ことを話したる趣にて、岩波は驚きたりとのことなり。徳川か伊藤に話したるは少し早計なりしならんと云ふ。

予、先刻徳川に、岩波を入るること出来す、酒巻（芳男）は洋行せしむることになれは、宗秩寮の方は如何するやと云ひたるに、徳川も何も工夫なき模様なりしなり。只山田（益彦）か転任せさること丈けは定まり居る様なりと云ふ。松平、山田か残ることになりても、任用資格を撤廃せされは、山田はいつまても御用掛で居らさるへからす。夫れでは発達の見込なしと云ふ。予、任用資格撤廃のことは、只今の処にては一寸見込なし。誰も賛成するものなしと云ふ。松平、入江（貫一）は如何と云ふ。予、入江の考は分らされとも、是は資格を存する方ならんと云ふ。

松平、自分（松平）は関屋（貞三郎）にも面会したるか、関屋は左様なる面倒なることを云はす、協同して尽力せんと云へり。自分（松平）、全体は共に力を尽くすへきも、人の採用方に付ては到底次官（関屋貞三郎）の意見には賛成し難しと云ひ置きたり。自分（松平）の意見は採用せられさりしも、矢張り川田健吉を御用掛として宗秩寮にて働かしめたる方宜しかりし様なりと云ふ。松平は今暫く自分（松平）の体度を決せす、何とか解決の途を計る積なりと云ひ居りたり。話すること二、三分間にして去る。

○午後零時後食堂にて徳川頼倫より、戸田氏秀か今日午前零時三十分頃死去したることを聞く。少時の後牧野伸顕来り、戸田の病気は昨日佐藤〔恒丸カ〕其外二名の大家か診療し、最早危険なからんと云ひ、家人も本人も喜ひ居りたる処、昨夜腸出血を起し、千三百瓦の出血あり。遂に死去したるなり。戸田には十人の子あり。長男〔氏重〕は徴兵適齢にて今日身体検査を受けさるへからす。父か死去したるに、検査を受くる為、出頭せさるへからさる趣。是は余り拘泥したる取扱方にて、淳風も害する訳なりとの談を為せり。戸田の齢は四十三歳なる趣なり。

○大木彝雄より、簡便なる蓄電器を売る者あり。只今庶務課長室にて蓄電を実行するに付、見に来りては如何と云ふ。予等乃ち往て観る。隆か蓄電し居りたるものと小異ある位ならん。予、杉琢磨に御饗宴のときのボンボニーのことは其儘なりやと云ふ。杉、否。余程進行し居れり。案内状を発したる人全体に賜はることにすれは四百個余不足に付、之を新調せさるへからす。勲一等以上の夫人丈を除けは二百個許の不足となる。然し、同し新調するならは二百個も四百個も格別の差なし。只今尚ほ精算中なりと云ふ。

○午後零時後食堂にて九条道実に、法性宥鎧か来らさるやを問ふ。九条一昨日頃来りたりと云ふ。予東京にては何処に居るか知らさるやと云ふ。九条、家人か居所を問ひたれは、翌日位西京に帰ると云ひたる趣なり。自分（九条）は家人に何故に居所を聞き置かさるやを詰りたりと云ふ。予、予には何か物を持ち来り居り、困り居れりと云ふ。九条、自分（九条）の処にも持ち来り居れり。泉涌寺に何か送らんかと思ひ居る所なりと云ふ。予、予か家には家人より居所を問ひたるも、之を告けさりし趣なりと云ふ。徳川、二、三日前、大臣官房より僧か従者を連れて出て来るを見たり。夫れか只今話の人なりしならんと云ふ。

○午後二時四十分より大谷正男と共に自動車に乗り、帝室制度審議会事務所に到り、皇統譜施行規則案の特別委員会に列す。案第七条、抹消又は変更の登録のことに付予と岡野敬次郎と解釈を異にし、多数は岡野の意見に同意したれとも、其誤は疑なし。平沼騏一郎は特別委員長として之を決定せす、司法省に於ける不動産登記の取扱振を取調へたる上、之を決すへきことになせり。午後六時閉会。二上兵治と共に自動車に乗りて家に帰る。

○午後有馬泰明より、明日の有馬秀雄の慰安会は午後五時より開く旨を電話にて通知し来りたる由なり。

六月二〇日

○六月二十日金曜。晴。

○午前、一昨日穂積陳重より嘱したるシーザー像に題する語を添削したるものを穂積に郵送す。其の語は、第一は穂積の趣向に基き（正義所存震火不毀儼乎此像頭顱尚在）とし、第二は（正義所在震火不毀儼乎凜乎看此頭顱）として穂積の択に任せたり。

○午前九時三十分前より馬車に乗り、牛込加賀町二百十番地戸田氏秀の家に行き、其死を弔す。御者加賀町を知らす。予は之を知るも、路馬車を通せす。幾回も人に問ふて始めて達す。戸田の家にて三善焞彦又来り弔するに会ふ。乃ち之と同乗して宮内省に行く。戸田にては名刺を交し、弔意を述へて直に去る。

堀江寡婦のこと

○午前十時四十分頃高羲敬来り、世子附武官上野（原文空白、良丞）は昨日より世子の出張先習志野に行きたること、先日末松謙澄の寡婦か世子邸に来り、先頃まて伊藤梅子か使ひ居りたる某を世子邸に雇ひ呉度旨を世子に話し、又小山善よりも自分（高）に、末松の依頼には非さるも、梅子か使ひ居りたる某を大磯の滄浪閣の番人に使ひ呉度と云ひたるも、只今他の者か大磯に勤め居る故、之を罷めて雇ふ訳には行かさる旨を答へ置きたること、又東久邇宮妃か本月二十三日に三島の別邸に行かるる趣なること、本月十八日には高は午後三時十分頃李鍝公邸に行きたる処、堀江老婦人は三時十分位前に公邸に行きたる趣にて、既に浅沼（禎一）と談し居り、高か行きたる後、浅沼夫婦にも委細堀江のことを話し、浅沼の妻にも少しも急いて公邸を去る必要なく、堀江か万事を呑込むまては勿論、之を呑込みたる後も相当の家を見出すまては公邸に居りて宜しく、結局、当分の内は堀江丈けか増したるものと思ひて勤むれは宜しき旨を申聞け、尚ほ鍝公にも堀江を引合せ、委細に堀江のことを話し、浅沼の妻も直に去る訳に非さることを述へ、公も喜ひ居られたること、浅沼も堀江は大層善き人なりと云ひ居りたること、高か見たる所にても物事かハキ、、して善く分ること、本人は両三日見習見、勤まることゝなれは、一応家に帰りて仕度を為して更に行くへき旨を話し居りたることを談し、又世子妃の歌の草稿及梅長薫の題にて詠みたる歌を式紙に書きたるものを示す。是は皇太子殿下の御成婚奉祝の為に上呈せらるるものなる由。世子妃の歌は下田義照か添削することになり居る故、下田に示す為持ち来りたるも、今日は下田は出勤し居らさる趣に付、式紙は御歌所の人に托し置くことにすへしと云ふて御歌所に行きたり。其歌に（吹風にかほり云々）の句ありたるか、高は少時の後復た来り、御歌所の人にて名は知らさるか、髭の黒き人か下田か拝見したる歌なれは気の毒にはあり、又式紙の書は見事に出来居るも、（かほり）は（かをり）に非されは不可なり。式紙は長く残るものに付、書替へらるる方宜しからんと云ひたる故、之を持ち帰りたる旨を告けて去る。

此後金井四郎来り、東久邇宮妃殿下か本月二十三日に三島の李王家別邸に行かるることに付、高羲敬と打合せたることを談す。予、其時は世子邸より料理人と林健太郎とを遣はすことになり居る趣なることを告く。金井、林は行かされは器具等のことと分らさる故、其ことは望み置たるも、料理人のことは夫れには及はさる旨を告け置きたりと云ふ。予、君（金井）か万事高に任かすと云ひたる趣にて、高は其取計を為すと云ひ居りたりと云ふ。此時高来り、年功加俸五百円を賜ふ辞令と林健太郎を高等官七等待遇と為す辞令書を示す。金井料理人のことを談す。高、自分（高）に任せたる故、此以上何事も云ふ勿れと云ふて去る。

予、金井に官等陞叙の辞令を受けたりやと云ふ。金井未た受けすと云ふ。予、先日宗秩寮より陞叙の上申書を出し居る趣なることを君（金井）に告けたるは、予か白根（松介）に問ひたるとき、白根か上申書は出て居ると云ひたるに付、其ことを話したるなり。然るに、其後白根より上申書は出て居らさる旨を告けたるに付、上告《ママ》なきも陞叙の詮議を為すことを求め、白根より宗秩寮に問ひたる処、全く失念したりとのことにて、白根も陞叙のことは異議なしと云ひ居りたる故、多分間違なからんと云ふ。金井、今朝は未た宗秩寮に行かさる故、是より行き見るへしと云ふ。

金井か審査局に来りたるとき、此次の月曜（本月二十三日）に妃殿下か御子方を連れて鮎猟に行き度との御話あり。夫れに付ては職員中随行を望むもの多きに付、自分（金井）より、昨年の震災のとき、妃殿下并に若宮殿下（盛厚王）か御無事なりしは実に奇蹟とも云ふへきことなり。又職員も随分骨折りたる故、慰労の必要もありと思ひたるも、師正王のことありたる為何事も控へたり。此節の鮎猟には職員一同を随行せしめらるることを願ふ旨申上けたるに、妃殿下も宜しからんと云はれ、十八、九人の同伴となることになり居れり。又師正王の墓の外囲を円形の柵となすことに付内匠寮員より妃殿下の御覧になりたるものあらは、夫れを一覧し度と云ひ、其ことを妃殿下に申上けたる処、青山墓地にて見たることある様なりとの御話あり。取調へたる処、女官某の墓か其の形になり居ること分りたる故、之を見に行くことになれりとの談を為したり。金井は宗秩寮に行き、直に官等陞叙の辞令書を受け来りて之を示したり。

○午後二時四十五分頃より歩して桜田門外に出て、電車に乗りて銀座四丁目に行き、南千住行の電車に乗り、午後四時二十分頃有馬伯爵邸に行き、仁田原重行、有馬泰明、〔原文空白〕と話す。泰明は予等に先ちて向島の料理店入金に行く。四時四十分頃より予及仁田原亦人力車に乗り、入金に行く。松下丈吉、境豊吉、有馬泰明既に在り。五時十四、五分頃有馬伯爵夫妻亦来る。五時三十分頃有馬秀雄夫妻〔ハツ〕来る。秀雄か本年五月十日に挙行せられたる衆議院議員の候補者と為り、久留米市にて古林喜代太と競争したる処、落選したるに付、之を慰むる為、今日の会を開き、秀雄の妻も之を招きたるなり。酒間、向島の妓四、五人興を佐け、落語者小さん〔三代目柳家小さん〕落語三題を話す。十時前伯爵夫妻去る。次て予、仁田原、松下、境と自動車に同乗して帰途に就き、予は最終に車を下り、十一時前家に達す。

入金にて松下丈吉に、有馬秀雄か落選し、秀雄も困り居るのみならす、有馬伯爵家にても秀雄の処理を必要とするに付、再たひ秀雄を家令と為しては如何。是まて仁田原重行は伯爵家の家務を辞し度旨再三申出てたるも、強ひて之を止め、秀雄か落選したるに付、直に仁田原を罷めしむる様になりては不都合に付、其点に付きては十分に考を要することゝ思ふ旨を談す。松下、自分（松下）は是まても屢々仁田原をして伯爵家の家務に関係せしむる必要なき旨を諭し居るに付、今日にても仁田原を罷むることは発言し難きことはなけれとも、仁田原か罷めたりとて、秀雄か直に伯爵家に入ることは面白からすと云ふ。予、秀雄か寺島町長の都合は如何あるへきやと云ふ。松下、町長の方も激烈なる排斥運動ある趣なり。是は小学校教員までも更迭せしめたる為、反感を招きたる模様なりと云ふ。予、伯爵家に秀雄を入るることは考へ置き呉よと云ふ。松下、秀雄本人の考は如何あるへきやと云ふ。予、予か滞郷中、林田（守隆）に相談し、林田より秀雄に談し、本人は異存なき模様なりと云ふ。

入金にて松下より、奈良の某家に雌雄の亀の化石ある趣にて、其詩を求められたりとて、之を聞かせたり。又入金に野田卯太郎の出したる俳句の額あり、其句は（腰強そうな頭陀に入金観世音）と云ふものにて、何のことなるや解し難し。

○午後金井四郎より電話したるも、予か不在なる為、其旨を告けたる趣なり。

○午前金井四郎か審査局に来りたるとき、東久邇宮より賜物あるに付、近日中来邸せられ度。月曜、火曜（本月二十三日、二十四日）等は妃殿下に差支ありと云ふ。予其内往くことにすへしと云ふ。

○午後西野英男より、本月三十日は有栖川宮慰子〔妃〕殿下の一年祭に当り、七月一日は博忠王殿下の百日祭に当るか、供物を為さるか否、宗秩寮より問ひ合せ来れりと云ふ。予、例の通り取計ひ方を依頼する旨を答ふ。

○午後零時後食堂にて徳川頼倫より、先日話ありたる法性宥鑁なる僧は自分（徳川）の家にも一昨日来訪し、品物を贈りたる旨を談す。

六月二一日

○六月二十一日土曜。晴。

○午前八時後金井四郎より電話にて、仏国より帰りたる渋谷（伊之彦、陸軍歩兵大佐、歩兵第六連隊長、前フランス大使館附武官）と云ふ軍人か東久邇宮邸に来り、稔彦王殿下の御近状を妃殿下に申上けんとのことなるか、妃殿下の御都合もあり、渋谷も近日名古屋に赴任することゝなり居り、今日も午前十時より陸軍省にて講話を為すことになり居る故、其講話を終りたる後、当邸に来るへしとのことなり。貴官（予）は来邸せらるること出来るやと云ふ。予、今日は十時より宮内省にて会議することゝなり居れり。依て一応宮内省に行き、相談したる上、都合出来るならは、宮邸に行くことゝすへく、其都合出来さるならは、電話にて断はることゝすへしと云ふ。

○午前九時三十分より出勤し、十時頃牧野伸顕に今日は宮内省の会議に出席することに約し置たるか、今日東久邇宮邸より電話にて、渋谷と云ふ軍人か仏国より帰り、稔彦王殿下の近状を妃殿下に申上くる趣を通知し来りたるに付、成るへくは之を聞かんと思ふ旨を談す。牧野、夫れは是非往て聴き呉よ。宮内省の協議の問題（皇族賜邸の性質）は余り重大なる故、一日にて決する訳には行かさるならん。軍人より王殿下（稔彦王）のことを申上けたらは、妃殿下より何か御話あるやも計り難し。是非往くことに為し呉よと云ふ。予、宮邸の方に十一時頃までに行けは宜しき趣に付、夫れまては会議に出席することにすへしと云ふ。牧野都合にては出席するにも及はすと云ふ。

十時十分頃より官房の会議室に行き、牧野（伸顕）、徳川（頼倫）、関屋（貞三郎）、入江（貫一）、本田（幸介）、酒巻（芳男）、大谷（正男）等と東伏見宮邸の性質及今後の処分を議す。酒巻より先つ是まての沿革等を概説し、次て大谷より賜邸の性質は種々になり居り、是まての取扱にては皇族の私有と認めたる様の記録もあり。然れとも、皇室御料地を賜邸となされたるものに付ては、一時の使用に充つる為賜はりたるものと解するか適当なるへく、個人の私有地を賜邸となされたるものに付ては或は皇族の所有と為り居るやの疑もある旨を論す。予は牧野と東久邇宮邸に行くことに相談したる後、審査局に返り、西野英男に嘱し、渋谷某の来邸するとき、予も行くことにすへし。何時頃行けは宜しきやを問はしむ。邸員、確かなる時刻を告け難きも、十一時頃に来り呉れたらは宜しからんと云ふ。予乃ち西野に嘱し、十時四十分に自動車を玄関に廻はすことを主馬寮に交渉せしめ、自動車か玄関に来りたらは、官房の会議室に在る予に其旨を告くることを命す。十時四十分頃審査局の給仕、会議室に来り、自動車来りたる旨を報す。予乃ち会議室を出て審査局に返り、直に東久邇宮邸に行く。十一時頃邸に達す。渋谷未た来らす。

予は十一時三十分頃妃殿下に謁ひ、殿下、予に金二封を授く。一は予か宮務監督の事務を執る手当金二百五十円、一は妃殿下より予に給せらるる肴料二十五円なり。十二時に近きも渋谷来らす、邸者、陸軍省、参謀本部に電話して問合せたるか、既に陸軍省を出てたりとの答を受けたる後、二、三十分間を経過するも来らす、既に十二時二十分頃となりたる故、予と金井とは午餐を喫せんとするとき、渋谷始めて来る。乃ち之と共に午餐を喫し、其間渋谷より稔彦王殿下の近状を聴く。渋谷の名は（伊之彦）、宮崎県の人、仏国に行きたること二回、前後を通して十年間仏国に滞在し、本月十日帰朝するまては大使館附武官にて、陸軍の学校を出てたる後、今回始めて聯隊長となりたりと云ふ。

渋谷は、稔彦王殿下に付思想の変化ありと云ふ風説あるか、成る程陸軍の老人等の考とは幾分異なる所あるには相違なかるへきも、決して君国に対し冷淡なる考を有せらるる如きことなく、自分（渋谷）か帰朝する前、予（殿下）は皇族なり。決して其本分を忘るる様のことなしとの言を聴き来れり。成る程殿下は軍人として熱心に軍事を研究し居らるるとは云ひ難し。又仏国の知名の人と交際せらるる様のことは少し。仏国在留の日本人とも接せらるることは極めて少し。然し、各国の軍事の状況等は精しく知り居らる。是は平常の新聞等に注意し居らる結果ならん。昨年四月の北白川宮殿下の御遭難のときの稔彦王殿下の御処置は実に見事にて、何人も感心せり。又近く羅馬尼に御出てなされたるときの御体度も極めて立派なりしなりと云ふ。

予、殿下は軍事研究の為勅許を受け、仏国に御出なされ、軍事の研究には勉強なされす、勅許の年限は疾くに経過したるに拘はらす、尚ほ帰朝なされす、而かも帰朝の期さへ定めなされす、勅許に対する御体度適当ならす、立派に延期を願はるるへき理由ありとは受取れす。夫れ故、殿下は巴里にて気儘に暮らさるることか面白き為、いつまても帰朝なされす、其他には何も理由なしとの世評あるも、之を釈くへき詞なし。渋谷は帰朝後、陸軍当局其他の人に対し、殿下のことに付弁明し居ると云ふ。

金井、池田亀雄の状を問ふ。渋谷、殿下か近く御帰朝なされさる様ならは、池田の外に誰そ適当なる人を附くる方か宜しからんと云ふ。予、池田を取替ゆる工夫ありやと云ふ。渋谷、殿下は余程池田を信用し居らるる模様にて、蒲（穆）抔は殆んと何事にも与からす。先年溝口（直亮）か罷めたるときも、殿下は附武官は必要なしと云はれたるも、強ひて之を附けたる位なり。蒲も程なく帰朝する期限になり居るか、殿下か帰朝せらるることか決するならは、少々の期限か延ひる位のことは蒲《〔ママ〕》を替へさる方宜しからんと思はるとの談を為し居りたり。渋谷は、殿下は軍事研究はなさらす、絵画の外に政治経済のことを研究なされ居る様なり。絵画は大分買ひ入らる。殿下の画は自分（渋谷）か所望したるも、御承知なかりしとのことを談したり。食後尚ほ談話す。

午後一時二十分頃金井より、妃殿下は是より皇族講話会に御出なさるる故、其前に御逢あるへしと云ふて渋谷を誘ふ。予も共に行く。渋谷は妃殿下に対し、王殿下の御壮健なることを談し、妃殿下の問に対し、朝香宮、同妃殿下の近状を述へ、朝香宮殿下も最早杖なくして余程御歩行出来る様になり、又は乗馬も出来くへき旨を説く。殿下の脚は九十度位まては曲かる様になりたりと云ふ。一時三十分後頃、妃殿下は講話会の為閑院宮邸に行かれ、渋谷も次て辞し去る。予亦次て去る。

　予か宮邸に行きたるとき、帰途は宮邸の自動車を借ることを約し置き、之に乗りて帰る。二時後家に達す。予か郷里より帰りたる翌日（五月十九日）、宮邸に行き、羊羹の箱を包みたる袱を持ち帰ることを忘れ、其儘今日まて宮邸に在りたるに付、今日之を持ち帰りたり。

○今日より安藤則光、糊匠三人を遣はし、昨年九月の地震にて損したる壁を紙にて張らしむ。

○午前八時後宇佐美富五郎来る。予、正に壁を糊する為、応接室に在る書籍函を運ひ居りたるに付、富五郎をして之を助けしむ。午前富五郎か去るとき、内子、之をして鳩居堂に過り、戸田氏秀に贈る香を届くることを伝へしめ、予か家に帰る前、既に之を届け居りたるに付、使をして之を戸田の家に致さしむ。

○今日は枢密院より俸給を給する日なるも、予か東久邇宮邸に行く為、之を受取る暇なかりしか、午後三時後西野英男来りて之を届け呉れたり。

六月二二日

○六月二十二日日曜。晴後曇夜雨。

○安藤則光今日も糊匠をして壁を張らしむ。

○午前九時後林与茂の寡婦清、三浦直次郎の長男義人を伴ひ来る。義人上京するに付、予之を引見することを直次郎より嘱し来り居りたるなり。清焼海苔一缶を贈る。話すること二十分間許にして去る。

○午前十一時頃宋秉畯来り訪ひ、先日熱海に行き、二、三日滞留し、三浦梧楼に逢ひたるか、三浦は加藤高明か情実に羈され、岩崎（久弥）の関係者をして官職に就かしめたることを怒り、之を悪罵し居りたることを談す。宋又斎藤実の朝鮮総督を罷めされは、朝鮮総督の方針を変し難し。然るに、加藤か斎藤と談し、斎藤をして留任せしむることになしたるは、朝鮮の為にも非す、木内重四郎を朝鮮の政務総監と為すには、斎藤位の地位の人に非されは、木内か甘んして其下に居り難きに付、斎藤を留任せしむることに為したりとの談を為せり。宋又桂は寺内（正毅）を朝鮮総督と為すことを好まさりしも、山県（有朋）より寺内を薦むる故、之を拒むことを得す。其頃自分（宋）に対し一応寺内に交渉し、寺内之を諾せされは、自分（桂）か之を兼、内閣総理大臣を罷むれは総督専任と為ると云ひたる故、自分（宋）、寺内は拒まさるへしと云ひたるに、桂は寺内は必す之を拒むと云ひ居りたるも、之を拒まさりしなりと云ふ。

　予、伊藤（博文）は朝鮮併合は反対なりしか、桂等は之を望み、君（宋）併合を主張し、伊藤をして統監の職を去らしめたるは桂等の計画あり。今日朝鮮統治の結果不可なりと云ふは、君（宋）も其責任を負はさるへからさるに非すやと云ふ。宋、大に然り。桂か伊藤の統監を罷むることの上奏を為すとき、伊藤には相談せさりし趣にて、伊藤は大に怒り居り、自分（宋）と村田惇〔元韓国統監府附武官、陸軍中将、故人〕と二人のみを伴ひ、赤坂の三河屋に行き、酒を飲みたることありたり。

明治天皇、伊藤博文に統監を罷むることを容易に裁可したまはす

桂より伊藤を罷むることを上奏したるに、明治天皇は十八日間御裁可なかりしとのことなりとの談を為せり。

宋秉畯封事のこと

宋又先日君（予）に示したる朝鮮統治に関する自分（宋）の意見書は、三浦（梧楼）の考にては、特別議会か済みたる後に之を差上けよと云ふことなり。之を摂政殿下に上くるには東宮侍従長入江（為守）に出したらは宜しかるへきやと云ふ。予、摂政として上くるには、矢張り内大臣（平田東助）を経由すへきものならんと云ふ。宋、内大臣の秘書官は誰なるやと云ふ。予、入江（貫一）なる旨を答ふ。予又摂政殿下に上くるにしても、正式の上書に非す、云はゝ内端のことなる故、入江（為守）にても宜しからん。入江（為守）取次き難しと思ふならは、入江より内大臣へ廻はしても宜しからんと云ふ。宋其位のことにて宜しからんと云ふ。

予又先日高義敬より君（宋）か高に李王職長官たることを勧め、高は困りたりとの談を為したりと云ふ。宋、高より君（予）に此談を為したりとのことを聞きたり。高は其父の永喜も同様の性質にて、何事も用立つ様のことを為さす、又危険も履ます、穏かに世を送ることか其本色なり。

関屋貞三郎、宋秉畯に対〔し〕紀尾井町賜邸に関する尽力を吹聴す

韓国時代の閣議のときは自分（宋）は極端なる議論を為し、屢々激論を為したるか、いつも閣議の模様を伊藤（博文）か承知し居るに付、自分（宋）は之を怪み、如何にして之を知り居るやと云ひたるに、伊藤は自分（伊藤）は神通力を有すと云ひたるも、其実は高（永喜）か之を告け居りたるなりとの談を為し、又李完用は米国の公使館等に在勤し、官吏は如何なる場合にも人より報酬を受くるは当然なりとのことを覚へ来り、何事に拘はらす、必ず報酬を受け居りたりとのことを談し、又先夜遅く関屋貞三郎と沢田牛麿と自分（宋）の旅宿に来り、紀尾井町賜邸のことに付、関屋の効能を吹聴せり。自分（宋）は何も関係なきことなるに、頻りに効能談を為せり。

李王に賜はることと為りたるは寺内正毅の時よりのことなり

全体賜邸のことは伊藤のときより始まりたることにて、其ときは李王に賜はる訳に非す、世子に賜はる筈なりしか、寺内の時より王に賜はることに変更せり。此節も既に王に賜はると云ふことになり居るに付、表面は王と云ふことに為し置かさるへからす。然し王の為には部屋等は不必要なりと云ふ。

紀尾井町の賜邸建築の振合に関する意見交換

予、賜邸のことは既に公文を発したるも、建築のことは何とも書きあらす。李王職にて建築することゝなりても、工事は内匠寮にて為すことゝなるへきに付、宮内省より金を出し、李王職なり世子邸なりの注文を聴き、内匠寮にて建築を為し、其中に王の住居に充つる部屋を作り置き、其外に世子の用に充つる所を設け置き、百歳の後は王の部屋か世子の用に充つることになれは、差支なきことゝ思ふと云ふ。宋、王の名義丈け附け置けは、夫れにて宜しき訳なりと云ふ。

宋か沢田のことを談したるとき、予、沢田は岡（喜七郎）の子分なりと云ひたるに、沢田か岡の意に従はす、政友本党に入らさりし為、絶交する様になり、沢田か高知にて落選することになりたるも、岡と床次（竹二郎）か之を妨害したる為なりとのことを談したり。

予と宋と談し居るとき、金井四郎より電話にて、妃殿下は明日三島の世子別邸に行かるる予定なりしも、都合に因り延期せらるることゝなれり。委細は面談のときに譲ると云ふ。予か宋と談し居るとき、青山操来りて官等陞叙の挨拶を示す。時に壁張の為明間なきのみならす、宋と談し居りたる故、玄関にて青山に逢ひ、之を座に延かすして之を返したり。

○午後九時頃微震。

○午後八時頃鼠あり、茶の壁を穿つ。今日糊したる所なり。乃ち板にて之を塞く。

○腰痛稍々強し。今日体を労したる為ならん。

○東久邇宮邸に行くとき、西野英男に嘱し、今日の皇族講話会に出席せさる旨を宗秩寮に告けしむ。

六月二十三日

○六月二十三日月曜。朝曇。

○午前八時後弱震。

○午前糊匠二人来り、壁を張る。

○午前九時三十分より出勤す。

○腰痛未た癒へさる旨を医坂田稔に告けしむ。坂田、薬方を転したり。猶ほ癒へすんば、注射すへしと云ふ。

○〔午前九時三十《マ》分より《マ》出勤す。〕

○午前十時後酒巻芳男来り、一昨日の皇族賜邸に関する会議、貴官（予）退席後、大谷（正男）の論旨（賜邸は所有権を皇族に移すものに非すと云ふ趣旨）に対し、入江（貫一）より、大体は同意なるも、賜邸の成立に因りては皇族に所有権ありと云はさるを得さるものあり。故に一概に之を論することには同意し難しと云ふ。宗秩寮としては差向きの問題、即ち東伏見宮の問題に付二個の処分案を提出せり。第一案は常盤松に於ける邸地は皇室より之を貸下けられ、皇族廃絶の後は之を返上せらるること。家屋は皇室より建築して之を貸与せられ、是も使用の必要なきに至りたるときは之を返上せらるること。此案に付ては葵町の旧宮邸家屋は宮の所有なる様に思はれ、次官（関屋貞三郎）よりも総裁（徳川頼倫）よりも明瞭に言明したるに非すとは云ふも、宮より旧邸を返上せらるる代りに建築費五十万円許を下賜せらるへき旨を妃殿下なり、宮務監督なりに告けたる模様あり。依て其金を以て建築したる家屋を、無償にて返上せしむることは妥当ならさる様なり。依て地所家屋は他日返上せらる条件として、此際二十万円なり三十万円なり賜金ある様にすること。第二案は地所は第一案の通り、家屋は此際賜金（五十万円許）にて建築するか、使用の必要なきときに至れは、無償にて返上せらるることなりと云ふ。予、賜金にて建築すと云ひなから、無償にて返上せしむると云ふは不条理なりと云ふ。酒巻、大臣（牧野伸顕）は大概第一案の如きことにて済むならんと云ひ居れり。東伏見宮の外、華頂宮邸のことも急を要する故、明日（二十四日）午前十時より更に協議することになり居るに付、出席し呉よと云ふ。
○午前十時後白根（松介）来り、先日法性宥鑁来り、物を贈りたりやと云ふ。予然りと云ふ。白根、自分（白根）等も同様に付、礼状を出し、共同にて香でも贈らんと云ひ居れり。之に加はるやと云ふ。予、予は困り居る処なり。是非加へ呉よ。徳川（頼倫）も物を貰ひたりと云ひ居りたりと云ふ。
○午前十一時後（五十分頃）、牧野（伸顕）始めて出勤す。乃ち官房に行き、一昨日渋谷（伊之彦）より聞きたる概略を述へ、渋谷は殿下を嗛かして帰朝せしむるより外なしと云ひ居りたるも、嗛かさるる様の人に非す。殿下か真に軍務に服することを嫌はるるならは、其事位は条件として約束しても宜しからんと思ふ。又一たひ帰朝せられたる上は、再遊も差支なしと云ふ位のことは云ふても宜しからんと思ふと云ふ。牧野、先頃話したることあり。其砌君（予）の御意見もありたるか、仮りに誰か仏国に行くとしても、其位のことは云はされは、話は出来さるならんと思はると云ふ。牧野又渋谷（伊之彦）か陸軍当局等に殿下のことを弁明し、陸軍当りにて非常なる誤解を為し居ることを解くことを得れは好都合なり。自分（牧野）は殿下の思想云々等のことは心配し居らす。只勅許の期限等のことに付、余り筋の通らぬことある故、心配し居る訳なりと云ふ。予、殿下の滞在か長くなる丈一方には効能あり。今後閑院宮殿下の後継者とならるるは、稔彦王殿下の外には之なかるへしと云ふ。牧野、然り。成るへく殿下に疵の附かさる様に致し度ものなりと云ふ。
○午後零時後食堂にて徳川頼倫に、一昨日渋谷と云ふ軍人（伊之彦）より稔彦王殿下のことを聞きたり。後刻君（徳川）に話すへしと云ふ。徳川、今日は少しく用事あり。急くことに非さるならは、明日聞き度と云ふ。予、急くことはなし。又別に参考となるへきこともなしと云ふ。
○午後西野英男に、明日は戸田氏秀の告別式に行き、午前十時より宮内省にて会議せさるへからさるに付、午前九時に馬車を遣はす様、主馬寮に通知し呉よと云ふ。西野之を通知したることを報す。

藤野静輝、角刺〔宮〕天皇のことを談す

○午後二時後藤野静輝来り、朝倉尚絅〔『大日本天皇紀』著者〕なるものを紹介、朝倉は名古屋の学校教員なりと云ふ。藤野、先頃示し置たる長慶天皇の事跡考は図書頭杉栄三郎か出し呉よと云ふに付、貴官（予）の御帰郷中に之を返し貰ひたり。角刺〔宮〕天皇〔飯豊青皇女、第二二代清寧天皇崩御後に忍海高木角刺宮において執政したとされる〕の追号は明治三年に定められたりと思ひ居るも、公文を見出さす、之を示し呉よと云ふ。予、先日君（藤野）より示したる書類中に其旨を記しありたる故、取調へ見たれとも、弘文天皇、仲恭天皇〔第八五代天皇、承久の乱によって廃位〕の外、諡号を定められたる公文なしと云ふ。藤野、自分（藤野）は確かに之を見て手控に記入し居れり。此の如き文書を保存する所は何処なりやと云ふ。予図書寮なりと云ふ。藤野、念の為図書寮及維新史料編纂局に就き、問ひ合せ見るへしと云ふ。藤野又長慶天皇のことは如何なる運になり居るやと云ふ。予、予の帰郷中委員に附托せられ居るとのことなりと云ふ。朝倉は何も云ふ所なく、藤野は二、三分間にして去れり。

○午後三時頃西野英男に嘱し、寺本某より皇室会計令案の稿本を借らしむ。寺本稿本四冊を持ち来りて之を貸す。予か見んと欲したるは皇室財産令の稿本なりしか、誤て会計令と云ひたるなり。一応之を見たる上、西野に嘱して寺本に返さしむ。

○夜風。

○午後、西野英男大正十二年皇室略牒を致す。

○夜蒸熱。人を悩す。

○腰痛未た癒へす。

六月二四日

○六月二十四日火曜。晴熱。

○午前八時後、糊匠二人来りて壁に糊す。

○午前九時より馬車に乗り、青山斎場に行き、戸田氏秀の告別式に会す。式場にて岡田朝太郎（明治大学教授、刑法学者）、小原駩吉、珍田捨巳、関屋貞三郎、戸田氏共、松平慶民、青山操等を見る。焼香後、一たひ家に帰り、フロツクコートをモーニンクコートに更へ、直に宮内省に行き、十時後より東伏見宮、華頂宮の賜邸に関することを議し、午時後喫を終り、零時四十五分頃より復た議を開き、一時四十五分頃に至り華頂宮邸に関する議を終りて閉会す。東伏見宮邸に関することは午時までにて終〔り〕、華頂宮邸に関することは尚ほ書類を調査することに為して閉会す。

予協議会場に在るとき、西野英男来り、村上恭一来りて予に面会することを求むる旨を告く。予乃ち審査局に返り、村上に逢ふ。村上、文官高等懲戒委員の補欠として法制局長（塚本清治）と会計検査院部長（河野秀男）を申立て置たる処、内閣書記官長江木翼より、是までの通り法制局長官の外は内務次官か大蔵次官を入るることを望む。其趣意は事務の状況を知り居る人にし度とのことなり。如何すへきやと云ふ。予、次官にては余り更迭頻繁なる故、会計検査院の部長を申立てたるも、固より格別の趣意あるに非す。江木の考の通りにて宜しからんと云ふ。

予又今日黒田（長成）より晩餐に招待を受け居るか、日本流儀に坐する席なるへきや、又は椅子に倚る席なるへきやと云ふ。村上招待を受け居らすと云ふ。

世子と共に紀尾井町賜邸を見ること出来さる旨を報す

○午前十時頃世子邸より電話にて、今日午後四時頃より世子は紀尾井町の賜邸地を見分せらるる筈なりと云ふ。予、西野英男をして四時より早けれは行くことを得れとも、四時頃よりなれは、予は行き難き旨を世子邸に報せしむ。

○午後零時後、食堂にて井上勝之助より、今日黒田（長成）より案内を受け居らすやと云ふ。予之を受け居る旨を告く。井上、然らは枢密顧問官と為りたる披露の為なるへしと云ふ。

○午後一時五十分頃、官房の協議室より審査局に返るとき、廊下にて国分三亥に遇ふ。国分は関屋（貞三郎）か牧野（伸顕）かを訪ふ為に来りたるものなるへし。予、国分に先日盲腸を患ひたる由なるか、最早快きやと云ふ。国分、既に快し。極めて軽症なりしと云ふ。

二時後、予か審査局に在るとき、国分来る。国分、朝融王の婚約解除のことは徳川（頼倫）か引受け居り、邦彦王殿下よりも度々促さるるも、運はすして困ると云ふ。予、徳川は先方（酒井伯爵家）より解約を申込ましめんと計画し居る模様なるか、其事か出来くれは宮家に取りては好都合なるも、酒井家に取りては随分困ることならん。宮家より解約を申出し、酒井家にて之を諾する位のことにせされは、無理ならんと云ふ。国分、邦彦王殿下も此方より謝することは辞せすと云ひ居らる。余り永引きて困る。朝融王のことに付種々なることあり。殿下かダンスを好まるること抔も自分（国分）等は反対し居るか、皇太子殿下も之を奨励したまひ、東伏見宮妃殿下も同様なりと云はれ、先日、松平（慶民）か朝融王を招き、矢張りダンスを勧めたりと云ひ居らる故、困ると云ふ。予、朝融王は外国の大使抔にダンスの会を催促せられたることありと云ふに非すやと云ふ。国分、彼のことは誤なる様なり。先頃英国大使より招待を受けられたることあり。其時朝融王は自分（王）は行き度。然し国分に話せは之を止むる故、秘密に行かんと云はれ、野村（礼譲）は之を止めたるも、是非行くと云ひ居られたるか、結局行かれさりし由。其後宮中に於ける御饗宴のとき、英国大使に遇はれ、先日は案内を受けたるも、平日なりし故行くことを得さりしなり。自分（王）を招き呉るるならは、日曜か土曜かに非されは行き難しと云はれ、王の語の不自由なる為、大使か之を誤解して王より招待を求められたりと思ひたる趣なり。久邇宮の附武官（梅沢銀造、陸軍歩兵大佐）か王に対し、英国大使に対し如何云はれたりやと問ひたるに、王は前述の通り答へられたる趣にて、此ことは全く言語の行違ひなる様なりと云ふ。

予、君（国分）を宮中顧問官と為すことは、其後関屋（貞三郎）より何事も話さゝるやと云ふ。国分何の話もなしと云ふ。予、関屋は御饗宴の済みたるときを機会として之を遂行すへしと云ひ居りたるか、如何にしたるへきやと云ふ。国分、先日三人任命したるに付、最早欠員なからん。勲一等となり居れは何もいらされとも、勅任待遇にては何年立ちても勲一等に進むこと出来さる故、困ると云ふ。

○午後二時後西野英男来り、本月二十六日は故小松宮妃の七年〔ママ〕祭に付、大臣（牧野伸顕）、宗秩寮総裁（徳川頼倫）、関屋貞三郎等より供物を為すか、貴官（予）の分も取計ひ置くへきやと宗秩寮より申来れり。如何すへきや。実際の取計は小松侯爵家の早川政吉に托する趣なりと云ふ。予之を依頼することを嘱す。

○午後三時五十分頃徳川頼倫を其室に訪ひ、本月二十一日予か渋谷伊之彦より聞きたる稔彦王殿下の状況の概略を告く。徳川、渋谷か殿下か自分（殿下）は皇族の本分を忘るる様のことはせすと云はれたるは如何なる機会に云はれたることなりしなるへきや。殿下も幾分か世人の非難あることに気附き、其弁明をなされたる訳なるへきやと云ふ。予其辺のことは知らさる旨を答ふ。話すること二、三分間許にして去る。

○午後四時より退省す。

○午後九時頃黒田長成の家より帰る。内子、先刻金井（四郎）より電話あり。帰宅せられたらは、電話を掛け呉よとのことなりしと云ふ。乃ち電話す。金井、今日宮内省に行きたるか、会議中とのことにて面会出来さりしなり。妃殿下は明日午後一時四十分発の汽車にて長岡に行かるることゝなれり。竹田宮妃殿下か是非一緒に長岡に行き、共に同処に宿せんと云はれ、長岡の北白川宮妃殿下の方にも竹田宮より万事交渉せられて、長岡に宿せらるることに決せり。自分（金井）は妃殿下に随行するか、即日三島の世子邸に返り、其処に一泊し、翌日更に長岡に行き、妃殿下に随て三島に行くことになり居り。其時刻は尚ほ決定せす、三島に行かるること丈は確に決し居れり。自分（金井）か高羲敬と林健太郎に面会し、詳しく話し置たりと云ふ。予、妃殿下の三島行延期となりたるか、其前林等か三島に行く様のことはなかりしやと云ふ。金井、林か三島に行く前に延期のことを告けたる故、行違は生せさりしと云ふ。

○午後五時四十分頃より黒田長成の招に其家に赴く。黒田か先頃枢密顧問官と為りたるに付、議長、副議長、顧問官、書記官長及ひ前議長清浦奎吾を招きたるなり。黒田の所蔵画幅（雪舟〔室町時代の水墨画家〕、光琳〔尾形光琳、江戸時代中期の日本画家〕、牧谿〔宋末元初の禅僧、水墨画家〕等）を観、餐後筑前琵琶二曲を聴き、九時頃より家に帰る。黒田の家にて穂積陳重より、先日予か穂積の為に添削したるシーザーの像の題言のことに付謝を述ふ。且改作を謀る。又平山成信と地方官更迭今日発表したることを談し、予、罷免せられたる人の中に池松某〔時和、京都府知事〕及白男川某〔譲介、静岡県知事〕ありたる旨を談す。帰宅後新聞紙を検したるに、池松等の名なし。予か新聞に予報し居りたることを誤りて発表したるものと思ひたるなり。

○腰痛稍軽し。

六月二五日

○六月二十五日水曜。晴。

○午前六時前、平山成信の家に電話し、予か昨夜地方官更迭のことを談したるは誤り居りたる旨を平山に告〔け〕せしむ。

昨日世子及妃紀尾井町賜邸を見られたること

○午前九時三十分より出勤す。十時頃高羲敬来り、自分（高）は一昨日より腹痛を患ひ、非常に苦みたり。昨日午後には世子か紀尾井の賜邸を視らるる故、自分（高）は無理に同行せり。妃も世子と同行せられたり。先日持ち来りたる妃の歌は更に浄書せられ、今日持ち来りたりとて之を示す。其歌は（婦く風〔楚〕にかをりみちたるやまもとのうめさく園の春そひさしき）、その字、少しく無理なる様に見へたり。高は其式紙と妃の歌稿とを西野英男に托し、予と共に西溜ノ間に行く。十一時頃より皇后陛下に謁し、其御誕辰を奉賀し、直に豊明殿に行き、酒饌を受け、復た審査局に返る。

関屋貞三郎、小原駩吉を評す

小原駩吉来り、先日、関屋貞三郎か西園寺（八郎）を招き、食事を共にし、関屋より、小原（駩吉）は不誠実の人なり。東宮殿下の側近に奉仕する君（西園寺）か小原の如き人と懇意にするは君（西園寺）の為に宜しからさる故、懇意にすることを止めよと云ひ、西園寺は此ことに付ては答を為さす。又関屋は小原は昨年の地震のときは大に働きたりと云ふも、自分（関屋）は之を疑ふ。小原は其時は常に一人にて寝台に眠り居りたり。正実に働きたるものとは思はれすと云ひたりとのことなり。又関屋より、自分（小原）か新宿御苑に行くことは宜しからさる故、東宮職より之を止むる様に為すへき旨を西園寺に説きたるも、新宿御苑のことは東宮御所にては取計ひ難し。宮内省より直接に取計ひたらは宜しからんと云ひたる趣なり。東宮職にても甘露寺（受長）や本多（正復）（東宮侍従、旧長尾藩主本多家当主、子爵）杯は関屋のことには余程憤慨し居る模様なり。自分（小原）は出来る丈けは忍ひ居りたるも、関屋か右の如き宣伝を為せは、自分（小原）二十年余の奉職も全く認められす、自分（小原）に免職せらるへき欠点ありて免職せられたることゝ思はるることになる故、最早自分（小原）としては積極的行動を執るへき必要ありと思ひ、西園寺に相談したる処、西園寺は関屋の如き人でなきものに対して争ふは愚なり。君（小原）今後何事も為さゝる人ならは宜しきも、将来事を為さんとする人か関屋の如き者を相手として争ふは、将来の為妨となる故、之を止めよと云へり。西園寺は右の如く云ふ故、今一応西園寺にも相談の上に非されは決する訳には行かさるも、自分（小原）は最早嘿止すへき場合には非すと思ふか、如何と云ふ。

予、君（小原）か為さんとする手段如何に因りては、必しも不可なりとは思はさるか、如何なることを為さんと思ひ居るやと云ふ。小原、自分（小原）は先つ牧野（伸顕）に対し、君（牧野）は関屋の云ふことを信し居るや否を確かめ、牧野か自分（小原）のことに付関屋より聴き居ることを聞き、愈々関屋か西園寺に話したる様のことを云ひ触らし居るならは、関屋の行為刑法上の罪にならさるも、兎も角裁判所に持ち出すことは出来さるやと云ふ。予、夫れは無理なり。関屋の行為を誹毀罪ありとする訳には行かすと云ふ。

小原、白根（松介）より牧野（伸顕）の意を承け、十五銀行の監査役と為すことは差向き出来難し。正金銀行の方ならは都合附くならんと松方巌より申来れり。松方か右の如く云ふに付、正金銀行の方のことは十分に見込ありと思はる。然し、小原は貴族院議員たることの希望ある趣に付、銀行に入ることは都合悪しきやも計られす。一応本人の都合を問ひ合せ見よとのことなりしか、如何の都合なりやと云へり。依て自分（小原）は、只今の処にては宮中顧問官は非常に大切なることなり。之を罷めては全く宮内省と関係なきことゝなる故、銀行に入ることは今暫く之を見合せ度。只今の処、中村雄次郎も貴族院の互選議員のことに付厚意を有し居り、其他にも同情者ある故、今暫く其成行を見ることに致し度旨、牧野に告け置き呉度旨を答へ置きたりと云ふ。予か小原と談し居るとき、高羲敬か下田（義照）を伴ひ来りたる故、小原は直に去りたり。

高は西野に托し置たる妃の歌を取り来り、之を下田に示す。下田之を観て、美事に出来たり。是にて結構なりと云ふ。高云ふ所なし。予、高に事情を告けよと云ふ。高、予に之を告くることを請ふ。予、君（高）か直接に聞きたる通り云ふ方可ならんと云ふ。高、先日君（下田）か旅行中、妃殿下の浄書出来たる故、一応御歌所の人に示したる処、妃の歌は君（下田）か拝見し居るならは、彼此云ふ訳には行かさるも、（かほり）は（かをり）と改むる方宜しからんとのことなりし故、妃殿下は之を改書せられたる訳なりと云ふ。下田、古は（かほり）と書きたるか、鎌倉時代の頃より（かをり）と書く様になり、今日は一般に（かをり）と書く様になり居れり。故に（ほ）を（を）に改むることは宜しきも、（ほ）は誤りとは云ひ難し。今日にても（にほひ）は矢張り（ほ）を用う《ママ》と云ふ。

○午後一時後より馬車に乗りて皇子御殿に行く。帳簿に署名して、秩父宮殿下の御誕辰を奉賀し、直に家に帰る。時に一時三十分頃なり。

○内子、広津直人を訪ふ。

○午後一時四十分頃より応接室の書籍を整理す。

○午後二時三十分頃より自動車に乗り、帝室制度審議会事務所に行き、皇統譜令施行規則案の特別委員会に列す。前回に岡野敬次郎、馬場鍈一等か反対したる案第九条は、今日も尚解釈は異なる旨を云ひ張り居りたるも、案文は修正せすして宜しと云ひて決定せり。五時三十分頃閉会し、二上兵治と自動車に同乗して家に帰る。

尿量少し

○近日、尿茶褐色を帯ひ、量少し。或は腎臓に異状あるならんか。腰痛の原因も或は腎臓の病ならんか。

宋秉畯封事のこと

○午前十時後高羲敬と共に西溜ノ間に行くとき、宮中の廊下にて高より、宋秉畯か摂政殿下に書を上けんと欲し居るか、何人に出せは宜しきや、貴官（予）に問ひ呉よと云へりと云ふ。予、其事は先日既に宋より之を聞き、正式の上奏ならは内大臣を経へきものならんと云ひたるに、宋は正式のものには非すと云ひ、東宮侍従長に出しては如何と云ふに付、正式のものに非さるならは、夫れにて宜しからん。若し侍従長か取次き難しと思ふならは、其旨を通知するならんと云ひ置きたりと云ふ。高、然らは自分（高）より其旨を宋に伝ふへしと云ふ。

○午後零時後、小原（駩吉）か来り談したるとき、予より松平（慶民）か事務官を辞せんとしたることを聞きたりやと云ふ。小原、大略聞きたり。松平は総裁（徳川頼倫）にも不平あるへく、又関屋（貞三郎）に対する不平もあるへしと云ふ。予、然り。松平の云ふ所は無理もなきことなり。只、予等は大臣（牧野伸顕）も次官（関屋貞三郎）も酒巻（芳男）を信用し居るものと思ひ居りたるか、関屋か酒巻を信用せすと云ふことを聞き、是は案外のことに思ひ居れり。徳川（頼倫）も松平を嫌ひ、成るへくは之を罷め度模様あり。宗秩寮にては酒巻は洋行せしめ、山田益彦は宮附事務官と為し、松平か寮の事務を執らさるへからさることになる故、松平は自己の補助者として川田健吉を御用掛と為すことを申出したる処、関屋か之を承知せさる故、関屋の下にては執務し難しと云ひ出したる趣なり。白根（松介）は兎も角之を纏めんとし、山田（益彦）転任のことも之を止め、松平も留任せしむることになす模様なるか、松平は尚ほ前主張は撤去せすと云ひ居りたり。其後の経過は之を聞かさる旨を談す。

○糊匠の工事未た全く終はらす。今日来ることを約し居りたるも来らす。

○午後七時頃王世子邸に電話し、今日高事務官（羲敬）に明朝は予か宮内省に在る旨を告け置たるも、十時より枢密院の会議あり。十一時頃に至らされは終はらさるへきに付、其旨を高に告くることを邸員に嘱す。

六月二六日

○六月二十六日木曜。薄陰。

○午前八時頃使婢鶴をして尿の検査を坂田稔に嘱せしめ、且坂田か既に起き居るや否を問はしむ。婢帰りて、坂田未た起きす。九時頃に来り呉よ。然らされは、午後往診すへしと云ひたる旨を報す。予乃ち応接室に在る書籍を整理す。坂田、使をして既に起き〔た〕り、病を診すへき旨を報せしむ。予乃ち往きて診を求む。

腰痛未た癒へす

予、尿茶褐色を帯ひ、其量少し。腰痛稍々軽きも、未た全治せす。或は腎臓の病あるには非さるへきやと云ふ。予又時として脚部の腫るることある旨を告く。坂田、未た尿の検査を為さす。尿の茶色なるは腸のカタルを起し居る為ならん。先日来腰の病むも腸カタルの為なるへく、食物に少しく注意する方宜しからん。明日より散薬中に健胃薬を加ゆることにすへしと云ふ。家に帰りたるは八時三十分頃なり。

○午前九時三十分頃より出勤し、直に枢密院控処に行き、十時後より議場に入り、（大正十年度乃至十二年度ノ歳入歳出ノ決算ノ特例ニ関スル法律案帝国議会へ提出ノ件）を議し、直に可決し、十時四十分頃審査局に返る。

○午前十時五十分頃高羲敬来り、世子か本年八月中には二週間位の休暇を得るに付、大磯辺に妃と共に転地し度。其後は直に富士の裾野辺に演習に行く故、其不在中は妃は梨本宮の別邸に滞留しても宜し。初の二週間許夫婦にて梨本宮別邸に滞留することは不便なるに付、其間は何処か適当なる所を得度とのことなりと云ふ。予、誰の別邸も破損し居りて適当なる所なからん。徳川頼倫の大磯の別邸は如何なり居るや、宗秩寮にて問ひ合せ見たらは宜しからんと云ふ。

宋秉畯封事のこと

高又昨日話を聞きたる宋秉畯より摂政殿下に書を上くる手続は之を宋に伝へたり。宋は正式の上奏に非さる故、入江侍従長（為守）に出し見るへしと云ひ居りたり。

宋秉畯紀尾井町賜邸を見ることを望む

宋は又先日世子か紀尾井町の賜邸を視らるるとき、同行することを得さりしは、丁度其日は田健治郎に招かれ居りたる為にて、田の招は度々断り居り。其日は前より約束し居り、断はること出来さりしなり。田は自分（宋）の外に某一人を招き、舟遊を為し、舟より田の家に行き、非常に鄭重なる饗応を為したり。

宋秉畯、予と共に紀尾井町賜邸を見ることを望む

世子か紀尾〔井〕町に行かれたるときは倉富君（予）も差支ありたりとのことに付、近日中是非自分（宋）と倉富君（予）と共に賜邸を視ることにし度と云ひ居れりと云ふ。予、然らは予も宋と共に行くことにすへし。明日午後ならは四時まては差支なしと云ふ。高、然らは明日午後一時頃に自分（高）か宋と共に自動車に乗りて宮内省に来り、貴官（予）を誘ふて紀尾井町に行き、更に貴官（予）を送りて宮内省に来ることにすへしと云ふ。高、梨本宮より予に贈らるる酒肴料（七千疋）を交し、梨本宮へは自分（高）総代と為りて礼に行て来りと云ふ。

○午前十一時後、伊夫伎準一、青山操、三善焞彦、土岐政夫、根岸栄助と共に局務担当を定むることを協議す。

○午後一時四十分頃より入江貫一と共に自動車に乗り、帝室制度審議会事務所に赴く。予は黒田長成の家に過り、一昨夜の饗を謝する故、入江に其由を告け、路を枉けて黒田の家に過きり、名刺を投したり。二時より皇族歳費令案を議し、五時前（四時五十分頃）閉会し、予は一人にて自動車に乗りて家に帰る。

○午後内子は三越に行き、物を買ひたる由なり。

○晩餐後応接室の書籍を整理す。

○腰痛稍々軽くなりたるも、未た癒へす。

○午後一時後、入江貫一か帝室制度審議会の事務所に行く為来り誘ひたるとき、松平慶民か辞職すへき旨申出したる趣なると云ふ。予、其ことに付予か知り居ることを談し、入江と共に自動車にて事務所に赴くとき、入江は車中にて、酒巻芳男か宗親課長となることを望み居ると云ふことは信し難しと云ふ。

入江貫一に静岡県御料地払下の件に関する秘密書状のことを談す

予車中にて入江に、静岡県の御料林払下のことに付、林野局の某（東郷直）より静岡支局長（塩沢健）に贈りたる書状の趣意を談し、此の如きことありては困る旨を談す。入江も困ると云ひ居りたり。

六月二十七日

○六月二十七日金曜。曇。

田代巳代次来る

○午前八時頃田代巳代次〔後備役海軍中佐〕来る。予、誤て巳代次を一太郎と謂ひ、之に面して先頃来書に接したるも、答書を贈らさりし旨を語る。田代別に云ふ所なく、直に来訪したる趣意を述ふ。其云ふ所は、安広伴一郎か南満洲鉄道株式会社々長と為りたる処、自分（田代）は平素満洲に於て事を為さんと欲する志あり。而して之を為すには、南満洲鉄道会社に依らさるへからす。自分（田代）は満洲にて事を為すには張作霖〔中華民国の軍閥指導者、奉天督軍、東三省保安司令〕の歓心を得さるへからす。張の歓心を得るには張か欲する所を与へさるへからす。張は海軍を起さんと欲し、学校を設け居るも、錬習用の艦なきに苦み居り、先年日本政府に求めたることあれとも、政府より直に張に交すことを得す、三井なり岩崎なりか政府より軍艦を払下け、之を張に売渡すより外途なしと云ふことなりしか、三井等も政府の諒解なけれは之を為し難しと云ひ、終に成立せさることゝなれり。自分（田代）は海軍に居りたるときの関係にて、張作霖の部下に居る某を識り居り。某は海軍人養成を担当し居り、錬習艦を得ることを望む旨を話したることあり、平生書状の往復も致し居れり。右の次第に付、安広に面談して自分（田代）を会社の嘱託にても為し呉るることを依頼し度。左すれは自分（田代）は必す相当の効果を収むる自信あり。貴君（予）の紹介を依頼するに付、何の為に安広に面会するやを告けすしては不可なりと思ひ、予め之を語りたり。君（予）の考にて右の如きことを依頼しても無益ならんと思ふならは、之を見合はすことにすへし。会社にては現在の職員すら減する所なるに、新に採用せよと云ふことなる故、難事ならんとは思ふと云ふ。

予、安広は未た満洲にも行かす、只今は何事も引受けさる旨、先日他の人に話し居りたり。殊に張作霖云々は政府の対支問題にも関係し、重要なることなる故、只今安広へ話したりとて引受くる様のことは万々なかるへし。兎も角此際面会することは効能なからん。尤も紹介名刺なり、紹介書状ならは出すことは強ひて困ることもなけれとも、予の紹介に因り果して面会するやは期し難く、面会しても、君（田代）の依頼に応することは先つ望み難きことゝ思ふ。梅野（実）〔南満洲鉄道株式会社理事〕か南満〔洲〕鉄道会社の重役となり居り、今後勤続するや否は分らさるも、同人か勤続することに決したらは、同人より君（田代）の計画を安広に説かしむる方便ならんと云ふ。

田代、梅野には既に十分此計画は説きたることあるも、梅野は理事と為りたるのみにて、右の如きことを主張し難しと云ひ居りたり。先日川村（竹治）〔南満洲鉄道株式会社社長〕にも話したるか、川村は自分（川村）は辞職するに付、引受け難しと云ふて全く取り合はさりしなり。君（予）の考右の如きことならは、此際は見合はすことにすへしと云ふ。予、若し安広に面会して好都合のことあらは、或は話し置くことにはすへしと云ふ。話すること十分間許にして去る。予か一太郎と誤り、書状云々と云ひたるは、一太郎より本年初頃書状を贈り、有馬家のことに付申越し居りたることあり、予は其のことの為に来訪したるものと思ふて面会したるなり。

検尿の結果

○婢をして昨日尿の検査を依頼し置たる結果を坂田稔に問はしむ。坂田検査書を致す。消化不良の為、尿か混濁し居ることの外、異状なき旨を報す。

○午前九時三十分より出勤す。

○午前十時二十分頃神谷初之助来り、辞職したることに付挨拶し、三十一年間宮内省に奉職し、香川敬三の推薦にて月給十円の雇と為り、二年半を経て十一円の月給と為りたること、香川より宮内省に奉職する者は俸給の多少等を考ふへからさること、自ら辞職すへからさること等の訓戒を受けたるに付、其積りにて今日まで奉職したること、万朝新聞に自分（神谷）世渡か上手なる様に記載し居りたるも、決して上手に非す、博物館に居りて書画一つ買ひたることなし等の談を為せり。

○午前十時後宮内省より昨日当月の手当金五百円を致したる趣にて、西野英男より之を予に致す。予、西野に嘱して銀行に就き、現金を受取らしむ。

○午前十一時頃渡部信来りて、帝室制度委員の手当五百円を致す。西野英男に嘱し、銀行に就き、現金を受取らしむ。

宋秉畯、高義敬と共に紀尾井町賜邸を見る

○午後一時五分頃高義敬、宋秉畯来り誘て、共に紀尾井町の賜邸地を観んとす。予乃ち自動車に同乗して往く。

鹿児島虎雄案内す

内匠寮の鹿児島虎雄亦同乗す。内匠寮員某及警手某、鹿児島と共に案内す。邸地全部を観終り、二時三十分頃より共に宮内省に返る。

〔欄外に付記〕

予、内匠寮員に邸地平坦なる所の広を問ふ。寮員、南北約六十間、東西約五十間ならんと云ふ。宋邸地の狭きを説く。予、今日は九重の深を見されは、安そ天子の尊を知らんと云ふ時節に非す。殊に李家の邸としては不足なかるへき旨を説く。

玄関の階上にて金井四郎か将に去らんとするに会す。金井は昨日東久邇宮妃か世子邸の三島の別邸に行かれたる模様を報告する為、来りたるも、予か在らさるを以て将に去らんとしたる所なり。金井、予と共に審査局に来り、妃殿下か昨日三島の世子邸に行かれ、世子邸にて款待し、竹田宮妃殿下、北白川宮〔妃〕殿下も次て世子邸に来られ、二殿下にも世子邸より土産の煎餅等を贈り、東久邇宮妃殿下も、世子の別邸暑を避くるに適当なりと云はれ、七月中は借用せらるることに定められたり。但し邸内流水多く、彰常王の為危険なる故、其都合にては数日の滞在にて帰京せらるることもあるやも計り難しと云ふ。金井は高義敬等に先ちて去りたり。紀尾井の邸地にて、予高義敬に、東久邇宮妃殿下か昨日三島の別邸に行かれたるへきやを問ふ。高、行かれたりとて、其模様を説きたり。金井か審査局にて説きたる所と異なることなし。

堀江寡婦のこと

予又、堀江〔原文空白、ナツ〕か李鍝公邸に行きたる後の模様を問ふ。高、自分（高）にも様子分らさる故、公邸に問ひ合せたる処、堀江は公邸に勤むる積りにて、両三日経たる後、荷物を取る為自己の家に帰り、今日当りは公邸に返る予定なるやに聞き居れりと云ふ。高又堀江は浅沼〔原文空白、禎一〕の妻に対し、自分（堀江）一人にては勤め難きに付、浅沼の妻も共に勤め呉よと云ひ、妻は用事あるときは之を助くへき旨を答へ置きたりとのことなりと云ふ。

○午後三時四十分頃より歩して司法大臣官舎に行き、諮問第四号に付、第三十〔原文空白、八〕回委員会を開き、豊島直通より提出したる問題にて、前回に未決と為り居りたる名誉誹毀罪に付、事実の証明を許すや否の件は尚ほ研究を尽くして決定することにし、又豊島より提出して前回に決せさりし、他人か犯罪の計画を為し居ることを知りて之を申告せさりし者を罰する規定を設くることは、小委員会にては之を否決し、豊島より主査委員会に提出するは随意なることに決し、七時頃晩喫し、餐後牧野（英一）より提出したる緊急避難の場合及正当防衛の場合に於ける条件は必要已むへからすと云ふことを改め、相当と認むる丈けのことにて宜しきことにすることは之を可決し、又法律を知らすして犯したるものに関する規定、即ち法律を知らさるを以て犯すの意なしと為すことを得さるの主義は之を改めさるも、情状に因りては刑を減するのみならす、刑を免することまても許すことゝなすことに決し、又未遂犯に関する規定は現行法を改めす、牧野（英一）の提出したる不能犯を認めす、未遂犯として之を罰する規定は之を設けさることに決し、八時後散会し、予は電車に乗りて帰らんとしたるか、時に微雨あり。小山松吉か一ツ木町まて自動車に同乗することを勧めたる故、同乗して帰りたり。家に達したるは九時後にて、小酌したる後、浴して寝に就きたり。
○賞勲局より使をして叙勲に関する書類を致し、予の捺印を求めしめ、予か在らさるを以て二回来りたるも、尚在らさりし故書類を托し、明朝復た来ることを約して去りたる由。
○内子一ツ木郵便局に行き、朗子、逸雄の為に預金を為したる由なり。
○婢鶴不快なりと云ふ。婢敏と共に坂田稔に就き、診を求めしむ。坂田薬を投し、検尿の必要ありと云ふ。

六月二八日

○六月二十八日土曜。曇後半晴。
○午前八時頃主馬寮に電話し、今日は貴族院に行くに付、午前十時に馬車を廻はすへき旨を通知す。
○午前九時五十分頃より馬車に乗り、貴族院に行く。帝国議会開院の式に列す。枢密院より式に列したるものは、浜尾新（議長）、一木喜徳郎（副議長）、石黒忠悳、珍田捨巳、予、中村雄次郎、山川健次郎、黒田長成、平沼騏一郎、古市公威なり。十一時十分頃式終る。摂政殿下の還啓を待ち、十一時三十分頃宮内省に到り、大礼服を脱し、モーニングコートを服す。モーニングコートは馬車の中に入れて持ち来りたるものなり。
○午後一時後より審査官会議を開き、青山操の内蔵寮実況審査に因り発したる推問に対する弁明及伊夫伎準一の皇子御殿実況審査に因り発したる推問に対する弁明を議す。三時三十分頃終る。直に退省す。
○午後二時後西野英男に嘱し、明日午前八時三十分に自動車を予か家に廻はすことを主馬寮に謀らしむ。明日は故威仁親王の妃慰子殿下一年祭に当り、権舎祭に参せさるへからさるを以てなり。
○午後五時頃河窪敬直より電話にて、有馬正頼か古賀某の家より自家に帰住することに付相談会を開き度。来月二日又は四日に致し度。差支なきやと云ふ。予、両日とも差支あり。只今の処、来月七日まて総て差支ありと云ふ。河窪、然らは元田作之進其他の都合を問ひ合せたる上にて、更に相談すへしと云ふ。
○午後一時後土岐政夫より、白根松介の洋行に付送別会、市村慶三か神奈川県内務部長に転任したるに付送別会、内匠寮の技師鈴木鎮雄か洋行に付送別会を開く旨サツキ会より申来り、期日は来月七日午後六時、会場は上野精養軒、会費は約八円なる旨を申し来る。予追て諾否を決すへき旨を答ふ。
○午後内子第一銀行に行き、預金したる由なり。
○世子邸より使をして手当金二百五十円を贈らしむ。

六月二九日

○六月二十九日日曜。曇。
○午前八時二十分宮内省より自動車を遣はす。之に乗り、有栖川宮邸に到り、慰子殿下の一週年祭に参す。拝を終り、十時後より更に豊島岡の墓所祭に列し、午後零時三十分頃家に帰る。

宋秉畯来り、紀尾井町賜邸を分割したることに付不平を鳴らす

○午後一時頃宋秉畯来り談す。宋、一昨日見分したる紀尾井町の賜邸地は全部なれは都合宜しきも、五千坪余り分割し、其処に宮内次官の官舎、皇后宮大夫の官舎を建築することゝ為したる趣なるか、李王に対する賜邸は之か為不都合と為り、折角の賜邸も自分（宋）は難有思はれす。全体彼の地所を世子に賜ふへきことは伊藤公（博文）か先年約したることなるに、寺内正毅の時に至り李王に賜ふことに変更し、然かも場所も変更したる様のことにて、此節の賜邸にしても、征服せられたる国に対する様の取扱振あり、甚た不本意なりと云ふ。

李王に賜はると世子に賜はるとの別

予、伊藤公（博文）の時代には李王に賜はるへき理由なし。世子に賜はることになりたるは当然なり。韓国併合後に至り、李王に賜はることになりたるも是亦怪むに足らさるに非すやと云ふ。宋は一区画の地を割きて賜はることに為したるか第一の不平なる様に思はれたり。宋は又有吉忠一は愈々辞表を出したる由なるか、其後任は伊沢多喜男〔貴族院議員・同成会〕なる模様なり。伊沢は自分（宋）は知らさるか、誰に聞きても探偵家なりとのことなり。斎藤（実）かぼんやりして居る処に探偵政治を為してたまるものに非す。高橋（是清）〔農商務大臣、政友会総裁〕に問ひても、犬養（毅）〔逓信大臣、革新倶楽部総裁〕に問ひても、人の任用等に付ては加藤（高明）より少しも相談せす、犬養等は三派連合は直に之を破る陰謀を為し居る模様なり。野田（卯太郎）に問ひても、伊沢（多喜男）は探偵なりと云ひ居れり。依て何故に故障を云はさるやと云ひたるに、此の如き細事に付ては相談もせす、此方（野田）よりも云ふへきことに非すと云ひ居りたりと云ふ。

予、伊沢（多喜男）を政務総監と為すよりも、木内（重四郎）を採用する方可ならん。全体斎藤（実）か留任することゝなるならは、政務総監の選任は斎藤か為すか当然なるに非すやと云ふ。宋、夫れか斎藤か愚かなる所なり。斎藤は自分（斎藤）さへ留任することになれは、之を喜ひ、政務総監のこと抔は加藤任せにしたる訳なり。自分（宋）も伊沢よりも木内の方かまた宜しからんと思ふ。加藤は親族を採用することに懸念したるものなるへきも、木内は朝鮮の事情も知り居るに付、加藤か木内を採用すと云へは誰も之に反対することは出来さるならん。李完用、朴泳孝、閔丙奭、閔泳徽等より加藤（高明）に、政務総監を更ゆるならは木内（重四郎）を用ゆることを望む旨の書を贈りたる趣。是は木内か運動して右の如きことを為さしめたるものならん。自分（宋）は是にも賛成出来す。朝鮮人は既往に於て余程悪事を為し居ると見へ、尚ほ善政の沢に浴する機会を得すと云ふ。

宋秉畯、斎藤実に対し紀尾井町賜邸分割の不可を説くへきことを語る

宋は李王に対する賜邸のことに付ては、宋より斎藤（実）にも賜邸分割の不可なることを話すと云ひ居りたり。宋は又加藤内閣にて是非とも牧野（伸顕）の宮内大臣を罷めさすと云ひ居るとのことなるか、政府にて宮内省のことに関係することか出来るものなりやと云ふ。予、政府とは関係なけれとも、牧野か政治に干与し、宮中府中の別を紊りたりと云ふ様なることを論することならんかと云ふ。宋、加藤は政党内閣を組織すと云ひなから、大体貴族院の人か多数にて、官僚系の人か多し。是は平田東助の指図にて、加藤は何事も一木喜徳郎と相談して決し居る模様なり。斎藤（実）は熱心に宮内大臣たることを望み、一之を得るまては朝鮮総督にかじり附き居る積りなるへきか、一方には牧野を罷めて一木（喜徳郎）を宮内大臣と為さんとする計画ありとのことなりと云ふ。宋は心かムシヤ、、、するときはいつも予を訪ひて不平を漏らす。予の外には秘密を談する人なしと云へり。話すること一時間余、二時後に至りて辞し去る。

○午後三時後土井庸太郎の寡婦の悦子来り訪ひ、長男〔正夫〕は歯科医と為り、次男〔健二〕は法科大学を卒業し、三井銀行の職員と為り、長女〔滋子〕は裁判官某〔荒木精一郎、大審院判事〕に嫁し、次女《〔ママ〕》〔英子〕は二十歳、三女《〔ママ〕》〔広子〕は十八歳、共に高等女学校を卒業し、女子は更に裁縫学校に通学し居り。一家は麻布坂下町三十五番地（十番通）に住し居ると云ひ、長崎のカステーラ一箱を贈る。話すること二十分間許にして去る。

午前河窪敬直より電話す。家人予か在らさる旨を告く。河窪、何時頃帰るへきやを問ひ、午後一時頃まてには帰るへきも、確かに分らさる旨を告け置たる趣なり。午後三時後、予か土井悦子と談し居るとき、河窪より電話し、本月七日まては繰合せ出来難き趣は昨日聞きたるか、八日後差支なき日を聞き度と云ふ。予、会議の場所は何処にて、時刻は何時頃よりの積りなりやと云ふ。河窪、場所は橋場の有馬邸にて、時刻は午後二時後よりなれは、貴君（予）の都合にて宜し。元田作之進の都合は月曜、水曜、金曜か宜しとのことなりと云ふ。予明日より後の月曜日は如何と云ふ。河窪、其の月曜は七月七日なるか、差支あるに非すやと云ふ。予、成る程七日にては不可なり。然らは、七月九日午後三時よりのことにすへしと云ふ。河窪其積りにて他の人に交渉し見るへしと云ふ。

○午後婢鶴をして検尿を坂田稔に嘱せしめ、午後往て其結果〔を〕問はしむ。坂田、検尿の結果は代診者某をして之を報告せしむることゝし、某は既に外出し居れり、後刻往て報するならんと云ひたる趣なり。午後三時後、予か土井悦子と談し居るとき、坂田の代診某来り、内子と談し、鶴の尿には蛋白多量を混し居れり。一週間許安静に治療し見るへく、一日に牛乳二合許を飲用すへき旨を告けたる趣なり。

六月三〇日

○六月三十日月曜。曇。
○午前九時三十分より出勤す。
○午前十時後伊夫伎準一より、審査局属大滝義信〔帝室会計審査局属官〕は青山操の周旋にて採用せられたるものにて、採用後三年許に過きさるに、昨日大滝より青山に対し、既に年齢も長し居る故、後日の計も為さゝるへからす、官を罷め度旨を申出てたる由。余り勝手なることにはあれとも、之を許さゝるより致方なからんと云ふ。予、本人か辞職し度と云ふならは、勿論之を罷むるより外致方なしと云ふ。伊夫伎保険会社か何処かに入ることを得る模様なりと云ふ。
○午前十一時前高羲敬来り、世子の避暑地は大磯の別邸の番人に穿鑿方を命し置たる所、山下亀三郎の別荘は大分破損したれとも、既に修繕を急き居り、是ならは間に合ふならんと云ふ。山下は自分（高）も知り居れり。本人は古谷久綱の従兄弟なり。梨本宮の大磯の別荘の番人にも頼み置たるか、是は浅野〔長勲、旧広島藩主浅野家当主、侯爵〕の別荘の外なからんと云へりと云ふ。山下ならは、自分（高）より直接に相談出来さることなし。予、山下の大磯の別荘は先年東久邇宮にて借用せられたることあり。別荘は適当ならん。予は全体は之を借用することを好まさりしも、已むを得す之を借用せらるることに同意せり。山下等は之を機として宮邸に接近し、一種の公告と為す様のことなきに非すと云ふ。高、山下は資産は出来たるも、人物は雑輩なり。其妻〔カメ〕も下賤なるものなり。然し、致方なし。兎も角一応交渉し見るへしと云ふ。

高羲敬、宋秉畯か紀尾井町賜邸のことに付不平を唱へたることを談す

高又昨日宋秉畯来り、世子に対し紀尾井町の邸地は不健康地なり。之を用ゐられさる方宜しと云ひたる趣にて、自分（高）にも其旨を談したるか、自分（高）は長官（閔泳綺）か之を受けたるものなる故、自分（高）は今更何とも云ひ難しと云ひたるも、宋は自分（宋）は頓著せす、反対すと云ひ居りたりと云ふ。予、宋は邸地を分割したることか不平なり。全体は全部を賜はる方宜しかるへきも、予も何とも云ふ訳に行かすと云ふ。

李堈公寓所建築のこと

高又仁木義家よりの書状を示し、李堈公の寓所建築のことを内匠寮に嘱することを依頼し来りたる故、内匠寮に交渉することにすへしと云ふ。予、夫れは宜しかるへきか、李堈公の寓所と鍵公子との寓所とは別に建つる必要あるへし。先日は閔泳綺は別に建つることは出来すと云ひ、堈公は怒りて、然らは他の処に建つると云はれたりとのことなるも、他の処に建つることは容易に出来す。其後折合附き居るへきや。兎も角該処に三個

の寓所を建つる様にする必要あるへしと云ふ。高尚ほ其点に付ては交渉し見るへしと云ふ。

堀江寡婦のこと

高又李鍝公の処に雇はれたる堀江は勤め居り、浅沼の妻は適当なる家を見出し、其方に引移りたるも、時に公邸に来り居る由なり。先日鍝公の食料か少かりしことあり。堀江は自分(堀江)の調理か悪かりし為ならんとて非常に心配したるも、其原因には非さりしとのことなり。公の生母の弟金某も来り、堀江は真面目に働き居ると云ひ居りたり。自分(高)は、堀江は老人にもあり、公の寓所建築か出来、浅沼の官舎も出来くれは浅沼の妻も官舎に同居することも出来くへく、堀江か永久に世話する訳にも非さるへきに付、当分相助けて世話する様に話し置き、金も堀江の人物は立派なるものなりと云ひ居りたりと云ふ。予高に、一昨日世子邸より使をして手当を届けしめられたる趣なりと云ふ。高自分(高)も之を受けたりと云ふ。

○午後零時後食堂にて大谷正男より、本月二十八日議会開院式のとき、鹵簿の行違を生したることに付、責任の帰する所不明なる故、宮内大臣の処にて協議し度に付、食後来り呉よと云ふ。予之を諾す。一時頃官房の応接所に行き、牧野伸顕、関屋貞三郎、入江貫一、大谷正男、渡部信、鹿児島虎雄、杉栄三郎等と討議す。

公式鹵簿は一切式部職にて主管することになり居り、鹵簿の編製及ひ其進行等皆式部の所管なりと云ふに付、式部か責任を免かるることは出来す。又自動車の運転手か先導の自動車を運転するとき、貴族院の門を入らすして衆議院の門を入りたる過失は最も明瞭なり。随て運転手を監督する主馬寮職員も責任を免かるることを得す。只行啓主務官の責任は最も疑問なり。規定上には行啓に関する一切の事務を掌理すとある趣なれとも、開院式の場合には式部の所管に属することの外には何も事務なし。故に儀式又は鹵簿に関することの外、例へは直訴等の如きことありたりとすれは、其処理は主務官の所掌に帰すへきも、右の如きことなかりし上は此節のことに付ては主務官には責任なかるへしとは入江(貫一)の主張する所にて、渡部(信)は兎も角一切の事務を掌るとある以上は当然責任を受けさるへからすと云ひ、鹿児島(虎雄)と杉(栄三郎)とは行啓主務官の外責任なしと云ふ。大谷(正男)は式部にも行啓主務官にも責任ありと云ふ。予は行啓主務官か為すへき事務なかりしならは、職権なくして責任のみを受くる理由なかるへしと云ふ。牧野、大概分りたり。式部も無関係とは云ひ難からんと云ふ。牧野は式部長官(井上勝之助)か先導し居りたるも、運転手か誤て自動車を運転したる場合に車中の井上は何とも致方なきに非すや。然れは、之をして責任を負はしむることは無理ならんとの疑を懐き居りたる様なりしも、式部か一部のことを掌ること分りたる為、其辺の疑は解けたる模様なり。

○午前十一時後伊夫伎準一に、午餐後審査官会議を開くことを約し置たるも、鹵簿のことを議し居りたる為、審査局に返りたるは二時頃になりたり。夫れより鈴木重孝の内匠寮の実況審査に関する報告書に付審査官会議を開き、鈴木か転任したるに付、属官山崎幾蔵をして説明せしむ。三時五十分頃議了して閉会す。
○午前十一時頃西野英男に嘱し、明日は午前八時三十分までに華頂宮に行かさるへからさる故、八時までに自動車を遣はす様主馬寮に交渉し呉よ。又昨日抔は豊島岡より自宅に帰りたるは午後零時三十分頃にて、運転手の支度料も与へさるは気の毒に思ふ。然し、他の関係もあることに付、何も遣はし置かさりしか、他の振合は如何あるへきや。念の為問ひ合せ見呉よと云ふ。少時の後西野来り、明日の自動車のことは主馬寮にて承知せり。支度料のことは役所関係のことにて乗用せられたるときは何も与へらるるに及はす、与へられては却て宜しからす。他よりも与へらるる様のことなし。但し全く私家の用事にて車を借用せられたる様のときには、時として支度料位を与へらるることはありても宜しからんと云ひたりと云ふ。
○審査局属大滝義信辞表を出す。今朝伊夫伎準一より相談したることなり。

大正一三年七月

七月一日

○七月一日火曜。曇後晴。
○午前八時頃宮内省より自動車を遣はす。乃ち之に乗りて華頂宮邸に行き、博忠王の百日祭に参す。邸にて井上良馨〔元帥海軍大将、賞勲局議定官、子爵〕、井上勝之助、山下源太郎、財部彪〔海軍大臣〕等に遇ふ。九時後霊殿に拝し、直に宮内省に出勤す。
○午前十時後より矢島正昭の帝室林野局名古屋支局の実況審査に関する報告書に付審査官会議を開く。午前には議了せす。
○午後零時後食堂にて杉琢磨より、貴官（予）の意見を問ひ度ことあり。後刻審査局に行くへしと云ふ。一時頃、予局に返るとき、杉を誘ふ。杉来り、菊御紋章使用の取締は従来時に因りて寛厳あり。只今は内務省にて取締内規を設け居り、其施行方は幾分寛なる方針と為り居り。只今差向の問題は学校其他に賜はり居る御真影の奉安所として特設したる場所に御紋章を附くることを許可すへきや否の問題なり。此ことに付ては硬軟二個の意見あり。硬説を主張する者は御紋章は皇室より賜はりたるものゝ外、絶対に之を用ゆることを許さゝるを可とすと云ひ、軟説を主張する者は従来既に御真影の額縁等には御紋章を附くることを黙許せられ居る様の有様なる故、御真影の奉安所に御紋章を附くることを許す方か穏当なるへく、然らされは不都合なる記章を附し、却て尊厳を損する様のことあるやも計り難しと云ふと云ふ。
　予か杉と談し居るとき、川西文夫〔宮内事務官、官房秘書課書記官〕来る。杉、川西も此用件にて来りたるなり。川西は最も硬説の主張者なりと云ふ。予、予は現在以上に御紋章を用ゆることを取締まるは宜しからさらんと思ふ。例へは博覧会にて、褒状ても授けられたるものは、菓子の包紙にも店頭にも褒状の写を用ゐすに掲け居れり。其外官の建物にも御紋章を附け、郵便切手、銅貨等にも之を用ゐ、宮内省にては臣下用の馬車、自動車等にも之を用ゐ居れり。皇室を有り難しと思ふ方より見れは、御紋章の多きことは其有り難た味を減する訳もなし。御真影奉安所抔には之を許す方穏当ならん。但御真影奉安所なりとて、商人に之を許して発売せしむることは宜しからす。学校なり又は地方庁なりより願ひ出て之を許可されたる上、製作する様にする必要あるへしと云ふ。杉、関屋（貞三郎）の意見も粗々貴見（予の意見）と同様なり。貴見の趣旨は了承せりと云て去る。

○午後二時頃より矢島正昭の実況審査報告書に付審査官会議を続行す。四時に至るも未た終はらす。

○午後西野英男に嘱し、明日より午前八時三十分に馬車を廻はすことを主馬寮に交渉せしむ。

茶を賜ふ

○今日例年の通り御苑にて培養せられた茶一缶を賜ふ（賜茶のことは日記に記することを忘れ、何日なりしか分らさること〻なり、七月十四日に至り、西野英男に嘱し其月日を調へしめて、之を追記す）。

七月二日

○七月二日水曜。曇微雨。

○午前八時三十分より出勤す。

○今日は枢密院の参集日なるも、昨日午後九時頃参集休止の旨、通知し来りたるを以て、枢密院に行かす、午前九時後より昨日に次き、矢島正昭の実況審査報告書に付審査官会議を開き、午後零時十分頃議了す。

○午前十一時後金井四郎来り、侍女二人欠員あり。一人は適当なるものを見出し、之を雇ふことに決せり。今一人は之を捜かすことにすへし。高羲敬より大磯の山下亀三郎の別荘の模様を問はれたる故、之を告け置たりと云ふ。

○午後零時後食堂にて、牧野伸顕より一条実輝の病状軽からさる談を聞く。

○午前十一時後酒巻芳男来り、黒田清輝病気重体なり。同人には正妻なく、妾〔照子〕を正妻と為すことの希望あり。大臣（牧野伸顕）より相談ありたる故、宗秩寮としては聞届けらることは好ます。先例は二様になり居り、之を許す方の先例は、桂（太郎）の妻〔可那子〕は井上（馨）〔元外務大臣、元大蔵大臣、元老、侯爵、故人〕の養女と為りて結婚を認可せられ居れり。之を聞届けさる例も最近に〔原文空白〕ありとのことを告けたるに、大臣（牧野）は之を拒む旨を告け置くへしと云ひたり。其含を請ふと云ふ。予、都筑馨六の妻も妻と為すことを許さ〻りし先例なるへしと云ふ。酒巻然りと云ふて去る。

○午後零時四十分頃より馬車に乗り、青山斎場に到り、江木翼の妻〔ヒデ、江木千之の長女〕の告別式に会し、焼香し、直に自宅に過り、フロツクコートを脊広服に易へ、復た馬車に乗り、葵町の帝室制度審議会事務所に行き、皇統譜令施行規則案の特別委員会に列す。午後五時後閉会し、二上兵治、渡部信と自動車に同乗して家に帰る。

土岐政夫より静岡県御料地払下の件は既に林野局の調査を終り即

決すへき模様なることを告く

○午前九時頃土岐政夫より静岡県に在る御料林を同県に払下くることは既に帝室林野局の調査を終り、只今内蔵頭に合議に来り居り、内蔵頭か同意すれは愈々大臣の決裁を請ふことの順序と為る都合なり。内蔵頭は参事官たりしとき、公共の為の払下なりとて一切二割を減することと為すは不可なり。其場所と事情とに因り割引をすると否とを定むることにするを可とすとの意見なりし由なるか、其規定の成らさる前に参事官を罷め、之を後任大谷正男に引継きたりとのことなり。帝室林野局にては静岡県の払下は入江（貫一）も同意なりと云ひ居るに付、入江に問ひ見たる処、同人か実地を見たるとき、附近の評価と比較し、御料地の評価は格別低廉なりとは見ゑさる故、其ことを話し置たりとのことなりと云ふ。

予、先日一と通り予より入江に事情を話し置たり。已むを得されは、先日君（土岐）か写し来りたる秘密書状も持ち出して大臣にも話す積りなれとも、之を持ち出せは種々の不都合も生するに付、成るへくは之を出さゝる積りなるも、場合に因りては致方なしと思ひ居る旨を話し、土岐は青山（操）の昨年の実況審査復命書の中、該御料地払下に関する部分を見たりやと云ふ。土岐之を見たりと云ふ。

○午後七時後宮内省官房より電話にて、松方（正義）は今日午後七時十五分、全く危篤に陥ゐりたる旨を報す。時に予は正に浴し居りたり。予は明朝松方の病を訪ふ積りにて、午前七時に人力車を命し置たるか、之を訪ふに及はすして死したるなり。少時の後（午後七時後）酒巻芳男より電話にて、松方（正義）危篤に付、特旨叙位（従一位）のこと内閣より上奏し、今夜発表せらるることになるへしと云ふ。婢敏之を聞きたるも諒解せす、内子之を聞きたり。予か尚ほ浴し居りしを以てなり。

下血

○今朝肛門より出血し、夜復た少しく出血す。

七月三日

○七月三日木曜。曇。

○午前七時より人力車に乗り、三田の松方（正義）の家に行き、其死を弔し、早朝なる為なるか、誰も来り居らす、将命の者、予の名刺を受けたるのみ。予も弔意を告けたるのみにて直に去り、遂に桜田本郷町靴店内田屋に過り、赤靴を買ひ、去月二十六日に修繕を命し置たる深靴一足を取り、礼服靴は修繕未た成らすと云ふに付、之を催促し、白赤の塗靴料を買ふて帰る。時に八時二十五分頃なり。

○午前八時三十分より出勤す。

○昨日秘書課より大滝義信の増俸及免官の辞令書を致したる由にて、今朝西野英男より之を予に交し、大滝を呼出し置たりと云ふに付、辞令書を大滝に付す。

○午前十時頃西野英男来り、先日有栖川宮慰子殿下一週年祭、華頂宮博忠王殿下百日祭のとき供したる鏡餅代各十円なる旨を申来る。乃ち之を償ふ。

○午前十時三十分頃酒巻芳男来り、東伏見宮邸宅処分案を持ち来り、予に捺印を求む。是は先日、協議会にて決したるものなり。又有栖川宮慰子殿下の遺志に依り、宝石入りの装身具を其の孫喜久子〔徳川喜久子、公爵徳川慶久二女、後の高松宮宣仁親王妃〕に与ふる品目書を示し、予の捺印を求む。之は宮附事務官武田尚か慰子殿下より聞き居りたることにて、其通り取計ふとのことなりと云ふ。酒巻又松方（正義）の薨去に付、其子幸次郎に男爵を授けらるるならんとの説ある趣にて、新聞記者より自分（酒巻）等に問ひ居れとも、先頃松方か（興津）にて危篤と為りしとき、総裁（徳川頼倫）よりは授爵なき方適当なるへき旨を大臣（牧野伸顕）にも話し居れり。大山（巌〔元帥陸軍大将、元内大臣、元老、公爵、故人〕）にも井上（馨）にも其例なく、伊藤（博文）と山県（有朋）と松方とは少しく事情異なる様なり。又国葬は如何なるへきやと云ふ。予、桂公（太郎）のときも国葬ならさりし故、議論はあるへきか、主張する人もあるならんと云ふ。

○午前十時三十分頃寺本某来り、今日は午後一時四十分に自動車を玄関に廻はし、入江（貫一）と貴官（予）と同乗して帝室制度審議会に行かるることに為し置けりと云ふ。

○午前十一時頃高羲敬来り、世子邸にて晩餐を催ふすことに付、昨日牧野（伸顕）を訪ひ、差支なき日を問ひたる処、十日ならは差支なしとのことに付、其日に決する積りなり。招待人員は宮内省は部局長官、官房課長、宗秩寮高等官、朝鮮総督、政務総監、〔原文空白〕、侍従次長、式部次長、陸軍大臣、次官〔津野一輔〕、第一師団長〔石光真臣〕等と為す積りなりと云ふ。予、夫にて宜しからん。宋秉畯は如何と云ふ。高、宋は加へても宜し。但し宋は之を遠〔け〕ても宜しからす、又之を近くることも困ることありと云ふ。東京に在る朝鮮人は他になき故、世子に申上けて宋を加ゆることにすへしと云ふ。高又今朝山下亀三郎を訪ひ、別荘を借ることを相談したる処、山下は華族の某に別荘を使用することを勧め置たる故、其方に相談したる上、明朝までに山下か世子邸に来りて返答すへしと云へり。古谷久綱の寡婦は山下の邸内に住し居るに付、之にも面会し来れり。寡婦には先日も逢ひ、山下の別荘のことも話し置たることありと云ふ。予華族は何人なるへきやと云ふ。高、多分田中義一ならんと思ふ。田中は毎年山下の処に行き、先頃山下所有の邸宅を宮内省に売附けて李王邸と為さんとしたるときも、田中、児玉秀雄等か関係し居りたりと云ふ。

堀江寡婦のこと

高又昨日浅沼禎一か来り、堀江は無事に勤め居り、鍝公も浅沼の妻に対する様に我儘も云はれす、行儀も宜しくなりたり。浅沼の娘は嫁に遣はさんと思ひ居りたる処、心臓病にて一年間位は静養を要することになり、堀江か来りたる故、娘の世話も出来ることになり、好都合なりと云ひ居りたり。仁木義家より書状を贈り、堀江か勤むることになりたるならは、自分（高）に相談して給金を定め呉よと云ひ来りたる由。何程位にて宜しかるへきや。三十五円か四十円位にては如何と云ふ。予、三十五円位にて宜しからんと云ふ。高又鍝公の邸宅設計図は、内匠寮の人は先の設計図は感心せすと云ひ居る由にて、内匠寮の人に托するならは、全部設計を改むる様のことになるへしとの談を為せり。此ことに関する高の談の趣意は予は之を確かむる積りもなかりしか、其趣意明瞭ならす。

○午後一時四十分頃より入江貫一と自動車に同乗して帝室制度審議会事務所に赴く。然るに入江は貴族院に過り、加藤高明に面会すへきことありと云ふに付、自動車を貴族院に廻はし、入江をして下車せしめ、予は直に審議会事務所に行き、更に自動車を貴族院に遣はし、入江の用に供す。二時後より皇族歳費令案に付特別委員会を開く。入江は終に来らす。関屋貞三郎も午後四時頃委員会を閉ちたる後に来りたり。来り会したる者は、岡野敬次郎、馬場鍈一、大谷正男、杉栄三郎、渡部信、栗原広太、寺本某なり。委員会を終りたるも、宮内省の自動車来らす、渡部（信）、帝室林野局の自動車をして予を送らしむ。

○李鍝公附李王職属浅沼禎一来り、公の意を以て夏袴の地一反を贈る。予か先日（五月中旬）公の為に堀江三尚の寡婦を雇入るることを周旋したる労に酬ひたるものなる様なり。

出血止む

○出血止む。

電話番号の変更

○電話局より本月六日以後、予の電話を青山六千八十二番となす旨を通知し来る。

七月四日

○七月四日金曜。曇。

○午前七時後地震ふ。稍強し。

○午前八時三十分より出勤す。

○午前十時頃金井四郎来り、妃殿下は本月十七日より三島の世子邸の別荘に行かるる予定なり。三島滞在中にも沼津に行きて海水浴をなさる都合なるか、更衣等は沼津御用邸の附属邸三個あるものゝ中、西附属邸になさることにすへし。昨日仙石政敬、宮よりの賜はり物の礼の為に来り、稔彦王殿下のことは監督（予）は何と考へ居るへきや、何とか工夫し居るへきや、自分（仙石）か大臣（牧野伸顕）に話したるときには大臣（牧野）も誰そ人を仏国に遣はす積りには致し居るも、倉富（予）を遣る積には非すと云ひ居りたりとの談を為し、自分（金井）は其ことに付ては何ことも聞き居らすと云ひ置きたりと云ふ。予、予は殿下か帰らるることを望むことは望め居れとも、殿下をして帰らしむる責任は有し居らす。殊に予、監督事務を取扱ふは殿下の帰朝まてとのことにて、殿下の帰朝は予の責任に非す。此ことは大臣（牧野）か処置すへきことなり。全体は殿下の処置か筋道さへ立ては予は殿下の方針か悪しとは思はす。先日も大臣（牧野）に対し、殿下か真実軍人たることを嫌はるるならは、帰朝〔後〕軍職を退かるることも出来さることはなかるへく、又是非再遊を望まるるならは、是も一旦帰朝の上、更に勅許を願はるることも宜しからんと云ひたるに、大臣（牧野）も、誰か仏国に行くにしても、其位の条件は話す丈けのことはなくしては済まさるへしと云ひ居りたり。

又宗秩寮の近状を談し、酒巻（芳男）と仙石（政敬）とは近来極めて懇意にて、此二人か関屋（貞三郎）の顧問と為り居り、酒巻と松平（慶民）との間は善からす、東宮妃殿下の御費用として久邇宮に賜はることを久邇宮にて望まれたる金額か其例減せられたりとて（一万円位なりしか、金額は金井も言明せす）、其の後智子女王の結婚費を賜はるとき、酒巻か先の減したる分を加へて下賜の案を起したるに、松平か此の如きごまかしをすることは宜しからすとて、之に反対したりとのことなり。予夫れは酒巻の処置か不可なりと云ふ。

金井又小原（駩吉）のことは池田（邦助）も閉口し、小原には困ると云ふ位にて、小原に対する敵多しと云ふ。予、小原には殆んと同情するものなし。山崎（四男六）も伊藤（博邦）も上野（季三郎）も仙石（政敬）も皆小原に反対する人なりと云ふ。金井、仙石は幾度も小原のことを大臣（牧野）に告け、大臣（牧野）より左様なる人を用ゐ居りたるは悪かりしと云ひたる趣なり。小原も仙石の為に罷められたりと云ひ居りたりと云ふ。予、小原と仙石とは貴族院に居りたるときより仲悪かりし趣なり。仙石は只今得意の時代なるへきに、何の為に宗秩寮のことに手を出すへきや、矢張り宮内省御用掛と為り居る故、宗秩寮のことを勝手にする希望あるへきやと云ふ。金井、皇族附職員の間にては、酒巻は余り上手ものなりとて評判宜しからす、松平の方同情者多し。只今の処にては山田（益彦）か一番評判宜しと云ふ。

○午前十時後高義敬来り、十日の晩餐のことは決定し、既に案内状を出すことゝなせり。山下亀三郎は今朝来訪し、大磯の別荘を貸すことを約束し置たる人の方は之を断はり来りたるに付、世子邸にて使用せられ度。先年は渓水を引き居りたるも、昨年の震災にて破損したるに付、今は井を掘り、電力にて上水することゝ為し居りと云ひ居りたり。右の次第にて避暑の場所丈は決したり。世子か大磯に行かるる前、一たひ山下を引見せらるる方、宜しからんと思ふ。山下の住居は広大ならさる故、其旨を話したる処、貧時を忘れては宜しからさる故、小屋に住し居ると云ひ居りたりとの談を為せり。

○午前本多猶一郎（本多なりしか確に記臆せす）、新任皇宮警察長加賀谷朝蔵（皇宮警察長・皇宮警察部長）を伴ひ来る。加賀谷は岩手県に奉職し居りたりと云ふ。加賀谷は着任の為挨拶に来りたるなり。

○午前十一時頃伊夫伎準一来り、大滝義信か辞職したるに付、後任補欠の必要あり。只今内閣に居る（原文空白、河井益夫）なるもの、酒巻芳男の知人にて、酒巻の周旋にて学習院に入るる積りにて、内閣の方には既に其代人を採用したる処、学習院の方には他に院長（福原鐐二郎）か採用せんと欲する人あり、行違ひと為り、困り居る趣にて、白根（松介）より審査局に採用することを依頼し来れりとて、其履歴書を示す。予之を一見し、大概可なるへし。一応本人に逢ひ見呉よと云ふ。伊夫伎承知の旨を答へて去る。午後零時後伊夫伎来り、只今本人を呼ひて面会せり。敏捷なる性質には非さる様なれとも、悪しきことはなからんと思ふ。貴官（予）も一応会見せらるるやと云ふ。予其必要なき旨を告け、白根（松介）に之を採用すへきことを告くへき旨を談す。

○午後一時四十分頃より大谷正男と自動車に同乗して、臨時御歴代史実考査委員会事務所に行く。二時後より（神功皇后は皇代に列せらるへからすとする）理由書案に付委員総会を開く。原案は平沼騏一郎、三上参次、黒板勝美か草したるものなり。二上兵治、三浦、三浦周行〔京都帝国大学文学部教授〕、其他三、四人意見を述ふ。三浦、原案は日本書紀に基き皇代に列すへからすと決する旨を記し居るも、皇后を天皇の如く記載したる所は一も之に対し説明を加へす、単に摂政元年と為す文字のみを論拠とするは尽くさゝる旨を論す。予、古代のことは始末の合はさることあり。然し、始末合はすとて強ひて之を合はすことは出来す。始末合はされは、合はさる所にて何れにか決するより致方なしと云ふ。予は三浦周行に対して云ひたるに非す、三浦の前に辻〔善之助、東京帝国大学文学部教授〕とか云ふ人か日本書紀の書き方は甚た困る。然し、試みに始末を合はせ見んと思ふと云ふて、書紀は其時代の考にて書きたるものなり。今日の考にては論し難しと云ひたるに対して云ひたることなりしか、三浦は予の言を聞き、自分（三浦）は無理に始末を合はすに非す。日本書紀の文にて立派に説を立つるものなり。無理に始末を合はすと云ふは失言なるへしと云ふ。辻某か三浦の言に対し、日本書紀の文は今日の考にては首肯し難しと云ふ。予は強ひて争はさりしも、三浦か発言したる後、他の論争を経たるか、杉栄三郎は理由書には何事も記せす、単に書紀に摂政とある故、天皇の位に即きたるものと認めすと云ふことに止め、其他のことは会議の議事録にて見ることにし度と云ふ。予、其不可なるを論し、岡野敬次郎も伊東巳代治も二上兵治も杉の説の不可なることを述ふ。予、応神天皇〔第一五代天皇〕を胎中天皇と云ひ、一方には之を皇太子と為すと云ふ。天皇と太子とは両立せさることにて、始末合はさるなりと云ふ。辻どうしても始末合はすと云ふ。結局、平沼、三上、黒板にて理由書を改作したる上、更に会議を開くことになり、五時後に閉会す。予は二上、黒板と自動車に同乗して帰る。

高松宮より銀花瓶を賜ふ

○午前十一時後、高松宮邸より使をして変体菊紋章附銀花瓶一個を贈らしめらる。使の口上書は左の如し。（御紋章附銀花瓶一個　右　有栖川宮紀念トシテ被為贈候事　大正十三年七月高松宮使）。

名古屋支局にて御料林立木と村有地と交換したる件

○午後二時前、帝室林野局（即ち臨時御歴代史実考査委員会事務所）にて青山操より、名古屋支局にて御料林立木と某村有山地と交換したることに付昨日審査官会議を開かれ、討議したるか、該件に関する記録あり、一覧せらるる方宜しからんと思ふ。明日は宮内省に出勤せらるるやと云ふ。予出勤する旨を答ふ。青山然らは明日之を示すことにすへしと云ふ。青山は実況審査の為、林野局に来り居りたるなり。

七月五日

○七月五日土曜。晴暑。

○午前八時三十分より出勤す。
○途を枉けて皇子御殿に過り、帳簿に署名して、昨日高松宮殿下より銀花瓶を賜はりたることを奉謝し、自宅に過り、フロックコートをモーニンクコートに更へて出勤す。
○午前九時前西野英男に嘱し、今日は午後零時三十分頃より牛込横寺町（二十九番地）の李鍝公邸に行き、夫れより直に司法大臣官舎に行かさるへからす。主馬寮に交渉して自動車を借り呉よと云ふ。西野之を諾し、少時の後主馬寮にて承知したる旨を伝ふ。

名古屋支局にて御料林立木と村有地と交換したる件

○午前九時後より審査官と共に名古屋支局管内に於ける御料地の図と林野局にて交換したる某村有地の図面を観る。林野局にては、世伝御料と決定し居りたる御料地の一部を民有地なる疑ありとし、其部分を御料地として保存する為、御料林の立木十八万円に相当するものを交付したるものにして、実質に於ては世伝御料を有償にて買ひ受けたることゝなり、世伝御料を御料に非すと為すには之を解除する手続として皇室経済会議及枢密院の議を経さるへからす。然るに本件に付ては何等の手続も為し居らさる故、其点に付推問を発することに決し、予は成るへく厳しく推問する様、青山に談し置きたり。

東伏見宮邸建築の手続のこと

○午前十時後東久世秀雄来り、東伏見宮の殿邸は先日の協議て常盤松の御料地に宮内省にて建築し、東伏見宮妃殿下か御住居なさることに決し居り、其趣旨にて宗秩寮にて立案し、宮内大臣（牧野伸顕）に提出したる処、大臣（牧野）より自分（東久世）を呼ひ、宮にて建築すると宮内省にて建築するとの便否を問はれ、自分（東久世）より宮内省にて建築すれは五十万円の二割位は高くなる旨を答へたる処、大臣（牧野）は夫れは愚なることとなり。夫れよりも初の協議の通り、五十万円を宮に賜ひ、宮にて建築せらるることにせよとのことなり。入江（貫一）は幾分高くなりても宮内省にて建築する方か宜しと思へとも、大臣（牧野）か強ひて云ふならは夫れにても宜しからんと云ひたりと云ふ。

予、五十万円を賜ひ、宮にて建築することになれは、其建物は純然たる宮の所有にて、他日宮内省のものと為すことは出来さるに非すやと云ふ。東久世、其ことに付ては妃殿下より殿下百歳の後は其建物は宮内省の所有に帰する旨の証書を作り置かるる様に為し置くへしとのことなりと云ふ。予、全体夫れは無理なることとなり。然し、妃殿下か承知せらるれは差支なかるへきか、宮にて使用せらるる間はどこまても宮の所有なる故、其修繕費其他一切宮にて負担せられさるへからす。是等のことも差支なきや。全体宮にて建築せらるるとしても、矢張り宮附職員か担当することとなり。宮内省にて建築、当然二割位高くなると決するか分からさることとなり。仮りに幾分の不便はありとしても、予は矢張宮内省にて担当する方か宜しと思ふ旨を述ふ。東久世、貴見の趣は大臣（牧野）に話すことにすへしと云ふて去る。
○午前十一時後、村上恭一より朝鮮総督府刑務所長の懲戒に関する書類を送り、捺印を求む。之に捺印して返す。
○午前十一時後伊夫伎準一来り、大滝義信辞職後の補欠に付ては既に協議し置たるか、先日白根（松介）より話したる関屋（貞三郎）の知人某のことを関屋より更に申出し、白根は正面之を拒絶することは困るに付、審査局にて二人の候補者中にて取捨し呉よと云へり。自分（伊夫伎）は審査局にて取捨することは困る。審査局にては関屋の推薦の人は先日既に断り置たる故、此節は其人のことは全く問題にせす、全く新なる人を上申することにし度旨を話し置たりと云ふ。予、夫れにて宜し。関屋の推薦し居る人のことは頓著するに及はすと云ふ。少時の後伊夫伎復た来り、関屋より白根に話したるは今朝のことなる故、其の話の前、即ち昨日附にて内申書を出し置くことにす〔へ〕し。是は余り姑息の様なれとも、其ことに取計ひ置くへしと云ふ。予夫れにて差支なき旨を答ふ。

東伏見宮邸建築のこと

○午前十一時後徳川頼倫来り、東伏見宮の殿邸は五十万円を賜はり、宮にて建築せらるることに変更することゝなる趣なるか、之を聞きたりやと云ふ。予、先刻東久世（秀雄）来り、其旨を話したる故、予は予の意見を述へ、東久世は予の意見を大臣（牧野）に話すへしと云ふて去りたるまてにて、愈々変更することになりたるやは知らす。宮の所有の建物となれは、修繕費等は総て宮の負担とならさるへからさる旨をも告け置きたるか、夫れ等のことは如何する積りなるへきやと云ふ。徳川、関屋（貞三郎）は夫れ等の費用は時々賜はることにしても差支なしと云ひたる趣なるか、当局者か替はれは考へも変はるに付、証書ても作り置かされは、他日面倒なるへし。若し五十万円にて建築を宮に任かすこととなれは、現在の建物の補償として二十万円を賜はることゝなり居る金額か不足なる様なりと云ふ。予、予は小利害はあるへきも、矢張り当初の通り宮内省にて建築を担当する方可なる様に思ふと云ふ。

李鍝公を訪ふ

○午後零時三十分より自動〔車〕に乗り、牛込横寺町李鍝公の仮寓を訪ひ、公か一昨日予に袴地を贈りたるを謝す。浅沼禎一に面し、其旨を伝ふ。浅沼、公は只今食事中なる故、暫く待ち呉よと云ふ。一時後公来り、面す。次て堀江〔原文空白、ナツ〕も亦来りて面す。公、浅沼、堀江と暫話して去り、小原駐吉を訪はんとす。時既に一時十分頃なり。公の寓所の前より西に行くこと一町許、小原の家の番号を得す。乃ち返りて之を捜かす。得す。之を問ふ。是より西一町余の所なるへしと云ふのみにて確かならす。二時よりは司法大臣官舎の委員会あるに付、小原を訪ふことを止めて牛込神楽町の通りに出て、待たせ置たる自動車に乗り、直に司法大臣官舎に到る。時に一時四十分頃なり。
李鍝公の仮寓の在る所は途狭くして自動車を容れす。故に神楽町の通に待たせ置たるなり。二時後より諮問第四号の小委員会を開き、委員より提出し居る意見にて是までの決議に包含し居るものと然らさるものとを区別し、五時五十分頃閉会す。予は五時頃馬車を司法大臣官舎に廻はすへき旨命し置たる故、四十分間許空しく待たしめたり。家に帰りたるは六時頃なり。

○午後内子をして電話にて、菓子店虎屋に松方正義に贈る菓子を注文せしむ。

七月六日

○七月六日日曜。晴暑。午前七時後理髪。午後二時頃華氏八十九度九分許に達す。
○午前応接室に在る雑誌を整理す。
○午後書を鈎、隆に贈る。
○午後三時三十分より人力車に乗り、松方正義の家に到り、霊に拝せんとす。今日は柩を正寝に移す為、礼服を断はると云ふ。平山成信と暫話して帰る。山田益彦、既に移柩に著手し居るや否を見、未た著手せさるならは、予をして礼拝せしめんとしたるも、既に著手し居りたる趣にて、其旨を予に報したり。予か去らんとするとき、井上勝之助夫妻も来りたり。是も移柩のことを知らすして来りたるものならん。帰途、桜田本郷町の靴店内田に過り、去月二十六日に修繕を命し置たる礼服靴の修繕未た成らさるやを問ふ。店員、明日は必らす之を届くへき旨を答ふ。
○午後四時前宋秉畯来りたるも、予か在らさるを以て空しく去りたる趣なり。

腰痛未た全癒せす

○腰痛未た全く癒へす。
○午後五時後内子電話にて菓子舗虎屋に、松方正義に贈る菓子は今日午後三時後に出来るとのことなりしか、未た出来さるやと云〔ふ〕。予〔ママ〕、店員既に出来し、直に松方家に届けたりと云ふ。内子名札等は如何したりやと云ふ。店員総て不都合なく取計ひ置たりと云ひたる由なり。

七月七日

○七月七日月曜。晴益暑。
○午前八時三十分より出勤す。
○午前十時頃高羲敬来り、世子殿下は昨日梨本宮に行かれたり。多分山下亀三郎の別荘を借りたることを話さるる為なりしならん。殿下は山下の別荘は海岸に非さる故、滄浪閣の跡に張る為、テントを買ひ入れよと云はれ居れり。是は宮内省より借り入れたらは宜しからんと思ふ。下岡忠治〔朝鮮総督府政務総監〕は政務総監と為りたる即日、朝鮮総督の秘書官（守屋ならんか確かならす）と共に来り、世子は未た聯隊より帰られさるときなりしを以て帰邸を待ち、世子殿下、妃殿下に拝謁せり。有吉（忠一）は昨日電話にて、昨日午後夫婦〔久栄〕にて来邸する旨を申来り居れり。水野錬太郎か政務総監を罷めたるときは李王職と共同にて螺鈿の箱を賜はりたり。此節も李王職に依頼することにすへし。新任者には此前は鰹節を賜はりたり（李王職と共同）。此節も同様にすへし。近日中自分（高）か一応大磯に行き、山下（亀三郎）の別荘の模様を見ることにすへし。世子は昨日は新宿御苑に行かれ、赤星鉄馬も来り、七時頃帰られたり。世子は近日中新宿御苑にて食事を為し、顧問（予）、西園寺（八郎）、小原駩吉等を招くへく、小原を呼ひては宜しからすと云ふ話もあれとも、頓著するに及はすと云ひ居らる。

昨日殿下か新宿御苑に行かれたるとき、東郷彪も来り居り、御苑のゴルフ会には東宮妃殿下幷に賀陽宮妃殿下よりもカツプを下さることになり居るに付、世子妃殿下よりもカツプを下さることになり度旨を桜井御用取扱に話し、其ことが世子殿下の耳に入り、殿下より自分（高）に対し、カツプを贈ることにしたらは宜しからんとの話あり。自分（高）は尚ほ他の振合を問ひ合せたる上のことにすへき旨申上け置たり。如何すへきやと云ふ。予、右様のことは面白くなきことなり。世子の出先にて右様のことを申くるは宜しからす。直接に世子に申上けたるに非す、桜井まて話したることなりしとするも、此の如きことは矢張り表に話すへきことなりと云ふ。高、尚ほ西園寺（八郎）にても問ひ合せ見るへしと云ふ。予本月十日の晩餐には宋秉畯を召はるることになりたりやと云ふ。高、世子殿下に申上け、召はるることになりたり。

紀尾井町賜邸と宋秉畯との関係

宋は紀尾井町の賜邸のことに付不平を唱へ、関屋のことを謗り居る故、宮内大臣（牧野伸顕）抔か来りたるとき、右の如きことを云ふては困ると云ひたるに、其時は決して云はすと云ふに付、案内状を出したりと云ふ。

○午前十時三十分頃金井四郎来り、近日中一応日光に行き、御用邸の模様を見来るへしと云ふ。予、夫れは宜しからん。今年は東久邇宮の外、殿〔下〕方も日光御用邸には御出なき模様なりと云ふ。金井、然り。内匠頭より東久邇宮妃殿下か日光御用邸を使用せらるることの伺書を出したる処、大臣（牧野）より日光御用邸は竹田宮妃殿下か御使用なさるには非すやと云ひたる由にて、大臣（牧野）は、竹田宮妃殿下は今年は何処に御出なさるやと問ひ、東久世（秀雄）より軽井沢に御出なさることを申上け、夫れならは宜しと云ひたる趣なり。

金井又白根（松介）か御殿に来りたる故、稔彦王殿下のことに付何か特命を受け居らさるやと云ひたるに、何も受け居らす、実は何か命せられはせさるかと恐れ居る所なりと云ひ居りたり。大体のことは白根に話置く方宜しくはなかるへきやと云ふ。予、夫れは話し置く方宜しからん。何人にも話す訳には行かされとも、白根は秘書課長なり。最早大概のことは聞き居るならんと云ふ。

予、今日は松方（正義）の薨去のことに付、皇族附職員会議を開きたりとのことなるか、如何決したりやと云ふ。金井、榊一対宛と鏡餅を供へらるることなりと云ふ。予、御自拝の方ありやと云ふ。金井、閑院宮殿下、久邇宮殿下は御自拝なるへく、賀陽宮も御自拝なるやも計り難しと云ふ。予、皇族方か必す御避暑、御避寒なされされは済まさる様のことになりたるは宜しからす。御老人か御幼年の方ならは兎も角、壮年の方も必す御出掛けなさる様になり居れりと云ふ。金井、此く云はれては困る。今年は家族も避暑せしめさる積りなりしか、バラツクの東京は暑そうなりとて、妻より避暑の説を持ち出し居れりと云ふ。

○午後零時後食堂にて酒巻芳男より、黒田清輝相続人のことに付相談致し度ことあるに付、一時頃より次官（関屋貞三郎）の室に来り呉よと云ふ。予之を諾す。一時頃往く。徳川頼倫、酒巻芳男、関屋貞三郎、大谷正男、松平慶民にて協議す。

関屋貞三郎紀尾井町賜邸のことに付宋秉畯か不平を唱へ居ることを伝聞したることを談す

関屋、黒田の問題を議する前に、実は予の室に行きて談を聴かんと思ひ居りたる所なり。紀尾井町にて李王に邸を賜ふことになり居る処、宋秉畯は直接に自分（関屋）に不平を云ひたる訳には非されとも、一個の邸を全部賜はらす、一部分を分割したるは不可なり。該邸地に建物ありたるを、之を取除きて賜はるは不可なり。水源を除きたるは不可なり抔と云ひ居る由。又李堈公か常盤松に於ける李勇吉、鍝公に対する貸地を見に行かれたるときの案内か四、五分間後れたりとて怒り居られたりとのことなるか、宋の処には堈公よりの書状達する由。或は堈公の書状にて宋か右の如きことを云ひ居るやも計り難しと云ふ。

右に関する予の談　李堈公不平のこと

予、予も話を聞き居ることあり。李堈公は紀尾井町賜邸を公に示さゝりしことも不快に思ひ、自分（公）には関係なきも、宗家に賜はるものなれは、自分（公）にも見せても宜しくはなきやと云ひ居りたる由。又常盤松の方に行きたるときは、誰も来り居らす、後より李完用、閔泳綺抔か来りたるとき、東久世（秀雄）は主として李完用等にのみ説明を為し、公は何の為に来りたりやと云ふ様なる模様なりし為、公は不快に思ひたりとのことなり。又公は常盤松の地所に公子及李鍝公の寓所のみならす、公の寓所も別に作り度と云はれたるに、閔泳綺は左様なることは出来すと云ひたる為、公は怒りて、夫れならは宜しと云はれたりとのことなり。公は父子一所に居る様のことは出来す、閔か其辺のことを察して程よく云ひたらは宜しかりしなるへきに、一言の下に之を拒絶したる趣なり。又紀尾井町の方は予も宋と同時に見に行きたるか、平地の広は五十間、六十間位なる旨技師より説明し、三千坪位とすれは、鳥居坂の邸より狭き位との感を起したる模様にて、稍々不快に思ひたる様なりと云ふ。

有吉忠一の意見

関屋、先刻有吉（忠一）か来りたるに付、李王の方の模様を問ひ見たるに、李王は喜ひ居り、閔泳綺も同様にて、朝鮮の方は何等の懸念なしと云ひ居りたりと云ふ。

宮内次官官舎のこと

予、宋は残地には宮内次官と皇后宮大夫の官舎を作るとのことなる旨も話し居りたりと云ふ。

関屋貞三郎官舎を主張せす

関屋、自然は左様なることになることもあるへし。然し其の為に折角賜はりたる地所に付不快なる感を起す様のことありては面白からさる故、官舎の方は当分手を著けす、世子邸の方に十分に計画し、尚ほ残地ありと云ふことになりたる上、之を使用する様のことにする方宜しからんと云ふ。

李王に賜はると世子に賜はるとの別

予、宋は初、伊藤公（博文）は世子に地を賜はることを談すとて、李王に賜はる訳には非さりしなり。李王に賜はることに為したるは寺内（正毅）なりと云ふに付、予は夫れは当然なり。韓国併合前に李王に邸を賜はる訳なしと云ひ置たりと云ふ。関屋他の水源地のこと抔は如何様にても為ると云ふ。

世子の疑

予、其ことは最初世子か地図を見て池を仕切るは如何と云はれ、高か兎も角実地を見たる上のことに非されは分らすと云ひ置たりとのことなり。古建築物の取除きに付ては、予は少しも聞きたることなしと云ふ。

関屋貞三郎境界を軽視す　宋秉畯北海道地所払下のこと

関屋、宋は原内閣時代に北海道にて官有地の払下を受けたることあり。然るに其地か袋地と為り、御料地の一部を得れは非常に便利と為るとて、其希望を有し居れり。自分（関屋）は総督（斎藤実）の意見を問ひたる処、成るへくは之に下渡し呉よとのことに付、林野局長官にも其談を為し居る所なり。

宋秉畯北海道地所払下のことを拋棄す

然るに宋は紀尾井町のことより、仮令北海道の御料地のことは出来さることゝなりても頓著せすと云ひ居る趣なりとの談を為せり。

夫れより酒巻（芳男）は黒田清輝には男子なく、異母弟〔黒田清秀、歌人〕あるも、之を以て相談人と為すことを好ます、姉〔千賀〕の嫁し居る家に姉の孫〔文紀〕あり、之を指定相談人と為さんとしたるも、孫は二歳にて、意思能力なし。姉の嫁したる夫〔橋口文蔵〕は分家し居りたるも、其孫を他家の養子と為〔し〕、既に分家を廃家し、本家の家族と為り居る趣なり。親族入籍するには矢張り年齢の関係にて出来す。依て一旦華族の養子と為り、華族籍に入りたる上、黒田家の養子と為して相続人と為し度とのことにて、養子と為さんとする家は近藤廉平〔元日本郵船会社社長、男爵、故人〕の跡某〔滋弥、実業家、男爵〕（予、其名を忘れたり）の弟〔廉治〕、即ち華族近藤某の家族たる某の養子と為し、然る後、之を黒田家の養子と為さんとする訳なり。従来の取扱振は華族の待遇を受け、学習院に入る為養子と為る様のものは、之を認可せさりしこと一、二件あるも、宮内省の方針と云ふ程決し居るものに非すと云ふ。

予、他の意見如何は知らされとも、予は之を許して宜しと思ふ。成る程華族令に、家族ならは如何なる処より養子を為しても妨けなきことゝなり、一旦華族籍に入りたる上は有爵者の相続人と為りても宜しきことゝなり居るは規定の不備なるには相違なく、又其不備に乗して相続人を作らんとするはもぐりには相違なきも、本件は血統の関係もあり、規定にも違はさる故、之を許すか適当なりと思ふと云ふ。誰も異議を唱ふるものなし。酒巻、自分（酒巻）も同意見なるか、黒田家より特に嘆願書様なるものても出さしめて、然る後許可せらるるか宜しかるへきやと云ふ。予、夫れは不可なり。規定上少しも差支なしとて、之を許すものなれは、右の如きものを取るは不可なりと云ふ。是亦誰も反対するものなく、此ことは法律問題に非さる故、参事官の議に付するに及はすと云ふこととなり、大谷も同意せり。

○予か関屋貞三郎の室に行き居る中、有吉忠一退官の挨拶に来りたりとて、名刺を予の室に残し居りたり。

李鍝公、浅沼禎一の家に行くこと

○午前高羲敬か来り談したるとき、予高に、一昨五日李鍝公を訪ひたることを談し、公か時に浅沼（禎一）の家に行かるる趣、浅沼より聞きたるか、浅沼の娘の病気は伝染性のものに非さるやと云ふ。高心臓病とのことに付、其懸念はなしと云ふ。

○午後四時三十分頃より伊夫伎準一、三善焞彦と共に、市村慶三、白根松介、鈴木鎮雄の送別会に上野精養軒に赴く。歩して桜田門外に到り、電車に乗り、銀座四丁目にて電車を換へて上野に到る。五時四十分頃達す。七時頃より食堂に入り、関屋（貞三郎）送別の辞を述へ、市村、白根、鈴木、答辞を述へ、食後別室にて講談を為したれとも、予は之を聴かす、八時後より帰途に就き、上野より電車に乗り、万世橋にて電車を換へ、九時十五分頃家に達す。

浴後、更に小酌して寝す。市村は新任地神奈川の公務ありたりとて後れて来り、既に食事を始め居りたるときに達したり。精養軒にて九条道実より、自家自動車の運転手兵役の演習に召集せられ、一ヶ月間許不在の為、宮内省より馬車を借りて出勤し居れり。君（予）は常に宮内省の馬車に乗り居るか、御者等には如何様の心附を為すやと云ふ。予、初め官房より馬車に乗ることを勧めたる事情、年末に三十円許の手当を遣はすこと、多額を遣はしては主馬寮にて困ると云ふこと等を談す。精養軒に会したるものは七十人許なりと云ふ。

小原駩吉に遇ひたる故、先日小原より話したる関屋（貞三郎）に対する関係は如何なりたりやを問ふ。小原、彼のことに付西園寺（八郎）に謀りたるに、西園寺は自分（小原）の一生を捨つるならは如何様なることを為しても宜しけれとも、一生を捨つるには尚ほ早し。然れは関屋の如き人てなきものと争ふは愚なりと云ふに付、尚ほ熟議する積りなり。西園寺とも未た緩話の機会を得すと云ふ。予、先日李鍝公を訪ひたる故、小原を訪ふ積りなりしも、急に家を見出さす、且時間の関係ありし故、訪問を遂けさりし旨を談す。又精養軒にて田内三吉に、先日田内より小原駩吉を貴族院の勅選議員と為すことに付予に相談したることありたれとも、彼の件は仮し牧野（伸顕）か十分力を尽くしても、実行は出来さりしならん。況んや牧野も力を尽くす考なかりし故、出来さりしも致方なしと云ふ。是は食前に談したることなりしか、食堂ベランダーにて、涼を取り居りしとき、田内より小原の所為は王道には非す、覇道なりし故、宮内大臣（牧野）か之を嫌ひたるも已むを得す。然し、自分（田内）は小原は貴族院議員と為すか宜しと思ふと云ふ。田内は小原の名も云はす、単に王道覇道と云ひたるのみにて、其趣意明かならす、前記は予の推測なる故、誤り居るも計り難しと云ふ。

○内子、四回下痢したる由。

七月八日

○七月八日火曜。暑甚だし。

○午前八時二十分より馬車に乗りて出勤す。

秩父宮費用増額のこと

○午前十時頃より大臣官房の協議室に行き、高松宮、海軍兵学校より御帰京の上、旧有栖川宮邸に住せらるることになれは、是まては皇子御殿の費用として秩父宮、高松宮共同に支出し居りたる費用あるも、今後は之を分割せさるへからす。故に是まては、秩父宮の費用は一ヶ年八万円にて、小使、給仕等の給料及薪炭費等は此の中に包含せす。故に此の後高松宮か分立せらるることになれは、秩父宮に幾分の経費を増し、消耗品費及小使、給仕等の経費を支弁する必要あるを以て、一ヶ年に約二万円余を増額することを望むと云へり。秩父宮別当山辺知春、同宮附事務官前田利男の主張する所にて、関屋貞三郎も之に賛成する口気なりしなり。然るに、入江貫一より幾分の増額は必要なるへきも、是までの実費は其儘にし、今後若干増額すと云ふ丈けにては計算の基礎確かならす。殊に只今皇族歳費令案の調査中なる故、軽々増額を決し難し。只今は年度の央なる故、今年丈は増額を決定せす、来年の予算にて之を決定することに致し度。今年中は必要に応して費用を支出したらは、夫れにて宜しからんと云ふ。予、皇子附職員と秩父宮附職員との職権の区域分明なるに拘はらす、此儘に経過するは差支少なからさる故、秩父宮経費を増し、高松宮との区分を立つる方宜しからんと云ひ、結局成るへく節約して増額することに決す。

関屋貞三郎、高義敬を召ひ、紀尾井町賜邸のことに付言を宋秉畯に伝へしむ

○午後一時前後高義敬来り、今日次官（関屋貞三郎）より用事ある故、来り呉よとのことなりしか、何用なるへきかと云ふ。予、夫れは多分紀尾井賜邸のことならん。彼の件に付宋（秉畯）より人を以て不平を云はしめたる由にて、昨日関屋より予に談したることあり。多分、其ことを君（高）に話すならん。関屋の談にては、賜邸は必しも先日書面にて通知したる区域に限らす、李王家に必要なる丈けは賜はることゝなすとのことに付、此方より辞退せさる方宜しからんと云ふ。又予は今日は司法大臣官舎に行かさるへからさる故、君（高）か関屋に面会したる模様は聞くことを得さるならんと云ふ。

○午後一時四十分頃より歩して司法大臣官舎に行き、諮問第四号の小委員会を開く。此日平沼騏一郎、鈴木喜三郎出席す。小委員会にて議すへき答申案は大概議了し、其整理は幹事に嘱す。五時四十分頃閉会して家に帰る。

宋秉畯来り、紀尾井町賜邸のことに付沢田牛麿をして関屋貞三郎に説かしめ、関屋は高義敬をして宋に伝言せしめたること

○午後四時後宋秉畯来り訪ひ、予か在らさるを以て空しく去り、後刻更に電話すへしと云ひたる由。七時後宋より電話し、今より往訪せんと欲する旨を告く。予差支なき旨を答へしむ。八時後宋来り、紀尾井町賜邸のことに付自分（宋）不平の次第を沢田牛麿に告く。沢田と関屋貞三郎とは懇意の間柄なる故、沢田より関屋へ伝へたる処、関屋は高義敬を召ひ、紀尾井町の地を分割したるは決して李王に対する賜邸の面積を制限せんとする趣意より出たるものに非す。故に役所の都合にては面積を増すことも随意なり。

地所を変更するも可なり

又宋は紀尾井町は卑湿にて健康に適せすと云ひ居る由なるか、左すれは常盤松の地と変更することも差支なし。要するに関屋は李王家の為にも十分力を尽くし、又宋の為にも北海道の地所払下等に付ては十分に深切を尽くし居るに拘はらす、宋か誤解して不平を懐くは遺憾なる故、此趣旨を宋に伝へ、誤解を釈き呉よと云ひたる趣にて、高は宮内省より帰るとき、自分（宋）の宿所へ来り、関屋の談を伝へたり。

宋秉畯場所変更の不可能なることを説く

関屋か常盤松の地所と替へても宜しき故、一度常盤松を見る様話したることは沢田よりも聞きたれとも、既に宮内大臣より公文を以て紀尾井町の地を李王に賜ふ旨、李王職長官（閔泳綺）に達し、閔も之を承り居ることに付、無関係なる自分（宋）か常盤松を見る理由なく、又宮内省にても場所を変更する理由なし。関屋か先日の公文を極めて軽きものなる様に云ふは理由なきことなりと云ふ。

宋又下岡忠治か政務総監と為り、会見を申込みたるも、自分（宋）は下岡に同情する為会見を拒み居りたるも、仲人ありて強ひて会見し呉よと云ふに付、之を諾し会見し、下岡に対し、政務総監と為りたれは、今後二年間位は何事もせすして時機を待つことにするか宜し。先年内地より多数の巡査を募り来りたるか、其中には任地に著きたる後何事もせす、俸給を蓄へたる上、辞職して其地にて職業を始め、今日も継続して其地に住するものもあり。夫れと是れとは事柄は異なるも、君（下岡）は初めより総督（斎藤実）か希望したる人に非す（斎藤は初は同郷の菅原通敬〔貴族院議員・同成会〕を望みたるも、加藤高明か承知せすして下岡を任用せり）、君（下岡）か何か事を為さんとすれは、必す衝突するならん。今日の朝鮮にては費用の多きに堪へす。当分何事も為さす、一ヶ年多くも五千万円位（現在は二億円以上を要し居れり）にて政費を弁する人あれは、全鮮人は必す感謝するに相違なし。君（下岡）当分何事も為さす、時機か来りたらは、自ら総督と為る覚悟を為し置くか宜しと云ひたるに、下岡は非常に喜ひて謝意を表し居りたり。宋は関屋（貞三郎）は自分（宋）の世話になり居りなから、此節は全く体度を変へ、非常に威張る様になりたりとの談を為せり。十時頃に至りて辞し去る。

○午前西野英男に嘱し、明日は午後零時二十分頃より松方正義の家に行き、直に自家に帰り度に付、自動車を借ることを主馬寮に交渉せしむ。

○午後枢密院事務局より電話にて、顧問官の申合せにて松方正義に物を贈ることになりたるか、之に加入するやと云ふ。予、予は既に贈りたる旨を答へしむ。

七月九日

○七月九日水曜。晴熱。

○午前八時三十分より馬車に乗りて出勤す。

○午前九時四十分頃より枢密院控所に行き、十時後より議場に入り、日英通商条約第八条及附属関税表、小包郵便料金改正の件を議し、次て外務大臣幣原喜重郎より日米関係（排日の移民法律の件）を報告し、金子堅太郎より二回の質問を為し、十一時五十分頃閉会す。

○午後零時二十分頃より自動車に乗り、松方正義の家に行き、山田益彦の案内にて正義の霊に拝し、遺族に挨拶し、次て平山成信と話す。長崎省吾亦在り。話すること一分間許にして去り、直に家に帰る。時に一時十分頃なり。

一時三十分頃より電車に乗り、橋場の有馬伯邸に行く。今日は伯邸の相談会に非す、分家男爵正頼か是まて十年間余古賀某の家に在り、古賀の監督を受け居りたるか、正頼も既に成年以上と為り、其嫡母英子も正頼と同居することを望むに付、其可否を議する為、今日正頼、英子及相談人有馬秀雄、仁田原重行、岩崎初太郎、元田作之進と協議し、右の外有馬泰明、河窪敬直亦在り。仁田原先つ正頼か帰家を望むに付、之を議し度旨を述ふ。予、相談人の意見あるへきか、予（予は相談人に非す）は正頼、英子の希望に従ひ、家に帰ることに同意す。従来は正頼を幼年者として古賀某の監督の下に置く必要ありと思ひたるも、最早成年以上となり、責任を解すへきに付、之に同意す。但し古賀をして尚ほ時に注意せしむる為、正頼は自家に帰るも、古賀との関係は之を継続する方宜しかるへき旨を述ふ。岩崎之に賛成す。此時元田作之進始めて来る。元田も秀雄も仁田原も異議なく、古賀には此際金五百円を贈り、又有馬伯爵より古賀に対し、多年正頼を世話したることに付謝意を表する書を贈る方宜しかるへきことに決す。議既に決す。正頼及英子先去り、予は仁田原、元田、岩崎と自動車に同乗し、元田は上野にて車を下り、仁田原、岩崎は四谷の停車場にて車を下り、予は最後に家門前にて車を下る。

○午後予か有馬家に行き居るとき、西野英男より電話にて、予か家に在るならは伊夫伎準一か予と話し度ことあるも、予か在らさるならは今日に限ることに非すと云ひたる趣なり。

七月一〇日

○七月十日木曜。晴熱。

尿量

○近日尿量殊に少く、色亦濃を加ふ。腰痛癒へす。下肢倦怠甚し。午前四時頃より翌十一日午前三時頃までの尿量七百瓦許なり。

○午前八時三十分より馬車に乗り、途を枉けて一条実輝の家に過きり、名刺を投して其薨去を弔し、直に宮内省に出勤す。

静岡県御料地払下の件

○午前九時頃伊夫伎準一来り、先年来静岡県に在る御料地払下の件、林野局より其即決を望み、参事官に於ても之を経済会議の議に付する考なく、昨日にも決定して大臣の決を採らんとする模様にて、土岐（政夫）も心配し、之を防止する方法を求むるも、他に工夫なく、昨日貴官（予）に謀らんと欲したるも、貴官（予）不在なりしに付、土岐か貴官（予）に面談することを得す。入江（貫一）は本件に付ては経済会議に付せんとする意見なる様なるも、大谷正男、浅田恵一、高橋其三等は経済会議の議に付する必要なき旨を主張し居る趣なりと云ふ。

秘密書類を牧野伸顕に示す

予、乃ち昨年青山操より提出したる報告書の一部にて、本件に関する個所（昨年牧野伸顕に示したるもの）、先頃土岐政夫か写し取り来りたる東郷直より塩沢健宛にて、静岡県に払下くる山林の代価は八掛にて評価せされは、林野局長官（本田幸介）か静岡県に約束したる所より高価となる旨を申遣はしたる書状、塩沢健より八掛にて評価する訳には行かさるも、必要あらは都合よく取計ふへき旨を申遣はしたる返書、其外本件に関する評価其他の書類を取纏めしめ、十一時頃牧野（伸顕）を其官房に訪ひ、昨年来の始末を述へ、予は職務上事前に関係することを得す。随て事実の詳細は之を知ることを得さるも、此の如き書状あるは懸念のことなり。四千町歩以上の御料を処分することに付、少くも経済会議の議を経へきは当然なるに、其手続さへも略せんとし居るとのことなり。御料林の責任者か此の如き考を以て事を処せんとするは実に不都合なり。十分考慮して処置することを望むと云ふ。

牧野、御料林の売却は全体に低価なるに非すやと云ふ。予、御料林にて不要なるものは、必しも高価に売却するには及はす。然れとも、御料林の所在地は不当の利益を得、御料林なき所は其利益なきことゝなりては余りに不公平なり。若し低価に払下くへき理由あらは、公然之を説明して処置するか宜し。此書状に記載したる如き考にて処置するは不可なりと云ふ。牧野此書状は如何にして手に入りたりやと云ふ。予、実況審査のとき、関係書類に編綴しありたる趣なりと云ふ。牧野是は何年の書状なりやと云ふ。予今年なりと云ふ。予又此書状は先頃見たれとも、適当に処置せらるるならは、之を大臣（牧野）に示さゝるか宜しと思ひ、今まて控へ居りたれとも、至急解決する模様に付、已むを得す之を示す訳に付、此書状中に名を出し居るものに対し、此書状の為に責任を負はしむることなき様取計を望むと云ふ。牧野、表向のことのみなれは気色好きも、内端のことは困ると云ふ（大臣か此の如きことを云ふは実に解すへからさることなり）。

予審査局に返り、伊夫伎準一に書状の年を問ふ。伊夫伎属官に問ひ、昨十二年の書状なりと云ふ。予乃ち復た牧野の室に行き、先刻書状は今年のものなりと云ひたるも、昨年のものゝ趣なりと云ふ。牧野、然らは書状の趣旨に依らす、正当に評価し居るやも計り難かるへしと云ふ。予然りと云ふ。牧野の言は愈々出てゝ愈々責任を知らさるものなり。

○午前十一時後高羲敬に電話し、今夕は世子邸の晩餐には勿論出席する積りなりしか、近日不快にて、今日は殊に倦怠を覚ふるに付、差し掛不都合なれとも欠席致し度に付、其旨然るへく世子に伝へ呉よと云ふ。高之を諾し、病状を問ふ。予病症未た判然せさる旨を告く。

○午後零時後食堂にて牧野伸顕より、世子邸の晩餐は今日なりやと云ふ。予然りと答へ、且つ予は欠席する旨を告く。

○午後零時後金井四郎来り、松田道一の妻は先頃仏国より帰りたるも、復た直に仏国に行く様に聞き居りたる故、東久邇宮邸の御用取扱の候補者となさす、故古谷久綱の寡婦を候補者と為し、稔彦王殿下の諾否を伺ひたるも、未た返答せられす。古谷の方は殿下の気に入らさるものと思はる。松田は仏国にて殿下に知られ居る故、此方か宜しからんと思ふ。古谷の方は他の宮（何の宮なりしか、予、之を忘れたり）に雇ひ入るる希望あるに付、余り久しく未定の儘に置く訳には行かすと云ふ。金井又近日（明後日と云ひたる様なり）日光へ行き、妃殿下方の避暑せらるる御用邸の都合を見来るへしと云ふ。予、近日身体悪し。今日は世子邸に晩餐に行く筈なりしも、之を断はりたり。尿量か少くして困ると云ふ。金井、尿か少きならは、朝鮮人蔘を服用したらは宜しからんと云ふ。

○午後零時後西野英男に嘱し、午後二時に馬車を玄関に廻はすことを主馬寮に交渉せしむ。今朝御者に平日の通り午後四時に馬車を廻はすことを命し置たるも、不快なる為、早く退省せんと欲する為なり。

朝鮮人蔘を服用す

○午後二時より家に帰り、人蔘を削り、之を煎す。人蔘は先日李堈公か贈りたるものなり。午後八時後人蔘一碗を飲む。

○午前五時に起きて、書生部屋の書類入りの函を他所に運す。便所に入れ置たる計尿硝子器を便所より出さんとするも、開き戸の前に書類入の函ありて、之を開くことを得さる為なり。

○午後、明後十二日松方正義葬儀のときは午前十時頃馬車を自家に廻はすことを主馬寮に交渉することを西野英男に嘱し置たる処、松方巌より書を贈り、午前七時四十分まて来会し呉度旨を申来る。予を以て特別の縁故者と為したるなり。

鈎転勤のこと

○午後七時後荒井カスヱより内子に電話す。内子正に浴す。予乃ち電話す。カスヱ、鈴木穆より荒井に対し、鈎を大阪の朝鮮銀行支店に転勤せしめんと思ひたるも、大阪は人気悪しくして是まても無事に勤務する者なきに付、神戸支店に転勤せしめんと思ひ居る旨を告けたる趣なることを報す。

七月一一日

○七月十一日金曜。晴。

○午前八時五分頃坂田稔の家に行き、病候を告け、先日検尿を嘱し置たる結果を問ふ。坂田、蛋白も糖分も円柱も見出さす。尿色の濃にして其量の少きは消化不良より来るものならん。是まては腰痛に対する薬を用ゐ居りたれとも、今後一週間許健胃剤のみを用ゐ見ることにすへし。尿色も淡くなり、尿量も増すならんと思ふと云ふ。

尿量

予、昨日より今朝までの尿量は七百瓦なり。朝鮮人蔘を服用せんと欲するか、差支なきやと云ふ。坂田、差支なし。余り濃ならさるものを用ゆる方宜しからんと云ふ。予自ら半年間の謝金二十五円を坂田に交す。今年は一度も坂田を迎へす、其家に就きて診せしめたること十回許なり。又婢豊をして薬代七十円余を償ひ、砂糖一箱を坂田に致さしむ。

○午前八時三十分より出勤す。

○午前九時前西野英男に嘱し、明日松方正義葬儀のときは午前十時三十分頃に行く積りにて、馬車を嘱し置たる処、昨日松方巌より午前七時四十分まて来り呉度旨申来りたるに付、馬車ならは七時までに、自動車ならは七時十五分までに予か家に遣はす様変更し呉よと云ふ。西野之を諾し、少時の後来り、自動車は葬儀用として数台を松方家に遣はし居るに付、都合出来難く、馬車を七時までに廻はすことに約し置たる旨を報す。

○午前十一時頃杉琢磨来り、天皇陛下御病気の為、行幸、還幸の時停車場に多人数奉送迎するときは御気分に影響するに付、国務大臣等にも夫れとなく注意して遠慮することゝなり、宮内官にても勅任官は総代として二人位出つる筈なり。親任官に付ては別に取極はなさゝるも、申合せの上一人位出らるる様になりたらは、如何あらんか。此ことは大臣（牧野伸顕）より正式に通達すへき事柄には非さる故、内端の協議を望む訳にて、是か大臣の希望なる旨を述ふ。予、此ことは今日に始まりたることに非す。天皇陛下は御病気の為、政事も親くした〔ま〕はす、行幸等も総て御静養の為なれは、御病気に障はる様のことまて為し、御威儀整ふる必要なし。故に予の考にては、愈々人か多きことか御気分に触はる様の訳ならは、只今の話の如く曖昧なることにせす、判然と奉送迎を見合せよとか、又は総代として何人出よとか之を決する方か宜しきに非すや。然らされは、人の考に因り、又其時の事情に因り出る人もあるへく、出てされは悪しと思ふ様のこともあるへきに付、之を決し置く方か宜しと思ふ旨を述ふ。杉、尤もなり。此節は先つ本月十五日の日光御出の時のことのみを定め、全体のことは何とか決定することに相談すへしと云ふて去る。

○午前十一時後川西〔原文空白、文夫〕来りて、御紋章使用の件に関する議案に予の捺印を求む。予之に捺印す。予の意見に依り改案したるものなり。

○午前青山操来り、帝室林野局の実況審査を終はりたることを報す。

静岡県御料払下の件

予、静岡県の御料地払下のことに付牧野伸顕に東郷直の書状を示し置たることを告く。青山、林野局にては宮内省は既に決定したる様の談を為し居りたりと云ふ。予、左様のことはなからん。土岐（政夫）は尚ほ審議中なりと云ひ居りたりと云ふ。青山然るかと云ふ。

○午後一時頃土岐政夫を呼ひ、静岡県払下地に関する参事官会議の状を問ふ。土岐、只今林野局の人を呼ひ、其説明を聴き、突込みて質問し居る所なり。速決する如きことはなからんと云ふ。予、然るか。青山操より林野局員は宮内省議は既に決したりと云ふ様なる話を為し居りたりとのことを聞きたる故、為念之を問ひたるなりと云ふ。

○午後一時四十分より自動車に乗り、帝室制度審議会事務所に赴く。午後二時後伊夫伎準一に電話せんとす。伊夫伎審査局に在らすと云ふ。乃ち西野英男と電話し、明日は審査局にては別段急を要する用務なきに付、職員は休暇して宜しきに付、其旨を伊夫伎に伝へ呉よ（明日は松方正義葬式に付、御用都合見計ひ、休暇せしめて宜しき旨、官房より通知し来り居りたるも、予之を伊夫伎に伝へ、其取計を為さしむることを忘れたり。故に電話したるなり）。又西野に明朝七時に馬車を廻はすことは間違はさる様、取計ひ呉よと云ふ。西野、既に其手続を為し置きたれとも、尚ほ念の為通知し置くへしと云ふ。

○午後一時後酒巻芳男来り、本月十四日午後有栖川宮殿邸処分のことに付協議し度に付、出席し呉よ。参考書は出来次第届くることにすへしと云ふ。予之を諾す。

○午前高羲敬来り、予が昨日の晩餐に出席せさりしに付、如何なる病状なるや、世子か案労せられ居る旨を告け、又高か今日宮内省に来りたれは、貴官（予）か出勤せられ居ることを聞きたる故、病状は軽きことならんと思ひたる旨を談す。予病状の概略を告く。高又世子は近日演習に行かることゝなり居る旨を談す。

○午後三時前大谷正男と帝室制度審議会事務所に行きたるとき、林野局の高橋其三、大谷を呼ひ留め（林野局と審議会事務所とは同所に在り）、大谷に対し、彼の件は既に済みたりやと云ふ。大谷未た済ますと云ひ居りたり。高橋か彼の件と云ひたるは、静岡県の御料地払下のことなるへし。予は直に審議会事務所に行きたる故、其後如何なる談を為したるやは之を知らす。

○午後二時頃栗原広太より、本月十五日伊東（巳代治）の招宴には欠席することゝ為し置き、病状よろしけれは出席する旨、渡部（信）へ話されたる趣なるか、出席することと為し置き、病気の都合に依り欠席することにせられ度と云ふ。予、予の都合は渡部に告け置きたる方か間違なしと思へとも、君（栗原）の意見の通りに為し置きても宜しと云ふ。

○午後二時後より皇統譜令施行規則案を議し、之を終る。五時後より二上兵治と自動車に同乗して家に帰る。

○午後七時後宋秉畯より電話にて、予か昨日世子邸の晩餐に欠席したるか、病気は如何なりやと云ふ。予、婢敏をして見舞を謝し、且病気は格別のことに非さる旨を告けしむ。

○靴店内田より使をして礼服用の靴を致さしむ。靴は六月二十六日に修繕を命し、再三期日を失し、本月八日頃予より督促の端書を出して、之を詰責したるものなり。

○午後西野英男来り、先日辞職したる大滝義信に対する手当金五百円、官房より送り来れり。年数にて計算すれは、四百円余となるか、今年も既に半年を経たるに付、年末慰労を見込み、五百円と為したる由にて、是か新例なりと云ふことなり。十四日に大滝を呼出すことにすへしと云ふ。

七月一二日

○七月十二日土曜。晴。

尿量

○昨十一日午前五時頃より今日午前三時頃までの尿量八百五十瓦許なり。是を十一日の尿量とす。尿色は稍々淡くなりたり。

○午前七時頃宮内省より馬車を遣はす。乃ち之に乗りて、三田の松方正義の家に赴く。八時後より葬場に入り、九時後式終る。葬儀前休所にて荒井賢太郎に逢ひたる故、一昨日カズヱより電話にて鈞転勤のことを談したるか、此節は見込あるへきやと云ふ。荒井、鈴木穆の言にては、下関支店ならは只今直くにも転勤せしむること出来くれとも、同店は銀行業としては事務閒暇にて面白からさるへく、大阪支店ならは宜しきも、大阪は人気悪しく、是まて誰も首尾克く勤めたるものなし。依て神戸支店に転勤せしむることにせんと思ひ居る所なりと云ひ居れり。鈴木は下関は事務少き故、面白からすと云ひ居りたるも、下関は郷里に近き故、宜しくはなきやと思ふ。如何と云ふ。予、下関か事務少きならは、神戸の方宜しからんと云ふ。此とき、松方の柩を其家より葬場に移すに付、休所に在りたる人は起立敬礼し、予等亦談を止め、後復談を続く。予神戸の方は余り延引せすして出来る見込あるへきやと云ふ。荒井其見込ある模様なりと云ふ。

休所にて清浦奎吾、浜尾新、加藤高明、山本権兵衛、高橋是清、犬養毅、宇垣一成、財部彪、井上勝之助、富井政章、珍田捨巳、野田卯太郎、岡田良平〔文部大臣〕、横田千之助〔司法大臣〕、小原駩吉、山口某〔鋭之助、宮中顧問官、元諸陵頭〕等を見る。野田に対し、先日予の不在中に来訪したる趣なるか、何か用事ありたりやと云ふ。野田、格別の用事ありしに非す。近日更に往訪することにすへし。有馬頼寧氏か議員に為りたる為、都合よくなりたるに非すやと云ふ。予、予は面会すること少し。如何なりたるや分らす。兎も角当選の祝宴ても催ふさんと云ひ居れりと云ふ。野田成るへく好き方に導くか宜しと云ふ。十時後家に帰る。

○午後書を鈞、隆、強五郎、啓二郎に贈る。

○午後三時頃有馬泰明来り、伯爵より予に贈る半期の手当金百円及特別手当金百五十円を致す。泰明、田中熊蔵は四十三年許有馬家に勤務し、今般老年に付、辞職を願ひ出て居り、之を許さるるか宜しからんと思ふ。就て多年の勤労に対し、此際名誉進級の形にて家扶に進めては如何。此ことに付ては先例なきに付、反対あるやも計り難きも、自分（泰明）と仁田原（重行）とは之を希望し居ると云ふ。予、事実は極めて適当なるか、家扶の定員は二人には非さりしやと云ふ。泰明二人なりと云ふ。予、然らは家則を改めされは名誉進級にても行ひ難きに非すやと云ふ。泰明現在の家扶は一人にて定員には差支なしと云ふ。予、然らは少しも異議なし。田中か辞職するに付ては一度上京せしむる方宜しくはなきやと云ふ。泰明、其積りなり。本人も上京を希望し居れり。伯爵家より上京を命せらるる方宜しからんと思ふと云ふ。予、其方か宜し。而して上京の上は伯爵より慰労の宴ても催ふさるる方宜しからんと思ふと云ふ。予又先頃、有馬秀雄の為に催ふしたる慰安会の費用は幾許なるや。之を償ふことにすへしと云ふ。泰明、彼の費用は伯爵家より支出する方宜しくはなきやと云ひ居り、未た決定せすと云ふ。予、伯爵家の予算に之を支出する途ありやと云ふ。泰明、雑費よりか宴会費よりか支出して差支なし。先日会したる人は総て内端の人のみなる故、伯爵家より支出するか適当なる様なりと云ふ。

昭憲皇太后御集の帙

○今日頃昭憲皇太后御集の帙来る。是は昨年頃注文し置たるものなり。誤て明治天皇の御集の帙と同形に作りたる為、帙大に過く（帙は宮内省職員協同にて注文したるものなり）。帙来りたる日は確に記憶せす。

七月一三日

○七月十三日日曜。晴。

○午前草場佩川、同船山二先生の贈位を慶する旧作の詩を書す。今日午後贈位慶祝会に出席する為なり。又船山先生の室人〔吉子〕より予に贈りたる書状及和歌を持ち行かんと思ひ、之を捜かしたるか、容易に発見せす。処々捜索の上、漸く之を発見せり。先日袱の中に包みたることを忘れ、他の処を捜かしたるなり。

尿量

○昨日午前五時頃より今日午前五時頃までの尿量千瓦なり。是を十二日の尿量とす。

○午前十時頃宋秉畯来り、先日宋か関屋（貞三郎）に逢ひたる処、紀尾井の賜邸のことは全く是までの体度と違ひ、宮内省の官舎抔は決して紀尾井町に作る必要なし。李王家にて入用なる丈けの地所を使用し、残地あれは其処を使用することもあるへく、決して区劃を設け、李王家の入用を制限する趣旨に非すと云ひたる旨を報し、三浦梧楼か斎藤実は加藤高明より有吉忠一を罷むることを求められ、其後任として菅原通敬を薦めたれとも、加藤之を承知せす、下岡忠治を当てかはれて其儘留任する斎藤は加藤以上の馬鹿なりと云ひ居りたること、下岡か政務総監となる為、加藤より憲政会を脱することを求められ、加藤の甲斐なきに憤慨し居りたること等を談し、宋より摂政殿下に上くる書は本月二十日後に之を提出する積りなりと云ひ、其謄本を予に交したり。此書は先日も一覧したれとも、更に之を通覧し、此書は朝鮮人にては文章は書けても此内容を書くことは出来す、内地人にては文筆の力ある人少く、新聞記者にては之を書くこと出来すと云ふ。宋、其通りなり。是は権藤善太郎か作りたるものなりと云ふ。夫れより予は権藤の祖父〔権藤延陵、元久留米藩藩医、故人〕及父のことを談す。

宋又今日午後より世子邸の林健太郎か二十年以上勤続し、高等官待遇と為りたる為、之を賀する為、世子邸の職員一同にて林を招待し、大森辺の某所に行く積りなり。君（予）も出席し呉るれは林は感謝するならん。林の如き真面目なる人は朝鮮官吏の模範なりと云ふ。予、今〔日〕は先師草場船山の贈位慶祝会を催ふ〔す〕ことになり居り、遺憾なから出席し難き旨を告け、佩川、船山の書幅を示し、佩川か朝鮮に行きたることあることを談す。宋、已むを得すと云ひ、十一時三十分頃辞し去る。

○午後四時より人力車に乗り、小石川伝通院の偕楽園に行き、草場船山先生贈位慶賀会に列す。佩川先生の詩一幅、船山先生の詩二幅及船山先生の室の和歌を携へて行く。箕浦勝人、草場季彦、山根武亮、安井小太郎、田中秀夫、三島宇一郎、末永允、〔原文空白〕、森永太一郎、〔原文空白〕、前田慧雲〔浄土真宗の僧、龍谷大学学長〕、林某、川原茂輔、藤山雷太、鶴田某〔董カ、大分地方裁判所判事〕、某（皓〔鶴田皓、佐賀藩出身の司法官、元元老院議官、故人〕の子二人）等二十余人に逢ふ。箕浦発起人として開会の趣旨を述ふ。今日は下岡忠治の朝鮮に赴任する送別会に出席する約ありとて、開宴前に辞し去り、予は六時後草場季彦に先ちて辞し去りたり。草場は昨夜京都より上京したりと云ふ。草場より肥前多久に於て船山先生の贈位祭を為したるとき、若林卓爾か多久に赴きたることを聞きたり。
○華頂宮より茶二缶を贈らる。先日博忠王百日祭のとき、予より鏡餅料十円を贈りたるに報ひられたるなり。
○午後五時頃野田卯太郎来りたるも、予か在らさるを以て直に去りたる由なり。

七月一四日

○七月十四日月曜。晴。
○午前八時三十分より出勤す。
○午前九時頃西野英男に、先頃御苑の御茶を頂戴したる月日を忘れたるか、何日なりしなるへきやと云ふ。西野、之を取調へ見るへしと云ひ、忽ち復た来り、七月一日なりしと云ふ。予、一日に審査局に届け来りたりや、又は其の前日に届け来り、予か受取りたるか一日なりやと云ふ。西野、一日に届け来り、即日持ち帰られたるなりと云ふ。予又審査局にて御茶を賜はるは伊夫伎一人のみなりやと云ふ。西野、然り。伊夫伎は隔年に賜はることになり居り、今年は賜はらす。三善焞彦は以前は事務官として隔年に賜はりたるも、審査官としては賜はらす。青山操、根岸栄助には賜はらすと云ふ。予、西野の言に依り、七月一日の日記に御茶を賜はりたることを追記せり。

尿量

○昨日午前五時頃より今日午前二時後までの尿量千五百瓦なり。是を十三日の尿量とす。
○午前十一時頃入江貫一来り、皇族歳費令案の最終の特別委員会には欠席したるか、如何なることになりたりやと云ふ。予其経過を告く。入江、歳費令の中に皇族の予算、決算丈けても宮内大臣に報告せしむる旨の規定を加ゆることを得さるへきやと云ふ。予、皇族の経費は宮内省より歳費として支出するもののみに止まらす、私金も加へて経費に充てある所あるへきに付、予算、決算も都合よく行かさるならんと云ふ。入江、然ることあらん。然れとも、宮内省より支出したる歳費の支出方丈にても其状況を知ることに致し度と云ふ。予、歳費令案は一たひ特別委員会を終り、成るへくは更に委員会を開かさる様に致し度とのことなりし故、本年九月頃には委員総会を開くことゝなるへきに付、其節君（入江）より修正意見として之を提出することに為し呉よと云ふ。入江、之を含み置き呉るれは、其ことにすへしと云ふ。

静岡県御料地払下のこと

予、先日帝室制度審議会事務所に同行するとき、自動車内にて話したることありしか、静岡県の御料地払下のことに付、林野局技師東郷直より静岡県支局長塩沢健に贈りたる書状、塩沢より東郷に答へたる書状は共に内秘のものなる故、成るへくは之を大臣（牧野伸顕）に示さゝることになさんと思ひ居りたれとも、本月九日急に参事官の議に付し、即決も致さんとする状況なりし故、其日は予は早退し居り、局員より私宅に電話したるも、予か不在なりしに付、翌十日出勤の上、局員（伊夫伎準一）より昨日の状況を聞き、林野局よりは頻りに即決を求め、内蔵寮の浅田（恵一）抔も経済会議の議に付するに及はすと云ひ居るとのことなる故、不本意には思ひたれとも、十日午前にて事情変更したるに拘はらす、払下を決行せんとし居ること、其後震災にて事情変更したるに拘はらす、昨年注意し置きたること、大臣（牧野伸顕）を訪ひ、此書状か秘密なるもの故、事件か適当に解決せらるれは之を示す積なかりしも、聞く所にては非常に速決を求め居るとのことに付、余儀なく之を示す旨を述へ、其書状を大臣（牧野）に示し、林野局に当る者か此の如き考を以て事を処する様にては不都合なり。公法人（県）に対する払下にて代価を低減すへき理由あるならは、公然之を言明して処置するか当然なり。然るに、強ひて五割を減する為、先つ八割に評価し、夫れより三割を減することになさんとするは余りに不都合なり。予は事前に関係すへき職務には非されとも、此の如き事実を知り得、而かも是非之を遂行せんとする模様ある以上は、一応考慮を求め置く必要ありと思ひ、之を云ふ旨を述へ、大臣（牧野）は何処にて此書状を得たりやと云ふに付、実況審査の際、関係書類中に綴りありたる趣なりと云ひ、大臣より書状作製の年月を問ひ、予は今年のことゝ思ひ、其旨を答へ置き、局に返りて之を問ひたる処、昨年の四月、五月のことなりとのことなりし故、更に其旨を大臣（牧野）に告けたり。然るに大臣（牧野）は、然らは今年の評価は此書状の趣意に依らす、即ち正当に評価し居るやも計り難かるへしと云へり。予は或は然らんと云ひ置きたり。大臣は公然のことのみならは気か楽なるも、事情あることには困ると云ひ居りたり。大臣として右の如きことを云ふは解すへからさることなりと云ふ。

入江、大臣か事情云々と云ひたるは如何なる趣意なりや。払下に付云々するは偏屈なりと云ふ如きことなりやと云ふ。予、大臣は明瞭に云はさる故分らされとも、公明正大のみのことならは心配なきも、内情あることは困ると云ひたる訳には非さるへきか。兎に角四千町歩以上の御料林を処分することに付、経済会議の議に付するは当然なりと思ふ。会議のことは君（入江）の所管なる故、然るへく取計ひ呉よ。全体御料地の処分に付、交換の名義にて処置するは弊を生し易き様なり。現在世伝御料林に付民有なりとの争ある為、之を解決する為、御料林の外に少許の民有地を加へ、其民有地を御料に加ゆる代価の名義にて十八万円余の立木を交付したる実例あり。世伝御料にも争ひある処はあるへきに付、已むを得さる場合は世伝御料を解除することも致方なし。然るに、表面御料には手を附けさる如き体裁にて、其実は御料を得る為、其代価を出す様のことを為すは不当なりと云ふ。入江、成る程、右の如き事実ありたる様なりと云ふ。入江、大谷（正男）には経済会議に付する必要ある旨を告け置きたり。是より大谷に面会し見るへしと云ふて去る。

少時の後伊夫伎準一来り、御料地払下のことは愈々経済会議の議に付することに決したる由。只今土岐（政夫）か参事官室より返り来り、入江（貫一）か来りて其ことに決したる旨を話したりと云ふ。予、先刻入江か来りたる故、一と通り話置たりと云ふ。又少時にして土岐（政夫）来り、経済会議の議に付すること丈は決定せり。参事官としては是以上立ち入りて反対することは出来難からんと云ふ。予、林野局にて払下代を減するは公共の用に供する為なりとのことなるか、県か公共団体たることは疑なきも、公共団体の為すことは必しも公共事業とは云ふへからす。本件の払下は県か之を受けたる後、他に転売して利益を得、之を以て県の基本財産と為す計画なりとのことも聞き居るか、何か公共の用に供することを証する書類ありやと云ふ。土岐其書類はなしと云ふ。予、然らは内蔵寮にて経済会議に付せんとするには、先以て審議材料を取揃ふる必要あるに非すや。書類の取揃は経済会議のことを掌る内蔵寮か為すか当然なりと云ふ。土岐其通りなりと云ふ。

○午前十一時頃入江（貫一）か来り談したるとき、予か東郷（直）と塩沢健との間に書状を往復したるは昨十二年のことなりし旨を説きたるとき、入江は然るか、夫れは自分（入江）は誤解し居りたり。今年の評価は昨年の評価より二割を減し居り、其上三割を減するに付、昨年の評価か既に二割を減し居りたるものとすれは、今年更に二割を減し、又其三割を減すれは、結局七割減と為る割合なりと思ひ居りたりとの談を為せり（東郷の注文は二割を減して評価せよとのことなるも、塩沢の答書にては之に応せさる趣旨を申遣はし居るに付、昨年の評価は果して入江の推測の如く二割を減し居るものなりや否は詳かならす）。

入江又自分（入江）より林野局に対し、公共の用に供する為、三割を減すと云ふも、書類中にては公共の用に供することを認め得へきものなきに非すや。又昨年の評価より今年更に二割を減し居るは如何なる事由に因るやと公文にて推問したるに、林野局より、県より提出し居りたる書類は震災のとき悉皆焼失したるに付、今日は提出することを得す。昨年より二割を減したるは材価低落し居る為なりとの答書を送り来れりと云ふ。予、林野局の目的は五割を減して売渡さんとするものなる故、初二割減にて評価を為さしめ、其上に三割を減して五割減と為さんとしたるも、静岡支局か二割減の評価に応せさりし為、材価低落の名義にて二割を減し、之を以て五割減の割合に合はせんとするものには非さるへきやと云ふ。入江、或は然らん。自分（入江）より此ことに付大臣（牧野）に話したるときは大層機嫌か悪しく、書類を見るは面倒なりと云ひたる故、自分（入江）は書類は見されは事実か分らすと云ひたることありたりと云ふ。予、予より話したるときは務めて売払を弁護し、小町畝の山林は宮内省にて経営するは不利益なりとか、御料林の払下は何処も低価なりとか云ひ居りたり。然し予も処分することを不可とするに非す。其方法か公明ならさる故、之を明瞭にせんとするなりと云ふ。

有栖川宮邸のこと

○午後一時より有栖川宮の邸は皇室有なりや、宮の私有なりやに付、関屋貞三郎、徳川頼倫、入江貫一、大谷正男、酒巻芳男、松平慶民、杉琢磨、東久世秀雄と協議す。酒巻、此邸の沿革を説明し、性質は私有なる如きも、或る点に付ては皇室有なる如き所もなきに非すとて、反対論の為に幾分の材料を供す。然れとも採るに足るへきものなし。予、有栖川邸成立を見れは、元来皇室より出てたる資金にて取得したるものなるも、其名義は宮の所有と認むへき所少なからす。故に予は宮の私有なりと決すへきものと思ふ旨を述ふ。入江（貫一）、大谷（正男）等、予の説に賛成す。有栖川宮邸か皇家有なれは、宮の廃絶に因り皇室に帰するは当然なれとも、宮の私有と為る以上は、故威仁親王の遺旨に依り、直に高松宮に移るものと為さゝるへからす。此の点に付ても多数者は異議なき旨を述ふ。関屋は、現在の皇族の賜邸か宮廃絶の後、個人に帰することゝなりては大変なり。之を皇室に帰せしむる様に為し度と云ふ。入江、皇室財産令の規定ある以上は当然なりと云ふ。関屋、然らは財産令を改むるか宜しきに非すやと云ふ。入江幷に予より其理由なきを説く。関屋、宮内省は皇族を保護す。皇族に非さる人まて保護する必要なしと云ふ。関屋は、初めは皇族の遺産は総て皇室に帰する様に為すへしと云ひ居りたるも、個人の相続権を侵害すとの論ありて之に反対し難きに付、一般の財産とは云はす、賜邸丈は皇室に帰する様になす必要ありと云ふ。入江、其結果は誰も希望する所なれとも、現在の賜邸中には純然たる皇族の私有にて少も疑なきものもあり。例へは梨本宮邸、〔原文空白〕邸の如きものなり。其他は必しも私有と認むへきものに非さるへし。故に自分（入江）は此際其区分を明瞭にし置かされは、他日処分し難きことを恐ると云ひ、有栖川宮邸に付ては反対論を主張する者なく、之を私有と決せんとしたるも、関屋か一応大臣（牧野伸顕）に報告したる上に非されは決し難しと云ふて、二時頃閉会す。

○午後帝室制度審議会の書記某来り、栗原広太よりの問なるか、明日の伊東総裁（巳代治）より〔の〕招待宴には出席することか出来るや否とのことなりと云ふ。予出席する旨を答ふることを嘱す。

○午後一時後官房の協議室にて杉琢磨より、先日協議したる天皇陛下奉送迎の件は、井上長官（勝之助）も旅行中なる故、未た徳川総裁（頼倫）にも相談せす。差向き明日のことは君（予）と総裁（徳川）と協議し呉よと云ふ。予、杉より先日予に談したる事情を徳川に告く。徳川、兎も角明朝は自分（徳川）か奉送すへしと云ふ。

○午前大滝義信来る。之に手当金を交す。

七月一五日

○七月十五日火曜。曇午後雨、暫時にして止む。

○午前八時三十分より馬車に乗り、一条実輝の家に行き、告別式に会す。門前にて徳川頼倫、入江貫一、小山松吉等に遇ふ。一条の家にて渡辺直達に遇ふ。渡辺は葬事を助け居りたり。会々渡辺の妻〔克〕来り、別を告く。渡辺之を予に紹介す。予妻に、予に先ちて式場に行くことを勧む。渡辺、予に先行を勧む。予乃ち行く。帰途、門前にて山本達雄に遇ふ。

○午前九時後宮内省に達し、フロックコートを脱し、（脊広服）を服す。

○昨日午前五時頃より今日午前五時頃までの尿量千十瓦なり。是を十四日の尿量とす。予、本月十日坂田稔の診を求め、坂田処方を転し、爾後尿量急に増したるか、昨日来尿量多からす。或は坂田の調剤者か誤て十日前の処方に依り一昨日来の薬を作りたるに非さるやを疑ひたるも、昨日も千十瓦の放尿ありたるに付、調薬のことを坂田に告くることは見合せ、今日薬を取りたるか、一昨日の分と異なることなき様なり。

○今日午前七時後、天皇陛下日光に行幸したまひたるも、昨日徳川頼倫と約し置たるを以て、予は奉送せす。皇后陛下も同所へ行啓したまへり。

昨十四日の追記

皇霊殿のこと

午後零時後、食堂にて九条道実と話す。予、皇霊殿に奉祀する皇霊中、天皇と皇親とは奉祀の式に区別ありやと云ふ。九条答 あり。天皇は天皇のみの霊代あり、皇親は皇親のみの霊代あり。

予問 霊代は何なりや。

答 鏡なり。

問 天皇の霊代は一個なりや。

答 神武天皇〔第一代天皇〕と明治天皇との霊代各一個あり、其他は各天皇を合せて一個なり。

問 太上天皇、追尊天皇等の霊代は如何。

答 此の如き方の為に霊代一個あり、又皇后の霊代一個あり。

問 明治天皇の霊代あるならは、昭憲皇太后の霊代もあるや。

答 なし。皇后と中宮とは之を区別せす、一個の霊代なり。

問 権殿又は権舎より一年後に霊代を奉遷するときの式は如何。

答 権殿又は権舎に奉安する霊代より霊を幣に奉遷し、其の幣を捧けて皇霊殿に至り、其幣より各霊代に霊を奉遷し、然る後其幣は之を焼却することゝなり居れり。

問 霊代たる神鏡の大は如何。

答 天皇の霊代は一尺、太上天皇、追尊天皇、皇后は六寸にて、皇親は六寸なりしかと思ふと云ふ。

翌十五日午後一時頃九条道実審査局に来り、昨日皇霊殿のことを談したるか、少しく誤りありたるに付、之を正し置くへし。此ことは秘密にて、掌典長、同次長位より之を知らす。掌典にても之を知らしめさるなり。明治の初神祇官を置かれたるとき、先帝（明治天皇）の御思召に依り、始めて皇霊奉祀の式を定められ、多分巻物に書きたるものなりしならん。神武天皇は御一方一体と為し、綏靖天皇〔第二代天皇〕より後桃園天皇〔第一一八代天皇〕までを合せて一体と為し、光格〔第一一九代天皇、明治天皇の曾祖父〕、仁孝〔第一二〇代天皇、明治天皇の祖父〕、孝明天皇は各別とし、太上天皇、追尊天皇十方を一体と為し、皇后妃を一体と為し、皇親を一体と為すことゝなれり。現今は第一の辛櫃に神武天皇御霊代神鏡一十寸、綏靖天皇より後桃園天皇までの御霊代神鏡一十寸、光格天皇御霊代神鏡一十寸、仁孝天皇御霊代神鏡一十寸、孝明天皇御霊代神鏡一十寸を入れ、第二の辛櫃に太上天皇、追尊天皇十方の御霊代神鏡一十寸、皇后妃の御霊代神鏡一八寸、皇親御霊代神鏡一八寸にて、辛櫃の中にても之を納る位置定まり居れりとの談を為せり。

十五日の続

午前十一時後金井四郎来り、本月十七日午前八時四十分東京駅発の汽車にて妃殿下、王子殿下は三島の世子邸別邸へ行かる積りなり。其中一度は三島へ来られ度。昨日白根松介か洋行に付、御殿に来り、妃殿下に謁したり。宮内大臣（牧野伸顕）は、白根より稔彦王殿下には何事も申上けさる様に注意したる由なり。白根は池田亀雄のことを問ふに付、一と通り話し置き、白根は池田のことは取調へ見るへしと云ひ居りたり。妃殿下は一昨日は世子邸に御出あり、世子夫婦は一昨日来訪せられたり。又妃殿下は昨日賀陽宮へ行かれて提灯を贈り、山階宮へは余り御懇意に非さる故、妃殿下か賀陽宮へ休息せられ居る中、老女〔原文空白〕を山階宮へ遣はし、暑中にて答訪なさるる労を省く為、使を遣はすとの口上を以て同提灯を贈られたり。又梨本宮へも一昨日御出あり。見舞の品物は余り前に遣はし置たる為、土産なしに行き難しとて、此節も品物を持ち行かれたり。妃殿下は十分勤めらるるも、他の方は勤められす。梨本宮抔は答訪せられさること多し。多分此節も同様ならん。

松田道一の妻を御用取扱と為すことは、巴里に電信を発したるより既に四日となれとも、未た返電来らす。此節も亦御用取扱を置き難きことゝなるならん。大臣（牧野伸顕）抔は矢張り自分（金井）か喧しく云ふ様に思ふへきに付、然るへく話し置き呉よと云ふ。予、弁解しても大臣（牧野）の信用を得ることは到底出来難しと云ふ。金井又白根か牧野（伸顕）は大層稔彦王殿下を誉め、是非殿下に疵の附かさる様に致し度。今暫く此儘に致し置きたらは、自発的に帰朝の心を起さるるならんと云ひ居りたり。依て自分（金井）より、大臣（牧野）は左様に善く人を相みるに、竹田宮妃殿下は何故彼の様に信用し居るへきやと云ひたるに、白根も彼のことは実に分からすと云ひ居りたり。予、牧野は悪る気はなかるへきも、人を見ることは出来す、人の使ひ方宜きを得さる故、省中不平多きなりと云ふ。予、十七日前に御殿に行かんとすれは、今日は予差支あり、明日より外なしと云ふ。金井、明日午前は東宮御所に御出あり、午後は墓参の積りなるに付、午後三、四時頃位ならは宜しからん。自分（金井）か来られ度と云ひたるは三島のことなり。三島には今月末まて滞在し、夫れより軽井沢に行き、竹田宮、北白川宮妃を訪はれ、二、三泊の後帰京せられ、其上にて日光へ行かるる予定なりと云ふ。

○午後二時頃白根松介来り、明後十七日午前八時四十分東京駅にて出発、洋行する旨を告け、且昨日東久邇宮邸に行き、金井より稔彦王殿下のことを聞き、宗秩寮にて是まて殿下往復の電信文書等を見たり。大臣（牧野伸顕）は非常に殿下に重きを置き、殿下に疵の附かさる様にし度。是まては余り手を著け過きて殿下をすねさせたり。自分（白根）よりも何ことも申上けさる様にせよと云ひたり。何か注意すへきことはなきやと云ふ。予、大臣（牧野）の殿下に関する考、予の考、従来の経過、池田亀雄の処置、殿下か子を愛せらるること、子を愛せらるるも、其の為に帰思を催ふ〔す〕様のことなきこと等を談し、此ことに付ては特に依頼すへきことなき旨を告く。白根又、出発前小原駩吉のこと、宗秩寮のこと、朝融王のこと等は気に掛かり居るも、別に方法なし。小原は関屋のことに付ては非常に怒り居り、最早辛抱出来さる故、何とか報復手段を取るへしとまて云ひたることあり。何か聞きたることなきやと云ふ。予、聞き居れり。関屋か小原のことを誹毀し、西園寺に対し小原を疎外すへきことを勧めたること、地震のとき、小原か力を尽くしたりと云ふも、事実に非すと云ひたること等か小原の耳に入り、関屋に対し報復し度と云ふに付、予は之を止め置たること等を談す。白根、小原より心情を有の儘に包ます牧野に話したらは、幾分諒解することはありはせさるへきやと云ふ。予、牧野も小原をよく見居らさる模様に付、効なからん。〔未完〕

大正一三年日記第七冊

〔表紙に付記〕

日記　七

大正十三年七月十五日の続より同年八月十一日までの

七月一五日（続）

大正十三年七月十五日の続き

牧野伸顕、小原駩吉の評を聞き誤信を悔ゆ

或る人か小原のことを大臣（牧野伸顕）に謗りたれは、小原は左様なる人なるか。此くの如き人を是まて宮内省に置きたる〔は〕悪かりしと云ひたる由。

予は小原党と思はれ居るならん

予は自身には左様には思ひ居らさるも、他よりは予のことも小原党と云ひ居るならんと云ふ。

白根松介、関屋貞三郎を評す

白根、然り。大臣（牧野）、次官（関屋）、大臣は左程に非さるも、次官は左様に思ひ居るならん。次官（関屋）か小原を罷めたる後までも之を誹毀し、杉琢磨や武宮（雄彦）抔を呼ひたるは、余りに大人しくなき故、自分（白根）も忠告したる処、次官（関屋）は決して左様なる考を有し居らす。都合にては小原と共に食事ても為し、十分に談し合ひ、夫れにて心か解くれは宜し。夫れても解けさるならは、致方なしと云ひ居りたりと云ふ。

予、関屋貞三郎を評す

予、小原と関屋と談し合ふことは駄目なり。夫れは無益なることなり。関屋か杉抔を呼ひたりとは何事なりやと云ふ。白根、矢張り小原と懇意にすへからさる旨を説きたる由にて、杉は自分（杉）は小原党と思はれ居るへきやと云ひ居りたり。武宮に小原のことを話すも迂闊なり。西園寺（八郎）に対し、小原と疎遠にせよと云ひたる抔は最も迂遠なり。ゴルフのことにしても、何も夫れ程気に掛くるには及はさることならんと思はると云ふ。予、小原か皇太子殿下のゴルフの御相手を為しても何も差支なきに非すや。赤星（鉄馬）等を召さるると同し位に考へ置けは宜しきに非すやと云ふ。白根、然り。尤もゴルフの御相手のことは関屋か発意にて、之を止むる訳には非さる様なりと云ふ。

小原駩吉を東宮御所に近くることを嫌ふは関屋貞三郎のみに非す

予、大夫（珍田捨巳）抔か発意なりやと云ふ。白根、珍田よりも入江（為守）ならん。入江自身もゴルフを始むると云ひ居る由。妙な話なりと云ふ。予、全体小原に対し、夫れ程まて防禦するは何の為なるへきやと云ふ。白根、全く復活を恐るる為ならんと云ふ。予、大臣（牧野）か居る以上は復活の懸念なきに非すや。小原のことも何とかあり度とは思へとも、是も差向き致方なし。一部には小原に同情する人あるか、其ことか之を嫌ふ人の為には尚更気に入らさる様なり。小原排斥は昨年、今年に始まりたることに非す。悪口の宣伝は随分念入に行はれ、予は部外の人より小原は金銭上の不正ありとのことなるか、如何との問を受けたることあり。予は其人に対し、小原は敵の多き人なる故、悪口は多かるへきも、金銭上の不正ありとは思はすと云ひたるに、其人は小原か敵多しとの話を聞けは、他の悪口も一概に信することを得すと云ひたることありたりと云ふ。

小原駩吉を非難する投書

白根、大臣（牧野）、次官（関屋）并に自分（白根）の処にも種々の投書来り。伊藤伝右衛門と柳原燁子との結婚事件に付ても小原か賄賂を取りたりとの投書ありたるか、自分（白根）より金銭上のことは断して信せられすと云ひたるに、大臣（牧野）も左様なることは話にならすと云ひたることありと云ふ。

徳川頼倫と松平慶民との関係　牧野伸顕、徳川頼倫の意見を採用せす

白根又宗秩寮の問題は、総裁（徳川頼倫）はどこまでも松平（慶民）の転任を望み居り、秩父宮御洋行のとき、随行者として松平を秩父宮の事務官と為すへしと云ふに付、自分（白根）より、只今事務官と為せは、秩父宮には二人の事務官を置かさるへからす。殊に秩父宮御洋行問題も決定せさる今日、其準備を為す訳に行かす。君（徳川）か之を希望するならは、大臣（牧野）に話されたしと云ひたるに、徳川は直に之を大臣（牧野）に話したるも、大臣（牧野）は只今御洋行随員の詮議を為すへきときに非すとして、取り合はさりし趣なり。

白根松介職員配置の意見

依て宗秩寮は差向き松平（慶民）を其儘に置き、酒巻（芳男）は参事官兼事務官として洋行せしめ（酒巻を参事官となす結果、渡部信を書記官と為す。是は本人も希望なり）、主馬寮の岩波（武信）は徳川懇望なる故、之を宗秩寮に入れ、主馬寮には稲垣（潤太郎）か金田（才平）なれは主馬頭は承知するとのことに付、今年暮頃に其運に為したらは宜しからんと思ひ居る所なり。然るに、次官（関屋）か稲垣を主馬寮に取ることは出来すと云ひ居るに付、困ると云ふ。予、何故に不可なりやと云ふ。白根、本田（幸介）か非常に稲垣を信用し居るに付、之を取る訳に行かすと云ふ。依て一応本田に話し見るへきやと云ひたるも、夫れも不可なり。先つ高橋其三にても話し見る位のことにすへしと云ひ居れりと云ふ。

白根松介、朝融王の婚約問題を問ふ

白根又朝融王のことは如何なりたるへきやと云ふ。予、彼の件に付ては予は話を聞かす、詳細は知らさるも、徳川（頼倫）か引受け、徳川も自分（徳川）ては正面に立たす、懇意なる某（華族）か交渉し、酒井伯爵家の方より辞退せしむることになり居るとのことなり。其通りに行けは宮としては実に好都合なるも、酒井の方より辞退することは酒井としては随分困難なることなるへし。予は宮の都合にて宮の方より断はり、酒井は快く之を諾する位のことか宜しからんと思ふ。聞く所ては、談は順調に進むとのことなりしか、順調に進むならは最早今頃は結了し居る筈なるも、未た結了には至らす。邦彦王殿下は頻りに解決を望み居らるる様に国分（三亥）より聞き居れりと云ふ。白根夫れは余程無理なる様なりと云ふ。

静岡県御料地払下のこと

関屋（貞三郎）か予を以て小原の仲間と思ひ居ると云ふ話より、予は困りたることには、関屋の感情を一層害すへきことあり。夫れは静岡県に於ける御料地払下のことなりと云ふ。白根、彼の件は実に面白からさることなり。全体、彼の件に付ては次官（関屋）は回避すれは宜しきことなるに、然らさるは困る。彼の件は如何なることになり居るやと云ふ。予、審査局にては事前には知ることを得さるも、審査官の実況審査に因り知り得たることありたるを以て、昨年中一応予より大臣（牧野伸顕）へ注意し置たることあり。然るに予の注意したることは直に関屋へ伝へたる様なり。

東郷直と塩沢健との秘書

本月九日には予は審査局に在らさりしか、御料地払下の件、林野局より即決を求め、経済会議の議にも付せすして即決する様の話ありたる趣にて、翌十日、予か出勤の上、其ことを聞きたる故、右の如き手続にて即決せられては困ると思ひ、其日に大臣（牧野）に面会し、昨年話し置たることを述へ、更に其後手に入りたる林野局員（東郷直）と静岡支局長（塩沢健）との間に往復したる書状の写を示し、考慮を求め置たり。此書状は、予は余程前に見たれとも、内密のものにて、成るへくは之を大臣（牧野）に示さゝる様に致度と思ひ、事件か適当に解決するならは之を示さゝる積りなりしも、前述の如く切迫の事情なりし故、已むを得す之を示したり。林野局員よりの書状は、長官（本田幸介）より静岡県に払下くる御料地代は不要存処分令に依るものより二割を減すとの約ある処、正当に評価したるものに付三割を減しては長官（本田）の内約に違ふことになる故、代価を八割に評価し呉よとの趣旨にて、支局長（塩沢）の答書は、評価を八割となすことは他との権衡も取れす、審査官の詰問てもあれは困るに付、評価を一様に為し度。然し特別の事情あらは、他に手段あるへきに付、更に申越あり度との趣意なり。

兎に角御料林保管の責任者か此くの如き考にて事を処せんとするは困りたることなり。若し価を減すへき正当の事由あるならは、堂々と之を論するか当然なり。殊に公共の用に供する為価を減すと云ふも、公共の用に供する証明なしと云ふ。白根、県にては払下けて如何する積りなるへきやと云ふ。予、払下たる上、之を売払ひて利益を得る積りなりと云ふ。白根、夫れはひどし。全体此の払下を止むれは宜しきも、最早余程進み居る模様に付、全く之を止むる訳にも行かさるへきやと云ふ。

徳川頼倫、松平慶民、酒巻芳男、山田益彦のこと

白根か宗秩寮職員配置のことを談し、当分山田益彦は松平（慶民）、酒巻（芳男）及徳川（頼倫）の調和役として宗秩寮に残し置く方か宜しからんと云ふ。予、夫れは宜し。然らは任用資格を撤廃して、山田を事務官と為さゝれは不可なりと云ふ。白根、宗秩寮事務官丈なれは貴説に従ひ、自由任用にすることに賛成すれとも、全体の職員を自由任用とすることにはどーしても賛成し難し。自由任用にすれは、宮内省は華族の無能子弟の集会所となるへしと云ふ。

任用資格を制限するは不可なり

予、夫れは秘書課長か勇気なき為なり。資格ある者にても、誰ても任用する訳には行かさるに非すやと云ふ。白根、夫れは其通りなるも、実際は左様にに行かす。又自由任月として西園寺（八郎）の如き人を得るは結構なり。

白根松介、西園寺八郎に困る

自分（白根）も同人には感服し居れとも、全体の官吏か同人の如く我儘になりても困ると云ふ。

俸給に衣食せさる人は我儘なり

予、夫れは資格の問題に非す。官吏となりて衣食する必要なき人は皆同様なり。徳川（頼倫）と松平（慶民）とは性質相反し居るに付、調和せさるは無理もなきことなから、松平か俸給に衣食する人ならは、性質を枉けても調和を図るも、其必要なき為、調和し難きなりと云ふ。

白根、既に去りて審査官の処に在り、予亦往て話す。白根、明後十七日午前八時四十五分東京駅発の汽車には東久邇宮妃殿下も乗らるる由と云ふ。予、然り。三島まて行かるることになり居れり。

東久邇宮妃殿下を送るために非す、白根松介を送るなり

予は東京駅に行くか、夫れは妃殿下を送る為に非す、君（白根）を送る為なるに付、此ことは予め言明し置くと云ふ。伊夫伎（準一）、青山（操）等笑ひたり。

○午後三時三十分より家に帰る。

伊東巳代治の招に花月楼に赴く

○午後六時より人力車に乗り、新橋花月楼に伊東巳代治の招宴に赴く。伊東は帝室制度審議会及臨時御歴代史実考査委員会関係の人二十三、四人を招き、其外に横田千之助か来り居りたり。横田も先年審議会委員たりし為なるへきか、妓二十人許来り居りたるも、予か識り居るは若福一人のみなりしなり。

西園寺八郎と面談を約す

開宴前休所にて西園寺（八郎）に、近日宮内省に来るやと云ふ。西園寺、先日来松方の葬儀に関係する外、摂政殿下の御乗馬の相手を為す等にて宮内省には行かさりしか、今日は行きたりと云ふ。予少しく話し度ことありと云ふ。西園寺明日審査局に行くへしと云ふ。九時後宴散す。家に帰りたるは十時頃なり。

杉琢磨に御陪食のことを問ふ

○午後零時後食堂にて杉琢磨に、本月十九日の御陪食は何の為なりやと云ふ。杉、陸軍検閲使に御陪食を仰付けらるるなりと云ふ。

土岐政夫と静岡県御料地払下のことを談す

午前土岐政夫か、御料地払下のことは、自分（土岐）と渡部信とは反対にて、書類に捺印せさることにせりと云ひて去りたり。少時の後、予、土岐を呼ひ、捺印せさるのみに止めす、反対意見を附くることは出来さるやと云ふ。土岐、夫れは附け度も、余り大谷（正男）に反抗する様なる故、意見書は出さゝることに渡部と相談せりと云ふ。

七月一六日

○七月十六日水曜。曇。

○午前八時三十分頃より出勤す。

○今日は枢密院の参集日なるも、休止に付、控所に行かす。

尿量

○昨日午前五時頃より今日午前五時頃までの尿量千十瓦なり。是を十五日の尿量とす。

蹄鉄脱す

○午前八時四十分頃出勤途上、赤坂見附坂上にて馬車馬の蹄鉄脱す。乃ち馬を駐め、仮りに革鞋を著く。

東久邇宮邸に行き、伊東巳代治を訪ふ為自動車を借ることを謀る

○午前九時頃西野英男に嘱し、今日は午後三時より東久邇宮邸に行き、帰途伊東巳代治の家に過りて家に帰る。明日は午前八時四十五分東京駅発の汽車にて洋行する白根松介を送るに付、乗具を備ふることを主馬寮に謀らしむ。少時の後西野来り、今日は午後三時に自動車を玄関に廻はすへく、明日は午前七時五十分に馬車を貴邸に廻はすへきことに定め置たる旨を報す。

左眼に異常感あり

○昨日頃より左眼の眼尾に物の挟まり居る如き感あり。或は朝鮮人蔘服用の為には非さるや。注意を要す。

西園寺八郎御料地払下のことを談す

○午前十一時頃西園寺（八郎）来る。昨日の約に従ひたるなり。予、是は君（西園寺）の職務に関することに非す。此ことに付君（西園寺）を煩はすは気の毒なり。只今は勿論君（西園寺）を煩はす積りには非す。然し到底予の力に及はさる様の場合になりたらは、或は君（西園寺）の助を請はさるへからさることもあらんと思ふ故に、予め事件の成行を一と通り話し置かんと思ひ、昨日其旨を告けたる所以なり。

静岡県御料地払下のこと

此問題は昨年、今年に始まりたるものに非す。関屋（貞三郎）か静岡県知事たりしとき、同県に在る御料地数千町歩の払下を願ひ、其未決中関屋は宮内次官に転し、県知事は一、二回更迭したるも、いつれも前の請願を継続し、昨年に至り宮内省の手続余程進行し、程なく許可も為しそうなる運となれり。予の職務は事後の審査にて、事前に云々するは本分には非さるも、事後に至り云々して実益なく、而して此ことに付ては審査官か実況審査にて幾分の材料を持ち返りたるに付、昨年中予より大臣（牧野伸顕）に対し、予の本分には非さるも、此の如く一県のみに恩恵を施さるる如き処分は適当ならす、時価四、五百万円の御料林を二百万円にて払下けられは、二、三百万円の利益あり。是は一県のみに利益を与へらるることとなるは甚た不公平なり。此の如き処分を為せは、他の地方より同一の請願を為したる場合に、之を拒むことを得さるへく、無理に之を拒めは、拒めさることはなかるへきも、人を承知せしむることは出来さる旨を述へ、牧野の考慮を求め置きたる処、其後震災あり。払下予定地の一部たる三方原の立木若干は救恤の御趣旨にて下賜せられ、払下に関する書類は総て焼失したりとのことなりし故、此儘払下を止めらるれは好都合なりと思ひ居りたる処、其後手続を進め、予か本月九日には宮内省に在らさりしとき、林野局より至急省議を決することを参事官に請求し、四千町歩以上の御料林を払下くるに、皇室経済会議の議にも付せすして即決する模様なりとのことにて、翌十日出勤の上、之を聞きたり。是より先き、林野局技師東郷直より静岡県支局長塩沢健に宛たる書状及ひ之に対する返書の写を見たることあるに、東郷の書状は、林野局長官（本田幸介）か静岡県当局者と内約したる趣旨は、県には不要存御料林を縁故者に払下くるときより二割を減することなり。然るに正当に評価したるものより「三割を減したるものより」（ママ）三割を減するのみにては長官（本田）の内約に違ふに付、評価は八割に為し呉度とのことにて、塩沢よりの返書は評価を区別することは公平を欠くこととなる故、評価は正当に為し度。然らされは、隣接地の価格と権衡を失するのみならす、審査局より推問を受けたる場合にも答弁し難し。尤も特別の事情あるならは、更に申越され度。何とか都合を為すへしとのことなり。予は此書状を見たるも、之を大臣（牧野伸顕）に示すことを憚り居りたり。然れとも最早猶予し難しと思ひ、此の書状を示し、大臣（牧野）の考慮を促したるか、大臣（牧野）は如何にして此の書状を得たりやと云ひ、予は実況審査に行きたるに、関係書類中に之を綴りありたりとのことなりと云ふ。兎に角、御料林管理の責任ある職員か此の如き考にて事を処するは言語道断なり。皇族等に関することに付、万円、千円のことを云々し、一方には此の如き濫費を為す心事は解し難し。静岡県か公法人なることは疑なきも、公法人なりとて必しも公共事業となすことを得す。現に本件払下の御料林も県にては之を売払ひ、利を得て之を県の基本財産と為す計画なる趣にて、即ち収利の目的より出つることとなり。水源涵養とか砂防の為とか云ふならは公共事業と云ふことも出来〔く〕れとも、単に県か払下を受くるとて代価を減するは不当なり。今回の評価は地震後米国材か沢山に輸入せられ、材価か下落し居るとの理由にて、昨年の評価より二割を減し、更に公共との理由にて三割を減し居る趣なり。此ことに付ては予は種々手段を講し、経済会議のことは入江貫一の主管なるに付、入江をして是非とも経済会議の議に付せしむること丈は決定せり。然し、大臣（牧野）か果して之を付するや否は分らす。経済会議の議に付せらるることゝならは、予は参列員として十分に意見を述ふる積なり。会議にて目的を達することを得れは好都合なるか、予は絶対に払下を不可とするには非す。相当の価格手続にて払下くる様にし度なり。万一の場合には或は君（西園寺）の助を請はさるを得さることもあるへし。経済顧問と云ふても、只今は平田（内大臣）と尊父（西園寺公望）と宮内大臣（牧野）のみなる故、正式に会議を開くことは出来難からんと云ふ。

牧野伸顕は案外不正実なり

西園寺、全体極めて正実なるへき筈の人か案外不正実なり。関屋は単に意見の相違とのみは云ひ難き様なり。夫れにしても牧野の心事か解し難し。牧野は常に関屋を誉め居るか、其実之を信し居るへきや。牧野は人を相見るの明は極めて乏し。

牧野伸顕の趣味にも困る

而して美術と工芸とか、自分（牧野）には鑑識する積りに付、外国人の接待の時抔種々の注文を為し、其注文通りにせされは意に適せす、果して夫れか世間に通用する鑑定なるへきや否、夫れも分らさることなり。関屋の人物は実に下劣なり。

小原駩吉の癖　関屋貞三郎自動車の濫用

小原（駩吉）も人と争ふ弊はあれとも、既に小原を免職したる上、尚ほ方々に小原の悪口を云ひ触らすは鄙劣なる性質なり。而して関屋は自分（関屋）には身勝手なることを為し、官舎か不便なり抔苦情を云ひ置きなから、先日省員か自動車を濫用し、料理店、待合等に行くとき、省の自動車に乗るは不都合なりとて之を戒めたることありしか、其後錦水に行くとき、自分（西園寺）も関屋と同乗したる故、自分（西園寺）より今日は難有と云ひたる処、関屋は是はと云ふて頭を掻き居りたり。

関屋貞三郎好みて国葬委員と為る

松方（正義）の国葬のとき、関屋は委員と為りたるか、是は関屋、自分（関屋）か望みてなりたることなり。初は武井（守成）、山県（武夫）、山田（益彦）三人丈を宮内省より委員と為す積りの処、関屋より山県公（有朋）国葬のときの先例あるに、宮内次官も委員と為し呉よと云ふならんと云ひ居り、自分（関屋）に〔て〕運動して委員となり、自分（西園寺）も委員に加へたり。山県の国葬のとき、内閣書記官長（三土忠造）か副委員長と為り、其下に関屋か委員と為るは宮内省の体面に関する故、之に反対したれとも、関屋は之を希望し、国葬の模様も一と通り知り置き度と云ひたり。

関屋貞三郎の心理は普通にては解し難し

此節は最早事情を知る必要もなく、殊に山県の時と違ひ、何の用事もなきに、江木翼か副委員長と為りたるに、甘んして其下に附きて委員と為ることを望むは何の為なるを知るへからす。関屋の心理は普通にては諒解し難し。帝室制度審議会にも委員として出席はするも、何も意見は云はす、又研究も為し居らさる様なりと云ふ。予、夫れは種々のことに関係し居り、研究の暇なき為ならんと云ふ。西園寺、種々のことに関係しても、要点を押へて意見を立つれは、出来さることはなしと云ふ。予、先刻話したることは、只今差向き助を請ふ訳には非すと云ふ。

西園寺八郎何時にて〔も〕助力を約す

西園寺、手伝すへきことあれは何時にても之を為すへしと云ふて去る。時に十一時四十分頃なり。

〔欄外に付記〕

土岐政夫御料地払下の件は皇室経済会議に付することゝなりたることを談す

○七月十六日午後頃土岐政夫来り、御料地払下の件、経済会議に付することとはなりたれとも、関係書類少く事実は分らす。依て自分（土岐）より林野局員に対し書類を提出するやと問ひたる処、局員は主管者たる内蔵頭よりの照会あれは出すと云ひ居りたり。自分（土岐）より内蔵頭に話すは穏当ならさる故、序もあらは貴官（予）より内蔵頭に書類を取寄する様話されたらは宜しからんと云ふ。

角刺〔宮〕天皇御追諡参照

○今日（七月十六日）午前十一時後予か西園寺（八郎）と談し居りたるときなりしならん。藤野静輝来りて面会を請ふ。予、用談中なるを以て之を拒む。藤野、角刺〔宮〕天皇御追諡参照として、大統明鑑の上奏文幷に角刺〔宮〕天皇に関する大統明鑑の一部を写取りたるものを審査局員（西野英男なりしならん）に托し、之を予に致さしむ（此項は大正十三年八月四日午前九時頃追記す）。

○午後三時より自動車に〔て〕東久邇宮邸に行く。時に妃殿下は澄宮殿下を訪問せられ居りたるを以て、金井四郎と話す。

師正王の墓の築造費

金井、内匠寮にて師正王の墓所築造費は全体にて八千円許なるへしと云ふに付、先日其旨を話したることありしか、今日内匠寮技師の談にては、墓の外、鳥居、外囲、植樹等の費用を合すれは、今後八千円許を要すへしと云へり。是まて既に三千余円（四千円弱）を費やし居るに付、通計一万二千円許を要することになる訳なり。今日宗秩寮の山田益彦まては其旨を話し置けりと云ふ。

御用取扱のことに付稔彦王殿下よりの指揮なし

金井又松田道一の妻を御用取扱となすことは、電信にて稔彦王殿下に伺ひ置たれとも、何たる返電なし。最早五、六日を経過し居るに付、此節も返事なきことならん。御用取扱なき為、度々朝香宮御用取扱竹屋某を雇はさるへからす。今日も竹屋を随へて澄宮御殿に行き居らると云ふ。四時頃予、妃殿下の帰殿を待たす、辞し去らんと云ふ。金井、最早帰殿せらるへきに付、今暫く待つへしと云ふ。

師正王改葬前の旧穴に関すること

金井又師正王の旧墓穴の跡（改葬前の穴）は之を履まさる為、囲を為し置くへき旨申聞けあり。幸に墓域に通する道は旧穴には掛らさるも、道か余り其囲に接する様ならは、道を少く東に寄せ、随て墓域の東方の界を二、三尺取り広くる必要あるへき旨の談を為したれとも、予は気を留めて之を聞かす、金井も亦明確に之を告けさりしなり。

稔彦王の妃殿下に謁す　師正王の霊に礼す

四時十分頃妃殿下帰り来らる。是より先耳鼻咽喉科医師菊池某来り、妃殿下、王子殿下、明日より転地せらるるに付、健康診断を為す為、来り待ち居り、妃殿下の帰殿せらるるを待ち、之を診す。診察終はりたる後妃殿下、予を引見せらる。予、之に謁し、明日より三島に行かるることに付挨拶し、盆会に付、妃殿下か提灯を下け、師正王の霊を祭り居〔ら〕るる故、予も之を拝し、霊は神式と仏式との二様に祭あり、予も二様に拝せり。

御用取扱、侍女の霊に礼す

退き、金井と話し、昨年震災のとき、師正王と共に鵠沼にて死したる諫早某、青山某、青木某の霊を祭りある処に行き、之を拝したり。

新侍女及暇を乞はんとする侍女に面す　伊東巳代治を訪ふ

妃殿下の帰られたる後、殿下に随行したる竹屋某に面し、又新に雇ひ入れたる侍女某及結婚の為暇を乞ひたる侍女某に面会し、五時前より自動車にて家に帰り、途伊東巳代治の家に過り、名刺を投して昨夜の饗を謝し、五時後家に達す。

尿量

○昨日午前五時頃より今日午前五時頃までの尿量千二百瓦なり。

牧野伸顕人を知るの明なし

○午前十一時頃西園寺（八郎）か来り談したるとき、牧野（伸顕）か人を知る明なきことを談し、牧野か竹田宮妃殿下を非常に聡明なる方と思ひ、何事も殿下に相談するか間違なり。殿下は悪しき方には非さるも、智恵ある方に非す。東宮職抔には常に困ること多し。又牧野か山階宮（武彦王）を聡明なる方と思ひ居るも間違なりとの談を為し、今日は世子の招に因り、新宿御苑に行くことゝなり居る旨の談を為せり。

小原駩吉か関屋貞三郎を怨み居ること

又、予か小原駩吉か関屋貞三郎のことを怒り、復讐手段を執り度と云ふに付、予は之を止め置たりと云ひたるに対し、西園寺も右の如きことを為すは愚なりと云ひ、尚小原か人と争ふ性癖に付忠告し置たる旨の談を為せり。

牧野伸顕、皇后陛下の御趣意を解せす

西園寺又牧野は十分に皇后陛下の御考を諒解し居るや否、疑はしとの談を為せり。

七月一七日

○七月十七日木曜。微雨。

堀江の寡婦来り、暇を取ることを謀る

○午前七時四十分頃堀江三尚の寡婦〔原文空白、ナツ〕来る。堀江、先日より李鍝公邸に雇はれ居る処、自分（寡婦）は公の気に入らさる様なり。

浅沼禎一のこと　李鍝公のこと

浅沼（禎一）か迂〔盂〕蘭盆会に付、家に帰りて宜しく一泊にても二泊にても宜しと云ふに付、昨日家に帰りたり。浅沼の妻か暇を乞ひたるとき、高（羲敬）は之を留めす、直に其請を許し、自分（寡婦）を雇ふことにしたりとて、浅沼は一度位は自分

（浅沼）の妻に留むることならんと思ひ居りたるに、直に之を許したるは余り酷なりとの不平を漏らしたることあり。鍝公は殆んと毎日浅沼の妻の家へ行かれ居りたるか、両三日は行かれす。是は浅沼か此ことに付ては高（羲敬）より、余り度々浅沼の妻の家に行かるるは宜しか〔ら〕すと云ひたる趣にて、浅沼より其ことを公に告け、余り度々行かれさる様にしたる為なる様なり。浅沼と公の生母の弟金某とは仲悪しく、浅沼は常に金のことを謗り居れり。金は自分（寡婦）に対しては左程意地悪る様のことは為さすと云ふ。

予、浅沼は君（寡婦）に帰れと云ふや。寡婦、正面帰れとは云はす。予、正面帰れとは云はさるも、帰る様になす素振ありやと云ふ。寡婦、然り。公か第一自分（寡婦）か気に入らす、是まては左程にはなかりしも、昨日頃より何を云ふても返事をせすと云ふ。寡婦、自分（寡婦）は如何したらは宜しかるへきやと云ふ。予、勤むる気かなけれは何時にても暇を取ることは差支なし。一日ても居ることかいやならは、此儘直に暇を取ることにしても差支なし。左程てなけれは、今夜まては当然自家に宿して宜しき所なる故、今夜は公邸に帰らす、明日公邸に行きて様子を待たれ度。予は今日にも高羲敬に面会して協議することにすへし。今朝は洋行する人を東京駅に送らさるへからさる故、緩話し難し。様子か分りたらは、池尻（興）に電話すへく、都合にては池尻を呼ふこともあるへしと云ふ。寡婦、一日も居り難しと云ふ訳に非す。然らは明日一応公邸に帰ることにすへしと云ふ。

白根松介の洋行を送る

○午前七時五十分頃より馬車に乗り、東京駅に行き、白根松介か欧洲に行くを送る。駅の改札所前にて金井四郎に遇ふ。

金井四郎、師正王の墓のことを嘱す

金井、今日片岡久太郎か宮内省に行き、師正王の墓のことを談すへきことに致し置たる故、之を聴き、然るへく処置し呉よと云ふ。予之を諾す。

金応善と話す　高羲敬に面談し度旨を談す

プラットホームにて、金応善に遇ふ。予、高羲敬に談し度ことあり。高は来り居らさるやと云ふ。金、高は両三日前より腸胃を損し、引籠り居れりと云ふ。予、今日世子邸に行きたらは面談することを得へきやと云ふ。金、最早快きに付、面談することを得るならんと云ふ。予、君（金）か帰りたる上、高の様子を問ひ、電話にて通知し呉よと云ふ。金之を諾す。

東久邇宮妃殿下の汽車に乗らるるを見る

八時四十分頃東久邇宮妃殿下汽車に乗らる。予は黙礼したるのみにて云ふ所なし。昨日の約に従ひたるなり。金井四郎随行し居れり。八時四十五分汽車発す。乃ち直に宮内省に出勤す。

白根松介の妻と語る

プラットホームにて白根松介の妻〔喜美子〕と語る。

片岡久太郎、師正王の墓のことを謀る

○午前九時頃片岡久太郎来り、師正王の遺骸は昨年仮りに之を埋め置き、先頃本式に埋葬せられたり。然るに、当初仮埋を為したる場所は人の蹈まさる様、囲を為し置くへき旨、妃殿下より希望せられ居れり。今般全体の墓域を定め、入口に華表を立て、夫れより墓地内に通する石道を作ることとなるか、其石道か仮埋を為したる所を通過する様になりては不都合との話あり。仮し其上を通過せさるも、余り接近したる所を通りても宜しからす。若し余り接近する様ならは、石道を予定の所より一、二尺右の方に移し、随て全体の墓域の右方を予定区域より一、二尺拡むる様、内匠寮員に相談せよ。自分（片岡）は寮員に懇意ならさる故、貴官（予）より相談し貰ふ様、取計ふへき旨、金井（四郎）より話たり。既に金井より聞かれ居るならんと云ふ。

師正王改葬前の旧穴保存のこと

予、昨日一寸話は聞きたれとも、金井の談にては幸に石道の位置は仮埋を為したる場所に掛らさる様に云ひ居り、予より相談する様の談は聞かさりしか、今朝東京駅にて金井に遇ひたるとき、金井より君（片岡）か宮内省に行くに付、話を聞き呉よと云ひ居りたり。全体旧穴の場所は之を保存せさる方か宜しきに非すや。当初仮埋を為したるも、急に埋葬場所を定めては後日の計画に妨を為す懸念ありたるよりのことなりしに、永久に旧穴を保存することに為しては、矢張今後の計画に不便なるへしと云ふ。片岡、其通りなるも、妃殿下の御希望なる趣なり。旧穴の上に高くなる木ても植えたらは宜しからんとの説もあり、木を植たることは御異議なきも、木を植へても矢張其周囲に垣を作るへしとのことなりと云ふ。予、兎も角御希望とあれは致方なし。誰に相談すれは宜しきやと云ふ。片岡、内匠寮の工務課長（北村耕造か）と主任技師菊地白か宜しからんと云ふ。

菊地白を召ふ

予、一人にて宜しからんと云ひ、西野英男をして菊地を召はしむ。少時にして菊地来る。予、妃殿下の希望を告け、其希望を達する為には如何なる人に相談すれは宜しきやと云ふ。菊地、隣地は内匠寮にて腹案として地割を為したるのみにて、未た確定したるものに非す。多分内匠寮限りて一、二尺を広むることは出来るならんと云ふ。予、然らは君（菊地）より課長に相談し見呉よ。都合にては予より寮頭（東久世秀雄）に談しても宜しと云〔ふ〕。菊地之を諾す。

師正王墓の工費

菊地又初めに工費は八千円許にて足るへき旨、金井（四郎）に話し置きたる処、墓の工作のみならす、墓域全体の工事なる故、工費を増し、合計一万二千円許を要することになる。是にて宜しきやと云ふ。予、其ことは已むを得さるへし。既に金井より聞き居れりと云ふ。

〔欄外に付記〕

片岡久太郎マッチにて卓子掛の一部を焼く

七月十七日午前九時頃片岡久太郎か来りたるとき、片岡、予か座傍の椅子に倚り、燧にて火を取る。火、燧箱全体に及ひ、卓子被の一字を焼燬す。

高義敬と堀江三尚寡婦のことを謀る

○午前十一時頃高義敬来る。予、今朝堀江寡婦か来りたること、寡婦か談したる趣旨を告け、予の推測に過きされとも、初め浅沼禎一の娘は他に嫁する積なりしも、病気の為嫁することを得

さること ゝ為り、而して病気は漸次快方とのことなれは、或は娘か浅沼の家の世話を為すことが出来、浅沼の妻は従前の通り公邸に居り度との希望を起したることにはあらさるへきや。然れは、堀江は此際暇を取る方宜しきには非さるやと云ふ。高、浅沼のことは或は然らん。然れとも復た其妻を公邸に入るることは為し難きことならんと云ふ。予、事理は如何にありても、公か子供なる故、浅沼夫妻に非されは気か済まされは、致方なきことに非すやと云ふ。高、兎も角自分（高）か一度金某に逢ひたる上、事情を問ひ、都合にては浅沼にも面談し、其上にて様子を報することにすへしと云ふ。

御物管理委員の古書を品評するを聞く

○午後一時頃食堂より北溜に行く。今日より御物の可否を鑑査することゝなり、各委員集会して品評するに付、随時参観差支なき旨、関屋（貞三郎）より通知し来り居るを以てなり。徳川頼倫、九条道実も共に北溜に行きたり。然るに北溜には軸を納るる箱抔はあるも、人は在らす。之を問へは豊明殿にて鑑査するとのことに付、殿に行きたる処、委員は午餐を喫し居るとのことにて、此処にも居らす。二時頃に至り、三上参次、入江為守、工藤壮平外数名来り、古書を品評す。王羲之（中国南北朝時代の書家）の真蹟あり。予は数枚の品評を聞き、審査局に返る。

尿量

○昨日午前五時頃より今日午後十一時頃までの尿量千二百瓦許なり。是を十六日の尿量とす。

世子、西園寺八郎其他を新宿御苑に招かれたること

○午前十一時頃高羲敬か来りたるとき、昨十六日には世子の催ふしにて、西園寺八郎、小原駩吉、甘露寺受長、赤星某、東郷彪外数名を新宿御苑に招き、ゴルフ戯を為し、晩餐を給されたるか、自分は病気にて行かす、山辺知春外一人は不意に来り、都合金応善を合せ、十二人となりたる趣なり。世子は貴官（予）を招かんと云はれたるも、不快中なりとの理由にて自分（高）より之を止めたり。世子は又入江為守も招かんと云はれたるも、自分（高）、之も他日に延はすことを勧めたりとの談を為せり。

七月一八日

○七月十八日金曜。晴稍涼。

内子谷中の墓に展す

○午前六時十五分頃より内子人力車に乗り、谷中に行き、墓に展す。

池尻興に電話す　通せす

○午前八時頃池尻興に電話せんとす。池尻応せす。電話悪しき為ならんか。

○午前八時三十分頃より出勤す。

高羲敬、金某と李鍝公のことに関し談話したる状況を報す

○午前九時三十分頃高羲敬来り、昨日堀江寡婦か李鍝公家より暇を得度旨の談ありたるに付、金某を召ひ、堀江より申出たることを告けす、鍝公と堀江の関係、堀江と浅沼との関係、金と浅沼との関係を問ひたる処、堀江は実に誠実熱心に事を執り、其点は鍝公も之を知り居り、自分（金）は之を喜ひ居れり。但堀江は余り熱心に事を為す為、時として急に間に合はす、鍝公か之を催促する様のことはなきに非す。然し堀江を返さんとする如き考はありとは思はれす。浅沼夫妻は堀江に深切ならさることは確かなり。左りとて公は浅沼の妻か世話したるときより食事の少き様のことはなし。堀江をして勤続せしむる方宜しと云へり。自分（高）の考にても、仮令如何なることあるも、此際直に浅沼の妻を呼戻す様のことは為し難し。依て堀江は困るへきも、今暫く辛抱し呉るる様致し度。近日中より公は水泳に行き、水泳か終はりたる後は京城に行き、大概八月中は不在となるへく、公か帰京するときは自分（高）より仁木義家に申遣はし置きたることもあり、公の寓所建築のこともあるに付、仁木も上京することゝなるへく、金の談を聞けは、浅沼の行動は甚た面白からさる様なるに付、仁木か上京てもしたらは根本的に解決する必要も之あるへく、夫れまでの処、堀江か辛抱する様取計を請ふと云ふ。

予、一応堀江の兄に電話し見るへしと云ひ、西野英男に嘱し、池尻興に電話せしむ。池尻は橋場の有馬家に行き居るとのことなり。予乃ち西野をして堀江か在るや否を問はしむ。西野来りて、堀江か在る旨を報す。予乃ち之と電話せんとす。電話するものは堀江に非すして代人なり。而して予より何ことを云ふても、解したるや否分からす。予より只今直に堀江を訪ふに付、待ち居ることを伝ふへき旨を話するも、是亦解したるや否分らす。予乃ち他の人代りて電話すへしと云ふも要領を得す。予は電話を止め、西野に嘱して自動車を借らしめ、将に蠣殻町に行かんとす。

高羲敬と共に堀江寡婦を訪ふ

高、夫れは気の毒なり。自分（高）も同行しても宜しと云ふ。予乃ち高と同乗して堀江を訪ひ、高より昨日金某と談したる始末を詳説し、兎も角今暫く辛抱し呉よと云ひ、予も之を慫慂す。

浅沼禎一の不深切

堀江亦之を拒ます。唯浅沼か不深切にて、先日鍝公子か来りたるときも少しも之を告けす、突然来りたる為、閉口せりと云ふ如きことを談し、今日公邸に帰るへしと云ふ。高、自分（高）か金と談したること、及ひ今日来訪したること等は一切浅沼には告けさる方宜しからんと云ふ。堀江之を領す。乃ち高と同乗して宮内省に向ふ。高は大手町にて車を下り、直に世子邸に帰る。十一時三十分頃宮内省に返る。

御物管理委員の品評を見る

○午後一時頃より徳川頼倫、九条道実と倶に御座所に行き、御物絵画を観る。委員数人にて其可否を品評す。議容易に決せさるものは之を後に譲り居りたり。二時後審査局に返る。局に返りたるとき、西野英男より、先刻片岡久太郎来り、貴官局に返られたらは通知し呉よ。北溜に居ると云ひたり。之を通知すへきやと云ふ。予之を通知せしむ。

片岡久太郎、菊地白の返答を問ふ

片岡来り、昨日内匠寮の菊地白に話されたることに付内匠寮より何とか返事を為したるへきやと云ふ。予、何の返事なし。

君（片岡）か往て問ふても宜しからんと云ふ。片岡、今暫く待つことにすへし。様子分りたらは電話にて通知し呉よ。今日まては御物整理の為、宮内省に来りたれとも、明日以後は来らさる故、電話を請ふ。希望通りなりたらは、早速三島に在る金井に通知することにすへしと云ふ。予之を諾す。

検尿

○午前八時頃尿の検査を坂田稔に嘱す。

草場季彦来る

○午後四時後草場季彦来り、先日予等か船山先生の為、贈位の慶祝会を開きたることに付謝を述ふ。

船山楼に在りたるとき珍事を問ふ

草場、先日三島（宇一郎）等と談し合ひたるは、在塾当時何か面白き談てもあらは、各自之を記載して集め呉度とのことなり。貴君（予）は多忙なるへきに付、筆記者を遣はし、談を聞きて之を筆記せしむることにしては如何と申居りたりと云ふ。予、予は五十日間許塾に在りたるのみにて、珍談もなし。あらは自ら之を記して送ることにすへし。予か塾の禁を破りて酒を買ひ来り居りたるとき、先生の夫人より先刻見たることありとて、酒の下物（芋の汁）を贈られたることありたり。此時は夫人の温情、予を愧殺せしめたりとの談を為せり。話すること三、四分間許にして去る。

尿量

○昨日午前五時頃より今日午前二時後までの尿量千二百瓦なり。是を十七日の尿量とす。

七月一九日

○七月十九日土曜。晴。

○午前八時三十分より出勤し、宮内省追加予算第七号に付調査す。

牧野伸顕に静岡県御料地払下のことに関し東郷直と塩沢健との間に往復したる書状写の返戻を求む

○午前九時頃牧野伸顕出勤す。乃ち其官房に行き、本月十日牧野に渡し置たる東郷直、塩沢健往復書状写の返戻を求む。牧野、承知せり。此処に持ち居らさるに付、今直に返し難しと云ふ。

追加予算会議

○午前十時三十分より追加予算第七号に付会議を開く。震災復旧費に付北村耕造より説明を為し居る中、既に十一時を過く（此前入江貫一より大体の説明を為し、予より一、二の意見を述へたり）。会々関屋貞三郎席を去りて他と面会す。予乃ち東久世秀雄に、次官官舎の建築費の予算あるか、敷地は定まり居るやと云ふ。東久世紀尾井町の積りなりと云ふ。

紀尾井町賜邸のことに関する疑問

予、紀尾井町の地は次官（関屋貞三郎）より宋秉畯に話したる所にては、先日区劃して、李王に賜はりたる区域外も李王家にて必要あれは、之を使用して宜しき旨を告けたる趣にて、宋は左様に信し居る様なり。然れは、其事の決定する前、次官々舎の建築に著手したらは感情上、面白からさることゝなるへしと云ふ。此時関屋席に復す。予、私談的にて前述のことを関屋に告く。関屋、宋に対する談は左様なる趣旨に非すと云ふ。

東宮御所に行〔く〕為退席

予、然らは夫れにて宜しき旨を述へ、且つ東宮御所にいくことを告けて退席す。一たひ審査局に過きり、将に玄関に行かんとす。

予算会議の続行

浅田恵一追ひ来り、予算会議は議了に至らさるに付、午後一時三十分より再開することゝなれり。出席し呉よと云ふ。予之を諾す。玄関に至る。原恒太郎待ち居りたり（今朝予か自動車を借ることを主馬寮に交渉することを西野英男に嘱し、西野より十一時三十分に自動車を玄関に廻はすへき旨を告けたる後、主馬寮より原恒太郎も東宮御所に行くに付、同乗することにし度と云ひ、予か予算会議に在るとき、西野より給仕をして自動車は既に来り、原も待ち居る旨を報せしめたり）。

東宮御所に行き、午餐に陪す

十二時前東宮御所に達す。今日は摂政殿下、陸軍の特命検閲使たりし福田雅太郎、尾野実信及其随員に御陪食仰付けられ、載仁親王、邦彦王、守正王三殿下、元帥奥保鞏、陸軍大臣宇垣一成、山梨半造等四、五十人を召され、宮内大臣牧野伸顕、命を奉して席に陪し、予も宮内官として席に陪したるなり。一時頃餐終る。

復た宮内省に行く

予と関屋貞三郎は宮内省にて予算会議を継続する必要あるを以て、其旨を原恒太郎に告け、他に先ちて退出することゝ為し、予は最先に帳簿に署名して陪食を奉謝し、直に自動車に乗り、自家に過きり、フロックコートを脱し、背広服を著け、復た宮内省に行く。

西野英男、斎藤実の名刺を致す

西野英男猶在り。斎藤実の名刺を致す（予か東宮御所に在るとき、「十二時前」西野より電話にて斎藤か審査局に来りたるか、貴官（予）不在の旨を告けたるに、名刺を交して去りたる旨を告けたり）。予、最早用事なき故、退出せよと云ふ。西野、予の言に従ひ、退出すへしと云ふ。予は直に官房会議室に行く。

徳川頼倫、入江貫一と紀尾井町賜邸のことを内議す

時に関屋未た帰り来らす、之を待つこと少時、徳川頼倫、入江貫一、東久世秀雄と外椽（ベランター）にて、次官官舎と李王賜邸との関係を内議す。紀尾井町にて李王に賜ふことに指定せられたる一万百余坪の中には庭球場を作る余地なきことを認めたり。

再ひ追加予算会議を開く

二時頃関屋来り、復た予算会議を開く。

葉山御用邸の修繕費を調査費と改む

葉山御用邸の修繕費二十一万余円ありたるも、御用邸所在の地質は地震の為には不適当なりとの説明なる故、予は其儘御用邸を置くは不可なりとの意見を述へ、結局修繕費を改めて調査費と為し、金額を二万円に減することゝ為せり。東久世秀雄は内匠頭として、修繕費を削るならは他に急を要する小修繕あるに付、五万円を小工事費に加ゆることを求めたれとも、予は其理由なきことを述へて反対し、結局入江貫一の意見にて、調査費として二万円を存することになりたるなり。

関屋貞三郎紀尾井町賜邸の件に付宋秉畯に談すへしと云ふ

次に次官官舎のことに付関屋より、李王に対する賜邸は先日達せられたる一万百余坪より増加する様のことはなき積りなり。尚ほ宋秉畯には自分（関屋）より説明して、誤解なき様すへしと云ふ。予、内匠頭（東久世秀雄）の談に依れは、先日賜はりたる一万百余坪の中には庭球場（テニスコート）を作る余地もなしとのことなるか、夫れにては不可なるに非すやと云ふ。

関屋貞三郎庭球場を作る必要を説く

関屋、庭球場のことは自分（関屋）より度々世子に話し置たることあり。庭球場は是非必要なり。已定の賜邸地内に之を作ることを得るならんと云ふ。東久世、賜邸地内には其余地なし。庭球場を作るならは、世子附職員の官舎敷地は之を賜邸地の区域外に求めさるへからすと云ふ。関屋、然るか。然らは、職員官舎の敷地は賜邸の中に加へす、貸附と為しても宜しからん。兎も角大体の設計図を至急に作製したる上の協議にすへしと云ふ。四時前閉会す。予は渡部信をして自動車を供へしめ、四時二十分頃家に帰る。

斎藤実朝鮮人蔘を贈る

○午後斎藤実、使をして朝鮮人蔘一箱を贈らしめたる趣なり。

○午後国分三亥の妻来りて、内子を訪ひたる由なり。

尿量

○昨日午前五時頃より今日午前三時頃までの尿量八百七十瓦なり。是を十八日の尿量とす。

師正王墓域のことを東久世秀雄、北村耕造に談す

○午後三時追加予算の会議を終りたる後、予北村耕造に、先日菊地白に談し置たる師正王の墓道変更、墓域拡張のことは如何なりたりやと云ふ。北村、東久世（秀雄）に相談したる処、折角区域を定めたるに付、之を変更せす、華表の位置を正面より二、三尺右に寄せ、其正面より墓道を作ることにし度とのことなりと云ひ、東久世も其処に在りて之を主張す。予、華表は師正王墓の華表に非す、墓地全体の華表なる故、正面に作らされは不体裁なり。墓域を二、三尺拡張して正面に華表を作る様に為し呉よと云ふ。東久世、北村、墓地の利用上困ることとなるも、何とか考へ見るへしと云ふ。

七月二〇日

○七月二十日日曜。晴。

斎藤実を訪ふ　在らす

○午前八時三十分より人力車に乗り、斎藤実を四谷仲町三丁目四十四番地に訪ひ、昨日予を審査局に訪ひたること、及同日使をして朝鮮人蔘を贈らしめたることを謝せんとす。斎藤在らす。

柳田直平を訪ふ

乃ち直に去りて柳田直平を市ヶ谷加賀町に訪ひ、其夫妻〔きん〕及国男夫妻と話す。柳田、予の近況を問ふ。予、頃来尿量少かりしことを告く。

柳田直平静養を勧む

柳田、過労は体に可ならす。枢密顧問官の外、他の官務を辞して静養することを勧むと云ふ。予、職務多きも左程心を苦ましむる程のことなしと云ふ。柳田、既に七十歳を超ゆ。養生の必要ありと云ふ。

柳田国男、東宮職の新陳代謝を説く

予か柳田と話し居るとき、国男来り話す。柳田か予に静養を勧むる談より、国男は君（予）も老年なるか、自分（国男）は宮内省全体のことに付如何なることとなるへきやと考へ居り候。就中東宮職の如きは、いつまても珍田捨巳か大夫を為し居りては致方あるましく、珍田は勧告を受くるまては辞せさるへく、珍田か辞しても其後任は矢張り珍田と格別の差なき人なるへく、東宮職のことは一番懸念なりと云ひ、次て関屋（貞三郎）は近来非常に健忘症となりたる様にて、幾度も面会したる人に対し、初面会の挨拶を為す様のことあり、気の毒なること少な〔か〕らすと云ふ。予、関屋こそ非常に多用なる故、其の為忘るることもあるならんと云ふ。

柳田国男の談に関する疑

柳田か予に養生を勧むるときは、予は柳田か予の過労を憂ふるより出てたることに外ならさるへしと思ひ居りたるか、後にて考ふれは、国男か関屋（貞三郎）と面談する機会少なからさる様の話あり。而して国男か珍田（捨巳）等か引退せさることを不満とする口気あり。此等の事情を綜合すれは、或は関屋か予の引退を望む如きことを国男に談し、国男より柳田に告け、柳田は予をして患失の誹を免れしめんとの考より予に辞職を勧めたるものには非らさるやとの疑を生したり。然し、是は全く想像にて、誤り居るやも固より計り難し。十時後より帰途に就き、十一時頃家に達す。

宋秉畯来る　予在らす

○午前九時頃宋秉畯来りたるも、予か在らさるを以て直に去りたる由なり。

国分三亥来る　予在らす

又午前国分三亥来りたるも、予か在らさるを以て、内子と話して去りたる由。又午前河窪敬直来りたるも、予か在らさるを以て、午後再来すへき旨を約して去りたる由なり。

西野英男来〔る〕　予在らす　西野英男果実を贈る

又午前西野英男来りたるも、予か在らさるを以て、内子と話し、西野は暑中見舞として菓物一籠を贈りたる由なり。

小包の外箱を作る

○午後飯籠を郷里に送る為、之を納るる外囲を作る。

尿量

○昨日午前五時頃より今日午前五時までの尿量千二百五十瓦なり。是を十九日の尿量とす。

人蔘の服用を止む

○今朝までにて朝鮮人蔘の服用を止む。

七月二一日

○七月二十一日月曜。晴。

○午前八時三十分より出勤す。

片岡久太郎来り、師正王塋域のことを問ふ

○午前九時後片岡久太郎来り、師正王の墓域のことは如何なりたるへきやと云ふ。予、一旦は東久世秀雄の考にて予定の区域を変更せさることに決したる趣なるも、夫れにては不都合なるに付、予より更に東久世、北村耕造に墓域を二、三尺拡めて華表を墓地の正面に作る様相談し置けりとて、一昨日東久世等に交渉したる始末の概略を告く。片岡其概略を三島に在る金井（四郎）に報し置くことにすへしと云ふ。

暑中に付天機幷に御機嫌を奉伺す

○午前十時頃東車寄に行き、帳簿三個に本官、兼官（枢密顧問官兼帝室会計審査局長官）及氏名を署し、暑中に付、天機及皇后陛下、摂政殿下の御機嫌を奉伺す。

豊明殿に行て御物を観る

遂に豊明殿に行き、侍従職にて保管する御物、彫刻物等の陳列したるものを拝観す。御物管理委員か鑑査する為、陳列したるものなり。

高義敬来り、大磯山下亀三郎の別邸の模様を語る　又金応善か習志野に行くことを報す

○午前十一時頃高義敬来り、一昨日大磯に行き、山下亀三郎の別荘を見来れり。別荘は相応なるか、器物夜具は一も備へ居らす、此方より持ち行かさるへからす。滄浪閣跡にはテントを持ち行くよりも、古材にて涼台様のものを作る方便ならんと思ひ、大工に見積を命し置たり。金応善は明日より習志野の演習地に行く筈なり。明日より検閲ある筈に付、其模様を見る為に行く訳なりと云ふ。

紀尾井町賜邸のことに関し高義敬と関屋貞三郎のことを談す

予、紀尾井町賜邸地は先日賜はりたる区劃に拘はらさる旨関屋貞三郎より宋秉畯に話したりとのことは、君（高）よりも宋よりも聞き居るか、宮内省にて官舎を建てんとする関係より、其ことを確むる必要あり、予より関屋に問ひたる処、関屋は予定の区域は之を変更する考なしと云ひ居りたるか、又行違を生するならんと思ふと云ふ。

高義敬、関屋貞三郎か勝手に区域外の地を使用することを得る旨を告けたりと云ふ

高、兎に角次官（関屋）は軽卒なる故、毎々行違を生す。次官（関屋）の処置不可なり。自分（高）〔に〕も確かに紀尾井町の地は勝手に李王家にて使用せられて差支なしと云ひたるに相違なしと云ひ、高は又昨日徳川頼倫の案内にて宗秩寮職員全体玉川に鮎猟に行きたることを話したり。

西紳六郎、武田尚来る

○午前十一時後西紳六郎、武田尚一昨日免官職となりたることに付挨拶す。西等は有栖川宮附なりしか、宮廃絶に付、免官職となりたるなり。

電話料金仕払命令書を用度課に送る

○午前西野英男に嘱し、電話料金の仕払命令書を用度課に送らしむ。

静岡県御料地払下のことに関する書状写を受領し之を土岐政夫に返す

○午前九時頃帝室林野局技師東郷直、静岡支局長塩沢健の往復書状及関係書類の写を土岐政夫に返す。書類は土岐か静岡支局の実況審査に行きたるとき、之を写し来り、本月十日予より之を牧野伸顕に示し、一昨日牧野より之を予に返したるものなり。

尿量

○昨日午前五時頃より今日午前頃までの尿量二千瓦なり。是を二十日の尿量とす。

執務時間の変更

○午後零時後直に退省す。今日より八月三十一日までは毎日十二時まで執務することゝなりたるを以てなり。

贈鮎

○午後四時頃宮内省より使をして左の書及鮎を致さしむ。

一、鮎　二十尾

長良川産

右以

思召下賜候条御伝申進候也。

七月廿一日　上直

侍従

倉富枢密顧問官殿

自ら鮎を割き、内子之を炙り、晩食のとき之を食す。

電鈴を修理す

○玄関の電鈴鳴らす。職工をして之を修理せしむ。

○午後四時後旧婢徳来る。

永島巌来る

○午前八時前永島巌来り訪ふ。暫話して去る。

土岐政夫静岡県御料地払下のことに関する反対意見書案を示す

○午前十一時頃土岐政夫来り、土岐と渡部信との静岡県御料地払下に関する反対意見書案を示す。予之を可とす。

官歴を書記す

○午後官歴簿に大正十一年の官歴少許を記入す。

七月二二日

○七月二十二日火曜。晴。

内子、広津直人を訪ふ

○午前六時二十分頃より、内子往て広津直人を訪ふ。

尿量

○昨日午前五時頃より今日午前一時頃までの尿量七百瓦。是を二十一日の尿量とす。

鮎を賜ひたることを奉謝す

○午前九時二十分頃侍従長の次室に至り、帳簿に署名して昨日鮎魚を賜はりたることを奉謝す。

中村雄次郎、有松英義に遇〔ふ〕

予正に署名〔中〕、中村雄次郎来る。亦次て有松英義来る。皆鮎魚を賜ひたることを奉謝するなり。二人と暫話す。中村先つ去る。予、有松と共に去る。

有松英義古語の措字を問ふ

有松一たひ審査局前を過き、復た返りて、人を以て言を廃せすと云ふ語の出所と其措辞如何を問ふ。予出所を記せす。有松、不以人廃言と書すへきやと云ふ。予、不の字は人の下なるやも計り難しと云ひ、字源（字書）を検す。君子不以言挙人、不以人廃言、論語衛霊公編にあることを知れり。忘れたること亦甚し。有松直に去る。

片岡久太郎来り、三島に行くことを告く　予之に予か三島に行かさる旨を告くることを嘱す

○午前十時頃片岡久太郎来り、明日三島に行くか、用事なきやと云ふ。予、先日略々三島に行き、妃殿下の御機嫌を奉伺すへき様に申上け置たるも、近日尚ほ元気乏しく、奉伺すること覚束なし。其旨を金井（四郎）に伝へ置呉よ。元気出たらは、奉伺することにすへしと云ふ。片岡之を諾して去る。

御物を観る

○午前十時四十分頃より豊明殿に行き、御物保管委員の鑑査の為陳列したる御物を観る。十四、五分間許にして審査局に返る。

官歴を書記す

○午後官歴簿に大正十一年の官歴若干を記入す。

朝鮮人蔘を服用す

○今晩より復た朝鮮人蔘を服用す。但今回は斎藤実より贈りたる紅蔘を用ゆ。

七月二三日

○七月二十三日水曜。晴。

○午前八時三十分より出勤す。

枢密院に参集せす

今日は枢密院の参集定日なるも、昨日枢密院書記官より参集休止の旨通知し来りたるを以て、参集所に行かす。

審査官会議を開くことを謀る

○午前九時前西野英男〔を〕して伊夫伎準一に、先日土岐政夫より提出したる実況審査報告書に付審査官会議を開く必要なき〔や〕否を問はしむ。

審査官会議を延はす

伊夫伎来り、会議を開かんと欲するも、土岐か参事官会議の為暇なく、土岐は審査局の事務の為にも参事官会議には出席し置く方便ならんと云ふに付、土岐の暇の出来るを待ち、会議を開くことにし度。

静岡県御料地払下の件の参考として図書寮の記録を調査すること

又土岐は、静岡県御料地払下価格の標準を得る為、旧記録を調査する必要あるも、審査局の記録は既に図書寮に引継き居るに付、属官を図書寮に遣はし、参考と為るへき旧記録を調査せしむることゝなせり。然るに、藤野宗次〔帝室会計審査局属官〕は静岡県御料地払下の件は是まて調査し居るに付、同人を図書寮に遣はし調査せしむる方便ならんと思ひ、藤野外一人を遣はし居れり。審査官会議を開くには、実況審査に行きたる藤野か居る方便なる故、旁々会議は延はし居る訳なりと云ふ。

小原駩吉の伝言

○午前九時前三善焞彦来り、昨日参事〔官〕室の階段下にて小原駩吉に面会し、小原は貴官（予）を訪はんと思ひ居るとのことなりしか、自分（三善）より貴官（予）は既に退出せられたりと云ひたる故、宜しく伝ふることを嘱して去れり。別に用事ある模様には非さりしと云ふ。

尿量

○昨日午前五時頃より今日午前五時頃までの尿量九百五十瓦なり。是を二十二日の尿量とす。

紀尾井町賜邸の件　斎藤実賜邸のことを問ふ

○午前十時後斎藤実会計審査局に来り、自分（斎藤）は先頃宮内次官（関屋貞三郎）より紀尾井町の邸地を李王に賜はりたることを聞きたるのみにて、其他には聞く処なきか、先日宋秉畯は賜邸の地所適当ならすとて、大に不平を唱へ居りたり。宋か京城に帰りて種々なることを云ひ触ら〔せ〕は、其の為折角の恩賜も面白からさる結果と為る恐あり。君（予）は此ことに付知り居るへし。如何なることなりやと云ふ。

紀尾井町賜邸のことに付其始末を斎藤実に語る

予、之を聞かさるに非す。当初公文を以て賜邸のことを李王職長官閔泳綺に通知し、且地所受取方を林野局長官（本田幸介）より閔に交渉し、閔は高羲敬に受取方を委任することになり居れり。閔泳綺、李完用の滞京中、内匠頭か案内して地所を見せしめたるか、其時は宋秉畯には通知せしめさりし趣なり。其後世子、同妃両殿下同伴にて地所を検分せられたり。此時は宋は差支ありて同行せす、予も差支の為同行せさりしなり。右の次第にて、予と宋とは地所を見さりしを以て、其後宋と予と高羲敬とは更に同行して地所を見たり。其時より宋は地所を分割して宮内次官、其他の官舎を建つる計画と為り居ることに付不平を唱へ居れり。然し、予は宋の意見には賛成せす。其の翌日（六月二十九日）宋は予か家に来り、更に不平を述へたれとも、予は之に同意せす、其儘に致したり。

然るに、宋より平素懇意なる沢田牛麿に其旨を話し、之を関屋に告くることを宋より依頼したるや否は知らされとも、沢田は関屋とも懇意の間柄にて、沢田より関屋に対し、宋か不平なる点を詳細に話し、関屋は沢田に対し、夫れは宋の誤解なり。先日一万百余坪の地を賜ふ旨を公文にて通知せられたるも、夫れは確定のものに非す、李王家にて十分に設計して土地を使用し、尚ほ残余あらは、其処に官舎を建てんと思ひ居る位にて、官舎の為に李王の方に不便を生せしむる様の考は毛頭なしと云ひ、関屋は尚ほ直接宋に談して、誤解を解き度と云ひ、宋は初は面会を避け居りたるも、結局関屋に面会し、関屋より関屋か沢田に談したると同様の談を聞き、満足したる模様にて、其後予か宋に面会したるときも、宋は其次第を話したり。

此ことは関屋は宋と沢田とに話したるのみならす、次官か直接宋に談する前（七月八日）、高羲敬にも同様の趣旨を話し、高をして宋に之を伝へしめたる趣にて、予は高よりも其ことを聞き居れり。然るに其後に至り、宮内省の都合にて賜邸の区域を確定する必要あり。予より関屋に対し、宋又は高等より予か聞き居る所を告け、宋等は先日通知せられたる一万百余坪に限定せらるるものに非すと思ひ居る模様なることを告け、此ことを決定せすして、残地を使用する様のことあらは、折角の恩賜も効能少きことゝなるへき旨を説きたるに、関屋は決して予定の区域を変更する積りにて、沢田なり宋なりに話したる訳に非す。宋等は誤解し居るに付、自分（関屋）か更に宋に面会して誤解を解くことにすへしと云へり。

紀尾井町賜邸に庭球場を作り難きこと

依て予は、予定の区域にては庭球場を作ることも出来すとのことなり。夫れにては現在の麻布邸にて不便を訴へ居らるることを除く訳に行かすと云ひたるに、関屋も庭球場は是非之を作らさるへからす。此のことは自分（関屋）か毎々世子殿下に説きたることにて、之を作らさる訳に行かす。予定の区域にても、建物の設計を都合よく為したらは、庭球場を作られさることはなからん。どーしても之を作り難きならは、区域外の地所を使用し、其部分は之を賜邸とせす、貸付と為しても宜しからんと云ひ居〔り〕たるか、其後果して宋に面談したるや否、其結果は如何なりたるや否は知らさる旨を告く。

斎藤実坪数を増さすして場所を変更することは出来さるやと云ふ

斎藤、予定の坪数は之を変更せす、低地を減して平地を増すことは出来さるへきやと云ふ。予、夫れは出来さることはなかるへしと云ふ。斎藤、恩賜の根本か利害問題に非さる故、小利害の為に根本の趣旨を減する様のことは面白からす。今後とも君（予）か注意して、成へく結果を好くする様為し呉よと云ふ。

斎藤実に朝鮮人蔘を贈りたることを謝す

予斎藤に対し、先日朝鮮人蔘を贈り呉れたることを謝す。斎藤、之を服用せさる人に贈りても効なし。君（予）は之を用ゆるやと云ふ。予近日利尿の為服用し居ると云ふ。又再ひ斎藤を訪はさる旨を告け、話すること五、六分許にして去る。斎藤は賜邸のことに関しては何事も云はさるへしと云ひ居れり。

高義敬テントを借ることを語る

○午前十一時頃高義敬来り、世子殿下は未た演習地より帰られす、妃殿下は機嫌宜し。先日大磯に行き、滄浪閣趾に涼棚様のものを作りたらは宜しからんと思ひたるも、妃殿下の更衣のとき抔は一切人目を避くる必要あり、テントに非されは不可なりとのことに付、今日内匠寮に相談してテント三個を借用する積りなり。一は殿下用にて、一は随行員用、一は更衣用なり。其外厠は是非之を建設せさるへからすと云ふ。

高義敬、金某と浅沼禎一との争を語る

高又、昨日李堈公附の金某来り、只今金と浅沼禎一と争論最中なることを告く。金の行動に付相談せり。金の云ふ所にては、浅沼が堈公の前に行き居りたるか、公か泣き居るとのことに付、自分（金）も急き公の所に到りたるに、浅沼は公か浅沼のことを京城の家に報知したるより種々の問題を惹き起せり。近日又京城に行かるるか、浅沼のことに付彼此云はれてはならすと云ふて、公を圧迫したる模様に付、自分（金）は公に対し、右の如きことを云ふは宜しからすと云ひたるを、浅沼は第一金か宜しからす。公の手紙の下書は君（金）か作りたるに非すやと云ひ、金は公は手紙を出されたることなし。兎も角公の前にて争ふは宜しからすとて、公の前を退き、手紙を出したるや否を争ひたるか、金は此を出さすと云ふに付、更に公の前に到り、其ことを質したるに、公も之を出さすと云はれ、浅沼は然らは先刻は何故之を出したりと云はれたりやと詰問したる由なり。
右の都合にて、金と浅沼とは非常に仲悪しく、今後金は如何したらは宜しかるへきや、最早京城に帰らんかと云ひ、又浅沼より、公か京城に行かるるに付、随行を望むならは随行しても宜しと云ひ居り、自分（金）は随行せすと云ひ置きたりと云ひ居りたる故、自分（高）は、君（金）と浅沼と争ふては宜しからす。京城に行く前に仲直りするか宜し。又公か京城に帰れと云はるれは格別、浅沼と喧嘩して勝手に帰ることは宜しからす。公に随行することは、浅沼の指図に依るへきものに非す。公か随行せよと云はるるならは、浅沼か何と云ふても随行せさるへからすと云ひ聞かせ、公邸に帰りたるか、如何なりたるへきや、困りたるものなり。浅沼は公か京城に手紙を出したる為、浅沼の妻は解雇せらるることゝなりたるものと云ひ居る由と云ふ。予、其ことは仁木（義家）も金より種々の手紙あり。浅沼の妻の処置も宜しからさることある様なりとは云ひ居りたりと云ふ。

高義敬に紀尾井町賜邸のことに付斎藤実と談したることを告く

予又高に、先刻斎藤（実）来り、紀尾井町賜邸のことに付話したることあるか、其後宋に逢はさるや、関屋（貞三郎）は宋に話したるへきやと云ふ。高、宋に逢ひたるも、自分（高）より別に話さゝりしか、一応宋に面会し、夫れとなく様子を聞き見ることにすへし。

高義敬、関屋の軽卒を譏る

兎に角次官（関屋）か其場限り都合宜きことを云ふか間違の原因にて、次官の処置か宜しからす。畢竟人に対して反対する丈の勇気なき為、此の如きことになるなりと云ふ。

官歴を書記

○午後大正十一年分の官歴の一部を記す。

御物を観る

○午前十時後豊明殿に行き、御物を観る。賀知章〔中国唐代の詩人・書家〕書の孝経、俊成〔藤原俊成、平安時代後期の貴族、歌人〕書の古今集、道風書の詩、書者不詳の万葉集等皆優なり。

七月二四日

○七月二十四日木曜。晴。

○午前七時四十五分頃より坂田稔の家に行き、診を求む。坂田、腸胃も大概宜しき様なり。暫く休薬して様子を見ることにし度と云ふ。

尿量

○昨日午前五時頃より今日午前五時頃までの尿量千百五十瓦。是を二十三日の尿量とす。

多嘉王其他に対する御機嫌奉伺　朝香宮旅費に関すること

○午前十時後宗秩寮にて立案したる京都の多嘉王、北白川宮妃其他一方に対する暑中機嫌奉伺の電信案、朝香宮の旅費に関する相馬某に対する電信案に捺印す。

西野英男に嘱し、参政官、勅任参事官、官房長の沿革を調査せしむ

○午前九時前西野英男に嘱し、各省官房長、各省参与官、各省勅任参事官、各省参政官、副参政官の官制の沿革を調査せしむ。

予か枢密院にて各省に政務次官及参与官を置くことに付審査委員と為りたるを以て、審査の参考と為さんと欲するなり。

河井益夫の辞令

○午前十時後伊夫伎準一来り、官房秘書課より新に採用する審査局属河井益夫〔帝室会計審査局属官〕の辞令書を送り来りたることを報す。河井は内閣属なるを以て直に之を呼出すことを命す。内閣より河井を宮内省に採用して差支なき旨、今朝回答したる趣なり。伊夫伎又、土岐政夫の実況審査報告書に付只今より審査官会議を開くへきやと云ふ。

審査官会議の日時

予、枢密院の政務次官に関する審査委員会のことは未た通知し来らす。明日午前早く出勤して会議することに致し度と云ふ。少時の後伊夫伎復た来り、某〔河井益夫〕は既に呼出しの手続を為し置けり。審査官会議は明日午前八時より開くことにし度と云ふ。

文官高等懲戒委員会開会の日時

○午前十一時頃村上恭一より電話にて、先日二上（兵治）に審査を配付したる懲戒事件、各委員の廻覧済みたるに付、委員会を開くへき処、松岡（義正）は千葉県に転地の予定にて、今日出発し、八月十一日まて滞留すへく、其間に委員会を開かるるならは、帰京すへしとのことなり。如何すへきやと云ふ。

予、今日出発とのことなれは、出発前に開会することは出来難し。又来月十一日後まて延はすことも宜しからす。松岡には気の毒なれとも、近日中の適当の日を選み、松岡には帰京すれは帰京することを得る丈けの猶予を置き、開会することにすへしと云ふ。村上明日は如何と云ふ。予明日は差支ありと云ふ。村上然らは明後日にては如何と云ふ。予政務次官の件に関する審査委員会を開く様のことはなきやと云ふ。村上彼の件は両三日中には開会せらるへき模様なしと云ふ。予、然らは土曜にても宜しかるへきか、午前にするや、午後にするやと云ふ。村上午前には各委員都合出来さるへしと云ふ。予、松岡に通知する猶予ありやと云ふ。村上、松岡は未た出発せさるやも計り難し。電話にて交渉し見るへしと云ふ。

細川一之助の贈に対する返礼のこと

予、昨日細川（一之助）〔細川潤次郎長男、男爵〕より品物を贈り来れり。何か之に酬ゆる相談はなきやと云ふ。村上未た之を聞かすと云ふ。予、其相談ありたらは、予も之に加へ呉よと云ふ。村上承知の旨を答ふ。

松岡義正の差支の日

少時の後村上又電話にて、松岡に電話したる処、尚ほ出発前なりしに付、土曜日午後開会のことを話したる処、松岡は病人を千葉県に遣はし居り、土曜と日曜とは同処にて過し度に付、成るへくは月曜の午後に致し度とのことなりと云ふ。

文官高等懲戒委員会開会の日時を決定す

予、月曜まてならは延はしても差支なし。他の委員さへ都合宜しくは、其ことにすへしと云ふ。村上、然らは月曜日の午後二時開会のことにて他の委員に交渉し見るへしと云ふ。

西野英男、予の嘱したる参政官等の沿革調査に付問合はす

○午前十一時二十分頃西野英男、法令全書を持ち来り、予か今朝書抜を嘱したる部分を示し、是にて宜しきやと云ふ。予、是にて宜し。今日に限ることに非す、明日までに書き呉よと云ふ。西野之を諾す。

河井益夫を呼出すこと

西野、新任せらるへき河井益夫を呼出す為、内閣に電話したる処、河井は今日出勤せさる趣に付、明日午前八時三十分に出頭すへき旨の書状を発することにすへしと云ふ。予夫れにて宜しき旨を告く。

矢島正昭来る　贈物のことに付矢島に挨拶す

○午前九時後矢島正昭来る。予、昨日矢島か来訪し、物を贈りたることに付挨拶す。矢島、予の書状を見たることを談す。

矢島博物館の状況を談す

矢島、博物館の天産物は漸く文部省に引渡すことになりたる旨を談す。矢島の談にても、引渡の時期は尚ほ漠然たる模様なり。

明日馬車を廻はすことの時刻

○午前西野英男に嘱し、明日は午前七時四十分に馬車を遣はすことを主馬寮に交渉せしむ。

七月二五日

○七月二十五日金曜。午後点々の微雨。

審査官会議

○午前七時四十分より出勤し、八時より土岐政夫の静岡支局、名古屋支局の実況審査報告書に付審査官会議を開く。午前には議了せす、午後一時より会議を再開し、二時に至りて議了す。

河井益夫に辞令書を交す

○午前八時三十分頃呼出し置たる河井益夫来る。之に帝室会計審査局属を任する辞令及ひ六級俸を給する辞令書を交す。

高義敬、王世子の近状を談し、且紀尾井賜邸のことに付東久世秀雄か近日来邸する筈に付予にも来邸を求むる旨を談す

○午後一時頃高義敬来り、世子は昨日夕刻（五時頃）帰邸せられ、機嫌宜しく、本月三十一日より大磯の山下亀三郎別邸に避暑し、八月十八日より富士の裾野の演習の為、出張せらるる予定なり。近日中東久世秀雄か来邸して、世子の意見を聴き度旨申出て居り、東久世か来邸するときは顧問（予）にも来邸を求むへき旨世子より命せられたり。今日内匠寮に行き、東久世の都合を問ふ積りの処、東久世は旅行中にて、次の日曜（本月廿七日）頃には帰京すへしとのことなり。東久世か帰京したる後、世子の大磯行前に東久世か来邸することになるへきに付、其ときは来り呉よと云ふ。予之を諾す。

柳原吉兵衛、李王〔家〕祝寿紀念名欵冊に署名を請ふ

○午後零時後本多猶一郎来り、大阪府浜寺町船尾の柳原吉兵衛〔実業家、社会事業家、大和川染工所の創設者〕なる者より依頼したりとて、李王家祝寿紀念名欵冊なる帖を持ち来り、予に署名を請ひたる由。此時、予は未た食堂より局に帰らさりしに付、本多は伊夫伎準一に帖を托し、其来意を予に伝ふることを嘱して去りたる趣なり。

柳原吉兵衛と金応善との関係

一時頃高羲敬か来りたるとき、予より其ことを談したる処、高は金応善と柳原吉兵衛とは懇意にて、金より柳原の為に本多に各員の署名を求むることを依頼したる趣なりと云ふ。柳原か李王に因縁を求め、種々のことを為し、高か困り居ることは大正十一年世子殿下と共に予か朝鮮に行きたるとき、高より之を聞きたることあるに付、今日、高に帖のことを話したるなり。帖には大森鍾一一人のみ署名し居れり。

尿量

○昨日午前五時頃より今日午前五時頃までの尿量千二百瓦なり。是を二十四日の尿量とす。

河井益夫来り、任官を謝す

○午後一時頃河井益夫来りて、任官を謝したる趣なり。

七月二六日

○七月二十六日土曜。曇。

○午前八時三十分頃より出勤す。

入江為守来り、宋秉畯封事の処置方を謀る

○午前九時二十分頃入江為守来り、宋秉畯来り（入江は日を云はす）、封事と題する書を示し、之を摂政殿下に上つり呉よと云ふ。依て之を一覧したるに、朝鮮の施政に関することなる故、自分（入江）直に之を殿下に上つる訳に行かすとて、本書は之を返し、其写を預り、宋を怒らしむるは宜しからすと思ひ、之を研究したる上、返答すへき旨を告け置きたり。正式に之を殿下に上つることは出来難きも、折を見て其趣意を殿下に言上し、又は其写を御覧に供する様のことにしたらは如何と云ふ。予、其ことは、予、予て之を聞き居り、予は内大臣に出すへきものならんと云ひたるも、宋は正式に上書と云ふ様なることに致すことは好ます、内端のことに致し度に付、東宮侍従長に出し度と云へり。依て予は、東宮侍従長としては之を呈すること出来難か〔ら〕んと思ふも、試みに之を出し見る分は妨なからんと云ひ置きたり。書面は之を殿下の御覧に入れす、止た其趣意を言上する丈けにては、宋は満足せさるならん。写を御覧に供することか出来れは、必しも正式ならさるも宋は満足すへきも、侍従長として之を提出することは差支なきやと云ふ。入江、斎藤総督（実）か滞京中なれは、之を示すことも出来くれとも、既に帰任したるに付、其のことも出来す。写でも殿下に差上けたらは、総督（斎藤）は何故自分（斎藤）に知らせさりしと云ふやも計り難しと云ふ。予、斎藤のみならす、宮内大臣（牧野伸顕）も何と云ふやも計り難しと云ふ。入江然りと云ふ。予、普通の請願とも異なるに付、内大臣府にても異議あるやも計り難〔け〕れとも、内大臣府か之を受くるか一番穏当なるへく、内大臣府にて受くれは宋も満足すへく、何処にても之を受附けすと云ふことになれは、宋は不平を云ふならん。一応入江貫一に内談し見たらは宜しからんと云ふ。

入江（為守）、自分（入江）より内大臣府に移送しても宜しからんと云ふ。予、夫れにしても、入江（貫一）に交渉したる上のことにする方宜しからんと云ふ。入江（為守）、然らは一応入江（貫一）に内談し見ることにすへしと云ふて去る。予、入江（為守）に宋の立場、韓国併合に関する結果の責任に付宋か苦み居ることを談す。

李王家祝寿紀念名欵冊に署名す

○午前十時頃、予正に昨日本多猶一郎より嘱したる李王家祝寿紀念名欵冊に署名す。

御剣を観る

会々御物管理委員会附属員某来り、只今御剣を陳列し、今日は殊に優品多きに付、来観せよと云〔ふ〕。予か署名を終るを待ち、某より其意を致す。予乃ち豊明殿に行く。工藤壮平、正に松平某〔頼平〕、関某〔保之助、御物管理委員会臨時委員、帝室博物館監査官、奈良帝室博物館列品課長〕と話し、未た刀剣の鑑査に著手せす、暫時待てと云ふ。幾くもなく上野季三郎亦来り観る。次て九条道実亦来る。十一時頃に至り、関、松平御物の来歴等を説く。最も旧きものは後小松天皇〔第一〇〇代天皇、北朝第六代天皇〕の佩刀なりと云ふ。其外孝明天皇及明治天皇の特命に依り作りたる拵附数本あり。正倉院の御物の剣にて、明治天皇の思召に依り、中身は宮中に留め置かれ、拵を為したるものあり。正倉院の刀剣はいつれも身か鞘に附きて抜けす、油を注き込み、逆さまに高所に釣り、束の処に重きものを下け、自然に抜けるを待ちて抜きたるもの多しと談を為せり（関の談）。

○午前十一時三十分頃審査局に返る。西野英男、金井四郎か来り居ることを告く。予、金井を呼はしむ。

金井四郎来り、兄の病気のこと、師正王の墓のことを談す

金井来る。予、何日に三島より帰りたりやと云ふ。金井、昨日帰り〔たり〕。兄〔不詳〕病気の報に接し、昨日帰り、今日復た三島に行く積りなりと云ふ。予、兄の病状を問ふ。金井、平素腎臓炎の症状あり。此節は痙攣を起したりとのことにて、尿毒症を起したるには非さるやと思ひたるも、夫れ程のことはなき模様なり。師正王の墓所のことは御世話を掛けたるか、如何なりたるへきやと云ふ。

予、師正王墓所のことを金井四郎に告く

予、先は片岡久太郎より話を聞き、即時菊地白を呼ひ、妃殿下の希望を告けて、菊地より北村（耕造）及ひ東久世（秀雄）に相談せしむることに為し置けり。其後三、四日の後東久世、北村に逢ひたるに付、其ことを問ひたる処、折角地割を為し、坪数を定めたるに付、之を変更することは困る。華表を右の方に寄せて、旧の墓穴を蹈まさる様にし度と云ふに付、華表は師正王の墓のみのものに非す、墓域全体のものなる故、正中央に作らされは、不都合なりと云ひ、東久世等は予定の処より石道て二尺丈右の方に寄すれは、左の方か二尺広くなる故、華表を中央に作り、右の方も左の方丈けの広さにするには予定の境界より右の方に四尺丈け広めさるへからす。四尺丈変更することは困ると云ふに付、予は是非とも二尺右の方に寄することに限るには及はさるへし。三尺にても三尺五寸にても宜しかるへきに付、何とか都合を附け呉よと云ひ、東久世等も何とか工夫し見るへしと云ひたる儘にて、今日まて何ことも云はさりしか、先刻菊地（白）か来り、略図を持ち来り、此の通りになりたりと云ひ、予には面会せす、西野（英男）に其図面を渡し、予に伝ふることを嘱して去りたる趣なるか、図面に依れは、旧墓穴の処には六尺二寸四方の垣を作り、其垣より右の方に二尺三寸を隔てゝ石道を通し、石道の入口に華表を立て、石道の左右は同一の広になり居り。図面にては此方の希望通りになり居るか、内匠寮にて此通りに決定したるや否、不確かなりしに付、西野をして菊地に確かしめたる処、最早図面の通り決定したりと云ひたる趣なり。尚ほ念の為、君（金井）より菊地に問ひ見呉よと云ふ。

三島別邸は東久邇宮妃殿下の気に入りたり

金井之を諾し、予の配慮を謝し、且つ三島別邸は妃殿下の気に入りたり。片岡久太郎は自分（金井）か帰京する為、尚ほ三島に滞り居れり。老女桑山某も三島に行き居りたるか、昨日帰りたり。桑山を帰すとき、一人にては如何と思ひ、片岡を呼ひたるも、片岡は自分（金井）の為に尚ほ滞ることゝなれり（桑山は昨日金井と同伴して帰京したるならんか）。妃殿下方は是まて四回沼津に行かれたり。高羲敬面会のときは、別邸か妃殿下の気に入りたることを告け呉よ。

鳩彦王、稔彦王両殿下親睦のこと

極めて簡単なる書状なるも、池田亀雄よりの書状に、稔彦王殿下と鳩彦王殿下の間は大層睦しくなられ、一ヶ月に二回は必す会食せられ居る旨申来りたるに付、今日其ことを松平（慶民）に話したる処、夫れは結構なり。其書状を廻はし呉よと云へり。書状は三島に在りとの談を為せり。

予か三島に行かさること

予、先日片岡に伝言を嘱し置たるか、此節の三島御滞在中には奉伺し難きに付、然るへく言上し呉よと云ふ。金井、其ことは承知せり。塩梅宜しからさるやと云〔ふ〕。予、別に悪しきことはなきも、元気乏しく、尿の通し方宜しからすと云ふ。金井朝鮮人蔘の服用を勧む。予只今一切休薬して経過を見る処なりと云ふ。

菊地白来り、師正王墓の略図を示す

○午前九時後予か入江為守と談し居るとき、菊地白か来りたるも、予か入江と談し居りたるに付、予に面会せす、西野英男に伝言を嘱して去りたる由。其用事は前記予か金井四郎に話したる師正王墓所の件なり。菊地か持ち来りたる墓所の略図は、西野をして之を菊地に返さしめ、西野に嘱して略図の一部、即ち旧墓穴と石道との距離を見ることを得る部分を写取らしめ置きたるか、此分は予より金井四郎に渡したり。

李王家祝寿紀念名欵冊を本多猶一郎に致す

○午前十一時三十分頃、給仕をして予か署名したる李王家祝寿紀念名欵冊を本多猶一郎に返さし〔む〕。予豊明殿に行き、御剣を観居りたるとき、本多審査局に来り、署名済みたるや否を西野英男に問ひたる趣なり。

○午後零時五分頃より退省す。

尿量

○昨日午前五時頃より今日午前五時頃までの尿量八百瓦なり。是を二十五日の尿量とす。

七月二十七日

○七月二十七日日曜。晴。

清浦奎吾〔を〕訪ふ　清浦在らす

○午前七時二十分頃より電車にて新橋停車場に行き、更に電車に乗り、清浦奎吾を大森に訪ふ。将命者、清浦は今朝より軽井沢に行き、二週間許滞在する予定なりと云ふ。予、疎闊に過きたり。先日清浦か暑を伊豆辺に避け、其の帰りたる趣新聞にて知りたる故、今朝来訪したることを告け、之を清浦に伝へ、且つ夫人にも意を致し呉よと云ふ。将命者、夫人に告けんと云ふ。予之を要せさる旨を告けて辞し去り、往路と同一の路を取り、八時三十分頃家に帰る。予、昨日午後宮内省より直に清浦を訪はんと思ひたるも、之を止め、今日に延はしたるか、終に清浦に面する機を失せり。然れとも、何も清浦に談すへき要件あるには非さるを以て、少しも差支なし。

理髪者在らす

○午前八時後、婢豊をして理髪者を召はしむ。理髪者の家人、今日は休日にて理髪者外出し居るを以て来り難しと云ひたる趣なり。

宋秉畯来る　之と紀尾井賜邸のことを談す

○午前九時頃宋秉畯来る。予、近日関屋貞三郎に逢ひたりやと云ふ。宋、先日関屋より自分（宋）、杉山茂丸〔政界の黒幕的人物、元玄洋社社員、元一進会顧問〕、沢田牛麿を錦水に招き饗応せり。自分（宋）には関屋より別に話したることなかりしも、沢田と杉山とには、先日宋に対し紀尾井の賜邸地は自分（関屋）は李王家にて入用なる丈は使用せられて差支なきことゝ思ひ、其旨を宋に話したるか、宮内省の技師其他は一旦一万百余坪を賜はることに定まりたることに付、此ことに付云々する者ありとて、今更之を変更するは不可なりとて、関屋は孤立と為り、非常に困りたる旨を談したる趣なり。沢田、杉山は賜邸のことに付話を為したることあるに付、自分（宋）、杉山、沢田を招き、饗応して領解を求めたる趣意ならん。然し、杉山も沢田も先日彼の通りに云ひ置きなから、今更変更するは不可なりと云ひ居りたりと云ふ。

宋秉畯と宋か入江為守に出したる封事のことを談す

予又、先日入江為守より君の封事の取扱方に付話を聞きたり。入江は直に封事を摂政殿下に上つることは出来難し。依て封事は君（宋）に返し、別の意見書丈は之を預り置きたり。封事は之を上呈せす、封事の趣意を入江より摂政殿下に申上けたらは如何と云ふに付、予は夫れては君（宋）は満足せさるならんと云ひ、入江は封事の写を差上け、正式の上書とせすしては如何と云ふに付、夫れならは君（宋）は或は満足するならん。然るに入江の職分として封事を差上け難しと云ふ点よりすれは、写を差上くることも矢張り懸念すへき点はなかるへきや。予は此ことに付君（宋）より話しを聞き居れり、予は初は内大臣府に差出すへきものならんと云ひたるも、君（宋）は成るへく正式にすることを好ますと云ふに付、然らは入江に内談し見たらは宜しからん。入江か取次くと云ふならは夫れにて宜しく、取次き難しと云ふならは、其時内大臣府に出すことにしても宜しからんと云ひ置きたり。兎に角入江より内大臣秘書官長（入江貫一）と内談し見たらは宜しからん。秘書官長か受取ると云ふならは、入江（為守）より内大臣府に移送することにしても宜しからんと云ひ置きたりと云ふ。

宋秉畯、入江為守に面会したる状況を説く

宋、入江（為守）に面会する為には三度許電話て交渉して初めて出来たり。入江（為守）は余程困り居りたる様なり。自分（宋）の居所を聞き、結果を通知せんと云ひたるも、自分（宋）は自分（宋）の居所は通知するに適当ならす。夫れよりも高義敬に通知し呉るれは、夫れにて自分（宋）に転報し呉るることは差支なしと云ひたるに、入江（為守）も成る程夫れは好き考なりと云ひたりと云ふ。

宋秉畯に予が斎藤実と面談したるとき閔家財産処分のことを談したることを告く

予又斎藤（実）は閔家財産のことを李王職次官（篠田治策）か専断にて処置したりとのことを宋より聞きたるも、自分（斎藤）は左様なることはなき筈なりと思ふと云ひ居りたりと云ふ。宋、斎藤は自分（宋）にも左様に云ひたるも、自分（宋）は委任の書附も所持し居り、事実は篠田か専断したることは間違なしと云ひ置きたり。

又紀尾井町賜邸のことを斎藤と談したることを告く

予又斎藤より紀尾井町賜邸のことに付ては、自分（斎藤）は関屋（貞三郎）より邸賜はることゝなりたる趣を聞きたるのみにて、何事も聞かさるか、君（宋）より地所分割に関する不平を聞きたるか如何なる事情なりや。君（予）は承知し居るへしと云ふに付、予は承知し居れりとて、初め有吉忠一、閔泳綺、李完用等か東久世秀雄等と共に見分に行きたること、次て世子、同妃か見分に行かれたること、其後君（宋）と予と高義敬か見分に行き、其時より君（宋）は不満ありたること、沢田牛麿より関屋（貞三郎）に君（宋）の不満の点を告け、関屋か沢田に答へたること、関屋か君（宋）幷に高義敬に地所の区域は確定のものに非す、建築の都合にて拡張の必要あれは、拡張して宜しき旨を告けたること、其後宮内省の関係にて地所の区域を決定する必要あり。予より公然たることにて聞得たることに非さる故、公然之を主張する訳には行かされとも、宋と高とは次官より話を聞きたりとて、先日賜はりたる区域以外にも拡張して差支なき様に解釈し居る様なり。右様の行為ありては宜しからさるへしと云ひ、関屋は自分（関屋）は初めより予定区域を変更する趣意に非す、宋と高とも右様の話を為したることなし。右様の誤解あるならは、自分（関屋）より之を釈明して領解を得ることにすへしと云ひたるか、其後関屋と宋と面談したるや否、又宋か諒解したるや否は知らす。現在の区域にては庭球場を作る余地なしとのことにて、庭球場を作る必要あることは関屋も之を認め居る模様なる旨を話し、斎藤は予に対して成るへく都合よく解決する様、尽力することを望むと云ひたりと云ふ。

予、関屋貞三郎の性行を説く

予又関屋は決して悪しき人に非す、勇気なき為、兎角行違を生するなり。此節のことにしても、君（宋）より苦情を云ふても、断然と一たひ定まりたることは変更し難しとて、之を拒絶すれは夫れにて済みたることなる〔に〕、之を拒絶する勇気なき為、此の如き混雑を生するなりと云ふ。宋全く其通りなりと云ふ。

宋秉畯北海道御料地払下を断りたることを談す

宋は自分か北海道にて地所の払下を受けたるに、其地所か袋地なる故、御料地の一部を払下け、出入口を作らんと欲し、先年来其ことを願ひ居りたるも、此節自分（宋）より断然御料地の払下を受けさる旨を申出したり。夫れは其払下を受けては自分（宋）か利益を受けて買収せらるる様の嫌ある為なり。然るに、関屋は夫れと是れとは別問題なり。御料地払下のことは既に林野局長官（本田幸介）にも話し置たる故、其方は是非遂行することにせよと云ひたる趣なるも、自分（宋）は断然之を止むる積りなりと云ふ。

宋秉畯、三浦梧楼と加藤高明との関係を談す

宋又先日三浦梧楼か熱海より帰りたるか、其時加藤高明より江木翼を遣はし、いつれ自分（加藤）も訪問するか、近日中晩餐を供し度旨を申込ましめたるに、三浦は饗応は受け度なしとて、直に熱海へ帰りたり。三浦か上京する前に木内重四郎〔加藤高明義弟〕より加藤（高明）に、内閣の成立には三浦は骨を折り居るに付、兎も角加藤か行きて挨拶を為したらは宜しからん。若し加藤か行かさるならは、自分（木内）か名代に行き〔て〕も宜しく、自分（木内）にて悪しくば、誰ても適当なる人を遣したらは宜しからん。三浦を怒らせては不利益なり。先年大隈内閣の倒壊後にも、終に寺内正毅に政権を取らるる様になりたる例もあるに付、考慮したらは宜しからんと云ひたるも、加藤は内閣組織に付ては別に三浦の世話になりたることもなき故、人を遣はすに及はすと云ひたる趣なり。然るに、三浦か上京すれは直に江木翼を遣はしたるは前後矛盾なり。木内の如き親族の者にまて威張りたかる様にて面白からす。三浦は護憲三派の為に枢密顧問まても辞したるに付、責めて顧問の年俸に当る収入を得せしむる為、十万円位にても贈りたらは宜しからんとの説を為したるものありたる趣なるか、三浦は如何なることありても、仮令飢餓する様になりても、右の如き金は受けすと云ひたる趣なりと云ふ。予、加藤よりも原（敬）の方、遣り方か巧なりと云ふ。

宋秉畯、三浦梧楼と原敬との関係を説く

宋、夫れは比較にならす。原は三浦か二十五万円位の負債ありて困み居りたるとき、其邸宅の三分の二位を内田信也〔衆議院議員・政友会〕抔に高価に買はしめ、又其骨董品も十四、五万て買はし〔め〕、三浦の負債を整理して十四、五万円の残余ある様にしたりとの談を為せり。予、山根武亮は三浦の姪なるか、明かに三浦とは云はさりしも、三浦の家政整理のことに付二、三度予に相談に来りたることありたりと云ふ。

宋秉畯、李堈公か篠田治策を嫌ふことを談す

宋又、李堈公は篠田治策に非常なる不平あり。公子（鍵）抔か京城に帰るときは、是まては李王職の職員、朝鮮貴族等も停

車場に迎ふることになり居りたるか、此節は誰も迎へさる様になしたる趣にて、書状にて是も自分（堈公）を疎外するよりのことなりと云ひ、大に憤慨し居れり。

李堈公か予に依頼すと云ふこと

書状の来る毎に君（予）のことは常に之を徳とし、公子を迎へさることも君（予）に話し呉よとか申し来り居れとも、君（予）も何とも致方なきことなりと云ふ。

予、堀江寡婦と浅沼禎一との関係を説く

予、李鍝公のことに付少しく困り居ることあり。先日仁木義家か上京したるとき、浅沼禎一の妻か公の世話を為し居るも、宜しからさることもあり、幸に浅沼の方より妻の暇を願ひ出てたるに付、之を機会とし、速に妻の雇を解き度に付、相当なる代員を世話し呉よと云ひ、予は相当なりと思ふ老婦人を薦めたり。然るに、公の生母の弟金某と浅沼との仲善からす。金も大に困り居る模様にて、先日高（羲敬）に之を訴へたる趣なり。予の世話したる老婦人も、浅沼との関係円満ならす、暇を得度旨申出てたるも、高と相談の上今暫く辛抱する様申聞け置きたる所なりと云ふ。宋、浅沼は金玉均〔李氏朝鮮時代の政治家、甲申事変の首謀者、故人〕に随ひ、処々遍歴したる者にて、性質宜しからす、其妻も正直ならす。別に家を構へ居るも、子供全体公の家に来り、食事する様の有様なる趣なり。

宋秉畯、浅沼禎一の人物を評す

是等は些細なることに付、自分（宋）は是まて何とも云はさりしも、浅沼は適当なる人に非すと云ふ。予、全体に浅沼を罷むる必要あれとも、浅沼夫婦にて公の気に入る様なることを為し、公の気に入り居る故、浅沼を罷むることは難事にて、之を罷めされは他との折合はよくなり難く、困りたる事情なり。全体は公子（鍵）と鍝公と同居せしむるか宜しき〔も〕、是は埈公の寡妣か承知せられさる趣にて実行し難し。鍝公は弟なから、自分（公）か公なる為、公子（鍵）を凌く様のこともありとのことなり。是等は之を矯正する必要あることゝ思ふと云ふ。宋、浅沼は埈公の寡妣に取り入り居れり。寡妣は公と公子とを同居せしむれは、其会計も混同して累を受くることを恐れ、同居を諾せさる訳なり。

宋秉畯、堀場某の人物を評す

公子附の堀場某も適当の人には非すと云ふ。宋は十一時頃に至り辞し去る。

尿量

○昨日午前五時頃より今日午前五時頃の尿量七百瓦なり。是を二十六日の尿量とす。

七月二八日

○七月二十八日月曜。晴。

○午前八時三十分より出勤す。

酒巻芳男、摂政を置かれたることに関する予の日記を見ることを求む

○午前九時頃酒巻芳男来り、先年摂政を置かれたるときの始末を記録し置くことは、予て宮内大臣（牧野伸顕）より命せられたることにて、公の文書は大概纏まりたるか、裏面の秘事に関する材料乏し。君（予）の日記中より必要なる部分を書き抜きて、示し呉るることは出来さるやと云ふ。

摂政を置かれたるときの日記のこと

予、日記にも憚るへきことは記し居らさるに付、文書として宗秩寮の記録にあるもの丶外、材料と為るものなからん。兎に角日記又は其節の書類を調査し見るへし。十年の七月頃ならん。宮内大臣（牧野伸顕）より予に対し、摂政を置かるる必要ありと思ふ。然し此ことは極秘を要するに付、今日まて誰にも話し居らす。秘密に摂政を置かるるに必要なる手続を取調へ呉よとのことなりしに付、予か手続を取調へ、其後に至り南部（光臣）も手続を取調へたり。予は摂政を置かるるに付、枢密院会議と皇族会議の議を経ることを要し、皇室典範にもいつれの会議を先きにするや、之を定め居らす。予の考にては、皇族は天皇の御親族にて、皇族会議を召集せらるるは摂政と為るへき方なれは、其御情誼よりするも、自進みて皇族会議を召集せらる〔は〕穏当ならす。加之摂政の必要は主として政治上のことなるに、皇族は政治に関係なしとは云はさるも、平素の職務は政治には関係なきことに付、枢密院に於て政治上、摂政を置かる必要を認め、枢密院会議を開く方適当なりと思ひ、其案を立てたれとも、第一枢密院か皇族会議に先つことを欲せす。其他にも皇族会議を先きにする意見あり。結局南部案の通りに決したり。然し、予は今日にても枢密院の会議を先きにするか穏当なりと思ひ居れり。予の作りたる手続書は宗秩寮にあるならんと云ふ。酒巻確かありたりと思ふと云ふ。

酒巻芳男、河井益夫のことを談す

酒巻又河井益夫を審査局に採用したることに付挨拶す。予、河井と酒巻との関係を問ふ。酒巻、奈良県に居りたるとき、河井に民法、商法等を教へたることあり。民法は殊に其長所なりしなり。自分（酒巻）宮内省に転任したる後、河井も上京したるに付、内閣記録課に依頼して採用し貰ひたり。二回計り弁護士試験を受けたれとも、不合格にて本人は閉口し居れり。記録課にて法令輯覧の編輯に関係し、目を損したるより転任を望みたるか、学習院の勝田圭通は承諾し居りたるも、勝田と意見を異にする人あり、院長（福原鐐二郎）は之を採用しては面倒と思ひたりと見へ、断り来りたるより、河井は一寸進退に困ること丶なり居りたるなり。宜しく頼むと云ふ。

高羲敬、世子大磯行のことを語る

○午前十時頃高羲敬来り、世子は本月三十日の明治天皇祭に参拝し、其翌日（三十一日）より大磯の山下亀三郎の別邸に行き、暑を避けらるる筈なり。世子邸の職員は五日交代にて大磯に行くことになり居れり。此節は桜井某は大磯には行かさることになり居れり。自分（高）は三十一日に随行し、八月八日に帰京し、金応善は八月十八日より世子か富士の裾野の演習に行かるるとき随行し、若干日の後田村〔原文空白、不詳〕と交代する予定なり。

金応善樺太へ行くこと

職員も二十日間宛休暇を取るに付、金は陸軍の用務に便乗し、樺太見物に行くと云ひ居れり。自分は妃殿下は九月七日頃帰京せらるる積りに付、其帰京前に今一度大磯に行くことにすへしと云ふ。

世子演習中も世子妃は大磯に居らるること

予、世子の演習中は妃は梨本宮の別邸に行かるるやと云ふ。高、否。矢張り山下の別邸に居らる筈なりと云ふ。

世子と紀尾井賜邸のこと

高又紀尾井賜邸の設計は世子は急き居らるるに付、今日東久世秀雄に逢ひ、何日に世子邸に来るやと云ひたる処、東久世は準備未た出来す、今日明日と云ふ訳には行かすと云ひたり。

東久世秀雄と山下亀三郎とを世子邸へ召はんと思ひたること

世子は今日にも東久世か来るならは、其時は顧問も来邸し、同時に山下亀三郎も呼ひて一緒に面会する様にし度とのことなりしも、東久世か来らさる故、同時と云ふ訳に行か〔す〕、山下は明日ても呼ふことにすへしと云ふ。予、予は山下は逢ひたることあり。山下か来邸するとき、予か往くには及はさらん。殆んと忘れ居りたり。

金井四郎より高義敬に対する伝言

一昨日金井（四郎）に逢ひたる処、三島の別邸は非常に東久邇宮妃の気に入りたるに付、其旨を君（高）に伝へ呉よと云ひ居りと云ふ。高、夫れは結構なり。東久邇宮妃は何日須まて三島に居らるへきやと云ふ。

東久邇宮妃三島滞在のこと

予、金井の話にては明治天皇祭には一寸帰られ、来月七日頃まて三島に居らるる様の話なりし様なりと云ふ。高、明治天皇祭には世子妃は参拝せられさるも、世子は参拝せらるるに付、左すれは東久邇宮妃には世子は面会せらるるならんと云ふ。予、金井の談は右様のことなりし様なるも、東久邇宮妃か愈々明治天皇祭に帰京せらるるやは確かめたることに非さるに付、間違ふやも計り難しと云ふ。

高義敬、宋秉畯封事のことを談す

高又宋秉畯より封事を預りたること、入江（為守）か封事を受取らさりし趣なること、宋より入江に封事のことに関し用事あるときは、高に通知し呉よと云ひ置たる趣なること、宋は入江よりの通知は八月なるか九月になるか分らす、此ことに付宋に面会し度とのことならは、電信にて通知し呉るれは直に上京すると云ひたること等の談を為す。予、此ことは予も宋より話を聞きたり。又入江為守よりも相談を受けたるに付、入江（為守）より入江（貫一）に内談し、成るへく内大臣府にて之を受領する様、取〔計〕ひたらは宜しかるへき旨を話し置たり。

関屋貞三郎か紀尾井町賜邸のことに付宋秉畯、沢田牛麿、杉山茂丸を饗応したること

予又関屋（貞三郎）か宋と杉山茂丸、沢田牛麿を錦水に招き、饗応を為したるに付、其時関屋より宋に対し、紀尾井町のことに付何か話すならんと思ひ居りたるも、宋には何事も話さす、杉山と沢田に対し、関屋貞三郎は紀尾井町の地所は先日李王に賜りたる坪数に限らす、李王家にて必要なる坪数丈けは使用せらるる様致さんと思ひたるも、省中にては皆之に反対し、関屋は孤立と為り、非常に苦心する旨を話したる趣にて、沢田等より其ことを宋に通知せしめ、宋の諒解を求めんとしたるものならん。然し、省中に反対多しと云ふは事実に非す。又沢田も杉山も先日明かに坪数を制限せさる旨を宋に告け置きなから、今又之を変更するは不都合なりと云ひ居るとのことなりと云ふ。

高義敬、関屋貞三郎の軽卒を誹る

高、関屋か軽卒に人の気に入る様のことを云ふに付、後になり困ることを生す。兎に角関屋か宜しからすと云ふ。

片岡久太郎、師正王墓所のことを語る

○午前十一時頃片岡久太郎来り、師正王の墓所は貴官（予）の御配慮に依り好都合に相成りたる趣にて、妃殿下も満足し居らると云ふ。

三島別邸は東久邇宮妃の気に入りたること

片岡又妃殿下は三島の別邸は涼しきに付、日光行を止め、三島丈にしても宜しとまて云ひ居られたり。金井（四郎）は自分（片岡）か三島を出発したる夜、日光に行かるることを止むるか否に付妃殿下に御相談申上くる様に云ひ居りたりと云ふ。予、妃殿下は明治天皇祭には御帰京なさるるやと云ふ。片岡御帰京なかるへしと云ふ。片岡は頻りに三島別邸の構造を称し居りたり。

渡部信来り、皇族歳費令案を致す

○午前十一時後予か片岡久太郎と談し居りたるとき、渡部信来りて皇族歳費令案の特別委員の議を経たるものゝ蒟蒻〔ママ〕板刷一部を致す。

入江為守来り、宋秉畯封事のことに付入江貫一と協議し入江貫一か承知したることを語る

○午前十一時後入江為守来り、宋秉畯より摂政殿下に上つる封事のことは今朝入江（貫一）に協議したる処、入江（貫一）か特別の取扱にて之を受理すへし。但文中個人に対し誹議したる様の語句あれは、之を受理し難しと云ふに付、自分（入江為守）か宋より預り置き〔し〕封事の写を入江（貫一）に渡し、為念一覧し置くへき旨を話し置きたりと云ふ。

封事に関する予の記臆違ひ

予、先日入江（為守）より封事は宋に返したりとの談を聞きたることあり。其ことより入江（為守）か預り居るは封事の写に非す、政府官吏に贈る意見書のことゝ思ひ誤り、漢文の封事写も入江（貫一）に示す必要あるへしと云ふ。

入江（為守）、自分（入江為守）の預り居るものを渡し置きたりと云ふ。予漢文のものなりやと云ふ。入江（為守）漢文に非すと云ふ。予、漢文のものも入江（貫一）に示す必要あるならん。予か宋より受取り居るものあるに付、之を入江（貫一）に示したらは宜しからんと云ひ、袱包中より封事写を出し、之を見るに、漢文に非す、仮名文なり。宋の封事は仮名文なるも、漢文直訳にて、政府官吏に示す意見書は時文体なりしに付、予は此のことに付ても封事は漢文なりと思ひ誤り、右の如く入江（為守）に話したれとも、封事写か仮名文なりしに付、予の誤を入江（為守）に告け、君（入江為守）より入江（貫一）に示したるは是なりやと云ひ、入江（為守）是なりと云ふ。予乃ち然らは他には示すへきものなし。入江（貫一）か之を受理すと云ふ以上は、宋は近日朝鮮に帰る趣にて、既に昨日世子にも暇乞を為したりとのことなり。宋か出発前に其旨を知らせたらは都合宜しからん。宋は此ことに付ては高羲敬に封事を渡し、君（入江為守）より通知ありたらは、之を出し呉よ。若し自分（宋）に用事あるならは、何時にても上京すへく、君（入江為守）の通知は八月中なるか、又は九月後になるかは分らさる旨、高に話し居る由なり。宋は更に上京するとまて云ひ居るとのことに付、成へく速に通知する方宜しからん。高は先刻此処（審査局）に来りたり。尚ほ宗秩寮に居るやも計り難し。然れは、高に其旨を通知したらは高より宋に通知するならんと云ふ。入江（為守）、予の配慮を謝して去る。

○午後一時四十分頃より枢密院事務所に到り、朝鮮総督府典獄補野村光輝の懲戒事件に付審査委員会を開く。委員窪田静太郎、二上兵治、塚本清治、小野義一（大蔵次官、衆議院議員・憲政会）、幹事村上恭一来会し、遠藤源六は旅行中にて欠席せり。主査委員二上兵治より審査の結果を報し、覆申書案に付二、三文字の修正を為し、年俸月割割額十分の一を二ヶ月間の減俸に処すへきものと議決し、午後二時四十分頃散会し、

宋秉畯を訪ふ　在らす

予は帰途馬車に乗り、宋秉畯を内幸町一丁目五番地兼本某（不詳）方に訪ひたるも、宋か在らさるを以て、直に家に帰りたり。

尿量

○昨日午前五時頃より今日午前五時頃までの尿量八百七十瓦。是を二十七日の尿量とす。

静岡県御料地払下のこと

○午後一時頃審査官室に行き、土岐政夫に静岡県御料地払下のことは既に参事官の手を離れたりやと云ふ。土岐、未た離れす。昨日林野局の東郷直に他の用事にて面会したる処、東郷より静岡県御料地払下の件は自分（東郷）か担当したることなるか、其時の方針は、御料地の中、御料として不必要なるものは全体に之を払下け、之を払下くるに付ては成るへく廉価にすること、又差向きは必要ならさるも、事情に因り必要となるへき考ある地所は之を保存するも、其他は之を保存せさる方針にて、其方針の下に静岡県御料地か偶々現はれたるものにて、決して静岡県に限る趣意に非さりしに付、其積りて詮議すへきものなりとの話を為したるに付、自分（土岐）、方針を決したることを見るへきものありやと云ひたるに、東郷は其書類は総て地震のとき焼失せりと云へり。

自分（土岐）は其方針にて処分する積りなれは、最初に之を説明すへき筈なるに、自分（土岐）等に対しては誰も其ことを説明せす。之を聞くことは今日か始めてなりと云ひ、今日は林野局より東郷と稲垣潤太郎二人を召ひ、説明を聞き、稲垣に対し、今日まて東郷の云ふ如きことを一言も云はさりしは何故なりやと詰問したるに、稲垣は其ことに付ては是まては質問なかりしに付、云はさりしと云ひ、稲垣の云ふ所は支離滅裂なりと云ふ。予、東郷か方針と云ふも、其方針は林野局限りにて決す

山岡万之助諮問第四号答申の整理案を致す

○午前八時三十分より宮内省に出勤す。山岡万之助既に来り居り、西野英男は予か家に電話し、予か家に在るや否を問ひたる趣なり。先刻山岡か電話したるとて、予、婢敏をして午前八時三十分より出勤する旨を告けしめたるか、山岡は八時三十分に宮内省にて面会することゝ思ひたる趣なり。此ことは山岡より予には告けさりしも、西野英男に話したる趣なり。山岡は諮問第四号に付小委員会にて議決したる答申案の整理したるものを持ち来り、答申案は幹事に於て纏むる様、委員長（予）より命せられ居りたるか、牧野幹事（英一）は千葉県に行き居り、協議する機会を得す。若し此儘に主査委員会を開かるるならは、今少し研究を要する所ありと思ふ。此案は自分（山岡）と泉二（新熊）にて纏めたるものなり。主査委員会を開く前、今一回小委員会を開かるるならは、此にて宜しからんと思ふと云ふ。予、先頃小委員会を終るとき、九月に入りたる上にて今一回小委員会を開き、其上にて主査委員会を開くことに約束し置たる故、其約束の通り今一回小委員会を開くことにすへしと云ふ。

山岡、答申案にては総則に於て情状に因り刑の減免を為すことを得せしむる規定を設くることになり居るのみならす、宣告猶予の規定を設くることになり居れり。而して各罪の部に於て、財産に関する罪に付損害を賠償すれは刑を免することを得せしむる規定を設くることになり居れり。現今にても、横領罪に付ては常に幸免者を出す嫌あり。其央に此の如き規定を設くることになりたらは、横領犯人抔は初は横領したる金銭は之を隠匿することを得るものに非す。先年御料地整理委員なるものを置き、予も委員となり居りたるも、其時は農地の処分は決定したるも、林地のことは決し居らす。書類か焼失せりと云ふも、焼失すへき書類なき筈なりと云ふ。土岐、東郷、稲垣の説明、要領を得さるに付、参事官全体林野局に行き、説明を聞くことになり居れり。大谷（正男）は東郷の云ふ通りならは条理か立ち居るに付、今少し説明を聞き、審議を進行せしめ度とて、結了を急き居れり。経済会議に掛りたらは、其根本方針と云ふものに付何も根拠なきことを詰問せらるる様あり度と云ふ。

七月二九日

○七月二十九日火曜。晴。

内子郵便局に行く

○午前八時頃内子、一ツ木郵便局に行き、為替を作り、逸雄の貯金通帳の引替を請求す。局員、通帳は明後日新帳を渡すへしと云ひたる趣なり。

山岡万之助の電話

○午前八時十分頃山岡万之助より電話にて、是より往訪し度と云ふ。時に予厠に在り。婢敏をして八時三十分より宮内省に行くに付、来訪の暇なし。宮内省に来りたらは、同処にて面会すへしと云はしむ。山岡宮内省に往くへしと云ひたる趣なり。

尿量

○昨日午前五時頃より今日午前五時頃までの尿量七百瓦なり。是を二十八日の尿量とす。

して貯金し置き、到底発覚を免れ難きことになりたる場合には、其金銭を賠償して刑を免かるることになるへく、今日にても既に其弊ある所なる故、此等の規定に付ては今後小委員会なり、主査委員会なりに於て適当に修正する様、注意せらるることを望むと云ふ。予、現行刑法に於て横領罪を設けたるは、新律綱領の監守盗の趣意を取りたるものなりし処、施行上にては小僧の持ち逃も横領罪と為ることになり、予期外の結果を生し、裁判所にても此等の結果に付ては気の毒に思ひ、幾分強ひて処刑を避くる様のこともあるならん。今少し区域を狭くする為、現行法の条文を修正する必要はあるやも計り難しと云ふ。山岡其修正は必要ならんと云ふ。

予、牧野（英一）か法律を知らさることを以て無罪と為すの原因と為さんとするは如何のものなるへきや。牧野は熱心に之を主張し、独逸の刑法改正の論議は主として此点に在る旨を論し居りたるか、折角法律を設けても、之を知らされは責任なしと云ふことになりては、法律の効能なき訳なり。実際より云へは、法律は之を知らさる人か大多数なり。孔子〔中国春秋時代の思想家、儒教の始祖〕か民は之に由らしむへ〔し〕、之を知らしむへからすと云ひたりとて、世人は孔子を非とする唯一の論拠と為せとも、予は孔子は民をして知らしむることを禁する趣意にて云ひたるものとは解し居らす、実際の事情を述へたるものにて、民は法を守らしむることは可能なるも、法を知悉せしむることは不可能なりと云ひたるものと解し居れり。現に孔子は教へさる民を以て戦ふ、是之〔ママ〕を賊〔棄〕と謂ふとまて云ひ居る位に付、法を知らしむることを非とする理由なし。唯之を知らしめ難きことを述へたるまでのことなりと思ふ。然れは、何も此語を非とすへき理由なし。独逸にて論議するも、独逸は合法主義を取り居る故、犯法行為なりとて一々之を罰することゝ為しては其弊に堪へす、其弊を拯ふの一方法として法を知らさることを以て無罪と為すの原因と為さんとする様のことには非さるへきやと云ふ。山岡或は左様なることとなるへしと云ふ。予、九月に入り小委員会を開くことは、其時に至りて書記に命して開会の手続を為さしむる様、取計ひ呉よと云ふ。山岡之を諾す。話すること六、七分間許にして去る。

○午前十時頃高松宮附（属官ならん）某来り、高松宮殿下海軍兵学校御卒業に付、特に電信を以て祝詞を申上けられたるに付、其挨拶に来りたり。殿下は先日少しく御不例なりしも、御乗艦に差支ふることはなしと云ひて去る。

入江為守来り、宋秉畯封事のことを談す

○午前十一時後入江為守来り、今朝宋秉畯を召ひ、封事の本書を受取り、之を入江（貫一）に渡す積りなり。只今入江（貫一）の処に行きたるも、他の人と談し居るに付、面会せすして来りたり。封事は先日自分（入江）か預りたる写と異なることなし。只本書は鉄筆版に非す、筆写したるものなり。昨日午後入江（貫一）より封事の写を一覧したるか、不都合のことなきに付、之を受理することにすへしと云ひ来りたるに付、世子邸に電話し、同邸より宋に封事を持ちて今朝来る様通知することを嘱したりとの談を為せり。

宋秉畯封事のこと

○午前十時頃高義敬来り、世子は機嫌宜し。昨日入江為守より電話にて、今日宋秉畯に東宮御所に来るへき様伝ふることを申来り、之を宋に伝へたる処、昨夜宋より使をして、宋か自分（高）に預け置たる封事を返すことを申来らしめたり。封事は大切なるものに付、世子邸の金庫に入れ置きたれは、自分（高）は自宅より世子邸に行き、金庫より封事を出して之を渡したりとの談を為せり。予、昨日入江（為守）より内大臣府にて封事を受理することゝなりたる様に聞きたるを以て、然れは、宋か出発せさる中に其ことを宋に伝へたらは、宋も安心するならんと云ひ、昨日君（高）か此処（審査局）に来りたるときより格別の時間なかりしに付、入江（為守）に君（高）か尚ほ宮内省に居ることもあるへしと話し置たりと云ふ。

東久世秀雄より高義敬に紀尾井町賜邸のことに付談し度ことありと云ふ

高は内匠頭（東久世秀雄）より話し度ことあるに付、明日来り呉よと云ひ来りたるも、明日は明治天皇祭日なる理由を以て、自分（高）より断り、東久世は然らは明後日来り呉よと云ひたるも、明後日は世子殿下に随て大磯に行かさるへからさるに付、是亦之を断り、結局今日来りたり。多分紀尾井町の建築の設計のことに付自分（高）の談を聞き度と云ふことならん。

東京市より高義敬宛の書状のこと

其ことに付東京市より自分（高）宛に此通りの書状を送り来れりとて、之を示す。其趣意は、紀尾井町の低地の閑院宮と向ひ合ひ居る所、若干道路の為に使用するに付、承認し呉よと云ふことにて、何の部分にて何坪位なるやも分らす。

予、此ことに付ては東京市に問ひ合はせされは分らすと云ふ。高、此書面は自分（高）宛になり居れとも、李王職長官宛に非されは不可なるへしと云ふ。予、然り。東久世より役所のことに付話すと云ひても、根本か李王の殿邸に付、君（高）か専決すること出来さるは勿論、東京市より収用する部分か分らされは、何事も定め難かるへしと云ふ。高、自分（高）是より内匠寮に行くか、貴官（予）も共に行き呉るるやと云ふ。予、先つ君（高）のみにて如何なることを云ふや聞き、然る後予が行く必要あらは行くへしと云ふ。

紀尾井町賜邸のことに付東久世秀雄より予の会談を求む

少時にして内匠寮の属官某来りて、予を迎ふ。乃ち往く。東久世、北村耕造及某、高と共に建築設計図を前にして談し居り、予か行くに及んて東久世、北村及某、高と共に予か為に設計を説明す。建築設計は多少の変更を加ふれは大概宜しかるへきも、邸地に対する家屋の位置宜からす。殊に庭球場、馬場、霊屋を置くへき所なきを以て、予は左の趣旨を述へたり。

本邸地は李王に賜はりたるものなるを以て、世子附事務官高君（義敬）か云々することを得さるは勿論、予亦之に喙を容るることを得す。然れとも、李王に賜はりたるものなるも、李王の上京は先つ之を期し難し。世子の用に供せらるるものとすれは、現在の麻布の殿邸にて不便不足なる所は之を除かされは、態々麻布より移転せらるる必要なし。現在の殿邸にて最も不足するは運動場なり。故に庭球場、調馬場は必す之を備へさるへからす。然るに、全体の邸地より五千坪許を割き、之を残して宮内次官其他の官舎敷地となせは、此等の設備を為す余地なし。若し、先日公文にて通知せられたる一万百七十余坪の坪数は此を増減することを得すとするならは、現在の区劃の中にて利用し難き低地を御料地として之を残し、其代りにて高平なる処を賜邸の中に加ゆることを得て、坪数の増減なきことを得るならは夫れにても宜しかるへきも、右の如き乗除は出来難かるへく、いつれにして〔も〕一旦定めたる区域にては恩賜の目的を達することを得す。幾分にても予定の区域を変更することとなる以上は、残地五千坪の中其半分を使用するも、其全部を使用するも大同小異にて、五千坪の中、半分を賜邸中に加ゆるは、其残地に建設する官舎は矢張り究〔窮〕屈なることになるへきに付、寧ろ全部を賜邸として完全なるものを作る方宜しくはなきや。但先刻の説明にては、主なる部屋は皆世子の用に供し、李王の用に供する所は真の一部分に過きさる様なりしか、実際は兎も角、名義丈は李王を主とし、世子を従と為し置く必要あるへしと云ふ。

東久世は馬場のこと抔は初めより聞き居らす、困ると云ひ、北村はどー〔ママ〕て賜はるならは全部を賜はり、完全のものと為すことに致し度。内匠〔寮〕にては最初より其ことを望みたりと云ふ。高も予か行く前に、此ことに付ては世子附事務官としては何等の意見を述ふることを得さる旨を述へたる趣なり。予は話すること二十分間許にして審査局に返る。

宋秉畯封事のこと

其後少時にして入江（為守）来り、前記のことを談したり。依て予より入江に対し、昨日入江より世子〔邸〕に電話して、宋秉畯に伝言することを嘱し、世子邸より宋に通知し、宋か使を高の家に遣はし、宋より高に預け置たる封事を返すことを求めたる次第は既に高より之を聞きたる旨を入江に話し、入江の取扱にて速に封事を呈することを得る様になりたるに付ては宋は喜ふことならんと云ひたるなり。入江か去りたる後給仕をして宗秩寮に行き、高羲敬を召はしむ。高直に来り、先刻一寸来りたれとも、他客（入江為守）ありたるに付、入らすして去りたり。貴官（予）か内匠寮を去られたる後、自分（高）より先刻も云ひたる如く、此ことに付ては自分（高）何事も云ふことを得す。先刻倉富君より邸地全部を賜邸と為したらは宜しかるへき旨話されたるか、倉富君ならは此の如きことも云ふことを得へきも、自分（高）としては其ことも云ひ難し。先刻話したることは全く内匠寮員の参考に供するまてなりと云ふて去りたりと云ふ。

宋秉畯封事のこと

予、只今入江（為守）来り、今朝宋秉畯に面会して封事を受取り、之を入江（貫一）に渡す筈にて持ち来りたるも、入江（貫一）の処に来客あるに付、面会せすして此処に来りたりと云へり。君（高）は宋に逢ふことあるやと云ふ。高只今面会の予定なしと云ふ。予、然るか。然らは特に通知する程のことには非す。若し君（高）か宋に逢ふならは、入江（為守）か愈々封事を入江（貫一）に渡す為、宮内省に持参したる趣を宋に伝へたらは、宋も安心するならんと思ひたりと云ふ。高、右様のことならは、自分（高）は是より世子邸に帰り、宋の宿所は順路なるに付、一寸過訪して之を告くることにすへしと云ふて去る。

○午後六時頃吾妻毅〔不詳〕来る。毅は兵治〔吾妻兵治、外務省勤務、『同人社文学雑誌』編集者〕の子にて、其兄某〔不詳〕か某処に勤務し一家を維持し居りたるか、兄か病気にて勤務を罷め、毅か一家の生計を立てさるへからさることとなり、毅は先年は弁護士の機関雑誌の如きものゝ編輯を為し居りたるも、是も昨年の震災後其事業を止むることゝなり、只今無職なるに付、予より実業家に紹介して職に就く周旋を為し呉よと云ふ。予は実業家に懇意なる者なきを以て、其請に応せす。毅は中央大学にて経済科を卒業したるものなりと云ふ。

○少眠。

○午後大正十年の日記を閲す。酒巻芳男より摂政を置かれたるときの記事を見ることを求めたるを以て、之を検したるなり。

○午後三時頃より髪を理す。

七月三〇日

○七月三十日水曜。晴。

宋秉畯来る

○午前七時四十五分頃宋秉畯来る。

封事のこと　紀尾井町賜邸のこと

宋は摂政殿下に上つる封事のことに付、予か入江為守に談判したる結果、入江貫一か之を受理することゝなりたること、又昨日予と高羲敬と東久世秀雄に談したるとき、予か紀尾井町の邸地は全部賜邸と為さゝれは賜邸の目的に適せさる旨を述へたることに付挨拶を為し、宋は近日出発して京城に帰るか、一たひ礼を述へて出発せされは、気か済まさる故来りたり。其の為早朝より来訪して気の毒なりと云ふ。予、今日は早く来りたる故、家に在りたり。今少しく遅くなれは、予は明治天皇祭に参拝する為、家に在らさりしなりと云ふ。

宋又先日関屋貞三郎か自分（宋）と杉山茂丸、沢田牛麿を錦水楼に招き、饗応を為したるとき、紀尾井町賜邸のことを談するならんと思ひ居りたるも、其ことに付て何も云はさりしに付、其後沢田をして、先日関屋より宋に話たる所にては紀尾井町の地所は李王家にて入用なる丈は使用せられて宜しき旨を述へ居るに拘はらす、其後は前言を翻し、公文にて通知せられ居る坪数を変更することを得すと云ふは前後矛盾に非すや。

関屋貞三郎京城にて喧しく云はされは賜邸の坪数を変更する訳に行かすと云ひたること

此ことは、先日宋に話したる通り、公文にて通知したる坪数よりも増さゝれは不可なる旨を関屋に説かしめたるに、関屋は公文にて通知したる坪数は、京城にて此ことに付喧しく云ふて騒かされは、之を変更する訳に行かすと云ひたる趣なり。

宋秉畯紀尾井町賜邸のことに付騒くへしと云ひたること

自分（宋）は此事を沢田より聞き、実は驚きたり。依て自分

（宋）は此節京城に帰れは、最早再ひ東京には来らさる位の決心に付、京城にて騒くか宜しけれは、確かに騒くへしと云ひ置きたり。世子殿下のことは只今の宮内省にては甚た心細し。君（予）より外に依頼する人なし。今後とも宜しく頼むと云ふ。

李王職か朝鮮総督府の監督を脱することの得失　予宮内省より逐はるるならん

予、先年京城に行きたるとき、貴族の重もなる人の希望は李王家のことは朝鮮総督府の監督を止め、直接に宮内省に属する様にし度とのことなりしも、是も必しも宜しきとも考へられす。君（宋）より予に対する依頼あれとも、予も遠からす宮内省より逐ひ出さるることになるへしと云ふ。宋、或は然らん。兎角逐ひ出さるるまては宜しく世話し呉よと云ふ。予、婢敏に八時になりたらは知らせよと云ふ。宋、時辰器を検し、八時少し前に辞し去る。

尿量

○昨日午前五時頃より今日午前五時頃まての尿量八百二十瓦なり。是を二十九日の尿量とす。

明治天皇祭に参す

○午前八時十分馬車来る。乃ち直に賢所前の参集所に行き、九時後より仮賢所前の幄舎（テント張）に就く。仮幄舎にて狭き為、親任官待遇以上に限り幄舎に就かしめ、其以下は順次拝礼せしめたり。

野田卯太郎に遇ふ

参集所にて野田卯太郎に遇ひ、先日二度来訪したる趣なるも、いつも不在にて面会せさりしと云ふ。野田、いつも門前を通過するに付、過訪したるまてなりと云ふ。十時前皇霊殿に拝し、直に帰る。

官歴を記する為の準備

○午後大正十二年五月頃以後の日記を閲す。官歴を記する為、材料を調査したるなり。

内子脳貧血の兆候

○午前午後、内子脳貧血の容体あり。然れとも昏倒するに至らす。

七月三一日

○七月三十一日木曜。曇。

○午前八時三十分より出勤す。

西村時彦を弔する為自動車を借ることを謀る　市来政方に賻を贈ることの問合

○午前九時頃西野英男に嘱し、西村時彦を弔する為、自動車を借ることを主馬寮に謀り、又市来政方死去したるに付、皇族附職員より賻を贈る計画あるや否を東久邇宮邸に問はしむ。西野、市来に賻を贈ることは従来其例あるか、是は当番事務官より通知することとなるか、未た其通知に接せす、通知あれは直に之を報すへしとのことなり。又少時の後、自動車は貴命の通り、午後一時に宮内省玄関に廻すことに交渉し置たる旨を報す。

片岡久太郎来る　稔彦王妃殿下の帰京

○午前九時後片岡久太郎来り、東久邇宮妃殿下は今夜三島より帰られ、八月三日は復た三島に行かるるとのことなりと云ふ。予、予は昨日の明治天皇祭に帰京せらるることゝ思ひ居りたるか、然らすして今夜帰らるるは何の為なるへきやと云ふ。片岡、月の一日には必す師正王の墓に展せらるることゝなり居る故、其の為帰らるることならんかと思ふと云ふ。

西野英男に字を写すことを嘱す

○午前九時頃西野英男に少しく書記を頼むへきことあるに付、暇あるとき予か席に来り呉よと云ふ。

徳川頼倫に紀尾井町賜邸の成行を談す

○午前十時頃より徳川頼倫の室に行き、予には一の定見なく如何にしたらは宜しからんか、其工夫もなきこと故、之を談する も益なきことなる様なるも、懸念少なからさるに付、之を話す為に来りたり。先日予算会議のとき、予より紀尾井町賜邸のことに付次官（関屋貞三郎）に談したる処、次官（関屋）は初めより賜邸地の区域を変更する考なく、宋秉畯にも変更する様の話を為したる訳に非す。宋か左様なる考を有し居るならは、夫れは誤解なるに付、誤解を釈く様に談し置くへしと云ひたるか、其後の様子は聞きたりやと云ふ。徳川何も聞きたることなしと云ふ。

予、先日斎藤総督（実）か宮内省に来り、予を訪ひたる趣なるも、予は不在なりしに付、予より其後斎藤の私宅を訪ひたり。然るに、其時も斎藤か不在にて面会を得す。予は別段用事ありて斎藤か来りたることゝは思ひ居らさりしか、其後復た斎藤か宮内省に来り、紀尾井町賜邸のことは自分（斎藤）には次官（関屋）より賜邸ありたることを告けたる丈けにて、其他には何の話もなし。然るに宋秉畯より、邸地を賜はりたるも、一部を分割して賜はりたるに付、不便不都合なりとて不平を鳴らせり。自分（斎藤）には其事情分らさるか、君（予）は事情を知り居るやと云ふに付、予は一と通り之を知り居るとて、宋と予と同伴して現場を見分し、其時より宋は不平を鳴らし居り、其後宋か予か宅に来り、不平を鳴らしたるも、予は一旦坪数を定めて賜はりたることに付、宋の不平に同意せさりしこと、宋は予て懇意なる沢田牛麿をして分割の不都合なることを次官（関屋）に説かしめ、沢田は宋か云ひたるより以上に強く関屋に話し、賜邸に残り居りたる旧御殿を宮内省か売却したることまで不当なる様に話したりとのことなり。此ことは其当時関屋より予にも之を話したり。

関屋は沢田の談を聞き、成る程邸地全部を賜ひたる訳には非さるも、次官々舎等を作る為に之を分割したるに非す、李王家にて入用なる丈は之を使用せられて差支なく、尚ほ残余あらは官舎でも作らんと思ひ居る位なりとの趣意を述へたる趣なり。然るに其後予算会議のときは、宮内省の都合にて境界を定むる必要あり。紀尾井町の賜邸の隣に官舎を作るとのことに付、予より、宋等は賜邸地の境界外にても使用して差支なき様に思ひ居る模様なり。若し決定の境界を変更せさる積りならは、宋等の考と行違を生する恐あるを以て、宮内省にて境界外の地所を使用する前に宋等に交渉する必要あるへき旨を述へたる処、関屋は自分（関屋）は初めより決定の境界を変更する考なし。宋等か之を変更する様に考へ居るならは、夫れは誤解なるに付、十分に之を説明して誤解なからしむる様にすへしと云ひたり。予は此までの話を聞き居るか、其後次官（関屋）と宋との間に如何なる話を為し、如何なる結果になりたるやは知らすと云ひたる処、斎藤は宋か京城に帰りて種々なることを云ひ触らす様のことありては折角の恩賜も御思召貫徹せさる様のことになる恐あるに付、成るへく都合よく解決する様注意し呉よ。若し一旦決定したる坪数を増すことか難きならは、坪数は其儘にして、低地の代りに高地を賜ふ様のことは出来さるへきやと云ひて別れたり。

然るに、其後聞く所に依れは、次官（関屋）は宋と沢田牛麿と杉山茂丸とを錦水に招待して饗応を為し、宋は其席にて関屋より賜邸に関する談を為すならんと思ひ居りたるも、宋には何ことも話さす、沢田、杉山に対し、自分（関屋）は李王家にて必要なる丈は地所を使用せらるる様に致し度と思へとも、省中に反対多く自分（関屋）は孤立にて、何とも致方なく、実に苦しみ居る旨を説きたるか、沢田、杉山は先日彼れ程明瞭に宋に話し置きなから、今更之を変更するは不可なる旨を述へたる趣なり。杉山は先頃山下亀三郎の邸を宮内省に買ひ上けて李王に賜はる様に為し度との談ありたるときの関係人にて、矢張り紀尾井町賜邸のことにも多少関係し居る為、之を招きたる様なり。

右の事情なる故、宋は更に沢田をして何故に先日自分（宋）に話したることを変更するやを詰問せしめたるに、関屋は沢田に対し、何分一旦定まりたることを故なく変更することは出来難し。京城にて此ことに付喧しく云ふ人あらは、之に依り之を変更することも出来くへき趣を告けたる趣なり。関屋か既定の境界を変更しても宜しき旨を告けたるは、関屋か宋に面会する前、高羲敬を召ひ、宋か分割のことに付不平を唱へ居る趣なるか、自分（関屋）は決して分割を断行する積りに非さるに付、高より其ことを宋に伝ふへき旨を命し、其後宋に対しては、沢田より是非関屋に面会して関屋の厚意を謝すへきことを勧め、宋は其勧に依り関屋に面会したるときも、関屋より宋に対し、矢張り高をして伝言せしめたると同様のことを述へたる趣なり。

次官か先日（七月七日）予に対して談したることゝ云ひ、沢田、宋、高等に対して談したることゝ云ひ、次官か李王家の都合にて賜邸の坪数を増しても差支なしと云ふ考を有し居りたることは間違なき事実なる様なり。然るに、有吉忠一か上京したる上、李王初、閔泳綺も李完用も先日の賜邸にて非常に感謝し居り、少しも不平なし。然るに、宋か一人不平を唱ふるとて、之か為区域を変更する様のことを為しては宮内省の威信にも関する故、断して之を為すへからさる旨を述ふ。関屋は其の為に説を変したる模様にて、省中に反対多く関屋か孤立なりと云ふは有吉の反対説を指したることにて、省中云々は全く事実に非す。一昨日予と高羲敬と内匠寮に行き、内匠寮技師か李王邸の仮設図を作りたるものを示し、予等に説明し、予も高も正式に意見を述ふることは出来さるも、参考の為め多少の意見を述へたるに、現在の区域にては庭球コートも馬場も之を作る余地なく、北村耕造抔は初めより分割せさることを望み居りたりと云ひ居〔る〕位にて、宮内省中に反対多しと云ふは偽言なり。

右の次第にて、若し宋か京城に帰りたる上、喧しく云ひたる後に至り、更に坪数を増す様のことありては、折角の恩賜も恩意貫徹せさることになる故、何とか善後策を講する必要あることゝ思ふ。予は兎も角一応大臣（牧野伸顕）に話さんとも思ひたるも、大臣（牧野）予の言を信せす、是まても再三大臣（牧野）の注意を促かしたることあるも、少しも効果なく、却て悪結果を生する様に思はる。此ことに付ては宋か京城に帰りたる上、愈々運動を為すや否不明なるのみならす、仮りに其運動ありても、宮内省は之に動かされさる丈けの決心ありや否も不明なり。若し宋か運動を為し、宮内省も其運動あれは余儀なく坪数を増す様のことならは、寧ろ運動を為さゝる前に進みて坪数を増す方まだしも都合宜しからんと思ふ。君（徳川）の考は如何と云ふ。

徳川、宋は無論運動を為すへく、運動あれは必す坪数を増すことになるならん。夫れよりも今の中に君（予）より大臣（牧野）に話し、坪数を増す手続を為しては如何と云ふ。予、坪数を増すことにするならは、先日の公文を変更するは面白からす。別に官舎敷地と云ふ様なる名義を附けて、残地五千余坪を賜はることゝなりたらは格別の不体裁なからん。予より大臣（牧野）に云ふは容易なることなるも、予は此ことを云ふとすれは、矢張り関屋（貞三郎）のことを述へさるへからす。関屋のことに付ては現に他のことに付大臣（牧野）に説きたることあり。

徳川頼倫に静岡県御料地払下のことを談す

夫れは静岡県に在る御料地払下のことにて、関屋か静岡県知事たりしときよりの問題なるか、其評価等に付面白からさることあり。現に林野局技師より静岡支局長に贈りたる書状の趣意抔は言語道断なるに付、已むを得す先日其書状の写を大臣（牧野）に示し置きたり。此ことに付ても大臣（牧野）の体度は予には解し難き所あり。今又紀尾井町のことを持ち出しても効果あるへしとは思はれす。且つ予の地位は紀尾井町問題に付ては当面の関係者に非す、寧ろ世子邸の関係より云へは対手方に近き方なり。

徳川頼倫紀尾井町賜邸のことを牧野伸顕に談すへしと云ふ

徳川、御料地問題に付ては大臣（牧野）は何と云ひたりやと云ふ。予、大臣（牧野）は事柄か正々堂々のことなれは気色好きも、隠密のことは困ると云ふ様なる趣意の語なりしなり。大臣（牧野）か右の如きことを云ふは解し難きことなり。何故に隠密の事の根を絶つことを務めさるへきや。紀尾井町のことは宗秩寮か当面の担当事務なるに付、君（徳川）か同感ならは、君（徳川）より大臣（牧野）に談しては如何と云ふ。徳川、夫れは自分（徳川）より話すことにすへし。

徳川頼倫、久邇宮より召はれたること、婚約解除問題のこと、野村礼譲排斥のことを談す

是は他の話なるか、先日邦彦王殿下より自分（徳川）を召はれたるに付、往ひて謁したる処、殿下より朝融王のことに付総裁（徳川）か種々尽力し呉るるとのことなり。深く之を謝すと云はれたるに付、自分（徳川）、夫れは徳川か尽力し居るに非す。第三者か周旋し居ることなるのみならす、其結果も只今の処、如何なるやも分らさることにて、其ことに付御辞を賜はりては恐入る旨を述へ、且此ことに付朝融王殿下の御行動はいつれにして最も御注意遊はさるることを願ひ度。実に現在の事件（酒井伯爵家との婚約解除のこと）か都合よく解決したりとすれは、其後の御婚姻に付ては別して御注意遊はさるる様願ひ度旨を述へたり。

然るに、殿下は今日君（徳川）を召ひたるは少しく話し度ことありたる為なり。野村礼譲は少し行届かさる所ある様なり。此ことは未た国分（三亥）にも話し居らさるか、其内野村を罷むることに取計ひ呉よと云はれたるに付、野村の不行届とは如何なることなるへきや。徳川も野村か少しく公私混淆する様の嫌あることは一寸聞きたることあるに付、右様の事は十分注意することにすへしと云ひたるに、殿下は野村は自分（殿下）より陸軍に申遣はすことも、陸軍より自分（殿下）に通知することも往々貫徹せさることあり。後日に至り左様なることなりしかと云ふ様なることあり。又是は自分（殿下）か直接に感知したることには非さるも、野村は鄙吝なる旨、関屋（貞三郎）より話を聞きたることある旨の談ありたり。依て自分（徳川）は皇族附職員は非常に六ヶしく、中々完全なる人を得難し。殿下方より備はらんことを求められては到底十分なる人を得難し。殿下方も成る丈勘弁して御使ひなさる様にあり度旨を述へたるに、殿下は野村を罷むることは今直にと云ふ訳には非さるも、含み置き呉よと云はれたり。

山階宮宮務監督後任のこと

市来（政方）も死去したるか、此後任も人選か困難なり。

賀陽宮大妃、市来政方を評せらる

先日賀陽宮大妃殿下に謁したるとき、殿下より先日市来（政方）か来り、武彦王結婚のことを談するに付、自分（殿下）は前妃の薨後未た一年も経さるに、右様のことを談するは不都合なりと云ふて叱り置きたるか、市来も余程老耄し居ると云ひ居られたり。市来も近来矢張り幾分塩梅悪かりし訳ならんかと云ふ。予、市来の性質は気の利き居る方に非す。只今の談は必しも病気の関係にも非さるならんと云ふ。

○午後零時後退省す。

明日枢密院事務所に行くことを西野英男に告く

退省のとき西野英男に、明日は予は枢密院事務所に行かさるへからす。多分宮内省には出勤せさるならんと云ふ。

西村時彦を弔し、又市来政方を弔す

○午後一時頃より自動車に乗り、下大崎の西村時彦の家に至り、西村の死を弔し、明日の告別式には公務の差支あり、式に会し難きに付、今日霊に礼し度旨を述へ、柩前に礼し、西村の友人某と西村の病状を談し、賻金五円を贈り、遂に市来政方の家に至り、其死を弔し、亦柩前に礼す。市来の家にて西郷（寅太郎〔寅太郎はすでに故人のため、寅太郎三男の吉之助カ、隆盛の嫡孫、侯爵〕か）、上野季三郎、吉田〔原文空白、不詳〕、香川秀五郎等に遇ふ。

路狭くして自動車を行るに困る

西村の家に往くとき、路狭くして纔に自動車を通し、荷車に遇へは之を避くること極め〔て〕難く、西村の家を距ること二、三町の処より西村の家を出て高輪の通に出つるまて五、六町の間にて、荷車を避くる為、運転手は十回許非常に苦心し、時を費したることも亦少なからす。運転手は荷車の挽手又は馬子に対し、極めて謙遜の体度を取り、一度も争を生せす、又衝突もせすして通過せり。運転手の体度は最も良好なりしなり。市来の家より直に家に帰る。

自動車を借ることを謀る

今日午前西野英男に嘱し、午後一時より自動車を借ることを主馬寮に謀らしめたるなり。

伏見宮附事務官更迭のこと

○午前十時頃より徳川頼倫と話したるとき、徳川より伏見宮々務監督佐藤愛麿より、初は佐藤一己の考なりとて、華頂宮附事務官田中寿三郎を伏見宮附と為し、梶田文太郎を他に転せしめ度旨を申出て居りたるか、結局是は博恭王殿下の御希望なりと云ふことになり居れりと云ふ。予、此ことは其通りになすより致方なからん。田中は博恭王殿下とは特別の関係あり。先年田中を罷むる積りにて、関屋（貞三郎）より殿下に申上けたるときも、遂に目的を達せさりしなりと云ふ。

尿量

○昨日午前五時頃より今日午前五時頃までの尿量八百五十瓦なり。是を三十日の尿量とす。

万朝報記者石田秀人来る

○午後七時後万朝報記者石田秀人来る。石田は浮羽郡吉井町の人なりと云ふ。石田には是まて二、三回面会したることあり。石田の祖父〔不詳〕は故伯兄に従ひ、郷里にて政治に奔走し居りたることあり。非常に伯兄を追慕し、生存せらるれは夙に総理大臣になり居る人なりと云ひ居ると云ふ。石田又予は前年菊池剛太郎の世話を為したるに、菊池か行状を改めす、其の為金銭上にても損失を被りたるに付、其後は学生の世話等はなさざることになりたりと郷人は評し居れりとの談を為せり。

林繁夫のこと

又石田の談に依り、福岡県人なる雑誌を出し居る林繁夫は先年浮羽郡役所にて浮羽郡案内と云ふ小冊子を出したることありしか、其編輯は林か之を為し、其冊子の印刷の為、東京に来り、其時後日の計画を為し置き、再ひ上京して事業に著手したるものなり。林の性質は事を創くる計画には長し居るか、継続的の事を為すに適せす。昨年震災後福岡県人の救護の為なりとて金を募り、其金の全部を救護に充てさりし様の噂もあり、評判宜しからさることもありとのことを聞きたり。

石田秀人揮毫を請ふ

石田、予の揮毫を請ひ、去月二十日に妻〔不詳〕か死去したるに付、其遺骨を携へ、近日中出発、帰郷する筈なり。成るへくは其前に揮毫し呉よと云ふ。予、予は全体揮毫の需には応せされとも、拙書にて宜しくは之を書すへし。然れとも帰郷前に書することは出来難しと云ふ。石田、期を定めすして宜し。是非書を作り呉よと云ふ。

石田秀人の妻のこと

石田の妻は島根県人にて、俵孫一の従兄弟某〔不詳〕か媒妁を為したるものなりしと云ふ。

摂政のことに関する日記を抜抄す

○午前十一時頃より西野英男に嘱し、予か大正十年中の日記の摂政を置かれたることに関する部分を読み、西野英男をして之を筆記せしむ。今日は僅に四、五日分の日記を筆記したるに過きす。之を筆記するは酒巻芳男の嘱に応せんとする為なり。

大正一三年八月

八月一日

○八月一日金曜。晴。

官制改正に関する枢密院委員の委員会

○午前八時三十分より枢密院事務所に行き、九時より各省官制通則中改正の件の外、十一件の御諮詢の件に付審査委員会を開く。枢密院議長浜尾新、同副議長一木喜徳郎、委員長穂積陳重、委員富井政章、平山成信、予、山県伊三郎、山川健次郎、古市公威、平沼騏一郎、書記官長二上兵治、村上恭一、堀江季雄、書記某、内閣総理大臣加藤高明、法制局長官塚本清治、海軍次官安保〔清種〕及某出席し、穂積委員長開会を宣し、加藤、草案の趣旨を説明し、国務大臣と進退を共にする政務次官を置き、政務に参画し、議会との交渉事項を掌らしめ、又参与官を置き、議会との交渉事項及政務に参与せしめ、常務次官以下の事務官は永続性を有せしめ、政務運行の円滑を図る目的なりと云ひ、委員長（穂積）は塚本を促して、今少し詳細の説明を為さしむ。塚本、説明を補足したれとも、所謂政務とは之を言明することは難きも、省令の創定改廃等、政策に関することは即ち政務にて、実際に於ては政務と事務とを区別することは左程難事に非すと云ふ。

富井、政務と事務との別明瞭ならさることに付質問し、塚本之に答へ、予は政務と事務とは区別あり、政務次官と事務次官との分担を区別することは難からすとのことなるか、政務次官には一切事務に属することは之を知らしめさるや。例に引きたる省令の創定改廃の如きことにても、平常事務か如何なる状況なるやを知らすして意見を定むることは出来難かるへし。是か第一の疑なり。其次は政務と事務とは之を区別することを得ものとするも、誰か是は政務なり、是は事務なりと分別して事件を分配するや。下僚の分別にて事務を配付することになりはせさるや。其次は政務次官を置くは事務次官の方には永続性を有せしむる為とのことなるか、現在にては、純粋の事務官にても内閣の更迭毎に更迭する事例あり。此弊を防く為には事務次官を資格任用と改むるのみにては弊を防き難かるへし。政府は休職の制度ても止むる考ありやと云ふ。

塚本之に答へたるも、明瞭ならす。加藤之に答へ、英国の政務次官の例を引き、英国にては外務省抔には政務次官は一人には非す。政務次官は常務には殆んと関係せす、大臣は尚更常務を知らす。大事に至れは、大臣は自ら文案を起し、他の手を借ることなし。日英条約の政務の如きことにても、大臣自ら条約案を作りたる様のことなり。之に反し、事務次官は省務は細大となく之を知悉し、政務次官は其指示を受けて事務を知る様の振合なり。又警視総監、法制局長官、警保局長等を資格任用と為すや否は観察に因り二様に考ゆることを得、此ことに付ては他日尚ほ詮議する積りなりと云ふ。

予、第一段の問に対する首相の答は領承せり。第二段の問に対する答は予か余計なる例を引きたる為、誤解を来たしたる様なり。予か警視総監、法制局長官を云々したるは、之を資格任用と為すや否を問ふたるに非す。予は此等の諸官は現在の制度に於ては自由任用なるに付、此等の諸官か内閣更迭のときに運命を共にするは已むを得すとなすも、純粋なる事務官、直接に云へは地方長官か、内閣更迭に因り多数更迭するは明かなる事例なり。政府は次官さへ永続性を有することゝなれは地方長官抔は頻々更迭しても妨けなしとするや。又然らすとするならは、其弊を妨く為休職の制度をも止むる考を有するやと云ふ趣意の問ひなりしなりと云ふ。加藤、地方長官も固より永続性を有せしめ度も、現在の状況にては地方官にて政府の指揮を受くる訳には非さるへきも、一党一派に偏して選挙干渉等を為すもの少なからす。急に地方官の更迭を止むることは出来難し。只今の処にては休職の制を止むる考なしと云ふ。

山県、省の事務は一度悉皆常務次官か受けて、然る後政務に属する事件のみを政務次官に送る様のことゝなるならんと思ふか、左には非さるへきかと云ふ。加藤多分右様のことになるへしと云ふ。平沼、各省官制通則には、次官は省務を整理し、部下を監督すとあるか、省務中より政務に関することは除外せらるる訳となるやと云ふ。塚本然りと答ふ。

平沼又陸軍海軍両省の政務次官の職権は軍機軍令に関する事項に及はさる規定あるか、此規定の結果、事務次官は軍機軍令に関する事項に関係することを得るものなりやと云ふ。安保、常務次官は之に関係することを得るものなりと云ふ。富井、政務次官か軍機軍令に関係することを得さるは不都合ならすやと云ひ、予は常務次官をして軍機軍令に関する事に関係せしむるは其事は政務と視るや、又は政務に非すと視るやと云ひ、平沼亦此点に付問ふ処あり。二上は此勅令案に所謂軍機軍令に関する事項とは、内閣官制に所謂軍機軍令の事項と異なるや、同一なりやと云ひ、塚本は、二上の問は同一なり。勅令案に所謂軍機軍令に関する事項とは統帥権に関することにて政務には非す。故に勅令案に之を記載せさるも妨けなきことなり。為念之を記載するに過きすと云ふ。平沼、然らは注意規定なりやと云ふ。塚本、極論すれは左様なることになるへしと云ふ。

予、陸海軍大臣も軍機軍令に関する事項に関係することを得さるものならは、常務次官か之に関係することを得と云ふは理由なきに非すやと云ふ。安保、陸海軍大臣は固より軍機軍令に関係することを得るものなり。予、軍機軍令か政務に非さるならは、政務次官か之に関係せさるは当然にて、特に之を云ふは、軍機軍令は政務なれとも、之に関係せしめさる為、特に之を規定したりと認めらるる嫌なきに非すやと云ふ。塚本、此点は為念規定を設けたるに過きすと云ふ。予は、内閣官制に軍機軍令の事項は特旨に依り内閣に下付せらるる場合の外、陸海軍大臣より速に内閣総理大臣に報告すへしとある規定に気附かす、二上より此点に関する問を発したる後、早卒に委員会場にて之を一見し、誤て陸海軍大臣も軍機軍令には関係せす、参謀総長のみか帷幕上奏を為すものと思ひ、前記の問を発したれとも、安保の答にて予か誤り居ることに気附き、問を改めて政務に非さる事項ならは、政務次官か関係せさるは勿論に非すやと云ひたるなり。

午前十一時後質問を終り、加藤、塚本、安保等退席し、委員長、委員のみにて協議し、平沼は、大臣事故あるとき、閣議に列し、省令を発布することの外、次官をして代理せしむることを得る規定（内閣官制第九条）を削除することになり居るも、之を存する方宜しからんと思ふと云ふ。予、政務次官と常務次官とを置くことになる以上は、一の次官をして代理せしむることは都合悪しかるへく、殊に実際に於て代理を要する場合少しとのことに付、之を削る方宜しからんと思ふと云ふ。平沼亦之を争はすと云ふ。

平山は法制局長官は資格任用は改むるを可とするも、一己の意見丈けにて之を主張せすと云ふ。浜尾、先年各省次官を自由任用と為し、分限令の適用を受けさることゝ為すとき、枢密院にては反対の意見なれとも、政府か政策上之を必要とする趣に付、枉けて之に同意する趣旨を宣明し居るとのことにて、其ことは二上書記官長より之を聞きたり。委員中には其沿革を知らさる人もあらん。二上より一応之を説明したらは宜しからんと云ふ。二上其沿革を述ふ。予、枢密院の意向として、既に之を言明しあるならは已むを得さるか、予か今日政府案に同意するは、政府か政策上政務次官を置くことを必要とすと云ふ故、之に同意するまてにて、予の本心は政務次官を置くことには反対なりと云ふ。二上、然らは先年参政官を廃するときの御諮詢に対し、枢密院にて言明したる書類を朗読すへしと云ふて之を朗読す。其書類には、枢密院は政務官と事務官とを区別することを必要とし、政府案には賛成せさるも、政府か次官を自由任用と為すことを必要とする旨を主張するに付、枉けて之に同意する旨を言明しあり。予之を聞き、右の如き言明あり居る以上は致方なしと云ふ。

陸海軍両省の政務次官をして軍機軍令に関する事項に関係せしめさる旨の規定は、塚本か説明したる如く注意規定に過きすとして之に同意するや、又は軍機軍令に関する事項中には議会と交渉を為さゝるへからさることあり。其中には政務に関することもあれとも、苟も軍機軍令に関する以上は政務次官には関係せしめさることを明かにする為、之を規定したるものと解して之に同意すへきやとの論あり。一木は後説を可とするも、大臣、政府委員ともに之を説明せす。前年自分（一木）か政府当局として参政官府〔ママ〕を提出したるときは右の意見なりしも、今日は其説明なき故、説明以外の理由を以て同意することも適当ならさるへしと云ふ。予は、此ことは何の理由も附けす、原案に賛成する丈け、即ち無言にて賛成したらは宜しからんと云ひ、山県、山川之に賛成し、結局全部原案に賛成し、委員会の報告書は委員長（穂積）に委任することに決し、午後零時十分頃閉会し、一同午喫し、予は少時にして馬車に乗り、家に帰る。是より先（午後零時後三十分頃）枢密院給仕に嘱し、直に馬車を枢密院事務所に廻はすことを主馬寮に交渉せしむ。馬車の来りたるは午後零時四十分頃なり。

市来政方の告別式に会す

○午後二時五十分頃より人力車に乗り、青山斎場に行き、市来政方の告別式に会し、柩前に礼し、直に家に帰る。時に三時三十分頃なり。

新聞記者四人来りて枢密院委員会の状況を問ふ

○午後四時後日本電報通信記者佐藤幸一郎、中央新聞政治経済部記者小松利一、読売新聞記者永長与藤二、面会を求む。乃ち之に面す。三人の外に一人名刺を出さゝるものあり。予亦其氏名を問はす。名刺を出したる者も誰か何人なるを知らす。彼等今日の枢密院に於ける各省官制通則中改正ノ件（政務次官ヲ置クノ件）審査委員会の状況を問ふ。

予、君等（記者等）か事実を探知することを職務とすると同しく、予は此を秘することか予の責務なり。一切之を告くることを得すと云ふ。彼等少しにて宜しき故、之を告けよと云ふ。予、少しも告くへきことなし。仮りに少しく之を告くるとも、君等（記者等）か満足する様に告くることを得す。寧ろ少しも之を告けさるか宜しと云ふ。彼等尚止ます。予、今日十二時前加藤総理大臣其外政府委員か退出し、其後予等は枢密院事務所にて午餐を喫し、午後一時頃退出したるは何人も之を見たる事実なる故、予は之を告くることを憚らす。若し事は害あると否とを鑑別し、事に害あることは之を告くへからすと云ふ如く、予に判断の自由を与へあれは多少話すことを得る余地あるも、害の有無を問はす、絶対に談することを禁せられ居るを以て、此以上何事も談することを得すと云ふ。彼等尚ほ云ふ所あり。即ち答へす。彼等遂に去る。話すること五、六分間許ならん。

尿量

○昨日午前五時頃より今日午前五時頃までの尿量八百五十瓦。是を七月三十一日の尿量とす。

八月二日

○八月二日土曜。晴。

○午前八時三十分より出勤す。

摂政のことに関する日記を抜抄す

○午前九時後より西野英男に嘱し、予か大正十年の日記中、摂政のことに関する部分を読む所を筆記せしむ。摂政のことは大正十年六月二十三日の日記に始まる。七月三十一日と今日と二回の筆記にて、大正十年七月二十五日までの分を終る。

武者小路公共、稔彦王殿下のことを談す

○午前十一時後山田益彦来り、最近に仏国より帰りたる武者小路公共（在ベルギー大使館参事官、子爵）か東久邇宮殿下のことに付宗秩寮総裁（徳川頼倫）の室にて談することあるに付、来聴せられ度と云ふ。予乃ち行く。武者小路既に談を始め居れり。

其談に依れは、東久邇宮殿下は是まて宮内省に対し種々我儘なることを云はれ居るか、其実内心にては非常に苦悶し居られ、何か此の我儘の罪を消す機会はなきやと思ひ居られ居りたる処に、摂政殿下より羅馬尼御差遣の御命ありたることは、東久邇宮殿下は非常に感激せられ、此節の使命を完全に果たすことは責めても一分の責任を尽くす訳なりとの御考にてありたる様に見受けられ、羅馬尼に御出前より其使命に関する準備は残る所なく之を為され、羅馬尼に於ける御体度、御動作、実に立派なるものにて一点の遺憾なく、殊に平素の御勉強にてバルガン附近の地理歴史等十分御研究成され居る故、羅馬尼の人にも答の出来さる様の質問あり、自分（武者小路）等は全く知らさる事実多かりしなり。

羅馬尼御出発後既に国境を出てたる後、自分（武者小路）に対し、此等の予の成績は如何との御問ありしに付、自分（武者小路）は百点以上を差上くると申上けたる位なり。要するに殿下は軍事に付ては殿下以上の人多し。殿下は軍事以外にて君国に報する途を求むる考にて、政治経済等のことを研究せられ居る所なり。殿下の性質は俊敏にて、是まて御勉強なされたるに付、何人ても殿下に説服せられさるものなく、自分（武者小路）等は幾度も殿下と論して、いつも失敗させさることなく、其結果殿下に推服することになりたる訳なるか、軍人抔の中には殿下に説破せられ、其場にては一言の弁明も為すことを得すして退きなから、蔭にては殿下のことを非議するものなしとせす。是か殿下に対する誹謗の一原因ならんと思ふ。

先刻宮内大臣（牧野伸顕）と談したるとき、大臣（牧野）は、皇族中外国の事情に通したる方少き今日、殿下の如き方は是非とも御疵の附かさる様になさゝるへからす。依て此方より御帰朝を促す様のことをなさす、殿下の御自発にて御帰りなさる様に致し度。其手段としては石井大使（菊次郎）より大使（石井）の考を以て御話申上けしめんと思ひ居るとのことなりしか、石井は平素殿下を推称する一人にて、殿下も石井の言は御聞きなさる方なり。石井は自己の職務は殿下のことに関せさる故、殿下の御行動に付彼此申上くる様のことはなさすとの立前を取り居れり。此節宮内大臣（牧野）よりの交渉にて、仮りに石井より殿下に申上くることありとすれは、殿下平生の振合よりすれは、或は石井に対し、御前は外交官にて宮内省に関する人に非す、若し予のことに付云々するならは、宮内省の人より云ふか相当にて、御前か云ふは筋違なりと云ふ位のことは云はれさるとも限らさるならん。殿下は中々鋭敏にて、先頃も自分（武者小路）に対し、外務省の役人は実にけちな者なり。藤村（義朗）〔実業家、貴族院議員・公正会、男爵〕か外務大臣になれは外務省の畑の者に非さる故、之を受けすと云ひたるに非すや。何故に外務省の畑の者に非されは不可なりやと云はれたり。依て自分（武者小路）は、殿下は新聞紙のみにて御批評なさるる故困る。外務省の役人とて、藤村か外務省の畑に育ちたるものに非さる故、之を嫌ふと云ひたる訳に非す。左様に書き成したるは新聞紙なりと云ひ置きたり。万事右様の調子にて、誰も殿下に敵することを得す。蒲（穆）抔も怜悧なる質なれとも、所詮殿下には敵し難しと云ふ趣意のことを繰り返せり。

予、殿下の心事は予等は一と通り之を知り居れり。唯困ることは、殿下の御滞仏に関する名義の立たさることとなり。殿下の御滞仏に付ても二様の観察あり。其一は殿下は内地の如く窮屈なることなく、殿下は巴里の事情にも通し、語も自由に解せらるることになりたる故、他の事由はなく、唯巴里か面白くてならぬ為、帰朝の考を起されさるなりと云ひ、他の一は殿下は軍事以外他に研究を思ひ立ち居られ、其為帰朝を嫌はるる訳なりと云ふ。真事実はどちらなるへきやと云ふ。武者小路、自分（武者小路）は決して巴里か面白き為のみにて帰朝せられさるものとは思はすと云ふ。予、予等も左様には思はす。然し、殿下は始終絵画に熱心なりとの評判高く、絵画は悪しきことには非さるも、殿下か君国に尽くす為、研究なさる為の案としては適当ならす。絵画に御熱心なること抔は殿下の為、不評判を招く一の原因なりと云ふ。武者小路、殿下は羅馬尼の成功は殿下自身にも大分御満足の様に思はる。夫れに付、此ことを機会として殿下の御帰朝も出来るには非さるやと石井（菊次郎）も観察し居れり。御帰朝のことになれは、妃殿下か御渡仏なされ、其後一年なり一年半なり共に各国を巡視して御帰りなさるへき順序にて、此ことは殿下も御望なされ居る様なりと云ふ。予、妃殿下の御渡仏は王殿下御帰朝の前提なることは申すまてもなきか、王殿下の御承諾なくしては妃殿下か御渡仏なさるる訳には行かす。王殿下よりの通知を待ては際限なき故、結局手の著け様なき訳なりと云ふ。武者小路既に去る。

牧野伸顕か稔彦王殿下のことに付石井菊次郎に依頼すること

予徳川に、宮内大臣（牧野）か石井（菊次郎）に依頼することは予は是まて聞かさりしか、左様なる運になり居るやと云ふ。徳川、十日許り前に大臣（牧野）より左様なる談を聞きたりと云ふ。時に十二時四、五分頃なり。審査局に返り、直に退省す。

尿量

○昨日午前五時頃より今日午前五時頃までの尿量六百瓦。是を八月一日の尿量とす。

向井巌来る　安藤謙介の死

○午前八時頃向井巌来り、安藤謙介〔元京都市長、元横浜地方裁判所検事正〕か七月三十日に脳溢血にて死去し、其子〔謙治〕の樺太に行き居るに付、其帰京するを待ち、発表する積りなり。有位者の死去は宮内省に届くれは、夫れにて宜しきやと云ふ。予夫れにて宜しと云ふ。

向井巌、筍の缶詰を贈る

向井、秋田にて産する小筍の缶詰三個を贈る。小筍は京都大徳寺に産するものあり、是と同様のもの秋田にありとのことを聞きたる故、始めて依頼して缶詰に製せしめたるものなりと云ふ。

小原駩吉来る

○午後零時後予か徳川頼倫の室に在るとき、小原駩吉、徳川の室に来り、先刻君（予）の室に行きたる処、君（予）は宗秩寮に行き居るとのことなり。宗秩寮に行きたる処、君（予）は徳川と共に武者小路の談を聴き居るとのことに付、今まで松平（慶民）と談し居りたりと云ふ。

紀尾井町賜邸のこと

予、小原を誘ひ審査局に返り、紀尾井町賜邸のことに付宋秉畯か不平を云ひたること、予か宋の不平に関係せさりしこと、宋か沢田牛麿に談し、沢田か関屋（貞三郎）に説き、関屋か沢田に対し一応決定し居る区域には拘はらすと云ひたること、関屋か高義敬に嘱し宋に伝言したること、関屋と宋と面会し、関屋か区域に拘はらさる旨を言明したること、次官官舎建築費追加予算会議のとき、予より官舎敷地のことを問ひ、李王に対する賜邸の残地なりと云ふに付、其残地は宋等は李王家にて使用することを得るものと思ひ居る様なる旨を談し、関屋は自ら宋に面談し、其誤解を釈くへしと云ひたること、関屋か宋と沢田と杉山茂丸を錦水に招き、饗応を為したるも、宋に対しては何事も話さす、沢田と杉山とに対しては関屋自身は区域に拘はらさる積りなるも、宮内省中に反対多く、関屋は孤立にて非常に苦む旨を談し、沢田と杉山は彼の位宋に明言したることを今更変更するは不可なりと云ひたる趣なること、宋か沢田をして関屋の変説を詰問せしめたる処、関屋は自分（関屋）一己の考にては何とも致方なし、京城にて此ことに付喧しき議論起れは、之を変更することを得へき旨を沢田に告けたる趣なること、斎藤（実）か予を訪ひ、都合よく解決する様、周旋を依頼したること、斎藤は宋か京城にて騒くことを恐れ居るに、関屋は之を勧むる様の嫌あること、るること等を談す。

静岡県御料地払下は共通の意思ならん

小原、静岡の御料地払下のことは関屋一人の考に非す、牧野も其通の意思あるならんと思はる。関屋か賜邸のことに付、グラグラするは例の癖か出てたるものならん。紀尾井町に在る旧女官々舎に修繕を加へ、入江（貫一）の官舎と為すことに決したる由。此際入江は住宅に困り居る訳に非す、内蔵頭か官舎に住するの例を作るは余計なることなり。関屋の官舎は小供用の

静岡県御料林払下のこと

静岡県御料林の払下に付東郷直と塩沢健との間に文書の往復あり居ること、此ことに付先頃牧野に談したること、牧野は唯内密のことは困ると云ひたること、此ことに付一と通り西園寺（八郎）に話し置たること、初は経済会議にも掛けすとのことなりし故、予より已むを得す牧野に談したるか、其後入江（貫一）にも談し、入江も経済会議に掛くることは承知したること、予はどこまでも払下に反対する積りなるか、力及はさることを恐るるに付、都合にては西園寺の助力を求むることあるへしと云ひ置たるは、経済会議のときの考なり。然し、経済顧問は西園寺公（公望）と平田伯（東助）丈にて、正式に会議を開くことは出来さるに付、此方も心元なしと思ふこと、関屋か紀尾井町賜邸のことに付中口より区域を変更せさる意見に変したるは、有吉忠一か関屋に対し賜邸のことは李完用も閔泳綺も李王もいつれも感謝し居れり。宋一人か彼此云ふとて、之を変更するは宮内省の威信にも関する旨を述へ、強く反対したる為なる趣な

部屋は二個の積りにて設計しありたる処、関屋の妻か是非三個に増さゝるへからすと主張し、遂に其ことに決し、予算不足することになりたりと北村（耕造）は云ひ居りたり。是にては次官の官舎に非す、関屋の家を建築する訳なりとの談を為せり。話する〔こと〕五、六分間許、零時三十分頃辞し去りたり。小原は小原の為に予か帰らさるものと思ひ、零時二十五分頃に去らんとしたるも、予より別に待ち居ることあり、君（小原）の為に留まり居るに非すと云ひたり。

式部職より鮎を贈る

○午前十一時四十分頃西野英男より、式部職より貴官（予）に鮎を贈らんとするか、今日午後零時三十分の汽車にて岐阜より東京駅に達する筈なり。鮎は氷詰になり居り、持ち運ひ面倒なる故、迷惑なから零時三十分頃まて帰宅を延はされ、馬車に載せて持ち帰られ度とのことなりと云ふ。予之を諾し、西野に嘱して馬車を玄関に廻はす時刻を零時三十分に改めしむ。既にして西野を召ひ、予は先日も思召に因り鮎を賜はりたり。今日の鮎は審査官に頒つ工夫なきやと云ふ。西野、之を入るる器物もなく、腐敗し易きものにて持ち帰ることも困難なるへく、且つ鮎の数も多からさるへきに付、貴官（予）か持ち帰らるる方宜しからんと云ふ。是は予か徳川の室に行く前のことなり。徳川の室より返りて小原と談するとき、予か小原に対し他に待つことありと云ひたるは、此ことなり。小原と談し居るとき、西野より鮎を届け来りたりと云ふ。予、鮎を入れある箱は明後日まて予か家に留め置きて宜しかるへきやと云ふ。西野差支なからんと云ふ。

皇太子殿下を奉送する為自動車を借ることを謀る

○午前九時頃西野英男に嘱し、明日午前皇太子殿下、同妃殿下の日光に行啓せらるるを奉送する為、上野停車場に行かさるへからさるに付、午前七時に自動車を予か家に廻はすことを主馬寮に謀らしむ。西野主馬寮にて之を諾したる旨を報す。

鮎を割く　鮎を荒井賢太郎に贈る

○午後一時頃自ら鮎八尾を割き、内子之を煮る。残十七尾は使をして之を荒井賢太郎に贈らしむ。

内子三越に行く

○午前内子三越に行き、菓子其他の物を買ふ。

尿量

○昨日午前五時頃より今日午前五時頃までの尿量六百瓦。是を八月一日の尿量とす。

平野猷太郎、諸橋一義来る

○午前九時三十分頃平野猷太郎来り、十時後諸橋一義〔元韓国大邱控訴院書記長〕来りたる由。皆暑中見舞なり。予在らす。

昭憲皇太后御集を入るる箱を注文す

○八月二日頃西野英男より、前に明治天皇御集に入るる箱を注文せられ、未た出来さるか、其方は近日出来すへしとのことなり。昭憲皇太后の御集の箱も青山（操）の周旋にて注文を受くるとのことなるか、此方も注文せらるるやと云ふ。予、昭憲皇太后の御集を入るる箱も明治天皇御集を入るる箱と同様、黒塗のものを注文し度と云ふ。

八月三日

○八月三日日曜。晴。

上野停車場に行く

○午前七時自動車来る。乃ち直に上野停車場に行く。

徳川頼倫紀尾井町賜邸のことを談す

停車場にて徳川頼倫より、先日君（予）より話されたる紀尾井町賜邸のことは一昨日東久世秀雄に談したる処、東久世は次官官舎の位置を変へ、李王邸には馬場も庭球場も作る様になさんと云ひ居れり。関屋（貞三郎）は馬場抔は不用なりと云ひたる趣なるも、是は作らさるへからさるへし。自分（徳川）は東久世に対し、右様のことになるならは、成るへく速に其意思を李王家関係の人に通知し置く必要あるならんと云ひ置きたり。大臣（牧野伸顕）は決定し居る一万百余坪以上に増加する必要はなしと云ひ居るとか云ふことなり。庭球場抔を作る所は賜邸とせす、借地となす様のことには非さるへきかと云ふ。予、借地ならは李王家より貸附願を為さゝるを得さるへく、然るに、先方（李王家）より願書を出す様の運は一寸六ヶしきことならんと云ふ。

岡田良平、浜口雄幸、河合操のことを問ふ

停車場にて岡田良平〔文部大臣〕、浜口雄幸〔大蔵大臣〕より或る軍人を指し、彼は誰なりやと云ふ。予、参謀総長ならんと云ひたるも、其氏名を思ひ出さゝりしなり〔行間に「（河合操）是は後日記入せり」とあり〕。午前八時頃皇太子殿下、同妃殿下御著あり。直に御発車あらせらる。予等乃ち去る。八時三十分頃家に達す。

尿を検す　体重を検す

○午前九時後坂田稔の家に行き、診を求めんとす。坂田七月末より大腸カタルに罹り、尚褥に臥し居るとのことに付、代診者に尿の検査を依頼し、且つ体重を検す。体重は十四貫七十目にて、前回より五十目を減し居りたり。

柳田直平来る

○午前十時頃柳田直平来り訪ひ、談すること三十分間許。雑談のみにて何も用事なし。予か先日往訪したるに答へたるものならん。

尿量

八月二日午前五時頃より三日午前五時頃までの尿量九百五十瓦。是を八月二日の尿量とす。

天皇陛下の御病状、摂政殿下の御性行

柳田より天皇陛下の御病状と摂政殿下の御性行とを問ひたり。

八月四日

○八月四日月曜。曇後雨。

○午前八時三十分より出勤す。

鮎を入れたる箱を宮内省に返す

○今日出勤のとき、一昨日鮎を入れたる箱を持ち来り、西野英男に嘱し、之を式部職に返さしむ。

金田才平帰朝す

○午前十時後金田才平来り、昨日帰朝したることを報す。予、巡遊中屢々予に端書を贈りたることに付挨拶す。

井上勝之助に鮎を贈りたることの挨拶を為す

○午前十一時頃井上勝之助の室に到り、一昨日式部職より鮎を贈りたることに付挨拶す。井上、部局長官及審議委員（帝室制度審議会委員のことならんか）にも鮎を贈ることに伺ひ済みにて之を贈りたり〔と云ふ〕。

九条道実と話す

九条（道実）亦井上の処に来り居り、九条は先日井上と共に長良川に鮎猟に行きたる故、三人にて鮎猟の談を為し、九条は鮎猟の翌日養老の滝を見に行きたるか、一たひ見れは沢山なりと云ひ居りたり。話すること五分間許にして審査局に返る。

摂政のことに関する日記を抜抄す

○午前十一時十分頃より、予か大正十年の日記、摂政のことに関する部分を読み、西野英男に嘱し之を筆記せしむ。是か第三回にて、今日は八月十九日の部を筆記したるか、其前十六、七日の処、摂政に関する記事ありたるに付、更に溯りて十六日の部を筆記せしむ。時既に十二時と為りたるに付、十七日の部に及はすして止む。

尿量

○昨日午前五時頃より今日午前五時までの尿量七百瓦。是を八月三日の尿量とす。

降雨足らす

○晩より夜に掛け驟雨あり。一回の降雨は三、四分許に過きす。夜中の降雨は稍々長く、七、八分間許に及ひたるへし。久旱の後なるを以て、十分の潤を得さりしも、万人之を喜ひたり。

朝鮮人蔘を飲む

○今夜より復た朝鮮人蔘を服用す。此節は李堈公か贈りたる白蔘を用ゆ。

有馬伯爵に暑中見舞を為す

○午後名刺を有馬伯爵に送り、暑中見舞を為す。暑中見舞答謝の端書を出したるもの十四、五通。

東久邇宮邸より妃殿下の帰京を報す

○午後九時頃東久邇宮邸より電話にて、妃殿下今日午後八時三十分著の汽車にて三島より帰られたることを報す。

八月五日

○八月五日火曜。曇後晴。

○午前八時三十分より出勤す。

摂政のことに関する日記を抜抄す

○午前九時頃〔より〕十時四十分頃まて予か大正十年の日記中、摂政問題に関する部分を読み、西野英男に嘱し之を筆記せしむ。八月十七日の部を終り、十月十一日の処まてを終る。

○正午より退省す。

東久邇宮邸に行き、妃殿下に謁す

○午後二時頃より人力車に乗り、東久邇宮邸に行き、妃殿下か昨夜三島より帰られたるに付機嫌を候す。殿下と話すること二、三分間。桑山某側に在り。桑山は老人にて、三島別邸の段階《マヽ》多く昇降繁きに困り、一週間許にて帰りたりとの談を為せり。

金井四郎に電話す

事務所に来り、金井四郎の家に電話し、金井か宮邸に来ることを求む。金井（四郎）、将に髪を理せんとする所なり。明日宮内省にて面会すへしと云ふ。予、明日は枢密院会議あるに付、午前九時より十時前までに非されは面会し難き旨を告けしむ。既に車に上りたる後、田村捨吉に対し、予の用事は格別のことに非す。金井か他に用事ありて宮内省に来るならは宜しきも、予に面会する為のみならは、強ひて来るに及はさる旨を金井に告け呉よと云ふて去る。

尿量

○昨日午前五時頃より今日午前五時頃までの尿量七百三十瓦。是を八月四日の尿量とす。

静岡県御料地払下に川村鉄太郎か関係し居ること

○午前十一時五十分頃伊夫伎準一、青山操と静岡県御料地払下のことを談したるか、其時伊夫伎は該払下に付ては、川村鉄太郎か初より運動者の如きものになり居るとのことを聞きたり。其談は矢島正昭か為し居りたりと云ふ。

八月六日

○八月六日水曜。午前二時後より強雨、時々歇み又降る。

○午前八時三十分より出勤す。

蒲穆、池田亀雄より金井四郎に贈りたる書状

○午前九時四十分頃金井四郎来る。金井、蒲穆及池田亀雄より金井に贈りたる書状を示す。

金井四郎に武者小路公共の談を告く

予、本月二日武者小路公共より稔彦王殿下のことに付聞きたる概略を告く。時に既に九時四十五、六分と為る。

枢密院会議

予乃ち枢密院控所に行く。十時頃より議場に入り、各省官制通則中改正の件外十一件の会議を開く。穂積（陳重）委員長か審査報告を為したる後、石黒（忠悳）、従来一人の次官にて事足るに拘はらす、行政整理を主張する現内閣にて、更に一人の政務次官を置くは矛盾に非すや。政務次官は通常に関係せすして議会との交渉か出来るや。陸軍海軍の政務次官は軍機軍令には関係せすとのことなるか、陸海軍には軍機軍令に関せさる事は如何なることありや。又世間にては政務次官、参与官は総て貴衆両院議員の中より任用する様に云ひ居るか、果して然りやとの質問を為し、加藤（高明）より行政整理の際なるに付、特に政務次官を置き、議会中省員の多数か政府委員と為るの慣習を易へんと欲するなり。些細なる事務には関係せさるも、大体を知り居れは議会との交渉には差支なし。陸海軍省には軍機軍令に関することの外にも、予算等の政務ありと云ふ。石黒、更に政務次官、参与官の任用方に関する答を促し、且政務と事務とは如何に之を区別するやを問ふ。加藤、貴衆両院議員中より任用する積りなり。政務と事務との区別は言語にて之を云ひ顕はすことは難けれとも、実際にては之を区別することを得と云ふ。

目賀田（種太郎）、軍機軍令に関することに付ては大臣のみか之に当るや、又は之に関することにても議会との交渉に付ては政務次官をして関係せしむることありやと云ふ。宇垣（一成）、軍機軍令に関することに〔付〕ては大臣か専〔ら〕之に当れとも、時としては政務次官にも関係せしむることあるへしと云ふ。目賀田、軍機に関することは未発のことなり。議会の問題と為るものに非す。陸軍大臣の答弁は解し難しと云ふ。塚本（清治）、自分（塚本）は陸軍大臣の答弁を敷衍して説明して諒解を求めんとす。軍機軍令とは他の言を以て之を云へは、統帥権なり。統帥権に付ては議会にて問題と為るへきことなし。軍機より出てたることにても軍政と為りたることに付ては議会の議に上ることあり、政務次官も関係する場合あるへしと云ふ。目賀田又警視総監、法制局長官等の任用資格及分限のことを問ふ。加藤（高明）、此ことは委員長の報告にある通り、別個の問題と為したるなり。只今此問題を如何に決するやは言明し難しと云ふ。採決に及ひ、全会一致にて原案を可決す。

平沼騏一郎諮問第四号のことを問ふ

控所にて平沼（騏一郎）より、諮問第四号に対する答申案を送り来りたるか、あれ丈にて全部なりやと云ふ。予、小委員会にて纏まりたるはあれ丈なり。今一回小委員会を開きて協議する筈に付、文字、順序等は尚ほ幾分の変更あるへしと云ふ。平沼、神宮及皇室に対する規定を増加することゝなり居りたるに非すやと云ふ。予、彼の点は之を除くことゝなりたりと云ふ。平沼、諮問の主眼は淳風美俗の維持に必要なることなりと云ふ。予、淳風美俗の解釈か一致せす。諮問の趣意は忠孝節義と云ふ様なることゝ思はるるか、委員中には卑属親の尊属親に対する犯罪を厳罰すると同時に尊属親の卑属親に対する犯罪も厳罰せさるへからすと云ふ論を為す人もあり、中々一致し難し。小委員会は大概にして纏まるへきか、主査委員会は随分時日を要することならんと思はると云ふ。平沼然らんと云ふ。

御物を拝観す

予は平沼に別れ、豊明殿に行き、御物保管委員か器具を品評し、之に価格を附し居るを見ること五、六分間許にして審査局に返る。

摂政のことに関する日を抜抄す

〇午前十一時十五分頃より大正十年の日記中、摂政を置くことに関する部分を読み、西野英男に嘱して之を筆記せしむ。

金井四郎、東久邇宮邸の浴場のことを談す

会々金井四郎来り、東久邇宮邸の浴場破損したるに付、之を修繕する積りの処、従来は石炭を焼き居りたるも、石炭は不経済なる故、瓦斯に易ゆることを内匠寮に交渉し、内匠寮にても之を承諾し、現場の見分に行きたる所、邸の職員より種々の注文を為したる趣にて、此の如き注文あるならは、普通の瓦斯竈にては間に合はす。特別の機関にて栓をひねれは湯か出つるものあり。其機関に改めさるへからすと云ひたる故、内匠寮にて其工事を為すことを相談したるも、此ことに付ては賀陽宮よりも朝香宮よりも注文ありたれとも、贅沢なりとの故を以て之を拒み居れり。東久邇宮のみ其注文に応する訳に行かす。宮にて其竈を買ひ入れらるることゝならは宜しからんと云ふに付、自分（金井）は宮務監督（予）に相談したる上、之を買入るることゝなすへきか、只今直に手に入るやと云ひたるに、只今は東京には来り居らす、外国より取寄せさるへからすと云へり。宮内省には持ち合せありとのことに付、之を貰ひ度と云ひたるも、是は他日東宮御所建築のとき、使用する積りに付、譲り渡し難しと云へり。依て自分（金井）は之を買受けんと云ひたるに、工務課長（北村耕造）は彼の機関は旧式に付、買受くるは損なりと云へり。依て暫く之を借り受けて使用し置き、其内に新なるものを買入れて取り替ゆることにしては如何と云ふ。

予内匠寮にては貸し渡すことを承知するやと云ふ。金井、承知するとのことなり。東久世（秀雄）も、初は旧式なることを知らさりし模様にて、之を知りたる後、旧式ならは譲り渡しても宜しからんとまて云ひ居りたりと云ふ。予現在の浴場は最早使用に堪へさるやと云ふ。金井、全く使用に堪へす。夫故、日光御滞在中の本月十八日まてに竣工する様、依頼し置けりと云ふ。予、内匠寮にて貸渡すならは、一時之を借り受けて間に合せ置き、宮邸にても早速新なるものを注文する方か宜しからんと云ふ。金井の談に機関の価か千円許、工事費か千円許を要する由。工事費は宮内省にて負担する訳なるへし。

松浦寅三郎来り、高松宮殿下御卒業奉祝のことに付挨拶す

○午前十一時後松浦寅三郎来り、先日高松宮殿下、海軍兵学校御卒業のときは特に電信を以て御祝詞を申上けられ、殿下より御満足の旨を伝ふへき旨御申聞けありたりと云ふ。予、先日も皇子御殿附職員より其御趣意を承はりたり。御思召を感佩し奉ると云ふ。

摂政のことに関する日記を抜抄す

○午前十一時三十分頃金井四郎との談を終り、復た大正十年の日記の抜抄を始む。十一時五十九分頃までにて十月二十一日午前までの分を終る。

高羲敬、世子の近状を報す

○午後零時頃高羲敬来り、昨日夜大磯より帰りたり。大磯の海岸は涼しくして、世子殿下、妃殿下ともに御気に入り、天気好き日は滄浪閣のテント内にて日を送り、暮頃山下亀三郎の別邸に帰らるる振合なり。

高羲敬、宋秉畯を訪ひたる状況を語る

先日大磯に行く前宋秉畯に逢ひ、内匠寮にて貴官（予）と自分（高）と話したる模様を告けたる処、宋は非常に喜ひたり。

紀尾井町賜邸のことに付宋秉畯か京城にて騒くと云ひたること

宋は矢張り沢田牛麿をして関屋（貞三郎）の違約を詰責せしめたる処、関屋は何分自分（関屋）の力には及はす、京城にて騒きたらは目的を達することを得るならんと云ひたりとのことなる故、自分（宋）は京城に帰りて大に騒くと云ひ居れり。自分（高）は此ことは君（宋）か騒くと云ふならは致方なきも、成るへくは騒かさる様に致し、君（宋）は斎藤（実）に談し、斎藤の尽力にて都合よく運ふ様にする方宜しからん。斎藤に話しても運はさるならは、騒きても致方なけれとも、成るへくは騒かさる様になし呉よと云ひ置きたりと云ふ。

予、宋の話は予は実に驚きたり。何ぽ〔ママ〕関屋か困りても、京城にて騒けと云ふは余り〔に〕無責任なることなり。実は沢田に問ひ合せて見度とも思ひたるも、省中のことを沢田に問ふも面白からさる故、之を止めたり。然し、騒きたる後に坪数を増す様のことありては愈々面白からさる故、先日、徳川（頼倫）に一応予の懸念の次第を話し置きたり。まさか関屋も夫程までのことは云はさるならんと思へとも、此ことに関する是までの成行を考ふれは、左様なる順序にはなる様なり。

関屋貞三郎は馬場は不必要と云ひ、牧野伸顕は坪数を増すへからすと云ひたること

徳川より東久世（秀雄）に話したる処、東久世はテニスコートも馬場も作ることにする積りに致し居る模様なるか、関屋は馬場抔は不必要と云ひ、大臣（牧野伸顕）は坪数を増すことは不可なりと云ひ居るとか云ふことなりと云ふ。

李鍝公、李鍵公子のこと

高又李鍝公は今日水泳より帰り、明日より京城に行くとのことなり。李鍵公子は本月八日京城より帰京し、其後水泳に行く予定なる由と云ふ。

堀江寡婦のこと

予、其後堀江老婦の様子を聞かさるか、兎や〔ママ〕角折合ひ居るへきやと云ふ。高折合ひ居るならんと云ふ。予、鍝公か京城に行くとき、浅沼も随行するやと〔云ふ〕。高随行すと云ふ。予、然らは、金も随行すれは留守は堀江と小使と下婢なりやと云ふ。高、然り。下婢も只今定雇の者は居らす、派出婦か来り居るとのことなり。世子より鍝公に途中用の果物等を贈らるることになり居る故、自分（高）は今日鍝公邸に行く積りなり。

高羲敬大磯に行くこと

大磯は今年は客少く、旅館も明き居るとのことにて、自分（高）の小供等か転地を希望し居るに付、明日頃より暫く大磯に行かんと思ひ居ると云ふ。予、夫人の為にも必要に非さるやと云ふ。高、医師高階（虎治郎）も其ことを勧め居ると云ふ。

午後零時十分頃より退省す。

尿量

○昨日午前五時頃より今日午前五時頃までの尿量千百五十瓦。是を五日の尿量とす。

青山操皇室経済会議のことを問ふ

○午前十一時後審査官室に行く。青山操、皇太子殿下御結婚のとき上野公園を東京市に下賜せられたるか、彼のことは皇室経済〔会議〕を経たるものなりやと云ふ。予会議を経たることを記臆せさる旨を答ふ。

八月七日

○八月七日木曜。晴。

○午前八時三十分より出勤す。

尿量

○昨日午前五時頃より今日午前五時頃までの尿量千瓦。是を八月六日の尿量とす。

摂政のことに関する日記を抜抄す

○午前九時頃より十時四十分頃まて、大正十年日記中、摂政を置かるることに関する部分を読み、西野英男をして之を抜抄録せしむ。今日までにて十一月十九日の分を終る。

伊夫伎準一の隣家に赤痢患者発生したること

○午前九時後西野英男より、只今伊夫伎準一の電話にて、隣家に伝染病患者あり。出勤して宜しき〔や〕否、決し難き旨申来りたるに付、皇宮警察部に問ひ合はせたる処、隣家と交通し、又井戸を共用する様のことなけれは、出勤して差支なしとのことに付、其旨を通知し置けり。其の為出勤後る可しと云ふ。

○午前十時四十五分頃伊夫伎準一来り、隣家に赤痢患者を生し、今日避病院に入りたる為、始めて其事実を知りたる旨の談を為せり。

審査局事務分担のこと

伊夫伎又根岸栄助及河井益夫の事務分担のことを謀る。伊夫伎の考に同意す。

三善焞彦在官期限のこと

予又三善焞彦を審査官と為すとき、関屋貞三郎は六ヶ月位にて免官すへきことを予告する様の考なる旨、白根松介より予に話したるに付、免官決定のとき多少の猶予を置きて之を予告するは相当なれとも、余り早〔く〕之を予告すれは本人か自暴自棄して勉強せさるに付、三善に予告することは宜しからさる旨、白根に話し置きたれとも、矢張り関屋より予告したるには非さるへきや。三善は熱心に審査事務を研究し居る様には見へすと云ふ。伊夫伎、転官辞令書を交すとき、関屋より何ことか云ひたりとのことは三善より聞きたるも、其内容まては聞かさりしか、自然は予告なりしやも計り難しと云ふ。予、左様なることを為して人を使ふは、人を殺して使ふ様なるものなりと云ふ。伊夫伎、白根も折角審査局に入れて貰ふことになりたるも、関屋か妙な考を有し居る故、面白からさることになりたりと云ひ居りたり。三善は全く事務を執らさる様の考には非さる様なりと云ふ。

有栖川宮邸を私有と認むること

○午前十一時頃宗秩寮の佐々木栄作、有栖川宮邸地を宮の私有と決する議案を持ち来り、予の捺印を求む。

○午前十一時五十分頃土岐政夫の帝室林野局静岡支局に対する推問書案を閲みする。

資材造材なる語の意義

（ケヤキの資材造材費）の語あり、資材の義明かならす。之を青山操に質す。青山亦明瞭に答ふることを得す、之を藤野〔原文空白、宗次〕に問ふ。藤野、資材とは原料材のことなりと云ひたるも、十分明瞭ならす。少時の後青山来り、資材とは夫れより更に各種の材を製する基本材のことにて、云はゝ資材造材とは原料材となすまての造材のことなりと云ふ。

上野公園を東京市に賜はりたるときの経済会議の違式

青山又昨日問合せたる上野公園を東京市に下賜せられたるときの経済会議に関する書類には西園寺公〔公望〕一人の花押あり。参列員としては当時の内蔵頭山崎四男六の捺印あるのみにて、正式に経済会議を経たるものに非す。貴官（予）の記憶なきは当然なりと云ふ。昨日青山より、此ことに付経済会議を経たりや否を問ひ、予は会議を経たること之を記臆せすと云ひたる故に、青山か此く云ひたるなり。

官歴の一部を書す

○出勤前及午後官歴（大正十二年七、八月以後の分）の一部を書す。

官歴を記する材料を見出さす

大正十二年十月二十日に、同月二十三日皇族会議を開かるるに付、出席すへき旨、宗秩寮より通知し来りたることは日記材料に略記しあるも其書を見出さす。方々之を捜かしたるも遂に之を見出さす、其の為一時間以上を費やしたり。

石田秀人に贈る詩

○今夜石田某に贈る詩成る。左の如し。（人生幾許合歓時、失儷憐君無会期、凄絶孤衾残更孤枕、夢分明応見児姿）。

八月八日

立秋

○八月八日金曜。立秋。晴後曇。

尿量

○昨日午前五時頃より今日午前五時頃までの尿量千二百瓦。是を八月七日の尿量とす。

○午前八時三十分より出勤す。

摂政のことに関する日記を抜抄す

○午前九時後より十時三十分頃まて、大正十年の日記中、摂政のことに関する部分を読み、西野英男に嘱して之を筆記せしむ。今日にて十一月二十四日分までを終はる。

青山操の実況審査報告書

○午前十一時頃より青山操の東京支局其他の実況審査報告書を見、之を伊夫伎準一に渡す。

○正午より退省す。

皇族会議に出席すへき旨の通知の原案を調査す

○午前九時頃西野英男に嘱し、大正十二年十月二十日宗秩寮より予に送致したる書状にて、其内容は同月二十三日に皇族会議を開かるるに付、出席すへき旨を通知し来りたるものなるか、其書状を見出さゝる故、宗秩寮に就き、如何なる書状なりしか、之を問ひ合せしむ。西野返り来り、該件は木村某か取扱ひたるものなる処、今日木村か出勤せさるに付、明日同人出勤したる上、取調へて通知すへき旨、岡田重三郎より答へたる趣を報す。少時の後岡田来り、該書面のこと取調出来たりとて、其写を致す。

○午後大正十二年中の官歴を書記す。今日にて十二年十二月までを終る。今日岡田重三郎より同年十月二十三日の皇族会議に出席すへきことを通知したる書状の写を受取りたる処、其書は宮内大臣牧野伸顕より宮内省御用掛たる予に宛たるものにて、其書には議案も添附する旨を記載しあり。然れは其書か紛失する訳なしと思ひ、先日枢密院の書類を入れ居る行李を検したるも、邦久王臣籍降下に関する枢密院の書類はあれとも、皇族会議に関する書類なし。

皇族会議に出席すへき旨の通知書を発見す

次て皇族の臣籍に降下せらるることに関する内規を調査したるとき、書類を入れある袋を検したる処、誤て其中に皇族会議に関する書類を入れありたり。此書類を捜かす為、昨日来数時間を費したり。

朴重陽に遇ふ

○午前十一時後朴重陽来り、内地の地方官会議の為上京せり。朝鮮人一名、内地人一名上京したりと云ふ。

八月九日

○八月九日土曜。晴。

尿量

○昨日午前五時頃より今日午前五時頃までの尿量千三百五十瓦。是を八月八日の尿量とす。

○午前八時三十分より出勤す。

朝鮮人蔘を飲むことを忘る

○出勤前朝鮮人蔘を服用することを忘る。

○午前八時三十分より出勤す。

李王職の決算書に対する照会案に意見を述ふ

○宗秩寮より大正十二年度李王職決算書を廻示し、決算に付李王職に照会する案文あり。其中の一項適切ならさるに付、予之を持ちて宗秩寮に行き、酒巻芳男に其旨を告く。酒巻其一項は削除することにすへしと云ふ。

大谷正男、有栖川宮邸を宮の私有と認むる決議案に修繕費負担のことを記入することの当否を問ふ

此時大谷正男来り、宗秩寮にて起案したる有栖川宮邸を同宮の私有と認む決議書の中に、今後の修繕費は高松宮にて負担せるへき旨を記載しあるか、彼のことを宗秩寮にて立案するは不当なるへく、之を立案するは内蔵寮、又は内匠寮なるへしとの意見あり。如何と云ひ、予にも意見を問ふ。予、関係ある内蔵、内匠等には合議はすることゝなり居る故、費用負担の原則を定むる丈けのことは宗秩寮にて立案しても差支なからんと云ふ。大谷、然らは彼の儘にて内蔵寮、内匠寮に廻はすへしと云ふ。

大谷正男、河村善益の重病を告く

大谷又此ことは尚ほ秘密に為す必要ありとのことなるか、医師二木某の談に、河村善益か癌に罹り、容体宜しからす。結〔局〕時の問題にて、回復の見込はなし。然し、本人は幾分覚悟は為し居る様なるも、急に大勢見舞にても行きては、本人の気に掛かることになるへきに付、其辺は十分注意せられ度。極関係深き所には医師として之を告知することにすへく、家族にも未た之を告け居らすと云ひたり。依て時期を問ひたる処、夫れは分らすと云ひたるも、性質は悪しき方なりと云へりと云ふ。

摂政のことに関する日記抜抄を酒巻芳男に貸す

○午前十時頃より大正十年中の日記の摂政に関する部分を読み、西野英男に嘱して之を筆記せしめ、今日にて筆記し終る。乃ち之を携へて宗秩寮に行き、之を洒巻芳男に交し、用済次第返戻すへき旨を告く。

国府種徳と人の妻の死したることに付、夫に贈る詩の題を議す

○午前十一時頃審査局前の廊下にて、国府種徳と人の妻の死去するを弔する詩題は何と書くへきやと云ふ。国府、矢張り悼亡なるへしと云ふ。予、悼亡は自己の妻の死を悼む場合なるへしと云ふ。国府、悼某夫人と書しては如何と云ふ。予、詩か主として其夫を弔する趣意のときは不可ならんと云ふ。国府、悼某夫人、贈某と直したらは宜しからんと云ふ。

昭憲皇太后御集の帙代を償ふ

○午前十一時二十五分頃昭憲皇太后御集の帙代二円を西野英男に償ふ。

日記抜抄を訂正す

○午前十一時後西野英男来り、昨日頃貴官（予）の大正十年中の日記を筆記するとき、山辺知春を宮務監督なりしならんとの貴官（予）の言に従ひ、其通りに書し置きたるか、取調へ見たるに、山辺は宮務監督に非すして事務官なりしと云ふ。予之を謝し、日記抜抄は既に酒巻芳男に交したる後なりしを以て、西野より此ことを聞きたる後、十分間許にして更に宗秩寮に行き、之を訂正せんとす。酒巻正に他と話す。予乃ち酒巻より日記抜抄を取り、万年筆にて宮務監督を事務官と訂正せり。

復た国府種徳と詩題を議す

○午前十一時後復た国府種徳に面会し、予か石田秀人に贈る詩を示し、此の如き詩なる故、死者を悼むと云ふ題にては適切ならすと云ふ。国府、然らは某を悼み、某に贈ると云ふては如何と云ふ。予、某を悼む趣意はなきに付、夫れも適当ならす、弔某喪内としては如何と云ふ。国府、某喪内賦以弔慰としても可ならんと云ふ。

○正午退省す。

安藤謙介の告別式に会し賻を贈る

○午後一時三十分より電車に乗り、五反田に行き、下大崎の寿昌寺（確かならす）に安藤謙介の告別式に会す。五反田停車場を出て寿昌寺に赴く途中にて、奥宮正治〔元宮城控訴院検事長〕に遇ふ。奥宮の同行者は予は葬場等にて屢々之を見ることあり、其人は予を識る様なれとも、予は其何人なるやを知らす。

向井巌に小書を交す　奥宮正治、中田某に遇ふ

途中にて予か奥宮に対し、下大崎に来るには何停車場にて下車するを便とするやを知らす、五反田の西に大崎なる停車場あり、其方か便ならんかとも思ひたれとも、予は五反田にて下車したるか、便否如何と云ふ。奥宮、五反田か便なり。自分（奥宮）等は中田君〔不詳〕（同行者）の意見にて恵比寿停車場にて下車したるか、是は余程不便なりしと云へり。此の言に依り其人か中田と云ふことは分りたるも、尚ほ何人なるやは之を知るへからさるなり。寿昌寺に到り、受附にて香料金五円を贈り、柩前に行きて礼し、安藤の遺族に黙礼す。向井巌か世話人として柩側に立ち居りたるに付、予め作り置きたる小書を向井に交す。先日向井か来りたるとき、安藤は有位者なるに付、死去のことは宮内省に届くる必要ありやと云ふ。予、必要ある旨を答へ置きたるか、安藤は帯勲者なるを以て賞勲局へも届けさるへからす。故に賞勲局へ届出つる必要ある旨を書して之を向井に交したるなり。

傘を遺れんとす

柩前に行くとき、携帯したるステツキ状の傘を世話人に托し置き、其処を立ち去るときは之を取ることを忘れたり。歩すること五、六歩、其処に立ち居りたる世話人、予にステツキを忘れたるならんと云ふ。予始めて之に気附き、立ち返りて之を取りたり。

有松英義に遇ふ

歩する百歩許、有松英義か焼香して帰り居るに会す。乃ち之と話しつゝ歩す。行くこと二町許にして、有松は他の途を取れり。又歩すること一町許、奥宮及中田に及ふ。乃ち共に歩し、五反田駅より電車に乗り、予は渋谷停車場にて車を下り、電車を更へて家に帰る。

安藤謙介の柩前にて香を焼きたるや否確かならす

安藤の柩前にて礼するとき、香を焼きたるや否、之を記せす。或は止た礼したるのみなるやも知るへからす。家に帰りたるは三時二十分頃なり。

扇子を遺す

○今日午前宮内省にて扇子を失ふ。或は宗秩寮に行きたるとき、其処に遺したるならんか。

○午後三時後より官歴を書す。未た終はらす。

高山政光なる者来り、寄食を請ふ

○午後三時後予か下大崎より帰りたるとき、福岡県田川郡猪位金村大字位登、高山政光〔不詳〕なる二十三、四歳の書生来り居り、予か帰る前に其母は船越の者にて二、三度予に逢ひたることあり。政光は昨日上京せり。予の家に寄食するを請ふと云ひたるも、予か不在なりとて之を拒み、其氏名を問ひたる処、戸籍謄本を示したる由なり。予、之を見たるに政光は船越のキヨノと云ふ者の私生児にて、キヨノと政光の父〔不詳〕との結婚にて嫡出子と為りたるものなり。予はキヨノなるものを記臆せさるに付、寄食を拒みたり。

八月一〇日

○八月十日日曜。晴。

官歴を記す

○午前官歴を書す。未た終はらす。

坂田稔の家に行き病を診せしめ尿を検することを嘱す

○午前九時後より坂田稔の家に行き、病を診せしめ、且尿を検せしむ。

円柱のこと

坂田、体中の異状を認めす。尿にも蛋白もなく、糖分もなし。病なしと思ふ。但し、尿中の円柱のみは其有無を判することは頗る難し。円柱は蛋白と同時に出つること多けれとも、時としては蛋白を認めすして、円柱のみ出つることあり。円柱は腎臓の実質の損壊して抽出するものなる故、果して円柱ありとすれは、少許の蛋白出つるよりも悪し。然るに円柱なりや否を認むることは容易に非す。先日来、君（予）の尿の中に円柱の如きものありと思ひ、之を細検したるに、自分（坂田）は円柱に非すと決したり。然れとも、円柱の有無を決するは最も大切なることに付、為念明日にても明後日にても多納病院にて検尿せしむることゝし度と云ふ。予承知の旨を答ふ。

坂田稔朝鮮人蔘の価を問ふ

坂田朝鮮人蔘の価を問ふ。予、上品（自然生のもの）は一本六、七百円又は二、三千円も要する趣なるか、培養したるものにても、百円前後と云ふことなりと云ふ。坂田高価なるものなりと云ふ。予又予か先年京城にて円柱ありとの診断を受け、一意其養生を為したるか、結局円柱に非さりしことの談を為せり。話すること二十分間許にして帰る。

石井碌の祖母を訪ふ

○午後一時より人力車に乗り、牛込神楽町二丁目二十番地に行〔き〕、石井碌の祖母阿紋を訪ふ。阿紋は故南橋（石井南橋、明治時代の漢詩人・狂詩家、福岡県出身、咸宜園門下）氏の寡なり。今年八十七なりと云ふ。予か明治七年七月東京に来りたるとき、南橋氏と共に神田美土代町に住し、予は先考君と共に東京に達したる夜、其家に宿したり。爾後南橋氏の世話になりたること少なからす。南橋氏か没したる頃郷里にて寡婦に逢ひたることありたるか、其後二十八、九年之に面会せす。今年五月帰郷したるとき、寡婦か吉井に在りと思ひ、之を訪ふ積りにて之を問ひたる処、其前既に上京したりとのことなりしなり。寡婦は尚ほ健かにて、耳目ともに不自由なし。其子隆甫も二、三年前死去し、孫の碌と居るは気の毒なり。寡婦〔に〕紗一反を贈れり。是は先頃京都泉涌寺の住職法性宥鑁か贈りたるものを転贈したるなり。寡婦と旧を話すること二十分間許。孫碌、隆甫の寡婦も共に談したり。

官歴を記す

○午後三時頃より官歴を書す。五時頃までにて始めて終はる。

尿量

○昨日午前五時頃より今日午前五時頃までの尿量八百瓦。是を八月九日の尿量とす。

八月一一日

○八月十一日月曜。晴。

辞令書及御宴会の召状等を整理す

○午前出勤前辞令書、御宴会の召状等を整理す。未た終はらすして出勤時刻迫る。乃ち狼藉の儘出勤す。

○午前八時三十分より出勤す。

青山操の実況審査報告書に付審査官会議を開く

○午前九時頃より青山操の帝室林野局の実況審査報告書に付審査官会議を開き、正午に至り正に終る。

○午前給仕をして宗秩寮に行き、一昨日扇子を遺し居らさるやを問はしむ。給仕一扇を持ち来る。然れとも予の扇に非す。復た給仕を遣はす。給仕他になしと云ふ。

今朝に次き辞令書等を整理す

○午後一時後より今朝に次き、辞令書、御召状等を整理す。三時頃に至り始めて終る。

検尿を多納栄一郎に嘱す

○午前八時後、使をして多納病院に行き、検尿を嘱せしむ。

尿量

○昨日午前五時頃より今日午前五時頃までの尿量千二十瓦。是を八月十日の尿量とす。

大正一三年日記第八冊

〔表紙に付記〕
日記　八
大正十三年八月十二日より同年九月五日までの

八月一二日

大正十三年八月十二日火曜。晴。

○午前八時三十分より宮内省に出勤す。

尿量

○昨日午前五時頃より今日午前五時頃までの尿量千百瓦。是を八月十一日の尿量とす。

宗秩寮の給仕、予か遺したる扇子を持ち来る

○午前九時三十五分頃給仕来り、只今宗秩寮の給仕此の扇を持ち来り、貴官（予）の遺されたる扇子は之に非さるや。本月九日（予か扇子を遺したる日）宗秩寮に出勤し居りたる給仕は昨日は出勤せす、九日に出勤したる給仕か此の扇子を保管し居りたる為、昨日は之を発見し得さりしとのことなりと云ふ。予之を検したるに、予の扇子なりしに付、之を収めたり。

御物管理委員の評価を見る

○午前十時頃より豊明殿に行き、二十分間許御物管理委員か御物（主として磁器、七宝、漆器等）を品評し、価格を附するを見る。予か見たるときの御物は二百円許か高価なるものなりしなり。

土岐政夫静岡県御料地払下に関する関屋貞三郎の談を伝ふ

○午前十一時頃土岐政夫より、先刻次官（関屋貞三郎）より静岡県御料地払下の問題に付参事官に対し、関屋か静岡県知事たりし当時、山崎四男六は急に之を払下くへしと云ひ、価格も今日の評価よりも低廉なりし等のことより、宮内省議の決せさるは外部に対し不面目なること等を説き、此ことか法規に抵触するならは已むを得されとも、然らさる以上は大局に著目して速に決定し度き旨を談し、貴官（予）に直接に次官（関屋）より協議するとのことなりしか、何か話ありたりやと云ふ。

関屋貞三郎より予には何事も話さす

予何も聞かさる旨を答ふ。参事官としては関屋の説明にて渡部信も已むを得さるへしと云ふことになり居る趣なり。

書を戸田忠正其他に贈る

○午後戸田忠正其他に贈る書状、端書を作る。

暑甚し

○暑甚し。午後三時華氏寒暖計九十三度に上る。

金井四郎電話し、明日の会見を約す

○午後五時後金井四郎より電話にて、今日日光より帰京せり。明日午前宮内省にて面談し度旨を告く。

八月一三日

○八月十三日水曜。晴。

尿量

○昨日午前五時頃より今日午前五時頃までの尿量九百五十瓦。是を八月十二日の尿量とす。

○午前八時三十分より出勤す。

青山操に富士御料地の一部を山梨県に賜はりたるときの始末を問ふ

○午前九時頃青山操に、先年富士御料地の一部を山梨県に下賜せられたる顚末を問ふ。静岡県御料地払下問題の参考と為さんと欲したるなり。青山取調へ呉れたるか、下賜せられたるは明治四十三年頃にて、其御沙汰書は官報に出て居るも、内端の手続に関する書類は審査局には残り居らす、其前明治三十七年（或は三十九年なりしか確に記臆せす）頃には、御料下賜の詮議に非す、其一部を払下或は貸下けらるる方針にて山梨県に達せられたる案文等は審査局に保存しあり。其後急に下賜のことに変更せられたる趣なり。要するに此ことは静岡県の問題には参考と為し難し。

金井四郎来り、師正王の墓の文字のことを謀る

○午前十一時頃金井四郎来り、師正王の墓の文字のことを謀る。墓には師正王之墓と書するや、又は之の字を除くへきやと云ふ。予、之を除きて宜しかるへき旨を答ふ。金井、書は宗秩寮の木村宗吉に嘱すへしと云ひ、木村を審査局に召ひ、之を嘱し、尚ほ内匠寮に行き、文字の釣合等を協議すへしと云ふて去る。

村上恭一来り、小野義一に対する手当及小野の補欠、三土忠造の資格のことを謀る

○午前十一時頃予か金井四郎と話するとき、村上恭一より電話にて往訪し度旨を告く。予差支なき旨を答へしむ。少時にして村上来る。金井乃ち去る。村上、文官高等懲戒委員小野義一か免官と為り、随て懲戒委員消滅したるに付、之に給すへき手当金のことを謀る。小野、本年七月に委員と為りたるものにて、委員の手当は年額二百二十五円、月割額十七円八十銭余なれは、二ヶ月分三十五円六十銭余なり。小野には三十五円を給することに決す。村上又小野の補欠のことを謀る。予、新任大蔵省の事務次官（田昌）にて宜しからんと云ふ。村上又農商務政務次官三土忠造か予備委員と為り居るか、是は其儘に（て）宜しかるへきやと云ふ。予、三土は農商務次官として予備委員と為りたるものなれは、政務次官と為りたる為、当然予備委員は消滅したるものなるへしと云ふ。村上、其方か正しかるへきか、従来消滅せすと為したる例もありと云ふ。予、正委員を事務次官より採る以上は、予備委員も事務次官より採る方か宜しからん。三土の委員は消滅したる解釈にて、農商務の事務次官（中井励作）を以て補欠することに内閣に交渉し見ることゝしたらは宜しからんと云ふ。村上、其ことにすへし。若し内閣にて三土の委員は消滅したるものに非すと云ふならは、特に三土を免し、新に事務次官を予備委員と為すことを交渉すへきやと云ふ。予其方か宜しからんと云ふ。予、全体委員に行政官を加ゆるは、委員か行政部の事情に通せされは適当の処分を為し難しとの考より出てたるものなるへきも、実は行政官を加へさるも差支なきことなりと云ふ。

江木翼、虎ノ門事件の懲戒処分の過酷なることを評す

村上、然り。常識さへあれは出来ることなり。然し、江木内閣書記官長（翼）抔は昨年の虎ノ門事件の懲戒処分を過重なりと云ひ、彼の如き処分を為す故、行政官を加ゆる必要ありと云ひ居りたりと云ふ。予、彼の処分は之を寛にすれは亦他の非難あり。事情より云へは、気の毒なることは申すまでもなく、其点より云へは、譴責に処しても気の毒なる位なり。然し、彼の件に付懲戒する以上は、二、三人の免官者を出すは已むを得さることなり。一旦免官したる上にて他の手段を取り、恩典を施し、恩給権等を回復せしむるは極めて必要なることなるに拘はらす、其手続を為さすし〔て〕、処分の過重を非議するは不当なりと云ふ。村上之を然りとす。予、村上に前大蔵次官小野義一の経歴を問ふ。

小野義一の経歴

村上、小野は初より大蔵省に奉職し、主計局長まて勤め、昨〔マヽ〕年の総選挙のとき、辞職して衆議院議員と為りたるものなりと云ふ。予、衆議院議員たるか為、事務次官と為し置くへからすと為し、小野を辞職せしめたるは解し難し。湯浅〔原文空白、倉平〕も貴族院議員にて内務の事務次官を継続するに非すやと云ふ。

小野義一の免官の当否

村上、湯浅は勅選なるに付、選挙議員とは異なるとのことなるも、貫徹したる議論に非すと云ふ。

細川一之助より贈物のこと

予又村上に、細川一之助より故男爵〔細川潤次郎〕の一週年なりとて品物を贈り来りたるに付、何か返礼する企はなきや。先日問ひ合せたる処、其企なしとのことなりしか、是は他の顧問官にも贈りたるものならん。誰よりも話なきやと云ふ。村上、誰よりも話なし。自分（村上）も贈を受けたり。尤も自分（村上）等は昨年多少葬儀の手伝等を為し、其砌供餐の案内を受け居りたるか、実行前地震あり、供餐は見合と為りたる故、此節の贈は其時の埋合せならんかと考へ居れりと云ふ。予、予等には右の如き関係なし。而して薨去の時の此方よりの贈に対しては、其砌に返礼を受け居るに付、此節の分は重複なりと云ふ。村上、別に返礼せらるるにも及はさるならんと云ふ。

金井四郎、師正王の墓の略図を遺す

○午前十一時後金井四郎か去りたる後、師正王の墓の略図（紙一枚大のもの）遺り居りたり。是は金井か忘れたるものなるに付、給仕をして内匠寮に行き、之を金井に致さしむ。若し金井か内匠寮に在らさるならは、宗秩寮に行き見よと云ひ置たるか、金井は内匠寮に在り、之を交したる旨、給仕より報告せり。

○正午より退省す。

多納栄一郎より検尿の結果を報す

○午後一時後多納栄一郎より電話にて、先日依頼せられたる尿を検査したるも、蛋白もなく、糖分もなし。円柱はあれとも、是は病的と云ふほどのことには非さるならんと思ふと云ふ。予、蛋白、糖分等のなきことは坂田（稔）の検査にて分りたるも、円柱の有無か確定し難きに付、君（多納）の病院に検尿を依頼すへき旨、坂田より指図したる訳なりと云ふ。多納、如何なる容体ありやと云ふ。予、足かだるく、先日は脚に少しの腫もありたり。尿量か少しと云ふ。多納、尿量は幾許位なりやと云ふ。予、一日七、八百瓦許なりと云ふ。多納、夫れは少し。然し暑気の為発汗する故、尿も少きことありと云ふ。予、坂田と相談して朝鮮人蔘を服用し居るが、左すれは尿量増すと云ふ。

多納栄一郎今一回検尿すへしと云ふ

多納、夫れは宜し。尚ほ今後一週間も経過したらは、今一回検尿すへし。朝の放尿後直に其尿を届けよ。時間を経過すれは包含物に変化を生する故、放尿後直に届くる必要ありと云ふ。予承知の旨を答ふ。

坂田稔に電話し、多納栄一郎の言を伝ふ

○午後一時後坂田稔に電話し、多納（栄一郎）より通知したる検尿の結果を通知す。坂田、多納より自分（坂田）の処にも通知せり。多納より君（予）の容体を問ふに付、先頃腰痛あり。又倦怠ありたるも、足等の容体も近日は減し居る旨を告け置きたり。多納は先年も円柱を見たることありとのことなれは、病的と云ふ程のことはなかるへく、七十歳以上になれは夫れ位のことはあるならんと云ひ居りたりと云ふ。予、多納は今一回検尿すへしと云ひたる旨を告く。坂田、検尿は為し見る方宜しからんと云ふ。多納と坂田の云ふ所は右の如くなるも、多少体の異常あることを自覚す。矢張り腎臓の病あるならん。

松永純一に贈る詩

○午後松永純一に贈る詩を作る。（多君商事有奇才、潤産業為富国媒、輸去北溟無尽物、廃居能叙異邦財）。

○午後二時華氏の検温器にて九十三度に上る。

八月一四日

○八月十四日木曜。晴。

尿量

○昨日午前五時頃より今日午前五時頃までの尿量六百七十瓦。是を八月十三日の尿量とす。

土岐政夫静岡県御料地払下のことを談す

○午前九時四十分頃土岐政夫来り、静岡県御料地払下の件は宮内大臣（牧野伸顕）か今十四日より翁島に行く予定に付、其前大臣、次官に提出する必要ありとて、昨日参事官の手を離すことゝなれり。

大谷正男、土岐等を圧迫す

自分（土岐）等はどこまでも反対の意見書を附する積りの処、大谷（正男）より、夫れは困る。自分（大谷）は参事官の意見を纏むる為に整理し居るに、反対意見を附して大臣、次官に提出することゝなりては不都合に付、君（土岐）の意見は既に自分（大谷）より詳細次官（関屋貞三郎）に説明も致し置たる故、意見書を附くることは止めよとの談あり。終に意見書を附けす、自分（土岐）は印は捺さす、渡部も参事官としては捺印せす、文書課長としてのみ捺印せり。金田（才平）は昨日は出勤せさりしか、是は出勤の上、同意ならは捺印すへく、然らされは捺印せさるへし。全体次官（関屋）より貴官（予）に内談し、諒解を求むるとのことに付、其上にて書類を提出する筈の処、次官（関屋）よりは未た貴官（予）へは内談せさる由にて、其点は行違を生したり。

入江貫一、本田幸介、皇室経済会議の書類に捺印す

聞く所に依れは、帝室林野局長官（本田幸介）と内蔵頭（入江貫一）とは書類を参事官に廻はす前に、既に帝室経済会議参列員として捺印し居るも、参事官にも廻はさゝる前に参列員か捺印するは不都合なりとて、其書類を取外して参事官に廻はしたりとのことなりと云ふ。予、入江は先日君（土岐）等の反対意見に大賛成なりと云ひたるに非すや。而して払下に賛成の印を捺すは矛盾なり。関屋は予には内談はせさるならん。只今の模様ならは、結局払下を決行することになるへきも、云ふへきこと丈けは云ふより外に致方なしと云ふ。

旧堂上華族保護資金管理規則改正のことに付審査官会議を開く

○午前十時前より内蔵寮の合議に係る旧堂上華族保護資金管理規則の施行規則の改正案に付審査官会議を開く。改正案は、保護資金に属する国債証券等を信託せんとするときは宮内大臣の認可を受くへきことを加へんとするものなり。審査局にては、此の改正は保護金管理規則第五条に信託することを得る旨を定め居らさる故、先つ其の規則（皇室令）を改正せさるへからさる旨の意見を附くることに決したり。

根岸栄助の父の死

○午前九時頃西野英男より、根岸栄助より電信にて其父〔不詳〕か死去したることを報し来りたる旨を告く。

○午前十時後審査官会議を終りたるとき、伊夫伎準一より根岸（栄助）の父死去したる趣なるか、他の部局に通知して、香料を集むることは根岸の本意にも非らさらんと思ふ、如何すへきやと云ふ。

根岸栄助の父の死したることは他の部局には通知せす

予、之を通知せさる方宜しかるへし。局員よりは香料を贈例なる様に付、其ことは取計ふことにする方か宜しからんと云ふ。

金井四郎来り、師正王の墓の字のこと及墓の竣工報告祭及一年祭のことを談す

○午前十時五十分頃金井四郎来り、師正王墓の文字を書く紙は内匠寮にて更に罫を引き直したり。是より之を木村宗吉に渡し置くか、明日は自分（金井）は信州に行くに付、木村か字を持ち来りたらは一見し、其上にて内匠寮に渡す様命し呉よ。妃殿下は本月二十八日に日光より帰京せらるる筈なり。墓の竣工報告祭は二十九日に施行し、其祭か済みたる上、妃殿下か参拝せらるることにすへし。竣工は九月一日と接近したるときにせされは、植たる木か枯死するに付、都合悪しと云ふ。予、其木は枯死することを予期して一時仮りに植ゆるやと云ふ。金井、然りと云ふ。予、木を植へさる訳には行かさるやと云ふ。金井、全く植へさる訳には行かさるへしと云ふ。

金井又閑院宮にては、九月一日の一年祭は午前八時に霊殿祭を為し、十時に墓所祭を行ひ、霊殿祭のときは皇族一人参列せられ、墓所の方は名代のみと云ふことなる旨、山階宮の香川秀五郎より聞きたり。香川より閑院宮の松井修徳に、午前八時と十時との祭にては山階宮、東久邇宮の都合悪しき旨を告けたるも、松井は当方（閑院宮）の時刻は殿下（載仁親王）の思召なりと変更を肯んせさりし由なり。依て香川と相談の上、東久邇宮にては九月一日午前九時に霊殿祭を為し、山階宮にては午前十一時に霊殿祭を為し、墓所祭は午後三時に東久邇宮、同四時に山階宮と云ふことに決し、祭典のときは是までの如、菓子は出さす、氷菓のみにすることに協議せり。

墓の築造費は皇室よりは賜はらさることに決す

墓の修築等に付ては、昨日宗秩寮にて更に金を賜ふへきや否を議し、総裁（徳川頼倫）と山田（益彦）とは金を賜ふへしとの意見なりしも、他は反対にて、賜はらさることに決したりとのことなりと云ふ。予、他とは松平（慶民）と酒巻（芳男）とのことなりやと云ふ。金井、然るならん。全体は徳川の意見にて決して宜しきことには非さるやと云ふ。予、然り。大臣（牧野伸顕）、次官（関屋貞三郎）か賜はらさることに決したるに非さるや。然れは致方なしと云ふ。

金井四郎、関屋貞三郎を評す

金井、関屋は金は出さす、社会事業に寄附さへ致し置けは機嫌よしと云ふ。予、夫れのみにては不可なり。其ことを新聞に掲載する必要ありと云ふ。金井然りと云ふ。

予宮内省の近事を談す

予、宮内省にては波多野敬直の大臣たりし時代より、死金のみを使ひ居りたるか、近来殊に甚し。一、二万円のことは喧しく云ひなから、一方には無意味〔に〕数百万円を排棄する様のことを為すに付、いやになると云ふ。金井、左様なることは内蔵頭（入江貫一）は意見を云ふ訳には行かさるや。内蔵頭は金さへ出せは夫れにて宜しきやと云ふ。予其様に思はると云ふ。

金井四郎、宮内大臣更迭の噂あることを談す

金井、珍田（捨巳）か近々辞職し、其都合にては牧野（伸顕）罷むることゝなるやも計り難し。然し、或は辞職することは出来難からんとの新聞ありたるか、如何なるへきやと云ふ。予、決して辞職せす。夫れより予の免職の方か一番近かるへしと云ふ。金井、左様のことになりては自分（金井）か困ると云ふ。予、致方なし。吾躬不容何遑恤其後をあると云ふ。

金井四郎は中禅寺には行かす

金井、明日より旅行し、十七日に帰ると云ふ。予、中禅寺に行くやと云ふ。金井、否。信州に行くと云ふ。予、細君も同伴なりやと云ふ。金井、否。妻は家に居る方か宜しと云ひ居れり。然し、御殿場に行くと云へは直に同意するも、信州にては同意せすと云ふ。予、何故なりやと云ふ。金井、信州にては魚類なく、御殿場ならは、一日三回位鮮魚か来る為なりと云ふて去る。

○午後零時後退省のとき、玄関にて徳川頼倫に遇ふ。徳川、内匠頭（東久世秀雄）より話を聞きたりやと云ふ。予何事なりやと云ふ。

徳川頼倫紀尾井町の賜邸のことを談す

徳川、地割のことなり。紀尾井町の賜邸地割のことなりと云ふ。予、未た聞かす。如何なりたりやと云ふ。徳川、職員の官舎敷地は予定の地域外に廻はすことと為し、其理由は官舎の数か当初の考より増し、附武官二人、事務官二人、属官〔原文空白〕人の官舎を作ることゝなりては、予定の地域にては間に合はさる故、之を拡めんと云ふことなり。東久世より君（予）にも話し、決定の上は成るへく速に李王職にも通知する方宜しからんと云ひ置きたり。然し、東久世は昨日午後宮内大臣（牧野伸顕）に話すと云ひ居りたるに付、或は尚ほ君（予）に話す暇なかりしならんと云ふ。予、昨日大臣（牧野）に話したるならは、或は大臣（牧野）か異議ありたるやも計り難しと云ふ。徳川左様かも知れすと云ふ。是にて別れ、帰る。

松田正之来る

○午後三時後松田正之より電話にて、往訪せんと欲するか、何時頃なれは宜しきやと云ふ。予、午後六時頃ならは宜しき旨を答へしむ。五時後に至り、松田より更に電話にて、六時頃に往訪する積りなりしも、来客あり。七時頃に往くことにし度と云ふ。予差支なき旨を答へしむ。六時四十五分頃より予正に浴す。六時五十分頃松田来る。浴を終りて之に面す。

松田正之転任のことを謀る

松田、内閣書記官木下某〔道雄、東宮事務官兼宮内書記官、東宮侍従〕か東宮職事務官に転任することに内定し居るに付、其補欠として自分（松田）か内閣書記官に転任することにし度。工夫なきやと云ふ。予、清浦内閣のとき、内閣書記官に転任することの希望あり。予、書記官長小橋一太に依頼したれとも、十分に引受けさる故、或る時蜂須賀（正韶）に其事を話し、蜂須賀の助を得んと欲したるに、蜂須賀は余り運動して現在の拓殖局事務官にも勤続出来さる様になりては宜しからさるに付、時機を待つ方宜しかるへき旨を答へたり。其時は右の如きことにて、転任出来さりしか、此節は蜂須賀より江木翼に談するも、研究会と内閣との関係にて都合宜しからす。予も江木（翼）は知らさることはなけれとも、仲善き訳に非す。予より依頼しても益はなくして、或は不利を生することあるやも計られす。野田卯太郎をして説かしめては如何と云ふ。

松田、野田は只今旅行中なりと云ふ。松田又有馬秀雄をして横田千之助に説かしめ、横田より江木を説かしめては如何と云ふ。予、横田か君（松田）を知らさる故、熱心に周旋せさるへし。君（松田）より野田に書状を贈りて依頼し、野田より江木に書状を贈らしむることにしては如何と云ふ。松田、自分（松田）か野田の旅行先に行きて依頼すへきやと云ふ。予、夫れならは野田も書状は作るへきか、余り大変なるへしと云ひ、夫れより内閣の近状談に移り、

松田正之、江木翼のことを談す

松田より江木の処置余り冷酷にて人情乏しく、其〔某〕の死したるときも死したる後も、始終役所に居りたることも人情に外れたることなり。又前満洲鉄道会社長川村竹治〔貴族院議員・交友倶楽部〕を罷めたるときも、樺太庁長官永井金次郎を罷めたるとき

抔も、加藤（高明）は急に罷むる様のことを云はさる故、永井は加藤に面会するとき、辞表を持ち行きたるも、之を出さすして帰りたるに、突然休職を命し、又川村は総会を終はりたる後辞することに約束し置たるに、総会を終はりたる翌日直に免職したる如き、余り不人情なりとて、一般に評判悪しとの談を為せり。予、左様なる江木の下に転任するも考ふへきことに非さるや。寧ろ今暫く現職に安んし居る方か得策には非さるや。要するに、転任の希望は今暫く之を止むるか、又之を止めさるならは、態々野田の旅行先まて行かすとも、野田に書状を贈り、野田より書状を以て江木に依頼せしむる位のことに止め置く方宜しからんと云ふ。松田、尚ほ熟考して右二様の中にすへしと云ふ。

予、予と江木翼との関係を談す

予、予と江木との関係に付、先年江木か法制局に居りたるとき、江木を差措きて安広伴一郎（第二次桂内閣法制局長官）に直接談判して決定したる為、江木か怒り、予の招宴にも来らさりしことあり。又朝鮮の司法制度改正に付、江木か寺内（正毅）の意を承けて極端なる縮小を主張し、予は之と争ひたることあり等の談を為せり。話すること四十分間許にして去る。

有馬頼寧氏の選挙事情

予又松田に、有馬頼寧氏の三井、浮羽郡に於ける選挙の状況を談したり。

字を作る

○午後他より嘱せられ居る字を作る。未た全く成らす。

秋暑の詩

○夜五絶を得たり。（秋暑炎於夏、汗流汰葛衣、宛如残酷吏、将黜更振威）。

八月一五日

○八月十五日金曜。曇。

月食

○午前三時頃月食皆既。

尿量

○昨日午前五時頃より今日午前五時頃までの尿量千瓦。是を八月十四日の尿量とす。

木村宗吉、師正王の墓の字を持ち来る

○午前九時頃木村宗吉来り、師正王の墓標の字を示す。正面に（師正王墓）と書し、側面に（大正十二年九月一日薨）と書したるものなり。予之を一覧し、木村をして直に之を内匠寮に届けしむ。

根岸栄助の父の死に賻を贈る

○午前九時後西野英男来り、根岸（栄助）の父死したるに付、先例を調へたる処、長官（予）よりは五円、審査官四人より十円、属官全体より十円の香料を贈ることゝなり居り、審査官は先例の通りにせんと云ふことに決したり。他の部局にも通知して香料を纏むることあれとも、根岸は他の部局には知人も少く、之を通知することは本人の本意にも非さるへしと思はるるに付、之を通知せさることにする積りなりと云ふ。予、其ことは昨日大概談し合ひ置きたり。予は五円を出せは宜しきやと云ふ。西野然りと云ふ。乃ち之を西野に交す。

怡土束の為に字を作る　意に適せす

○午後二時頃より怡土束の為に字を作る。意に適せす。

朝鮮人蔘を飲むことを止む

○今朝までに朝鮮人蔘を飲むことを止む。

金応善鮭を贈る

午前金応善、使をして鮭一尾を贈らしむ。樺太より持ち帰りたるものならん。

八月一六日

○八月十六日土曜。曇涼。朝寒暖計七十六度。

尿量

○昨日午前五時頃より今日午前五時頃までの尿量千百六十瓦。是を八月十五日の尿量とす。

○午前八時三十分より出勤す。

伊夫伎準一位階陞叙

○午前九時頃宗秩寮より、伊夫伎準一位階陞叙の辞令（正五位ニ叙ス）を送り来る。直に之を伊夫伎に交す。

土岐政夫病気欠勤

○午前九時後西野英男来り、土岐政夫より電話にて、昨夜来腹痛を発し、未た癒へさるに付、今日欠勤する旨を届け来りたる旨を報す。

関屋貞三郎来り、静岡県御料地払下のことに付予の諒解を求む

○午前十一時十分頃関屋貞三郎来り、静岡県御料地払下の件は自分（関屋）か静岡県知事たりしとき出願したることなり。同県は水害多く、其費用少なからす。随て学事費抔は少額にて頗る振はす。自分（関屋）は此状況にては県治上黙過すへからさることゝ思ひ、山梨県に対しては水害ありたりとて二十九万円余町歩を下賜せられたることもあり、静岡県にても水害の発生を待たす、予防の計画を為す必要あり。然し、御料地にて皇室に必要なる所は固より払下を願ふ訳に行かす。静岡県に国有林てもあれは、其下付なり払下を願ふことも出来れとも、同県には御料林の外なきに付、処々調査し、小町歩にして皇室にて経営せらるるは不便なる所にて、県にて経営すれは相当利益ある に付、右等の所を選み、山崎（四男六）か林野局長官を兼ね居るとき出願したる処、山崎は非常に賛成し、価格抔はいくら賤しくても宜しと云ひ、県の当局に対しても随分立ち入りたる所まて話を為し、県にては勿論払下けらるるものと考へ居りたり。然るに、自分（関屋）は宮内省に転任したるか、勿論何等懸念する所はなき故、遠慮するには及はさることなるも、自分（関屋）出願したることに付、余り此ことに口を出すは宜しからさらんと思ひ、差し控へ居りたり。南部（光臣）は山崎と反対にて、宮内省の方針として農地の経営を止むることになりたるに拘はらす、南部は矢張り農地経営も拡張し、畑を水田と為し、益々之を拡張することを主張したる位にて、林地に付ても同様の考を有し、中々之を手離すことを惜み、其結果静岡県に対する払下事件も容易に運はす、其内山崎と本田幸介と更代し、本田は引継を受け、従来の行懸りもあることにて、矢張り払下の方針を継続し、手続を進行して今日に至りたる訳なり。此ことに付ては当初宮内大臣（牧野伸顕）も細目は未た決定し居らさるも、払下の大体は認可し居ることにて、本田は其方針にて価格抔を取調へ、相当と認むる所にて提出し居り、参事官にては幾分意見もありたる様なるも、是も結局纒まりたる趣にて、一昨日頃自分（関屋）の手元に書類を提出し来れり。

右様の成行に付、当局者たる林野局長官か相当と認め、責任を以て払下けんと云ふ以上は、宮内大臣も之を許容するか当然ならんと思ふ。静岡県にては余り事件か運はさるに付、道岡某（前知事）抔は最早如何様になりても宜しとまて云ひたることもあり。〔山〕林課長を勤め居りたる某〔堀田森蔵〕抔は此上留任し難しとて、他に去りたる位のことなり。此上延引しては、宮内省としては面目を損することも少なからさる様に思ふ旨を述ふ。

予、予の職務が事前に関係すへきものに非す、事後に至り当否を審査して判定するものなるに付、此事件に付ても固より内容の詳細を知り居るに非す。又之を知るへき便宜もなし。然るに拘はらす、此事件に付ては昨年一度、今年一回予より宮内大臣に意見を述へ、大臣の考慮を求めたることあり。是は固より職務上の行為に非す。殊に今年抔は之を大臣に持ち出すことは非常に躊躇したるも、払下事件は経済会議にも掛けす、即決すへき模様なりと伝聞したるに付、若し右様のことありては意見を述ふへき機会なく、其成行に任すは不忠実なりと思ひ、大臣（牧野伸顕）に一応の意見を述へ、考慮を求めたる次第にて、予は本件は四千町歩以上の御料地を払下くることに付、経済会議には是非とも掛けさるへからさることゝ思ふと云ふ。関屋、自分（関屋）も経済会議には掛くへきものと思ふ。何も内密に処置するには及はさることなりと云ふ。

予、予か本件に付て最も疑を懐くは法規上のことなり。御料地を処分するには不要存御料地処分令あり、不要の地所ならは、該規則に依りて処分せさるへからす。処分令に依りて処分すれは、年賦にて代金を上納せしむることも出来るか、其代り未納の代金には利子を附けさる〔へ〕からす。処分令に依らすして御料地を払下け、其代金は年賦と為し、而かも未納代金に利子も附けさる様のことは何の法規にも之を許すことなし。昨年東久世秀雄か林野局に居るとき、静岡県の払下事件に付予に内談に来りたることあり。其時より、予より東久世に対し、此の如き払下を為し、他の府県より払下を願ひ出てたらは、之を拒絶すること困難には非すやと云ひたるに、東久世は夫れは拒む訳には行かす。現に岐阜県よりも払下を願ひ出て居る所あり。是等も払下の詮議を為さゝるを得さることゝ為るへしと云へりと云ふ。関屋、夫れは静岡県に限ることに非す。静岡県と同様の事情あり、而して御料地とし〔て〕経営することか不便なる場所ならは、之を払ひ下くることゝ為るへしと云ふ。

予、此払下を決行すれは、東久世なり又君（関屋）か云ふ如く、他の府県にも払下けさるを得さることになるへし。右の如き影響ある処分にして、法規上にも根拠なく、出願ある毎に其時限りて姑息の処分を為すは不都合なり。農地処分に付ては、当局、宮内大臣（波多野敬直）、元老等も農地経営を止むる考か決し居りたるに拘はらす、其方針を決する為、特に御料地整理委員を設け、平田（東助）、平山（成信）等を委員として調査研究し、大方針を決定せり。然るに、御料林に大関係ある払下に付何等の調査も為さす、一個の林野局長官（本田幸介）の意見に一任するは、御料地管理の責任を尽くすものと思はれす。加之、本件払下に付ては予は種々のことを聞き込み居れり。夫れも単純なる風説位ならは、勿論之を根拠として意見を立つる様のことは為さゝれとも、予の聞込は審査官の実況審査に依り聞き来るものにて、実況審査に行く人は年々異なれとも、いつれの審査官も本件に関し疑点ある報告を為し居れり。今年の実況審査にて持ち帰りたる書翰写の如きことは実に言語同断なることゝ思ふ。彼の書柬に依れは、林野局長官（本田幸介）は静岡県当局に対し、県に払下くる御料地の価格は、不要存御料地処分令に依り払下くるものより二歩［ママ］丈け価を減することを内約し居れり。然るに、静岡支局にて御料地の価格を普通に評価すれは、夫れより三割を減しても不要存御料地処分令に依るものと同様の価格と為るに付、支局にて二割を減し、八割の価を附けて提出せよとの趣意なり。御料地を管理する責任ある人か此の如き考を以て処置するは実に驚き入りたることとなり。皇室より恩恵を施さるるは固より結構なり。故に適当の理由あるならは、五割ても七割ても減するも宜しく、無価にて下付せらるるも妨けなし。然るに、内密に価を減して秘密に利益を得せしめんとするは到底領解出来難きことなり。静岡県には水害多きに付、之を救済する必要ありとのことなるか、御料地も国有林もなくして水害多き県も少なからす。此の如き所には政府より国庫補助を為し居れるに非すや。静岡県にも国庫より補助すへき理由あるならは、其補助を為すならん。国庫より補助する理由なきに、帝室より特に一県に限り恩恵を施さるるは不公平なり。予は評価の内容は知らされとも、五割を減したる価か二百万円なれは、二百万円は静岡県に限り特に恩恵を施さるることゝなる訳なり。君（関屋）は参事官の議も纏まりたりと云ふも、予か聞きたる所にては、渡部信と土岐政夫とは反対意見を附けんと云ひたるも、大谷（正男）か之を抑止し、結局渡部、土岐は参事官として原案に捺印せす、渡部は文書課長として文書の授受を証する為、捺印したる丈のことなる様、聞き居れり。全体参事官は各自意見を述へて大臣の参考に供するか本務なるに、大谷か二人の反対意見を抑止したるは不思議なることなれとも、是は予の関する所に非す。又捺印のことは参事官室の秘事なるに付、之を云々するは不都合なれとも、参事官の意見か纏まりたりと云ふは事実に非すと思ふに付、之を一言すと云ふ。

関屋、然るか。自分（関屋）は参事官は総て捺印したりと思ひ居れり。取調へ見るへし。大谷（正男）は自分（関屋）か県知事として関係したることに付、反対になりては或は困るならんと懸念したるやも計り難きも、有の儘大臣（牧野）の参考に供するか宜し。内端のことなる故、少しも各自の意見を圧抑する必要なし。夫れも高等政策にても関することならは或は幾分の手心を要することもあるへけれとも、本件に付ても少〔ママ〕しも左様なる必要なしと云ふ。予、予も是非とも本件の払下を止めよと云ふには非す。林野局長官（本田）か果たして御料地の中、林野局にて経営するを不可なりとする所あるならは、其意見を提出し、宮内省にて委員ても設けて十分の調査を遂け、愈々之を払〔下〕くること〔に〕決するならは、之に適当する規則も設け、年賦の必要あるならは其規定も設け、無利息の必要あるならは其規定も公然たる処置を執る様にするか宜し。君（関屋）、静岡県知事として県の利益を図る為、払下を願ひたるは実に適当なることにて、予も其点に付ては十分の同意を表す。然れとも、宮内大臣、宮内次官たる人は大方針も定めす、行き当り次第の処分を為さんとするは、予は無責任なりと思ふ旨を述ふ。

関屋、山梨県に対する恩賜の権衡もあり、自分（関屋）県知事たりしとき、県会議員の一人より山梨県には数十万町歩の恩賜ありたるに、静岡県知事か何等の手続も為さゝるは不都合なりと詰責したることあり。其時は実は既に出願し、山崎（四男六）とは十分の打合も為し居りたるか、山崎より此ことは余り仰山にして、他より続々願出つる様になりては宜しからさる故、秘密に為し置くへき旨注意したることありたる故、自分（関屋）は議員に対し、右の如きことは県より無理に出願すへきことに非すと云ふて抑へ置たりと云ふ。予、山梨県に対する恩賜は予等の来る以前のことにて、其当時に在りても恩賜の当否に付議論もありたる様に聞き居れり。然し、其当否如何に拘はらす、今日にては如何んともすることを得す。予の聞き居る所にては、山梨の分は古来入会の関係、非常に面倒にて、単純に御料と云ひ難き事情もありたる様に聞き居れり。若し其恩賜か悪しかりしならは、一度不当処分を為したりとて、十数年後の今日復た其例を逐はさるへからさる理なしと云ふ。

関屋又今般の払下は、全体は不要存御料地と見れとも、其処分令に依らす、皇室会計令の規定に依らんとするものなりと云ふ。予、会計令の規定は公共団体に対する売買は随意契約を為すことを得と云ふ丈けにて、年賦抔のことは少しも規定し居らすと云ふ。関屋又是までも不要存御料地処分令に依らすして年賦契約等を為したる事例あらんと云ふ。予、若し右様の例あるならは、夫れは違法と認むるの外なし。全体公共団体と云ふても、其団体か直接に水源涵養の為にするとか、砂防用にするとかなれは、公益事業と云ふことも出来れとも、本件は直接に公益事業の用に供するに非す、之を売却して利を得んとするものなる趣なり。現に払下を受けんとする御料地の中に、従来個人に貸附ある所あるも、是を宮内省より直接に借受人に払下けても、他の部分を県より売却するときと価格の相違を生し、不都合なるに付、貸附地も宮内省より直接には借受人に払下けす、総て県に払下け、県より之を転売することにし度と云ふことになり居る趣なり。此の如き事実なれは、払下を受くる対手は仮令ひ県なる公共団体なるも、其目的は収益なるに付、直に之を以て公益事業なりと云ふは不当なり。若し此の如きことにて恩恵を施さるるならは、県郡村等は総て払下を願ふことになるへし。要するに、予は主として法規に関することにて本件に疑を有し居る訳なりと云ふ。

関屋、自分（関屋）は道岡某には事務引継として払下のことを申し置たる故、同人の時代まては幾分義務の如き考もありたれとも、其後数代の知事を経て今日に至り居る故、今日にては如何様になりても少しも頓著なし。但林野局長官（本田）は余程深入りを為し居るに付、只今になりて此ことか行はれさる様になりては其立場に困るならん。如何なる点か不可なる哉、如何に之を直せは可なるや、一と通り本田〔に〕話し呉るることは出来さるやと云ふ。予、本田たりとも、今日まて延ひたることに付、前に云ひたる如く、御料地処分の大方針を決せらるるまて位、待ち難きことはなかるへしと云ふ。関屋、今日は土曜なり。両三日中に本田に面会して話し見ることにすへしと云ふ。時に十一時五十分頃なり。

○正午より退省す。

安楽椅子の枕を支ゆる台を作る

○午後一時頃より安楽椅子の枕を支ゆる台を作る。三時後に至りて成る。材料、椽台の破れたるものゝ古材を用ひたり。

微腹痛あり

○午後八時後就寝す。微腹痛あり。

八月一七日

○八月十七日日曜。曇蒸熱。

尿量

○昨日午前五時頃より今日午前五時頃までの尿量七百五十瓦。是を八月十六日の尿量とす。

国分三亥を訪ふ

○午前七時後より往て国分三亥を訪ふ。

朝融王婚約解除のこと

国分、朝融王の婚約解除は徳川頼倫か引受け居るも、少しも運はす。邦彦王殿下は非常に急き居られ、困り居れり。先日邦彦王殿下より徳川を召ひ、表面は周旋の労を謝し、其実督促せられ、又関屋（貞三郎）も召ひ、督促せられたるか、関屋も只今の処何とも致方なしと云ひ居れり。徳川は水野某に依頼し、水野か周旋し居るか、其手段は酒井の娘の嫁する先きを定め、其上にて酒井より辞退することゝなす積りの由なるか、是まて佐倉の堀田某〔正恒、貴族院議員・研究会、旧佐倉藩主堀田家当主、伯爵〕か地震にて妻〔和子〕を喪ひ、子か四人あり。其後妻として酒井の娘を談し込みたる人ありたる趣にて、渡辺（暢）か来りて事情を問ひ、渡辺は既に朝融王との関係は絶へ居ることに思ひ居りたる様子に付、自分（国分）より其関係は未た断へ居らす、之を解除せらるる都合にはなり居れりと云ひたるに、渡辺は此縁談は極秘密に為しありたるも、華族会館にても紅葉館辺にても堀田か大層若き後妻を貰ふとの談あり。堀田には四人も子かあるに、若き初縁の人か後妻に来るは何か欠点あるに非すやと懸念もあるか、其辺は如何と云ふに付、自分（国分）は結局朝融王か嫌になりたりと云はるに付、之を解除せんとし度と云ふ丈けなり。何か評判なきやとのことになれは、自分（国分）としては久邇宮にては固より信し居ることには非す、又あるへからさることなれとも、全く評判なしと云ふことは、自分(国分)と君(渡辺)との間にては云ひ難し。幾分其風評はあると云ひ置きたるか、結局堀田の方より断りたる由なり。又山階宮様に持ち込みたる人あるも、是は一言の下に拒絶せられたる趣なり。右の如き事情にて、婚約か成立したる後に非されは進行せさることにては何時まて掛かるか分らす、困り居ると云ふ。

予、全体酒井の方より辞退する様になれは、宮家として好都合なるに相違なけれとも、夫れは非常に無理なることなり。予は、宮の方より都合に因り婚約を解き度旨を申込まれ、其申込に対し異議なく承諾することゝなれは、双方とも格別の不面目なくして済むことと思ふと云ふ。国分、自分(国分)等も夫れか相当の順序と思ひ居ると云ふ。国分又其父確処の米寿を賀する詩歌文等を印刷し居るとの談を為し、床の間には清浦(奎吾)の賀詩の幅を掲け居れり。〔予、〕国分夫妻に対し、先日国分より子供の汗面に効能ある石鹼を贈り呉れたることを謝す。話すること二十分間余。

永島巌を訪ふ

去りて永島巌を訪ひ、久闊を叙し、其妻及娘〔澄江〕の津村康〔東京地方裁判所判事〕に嫁し居るものを見る。永島の妻、津村康の娘〔美智〕を懐き来る。娘啼く。娘は生後九ヶ月なりと云ふ。話すること二十分間許。

絖及白玉箋を買ふ

帰途、青山の紙屋三河屋に過きり、白玉箋十枚及絖二幅分を買はんとす。絖は一幅分よりなし。乃ち白玉箋と絖一幅分を買ひ、帰る。一昨日怡土束の為に書したる絖に代へて再書し、其前日石田秀人の為に書したる白玉箋〔に〕代へ、再書せんと欲するなり。

炊婢去る

○午前炊婢豊、婢敏と不和にて暇を請ひて去りたり。

婢鶴暇を請〔ふ〕 之を許るさす

婢鶴も暇を請ひたるも、内子之を許さゝりし趣なり。豊と鶴とは昨夜家人の寝ねたる後、擅に外出し、敏か之を咎めたるに起因したる不和なる由なり。

腹痛下痢

○午餐後腹痛あり。少時にして少量の下痢を為す。

八月一八日

○八月十八日月曜。曇後雨。

○午前八時三十分より出勤す。

尿量

○昨日午前五時頃より今日午前五時頃までの尿量九百五十瓦。是を八月十七日の尿量とす。

病候書を抜抄

○午前、明治四十三年の病候書より、検尿の結果を抜抄す。多納栄一郎に嘱し、近日検尿せしめんとするときの参考に供せんとするなり。

金井四郎来り、師正王の墓の工事のこと、工事竣工の報告のこと

等を談す

○午前九時後金井四郎来り、信州へ旅行し居り、昨夜帰京したるか、汽車延著して夜半頃に至り漸く達したり。先日師正王の墓には仮りに樹を植ふへき旨話し置たるも、内匠寮技師の談には、到底只今は植樹し難しとのことに付、此節は植樹せす、一年祭のときは幕にて囲むゆゑ、格別見苦しきこともなかるへし。本月二十八日に墓の工事竣工祭を為し、次て妃殿下墓に展せらるることゝする積りなり。然し、此ことは未た妃殿下には謀り居らす。

金井四郎、蒲穆の書状を示す

蒲（穆）よりの書状達したり。格別のことはなきも、之を一覧せよと云ふ。

和田亀治、稔彦王殿下に謁したること

予之を見たるに、稔彦王殿下は機嫌好し。先日和田中将（亀治）か二回謁見し、腹蔵なき意見を言上し、殿下も傾聴せられ、中将も安心したる様なり。書状にては詳報し難し。中将か九月頃には帰朝する予定に付、委細中将より聴取られ度。幾分安心出来ることもあらんかと思ふ旨を記載せり。予、書状のみにては如何なることとなるか分らされとも、少しは望みある様にも思はる。殿下のことに付ては一概に非難する人も固より不可なり。左りとて武者小路（公共）の如く感心するのみにても、少しも参考にならすと云ふ。

金井四郎、稔彦王殿下に対する不満

金井、自分（金井）等は最早殿下に感心せさる様になれり。殿下か余り自分（金井）等を馬鹿にして、何事を申上けても返事もなさらぬ故なりと云ふ。予、然り。然れとも、殿下を誤解してむやみに殿下のことを非議する人に対しては、弁解する気になるなり。有馬頼寧か議員候補者と為ることは予等は全然反対にて、種々妨害も為したれとも、終に候補者と為りたり。而して競争者として佐藤孝三郎は候補者と為りたるか、其場合になりてはさすかに佐藤が勝を制すれは宜しとは思はれさりしなりと云ふ。予又蒲（穆）の書状中に在る和田（中将）とは如何なる人なりやと云ふ。

和田某の経歴

金井、軍人中にては一番殿下に縁故深き者にて、殿下には御殿に来りても教授したる人なり。風采は揚らされとも、立派なる人なり。和田か帰朝して報告するときは一緒に聴くことにし度と云ふ。

師正王一年祭の供物のこと

予、師正王一週年祭のときは供物の取計を為し呉よと云ふ。金井之を諾す。

土岐政夫の腹痛

○午前九時頃土岐政夫来る。土岐は一昨日は腹痛にて出勤せさりしなり。予病状を問ふ。土岐、一時の腹痛にて絶食療法を執り、既に回復せりと云ふ。

土岐政夫と静岡県御料地払下のことを談す

予、一昨日関屋（貞三郎）か来りて静岡県御料地払下の事情を詳述し、予の諒解を求めたり。然れとも、予は此ことに関しては種々の疑あるか、其中にても法規上の疑あり、遽に同意し難き旨を述へたり。関屋の談には、参事官も意見一致せりと云ひ、先日君（土岐）より聞きたる所にては、君（土岐）と渡部信とは案文に捺印せさりしとのことなりしか、或は其後、大谷（正男）より君（土岐）等を圧迫して捺印せしめたりや。談の順序右の如きことになりたる故、君（土岐）の談は秘密なることにはありたれとも、余儀なく予の聞き居る所にては参事官の中二人は捺印せさりしとのことなりしとのことを談し、関屋は捺印ありたる様に思ふ。尚取調へ見るへしと云へり。予又君（土岐）等か反対意見を附けんとしたるも、大谷か之を附けさる様に勧説し、終に之を附けさることゝなりたりとのことなり。全体参事官は各自の意見を大臣に申出てゝ参考に供すへきものにて、強ひて意見を纏むるに及はさる筈なり。大谷か反対意見を附くることを止めたるは、如何なる考なりや分らさるも、事実は其通りなりし様なりとのことまても已むを得す談したりと云ひ、其他本月十六日午前、予と関屋貞三郎と談したる趣意を土岐に告く。

土岐、自分（土岐）と渡部信とは案には捺印せす。尤も渡部信は文書課長としては捺印せり。一も捺印せさりしは自分（土岐）なりと云ひ、土岐又貴官（予）より林野処分の大方針を定めたる後に処分する様にするか宜しとの意見に対し、次官（関屋）は如何云ひたりやと云ふ。予、此ことに付ては別段云ひたることなしと云ふ。土岐又自分（土岐）も十分反対意見を述へんと思ひたるも、次官（関屋）に対し、自分（土岐）の如き小官吏か反対意見を述へたりとて、次官（関屋）の意見は既に定まり居る故、少しの効能もなしと思ひ、詳述することを止めたり。渡部又尚ほ年賦にするならは、担保物を入れしむること、利子を附くることは是非とも其取計を為さゝれは不可なる旨を説き居りたり。若し大臣よりても意見を問はるる様のことありたらは、十分に意見を述ふることにしても宜しと云ふ。

予、入江（貫一）も最早余程賛成になり居るに非すやと云ふ。土岐、処分案の形式は主として入江の意見に依りて変更したり。経済会議参列員たる資格と内蔵頭たる資格とは別なるへきが、内蔵頭としては既に捺印し居り、経済会議の参列員としては林野局長官（本田幸介）の外、未た捺印は致し居らさる様なりと云ふ。予、入江（貫一）も無論賛成すへし。若し経済顧問の印を先に取り、然る後参列員に廻はす様のことを為すならは、到底反対意見を附けて顧問の参考となす機会なきことゝなるも、然らさる以上は予一人となりても意見丈は附くることにすへし。結局は払下を実行することゝなるならんと云ふ。金井（四郎）か来りたるは、予と土岐との談を終りたる後のことなり。

東久世秀雄来り、紀尾井町賜邸のことを談す

○午前十時頃東久世秀雄来り、紀尾井町賜邸地に建築する設計略図を持ち来り、先日部局長官総代として日光に行き、天機幷に御機嫌を奉伺したるに、両陛下とも御異状あらせられす。其時宮内大臣（牧野伸顕）に面会し、紀尾井町の賜邸地は官舎の数多くなり、区域内にては折り合出来難きに付、次官官舎の敷地を他の場所に変更することの意見を述へ見たるも、大臣（牧野）は一旦決定したることは変更すへからすと云へり。自分（東久世）より更に李王職の官舎敷地丈け残地五千坪の内に取ることの相談を為したるも、是も承知せす。最後に官舎敷地は後日の模様にて何とか都合附くへき旨を通知し置たらは宜しからんと云ひたるも、其ことも予告することは宜しからすとて、官舎のことは他日臨時の詮議にすへき旨命せられたり。官舎は事務官々舎一、附武官官舎二、賛侍官舎一、属官官舎三、計七個となれは、区域内にては建築し難し。或は低地に建築せんかとも思ひ見たれとも、低地にては都合宜しからす。依て次官々舎を北の方に寄せ、賜邸地と次官官舎敷地との中間に余地を取り、他日官舎敷地となすこと出来る丈には為し置く積りなり。但現在の世子邸建坪は九百坪許なるか、紀尾井町には夫れ丈けの建築を為せは、非常に究屈と為るに付、段々切詰めて六百坪許の設計を為し居れり。

牧野伸顕賜邸の坪数を変更することを肯んせす

其ことに付ても大臣（牧野）に談したる処、大臣（牧野）は元来一万坪以上の賜邸か皇族の振合より云へは不権衡なるも、李王家は特別なりとの理由にて其ことに決したり。建坪か九百坪抔と云ふ様なる広大なるものを作る必要なし。六百坪にても広きに過くへし。東伏見宮の建築は五百坪なるに非すや。現在の区域以上に拡張することは不可なり。次官々舎抔は予定の通り速に建築するか宜しとのことなりしなりと云ふ。予、一旦定まりたることを濫りに変更することの不可なるは予も大臣（牧野）と全然同一の考なるか、此ことに付ては種々なる事情あり。

大臣（牧野）は之を承知して右の如き決心を為し居るへきや。

紀尾井町賜邸と麻布世子邸との関係

此の問題は宋秉畯より出たることに相違なきも、其成行より見れは、穴勝ち宋の我儘とも云ひ難しとて、此ことに関する関屋の処置、斎藤実の心配等を詳述し、右の如き成行なる故、折角の恩賜も自然と無駄にならすとも限らす、宋秉畯は紀尾井町は李王に賜はりたるものなり。麻布の世子邸は先帝より世子に賜はりたるものに付、世子は今後も矢張り麻布に住居らるるか宜しき旨を世子に申上けたる筈なり。次官（関屋）か宋に対し、賜邸地は坪数に拘はらす、李王職にて入用なる丈けは使用して宜しき旨を告けたることは、高義敬か宮内省に出勤せさる日、態々高を呼出し、高を経て其旨を宋に伝へしめたることは、予も確かに高より聞き居ることなり。

予は最初は個人の資格にて宋と高とに対し、愈々紀尾井町の邸地を李王に賜はることゝなれは、名義は李王に賜はりても、之を使用せらるるは世子なり。然れは、現在の麻布の世子邸は李王より皇室に返上せらるる方か、李王職の為には維持費を減し、宮内省の方には紀尾井町建築の便宜ともなるへき旨を説き、二人とも少しも異議なきことゝなり居りたるも、此の如く行違を生したるに付ては麻布邸も返上せす、紀尾井町の方は折角建築しても、之を使用する人もなしと云ふ様のことゝなりては、実に御思召も貫徹せさることにて、此上もなき遺憾なり。元来李王は勿論、貴族の多数は東京の邸抔は少しも望み居らす。是は李王の為に望み居らさるのみならす、世子の為にも望み居らす。

す。故に紀尾井町を賜はりても、世子か之を使用せられさる様のことあれは全く無意味なることなりと云ひ、予は、関屋と宋との関係を説くときには、先日予算会議のとき、予より関屋と宋との関係を関屋に質問し、関屋か夫れは宋の誤解なり。自分（関屋）より宋の誤解を解くことにすへしと云ひたることは君（東久世）も其時聞き居りたる通りなり。然るに、関屋は其後宋と沢田牛麿、杉山茂丸とを料理屋に招き云々したる由とて、予か宋より聞き居ることを告けたり。

　要するに、此問題は実に困りたることにて、予も心配に堪へす。先日徳川（頼倫）に事情を告け考慮を求め、其結果徳川より君（東久世）に話したることなるへきか、大臣（牧野）か承知せされは致方なし。大臣（牧野）は仮令京城にて如何なることありても、決心を変せさる覚悟あるへきやと云ふ。東久世、自分（東久世）か聞きたる処にては、其様に聞へたりと云ふ。予、決心を変せさることは宜しきも、其の為恩賜根本の御趣意に違ふことゝなりても困りたるものなり。徳川（頼倫）より此事情を大臣（牧野）に説明して、処置することゝなる〔ママ〕方か宜しくはなかるへきやと云ふ。東久世は賜邸のことは李王職次官（篠田治策）をして上京せしめ、協議する方便ならんと云ひ居れりと云ふ。予、此ことに付ては高（羲敬）は遠慮し居るに付、其方か可なるへしと云ふ。予又附武官々舎一個位は減することも出来そうなるものなりと云ふ。

東久世秀雄三年町御料地整理の考案を談す

東久世、是は他の問題なるかと云ふて、三年町御料地の図を示し、華族会館より同館移転敷地三千余坪を請求し来り居り、逓信省よりも同省敷地を請求し来り居り、軍人倶楽部の敷地其外一、二ヶ所より請求あり。自分（東久世）一個の考にては、此の如き形に分割して売渡すことにしては如何と考へ居れり。時価より幾分の低価なることは致方なきも、官庁なりとて無償にて渡すことは宜しからす。三年町ならは坪二百五十円と見、五十円位の割引にて宜しからんと云ふ。予、先日鉄道省、海軍省、〔原文空白〕（確かならす）に売渡したる価格は幾許なりしやと云ふ。東久世、割引したる所にて坪百円なりしなりと云ふ。予此ことは急に決し難しと云ふ。

高羲敬来り、世子及妃の近状を説く

○午前十一時後高羲敬来り、一昨日大磯より帰りたり。世子、同妃両殿下とも機嫌宜しく、滄浪閣跡にテント張を為したる所は非常に涼しく、両殿下とも気に入り、テント内にて昼食を為され、梨本宮両殿下もテントに来り、食事を為されたることあり。規子女王は毎々来られたり。世子は十八日より富士の裾野の演習に行かれる筈なりしか、一日延ひて十九日より行かるることになりたり。金（応善）か樺太より帰り、昨日より大磯に行き、世子に随行して演習に行く筈なり。妃殿下は本月二十七日頃帰京せらるる予定にて、其前自分（高）か復た大磯に行き、始末を為す積りなり。

高羲敬、東久世秀雄か紀尾井町賜邸のことに困ると云ひたる旨を告く

只今宗秩寮に居りたるに、東久世（秀雄）か来り、紀尾井町賜邸のことは困りたりと云ふに付、自分（高）は夫れは次官（関屋）か悪しき故、困ることになる。自分（高）も此ことに付次官（関屋）の電話と為りたることあり。次官か公文にて賜はりたる坪数に拘はるに及はさる旨を宋（秉畯）に伝へよと云ふに付、自分（高）は左様なることか出来くへきやとの疑を生し、其旨を次官（関屋）に告けんと思ひたるも、電話機は只通知すれは宜し。其他のことを云ふに及はすと思ひて、何事も云はさりしか、次官（関屋）か右の如きことを云ひたる為、困ることゝなりたる訳なりと云ひ置たりと云ふ。

予、困る原因は関屋に在るに相違なきも、東久世も今日になりて困ると云ひ居るのみにては、いつまても困らさるへからす。困らさる様にすることも出来さることはなけれとも、之を為さゝれはいつまても困らさるへからすと云ふ。高、其通りなり。困らさる様にすることも出来さることはなしと云ふ。

東久世秀雄か紀尾井町賜邸建築のことは篠田治策をして上京せしめて協議せんと云ひたること

高又東久世は賜邸のことは東京にては決し難きに付、李王職次官（篠田治策）を上京せしめて相談することにすへしと云ひ居りたり。依て自分（高）は東久世でも京城に行き、李王職長官（閔泳綺）とても交渉する方速弁するならんと思ひ居りたるか、李王職次官か上京して決することか出来るならは、夫れも宜しかるへしと云ひ置けりと云ふ。予、其ことは予も東久世より聞きて、其ことを勧め置きたりと云ふ。

○正午退省。

字を作る　印を倒揮す

○午後怡土束の為に字を作る。未た終はらす。又松永純一の為字を作る。印を倒捺せり。

病候書を抜抄す　尿量書を写す

○午後、午前に次き、明治四十三年の病候書を抜抄し、又今年七月以後の尿量書を写す。多納栄一郎に検尿を嘱するときの参考と為す為なり。

高羲敬及其家族腸胃を患ふ

○午前高羲敬か来りたるとき、高及其家族は総て大磯濤龍館にて腸胃を害したる為、早く帰京したる旨を語る。

八月一九日

○八月十九日火曜。時々驟雨。

多納栄一郎に検尿を嘱す

○午前六時後、使をして多納栄一郎の家に行き、検尿を嘱せしむ。

○午前八時三十分より出勤す。

紀尾井町賜邸のことに関する日記を閲みす

○午前紀尾井町賜邸のことに関する日記を検し、其頁を折り、検閲に便す。近日或は部分を抜抄せんと欲するを以てなり。

尿量

○昨日午前五時頃より今日午前五時頃までの尿量九百五十瓦。是を八月十八日の尿量とす。

西野英男西瓜を頒つ

○午前十一時頃西野英男、西瓜二片を持ち来り、下総牧場より審査局に贈り来りたりと云ふ。予一片を取り、一片を返す。西野、西瓜十個を送り来り、乏きことなしと云ふ。

杉琢磨、木下道雄を伴ひ来る

予、多きを望ますと云ふて之を返し、正に之を食するとき、杉琢磨、木下道雄を伴ひ来り、木下は今日内閣書記官より東宮職事務官兼宮内書記官、東宮侍従に転任し、東宮職にては庶務課長、宮内省にては庶務課勤務を命せられたる旨を報し、木下より挨拶す。木下は熊本の人にて、木下広次〔文部官僚、京都帝国大学初代総長、故人〕の子なりとのことなり。木下か転任することは、本月十四日松田正之より聞きたることなり。

○午後、昨十八日後の日記を記す。

腹痛下痢

○午後腹痛あり。少時にして少しく下痢す。

内子、坂田稔の家に行き、薬を取り体重を検す

○午前内子、坂田稔の家に行き、体重を計り、薬を取る。体重は十二貫三百目ありたりと云ふ。

電気通せす

○午後四時頃煽風器の電気通せす、東京市電気局赤坂出張所に交渉す。一時間許尚通せす、乃ち復た交渉す。出張所、始めて人を遣はし、之を検す。所員、不通の原因不明なりと云ひ、尚ほ通せす。少時の後姑息の手段を以て電気を通することを得たり。

八月二〇日

○八月二十日水曜。晴復た暑し。

尿量

○昨日午前五時頃より今日午前五時頃までの尿量約八百瓦。是を八月十九日の尿量とす。

下総牧場より西瓜を送る書達す

○午前下総牧場より西瓜一箱を送る旨の書達す。書は本月十六日附にて、其日に鉄道便に托したりとのことなるも、今日まて西瓜は達せす。

伊夫伎準一の遅参

○午前九時後西野英男より、只今伊夫伎準一より電話にて、自家に用事出来、出勤遅くなる旨を告け来りたる旨を報す。

江隅重義の看病

○午前九時頃西野英男、江隅重義、父病気に付、昨夜既に出発したる趣旨を告け、帰省願書を持ち来り、許可の指令案に捺印を求む。

出納官吏規則改正の合議

○午前十時後青山操、内蔵寮合議に係る出納官吏に関する規定改正案を持ち来り、昨日一寸談し合ひたるのみにて、未た議を遂けたるものに非さるか、出納官吏は有価証券、地金銀は内蔵寮金庫に蔵置すへしとある第四条の規定に改正を加へ、保護預と為す場合を除く外云々と為さんとするものにて、贅文なる様に思はると云ふ。予、之を加へても差支なきに非すやと云ふ。

青山、贅文なる文ならは差支なきも、内蔵寮にて之を加へんとするは、保護預と為したる場合にても出納官吏をして責任を負はしむる積りなる由なりと云ふ。予、夫れは無理なることにて、内蔵頭の命令にて保護預を為したる後まても、責任を負はしむることは実際出来難きことにて、如何なる責任を負はしむる積りなるへきやと云ふ。青山、内蔵寮にも二様の意見ありたるも、結局責任を負はしむる方になりたりとのことにて、浅田（恵一）も明に答ふることは出来さらんと云ふ。予、此の案文には責任を負はしむる趣意は現はれ居らす、単なる贅文と見れは強ひて反対するにも及はす、浅田の説明に重きを置き、責任を負はしむるは不可なりとして、反対意見を附くるは少し敵なき矢を射るの嫌ある様なり。照会を発して原案の趣意を確かむるか、或は之に同意するか、明日ても審査官会議を開きて協議することにすへしと云ふ。

大谷正男静岡県御料地払下のことを談す

○午前十一時五十分頃大谷正男来り、静岡県御料地払下の件は数年来の懸案にて、自分（大谷）も初より疑を懐き、第一払下けんとする御料地は皇室にては不要存のものなりや否、若し不要存に非す、皇室にても有用の場所なるに拘はらす之を払下け、静岡一県に利益を得せしむる様のことならは不公平なる結果となるに付、先つ其点に付林野局の意見を確めたる処、同局にては勿論無価値のものには非さるも、林野局にて経営するは非常に不便なる故、此見地より不要存と為し居ると云へり。然れは、不要存御料地処分令に依り処分するか適当なるに付、第二に其点に付林野局の意見を確めたる処、処分令に依れは第一に縁故者に払下けさるへからす。然れは零細の払下と為り、一纏めに処分すること能はす。故に実質は不要存御料地なるも、処分令に依らす、皇室会計令に依り払下けんとする訳なりと云へり。次に起る問題は会計令に依る売払とすれは、年賦と為すこと、年賦中利子を附けさること等のことなるか、従来会計令に依る払下にも年賦を許したる数多の実例あり、又利子のことは宮内大臣に於て無利子にて可なりと為したらは夫れにて差支なかるへし。担保のことは買方か県なる故、担保を供せしむる必要なからん。厳格に法規論を為せは多少適当ならさる所あるも、本件に付ては前林野局長官（山崎四男六）の時代より静岡県の当局と種々交渉し、現長官（本田幸介）も余程細目に入りて協定し居るに付、此ことか実行せられさることになりては、宮内省の面目にも関係する懸念あるに付、此辺の所にて本件丈は結了して宜しからんと思ふ旨を述ふ。予、予は本件に付ては勿論職務上の関係なし。然れとも非常に懸念する故、昨年も大臣（牧野）に談したることあり。君（大谷）も只今談したる通〔り〕、不要存御料地ならは之を処分する為に設けられ居る処分令あるに付、是非とも其処分令に依らさるへからさるに非すやと〔云ふ〕。

大谷、不要存御料と認むるは当局の認定なり。然れとも、処分令に依りては処分不便なるに付、会計令に依りて売払ふ訳なりと云ふ。予、会計令には年賦又は利子等の規定なし。是は其筈なり。会計令にては金を受取りたる後に非されは物を渡すへからさるを原則と為し居るに付、年賦等の規定あるへき訳なし。此点は姑く措き、不要存と云ひなから、処分令に依らさるは即ち不要存と為せさる訳なり。昨年此ことに付東久世（秀雄）と談したるとき、東久世も此件を払下くれは、岐阜県よりも既に払下を出願し居るに付、之を拒むことは出来すと云ひ居りたり。予も是は当然のことならんと思ふ。然れは、其例は次第に広まり、青森県よりも愛知県より〔も〕出て来るへし。此の如きこと〻なりては、皇室の財産には由々敷結果を生するならんと云ふ。

大谷正男、不公平となりては不都合なり。故に静岡県の分か不要存に非さるならは其懸念あれとも、同県の分は不要存なり。然れは他の地方願書にても、夫れは不要存に非すと云へは之を拒むことは出来るならんと云ふ。予、夫れは可笑しきことに非すや。不要存と云ふならは、何故に其処分令に依らさるや。処分令に依らさるは即ち不要存に非すと為したるなり。而して一方には之を払下置きなから、他方にては不要存に非らさる故、之を払下けすと云ふて、誰か承知するものか。皇室と他の関係に於ては、此方に十分なる理由ありて〔も〕、兎も角無理なる願を為すものなり。然るに、只今の如き理由なきことにて他の払下を拒まんとするは出来難きことなり。尤も此方は許可する方に付、仮令如何様の事情ありても許可せすと云へは夫れまてのことなれとも、夫れては人を承服せしむることは出来さらん。静岡県には水害多く、国有林なき故、御料林を払下けて之を救済する理由ありとの説も聞きたるか、右様のことを云ふならは、水害多く国有林も御料林もなき地方は少なからす。偶々御料林ある為、特別の恩恵を受くること〻なるは此上もなき不公平なり。静岡の水害も国庫より補助を受くることを得へき理由あるならは、国庫よりも補助するならん。殊に県か払下を受けても直接に之を以て水源涵養とか砂防地と為すに非す、払下地を以て収利の資と為さんとするものにて、直に之を公益事業とは云ひ難しと云ふ。

大谷、利益の計算上にても、皇室の不利とはならす、十分に利益ある経営を為す計算にて、一ヶ年払下予定地より生する利益は七万円許なるへく、其中二万円は経営費に要するものとなせは（二万円は県の計算に依る）残りは五万円なり。然れは、只今の協定の通り二百万に売却すれは其方か利益なり。又払下けたる後、直に転売する様にては公益事業と云ふへからさるも、県にて殖林するか又は町村に払下けて殖林する様のことならは、矢張公益事業と云ふことか出来ると思ふ。

予、一旦売却したる以上は其売却を案する様の条件は無効なり。又県より町村に払下くる位ならは、宮内省より直接に町村に払下くるか宜し。県を経て払下けんとするは矢張り県か利益を得んとする為なるへし。現に貸附地も宮内省より直接に借受人に払下けては県より払下くる地所と代価の相違を生するに付、貸附地も併せて県に払下呉よと云ふには非すやと云ふ。大谷、夫れは間違なり。貸附地は不要存御料地処分令に依り借受人に直接払下くる筈にて、其地所は除きありと云ふ。

予、本件に付ては実に不都合なる手続ありとて、秘密書状往復の事実を談す。大谷、夫れは妙なることなり。貴官（予）は本件に付何か不正もある様に思ひ居らるるやと云ふ。予、別に不正ありとは思ひ居らす。然し法規を無視し、無理に之を遂行せんとするならは、或は左様なる考も起らすとも限らさるへしと云ふ。

大谷、兎も角本件は是まての行懸りあるに付、之を結了し度と云ふ。予、行懸りと云ひて林野局長官（本田）法規に違犯したる交渉を為し居りたりとすれは、夫れも致方なきことなり。又或は大臣（牧野）の許を得て交渉したる事実あるやも計られす。大臣たりとも法規に違ひ居れは致方なきに非すや。予も絶対に払下に反対するに非す。果して林野局にて経営し難き御料林あるならは、精密に之を調査し、規則も実地に適当する様に改正し、正々堂々と処分する様になることを望む訳なり。従来の売買交換等には遺憾と思ふ事実少なからす。故要不要の見込は林野局に一任することは不安心なり。農地処分の方針を決定せられたるは、現内大臣及平山（成信）等を委員として調査したる様の振合にて、大方針を決したる上、処分することか宜しからん。静岡県のことは是まて既に数年を費し居るに付、今後少々時日の遅くなる位のことは妨けなかるへし。皇室経済も今日は非常に大切なるときと思ふと云ふ。大谷、更に協議すへき旨を告けて去る。時に零時十五分頃なり。

伊夫伎準一の出勤

○零時十五分頃伊夫伎準一来り、今朝は妻と娘と歯痛の為医師の処に行く為、自分（伊夫伎）の出勤遅刻せりと云ふ。

出納官吏規則改正のこと

予、青山（操）より先刻出納官吏の規則改正のことに関する話あり。明日審査官会議を開くことに談し置たることを告く。伊夫伎、昨日一寸其話は聞きたり。贅文と見れは強ひて反対するにも及はさる様に思はれたりと云ふ。

静岡県御料地払下の件と経済会議

○予、大谷正男と談したるとき、本件は予の職務外のことなる故、此以上如何に処分せらるるも意見なし。但し経済会議に付せられ、参列員として意見を附くる機会を得れは、予は勿論意見を附くることにすへしと云ふ。大谷、本件は重要なるに付、経済会議には付せらるることゝする積りなり。

法規の厳守を大谷正男に望む

予又大谷正男に、政略政策に関することは他に人あり、参事官としては法規の厳守を望むと云ふ。大谷夫れは勿論なりと云ふ。

○出勤前、退省後、日記中（大正十三年の日記）李王に対する賜邸に関する記事を抜抄す。

八月二二日

○八月二十一日木曜。曇。

尿量

○昨日午前五時頃より今日午前五時頃までの尿量千七十五瓦。是を八月二十日の尿量とす。

有馬泰明の電話　相談会の件

○午前七時十分頃有馬泰明より電話にて、近日相談会を開かることゝ致度か、何日頃差支なきやと云ふ。予、午後ならは只今の処差支なし。然し、臨時の差支を生することもあるに付、日か定まりたらは、成るへく早く通知し呉よと云ふ。有馬、今日仁田原（重行）を訪ひ、其上にて会合の場所等を決定することにすへしと云ふ。

○午前八時三十分より出勤す。

不要存地処分令に依らすして年賦払下を為したる事例

○午前九時頃青山操を召ひ、不要存地処分令に依らす会計令に依り払下けたる地所代に付、年賦契約を為したる事例多々ある旨、昨日大谷（正男）より主張したるか、幾許あるやと云ふ。青山、調査の上、八件ありと云ふて其件名を示す。いつれも学校官庁等の敷地にして、直接公共の用に供するものなり。此払下も法規上にては適当ならさるも、静岡県の払下とは同しからす。

直接公共の用に供する為御料地を払下くるとき、代価五割を減する伺定

予又林野局より宮内大臣に伺ひ定めたる、公益事業の為地所を払下くる場合に代価五割を減することの書類を求む。青山左様なる書類なしと云ふ。予、昨年七月二十五日（昨年日記第十巻十八葉表）の日記に其書類を牧野伸顕に示したる記事あるを以て、之を青山に示す。青山、書類を調査したるも、之を発見せすと云ふ。二十分間許後、長尾源蔵（帝室会計審査局属官）之を見出し、青山に渡し、青山より之を予に示したり。伺定は大正九年十二月林野管理局長官事務取扱山崎四男六より当時宮内大臣（中村雄次郎なりしならん）に伺ひたるものにて、直接公共の用に供する為地所を払下けるときは、時価より五割を減することを定めたるものなり。

出納官吏に関する規則改正案に付審査官会議を開く

○午前九時後より伊夫伎準一、三善焞彦、青山操と有価証券の保護預を為す場合の出納官吏の規則改正案の合議事件（内蔵寮よりの合議）に付協議す。結局案の表面には出納官吏をして保護預を為したる場合（内蔵頭の命令に依り）にても、其証券に関する責任を負はしむる趣意は見るへからさるも、昨日浅田恵一か責任を負はしむる趣旨なる旨を説明したる趣に付、果して責任を負はしむる趣旨ならは同意し難き旨の附箋を為すことに決す。

下総牧場より送りたる西瓜達せす

○午前九時頃西野英男に下総牧場より〔の〕書状を示し、此書状は本月十六日附にて、同日西瓜を送るとのことなるか、今日まて達せす。尤も書状は十八日の消印にて、昨日達したり。牧場より審査局に送り来りたる西瓜は幾日を経て達したりやと云ふ。西野英男、局に送り来りたる分は添書もなかりし故、経過日数は知り難し。尚ほ取調へ見るへしと云ふ。

予か審査官会議を終りたる後（十時二十分頃）、西野来り、主馬寮に問合せ見たる処、各局に送り来りたる分は牧場の職員か自ら之を持ち来りたるものなり。部局長官の私宅に送りたるものは鉄道便又は通運便に托したるものにて、早くも三日を要し、通運便ならは尚一層遅くなるへし。書状は十六日附なるも、投函は十八日とのことなれは、西瓜も同時に発送したるものならん。左すれは今〔日〕明日頃達することゝなるならんと思はる。依て一両日待ち見られ度。尚不達の様ならは毎々便あるに付、早速問合はすことにすへしと云ひたる趣を報す。

多納栄一郎検尿の結果を報す

○午後三時頃多納病院より検尿結果書を送り来る。其結果左の如し。

一、尿量一回分、一四八瓦。二、色及び性状、淡黄金色、多少の雲翳あり。三、性、弱酸性。四、蛋白及糖分、反応陰性。五、胆汁色素、反応陰性。六、円柱、標本五板中に破壊せる硝子様円柱の一、二を認む（計三個）。七、比重、一〇二〇(1000＝1020)。八、其他の所見、尿道上皮の数個及白血球を認む。大正十三年八月廿日。

多納栄一郎に電話す

○午後三時後多納栄一郎の家に電話し、検尿のことを謝せんとす。電話者、予の言を解せす、多納自ら電話し、検尿の結果は既に通知し置きたる筈なりと云ふ。予、之を受領せり。只今之を謝する所なりと云ふ。多納、尿には何も懸念すへきものなし。只今の処尿か少しく濃なり。今少しく涼しくなりたるとき、更に話すへきことあり云々。此趣意は電話聞解し難かりしも、差向き之を確かむる必要なきことゝ思ひ、強ひて之を問はさりしなり。

下総牧場より送りたる西瓜達す

○午後四時後鉄道便にて送りたる西瓜三個達す。是は下総牧場より予に贈りたるものなり。

○終日風強し。

審査局にて西瓜を食ふ

○午前十一時三十分頃審査局にて、下総牧場より審査局に贈りたる西瓜一片を食ふ。

賜邸に関する日記を抜抄す

○午前及午後、本年の日記中李王に対する賜邸に関する部分を抜抄す。

八月二二日

○八月二十二日金曜。曇風尚強し。午前二時後驟雨あり。

尿量

○昨日午前五時頃より今日午前五時頃までの尿量千六百八十瓦。是を八月二十一日の尿量とす。

○午前八時三十分より出勤す。

西瓜達したることを主馬寮に報し牧場に謝状を出す

○午前九時頃西野英男に、昨日午後に至り下総牧場より送りたる西瓜三個達したることを告け、其旨を主馬寮に告け、且つ牧場に謝状を出さしむ。

奈良武次の父の死を弔する書を贈る

又西野に嘱し、奈良武次の父〔彦一郎〕の死を弔する書を奈良の郷里に贈らしむ。侍従武官室より父の死及其郷里にて葬儀を行ふことを通知し来りたるを以てなり。

高羲敬明日より大磯に行くことを報す

○午前十一時頃高羲敬来り、明日より復た大磯に行き、二十七日には世子妃と共に帰京する予定なり。

上野某か中佐に進みたること

附武官上野某は今回中佐に進みたり。今日は御礼の為、参内して帳簿に署名するに付、其序顧問（予）にも挨拶すると云ひ居りたりと云ふ。

世子及妃の行動

高は此節は世子も妃も自ら事を処置せらるる様になり、時としては自分（高）も居らさる方か宜しき様のこともある様なり。先頃まて居りたる老女中山は、世子、同妃にも云ふへき丈けのことは云ひ居りたるか、中山の代りに梨本の宮より来りたる某（蒲生、名は不詳）は只温循なる丈けにて、何事も申上くることは出来す、今少し気力ある人を入るる方か宜しと思ふ。世子は性質か細かなことに気か附き過きる方なる処、妃は又其上に細かなる質なり。是は梨本宮の王殿下の性質を受けられ居る様なり。例へは、襟飾か入用なりとて三越に電話を掛け、店員か沢山なる品を持ち来り、其中にて僅か一円五十銭位のもの一本を買ひ求めらるる様のことあり。

又大磯にても両殿下か自ら買物に行かれ、厳（柱日）も侍女も高階（虎治郎）も随行し、僅か五十銭位の物を買はれたる様のことあり。大磯にて買物に行かれたるときは、其前日高階か模様見に行き、或る店に行きて品物の陳列方宜しからす、自然は高貴なる方も買物に来らるる様のこともあるへきに、個様なる陳列方にては宜しからすと云ひたる趣にて、翌日両殿下か行かれたるときは、陳列方を更へ居りたりとのことなり。

又世子は自ら大磯の滄浪閣跡に建築する設計を為し居られ、其の為英語にて書きたる建築関係の書籍二、三冊を丸善にて買ひ来るへき旨、高階に命せられ、高階か十何円にて之を買ひ、世子に差し出したる処、世子は此書籍は用に立たす、他の書籍と取り換よと云はれ、高階も当惑し、林（健太郎）か丸善に行き交渉したる処、丸善にては一たひ売りたる書籍は帳簿より除き、最早なきものと為し居るに付、之を取換へ難しと云ひ、林は更に他の書籍を買ひ、高階は先の書籍代は自ら支弁せんと云ひたるも、夫れは自分（高）か止め置きたり。

自分（高）か大磯にて世子に謁したるとき、世子は建築の書籍を自分（高）に示し、此前には高階か無用なるものを買ひ来れりと云はれたり。此ことは、自分（高）は前に話を聞き居りたれとも、伝聞に依りて云ふ訳に行かす、差し控へ居りたる処、世子より書籍を示し、其ことを話されたるに付、自分（高）は夫れは殿下か無理なり。高階は医師なり、建築に関する智識なし。而かも独逸書は読み得るとのことなるも、英書は読み得す。夫れに高階に買入方を命せられたることか間違なりと申上け置きたり。

両殿下銘々は嗜好物を食せらるるも、召使抔には残物も下されす、鶏卵も両殿下各二個宛四個の外、調理すへからすとのことに定まり居り、世子は半熟、妃は固まりたるものを好まるる由なり。先日大磯にて如何なることなるや、世子より煙草の喫し残り、何本か箱に入り居るものを箱の儘、上野某（附武官）に下されたる趣にて、是は余程珍しきことなり。高階抔は是は拝領の煙草なりと特に吹聴し、暗に悪口を含む語を洩らし居りたり。又余り私事に渉れとも、何事も顧問に参考に話し置くへし。妃殿下か来嫁せらるるに付、世子邸にては浴場を二ヶ所に設け、両殿下各別に使用せらるる設備を為し置たるも、一個所は絶へて使用せらるることなし。依て侍女に問ひたる処、妃殿下は世子殿下の後に同一浴場にて浴せらるる故、一方は使用せすと答へたり。然し、実は両殿下同時に浴せられ、世子の脊中洗其他の世話も妃自らなさるる趣なり。又両殿下同被にて寝ねらるることは来嫁当初よりのことなる由にて、此等のことは総て妃の実家の習慣を其儘倣はれ居る様なり。要するに、両殿下とも未た世情には通せすして、近来自ら処置せらるること多く、其の為非常識のことも出来、之か為世子の面目にも関する趣のことなしとせす。然し、此の如きことは他より伝聞したりとて、直様申上くる訳に行かす。機会を得たるとき之を申上け、甚しくならさる様に為すことには注意し居れとも、頗る困り居れりと云ふ。

世子に忠告することを梨本宮妃殿下に依頼したることの回憶

予、只今の話は始めて聞きたり。結婚当時世子か家庭に居ることのみを好まれ、演習に行くことも嫌はるる様になりたるに付、予は梨本宮妃殿下に謁し、殿下より世子妃に注意し、世子妃より世子を鼓舞せらるることを依頼したることありたるか、世子妃は母妃を学ひ居らるる訳なれは、予か母に依頼したるは見当違ひにて、母妃は無理なることを云ふものと考へられたるやも計り難し。

李太王の性質

予の聞く所にては李太王も愛情は余程熱烈なりしとのことなる故、世子も其性質を受け居らるるとのことなるか、矢張り其通りならんと云ふ。高、其通りなり。然るに、太王は熱烈なるときは勿論極端に愛せらるるか、一たひ冷却すれは全く顧みさる風ありたり。世子の今後、万一右の如きことになりては大変なるか、其辺のことは如何なるや、予測し難しと云ふ。

金応善は世子に及はす　上野某は世子を助く

高又世子は軍事に付ては金応善抔は遠く及はす、少しも世子を輔くることは出来す。随て金も何事も世子に劣る為、世子に対して直言する様のことは為し得す。上野は軍事に付ては世子を助くること出来、世子も上野には種々の調査其他のことを命せられ居るも、上野も全体のことは分らす、軍事以外殿下に注意する様のことは出来す。厳（柱日）抔は勿論、殿下に対しては何事も申上け得す。今日にては表も奥も両殿下は恐しきものにて、皆恐を懐き居る有様なりとの談を為せり。

予の参考の為聞く必要あり

予、今日の話にて予より直に注意することは出来さるも、之を知り居ることは極めて必要なり。世子邸会計問題等は予か関知するに及はさることなれとも、両殿下の行動等には之を知り居る必要ありと云ふ。高、会計問題等に付ても注意を望むと云ふ。

堀江寡婦のこと

予、近日堀江（寡婦）のことは聞きたることなきやと云ふ。高、何事も聞かす。只今は堀江と小使と婢のみなる故、無事なるへし。浅沼（禎一）と金某とか京城にても争ふことならんと思はると云ふ。予、先日堀江の談にて、公邸にて日本料理に鰹節を用ゐさる談を聞きたるか、驚きたり。夫れ程節約しても、節約か節約にならす、費用は相当に嵩み居るならんと云ふ。高必す然らんと云ふ。

上野某来る

予か高と談し居るとき（午前十一時十四、五分頃なりしか確かならす）上野某来り、今回中佐に進みたることの挨拶を為す。予、先日其父の死したることに付弔辞を述へ、先日上野か大磯に行きたることの労を慰す。上野は本月二十五日より世子の演習地富士の裾野に行く旨を談す。高、大磯に過きるやと云ふ。上野、大磯には過らす、大磯通過の時刻を大磯に通知し置けは、夫れにて宜しとのことなりしなり。二十五日午前八時四十五分東京駅発の汽車に〔て〕出発する予定なり。大磯よりは別に使を演習地に出さらるる模様なりと云ふ。高誰か使に行くやと云ふ。上野知らすと云ふ。高、高階ても行くならん。妃殿下より書状でも贈らるるならんか、最早世子の帰らるるまで幾日もなきに非すやと云ひ、暗に使を出す必要なき様の口気を洩らし居りたり。予、世子は月末には帰らるるには非すやと云ふ。上野、本月三十日に帰京せらるる予定なりと云ふ。上野か去りたる後、高は尚ほ前記の談を継続して然る後去りたり。

土岐政夫を召ひ、静岡県御料地払下のことを問ふ

○午前十一時後土岐政夫を召ひ、静岡県御料地払下の件に付、県の希望は宮内省より土地の人に貸し附けたる地所、即ち縁故者ある地所も宮内省より直接に借受人に払下けす、一応県に払下け、然る後県より借受人に払下くる様にし度。然らされは宮内省より払下くる価格と県より払下くる価格と高低の差を生する恐ありとのことを君（土岐）の実況審査報告書か何かにて見たる様なるか、彼のことは何に書きありたるへきやと云ふ。土岐、夫れは県の願書に書きありたるならんと云ふ。予、今日にては貸附の地所は県への払下の地所より除き、貸附地は不要存地処分令に依り処分することゝなり居るとのことを聞きたるか、其通りなりやと云ふ。土岐然りと云ふ。予、何処にて之を除きたりやと云ふ。土岐、林野局と県当局との協議にて除きたるものならんと云ふ。予、貸附地丈は処分令に依り処分することゝ為し、幾分非難を少くする為ならんかと云ふ。土岐然るへしと云ふ。予、払下の件は只今如何なり居るへきやと云ふ。

御料地払下の件は復た参事官にて調査す

土岐、先日次官（関屋貞三郎）より貴官（予）に談し、其後大谷（正男）より更に貴官（予）に談し、大谷より貴官（予）の意見を次官（関屋）に告け、次官（関屋）は右の如き法規違背の問題ありては宜しからさるに付、尚ほ参事官に於て調査せよとのことになり、再ひ参事官に廻はし来れり。

関屋貞三郎、土岐政夫の意見を問ふ

次官（関屋）より自分（土岐）を召ひ、自分（関屋）は参事官の意見も纏まりたることに思ひ居りたるに、尚ほ異見ある由。

君（土岐）か書類に捺印せさるは会計審査官の立場に困る為のことゝ思ひ居りたるに、左に非すとのことなるか、如何なることなるやと云ふ。依て自分（土岐）は、参事官中最下級の自分（土岐）か反対意見を表明するも穏当ならさるのみならす、次官（関屋）以下の意見も既に定まり居る様に思はれたる故、意見を附くることは見合せたり。此ことに付審査局長官（予）の意見を問ひたる処、大体に於て自分（土岐）と同様の意見なる様に思はれたり。此の件か経済会議に付せらるれは、長官（予）は参列員として意見を附けらるるならんと思ふ。自分（土岐）は本件に反対なる為、捺印せさりしなりと云ひ置きたり。

土岐政夫と大谷正男との意見

又自分（土岐）は大谷に対し、本件に対する法規問題は自分（土岐）も貴官（大谷）も大概同様の様なり。只異なる所は、貴官（大谷）は本件に限り法規上幾分の不穏当なることあるも、之を遂行せんとせらるる様なるか、自分（土岐）は本件は他の例とも為り、町数も多き故、最も重要なり。本件に付ては十分正当の処分を為さゝるへからすと思ふ。此一点か異なる様なりと云ひ置きたり。大谷も法規上の意見は異ならさる模様に付、結局自分（土岐）等の意見の通りになるには非さるやと思ひ居れり。

本田幸介か宮内大臣を訪はんとすること

只今林野局長官（本田幸介）か大臣（牧野伸顕）に面会する為、宮内省に来る旨電話にて申来り居れり。自然は本件に関することならんと云ふ。予、渡部（信）は今日も意見を変せさるやと言ふ。

渡部信意見を変せす

土岐、渡部には大谷より話すこと少し。随て渡部か意見を発表すること少きも、昨日自分（土岐）か渡部に話したる所にては、今日も矢張り反対なりと云ひ居りたりと云ふ。

予不要存地処分令施行規則の解釈を誤る

予、御料地を不要存地処分令に依り払下くれは、小町畝に分割して払下けさるへからす。然れは払下くる方にても不便なりと云ふことか、一纏めにして静岡県に払下くる理由の一と為り居る様なるか、処分令にも仮令ひ縁故者ありても官署に払下くることを得る旨の規定あり。此規定に依れは一纏にして払下くることも出来るに非すやと云ふ。土岐、処分令には官署とあり、県なる団体は官署とは云ひ難からんと云ふ。予、然り。該規定には適当せすと云ふ。

○正午より退省す。

有馬秀雄の電話

○午後三時前有馬秀雄、野田卯太郎の家より電話して、往訪せんと欲すと云ふ。予差支なき旨を答ふ。

怡土束の為字を作る

○午後怡土束の為に字を作る。一枚は成り、二枚は書損したり。

有馬秀雄来る

○午後三時後有馬秀雄来る。

松田正之転任の周旋を野田卯太郎に依頼す

有馬は松田正之の依頼に因り、野田卯太郎〔を〕訪ひ、松田を内閣書記官に転任せしむることを江木翼に依頼することを野田に嘱する為に行きたるか、野田は江木宛の書状を作り、之を持ちて自分（有馬）に江木を訪ふて依頼せよと云ひたる旨の談を為し、予は先日松田か来訪したること、其前松田の依頼に因り小橋一太に依頼し、尚ほ蜂須賀正韶に話したる状況を概説せり。

有馬伯爵家財産処分の必要　有馬秀雄、伯爵財産処分を担当することを辞せす　伯爵家々財売却の必要

有馬、近日有馬伯爵の脳病の宜しからさることを談し、伯爵生存中一と通り財産処分を為し置く必要あるへきこと、不動産は世襲財産の外、之を売却する方宜しかるへきこと、仁田原重行も伯爵の病気に付心配し居ること、伯爵家の財産の整理は仁田原は不得手のことにて消極の考を有し居るか、今日にては積極手段を講する必要あり。其手続は自分（有馬）か執りても宜しきこと（松平家の家財を売却するとき、向島の某〔不詳〕か引受け、一百万円の予定か二百万円以上と為りたり。某は団琢磨と懇意にて、松平家の家財も団外一人にて百万円にて引受けたるか、利益多過きるとて、競売と為し、二百万円以上と為りたるなり）、

頼寧氏を子分と為す希望　頼寧氏を教育する

野田（卯太郎）や犬養（毅）やら頼寧氏を自分等（野田等）の子分と為さんと思ひ居れりとのこと、児島某〔不詳〕か松下（丈吉）に対し、頼寧氏は自分（児島）に任せよ。自分（児島）か教育して遣ると云ひたるに付、松下は君（児島）に教育か出来るものか。君（児島）に出来る位ならは自分（松下）か疾く教育し居ると云ひたる趣なりとのこと等の談を為せり。

小原駩吉の不平

有馬又小原（駩吉）に逢ひたりと云ふに付、何処にて逢ひたりやを問ひたる処、先日小松宮妃の祭のとき、小松侯爵家にて逢ひたり。小原は非常に不平を云ひ、働くものは之を嫌ひ、仕事もせすしてのらりくらりして居る者か気に入る。馬鹿気たることなりと云ひ居りたり。

有馬秀雄、栗原広太を称揚す

宮内省には時々栗原広太や小原の様なるものか出ると云ひ、栗原か威張り居りたる談を為す。予、栗原は頗る術策を弄する男にて陰吝なる質なりと云ふ。

堀江寡婦のこと　浅沼禎一の妻の未練

有馬又堀江（寡婦）は君（予）の世話にて李堈公に雇はれ、喜ひ居るか、浅沼（禎一）の妻か今尚ほ未練を云ひ、自分（妻）は初め十五円の給料にて、年数を経て漸く二十円許になりたり。堀江さんは世話人か違ふ故、初より多額の給金なりとて、嫌味を云ひ居れり。若し罷むる方かよきならは、一言通知し呉るれは直に罷むるに付、自分（有馬）より其ことを君（予）に話し置き呉よとのことなりしと云ふ。予、誰より此ことを聞きたりやと云ふ。有馬、池尻興か堀江より依頼を受けて自分（有馬）に話したりと云ふ。

有馬伯爵本邸建築の希望

有馬又有馬伯爵は本邸建築を望む旨を松下（丈吉）に話されたる趣なることを談す。

有馬伯爵夫人自動車の不平

又先日小松宮妃の祭のときは伯爵夫人も行くとのことに付、自分（有馬）と供を自動車に同乗して小松侯爵家に行きたる処、頼寧氏の処には更に新なる自動車を買ひ入れ、之に乗りて来り居られ、其他孰れも立派なる自動車多かりし為、夫人は青山は立派なる自動車に乗り、自分（夫人）は汚き車に載せられたりとて、不平を云ひ居りたりとのことを談せり。

有馬家相談会の期日

有馬又伯爵家の相談会は本月二十五日頃に開く様に聞き居ると云ひ居れり。

伯爵大阪にて脳を病む

又先日伯爵か大阪に行かれたるときは脳の工合悪しく、頻に痟癪を起し、宿の者を打ちたり。随行の渋田某も撲たれたる由なり。

関某の解雇、長浜直哉の雇入

青山にては関某は解雇せられ、長浜直哉か雇はれ居るとのことを談したり。話すること三十分間許。

西瓜を食ふ

昨日下総牧場より送り来りたる西瓜を割き、有馬と共に食したり。

西瓜を多納光儀に贈る

○午前、下総牧場より送り来りたる西瓜二個を多納光儀に贈る。

赤坂警察署よりの注意

○午後五時頃赤坂警察署より昨年の震災記念日なりとて、寄附を強要するものあらは、直に通知すへき旨の照会書を送り来る。

八月二三日

○八月二十三日土曜。晴。

尿量

○昨日午前五時頃より今日午前五時頃までの尿量千八十瓦。是を八月廿二日の尿量とす。

○午前八時三十分より出勤す。

堂上華族保護資〔金〕管理規則改正案のこと

○午前十時頃土岐政夫来り、先日参事官より審査局に合議し、審査局より意見を附して参事官に返付せられたる堂上華族保護資金管理規則施行規則改正の件は審査局意見の通り、資金管理規則に（保護預ヲ為スコトヲ得ル）旨を追加することに改案することに決したり。依て審査局附箋は其儘存するか相当なれとも、参事官にて初より起案したる如き体裁に致し、附箋は之を除き度に付、承知し呉よと云ふ。予、差支なし。但今日は青山操か出勤せさるに付、青山に話したる上のことにする方か宜しからんと云ふ。土岐、青山には昨日既に話し置たりと云ふ。

邦英王殿下発病のこと

○午前十時後山田益彦来り、久邇宮の邦英王殿下、東山温泉に行かれ居る処、昨日より発病、昨日は体温三十八度九分位にて、病気未た分らす。昨日久邇宮邸より吉本某（医師）を遣はし、同人か診察したる上、更に病状を報告することになり居れり。松平（慶民）は昨日翁島より帰京したるか、其時までは何の話もなかりし由なり。久邇宮御一家は翁島に行きて摂政殿下の御機嫌を奉伺せられ、御一行幷に東伏見宮妃殿下も共に東山に御出なされ居れり。

邦英王殿下病気御見舞の電信

右に付、徳川（頼倫）より御見舞の電信を出すに付、長官（予）の分も出し置くへきやと云ふ。予之を出すことを嘱す。

西野英男西瓜を持ち来る　之を返す

○午前十一時二十分頃西野英男西瓜二片を持ち来る。予、家にもあり、多量には食し能はさるに付、之を辞すと云ふ。西野之を強ひたれとも、之を受けす。

内子為替を作る

○午前八時頃より内子一ツ木郵便局に行き、隆に送る為替券を作る。

○正午より退省す。

有馬伯爵家よりの電話

○午前八時四十五分頃有馬家より電話し、予か不在なる旨を答へたるか、予の帰宅時刻を問ひ、其時刻に更に電話すへしと云ひたる趣なり。

邦英王殿下の容体

○午後三時二十分頃宮内省宗秩寮より電話にて、邦英王殿下の御容体に付久邇宮邸より電信にて東山温泉へ問合せたるに、邦英王殿下は食物の停滞あり。其の為の御発熱にて、今日は既に三十七度台の御体温と為り、吉本、入沢両博士も拝診し、入沢博士抔も全く楽観し居る旨の返電ありたりとのことなるに付、此のことを通知すと云ふ。

贈郷其他の書を作る

○午後、郷里其他に贈る書を作る。

西瓜を食ふ

○午後二時後西瓜二片を食ふ。

八月二四日

○八月二十四日日曜。晴。

尿量

○昨日午前五時頃より今日午前五時頃までの尿量七百七十五瓦。是を八月二十三日の尿量とす。

○午前七時後髪を理す。

隈本有尚来る

○午前九時前隈本有尚来り訪ひ、雑話す。

隈本有尚の談

隈本、有馬家の育英部にては学生に学費を貸与することを止めたりとのことなるか、真なりやと云ふ。予、昨年の震災にて有馬家の収入減したる為、今年有馬家より育英部に支出する金は支出せさることゝなれり。其結果、育英部にては従来貸費したる者には今年も継続貸費するも、新なる貸費は為さゝることゝなりたる趣に聞き居れり。予は育英部のことには関係し居らさる旨を談し、其序水天宮と有馬家とは先年来関係を絶ち、有馬家は地所の借賃を取り居るのみのこととなり居ることを談す。

隈本、大蔵経の予約印刷あり、訂正も十分にし、五十余冊完成にて、予約金は六百円許なることを談す。予之を買はさることを告く。其他思想問題、教育問題、人種の興亡問題（人種に七回の変遷あり。日本人種は七回の中第五回目に出てたる人種なる由と云ふ）、地震のこと（近き中に地球の何処に地震あるへしと云ふこと）、有馬頼寧氏の議員と為〔り〕たること等を話し、一時間許にして去る。

有馬泰明の電話

○予か隈本有尚と話するとき（午前九時後）、有馬泰明より電話にて、明日午後三時より相談会を開かるることになれり。出席出来くへきやと云ふ。

有馬家相談会のこと

予、君（有馬）の書状は昨日達したり。相談会には出席すへしと云ふ。

坂田稔更に検尿すへしと云ひたること

○午前九時後使を坂田稔の家に遣はし、内子の薬を取らしめたるとき、使の者に対し坂田より、明日か明後日か更に予の尿を検すへきに付、尿を遣はし呉よと云ひたる趣なり。

賜邸のことに関する日記を抜抄す

○午前午後、本年の日記中李王に対する賜邸のことに関する部分を抜抄す。未た卒らす。

八月二五日

○八月二十五日月曜。曇午前十時頃より雨。

尿量

○昨日午前五時頃より今日午前五時頃までの尿量千七十瓦。是を八月二十四日の尿量とす。

主馬寮に電話す

○午前七時前内子をして主馬寮に電話し、今日は午前八時に馬車を遣はすことを通知せしむ。

加藤友三郎の墓に展す

○午前八時より馬車に乗り、青山墓地故加藤友三郎の墓に展す。其一週年祭なるを以てなり。復た自宅に返り、フロツクコートを脱し、脊広服を著け、八時四十分頃より宮内省に出勤す。

検尿を嘱す

○今日午前七時に放ちたる尿凡百五十瓦を坂田稔の家に送り、検尿を嘱す。

明治天皇御集を入るる函成る

○昨年六、七月頃、青山操に由りて小菅刑務所に製作を注文したる明治天皇御集を入るる箱、始めて成り、西野英男より之を予に致す。代価を償はんと云ひたるも、西野後日之を受取るへしと云ふ。

賜邸のことに関する日記を抜抄す

○午前李王に対する賜邸のことに関する日記を抜抄す。

杉琢磨、木下道雄来り、九月一日に摂政殿下か何事か為さるへき

や否を謀る

○午前十時四十分頃杉琢磨、木下道雄来り、木下より九月一日の震災記念日には摂政殿下は何事か遊はさる方か宜しからんと思ふか、如何と云ふ。予、夫れは今年限りなるや、又は毎年の九月一日に遊はさるへき積りなりやと云ふ。木下、永久と云ふ訳には行かさるへきも、震災のことか人の脳より消滅する時まて位はなされても宜しからんと思ふと云ふ。予、如何なる方法を取る積りなりや。震災に付ては既に其当時二度までも詔書も出て居り、殿下の思召を発表せらるるは有難きことには相違なきも、余り度々になりて、格別人の注意を惹かさる様になることも不都合なり。故に形式的に御沙汰書ても出さるることは考慮を要することならんと思ふと云ふ。

木下道雄の意見

木下、自分（木下）の考にては、其日殿下より東京市長、横浜市長〔渡辺勝三郎〕を召され、復興の状況を御問ひ遊はされたらは如何と思ふと云ふ。

予の考

予、其ことならは殿下か常に御考へ遊はされ居ることか一般に分り、有難く感すへし。然し、其方法を取るとすれは、市長を召されては他の県又は市以外の郡に及はす。故に召さるるならは、内務大臣〔若槻礼次郎〕を召さるるか適当と思ふ。而して此ことに付考へ置かさるへからさるは、御下問を受け、奉答したる所にて満足に思召さるるか、不満足に思召さるるか、夫れに依りて御詞の相違あるへし。予の考にては、満足すとの御詞を下さるる訳には行かさるへく、精々努力して復興を務めよとの御詞に過きさるへし。此の如き御詞を下されたる為、当局者の事務取扱の上に大なる便宜あれは結構なるか、復興のことは完全にも急速にも之を済することは出来す。結局事情の許す丈けのことより出来さることにて、近日に至り更にバラツク建築の期限を延はしたる位のことなる故、之を奨励遊はされたりとて、其の為進行出来るものとも思はれす。故に予は此際殿下としては別段のことを遊はさるるには及はさるならんと思ふ。然し、内務大臣を召して御下問遊はさるることは害ありとは思はさるに付、其ことならは異存なし。但其ことになれは、余り芝居の様になれとも、予め内務大臣に打合せ、奉答の準備を為さしめ置かされは困るへしと云ふ。

杉の談　宮内省にて為すへきこと

杉、実は殿下のことより小なる問題なるか、先日来処々の記念方法の通知を受け居りて、宮内省にても何事か為さゝれは不都合なるへしとて、次官（関屋貞三郎）は熱心に之を主張し、一時九月一日午前十一時五十八分に宮内省職員一同省の前の広場に集まりて追憶し、宮内大臣より訓示を為したらは宜しからんとの案を作りたれとも、大臣は宮内職員か市民として市の記念会等に加はるは随意なるも、余り形式的のことを為すは面白からすとて、之に賛成せられす。然し次官は形式的と云へは形式的なるも、形式的に非されは表現せさるに付、其位のことは為す必要ありと云ひ居れり。然し大臣か賛成せさるに付、結局五十八分を追憶し、訓示は書面にて発する位のことになるならんと云ふ。杉は大臣（牧野）より召はれたるに付、木下に先ちて去れり。

木下の第一案

木下は、自分（木下）は第一案としては殿下か災害地を御巡視遊はされ、被服廠跡に御立寄り遊はさるるか宜しからんと思ひたりと云ふ。予、其ことは昨年既に御実行遊はされたり。今年之を再ひ遊はさるるは宜しからすと云ふ。木下、第一案か行はれさる故、第二案として御下問のことを持ち出したり。

木下、殿下の還啓との関係を説く

殿下か本月三十一日に御還京遊はさるることに決し居る趣なるか、夫れは震災記念日〔に〕当る為に御帰り遊はさるるには非さるやと云ふ。予、夫れは其の為ならんと云ふ。木下、然れは是非とも何事か遊はさるる必要あるに非すやと云ふ。

予の解釈

予、殿下か御職務の為御旅行あらせられ居るならは、御還啓遊はさるるにも及はされとも、御避暑の為の御旅行なる故、多数人の記念する日に御還啓あるは所謂忍ひさる心にて、御避暑遊はされ居らさる訳なれは、其の為御還啓遊はされたりとて、是非とも何事か遊は〔さ〕れされはならぬとは考へす。殿下のことに付ては一時人を感動せしむる様のことありても一時のことのみにては済ます、只今摂政にあらせらるるも、百歳の後天位に即かせたまひても、今日遊はされたることは急に御止めになる訳にも行かさるへし。

昨年の談

昨年震災後状況御視察の為、横浜に行啓遊はされたることあり。其時横浜駐在領事に拝謁仰付けらるる内議もありたるも、領事に拝謁仰付けらるるならは、先つ東京駐在の大使公使に拝謁仰付けらるるか順序なりとの論あり。結局殿下より拝謁は仰付けられす、奉迎したる領事は御引見遊はさるる丈けのことゝなりたる趣なりと云ふ。木下は不気済の模様にて去りたり。

被服廠跡の祭に花を賜はること

杉か官房に返る前、杉より被服廠跡にて昨年東京府、東京市にて法要を営みたるとき、皇室より花を賜ひたることあり。今年も府市にて法要を営む趣に付、今年も花を賜ふことは宜しからんと思ふと云ふ。予、夫れは宜しからんと云ふ。杉、之を賜ふ手続に二様あり。御使を遣はして賜はると、府市の吏員を呼出して賜はるとなり。孰れか可なるへきやと云ふ。予、夫れは吏員を呼出して賜はる方か宜し。御使とは云へ、之を遣はさるるは矢張り御拝を遊はさるる代りなる故、御使を遣はさるるは適当ならすと思ふと云ふ。杉、自分（杉）も其の考なりと云ふ。

○正午後退省す。

有馬聡頼来る

○午後零時二十五分頃馬車を下り、歩して家に帰らんとす。門を距る十歩許の処にて有馬聡頼に遇ふ。

有馬の結婚談

有馬は、今朝電話したるも、既に予の出勤したる後なりしなり。只今訪問したる。尚ほ不在とのことに付、去らんとする所なり。一寸話し度ことありと云ふ。予之を伴ひ帰る。有馬、足か汚れ居るに付、座に上らす、玄関にて話し度と云ふ。予乃ち玄関にて話す。有馬、従来不品行にて家計甚た困難と為り、殊に現在の住宅は私設鉄道（鉄道の名称は予之を忘れたり）の線路に当り、之を買収せらるることゝなり居り。之を他に売却すること〔と〕も出来す、会社より移転料ても受取りたる上は、母丈けは高円寺の辺に小なる宅を構へて生計を立て、自分（有馬）一人ならは何とか生活の途もあるへきに付、右の如き方法になすことに母とも相談し居りたるに、本年六月頃より自分（有馬）結婚談始まりたり。尤も此ことは本年三月頃自分（有馬）の弟〔慈光寺宗英〕か養子と為り居る慈光寺某〔仲敏、掌典、子爵〕の関係にて談か始まりたるも、其後中絶し居りたる故、纏まらさることゝ思ひ居りたるに、六月頃より更に談を始め、此節は双方とも異議なきまてに談か達したり。

東松松兵衛

先方は名古屋の東松松兵衛〔名古屋の資産家、堀川貯蓄銀行役員〕と云ひ、貯蓄銀行の頭取を勤め居り、名古屋にては相当の地位ある人にて、其長女〔すみこ〕は伊藤松坂なる呉服店に嫁し、又松坂呉服店の女〔さく〕か東松に嫁し居り、重縁と為り居り。次女〔綾子〕は阪井〔重季、陸軍中将、元貴族院議員・公正会、男爵、故人〕と云ふ陸軍中将の子〔戒爾〕の妻と為り居り、三女〔勝子〕か此節の縁談のものなり。自分（有馬）のことは勿論、家計幷に芳治〔有馬聡頼の庶子〕のこと等まて、先方にて十分に調査したる上の話にて、先方より三個の条件を提出し、自分（有馬）の方よりは今日の状況、条件抔を提出する訳に行かす。

東松松兵衛より提出したる条件

先方の条件は、第一、母は別居し、其生計費は自分（有馬）方にて負担すること、其理由は、大名抔には夫々の家風あり。母は京極家より来り居る趣に付、同居したる上にて嫁か家風に合はすと云ふ様なることになりては、其の為離縁てもせられては勿論、仮令夫れ迠のことに至らすとも、其場合に至り別居てもする様になりては双方とも面白からさる故、先つ初は別居することゝなし、其中に双方の気心も分りて同居する様になれはは其時のことゝし度し。娘には持参金は遣はさざるも、夫婦の生計は東松の方にて引受くることゝすへく、母のことまて引受くることは困ることに付、此方は家計を整理して生計の立つ様にせられ度とのことに付、自分（有馬）は夫婦のみ楽を為して、母に不自由をさせることは忍ひす。殊に京極に対して右様のことは出来すと云ひたるに、東松の方にては表面は夫婦のことを引受くることに為し、其中より多少のことを為さるは差支なしと云ふ如き口気なる故、母とも相談の上、其ことに折合ひたり。第二は、弟宗嗣の費用は東松の負担に属せさる様にし度とのことなり。是は既に今日にても自分（有馬）より支弁せさることを本人に申聞け居り、本人も子供にも非さる故、相当の考もあるへく、同人のことに付ては東松を煩はすことなき旨を言明せり。第三は芳治のことにて、今後夫婦間に子供出来たるときは如何するやとのことなり。是は法規の定むる所に従ふと云ひ置きたり。

有馬聡頼の見合

右の次第にて、双方の意思纏まり、既に先日華族会館にて双方相会して見合を為し、先方よりは自分（有馬）の身体検査を為し、又先方の申込に依り、此方にても嫁たるへき人の身体検査までも為し、双方に身体の故障なきに付、今後談は進行することゝなるへく、今朝境（豊吉）を訪ふて此の話を為し、次て頼寧氏を訪ふて同しく此の話を為したるか、頼寧氏は何等異見なく、母子別居は賛成なりと云ふことなりしなり。依て一応此ことを君（予）に談して諒解を求め度。

自分（有馬）も是まて種々の失策を為し、此儘にて経過すれは一新の時期もなく、此の談か愈々纏まれは之を機会として心機を一転し、十分に是迄の不信用を挽回する積なり。東松は大井に同人か上京するとき、止宿する為の家屋を有し居るに付、差向き自分（有馬）等夫婦は其処に住居することゝ為して宜しと云へり。自分（有馬）より此儘遊ひ居る訳には行かすと云ひたれは、東松の銀行にも人を要するに付、其方の手伝ても為し呉るれは尚更好都合なりと云ひ居りたりと云ふ。

予、二女の嫁し居る阪井と云ふは、有爵者には非さるやと云ふ。有馬、男爵なりとのことなりと云ふ。予、然らは重季の家ならん。二女か既に男爵に嫁し居るならは、宗秩寮にても大概異議はなからんと思ふ旨を告けたり。午後零時五十分頃有馬辞し去る。有馬は明日は母と同伴して京極を訪ひ、此ことを談し、明後日は仁田原（重行）か橋場に行く日なる趣に付、其日にも母と同行して橋場に行き、本家幷に仁田原に諒解を求むる積りなりと云ひ居りたり。東松松兵衛の三女は今年二十五歳なる趣なり。

片岡久太郎来り、師正王墓所竣工報告祭、一年祭のこと、稔彦王殿下に対する両陛下よりの賜物のことを談す

○午前十一時後、宮内省にて木下（道雄）と談したる後、片岡久太郎来り、師正王墓の工事竣工報告祭、一年祭、祓除祭、霊代遷移式等の日時は事務官（金井四郎）より妃殿下に稟申して、先日金井より貴官に談し置たる通り決定し、又稔彦王殿下か先日御名代として羅馬尼国に行かれたる御慰労の思召にて、聖上より御紋附七宝花瓶一対、皇后陛下より卓被一枚を賜はり、日光より直に殿下に其旨を言上し置たる趣を談したり。

青山操、参事官にて出納官吏に関する規定改正案に付審査局の意見に服したることを報す

○午前十一時頃青山操より、先日参事官の合議に係る地金銀、有価証券に関する出納官吏の規定改正案に付附箋を為し、原案を返し置たる処、参事官に於て審査局附箋の通り原案を修正し、附箋を除き呉よと云ひ来れり。如何すへきやと云ふ。予、此方の意見通りに原案を修正したらは、初めより其通りの原案なりし様の体裁と為し度考なるへきに付、附箋を除くことにして宜しかるへしと云ひ、修正の案に捺印す。

荒川義太郎の母の告別式に会す

○午後一時二十分より人力車に乗り、小石川区茗荷谷伝明寺（俗称藤寺）に行き、荒川義太郎〔貴族院議員・茶話会、元横浜市長〕の母〔佐多〕の告別式に会す。荒川及石渡敏一に遇ふ。直に去りて橋場の有馬伯邸に行く。邸に達したるときは午後三時七分なりしなり。三時四十分頃に至り、有馬秀雄始めて来る。

有馬家々政相談会

乃ち相談人有馬秀雄、境豊吉、家政顧問仁田原重行、家扶有馬泰明と共に相談会を開き、伯爵亦列席す。

赤松社組織変更の件は撤回す　田中熊蔵を家扶と為す件

議案特第四号の赤松商会の組織を財団法人と為す件は久留米の関係人の意向を確むる必要あり、今日直に相談することを得さるを以て、家職より議案を撤回し、特第五号家従田中熊蔵を家扶と為す件は之を可決して相談会を閉ち、伯爵は退席せり。

有馬家の家計方針を協議す

其後予より、有馬家の家計は逼迫せり。而して従前の如く宗家の財産を増殖し、親族其他の人は宗家より補助する方針にて財産を宗家のみに集むることは今日にては事情に適せさるに付、伯爵夫人及二男、三男、四男等にも相当財産を分与し置く方宜しからんと思ふ。然るに只今は頼寧氏に分与せられたる百万円すらも其一部（三十万円許）を渡され、其余は融通附かさる為、利子を渡され居る様の始末にて、此際現金を手に入れされは財産分与も出来難し。現金を得る為には蠣殻町の所有地にても売却せされは之を得る途なし。此ことを実行するには伯爵の同意を得ることも容易ならさるへく、又旧臣等よりの非難も少からさるへきも、予、此際是以外には工夫なしと思ふ。先年予と有馬（秀雄）と家政改革の事に当りたるときと今日とは大に事情を異にし、是非とも伯爵の生存中、相当余分を為さしめ置く必要ありと思ふ。

又今日売却等の処分を為せは、大体に於ては価格等の点より不利益なることもあるへけれとも、急に応する為には小利益は之を抛棄せさるを得さることにて、先年の家政整理のとき、永田町の屋敷を売却したることも、買入れ価格より低価にて売却し、不利なることは分り居りたるも、之を売却して負債を償却せされは整理出来さるに付、不利と知りつゝ売却したる様のことなり。今日のことも之と異なることなしと思ふ旨を述ふ。

他も同様の意見にて、近日中更に内協議会を開き、方針を決し、然る後著手することに為したらは宜しからんと云ふ談合を為す。予は現在の水天宮敷地及別邸敷地は併せて之を水天宮に売却したらは宜しからんと思ふ旨を述ふ。是も一同異議はなきも、水天宮も火災後の建築費に困り居る所なる故、買取ることか困難なりとの談ありたり。水天宮及別邸の敷地は八百坪許ありとのことなり。坪千円とすれは八十万円なるも、千円は高に過くへく、五、六百円位は不当に非さるへしとの談も交換せり。午後八時頃より自動車乗り、仁田原、境と共に帰途に就く。予は最後に車を下る。九時頃家に達す。

人力車上にて両脚のだるきを覚ふ

茗荷谷及橋場に行くとき、人力車上にて両脚下部のだるきを覚ふ。

八月二六日

○八月二十六日火曜。午前一時頃より大雨。

尿量

○昨日午前五時頃より今日午前五時頃までの尿量九百五十瓦。是を八月二十五日の尿量とす。

○午前八時三十分より出勤す。

会計令の特例に関する参事官よりの合議の件に意見を附す

○午前十一時頃青山操来り、参事官より皇室会計令の特例を規定したる宮内省令に、物件払下を為し、其代価の支払に年賦を許したるときは、特に定めたる場合を除く外、担保の入るへき旨を定め居れり。然るに、是まて特に定めたる場合の規定なく、今回宮内大臣の訓令を以て官公署、公共団体に年賦を許したるときは、担保を供せしめさることを得と云ふ特例を定めんとするものなるか、訓令を以て省令を変更するは不可なるに付、其旨の附箋を為さんと欲する旨を述へ、附箋を示す。

案には省令は対外的効力あり、訓令を以て之を変更するは立法の順序を乱る旨を記し居れり。予、対外云々は適当ならす。単に訓令を以て省令を変更するは不可なる旨に修正すへしと云ひ、青山其趣旨に変更し来り、審査局の意見か決すれは、参事官にて正式に合議せす、原案を修正すへき模様なるに付、一応此案文を示すへしと云ふ。

内子、第一銀行、三越、榛原に行く

○午前十時後より内子、第一銀行に行て預金を取り、榛原紙店に過り、絖を買ひ、三越に過き、菓子を買ひ、午後零時後、予に先つこと四、五〔分〕間のとき帰りたる由なり。

字を作る

○午後怡土束、松永純一の為に字を作る。怡土の為にする書は内子か買ひ来りたる絖一枚を用ゐたり。

雷鳴あり

○午後五時頃より雷鳴あり。終日雨ふる。

検尿の結果

○午後八時後坂田稔より電話し、昨日の尿を検したるに、二個の円柱を発見せり。其の内都合宜しきとき、血圧を検せられたらは宜しからんと云ふ。

八月二七日

尿量

○八月二十七日水曜。雨。

○昨日午前五時頃より今日午前五時頃までの尿量千五百瓦。是〔を〕八月廿六日の尿量とす。

主馬寮に電話し、馬車を遣はすことを止む

○午前七時後内子をして主馬寮に電話し、今日は馬車を遣はすに及はさる旨を通知せしむ。

坂田稔の家に行く

○午前九時後より坂田稔の家に行き、今年七月十日以後の尿量書を示す。坂田か昨夜之を見ることを望みたるを以てなり。

病状を談す

坂田、尿中に円柱あり、多少の病的なるへきも、年齢より云へは其位のことはあるならん。多納（栄一郎）も時々血圧ても検査して、注意したらは宜しからんと云へりと云ふ。予、今日多納病院に行く積りに付、一応差支の有無を問ひ合せ呉よ。予は今日は宮内省に出勤せさることゝ為し居れりと云ふ。坂田、門人山村某を多納に電話して、差支の有無を問はしむ。多納、今日は雨天なるに付、今日来らるるに及はさる旨を告く。坂田自ら電話し、今日は予か出勤せさることゝなり居る旨を告く。多納、然らは今日来られて差支なき旨を答ふ。十時後坂田の診を終りて家に帰る。

多納病院に行き、血圧を検す　血圧高し

帰途杉野に過きり、直に人力車を遣はすことを命し、十時三十分頃より多納病院に行く。多納、門人をして予の血圧を検せしむ。血圧百八十にて左右脈とも同様なり。

多納栄一郎沃度剤を飲むことを勧む

多納、血圧高きに過く。沃度〔ヨード〕剤を連続服用して、血圧を低下せしむる必要あり。以前は沃度は少量より始めて漸次増量し、人に依りては三瓦四瓦まても用ゐたることあれとも、多量に用ゐたりとて夫れ丈効を奏するものに非す。近来にては極少量に之を服用し、沃度の副作用たる粘膜の剝離等のことなからしむるか宜しとのことゝなり、一瓦の十分の一、二位を一日量と為す様のことゝなり居れり。先年貴宅（予か家）に大谷周庵〔内科医、元侍医、元県立長崎病院長〕に立会ひたるとき、大谷か他の医師は多量に沃度を用ゆれとも、多量に用ゐても尿となりて排泄すれは、何の効能もなきに付、自分（大谷）は極少量に用ゆと云ひたることあり。

摂養方

血圧か高き故、今後は急坂を駈け上かる様の過激の運動は之を避け、成るへく安静を主とし、血行か宜しからす、手足か冷き故、冬には温補を務め、成るへく暖地にて静養するか宜し。然し、診察したる所にては呼吸器、心臓は極めて健全にて、只脈管か硬化し居る訳なり。頭痛を知らすと云ふ様のことならは、血圧か高きも、脳血管の破るる様の懸念はなからん。薬のことは自分（多納）より坂田に通知して調剤せしむることにすへしと云ふ。予、多納の父（光儀）の近状を問ふ。多納、是も種々の故障あるか、兎〔ママ〕や角凌き居ると云ふ。十一時後辞し帰る。十二時少し前家に達す。

坂田稔に多納栄一郎より処方を通知したるやを問ふ

○午後一時頃婢鶴をして坂田稔の家に行き、多納栄一郎より処方のことを通知したるやを問はしむ。坂田、未た通知せす。通知ありたらは、坂田より貴家（予か家）に通知すへしと云ひたる趣なり。

賜邸に関する日記の抜抄を終る

○午前午後、李王に対する賜邸のことに関する日記を抜抄し、今日までにて抜抄を終る。

朝鮮人蔘を服用す

○今日は夕一回朝鮮人蔘を服用す。

藤井賢就に贈る詩

○夜藤井賢就〔不詳〕に贈る詩を得たり。（阜財仮使頼工商、歳不豊穣民不康、国本依然猶昔日、多君一意勧農桑）。

体重

坂田にて体重を検す。十三貫八百四十五匁。

八月二八日

○八月二十八日木曜。晴。

主馬寮に電話し、馬車を遣はすへきことを通知す

○午前七時頃内子をして主馬寮に電話し、今日より平常の通り午前八時三十分に馬車を遣はすへき旨を告けしむ。

尿量

○昨日午前五時頃より今日午前五時頃までの尿量千三百七十瓦。是を八月二十七日の尿量とす。

朝鮮人蔘を服用す

○今日より朝夕二回、朝鮮人蔘を服用す。

大波良卿に嘱して血圧を検査す

○午前九時頃伊夫伎準一来りて、予の病状を問ふ。予之に概況を告け、且つ侍医寮の人に血圧検査を嘱せんと欲す。先頃池辺棟三郎に談し、同人より寮員に命して検査せしめ呉れたることありたるか、其寮員の氏名も忘れ、其外に侍医寮には入沢達吉の外に知人なし。君（伊夫伎）か知人あらは、相談し呉よと云ふ。伊夫伎、矢張り入沢か宜しからんと云ふ。予、血圧の検査は機械にて為すことにて、大家を煩はす程のことに非す、誰にても出来ることなりと云ふ。伊夫伎、然らは侍医寮に行き、話し見るへしと云ひ、少時の後来り、矢張り先頃君（予）の血圧を検査したる大波良卿か診療所に居りて、直に検査を為すへし。但、只今寮に残り居る機械は少しく不十分なる所あり。精密には検査し難きも大体は分るへしと云へりと云ふ。

予、伊夫伎に謝し、直に侍医寮に行き、大波に嘱して血圧を検せしむ。大波、血圧は百六十四と云ふ。予、然らは前回より三を減する訳なりと云ふ。大波、検査機か一送中二と為り、一の差にて二の差を生するに付、一、三の差は指の感しにても生することあり。大体前回より増し居らさるへしと云ふ。

大波良卿に検尿を嘱す

大波、予の近状を問ひ、検尿のことに及ふ。明後三十日午後一時検尿すへし。尿は其時放ちたるものゝ方か宜しと云ふ。大波の談に依れは混濁なる尿なれは円柱は一寸発見し難きも、澄清なるものなれは之を検査することは容易なりと云へり。

師正王墓所竣工報告祭のときの乗物のこと

○午前十時二十五分頃西野英男に嘱し、明日師正王墓所竣工報告祭のとき、予の為に自動車を備ふることを得るや否を問はしむ。二十分間許後西野来り、電話線か塞かり居りたる為延引せり。東久邇宮邸の片岡（久太郎）に交渉したる処、片岡か承知して、報告祭の時刻に間に合ふ様の時刻に自動車を貴邸に遣はし、一たひ宮邸に来られたる上、他の者と同乗して豊島岡に行かることに取計ふへしと云ひたる旨を報す。

寛子女王、佐紀子女王一年祭のときの供物のこと

○午前九時後西野英男に嘱し、宗秩寮に行き、閑院宮の寛子女王、山階宮の佐紀子女王の一年祭に供物を為すならは、予の分も加ゆることを依頼し置き呉よと云ふ。西野返り来り、其のことは佐々木（栄作）か担当し居るか、今日は出勤し居らさるに付、同人出勤の上、取計ふことにすへしとのことなる旨を報す。

予は東久邇宮師正王への供物は宗秩寮には依頼せさる旨を西野に告け置きたり。

徳川頼倫を訪ふ　在らす

○午前十一時三十分頃李王に対する賜邸の件、其後の状況を問はんと欲し、徳川頼倫の室に行きたるも、徳川出勤し居らす。乃ち返る。

○正午より退省す。

肛門より少しく出血す

○午後二時頃厠に上る。肛門より少しく出血す。

沃度の水薬を服用す

○今日午後より多納栄一郎の処方にて、坂田稔より沃度の水薬を取り之を服用す。多納は昨日沃度一日の量は一センチ又は二センチ位にて宜しと云ひ居り。坂田は余り少量にて効なかるへしと云ひたる趣なり。

東久邇宮妃殿下日光より帰京せらる　東久邇宮邸より自動車を遣はすこと

○午後四時二十分頃東久邇宮邸より電話にて、妃殿下は無事帰京せられたること、明日は午前七時五十分に自動車を遣はすへき旨を報す。

八月二九日

○八月二十九日金曜。半晴。

尿

○昨日午前五時頃より今日午前五時頃までの尿量千四百三十五瓦。是を八月二十八日の尿量とす。

肛門出血未た止ます

肛門出血未た止ます。

東久邇宮邸に行く

○午前七時四十五分頃東久邇宮邸より自動車を遣はす。乃ち直に宮邸に到る。八時二十分頃妃殿下、盛厚王及彰常王殿下に謁す。妃殿下、日光土産として徳川五徳漬三樽及茶台五個を贈らる。九時三十五分頃より三殿下、金井四郎及老女、侍女等と共に豊島岡に行く。三殿下は休所に入り、休憩せらる。予及金井は直に師正王の墓所に行く。

師正王墓所工事竣成報告祭

神官某及補助者二人にて墓に神饌を供へ、神官、墓の工事竣成の旨を白らす。次て予等墓に礼す。諸陵頭杉栄三郎、事務官山口巍、技師菊地白亦報告祭に参す。祭事終りたる後、三殿下休所より来り、墓に展せらる。三殿下は直に帰邸せられ、予と金井とは自動車に同乗し、予か家の門前にて金井に別れて車を下る。家に帰りたるは十時三十分頃なり。

東久邇宮邸より漬物及茶台を致す

予か未た帰らさるとき、東久邇宮邸より使をして漬物及茶台を届けしめ居りたり。

金井四郎職員慰労のことを談す

○午前東久邇宮邸にて金井四郎より、師正王一年祭でも終りたらは、震災に関し尽力したる職員に慰労品ても賜はる様にせんかと思ひ居る。一年祭の供物として紅白の羽二重八疋を買ふことゝなり居れり。侍女三人か震災関係人なるに付、紅羽二重を一反宛与へ、表職員は五人なるに付、白羽二重一反宛にては不足する故、不足の分は之を買入れて補足せんかと思ひ居る所なり。全体は師正王の変事は悼むへきことなるも、妃殿下方の御無事なりしは之を祝しても宜しきことなるか、妃殿下は之を祝せらるる考なき故、慰労のことにせんと思ひ居る所なり。

墓所工事の誤

昨日日光より帰りたる後、直に豊島岡の墓所に行き見たるに、周囲の柵の間隔不揃なる所ありたるに付、早速之を仕直す様に取計ひ置きたる旨の談を為せり。予等か墓所に行きたるときは既に手直を終り居り、昨夜々業を為し、今朝は暁天より工事を為したりと云ひ居りたり。然し、柵に絡ひたる鎖の緩なる所と然らさる所とあり、十分には直り居らす。但し、一見して気附く程の不都合なる所はなし。

羽二重の計算合はす

金井か紅白羽二重八疋と云ひたるは、紅白にて四疋、即紅白各四反のことなるへし。然らされは表職員五人なる故、白羽二重不足すと云ふ理由なし。

先考の詩文を閲す

○午後三時頃より先考詩文の遺稿に漏れたるものを閲し、其順序を定む。将に之を編せんとするを以てなり。

怡土東、石田秀人の為に字を作る

○午後二時頃怡土東及石田秀人の為に字を作る。

肛門出血止む

○午後五時後厠に上りたるときより肛門出血止む。

八月三〇日

○八月三十日土曜。晴。

尿量

○昨日午前五時頃より今日午前五時頃までの尿量千六百四十五瓦。是を八月二十九日の尿量とす。

○午前八時三十分より出勤す。

自動車を借ることを謀る

○午前九時前西野英男に嘱し、明日午後皇太子殿下の日光より還啓したまふを奉迎する為、又明後九月一日閑院宮寛子女王、東久邇宮師正王、山階宮佐紀子各殿下の一周年霊前祭及師正王の墓に参する為、自動車を借ることを主馬寮に謀らしむ。

自動車借用のことに付主馬寮の答

午前九時三十分頃西野より明日の自動車のことは確かに主馬寮にて承知し、午後二時三十分に自動車を貴邸に廻はすへく、皇太子殿下の上野御著は午後三時四十分なる故、十分間に合ふへし。明後日は閑院宮、山階宮、東久邇宮より自動車借用の請求あり、其上勅使乗用の車を備ふる必要あり。三宮家の分、同乗等の工夫出来るやも計られす。後刻までに成否を通知すへき旨を答へたる趣を報す。

徳川頼倫の室に行き、李王に対する賜邸のことを談す

○午前十一時頃徳川頼倫の室〔に〕行き、先日東久世（秀雄）より李王に対する賜邸のことに付宮内大臣（牧野伸顕）に談したる処、大臣（牧野）は既定の区域を変更することを肯んせすと云ひ居りたり。大臣（牧野）の考は、予も全体は全然同感なるか、大臣（牧野）は果して一切の事情を承知したる上に其決心を為し居るへき〔や〕。事情を知りて決心を為し居るにしても、其結果に付ては甚た懸念あり。宋秉畯は既に世子に対して、世子は紀尾井町に住すへからさる旨を説きたりとのことなり。予は宋にも高（義敬）にも、紀尾井町の邸を賜はる上は麻布の世子邸は之を返上する方宜しかるへき旨を説き、宋も高も十分に賛成し居りたるも、此の如き行違を生したる上は、麻布の邸返上も如何あるへきか。其返上は如何になりても宜しとしても、折角紀尾井町の邸を賜はりても、李王か之を使用する機会なきは勿論、之を使用するは世子の外なきは当然なり。然るに、万一世子か之を使用せさる様のことになりたらは、折角の恩賜も全く意味なきことゝなるへし。此ことは直接予の職務には関係せさるも、万一世子か其処に住居せすと云ふ如きことゝなれは、予か世子を輔導することにも関係することなり。然るに、此ことは理屈の問題に非す、云はゝ感情の問題なり。世子も現在の処より手狭き処には喜んて移転せさるへく、之を強ゆるも面白きことに非す。故に間接には予の職務にも関係することに付、懸念し居るか、此ことに付何か聞きたることありやと云ふ。

徳川、実は昨日頃東久世（秀雄）より大臣（牧野）の話を聞きたり。大臣（牧野）は一万余坪を賜ふことにしたるか余程の奮発なりしとのことにて、此上に坪数を増すことは容易ならさるへし。大臣（牧野）は是まての事情を知り居るへく、之を知りたる上にて決心したりとすれは、之を変更することは困難なることならん。然し、其結果に付ては懸念なり。若し世子か賜邸を使用せさる様のことあらは、恩賜か無意味になるのみならす、之を賜はりたる為、却て悪結果を生することになるへしと云ふ。

予、大臣（牧野）は此事情は知り居らさらん。東久世（秀雄）より少し位は話したることあるやは知らさるも、其他には之を大臣（牧野）に告けたるものはなき筈なりと云ふ。徳川、然るへきかと云ふ。予、次官（関屋貞三郎）か既定の区域に拘はるに及はすとの考を有し居りたることは極めて明瞭なり。君（徳川）も記臆するならん。先日黒田清輝の相続人のことに付協議する為、君（徳川）等と関屋の室に集りたるとき、関屋より予に対し、宋（秉畯）か不平を唱へ居る趣なることを述ふ。次官々舎等を建つる為、折角の賜邸に付面白からさる感情を生しては不都合に付、十分李王家の方の設計を為し、尚ほ残地あらは其時に至り官舎の建築に著手する方宜しかるへき旨を述へ居りたり。

其外関屋は沢田（牛麿）に其ことを明言し、又態々高（義敬）を呼ひ出して其ことを宋（秉畯）に伝へしめ、宋にも直接に之を言明し居れり。今日より考ふれは、予にも少しく取計ひ方ありたりと思ふ。予か宋と共に賜邸地を見に行きたるとき、宋は地所の狭きことに付不平を唱へたれとも、予は、宮殿の壮〔荘〕厳を見されは安んそ夫子の尊を知らんと云ふ様なる時勢に非さることを説き、宋の意見に同意せす。其翌日宋は予の私宅に来り、同しく不平を唱へ、且つ初は伊藤公（博文）の時は世子に賜はることの話になり居りたるか、寺内（正毅）の時に至り李王に賜はることに変更せりとて、此ことに付ても不平を云ふに付、予は、其ことに付ては朝鮮併合前に李王に賜はる理由なく、併合後之を変更したるは怪むに足らさる旨を述へ、宋の説に同意せさりし為、宋は沢田（牛麿）に説き、沢田より厳しく関屋に説き、関屋は直に其意思を発表したるなり。若し予か宋の説に反対せす、予より関屋に取り次くことにしたらは、関屋か沢田に告けたる如き考ならは、予は之を緩和せしむる途もありたらんと思ふ。今より考ふれは、予か宋の説を受け附けさりしことも、結果より云へは宜しからさりし様なり。

関屋か沢田に対し、此ことは京城にて騒かされは変更し難しと云ひたりとのことは余りの非常識なる故、予は今尚ほ之を疑ひ居るか、関屋は余り明瞭に自己の意思を言明し、紀尾井町か悪しけれは常盤松に換へても宜しとて、常盤松の見分を勧むるまてのことを云ひたる末に、急に之を変更するには余程困りたるへく、其の為或は京城にて騒きたらは云々位のことを云ひたることもあらんかと思はると云ふ。

徳川頼倫、関屋貞三郎か寮務取扱方に付徳川を疎外したることに付不平を鳴らす

徳川、其ことは次官として云はれることに非す。又自分（関屋）は坪数を増し度も、省中に反対多く、自分（関屋）は孤立となりて困ると云ふことも次官の口より云はるることには非す。是は他のことにて賜邸のことには関係なきも、先日次官（関屋貞三郎）か山田（益彦）を召ひ、宗秩寮総裁（徳川）は寮議を決して提出したることは強行に其説を主張して困る。依て事務官等は事件を総裁に持ち出す前、先つ自分（関屋）と内議し、其趣意に依り寮議を纏めて事件を提出する様すへき旨を諭したる趣なり。此こと抔は全く自分（徳川）の考と反対なり。自分（徳川）は是まて大臣、次官の意見に強く反対したることなし。成る程寮議を決して提出したる以上は、一と通りの主張はなせとも、省の方針か定まる以上は是非とも自己の主張を固持する様のことは為したることなし。然るに、自分（徳川）を差置き、事務官と内交渉を為す様のことをせられては困ると云ふ。

予の意見

予、夫れは実に不思議なることなり。職員を置きて責任を取らしむる以上は其順序を乱ることを為しては、一部局を統轄する人は責任を取り難し。反対に寮員か総裁に先ちて大臣、次官に交渉する様のことある場合に、之を禁するは当然なれとも、次官（関屋）か総裁を差置き、事務官と内議することを望むとは実に解すへからさることなり。此の如きことを為せは、其の行違を生すること多し。

稔彦王殿下に進言したること

是は他の話なるか、先年稔彦王殿下か時々事務官、御用取扱を経す、直接に属官、侍女に事を命せられたることあり。予は其時に殿下に対し厳しく、殿下よりは事務官、御用取扱に命せられされは不都合を生することあり。殿下の命なることを知らす、属官、侍女の行為に反対する場合に、其事か殿下の命なり

と云ふことになりては事務官、御用取扱は立場なきことゝなる故、殿下は必す事務官、御用取扱に命令せらるる様にせられ度を進言し、殿下も自分（殿下）か悪かりしと云ふて改められたることあり。予は省務に付ても勿論此くあるへきものと思ふと云ふ。

徳川頼倫、予の寮務を取扱ひたるときの振合を問ふ

徳川、君（予）か寮務を取扱ひたるときは、只今話したる様のことはなかりしならんと云ふ。予、只今まて記憶は残り居る程著しきことはなかりし様なりと云ふ。

松平慶民と徳川頼倫との関係

徳川、松平（慶民）も次官の話に付ては大分弱り居る様なり。次官（関屋）か左様に云ふとて総裁を出抜くことも出来す、如何したらは宜しかるへきやと云ひ居るとのことなり。松平は平常自分（徳川）を経す、直接に大臣（牧野伸顕）、次官（関屋）に交渉することあり、其の為尚更困り居るならん。

松平慶民、宮務監督待遇のことに付宮内大臣に説きたること

現に松平（慶民）は大臣（牧野）に対し、宮務監督の職務は皇族の輔導をも為す重要なるものに付、之に相当する待遇を為すことも必要なり。一年一回位は御陪食位は賜はりても然るへきことなるへき旨を申込みたる趣なり。此ことは趣意は好き故、別に反対せされとも、先つ寮の意見を定めて、然る後申出すか順序なりと思ふ。然るに、自分（徳川）には一言もせすして、直に大臣（牧野）に話したるものにて、兎角此の如きことありて困ると云ふ。

別当と宮務監督との制度の得失

徳川又親王と王との別に因り之に附属する職員に別当と宮務監督の別あるは適当ならす。寧ろ之を同様にする方か可ならんと思ひ、先頃来調査中なり。今少し纒まりたらは相談することゝし度と云ふ。

天長節の御祝儀のこと

徳川又明日の天長節には全体御祝儀を申上ける位のことは適当ならさるやと云ふ。予、是は祝日を設けられたる為、其式も止めたるものなるへく、若し御祝儀を申上くることゝなさは、宮内官丈けと云ふ訳にも行かさるへしと云ふ。徳川、夫れは宮内官は特別としても宜しからんと云ふ。

天機奉伺、御機嫌奉伺のこと

徳川又君（予）は陛下、殿下方の御避暑、御避寒のとき、天機、御機嫌奉伺に行くやと云ふ。予、予は総代として奉仕すへきことを命せられたるときの外、奉伺せすと云ふ。徳川、自分（徳川）も其積りに致し居るか、井上（勝之助）はいつも奉伺する様に付、如何すへきものかと思ひたりと云ふ。

九月一日の宮内省

徳川又九月一日の震災記念日には、宮内省にては別段のことなく、宮内大臣（牧野）か訓示を出す様の話なりと云ふ。

木下道雄と予の談話のこと

予、宮内省のことは、何故に此く秘密か漏るるや。先日東宮事務官木下（道雄）と杉（琢磨）と予の処に来り、九月一日に摂政殿下か如何なることをなされたらは宜しかるへきやを謀り、

木下は種々の意見あり。其中には殿下か被服廠跡に行啓遊はさるる様にすること等の意見もありたれとも、予は此のことには反対せり。今日は殿下なるも、今日遊はさるることは、百歳の後陛下と御成り遊はされたる後も先例となることに付、余り一時の人気を取る様のことをなされては宜しからすと思ふ。又東京市長、横浜市長を召されて復興の状況を御下問遊はされたらは宜しからんとの意見なりしか、予は御下問は宜しからん。然し御下問あるならは、被害地は二市に限らさるに付、内務大臣に御下問遊はさるる方か宜しかるへき旨を話し置きたり。其後のことは聞かされとも、新聞に依れは内務大臣に御下問遊はさるることになりたる様なり。

然るに、此の如きことは新聞等に予報しては折角のことも有難からす。何故に其事か新聞に記載せらるるや、実に分らさることなり。成る程、内務大臣か奉答の為、材料を集むる必要はあるならん。然し、何も奉答の為なることを明かにする必要はなき筈なりと云ふ。徳川、東京市は勿論、横浜にしても内務省に市長を召して材料の取調を命しても差支なきことなりと云ふ。

予又木下は、今月三十一日に皇太子殿下か還啓遊はさるるは九月一日の為ならん。然れは、九月一日には何事か殿下か遊はさるる必要あるに非すやと云ひたるも、予、殿下の還啓の理由は知らされとも、本月三十一日に還啓遊はさる所にては、多分九月一日は東京に御在市遊はされんとの御思召ならん。其ことは其の通りとしても、予は御還啓遊はさるる故、必す何事かなされねはならぬとは思はす。殿下は翁島には避暑の為御滞在遊はされ居りたるなり。国務御執行の為には非す。故に多数の人か昨年の震災を追懐するとき、殿下のみ避暑し居るには忍ひすとの御思召にて還啓遊はさるるものと拝察する丈のことにて、還啓と何事か遊はさるることは離るへからさる関係あるものとは思はすと云ひ置きたりと云ふ。徳川、東宮行啓のとき、侍従長と侍従武官長とは交代供奉するか、大夫のみは交代せさるは特別の理由あるへきかと云ふ。予、其理由は知らす。然し、大夫は常侍の必要あるならんと云ふ。

徳川頼倫の東宮職の人に関する意見

徳川又木下（道雄）は平素知り居らるるやと云ふ。予、否。此節始めて逢ひたる人なりと云ふ。徳川、木下の職務は非常に大切なり。全体東宮職にも今少し侃々諤々の人を置かるる必要ある様に思ふと云ふ。予、夫れは難きことなり。今日は山岡鉄舟〔旧幕臣、元侍従・宮内少輔、子爵、故人〕の如き人は望み難きも、責めて少しは意見ある人は好ましきものなれとも、第一大臣（牧野）か左様なる人は好まさる様なり。

静岡県御料地払下のことに付予か関屋貞三郎、大谷正男と談したること

話か違ふか、先日一寸話したる静岡県御料払下のことは、其後関屋か予の同意を求むる為話に来りたれとも、予は到底之に同意〔す〕ることを得さる旨を述へ、次て又大谷正男か予に交渉する為来りたるか、予は之に同意せさるのみならす、参事官としては法規を守ることを望む、政略政策は他に之を謀る人ありとまて云ひ置きたり。大谷は、珍らしく渡部（信）か御料地払下に反対にて、渡部と土岐（政夫）と反対意見を附けんとしたるに、大谷か無理に之を圧迫して反対意見を附けしめさりし事実あり。故〔に〕、予は右の如く云ひ置きたり。関屋か話に来りたるとき、参事官の意見も一致せりと云ふに付、予は然らさることを告け、関屋か更に土岐を呼ひて意見を聞き、更に参事官の再調査を為す為、書類を参事官に戻したる趣なりと云ふ。

徳川頼倫、賜邸のことに付牧野伸顕に談すへしと云ふ

徳川、参事官の意見は個々に分かれたるときは其儘大臣に申出すか当然なり。紀尾井町賜邸のこと、大臣（牧野）か帰京したらは、他にも話すことあるに付、少しく話し見ることにすへしと云ふ。話すること十四、五分間許にして審査局に返る。

伊藤博邦来り、翁島警衛不便のことを談す

○午前十一時後伊藤博邦来り、先日御機嫌奉伺を兼、翁島には自動車を出し居るに付、其状況視察に行きたり。翁島は非常に好処にて、皇太子殿下の御気に入るには相違なし。全く世間離れの処にて、うるさきこともなく、涼しくもあり、至極宜しきも、第一御警衛の手の掛かることは非常なり。全体の坪数は記臆せされとも、何万坪と云ふ。広く周囲を警察官吏にて密に取り巻き居り、其の為福島県下の巡査は他の地方には勤務する訳に行かす、警察の手薄に乗し、強盗抔か多き様に県下の新聞に出たりとのことなり。又供奉員も翁島にては何一つ買ふことも出来す、総ての供給は若松まて行かさるへからす。高松宮の別邸には馬場もあり、ゴルフ場もあり、殿下には御不自由なきも、県の為には今後年々御避暑遊はさるる様のこととなりたらは、之を喜はさる様のことゝなるならん。

翁島別邸の由来

該別邸は初県より有栖川宮に地所を献する旨を申出て、自分（伊藤）か別当を勤め居りたるとき、威仁親王殿下より献納を受くへきや否御相談あり。自分（伊藤）か献納にては他日之を処分することも不便なるに付、兎も角買上のことに為し置く方宜しかるへき旨申上け、坪一銭とか五厘とか極め〔て〕賤しき価にて買ひ上けられたる所なりとの談を為せり。話すること二、三分間。

主馬寮明日は自動車を貸す

○午前十一時後西野英男より、明日皇太子殿下奉迎の為の自動車は主馬寮にて引受け、殿下の上野御著は午後三時四十分なるに付、二時三十分に自動車を貴邸に廻はすへしとのことなり。

九月一日午前は自動車を貸し難し

九月一日の三宮一年祭のときは、午前中は如何にしても自動車の繰合は附か〔す〕、午後丈けは都合出来る趣なりと云ふ。予、然らは東久邇宮邸に電話し、同邸よりも主馬寮の自動車を借り居るや否を問ひ見呉よと云ふ。

自動車のことに付東久邇宮邸に交渉す

二十分間許の後西野より、東久邇宮にては自動車はあれとも之を運転する人か当日は祭事に付、他の用多く、車を運転せしむること出来さる故、宮邸の自動車を供し難し。宮邸よりは主馬寮の自動車を借ることは相談し居らす。是より実は相談し見んかと思ひ居る所なりとのことなりしに付、主馬寮に交渉し、宮邸の自動車を運転せしむる為、運転手を借ることは出来さるやと云ひたるに、主馬寮にては伝染病患者出来し、其の為運転手五人か欠勤することゝなり居るに付、自動車の都合附難き訳なり。主馬寮にも自動車はありとのことなりと云ふ。

九月一日に閑院宮、山階宮に行くことを止む

予、然らは閑院宮、山階宮の祭儀には参拝せさること〔に〕すへし。明後日（九月一日）午前八時二十分に馬車を予の家に廻はす様、主馬寮に交渉し呉よ。而して同日午後は自動車出来るとのことならは、予は東久邇宮邸に行き、馬車は直に返すこととすへく、東久邇宮より何時より豊島岡に行くやを問ひ、其時刻に自動車を宮邸に廻はす様、主馬寮に交渉し呉よと云ふ。

九月一日午前は馬車に乗り、午後は自動車に乗ること

西野之を諾し、少時の後馬車は明後日午前八時に貴宅に廻はし、自動車は同日午後一時五十分頃宮邸に廻はすことに交渉し置けり。宮邸の人は午後二時少し前より豊島岡に行く趣なりと云ふ。

閑院宮、山階宮への供物のこと

○午前九時頃西野英男より、一昨日話されたる閑院宮、山階宮への供物は昨日宗秩寮の佐々木（栄作）より是まての通り次官（関屋貞三郎）と共同にて供ふることに取計ふへしと云ひたる旨を報す。

宮内省事務取扱に関する予の意見

○午前十一時頃徳川（頼倫）と談したるとき、徳川か東宮職に気骨ある人を入るる必要ある旨を説くに付、予は、平常の宮内省のことは新しき人か世間の人気取を心掛けて処置すれは、一度は世間にて喜ふも、二度目には当り前と為す様になり、更に新なることを為さささるへからす。然るに此方には貯へか少き故、忽ち種切となるを免れす。故に新なる思想を以て古る〔き〕事を為さゝるへからすと思ひ、此ことは是まても人に話したることありと云ふ。

天機奉伺等の総代の報告なし

徳川実に其通りなりと云ふ。徳川又天機奉伺等の時に職員総代として行く人ある趣なるも、事前には勿論、事後にも誰か行きたりとの報告もなき故、全く分らすとの話を為せり。

侍医寮に行き、検尿す

○午後西野英男及給仕にも、予は私用にて今暫く帰らさるに付、直に退省すへき旨を告け、一時より侍医寮に行き、大波良卿を訪ふ。大波は尚ほ本丸の診療所に在りとのことに付、寮の診療所にて之を待ち居り。寮員大波に電話して、直に来るや否を問ひたる処、直に帰るか、途中か十五分間許は掛る。其間待たるるや、又は大波か来りたる上、更に電話すへきやと云ふ。予此処にて待つへしと云〔ふ〕。寮員其旨を大波に報す。大波、予の尿を取り置くへき旨を寮員に告く。寮員乃ち予に其旨を告け、硝子の受尿器を交す。予乃ち尿す。一時四十分頃に至り、大波始めて来る。先つ尿性を検し、中性なりと云〔ふ〕。次に蛋白、糖分の有無を検す。二者ともになし。次に比重を検す。〇、二一なりと云ふ。予、千分の二十と孰れか重きやと云ふ。大波、千分の二十一と云ふことになるか、千分と云ふは正確ならす。

結局水よりも、二〔十〕一重きことゝなる。普通か十六より二十位のものなりと云ふ。

大波良卿の検尿の結果

次に円柱の有無を検す。第一板にて硝子状の円柱一を発見し、次に上板の縁にて顆粒状円柱一を発見し、第二板硝子状円柱一を発見し、第三板、第四板、第五板等にては之を発見せす。大波は顆粒状円柱ありとすれは、是丈け検査したるに、一個のみと云ふ訳なし。是にては顆粒状円柱と断定するは不安心なり。更に九月三日に再検することゝすへし。其時は朝の尿を取り呉よと云ふ。予、放尿後一時間位ならは検尿に差支なきやと云ふ。大波、尿か澄み居る故、一時間位ならは差支なしと云ふ。予、三日朝第一回の尿と第二回の尿を持ち来ることにすへしと云ふ。時に午後三時二十分頃なり。乃ち審査局に返る。西野及給仕二人尚ほ在り。

馬車を待せたること

西野、先刻来馬車の御者度々未た帰らさるやを問ひたるか、貴官の御出先分らす、今暫く待ち居るへき旨を告け置きたり。御者は三十分間以上の猶予あるときは、一応主馬寮に返るへき規則なりと云ひ居りたる故、一寸時刻の晩れたることに付挨拶し置き呉よと云ふ。予之を諾す。予は一時三十分に馬車を玄関に廻はすへきことを命し置たるなり。

金井四郎より電話

○午後四時頃金井四郎より電話にて、松平慶民より談を聞きたりやと云ふ。予、之を聞かす。何事なりやと云ふ。

九月一日一年祭のときの皇族代拝を辞すること

金井、先刻松平より総裁（徳川頼倫）の承諾の上なりとて電話を掛け、九月一日の一週年祭のとき、閑院宮にては皇族よりの代拝は一名に限り、其他の代拝は之を辞退せらるることゝなれり。就ては東久邇宮、山階宮にても皇族の自拝は各皇族御随意とし、御代拝は一名とし、其他は之を辞せらるる方、閑院宮との権衡も宜しからんと思ふ旨を通知し来れり。東久邇宮にては山階宮と打合せ居り、香川（景〔之、山階宮附事務官、秀五郎を改名〕）より未た返答せさりしに付、松平への返答は延はし置けり。山階宮にては大妃は御代拝を辞されさる様の意向なるやに思はる。東久邇宮にては御代拝のことには初より重きを置き居らす。山階宮にては之を辞せられさることゝなりても、此方は松平電話の通り之を辞せらるることゝして宜しからんと思ふか如何と云ふ。予、之を辞せられて宜しからん。但妃殿下の御考は如何と云ふ。金井、未た伺はさるも、御異議はなからんと思ふと云ふ。予、然らは山階宮の決定如何に拘はらす、之を辞することゝして宜しからんと云ふ。

九月一日に花を賜はること及其の方法

○午前徳川頼倫と談するとき、徳川は九月一日に被服廠の祭に花を賜はる趣なるか、夫れは如何あるへきやと云ふ。予、花を賜はることは差支なからん。然し使を遣はして賜はることは宜しからさらんと云ひ置たる旨を談す。

八月三一日

○八月三十一日日曜。半晴。

尿量

○昨日午前五時頃より今日午前五時頃までの尿量、千八十瓦。是を八月三十日の尿量とす。

日記を記す

○午前、昨日徳川頼倫と談したること以下の日記を記す。

高羲敬電話し、世子、同妃か今日帰京せられたることを報す

○午後零時十分頃高羲敬より電話にて、世子、妃殿下は本月二十七日に大磯より帰京せらるる筈なりしも、世子殿下か二十九日に演習地より大磯に帰られ、二十九日及三十日は大磯に滞在、今日只今両殿下とも機嫌克帰京せられ、避暑の効能ありたる様なり。梨本宮各殿下も一緒に帰京せられたり。

被服廠跡の祭に花を贈ること

九月一日には被服廠の祭に皇室及各皇族より花を賜はることとなり、世子邸よりも同様賜はることゝ為し居れり。

増上寺の朝鮮人追悼会に香料を贈ること及其方法

然るに増上寺にて、昨年震災のとき横死したる朝鮮人の為、今日追悼会を催ふすに付、昨日増上寺より世子殿下の御参列を願ひたるも、邸の職員より御参列は出来難き旨を断りたるに、然らは御名代にて香料ても賜はり度と云ひたる由。追悼会の会長は李允用なるか、李允用は上京し居らす、他の朝鮮人は上京し居るとのことなり。如何すへきやと云ふ。予、香料は之を賜はる方宜しからん。御名代には及はさらんと云ふ。高、属官ても遣はし、之に香料を持たせ遣はしたらは宜しからんかと云ふ。予、夫れにて宜しからん。高、職員か自ら行きても、夫れは個人として行くならは差支なからんと云ふ。予、夫れは勿論差支なしと云ふ。

皇太子殿下、同妃殿下の日光より還啓せらるるを奉迎す

○午後二時三十分宮内省より自動車を遣はす。乃ち直に上野停車場に行き、皇太子殿下、同妃殿下の日光より還啓したまふを奉迎す。

入沢達吉に予か侍医寮にて尿を検したることを話す

休所にて入沢達吉に遇ふ。予、昨日大波（良卿）に嘱して尿を検したることを話す。入沢、何か病兆ありやと云ふ。予、先頃来尿量少なかりし為、検尿したりと云ふ。入沢、検尿の結果は如何なりしやと云ふ。予、硝子状の円柱はありとのことなりしか、一回の検尿にては断定し難きに付、更に検尿すへしとのことなりしなりと云ふ。入沢、硝子状の円柱あるならは、何か刺激はあるものならんと云ふ。

宇佐美勝夫震災美績を贈りたることの挨拶を為す

又宇佐美勝夫に遇ふ。予、宇佐美か（大正震災美績）を贈りたることに付挨拶す。

浜口雄幸、河合操の氏名を告く

又浜口雄幸に遇ふ。予、先日皇太子殿下の日光への行啓を奉迎する為、此停車場に来りたるとき、君（浜口）か陸軍将官を指し、其氏名を問ひたるも、其時は明了せさりしか、彼は参謀総長の河合操なりしなりと云ふ。浜口、然るか。自分（浜口）は参謀総長を知らすと云ふ。

菊池慎之助嗜眠病に罹りたる誤伝

又菊池慎之助〔陸軍大将、軍事参議官兼東京警備司令官〕に遇ふ。菊池朝鮮より東京に転任したる挨拶を為す。予、君（菊池）は馬関にて嗜眠病に罹りたる様に新聞に書き居りたるか如何と云ふ。菊池、新聞記者か多人数面会を求めたるも、面会せさりし為、復讐の為彼の如きことを書きたるものならん。然し、其前二夜眠らさりし故、馬関にては眠きことは実際眠かりしなりと云ふ。予、然らは確かに嗜眠病なりしに相違なしと云ふて笑ひたり。

上野停車場にて逢ひたる人々

其他、加藤高明、東郷平八郎、浜尾新、上原勇作〔元帥陸軍大将、議定官、子爵〕、高橋是清、犬養毅、若槻礼次郎、岡田良平、仙石貢〔鉄道大臣、衆議院議員・憲政会〕、宇垣一成、大庭二郎、徳川頼倫等に遇ふ。三時四十分殿下の車達す。之を奉迎し、直に帰途に就きたるも、自動車輻湊して時を費し、四時十分家に達したり。

大正一三年九月

九月一日

○九月一日月曜。半晴。

東久邇宮邸に行く

○午前八時二十分宮内省より馬車を遣はす。乃ち直に東久邇宮邸に行く。九時前妃殿下及竹田宮妃殿下に謁す。

河村善益の病状

休所にて古川義天に河村善益の病状を問ふ。古川、近日は少しく折合ひ居るも、病床は癌と決定し、二木謙〔原文空白、三〕は例の小食主義にて厳に食料を減し、家人等は余り小食なる為、衰弱するならんと云ひ居るとのことなるか、近日は幾分か料を増したる様に聞けりと云ふ。

師正王の一年祭

九時より師正王の一年祭を始む。守正王、竹田宮、北白川宮妃、王世子、同妃各殿下参列せられ、喪主彰常王、稔彦王妃、盛厚王各殿下席に就かれ、親族仙石政敬、久邇宮附事務官野村礼譲、邦彦王殿下の名代として著席し、其他牧野伸顕、宮内省勅任官総代和田国次郎、同奏任官総代某、井上勝之助、徳川頼倫、徳川達孝、林博太郎〔東京帝国大学文学部教授、貴族院議員・研究会、伯爵〕、長崎省吾、小原駩吉及予、御用取扱代理〔原文空白〕等著席し、祭事例の如く九時四十分頃式を終はる。

広岡某　午前十一時五十八分の黙禱

祭場に列せさる者、有馬純文、吉村鉄之助、広岡某〔助五郎、鵠沼の酒問屋、実業家〕、其他二十人許拝礼せり。十一時後金井（四郎）、有馬、広岡及梨本宮附、朝香宮附、竹田宮附事務官等と共に午喫し、十一時五十五分頃より師正王の霊前に行き、妃殿下以下邸に在る人全部、十一時五十八分より二分間許黙禱し、然る後各休所に入る。

牧野伸顕、予の病状を問ふ

祭事を始むる前、牧野伸顕、予か病候を問ふ。予、別に異状なし。只今尿の検査中なる旨を告く。

小原駩吉北海道御料地のことに付話すへきことありと云ふ

小原（駩吉）、北海道御料林のことに付話すへきことあり。近日中宮内省に行くへし。先日より一、二回審査局に行きたるも、いつも退省後なりしと云ふ。午後一時後田村捨吉、予か乗るへき自動車は宮邸にて準備したる旨を談す。予、今朝は宮内省にて自動車なかりしも、午後は当宮邸に自動車を廻はす筈になり居れりと云ふ。田村、宮内省に自動車なき様に聞き居れりと云ふ。

宮内省より予に自動車を貸すや否のこと

予、田村をして西野英男に電話し、自動車の有無を問はしむ。西野、一昨日長官（予）に告け置たる通り、今日午後一時五十分頃に自動車を宮邸に廻はすことになり居れりと云ふ。既にして自動車来る。乃ち有馬純文と共に之に乗り、豊島岡に行き、三時前より師正王墓所に行く。

西園寺八郎、小原駩吉と遇ふ

途西園寺（八郎）、小原駩吉に遇ふ。三時四十分頃祭事終る。

佐紀子女王の墓に遥拝す　野村礼譲と同乗す

帰途金井四郎、野村礼譲等と共に山階宮佐紀子女王の墓に遥拝し、休所前より野村礼譲と共に自動車に乗り、家に帰る。

朝融王婚約解除のこと

車中にて予、野村に朝融王の婚約解除問題の経過を問ふ。野村、全体は昨日までに何とか様子分る様の話ありたるも、尚ほ分らす、困りたることなりと云ふ。予、全体先方（酒井家）の方より断はることゝするは無理なり。此方より断はりて、先方（酒井家）に之に応諾する位のことゝせされは、解決出来難きならんと云ふ。

国分三亥赤倉に行きたること

野村、国分三亥は昨日より邦彦王殿下方の御避暑先新潟県赤倉に行きたりと云ふ。四時後門前にて車を下り、自動車は野村を送りて久邇宮邸に行く。

邦英王の発熱のこと

○午前東久邇宮邸にて野村礼譲より、邦英王殿下東山温泉にて発熱せられ、解熱の上赤倉に過きりて帰京せらるる予定の処、又々三十九度許の熱を発し、熱ある儘汽車にて直に東京に帰られ、昨日は三十八度余の熱あり。今日も尚ほ平温に復せす、病症尚ほ不明なりとのことなり〔と〕云ふ。

金井四郎より今夜東久邇宮邸に来ることを勧む　予之を辞す

○午後金井四郎より今夜東久邇宮邸にて相会し、昨年の震災に関する談を為すことゝなり居るに付、暇あらは来れと云ふ。予、午後豊島岡にて金井に、今夜は宮邸に行かさる旨を告く。

晩餐に供する魚なし

○午後四時後、予家に帰りたるとき、内子より今日は婢鶴の誤にて晩餐に供する魚を購はさりし旨を報す。

師正王の移霊式のこと

○午後豊島岡にて金井四郎より、明日は師正王の移霊祭あるに付、午前九時頃宮邸に来るへき旨を告く。

尿量詳ならす

昨日より今晩までの尿量千二百瓦許（詳ならす）。

九月二日

○九月二日水曜。晴。

尿量

○昨日午前五時頃より今日午前五時頃までの尿量八百七十五瓦。是を九月一日の尿量とす。

内子、其兄直人を訪ふ

○午前七時三十分頃より内子、其兄直人を代々木に訪ふ。

東久邇宮邸に行く　師正王移霊式

○午前八時三十分より馬車に乗り、東久邇宮邸に行き、九時より師正王の移霊祭に列す。十時前祭事終る。

妃殿下より白羽二重及酒肴料を贈らる

次て妃殿下に謁す。殿下、予に白羽二重一疋、酒肴料二十五円を贈り、師正王薨去に関し、力を尽くしたる労を慰めらる。予、祭事滞なく済みたることに付言上し、贈を奉謝す。十時頃より直に宮内省に出勤す。

高義敬来り、山下亀三郎に対する謝礼のことを謀る

○午前十一時頃高義敬来り、世子、同妃か山下亀三郎の別邸を借り、避暑せられたるに付、山下に対する謝物のことを謀る。高、時価三百余円許の銀製花盛器あり。之を贈り、其外に織物二反許を添へ、山下の使用人にて殿下の使役に供したる者には二十五円以下の手当を遣はしたらは如何と云ふ。高、参考として先年東久邇宮殿下か山下の別荘を借用せられたるとき〔の〕謝物の振合書を示す。第一回は大正八年頃にて其時は山下は特に浴場等を作り、一万円許を費やしたる趣なるか、其時の礼は五百円余の花瓶と百五十円余の時計鎖（婦人用）及酒肴料若干なり。第二回は大正九年にて、二百円許の宝石箱一個と七十五円の袴地一反なり。第三回は大正十年にて、四百余円の花瓶と及何品、其他に使用人に対する心附あり。予、世子邸よりの礼は高の見込位にて相当ならんと云ふ。

宋秉畯の近状を知らす

予又宋秉畯の近状は知らさるやと云ふ。高、之を知らす、最早京城に帰りたるならんと云ふ。

李鍵公子帰京　李堈公京城を発す

高又李鍵公子は既に帰京せり。李堈公は明夜京城を発して帰京せらるる趣なり。此節は仁木義家も上京するならんと云ふ。

浅沼禎一の妻の不平

予、浅沼（禎一）の妻か堀江寡婦に対し、自分（浅沼の妻）は初十五円の月給にて、数年を経て漸く二十円許となりたるか、堀江は初めより三十円以上なり。世話人にて異なりと云ひたる由。結局浅沼の妻は復た堈公邸に帰ることを望み居るに相違なしと云ふ。高、夫れは公邸に居らされは、生計困難なる為、其望を起したるものなりと云ふ。

〔欄外に付記〕

東京市にて賜邸の一部を使用すること

高羲敬より李王職会計課長末松〔原文空白、熊彦〕の書状を示し、東京市より紀尾井賜邸の一分を道路敷となすことを承認することの催促を為し来りたるも、其使用する場所も坪数も分らさる故、之を取調へ且つ高の意見を通知すへき旨を申来り居るものなり。予、場所、坪数か決せされは意見を言ひ難し。兎も角東京市に交渉して、直接李王職に通知せしむることゝ為したらは宜かるへき旨を談す。

大波良卿検尿の日時を変更す

○午前十時後給仕来り、先刻侍医寮より電話にて、大波（良卿）より本月三日尿を持ち来らるることを約し置たるも、大波の当直日変更せられたるに付、翌四日に之を持ち来られ度旨を貴官（予）に伝へよとのことなりし旨を告く。

大波良卿来り、更に検尿日時を変更す

予と高と談し居りたるとき、午前十一時後、大波（良卿）来り、先刻電話にて自分（大波）の当直日変更のことを通知し置たる処、其後復た変更し、四日夜に当直することになりたる故、翌五日朝に尿を持ち来らるることゝし度と云ふ。予之を諾し、其来告を謝す。

入江貫一に平田東助の近状を問ふ

○午後零時四十分頃食堂より審査局に返るとき、入江（貫一）の室に過り、平田東助の近状を問ふ。入江、余り宜しからす。先頃より、前に自動車より墜ちて傷つきたる部分に痛を起し、膿を出し、発熱あり。若干日を経て漸く解熱し、褥を出つることを得るならんと思はれたる頃、又々発熱し、医師は発熱の原因は先度と異なり、傷所よりのことに非すと云ひ、其原因詳ならす。其内に解熱はしたるか、尚ほ臥褥し居り、其為食量も少く、衰弱し居れり。本人は此の如きことにては曠職の罪あるに付、辞職を望み、西園寺（公望）に面会することを望み居るも、自ら往訪することを得さるは勿論、西園寺に来訪を求むることも出来す、自分（入江）に往訪して其旨を伝へよと云ひ居るも、自分（入江）か往きても弁することに非す。左様なることを云ふても、致方なきに非すやと云ひ居れりと云ふ。予、病人として其懸念を起すは無理もなきことなれとも、辞職したりとて御聴許ある訳に非す、其儘より外致方なしと云ふ。

入江貫一に紀尾井町賜邸の事を談す

予又、予は紀尾井町賜邸のことに付非常に懸念し居るも、別に工夫もなく困り居るか、君（入江）は其事の事情を知り居るやと云ふ。入江、宋（秉畯）か不健康地と云ひたる様のことは聞きたれとも、其他には聞かすと云ふ。予、此ことに関し宋か不平を唱へたるより以後の事情及牧野伸顕か既定の地域を変更すへからす、次官官舎抔は予定の通り速に建築すへき趣なりと云ひたること、予か懸念の次第等を述ふ。入江、君（予）より事情丈けは大臣（牧野）に話すか宜しくはなきやと云ふ。

予、予の職務に非す。殊に予か宋の為に代弁するものとの疑を受けては出来ることも出来さる様になる故、差控へ居り。事務を管掌し居る徳川総裁（頼倫）に事情を話し置けりと云ふ。入江、徳川より大臣（牧野）に話したるへきやと云ふ。予、徳川は大臣（牧野）には話さす、東久世（秀雄）に話し、其結果東久世か職員官舎丈は地域外に作るへき計画を立たるも、大臣（牧野）か承知せさりしとのことなり。前週の土曜日（八月三十日）予より再度徳川に話し、徳川の考を促し、徳川は大臣（牧野）か日光より帰りたらは、其他にも用事あるに付、賜邸のことは主用とはせす、少しく話し見るへしと云ひ居りたるか、今日まては未た話さゝるならん。若しどーしても解決せさるならは、予は職務外のことなるも、自ら大臣（牧野）に話す積りなり。大臣（牧野）は皇族との権衡論を為す趣なるも、此ことは全く特別なり。末事に拘はりて、恩賜の根本に違ふ様になりては済まさることなり。予の考にては、全部の地を賜邸と為し、次官々舎は他の地に建つるか可なりと思ふと云ふ。

入江、其方か可ならん。元雅楽部の跡地は之を売却せんと思ひ居る所なるか、次官々舎は該所にても作る方か宜しからん。然れは売却も考へものなり。自分（入江）も別に工夫もなきか、何か用事あるならは手伝ひすへし。次官は（軽はづみ）のことを云ひたるものなり。

入江貫一静岡県御料地払下のことを問ふ

静岡県御料払下のことは又取調中と云ふに非すやと云ふ。予、関屋と大谷か予の処に話しに来りたること、予か之に答へたる趣意、次官（関屋）か参事官の意見一致し居らさることを知りたること、更に再調を命したる趣なること等を話す。入江、彼の件は余り深入りしたる為、始末悪し。彼の件限りにて他に伝播せさる様にし度と云ふ。予、夫れは駄目なり。現に林野局のものは、他より出願あれは其方にも払下けさるへからすと云ひ居れり。大谷は之を弁明する為、静岡の方は不要存地なり。其他の処より払下を願ひても、不要存地に非すと云へは之を拒むことを得と云ひ居れとも、左様なることにては人を承知せしむることは出来す。不要存地と云ひなから、其処分はなさす、而して人に対し不要存地と云ひて、全く理由なきことなりと云ふ。

入江、不要存地処分令に依り処分しては非常に不便なりと云ふに非すやと云ふ。予も初は貸附け居る地所もある様に聞き居りたれとも、此節は貸付地丈は之を除きたる趣に付、左程不便なることはなからん。予も貸附地を除きたることは先日大谷より始めて之を聞きたりと云ふ。入江、其ことは自分（入江）も之を知らさりしと云ふ。二時頃に至りて審査局に返る。

渡部信審査局に来る　予在らす

西野英男来り、先刻渡部（信）来り、一寸面会し度に付、長官（予）か局に返られたらは通知し呉よと云ふ。通知して宜しきやと云ふ。予宜しき旨を告く。

渡部信皇族歳費令案委員総会のことを謀る

渡部来り、伊東総裁（巳代治）より帝室制度審議会、御歴代史実考査委員会の委員に、特別委員会の審査未済のものは其審査を速かにし、審査既済のものは速に総会を開くことを望む旨の通知を発すへきことを命せられ、省外の委員には夫の通知を発したり。省内の貴官（予）と関屋委員丈には自分（渡部）より通知することを総裁（伊東）に約し置たるに付、此旨を通知すと云ふ。予、承知せり。皇族歳費令案に付ては何時に総会を開かれても差支なしと云ふ。渡部、尚総裁の都合を問合せたる上、日時を定むへしと云ふ。

渡部信、予の病状を問ふ

渡部又予の病状を問ふ。予未た決定せさる旨を答ふ。

渡部信、予か法規を維持することを望む

渡部、宮内省にては常に法規を無視する弊あり。貴官の力に依りて僅に之を維持し居れり。若し貴官か省を去らるる様のことともあれは、全く法規を蹂躪せらるる様のことになるへし。十分摂養を望む。参事官抔か法律論を為しても邪魔にせらるる丈けのことなり。貴官（予）か云はるれは重きを為し、法規も維持せらるることか出来ると云ふ。

会計審査局を邪魔視すること

予、法律論は兎角嫌はるるものなり。会計審査抔も一部よりは邪魔に考られ、審査局廃止の意見あることも聞き居れり。成る程審査局ある為、面倒なることあるに相違なし。然れとも、是か面倒と云ふならは、会計法規を廃するか尤も簡便なり。

予か大谷正男に参事官の職務を説きたること

予は先日大谷（正男）に対し、政略とか政策とか云ふことは他に考ふる人あり。参事官としては一意法規を守ることに勉むることを望むと云ひ置きたりと云ふ。渡部、全く其通りなり。自分（渡部）等も常に其通りに考へ居れりと云ふ。

予又参事官は各部局の如く寮又は局の意見を一定すへき性質のものに非す。故に参事官各自の意見を大臣の参考に供すれは夫れにて宜し。各参事官の意見か一致すれは、固より宜しけれとも、人心面の如し。一方か純理と思ふことにても、他は反対の考を有することあり。故に意見か一致せさるときは其儘にて大臣の参考に供すれは夫れにて宜し。参事官室の意見なるものあるへきものに非すと云ふ。渡部、全く其通りなり。自分（渡部）等も平素其通りに考へ居れりと云ふ。

山田益彦、古川義天の伝言を伝ふ　河村善益の病状

○午後三時後山田益彦来り、只今古川義天より電話にて、昨日竹田宮邸の某か河村善益の病気見舞に行きたる処、先日来食量減し、衰弱甚しく、寝室より四つ這にて漸く椽側に出て、暫時外を眺むる位の有様なり。近日は果物抔の食量か少し増したる為、少しは元気か出てたる様なり。此ことは君（予）のみに通知し呉よ。他には之を秘密にすることを請ふと云ひ、古川の口気にては、河村の家族も尚ほ病症か癌なることは知らさる様に思はると云ふ。予、昨日古川の話にては、河村の家族は癌なることは知り居る様なりしと云ふ。山田、然らは古川か尚ほ秘し居るものならんと云ふ。

○今日は午後四時より退省す。

東久邇宮邸より鏡餅及菓子を贈る

○午後三時後東久邇宮邸より使をして鏡餅一重、羊羹一本、金玉糖一本、打物九個を贈らしむ。皆師正王の霊に供へたるものなり。

新門鑑のこと

○午後西野英男来りて、車夫用の御門鑑二個を致す。今回皇宮警察部にて御門鑑を改正したる為、新門鑑を渡し、旧門鑑を回収するなり。

宇佐美富五郎来る　餅及菓子を与ふ

○午後四時頃宇佐美富五郎来り、昨年震災の時世話になりたることを謝す。之に東久邇宮邸より送り来りたる鏡餅の過半及羊羹、金玉糖の半分、打物三個を与ふ。

鏡餅代を償ふ

○午後三時後、先日閑院宮及山階宮に贈りたる鏡餅代二十五円を西野英男に交す。西野、佐々木栄作の受領証を致す。

九月三日

○九月三日水曜。曇。

尿量

○昨日午前五時頃より今日午前五時頃までの尿量千百四十瓦。是を九月二日の尿量とす。

○午前八時三十分より出勤す。

皇族歳費の沿革に関する記録を借る

○午前九時頃宗秩寮に行き、酒巻（芳男）より皇族歳費の沿革に関する記録を借り、自ら之を謄写す。正に四葉を写したるとき（午前十時後なりしならん）、牧野（伸顕）、予を召ふ。乃ち往く。

牧野伸顕仮設問題として、宮号ある皇族降下することを得るや否、降下したる場合に子をして宮号を襲かしむることを得るや否、弟をして之を襲かしむることを得るや否を問ふ

牧野、是は仮設の問題なるか、皇族の当主か臣籍に降下すること出来るやと云ふ。予、王ならは出来る。親王ならは出来すと云ふ。牧野、先年定められたる臣籍降下に関する準則には世数を限り、其世数を経たる後に非されは降下することを得さる様になり居るに非すやと云ふ。予、彼の準則は皇族より降下を情願せさる場合に勅旨を以て降下せしめらるるときの内規なり。王ならは如何なる人にても、降下の情願を為すことを得るは、明治四十年勅定の皇室典範増補第一条に定めたる所なりと云ふ。牧野、然らは当主か臣籍に降下して、其子に宮号を襲かしむることを得るやと云ふ。予、夫れは出来難しと云ひ、牧野の机上に皇室典範あるや否を捜かす。牧野、自ら起ちて書棚の中より之を出し、之を予に交す。予、乃ち皇室典範増補第三条の規定（皇族か臣籍に入れは其妻及直系卑属は其家に入る）を牧野に示し、其子は父と共に臣籍に降下するものに付、宮号を襲くことを得すと云ふ。

牧野、之を諒解せり。然らは其弟をして宮号を襲かしむることを得さるやと云ふ。予、宮号継承のことに関しては規定の拠るへきものなきも、之を継承するは父子の間に止まるは皇室典範施行後の慣例にて、皇族の養子を為すことを禁せられたる趣旨より之を見るも、亦此くあるへきものと思ふと云ふ。

牧野、皇族か臣籍に降下せらるることは華族の存廃問題にも影響することとなるを以て、宮号ある王の降下等は慎重に研究すへきものと思ふと云ふ。予、王よりの情願ありたる場合に於て、勅許せらるると否とは固より御思召に依ることとなるか、皇室典範増補の趣旨より云へは、情願をなさる丈のことは何時にても出来る訳なり。又兄弟の間にて宮号の継承を為すことを得るものとすれは、博忠王薨去のときも、其弟たる博信、博英〔伏見宮博英王、伏見宮博恭王四男〕二王あるに付、此の二殿下の中にて華頂宮の宮号を襲くことを得るものとの論決ても為すことを得るに至るならんと云ふ。牧野、よく分りたり。簡単にて宜しき故、其趣旨を記述し、華頂宮のことも一寸記入し置き呉よと云ふ。予、今日の入用なりやと云ふ。牧野、今日に限ることなしと云ふ。

武者小路公共より稔彦王殿下の近状を聞きたること

予、是は他のことなるか、先日武者小路（公共）より稔彦王殿下に関する談を聞きたるか、武者小路は頻りに殿下を称揚し居り、殿下も皇室に対することは熱心に考へ、羅馬尼行の時には使命を全くする為余程奮発せられ、立派に任務を果されたる趣なり。

稔彦王殿下に対する両陛下よりの恩賜のこと

此際両陛下より御慰労の思召を以て花瓶卓被を賜はりたることは、殿下も定めて感激せらるることならん。単に卓被と云ふのみにては、其品質も分らさる故、詳細に言上することに話し置けり。予も先日稔彦王妃殿下の前にて賜品を拝見したるか、殊に卓被は綴織にて、妃殿下も美事なるものと云ひ居られたり。王殿下の考も漸次よき方に向ひはせさるかと思ふと云ふ。

牧野、自分（牧野）も左様に思ひ居れり。武者小路は真に殿下に感服したる様なり。自分（牧野）等も外国に居りたるとき、皇族方御出のとき、万事都合よく行くか否、非常に懸念し、滞りなく済みたるときは大に安心して嬉しく思ひたることあり。武者小路も真実殿下に感心したるものならんと云ふ。予、武者小路は殿下に随行し、帰途羅馬尼の国境を出たるとき、殿下より使命の成績を問はれたるに付、喜んで百点以上を差上くると云ひ居りたりと云ふ。牧野、武者小路は自分（牧野）にも其談を為せりと云ふ。談すること十分間許にて去る。

西野英男に皇族歳費の沿革に関する記録の謄写を嘱す

審査局に返りたる後、西野英男を召ひ、予は自ら皇族歳費の沿革調書を写し居りたるも、他に用務出来たるに付、予か既に写したる以下の分を写し呉よと云ふ。時に十一時頃なりしならん。西野乃ち予の室に来りて之を写し、午後三時三十分頃に至りて之を写し終る。

皇族の降下に関する意見書の記述を終はる

予は牧野より嘱せられたる皇族の臣籍に降下する場合に関することを記述し、是亦三時三十分頃に至り脱稿す。三時四十五分頃宗秩寮に行き、酒巻（芳男）に今朝借りたる皇族歳費に関する記録を返し、且つ予の記述したる皇族降下に関する意見書を示さんとす。此問題は宗秩寮の所管事務にして、今日は徳川（頼倫）は出勤せさる為、酒巻に示さんと欲したるなり。

酒巻芳男在らす　皇族の歳費の沿革に関する記録を西野英男に托す

然るに酒巻は既に退省したりとのことに付、空しく審査局に返り、宗秩寮の記録は西野英男に托して之を保管せしむ。

皇太子殿下御婚儀御饗宴の時のボンボニーのこと

○午後零時後食堂にて杉琢磨に、皇太子殿下御婚儀御饗宴の時のボンボニーを不参者に賜はることは詮議せられさることゝなりたりやと云ふ。杉、然らす。現品少しく不足するに付、只今製作中なり。出来の上、一斉に賜はることゝなるへしと云ふ。予、賜はることになり居れはいつまても待ち居るへしと云ふ。

御物整理の状況

側に工藤（壮平）か居りたる故、御物整理の状況を問ふ。工藤、未た終はらす。委員中学校の教員多く、学校の課業既に始まりたるに付、一週一回位会合することを相談し居るも、夫すら容易に纏まらす、困り居れり。近日中書籍の調査に著手することになり居るか、此方には珍らしきものある様なり。朝鮮在勤中支那の書籍の珍らしきもの沢山ありたるも、之を購求することを得さりしか、惜しきものなりとの談を為せり。

○午後四時より退省す。

世子邸より梨実を贈る

○午後王世子邸より梨実四十七個（一箱）を贈り来る。

内子不快

○内子、少しく不快を感すと云ふ。

九月四日

○九月四日木曜。半晴。

尿量

○昨日午前五時頃より今日午前五時頃までの尿量千六百五五瓦。是を九月三日の尿量とす。

○午前八時三十分より出勤す。

梨実を審査局員に頒つ

○昨日世子邸より送り来りたる梨実三十五個を会計審査局員に頒つ。

皇族降下の場合に関する意見書を酒巻芳男に示す

○午前九時頃酒巻芳男を宗秩寮に訪ひ、皇族歳費に関する記録を返し、且つ皇族の降下に関する予の意見を示し、酒巻の意見を問ふ。別に意見なし。

金井四郎来り、三島別邸を借りたることに関する謝礼を謀る

○午前十時頃金井四郎来り、妃殿下か世子の三島別邸に滞在せられたるに付、礼物を贈らるる必要あり。何か宜しかるへきやと云ふ。予、三島別邸は世子は之を使用せさるものなるに付、高価なる物を贈らるるには及はさるならん。世子妃に反物ても贈られては如何と云ふ。金井、反物ならは洋服地なるへきも、夫れも面白からす。漆器と思へとも、夫れは上等の品ならは高価なりと云ふ。予、然らは宝石を納るる小箱にでもしては如何。是も精巧なるものならは、決して廉くはなからんと云ふ。金井、一応取調へ見るへし。箱にするならは裏菊の紋を附け置けは、世子妃の用にも立つか如何と云ふ。予、夫れは紋を附けても宜しからんと云ふ。

東久邇宮御用取扱採用のこと

金井又御用取扱のことに付ては、王殿下より妃殿下宛の書状に、誰〔て〕も宜しと云ふならは古谷を使用して宜しからんと申越されたる趣にて、妃殿下より自分（金井）に其旨を申聞けられたり。今一応表向に王殿下に問ひて決することにすへきやと云ふ。予、更に伺ひて又面倒なることになりては宜しからす。夫れより妃殿下に伺ひて、妃殿下の御迷惑となる様のことなきならは、妃殿下の御申聞に依り宮内省に採用方を申出て、既に任命せられたりと云ふ事後報告を為す方宜しからんと云ふ。

三宮の葬儀に関する謝礼のこと

金井又明日は閑院宮邸に会合し、葬儀に関係したる人に対する謝礼のことを協議することゝなり居れりと云ふ。予、三宮邸の協議を要するは勿論なれとも、内匠寮職員其他の人に対する謝礼は余り少くすることは宜しからす。幸に此節は他の二宮にては単に一個の墓の工事を為したるのみなるも、東久邇宮にては墓地の外構も作りたることなるを以て、他の二宮の振合と同一にせさるも差支なき訳なり。

梨本宮と大磯の警察署長

是は他には云ひ難きことなるも、梨本宮の節約振抔は大分有名なることにて、先日世子と同日に大磯より帰京せられたるか、世子邸ては警察署長〔高橋栄吉〕其他関係人に対〔し〕一と通り手当を為したるも、梨本宮にては警察署長には一年二期三十疋宛とかの手当を為しあるを以て、此節は別に手当を為さすとのことなりし由なるか、出発の時は世子と同時刻なるに、署長は世子の方に来り、梨本宮には代理者を遣はし、署長は高羲敬に対し、梨本宮にては一度も事務官随行せす、属官のみ来るか、彼の如きことにては宜しからすと云ふて非難したる由なり。高も梨本宮の節約に付ては時に話すことあり。高か同宮の内情を知るは余儀なきも、余り有名になりては困りたることなりと云ふ。

竹田宮と東久邇宮

金井、閑院宮は勿論、竹田宮抔も節約甚しき方にて、昨年竹田宮妃か軽井沢に行かれたるとき、属官に対し、此宿は泰宮（東久邇宮妃）の来りたる所にて、泰宮は派手なる方に付、万事其積りにて取計ふへき旨注意せられたりと属官より自分（金井）に話たる故、自分（金井）は右の如き風に東久邇宮のことを考へられては困ると云ひたることあり。内向きのことは節約しても、他に対しては体面を損せさる位にはせされは困ると云ふ。

九条道実、東久邇宮の霊殿の状を問ふ

予金井に、九条道実より東久邇宮邸の霊殿の模様を問ひ、移霊式の時の奉仕者は三人位なりと云ひ居りたることを談す。

〔欄外に付記〕

車夫用旧御門鑑を返す

九月四日頃先年受取り居りたる車夫用御門鑑二枚を西野英男に交し、之を皇宮警察部に返さしむ。主人用新御門鑑は未た之を渡さす。故に先年受取りたる御門鑑を返さす。

世子の近状　李鍝公の上京

○午前十一時頃高羲敬来り、世子は軍隊の勤務多用なり。李鍝公は今日正午過頃著京せられ、仁木義家か随行し来る由なり。

高羲敬、李鍝公を迎へす

自分（高）は今日は徳川（頼倫）より宗秩寮にて会食するこ

とを勧められ、之を承諾し置たる故、停車場に迎ひに行くことは出来す。仁木か来りたらは、浅沼（禎一）のことも何とか取計ふことならんと云ふ。

金井四郎か世子邸に対する謝礼を謀りたること

予、是は君（高）に云ふへきことには非されとも、先刻金井（四郎）か来り、妃殿下（稔彦王妃）か三島別邸を借られたるに付、世子邸に如何なる謝を為したらは宜しからんかと云ふて予に相談し、予は三島別邸は世子邸にて使用せられさるものなる故、仰山なる物を贈らるるには及はさらんと云ひ置きたりと云ふ。高、夫れは勿論謝物を贈らるるには及はす。世子邸にて山下亀三郎の別邸を借りたるとは事柄か違ふと云ふ。予、然し全く礼を為さゝる訳には行かさるへしと云ふ。高、夫れは然るならん。先年朝香宮にて使用せられたることあり、其時は七宝の小さき香炉を贈られ、邦久侯か（降下前）一年間許別邸に滞留せられたることあり、其時は〔原文空白〕を贈られたり（物は之を忘れたり）。世子邸にて不用の別邸を貸して謝物を受くるは面白からす。

山下亀三郎の別邸の目的

山下に自分（高）より大磯の別邸は自ら使用したることありやと云ひたるに、山下は一度も使用したることなし。彼の別邸は自己の用に供する為に作りたるものに非すと云ひ居りたり。

山下亀三郎の別邸を借ることを好ます

山下抔は初より之を利用する目的にて作りたるものなる故、之を借ることは面白からされとも、是非大磯に行くと云はるるに付、已むを得す之を借りたるか、全体は宜しからすと云ふ。予は初より山下の別邸を借ることは不同意なりしも、東久邇宮にも適当の処なき為、余儀なく之に同意せり。然し村木（雅美）に事務を引継くときは、不同意なることを云ひ継き置けりと云ふ。

山下亀三郎、世子邸員に金を贈る

高、山下は此節世子邸の次の者にとて、酢食代三十円を贈りたり。是は不都合なることにて、宮家当りの振合を学ひたるものなり。之を返す訳にも行かさる故、自分（高）は之に与からす、自分（高）以外にて分けたらは宜しからんと云ひ置きたりとの談を為せり。

土岐政夫不要存地処分令の改正案に付内話す

○午前十一時後土岐（政夫）来り、林野局にて不要存地処分令を改正することになり、其案を持ち来り。是まて二日間参事官室にて協議したるか、参事官は大体反対の点多く、少しも纏まりたることなく、是まては稲垣潤太郎のみか説明に来り居りたるも、稲垣のみにては局の意見と認められさる故、高橋某（其三）課長も同伴する様に話し置けりと云ふ。土岐は不要存地も必要あるときは競売せす（縁故払下の場合に非さるも）、特売を為すことを得る途を開くことは実際必要ならんと協議し居れりと云ふ。

予、夫れは理由なきことなりと云ひ置きたり（買受人に縁故あるか又は公益等の関係あるならは特売の理由あれとも、宮内省としては不要存地の地所にて、買受人には何等の縁故もなき場合なれは、之を公売して代価の低廉を避くるを当然とす）。

徳川頼倫に皇族降下の場合に関する意見書を示す

○午後三時後徳川頼倫を其事務室に訪ひ、予か草したる皇族の臣籍に降下したる場合、其弟をして宮号を襲かしむることを得るや否に関する意見書を徳川に示す。徳川は今朝は出勤し居らさりしを以て午後に之を示したるなり。

意見書を草したる事由

予か此意見書を草したる事情を述へ、大臣（牧野伸顕）は仮設の問題と云ひたれとも、自然は山階宮のことには非さるやと思ふと云ふ。

香川景〔之〕、宮内省に来りたること

徳川、一昨日大臣（牧野）か山階宮に行きたるとき、武彦王殿下より降下のことを話されたるならんと思はる。香川景〔之〕（秀五郎の改名）か昨日宮内省に来り、其前日殿下より話されたるとき、漏したることを補足する為来りたることを談したる趣なり。

山階宮々務監督のこと

徳川は又大臣（牧野）か山階宮に行きたるとき、武彦王殿下より宮務監督の後任は工藤一記を望む旨を述へられ、大臣（牧野）は大臣（牧野）としては同意し難き旨を答へ置きたりとのことなり。宮務監督の候補者としては海軍将官の大石某〔正吉、予備役海軍少将、元大湊要港部司令官〕、松村某〔龍雄、予備役海軍中将、元旅順要港部司令官〕二人あり。松村は大石に若かすと云ふ人あるかと思へは、反対〔に〕松村の方は大石より余程上等なりと云ふ人もあり、尚ほ取調中なり（大石、松村の氏は双方とも、予之を確記せす）。

武彦王殿下自ら事を処理せらるること

武彦王殿下か工藤を望まるるは、殿下自ら万事を処理せんと欲し、工藤の如きものを選はれたるものならん。殿下か臣籍に降下することを望まるる趣意は明瞭ならさるか、多分皇族としての羈束を脱することを望まるるならん。稔彦王殿下の希望とは大分差異ある様なり。市来政方は宮務監督と為りたるより年数も少かりしに付、武彦王殿下か万事打明けて御相談なかりしも已むを得さることとなるか、多年奉仕する香川（景〔之〕）にも格別打ち明けたる談はなされさる趣なりと云ふ。

皇太子殿下翁〔島〕御避暑の影響

予、皇太子殿下の翁島御避暑に付、全県の警察か専ら御警衛に当り、他の地方には警察手薄と為り、盗難等多かりしことを談し、全体皇太子殿下を始め、皇族方か必す御避暑、御避寒なさることは止められ度ことなる旨を談す。

宮内大臣等、徳川頼倫を疎外す

徳川、宮務監督の人選ても何ても、近頃は大臣、次官自ら之を為し、宗秩寮は決定後に話を聞く様の有様なりと云ふて不平を鳴らし居りたり。

○夜雨。

枢密院より門鑑を致す

○午後枢密院より宮内省門鑑主人用一枚、車夫用二枚を致す。

皇族降下の場合に関する意見書の浄写を嘱す

○午前九時頃西野英男に皇族の降下に関することに関する意見書の浄書を嘱す。

〔欄外に付記〕

関屋貞三郎と陵墓令案のこと、鈴木喜三郎を委員となすことを談す

○午後零時後食堂にて関屋貞三郎に、伊東（巳代治）より陵墓令案の起草を急きたる由なるか、案か出来るも実行は困難なるへし。予の担当し居る皇族歳費令案も同様なりと云ふ。関屋、然り。伊東より更に鈴木喜三郎を委員に加ゆることを求め居り、渡部信より経費不足なることを述へたるに、伊東は栗原の手当を減しても宜しと云ひたりとのことなり。鈴木を入るることとなるへしと云ふ。

鉄道省より無賃乗車券を廃することを通知す

○鉄道省より今後無賃乗車券を出さゝる旨を報す。

松下丈吉の詩に次韻す

○松下丈吉の詩に次韻す。（去年今日遇天瞋、突忽降災警慕民、其奈滔々無所省、軽浮心性未帰淳）。無所省を競裳廉と改め、心性を習俗と改む。改作は九月六日頃。

九月五日

○九月五日金曜。雨。

尿を検す及其の結果

○午前八時三十分より出勤し、直に午前八時に放ちたる尿凡三百瓦を持ち、侍医寮に行き、大波良卿に交す。大波、直に検査に著手し、先尿性を検す。酸性なりと云ふ。次て蛋白の有無を検す。僅微の蛋白あり、約八万分の一位ならんと云ふ。又次て比重を検す。比重は前回より軽く、十七なりと云ふ。又次て円柱の有無を検す。試験板五、六枚を検す。硝子様の円柱は三、四個認め、顆粒状の円柱に疑はしきもの二個ありたれとも、中一個は円柱の形を備へす、他の一個も愈々顆粒状と決することを得す。今日のものよりも八月三十日検尿したるとき発見したるもの丶方、顆粒状円柱に近し。要するに、僅微なから蛋白あり。而して硝子様円柱あることは確かなるに付、幾分の病的なることは認むることを得れとも、果して顆粒状円柱なるやは未た之を決定することを得す。硝子様円柱も極めて少きに付、懸念する必要なし。酒も少量なれは、之を止むる程の必要なし。今後十日に一回位検尿し、変化の有無を検する方宜しからん。但自分（大波）は日光に行くに付、日光より帰りたる後のことにすへしと云ふ。予か侍医寮に行きたるは午前九時五十分頃にて、審査局に返りたるは十時四十分頃なり。

徳川頼倫皇族降下の場合に関する意見書を返す

○午前十一時四十分頃徳川頼倫来り、昨日予か渡し置たる皇族降下のことに関する意見書を返す。予意見なきやを問ふ。徳川なしと云ふ。

皇族のことに関する談

徳川、宮号継承に関する規定なきに付、面倒なる旨を述ふ。予、皇室典範の規定は実際の取扱と異り居るに付、面倒なり。実際に於ては確かに家を認め居るに付、法規に於ても家を認むることゝなれは一致することになれとも、是は六ヶしきことなり。若し皇族に家なしと云ふ主義を貫くならは、皇族は総て皇室に引受けらるへきものにて、特に歳費抔を給せらるる必要なし。然るに、皇室典範を起草したりと云ふ伊東伯爵（巳代治）か歳費令を作ることを催促し居る様のことなり。尤も典範の中に皇族に歳費を給する旨は規定しありと云ふ。徳川、制度審議会にて歳費令のことは如何なり居るやと云ふ。

皇族歳費令案の成行

予之を起草し、既に特別委員会の議を経、是より総会を開く順序なるか、起草したる予にも之を実行することを得るや否に付ては自信なしと云ふて、草案を示す。徳川、一、二条を見たるのみにて之を観す、東久邇宮の経済状態は如何と云ふ。

東久邇宮邸の経済状態

予、格別困難なることなし。然し、妃殿下に対する御内儀よりの特別賜金二万六千円は表会計に混して使用し、漸く不足なき位なりと云ふ。徳川頼倫、東久邇宮は御用邸の居住なる故、余程楽なるへし。歳費令案に第一世親王の歳費十万円とあるは殿邸の保存費も見込みたるものなりやと云ふ。

皇族邸の維持費

予、然らす。東久邇宮のことゝすれは、先年建築費として五十万円を賜はり居り、只今利殖中なるか、予の考にては、其金の中より保存費を引別ち置く位にせされは、維持出来さるへしと思ふと云ふ。

朝融王の婚約解除問題

徳川、久邇宮の問題（朝融王婚約解除問題）も急に運はすして困る。然し、稍々端緒に就きたる様なりと云ふ。予、予は固より伝聞に過きされとも、彼の件は酒井家の娘の嫁入先を内定したる後に解約することに取計ふ積りの様に聞きたるか、果して然るや。徳川、然らす。右の如き意見もなきに非さりしも、自分（徳川）は初より絶対に反対し居り、右様のことにはなり居らすと云ふ。予、然るか。然らは君（徳川）か其考に非すとすれは、先方より嫁入先二ヶ所位に交渉したる様に聞き居るか、夫れは何人の為したることなるへきや。交渉を受けたる所にては、解約せんとする事情の探索も為したる様に聞きたりと云ふ。徳川、一ヶ所抔は実に驚きたり。余り事情に疎きことなりと云ふ。予、一ヶ所は予も実に驚きたり。堀田の方にては種々穿鑿して見合はすことゝなしたる様に聞き居れりと云ふ。徳川、夫れより今少し近き所に交渉したりとのことなり。山階宮のことなりと云ふ。予、其方は全く驚きたり。其他の方にしても解約の出来さる前に他に内約するは名義もなきことにて、余程無理なる訳なりと云ふ。徳川、一方か解決しても、第二段に至り新聞抔にては必す喧しく云ふならんと云ふ。予、全体は一方か解決したらは当分第二の方に著手せす、世人か忘れたる頃に至り、著手せうるる方か宜しけれとも、左様なる訳にも行かさるへしと云ふ。徳川、其方か宜しけれとも、中々左様なる訳には行かさるへしと云ふ。

秩父宮殿下結婚問題

予、夫れとは別のことなるか、秩父宮のことは如何なり居るやと云ふ。徳川、知らすと云ふ。予、然るか。酒巻（芳男）は其ことの用にて警視庁に行くと云ひ居りたる故、勿論宗秩寮の用にて行くことゝ思ひ居りたるか、然るに非さるやと云ふ。徳川、自分（徳川）よりも一人は申出し、其方のことは大臣（牧野）より自分（徳川）に話しあり居れとも、其他のことは松平（慶民）と酒巻（芳男）とか直接に大臣（牧野）等より聞きて調査し居る模様なり。自分（徳川）は矢張り皇族の方か宜しからんとの考にて、閑院宮の華子女王のことを持ち出したり。此方は容姿も宜しく、智徳ともに備はり居る様なり。大臣（牧野）も至極宜しからんとて調査すへきことを命したり。三条家の方は調査も困難ならされとも、宮家の方の調査は困難なり。又伏見宮の二女王〔敦子女王、知子女王〕のことも申出しある由なるか、此方は二人と云ふことか六ヶしかるへしと思ふ。又徳川の方のことも分り居るに付、六ヶしき訳なり。先日賀陽宮大妃に京都辺にて双生子のことに関する感想如何を問ひ見たるに、十七、八歳頃まては他より注意するも、其以上になれは格別噂せすと云はれ居りたりと云ふ。

華族会館と三年町御料地払下のこと

徳川又三年町御料地を華族会館にて払下けんとし居ることに付、聞き居るやと云ふ。予、先日一寸東久世秀雄より聞きたり。会館の方にては低価にして且年賦にすることを望み居るも、自分（徳川）は低価は宜しからすと思ひ居ると云ふ。予、低価は宜しからす。且年賦は事例はあれとも、現行の法規には之を認め居らすと云ふ。

学習院復興と華族の協力

徳川、関屋（貞三郎）は華族仲間より学習院の復興に関し、金を出すよりも建物ても提供したらは宜しからんと云ひ居るか、夫れは悪しきことには非さるも、教育上其他に付余程考慮を要することゝ思ふ。華族会館の敷地は会館にては高く売却することを望み居る様なるか、幾許位に売却出来〔く〕へきやと云ふ。

華族会館の売却代価

予、千円くらいには売却せられさるやと云ふ。徳川、所詮千円には売れす。自分（徳川）は六、七百円には売り度と思ひ居れり。自分の旧邸も中々売れす、只今は百二十円位と云ひ居れりと云ふ。予、余り廉過きるならんと云ふ。徳川、之を分割して売ることゝ為し居れりと云ふ。予、会館の坪数を問ふ。徳川、八百坪位ならんと云ふ（八百坪は記憶確かならす）。予又徳川の旧邸の坪数を問ふ。徳川、図書館等除き、四千坪位ならんと云ふ。時既に十二時を報す。徳川乃ち去る。

林野局の追加予算

○午後一時後内蔵寮事務官〔原文空白〕、林野局の追加予算に関する経済会議の書類を持ち来り、捺印を求む。予、林野局にて霞ヶ関の事務所に暖房機を設くる追加予算なるか、仮事務所に暖房機を設くる利害分り難き旨を談す。

尿量

○昨日午前五時頃より今日午前五時頃までの尿量千八百七十五瓦。是を九月四日の尿量とす。

酒巻芳男雇員採用を請ふ　之を拒む

○午後二時頃酒巻芳男来り、宗秩寮にて臨時事務に従事したる雇員四人あり。今月限にて事務終了するに付、四人の中一人を審査局に採用し呉よと云ふ。予、西野英男を召し、局の事情を問ふ。西野必要なき旨を答ふ。乃ち之を拒む。

内子感冒

○内子感冒の気味にて臥褥す。体温は三十六度九分許なり。

九条道実より売払ひたる木刀の箱書きのこと

○午後零時後食堂にて九条道実より、自分（九条）の家に蔵したる木刀を先年売払ひたる処、其買主より箱の裏に自分（九条）の家に蔵し居りたる物なることを書き呉よと云ふか、如何に書きたらは宜しかるへきかと云ふ。予、仮名文なりや、漢文なりやと云ふ。九条、仮名文の方可ならんと云ふ。予、（此木刀は曾て予家に蔵せし所なり。嘱に応して之を証す）と書し、後に氏名を書する位にて宜しからんと云ふ。九条之を謝す。九条の談に、其木刀は破笠〔小川破笠、江戸時代中期の俳人、漆芸家〕と云ふ人の作にて、頼山陽〔江戸時代後期の歴史家、詩人〕か所持し、或る人より九条に贈りたるものなりとのことなり。

大正一三年日記第九冊

〔表紙に付記〕

日記　九

大正十三年九月六日より同年十月十三日まで（十三日分は未完）

内子眩暈十月三日五十四葉表

賢所内て拝観することを得たる事由、之を拝観したるは十月七日六十葉裏

皇室の藩屏の語の用例十月六日五十八葉表以下

幣原喜重郎の対支方針十月八日六十二葉裏

顆粒状円柱ありたるは十月十一日七十葉表

九月六日

○大正十三年九月六日土曜。曇微雨。

尿量

○昨日午前五時頃より今日午前五時頃までの尿量千百八十瓦。是を九月五日の尿量とす。

内子臥褥

○内子臥褥す。風邪未た全く癒へさるなり。

○午前八時三十分より出勤す。

御門鑑を返す

○午前九時頃西野英男に、本月二日西野より予に致したる車夫用御門鑑二枚及先年（大正五年頃なりしならん）宮内省より予に交したる主人用御門鑑一枚を交し、之を皇宮警察部に返さしむ。本月四日枢密院事務所より車夫用御門鑑二枚、主人用御門鑑一枚を送り来りたるを以てなり。

皇族歳費令案の説明材料を調査す

○午前九時後より予か立案したる皇族歳費令案に依り、内親王

か妃となりたる場合、一世内親王より四世内親王まて一世親王の妃より王の妃となりたるまての歳費額を調査し、不権衡のことなきや否を検す。

酒巻芳男万朝報の記事を見たるやを問ふ

未た終はらさるとき（午前十時頃なりしならん）、酒巻芳男来り、今日の万朝報（新聞）を見たりやと云ふ。予、見すと云ふ。酒巻去りて、之を取り来らんとす。

松平慶民、稔彦王殿下に関することを謀る　摂政殿下より稔彦王殿下に書を贈らるることの相談

未た来らさるとき、松平慶民来り、先日武者小路公共より稔彦王殿下の話を聞きたるに付、自分（松平）は此機会に摂政殿下より稔彦王殿下に親書を贈り、武者小路より羅馬尼行の談を聞き、殿下の行動の立派なりしとのことにて喜へり。今後、外国の事に関しては殿下を相談相手とし度故、白耳義〔ベルギー〕、伊太利〔イタリア〕等の事情も視察することを望むとの趣意を述へ、此節まては帰朝のことに付ては一言も言及せす、其ことは他日に譲ることゝしたらは宜しからんと思ふ。先日一応大臣（牧野伸顕）に話したる処、牧野も夫れは宜しからん。珍田（捨巳）の意見も問ひ見るへしと云ひたり。貴見（予の意見）如何と云ふ。

予、先日一寸大臣（牧野）より其ことを聞き、予も至極宜しからんと云ひ置きたり。但し、東宮とか摂政とかの御資格にて書状を贈りたまひ、稔彦王殿下か万一之を重視せられさる様のことては宜しからさる故、稔彦王殿下の友人たる一個の裕仁親王として書状を御贈り遊はさるる方か宜しからん。而して是は少しく出来難きことなるやも計り難けれとも、出来ることならは書状に書くへき事柄丈けを他より申し上け、文は殿下御自身に御作り遊はさるることを願ふことか出来くれは、尤も宜しからんと思ふ。若し御自作を願ふこと出来さるならは、成るへく文字の整はさる様の書状となし、御自作と見ゆる様に致し度ものなりと云ふ。松平、一書きにして事柄を申上けたらは、殿下御自身に御作り遊はさるることも出来るならん。是事柄は自分（松平）か取調へ、更に君（予）に示すへしと云ふ。

酒巻芳男、朝融王の婚約解除に関する新聞切抜を示す

松平か予と談し居るとき、酒巻は新聞切抜を持ち来り、徳川頼倫も亦次て来たり。予、切抜を見たるに、兼て久邇宮の朝融王と酒井忠正（伯爵）の妻の妹菊子と婚約ありたるか、此度突然宮家より婚約解除のことを酒井家に申込まれ、是まて類例もなきことにて、宮内省にては、大臣（牧野）、次官（関屋貞三郎）、徳川及予等大狼狽を為し居る旨を記し居れり（今日の万朝報）。

徳川頼倫、朝融王の婚約解除のことに付来談す

予、徳川も此ことの相談に来りたりと思ひたるより、此処にて談すより予か君（徳川）の室に行かんと云ひたるに、徳川は自分（徳川）の室にては却て目立つ故、此処の方か宜しと云ふ。酒巻、松平は直に去る。徳川、朝融王のことか新聞に出てることは予て懸念し居りたり。婚約か愈々解除せらるれは、必す新聞に書くに相違なからんと思ひ居りたるも、解決前に新聞に出てたることは甚た困る。此記事を取消すことは出来さるか、此後に掲載せさる様手廻はしするか否か問題なりと云ふ。

予、新聞に出たることはいつれにしても解決を困難ならしむへし。全体予は君（徳川）も菊子の嫁入先を予定することを解約の条件とする意見なる様に思ひ居り、其ことの無理なることは昨日話したる通りなるか、其時の談にては、君（徳川）も其ことは反対なりとのことにて、君（徳川）か反対なることは昨日始めて知りたり。君（徳川）か初めより其意見ならは、何故に今日まて解決出来さりしや。余り遅くなり居るに非すや。其の為終に新聞に出つる様のことになりたりと思ふと云ふ。徳川、酒井（忠正）か同家の相談人の意見を纏むる為に隙取り居るとのことなり。相談人に二様の意見あり。古市公威抔は此問題は強ひて遂行することの出来るものに非すとの意見にて、古市は二度計り自分（徳川）の家に来り、其趣意を述へ居りたり。酒井（忠正）の談にては相談人の武井（守正）か老人にて気か短くして困ると云ひ居り。酒井（忠正）も養子なる故、取別け苦心し居り。其事情は自分（徳川）も同様にて（徳川も養子）、十分に察し居れりと云ふ。

予、此問題は事実か宮の方より解約を望まるる訳に付、宮の方より解約を申込まれ、酒井の方にては異議なく之を承諾することにて、内議をなすか相当に非さるや。然るに宮の方よりは何とも云はれす、酒井家の方より辞退せしむる様の交渉になり居る様に聞き居るか、夫れは余程無理なることには非さるや。元来宮の方より婚約を望まれ、酒井家は之に応したるものなり。而して今更之を辞退するには何か理由なかるへからさるか、其理由はある訳なし。故に宮の方より都合に因り婚約を解き度旨を申込み、酒井家にては異議なく之を承諾することゝならは、双方とも格別対面を損せすして済むには非すや。酒井家の相談人か折合はすとの話あるか、相談人は予の経験にても一と通り人に対して説明することの出来る様の筋を立て置かされは、旧藩士より相談人か詰責せらるることある為ならんと云ふ。徳川、宮の方より表立て解約を申込まるることも出来難し。然し事実は宮の方より申込まるるに相違なきに付、其ことは内端には十分酒井の方に通知し置く積りにて、其ことは自分（徳川）か仲に入ることを頼みたる水野（直）より酒井の方に通し呉れ居ることゝ信し居りたるに、是迠に至り其趣意か酒井の方に通し居らさることを聞き、甚た遺憾に思ひ居れりと云ふ。

予、酒井の方にて山階宮に内交渉したるは余りに迂闊なることなり。堀田（佐倉の旧藩主）も内交渉したる処、堀田にては菊子は年も若く初婚なるに、堀田の方は子供もある処に来ると云ふは何か弱点あるには非すやとの疑を起し、種々問ひ合せたる様に聞き居れり。堀田にて疑を起すも無理もなきことなりと云ふ。

徳川頼倫新聞切抜を挿む板を残す

徳川、兎も角一応次官（関屋貞三郎）に話し置くへし。新聞切抜を挿む板を持ち行けは目立つに付、此板は此処に残し、新聞の切抜丈け持ち行く故、板は此処に置き呉よと云ふて去る。

新聞切抜を挿む板を酒巻芳男に返す

徳川か去りたるは最早十二時に近き頃なり。予は皇族歳費令案の説明材料の調査を終らんと欲し、之を調査し居る中十二時と為り、徳川は未た帰来せさるに付、西野英男をして新聞切抜を挿む板を酒巻芳男に届け、徳川（頼倫）に板を酒巻に届け置たることを告くることを嘱して退省す。廊下にて西野に遇ふ。西野、酒巻は席に在らさりしに付、属官に其旨を告け、板は酒巻の机上に置き来りたりと云ふ。

遠雷

○午後三時後遠雷あり。雨ふる。

書を鈞、隆、強五郎及知人に贈る

○午後書を鈞、隆、強五郎に贈り、又松岡均平〔貴族院議員・公正会、男爵〕、関和知に答書を贈り、土屋十三〔不詳〕に葉書を贈る。

伊夫伎準一学習院に行くこと

○午前十一時五十分頃伊夫伎準一、明後日より学習院の実況審査に行くへき旨を告く。

予、勝田圭通を評す

予、勝田圭通か会計事務に適せさるへき旨を談す。

九月七日

○九月七日日曜。晴冷。

尿量

○昨日午前五時頃より今日午前五時頃までの尿量二千瓦。是を九月六日の尿量とす。

○午前午後、先考の詩再拾遺を書す。晩間之を卒る。

坂田稔の家に行き、血圧及尿のことを談す

○午前九時前坂田稔に電話し、診を求めんと欲する旨を告く。坂田、他の患者来り居るに付、急を要せされは、一時間許の後に来り呉よと云ふ。九時五十分頃より坂田の家に行き、宮内省にて血圧を検し、尿を検したる状を告く。坂田、脈を検したる後、脈管硬化も脈を診したるのみにて、感する程には著しからす。円柱も多分余程前より出て居るものにて、病的と云ふ程のことには非さるならん。先日自分（坂田）か検尿したるときも、顆粒円柱様のものあるを見たれとも、一個の外之を発見せす。顆粒円柱と断定することを得す。僅微の蛋白は食物に因りて出つることあり。是も何万分〔の〕一と云ふ様なることにては病的と云ふ程に非す。血圧検査は検査する人の手の感覚に因り、六、七位の差あるは免れす。七十以上の年齢なれは、百五十位は普通なるか、百六十以上は幾分多き方には相違なしと云ふ。

李鍝公及仁木義家に物を贈る

○午前十時頃李鍝公、使をして松子の菓子及明大魚の子の乾したるもの六個を贈らしめ、仁木義家亦金剛山に縁ある菓子一箱を贈らしむ。

内子風邪癒ゆ

○内子風邪癒ゆ。夜浴す。

九月八日

○九月八日月曜。晴。

尿量

○昨日午前五時頃より今日午前五時頃までの尿量千八百七十五瓦。是を九月七日の尿量とす。

内子脳の工合悪し

○内子脳の工合悪し。昨夜浴したる為か。体温も一、二分高き様なり。

自ら一ツ木郵便局に行きて郵便為替を作る

○午前七時五十五分頃より一ツ木郵便局に行き、郵便為替を作り、直に書留郵便として之を隆に送る。強五郎の二児、安、久共に病に罹りたるに付、一昨六日書を強五郎に贈り、養生費として予より五百円を贈り、其中三百円は今日隆に送るへき旨申遣はし置きたり。今日は内子か郵便局に行く積りなりしも、脳の工合悪しき為、予自ら行きたるなり。

南弘より電話し、往訪せんと欲する旨を告く　明日午前七時来訪のことを約す

○午前八時十五分頃、南弘より電話にて往訪せんと欲する旨を告く。予、宮内省に出勤するに付、同省に来りたらは面会すへき旨を告けしむ。南、宮内省には行き難し。明朝往訪すへきか、何時頃ならは宜しきやと云ふ。予、午前八時後にては家に在らさる旨を告けしむ。南、然らは午前七時頃に往訪すへしと云ふ。予承知の旨を答へしむ。南又午前七時か迷惑ならは、今晩にて〔も〕明晩にても、都合の宜しきときに往訪すへしと云ふ。予、午前七時にて差支なし。来訪を待つへき旨を告けしむ。南、明日午前七時に往訪すへしと云ふ。

○午前八時三十分頃より出勤す。

金井四郎、師正王の葬儀に関する謝礼の協議出来たることを報す

○午前十時頃金井四郎来り、師正王葬儀に関し、各処に謝礼を贈ることに付閑院宮、山階宮職員と協議し、三宮協同にて金及品物代を贈ることに決し、東久邇宮単独にて金を贈るは墓石の字を書きたる木村宗吉外一人丈けになりたること、

三島別邸借用の謝礼のこと

世子邸より三島の別荘を借りたることの謝礼は妃殿下の考にて、世子に贈る物を考へよとのことなりしも、適当のものなき故、此節は世子妃に旅行用化装〔ママ〕具（代三百四十円）のものを贈ることに決し、今日之を届くる積りなり。

井原豊作より金井四郎に贈りたる書状

是は自分（金井）一己に関することなるか、通信社の井原豊作〔千代田通信社社長、歌人〕は、自分（金井）は懇意なるものに非さるか、此の如き書状を贈り来れり。自分（金井）は是より省中の人に対する宮邸よりの礼物を届け来るに付、井原の書状を見置き呉よと云ふて去る。

松平慶民来り、皇太子殿下より稔彦王殿下に贈らるる書状の内容案を示す

予か金井と談し居るとき、松平慶民来り、皇太子殿下より稔彦王殿下に贈りたまふ私書に書くへき事項書の案を持ち来り、之を見呉よと云ふて去る。金井か去りたる後、予之を観る。第一は天皇陛下の御病進ませられす、皇后陛下始め皇族も無事に付、安心せられよとのこと。第二は殿下の羅馬尼行に随行した

る武者小路公共の報告を聞きたり。殿下の体度の立派なりしこと、殊に語学の堪能なりしことに付、感服したること。第三は今後殿下の助を請ふこと多かるへく、殊に外国の事情に付ては特に助を得度に付、機会を見て英国、白耳義等の君主国の振合を視察せられ度こと。第四は外国事情の研究は朝香宮にも依頼し置きたるも、語学の点に於て殿下は特に便宜多かるへきに付、特に殿下に依頼すること。第五は殿下か特に心配し、努力せられたる北白川宮妃は幸に健康宜しく、歩行も上手になられたるに付、安心せられ度こと。第六は今年は巴里にてオリンピツク競技を催ふされ、定めて愉快に見物せられたるならん。日本人も国際競技に加はる様になりたるは愉快なること。第七は震災一週年には其時のことを思ひ出し、殿下にも同情申上けたることとなり。

高羲敬来り、世子、同妃日光行のこと、仁木義家上京のことを談す

予之を一覧したるとき、高羲敬来り、世子、同妃は今朝より日光に行き、天機幷に御機嫌を奉伺せらるる筈なり。李鍝公は上京せられ、仁木（義家）も随行し来れり。堀江、浅沼（禎一）のことは仁木に対し十分協議して決定する様話し置けり。

李鍝公の寓所建築のこと

仁木も共に来る筈なりしも、李鍝公の寓所建築は内匠寮の人に依頼するより外、致し方なきに付、仁木は只今酒巻（芳男）と共に内匠寮に行き居れは、後刻此処に来るへきに付、其時自分（高）も共に来るへし。

山下亀三郎に対する謝礼

山下亀三郎に対する謝礼は先日話し置たる通り取計ふことに決し、今日頃山下に届くることにすへしと云ふて去る。

松平慶民在らす

○午前十時後松平慶民を宗秩寮に訪ひ、将に先刻松平より予に示したる皇太子殿下より稔彦王殿下に贈りたまふへき書状の内容書を返さんとす。松平は正に海軍省の人と別室にて談話し居るとのことなり。

酒巻芳男と話す

予乃ち酒巻（芳男）と談す。予、徳川は今日出勤せさるやと云ふ。酒巻、多分朝融王の婚約解除問題に付奔走し居るならんと云ふ。

朝融王婚約解除のことに関する予の意見

予、彼の件に付ては酒井家の方にて、山階侯爵、堀田某等に結婚の内交渉を為したる趣に付、徳川（頼倫）も同意の上のことならんと思ひ居り、一昨日其計画の不可なることを談したる処、徳川は初より其ことには反対し居るとのことなりしなり。徳川か反対したるに拘はらす、山階侯爵等に話を持ち込みたるは、酒井（忠正）の方より為したることなるへきやと云ふ。酒巻、徳川より依頼し居る仲人即水野（直）の取計ひならんと思はると云ふ。

予、解約前に右の如きことを為すは余り〔に〕非常識なることなり。堀田抔にては、菊子は初婚にて年も若きものか、子供迠ある堀田と結婚することを望むは必す何か弱点あるならんとの疑を起し、種々詮議したる趣にて、是は尤ものことなりと思ふ。予は、此ことは先つ宮より解約の希望を酒井家に申込み、酒井家にて之を承諾することか順序なりと思ふ。然るに、反対に酒井の方より辞退せしめんとするは余りに無理なることなりと云ふ。酒巻も其通りなりと云ふ。

李鍵公子の寓所のことに関する酒巻芳男の談

酒巻、仁木義家の談に依れは、李鍝公の寓所は此際建築に著手するも、李鍵公子の寓所は上林敬次郎より篠田治策に引継き居らす。金の出所なき故、此節は著手せすとのことなるか、当初よりの計画にては、同時に建築する方針なりしに付、夫れにては宜しからすと思ふと云ふ。

予の意見

予、勿論なり。篠田か単に引継なかりしと云ふこと丈けにて之を拒絶するは不可なり。必要なることならは、引継なきも、適当の取計を為すへき筈なりと云ふて去る。

松平慶民来る　皇太子殿下より稔彦王殿下に贈りたまふ書状の内容案のこと

午前十一時頃松平慶民来る。予、皇太子殿下の書状の内容となるへき松平覚書に付、大体に於ては誠に適当と思ふ。文字のことは先日も話し置たる如く、皇太子殿下御自身に御書き遊はされ、成る丈け文章抔の整はさる方宜しと思へとも、此案中に（殿下の助を仰くへきこと）とあるは少しく重きに過くへし。（助を請ふへきこと）位の様宜しからん。又（怒力）［ママ］とあるは（努力）の誤写なり。最後の地震の一周年は（殿下も同情申上けたり）とある所に妃殿下を加へ、（殿下幷に妃殿下に御同情申上けたり）としては如何。妃殿下のことを加ふるは勿論十分に考慮すへきことなれとも、此位のことは皇太子殿下の御気附遊はさるへきことなるへく、而して此を加へたりとて、稔彦王殿下に於ても、他より附智恵なりとの御考へも起らさるならんと思ふと云ふ。

松平、自分も其ことは考へ見たれとも、他より附け加へたる様に御考へなさる様にては、却て面白からす。故、北白川宮妃殿下のことを書きたるも、稔彦王妃殿下のことは加へさりしなりと云ふ。予、是は極めて大切なることなり。考へ様によりては、或は君（松平）の懸念の如きことにもなるへし。然し、現に先日一週年祭のとき、皇太子殿下より御使も立ち居ることに付、皇太子殿下御考附のことゝなしても、不都合はなからんと思ふと云ふ。松平、其ことも加へ、一応大臣（牧野伸顕）に示して意見を問ふへし。

朝香宮殿下にも書状を出したまふ必要あり

此書状を御出し遊はさるることゝなれは、朝香宮殿下にも御出し遊はさるる必要あることと思ふと云ふ。予、夫れは是非御書を願はされは不都合ならんと云ふ。

皇太子殿下より稔彦王妃殿下に御詞ありたきこと

松平又皇太子殿下より御書状を贈らせらるることゝなるならは、成るへくは其前に殿下より稔彦王妃殿下に対し王殿下の羅馬尼行のことか立派なりし趣、武者小路（公共）より聞きて喜ひたる旨を御話しあり、妃殿下より其ことを王殿下に御通知てもありたらは、一層宜しからんと思ふと云ふ。

右に付他の皇族との権衡のこと

予、夫れは誠に結構のことなるか、此ことに付ては妃殿下か東宮御所に御参入なさることは容易なることにて、別に目立つ訳もなきか、余り稔彦王殿下に対し御厚意を示したまふ様に見へては他に影響を及ほすへし。先年予か邦彦王殿下に謁したるとき、殿下より東久邇宮か我儘を云ひて、長く仏国に滞在することゝなりては、他の権衡を得さることゝなる故、他の人にも相当の延期を許るさるる必要あるへき旨を話されたることあり。東久邇宮と久邇宮とは平素御仲の宜しき方に非す。故に特に東久邇宮に厚くせらるる様に見ゆることゝなりては宜しからさるならんと云ふ。松平、夫れは其通りなり。然し、稔彦王妃殿下か東宮御所に行かるることは左程目立つこともなからんと云ふ。

両陛下より稔彦王妃殿下に賜はりたる品

予より、先頃稔彦王殿下の羅馬尼行に付両陛下より花瓶幷に卓被を賜はりたるか、いつれも立派なるものにて、殿下も此際のこともあり、定めて感激せられたるならん。妃殿下も実に立派なるものなりと云ひ居られ、宮邸より詳細に品質等を王殿下に申上くることに致し置きたりと云ふ。

朝融王婚約解除後、朝融王謹慎のこと

松平又朝融王の婚約解除問題解決したらは、朝融王に対し謹慎を命せらるる様のことは出来さるへきやと云ふ。予、事実は十分に謹慎せられ、当分結婚抔せられさる様にする必要あり。然し、是は命令的に非す、自発的になさるへきものと思ふ。双方合意にて婚約を解きたることゝなれは、表面は左程重大なる問題となすにも及はさるへく、之に対し制裁を加へらるることゝなれは、其程度も余程六ヶしきことならん。故に自発的の謹慎を適当とすへし。然し、実際に到底自発的に謹慎せらるる様のことは望み難きに付、宮内大臣か之を強制しても、自発的の様にして謹慎せしむることを要すへしと云ふ。

高羲敬、仁木義家来る　浅沼禎一、堀江某、金某の関係

○午前十一時四十分頃高羲敬、仁木義家来る。

仁木義家よりの贈

予、李鍝公及仁木よりの贈を謝す。仁木、李鍝公の寓所建築のことを内匠寮に依頼したる処、寮として引受くることは出来さるも、適当なる人に請負はしめ、寮員の内より監督を為さしむる丈けのことは出来さることには非すとのことなるゆへ、其ことに依頼し置きたりと云ふ。

李鍵公子の寓所建築のこと

仁木又此節は李鍝公の寓所のみを建築し、李堈公家の分は建築せさることゝなり居れとも、李堈公にても格別の不満はなからんと思ふと云ふ。予、李鍝公の現寓所は家主より明渡を迫まりたることある故、之を急く必要あり。李堈公の方の決定を待つ訳にはいかさるへきも、李堈公に不満なかるへしとは思はれすと云ふ。

堀江某のこと

高仁木に対し、仁木より堀江のことを談すへしと云ふ。仁木将に之を談せんとす。予、予より先つ予か関係したることを説くへしとて、先日堀江を薦めたるは急を要するとのことに付、

老年、不慣れ、其他種々の欠点あるも、之を試用せしめたること、堀江か鍝公の気に入らさる様なりとて、暇を乞度旨を申出てたること、予と高と堀江に面会して、之を慰諭し置たること、浅沼夫妻か深切ならす、浅沼の妻か不平を云ふこと、食物の調理に鰹節を用ゐしめさる趣なること、予はいつれになりても宜し。仁木より浅沼、堀江及金某に協議し、円満に解決すれは固より宜しく、都合にて堀江を返すことゝなれは、何時にても予より本人に申聞くへき旨を告く。

仁木、浅沼は学校教員たりしものにて、万事気か附かす。特に悪意ある訳に非すと云ふ。予、悪意はなかるへし。然し浅沼の生計上の困難あるよりのことなれは、何とか方法を講せされは解決出来難かるへし。兎も角相当に処分したらは、夫れにて宜しからんと云ひ、

李鍝公よりの贈に非す

予、鍝公よりの贈ありたるも、特に往て謝せさる旨を告く。仁木、鍝公の贈に非す。皆、自分（仁木）よりの贈なりと云ふ。時既に十二時十分頃なり。予食堂に行く。高及仁木帰り去る。

皇族降下の場合に関する意見書を牧野伸顕に交す

○午後一時頃牧野伸顕を其官房に訪ひ、先つ皇太子殿下軍艦射撃台覧の状を問ひ、次て先日（本月三日）牧野より嘱したる皇族降下の場合に関する意見書を交す。牧野之を一覧し、極めて明瞭なりと云ふ。予、先日予より華頂宮の宮号継承のことを談し、其ことも書き加ふへき旨の談ありたる故、之を記入したるか、博信、博英の二王は伏見宮に在り、華頂宮に在られさりし故、同し兄弟にても同居の兄弟と異なるとの論を為す人あるやも計り難し。然し、血統より論すれは、同居と別居とは区別するに及はすと思ふ。全体何の為、此意見書を要するやを知らさる故、意見書の作り方分らさりし旨を告く。牧野、之にて結構なり。尚ほ今後相談すへき場合ありたらは、其時の相談にすへしと云ふ。

徳川頼倫来り、朝融王婚約解除問題解決近きたることを告く　予、徳川と意見を闘はす

○午後三時後徳川頼倫来り、朝融王の婚約解除問題は昨日酒井（忠正）に仲人より申込み、久邇宮にて菊子嬢に十分の厚意を有せらるること、婚約解除後も酒井家との交際を継続せらるへき旨を告けたる処、酒井（忠正）は大に感激し、夫程の厚意あるならは、当方より辞退する考なり。但し相談人武井守正か葉山に行き居る故、成るへく急に相談会を開き、出来るならは、明日には自分（徳川）まて辞退の旨を申出つることゝすへしとのことなりし趣なりと云ふ。予、然らは矢張酒井家より辞退することなりやと云ふ。徳川然りと云ふ。

予、酒井家にても承諾し、君等（徳川）か其方針にて進み居ることなれは、予は喙を容るへきことに非されとも、予は矢張り宮より解約を申出し、酒井は之に応するに非されは、事実に相違するのみならす、今日に於ても都合悪しからんと思ふ。例へは御下問なきやも計り難けれとも、此件に付ては既に御内意も伺ひ済みのことに付、皇后陛下より何故に婚約を解除するやとの御問ありたりとするに、唯酒井の都合と云ふのみにては宮

なり居れは、万一原因の御下問ありたるときは明かに朝融王殿下のことを言上し、他のことゝ違ひ、強ひて之を遂行する訳に行かさる故、遺憾なから之を解除することゝなりたる旨を言上することを得へしと云ふ。

徳川、宮よりの申込とすれは、菊子嬢は嫌はれたることゝなり、面目に関する恐れありと云ふ。予、夫れは表面酒井よりの辞退としても、事実は公知のことなり。少しも菊子の面目を保つ利益なし。加之、如何しき申〔し〕ことなれとも、或る部分にては朝融王は不良少年とまての評判ある位に付、其人より嫌はれたりとて不面目となる訳もなからんと云ふ。

徳川、朝融王の謹慎を必要とすることは誰も同様に考ふるか、謹慎せしむるには如何なる方法を取りたらは宜しかるへきやと云ふ。予、其方法も問題なるか、先刻の談に宮より菊子嬢に十分の好意を有せらるるとのことなるか、単に好意と云ふのみては、何の効もなし。其好意を表現する方法は如何なることなりやと云ふ。

徳川、其方法は別に考へなし。朝融王をして反省せしむる為には、自分（徳川）か退官する方、可なるには非さるやと云ふ。予、夫れは理由なし。先刻も述へたる通り宗秩寮総裁も宮内大臣と共に朝融王をして謹慎せしむる責任あると思ふに付、其職責を尽くすか当然に非すやと云ふ。徳川、自分（徳川）は個人の資格とは云ひなから、宮内大臣は婚約解除は反対なり。大臣として其手伝は為し難き旨邦彦王殿下に申上け居るに、自分（徳川）か解除の手伝を為したるは大臣の方針に違ひたるものなる故、責任を引くは当然に非すやと云ふ。予、大臣か解約を不可とするならは、解約に至らさる様にせされは、職務を尽くしたるものと云ふへからす。之を不可としなから、之を嘿過して成行に任かせたるは大臣こそ責任を引くへきものに非すや。君（徳川）か朝融王に謹慎を勧め、其ことか行はれさる場合に責任を引くはまだしもなれとも、只今は責を引くへき理由なしと云ふ。

徳川又自分（徳川）は最初は宮と酒井と双方の都合にて解約する様になる方宜しからんと思ひたれとも、夫れにては却て面白からさる所ある故、酒井家のみの都合とする方宜しからんと思ひ、大臣、次官にも其旨を談し、大臣は之に同し、次官は初めは自分（徳川）と同しく双方の都合と云ふ方宜しからんと思ひ居りたるも、矢張り一方の都合の方宜しと云ひたりと云ふ。其他種々なることを談し、四十分間許にして去る。時に三時五十分頃なり。

李鍵公子の寓所建築のことに付、関屋貞三郎より篠田治策に贈る書状案

○午後零時後食堂より審査局に返るとき、廊下にて酒巻芳男に遇ふ。酒巻、李鍵公子の寓所を作ることに付、次官（関屋貞三郎）より篠田治策に書状を贈ることを次官（関屋）に説きたる処、之に同意したるに付、是より書状案を作りて閲覧を請ふへしと云ふて別れ、三十分許の後案文を持ち来る。予二、三ヶ所を修正し、今少し強く寓所を作ることを主張するか宜しと云ひたるに、酒巻は次官（関屋）の意思か左程強からすと云ふ。

摂政を置かるることに関する日記には不穏当なる記事あること

予、先日質し置きたる摂政を置かるることに関する日記は不穏当なる記事もあるに付、之を引用するならは、十分注意すへき旨を酒巻に告く。

仁木義家か釜山にて宋秉畯に遇ひたること

○午前高義敬、仁木義家か来り談したるとき、高より、仁木か釜山にて宋秉畯に遇ひ、宋に京城に帰るやと云ひたるに、宋は京城には小人多きに付、行かすと云ひたる趣なるか、宋は其郷里に行く模様なりしとのことなる旨を談したり。

○午後四時より退省す。

梶田文太郎来り、身事を談す

○午後七時三十分頃梶田文太郎来り、今般佐藤愛麿より自分（梶田）か賀陽宮附事務官に転任せらるることゝなりたる旨を告けたり。自分（梶田）は伏見宮附と為りたる以来、熱心に執務したる積りなるも、用立たさる為転任せしめらるる訳ならは、自分（梶田）も考慮せさるへからす。如何なる事情なるへきやと云ふ。

予、華頂宮附事務官田中寿三郎は博恭王殿下と特別の縁故ある為、田中を伏見宮邸に入るる必要あるより、君（梶田）の転任問題を生したるものなるへきに付、君（梶田）か無能と云ふ訳に非す。転任後十分勉強するか宜しき旨を告く。梶田十分勉強すへしと云ふ。

伏見宮大妃殿下の病症

梶田、伏見宮大妃は本年三月頃軽き脳溢血あり。其後脳症は却て宜し。大妃は貞愛親王在世の時は一日一回は必す機嫌を候せられ、昨日《〔ママ〕》親王か銚子に行かれたるときは其日を日記に記し居られ、親王の帰京晩き旨の話をなさることあり。侍女等は銚子にて病気療養中なる旨を答へ置き、其後は何とも云はれす、或は既に薨去を知り居らるるならんかとも思はる。寧ろ事実を告くる方宜しからんと話したることもあれとも、西郷吉〔原文空白、義〕は突然感動せらるる様のことあれは、脳溢血を起す恐ありとて、之を止め居れり。

二人の女王のこと

二人の女王に付ては余程気を揉まれ居れり。山階侯又は朝融王の方にも考ある様なり。

邦芳王のこと

邦芳王は全く事理の弁別なしとの談を為せり。話すること二十分間許にして去れり。

内子発熱

○内子発熱。午後坂田稔来診す。

臼井光子来る

○午後臼井光子来りたる由。

九月九日

○九月九日火曜。晴。

○内子臥褥。

尿量

○昨日より今日まで尿量千二十瓦。是を八日の尿量とす。

南弘来り、国府種徳留任の周旋を依頼す

○午前七時南弘来り、国府種徳の留任周旋を為すことを依頼す。南と世事を談す。談、野田卯太郎のことに及ふ。

○午前八時三十分より出勤す。

○午前九時後金井四郎来り、古谷重綱の妻を御用取扱となすことに付、古谷久綱の寡婦と談したることを告く。

入江貫一に国府種徳のことを謀る

○午前十時頃入江貫一に国府種徳留任のことを談す。入江、国府の依頼に依り九月まで延期したるものなることを談す。

松平慶民、朝融王婚約解除行悩みたることを談す

○午後三時後松平慶民来り、朝融王婚約解除の件に付武井守正か強剛に反対したることを談す。

紀尾井町賜邸のことを松平慶民に告く

予より紀尾井町賜邸のことを談す。

○午後四時より退省す。

関屋貞三郎の官舎にて朝融王婚約解除のことを議す

○午後七時四十分より関屋貞三郎の官舎に行き、朝融王婚約解除のことを議す。会する者、予、入江貫一、関屋貞三郎、西園寺八郎、杉琢磨、松平慶民、酒巻芳男なり。今後牧野伸顕か事に当り、宮より解約を申込まれ、酒井忠正は之を承諾する様の方針と為して進行することゝ協議し、十時後より家に帰る。

南部光臣、梨本宮妃殿下卵巣水腫のことを談す

○午前十時後南部光臣来り、梨本宮妃殿下卵巣水腫に罹り居られ、近日中東京帝国大学病院に入り、主治医〔原文空白〕の切開手術を受けらるることに決し居るに付、世子邸には行きて報告するか、予も承知し置くことを請ふ旨を談す。

静岡県御料地払下の始末を南部光臣に告く

予より静岡県御料地払下の始末を談す。

日記を簡略にす

○日記を記する為時を費し、且つ頭熱を催ふす様に思ふに付、今日分より記事を簡にす。今日の日記は翌十日に記す。

南弘の電話番号分らす

○午後四時南弘に電話せんとす。電話番号分らす。国府種徳の家に問はんとす。此方も電話通せす。

九月一〇日

○九月十日水曜。晴。

内子臥褥す

○内子尚ほ臥褥す。

尿道より粘膜出つ

○午前八時十分頃厠に上りたるとき、放尿後粘膜様のものを排泄し、線状を為し、二寸許も下して落ちす、紙にて之を受けんとしたるも、間に合はすして落ちたり。蓋し尿道より粘膜の剝離したるもの出てたるならん。

尿量

○昨日より今日までの尿量千七十五瓦。是を九日の尿量とす。

○午前八時三十分より出勤す。

南弘の住所及電話番号の取調

○南弘の電話番号及住所を取調ふることを西野英男に嘱す。少時の後西野来り、国府種徳の家に問ひて、南の住所、電話番号分りたり。住所は中渋谷七一六番地、電話番号は青山一一〇〇番なりと云ふ。

国府種徳の電話番号

又国府の電話番号は四谷三〇八三番なりと云ふ。

摂政殿下に拝謁す

○午前九時四十分より枢密院控所に行き、十一時三十分議長、副議長及他の顧問官と共に摂政殿下に拝謁す。

穂積陳重法律進化論を贈る

○穂積（陳重）より其著法律進化論二冊を贈る。

徳川頼倫出勤せす

○午前十一時四十分頃枢密院控所より宮内省に返るとき、宗秩寮に過きり、徳川（頼倫）か出勤し居るや否を問ふ。松平（慶民）出勤せすと云ひ、

三上参次、朝融王の婚約遂行を主張し、関屋貞三郎か又迷ひ居ること

且今朝関屋（貞三郎）か酒井（忠正）の相談人三上参次に面談したる処、三上は朝融王の婚約は是非之を遂行せさるへからす。結果の可否等は問ふ所に非すと云ひたる趣にて、関屋は又遂行する方か宜しからんと云ひ居れりと云ふ。予、三上の説は固より意外のことに非す。関屋か又動く様にては困る。要するに、大臣（牧野伸顕）の決心か第一なりと云ふて別る。

三大節の饗宴は洋食とすることは否決、矢張日本料理とすること

○午後零時後食堂にて杉琢磨より、今日午前協議の結果三大節の饗宴は是までの通り日本食とし、幾分簡便にし、二の膳を出すことは之を止め、二の膳に出すものは折詰と為し、一の膳の品も折の中に入れて持ち帰ることに得る様にせんとの意見にて、大膳寮にて折の見本を作り、其上にて決定することゝなれり。

観菊会は今年は催ふさゝること

又観菊会は今年はなきことゝなり居り、若し何か行はるるならは観菊会とせす、他の名義にせんとの予定なりしか、最早会を催ふさゝる方か宜しからんとのことゝなりたるも、矢張り観菊会の方宜しかるへく、菊の準備はなけれとも、内匠寮にて少しても出来るならは観菊会にすへく、一応取調へ見ることに決心したりとのことを談す。

高松宮殿下御発熱

又食堂にて牧野伸顕より、高松宮殿下御発熱あり。今日軍艦より御上陸遊はされたる旨の話を為せり。

書を南弘に贈る

○午後一時五十五分南弘に郵書を贈り、国府種徳留任の周旋出来難き旨を報す。

朝融王婚約解除問題

○午後二時三十分頃松平慶民来り、関屋（貞三郎）より牧野（伸顕）の意見を問ひたる処、牧野は徳川（頼倫）よりの報告あるまては自ら手を下た〔さ〕すとのことなり。依て関屋は今日徳川を訪ひ、徳川をして手を引かしむる積りとのことなるか、

関屋か負けて来るやも計られす。牧野は自ら事に当ることゝなりても、先つ婚約を遂行することを久邇宮殿下に説き、夫れか行はれさるときに至り、久邇宮より解約の申込を為す手段を取ることの考なる趣なり。然るに、牧野は秩父宮殿下御洋行のことに付西園寺（公望）を訪ふことゝなり居るは予定のことなるも、此際往訪しては一層物議を醸す恐ある様に思ふに付、其旨を関屋に話し、関屋より牧野に話したるも、牧野は此ことはどーで喧ましくなる故、西園寺の往訪は止めす。喧ましくなりたる後に往訪することは一層都合悪しと云ひたる趣なりと云ふ。予、杉浦重剛は生前婚約解除に賛成し居りたる様に聞き居ることを談す。松平夫れは驚きたりと云ふ。

枢密院控所にて配付を受けたる書籍を遣る

○午前、宮中枢密院控所にて配付を受けたる地祇の研究及祭祀の研究二部を控所に置きたる儘、宮内省に返りたるに付、午後二時頃西野英男に嘱し枢密院事務所に持ち返り居るやを問はしめたるに、持ち返り居るとのことに付、審査局の雇員某か枢密院事務所に行き、之を取り来り呉れたり。

○午後四時より退省す。

内子の体温

○内子の体温は最高三十七度となる。

平沼騏一郎に河村善益の病状を問ふ

○午前十時頃宮中枢密院控所にて、平沼騏一郎に河村善益の病状を問ふ。平沼、折り合居るも、宜しくはなしと云ふ。予、見舞に行きては病人に障るとのことなるか、如何と云ふ。平沼、本人は既に癌なることを知り居れりと云ふ。

九月一一日

○九月十一日木曜。曇。

尿量

○昨日より今日までの尿量千百八十瓦。是を九月十日の尿量とす。

○午前八時三十分より出勤す。

先考遺稿を写す

○出勤前、先考遺稿の中擬檄謄写一葉を写す。

河村善益の病を訪ふ

○午後二時より自動車に乗り、河村善益の病を其家に訪ひ、河村と話すること三分間許。河村は節食治療と日光浴治療を為し居ると云ふ。河村の家より直に家に帰る。時に三時前なり。

皇族歳費沿革調査の材料を問ふ

○午前十時頃宗秩寮に行き、酒巻芳男を訪ふ。酒巻は今日は腸胃を病み、出勤せすとのことなり。乃ち山田益彦に面し、川田健吉か皇族歳費の沿革を調査したる材料を問ふ。山田知らすと云ふ。乃ち審査局に返る。

歳費三割増の記録を問ふ

十一時頃復た宗秩寮に行き、大正七年に皇族歳費の三割を増額せられたるときの書類の有無を岡田重三郎に問ふ。岡田、某に問ふ。某書類を予に示す。乃ち之を借りて審査局に返り、之を謄写し、復た宗秩寮に行き、書類を岡田に返す。

関屋貞三郎か朝融王婚約解除のことに関し徳川頼倫を訪ひたること

松平慶民と談す。松平、関屋（貞三郎）昨日徳川（頼倫）を其家に訪ひ、朝融王婚約解除のことは明日（即ち今日）徳川の手にて周旋出来るや否を決し、周旋出来さるならは、速に其旨を宮内大臣（牧野伸顕）に断はることゝする方宜しかるへき旨を談し置たる趣なること、

牧野伸顕か西園寺公望を訪ひたること

牧野は今日西園寺（公望）を訪ひたること、新聞記者は、牧野か西園寺を訪ひたるは朝融王婚約解除問題の相談の為に行きたるものと考へ居ること等を談す。

内子の体温

○内子の体温三十六度八分許となる。

○夜雨。

先考遺文の写

○午後家に帰りたる後、先考の遺文擬襥謄写二葉を写す。

諮問第四号の小委員会を開くこと

○午前十時頃西野英男に嘱し司法省高橋治俊に電話し、諮問第四号の小委員会を開く手続を為すへき旨を通知せしむ。

九条道実木刀の箱書

○午後零時後食堂にて九条道実より、先日話したる木刀の箱書は君（予）の考の通りに書きて与へたりとの談を為す（本月五日の日記参照）。

九月一二日

○九月十二日金曜。雨。

尿量

○昨日より今暁までの尿量九百八十瓦。是を九月十一日の尿量とす。

○午前八時三十分より出勤す。

先考遺文を写す

○出勤前、先考の遺文擬襥謄写二葉を写す。是にて擬襥を写し終はる。

高羲敬来〔り〕、世子、同妃の真影を交す

○午前十時頃高羲敬来り、世子及妃の真影を致す。世子より予に贈るものなり。

堀江と浅沼禎一との関係

高、先日李鍝公家のことに付、仁木義家と共に此処（審査局）に来談したる後、堀江と浅沼禎一との関係は自分（高）幷に倉富君とも処置し難し。君（仁木）か何とか決定して京城に帰るへき旨談し置たるか、仁木より何とか申来りたりやと云ふ。予、仁木に面会せさる旨を告く。高、仁木は或は病気に罹り居るやも計ら〔れす〕、仁木は気管とかの病ありとのことなりと云ふ。

梨本宮妃の卵巣水腫

高又昨日南部（光臣）世子邸に来り、梨本宮妃、卵巣水腫治療の為、帝国大学病院に入院せらるることゝなり居る旨を告く。

世子は他行中なりし故、自分（高）より世子并に妃に告け呉よと云ひたるも、妃は在邸なりしに付、南部より直接に之を告くる方宜しき旨を告け、南部は妃に面陳せり。世子には自分（高）より之を告くることゝすへしと云ふ。予、其事は予も南部より聞きたり。卵巣水腫は前に脹満と云ひたるものにて、今日は截開することも容易となり、截開したる上に案外の病症を発見する様のことなけれは、懸念する様のことに非さる旨を告く。

卵巣水腫と按摩

高、自分（高）も梨本宮の旧侍女中山某より妃の病気のことは聞きたり。中山は以前は肥へ居りたるものか、痩せ居る故、其事由を問ひたるに、按摩を為したる為痩せたり。梨本宮妃の病気も一週間許按摩を為されたる為、余程快くなりたり。今後一週間も按摩を為せは全快すへき旨、按摩者は云ひ居れとも、妃より依頼せられさるに、此方より進みて按摩する訳には行かすとの談を為し居りたり。依て自分（高）より其ことを南部に話したる処、南部は按摩を為せは、病気か悪しくなると云ひ居りたり。高は予より脹満の談を聞き、其病気ならは朝鮮にても聞きたることあり。婦人に多き病なりと云ふ。予、婦人に非されは罹らさる病なりと云ふ。

世子、同妃、世子邸及庭園の写真のこと

高又写真画報社某より世子、同妃の写真を皇族画報に掲載すること、并に世子邸及庭苑を撮影することの許可を願ひ来り、宗秩寮に問ひたる処、皇族も之を許さるることゝなり居る趣に付、之を許すことにすへしと云ふ。

紀尾井賜邸のことを聞かす

予、其後紀尾井町賜邸のことに付ては、何も聞く所なしと云ふ。高、自分（高）も何も聞かす。聞かさる方か宜しと云ふ。

李鍵公子の寓所建築のこと

予又李鍵公子の寓所は李堈公寓所と同時に建築せされは都合悪し。酒巻芳男より関屋貞三郎に談し、関屋より篠田治策に書状を贈りたる筈なることを談す。

皇族歳費令案説明材料

○午前皇族歳費令案説明の材料として、歳費令案の規定に依る歳費と現行歳費の比較調査を作る。

高松宮殿下の御病症

○午後零時後食堂にて、牧野伸顕、関屋貞三郎、九条道実と話す。関屋は昨日横須賀に行き、高松宮殿下の御病気を伺ひたる趣なるか、御病症は未た発表せさるも、赤痢類似の趣なることを談す。

松平慶民、朝融王婚約解除のことを談す

○午後二時頃松平慶民来り、自分（松平）の弟（徳川義親）か先頃軽井沢にて水野直、近衛文麿に遇ひたるとき、水野か朝融王の婚約解除の周旋を徳川（頼倫）より依頼を受け、今年春以来八月まては其儘手を著けす経過したる趣なることを聞きたりとのことなり。酒井家にては面目さへ立ては婚約を解くことゝなりても宜しとも云ひ、其面目とは皇族か又は皇族より臣籍に降下したる人に嫁することなる由。近衛抔も淡泊に皇族に嫁せしむる途はなきやと云ひ居りたり。弟は今日西園寺（八郎）に面会する為、宮内省に来り、自分（松平）も面会せり。徳川（頼倫）の使か今日関屋（貞三郎）の家に来り、婚約解除のことは十分見込あるに付、今暫く待ち呉よと云ひ、関屋は種々之を詰問したる趣なり。牧野（伸顕）はどこまでも婚約遂行説に傾き、只今も一個の朝融王と云ふ如き問題に非すと云ひ居りたり。牧野は賀来佐賀太郎を中に立て、邦彦王殿下に説かしめ、婚約を遂行せしむる積りには非さるかと思はると云ふ。予、今日に至り、婚約を遂行することは結局酒井の方か勝ちたる様のことゝなるに付、邦彦王殿下は所詮承諾はせられさるへし。牧野は先年の関係あるに付、此節に限り解除することは矛盾の嫌あり。夫れ故、婚約遂行を主張し、裏面に於ては徳川（頼倫）の周旋にて解約出来、而かも酒井の方より解約を申出つれは好都合と思ひ居りたるならん。若し真実遂行を正当と思ふならは、今日まで等閑に付し置たるは解し難しと云ふ。松平、今日にては遂行しても皇室には疵か附きたり。寧ろ解約して、朝融王は情願に因り臣籍を降下せらるるか、一番好き解決方なりと云ふ。

第二予備金支（出）、**鉄拐御料地売払の件**

○午後三時頃内蔵寮高木三郎、名確かならす、来り、経済会議の書類に捺印を求む。一件は生物学研究所建築費一万余円、皇子御殿改善費一万余円にて、第二予備金支出の件。他の一件は兵庫県鉄拐御料地十町九反余の縁故払下の件なり。予、書類を留めて之を研究し、青山操を召ひて、其意見を問ひ、然る後捺印し、西野英男をして書類を高木に返さしむ。

内子の体温

○内子の体温三十六度五分に下る。

○夜半より晴。月色佳。

九月一三日

○九月十三日土曜。晴。

内子払褥

○内子褥を払ふ。

尿量

○昨暁から今暁までの尿量千百八十瓦。是を九月十二日の尿量とす。

○午前八時三十分より出勤す。

先考遺文の作時考を作る　又遺文を写す

○出勤前先考遺文（擬擻謄写）の作時考を作り、竹下伯和（不詳）に対する贈言を写す。写し終らさること、二、三行にして、出勤時刻迫る。乃ち止む。

関屋貞三郎、朝融王婚約解除のことを謀る

○午前十一時三十分頃関屋貞三郎審査局に来り、一昨日、昨日両度徳川頼倫を訪ひ、朝融王婚約解除のことに付徳川の手にて運はさるならは、其旨を申出つる様にせよ。今晩は久邇宮一家新潟赤倉より帰京せらるることゝなり居るに付、早く解決する必要ありと云ひたるも、徳川は殿下の帰京前と云ふ訳には行かさるへきも、婚約解除は屹度出来る見込あり。一週間抔とは云はす、両三日待ち呉よと云ふに付、如何なる手段を講するやと云ひたるも、其手段は云ひ難しと云へり。夫れより徳川の家職が自分（関屋）に面会を請ひ、久邇宮にても大に気の毒に思ひ居らるるも、宮の方より解約を申込む訳には行かさるに付、酒井の方より辞退し呉度旨、邦彦王殿下よりの御詞ありたる旨、徳川より酒井の方に申向けることは出来ましくやと云ふに付、自分（関屋）は右の如き申込を為すには、宮内大臣は勿論、久邇宮の御領解も求めさるへからす。左様なることは此処にて決する訳に行かすと云ひ置きたり。此上徳川に任かせ置くことは困るか、貴官（予）より徳川に談し、徳川をして手を引かしむる様の工夫はなかるへきやの旨を談す。予、予か談しても効能なかるへき旨を告け、之を諾せす。

○午十二時より退省す。

中秋

○今日は陰暦八月十五日なり。

先考遺文を写す

○午後、先考遺文答石井竹陽〔不詳〕書二葉を写す。

中秋の詩

○中秋書感。良夜何時喚快哉、老成無友懶登台、琴□賞月年々□、幸遇中秋又一回。

九月一四日

○九月十四日日曜。曇。

先考遺文を写す

○午前、先考遺文答石井竹陽書三葉を写す。

松岡淳一来る

○午後二時頃隆、強五郎に贈る書を作り居りたるとき、松岡淳一来り、本月十日郷里より上京したることを告け、隆か托したる日田羊羹一箱及黄粉一箱を致す。

松岡淳一に予か家に寄宿して宜しき旨を告く

淳一家庭教師と為りて学資を得度旨を談す。予、予か家に寄宿することは差支なしと云ふ。淳一、博多に居る叔父〔不詳〕か他の世話になることを禁し居るに付、一応叔父に相談したる上に非されは、決し難き旨を告く。話すること四十分間許。

英国船員倶楽部の書翰

予、英国及外国船員組合より送り来りたる英文書翰の義を質す。淳一も解することを得す。

宿所誌紛失す

○知人の宿所誌所在分らす。晩方より夜まて之を捜かす。終に之を得す。

九月一五日

○九月十五日月曜。曇後雨。

頭熱し、耳鳴甚

○午前一時頃眠覚む。頭熱し、耳鳴平常より甚し。乃ち内子を起し、氷嚢に氷を盛らし、頭部を冷やす。

赤十字社病院に行く

○午前七時後佐藤恒丸に電話し、赤十字社病院に行き、診を求むることを約す。午前八時三十分より病院に行き、佐藤の診を求む。佐藤、助手をして血圧を検せしむ。左手は百六十八、最少は九十一、右手は百七十、最少は九十なりと云ふ。又検尿せしむ。蛋白、糖分、円柱とも認めすと云ふ。佐藤体を診し、結局動脈硬化は免れす。一寸気附かさるも、全体は極めて微なる腫気あり。此腫気は内部機関にも及ひ居る故、下肢のだるき様のことあり。只今の処、病気と云ふ程のことはなきも、動脈硬化を防く為、沃度ロマムマ〔ママ〕ノ五乃至八位を服用し、時々三週間位休薬して、又始むる様にしたらは宜し。只今の容体にては、職を退きて静養することを勧むる程には非す。幾分勤務を楽にする位のことは必要ならん。酒も絶対に止むるには及はさらんとのことを告けたり。十一時二十分頃家に帰る。

欠勤　西野英男、予の病状を問ふ

○午前八時二十分頃審査局に電話し、今日欠勤することを告く。予か病院に行き居りたるとき、西野英男より電話し、予の病状を問ひたる由なり。

宿所誌を発見す

○午前八時頃内子、巻紙を入るる箱の中より昨日来捜かし居りたる宿所誌を発見す。

先考遺文の備考を作る

○午後、先考遺文答石井竹陽書の備考を作り、之を写す。

○午後八時後梶田文太郎来り、今日賀陽宮附事務官と為りたることに付挨拶に来りたる旨を告け、予に面会して去る。

西野英男に河西博文の葬に会することを嘱す

○午後三時頃西野英男に宮内省に電話し、明日河西博文〔元大審院検事〕の葬儀に行く趣なるか、予は制度審議会の委員会に出席せさるへからさるに付、迷惑なから代りて会葬し呉度。委細は明日出勤の上話すへしと云ふ。西野之を諾す。

西野英男来る

午後四時五十分頃西野来り、明日宮内省にて話を聞くことに約し置たるも、明日は貴官（予）は朝より委員会に行かるる様のことには非さるやと思ひたる故、今日来たりと云ふ。

河西博文に贈る香料

予、委員会は午後三時より始むることゝなり居る旨を告け、河西博文の訃告書及香料金五円を西野に交し、明日の会葬を嘱す。

土岐政夫の実況審査

西野に、土岐政夫か主馬寮の実況審査に行くことゝなり居りたるか、随行員江隅重義は只今喪にて郷里に帰り居り。藤野宗次（或は山崎幾蔵なりしか確かならす）一人にては不便なるへきも、他の属官は事務差支あるに付、一人の随行にて明日より主馬寮に行くことに決し居る旨を告く。

九月一六日

○九月十六日火曜。曇微雨。

尿量

○昨暁より今暁までの尿量千三百八十瓦を九月十五日の尿量とす。

○午前八時三十分より出勤す。

梶田文太郎来る

○午前九時頃梶田文太郎、賀陽宮附事務官と為りたることに付挨拶す。

土岐政夫不要存御料地処分令改正案審議の結果を報す

○午前九時二十分頃土岐政夫、予の病を問ひ、今日より主馬寮の実況審査に行くことを告け、且つ今少し早く主馬寮に行く筈なりしも、林野局より提出したる不要存御料地処分令の改正案を参事官にて審議し居り、其終了を待ち居りたる為延引せり。右の審議は昨日までに一応議了せり。其結果は、林野局の案にては不要存地を売払ふときにも、之を公告することを要せさることゝなり居りたるも、此ことは参事官三人（渡部信、金田才平、土岐政夫）とも反対せり。又不要存地の払下に公共団体に優先権を与ふることゝなり居りたるも、参事官三人（前に同し）は之を認めさることゝ決し、公共団体に年賦払下を許し、其年賦中利子を附けさることは確定せす。利子を附けさるならは、一般の年賦は十年まて許すも、利子を附けさる年賦は三年に限るか宜しとの意見もありたり。年賦中公共団体に限り担保を免することは同意せり。大谷（正男）の意見は明かに分からさるも、処分令を改正するも、参事官の意見の通りになれは、之を以て静岡県の御料地払下を解決することは出来さることゝなり、大谷は困り居れり。大谷は林野局提案の審議は一応済みたるも、政府にも不要存地処分令あり。其方は今少し便宜なる様になり居れり。又宮内省にて不要存御料地処分令を作りたる当時の主任杉栄三郎の意見も問ふて、大体に付今少し講究する必要あるへしと云ひ居れりと云ふ。

予、不要存地の処分には初に公告することか第一に必要なり。払下の書類ありたる後に至り、是は不要存〔地〕となすと云ふ様なることに〔て〕は、其弊に堪へすと云ふ。

金井四郎来り、御用取扱の候補者は古谷某か断りたることを告く

○午前十時頃金井四郎来り、御用取扱の候補者古谷重綱の妻は重綱より何時任地に召寄する必要あるやも計られさる故、身体を羈束する様のことは為し置くへか〔ら〕さる旨、重綱の任地にて別かるるとき、重綱より申聞け居る故、就任し難き旨を以て断り来れり。

今一人の候補者も就任を肯んせす

其後竹田宮妃殿下より同宮にて御用取扱を雇はるるとき、今一人の候補者ありたり。其方は容貌は宜しからさるも、性質は循良なりとのことに付、室田義文に問ひ合せたる処、其人は絶対に就任を諾せさる趣なり。

世子、同妃、高羲敬、林健太郎、東久邇宮訪問のこと

世子、同妃は東久邇宮邸に来訪せられたり。高羲敬、林健太郎は贈物の礼に来りたり。

壬生某、野村礼譲を譏りたること　野村礼譲辞職の意あること

久邇宮の野村礼譲は壬生某より自動車の無税輸入の周旋の依頼を受け、野村か之を拒絶したる為、壬生は非常に怒り、野村に大不平の書状を贈り、壬生より野村のことを邦彦王殿下に悪口し、殿下も野村を疎んせられ居る処にて、野村は朝融王解約問題を機として辞職する様の話を為し、自分（金井）も之を勧め置けり。

稔彦王妃殿下、久邇宮のことを談せらる

東久邇宮妃殿下は邦彦王の妃は初は細川家より行かるる筈になり居りたる処、宮の方より故障を云はれ、遂に解約と為り、其婦人〔侯爵細川護久三女悦子〕は一条実輝の妻と為れり。其後良子女王の問題あり。又此節朝融王の問題あり。今まて三度の紛紜あり。世人か久邇宮は相手にせさる様になるへしと云はれ居りたりとの談を為せり。

金井四郎、世子邸よりの贈物を望む

金井は世子邸よりカフス釦位は贈られても宜しからんと云ふに付、予は李花章の附きたるもの欲しけれは、高（羲敬）に話し置くへしとからかひ置きたり。

青山操、予の病を問ふ

○午前九時十分頃青山操、予の病を問ふ。

池田邦助転任の挨拶

○午前十時三十分頃池田邦助来りて林野局に転任したることの挨拶を為す。

江隅重義の母の香料

○午前十時三十分頃西野英男来り、江隅重義の母死したるに付、先例に依り香料三円を求む。乃ち之を交す。

武彦王殿下結婚談

○午前十時頃金井四郎か来りたる時、金井より山階宮武彦王殿下は梨本宮規子女王を娶り度旨、梨本宮には申込まれす、宮内大臣に申込まれたる趣、賀陽宮の大妃殿下より自分（金井）に話されたり。

賀陽宮大妃、国分三亥を評す

又大妃殿下は久邇宮の宮務監督国分三亥は初は賀陽宮の宮務監督と為ることに定まり居り、其頃は小原駩吉も頻りに国分を誉め居りたるも、国分の様なる人は嫌ひなりとの談〔を〕されたりと云ふ。

国府種徳の身計　平田東助の詩

○午後零時後食堂にて国府種徳に、平田東助の詩に付予の再考を談す。国府、後刻審査局に行き、聴くへしと云ふ。午後一時後国府来る。国府、先日予か南弘の依頼に依り国府の身事を謀りたることを謝し、且つ関屋貞三郎は編纂物来年ならは、二、三ヶ月延引しても差支なき旨を告けたりと云ふ。予、予は入江貫一より話を聞き、関屋には話さゝりしことを告く。予又国府と平田東助との関係を問ふ。国府、平田とは多年懇意なりと云ふ。予、然らは更に入江（貫一）に話す機会あるへしと云ふ。予、平田東助の詩に関する意見を述ふ。国府、予の意見に従ふ。

予の詩を国府種徳に示す

予又予の那須与一〔平安時代末期の武将、屋島の合戦で扇の的を射る〕の旧作を示す。国府之を持ち去る。

松平慶民来り、朝融王婚約解除のことを談す

○午後二時頃松平慶民来り、自分（松平）の弟（徳川義親）より、近衛文麿より聞きたる話には、前の土曜日に水野直か徳川頼倫を訪ひ、水野の手にては酒井（忠正）の方より解約を申し込ましむることは出来さるに付、断はる旨を申込みたるも、徳川か承知せす。水野は翌日更に往訪して之を説き、漸く徳川も承知し、然らは今暫く時日かあれは解約も出来くへきも、急なることにては出来難しとの条件を附けて、大臣（牧野伸顕）に断はることゝなりたりとのことなりと云ひたる故、自分（松平）より其旨を関屋（貞三郎）に告け、関屋は夫れは好きことを聞きたり。大臣（牧野）は徳川（頼倫）より会見の申込あり。辞表でも持ち来るならんと心配し居る所なる故、其ことを告け置くへしと云ひたり。然るに、昨日徳川（頼倫）か大臣（牧野）を訪ひたる上の談は全く異りたることにて、解約の見込立ちたる旨を告けたりとのことにて、自分（松平）は全く虚言を云ひたる形となれりとの談を為せり。

酒巻芳男来り、松平の談を聞きたりやと云ふ

二時二十分頃酒巻芳男来り、松平の談を聞きたりやと云ふ。予、聞きたり。何事なるや、全く分らすと云ふ。酒巻も全く分らすと云ふ。

国府種徳の詩

○国府種徳は、国府か平田東助の詩韻に次したる詩も示したり。此方は尚ほ不可なる所多し。

位階令案の特別委員会

○午後二時四十五分より自動車に乗り、霞ヶ関離宮内に在る帝室制度審議会事務所に赴き、位階令案の特別委員会に列す。午後五時十五分頃閉会す。伊東巳代治も一寸出席し、挨拶を為し、直に帰る。

西園寺八郎、小原駩吉か皇后陛下に謁したる状を談す

帰るとき、西園寺八郎と自動車に同乗して、予か家の門外に到る。西園寺車中にて、小原駩吉か日光に行き、皇后陛下に謁したる処、陛下より時々東宮御所に行き、東宮のゴルフの相手でも為し呉よ。翁島には行きたりやとの御尋あり。小原より翁島は伺候する積りなりしも、遂に伺候を欠きたる旨言上したる処、夫れは残念なりしとの御詞あり。日光の木にて製したる火鉢（品物は確かならす）を賜はりたりとの談を為し居りたり。

西園寺八郎、小原駩吉に北海道材木払下の如き小事を云々することを止めしむ

小原か北海道の材木払下の不当なることを云々するに付、自分（西園寺）は左様なる些細なることは彼此云〔ふ〕など話し置けりと云ふ。

西園寺八郎紀尾井町賜邸のこと及静岡県御料地払下のことを談す

予、紀尾井町の賜邸始末の概略を談す。西園寺、関屋（貞三郎）は人より話を聞けは、直に其方に同意する故、困ると云ふ。予又先頃話したる静岡県御料地払下のことは、其後関屋（貞三郎）、大谷（正男）より予の同意を求めたれとも、予は法規上不当なる旨を述へ、同意せさりしか、結局不要存御料地処分令を改正して法規に合ふ様にする積りにて、改正案を出したる処、大谷の外の参事官か改正案に同意せす。参事官の意見の通りにすれは、静岡県の払下は出来す、余程困り居る模様なりと云ふ。

西園寺八郎、朝融王婚約解除問題の結果を説く　**西園寺八郎、朝融王婚約解除問題のことを談す**

西園寺、朝融王の婚約問題にて結局大臣（牧野）も何とかなる様のことならんと云ふ。審議会事務所にて委員会を始むる前、予より西園寺に朝融王の婚約解除問題は徳川（頼倫）の考も分らす、牧野（伸顕）の考も分らすと云ひたる処、西園寺は牧野はグヅグヅ引張り置く積りならん。自分（西園寺）は先夜関屋（貞三郎）の官舎にて協議したるも、初より無益なることゝ思ひ居りたりとのことを話したり。

○内子、体温三十七度と為りたる趣にて臥褥せり。

西野英男に嘱し、河西博文の葬に会せしむ

○午後零時後西野英男に嘱し、予に代はりて河西博文の葬に会せしむ。

風雨

○午後大雨、夜風雨。

九月一七日

○九月十七日水曜。風雨午後晴。

尿量

○昨暁より今暁までの尿量千六百七十五瓦。是を九月十六日の尿量とす。

頭熱

○午前七時後頭熱を覚ふ。乃ち氷を以て之を冷やす。

主馬寮に電話す

○午前七時後主馬寮に電話し、今日は馬車を遣はすに及はさる旨を告く。

出勤せさる旨審査局に告く

○宮内省に出勤せす。午前八時四十分頃電話にて其旨を審査局に告く。

西野英男電話す

時に西野英男未た出勤し居らす。九時頃西野より電話し、昨夜の雨にて交通不便なりし為、今朝の出勤遅刻せり。貴官（予）欠勤のこと局員に通知せりと云ふ。

参集休止

○今日は枢密院参集日なるも、参集を休止する旨昨日同院事務所より通知し来り居れり。

内子臥褥

○内子臥褥す。

頭部を冷やす

○午後八時後寝に就きたる後、復た氷を以て頭部を冷やす。

先考遺文を写す

○午後、先考遺文代寺島宗則〔明治期の政治家、外務卿、文部卿、元老院議官、枢密顧問官を歴任、伯爵、故人〕与朝鮮外務官書を写す。

晩酌の酒量を減す

○今日より晩酌の酒量を半減し、七勺許とす。

水枕を用ゆ

○内子か用ゐ居る水枕を用ゆ。

九月一八日

○九月十八日木曜。晴夜雨。

内子臥褥
○内子臥褥す。
尿量
○昨日の尿量千八十五瓦。昨夜臨臥に尿を放ちたる後、今日午前五時まて放尿せす。五時の尿は昨日の尿に計算せす。
○午前八時三十分より出勤す。
誤て持ち帰りたる位階令案の参考書を返す
○西野英男に嘱し、一昨日予か誤て位階令案の特別委員会場より持ち帰りたる参考書（叙位内規等を集めたる印刷物）を帝室制度審議会委員附属書記寺本英二郎に返さしむ。西野返り来り、寺本は未た出勤し居らさりし故、同委員会附属書記井門武雄に交し置たる旨を報す。
先考遺文を写す
○午前出勤前、先考遺文石華表碑一篇を写す。
渡部信を訪ふ　在らす
○午前十時頃渡部信を文書課に訪ふ。在らす。
酒巻芳男を訪ひ、酒巻、山田益彦と話す
○午前十時四十分頃酒巻芳男を宗秩寮に訪ふ。在らす。山田益彦と話す。酒巻返り来る。二人と朝融王婚約解除のことを談す。二人の云ふ所に依れは、徳川頼倫は尚ほ婚約を酒井忠正よりの申出に依り解除する見込あることを主張し、大臣（牧野伸顕）、次官（関屋貞三郎）も稍々之を信し、関屋は一昨日頃久邇宮邸に行き、邦彦王殿下より徳川頼倫に迫られさる様申上け置たる趣なり。

摂政を置かれたるときの事務所のこと
酒巻又摂政を置かれたるとき、事務所を内大臣詰所の隣室に移したる月日を記せさるや。貴官の日記の摘録も其記載なき様なりと云ふ。予記臆せさる旨を答ふ。
歳費令案の配付のこと
○午前十一時頃復た渡部信を文書課に訪ひ、一昨日位階令案の特別委員会のとき、皇族歳費令案を委員に配付することを嘱し置きたるか、先日歳費令案の原案と為したるものは、大正六年に予か起草したるものにて、未た委員に配付し居らす。然るに、委員に配付しある歳費令案定本と此節の特別委員会決議案とは余り異り居り、案の成立の順序か分り難きに付、中間の案乃ち予か起草したる案も委員に配付することに取計ふ方可なる旨を談す。渡部之を諾す。
儀制令案総会期日のこと
渡部、本月三十日に儀制令案の委員総会を開くことに協議せられ居る処、次官（関屋貞三郎）は懿徳天皇（第四代天皇）の式年祭の為、奈良に行くことゝ為り居るとのことに付、自分（渡部）より奈良行を止むることを勧め居れとも、未た決せすと云ふ。予、無理に三十日に総会を開くにも及はさるへき旨を告く。
皇室弁のこと
渡部、伊東総裁（巳代治）より先日の位階令案の委員会の状況を聞き度とのことに付、往て説明する積りなりと云ひ、伊東か起草して伊藤博文の名にて上奏したる皇室弁なる書類を示したり。

強震

○午前十時八分頃強震あり。近来の大震なり。

又震す

又十一時五十五分頃復た震す。前者に比すれは頗る軽し。

国府種徳詩の改作を謀る

○午前十一時三十分頃国府種徳来り、平田東助及国府の詩の改作を謀る。

予の詩の誤を正す

予、先日（本月十六日）国府に示したる那須与一の詩の誤りたる所を訂正す。

牧野伸顕、河村善益の病状及其性行を談す

○午後零時後、食堂にて牧野伸顕と河村善益の病状を談す。牧野、河村の妻〔ろく〕は秋月左都夫の姪なることを話す。牧野又秋月の談なりとて、河村読書家にて何事も熟知し居るも、決して之を吹聴せす。種々話し掛くれはポツポツ之に答ふ。而して十分に知り居れりと云ひ居りたりと云ふ。予、其話に次き松岡康毅か詩を作ることを知らさりしことを談す。

牧野伸顕弄花事件のことを問ふ

牧野、司法部に於ける弄花事件の関係、三好退蔵〔元司法次官、元検事総長、元大審院長、弄花事件当時司法次官、故人〕か児島〔惟謙、弄花事件の被疑者、当時大審院長、故人〕党なりしや、松岡〔康毅、弄花事件の告発者、当時検事総長、故人〕党なりし〔や〕。弄花事件は松岡か正義なりしや否を問ふ。予、松岡の方か正義派とは認められさりしこと、三好は松岡の派に近かりしことを答ふ。

牧野伸顕、三好退蔵の性行を談す

○牧野又三好か不動産を売り、妻〔すよ〕を誘ひて洋行し、帰朝後弁護士と為りたるは常人に出来さることゝ云ふ。

三洲子のこと

○予、三好か娘に三洲子と名けたることを談す。牧野、三洲子か清水澄〔憲法学者、慶応義塾大学法学部教授、東宮職御用掛〕の妻なることを談す。

牧野伸顕、河村善益の病を訪ひたること

牧野も河村の病を訪ひ、之に面会したる旨を談す。

国府種徳の詩を改作す

○午後三時後国府種徳の室に行き、（倶字）の用方適当ならさるへき旨を告け、協議して之を改作す。

結核捍菌の詩を国府種徳に示す

予結核捍菌の詩を作りたることを談す。予の忘れたる所あり。一たひ審査局に返り、記憶を喚起し、自ら之を書して復た国府の室に行き之を示す。

国府種徳身事を嘱す

国府、入江貫一を訪ひ身事を談したる処、入江より自分（国府）か常に旅行するに付、急用あるとき間に合はさることを告く。依て自分（国府）より、今後は旅行を止むる旨を談し、入江は、然れは幾分考か異なる旨を告けたり。然るに一方、杉（琢磨）より次官（関屋貞三郎）か十一月頃になりて宜しと云ひたるは台湾行啓記事編成期のことにて御用掛を解くことは今月限りの積なりしなり。其事を明かに告け置くへしとのことなりとの談ありたるに付、自分（国府）は御用掛の方も勿論十一月まで延ひる積りに思ひ居りたる。〔ママ〕行啓記事を編纂するに付ても、御用掛を継続せされは不便なる旨を告け、杉は然らは其旨を次官（関屋）に談すへきか、十一月に至れは行啓記事か成らさる様のことありても、御用掛は断然免せらるへきに付、其ことは之を承知し置くへしと云ひ、自分（国府）も之を諾したり。此上時機を見て、然るへく話し呉よと云ふ。予、今一応入江に話し見るへしと云ふ。

結核捍菌の詩の誤を正す

退省のとき、二回国府の室に行き、結核菌の詩の誤を正す。

頭部を冷やす　水枕を用ゆ

○夜氷を以て頭を冷やす。

○内子入浴す。

○内子か用ゐ居る水枕を用ゆ。

九月一九日

○九月十九日金曜。曇。

尿量

○昨日の尿量千三十瓦。

先考の遺文を写す

○朝、先考遺文（祝柳川伝習校開学序）を写す。

師正王の移霊祭に列す

○午前九時二十分より大礼服を著け馬車に乗り、東久邇宮邸に行き、十時三十分より師正王の移霊祭に列す。神霊殿にて、御酒、御饌其他を供へ、妃殿下、盛厚王、彰常王両殿下に次き、予と金井四郎と拝礼し、供物を撤し、次て霊代を新なる櫝に移し、之を奉して別殿に至りて、之を安置し、更に宮邸よりの供物を為し、妃殿下以下属官侍女に至るまて拝礼して、式を終り、明日霊代を皇霊殿に移すことゝなれり。今日の式は掌典佐伯有義及掌典補二人、式部官高橋皞来りて、之を行ひ、霊舎の祭は宮内省にて之を為し、別殿の祭は宮邸にて之を行ひたるなり。十一時三十分頃家に帰る。

西野英男に電話し、今日明日宮内省に出勤せさることを告く

午後零時後西野英男に電話し、今日宮内省に出勤せさること、明日も皇霊殿の移霊祭に列し、直に家に帰ることを告け、且つ明日午前九時に馬車を遣はすことを更に主馬寮に交渉することを嘱す。

先考の遺文を写す

○午後、先考遺文（倉富氏私伝略五葉）を移す。未た終はらす。

内子臥褥す

○内子臥褥す。体温は三十六度五分なり。

理髪

○午後一時後理髪す。

広津潔子来る

○午後一時後広津潔子来る。

頭部を冷やす

○夜氷を以て頭部を冷やす。

水枕を用ゆ

○内子か用ゐ居る水枕を用ゆ。

九月二〇日

○九月二十日土曜。晴。

尿量

○昨日の尿量千七十五瓦。

先考遺文を移す

○午前、先考遺文（倉富氏私伝略）二葉を写す。

移霊式に参す

○午前九時より大礼服を著〔け〕馬車に乗り、賢所前参集所に行き、十時より成久王、故熾仁親王妃董子、故威仁親王妃慰子、寛子女王、武彦王妃佐紀子女王、師正王の移霊式に列し、十時三十分頃式終る。直に家に帰る。

西野英男電話す

○午前十一時後西野英男より電話し、明後二十二日午前十一時〔原文空白〕分 天皇皇后両陛下日光より還幸啓あらせらるる旨通知し来れり。奉迎せらるるならは、乗物の用意を為し置くへし。又明後日は枢密院にて俸給を渡す日なる処、領収証の捺印を求め居らるるに付、実印を持参せられ度と云ふ。予、乗物の用意を嘱し、実印を持ち行くへき旨を答ふ。

河村善益危篤のこと

○午後五時後宗秩寮吉田源太郎より、竹田宮邸より電話にて、宮務監督河村善益か病気危篤となりたる趣を報し来りたることを告く。

先考の遺文を移す

○午後、先考遺文（倉富氏私伝略）を写し終り、又宝籤銘を写す。次て前年編纂したる攸好堂遺稿下巻の誤字を正す。

河村善益叙位叙勲のこと

○午後六時後吉田源太郎より電話にて、河村善益は大正十年退職の際、特旨にて正三位に叙せられ居り、従二位に進むことは難事なり。勲は二等の旭日章なるに付、勲一等に進むることは出来るならんとの考にて、司法省に交渉したる処、同省にても其手続を為し居るとのことなり。酒巻（芳男）は司法省にて叙勲のことに付反対ある様ならは、貴官（予）より司法省に話し貰ひたらは宜しからんと云ひ居りたるも、只今の処にては其必要もなき模様なり。又特旨叙位ありたる後、更に叙位せられたる例もあるに付、宮内省官房より其ことも司法省に通知して叙位のことも交渉したる趣なり。酒巻は退省後未た自宅に達せさる時刻なる故、同人へは未た司法省の都合は報知し居らすと云ふ。

予、河村の隣家に平沼騏一郎か住居し居り、河村とは懇意なる間柄なる故、司法省の方のことは平沼か周旋するならんと云ふ。

水銀より金を採ること

○今日の新聞に長岡半太郎か水銀より金を採ることを発明し、今日之を公表することを記載せり。

○内子払褥す。

下婢宮を返す

○下婢宮を返す。近日中神奈川県より下婢を雇ひ入るる積りに付、宮の父か来りたる故、婢敏をして近日宮の雇を解くへき旨を告けしめたる処、敏か内子の言を誤解し、今日直に宮の雇を解く旨を申聞け、宮は一寸予等の処に来り、何か云ひたるも暇乞とは思はす、二、三時間後に至り、敏等より宮か返りたることを告けたるに付、内子は婢鶴をして雇人受宿に行き、宮か居るや否を問はしめたる処、受宿にては宮か来りたるも周旋を拒み、宮は返り去りたる旨を告けたる趣なり。

障子を張る

○今日糊匠をして障子を糊せしむ。

○午前賢所前参集所にて金井四郎に、本月二十四日宮内省に晴雨計の人形を持ち行き、之を盛厚王、彰常王に贈ることを約す。

懲戒裁判所書記補欠の件

○午後五時後、行政裁判所長官評定官懲戒裁判所より書記官補欠の書類を致し、捺印を求む。之に捺印して返す。

○今夜三越より買ひたる水枕を用ゆ。

内子払褥

○内子褥を払ふ。

九月二一日

○九月二十一日日曜。曇後雨。

尿量

○昨日の尿量千六百四十瓦。

河村善益を弔す

○午前九時より河村善益を弔す。鶴丈一郎〔元大審院判事〕、水上長次郎〔貴族院議員・交友倶楽部、元大阪控訴院長〕、小山松吉、富谷鉎太郎、秋月左都夫、牧野伸顕等に遇ふ。河村の妻に面会して弔意を述ふ。

井上正一の妻の死亡広告のこと

富谷に問ふて、新聞紙に広告し居る井上正一の妻〔むつ〕の死亡広告は、予か知る所の井上正一の妻なることを知り得たり。一昨日の報知新聞、読売新聞に井上正一の名を以て其妻の死したること、本月廿一日午後二時増上寺にて告別式を為す旨の広告ありたるも、単に井上正一と云ふのみにて、住居も分からす、或は同名異人には非すやと思ひ居り。水上、鶴、小山等に問ひたるも、皆、予と同様の疑を懐き居り。富谷か来りて、井上、明治大学の名誉教授なる関係にて、其妻の死を知りたることを談したり。十一時前河村の家を辞し去る。

井上正一の妻の告別式に会す

○午後一時二十分より増上寺に行〔き〕、井上正一の妻の告別式に会し、香料金五円を贈る。

岩野新平、平野猷太郎、田部芳に遇ふ

田部芳、岩野新平〔元朝鮮総督府判事〕、富谷鉎太郎、川渕龍起、平野猷太郎等に遇ふ。井上正一に妻の病状を問ふ。井上、本月七日より腸を患ひ、遂に起たすと云ふ。帰るとき、田部芳に河村善益か昨日死したることを告く。岩野新平、痩麻質斯〔リューマチス〕にて困みたることを談し、予夫妻の近況を問ふ。

内子の体温

○内子体温、午後二時三十六度七分なりと云ふ。

国分三亥来る

○午前九時後、予か往て河村善益を弔したるとき、国分三亥来り、予か在らさるを以て、直に去りたる由なり。

○三越より買ひたる水枕工合宜しからす。今夜復た内子の水枕を用ゆ。

九月二二日

○九月二十二日月曜。雨後晴。

尿量

○昨日の尿量千四百九十瓦。

内子の体温

○内子の体温、今朝は三十五度七分となる。

○午前八時三十分より宮内省に出勤す。

西野英男に河村善益に贈る香料を托す

○午前九時頃西野英男に河村善益に贈る香料五円を托し、之をして河村の家に致さしむ。西野は明日往て河村を弔すへしと云ふ。

松平慶民等と朝融王の婚約解除問題を談す

○午前九時後宗秩寮に行き、松平慶民、山田益彦と話し、朝融王婚約解除問題の経過を問ふ。松平、平田東助か武井守成を召ひ、之をして其父守正に説き、解約に反対せさる様の体度を取らしむへき旨を伝へたる由。然し、守成の談に依れは、守正の意見を変せさる模様なりとの談を為せり。予、徳川（頼倫）の運動は之を継続せしむる必要あるならは、其儘に為し置き、大臣（牧野伸顕）も自ら手を著けたらは宜しからん。兎に角大臣（牧野）は自分（牧野）は表面婚約遂行を主張し居り、内端にては酒井（忠正）より辞退せしめんとする様の細工は宜しからすと云ふ。松平、平田（東助）か武井守成を召ひ、旨を伝へたること抔は、大臣（牧野）か手を著けたる結果ならん。先日大臣（牧野）か横須賀に行きたるとき、平田を訪ひ、之を相談したるならんと思はると云ふ。

徳川頼倫出勤せす

予、徳川（頼倫）は未た出勤せさるやと云ふ。松平、徳川は解約問題の消息を待ち居るならんと云ふ。予、今日両陛下還幸啓に付、徳川か奉迎するならは、予は見合せんと思〔ふ〕か、徳川のことは分らさるへきやと云ふ。山田、電話にて問合せ見んと云ふ。予、夫れに及はす。予か奉迎することにすへしと云ひ、審査局に返る。少時の後山田来り、徳川は今日まては出勤せす。奉迎のことは宜しく頼む旨を告けたりと云ふ。

天皇、皇后両陛下の日光より還りたまふを奉迎す

○午前十時三十分より杉琢磨と自動車に同乗して上野停車場に行き、両陛下の日光より還りたまふを奉迎す。皇族は梨本宮、同妃、東久邇宮妃三殿下、大臣は加藤高明、高橋是清、犬養毅、仙石貢の四人、牧野伸顕、浜尾新、菊池慎之助、宇佐美勝夫、九条道実、大島義脩等来りて奉迎す。十一時十五分汽車達す。プラットホームにて直に自動車に移乗して還りたまふ。予等も次て帰る。

小原駩吉来り談す

○午前十一時五十分頃小原駩吉来る。

中島正武の方針　梶田文太郎執務に困る

小原、賀陽宮宮務監督中島正武か宮の為に地所を買ひ、十年後に利益を得んとする計画を為し居ること、梶田文太郎か来訪して、中島は自ら事務官の事務を執るに付、梶田は中島の為すに任せ、傍観すへき旨を梶田に語り、梶田は困り居る旨の話を為したること、

北海道御料地の管理不当なること

岩波武信か来訪し、北海道に行きたる処、北海道の御料局支局にては払下くる目的を以て新に土地を貸附け、之を以て縁故者と為し、不要存地処分令に依り払下くる計画を為し居り、甚た不穏当なる旨の話を為し居りたりとのこと等の談を為し、

恒憲王の違約

又恒憲王か小原との約に違ひ、二宮に行き居らるるとき、賀陽宮邸より解雇したる婦人を二宮に呼ひ寄せられ、小原は恒憲王に対し之を詰責したる処、恒憲王は中島正武（宮務監督）か承諾せりと云はるるに付、自分（小原）は其事に付ては最早何も云はす。小原との約束に違背せられたること丈は之を明言すと云ひ置きたり。

中島正武は圧迫せす

恒憲王は梶田文太郎に対しても、小原は自分（王）を圧迫し居りたるか、中島（宮務監督）は左に非す。依て今後は其積りにて事を執るへき旨を申聞けられたりとのことなる趣なること等を談す。

静岡県御料地払下未た解決せす

予より、静岡県御料地払下は未た解決せさること、婚約解除問題に付平田か武井に命したること、

紀尾井町賜邸のこと

宋秉畯か世子に麻布邸に住居することを勧めたること等を談し、又先夜関屋貞三郎の官邸にて解約のことに付協議したる始末等を談す。午後零時二十五分頃小原去る。

ひもろきを納る箱の名称

○午後零時後食堂にて九条道実に、霊代を入るる箱の名称を問ふ。九条（ひもろぎ）ならんと云ふ。予、否。（ひもろぎ）を入るる箱なりと云ふ。九条（とく）と云ふ。予、木扁に（賣）と云ふ字を書きたるものなりやと云ふ。九条然りと云ふ。

牧野伸顕と皇太子殿下より稔彦王殿下に贈りたまふへき書翰のことを談す

午後一時前、予、牧野伸顕と共に食堂を出て、廊下にて東西に別れ、歩すること数歩、牧野、予を呼ふ。乃ち回りて之と話す。牧野、妃殿下より親書を贈らるることに付、侍従長にて廉書を作りたり。極めて平凡のことなりと云ふ。此時既に牧野官房前に達す。予乃ち官房に入り、親書を贈らるると云ふは、皇太子殿下より稔彦王殿下に書を贈らるることなりやと云ふ。牧野、然り（先に妃殿下と云ひたるは牧野の誤なり）。侍従長の所にて書状の内容たる廉書を作り、少しも当り障りなきことにて宜しからんと思ふと云ふ。

予、侍従長と云ふは入江（為守）のことなりやと云ふ。牧野、然りと云ふ。予、入江の廉書は之を見さるか、先日松平（慶民）の作り居りたるものは一寸見たることありと云ふ。牧野、本は松平の作りたるものにて、実質は松平の分と同様なりと云ふ。予、松平の案には地震一週年の当日に稔彦王殿下に同情したる旨を書きありたるか、予は稔彦王殿下のみならす、妃殿下のことを加へたらは宜しからんと云ひ置たるか、如何なり居りたるへきやと云ふ。牧野、妃殿下のことも加へありたる様なりと云ふ。

予、全体は恐多きことなるも、予の考にては、事柄丈けは皇太子殿下に申上け、作文、浄書とも皇太子殿下に願ひ、成る丈文章抔は整はす、如何にも殿下御自身の御願ひなる様に見ゆることを願ひ度こと丶思ふ旨を松平に話し置きたりと云ふ。牧野、全く其積りなりと云ふ。

予、其上尚恐多きことなるも、先年邦彦王殿下よりの御詞を承はりたることあり。稔彦王か我儘を云ひ、其我儘か通る様にては、他の皇族にも影響するに付、其辺にては宮内省にて不公平なき様注意する必要ありとの趣意なりしなり。依て皇太子殿下より稔彦王殿下に御発東遊はさるるならは、鳩彦王殿下にも御発東遊はされすしては都合悪しかるへく、其ことも松平と相談したることなりと云ふ。牧野、夫れも其都合にする積りなりと云ふ。予、松平の案に、巴里にて催ふしたるヲリンピツク競争のことを加へたること抔は、至極宜しきことと思ふと云ふ。牧野然りと云ふ。

牧野又此ことは自分（牧野）も知らさりしか、竹田宮妃殿下より皇太子殿下に対し、殿下より稔彦王殿下に書状でも贈られたらは宜しからんとの御話あり。皇太子殿下は夫れならは良宮からでも書状を出す様にしては如何との御考ありたる由。是は摂政殿下として書状を出し遊はさるることか如何あらんとの御懸念より出てたることならん。夫れに付入江（為守）より、他の皇族とも異り、叔母様の夫たる方に付、皇太子殿下より書状を出し遊はされても差支なかるへき旨申上け、夫れならは自分（皇太子殿下）より書状を出すことにせんとのことにて、其御諒解は既に出来居りたる趣なりと云ふ。

予又松平は皇太子殿下より御贈書遊はさるる前に、稔彦王妃殿下か一応皇太子殿下に御会見なされ、皇太子殿下より妃殿下に対し羅馬尼行のことに付御話あり、妃殿下より稔彦王殿下に対し、皇太子殿下より此の如き御話ありたる旨を通知せられ、其後に皇太子殿下よりの御書か稔彦王殿下に達したらは、一層都合宜しからんと云ひ居りたると云ふ。牧野、夫れは六ヶしきことなり。余程都合よく行かされは、却て都合悪しきことになるならんと云ふ。予、皇太子殿下よりの御書状は、摂政の御資格に非さるは勿論、皇太子の御資格にも非す、稔彦王の御親族たる一個の裕仁親王として御贈り遊はさるることか適当なるか、御書中に其旨を御書き遊はさる訳には行かさるへく、其趣意を現はすことは或は六ヶしからんと云ふ。

稔彦王妃殿下洋行を止めらるることに関する疑

牧野、先頃話を聞きたる稔彦王妃殿下か自身洋行を止むることに付、皇后陛下に御話しありたりと云ふことは、実に不思議なることなり。皇后陛下は断して左様なることを聞きたることなしとの御話あり。又竹田宮妃殿下も決して左様なる話を聞きたることなしとの御話なり。如何なる間違なるへきやと云ふ。予、妃殿下は全体に御言寡く、此方より申上くれは、夫に対する御答はあれとも、殿下の方より話し掛けらるる様のことは先つなきことなり。殊に御言は決して明瞭ならす。先日抔も師正王の葬儀移霊祭等に付御世話申上けたる人に対し、御挨拶ありたるか、只口の中にて何か云はれ居る位のことにて、辞言としては聞き取り難し。洋行を止めらるることの話に付ては、金井（四郎）は妃殿下の御話を聞き、之を書き取りたる上、此を読みて此の通りにて間違なきやを妃殿下に質し、間違なき旨の御話もありたることなるか、如何なることなるや、分り難しと云ふ。

東久邇宮職員の争ありたること

又妃殿下の性質温循にて、鳩彦王妃とは性質相違することの談より、予、其関係にて先年予か東久邇宮の事に関係する様になる前に事務官と御用取扱との間に確執を生し、結局双方とも宮を退くことゝなりたり。其原因は御用取扱の方にては妃とはなられたるも内親王なる故、王殿下も夫れ丈けの斟酌はなかるへからすとの考を有し、事務官の方ては内親王たりとも妃となられたる上は、普通の妃と区別すへき訳なしとの考を有し、稔彦王も鳩彦王妃か鳩彦王に反抗的の体度を取られたることある為、稔彦王妃は右様のことなからしむる為、幾分圧迫的の行動もありたる模様にて、傍右様の争を生したる訳なりと云ふ。牧野、当時の宮務監督、事務官、御用取扱の氏名を問ふ。予、宮務監督は松室致なりしか、大臣と為りたる為に罷めたり。御用取扱は萩原淳と有馬英子にて、有馬は久我通久の姪とか云ふことなりしと云ふ。

内親王に対する御気の毒の感

牧野、内親王方に対しては今日にても御気の毒との感を有し居るものありと云ふ。予、夫れは其考を有する人はあれとも、大体としては致方なし。皇室にても内親王方に対しては特別の御取扱はあり居るに付、今日以上特別にすることは出来難からんと云ふ。牧野、御内儀よりの賜物等も内親王に対する特別の御取扱なりと云ふ。

日記を書することを中止す

○午後今日の日記を書す。頭痛を恐れて二十九葉までにて之を止む。

国府種徳に詩を示す　国府亦詩を示す

○午後三時後、高領児謡及結核捍菌歌引を国府種徳に示す。国府又、平田東助の詩に次する五言古詩の改作を示し、予の助言に因り完作となりたることを謝す。

愛国通信社長吉田文外来り談す

○午後二時後愛国通信社長吉田文外（フミト）来り、面会を請ふ。之に面す。吉田、小宮三保松か貴官のことを談す。貴官は謹厳なる風なるか、あれて料理屋の四畳半にてチビリヽ、飲み明かすことありと云へりと云ふ。予、飲み明かしたることはあり。然し四畳半には非すと云ふ。吉田、貴官（予）は政治には関係せさるや。鈴木（喜三郎）氏抔は大分政治に熱心なりと云ふ。予、予は政治に関する柄に非す。鈴木の様なる政治家とは違ふと云ふ。吉田、小宮は時々漢詩を自分（吉田）の社に送るか、貴官は詩は作らさるやと云ふ。予、作らさることはなし。然し人には示さすと云ふ。吉田少し示し呉よと云ふ。予、之を示すことは予の主義に反すと云ふ。

九月二三日

○九月二十三日火曜。秋季皇霊祭。曇。

秋季皇霊祭

○午前九時より馬車に乗り、賢所前参集所に行き、十時より幄舎に就き、順次皇霊に拝して帰る。今日は摂政殿下、同妃殿下とも御代拝、皇后陛下は御代拝もなし。参集〔所〕にて清浦奎吾、田部芳、平沼騏一郎、福田雅太郎、菊池慎之助、黒田長成等に遇ふ。

位階令案のこと

平沼、君（予）は位階令案の特別委員なりやと云ふ。予、然り。明日第二回の委員会を開く筈なりと云ふ。平沼、位階令は勅令となすことに決したりやと云ふ。予、其ことに付ては議論ありたるか、只今の処にては先つ現行の通り勅令となすことゝなり居る。叙位の主管は宮内省となり居るも、宮内省にては辞令書を作るのみにて、奏請は内閣にて為す故、少しも意味なきことなり。然し、到底理論を一貫することは実際出来難しと云ふ。福田雅太郎に対し爆発物を送りたるものあるも、怪我人なかりし趣にて、仕合せなりしと云ふ。

国府種徳来る　予在らす

○予か不在中国府種徳来訪し、直に去りたる由。

安藤則光の雇人中野知明の門前にて時計を拾ふ

然るに国府か去りたる後、隣家中野知明の門前にて安藤則光方の雇人か金時計を拾ひ、之を赤坂警察署に届け出て置たる趣にて、其雇人は国府か去りたる後に之を拾ひたる故、国府のものならんと思ひ、電話にて国府に問ひ合せ呉度旨申出てたるを以て、内子之を問ひ合せたるも、国府か遺失したるものに非すと云ひたる由なり。

尿量

○昨日の尿量千二百五瓦。

先考の遺文を写す

○午後先考遺文（勇ニ与ヘラレタル家伝略）を写し、之を卒る。

石田秀人来る

○午後七時頃石田秀人より往訪せんと欲する旨を告く。予、近日不快なり。直に来るならは面会すへき旨を答へしむ。八時前石田来る。

石田秀人に書二枚を渡す　石田の家に先考の書二枚あり

石田か嘱し居りたる書二枚を渡す。一葉は石田に贈る詩、一枚は（好大而不為大不大矣）なり。石田の談に依れは、其家に（吉井ニ仕フ）先考の書三枚を蔵し居るとのことなり。

菊池剛太郎病む

又菊池剛太郎は福岡日々新聞社に入りたる後間もなく瘻麻質斯に罹り、今に全快せす。別府にて療養し居るとのことなり。話すること二十分間ばかりにして去る。

内子の体温

○内子の体温三十六度七分。

九月二四日

○九月二十四日水曜。晴。

○昨日の尿量千七百四十瓦。

○午前八時三十分より出勤す。

詩を写す

○九時頃より結核桿菌の詩及高領児の詩を書す。先日此二詩を国府種徳に示したる処、誤ありたるを以て、更に之を書したり。国府か出勤したるとき、之を示す為なり。

天機、御機嫌を奉伺す

○午前九時四十分頃より宮中の枢密院控所（今日より東三ノ間に復旧せり。是先二、三回は東一ノ間なりしなり）、十時後侍従長室の次室に行き、浜尾新より侍従長徳川達孝に枢密院議長、副議長及顧問官に謁を賜はさるへきやを問ふ。徳川、天皇陛下御病中なるを以て、議長（浜尾）のみ拝謁すへしと云ひたる趣にて、副議長及顧問官は帳簿に署名して天機を奉伺し、又皇后宮職に行き、帳簿に署名して御機嫌を奉伺し、直に審査局に返る。

東久邇宮に呈する手遊のこと

枢密院控所に行くとき、予か審査局に返る前、金井四郎か来りたらは、之を金井に渡し、紙箱の中に入れたる手遊箱の裏にある英文を読むへき旨を伝へ呉よと云ひ、予か盛厚王、彰常王両殿下に贈呈せんとする手遊の晴雨計二個を西野に渡す。

金子堅太郎と松岡康毅のことを談す

枢密院控所にて金子堅太郎に、金子か松岡康毅の遺稿の序文を作りたることより松岡か詩を作ることは予も知らさりし旨を談す。金子、三好退蔵の紹介にて松岡に逢ひたることより四十年来の交友なりしことを談す。

東久邇宮へ手遊を呈すること

皇后宮職より審査局に返りたると〔き〕、西野英男より先刻金井（四郎）か来りたるに付、風呂敷包を渡し、伝言の旨を伝へたる処、後刻まて宗秩寮に居る故、後刻復た来りて貴官（予）に面会して之を受取るへしと云ひたる旨を報す。

高羲敬来り、浅沼禎一と堀江との関係を説く

午前十一時頃高羲敬来り、仁木義家は既に京城に帰りたり。浅沼（禎一）と堀江との関係は仁木か双方に説き、両人とも勤続する旨を申出て、浅沼は是まての不行届を謝したる由なり。

浅沼禎一家に宿することを請ふ

浅沼より、今後一週間に一度位自宅に帰ることを許るすことを求めたる趣にて、其時は世子邸より属官を代員として遣はさゝるへからさる故、迷惑なることなるも、浅沼の希望も無理なきことに付、之を許すことを諾せり。

世子、同妃の健康

世子、同妃とも機嫌宜し。妃は二貫目許体重か増したり。

高羲敬咽喉を病む

自分（高）は咽喉と鼻とか悪しき故、高階虎治郎の治療を受け、高階は間もなく療すると云ふも、隙取るに付、耳鼻咽喉科の医師に掛り、二回治療を受けたり。何時頃まて掛るや分らすとの談を為せり。

佐藤恒丸に対する謝礼

高より予の病状を問ふに付、之を告け、先日高か佐藤恒丸の来診を求めたるときは如何なる謝を為したるやを問ひたる処、高は佐藤は一回来診したるに付、高階等の意見も問ひて、二十五円を贈り、他に一人来りたるか、其方には十五円を贈りたりと云ふ。

東久邇宮へ手遊を呈す

予か高と談し居るとき、金井（四郎）か来りたるに付、予、晴雨計の人形を出して之を示し、其用法を説明す。金井、高をして箱の裏の英文を読ましめ、高之を説明す。高は間もなく去る。

稔彦王殿下、和田某を歓待せられす

金井、仏国より帰りたる陸軍中将和田某か東久邇宮邸に来り、仏国にて蒲（穆）より稔彦王殿下に和田か来りたる故、食事を共にせらるることを勧めたるも、殿下は遂に之を諾せられす。自分（和田）までも陸軍の探偵と解釈せられたるは困りたることなり。

稔彦王殿下臣籍降下の意なし

然し、殿下の羅馬尼行に付ては、極度の注意を以て使命を果されたる模様にて、此の如きことより観察すれは、殿下か臣籍に降下する希望を有せらるるとのことは今日にては全く之を止められ居るに相違なしと云ひ居りたり。和田か行きたらは、食事を共にせらるる様取計ふへきことは、自分（金井）より予め蒲に申遣はし置きたることなり。朝香宮殿下は却て和田と食事を共にせられたる趣なり。

稔彦王殿下、妃殿下を召ふとのこと

和田の談に、稔彦王殿下は妃殿下は必す召ふ。然し其時期は云ひ難しと云はれたる趣なり。蒲の推測にては、殿下は其内には滞留に厭きか来るに相違なし。帰朝期は其時を待つより外、致方なしと云ひ居る趣なりとの談を為す。

稔彦王妃殿下洋行を止めらるる旨の話の行違

予、先頃稔彦王妃殿下か自身（妃殿下）の洋行を止め、此ことは皇后陛下にも申上けたりとのことを談せられたりとのことを聞きたる故、予より其ことを牧野（伸顕）に話し、牧野より皇后陛下に伺ひたる処、陛下は左様なることは聞きたることなしとの御話ありたることは、其砌君（金井）にも話したることなるか、数日前他の談より又其ことに及ひ、牧野は実に不思議なり。皇后陛下も、竹田宮妃殿下も断して左様なることを聞かすとの御話なり。実に不思議なることなりと云ふに付、予は妃殿下の言明瞭ならさる故、或は其の為の行違なるへく、妃殿下か故らに不実のことを云はるる訳なく、妃殿下より師正王の一年祭又は移霊祭等関係したる人に対し挨拶ありたるも、何か口の内にて云はるるのみにて、言は聞き取り難き位なる故、妃殿下は皇后陛下に申上けられたる積なるへく、其砌金井は妃殿下の言を書き取りて殿下に確めたるまでのことなる旨を話し置たりと云ふ。

河村善益へ贈る賻のこと

○午後一時後東久邇宮邸より電話にて、皇族附職員より河村善益に香料を贈るか、之に加るやと云ふ。予、西野英男に嘱し、別に贈りたるに付、加はらさる旨を答へしむ。

東久邇宮に呈したる手遊のこと

東久邇宮邸職員、予より二王子に呈したる物を珍らしきものにて、満足せられたる旨を伝ふ。

帝室制度審議会委員会

○午後一時四十五分より西園寺八郎と自動車に同乗して帝室制度審議会事務所に赴き、位階令案の特別委員会に列す。午後四時頃議了し、西園寺と同乗して帰る。

車中西園寺八郎と朝融王婚約のことを談す

宮内省より事務所に行くとき車中にて、平田東助か武井守成を召ひ、守成より其父守正に説き、朝融王婚約解除問題に付頑固なることを云はさる様に勧むることを命したる趣なることを話し掛け、未た終はらさる中に事務所に達したるに付、帰途又車中にて其談を継続せり。

内子の体温

○内子体温三十六度四分。

九月二十五日

○九月二十五日木曜。曇後晴。

○午前八時三十分より出勤す。

尿量

○昨日の尿量千七十五瓦。

国府種徳来る　詩を国府に交す

○午前十一時頃国府種徳来る。予、一昨日来訪したる趣なるか、何か用事なかりしやと云ふ。国府、別に用事なし。先日来身事に付面倒を掛けたる挨拶に行きたるまでなりと云ふ。予、之に結核捍菌の詩及高領児の詩を交す。

国府身事を謀る

国府尚ほ身事を嘱す。

絨緞価一万二千円

○午後零時後千種ノ間に行き、髙島屋より売に来り居る絨緞を観る。イスパニア製十坪にて一万二千円なりと云ふ。

宗秩寮に過る

○千種ノ間より返るとき、宗秩寮に過きる。山田益彦のみあり。

酒井忠正婚約解除を申出すことを拒む

予、徳川頼倫のことを問ふ。山田、尚ほ二、三日は出勤せさる模様なり。武井（守成）の談に依れは、酒井（忠正）は徳川に対し酒井の方より朝融王の婚約解除のことを申出すことは出来難き旨を明答し、徳川は今日牧野（伸顕）に会見を申込みたるも、牧野の都合にて明日会見することゝなり居る趣なりと云ふ。

松平慶民来り、朝融王婚約のことを談す　酒井忠正方の相談会

○午〔後〕一時五十分頃松平慶民来り、武井守成の談に依れは、其父守正か酒井（忠正）に面談して相談会を請求し、昨日相談会を開き、武井守成も其席に列したるか、酒井より、婚約解除のことは酒井より申出し難き旨を酒井より徳川へ明答したる旨を報告し、相談人の間に種々の意見ありたるか、久邇宮又は宮内省より公然解約の申込あれは、之に応することは一同異存なきことゝなりたる趣なり。成る程新聞等にては承知し居れとも、朝融王か心か変りたることは誰よりも聞きたることに非す。此の如き根拠なきことに付、酒井の方より辞退する理由なしとの主張あり。守成より、今日の相談会の模様は非公式に守成より関屋貞三郎に報告することを謀り、異議なかりし趣にて、今日守成より関屋に話すとのことなりし故、自分（松平）も守成と共に関屋の室に行き、守成より其旨を報告したる所なるか、是は暗に宮内省なり、又は宮なりよりの申込を促す趣意とも解せらるとの談を為し、尚ほ松平は、酒井も明瞭に徳川に拒絶すること出来たるや否も分らす、徳川は明日又今暫く待つことを求むるやも計り難しと云ひ居りたり。

内子銀行及三越に行く

○午後、内子第一銀行に行き、預金を取り、三越に過り、物を買ひたる由。

閑院宮より葡萄酒を贈らる

○午前、閑院宮邸より属官千国四郎をして赤葡萄酒三瓶、白葡萄二瓶を贈らしめらる。予か寛子女王の一年祭に鏡餅を供へたるに酬ひたるなり。

先考詩文拾遺の事由

○先考詩文拾遺の事由書を浄写す。

九月二六日

○九月二十六日金曜。曇後晴。

尿量

○昨日の尿量九百七十五瓦。

有馬頼寧氏の長男頼秋の死

○午前八時十分頃有馬頼寧氏邸より電話にて、其長男頼秋の死を報す。乃ち八時三十分より馬車に乗り、往て弔す。頼寧氏、其姉禎子、有馬秀雄、仁田原重行、稲田昌植〔東京外国語学校教授、旧洲本城主稲田家当主、男爵、妻久米子は有馬頼万二女〕、有馬敏四郎等に面す。頼秋は本月十六日より大腸カタルに罹り、額田某の病院に入り、治療したるか、昨夜死去したりとのことなり。頼寧氏、夫人は二ヶ月許前より腎盂炎と神経衰弱に罹り、赴褥中なりと云ふ。予、仁田原に花若く〔は〕香料を供することを嘱し、一時間許にして帰る。

宮内省に出勤せす

頼秋の病は赤痢の如き容体なるも、其届出は為さゝり〔し〕由なり。然れとも、予は其家に行きたる故、今日宮内省に出勤することは見合せたり。尤も頼秋の遺骸は尚ほ病院に在りとのことなりし故、是非出勤を止むるにも及はさることならん。赤

痢の届出を為し居らさる趣に付、西野英男に電話し、今日は都合に因り出勤せさる旨を通知し、其理由は之を告けさりしなり。

内子三越に行く

○午後内子三越に行き物を買ふ。

河村善益の葬に会す

○午後二時三十分より青山斎場に行き、河村善益の葬に会す。清浦奎吾、大木遠吉、金井四郎、田部芳、伊藤景直其他の知人数十人に遇ふ。

二上兵治、予か特別委員に指名せられたることを告く

二上兵治、関東州に施行する刑罰附の勅令案、枢密院に御諮詢ありたるに付、貴官（予）を特別委員に指定せられ、先刻書類を発送し置たる旨を告く。

晴雨計人形のこと

予、金井（四郎）に先日盛厚王、彰常王両殿下に呈したる晴雨計の人形は工合宜しきやと云ふ。金井、一個は工合宜しきも、一個は宜しからさる故、調節し置たりと云ふ。四時前家に帰る。

内子為替を作る

○内子三越に行くとき、一ツ木郵便局に行〔き〕、強五郎に送る郵便為替を作る。

旧作の詩を草稿に写す

○午後旧作の詩を草稿に写す（本年七月以後の分）。

先考の詩の目次を作る

先考の詩拾遺目次を作る。

九月二七日

○九月二十七日土曜。曇微雨寒。

尿量

○昨日の尿千四百五十瓦。

○午前八時三十分より出勤す。

諮問第四号小委員会の決議事項決議月日を調査す

○午前、諮問第四号小委員会決議事項の年月日を調査し、之を決議事項書に記入す。

入江貫一に国府種徳の身事を謀る

○午後零時後食堂にて入江貫一に、先日国府種徳の身事に付談したるとき、本年九月までの期限は国府の望に因り延はしたるもの、而して西村天因死亡後の補欠は他に人選中とのことなりし故、国府のことは到底見込みなしと思ひ居りたる処、其後国府より関屋貞三郎に十一月まて延期のことを談したる処、関屋は異議なく之を承諾し、又国府か今後旅行を止むる旨を君（入江）に話したる処、君（入江）より旅行を止むるならは、更に考へ見るへき旨の話ありたりと云ひ居るか、何か工夫あるへきやと云ふ。

入江、自分（入江）は更に考へ見るへしとまて云ひたる訳に非す。初め内大臣府の用事は臨時に起ること多きに付、国府の如く旅行する人には此一事丈けにて不合格なりと思ひ、其旨を告け置たるか、国府か旅行を止むると云ふことゝなれは、此点は自分（入江）の考か相違せりと云ひたるまてなりと云ふ。予、然るか。尤も関屋の話は兎角行違ひ多し。国府は十一月までは確かに延期を承諾したるものと思ひ居りたる趣なるか、其後杉（琢磨）より関屋か十一月までの延期を承諾したるは台湾行啓記事編纂の竣成期限のことにて、国府の御用掛は矢張り九月限にて解く積りなる故、之を承知せよと云ひ、国府は御用掛を解かれては行啓記事編纂にも不便利なる故、御用掛も延期することを望み、杉か然らは十一月まては関屋に交渉し見るへく、其期に至れは編纂か終了せさるも、御用掛を罷むるに付、之を承知し置くへき旨を告け、国府も之を承知したりとのことなりと云ふ。

入江、然るか。自分（入江）は国府の話にて十一月まては確かに延期することゝなりたるものと思ひ居りたり。内大臣府の方の人選は図書寮の吉田増蔵〔漢学者、図書寮編纂官〕と云ふ者（吉田は予の記臆確かならす）適任なりと云ふ人多き故、其人にせんかと思ひ居るか、其人か果して適任なるや、又其人か果して承諾するや、只今の処にては分らす。又其外には誰も心当りなし。国府も候補者の一人には加へ置きて宜しからん。然し、内大臣丈けにて決することに非す。宮内省にて果して国府を如何様に見居るや、其辺も分らすと云ふ。予、純粋の漢学者ならは、人もあるへけれとも、夫れにては間に合はす。国府は幾分法律を学ひ居る故、現今の事情には通し居るへしと云ふ。

入江、国府より内大臣（平田東助）には十分に信せられ居る様申し、平田の詩も添削したることも、平田か信用し居る証明として話したるも、平田は左程には考へ居らさる様なりと云ふ。予、兎も角含み置き呉よと云ふ。

予、将に去らんと〔す〕。入江、朝融王の婚約問題に付ては何か聞きたりやと云ふ。予、伝聞はあれとも、直接には何も聞かすと云ふ。時に零時五十分頃にて、予は司法大臣官舎に行かさるへからさるに付、食堂を出つ。

入江貫一、牧野伸顕か朝融王の婚約解除問題に付自己の意見を西園寺公望、平田東助に言明し居るこ〔と〕を説く

入江も予と共に廊下を歩し、牧野（伸顕）は余程強く西園寺（公望）にも話し居る模様なりと云ひ、入江は予〔の〕室に行きて談せんと云ふ。予は是より他に行かさるへからすと云ふ。入江、然るかと云ひて歩を停め、牧野は内大臣（平田東助）にも此問題は酒井（忠正）の方より解約を申出てされは、絶対に宮の方より解約することは為すへきものに非さる旨を説き、西園寺公にも同様の趣旨を説き居るとのことなり。先日西園寺に逢ひたるとき、自分（入江）より、酒井より解約を申出てす、牧野より婚約遂行を久邇宮に進言しても、宮は到底承知せられさるへく、宮より解約を申込まるるか、又は宮内省にて解約の取計を為さは、酒井の方は承知すへきも、牧野自身は其取計を為す訳に行かす。又宮より解約の申込を為さしむる様のことを為しては、宮内大臣の職責を違ふへく、いつれにしても牧野の進退問題となる懸念ある旨を談したる処、西園寺は仕方かなきに非すやと云ひ居りたり。十月初には西園寺も上京することなるに付、其上にて尚ほ話を聞くことにすへしと云ふ。予、此問題は大臣（牧野）か之を漫過するは宜しからすと思ふ。聞けは、明後日より京都に行き、一週間許滞留するとのことなり。懿徳天皇の祭は次官（関屋貞三郎）にても済むことに付、大臣（牧野）自ら行くにも及はさるへしと思ふか、如何なる訳なるへきやと云ふて別る。

諮問第四号に付小委員会を開く

○午後零時五十五分頃より歩して司法大臣官舎に行き、諮問第四号の小委員会を開く。

花井卓蔵、牧野英一を委員となすことを謀る

開会前花井卓蔵より、牧野英一か小委員会の有様に憤慨し居り、是より主査会を開くことになりても、幹事にては意見を述へても、格別の効果もなきことに付、同人を委員と為し度。君（予）か牧野と泉二新熊、小山松吉等を比較し、牧野か卓絶し居ると云ひたるは適評にて、自分（花井）も至極同感なり。刑法を改正して少しの新味を見出さゝる様にて、恨むへきことなり。牧野をして十分に力を尽くさしむる必要あり。

穂積陳重の意見

依て穂積陳重に、君も牧野に重きを置きたる旨を述へ、同人を委員に任することを説き、穂積も同感の意を表し居りたり。

岡野敬次郎の意見

然るに、岡野敬次郎か他の用務にて、自分（花井）の処に来訪したるに付、此ことを話したる処、牧野の人物如何は別問題とし、学問の点に至りては泉二等とは比較にならす。只委員となることに付ては少しく困ることあり。其理由は諮問第一号の方にも鳩山秀夫（東京帝国大学法学部教授、臨時法制審議会幹事、民法学者、鳩山一郎の弟）、穂積重遠等幹事として勉強し居れり。牧野を委員とすれは、鳩山等も委員となさゝるへからす。然るに委員には定員ありて、皆委員となす訳に行かす。故に牧野は臨時委員と為したらは宜しからんと云へり。右の次第に付、君（予）より穂積に牧野を臨時委員と為すことを説き呉よと云ふ。予之を諾す。

泉二新熊、小山松吉等か偏固なる意見を主張する原因

花井、泉二、小山等か偏狭なる意見を有する旨を談す。予、泉二、小山等は平沼（騏一郎）等の意を承けて、彼の如き説を為すものと思ふと云ふ。

花井卓蔵、平沼騏一郎、鈴木喜三郎等を評す

花井、固よりなり。平沼、鈴木（喜三郎）抔も、松田（正久）抔か司法省に居りたるときは、彼の如く秘密主義には非さりしも、大木（遠吉）か司法大臣と為り、何事も平沼等の云ふ通りになりたるときより、すつかり体度を変へ、全く御殿女中風になりたりとの談を為せり。

花井卓蔵又牧野英一を委員となすことを申す

是まて〔て〕談を終はり、小委員会を開き、午後四時十五分頃閉会し、将に去らんとするとき、花井復た予を追ひ来り、先刻のことは主査委員会を開く前に、委員となる様に穂積に話し呉よと云ふ。主査委員会は今日の小委員会にて十月十五日午後一時より開会することゝすへき旨談合せり。午後四時二十分頃より馬車に乗り、家に帰る。馬車は四時に司法大臣官舎に来る様命し置たるなり。

有馬頼寧氏の家に行き、頼秋の霊に礼す

○午後七時より人力車に乗り、有馬頼寧氏の家に行き、頼秋の柩前に礼し、有馬泰明と暫話す。

頼秋に供へたる花輪のこと

予有馬に、昨日仁田原重行に供物のことを依頼し置たるか、取計ひ呉れたるへきやと云ふ。有馬、既に柩側に供へあり。君（予）、境豊吉、松下丈吉、松浦寛威の協同にて大なる花輪なりと云ふ。七時五十分頃家に帰る。

九月二八日

○九月二十八日日曜。半晴。

有馬秀雄電話にて喪主のことを謀る

○午前九時頃有馬秀雄より電話にて、有馬頼秋の喪主は弟頼春か之に当る積りの処、同人は痼疾の喘息起り、喪主と為り難し。末弟頼義《チカ》をして喪主たらしめんとしたるも、頼寧氏夫人か十歳未満のものをして喪主たらしむることを嫌ふか、如何したらは宜しからんかと云ふ。予、十歳未満にても他に人なき場合には已むを得さることなるに非すや。然し、病中の夫人かどーしても不気済みならは致方なし。頼春を喪主と為し、其代人を立つるより外、方法なからん。頼春の代人を立つることゝならは、代人たるには誰か適当なるや。敏四郎にては如何と云ふ。有馬、敏四郎は頼秋の叔父に当る故、不可ならんと云ふ。予、然らは夫人をして頼義を喪主となすことを承知せしむるより致方なからんと云ふ。

有馬頼寧氏の家に行き、次て斎場に到り頼秋の葬に会し、北白川宮の使を前導す　会葬者に挨拶す

○午前十一時に喫飲し、十一時三十分より有馬頼寧氏の家に行く。有馬秀雄に喪主のことは如何なりたるやを問ふ。有馬、斎場丈は頼義をして喪主たらしめ、墓所にては別に喪主を立てす、適宜の取計を為すことにて承諾を得たりと云ふ。十二時より柩を青山斎場に移す。他は自動車にて斎場に行き、予は人力車にて行く。然し、予は近路を取りたる為、斎場に達したることは柩に先ちたり。斎場にて有馬秀雄より予に、北白川宮の使を導き葬場に到ることを嘱し、竹田宮の使の案内は渡辺直達に嘱したり。僧侶の引導終りたる後、予先つ北白川宮の使犬塚某を導き葬場に行き、次て渡辺直達、竹田宮の使古川義天を導き来る。

祥雲寺に行き、頼秋の埋葬に会す

犬塚か去るとき、予又之を導き、其自動車に乗るを待ち、予亦斎場内に入り、奥平昌恭、仁田原重行外数人と共に会葬者に会葬を謝し、奥平謝辞を述へ、直に斎場の入口に立ちて会葬者に謝し、次て斎場に入り焼香し、一時頃より又人力車に乗り、祥雲寺に行き、埋葬に会す。埋葬のときは喪主を要せさる積りの処、頼寧氏か頼春をして喪主たらしむることを望み、敏四郎をして頼春を迎へしめ、頼春は疾を力めて墓所に来りたり。頼春の来たるを待つ為、二十分間許を徒過し、直に埋葬に掛り、五時頃之を終り、予は人力車に乗り、他に先ちて帰る。

内子、荒井賢太郎の家に行き、長男静雄婚約成ることを賀し物を贈る

○内子は午後零時後より荒井賢太郎の家に行き、静雄〔南満洲鉄道株式会社勤務〕の結婚を賀する為、五十円の鰹節を贈り、又外に日田の羊羹及晴雨計人形を贈り、午後四時後家に帰りたり。

尿量

○昨日の尿量千二百七十五瓦。

松岡淳一来る

○午後松岡淳一来る。予も内子も在らす。

婢ヨシを雇ふ

○下婢ヨシを雇ふ。

九月二十九日

○九月二十九日月曜。大雨。

尿量

○昨日の尿量千二百瓦。

内子、直人の家に行く

○午前八時頃より内子、其兄直人の家に行く。閑院宮より贈られたる葡萄酒赤白各一瓶を贈る。

○午前八時三十分より出勤す。

松平慶民、朝融王婚約解除のことを談す

○午前十時頃松平慶民来り、朝融王の婚約解除問題は益々行き悩み居り、いつれにしても宮内大臣の進退問題とならされは済まさることになりたる様に思ふ旨を述ふ。

予、松平慶民に牧野伸顕か婚約解除に関する意見を西園寺公望、平田東助に言明し居る趣なることを談す

○予、宮内大臣（牧野伸顕）は西園寺公（公望）にも、平田（東助）にも此問題は酒井（忠正）の方より解約を申出てさる以上は、解約すへきものに非さる旨を断言し居るとのことなり。然れは、酒井より解約を申出てされは、約束の通り遂行せさるへからさることゝなるか、是は又久邇宮の方にて御承知なかるへきに付、兎も角苦しき立場となるへし。全体久邇宮にては解約を申込みても宜しとの御考あり。酒井の方にても宮よりか、又は宮内省よりかの申込あれは、解約に応する考なる様に聞き居れり。

徳川頼倫、牧野伸顕の妨害

然れは、此事件を今日まて未解決と為したるは、宗秩寮総裁（徳川頼倫）と宮内大臣（牧野）と妨害したる為とも云はれさるに非すと云ふ。松平、其通りなりと云ふ。松平は尚ほ朝融王臣籍降下の必要を説き居りたり。

金井四郎、蒲穆の書状を示す

○午前十時後金井四郎来り、蒲穆より金井に贈りたる書状を示し、御内儀に行き、後刻復た来ると云ふて去れり。

稔彦王殿下滞欧延期の手続に関する蒲穆の考

蒲の書状には、御用取扱のことに関する金井より伺の電信を発せさりし事由を説き、又稔彦王殿下の滞欧延期の勅許を願ふときは、予め殿下に伺ひたる上、手続を為す方宜しかるへき旨を書き居りたり。少時の後金井来る。予、蒲の書状、滞欧のことは実に分からさることとなるも、今般は致方なし。予め殿下の内意を伺ひ、更に何年間の延期を願へ〔り〕とのことなれば、其通の願書を出す外、致方なしと云ふ。

裕仁親王殿下より稔彦王殿下に贈りたまふ書状のこと　裕仁親王殿下より朝香宮殿下に贈りたまふ書状のこと

金井、松平（慶民）より、摂政殿下より稔彦王殿下に贈りたまふ書状の内容書を示し呉れたりとの談を為す。予、摂政殿下より書状を贈りたまふことになりたる始末を談し、且朝香宮殿下にも贈りたまはされは、不可なることを談したる趣を告く。金井、朝香宮殿下に対する内容書も見たりと云ふ。蒲の書状には、稔彦王殿下は只今北仏蘭西〔フランス〕旅行中にて、池田亀雄か随行し居る旨を書きありたり。

穂積陳重を訪ひ、牧野英一を委員となすことを謀る

○午後一時四十分より馬車に乗り、司法大臣官舎に行き、穂積陳重に面会し、法制審議会幹事牧野英一を審議会の臨時委員と為し、諮問第四号主査委員会に列せしむることを求む。穂積、大学の刑法教師の主席なるに付、相当のことなりと思ふ。今日副総裁平沼騏一郎も来る筈に付、打合せたる上にて、成否の様子を報すへしと云ふ。

諮問第四号の主査委員、幹事の異動取調を嘱す

予、審議会の書記某に諮問第四号主査委員及幹事の異動の取調を嘱す。某、人事のことは谷村銀次郎の担当なるに付、早速に谷村に取調のことを通知すへしと云ふ。二時頃より直に家に帰る。雨甚し。一時五十分頃司法大臣官舎にて穂積に面会することは、午前電話にて打合せ置たることなり。

法制審議会書記に藤沢幾之輔の委員を免せられたる年月日の取調を嘱す

○午前十時頃西野英男に嘱し、司法属高橋治俊に電話し、藤沢幾之輔〔衆議院議員・憲政会〕か法制審議会委員を罷めたる年月日を問はしむ。西野、高橋は出勤し居らす。小谷某〔二郎、司法省刑事局属官〕も審議会に関係し居るに付、同人に問ひたる処、後刻通知すへしと云へりと云ふ。少時の後西野来り、藤沢か罷めたるは大正十二年六月十一日なる旨、小谷通知し来りたる旨を報す。又少時にして西野来り、為念官報を取調へたる処、十二年六月十一日に相違なしと云ふ。

西野英男に小山松吉か委員を命せられたる年月日の取調を嘱す

予、官報を見たらは、序に小山松吉か委員を命せられ〔し〕は、十一年五月なることは分り居るか、日を取調呉よと云ふ。西野之を取調へ、五月二日に委員と為り居る旨を報す。

東京市勢調査表用紙を配付す

○午後東京市勢調査掛より、十一月一日に提出すへき市勢調査用紙五枚を配付す。

屋外のトタン塀略々成る

○一週間許〔前〕より安藤則光か著手し居りたる屋外のトタン塀大体成る。但表門の右側の構は未た成らす。

松岡淳一来り、予か家に寄寓することを請ふ

○午後七時後松岡淳一来り、先日予より予か家に寄食して宜しき旨を告け、松岡は叔父に相談して返答すへしと云ひ居りたるか、今夕寄食を請ふ旨を述ふ。

松岡淳一に肺患のことを談す

予、昨年まて安か来り居り。安は肺患に罹り、其弟久も同病に罹り居れり。安の居りたる室は其砌消毒を為し置き、松岡の部屋は他に定むる積りなるも、宣子は松岡か肺患を畏ることはなかるへきやと心配し居れり。如何と云ふ。松岡少しも頓著せすと云ふ。

松岡淳一の行動に干渉せさること

予、松岡は大学生にて、既に一家の戸主なるに付、万事自制に任せ、予は干渉せさる旨を松岡に告く。

松岡淳一明日より寄寓すること

松岡、明三十日午後より寄寓すへき旨を告け、八時後辞し去る。

九月三〇日

○九月三十日火曜。曇。

尿量

○昨日の尿量千三百三十五瓦。

東京市勢調査表用紙を請求す

○午前八時後杉野某をして、市勢調査掛に行き、個人調査表用紙一枚を請求せしむ。松岡淳一か今日より来寓することゝなり、用紙一枚不足するを以てなり。

賜金局より更正恩給証書の交付を請求すへき旨を通知す

○午前恩給局より通知したる趣にて、貯金局より端書を以て恩給金額更正の新恩給証書の交付を一ツ木郵便局に請求すへき旨通知し来る。

○午前八時三十分より出勤す。

侍医寮に行き、血圧を検す

○午前九時後侍医寮に行き、大波良卿に嘱し、血圧を検せしむ。初御料の血圧検査器を以てしたるに、百四十四にて、前回より二十低し。依て更に前回の血圧検査器を用ゐたるに、百五十八にて、前回より六低し。多納栄一郎の病院にて検したるときは百八十と云ひ、本年五月頃侍医寮にて検したるときは百六十八、若は百六十七と云ひ、本年八月侍医寮にて検したるときは百六十四と云ひ、赤十字社病院にて検したるときは、右腕は百七十、左腕は百六十八と云へり。此の如く差異あるを以て、孰れを正当とすへきや分らす。大波は其内侍医寮に当直する日に、更に尿を検査すへしと云へり。

金井四郎来り、徳川頼倫辞職する模様なることを談す

○午前十時後金井四郎来り談す。別に用事なし。徳川頼倫か辞職する旨の今日の新聞に記載したることに付談したり。予、摂政殿下より稔彦王殿下に贈りたまふへき書状は既に発送せられたるへきやと云ふ。金井、松平（慶民）は既に発送せられたるならんと云ひ居りたりと云ふ。

酒巻芳男に朝融王婚約問題のことを問ふ

○午前宗秩寮に行き、酒巻芳男に朝融王婚約問題に付ては、別に聞く所なきやと云ふ。酒巻別に聞く所なしと云ふ。

野村礼譲、朝融王婚約問題のことに付事情を問ふ

○午前予か宗秩寮より審査局に返るとき、野村礼譲追ひ来り、審査局に入り、朝融王問題は困り居るか、何か工夫なきやと云ふ。予は此問題に付ては、伝聞の外何も聞く所なし。予の考は云々、徳川（頼倫）、宮内大臣（牧野伸顕）の考は分り難しと云ひ、予の考の大略を説きたり。野村、自分弁に国分（三亥）も同様、大臣等の考か分らすと云ひ居れり。関屋（貞三郎）は徳川の手にて弁せさるならは、関屋自ら酒井に交渉しても宜しと云ひ居りたることあり。其ことも邦彦王殿下に申上け置きたる故、殿下は最早関屋か交渉しても宜しかるへしと考へ居らるるやも計り難しと云ひ居りたり。

野村礼譲か困り居ることを酒巻芳男に告く

○午前十一時頃宗秩寮に行き、野村礼譲は頻りに困る旨を話し居りたり。此処にても話したるならんと云ふ。

酒巻芳男、入江貫一より聞きたることを告く

酒巻、話し居りたり。入江（貫一）の談に、久邇宮より金を出せは、宮の為に働くと云ひ居るものある趣に付、野村に其ことを聞きたる処、今日まては右様のものなしと云へり。依て、十分注意して、右様の者をして関係せしめさる様に談し置けりと云ふ。予、又々壮士を伴ひ、酒井家を脅迫する様のことありては大変なりと云ふ。

国府種徳に予か入江貫一と談したる模様を告く

○午後一時前食堂より返るとき、参事官附属室に入り、国府種徳を呼ひ来り、国府の身事に付、予か入江（貫一）と談したる概略を告け、入江の方は望少し。何か他に工夫なきか、直接に平田東助に依頼する工夫はなきやと云ふ。国府、一木（喜徳郎）に依頼して平田を説かしむることは出来るならん。尚ほ考へ見るへし。入江か今少し力を入れ呉るれは宜しきもと云ふ。予、入江は君の学力を保証する訳に行かさるへし。一木の方は適当ならん。今少し考へ見たらは宜しからんと云ふ。

入江貫一と朝融王婚約問題のことを談す

○午後二時後入江貫一を訪ひ、朝融王のことを談す。入江、牧野（伸顕）か西園寺（公望）、平田（東助）に対し、摂政殿下の皇族を監督せらる点より、解約を御認めになることは出来さる旨を説き、西園寺も平田も、理論は其通りにて正当なる旨を答へ、牧野は酒井家より解約を申出てさる以上は、約束を遂行する手段を取るより外に致方なく、遂行は宮にて承知なかるへきに付、非常に困難なることなり。

入江貫一に壮士か久邇宮の為に働かんとする模様あるやを問ふ

久邇宮より金を出せは云々のことは、赤池濃（前警視総監）の話に、宮邸に壮士か出入し居り、其壮士は宮の為に深切を尽くすに非す、金を得ることか目的にて、金を得れは何事も為すへき人物なりとの話を聞き、之を関屋（貞三郎）に告け、松平（慶民）か宮附事務官に問ひたる処、今日まては何事もなしと云ひたる趣なり。此節の問題は何とか解決すへきか、全体久邇宮のことは困りたるものなり。

西園寺公望、久邇宮のことに付憂慮し居ること

西園寺公は非常に之を心配し居りたりと云ふ。

久邇宮の財政のこと

予、宮の財政は余程不足するならん。勿論皇室より相当のことはなさるる必要あれとも、無限にては困ると云ふ。

西野英男に表紙を購ふことを嘱す
○午後三時頃西野英男に書籍の表紙五冊分を購ふことを嘱す。
松岡淳一来り寓す
○午後三時頃松岡淳一来り、今日より予か家に寄寓す。
内子熱を発す　褥に臥す
○内子、三十七度の体温にて臥褥す。

大正一三年一〇月

一〇月一日

○十月一日水曜。雨。
尿量
○昨日の尿量千六十瓦。
内子臥褥
○内子臥褥す。
東京市勢調査表
○市勢調査表を出す。世帯表一枚、個人表六枚、個人表は予、内子、松岡淳一、婢石崎トシ、白井ツル、高橋ヨシの分なり。
西野英男書籍の表紙を致す
○午前九時頃西野英男、予か昨日嘱し置きたる書籍の表紙五冊分を致す。代価五十銭を西野に交す。
予算委員仰付らる
○午前九時二十分頃西野英男来りて、辞令書を交す。其書左の如し。

帝室会計審査局長官　倉富勇三郎
予算委員被仰付
大正十三年十月一日
宮内省

枢密院会議
○午前九時三十分より宮中東三ノ間に在る枢密院控所に行き、十時より議場に入り、司法省官制中改正の件を議す。一も発言なく、三分間許にて原案を可決す。
金井四郎大正十三年度上半期の決算書を致す
○午前十一時二十分頃金井四郎来り、（大正十三年度上半期分決算書）一部を致す。東久邇宮家の決算なり。
稔彦王妃殿下の慰安方
金井、宮邸浴場改築完成し、非常に便利となりたること、汽鑵の代価は内匠寮より請求せさるに付、其儘に致し居ることを談し、
球戯場のこと
又妃殿下を慰むる方法乏し。今年夏三島の世子邸別邸にて、球戯を覚へられたるに付、球戯場を設けんとするも、適当の場所なく、之を設くるには二千円を要し、内匠寮にて承知せさるへしと云ふに付、予より内匠寮にて承知せさるならは、宮の費用にて作りても宜しかるへき旨を告く。
関屋貞三郎、池田邦助、川口知雄外一名を嫌ふ

金井又林野局高橋其三の談なりとて、関屋貞三郎か池田邦助〔帝室林野局事務官〕を林野局に転任せしめたること、川口知雄〔帝室林野局事務官補〕を林野局に転任せしめたることには非常に不満を有し、又某も大嫌にて、今後機会あれは、是非とも川口と某とは免職せさるへからすと云ひ居る趣なり。然るに本田は人物か大なり。関屋の云ふ通りにならさる故、其儘になり居るとの談を為せりと云ふ。

本田幸介は剛直ならす

予、本田か今少し関屋の云ふことに反対すれは大層宜しきも、御料地の払下抔に付ては本田は従循に関屋の意に従ふに付困る。是は高橋も東久世（秀雄）も同様なりとて、静岡県御料地払下問題の大略を談す。

小原駩吉の姻家

金井又小原駩吉の娘〔百合子、花子、園子〕は東郷彪の外、中橋徳五郎の子〔武二〕及三井銀行の某〔福井孝二〕等、いつれも資力ある所に嫁し居る談を為せり。

山田益彦、徳川頼倫を訪ふ旨を告く

○午後零時後食堂にて、山田益彦、午後徳川頼倫を訪ふ旨を談す。予、然るへく意を致すことを嘱す。

土岐政夫警察部の講習会にて刑事訴訟法の講義を為すことを謀る

○午後零時後食堂にて土岐政夫より、警察部にて皇宮警手に学科を授くることゝなり、自分（土岐）に刑事訴訟法の講義を為し呉よとのことなり。一度之を断はりたるも、他に人なしとのことにて、是非依頼するとのことなり。差支なかるへきやと云ふ。予時間を問ふ。土岐、一週二回とのことなり。何曜なるや、未た知らすと云ふ。予差支なかるへき旨を告く。

予の承諾前既に土岐か講師と為すことを決し居れり

然るに食堂にて、土岐、二荒芳徳及加賀谷朝蔵と談し居る所を聞けは、既に講師に決定し、酒巻芳男は今日講義を為したりとのことなり。予は、予の承諾を得たる上にて決定することゝ思ひ居りたるに、予の承諾前既に決定し居れは、不都合なるのみならす、警察部長の依頼にて職務外のことを為すは、官規上許すへからさることなるを以て、土岐を召ひ、之を糺さんと欲したるに、土岐は大審院に於ける難波大助に対する裁判傍聴に行きたりとのことなり。

伊夫伎準一をして官房に行き、講習会の手続きを問はしむ

依て伊夫伎準一を召ひ、此ことに付聞き居ることなきやを問ひたる処、なしと云ふ。予、然らは官房に行き、如何なる手続になり居るやを取調見るへき旨を告く。伊夫伎、官房に行きたるも、杉琢磨も居らす、川西文夫の談に依れは、警察部にて講習会を催ふすことは、官房にて決定したることなるも、規則等は作らす、講義を嘱託する手続になり居れり。土岐のことは大谷正男より講師に加ゆることを申込みて、之を加へたるものなる趣を話したりと云ふ。予、警察部長の依頼にて職務外のことを為すは不都合なり。大臣より命せされは不可なりと云ふ。

関屋貞三郎の室に行く　関屋在らす

予は関屋貞三郎に其ことを談せんと思ひ、其室に行きたるも、関屋か在らさりしを以て返り来れり。

高義敬来る

○午後一時四十分頃高義敬来り、今日は懿徳天皇の千四百年祭にて、勅任官総代となり、参列せり。

世子妃の歌のこと

夫れより一度世子邸に帰りたる処、世子妃より明日前田利為の家にて、故渼子の三年祭を行ひ、歌会を催ふすに付、妃殿下の臨席を請ひ度とのことなるも、世子殿下演習旅行中にて、妃殿下は出席は出来さるも、歌丈は贈り度とて、下田義照に添削を依頼せられ、只今直に添削する様申聞けられ、下田は賢所の方に居るとのことに付、其方に持たせ遣はし置きたり。又林野局より紀尾井町の賜邸は掃除出来たるに付、受取るへき旨申来りたり。之を受取れは保管せさるへからさることゝなるに付、一度内匠寮に問ひ合せ見るへしと云ふて去る。少時の後高復た来り、歌は下田か添削したりとて之を示す。題は海上月なり。歌七、八首あり。下田は其中二首を選み居りたり。

紀尾井町賜邸保管のこと

紀尾井町の邸地のことは、東久世秀雄は牧野伸顕に随行し旅行中、鹿児島虎雄に問合せたる処、宮内省にては紀尾井町賜邸の隣地に御料地として残り居る所あるも、其処には番人抔は置き居らす。次官官舎等は近日建設に着手する予定なり。李王邸の方は来年度まては建築には着手せす、建築費を賜はり、李王職にて建築するか、又は宮内省にて建築するかも承知せすと云へり。自分（高）より建築落成して李王に賜はるまて、宮内省にて保管することは出来さるやと云ひたるも、是も分らすと云へり。予より、建築設計に付篠田治策に上京を命すとのことなりしか、彼のことも止めたるへきかと云ふ。高、止めたる様なり。鹿児島より、篠田は上京せさるやと云ひたる故、李王職にては誰も賜邸を喜ひ居らす。李王の住居を必要とせさるは勿論、世子の為にも賜邸の必要を認め居らさる故、進みて上京を命する様のことはなしと云ひたる処、鹿児島は然るかと云ひ居りたりと云ふ。

武彦王殿下結婚のこと

○午後二時後関屋貞三郎の室に行く。関屋正に山階宮宮務監督大石正吉と武彦王殿下の結婚のことを談し居り、松平慶民も其処に在り。談の要旨は、大石は武彦王殿下は梨本宮の規子女王を娶らるる意あり。牧野伸顕は規子女王の性質に付懸念あるに付、更に他の人を穿鑿し見るへき旨を大石に申聞け、大石は賀陽宮の大妃の意向を伺ひたる処、大妃は規子女王にて宜しからんと云はれたり。然し、牧野よりの談あるに付、是より第二の候補者を捜かし見るへし。但し武彦王殿下か考を変へらるる程の候補者を得ることは難からんと思ふ旨を述へ、関屋は第二候補者を捜かすにしても、梨本宮に分らさる様になす必要あり。其方法としては、松浦寅三郎を宮内省に召ひて、女子学習院の卒業者、又は在学者のことを問ふ様にするか宜しからんと云ひ居りたり。

皇宮警察部にて講習会を開き土岐政夫に講師を嘱託することの手続の不当

大石、松平か去りたる後、予より土岐政夫か皇宮警察部に開く講習会の講師となることに付、土岐より今日内談を受けたるに付、局務に差支なけれは宜しき旨を答へ、予は其ことは内談にて、其以上相当の手続を経て決定することゝ思ひ居りたるに、豈図らん、内実は既に決定し居り、土岐は明日より講義を始むるとのことなり。警察部長の依頼にて、職務外の行為を為すは官規上不都合なり。適当の手続を為さしむる必要あるへしと云ふ。関屋、夫れは不都合なり。官房にても本多（猶一郎）に講義を嘱託するとのことなりしか、秘書官は臨時の用務あるに付、本多に嘱託することは不可なりと云ひ置きたり。土岐のことは知らさりしか、夫れは相当の手続を為さしむへしと云ふ。

川西文夫来り、講義を嘱託することの手続を謀る

三十分間許の後、川西文夫来り、土岐に講師を嘱託することは、警察部長か新任にて不慣の為手続か遅くなり、不都合となりたり。只今此の通り大臣の決裁を請ふ議案を提出し来れりとて、之を示す。之を見れは、警察部にて講習会を開くに付、省中の職員某々に講師を嘱託し度との趣意なり。川西、此ことか決裁になり、之に基きて警察部長より本人に嘱託したらは、夫れにて宜しからんと思ふ。実は自分（川西）も講師となることゝなり居り、今日より講義を始め呉よとのことなりしも、自分（川西）は手続か済まさる故、今日は講義を為さゝりしなりと云ふ。予、全体職員をして職務外の事を為さしむるには、大臣の命令なくは不可なり。予は大臣より命令するか適当なりと思ふと云ふ。

川西、初め警察部にて講習会を開くことの決裁を取りたるとき、講師は部内の職員に嘱託することも書き加へあり。講習会には規則もなきことに付、大臣か命するも適当ならさるへく、旁部長より嘱託する方、穏当ならんと云ふ。予、予は命令か宜しと思ふ。官制もなきことなれは、尚更命令か宜しと思へとも、行懸りかありて命令に為し難き訳ならは、部長より予に対し土岐に講師を嘱託し度に付、承諾を請ふ旨の照会を為し、予より同意の返答を為すことの必要あり。然らされは、審査局としては土岐は如何なることにて講師となりたるやを知るへき記録なきに付、不都合なり。此ことは独り土岐一人の問題に非すと云ふ。川西、成る程命令の方か穏当なるへし。今一度詮議することにすへしと云ふて去る。

内子の体温

○内子の体温、終日三十七度より三十七度一分まて、午後八時頃は三十六度四分となる。褥に臥す。

一〇月二日

○十月二日木曜。晴。

気候冷

午前六時後六十六度。出勤のとき冬服を着く。

内子臥褥

○内子褥に臥す。

尿量

○昨日の尿量九百四十五瓦。

○午前八時三十分より出勤す。

赤坂区役所に回答す

○赤坂区役所より議員選挙の資格取調の必要ある趣を以て、本籍住所、生年月日、職業、納税等のことを問合は〔す〕書面、一昨九月三十日に達したるに付、今日之に対する答書を郵便にて発送す。

加賀谷朝蔵来り、土岐政夫を講師に嘱することを謀る

○午後零時三十分頃加賀谷朝蔵来り、警察部講習所にて土岐政夫に刑事訴訟法の講義を嘱託することに付手続上不行届のことあり云々と云ふ。是より先、予は給仕をして土岐を召はしめ、土岐か来りたる故、土岐に対し急くことありやと云ふ。土岐、今より五分間許にて大審院に難波大助に対する裁判傍聴に行かさるへからすと云ふ。予乃ち土岐を伴ひ、審査官室に行き、昨日食堂にて土岐より警察部より講義の嘱託を為す談を聞きたるときは、一の内談にて正式の手続は其後に為すことゝ思ひ居りたる処、既に決定し居りたる模様にて驚きたれとも、他にも人ありたる故、其ことは何も云はす、審査局に返りたる後、土岐を召ひたるも、大審院に行き居るとのことなりし故、関屋貞三郎に談し、次て川西文夫か来り、談したる次第の概略を告け、土岐は実は自分（土岐）も昨日始めて話を聞き、今日より講義を為すへしとのことなりしも、今日は講義を始めす。全体手続は余り乱妄なりと思ひたりと云ふ。

自席に返りて加賀谷と話す。加賀谷、実は土岐か審査局の人なることは之を知らす。大谷（正男）に相談したることにて、手続は甚た不都合なりしと云ふ。是は土岐一個の問題に非す。仮りに土岐は君（加賀谷）の考の如く参事官専務の人なりとするも、君（加賀谷）との相談にて右の如きことを為すへきものに非す。官吏の職務外のことを為さしむるには、大臣より命するか相当なり。故に、予は昨日其旨を川西文夫に談したる処、川西は初めより省中の人に嘱託する積りにて進行し来りたる故、嘱託にて済ましたしと云へり。

依て予は、然らは警察部長より審査局長官宛に土岐に講師を嘱託することの同意を求め、此方より異議なき旨の回答を送りたる上のことに嘱託する必要ある旨を述へ、結局川西は再議すへき旨を告けて去りたる訳なりと云ふ。加賀谷亦嘱託にて承知し呉よと云ふ。予、夫れは差支なし。然れとも、予は君の照会に因り、土岐をして職務外のことを為さしむる職権なきに付、君（加賀谷）よりの照会あれは、予より大臣に対し照会に応することの認可を受けさるへからすと云ふ。加賀谷、成る程大分面倒なり。命令の方簡便なる様なり。今一度詮議することにすへしと云ふて去る。

大谷正男か土岐政夫に講師を嘱することを諾したること

加賀谷か大谷正男か承諾したる旨を談するに付、予より果して大谷か承諾したるならは、大谷か不都合なり。何となれは、此ことか参事官の職務なれは、大谷か承諾しても宜しかるへきも、講義は参事官の職務に非す。然れは、大谷か之を諾することは出来さる訳なりと云ふ。加賀谷、大谷の承諾を求めたる訳にも非す、大谷か人選したるまてのことなりと云ふ。

西園寺八郎来り談す

○午後二時頃西園寺八郎来り、朝融王婚約解除問題を談し、此結果大臣、次官、宗秩寮総裁の進退問題となりはせさるや、又珍田大夫（捨巳）も辞意ある様なりとのことを談す。其他宮内省の弊を談し、二時四十分頃に到りて去る。

諮問第四号答中綱領案に捺印す

○午後二時三十五分頃、法制審議会より使をして諮問第四号の答中綱領案に捺印を求めしむ。之に捺印して返す。

西野英男より土岐政夫の執務振りを談す

○午後三時二十分頃西野英男来り、土岐政夫か多く参事官室に在り、審査局に在ること少く、万事不便なり。土岐の談にては、参事官兼務を命せられたるとき、白根松介より審査局は暇多きに付、主として参事官の事務を執るへしと云ひたる趣に付、其の為主に参事官室に在る訳ならんやと云ふ。予、左様のことあるへき訳なし。参事官の用あるときのみ、参事官室に行くか当然なり。本人に予より其旨を告知すへしと云ふ。

土岐政夫に加賀谷朝蔵と談したる始末を告け、且執務方に付命令す

三時二十五分頃土岐大審院より帰り来る。之を召ひ、先刻加賀谷朝蔵と談したる始末を告け、且参事官の用あるときの外、審査局に居るへき旨を命す。

穂積陳重に電話し、牧野英一を委員となすことの状況を問ふ

○午後六時後穂積陳重に電話し、牧野英一を法制審議会委員となすことの成否を問ふ。穂積、去月二十九日平沼騏一郎に謀りたる処、平沼は林頼三郎に謀りたる上にて決し度と云へり。昨一日枢密院控所にて平沼に様子を問ひたる処、平沼は林に相談の結果、林は他の幹事との権衡もあるに付、少しく考へ度と云ひたる故、暫く待ち呉よと云へりと云ふ。意ふに、他の幹事との権衡と云ふは、泉二新熊等のことなるへく、泉二を臨時委員となす必要あるならは、是も差支なかるへし。兎も角右の都合なる故、未た決せすと云ふ。予、司法部よりは豊島直通、小山松吉、林頼三郎等の主査委員あり。然るに大学よりは一人も主査委員なし。故に牧野を委員と為すは相当なりと思ふ。先日（九月廿九日）は、君（穂積）かよく諒解したるを以て、右等のことを詳述せさりしなりと云ふ。穂積、自分（穂積）も牧野は大学にても上席の刑法教授でもあり、委員と為すことは適当と思ふ。尚ほ君（予）よりも平沼、林に話し置き呉よと云ふ。

花井卓蔵に電話す　電話番号を誤る

少時の後、予、花井卓蔵に電話し、穂積と話したる状を告け、花井をして林（頼三郎）を説かしめんとす。花井の電話番号変更し居りて、通話することを得す。

内子の体温

○内子の体温三十六度九分。

一〇月三日

○十月三日金曜。晴。

内子臥褥

○内子臥褥。

尿量

○昨日の尿量千六百三十瓦。

○午前八時三十分より出勤す。

西野英男に嘱し、製本せしむ

○午前九時頃西野英男に嘱し、宮内省の経師匠をして、先日来予か編纂したる先考の詩文拾遺を綴らしむ。午後二時頃西野より編綴成りたる旨を告けて、之を致す。

審査官会議

○午前九時後より、伊夫伎準一の学習院の会計実況審査報告書に付審査官会議を開き、十一時頃に到り議了す。更に矢島正昭の実況審査に因り林野局に推問したる事項の弁明書に付会議し、十二時頃に到りて終る。

入江貫一に大倉喜八郎に贈る品物のことを謀る

○午後零時後食堂にて入江貫一に、大倉喜八郎の米寿祝を贈る品物のことは其後相談なきやと云ふ。入江、其後談なし。東久世秀雄か只今旅行中なり。同人か帰京したらは其上にて相談することゝすへしと云ふ。

入江貫一と朝融王婚約解除のことを談す　関屋貞三郎、徳川頼倫、久邇宮邸に行きたること

此時他の者は皆食堂を去りたるに付、予入江に、朝融王婚約解除のことに付昨日午後関屋貞三郎か久邇宮邸に伺候し、次て徳川頼倫か同邸に伺候したる趣なるも、如何なることを言上し、如何なる結果になりたるやは分らす。何か聞く所なきやと云ふ（関屋と徳川と久邇宮邸へ行きたることは、今日午前予か審査官会議を開き居りたるとき、酒巻芳男か来りて之を告け、談話の内容は分らす、二人か来邸したること丈は、野村礼譲より電話にて通知せりと云ひたるなり）。

大木遠吉か仙石政敬の依頼に因り酒井（忠正）家に行きたること

入江、其ことは之を知らさりしか、大木遠吉か仙石政敬の依頼に依り、武井守正に仙石に面会することの紹介を為し、武井は仙石は如何なる資格にて面会を求むるやを問ひ、仙石は久邇宮の親族の総代の資格なりと云ひ、武井も面会することは承知し居る趣なり。要する〔に〕、酒井の方より辞退することは望なく、婚約を遂行することも出来す、宮内大臣（牧野伸顕）の立場は非常に困難なることゝなる様なり。何か解決の工夫なきやと云ふ。予、大臣（牧野）か体度を変へて、解約の表面に立ち、責任を自己に負ふことゝなれは、解約出来くへきも、是までの行掛りにて意見を変することか出来されは困難なり。尤も一昨日山田（益彦）が徳川（頼倫）を訪ひたるとき、徳川は明日は好結果を得へしと云ひたる由。果して酒井の方より辞退することゝなりたらは、大臣（牧野）の立場も困ることなきことゝならんと云ふ。此時関屋貞三郎より給仕をして入江を召はしむ。予乃ち審査局に返る。

松平慶民来り、朝融王婚約解除のことを談す

松平慶民、予を追ひ来り。昨日仙石の依頼にて、大木遠吉か武井守正、三上参次、古市公威（星野錫（酒井伯爵家家政相談人、元東京商業会議所副会頭）は欠席）に酒井邸にて面会し、大木は此節のことは久邇宮か重々悪し。然し何分皇室にも関係することなる故、穏便に済む様尽力し呉よ。又此ことに付仙石政敬か諸君（武井等）に面会し度と云ひ居るに付、面会し呉よと云ひ、大木は酒井の方より辞退し呉よと云ふ様なることは、一言も云はすして去りたる由。其後酒井家の相談人は、仙石か宮の名代として来るならは談を進むへきも、一個の仙石として来るならは談を拒絶すへしと云ふことに決し、三上は京都に旅行することゝなり居り。三上は仮令宮の方より解約を申込まれても、約束を遂行すへしとの意見にて、今日も之を変せす。然し自分（三上）の不在中決定したることには苦情を云はす。寧ろ自分（三上）は旅行する方、好都合ならんと云ひ居りたる由なり。其次第は武井守成より之を話し、自分（松平）より之を関屋にも告けたり。

昨日関屋か久邇宮に行きたるは、徳川より酒井に談判するに付、条件の御諒解を求むる為とのことなりし故、関屋は殿下に対し、仮令殿下か徳川より申上くる条件をご承諾なされても、夫れて事件か解決するものと御考なさるる訳に行かさるへき旨申上け置たる趣なり。然るに、昨夜徳川の家職某より関屋に電話し、此節は愈々成功することゝなりたるに付、安心し呉よと云ひたる趣なり。関屋も最早徳川の手にて効を奏せさることは見極め居る模様なり。関屋は是まては幾分にても徳川を助くる積りにて、大木（遠吉）等にも話したれとも、此上は最早何ことも手を出さす、徳川か諦むるを待つ方宜しからんと云ひ居りたり。牧野や徳川か久邇宮の面目を損せさる様にと思ひ、強ひて酒井の方より解約せしめんとするも、最早内情は一般に知り居るに付、酒井より辞退せしめ〔し〕むれは、皇族の権力を以て、酒井を圧迫したりと思ふ丈けにて、少しも久邇宮の面目を保つことを得さるのみならす、却て罪を重ぬる丈けのことなり。若し是非とも酒井〔に〕辞退せしめんと思ふならは、大臣（牧野）か初めより自ら其局に当り、酒井に対して事情を打明け、諒解を求め、菊子病気等の事由にて辞退し呉よと云ひたらは、或は出来たることならんと思ふ。然るに、大臣（牧野）は表面は婚約遂行の意見を述へ、裏面には徳川を使ひ、酒井の方のみに責任を負はしめんとしたるは、余り〔に〕勝手なり。先日武井（守正）か解約の不可なることを大臣（牧野）に説きたるときも、大臣（牧野）は一々尤なりと云ふて賛成したる趣にて、今更酒井より辞退せしむる理由はなき訳なりとの談を為せり。

酒巻芳男、秩父宮の費用増額の始末を問ふ

○午前酒巻（芳男）か来り、朝融王婚約問題のことを談したるとき、先頃秩父宮の費用増額のことを協議したるとき、今年分は八千円を増すことゝなれり。秩父宮職員の要求は一万円なりしを八千円と為したり。其結果十四年一年分とすれは、八千円の倍額一万六千円と〔な〕す積なりしや、又は十四年度には二万円となす積りなりしや。秩父宮よりは十四年度二万円の増額を要求し、内蔵寮にては既に予算の要求を締切るときにもなり居るに付、一万六千円の増額にし度と云ひ居れり。何か貴官（予）の手控なかるへきやと云ふ。予、記憶せす。来年分なる故、八千円と為したることは確かなれとも、十四年度の額まて定めたることは覚へす。手扣の有無は取調へ見るへしと云ふ。

内子の体温　眩暈

○内子体温三十六度六分、褥に臥す。午後八時頃眩暈あり。

一〇月四日

○十月四日土曜。晴。

内子臥褥

○内子臥褥。

尿量

○昨日の尿量九百五十瓦。

○午前八時三十分より出勤す。

秩父宮費用増額のこと

出勤前、昨日酒巻芳男より嘱したる秩父宮費用増額に関する書類を調査す。書類なし。此件は議案なかりし様なり。次て六、七、八月頃の日記を閲みす。其事を見当らす。乃ち旧日記を携へて出勤し、酒巻に彼の件を協議したるは何月頃なりしかを問はんとす。酒巻十時後に到るも出勤せす。

審査官会議

○九時頃より審査官会議を開き、土岐政夫の主馬寮の実況審査報告書に付審査官会議を開き、十一時頃議了す。

秩父宮費用増額の協議を為したる月日

○午前十一時後酒巻芳男を宗秩寮に訪ひ、秩父宮経費増額のことを協議したるときの書類を調査したるも、其時は議案等なく、書類としては何も残り居らす。日記を閲せんと欲するか、協議したる月日を記臆し居らさるやと云ふ。酒巻之を確記せす。七月下旬頃なりし様に思ふと云ふ。

徳川頼倫婚約解除の成功を信す

予、徳川（頼倫）の状況は分らさるやと云ふ。酒巻、先刻電話にて、明後日（六日）には出勤するやを問ひたるに、徳川は只今の処にては、明後日は大概出勤出来るならんと思ふと云ひたるか、如何なる事情なるか解し難しと云ふ。予、酒井（忠正）の方の情報にては、中々徳川の計画の如く酒井より婚約の解除を申出つる様の都合とは思はれさるに非すやと云ふ。酒巻然りと云ふ。

秩父宮費増額の協議は十四年度の額に及はす

予審査局に返り、七月の日記を閲みす。同月八日の処に秩父宮の費用増額のことを協議したる記事あり。日記を携へて復た酒巻を訪ひ、其記事の趣意を告く。協議の結果は大正十四年度の増額まて決したるものには非さりしなり。

○正午より退省す。

書籍函、書類箱を移置す

○午後応接所及書生部屋の書籍函及書類箱を移置し、松岡淳一か応接室に起臥するに便にす。

古林喜代太来る

○午後四時頃古林喜代太来り訪ふ。

十八師団の存廃

話すること二十分間許。第十八師団の廃止は免れ難き模様なるも、或は十二師団司令部を小倉より久留米に移すこと出来くへき模様なり。然し是は極めて秘密なる故、其含を請ふと云ふ。古林は頻りに有馬頼寧氏か県地のことに冷淡なりとの評判ありたるに付、其ことに付ては十分に弁解し置たる趣を談し居りたり。古林は明日の夜汽車にて大阪に行き、実業同志会の大会に列し、其上にて久留米に帰ると云ひ居りたり。

内子の体温

○内子の体温三十六度六分。

一〇月五日

○十月五日日曜。曇。

内子昼間離褥す

○内子昼間離褥す。

尿量

○昨日の尿量千四百十五瓦。

国分三亥の電話

○午前八時四十五分頃国分三亥より電話にて、往訪せんと欲する旨を告く。予、午前十時まてなれは、差支なき旨を答へしめ、国分直に往訪すへしと云ふ。

坂田稔の電話

是より先き午前八時頃坂田稔より電話にて、先日来病気にて診察を断り居りたるか、病気回復したるに付、十時後ならは診察すへき旨を通知し来れり。故に十時までを期したるなり。

国分三亥来る　朝融王婚約解除問題

○九時三十五分頃国分来る。朝融王婚約解除のこと解決せさる故、困ることを談す。予宮内省内の事情を告く。

分部資吉の擅横

○国分又邦彦王殿下か分部資吉を過信し居られ、分部か専横にて会計のことも乱雑となり、困る事情を談す。十時十分頃に到り、辞し去る。

書籍函、書類箱を移置す

○午前八時頃より復た、昨日移置〔し〕たる書類箱、書籍函の一部を移置す。後書生部屋にて書類箱中の書類を分類し居りたる処、国分か来りたるを以て、其儘に放置して国分と談したり。

有馬秀雄の電話

○午前十一時頃有馬秀雄より電話にて、午後往訪せんと欲するか、差支なきやと云ふ。予、午後一寸青山に行く積りなるか、二時頃ならは差支なき旨を答ふ。

坂田稔の家に行き、病状を告く

○午前十時三十分頃より坂田稔の家に行き、先日来赤十字社病院、侍医寮にて血圧を検し、尿を検したる状況を告け、血圧の度は少しも一定せす、孰れを信して可なるへきや分からさることを談し、

内子の薬を取る　消毒方法のこと

且内子の為に脳の薬を求め、又簡便なる室内の消毒法を問ふ。坂田、予の容体は病的と云ふ程のことなかるへく、消毒法は噴水せしむる方法は旧式なり。ホルマリン瓦斯を噴出せしむる方か宜し。芝の某か震災後営業を休め居りたるも、近日之を始めたる旨通知し来り居るに付、其方に問合せ見るへしと云ふ。予、問合の結果は明日問ふことにすへしと云ふて去る。

有馬頼寧氏を訪ふ

○午後一時頃より人力車に乗り、有馬頼寧氏を訪ひ、頼秋を喪したる後の慰問を為す。話すること三分間許にして辞し帰る。

有馬秀雄来る　林田守隆の病気

○午後二時十五分頃有馬秀雄来り、近日中久留米に行くへきこと、林田守隆か先日来大分病気なりしか、最早快き趣なること、仁田原重行か先日有馬家の家務監督を罷むる希望あり。後任は有馬泰明を家令と為したらは宜しからんと思ふ旨の話を為したること、有馬（秀雄）は仁田原に対し無事なるときならは、泰明にて宜しかるへきも、有馬家多事の際なる故、泰明にては困ることあるへき旨を話し置たること、有馬（秀雄）は今後議員と為ることを止むる積りなること、予等か同意するならは、今一度有馬家の整理を担当すへきこと、頼寧氏の末子頼義《チカ》を十分教育し見度こと等の談を為し、三時三十分頃辞し去る。

書類を分類す

○午後一時後より、書生部屋に散乱し置たる書類を分類して箱の中に納る。

内子の体温　臥褥

○内子の体温三十六度六分。晩間より臥褥す。

大雨

○夜大雨。

地震

○地震のこと。十時後より翌日午前一時頃までに五、六回。

先考の詩を追記す

○午後五時頃、先考詩文拾遺の附録の次に、予十歳のとき、先考の予等兄弟に代りて作りたまひたる（同被兄兼弟剪燈、共賦詩頂期成立、後軾轍是吾師）を追記す。

一〇月六日

○十月六日月曜。雨。

内子の体温

○内子、朝の体温三十六度四分。臥褥す。

尿量

○昨日の尿量千七百瓦。

○午前八時三十分より出勤す。

枢密院審査委員会

○午前九時四十五分より自動車に乗り、枢密院事務所に行き、（関東州ニ於テ財物却掠ノ目的ヲ以テ多衆結合スル者ノ処罰ニ関スル件）の審査委員会に列す。委員長（富井政章）開会を宣し、加藤内閣総理大臣（高明）提案の趣旨を説明し、塚本清治（法制局長官）逐条の説明を為し、江木（千之）、予、松室（致）、有松英義等交々質問し、加藤、塚本及法制局参事官、拓殖事務局長（浜田恒太郎）、関東州庁職員等説明し、十二時に到り閉会し、本月九日午前十時より第二回委員会を開くことを約して散会す。

皇宮警手の誰何

歩して宮内省に返るとき、大手門内の小門にて、皇宮警手（守門者）より門鑑を所持するや否を問ふ。予之を所持せさる旨を答ふ。次て氏を問ふ。予、之を告けて門内に入る。

井上勝之助、予の顔色宜しからすと云ふ

○午後零時後食堂にて井上勝之助より、予顔色宜しからす。不快には非すやと云ふ。予少しく病ある旨を答ふ。

賢所内拝観のこと

井上、九条道実、関屋貞三郎等あり。明日九条か誘ふて賢所内の拝観を為さしむへき旨を談し居れり。予、井上、関屋等は職務の関係にて拝観することを得るものなるやを問ふ。九条然らすと云ふ。予、予も拝観することを得へきやと云ふ。九条差支なしと云ふ。予、然らは予も拝観し度と云ふ。服装はフロックコートにて宜しきやと云ふ。九条夫れに及はすと云ふ。予、靴を脱く所あるならんと云ふ。九条ありと云ふ。

関屋貞三郎、朝融王婚約解除のことを談す

井上、九条既に去る。関屋、先日より一寸話さんと思ひ居りたるも機会なかりしか、朝融王婚約問題は徳川（頼倫）の力にては少しも発展せす。先日大木遠吉より何事に拘はらす、援助すへしと云ふに付、徳川に大木のことを話したれとも、徳川は水野に依頼し居る故、此上大木を加ふるは面白からすと云へり。然るに、仙石政敬は久邇宮の親族なる故を以て大木に依頼し、大木は酒井家の相談人（武井守正等）に面会し、大木の意見を述へたるに、相談人は誰の依頼にて来りたるやを問ひ、大木は仙石の依頼なる旨を答へたる処、相談人等は、然らは直接仙石に面談すへしと云ひ、一昨日仙石か面談したる筈なるか、其結果は未た之を聞かす。酒井家にて相談会を開き、酒井家の方より婚約を辞退することはせさる旨の決議を為したる旨、武井守成より話を聞き、其旨を徳川に告けたるも、徳川は酒井家にて相談会を開く筈なしと云ひ張り居りたり。先夜は徳川の家職より愈々解決することゝなりたる故、安心し呉よとの電話まて掛けたり。徳川は何に因りて解決を信し居るや分らさる旨の談を為せり。

賢所内を拝観することを得る事由

○九条道実か賢所内の拝観を拒まさるは、昨年の震災にて賢所に損所を生し、先頃仮殿は奉遷して修理を為し、其修理成りて近日将に本殿に奉遷せんとす。只今奉遷前なるを以て拝観することを得る訳なり。

牧野英一を委員と為すことに付花井卓蔵に電話す

○午後二時頃花井卓蔵に電話す。花井は今朝広島より帰りたりと云ふ。予、牧野英一を臨時法制審議会の臨時委員と為すことに付九月二十九日穂積陳重を訪ひて之を謀りたること、穂積か返答せさるに付、十月二日電話にて催促し、穂積か予に答へたる趣旨を告け、花井より林頼三郎に交渉することを求む。花井、林に交渉すへき旨を答ふ。

宗秩寮に行〔き〕、朝融王の婚約解除問題の成行を問ふ

○午後三時頃宗秩寮に行き、朝融王婚約解除問題の成行を問ふ。酒巻芳男何も分らすと云ふ。既にして松平慶民、関屋貞三郎の室より帰り来る。亦之と話す。松平も何も変化なしと云ふ。

藩屏の語のこと

酒巻、華族は皇室の藩屏と云ふ語か詔勅等にあるへきやと云ふ。予、之を記せさるも、何かあるへしと云ふ。詔勅集の寮に在るへきものを検したるも、之を見出さす。

皇宮警察部の講師嘱託のこと

此時杉琢磨、予を追ふて来り、予に談し度ことありと云ふ。乃ち之と共に審査局に返る。杉、先日加賀谷朝蔵より談したる土岐（政夫）に講義を嘱託することは、自分（杉）の意見にて嘱託のことに為したるか、手続の不十分なる所ありて不都合なりしと云ふ。予、是は一個の土岐の問題に非す。職務外のことを為さしめんとするものなる故、一と通り筋道の立つ様には為し置かされは不可なりと云ふ。杉、尤のことなり。大臣の口達の形式にては如何と云ふ。予、大臣の命なれは、口達にても宜し。但口達にても書面を作る例あり。其振合にしたらは宜しからんと云ふ。杉、然らは其ことにすへしと云ふて去る。

世伝御〔料〕地に地上権を設定する当事者のこと

○午後三時二十分頃内蔵寮高木三郎来り、世伝御料地を長野県の道路敷として五十ヶ年の地上権を設定すること及行幸道路を作る為、復興局長官〔直木倫太郎〕の申請に因り五十年の地上権を設定することの書類に、経済顧問会議の参列員として捺印を求む。予、長野県の方は県知事〔梅谷光貞〕の名義にて宜しきも、復興局の方は内務大臣に非されは不可なるに非すや。予は復興局長官の権限を調査し居らす。捺印はするか、此点は調査し見ることを望むと云ふ。高木之を諾して去る。少時の後復た来り、会計令に部局長官は契約の当事者と為ることを得る規定あり。此規定に依り局長官か当事者と為りて可ならんと思ふと云ふ。予、此ことは会計に非す。尚ほ調査し見るへく、参事官の意見を確かめ見る方宜しからんと云ふ。

皇室の藩屛の語を用ゐたる例を捜かす

○午後六時後、勤王文庫首編御聖徳集を繙き、藩屛の語を用ゐたる例を調ふ。発見す。其一は琉球藩王〔尚泰、第一九代琉球国王、侯爵、故人〕に対する勅語（明治五年九月十四日）、其二は徳川慶勝〔尾張徳川家第一四代・第一七代当主、故人〕を弔する勅語（明治十六年八月六日）、其三は伊達宗城〔宇和島藩第八代藩主、伯爵、故人〕を弔する勅語（明治二十五年十二月二十四日）なり。

内子の体温

○内子、午後の体温三十六度八分。

一〇月七日

○十月七日火曜。曇。

内子の体温

○内子の体温三十六度。臥褥す。

尿量

○昨日の尿量千四百七十瓦。

○午前八時三十分より出勤す。

藩屛の語を酒巻芳男に示す

○午前九時頃宗秩寮に行き、昨日取調へたる藩屛の語を酒巻芳男に示す。松平慶民は昨夜宿直したる為、侍従職にある歴代詔勅集を繙き、藩屛の語を見出したりとて、既に酒巻に示し居り、予の見出したるものと同一なりしなり。

渡部信、世伝御料に地上権を設定する当事者のことに付談す予、宗秩寮にて談し居るとき、渡部（信）、予を追ひ来る。予、渡部と共に審査局に返る。渡部、世伝御料の上に地上権を設定することに付復興局長官を地上権者と為すことに関し、昨日高木三郎に対し疑問の点を告けられたる趣なるか、此ことに付ては、枢密院書記官長か審査するときも、同様の疑を起し種々研究したるか、会計規則及会計事務取扱規則に内務大臣より委任を受けたる部局長官（復興局長官も部局長官なり）は契約の当事者となることを得る旨の規定あり。枢密院書記官長も夫れにて宜しからんと云ふことゝなりたる次第なりと云ふ。

予、地上権設定か直に会計規則に依るへきものなるへきや。仮りに之に依るへきものとするも、復興局長官か委任を受け居る根拠ありや。又此ことに付訴訟を起す場合ありとすれは、復興局長官は訴訟の当事者となることを得るやと云ふ。渡部、地上権設定は直に会計事務と云ひ難き様の疑なるか、会計事務取扱規則には無償にて土地を貸附くることも、部局長官に任せあるに付、無償にて土地を借り受くること（即ち地上権設定）も会計事務となるならん。復興局長官か委任を受け居ることは当局より口頭にて聞きたるまてにて、其他には根拠なし。復興局長官は訴訟の当事者となる資格なしと云ふ。

予、委任を受くることか必要条件となり居るに拘はらす、其委任を受け居ることは口頭にて聞きたる丈けにては不十分なり。其根拠を質す必要あるへし。然らされは、第三者は権限を知ることを得さる訳なりと云ふ。渡部、何か弁明し居りたるも、結局委任の根拠は取調ふることゝすへし。但枢密院にては既に議案として各顧問官に配付する順序と為り居るに付、此書類を経済顧問に廻はし、枢密院へ御諮詢の手続を完了することは承知し呉よ。若し、復興局長官に対する委任か明瞭ならさる様のことならは、直に之を取消すことゝすへしと云ふ。予、予は昨日早卒に書類を閲みし、権限を調査する暇なく捺印を促されたるに付、一応捺印して調査を希望し置たる訳なり。手続を進行するには異議なしと云ふ。

金井四郎来る　妃殿下琴を弾せられたること

○午前九時四十分頃金井四郎来り、妃殿下は近日琴を取出して弾せられ居れり。自分（金井）か宮に入りたる後、始めてのことなりと云ふ。予、或は徒然を感せらるるに非すやと云ふ。金井、或は然らん。蓄音器のレコードの適当なる二、三枚を差出し置けり。蓄音器と琴と合奏せらるることも出来る様のものを択ひ置けり。又バイオリンも買ふことゝすへし。是は少しも御経験なきものなり。

球突場を作ること

球突場のことは内匠寮の北村耕造に話したる所、近来は多少内匠寮にて工事を為すことも方針か寛になりたる様にて、絶対に出来さることもなからんと云ふ様なる口気に付、尚ほ今後都合を見て交渉することゝすへし。従来の球突場を移築すれは四千円を要し、現在の儘屋根の修繕を為せは二千円を要し、極粗末にて新築すれは三千円位の見積なりと云ふ。予、内匠寮にて負担すれは好都合なるも、どーしても承知せさるならは、宮にて負担しても宜しからん。球突にて年若き侍女位か御相手となり、乱雑に流れさる程度にては笑ひ興する位のことは必要なるへし。表役所の職員か混同することは用心の必要あるへしと云ふ。

稔彦王殿下滞欧延期願のこと

金井又近日中御滞欧延期願のことに付、数年間の願は出来さる故、例に因り一年間の延期を願ふ旨を以て、殿下の意を伺ふことゝすへしと云ふ。予、一年間と云ふて伺へは、数年間の願にせよと云はるるならん。延期出願前殿下の意向を伺ふへき旨、蒲（穆）より申来り居り。其申越に依りて意向を伺ひ、数年間と云はれたる後、一年間の願を為すは尚更面白からす。昨年殿下の意向を伺はすして一年間の延期願を為したることに付、殿下より特に反対を申聞けられたるに非す。蒲の心附として予め伺ふ方宜しき旨申来り居るに過きさる故、矢張り例の通り殿下に伺はす、此方限りにて一年間の延期願を為し置く方、却て都合宜しからんと云ふ。金井其ことにすへしと云ふ。

大波良卿検尿すへき旨を通知す

○午前十一時四十分頃侍医補大波良卿より、其名刺に（前略来ル十一日午前検尿致度候間御持参頼度候）と書し、其名刺を審査〔局〕に送り、岡田春次（確かならす）より之を予に致す。

賢所其他に拝観す

○午後一時より井上勝之助、九条道実、入江貫一、関屋貞三郎、武井守成、山県武夫と共に自動車に乗りて賢所の表門に行き、皇霊殿、賢所神殿、綾綺殿、皇太子殿下、同妃殿下の更衣所、神嘉殿等を拝観す。皇霊殿の内には中央稍々右に寄りたる所、天皇御霊代辛櫃を安置する所あり。其左に贈天皇及皇親の御霊代の辛櫃を安置する所あり。天皇御霊代の安置所の右に英照皇太后〔夙子、孝明天皇の女御、明治天皇の義母〕の御霊代を安置する所あり。是は特別の事由あるに非す。之を皇后御霊代の安置所に併はす機会なく、今日まて其儘になり居ると云ふ。又賢所には御神体の奉安所、左右二ヶ所あり。其来歴は南北朝のときより起りたることならんとのことなり。賢所御親祭のとき、御鈴の儀あるか、其御鈴は御神体を奉安する辛櫃を附けあり。向て右の辛櫃には御鈴十三個を附けあり。左の辛櫃には十個なる由にて、平常は重もに右の御神座の方て御祭事を行はれ、御鈴も右の方の分を内掌典鳴らす趣なり。此ことは総て秘密に属する趣なり。二時頃宮内省に返る。

入江貫一来り、朝融王の婚約問題を談す

賢所より帰るとき、入江貫一審査局に来り、西園寺公（公望）は朝融王婚約問題に付非常に強硬なる意見を有し、久邇宮に我儘を云はしむへからすと云ひ居る趣（西園寺八郎の談）。如何にして之を解決することを得へきか、困りたる問題なりとの話を為せり。

松平慶民来り、朝融王の婚約問題を談す

○午後三時後松平慶民来り、昨夜徳川（頼倫）より電話にて、関屋（貞三郎）に面会を申込みたるも、関屋は之を断はり、今朝関屋より往訪したるか、徳川は解約のことは愈々酒井（忠正）より申込むことゝなりたる旨の談を為し、関屋も何事も云はす、夫れは宜しからんと云ひ、徳川か今朝牧野（伸顕）にも面会し、愈々出来たる旨を話したる由なるか、徳川の話は実に解すへからさる旨の談を為したり。徳川は今日か明日か酒井（忠正）に面会する旨を談したる趣なりと云ふ。

牧野英一を委員となすことに付穂積陳重より電話す

○午後七時後穂積陳重より電話にて、牧野英一を臨時委員と為すことは、司法省に於て泉二新熊、山岡万之助との権衡論を生し、自分（穂積）も刑事局長と云ふ様なる責任の地に在る人は矢張委員として発言権を有せしむる方、適当なりと思ひ、泉二、山岡をも委員に加ゆることに話し合ひ、夫れならは適当と云ふことゝなり、一昨日（即ち五日ならん）既に上申の手続を為し置たるに付、此旨を通知すと云ふ。予、予よりは牧野一人を申出したるも、其外に人を増すことは少しも差支なき旨を答ふ。

松岡淳一より電話にて帰宅遅刻することを告く

○午後六時後松岡淳一より電話にて、学校の友人集会することゝなりたるに付、午後九時頃までに帰宅する旨を報し、九時五四〔ママ〕十分頃帰り来る。

内子の体温

○内子の体温三十六度七分。

芝の消毒所に消毒のことを謀る

○芝の消毒所に電話し、消毒のことを問ひ合せたる処、ホルマリン瓦斯を発散せしめ、部屋の出入口等には目張を為し、七時間其儘に為し置くものにて、一坪消毒料一円二十銭と云ひたる趣なり。芝の消毒所のことは今朝坂田稔に問ひ合せたるものなり。

大谷正男、伊夫伎準一に会計令改正準備の事務を嘱託することを謀る

○午後零時後大谷正男来り、会計令改正の準備を為す為、伊夫伎準一の助を借ることを相談す。

青山操を加ふること

予、伊夫伎と共に青山操を加ふる方、便なるへき旨を告く。大谷之を望む。

伊夫伎準一、青山操ともに異議なし

午後二時後二人に内話す。二人とも異議なし。

一〇月八日

○十月八日水曜。曇後雨。

自ら郵便局に行き、恩給証書を取る

○午前七時五十分頃より自ら一ツ木郵便局に行き、更正恩給証書を受領し、旧恩給証書を返す。

○昨日の尿量千三百三十瓦。

○内子の体温三十六度一分強。臥褥す。

花井卓蔵に電話す　花井在らす

○午前七時頃花井卓蔵に電話し、牧野英一を委員と為すことに付昨夜穂積陳重より電話したる趣旨を告く。

○午前八時五十分頃花井卓蔵に電話せんとしたるも、電話線塞かり居り、後復電話したる処、花井は牛込に行き、夫れより直に裁判所に行くと云ふて出て行きたる趣なり。花井に電話せんとしたるは、牧野英一を委員と為すことは予め牧野に告くる必要なきや否を確めんと欲したるなり。

大谷正男に伊夫伎準一、青山操に会計令改正準備のことを嘱託することは二人とも異議なき旨を告く

○午前九時二十分頃大谷正男の室に行く。大谷正に庶務課の会議室に在り。即ち其処に行き、昨日大谷より相談したる伊夫伎（準一）、青山（操）をして参事官と共に会計令改正の準備を為さしむることは、二人とも異議なきことを告け、且是より審査局は多忙なるに付、差支あるときも少なからさるへき旨を告く。大谷、成るへく差支なき時を選ふへく、若し已むを得さるときは、二人の中一人ても出席を求むることにてもすへしと云ふ。予、審査局の事務は合議なるに付、一人か差支ふるときは二人とも差支ふること多しと云ふ。大谷、然らは成るへく差支なきときを択ふことにすへしと云ふ。

平沼騏一郎に牧野英一を委員と為すことに付談話す

○午前九時四十五分より宮中控所に行く。平沼騏一郎に牧野英一を委員と為すことを申出したる処、泉二新熊等を加へて委員と為すことゝなりたる趣、昨夜穂積より通知を受けたる旨を述へて挨拶す。平沼、其権衡に因り民法の方にも幹事三人を委員と為すことゝなれりと云ふ。予、行政整理にて緊縮の際、内閣にて故障なかるへきやと云ふ。平沼、何も経費に関係せさることに付、異議なかるへしと云ふ。

穂積陳重に昨夜の電話を謝す

少時の後穂積陳重来る。予、昨夜の電話に付挨拶し、民法の方にも委員を増すことと為りたる趣、平沼より聞きたることを告く。穂積其方か宜しからんと思ふと云ふ。予好都合なりと云ふ。

枢密院会議

午前十時より議場に入り、摂政殿下親臨の上、日本波蘭〔ポーランド〕国間通商航海条約批准の件を議す。穂積（陳重）審査報告を為し、一の質問もなく可決す。次て日本セルブ・クロアート・スロウェーヌ間通商航海条約批准の件を議す。

幣原喜重郎の対支問題報告

二上（兵治）審査報告を為し、直に可決す。摂政殿下御退場あらせたまひ、次て外務大臣幣原喜重郎より対支那問題に付報告し、結局絶対不干渉主義を可なりとする旨を説き、十二時十五分頃に至り、対露問題は他日に譲るへき旨、浜尾新より宣言し、目賀田種太郎より東清鉄道の旧重役を満洲の新職員か拘束したる事件に付質問し、幣原より其事に付ては領事団より抗議を為したるも、張作霖か旧重役に不正なることありたる為拘束したりとて、抗議に応せさる旨を答ふ。零時二十五分頃閉会す。

徳川頼倫のことを問ふ　仙石政敬か酒井忠正方に行きたる状況

○午後一時後宗秩寮に行き、徳川頼倫の状を問ふ。酒巻、徳川は未た出勤せす。仙石政敬か今朝来りたるか、同人か酒井家に行き、酒井家より古市公威か仙石を訪ひたる状を告けたるに、酒井家より婚約を辞退する意なきことは一層明瞭と為りたる旨を談し居りたりと云ふ。

松岡均平、矢作栄作か宮内省に来りたること

万朝新聞に松岡均平、矢作栄作〔栄蔵カ、東京帝国大学経済学部教授〕か昨日宮内省に来りたることを記し、難波大助の判決に関する問題なる旨を記し居れり。然し是は矢作のことは〔ママ〕、松岡は矢張朝融王の婚約問題なるへしと思ふ。

帝室制度審議会総会

○午後一時四十五分より井上勝之助と自動車に同乗して、霞ヶ関の帝室制度事務所に行き、儀制令案の委員総会に列す。四時頃附式を除く外、案全部を議了し、自動車の来るを待ち、四時三十分頃より入江貫一、西園寺八郎と同乗して帰る。

雨甚し

○午後雨甚しく、風も稍々強し。午後六時頃より雷鳴あり。八時頃雨歇む。

内子体温

○内子体温三十六度七分。

花井卓蔵に電話す

○午後六時後花井卓蔵に電話す。花井在らす。

応接室を消毒す

○午前芝の消毒者、職工二人を遣はし、応接室を消毒せしむ。松岡淳一をして応接所に居らしめんと欲し、念の為消毒を命したるなり。消毒料六円なりし由なり。

一〇月九日

○十月九日木曜。晴。

内子の体温

○内子の体温三十六度三分。

尿量

○昨日の尿量千四百三十瓦。

花井卓蔵に電話し、法制審議会より民法改正に付ても臨時委員を命することの上申を為したる趣なることを告く

○午前七時後花井卓蔵に電話し、臨時法制審議会よりは、刑法改正に付牧野英一、泉二新熊、山岡万之助を臨時委員となすことを上申したる外、民法改正に付ても三人の臨時委員を命することを上申したる由。昨日穂積陳重、平沼騏一郎に面会して、之を聞きたり。牧野英一には予め委員をなすことを通知する必要なかるへきやと云ふ。花井、総て臨時委員なるならんと云ふ。予、多分其通りならん。予は君（花井）〔に〕相談したる通り、臨時委員と云ひ置きたりと云ふ。花井、無論牧野の承諾を求むる必要なからん。何時頃より出勤するやと云ふ。予直に出勤すと云ふ。花井、十五日は主査委員会あり。其内面会の上、談すへしと云ふ。

仲小路廉記念の為の寄附金

○午前九時頃西野英男に振替貯金手続きに依り金五円を田中二郎〔不詳〕に送ることの取計を嘱す。金は仲小路廉の為に石燈籠を立て、其他記念の取計を為す為に寄附を求めたるものにて、田中は其世話人なり。五円は世話人にて定めたる額なり。

枢密院審査委員会

○午前九時四十分頃より歩して枢密院事務所に行き、関東州ニ於テ財物却掠ノ目的ヲ以テ結合スル者ノ処罰ニ関スル勅令案第二回の審査委員会を開く。予、江木千之、松室致、有松英義、委員長富井政章、書記官長二上兵治より質問し、塚本清治、黒

〔原文空白、崎定三カ、法制局参事官〕其外関東庁事務官某、外務省亜細亜局長〔出淵勝次〕等答弁す。答弁矛盾あり。一木喜徳郎より政府の意見を定めて答弁することを勧告し、浜尾新亦外交上の関係もあるに付、夫等の点も考慮すへき旨を告け、零時後散会す。

松平慶民と話す

○午後一時頃宗秩寮に行き、松平慶民に朝融王婚約のこと、何か新なることありやを問ふ。松平、何もなし。今日徳川(頼倫)の家職三浦〔英太郎、旧紀州徳川家家令、男爵〕とか云ふ者か関屋(貞三郎)に面会することゝなり居る趣にて、関屋は徳川に忠告するとか云ひ居りたりとの談を為せり。松平又大倉喜八郎よりの案内ありたりやと云ふ。予、ありたり。然し断はりたり。又祝品も贈らさる積りなりと云ふ。

有松英義と国府種徳の身事を談す

○枢密院事務所にて予より有松英義に、国府種徳か九月限にて宮内省御用掛を免せらるることゝなり居り。其継続のことを入江貫一に相談したるも、入江も十分力を尽くす模様なく、国府より君(有松)に依頼したりとのことなるか、如何の都合なりやと云ふ。有松、昨日入江に話したるも、入江は宮内省の方か絶対に賛成せさるに付、内大臣府丈けにては到底都合附き難しと云へりと云ふ。予、国府は皇太子殿下南海道の行啓も供奉し、其記事を編輯する義務を負ひなから、夫れも未た出来す、台湾行啓記事も出来すとて、非難する人もあり。南海道行啓記事の未成は、本人は県庁より材料を贈ることか延引したる為、遂に台湾行啓と差合ふことゝなり、此の如く延引せりと弁解し居りたるか、兎に角余り緩慢なることは免れ難き様なりと云ふ。

有松、自分(有松)は従来負担し居ることは完成し、何か新なる事ても見出して、夫れを担当し度と云ふことならんと思ひたるも、本人の話を聞き、意外に思ひたりと云ふ。予、国府は内務省にて一木(喜徳郎)を知り居ると云ひ居るに付、一木に依頼して平田(東助)に相談し貰ひたらは宜しからんと思ひたるも、其事は見合せたる模様なりと云ふ。有松、平田に依頼するには入江か一番適当なり。入江にて出来されは、他には方法なしと云ふ。

大倉喜八郎に贈る祝品のこと

○午後四時頃退省し、既に廊下を歩し居るとき、庶務課の半井(貞成)、予を追ひ来り、大倉喜八郎に贈らるる祝品は三越にて取調へたる処、三十円の鰹節にて恰好なるに付、既に注文し置けり。貴官(予)と五人にて贈らるることゝなる。明朝宮内省に持ち来る様に命し置たる故、都合により見分せられ度と云ふ。予夫れには及はすと云ふ。

内子の体温

○内子の体温三十七度二分。

大掃除のこと

○午後安藤則光の雇人来り、明後十一日家屋の大掃除を為すへき旨を伝告したる由なり。

一〇月一〇日

○十月十日金曜。曇。

尿量

○昨日の尿量千百六十瓦。

内子の体温

○内子の体温、午前八時頃三十六度七分。

坂田稔の来診を求む

婢トシをして坂田稔に電話し、来診を求めしむ。坂田尚ほ褥に在るに付、後刻来診すへき旨を答ふ。

三雲敬一郎来り、守正王妃殿下卵巣水腫治療のことを談す

○午前九時二十分頃三雲敬一郎来り、梨本宮妃殿下卵巣水腫御治療の必要あり。明日三浦（謹之助）診察し、健康上治療して宜しきことゝなれは、其翌日位大学病院に入院、治療せらるる予定なり。平常診察を担当し居る村地（某）〔不詳〕は十分の健康体なりと云ひ居るも、万違算なきを期する為、三浦に診察せしむる訳なり。治療の方法は全身麻酔と為さす、腰部に注射して半身麻酔と為る訳なるか、其注射か余程痛みある趣にて、其痛を軽くする為、先つ腕に二個の注射を為し、然る後腰部の注射を為す順序なる由。然し、腰部の注射のみにて尚ほ手術の痛を感せらるる様にては手術不便なる故、其時は全身麻酔を為さゝるへからす。其薬はコロールホルムなるか、之を用ゆれは心臓に障り、心臓の疾患ある人には適せす。他の薬を用ゆれは肺に障るに付、肺の疾患ある人には適せす。明日三浦か診察するは、心肺いつれも故障なきや、一方か比較的弱き様ならは、麻酔薬の選択に注意する必要あるに付、其辺のことも研究する積りなり。王殿下、妃殿下とも治療は極めて軽易に考へ居られ、若し機嫌伺ひても出る人あれは、却て面白からさる様に考へらるへきに付、其辺も含み置かれ度。若し機嫌伺の考てもある方は、入院後に本邸の方へても来らるることの方、宜しからんと思はるるに付、其ことを含まれ度。

三雲敬一郎、南部光臣の養母の死を告く

又別のことなるか、南部（光臣）の養母〔久満〕、昨日死去したるか、是は真の小部分の外通知もせす、新聞広告もせす、明日午後一時より二時までに告別式を行ふことゝなり居れり。依て自分（三雲）に対し人に話を為す様のことあるならは、来別等は断はる旨を加へて話し置き呉よとのことなりしなり。梨本宮の方手術の関係あり、何時南部氏に用事あるやも計り難きに付、葬式か済みたらは成るへく速に除服出仕の取計を為し、何時ても出仕の出来る様には為し置き呉よとの話しあり居るに付、宗秩寮に其旨を通し置く積りなりと云ふ。予、痔の治療を為したるとき、局所麻酔にて治療したるか、全然感せさる訳には行かさりしことを談す。

高羲敬来り、世子、同妃の近状を談す

○午前十一時十分頃高羲敬来り、世子、同妃両殿下とも無事なり。妃殿下は医師〔原文空白〕か診察したる所にては、ラツセルは聞へさることはなけれとも、非常に宜しく、只今の処にては心配の容体なし。今年度の大磯避暑か宜しかりしならんと云へり。世子は本月十九日のゴルフ競技会に加はる積りにて、頻りに新宿御苑に行き居らる。今日も三時頃より行かるる筈なり。

競技会に出つる者は、六十一回て終点に達する者に限る趣なり。

世子今後の勤務　世子洋行のこと

世子は今年十一月頃の機動演習か終はれは、中隊長として一年間の勤務を終らるるに付、陸軍大臣は参謀本部に入るる心組なる模様なるか、世子は参謀本部に入るならは、単なる本部附に非す、本職となり度様の希望なれとも、田村〔原文空白〕（附武官）は本職は骨か折るるに付、矢張り附の方か宜しと云ひ居れり。一年間位参謀本部に居られたらは、洋行問題か起るへきか、自分（高）は妃殿下同行にて各国を巡遊し、英国位に少しく永く滞られ、純然たる外国人にならすして帰らるるか宜しと思ふ旨を談す。予、洋行のことも宜しきか、在外朝鮮人のことか懸念なることを談す。

高羲敬の子の学費

○予又高の子の仏国滞在費のことを問ふ。高、初めは一ヶ月千フランにて足ることに子供と約束し置き、池田亀雄に依頼し置きたるか、池田より三千フラン位入用なる旨申来り。自分（高）は之を拒み、直に帰るへき旨を申遣はし、其後某に依頼し、只今は千五百フランにて一切を引受くることに、下宿の老婦と約し居れり。千五百フランは約二百円なりと云ふ。

李鍝公家の近状

高又先日浅沼禎一か来りたるか、其後堀江某との折合も宜しく、堀江と鍝公との間も宜しと云ひ居りたりと云ふ。

金井四郎来る

○午前十一時二十分頃金井四郎来り、

庭球場を作ること　球突場を作ること

花壇の一部を壊して庭球場を作る積りなり。球突場を作ることは東久世（秀雄）に交渉する積りの処、東久世は旅行中、鹿児島虎雄は警察部に講義に行き居り、話出来す。更に来ることゝすへし。内匠寮にては球突場は先年賜はりたる五十万円の利子にて作り、殿邸建築のときは移築すれは宜〔し〕きに非すやと云ひ居り、内匠寮にて作ることは承知せさるへき模様なりと云ふ。予、三千円位のことならは、無理に相談する必要もなからんと云ふ。金井、然らは相談を止め、宮にて作ることにすへきかと云ふ。予、相談する丈は試みて差支なしと云ふ。

妃殿下琴を弾せらるること、バイオリンを学はんと云はるること

金井又妃殿下は近日琴を弾し、バイオリンを学ひ度、庭球を為し度と云はれ、バイオリンの教師は音楽学校の教師にて、朝香宮に来り、ピヤノーを教へ居る某に相談し見ることにすへし。

妃殿下は徒然を感せらるるならん

妃殿下はどーも徒然を感せらるるならんと思ふ。ヒステリーでも起されては大変なりと云ふ。予、王殿下のことも妃殿下の心理も他より何ともすること出来さる故、致方なしと云ふ。

妃殿下洋行問題のこと

予又妃殿下か洋行を止むる旨を言明せられたることは多分、皇后陛下は聞き取り遊はされさりしならん。和田〔原文空白、亀治〕の話に、妃は召ふことは召ふか、時期は分らすと王殿下か云はれたりとのことなるか、王殿下より妃殿下には何とも申来らさるならんと云ふ。

妃殿下仏語の稽古を始められたること

金井、妃殿下か洋行を止むると云はれたるときより、半年間許仏語の稽古を止め居られたるか、近頃又始め居らる。或は王殿下より何とか申来りたるには非すやと思ふと云ふ。

朝融王婚約問題に関する都新聞の記事

金井又都新聞に朝融王の婚約問題は水野（直）、徳川（頼倫）、酒井（忠正）、仙石（政敬）か某処に会合し、円満に解決したるならんと思ふ旨を記載し居れり。宗秩寮にては何も聞かす。武井守成の談にては、反対のことゝ思はる。

徳川頼倫と関屋貞三郎との関係　徳川頼倫、予に面会するを望むとのこと

徳川は山田益彦の談に依れは、関屋（貞三郎）は軽卒にて、話相手にせすと云ひ居り、貴官（予）には一度面会し度様の口気なりしと云ひ居りたり。

妃殿下、林博太郎の家に行かるること

明日は妃殿下は林（博太郎）方に行かるることゝなり居れり。先頃林の母〔志津〕の病気か悪かりしか、此頃は快方になりたる故、遊に行かるる訳なり。林の方にては午餐を供し度。御都合宜しけれは、晩餐も上け度と云ふに付、晩餐のことまては、自分（金井）にては決し難きに付、妃殿下の前にて伺ひたる処、殿下は晩まて世話になるとのことなりしと云ふ。

半井貞成来り、大倉喜八郎に贈る鰹節のことを報す

予か金井と談し居るとき（十一時二十五分頃）、半井貞成来り、昨日話したる大倉喜八郎へ贈らるる鰹節箱は只今遣はしたり。大さ此位とて両手にて形を為せり（箱の長とすれは、二尺四、五寸位ならんか）。入江（貫一）寮頭か一寸見られたりと云ふ。予其手数を謝す。

入江貫一と朝融王婚約問題のことを談す

○午後一時頃食堂を去るとき、廊下にて入江貫一に、今日の新聞に朝融王の婚約問題解決したるへき旨を記載し居るとのことなるも、其新聞（都新聞）は食堂になかりし故、予は之を見さりしと云ふ。入江、自分（入江）も其ことは聞きたるか、武井守成の談にては、解決しそうには思はれす。今朝大臣（牧野伸顕）か西園寺公（公望）に面会せられたる故、最早愈々大臣（牧野）か決心する時期となりたることゝならんと思ふ。徳川（頼倫）と酒井（忠正）等と面会したることは事実なる様の話なりと云ふ。

松平慶民と朝融王婚約問題のことを談す

予は直に宗秩寮に行き、都新聞の切抜を見る。松平（慶民）、新聞に仙石（政敬）も会見したる様に書き居れとも、仙石は手を引きたる筈に付、是は事実に非さるならん。又徳川より何か報知ありたるやを関屋（貞三郎）に問ひたるに、何も報知なしと云ひ居りたり。

秩父宮殿下御洋行のこと

大臣（牧野）か西園寺公を訪ひたるは、主として秩父宮殿下洋行問題を談す為なりしならん。龍動に御滞在なさることにすれは、家を借り置く必要あるに付、内定は之を急き、龍動大使館の人へは其ことを通知し置く必要あるに付、大臣（牧野）催促したる処、加藤総理大臣（高明）には既に話したり。外務大臣（幣原喜重郎）へは未た話さすとのことなりしか、一昨日の水曜に幣原か宮内省に来りたるに付、多分其話も済みたることゝ思ふと云ふ。

入江貫一大演習の時の勅語案を謀る

○午前十時頃入江貫一来り、陸軍省より大演習に付陛下より賜はる勅語案を内大臣に示す為に之を送り来りたり。案に（堅忍砥礪）とあり。堅忍は全く心理のことなり。砥礪は比諭の語なり。差支なかるへきや。堅忍と云ひたらは、励精と云ふ如き語と為す方宜しくはなきやと云ふ。予、砥礪は之は比諭の語なれとも、最早錬磨と云ふ様なる語と共に、必しも比諭の語となさす、直接に研究する様の意にも用ゆることある様に付、（励精）と改めて悪きことはなけれとも、必しも改むるにも及はさらんと思ふと云ふ。入江は工藤（壮平）に相談したりとて、四、五の語を択ひ居りたるか、一も面白きものなかりしなり。

本多猶一郎、土岐政夫に当番を為さしむることを謀る

○午後一時五十分頃本多猶一郎来り、当番書記官三名許欠員と為るに付、補欠として土岐政夫を加へ度と云ふ。予、異議なき旨を答ふ。他の二名は高木三郎、岩波武信なりと云ふ。

南部光臣養母死去に付香料を贈ること

○午後二時頃西野英男、宗秩寮より南部光臣の養母死去に付、香料を贈ることに付同意の有無を問ひ来りたる旨を告く。予、東久邇宮に電話し、宮附職員より共同にて香料を贈るや否を問はしむ。

土岐政夫当番を命せられたることを告く

○午後二時十分頃土岐政夫来り、秘書課にて当番を為すへき旨を達せらる。差支なかるへきやと云ふ。予、既に之を聞きたり。差支なき旨を答ふ。

世子に遇ふ

○午前八時四十分頃上省の次桜田門外にて、世子か自動車に乗りて西方に行くに遇ふ。

南部光臣に香料を贈ることに関する電話

○午後二時二十分頃西野英男、南部（光臣）に香料を贈ることに付東久邇宮に電話を掛けたる処、未た当番事務官より通知来らす。通知ありたらは加入のことに取計ふへき旨答へたり。尚明日此方より様子を問ふことゝ約し置たりと云ふ。

谷村銀次郎に電話し、衆議院の建議に係る刑法改正の件の趣旨の取調を嘱す

○午後三時三十分頃司法省谷村銀次郎に電話し、大正十一年七月中臨時法制審議会総裁穂積陳重より、衆議院の建議に係る刑法改正の件を政府より法制審議会に廻付したる趣を以て、諮問第四号主査委員会に廻付したることあるか、建議の内容は刑法の如何なる部分を改正する趣旨なりしや。之を忘れたるに付、取調へ報告することを嘱す。

坂田稔来りて内子を診す

○午後三時頃坂田稔来りて内子を診し、別に感冒の容体なく、其他投薬の要を認めす（脳患の為に従前服用し居るものの外）。明日も尚ほ三十七度二分許の熱を発する様ならは、少しく解熱

薬を用ゆへしと云ひたる趣なり。今日の体温は三十七度一分。

宇佐美富五郎をして大掃除の為消防夫由松を雇はしむ

○午後六時頃宇佐美富五郎来る。今朝内子より郵書を発し、大掃除のことに付用事あるに付、来るへき旨申遣はしたる為、来りたるなり。富五郎をして消防夫由松の家に行き、大掃除を為す為に、由松の外に三人の手伝夫を雇ふことを交渉せしむ。由松正に臥病し居り、本月十五日は由松の家の大掃除を為すへき日なる故、十五日後に由松の都合よき日を定め、其日を報することに約束し来りたる旨、富五郎より報告す。午後七時後富五郎帰り去る。

本月十一日には大掃除を為し難き旨を安藤則光の貸家事務所に告けしむ

○午前七時後婢トシをして安藤則光の貸家事務所に行き、明十一日には病人あり。且掃除夫を雇ひ難きを以て、大掃除を為さゝる旨を告けしむ。

伊夫伎準一をして土岐政夫に注意せしむ

○午後三時五十五分頃伊夫伎準一を召ひ、土岐政夫か審査局の事務に熱心ならさることを告け、伊夫伎より本人に注意せしむ。

一〇月一一日

○十月十一日土曜。晴午後雨夜大雨。

尿量

○昨日の尿量約千百四十瓦。宮内省にて放ちたる尿量を二百瓦と計算し、午前一時検尿の料に供する為、別に取りたる尿を三百瓦と計算したるなり。

内子の体温

○内子今朝の体温三十六度二分。

有馬泰明の電話

○午前七時三十分頃有馬泰明より電話にて、今日宮内省に行き、相談会の書類に捺印を求め度と云ふ。予、十二時前ならは審査局に居るへきか、其前は局に在らさるへしと云ふ。有馬、然らは十二時前に行くへしと云ふ。有馬又先日有馬頼秋の柩前に供へたる花輪代の償却を求め度か、如何と云ふ。予、全体予より行きて之を償はさるへからさるものなり。君（有馬）か来りたるとき、償ふことを得れは好都合なりと云ふ。有馬、然らは後刻償却を求め度。金額は六円なりと云ふ。

大波良卿を訪ふ　未た出勤せす

○午前八時四十五分頃侍医寮に行き、大波良卿を訪ひ、検尿を嘱せんとす。大波未た出勤せす。寮員某、大波は十時頃に出勤すへし。尿は自分（某）か預り置かんと云ふ。乃ち尿を某に託し、一たひ審査局に返る。十時二十分後給仕をして侍医寮に電話し、大波か出勤したるや否を問はしむ。未た出勤せすと云ふ。十時三十分頃侍医寮より電話にて、大波か出勤したることを報す。乃ち往く。

大波良卿をして尿を検せしむ

大波、予か尿を検す。午前一時に排出したる尿の性質に酸性、午前八時の分も酸性なるか、此方か酸か強し。午前一時の分は蛋白はなしと云ひたるか、再査の結果八時の分と同様、痕跡ありと云ふ。

顆粒状円柱あり

円柱の検査は一時の分は硝子様のもの一個あり。八時の分には顆粒状のもの一個、硝子様のものにて差々〔カ〕顆粒状に近きもの二個許ありと云ふ。十一時二十五分頃侍医寮より西野英男に電話し、有馬と云ふ者か来訪することに約し置けり。来りたらは電話にて通知し呉よと云ふ。西野、未た来らす。来りたらは直に報知すへしと云ふ。

有馬泰明来る

十一時三十分頃西野より、有馬（泰明）か来り、待たせ置たることを報す。大波尚検尿を止めす。予暫く之を見る。大波多用なりやと云ふ。予人か来り居る旨を告く。大波尚ほ二、三分顕微鏡を観居りたるか、今日は是にて止むへしと云ふ。

皇室経済会議の書類に捺印す

予乃ち審査局に返る。会々高木三郎来りて、経済会議の書類に捺印を求む。予之を一見したるに、第二予備金支出の理由矛盾あり。之を高木に質したるも、要領を得す（沼津御用邸の中、皇太子殿下、同妃の厠を新設すること、之に伴ふて一部の改修を要することの費用なる旨の説明なるか、一部の改修は皇后陛下の厠の改造なりと云へり。然るに、両陛下の御用邸と両殿下の御用邸とは同一の場所に非さる筈に付、両殿下の厠を改修したる為、之に伴ふて皇后陛下の厠を改造する必要を生せさる筈なり。此ことか高木には分らさりしなり）。予は兎も角書類には捺印するか、理由書は尚ほ取調へ見るへき旨を高木に告けたり。

梨本宮妃殿下病院に入らるること

高木か去りたる後、西野英男来り、宗秩寮の書類を持ち来り、捺印を求む。書類は梨本宮妃殿下か東京大学病院に入りて卵巣水腫を截開せらるることの報告なり。

谷村銀次郎よりの書状、刑法改正のこと

西野又十一時頃に司法省より此書類を持ち来りたりとて之を致す。是は昨日予か谷村銀次郎に嘱し置たる衆議院の建議に係る刑法改正の件に関するものなり。西野又東久邇宮より電話にて、南部光臣の養母死去に付、香料を贈ることは宮邸にて取計ひ置たる旨通知し来りたることを報す。

有馬泰明と談す

右の用務を終りたる後、有馬泰明と談す。有馬、梅林寺の修理費七十円の寄附の予算及田中熊蔵に給する五分公債証書五千円の予算に捺印を求む。

追加予算に捺印す　公債証書の処分

予、二件ともに捺印したれとも、公債証書の方は支出予算となすは適当ならす。矢張り公債証書を処分する案となす方、宜しかるへき旨を告く。田中には四千五百円余りを給する計算となるに付、公債証書五千円と現金百六十円許を給することゝなり居りたり。其外田中は三十余年勤続したるに付、終身百何十円かを給することゝなる趣なり。予、本月十五日には頼秋の法要ある趣なるも、差支あり。参会し難し。断りの書状は出す積りなるも、其ことを含み置き呉よと云ひ、

有馬秀雄久留米に行く
又有馬秀雄は未た久留米には行かさるならんと云ふ。泰明、既に行きたり。本月九日頃に出発したりと云ふ。
○午後零時二、三分頃より退省す。
書状を作る
○午後鈞、隆、強五郎、啓二郎、咸一郎其他に贈る書状を作る。
○内子の体温三十七度。
大掃除を為さゝる事由を問ふ
○午前巡査来りて、大掃除を為さゝることに付事由を問ひたる由。

一〇月一二日

○十月十二日日曜。朝雨後曇後半晴。
尿量
○昨日の尿量約千三百八十瓦。午前七時五十分頃検尿の用に供したる分を四百瓦と計算したるなり。
内子の体温
○内子朝の体温三十六度一分。
松岡淳一をして応接室に遷らしむ
○午前松岡淳一をして応接室に遷らしむ。
○午後安より送りたる書状を日光に曝らして消毒す。
書画幅の軸を修理す
○午後正信の画幅及先考の書幅の軸の脱したるものをセルタスて糊著す。又支那製花瓶を入るる箱の中の支へものゝ損したるものをセルタスの残余にて修理す。
先考遺稿巻尾に書する文を草す　成らす
○午後、先考文集及詩草の巻尾に書する文を草す。未た完成せす。
小包を作る
○午後怡土束及松永純一の嘱に因り作りたる書を郵送する為、封包す。
内子の体温
○内子の体温三十六度八分（午後三時）。

一〇月一三日

○十月十三日月曜。晴。
○昨日の尿量千百四十瓦。
松平慶民来り、朝融王婚約解除のこと、徳川頼倫計画の通り運ふことゝなりたる趣なることを談す
○午前十時頃松平慶民来り、昨日徳川（頼倫）か酒井（忠正）を訪ひたるとき、酒井より相談人たる武井（守正）にも来邸することを求めたるも、武井は徳川一己の談ならは、特に之を聞く必要なしとて、行かさりし処、更に是非来り呉よと云ふことにて、武井か行きたる処、酒井は（宗秩寮総裁たる徳川（頼倫）より久邇宮の事情を聞き、菊子の婚約を辞退する旨）を書したる書面を出し、之を承認し呉よとのことなりしか、武井は熟慮すへき旨を告けて帰宅し、今朝守成を酒井家に遣はし、意見を聞くとのことならは云ふへきことあるも、主人か既に決意して之を承認せよとのことなれは、今更何をとも云ふへき所なき旨を告けしめ、守正は直に葉山に行きたる趣なり。守成は酒井よりの帰途、自分（松平）方に過きりて、其ことを話したり。相談人の中にては星野錫のみか昨日酒井の招に応し、徳川と同時に酒井の家に行きたりとのことなるか、星野は如何なる体度を取りたるやは分らす。酒井（忠正）は風評の如く菊子と私したることは絶対になきも、随分遊ひたることはあるに付、徳川は何か酒井の弱点を抑へて之を承諾せしめたる様のことなるへき旨、守成は話し居りたり。是にて段落は附く様なるも、徳川（頼倫）も大臣（牧野伸顕）も済まして居りて宜しきものなるへきやと云ふ。予、大臣（牧野）は表面婚約遂行を主張し居るに、宗秩寮総裁（徳川）か反対のことを周旋したるは不都合なる様なるも、事実は大臣か依頼し居ることに付、夫れにて宜しからん。然るに、此ことを皇后陛下に言上したるとき、陛下より別段面倒なる御尋あるへしとは思はさるも、万一事情を御尋ありたらは困ることはなかるへきやと云ふ。

皇后陛下の御意向

松平、先日拝謁したるとき、此ことに関する御話しありたるに付、大略申上けたる所、嫌になりたるものを強ひて遂行せしむるは無理なり。若し、大臣か側室を置くことを承認するならは、婚約を遂行する方か宜しきも、左もなくして遂行するは無理なることなりとの御話あり。是は案外に考へたることなり。右の如き御話ありたる位に付、格別面倒なることの御伺はなからんと思ふと云ふ。

高羲敬来る

此時高羲敬来る。松平乃ち去る。

守正王妃殿下の入院　世子、同妃の見舞

高は、守正王妃殿下は昨日愈々大学病院に入られたり。昨日三雲敬一郎か来りて、其ことを世子、同妃両殿下に報告したるに付、両殿下同伴にて梨本宮に行かれたり。妃殿下は今日病院に行かんとの話ありたるも、梨本宮も今日は病院に行かれさる趣。而して十一時頃には村地某（医師）か治療の模様を梨本宮に申上くることゝなり居る趣に付、妃殿下も其頃は梨本宮に行かれ、世子は今日は聯隊よりの帰途、梨本宮に過きり、妃同伴にて帰邸せらるる予定なり。

世子、同妃ゴルフの成績

世子、同妃は昨日も新宿御苑に行き、ゴルフの稽古をせられ、昨日は世子は出来悪しく七十二回にて漸く一週し、之に反し妃は好結果にて六十二回にて一週せられたる趣にて、妃には初めての好成績なり。〔未完〕

大正一三年日記第一〇冊

〔表紙に付記〕

日記　十

大正十三年十月十三日の続より同年十一月六日まて

〔十一月七日と八日の日記も含まれている〕

幣原喜重郎の対支外交報告十月十五日七葉表以下

一〇月一三日（続）

大正十三年十月十三日の続

世子妃の病院に行かるる日時

自分（高）は病院に行かんかと思ふか、如何すへきや。世子も妃も今日は病院に行かれさるに付、自分か行くにも及はさるへく、妃の病院行は、病院の様子を問ひ合せたる処、今日治療し、今日明日は絶対安静を要し、明後日頃始めて流動食を試みらるるとのことに付、十五、六日頃より早くは宜しからすとのことなりとの談を為せり。

世子邸より南部光臣に贈りたる花代

高又南部（光臣）の家には、世子邸より故男爵の時の例に依り花料を贈り、自分（高）は告別式の前日に弔儀に行きたりとのことを談したり。

家康戦死の談

○午後零時後食堂にて牧野伸顕より、先日堺市に行きたるとき、市長〔斉藤研一〕の談に徳川家康〔江戸幕府初代将軍〕か大坂陣の時に戦死、堺に其墓ありとの談を為せり。全く初耳のことなるか、信すへからさることなり。秀忠〔江戸幕府第二代将軍〕と家光〔江戸幕府第三代将軍〕とか堺に行きたることありとのことより、此の如き伝説を生したるものゝ様なりと云ふ。

東久邇宮御用取扱のこと

夫れより安徳天皇〔第八一代天皇、壇ノ浦合戦で入水〕のこと、石田三成〔安土桃山時代の武将、豊臣秀吉の家臣、関ヶ原の合戦で敗北し刑死〕のことに付雑話を為したる末、牧野より東久邇宮の御用取扱のことに付何か話ありたるやと云ふ（牧野は初は東伏見宮の養子のこと云々と云ひたるに付、予は邦英王のことなりやと云ふ。牧野は邦英王と云ふに付、予は其ことは先年一寸話ありたる趣にて、波多野（敬直）か夫れは出来難き旨は云ひたる処、牧野は東久邇宮の御用取扱のことなりと云へり。如何なる行違なるや、解し難し）。予、御用取扱のことは是まて幾度も巴里の王殿下に金井より伺ひたることあるも、容易に返事来らす。先頃漸く返事ありたる処、其人は断はりたるに付、只今は候補者なき有様なり。先日断はりたるは古谷の妻なりしと覚ふと云ふ。牧野、古谷の妻と云へは、先頃竹田宮の御用取扱を辞したる人なりや。まさか竹田宮を辞したる人を直に東久邇宮に入るることはなからんと云ふ。予、其氏を確記せす。何んても南米に公使として行き居る人の妻にて、子供の教育の為に帰朝し居るも、何時任地に召ふやも計り難きに付、身体は束縛すへからさる旨、夫より命し居る趣を以て、辞退したりとのことなりと云ふ。牧野、御用取扱のことまて王殿下に伺はさるへからさることゝなり居るやと云ふ。予、矢張り伺ひたる上にて定めよとの命令あり居るに付、其通りに致し居るか、中々返事なき為、困ること多しと云ふ。

東久邇宮妃の近状及其事由

予又近頃妃殿下か琴を弾せらるることあり。又バイオリンを学ひ度と云はるることあり。庭球を為し度と云はれ居れる趣にて、或は徒然を感せらるるには非さるやと心配致し居れりと云ふ。牧野、其ことは周宮（北白川宮妃）殿下等より近々東久邇宮妃殿下に対し、稔彦王殿下か妃殿下のことを物足らぬ様に思ひ居らるるに付、妃殿下も少し心を用ゐて王の相手と為る様に心掛けらるることを勧め居らるる模様に付、自然は夫れ等のことより始まりたることには非さるへきかと云ふ。予、右の如き事情あるならは、或は其の為なるやも計り難し。

東久邇宮妃仏語の稽古を休め、又之を始められたること

先日妃殿下か洋行を止められたることの話の行違ひに付談せられたることありしか、其後金井（四郎）より聞きたる所にては、妃殿下か洋行を止むる旨の話を為されたるときより六ヶ月間許は仏語の稽古を止め居られたるか、先頃より又始められたる趣にて、之を始められたるは或は王殿下より何か音信ありたる為には非さるへきやと云ひ居れりと云ふ。

稔彦王殿下絵を売られたる話

牧野、他の稽古ことは周宮殿下等の御話よりとも考へらるる。仏語のことは其方にも非さるへし。王殿下よりの音信にて始められたる様のことならは、誠に好都合なり。周宮殿下の耳に入りたりとのことなるか、稔彦王殿下か金か不足するとて、絵を売られたりとの談あるも、是は全然無実なりと云ふ。女子学習院教員の某か北白川宮、東久邇宮等に稽古に行き、種々のことを聞くものと見へ、今朝も来りて其話を為すに付、夫れは左様なることあるへき筈なしと弁明し置きたり。

白根松介の書状

白根松介よりの書状達したるか、巴里に著し、初伺候したるときは稔彦王殿下は御不在にて拝謁を得す。

稔彦王殿下転居のこと

二度目に拝謁し、三十分間許御話しを承はりたるに、殿下より初はヱツフェル塔の附近に住したるも、費用不足の為、此処に移転したりとて、イヤミの様なることを笑ひなから、御話ありたることを通知し来り居れり。

稔彦王殿下日本に帰らすと云はれたる様の話

是も周宮殿下より出てたる話の様なるか、稔彦王殿下は渡仏のとき、玄界灘を航行するときより、再ひ日本には帰らすとの意を漏らされたることありとの談なるも、是も勿論信すへきことに非す。男女の間のことに付ては、女性の方の談は極端なること多きに付、一概に信する訳に行かす。

東久邇宮御用取扱の候補者は伊地知某

先刻話したる仏語教師の談にても、東久邇宮妃殿下には御用取扱欠員の為不便にて、先日も賀陽宮の御用取扱を借られたることあり。矢張り速に御用取扱を定めらるる方宜しかるへく、伊地知幸介〔陸軍中将、元第一二師団長、男爵、故人〕の寡婦〔ミキ、養父は西郷従道、実父が高階経本〕は高橋某〔高階経本、元侍医、故人〕と云ふ医者の娘なるか、御用取扱には至極適当なる人とのことなり。先年金井（四郎）より一寸話を為したることあるも、其節は本人か伊地知の親族に遠慮しある所もありたるか、之を断りたる趣なるか、伊地知の方の親族よりも、勧めたらは出来そうなることゝ思ふ旨を話し居りたりと云ふ。予、高橋と云ふは高階のことには非さるやと云ふ。牧野、高階なりと云ふ。予、然らは其子〔高階虎治郎〕は世子邸の典医を勤め居れりと云ふ。牧野、然り。其人と姉妹なり。都合にては其人に相談致し見たらは宜しからんと云ふ。此時給仕来り、徳川公爵来りたりとて、牧野に報す。牧野乃ち去る。

入江貫一と朝融王婚約解除のことを談す

予、入江貫一、上野季三郎、九条道実と談し居る処に行き、雑話す。上野、九条去る。予、入江に先刻松平慶民より聞きたること（朝融王婚約解除のこと）を談す。入江、酒井（忠正）より久邇宮に辞退したらは、宮にては直に之を諾せられて宜しかるへきやと云ふ。予、先つ其旨を宮内大臣に報し、先年の御内伺の取消を上請したる後、辞退を諾せらるるか順序ならんと思ふと云ふ。入江、其通りならんと思ふと云ふ。

上野季三郎来りて長崎より帰りたることを報す

○午前九時後上野季三郎来り、昨日長崎より帰りたりと云ふ。予、之と長崎のことを談し、何礼之、同幸吾〔不詳〕、岡田某〔不詳〕、島田某〔不詳〕等のことを談す。上野、何幸吾は炭坑に手を出して失敗し、其娘は久しく上野の家に雇ひ、只今は人の妻と為り居る旨の談を為せり。

東久邇宮の御用取扱となることを断はりたるは古谷重綱の妻

○午後一時頃食堂より帰り、先頃東久邇宮の御用取扱たることを断はりたる人の氏を調ふる為、九月の日記を検したるに、十六日の処に古谷重綱の妻を候補者として相談したるも、本人より之を断りたる旨を記し居れり。予か牧野に対して古谷と云ひたるは誤り居らさりしも、古谷久綱の寡婦と古谷重綱の妻との別を判然記臆し居らさりしなり。

強五郎よりの電信達し、京都に書状を出すことを見合へき旨を通知し来る

○午後二時二十分頃内子より電話にて、吉井発クラの名の電信達し、（京都ニ書状ヲ出スコトハ見合セヨ）と報し来りたる旨を告く。是は強五郎か久の復学願のことに付、予より京都大学の知人に書状を出すことを依頼する書状を発し、其後其必要なきこと〻なり、此の電信を発したるものならん。強五郎よりの書状未達に付、詳細なることは分らす。

一〇月一四日

○十月十四日火曜。晴。

尿量

○昨日の尿量千六百十五瓦。

内子の体温

○内子の体温午前六時頃三十六度一分。臥褥す。

古谷重綱のこと

○出勤前古谷重綱の駐在地を知る為、職員録を検し、墨西哥〔メキシコ〕駐在公使なり。其妻の実家を知る為、人名字書を検したるも、古谷重綱を掲け居らす、古谷久綱の部を検したるに、重綱は久綱の弟にて、重綱の妻は室田義文の二女なる旨を掲け居れり。

金井四郎来る　池田亀雄の日記

○午前九時三十分頃金井四郎来り、池田亀雄より金井に贈りたる書状及日記を示し、金井未た日記を見居らす、明日午後宮内省に来りて、之を受領すへしと云ふ。予、明日午後は予は宮内省に在らさるに付、之を封して西野英男に託し置くへしと云ふ。

妃殿下の仏語教師

予金井に、妃殿下に仏語を教授する人は何と云ふ人なりやと云ふ。金井、一人は仏国夫人、一人は堀江〔義子カ〕と云ふ五十代の婦人なりと云ふ。予、其堀江と云ふ婦人は種々なることを牧野（伸顕）に話す模様なりと云ふ。金井、其婦人は多弁なる人なり。夫れ故此方よりも相当優遇し居れり。其婦人は竹田宮殿下には余程信用せられ居り。又牧野の妻にも懇意なりと云ふ。

御用取扱の候補者

予、其婦人より東久邇宮にも御用取扱を置かされは不都合なる旨、牧野に話したる趣にて、牧野より伊地知幸介の家の寡婦か適当なる人なり。此人は先年金井より交渉したることあるか、其時は本人より断はりたるも、其時は寡婦か伊地知の方の親族に遠慮して断はりたる模様に付、伊地知の方の親族よりも勧むることゝなりたらは、承諾することゝなるや、計り難しとのことなりと云ふ。金井、先年は其堀江に依頼して相談したるなりと云ふ。予、古谷重綱の妻か断はりたる故、只今は候補者はなかるへしと云ふ。

御用取扱の候補者松田道一の妻

金井、松田道一の妻のことを王殿下に伺ひ置たる所なり。松田の妻は松田か同伴して妃殿下に拝謁し、妃殿下も松田の妻は巴里にて王殿下も御承知の人なるに付、殿下も異議なきことならんと思はるると云はれたる故、同人のことを伺ひたるも、王殿下より御返事なき中、古谷の方のことを妃殿下申越され、古谷は採用しても宜しからんとのことに付、古谷に交渉したる訳なり。松田道一の妻のことは、其砌確かに貴官（予）にも話し置たりと云ふ。予、伊地知の寡婦は高階（経本）の娘にて、世子邸の典医高階虎治郎の姉妹なる趣なり。是は伊地知幸介の妻なるへきやと云ふ。金井、幸介の子の嫁なり〔実際は幸介の後妻〕。高階虎治郎は何歳位なりやと云ふ。予四十歳位ならんと云ふ。金井、然らは伊地知の寡婦は其姉ならんと云ふ。

三雲敬一郎、守正王妃殿下の治療の模様を報す

予と金井と談し居るときに、三雲敬一郎来り、守正王妃殿下、昨日大学病院にて卵巣水腫を切開せられたる状況を報告す。水腫は悪性にて、他の部に癒着し居り、強ひて之を取り去らんとすれは、破裂して内容の悪液か内部に浸潤して害を為す恐れあり。水腫嚢に口を開き、液汁を外に排出せし嚢を空虚〔に〕したる上、之を取去り、為念切開口の一分は之を縫合せす、中にはガーゼーを詰め、其ガーゼーに浸む汁の性質及嚢を検し、悪性のものに非さることを確めたる上にて、縫合する予定なる旨を談す。

稔彦王妃殿下の近状の原因に関する推察

三雲か去りたる後、予尚ほ金井と話す。先日妃殿下か琴を弾せられ、バイオリンの稽古を為す希望を告けられ、又庭球を為し度旨を告けられたる談を聞きたるとき、或は徒然を感せらるる為には非さるやと思ひたるか、或る説には周宮殿下（北白川宮妃）より妃殿下に対し、稔彦王殿下の歓心を得る為には、妃殿下も意を用ゐて、王殿下を楽ましむる必要ありとの忠告を為されたることある趣に付、或は右等のことが原因と為りて、琴を弾せらる様の考か起りたるには非さるやとの推測もあり。此の推測もあり得へからさることには非さる様なりと云ふ。金井、周宮様か果して右の如き注意を与られたるへきやと云ふ。

金井は宗秩寮より会議を開くとの報に接して去りたり。金井か池田亀雄の書状を明日午後取りに来ると云ひたるは此時のことなり。金井か去りたる後、予之を追ふて廊下に出て、明日午後は予か在らさるに付、書状は西野英男に託し置くへき旨を告けたるなり。

池田亀雄の日記を金井四郎に返す

其後予は一気に池田の書状と日記とを読み了り、之を宗秩寮総裁室に持ち行き、直に金井に返したり。

帝室制度審議会委員会

○午後一時四十五分より井上勝之助、西園寺八郎と自動車に同乗して、霞ヶ関の帝室制度審議会事務所に行き、儀制令案附式案の委員総会に列す。予より二、三の修正意見を出したれとも、一も採用せす。就中便殿の字の用方は甚た不可なれとも、終に原案を可決せり。

皇族歳費令案の委員会日

午後五時頃議了し、本月二十三日午後二時より皇族歳費令案に付委員総会を開くことを定む。栗原広太と自動車に同乗して家に帰る。平沼騏一郎より今日は上野に行くやと云ひ、予、何事なりやと云ひたるに、平沼、成る程間違ひたりと云ふ。

柿実を食ふ

○晩餐後婢鶴の父の持ち来りたる小なる柿実一顆を食ふ。胃の工合悪し。

眠れす　尿量多し

十二時後まて眠れす。放尿すること四回、十二時後眠に就きたるも、尿を催ふす為、又眠を覚すもの二回。終に宵より四時頃までに八百九十瓦を排出せり。或は腎臓緊縮の結果ならんや。

内子入浴

○内子の体温三十六度五分。病来始めて入浴す。

一〇月一五日

○十月十五日水曜。晴。

尿量過多

○昨日の尿量二千八十瓦。今年度以後の最多量なり。

内子の体温

○内子の体温三十六度五分。

守正王妃殿下の機嫌を候す

○午前八時三十分より上省の次、途を枉けて、梨本宮邸に過きり帳簿に署名して、妃殿下か大学病院にて卵巣水腫の治療を為されたるに付機嫌を候す。

電信を強五郎に発す

今朝出勤前強五郎本月十三日の書状達し、久の復学願書を京都帝国大学に提出したる処、大学より先に休学願を為したるとき、添付したる医師と同一の医師の作りたる証明書（久か学業に耐ふることを証明する書）を提出すへき旨申来り。強五郎は啓二郎及三浦直次郎をして医師竹下清蔭に依頼せしめたる処、竹下か之を諾したるに付、其証明書を提出すへき旨申来りたり。予は其書状を一見して梨本宮邸に行き、車中にて其事を考へ、竹下をして証明書を作らしむることは無理なることにて、万一竹下の累を為す様のことありては、一層の心痛を増す訳と思ひ、宮邸より宮内省に行くとき、復た自家に過きり、内子に（マダ証明書ヲ出サヌナラバ少シ待テ）との至急電信を強五郎に発すへきことを命し、直に宮内省に行く。時正に九時三十分頃なり。

牧野英一等を臨時委員となすこと

少時にして宮中の枢密院控所に行き、平沼騏一郎に牧野英一等を臨時法制審議会の臨時委員と為すことは如何なりたるやを問ふ。平沼、其事は昨日既に発表したる筈なりと云ふ。

入江貫一と朝融王婚約問題のことを談す

予又入江貫一に、朝融王婚約解除のことは昨日酒井（忠正）より辞退することになる様に聞き居りたるか、其通りなりたるへきやと云ふ。入江、未た運はさるへし。宮内大臣（牧野伸顕）に逢ひたるに、未た確定はせされとも、大概纏まるならんと云ひ居りたり。徳川（頼倫）より両三日待ち呉よと云ひたりとのことなりと云ふ。予、酒井より辞退する趣意を書きたる書面は、宗秩寮総裁徳川頼倫より久邇宮家の事情を聞き、婚約を辞退する旨記載しあり。大臣（牧野）は之を聞き、宗秩寮総裁の名義を出すことは困ると云ひたることを聞き居るか、総裁の名義を用ゐさることゝしては、此話は又進まさることゝならんと云ふ。入江、然り。二、三日延引することは、大臣（牧野）の意に依り徳川より云ひ出したることなるや否は知らすと云ふ。

枢密院会議　世伝御料地の上に地上権を設定すること

十時頃より議場に入り、世伝御料地の上に地上権を設定すること二件の御諮詢案を議す。二上兵治、審査報告を為し、目賀田種太郎より復興局の事に付質問したるに、内務大臣（若槻礼次郎）出勤し居らす、農商務大臣（高橋是清）、逓信大臣（犬養毅）、外務大臣（幣原喜重郎）は答弁出来すと云ひ、目賀田は更に国防上に関することを問ふ。陸軍大臣（宇垣一成）出席し居らす。目賀田は答弁を得すして、此儘議事を進行するやと云ふ。議長浜尾新之を議場に謀る。平山成信此儘進行して宜しと云ひ、石黒忠悳亦之に賛成す。然し、石黒は復興局長官より地上権設定を申請し居るに拘らす、内務大臣か出席し居らさるは不都合なるに付、議長より将来のことに付政府に注意することを望む旨を述ふ。

メートル法の国際統一条約の改正案御批准の件

他に発言するものなく原案を可決し、次てメートル法国際統一に関する条約改正案御批准案を議し、原案を可決す。

対支外交報告　対露外交報告

次て外務大臣（幣原）より外交報告を為し、前回（本月八日）報告後、対支外交に付北京及奉天（北京外交部（顧維均

〔中華民国北京政府外交部長〕か）及張作霖）に対し満洲に於ける内地人の利権及身体財産の安全に関し通告を発したること、東京駐在英米仏伊の四国大使を各別に外務省に召ひ、其趣意を通知、いつれも之を諒解したること、浙江軍の首領盧永祥〔中華民国奉天派の軍閥、浙江軍務善後督弁〕か亡命して日本に来りたること、日本は亡命者なれは、入国は拒まさるも、軍備の根拠地と為すことは許さゝることを追加説述し、次て露国事情及日露交渉の現状を報告し、零時二十分頃に至りて終る。目賀田種太郎、奉天露国間の協約は之を認むるかと云ふ。幣原、政府は之を認めさる旨を答へて散会す。

自動車を借る

予は審査局に返り、西野英男に零時四十五分に司法大臣官舎に行く為、自動車を借ることを嘱し、直に食堂に行き、食し了りて、審査局に返る。

本月二十二日の御陪食

西野英男、先刻庶務課半井（貞成）来り、本月二十二日に司法官の御陪食あり。貴官（予）も之に加へらるへき予定なるか、差支なかるへきや。差支あれは、他の人に更ゆることも出来るに付、様子を聞き度と云へりと云ふ。予差支なき旨を答へしむ。

高義敬と歩なから談す　用務を忘れたり

司法大臣官〔舎〕に行く積りにて廊下に出つ。高義敬追ひ来り、内匠寮関係のことに付何か相談し度ことありと云ひ、其端緒を話したれとも、予は一時までに司法大臣官舎に行かさるへからさる旨を告け、高は玄関の上にて話しなから随ひ来り、明日更に来るへき旨を告く。高か端緒を話したることは何事なりしや忘れたり。

平沼騏一郎帝室制度審議会の議事慎重ならすと云ふ

一時前司法大臣官舎に達す。少時にして平沼騏一郎来る。平沼、帝室制度審議会の議事は進行を急き、少しく疎漏なる様なり。枢密院の議に付せられたる上て、又異論ある様にては困る。今少し慎重に討議する方か宜しからん。昨日の会議にて、便殿は正殿以外の称と解し、便殿にて儀式を行ふことゝ決したる如きは不穏当なる様なりと云ふ。予、便殿のことは、予は甚た不満足なれとも、予の意見に賛成する人なき故、致方なしと云ふ。

諮問第四号小委員会案の説明のこと

又少時にして花井卓蔵来る。予花井に、今日の主査委員会には、予より開会を宣し、君（花井）より小委員会案の成立ちたる次第を説明するやと云ふ。花井、君（予）より報告し呉よと云ふ。予、然らは経過丈は予より之を報告すへし。案の内容は君（花井）より説明せよと云ふ。花井、内容は質問ありたるとき、答弁する位にて宜しからんと云ふ。

諮問第四号と監獄法改正との関係　諮問第四号主査委員会の進行

二時頃に至り、尚ほ一、二の遅参者ありたるも、主査委員会を開き、予より小委員の一人として案の成立までの経過を報告し、大体に付鵜沢総明より質問し、其余後花井、司法当局との問答と為り、花井は監獄法の改正案を司法省限りにて調査することに付不平を鳴らし、際限なきに付、予より其ことを切り離すへきことを述〔へ〕、答申案一項、二項を議し、松田源治より淳風美俗を維持することの適用（実例）を問ひ、花井之に答へ、一項、二項を可決し、次て三項、四項を議し、公権禁止、停止を刑とするは主刑なるや、附加刑なるやに付松田源治より質問し、花井は附加刑に非すと云ひ、鈴木喜三郎は主刑とも、附加刑ともなす趣意ならんと云ひ、結局花井の説明を改むことゝ決し、四時十分頃閉会し、

主査委員会次回の開会の日時

次回は本月二十八日午後一時より開会することゝ決し、散会す。

○内子午後の体温三十六度九分。

強五郎に書を贈る

○午後七時頃強五郎に贈る書を作り、直に之を郵に投せしむ。強五郎より竹下清蔭の証明書は既に提出したる旨の返電達したる為、書を贈りたるなり。

善く眠る

○今夜は善く眠りたり。

一〇月一六日

○十月十六日木曜。曇。

尿量少し

○昨日の尿量は七百八十瓦。前日の量に比すれは約三分の一なり。何の原因なるへきや。

内子の体温

○内子の体温三十六度六分。

田中恵三郎を大木彝雄に紹介す

○午前七時後田中恵三郎〔不詳〕来り、宮内省用度課長杉琢磨に紹介し呉よ。自分（田中）は賤き物を買ひ集めて薄利に之を販売することを始めたり。宮内省に薬を売り度と云ふ。予、杉は既に用度課長に非す。宮内省には薬の入用は少なからんと云ふ。田中、杉に限らす、後任の人に紹介し呉よと云ふ。予、予の職務は物品買方の当否を糺たすものなる故、用度課長へ紹介することは困るか、誰か他に人なきやと云ふ。田中、他には平沼（騏一郎）の外にはなし。平沼は宮内省の課長当りの人には懇意ならさるならん。用度課長に直接の紹介か都合悪しきならは、課長を紹介する人に紹介して呉ても宜しと云ふ。予、其位ならは直に用度課長に面会する丈の紹介を為すへしと云ふて、予の名刺に其旨を記し、大木彝雄に紹介す。

金井四郎球突場のことを談す

○午前十時三十分頃金井四郎来り、球突場のことに付東久世秀雄に相談したる処、東久世は東伏見宮の元邸に球突場の設あるに付、之を移築したらは宜しからん。其費用は千円位は要することならんと云へり。依て自分（金井）より、宮務監督（予）は妃殿下の慰安の為なれは、少しの金銭問題には非す。内匠寮にて工事を為さゝるならは、宮の方にて作るか宜しとまて云ひ居るも、宮の方にては庭球場を作らさるへからす。其上に球突場まて作ることは費用の都合悪し。又東伏見宮邸の球突場を宮の方にて勝手に移築する訳には行かさるに付、内匠の方にて新に作ること出来さるならは、東伏見宮の分を東久邇宮に賜はる手続を為すへし。左すれは、東久邇宮にて移築することゝすへ

し と云ひ、尚ほ種々談合の末、東久世は、来年度になれは金の都合も附くへきに付、内匠寮にて作ることにすへく、万一其事か出来さるならは、其時は東伏見宮の分を賜はることゝすへしと云ひ、其ことに協議し置きたりと云ふ。

金井四郎今夜活動写真を観るへき旨を告く

○金井又巴里より王殿下（稔彦王）羅馬尼行の写真幷に活動写真のヒルムを送り来り、今夜之を映写することゝなり居るに付、来観せよと云ふ。予之を諾す。

高羲敬三島町より三島別邸敷地の一部を請求することを談す

○金井の談し居るとき、高羲敬来り、昨日酒巻芳男より三島町より李王家三島別邸地の一部を町有と為し度旨の希望にて、静岡県知事（伊東喜八郎）より酒巻に内談し、酒巻は無償にて譲与することは李王家としても出来難きに付、滝のある某所（地名は予之を忘る）と交換しては如何と云ひ居りたるも、三島別邸地を分割することは不利益なり。某所の如き所は何の用にも立たさる所なる用なりと為なるや。又某所と更換する意見は何の為なるや。某所の如き所は何の用にも立たさる所なる用なりと云ふ。予、李王家としては今後三島別邸を所有する必要なかるへく、之を売却するには之を分割することは不利益なり。別邸地の坪数は幾許位あるやと云ふ。高、三万坪の中、先年幾分を分与したるに付、二万八千何百坪位なるへし。李王家に引受けたるときは、当時の宮内次官（花房〔原文空白、義質、元枢密顧問官、子爵、故人〕）、好意を以て十万円と云ひては多額に聞ゆる故、九万円（坪三円）にてすへしとて、其時は低価にて引受け居れとも、今日は其時の価を標準とする必要はなかるへく、時価より幾分低き位にて売却するか宜しと思ふと云ふ。予、坪百円位にすへきかと云ふ。高、百円まてはせさるへし。先年の話には七、八十円位ならんとのことなりしと云ふ。

杉琢磨来り、大婚二十五年のことを協議し度旨を告く

此時杉琢磨来り、差掛て迷惑なから、天皇陛下大婚二十五年の祝典を挙行せらるるや否、之を挙行せらるるならは、如何なる程度にするや、大体の評議を為し度に付、大臣室の隣に来り呉よ。今少し後て宜しと云ふて去る。

高羲敬、酒巻芳男共に来り、三島別邸のことを談す

此時高羲敬は酒巻芳男を伴ひ来り、杉か去りたる後、酒巻より、三島町にて三島別邸地の幾分を町有と為し度希望あり。先日知事か上京したるとき、其事を自分（酒巻）に内談し、此の如きことは慎重に考慮することを要するに付、三島町長は直に知事にて副申書を作り呉よと云ひたれとも、一応宮内省の意向を問ひたる上のことゝすへしと思ひ、副申書も附け居らすと云ひたり。自分（酒巻）は無償にては出来難きからんと云ひ置きたり。知事は其内復上京するに付、様子を聞き度と云ひ居りたりと云ふ。

予、酒巻の言を遮り、予は世子顧問と為りたるとき、宗秩寮事務官（仙石政敬）より世子邸の事務には関係すへからさる旨の通知を受け居れり。此ことは予か関係すへきことに非すと云ふ。（戯れに）酒巻、然らは宮内省御用掛として聞き呉よと云ふ。予、此ことは世子邸にては何とも為すことを得す。李王家の問題なり。予一己の考にては、三島別邸と大磯別邸とを併有する必要なし。三島別邸の方は之を売却するか宜し。之を売却するには小分すると不利なりと思ふと云ふ。

酒巻、自分（酒巻）よりも知事に、是は李王家にて決定すへきことなる旨は談し置けりと云ふ。予、兎も角李王家の方針を問はされは、何事も出来さるに非すやと云ふ。

杉琢磨より談したることに付庶務課属来り促す

此時庶務課属官来りて、大臣室の隣室に来るへきことを促す。予乃ち行かんとす。

酒巻芳男、朝融王婚約問題を談す

酒巻、朝融王の婚約問題は尚ほ未決なり。其原因は分らされとも、酒井（忠正）家の相談人か怒りたる為、酒井も困り、徳川（頼倫）も困り居るには非さるかと思はる。松平（慶民）も同様の推察を為し居れりと云ふ。予、酒井か弱き為、徳川に対して拒絶し得す、話か進行し掛けたるも、酒井は相談人にも弱く、其の為又停頓する様のことには非さるやと云ふ。酒巻多分左様のことならんと云ふ。予、大臣官房の隣室に行く（十一時頃）。

天皇陛下大婚二十五年祝典の協議

牧野伸顕、大森鍾一、関屋貞三郎、入江貫一、大谷正男、徳川達孝、杉琢磨、武井守成来り居り、予か行くを待ち、杉より来年（十四年）五月は　天皇陛下大婚二十五年に相当するか、明治天皇の大婚二十五年には盛大なる御祝典の御挙行あり。今上の大婚二十五年は御祝典を御挙行あるへきや。御挙行あることゝすれは、如何なる程度になさるへきや。来年五月のことなるに付、内端のことは更に決定するに及はさりしも、養孝其他孝子節婦等に恩賜てもあることゝなれは、今より取調を為さゝれは、間に合はさるに付、大体の決定を望む旨を述へ、大森より御挙行は当然なり。召さるへき人の範囲は幾分斟酌するは差支なし。但御思召に依り止めよとのことなれは、勿論之を止むへきことなる旨を述ふ。徳川、自分（徳川）も大森と同様の考なりと云ふ。予、予も大森、徳川と同様の考なれとも、天皇陛下御静養中にて、御臨場は出来させられさることなる故、明治天皇の時の如く外国使臣に通知し、外国使臣までを召さるることは御見合せある方か宜しからんと思ふと云ふ。

入江、自分（入江）は尚ほ一層深く考ふる方にて、両陛下御健康にて目出度御祝ひ遊はさるることか出来れは祝典御挙行在らせらるへきも、摂政を置かれ居る程の御重患にて御静養なれは、公式の御祝典は行はせられす、御内宴位か適当ならんと思ふ旨述ふ。関屋、自分（関屋）も至極入江君に同感なり。御宴会は一切御止めになり、神宮賢所等御報告あれは、夫れにて御祝典は済む訳なる旨を述ふ。武井、神宮其他の御奉告は御祝典御挙行の旨を御奉告遊はさるる訳なり。単に二十五年になりとて御奉告ある訳に非すと云ふ。関屋、臣下の拝賀を受けさせらるること出来さるに付、饗宴を開かるる訳なしと云ふ。

予、政治上のこと御聴き遊はさるることは出来さるも、拝賀を受けさせらるるは少しも差支なしと云ふ。関屋事実出来難しと云ふ。予、多数の人か拝賀することは勿論出来難し。一人若くは数人か臣下を代表して拝賀することは少しも差支なしと云ふ。関屋、入江、賜宴は宮中の御宴に非す、式と云ふへきものに非すと云ふ。予、賜宴も宮内大臣が命を奉して案内するものなれは、宮中の式なりと云ふ。三大節のときに伯子男に対しては賜宴なるも、是は御陪食に代はる式なりと云ふ。

是より先牧野は、一木喜徳郎か面会に来りたる為、退席し居り、十分間許にして復席し、御思召は如何あるや計り難けれとも、二十五年を黙過することは出来さる様に思ふと云ふ。関屋忍て説を変し、賜宴説となる。牧野より杉に命し、明治天皇の時より一段簡易なる計画にて、大体のことを立案せしめることゝなり、閉会す。時に零時二十分頃なり。

記念章を下賜せらるるか否は積極、消極の二説あり。大谷正男は其意見曖昧なりしか、極々縮小したる範囲に宴を賜はる様の考にて、是は矢張り内宴の方なる様なり。杉は饗宴を祝典の主なる部分にて饗宴なけれは、祝典に非すと云ふ方の意見なり。

大木彝雄に田中恵三郎を紹介し置たることを告く

○午後二時頃大木彝雄を用度課に訪ひ、予か今朝田中恵三郎を紹介し置きたることを告けんとす。大木、夫れに付詳しく話し度ことあり。貴官（予）の室に行くへしと云ひ、予と共に来り、実は用度課にて物を購買するに、少量宛購買すると多量に購買するとは、価格に余程の相違あり。今年度は予算なきに付、多量に買ふこと出来されとも、来年度よりは多量に買ふ積りなり。是まては商人の範囲か定まり居り、弊もあるに付、新なる人の来ることを望み居る所にて、好都合なりと云ふ。予、田中は平沼の紹介にて識りたる人にて、其性質等は詳かに知らされとも、悪しきことをする人には非さるへし。然し、予か紹介したりとて、少しも手心抔を用ゐ呉れさることを望む。此ことを告ける為、君（大木）を訪ひたる次第なり。今朝名刺を交したる故、今朝直に君を訪ひたるならんとは思はさりしと云ふ。大木、購買すへき物の見本を示し、価格の低廉なるものを買ふまてにて、紹介の如何等は頓著せさるに付、其辺は安心し呉よと云ふて去る。

松平慶民と朝融王婚約問題を談す

○午後一時後酒巻芳男を宗秩寮に訪ふ。酒巻在らす。松平慶民と話す。予、朝融王の婚約問題を話す。松平、自分の弟（徳川義親）より研究会にて聞きたることなりとて、愈々酒井（忠正）の方より辞退することゝなりたりとのことなる〔が〕、既に解決したりやと云ひ居りたり。是まての話しも研究会より出てたること多かりしならん。関屋（貞三郎）は徳川（頼倫）の方に接近し居る人の情報を得るに便宜を有し居る模様にて、徳川は直接に関屋には云はさるも、関屋か横より手を出したる為、妨害を受けたりと云ひたることか関屋の耳に入り、関屋は之を怒り居るとのことなり。徳川の方にても関屋のことは怒り居る話なり。今日まて酒井より辞退せさる〔は〕相談人か怒り、武井（守正）は既に相談人を辞したる趣にて、酒井も徳川も其ことに困り居るならんと思ふと云ふ。予、酒井は徳川に弱き丈け〔てなく〕、相談人にも弱きならんと云ふ。

秩父宮殿下英国御留学のことに付宮内大臣より林権助に対する書翰案文

予か未た松平と話を始めさると〔き〕、山田益彦より牧野伸顕の名にて英国駐在大使林権助に贈る書状案に捺印を求む。其案には牧野は既に署名し居り、山田は予か不在なりし為、捺印を求むることか延引せりと云ふ。案の内容は、秩父宮殿下、来年五月頃英国に御出てある予定にて、其上は松平慶民より選択したる甲某方に御滞在あらせらるる積りなるか、林の意見を聞き度との趣意にて、追書には乙某も甲某を知り居る趣なる旨を書きありたり。是は林か甲某のことを調ふる為の便宜ならん。乙某も英国人にて著名なるものならん。

予か松平と朝融王婚約のことを談したる後、松平より、秩父宮殿下英国行のことを談し、初は牧野か承知せさりしも、漸く同意したること、松平か英国に居りたるとき、甲某の妻に秩父宮殿下渡英のことは根本か未定なるも、渡英のことゝ決すれは、相当の家に滞留せらるる必要あり。之を引受呉るるやと云ひたるに、其妻か承諾したること、只甲某の家か適当なりと云ふのみにては、空漠たることなる故、自分（松平）より丙某を経て甲某に書を贈り、秩父宮殿下御渡英の上は甲某の家に御滞在あらせらるることゝなるへきか、甲某の家の適否に付意見を聴き度旨の問合を為し、其書状に対する返書の訳文か是なりとて、之を予に示す。

秩父宮殿下英国に於ける御宿所のことに関する英国人某より松平慶民に対する返書

其書の趣意は甲某の家より適当なる所なし。甲某の家ならは、特に性質悪しき青年に非さる限り、決して悪しくなることなしと云ふに在り。松平は此返書を皇后陛下の御覧に供する積りなるへし。

秩父宮殿下御修業の方針　宇垣一成の意見

予は秩父宮殿下方は軍事教育を受けらるる必要なしと云ひたるに、松平は先日宇垣（一成）に逢ひ、秩父宮殿下御修業のことを談したるに、宇垣は殿下方は人格を御備へなさるれは宜し。長く欧洲へ御滞在なされたる閑院宮、東伏見宮、有栖川宮の各殿下は確かに立派なる方なるか、久邇宮、梨本宮両殿下の如きは御留学の効を認め難しと云ひ、さすがに軍事教育のこと抔は少しも話しもなさゝりしなりと云ふ。

秩父宮殿下御称号に関する英国大使の注意

予、秩父宮殿下も矢張り変名にて御渡欧なさることになるへきやと云ふ。松平、其ことに付ては笑しき話あり。先日英国大使か秩父宮の御名前は何か他の称を用ゆることは出来さるや。秩父宮を羅馬字にて書けは、外国人は必すチヤイチヤイビュウと発音するに相違なし。チヤイチヤイビュウと云へは、如何にも英国辺にては滑稽に聞へ、亜西亜〔アジア〕の暴君の名を聯想する様の音なりと云ひたり（英国大使か此ことを考へたる起りは外国人の名前を日本人か聞き、日本語にて訛り、一種の嘲弄語と為したることあり。秩父宮の称も必す一種の混名となるへきに付、之を避くる方宜しからんと云ひたる趣。日本人か外国人の名を訛りたる語も聞きたれとも、之を忘れたり）。右の次第に付、淳宮とても唱へられたらは、宜しからんと思ひ居ると云ふ。

秩父宮殿下御洋行のことを秘密にすること

松平又秩父宮御洋行の物議を惹起しては困るに付、十分に秘し置くへき旨、牧野より注意したる旨を告く。前に記したる甲某、乙某、丙某等はいつれも本名あるも、予之を忘れたり。

東久邇宮邸に行く

○午後五時三十分より人力車に乗り、東久邇宮邸に行く。妃殿下に謁す。殿下、仏国より贈り来りたる稔彦王殿下羅馬尼に行かれたるとき〔の〕写真を示さる。宮邸にて相馬順胤〔旧中村藩主相馬家当主、子爵、相馬孟胤の父、故人〕の妻〔硯子、有馬純文の妹〕、蒲穆の妻に逢ふ。

稔彦王殿下羅馬尼行の活動写真其他の写真を観る

稔彦王殿下羅馬尼に（本年五月）行かれたるときの活動写真、山階宮、竹田宮、久邇宮邦英王、其他新潟県長〔原文空白、岡〕にてスキーに乗られたる活動写〔真〕、竹田宮妃、東伏見宮妃、東久邇宮妃三殿下横浜の震災地御慰問の活動写真、東宮殿下、竹田宮邸に行啓あらせられたるときの活動写真を観る。七時四十分頃終る。予は他の人か茶喫し居るとき、直に自動車を借りて家に帰る。八時十分頃なり。

神嘗祭に参拝せさることの届

○午後西野英男に嘱し、明日神嘗祭に参拝せさることを式部職に通知せしむ。

国分三亥の妻来る

○午前国分三亥の妻来りて、内子を訪ひたる趣なり。

○内子の体温三十七度。

○夜風。

滄浪閣建築の設計

○午前高義敬来りたるとき、大磯滄浪閣跡に建築すへき建築設計図を持ち来り、是は世子、同妃の設計を技師某か少しく修正したるものにて、予算は概略十一万円なりと云ふ。予、李王職の意見に任かすより外、致方なしと云ふ。

世子の誕辰に付予の来邸を望むこと　小山善を招くや否のこと

高又本月二十日は世子の誕辰に付、午後五時三十分より来邸し呉よと云ふ。又小山善を招くへきや否と云ふ。予、招く方、可ならんと云ふ。

一〇月一七日

○十月十七日金曜。晴但朝曇風、風は午後に至るも歇ま〔す〕。

尿量　脚の下部少しく腫る

○昨日の尿量千二百六十瓦。両脚の下部微しく腫る。

○内子の体温三十六度一分。

坂田稔の家に行き、診を求む

○午前十時より坂田稔の家に行き、診を求む。坂田確たる病候なし。老体自然のことなるへしと云ふ。

内子の体温を坂田稔に告く

予又内子の体温未た常に復せさることを談す。坂田解熱薬を用ゆる程のことに非さる旨を告く。

荒井賢太郎来る

○午後二時頃荒井賢太郎来り訪ふ。朝鮮銀行の事情、東洋拓殖会社の内情、現下の政情、研究会の事情等を談す。

荒井静雄の結婚

又本月二十七日上野精養軒にて、其長男静雄の結婚式を行ふに付、予等夫妻の来会を望む旨を語る。内子は病身に付、今少し後に諾否を答ふへきことを約す。荒井は其妻（カズヱ）より更に案内する筈なりと云ふ。

尿量過多

○今日は尿量頗る多く、寝に就く前（午後七時頃）既に千八百五十五瓦に達す。夜中更に多量を排すれは過多なるに付、浴後直に褥に就き温補す。

内子の体温

○内子の体温三十六度七分。

内子褥を払ふ

今日より褥を払ふ。

神嘗祭に参拝せす

○今日は神嘗祭なるも、病の為に参拝せす。

十月十六日の日記追録

十月十六日の分追記

会計令の変例案の不可なること

午後三時頃土岐政夫来り、参事官にて皇室会計令中御料地を売却する場合の規定の特例となるへき草案を作り、之を自分（土岐）に廻付し来れり。自分は此の立案には参加せさりしと云ふ。之を一見したるも、公益の為御料地を払下くるとき、年賦と為し、年賦中利子を附けす、又担保を免することを得ること〻為し、此規定を公共団体にも及ほさんとするものにて、公共団体てさへあれは、払下の目的か公益たることを必要とせさる様になり居り。此の規定を設けんとするは、之を以て静岡県の御料地払下事件を解決せんとするに在るや明かなり。予土岐に対し、公共団体に払下くる場合にても、団体の目的か其土地を売却せんとする様なる場合には、決して此の如き処分を為すへからす。此の規定にては其点明かならすと云ひ居りたる処、会々大谷正男来る。土岐も致方なく、此の案を予に示したる所なりと云ふ。大谷、夫れは尚ほ未定案なり。未た長官（予）に示すへき時期にあらすと云ふ。土岐去る。

大谷正男来り、土地売払代金を財本に入るる手続に関する規定の改正を謀る

大谷、土地売払代金は直に之を財本に入るへしとの現行規定あるか、通常会計にては不都合なきも、林野局にては此規定を適用するに当り、一旦林野局の歳出となすことか非常に不便なる趣にて、歳出となさす、直に財本に移入することに改め度との希望あり。依て此の如き案を作りたるに付き、之を一見し呉よと云ふ。予之を見たるも、十分に其便否を鑑別すること能はす。依て青山操を召ひ、其意見を問ふ。青山、全体土地の売払代は通常会計にても歳出となさすして財本に移入する方か簡便なり。然し、通常会計にて歳出となすならは、林野局会計にても之を歳出と為し難き訳なし。いつれかに一方に決すへきものなりと云ふ。

大谷、林野局にては納入告知書を発したる後、数年後に至り実際収入する場合あり。此の如き場合には、収入は告知書を発したる日の属する年度の収入と為し、歳出は其年度の支出となすへからさるに付、収入と支出と年度を異にする不便ありと云ふ。青山、納入告知書を発しても、其年度内に収入すること出来されは、之を次年度に繰越し、次年度の収入となすへきものなるに付、右の如き不便なしと云ふ。大谷、然らは尚ほ一応林野局の説明を聞き見るへしと云ふ。

松平慶民、秩父宮殿下英国御留学のことに付英国皇太子と談したること

午後一時後松平慶民と話したるとき、松平より左の談を為したり。自分（松平）か昨年英国にて皇太子に逢ひたるとき、太子より日本の皇族は皆仏国留学せらるるは如何なる訳かと云はれ、自分は是は陸軍の関係にて、以前は皆独逸に留学せられたるか、独逸に次ては陸軍は仏国か発達し居るとの考より出て居るものゝ様なり。然し、自分は英国に学ひ、英国を好むに付、秩父宮には英国留学を勧むる積りなりと云ひたるに、太子は秩父宮か留学せらるれは出来る丈けの便宜を図る旨を話されたりと云ふ。

一〇月一八日

尿量過多

○十月十八日土曜。半晴。

○昨日の尿量二千五十五瓦。昨日は急に寒かりし為、一層多かりしならんと思ひ、夜寝するときは衾を重ねたり。夜中の量は是まてより少く二百瓦に過きさりしなり。

内子の体温

○内子の体温三十六度。

松平慶民と朝融王の婚約問題を話す

○午前十一時頃松平慶民を宗秩寮に訪ひ、朝融王婚約問題は如何なりたるやを問ふ。松平、其後少しも話を聞かす。徳川（頼倫）の方は、今日となりては最早久邇宮又は宮内大臣に対する義理と云ふよりも、自己（徳川）の面目上何としても目的を達せされはならぬと云ふ様の考へにて、云はゝ徳川家の存亡問題とても思ひ居るならん。関屋貞三郎は最早徳川には望を属し居らさる様なりと云ふ。予、大臣（牧野伸顕）は間もなく陸軍大演習の為、摂政殿下に供奉することゝなるへし。其前に解決せされは、愈々晩るることゝならんと云ふ。

松平、摂政殿下の御出発は何日なるへきやと云ふ。予、本月二十一日には非すやと云ふ。松平、其前には到底解決出来すと云ふ。予審査局に返り、摂政殿下行啓の日を取り調ふ。十一月一日なり。乃ち復た宗秩寮に行き、其旨を松平に告く。

土岐政夫、伊夫伎準一と会計令に対する特例を談す

○午前十一時後審査官室に行き、土岐政夫に一昨十六日会計令に対する例外規定を設くることに付き、君（土岐）より予に相談したることは大谷正男は不満なりし様なりしか、困りはせさりしやと云ふ。土岐、彼の案は金田才平か起草したるものにて、金田は審査局の意見も聴き呉よと云ふに付、貴官（予）にも話したる訳なりと云ふ。伊夫伎準一も其案を持ち居り、自分（伊夫伎）も参事官より審査局の意見を聞き度と云ふに付、勿論長官（予）にも示して差支なきことゝ思ひ居れりと云ふ。

金田才平の変説

土岐、金田は初めは静岡県御料地払下のことには反対し居りたるか、此案か成立すれは之に依りて静岡県の払下も出来ることゝなるか、金田は以前の体度を変へ、自分（金田）は意見を変へたり。公共団体に払下けることは、即ち公益の為にするものにて、宮内省の方より見るも、個人に払下くるよりも非常に便利なるに付、公共団体ならは十分の便宜を与へて払下くることゝする方か宜しと云ひ居れりと云ふ。伊夫伎、参事官はどこまでも正理を主張し、参事官自ら此の如き案の提出者となる様のことを為さゝる方宜しきに非すやと云ふ。

大谷正男の人物

土岐、大谷は左様の人に非す。何人の申込みにても、其希望を達せしめんとするに付、参事官の会議も理論の立つことなしと云ふ。

大谷正男土地売払代を財本に入るる手続を談す

〇午前十一時頃大谷正男来り、一昨日協議したる土地売払代を財本に入るる手続に付ては、入江貫一は通常会計の分は是非一旦歳出として、然る後財本に入るるか宜しと云ひ、林野局にては、林野局の分は歳出となすことゝなれは、年度の整理期間切迫したるとき、収入したるものは次年度に繰り越したる後に非されは、歳出となすへからさる不便あり。故に歳出となさゝることゝし度と云ひ居り。通常会計と林野局会計と手続きを異にすることを望み居れり。如何と云ふ。

予、審査局としては、之を区別する法規か出来くれは、何とも致方なきも、入江か通常会計にては歳出となす必要ありと主張するならは、林野局会計にても同様の必要ありと云はさるへからす。又林野局の分は歳出となさすして宜しと云ふならは、通常会計の方も歳出となさすして宜しきことゝなるへし。予は実は歳出となさゝれは如何なる不都合あるや、其点は分らされとも、二者手続を異にする理由なきことは明瞭なるへしと云ふ。大谷更に協議することにすへしと云ふて去る。

青山操土地売払代を財本に入るる手続のことを談す

予、午前十一時後土岐政夫、伊夫伎準一と会計令に対する特例のことを談し居るとき、青山操参事官室より返り来り、結局林野局の分も歳出となすことに折合ふことゝなる様なりと云ふ。青山は大谷の望に因り参事官室に行き、林野局員と協議したるものならん。

〇午後理髪す。

西野英男の写したる先考遺稿の巻尾に事由を書す

〇午後、先考遺稿篤堂詩草の巻尾に、予か昨年西野英男に嘱して之を写さしたる事由を書す。

怡土信吉の没年を知るへからす

其文中怡土信吉（元内務省警保局属官、故人）か没したる年を記す必要あり。怡土か没したるとき、賻を贈りたるに付、当時の量制録を検して没年を知らんと欲し、之を検したるも、遂に贈聘のことを発見せす。

一〇月一九日

○十月十九日日曜。曇夜大雨。

尿量　尿混濁甚し

○昨日の尿量九百三十五瓦。今日午前一時頃に排出したる尿を天明後に至り之を見たるに、混濁甚し。

尿を検す

依て之を瓶に入れ、今日午前五時後に排出したる尿を排出したる尿を別の瓶に入れ、坂田稔をして尿を検せしめんと欲し、電話にて坂田か差支なきや否を問ふ。坂田感冒に罹り、臥褥し居ると云ふ。予更に検尿を依頼すること出来るや否を問ふ。坂田検尿は差支なしと云ふ。乃ち二瓶を携へ、自ら坂田の家に行き（午前九時四十分頃）、代診者山村某をして検尿せしむ。山村、排尿即時より混濁し居れは腎臓の損所ある訳なれとも、排尿後時を経て混濁するは時候の寒冷なる為、塩分の凝結するものなり。之を熱すれは澄清に復す。試に之を熱し見るへしとて、之を硝子管に入れ、アルコールの火にて之を熱す。成程澄清となりたり。山村、多分異状なからん。精密検査は後刻之を為すへしと云ふ。

坂田稔、内子の病を懸念す

坂田、久しく内子の病を診せす。今日午後位には便を遣はし、都合にては多納栄一郎に診察せしむることの相談を為さんかと思ひ居りたる所なる旨を伝へしむ。予、内子は既に快く、昨日より払褥し居るに付、其必要なき旨を告けしむ。

皇族歳費令案の説明材料

○午前午後に皇族歳費令案主査委員会の議を本月二十三日午後二時より委員総会にて議することゝなり居るに付、其時の説明材料を調査す。

野田卯太郎来り、談す

○午後一時四十分頃野田卯太郎電話にて、往訪して差支なきやを問ふ。予、差支なき旨を答ふ。二時頃野田来る。野田は腎臓炎にて蛋白を排出し、一時は足の工合悪かりしも、快くなりたること、支那の戦争に付浪人共か先頃今後二週間許の中に戦争の始むることゝなる旨を報告し、内田康哉より其旨を野田に通し、野田と内田と同伴して幣原喜重郎を訪ひ其ことを告け、之を処する方策を議せんとしたるも、幣原は戦機は未た熟し居らすと云ひたるか、幣原の観察は誤り居りたること、張作霖に兵器弾薬を供給する方宜しけれとも、其手段なきこと、呉佩孚〔中国の軍人、北洋軍閥直隷派の首領、第二次奉直戦争で奉天派の張作霖軍に敗北〕は冬期には満洲には侵入し難き趣なること、外務省は原内閣時代に拡張を図りたるも、予算上の資源なき為困りたるか、逓信省の収入を資源として拡張を為し、情報部抔を設けたること、情報部か部下の大使、公使、領事等よりの報告のみを取り居る様にては役に立たぬこと、久大鉄道の工事は中止せさること、筑後川の改修も中止せさること、十八師団は廃止しても特設部隊位は久留米に置くことゝなる模様なること、有馬頼寧氏は孰れの党派にか加入せされは不便なること、松田正之を内閣書記官となすことは江木翼に依頼し置たること、朝鮮総督は最早之を廃し、拓殖務大臣を置き、内閣員と為す方、適当なること等を談し、午後四時三十分頃に至りて去る。

世子邸よりの電話

○午後四時後世子邸より電話にて、明日は世子の誕辰なるに付、午後四時三十分頃より祝賀を受けらるるに付、其時刻まて来邸せられ度と云ふ。

東久邇宮邸よりの電話

○午前十時頃東久邇宮邸より電話にて、明日午後七時より閑院宮邸にて四王天某〔延孝、元陸軍省軍務局航空課長〕（陸軍少将）か講演を為すか、聴聞せらるるやと云ひ、内子より不在の旨を答へ置きたる趣なり。午前十時後、予か坂田より帰りたる後電話したるも通せす。少時の後復た電話し、明日は世子邸に行かさるへか〔ら〕さるに付、行き難き旨を告く。

内子の体温

○内子の体温三十六度七分。

野田卯太郎の来りたる事由を知るへからす

○野田卯太郎は何の為に来りたるや。是と云ふて用務なし。

吉井区裁判所の問題

○吉井区裁判所廃止のことは横田千之助に問ひたる処、横田は未た何の裁判所を廃すると云ふことは決し居らすと云ひ居りたりと云ふ。

先考の文稿巻尾に書す

○午後西野英男の写したる先考文稿の巻尾に事由を書す。月日は詩草と同しく昨十八日とす。

旧婢一枝来り、夫の失職を説く

○午後五時頃旧婢一枝来る。夫の失職を説く。

一〇月二〇日

○十月二十日月曜。曇。

尿量

○昨日の尿量千五百四十瓦。

内子の体温

○内子の体温三十六度。

検尿の結果分らす

○午前八時後坂田稔の家〔に〕電話し、昨日嘱したる検尿の結果を問ふ。山村某、未た分らす。後刻通知すへしと云ふ。

金井四郎の兄死す

○午前十時三十分頃西野英男来り、只今東久邇宮邸より電話にて、金井（四郎）の兄（四郎の直くの兄）か昨日午後に死去したる故、金井は四、五日休暇を得度。宮邸よりは見舞として菓子を下されたるか、宮附職員よりの贈は金井か之を断はり度と云ふに付、只今は之を贈ることになり居らす。或は之を贈ることになるやも計り難く、之を含み置き呉よと云ひたる旨を報す。

宗秩寮に行き、皇族家家費補助内規の適用を問ふ

○午前十一時頃宗秩寮に行き、酒巻芳男に、皇族家家費補助内規に事項の異動を調査し、次の半期より補助金額を増減すとあるか、調査は年に二回するや、又は一回なるやを問はんとす。

酒巻は正に皇宮警察部に行き、講義を為し居りたる故、之を山田益彦に問ふ。山田之を知らす。松平慶民、一年二回調査し、半年間は後れて金額を増減することゝなり居る趣なりと云ふ。

松平慶民と朝融王の婚約問題を談す

予、松平と話す。松平、朝融王婚約問題は其後少しも話しを聞かす。関屋貞三郎は全く徳川（頼倫）の周旋には見切を附け居る模様なりと云ふ。予、然らは他に手段を取り居るやと云ふ。

牧野伸顕の考

松平、其模様なし。大臣（牧野伸顕）の考か分らす。其儘打捨置く所にては、自然と此問題か喧しくなることを見越し、東山文庫の整理等を為し、仕事を片附け置く積りには非さるへきやと云ふ。予左様なることゝは思はれすと云ふ。

松平慶民、小原駩吉か松平を誣ひたることを談す

松平又近頃小原（駩吉）に逢ひたりやと云ふ。予逢はすと云ふ。松平、先日松方巌か其父の死去のとき、世話したる特別縁故者を帝国ホテルに招き、小原もホテルに招かれ居りたるか、其時山崎（四男六）（山崎と云ひたるか、山田と云ひたるか明らかならす。山田と云ひたらは、益彦なるへし）に向ひ、宮内省にては松平（慶民）、仙石（政敬）、入江（貫一）抔か連合して、総裁（徳川頼倫）を追ひ出しに掛り居ると云ひたる由。是は非常なる間違なりと云ふ。予、夫れは間違なるか、小原は予て入江には少しの不満は懐き居りたる様なりと云ふ。松平、然り。仙石にも善き方に非すと云ふ。予、徳川も仙石か徳川を追ひ出す抔とは考へ居らさるも、仙石か宗秩寮のことに干渉するとの感情は有し居りたる様なりと云ふ。松平、宗秩寮には記録も備はり居らさる故、旧る〔き〕人に問ふことに差支なき筈なり。

朝融王の婚約問題に関する仙石政敬の意見

朝融王婚約問題も仙石の意見は徳川か正面に当りて解約を為し、然る後辞職すへしとのことなりしか、徳川は其意見も気に入らさりし様なり。

徳川頼倫の旧臣の考

徳川の旧臣三浦某抔は徳川をして長く総裁の職に居らしむるときは必す失体を生するに付、速く辞職せしむへしとの意見を有し居りたるも、失策して辞職せしむることは好ます。何とか解決させ度と思ひ居るとのことなり。然し酒井（忠正）か相談人か怒りたる為、躊躇したりとすれは、到底徳川の手にては解決出来さることならんとの談を為せり。

皇族家々費補助内規の適用

此時酒巻返り来る。予、皇族家々費補助内規の適用方を問ふ。酒巻、六月に調査したる異動に基き、其年の十二月に増減したる金額を渡し、十二月に調査したる異動に基き、翌年七月に増減したる金を渡すことゝなり居れりと云ふ。

土地会社か久邇宮の申込書を勧誘の手段に供したること

予か酒巻と談する前松平より、先日土地会社か久邇宮附事務官野村礼譲の申込書を写真版に取りて、株式申込勧誘の材料と為したることを話したるか、其後右写真は之を会社員に返す必要ありと思ひ、之を返す前に写真を野村に示し、注意を促すことを山田（益彦）君に依頼し、山田君より之を示したる処、野村は別に考ふる模様なり。其前に此の如き引札を配り来りたるとき、之を王殿下に提出せさりし処、殿下より何故に之を示さゝるやとの叱りありたる故、此節は株式の申込を為すへき旨命せられ、其命に随ひ申込を為したるまてなりと云ひ、国分（三亥）も其席に在り、野村の云ふ通りなりと云ひ、少しも気に留むる模様なかりしとのことなりと云ふ。之に付き、松平は殿下か申込めと云はれたる故申込を為したりと云ふ丈ならは、監督も事務官も不必要なるものなりと云ふ。

竹田宮宮務監督の人選のこと

予又竹田宮の宮務監督の人選は如何なり居るやと云ふ。松平、陸軍少将に適当なる人ありとの話もあるか、未た纏まりたる談を聞かすと云ふ。予、彼の宮務監督は余程困難なり。故人を評するは好ましからさることなるも、大臣（牧野伸顕）か河村（善益）を選ひたるときは、非常に望を属〔ママ〕し、予も至極適任ならんと思ひたるも、実際は夫れ程の効果を挙け得さりしならんと云ふ。松平、河村は初は非常なる熱心なりしも、後は健康の関係もありたるへきか、意気込も弛みたる様なりしなり。竹田宮妃殿下は上下著けて、一本調子にては輔佐することは出来難からん。追従のみにては固より不可なれとも、多少は作略も必要ならん。小原駩吉は賀陽宮の監督（原文空白、中島正武）を譲り居れとも、案外温和にて好果を得るやも計り難し。関屋（貞三郎）は上野（季三郎）を竹田宮の監督と為すことを望み居るも、上野にては出来さるならんとの談を為せり。

三殿奉遷に付半日休暇のこと

○午後三時二十分頃西野英男より、只今庶務課より明日は三殿奉遷の議あるに付、御用都合見計ひ、省中半日にて退庁して宜しき旨を通知し来れり。

俸給受領のこと

然れは、明日は貴官（予）は賢所より直に帰宅せらるへく、自分（西野）か出勤途次貴家（予か家）に過きり、枢密院の俸給領収証に捺印を受け、俸給は退庁の次、之を貴家（予か家）に届くへしと云ふ。予其厚意を謝す。

馬車を遣はす時刻のこと

○午後三時四十分頃西野英男に嘱し、明日は午前十時に馬車を遣はすへき旨を主馬寮に通知せしむ。

世子邸に行く

○午後四時より馬車に乗り、世子邸に行く。今日世子の誕辰なるを以てなり。午後五時頃世子、同妃に面し、賀を述ふ。六時頃より食堂に入る。会する者は世子、同妃、李鍵公子、李鍝公、高羲敬、金応善、小山善、桜井某、上野某、高階虎治郎等なり。食後喜劇活動写真三齣〔ママ〕を観たる後、復た世子、同妃と暫話す。世子等奥に入る。予乃ち先つ辞し去る。時七時四十分頃なり。

小山善揮毫を請ふ

世子邸にて小山善揮毫を請ふ。予之を諾せす。小山近日絹を持ち来るへしと云ふ。

内子の体温

○午後内子の体温三十六度八分。

国分三亥の妻林檎を贈る
○午後国分三亥の妻、使を遣はし、林檎十三個を贈らしめたる由なり。

一〇月二一日

十月二十一日火曜。午前零時より雨。

尿量
○昨日の尿量九百四十五瓦。

内子の体温
○内子の体温三十五度九分。

大掃除を為し難し
○今日大掃除を為す積なりしも、雨の為に之を止む。

検尿の結果
○午前八時頃使をして坂田稔に一昨日の検尿の結果を問はしむ。八時十五分頃坂田より電話にて一昨日の尿は試験板二枚の中に硝子円柱一つと半分のものとあり。尿の混濁は塩分か気候の為凝結したるものにて、憂ふるに足らすと云ふ。予、硝子円柱は混濁したる方の尿にありたるや、又は澄み居りたる方の尿に在りたるやを問ふ。坂田、其ことは之を混したる為、終にいつれか分らさることゝなりたりと云ひ、坂田は一昨日は感冒の為臥褥し居り、面会せさりしとの挨拶を為せり。

西野英男来り、俸給受領証を取る
○午前八時二十分頃西野英男来り、予の俸給受領証を取る。西野は今日予に代りて枢密院事務所に行き、予か為に俸給を受領し呉るる為なり。

三殿奉遷祭
○午前十時より馬車に乗り、賢所前参集所に行き、十一時頃より三殿に拝す。今日仮殿より本殿に奉遷せられたるを以てなり。摂政殿下は御親祭なく、掌典長九条道実御代拝を奉仕し、東宮妃殿下は親拝せられたり。皇后陛下は御代拝なし。雨の為に参拝者は濡ひたり。十一時三十分頃家に帰る。

西野英男来りて俸給を致す
○午後零時四十分頃西野英男来り、予の枢密院の本月分の俸給を致す。

電話料金の支払命令書を西野英男に交す
今日郵便局より送封したる電話交換料金の支払命令書を西野に交し、之を宮内省用度課に致さしむ。電話料金は宮内省にて之を償ふことゝなり居るを以てなり。

一〇月二二日

○十月二十二日水曜。曇。

尿量
○昨日の尿量千七百三十瓦。
○内子褥を払ふ。

摂政殿下に拝謁す
○午前八時三十分より出勤し、九時四十分頃より宮中枢密院控所に行き、十時三十分頃摂政殿下に拝謁す。

摂政殿下の午餐に陪す

一たひ審査局に返り、十一時三十分頃より西溜ノ間に行く。昨日より司法省にて大審院長、検事総長、控訴院長、検事長、地方裁判所長会議を為し、今日午時御陪食仰付けられ、予は宮内職員として之に加はることゝなり、西溜ノ間にて司法官と話す。十二時前豊明殿に入り、摂政殿下、秩父宮殿下御臨場、司法官其他に餐を賜はる。一時前終はる。牡丹ノ間にてコーヒーを賜ひ、両殿下、主なる司法官を引見したまひ、一時頃奥に入りたまふ。

枢密院委員会

予は一たひ審査局に返り、一時三十分頃東車寄に行き、帳簿に署名して陪食を奉謝し、一時四十分頃より枢密院事務所に行き、（関東州ニ於テ財物却掠ノ目的ヲ以テ多衆結合スル者ノ処罰ニ関スル勅令案）の審査委員会に列し、四時十分頃散会す。予か枢密院事務所に赴くとき、西野英男に嘱し、午後四時に馬車を枢密院事務所に廻はすことを主馬寮に通知せしむ。散会前、明後二十四日午後二時より第三回委員会を開き、其時は政府委員の出席を求めす、顧問官のみにて協議することを約す。今日の委員会は顧問官より政府委員に質問したるのみなり。政府委員の答弁は尚ほ未た明瞭ならさる所あり。散会後馬車に乗りて家に帰る。

内子第一銀行及三越に行く

○午後内子は第一銀行に行き、預金を取り、更に三越に行き、物を買ひたる趣なり。

眠らす　尿量多し

○午後八時頃寝に就く。胃部張満して眠り難く、五回尿を放ち、翌午前三時頃終に眠りに就けは、復尿意を催ふし、結局四時前までに放尿し、其量七百五十瓦に達したり。

及川深観新任挨拶を為す

○午前、皇宮警視及川深観〔前岩手県警視〕審査局に来り、新任の挨拶を為す。及川は皇宮警察署長《ママ》〔原文空白、加賀谷朝蔵〕と共に、〔原文空白、岩手〕県に奉職し居りたるものにて、〔原文空白、加賀谷〕か之を援引したるものならん。

一〇月二三日

○十月二十三日木曜。曇。

尿量

○昨日の尿量千九百九十瓦。

隆及強五郎に贈る書を作り、九時後より出勤す

○出勤前、隆及強五郎に贈る書状を作らさるへからさるを以て、午前七時頃内子をして主馬寮に電話し、今日は午前九時三十分頃馬車を遣はすへき旨を通知せしむ。九時三十分頃馬車来る。乃ち出勤す。

宇佐美富五郎来り、大掃除のことを談す

○午前九時頃宇佐美富五郎来る。富五郎は予か家の大掃除を為す為、先日消防夫由松及ひ人夫を雇ふことを約し、本月二十一日に大掃除を為す予定なりし処、雨ふりたるを以て、果さす。今日更に由松の家に行き、大掃除のことを謀りたる処、由松家に在らす。其家人、今後三、四日間は、由松差支あり。大掃除を為し難き旨を告けたる趣を報す。

有馬泰明電話し、朝倉郡地所の売却のことを謀る

○午前八時頃有馬泰明より電話し、有馬秀雄久留米に行き居り、有馬伯爵か筑前朝倉郡にて所有し居らるる地所を買取らんと欲する者ある趣を報し来れり。其代価も分らされとも、大体の意見を問ひ度と云ふ。予、先日も話したる如く、有馬家にては不動産を売却して家政を整理する必要あり。殊に朝倉郡の地所は有馬家にて維新後に買入れたるものにて、旧来の縁故ある訳にも非す。之を売却することは賛成なりと云ふ。泰明、然らは代価等に付調査を進め見るへしと云ふ。

有馬泰明、有馬敏四郎の就職のことを談す

○泰明又有馬敏四郎か国学院大学を卒業することも近きたるが、同人の就職に付大学の某（其氏は、予之を忘れたり）より、史料編纂部に奉職することを勧め居るとのことなり。然るに同人の奉職に付ては、仁田原（重行）より予て相談し居ることもある趣に付、一応本人に面会して本人の意思を確かめ呉るる様致し度と云ふ。予、仁田原よりは卒業の上は宮内省の掌典部にても奉職する様にし度とのことなりしか、未た卒業もせさることに付、直に話をなすは早に過くへし。本人卒業の上のことゝすることに約し置きたり。右の都合にて、掌典部の方は未た何も著手し居らす。史料編纂部の方か都合宜しけれは、其方に決しても宜しからん。兎も角一の職に就きたらは、直〔に〕倦む様のことありては困ると云ふ。泰明、其内前以て時日を問ひ合はすへきに付、一応本人に面会し、十分に決心を確め呉よと云ふ。予之を諾す。

鈴木重孝来り、談す

○午前十一時頃鈴木重孝来り、図書寮の公文整理、図書整理、図書館建築等のことを談す。予、正に日記を記し、之を終はりたる後、皇族歳費令案説明の準備を為さんとす。鈴木談を止めす。予、冷淡に之を聞きたるも、談すること三十分間許に至れり。

皇族歳費令案委員会

○午後一時四十五分より自動車に乗り、帝室制度審議会事務所に行く。井上勝之助亦同乗す。二時より皇族歳費令案に付総会を開く。先つ予より大体の説明を為し、次て逐条審議に入る。平沼（騏一郎）より、皇子には父たる天皇在位の間は歳費を賜はらさるに拘はらす、皇孫には之を賜ふことゝなり居るは穏当ならすとの意見を出し、結局所生天皇在位の間は総て歳費を賜はらさることゝ修正することゝなり、案第六条までの審議にて閉会し、次回は本月二十七日午後七時より開会することに決し、入江（貫一）と自動車に同乗して帰る。

荒井静雄の婚儀に会する約を忘る

帰宅後内子より、二十七日は荒井静雄の婚儀に列することを約したる日なるに非すやと云はれ、始めて之を忘れ居りて、同日に開会する約を為したることを悔ひたり。

内子三越及内田靴店に行く

○午前内子、三越呉服店に行〔き〕物を買ひ、又内田靴店に行き、靴の鳴ることを止むることを命したる趣なり。

内子の体温

○内子、午後の体温三十七度一分と為りたる趣なり。

高羲敬、大磯別邸の設計、紀尾井町賜邸設計及篠田治策の母の死を話す

○今日頃（昨日なりしかも計られす）午後一時後頃（時刻も確かならす）高羲敬来り、大磯別邸の設計図を東久世秀雄に示したる処、建物の瘤多きこと抔は欠点なれとも、大体適当なりと云ふに付、兎に角此設計図を李王職に送り、詮議せしむることにすへし。又東久世は世子殿下か此設計図を作らるる位、建築に趣味を有せらるるならは、紀尾井の賜邸も殿下か設計の大体を定められたらは宜しからんと云ひたるも、自分（高）は夫れは出来す。賜邸は世子のものに非す。大磯と異なる点を話し置けり。東久世は篠田治策か上京することを望み居りたるに付、篠田は母〔不詳〕か死したる為、静岡に来り居れり。東京まて来ることもあらんと云ひ置たり。篠田の母か死したるに付、世子より賜はるへきものは李王職に依頼せんと思ふ旨を話したり。予は夫れにて可ならん。東久世か篠田の上京を待つは篠田をして賜邸のことを承諾せしめ、責任を逃れんとする手段ならんと云ふ。

一〇月二四日

○十月二十四日金曜。半晴。

伊東巳代治に電話す

○午前七時頃伊東巳代治の家に電話し、今朝往訪せんと欲するか、何時なれは差支なきやを問ふ。伊東九時頃なれは宜しと云ふ。

主馬寮に電話す

乃ち主馬寮に電話し、今日は午前八時四十五分に馬車を遣すことを嘱す。八時四十分頃馬車来る。

伊東巳代治を訪ふ　皇族歳費令案委員会期日の変更

乃ち伊東を訪ひ、昨日帝室制度審議会の委員会を本月二十七日に開くことに約したるか、同日は約束あることを忘れ居りたる故、不都合なから時日を変更し度旨を談す。本月二十五日の外ならは、何日にても差支なきに付、変更の手続を為さしめよと云ふ。

皇族歳費令案中修正

予、昨日の平沼（騏一郎）の意見は適当なり。予は普通の皇族のことまては考へ居りたるも、昨夜修正案を考へ居りたるに、原案の通りにては皇太子の子、即ち他日の皇太子たるへき方にも歳費を賜ふこと〻なる故、是は不都合なることを発見せり。修正案は粗々出来る見込附きたりと云ふ。

朝融王婚約問題のこと

伊東、久邇宮の事件は如何なることなりやと云ふ。予、予は職務上にては少しも関係し居らさるか、聞く所にては朝融王か厭やになられたる様なりと云ふ。伊東、然らは酒井の方に弱点ある訳には非さるやと云ふ。予、其風評はなきに非さるも、真の風評丈けにて確かなることに非す。宮にても其ことは云はれさる様なりと云ふ。伊東、夫れならは酒井の方は気の毒の訳に非すやと云ふ。予、其通りなり。酒井の方より辞退せしむることは余程無理なることゝ思ふと云ふ。伊東、正式に勅許あり居ることには非さるならんと云ふ。予、正式の勅許は経居らす。内伺丈けなる趣なりと云ふ。

同上に関する世論の観察

伊東、内伺は済み居るや。孰れにしても物議を醸すことならん、と。予、或は然らん。然し新しき方の考へにて、意思の一致せさる婚姻を遂行するは無理なりとのことになれは、案外喧しく云はさるやも計り難しと云ふ。伊東、例の問題（良子女王のこと）にては王殿下も余程苦心せられたるに付、十分の同情あるへき筈に非すやと云ふ。予、全体は其筈なるも、然らさる様なり。伊東、王殿下は如何なる方なりやと云ふ。予、下情には通し居らるる様なり。初めは非常に評判宜しき方なりしか、其後は必しも然らさる様なりと云ふ。伊東然るかと云ふ。

皇族歳費令案に対する入江貫一の意見のこと

伊東又昨日入江（貫一）より提出したる意見（会計のことに付宮内大臣か監督すること）を談す。予実際の状況を説く。伊東、内蔵頭の意見なるに付、十分注意して聴きたるも、夫れならは歳費令中に明文を設くる必要なかるへしと云ふ。

御歴代史実考査委員会のこと

伊東又御歴代事実考査のことは成るへく本年中に結了し度こと、神功皇后問題の報告書は只今平沼（騏一郎）の手に書し居る由。近日中提出することゝなるへし。

正史に拠ることを唯一の論拠とするは不可なり

報告書に正史に拠るへきものと断定し居るは適当ならす。正史に拠るものと断定するならは、攻究の必要なきことゝなる故に、此前提は之を改むることを望み置けり。

報告書のこと

内容は専門家の意見にて決すへきも、文字は取捨し度。今後相談に加はり呉よ。歴史家の断定は時に安心し難きことありと云ふ。

予、歴史に矛盾の記事あり。強ひて之を一致せしめんとするは無理なり。又各人の意見も一致し難きこと多からん。結局は之を断定するより外、致方なからんと云ふ。伊東、長慶天皇のことも大体は之を認むる方針にはあるも、是までの材料にては不十分なりと云ふ様のことになり居る様なりと云ふ。

皇族歳費令案委員会開会期日のこと

予、審議会の開会日は幹事（渡部信）に話して変更の手続を為さしむへしと云ふ。伊東、〔二十〕五日の外ならは差支なし。其ことならは電話にて通知し呉るれは宜しからんと云ふ。九時四十分頃辞し去り、直に宮内省に出勤す。

渡部信出勤し居らす　寺本英二郎に委員会開会期日変更の手続を命す

○出勤したる儘審査局に過きらす、直に渡部信の室に到る。渡部は今日は鴨猟に行き居るとのことなるに付、審査局に来り、西野英男をして寺本英二郎を召はしめ、審議会開会日変更の手続を為さしめ、本月廿八日ならは大概差支なからんと思ふか、之を問ひ合せ呉よと云ふ。一時間許の後、予、皇族歳費令修正案を草し了り、西野英男をして寺本英二郎か井門武雄か召はしむ。寺本来る。予修正案を印刷することを命す。寺本、本月二十八日には平沼（騏一郎）、二上兵治に差支ある趣なることを報す。予、平沼に差支ありては困るに付、他の日を問ひ合せ見るへき旨を告く。三、四十分間後、寺本復た来り、平沼、岡野敬次郎は来月三日ならは差支なしとのことなりと云ふ。予、然らは其ことにて他を問ひ合せ呉よ。伊東（巳代治）は二十五日の外ならは適宜に取極めて宜しとのことなりしも、念の為一応問ひ合せ呉よと云ふ。少時の後寺本来り、伊東は三日ならは宜しとのことなりと云ふ。予、然らは愈々三日にて他の人の都合を問ひ呉よと云ふ。寺本、富井（政章）は不在とのことなりしと云ふ。予、富井と二上（兵治）には今日予か面会するに付、予より様子を問ふことにすへしと云ふ。

皇族歳費令案委員会開会期日変更のこと

午後零時後食堂にて入江（貫一）、関屋（貞三郎）に、皇族歳費令案の委員会期日変更のことを談す。二人とも差支なしと云ふ。

山田益彦来り、電信案に捺印を求む

○午前十一時後山田益彦来り、朝香宮殿下滞欧費用のことに付松平事務官（慶民）より相馬（孟胤）宛の電信案に捺印を求め、

朝融王婚約問題解除のことに関する徳川頼倫の談

且昨日徳川頼倫を訪ひたるに、徳川は朝融王婚約解除のことは、本問題は既に解決せり。附属問題か少しく残り居り、是も一両日中には解決すへし。本問題か解決したるに付、出勤せんとも思ひたれとも、大臣（牧野伸顕）か附属問題まて解決したる上にて出勤する方宜しと云ふに付、其ことに致し居れり。此方も近く解決する筈に付、今月中には出勤することゝなるへしと云へり。附属問題とは何事なるや、之を明言せされとも、酒井（忠正）家相談人等か怒りたることならん。本問題の解決とは如何なる程度なるや、是も分らさるも、徳川は非常の難航にて日時を費やしたれとも、漸く岸には達したりと云へり。

又徳川は関屋には久しく面会せす。事情疎通せさる故、出勤の上は詳に話すことゝすへし。宗秩寮事務官には近日自宅（徳川の家）に来訪を求め、詳しく話す積りなりと云ひ、又徳川より貴官（予）のことを問ひたるに付、貴官（予）は度々宗秩寮に来り、様子を問はるれとも、答ふること出来〔す〕、困り居れりと云ひたるに、徳川より貴官（予）に宜しく伝へ置くことを嘱したりと云ふ。

朝香宮殿下滞欧費用のこと

朝香宮殿下の費用は来年九月まて滞欧、其後三ヶ月間の帰程費用として十四年分の合計十五万円を賜はることに内定し居る旨を通知するものなり。相馬よりは十九万円を請求し、松平よりは十万円と為し、松平は外に妃殿下に対する六万円は賜はる積りなりし処、相馬よりは十五万を賜はるか、又は松平の意見の通り十万円と為し、外に妃殿下に賜はる六万円は是迄の通りに致し度旨を申し来りたる故、相馬の申越通り十五万円と為し、六万円の特別賜金を止むる案なり。

食堂にて入江貫一に、朝融王婚約のことに付予か山田より聞

きたる概略を話したり。

大谷正男来り、皇族歳費令案参考書のことを謀る

○午後一時三十分頃大谷正男来り、皇族歳費令案の参考として現在の歳費額と歳費令案に依る歳費額との比較表を作り、先日の委員会のとき委員に配付したるか、歳費令案に依る歳費額は勅旨により特に定むるもの多きに付、大概の見込を以て額を定め、比較表を修正することにすへき旨を談す。予、勅旨に依る分は今速かに之〔を〕定め難し。之を定めされは比較し難し。参考としては現在の歳費額のみの表と致し置く方宜しからんと云ふ。大谷、然らは其ことにすへしと云ひ、現在の歳費額調に付、大谷の調査と予の調査し居るとを引合はすことを請ふ。之を終りたるときは既に一時四十分頃なり。大谷更に何事か談せんとしたるも、予は枢密院事務所に行かさるへからさるを以て、之を拒みたり。

大谷正男皇族歳費令案に付予の説明手控を写すことを請ふ

○午後零時後食堂にて大谷正男より、昨日予か皇族歳費令案に付説明したる手控あらは、之を写し取り置き度と云ふ。予之を諾す。大谷、定本と今回の案との異同調査抔は他日枢密会議のとき抔の為に参考資料となることなりしと云ふ。

皇族歳費令案委員会期日変更のこと

○午後一時四十分頃より歩して枢密院事務所に行き、富井政章に皇族歳費令案委員会期日変更のことを談す。富井、四日ならは尚ほ宜しきも、三日にても〔差〕支なしと云ふ。予は書記官室に行き、二上兵治に之を謀る。二上、夜ならは差支なしと云ふ。

二上兵治王公家軌範案修正のことを談す

二上、王公家軌範修正のことを伊東（巳代治）より依頼せられ、其条件は岡野敬次郎、平沼騏一郎二人に相談して取計へしとのことなるも、君（予）にも相談し度と思ひ居ると云ふ。如何なる方針にて修正するやと云ふ。二上、原案の儘にては到底通過せさるに付、皇室令に委任する法律を制定することなりと云ふ。予、委任法律を作ることは予の素論にて、夫れならは結構なるか、法律を以て皇室令に委任することは不適当ならんと云ふ。二上、其ことなり。自分（二上）も其点に付意見を述へ、第一政府か応せさるならんと云ひたるも、伊東は只今の内閣ならは、承知せしむる見込ありと云ひ居れり。内容に付伊東は原案の儘にすることを望み、平沼は幾分の変更を考へ居る様なり。岡野に至りては先年とは大変りにて、第一王公家軌範と云ふ名称か皇室典範に類し、適当ならす。名称変更せさるへからすと云ひ居れりと云ふ。

予は根底に於て意見か異り、王公に対する優遇は併合の際の詔書にて定まり居り、其以上優遇せらるる必要なし。今後作るへきもの、目的は王公をして遵守せしむるものにて、云はは、王公の義務に属するものなり。詔書にも率遵すへき儀軌とあるに依りても、其趣意は顕はれ居ると思ふと云ふ。二上、皇室令にて一般人を羈束すへき規定を設けるは、普通には非されとも、華族世襲財産法にて皇室令に委任したる例はあるに付、絶対に出来さることには非すと云ふ。予、夫と是とは異なれとも、兎も角委任法律を作ることの考になりたらは、予は其以上は彼此云はすと云ふ。

関東州ニ於テ財物却掠ノ目的ヲ以テ多衆結合シタル者ノ処罰ニ関スル件委員会

午後二時より関東州ニ於テ財物却掠ノ目的ヲ以テ多衆結合スル者ノ処罰ニ関スル勅令案に付審査委員会を開く。議論は中々多かりしも、結局、自首したる者は必す減軽又は免除する規定を改め、第二条の犯罪、即ち勅令案中最も重き罪の未遂罪丈は刑法の総則に依り減軽することを得ることゝし、又此勅令は公布の日より施行すとありたるを、普通の施行期即ち関東州へ達したるより七日を経て施行することに改め、右二個の改正は二上（兵治）より政府に交渉し、政府をして修正せしめ、若し政府か肯んせさるならは、枢密院にて修正することにすへきことに決し、五時頃散会す。

内子、坂田稔の診を求む

○午前十時頃内子は坂田稔の家に行き、診察を求め、坂田は内子は風邪気もなく、他に異状なし。三十七度以下の熱ならは、自然と癒ゆるならんと云ひたる由。今日は三十七度の体温なりし由なり。

尿量

○昨日の尿量千二百〔原文空白〕瓦。

荒井カズヱ来る

○午後荒井カズヱ来り訪ひ、本月二十七日静雄の婚儀に付、予等夫妻の来会を求めたる趣なり。カズヱより朝鮮か又は北海道産の塩魚を贈りたる由なり。

一〇月二五日

○十月二十五日土曜。晴。

尿量

○昨日の尿量千百七十五瓦。

寺本英二郎皇族歳費令案委員会開会期日変更のことを談す

○午前九時後寺本英二郎を参事官室に訪ふ。寺本未た出勤し居らす。一、二分間の後寺本来り、来月三日に皇族歳費令案の委員会を開かるることは、委員中差支の人なし。但井上（勝之助）丈は未た本人に問ひ合はすこと出来す。渡部（信）に問合を嘱し置たりと云ふ。

富井政章、二上兵治差支なきこと　皇族歳費令案中の修正案の印刷物

○予、富井（政章）、二上（兵治）二人とも差支なき趣なることを告け、寺本、予より昨日命し置たる皇族歳費令案中、予か草したる修正案の蒟蒻版にて印したるものを致す。予、渡部（信）に交し、右委員に配付せしむへき旨を命す。

永島巌来る　寺内正毅法要供物のこと

○午前八時三十分頃予将に出勤せんとして門を出つ。門前にて永島巌か来るに会す。予家に返らす、永島と共に歩して門外の馬車の在る所に行く。予永島に問ふに、用事あるやを以てす。永島、来月三日の寺内正毅の法要に会するやと云ふ。予未定なりと云ふ。永島何か供ふる例なりやと云ふ。予、間には供ふる人もあれとも、全体は之を供へさる様なり。費用としては一円位徴収したる様〔なり〕。先年石塚英蔵か菓子を供へ居りたることあるか、是は東洋拓殖会社の総裁なりしか為ならんと思ふと云ふ。永島然るかと云ふ。予は永島に別れ、直に馬車に乗りて出勤す。

○正午十二時より退省す。

金井四郎の兄の死を弔す

○午後二時頃より金井四郎を訪ひ、其兄の死を弔す。金井及其妻ともに在らす。名刺を婢に交して去り、

白シヤツ、中折帽、白手囊等を買ふ

銀座三丁目三番地大和屋に行き、白シヤツ、カラ、及襟飾を買ひ、白手囊を買はんとす。店員なしと云ふ。予之を売る所を問ふ。店員、銀座一丁目洋品店田屋にて之を売るへしと云ふ。乃ち往き之を買ひ、更に南伝馬町二丁目田村屋に行き、中折帽を買ふて帰る。

三条実美の寡婦死す

○午後八時頃宗秩寮より電話にて三条実美の寡婦〔治子〕死したるに付、閑院宮妃、春仁王、華子女王各殿下喪に服せらるる旨を報す。

荒井静雄婚儀のときの服装

○午後内子、荒井カズヱに電話し、静雄婚儀のときの服装を問ひたるに、男子は総てモーニングコートの積りなる旨を答へたる趣なり。

一〇月二六日

○十月二十六日日曜。晴。

尿量

○昨日の尿量千七百三十五瓦。

書を林田守隆、田中熊蔵に贈る

○午前、書を林田守隆、田中熊蔵に贈る。

永島巌に電話す

○午前内子をして永島巌の家に電話し、昨朝は寺内正毅の法要には供物を為すに及はさるへき旨を答へ置たるも、予は黒田甲子郎〔『元帥寺内伯爵伝』の著者、元東京日日新聞記者〕に書状を贈り、共同にて供物を為す様のことあらは、予も之に加へ置くことを申越す積りなるに付、此ことを報する旨を告けしむ。永島は家に在らす、帰りたる上、之を告くへき旨を答へたる趣なり。

藤井賢就の為に字を作る

○午後富山県藤井賢就の嘱したる字を作る。意に適せす。

宇佐美富五郎の妻来る　大掃除のこと

○午後四時頃宇佐美富五郎の妻蝶来り、消防夫由松の家に行き、大掃除のことを問ひたる処、由松は近傍に行き居るとのことに付、其処に行き交渉したる処、本月二十九日には相違なく来りて大掃除を為すへしと云ひたる旨を報す。

荒井カズヱの電話　静雄婚儀のときの服装のこと

○午後四時後荒井カズヱより電話にて、明日静雄婚儀のときは、静雄はモーニングコートを著くるも、水町袈裟六〔会計検査院

長）と荒井賢太郎とはフロックコートを著くることに協議せり。御主人（予）は勿論モーニングコートにて宜しきも、昨日御通知したる次第あるに付、為念通知する旨、内子に告けたる趣なり。

一〇月二七日

○十月二十七日月曜。晴。

尿量

○昨日の尿量千四百十瓦。

閑院宮妃殿下の機嫌を候す

○午前八時三十分より出勤す。途次閑院宮邸に過きり、帳簿に署名して妃殿下か其母の喪に服せらるるに付、機嫌を候す。

春仁王殿下の任官を賀せす

春仁王殿下、一昨日陸軍騎兵少尉に任せられたるに付、之を賀する為の帳簿も備へありたれとも、予は其帳簿には署名せさりしなり。

高帽の飾絹を替へ、高帽を宮内省に置く

○出勤前内子をして旧る高帽の飾絹を撤し、羅紗を以て之を巻かしめ、其帽を戴きて閑院宮邸に行き、之を宮内省に置き、臨時の用に備ふ。

会計審査成績書案の会議

○午前九時頃より審査官会議を開き、会計審査成績書冒頭の処を議す。十一時三十分頃議了す。

高羲敬来る　世子妃産科医磐瀬某の診察を受くることを望まるること

○午前十時頃高羲敬来る。高階虎治郎より妃殿下の妊娠なきに付、磐瀬〔雄一、産婦人科医、東京帝国大学医学部教授〕の診察を受くることを望まるる旨、世子より申聞けられたるか、此ことは困る旨、自分（高）に話し、其話は蒲生と云ふ老女（梨本宮より世子邸に雇ひ替へたるもの）より林健太郎に話したるより始まりたることの様に聞きたる故、蒲生を召ひて之を問ひ質したる処、其話を為したることなしと云ふ故、林に問ひたるに、林は桜井より聞きたりと云ひ、桜井に問ひたるに、桜井は其話を為したると云ひたる故、其話は世子妃より出てたることに非すやと云ひたるに、桜井は然らす。此話は自分（桜井）か梨本宮妃殿下見舞の為、大学病院に行き居り、其時南部光臣、三雲敬一郎と談し合ひたることにて、妃殿下の妊娠遠きに付、磐瀬の診察ても受けられては如何あらん。若し右様のことあらは、只今梨本宮妃殿下入院中にて病室も清潔になり居る故、世子妃殿下か入院せらるる様ならは、梨本宮妃殿下の退院後直に入院せられたらは都合宜しからんと思ひたるまてなりと云ひたり。

依て自分（高）より、妃（世子妃）殿下に其ことを申上けたるならんと云ひたるに、桜井は一寸申上けたりと云ひ、自分（高）より妃殿下は何と云はれたりやと云ひたるに、桜井は妃殿下は（左様ねー）と云はれたりと云へり。依て自分（高）より妃殿下か妊娠せらるることを望むは誰も同様なれとも、此ことに付ては種々重要なる問題あり。同し其ことを話すにしても、先つ高階に話す必要あり。林に話したるは悪しきことには非さるも、林に話すならは何故に自分（高）に話さゝるやと云ひたるに、桜井は初は何か抗弁かましきことを云ひ居りたるも、結局は自分（桜井）か間違へたりと云ひたり。

今朝外国公使謁見のことに付、世子に謁したるに、其ことに付世子か自分（高）に一言もせすして、桜井抔に話されたることを詰りたる処、世子は此ことは高階（虎治郎）より申出たることなりと云はれ、自分（高）より然らさるへきことを申述へ、今後は自分（高）に話さるることを望む。高階より話を聞きても、自分（高）は知らすと云はさるを得さる様のことにては不都合なる旨を述へて退出したる処、少時の後更に自分（高）を召ひ、世子、同妃両殿下列席の上にて此ことは全く自分（妃）殿下の望にて、桜井より申出したることに非さる旨を告けられ、自分（高）は強ひて之を争はす。此ことは予て顧問も種々心配し居ることに付、兎も角今後自分（高）に話さるることを望む旨を述へ置たり。

高階には磐瀬の診察を受くることを望む旨を申聞けたる趣にて、高階より如何すへきやと云ふに付、自分（高）は先頃稲田〔原文空白、龍吉〕か診察したるときの容体書を持ち行きて磐瀬に示し、磐瀬か尚ほ診察すへしと云ふならは、其以上之を止むる訳には行かす。先つ磐瀬に談判し見るへしと云ひ、高階は昨日磐瀬に面会する為行きたる筈なり。要するに桜井か口か軽〔き〕故、此の如きことになりたり。今後のことは十分注意し置たるも、或は磐瀬は診察すへしと云ふやも計り難く、其時は更に報告すへしと云ふ。

松平慶民、朝融王婚約のことを談す

○午前十二時後厠にて松平慶民に遇ふ。松平、徳川（頼倫）より先日山田益彦に対し、朝融王問題は大概片附きたり。尚ほ附属事務か少しく残り居るか、是か結了すれは先つ次官（関屋貞三郎）に是まての成行を話し、宗秩寮事務官も自宅（徳川の家）に来り貰ひ、之を話すことにする積りと云ひ居りたる趣なるか、関屋は只今まて出勤せす、或は徳川の家に行き居るならんか。又酒巻（芳男）や自分（松平）にも今日か明日か徳川の家に来るへき旨申来り居れり。或は予期の通り進行したるならんかと思はると云ふ。予、其話は大略一昨日山田（益彦）より聞きたるか、其時も本体は既に解決せり。唯附属事項か一、二残り居るとのことなりし趣なるか、本体の解決と云ふ程度か明瞭ならす。或は酒井（忠正）か承諾したる丈けのことには非さるへきや。夫れ丈ならは、未た全く解決したりとは云ふへからさるならん。最早酒井より婚約を辞退する書附ても宮家に差出したるへきやと云ふ。松平、其書面は尚ほ酒井家に残り居る旨、武井（守成）より話し居りたり。

井門武雄来〔り〕、皇族就学令案委員会の日時を謀る

○午前九時前井門武雄来り、本月三十日皇族就学令案に付委員会を開かるる筈の処、富井委員（政章）か差支ある趣に付、来月七日に延期せんとのことなるか、差支なきやと云ふ。予、本月三十日開会のことは之を聞きたるか否、確記せさりし〔も〕、兎も角来月七日は只今の処差支なし。今月の会を延期したることは既に通知したりやと云ふ。井門、之を通知せす。三十日頃之を通知する積りなりと云ふ。予、関係者全体に期日変更のことの通知は為したりやと云ふ。井門、電話は全部に掛けたりと云ふ。

渡部信皇族歳費令案委員会延期のことを談す

午後零時後食堂にて渡部信に遇ひ、今日の委員会を延はすことは予の不注意の為め、非常に手数を掛けたりと云ふ。渡部、一人にても無駄に出席する人ありては不都合に付、皇族歳費令案中の修正案を配付する故、其時延期のことを通知することゝすへしと云ふ。

入江貫一と朝融王婚約のことを談す

○午後零時後食堂より返るとき、入江貫一の室に過きり、朝融王婚約問題に付、予か先刻松平（慶民）より聞きたることを告く。入江、其通りにて解決すれは、大臣（牧野伸顕）も先つ夫れにて宜しき積りならんと云ふ。予、其積りならん。然し物議か起るとすれは、多少の差はあるとしても、内情は誰も知り居るに付、酒井より辞しても幾分の議論は生するならんと云ふ。

入江貫一と王公家軌範案修正のことを談す

○予又本月二十四日午後二上兵治より聞きたる王公家軌範案修正の手続を為し居る様なることを談し、法律にて委任するは宜しきか、皇室令に一般人の権利義務に関することを委任するは適当ならすと思ふ旨を談す。

渡部信来り、皇族歳費令案中修正案委員会延期の通知書、陵墓令施行規則案を致す

○午後一時頃渡部信来り、皇族歳〔費〕令案中の修正案、右委員会延期の通知書及陵墓令施行規則案を致し、其時一寸意見を聞き度ことあり。

渡部信恩給支給に関する疑義を問〔ふ〕

式部職楽長〔多忠基〕の遺族より扶助料の請求を為したるか、楽長の死去（戸籍上の記載）の翌日に官等陞叙及増俸の辞令を発し居れり。戸籍の訂正か出来くれは何事もなきか、是か出来すとすれは、増俸に依る扶助料を渡し難きことゝなるか、何とか工夫なかるへきやと云ふ。予、適当なることには非されとも、辞令の日附を改むるが一番簡便なるへし。戸籍の死亡の日を訂正することか出来くれは何事もなきも、其訂正は一寸面倒ならんと云ふ。渡部、大正十一年中のことにて辞令の訂正も一寸不都合ならんと云ふ。予、叙勲辞令抔は沢山訂正するものある様なりと云ふ。渡部、然るかと云ふ。予、仮りに戸籍も辞令も訂正出来すとすれは、恩給掛にて理論のみにて辞令を無効とすること出来くへきや、是も考究を要すへきことならんと云ふ。渡部、死者に対する辞令は無効ならんと云ふ。予、理論としては無効なれとも、既に発せられたる辞令を無効とすることは疑ひなき程、明かなることには非さるならんと云ふ。渡部尚ほ研究し見るへしと云ふ。

自宅に電話し、人力車のことを注意す

○午後零時後自宅に電話し、今夕荒井静雄の婚儀に会する為の人力車を雇ひ置くことを注意す。婢敏既に之を雇ひ置たる旨を答ふ。

入江貫一皇族歳費の収支に関する宮内大臣監督のことを談す

○午後零時後入江貫一と談したるとき、入江より先日（本月二十三日）皇族歳費令案に宮内大臣の監督のことを加へんとすることの意見を出し、委員会にては之を採用せさることゝなりたるか、大谷正男は歳費令案に加ゆることは書き方か難きに付、施行規則中に加へたらは宜しからんと云ふか、如何と云ふ。予、歳費令には施行規則は入用なき積りなり。監督のことは之を為さんと思へは、明文なくとも出来る。之を書くにしても訓令にても宜し。実行か難しと云へは、之を書きても感情を害するならんと云ふ。入江、然らん。然し感情を害する程度は異るならんと云ふ。

大谷正男同上のことを談す

○午後三時頃大谷正男来り、皇族歳費令施行規則を作り、其中に収支計算書を宮内大臣に差出すへき旨の規定を設け度旨を述ふ。予、其必要なき旨を説き、皇族附職員は宮内職員にて、其任免は宮内大臣の職権なるに拘はらす、属官一人の転職さへも出来さる現状なれは、歳費の収支の監督の出来さるは規則なき為に非さることを述ふ。

青山操来り、土地売払代及通常会計剰余金を財本に移入することに関する皇室令案のことを謀る

○午後三時二十五分頃青山操来り、参事官の合議に係る土地売払代及通常会計剰余金を直に財本に移入することに関する皇室令案のことを謀る。予、明日にも審査官会議を開きて審議することにすへき旨を告く。

荒井静雄の結婚式に会す

○午後五時より内子と共に人力車にて上野精養軒に行き、荒井静雄の婚儀に会す。静雄は水町袈裟六の二女鶴子を娶り、今日精養軒にて其式を挙け、荒井、水町両家の親族四十人許を招き宴を催ふし、媒妁宮木又七〔元朝鮮総督府全羅南道知事、元大蔵省主税局長〕夫妻〔不詳〕万事を周旋し、七時頃食堂に入り八時頃食事を終り、喫茶室にて暫話し、予等夫妻先つ辞し、九時三十分頃家に帰る。静雄夫妻は十時後東京駅発の汽車にて鎌倉の別荘に赴く予定なりと云ひ居りたり。精養軒にて水町袈裟六夫妻〔ユウ〕、荒井賢太郎夫妻、宮木又七夫妻、石原〔原文空白、信之、荒井賢太郎の女婿〕夫妻〔八重子〕、駒井某、水町敬治〔水町袈裟六長男〕等に面会せり。

松平慶民か徳川頼倫の家に行く日を問ふ

○退省の次宗秩寮に過り、松平慶民に何日に徳川頼倫の家に行くやを問ふ。松平、明後二十九日に行く積りなり。関屋貞三郎は今日出勤せす。多分徳川の家に行きたるならんと思ふと云ふ。

一〇月二八日

○十月二十八日火曜。曇。

尿量

○昨日の尿量千三百六十五瓦。

明日自動車を借ることを西野英男に嘱す

○午前八時五十分頃明日三条公輝母（故実美妻）の告別式に会する為、自動車を借ることを西野英男に嘱す。

皇族歳費令案委員会の期日の変更

○午前十時頃井門武雄来り、皇族歳費令案の委員会を十一月三日に開すことに決し居りたる処、電話の間違にて、三日は岡野委員（敬次郎）の差支ある日なりし由なり。如何すへきやと云ふ。予、岡野の差支ありては不可なり。更に伊東（巳代治）の都合を問ひ合せたる上にて日を変更することにすへく、其旨を渡部信に告けて取計を為すへきことを告く。少時の後渡部来り、伊東に問ひたる処、来月五日は差支ありとのことなり。来月四日にては如何と云ふ。予差支なしと云ふ。渡部、其積りにて他の都合を問ひ見るへしと云ふ。

審査官会議を開き、参事官の合議に係る土地売払代金等を財本に入るることに関する皇室令案を議す

○午前十時頃より、参事官の合議に係る土地売払代及通常会計の剰余金を財本に入るることに関する皇室令案に付審査官会議を開く。土岐政夫は参事官室にて不要存御料地処分令の改正案を議し居り、出席し難しと云ふ。予、合議案の趣意の説明を聞き度と云ふ。土岐、此案の詮議には関係せさりしと云ひ、内蔵寮の提案なり。同寮に就き之を聞き来るへしと云ひ、之を聞き来りたるも、適当の理由なし。通常会計の剰余金を直に財本に入るることには同意せさることに決す。

金井四郎来り、稔彦王滞欧延期願のこと、御用取扱のことを談す

○午前十時後金井四郎来り、予か先日其兄の死を弔したることを謝し、稔彦王殿下滞欧延期願のことは、蒲穆よりは一応殿下に伺ひたる上、延期願を為すへき旨を申来り居るか、如何すへきやと云ふ。予、一応大臣（牧野伸顕）に交渉したる上にて決することゝすへしと云ふ。金井又御用取扱のことは先頃古谷重綱の妻に相談したるも、本人か断はりたるに付、只今松田道一の妻のことを王殿下に伺ひ置きたるも、尚ほ返事なし。然るに、妃殿下より御用取扱なくしては困る。是まて有栖川宮の御用取扱となり居りたる藤井三郎〔元外務省通商局長、故人〕の寡婦〔不詳〕か宜しからんと思ふとの御話あり。自分（金井）より松田の妻のことに付、只今伺ひ中なる旨を申上けたる処、妃殿下は夫に拘はらす、更に藤井の寡婦のことを伺ひ見たらは宜しからん。藤井の方は王殿下の帰朝まてと云ふことにて宜しと云はれたり。藤井の妻は波多野敬直の寡婦〔為子〕の姉とのことなりと云ふ。予、波多野の寡婦は前に金山尚志〔元横浜始審裁判所判事、元韓国統監府書記官、故人〕に嫁し、離縁後波多野に再嫁したるものなり。今日は予は午後より司法大臣官舎に行かさるへからすと云ふ。金井、明日更に来りて相談すへしと云ふ。

天長節祝日に予の事務室を使用すること

○午前十一時頃西野英男来り、只今官房より伊夫伎（準一）に電話にて、天長節祝日に奏任官及勅任官の半部に酒饌賜はれ、部屋不足に付、長官（予）の室を借用し度旨申し来りたる趣なるか、如何答ふへきやと云ふ。予差支なき旨を答ふへしと云ふ。

諮問第四号主査委員会

○午後零時四十分頃より司法大臣官舎に行き、諮問第四号に付主査委員会を開き、答申綱領案第九項まて（第六項より始む）を議了す。四時三十分閉会し、次回は十一月六日午後二時より開会することに決し、馬車に乗りて家に帰る。雨甚し。

西野英男より明日の自動車のことを報す

○午後西野英男より電話にて、明日目黒の三条家に行く為の自動車は午前九時四十分に貴家に廻はすことに主馬寮に交渉し置きたり。随て馬車は不用なる故、其ことも主馬寮に通知し置きたることを、内子に報したる由。是は予か西野に嘱し置たることなり。

由松電話にて明日の大掃除を断はる

○午後六時頃消防夫由松より、明日大掃除の為貴家へ行くことに約し置たるも、親族死者あり。明日は行き難し。明後日は必す行くへき旨を報す。

有馬秀雄電話す

○午後七時後有馬秀雄電話す。予正に浴す。婢敏をして其旨を告けしむ。有馬、昨夜久留米より帰京せり。其内面談すへしと云ひたる趣なり。

一〇月二九日

○十月二十九日水曜。晴。

宇佐美富五郎来る

○午前九時頃宇佐美富五郎来り、今日大掃除を為すへき日なるに付、只今由松の家に行きたる処、親族に死者あり。大掃除を為し難きに付、昨日電話にて其旨を断はり置たりと云ひたりと云ふ。富五郎は少しく感冒し居るに付、明日塩梅悪しき様ならは、無理に来らさる様、内子より申聞けたり。

尿量

○昨日の尿量は九百二十瓦なり。

三条治子の告別式に会す

○午前九時四十分頃自動車来る。乃ち之に乗りて目黒三条公輝の別邸に行き、其母治子の告別式に会す。治子は実美の妻なり。十時四十分頃宮内省に達す。

高義敬来る

高義敬先刻来りて予を問ひたる趣にて、西野英男より予か出勤したることを高に通知す。高来り。

磐瀬某か世子妃の陰部を診察すること

○高階虎治郎か磐瀬某に面会し、世子妃診察のことを談したる処、磐瀬は兎も角診察すへし云ふに付、日時を問ひたる処、天長〔節〕祝日なれは、最も都合宜しと云ひたる趣に付、高階より其旨を妃殿下に申上け、殿下は三十一日午後四時頃なれは差支なしと云はれたるに付、高階より其旨を磐瀬に報したることならんと思はる。先年磐瀬か診察したるとき、少しく（陰処に）カタルありと云ひ居りたる故、其ことても診察することならん。兎に角無益の診察なり。

篠田治策か上京すること

又篠田治策か今日東京駅に達する趣に付、自分（高）は之を駅に迎ふることゝすへし。昨日属官か上京し、其話ては篠田は宮内省に用事もあるに付、上京を思ひ立ち居りたる処、会々其母か死したるに付、其の為静岡に来りたる故、旁々上京する趣なり。

紀尾井町賜邸のことは高義敬より篠田治策に話すこと

紀尾井町賜邸のことは篠田か何も事情を知らさる所に、関屋（貞三郎）より話を聞き、何の考もなく同意する様のことにては宜しからす。左りとて自分（高）より意見を述へ、宮内省より邪推を受けても面白からさるに付、篠田か関屋に面会する前、一と通り是までの事実を話し置くことにすへし。都合にては貴官（予）も一応篠田に面会し呉るる方宜しきやも計られすと云ふ。

予、予は面会せさる方宜しからん。篠田より面会を求むるならは兎も角、予より進んで面会することは宜しからさらん。君（高）よりは一と通り事情を話し置く方宜し。宋（秉畯）か篠田と仲か善けれは、今日まて宋より十分に事情を話し居るに相違なきも、宋は所詮談を為し居らさるへく、自然は斎藤（実）は少し位は話を為し居るやも計り難しと云ふ。

枢密院控所に行く

○高か去りたるは午前九時五十分頃なりしか、予は兎も角宮中枢密院控所に行き見るへしと思ひ、直に行きたる処、浜尾新と一木喜徳郎と談し居り、其他には村上恭一と堀江季雄と残り居り。村上に対し今日は参集を断はる手続行き届兼たりと云ふ。

拝謁に間に合はす

村上、摂政殿下御参内あらせられ、先刻拝謁済みたりと云ふ。予は乃ち直に宮内省に返る。

宗秩寮に過きり、朝融王の婚約問題を談す

宗秩寮に過きり、朝融王婚約解除のことは愈々決定したりやと云ふ。酒巻（芳男）、今夕徳川（頼倫）より自分（酒巻）等に始末を話すとのことなるか、未た詳かなることは分らす。久邇宮附事務官の談には徳川家々職か来り、問題は解決したりとは云ひたるも、昨日の東京日日新聞に記し居る程決定的にはなり居らさる様なりと云ひたりと云ふ。酒巻又古市公威か武井守正を訪ひ、酒井家より解約を申込むことを承諾する様相談したるも、武井は前の意見を変へす、相談するとのことなれは意見を云ふへきも、相談に非す承諾せよとのことなれは、之を承諾し難しと云ひたりとのことなりと云ふ。

此時松平慶民来る。予、関屋貞三郎か徳川頼倫に面会したる趣なるか、其時徳川より何と云ひたるや聞かさるやと云ふ。松平、徳川は問題は解決せりと云ひたるのみにて、詳しきことは話さす。関屋も其以上のことは問はさりし趣なり。是まて関屋より問ふことあれは、夫れは話し難しと云ひ、且新聞に種々のことを記載するは宮内省より漏らすと云ふ様なることを云ひたる為、関屋は怒り居れりと云ふ。

徳川頼倫か予を招かさること

松平又今日徳川（頼倫）より貴官（予）に案内し居るやと云ふ。予何の話もなしと云ふ。松平、貴官か御用掛と為り居るは重大なる問題の議に加はる為ならん。此の如きことに付貴官（予）に案内せさるは不気附なるへきも、不行届なりと云ふ。酒巻、只今も話し居る所なり。徳川の方にては貴官（予）を呼附くるは不都合なりとの考にてもあるへきやと云ひ居ると云ふ。松平、然し次官は呼ひたることあるに非すやと云ふ。

朝融王婚約問題に関する新聞

宗秩寮にて朝融王婚約問題に関する新聞を切り抜きたるものを見たるに、万朝報は随分露骨に嫌味を述へ居り、其他中央、中外、商業等三、四の新聞に之を書き居りたり。

天長節祝日の料理物を入るる折のこと

○午後西野英男より、天長節祝日の料理を入るる（折）は是まて弁当屋をして買はせ居りたるか、弁当屋か来らさることゝなりたる為、折を買ふ便宜なきことゝなれりと云ふ。予、自然は此節は宮内省より折を出すことゝなりたるには非さるへきやと云ふ。西野、然らは一応問ひ合せ見ることゝすへしと云ふ。

少時の後西野復た来り、一時其内議もありたれとも、結局是迠通りとなりたり。折は大膳寮にても工夫し見たれとも、間に合はさる故、自身に持たるる方大丈夫ならんとのことなり。然るに折を売る様の所は一寸見当らす。若し適当のものあらは、持ち来られ度と云ふ。予、大礼服を著け空折を携へ来るも変なものなり。一昨日位他処より携へ帰りたる折あるに付、夫れにて間に合ふ様ならは、都合にては夫れを持ち来り、之を君（西野）に托し、然る後豊明殿に行くことゝすへしと云ふ。西野、明日には非す。明後日なりと云ふ。予、成る程明後日なり。然らは空折か間に合ふ様ならは、明日持ち来るへく、若し之を棄てたるならは、前の通り紙に包み、自ら持ち帰ることゝすへしと云ふ。西野尚ほ取調へ見ることにすへしと云ふ。

少時の後西野三たひ来り、大膳寮にて或る弁当屋に頼みたる処、其弁当屋か三十一日朝までに折を持ち来ることを請合ひたる趣にて、貴官（予）の分も用意出来るとのことなり。代価は二個にて三十銭許なりと云へり。依て膳部は一応大膳寮に持ち行き、折に詰めることゝなれりと云ふ。

牧野伸顕より林権助に対する返電案

○午後一時頃松平（慶民）来り、秩父宮殿下御渡英のことに付林（権助）駐英大使より幣原（喜重郎）を経て牧野（伸顕）に問ひ合せたる電報に対する返電案を持ち来り、予の捺印を求む。

追加予算第九号

○午後一時後、浅田恵一第九号追加予算を持ち来り、捺印を求む。

大婚二十五年祝典の協議案

○午前（或は午後なりしか確かならす）杉（琢磨）来り、明日の議題たる大婚二十五年祝典に関する書類を致す。

内子、広津直人を訪ふ

○内子午後零時後より広津直人の家に行く。四時三十分頃帰る。

一〇月三〇日

○十月三十日木曜。晴寒。

尿量

○昨日の尿量九百七十五瓦。

大掃除を為す

○大掃除を為す。午前八時頃宇佐美富五郎来り、大掃除を助く。

明日明後日の馬車のことを西野英男に嘱す

○午前九時頃西野英男に、明日及明後日の馬車を遣はす時刻を主馬寮に通知することを嘱す。明日は天長節祝日にて午前十一時二十分摂政殿下に拝賀すべきに付、午前十時五十分に馬車を遣はすこと〔と〕し、明後日は摂政殿下午前七時十五分に仮御所御出立、午前七時三十分東京駅御発車金沢行啓せらるるに付、之を奉送する為、午前六時五十分に馬車を遣はすことにせり。

青山操通常会計の剰余金を財本に入るることに関する皇室令案に対する意見書案を致す

○午前九時五十分頃青山操より、参事官の合議に係る通常会計の剰余金を財本に入るることに関する皇室令案に対する意見書案を致し、一応之を見たる上にて審査官会議を開き度と云ひたるか、予は是より大臣官房にて会議すへきことある旨を告く。青山、午後は三善焞彦か差支ありと云ひ居れりと云ふ。予、官房の会議も午前中位は掛かるならんと云ふ。青山、其時は明後日にても宜しからんと云ふ。

大婚二十五年祝典に関する協議

○午前十時より大婚二十五年祝典に関する協議の為、宮内大臣の応接所に会す。会する者牧野（伸顕）、井上（勝之助）、大森（鍾一）、徳川（達孝）、入江（貫一）、関屋（貞三郎）、大谷（正男）、西園寺（八郎）、杉（琢磨）、山県（武夫）、武井（守成）なり。本月十六日の協議会にて協議したる趣意とは大分変更し、外国大使公使も召さるること〔と〕なれり。但記念章は制定せさることに決す。賜餐を召さる人の範囲は公爵以上にて宮内省勅任官待遇以上は之に加ゆることとなれり。然し、此ことは大体に於て皇后陛下の思召に依り決することゝなす積りなり。

山田益彦より朝融王婚約問題のことを聞く

○午後一時三十分頃宗秩寮に行き、松平慶民を訪ふ。在らす。山田益彦、昨日徳川（頼倫）より聞きたる朝融王婚約問題の始末を問ふ。山田、徳川の談にては酒井（忠正）は牧野伸顕か久邇宮に伺候して、伺ひたる近状を徳川（頼倫）より聞き、（朝融王か菊子を嫌ひ居らるるも宮の方より之を断はるる訳にも行かす、左りとて婚約を遂行して結果か悪しく、宮としてはその処置に困み居らるる事情）恐懼に堪へす。辞退する決心を為したる旨の書面を宮に出し、宮よりも之に対する書面を出され、其上にて宮より酒井（忠正）を召され、懇篤なる御詞あることゝなり居り、昨日午前中には酒井家の相談人武井（守正）も承諾する順序と為り居るに付、其事か纏まれは徳川は午後より宮内省に出勤する予定なり。武井には古市（公威）、星野（錫）両人より説得する筈にて、此方も大丈夫なりと云ひ居りたり。然るに、午後にも徳川か出勤せさるに付、先刻電話にて問ひ合せたる処、今後一時間許にて今日出勤するか否か、決定することは出来くへしと云へりと云ふ。

金井四郎来る　御用取扱のこと

予か宗秩寮に在るとき金井四郎来り、藤井三郎の寡婦のことを武田尚に問ひ合せたる処、先年博義王妃の御用取扱として同人に相談せられたることありたるか、其時は年を老たる故今後は安気に暮らし度とのことなり。依て其旨今一度妃殿下（稔彦王妃）に申上け、尚ほ之を望まるるならは、更に武田（尚）をして寡婦に説かしめ稔彦王殿下に伺ふことは其上のことにすへし。

師正王の墓地に木を植ゆること

師正王の墓所に樹木を植ゆる設計を為したる処、大略二千円許を要すとのことなり。然るに、内匠寮に樹木あるに付、之を貰ふことに相談し、漸く承諾を得たるに付、其旨を妃殿下に申上けたる処、殿下は墓前左右に植たる木は他方より持ち行くに及はす、自家の芽生のものを移すへし。又墓所入口の右の方に大なる木立三本を植ゆる予定なりし処、殿下は一本にて可なりと云はれたり。骨折りて内匠寮より貰ひたる木か不用となりたるものありと云ふ。予、周囲の構ひさへ出来くれは内部のことは殿下の考通りにて差支なしと云ふ。

馬場鍈一の妻の死去　香料のこと

○午後二時頃寺本英二郎来り、馬場鍈一妻〔信〕昨日死去したる旨の通知書（渡部信より）を致し、香料金五円を求む。直に之を交す。

松平慶民来〔る〕　朝融王婚約問題のことを談す

○午後二時三十分頃松平（慶民）来り、昨日徳川頼倫を訪ひたる状況を談す。徳川の家に行きたるときは裡裏門より入りて新聞記者の目に触れさる様になせり。徳川の談は云々（是は山田益彦の談と異なることなし）、徳川は明日（即ち三十日）酒井より昨日（二十九日）の相談会にて全回一致にて辞退のことを可決したる旨を自分（徳川）へ通知するに付、明日（三十日）午後宮内省に出勤し、酒井より宮に出す覚書は何日頃出せは宜しきや、其時期に付大臣（牧野）の指揮を受くることゝすへしと云へり。然るに、正午後を過きても音沙汰なきに付、電話にて今日するや否を問ひたる処、今より一時三十分間許の後、電話にて通知すへしとのことなりしか、只今漸く電話にて、今日は都合に依り出勤せさる旨を通知し来れり。

右の次第に付、昨夜武井（守成）へ電話を掛け、今日酒井家に相談会ありたりやと云ひたる処、何事もなしと云ひ、父の守正電話機の近傍に居りたる模様にて、相談会を開く通知もなしと云ひたり（守正は相談人を辞し居れとも、酒井家にては未た之を承諾せす、尚ほ相談人なるに付、相談会を開くならは、通知せさる筈なし）。自分（松平）は大臣（牧野）、次官（関屋貞三郎）に右の事情を談したる処、関屋は強ひて大臣の指揮を待つまでもなく、酒井より通知し来りたらは、何時にても徳川の見込にて覚書を提出する様、委任せられたらは宜しからんと云ひ居りたり。大臣（牧野）は覚書を交換する様のことも知らさる模様なり。

徳川は初めは酒井の方にて宗秩寮総裁たる徳川より宮の事情を聞き、恐懼に堪へすと云ふ趣意の覚書を作る筈なりしも、事情と云ひては大臣か困るとのことなりし故、之を近状と改め、夫れにて大臣（牧野）の承認を得たる様の談なりしも、大臣（牧野）は事情と近状とにて区別ありとは思はすと云ひ居りたり。

新聞記者、徳川頼倫の出勤を待つ

今朝来、新聞記者か数人写真機を携帯して来り居り、徳川の出勤を待ち居れり。一昨日の東京日々新聞に今日は徳川か出勤することを明記し居り。夫れか間違へは新聞の信用に関する模様にて、日々新聞の記者は徳川のことも大臣（牧野）のことも是より書き出すと云ひ居れりと云ふ。

　予、武井一人の不承諾は最早顧慮せす、断行するより外なし。若し大臣（牧野）か覚書に苦情を云ふならは、又行き悩むことになるへしと云ふ。松平、大臣（牧野）も一、二人位の反対はありても宜しきに非すやと云ひ居れり。徳川の方にては大臣（牧野）か酒井の方にても円満に解決せされは不可なりと云ひたるを、一人の反対ありても不可なりと云ふ趣意に解釈し居る様なり。覚書のことは大臣（牧野）も承認する模様なりと云ふ。

審査官会議、通常会計の剰余金を財本に入るる件

○午後一時頃青山操の作りたる通常会計の剰余金を財本に入るることに関する皇室令案に対する覚書に付審査官会議を開き、修正可決す。

明日の料理を持ち帰る手続

○午後三時頃西野英男より、明日は給仕にも休暇せしめる筈に付、豊明殿よりの帰途直に大膳寮に過きり、料理の品を取りて帰宅せらるる様致し度。大膳寮の方は今日折か手に入りたる故、之を渡し、委細依頼し置くことにすへしと云ふ。

一〇月三一日

○十月三十一日金曜。晴。

天長節祝日

天長節祝日。

主馬寮に電話す

○午前九時後内子をして主馬寮に電話し、昨日は今日午前十時五十分に馬車を遣はすことを嘱し置たるも、十分間を早くし、十時四十分に之を遣はし呉度旨を通知せしむ。摂政殿下の御参内の時刻に接近すれは、途中通行を止めらるる恐あるを以て之を早くしたるなり。

　十時四十分馬車来る。乃ち大礼服にて之に乗り、皇居正門を入り、御車寄より昇殿し、東二ノ間に入る。清水澄等既に在り。高義敬、篠田治策次て来る。伊東巳代治、珍田捨巳、小原駩吉、平沼騏一郎、鈴木喜三郎、二上兵治、杉琢磨、大谷正男、三善焞彦等に遇ふ。十時頃鳳凰ノ間にて伊東巳代治、珍田捨巳に次き、摂政殿下に拝謁して天長節祝日を奉賀し、次て西溜ノ間に行き、豊明殿に於ける席次標を取り、十二時前司者の案内にて豊明殿に入り位次に就き、午後零時五分頃摂政殿下御臨場、大勲位以下大臣の前官礼遇を賜はりたる者以上及外国使臣、之に随ひ来る。

御宴に陪す

　次て殿下より令旨を賜ひ、内閣総理大臣加藤高明及ひ首席大使英国大使ヱリオツト之に奉答し、終りて饌を賜ふ。零時五十分頃宴終る。殿下御退場。予は直に東車寄南の廊下に行き、帳簿に署名して陪宴を奉謝し、宮内省に返る。

小原駩吉、山崎四男六に遇ふ

廊下にて山崎四男六、小原駩吉に遇ふ。

上野季三郎の室に過きる

小原は宗秩寮の側にて別れ去り、直に上野季三郎の室に行き、料理の品を取る。

佐々木行忠に遇ふ

此処にて上野の紹介にて佐々木行忠（名詳ならす）に遇ふ。佐々木は有馬頼寧氏の友人にて、今年夏頼寧氏か浮羽郡より衆議院議員候補者と為りたるとき、応援の為久留米に行きたるものにて、久留米に行きたることを話したり。予之に、予は頼寧氏か議員と為ることには反対したるか、佐藤孝三郎か競争することゝなりたるときは佐藤をして勝たし度と思ふ訳には行かさりしことを談す。山崎四男六亦上野の室に来り、料理の品を受取りたり。高木某〔大膳寮属官高城毅彦カ〕、予か為に料理の品を折に入れ、之を袱に包み呉れたり。乃ち官房の非常口より馬車に乗りて家に帰り、一時後達す。大膳寮より非常口まては大膳寮の給仕か予の為に料理品を持ち来り呉れたり。

婢ヨシ其家に行く

○午前九時頃婢ヨシ其家に行く。明日午前には帰り来るへきことを約す。

尿量

○昨日の尿量千二百五十瓦。

二上兵治王公家軌範案のことを談す

○午前十一時後宮中控所にて二上兵治、先日王公家軌範案の修正を為し居るとの談を聞きたるか、右は命令に委任する法律案のみを作り居るや、又は軌範案の修正もなることなりやと云ふ。〔予〕二上〔に〕、両なからなす訳なり。法律を以て皇室令に委任することは出来さることゝ思ひ、其旨を伊東（巳代治）に告けたるも、伊東は今の内閣ならは必す之を承諾せしむと云へり。

大正一三年一一月

一一月一日

○十一月一日土曜。曇。

摂政殿下の行啓を奉送す

○午前六時五十分頃主馬寮より馬車を遣はす。乃ち直に東京駅に行き、摂政殿下、陸軍大演習統裁の為、北陸道に行啓したまふを奉送す。七時三十分後御車発す。

定刻前宮内省に出勤す

乃ち直に宮内省に出勤す。時に七時四十五分頃なり。今日より午前九時に出勤すへきことゝなり居り、西野英男一人来り居り、給仕も未た来り居らす。

硯箱を出し難し

○予の室は昨日宮内省職員に饌を賜ふとき、之を使用したるを以て諸具の配置未た常に復し居らす。西野は予の硯箱を戸棚に入れ置たるか、之を開くへき鍵の所在明か〔な〕らす。之を開き難しと云ふ。主馬寮より六時五十分に馬車を遣はしたるは一昨日の約に従ひたるなり。西野は一昨日より早く出勤すへしと云ひ居りたり。

内子の体温

○午前六時後内子をして体温を検せしむ。三十六度一分なりと云ふ。

尿量

○昨日の尿量千三百十五瓦。

東京駅にて有松英義、石黒忠悳、大庭二郎、二上兵治等に遇ふ

○東京駅休所にて有松英義、石黒忠悳、中村雄次郎、大庭二郎、二上兵治等に遇ふ。

群行却掠の義

十月二十二日枢密院事務所にて関東州ニ於テ財物却掠ノ目的ヲ以テ多衆結合シタル者ノ処罰ニ関スル件に付委員会を開きたるとき、有松より（財物却掠ノ目的）と云ふのみにては、（馬賊）を指したるものと解し難し。依て之を（群行却掠ノ目的）と改めては如何と云ひ、且つ私に予に対し群行却掠の語は書の舜典の注に在り。自分（有松）も果して適当なるや分らすとて、予に意見を問ふ。予、予は之を記臆せす。（群行却掠）の語は君（有松）の云ふ如く群り行き却掠する趣意なるへきや、又は群りて却掠を行ふの趣意なるへきや、一寸分り難しと云ひ置たり。其翌日自家にて書経を検したるに、群行却掠の語なし。古文尚書を検したるに、注に其語あり。矢張り群り行き却掠する趣意なるか如し。依て今日有松に群行は群り行く趣意なる様なる旨を告く。有松、之を法文としても宜しきに非すやと云ふ。予、法文としては適当ならすと思ふと云ふ。二上、群行は群り行ふ趣意には非さるやと云ふ。予、然らさる様なりと云ふ。

石黒忠悳に関する新聞記事

又石黒忠悳に対し、新聞の所報に依れは、君（石黒）は昨日大演習地に行きたる旨記載し居りたりと云ふ。

師団廃止の談

石黒、此度は摂政殿下か高田に御宿り遊はさるるとのことなり。然れは同所の師団廃止問題等にて郷里に行くことは非常に面倒なりと云ふ。大庭、師団廃止問題はどこても喧ましきか、其中にても高田か一番喧ましき趣なり。其内情を聞けは尤もなることもあり。高田にては只今水道を作ることになり居り、又将校の家を作り、其の為市の負債を起し居るに付、師団を廃止せらるれは、市には負債のみか残ることゝなる趣なりと云ふ。中村雄次郎、師団を置く為に無理に市と為したる所あり。此の如き場所は師団かなくなりたらは、市の存在か危くなるならんと云ふ。予、久留米抔も市外の村を市に組入れて漸く市と為りたる位なりと云ふ。大庭、久留米の運動員の談に依れは、師団のある為一年間に久留米に二百五十万円の収入かあると云ひ居れり。是は少しは誇大なる言なるへきも、余程の相違ある模様なり。地震前には所に依りては師団抔はいらぬと云ひ居りたる所もありたるか、地震後は是非之を存置せられ度と云ふ様になりたりと云ふ。

市の人口と芸妓との比例

予、市の人口と芸妓の数との比例は久留米か一番多しとの談を聞き居れり。久留米にては維新前は営業者の外三味線を弾くことを禁しありたるか、解禁後急に今日の如きことゝなりたりと云ふ。中村、和歌山にても同様なりしと云ふ。此時プラットホームに行くことゝなり、話を止めたり。

硯箱を持ち来る

○午前九時三十分頃西野英男漸く鍵の所在分りたりとて、硯箱を持ち来る。

尿量

○昨日の尿量千三百十五瓦。

高帽を審査局に置き、中折帽を戴き帰る

○今朝戴き来りたる高帽を審査局に置き、一昨日審査局に置たる中折帽を戴きて帰る。

永島巌来り、本月十六日招飲のことを談す

○午後二時頃永島巌来り、本月十六日旧友を自家に招飲せんと欲するか、差支なきやと云ふ。予差支なき旨を答ふ。話すること十分間許にして去る。

寺内正毅法要のときの供物のこと

予永島に、先日寺内正毅の祭には何も供はさる旨を話し置たるか、黒田甲子郎よりの案内状に、用事あらは黒田に通知すへき旨を書き添へあり。或は供物の世話てもすることならんと思ひ、黒田に問合せたる処、祭の資金は有志の寄附にて千八百円許あり。供物を為すに及はす。但寄附の志あらは其人に申込むへき旨を通知し来りたるか、予は寄附の考なき旨を談す。

徳川頼倫来り、玄関より辞し去る

○午後二時頃徳川頼倫来り、名刺と封したる小書を取次に交し、玄関より辞し去る。

朝融王婚約問題解決のこと

○小書は徳川か先頃より周旋し居りたる朝融王婚約解除のことに付、予か配慮したることの挨拶の為に来りたり。該問題は内報に依れは所期の目的を達することを得ることゝなりたるに付、安心を請ふとの趣意なり。

婢ヨシ、トクなるものを伴ひ来る

○午後七時頃婢ヨシ其家より帰り来る。ヨシは其知人トクを伴ひ来る。内子よりヨシに婢となるものあらは、之を雇ふへき旨を告け置たるを以てなり。

明後三日午時退省のこと

○午前十一時頃西野英男より、明後三日は明治神宮の祭日なるを以て、御用都合に因り午時までにて退庁して宜しき旨、庶務課より通知し来りたる趣を告く。

〔欄外に付記〕

広津潔子来る

十一月一日広津潔子来りたる由。

一一月二日

○十一月二日日曜。晴後曇夜雨後復晴風。

字を作る

○午前、藤井賢就及梶川定治の為に字を作る。

有馬泰明電話す

○午前十時頃有馬泰明電話にて、往訪せんと欲するか、差支なきやと云ふ。予差支なき旨を答へしむ。

有馬泰明来る

十一時頃有馬来る。

有馬敏四郎の婚約のことに関する意見

有馬先つ有馬敏四郎か先年来私約し居る〔原文空白〕宣子との結婚に関する予の意見を問ふ。予、全体は勿論適当ならす。又此の如き婦人と結婚することは果して宮内省にて承認するや否も分り難し。然れとも、敏四郎と宣子との関係は今急に其結婚を拒みたらは、必す敏四郎は自暴する様のことになる恐あり。故に敏四郎か分家して華族籍を脱するまての決心あり、又宣子の方にても本人幷に其父母とも華族籍を脱することも承知するならは、予は強ひて之に反対せすと云ふ。有馬、此ことに付ては、仁田原（重行）も尚ほ意見を決し兼居れり。敏四郎は有馬家にて宣子を娶ることを許さゝるならは、養子となりても宜しと云ひ居れ〔り〕。又先方も初め適当なる養子を為す考なりし由なりと云ひ、興信所の調査報告数通を示す。其報告に依れは、両親本人の性行等別段の不都合なきも、其父の出生地及来歴詳ならす、只今は兵庫県に本籍を有し居れとも、其以前は度々転籍したる模様にて、何処か出生地なるや詳ならす。有馬は此ことか一番懸念する所なりと云ふ。有馬又宣子より敏四郎に贈りたる書状数通を示す。予其中二、三通を見、又宣子の母より敏四郎に贈りたる書状を見る。是は結婚は後れても宜しきも、婚約丈は早く結ふことを望む趣意なり。有馬は予の意見は仁田原に話すへき旨を告く。

有馬家予算の編成方

有馬又大正十四年度の予算の参考として前三ヶ年の平均を掲上する例なるか、青山（頼寧氏）の費用、有馬聡頼への補助は、明年以後其科目なきことゝなるに付、前三年の平均を示すことを止めんと思ふか、如何と。予、之を止めて宜しと思ふ。尚ほ一応境（豊吉）の意見を問ひ見たらは宜しからんと云ふ。

品川に在る有馬家所有地のこと

有馬又品川に在る有馬家の所有地にして登記せられさる所あり。其地所は共同墓地なり。其墓地は某寺に附属し居るものにて、某寺の敷地も有馬家の所有なれとも、其敷地と共に登記せられ居らす。依て取調へたる所、墓地は無償にて寺に移すことを得る趣なり。其上にて寺の敷地と共に有馬家の所有に登記せんと思ふか、右様のこと出来くへきやと云ふ。予、普通にては出来くへしとは思はれす。然し、有馬家にて権利を証明すへき材料あらは、絶対に出来さることには非さるならんと云ふ。有馬、寺の敷地か有馬家の有なることは確かなる事実なりと云ふ。予、兎に角境（豊吉）に相談したらは宜しからんと云ふ。

朝倉郡に在る有馬家の地所売却のこと

有馬又筑前朝倉郡に在る有馬家の地所は、有馬秀雄の周旋にて定木一俵百二十五円にて売却する約束出来せり。反別四町許にて一万五千円許なり。

青山北町の邸宅売却のこと

又青山北町の邸宅は急に売却出来さるに付、不用なる所は取毀ち、残す所は修繕を加へて売却する積りにて、取毀はしに著手し居る処、隣家高崎某〔正光、海軍中尉、男爵、高崎正風の孫〕（正風の跡）の邸地を買ひ度と云ふ者あり。高崎邸のみにては狭しと云ふ趣に付、高崎家より有馬家の邸を併せて売ることは出来さるやと云ひ来れり。依て其都合か出来くは仕合なりと答へ置けり。是か都合よく売るれは、只今の負債は朝倉郡の地所代と合せて之を償却すること出来くへきかと考へ居れりと云ふ。

有馬敏四郎を養子となすこと

予、敏四郎は先方か望むならは、寧ろ養子に遣はすことは出来さるへきやと云ふ。有馬、仁田原は嫁には貰はさるか、養子には遣はすと云ふも、変なことなるへしと云ひ居れりと云ふ。予、勿論先方か希望せされは、出来さることなりと云ふ。

仁田原重行手当増加のこと

有馬又仁田原は嘱託を受けたるときより今日まて一度も手当を増されたることなし。相談人より申出し呉るることは出来さるやと云ふ。予、今暫く其儘にて宜しからん。必要なるときは追加予算を出さゝるへからさるに付、剰余金さへあれは、強ひて予算に計上し置かすとも差支なしと云ふ。有馬、予算には多少の余分は見込置積りなりと云ふ。十一時四十五分頃辞し去る。

尿量

○昨日の尿量千四百十五瓦。

婢トシの雇を解く

○午前婢トシ辞し去る。

一一月三日

○十一月三日月曜。晴。

尿量

○昨日の尿量千五百九十五瓦。

○午前九時三十分より出勤す。

高羲敬来る　磐瀬某か世子妃を診したること

○午前十時頃高羲敬来り、先日磐瀬某来りて世子妃を診したるか、先年診したるときは陰処は幾分のカタルありたるも、今日は少しもなし。其他少しも異状なし。

世子妃湯治のこと

只湯治でもなされたらは宜しからんと思ふと云ふに付、夫れは難事なり。世子と同伴に非されは承諾せられす。君（磐瀬）より勧めて承諾せらるれは、準備は何時ても出来ると云ひ置たり。磐瀬か去りたる後、自分（高）も、高階（虎治郎）も世子、同妃両殿下の処に召はれ、磐瀬より湯治を勧めたることの話はありたるも、勿論決行せらるる模様なしと云ふ。

予、夫れは結構なり。磐瀬は産科医として其方の考より湯治を勧めたるへく、若し暫時の別居と湯治の効能とに因り妊娠てもせらる様のことありては、妃の体の為め不利益なるに付、湯治を為されさるは仕合なりと云ふ。

紀尾井町賜邸のことを篠田治策に話したること

予又高に、紀尾井町賜邸のことに付篠田治策に話したりやと云ふ。高、話したり。自分（高）の意見は加へす、宋秉畯か宅地分割に不満を懐き、何人か知らさるか、人を介して其不平を関屋貞三郎に告け、関屋は自分（高）を介して分割は是非必要とするに非さる旨を説かしめ、其後関屋の考か変更したること等の事実を告け、関屋は君（篠田）と相談して決定する積りなるへきか、決定前に一応自分（高）にも模様を告くる様に話し置たる旨を談す。予、夫れ丈け話し置たるならは、夫れにて宜しからん。其以上如何に決するも、予等の関する所に非すと云ふ。

世子妃誕辰に付晩餐の案内

高又明四日は妃殿下の誕辰なる処、梨本宮殿下は大演習にて旅行せられ居り、同宮妃殿下は病院に入り居らるるに付、規子女王殿下丈け明日来らるる筈なり。其外鍵公子、鍝公か来られ、世子、同妃と共に奥にて晩餐を催ふさるへく、表にては職員の外、篠田（治策）と共に晩餐を催ふすことゝなり居る故、貴官も来邸を請ふと云ふ。予、明日は行き難し。予か主任にて調査したるものに付委員会を開くことゝなり居り、其方は欠席する訳に行かすと云ふ。高、時刻を問ひ、世子邸の晩餐は其時刻前に間に合せ、霞ヶ関の会議まて自動車にて送ることゝなすに付、是非出席せよと云ふ。予、然らは退省後直に行くことゝすへしと云ふ。

篠田治策来り、徳恵姫東京留学のことを談す

○午前十一時五十分頃篠田治策来り、徳恵姫（阿只氏）は只今京城の日の出小学校に通学し居らるる処、生徒中には賤きものもあり、感化も面白からさる故、女子学習院に入らるる方宜しからんと考へ、韓昌洙抔も同様の意見を有し居れり。然し、昌徳宮其他には勿論反対意見あるに付、十分に内端を纏めたる上にて之を発表せされは妨害起る恐あり。大臣（牧野伸顕）、次官（関屋貞三郎）に話したる処、勿論賛成にて、東京にて学ひ、内地人に結婚てもすること出来くれは、本人の為に幸なる旨、大臣は話し居れり。

徳恵姫縁談の話

韓昌洙の話にては、京城にては適当なる夫たるへき人なく、朝鮮にては王女を娶ることは莫大の持参金を当てにするものにて、本人の為には決して幸福ならすと云ひ居れり。貴見如何と云ふ。予、夫れは固より同意なり。又相当の縁もあるならん。既に世子妃の先例もあるに付、華族には喜んで徳恵姫を娶る人もあるへしと云ふ。

篠田治策紀尾井町賜邸のことを談す

篠田、紀尾井町賜邸のことに付宋秉畯か苦情を云ふとて関屋は懸念し、自分（篠田）に書状を贈りたるに付、自分（篠田）は、宋は只今責任の地に在る人に非す。又宋は他の人の為したることは必す之を誹る人なる故、余り懸念するに及はさる旨、関屋に申遣はし置たりと云ふ。予、彼の件は大分行違ひあり。宋等か非常に広大なる殿邸を作らんとする様の考にて、固より同意せされとも、現在の世子邸に運動場なきことは年来の不便にて、此節折角邸地を賜はるならは、（庭球場）丈けは是非作り度ものなり。然るに、只今の地坪にては之を作る余地なし。只今の世子邸より新邸に移らるるときは喜んで移らるる様に非されは、折角邸地を賜はりたる御趣意か貫徹せす。此点に付ては斎藤（実）も心配して、予に話したることありとて、是まて

金井四郎来り、蒲穆の書状を示す　稔彦王殿下に関する談は想像多し

○午前十時頃金井四郎来り、蒲穆の書状を示す。書状は附武官たること二年にして、始めて稔彦王殿下に対する疑念を釈くことを得たる旨を述へ、殿下のことに付ては必要なる場合の外、何人にも立ち入りたる談を為さゝる故、仏国より帰りて殿下のことを説く人はいつれも想像談にて、事実を誤ること多し。唯和田某のみには幾分立ち入りたる談を為したる旨を述へ居りたり。

摂政殿下より稔彦王殿下に書を贈られたる後の稔彦王殿下の状況を知り度こと

予金井に、此ことは余程注意を要することなるが、先頃摂政殿下より私の資格にて、稔彦王殿下に親書を贈りたまひ居れり。稔彦王殿下か其御親書に接せられたる後の模様を知り度と思ふ。然し、勿論殿下に問ふ訳に行かす。又蒲に対しても、御親書を贈りたまひたることを蒲より他の人に対して話す様のことありては宜しからす。何人にも気附かさる様にして、蒲一己の考にて何か御親書の為、殿下の感しか変りたることあるやを観察して、之を通知する様に致し度。若し蒲一己にて何ことも観察出来さるならは、夫れにて致方なし。池田亀雄には此ことに付申遣はすことは宜しからさるへしと思ふと云ふ。

金井四郎より池田亀雄に書を贈りたること

金井、自分（金井）も其ことを考へさりしに非さるも、御親書のことか評判になる様にては困ると思ひて控へ居りたり。池田治策紀尾井町賜邸地を見ること

の経過の概略、宋か沢田牛麿をして関屋に説かしめ、関屋か地坪は限定する積りに非さる旨を答へたること等を談す。

篠田治策紀尾井町賜邸地を見ること

篠田、明後日東久世（秀雄）か案内して現場を見ゆる趣に付、其上にて考ふることゝすへしと云ふ。時既に十二時を過く。予時計を見る。篠田乃ち去る。今日は明治神宮の祭日なるを以て、正午までにて退庁することゝなり、予は直に退庁す。

寺内正毅の四年祭に会す

○午後一時三十分より人力車に乗り増上寺に行き、寺内正毅の四年祭に会す。有松英義、桜圃会の幹事を代表して来会者に挨拶を為し、一同焼香して退散す。後藤新平、田健治郎、安東貞美、水野錬太郎、檜垣直右（元朝鮮総督府京畿道長官）外三、四十来り会し居りたり。寺内の親族五人許来り居り、其中の一人、寺内の為に法要を営みたることに付挨拶を為したるか、予は何人なるやを知らす。三時頃家に帰る。

荒井静雄及妻鶴子来る

○午後三時後荒井静雄及妻鶴子来り、先日予等か其結婚に列したることを謝し、カステーラ一箱を贈る。

仁田原重行の電信及書状達す

○午前仁田原重行の電信達し、午後五時頃同人の書状達す。

一一月四日

○十一月四日火曜。晴。

○午前九時三十分より出勤す。

田には、先日池田か熱心に殿下の為に働く様の書状を送り来り居りたるに付、自分（金井）より書状を贈り、附武官は度々更迭するも、君（池田）か居るから心強き旨を申遣はし置たりと云ふ。

国分三亥来り、朝融王婚約解除のことを談す

○午前十一時頃国分三亥来り、朝融王婚約問題未た解決せす、困ると云ふ。予、其事は実に分らす。最早疾く解決する筈なるに非すや。先日徳川（頼倫）は予の宅にも来り、小書を以て愈々解決する旨を告けて去りたりと云ふ。

国分、本月一日徳川より自分（国分）を召ひ、酒井家の相談人武井（守正）か反対意見を為し居りたるも、是も愈々同意したるに付、此上は形式的な相談会を開き、其上にて酒井より辞退の旨を申出て、自分（徳川）より宮殿下に之を言上することゝなる順序なりと云ひたり。実は邦彦王殿下は十月三十一日午後八時に出発して北陸に行かるる筈の処、夫れか七時出発のことゝなり、出発前言上する暇なかりし為、徳川の家職某を宮邸に遣はし、野村（礼譲）をして殿下に言上せしめたるなり。然るに、此ことは徳川は宗秩寮総裁として言上することに付、徳川の家職を使ひたるは不都合なりとの考より、一日朝更に自分（国分）を召ひ、前述のことを告け、自分（国分）より殿下に言上することを嘱し、どこまでも徳川は特に自分（国分）を召ひて言上せしめたる形式に取計ふことを嘱したり。実は其前夜（乃ち三十一日）徳川の家職か宮邸に行きたるとき、殿下は既に御出発の間際にて、野村は同車にて随行することゝなり居りたるか、家職の談を聞く為殿下と同車せす、徳川の家職と同車して徳川の伝言を為し、之を殿下に言上し、自分（国分）は上野よりの帰途又其家職と同車して其話を聞きたるなり。翌一日に徳川より更に話を聞きたるに付、殿下には其趣意は申上け置きたりと云ふ。

予、武井か承諾したりと云ふは尚ほ行違ある様なること、全体此ことに付ては宮にて幾分の責任を取らるる方、却て物議を少くするには非さるやと思ふことを談す。国分、今後新聞にて酒井家のこと（節操問題）を書く様のことありはせさるかと心配し居る旨を述ふ。

金井四郎来り、バイオリンの教師のことを談す

○予か国分と話し居るとき、〔金井来り、〕朝香宮に往くバイオリンの教師に適当の教師を問ひたる処、音楽学校の助教授に某〔不詳〕なる婦人あり。極めて大人しき人物なりと云ふに付、其人に面会し見る積りなりと云ふ。予宜しからんと云ふ。

有馬泰明電話す

○予か尚ほ国分（三亥）と談し居るとき、有馬泰明より電話にて、有馬秀雄か往訪せんと欲するか、差支なきやと云ふ。予、三時まてならは差支なしと云ふ。

有馬秀雄来る

○午後二時三十分頃有馬秀雄来る。

林田守隆の談

予有馬に、林田守隆の近状を問ふ。有馬、近頃は病も益々快し、林田より、有馬は何故に早く有馬伯爵家の事を執らさるや

と云ひたる故、自分（有馬）は左様に急速に運ひ難し。倉富君（予）は種々心配し居ると云ひ置たりと云ふ。

久留米の協議会にて決したる陳情書名義人のこと

有馬又昨日の同郷人協議会にて、久留米の師団を存置することに付、東京久留米人より陸軍当局者に陳情書を出すことゝなり、其名義人に付種々の意見あり。仁田原重行の名義を出したらは宜しからんとの意見もありたるか、自分（有馬）は有馬伯爵を出したらは如何と云ひ置けり。之を出すことは差支なかるへきやと云ふ。予、単純の陳情書ならは差支なからんと云ふ。

林田岩太郎を赤松社の役員と為したること

有馬又久留米の赤松社の重役には久しく林田守隆を据へ置たるも、是まて度々退任を望み居りたる故、此節は之を罷め、其子岩太郎を以て之に代へたりと云ふ。

有馬家相談人のこと

予、有馬家の相談人も替ゆる必要あり。誰か適当なる人ありやと云ふ。有馬、細見保は先つ是まての通り相談人と為し、若林卓爾は最早老年にて身体も動かさる故、之に代ゆるに林田岩太郎を以てしたらは宜しからんと云ふ。

仁田原重行、有馬家の家職監督を辞することを望むこと

予、仁田原重行より書状を以て嘱託を解くことを希望する旨、其後は有馬泰明を家令と為したらは宜しかるへきことを申来り。

有馬泰明を家令にすることに関する予の意見

予は仁田原の解嘱には同意したるか、有馬家の一大改革を要する時期なるに付、泰明を家令とすることは責任か重きに過くへく、君（有馬）をして事に当らしむる方宜しかるへき旨を申遣はし、仁田原も全然之に同意する旨申来り居ることを告け、是より松下丈吉、境豊吉に協議する積りなるか、君（有馬）は尚ほ相談せさる積りに致し置くに付、其ことを含み居るへき旨を告く。

仁田原重行の病状

予又仁田原の病状を問ふ。有馬、自分（有馬）か仁田原を訪ひたるとき、松浦寛威も来り居り、自分の話出来さりしか、帰るとき、仁田原の妻か仁田原の病は胸なることを一言したり。矢張り肺患ならんと云ふ。

師団のことに付ては久留米人は楽観し居ること

其外久留米人は最早小倉の師団を久留米に移し、新に特設部隊も来ると云ふて、余り楽観し居るに付、之を戒め置たること、

朝倉郡の地所売却のことに付相談人の議を経る暇なかりしこと

朝倉郡の地所売却は相談人の議を経て内約する積りなりしも、至急に内約するを要する事情ありたる為、其暇なかりしこと等を談し、三時三十分頃辞し去る。

松平慶民と朝融王婚約解除のことを談す

○午後三時四十五分頃宗秩寮に行き、松平慶民と朝融王婚約問題のことを談し、徳川はどこまても武井守正も酒井家より辞退することを承諾したる様に考へ居ること等を談す。予、先刻国分三亥より聞きたる事実を松平等（酒巻芳男も其傍に在りたり）に告く。松平等は其事実を知らさりし趣なり。

世子邸に行く

○午後四時審査局に返り、直に馬車に乗り世子邸に行く。世子、同妃に謁し、妃の誕辰を賀し、世子、同妃は梨本宮規子女王、李鍵、李鍝公等と奥にて晩餐を喫し、予は南部光臣、篠田治策、三雲敬一郎、高羲敬、金応善、田村〔原文空白〕、高階虎治郎、林健太郎と表にて喫す。未た全く終はらす。

帝室制度審議会委員会

時既に六時三十分に達す。予乃ち一人去り、自動車に乗り帝室制度審議会事務所に行き、予か示したる皇族歳費令案に付第二回の委員総会を開く。

皇室歳費令を議決す

前回の議に基き、予か修正したる案第二条より第六条までを議し、原案を可決し、次て案の全部を議了し、

伊東（巳代治）より皇族歳費令案の義注を作ることを嘱す

伊東（巳代治）より皇族歳費令案の義注を作ることを予に嘱し、八時頃より福原鐐二郎と自動車に同乗して家に帰る。

婢トクを雇ふ

○一昨日婢ヨシか伴ひ来りたるトクは、予か家に雇はるることを望み、今日雇傭を約したる趣なり。

審査官会議

○午後一時後より、土岐政夫か主馬寮実況審査に対する主馬寮の説明に付審査官会議を開く。会議中有馬秀雄来る。秀雄は宗秩寮にて会議の終るを待ち居りたり。

一一月五日

○十一月五日水曜。半晴。

尿量

○昨日の尿量千四百瓦。但昨日は他家にて排尿し、精密に計りたるに非す。

枢密院会議　説明不十分なるも詰問せす

○午前九時三十分より出勤し、宮中枢密院控所に行き、十時十分頃より議場に入り、関東州ニ於テ財物却掠ノ目的ヲ以テ多衆結合シタル者ノ処罰ニ関スル件、富井（政章）より審査報告を為し、石黒（忠悳）より馬賊の取締に付質問し、異議なく可決し、次て花莚検査規則中改正の件に付、二上兵治より報告して直に可決し、次て日暹航海通商条約御批准の件に付、二上より報告し、穂積（陳重）より領事か暹国の法規を適用して日本人の裁判を為す場合の裁判所の性質及憲法の疑義に付質問し、予亦領事か裁判したる事件を再ひ内地裁判所にて裁判する根拠に付質問し、穂積と予の質問には山川端夫か答へたるか、穂積の問に対しては領事の職務に関する法律に依る趣旨を答へて、稍々要領を得たるも、予の問に対する答は上訴、又は予審に対する公文を指したるものとのことにて、条約の明文に合せさりしも、之を詰問せすして終はりしなり。

大森鍾一、有馬静子の婚姻申込を拒絶したることに付談す

○午前十時前枢密院控所にて、大森鍾一予を別室に呼ひ、先年君（予）より有馬（頼寧氏）の娘のことに付談を聞きたることあり（予か大森に此ことを話したるは大正十年か、又は十一年頃の年末なりしならん。其談は有馬の長女静子を秩父宮殿下の

妃となさるる様の内議あるか、此ことに付大森か聞き居ることなきやを問ひ、大森は右様の内議あるを知らすと云ひたり）。然るに近日伝聞したる所にては、有馬家にては他より結婚の申込ありたるも、之を拒絶したりとのことなり。万一先年聞きたる様のことを当てにして、他の申込を拒絶することありては、所謂当て違ひとなるへし。内議にては決して右様の運ひになり居らす。是は独り有馬家のことのみに非す。他にも二、三少し位の噂ありたる所はありたるも、いつれも取り留まりたることに非す。万一右様のことを当てにし居りては、気の毒なる故一応注意すと云ふ。予、或は他よりの申込を断りたる事実はありたるならん。然し、夫れは全く他の原因にて、只今の話に原因したることに非す。君（大森）の厚意は感謝すと云ふ。

平沼騏一郎より神職会長の願書を致す

○午前十時頃平沼騏一郎より宮中枢密院控所にて、司法次官林頼三郎より臨時法制審議会総〔裁〕穂積陳重に送付したる全国神職会長小橋一太請願書を予に交す。請願書は神社に対し不敬の行為ありたるものを処罰する法文を設けることを願ふものにて、予か諮問第四号（刑法改正ノ件）の主査委員長なるを以て、此願書を予に交したるものなり。

松平慶民来り、徳川頼倫の家に行く日時を謀る

○午後三時後松平慶民来り、徳川（頼倫）より朝融王婚約解除のことに関し、酒井（忠正）より久邇宮に提出する辞退書に対し、酒井にては宮よりも酒井に覚書様のものを交さるることを望み居る趣にて、徳川は其文書の書き方幷に解約の事実を発表する方法等に付、自分（松平）、関屋（貞三郎）幷に君に協議し度。明日六日夕刻より徳川の家に来り呉よとのことなるか、差支なきやと云ふ。予、明日は差支あり。明後日予のみならす関屋も差支ある筈なり。予に関せす、君（松平）と関屋とにて行くことに決したらは宜しからんと云ふ。

松平、結局宮内大臣か帰京したる後に非されは確定は出来難きことに付、然らは其都合にて相談し見るへし。久邇宮殿下も両三日中には演習地より帰京せらるへく、協議は急を要することに付、旁々其都合にすへしと云ふて去る。少時にして松平復た来り、関屋へ話したる処、徳川は君（予）の来ることを懇望し居るに付、成るへく同行する方宜しからんと云へり。明後七日の午前ならは差支なきやと云ふ。予夫れは差支なしと云ふ。松平、然らは其ことに徳川に交渉すへしと云ふて去る。

十一月八日午前より徳川頼倫の家に行くことに決す

既にして松平復た来り、七日は徳川家にて先祖祭を為すことになり居り、困るとのことなり。土曜即ち八日ならは差支なきやと云ふ。予差支なしと云ふ。松平之を聞き、去りたる後復た来り、関屋の話にては土曜の午後より徳川の家に行けは話か永くなる故、土曜の午前より行き、徳川の家にて午餐を出させ、速に切り上くることゝし度と云ふに付、其都合にすへしと云ふ。予夫れにて宜しき旨を答ふ。

大谷正男皇族歳費令案の説明材料を借ることを望む

○午後零時後食堂にて大谷正男より先日依頼し置たる皇族歳費令案に付、先日の委員会のとき、貴官の為したる説明材料を借

り度と云ふ。予、歳費令案か変更せられたる為、説明か齟齬する所を生したる故、之を修正する必要ありと云ふ。大谷然らは其上にて借用し度と云ふ。

馬車の準備の間違

○午後三時四十分頃西野英男、馬車の準備出来たりと云ふ。予乃ち玄関に行く。馬車未た来り居らす。乃ち復た審査局に返り、西野に其旨を告く。西野、主馬寮に電話し、馬車を廻はすことを嘱す。蓋し給仕か他の電話を誤り聞き、馬車来りたることゝ為し、其旨を西野に報し、西野は之を予に報したるなり。

内子発熱す　顔面熱す

○内子三十七度の熱を発す。脳の工合宜しからす。顔面熱を覚ゆる由なり。

一一月六日

○十一月六日木曜。晴。

尿量少し

○昨日は尿量少きに過き、八百三十瓦に止まる。

内子臥褥

○内子臥褥す。但し今朝の体温は三十六度一分なるも、脳の工合は未た宜しからすと云ふ。

書を富山新聞社に送る

○午前八時後、富山新聞社よりの嘱に因り（攻防習義甲乙二軍鶴駕来鳴民挙欣々）を書し、之を郵に投す。

篠田治策来り、王公家軌範のことを談す

○午前十一時四十分頃篠田治策来り、王公家軌範の速に成る旨及王公は皇族同様に待遇せらるる必要ある旨を説く。予、予は関係し居らさるも、進行を図り居る様に聞き居る故、其内には何とかなるならん。又其待遇に付ては、予は到底王公族を法律の外に在る人となす論には同意し難しと云ふ。篠田、貴官（予）か朝鮮総督府に奉職せられるるときは、此ことに付研究せられたることありやと云ふ。予、他よりの交渉等はなかりしも、司法部にては疑もなく法律の支配を受くる人と考へ、民事令、刑事令にも一般法律の例外規定を設け、其制令は御裁可を経て施行せられたるものなり。公族抔は幾度も通常の裁判所に出訴せられ、少しも異論もなかりしなりと云ふ。篠田、理論は然るへきか、更に皇室典範を増補して、皇族同様にすることは出来さるやと。予夫れは絶対に出来難しと云ふ。

紀尾井町賜邸のこと

篠田、今日午後より東久世（秀雄）と同伴して、紀尾井町賜邸を見る積りなるか、該件は何とか都合よく行かさるものなるへきやと云ふ。予、彼のことに付ては、予も折角賜はりたる後、世子か住居せすと云ふ様のことになりては困ると思ひ、苦心し居れり。該件の始末は大概此通りなりとて、予か日記の抄録の一部分を読み聞かせ、此の中には幾分か事実に相違し居ることもあるへきも、大体は個様なるならん。兎も角世子をして喜んて転居せしむる丈けにはならされは、恩賜の趣意か貫徹せさることゝ思ふ。又君（篠田）より関屋（貞三郎）に話すときは、斟酌して話す様に為すことを望むと云ふ。時既に十二時を過くること十分間許。乃ち大概にして談を止め、共に食堂に行く。

宮内次官々舎建築のこと

食後食堂にて東久世（秀雄）に、次官官舎の建築は既に着手したりやと云ふ。東久世、未た着手はせす。近日著手することゝなるへし。今日篠田（治策）と共に賜邸地を見に行くに付、次官々舎の敷地以外に尚ほ余地あることを説明することにすへしと云ふ。

一一月七日

○十一月七日金曜。晴。

○午前十時頃金井四郎来る。昨日園祥子、東久邇宮邸に来り、何事か妃殿下に申上たる趣、桑山某より自分（金井）に話したるも、如何なる事を申上たるやは桑山も知らずと云ふ。然し、稔彦王殿下のことなりし様に思はるゝ旨桑山より聞き〔た〕るゆえ、自分（金井）は事実を知らさるに拘はらず、妃殿下に対し、園に対しては何と御返事遊はされたるやと問ひたるに、殿下は確と答へられざりしなり。依つて今朝園を訪ひ、初て委細の話を聞きたり。

其次第は竹田宮妃殿下が皇后陛下に謁せられたる時、陛下より稔彦王殿下の滞欧余り長くなり、泰宮にも気の毒のことなり。然し、自分（陛下）より口を出す訳にも行かず、泰宮より御依頼でもあらば何とか考へもあらんとの旨の御話しあり。竹田宮妃殿下は其ことを度々妃殿下に話されたるも、妃殿下より明瞭〔ママ〕なる答なきに付、竹田宮妃殿下は更に園を召ひ、園より其事を妃殿下に話さしめられたりとのことなり。然るに、今日竹田宮妃殿下より東久邇宮妃殿下の参殿を求められ、今日は武者小路〔原文空白、公共〕夫妻〔不二子〕参邸の約あるに付、妃殿下より竹田宮に断はられたるも、是非参殿せられ度、且つ午餐を共にすへしとのことなり。依つて今日妃殿下より竹田宮妃殿下に依頼せられ、竹田宮妃殿下より皇后陛下に御願でもなさるやうのことになりては、重大の関係を生することなり。園は妃殿下は話しは平手〔ママ〕なるに付、直接に皇后陛下に口頭を以て御願ひなさることは出来難かるべく、自身に御願なさるならば覚へ書を作りて皇后陛下の御覧を願ふか、又は竹田宮妃殿下に依頼して御願ひなさるかが宜しからんと云へり。

自分（金井）は妃殿下に対し今日竹田宮妃殿下より如何様なる御話しあるも、決して御即答ありては宜しからずと申上置たり。万一皇后陛下より親翰でも贈り玉ひ、王殿下が夫れに拘はらす帰朝せられさるやうのことありては、愈々面倒なることゝなるに付、如何致したらば宜しからんと云ふ。予、竹田宮妃殿下より皇后陛下に願はれても、宮内大臣にも御話しなく、直に親翰でも贈らるゝやうのことは万々なかるべしと思ふ。只今宮内大臣は不在なり。念の為め予より皇后宮大夫（大森鍾一）に話し置くことにすべしと云ふ。

午後〇時後食堂より直に皇宮宮職に至る。大森正に事務官二人と喫飯し居りたり。予、其終はるを待ちて話さんと云ひたるも、大森は食事を中止して予の話しを聞き、予は金井より聞き〔た〕る事実の概略を述へ、万々皇后陛下より親翰でも贈らるゝやうのことは無からんと思へども、万一左様のことありては大変に付、含み置き呉よと云ふ。大森、是迄少しも右様の話しを聞きたることなし。内親王方と皇后陛下との御話しは総へて是を聞く訳には行かざれとも、御親書でも発せらるゝことになれば、自分（大森）が之を聞かざる訳なし。無論右様のことあらんとは思はれすと云ふ。

○午後二時四十分より自動車に乗り、帝室制度審議会事務所に行き、陵墓令案特別委員会に列す。六時後喫飯し、七時より更に皇族就学令案特別委員会に列す。此議案は今日一回にて委員会を終りたり。

○午後九時後金井四郎より電話にて、妃殿下竹田宮邸より帰られたるに付、事情を問ひたる処、今日は洋服注文の話のみにて、王殿下のことに就ては少しも話しなかりしとのことに付、之れを通知すと云ふ。大森に面談したる状況を告く。

一一月八日

○十一月八日土曜。晴。

○午前九時後より土岐政夫の主馬寮実況審査の推問に対する弁明に付審査会議を開き、十一時十分頃に至り之を中止す。予が徳川頼倫の家に行く必要あるを以てなり。

○午前十一時二十分より徳川頼倫の家に行く。十一時四十分頃達す。自動車は直に之を返す。関屋貞三郎、徳川頼倫、酒巻芳男、松平慶民、山田益彦と共に喫飯し、食後徳川より朝融王婚約解除のことに付、是まて徳川が周旋したる事実の概略を説く（予の外の人々は是まて既に徳川より聞き居る事なり）。婚約は酒井（忠正）より辞退することゝ為り居るが、辞退の理由として、酒井は宗秩寮総裁徳川頼倫より久邇宮の近状を聞き、此の結婚の将来を慮り、辞退する旨を新聞に公表することを望み、宮内大臣（牧野伸顕）は、酒井より久邇宮に呈出する覚へ書には其の旨を記載しても妨なけれとも、新聞に公表することは承知し難しと云へり。依つて大臣が帰京する前、如何なる形式にて発表するか、其文案を作り置たしとのことにて、予は酒井が承知するや否やは知らさるも、大臣希望の通り宗秩寮総裁の名前を出さずとすれば、単に久邇宮の近状を承はり云々と記載する外、致方なかるべしと云ひ、酒巻芳男、其主意にて酒井家より発表するもの、久邇宮より発表するもの、及ひ宮内省より発表するもの、三通を作り、之を修正して成案となしたり。

関屋は宮内省より発表する文案には今少し事実を詳記する方宜しくはなきやと云ふ。予、宮内大臣が宗秩寮総裁の周旋を認むるならば、勿論之を詳記する必要あり。然れとも、酒井は既に久邇宮の近状を聞きて婚約を辞退し、宮は其辞退を承諾して宮内大臣に内伺取消方申出られたる形式となる以上は、宮内省は之に関する事実を云々すへき理由なし。故に宮家より、酒井は結婚の将来を慮り、結婚内定の取消を求め、宮も之を承諾したるに付、内伺取消を申出られ、宮内省は其手続を了したる旨を発表すれば、其れにて十分なりと云ひ、午後五時頃に至り初めて決定せり。

予は関屋と共に自動車に乗り、青山明治神宮前にて車を下り、有馬頼寧を訪ふ。頼寧氏不在。之を問へば、足尾に行き、明日は帰宅するとのことなり。依つて今朝予め作り置きたる書状を将命者に交し、之れを夫人に致し、明日頼寧氏帰宅の上、夫人より之を渡され度旨を告て去る。書状は仁田原重行病気に付、有馬家の家務監督を辞したき旨申出、事情余儀なきに付、嘱託を解くこと、仁田原の後任として家務一切を有馬秀雄に任す方、便宜ならんと思ふに付、右二件、頼寧氏の承認を得たしと云ふ主意なり。六時後家に帰る。

○午前八時頃二上兵治に電話し、二上不在。予、二上の電話番号を誤りたる為非常に混雑せり。

○午前十一時頃西野英男に嘱し、枢密院に電話し、本月十一日に委員会を開かるゝならば、午後二時よりに致したき旨を告けしむ。

○午後七時後境豊吉に電話し、先日書状を贈り置きたるか、之れを見たりやと云ふ。境、来書の趣意に賛成なり。往訪して答へんと思ひ居りたるも、病気の為め等閑になりたりと云ふ。

大正一三年日記第一一冊

〔第一一冊は日記ではなく、罫紙に書かれた日記材料と思われる。一一月七日、同八日は記事が重複しているが、そのまま収録した〕

一一月七日〔重複〕

○十一月七日金曜。午前十時頃金井来り、竹田宮、園及妃殿下のことを話す。

○午後〇時後大森鍾一に面会す。

○午後二時四十分頃より審議会。

○七時より仝。

○金井より電話。

○（今日東久邇宮妃殿下、竹田宮に行かれたるも、洋服注文のことの話のみにて、稔彦王のことに関しては何の話もなかりしとのこと。予より大森と話したることを告く）。

一一月八日〔重複〕

○十一月八日土曜。午前九時後より審査局会議。

○午前十一時二十分より徳川頼倫の家に行く。

○六時頃有馬頼寧を訪ふ。不在。

○二上に電話。

○境豊吉に電話。有馬秀雄を仁田原重行の後任と為すことに付意見を問ふ。

一一月九日

○十一月九日日曜。

○午前八時より橋場に行。十一時四十分帰。

○朝二上に電話す。午後、矢野茂より電話。夜有馬秀雄へ電話。

家令の名を附けて宜しきやを問ふ。発熱す。

一一月一〇日

○十一月十日月曜。昨夜より発熱。今日より出勤せす。午後四時三十分頃西野英男来。

○午後二時後坂田来診。

○午後四時頃高羲敬来。

○規子女王の縁談に付南部光臣来り、返答を待ち居ること。

荒井静雄、仝鶴子来。

一一月一一日

○十一月十一日火曜。

○午前十一時金井四郎来訪（忌明挨拶）。

○午後〇時三十分青山有馬家より電話。秀雄のことは異議なしとのこと。

○池田十三郎より松茸と葉書達。

○午後四時頃西野英男、観菊会の御召状幷に式部職よりの鴨三羽持参。

○山本辰六郎〔阪神電鉄取締役、元神戸地方裁判所検事正〕へ弔書のことを依頼す。

○午後十一時後徳川頼倫より電話。明朝来会を依頼す。之に応せす。

一一月一二日

○十一月十二日水曜。午前八時後徳川頼倫より電話、酒巻来ることを通知す。九時頃酒巻来る。□〔酒カ〕井にては、宗秩寮総裁より久邇宮の近状を聞きたるに付、婚約を辞したる旨□〔をカ〕発表し度と□□〔云ふカ〕。徳川頼倫は□□〔宗秩カ〕寮総裁と云□□□〔ふことカ〕を肯んせさる□□□〔破損〕。酒巻は酒□〔井カ〕忠正よりは菊□〔子カ〕婚約を辞する□〔旨カ〕本月十五日に□〔申カ〕出て、其翌日□〔はカ〕日曜に付、其ことを新聞に発表すれは日曜には各社とも夕刊を出さゝる故、号外を出すやも□□〔計りカ〕難し。依て新聞には十七日に発表することになり居れ〔り〕と云ふ。

○永島に鴨二羽を贈る。

○午前八時有馬秀雄より電話。本月十五日相談会のこと。

○午後五時頃坂田来診。

○同四時後西野英男来。山本一男〔不詳〕書のことを話す。

一一月一三日

○十一月十三日木曜。

○秋成へ電信を出す。道子注射見合。

○午前九時永島来訪。玄関払。

一一月一四日

○十一月十四日金曜。午前西野英男来。面会せす。

○午後津村未亡人来訪。

○午後四時前西野より電話。大谷正男来訪せんと欲す。差支なきや咎を問ふ。予床中にて面会すへきことを告く。西野、四時半より五時までの間に大谷来るへき旨を報す。
○午後四時十分頃有馬秀雄来訪。
○午後四時四十分大谷正男来訪。
○（秀雄の話。秀雄、仁田原を訪ひたる模様。仁田原の負債。有馬頼寧氏より安藤信昭のことを依頼したること。秀雄より有馬家のことを引受る旨を話し、頼寧氏も其外に工夫なしと云〔ひ〕たること。稲子か夫人のことを伝へ、頼寧氏の不在中に秀雄の来訪を求めたしと云ひたる事。予より秀雄に大森か注意したる事実を話し、秀雄は予より夫人に話し置く方宜しからんと云〔ひ〕たる事。予より明治二十年頃に有馬家騒動の時の書類を預り居る。
○君は家令となりたるゆへ、此を引渡すこと）。
大谷の話。会計令の変例に対する予の反対意見の撤回を求む。然らされは、予算会議は進行し難しと云ふ。予之を承諾せす。談すること三十分許。体温二、三分進む。

午後九時五十分徳川頼倫より電話。予に電話に掛ることを求む。之を拒む。取次のもの、先日の件は官員を加へ、明日正午頃までに宮内省は決すること〻成りたるに付、之を報すと云ふ。

一一月一五日

○十一月十五日土曜。午前九時後西野来。伊夫伎準一に伝言。昨日大谷来談の件は、予の意見は昨日述へ置たるに付、今後予に拘はらす決定するやう取り計ひ呉よ。又審査官会議は予の引籠中も開会し呉よと云はしむ。
○国分三亥に電話し、昨日出席書状達したることを旨〔ママ〕、及書状を出さ〻ることを報す。
○午後二時頃西野英男来る。

一一月一六日

○十一月十六日日曜。晴。
○名刺に記載しあり。一時頃西野英男来る。

一一月一七日

○十一月十七日月曜。晴。
○西野英男来る。信子女王賢所に参拝の時の不参届のことを頼む。
○午後二時過西野英男来。会計令の変例に参事官の起案に捺印を求む。
本月二十日観菊会の時の不参届を頼む。

一一月一八日

十一月十八日。午前九時頃西野英男来。明十九日の審議会と枢密院不参のことを頼む。
○午後〇時前永島夫人来訪。
○午前広津直人来。
○午後三時頃坂田来診。

一一月一九日

十一月十九日。晴。午前九時頃西野英男来。経済会議の書類を持ち来るへきや否を問ふ。予、経済会議の書類を持ち来るに及はさる旨を告く。

○午後、金井四郎電話にて病状を問ふ。

一一月二〇日

十一月二十日。晴。午前九時西野英男来。枢密院委員解任を二上に談することを頼む。

○夜雨。

○西野英男に新嘗祭不参届のことを頼む。

○午後四時頃有馬秀雄来り、本月十五日の相談会の状況を報告す。

一一月二一日

十一月二十一日金曜。雨後寒。午前九時頃まて大雨。

○午前九時頃西野英男来り、昨日西野に嘱したることを二上に伝へたること、大谷正男か病気見舞の伝言を為したることを報す。西野に俸給受領方を嘱す。

○午後零時後、内子三越に行く。

○午後一時二、三十分頃二上兵治より電話し、予の委員を解き、山県伊三郎をして代らしむることになりたる旨を報す。

○午後五時富井政章より電話にて病気見舞。午後四時四十分西野英男来り、俸給を届け、新嘗祭不参届を出したることを告く。

一一月二二日

十一月二十二日土曜。堀江〔原文空白、ナツ〕子より電話にて午後来訪せんと欲する旨を告く。午後二時頃ならは差支なき旨を答ふ。

○午後二時頃堀江夏子来り、本月十五日より足筋痛み十六日より帰宅療養するも、未た癒へす。昨日池尻興を遣はし、其由を告けたるに、浅沼は帰邸して寝臥し居りても宜しきに付、帰邸し呉よと云ひたるも、此儘帰邸するも心苦しと云ふ。予辞任の意あるや否を問ふ。堀江なしと云ふ。予、然らは今暫く療養することにすへし。予より高羲敬に其旨を通知し置くへしと云ひ、内子をして高に電話せしむ。高、正に梨本宮邸に在り。之に電話し、堀江療治のことを告く。高、自分（高）より浅沼に電話し、浅沼より堀江に療養すへき旨を告けしむることゝすへしと云ふ。堀江か帰らさるとき、高に電話せしめんとしたるも、交換手出てさる為、後刻電話すへき旨を堀江に告け、高に電話したるは午後四時後なりしなり。

○午前小原駩吉、使をして大垣産の柿実三十顆を贈らしむ。

○午後一時後内子往て渡辺暢の妻を訪ふ。妻は若松に行き居り、渡辺と暫話して帰りたりと云ふ。渡辺に小原より贈りたる柿実十七顆を贈る。

○午後六時頃内子をして鈴木喜三郎に電話し、本月二十五日午後、予に代りて諮問第四号の主査委員会を開くことを嘱せしむ。

鈴木之を諾せす、延会のことは鈴木より司法省に通知して、其取計を為すへき旨を答へたる趣なり。

一一月二三日

○十一月二十三日日曜。新嘗祭。参拝せす。
○朝曇後晴。
○午前十時後永島巌来り、病を訪ひ、招宴は来年に延はす旨を告く。又中野に家屋を作りたることを談す。永島と談し居るとき、金井四郎来り（十一時十分頃）、病を訪ひ、本月十五日彰常王袴著の祝を為したること、妃殿下、バイオリンの修養を始め、既に二回之を為したること、教師は三十二歳の女にて温循なること等を談し、去るに臨み、予か出勤したらは、先日大森（鍾一）に談したることを確め呉よと云ふ。予、大森は絶対に右様のことなかるへしと云ひ居りたる旨を談す。
○金井か去りたる後、直に伊夫伎準一来り、病を訪ひ、会計審査局の事務は進行し居る故、懸念に及はさる旨を談し、十一時三十分頃辞し去る。
○午後二時頃坂田稔来り診し、飲酒差支なきこと、明日位理髪して宜しきこと、明日より二日間許室内にて運動を始め、二十七日頃より出勤して宜しかるへきことを告く。

一一月二四日

○十一月二十四日月曜。曇。
○午前九時頃西野英男来る。之に明日諮問第四号主査委員会を開くへき処、病中に付、鈴木喜三郎に予に代り会を開くことを嘱したるも、之を肯んせす。延会のことは鈴木より司法省に交渉すへしと云ひたるも、尚ほ西野英男より司法省に交渉して延会の取計を為すことを嘱す。
○午前十時二十七、八分頃東久邇宮邸より病気見舞として西洋菓子一箱を贈らしめらる。
○午前十時三十分頃関屋貞三郎来りて病を訪ひ、玄関にて内子と話して去る。
○午前十時より理髪す。
○午後零時三十分頃より内子、久保町靴店内田、一ツ木郵便局及第一銀行に行く。
○午後一時十五分頃西野英男より電話し、今朝予より嘱したる諮問第四号委員会延期のことに付、今朝司法省に行き、高橋治俊に話し置きたり。鈴木よりは尚ほ話なかりし様なり。高橋は速に延期の手続を為すへしと云ひたること、及陵墓令案委員会を本月二十九日午後一時より開くへしとのことなる旨を告く。予、確約は為し難きも、大概出席出来るならんと思ふ旨を答ふ。
○午後四時頃制度審議会より電話にて、本月二十九日に陵墓令案委員会を開くへき筈の処、二十六日午後一時三十分より開くことに変更せり。出席出来くへきやと云ふ。予出来さる旨を答へしむ。

一一月二五日

○二十五日火曜。晴。

○午後五時四十分頃神谷理吉〔井上理吉カ、旅順工科大学書記〕、神谷豊太郎〔旅順工科大学長事務取扱・予科教授・主事〕来る。名刺あり。

一一月二六日

○二十六日水曜。晴。記すへきことなし。

一一月二七日〔一一月二七日分は一三六七頁にも記述あり〕

大正十三年十一月二十七日の内

午前十一時後牧野伸顕の室に行き、出勤を告く。関屋貞三郎亦其室に在り、来訪の挨拶を為す。

○午後零時後、食堂にて国府種徳に遇。国府、平田（東助）より詩を廻はし来りたり。後刻之を示すへしと云ふ。一時頃国府来り、皇太子殿下台湾行啓記の一部を示し、編纂の難きことを談し、御用掛は十一月までに罷むることゝなるへきも、編纂未了に付、之を終るまて嘱託と云ふ様なることにすへき旨、関屋と杉（琢磨）と協議せりと云ふ。国府、平田の詩は国府の添削したるものを平田より更に高島張輔〔書画家、元宮内省嘱託員、九峰と号す〕に示し、高島の添削したるものを廻はし来り。国府と高島と協議して決し呉よと申来りたる旨を談し、予の意見を聞く。予、読戦地通信詩を国府に示す。

○午後局の判任官の増俸を議し、又伊夫伎と高等官の増俸を議す。

○局の書類を閲したるもの多し。

○午前宗秩寮に行きたるとき、酒巻より紀尾井町賜邸の納税問題に付談したり。

一一月二八日

○十一月二十八日金曜。晴。

○午前日記（二十七日の分）を記す。終はらす。

○午後報告書に関し審査官会議を開き、四時後に至る。会議中酒巻芳男来り、永井某〔不詳〕の子（広子）の後見人より相続届を為さゝる積りなる旨を談したることに付意見を問ふ。予、宮内省としては干渉する必要なし。然し後見人としては徳義上相続届を為すへきものならんと云ふ。永井の子は生母の処に在り、後見人と生母との間円満ならさる由なり。

○午前高羲敬来り、紀尾井町賜邸の登録税問題、納税問題を説談し、又先日実地を見たるに、既に次官官舎の建築に著手し居り、世子邸の官舎敷地として残し置くと云ふ所は都合悪しきこと十分に牧野に話したらは宜しからんと思ふ旨を談す。予、予は話さゝることを告く。

○午前九時頃有馬泰明に電話し、相談会のことを謀る。午後六時頃泰明より電話し、三十日にて差支なし。同日は自動車を遣はすへき旨を告く。

一一月二九日

○十一月二十九日土曜。晴。午前十一時後国府種徳来り、平田東助〔の〕詩に付相談す。

此時大谷正男来り、御料地処分標準に付、来月一日協議し度旨を談す。予、一日は差支ある旨を告け、林野局のみにて決せしむることは不安心なる旨を告け、是まての処分の不当なる例一、二を談す。大谷、関屋にも未た話し居らさるに付、関屋とも相談したる上、日時を定むへし。一応案を見置き呉よと云ふ。

大谷か去りたる後、国府復た来り談す。十二時となり、予か退省するに付、再議を約して去る。十二時より退省し、一時頃より東久邇宮邸に行く。

金井四郎職員増俸のことを謀り、又蒲穆帰朝旅費は陸軍省より出さゝるに付、宮より出すことゝなし度旨、酒巻芳男より談したるも、反対し置たること、酒巻より話ありたらは其ことを含み置き呉度こと、来月二日夜竹田宮に行き、北白川宮妃殿下も一緒にて、金井より稔彦王殿下のことを話す予定なること、盛厚王殿下塩梅宜しきこと等を談す。妃殿下に謁し、先日病気見舞を贈られたることを謝す。殿下よりネクタイピンを贈らる。盛厚王に謁し、病気を見舞ひ、二時頃辞し去り、有松英義を訪ひ、先日の来訪を謝し、枢密院委員会のことを談し、去りて小山松吉を訪ひ、先日の来訪を謝し、名刺を出し、有馬頼寧を訪ふ。関屋貞三郎を訪ひ、名刺を付して去る。野田卯太郎を訪ふ。在らす。皆、病を問ひたるを謝す。但、頼寧氏は他の用なり。

午前九時前金井へ電話。今日参邸のこと。午前九時頃酒巻を訪ひ、世襲財産解除のことを談す。

一一月三〇日

○十一月三十日日曜。曇。
○午前十時頃有馬伯爵家より自動車を遣はし、予を迎へしむることを約し置たる処、九時頃有馬秀雄青山の有馬邸より電話し、今日午前三時頃頼寧氏夫人の（生母）岩浪稲子か突然死去したるに付、自分（有馬）は今青山に在り。今日は橋場に行くことになり居るも、右の為遅刻することになれり。後刻自分（有馬）か自動車にて迎に行くに付、待ち居り呉よと云ふ。予承知の旨を答ふ。
十一時二十分頃に至るも有馬来らさるを以て、将に午餐を喫せんとし、其準備を為さしむ。此時有馬来る。乃ち喫飯せすして直に自動車に乗り、境豊吉の家に行き、境と松下丈吉とを伴ひ橋場に行く。境豊吉と松下丈吉とに有馬秀雄の俸給額を謀り、予より俸給百五十円、手当五十円にて如何と云ふ。二人之に同意す。乃ち有馬伯に面し、其旨を告け、伯之に同意し、又伯より家令の交際費のことを談す。交際費は初は一ヶ月二十五円なりしを、橋爪慎吾の時に五十円と為し、仁田原重行は二十五円と為し居りたるも、伯は有馬秀雄には矢張り五十円を講し度とのことなり。予夫れにて宜しかるへしと云ふ。

喫飯後一時頃より相談会を開き、初めに十三年度の追加予算二、三件を議し、次て十四年度の予算を議し、秀雄の俸給は本月十五日の相談会（予か欠席したるとき）議決したるものゝ形式と為し、其日の決議事項に加ゆること〻為せり。午後四時後より秀雄、松下、境及有馬泰明と自動車に乗り、境、松下先つ下車し、次て予下車し、秀雄と泰明とは岩浪稲子の家に行きたり。
○今朝頃雑賀秀太郎方の裁縫者にフロックコートの裁縫を命す。昨日葉書を出し、今朝来るへきことを命したり。表地は昨年震災のときの労を慰する為、両陛下より賜はりたるものなり。

大正一三年一二月

一二月一日

十二月一日月曜。晴。
○午前八時頃主馬寮に電話し、今日は午前十時三十分に馬車を遣はすへき旨を通知す。
○午前八時三十分より青山有馬家に行き（人力車にて）、頼寧氏夫人に面し、其生母の死を弔し、次て静子を前田家より貰ひに来りたるやを問ふ。夫人、其ことは初め生花の師匠（生花と云ひたるや否、確と記臆せす）なる婦人某来り、静子の写真を借り度。先方は之を秘し呉よとのことに付、之を領し、只写真を貸したり。是は本年六月頃のことなりしか、間も無〔く〕写真を返し来り、別に何こともなきに付、其儘のことに思ひ居りたる処、近頃に至り、先方（前田）にて十分の相談を為し、是非静子を娶り度に付、承諾を請ふ旨其婦人より申来りたり。
然る〔に〕、頼寧は前田には既に相続人も定まり居り、其処に静子を遣はせは、静子に欠点ありとの疑を招くは必定に付、断然之を断はるへしとのことなりしも、自分（夫人）は余り速に断はるも如何と思ひ、四、五日猶予を置きて単に断はる旨を其婦人に告けたるに、其後断はる理由を聞き度旨更に申来りたるに付、已むを得す頼寧と前田とは同時に早生にて、静子と前田とは余り年齢か違ふに付云々を告けたり。只今の処にては頼寧は静子は朝融王の妃と為すことを考へ居る様なり。又頼寧は、今後皇室を守るへきものは自分（有馬）等なるに付、成るへく皇室に接近する手段を取り度。就ては澄子は秩父宮殿下の妃と為すことを望むと云ひ居れり。

此ことは真に秘密を要することなるか、周宮〔北白川宮大妃房子内親王〕殿下か仏国より御帰りなされたる頃、皇后陛下に謁せられたるとき、陛下より殿下を人なき所に招き、自分（陛下）は澄子を秩父宮の妃となし度と思ひ居るか、是は自分（陛下）のみにて決することは出来さることなりとの御話あり。其御口気にては、頼寧か衆議院議員と為る様のことは御嫌なる様に伺はれたりとのことなりしなり。然るに終に議員となりたるに付、自分（有馬夫人）より殿下に対し、実に相済まさる様に考ふる旨を申出てたる処、殿下は、夫れは男か一旦思ひ立ちたることなれは、すへて止むる訳には行か〔さ〕るへく、致方なからんとの御話ありたり。此ことは出来くれは実に結構なることには相違なきか、又他より猜まるる様のこともあるへく、或は出来さる方か宜しくはなきやとも考へ居る旨を話し、又静子のことに付ては、自分（夫人）の妹〔武子、子爵保科正昭夫人、北白川宮能久親王三女〕の嫁し居る保科家の妹〔寧子〕か岩崎（男爵）に嫁し居り、其子〔彦弥太、あるいは隆弥〕の嫁として静子を貰ひ度模様なるも、保科より嫁し居る岩崎の妻は、岩崎と有馬とは家風も違ふ故、進みて話を為すことも躊躇し居るか、有馬にて承諾するならは必す喜んて貰ふならんと云ひ居る由。頼寧は岩崎と自分（頼寧）等とは主義も立場も異なるとは云ひ居るか、又婚姻と主義とは別のことなりとも云ひ居れり。最早静子は二十歳なるに付、余り延はすことも出来すと云ふ。

予、朝融王のことは種々の推測あり。他より運動するものありて、其の為酒井の方を嫌はるる様になりたりとの説もあり。其ことは勿論有馬には関係なきことなるも、朝融王は今直に結婚せらるる訳には行かさるへく、又王は其性質厭き易き方の様なる説もあり。旁々予は先頃頼寧氏の為、此方は止めらるる方宜しかるへき旨を談したることあり。岩崎の方は本人の性質等も知らさる故、勿論可否を云ふ訳には行かされとも、主義の異なる様のことは懸念せらるるに及はさるならん。又澄子君のことは普通の婿舅と云ふ様なる関係とは違ひ、出来さへすれは、其上は別に面倒なることもなかるへし。秩父宮殿下は来年五月頃より御洋行のことは内定し居る模様なり。皇后陛下は其前に内定丈はなされ度御思召ならんと思はるるか、如何なるへきや。候補者としては閑院宮の華子女王の話もある様なりとの談を為し、九時四十分頃辞し去り、岩浪稲子の家に過きり、其死を弔し、有馬泰明及稲子の妹某〔不詳〕に面し、十時後家に帰り、十時三十分より馬車に乗り、宮内省に出勤し、午前十一時頃より審査官会議を開き、午後之を継続し、会計審査報告書案を議了す（午後三時五十分頃）。

○午前式部職より、本年五月三十一日皇太子殿下御婚儀祝宴のとき召されたるも、不参したる宣子に記念品を渡すに付、明二日午前九時より午後四時まて受取り代人の受領証を持ち、式部職に来る様取計ふへき旨を通知し来る。予、其受取方を西野英男に嘱す。

○今日頃（日確ならす）山田益彦来り、今月十九日に宗秩寮の忘年会を開き度旨を謀る。予同意の旨を答ふ。

一二月二日

○十二月二日火曜。晴。

○午前十時後西野英男式部職に行き、記念品を受領し来る。内子は五月三十一日と六月四日の両度召され居りたる処、記念品は五月三十一日分一個なるに付、西野をして之を問はしめたる処、一人に付一個の外賜はらすとのことなる旨を報し来る。予、有馬伯爵は六月の午餐に召され、欠席し居らるるに付、午餐に召されたる人に賜はらさるならは、伯爵も同様ならんかとの疑を起し、杉琢磨に問ひたる処、午餐のみに召されて欠席したる人には午餐の記念品を賜ひ、晩餐と午餐とに召されたる人には晩餐の分のみを賜ふとの旨を告けたり。

午後零時後、予宗秩寮に行き、有馬伯爵の分は既に送付したるやを問ふ。山田益彦、未た送付せす。受取人を呼出して之を渡す筈なり。有馬の分は君（予）か受取るやと云ふ。予之を受取るへき旨を答ふ。山田之を交し、受領印に自分（山田）か代印し置きたりと云ふ。予審査局に返り、有馬家に電話し、記念品を受取り置きたるに付、受取人を遣はすへく、午後四時まてならは宮内省に、其後ならは予の家に遣はすへき旨を告く。有馬家職電話を解し得す。頗る困り、渋田健造は在らさるやを問ふ。家職在らすと云ふ。乃ち再三繰り返し、漸く大意を領したり。

午後一時より大臣官房にて、皇族に対する震災の御見舞として金を賜ふこと、其他のことを協議す。午後三時渋田健造来りたる旨、西野英男協議室に来りて告けたるに付、予審査局に返り、伯爵の記念品を渋田に交し、復た協議室に行て、四時後に至り協議を止む。十分に決定せさることもありたり。

○午前十時後金井四郎来り、明日は稔彦王殿下の誕辰なるか、来邸することを得るやと云ふ。予、午前十一時三十分頃に行くへき旨を告く。金井、今夜は先日の約に従ひ、竹田宮邸に行き、北白川宮妃殿下と竹田宮妃殿下に稔彦王のことを話す積りなりと云ふ。

○午前十一時後国府種徳来り、平田東助の詩のことを謀る。予今日は暇なき旨を告く。

○午後一時より官房協議室にて協議を為し、之を終りたる後、関屋貞三郎より、紀尾井賜邸は先日篠田治策も之を一見し、既定の坪数にては少しく狭き様なりと云ふに付、大臣（牧野伸顕）に話したる処、変更を承知せす。只今の処にては建物と敷地との配合も決し居らさるに付、精密なる設計を為したる上、愈々狭き様ならは更に大臣に相談し見ることにすへしと云ふ。関屋か今日の協議に関係なきことを話し出したるも妙なことなり。予は麻布の世子邸は返上することの内談になり居りたるも、篠田治策は之を返上せさることを望み居りたりと云ふ。関屋、篠田は左様なることを云ひ居りたるか、自分（関屋）は阿只氏を麻布に住せしむる必要なし、麻布邸のことは後日の話にすへしと云ひ置きたりと云ふ。

○官房より審査局に返りたるとき、審査官は判任官に対する年末慰労金額を協議し居れり、予も之に加はる。内閣より審査局に転任したる河井某に対し、内閣より慰労金を給するや否分らさるに付、局の分も決定するに至らす。

一二月三日

○十二月三日水曜。晴。

○午前九時五十分頃より枢密院控所に行き、十時後議長、顧問官と共に摂政殿下に拝謁し、控所に返るとき、廊下にて有松英義に大東文化協会の寄附金を出したるやを問ふ。有松、記臆せすと云ひ、石黒忠悳は賛成すとはなりたれとも、寄附金を出すことは承知し居らす、依て金は出さすと云ふ。

○午前十一時十分頃より自動車に乗り東久邇宮邸に行き、妃殿下、盛厚王、彰常王二殿下に謁し、稔彦王殿下の誕辰を賀し、婦人応接室にて金井四郎、片岡久太郎と共に飲喫す。

喫飯前金井の事務室にて、昨夜金井か竹田宮、北白川宮の両妃殿下と談したる状況を聴く。金井よりは是まての事情を詳述し、七時より十時まて談したりと云ふ。其中にて北白川宮妃殿下よりの談に、殿下帰朝前稔彦王殿下に対し何か妃に伝言せらるることはなきかと云ひたる処、王は現在の皇族は多きに過く。自分（王）の考にては、閑院宮を初め従来の皇族は総て臣籍に降下したる後に非されは、自分（王）は帰朝せす。又妃も迎へさる旨を告け呉よとのことなりしも、北白川宮妃殿下は夫れは、余り極端なることとなるに付、伝言し難しと云ひ置きたりとのことなりしなり。又稔彦王殿下よりは、両妃殿下に対し何事も話され居らさる模様なり。両妃殿下は稔彦王妃殿下は只柔循なる方にて何事も云はれす、東久邇宮のことは万事自分（金井）か専行し居る様に考へ居られたる模様なりしか、自分（金井）より、妃殿下か剛情にて一たひ云ひ出さるれは決して之を枉けられす、現に師正王の墓の形状抔も、面白くなけれとも妃殿下の何処までも主張せらるる故、已むを得す彼の如き形状に致したりと云ひたる処、此ことは両妃殿下とも大分案外に考へられたる様なりしと云ふ。

予、昨日君（金井）より、皇后陛下より東久邇宮殿下帰朝のことに付、竹田宮妃殿下の仰せられたることを宮内大臣（牧野伸顕）に話したりやとの話ありたるか、先日妃殿下か竹田宮に行かれたるときは、洋服注文の談のみにて、其ことに付ては少しも談なからんとのことに付、予は急に大臣に話す必要なしと思ひ居るか、何か必要ありやと云ふ。

金井、先日園祥子か来りて自分（金井）に其ことを話し、自分（金井）は園に其返答を為さゝるへからさることゝなり居るに付、彼のことを問ひたるなり。園か来りたる趣意は是まて竹田宮妃殿下より度々此方の妃殿下に御話ありたるも、いつも何等の答なく、要領を得さるに付、竹田宮妃殿下より園に其ことを話し、園をして之を自分（金井）〔に〕云はしめられたる訳なりと云ふ。予、君（金井）より両妃殿下に対し、此際何事も手を著けさる方宜しき旨を申上け、両妃殿下も之を領解せられたるならは、此ことに付更に著手せらるることなかるへく、万一竹田宮妃殿下より皇后陛下に申上けても、先日大森（鍾一）か云ひたる如く、直に著手せらるる様のことなかるへきに付、園には君（金井）都合よく云ひ置きたらは夫れにて宜しからんと云ふ。

金井、夫れにて宜しからん。園は自分に対し、陛下より御手紙ても御出しなさるへき様のことは云ひたるも、陛下より竹田宮妃殿下に対しては御手紙等の話は少しもなかりし趣なり。此ことは園の誤解なるへく、陛下は何か工夫もあるへき位の御話ありたる丈けのことなる趣なりと云ふ。

金井又年末職員に対する慰労金のことを談す。一時頃宮内省よりの自動車来る。先刻予より運転手に告け置きたることなり。之に乗りて宮内省に返り、二時頃より会計審査成績書案に付審査官会議を開き、三時三十分頃議了す。

○東久邇宮邸にて金井より、稔彦王殿下附属官池田亀雄か巴里にて内地人画家の妻と通したることある趣にて、此ことは王殿下も承知せられ居り、又北白川宮妃殿下も承知のことなり。君（予）は疾く松平（慶民）より聞き居るならんと思ひ、今日まて其話を為さゝりしと云ふ。金井又北白川宮妃殿下より稔彦王殿下の婦人関係の話あり。自分（金井）は全く其関係なきことを信し居る旨を申上けたる処、妃殿下は果して之を信し居るやと云はれたり。妃殿下は何か確証を有し居らるるならんと思ふとの談を為したり。
○午後伊夫伎より内閣にて河井某に幾分か慰労金を給する趣なることを報す。

一二月四日

○十二月四日木曜。晴。
○午前八時三十分より人力車に乗る。青山南町岩浪稲子の家に行き、今日午後二時葬儀に会し難き旨を告け、焼香して家に帰り、今日は十時より出勤する積りにて、昨日午後馬車の御者に其旨を告け置きたる処、誤て九時三十分に馬車来り、予も其前に家に帰り居りたるに付、直に出勤す。
○午前十一時頃国分三亥来り、朝融王婚約解除の件終局したるに付、謝意を述ふ。予、先日摂政殿下御使として入江侍従長（為守）か久邇宮に行きたることに付邦彦王殿下より何か御話はなきやと云ふ。
国分、自分（国分）には何の御話もなし。其日は殿下は演習の為め豊橋へ行かるる処にて、野村礼譲か自動車に同乗し、車中にて入江（為守）か来邸したるかと申上けたる処、殿下は単に来りたりと云はれたるのみにて、余程不機嫌なりしとのことなり（入江（為守）か御使として王殿下に口上覚書を交したる趣意は（折角御内意まて伺ひて取結ひたる婚約を解くに至りたるは遺憾のことなり。今後は万事一層慎重にすることを望む）とのことなりし由。予て酒巻芳男より聞き居れり）。国分又先日摂政殿下か海軍飛行機御覧の為、追浜に行啓あらせられ、其帰途朝融王と汽車に同乗あらせられ、車中にて朝融王と種々なる御談話あり。朝融王は、牧野（伸顕）は菊子か結婚する前には自分（朝融王）も結婚すへからさる様のことを云ひ居りて困るとのことを云はれ、又朝融王より、一部の人は自分（朝融王）か菊子の外に候補者を見出して菊子の方の約を解くこと〔を〕申出したる様に云ふ趣なるも、決して左様なることに非す。今日にても決して目的の人あるに非すと云ふ様なることを話されは《ママ》、摂政殿下は牧野は何か面倒なることを云ひ居りたるも、感服出来す。牧野の云ふ様なる訳には行かすとのことを御話ありたる趣にて、朝融王は其後非常に有力なる味方を得たりとの話を野村礼譲に話され、野村より其ことを酒巻（芳男）、松平（慶民）等に話し、松平より之を関屋（貞三郎）に告け、関屋は又之を牧野（伸顕）に告けたる趣にて、牧野は直接に野村より其話を聞き度と云ひ、昨日野村を呼ひたるも、野村に差支あり、今日頃野村か牧野に面会することになり居る筈なりとの談を為せり。
○午前九時四十五分野田卯太郎来り、自動車運転手をして予か在宅するならは面会し度旨を告けしめ、婢より予か不在なる旨を答へたる由なり。

一二月五日

○十二月五日金曜。晴。
○午前十一時頃高義敬来り、税務署より紀尾井町賜邸納税のことに付照会し来りたるに付、麻布邸の免税となりたるときの書類の写を李王職に送り、大蔵省への交渉方を申遣はし置たり。又先日紀尾井町の邸地を見たるに、牆の損所より子供か侵入し、邸地を荒らし居るに付、其修理方も李王職に申遣はし置たり。全体賜邸に関する事情を詳細に牧野伸顕に話したらは、牧野も領解するならんと思はる。君（予）より話し呉るることは出来さるやと云ふ。予、予より話しても牧野か信せさることを答ふ。高又近く世子、同妃は鴨猟に行かるる趣意なること、堀江の老婆は未た痛所か癒へさる趣なることを告く。

十二月六日

○十二月六日土曜。曇。
○午後零時四十分頃より歩して司法大臣官舎に行き、諮問第四号の答申案に付主査委員会を開き、午後四時五十分頃閉会し、馬車に乗りて家に帰る。
○午前紀尾井町賜邸のこと（関屋貞三郎が度々食言し居る始末）、牧野（伸顕）に告けんと思ひたる〔も〕、牧野か出勤せさる為止めたり。
○午前十一時後有馬泰明より電話にて、只今より往訪し度旨を告く。予、是より司法大臣官舎に行かさるへからさるに付、明後日になすへき旨を告く。

十二月七日

○十二月七日日曜。微雪後雨。
○午前十一時十五分頃より青山御所に行き、澄宮（崇仁親王）殿下の御誕辰を奉賀し（誕辰は実は本月二日なるも、殿下正に学習院に御通学成され居り、今学期は一日も欠席なく、誕辰の為欠席することは厭はせらるるに付、今日に延はしたりとのことなり）、十二時頃より酒饌を受け、一時後家に帰る。
○午後鈞、隆、強五郎等に贈る書を作る。
○青山御所にて入江為守に、本月九日か十日か両日中に摂政殿下に拝謁を願ひ度ことあり。今一応準備の都合を取調へたる上、君（入江）に通知すへきに付、伺ひ呉よと云ふ。入江之を諾す。同御所にて金井四郎に遇ふ。今月は東久邇宮か皇族講話会の当番なるか、講師として徳富蘇峰〔ジャーナリスト、思想家、国民新聞社主、『近世日本国民史』の著者〕を頼まんとす。殿下は退屈せさる様の話にせよとの注文なりと云ふ。予宜しかるへき旨を答ふ。

十二月八日

○十二月八日月曜。曇。
○午前十一時頃牧野伸顕の官房に行き、紀尾井の賜邸は名義は李王に賜はることゝなり居れとも、李王は之を用ゆる機会なし、目的とする所は世子なり。彼れ程特別の思召にて賜はりたるものなる故、世子は十分感恩せらるる様にあらさるへからす。又是非とも此くあることを望めとも、先般来の事情にては頗る懸念の点あり。勿論賜邸のことに関する紛紜の原因は宋秉畯か之を作りたるに相違なきも、必しも宋のみか悪しと云ふへからさる事情あり。予は此ことに付ては、故らに世子の感情を聞くことは避け居れとも、宋は勿論高羲敬も此節は余り喜ひ居らさる模様あり。宋よりは、紀尾井は王に賜はりたるものにて、麻布は明治天皇より特に世子に賜はりたるものなれは、世子は麻布に住せらるるか宜しき旨を述へたりとのことなり。右の次第にて世子の感情にも懸念すへき所少な〔か〕らすとて、賜邸に関し、予と宋との関係、宋と関屋との関係、関屋と高羲敬との関係等の概略を説く。

牧野は、自分としては非常なる奮発を以て取計ひたることなり。如何様なる事情あるも、之を変更することは出来すと云ふ。予、夫れは当然のことにて、予も同感なり。然し、特例を以て邸を賜ひたる根本の思召より考ふれは、些細なることの為に思召か貫徹せす、世子か喜ひて住居せさる様のことありては困ることも考へさるへからさるに非すやと云ひ、斎藤実か心配し居ることも附説し置けり。牧野はテニスコートと云ふも、百五十坪もあれは十分出来るものなりと云ひ、又関屋や東久世秀雄等は仲に間まりて困り居る事情もあらんと云へり。

予、関屋は宋の要求に対し、一旦決定したることに付、之を変更し難し。京城にて騒きたらは又詮議することもあるへき旨を答へたりとの話あるも、予も関屋か右の如きことを云ひたりとは信し居らすと云ふ。牧野、左様なることかあるものかと云へり。予か牧野と話し居るとき、外務省の沢田節蔵〔外務大臣官房文書課長〕か来り、給仕か再ひ来りて其ことを告けたるに付、予は十分に話を為さすして止めたり。牧野は自分（牧野）の方針に違はさる範囲内にて斟酌するより致方なしと云ふ。

○午後西野英男をして電話にて入江為守に、明日、明後日両日の中にて摂政殿下に拝謁することを得る日時を伺ふことを嘱せしむ。少時の後入江より、明九日午後一時十五分より一時三十分までの間に東宮御所に参すへき旨を告け来る。

○午後六時後より内子と共に演技座に行き、竹本津太夫〔三代目竹本津太夫〕の義太夫を聴く。十時後家に帰る。

○午前十時後金井四郎来り、本月廿三日皇族附職員会議の後晩翠軒にて忘年会を開くこと、又本月十四日に壬生某か皇族附職員に華族会館にて浪花節を聞かすとのことなり。いつれ改めて通知すへし。昨日は徳富を訪ふたれとも、不在なりし。今日新聞社にて面会する筈なりと云ふ。

○午後二時三十分より自動車に乗り、久邇宮邸に行き、信子女王か明日三条西某に嫁せらるるに付、帳簿に署名して賀意を表し、又帰途高松宮邸に過く。宣仁親王殿下か皇子御殿より此処に移転せられたるに付、御機嫌を奉伺する為、帳簿に署名し、傅育官長松浦寅三郎と暫話す。松浦、ドラツク（有田□〔音カ〕松〔有田ドラッグ商会創業者〕）の編したる国士声にて予の詩を観たることを談す。

〔欄外に付記〕

十二月八日午前十時頃有馬泰明来る。予、世襲財産解除の手続のことに関し、根本の問題あるならは事務官に紹介すへく、手続丈けのことならは属官に紹介すへしと云ふ。有馬手続丈けなりと云ふ。予、乃ち給仕をして宗秩寮の吉田源太郎を召はしむ。吉田未た出勤せす。乃ち西野英男を召ひ、他の主任者を問ひ、之を召ふことを嘱す。西野、他の主任者も未た出勤せす。暫時待ち呉よと云ふ。少時にして吉田来る。予、乃ち有馬を吉田に引合せ、吉田より有馬に手続を指示することを嘱し、吉田をして有馬を伴ひ、宗秩寮に行かしむ。有馬か去りたる後、牧野伸顕の官房に行く。

一二月九日

○十二月九日火曜。微雨。

○午後零時五十五分頃より自動車に乗り、東宮御所に行き、一時十五分頃摂政殿下に拝謁し、大正十二年度帝室会計審査の成績を上奏す。終て別室にて入江為守、奈良武次、西園寺八郎等と暫話し、辞し去り、途自家に過り、華頂宮賜邸に関する書類を取り、宮内省に返り、審査局職員一同を召ひ、職員の勉励に因り今日成績の上奏を了したる旨を告け、慰労の詞を述ふ。

○午前十時後宗秩寮に行き、酒巻芳男を訪ふ。酒巻未た出勤せす。松平慶民に、今日午後一時より華頂宮賜邸のことに付協議することゝなり居りたるか、其の時刻に東宮御所に行かさる〔べからざる〕ことゝなりたるに付、予に拘はらず、開会し呉よと云ふ。松平、一時三十分頃より開会することゝすへしと云ふ。予、紀尾井町賜邸のことは懸念に堪へさる故、遂に牧野に談したれとも、牧野は変更を承知せす。根本方針より考へたらは彼れ程固執せすとも宜しからんと思へとも、致方なしと云ふ。松平、昨日沢田節蔵か来り、君（予）、大臣と長く談し居り、待たされたりと云ひたるに付、何か大事件ても起りたるかと思ひたりと云ふ。

予、沢田は秩父宮殿下の洋行に随行てもするやと云ふ。松平、然らす。秩父宮殿下の洋行は牧野より一年半の期限にて、皇后陛下に言上したりとのことなり。一年半にては必す延期せさるへからさるに付、初より長くし置く方宜しき旨、一昨日自分（松平）、山辺知春、前田〔原文空白、利男〕より大臣（牧野）に説きたれとも、既に言上済みなりとて中々承知せす。漸く二年半まて承知させたりと云ふ。予二年半とは如何なる訳なりやと云ふ。松平、往復を半年と見たるものなるか、急けは半年は要せす、初め短くして置けは、結局東久邇宮の様なること〔に〕なるに付、余程三年説を主張したれとも、承知せさりしなり。沢田か来りたるは、先頃英国にて殿下の御滞留なさるへきドラモンド〔ローレンス・ドラモンド、イギリスの退役陸軍少将、Laurence G. Drummond〕に対し、自分（松平）の名義にて、秩父宮殿下英国へ御出なされたる後の待遇等のことに付（余り仰山なることでも為しては困る故）、予め諒解せしめ置く為、外務省の秘密電信にて駐英大使館を経て照会したることあり。然るに、大使館にては自分（松平）の名義にて照会したることに付不満を懐き、大使（林権助）より外務大臣（幣原喜重郎）に対し、此の如きことは大使より交渉することにする様申越したる趣にて、沢田は外務大臣の名代として、其ことに付宮内大臣へ掛合に来りたるなり。駐英大使の不満と云ふは、多分徳川家正〔駐英日本大使館一等書記官、公爵徳川家達長男〕の考ならんと思ふと云ふ。予、成る程事柄に因りては出し抜かれては困ることはあるならんと云ふ。松平、出し抜きては困るへきも、外務省の電信にて、大使館を経て照会し居るに付、大使館にても事柄は承知し居ることなりと云ふ。

予、東宮御所より宮内省に返り、局員に慰労の詞を述へたる後、直に官房の協議室に行く。時に二時五分頃なり。未た協議を始めす、予の来るを待ち居りたりと云ふ。二時後より賀陽宮大妃の住居のことを協議し、種々の意見ありたるも、結局藤田平太郎〔藤田財閥二代目当主、貴族院議員・公正会、男爵〕より伏見宮に贈りたる別邸を大妃の住居に充つることと為し、其別邸は伏見宮より藤田に返さるることゝなり居り、藤田は返戻を受けすと云ひ居るに付、伏見宮より之を買ひ取るか、又は藤田より買ひ取るかは交渉の上にて決することゝなすことに決す。

次て故華頂宮邸地は私有なるか、皇室有なるかを議す。此邸地は一度皇室有なる様に決したるも、其後大正二年頃皇族賜邸は帝室林野局にて管理すへきものに非さる旨、宮内大臣より林野局に指令し居る為、皇族の私有に決したるものならんとの論あり（入江貫一の説）、今日再議したるか、午後四時後に至るも決する所なく、関屋貞三郎も他室に行き居る為、予は其儘に退席せり。今日協議したるは、予、関屋貞三郎、入江貫一、大谷正男、酒巻芳男、松平慶民なり。

○午後零時後根岸〔原文空白、栄助〕に陵墓監に転し、京都詰となるへきことを告く。

○午後四時後官房より返りたるとき、伊夫伎準一外審査官、同補一同、判任官の年末慰労金増額の割合を議し居りたり。是は、今日に至り官房より審査局に百円の増額を通知し来りたる為なり。予も之に加はり、割合を決定す。四時十五分頃より退省す。

○午後四時後芳賀千代太〔旅順工科大学存続同盟委員、南満洲鉄道株式会社技師カ〕、今泉卯吉〔旅順工科大学卒業生、南満洲鉄道株式会社技師カ〕、岡野定義の紹介名刺を持ち来る。時に予未た退省せす。婢鶴、予か四時三十分頃には帰るへき旨を告けたる趣にて、二人は三十分間又は一時間後に再〔ひ〕来るへき旨を告けて去りたる由。五時二十分頃予将に晩喫せんとす。二人来る。乃ち之と話す。二人は旅順工科学堂を卒業したる者にて、今般政府か工科大学を廃止せんとするに付、反対運動の為本月一日上京し、山県伊三郎、犬養毅、浜口雄幸、有松英義、江木翼等に面会したるか、江木は工科大学廃止は必要なる旨を説きたるか、其他は存続を可とする旨の意見を述へたる旨を談す。予は枢密院の審査委員は病気の為め辞したり。大学存続の運動を助力することは出来さる旨を告く。二人参考書を交し、二十分間許にして去る。

一二月一〇日

○十二月十日水曜。曇後晴。

○午前九時三十分より出勤し、十時前枢密院控所に行き、十時後より議場に行きスヘッツベルゲンに関する条約を議す。摂政殿下臨場したまふ。二十分間許にて議了し、直に審査局に返る。

○午前十時後伊夫伎準一より、根岸栄助か辞職を希望する旨を報す。予、然らは、根岸の代員として審査局に採用することに約し置きたる陵墓監河村某を採用することは見合はす必要あり。直に其旨を杉（栄三郎）に通知し置呉よと云ふ。伊夫伎之を諾して去る。少時の後杉来り、伊夫伎より談したることは承知せり。是は余儀なきことなり。然し、河村は文官高等試験にも合格し居り、長く陵墓監と為し置くは気の毒に付、機会ありたらは採用し呉よと云ふ。予、予は試験合格者たると否とには重きを置かす。河村は人と折合悪しきことに付有名なる故、根岸（栄助）か辞職することゝなりたる上は直に之を採用することに躊躇すと云ふ。

伊夫伎来り、杉に話したる後、山口（巍）と話し居る中、杉か既に此処に来りたる様なりと云ふ。予、杉か来り、河村を採用することを見合はすことは承知せる旨を告けたりと云ふ。伊夫伎、秘書課に話し置く必要なかるへきやと云ふ。予、杉（琢磨）にも早速話し置き呉よと云ふ。少時の後伊夫伎、杉（琢磨）に話し、杉も承知したる旨を報す。

○予か伊夫伎と談し居るとき、高羲敬来る。予暫く待つへき旨を告く。高乃ち去る。伊夫伎か去りたる後、給仕をして高を召はしむ。高来らすして、金井四郎来り、盛厚王殿下より稔彦王殿下に左の如き趣意の書状を贈られたる旨を報す。（今日は御誕辰て御目出とう。いつ御帰りなりますか。早く御帰りのときを御知らせ下さい）。予、此の書状も稔彦王殿下は誰か書かしめたりと推測せらるるならんと云ふ。

金井、附武官蒲（穆）の帰朝旅費のことは、陸軍省より陸軍より旅費を出し難きに付、宮内省より之を出し呉度と云ひ、秘書官本多猶一郎は宗秩寮にも相談せす、属官の意見を問ひたる処、属官か宮附武官なる故、宮より旅費を出すは相当なるへしと云ひ、本多は直に其旨を陸軍省に答へたる趣に付、東久邇宮より稔彦王殿下には之を申上けす、旅費を出し呉よと酒巻芳男より相談するか、如何答ふへきやと云ふ。予、王殿下に申上けすと云ふは理由なし。実際は之を申上けさるにせよ、殿下の御承知なくして済む事に非す。附武官のことなれは、殿下に随行して洋行するならは其旅費を宮より出すことになり居れり。然れは帰朝旅費もどーしても出されさるものには非さるへし。然し、先の附武官溝口直亮か帰るとき、旅費は如何したりやと云ふ。金井、記臆せさるか、宮よりは出し居らさるへしと云ふ。予、之を調へ見たる上、溝口の分は陸軍より出し居るならは、此節の分も其例に依りて宜しからんと云ふ。

金井、蒲の後任は如何なるへきやと云ふ。予、予も之を知らす。稔彦王殿下には如何なる人を附けても殿下の信用は得難きに付、形式丈けに大尉を附くることとなす様の話は聞き居れとも、其氏名等は之を聞き居らすと云ふ。金井、大尉にも大佐同様、年手当一万五二円を給する訳なるへきやと云ふ。予、其辺のことは知らすと云ふ。

金井か去りたる後高羲敬来り、今日は貴官（予）は多忙にて会見し難からんと思ひ居りたるか、金井か、然らす、然し自分

（金井）の方に先きに会見するとて、先きに来りたるなり。世子、同妃は明日越ヶ谷に鴨猟に行かるる筈なり。世子の考にて、一度も行きたることなきものを連れ行度とて、高階虎治郎外一人（厳柱日なりしか予か之を忘れたり）を伴ひ、其外には自分（高）と桜井某（御用取扱）か随行する筈なり。式部職に協議したるに、他に皇族ても行かるるときならは、一度も行きたることなき者とて之を召連れらるることは不都合なれとも、此節は世子一人のみなる故、差支なしと云ひたりと云ふ。

予、先日君（高）より紀尾井町賜邸のことを話し呉と云ひたるときは之を拒みたれとも、終に一昨日概略を話し置き、君（高）も満足し居らすと云ひ置きたりと云ふ。高然るかと云ふ。予、事実満足し居らさるに非すやと云ふ。高、然り。初より彼の通りならは、夫れにて宜しきも、次官より一度変更の談を為し、更に之を取消したる故、面白からさることになれりと云ふ。

○午前十一時頃根岸栄助来り、今年父死亡後家事処理の必要もあり、殊に自己の身体も健かならさる様になりたる故、現職にても永く勤続すること出来すと思ひ居り、疾く辞せんとも思ひたれとも、審査成績調査の期にもなり居り、之を終らさる中に辞するも不都合と思ひ、見合せ居りたるか、昨日転任の内意を受け、強ひて赴任しても長く勤むることを得さる事情あるに付、寧ろ赴任前に辞する方宜しからんと思ひ、伊夫伎に其ことを話し置きたり。之を領し呉よと云ふ。予、已むを得さることならん。官房にても多分異議なからんと云ふ。

○午後三時後大谷正男来り、皇族賜邸に関する意見書及事実調査書を致し、何とか理由を附けて皇室有となす工夫なきや。東伏見宮の賜邸は無理なからも皇室有と決したり。只今の処にては山階宮の賜邸か稍々之に近き事情なるに付、華頂宮賜邸よりも先つ山階宮の方を先きに決する方宜しくはなかるへきやと考へ居る旨を談す。予、維新前に上地を命せられたることを以て、一の例となさんとする意見あるも、維新前には一般に上地の所有を認めす、維新後に至り所有を認むる法規を出したるを以て、維新前のことを以て之を律する訳には行かさるへき旨を告く。

○午後三時後伊夫伎準一来り、東宮職より予か昨日摂政殿下に呈し置たる会計審査成績書を返し来りたる旨を告く。予、例に依り宮内大臣に示す手続を為すへき旨を告く。

大正一三年日記第一二冊

〔表紙に付記〕

大正十三年の十一

大正十三年十二月十一日より三十一日まて日記

大正十三年十一月七日より十二月十日までの分は半紙の罫紙に書したるものあり。

大正十三年十一月二十七日分の一部（此日の分は半紙の罫紙にもあり）

大正一四年の一

大正十四年一月一日より同月十一日まて

〔第一二冊は大正一三年と大正一四年にまたがっているため、第

三巻には大正一三年分を収め、大正一四年分は第四巻に収めた）

一一月二七日〔一一月二七日分は一三五四頁にも記述あり〕

○大正十三年十一月二十七日木曜。晴。
○午前七時後内子をして主馬寮に電話し、今日午前九時三十分に馬車を遣はすへき旨を通知せしむ。九時三十分馬車来る。乃ち宮内省に出勤す。本月九日夜発熱し、翌十日より病を養ひ、出勤せす。今日始めて出勤したるなり。
○午前十一時頃金井四郎来り、昨日竹田宮妃殿下、東久邇宮妃殿下に仏語を教授し居る堀江某なる婦人より、竹田宮妃殿下か明日（二十八日）自分（金井）に面談せられ度旨申し居らるる旨を伝ふ。然るに明日は東久邇宮妃殿下か赤十字社病院に行き、X光線にて歯の検査を為さるること〻なり居るに付、参殿し難き旨を答へたる処、然らは今日（二十七日）竹田宮妃殿下か十時後皇后陛下の京都、大阪に行啓せらるるを送らるる為、東京駅に行かるる前に、北白川宮妃殿下と一緒に金井四郎に面談せられ度とのことなりしに付、僅かに二十五分の間両殿下の前にて稔彦王殿下の仏国滞在長くなり居る事情、御用取扱を置くことに付王殿下か承諾を与へられさる為、之を置き難きこと、昨年の震災後当地の事情を王殿下に詳報し、妃殿下并に王子殿下のことを思ひ、幾分王殿下の帰朝を早むることを考へ、種々手段〔を〕講したるも、更に効なかりしこと、東久邇宮妃殿下は実に気の毒なり。此上万一ヒステリーても起さるる様のことありては実に大変なり。先頃より妃殿下かバイオリンの稽古を始むる旨の御話あり。又は庭球を為さんとの御希望抔あるは多分徒然に堪へさる為、右の如き考を起されたるには非さるやとも思はれ、右の如きこと〻すれは、此際十分に妃殿下の慰安を図るは必要なることなる故、倉富とも相談し、金銭には関係せす、妃殿下の意を慰むることに勤むることに致し居るに付、両殿下（竹田宮妃、北白川宮妃）も其積りにて援助せられ度こと、金井は此場合北白川宮妃殿下に御詫ひを申〔上〕けさるへからさることあり。王殿下の順序より云へは、稔彦王殿下は成久王殿下、鳩彦王殿下に次きて洋行なさるへき筋なるに、金井は多少手段を講して稔彦王殿下の洋行か先きになりたり。此ことに付ては定めて北白川宮、朝香宮には不快に思はれたるならん。右の如きことまても為して稔彦王殿下か先きに洋行なされ、其結果今日の如きこと〻なりたるは誠に相済まさることなる旨を述へたること等を談す。
予、君（金井）の談に対し、両殿下より何とか話されたることありやと云ふ。金井、自分（金井）も両妃殿下の感想を聞くことを望みたるも、何分時間か短く、初より時計を前に置き、二十五分間を期して談を為したることにて、其感想を聞くことを得す。此節は竹田宮妃殿下より自分（金井）の話を聞き度と云はれたるも、此次は自分（金井）の方より進みて話を為しても宜しからんと思ひ居ると云ふ。予、此節の会談は兎に角宜しきことなりしなり。竹田宮妃殿下は常に君（金井）か専横なりと思ひ居らるるとのことなる〔か〕、実際君（金井）かどの位苦心し居るやも知られさるならん。直接に話を聞き、諒解せらるることもあるならん。牧野（伸顕）抔も御用取扱の人選まて王殿下か干渉せらるるとの話を聞き、驚き居りたる位なりと云ふ。金井、牧野も幾分誤解を釈くこともあらんと云ふ。

金井又片岡久太郎に十五円の増俸を為し、侍女（カズヱ）に若干の増俸（現在は月二十一円にて、其倍額を給することゝなり居り、四十二円なり。カズヱは看護婦にて、彰常王殿下の眼病治療に力を尽したるものなりとのことなり）を謀る。予異議なき旨を答ふ。

○午前十一時四十分頃上野季三郎の室に行き、上野か本月二十四日来りて、予の病を問ひたることに付謝を述ふ。

○午前十一時五十分頃宗秩寮に行き、酒巻芳男、松平慶民、山田益彦に遇ふ。酒巻、先日（十一月十二日午前）貴官（予）を訪ひ、朝融王と酒井菊子との婚約解除のことを新聞紙に発表することを相談し、酒井にては是非とも宗秩寮総裁徳川頼倫より久邇宮の近状を聞き、其結果婚約を辞することに決したる旨を発表し度と云ひ、徳川の方にては宮内大臣（牧野伸顕）の意に依り宗秩寮総裁と云ふことを避け、単に一個の徳川より聞きたりと云ふことにし度と云ひ、其ことに付一致せす、如何したらは宜しきやに付貴見を問ひ、貴官は其点に付一致出来さるならは、已むを得さるに付、酒井家にては新聞記者に対し宗秩寮総裁より聞きたる旨を発表し、徳川の方にては予め酒井（忠正）の諒解を求め置き、宗秩寮総裁として取計ひたるに非す、一個の徳川として取計ひたるものなる旨を弁明し、夫れ以上のことは他の判断に一任して各自の立場を弁明することに為しても差支なからんとの旨を話されたるに付、自分（酒巻）より其趣意を徳川に伝へ置きたるも、徳川は問題の解決したるとき（解決は十一月十二日なるも、十三日は日曜にて東京市中の新聞夕刊を発行せす、十三日に発表すれは号外を発行するやも計り難きに付、新聞には十四日に発表することに申合せたりとのことなり。徳川の発病は十三日よりのことなりしならんか）より病気に罹り、其の為徳川は一切人に面会せす、随て新聞にも徳川の方よりは発表せさりしに付、資格のことに付弁明することもなくして済みたる旨を話す。

仙石政敬宗秩寮に在り、予に話し度ことあり、先刻審査局に行きたるも、貴官（予）不在なりしなり。只今話して宜しきやと云ふ。予差支なき旨を告く。仙石、予と共に審査局に来り、政府にて賞勲局と恩給局とを合併し、恩賞局を置くことに決し、其結果公式令の改正案を枢密院に廻はしたりとのことなるか、既に之を見たりやと云ふ。予、予は委員なりしも、病気の為委員を辞したるに付、之を知らす。賞勲局は大権を奉行する所なるに、之を恩給局と同視し、然かも内閣の内局となすことは不可なる旨を談す。時既に十二時後なり。仙石去る。乃ち直に食堂に行く。

一二月一日

○十二月十一日木曜。晴。

○午前八時三十分頃雑賀秀太郎方の裁縫者某来り、十一月三十

日頃命し置たるフロックコートの仮縫の適否を検す。本月二十七、八日頃縫ひ終はるへき旨を告く。
○午前九時三十分より出勤す。
○午前十一時後伊夫伎準一来り、来年度審査局旅費額のことを謀る。
○午前十一時四十分頃徳川頼倫来り、病後今日始めて出勤したる旨を告く。予、先日（十二月四日）国分三亥より聞きたる摂政殿下、朝融王殿下の御話ありたることの概略を告く。徳川は近日中より転地する旨を話し居りたり。
○午前十一時五十分頃伊夫伎準一来り、明日午前より報告書に掲載すへき実況審査報告に付審査官会議を開くへき旨を告く。
○午後一時十五分より入江貫一、大谷正男及諸陵寮増田于信（宮内省御用掛、国文学者）と自動車に乗り、帝室制度審議会事務所に行き、陵墓令案の特別委員会に列し、五時頃より富井政章、入江貫一、栗原広太と共に自動車に乗り、家に帰る。予か最先に車を下る。
○午後四時二十分頃山根健男（山根武亮長男）来る。予在らす。山根、予の出勤前に復た来るへき旨を告けて去りたる由なり。
○午後零時後食堂にて国府種徳に遇ひ、先日来出勤せさりしやを問ふ。国府旅行し居りたりと云ふ。食後国府と共に審査局に返り、平田東助の詩に対する予の意見を告く。国府稿本を持ち去る。平田の詩は皇太子殿下那須に在る平田の別業に行啓したまひたることを記するものにて、先日来国府より二、三回予の意見を問ひたるものなり。

一二月一二日

○十二月十二日金曜。晴寒。
○午前八時三十分頃山根健男来り、之と話す。山根は米国に在ること六年、経済学を修め、本月一日帰朝したる旨を談し、今後新聞業か経済界に従事せんと思ひ、父武亮は経済界に入ることを望み居るか、未た決せさる旨を談す。二十分間許にして去る。近日復た来りて話を聞き度と云ふ。
○午前九時三十分より出勤す。
○午前十時頃金井四郎来り、昨夜賀陽宮大妃を訪ひたる処、大妃は緩談せよと食事を共にし、二時三十分間許談したり。大妃は稔彦王殿下のことに付ては別に聞き居ることなし。只尾野実信か恒憲王に対し、稔彦王殿下は余りに我儘なり。殿下（恒憲王）は彼の如きことをなされては宜しからすと云ふことは聞きたることありと云はれたり。又大妃は、武彦王に付ては余程不満なる様にて其口気を洩されたり。規子女王か嫁せらるるか都合よく行くへきやと云はるるに付、自分（金井）は都合よく行くならんと云ひたるに、何故なるやと云はるるに付、佐紀子女王殿下は極めて温循なる方なりしか、規子女王殿下は云ははお転婆の方なり。性行の同しき方ならは前妃と比較して見劣りのすることあれとも、性行か余り異り居る故、比較する所なく、却て宜しからんと云ひたるに、大妃は然るへきかと云はれたり。武彦王は結婚後一年間許は非常に親密なりしも、其後に既に佐紀子女王にも厭きか生し居りたる趣なりと云ふ。大妃は一昨日夜は小原（駩吉）を召ひ、食事を共にせられたる趣なりと云ふ。

金井又稔彦王妃殿下に対し、此節又稔彦王殿下仏国滞在一年間の延期願を出すことに致すか、自分（金井）は此一年間にも殿下の御帰朝はなからんと思ふか、妃殿下は如何御考へなさるるやと云ひたるに、妃殿下は何ことも云はれす、只微笑し居られたり。又妃殿下に対し、稔彦王殿下は自身一人丈けのことに非す、閑院宮殿下初め従来の皇族か総て臣籍に降下せらるまては帰朝せすとの御考なる趣なるか、妃殿下は御承知なるやと申上けたる処、妃殿下は、夫れは王殿下の理想にて、差向きは自身一人の降下を望み居らるとのことを云はれたり。又先日竹田宮妃殿下より、稔彦王殿下帰朝のことに付皇后陛下か御心に掛け遊はされ居るに付、御取計ひの如何に拘はらす、妃殿下より皇后陛下に対し、御礼は申上けらるる必要ある旨の御話ありたり。如何なさるやと申上けたるに、陛下には御礼を申上くへしと云はれたり。

又園（祥子）か其ことに付妃殿下に皇后陛下に御願ひなさるるや否を伺ひ、其返答は未たなされ居らす。此ことは園は竹田宮妃殿下の御意を承けて来りたるものに付、何とか園に対し御返事をなさる必要あらんと申上けたれとも、是は返答に及はすと云はれたるに付、然らは其内園か来りたるとき、妃殿下の面前にて彼のことは当分何こともなさらさることになり居るに付、其ことを承知する旨金井より園に話すことに致すへきか、夫れにて宜しきやと申上けたるに、妃殿下は夫れにて宜しと云はれたり。賀陽宮大妃も泰宮はどこかしつかりした所かあるならんとのことを話し居られたりと云ふ。

金井は稔彦王滞仏一年間の延期願書を示し、今日之を宗秩寮に出し置く積なりと云ふ。金井又溝口直亮か仏国より帰朝するときの旅費は陸軍省より出し居れりと云ふ。予、然らは蒲穆の旅費は尚更陸軍省にて出して宜しき訳なりと云ふ。金井、宮より旅費を出すことは断はるへしと云ふ。予、此ことは直接陸軍省より交渉を受けたる訳に非さるに付、陸軍省に断はるには及はすと云ふ。金井、然り。酒巻芳男よりの話に付、酒巻に断はり置くへしと云ふ。

〔欄外に付記〕

十〔二〕月十二日金井四郎か来りたるとき、大森鍾一より、用事あるに付、宮内省に来るへき旨東久邇宮邸に電話したるに、其時自分（金井）は皇后宮職に来り居り、宮の職員より其旨を答へたる趣にて、直に大森に面会したる処、大森より他の妃殿下はいつれも御用取扱あるに、東久邇宮妃丈御用取扱なく、いつも他の宮の御用取扱を借りて召連れらるるは如何なる訳なりやと皇后陛下より御尋あり。如何なる次第なりとのことに付、稔彦王殿下に伺ふも、大概御同意なく、僅に一人丈御同意ありたるも、夫れは本人か辞退したる為、致方なく只今二人丈候補者を見出し取調中なり。王殿下も一人は同意せられたるより看れは、絶対に御用取扱を無用とせらるる訳には非すと思ふ旨を答へ置たりと云ふ。

○午前より午後四時三十分まて、審査官の実況審査報告書に付審査官会議を開き、午後四時頃議了す。報告書は予より宮内大臣に提出する会計審査報告書の材料となるものなり。次て予より宮内大臣に提出する建議案に付会議す。四時三十分に至りて終る。午後三時頃会議中大谷正男来り、先日、本月十六日午後に御料地売却に関し協議会を開くことに約し置きたれとも、之を翌十七日に延はし度と云ふ。予差支なき旨を答ふ。

○午後零時後食堂にて杉栄三郎に、陵墓令案補則中、灰塚、分骨所及火葬塚を分陵となすや、又は陵の附属物となすや、若くは分骨所のみを分陵と為し、他の二者は附属物となすやに付ては昨十一日の特別委員会にて委員の意見一致せす、終に此等のものゝ管理其他の事項に付ては、従前の例に依ると云ふ如きことゝなすへきことになりたるか、右の如きこととなすならは、寧ろ三者のみに限らす、髪毛又は爪等を埋めたる所も附属物となすと云はす、矢張り従前の例に依ると云ふ方可なるへしと云ふ。杉、然らんと云ふ。予又之を入江貫一に告く。入江も別段の意見なし。

午後三時後予か審査官会議を開き居りたるとき、渡部信来り、昨日協議せられたる従前の例に依ると云ふことも余り不明瞭なり。依て分骨所を分陵と為し、火葬塚及灰塚は分陵に準しては如何。昨日増田于信の説明を聞きても分骨所か一番重く、火葬塚及灰塚は稍々軽き様なり。此二者を分陵に準し、分骨所を分陵となすことは杉（栄三郎）及入江（貫一）は異議なしと云ふ。予、関屋（貞三郎）の意見は如何と云ふ。渡部未た聞かすと云ふ。予、関屋（貞三郎）か主任なり。其意見か一番大切なり。仮りに関屋か異議なきも、昨日の協議にては此三者を区別することは平沼（騏一郎）か承知せさりしに付、此の如く決定する訳には行かさらんと云ふ。渡部、尚ほ協議し見ることにすへしと云ふて去る。

○午後零時後食堂にて杉琢磨に、武宮雄彦より各部局の判任官をして当直せしむることゝなすへき旨申来り、宿直規則案持ち来りたるか、審査局よりは幾人位出せは宜しきや、又宿直する者には幾分手当ても出すやと云ふ。杉、人数は全体にて二十人許なり。手当は幾分出すことゝなるへしと云ふ。其処に大谷正男か居り、杉と大谷と、人選は庶務課より各部局の人を選み、部局の長官の同意を求むることゝなす方宜しからんと云ふ。昨日武宮か持ち来りたる宿直規則の合議案は今日まて留め置きたるも、食堂にて杉等の談を聞きたる故、捺印して西野英男に交し、之を武宮に返さしめたり。

一二月一三日

○十二月十三日土曜。晴。

○午前九時三十分より出勤し、昨日一応議了したる建議案を修正し、之を青山操に付し、各審査官の意見を問ふへき旨を告く。青山、いつれも意見なく、修正の通り決定する旨を告く。

○午前十一時四十五分頃村上恭一より電話にて、往訪して差支なきやを問ふ。予直に来るへき旨を答へしむ。十一時五十五分頃村上来り、文官高等懲戒委員、幹事、書記、傭人等に手当を給することを謀り、直に去る。

○午前十一時五十分頃伊夫伎準一より、宮内省より予及審査官に給する年末手当金支払切符を致す。官房より伊夫伎を召ひ、之を交したるなり。予更に之を伊夫伎、三善焞彦、土岐政夫、青山操、根岸栄助に助す。予の手当金は二千二百円なり。伊夫伎は千二百五十円、三善は千円、青山は八百四十円、根岸は五百五十円なり。

○午後零時後より退省す。

○午前十一時三十分頃大谷正男来り、大正七年頃御料地整理の協議会を開きたるとき、南部（光臣）か作りたる参考書類を保存し居らさるやと云ふ。予之を保存し居る旨を答ふ。大谷借覧し度と云ふ。予明後日持ち来るへき旨を答ふ。

○午後一時頃より内子と共に電車に乗り渋谷に到り、更に電車に乗り替へ日暮里に行き、谷中墓地に〔行く〕。内子は葬儀茶屋金子に過きり、予は直に斎場に行き、谷森真男〔貴族院議員・同成会〕の告別式に会し、転して金子に行き、内子と共に広津の墓に展し、復た往路の如く電車に乗り、四時後家に帰る。

一二月一四日

○十二月十四日日曜。朝曇後晴。

○午前九時頃近傍の歯科医田中某の家に行き、右の下の臼歯の齲蝕したるものを療せんとす。今日は日曜なるを以て治療せすと云ふ。乃ち空しく帰る。

○午前午後親族、知人に贈る書状を作る。

一二月一五日

○十二月十五日月曜。朝曇後晴晩復た曇。

○午前九時三十分より出勤す。

○午前十時後高羲敬来り、先日世子、同妃、高、上野某、高階虎治郎、桜井某等越ヶ谷に行き、鴨猟を為し、世子も妃も十羽位を獲られ、計百羽以上を獲たること、其日は井上（勝之助）、加藤（内蔵助）も越ヶ谷に行きたること、堀江三尚の寡婦は痛所未た癒へす、自宅に引籠り居り、浅沼某の妻か李鍝公の世話を為し居る趣なること等を談す。予、堀江は先日も雇を解かるることを申出てたる位に付、何時にても予より本人に告知すへき旨を告く。高、未た其必要を認めさる旨を答ふ。

○午前十一時後金井四郎来り、妃殿下に対し、竹田宮妃殿下か園祥子をして妃殿下に説かしめられたる稔彦王殿下帰朝のことに付皇后陛下に願ひ、陛下より王殿下の帰朝を促す手段を講せらるることは、他日は兎も角、今日は妃殿下より願はれさることに申上け、妃殿下も夫れにて宜しと申されたり。但其ことは願はれさるも、竹田宮妃殿下より、皇后陛下の思召に対し妃殿下より御礼は申上けらるる必要ありとの御話あり居るに付、其旨を妃殿下に申上け、妃殿下も承知せりとは申し居らるるに、果して申上けらるるや否は幾分懸念なきに非すと云ふ。

予、皇后陛下に願はれさることは、妃殿下より皇后陛下に申上けらるることは大分六ヶしかるへし。加之其趣意か皇后陛下に通せさる中に妃殿下より御礼を申上けられ、陛下より進みて世話すへしと云ふ様なる趣旨の御話ありたらは、尚更都合悪しからん。夫れよりも先つ竹田宮妃殿下より御世話を願はれさる旨を陛下に申上けられたる上にて、妃殿下より御礼を申上けらるる方宜しくはなきやと云ふ。金井其方か宜しからんと云ふ。

予、然し竹田宮妃殿下よりは皇后陛下の思召を伝へられたる訳に非す、単に妃殿下か御世話を願はるるや否を問はれたる丈のことなれは、此方より竹田宮妃殿下に対し陛下に御断はり下さる様にとまて申上くるは云ひ過きる様なり。矢張り単に只今は御世話を願はすと云ふ趣意を申上くる丈に止むる方宜しからん。夫れも君（金井）より申上くるよりも、妃殿下か直接に申さるる方か宜しき様なり。然らされは、竹田宮妃殿下は是も君（金井）か妃殿下に説きて断はることゝ為したる様に考へらるるならんと云ふ。金井、本月十八日には妃殿下は竹田宮妃殿下と共に参内せらるることゝなり居れりと云ふ。予、然らは其前に妃殿下より皇后陛下の御世話を願はれさる旨を竹田宮妃殿下に申上置かれたらは、仮令ひ皇后陛下より妃殿下に対し何か御話ありても、竹田宮妃殿下より程よく御答あることゝならんと云ふ。

金井、御用取扱の候補者伊地知精（伊地知幸介長男、男爵）の母の取調書を示す。是は警視庁にて取調へたるものなりとのことなり。至極宜しかるへき様に思はれたり。

○午後三時頃西野英男に嘱し、今日午後四時三十分より賢所前にて神楽の儀あるに付、参拝すへき筈なるも、不参するに付、其旨を式部職に届けしむ。

○午後五時後より内子と共に劇を邦楽座に観る。往復ともに電車に依りたり。九時三十分頃家に帰る。外題は於七吉三、棒縛り、文七元結にて、予等が行きたるときは第一の外題は将に終はらんとするときなりしなり。

○午前山田益彦来り、本月十九日に催ふす宗秩寮の忘年会には出席し呉るるやと云ふ。予、病後未た夜間には外出せす。両三日中に出席するや否を答ふへし。会費はいつれにしても出すことにすへしと云ふ。山田、是まては宗秩寮に縁故ある人、例へは小原駩吉の如き人は出席を求め居りたるも、今年よりは之を止め、貴官（予）のみ出席を求むることゝなせり。今年は徳川（頼倫）も出席せさるに付、是非出席し呉よ。場所は紅葉館にて、貴官（予）の会費は二十円と定め居れりと云ふ。

○午前金井四郎か来りたるとき、本月二十日の皇族講話会には徳富猪一郎（蘇峰）を演者とし、歴史及歴史家と云ふ題にて演せしむることゝなせりと云ふ。金井又今年の宗秩寮忘年会には自分（金井）等は加へさることゝなしたる模様なりと云ふ。

○午後二時頃西野英男をして大正七年中御料農地の処分を協議したる時の書類を大谷正男に貸さしむ。之を貸したるは大谷の請によりたるものにて、之を貸す前、西野をして書類の目録を作らしめ置きたり。

○午後（確かならす）官房の川西某来り、貴官（予）に御料地処分調査委員を命せらるることに取計ひ度し。会議は八、九回位掛るへき見込なり。異議なきやと云ふ。予異議なき旨を答ふ。

○午後伊夫伎準一来り、歳末手当の額、三善焞彦分より自分

（伊夫伎）の方か多きに付、其事由を杉琢磨に質したるに、杉の取計にて、三善の分を減するか三善の為にも宜しからんと思ひて、之を減したりと云へりと云ふ。予は夫れは適当なりと云ふ。伊夫伎又大奥及ひ東宮職よりの手当を土岐政夫に賜はさるに付、皇后宮職属某に質したるに、参事官としては誰にも賜はす、只大谷正男のみか部局長官同様に賜ふのみと云へり。然るに、皇子御殿よりは土岐に賜ふことゝなり居り、不権衡なりと云ふ。予、理由はなけれとも、此ことに付ては先年も交渉したれとも、大森（鍾一）か承諾せす、致方なしと云ふ。

〔欄外に付記〕
○午後八時頃枢密院事務所より電話にて、書類を配付する為使を遣はすか、遅くなるに付、門を開き置き呉度旨申来りたる由。予か家に帰りたる後、婢鶴より之を報す。十二時頃使来りて書類を致す。

○午後二時二十分頃新井清一〔男爵〕審査局に来り、多納栄一郎〔新井清一の妹の夫〕の紹介名刺を出し、新井の弟某〔四郎〕を片寄某〔佳樹〕の指定相続人となすことに付、今日宗秩寮に願書を差出し置たるに付、急に許可せらるる様取計ひ呉よと云ふ。予、岡田重三郎に交渉し、新井には希望の通り許可せらるへき旨を告く。

一二月一六日

○十二月十六日火曜。曇後晴。
○午前九時三十分より出勤す。
○午前十時頃西野英男をして昨日大谷正男に貸し置たる書類の中（御料地）と題するもの一部を取り来らしむ。明日御料地処分に付協議する前、之を一覧する必要を生したるを以てなり。
○午前十時後国府種徳来り、先日依頼したる身上の件、杉（琢磨）より宮内省御用掛は今月限にて之を罷め、是までは五等官待遇なりしを此際四等官待遇と為し、正六位に叙し、尚ほ行啓記事編纂を嘱託し、是までは一年二回に手当を受け居りたるか、其金額を若干増し、一ヶ月百円を給すとのことにて、大層好都合になれり。配慮を謝すと云ふ。予、予は少しも関係なし。編纂嘱託は期限あるやと云ふ。国府、期限はなし。来年三月頃まて〔に〕は結了する積りなりと云ふ。
○午前十時五十分頃国分三亥来り、酒井菊子か前田利為に嫁することゝ為りたるは好都合なり。自分（国分）の女婿片山三郎は台湾に行くことゝなりたる模様なり。本人は一応辞したるも、台湾総督〔伊沢多喜男〕よりも農商務次官〔四条隆英〕よりも是非行くへきことを勧め居るとのことなり。然し新聞紙に記し居る如く、確定し居るには非さるやと聞き居れりと云ふ。時に既に十一時を過く。予は十一時に皇后宮職に行かさるへからす。故に西野英男に嘱し、予、予て西野に保管を托し置たるフロックコートの上衣を出さしむ。国分尚談すること二分間許。
　国分か去りたる後、直に皇后宮職に行き、大夫大森（鍾一）より賜金を受け、帳簿に署名せんとするも、他の人か署名し居るに付、之を待つ間大森と談し、先日大森より金井（四郎）に東久邇宮御用取扱のことに付談ありたる趣なるか、金井より答へたる通り、稔彦王殿下か承諾せられさる故困る。全体殿下は活発なる方にて、此の如き細故には拘はられさる筈なるか、中々喧しく実に解すへからさることなりと云ふ。大森、然し一人は承諾せられたるものありと云ふに非すやと云ふ。予、然り。一人は承諾せられたるも、夫れは本人か承諾せさりし為、致方なしと云ふ。大森、一人ても承諾せられたる処にては、絶対に御用取扱を無用とせらるる訳にも非さる様なり。此ことに付ては皇后陛下より他の妃は夫れ々々に御用取扱あるに、東久邇宮妃のみ御用取扱なく、いつも他の宮の御用取扱を借りて来らるるは気の毒なる旨度々御話ある故、之を問ひたるなり。全体稔彦王殿下か帰朝せられさるは何の為なりやと云ふ。

予、種々の説あれとも、確かなることはなき様なり。初めは婦人関係ならんとの説もありたれとも、是も確かならすと云ふ。大森、結局巴里か面白くて帰る気かなしと云ふ丈けのことには非さるやと云ふ。予、内地にては束縛ありて思ふ様の行動は出来す。巴里ならは自由か出来る。而して永くなりたる為、談話も自由に出来る様になり、面白くなりたることか主なる原因ならんと云ふ。大森是は誰にもあることなりと云ふ。此時西邑清来り、賜金拝受の為に来り居るもの二人ありと云ふ。大森乃ち之を伝達する為に去る。予は帳簿に署名して審査局に返る。

○午前十一時後伊夫伎準一来り、審査官の補欠として農商務省の某を採りては如何との話ありたるも、其人は既に帝室林野局に転任せり。其他に逓信省の某を薦むる人あり。是は六等にて地位か低きに過く。又其人物も詳かならすと云ふ。予、大分地方裁判所に勤め居る判事鶴田董の性行経歴を告く。是ならは転任を承認するならん。又転任後直に他に転任することを運動する様のことはなからんと思ふと云ふ。伊夫伎、其人は至極宜しからんと思はる。之を採りては如何と云ふ。予、大臣か必す之を諾することを期すへからす、一応履歴書ても取り寄せ見ることにすへしと云ふ。

○午後零時後食堂にて杉琢磨に、国府（種徳）のことに付配慮し呉れたる趣にて、本人は非常に喜ひ居りたりと云ふ。杉、彼のことは困りたり。内閣の方か如何あらんかと懸念したるも、此方も罷めはせさる模様なりと云ふ。予、内務省の方は如何と云ふ。杉此方も宜しからんと云ふ。予、南弘か国府を使ふには単に文を作れと云ふのみにては用に立つものは出来す、此方より方針を授けて此の如き趣意に書けと云へは、之を作ることは出来ると云ひ居りたりと云ふ。

○午前十時二十分頃村上恭一より電話にて、用事あり。何時頃往きて宜しきやと云ふ。予、只今直くに来れは宜し。午後ならは一時頃よりなれは差支なしと云ふ。十時二十五分頃村上来り、懲戒委員、幹事、書記、傭人等の歳末手当金のことに付予の決裁を求む。村上、委員長（予）の手当は三百四十余〔円〕になる割合に付、之を三百五十円に切り上くることにして先日内談したるか、委員長は割合以上にすることは不可なりと云はれたるに付、三百四十円に切り下くることにしたりと云ふ。然し、此書類には予の捺印は求めすして去れり。

○午後一時三十分頃給仕来り、只今高松宮邸より電話にて、賜物あるに付、本月十八日午前十時三十分より十二時までの間に来邸せられ度と云ひ来れる旨を報す。予承諾の旨を答へしむ。
○一昨日谷中に行きたるとき、鉄道乗車券を入るる紙製の袋を遺失したる積りにて、今朝内子をして新に之を作らしめたるか、午後宮内省にて日記手帳の間に挟まり居るを発見せり。
○午後二時四十分頃有馬泰明来り、第十五銀行株券の世襲財産となり居るものを解除し、之に代ふる横浜正金銀行株券を以てする手続を聞き度と云ふ。予、宗秩寮の吉田源太郎を召はんとす。有馬、吉田は今日欠勤し居るとのことなりと云ふ。予乃ち西野英男をして吉田の同勤者某を召ひ来らしめ、有馬に紹介す。有馬、某より其手続を聞く。有馬、伯爵より予に贈る年末の手当は貴宅に行きて届くへき筈なるも、自由なから此処にて届くへしとて之を予に交す。予、有馬に嘱し、伯爵に言を伝へしむ。
○午後三時後大谷正男審査局に来り、明日午後一時より御料地整理のことに付大臣官房の協議室にて委員会を開かるるに付、来会し呉よ。委員の辞令は次官（関屋貞三郎）か風邪にて引籠り居る為遅延したるも、直に発表するとのことなりと云ふ。予、御料林の整理は御料農地の整理と異なり、農地は全部を売却しても宜しき方針なりしに付、大正七年に整理委員会を開きたるときは将来の経営方針等を聴く必要なかりしも、御料林は帝室財政の基礎となるものに付、将来の得失等を研究したる上に非されは、整理要項も決定し難き旨を説く。大谷、要項は急に決し度様の意向なりしも、明かには之を主張せさりしなり。
○午後二時頃西野英男をして、御料地に関し大正七年に調査委員会を開きたるときの書類十九種を大谷正男に交せしむ。書類は昨日之を借ることを予に相談したるものなり。貸したる書類は目録を作り置たり。少時の後、明後日の委員会に列する為、一見する必要を生したるに付、西野をして大谷正男の室に行き、書類中の（御料地）と題するもの一部を採り来らしむ。

一二月一七日

○十二月十七日水曜。晴風寒。
○午前九時三十分より出勤す。
○午前十時頃西野英男をして（蹇々録）一冊を岩波武信に致さしむ。（蹇々録）は日清戦争に関する始末を陸奥宗光〔日清戦争時の外務大臣、伯爵、故人〕か記述したるものにて、伊藤博邦か之を蔵し居り、本月二日伊藤より之を予に貸し、岩波は伊藤に代はりて之を予に致したるものなるに付、予より伊藤に返すにも亦岩波を経、岩波をして伊藤に謝意を伝へしむ様の書状を添ゆることを西野に嘱し置たり。
○午後一時頃官房より左の辞令書を致す。

帝室会計審査局長官倉富勇三郎

御料地調査委員を命す

大正十三年十二月十七日　　宮内省

午後一時十分頃より官房の協議室にて御料地調査委員会を開く。委員長は関屋貞三郎、委員は予、本田幸介、入江貫一、大谷正男、杉琢磨、高橋其三なり。説明員として和田国次郎〔宮中顧問官、元帝室林野局技師〕、杉村愛仁〔帝室林野局事務官・監理課長）、稲垣潤太郎出席す。本田先つ原案の趣旨を説明す。入江質問する所あり。次て予より御料地整理後の収入を問ふ。和田、約四十万円を減する見込なるか、此の減額は北海道に五個の出張所を増設し、林野経営を改善すれは、之を補ふことを得る見込なりと云ふ。予、然らは整理を為さす、四十万円も減せすして北海道の収入を増す方宜しきに非すやと云ふ。和田経費を増すことを得すと云ふ。予其理由なきを詰り、且御料地売却の代価を問ふ。和田分らすと云ふ。予其答の不可なることを詰り、結局整理要項第一、即ち五百町歩以下の御料地は不要存となす項は之を他日の議に譲ることと為し、第二項以下を議し、第八項までを終りたるか、第六項農地附近の林地にして農民の薪炭材料と為るものは之を払下くることゝする一項は大概之を削除することゝなし、大体要項は未定のものと為し、次回には予より請求したる材料、即ち払下くる個所代価、整理後の収入等を取調へ、之を配付することを約し、午後四時二十分頃散会す。
○午後七時後頃婢鶴、暇を請ふことを申出てたる由。
○就寝後皇族歳費令の義解を作る。胃の工合少しく悪しく、遂に眠らさることゝ為り、翌午前三時頃に至り纔に眠り、四時後眠り覚む。
○午後三時後西野英男に嘱し、明日は午前九時四十五分に馬車を遣はすへき旨を主馬寮に告けしむ。

一二月一八日

○十二月十八日木曜。晴。
○午前八時後内子、婢ヨシに鶴か暇を乞ふことを告け、鶴に代り事を執ることを命す。ヨシ亦家事の都合に因り暇を乞ひ度と云ふ。
○午前九時四十五分より馬車に乗り、東宮仮御所に行く。入江侍従長（為守）、東宮殿下より賜はる恒例賜金百円の仕払通知書を交す。帳簿に署名して謝を申し、遂に高松宮邸に到る。高松宮邸には午前十時三十分後に行くへき筈なりしに、予か達したるは十時十五分頃にて、早きに過きたれとも、傅育官長松浦寅三郎より、宣仁親王殿下より賜はる金五十円を交したり。亦帳簿に署名し謝を申して去り、直に宮内省に出勤す。東宮御所にて入江か伝達したるは、東宮大夫珍田捨巳か病に罹り居る為ならん。
○午前十時五十分頃侍従長室に行き、侍従長徳川達孝より、天皇陛下より賜はる金千円の持参人払の手形を拝受し、御礼書に捺印して審査局に返る。廊下にて高羲敬に遇ふ。高、侍従長より李王職長官閔泳綺、李王職次官篠田治策に賜物あるに付、名代として来るへき旨通知ありたるに付、只今行く所なりと云ふ。
少時の後、高審査局に来り、閔には千円を賜ひ、篠田には六百円を賜ひたりと云ふ。高又梨本宮より予に贈らるる金十七円五十銭を交し、梨本宮へは自分（高）か総代として是より礼に行く旨を告く。高又世子か参謀本部附に転任せらるるは、本月三十日頃とのことなり。夫に付世子は成るへく年内に是まて勤務せられたる師団の職員并に参謀本部の職員を招宴せられ度希望なり。然るに場所なき故、偕行社か然らされは帝国ホテルなり。先日貴官（予）かホテルにても宜しからんと云はれたるに付、其旨を世子に話したる処、世子もホテルにても宜しからんと云ひ、松平慶民に相談したる処、松平もホテルにて差支なしと云ひ居りたり。是より世子邸に返り、参謀本部の都合幷にホテルの方も問ひ合せ、更に相談することにすへし。

先日相談したる歳末の贈の中、閔泳綺、篠田治策に遣はす分は世子の考にて之を止むることゝなせり。金応善の分は世子も之を遣はすことにし度と云はれたり。昨日医坂口（康蔵）か来り、妃を診し大層塩梅宜しと云へり。昨夜又稲田龍吉来りたるに付、世子か妃に其旨を告けたる処、夜中にても面会すと云はれ、書斎にて面談せられ、稲田か帰るとき、自分（高）之を高階の室に誘ひ、是まての容体書を示したる処、稲田も大層宜し。年内に一度来診すへしと云ひたる旨の談を為せり。

○午前十一時頃岡田重三郎来り、新井某の弟を片寄某の指定相続人となすことは、只今宮内大臣の決裁か済みたるに付、是より発送する旨を告く。予之を謝す。直に内子に電話し、坂田稔の家の電話番号分りたるやを問ふ。内子、今朝婢鶴に其番号を問ひ来るへき旨を告け居りたるに付、之を問ひたるなり。内子、鶴を召し、番号を聞き来りたりやと云ふ。鶴、坂田の電話は未た開通せさる趣なりと云ひ、内子、之を予に報す。予乃ち内子に、然らは使を坂田に遣はし、一昨夜坂田より書状にて依頼したる件は今日宮内大臣より許可の指令を出すことゝなりたる旨を通知せしむへきことを告く。内子之を諾す。

○午前十時後西野英男に嘱し、宮内省より予に贈りたる歳末手当二千二百円の仕払通知書、東宮御所より予に賜はりたる百円の支払通知書、陛下より予に賜はりたる千円の持参人払の手形を第十五銀行の出張所に出し、現金を受取らしむ。

○午後零時後食堂にて山田益彦に、明日の宗秩寮の忘年会には出席する旨を告く。又食堂にて杉栄三郎より、昨日仏学者某〔不詳〕に就き、印度に於ける火葬の趣意を問ひたる処、某は火葬は屍を浄化する手段にて、浄化せられたる遺体は即ち骨にて、灰は之を遺体と認めすと云ふ。依て佐渡、隠岐に在る灰塚の問題を出したるに、某も彼の灰塚には展したることあり。実際問題としては研究し居らす。彼の灰塚は一時は灰と骨とを混埋したるものに非さるへきか〔と〕云へりとの談を為せり。

○午後一時後官房より御紋附香合一個を致す。是は本年六月五日皇后陛下より皇太子殿下の御婚儀済みたる記念として目録を賜ひ、其品か今日に至り成りたるものなり。

○午後一時後枢密院事務所より左の辞令を致す。

文官高等懲戒委員長倉富勇三郎

金参百四拾円

右手当として給与す

大正十三年十二月十八日

内閣

○午後一時三十分頃東久世秀雄来り、昨日東久邇宮より内匠頭（東久世）初め寮員に手当を贈られたるに付、謝を述ふ。予、先日紀尾井町賜邸のことに付宮内大臣に談したるも、大臣は坪数を変更せさる旨を言明したることを談す。東久世、先日篠田治策と関屋貞三郎と内談したることありたるか、篠田は之を既定の事実なる如く京城にも話したる趣にて、関屋は困り、篠田に交渉して之を取消さしたりとのことを談したり。
○午後一時三十分頃大谷正男来り、大正九年頃の世伝御料解除に関する書類并に御料林の収益見込に関する書類等、貴官（予）の手に在るものを借覧し度と云ふ。予明日頃持ち来るへしと云ふ。大谷又先日借りたる農地整理に関する書類は林野局にて写を取り置度と云ふに付、之を転貸せりと云ふ。予戯に、夫れは不都合なりと云ふ。
○午後二時四十分頃より歩して司法大臣官舎に行き、三時後より諮問第四号の答申案に付主査委員会を開く。答申案第十七項に付ては前回に鵜沢総明より意見を述ふる約あり。今日は鵜沢か未た出席せさるを以て、第十七項は未決の儘とし、第十八項を議す。議未た決せさるとき、鵜沢来る。第十八項を決したる後第十七項に反り、之を議す。議決せす、五時四十分頃に至る。鈴木喜三郎、議決し難し。閉会を促す。予之に従ひ、閉会を宣し、次回は来年に入り、幹事をして日時を定め、通知せしむへき旨を宣す。馬車は午後五時に来るへき旨を命し置たるか、五十分間許待たしめたり。家に帰りたるは六時後なりしなり。
○午後二時後渋田健造審査局に来り、今日伯爵家の世襲財産第十五銀行（株）券を正金銀行（株）券に替ゆることの願書を出し置たる旨を告け、且此議案を相談人に配付すへき筈なるも、年内に今一度相談会を開き度ことあるに付、其節議案も配付することに致度とのことなりしと云ふ。又有馬泰明は風邪に罹り居ることを話す。

一二月一九日

○十二月十九日金曜。晴。
○午前九時三十分頃より出勤す。
○午前九時五十分頃より宮中枢密院控所に行き、十時後より議場に入り、各省官制通則中改正の件、各省官制中改正の件等十四件を議し、十一時五十分頃議了す。此日は摂政殿下臨場したまふ。
　午後一時二十分頃より枢密院事務所に行き、一時三十分頃より陸軍省員桜井某（忠温、陸軍省新聞班長、陸軍大佐）外一人か映写する活動写真（国防に関するもの、即ち旅順関係外数種）午後三時五十分頃に至るも未た終らす、予は宗秩寮忘年会に赴かさるへからさるに付、半にして辞し去り、宮内省に返る。

　西野英男、先刻大谷正男か面会し度と云ひ居りたりと云ふ。予、予は今日は緩話するを得すと云ふ。西野其旨を大谷に報す。大谷来り、来月三日には宣仁親王は成年に達せらるるに付、皇子傅育官は不用と為る。然るに崇仁親王は只今は御養育掛りにて養育せられ居らるるか、全体は傅育官にて傅育すへきものなり。依て御養育掛を廃し、傅育官々制は其儘と為し、御養育掛の人を傅育官と為せは正則なるか、事情の為御養育掛を廃し難きならは、傅育官々制を廃するより外致方なからん。御養育掛は其儘とし、傅育官々制も其儘と為し置きても宜からんと云ふ人もあれとも、人を置かすして官制のみ存するも面白からすと云ふ。予、御養育掛を廃し、其人を傅育官となすか正当なれとも、事情出来さるならは、傅育官々制を廃するより外致方なからん。今日は緩話すること出来す。一昨十七日君（大谷）より依頼したる世伝御料解除に関する書類は今日持ち来り置たるに付、之を貸付すへしと云ひて之を交す。此書類は今朝之を持ち来り、予か枢密院事務所に行くとき、西野英男に嘱して目録を作らしめ置きたるものなり。
○午後四時十分頃より退省。四時二十五分頃家に達し、四時三十分頃より紅葉館に行き、宗秩寮員忘年会に与かる。座間、徳川頼倫か大磯に病を養ひ居るに付、寄合書を贈ることを催ふす。予妄念会と書し、名を黒主と書せり。後妄念会と書したるを妄念灰と書する方か可なりしと思ふ。八時三十分頃家に帰る。

一二月二〇日

○十二月二十日土曜。晴。
○午前九時三十分より出勤す。
○午前十時頃西野英男に嘱し、今日は午後一時に馬車を準備し、明後二十二日は霞ヶ関の帝室制度審議会事務所に行くに付、午前九時四十五分頃馬車を予か家に廻はすことを主馬寮に通知せしむ。少時の後東久邇宮邸より電話にて、今日皇族講話会に出席せらるるときは時刻前より早く来られ度。午餐は宮邸にて準備し置きて宜しと云ひたるに付、長官（予）は午後一時より参邸せらるることに準備し居らるる旨を告けたる処、兎も角一応長官（予）に通知し呉よと云ふ旨を西野英男より告く。予、然らは午前十一時三十分より宮邸に行くへきに付、主馬寮に馬車の時刻を訂正し、且宮邸に午餐の準備を為すことを通知し呉よと云ふ。
○午前十時三十分頃大谷正男来り、昨日相談したる皇子傅育官官制のことは、昨日次官（関屋貞三郎）とも相談したる処、次官（関屋）は御養育掛の職制を廃し、傅育官々制を存する方か正当なるへし。然し、事情の為已むことを得されは傅育官官制を廃することまては同意し、職制、官制とも存し置くことの不可なることは諒解せり。依て御養育掛の職制を廃することゝなれは宜しきも、傅育官官制の方を廃することゝなれは、一月三日か宣仁親王の御誕辰なる故、三日以後に傅育官を存する訳に行か〔す〕、随て三日には官制も廃せされは区域判然せすと云ふ。予、傅育官を三日以後に存せしむることの不可なるは同意なり。然し、官制は必しも即日に廃せさるも差支なからん。尤も三日に官制を廃すれは、傅育官は全部廃官となる故都合宜しきも、官制を廃するには勅裁を経るのみにては不可なり。之を公布する為には官報号外を出さゝるへからす。政始前に号外を出す程の必要もなかるへく、予は是まての傅育官を高松宮附の別当又は事務官と為すならは、其人に対し辞令書を渡し、官制は五日は日曜〔正しくは月曜〕なる故、六日の官報にて発布することゝ為したらは宜しからんと思ふと云ふ。大谷、号外を発行することは如何にも仰山なり。六日の官報に出す方宜しからんと云ふ。
○午前十時後宗秩寮に行き、山田益彦に昨夜の会費を問ふ。山田二十円にて宜しと云ふ。乃ち之を償ふ。酒巻に、先頃貸し置たる摂政を置かるることに関する予の日記抜抄は最早用済みなるへきに付、之を返し呉よと云ふ。酒巻之を返し、同時に酒巻か編したる同件に関する顚末書案を交し、之を一覧し置呉〔よ〕。自分（酒巻）は明後日より両陛下に供奉して沼津に行くに付、帰京の上之を返し呉よと云ふ。予何日頃帰京するやと云ふ。酒巻本月三十日頃の積りなりと云ふ。予、然らは之を返すことは来年一月となるか、夫れにて宜しきやと云ふ。酒巻夫れにて宜しと云ふ。

○午前十一時三十分より馬車に乗り、東久邇宮邸に行く。宮邸に達したるとき、予、講話会は何時頃終はるへきやと云ふ。田村捨吉四時三十分頃ならんと云ふ。予、御者に四時三十分頃迎に来り呉よと云ふ。御者既に去る。田村、宮邸より自動車にて送る方便ならんと云ひ、馬車を追ふて門の処に至り、迎の為来るに及はさる旨を告く。十二時頃金井四郎と共に午喫す。金井、先日話し置たる当宮妃殿下より皇后陛下に対し、陛下か稔彦王殿下帰朝のことに関し御配慮ありたることに付御礼を申上けらるることは、本月十八日妃殿下か参内せられたるとき、御礼を申上けられたる趣なり。自分（金井）より妃殿下に夫を問ひたる処、之を申上けたりと明答せられたり。

又先日竹田宮妃、北白川宮妃両殿下御同席の処にて、自分（金井）、北白川宮妃殿下に対し、此のことは或は御答を得難きやも計られさるか、先日殿下よりの御話に、稔彦王殿下は巴里にて婦人の関係あることを御承知遊はさるる様に承はりたるか、其関係は非常に面倒にて、閑院宮殿下の如きものなりや、又は金さへ〔あれ〕は訳なく解決出来る様のものなりや、対手の画家の娘と云ふは如何なるものなるへきやと申上けたるに、妃殿下は自分（妃殿下）の帰朝する頃の関係は金さへあれは訳なく解決出来るものと思ひ居りたりとの御話あり。自分（金井）より、王殿下の方よりも池田亀雄の方か余程熱度か高き様に聞き居る旨を申上け置きたりと云ひ、又金井より、蒲穆の帰朝旅費のことは、宮邸より、陸軍省より旅費を出さゝるに付、宮内省より之を出し呉度旨の請求書を出し呉度旨宮内省よりの話あるか、其請求書を出すへきやと云ふ。予、筋は立たさるも、之を出し〔て〕差支なかるへしと云ふ。

金井又先日皇后宮大夫（大森鍾一）より、皇后陛下か当宮の御用取扱欠員のことに付懸念遊はされ居る旨の話ありたるに付、大夫（大森）には一と通り説明致し置たるも、尚ほ朝香宮御用取扱竹屋某の姉某〔竹屋津根子〕か皇后陛下に奉仕し居り、朝香宮御用取扱は当宮御用取扱欠員の為、毎々之を借りて当邸に来るに付、自分（金井）より竹屋某に委細の談を為し、某より其姉に事情を談せしむる積りの処、姉か旅行中（此の事由は予か確かに記臆せす）にて面会出来さりしに付、其より委細書状にて其姉に通知し、姉は其書状に依り御用取扱の出来さるは稔彦王殿下か承知せられさる為なること等、詳細皇后陛下に申上けたる処、陛下は夫れ程心配するには及はさる旨御話ありたりとのことなり。

又自分（金井）より竹田宮妃、北白川宮妃両殿下に、当宮御用取扱の出来さること、幷に伊地知精〔幸介〕の寡婦某を候補者として取調へ中なるか、非常に評判宜しき趣を御話申上けたる処、竹田宮妃殿下は其婦人は知り居れり。大層宜しき人と云はれたるに付、自分（金井）より其人の履歴書を得る様に致し度旨を申上けたる処、夫れは自分（竹田宮妃）の手にて取りて届くることにすへしとの御話ありと云ふ。予、先日来の会見にて、竹田宮妃殿下が君（金井）を誤解せられ居りたることは幾分釈けたるならんと思ふ。牧野（伸顕）の誤解は竹田宮の方か原因なるに付、此方か釈けたらは自然に牧野（伸顕）の方も釈くるならんと云ふ。午後一時頃妃殿下に謁す。殿下より歳末の手当二百五十円及妃殿下よりの品物代三十五円を交さる。

○午後一時後講話陪聴。控所にて高羲敬に遇ふ。高、世子殿下か参謀本部附とならるることは今日愈々発表せられたり。師団附の将校に対しては今月二十六日世子邸にて饗応せらるることゝ為せり。参謀本部幷に陸軍省員に対する饗応は先方の都合にて、本月二十四日頃に非されは都合悪しとのことなるか、左様に急には用意も出来さる故、其方は来年に延はすことゝなせりと云ふ。

又徳富猪一郎、国分三亥等に遇ひ、徳富か国民新聞に出し居る赤穂義士のことを談す。一時三十分頃講話を開始し、徳富、歴史及歴史家と云ふ題にて一時三十分間許講談する予定なりしか、十分間許長くなりたり。講演の趣旨は歴史の何ものなりや、歴史の効用を説き、希臘〔ギリシア〕の歴史及歴史家、及支那歴史及歴史家を説く積りなりしか、支那の歴史に付ては僅に左伝を略説したるのみにて、其他に及ふに遑あらすして止みたり。一同喫茶、次て講談者某二人長兵衛を談し、四時三十分頃終る。此日来り聴かれたるは、閑院宮、同妃、賀陽宮大妃、久邇宮、同妃、梨本宮、同妃、世子、同妃、規子女王、当宮妃各殿下、李鍵公子外三殿下なり。各殿下帰られたる後、予亦帰らんとす。妃殿下、予を召ふ。乃ち行き、之に謁し、講話会の終はりたることに付挨拶す。妃殿下、朝香宮御用取扱竹屋某を召ひ、反物を贈らる。妃殿下と少話して辞し去り、直に自動車に乗りて帰る。五時後家に達す。

○今夜朝鮮人蔘百八十瓦許を呑む。

○東久邇宮にて徳富猪一郎の講話を終わり、喫茶後某か講談を始めんとする前、予南部光臣に、帝室林野局にて御料林を抛棄すること多く、懸念に堪へすと云ふ。南部光臣、静岡県に払下く御料林に付ても渡部（信）か払下規則を改正する案を作り、法規に適合する様のことに為すと云ふに非すやと云ふ。予、然り。予が該払下は法規に合せすと云ひたる故、法規の方を改正する計画を為し居る様なりと云ふ。南部、困りたるものなり。自分（南部）も該件は法規に合せさることを主張したるなり。又和田国次郎は免官と為りたるも、矢張り払下林野の調査を為し居ると云ふに非すやと云ふ。予、然り。先日御料地調査委員会を開きたるか、和田の説明にては、之を払下くれは一年に四十万円の収入を減すと云ふのみにて、之を償ふへき代価の金額も分らすと云ふ様なることにて、実に分らさることなりと云ふ。此とき講談を始むる旨を報す。乃ち止む。

○午前故吉瀬織八〔元福岡県生葉郡山春村戸長〕の次男某〔不詳〕来

る。予在らす。婢鶴に対し、日曜日ならは大概は家に在るやと云ひ、鶴、日曜日ならは大概家に在りと答へたる由にて、内子より其専対を咎めたる趣なり。

一二月二二日

○十二月二十一日日曜。晴。

○午前八時後、故吉瀬織八の次男某来る。予之に面す。某は先日来二回来りたるも、予か在らさるを以て、昨日来りたるとき、日曜日ならは大概予か家に在ることを聞き、今日更に来りたるなり。某、織八の死後兄夫妻も死し、兄の女一人と自分（某）とのみ残り居り、自分（某）は生計なきに付、本年五月より東京に来り、東京府の工作を教ゆる所に入り、器物を作ることを学ひ、今後西洋家具を作ることを学はんと欲する所なり。自分（某）の妹の他に嫁したるもの、只今大阪に在り、其夫造景を営み居るものなり。自分（某）は其方より補助を受けて滞京し居れり。先日有馬秀雄の弟〔不詳〕の家に行き、二日間雇はれたり。此方にも何か自分（某）を使役し呉るることはなきやと云ふ。予、此家は借家なる故、何も工作する所なしと云ふ。時に理髪者来る。予乃ち理髪す。某尚ほ去らす。理髪終はり、某に対し、浴場の椽を作ることを得るやを問ふ。某之を見て作ることを得ると云ふ。内子又郵便受函を作らしめては如何と云ふ。予乃ち椽と函とを作ることを命し、其材料を買はしむ。午後零時後某材料を買ひ来り、明日より来りて作るへきことを約して去る。

○午前十一時頃山根健男来る。之と話す。山根、身計に付ては先日来訪後、父（武亮）とも協議したるか、父は矢張り確実なる銀行か会社に入る方か宜しからんと云ひ、自分（健男）も熟考したるに、其方か宜しからんと思ふ。就ては日本銀行なり正金銀行なり、彼の様なる所に入り度。父は当分無給にても宜しきに非すやと云ひ居れりと云ふ。予、別に見込ある訳には非さるも、履歴書を届け置け。都合にては一宮鈴太郎〔横浜正金銀行副頭取〕に話し見〔る〕機会あるやも計り難しと云ふ。山根、皇室と国民との調和を図る為には他の総ての特権階級を平等に為したらは如何抔の意見を述へたり。

○午後四時後旅順工科大学存続同盟委員芳賀千代太、関真〔旅順工科大学卒業生カ〕、河村頼〔旅順工科大学卒業生カ〕、吉田重秋〔旅順工科大学卒業生カ〕、旅順工科学堂卒業生代表今泉卯吉の名刺を持ち、実は二人来る。其一人は先日面会したる芳賀に相違なきも、他の一人は今泉なるや否、記臆確かならす。来訪したるは旅順工科大学も愈々存続のことに決したるに付、先日来の配慮に対し謝意を表する為に来りたりと云ふ。予、予は何も為す所なかりし旨を告く。芳賀等、将来の大学の為には職員、学生及ひ当局者も此節のことの為に奮発心を促し、当局者も迂闊のことを為すへからすとの念を起したるへく、却て都合宜しからんとも思ふ旨を談し、十四、五分間許にて去る。

○午後浴槽の湯を撥混する具を作る。此具初め喜助か之を作り置き、爾後幾度か予か之を修補したるものなるか、先日来破損して用に堪へす。故に今日之を改作せり。未た成らさるとき、芳賀千代太等来る。乃ち之を止めて面会し、去りたる後之を作り終はる。
○午後一時前より松岡淳一に嘱し、書状と肴料とを持ち、之を佐藤恒丸及大波良卿に致さしむ。佐藤には本年八、九月頃、予か病を赤十字社病院にて診せしめ、大波には侍医寮にて数回尿及血圧を検せしめたるを以て、謝を表したるなり。四時頃松岡帰り来る。
○午後渡部信より電話にて、明日の陵墓令案の特別委員会は関屋貞三郎か両陛下に供奉して沼津に行くことゝなりたるに付、休会することゝなりたる旨を報す。
○午後愛知県林小彦なる人の為に其父林金〔原文空白、兵衛、元東春日井郡長、故人〕か贈位せられたるに因り、出版する書籍の題字（名達重聞栄及九泉）の字を作り、之を郵送す。

一二月二二日

○十二月二十二日月曜。晴。
○午前八時後吉瀬某来り、浴場の椽を作る。
○午前九時四十五分より馬車に乗り、宮内省に行かんとす。御者は一昨日主馬寮より帝室制度審議会事務所に行くへき命を受け居りたる為、霞ヶ関にて事務所の門を入る。予、休会のことを告けさりしことに気附き、其旨を告けて宮内省に行かしむ。
○午前十時後西野英男に嘱し、明日は越ヶ谷にて鴨を猟することを仰付けられ居れとも、之を辞する旨を式部職に告け、又明後二十四日牧野伸顕より晩餐の案内を受け居るか、招に応する旨を官房に告けしむ。
○午後零時後食堂にて井上勝之助より、明日の鴨猟を辞したる趣なるか、病気なりやと云ふ。予、別段病気と云ふに非されとも、腎臓に故障あり、医より安静を勧むるに付、之を辞したる旨を告く。
○午前十一時頃西野英男に明年の賀年葉書に宛名人の住所氏名を書することを嘱す。
○午後二時後伊夫伎準一来り、根岸栄助は免官辞令を受けたる故、貴宅（予か家）に来りたるやと云ふ。予来らすと云ふ。伊夫伎、根岸の性行は之を知らさるに非さりしも、必要なきに之を告くる要なしと思ひ、之を告けさりしか、此節の免官に付根岸は幾分不平ある様なりと云ふ。予、然らは根岸は長く審査局に居ることを予期し居りたるへきやと云ふ。伊夫伎、然る様なり。審査官補と為りたる後、一度は他の大礼服を借りて用ゐたるか、其後他人より之を買ひ受けたる様なり。先日自分（伊夫伎）の家に来り、京都に行くことは家事上困ると云ふに付、自分（伊夫伎）より一応は赴任を勧めたれとも、之に応せさるに付、然れは已むを得す、其旨を長官（予）に通すへしと云ひたり。他より漏れ聞きたる所にては赴任を断はりたらは、審査局に勤続することになることを予期したるやに思はる。然るに予想に反し、免官となりたるに付、不平なる様なりと云ふ。予、夫れは気の毒のことなるも致方なし。本人か夫れ程に考へ居るとは思はさりしと云ふ。
　伊夫伎より根岸云々と話し出したるとき、予は根岸に対する記念品か送別会のことならんと思ひ、予より送別会ても開きたらは如何と思ひ居ると云ひたる処、伊夫伎より其ことに非すと云ひ、前段の談を為したる後、右様の次第に付、記念品を贈りて〔も〕多分之を受けすと云ふへく、是まて例もなきことに付、送別会も記念品を贈ることも止むる方か宜しからんと云ふ。

伊夫伎又先日大谷正男より、今日即ち二十二日には差支ありやとのことなりしか、別に目的も示さ〔さ〕りしに付、差支はなしと云ひ置たる処、今日に至り、先頃会計令改正の議に加はりたるもの一同を招く積りなるへく、料理屋にて饗応するとのことなり。全体は面白くなきことなるも、之を拒むも廉立つに付、招に応せんと思ふか如何と云ふ。予少しも差支なしと云ふ。

○午後二時四十分頃青山操来り、東久世秀雄より自分（青山）に対し、信用組合の幹事になり呉よと云ふ。依て審査局属官二人位を附属員と為すことを承諾するならは、之に応すへしと云ふ積りなるか、如何と云ふ。予、信用組合とは林野局にて組織したるものなりや、彼の外にありやと云ふ。青山林野局のものなりと云ふ。予、東久世は何を為し居るやと云ふ。青山組合長ならんと云ふ。予、職務上は勿論差支なく、又実際に於ても格別時間を要し、職務に差支を生する程のことに非さるへきに付、之を引受けて宜しと云ふ。

○今日午前十時五十分御出門、十一時十分東京駅御発にて、両陛下は沼津へ行幸啓あらせられたるも、予て奉送迎の人を少くすへき旨、官房より申し来り居るに付、予は奉迎せさりしなり（天皇陛下御病気の為、奉送迎者多けれは御気色緊張あらせられ、御挙動御意の如くならさることある為）。

○午前八時後山根健男来り、履歴書二通を致す。予、之を預り置くか、就職せしむる見込ある訳には非さる故、其ことは十分諒解し置くへき旨を告く。山根内玄関にて面会し、直に辞し去る。

○午後三時四十分頃吉田源太郎来り、有馬伯爵家より願ひ出て居らるる世襲財産たる第十五銀行株券を解除し、正金銀行株券に代ゆることの理由は如何なる点に在るへきや、審議会にて説明する為、承知致し置き度と云ふ。予、第十五銀行株の信用は以前の如くならさるに付、之を解除せんと欲する訳なれとも、会議のとき之を公言する訳には行かさるへく、依て正金銀行は特種銀行にて収益も多く時価高く、第十五銀行株より確実性に富むと云ふことは云ひ得るならん。只今後成るへく正金銀行株へ統一する希望もあるに付、其旨を説明したらは宜しからんと云ふ。

吉田、山内家にて第十五銀行株を解除し、公債を以て代へたる例あり。是も一回にては通過せす、山内家の再考を求め、再考の上是非通過を望み、始めて通過したるものなり。公債ならは其例あるか、公債を以て代ゆることは出来さるやと云ふ。予、公債は所有し居らす。代財産か不確実ならは致方なきも、然らさる以上は審議会にても各家の事情を酌むは当然なるへしと云ふ。吉田、右の如き点を以て説明し見ることにすへしと云ふて去る。

○午後二時後式部職より、天城山にて猟獲したる鹿の股一個を送り来る。

○午前十一時五十分頃高羲敬来り、世子か参謀本部附となられたるに付、是まて勤務せられたる師団附の将校八十人許は本月二十六日に世子邸にて饗応せらるることゝなりたるか、参謀本部の職員は本月二十四日か二十六日の外、繰合せ出来すとのことなる処、二十六日は師団の将校に招かるることゝなり居り、二十四日にては用意か間に合はさる故、此方は一月十日後に延は〔す〕ことゝなせり。

稲田龍吉か年内に一回来診する趣なるか、同人か洋行する前には五百円と三百円の餞別を贈られたり。此節も一回百円の割にて百円は遣はささるを得さるへく、先日磐瀬（雄一）か一回来診したるか、是も百円は遣はささるを得さるへし。稲田の代はり坂口（康蔵）か三回来診したるか、是は今後は来らさるに付、一回五十円とし、百五十円を遣はす積りなり。

今一つ、是は他のことなるか、是まて世子の勤務し居られたる聯隊にて各人か偕行社の費用分担金并に偕行社より購求する物品代価は聯隊の旗手か取纏めて之を偕行社に送ることゝなり居る処、旗手か役し居る下士某か其金三千余円を費消し、某は懲役に処せらるることゝなりたるも、金の弁償は旗手の責任と為り、旗手一人にては支弁出来さる故、旗手か五百円を出し、聯隊長（大谷一男、陸軍歩兵大佐、近衛歩兵第二連隊長）か三百円を出し、其他百円位出すものあり、各将校か一年半月賦にて俸給より支出することゝなりたるも、尚ほ不足するに付、世子よりも三百円出し貰ひ度旨上野（良丞）より内談ありたり。其時は自分（高）は右の如き金は出し難しと云ひ置たるも、上野も自分（上野）の分五十円余は既に出したりとのことなり。而して昨日聯隊長某か来り、同様の事情を述へ、三百円の寄附を請ふに付、自分（高）、其ことは上野よりも聞きたり。然るに此ことは道理の問題には非す、一同か旗手に同情して出金せらるるとのことにて、世子も之に同情せらるるや否の問題なり。同情せらるるとしても、三百円出さるるや、是も分らす。兎も角今日は自分（高）か話を聞きたる丈けのことに致し置き、返答することは延はし置き度と云ひ置きたりと云ふ。

予、既に同情問題となりたらは、世子も致方なかるへし。結局旗手が盗難に逢ひたる為、見舞を贈らるる様のものなりと云ふ。高、然り。自分（高）も致方なしと思ふ。上野も既に出金したりと云ふ以上は世子も之を出さゝる訳には行かさらん。聯隊に居る者は一年半の月賦なるも、聯隊を去る者は成るへく即金を求むとのことにて、上野も即金にしたりとのことなり。上野も初めは出金を拒み居りたるも、結局出金することとなりたりと云ひ居れり。上野は世子と同時に参謀本部附となりたるか、金応善は参謀本部附となす訳には行か〔す〕、師団司令部附にて俸給を受け、実は世子附と為り居り、今後も矢張り同様なりと云ふ。

○午前十一時四十分頃李鍝公より浅沼禎一を遣はし、羽二重一疋を贈らしめたる由なり。

○午後向井巌、使をして燻鮭一尾を贈らしめたる由なり。

○吉瀬某か作る浴場の椽未た成らす。

○午後一時前、婢ヨシ解雇を請ふて帰り去りたる由なり。

○今日宮内省にて西野英男に賀年葉書に宛名を書することを嘱す。
○午後西野英男来り、鹿腿一個を致す。式部職より予に贈りたるものなり。

一二月二三日

○十二月二十三日火曜。晴。
○今日は埼玉県鴨場にて鴨猟仰付けられたるも、今年夏以来腎臓の疾患あり、医より安静を勧むるに付、鴨猟に行かす。
○午前八時三十分頃池尻興来り、其妹堀江ナツ、予の紹介にて先頃より李堈公邸に雇はれ居る処、先月中旬より腰部の神経痛を起し、暇を請ひ療養し居るも、未た癒へさるに付、解雇を請ひ度旨を述ふ。予、先日本人よりも其話ありたるも、予より之を止め置きたり。五、六日前高羲敬に遇ひ、請暇日数永くなりたるに付、何時にても解雇しても宜しき旨を談したる。高は病気のことに付、急に解雇を請ふに及はさらんと云ひ居りたり。然し本人の気か安からすとのことならは、予より更に高に其旨を告くることにすへしと云ふ。話すること四、五分間許にして去る。
○午前八時後吉瀬某来り、昨日に次き浴場の椽を作る。
○午前九時三十分より出勤す。門外にて池田寅二郎に遇ふ。之と共に歩し、司法省職員減少のことを話し、外門外にて別れ、馬車に乗る。
○午前九時五十分頃給仕をして世子邸に電話せしめ、高羲敬に電話せんとす。高未た世子邸に来らす。乃ち高の家に電話せしむ。高既に出たりと云ふ。復た世子邸に電話せしむ。尚ほ来らす。七、八分間許の後高より電話す。予、今朝池尻興か来りたること、堀江ナツ神経痛癒へさるに付、解雇を請ふことを談す。高、兎も角一応浅沼禎一を召ひ、之と相談して其結果を報告すへしと云ふ。
○午前十時十分頃大谷正男来り、宣仁親王殿下来年一月三日成年に達せらるるに付、皇子傅育官々制を廃するか、又澄宮御養育掛職制を廃するかのことに付ては、宮内大臣（牧野伸顕）は傅育官々制を廃止、職制は其儘に為し置く考の趣なり。次官（関屋貞三郎）は双方とも其儘に存することは出来さるやと云ひ居りたれとも、夫れは穏当ならさる旨を主張し、漸く一方を廃することは承知したる訳なり。依て之を廃するに付、先日協議したる如く、一月六日の官報に出し、公布の日より施行すること ゝ なすか、又は今年内に公布し置き、一月三日より之を施行すと云ふことになすかの二説あり。参事官の多数は年内に公布するを可とする意見なるも、自分（大谷）は成年と云ふことは自然に来るものなるに、予め之を以て期限と為して公布し置く〔は〕適当ならす。是は云ふへからさることとなるも、万に一期限前に官制の必要なきこと ゝ なる様の事実発生することなしとも限られす、故に年内に公布し置くことは法規に抵触する所はなきも、穏当とは考へすと云ふ。
予、実際必要なきこと ゝ なりたる法規を直に之を廃止せさることは其例に乏しからす。一月三日まては必要あり、其以後必要なくなり〔たり〕とて、其法規を二、三日間存し置きたりとて如何なる不都合ありや。予は少しも差支なしと思ふ。加之君（大谷）か云ふ如く、期限前に必要止むことも想像せらるるに付、無理に年内に公布し置くに及はす。若し年内に公布し置きて宜しと云ふならは、一年前にても二年前にても公布し置きて差支なき訳となるへし。之を極論すれは、初め法規を作るときより何年何月何日まてと期限を定むることも同様なる訳なり。矢張り一月六日に公布することにて差支なしと思ふと云ふ。大谷、其方か宜しからん〔と云ふ〕。

　大谷又此際は職制の方を存し置くも、成年に達せらるる〔後〕までも御養育と云ふことも穏当ならさるへく、其内には更に傅育官を置かるる様のことゝなるならん。是は面白きことには非すと云ふ。予は皇室典範の規定に基きて皇子傅育官々制を定めたるものと誤解し居りたるか、典範の方は父なき未成年の皇族の為に保育者を置くの規定にて、皇子傅育とは関係なきこと分りたるに付、然れは成年近くまて養育掛を置かれても差支なく、今後更に傅育官を置かれすとも宜しき訳なり。但し傅育官の制度にて養育掛の事実を行ふことを得るは勿論にて、傅育官は之を廃し、養育掛を存せさるへからすと云ふ理由なきことは勿論なりと云ふ。大谷も此ことに付ては同意見なり（但以下のこと）。

○午後零時後食堂にて国府種徳に、九泉の字を黄泉の義に用ゆる例ありやと云ふ。国府之ありと思ふ。自分（国府）も其趣意にて詩を作りたることありと云ふ。予、予も疑はすして先年詩を作り居るか、此節之を調へたるに、九泉の字はあれとも、九泉を黄泉の義に用ゆる典古〔ママ〕を見出さすと云ふ。国府、之を調査し見るへしと云ふ。又食堂にて渡部信より、先日伊東（巳代治）に逢ひたる所、予て皇族歳費令案の義解の起草を嘱し置きたり。急くことはなきも、出来たらは見度旨を伝へ呉よとのことなりしと云ふ。予、先日病に掛かり、其後急を要する用務多く、其の為遅延せり。年内には起草を終り、一月には印刷を君（渡部）に依頼することとなるへしと云ふ。

○午後一時頃国府種徳、（古事熟語字典）「池田蘆洲〔漢学者〕著」を持ち来り、九泉の語の出所を示し、後刻之を写し取りて届くへしと云ひ、少時の後之を致す。

○午後一時後杉栄三郎来り、京都帝国大学の教授三浦周行、他の用務にて上京したりとて自分（杉）の処に来り、御歴代史実考査委員会の特別委員にて調査したる立后の礼を行はさる女御に対しては、皇后の取扱を為すへからすとの意見には同意し難しと云ふに付、自分（杉）は此ことを調査するは畢竟皇統譜に記載する必要ある為なり。立后の式なき人を皇后として皇后欄に記入するは不可ならんと云ひたるに、三浦は夫れは其通りなるも、彼の時代は立后の礼を行はれ難きときなり。其の為に皇后の取扱を為さゝるは不可なり。成るへくは此際贈皇后の典ても行はるることにし度と云ふに付、自分（杉）は今日は右の如きことは出来難きことに非すやと云ひたるに、三浦は此節限り之を行ひ、一切を整理して今後之を止めても宜しからんと云ひ居りたり。兎も角此ことに付ても議論多かるへしと云ふ。予、三浦は神功皇后に付ても異説を唱へ居りたり。事情論を為せは際限なし。史実調査は結局委員の数に依りて決定する方、致方なからんと思ふと云ふ。
○午後二時頃渡部信来り、本月二十六日午前より陵墓令案に付特別委員会を開き度旨、関屋（貞三郎）より話あるか、差支なかるへきやと云ふ。予、其日に衆議院議員選挙法改正案の審査委員会にても開くことゝなれは差支ふるも、然らされは開会して宜しと云ふ。
○午十二時頃李鍝公、浅沼禎一を遣はし、白羽二重一疋を贈らしめたる由なり。
○午前内子、多納光儀を訪ひ、昨日式部職より贈りたる鹿の腿を多納に贈り、且栄一郎か先日予か病を診したる謝金を致す。多納は内子を座に延かす、玄関にて談したる由。栄一郎正に病み居るとのことに付、其の為に内子を延かさりしならん。

一二月二四日

○十二月二十四日水曜。晴。
○午前九時三十分より出勤す。
○午前九時四十分頃より枢密院控所に行き、十時二十分頃より議場に入り、朝鮮総督府官制中外十三件并に日秘、日希間暫定取極公文交換の件を議す。摂政殿下臨場したまふ。十一時二十分頃議了す。一たひ審査局に返る。青山操、帝室会計審査報告書は物品会計に関する他の部局より報告一、二未達のものあるも、其事実は分り居るに付、報告は既達のものと看做して報告書を完了し、歳末にならさる内に宮内大臣に提出することにし度と云ふ。予夫れにて宜しかるへき旨を答ふ。
○午前十一時三十五分頃より西溜ノ間に行く。井上良馨一人あり、少時にして東郷平八郎其他数十人来る。十二時後豊明殿に入り、摂政殿下の御餐に陪す。雍仁親王殿下亦餐に会せらる。一時頃餐終る。皆千種ノ間に入り、両殿下に謁し、茶を喫し話すること十四、五分間許。東車寄に至り、帳簿に署名して陪餐を奉謝し、次て審査局に返る。
○枢密院控所にて伊東巳代治に対し、皇族歳費令案の義解は疾く起草すへき筈の処、先頃病に罹りたる為、延引したる旨を告く。餐後千種ノ間にて伊東より、間あらは歳費令の義解を作り呉よと云ふ。予之を諾す。
○午後一時後高羲敬来り、本月二十六日世子か先日まで勤務せられ居りたる近衛師団の将校を世子邸に招き、饗応せらるる予定なるも、其ときは貴官（予）の来邸を求むるに及はす。来年一月十日後に参謀本部の職員を招くときは貴官も来会せらるる様伝へ置くへき旨、命せられたりと云ひ、又李堈公よりは毎年参謀本部長其他に年末の贈をせらるるか、世子よりは是まて之を為したることなし。此節参謀本部附となられたりとて、今年より直に贈を為すは余り目立つへきに付、今年は之を為さす、来年より贈を始めては宜しからんと思ふと云ふ。予夫れにて宜しからんと云ふ。高、然らは其他は先日協議し置たる通り、贈を為すことゝすへしと云ふ。予より堀江（ナツ）のことは先日電話にて申したる如く、不都合のことなれとも、病気にて致方なし。本人希望の通り雇を解かるることに取計ひ呉れよと云ふ。高、病気ならは致方なし。只其跡のことか困る訳なり。明日浅沼禎一か来ることになり居るに付、其上にて協議し、其結果を報告することゝすへしと云ふ。
○午後三時より自動車に乗り、牛込横寺町の李堈公の仮寓に行き、一昨日白羽二重を贈りたることを謝す。公も浅沼（禎一）も在らす。名刺を取次に交し、謝意を伝ふへきことを告けて去り、直に家に帰る。帰宅後、陵墓令案の特別委員会を開くは明後日なるを誤て明日なりと謂ひ、内子をして西野英男に嘱し、主馬寮に電話し、明日午前八時四十五分に馬車を遣はすへきことを告けしむ。少時の後、明後日の誤なることに気附き、復た内子をして主馬寮に電話し、明日午前八時四十五分に馬車を遣はすへきことは之を止め、午前九時三十分に之を遣はすへきことを告けしむ。
○午前内子、坂田稔の家に行き、診療の謝金を致し、薬価を償ふ。
○午後二時頃大波良卿審査局に来り、先日松岡淳一を遣はし、大波か予か為に尿及血圧を検したるに報ゆる為、肴料を贈りたることに付挨拶す。
○午後二時後審査局の書類を閲みす。中に庶務課よりの通知書あり。宮内大臣より内蔵頭に対し、予には是まて一ヶ年千円の手当を給したるか、今後之を二千円となすに付、今年十二月より之を仕払ふへき旨を命したるものなり。
○午後五時三十分より人力車に乗り、牧野伸顕の招きに其官邸に赴く。年末なるを以て宮内省職員の労を慰する為、晩餐を供したるなり。牧野の挨拶に対し、金子堅太郎、答辞を述へたり。餐後小三の落語を聞きたるか、棋客か争論することにて面白きことなかりしなり。八時頃より家に帰る。
○午後九時頃より褥に就きたれとも、胃部の膨脹を覚へて眠られす。翌暁四時頃まてに僅に一時間許眠りたり。
○吉瀬某をして郵便物を受くる函を作らしむ。未た成らす。
○世子邸より使を遣はし、手当金二百五十円を贈らしめ、又李堈公より予に贈る紋羽二重一疋を届けしむ。
○午後、文官高等懲戒委員会より予に対する手当金三百四十円を致す。

一二月二五日

○十二月二十五日木曜。晴。
○午前九時三十分より宮内省に出勤す。
○午前十時頃青山操より、帝室会計審査報告書を持ち来り、昨日之を宮内大臣に提出する積りなりしも、今日に延ひたりと云ふ。予之を一見し、建議書の中（百弊ノ生スル源ナルヲ以テ）とあるは（百弊ヲ生スルノ源ナルヲ以テ）の誤なる旨を告く。
○午前十時後西野英男に嘱し、今日午前十一時四十分までに東宮御所に行く為め、自動車を借ること、本月二十九日歳末御祝儀を述ふる為に自動車を借ること、大正十四年拝年〔ママ〕新賀の為の自動車を借ることを主馬寮に謀らしむ。又西野に嘱し、李堈公より予に物を贈りたるに付、之を謝する書を公附事務官末松多美彦に送り、謝を公に伝へしむる様取計はしむ。
○午前十時三十分頃東久世秀雄来り、明治二十四年津田三蔵〔大津事件犯人〕なる者、大津にて露国の太子〔ニコライ、後のロシア皇帝ニコライ二世、Николай〕を傷けたるときの書類を致す。是は伊藤博邦邸の養父博文の蔵書にして、昨夜博邦と牧野伸顕の官舎にて逢ひたるとき、博邦より之を予に貸すへき旨を告けたるものなり。博邦の出勤する主馬寮は宮内省の構外に在り、東久世は毎日伊藤と自動車に同乗して宮内省に出勤するを以て、伊藤之を東久世に托したるなり。東久世は、予か之を一覧したるときは、東久世に届くれは東久世より伊藤に返すことにすへしと云へり。
○午前十一時三十分頃より杉栄三郎、大谷、渡部信と自動車に同乗し、東宮仮御所に行く。控所にて牧野伸顕より御陪食後一寸話し度ことありと云ふ。予、此処にて話すや、又は宮内省にて話すやと云ふ。牧野此処にて何処か適当の所あらんと云ふ。午後零時後より食堂に入り、摂政殿下の御餐に陪す。餐後牧野と共に階下の小室に入る。
　牧野、先日稔彦王殿下更に滞欧一年間延期の勅許を願はれたるに付、其願書を提出し置たる処、摂政殿下より、際限なきに付、此節は帰朝する様申遣はしては如何との御沙汰ありたるを以て、殿下に拝謁し、此ことに付ては種々考慮したるも、未た解決の工夫を得す。殿下より帰朝を命せられ、其ことか遂行せられさることゝなれは、何とか之に対する処置を為さゝるを得さることゝなり、事情に依りては皇族会議まても開かさるを得さることゝなるへく、此の如きことゝなりては、殿下（摂政）の為にも甚た遺憾なることとなるに付、今少し考慮を尽くし、成るへく稔彦王殿下に疵の附かさる様に致し度旨を述へたる処、摂政殿下より、然らは自分（殿下）より皇太子の資格にて書状を書くことにしては如何との御詞ありたるに付、此ことに付ては閑院宮殿下も御心配あり居り、同殿下は皇族中の御年長なるに付、一応同殿下に御相談なされたらは宜しからんと申上け置きたり。其後摂政殿下より、閑院宮に面談したる処、同宮はいつれ宮内大臣とも協議したる上、答申すへしとのことなりしとの御詞あり。右の次第に付、いつれ閑院宮殿下より御話あるへく、其上にて更に協議することにすへきか、右の次第を含み置き呉よと云ふ。

　予、先日竹田宮妃殿下より、皇后陛下か稔彦王のことに付御心配あり。泰宮より依頼てもあれは何とか考へも致すへきも、其依頼もなき故、手を著け難しと云ふ様の御話あり。竹田宮妃殿下よりは其ことに付泰宮殿下へ度々御話ありたるも、泰宮殿下よりは明答せられす。依て竹田宮妃殿下は園祥子をして泰宮殿下に其ことを説かしめられたるも、之に対しても返答なく、結局泰宮殿下は種々の事情を考へたる上、他日は兎も角、只今の処にては皇后陛下〔に〕御願はなさらぬことゝなりたる由。然るに、竹田宮妃殿下は、御願は兎も角、皇后陛下の御配慮に対し泰宮殿下より陛下に対し御礼を申上けらるる必要ありと云はれ、本月十八日竹田宮妃殿下と泰宮殿下と同伴にて参内せられたるとき、泰宮殿下より御礼は申上けられたる趣なり。予か此ことを聞きたるに付、万一皇后陛下より此ことに関し御著手遊はさるる様のことありて、其目的を達せさるときは、其結果甚た面白からさるに付、大森（鍾一）に対し、此ことに付何か聞きたることなきやと云ひたるに、大森は内親王と皇后陛下御差向ひの御話を伺ふことを得されとも、陛下何かなさることゝなれは、宮内大臣なり皇后宮大夫なりか知らさる訳はなし。今日まては何事も聞き居らすと云ひたり。依て此ことは其儘〔に〕致し置たりと云ふ。

牧野、竹田宮妃殿下より自分（牧野）に対し、稔彦王のことに付、周宮よりの話を聞きたりやとのことを談せられたるに付、極めて大略のことを聞きたれとも、格別詳かなることは聞かさる旨を答へ、且成るへく詳かに御話を承はり度に付、殿下（竹田宮妃）より周宮殿下に御遠慮なく御話置下され度旨申上け置〔き〕、其後周宮殿下に謁し、御話を承はりたるに、周宮殿下か御帰朝に際し、稔彦王殿下に対しいつ頃帰朝なさる積りなりやと問はれたるに、帰朝の期は分らす。自分（稔彦王）は日本には皇族か多きに過く、皇族は御直宮丈にて宜しと思ふ。自分（稔彦王）は洋行のとき、玄海を通過する頃より其ことを思ひ居るとのことを云はれたりとの御話にて、別段のことなかりしと云ふ。予、竹田宮妃殿下より予め腹蔵なく御話あるへき旨を告け置かれたるに拘はらす、夫れ丈の御話に止まりたるは矢張御遠慮なるへしと云ふ。牧野然りと云ふ。

予、此ことは予は直接聞きたることには非されとも、先日竹田宮妃、北白川宮妃両殿下より金井四郎を召され、東久邇宮の内情を聞き度との御話あり。其時は両殿下とも皇后陛下の京都行啓を奉送せらるる為、時間切迫し、僅に二十五分丈御話申上け、其後更に拝謁し、三時間許御話し申上けたりとのことなり。其節北白川宮妃殿下より、殿下御帰朝のとき、稔彦王殿下に対し泰宮に対する伝言はなきやと御尋ありたる処、王殿下より自分（王）は自身丈臣籍に降下するのみにては満足せす、閑院宮殿下初め従来の皇族は総て臣籍に降下するか当然なり。此ことか実行せらるるまては自分は帰朝せすと云はれ、北白川宮妃殿下は左様なる極端なることは伝へ難しと云はれたりとのことなり。又金井より北白川宮妃殿下に対し、稔彦王殿下に婦人関係ある様の噂あり。此ことに付ては妃殿下（北白川宮妃）より御答下さるや否計り難けれとも、御伺ひ申上くるか、殿下（妃）の御観察にては婦人関係は非常に面倒なるへき御見込なるへきや、又は金を出せは容易に解決することを得へき御見込なるへきやと云ひたるに、妃殿下（北白川宮妃）は、自分（殿下）の帰朝後のことは分らさるか、帰朝前までの模様にては左程面倒なることなく、金さへあれは容易に解決出来ることゝ思ふと云はれたる由なりと云ふ。牧野、婦人関係にて金で済むことなれは容易なることなりと云ふ。

予、稔彦王殿下か帰朝を肯んせられさる原因か何処に在るや明かならす。医師か病症を探り得さると同様にて、治療の工夫附き難しと云ふ。予又北白川宮妃殿下は竹田宮妃殿下より予め腹蔵なく大臣（牧野）に話す様注意せられ居るに拘らす、尚ほ予か聞き居る丈けのことも御話なかりしは矢張り御遠慮なるへし。然れは大臣（牧野）より予か聞きたることに付、妃殿下（北白川宮妃）に対し是を質されては困まるへきに付、此ことは含み置かれ度と云ひ、牧野は勿論なりと答へたり。

二時頃談を終り、予は東宮職の吏人に嘱し、自動車を借りて宮内省に返らんとす。牧野、自分（牧野）の自動車に同乗し、一たひ官舎に行き、君（予）を送りて宮内省に行かしむへしと云ふ。予乃ち同乗す。車中にて牧野より、畢竟殿下方は親族の情義薄き様なりと云ふ。予、此ことは各殿下に共通なる様なり。稔彦王殿下は洋行前には予等に対し、子供の為ならは何事にも犠牲にすることは辞せさる旨を話されたることあるか、昨年の震災にて師正王か薨去せられたるに付ては、必す殿下（稔彦王）の考も是まてと変り、帰朝の念も起るならんと思ひたるも、矢張り其ことなきは普通の人情と異なる所ある様なりと云ふ。宮内大臣（官舎）玄関にて牧野に別れ、直に宮内省に返る。

○午後二時後渡部信来りて、帝室制度審議会委員の手当金五百円の仕払切符を致す。乃ち西野英男に嘱し、金庫に就き之を現金に交換せしむ。午後三時頃官房の吏員某来りて、特別手当金千円の仕払切符を致す。乃ち復た西野に嘱し、現金を受取らしめんと思ふも、時既に三時を過き居るを以て、金庫を閉ち居らさるやを問ふ。西野、歳末なるに付、三時後と雖之を取扱ふならんと云ふて行く。既にして返り来り、三時後は取扱はさる趣に付、明朝受取ることゝすへく、切符は預り置くへしと云ふ。予之を嘱す。

○午後三時後関屋貞三郎の室に行き、手当金を増したることに付挨拶す。

○官房より手当金の切符を致したるとき、予より西野英男に対し、何故に今年金を増したるへきやと云ふ。西野、貴官（予）か枢密顧問の方本官となられたるとて、従来の年内加俸に相当する千円丈は手当として給せらるることゝなりたれとも、他の兼務者に対する手当と余り不権衡なるに付、伊夫伎（準一）より白根（松介）に其ことを話したれとも、効能なかりしなり。其後伊夫伎より更に杉（琢磨）に此ことを談したる処、杉も既に気附き居ると云ひたる趣なり。千円を増したる丈けにては、尚ほ不権衡なれとも増さゝるよりも宜しと云ふ。

○吉瀬某をして作らしめたる郵便物を受くる箱成る。

○牧野伸顕と同車して官舎に行く途中、蒲穆の帰朝旅費は陸軍省よりは出し難しと云ふ趣なることを談す。

一二月二六日

○十二月二十六日金曜。晴。

○午前八時四十五分より帝室制度審議会事務所に行き、陵墓令案の特別委員会に列し、午後三時前宮内省に行く。

○午後三時頃西野英男より金千円を致す。昨日金庫より受取ることを嘱し置たるものなり。

○午後三時後牧野の官房に行き、手当金を増したることに付挨拶し、且つ一昨夜の饗を謝す。

○昨日は西野英男に今日宮内省に出勤せさることを約し置たれとも、陵墓令案の委員会早く済みたるを以て宮内省に行き、午後三時三十分より家に帰りたり。
○臨時法制審議会より委員の手当金千円の辞令及小切手を致す。
○今日は帝国議会（第五十四）開院式に付、参列すへき筈なりしも、陵墓令案委員会の為参列せす。

一二月二七日

○十二月二十七日土曜。晴。
○午前九時三十分より出勤す。
○午前西野英男に嘱し、内閣会計課に行き、臨時法制審議会より昨日届けたる小切手にて金千円を受取らしむ。西野、会計課に行きたるも、正午頃に非されは渡し難しと云ひたる旨を報し、正午頃更に行くへき旨を告く。会計課より九時より十二時までの間に来るへき旨を通知し居りなから、其言に違ひたるなり。
○午後零時四十分頃より歩して枢密院事務所に行き、衆議院議員選挙法改正案の審査委〔員〕会に列す。委員長は金子堅太郎、委員は富井政章、平山成信、有松英義、予、山川健次郎、黒田長成、平沼騏一郎、江木千之なり。加藤高明先つ提案の趣旨を説明し、若槻礼次郎之を詳説し、黒田先つ質問し、金子、若槻か従来納税を以て資格を制限したるは一時の便なりと云ひたるに対して質す所あり。江木之に次き、平沼亦之に次き、山川亦之に次き、有松亦之に次き、江木更に問ひ、予、富井及平山は一も云ふ所なく、五時頃に至り閉会す。直に家に帰る。
○午前十一時後会計審査局員を集め、御用終の詞を述へ、局員の労を慰す。
○午前十一時五十分頃金井四郎来り、稔彦王殿下滞欧一年間延期の勅許を願ふ書を提出し置たる処、今に勅許なきに付、今日は其事情を問ふ為に来れりと云ふ。予、此ことに付一昨二十五日午後牧野伸顕より聞きたることの概略を告け、且つ此ことは尚ほ妃殿下には告けさることに致し置くへき旨を告く。
○午前十一時五分頃鈴木重孝審査局に来り、歳末の詞を述へ、且今日其弟〔不詳〕の為に妻を娶ることを談す。
○午前十一時十分頃国府種徳来り、歳末の詞を述へ、且つ先日来国府より予に謀り居りたる平田東助の詩のことを談す。予、国府の書状に対しては既に返書を出し、国府の意見に同意し置たる旨を告く。
○午前西野英男に嘱し、一昨日二十五日東久世秀雄を経て伊藤博邦より予に貸したる大津事変（津田三蔵か露国皇太子を傷けたる事件）に関する書類を東久世に届けしむ。之を東久世に届けたるは伊藤の言に従ひたるなり。
○午後零時後西野英男より金千円を致す。西野か再ひ内閣会計課に行き、予か為に受取り来りたるものなり。
○午前西野英男に嘱し、本月廿九日、一月一日に自動車、馬車を借ることの外、一月一日〔ママ〕、同月五日に之を借ることを主馬寮に謀らしむ。

一二月二八日

○十二月二十八日日曜。晴。
○終日行く所なし。皇族歳費令義解案を草し、又各種の書類を整理す。
○夜半後青山に火あり。
○高木誠一〔民俗学者〕より送りたる纛島の林檎一箱（七十個入のもの五個は途中にて窃取しあり）達す。

一二月二九日

○十二月二十九日月曜。晴。
○午前九時頃宮内省主馬寮より自動車を遣はす。之に乗りて宮城に行き、天皇、皇后両陛下及摂政殿下に歳末の祝詞を申上くる為、帳簿三冊に署名し、次に高松宮、閑院宮、伏見宮、秩父宮、梨本宮、久邇宮、世子邸、東久邇宮に行く。歳末の祝詞を申する為、世子邸及東久邇宮の外、皆帳簿に署名す。世子邸にては世子在らす、高羲敬に面す。
　高、稲田龍吉来りて世子妃を診し、近来胸部の病大に快きも、尚微しくラツセルあり。只今妊娠せられては母体の為に宜しからす。妃殿下か湯治せらるることは可なるも、単独にて行かれされは不可なり。妃殿下湯治を望まるるも、身体か健全になれは自然に妊娠せらるるに付、之を急かるることは不可なりと云へり。本月二十六日に催ふされたる師団将校の招待会は滞なく済みたり。参謀本部員の招待は帝国ホテルの方も差支なく、結局一月二十五日の外引受け難しとのことに付、只今の処、其日に催ふす予定なり。其日は顧問（予）も是非出席せられ度とのことなりと云ふ。

　世子邸より東久邇宮に行き、妃殿下に謁し、歳末の祝詞を述へ、将に去らんとす。会、和田某（陸軍中将）来る。和田は仏国にて稔彦王殿下に接し、先般帰朝して殿下の状況を報告したる者なり。金井、予も和田に面会することを求む。予、金井と共に之に面す。和田、殿下は既に仏国滞在に倦み居らるる模様あるに付、左程心配するに及はさるへき旨を説く。予、殿下の心事は疑はさるも、皇室に対する礼儀を欠き、滞仏延期の勅許を請ふことに付ても、敬礼を守られさること抔は困ると云ふ。和田、右様のことは自分（和田）等よりは何とも云はれさるも、大体に於ては心配のことなき様に思ふと云ふ。

　予、殿下か君（和田）までも陸軍の間諜と誤解し、食事も共にせられさる様のことは、殿下の器局の小なることを現はすものなり。仮りに君（和田）か間諜なりしにせよ、平気にて之に接する位の度量はあり度ものなりと云ふ。和田、其点は自分（和田）も同感なり。是は畢竟金谷（某）に懲りられたるものならん。蒲（穆）より自分（和田）と食事を共にせらるることを勧めたるとき、右の如きことをして、後にて悪口を云はれては困ると云はれたる趣なりと云ふ。

　予、蒲は何月頃帰朝するやを問ふ。和田、米国を経て帰るに付、二月末か三月初には帰るならんと云ふ。予又〔原文空白、安田銕之助〕（大尉）新に稔彦王の附武官となりたるもの）は仏国には何時頃行き、如何なる職務を執り居りたるものなるやを問ふ。和田、仏国に行きたるは昨年頃なりしならん。職務は大使館附の補助役なりと云ふ。時既に十二時に近し。予、給仕に対し、運転手に食事を為さしむることを役所の人に伝ふることを嘱す。和田か去りたる後、予も金井と共に午喫し、一時後より辞して家に帰りたり。
○午後内子第一銀行に行き、金を預け、菊屋及三越に行き、物を買ふ。眼鏡を遺失す。菊屋にて買ひたるは松平慶民、小原駩吉に贈る興津鯛なり。
○午前山根武亮来る。予在らす。
○午後三時頃佐藤恒丸来り、先日肴料を贈りたることを謝し、玄関より辞し去る。
○秩父宮より梨本宮に赴く途中、途を枉けて有馬頼寧氏の家に過る。昨夜の火近かりしを以てなり。頼寧氏に面せす、有馬秀雄に面して来意を告く。有馬、一月十日前後に伯爵家の家の相談会を開き度旨を告く。此処にて松浦寛威に遇ふ。

一二月三〇日

○十二月三十日火曜。晴。
○午前十一時頃より使をして松平慶民、小原駩吉に興津鯛を贈り、徳川頼倫に纛島の林檎五十を贈らしむ。
○午後鈞、隆に贈る葉書を書し、皇族歳費令の義注を草す。
○午後山根武亮来り、先日予か其子健男の為に一宮鈴太郎に身事を嘱し見るへき旨を話したることに付謝を述ふ。予、少しも見込ある訳には非さる旨を告く。
○午後一時後渡辺暢来り、歳末の詞を述ふ。羊羹一箱を贈る。
○国府種徳来る。

一二月三一日

○十二月三十一日水曜。晴。
○皇族歳費令の義注を草す。
○葉書及小包郵便を鈞、隆に送る。昨日葉書を作りたるも、小包を出す時刻に後れたるを以て、今日之を出したるなり。
○歳除。

解説

——（永井　和）

一、第三巻所収の「倉富勇三郎日記」について

最初に、「倉富勇三郎日記」の刊行が予定より遅れていることをお詫びしたい。刊行が遅滞している最大の理由は、編者である私が倉富日記の分量を読み誤ったことにある。本巻には一九二三年と一九二四年の二年分の日記を収録したが、本文だけで一四〇〇頁近い大冊となってしまった。倉富日記が膨大であることはわかっていたが、実際に翻刻してみると、最初の計算がいかに甘かったか思い知らされることになった。遅れは生じているが、一九三四年までの日記の翻刻・刊行は必ずやりとげるので、ご寛恕いただきたい。

次に、本巻に収録した二年分の日記の書誌的事項について紹介しておきたい。一九二三年（大正一二）の日記は、一月一日から一二月三一日まで、一年間にわたって記事が連続しており、途中に空白はみられない。日記は全部で一三冊からなるが、倉富自身が日記に付けた番号は「一」から「十二」までである。日記の「十」が実際には「十ノ一」と「十ノ二」の二冊にわかれているので、冊数としては全部で一三冊になる。この一三冊のうち、第一冊から第九冊目までとそれ以降とでは、日記帳の体裁および記述の仕方に大きなちがいがみられる。そのことを端的に示すのが、記載分量のちがいである。一九二三年分の日記全体が本巻でしめる頁数は全部で七二九頁だが、その九割に近い六四六頁が第一冊目から第九冊目まで、すなわち一月一日から九月九日までの日記でしめられており、残りの四ヶ月弱の日記はわずか八三頁にすぎない。日記の記載密度が九月初旬までとそれ以降とでは極端にちがっているのである。

このような極端な偏りが日記の記述に生じたのは、いうまでもなく九月一日に発生した関東大震災が原因である（震災当日の日記は口絵写真参照）。震災後も日記に欠落はみられないが、記載分量が大きく減っている。日記の記載内容から判断するかぎり、倉富勇三郎とその家族が震災から受けた直接の被害はそれほど大きくはなかったと思われるが、しかし震災後の混乱と後始末のために（皇室および宮内省が受けた被害は少なくはなかった）、落ち着いて日記を書けるような状況ではなかったのだと思われる。

震災前の第一冊から第九冊までの日記は、すべて前年（一九二二年）の後半から倉富が日記帳として採用した三越製の大学ノート（一頁一七行、頁数一四四、口絵写真参照）に、ペン書きの小さな字でビッシリと記されている。この期間、日記をつけるのに倉富が大きな精力を費やしていたことは、七月一日条の次の記載がよく示している。

従来日記に彼我の言を記し、之か為字数多きを加へ、日記の為時を費すこと少なからす。昨年七月一日以後の日記、殊に甚し。

日記は日常事を処する便を図る為、之を作るものなるに、其の為無益の時を費すを免れさるを以て、本日より日記の体裁を改め、詳記せさることゝなせり。（本書五一〇頁、口絵写真参照）

ここで倉富は、他者との会話の内容を日記に克明に綴ろうとしてきたために字数が多くなり、日記を書くのに多大の時間を費やさざるをえなくなった、日記をつける本来の目的は、日常の事を処理するのに便利なためだが、最近は日記をつけることそれ自体が目的となってしまっている、これでは本末転倒なので、これからは日記の記述を簡単にしようと反省しているのだが、しかし、これ以後もなかなか分量は減らない。倉富をして日記の記述量を減らしめることになったのは、関東大震災という思いもかけずにおこった天災であった。

震災後の日記のうち第一〇、第一一、第一三の三冊は、いずれも宮内省の銘の入った罫紙に墨書されている。第一〇冊（「十ノ一」）と第一一冊（「十ノ二」）は、倉富自身が「日記材料」と記している（本書六五五、六八四頁）ことからもわかるように、日記そのものというよりは、後日に日記を書くための材料として残されたメモ書きとみるべきである。そのため記述は整序されておらず、日付が前後したり、記事が罫紙枠内にとどまらず、枠外にまではみでていたり、あるいは逆に枠外だけに記事が記されて、枠内には何も記されていないものが多々みられる（口絵写真参照）。第一一冊（「十ノ二」）の表紙に「此の中欄外のみ記し、欄内は空白と為したるは、簡短に欄外に件目を記し、他日之に依りて欄内に記入する予定なりしも、終に記入を果さりしものにて、今日にては件目にては事実を忘れたるもの少からす」（本書六八四頁）と記されていることからすると、倉富自身はこれらのメモをもとに、後日枠内に日記を書き直そうと思っていたのだが、時間がなくてはたせなかったのだと思われる。

第一三冊（倉富の付けた番号では「十二」）は同様に宮内省罫紙に墨書されているが、冊子体に綴られているうえ、「大正十二年十二月日記」と表題が付けられている点で第一〇冊や第一一冊とは異なっている。倉富の認識では第一三冊は日記材料ではなくて、日記そのものと位置づけられていたのであろうが、「後日追記したるものなるを以て誤脱多し」（本書七二三頁）とあるように、実際には日記の日付からかなり時間がたった後に記載されたものと思われる。

いっぽう日記第一二冊（倉富の付けた番号では「十一」）は、宮内省の罫紙ではなくて、九冊目までと同じ三越の大学ノートにペン書きされており、日記の体裁だけは震災前に戻っている。しかし、このノートの表紙にも「後日追記したるものを以て誤脱多し」（本書七二二頁）と記されており、こちらもリアルタイムの日記ではなかった。また記述も一一月末までの二週間分で中断しており、それ以降ノートには白紙の頁が続く。おそらく倉富の意識においては、この日記「十一」の始まる一一月一六日から震災前の状態に戻ろうと考えて、以前使用していた三越のノートに再び書き始めたのではないだろうか。しかしながら、何らかの理由で継続できずに、中断してしまったのだと思われる。そのため、次の一二月分は三越の大学ノートではなく、宮内省の罫紙に「後日追記」することになったのではないだろうか。もっとも、後生のわれわれとしては、日記の不備をなげくよりも、このような状況にあっても、なお日記を継続させようとした倉富の執念に驚くべきであろう。

次に一九二四年（大正一三）の日記にうつる。この年も途中に欠本はなく、一年分の日記が全冊（全部で一三冊）現存している。ただし、倉富自身が日記につけた番号は「一」から「十一」までの一一冊で、五冊目と一二冊目にあたる冊子には番号がつけられていない。倉富が番号を付けた日記は、前年と同様、すべて三越製の大学ノート（一頁一七行、頁数一四四）にペン書きされている。

第五冊目にあたるものは、大学ノートではなくて、表紙に「大正十三年」と記された宮内省の職員手帳と思われる黒表紙の小型手帳が使われている（口絵写真参照）。倉富はこの年の五月一日朝に東京を発ち、妻の宣子とともに郷里の福岡県浮羽郡船越村に里帰りをした。東京には五月一八日に戻ってきたが、郷里滞在中の記事をメモしたのが、この手帳であった。第四冊目の日記（これは大学ノート）には、四月一四日から三〇日までの分と五月二〇日から二八日までの記事が記されている。その表紙には「五月一日より同月十九日までの日記は宮内省にて作りたる黒表紙の大正十三年分の手帳に在り　手帳より此の日記に写し取るへき筈なり」と注意書きされている（本書九二〇頁）。しかし実際には、倉富自身の手でその部分が手帳から大学ノートに「写し取られる」ことはなかった。かわりに本巻で手帳の記事を第四冊の日記の途中に挿入しておいた。

いっぽう、第一二冊目にあたる日記は、「宮内省」の銘の入った罫紙に墨書され、紐でとじられている。そこには一一月七日から一二月一〇日までが記載されている。なぜ、この一ヶ月ほどの日記が他と体裁が異なるかというと、一一月九日に倉富が発熱し（本書一三五〇頁）、そのまま一一月二六日まで病床に臥し、その間欠勤を続けていたからである。つまり病中に記された日記が第一二冊目にあたるわけである。一一月二七日からは病気も回復して宮内省に出勤するようになったが、回復後も一二月一〇日までは、病中と同様宮内省の罫紙に日記を書き続けている。じつは病気から回復した一一月二七日に、一度は大学ノートに日記を書きはじめたのだったが、一日しか続かなかった。再び継続して大学ノートが使用されるようになるのは一二月一一日からである。なお、最後の一三冊目（倉富の付けた番号では「十一」）には、翌一九二五年（大正一四）の一月一日から一月一一日までの日記（「大正十四年の一」）も含まれている。その部分は第四巻にまわし、本巻には一九二四年一二月三一日までの分を収録した。

この年の日記も日付は一年間連続しており、欠けている日はないのだが、記事の途中「其談話の要領左の如し」と記されているにもかかわらず、実際には左に空白行が続くだけで、記事が欠けている箇所が何ヶ所かある（口絵写真参照）。四月二日（有馬頼寧の選挙出馬に関する有馬秀雄との談話、東久邇宮稔彦王の件に関する金井四郎との談話、本書八九六頁）、四月三日（小原駩吉の免官についての西園寺八郎との会話、本書八九七頁）、四月四日（牧野伸顕が小原に辞職を勧告した件についての小原および白根松介との会話、本書八九八頁）などがそうである。四月一日の日記の末尾に「今朝頃より左眼白球に赤筋怒張す。但痛なし」とあり（本書八九三頁）、眼に異物が入ったために、倉富はこの日からしばらく左眼に異常を感じるようになった。四月四日には「左眼の焮衝未た去らす。今日本月二日の日記の半以下を記す。眼を労せさる為、談話の要領は他日之を記入することゝ為し、之を略し置けり」（本書八九八頁）と記しており、眼の違和感のために数日にわたって日記の記述を簡略にしたのであった。そのために、この年前半の重大事件である小原駩吉内匠頭の辞職の経緯について記述が簡略なまま終わっているという残念な結果になってしまった。

この一九二四年は倉富の体調が思わしくなかった年である。この「解説」で詳しく述べるように、本巻の扱う二年間は倉富にとってストレスの強い日々が続いた時期であった。宮内行政をめぐって牧野伸顕宮内大臣および関屋貞三郎宮内次官との対立が深刻化し、宮内省内で次第に孤立を深めていったからである。老齢に由来する身体の衰えがこれに加わり、倉富は六月頃から体調不良を感じ始める。最初は腰に痛みを感じたことが発端であった（本書一〇三二頁）。倉富は朝鮮総督府勤務時代に苦しめられた腎臓病の再発ではないかとおそれ、医師の診察を受ける。検査の結果、異常は認められず、動脈硬化による高血圧と診断された。しかし、自身の健康に気をつかう倉富は複数の医師の診断を求めた。いずれも同様の診断であったが、倉富が自身の健康にいかに気をつかっていたかは、七月一二日から尿量の計測をはじめ、年末まで毎日欠かさず日々の尿量の記録を日記に記していることからわかるであろう。この時期の倉富の心理状態を知る手がかりとなる記述が七月二〇日の日記にみられる。

倉富が久しぶりに旧友の柳田直平を訪れ、最近尿量が少ないと言うと、直平は「過労は体に可ならす。枢密顧問官の外、他の官務を辞して静養することを勧む」「既に七十歳を超ゆ。養生の必要あり」（本書一一〇六頁）と、健康のために倉富に宮内省を辞めるよう勧めた。側にいた直平の養嗣子柳田国男が、東宮大夫の珍田捨巳も老齢なので早く辞めたほうがいいが、なかなか辞めないので心配だと述べた。倉富は、最初は直平が自分の身体を心配して養生を勧めてくれたのだと思ったのだが、柳田国男と宮内次官の関屋が親しいことに思い当たり、次のような邪推をしている。

　国男か関屋（貞三郎）と面談する機会少なからさる様の話あり。而して国男か珍田（捨巳）等か引退せさることを不満とする口気あり。此等の事情を綜合すれは、或は関屋か予の引退を望む如きことを国男に談し、国男より柳田に告け、柳田は予をして患失の誹を免れしめんとの考より予に辞職を勧めたるものには非らさるやとの疑を生したり。然し、是は全く想像にて、誤

り居るやも固より計り難し。（同上）

あるいは倉富が想像したような事情（倉富を辞めさせたいと思っている関屋が、国男にそのことを告げ、それを聞いた直平が倉富の身を慮って、倉富に辞職を勧めた）が裏面にあったのかもしれない。しかし、やはりこの倉富の想像は、倉富が宮内省内での孤立と体調不良から神経過敏になっていて、旧友の親切に対しても素直に受け取れない状態にあったことを示すものと解すべきであろう。

医師の診断にもかかわらず、九月に入ると頭痛を感じるようになり、九月九日には「日記を記する為時を費し、且つ頭熱を催ふす様に思ふに付、今日分より記事を簡にす」（本書一二三四頁）と記している。さらに頭痛が激しくなり、就寝時に氷枕をするようになるが、ついに九月二二日には「午後今日の日記を書す。頭痛を恐れて二十九葉までにて之を止む」（本書一二五四頁）という状態になった。その後しばらく小康状態をたもったが、結局一一月になって発熱し、上に述べたように、二週間ばかり欠勤することになったのである。なお、この時の病名は日記には記されていないが、それまでの心身の疲労とストレスの蓄積が一気に爆発したのではないかと思われる。このような体調不良を反映してか、一九二四年の日記の分量は大震災のあった前年に比べて少なくなっている。

二、枢密顧問官兼帝室会計審査局長官

第三巻が対象とする二年間について、倉富が就いていた主要な役職を確認しておこう。一九二三年一〇月二九日付で枢密顧問官が本官となり、帝室会計審査局長官が兼官となった。九月に牧野宮内大臣が枢密院議長の清浦奎吾に倉富の転官のことを依頼し、清浦がそれを了承したのであるが、倉富は一〇月一八日に牧野から転官のことを聞かされ、承諾の返答をしている（本書六八四頁）。九月二六日に皇后宮大夫の大森鍾一が枢密顧問官兼任となり、これで枢密顧問官兼任の宮内官が倉富、大森、井上勝之助式部長官、珍田捨巳東宮大夫の四人となった。珍田は本官が枢密顧問官であったが、他の三人は宮内官が本官であるので、その俸給は宮内省が支弁する。それを減らすために、牧野が清浦に倉富の転官を求めたのだと思われる。もっとも、枢密顧問官になったのは井上の方が先任であり（井上は一九一九年三月、倉富は一九二〇年一〇月）、牧野が井上でなくて倉富を選んだのはそれなりの理由があったのだと思われる。もっとも、牧野の命で、帝室会計審査局長官が兼官となっても、倉富が引き受けている宮内省関係の役職（宮内省御用掛〈宗秩寮〉、李王世子顧問、東宮御婚儀委員、帝室制度審議会委員、東久邇宮宮務監督事務取扱、予算委員、

宮内官考査委員等）はすべてそのままとされたので（本書六九三頁）、日記を読むかぎりでは、転官によって倉富の生活に変化が生じたようにはみえない。本官が枢密顧問官となると、宮内省関係の委員にともなう手当はこれまでと変わらないが、倉富の本俸はこれまでとちがって枢密院の経費で支弁されるので、宮内省からは支給されない。宮内省側からみると、この転官で倉富がしめていた勅任官一等一級俸のポストが一つ空くことになり、人事に余裕が生まれる。それが牧野のねらいであったと考えてよいであろう。なお、帝室会計審査局長官の本俸と枢密顧問官の本俸は同額の六五〇〇円であるが、宮内官としての年功加俸一〇〇〇円がなくなったので、その分倉富の収入は減少する計算となる。

　第三巻が扱う二年間も宮内省は多事多難であり、倉富も多忙であった。もっとも、この時期に皇室が抱えていた最大難事ともいうべき摂政設置問題はすでに一九二一年中に解決しており、もう一つの難題であった皇太子の結婚問題も、摂政となった裕仁親王が一九二二年六月に久邇宮良子女王との結婚に自ら勅許を与えたことにより決着がつけられた。関東大震災のために結婚の儀式は一時延期されたが、一九二四年一月には無事挙行された（本書七五八頁）。宮中某重大事件の後始末のために宮内大臣に就任した牧野にとって、皇太子の結婚の成功は大きな区切りとなるものであった。しかし、思いもかけぬ関東大震災の発生は、宮内省に新たな難題をもたらすことになった。皇族三名（閑院宮寛子女王、山階宮妃佐紀子女王、東久邇宮師正王）が死亡したほか、皇室および宮内省は大きな被害を受け、その修復と復興のために宮内省は奮闘しなければならなかった。また、未曾有の大地震により被災した多くの国民に対して皇室がどのような対応をとるかも、宮内省が取り組まねばならない難問であった。さらに一九二三年の末には、議会の開院式にのぞむ途中で、摂政が狙撃されるという大事件（虎ノ門事件）がおこった（本書七三四頁）。幸いにして摂政は無事であったが、このような「人心の悪化」を極度に示す事件の発生は、宮内省当局者の心胆を寒からしめたのであった。

　他にも皇族をめぐっていくつかの事件、問題が生じた。一九二三年四月に、パリ滞在中の北白川宮成久王が自動車を運転中に事故を起こして死亡し、同乗していた王妃の房子内親王と朝香宮鳩彦王が大けがを負うという事件が発生した（本書二八九頁）。また、一九二〇年五月に日本を離れ、三年の約束でフランスに留学した東久邇宮稔彦王が帰国の期限を過ぎても帰国しようとせず、さらに関東大震災で自分の息子が不慮の死を遂げたことを知っても、そのままフランスに滞在をし続けようとしたために、いかにして稔彦王の帰国を促すのか、これまた重大な問題となったのである。さらに一九二四年二月には、皇太子妃となった良子女王の兄久邇宮朝融王が酒井伯爵家の娘菊子との婚約解消を望み、父親の久邇宮邦彦王もそれを強く支持していることが発覚した。宮中某重大事件の際には、娘の婚約辞退を断固拒否した久邇宮邦彦王が今度は息子の婚約、それも大正天皇の内許を受けた婚約の、ただたんに相手がいやになったという理由だけで、その解消を求めたのである。強い反対を乗りこえてようやく皇太子の結婚を成功させたばかりの牧野宮内大臣にとって、邦彦王のこの身勝手な要求はそう簡単に呑むことのできるものでなかった。徳川頼倫宗秩寮総裁をはじめ、宮内省の関係者はこの問題の解決に苦心惨憺させられることになる。牧野宮内大臣から宗秩寮の事務について総裁を助けるようにとの特命を受けていた倉富は、これら皇族をめぐる厄介な問題についても職務上関係せざるをえなかった。とくに稔彦王の長期滞仏問題については、同じく牧野から特命で非公式に東久邇宮の宮務監督をつとめるよう命じられていた関係もあり、頭を悩まさざるをえなかった。

前巻同様、倉富は李王世子の顧問を継続していた。それゆえ本巻においても李王世子家の諸問題について多くの記述が見られる。とくに倉富が顧問として強い関心をもって対処したのは、李王世子の朝鮮帰国問題であった。陸軍大学校を卒業した李王世子の帰国を求める声が親日派朝鮮人の中から出され、それにどう対応するかという案件である。この他にも李太王建碑問題とその処分をめぐっての李王職長官、次官の更迭問題、李王への賜邸問題（関屋が李王職職員や宋秉畯に食言をしたことにより生じたトラブル）、李堈公の処遇問題などが本巻の日記にしばしば登場する。

また、長らく開店休業状態であった帝室制度審議会の活動が再開し、積み残しの皇室令案の審査が始まった。また、一九二四年三月に臨時御歴代史実考査委員会が発足し、倉富もその委員に選ばれている。臨時御歴代史実考査委員会のメンバーは委員長が伊東巳代治、委員は倉富、平沼騏一郎、岡野敬次郎、関屋貞三郎、二上兵治、入江貫一、杉栄三郎（図書頭）、三上参次、三浦周行、黒板勝美、辻善之助、坪井九万三、和田英であり、帝室制度審議会の委員と帝国大学の教授から構成されていた。倉富日記からこの委員会での審議の模様を知ることができる。

倉富の本官となった枢密顧問官としての活動については、本巻で注目すべきトピックをあげると、日中郵便交換協定（日本帝国及支那共和国間郵便物交換約定外三約定）の件で加藤友三郎内閣と枢密院が対立した事件、第一回から第三回までの労働総会（ILO）にて採択された条約案の審議、関東大震災の際に制定されたいくつかの緊急勅令案の審議、また震災善後措置をめぐる火災保険問題、衆議院選挙法改正、京城帝国大学令案、加藤高明内閣提出の官制改正（政務官設置）案などがあげられよう。

宮内省関係以外の公職としては、枢密顧問官が本官となったために、自動的に高等文官懲戒委員長と行政裁判官懲戒委員長兼会計検査官懲戒委員長を新たに兼任することになった。その関連で、虎ノ門事件の警備責任問題で関連役職者の懲戒審査の模様が日記に記されている。また、引き続き臨時法制審議会の委員であり、賞勲局の議定官も継続している。臨時法制審議会での活動としては、諮問第四号（刑法改正案についての諮問）と諮問第五号（衆議院議員選挙法＝普通選挙法についての諮問）の双方について貴重な記録史料を提供してくれている。

公職ではないが、引き続き旧久留米藩主有馬伯爵家の家政相談人をつとめている。そのため、本巻でも有馬家の家政問題についての記述が日記のかなりのスペースをしめている。本巻のトピックとしては、有馬頼寧に一〇〇万円の資産を分与して、独立させ、伯爵家本家との経済上の関係を絶つことにしたこと、それに関連して、仁田原重行が家務監督をやめ、有馬秀雄が家令となったこと、また倉富自身も家政相談人を辞めようとしたこと、また有馬頼寧が一九二四年の衆議院議員選挙に出馬し、当選したこと（秀雄は落選）、有馬頼寧の同愛会の活動、さらに頼寧が娘（静子と澄子）を皇族と結婚させることを願って、秩父宮妃の候補とするべく工作していたことなどがあげられる。

このように、本巻の対象時期においても、倉富のまわりでは対処を要する数多くの事件がおこっていた。いずれも興味深いものであり、それらについて倉富日記でなければ知り得ないような情報も少なくない。また、上にあげた問題とは直接関係のない記述の中にも、貴重な情報がみられる。一例をあげると、一九二四年一〇月七日の「賢所其他に拝観す」の記事などがそれである。通常では足を踏み入れることのかなわぬ神聖な場所であるが、関東大震災で宮中三殿（賢所、皇霊殿、神殿）の壁が破損し、それを修繕する間、一時的に仮殿への奉遷が行われていた（本書九四四、一三一五頁）。倉富は他の宮内省の高官とともに、修理期間中に掌典長九条道実の案内で拝観したのであった（本書一二八二頁）。またこれと関連して、七月一四日の追記部分には、皇霊殿の御霊代について九条と倉富がかわした問答が収録されている（本書一〇八八頁）。いずれも興味深い内容である。

しかし本巻の「解説」では話題をひとつにしぼりたい。それは、倉富が牧野宮内大臣および関屋宮内次官と次第に対立を深めていき、宮内省内で孤立していく過程である。逆に言えば、それは宮内省内において牧野・関屋体制が確立していく過程でもあった。その過程を説明するために、少し遠回りになるが、まず宮内省と宮内官の制度について簡単に概観しておきたい。そのあと、牧野が宮内大臣に就任した時点にまでさかのぼって、宮内省の内部対立がどのように進行していったのかを見ることにしたい。

三、宮内省と宮内官

1．宮中・府中の分離と宮内省

一八八五年末に太政官制が廃止され、内閣制度に移行するのにあわせて、宮内省も内閣から分離し、宮内大臣は内閣から独立した天皇の輔弼者となった（宮中・府中の分離）。天皇大権を三つの領野（国務大権・統帥大権・皇室大権）に分割して、それぞれに別個の輔弼者（内閣・統帥府・宮内省）をたてる多元的輔弼制が成立したのである。この多元的輔弼制の基盤のうえに、明治憲法と皇室典範および軍人勅諭を根本法ないし根本理念とする明治立憲制が組み立てられた。「宮中・府中の分離」を天皇とその側近あるいは皇族等が国政に干渉することを防止し、政府の宮廷からの独立性を維持する装置とみるむきもあるが、それは事の半面にすぎず、内閣を通じて帝国議会の権限が皇室に及ぶのを防止すること、すなわち皇室自律主義の確立にこそ「宮中・府中の分離」の本質があったとみるべきであろう。

この体制のもとでは、皇室の「家政」は皇室事務（＝宮務）として他の国政の分野（＝国務）とは分離しており、内閣が管掌する国務とは別個の独立した国政の領域を形成していた。その結果、とくに一九〇七年の公式令と皇室典範増補制定後は、宮務を処理するための法体系が、一般の国務を律する法体系とは別個の法圏（皇室典範を頂点とする皇室法体系）を形成することになった。しかも両者の間には、「皇室ニ関スル事項ニ付テハ皇室ノ定ムル法ガ同時ニ国法トシテ国家及国民ヲ拘束スル力ヲ有ス」が、「一般ノ法律命令ハ原則トシテ皇室ニ効力ヲ及ボスコトナシ。法律命令ガ皇室ニ適用セラルルハ唯皇室ガ自ラ其ノ適用ヲ忍容スル場合ニ限ル」（美濃部達吉『憲法撮要』第五版、有斐閣、一九三二年、二四七、二四八頁）という非対称の関係が存在していたのである。

内閣に属する一般の省庁の場合、それら行政機関の組織・権限を規定する法規はすべて内閣が管掌する勅令であったが、宮内省とその下部組織の場合は、その官制は皇室令（一九〇七年以降、それ以前は奉勅の宮内省達による）という法令形式をとっていた。皇室令は宮内省で起案して、宮内大臣が天皇に上奏し、その裁可を受けて制定されるが、法律及び勅令と同等の効力をもっていた。宮内大臣をはじめとする宮内官の官等や俸給、任用や分限等の人事関連規則を定めた法令（宮内官官等俸給令、宮内官任用令、宮内官分限令、宮内官懲戒令等）も勅令ではなくて皇室令であった。同じ国家の官僚であっても、宮内官は、国務を分掌する官僚（＝文官）とは別個の存在として機能していたのである。

ここで注意すべきは、宮務は皇室の「家政」ではあるが、決して皇室の「私的」な「家政」ではないという点である。そもそも君主とその一族の生活を管理する「王室の家政」は「公的」な側面を有するのであり、君主の地位の継承をはじめとして君主とその一族の処遇・待遇は、本来的に「国政」の一領域をなすべきものである。現在の日本の皇室制度もその考え方に立っており、現行の皇室典範が議会制定法である法律の形式をとっているのは、そのことを端的に物語っている。しかし明治立憲制下においては、「宮中・府中の分離」制度がとられ、宮務が国務とは別個の独立した「公的」領域を形成していた。それを示すように、根本法である皇室典範は議会制定法ではなく、憲法と並列する存在であり、その制定・改正に関与するのは、天皇・皇族・宮内省・枢密院であり、議会はもちろんのこと、内閣ですらも宮内省の原案に合意を求められるにすぎなかった。

戦前において皇室の「家政」が一般国民の「家政」のように「私的」なものでなかったことを端的に示すのは、皇室の所有する財産やその経営する事業が国の課税を免れていた事実であろう。皇室は膨大な資産（動産・不動産）を有し、事業を経営していた。それらはもともと太政官政府が管理する官有財産であったが、一八八四年以降順次皇室財産に編入され、他の国有財産とは切り離された。事業は主として山林経営であり、御料林とよばれる広大な山林を所有して、林業を営んでいた。皇室の所有する動産（預金、株券、債券）は内蔵寮（一八八四年設置）が管理・運用し、不動産の管理とくに山林や農地の管理と経営は御料局（一八八五年設置）あるいはその後身である帝室林野管理局（一九〇八年に宮内省の外局となり、一九二四年に帝室林野局と改称）が担当していた。これらの資産や事業からあがる収益は直接皇室の収入となり、国庫の収入とは別枠とされた。皇室財産の運用から生じる収益に毎年国家予算から繰り入れられる皇室費（時期により金額は異なるが、本巻の時期では四五〇万円）をあわせたものが、毎年の皇室の収入となり、その「家政」の経費を支弁したのである。「宮中・府中の分離」を財政的に支えていたのが皇室財産とその運用収益・事業収益であった。

これらの不動産所有や事業経営には課税されなかった（酒巻芳男『皇室制度講話』、岩波書店、一九三四年、二〇八頁）。税法中に皇室財産に関しては課税を免除されるとの規定あるがゆえに不課税となるのではなくて、そもそも議会制定法である税法そのものが原則として適用されないために不課税なのである。一般の臣民であれば、いかなる大地主であっても、その私有財産である山林や山林経営には地租その他の税金が課される。しかし、皇室財産は課税の対象とはならない。天皇家の「家政」が純然たる「私的」なものであり、皇室財産が私有財産であったのであれば、当然課税を免れないはずだから、皇室財産は私有財産ではなかったのである。国有林や国営企業に税金がかからないように（税金はかからないが事業収益は国庫の収入となる）、皇室の財産や事業に課税されないのは、もともとそれらが官有財産だったからであり、「公的」なものだったからである。もともと国家の財産、事業であったものが、「宮中・府中の分離」によって皇室財産・事業と国有財産・事業とに分割されたのであり、表現を変えれば、もともと天皇の所有物であった官有財産が二つに分割され、「宮中」によって管理される皇室財産と「府中」の管理する国有財産とに分かれたのである。このことは天皇家の「家政」が「私的」なものではなく、「公的」なものであったことを意味している。ただし、この「公的」とは政府の管理する「公的」なものとは独立した、もうひとつの「公的」なものなのである。

皇室の事業が「公的」なものであることを示すもうひとつの例をあげると、皇室は学校を経営していた。皇族や華族の子弟の教育機関である学習院がそうである。小学校に該当する初等科から高等学校にあたる高等科まであり、一時は大学科が置かれたこともあった。また女子部（のちに女子学習院となる）も存在していた。学習院は私立学校ではなくて、あくまでも官立学校であった。

ただ官立学校ではあるが、皇室の経営する学校であるために、一般の公立・国立学校とは異なり、文部省の管轄下には置かれずに、宮内省の管理下に置かれたのである。

天皇の皇室大権を輔弼する宮内大臣の指揮のもとで、皇室の「家政」を管理・運営し、皇室の家長としての天皇を補佐するのが宮内省である。また宮内省は、天皇と皇族の生活とその再生産とが円滑に支障なく進行するのを支えることによって、天皇が国家の元首として、また陸海軍の大元帥として、その機能を十全に発揮するのを助けるという役割を担っていた。

2. 宮内省官制の変遷

宮内省官制の変遷をみると、「宮中・府中の分離」より前の時期の宮内省の組織は比較的小さかった。一八七七年の宮内省職制では、宮内省の職員は宮内卿、大輔、少輔、大書記官、権大書記官、少書記官、権少書記官、属、侍従、侍補、侍講、侍医、医員、馭者、雑掌、仕丁、皇太后宮大夫、皇太后宮亮、皇后宮大夫、皇后宮亮であった。一八七三年の宮内省の内規では、省内の分課として庶務、出納、内膳、内匠、調度、御厩の六課があったことが確認できる（内閣記録局編『法規分類大全官職門一至六』、一八八九年、三七二頁）ので、管理部門、事務部門以外にも、天皇とその家族に衣食住のサービスを提供する組織が含まれていたことがわかる。また、侍従、侍補、侍講、侍医等は、天皇の側近に奉仕して、天皇が君主としての職務を果たすのを補佐する秘書、従者、助言者、家庭教師、主治医であり、皇后宮大夫等は、天皇の「家庭」ともいうべき「大奥」とそこに仕える女官を取りしきる皇后の補佐役である。侍従や侍補は、天皇が日常的に公務を遂行する皇居内の執務空間（御座所）で天皇に奉仕していたが、こちらは「大奥」に対して「中奥」といわれていた。それに対して、宮内卿以下の管理・事務部門や衣食住や医療サービス部門は宮中の中の「表」ということになるだろうが、外局はもちろん、内部部局もないことからわかるように、それほど大きな規模の組織ではなかった。

しかしその後「表」の部門が次第に拡大していく。まず、一八七七年に国家の儀式と祭祀をつかさどる式部寮が太政官から宮内省に移管され、翌年には陵墓に関する事務も宮内省の所管となった。また、皇室財産の設定とそれに伴う皇室財政の国家財政からの独立にそなえて、一八八四年に内蔵寮と図書寮が増設され、一八八五年の「宮中・府中の分離」の際には皇室の事業経営を担当する御料局と土木・工匠・庭園のことを掌る内匠寮が新設された。

「宮中・府中の分離」により宮内省の組織の骨格が定まるが、それを規定したのが一八八六年二月の宮内省官制（奉勅宮内省達第一号）およびそれを改正した一八八九年七月の改定宮内省官制（奉勅宮内省達第一〇号）であった。一八八九年官制によれば、宮内省の組織は、大臣、次官、官房三課（内事課、外事課、調査課）、侍従職、式部職、皇太后宮職、皇后宮職、内蔵寮、御料局、爵位局、大膳職、主殿寮（附皇宮警察署）、図書寮、内匠寮、主馬寮、諸陵寮、侍医局、主猟局、調度局、帝室会計審査局であった。これに東宮職、皇族附職員が加わり、附属組織として帝国博物館（のち帝室博物館と改称）、学習院、華族女学校があった。また官制によらない内部組織として御歌所があり、これは一八九七年に官制による外局となった。これらを一八七七年の職制と比較すると、それまで内部分課として存在していたものが部局に拡張されたほか、新たな組織が追加されている。具体的には、皇室財産（この中には皇居をはじめとする各地の宮殿・邸地・庭園や文化財等も含まれる）の管理・運用・経営にあたる部局、宮中の儀式・祭祀を管掌する部局、陵墓の管理をおこなう部局、さらに華族の監督をおこなう部局などである。

　一八八九年の宮内省官制には何度も小さな改正が加えられたが、次に大きく改定されたのは一九〇七年一一月であった（施行は一九〇八年一月一日から）。「宮中・府中の分離」後、一九〇七年の宮内省官制改定までを第一期とすれば、一九〇八年以後は第二期とみなすことができる。一九〇七年宮内省官制（明治四〇年皇室令第三号）に定める宮内省の内部組織は、大臣、次官、官房四課（総務課、調査課、秘書課〈一九一四年に廃止〉、文書課）、侍従職、式部職（含掌典部・楽部）、内蔵寮、図書寮、爵位寮（一九一〇年より宗秩寮）、侍医寮、大膳寮、諸陵寮、主殿寮（含警察部）、内匠寮、内苑寮（一九一四年に廃止）、主馬寮、主猟寮、調度寮であった。それに加えて、第一期には宮内省の内局であった組織が外局となり、それぞれ独立した官制が制定された。以前から外局であったものを含めて、それらを列挙すると次のようになる。皇后宮職官制（明治四〇年皇室令第五号）、東宮職官制（同皇室令第六号）、皇族附職員官制（同皇室令第七号）、帝室会計審査局官制（同皇室令第八号）、帝室林野管理局官制（同皇室令第九号）、御歌所官制（同皇室令第一〇号）、帝室博物館官制（同皇室令第一一号）。なお、学習院官制は前年の一九〇六年にすでに改定されていたので（華族女学校を廃止し、学習院女子部とした）、この時には新たに制定されることはなかった。外局が増え、その分組織の規模が拡大したとはいえ、組織の構成についていえば、第二期と第一期のそれとの間にはそれほど大きなちがいはないとみてよい。第一期と第二期のちがいは宮内省の部局構成の面ではなくて、官制を定める法令の形式にみられるのであり、こちらの差異こそが核心であった。第一期には宮内省官制をはじめとする法令がすべて奉勅の宮内省達という形式であったのが、第二期にはそれが皇室令に変化した。この点が重要なのである。

　一九〇七年の官制改革は、公式令および皇室典範増補の制定で基盤がつくられた皇室法体系の整備の一環としておこなわれた。一八八九年の皇室典範は、皇位継承をはじめとする皇室制度や皇族の身位および権利・義務について大綱を定めたものだが、実際にその規定にもとづいて何事かを行おうとすれば、より詳細な下位規程を設けなければならなかった。たとえば、典範第二章には天皇が崩御すればただちに践祚し、即位礼と大嘗祭を京都で行うと規定されているが、それぞれの儀式をどのように行うか、その詳細は何も規定されていない。一九〇九年制定の登極令のような下位規程が必要とされるゆえんである。また、皇室会計の政府会計からの独立を示した典範第四八条には「皇室経費ノ予算決算検査及其ノ他ノ規則ハ皇室会計法ノ定ムル所ニ依ル」とあり、第六一条にも「皇族ノ財産歳費及諸規則ハ別ニ之ヲ定ムヘシ」とあって、典範そのものにも下位規程への言及がみられる。一八八九年の宮内省官制の規定では、宮内大臣は「勅ヲ奉シテ帝室ニ関スル諸法規ヲ制定施行スルコト」(第二条)ができ、また「皇室典範ニ於テ制定セラレタル主務及前条法規ニ関シ施行細則ヲ定ムルコト」(第三条)もでき、宮内省官制などは奉勅の宮内省達として制定・公布されたのであるが、典範に定める規定をより詳細にした法令が宮内省達として発出されることはなかった。たとえば、皇室会計法は実際に制定され、それにもとづいて皇室会計は処理されたのだが、名称に「法」と付いていても、皇室会計法は「法律」ではなく、宮内省で起案され、皇室経済会議で審議のうえ、明治天皇の裁可を受けて制定された(島善高「明治二十四年の皇室会計法について」『早稲田人文自然科学研究』第四六号、一九九四年)。しかしながら、制定された皇室会計法は奉勅の宮内省達として公示されることはなく、皇室の内規のままにとどまったのである。このことは、第一期においては「宮中・府中の分離」は行われたが、まだ「国務法と対等な皇室法」という認識が定着するまでにはいたっていなかったことを思わせる。

しかし、皇太子嘉仁親王の成長とともに事態は変化しはじめる。一九〇〇年四月に皇室婚嫁令が制定された。これは同年五月に挙行される皇太子の結婚にあわせて、皇族の婚礼の手続や婚儀の内容を定めた典範の下位規程であるとともに、典範では言及されていない「大婚」すなわち天皇の婚礼についても規定していた。さらに一九〇二年には皇太子妃の二度目の出産に間に合わせるべく、皇子および皇族の子が誕生した際の手続きを定めた皇室誕生令が制定された。両令は宮内省が起案し、枢密院に諮詢されたあと天皇が裁可して成立したが、皇室会計法とは異なり、上諭を付して公布された(副署者は宮内大臣土方久元)。両令は勅令と同等の法令とみなせるが、「宮中・府中の分離」の原則および制定の手続からすれば勅令とはいえず、実際にも勅令とはされなかった。またその形式からすれば宮内省達ともいえず、実際にも宮内省達として公布されたわけでない。典範の下位規程として新たな種類の法令が創出されたのだが、当時の法体系の中にはこれを位置づけることができなかったのである。

皇太子の結婚、相次ぐ皇孫の誕生と、明治天皇の家族生活が展開していくにつれて、典範の下位規程の必要性はますます現実のものとなり、今後も同様の法令が必要となるのは目にみえていた。さらに明治憲法制定後、臣民の権利と義務にかかわる法律、とくに近代的な私法の体系が次第に整備されていくにつれ、議会制定法の規律をうけない皇族についても、法律とは異なる成文法によってその権利と義務を規定すること、すなわち「皇族の国法上の位置付け」を明確にする必要にも迫られつつあった。このような要請に応えるべく制定されたのが一九〇七年の公式令であった。同令はその第五条で「皇室典範ニ基ツク諸規則、宮内官制其ノ他皇室事務ニ関シ勅定ヲ経タル規程ニシテ発表ヲ要スルモノハ皇室令トシ上諭ヲ附シテ之ヲ公布ス」と、新たに皇室令という法令のカテゴリーをつくり、その上諭の書式および副署式を定めた。すなわち、皇室婚嫁令や皇室誕生令のような新たな法令の種類に名称と形式を与え、それを既存の法体系の中に配置したのであった。これによって「国務法と対等な皇室法」の位置づけが確定し、「宮中・府中の分離（とその対等性）」（明治典憲体制）が法的な面においても確立したのだといえよう。

公式令の制定後、皇族会議令、華族令をかわきりに多数の皇室令が相次いで制定され、皇室法の整備が急速に進んだ。同時に宮内省官制などそれまで宮内省達として公布されていた勅定の規程がすべて皇室令として制定しなおされた。それが一九〇七年の官制改定の核心であった。それゆえ、一部の内局が外局になったほかは、この改定によって宮内省の組織に大きな変化が生じることはなかった。ただ、「国務法と対等な皇室法」を整備するとの目的から、次の二点で第一期とは異なる変化が生じた。まず新官制では、第三条で宮内大臣の皇室令の起案・上奏権を規定するとともに、第五条で省令を発する権限、第六条で警視総監及び地方長官に指令および訓令を発する権限が認められた。これらは旧官制にはない条項であり、各省の組織・権限を定めた各省官制通則の第三、第四、第五条と同等のものであった。これによって、皇室法の体系においても、皇室令―省令―訓令という、法律・勅令―省令―訓令という一般省庁の法令体系と同様の系列が成立したのである。いっぽう新官制の第四条は旧官制の第三条とほぼ同様の内容であり、従来どおり宮内省達という形式の法令を制定する権限も留保されていた。つまり、新官制に移行したのちも、数は少なくなったが、宮内省達という法令形式が消滅したのではなかった。

第二点は、宮内官の人事関連法令が整備されたことである。新官制と同時に、宮内官官等俸給令（明治四〇年皇室令第一三号）、宮内官任用令（同皇室令第一四号）、宮内官分限令（同皇室令第一五号）、宮内官懲戒令（同皇室令第一六号）の四法令がつくられた。これらは一般文官用の高等官官等俸給令・判任官官等俸給令、文官任用令、文官分限令、文官懲戒令に該当する法令だが、第一期には存在しなかったものである（一八八九年官制には、官等と俸給に関する規定の他、奏任官試補および判任官見習の任用、宮内官の非職・休職・復職と懲戒についてごく簡単な規定が含まれていた）。文官任用令、文官分限令、文官懲戒令の三令が全部そろうのは一八九九年であるから（文官任用令は一八九三年もしくは一八八七年にまで溯りうる）、宮内官の人事関連規則は一般文官のそれに比べて一〇年ばかり整備が遅れたことになる。第二期には、整備の遅れていた宮内官の人事関連規則が一般文官のそれとほぼ同様となり、この面でも「国務法と対等な皇室法」という認識のあらわれをみることができる。

もっとも、人事関連法令が整備されたといっても、一般文官のそれとまったく同じになったわけではない。ここでは任用令にしぼって紹介するが、一九〇七年の宮内官任用令を同時期の文官任用令（明治三二年勅令第六一号）と比較すると、奏任官の任用資格についてちがいがみられる。文官高等試験合格者であることを任用の要件とする点で両令は共通するが、宮内官任用令は、文官任用令にはない「帝国大学法科大学又ハ学習院旧大学科ノ卒業証書ヲ有スル者」にも任用資格を与えていたからである。このような帝国大学卒業生に対する優遇措置は、かつては一般の奏任文官の任用においてもみられ、一八八七年の文官試験試補及見習規則には類似の規定があった。しかし、一八九三年制定の文官任用令ではこのような優遇措置は廃止されており、以後復活することはなかった。宮内官の場合、この帝国大学卒業生の優遇規定は現実には華族に対する優遇措置として機能したとみなすことができる。なぜならば、学習院に入学した華族の子弟のほとんどが高等科まで進学し、しかも学習院高等科は官立の高等学校と同等のものとみなされていたから、帝国大学そのものへの進学はほとんど無試験入学に近かったからである。この条項にしたがえば、華族であって、帝国大学の法科大学に首尾よく入学し、卒業できるだけの学力をもつ者であれば、文官高等試験に合格しなくとも、奏任宮内官に任官できるのだから、優遇措置といっていい。

この他にも実質的には華族に対する優遇措置として機能する条項（特別任用と自由任用に関する条項）が宮内官任用令には含まれていた。まず特別任用（銓衡任用）について説明すると、奏任宮内官または判任宮内官となる資格を有さない者（文官試験に合格していない者）を、宮内官考査委員会の銓衡によって任用するのが特別任用（銓衡任用）であり、文官任用令にも同種の条項は存在するので、そのこと自体は特異といえない。ただ文官任用令では、特別任用（銓衡任用）については包括的な規定が設けられているだけで、具体的にどの官職がそれに該当するかまでは規定されていない。それらは官職毎に個別に制定される特別任用令において別途指定されるのが普通であったが、宮内官任用令では任用令の本文に特別任用官の官職指定が書き込まれていた。宮内官は官職数も少なく、頻繁に新設・変更されるわけでもないので、こうなったのだと思われる。特別任用官には、翻訳官や侍医、薬剤師、調馬師、教官、技術官など特殊な技能を要求するものもあるが、侍従、式部官、主猟官など、華族であればそれほど苦労せずに勤まりそうな官も含まれていた。任用資格をもたない華族を宮内官に任用するには、侍従、式部官、主猟官のいずれかにするという方法があったのである。

次に、宮内官任用令では勅任官および奏任官の自由任用の範囲が同時期の文官任用令に比べて広いというのがもう一つの特徴であった（親任官はすべて自由任用）。文官高等試験に合格していなくとも、また奏任官、勅任官としての勤務経験がまったくなくても、侍従長、侍従次長、式部長官、式部次長、掌典長、掌典次長、侍医頭、内大臣秘書官長、皇后宮大夫、東宮大夫、東宮侍従長、皇族附別当、御歌所長（以上は勅任官）、宮内大臣秘書官、内大臣秘書官（以上は奏任）、皇后宮職女官、東宮職女官（以上は勅任、奏任、判任）に任用することができた。特別任用で奏任文官となった華族でも、これらの官職であれば、勅任官に昇進することも可能なわけである。その後宮内官任用令はたびたび改定され、自由任用官、特別任用官の範囲も徐々に拡大されていく。

一九一〇年の韓国併合により、旧韓国皇族は日本の皇族に準ずる存在として天皇の監督下に入り、王公族の身分が与えられた。また朝鮮貴族令（明治四三年皇室令第一四号）により、王公族に含まれなかった元韓国皇帝一族と貴族、さらに併合に協力した朝鮮人に爵位が与えられ、宮内大臣の監督を受けることになった。宮内省の業務は植民地朝鮮にまで広がったのである。ただし、朝鮮に在る李王職職員の監督権は朝鮮総督に委任された。これにともない、皇族、王公族、華族、朝鮮貴族を監督するために爵位局は宗秩寮に昇格・改称された。

そのあと一九〇七年の宮内省官制が大きく改定されるのは一九二一年一〇月であった。この時は宮内省官制と各外局の官制（ただし皇族職員官制、李王職官制、学習院官制は除く）の改定にとどまらず、宮内官官等俸給令、宮内官任用令、皇室会計令などの皇室令も一斉に同時改定された。よって、これ以降を宮内省官制の第三期とみなすことができる。この時の官制改革はそれまでとはおもむきがちがっており、組織の拡大ではなくて、反対にその整理・縮小を目的としていた。拡大しつづけてきた宮内省の組織が、ここにいたって縮小に転じたのである。

一九二一年の官制改革が宮内省内でどのように準備されていったのかについては、次章で詳しく検討するので、ここでは簡単にその概要を述べるにとどめる。組織縮小のために、宮内省の内局のうち主殿寮、主猟寮、調度寮の三寮が廃止された（内苑寮は一九一四年にすでに廃止されている）。主殿寮に属していた皇宮警察は大臣官房に移管され、調度局が扱っていた業務の一部は新設の官房用度課に移された。また、主猟寮の業務は式部職に移された。その結果、内部部局の編制は、大臣官房に参事官（一九一九年に設置）と四課（総務課、秘書課、文書課、用度課）および警察部がおかれたほか、侍従職、式部職、宗秩寮、諸陵寮、図書寮、侍医寮、大膳寮、内蔵寮、内匠寮、主馬寮の一〇局となった。外局の数は皇族附職員も含めてそのままとされたが、全省にわたって人員整理がおこなわれ、削減がはかられた。

一九二一年の官制改定では宮内官任用令の改定もおこなわれた。まず、奏任宮内官の任用資格から帝国大学法科大学卒業生の優遇措置が削除され、一般文官の任用令と同一の基準にあらためられた。また、自由任用官の範囲も狭められ、親任官、秘書官、女官以外では侍従長、式部長官、掌典長、宮中顧問官、内大臣秘書官長、皇后宮大夫、東宮大夫、東宮侍従長、李王職長官のみとなった。しかし、そのかわりにそれまで自由任用官であった侍従次長、式部次長、掌典次長、侍医頭、皇族附別当、御歌所長、学習院長、帝室博物館総長は特別任用（銓衡任用）の対象となったので、実質的にはそれほど大きな変化はなかったといえよう。また、任官資格をもたないが、二年以上宮内勅任官もしくは勅任文官の職に就いていた者および二年以上高等官三等の宮内官もしくは文官の職に就いていた者は、銓衡任用によって宮内勅任官に任用可能とする規定が新設された。これは勅任宮内官一般の特別任用に道を開いたものといってよいだろう。倉富日記一九二一年七月八日条の記述「関屋、山崎四男六、小原駩吉、及南部と倶に宮内官任用令の改正を議す。予は任用資格を広め、特別任用の奏任官も勅任官と為ることを得せしめんことを主張す」(『倉富勇三郎日記』第二巻〈以下第二巻と略記〉二七七頁)及び同年一〇月四日条の関屋次官の発言「事務取扱〔倉富のこと――永井注〕は試験制度を打破することの主張者にて、今回任用令を改正すること丶なりたるも同人の主張なる」(第二巻四二九頁)とあることから、この新設の条項が倉富の発案であったらしいことがわかる。倉富は、宮内官の任用に関して文官高等試験の合格を条件とすることに反対であり、任用資格の制限を緩めるよう主張していた。本巻でも彼がその持論を主張する場面がたびたび出てくる。また、その問題をめぐって資格制限を主張する他の宮内官(そのほとんどは文官高等試験の合格者である)と対立する記事もたびたびみられる。一例をあげると、本書一〇九三頁には、任用資格の撤廃を主張する倉富と、自由任用にすれば「宮内省は華族の無能子弟の集会所となるへし」として、それに反対する秘書課長白根松介(文官高等試験合格者しかも華族である)との会話が記されている。

3. 宮内省の人事体制

以上、宮内省官制の変遷を中心に「宮中・府中の分離」後一九二四年頃までの宮内省の組織の概要を説明してきたが、次に少し視点を変えて、同時期の宮内省の人事体制を考察する。その目的はこの「解説」がとりあげる牧野宮内大臣の下における宮内省の内部対立の背景を知るためには、宮内省幹部職員の人事がどのように変遷してきたかを明らかにしておく必要があるからである。

「宮中・府中の分離」以後牧野宮内大臣就任まで、宮内大臣の職にあったのは、伊藤博文、土方久元、田中光顕、岩倉具定、渡辺千秋、波多野敬直、中村雄次郎の七人である。宮内省官制の第一期には伊藤、土方、田中の三人が大臣を務めた。伊藤は宮内卿の時代から数えて三年以上宮内省のトップにあり、「宮中・府中の分離」制度の土台を整備した人物ではあるが、大臣としての在任期間は二年たらずであるので、第一期は土方・田中時代とよぶことにしたい。土方と田中はどちらもその在任期間が一〇年以上になり、在任期間一一年をこえる田中は、最も長く宮内大臣の地位にあった人物である。第二期には田中、岩倉、渡辺、波多野、中村、牧野の六人が大臣となったが、岩倉は在任中に急死し、中村は宮中某重大事件のため辞任した。ともに在任期間は一年に満たない。牧野は第二期の終わりに宮内大臣となったが、第三期にいれるべきであろう。また、第一期から引き続き大臣を務めていた田中だが、第二期に入って一年半で辞任している。これらの点を考慮すれば、第二期は渡辺・波多野時代とよぶべきだということになろう。第三期はいうまでもなく、牧野時代もしくは牧野のあとに宮内大臣を八年近くつとめる一木喜徳郎の時代とあわせて牧野・一木時代とよぶのが妥当であろう。宮内省の人事体制の分析をもとに私がここで主張したいと考えている論点のひとつは、第二期の渡辺時代と波多野時代とでは、人事体制のうえで断絶がみられること（波多野宮相のもとで一九一四年に官制改革が行われたが、これは比較的小規模な改正にとどまったので時期区分の区切りとはしない）、第二に波多野時代にできあがった人事体制が牧野時代に変更されること、言い換えれば、牧野が否定しようとしたのは直接的には波多野体制であったこと、この二点である。

表1は、大蔵省印刷局刊行の『職員録』各年版をもとに作成した「宮中・府中の分離」後一九二四年までの宮内省の主要官職人事リストである（一部の部局の人事については省略した）。一八九〇年と一九〇〇年は第一期に、一九〇八年、一三年、一八年、二一年が第二期、一九二五年が第三期を示している。官職名につけられた○は、宮内官任用令に自由任用もしくは特別任用と規定されていることを示し、人名につけられたアルファベットは、A：華族で試補もしくは文官高等試験の合格者、B：華族で試補もしくは文官高等試験の合格資格をもたない者、C：非華族で試補もしくは文官高等試験の合格者、D：非華族で試補もしくは文官高等試験の合格資格をもたない者を示している。

表1から読み取れる平凡な事実の第一は、一八九〇年には一人もいなかった試補もしくは文官高等試験の合格者（AとC）が、一九二五年には一二名に増加しているということである（同一人物が二つのポストについているので実数は一一）。これは一九〇七年に宮内官任用令が制定されたことの必然的な結果というべきであろう。表1で試補もしくは文官高等試験合格者が最初に現れるのは、一九〇八年の官房調査課長栗原広太で、この時点では栗原一人である。一九一三年には三名（栗原と次官の河村金五郎、帝室林野管理局長官の有松英義）、一九一八年には七人（石原健三、杉栄三郎、大木彝雄、山崎四男六、馬場三郎、小原駩吉、南部光臣）と年々増えていき、一九二一年には一一（実数は九、関屋貞三郎、南部、大谷正男、大木、山崎、市村慶三、小原、三室戸敬光、吉田平吾）にのぼっている。このことは、すでに第二期の後半には、大臣官房や部局長に試補もしくは文官高等試験合格者が任用される現象が進んでいたことを示唆している。

その点をより明確に示すのが表2である。こちらも『職員録』の各年版から作成したものだが、奏任官以上で、試補もしくは文官高等試験合格資格をもつ宮内官の数を表にしたもので、「高等官」は奏任官と勅任官の合計、「内勅任官」はその中の勅任官の内数を示している。一八八六年から一九〇七年までが官制による時期区分の第一期、一九〇八年から一九二一年までが第二期、そして一九二二年以降が第三期に該当する。宮内官任用令が施行された第二期以降、試補もしくは文官高等試験合格者の数は着実に増加しつづけ、第二期の終わりには三一名に達している（先述のように、そのうち九名は次官、官房課長、部局長クラスの幹部職員

	1890.12.1	1900.5.1		1908.5.1	1913.7.1	1918.5.1	1921.7.1		1925.1.1
大臣	土方久元：B	田中光顕：B	大臣○	田中光顕：B	渡辺千秋：B	波多野敬直：B	牧野伸顕：B	大臣○	牧野伸顕：B
次官	吉井友実：B	川口武定：B	次官	花房義質：B	河村金五郎：C	石原健三：C	関屋貞三郎：C	次官	関屋貞三郎：C
外事課長	三宮義胤：D	三宮義胤：B	勅任参事官				南部光臣：A	勅任参事官	大谷正男：C
内事課長	股野琢：D	斎藤桃太郎：D	総務課長	近藤久敬：D	近藤久敬：D	近藤久敬：D	大谷正男：C	庶務課長	杉琢磨：C
調査課長	山崎直胤：D	広橋賢光：B	調査課長	栗原広太：C	栗原広太：C	杉栄三郎：C	南部光臣：A	用度課長	大木彝雄：C
			秘書課長○	近藤久敬：D	近藤久敬：D			秘書課長○	白根松介：A
			文書課長	山内勝明：D	市来政方：D	大木彝雄：C	大木彝雄：C	文書課長	渡部信：C
侍従長	徳大寺実則：B	徳大寺実則：B	侍従長○	徳大寺実則：B	鷹司熙通：B	鷹司熙通：B	正親町実正：B	侍従長○	徳川達孝：B
侍従職幹事	岩倉具定：B	岩倉具定：B	侍従職幹事○	岩倉具定：B	米田虎雄：B	徳川達孝：B	徳川達孝：B	侍従次長○	小早川四郎：B
式部長	鍋島直大：B	三宮義胤：B	式部長官○	戸田氏共：B	戸田氏共：B	戸田氏共：B	戸田氏共：B	式部長官○	井上勝之助：B
式部次長	三宮義胤：D	戸田氏共：B	式部次長○	伊藤博邦：B	伊藤博邦：B	伊藤博邦：B	伊藤博邦：B	式部次長○	西園寺八郎：B
爵位局長	岩倉具定：B	岩倉具定：B	爵位頭・宗秩寮総裁	岩倉具定：B	久我通久：B	井上勝之助：B	井上勝之助：B	宗秩寮総裁	徳川頼倫：B
内蔵頭	杉孫七郎：B	渡辺千秋：B	内蔵頭	渡辺千秋：B	吉田醇一：D	山崎四男六：C	山崎四男六：C	内蔵頭	入江貫一：C
図書頭	児玉愛二郎：D	清岡公張：B	図書頭	山口鋭之助：D	山口鋭之助：D	森林太郎：D	森林太郎：D	図書頭	杉栄三郎：C
侍医局長	池田謙斎：D	岡玄卿：D	侍医頭○	岡玄卿：D	西郷吉義：D	片山芳林：D	池辺棟三郎：D	侍医頭○	入沢達吉：D
大膳大夫	五辻安仲：B	香川敬三：B	大膳頭	香川敬三：B	万里小路正秀：B	上野季三郎：D	上野季三郎：D	大膳頭	上野季三郎：D
諸陵頭	川田剛：D	戸田氏共：B	諸陵頭	山口鋭之助：D	山口鋭之助：D	山口鋭之助：D	山口鋭之助：D	諸陵頭	杉栄三郎：C
主殿頭	山口正定：D	山口正定：B	主殿頭	小笠原武英：D	吉田醇一：D	市来政方：D	市来政方：D		
皇宮警察長	川幡青貞：D	小笠原武英：D	皇宮警察長○	田中次郎：D	田中次郎：D	田中次郎：D	市村慶三：C	皇宮警察長○	加賀谷朝蔵：C
内匠頭	堤正誼：D	堤正誼：B	内匠頭	片山東熊：D	片山東熊：D	馬場三郎：C	小原駩吉：A	内匠頭	東久世秀雄：A
			内苑頭	福羽逸人：B	福羽逸人：B				
主馬頭	藤波言忠：B	藤波言忠：B	主馬頭	藤波言忠：B	藤波言忠：B	渋谷在明：D	渋谷在明：D	主馬頭	伊藤博邦：B
主猟局長	山口正定：D	山口正定：B	主猟頭	米田虎雄：B	米田虎雄：B	戸田氏共：B	三室戸敬光：A		
調度局長	麻見義脩：D	長崎省吾：D	調度頭	長崎省吾：D	長崎省吾：D	小原駩吉：A	吉田平吾：C		
皇太后宮大夫	杉孫七郎：B		皇太后宮大夫○		香川敬三：B				
皇后宮大夫	香川敬三：B	香川敬三：B	皇后宮大夫○	香川敬三：B		大森鍾一：B	大森鍾一：B	皇后宮大夫○	大森鍾一：B
東宮大夫	曾我祐準：B	中山孝麿：B	東宮大夫○	村木雅美：B	波多野敬直：B	浜尾新：B	浜尾新：B	東宮大夫○	珍田捨巳：B
東宮侍従長	中山孝麿：B	高辻修長：B	東宮侍従長○	一条実輝：B	波多野敬直：B	入江為守：B	入江為守：B	東宮侍従長○	入江為守：B
帝室会計審査局長官	花房義質：D	花房義質：B	帝室会計審査局長官	斎藤桃太郎：D	斎藤桃太郎：D	倉富勇三郎：D	倉富勇三郎：D	帝室会計審査局長官	倉富勇三郎：D
御料局長	品川弥二郎：B	岩村通俊：B	帝室林野管理局長官	渡辺千秋：B	有松英義：C	南部光臣：A	山崎四男六：C	帝室林野局長官	本田幸介：D
御歌所長	高崎正風：B	高崎正風：B	御歌所長○	高崎正風：B	久我通久：B	入江為守：B	入江為守：B	御歌所長○	入江為守：B
学習院長	三浦梧楼：B	近衛篤麿：B	学習院長○	乃木希典：B	大迫尚敏：B	北条時敬：D	一戸兵衛：D	学習院長○	福原鐐二郎：C
帝室博物館総長	九鬼隆一：D	股野琢：D	帝室博物館総長○	股野琢：D	股野琢：D	森林太郎：D	森林太郎：D	帝室博物館総長○	大島義脩：D

A：華族・文官高等試験合格者　B：華族・文官高等試験合格の資格をもたない者　C：非華族・文官高等試験合格者　D：非華族・文官高等試験合格の資格をもたない者　○：宮内官任用令に規定された自由任用官または特別任用官

表1　宮内省主要官職人事の変遷（1890-1925）

年	1886	1887	1888	1889	1890	1891
高等官	0	0	0	0	0	0
内勅任官	0	0	0	0	0	0
年	1892	1893	1894	1895	1896	1897
高等官	0	1	1	1	1	1
内勅任官	0	0	0	0	0	0
年	1898	1899	1900	1901	1902	1903
高等官	1	1	1	1	2	2
内勅任官	0	0	0	0	0	0
年	1904	1905	1906	1907	1908	1909
高等官	3	3	5	5	8	9
内勅任官	0	0	0	1	1	1
年	1910	1911	1912	1913	1914	1915
高等官	12	13	14	15	13	19
内勅任官	2	3	3	5	4	5
年	1916	1917	1918	1919	1920	1921
高等官	20	22	25	26	29	31
内勅任官	5	5	6	7	7	8
年	1922	1923	1924	1925		
高等官	32	31	34	36		
内勅任官	9	7	8	10		

表2　文官高等試験合格の宮内高等官（除親任官）数

である）。任用令施行後一〇年ほどで、宮内省でも他の官庁と同様の試験任用官僚の優位が定着したといえよう。もっとも、宮内省では同じ任用令の規定により、侍従職や式部職、皇后宮職や東宮職など華族を優先的に任用できる部局や官職が少なからず残されており、表1が示すように試験任用官僚（A、BとくにB）と華族官僚（C）との間で棲み分けがおこなわれていたことも忘れてはならない。この点で他の省庁とは大きく異なるのである（もっとも、倉富の日記にもみられるように試験任用官僚と華族官僚の間に対立がなかったわけではない）。さらに表2を細かく見ていくと、同じ第二期でも、その前半すなわち一九〇八年から一九一四年までと後半の一九一五年以降とでは、官僚数の増加率に違いがあるのがわかる（前半は年増加率〇・八三、後半は二・〇）。また、一九一四年の数値と一九一五年のそれとの間に大きなギャップ（一三が一九に増加）がみられる。一九一四年四月に渡辺宮相が辞任し、波多野が後継宮相に就任したことを考えあわせると、この事実は、前述した渡辺時代と波多野時代の間の断絶を示すものといえよう。新任の波多野が実施した官制改革とそれにともなう人員整理の結果、古参の宮内官が退職し、かわって省外から新任者が補充されたのだが、新任者の多くが文官高等試験の合格者だったことにより、このギャップが生じたのである。
『倉富勇三郎日記』第一巻（以下第一巻と略記）の「解説」でも述べたが、渡辺の辞任は突発的であり、収賄事件がからむスキャンダルが原因であった。一九〇七年に宮内省が西本願寺管長大谷光瑞の須磨別邸を買収した際に、大臣の田中と内蔵頭兼御料局長の渡辺等が巨額のコミッションを受け取った。そのことがいわゆる西本願寺疑獄事件の捜査の過程で発覚したのである。渡辺は不起訴と引き替えに宮内大臣を辞任し、田中も前官礼遇の拝辞に追い込まれた。後継宮相となった東宮大夫兼東宮侍従長の波多野は司法官僚出身で、第一次桂内閣で司法大臣をつとめたあと、一九一一年に東宮大夫に任命された。波多野は宮内省に対する非難を避けるために、官制改革に伴う人員整理と並行させつつ一連の粛清人事をおこなった。まず、大臣官房調査課長の栗原広太を依願免官とした。栗原は日本法律学校の卒業生で、一九〇一年に文官高等試験に合格したあと、すぐに宮内省に入省し、奏任待遇の書記官として官房内事課に配属された。文官高等試験合格者で、宮内官任用令の施行より前に宮内省に入省した人物は五人であるが、栗原はその五人のうちの一人であった。入省第一号の合格者は、次に述べる馬場三郎であり、栗原がそれに続く第二号であった。さらに栗原は、大臣官房の書記官となった最初の文官高等試験合格者であり、第一期に入省した一握りの合格者の中で、最初から官房に配属されたのは栗原一人だけであった。田中宮内大臣がいかに栗原を重用したかは、数年のうちに内事課次長、さらに調査課長へと昇進した一事をもって知れよう。田中の懐刀として宮内省を実質的に動かす蔭の実力者であったがゆえに、田中と渡辺の失脚はただちに栗原の進退問題に波及した。栗原のすぐあとに入省し、栗原をよく知る小原駩吉は、後年になって「栗原は実に利口なる男なり。彼か正しき方に彼の才気を用ゐたらはゑらきものになるへく、彼の忍耐と才気とは実に驚くへきものなり」と評価している（第二巻八一一頁）。栗原に代わって調査課長に起用されたのは、それまで宮内省とはまったく無縁であった大蔵省の吉田平吾（函館税関長、東大法卒）で、一九〇三年の文官高等試験合格者であった。

次いで波多野は、内蔵頭兼主殿頭であった吉田醇一の兼任を解き、主殿頭専任とした。吉田は内蔵寮主事として一一年にわたり渡辺内蔵頭（渡辺の内蔵頭在任期間は一五年におよぶ）を補佐してきた人物であった。吉田の後任として波多野が内蔵頭に据えたのは、これまた宮内省とはまったく縁のなかった大蔵省理財局長山崎四男六（一八九六年の文官高等試験合格者、東大法卒）であった。さらに波多野は、調度頭長崎省吾に休職を命じ、その後任に伏見宮別当兼皇后宮主事の馬場三郎を充てた。長崎は一八八〇年に入省した第一期からの古参の宮内官で、宮内大臣秘書官を二五年近く、調度頭を一七年間務めた古株である。いっぽう馬場は、一八八九年に実施された「文官試験試補及見習規則」のもとでの第一回文官高等試験に合格し、試補となった人物である。佐賀県の師範学校を卒業し、会計検査院の判任官となり、在職中に高等試験に合格した苦学力行の人であった。宮内省入省は一八九二年だが、栗原とは対照的に、馬場は宮内省の中枢部局に配置されることがほとんどなく、帝室会計審査局審査官、同主事、伏見宮別当、内匠亮、主殿寮主事、皇后宮職主事を歴任し、ようやく一九〇七年に伏見宮別当として勅任官に昇進した。波多野の粛清人事がなければ、馬場が寮頭に就任することはなかったかもしれない。馬場のあとの皇后宮事務官には農商務省にいた東久世秀雄が起用された。東久世の父親通禧は尊王攘夷派公卿として幕末維新期に三条実美と行をともにし、維新後も貴族院副議長、枢密院副議長を歴任した功臣であり、父の功績により、二男の秀雄も分家して男爵の爵位を与えられた。名門の生まれであり、東京帝大法科卒、文官高等試験合格(一九〇五年)のエリートである。波多野はさらに、帝室会計審査局長官斎藤桃太郎をも依願免官とし、かわりに前検事総長・元司法大臣の松室致を起用した。歴代の帝室会計審査局長官はいずれも宮内省内部から選ばれてきたのだが、不祥事の後であるため、はじめて司法部出身者が採用されたのである。この松室が寺内正毅内閣に司法大臣として入閣したために、その後任に起用されたのが倉富であった。免官になった斎藤も長崎に劣らぬ古参の宮内官であり、イタリアに長期留学のあと一八八三年に宮内省に入り、大臣秘書官を十数年、官房内事課長を七年間つとめたあと、一九〇五年から帝室会計審査局長官の座にあった。渡辺、長崎等とともに土方・田中時代の宮内省を支えた一人だった。

この時の官制改革では、長崎、斎藤など勅任の部局長にとどまらず、各部局の主事クラスの奏任官からも退職者が多数出た。そのほとんどが、勤続二〇年、三〇年におよぶ判任官からたたき上げの古参宮内官であった。その補充として、先述のように省外から文官高等試験合格者が起用された。吉田平吾や東久世秀雄以外にも、仙石政敬(一八九九年合格、華族、東大法卒、貴族院事務局から)、大谷正男(一九〇七年合格、東大法卒、大蔵省から)、杉琢磨(一九〇九年合格、東大法卒、逓信省から)、白根松介(一九一三年合格、華族、東大法卒、逓信省から)がこの時に入省した。また、文官高等試験合格者ではないが、判事検事登用試験に合格して判事となった高橋其三(東大法卒)もこの時の入省組である。東久世、仙石、大谷、白根等は本巻にもたびたび登場する牧野時代の宮内省の幹部であるが、彼らが宮内省に入ったのは、じつは波多野時代だったのである。

新旧交代の波は収賄事件に直接関係しない幹部にも及んだ。官制改革の翌年(一九一五年)、皇后宮大夫香川敬三が死去した。香川は三〇年にわたり皇后宮大夫として明治天皇の皇后美子に仕え、明治天皇死後は皇太后宮大夫となり、美子皇太后の死後再び皇后宮大夫となったが、在職一年あまりで死去したのである。香川の後任には、侍従次長の徳川達孝が皇后宮大夫事務取扱を命じられたが、翌一九一六年には内務官僚出身で前京都府知事の大森鍾一に交代した。徳川の侍従次長も大森の皇后宮大夫も波多野が行った新しい人事であった。次に一九〇四年以来内匠頭の地位にあった片山東熊が勇退した。片山も技師時代から通算すれば三〇年以上内匠寮に勤務した古参者であった。後任には馬場三郎が調度頭から転任した。さらに一九一六年になって主馬頭藤波言忠が退職して、専任の宮中顧問官となった。藤波も、香川同様「宮中・府中の分離」以前から明治天皇に仕え、一八八九年に主馬頭に就任して以来、四半世紀にわたりその地位にあった。後任には近衛騎兵連隊長を務めたこともある陸軍中将渋谷在明が起用された。香川の死と藤波の退任は、ある意味で明治宮内省の終焉を象徴するものといえよう。その結果、一九一六年末には、第一期に任命された部局長および官房課長でそのまま就任しつづけている者は、官房総務課長近藤久敬、式部長官戸田氏共（戸田は主猟頭も兼任）、同次長伊藤博邦、諸陵頭兼図書頭山口鋭之助のみとなった（図書頭には鷗外森林太郎が一九一八年に起用された）。近藤は一八七五年に宮内省に入り、判任官から身を起こして宮内大臣秘書官となり、斎藤桃太郎のあとをうけて一九〇四年に官房内事課長となると、そのまま一九二〇年に死去するまで内事課長、総務課長を続けた最古参の宮内官であり、属官から内大臣秘書官長兼宮中顧問官にまで昇りつめた人物であった。宮内官任用令施行以前の、判任官からのたたきあげ宮内官の典型ともいうべき存在であり、近藤の死は香川の死とはまた別の意味で明治宮内省の終焉を意味した。近藤にかわって総務課長となったのが一九一四年の粛清人事で大蔵省から宮内省に転じた大谷正男であった。

馬場が調度頭から内匠頭に転任した際に、後任調度頭に就任したのは小原駩吉であった。小原は、大垣藩の家老で戊辰戦争の際に幕軍に参加した大垣藩を新政府支持に転向させた功績をもつ小原鉄心の孫で、男爵であり、さらに東京帝大法科の卒業生で、一八九六年に文官高等試験に合格した。貴族院事務局の書記官を経て、一九〇三年に宮内省に入り、爵位局主事となり、一九一五年末に調度頭になるまで、ずっとその地位にあった（爵位局長の岩倉具定が宮内大臣になった時に宮内書記官を兼任するようになる）。小原は宮内官任用令施行以前に宮内省に入省した文官高等試験合格者の一人であり、馬場、栗原に次ぐ三人目である。華族で帝大法科卒、さらに文官高等試験合格と三拍子そろった小原であるが、栗原のように最初から宮内省の中枢部に重用されたのではなかった。

馬場、栗原、小原に続く文官高等試験合格組の入省者は、春宮祐一郎（一九〇一年合格、春宮は一九一四年には宮内省を退職しているので、倉富の日記には登場しない）、三室戸敬光（一九〇四年合格、華族）、大木彝雄（一九〇六年合格）で、春宮は長野県師範学校卒、三室戸は明治法律学校卒、大木は東京帝大法科卒である。三人とも合格後すぐに宮内省に入省したが、いずれも最初は判任官として採用された（春宮に内蔵寮属官、三室戸は調査課属官、大木は帝室会計審査局属官）。属官を一、二年務めたあと奏任官となったが、官房の書記官に起用されたのは大木だけで、三室戸と春宮は帝室会計審査官補に任用されている。第一期の終わりから第二期の前半にかけての文官高等試験合格者の人員配置をみてみると、試験合格後すぐに宮内省に入省した者は、まず一年か二年属官をつとめ、そのあと帝室会計審査官補となるか帝室林野管理局主事補となるのが慣例だったように思われる。試験合格後すぐに入省し、官房書記官に登用された栗原は、当時の人事慣行からみても、はなはだ特異な存在だったといわざるをえない。渡辺の失脚がなければ、栗原はおそらく第二期の宮内省を牛耳る存在になっていたと思われる。

小原と同様に、華族、東京帝大法科卒、文官高等試験合格者（正確に言えば、一八九二年に試験免除で内務省試補に採用）の三拍子そろっていたのは、南部光臣である。南部は尊王攘夷派の公卿烏丸光徳の三男で、男爵南部甕男の養嗣子となった。甕男は倉富日記にもたびたび登場するが、もともとは土佐勤王党の一員であって、幕末には三条実美の従者として行動をともにした。維新後は司法官となり、東京控訴院長、大審院長、枢密顧問官を歴任した。司法界における倉富の先輩である。一八九六年に男爵を授けられている。光臣は内務省の土木畑に進み、一九〇三年に土木局長となるが（任官時の内務大臣は内海忠勝）、内務大臣が芳川顕正にかわると、休職を命じられ、仲小路廉にその地位を譲った。おそらく内務官僚の中では山県閥色の薄い存在だったのであろう。第一次西園寺内閣時に群馬県知事に起用されるが（内務大臣は原敬）、内閣の交代とともにまた休職を命じられた（内務大臣は平田東助）。休職満期の直前、一九一〇年八月に宮内省御用掛となり、帝室林野管理局に勤務した。おそらく、義父甕男の土佐勤王党つながりで、土方久元や田中光顕が仲介したのだと思われる。さらに同年一二月に帝室林野管理局主事（勅任）に任用された。枢密院書記官長と兼任で宮内次官となった河村金五郎（一八九六年合格、東大法卒）についで、宮内省外から勅任宮内官に転じた試験任用官僚の第二号であった。一九一四年四月に帝室林野管理局長官の有松英義（一八八八年判事試補、独逸学協会学校専修科卒）が枢密院書記官長に転じると（有松の転任は渡辺宮相の辞任の直後のことだが、これは第二次大隈内閣の成立により、枢密院書記官長の下岡忠治が内務次官に転任したあとを補充するためのもので、粛清人事でないと判断できる）、その後任の帝室林野管理局長官に昇任した。さらに一九一九年に宮内省に参事官がおかれると、勅任参事官に転任し、調査課長事務取扱を兼任した。官房で次官に次ぐナンバー3となったのである。なお、帝室林野管理局長官は一九〇四年から一九一〇年まで内蔵頭の渡辺が兼任しており、一九一〇年に渡辺が宮内大臣となると、一八九〇年（品川弥二郎が御料局長であった時期）からずっと御料局主事として歴代の長官を補佐してきた佐々木陽太郎が長官職を受け継いだ。ところが佐々木が在任中の一九一二年に急死したために、山県閥の官僚で貴族院議員であった有松が省外から転任したのである。佐々木の死は事故によるもので、偶然といえるが、その死もまた明治宮内省の終焉を意味したといえるかもしれない。

以上、長々と書いてきたが、宮内省の人事体制からみると、第二期は明治宮内省から大正宮内省へと新旧交代の時期であったとまとめることができよう。新旧交代は、明治宮内省を支えていた宮内官たちが老齢をむかえて次々と退職し、かわりに新しい人物とくに文官高等試験合格者が置き換わるかたちで進んだが、それを促進した要因として、一九〇八年の宮内官任用令の制定、明治天皇と昭憲皇太后の死により長くその側近に仕えてきた宮内官が順次退職していったこと、渡辺宮相の失脚と波多野宮相のもとでおこなわれた粛清人事・人員整理の三つをあげることができる。その結果、大正宮内省とよびうる人事体制ができあがったのは第二期後半の波多野時代であったと結論づけられよう。波多野が「皇族ノ臣籍降下ニ関スル施行準則」をめぐる紛議の責任をとって辞任したあと（第一巻「解説」参照）、後任宮内大臣となった中村も人事にはほとんど手をつけることなく、宮中某重大事件のために辞任せざるをえなくなったこと（中村がおこなった人事は、近藤久敬の死により空席となった総務課長に大谷正男を起用したこと、式部長官戸田氏共の主猟頭兼任をやめ、三室戸敬光を主猟頭としたこと、皇宮警察長を陸軍軍人の田中次郎から警察官僚の市村慶三にかえたこと、この三点であった。なお、新任の三人とも文官高等試験合格者である）を考慮すれば、第二期後半の人事体制を波多野体制と言ってもまちがいではないだろう。中村のあとをうけて一九二一年二月に宮内大臣に就任した牧野伸顕が受け継いだのは、この波多野体制の宮内省だったのである。

四、一九二一年の宮内省官制改革

1．秘密委員会

宮中某重大事件を収拾し、皇太子の結婚問題を解決するために宮内大臣に就任した牧野は、次官を石原健三（一八八九年判事試補、東大法卒）から静岡県知事の関屋貞三郎（一八九九年合格、東大法卒）に代えただけで、他の省内人事を凍結した。牧野と関屋は、波多野体制の宮内省の陣容をそのまま受け継ぎ、彼らに頼りながら宮内行政を進めていくことになる。就任してしばらくすると、牧野は戦後恐慌のあおりで困難におちいった皇室財政を立て直すために、また省内の人心掌握のためにも、宮内省の組織改革と人員削減に着手した。一九二一年四月に、牧野の命を受けて、関屋、小原、南部、倉富、山崎の五人からなる官制改革のための秘密委員会が組織された（第二巻一七三、一八四、一八八頁、後に総務課長大谷正男、総務課勤務の白根松介、参事官の渡部信〈一九〇八年合格、東大法卒〉が加わった）。一九二一年一〇月の官制改革はこの秘密委員会でその準備が進められるのである。

牧野が「省の大体に通する人」（同上一八四頁）として選んだこの五人は、発足したばかりの牧野宮内省の中核ともいうべき存在であったが、関屋を除くと、すべて波多野時代に宮内省の部局長に就任した人物である。五人の年齢は、倉富が最年長で六八歳（牧野は倉富よりも若く六〇歳）、南部五六歳、山崎五三歳、小原五〇歳、関屋四六歳で、倉富以外の四人はすべて東京帝大法科卒で、試補もしくは文官高等試験の合格者であった。華族は南部と小原の二人である。宮内省勤務がもっとも長いのは小原で、一九〇三年入省。次が一九一〇年の南部、一四年の山崎、一六年の倉富の順である。長年宮内行政に従事してきた南部や小原、とくに小原が新参で年少の関屋を軽くみていたことは、「大人しき人物にて格別癖もなき様なるに付、先つ宜しかるへし」（同上八九頁）とか、「関屋は才気縦横の人に非す。牧野の大臣に関屋の次官にては、二人に任せ置きたらは何事も運はさるへし。依て、銘々より関屋を鞭撻して事を執らしむることは必要なるへし」（同上）との発言にうかがえる。

この官制改革を手始めに、牧野と関屋は、彼らの力をかりて摂政設置や皇太子の結婚など重要案件を順次解決していった。しかし、本巻収録の日記からわかるように、その後の三年間に南部、山崎、小原の三人は次々と宮内省を去ったのである。本巻が扱う二年間は、波多野時代から宮内行政を支えてきた古参の幹部職員が淘汰され、宮内省において牧野・関屋体制が確立していく過程でもあった。倉富日記に依拠しつつ、その過程を跡づけることがこの「解説」の目的であるが、まずその起点となる一九二一年の宮内省改革から話をはじめたい。

牧野が設けた官制改革のための秘密委員会は、一九二一年四月二三日から活動を開始するが、残念なことに同年四月二三日の後半から五月一九日前半までの日記が欠本となっており、そのため第一回から第四回までの協議内容を知ることができない。しかし、さいわいに国立国会図書館憲政資料室所蔵の「倉富勇三郎文書」の中に、倉富が記した委員会（四月二七日から七月一三日まで）の記録メモ（「宮内省官制改正案草案」「倉富勇三郎文書」二八―一二）が残されており、それによって欠を補うことができる。これをみると、二回目の会合で南部、倉富、山崎、小原がそれぞれの改革案を説明したことがわかる。このうち包括的な案を提示したのは南部と倉富であり、山崎と小原はそれに対する意見を述べるかたちで自分の案を説明している。

南部の改革案は非常に思い切ったもので、参事官、侍医寮、大膳寮、主猟寮、主殿寮、主馬寮、調度寮などの内部部局、帝室博物館、臨時帝室編修局、皇子附職員、澄宮附職員、御歌所、臨時編纂部、林野管理局（の一部）、御料牧場などの外部組織、帝室制度審議会、学習院評議会、宮中衛生会、皇室経済会議、宗秩寮審議会などの諮問機関や審議会を廃止し、宮内省の組織を大幅に縮小する案であった。南部案によれば、改革後の宮内省は、侍従職、式部職（掌典部、雅楽部、宮殿監守が附属）、皇后宮職（皇子附、澄宮附、御歌所が附属）、内廷寮（新設部局、廃止される侍医、大膳、主猟、主馬各寮の機能を統合）、宗秩寮、内蔵寮（調度寮の機能の一部を吸収）、図書寮（帝室博物館、臨時編輯局が附属）、官房に幸啓課（新設）、秘書課（復活）、調査課、文書課、庶務課、警察課（新設）を置くというのである。この案では東宮職や学習院が欠けているが、それらは存置されたと思われる。さらに侍従次長、式部次長、掌典次長、宮附別当、宮務監督、侍医補、侍従補、審査官補、薬剤師長、主膳監、車馬監、御用掛、出仕等を廃官とすること、帝室林野局以外の特別会計の廃止も計画されていた。南部がこのような整理縮小案を提出した背景には、皇室会計に対する悲観的な見通しがあった。南部の試算によれば、一九二二年度の皇室会計の歳入は、約一億二〇〇〇万円の動産等の資本運用益八五〇万円と御料林経営からの事業収益五五〇万円、これに国庫からの移転である皇室費四五〇万円をあわせて、全体で一八五〇万円にとどまる見通しであり、そのうち当初予算に充当できる額は一五〇〇万円で、従来の当初予算約二〇〇〇万円に比較すると、五〇〇万円の減少となる。そのため少なくとも五〇〇万円の経費削減が必要とされるという計算が背景にあった。第二巻の「解説」において一九二一年度の帝室会計審査報告について言及しておいたが（第二巻一二三七頁）、それと比較すると、一九二一年度には約一四〇〇万円あった資産運用収益が、翌年度には八五〇万円にまで落ち込むと予想されていたことがわかる。この収益減が歳入減少の最大の原因とされたのである。

いっぽう倉富の案は、南部案に比べると、よりゆるやかな削減計画といえる。まず主殿寮を廃止し、宮殿監守の職務を内匠寮に移したうえで、内匠寮を工務寮と改称する。また、主殿寮の管轄下にあった警察部を独立させる。調度寮と主馬寮を廃止し、両者が掌っている自動車と車馬の業務を統合して管掌する車馬寮を新設する。また、調度寮の物品雑役に関する事務は内蔵寮に移す。さらに主猟寮を廃止し、狩猟事務は大膳寮に、猟場事務は林野管理局へ移す。大臣官房調査課を廃止し、書記官・事務官の区別をなくし、侍従次長、式部次長、掌典次長も廃止する。他に御料牧場の縮小、林野管理局以外の特別会計の廃止などをその内容としていた。小原の意見は、南部案、倉富案に対するもので、両者が主張する主猟寮の廃止には賛成。南部案では行幸や行啓のことを扱う幸啓課を新設することになっているが、官房課長クラスでは東宮大夫や皇后宮大夫に対抗できないので、幸啓寮とすべき。宮附職員をすべて宗秩寮の所属とする（皇族附職員官制を廃止し、宗秩寮職員の中に宮附職員を置く）。次長の廃止は研究を要する。御歌所を侍従職に附属させ、侍従長が所長を兼任すべし、というものであった。倉富も小原も皇室財政については、南部ほど悲観的ではなかったようである（同上二七五頁）。

注目すべきは、小原がその意見の中で、侍従職と主猟寮が管理している犬、鶏、金魚、小鳥をどうするかという些細な事柄に言及している点である。小原がなぜこのような事柄に触れたかと言えば、「現在唯一ノ御楽ハ小鳥ニテ、主猟寮ニテ保管シ、毎日新宿御苑ヨリ持チ来リ、侍従職ヲ経テ御前ニ差出シ居レリ。寧ロ侍従職ノ保管ト為スヲ宜ジトス」とあるように、主猟寮を廃止すると、大正天皇が唯一の慰めとしている小鳥の提供が出来なくなるおそれが生じるので、それを避けたいと考えたからであった。倉富の残したメモをみるかぎり、この秘密委員会のメンバーで、こういう観点から発言した者は他にいない。小原だけであった。山崎の意見として記録されているのは、京都に宮内省の出張所を設け、現在主殿寮、内匠寮、諸陵寮、林野管理局、博物館に分かれている京都とその周辺の業務を統一するようにすべしというものと、国民からの訴願を処理する機関をもうけること、そして皇族の外遊は期間を一年間に限り、それを越える滞在は各宮家の自費とすべきであるという三点であった。ちなみに、発言の時期（一九二一年四月三〇日）からして山崎のこの発言が東久邇宮の滞欧を念頭においているのは明らかである。

余談になるが、官制改革案を協議する場で、大正天皇が楽しみにしている小鳥のことを問題にしたところに、宮内官小原の特徴がよくあらわれている。このことは、封建的な主従関係において優秀な家臣がもつべき美質を小原がそなえていることを示すものといってよい。後年、小原が宮内省を追われた後の一九三〇年一月のことになるが、宮中顧問官の会合で小原が皇族に対する宮内当局の輔導ぶりに苦言を呈したことが倉富日記に記されている。一つ目は、神宮外苑でおこなわれた体育大会に昭和天皇が臨席した際、昭和天皇が軍服を着用し、勲章を佩用して式に臨んだのに対して、陪席していた秩父宮が軍服ではなく、モーニングコートを着用した事実をとりあげて、天皇に対して敬意を欠く行為であると、その会合に出席していた白根松介秘書課長を詰ったのである。秩父宮殿下は何度申し上げても、お聞き入れにならないと白根が弁解すると、小原は、それは宮附職員の不行届であるから、秩父宮の別当を懲戒処分にすべきである。そうすれば殿下もお改めになるにちがいないと、宮内当局の輔導ぶりを批判した。二つ目は、新年の賢所参拝の時に竹田宮恒徳王が参拝順序を無視して、北白川宮大妃（房子内親王）よりも先に参拝したので、小原が関係者にそのことを注意すると、恒徳王殿下も何度注意してもお聞き入れにならないという返事だったので、殿下が言うことをお聞き入れにならないのであれば、竹田宮附事務官古川義天を減俸に処し、式部職儀式課長の山県武夫を譴責すればよい。そうすれば恒徳王も態度を改められるにちがいなく、もしそれでも改まらないのならば、恒徳王が改心するまで幾度でも懲戒処分をおこなえばよいと注意したと、小原は白根に告げたのであった（「倉富勇三郎日記」一九三〇年一月九日条）。主君がまちがったふるまいをし、言葉でそれを諫めても容易に聞き入れようとしない場合には、その御附の者や家臣を処罰することによって、主君の態度を改めさせるべきであると、小原は主張しているわけだが、このような方法は、封建的な主従関係のもとではそれなりに有効性をもっていたといえよう。主君を輔導するために、このような措置を非情にとりうる覚悟をもっているがゆえに、小原は賀陽宮大妃や閑院宮載仁親王から絶大なる信頼を得ることができたのであろう（本書八九九、九一三頁）。しかし、このような、家臣を罰することで主君の行動を矯正しようとする方法は、主君の行為の責任をすべて身代わりとなる家臣に負わせるわけだから、個人の人格を尊重する近代的な倫理とはいえない。小原のエピソードは、皇室と宮内省においても、小原方式が古くなりつつあること、および皇族の若い世代が従来の厳重な礼儀作法にとらわれなくなりつつあることを示すものと解すべきであろう。

話を官制改革に戻すと、どのような協議がなされた結果なのか、その詳しい過程はつかめないが、秘密委員会で合意された官制改革案は南部案ではなく、倉富案と小原案をベースにしたものであった。確定案そのものは残されていないので、断片から推測するしかないが、おおまかに言えば、廃止される部局は主殿寮、主猟寮、調度寮の三つであり、それぞれが担っていた業務は関連する既存部局に移されることになっていた。主殿寮の下にあった警察部は独立の部となり、調度寮の物品調達の業務を行うため、官房に用度課が新設されることになった。これは、最初の案では内匠寮に移管されることになっていたのだが、それでは内匠寮の権限が大きくなりすぎると心配した関屋が、修正を倉富に依頼した結果であった（第二巻二八五頁）。これ以外の部局はほぼそのまま残されたが、式部職から掌典部を分離して独立の部とし、また雅楽部を廃止して雅楽練習所があらたに設置される予定であった。帝室博物館は残されることになったが、規模は縮小され、京都博物館は廃止される予定であった。他に廃止されるものとして宮中衛生会と臨時編纂部があがっている。一部に残っていた主事や主事補の官名を事務官に統一し、宮内官官等俸給令の俸給表を改正して、勅任の寮頭の俸給を均一にし、宮附事務官の俸給を増額することも考えられていた。倉富によれば、これは「職員を減するに付幾分は人を奨励する」（同上三三七頁）ための改正であった。さらに内大臣府官制も変更される予定であり、内大臣秘書官長を廃止して内記官長とし、かつての文事秘書官長と同様の職務を担当させるとされた。秘密委員会の改正案のもう一つの柱は皇族附職員制度の改革であり、現行の宮附宮内官を廃止して、すべてを宗秩寮に所属させ、宮務官という名称に統一した。これにより宮附職員の待遇を改善するとともに、彼らに対する宮内省の統制を強化することをねらっていた。別当や宮務監督は廃止されることになる。三つ目は職員の整理であり、以下のような削減を行う計画であった。組織改革にともなう人員整理により、勅任の寮頭ポストが三つ削減されるほか、奏任二一人、判任三〇八人、判任待遇二六三人の計五九二人の削減が予定されていた。ちなみにその時点での現員は、奏任三〇六人、奏任待遇三八人、判任一四九八人、判任待遇一二四二人、計三〇八四人であったから、約二〇パーセントの削減ということになる。

2．中途半端に終わった官制改革

秘密委員会の改革案は二一年八月初めに牧野宮相に報告された。牧野は官制改革案についてはおおむね了承し、一部について修正意見を付けた。また、宮附事務官の増給には賛成したが、それ以外の宮内官の俸給改正には反対した（同上三三七頁）。その修正意見をめぐって再度協議が行われ、おおむね牧野の意見にしたがって次のような修正が施され、宮内省の省議が一応かたまった。まず掌典部は独立させず、従来のままとする。雅楽部（楽部）も廃止せずそのままとする。別当、薬剤師長、薬剤師、御歌所主事の官名を残す。内大臣府官制は変更せず、現行のままとする。帝室博物館も京都博物館の存置も含めて現制のままとする。俸給令は現行のままとし、ただ宮附事務官（宮務官）の俸給については牧野も賛成したので、増給されることになった。そのほか、牧野の意見にしたがって、官制改革の施行時期を皇太子がヨーロッパ旅行から帰国した後の一〇月とすること、また人員整理は一挙に実施せず、二回に分けて行うこととされた。これは皇太子の帰国前に多数の人員を解雇することは避けたいと牧野が考えたからであった。牧野が俸給令の改正に反対したことから、倉富は牧野の改革意図とそれに対する熱意について懐疑的になっており、「牧野伸顕か官制改正を思ひ立ちたるは、初めより省務を十分に整理せんとするに非す。皇族の経費の膨脹を防かんと欲するも、宮内省の経費は少しも之を減せすして皇族のみには請求し難しとの趣意より出て居る故、徹底的の刷新は之を行ふ意なき」（同上三四六頁）と考えるようになっていた。実際、この時期の牧野の日記（伊藤隆・広瀬順晧編『牧野伸顕日記』、中央公論社、一九九〇年、以下『牧野日記』と略記）には、官制改革に関する記事がまったく見られないことから、牧野はこの問題にさほど熱意をもっていなかったと思われる。牧野の関心はもっぱら大正天皇の病状と摂政問題さらに皇太子の結婚問題にあった。よって、官制改革に対する牧野の態度も、当然これら重大問題との関係によって規定されることになる。

牧野による修正はあったが、一、主殿寮、主猟寮、調度寮の廃止、二、皇族附職員制度の改革、三、人員整理の三点を骨子とする改革案が八月末には確定した。しかし、いざ実行の段階で、改革案はさらに後退を余儀なくされることになる。現在の皇族附職員を廃止し、宗秩寮に属する宮務官に切り換える案はこの改革案の目玉であったが、立案者の間では、これを機に皇族附職員の陣容を大幅に入れ替えることが共通の理解となっており、関屋が責任者となって宮務官の候補を求めて各方面に対して交渉にあたったが（その過程で、本巻にも登場する国分三亥や河村善益の名があがっている）、思うように進まなかった（第二巻三七五、三八三頁）。結局、現在の皇族附職員の一部のみを交代させる案が作成されて大臣に提出されたが、牧野が承認しなかったために、皇族附職員の官制改正そのものが見送られることになってしまったのである。牧野が反対したのは、宮中某重大事件で宮内省に反抗した久邇宮の宮附職員を更迭し、薩派の大物山之内一次を据えるという人事案に対してであり、現任宮務監督栗田直八郎と宮附事務官木村英俊の更迭を牧野が許可しなかったのである（同上四一八頁）。皇太子の結婚を予定通り進めることをめざす牧野としては、これは同意できない案件であった。牧野の意を受けた関屋から「人選の都合にて刷新の目的を達し難きに付、寧ろ官制も現在の儘と為し置、他日を期する方宜しからん」（同上四二〇頁）との意見が出され、他の委員もこれを了承した。牧野ももとより大賛成であったので、皇族附職員の官制改革は延期となった。四月以来準備が進められてきた宮内省の官制改革は中途半端なものに終わることになったのである。牧野が皇族附職員の官制改定の延期に賛成したのは、「摂政問題に付皇族会議を経るの必要あるに付、何事も皇族の事には手を著けさる積には非さるや」というのが関屋の説明であった（同上四四二頁）。

当然このような結末には、官制改革の積極的推進派であった南部や小原は不満であった。彼らは「官制改正の実行意の如くならす、予期の効果を収むることを得さることを慨」（同上四四三頁）し、小原などは「一時は眠らさる位に失望した」（同上）のであった。前述のように彼らは「銘々より関屋を鞭撻して事を執らしむることは必要なるへし」と考えていたのだが、こと官制改革に着手してみて、それがうまくいかないことが判明したのである。自然、その不満の矛先は「初めは非常に強硬なる意見にて宮内省を改革することを主張し居りたるか、近日は大分軟化し」（同上二七三頁）た次官の関屋に向けられることになる。小原は「次官は近日自分（小原）を煙たかる様になりたり。此の如きことにては折角の改革も何事も出来さるへく」（同上四一七頁）とか、「関屋の意思弱き為め官制施行遅延し、其結果も面白からさる」（同上四一八頁）と倉富に不満を洩らしていたのであった。小原と関屋の衝突は、二人の年齢、性格、経歴、宮内省での地位からすれば早晩避けられなかったが、両者の疎隔が表面化したのは、官制改革に伴う人事配置をめぐる対立であった。

3．人事をめぐる攻防

最初に動いたのは小原の方であった。小原は、せっかく官制を改正しても、その後の幹部職員の人事が当をえないと効果がないとの考えから、秘密委員会のメンバーのうち小原と南部と倉富で人事の原案を作成することを関屋に提案した。小原のねらいは、内蔵頭の山崎を人事案の策定から排除することにあった。通常であれば、次官の関屋と大臣秘書官で総務課長の大谷が人事の原案を作成するのが筋であるが、大谷は必ず山崎に相談するので、小原の望むような人事は不可能となると、小原は考えたのだった（同上二八四頁）。もともと小原と山崎は仲が悪く、対立関係にあり、小原は官制改革を通じてヘゲモニーを握ろうとしたのである（同上三〇一頁）。小原は関屋も自分の提案に同意したと解したが、実はそうではなかった。しかし、関屋は直接小原に自分が賛成していないことを伝えずに、倉富に自分の反対の意志を打ち明け、倉富を通じて小原に自分の意向を伝えさせようとした（同上三〇四頁）。関屋には八方美人的なところがあり、最初小原から提案された時に明確に否定しなかったのだと思われる。倉富も小原の提案には反対であった。南部から小原の提案の話を聞かされた時にも、「大臣より意見を問ふならば予等も加はりて宜しきも、自ら進みて職員の進退を議するは穏当ならすと思ふ」と述べ、同じ事を小原にも伝えていた（同上二八四、三〇一、三一一頁）。結局、関屋と倉富の反対により、人事を掌握しようとした小原の計画は実現できなかった。

関屋と大谷が中心となって作成した部局長クラスの人事案は次のようなものであった。廃止される主殿寮、主猟寮、調度寮の三人の寮頭（市来政方、三室戸敬光、吉田平吾）はすべて退任し、市来と三室戸を名誉職の宮中顧問官とする。老齢（といっても倉富よりも一歳年下であったが）のため退職する戸田氏共式部長官の後任に式部次長の伊藤博邦を昇格させ、式部次長の後任には式部職庶務課長の西園寺八郎をあて、さらに西園寺に東宮職御用掛を兼任させる。同じく退任する山口鋭之助諸陵頭の後任には仙石政敬宗秩寮宗親課長をあて、仙石の後任に侍従兼式部官の松平慶民を移す。さらに退任予定の渋谷在明主馬頭の後任に、内蔵寮事務官東久世秀雄を主馬寮に移して主馬頭心得とし、他はそのままとする。他に、東宮大夫には浜尾新にかえて枢密顧問官の珍田捨巳を、内蔵頭の山崎が兼任している帝室林野管理局長官には九州帝国大学農学部教授の本田幸介の就任が予定されていたが、二一年一〇月の官制改革には間に合わないので、案には盛り込まれなかった。また、官房の課長には、大谷が秘書課長兼庶務課長、参事官渡部信が文書課長、内匠寮鑑査課長杉琢磨が用度課長に就任することが予定されていた。

右の案のうち、西園寺の式部次長は小原も大賛成であったが、伊藤博邦の式部長官就任には強く反対した。「伊藤の無能は衆評一致する所なる故、此際之を留むる様のことありては刷新の趣旨に反す」（同上三八二頁）、「刷新と云ひなから無能の評判高き人を重用する様のことありては全く無意味なり」（同上三八三頁）というのがその反対理由である。同様に上野季三郎の大膳頭留任、大谷の秘書課長兼庶務課長も小原の意に反するものであった。小原は伊藤と上野の免官を望んでおり、大谷についても内蔵寮事務官への転任をよしとしていた。また、東久世については主馬頭心得ではなく、主馬頭とすべきと主張した。しかし、薩長のバランスをとらなければいけない牧野宮相の立場を知る関屋としては、いかに無能の評判が高くとも、伊藤博文の養嗣子をそう簡単に免官できるはずもなく、また上野については牧野がその人物を買っていることもわかっていたので（同上三八二頁）、小原の要求は受け容れられるものではなかった。なお、伊藤の式部長官には次長となる西園寺も強硬に反対していた。

小原と西園寺の反対に困った関屋は、牧野が留任させることを約束していた井上勝之助（伊藤博邦の実兄である）が現任の宗秩寮総裁よりも式部長官となるのを好んでいることがわかったので、井上を式部長官に転任させ、伊藤を大膳頭、上野を主馬頭という案を出したが、これも小原が「伊藤には肺患あり。之をして大膳の事を掌らしむるは不可なり」（同上四一四頁）と反対したため、結局、井上式部長官、伊藤主馬頭、上野大膳頭留任、東久世が伊藤を補佐するために主馬寮事務官となることで妥協が成立した。その結果、宗秩寮総裁のポストが空くことになったが、倉富が総裁事務取扱として後を引き受けることでこちらも落ち着いた。倉富の宗秩寮総裁事務取扱には小原も文句はなかった（同上四一五頁）。なお、倉富が総裁にならなかったのは、倉富自身がそれを望まなかったためであるが、総裁には有爵者を起用するという不文律があったためだと思われる。

また、小原が「言語同断」（同上三八九頁）と非難した大谷の秘書課長、庶務課長兼任は白根松介が秘書課長になることで回避された。しかし大谷は勅任事務官となり、倉富もこれを「当を得す。（中略）意外なりし」と非難し、南部もそれに同意した（同上四三三頁）。小原も同様であり、官制改革に伴う人事全般について「職員の配置其当を得す。是は総て大谷正男の意より出てたるものなり。先日来関屋貞三郎には度々注意し、彼の位極言し置たるに拘はらす、此の如き配置を為すは不都合なり。此上は次官に話しても益なし」（同上四三四頁）と不満を倉富に洩らしたのであった。いっぽう関屋は、小原を独善的かつ党派的とみなし、倉富に対しても「小原、西園寺八郎、松平慶民抔は人か同種類と看做し居るに付、仮令小原抔には私心なきも、小原等か派を立つる様に見ゆることは、之を避くる必要ある」（同上四〇二頁）と述べていたのである。

このように、小原や南部は官制改革が中途半端に終わったこと、またそれに伴う人事配置が自分達の望むかたちにならなかったことに強い不満を抱いた。また、人事をめぐり、宮内省内の対立関係が露わになった。小原、南部等は組織改革を通じて宮内省のヘゲモニーを握ろうとしたが、それに失敗したといえるであろう。しかし、表面的には人員整理を伴う組織改革をリードしたのは小原達であるかにみえたから、彼らに対する風当たりもまた強くならざるをえなかった。すでに牧野に小原のことを非難する者もあらわれていた（同上四〇二頁）。宮内省官制改革の内容を報道した一九二一年一〇月七日付の『読売新聞』は、今回の改革で内匠寮の権限が拡大し、西園寺八郎が一躍出世をとげたことから、今後宮内省では小原と西園寺の勢力が益々盛んになると予想されるとしたうえで、「尤も小原男に対しては今度の事から一層省の内外を通じて非難の声が高まつて早晩その地位に動揺を来さうといはれてゐる」と小原への反発が少なくないことを伝えていた。小原もこの記事を見たのであろうか、倉富に「今次の改革は自分（小原）、西園寺八郎と二人か悪者になりたり。自分（小原）か悪者になりて済むことならは今少し思ひ切りて為し度かりし」（同上四三七頁）と述べている。小原からみて中途半端に終わった一九二一年の宮内省官制改革は、「悪者」小原の宮内省からの排除の動きの起点となるのである。

五、牧野・関屋体制の確立

1. 小原と関屋の対立

摂政設置と皇太子の結婚問題が解決するまでは宮内省の内部対立も表面化しなかったが、一九二二年の後半になると、倉富が「宮内省の内端か只今の如く不一致にては困りたることなり」（同上一〇三一頁）と南部にこぼすほどに深刻化しつつあった。その対立の核は関屋次官と小原内匠頭の相克であった。同年の一二月頃には小原自身が「関屋は此節は自分（小原）の面を見ることを厭ひ、相対しても他を顧みる様になりたり」（同上一一二〇頁）と認めるまでに両者の関係は険悪となっていた。両者が正面衝突したのは九月のことで、高松宮の仮御殿の設計図を、小原の承認なしに、関屋が内匠寮技師に直接命じて説明させ、高松宮に提出した一件が原因であった。「次官の処置は余り不都合にて昨夜は眠ることも出来」（同上九〇三頁）なかった小原は、牧野宮内大臣に直接関屋の非を訴えた。高松宮仮御殿問題における越権行為だけでなく、関屋がとかく外聞のみに重きを置く傾向があると難じたのである。牧野は、高松宮仮御殿の件は自分が次官に急ぐように命じたからであり、関屋が外聞のみにこだわっているようには思わないと弁護した。牧野に訴えたあと、小原は関屋にも直接注意する決心を固め、その結果宮内省を去ることになるかもしれないと倉富に語った。小原からその話を聞かされた倉富と南部は、関屋が宮内省の「事務を呑込みたりと思ひ、得意になりたる傾あ」ること（同上九〇四頁）、「近来の事は新聞の人気取りのみなり」（同上九〇五頁）と、関屋批判には同意しつつも、小原には自重を求めた。しかし、小原が関屋の非を牧野に直接訴えたことにより、両者の相克が公然たるものとなったことはおおいようがなかった。

一九二二年の九月二二日に小原は関屋に直接苦言を呈した。高松宮仮御殿については関屋も自分が悪かったと謝ったが、小原が「最も宜しからすと思ふ」と批判した「宮内省か何事に付けても世間に気兼計りして、世間体を繕ふことのみに齷踏〔齪〕し居る」（同上九三四頁）点についてはすれ違いのままに終わった。具体例として小原は、皇太子の結婚費用を公表することにしたが、皇室が節約に努めていることをアピールするために、実際に必要な婚儀費用をすべて計上せずに発表し、不足分は経常費用で支弁することにしている例をあげ、このような苦しい辻褄あわせをせざるをえないのは、これまで公表してこなかった婚儀費用を世間に知らせるようになったからであると、関屋のメディア戦略を批判した。このことからわかるように、小原と関屋の対立には、宮内省のメディア戦略を巡る意見の相違という側面もあったのである。そのやり方に問題があるとはいえ、関屋はメディアを積極的に利用してイメージ操作（当時の言葉を使えば、皇室の「平民化」アピール）を行おうとしていたのに対して、小原はそれを、皇室の虚像を提供して大衆に媚びようとしているとして批判的であった。

このような両者の相違は、ドレスコードの解釈についてもみることができる。皇太子を東京駅に奉迎に行く際に、関屋がモーニングコートを着用していたので、小原が注意したところ（当時のドレスコードではフロックコートを着用すべきとされていた）、関屋は「誰か何と云ふも、自分（関屋）は是て通ふす」と言ってきかなかった。小原が注意したのは「御殿内ならはモーニングにても背広にても宜しきも、部外の人ある場合にモーニング抔を著けれは、殿下を軽んするとの批評を招く」からであり（同上八四八頁）、国民に対して皇室の威厳を維持することを第一に考えていたからである。いっぽう関屋は「部外の人ある場合」だからこそ、皇室の「平民化」をアピールするために意図的に略服を着用したのである。もっとも、小原、西園寺、南部等が守旧的だったのではない。南部が経費削減のために宮内省の組織を大幅に縮小しようとしたことはすでにみた。小原は内匠寮の技師の陣容を一新し、佐野利器など当時の最先端をいく建築工学者を技師に抜擢した。また西園寺も、皇室令で規定されている諸制度はすでに時勢にあわなくなっており（この認識は小原も共有していた〈本書一八七頁〉）、「既設の分も之を改正して、簡短になす必要あり」と考えていた（同上八五頁）。この対立を単純に革新派と守旧派、平民主義と権威主義の対立とみなすことはできないのである。

関屋は関屋で小原等に対して批判的であった。内匠寮は不要な工事を行って無駄遣いをしており、小原は「随分処々遊ひ廻はる様なり」（第二巻九七六頁）と倉富に訴え、さらに「宮内省には華族の官吏多きか、華族は我儘多く、（中略）或人は、宮内省にては華族の官吏なくならされは適当なる改革は出来すと云ひ居りたり」（同上九九六頁）と、小原を初めとする華族官吏が宮内省改革の障害となっていると難じたのであった。小原と関屋の対立は、たんに二人だけの問題にとどまらず、小原、西園寺、南部、松平など華族出身者と非華族の文官高等試験合格者（関屋、山崎、大谷、渡部等）との対立という広がりをもっていた。この時期、小原、南部、西園寺はたびたび倉富のもとに来て、関屋への不満を表明していたが、それにとどまらず、大谷や渡部など官房の課長連についても、不適任であるとしてその更迭を望んでいた（同上九三三、九九一頁）。南部は部下である参事官（渡部、金田才平〈一九一二年合格、東大法卒〉が非常識、偏屈、不人望で手こずっていると言い、その弊害を防止するために宮内官任用令を改正して、任用資格の制限を緩和すべきと主張するまでになっていた（同上九〇一頁）。もっとも、同じ華族宮内官であっても、小原、西園寺と井上や伊藤との間には、また別の対立関係がみられたことは前に記したとおりである。その中で倉富の地位は微妙であった。日記をみるかぎり、倉富も関屋に対して批判的であり、小原、南部、西園寺に近かったが、彼自身は華族でもなく、文官高等試験の合格者でもなかった。倉富の古参の行政官としての豊富な経験、法制についての詳しい知識、謹厳な性格に対しては両派ともに敬意を抱いており、関屋もたびたび倉富のところに来て、釈明し、助言をもとめていたのである。倉富は関屋に対して好意的ではなかったが、この段階ではまだ中立であり、倉富が小原派として関屋から見なされるようになるのは、一九二三年になってからであった。

一九二三年度予算の編成をめぐって再び関屋と小原は衝突した。関屋が内匠寮予算は過大としてその削減を求めたのである。さらに関屋は蔬菜の栽培、茶の製造は不要とし、また農学者で東京帝国大学教授の原熙の内匠寮御用掛を免じるよう小原に求めた。小原はそれに対して予算の削減にはいくらでも応じるが、そのかわりに宮殿等の修繕もせずにすませることになるが、それでよいかと開き直った。また蔬菜培養については、蔬菜を下賜することが大正天皇の唯一の楽しみであるので、やめるわけにはいかない、茶も両陛下と皇太子の飲用であり、やめるわけにはいかない。原は一級の農学者であるので、辞めさせるわけにいかないと拒否した。

同じ頃小原に対する悪宣伝が流れ始めた。一九二二年一二月八日倉富は枢密院議長の清浦奎吾によばれ、小原内匠頭とは如何なる人物かと尋ねられた。清浦が言うには、最近小原のことを告発する者が頻繁にやってきて、小原は相当の技倆を有し、役に立つ男だが、「妄りに職務外の事に干渉して宮内省内を攪乱し、加之心術不正にして、先年調度頭たりしときは金銭に付不正のことを為したること二、三回ありたる」という話を聞くがほんとうかというのである(同上一一三〇頁)。清浦の質問に対して倉富は、小原は確かに職務外のことにも手を出し、宮内省内の秘密をよく知ること驚くべきである。「小原には敵多し。小原亦人を誹議することと少なからす。現に関屋貞三郎抔とも善からさる方なり。然れとも貨財に贖かるる人には非すと思ふ。〔中略〕其他同人か不正を為したりとのことは聞きたることなし。予は断して其事なしと思ふ」と弁護した(同上一一三一頁)。清浦も小原に敵が多いのは事実なので、倉富が不正なしというのであれば、これ以上の穿鑿は無用と応じた。小原が金銭上の不正をしたという噂は別のかたちでも流れていた。九州の炭鉱王伊藤伝右衛門が柳原白蓮と結婚する際に、当時爵位局主事であった小原が六万円のリベートをとったという話である(同上一一七七頁)。このような噂に対して小原がとった態度に、彼の性格がよくあらわれている。伊藤からのリベートの話は今にはじまったものではなく、伊藤の結婚の時から噂されていた。当時の大臣の渡辺千秋が小原に事の真偽を糾したとき(もっともこの時点では小原が貰ったとされる金額は伊藤が遣った数万円のうちの僅か百円だった)、小原は、そういう風説があるなら風説に任すべし。渡辺がそのような風説を信じるのであればそれまでで、自分は一切弁明しないと、渡辺に返答したのであった。いかにも癇癖で潔い小原の言いそうなことだが、保身に汲々とする官僚からすれば、華族のわがままとしかみえなかったであろう。

2. 南部光臣の退官

倉富と関屋の微妙な関係を変化させることになったのは、南部光臣の退官であった。倉富は日記に明記してはいないが、関屋が自分をうまく利用して、南部を退官に追い込むのに一役買わせたと思ったにちがいないからである。すでに述べたように、皇室財政について最も悲観的な見通しをもっていた南部は、思い切った組織縮小案を提示したが、それは容れられなかった。そのことで大いに不満を感じていた南部は、他方で部下である参事官達の統御にも手こずらされており、その他の原因もあって神経衰弱におちいり、勤務を休みがちであった。小原の言によれば、南部はアルコール依存症だったようである(同上四七一、六五五頁)。また小原は、南部は余りに好人物なために、部下である渡部等に対して弱い所があるとみていた（本書一九八頁）。官制改革や摂政問題では倉富とともに大いに働いた南部であったが、一九二二年になると長期欠勤をくりかえす状態が続いた。一九二二年一二月になって関屋は、南部の長期欠勤により事務に差し支えが生じており、牧野に相談したところ、大臣はなるべく酷なことは避けたい意向だが、宮中顧問官にでもする以外に適当な地位もない、どうすればよいかと、倉富に相談に来た。倉富は、それもまたやむを得ないことだと同意した（第二巻一一五四頁）。同じ頃関屋は、宮内省には勅任官のポストが少なく、高等官三等の奏任官の昇進が困難になっていると倉富に相談しており、南部を退職させることで、勅任参事官のポストが空くのを期待していたふしがみられる（同上一一五五頁）。

年が明けて一九二三年二月に関屋が再び倉富のところにやってきて、南部の進退について倉富に相談した。この時関屋は、前回とはややニュアンスの異なる言い方をしている。「南部光臣久しく欠勤し居り、事務の差支あるを以て大臣（牧野伸顕）より処分方を命せられ居りたるも、自分（関屋）は成るへく之を緩にする為、今日まて延はし置けり。然るに大臣より催促あり。如何致したらは宜しかるへきや」（本書一六二頁）、と。前回の話では、牧野は南部の処遇に慎重であったが、今回は処分を急いでいるというのである。倉富は今回も、「本人には気の毒なれとも、余り久しくなる故致方なからん」と答え、宮中顧問官に転任させ、梨本宮宮務監督はそのままとするしかないだろうと答えた。それを聞いた関屋は、南部は誰にも面会しないとのことで困っている。書面の通知だけですますのも穏当でないと言った。倉富に辞職勧告にいってくれるよう水を向けたのである。倉富もそう解釈して、自分が南部に会って話をしてもよいと返答した。倉富日記に出てくる関屋と倉富の会話を読むかぎりでの話だが、関屋の言い方には特徴があって、ズバリこうして欲しいとはっきり言わないことが多い。間接的な言い回しが特徴的である。その点でつねにストレートな言い方を多用する小原とは対照的である。

倉富は二月二八日に南部の自宅を訪問し、その辞職を促した。南部が面会を断ったので、倉富はその養父の甕男に会い、大臣から委嘱されて南部に辞職を勧告に来たと告げた。それを聞かされた南部は辞表をだすことを承知した（同上一七〇頁）。南部は他の者が来て辞職を勧告したのであれば、決して承諾するつもりはなかったが、勧告に来たのが他ならぬ倉富であったので、万事休すと悟って辞表を出す決心をしたのであった（同上一八五頁）。ところが、南部の辞任が摂政の裁可を受けたあとになって、秘書課長の白根から、牧野は南部に同情的で必ずしもただちに退職させるべきだと考えていたわけではない、次官に求められて南部免官に同意したのであって、大臣から進んで辞職を促したとは思えないとの話を聞かされ（同上二〇二頁）、倉富は自分がうまく関屋に利用されたのではないかと疑念を抱くにいたる。しかし、すでに南部の免官は確定しており、倉富としてはどうしようもなかった。わずかに牧野に直接面会して、事務に差支えるという理由で南部に辞職を勧告したのだから、免官の発表は後任の入江貫一（一九〇六年合格、東大法卒、倉富、小原、西園寺は、南部の後任には是非とも入江を採用すべきと考えており、関屋もそれに同意していた）内大臣秘書官長の勅任参事官への転官発表と同時にする、南部を宮中顧問官とし、梨本宮が同意すれば梨本宮宮務監督を継続させる、東宮御婚儀準備委員も継続させる、との三点を申し入れ、牧野からその承諾を得たにとどまった（同上二一五、二一六頁）。最後の東宮御婚儀準備委員の継続については、関屋が難色を示したために、うやむやになりかけた（同上四九四、五〇三頁）。

南部辞職に関して関屋が大臣に正直に報告していないのではないかと疑った西園寺八郎が、牧野に対して関屋の非を訴えたところ、牧野は関屋を弁護し、部局長官らが関屋を誤解していると、耳をかさなかった（同上三四五、三四九頁）。西園寺から話を聞いた牧野は五月一二日に倉富をよび、「次官（関屋貞三郎）に対する不平等ありて、省内の不統一を来たし居る様なり。君（予）は双方に超越したる考を以て援助し呉度」（同上三七〇頁）と、倉富の意見を尋ねた。倉富は昨年以来、関屋と小原との間で争いのタネとなったいくつかの問題（箱根離宮の修理に内匠寮が着手しなかった件、高松宮仮御殿問題、成久王事故死の後始末のために宮附事務官山辺知春がフランスに行く間、小原に北白川宮の事務を担当させるとの案を採用しなかったこと）について説明したあと、官房の総務課と文書課の専横ぶり、関屋次官に勇気がないこと、文書課長の渡部と関屋が親族関係にあること、南部に辞職を勧告した際に、関屋が牧野の考えを正確に倉富に伝えなかったこと、小原についていろいろ風評がとんでいるが、小原は不正をなす人間ではないこと、関屋と小原、西園寺等の対立は容易に解けそうもないことを牧野に語り、最後に牧野に対して「今後は成るへく大臣自ら各人の言を聞き、事情の行違なき様に為したらは宜しかるへく」と進言した（同上三七一〜三七五頁）。牧野は「畢竟自分（牧野）の不行届より生することにて、自分の責任なり」と述べたが、南部免官問題での関屋の言と牧野の考えとの食い違いについては何も言わなかった。倉富は、このことをもって牧野が関屋を弁護したと解した（同上三九〇頁）。

このように、一九二三年半ばには、牧野も宮内省内に深刻な内部対立が生じていることを知るにいたっていた。六月初めには、山崎、上野、仙石が「小原（駩吉）は性質卑劣にして我儘多く、共に事務を執り難きに付、小原を処分することを望む」（同上四四七頁）と、関屋に小原の処分を迫った。また、六月一四日には上野が牧野に小原問題について詳細に陳述した（『牧野日記』七八頁）。おそらく、関屋に述べたのと同じことを牧野にも告げたのだと思われる。宮内大臣としての牧野の執務ぶりは、日常的な行政事務の処理はおおむね次官に任せ、自分はもっぱら重大問題の処理にあたるという姿勢であったので、牧野としては関屋を更迭するわけにはいかなかった。自然、牧野は関屋支持にまわることになり、小原等があくまでも反関屋の立場を変えなければ、早晩いやでもそれを排除せざるをえなくなるのは、目に見えていたといえよう。

3．反関屋から反牧野へ

南部免官問題に次いで関屋と倉富との関係を決定的に悪化させたのは、静岡県三方ヶ原周辺に所在する御料地の払い下げ問題であった。世伝御料の解除を受けた御料地三六〇〇町歩ばかりを静岡県に二〇〇万円で払い下げるというもので、一九二〇年一二月に静岡県知事関屋貞三郎の名前で払い下げ願が出されていた。当初の要求は一万町歩を二〇〇万円でというものであったが、宮内省内での詮議で三六〇〇町歩弱に削減されたのである。「公共の用の為」という理由で、売価は評価額四〇〇万円の五割減、一五年賦無利子という静岡県に非常に有利な条件であった（本書五四八、五五〇頁）。前任の林野管理局長事務取扱山崎から上申され、現任の本田も同意していて、すでに一九二三年一月には大臣の了承を得ており、あとは細部の詰めを残すばかりであった（同上五三六頁）。倉富がこの件を知るにいたったのは、六月二九日の会計審査官会議に提出された実況審査報告書に「縁故者（知事から次官に転じた関屋をさす－永井注）に依頼し、価格其他のことに付弊害ある」（同上五〇四頁）との指摘があったことからであるが、売価があまりに低すぎるうえ、売却条件が前例にない有利なものであることから、この件が知れれば、他県からも同様の要求がなされるのは明らかであり、もしそれを拒否すれば静岡県だけを優遇して不公平となり、その要求を容れれば、皇室財産を安値で売り払うという結果をまねきかねない。さらに「公共の用の為」といっても、実際には静岡県は払い下げ地全部を県有林として経営するのではなく、そのほとんどを転売して利益をあげるつもりであり、県の収益を目的とする事業であるから、「此の如き例を開きては、後日の累測るへからす。是非とも之を阻止する必要あり」（同上五四九頁）というのが倉富の考えであった。倉富は直ちに入江勅任参事官にこのことを指摘し、入江から牧野に談判するように求めた。入江もこの払い下げの不当なことは認めていたが、すでに決定しており、もはや何ともしがたい。ただ大規模な御料地処分であるので皇室経済会議にはかるように要請するつもりであると返答した（同上五三六頁）。倉富から依頼された入江は牧野に疑問点をぶつけてみたところ、牧野は払い下げが低価格で行われるのは当然であると言い、「大分激昂したる模様」だった（同上五五〇頁）。

入江から牧野にこの件で談判するよう要請された倉富は、七月二五日に自身牧野に会って払い下げの不当性を訴えた。牧野は「林野管理局にて小団地を経営するは不利益なる故、之を整理する目的なる故、其為に払下くるものならん」と答えただけで、とくに反論せず、倉富の提出した実況審査報告書等の関係書類を預かった（同上五五三～五五四頁）。七月中に本田に勧められて払い下げ候補地の実地見分をおこなった入江は、当該御料地がたしかに本田のいうように、採算性の低い経営地であることを確認し、これを低価格で払い下げることは、皇室と静岡県の双方にとって利益となると考え直し、これが先例とならぬようになんらかの措置をとれば、払い下げを認めてよいと態度を変えている（同上五七五頁）。それに対して倉富は、採算性が低くて、手放すのが皇室の利益になるとしても、それだけでは評価額の五割減を売価とすることを正当化できない、正当な理由がないかぎり、それは皇室財産の切り売りというしかなく、しかも特定の県に対してだけそのような破格の条件で払い下げて、他にはそれを拒むようなことをすれば、皇室は公平性を疑われることになるだろうと反論した。両者の意見は平行線のままものわかれとなったのである。さらに八月一六日には帝室林野管理局事務官の東久世が牧野の命で、倉富のもとに説明にやってきたが、こちらも倉富を納得させることはできなかった（同上六一五頁）。

倉富と関屋、牧野、本田そして入江との間には、御料地の処分に関して原則的な意見の相違があったとみるべきであろう。両者とも、採算のとれない御料地は整理するべきであると考える点では同じであるが、払い下げの方法について大きな見解の相違があった。牧野や関屋等は御料地を手放すにあたり、私人や私企業の営利に直接結びつくものでなければ、できるかぎり低価格で払い下げることが国民の利益となり、そうすることで国民の皇室に対する尊崇と忠誠の念を高めることができると考えていた。処分地の評価額と実際の払い下げ価格の差額は、損失ではなくて、恩恵として与えることで皇室への支持を高めるための投資であった。国民に恩恵を与える皇室というイメージには先述のメディア戦略と通底する皇室観があったといえるであろう。しかし、再分配できる皇室財産に限りがある以上、恩恵の付与にあたっては、必ず選択がはたらかざるをえない。与えられる者と与えられない者が生まれ、与えられた者は大きな利益を得るとなれば、そこに情実がからんでくるのは避けられない。この件の場合、それは関屋次官の面目であり、その権力であった。さらにこの方法にはもう一つの問題があった。従来から皇室は恩恵を与える存在ではあったが、その恩恵は皇室財産の運用で得られた収益から分配されるものであった。ところが、新しい恩恵付与は収益源となる（その可能性のある）資産そのものを低価格で分配する点で、それまでの皇室の政策とは異なっていた。それまでの皇室財産の運用を規制する会計法規は、基本的には皇室財政の基盤となる皇室財産の保持（減少防止）を目的に組立てられていたといえよう。その見地からすれば、資産の売却にあたってはできるかぎり高価にというのが原則であり、損失をもたらす処分は避けるべきとされていた。そのために、この新しい政策は、既存の会計法令や皇室財産処分の先例と抵触するものでもあった。

倉富が問題にしたのは、まさにこの点であった。静岡県御料地の払い下げは前例のないものであり、法規の遵守を第一に考える倉富にとっては容認できないものであった。しかもそれが、個別的には関屋の権力強化につながるのであるから、なおさらそうであった。倉富が法規の尊重を唱えるのは彼のキャリアと立場からいえば、当然であり、またそうであるべきだが、しかしそれは既存の会計法規を支えてきた皇室財産の運用に関する基本的な理念を彼が踏襲し、擁護することを意味する。その理念からすれば、この払い下げは、関屋が自分の権力のために皇室の資産を不当に安い価格で切り売りしようとしており、牧野がそれを容認しているようにしか見えないのである。

　牧野以下の支持により、静岡県御料地の払い下げは予定どおり実行されようとしつつあった。倉富も「最早予も格別干渉せさる積りなり」（同上五九四頁）と諦めつつあったが、その矢先関東大震災が発生し、関係書類が総て焼失したために一時中断となった。倉富は自然消滅を願ったが、静岡県の要求はおさまらず、翌二四年に第二ラウンドが待っているのであった。

　先述のように、関東大震災後の倉富日記の記述は、それ以前に比べて簡略化されているので、大震災が今まで述べて来た宮内省の内部対立にどのような影響を及ぼしたのか、その詳細を知ることは困難である。しかし、大まかに言えば、震災は省内対立をさらに激化させ、遂に牧野は、小原を宮内省から排除することで、この問題を解決する決心を固めるにいたったとみてよい。九月二一日、倉富は牧野に面会を求め、前日から書きはじめて午前中に書き上げた意見書を手渡し、かつ口述をおこなった（本書六五七頁）。牧野日記では「震火災後善後策に付意見書持参。尚口頭陳述の次第あり。省内折合を気遣ひたる結果、調和の意味を以て思立たるなり」（『牧野日記』九一頁）と記されている。非常時に際して省内対立の融和を図るために意見書を出したというのである。

　意見書の内容はどちらの日記にも記録されていないが、さいわいにしてその草稿が残されているので、紹介しておく。震災で大被害を受け、皇室財政も容易でない状況を打開するべく、制度の大幅な改革と緊縮節約が求められており、そのための根本方針を策定する必要があるが、容易に解きがたい対立により宮内省の事務が不統一を来している。そこで入江参事官に改革案を作成させ、大臣が自ら議長となる委員会を組織して改革のための根本方針を定めるとともに、日常の業務遂行においても同様の措置をとるよう求めたのであった。

　　大正十二年九月二十日初稿

　　大正十年ノ官制改正ハ一部ノ整理ニ止マリ、完全ノ目的ニ達シタルモノニ非サルヲ以テ、其ノ後ニ於テモ時ニ随ヒ刷新続行セサルヘカラサルハ当初ヨリ予期セラレタル所ナリ。然ルニ図ラスモ、今次非常ノ震災火災アリ。家屋ノ倒壊焼失数十万ニ達シ、死者傷者数ヲ知ラス。前古未曾有ノ惨状ヲ現出セリ。皇上至仁寝食ヲ安ンセタマハス。東宮殿下亦予定ノ御婚儀ヲ延期シタマヘリ。宮内職員ハ仮令皇室経済ノ乏シキヲ告クルコトナキモ、諸事簡素ヲ旨トシテ務メテ濫冗ヲ省キ、以テ聖詔ニ違ハサルコトヲ期セサルヘカラス。況ンヤ今次ノ災害ニ付既ニ一千万円ノ恩賜アリ、其ノ他傷病者ノ救護、宮殿ノ修繕等、今後ノ費亦贅ラレサルモノアルニ於テ今日ノ計ヲ為スハ旧習ニ泥マス、大決心ヲ以テ事ニ従ハサルヘカラス。

皇室典範ノ改正ハ容易ニ之ヲ議スヘカラストスルモ、祭祀礼典其ノ他ノ施設ヲシテ今日ノ時勢ニ適セシムルニハ官制及其ノ他ノ制度ノ之ヲ改正スル必要アルヘク又現行制度ノ範囲内ニ於テモ、当面ノ処置ニ付テモ此ノ重要ナル時期ニ際シ特ニ慎重ニ機会ヲ失セス、敏速ニシテ事機宜ヲ失セサルコトヲ務メサルヘカラス。震災以後ノ処置ニ付テハ幸ニ格別ノ非難ナカリシニ似タルモ、事務ノ統一ヲ欠キ、事務ノ系統明確ナラス、施行ノ際間々抵触扞格ヲ来タシタルコト亦少ナカラサルヲ視タリ。臨時災害事務委員会ヲ設ケ、事務ノ統一ヲ図リタルトキニ於テモ尚ホ右ノ如キ事情アリタレハ、委員会ヲ廃シタル今後ニ於テハ一層連絡ヲ欠クノ虞アルハ免レ難キコトナリ。将来ノ大方針ヲ定ムヘキ法規ノ改正等ニ関スル事項ハ勿論、当面ノ事務ニ付テモ亦十分ニ協商ヲ遂クルニ非サレハ、彼此抵触ナカラシムルコトヲ得ス。

然ルニ省中某々間ノ反感ハ不幸ニシテ今尚ホ緩和セサルノミナラス、近来却テ其ノ度ヲ益スノ傾向アリ。大臣ヨリ小故ノ紛争スヘカラサルコトヲ戒メラレタルモ、俄ニ体度ヲ革メテ事ニ当ルコトハ望ムヘカラサルコト故ニ、此ノ際ニ於テハ権宜ノ処置トシテ、入江参事官ヲシテ根本方針ヲ定ムル重要事項ニ関スル議案ヲ作製セシメ、大臣自ラ議長ト為リ、議事ニ与ル者ハ予メ其人ヲ限定セス、次官、部局長官、式部次長、松平事務官及官房課長等ノ範囲内ニ於テ議案ノ性質ニ因リ或ハ其全部ヲ召集シ或ハ其ノ一部ヲ召集シテ審議セシメ、震災害ニ関スル当面ノ事務ニ付テモ亦前述ノ例ニ因リ審議ヲ遂ケサシメテ、事務ノ統一ヲ図ルト同時ニ、一面各員ヲシテ責任ノ地ニ立タシメ、蔭ニ相誹謗スルノ弊ヲ枉ケラレンコトヲ希望ス。善後ノ処置ヲシテ遺憾ナカラシメラレンコトヲ望ム。(「倉富勇三郎文書」三一、句読点は永井)

この意見書は、牧野が率先して震災善後策のリーダーシップを発揮することで、対立する関屋と小原の双方を抑えるよう求めたものであるが、しかし一九二一年の官制改革にみられるように、牧野の執務スタイルは日常の省内運営を関屋に任せるものであったから、牧野及び関屋の目からみれば、現実的な意味としては関屋を抑えることを求めていると解釈されたはずである。

牧野も最初は官制改革を行うつもりで、入江に改革案の作成を命じたが、途中で方針を変更し、官制には手をつけず、全般的な財政緊縮と人員淘汰によって乗り切る方向に転じた(本書七五六、九〇三頁)。一〇月五日に牧野は幹部職員を集めて訓示し、「予算編成に付二割減」(『牧野日記』九三頁)を命じたが、牧野が善後策の大方針を定めず、予算削減を各部局長に丸投げしたことで、倉富を大いに失望落胆させた(本書六六九頁)。倉富は自分の意見書を牧野は無視したと感じたのである。倉富と別に牧野に改革意見を述べていた西園寺八郎も同様であった。西園寺は牧野が自分の意見を容れなかったことで、「大臣か優柔なる故、次官ても確かりし居らされは駄目なるに、二人とも愚図なる故、致方なし。此上は行詰る所まで行詰るを待つより外には致方なし」と匙を投げてしまった(同上)。震災を機に、倉富や西園寺の関屋批判はさらに一歩進んで、牧野批判へと移行していった。倉富は、当初牧野はただ単に事情を知らないだけだと思っていたが、実は事情を知ったうえで関屋を支持しているようだと言い、西園寺も、まさにその通りで、牧野は関屋を使いたいと考えているので、牧野が大臣の間は関屋を替えることはできない。結局大臣を替えないかぎり、宮内省は行き詰まる、との会話をかわすまでになっていた（同上六八〇頁）。

同じ頃（一一月一二日）、牧野は第十五銀行の取締役成瀬正恭を招いて、「宮内省改革に関し従来の勤労者を相当待遇する必要上」宮内省退職者の再就職（同行または系列銀行の重役就任）の斡旋を依頼した（『牧野日記』九七頁）。さらにその四日後には牧野の意を察知したかのように、内蔵頭の山崎が内々に退官の内願を牧野に示した。退職後は日本銀行監事となる予定であった。さらに山崎は自分の退職の発表は全体の人員整理と同時でよいと告げた（同上書九八頁）。偶然の一致ではあるが、牧野が成瀬に申し入れをした同じ日に、西園寺は小原に、関屋が自分達を罷めさせようとしているが、西園寺は元老の養嗣子なので、まさか罷めさせるわけにもいかない。罷めさせられるのは小原だろうと告げていた。小原は「自分（小原）には免職せらるへき廉はなしと思ふ。近頃の様にして奉職することは面白くなく、困ることは困れとも、然りとて無意味に引退することも愚なり。愈々引退することになれは、引退に依り何か効果を生する様にして引退する様にすへし」（本書七〇八頁）と答え、さらに年が明けて二四年一月になると、小原は「関屋貞三郎は自分（小原）を免職する積ならん」と言い、関屋がその気ならば「此方より先ちて手を著くる必要あるへし」と述べた（同上七五一頁）。

4．小原駩吉の退官

小原と西園寺の反撃は、元老西園寺公望に対する工作であった。二三年の一一月に西園寺八郎は興津に公望を訪ね、「宮内省の近事を談した」（同上七二〇頁）。さらに一二月には虎ノ門事件が起こり、山本内閣が総辞職するにいたった。さらに翌年一月には皇太子の結婚式が無事挙行され、牧野が宮内大臣になった最大の目的が達成された。このような状況のもとで、牧野が辞職するとの噂が広まっていた。西園寺と小原もそれを期待して、牧野の後任に倉富を据えることをめざして西園寺公望に働きかけた。八郎は公望に牧野の後任問題について二度たずね、いずれの時も公望は話を「初より問題となさゝる様の体度を取ら」なかったので（同上七六三頁）、八郎が倉富を後任に推薦したところ、公望もほぼそれに同意の模様であった。元老の倉富支持をとりつけたとみた八郎は、次のステップは内大臣平田東助の同意を得ることだと考え、内大臣秘書官長を兼任する入江貫一を通じて平田の同意を獲得する計画を立てていた。

小原自身はほぼ次のような見通しを立てていた。平田内大臣は一木喜徳郎を推薦するようにも思われるが、入江の観察では、清浦奎吾が首相に転じたあと枢密院議長となった浜尾新を補佐するため、一木が副議長にとどまることがどうしても必要であるため、平田としても今の段階で一木を宮内大臣の後任とすることには躊躇せざるをえないだろう。そのほかの有力候補者としてはまず朝鮮総督の斎藤実があげられるが、これは実際には実現困難であり、またもう一人の候補で薩摩系人脈に属する平山成信については、西園寺公望が平山では宮内省の改革は無理であると賛成していないうえ、一木についても先年宮内大臣就任に反対した経緯があり、他にしかるべき候補者も見当たらない現状では、元老西園寺が同意すれば、倉富に対して平田もあえて反対はせぬであろう、と（同上）。しかしながら、公望は牧野の留任を望んでおり、八郎の見通しは公望の片言隻語に依拠した希望的観測にすぎなかった。彼らの倉富擁立工作はまったくの机上の空論にすぎなかったのである。

ちなみに、小原と西園寺が上司である宮内大臣の更迭工作をしたのは、これがはじめてではなかった。波多野宮内大臣の時に、小原と西園寺は入江とともに密議を凝らして、波多野排斥の決議をしたことがあった。その時も入江は一木を波多野の後任に擬し、小原は一木のような偏狭な人物は宮内大臣に不適任として反対したのであった。なお、この波多野排斥の密議には大谷、酒巻芳男、二荒芳徳等も加わっていたという（同上九九八頁）。

小原や西園寺の期待に反して、牧野は辞職するつもりはなかった。しかし二月一五日に、関屋等の反対を押し切って摂政に進退伺を提出した（同上七九七頁）。これは直接には皇太子の結婚に関する宮内大臣の告示が遅延したことの責任をとって出されたものであった。平田は、進退伺を摂政に執奏するとともに、進退伺を却下するよう摂政に助言した。摂政はその助言にしたがって牧野の進退伺を却下した（『牧野日記』一一四頁）。これにより、牧野の辞職問題にひとまずの決着がつけられたかたちとなった。摂政から留任の優諚をもらって、その信任を再確認しえた牧野は、いよいよ宮内省の人事異動を断行した。三月二八日に牧野は摂政に「兼ねて懸案となり居りたる予算中の人件費整理の事に着手致し度、自然老朽若しくは後進者に譲る意味に於て相当の人員引退を為致度。〔中略〕重もなる者としては内匠頭の小原〔駩吉〕の如きは此際止め、其代はりに有為の若手を以て之に充て申度」（同上書一二〇〜一二一頁）と内奏し、その承認を得た。後任には東久世を充て、さらに摂政の問いに対して二月一日付で依願退職していた山崎内蔵頭の後任に入江貫一参事官を転任させるつもりであることを明らかにした（同上）。

小原は四月四日に牧野によばれ、辞職を勧告された（四月九日付で依願免職）。倉富日記では省略されているが、牧野日記では次のように記されている。

　小原内匠頭入来を求め、愈々人件費整理に着手するに付ては人員の進退に及ぶ事になれり、先輩は後輩の為め路を開く様致度、就ては内匠頭も其意味に於て勇退を望む、他にも同様に希望する向あるも内匠頭は枢要の位置にあり、且従来勤労の深き次第もあるに付、今日特に内示に及び任意的に卒先して進退あり度、今後の処身振りに付ては若し希望とあれば出来る丈け援助は試むべし云々附加へたり。小原は格別驚きたる様子もなく、大臣の決定とあれば彼是云ふ事もなし、拝承せり、手続等に付ては白根〔松介〕と打合致すべし、尚特に申上度事なるも、此れは愈々無関係の位地になりたる節に致す方宜敷かるべし、今日は差控へ度しとの内陳あり。小生は何時にても聞くべしと申し置けり。或は次官〔関屋貞三郎・宮内次官〕に対する不平かとも推察せらる。小原問題も前々任者以来の懸案なりしが漸く落着の端を開けり。然し内外多少批評の動機となるべし。（同上）

小原の退職を当時のマスコミがどのように見ていたのか、論調の異なる二つの報道を紹介しておこう。関屋に好意的な立場から小原に批判的な論調の記事を掲載したのは四月九日付『大阪毎日新聞』である。

小原男は某元老の御曹子と結んで省内に縦断的に大勢力を張り、思うこと何事も成らざるなき有様であったが、山県老公の病没を境として省内改革の機運醸成し関屋次官を中心に穏健なる各部局は結束して立ち、茲に小原派及反小原派の二大暗流を生じ震災後は互いに猛烈な排撃が行われるようになって、牧野宮相も決断の余儀なきに至り、御婚儀終了を待ち、今回小原男を諭旨退官せしめ、お情けで依願免官として宮中顧問官に任じたのである。

いっぽう、四月一〇日付『読売新聞』は小原に対して好意的であった。しかし、この人事を牧野、関屋による粛清人事とみる点では共通している。

大臣も次官も、てこずり抜いた内匠頭小原駩吉男がやめた、宮内省の改革だつて、アテにならぬといふ者がある。小原さんは宮中奉仕廿二年、優れた精力家で八方にかけ回り、大喪、大礼、外国貴賓の接待、摂政の御就任、東宮の御成婚など、あらゆる宮中の大問題を議する巨頭会議に参加し、よく喋りよく論じよく戦つた人、恐らく古典儀式に通じた点では宮相次官も敵ではない、ソレでゐて内匠頭としては宮殿式、ブルジョア式の建物を平民化し、簡素にしやうと企て、第一番に霞ケ関離宮の改修をやつたが残念ながら地震で駄目になつた。とに角その功績は少くない、で今度やめたのも牧野宮相や次官が仕事をするのに一番煙いところから罷めて貰つただけで未だやめさしてよい人は大臣以下ウンとある、こんなことで宮内省改革なんと合点してはいけない。

牧野・関屋の小原排除は徹底していた。西園寺と倉富は、南部の場合と同様に、退職後も宮中顧問官、賀陽宮顧問（賀陽宮の宮務監督は工藤一記であるが、小原は賀陽宮大妃の希望もあり、老齢の工藤に代わり実質的な宮務監督の職務を引受けていた）の継続、さらにパリに長期滞在の東久邇宮稔彦王に帰国を勧めるためのフランス派遣などを望んでいたが（本書八九八頁）、宮中顧問官を除き、すべて拒否されている。さらに関屋は小原が摂政に近づくことを警戒し（小原は摂政のゴルフの相手でもあった）、東宮職に小原を近づけさせないように指示した（同上九三九頁）。また、小原に近いと見なされた職員（三善焞彦内匠寮事務官、佐野利器内匠寮技師、原熈内匠寮御用掛、池田邦助賀陽宮附事務官）も免職もしくは閑職に回された。牧野は小原に、第十五銀行の監査役の地位を約束したが、小原はこれを断り、互選貴族院議員の斡旋をもとめた（同上九九九頁）。

小原の後任には東久世が内匠頭となり、山崎の退職後一時関屋が事務取扱を務めていた内蔵頭には入江が転任した。入江の後任の勅任参事官には大谷が昇格し、大谷の後任の庶務課長には杉琢磨が起用された。一九二一年官制改革のため設置された秘密委員会のメンバー五人のうち、南部、山崎、小原の三人が去り、残るは関屋と倉富となった。牧野から辞職を勧告された数日後、小原は倉富に「近日の関屋の体度は敵を平けたりと云ふ様なる風なり」と語った（同上九〇四頁）。敗者の弁であるが、宮内省において牧野・関屋体制が確立したことを示唆するものである。これ以降、しばらくの間は、牧野（およびその後任の一木）、関屋、入江、大谷、さらに諸陵頭から賞勲局総裁に転じ、徳川頼倫辞職後宗秩寮総裁となった仙石が、宮内省を動かしていくことになる。

倉富も牧野、関屋からは「小原党」とみなされていた（同上一〇九〇頁）。八月一四日には、牧野の辞職よりも「夫れより予の免職の方か一番近かるへし」と、東久邇宮附事務官金井四郎に洩らすほどであった（本書一一六二頁）。この頃倉富がいささか神経過敏になっていたのはすでに述べたとおりである。しかし、倉富の行政官としての豊富な経験、法制についての詳しい知識に対しては関屋といえども一目置いており、そう簡単に退職を迫るわけにもいかなかった。倉富はそのまま在任し続けるのである。六月になると静岡県御料地の払い下げ問題が再燃した。会計審査官で参事官を兼任していた土岐政夫が実況審査中に発見した、林野局技師東郷直と塩沢健管理局名古屋支局長との間に交わされた往復書簡の写しを倉富に示し、払い下げの不当性を訴えた。東郷書簡は、御料地を払い下げる場合、現行の不要存地処分令にしたがえば、評価額の三割までしか減じることはできないが、静岡県に対しては通常の払い下げよりも安い五割減での払い下げを林野局長官がすでに約束済みであるので、評価額の設定にあたっては、通常の評価よりも二割を減した八掛の評価を以て算定して提出してほしいという要請であり、塩沢の返事は、表だって八掛の評価をすると、審査官等より詰責されるおそれがあるので、どうしても五割減にしなければいけないのであれば、手心にて目に立たぬ様の取計をしたいので、さらに詳細を通知せよというものであった。静岡県に有利な払い下げを実現するために林野局の関係者が脱法行為をはたらこうとしているのである。これを読んだ倉富は「此の如きことにて、御料地の払下を為さしめんとする関屋（貞三郎）の処置は言語同断なり」（同上一〇一八頁）と、再度払い下げを阻止する行動に立ち上がったのである。

倉富はまず右の秘密往復書簡を内蔵頭入江に見せて善処を要望した。入江は払い下げそのものには賛成であったが、御料地の規模が大きいので、必ず経済会議の議を経るべしとの考えであった。いっぽう林野局は即決を望み、参事官（大谷、浅田恵一）も経済会議で審議する必要はないという意見であった（同上一〇七七頁）。林野局と参事官が経済会議なしで大臣の決裁を仰ごうとしているとの情報を聞いた倉富は、牧野に直接訴えることにし、秘密往復書簡をみせて、経済会議なしに大規模な払い下げを決めるのは不当、不都合であると批判した。牧野は前年と同じく御料地の払い下げは低価格で行うのが原則であると述べ、倉富もまた低価格で払い下げるべき正当な理由が立つのであれば、公然と最初から低い価格で評価すべきであって、往復書簡が示しているような裏操作をすべきでないと反論した。牧野が「表向のことのみなれは気色好きも、内端のことは困る」と言ったので、倉富は日記で「大臣か此の如きことを云ふは実に解すへからさることなり」と批判している（同上一〇七八頁）。

今回もまた倉富の異議申し立てにより、静岡県への払い下げは遅滞することになった。しかも今回は払い下げ案を検討していた参事官の中で倉富に賛同し、該件は既存の法規に抵触するおそれありとして、反対するものが出てきた。先ほどの土岐と渡部信であった。八月一六日に関屋が会いに来て、この件についての従来の経緯を長々と説明したあと、責任者である林野局長官が適当と認めている以上、宮内大臣がこれを許すのは当然であり、これ以上延引すると宮内省の面目を損ないかねないとして、倉富に反対意見を撤回するように求めた。それに対して倉富は前年と同様の意見を述べて反論したが、とくに強調したのは、この件が既存の法規に抵触するという点であった（同上一一六五〜一一六九頁）。御料地を処分するには不要存御料地処分令に依らねばならないが、同令は払い下げ代金の支払いに年賦を認めてはいるが、代金が未納となった場合には利息を付けることになっている。該件のように年賦払い、無利子という条件は処分令に違反するというのである。

この倉富の指摘を受けて、案件は参事官に差し戻され、法規上の問題がないか再検討されることになった。林野局では不要存御料地処分令の改正案を提出して、該件が同令に抵触しないようにしようとしたが、参事官の反対でこれもうまくいかなかった。今回もまたデッドロックに乗り上げたのである。この状況を打開するために、一九二四年一二月に御料地調査委員会が組織され、静岡県の払い下げだけに限定せず、他の御料地をも含めて不要かどうかを判定し、払い下げの条件を定めることになった。これは、倉富が八月一六日に関屋に述べた左の意見が採用されたことを意味する。

> 予、予も是非とも本件の払下を止めよと云ふには非す。林野局長官（本田）か果たして御料地の中、林野局にて経営するを不可なりとする所あるならは、其意見を提出し、宮内省にて委員ても設けて十分の調査を遂け、愈々之を払〔下〕くること〔に〕決するならは、之に適当する規則も設け、年賦の必要あるならは其規定も設け、無利息の必要あるならは其規定も公然たる処置を執る様にするか宜し。（同上一一六八頁）

しかしこの御料地調査委員会の活動の結果は、倉富の予期に反するものであり、一九二五年六月に改正された不要存御料地処分令は、前年に参事官によって反対された林野局の原案をほぼそのまま踏襲するものであり、その改正処分令に基づいて、懸案の静岡県の御料地が予定どおりに払い下げられたのであった。

最後に、倉富の敵対者の一人であった渡部信の倉富に対する敬意を表した言葉でもって、この「解説」を締めくくりたい。法制官僚としての倉富の面目をよく表現している言葉だと言えよう。

渡部、宮内省にては常に法規を無視する弊あり。貴官の力に依りて僅に之を維持し居れり。若し貴官か省を去らるる様のこともあれは、全く法規を蹂躪せらるる様のことになるへし。十分摂養を望む。参事官抔か法律論を為しても邪魔にせらるる丈けのことなり。貴官（予）か云はるれは重きを為し、法規も維持せらるることか出来ると云ふ。（同上一二一三頁）

付記

倉富勇三郎日記をはじめとする史料や写真の利用については、福岡県の倉富恒二氏とそのご家族、神奈川県の倉富珪子氏とそのご家族、国立国会図書館憲政資料室のご協力を得た。また、翻刻にあたっては、青木友里、朝田健太、岩田京子、佐藤太久磨、柴山礼子、奈良勝次、藤野真挙、眞杉侑里、丸山彩、吉川芙佐、吉田真澄の各氏にご協力いただいた。記して感謝の意を表したい。

なお、この翻刻は、日本学術振興会平成二〇年度～平成二四年度科学研究費補助金基盤研究（A）（課題番号20242017「倉富勇三郎日記研究－IT応用新研究ツールの導入による全文翻刻と注釈の作成」）の研究成果である。最後に私事にわたるが、本シリーズ刊行にあたり推薦文をいただいた松尾尊兊京都大学名誉教授が二〇一四年一二月一四日に逝去された。謹んで先生のご冥福を祈りたい。

人名索引

1．氏名のうち名字だけ判明して名前がわからない人物については名字だけを、氏名のうち名字が不明で名前だけ判明している者は、名前だけを採録した。
2．日記中において名前を用いて言及されていないが、役職名や属性（たとえば別の人物との続柄）を用いて言及されていて、その人物が個人として特定できる場合にも採録した（例「宮内大臣」→「牧野伸顕」、「荒井賢太郎妻」→「荒井加寿衛」）。ただし、「宮内大臣」とあっても、それが大臣個人ではなく職名を指す場合は、採録しなかった。なお、人物名が、人物ではなくて物事や事象をさす語句（例えば、神武天皇祭や明治天皇御集等）の一部に含まれている場合も、採録しなかった。また、大正天皇などについては、「天機」といった表現で言及されていることがあるが、このような場合は採録した。
3．２の場合において、ある人物について言及する際に用いられている別の人物（例でいえば「荒井賢太郎妻」の「荒井賢太郎」）については、その全体（「荒井賢太郎妻」）を一単語とみなして、そこに氏名が記されていても、採録しなかった。ただし、その別の人物（例では「荒井賢太郎」）が日記にはじめて登場する場合には、言及されている人物（「荒井加寿衛」）とともに採録した。
4．同一人物の名字や称号などが変わる場合（例「久邇宮智子女王→大谷智子」）、あるいは幼名の場合には（例「澄宮→三笠宮崇仁親王（澄宮）」）、それぞれの項目は立てたが、記載ページはまとめて示した。
5．欧米人はフルネームで示した。朝鮮人、中国人（歴史的人物を除く）は人物名のあとに原音に近いよみを記した。
6．人物を同定するために必要な属性や日記本文の人物名表記が一定していない場合の複数表記を、人物名に続けて記した。

あ

い

う

え

お

か

き

く

け

桂昌院　520, 522, 524
厳柱日（オム・ジュイル）　25, 32, 43, 50, 201, 207, 208, 346, 387, 402, 405, 424, 439, 451, 463, 467, 486, 498-500, 502, 587, 696, 697, 699, 702, 746, 761, 780, 842, 923, 970, 980, 1182, 1183, 1366
厳（オム）妃　860, 986

こ

顧維均（クー・ウェイチュン）　1300
呉佩孚（ウー・ペイフー）　1311
小泉策太郎　1006
小泉美代→金圧ミヨ
小磯国昭　234, 235, 238-240, 246, 247, 265, 465
高永喜（コ・ヨンヒ）　166, 495, 1044
　〜の姉　166
　〜の姉の子　166
高永根（コ・ヨングン）　145, 147, 317
高永周（コ・ヨンジュ）　495
高羲敬（コ・ヒギョン）　12, 18, 20, 23-25, 27, 32, 33, 36, 37, 43-45, 48, 50, 59, 66, 81, 82, 91, 99, 109, 111-114, 117, 119, 122-124, 139, 144-146, 149-151, 157-159, 161, 165, 166, 175, 176, 181-183, 194, 200-202, 207, 208, 219, 220, 227, 228, 241, 242, 248, 262, 298, 299, 302, 305, 308, 314, 317, 324, 325, 331, 335, 342, 346, 360, 368, 386-388, 390, 399-402, 405-407, 417, 418, 423-425, 438, 439, 451, 454, 462-464, 468, 476, 491, 495, 496, 498-502, 506, 507, 510-512, 518, 520, 526, 528, 529, 534, 541, 542, 546, 552, 566-569, 584-587, 589, 590, 593, 600, 605, 607, 617, 627, 640, 656, 657, 659, 661-663, 668, 684, 685, 689-692, 696, 697, 699, 702, 708, 710, 713, 720-724, 726-729, 731, 733, 746, 752, 761, 762, 764-768, 770, 771, 778, 785, 786, 791-794, 802-804, 806, 808, 811, 831, 832, 838, 841, 842, 846, 854, 859-861, 863-865, 871, 875, 878, 896, 897, 902, 903, 910, 923, 924, 929, 930, 937, 946, 950, 960-963, 969, 970, 973, 975-978, 980, 990, 994, 996-998, 1001, 1002, 1006, 1007, 1009, 1010, 1016, 1023-1025, 1027-1030, 1033, 1034, 1038, 1039, 1044, 1049-1053, 1055, 1059, 1060, 1062, 1064-1066, 1070, 1071, 1073-1076, 1078, 1081, 1098-1102, 1107, 1110-1112, 1114, 1115, 1117, 1119, 1121-1125, 1128-1130, 1133, 1143, 1149, 1150, 1173-1175, 1182-1184, 1200, 1207, 1210, 1211, 1217, 1218, 1228, 1230, 1231, 1233, 1237, 1238, 1242, 1243, 1256, 1257, 1270, 1287, 1288, 1294, 1295, 1301, 1303, 1307, 1314, 1318, 1324, 1325, 1329, 1330, 1334, 1339, 1340, 1344, 1350, 1352, 1354, 1361, 1362, 1365, 1366, 1372, 1377, 1378, 1382, 1386, 1387, 1389, 1390, 1395
　〜の妻　567, 584-586, 605, 627, 640, 1150
高羲誠（コ・フィソン）〔カ〕　495
　〜の母　495
高興謙（コ・フンギョム）　495, 1150
高興仁（コ・フンイン）〔カ〕　495
高興濂（コ・フンヨム）　495, 526, 566-568, 584, 585, 605, 1150, 1288
郷誠之助　875
康弼祐（カン・ピルウ）　973, 974
洪邦鉉（ホン・バンヒョン）　765, 771
光格天皇　1088, 1089
孔子　1127
高宗→李太王
皇太子（裕仁親王）　10, 12, 18, 20, 26, 39, 43, 47, 49, 59-62, 64, 68, 69, 83-85, 87, 88, 103, 120, 121, 126, 135, 142, 143, 157, 159, 171, 180, 186-188, 198, 201, 202, 209, 214, 216, 217, 222, 224-226, 231-233, 237, 241, 242, 244, 248, 249, 251, 261, 262, 279-282, 286, 288, 289, 291, 293, 294, 301, 304, 306-308, 321, 330, 331, 336, 338, 344, 345, 347, 348, 352, 353, 361, 362, 364, 365, 368, 372, 380, 381, 384, 386, 389, 391, 395, 396, 404, 405, 407, 411, 412, 416, 426, 438, 447, 449, 466, 468, 484, 488, 493-495, 499, 502, 505, 506, 509-511, 515, 516, 521-524, 528, 533, 539, 546, 556, 557, 561, 562, 566, 569, 571, 592, 597, 601, 612, 614, 615, 617, 621, 623, 626, 637-639, 646, 647, 656, 659, 673, 674, 677, 679, 680, 686, 688-690, 695, 696, 701, 702, 704-706, 711, 715, 717-720, 726, 733-735, 741, 742, 744, 746-749, 751-759, 761, 762, 764, 768, 771, 775, 779, 784-786, 788, 790-792, 797, 799, 807-809, 811, 818, 824-828, 835, 836, 844, 846, 852, 853, 856, 857, 870, 874, 877, 898, 904, 907, 909, 910, 914, 916, 919, 921, 936, 937, 939, 940, 949, 959, 963, 964, 971, 979, 982, 983, 985, 989, 994, 996, 997, 999-1006, 1010, 1014, 1025, 1028, 1039, 1044, 1048, 1050-1052, 1056, 1083, 1091, 1094, 1104, 1107, 1115, 1118, 1124, 1130, 1141, 1144, 1145, 1150, 1188-1191, 1199, 1202-1204, 1207, 1215, 1216, 1219, 1224, 1227-1229, 1231, 1235, 1244, 1252, 1253, 1255, 1265-1267, 1282, 1284, 1286, 1292, 1307, 1309, 1315, 1316, 1330, 1332, 1334-1336, 1341, 1354, 1357, 1358, 1360-1364, 1366, 1369, 1377-1379, 1389, 1391, 1395

さ

し

す

せ

そ

た

ち

つ

て

と

な

に

ぬ

ね

の

は

ひ

ふ

へ

ほ

ま

み

む

め

も

や

ゆ

よ

ら

り

れ

ろ

わ

小山俊樹（こやま　としき）
1976年広島県生まれ
京都大学大学院人間・環境学研究科博士後期課程修了／博士（人間・環境学）
現在、帝京大学文学部准教授
専攻、近現代日本政治史
主要編著書―
『憲政常道と政党政治―近代日本二大政党制の構想と挫折』、思文閣出版、2012年
『近代機密費史料集成Ⅰ　外交機密費編』、ゆまに書房、2014年

河西秀哉（かわにし　ひでや）
1977年愛知県生まれ
名古屋大学大学院文学研究科博士後期課程修了／博士（歴史学）
現在、神戸女学院大学文学部准教授
専攻、日本近現代史
主要著書―
『「象徴天皇」の戦後史』、講談社選書メチエ、2010年
『戦後史のなかの象徴天皇制』、吉田書店、2013年

吉田武弘（よしだ　たけひろ）
1983年京都府生まれ
立命館大学大学院文学研究科博士後期課程修了／博士（文学）
現在、日本学術振興会特別研究員（PD）
専攻、日本近現代史
主要論文―
「『第二院』の誕生―明治憲法下における両院関係の展開」、『立命館史学』第31号、2010年
「『良識の府』参議院の歴史的位置―職分論の転回から」、『日本近代學研究』第39号、2013年
「大正期における床次竹二郎の政治思想と行動」、『立命館大学人文科学研究所紀要』第100号、2013年

倉富勇三郎日記研究会

永井和（ながい かず）
1951年大阪府生まれ
京都大学大学院文学研究科博士後期課程中途退学／博士（文学）
現在、京都大学大学院文学研究科教授
専攻、日本近現代史
主要著書―
『近代日本の軍部と政治』、思文閣出版、1993年
『青年君主昭和天皇と元老西園寺』、京都大学学術出版会、2003年
『日中戦争から世界戦争へ』、思文閣出版、2007年

三川譲二（みかわ じょうじ）
1951年神奈川県生まれ
京都大学大学院文学研究科博士後期課程単位取得満期退学／文学修士
現在、舞鶴工業高等専門学校人文科学部門教授
専攻、日本近現代史
主要著書・論文―
『宮津市史』通史編下巻、2004年（共著）
『新修亀岡市史』本文編第３巻、2004年（共著）
「高木惣吉と舞鶴―東西舞鶴市の合併問題を中心に」、『舞鶴地方史研究』第41号、2010年

宮田昌明（みやた まさあき）
1971年石川県生まれ
京都大学大学院文学研究科博士後期課程単位取得満期退学／博士（文学）
現在、一燈園資料館「香倉院」勤務
専攻、日本近代史
主要著書―
『西田天香―この心この身このくらし』、ミネルヴァ書房、2008年
『英米世界秩序と東アジアにおける日本―中国をめぐる協調と相克　一九〇六～一九三六』、錦正社、2014年

李昇燁（イ スンヨプ）
1972年韓国ソウル市生まれ
京都大学大学院文学研究科博士後期課程研究指導認定退学／博士（文学）
現在、佛教大学歴史学部准教授
専攻、朝鮮近代史
主要論文―
「外務省における「外地人」官僚―朝鮮人副領事特別任用制度を中心に」、『日本の朝鮮・台湾支配と植民地官僚』（松田利彦・やまだあつし編）、思文閣出版、2009年
「李太王（高宗）毒殺説の検討」、『二十世紀研究』第10号、2009年

佐野方郁（さの まさふみ）
1973年愛知県生まれ
京都大学大学院文学研究科博士後期課程修了／博士（文学）
現在、大阪大学日本語日本文化教育センター准教授
専攻、日本近現代史
主要論文―
「バンドン会議と鳩山内閣」、『史林』第82巻第５号、1999年
「鳩山内閣の中国政策とアメリカ」、『二十世紀研究』第３号、2002年
「林屋辰三郎と戦後京都の日本史研究の環境」、『京都における歴史学の誕生』（小林丈広編著）、ミネルヴァ書房、2014年

冨永望（とみなが のぞむ）
1974年千葉県生まれ
京都大学大学院文学研究科博士後期課程修了／博士（文学）
現在、京都大学文書館事務補佐員
専攻、戦後日本政治史
主要著書―
『象徴天皇制の形成と定着』、思文閣出版、2010年
『昭和天皇退位論のゆくえ』、吉川弘文館、2014年

鹿雪瑩（ロク セツエイ）
1975年中国山東省生まれ
京都大学大学院文学研究科博士後期課程修了／博士（文学）
現在、江蘇大学外国語学院日本語学部准教授
専攻、戦後日中関係史・日本外交史
主要著書―
『古井喜実と中国―日中国交正常化への道』、思文閣出版、2011年

川嵜陽（かわさき あきら）
1976年東京都生まれ
京都大学大学院文学研究科博士後期課程研究指導認定退学／文学修士
現在、佛教大学文学部非常勤講師
専攻、朝鮮近代史
主要論文―
「戦時下朝鮮における日本語普及政策」、『史林』第89巻第４号、2006年

倉《くら》富《とみ》勇《ゆう》三郎《ざぶろう》日記《につき》　第三巻
2015年２月５日初版第１刷印刷
2015年２月14日初版第１刷発行
編者　倉富勇三郎日記研究会（代表　永井　和）
発行者　佐藤今朝夫
発行所　株式会社国書刊行会
東京都板橋区志村1-13-15　〒174-0056
電話03-5970-7421
ファクシミリ03-5970-7427
URL：http://www.kokusho.co.jp
E-mail：sales@kokusho.co.jp
担当　清水範之・中澤真野
印刷所　株式会社シナノ パブリッシング プレス
製本所　株式会社ブックアート
ISBN978-4-336-05303-9 C0321
乱丁・落丁本は送料小社負担でお取り替え致します。